Metzler Lexikon Literatur- und Kulturtheorie

Metzler Lexikon Literatur- und Kulturtheorie

Ansätze – Personen – Grundbegriffe

Herausgegeben von Ansgar Nünning

Verlag J. B. Metzler
Stuttgart · Weimar

Inhaltsverzeichnis

Die Deutsche Bibliothek – CIP-Einheitsaufnahme

Metzler-Lexikon Literatur- und Kulturtheorie : Ansätze –
Personen – Grundbegriffe / hrsg. von Ansgar Nünning. – Stuttgart ;
Weimar : Metzler, 1998
  ISBN 3-476-01524-6

Gedruckt auf chlorfrei gebleichtem, säurefreiem und alterungsbeständigem Papier

ISBN 3-476-01524-6

© 1998 J. B. Metzlersche Verlagsbuchhandlung und Carl Ernst Poeschel Verlag
GmbH in Stuttgart
Einbandgestaltung: Willy Löffelhardt
Satz: Typomedia Satztechnik GmbH, Scharnhausen
Druck und Bindung: Franz Spiegel Buch GmbH, Ulm

Printed in Germany
Verlag J. B. Metzler Stuttgart · Weimar

Vorwort

Kein Teilbereich der Literatur- und Kulturwissenschaften hat in den letzten Jahrzehnten einen ähnlichen Boom erlebt wie die Theoriebildung, die die Entwicklung aller Philologien betrifft. Die seit Ende der sechziger Jahre erhobene Forderung nach einer stärkeren Theoretisierung der Geisteswissenschaften hat inzwischen zur Entwicklung einer Vielzahl literatur- und kulturwissenschaftlicher Theorien, Modelle und Methoden geführt. Ob es sich dabei um eine begrüßens- oder beklagenswerte Entwicklung handelt, mag zwar eine Frage sein, über die sich trefflich streiten läßt, unstrittig ist jedoch zweierlei. Erstens hat sich inzwischen die Einsicht durchgesetzt, daß jede Form von Erkenntnis, Beobachtung und Interpretation theoriegeleitet ist. Der von Theoriegegnern gern herausgestellte Gegensatz zwischen einem theorielastigen und einem ›direkten‹ oder ›unverstellten‹ Zugang zu literarischen Texten erweist sich daher als eine falsch formulierte Alternative: Die Frage lautet nicht, *ob* sich Literatur- und Kulturwissenschaftler bestimmter Theorien, Modelle und Konzepte bedienen oder nicht, sondern wie bewußt sie sich ihrer theoretischen und methodischen Prämissen sind und wie explizit sie die verwendeten Kategorien darlegen. Zweitens beweist ein Blick in die Vorlesungsverzeichnisse und Prüfungsordnungen der Universitäten, daß die Darstellung theoretischer Grundlagen der Literatur- und Kulturwissenschaften in Lehrveranstaltungen eine immer größere Rolle spielt und daß Studierende sämtlicher Philologien inzwischen gar nicht mehr umhin können, sich mit literatur- und kulturwissenschaftlichen Theorien, Begriffen und Methoden vertraut zu machen.

Das *Lexikon Literatur- und Kulturtheorie* ist als Arbeitsmittel für die Orientierung innerhalb eines Sach- und Begriffsfeldes konzipiert, das inzwischen selbst für Fachleute kaum noch überschaubar ist. Das interdisziplinär ausgerichtete Lexikon gibt einen kompakten Überblick über die Vielfalt der literatur- und kulturwissenschaftlichen Ansätze, erläutert die zentralen Grundbegriffe und verschafft einen Zugang zu den Autor/innen, die die theoretischen Debatten bestimmt haben. Es soll Studierenden (auch Studienanfänger/innen) aller Philologien und Kulturwissenschaften sowie Wissenschaftler/innen

und theorieinteressierten Leserinnen und Lesern anderer geisteswissenschaftlicher Disziplinen (insbesondere Historikern, Soziologen und Psychologen) fachliche Orientierungshilfe bieten und ihnen ermöglichen, sich innerhalb des interdisziplinären Diskussionszusammenhangs der Literatur- und Kulturtheorie eine erste begriffliche Übersicht zu verschaffen. Um diesem Anspruch zu genügen, muß das Lexikon so umfassend wie möglich sein, ohne seine Handlichkeit als einbändiges Nachschlagewerk zu verlieren.

Das *Lexikon Literatur- und Kulturtheorie* kommt mit seiner Zusammenschau von theoretischen Ansätzen, Autor/innen und Grundbegriffen dem wachsenden Bedürfnis nach Orientierungswissen entgegen und macht, über die prägnante Information über einzelne Begriffe und Personen hinausgehend, Zusammenhänge transparent. Im Gegensatz zu reinen Autoren-, Begriffs- und Werklexika bietet dieses Lexikon in über 600 Artikeln verständliche und zuverlässige Einführungen in die wichtigsten literatur- und kulturwissenschaftlichen Ansätze, deren Hauptrepräsentanten und die von ihnen geprägten Grundbegriffe. Im Mittelpunkt der Artikel stehen die Charakterisierung der theoretischen Grundlagen der verschiedenen Ansätze und die Erläuterung der jeweils relevanten Konzepte sowie der methodischen Zugangsmöglichkeiten zur Analyse von literarischen und kulturellen Phänomenen.

Im Zentrum dieses Lexikons steht die moderne Literatur- und Kulturtheorie, die durch literaturgeschichtliche Überblicksartikel (u. a. zu Literaturtheorien der Antike, des Mittelalters, der Renaissance, des Klassizismus, der Romantik, des Realismus, des Ästhetizismus sowie des Modernismus und Postmodernismus) und durch die Berücksichtigung wissenschaftsgeschichtlicher Aspekte in vielen anderen Beiträgen auch in ihrer historischen Entwicklung erschlossen wird. Neben textzentrierten und eher traditionellen Methoden wird eine Vielzahl von autoren-, leser- und kontextorientierten Ansätzen in einem internationalen und interdisziplinären Kontext vorgestellt. Umfassend berücksichtigt wurden vor allem auch neuere Entwicklungen wie Dekonstruktion, Diskurstheorie, feministische Theorien und Geschlechterforschung, Konstruktivismus, *New Historicism*,

Mentalitätsgeschichte, postkoloniale Literaturkritik und Poststrukturalismus.

Der allseits geforderten – und zum Teil bereits vollzogenen – Weiterentwicklung der Philologien zu einer Kultur- und/oder Medienwissenschaft hin sowie der nicht zuletzt daraus resultierenden zunehmenden Interdisziplinarität der Theoriebildung wird dadurch Rechnung getragen, daß das Lexikon auch jene theoretischen Ansätze einbezieht, die in anderen geisteswissenschaftlichen Disziplinen entwickelt und später – oftmals eklektisch – in die Literaturwissenschaft übernommen wurden. Als Beispiele für solche übergreifenden Theorieentwürfe, die inzwischen auch die literatur- und kulturtheoretischen Diskussionen prägen, seien etwa Jacques Lacans Psychoanalyse, Michel Foucaults historische Diskursanalyse, Pierre Bourdieus Gesellschaftstheorie, Jacques Derridas Sprachkritik und Dekonstruktion sowie Niklas Luhmanns Systemtheorie genannt. Ebenso sind kultur- und medienwissenschaftlichen Ansätzen und Konzepten viele eigene Artikel gewidmet. Beiträge zu Themen wie »Film und Literatur«, »Kunst und Literatur« »Musik und Literatur«, »Photographie und Literatur«, »Historiographie und Literatur« sowie »Naturwissenschaft und Literatur« tragen dazu bei, die zunehmend intermediale und interdisziplinäre Dimension der zeitgenössischen Literatur- und Kulturtheorie zu erschließen.

Darüber hinaus werden die wichtigsten Repräsentant/innen einer Vielzahl literatur- und kulturtheoretischer Ansätze sowie ihre Werke in Autorenporträts vorgestellt. Das breite Spektrum der Theoretiker/innen reicht von Aristoteles über Bachtin, de Man, Derrida, Foucault, Greenblatt, Iser, Jauß, Kristeva, Luhmann und Lyotard bis zu Virginia Woolf. Die Auswahl der Personen, die natürlich (ebenso wie jede andere) angreifbar ist, orientiert sich primär an der Bedeutung, die die Autorinnen bzw. Autoren für die zeitgenössischen Theoriedebatten haben; diese ist zwar schwer exakt abzuschätzen, aber die Register einschlägiger literatur- und kulturtheoretischer Publikationen neueren Datums oder der *Humanities Citation Index* bieten durchaus verläßliche Anhaltspunkte. Hinweise zur Rezeptions- und Wirkungsgeschichte der Werke der vorgestellten Theoretiker/innen sowie Querverweise zwischen den Artikeln erleichtern die wissenschaftsgeschichtliche Einordnung. Das Lexikon kann freilich nicht die Beschäftigung mit den Werken und dem Denken der Literatur- und Kulturtheoretiker/innen

ersetzen, sondern will Leserinnen und Lesern einen verläßlichen Leitfaden für die bessere Orientierung geben.

Außerdem werden die zentralen Grundbegriffe der Literatur- und Kulturtheorie (von Appellfunktion bis Zirkulation) in über 300 kurzen Sachbegriffsartikeln definiert. Bei der Auswahl der Lemmata galt es, ein möglichst breites Spektrum abzudecken, die Überrepräsentierung von Konzepten, die mit bestimmten Ansätzen verbunden sind, zu vermeiden und vor allem jene Begriffe der Literatur- und Kulturtheorie zu erläutern, die in den etablierten Lexika der literarischen Terminologie (z.B. in G. Schweikle/I. Schweikle: *Metzler Literatur Lexikon*, Stuttgart: Metzler, 1984) weitgehend unberücksichtigt bleiben. Der Akzent liegt daher nicht auf jenen Begriffen aus den Bereichen der Poetik, Rhetorik, Metrik, Literaturgeschichte oder Gattungstheorie, deren Bedeutung in vielen Begriffslexika nachgeschlagen werden kann, sondern auf der Erläuterung zentraler Konzepte der modernen Literatur- und Kulturtheorie wie »Dialogizität«, »*Différance*«, »*Écriture féminine*«, »Fokalisierung«, »Impliziter Leser« usw., ohne deren Kenntnis ein Großteil der Forschungsliteratur nicht mehr verständlich ist.

Da die literatur- und kulturwissenschaftliche Theoriebildung einen eminent dialogischen Prozeß darstellt, soll die Vielzahl interner Querverweise (↗) zwischen den Sachbegriffs- und Autorenartikeln die Einordnung der Ansätze, Theoretiker/innen und Kategorien in übergeordnete systematische und wissenschaftsgeschichtliche Zusammenhänge erleichtern. Zugleich sind die einzelnen Begriffserläuterungen und Autorenporträts jedoch so abgefaßt, daß sie jeweils für sich selbst verständlich sein sollen, ohne daß der/die Leser/in durch die Verweise auf andere, verwandte Artikel zu ständigem Weiterblättern genötigt wäre.

Alle Artikel enthalten aktuelle Hinweise auf einführende oder weiterführende Literatur neueren Datums, die den Einstieg in das Werk des einzelnen Theoretikers bzw. den dem jeweiligen Ansatz oder Begriff zugehörigen Problembereich gezielt erleichtern sollen. Diese (notgedrungen selektiven) Auswahlbibliographien streben nicht nach Vollständigkeit, sondern sollen das Bedürfnis von Leserinnen und Lesern nach gezielter und kompakter Information und überblicksartiger Orientierung in einem für alle Philologien zentralen Bereich befriedigen. Für ausführlichere Bibliographien und umfassendere Darstellungen literatur- und kulturwissenschaftlicher Ansätze, Theoretiker/innen und Begriffe sei auf die in der Auswahlbibliographie (am Ende des Bandes) enthaltenen Titel verwiesen. Besonders hervorgehoben seien die folgenden vier Nachschlagewerke, die auch in vielen Artikeln des Lexikons zur Anwendung kamen: *Encyclopedia of Contemporary Literary Theory: Approaches, Scholars, Terms*, hrsg. von Irena R. Makaryk (Toronto: University of Toronto Press, 1993); *The Johns Hopkins Guide to Literary Theory and Criticism*, hrsg. von Michael Groden und Martin Kreiswirth (Baltimore/London: The Johns Hopkins University Press, 1994); *A Dictionary of Cultural and Critical Theory*, hrsg. von Michael Payne (Oxford: Blackwell, 1996); *Reallexikon der Deutschen Literaturwissenschaft*, Bd. I A-G, hrsg. von Klaus Weimar (Berlin/New York: de Gruyter, 1997). Alle in der Schlußbibliographie (mit vollständigen bibliographischen Angaben) genannten Publikationen zur Literatur- und Kulturtheorie sind – zur Entlastung des Gesamtumfangs des Bandes – in den Literaturangaben der einzelnen Artikel nur mit dem Namen der jeweiligen Autor/innen bzw. Herausgeber/innen und Jahreszahl aufgeführt.

*

Am Ende eines erquicklichen Gemeinschaftsunternehmens sei allen herzlich gedankt, die zu dessen Gelingen beigetragen haben. An erster Stelle möchte ich den Autorinnen und Autoren, die die Artikel für dieses Lexikon geschrieben haben, für die ertragreiche und zuverlässige Zusammenarbeit danken. Ohne deren Disziplin und geduldige Bereitschaft, umgehend auf Rückfragen, Vorschläge und Kürzungswünsche zu reagieren, wäre das termingerechte Erscheinen dieses Lexikons nicht möglich gewesen. Darüber hinaus haben mir viele weitere Kolleginnen und Kollegen (zu viele, um sie namentlich zu nennen) in der Phase der Vorbereitung mit ihrer großen Belesenheit und mit gezielten Ratschlägen weitergeholfen. Sodann gilt der (kollektive) Dank Bernd Lutz und Ute Hechtfischer vom Metzler Verlag, die sich von Beginn an für dieses Projekt engagiert, es (bzw. den Herausgeber, seine Mitarbeiterinnen und Mitarbeiter sowie die Beiträgerinnen und Beiträger) mit entsprechend beharrlichem Druck vorangetrieben und in allen Phasen unterstützt haben. Vielmals danken möchte ich auch meinen Kölner und Gießener Studentinnen und Studenten, die mich mit ihrer intellektuellen Neugierde angespornt und immer wieder daran erinnert haben, wie groß der Bedarf an kompakten Überblicksdarstellungen über die Fülle von studienrelevanten literatur- und kulturtheoretischen Ansätzen und Grundbegriffen ist.

Meinen Gießener Mitarbeiterinnen und Mitarbeitern Sascha Feuchert, Nathalie Hahn, Sandra Heinen, Nora Lauck, Klaudia Seibel, Dagmar Sims, Roy Sommer und Bruno Zerweck sowie meiner Sekretärin Rosemary Lawson danke ich ganz herzlich für ihre enorme Einsatzbereitschaft, große Sorgfalt und die oftmals mühevolle Überprüfung sämtlicher Zitate und bibliographischer Angaben. Besonderer Dank gebührt Franziska Mosthaf und Carola Surkamp, die das Anliegen des Lexikons zu ihrer eigenen Sache gemacht und den Löwenanteil der Korrespondenz und redaktionellen Arbeiten mit der ihnen eigenen Akribie, Geduld, Gewissenhaftigkeit und Zuverlässigkeit erledigt haben. Das Zustandekommen dieses Lexikons ist nicht nur der engagierten Mitarbeit der Autorinnen und Autoren zu verdanken, sondern auch dem unermüdlichen Einsatz der namentlich Genannten und meiner Frau Vera.

Gießen, im April 1998   Ansgar Nünning

A

Abrams, Meyer Howard (*1912), am. Lit.- und Kulturhistoriker. – Studium in Harvard und Cambridge (England), Professor für Anglistik, Harvard 1945–1960, Cornell 1960–78, seitdem Emeritus. – A., der als Terminologe, Herausgeber und Metakritiker zu den angesehensten und eklektischsten Nestoren seines Faches gehört, ist v. a. für zwei kenntnisreiche, einander ergänzende Werke zur engl. und dt. Romantik bekannt, in denen er sich durch Methoden der ⁊ Topos-, ⁊ Metaphern- und ⁊ Mentalitätsforschung als begnadeter Seismograph der Poetik- und Geistesgeschichte der vier Jahrzehnte nach der Frz. Revolution erweist. *The Mirror and the Lamp* (1953) gilt der bereits im Titel anvisierten Wende von einer mimetischen zu einer expressiven Poetik sowie deren dichterischen, lit.kritischen und lebensphilosophischen Folgen. *Natural Supranaturalism* (1971) befaßt sich mit dem romantischen Topos der Transzendenz in der Immanenz, des Herüberrettens von religiösen Motiven und Inhalten in eine entzauberte, säkularisierte Welt. Studierende lernen A. zunächst durch sein souveränes, immer wieder erweitertes und aktualisiertes *Glossary of Literary Terms* (1957) kennen, ein Vademekum, das stets Spiegelbild und Sichtung einer im Wandel begriffenen Disziplin ist, sowie durch die von A. herausgegebene *Norton Anthology of English Literature* (1993 [1962]). – A. ist als »unreconstructed humanist« (Lipking 1981, S. 9), als Verfasser von »epideictic history« (Booth 1979, S. 163) bezeichnet worden. Seine Werke zeigen paradigmatisch, wie das Gespür für die in einer breiten Materialfülle vorhandenen Parallelen und Kongruenzen geschichtliche Kohärenz stiften kann. A.' an L. ⁊ Wittgenstein geschulte metakritische Position ist die eines neuzeitlichen Erneuerungen mit heiterer Skepsis begegnenden, humanistischen Pluralisten, der durch Belesenheit, Detailfülle und elegante Solidität besticht. Gerade deshalb stehen seine in der Blütezeit des ⁊ Dekonstruktivismus angefochtenen Hauptwerke noch unversehrt da, nicht als Ozymandius-Relikte, sondern als wohl bleibende Klassiker.

Lit.: M. H. Abrams: *The Mirror and the Lamp. Romantic Theory and the Critical Tradition*, N. Y. 1953. – ders.: *A Glossary of Literary Terms*, Fort Worth/Ldn. 1993 [1957]. – ders.: *Natural Supernaturalism. Tradition and Revolution in Romantic Literature*, N. Y. 1973 [1971]. – ders.: »A Note on Wittgenstein and Literary Criticism«. In: *ELH* 41.4 (1974) S. 541–554. – ders.: »Rationality and Imagination in Cultural History«. In: Booth 1979. S. 176–194. – W. C. Booth: »M. H. A.: Historian as Critic. Critic as Pluralist«. In: *Critical Inquiry* 2 (1976) S. 411–445. – ders. 1979. – L. Lipking (Hg.): *High Romantic Argument. Essays for M. H. A.*, Ithaca/Ldn. 1981.

RH

Abweichung ⁊ Deviationsstilistik

Adorno, Theodor Wiesengrund (1903–1969), dt. Philosoph. – Der Sohn des jüd. Weingroßhändlers O. Wiesengrund und seiner Frau M. Calvelli-Adorno, einer ehemaligen Sängerin, verlebte in Frankfurt eine behütete und künstlerisch wie intellektuell höchst anregende Kindheit. Schnell trat seine musikalische Hochbegabung zutage, von seinem 14. Lebensjahr an las A. mit dem älteren Frankfurter Freund S. ⁊ Kracauer Kants *Kritik der reinen Vernunft*. Von 1921 an studierte er bei dem Philosophen H. Cornelius, bereits 1924 wurde er mit einer Arbeit über E. ⁊ Husserls Phänomenologie promoviert. A. betätigte sich zunächst fast ausschließlich als Musikkritiker und ging 1925 zum Studium der Kompositionslehre bei A. Berg nach Wien, kehrte aber im gleichen Jahr noch wieder nach Frankfurt zurück. Einer 1927 abgeschlossenen Habilitationsschrift verweigerte Cornelius die Anerkennung, der Frankfurter Philosoph P. Tillich nahm schließlich eine zweite, 1930 eingereichte und stark von W. ⁊ Benjamins Studie zum *Ursprung des dt. Trauerspiels* beeinflußte Arbeit über *Die Konstruktion des Ästhetischen bei Kierkegaard* an. Als Beiträger für die dortige Zs. gehörte A. ins Umfeld des Frankfurter Instituts für Sozialforschung: Dessen Direktor M. ⁊ Horkheimer war während A.s Promotion Assistent bei Cornelius gewesen, war Zweitgutachter über die zweite Habilitationsschrift und sah zwischen den eigenen Überlegungen und A.s Position wichtige Konvergenzen. Im September 1933 entzogen die Nationalsozialisten A. die Lehrbefugnis, anders als die festen Mitarbeiter des Instituts blieb er bis 1938 in Deutschland und folgte erst spät dem Aufruf Horkheimers, an das nach New York emigrierte Institut zu kommen. Die Einbindung in empirische Untersuchungen des Institutsmitarbeiters P. Lazarsfeld ließ schnell die Differenz zwischen der fast positivistischen am. Auffassung von empirischer Sozialforschung und A.s komplex vermittelten, auf ästhetische Phänomene ausgerichteten Überlegungen zutage treten. A. wurde, v. a. im Hinblick auf Horkheimers großes *Dialektik*-Projekt und das Forschungsvorhaben des Instituts zum Antisemitismus, dessen wichtigster Mitarbeiter. Beide Projekte fanden einen ersten Niederschlag in der *Dialektik der Aufklärung* (1944/ 47), die die geschichtspessimistische Verknüpfung grundlegender Überlegungen aus A.s Studie zur *Philosophie der neuen Musik* mit einer fundamentalen Kritik philosophischer Rationalität angesichts der faschistischen Barbarei darstellte. A. setzte die *Dialektik* in seinen kulturpessimistischen Aphorismen *Minima Moralia* (1951) fort. – Nach der Rückkehr des Instituts nach Frankfurt erhielt A. einen ›Wiedergutmachungslehrstuhl‹. Neben der Mitarbeit an empirisch-soziologischen Forschungen galt sein Engagement weiterhin einerseits der Neuen Musik, v. a. in den *Noten zur Lit.* (1957 ff.) schlugen sich andererseits zentrale Überlegungen aus den Studien zur Musik und aus der *Dialektik der Aufklärung* nieder. Deren radikale Kritik an der Rationalität traditionellen Philosophierens mündete in A.s ›philosophisches Vermächtnis‹, die *Negative Dialektik*, die in der Negation synthetisch begreifenden Denkens, des »Herrschaftscharakters der Vernunft« (Figal 1992, S. 331) das Recht des Nicht-Identischen betont. Das unvollendet gebliebene kunsttheoretische Vermächtnis ist die *Ästhetische Theorie* (1970 postum), die auf der Grundlage der älteren Hauptschriften die Gesellschaftlichkeit des Kunstwerks und der ästhetischen Erfahrung jenseits aller traditionell-marxistischen lit.soziologischen Kurzschlüsse reflektiert. Wie die Neue Musik findet auch die neueste Lit. A.s Interesse. Etwa Beckett und Celan stehen für eine Lit. *nach* Auschwitz, deren chiffrenhafte Inkommunikabilität bzw. beredte Absurdität für die Unsagbarkeit des Grauens bzw. die Unmöglichkeit ästhetischer Sinnstiftung stehen. Darüber hinaus aber führt A. in Essays z. B. zur Lyrik Goethes, Hölderlins oder Mörikes Motive seiner radikalen Vernunftkritik weiter durch, wobei die Kunstwerke selbst als deren Reflexionsmedien figurieren. Die Summe seiner ästhetischen Reflexion, die *Ästhetische Theorie*, denkt einerseits das Kunstwerk in seiner Form als Anteilnahme am Rationalen, am gesellschaftlichen Allgemeinen der Vernunft, als rationale Konstruktion allerdings diesseits des Begriffs, als ↗ Mimesis ans Übermächtige. Dieser rationalen Konstruktion aber entzieht sich im Kunstwerk utopisch je etwas Nicht-Identisches, das etwa an ästhetischen Bruchstellen aufscheint. Für A. ist auch der angemessene Rezeptionsmodus mimetisch: Das verhüllte Wahre am Kunstwerk könne nicht

begrifflich umgesetzt werden, ästhetische Erfahrung zeichne sich durch Betroffenheit oder Irritation aus, an deren Ende das Inkommensurable des Kunstwerks selber hervortrete. In seinem Rätsel aber werde eine Ahnung spürbar, eine Hoffnung, die eben aus dem Aufscheinen des Nicht-Identischen spreche. Für die ästhetische Erfahrung gilt, was A. im letzten Aphorismus der *Minima Moralia* für die Philosophie fordert: »Philosophie, wie sie im Angesicht der Verzweiflung einzig noch zu verantworten ist, wäre der Versuch, alle Dinge so zu betrachten, wie sie vom Standpunkt der Erlösung aus sich darstellten. Erkenntnis hat kein Licht, als das von der Erlösung her auf die Welt scheint« (A. in Tiedemann 1980, S. 281).

Lit.: Th. W. Adorno: *Gesammelte Schriften*, Bd. 4, *Minima Moralia* (Hg. R. Tiedemann), FfM. 1980 [1954]. – F. Grenz: *A.s Philosophie in Grundbegriffen. Auflösung einiger Deutungsprobleme*, FfM. 1974. – K. Sauerland: *Einf. in die Ästhetik A.s*, Bln. 1979. – W. van Reijen: *A.*, Hannover 1980. – R. Wiggershaus: *Die Frankfurter Schule. Geschichte, Theoretische Entwicklung, Politische Bedeutung*, Mchn. 1988. – H. Scheible: *Th. W. A.*, Reinbek 1989. – H. Brunkhorst: *Th. W. A.: Dialektik der Moderne*, Mchn. 1990. – G. Figal: »Kritische Theorie. Die Philosophen der Frankfurter Schule und ihr Umkreis«. In: A. Hügli/P. Lübcke (Hgg.): *Philosophie im 20. Jh.*, Bd. 1, Reinbek 1992. S. 309–404. – G. Schweppenhäuser: *Th. W. A. zur Einf.*, Hbg. 1996.

BJ

Adressat, fiktiver ↗ Leser, fiktiver

Ästhetik, ästhetisch (gr. *aísthēsis*: Wahrnehmung), die Theorie der sinnlichen Wahrnehmung und ihrer Reflexion, in einem engeren Sinne die Philosophie der Kunst. Das Adjektiv ästhetisch bezeichnet die Art der Wahrnehmung eines Gegenstandes der Kunst oder Natur, dient aber auch zur Charakterisierung von Gegenständen selbst. Während eine reine Philosophie der Kunst Gefahr läuft, das jeweilige Bes. des Phänomens unter eine ihm äußerliche Begrifflichkeit zu subsumieren, kann der weitere, von der Wahrnehmung ausgehende Begriff der Ä. die Eigenbedeutsamkeit des ästhetisch betrachteten Objektes besser zur Geltung kommen lassen. So vermag eine wahrnehmungsfundierte Ä. auch Natur oder die individuelle Existenz zu berücksichtigen und der formalen wie inhaltlichen Entgrenzung des modernen und autonomen Kunstsystems adäquater zu begegnen. Kunstwerke stellen aber nach wie vor die bevorzugten Objekte der Ä. dar; denn gegenüber Natur und bloßen Alltagsgegenständen sind sie durch ein intentionales Hergestellt- und institutionalisiertes Ausgestellt-Sein bereits als eine bes. Weise der Wahrnehmung von Welt z.B. auch in einem Gedichtband markiert und als Artefakte unterschieden. Weil Kunstwerke, ob als Urinal oder als Gedicht, per se nicht als Anweisungen zu einer pragmatischen, kausal eingebetteten und funktionalen Handlung zu lesen sind, motivieren sie eigens zum ästhetischen Vollzug der Weise, in der sich die ↗ Zeichen des Werkes darstellen. Die ↗ Semantik eines literar. Werkes ist daher nicht abtrennbar von der formalen Selbstrepräsentation des Werkes, seine Bedeutsamkeit entfaltet sich erst im Zusammenspiel mit der ästhetischen Wahrnehmung der sinnlichen Formkonstituenten des Werkes, der Reflexion auf die Wahrnehmung der dichterischen Wahrnehmung von Welt. Weil in einem vorrangig selbstreferentiellen Werk die Zeichen unabdingbar eine mehrdeutige und sinnliche Präsenz entwickeln, geht das davon angeregte freie Ineinanderspielen von ↗ Einbildungskraft und Verstand niemals in der Bestimmtheit eines Begriffes auf. Andererseits kann sich dieses Spiel durch die Intervention des Verstandes aber auch nie in einer bloßen Empfindung verlieren. Erst das Komplement einer distanzierenden Reflexion der sinnlichen Zeichen als sinnhafte Zeichen erlaubt eine Vergegenwärtigung der ästhetischen Bedeutsamkeit und ein kommunikatives Urteil über den ästhetischen Wert der Zeichen. – Das um die Mitte des 18. Jh.s aufkommende Interesse an den ›niederen‹ und subjektiven Erkenntnisvermögen wie an einer systematischen Theorie der Kunst dürfte durch den Empirismus ausgelöst worden sein, durch die Skepsis gegenüber der Geltung vermeintlich objektiver, d.h. kosmologischer oder numerischer Kriterien des Schönen ebenso wie durch das Bedürfnis nach einer systematischen Fundierung des sich ausdifferenzierenden Kunstsystems und entstehenden Kulturbewußtseins. I. Kants *Kritik der Urteilskraft* (1790) und G.W.F. ↗ Hegels *Vorlesungen über die Ästhetik* (1835) sind bis heute wegweisend geblieben. Während sich Kants Bemühungen v. a. auf die Begründung eines nicht regelgeleiteten, aber doch auch Allg.gültigkeit beanspruchenden Geschmacksurteils (↗ Geschmack) richten, geht es Hegel um die Kunst als historisches Medium menschlicher Selbsterkenntnis. In ihr erscheine dem Menschen sinnlich, was er ist und was im allg. ist, wobei sie das Absolute aber nie erreichen kann. Einen nachhaltigen Einfluß auf die Lit. der ↗ Moderne übten A. Schopenhauer und F. ↗ Nietzsche aus. Erkenntnispessimismus und Nihilismus führten zur emphatischen Hochschätzung von Kunst als einer begriffsfreien Sphäre ästhetischen Scheins. Die große Zeit der literar. Ä. beginnt in den 20er Jahren des 20. Jh.s mit dem ↗ Formalismus, dem Prager Strukturalismus (↗ Prager Schule) und dem ↗ *New Criticism*. Was diese Gruppen trotz unterschiedlicher Auffassungen über den soziokulturellen Status von Lit. eint, ist die Konzentration auf die ↗ Literarizität, Mehrdeutigkeit und ↗ Selbstreferenz des Werkes. Der seit den 80er Jahren anhaltende Boom der Ä. dürfte auf die postmoderne Kritik an universalistischen und bestimmenden Urteilen (↗ Postmoderne), aber auch auf die ›Ästhetisierung der Lebenswelt‹ selbst zurückzuführen sein.

Lit.: Zima 1991. – W. Welsch (Hg.): *Die Aktualität des Ästhetischen*, Mchn. 1993. – N. Roughley: »Begriffe und Anschauungen oder: Wozu noch Ä.?«. In: Pechlivanos et al. 1995. S. 256–270. – J. Zimmermann: »Ä.«. In: Ricklefs 1996. S. 107–143. – C. Lyas: *Aesthetics,* Ldn. 1997. – W. Strube: »Ä.«. In: Weimar 1997. S. 15–19.

PhW

Ästhetik, klassische ↗ Klassizismus, Literaturtheorien des

Ästhetik, materialistische (gr. *aisthetikē*: Wissenschaft vom sinnlich Wahrnehmbaren, vom Schönen; lat. *materia*: das rein Stoffliche, Welt und Sein als Materie interpretiert), die m.Ä. geht zurück auf K. ↗ Marx' Überzeugung, daß es nur eine Wissenschaft gibt, die der Geschichte, die von Menschen gemacht wird. Die Entwicklung der materiellen, sich sinnlich-gegenständlich objektivierenden Wirklichkeit bildet das Fundament der Welt und allen menschlichen Handelns. Die Geschichte der Natur, der Gesellschaft, des Denkens usw. und der Kunst sind danach in einer sich stetig verändernden komplexen und widersprüchlichen Einheit (›Totalität‹) zusammengeschlossen. Auch die Produkte des Schönen existieren nicht unabhängig bzw. überzeitlich (›ewig‹), sondern sind immer auch, und seien sie noch so phantastisch oder irreal, ›Abbildung‹ von materieller Wirklichkeit und beziehen ihre Formen aus der jeweiligen, für den Schöpfer gültigen, gesellschaftlichen Realität (»Über literar. Formen muß man die Realität befragen, nicht die Ästhetik, auch nicht die des Realismus«, B. Brecht). Bei aller relativen ↗ Autonomie der Kunst als sinnlich-gegenständlicher Selbstproduktion des Menschen steht diese dennoch immer im Kontext aller anderen menschlichen Tätigkeiten und muß deshalb auch in diesem Kontext rezipiert werden, ohne daß das jeweils gelungene Kunstwerk in ihm aufgehen könnte; im Gegenteil bilden seine ⟋ Ambiguitäten und Ambivalenzen das kritische Potential, gültige Weltanschauungen in Frage zu stellen, gängiges Verständnis zu erschüttern und ›versteinerte‹ Verhältnisse wieder in Bewegung zu bringen. Ziel ist es, auch in der Kunst ein Bewußtsein davon auszubilden, daß gerade die schöpferisch-ästhetische Tätigkeit des Menschen wesentlich zur ›vollen und freien Entwicklung jedes Individuums‹ (Marx) beiträgt, die nur gelingen kann, wenn alle den Menschen deformierenden Verhältnisse beseitigt werden.

Lit.: G. Lukács: *Die Eigenart des Ästhetischen*, Bln. 1963. – Th. Metscher: *Kunst, Kultur, Humanität*, Fischerhude 1982.

JK

Ästhetik, romantische ⟋ Romantik, Literaturtheorien der

Ästhetik-Konvention ⟋ Konvention, Ästhetik-Konvention, Polyvalenz-Konvention

Ästhetische Erfahrung ⟋ Erfahrung, ästhetische

Ästhetische Funktion ⟋ Funktion, ästhetische/poetische

Ästhetische Wertung ⟋ Wertung, ästhetische/literarische

Ästhetische Wirkung ⟋ Wirkung, ästhetische/litararische

Ästhetizismus (gr. *aísthēsis*: Wahrnehmung), mit dem Begriff des Ä. wird eine historische Epochenströmung des 19. Jh.s bezeichnet, die als Gegenbewegung zum sich etwa zeitgleich formierenden ⟋ Naturalismus Kontur gewinnt. Die Bezeichnung Ä. wird in der Regel als Oberbegriff für eine Vielzahl von verschiedenartigen europ. Ausprägungen der nachromantischen antimimetischen Lit. und Kunst wie Symbolismus, *Décadence, Fin de siècle*, Jugendstil u. a. verwendet. Als wichtigster außereurop. Anreger der ästhetizistischen Schreibform gilt der am. Lyriker, Essayist und Kurzgeschichtenautor E. A. Poe. Seit der Jh.mitte bilden sich in Frankreich mit Th. Gautier, den *Parnassiens* und Ch. Baudelaire und in England mit der *Pre-Raphaelite Brotherhood* ebenfalls erste ästhetizistische Bewegungen heraus. In Deutschland und Österreich kommt es mit rezeptionsbedingter Verzögerung erst um die Jh.wende zu prototypischen Ausprägungen ästhetizistischer Texte und Poetiken, bes. bei R. M. Rilke, im Georgekreis, beim jungen H. v. Hofmannsthal, bei R. Beer-Hofmann und im sog. ›Jungen Wien‹. Auch in den übrigen europ. Staaten sollte die ästhetizistische Lit. im *Fin de siècle* nochmalige Höhepunkte erreichen, v. a. durch Autoren wie O. Wilde, W. Pater, G. d'Annunzio, J. Huysmans, M. Maeterlinck, P. ⟋ Valéry. – Wurde der Ä. in der älteren Lit. bis hin zur ⟋ Ideologiekritik der 70er Jahre häufig einseitig als eine Fluchtbewegung aus der Realität in eine Welt des ›schönen Scheins‹ begriffen, so haben neuere Arbeiten, insbes. solche mit Schwerpunkt im anglo-am. Bereich, eine Korrektur der verbreiteten Forschungstopoi herbeiführen können. Die ästhetizistischen Schriftsteller setzen nämlich eine von F. ⟋ Nietzsche eingeleitete philosophische Kritik am anthropozentrischen Denken fort, indem sie die organologische und ganzheitliche Kunstkonzeption ihrer klassisch-romatischen Vorläufer unterwandern zugunsten eines ästhetischen Ideals der gewollten Künstlichkeit. Die Hochschätzung des Artifiziellen hat daher sowohl einen polemischen Bezugspunkt als auch eine systematische Grundlage. U. Horstmann (1983) entdeckt im viktorianischen *Fin de siècle* zu Recht den Ausdruck eines modernen anthropofugalen Weltbilds, das in der späthumanistischen Lit.kritik auf Widerstand stoßen mußte und erst in jüngster Zeit mit dem Aufkommen und der Verbreitung poststrukturalistischen Gedankenguts (⟋ Poststrukturalismus) eine angemessene Aufnahme und Würdigung erfahren konnte. Nicht zufällig haben J. ⟋ Derrida und P. ⟋ de Man ihre dekonstruktivistischen Theoreme bevorzugt am Beispiel von Autoren wie Nietzsche, St. Mallarmé und Rilke entwickelt, die der ästhetizistischen Bewegung angehören. Auch L. Dowling gelingt es, in ihrer sprachphilosophischen, hauptsächlich Pater gewidmeten Studie *Language and Decadence* (1986) systematische Berührungspunkte zwischen dem engl. *Fin de Siècle* und dem differentiellen Sprachbegriff der ⟋ Dekonstruktion aufzudecken. So haben die genannten neueren Arbeiten nachdrücklich gezeigt, daß die ästhetizistische Poetik, weit davon entfernt, sich in bloßem Kunstgenuß und eskapistischen Neigungen zu erschöpfen, ein ernstzunehmendes Theorieniveau aufweist, das zudem noch an derzeit aktuelle lit.wissenschaftliche Standpunkte und Debatten anschlußfähig ist. Die ästhetizistische Bewegung steht, unter einem gesellschaftlichen Gesichtspunkt betrachtet, im Zeichen einer Kritik am Utilitarismus und zweckrationalen Denken, dem sie bes. durch ihre Forderung einer Ästhetisierung der Lebenswelt entgegenzuwirken sucht. Daher ergibt sich ein enger wechselseitiger Zusammenhang zwischen der Lit.theorie des *l'art pour l'art* und der Kunstgewerbebewegung, die durch W. Morris und seine sozialistischen Forderungen zudem ein explizit politisches Moment erhält. Da die ästhetizistische Strömung sowohl die sog. niederen Künste bzw. das Kunsthandwerk als auch ausgesprochene Höhenkammlit. bzw. ↗ Hochlit. umfaßt, ist sie wie kaum eine andere Epochenbewegung durch ein Ineinander von exoterischen und esoterischen Zügen gekennzeichnet. In ihren hermetischen Stilmerkmalen und der Subtilität ihrer Ausdrucksformen nimmt die ästhetizistische Schreibweise charakteristische Züge der ↗ Avantgardelit. vorweg. – Noch in anderer Hinsicht bleibt die Reichweite der ästhetizistischen Poetik und Kunstauffassung nicht auf das 19 Jh. beschränkt. Vielmehr ist die theoretische Position des Ä. auch für die Kulturtheorie des 20. Jh.s von nachhaltiger Wirkung und bleibendem Interesse. So zeigt C. ↗ Geertz in einer neueren Studie anhand exemplarischer Analysen von führenden modernen Ethnologen wie B. Malinowski und Cl. ↗ Lévi-Strauss die Verankerung des in den Blick gerückten kulturwissenschaftlichen Schreibtyps im symbolistisch-ästhetizistischen Stil. Für die dt.sprachige Kulturphilosophie der Jh.wende läßt sich eine ähnlich enge und epistemologisch fruchtbare Wechselbeziehung zur ästhetizistischen Kunsttheorie nachweisen. – Mit der neuen Selbstverständigungsformel des *l'art pour l'art*, in der die Selbstbezüglichkeit und ↗ Autonomie der Lit. gleichsam zum Programm erhoben wird, kündigt sich eine verstärkte Besinnung der Autoren auf poetologische Fragen an. Diese neue Ausrichtung machte eine systematische Erkundung der formalen Momente des Schreibens allererst möglich, zumal sie eine Befreiung der Lit. und der Lit.kritik von der Verpflichtung auf eine moralische bzw. ethische Erkenntnisrichtung in sich birgt. Die geforderte Reflexion auf kunsteigene Fragen verkörpert ein Prinzip der ↗ Selbstreferenz, das die funktionale Eigenständigkeit des ↗ Lit.systems nachdrücklich zur Geltung bringt, die jenes, folgt man den Überlegungen N. ↗ Luhmanns, seit dem 17. und 18. Jh. allmählich gewonnen hatte. Vor dieser Folie wäre es ein Mißverständnis, das *l'art pour l'art*, wie es im Verlauf seiner Wirkungsgeschichte oftmals geschehen ist, als eine Selbstüberhebung der Kunst zu betrachten. Vielmehr

zieht die ästhetizistische Theoriebildung nurmehr die Konsequenz aus einer bereits vollzogenen historischen Entwicklung, einer Emanzipation der Kunst aus heteronomen Verpflichtungen, wie sie seit der Säkularisierung und dem frühneuzeitlichen sozialen Umbruch, dem Übergang zum modernen funktionsorientierten Gesellschaftstyp zu beobachten ist. – Die ästhetizistische Lit.konzeption wurde nicht erst von den Vertreten eines humanistischen, marxistischen oder engagierten Lit.begriffs angefochten und marginalisiert, sondern sie stieß bereits bei den unmittelbaren Zeitgenossen auf Unverständnis und war von Anfang an mit dem Stigma des Verfalls, der Dekadenz behaftet. M. Nordaus polemische Schrift *Entartung* (1893) wertet die Symbolisten, Ästhetizisten und Präraffaeliten in pseudo-medizinischer Terminologie pauschal als Schwachsinnige und Neurotiker ab, ohne auf ihre poetologischen Zielsetzungen einzugehen, geschweige denn diese anzuerkennen. In systematischer Hinsicht ist die ästhetizistische Theorie durch ein hohes Maß an ↗ Intertextualität und internationalem Austausch gekennzeichnet, so daß die entfalteten Konzepte und poetologischen Entwürfe von sich aus dazu neigen, die nationalen Grenzen sprengen. Diesem Sachverhalt hat v.a. der Germanist R.R. Wuthenow seit den 70er Jahren in seinen ergebnisreichen vergleichenden Studien zu jener Epoche Rechnung getragen. Nicht weniger markant ist das Streben der Lit. des Ä. nach einer modern anmutenden Form der ↗ Intermedialität, durch das Bemühen um eine ›wechselseitige Erhellung der Künste‹ (O. Walzel), die sich daraus ergibt, daß in den Texten des Ä. eine enge Orientierung an den Nachbarkünsten, der Musik, Malerei und der bildenden Kunst erfolgt. So verwundert es nicht, wenn einige namhafte Künstler der Epoche wie D.G. Rossetti ausgesprochene Doppeltalente sind. Innerliterar. läßt sich eine Tendenz zur Gattungsmischung (↗ hybride Genres) beobachten und zur Entstehung neuer ↗ Gattungen bzw. Aufwertung bisher marginalisierter Genres und Textsorten wie z.B. der literar. Übersetzung. Wilde verfolgte in *The Critic as Artist* (1890) eine Ausweitung des geläufigen Lit.- und Kunstbegriffs, der nun auch die literar. Kritik einschließen sollte. Mit dem lyrischen Drama und der symbolistischen Reflexionsprosa entstehen weitere Subgattungen, die sich innereurop. einer erstaunlichen Beliebtheit erfreuen. Der selbstreflexive Grundzug der ästhetizistischen Texte fördert die Entstehung poetologischer Schriften, für die Mallarmés *Un*

Coup de dés (1897) und Valérys *Cahiers* (1924) prägnante Beispiele liefern. Während Mallarmés Schrift das Zusammenspiel von Zufall und intentionaler Lenkung im Schaffensprozeß erkundet, enthalten die Valéryschen Notizhefte einen noch gar nicht voll ausgeschöpften Fundus von poetologischen und kulturtheoretischen Reflexionsfiguren. Unter kulturpoetologischen Aspekten verdienen die subtilen Analysen der Figuren des Ästheten, des Dandys und des Flaneurs bes. Aufmerksamkeit, wie sie in J. Husmans *A rebours* (1884), in Ch. Baudelaires *Le peintre de la vie moderne* (1863), in Wildes *The Picture of Dorian Gray* (1891) und in Hofmannsthals *Der Tor und der Tod* (1893) vorgestellt werden. Im Zuge der sich anbahnenden grundsätzlichen Neubewertung des Ä. ist die Chance einer konzeptgeleiteten Re-Lektüre jener Texte gegeben, die auf vorschnelle moralische Wertungen bzw. erkenntnistheoretisch naive Verurteilungen verzichtet; dies eröffnet die Möglichkeit einer neuen Einschätzung des in ihnen enthaltenen kulturtheoretischen Wissens.

Lit.: J. Hermand: *Der Schein des schönen Lebens. Studien zur Jh.wende*, FfM. 1972. – P. Szondi (Hg.): *Das lyrische Drama des Fin de siècle*, FfM. 1975. – R. Bauer et al. (Hgg.): *Fin de Siècle. Zur Lit. und Kunst der Jh.wende*, FfM. 1977. – R.R. Wuthenow: *Muse, Maske, Meduse. Europ. Ä.*, FfM. 1978. – U. Horstmann: *Ä. und Dekadenz. Zum Paradigmakonflikt in der engl. Lit.theorie des späten 19. Jh.s*, Mchn. 1983. – M. Lindner: »Ä., Dekadenz, Symbolismus. Engl. Wurzeln und frz. Einflüsse«. In: M. Pfister/B. Schulte-Middelich (Hgg.): *Die ›Nineties‹*, Mchn. 1983. S. 53–81. – L. Dowling: *Language and Decadence in the Victorian Fin de siècle*, Princeton 1986. – P. Hoffmann: *Symbolismus*, Mchn. 1987. – V. Žmegač: »Ä.«. In: Borchmeyer/Žmegač 1994 [1987]. S. 22–26. – H. Gnüg: *Kult der Kälte. Der klassische Dandy im Spiegel der Weltlit.*, Stgt. 1988. – R.R. Wuthenow: »Der europ. Ä.«. In: ders. et al. (Hgg.): *Die literar. Moderne in Europa*, 3 Bde., Bd.I, *Erscheinungsformen literar. Prosa um die Jh.wende*, Opladen 1994. S. 112–135.

AS

Affektive Stilistik (engl. *affective stylistics*), zentrales Konzept des frühen lit.theoretischen Denkens von St. ↗ Fish. In seinem 1970 entstandenen Aufsatz »Literature in the Reader. Affective Stylistics« nimmt Fish Gedanken seiner Studie über die Leserrolle in Miltons *Paradise Lost* (1667) wieder auf und betont den Prozeßcharakter des Lesevorganges und der Interpretation fiktionaler Texte durch den Rezipienten. Die ↗ Bedeutung einer Aussage wird laut Fish nicht räumlich im Text verankert vorgefunden, sondern im temporalen Ablauf der Lektüre erlebt und empfunden. ↗ Unbestimmtheit und die daraus resultierende Unsicherheit des interpretierenden Lesers sind dabei für Fish konstitutive Elemente. Um sich durch seine Konzentration auf den Leser nicht dem Vorwurf der relativistischen Beliebigkeit auszusetzen, geht Fish von einem idealen ›informierten Leser‹ aus, der sich durch ›literar. ↗ Kompetenz‹ auszeichnet und dadurch der Arbitrarität einer rein subjektiven und womöglich unhaltbaren Interpretation entgeht und intersubjektiv akzeptable Lesarten entwickelt. Fish sieht seine a. S. im Gegensatz zu einigen seiner Kritiker nicht als Rückfall in die von W.K. ↗ Wimsatt gebrandmarkte *affective fallacy* im Sinne einer Verwechslung von Text und Leserreaktion, da er die Rolle des Lesers schon in den Text eingeschrieben sieht und dadurch eine textorientierte ↗ Rezeptionsästhetik betreibt. – Fishs a. S. hat in den 70er Jahren entscheidend zur Verbreitung des rezeptionsästhetisch orientierten *reader-response criticism* im angelsächs. Bereich beigetragen. Fish rückte später von der Vorstellung eines idealen Lesers ab und ersetzte sie durch die der ↗ Interpretationsgemeinschaft.

Lit.: Fish 1995 [1980]. – E. Freund: *The Return of the Reader. Reader-Response Criticism*, Ldn. 1987.

HA

Aktant (frz. *actant*, Neubildung zu frz. *acte*: Handlung), invariable, semantische Einheit der Erzählstruktur. – A. ist eine Kategorie einer strukturalistischen ↗ Metasprache (↗ Strukturalismus) zur Beschreibung von ↗ Figuren in Texten. Im Gegensatz zu Begriffen wie ›Figur‹ oder ›Akteur‹, die zur Analyse der Textoberfläche verwendet werden, bezeichnet A. eine ›Tiefen‹-kategorie (↗ Tiefenstruktur). Oberflächenphänomene können nach A.J. ↗ Greimas aufgrund ihrer Handlungsfunktion auf sechs A.en zurückgeführt werden, die zu drei Oppositionspaaren angeordnet sind: ↗ Subjekt vs. Objekt, Adressat vs. Adressant, Adjuvant vs. Opponent (diese fallen später weg). Figuren können mehrere A.en realisieren, ein A. kann aber auch in mehreren Figuren realisiert sein. Das aktantielle Modell ist v. a. die »Extrapolation der syntaktischen Struktur« (Greimas 1971, S. 171). Die Beschreibung und Erklärung des Verhältnisses von A.en zu Figuren wird von Greimas mittels der ›thematischen Investierung‹ gelöst, also der Anreicherung der A.enkategorien mit zusätzlichen Bedeutungseinheiten, den Semen. Um die Vermischung der Beschreibung des aktantiellen Modells mit der qualifikativen Analyse zu vermeiden, führt er den Begriff der ›Rolle‹ ein, die als aktantielle Elementareinheit kleinere semantische Einheiten und damit eine analytische Ebene zwischen A.en und Figuren bildet. Ausgangspunkt für Greimas' A.enmodell sind die syntaktischen Analysen von L. Tesnière (1959) sowie v. a. V. ↗ Propps (1928) Analysen russ. Volksmärchen und E. Souriaus *Les deux cent mille situations dramatiques* (1950), in denen die Rückführung von vielfältigen Figuren auf der Textoberfläche auf eine kleine Anzahl von Handlungsfunktionen vorgebildet ist.

Lit.: V. Propp: *Morphologie des Märchens*, FfM. 1975 [1928]. – E. Souriau: *Les deux cent mille situations dramatiques*, Paris 1950. – L. Tesnière: *Éléments de syntaxe structurale*, Paris 1965 [1959]. – A. J. Greimas: *Strukturale Semantik*, Braunschweig 1971 [1966]. – ders.: »Die Struktur der Erzählaktanten. Versuch eines generativen Ansatzes«. In: J. Ihwe (Hg.): *Lit.wissenschaft und Linguistik*, Bd. 3, FfM. 1972. S. 218–238.

FJ

Aktualisierung (mlat. *actualis*: tatsächlich, zu lat. *actus*: Handlung), Begriff aus der ↗ Rezeptionsästhetik zur Beschreibung eines wichtigen Aspekts der Tätigkeit des ↗ Lesers beim Lektürevorgang. Nach R. ↗ Ingarden bezeichnet A. einen Prozeß, bei dem »der Leser im lebendigen Vorstellungsmaterial anschauliche Ansichten produktiv erlebt« (Warning 1975, S. 51). Das literar. Werk enthält Suggestionen und Direktiven, die den Rezipienten dazu animieren, bestimmte Ansichten des ↗ Textes zu aktualisieren und somit dem Werk in der ↗ Konkretisation eine eigene Gestalt zu verleihen, die es vorher aufgrund seiner Unbestimmtheitsstellen nur andeutungsweise besaß (literar. ↗ Unbestimmtheit). Nach W. ↗ Iser stellt das literar. Kunstwerk mittels seiner ↗ Appellstruktur Signale zur Verfügung, die den Leser in Interaktion mit dem Text treten lassen, wobei es als Reaktion des Rezipienten auf die mangelnde Determiniertheit des Werks zur A. der Signale kommt. Die Bedeutung des Textes entsteht also erst richtig durch die A. Der Begriff der A. wird auch von G. ↗ Genette in seiner in *Palimpsestes* (1982) vorgestellten Hypertextualitätstheorie verwendet (↗ Hypertext). Dort wird die Travestie als eine Transformation des vorausgehenden ↗ Hypotextes bezeichnet, die mit satirischer A., d. h. mit einer Veränderung im Sinne einer Familiarisierung des Stils bei gleichem Thema arbeitet. Auch J.-F. ↗ Lyotard bedient sich bei seiner Diskussion der ↗ Postmoderne in *Le différend* (1983) des Konzepts der A. Beim Kontakt heterogener Diskursarten kommt es zum Widerstreit diverser Möglichkeiten, die alle in gleichem Maße aktualisiert werden könnten, wobei es Lyotard nicht um die Formulierung einer A. auf Kosten der anderen, sondern gerade um die Vermeidung solch hegemonischer Viktimisierungen anderer möglicher Diskurskonkretisationen geht. Dies ist für ihn eine wichtige Aufgabe der Lit.wissenschaft.

Lit.: R. Warning: *Rezeptionsästhetik*, Mchn. 1994 [1975]. – Genette 1982/93. – J.-F. Lyotard: *Le différend*, Paris 1983.

HA

Allegorie (gr. *állo agoreúō*: ›ich sage etwas anderes‹), der Terminus A. hat verschiedene Bedeutungen: (a) Der Rhetoriker versteht unter A. die über ein Einzelwort hinaus fortgesetzte ↗ Metapher; so wird aus der Metapher ›Staatsschiff‹ eine A. in dem Satz: ›Das Staatsschiff droht an den Klippen der Arbeitslosigkeit zu zerschellen‹; (b) für den Literarhistoriker ist eine A. ein abgeschlossener Text oder ein größeres Textsegment, dessen Sinn sich erst durch den Verweis auf eine zweite Bedeutungsebene ergibt, wobei der vordergründige Textsinn eher belanglos ist (vgl. Orwells *Animal Farm*); (c) der Kunsthistoriker setzt die A. mit der Personifikation gleich: Die Frau mit den verbundenen Augen und Schwert und Waage in den Händen ist eine A. der Gerechtigkeit; (d) in der Theorie vom mehrfachen ↗ Schriftsinn bezeichnet die A. eine von drei Stufen des geistigen Sinns des Bibelworts. Die Bedeutungen (a) und (b) sind eng benachbart, Bedeutung (c) gehört als Spezialfall mit dazu, Bedeutung (d) entstammt einem anderen Zusammenhang. Der begrifflichen Klarheit wenig förderlich ist es, als A. auch das poetische Verfahren zu bezeichnen, das allegorische Texte produziert; hierfür bietet sich der Terminus ›Allegorisierung‹ an, während für das entsprechende hermeneutische Verfahren, das Texte als allegorische rezipieren hilft, die Bezeichnung ›Allegorese‹ verfügbar ist. Da die A. in verschiedenen ↗ Gattungen auftreten kann, ist sie keine eigenständige Gattung, sondern ein spezifisches Strukturmuster. – Die A. kann in sich geschlossen sein ohne Hinweis auf die gemeinte Bedeutung (reine/implikative A.) oder mit Entschlüsselungssignalen bzw. mit einer ausführlichen Auslegung versehen werden (gemischte/explikative A.). Je nach der narrativen Struktur ist zwischen Handlungs- und Beschreibungs-.A. zu unterscheiden. Die seit Goethe übliche Abgrenzung der A. vom ↗ Symbol wird überbewertet.

Lit.: Lausberg 1990 [1949]. §§ 423–425. – ders. 1990 [1960]. §§ 895–901. – Ch. Meier: »Überlegungen zum gegenwärtigen Stand der A.-Forschung«. In: *Frühmittelalterliche Studien* 10 (1976) S. 1–69. – W. Haug (Hg.): *Formen und Funktionen der A.*, Stgt. 1979. – Kurz 1997 [1982]. – F. Gaede: »A.«. In: Borchmeyer/ Žmegač 1994 [1987]. S. 30–32. – P. Michel: *Alieniloquium. Elemente einer Grammatik der Bildrede*, Bern 1987. S. 429–594. – W. Freytag: »A., Allegorese«. In: G. Ueding (Hg.): *Historisches Wörterbuch der Rhetorik*, Bd. 1, Tüb. 1992. Sp. 330–392 – H.J. Spitz: »Allegorese/A./Typologie«. In: Ricklefs 1996. S. 1–31. – B.F. Scholz: »A.2«. In: Weimar 1997. S. 40–44. – W. Blank: »A.3«. In: Weimar 1997. S. 44–48. – R. Suntrup: »Allegorese«. In: Weimar 1997. S. 36–40.

DP

Allegorische Interpretation, eine a. I. ist die Auslegung eines Textes, die den wörtlichen Sinn als Zeichen eines anderen, tieferen Sinns begreift. Die Anfänge der a. I. liegen in der ↗ Antike und haben sich aus der Interpretation der homerischen Epen ergeben. Bereits in der Antike wurden solche Auslegungen kritisiert. Die philologische Schule von Alexandrien lehnte sie ab und entwickelte statt dessen grammatisch-historische sowie textkritische Verfahren. Wesentlich für das nachantike Europa ist die a. I. der Bibel geworden. Die Anfänge einer allegorischen Lektüre der Heiligen Schrift lassen sich bereits im Neuen Testament selbst verfolgen. In einer berühmt gewordenen Stelle des Galaterbriefs (4, 24) sagt Paulus über die beiden Söhne des Abraham, deren einer von einer Sklavin und deren anderer von einer Freien stammt: ›quae sunt per allegoriam dicta‹ (›dies ist allegorisch gemeint‹). Die beiden Söhne bedeuten die beiden Bücher der Schrift, denn das Alte Testament steht für die Knechtschaft, das Neue Testament für die Freiheit. Diese allegorischen Verfahren sind im Laufe der Jh.e systematisiert worden. Maßgeblich für die ma. Bibelexegese war Augustinus' Traktat *De doctrina christiana* (ca. 397–426), der das Prinzip eines mehrfachen ↗ Schriftsinns fixierte. Ein ma. Merkvers hat den vierfachen Schriftsinn der Bibel auf folgende Formel gebracht: ›Littera gesta docet, quid credas allegoria/Moralis quid agas, quo tendas anagogia‹. Der wörtliche Sinn berichtet von den historischen Tatsachen, der allegorische Sinn beinhaltet die heilsgeschichtliche Bedeutung, der moralische Sinn lehrt das rechte Handeln, und der anagogische Sinn gibt Auskunft über die jenseitige Bedeutung. Ein Schulbeispiel ist die mehrfache Lesbarkeit der Stadt Jerusalem. Jerusalem ist im buchstäblichen Sinn die historische Stadt in Israel. Im allegorisch-heilsgeschichtlichen Sinn ist darunter die Kirche zu verstehen. In moralischer Hinsicht bedeutet Jerusalem die Seele des Christen; und anagogisch ist damit das himmlische Jerusalem gemeint. Die vier Bedeutungsebenen repräsentieren insofern ein christliches Wirklichkeitsmodell. Sie vereinen das historische Geschehen (den wörtlichen Sinn) mit Gottes Erlösungswerk (dem heilsgeschichtlichen Sinn); und sie verbinden das Handeln des Menschen (den moralischen Sinn) mit seinem jenseitigen Lohn (dem anagogischen Sinn). Die Bezeichnungen für die verschiedenen Schriftsinnebenen lassen bereits eine terminologische Schwierigkeit erkennen, denn der Begriff der ↗ Allegorie kommt dabei in zweifacher Weise vor. Er meint ebenso generell die übertragene Bedeutung jenseits des buchstäblichen Sinns wie eine bestimmte Bedeutungsebene innerhalb des Schemas des vierfachen Schriftsinns. Die Terminologie sowie die Ordnung der Schriftsinnebenen war im MA. auch durchaus nicht einheitlich fixiert. Es gab zumal in der Begrifflichkeit eine nicht unerhebliche Variation. – Augustinus' *De doctrina christiana* legte auch die entscheidenden Kriterien für die exegetische Praxis fest. So gilt, daß jede übertragene Bedeutung im Text der Heiligen Schrift an anderer Stelle in buchstäblichem Sinn formuliert sein muß. Allegorisch auszulegen ist eine Bibelstelle dann, wenn sie weder ausdrücklich eine Verhaltensmaxime noch einen Glaubenssatz (*vel praecepta vivendi, vel regulae credendi*) zum Inhalt hat. Wenn die Schrift etwa berichtet, daß Moses, Elias und Christus jeweils 40 Tage fasteten, dann hat diese Zahl für den Glauben keine unmittelbare Bedeutung. Sie bedarf deshalb eines allegorischen Kommentars. Der formale Grundsatz für das Auffinden der angemessenen Bedeutung besteht in der Ähnlichkeit zwischen der im wörtlichen und der im figürlichen Sinn bezeichneten Sache. Daß sich dadurch jede Textstelle mehrfach auslegen läßt, spricht nach ma. Verständnis durchaus nicht gegen dieses Verfahren. Vielmehr spiegelt sich in der vielfachen Lesbarkeit derselben Textstelle der semantische Reichtum einer Rede, als deren eigentlicher Autor niemand anderes als Gott selbst gilt. Die Unerschöpflichkeit der Schrift korrespondiert insofern Gottes Unendlichkeit. – Die mit dem vierfachen Schriftsinn verbundene Verrätselung des Bibeltexts hat schon bald nach Erklärungen verlangt. Man hat die Struktur der Heiligen Schrift deshalb ebenso mit pädagogischen Argumenten wie mit dem Rang der in der Bibel offenbarten Wahrheit gerechtfertigt. So besagt ein in diesem Zusammenhang vielbenutztes Argument, daß erst die Mühen der Entschlüsselung des Texts den wahren Wert seiner Lehre zu erkennen geben. Ebenso wird die Ausstattung der Schrift mit einem verborgenen Sinn als ein Schutz ihrer kostbaren Wahrheit vor den Unberufenen begriffen. Die a.I. der Bibel ist v.a. durch die Reformation in Frage gestellt worden. Luther hat sie abgelehnt und damit maßgeblich zum Bedeutungsverlust allegorischer Exegese in der Neuzeit beigetragen. – Eng verbunden mit der a.I. der Bibel, doch von ihr zu unterscheiden, ist ihre figurale Interpretation. Auch deren Beginn läßt sich bereits in den paulinischen Briefen beobachten. Im Römerbrief (5, 14) wird Adam als Vorausdeutung auf Christus gedeutet, der Antitypos Adam auf den Typos Christus bezogen. Kennzeichnend für dieses typologische Denken ist somit ein zeitlicher Bezug, zunächst wesentlich die Beziehung zwischen dem Alten und dem Neuen Testament. Ein alttestamentarisches Ereignis oder eine alttestamentarische Person werden als Vorausdeutung (*figura*) ihrer neutestamentarischen Erfüllung (*implementum*) begriffen. So ließ sich die Braut des Hohen Lieds als *figura* der jungfräulichen Gottesmutter und der Auszug der Israeliten aus Ägypten als *figura* der Erlösung aus der Knechtschaft der Sünde verstehen. Es liegt auf der Hand, daß sich Überschneidungen zwischen der figuralen und der a.I. v.a. für den heilsgeschichtlichen Sinn innerhalb des Schemas des vierfachen Schriftsinns ergeben. Später ist das figurale Deutungsmuster auch auf die außerbiblische Geschichte ausgedehnt worden. Ein signifikantes Beispiel dafür bietet Dantes *Commedia* (ca. 1307–1321), wo konsequent die pagane Geschichte mit der Geschichte der Bibel parallelisiert wird. So erscheint bei ihm der jüngere Cato, der sich um seiner Freiheit willen selbst tötete, als eine *figura* des Erlösers, der für die Freiheit der Menschen von der Macht des Todes den Tod auf sich nahm. Dante hat figurale Verfahren in großer Zahl auch für sein eigenes Werk eingesetzt. In diesem Sinn läßt sich etwa Aeneas, der im sechsten Buch von Vergils Epos in die Unterwelt steigt, als eine *figura* des Jenseitswanderers Dante selbst begreifen. – Auch die a.I. ist im MA. für weltliche Texte, im bes. für antike Texte benutzt worden. So sind etwa Vergil und Ovid konsequent allegorisiert worden. Eine solche Anwendung allegorischer Auslegungsverfahren auf pagane Texte bringt eine wesentliche Veränderung der Voraussetzungen einer solchen Deutung mit sich. Hier gilt es, anders als für den Text der

Heiligen Schrift, grundsätzlich auf das Prinzip der *voluntas auctoris* zu verzichten. Der eigentliche Sinn des Texts läßt sich hier nur gegen die Absichten des ungläubigen Verfassers ermitteln, der sich der verborgenen und ihm ohne sein Wissen zuteil gewordenen Wahrheit nicht bewußt sein konnte. Das Schema des mehrfachen Schriftsinns ist im MA. auch zu einer Poetik des dichterischen Texts geworden. Viele literar. Texte dieser Epoche weisen allegorische Strukturen auf oder sind durchgängig als Allegorien konzipiert. Bedeutsam ist im bes. die Minneallegorie geworden, die im *Rosenroman* ihre wohl berühmteste Verwirklichung gefunden hat. Die Theorie literar. Allegorese hat am konsequentesten Dante im zweiten Traktat seines *Convivio* (1303–1308) beschrieben und sie in diesem Werk auf seine eigenen Kanzonen angewandt. – In engem Zusammenhang mit der allegorischen Auslegung der Bibel steht die Vorstellung vom Buch der Natur, das Verständnis der Schöpfung als einem zweiten Buch der Offenbarung. In diesem Sinne ließ sich die gesamte materielle Natur als Zeichen immaterieller Größen begreifen. Kennzeichnend dabei ist die doppelte Auslegbarkeit jedes Gegenstands, der sich in positivem Sinn (*in bonam partem*) bzw. in negativem Sinn (*in malam partem*) auslegen ließ. So konnte etwa das Licht der Sonne, entsprechend dem jeweiligen Zusammenhang, ebenso als Sinnbild Gottes wie als Verführung des Teufels gelten; und der Berg stand ebenso für den Aufstieg zu Gott, wie er die sündhafte Selbsterhöhung des Menschen, seinen Hochmut, bedeuten konnte.

Lit.: Hieronymus Lauretus: *Silva allegoriarum totius sacrae scripturae*, Mchn. 1971 [1570]. – E. Auerbach: »Figura«. In: *Archivum romanicum* 22 (1938) S. 436–489. – H.R. Jauß: »Entstehung und Strukturwandel der allegorischen Dichtung«. In: ders. (Hg.): *Grundriß der romanischen Literaturen des MA.s*, VI.1, *La littérature didactique, allégorique et satirique*, Heidelberg 1968. S. 146–244. – Ch. Meier: »Überlegungen zum gegenwärtigen Stand der Allegorie-Forschung. Mit bes. Berücksichtigung der Mischformen«. In: *Frühmittelalterliche Studien* 10 (1976) S. 1–69. – F. Ohly: »Vom geistigen Sinn des Wortes im MA.«. In: ders.: *Schriften zur ma. Bedeutungsforschung*, Darmstadt 1983 [1977]. S. 1–31. – H. Blumenberg: *Die Lesbarkeit der Welt*, FfM. 1981.
AK

Alphabetisierung, der Begriff A. bezeichnet die Vermittlung der Lese- und Schreibfähigkeit, die Verschriftung schriftloser Kulturen und die Umstellung eines anderen Schriftsystems auf die Alphabetschrift. – Es ist überaus schwierig, A.

historisch eindeutig zu positionieren, da man auf indirekte Anhaltspunkte wie Schriftstücke, jeweilige Medientechniken und Ausbildungsmöglichkeiten angewiesen ist. Zudem erfolgte die A. zeitversetzt in verschiedenen sozialen Schichten, wobei es in Mitteleuropa durch die getrennte Aneignung der Kulturtechniken Lesen und Schreiben, noch dazu über die Fremdsprache Latein, vorerst mehr Lese- als Schreibkundige gab. Lesen und Schreiben sind im MA. auf Klerus und höchsten Verwaltungsapparat beschränkt. In diesem Zeitalter der exklusiven Schriftlichkeit gelangt Schrift erst durch mündliche Vermittlung, d. h. durch Vorlesen, zur kommunikativen Entfaltung. Vom Spätmittelalter bis zur Aufklärung vollzieht sich der Wechsel von der akustischen zur optischen Rezeption von Schrift, vom Zuhören zum stillen ↗ Lesen. Wesentliche Faktoren sind dabei die Zunahme handschriftlicher Dokumente, die Reformation, v. a. aber die Erfindung des Buchdrucks um 1450 und die Institutionalisierung der Schule. Durch die Massenproduktion von Texten leitet die Typographie einen allg. Verschriftlichungsprozeß ein (↗ Aufschreibesystem), der dadurch steigende Bedarf an schriftgestützter Kommunikation führt zur allg. Schulpflicht, z. B. 1763 in Preußen. Der fundamentale Wandel von begrenzter Wiederholungs- zu universaler Lektüre spiegelt sich auch in den Leseraten Mitteleuropas: 1–4 % im 15. Jh., 10–20 % um 1600, ca. 40–50 % um 1800, 75 % um 1870 und 90 % um 1900. Von einer gänzlich alphabetisierten Gesellschaft kann man daher erst zu Beginn des 20. Jh.s sprechen. In jüngster Zeit wird allerdings in Industriestaaten funktionaler, d. h. partieller Analphabetismus als Problem erkannt.

Lit.: R. Engelsing: *Analphabetentum und Lektüre*, Stgt. 1973. – U. Knoop: »Entwicklung von Literalität und A. in Deutschland«. In: H. Günther/O. Ludwig (Hgg.): *Schrift und Schriftlichkeit*, Bln. 1994. S. 859–872. – Siegert: »A.«. In: Weimar 1997. S. 55–58.

KK

Alterität, kulturelle (lat. *alter*: anders), während k. A. in der traditionellen ↗ Imagologie und Ethnologie auf Differenzen von Oberflächenphänomenen wie Ritualen und Institutionen verweist, stehen bei ↗ Kulturtheorien der Gegenwart kulturell vorgegebene, tiefenstrukturelle (↗ Tiefenstruktur) Wahrnehmungs- und Werteparadigmen im Mittelpunkt, welche die Differenzen motivieren. – Von der tiefenstrukturell konzipierten k. A. ist der diskursive Umgang mit k. A. zu unterscheiden. Auf einen *clash of cultures* reagiert das kulturelle Bewußtsein mit Entwürfen

von Hetero- bzw. Autostereotypen, d. h. Fremd- und Selbstbildern, die sich zu ›*Images*‹ eines *national character* verdichten und deren von unbewußten Interessen und Projektionen geleiteter Konstruktcharakter nicht durchschaut wird. Sie codieren nicht nur die individuelle Wahrnehmung, sondern ganze Wissenschaftsdisziplinen wie Philosophie, Philologie, Theologie, Biologie, Psychologie usw., wie z. B. im Kolonialismus und Nationalsozialismus. Kritikwürdig ist die in der Regel zu beobachtende Stigmatisierung der k. A., motiviert durch das Interesse an der Aufrechterhaltung einer mit den Normen der Ausgangskultur kompatiblen ↗ Identität, um Dominanzansprüche zu legitimieren. Dabei werden »curious interrelationships between figures for sexual and racial Otherness« (H. L. ↗ Gates 1986, S. 16) funktionalisiert. – In der abendländischen, von der gr. Antike her logozentrisch und patriarchalisch geprägten Denktradition gelten u. a. Bewußtsein und Sprache, das metaphorisch mit ihnen assoziierte Licht und die an dieses geknüpfte Sinneswahrnehmung der Visualität (Okularzentrismus), außerdem die durch ein binär operierendes Schema (↗ Binarismus) formal erzielte Eindeutigkeit der Aussage und ein mit ↗ ›Männlichkeit‹ assoziierter Merkmalskatalog als positiv konnotierte Werte und damit als Charakteristika der Identität. Sie werden abgesetzt von den der k. A. zugeschriebene Gegenpolen des Unbewußten, der Sprachlosigkeit, der Dunkelheit, der leibzentrierten Sinneswahrnehmung des Taktilen oder Olfaktorischen oder des Diffusen und Amorphen. Als weitere epistemologisch-imperialistische Strategie fungiert die Setzung von Schlüsselkonzepten der okzidentalen Epistemologie und Metaphysik als normativer Maßstab der anders codierten Weltbilder, wie z. B. die Universalisierung des okzidentalen männlich konnotierten, präsentischen und selbstmächtigen Subjektbegriffs (vgl. G. Ch. ↗ Spivak 1988), eine universalistisch ausgelegte, an der Chronologie und dem Ereignis orientierte, evolutionär und teleologisch konzipierte Zeit- und Wirklichkeitsdefinition (vgl. Comaroff 1992) und die Überlagerung ontogenetischer und phylogenetischer Entwicklungsmodelle, welche die k. A. als eine moralische, biologische, intellektuelle, ökonomische und religiöse Vorstufe der Ausgangskultur erscheinen lassen. Während ›imaginäre‹ A.konstrukte nach dem *Us-Them*-Schema über ein dichotomisch-hierarchisierendes Polaritätsmodell definiert werden, fordern ›symbolisch‹ geprägte A.modelle (vgl. JanMohamed 1983) die

gangenheitsbezogen ist, kann man zwischen ihrer Reichweite (d. h. der zeitlichen Distanz des anachronen Einschubs zum ›gegenwärtigen‹ Zeitpunkt der Erzählung) und ihrem Umfang (d. h. ihrer Dauer) unterscheiden. Bei komplexen Formen der A., wie sie beispielsweise im modernen frz. Roman zu finden sind, wird die Grenze zur Achronie, bei der alle Zeitbezüge zugunsten von räumlichen, thematischen o. a. Verflechtungen aufgehoben werden (Syllepse), fließend. – Unter dem Aspekt der Dauer untersucht Genette narrative Geschwindigkeitsverhältnisse und unter Frequenz die Wiederholungsbeziehungen zwischen Erzählung und ↗ Diegese.

Lit.: Genette 1972/80 (1983/88/94). – S. Chatman: »Genette's Analysis of Narrative Time Relations«. In: *L'Esprit Créateur* 14 (1974) S. 353–368. – M. Bal: *Narratology. Introduction to the Theory of Narrative*, Toronto 1997 [1985]. – J. Ci: »An Alternative to Genette's Theory of Order«. In: *Style* 22.1 (1988) S. 18–41.

BM

Anagramm, Anagrammatik (gr. *ana*-: zurück und *grámma*: Buchstabe), besteht in der Vertauschung der Buchstaben eines Wortes oder einer Wortgruppe, so daß andere Wörter entstehen. ›A.‹ wird auch generell für phonische und graphische permutative Techniken gebraucht. – Die Ursprünge des A.s liegen in der antiken Panegyrik (Lykophron von Chalkis) und Namendeutung. Die Verwandlung von Eigennamen zu enkomiastischen Zwecken überwiegt auch in den A.en der frühen Neuzeit, als geradezu eine A.-Manie herrschte (Ludwig XIII. von Frankreich ernannte Th. Billon zum ›anagrammatiste du roi‹). Für die Rolle des A.s in der ↗ Poetik des 20. Jh.s scheint die mit dem A. verwandte kabbalistische Technik der Temurah von Bedeutung. Hierbei geht es um eine über den denotativen Wortsinn hinausreichende Wahrheitsfindung in der Torah. Der heilige Text selbst generiert verborgene Bedeutungsebenen. – Ohne explizit mystisch-theologischen Hintergrund versuchte F. de ↗ Saussure in seinen erst von J. ↗ Starobinski (z. T.) veröffentlichten A.-Studien nachzuweisen, daß die phonischen Elemente eines Themawortes oder Namens die verborgene anagrammatische Konstruktionsgrundlage des lat. saturnischen Verses und anderer Texte bilden. Diese Anaphone wurden von Saussure auch ›Paragramme‹ oder ›Hyponyme‹ genannt. Saussures A.-Studien trugen dazu bei, daß im Umkreis der *Théorie de l'écriture* (R. ↗ Barthes, Zs. *Tel Quel*) der (von Saussure nicht explizit bestrittene) dichterische Schöpfungsakt durch

den Begriff der Produktion ersetzt wurde. Gerade die sprachliche Eigendynamik des A.s läßt ↗ Bedeutung als vom Text selbst hervorgebracht erscheinen (↗ Tod des Autors). Eine Weiterführung dieser Position ist in der etwa von J. ↗ Baudrillard postulierten völligen Aufgabe der Bedeutung durch die Verselbständigung der Sprache zu sehen. In der dichterischen Praxis ergeben sich Berührungspunkte mit Experimenten des automatischen Schreibens (↗ Surrealismus) oder der Mathematisierung der Poesie (G. Perec). Damit verwandt sind die dt. A.-Gedichte von U. Zürn, O. Pastior oder K. Mautz.

Lit.: J. Starobinski: *Les mots sous les mots*, Paris 1971 (dt. *Wörter unter Wörtern. Die A.e von F. de Saussure*, FfM. 1980). – L. Braun/K. Ruch: »Das Würfeln mit den Wörtern. Geschichte und Bedeutung des A.s«. In: *Merkur* 42.3 (1988) S. 225–236. – U. Ernst: »Permutation als Prinzip in der Lyrik«. In: *Poetica* 24 (1992) S. 225–269.

MB

Analepse (gr. *análēpsis*: Wiederherstellung; hier: Rückwendung), in G. ↗ Genettes ›Discours du récit‹ (*Figures III*, 1972) bezeichnet der Begriff A. eine der beiden Hauptformen narrativer ↗ Anachronie und gehört als solche zur Kategorie ›Ordnung‹. A. wird definiert als »jede nachträgliche Erwähnung eines Ereignisses, das innerhalb der Geschichte zu einem früheren Zeitpunkt stattgefunden hat als dem, den die Erzählung bereits erreicht hat« (Genette 1994, S. 25). – Analog zur ↗ Prolepse differenziert Genette zunächst einmal zwischen den Kriterien der Reichweite und des Umfangs einer A., d. h. zum einen der Zeitspanne zwischen dem ›Jetzt‹ der Erzählung und der Zeitstufe des analeptischen Einschubs, und zum anderen der Dauer dieses Einschubs selbst. Die folgenden Unterscheidungen betreffen den Aspekt der Reichweite einer A. Je nachdem, wie die A. mit der Basiserzählung (*récit premier*) verbunden wird, kann zwischen externer, interner und gemischter A. differenziert werden. Die externe A. beginnt und endet vor dem narrativen ›Jetzt‹, die interne beginnt nach dem ›Jetzt‹, und der Mischtypus beginnt vor und endet nach dem ›Jetzt‹. Die externe A. bleibt somit der Basiserzählung äußerlich und überschneidet sich nicht mit deren Zeitfeld; ihre Funktion besteht darin, den Leser über ›frühere‹ Ereignisse zu informieren. Demgegenüber fällt die interne A. in das Zeitfeld der Basiserzählung, so daß hier die Gefahr der Überschneidung gegeben ist. Diese Redundanzen können wiederum verschiedene Formen annehmen: Während die heterodiegetische (↗ Diegese/Diegesis) interne A. sich (inhaltlich) nicht mit der Basiserzählung überschneidet, betrifft die homodiegetische interne A. den Handlungsstrang der Basiserzählung selbst, wodurch sich eine Interferenz ergibt. Eine homodiegetische A. kann repetitiv (›Rückgriff‹) oder kompletiv (›Rückblende‹) sein. Solche Rückblenden können beispielsweise die Form von Ellipsen annehmen, bei denen sich durch ein Überspringen von Begebenheiten Zeitlücken ergeben. Daneben wäre die Paralipse zu nennen, die ein absichtliches Beiseitelassen oder Ausblenden bezeichnet. Je nach Umfang kontrastiert Genette partielle und komplette A. Die partielle A. endet elliptisch und erreicht die Zeitstufe der Basiserzählung nicht, wohingegen die komplette A. schließlich mit der Basiserzählung verbunden wird.

Lit.: Genette 1972/80 (1983/88/94).

BM

Analoge Kommunikation ↗ Kommunikation, analoge und digitale

Analogie (gr. *analogía*: Entsprechung, Verhältnisgleichheit), der Begriff der A. ist paradox: Er bezeichnet, *aná ton autón lógon*, ein Verfahren, das der ›Vernunft‹ (*lógos*) entspricht, ohne selbst Vernunft zu sein. Der Begriff ist selbstreferentiell, weil er für sich das Verfahren wiederholt (eine Verhältnisgleichheit mit dem *lógos*), was er generell bezeichnen soll: eine Verhältnisgleichheit zwischen verschiedenen Gegenständen, Systemen überhaupt. – Die Antike konzeptualisiert A. bereits in verschiedenen Bereichen: Poesie, ↗ Poetik, Philosophie, Ethik, ↗ Rhetorik, Grammatik. Ihnen gemeinsam ist die doppelte begriffliche Ausrichtung der A.: (a) Die formale Bestimmung als Gleichheit von Zahlenverhältnissen; (b) als heuristisches Mittel wird A. als bestimmte Entsprechung von Verschiedenem angenommen, um aus Bekanntem Unbekanntes zu erklären. Beide Konzepte überlagern sich, werden nicht trennscharf behandelt. Diese Doppelung wird auch in den A.lehren der ma. Theologie und in Werken der frühen Neuzeit beibehalten. Die Philosophie der ↗ Moderne (I. Kant; G. W. F. ↗ Hegel) verwirft A. endgültig für erkenntnistheoretische Fragen aufgrund fehlender logischer Stringenz. A. wird auf den Kontext von Ästhetiklehren beschränkt oder in Disziplinen wie Biologie (homolog vs. analog), Computer- und Medienwissenschaft (digital vs. analog), Linguistik u. a. streng definiert. In den Lit.- und Kulturwissenschaften wird A. entweder als rein

historischer Begriff gedacht (A. bei Herder usw.) oder als Verfahren ohne Erläuterung der Begriffsvoraussetzungen verwendet (Vergleich von Gattungen ohne Theorie des Vergleichens). – Sowohl eine Theorie als auch eine historisch umfassende Darstellung der A. fehlen bisher. Zur Zeit erleben A.bildungen im kulturkritischen Mediendiskurs eine Renaissance (↗ Kulturkritik; ↗ Metapher). Auch in erkenntnistheoretischen Fragen wird A. als heuristisches Mittel oder als Einheitsbegriff wissenschaftlicher Entdeckungen wieder eingeführt.

Lit.: H. Höffding: *Der Begriff der A.*, Lpz. 1924. – M.J.F.M. Hoenen: »A.«. In: G. Ueding (Hg.): *Historisches Wörterbuch der Rhetorik*, Bd. 1, Tüb. 1992. Sp. 498–514.

AF

Analytische Literaturwissenschaft, als A.L. wird die Richtung lit.wissenschaftlicher Forschung bezeichnet, die sich an der sog. Analytischen Philosophie und Wissenschaftstheorie orientiert und deren Standards und Problemlösungsstrategien auf lit.wissenschaftliche Fragestellungen überträgt. Dabei ist die A.L. ebensowenig einheitlich wie die Analytische Philosophie selbst. Zu ihr sind Wissenschaftler zu zählen, die Theoreme so unterschiedlicher Philosophen und Logiker wie G. Frege, L. ↗ Wittgenstein, K. Popper und S. A. Kripke adaptieren oder sich Ästhetikern wie N. Goodman und A. C. ↗ Danto anschließen. Daneben gibt es eine zweite Wissenschaftstradition, an der sich die A.L. orientieren kann: die semiotisch-strukturalistische und formalistische Forschung (↗ Strukturalismus; ↗ Russ. Formalismus). Den kleinsten gemeinsamen Nenner der verschiedenen Varianten der A.L., der die gemeinsame Bezeichnung ›analytisch‹ rechtfertigt, bilden sowohl ein in der Regel dokumentiertes wissenschaftstheoretisches Problembewußtsein, wobei die Ausrichtung variieren kann (z.B. Anschluß an Popper), als auch eine bestimmte Auffassung von Wissenschaftlichkeit sowie daraus resultierende methodologische Forderungen: ↗ Theorien müssen widerspruchsfrei sein, Begriffe expliziert werden, Argumentationen klar und konsistent und Hypothesen empirisch überprüfbar sein. Zwei in sich differenzierte Richtungen der A.L. sind nach ihren Zielsetzungen und wissenschaftstheoretischen Orientierungen zu unterscheiden: (a) die ›rekonstruktive‹ Richtung; ihre Ziele liegen primär in der Rekonstruktion praktizierter lit.wissenschaftlicher Argumentation und Theoriebildung, der Reformulierung von

Grundlagenbegriffen der Lit.wissenschaft und dem Versuch, traditionelle Probleme, z.B. das ↗ Interpretations-, ↗ Fiktionalitäts-, ↗ Gattungs- oder ↗ Wertungsproblem, mit sprachanalytischen Mitteln zu lösen, z.B. mit Hilfe des ›Wegs über Unglücksfälle‹ sprachliche Mechanismen aufzudecken, durch Explikation terminologische Unklarheiten zu beseitigen usw.; (b) die ›konstruktivistische‹ Richtung; ihr Ziel ist die grundlegende Revision traditioneller Lit.wissenschaft und, auf der Basis konstruktiver Wissenschaftstheorie (↗ Konstruktivismus), die Etablierung eines neuen Paradigmas, in dem Forschungsergebnisse empirisch verifiziert bzw. falsifiziert werden können (↗ Empirische Theorie der Lit.). Liegen die Schwerpunkte dieser dominanten Richtungen auf metatheoretischen Fragen, so gibt es doch auch analytische Arbeiten im Objektbereich der Lit.wissenschaft. Zwar sind diese zu wenig profiliert, um eine dritte Richtung zu bilden, aber zur Bestimmung ist die Haltung der A.L. zur Textanalyse und zu lit.historischen Rekonstruktionen wichtig: Die A.L. stellt selbst keine ↗ Methode zur Analyse literar. Texte zur Verfügung, kann aber mit einer solchen verbunden werden. Es kommen nur Methoden in Betracht, die von ihrer vorausgesetzten Wissenschaftskonzeption her kompatibel sind, z.B. strukturalistische oder ↗ linguistische Ansätze, Verfahren der ↗ Hermeneutik hingegen nur in präzisierter Form. Charakteristisch für die A.L. ist, daß solche Analysen meist von methodologischen Reflexionen und Begriffsklärungen begleitet werden und die Argumentationen überdurchschnittlich explizit sind. – Lit.wissenschaftliche Arbeiten analytischer Ausrichtung finden sich schon vor der Etablierung des Begriffs, die 1984 mit dem von P. Finke und S.J. ↗ Schmidt herausgegebenen Sammelband *A.L.* anzusetzen ist. Bereits in den 30er Jahren wandte man sich im Kontext der Bemühungen um eine ›Einheitswissenschaft‹ auch lit.historischen Fragen zu (H. Gomperz), wenn auch ohne weite Resonanz. Auch die Versuche analytischer Philosophen, literar. Phänomene zu behandeln, sind der Geschichte der A.L. zuzurechnen, z.B. J.R. ↗ Searles 1979 im Rahmen der ↗ Sprechakttheorie erarbeitetes Modell fiktionaler Rede. Eine breitere Diskussion entsteht erst Anfang der 70er Jahre im Kontext der Theoriedebatten und ihrer Forderung nach Verwissenschaftlichung der Disziplin. Ausgehend von der Kritik an der meist diffus hermeneutischen Interpretationspraxis und ihrer Sprache werden verschiedene analytische Modelle zu deren Rekonstruk-

tion eingesetzt und teilweise auch Verfahren ihrer Präzisierung vorgeschlagen: zunächst nach strengen wissenschaftstheoretischen und logischen Maßstäben (z.B. H. Göttner), dann, eher deskriptiv ausgerichtet, auf argumentationstheoretischer Grundlage (z.B. G. Grewendorf), schließlich mit differentialistischem Ansatz und der Forderung, die ›weichen‹ Standards der Disziplin zu akzeptieren (vgl. Strube 1993). Ebenfalls aus dem Ungenügen an hermeneutischen oder geschichtsphilosophischen Bestimmungen zentraler lit.wissenschaftlicher Konzepte heraus beginnen in den 70er Jahren Vertreter der A.L. mit der Analyse eben dieser Grundbegriffe und -probleme, indem sie sich Theorien und Verfahren analytischer Philosophen zunutze machen: Gefragt wird z.B. nicht mehr nach dem ›Wesen‹ der Dichtung, sondern nach Mechanismen und Merkmalen dichterischer Sprache, etwa im Rahmen eines präzisierten Abweichungsmodells (vgl. Fricke 1981), und ebenso nach den Spielregeln lit.wissenschaftlicher Interpretationen (z.B. Spree 1995). Analog geht es nicht darum, was Fiktionalität ist, sondern darum, wie fiktionale Rede funktioniert. Gerade für die Untersuchung dieses Problems finden sich verschiedene anschlußfähige Positionen in der Analytischen Philosophie, etwa bei Frege, Searle und Goodman, der ›Semantik möglicher Welten‹, so daß die Fiktionalitätsdebatte einen Schwerpunkt der A.L. ausmacht (vgl. Gabriel 1975; sowie zusammenfassend Lamarque/Olsen 1994 und Thürnau 1994). Auch die notorisch schwierige Gattungsbildung wird grundsätzlich diskutiert, einzelne Gattungsbegriffe werden, meist im Anschluß an Wittgenstein, präzisiert (z.B. R. Zymner). Ausgehend von denselben Kritikpunkten wie die bisher skizzierte erste Richtung der A.L. gehen die Vertreter der zweiten Richtung über Rekonstruktionen und Verbesserungsvorschläge hinaus, indem sie in den 80er Jahren ein Modell der Lit.wissenschaft entwerfen und etablieren, das mit Bezug auf unterschiedlich ›radikale‹ konstruktivistische Theorien neuen theoretischen und methodischen Vorgaben folgt. So vermeidet die ↗ Empirische Theorie der Lit. u.a. die wissenschaftstheoretischen Probleme traditioneller Lit.wissenschaft, etwa das Problem der ›Konfundierung‹ von Subjekt und Objekt in jeder Interpretation (N. ↗ Groeben), indem sie Rezipient und Forscher kategorial trennt; und sie baut auf einem Fundament eingeführter, oft neu definierter Begriffe auf (vgl. S.J. Schmidt 1980 und 1982). Die thematische und konzeptionelle

Vielfalt der A.L. dokumentiert sich in ihren Publikationsorganen wie den Zs.en *Poetics* oder *SPIEL* und ihren Reihen, z.B. *Explicatio*.

Lit.: G. Gabriel: *Fiktion und Wahrheit*, Stgt. 1975. – J.R. Searle: *Expression and Meaning. Studies in the Theory of Speech Acts*, Cambridge 1979. – D. Freundlieb: »Hermeneutische oder analytische Lit.wissenschaft?« In: V. Bohn (Hg.): *Lit.wissenschaft*, Stgt. 1980. S. 105–172. – Schmidt 1991 [1980]. – ders. 1982. – Fricke 1981. – P. Finke/S.J. Schmidt (Hgg.): *A.L.*, Braunschweig 1984. – Fricke 1991. – Strube 1993. – P. Lamarque/S.H. Olsen: *Truth, Fiction, and Literature*, Oxford 1994. – D. Thürnau: *Gedichtete Versionen der Welt*, Paderborn 1994. – A. Spree: *Kritik der Interpretation*, Paderborn 1995.

SW

Anders, Günther (eigentl. Stern; 1902–1992), Philosoph, Schriftsteller. – Studium der Philosophie, 1923 Promotion; 1928–1937 Ehe mit H. Arendt; Exil Paris 1933, USA 1936; ab 1950 in Wien, 1958 Reise nach Japan/Hiroshima, 1967 Teilnahme am Vietnam-Tribunal. – A. versteht sich als ›Gelegenheitsphilosoph‹, dessen Schriften konkreten Erfahrungen und Wahrnehmungen ›unserer heutigen Welt‹ (A. 1956, S. 8) gewidmet sind. In seinem Hauptwerk *Die Antiquiertheit des Menschen* (1956) entwickelt A. eine philosophische Anthropologie um das zentrale Deutungsmuster des ›prometheischen Gefälles‹. Die menschliche Fähigkeit, auf ›Maximalleistung‹ ausgelegte Maschinen herstellen zu können, übertrifft bei weitem die, sich deren lebensvernichtende Wirkungen vorzustellen. Angesichts der Technikdominanz erfährt der Mensch seine Inferiorität, was A. als ›prometheische Scham‹ bezeichnet. Mensch und Technik, ↗ Subjekt und Objekt, Schöpfer und Schöpfung haben ihren Platz vertauscht, der Mensch paßt sich den Maschinen an, vereinzelt zum ›Masseneremiten‹; es besteht der ›Trend‹, sich überflüssig zu machen. Medienkritisch gewendet heißt das, daß Wirklichkeit im Hinblick auf ihre perfekte Reproduktion konstituiert wird. Eine Ethik persönlicher Verantwortung ist nicht mehr möglich. Auschwitz (*Wir Eichmannsöhne* 1964) und Hiroshima (*Tagebuch aus Hiroshima und Nagasaki*, 1959; *Briefwechsel mit dem Hiroshima-Piloten Claude Eatherly*, 1961; *Endzeit und Zeitenende*, 1972) stehen für die erstmals erreichte Möglichkeit, die Menschheit als solche vernichten zu können. Angesichts der möglichen Apokalypse werden geschichtliche Fortschrittskonzepte und Utopien von der statischen Auffassung der Geschichte als Frist abgelöst. Autonomiekonzepten der Kunst stellt A.

seine Auffassung einer operativen, praxisanleitenden Kunst entgegen, die sich der Formen Fabel, Dialog (*Ketzereien*, 1991), dialogisches Erzählen (*Die molussische Katakombe*, 1992) sowie Lehrgedicht (*Tagebücher und Gedichte*, 1985) bedient. Kunst sichert Erinnerung und Gedächtnis und wird so zum Überlebensmittel. In den 80er Jahren setzt eine sozialpsychologische und lit.theoretische Rezeption A.' ein.

Lit.: G. Anders: *Die Antiquiertheit des Menschen*, 2 Bde., Mchn. 1980 [1956]. – K.P. Liessmann: *G.A. zur Einf.*, Hbg. 1993 [1988]. – W. Fuld: »G.A.«. In: *Kritisches Lexikon zur dt.sprachigen Gegenwartslit.*, Mchn. Bibliographischer Stand 1.4. 1993. – M. Kagel: »Der Traum der Maschinen. Zum Verhältnis von Ästhetik und Technikphilosophie in den Schriften von G.A.«. In: *DVjs* 67 (1993) S. 565–583. – W. Delabar: »Vom Leben eines Privatmythos. Einiges zu Textfunden eines Autors namens G.A. und zum Roman ›Die molussische Katakombe‹«. In: *Juni* 22 (1995) S. 168–174. – D. Clemens: »G.A.-ein Marxist?« In: *Das Argument* 38.2 (1996) S. 265–273.

BD

Androgynität (gr. *anḗr*, Genitiv *andrós*: Mann; gr. *gynḗ*: Frau; wörtlich: Mannweiblichkeit), als platonischer Mythos beinhaltet A. die Vorstellung von einem ›Kugelmenschen‹, der aus der Verbindung von männlichen und weiblichen Prinzipien entsteht. Nachdem die A. in der Sexologie und Psychoanalyse der Jh.wende pathologisiert worden war, ist in der Psychologie der letzten Jahrzehnte des 20. Jh.s die Interpretation von ↗ Männlichkeit und ↗ Weiblichkeit als zwei entgegengesetzte, unvereinbare Pole durch die Vorstellung von einem Individuum, das gleichzeitig eine maskuline und eine feminine Geschlechterrolle in sich vereinigt, abgelöst worden. A. wird im Zusammenhang mit der ↗ Postmoderne u.a. von E. Badinter (*L'un est l'autre*, 1986) als Kennzeichen einer Epoche gesehen, in der ↗ Geschlechterdifferenzen im ökonomischen wie im psychosozialen Bereich allmählich verschwinden. Für Feministinnen war die A. lange Zeit eine Vision, mittels derer die restriktive Festlegung auf eine ↗ Geschlechtsidentität und die normative Macht von Geschlechterhierarchien durchbrochen werden sollte (vgl. *Women's Studies* 2, 1974). Ob A. ein feministisches Ideal sein kann, ist jedoch umstritten. In der ↗ feministischen Lit.theorie wird das Konzept der A. z.B. in Zusammenhang mit V. ↗ Woolf diskutiert. Dabei werden Woolfs Darstellungen von A. mal als Flucht vor und deshalb Verrat an Weiblichkeit, mal als Erkennen und deshalb bewußte Ablehnung jener verfälschenden oder gar destruktiven Metaphysik gedeutet,

welche Männlichkeit und Weiblichkeit als
↗ binäre Oppositionen begreift (vgl. Moi 1985,
S. 13–16). Am Beispiel der romantischen Konstruktion der A. als Künstlerideal wird die Frage
gestellt, ob A. hier nicht eher eine Aneignung
des ›Weiblichen‹ für und durch den männlichen
Künstler denn eine Überwindung der Geschlechterdifferenz impliziert. Statt als eine Kategorie, welche die Geschlechterdifferenzen nochmals benennt und (damit) fixiert, stellt C. Heil-
brun in ihrer Studie *Toward a Recognition of
Androgyny* (1973) A. als ein Konzept vor, das
die Dualität von Männlichkeit und Weiblichkeit
als essentialistische Konstrukte auflösen soll. In
Abgrenzung von einer A., welche die Fiktion
eines umfassenden, abgeschlossenen Ganzen
aufrechterhält, formuliert H. ↗ Cixous ihr
(Schreib-)Konzept einer ›anderen‹ Bisexualität,
einer pluralen und prozesshaft-dynamischen
Geschlechtlichkeit, mit der die unterdrückten
femininen Komponenten in Männern und
Frauen zum Tragen kommen sollen.

Lit.: *Women's Studies* 2 (1974). – Moi 1994 [1985]. –
K. Weil: *Androgyny and the Denial of Difference*, Char-
lottesville/Ldn. 1992.

DF/SSch

Androzentrismus (gr. *anḗr*, Genitiv *andrós*:
Mann; gr. *kéntron*: Mittelpunkt eines Kreises),
mit A. wird die Tendenz der abendländischen
Denktradition bezeichnet, in der der Mann bzw.
das Männliche als Norm und das Weibliche als
seine Abweichung bzw. Negation gilt. – S. ↗ de
Beauvoir hat in *Le Deuxième Sexe* (1949) ausgeführt, daß sich der Mann für das Menschliche
schlechthin setze, er sei das Subjekt gegenüber
der Frau als seinem Objekt, die damit seinen
Selbstentwurf stabilisiere. Dies manifestiert sich
insbes. auch in Lit. und Lit.wissenschaft. Seit V.
↗ Woolfs *A Room of One's Own* (1929) hat die
feministische Theorie und Kritik darauf verwiesen, daß Autorschaft traditionell männlich gedacht wurde und Schriftstellerinnen als Anoma-
lie galten. Diese Feststellung wird von K. ↗ Millett ergänzt, die in *Sexual Politics* (1969) u.a.
argumentiert, daß von Männern verfaßte Texte
sich primär an ein männliches Publikum richten,
dem sie Identifikationsmöglichkeiten bereitstellen und um dessen Zustimmung sie werben.
Neben der Kritik an solchen androzentrischen
Denk- und Schreibmustern hat die ↗ feministische Lit.wissenschaft beispielsweise von E. ↗ S-
howalter dem A. den ↗ Gynozentrismus als
Strategie entgegengesetzt, in der der Frau eine
privilegierte Position zugestanden wird. Die

Analyse des A. schließt aber auch die Infragestellung einer vorgeblich objektiven Wissenschaft ein, bei der der Mensch als soziales Wesen
mit Geschlecht, ethnischer und Klassenzugehö-
rigkeit nicht berücksichtigt, sondern idealiter als
(weißer) Mann gesetzt wird. Der poststrukturalistisch orientierte Feminismus hat A. als Effekt
des ↗ Phallo(go)zentrismus gelesen. Gegenüber
dem Spiel der ↗ *différance* in der Sprache setze
der A. den Mann als metaphysische Präsenz, als
Ursprung und Quelle von Bedeutung und Sinn.

DF/SSch

Antike, Literaturtheorien der, Lit.theorie im
Sinne einer Reflexion über Entstehung und Wirkung von Dichtung findet sich seit dem Beginn
der gr. Lit. In Homers *Odyssee* (8. Jh. v.Chr.)
wird in zwei Passagen, in denen epische Sänger
(Rhapsoden) auftreten, über die Aufführungs-
situation, Produktion und Rezeption eines Epos
reflektiert (*Odyssee* I, 324–355; VIII, 62 ff.
521 ff.). Penelope reagiert im ersten Buch auf
den Gesang des Phemios, der die Heimfahrt der
Griechen von Troja zum Inhalt hat, mit Tränen,
da sie (wie Odysseus am Phäakenhof im achten
Buch) in dem Lied des Rhapsoden ihr eigenes
Schicksal wiedererkennt. Ihr Sohn Telemachos
streicht in seiner Antwort, der ersten dichtungstheoretischen Äußerung der gr. Lit., dagegen die
Freiheit des Dichters bei der Wahl seines Stoffes
heraus und lobt sein Bestreben, dem Publikum
immer Neues zu bieten; zudem treffe den Sänger keine Schuld, da er nicht eigenverantwort-
lich handle, sondern als Medium zwischen Göt-
tern und Menschen fungiere und durch göttliche
Inspiration erst in die Lage versetzt werde, den
Menschen die Welt der Erinnerung (Mnemosyne) zu öffnen. Da die Dichter ihr Wissen von
einer höheren Instanz verliehen bekommen,
kann der Inhalt ihrer Dichtung nur ›wahr‹ sein,
wobei allerdings die Musen bewußt dem Dichter auch Falsches eingeben können (Hesiod,
Theogonie [8./7. Jh. v. Chr.], 27 f.). Die in Homers *Odyssee* vorhandenen lit.theoretischen
Gedanken sollten die Diskussion bis zu ↗ Platon
bestimmen: So findet man in allen poetischen
Gattungen Überlegungen zur psychagogischen
Wirkung von Dichtung (und jeder Kunst überhaupt), zum Selbstverständnis des Dichters sowohl unter dem Aspekt des Künstlers als auch in
seiner gesellschaftlichen Funktion (v.a. als Lehrer der Gesellschaft). Insbes. das fehlende Fiktio-
nalitätsverständnis, das bis zu ↗ Aristoteles die
Bewertung von Dichtung nur unter den Kategorien ›wahr‹ und ›falsch‹ zuließ, führte zu einer

ständigen Diskussion, da Fiktion in der literar. Praxis seit Homer unbestreitbar vorhanden war. – In der Chorlyrik des 5. Jh.s (Pindar, Bakchylides) nehmen poetologische Reflexionen, v. a. Gedanken über die Rolle des Dichters in der Gesellschaft und über das Verhältnis von Auftraggeber und Dichter, eine herausragende Stellung ein: Der Dichter sieht sich als Mittler zwischen der Welt der Götter, der Tradition und Geschichte auf der einen und der Welt der Menschen auf der anderen Seite, denen er durch seine Dichtungen ebenfalls unsterblichen Ruhm, also Zeitlosigkeit, verleihen kann. Die Wirkung der von Musik begleiteten Dichtungen entspricht der homerischen Beschreibung: Sie haben einen unmittelbaren Einfluß auf die Emotionen der Rezipienten, entweder beruhigend (Pindar, *Pythie I* [5. Jh. v.Chr.]) oder aufpeitschend (Pindar, *Dithyrambos II* [5. Jh. v.Chr.]). – Die Wirkungen der Dichtung unter psychologischen Gesichtspunkten beschäftigte v. a. die Sophistik des ausgehenden 5. Jh.s. Da die Sophisten als Rhetoriklehrer wirkten, standen die Wirkungen der Rede im Zentrum ihres Unterrichts. In seinem Enkomion auf die von dem trojanischen Prinzen Paris entführte Spartanerkönigin Helena (Diels/Kranz 1903, 82 B 11) schreibt Gorgias der Rede (*lógos*) wie der Dichtung eine unmittelbare Wirkung auf die menschliche Psyche zu: Sie sei in der Lage, Emotionen wie Furcht, Trauer, Freude und Mitleid auszulösen. Dichtung definiert Gorgias als eine in Metren gefaßte Rede, die in der Seele des Rezipienten, der den Umschlag von Glück in Unglück in der Illusion des Theaters miterlebt, Affekte wie Schauder, Mitleid und Sehnsucht auslöst. Diese psychagogische Wirkung stellt Dichtung und Rede auf eine Stufe mit Magie, Besprechungen und Beschwörungen, die ebenfalls die Psyche wie den Intellekt des Rezipienten beeinflussen können. In der die aristotelische Funktionsbestimmung der Tragödie vorwegnehmenden Definition von Dichtung schimmert in dem Begriff ›Trug‹, ›Täuschung‹ (*apátē*), mit dem Gorgias Dichtung umschreibt, ein erster Versuch durch, die alte Dichotomie ›wahr/falsch‹ durch einen autonomen, der Dichtung vorbehaltenen Bereich der Fiktion abzulösen. – Platon stellt den Abschluß dieses ersten Abschnitts lit.theoretischer Reflexion der Griechen dar. Seine Enthusiasmoslehre, in der er den Dichtern ein tatsächliches Wissen der Dinge (*epistéme*) bestreitet und ihnen höchstens ein zufälliges Treffen der Wahrheit zugesteht, hat ihre Wurzeln in der Museninspiration, in dem

seit Homer üblichen Musenanruf des Dichters. Seine Verurteilung der Dichtkunst wie aller bildenden Künste überhaupt im *Staat* (380-370 v. Chr., Buch II, III und X) ist das Resultat der Reflexionen über die verderblichen Wirkungen der Dichtung und Rede auf die Psyche des Rezipienten, die die Ordnung in der Seele wie in der Gesellschaft durcheinanderbringen können, und gleichzeitig die Auswirkung der platonischen Ideenlehre: Da Kunst als ↗ Mimesis (Nachahmung) der bereits ein Abbild der Ideen darstellenden Phänomene definiert ist, ist sie wertlos, zumal sie nichts zur Erkenntnis der Ideen oder moralischen Besserung der Rezipienten beitragen kann. – Die gr. Lit.theorie nach Platon bis in die Spätantike hinein ist, beginnend mit Aristoteles, als Reaktion auf Platons Verurteilung der Kunst zu verstehen. Aristoteles deutet den platonischen Mimesisbegriff in der *Poetik* (ca. 335-323 v.Chr.) positiv um und sieht in den mimetischen Künsten Darstellungsmöglichkeiten von nach dem Prinzip der Wahrscheinlichkeit gebauten fiktionalen Welten. Dies gelingt ihm dadurch, daß er die unterschiedlichen menschlichen Kommunikationssituationen voneinander trennt und klar zwischen unterweisender und unterhaltender ↗ Kommunikation unterscheidet. Dem Rezipienten muß nach diesem Modell allerdings der fiktionale bzw. nichtfiktionale Charakter durch den Rahmen der jeweiligen Kommunikationssituation (z.B. Theater oder Gericht) bewußt sein. Die ↗ Katharsis-Lehre der *Poetik* (c. 6) und *Politik* (ca. 335-332 v.Chr., B. VIII) stellt eine deutliche Rehabilitierung der die Emotionen ansprechenden Wirkungen von Dichtung und Musik dar. – Für die weitere poetologische Auseinandersetzung sollte jedoch nicht der Traktat des Aristoteles, sondern Platon entscheidend bleiben: Die Enthusiasmos-Lehre führt, positiv gewendet, zum Ideal des poetischen Genies. Die Schrift *Vom Erhabenen* eines anonymen Autors der ersten Hälfte des 1. Jh.s n.Chr. (zumeist als Pseudo-Longin zitiert) kann man in diesem Zusammenhang sehen: Das ↗ Erhabene, das für den Autor zur wichtigsten Kategorie des Dichtens und Schreibens wird, entspringt einem inspirierten Genie. Das poetische Naturtalent (*phýsis*) muß jedoch durch handwerkliches Können, Übung und Methode (*téchnē*) gebändigt werden. Ansonsten droht die Gefahr, in falsches Pathos, Schwulst, Manierismen oder leblose Frostigkeit abzuleiten. Bei wahrhaft erhabenen Werken ist auch die intellektuelle Kraft des Rezipienten gefordert. Erhabene Werke bergen genügend inhaltliches und gedankliches Potential, um die Kreativität des Rezipienten anzuregen, der das Werk des Dichters weiterdenkt und -deutet und somit in den produktiven Prozeß des Dichtens eingebunden ist. Im Werk des Dionysios von Halikarnaß (Ende 1. Jh. v.Chr./Anfang 1. Jh. n.Chr.), v.a. in seinen Schriften über die alten Redner und über die Nachahmung, erfährt der Mimesis-Begriff eine klassizistische Umdeutung: Mimesis wird aus einer mögliche Welten abbildenden kreativen Tätigkeit zur Nachahmung (*imitatio*) großer Vorbilder, wobei es allerdings nicht darum geht, die Klassiker des 5. und 4. Jh.s v.Chr. bloß zu imitieren, sondern sich in sie hineinzudenken und sich ihrer Art entsprechend auszudrücken. Platons Ablehnung der Dichtkunst führte zu der Renaissance einer schon vor Platon gepflegten Interpretationsmethode: der ›Homerallegorese‹, die v.a. von den Stoikern betrieben wurde und es ermöglichte, Anstößiges in dem Werk des Klassikers wegzudeuten, indem man den tieferen Sinn der jeweiligen Stelle herausstellte. Mit derselben Zielrichtung wurde die allegorische Interpretation (↗ Allegorie) von den Kirchenvätern (Ambrosius, v.a. Augustinus, *Confessiones* [ca. 400] XI-XIII) bei der Exegese des *Alten Testaments* angewandt. Die Neuplatoniker, Plotin (205-270 n.Chr.) und Proklos (410-485 n.Chr.), integrierten Dichtung in ihr philosophisches System, indem sie anders als Platon den Mimesis-Begriff positiv auslegten. Nach Plotin ist Kunst nicht ein bloßes Kopieren der Wirklichkeit; vielmehr dringt der Künstler in die hinter den Phänomenen liegenden allg.gültigen Prinzipien ein und deckt sie in seinem Werk auf. Für Proklos sind Dichtung und Kunst Hilfsmittel, die in der Abbildung der Realität diese dem Rezipienten deutlich machen und erklären. Ästhetische und didaktische Kommunikation fließen also entgegen der aristotelischen Trennung bei den Neuplatonikern wieder zusammen. – Neben dieser philosophischen, vorwiegend ethisch-metaphysisch begründeten Linie der antiken Lit.theorie gibt es seit dem Hellenismus eine zweite, philologische und produktionsästhetische Ausrichtung, die v.a. mit dem Namen des Dichterphilologen, Theoretikers und Bibliothekars Kallimachos von Kyrene (vor 300-240 v.Chr.) verbunden ist. Unabdingbare Voraussetzung für einen Dichter ist eine umfassende Kenntnis der vorangegangenen Lit.; für den Dichter wie für den Leser gibt es einen festen ↗ Kanon klassischer Autoren (v.a. Homer und die drei Tragiker des 5. Jh.s), die man qualitativ nicht erreichen kann. Das poeto-

logische Programm der alexandrinischen Autoren (Kallimachos, Theokrit) besteht darin, ihre Texte in stetem Bezug auf die Prätexte zu schreiben. Der Anspruch der Dichter von Homer bis zu Pindar, als Weise (*sophoí*) Einblick in höhere Welten und Wahrheiten zu haben und für die Menschen als Vermittler und Lehrer zu dienen, wird abgelöst durch das Ideal des *poeta doctus*, der das Wissen von den Texten besitzt. Nicht Enthüllung der Wahrheit ist das Ziel der Alexandriner, sondern Verhüllen und Verrätseln, wobei der *lector doctus* in diesem intertextuellen Spiel aktiv an der Enträtselung beteiligt wird. Neben der ↗ Intertextualität wird die Form wichtigster Bestandteil des poetologischen Programms: Ästhetisches Vergnügen kann nicht die narrative Großform (Epos) schaffen, sondern nur ausgefeilte, anspielungsreiche, aber nicht umfangreiche Werke. In der poetischen Praxis hatte die alexandrinische Lit.theorie unmittelbaren Einfluß auf den röm. Dichterkreis der Neoteriker (Catull) und in der Theorie (Horaz, *De arte poetica* [14. v.Chr.]) wie in der Praxis auf die Autoren der augusteischen Zeit (Tibull, Properz, Vergil, ↗ Horaz, Ovid).

Lit.: H. Diels/W. Kranz (Hgg.): *Die Fragmente der Vorsokratiker II*, Bln. 1952 [1903]. – R. Brandt: *Pseudo-Longinos. Vom Erhabenen*, Darmstadt 1966. – M. Fuhrmann: *Die Dichtungstheorie der A.*, Darmstadt 1992 [*Einf. in die antike Lit.theorie*, 1973]. – W. Rösler: »Die Entdeckung der Fiktionalität in der A.«. In: *Poetica* 12 (1980) S. 283–319. – P. Bing: *The Well-Read Muse. Present and Past in Callimachus and the Hellenistic Poets*, Göttingen 1988. – A. Heubeck et al. (Hgg.): *A Commentary on Homer's Odyssey I*, Oxford 1988. – S. Halliwell et al. (Hgg.): *Aristotle, Poetics; Longinus, On the Sublime; Demetrius, On Style*, Cambridge, Mass./Ldn. 1995.

BZ

Antizipation ↗ Prolepse

Anxiety of influence (Einflußangst), von H. ↗ Bloom geprägter Begriff, der erst vor dem Hintergrund seines spezifischen Lit.begriffs verstehbar ist. Der poetische Text ist für Bloom kein sich selbst genügendes Ganzes, sondern ein intertextuelles Feld von Energien (↗ Intertextualität), in dem sich ein Machtkampf der Dichter untereinander und insbes. mit ihren maßgeblichen Vorläuferfiguren manifestiert. Der Vorläufer ist der exemplarische Mentor, durch dessen Beispiel der neue Dichter in die Dichtung initiiert wurde, der aber zugleich die Züge eines determinierenden Über-Ichs annimmt, gegen dessen Vereinnahmungstendenz der spätere Autor sich seine Originalität erst erkämpfen muß. Die

A. entsteht also durch die Präsenz des idealisierten Vorläufers im eigenen Bewußtsein, die gerade aufgrund seiner unabweisbaren Vorbildrolle die poetische Kreativität zu lähmen droht. Um in dieser dem Freudschen Sohn-Vater-Konflikt ähnelnden Psychomachie zu überleben, muß der neue Dichter seine A. überwinden bzw. sie in produktive Energie für die eigene literar. Neuschöpfung verwandeln. Dies geschieht in einem mehrstufigen Prozeß der Deformation, Destruktion und Repression des Vorläufers und seiner schließlichen Inkorporation in die eigene Dichtung. In Blooms Modell literar. Kreativität wird jeder neue Text zur revisionistischen Transkription eines früheren Textes. Der *strong poet*, dem allein die Selbstbehauptung in diesem Psychodrama zwischen Abhängigkeit und poetischer ↗ Originalität gelingt, ist dabei von einem ästhetischen Willen zur Macht und, letztlich, zur literar. Unsterblichkeit geleitet, mit dem er sich gegen den imaginativen ›Tod‹ zur Wehr setzt, der ihm durch die übermächtige Präsenz der ↗ Tradition großer Lit. droht. Allgemeiner gesagt: Die Bedingungen neuer Lit. werden stets definiert durch die Manifestationen früherer Lit., die in dem Maß, in dem sie künstlerisch erfolgreich sind, unhintergehbare und doch zugleich unwiederholbare Modelle späterer literar. Produktion darstellen. – Bloom ist wegen seiner androzentrischen Verengung der A. auf das Konfliktmodell zwischen Sohn und Vater von feministischer Seite kritisiert worden. Andererseits ist die Theorie in modifizierter Form auch auf Autorinnen angewendet worden.

Lit.: Bloom 1997 [1973]. – A. Kolodny: »A Map for Rereading. Or, Gender and the Interpretation of Literary Texts«. In: *NLH* 11 (1980) S. 451–67.

HZ

Appellfunktion/-struktur, von W. ↗ Iser in seiner 1970 gehaltenen Konstanzer Antrittsvorlesung »Die Appellstruktur der Texte« entwickeltes Konzept, das als Leitidee seiner differenziert ausgearbeiteten ↗ Wirkungsästhetik fungiert. – Daß literar. Texten neben einer expressiven und referentiellen auch eine appellative Funktion eigen ist (R. ↗ Jakobson), ist in verschiedenen Kontexten wiederholt thematisiert worden. Allerdings ist es Isers Verdienst, die A. der Texte systematisch wie historisch ins Zentrum theoretischer Aufmerksamkeit gerückt und wegweisende Vorschläge zu ihrer angemessenen Konzeptualisierung als genuiner Gegenstand der Lit.wissenschaft jenseits empirischer ↗ Rezeptionsforschung und individua-

listischer Impressionen gemacht zu haben. – Gegen den Bedeutungsplatonismus traditioneller ↗ Interpretationen und ihrer darstellungsästhetischen Prämissen lenkt die A. die Aufmerksamkeit auf den offenen, in der Interaktion von Text- und Aktstruktur generierten Sinnhorizont der Texte und auf den im Ereignischarakter des Lesevorgangs erst konkretisierten ›Spielraum von Aktualisierungsmöglichkeiten‹. Da im Sinne der A. Texte eine ↗ Struktur besitzen, ›in der der Leser immer schon mitgedacht ist‹ und die, als transzendentale Struktur gedacht, der intersubjektiven Beschreibung zugänglich ist, und da zugleich die in der Lektüre sich einstellende Bedeutung ›vom Text konditioniert‹ ist, ›allerdings in einer Form, die es erlaubt, daß sie der Leser selbst erzeugt‹, führt dies keineswegs zu einer Auflösung der ↗ Kohärenz des Textes und einem in eine ›Psychologie des Lesens‹ einmündenden Relativismus. Vielmehr zieht seine Wirkungsästhetik einen um die A. erweiterten Begriff des fiktionalen Texts als Gegenstand lit.wissenschaftlicher Forschung nach sich. So werden die ↗ Leerstellen als die letztlich irreduziblen Unbestimmtheitsbeträge und damit zugleich die Überordnung des Unformulierten nur implizit durch die wechselseitige Beziehung innerhalb des Ensembles markierter Textpositionen Vorgezeichneten gegenüber dem vom Text explizit Formulierten zu entscheidenden Merkmalen der A.

Lit.: s. auch W. ↗ Iser. – ders. 1994 [1976]. – H. Link: »›Die A.struktur der Texte‹ und ein ›Paradigmawechsel in der Lit.wissenschaft‹?«. In: *Jb. der dt. Schillergesellschaft* 17 (1973) S. 532–583. – W. Iser: »Die A.struktur der Texte. Unbestimmtheit als Wirkungsbedingung literar. Prosa«. In: R. Warning (Hg.): *Rezeptionsästhetik*, Mchn. 1994 [1975]. S. 228–252. – ders.: »Im Lichte der Kritik«. In: ebd. S. 325–342.

MW

Arbitrarität des Zeichens (frz. *arbitraire* von lat. *arbitrarius*: willkürlich), allg. die Willkürlichkeit und Konventionalität der Zuordnung einer Bezeichnung und des Gegenstands, der mit ihrer Hilfe bezeichnet wird, umgangssprachlich also zwischen Namen und Sachen. – Der Begriff der A. d. sprachlichen Z.s wird gemeinhin mit F. de ↗ Saussures *Cours de linguistique générale* (1916) verbunden. Allerdings bezieht sich de Saussure im Prinzip auf ein schon in der Antike bekanntes Phänomen, wenn man sich z. B. fragt, ob die Beziehung zwischen Bezeichnungen und Dingen sich durch »natürliche Determiniertheit« oder »menschliche Satzung« (Trabant 1996, S. 57) erklärt. Im Rahmen des urspr. de Saussu-

reschen Zeichenmodells besteht die A. allerdings nicht zwischen Z. und außenweltlichem
Referent (↗ Referenz), sondern innerhalb des
sprachlichen Z.s, nämlich in der willkürlichen
Zuordnung von ↗ Signifikant und Signifikat,
also zwischen dem Bezeichnenden und dem
Bezeichneten bzw. zwischen Ausdrucks- und Inhaltsebene: »Das Band, welches das Bezeichnete
mit der Bezeichnung verknüpft, ist beliebig; und
da wir unter Zeichen das durch die assoziative
Verbindung einer Bezeichnung mit einem Bezeichneten erzeugte Ganze verstehen, so können wir dafür auch einfacher sagen: das sprachliche Zeichen ist beliebig.« (Saussure 1967,
S. 79) – Sprachwissenschaftler wie E. ↗ Benveniste haben allerdings darauf hingewiesen, daß
eigentlich nicht die Zuordnung von Signifikat
und Signifikant, sondern nur die Beziehung zwischen Signifikant und Referent willkürlich sein
kann. Es gibt aber Einschränkungen dieses Prinzips der A. und Konventionalität, z.B. im Falle
der Lautmalerei, der spontanen Ausrufe, in denen man im Wort eine Abbildungs- oder Nach-
ahmungsfunktion des natürlichen Klangs konstatieren kann, oder im Fall der Abbildlichkeit,
der Frage, ob »die materielle Gestalt des Zeichens eine Ähnlichkeit mit dem Etwas aufweist,
für das es steht« (Trabant 1996, S. 58). – Für
poststrukturalistische Lit.theoretiker wie J.
↗ Derrida und J. ↗ Lacan dient das Prinzip der
Willkürlichkeit der Beziehung von Signifikant
und Signifikat v.a. als Begründung ihres Arguments, es sei nicht möglich, die Realität mit
sprachlichen Z. zu erfassen.

Lit.: F. de Saussure: Grundfragen der allg. Sprachwissenschaft, Bln. 1967 [1916]. – E. Coseriu: »›L'arbitraire du signe‹. Zur Spätgeschichte eines aristotelischen Begriffes«. In: *Archiv* 204 (1968) S. 81–112. – E.
Benveniste: *Probleme der allg. Sprachwissenschaft*,
FfM. 1977. – J. Trabant: *Elemente der Semiotik*, Tüb.
1996.
                                                                    MK

Archäologie des Wissens ↗ Foucault

Archetypentheorie *(archetypal criticism)* (gr.
arché: Anfang; gr. *typos*: das Geprägte, Urbild,
Urform), innerhalb des breiteren akademischen
Feldes des von den 50er bis 70er Jahren in den
USA einflußreichen *myth criticism* (für den der
Begriff ›A.‹ ebenso wie für *mythopoetics* oft
synonym verwendet wird) ist die A., v.a. in der
Tradition von C.G. ↗ Jung und N. ↗ Frye, der
Versuch, transkulturell und transhistorisch im-
mer wieder auftauchende Handlungsmuster,
Bilder, Typen und Motive als ↗ Archetypen des

kollektiven ↗ Unbewußten in einzelnen Werken
oder motivähnlichen Texten aufzufinden, zu beschreiben und als Konkretisierung bestimmter
Urbilder in die bisherige Tradition von sich in
der Lit. spiegelnden menschlichen Grunderfah-
rungen zu stellen. So sieht Frye (1957, S. 99) den
Archetypus als »a symbol which connects one
poem with another and thereby helps to unify
and integrate our literary experience«. – Wie
dem *myth criticism* (↗ Mythos; ↗ Mythentheorie
und -kritik) liegt der A. ein Weltbild zugrunde,
das an der Fragmentarisierung der modernen
Lebenserfahrung leidet und ↗ Logozentrismus
sowie Technikgläubigkeit als einseitige menschliche Entwicklung verurteilt. Dagegen plädiert
der Vertreter des *archetypal criticism* häufig für
Ganzheitlichkeit der Wahrnehmung sowie Teilhabe an verlorengegangener Ursprünglichkeit
und an kollektiven Gefühlen, bisweilen sogar für
eine Wiederverzauberung der modernen Wirklichkeitswahrnehmung. Der (literar.) Kunst, die
sich aus dem Sakralen bzw. aus ritualistischen
Formen entwickelte, wird dabei eine sinnstiftende Funktion zugesprochen. Die dem Unbewußten seit archaischen Zeiten eingeschriebenen Archetypen drängen einerseits im Künstler
als Medium an die Bewußtseinsoberfläche, andererseits ist der Künstler selbst im Rückgriff auf
die Archetypen und in der Weiterbearbeitung
der Archetypen als ›Kollektivmensch‹ ein Träger und Gestalter der ›unbewußt tätigen Seele
der Menschheit‹ (C.G. Jung). Noch dazu plädiert der Künstler, Jung zufolge, durch den
Rückgriff auf bestimmte Archetypen für das in
seiner Zeit kulturell Verdrängte und ist so Hüter
der Kontinuität der archetypischen Erscheinungsformen. Der Künstler konkretisiert in seinem einzelnen Werk die Traditionspotentiale
der überzeitlichen Archetypen. – Von Bedeutung für die frühe Entwicklung der A. war die
sog. *Cambridge anthropological school*, die ihren Anstoß durch die auch literar. äußerst einflußreiche, mit immenser Sammelleidenschaft
zusammengestellte Mythenenzyklopädie des
Kulturanthropologen J. Frazer *The Golden
Bough* (1890–1915) erhielt, eine Kompilation
von Fruchtbarkeitsriten, welche die Gleichförmigkeit archetypischer Muster über zeitliche
und kulturelle Grenzen hinweg demonstrierte.
Auf unorthodoxe Art deuteten diese frühen *archetypal theorists* wie J.E. Harrison, F.C. Corn-
ford und G. Murray, am Anfang des 20. Jh.s
kulturhistorische und religiöse Praktiken; sie
waren beeinflußt von den Werken E.B. Tylors,
J.J. Bachofens sowie von F. ↗ Nietzsches Ideen

der apollonischen und dionysischen Kräfte (und insbes. von Jung). Jung hat mit seiner Typologie und Beschreibung der Archetypen des kollektiven Unbewußten die weitere Forschung entscheidend angeregt und immer wieder zur offenen oder indirekten Auseinandersetzung mit seinem tiefenpsychologischen und holistischen Ansatz bewegt. Bes. der 1930 erstmals erschienene Aufsatz »Psychologie und Dichtung« (»Psychology and Literature«, vgl. Lodge 1972) betont die Rolle der Lit. als Hort und Fundus der Archetypen. – Als erste breiter angelegte, wenn auch eklektisch und nach eigenen Vorlieben vorgehende, Untersuchung der A. gilt M. Bodkins *Archetypal Patterns in Poetry* von 1934, die aber erst mit der Wiederauflage 1958 im Zuge des nun aufkommenden akademischen Interesses an der A. wirksam wird. Literar. Werke mit mächtigen Archetypen, wie Shakespeares *Hamlet,* können, so Bodkin, in ihrer tiefen Verwurzelung in der kollektiven menschlichen Psyche starke Emotionen beim Leser auslösen; rezeptionsästhetische Auswirkungen von Lit. geraten bei Bodkin bes. ins Blickfeld. Anders als die akademische Außenseiterin Bodkin entwickelte Frye mit seiner Typologie mythischer und archetypischer Muster in der Lit. in *Anatomy of Criticism. Four Essays* (1957) das systematisierende Manifest und Programm einer Mythos- und Archetypen-Forschung, die, wie in der Retrospektive deutlich wird, den ↗ *New Criticism* mit seiner Beschränkung auf das autonome Kunstwerk ablösen sollte. Frye erstellte, wenn auch mit übertrieben szientistischer Geste, ein umfassendes Schema der Lit., welche das einzelne Werk als Repositorium immer wiederkehrender Muster deutete, in denen die mythischen Grundstrukturen der Gesamtlit. *en miniature* gespiegelt sind. Die Lit. erscheint als *monomyth,* den Frye in vielen Publikationen kategorisierte und in recht spekulativ wirkenden Korrespondenzbeziehungen von Natur, Lit. und kollektiven Archetypen darstellte. So entwickelte er z.B. eine Typologie literar. Helden und eine Klassifizierung literar. Genres. In einem Kreis von vier sich ablösenden Phasen stehen etwa die Gattungen des Dramas analog zu den Jahreszeiten und den Lebensphasen; die Komödie ist in Parallele zur Überwindung des Winters durch das Frühjahr angelegt; die Tragödie wird dem Herbst zugeordnet und ist Ausdruck archaischer *scapegoat*-Rituale. Noch vor Frye hatte J. Campbell (1949) auf ähnliche Weise mit seiner religiös geprägten Deutung von unterschiedlichen Varianten des Helden-Monomythos in Mythen,

Volkssagen und Religionen die Tiefenstruktur des Helden-Archetypus und seiner einzelnen Lebensstationen zu erfassen versucht und damit ein Beispiel der deutlichen Affinität der A. zu anthropologischen Ansätzen und zum ↗ Strukturalismus gegeben, da bei ihm einzelne Werke und Charaktere als Ausdruck eines zusammenhängenden Mythengeflechts gesehen werden. – Schon Jung formulierte die Idee, daß aus der Phylogenese entstandene Archetypen in konkreten historischen Situationen bestimmte Ausformungen annehmen können. Der am. Jungianer und Marxist L. ↗ Fiedler unterschied 1952 in seinem Aufsatz »Archetype and Signature« bei der Analyse des literar. Schaffensprozesses zwischen überzeitlichen sowie überindividuellen Archetypen einerseits und den Einflüssen des persönlichen Unterbewußten andererseits, das von konkreten soziokulturellen Kräften geprägt ist. Entsprechend definierte Fiedler archetypische Motive als Kombination von Archetypus und ›signature‹, also auch als sozial determinierte Bilder und Mythen, wie er sie als spezifisch am. Archetypen z.B. in *Love and Death in the American Novel* (1960) aufspürte. Dabei entdeckte er in populären Geschichten das von der offiziellen Kultur Unterdrückte anhand von verdeckten archetypischen Motiven. – Der auf die Untersuchung überzeitlicher Archetypen konzentrierte Forschungsstrang der A. erlebte in den 50er und 60er Jahren seine Blütezeit und findet weiterhin Anwendung bei Studien zu Massenlit., Kinderlit., Science Fiction und zum Märchen. V. ↗ Propps *Morphologie des Märchens* von 1928 bietet hier in seiner eingehenden Analyse von 31 ›Funktionen‹, auf denen russ. Märchen aufgebaut sind, ein Musterbeispiel der Märchenforschung. Eine ebenfalls in der, allerdings von Fiedler stärker akzentuierten, Tradition Jungs stehende zweite Forschungsrichtung, die Archetypen eher als national, ethnisch oder sozial geformte und zu definierende Grundmotive versteht, stößt nach wie vor auf Interesse, auch wenn inzwischen andere lit.wissenschaftliche Schulen, wie der ↗ New Historicism, der A. den Rang abgelaufen haben. Feministische Studien haben die bei Jung dominante männliche Sicht ergänzen können (vgl. Weiler, 1991); so hat A. Pratt (1981) z.B. aus feministischer Sicht die Archetypen-Muster des Selbst und des Patriarchen, des Eros und der Wiedergeburt untersucht. – Schon früh haben die Werke Frazers und Jungs mit ihrem reichen Repertoire an mythischen Motiven die Schriftsteller selbst angeregt, wie etwa T.S. ↗ Eliot, der Frazers *The*

Golden Bough als Fundgrube und Anregung für sein Gedicht *The Waste Land* (1922) angibt; ebenfalls früh lassen sich Isomorphien holistischen Denkens erkennen, wie zwischen Jung und D.H. Lawrence. Die v.a. in den 70er Jahren fortdauernde Wirksamkeit der A. läßt sich auch in der bewußten Anwendung von Jungschen Ideen in literar. Werken aufzeigen, wie in M. Atwoods *Surfacing* (1972). Die kanadische Autorin war zur dominanten Phase der A. in Englischseminaren mit dessen Ideen konfrontiert worden.

Lit.: s. auch ⌇ Archetypus, N. ⌇ Frye, C.G. ⌇ Jung, kollektives ⌇ Unbewußtes, ⌇ Mythos. – M. Bodkin: *Archetypal Patterns in Poetry. Psychological Studies of Imagination*, N.Y. 1958 [1934]. – J. Campbell: *The Hero with a Thousand Faces*, Princeton 1968 [1949] (dt. *Der Heros in tausend Gestalten*, FfM. 1978). – Frye 1990 [1957]. – C.G. Jung: *Bewußtes und Unbewußtes*, FfM. 1957. – ders. et al.: *Man and his Symboles*, Ldn. 1964. – L. Fiedler: *Love and Death in the American Novel*, Ldn. 1992 [1960]. – J.B. Vickery (Hg.): *Myth and Literature*, Lincoln 1966. – B. Ostendorf: *Der Mythos in der Neuen Welt*, FfM. 1971. – Lodge 1972. Bes. die Beiträge von Jung (S. 174–188), Bodkin (S. 190–201), Frye (S. 422–441), Fiedler (S. 455–465), Lévi-Strauss (S. 546–550). – Lentricchia 1980. – A. Pratt et al. (Hgg.): *Archetypal Patterns in Women's Fiction*. Bloomington 1981. – A. Jaffé (Hg.): *Erinnerungen, Träume, Gedanken von C.G. Jung*, Olten 1984. – E. Wright: *Psychoanalytic Criticism*, Ldn. 1984. S. 69–76. – G. Weiler: *Der enteignete Mythos – Eine feministische Revision der Archetypenlehre C.G. Jungs und E. Neumanns*, FfM. 1991. – R.F. Hardin: »Archetypal Criticism«. In: Atkins/Morrow 1989. S. 42–59. – K. Barnaby/P. D'Acierno (Hgg.): *C.G. Jung and the Humanities*, Princeton 1990. – M. Brumlik: *C.G. Jung zur Einf.*, Hbg. 1993.
LV

Archetypus, Archetyp (gr. *arché*: Anfang; *týpos*: das Geprägte; Urbild, Urform, das zuerst Geprägte), nach C.G. ⌇ Jung (1875–1961) sind A.en ur- und überzeitliche Symbole und Bilder des kollektiven ⌇ Unbewußten (⌇ A.entheorie). Sie treten in Projektionen des Ich auf sowie in Träumen, Mythen, Märchen, in der Kunst und in der Lit. – Im von Jung angestrebten Selbstfindungsprozeß der Individuation ist es Aufgabe des Individuums, diese machtvollen Bilder im ganzheitlichen Sinne zu inkorporieren. Die Lit. in ihrer privilegierten Teilhabe am kollektiven Unbewußten erweist sich als Hort und Fundus archetypischer Situationen, Handlungsmuster, Bilder und Motive, die das einzelne Werk in ein unauflösbares literar. Traditionsgefüge einbetten und ihm die Singularität nehmen. Als zentrale, auch immer wieder in der Lit. manifest werdende A.en nennt Jung den Schatten (eine Pro-

jektion der dunklen Seiten der eigenen Persönlichkeit auf den anderen), die Animafigur (der Prototyp des weiblichen Gegenbilds, das tief im Unterbewußten des Mannes verwurzelt ist) bzw. den Animus (bei Frauen das männliche Äquivalent) und das Selbst (das Einswerden von unbewußten und bewußten Kräften). Neben diesen drei Hauptarchetypen erkennt Jung noch eine große Zahl weiterer A.en wie die Mutterimago, die Persona, den alten Weisen, das göttliche Kind, das (ganzheitliche) Mandala-Symbol usw. – Eine gewisse Unschärfe und beliebige Dehnbarkeit des A.begriffs bei Jung hat auch bei seiner Rezeption durch den *Myth Criticism* (⌇ Mythentheorie und -kritik) und die A.entheorie zu einem Ausufern der Zahl an mythische ⌇ Motive geführt, welche die Werke der Weltlit. verbinden. Zunehmend wurde der Begriff von Vertretern des *archetypal criticism* wie M. Bodkin, N. ⌇ Frye, L. ⌇ Fiedler und A. Pratt spezifiziert und anwendbar gemacht für die Erfassung kollektiver Bilder und Motive innerhalb bestimmter nationaler, sozialer und ethnischer Gemeinschaften.

Lit.: s. auch ⌇ A.entheorie. – C.G. Jung: »Über die A.en des kollektiven Unbewußten«. In: ders.: *Bewußtes und Unbewußtes*, FfM. 1990 [1957]. S. 11–53. – E. Wright: »Archetypal Criticism. Jung and the Collective Unconscious«. In: dies.: *Psychoanalytic Criticism. Theory in Practice*, Ldn. 1984. S. 69–76. – M. Brumlik: *C.G. Jung zur Einf.*, Hbg. 1993.
LV

Architext/Architextualität (gr. *archi-* zu *árchein*: der erste sein, Führer sein), nach G. ⌇ Genette bezeichnet der A. die Gesamtheit aller allg. und übergreifenden Diskurstypen, aus denen ein einzelner ⌇ Text hervorgeht. Die Beziehung eines Textes zu diesen Kategorien wird als Architextualität bezeichnet. Im A. sind u.a. die ⌇ Gattungen lokalisiert, deren Typologie Genette als einen an den Koordinaten Thema, Modus und ⌇ Form ausgerichteten Raum konzipiert. A. manifestiert sich in der Bezugnahme eines Textes auf eine Gattung oder eine andere übergreifende Kategorie. Diese Beziehung wird zwar manchmal im ⌇ Paratext konstatiert. Da ein expliziter Kommentar zum A. die Erwartungshaltung der Leser bezüglich formaler Kriterien beeinflußt, ist jedoch eine solche Deklarierung zuweilen unerwünscht, um einer Fixierung der Erwartungshaltung entgegenzuwirken. Mitunter treten Termini wie ›Systemreferenz‹ oder ›Gattungsintertextualität‹ an die Stelle der Architextualität. M. Pfisters Begriff der Systemreferenz impliziert eine mögliche Ausweitung auf nicht-literar. Diskurstypen und ↗ Textsorten, die so ausdrücklich bei Genette noch nicht verankert ist. Dagegen geht U. Suerbaums Gattungsintertextualität von feststehenden Gattungen als Bezugspunkten aus. Der graduelle Verlust kanonisierter Texte verhilft der A. zu zunehmender Bedeutung, da in der Folge übergreifende Textmuster leichter identifiziert werden als Einzeltexte. Andererseits betont der Gedanke eines transzendenten A.s die Anonymität intertextueller Spuren gegenüber der Existenz eindeutig erschließbarer Quellen. Schließlich erweist sich der jeweilige Gattungsbegriff als konstitutiv für das Verständnis von Architextualität. Als Bezugnahme auf bestimmte Gattungstypen setzt A. deren Präexistenz, in welcher Form auch immer, notwendigerweise voraus. Die Ablehnung einer solchen Typologie bedingt hingegen eine Verwischung des Bezugspunktes von Architextualität. Der A. ähnelt dann einem universellen Intertext ohne klar umrissene Grenzlinien (↗ Intertextualitätstheorien).

Lit.: G. Genette: *Einf. in den A.*, Stgt. 1990 [1979]. – ders. 1982/93. – U. Broich/M. Pfister (Hgg.): *Intertextualität. Formen, Funktionen, anglistische Fallstudien*, Tüb. 1985.

AMM

Aristoteles (384–322 v.Chr.), gr. Philosoph. – Schon früh kam A. nach dem Tod seines Vaters Nikomachos, des Leibarztes des Königs Amyntas von Makedonien, nach Athen, um an ↗ Platons Akademie zu studieren (ca. 367–357). Während Platons Sizilienaufenthalten (367/4, 361/60) dürfte A. v.a. durch Eudoxos und Herakleides Pontikos beeinflußt worden sein, die sein Interesse an naturwissenschaftlichen und historischen Fragen gefördert haben dürften. Als Lehrer an der Akademie (357–347) hat A. deshalb wohl die Bereiche abgedeckt, die nicht durch Platon belegt waren. Nach Platons Tod verließ A. die Akademie, um zunächst in Assos (347/5), dann zusammen mit seinem Schüler Theophrast auf der Insel Lesbos (345/4) und schließlich als Hauslehrer des jungen Alexander am makedon. Königshof in Pella (343/40) zu wirken. Von 340–335 zog sich A. in seine Heimatstadt Stagira zurück, bevor er nach Athen zurückkehrte, um dort eine eigene Schule, den Peripatos, zu gründen. In dem am Fuß des Lykabetos gelegenen Lykeion betrieb A. zusammen mit seinen Schülern Theophrast, Eudemos und Aristoxenos vorwiegend enzyklopädisch ausgerichtete, alle Wissens- und Lebensbereiche abdeckende Studien. – Im Gegensatz zu Platon ist von A. kein für ein breiteres Publikum geschriebenes Werk erhalten, sondern nur die umfangreichen, für den Schulbetrieb verfaßten sog. ›esoterischen Schriften‹. Auffallend ist, daß A. im Unterschied zu seinem Lehrer Platon für die wissenschaftlichen Einzeldisziplinen je unterschiedliche Fragestellungen und Methoden entwickelte. Die *Rhetorik* (3 Bücher) und letztlich auch die *Poetik* (1 Buch erhalten) gehören wie die *Politik* (8 Bücher) zu dem Bereich der Ethik, da A. in der *Politik* die Grundbedingungen des menschlichen Zusammenlebens analysiert und auch die ↗ Rhetorik als die Kunst, durch die Gewalt der Sprache dieses Zusammenleben zu beeinflussen, und die die Emotionen ansprechende Dichtkunst diesem Bereich zuzuordnen sind. – In der *Rhetorik* und *Poetik* finden sich produktions- und rezeptionsästhetische Gesichtspunkte nebeneinander. So definiert A. in der *Rhetorik* die drei Gattungen der Rhetorik, die politische Volksrede, Festrede und Gerichtsrede, im Hinblick auf die Zusammensetzung und Erwartung des Publikums (I 3) und liefert dann die Analyse der für die jeweiligen Rezipienten geeigneten Beweise, die im Zuhörer bestimmte Affekte und Emotionen auslösen sollen (II 1–11). Die psychagogische Funktion der Rhetorik wird untermauert durch eine Charaktereologie möglicher Zuhörer (II 12–17), deren Kenntnis die Voraussetzung darstellt, um die Reaktionen der Rezipienten abschätzen zu können, wobei das Alter und die soziale Herkunft eine entscheidende Rolle spielen. Das 3. Buch ist dagegen rein produktionsästhetisch angelegt und behandelt Fragen des Stils (1–12) und des Aufbaus einer Rede (13–19). Die *Poetik* ist in ihrem Aufbau nach den Hauptgattungen der Poesie ausgerichtet. Buch I behandelt Tragödie (6–22) und Epos (23–26), das zweite, verlorene Buch war der Komödie gewidmet. In den einleitenden Kap. 1–3 wird die Poesie den wirklichkeitsabbildenden, mimetischen Künsten zugewiesen. Von den bildenden Künsten unterscheidet sie sich durch ihre Darstellungsmittel (Sprache, Rhythmus, Melodie). Die Gattungen der Dichtkunst ahmen menschliches Handeln nach, das entweder schlecht oder gut sein kann. Diese Unterscheidung liefert das Kriterium, unter den dramatischen Gattungen die Komödie von der Tragödie zu trennen. Nach der Art der Darstellung kann man den Bericht oder die Erzählung (Epos) von der unmittelbaren Darstellung (Drama) unterscheiden. Die anthropologische Basis der Dichtkunst sind der den Menschen angeborene Nachahmungstrieb und die Freude an der Nachahmung, die dem Erkenntnistrieb entspringt, sowie das Vergnügen, das künstlerische Perfektion vermittelt. In der Analyse der Gattungen verbindet A. deskriptive Feststellungen mit Normativem, da aufgrund des auch in der *Poetik* vorhandenen Entelechiegedankens die poetischen Gattungen ihr Telos erreichen (so die Tragödie mit Sophokles, das Epos mit Homer). Der der ↗ Mimesis-Konzeption inhärente rezeptionsästhetische Zug bestimmt die Gattungsanalyse, insbes. die Funktionsbestimmung der Tragödie, die A. als ↗ Katharsis (›Reinigung‹ im medizinisch-psychologischem Sinn) der Rezipienten von den Affekten Furcht und Mitleid ansieht, die sie beim Betrachten dramatischer Handlungen durchleben. A. rehabilitiert in der *Poetik* als Reaktion auf Platons Verurteilung die Dichtkunst durch eine Neubewertung des ↗ Mimesis-Begriffs und der durch sie verursachten Affekte. Dichterische Mimesis ist im System der Philosophie des A. nicht minderwertig, da sie nicht wie bei Platon die Abbilder der Ideen reproduziert, sondern die Wirklichkeit. Die Erregung von Affekten beim Kunstgenuß hat psychohygienische Wirkung, da die Reinigung von Affekten das Ideal der Metriopathie, der Ausgeglichenheit, herbeiführt. In der Rezeption der *Poetik* des A. sind v. a. die Einreihung der Dichtkunst unter die anderen mimetischen Künste, insbes. der Vergleich mit der Malerei (↗ Horaz; ↗ Lessing), der Mimesis- und Katharsis-Begriff von Bedeutung.

Lit.: D. W. Lucas (Hg.): *Aristotle. Poetics*, Oxford 1968. – M. Fuhrmann: *Die Dichtungstheorie der Antike*, Darmstadt 1992 [1973]. – H. Flashar (Hg.): *Die Philosophie der Antike*, Bd. 3, Basel 1983. – S. Halliwell: *Aristotle's Poetics*, Ldn. 1986. – ders.: *The Poetics of Aristotle. Translation and Commentary*, Ldn. 1987. – U. Charpa: *A.*, FfM. 1991. – D. Moraitou: *Die Äusserungen des A. über Dichter und Dichtung*, Stgt./Lpz. 1994.

BZ

Auerbach, Erich (1892–1957), dt. Romanist. – Nach einem Jurastudium studierte A. romanische Philologie, arbeitete seit 1923 als Bibliothekar und habilitierte sich 1929 über Dante in Marburg, wo er 1930 ordentlicher Professor wurde. Nach seiner Entlassung 1935 emigrierte er 1936 nach Istanbul und von dort 1948 in die USA, wo er seit 1950 an der Yale University lehrte. – A.s Arbeiten überschreiten die Grenzen der Nationallit., wie es sein Hauptwerk ↗ *Mimesis* (1946), 1942 bis 1946 im Exil in Istanbul verfaßt, in beeindruckender Weise zeigt. In der Vielfalt der verschiedenen Konzeptionen von

↗ Realismus von Homer bis zu V. ↗ Woolf wird die abendländische Lit. dennoch als Einheit verstehbar: Ausgehend von der antiken Vorstellung der drei Stilhöhen zeigt A. in 19 Textuntersuchungen die Vielfalt und den Wandel der Interpretationen des Wirklichen durch literar. Darstellung oder Nachahmung (vgl. A. 1946, S. 515) von der ↗ Antike bis zur ↗ Moderne. So wird z. B. der moderne Realismus von dem des ↗ MA.s angesichts der Stilmischung von *sermo humilis* und *sermo sublimis* im ma. christlichen Wirklichkeitsmodell unterscheidbar. Zur Interpretation der ma. Lit. bietet A. (1938, S. 448) den Begriff der ›Figura‹, verstanden als »jede uneigentliche oder mittelbare Ausdrucksweise«, und die Figuraldeutung des Wirklichen als spezifisch christliche gegenüber der heidnisch-antiken allegorischen Deutung an (vgl. ebd., S. 451–478). Methodisch geht A. von bedeutsamen Fragen an den Text, von sog. ›Schlüsselproblemen‹ bzw. ›Ansatzphänomenen‹ aus, wie z. B. in *Mimesis* von der Frage nach den drei Stilhöhen, auf die er sich in der konkreten Textanalyse zur Erfassung des charakteristischen Einzelnen konzentriert. Im zweiten Schritt eröffnet sich ihm die Möglichkeit zur Erkenntnis von größeren Zusammenhängen und zur Synthese (vgl. A. 1958, S. 9–24), die den Blick auf eine ›Philologie der Weltlit.‹ mit einschließt. Der ↗ Stil (und in diachroner Sicht sein Wandel) ist der Zugang zur spezifischen Wirklichkeitssicht, die in einen ↗ Text eingeschrieben ist. Beeinflußt vom ↗ Historismus G. Vicos bietet A. das Modell einer betont historischen Philologie, geprägt vom Prinzip der ›historischen Perspektivierung‹ und von einem historisch begründeten Relativismus. Der zu deutende Text ist weder von seinem Autor noch von seinen raum-zeitlichen ↗ Entstehungsbedingungen zu trennen. A. sieht den Philologen, der ›alle‹ Textsorten zu untersuchen hat, als humanistisch orientierten Wahrer von Kultur in Krisenzeiten, da ihm die Philologie als ein bes. privilegierter Zugang zur menschlichen Kultur, einschließlich ihrer vergangenen Formen, gilt. – A. gehört neben E. R. ↗ Curtius und L. ↗ Spitzer zu den einflußreichsten dt. Romanisten. Die frühe, weitgehend zwiespältige Rezeption A.s in Deutschland wie v. a. durch dt. Emigranten in Amerika ist bes. mit *Mimesis* verbunden: Neben einer teilweisen Romantisierung der Leistung A.s im Istanbuler Exil wurde v. a. die Form von *Mimesis* als ›idiosynkratische Sammlung von Essays‹ bewertet und dies zugleich als Mangel an Methode kritisiert. Weitere Kritik wurde gegen die (zu) hohe Bewertung des Historisch-Soziologischen gegenüber dem Ästhetischen (so Spitzer) vorgebracht sowie gegen die unscharfe Trennung zwischen der theoretischen und der historischen Dimension. In der neueren Diskussion wird die einseitige Fixierung auf den Abbildcharakter der Lit. kritisch gesehen, ebenso das geringe Interesse A.s am Experimentellen, Spielerischen und Selbstbezüglichen der Lit. Positiv wird A. im Hinblick auf Anschlußmöglichkeiten an den ⁊ *New Historicism*, die ⁊ Lit.soziologie und die ⁊ Rezeptionsgeschichte bewertet.

Lit.: E. Auerbach: »Figura«. In: *Archivum Romanicum* 22 (1938) S. 436–489. – ders. 1994 [1946]. – ders.: *Lit.sprache und Publikum in der lat. Spätantike und im MA.*, Bern 1958. – ders.: *Gesammelte Aufsätze zur romanischen Philologie*, Bern 1967. – K. Gronau: *Literar. Form und gesellschaftliche Entwicklung*, Königstein 1979. – G. Green: *Literary Criticism and the Structures of History*, Lincoln/Ldn. 1982. Bes. S. 11–82. – P. Bové: *Intellectuals in Power*, N.Y. 1986. Bes. S. 79–208. – S. Lerer (Hg.): *Literary History and the Challenge of Philology*, Stanford 1996.

GMO

Aufschreibesystem, ein Terminus, den F. ⁊ Kittler der Autobiographie des Nervenkranken D. P. Schreber entnommen und in die Kulturwissenschaften mit der Intention eingeführt hat, die ⁊ Diskurs-Konzeption M. ⁊ Foucaults in mediengeschichtlicher Hinsicht zu erweitern. Der Begriff A. (engl. *discourse networks*) bezeichnet demnach »das Netzwerk von Techniken und Institutionen [...], die einer gegebenen Kultur die Adressierung, Speicherung und Verarbeitung relevanter Daten erlauben« (Kittler 1995, S. 429). Während die Diskursanalyse Foucaults darauf abzielt, die Bedingungen der Möglichkeit zu rekonstruieren, unter denen eine bestimmte Kultur ihre Reden organisiert, will Kittler das historische *Apriori* des Sag- und Wißbaren auf ihre materielle, nämlich medientechnische Basis zurückführen. Als Netzwerk umfaßt das A. neben den Medien, die unmittelbar der Verarbeitung von Informationen dienen, eine Vielzahl scheinbar heterogener kultureller Praktiken. So besitzt das Medium Schrift im A. der Goethezeit wie im vorangehenden A. des Barockzeitalters das Monopol der Datenspeicherung. Doch erst aus dem Zusammenspiel mit dem staatlichen Machtapparat, pädagogischen Institutionen, einer Neubestimmung der Geschlechterrollen sowie innovativen Lektüre- und Schreibverfahren ergibt sich der spezifische Status des Schriftmediums um 1800: Schrift als eine Art Ersatz-Sinnlichkeit, die es ermöglicht,

Texte zu halluzinieren und reine Signifikate (⁊ Signifikant/Signifikat) zu lesen. Im A. der ⁊ Moderne macht die Erfindung technischer Medien (Film, Grammophon) diese Funktion der Schrift überflüssig; Schreiben wird zu einer selbstbezüglichen, nicht länger sinnstiftenden Tätigkeit, einer Artistik des Signifikanten.

Lit.: Kittler 1995 [1985]. – Th. Sebastian: »Technology Romanticized. F. Kittlers ›Discourse Networks 1800/1900‹«. In: *MLN* 105.3 (1990) S. 583–595.

ChM

Auktoriale Erzählsituation ⁊ Erzählsituation

Aura (lat. *aura*: Hauch), der Begriff A. hat durch W. ⁊ Benjamin gegenüber dem eher vagen allg. Sprachgebrauch eine entscheidende Präzisierung erfahren und auf diese Weise in die moderne Kunstphilosophie und Kulturtheorie Eingang gefunden. – In seinem richtungweisenden Essay »Das Kunstwerk im Zeitalter seiner technischen Reproduzierbarkeit« (1936) entfaltet Benjamin die zentrale These von der fortschreitenden Entauratisierung moderner Werke. A. meint den auf Authentizität und Echtheit beruhende Ausstrahlung des einzelnen Werks, seine einmalige und einzigartige Erscheinungsform, die von den medientechnischen Veränderungen seit der Erfindung der Fotografie und des Films bedroht und allmählich unterlaufen wird. Bes. die neuen Reproduktionsmöglichkeiten bedingten, so Benjamin, einen unaufhaltsamen Verfall der A. Nicht das Nachahmungsprinzip als solches, dessen Wirksamkeit in der Kunst sich bis in die Antike zurückverfolgen läßt, sondern die neuartige Möglichkeit einer massenhaften Vervielfältigung und Verbreitung der Werkstrukturen bewirkt den verzeichneten Umbruch in der Werkkonzeption. Das moderne typische Werk steht im Zeichen der Chockerfahrung, dessen technisches Pendant der Apparat ist. Die ästhetische A. hingegen ist verschränkt mit dem Kultwert, der urspr. Fundierung der Kunstwerke in sakralen Kontexten und Riten, ein Aspekt, der in der ästhetizistischen Lit. (⁊ Ästhetizismus) mit ihrer ausgeprägten Verehrung des Schönen nochmals auflebt, ehe er in der ⁊ Moderne nach und nach durch den Ausstellungswert der Kunst ersetzt wird. Die Affinität des Benjaminschen A.begriffs zum Kultischen bzw. zum sakralen Gegenstand macht sich nicht zuletzt darin bemerkbar, daß der Autor innerhalb seines Definitionsangebot ein Moment von irreduzibler Alterität im auratischen Werk betont. Im Kunstwerkessay definiert Benjamin

(1983, S. 15) A. in diesem Sinne bündig als die eigentümliche »Erscheinung einer Ferne, so nah sie sein mag«.

Lit.: W. Benjamin: *Das Kunstwerk im Zeitalter seiner technischen Reproduzierbarkeit*, FfM. 1983 [1963; als Aufsatz 1936]. – M. Stoessel: *A.: Das vergessene Menschliche. Zu Sprache und Erfahrung bei W. Benjamin*, Mchn. 1983.

AS

Auslegung ↗ Interpretation

Austin, John L. (1911–1960), engl. Philosoph. – A. studierte Altphilologie und Philosophie in Oxford und erhielt dort 1952 einen Lehrstuhl für Philosophie. Wiewohl er selbst keine Programmatik vertrat, gilt er heute als herausragender Vertreter der *linguistic* oder *ordinary language philosophy*, der auch G.E. Moore, L. ↗ Wittgenstein u.a. zugeordnet werden. – A. betrachtet die Alltagssprache als Ressource aufschlußreicher Distinktionen und Bedeutungsnuancen, die aufzuspüren Grundlage der philosophischen Terminologiebildung und Mittel zur Lösung fachterminologisch erzeugter ›Scheinprobleme‹ sein sollte. Seine Publikationen zur Antike, Wahrnehmungstheorie, Erkenntnistheorie und Sprachphilosophie erschienen z.T. postum; so z.B. 1962 die Vorlesungssammlungen *Sense and Sensibilia*, eine Kritik zeitgenössischer Wahrnehmungstheorien, und *How to Do Things with Words* (1990 [1962]), der Gründungstext der disziplinübergreifend einflußreichen ↗ Sprechakttheorie. – In der Lit.- und Kulturtheorie ist A.s sprachphilosophisch ausgearbeiteter Begriff des ↗ Sprechakts einschließlich seiner intentionalen, performativen und kontextuellen Bestimmungen aufgegriffen und, z.T. metaphorisch, für das Verständnis von literar. Texten geltend gemacht worden. J. ↗ Derrida (1988), Sh. ↗ Felman (1980) u.a. würdigen zudem A.s dekonstruktiven (↗ Dekonstruktivismus) Impetus gegenüber Bedeutungstheorien, die sich auf Wahrheitsfunktionen beziehen. Sie finden ihrerseits in der offenen, beispielreichen und ironischen Qualität von *How to Do Things with Words* Anknüpfungspunkte für eine dekonstruktivistische bzw. psychoanalytisch inspirierte Lektüre und Kritik der Sprechakttheorie.

Lit.: Sh. Felman: *Le scandale du corps parlant. Don Juan avec Austin, ou la séduction en deux langues*, Paris 1980 (engl. *The Literary Speech Act. Don Juan with J.L.A. or, Seduction in Two Languages*, Ithaca 1983). – J. Derrida: *Limited Inc.*, Evanston 1988. – G.J. Warnock: *J.L.A.*, Ldn./N.Y. 1989. – S. Cavell: *Philosophical Passages. Wittgenstein, Emerson, A., Derrida*, Oxford/Cambridge, Mass. 1995.

UBe

Autonomie (gr. *autós*: selbst; *nómos*: Gesetz; *autonomía*: Eigengesetzlichkeit, Unabhängigkeit), Unableitbarkeit und Eigengesetzlichkeit, d.h. ›Zweckfreiheit‹ der Kunst, bes. der Lit. – Seit Kants *Kritik der Urteilskraft* (1790) werden Kunst bzw. Lit. als eigenständige Leistungsbereiche der ›reinen‹ und der ›praktischen‹ Vernunft, d.h. der Naturerkenntnis und der Handhabung moralischer/sozialer Normen, gegenübergestellt. Ästhetische ↗ Erfahrung wird als inkommensurabel mit der Erkenntnis der Naturgesetze, der reinen Information, der denotativen Gebrauchsprosa bzw. Wissenschaftssprache und der ethischen Theorien bzw. der moralischen Maximen gesehen. Die A. der Poesie, praktisch identisch mit deren ästhetischer Verfaßtheit, zeigt sich darin, daß deren Symbolsystem nicht verlustlos in ein anderes, diskursives übersetzt werden kann. Der Grund ist das Gestalthafte des Werks, seine Form läßt sich nicht von seiner vermeintlichen ›Botschaft‹ ablösen. Diese (onto)logische Gegebenheit hat primär nichts mit Gesellschaftsabgewandtheit usw. zu tun. Erst die Gesellschaftsfeindlichkeit von *L'art pour l'art*, Symbolismus, ↗ Ästhetizismus und Hermetismus führten zur Fetischisierung und Überdeterminierung der A. Zur ›autonomen‹ Dichtung (›absolute Dichtung‹, ›poésie pure‹) mit ihrer ästhetizistischen Tendenz und der Ablehnung von Zweckhaftigkeit/Engagement zählen die Werke des Symbolismus und Hermetismus. – Seit ca. 1750, Sturm und Drang/Geniezeit, wird gegen die Poetik des *prodesse et delectare*, die religiöse und didaktische ›Zweck‹- bzw. ›Interessen‹-Bezogenheit der Lit., der Kant die Formel vom ›reinen uninteressierten Wohlgefallen‹ als der Basis des ›Geschmacksurteils‹ (*Kritik der Urteilskraft*, §2) entgegensetzt, polemisiert. K. Ph. Moritz vergleicht in *Über die bildende Nachahmung des Schönen* (1788) das ›Schöne‹, d.h. das ›in sich selbst Vollendete‹, mit dem nützlichen Gegenstand, der ›bloß als Mittel‹ der Befriedigung zählt. Kant trennt die ›empirisch-sinnlichen‹ Empfindungen (›*cognitiones sensuales*‹) radikal von den ›reinsinnlichen‹ (›*repraesentationes sensitivae*‹), d.h. das ›Interesse‹ am ›Angenehmen‹ wie auch am moralisch ›Guten‹ vom ästhetischen Wohlgefallen als indifferenter Kontemplation und Reflexion. (Geschmack der Traube vs. Wohlgefallen an der gut gemalten Traube). Für Schiller ist Schönheit ›Autonomie in der Erscheinung‹; im autonomen Spieltrieb wirken Sinnlichkeit und Vernunft, Natur und Moral zusammen und setzen uns ›sowohl physisch als moralisch in Freiheit‹ (*Ästhetische Briefe* 1795); eine ›schöne lehrende (didaktische) oder bessernde (moralische) Kunst‹ gilt als Widerspruch. Dennoch ist Kunst ›Bedingung‹ für ›Einsicht‹; A. ist als solche Engagement. Th. W. ↗ Adorno hat diese Quadratur des Kreises wieder aufgegriffen (vgl. *Engagement* 1966). Die ↗ Romantik universalisiert die Poetisierung der Welt im Sinne von A. und Zweckfreiheit. Novalis vergleicht die innere Zweckmäßigkeit der Poesie mit der A. ›mathematischer Formeln‹ (*Monolog* 1798); Jean Paul (*Gedankenhefte* 1799 ff.) fordert: ›Kunstwerke müssen wie Menschen nie Mittel, nur Zweck sein‹. Nach F. ↗ Hegel muß sich die Kunst vor ›jedem außerhalb der Kunst und des reinen Kunstgenusses liegenden Zweck bewahren‹, anders als die Geschichtsschreibung, die auf ›praktische Nützlichkeit‹ ausgehe, oder die Redekunst, die sich nicht ›als Selbstzweck‹ verstehe, sondern als ›Mittel‹ der Beeinflussung. In der ↗ Moderne als ›unvollendetem Projekt‹ der Ausdifferenzierung (J. ↗ Habermas) setzt sich der Selbstreflexionsprozeß, der mit dem A.-Gedanken begann, in Kunst und Theorie weiter fort. Selbst B. ↗ Brecht, dessen ›engagierte‹ Kunst zur Poetik des *prodesse et delectare* zurückkehrt, bewahrt noch die dem A.-Gedanken inhärente Erkenntnis (»Die kunst *ist* ein autonomer bezirk, wenn auch unter keinen umständen ein autarker.«)

Lit.: Th. W. Adorno: »Engagement«. In: ders.: *Noten zur Lit. III*, FfM. 1966. – W. Wittkowski (Hg.): *Revolution und A.*, Tüb. 1990. – K. Wölfel: »Zur Geschichtlichkeit des A.begriffs«. In: W. Müller-Seidel et al. (Hgg.): *Historizität in Sprach- und Lit.wissenschaft*, Mchn. 1974. – W. Struck: »Soziale Funktion und kultureller Status literar. Texte oder: A. als Heteronomie«. In: Pechlivanos et al. 1995. S. 182–199. – F. Vollhardt: »A.«. In: Weimar 1997. S. 173–176. – H. H. Hiebel: »›A.‹ und ›Zweckfreiheit‹ der Poesie bei Jean Paul und seinen Zeitgenossen«. In: *Jb. der Jean-Paul-Gesellschaft* 32/33 (1997/98) S. 151–190.
HHH

Autopoiesis/Autopoietisches System (gr. *autós*: selbst, gr. *poieín*: machen, erzeugen), das Kunstwort A. wurde in den frühen 70er Jahren von dem chilen. Biologen und Neurophysiologen H. R. Maturana und seinem Kollegen F. J. Varela geprägt. Das damit bezeichnete Konzept beruht auf der Beobachtung von Zellen und bezeichnet ein zentrales Merkmal lebender ↗ Systeme. Im Gegensatz zu anderen komplexen Systembildungen, die Maturana und Varela allo- oder heteropoietisch nennen, (re-)produzieren sich lebende Systeme kontinuierlich selbst, d. h.

die Elemente des Systems sind eingebunden in Produktionsprozesse, deren Effekt die fortwährende Erzeugung und Erneuerung der systemkonstituierenden Elemente ist. Dieses zirkulärselbstreferentielle Organisationsprinzip macht Autonomie und operative Geschlossenheit zu wesentlichen Merkmalen des Systems. Entgegen einem weitverbreiteten Mißverständnis ist dies jedoch keineswegs gleichbedeutend mit völliger Umweltunabhängigkeit, da lebende Systeme auf eine angemessene Versorgung mit Energie in Form von Umweltreizen angewiesen sind. Es gelangt jedoch nichts aus der Umwelt in das System, sondern die Umwelt kann lediglich systemspezifische Prozesse stimulieren, die zunächst zur Etablierung und Aufrechterhaltung einer System-Umwelt-Grenze und danach zu bestimmten Strukturbildungen im Rahmen der identitätsbestimmenden Organisation des Systems führen (↗ Selbstorganisation). Autopoietische Systeme kombinieren also die auf der Ebene der individuellen Strukturbildung realisierte Fähigkeit zur Anpassung an eine jeweils gegebene Umwelt mit operativer Geschlossenheit und Autonomie als wesentlichen Merkmalen ihrer Organisation bzw. Identität. – In einer Reihe von Arbeiten hat insbes. Maturana die Theorie entwickelt, daß die Funktionsweise des zentralen Nervensystems als Erweiterung bzw. Spezialisierung des Prinzips der A. zu verstehen ist. Auf der Grundlage dieser neurobiologischen ↗ Kognitionstheorie ergibt sich in philosophischer Hinsicht die Möglichkeit, eine empirische Erkenntnistheorie zu entwickeln, die ontologische Grundannahmen relativiert, da ›Wirklichkeit‹ ausschließlich das Produkt innersystemischer Prozesse eines Beobachters ›ist‹. Dieser sog. radikale ↗ Konstruktivismus hat über die ↗ Empirische Theorie der Lit. Einzug in die Lit.wissenschaft gehalten. Die Folgen der hier und auch in anderen Disziplinen angestoßenen wissenschaftstheoretischen Diskussion sind noch nicht abzusehen. Die Faszination, die vom Konzept der A. ausgeht, liegt jedoch nicht allein in dieser Radikalität, sondern hat auch eine konservative Kehrseite. Attraktiv scheint hier die Möglichkeit, der Wissenschaft den Anspruch auf eine, wenn auch im konstruktivistischen Sinne, empirische Legitimation zu wahren; darüber hinaus impliziert das Konzept einen möglicherweise bestehenden ganzheitlich-evolutionären Zusammenhang von ↗ Natur und ↗ Kultur. Dennoch bleiben Adaptionen des als neues Paradigma der ↗ Systemtheorie (vgl. ↗ Leitdifferenz) Verbreitung findenden A.konzepts in anderen Bereichen wie z.B. Familientherapie, Künstlicher Intelligenz und Sozialwissenschaften umstritten und werden häufig lediglich als metaphorische Begriffsverwendung akzeptiert, was das Potential des Ansatzes für komplexe Modellbildungen und daraus resultierende originelle Einsichten jedoch nicht schmälert. In der Lit.wissenschaft haben insbes. soziologische Adaptionen des A.begriffs verstärkt Beachtung gefunden (↗ Systemtheorie, N. ↗ Luhmann).

Lit.: H.R. Maturana: *Erkennen. Die Organisation und Verkörperung von Wirklichkeit. Ausgewählte Arbeiten zur biologischen Epistemologie*, Wiesbaden 1982. – H.R. Fischer (Hg.): *Autopoiesis. Eine Theorie im Brennpunkt der Kritik*, Heidelberg 1991. – J. Mingers: *Self-Producing Systems. Implications and Applications of Autopoiesis*, N.Y. 1995.

ChR

Autor, historischer, das Konzept des h.A.s bezeichnet den realen und geschichtlich situierbaren Verfasser eines Textes oder Buches. Der h.A. ist auf der extratextuellen Ebene anzusiedeln und darf auf keinen Fall mit solch fiktionalen Elementen des ↗ Textes wie dem ↗ Erzähler, insbes. in seiner auktorialen Form, verwechselt werden. Auch vom impliziten ↗ Autor als einem vom Leser auf der Basis des fiktionalen Textes erstellten abstrakten Konstrukts ist der h.A. als konkrete und real existierende Person zu unterscheiden. Der h.A. kann in einem Text Meinungen und Positionen zu Wort kommen lassen, die seinen eigenen entsprechen oder radikal widersprechen. Rückschlüsse vom fiktionalen Text auf den h.A. und seine Intentionen sind daher aufgrund der Gefahr der *intentional fallacy* immer problematisch und mit Vorsicht zu genießen. Poststrukturalistische Kritiker sprechen deshalb mitunter vom ↗ Tod des Autors als einer die Textintention bestimmenden Instanz (↗ Poststrukturalismus). Während der vom Leser konstruierte implizite Autor als selbstkonsistente anthropomorphisierte Abstraktion stabil erscheint, unterliegt der h.A. den variierenden Einflüssen des extratextuellen Lebens und muß daher nicht dieselbe Konsistenz aufweisen. Ein und derselbe h.A. kann daher z.B. verschiedene Texte mit völlig unterschiedlichen Erzählern oder impliziten Autoren produzieren. Ein Text mit nur einem Erzähler kann auch mehrere h.A. haben.

Lit.: Chatman 1993 [1978]. S. 147–151. – U. Japp: »Der Ort des A.s in der Ordnung des Diskurses«. In: Fohrmann/Müller 1992 [1988]. S. 223–234. – R. Bäumer: »A.«. In: Borchmeyer/Zmegač 1994 [1987]. S. 33–40. – D.E. Pease: »Author«. In: Lentricchia/ McLaughlin 1995 [1990]. S. 105–117. – M. Couturier: *La figure de l'auteur*, Paris 1995. – St. Rieger: »A.funktion und Buchmarkt«. In: Pechlivanos et al. 1995. S. 147–163.

HA

Autor, impliziter (engl. *implied author*), heuristisches Konzept zur Interpretation v.a. narrativer Texte, das von W.C. ↗ Booth (1961) eingeführt wurde. Der i.A. (oder auch abstrakter Autor) tritt im ↗ Kommunikationsmodell literar. Texte trotz seiner Stimmlosigkeit auf der Seite des Senders auf und ist dabei aber vom ↗ Erzähler ebenso wie vom realen, historischen oder von einem fiktiven Autor zu unterscheiden (↗ Autor, historischer). Der i.A. ist die personalisierte Version einer Abstraktion, nämlich der Vorstellung, die sich der Leser bei der Lektüre des Textes von dessen Autor, vom ›Erfinder‹ des Erzählers, und von dessen Wertesystem macht. Der i.A. taucht also nicht explizit im Text auf, sondern in dessen Tiefenstruktur und wird vom Leser aus dem Text erschlossen. Er gilt häufig als das moralische Zentrum des Textes, das die Beurteilung des Textes durch den Leser schweigend und indirekt lenkt. Das Konzept wurde von einigen Kritikern (z.B. Lanser 1981, Rimmon-Kenan 1983 und Nünning 1993) aufgrund widersprüchlicher Elemente in seiner Definition, wie z.B. dem Nebeneinander von Abstraktion und Personalisierung oder der Stimmlosigkeit eines am Senderpol anzusiedelnden Konstrukts, scharf kritisiert, ist aber noch immer weit verbreitet. Für die Befürworter des Konzeptes (z.B. Chatman 1990) äußert sich der i.A. als stille Informationsquelle insbes. in den intratextuellen Bezügen als das dahinter zu erschließende formende literar. Agens, das die Textbestandteile selektiert und arrangiert. Nur wenige Kritiker gehen bislang allerdings konsistent so weit (z.B. Nünning 1993), das anthropomorphisierte Konzept des i.A. durch ein definitorisch stringenteres der gesamten Textstruktur ersetzen zu wollen.

Lit.: S.S. Lanser: *The Narrative Act. Point of View in Prose Fiction*, Princeton 1981. – Rimmon-Kenan 1996 [1983]. – Chatman 1993 [1990]. – A. Nünning: »Renaissance eines anthropomorphisierten Passepartouts oder Nachruf auf ein lit.kritisches Phantom? Überlegungen und Alternativen zum Konzept des *implied author*«. In: *DVjs* 67.1 (1993) S. 1–25.

HA

Autorität, literarische, steht für das Problem, welche Rede in der Vielfalt der Reden (Schriften, Diskurse, Medien) welche Geltung besitzt. Sie markiert die textuelle und soziale Tatsache, nach der man der Lit. typischerweise eine Überlegenheit zuerkennt, ihr eine positive und legitime Geltung zubilligt und sie unter diesen essentiellen Voraussetzungen in der Gesellschaft zirkulieren läßt. Die Frage nach der l.n A. ist so nicht nur die ältere, sondern auch umfassendere Frage nach dem literar. Wert. Das Ansehen der Lit. fungiert im Kommunikationsprozeß als Kürzel für sehr komplexe Sachverhalte. Die l. A. kann je nach sozialem und historischem Kontext von der Lit. erworben, gesteigert oder vermindert werden. Sie entsteht weder aus der einfachen Erfüllung normkonformen Verhaltens noch aus der bloßen Befriedigung von Interessen. Ansehensgewinn resultiert auch aus abweichenden kommunikativen Strukturen und Verhaltensweisen. Systematisch gesehen ist zu unterscheiden zwischen Texten, deren l. A. explizit durch einen Machtapparat, etwa in Gestalt einer höfischen Repräsentationskultur oder einer Zensurgesellschaft (↗ Zensur), gestützt wird, und solchen Schriften, denen man aufgrund von Text- und Diskurseigentümlichkeiten freiwillig folgt. – Die historische Herkunft der l.n A. verweist einmal auf den Autor, dessen *auctoritas* sich auf seinen als Norm geltenden Sprachgebrauch gründete. Explizites Thema ist die l. A. insbes. dort, wo der Vorrang strittig ist: Dichterfehde, *Battle of the Books*, die *Querelle des Anciens et des Modernes* oder der Lit.streit sind Prozeduren und Genres, in denen über Vorbildlichkeit, exemplarisches Maß, klassischen Rang oder literar. Wert entschieden wurde bzw. wird. Was bleibt, ist das, was l.n A. geltend machen kann. Ein weiterer Strang, spätestens seit dem entsprechenden Artikel in der Frz. Enzyklopädie prominent, stellt die Frage nach der ›A. in Reden und Schriften‹. Zum ersten Mal wird die Lit. als freie Rede, mit eigener Geltung und eigenem Wert, propagiert. Speziell die Aufklärung wendet die l. A. gegen die Zwänge der von den gesellschaftlichen A.en propagierten Vorurteile: Schrift, Druck und Lit. werden über die Autorschaft des ›*philosophe*‹, der sich allein noch vor der (städtischen) Welt rechtfertigen will, als antiautoritäre Kräfte in die Auseinandersetzung geführt. Zugleich werden sie jedoch, sofern sie die Kritik am Ancien Régime tragen, selber wieder Teil eines autoritären Repertoires. – Auch wenn der Sachverhalt der l. A. weit zurückweist, so ist speziell in der jüngeren Vergangenheit der Philologien die l. A. kein Thema gewesen. V.a. im Zuge der anti-autoritären ↗ Kulturkritik wurde die Lit. selber als eine per definitionem anti-

autoritäre, alle Machtansprüche unterlaufende Instanz gefeiert. Als lit.wissenschaftliches Problem ist die l. A. weder bloßer Beleg für eine generelle A.skritik, noch erschöpft sie sich in der Verteidigung einer bestimmten Kultur gegen Kritik. Vielmehr ist die l. A. im Kontext der in einer Gesellschaft konkurrierenden A.en zu explizieren. Lesetechnisch besagt dies, daß es eine Balance zu praktizieren und zu beobachten gilt zwischen der A. eines ersten Textes und der A. eines zweiten, in der eigenen Lesearbeit erstellten Textes. Das Lesen von Lit. wird zur Übung in A.sverhältnissen. Inzwischen ist die Frage nach der l.n A. als Frage nach der Geltung der Lit. im Feld der Medien brisant geworden. Wenn der Buchdruck nicht länger Leitmedium der Gesellschaft ist, dann berührt dies auch die Stellung der schrift- bzw. buchgestützten Lit. Laufende Debatten zum Thema Lit.verfall registrieren einen zunehmenden Positionsverlust. Andererseits wird die Glaubwürdigkeit der Neuen ↗ Medien, insbes. der telekommunikativen ↗ Massenmedien, gering geschätzt. Ob diese A.skrise die Chance für eine Revalidierung der Lit. sein wird, bleibt abzuwarten.

Lit.: H. Arendt: »Was ist A.?« In: dies.: *Fragwürdige Traditionsbestände im politischen Denken der Gegenwart*, FfM. 1957. – M. Bachtin: »Der sprechende Mensch im Roman«. In: ders.: *Ästhetik des Wortes*, FfM. 1979. S. 219–251. – H.L. Gates: »Authority, (White) Power, and the (Black) Critic. Or, It's all Greek to Me«. In: Cohen 1989. S. 324–346. – R. Kray/ L. Pfeiffer (Hgg.): *A.: Spektren harter Kommunikation*, Opladen 1992.

NW

Autorpoetik, der Begriff bezeichnet alle in sich abgeschlossenen Äußerungen von Autoren über ihre Schreibverfahren. Zentrales Thema ist die ↗ Poiesis der ↗ Texte, deren Konstruktionsverfahren und Entstehungsbedingungen. Aufgrund der individuellen Anlage ist die Variationsbreite groß, vom biographischen Bericht bis zur komplexen Selbstreflexion. Die vorherrschende Lektüreeinstellung spricht gern ›Einsicht‹ in die ›Werkstatt‹ zu und behandelt den Selbstbezug der Autoren unproblematisch. Der Wert von A. als Gattung liegt in der konkreten Kartographie literar. Techniken sowie in der konzisen persönlichen Information. Grundsatzfragen der Lit. werden stets mitthematisiert. Der ausgeprägte zeitgeschichtliche Bezug qualifiziert die A. als Teil der ↗ Lit.geschichte. Zur A. zählen Poetikvorlesung, poetologischer Essay und Preisrede sowie ›Werkstattgespräche‹. Der Bezug auf eigene Textherstellungsverfahren unterscheidet die A. vom literar. Manifest, die selbstreflexive Kommentarstruktur von Produktionsästhetik, die abgeschlossene Form von Tage- und Arbeitsbüchern. Obwohl die Bezeichnung ↗ Poetik die Regelhaftigkeit literar. Verfahren notiert, wird keine Allg.gültigkeit beansprucht. – Als ›Gattungsbegründer‹ kann E. A. Poe mit seiner *Philosophy of Composition* (1846) gelten, in der das Gedicht *The Raven* als aus logischen Verfahrensschritten entstanden angesehen wird. Die Frage ›Wie entsteht ein Gedicht?‹ gehört seitdem zu den Topoi moderner Lyrik. In der dt. Nachkriegslit. begründen G. Benns *Probleme der Lyrik* (1951), I. Bachmanns *Frankfurter Vorlesungen* (1959/60) sowie P. Celans Büchner-Preisrede (1960) die Autorität der Gattung.

Lit.: B. Allemann (Hg.): *Ars Poetica*, Darmstadt 1971 [1966]. – P.M. Lützeler (Hg.): *Poetik der Autoren*, FfM. 1994. – F.Ph. Ingold: »daß Text da sei«. In: *Manuskripte* 127 (1995) S. 104–109.

MBi

Autostereotypen, nationale ↗ Imagologie, komparatistische

Avantgarde, der militärischen Terminologie entlehnt, verwenden die frühsozialistischen Bewegungen in Frankreich (Saint-Simonisten, Fourieristen) den Begriff A. (frz. u. engl. *avant-garde*, ital. *avanguardia*, span. *vanguardia*) zur Proklamierung der eigenen Progressivität auf sozialem, politischem und künstlerischem Gebiet. In der zweiten Hälfte des 19. Jh.s überwiegend von der sozialen Bewegung beansprucht, versucht Lenin (*Was tun?*, 1902), A. für die bolschewistische Partei zu monopolisieren. Wenig später reklamiert auch die historische A., zunächst mit dem von T. Marinetti inspirierten Futurismus, den mit der Terminologie verbundenen Status und Nimbus. Auch der politischen A. gegenüber wird proklamiert, von der Kunst her Leben und Gesellschaft zu revolutionieren: das Gründungsmanifest des Futurismus (20.2.1909) stellt den ersten umfassenden Vorstoß in dieser Richtung dar. Lit.ästhetisch versucht die A., die Konsequenzen aus der Autonomisierung der Kunst während des 19. Jh.s zu ziehen, die im *Fin-de-siècle* einen Höhepunkt und Abschluß gefunden hatte. Während die (klassische) ↗ Moderne darauf mit ihren ästhetische Konzeptionen reagiert, diese aber innerhalb der Institution Kunst verwirklicht, versucht die A., eben diese in Frage zu stellen und Kunst in Lebenspraxis zu überführen: Die Kunst tritt ›in das Stadium der Selbstkritik ein‹ (Bürger). Von dieser Grundlage

her unterziehen die zahlreichen ›Ismen‹ der A. (z.B. Futurismus, Dadaismus, ↗ Konstruktivismus, ↗ Surrealismus, Poetismus) in unterschiedlicher Radikalität die Funktion von Kunst in der bürgerlichen Gesellschaft und deren ästhetische Verfahren einer scharfen Kritik. Dieses Kriterium unterscheidet die A. von der Moderne und gestattet, die von Enzensberger 1962 nicht ohne Grund konstatierten ›Aporien der A.‹ zu relativieren. Die A. privilegiert dabei bestimmte Gattungen, etwa das Manifest. Es dient der spektakulären und provokativen Proklamation der eigenen Programmatik, nicht selten illustriert es in autoreferentieller Weise schon die Umsetzung der eigenen Forderungen. Angesichts der Dominanz des Romans im literar. ↗ Feld zieht die A. Lyrik und Dramatik vor, v.a. aber entwickelt sie mit performativen Spektakeln eigene Formen, die Elemente beider Gattungen kontaminieren (↗ hybride Genres). Futuristen, Dadaisten oder Surrealisten provozieren und inszenieren Skandale; die Lit. verläßt die ihr von der Institution zugewiesenen Orte und Medien. Futuristische und dadaistische Abende sind ›Gesamtkunstwerke‹ ungeahnter Radikalität, bei denen es (zumindest momentan) gelingt, wie im *Happening* die Grenze zwischen Kunst und Leben aufzulösen. Surrealistisches ›automatisches Schreiben‹ oder die Disponibilität für den ›objektiven Zufall‹ unterminieren den elitären Status von Lit. und stellen, nicht ohne Erfolg, für jedermann Verfahren bereit, die Institution Kunst zu sprengen. – Die A.-Geschichtsschreibung beginnt mit de Torres *Literaturas europeas de vanguardia* (1925). Schon damals wird der Internationalismus der A. betont, die in ihrer Europa überschreitenden Dimension erstmals bei J. Weisgerber (1984) breit berücksichtigt wird. P. ↗ Bürgers Analyse der A. und ihrer Theorie als der bislang radikalsten Infragestellung der ›Institution Kunst‹ und ihres Scheiterns gibt der A.-Forschung bis heute entscheidende Impulse. In dieser Perspektive erscheint die A. als ein ›Projekt‹ (vgl. Asholt/Fähnders 1997, S. 2ff.), das dank seines Fragmentcharakters eine bislang nicht genügend berücksichtigte Herausforderung für den Diskurs der ↗ Postmoderne darstellt.

Lit.: P. Bürger: *Theorie der A.*, FfM. 1980 [1974]. – J. Weisgerber (Hg.): *Les avant-gardes littéraires au XXe siècle*, 2 Bde., Budapest 1984. – G. Bollenbeck: »A.«. In: Borchmeyer/Žmegač 1994 [1987]. S. 41–47. – M. Hardt (Hg.): *Literar. A.n*, Darmstadt 1989. – W. Asholt/W. Fähnders (Hgg.): *Die ganze Welt ist eine Manifestation. Die europ. A. und ihre Manifeste*, Darmstadt 1997. – G. Jäger: »A.«. In: Weimar 1997. S. 183–187.

WA

B

Bachelard, Gaston (1884–1962), Professor für Geschichte und Philosophie der Naturwissenschaften an der Sorbonne, Mitglied der *Académie des Sciences Morales et Politiques*. – Mit *La psychanalyse du feu* (1938) distanzierte sich B. von einer monokausal reduzierenden Psychoanalyse in der Tradition S. ↗ Freuds und betonte zugleich die Bedeutung des ↗ Unbewußten für das literar. Schaffen. Das primäre Ordnungsschema seines Modells folgt der antiken Kosmologie (Feuer, Wasser, Luft und Erde): *L'eau et les rêves. Essai sur l'imagination de la matière* (1942); *L'air et les songes. Essai sur l'imagination du mouvement* (1943); *La terre et les rêveries du repos* (1948). In seiner späteren, eher phänomenologischen Phase (↗ Phänomenologische Lit. wissenschaft) widmete er sich dem Zusammenhang von Imagination (↗ Einbildungskraft) und Lektüreakt: *La poétique de l'espace* (1957), die Rolle des Unbewußten stets ebenso wie die schöpferische Freiheit des Schriftstellers betonend. Mit der autonomen Imagination, die dem dichterischen Unbewußten dynamische Bilder liefert, hatte er sich dabei auch der ↗ Jungschen ↗ Archetypen-Lehre genähert. Als Prüfstein seiner Theorie kann gelten, wie er in *L'eau et les rêves* die ›imagination matérielle‹ E. A. Poes dem Wasser zuordnet, das hinter dem persönlichen Mythos der sterbenden Mutter seiner dichterischen Sprache Einheit verleihe. B. erweiterte seine Form der kreativen Psychoanalyse auch auf anthropologisch-reflexologischer Ebene. Der Zugewinn dieser insgesamt phänomenologischen Arbeitsweise liegt letztlich in der Hinwendung auf das jeglicher Kausalität entgleitende dichterische Bild. In Übereinstimmung mit dem frühen J.P. ↗ Sartre (*L'imagination*, 1936) schreibt B. nun eine »direkte Ontologie der Bilder als Konzentration des Seelenlebens des Autors« (Lentzen 1975, S. 77), das zugleich die empathische Kommunikation mit dem Leser eröffnet (›transsubjectivité‹, *La poétique de l'espace*, S. 3). Grundlage ist das vom Bild ausgehende ›retentissement‹.

Lit.: G. Bachelard: *La poétique de l'espace*, Paris 1992 [1957]. – G. Durand: *Les structures anthropologiques de l'imaginaire*, Paris 1969. – M. Lentzen: »G.B.«. In: W.-D. Lange (Hg.): *Frz. Lit.kritik der Gegenwart*, Stgt. 1975. S. 65–85.

FWN

Bachtin, Michail Michailovič (engl. Bakhtin, Mikhail Mikhailovich) (1895–1975), russ. Sprach- und Lit.theoretiker, Philosoph. – Nach dem 1918 in Petersburg abgeschlossenen Studium der Altphilologie entwickelte B. in den Jahren der sowjetischen Kulturrevolution seine theoretischen Grundpositionen u.a. in Studien zu ↗ Freud und zum Marxismus, die z.T. unter dem Namen von Freunden, V.N. Vološinov und P.N. Medvedev, erschienen. 1929 publizierte er seine erste Studie zu Dostoevskij (*Probleme der Poetik Dostoevskijs*); im gleichen Jahr wurde er aus politischen Gründen verhaftet und nach Kasachstan verbannt. Lange Jahre durfte er nur in der Provinz leben, wo er als Bibliothekar, Lehrer, Dozent und Privatgelehrter die bis in die 50er Jahre andauernden stalinistischen ›Säuberungsaktionen‹ überlebte, jedoch kaum Publikationsmöglichkeiten hatte. Erst Anfang der 60er Jahre wurde er politisch rehabilitiert und von ehemaligen Schülern aus der Obskurität gerettet. Mit der zweiten Aufl. des Dostoevskij-Buchs und der Veröffentlichung von *Rabelais und seine Welt* 1965 (1940 als Diss. zunächst abgelehnt) konnte B. zunehmend nationalen Ruhm erlangen, der sich v.a. postum in den 80er Jahren durch wichtige Übersetzungen und Interpretationen (v.a. von J. ↗ Kristeva und T. ↗ Todorov sowie M. Holquist) international ausweitete. Diese ließen den akademischen Außenseiter zum Modetheoretiker, gar zum Begründer einer neuen Lit.betrachtung, der ↗ Dialogizität, werden, die im ↗ Karnevalismus ihre ursprünglichste Ausprägung erhält. – B. ist, im Sinne seiner eigenen Theorien, bewußt kein schematischer Denker. Er wollte mit seinen Forschungen das geisteswissenschaftliche Äquivalent zu Einsteins Relativitätstheorie entwickeln, in der Erkenntnis, daß es keine absolute Sinnhaftigkeit mehr gibt, daß Bedeutung nur in Relationen begriffen werden kann und entscheidend von der Position des Betrachters abhängt. Vorläufige Erkenntnisse können nur in einem nie abgeschlossenen, offenen Dialog zwischen dem Selbst und dem Anderen gewonnen werden (↗ Alterität). Ein Ende des Dialogs, Monologizität, impliziert einen gleichmacherischen Totalitarismus. – B.s Theorien lassen eine lebenslange Auseinandersetzung mit dem dogmatischen ↗ Marxismus und dem lebensbedrohenden Stalinismus erkennen; sie stehen ferner in einem engen Spannungs- und Anregungsverhältnis zum ↗ Strukturalismus de ↗ Saussurescher Prägung und zum ↗ Russ. Formalismus. Anders als diese Richtungen weist B. der *parole*, der Diachronie und dem außersprachlichen Umfeld bes. Bedeutung zu, indem er jede Stimme (als Wort, Äußerung, Text) nicht nur als dynamischen Spannungspol im Zentrum vielschichtiger intertextueller Bezüge sieht, sondern darüber hinaus auch als Schnittstelle soziokultureller Strömungen und Diskurse versteht. Jede Stimme ist teils offen, teils verdeckt durch vorherige und andere Stimmen beeinflußt; sie ist auf ein Gegenüber gerichtet, auch wenn dies erst ein zukünftiges, noch unbekanntes ist. Entsprechend leugnet B. die Vorstellung eines autonomen Ich. Das Selbst formt sich und wird geformt in der Selbstreflexivität und in der Reflexion auf andere, in der dialogischen Existenz. Als Mikrokosmos der mehrstimmigen Welt der ↗ Heteroglossie erkannte B. die Romane Dostoevskijs, in denen er eine galileische Wende menschlichen Denkens ausmachte. Mit dem Rückzug des Autors, der nurmehr ein Stimme unter vielen ist, sprechen die Charaktere der Romane für sich selbst. Die Redevielfalt spiegelt nicht allein ein demokratisches Bewußtsein, sondern der polyphone Text stellt seinerseits einen wichtigen Markierungspunkt in der Geschichte des menschlichen Bewußtseins dar, hin zu der zunehmenden, sich aber keinesfalls kontinuierlich entwickelnden Fähigkeit zur Selbstreflexivität und zum Dialog mit dem Anderen. Der polyphone Roman im Sinne B.s greift die alle Ordnung und Autorität unterminierende Kraft des karnevalesken Lachens auf, die B. auch in den Werken Rabelais', der Menippeischen Satire und im Schelmenroman erkannte. Anhand von ›Chronotopen‹ (d. h. dem raumzeitlichen Arrangement des Romangeschehens und typischen Motiven wie Narr, Schelm, Schurke oder Idylle) zeigt B. auf, wie überzeitliche literar. Topoi jeweils spezifische historische Ausprägungen erfahren und in die ↗ Episteme einer Epoche eingebettet sind. Als monologisch (und somit autoritär, dogmatisch und konservativ) lehnt B. die Romane Tolstojs ab, ebenso Epos und Lyrik, die er als Produkte einer autoritätszentrierten ↗ Mentalität (zu einseitig) deutet. – Das unsystematische Werk B.s kann in immer neuen Übersetzungen und Deutungen noch an Wertigkeit gewinnen. Dabei mögen sich die zunächst überzeichneten Konturen einer Philosophie des radikalen Relativismus und Skeptizismus auflösen. Ebenso mag B. als exotischer Advokat einer lustbetonten Lachkultur des Karnevalesken in den Hintergrund treten. In den Vordergrund schieben könnte sich B.s Vision einer offenen Dialogizität, die als ›stern philosophy‹ (Holquist) zu ver-

stehen ist. Denn dem postmodernen Dilemma in der Wahl zwischen einem *anything goes*-Werterelativismus und der Flucht in einen sinnstiftenden Fundamentalismus oder ↗ Essentialismus deutet B. einen anstrengenden Ausweg: Nur in der Akzeptanz anderer Lebensweisen, in der dialogischen Offenheit für den Anderen können und müssen Individuen stets aufs neue der kontingenten Realität Bedeutungshaftigkeit und Kohärenz abringen. Somit mag sich B. auch als Vordenker des lange angemahnten und nun sich langsam abzeichnenden *ethical turn of postmodernism* erweisen (↗ *Ethical Criticism*).

Lit.: M. Bachtin: *Probleme der Poetik Dostoevskijs*, Mchn. 1971 [1929]. – ders.: *Die Ästhetik des Wortes* (Hg. R. Grübel), FfM. 1979 [1975]. – ders.: *The Dialogic Imagination* (Hg. M. Holquist), Austin 1981. – ders.: *Formen der Zeit im Roman. Untersuchungen zur historischen Poetik* (Hgg. E. Kowalski/M. Wegner), FfM. 1989. – ders.: *Rabelais und seine Welt. Volkskultur als Gegenkultur* (Hg. R. Lachmann), FfM. 1995 [1965]. – K. Clark/M. Holquist: *M. B.*, Cambridge, Mass./Ldn. 1984. – T. Todorov: *M. B.: The Dialogical Principle*, Manchester 1984. – D. Bialostosky: »Dialogic Criticism«. In: Atkins/Morrow 1989. S. 214–228. – D. Lodge. *After B.: Essays on Fiction and Criticism*, Ldn./N. Y. 1990. – G. S. Morson/C. Emerson: *M. B.: Creation of a Prosaics*, Stanford 1990. – P. V. Zima: »M. B.s ›junghegelianische‹ Ästhetik«. In: ders. 1991. S. 100–129. – S. Dentith: *Bakhtinian Thought. An Introductory Reader*, Ldn./N. Y. 1995.

LV

Barock, Literaturtheorien des (port. *barroco*: unregelmäßig, schiefrund; Bezeichnung für Form von Perlen), als Epochenbegriff bezeichnet B. die europ. Kunst und Lit. des 17. Jh.s, die im Kontext der Gegenreformation nach dem Tridentinischen Konzil (1545–1563) beginnt. Ausgehend vom klassischen Kanon benutzt zunächst J. J. Winkelmann den Begriff des B. abwertend. Erst J. Burkhardt versteht B. als kunsthistorischen Begriff, bezogen auf die ital. Architektur des ›Seicento‹. Der Schweizer Kunsthistoriker H. Wölfflin (1915) übernimmt B. als Opposition zur ↗ Renaissance und legt mit einem phaseologischen Ansatz den Grundstein für ein transepochales Verständnis des B. Nach Wölfflin ist B. eine dem Höhepunkt einer jeweiligen Kunstphase (Klassik) folgende, degenerative Stufe der Kunst. Dementsprechend gelten klassische Formen als ›klar‹ (Wölfflin) und ›endlich‹ (F. Strich), barocke dagegen als ›unklar‹ bzw. ›unendlich‹. Da sich im phaseologischen Ansatz ideologiekritische und ästhetische Argumente vermengen, differenziert E. R. ↗ Curtius (1948) wieder zwischen literar. ↗ Epoche und phaseologischem ↗ Stilbegriff. Für letzteren benutzt er ›Manierismus‹. Die artifizielle Degenerierung klassischer Phasen ist nach Curtius ›manieristisch‹, in den klassischen Phasen entspricht dagegen die Kunst der zur Idealität erhobenen Natur. Mit einem ideologischen Ansatz schränkt G.R. Hocke den Epochenbegriff des B. auf die gegenreformatorische Kunst ein. Weil diese jedoch den formalen Manierismus durch eine neue, absolutistische Ordnung begrenzt, nennt er B. ›klassisch‹. Aus soziologischer Sicht grenzt A. Hauser den Manierismus vom B. ab. Letzterer entspreche einer volkstümlichen bzw. lokalen Kunst, Manierismus dagegen dem esoterischen Stil internationaler Geistesaristokratie. U.a. auf dieser Basis entwirft G. Wiese einen umfassenden Merkmalskatalog: Für die Renaissance gelten Objektivität, klassischer Kanon, Regelmäßigkeit, plastische Körper, Zentralperspektive; für Manierismus Individualismus, Intellektualismus, aristokratischer Exklusivismus, Expressivität, Virtuosismus, Ornament, komplexe und zwangvolle Bewegung; für B. autoritäre und klassizistische Normstrenge, Prunk, Größe, (›neuer‹) Realismus, organischer Dynamismus, dramatischer Pathetismus. In den 60er Jahren bemühen sich mehrere Kongresse, die Stilmerkmale von ›Manierismus, B., Rokoko‹ zu definieren (vgl. Internationale Tagung Accademia dei Lincei, Rom, 1960) und nach den Gegensätzen von plastisch (Klassik) vs. malerisch (Detailmalerei und Portrait), Fläche vs. Tiefe, Klarheit vs. Unklarheit, tektonisch vs. untektonisch usw. voneinander abzugrenzen. Andere Ansätze fassen Manierismus unter der Epoche des B. Damit gilt die Spannung unterschiedlicher Stile und Formen als Stilmerkmal des B. (vgl. Schöne 1963). – Ideologisch tritt nach der Orientierungslosigkeit der Religionskriege und nach den Erschütterungen traditioneller Ordnungsmuster der barocke Staat als Ordnungsstifter auf. Epistemologisch verdecken die allegorisch dargestellten gegenreformatorischen Konzepte die Krise theozentrischer Deutungen der Welt, die nicht mehr wie ein Buch dechiffrierbar ist. Angesichts des barocken Analogismus spricht M. ↗ Foucault von einer Kontinuität der ↗ Episteme der Ähnlichkeit vom MA. zum B. Der an das aristotelische Konzept der ↗ Mimesis gebundene Analogismus der Renaissance wird im 17. Jh. zum Apriori einer totalisierenden, auf einem absoluten Gesetz der Ähnlichkeit basierenden Repräsentation, nachdem in der Renaissance die scholastischen Denkanordnungen und der Analogismus nur noch als Partialisierungs-

stufe (G. Regn, U. Schulz-Buschhaus) bzw. als ›Verfallsstufe‹ (entsprechend der Terminologie von J. Küpper) in Spanien überlebt hatten. Nominalismus, ↗ Allegorie und Krise der ↗ Repräsentation stellen (trotz epistemologischer Unterschiede) Parallelen zum ↗ Neobarock dar. Die Grenzen zwischen Nominalismus und Platonismus sind mithin fließend; eine Festlegung ist z.T. als Entscheidung späterer Kritiker zu werten. – Diese Zweideutigkeit zeigt sich auch in der barocken Poetik. Die Poetiken, die sich auf ↗ Aristoteles' *Poetik* berufen, entwickeln eine neuplatonische Erkenntnistheorie. Die Phantasie, die die Nachahmung der transzendenten, heilsgeschichtlichen Wirklichkeit verbürgt, soll die Möglichkeit eindämmen, aufgrund der nominalistischen Pluralität der Erscheinungsformen die Poesie als unverbindliches Spiel der Phantasie zu sehen. Frühbarocke Poetiken stellen z.B. eine ↗ Mimesis-Forderung an die poetische Erfindung. Für G.Ph. Harsdörffer impliziert eine figürliche Darstellung das Wesen der Sache (*Poetischer Trichter. Die Teutsche Dicht- und Reimkunst*, 3 Teile, 1647/48/53). Eine neuplatonische Deutung liegt auch im barocken Konzeptismus vor, wie ihn der Spanier B. Gracián prägte (*Arte de ingenio. Tratado de la agudeza*, 1642). Als poetisches Vermögen des Intellekts steht das ›*ingenium*‹ über dem auf Verstand basierenden ›*juicio*‹. Die ↗ Tropen der antiken ↗ Rhetorik und die gelehrten Konzepte werden zu (poetischen) Werkzeugen der ›agudeza‹. Auf einer platonischen Deutung beruhen auch konzeptistische Poetiken der dt. ›*argutia*‹-Bewegung, die im Geschichtszusammenhang des protestantischen Humanismus und seiner philologischen Neuschließung der ↗ Antike seit Melanchthon stehen. Im Zusammenhang mit sprachpatriotischen Bemühungen um die Eigenständigkeit des Deutschen wird Konzeptismus in Deutschland zu einer divinatorischen Dichtungsauffassung, die die natürliche Motivation des poetischen Zeichens explizit hervorhebt. Für die natursprachliche Qualität des Deutschen beruft sich J. Balde auf das Theorem Scaligers vom wahren Dichter als ›*alter deus*‹ (*Poetices libri septem*, 1561) und auf den seit Aventinus geläufigen babylonischen Ursprungsmythos, nach dem die dt. (kelt.) Sprache die älteste und reinste nach der hebr., und damit der gr. und lat. vorgeordnet sei (*De Studio Poetico*, 1658). Klangmalerei, rhythmische und bildliche Qualitäten der dt. Sprache geben auch nach J. Klajus Anlaß zu natursprachlichen Spekulationen (*Lobrede der Teutschen Poeterey*, 1645). Platons

›*phýsei*‹-These (*Kratylos*, ca. 393–88 v.Chr.), d.h. die These der Nicht-↗ Arbitrarität des sprachlichen ↗ Zeichens, begründet für J.G. Schottelius die Annahme, sog. ›Stammwörter‹ spiegelten in ihrer Lautgestalt ›den rechten Grund‹ und ›das urspr. Wesen‹ der Dinge wider (*Ausführliche Arbeit Von der Teutschen Haubt-Sprache*, 1663). Das Studium der aristotelischen Rhetorik betont dagegen die Artifizialität des Ingeniums im Sinne eines vom Mimesis-Postulat unabhängigen allegorischen Nominalismus, wie er z.B. bei J. Masen vorliegt, etwa in seiner Emblemtheorie (*Speculum imaginum veritatis occultae*, 1650, erw. 1681) bzw. in *Palestra eloquentiae ligatae* (Köln, 1654–57). Nach Masen ist Dichtung eine (rhetorische) Technik, welche zu oratorischen Gelegenheitsarbeiten befähigt. Ein Ausdruck des allegorischen Nominalismus findet sich in E. Tesauros *Il Cannocchiale Aristotelico* (1654), der umfassendsten barocken ↗ Metapherntheorie. Tesauro bedient sich der *Rhetorik* Aristoteles' wie eines optischen Instruments, mit dem er alle Formen der metaphorisch ausgedrückten ›*argutezze*‹ beleuchtet. Scharfsinniger Witz, ↗ Emblematik und verfremdete ›ingeniöse‹ Wörter, die ungewohnte, neue metaphorische Verbindungen herstellen, verursachen ästhetisches Vergnügen. – Ästhetisch gelten für den B. folgende Merkmale: (a) Die intertextuelle Anverwandlung der Antike und des europ. Humanismus führen zu einer ›*querelle des modernes*‹ mit unterschiedlicher Schärfe. Die Konzeption der schöpferischen Möglichkeiten des *ingenium* begründet das Bewußtsein der barocken Poetik als neue Disziplin. Gracían erklärt die antike Rhetorik als Wissenssystem über das Poetische für ungenügend (Curtius). Balde betont, der Dichter werde gemessen an der *novitas* seiner Schöpfungen. In Masens *Ars nova argutiarum* (1649) bewirkt das Prinzip der Ähnlichkeit des Unähnlichen und der Verfremdung des Zusammengehörenden die Originalität und Einprägsamkeit eines Kunstwerks. Masen sieht ästhetische Vorteile z.B. in der Lyrik von J. Balde. Die anverwandelten, humanistischen Motive sind schon im Frühbarock mehrdeutig. Das Horazsche Motiv des *carpe diem* schlägt zum *vanitas*-Topos, d.h. zur warnenden Erinnerung an den Tod als Ziel und Sinn menschlichen Lebens, um. (b) Spielerische Neukombinationen des Sprachmaterials (Wortspiel, ↗ Anagramm, Akrostichon, Lautmalerei, Klangspiele bis hin zu visuellen Gedichten, z.B. bei Harsdörffer) gelten als Quelle der *inventio* (Erfindung); die Bildhaftigkeit (Metaphern, Alle-

gorien, Gleichnisse, Embleme) ist auch jenseits des moralisch-didaktischen Ziels von Bedeutung. Die barocke Anverwandlung des Humanismus führt zu Mischungen und zu bizarren Formen der Analogie zwischen christlichen und klassischen bzw. heidnischen Motiven, etwa in den ›*Autosacramentales*‹, den allegorischen Darstellungen von Sakramenten und vom christlichen Heilsgeschehen. Die Motiv- und Formmischungen entsprechen den nach der Horazschen *Epistula ad Pisones* (*Ars poetica*) zu verwerfenden ›Chimären‹. Dies erklärt den frühbarocken Umschlag zu einem grotesken Naturbegriff etwa bei Lope de Vegas *Arte nuevo de hacer comedias* (1609, Strophe 17), auf den sich romantische Poetiken berufen werden. ↗ Allegorien in freier Kombinatorik stützen einerseits die Verankerung der Zeichen in moralischen, abstrakten Konzepten und allegorischen Bildern, verstärken andererseits aber auch die Tendenz zu unmotivierten (willkürlichen), historisch zu denkenden Analogien und den Zerfall kosmischer Korrespondenzen, wobei jedoch das strenge theologisch-metaphysische Weltbild keinen Ausbruch aus den religiösen und politischen Sinnwelten von Absolutismus und Gegenreformation ermöglicht. Die freie Kombinatorik äußert sich auch durch die Mischung von Gattungen, etwa in den *Tragicomedias* von Lope de Vega. Die Mischung heterogener Motive ist bes. ausgeprägt im Kolonialbarock Amerikas, dessen herausragendes Beispiel die mexikan. Dichterin S.J.I. de la Cruz darstellt. Der Wortwitz und die konzeptistische Allegorik eines F. de Quevedo sowie die culteranistische Metaphorik von L. de Góngora werden übernommen und gesteigert. Im span. Spätbarock beeinflussen dagegen das Apriori gegenreformatorischer Weltordnung das Verdikt von C. Calderón de la Barca gegen Mischgestalten. Diese verkörpern für die spätbarocken Dichter die trotz der wiederhergestellten gegenreformatorischen Ordnung bestehende ideologische Instabilität und werden mit Bezug auf Horaz zu Monstern erklärt. Infolge neobarocker Theorien gelten heute groteske, barocke Mischungen, bes. des Kolonialbarock, als Symptome indirekter Transgression gegen die scholastische und absolutistische Hegemonie. Auch in Eroberer-Chroniken wurde die Neue Welt durch Bilder des Wunderbaren und durch groteske Chimären beschrieben. (c) Infolge der Dominanz der Theater- und Desillusionierungsästhetik (span. *desengaño*) verliert das Kunstwerk an mimetischer Kraft trotz bestehendem Mimesis-

Anspruch der Poetiken. Die Sprache wird zur Bühne allegorischer Illusionsspiele. Die *Ecclesia triumphans*, die durch monumentale Pracht und Ornamentik der Baukunst den katholischen und absolutistischen Selbstbehauptungswillen ausdrücken sollte (etwa durch die Gründung des Theaters als Institution), wird im Spätbarock von *vanitas*-Figuren begleitet, die auf die moralisch zu deutende, jedoch gegen den Strich auch politisch lesbare Nichtigkeit der realen Sinnwelten hinweisen. Das Mimesis-Postulat der Renaissance wird zwar zum Instrument rhetorischer Spiegelungseffekte für die Zurschaustellung weltlichen und konfessionellen Triumphs. In diesem liest man aber heute Zeichen der Ohnmacht und der Schwäche des gegenreformatorischen, absolutistischen Staats. Der Bau barocker Theater ist als Emblem einer Kunst verstehbar, die das ideologische bzw. politische *horror vacui* kompensiert.

Lit.: H. Wölfflin: *Kunstgeschichtliche Grundbegriffe. Das Problem der Stilentwicklung in der neueren Kunst*, Mchn. 1915. – E.R. Curtius: *Europ. Lit. und lat. MA.*, Bern 1948. – W. Killy (Hg.): *Die dt. Lit. Texte und Zeugnisse*, Bd. 3, *Das Zeitalter des B.* (Hg. A. Schöne), Mchn. 1963. – W. Flœck: *Die Lit.ästhetik des frz.B.*, Bln. 1979. – U. Schulz-Buschhaus: »Gattungsmischung – Gattungskombination – Gattungsnivellierung. Überlegungen zum Gebrauch des literarhistorischen Epochenbegriffs ›B.‹«. In: Gumbrecht/LinkHeer 1985. S. 213–233. – S. Vietto: *Literar. Phantasie. Theorie und Geschichte. B. und Aufklärung*, Stgt. 1986. – J. Küpper: *Diskurs-Renovatio bei Lope de Vega und Calderón*, Tüb.1990. – M. Moraña (Hg.): *Relecturas del Barroco de Indias*, Hanover 1994. – H. Jaumann: »B.«. In: Weimar 1997. S. 199–204.

VB

Barthes, Roland (1915–1980), frz. Lit.- und Kulturtheoretiker, Semiologe und Schriftsteller. – Nach der Kindheit in Bayonne und dem Umzug mit der Mutter 1924 nach Paris begeistert sich B. früh für Lit., Theater und Musik. 1934–46 verbringt er wegen einer Tuberkuloserkrankung fast 8 Jahre in Sanatorien, wo erste Zs.enbeiträge entstehen. Nach Lektorenstellen in Bukarest (1947) und Alexandria (1949) arbeitet er seit 1950 in der Kulturabteilung des Außenministeriums und am CNRS, bevor er 1960 an die Ecole Pratique des Hautes Etudes wechselt. Auslandsaufenthalte in Marokko, Japan, den USA und China punktieren eine Zeit intensiver Neuorientierung, die den seit Ende der 50er Jahre auch international bekannten B. ab den 70er Jahren zu einem der Bezugspunkte postmoderner (↗ Postmoderne) Theoriebildungen machen. In das Jahr 1977 fallen seine An-

trittsvorlesung am Collège de France, der große Publikumserfolg seiner *Fragments d'un discours amoureux*, die Veranstaltung eines ihm gewidmeten *Colloque de Cerisy* sowie der Tod seiner Mutter. Im März 1980 stirbt er in Paris an den Folgen eines Unfalls. – Die hybride Einheit von B.' 1993–95 in einer Werkausgabe gesammelten Veröffentlichungen zeichnet in beispielloser Prägnanz den Weg eines Intellektuellen von der Auseinandersetzung mit J.-P. ↗ Sartre und der *nouvelle critique* über ↗ Strukturalismus und *Tel Quel* bis hin zu poststrukturalistischen (↗ Poststrukturalismus) Positionen nach. Lebensstil und publikumswirksame Selbstinszenierung gehören notwendig zu den schöpferischen Ausdrucksformen dieses sich gängigen Kategorisierungen stets entziehenden frz. Essayisten. Mit *Le degré zéro de l'écriture* (1953) katapultiert sich B. in die Theoriedebatten eines im Zeichen des Sartreschen *écrivain engagé* stehenden Nachkriegsfrankreich. Existentialistisch geprägte Begriffe wie Engagement, Wahl und Solidarität werden von der inhaltlich-ideologischen auf die Ebene der *écriture* transponiert, die als der eigentliche Ort von Freiheit und Erlösung erscheint. Auch in seinem *Michelet par lui-même* (1954) geht es ihm v. a. um die Schreibweise des berühmten Historikers, dessen ›Netz von Obsessionen‹, so etwa sexuelle Repräsentationsmuster geschichtlicher Prozesse, er mit Hilfe existentialpsychoanalytischer Ansätze und mehr noch der *critique thématique* aufzudecken sucht. Die *écriture courte* seiner zunächst in Zs.en publizierten »Mythen des Alltags« rundet er 1957 in seinem Band *Mythologies* mit dem Versuch ab, den Strukturalismus kulturkritisch auf die frz. Gesellschaft und deren Mythen zu beziehen. Strukturalistische Begriffspaare erfahren eine ideologiekritische und mehr noch kulturtheoretische Zuspitzung, wobei die oftmals verblüffenden Beobachtungen diesen Essayband auch außerhalb Frankreichs rasch zu einem Klassiker nicht nur der Zeichen- und Kulturtheorie machen. Mit der bewußt gegen die universitäre Kritik gerichteten Veröffentlichung von *Sur Racine* (1963) und seinen *Essais critiques* (1964), die sich als breit angelegte Untersuchung zum ↗ Moderne-Begriff lesen lassen, gelang B. die Festigung seiner geradezu ubiquitären Position als Vertreter der *nouvelle critique* im intellektuellen Feld, eine Position, die er mit seinem Machtwort in der von ihm ausgelösten Polemik, *Critique et vérité* (1966), untermauerte. Die am Ende von *Kritik und Wahrheit* angestellten Überlegungen zeigen zugleich einen B., der sich mit Autoren wie G. ↗ Genette, A. ↗ Greimas, U. ↗ Eco oder C. ↗ Bremond diskursanalytischen und narratologischen, aber mehr noch nietzscheanisch bzw. dekonstruktivistisch eingefärbten Standpunkten der frz. Neoavantgarde und v.a. der frühen *Tel Quel*-Gruppe (Ph. Sollers, J. ↗ Derrida, J. ↗ Kristeva u.a.) nahe weiß. Sind *Elemente der Semiologie* (1964) und *Système de la mode* (1967) noch dem ↗ Saussureschen Paradigma, der strukturalen Anthropologie und einem weiten Kulturbegriff verpflichtet, so zeigt sich in seinem international vieldiskutierten Essay »La mort de l'auteur« (1968) eine philosophische Ausrichtung, in der Polyvalenz und Offenheit des Textes semiologisch und texttheoretisch radikalisiert werden und im Verschwinden des Subjekts, in der Rede vom »Tod des Autors«, gipfeln. Der Autor B. freilich arbeitet unermüdlich an seiner *écriture courte*, die ebenso seine 1969 entstandenen, aber erst postum veröffentlichten marokkan. Reiseskizzen *Incidents* (1987) wie auch sein Japan-Buch *L'empire des signes* (1970) und *S/Z* (1970) prägt. In der letztgenannten, auf den ersten Blick strukturalistisch anmutenden Mikroanalyse einer Novelle Balzacs sind die Gewichte vom Werkzum (als Gewebe verschiedener ↗ Codes gedeuteten) Textbegriff und von der Produktion zur (textproduzierenden) Rezeption verschoben; Lektüre erscheint als Entfaltung einer unbeschränkten Sinn(en)vielfalt, wie eine Lesepraxis, die B. 1971 in *Sade, Fourier, Loyola* kanonverändernd vorführt. In einer M. ↗ Foucaults Begriff ›Diskursbegründer‹ recht verwandten Metaphorik werden die drei Titelfiguren als *logothètes* oder ›Sprachenbegründer‹ gedeutet, wobei eine ›Befreiung‹ des ↗ Signifikanten vom Referentiellen grundlegend ist. Zwischen F.W. ↗ Nietzsche und J. ↗ Lacan, Sade und Sollers siedelt sich *Le plaisir du texte* (1973) an, das B.' letzte Schaffensperiode einleitet und diese in das Zeichen einer enthierarchisierten, jenseits ↗ binärer Oppositionen stehenden Erotik des Textes stellt. Die *Lust am Text* öffnet sich am Ende zu einer erotischen Lust des Ohres an der Körperlichkeit der Stimme und zeichnet so B.' eigenwilligen Weg aus dem Textualitätsdogma von *Tel Quel* vor. Mit dem Körper kehrt eine imaginierte Subjektivität zurück, welche die Grundlage für die autobiographische Fiktion *R.B. par R.B.* (1975), für den Bestseller *Fragments d'un discours amoureux* (1977) wie zumindest teilweise für sein letztes Buch, *La chambre claire* (1980), bildet. – Nicht nur durch seine literar.- und kulturtheoretischen Ansätze, son-dern auch durch die ästhetische Gestaltung seiner Buchprojekte hat B. in seinem Spiel mit den Grenzen zwischen ↗ Metatext und (literar.) Text die *écriture* vieler nicht nur frz. Autoren bis in die Gegenwart geprägt.

Lit.: R. Barthes: *Œuvres Complètes*, 3 Bde., Paris 1993–1995. – G. Neumann: »B. (*1915)«. In: Turk 1979. S. 298–310. – J. Culler: *R.B.*, Oxford 1983. – S. Freedman/C.A. Taylor: *R.B.: A Bibliographical Reader's Guide*, N.Y./Ldn. 1983. – H.-H. Henschen (Hg.): *R.B.*, Mchn. 1988. – G. Röttger-Denker: *R.B. zur Einf.*, Hbg. 1997 [1989]. – B. Comment: *R.B., vers le neutre*, Paris 1991. – L.-J. Calvet: *R.B.: Eine Biographie*, FfM. 1993. – D. Kolesch: *R.B.*, FfM. 1997. – O. Ette: *R.B. oder Ein Weg der Moderne in der Postmoderne*, FfM. 1998.

OE

Basis-Überbau-Modelle ↗ Marxistische Literaturtheorie

Bataille, Georges

Bataille, Georges (1897–1962), frz. Philosoph und Romancier. – Als junger Mann stand B. dem Kreis der Surrealisten (↗ Surrealismus, Lit. theorie des) nahe, ähnlich wie der Ethnologe M. Leiris. Von der surrealistischen Strömung suchte sich B. jedoch wiederum abzugrenzen, da er deren marxistische Orientierung (↗ Marxistische Lit.theorie) nicht teilte. Neben mehreren Romanen (*L'Abbé C.*, 1950; *Le bleu du ciel*, 1957) verfaßte B. ein theoretisch-philosophisches Werk, dessen Einfluß auf den frz. Existenzialismus, den ↗ Strukturalismus und ↗ Poststrukturalismus nicht zu unterschätzen ist. Während die kulturanthropologische Abhandlung *L'érotisme* (1957) die Verankerung des Autors in der Ethnologie und neueren Ritenforschung zu erkennen gibt, bekundet sich in seiner subjektphilosophischen Arbeit *L'expérience intérieur* (1943) ein an F.W. ↗ Nietzsche orientiertes antimetaphysisches Interesse, das dem Systemdenken Hegelscher Provenienz (G.F.W. ↗ Hegel) gegenläufig ist und demgegenüber die unmittelbare Selbsterfahrung zum Gegenstand des Philosophierens erhebt. In *L'érotisme* beschäftigt sich B. mit dem wechselseitigen Zusammenhang und Bedingungsverhältnis von Sexualität, Tod und gesellschaftlichen Sanktionen. Da die Sphäre des Sexus und des Todes gleichermaßen aus dem ›normalen‹ gesellschaftlichen Funktionszusammenhang herauszufallen scheinen, werden sie in allen bekannten Kulturen mit Tabus belegt. Es gibt, wie B. meint, einen unauflöslichen Nexus zwischen den kulturspezifischen Verboten und der Vorstellung der Grenzüberschreitung, die jene provozieren. Das Verbot und die Verletzung desselben gehören aufs engste zusammen, denn durch die Überschreitung wird das Tabu paradoxerweise nicht negiert bzw. zurückgenommen, sondern findet in ihr eine Art souveräner Bestätigung. Der frühe M. ↗ Foucault sollte an die Tabukonzeption B.s und dessen Idee der Überschreitung (›transgression‹) anknüpfen, der er einen eigenen Essay gewidmet hat. Weit davon entfernt, das Verbot zu untergraben, fungieren die einzelnen Grenzüberschreitungen, so Foucaults Interpretation von B.s Erosphilosophie, als dessen Affirmation und nachdrückliche Beglaubigung.

Lit.: G. Bataille: *Œuvres complètes*, 12 Bde. (Hg. M. Foucault), Paris 1970–88. – M. Foucault: »Préface à la transgression«. In: *Critique* 19 (1963) S. 751–769 (dt. »Zum Begriff der Übertretung«. In: ders.: *Schriften zur Lit.*, FfM. 1988. S. 69–89). – R. Bischof: *Souveränität und Subversion. G.B.s Theorie der Moderne*, Mchn. 1984. – P. Wiechens: *B. zur Einf.*, Hbg. 1995.
AS

Bateson, Gregory (1904–1980), Psychologe, Anthropologe, Kommunikationsforscher, Biologe; Systemtheoretiker und Mitbegründer der Kybernetik. – B. war eine der bedeutendsten Forscherpersönlichkeiten des 20. Jh.s. Der Sohn des engl. Genetikers W. Bateson entwickelte nach anthropologischer Feldforschung in Neuguinea (*Naven*, 1936) und Bali (*Balinese Character*, 1942, zusammen mit M. Mead) seine berühmt gewordene psychologische *double-bind*-Theorie, arbeitete auf Hawaii über die Kommunikation der Delphine und ging dann an Universitäten in Kalifornien, wo er sich der Erforschung evolutionärer Ganzheiten, der Zusammenhänge zwischen Körper, Geist und Leben und der systemischen Netze von Kommunikation, Wissen und Verhalten in ↗ Natur und ↗ Kultur widmete (*Steps to an Ecology of Mind*, 1972; *Mind and Nature*, 1979). Nach seinem Tod wurde sein Haus Big Sur in Esalen bei San Francisco zum Sammelpunkt einer kreativen jungen Wissenschaftlergeneration, die sein neues, koevolutionär und ökosystemisch orientiertes Denken weiterentwickelte. Postum wurden u.a. *Angels fear. Towards an Epistemology of the Sacred* (1987) und *A Sacred Unity: Further Steps to an Ecology of Mind* (1990) veröffentlicht. Für den charismatischen B. waren die Grenzen eines Faches stets zu eng. Aber auch der Begriff der ↗ Interdisziplinarität wird ihm nicht gerecht, da sich sein Denken nicht zwischen festgefügten Disziplinen bewegte, sondern alle Fächer- und Institutsgrenzen souverän ignorierte. B. war ein transdisziplinärer Denker,

der den verschiedensten Disziplinen seinen eigenen Stempel aufgedrückt hat, wobei er selbst an der Überwindung solcher Spezialperspektiven und Reduktionismen arbeitete. Er wurde auf diese Weise zum Wegbereiter eines allg. systemischen Denkens und hat seinen Platz in der Entwicklungsgeschichte mehrerer Wissenschaften, darunter zweier bedeutender Disziplinen der letzten Jahrzehnte, der Allg. Theorie evolutionärer ↗ Systeme und der Allg. Ökologie. – B.s Hauptwerk ist die 1972 von ihm herausgegebene Aufsatzsammlung *Steps to an Ecology of Mind* (dt. *Ökologie des Geistes*). Der programmatische Titel wird meistens als eine Metapher mißverstanden, doch verfehlt dies die Bedeutung des Werkes völlig. Tatsächlich ist die Sammlung eine Programmschrift der nötigen und möglichen Erweiterung des ökologischen Denkens über den Bereich der materiellen, natürlichen Prozesse hinaus auf den in der gesamten abendländischen Wissenschaftsgeschichte vernachlässigten und mißverstandenen Bereich der immateriellen, geistigen Prozesse. B. versucht zu zeigen, daß Geist eine (öko)systemische Größe ist, ein komplexes verbundenes Muster (›a pattern which connects‹) interaktiver und koevolutionär sich fortentwickelnder Strukturen. Dieser Ansatz ermöglicht heute eine völlig neue wissenschaftliche Perspektive auf viele komplexe, abstrakte Zusammenhänge im Bereich der kulturellen Evolution. B.s bahnbrechende Arbeiten zur Ökologie des Geistes erweitern den ökologischen Forschungsraum über seinen wissenschaftsgeschichtlichen Beginn auf dem Felde materieller Größen (Energiebilanzen, Biomasseberechnungen, physikalischer Raum) auf das evolutionär jüngere Feld immaterieller, kognitiver und kommunikativer Strukturen und Prozesse und sind daher ein wichtiges Bindeglied zwischen den verschiedenen, einander entfremdeten Wissenschaftskulturen. – Die bislang größte Wirkung hat B.s Ökologie des Geistes bisher auf zwei Gebiete ausgeübt, die beide erst durch die von ihm mitbegründete Konzeption evolutionärer Systeme entstehen konnten: die neuen Theorien des Lebens und die ↗ Kulturtheorie. F. Capra würdigt B. folgerichtig in seiner integrativen Theorie der belebten Welt (1996) als begrifflichen Wegbereiter eines neuen, nichtreduktionistischen Paradigmas, wie es von verschiedenen Ausgangspunkten herkommend heute zunehmend Gestalt annimmt. Für die Kulturtheorie ermöglichte B. das Verständnis einer Kultur als ein geistiges Ökosystem, das aus den älteren physischen Systemen bereits im Tierreich emergiert, durch das Instrument Sprache gezielt weiterentwickelt und später vielfach institutionell überformt wird (›Evolutionäre Kulturökologie‹, vgl. Finke 1997). Die Wirkung der Ideen B.s auf die verschiedensten Wissenschaften kann kaum überschätzt werden und sie ist nicht abgeschlossen. Sein transdisziplinäres Denken steht quer zum immer gefährlicher werdenden Spezialistendenken der heutigen Wissenschaften und könnte damit zu einem wertvollen Modell ihrer künftigen Reform werden.

Lit.: G. Bateson: *Steps to an Ecology of Mind*, N.Y. 1972. (dt. *Ökologie des Geistes*, FfM. 1981). – ders.: *Mind and Nature. A Necessary Unity*, N.Y. 1979 (dt. *Geist und Natur*, FfM. 1982). – F. Capra: *The Web of Life*, Ldn./N.Y. 1996. – P. Finke: *Die vergessene Innenwelt*, Witten-Herdecke 1997.

PF

Baudrillard, Jean (*1929), frz. Soziologe und Kulturkritiker. – B.s Einfluß auf die Lit.theorie ist eng mit den Begriffen Simulation (↗ Simulakrum) und Hyperrealität verbunden. Als Vertreter des ↗ Poststrukturalismus entwickelt B. seine Theorie aus der linguistischen Wende heraus. Am Anfang seines Werkes, das noch dem ↗ Strukturalismus eines L. ↗ Althusser verpflichtet ist, steht dementsprechend eine Neuinterpretation und Kritik des klassischen Marxismus auf dem Hintergrund der Zeichentheorie (*Le système des objets*, 1968; *La société de consommation. Ses mythes, ses structures*, 1970; *Pour une critique de l'économie politique du signe*, 1972; *Le Miroir de la Production; ou, l'illusion critique du matérialisme historique*, 1973). B. korreliert dabei die Logik des Kapitalismus (die Arbitrarität des Tauschwerts) mit der Logik des Sprachcodes (die ↗ Arbitrarität des Zeichens), die ihm zufolge den gleichen Gesetzmäßigkeiten unterliegen. Eine Kritik des Kapitalismus muß daher immer auch Sprachkritik sein. Diese Erkenntnis, die immer auf die eigene kritische Tätigkeit zurückgeblendet werden muß, ist für den oft polemischen, provokativen, apodiktischen und in der Sache scheinbar überzogenen Stil von B.s Werken verantwortlich. Nicht nur seine Thesen, sondern auch seine Schreibweise öffnen B. einer ›rationalen‹ Kritik. Diese ist jedoch laut B. selbst in der übermächtigen Rationalität des ↗ Codes gefangen. Im Gegensatz dazu beruhen sowohl B.s Theorie als auch seine Rhetorik auf ↗ Paradoxien. So überspitzt B. Dinge, um dann diese überspitzten Szenarien als ›schon längst realistisch‹ zu entlarven. Dies mündet in eine ironischen Theorie, denn nur ↗ Ironie, im Gegensatz zu Gewalt und Terrorismus, kann das übermächtige, repressive System der Rationalität unterminieren. – B. gehört zu den umstrittensten Figuren des Poststrukturalismus, wobei ihm bes. oft eine defätistische, apokalyptische Haltung unterstellt wird. Eine genauere Analyse legt jedoch eine eminent kritische, oft sogar nostalgisch-moderne Theorie an den Tag. Gegen die arbiträre ›Logik des Zeichens‹ und die ihm unterliegende Struktur des arbiträren Tauschwerts setzt B. in seinem Hauptwerk *L'échange symbolique et la mort* (1976) das von der Anthropologie (M. Mauss) und von G. ↗ Bataille beeinflußte System des ›symbolischen Tausches‹, der die Beziehung zwischen Subjekten und Objekten nicht nach dem Gesetz der Arbitrarität und der zur Aufrechterhaltung dieser Ökonomie nötigen Verdrängung des Todes (als ›Statthalter‹ des Referenten [↗ Referenz]) regelt, sondern unter Einbeziehung des Todes, nach dem Gesetz der gegenseitigen Herausforderung. Später ersetzt B. diese Theorie, die sich der Kritik einer auf einen Primitivismus hin gerichteten Utopie öffnet, mehr und mehr durch das Konzept der ›Verführung‹. Diese beruht auch auf einem Spiel der Herausforderung, trägt jedoch keine utopischen Züge. Während der Phase der Neudefinition marxistischer Theorie (↗ Marxistische Lit.theorien) entwickelt B. seine Theorie der Simulation: der Vision einer in sich geschlossenen Welt, in der die Realität immer schon eine künstlich geschaffene und programmierte Szenerie ist, so daß man nicht mehr von einer Beziehung zwischen Subjekt und Welt sprechen kann. Vielmehr ist die Realität Produkt einer bestimmten (und bestimmenden) ↗ Ideologie (vgl. Althusser) und somit phantasmatisch. An diesem Punkt setzt auch B.s von H.M. ↗ McLuhan beeinflußte Medienkritik (*The Evil Demon of Images*, 1987) an, da die Medien, insbes. das Fernsehen (↗ Fernsehen und Lit.), wie B. anhand des Golfkriegs exemplifiziert (vgl. P. ↗ Virilio), die Hauptproduzenten und -träger dieser Simulationen sind. Die Usurpierung der Wirklichkeit durch eine rein rationale, operative Simulation sieht B., ähnlich wie Th.W. ↗ Adorno, als letzte Konsequenz des Projekts einer ›zur höchsten Spitze depravierten‹ Aufklärung. Die vollständig ›aufgeklärte‹ Welt ist eine narzißtischen Gesetzen unterworfene, digitalisierte ›Simulation ihrer selbst‹. Eine Welt ohne Tiefe, die sich einer Sprache ohne ↗ Metapher bedient und die der reinen Faszination der metonymischen Bewegung von oberflächlichen Bildern und Zeichen verfallen ist; einer Welt, in der Fragen über Tod, Körper und Krankheit rigoros ausgeblendet und verzeichnet werden, und in der Kunst, bes. kritische Kunst, unmöglich geworden ist, da sie nicht länger Schein (Oberfläche) gegen Sein (Tiefe) ausspielen kann, denn alles ist ›immer schon‹ Schein. – Es ist insbes. die Vision einer fiktiv-phantasmatischen, vollständig simulierten Welt, die die Lit.theorie an B.s Theorie fasziniert hat, denn sie eignet sich bes. gut, den fremdbestimmten, künstlichen Welten der modernen Lit., insbes. der Science Fiction, einen soziologisch-philosophischen Rahmen zu geben. In seinen neueren Schriften (*Les stratégies fatales*, 1983 [dt. *Die fatalen Strategien*, 1985]) wendet B. die These der Simulation auf verschiedene Gebiete an (*Amérique*, 1986 [dt. *Amerika*, 1987]), wobei er sie verfeinert und ergänzt. Wichtig dabei ist, daß die Ironie vom Beobachter weg und auf die Seite des Objekts (dem Lacanschen ›Realen‹) geschoben wird. Diesem wird eine eigene Logik und ein eigenes Kalkül unterstellt, welche aus sich heraus die ›Ordnungswut‹ der Simulation untergräbt. Auch wenn B.s Untersuchungen und Szenarien einiges an analytischer Genauigkeit und Akribie vermissen lassen und sich dem Vorwurf oft unzulässiger Verallgemeinerung stellen müssen, ergeben sie in ihrer Prägnanz und Scharfsinnigkeit ein faszinierendes Panorama soziologisch-kultureller Probleme und Trends der Gegenwart.

Lit.: D. Kellner: *J.B.: From Marxism to Postmodernism and Beyond*, Stanford 1989. – F. Blask: *B. zur Einf.*, Hbg. 1995.

HB

Beauvoir, Simone de (1908–1986), frz. Philosophin und Schriftstellerin. – B. gehörte zu den ersten Frauen, die in Frankreich zum Abitur und zum Studium zugelassen wurden. Während ihres Philosophiestudiums an der Sorbonne in Paris lernte sie J.-P. ↗ Sartre kennen, mit dem sie bis zu dessen Tod im Jahr 1980 eine unkonventionelle Beziehung unterhielt. B. formte das politisch-kulturelle Bewußtsein der zeitgenössischen frz. Intellektuellen entscheidend mit und gab ihm, u. a. mit ihren Romanen und autobiographischen Schriften, über einen Zeitraum von fast sieben Jahrzehnten auch sprachlich-literar. Ausdruck. Ihre existentialistische Ethik war deutlich politisch geprägt, und ihr Interesse an Unterdrückungsmechanismen zeigte sich schon in ihren frühen philosophischen Werken. Von B.s wenigen lit.wissenschaftlichen Schriften ist v.a. ihr 1946 verfaßter Aufsatz »Littérature et

métaphysique« bekannt, in dem sie einen phänomenologischen Ansatz (↗ Phänomenologische Lit.wissenschaft) vorstellt. Hier sieht sie den philosophischen Beitrag von Lit. als zeitlich begrenzte, durchlebte Schreib- bzw. Leseerfahrung, die sich einer festen Sinnsetzung entzieht. – Von entscheidenderer Bedeutung für die Lit.- und Kulturtheorie ist B.s aufsehenerregendes Buch *Le deuxième sexe* (1949), ein Meilenstein in der politischen Bewegung der Frauenemanzipation und in der Entstehung ↗ feministischer Lit.wissenschaft. In dieser grundlegenden Studie zur Situation der Frau argumentiert B., daß vorherrschende Vorstellungen von ↗ Weiblichkeit keineswegs einer weiblichen Natur entsprechen, sondern dazu dienen, Frauen auf einen Objektstatus zu reduzieren. Im ↗ Androzentrismus ist die Frau stets in Bezug auf den Mann und insofern als die ›Andere‹ definiert, so daß Weiblichkeit als das zweite und damit als zweitrangiges Geschlecht erscheint. B. weist nach, daß der inauthentische, abhängige und untergeordnete Status der Frau im ↗ Patriarchat alle politischen, sozialen und kulturellen Lebensbereiche durchzieht und sogar von Frauen selbst akzeptiert und unterstützt wird. Dieses Ungleichgewicht hat sich laut B. auch negativ auf Schriftstellerinnen ausgewirkt, die im Gegensatz zu ihren Kollegen viel Energie darauf verwenden mußten, sich von äußeren Zwängen zu befreien. Die Kritik an der Vorstellung von einer biologisch determinierten weiblichen Natur oder von einem mystischen weiblichen Wesen zeigt sich in B.s berühmter Aussage, daß die Frau nicht als Frau geboren, sondern dazu gemacht werde. Mit dieser grundlegenden These nimmt sie die Unterscheidung zwischen biologischen und gesellschaftlich-kulturellen Aspekten der Geschlechtlichkeit in den ↗ *Gender Studies* vorweg. – Auf frz. Vertreterinnen feministischer Lit.- und Kulturtheorien hat sich B.s Bestseller nicht direkt ausgewirkt, da Weiblichkeit dort zumeist als Basis für eine Befreiung von patriarchalen Strukturen begriffen wird. So ist etwa B.s Vorstellung von der Frau als der ›Anderen‹ von L. ↗ Irigaray mit Hilfe linguistischer und psychoanalytischer Ansätze neu interpretiert worden. B.s sozialistische Ausrichtung hat dazu geführt, daß sie eher Anhängerinnen im skandinav. und brit. als im am. Bereich fand. Obwohl B. ihr Buch explizit nicht dem Feminismus zuordnet, kann dessen internationaler Einfluß hierauf gar nicht zu hoch angesetzt werden. Wie sehr *Le deuxième sexe* als Inspiration und Bezugspunkt für feministisches Denken und Handeln gewirkt hat, zeigt B. Friedans Buch mit dem programmatischen Titel *It Changed My Life* (1976). Erst seit 1972 hat B. selbst die Frauenbewegung öffentlich unterstützt, nachdem sich diese neu, nämlich politisch radikaler formiert hatte.

Lit.: S. de Beauvoir: »Littérature et metaphysique«. In: dies.: *L'existentialisme et la sagesse des nations*, Paris 1963 [1948]. – dies.: *Le deuxième sexe*, 2 Bde., Paris 1986 [1949]. – A. Schwarzer: *S. de B. heute. Gespräche aus zehn Jahren, 1971–1982*, Reinbek 1991 [1983]. – D. Bair: *S. de B.: A Biography*, N.Y. 1991 [1990]. – T. Moi: *Feminist Theory and S. de B.*, Oxford 1993 [1990]. – R. Evans (Hg.): *S. de B., The Second Sex. New Interdisciplinary Essays*, Manchester 1997.

DF/SSch

Bedeutung, ist einer der umstrittensten Begriffe der Lit.- und Zeichentheorie. In der ↗ Poetik geht es dabei nicht nur, wie in der ↗ Semantik, um die B. des einzelnen Wortes, Satzes oder sonstigen Textelementes, sondern auch um die Gesamt-B. eines Werkes (↗ Interpretation). – Das Spektrum der ›B. von B.‹ läßt sich bereits an den verschiedenen lat. Ausdrücken der grammatisch-rhetorischen Tradition ablesen: *significatio* ist der bezeichnete Wortsinn, die *vis* oder *potestas* die dem Wort innewohnende Geltung; *sententia*, *notio* oder *intellectus* sind B. als gedankliches Substrat. Daneben ist schon in der Antike die von L. ↗ Wittgenstein aufgegriffene Vorstellung anzutreffen, daß die B. eines Wortes in der Art besteht, wie es tatsächlich gebraucht wird (*usus*). In der ma. Sprachtheorie tritt die *suppositio* hinzu, die, ähnlich wie die ↗ Denotation, der extensionalen Wort-B. entspricht. B.s-Ebenen werden in der Lehre vom mehrfachen ↗ Schriftsinn voneinander geschieden. Generell ist B. im MA. nicht nur der Sprache, sondern allen physischen und historischen Gegebenheiten eigen. – Als Erbe des Streites zwischen Nominalisten und Realisten stellt sich in der Neuzeit immer wieder die Frage, ob das (sprachliche) ↗ Zeichen ein reales ›Ding‹, eine gedankliche Vorstellung oder nur andere Zeichen bedeutet (vgl. ↗ Referenz; ↗ Signifikant/Signifikat). So unterscheidet G. Frege zwischen B. als Gegenstand und Sinn als ›Art des Gegebenseins‹; für C.K. Ogden und I.A. ↗ Richards ist die B. eines Zeichens der durch einen Gedanken (*thought, reference*) vermittelte Gegenstand (*referent*). – Die verschiedenen Theorien zur B. in der Lit. lassen sich durch ein Kräftefeld veranschaulichen, in dessen Mitte das Werk steht, dessen B. bestimmt wird durch den Autor (betont u.a. von E.D. ↗ Hirsch), die Sprache (betont im ↗ Dekonstruktivismus) oder den Leser (↗ Rezeptionsäs-

thetik). Alle drei Bereiche können dabei als eher individuell bzw. frei oder als (z.B. historisch-gesellschaftlich) determiniert angesehen werden. In jedem Fall erscheint die genaue Analyse des Werkes selbst (↗ *close reading*; ↗ *explication de texte*) als Voraussetzung für die Bestimmung von B. oder Nicht-B.

Lit.: C.K. Ogden/I.A. Richards: *The Meaning of Meaning*, San Diego 1989 [1923]. – F. Ohly: *Schriften zur ma. B.sforschung*, Darmstadt 1977. – Ray 1984. – W.V. Harris: *Literary Meaning. Reclaiming the Study of Literature*, Basingstoke 1996.

MB

Begehren, in der älteren psychologischen Tradition ist das B. ein triebhafter Impuls, der im ↗ Unbewußten angesiedelt ist, nach Erfüllung drängt, jedoch der psychischen Zensur unterliegt und sich insofern nur in verschlüsselter Form manifestieren kann. Bei S. ↗ Freud sind v.a. Träume und, analog zum Tagtraum, literar. Texte im B. begründet. In der ›klassischen‹ ↗ Psychoanalytischen Lit.wissenschaft werden immer wiederkehrende literar. Bilder bzw. symbolische Muster als Verkörperungen des unbewußten, v.a. des sexuellen B.s des Autors dekodiert. – J. ↗ Lacan konzipiert das B. (frz. *désir*) im Rahmen der Theoretisierung menschlicher Subjektwerdung grundsätzlich neu. In seiner strukturalen Psychoanalyse entsteht das ↗ Subjekt erst beim Eintritt in die symbolische, d.h. sprachlich-kulturelle Ordnung, indem es das B. nach urspr. Einheit (mit der Mutter) verdrängt. Die durch das ›Gesetz des Vaters‹ bestimmte symbolische Ordnung bietet (dem Kind) die Position des Subjekts, das sich als von anderen getrenntes Ich wahrnehmen und sich sprachlich äußern kann bzw. muß. Das Sprechen als Subjekt ist demnach immer die ↗ Repräsentation von unterdrücktem B. Die damit einhergehende Spaltung bzw. Differenz schafft zugleich das Bewußtsein und das Unbewußte. Eine Spur des urspr., imaginären Zustandes der Identität mit dem Anderen bleibt im Unbewußten erhalten. Das B. gleitet auf dieser Spur, kann aber das Verdrängte nie einholen. Jene ›Andere‹, ebenfalls gefangen in der symbolischen Ordnung, die von nun an (notwendig unerreichbare) Ziele des B.s werden, können immer nur Ersatz-Objekte, Re-Präsentationen des Verdrängten sein. Ebenso kann Sprache das Reale nicht einholen und vergegenwärtigen; vielmehr verdrängt und ersetzt sie es. In der Kluft zwischen ↗ Signifikant und Signifikat wird die (undifferenzierte) Präsenz im doppelten Sinne ›aufgehoben‹. Ebenso wie das B. keine endgültige Befriedigung finden kann, kann sprachliche ↗ Bedeutung nicht fixiert werden; sie bleibt wie das B. ein Gleiten an einer Signifikantenkette. – Lacans Konzept der Mobilität des sprachlich-symbolisch vermittelnden B.s, welches das Subjekt dezentriert, wurde im Bereich der ↗ Gender Studies als Hinweis auf den diskursiv-fiktionalen Charakter von ↗ Geschlechtsidentität und ↗ Geschlechterdifferenz gesehen. Feministische Wissenschaftlerinnen haben den ↗ Phallozentrismus in Lacans Konzept des B.s kritisiert und Theorien des bei Lacan marginalisierten weiblichen B.s entworfen. Dabei wird Lacans Begriff des B.s (engl. *desire*) dahingehend modifiziert, daß die Bedeutung der vorsprachlichen, körperzentrierten Entwicklungsphase, der Bereich des Semiotischen (J. ↗ Kristeva), gegenüber der Aufspaltung und dem Mangel als Konstituenten der symbolischen Ordnung aufgewertet werden. – Eine ideologiekritische Radikalisierung des Konzeptes des B.s erfolgte durch G. ↗ Deleuze und P.F. ↗ Guattari. Sie kritisieren die für das B. konstitutiven Defizite als Ausdruck bürgerlich-kapitalistischer Machtstrukturen. In ihrer ›Schizoanalyse‹ wird die von Lacan behauptete Instabilität des durch das sprachlich-symbolisch vermittelte B. konstituierten Subjekts als positive Kraft jenseits gesellschaftlich-kultureller Repressionen begriffen. Mit Hilfe ihrer ›Schizoanalyse‹ soll gleichsam eine ›Maschinerie‹ des B.s mit befreiendem, ja revolutionärem Potential in Gang gesetzt werden.

Lit.: R. Heim: »Archäologie und Teleologie des unbewußten Wunsches. Zur begrifflichen Differenzierung von Bedürfnis, Wunsch und B. in der Psychoanalyse«. In: *Psyche* 40 (1986) S. 819-851. – J. Butler: »Desire«. In: Lentricchia/McLaughlin 1995 [1990]. S. 369-386. – C. Belsey: *Desire. Love-Stories in Western Culture*, Oxford 1994.

DF/ASt

Begriffsgeschichte, die B. zielt die Rekonstruktion der Genese und Entwicklung von Begriffen an und ist damit eine Methode aller Wissenschaften, die mit historischem Sprachmaterial arbeiten, z.B. der Philosophie, der Geschichts- und der Lit.wissenschaft. – B. ist ein Komplement zu Wort- und Sachgeschichte. Die Frage nach dem Verständnis von ›Begriff‹, angesiedelt zwischen ↗ Ideen- und Problemgeschichte einerseits und Wortgeschichte andererseits, bestimmt die Varianz der begriffsgeschichtlichen Konzeptionen ebenso wie die Frage nach den Ursachen für Begriffswandel und -erfolg. Zwar können Begriffe nicht sprachunabhängig gedacht wer-

den, andererseits sind die entsprechenden Worte in der Zeit und auch über die Sprachgrenzen hinweg variabel. Zudem läßt sich bei gleichbleibendem Wort ein Wandel des Begriffs feststellen. Als problematisch gilt das Verhältnis von Begriffs- und Wortbedeutung: Ein Wort kann meist noch andere ↗ Bedeutungen haben als den fokussierten Begriff, doch die Merkmale der Begriffswörter sind nur schwer faßbar, wenn man sich nicht auf die Vorgaben einer etablierten Terminologie stützen kann. Da die Begriffe auch Faktoren der Sachgeschichte sein können (z.B. im Fall von ›Bildung‹), muß B. auch die Wirklichkeitskonstitution mittels eines Begriffs mitbedenken. Die Nähe der meisten Begriffe, die begriffsgeschichtlich untersucht werden, zu fachsprachlichen Termini bedingt oft eine Einengung des Quellenkorpus auf die Entwürfe der ›großen Denker‹ und führt zu einer Vernachlässigung alltags- und gebrauchssprachlicher Verwendungen des Begriffs. Die Praxis der B. vollzieht sich zum einen in zahlreichen Einzelmonographien, v.a. aber in großen Lexikonprojekten. Schon wegen der dort herrschenden Notwendigkeit der Lemmatisierung orientiert sich B. zumeist an einem Wort, bezieht aber konkurrierende Bezeichnungen in die Untersuchung mit ein. – Der erste Schritt aller B. ist die philologische Quellenarbeit, also Sammlung, Sichtung und Rekonstruktion der Wortbedeutungen in den historischen Dokumenten. Doch bereits dieser Schritt ist von den divergenten Rahmentheorien der B. abhängig. Die philosophische B. (z.B. Ritter 1971 ff.) beschränkt sich auf eine Terminologiegeschichte, deren Kontext, und damit deren relevanten Quellen, die individuellen philosophischen Entwürfe bilden. Auch der Vorschlag einer Metaphorologie, also einer Erforschung von ↗ Metaphern in der philosophischen Sprache, die sich »nicht ins Eigentliche, in die Logizität zurückholen lassen« (H. ↗ Blumenberg 1960, S. 9), zielt nur auf eine Erweiterung der philosophischen B. Die historische B. (z.B. Brunner/Conze/Koselleck 1972 ff.) dagegen analysiert Begriffe als Indikatoren und Faktoren des historisch-sozialen Prozesses, korreliert und kontrastiert ihre Quellenbefunde mit denen der Sozialgeschichte und sieht B. damit als Ergänzung und eigenständiges Forschungsgebiet neben der Sozialgeschichte (vgl. Koselleck in Koselleck 1978). – Die Anfänge der B. liegen in der historischen Lexikographie philosophischer Terminologie. Bereits 1726 weist J.G. Walch (1968, S. a5 f.) in seiner Vorrede zum *Philosophischen Lexicon* auf den historischen

Aspekt der Begriffe hin, der gleichberechtigt neben dem »dogmatischen« untersucht werden müsse. Es folgen ähnliche Konzeptionen von J.G. Feder, »Idee eines philosophischen Wörterbuchs« (1774), und W.T. Krug, Programm für ein »historisch-kritisches Wörterbuch der Philosophie« (1806). R. Euckens »Aufforderung zur Begründung eines Lexicons der philosophischen Terminologie« (1872/73), das die Terminologie aller Schulen erfassen und die Entwicklung der Begriffe in den einzelnen Disziplinen verfolgen soll, sowie seine *Geschichte der philosophischen Terminologie* (1879) werden als der entscheidende Impuls für die moderne philosophische B. und ihre enge Verflechtung mit der Philosophiegeschichte gesehen (vgl. Meier 1971, Sp. 793). R. Eislers *Wörterbuch der philosophischen Begriffe* (4. Aufl. 1927) listet bereits zahlreiche Quellenbelege zur Begriffsverwendung auf, unterwirft die B. aber einer eigenen Begriffssystematik. Nach dem Zweiten Weltkrieg wird B. als Methode in Deutschland prominent institutionalisiert. E. Rothacker gründet 1955 im Rückgriff auf Überlegungen aus den 20er Jahren, daß philosophische B. durch ein Verzeichnis der kulturphilosophisch relevanten Grundbegriffe unter Einbeziehung anderer Geisteswissenschaften zu ergänzen sei, das *Archiv für B.*, und in den 60er Jahren werden unter dem Vorsitz des Philosophen H.-G. ↗ Gadamer regelmäßig Tagungen der Senatskommission für begriffsgeschichtliche Forschung bei der DFG abgehalten. In den 70er Jahren beginnen gleich zwei großangelegte begriffsgeschichtliche Unternehmungen, die Auffassung und auch Spannbreite der B. maßgeblich bestimmt haben: Das *Historische Wörterbuch der Philosophie* (Ritter 1971 ff., kurz *HWPh*) und die *Geschichtlichen Grundbegriffe* (Brunner/Konze/Koselleck 1972 ff., kurz *GG*). Die Konzeption des *HWPh* entstand aus einer Kritik des Wörterbuchs von Eisler und versucht eine B., die weder von der teleologischen Vorstellung zunehmend klarer Begriffe ausgeht noch sich einer vorgegeben Systematik unterstellt. Umstrittener und zugleich bis in die Gegenwart auch international ausstrahlend ist jedoch R. Kosellecks Versuch einer Grundlegung der B. in den *GG* und seine Dokumentation« der dadurch ausgelösten theoretischen Diskussion (vgl. Koselleck 1978). Wiederholt wurde Kosellecks Begriff von Begriff kritisiert, insbes. wegen der theoretischen Vernachlässigung der Kommunikationssituation und -teilnehmer und der fehlenden Vernetzung des Begriffs mit anderen zu Argumentationen (vgl.

Schultz in Koselleck 1978). Als Alternative wurde ein Modell historischer ↗ Semantik in stärkerer Anlehnung an M. ↗ Foucaults Diskursgeschichte vorgeschlagen (vgl. Busse 1987). Wird inzwischen der Vorwurf, Koselleck habe die Ergebnisse moderner Linguistik nicht zur Kenntnis genommen, mit dem Hinweis darauf relativiert, daß diese kein Instrumentarium zur Analyse historisch-sozialer Begriffe anzubieten habe, so wird doch immer noch das Fehlen einer begriffsgeschichtlichen Theorie bemängelt, die auch der Verwendung der Begriffe in kommunikativen Zusammenhängen gerecht wird (vgl. Knobloch 1992). Die Auflösung von B. in ↗ Diskursanalyse wird jedoch auch in neuester Zeit wieder abgelehnt (vgl. Robling 1995), da die praktische begriffsgeschichtliche Arbeit im Rahmen eines Wörterbuchs, hier des *Historischen Wörterbuchs der Rhetorik*, nicht nur aus der lexikographischen Notwendigkeit der Lemmatisierung, sondern auch aus dem Quellenbefund die Unverzichtbarkeit des ›Begriffs‹ zur Analyse historischer Semantik verdeutlicht hat. In diesem Sinne haben die Herausgeber des neuen *Reallexikons der dt. Lit.wissenschaft* ihr Programm historisch gestützter Explikationen der lit.wissenschaftlichen Begrifflichkeit in einer Dreiteilung aller Artikel realisiert: der Wort-, Sach- und Begriffsgeschichte (vgl. Weimar 1997).

Lit.: J.G. Walch: *Philosophisches Lexicon*, Hildesheim 1968 [1726]. – J.G.H. Feder: »Idee eines philosophischen Wörterbuchs nebst etlichen Proben«. In: *Encyclopädisches Journal* 1.8 (1774) S. 3–12. – W.T. Krug: »Rezension des Mellinischen Encyclopädischen Wörterbuchs der kritischen Philosophie«. In: *Neue Leipziger Lit.zeitung* 22 (1806) Sp. 346. – R. Eucken: »Aufforderung zur Begründung eines Lexicons der philosophischen Terminologie«. In: *Philosophische Monatshefte* 8 (1872) S. 81 f. – ders.: *Geschichte der philosophischen Terminologie*, Hildesheim 1960 [1879]. – R. Eisler: *Wörterbuch der philosophischen Begriffe und Ausdrücke*, Bln. 1927 [1899]. – H. Blumenberg: »Paradigmen zu einer Metaphorologie«. In: *Archiv für B.* 6 (1960) S. 7 f. – J. Ritter (Hg.): *Historisches Wörterbuch der Philosophie*, Basel/Stgt. 1971 ff. – H.G. Meier: »B.«. In: J. Ritter (Hg.): *Historisches Wörterbuch der Philosophie*, Bd. 1, Basel/ Stgt. 1971. Sp. 788–808. – O. Brunner et al.: *Geschichtliche Grundbegriffe. Historisches Lexikon zur politisch-sozialen Sprache in Deutschland*, Stgt. 1972 ff. – R. Koselleck (Hg.): *Historische Semantik und B.*, Stgt. 1978. – D. Busse: *Historische Semantik. Analyse eines Programms*, Stgt. 1987. – C. Knobloch: »Überlegungen zur Theorie der B. aus sprach- und kommunikationswissenschaftlicher Sicht«. In: *Archiv für B.* 35 (1992) S. 7–24. – F. Robling: »Probleme begriffsgeschichtlicher Forschung beim ›Historischen Wörterbuch der Rhetorik‹«. In: *Archiv für B.* 38 (1995) S. 9–22. – Weimar 1997.

FJ

Benjamin, Walter (1892–1940), dt. Kulturtheoretiker und Lit.kritiker. – B. wurde als erstes von drei Kindern des Kaufmanns E. Benjamin und seiner Frau Pauline (geb. Schoenflies) in Berlin geboren. Von 1912 bis 1915 studierte er Philosophie in Freiburg und in Berlin, wo er 1914 als Vorsitzender der freien Studentenschaft tätig war, ehe er sich aus der Jugendbewegung zurückzog. Von 1915 bis 1917 studierte er in München. Nach der Heirat mit D. Pollak siedelte er in die Schweiz über, um bis 1919 in Bern zu studieren, wo er mit einer Arbeit *Der Begriff der Kunstkritik in der dt. Romantik* bei R. Herbertz promovierte. Als B. mit seiner Familie 1920 nach Berlin zurückkehrte, war seine wirtschaftliche Situation unsicher. Nichtsdestoweniger plante er die Edition einer eigenen Zs. esoterischer Prägung mit dem Titel *Angelus Novus* und verfaßte einen brillanten Aufsatz über Goethes *Wahlverwandtschaften*, den H. v. Hofmannsthal 1923 in den *Neuen Deutschen Beiträgen* publizierte. Seit 1924 arbeitete B. intensiv an seiner Habilitationsschrift *Ursprung des dt. Trauerspiels* (1928); in diese Zeit fällt seine Freundschaft mit A. Lacis, die ihn dazu anregte, sich mit marxistischem Gedankengut näher vertraut zu machen. 1925 wurde B.s Habilitationsschrift von der Frankfurter Fakultät abgelehnt. Noch 1927, ein Jahr vor der Veröffentlichung des Trauerspielbuchs, begann B. in Paris mit einer größeren kulturtheoretischen Studie, dem sog. Passagenprojekt. Die folgenden Jahre verbrachte er überwiegend im Ausland, auf Ibiza, in Nizza und in San Remo. 1933 ging er ins Exil und nahm etwa um diese Zeit auch seine Arbeit für das Institut für Sozialforschung auf. Die Pariser Zeit erweist sich für B. als außerordentlich fruchtbar; hier entstanden die wichtigsten Texte seines späten Œuvres. 1936 schrieb B. den ›Kunstwerkaufsatz‹, 1937–38 beschäftigte er sich intensiv mit Ch. Baudelaire, der zunächst im Zentrum des Passagenprojekts stehen sollte, und plante, dem Autor eine eigene Buchveröffentlichung zu widmen. 1938 und 1939 sind die beiden unterschiedlichen Versionen seines Baudelaireaufsatzes entstanden, und auch die *Berliner Kindheit um Neunzehnhundert*, die zeitdiagnostische, kulturphilosophische Überlegungen, halb-autobiographische Züge und Erinnerungen miteinander verbindet, wurde in der Exilzeit neu konzipiert und nochmals überarbei-

tet. 1940 notierte B. die *Thesen über den Begriff der Geschichte*, ehe er mit seiner Schwester vor den Nazis nach Lourdes fliehen mußte. Zwar wurde ihm auf Vermittlung Th. W. ↗ Adornos im August ein Einreisevisum in die USA zugestellt, aber sein Versuch, über die Pyrenäen nach Spanien zu entkommen, schlug fehl. Am 26. 9. 1940 nahm sich B. an der span. Grenze in Port Bou mit einer Überdosis Morphium das Leben. – B.s Frühwerk ist durch seinen esoterischen Grundzug und durch ein dominantes sprachphilosophisches Interesse gekennzeichnet. In »Die Aufgabe des Übersetzers« (entstanden 1921, erschienen 1923) entwirft er, geleitet von der Idee einer messianischen Zielsprache, ein utopisches Modell der Sprachgeschichte, die in einer umfassenden nachbabylonischen Vereinigung der heterogenen Einzelsprachen kulminieren soll. Entsprechend besteht die Rolle des individuellen Übersetzers in keiner geringeren Aufgabe als der punktuellen Vorwegnahme jenes eschatologischen Telos. Die Sprachtheorie des frühen B. ist durch ihre Verankerung im theologischen und mystisch-kabbalistischen Denken geprägt, von der auch der umfangreiche Briefwechsel zwischen B. und G. Scholem zeugt. Die für B.s Stil charakteristischen, theologisch-mystischen Denkfiguren bleiben im Gegensatz zu einer älteren Forschungsmeinung keineswegs auf das Frühwerk beschränkt, sondern durchziehen B.s Schriften bis ins Passagenwerk. – B.s Dissertation *Der Begriff der Kunstkritik in der dt. Romantik* (Druck 1921) stand lange Zeit im Ruf einer irreduziblen Unverständlichkeit und war von der älteren Romantikforschung daher zumeist übergangen und marginalisiert worden. Es ist v. a. den aufschlußreichen Arbeiten von W. Menninghaus zu verdanken, daß in den 80er Jahren eine umfassende Neubewertung der frühen lit.wissenschaftlichen Arbeiten B.s stattfinden konnte. Ihm kommt das Verdienst zu, B.s teilweise sehr subtile und komplizierte Argumentation im einzelnen erörtert zu haben, um sie sodann zu den neueren poststrukturalistischen (↗ Poststrukturalismus) Sprachmodellen und Dichtungskonzepten in Beziehung zu setzen. Noch während der Doktorarbeit bemühte sich B. um eine dt. Übersetzung der *Tableaux Parisiens* Baudelaires. Die Baudelaire-Übertragungen zeigen nicht allein die frankophile Einstellung des Autors, sondern sie dokumentieren darüber hinaus beispielhaft seine intertextuelle Verwurzelung in der literar. Tradition des Symbolismus und ↗ Ästhetizismus, von der auch seine Jugendsonette zeugen. Im Baudelaire-Essay vertiefte B. seine Auseinandersetzung mit dem frz. Dichter und gab seinen Studien zugleich eine entschiedene kulturtheoretische Erweiterung, zumal nun die marxistischen und materialistischen Anregungen in seinen Reflexionen deutlicher zum Tragen kommen und allmählich prägnante Konturen gewinnen; eine überarbeitete Fassung des Baudelaire-Essays erschien unter dem Titel »Über einige Motive bei Baudelaire« (1939) in der *Zs. für Sozialforschung.* Die Notwendigkeit, die ersten Aufzeichnungen zu revidieren, hatte sich aus gewissen Unstimmigkeiten und Divergenzen zwischen B. und den Herausgebern ergeben. Wie aus dem Briefwechsel hervorgeht, war Adorno der Meinung, daß B. ein zu unmittelbares Verhältnis zwischen den empirischen und materiellen Daten der historischen Erfahrung und der Schreibweise des Dichters annehme und den komplexen Prozessen der gesellschaftlichen und individuellen Vermittlung dabei zu wenig Rechnung trage. Nach dem Scheitern seiner akademischen Karriere hatte sich B. in den 20er Jahren bekanntlich nichts weniger zum Ziel gesetzt, als binnen kurzer Zeit zum besten Lit.kritiker Deutschlands zu werden. Während die lit.kritische Arbeit B.s in der Forschung schon früh, noch vor der eigentlichen B.-Renaissance in den 70er Jahren, Anerkennung gefunden hat, erfreut sich in jüngster Zeit v. a. das in den 80er Jahren aus dem Nachlaß veröffentlichte Passagenwerk einem regen Interesse. So verwundert es nicht, wenn die aktuellen Debatten der B.forschung um die Aspekte des Erfahrungsbegriffs, der Medienkonzeption, der Montagetechnik und der späten Kultur- und Geschichtsvorstellung des Autors kreisen.

Lit.: W. Benjamin: *Gesammelte Schriften* (Hgg. R. Tiedemann/H. Schweppenhäuser), FfM. 1972–1989. – N.W. Bolz: »B. (1892–1975)«. In: Turk 1979. S. 251–266. – B. Witte: *W.B., mit Selbstzeugnissen und Bilddokumenten,* Reinbek 1985. – N. Bolz/W. van Reijen: *W.B.,* FfM. 1991. – U. Steiner (Hg.): *W.B., 1892–1940, zum 100. Geburtstag,* Bern et al. 1992. – G. Sauder: »W.B.s Projekt einer neuen Kulturgeschichte im ›Passagen-Werk‹«. In: Glaser/Luserke 1996. S. 129–146. – J.-M. Valentin (Hg.): Ausgabe »W.B.« der Zs. *Etudes Germaniques* 51.1 (1996).

AS

Bense, Max (1910–1990), Philosoph. – Nach seiner Promotion an der Universität Bonn (1937) und der aus politischen Gründen erst 1946 erfolgten Habilitation an der Universität Jena, an der er bis 1948 lehrte, leitete der in Straßburg und Köln aufgewachsene B. von 1959 bis zu seiner Emeritierung im Jahre 1978 das Institut für Philosophie und Wissenschaftstheorie der TH und späteren Universität Stuttgart. – Das breite Spektrum der Themen, mit denen sich B.s Arbeiten beschäftigen, reicht von der Philosophie der Mathematik, Natur und Technik über die Wissenschaftstheorie, Logik und Kybernetik bis zur Texttheorie, Informationsästhetik und ↗ Semiotik. Daneben veröffentlichte er selbst poetische Texte. Zu B.s philosophischen Hauptwerken, in denen er einen ›existentiellen Rationalismus‹ und einen logischen Empirismus vertritt, zählen neben *Philosophie als Forschung* (1947) und *Hegel und Kierkegaard* (1948) v.a. *Konturen einer Geistesgeschichte der Mathematik* (2 Bde., 1946–1949), *Technische Existenz* (1949) und *Descartes und die Folgen* (1955–60). Die für B.s Forschungen charakteristische interdisziplinäre Vorgehensweise, die herkömmliche geisteswissenschaftliche und lit.kritische Betrachtungsweisen durchkreuzt, zeigt sich jedoch bereits in seiner ersten Buchpublikation, *Raum und Ich* (1934), in der er philosophische Überlegungen mit der Mathematik, Semiotik und Ästhetik verbindet. Diese Bereiche bilden auch die Forschungsschwerpunkte in B.s späteren Publikationen wie *Theorie der Texte* (1962), *Semiotik. Allg. Theorie der Zeichen* (1967), *Einf. in die informationstheoretische Ästhetik* (1969), *Zeichen und Design* (1971) und *Semiotische Prozesse und Systeme in Wissenschaftstheorie und Design, Ästhetik und Mathematik* (1975). – Unter Anwendung mathematischer und kybernetischer Verfahren auf ästhetische Objekte bemühte sich B. um eine semiotische und informationstheoretische Grundlegung der Ästhetik und um die maschinelle Erzeugung von Texten. Mit seiner einflußreichsten Studie, der vierbändigen *aesthetica* (1954–1960), gilt er als Begründer einer nach mathematischer Exaktheit strebenden, technologischen Informationsästhetik, die ästhetische Kriterien zu quantifizieren versucht. Ausgehend von der Prämisse, daß Kunst etwas Gemachtes und nicht etwas Gewordenes ist, bestimmt B. (1965, S. 25) die Seinsart des ästhetischen Gegenstandes ontologisch als »Mitrealität«: Das durch sinnliche Präsenz gekennzeichnete Kunstwerk benötigt den physikalischen Gegenstand, um überhaupt wahrgenommen werden zu können. In seiner ›rationalen Feststellungsästhetik‹ geht B. davon aus, daß »die ästhetische Realität der künstlerischen Objekte ein Inbegriff objektiv feststellbarer Merkmale ist« (ebd., S. 204). In Anlehnung an Ch. Morris und Ch.S. ↗ Peirce betont B. die Zeichenhaftigkeit des Kunstwerks und bestimmt ästhetische Information als eine Information über Auswahl und Distribution von Zeichen und Strukturen. – B.s Arbeiten übten nicht nur auf Autoren der ↗ Konkreten Poesie erheblichen Einfluß aus, sondern waren auch bedeutsam für die Linguistisierung und stärkere Theoretisierung der Lit.wissenschaft in den 60er und 70er Jahren. Die Ausgabe der ausgewählten Schriften, die wichtige Publikationen B.s wieder zugänglich macht, schafft die Voraussetzung für eine genauere Rezeption und neue Würdigung seiner Bedeutung für die Ästhetik und Lit.theorie.

Lit.: M. Bense: *Aesthetica. Einf. in die neue Ästhetik*, Baden-Baden 1982 [1965]. – ders.: *Ausgewählte Schriften in vier Bänden* (Hg. E. Walther), Bd. 1, *Philosophie*, Stgt. 1997; Bd. 2, *Philosophie der Mathematik, Naturwissenschaft und Technik*, Stgt. 1998; Bd. 3, *Ästhetik und Texttheorie*, Stgt. 1998; Bd. 4, *Poetische Texte*, Stgt. 1998. – G. Günther: »Sein und Ästhetik. Ein Kommentar zu M.B.s ›Ästhetische Information‹«. In: *Texte und Zeichen* 3 (1957) S. 429–440. – G. Busch: »Ästhetik am Scheideweg. Zu M.B.s ›Aesthetica‹«. In: *Merkur* 14 (1960) S. 180–187. – K. A. Horst: »Ein Prokurist der Sprache. Zu den ästhetischen Schriften von M.B.«. In: *Merkur* 16 (1962) S. 1069–1075. – E. Walther/L. Harig (Hgg.): *Muster möglicher Welten. Eine Anthologie für M.B.*, Wiesbaden 1970. – S.J. Schmidt: *Ästhetizität. Philosophische Beiträge zu einer Theorie des Ästhetischen*, Mchn. 1971. – R.E. Taranto: »A Semiotic Theory of Codes«. In: *Semiosis* 39/40 (1985) S. 14–23. – E. Walther (Hg.): *Zeichen von Zeichen für Zeichen. Fs. für M.B.*, Baden-Baden 1990. – dies. (Hg.): *Bibliographie der veröffentlichten Schriften von M.B.*, Baden-Baden 1994.

AN

Benveniste, Émile (1902–1976), frz. Linguist. – Nach seinem Studium 1920–27 bei A. Meillet in Paris war B. zunächst Lehrbeauftragter an der dortigen Ecole des Hautes Études, von 1937 bis zu seinem Tod Inhaber des Lehrstuhls für Allg. Linguistik und vergleichende Grammatik am Collège de France. Neben wegweisenden Beiträgen zur indogermanistischen und iranistischen Etymologie und ↗ Onomastik hat B. wichtige konzeptuelle Neuerungen in der ↗ Semantik und v. a. der ↗ Semiotik geleistet. – Während F. de ↗ Saussure die Relationen von ↗ Signifikant zum Signifikat und die von Signifikat zum Referenten (vgl. ↗ Referenz) für arbiträr hält, postuliert B. für die erste ein regelbasierendes System: Da Signifikant und Signifikat beide psychischer Natur seien, erschienen sie im menschlichen Geist als ›konsubstantiell‹, d.h. innerhalb eines Sprachsystems herrsche in dieser Hinsicht keine vollständige ↗ Arbitrarität, sondern vielmehr psychisch bedingte Notwendigkeit der Be-

ziehungen. B. macht dies mittels dreier einflußreich gewordener ↗ Dichotomien deutlich: *je/non-je* (engl. *I/non-I*) und verwandte deiktische Ausdrücke (vgl. ↗ Deixis) besitzen zum einen nur innerhalb der sprachlichen Äußerung, in der sie gemacht werden, einen Referenten; zum anderen bilden sie gleichzeitig auch selbst Inhalte derselben. Ihre Bedeutung ist damit nicht fixiert, sondern äußerungskontingent; sie trägt Merkmale von Personalisierung und ↗ Subjektivität und unterscheidet sich durch diese Eigenschaften von allen anderen sprachlichen Zeichen. Ihr Gebrauch markiert für B. ein typisches Indiz der in der Folge als ›subjektiv‹ definierten Sprachverwendung des *discours*, die ihrerseits in Kontrast zur dekontextualisierten, ›objektiven‹ *histoire* (engl. *story*; vgl. ↗ histoire vs. *discours*) steht. Deren primäre Intention liegt auf dem Transport des Äußerungsinhalts (frz. *énoncé*; engl. *enounced*) unter Abstrahierung des Äußerungsaktes selbst (frz. *énonciation*; engl. *enunciation*). Im übertragenen Sinne bezeichnet *l'énonciation* also die physisch faßbare, personalisierbare und deiktisch kontextualisierte Realisierung von Sprache (↗ *langue* und *parole*; ↗ Performanz und Kompetenz), d.h. die Spuren der Einflußnahme der Sprachproduzenten auf die produzierte Sprache. *L'énoncé* dagegen ist nichts anderes als diese selbst mit variablen Indikatoren der *l'énonciation* und setzt, im Unterschied zu dieser, nicht die Präsenz von Sender und Empfänger (↗ Kommunikationsmodell) voraus. Für B. manifestieren sich *discours* und *histoire* in einer Reihe linguistischer Merkmale, darunter v.a. Pronomina- und Tempuswahl. Primär ›subjektiver‹ Sprachgebrauch (*discours*) liegt dabei in Alltagskonversation und politischen Reden, aber auch in Textgattungen wie Briefen, Memoiren, lyrischen Gedichten und Dramen vor. ›Objektiv‹ dagegen wirken die Historiographie, die Jurisprudenz und v.a. der Roman. – B.s Werk hat große Popularität und allg. Akzeptanz in der Linguistik sowie in der modernen ↗ Erzähl- und ↗ Sprechakttheorie gefunden. Explizit eingeräumt wird der Einfluß B.s von einigen frz. Strukturalisten, v.a. R. ↗ Barthes und T. ↗ Todorov. Die begrifflichen Unterscheidungen von K. ↗ Hamburger (›fiktionales Erzählen‹ vs. ›Aussage‹) und H. ↗ Weinrich (›erzählte Welt‹ vs. ›besprochene Welt‹) sind, sofern nicht deckungsgleich, zumindest stark verwandt mit B.s Dichotomien. T. ↗ Eagleton verwendet die Dichotomie der den eigenen artifiziellen Charakter thematisierenden *énonciation* und des diesen kaschierenden bzw. negierenden *énoncé* zur Differenzierung des modernistischen und realistischen Romans. In G. ↗ Genettes Theorie der narrativen Modi hat B.s Theorie die bisher detaillierteste Elaborierung gefunden.

Lit.: E. Benveniste: *Origines de la formation des noms en indo-européen*, Paris 1935. – ders.: *Noms d'agent et noms d'action en indo-européen*, Paris 1948. – ders.: *Hittite et indo-européen*, Paris 1962. – ders.: *Problèmes de linguistique générale*, 2 Bde., Paris 1966/74 (engl. *Problems in General Linguistics*, Coral Gables 1971). – Ph. Lejeune: *Je est un autre. L'autobiographie de la littérature aux médias*, Paris 1980. – Beih. »Polyphonic Linguistics. The Many Voices of E.B.« der Zs. *Semiotica* (Hgg. S. Lotringer/Th. Gora), Den Haag 1981. – Eagleton 1996 [1983]. – G. Serbat (Hg.): *E.B. aujourd'hui*, Paris 1984.

GN

Bewußtseinsstrom, die ungeregelte Folge von Bewußtseinsinhalten, deren ›Organisationsprinzip‹ die ›freie Assoziation‹ (Chatman 1978, S. 189) ist. Als Urheber des Begriffs gilt der am. Psychologe W. James. Lit.wissenschaftlich gibt es im wesentlichen zwei Definitionen. Die erste versteht den *stream of consciousness* als Inhaltsbegriff, als ›Rohmaterial‹ des Bewußtseins, für dessen Darstellung es eine Reihe von Techniken, u. a. die freie indirekte Gedankenwiedergabe (↗ erlebte Rede) und den ↗ inneren Monolog, gibt (vgl. Humphrey 1954). Die zweite Definition bestimmt den *stream of consciousness* als Formbegriff, als eine Extremform des inneren Monologs, bei der meist nicht rational gesteuerte Bewußtseinsabläufe (wie die ↗ Metapher des Stroms besagt) in ihrer Ungelenktheit, Inkohärenz und Flüchtigkeit ohne jede Vermittlung durch einen ↗ Erzähler dargestellt werden. Ein Beispiel ist der Monolog der Molly Bloom am Ende von J. Joyces *Ulysses* (1922), der grammatisch-stilistisch noch weiter als der innere Monolog in E. Dujardins *Les lauriers sont coupés* (1888) von gesprochener kommunikativer Rede entfernt ist und den Leser unmittelbar mit dem Unbewußten der Romanfigur konfrontiert. Im sog. *stream of consciousness*-Roman macht der B. entweder den ganzen Text aus, oder er tritt in einer gemischten Präsentation im Wechselspiel mit anderen Darstellungstechniken auf (Joyce, V. ↗ Woolf, D. Richardson, W. Faulkner).

Lit.: R. Humphrey: *Stream of Consciousness in the Modern Novel*, Berkeley 1954. – Chatman 1993 [1978]. – D. Cohn: *Transparent Minds. Narrative Modes for Presenting Consciousness in Fiction*, Princeton 1978. – W.G. Müller: »Der B. im Roman und auf der Bühne«. In: M. Siebald/H. Immel (Hgg.): *Amerikanisierung des Dramas und Dramatisierung Amerikas*, FfM. 1985. S. 115–129.

WGM

Bhabha, Homi K. (*1949), Lit.theoretiker. – Aus parsischer Gujarati-Familie in Bombay, Studium dort und in Oxford, Lit.wissenschaftler an engl. und am. Universitäten (Sussex, Chicago). Von E. W. ↗ Said beeinflußt, aber stärker als dieser der ↗ Dekonstruktion J. ↗ Derridas und der Psychoanalyse (F. ↗ Fanon, J. ↗ Lacan) verpflichtet, setzt B. sich von der polarisierenden Systematik in Saids ↗ *Orientalism* (1978) ab und betont die psychodynamische Komplexität des wechselseitigen Abhängigkeitsverhältnisses von Kolonisator und Kolonisiertem. In den frühen Aufsätzen des Sammelbandes *The Location of Culture* (1994) beschäftigt er sich v. a. mit der Analyse des kolonialen Diskurses, während er in den späteren stärker auf den postkolonialen Diskurs in der neokolonialen Gegenwart eingeht. Das zentrale Problem der Identitätsfindung in der (post)kolonialen Konstellation sieht er als komplizierten Prozeß, der durch die widersprüchlichen Affekte des Verlangens nach und der Furcht vor dem Anderen (↗ Alterität) in der Bemühung um reziproke Anerkennung gekennzeichnet ist. Entsprechend betrachtet B. die Obsession kolonialistischer Stereotypisierung als ausgesprochen ambivalentes Phänomen, das eher ein unterschwelliges Absicherungsbedürfnis verrät als den Eindruck einer gefestigten Autorität vermittelt. Ähnlich läßt die Dialektik der ›Mimikry‹ die koloniale Autorität gebrochen erscheinen, da die begrenzte Assimilation des Kolonisierten das zerrspiegelhafte Bild des ›beinahe, aber doch nicht ganz Gleichen‹ zurückgibt: Der Anglisierte als Produkt einer zivilisatorischen Mission steht in einem ironischen Verhältnis zum Engländer und kann die Mimikry in strategischer Subversivität gegen den Repräsentanten der Kolonialherrschaft einsetzen. Der einflußreichste Schlüsselbegriff B.s ist der einer positiv verstandenen, aus der kolonialen Grundkonstellation herleitbaren ↗ Hybridität. Wenn B. ↗ Dichotomien wie Selbst/Anderer, Kolonisator/Kolonisierter oder Ost/West überwinden möchte, so mißt er dem Hybriditätsprinzip erhöhte Bedeutung bei, insofern es darum geht, gegen die hegemonialen Darstellungsnormen zu intervenieren, ohne die Opposition antagonistisch einfach umzupolen oder das interkulturelle Spannungsmoment ganz aufzulösen. B.s postkoloniales Projekt verfolgt eine in der ↗ Postmoderne überfällige ›Befreiungsästhetik‹, deren Entwicklungspotential er am ehesten in der ›*double vision*‹ jener im Grenzbereich zwischen den Kulturen sich bewegenden Migranten und Randständigen mit ihrem multiplen historischen Wissen erkennt. Den Intellektuellen kommt dabei eine Führungsrolle zu. Die im ›*third space*‹ des ›*in-between*‹ positionierten zeitgenössischen Künstler (B. bezieht sich auf Autoren wie V.S. Naipaul, T. Morrison, S. Rushdie und D. Walcott) können die komplexe Grenzzonenperspektive in kreativer Übersetzungs- und Transformationsarbeit vermitteln und so paradigmatisch dazu beitragen, daß soziale Gegensätze nach ↗ *race, class* (↗ Klasse), ↗ *gender*, Nation oder Generation abgebaut werden. Ähnlich wie Said sieht B. auf der Grundlage einer grenzüberschreitenden kosmopolitischen Außenseiter-Poetik eine neue Weltlit. entstehen, die sich weder auf das Nationale festlegen läßt, noch sich in eine vage Universalität verflüchtigt. Wie G.Ch. ↗ Spivak bezieht sich B. in der Analyse des kolonialen Diskurses v. a. auf Indien als exemplarischen Fall, geht er in der Analyse des postkolonialen Diskurses auf Autoren der ›Dritten Welt‹ bzw. ihrer Diaspora ein und bedient er sich eines sehr pointierten, aber schwer zugänglichen Stils. – Seine Essays haben viele Theoretiker und Kritiker durch ihre sozialpsychologische Subtilität, v. a. im Hinblick auf die intrikate Dialektik im Entwicklungsprozeß der Konfrontation von Kolonisator und Kolonisiertem, beeindruckt, aber auch Einwände herausgefordert, die seiner unmodifizierten Anwendung psychoanalytischer Kategorien, der mangelnden kulturellen und historischen Differenzierung, der Verwischung der Antagonismen in dem Konstellationmodell (die Gewalt und Gegengewalt sowie interne Gruppenkonflikte mit sich gebracht haben) und somit der Vernachlässigung der politischen Implikationen gelten.

Lit.: Bhabha 1995 [1994]/1997. – Childs/Williams 1997 [1996]. Kap. 4. – Moore-Gilbert 1997. Kap. 4.

EK

Bildfeld/Bildfeldtheorie, als B. wird der größere systematische Zusammenhang verstanden, in den eine einzelne ↗ Metapher eingegliedert werden kann. Im B. sind ein bildspendendes und ein bildempfangendes‹ Feld verbunden. Es läßt sich auch auffassen als die Summe aller möglichen metaphorischen Äußerungen (im Sinne eines erweiterten Metaphernbegriffs) im Umkreis einer Zentralmetapher oder metaphorischen Leitvorstellung und setzt sich aus verschiedenen Bildelementen (Einzelmetaphern), Teilbildern und Bildvarianten (im Sinne der ↗ Rhetorik: ↗ Allegorien, aber auch Gleichnisse) zusammen. Teilbilder können miteinander kombiniert, Bildvarianten gegeneinander ausgetauscht werden;

die Grenzen zwischen Teilbild und Bildvariante sind fließend. Das Bildelement kann verschiedene Ausprägungen erfahren. So gibt es im B. vom Staatskörper als Bildelement neben dem gesunden auch das kranke Glied, das Teilbild des politischen Chirurgen bei der Amputation eines unheilbar erkrankten Gliedes und dazu die Bildvariante des Arztes, der die Gesundheit des Staatskörpers mit einer Spritze wiederherzustellen versucht. – Das B. ist ein systemähnliches, aber schwach durchstrukturiertes und prinzipiell offenes Gebilde; es ist auf die Sprache als ↗ System zu beziehen und kann als Summe aller Teilbilder und ihrer Varianten in einem in sich kohärenten ↗ Text niemals vollständig realisiert werden. Zwischen verschiedenen B.ern lassen sich mitunter Strukturäquivalenzen feststellen; so ist z. B. das Prinzip der funktionalen Differenzierung im B. vom Staatskörper (verschiedene Glieder haben verschiedene Aufgaben) wie auch im B. von der Staatsmaschine verdeutlicht. Doch ist es methodisch fragwürdig, aufgrund solcher Strukturäquivalenzen verschiedene B.er zu B.systemen zusammenzuschließen (vgl. Schlobach 1980). – Der Begriff des B.s, der sich mit dem des ↗ Kollektivsymbols überschneiden kann, hat sich v. a. in der lit.wissenschaftlichen Metaphernanalyse (vgl. Wessel 1984) und in der (die ↗ Toposforschung modifizierenden) historischen Metaphorologie (vgl. Peil 1983) bewährt, da er eine plausible Strukturierung des Analysematerials ermöglicht. – Die B.theorie hat sich in enger Anlehnung an die Wortfeldtheorie entwickelt. Wie das Einzelwort in seiner Bedeutung durch die Feldnachbarn bestimmt ist, wird auch die Einzelmetapher durch ihre Nachbarn im B. beeinflußt. Doch ist das B. keine Kopplung zweier Wortfelder. Während zwischen den Elementen eines Wortfeldes ↗ paradigmatische Beziehungen anzusetzen sind, können die Beziehungen zwischen den B.elementen auch ↗ syntagmatisch sein. Neben dem Wortfeld sind für die B.theorie auch das Bedeutungsfeld im Sinne lexikalischer Solidaritäten, das Assoziationsfeld und der in der strukturalistischen ↗ Semantik entwickelte Begriff der ↗ Isotopieebene relevant.

Lit.: H. Weinrich: »Münze und Wort«. In: ders.: *Sprache in Texten*, Stgt. 1976 [1958]. S. 276–290. – J. Schlobach: *Zyklentheorie und Epochenmetaphorik*, Mchn. 1980. – D. Peil: *Untersuchungen zur Staats- und Herrschaftsmetaphorik in literar. Zeugnissen von der Antike bis zur Gegenwart*, Mchn. 1983. – F. Wessel: *Probleme der Metaphorik und die Minnemetaphorik in Gottfrieds von Straßburg ›Tristan und Isolde‹*, Mchn. 1984. – D. Peil: »Überlegungen zur B.theorie«. In:

Beiträge zur Geschichte der dt. Sprache und Lit. 112 (1990) S. 209–241. – ders.: »Zum Problem des B.begriffs«. In: P. Lutzeier (Hg.): *Studien zur Wortfeldtheorie*, Tüb. 1993. S. 185–202.

                                                                                                    DP

Bildung, literarische, ein emphatisches Verständnis der Lit., das in Opposition zu einer nur funktionalen Ausbildung zwei Behauptungen über die Wirkung von Lit. macht: (a) aus der Lektüre literar. Werke resultieren gravierende positive Effekte auf den ↗ Leser als Person; (b) für die lit.gestützte Selbst-Formung gibt es keinen gleichwertigen Ersatz. – Schon immer gelten literar. Texte als bevorzugtes Medium der B. So soll sich die Philologie aus den Bedürfnissen des Unterrichts, am Anfang stand die Homererklärung, entwickelt haben. Im 18. Jh. fungierte eine schichtenspezifische l. B. als Vorform der bürgerlichen Öffentlichkeit. Im 19. Jh. hat sich die existenzielle Lektüre, für die die eigene Person der primäre Interpretationskontext ist, als dominante Praxis der l.B durchgesetzt. – Die Gegenwart ist in der Einschätzung des Phänomens unentschieden. Damit ist nicht nur die kulturkritische Sorge gemeint, daß der Erfolg der neuen ↗ Medien die Lit. verdrängen könnte. In der Lit.wissenschaft ist unklar, wer für das Phänomen zuständig ist und welche Wichtigkeit ihm beizumessen ist: Einmal drängt man das Phänomen in eine auf die Schule und deren primär pädagogische Belange fixierte ↗ Lit.didaktik ab. Eine andere Fraktion sieht dagegen in der l. B. einen für die Erkenntnis wie die gesellschaftliche Anerkennung der Lit. entscheidenden Rezeptions- und Funktionskontext und will die l.B. in den Kanon der Themen und Probleme des Fachs aufnehmen. Unentschieden ist auch das Verständnis des Phänomens selbst. Eine unter ideologiekritischen Vorzeichen stehende Position sieht die l.B. im Kontext des ↗ Kanons und der Kanonisierung und arbeitet an einer auf Inhalten und Wertkatalogen ausgerichteten Evaluation der ↗ Lit.geschichte (↗ Ideologie und Ideologiekritik). Alternativ dazu ist ein Vorgehen, das den Fokus auf die Formen und Modi einer Lektüre legt, der allererst die unterstellten positiven Effekte zugeschrieben werden können.

Lit.: J. Habermas: *Strukturwandel der Öffentlichkeit*, Neuwied 1995 [1962]. – N. Wegmann: »L.B. in den Zeiten der Theorie«. In: *Der Dt.unterricht* 45.4 (1993) S. 12–25. – H. Eggert/Ch. Garbe: *Literar. Sozialisation*, Stgt. 1995.

                                                                                                    NW

Binarismus/binäre Opposition (lat. *binarius*: zwei enthaltend), ist ein Klassifizierungs- und Beschreibungsverfahren, das komplexe Sachverhalte auf die Opposition von jeweils zwei Einheiten, zwei gegensätzliche Werte, zurückführt. B. ist eine theoretische Denkkategorie, die keinen Anspruch auf universelle/ontologische Gültigkeit erhebt und deren sich insbes. strukturale Ansätze bedienen (↗ Strukturalismus): »Nicht jede [...] Klassifikation ist [...] binär, aber jede läßt sich in eine binäre übersetzen« (Titzmann 1977, S. 102). Die heuristische Nützlichkeit einer binären Segmentierung zeigt sich am jeweiligen Untersuchungsobjekt und hängt von ihrer Funktionalisierung in Text oder Kultur ab. B. als Verfahren bzw. das Denken in Oppositionen ist nicht reduktionistisch und reduziert nur insofern Komplexität, als es zur Systematisierung und Bildung von ↗ paradigmatischen Ordnungen über den Text und somit zur Rekonstruktion des Modells von Welt beiträgt, das der jeweilige Text entwirft. Bei den Veränderungen und Modifikationen gegenüber dem vorgegebenen Sprachsystem und den Strukturen der Wirklichkeit, die Lit. als ›sekundäres, modellbildendes, semiotisches System‹ (vgl. Ju. ↗ Lotman) bei der Bedeutungskonstituierung mittels Selektion und Kombination vornimmt, sind es insbes. die semantischen Relationen, die das Bedeutungsgefüge des Textes organisieren. Neben der Äquivalenz (vgl. ↗ Homologie) ist dies v.a. die Opposition: Zwei ↗ Signifikate stehen genau dann in Opposition, wenn sie einander aufgrund mindestens eines ihrer Merkmale logisch ausschließen, d.h. nicht zum selben Zeitpunkt als Prädikate derselben Größe ausgesagt werden können. Sie stellen alternative Möglichkeiten innerhalb einer übergeordneten gemeinsamen Klasse, eines ↗ Paradigmas dar. In Texten lassen sich über asymmetrische Oppositionen, bei denen zwei Signifikate zwar logisch-semantisch qua System miteinander kompatibel und also auch miteinander kombinierbar sind, die aber in der konkreten Äußerung als einander ausschließend gesetzt werden, Merkmalsbündel von Figuren oder semantische Räume (vgl. Lotman) abstrahieren. – B. geht zurück auf klassische logische Prinzipien und hat in zahlreiche Wissenschaften Eingang gefunden, so etwa in die Informationstheorie und die strukturalistischen ↗ Erzähltheorien (z.B. ↗ *histoire* vs. *discours*). In der Sprachwissenschaft wurde das Denken in Gegensatzpaaren zunächst in der Phonologie von R. ↗ Jakobson eingeführt. Die Kritik, der die strukturalen Theorien aufgrund ihres ›Hangs zum B.‹

häufig ausgesetzt waren/sind (so z.B. von J. ↗ Derrida), beruht dabei zumeist auf einer Vermengung von Objekt- und Metaebene.

Lit.: M. Titzmann: *Strukturale Textanalyse. Theorie und Praxis der Interpretation*, Mchn. 1977. – H. Bonheim: »Binarism«. In ders.: *Literary Systematics*, Cambridge 1990. S. 30–43.

HK

Biographismus/Biographische Textdeutung, der biographische Ansatz (engl. *biographical approach*) in der Lit.wissenschaft konzentriert sich zur Erschließung eines literar. Werkes auf den Autor. Ausgehend von der Annahme, Werk und Autor seien untrennbar miteinander verbunden, werden von einer detaillierten Kenntnis der Autorbiographie Hilfen zum Verständnis des Textes erwartet. Umgekehrt wird auch häufig das Werk eines Autors herangezogen, um Rückschlüsse auf dessen Vita zu ziehen, was gerade in Hinblick auf anonyme und pseudonyme Texte von Bedeutung ist. Untersucht werden sowohl einzelne Texte als auch das Gesamtwerk eines Autors bzw. einer Autorin. In neuerer Zeit gewinnt zunehmend die Betrachtung des Geschlechts des Verfassers an Bedeutung (↗ *Gender Studies*). – Der Ursprung des B. liegt z.T. in der romantischen Genieästhetik (↗ Romantik, Lit.-theorien der), in der Hauptsache aber entwickelt er sich in der zweiten Hälfte des 19.Jh.s innerhalb des ↗ Positivismus, einer geistigen Strömung, die in Anlehnung an die Entwicklung der Naturwissenschaften jede Möglichkeit geistiger Erkenntnis auf empirische Daten zurückführt und Geschichte als eine Kette von Ursachen und Wirkungen interpretiert (vgl. Scherer 1893). Was später v.a. bei W. ↗ Dilthey Geisteswissenschaft genannt wird, wird zu diesem Zeitpunkt noch methodisch und teleologisch der Naturwissenschaft gleichgestellt. In Frankreich prägt der Philosoph, Historiker und Lit.kritiker H. Taine (1828–1893), beeinflußt vom Sensualismus A. Comtes (1798–1857), die Begriffe *race*, *milieu* und *moment* (vgl. Taine 1863), die er gleichzeitig auf seine Studien der Geschichte, der Gesellschaft und der Lit. anwendet. Laut Taine sind die drei Bereiche untrennbar miteinander verbunden, der Lit. kommt somit Symbolcharakter im Hinblick auf die soziale und historische Situation ihrer Entstehungszeit zu. Dem Autor wird innerhalb der Kausalkette geistesgeschichtlicher Entwicklung exemplarische Bedeutung zugesprochen. Bei der biographischen Textdeutung interessiert das Werk in erster Linie als Zeugnis einer sozialen, politischen und historischen Verortung und nicht als ästhetisches Produkt. Das Zusammentragen biographischer Fakten entspricht so einerseits dem empirischen Anspruch der Lit.wissenschaft, andererseits ist es die Konsequenz der Gleichsetzung von Autor und Werk. Beispiele für Taines Methode bieten u.a. sein Essay über Balzac innerhalb der *Essais de critique et d'histoire* (3 Bde., 1858–94) und sein Buch *La Fontaine et ses fables* (1861). Eine ebenso große Gewichtung biographischer Fakten bei der Beurteilung eines literar. Werkes findet sich zeitgleich bei Ch.-A. Sainte-Beuve, für dessen Methode, wie er sie u.a. in *Chateaubriand et son groupe littéraire* (1860) verfolgt, später der Begriff ›*L'Homme et l'œuvre*‹ geprägt wird. Sainte-Beuve interessiert sich dabei allerdings mehr für das Genie des Dichters, das er durch Taines Szientismus in der lit.wissenschaftlichen Betrachtung für unerreichbar hält. Da die Kenntnis der Autorbiographie nunmehr für das Verständnis eines Werks als unabdingbar erachtet wird, setzt Ende des 19.Jh.s ein intensives Sammeln verfügbarer Fakten aus dem Leben von Autoren ein. In der Folgezeit entstehen Werke über Autoren, die sich in keiner Weise mit dem Werk beschäftigen, und Dichterbiographien, die ihre ›Fakten‹ einzig und allein aus den Werken beziehen. Durch intensive Lektüre der Werke wird die Autorpersönlichkeit zu verstehen gesucht. Teilweise werden Schriftsteller, von denen wenig biographisches Material zur Verfügung steht, geradezu mythologisiert (z.B. W. Shakespeare). Als Paradigma der literar. Autobiographie gilt lange Zeit Goethes *Dichtung und Wahrheit* (1831), bei dem man Leben und Werk auf bes. einsichtige Art miteinander verquickt ansieht. Um die Jh.wende wird dann erkannt, daß die Materialflut biographischer Daten nicht wie erwartet zu Erhellung, sondern zunehmend zu Verwirrung führt, wenn auch als positiver Effekt dieser Zeit viele kritische Editionen (↗ Editionswissenschaft) entstehen und eifrig Quellenkritik (↗ Quellenforschung) betrieben wird. In Deutschland hatte W. Scherer (1841–1886) Taines Trias übernommen und sie mit dem ›Ererbten‹, ›Erlebten‹ und ›Erlernten‹ (vgl. Scherer 1900) übersetzt. Angeregt durch die Psychoanalyse S. ↗ Freuds verlagert sich die Aufmerksamkeit auf die psychologischen und soziologischen Komponenten des Schaffensprozesses, und es entsteht die ↗ Psychoanalytische Lit.wissenschaft, die das literar. Werk in Hinblick auf das Unbewußte des Autors interpretiert. Daneben ist der Weg für die ↗ Lit.psychologie und die ↗ Lit.soziologie vorbereitet, die beide der Kenntnis persönlicher Lebensumstände des Autors zur Textanalyse bedürfen. Auf philosophischer Ebene führt F. W. ↗ Nietzsches Antihistorismus zu einer Infragestellung der positivistischen Kausalkette, in deren Zusammenhang die Gleichsetzung von Individuum und literar. Ausdruck relativiert wird. Der Bezug Autor/Werk wird zwar nie geleugnet, aber im Zuge einer sich von der Naturwissenschaft entfernenden Geisteswissenschaft gerät nun als drittes Moment der Leser in den Blick, der für den Erlebnisbegriff Diltheys von fundamentaler Bedeutung ist, und im weiteren Verlauf seinen Niederschlag in der ↗ Hermeneutik und der ↗ Rezeptionsgeschichte finden wird. Diltheys *Das Erlebnis und die Dichtung* (1906) zeigt in seinen Dichterbiographien allerdings, daß die biographische Methode nicht völlig abgelehnt, sondern vielmehr modifiziert wird. Während in Deutschland im Zuge einer Gegenbewegung zum Positivismus der B. zumindest kritisch betrachtet wird, geht er in Frankreich auch zu Beginn des 20. Jh.s neben der ↗ *Explication de texte* nie ganz unter (vgl. Maurois 1928). Auch in England wird immer wieder auf die biographische Methode zurückgegriffen; als Beispiel sei die Wordsworth-Biographie von H. Read aus dem Jahre 1931 genannt. Werke wie *Lev Tolstoj* von B. M. ↗ Ėjchenbaum von 1928/31 zeigen, daß auch der ↗ Russ. Formalismus keineswegs gegen die Einflüsse des B. resistent ist. Im Neopositivismus lebt der B. wieder auf, allerdings mit anderer Gewichtung, indem verifizierbare Fakten über Autor und Entstehungszeit des Werkes lediglich als Zusatz zur Textanalyse verwendet werden. Auch der am. ↗ Strukturalismus bedient sich z. T. biographischer Fakten. R. ↗ Wellek z. B. unterscheidet im Zusammenhang von Lit. und Biographie zwischen ›subjektiven‹ und ›objektiven‹ Autoren (vgl. Wellek/Warren 1949). Er hält biographische Ansätze in Hinblick auf erstere, die in ihr Werk eindeutig Autobiographisches einbringen, für gerechtfertigt, betont aber dennoch den Kunstcharakter eines jeden Werks; im Hinblick auf ›objektive‹ Autoren weist er die biographische Methode hingegen zurück. Der ↗ *New Criticism* lehnt in der Mitte des 20. Jh.s mit seiner werkimmanenten Ausrichtung (↗ Werkimmanente Interpretation) jede Form des B. ab. In der Folge entsteht jedoch schon bald eine neue biographische Strömung (vgl. Edel 1957), die bis heute andauert (vgl. Epstein 1991; Marcus 1994). Für J. Strelka (1978, S. 233) ist der B. in Hinblick auf einzelne Dichtungen »bloße Voraussetzung oder Hilfs-

wissenschaft‹‹ in bezug auf das jeweilige Gesamtwerk eines Autors mißt er ihm hingegen große Bedeutung zu »für die Unterscheidung zentraler und peripherer, originaler und epigonaler Dichtungen« (ebd.). Interessant ist das Auftauchen einer Form des B. in der Wissenschaftsgeschichte nach dem Zweiten Weltkrieg, insofern wissenschaftliche Werke nach der politischen Vergangenheit ihrer Verfasser beurteilt werden, was verständlicherweise bes. auf Deutschland zutrifft. Insgesamt hat sich der B. bis heute v. a. in der Lit.geschichtsschreibung gehalten. Neuere Kritiker betonen die Relevanz des B. in erster Linie für die Autobiographie, sprechen ihm aber auch zumindest falsifizierende Erkenntnisse bei der Textanalyse zu.

Lit.: H. Taine: *Histoire de la littérature anglaise*, Paris 1863. – W. Scherer: *Aufsätze über Goethe*, Bln. 1900 [1886]. – ders.: *Kleine Schriften zur neueren Lit., Kunst und Zeitgeschichte*, Bln. 1893. – W. Dilthey: *Das Erlebnis und die Dichtung*, Göttingen 1985 [1906]. – A. Maurois: *Aspects de la biographie*, Paris 1928. – Wellek/Warren 1993 [1949]. – L. Edel: *Literary Biography*, Bloomington 1973 [1957]. – Strelka 1982 [1978]. – W. H. Epstein (Hg.): *Contesting the Subject. Essays in the Postmodern Theory and Practice of Biography and Biographical Criticism*, West Lafayette 1991. – L. Marcus: *Auto-biographical Discourses. Theory, Criticism, Practice*, Manchester 1994.

StM

Birmingham Centre for Contemporary Cultural Studies ↗ *Cultural Studies*

Blanchot, Maurice (*1907), frz. Lit.kritiker, -theoretiker und Schriftsteller. – B. ist einer der einflußreichsten frz. Lit.theoretiker der Nachkriegszeit. Seine theoretischen Texte, die in Absetzung zu J. P. ↗ Sartres Konzept einer engagierten Lit. entstanden, hatten einen maßgeblichen Einfluß auf die Lit.theorie der ↗ Dekonstruktion, des *Nouveau Roman* und auch der ↗ Diskursanalyse. Neben seinem umfangreichen lit.theoretischen und -kritischen Werk schrieb B. eine Reihe von Romanen (*Thomas l'obscur*, 1941; *Aminadab*, 1942; *L'arret de mort*, 1948; *Le Très-Haut*, 1948), die durchweg die Erfahrung des Verlustes, des Todes und der Alterität zum Gegenstand haben. Auch in seinen lit.theoretischen Texten spielen diese Erfahrungen eine entscheidende Rolle. Für B. impliziert jede Bezeichnung zugleich eine Vernichtung des Gegenstandes. Die Sprache ist Zeichen dieser Anwesenheit der Abwesenheit und stellt einen Raum des ›Zwischen‹ dar, in dem Subjekt wie Objekt gleichermaßen verschwunden sind. Im Akt des Schreibens (*écriture*) wird das ›Ich‹ ausgelöscht und verwandelt sich zum ›Er‹, zu einer neutralen Instanz. In der absoluten Selbstbezüglichkeit des Textes werden narrative Strukturen aufgelöst und die Instanz des ↗ Erzählers und der ↗ Erzählung hinterfragt. Jede Form der Ganzheit, Einheit oder ↗ Totalität verliert durch die der Lit. wesentliche Negativität ihre Grundlage. An ihre Stelle tritt eine Reflexion über das Fragment, die Grenze, die Alterität und die Absenz.

Lit.: M. Blanchot: *La part du feu*, Paris 1949. – ders.: *L'espace littéraire*, Paris 1955. – ders.: *Le livre à venir*, Paris 1959. – ders.: *L'entretien infini*, Paris 1969. – ders.: *L'écriture du désastre*, Paris 1980. – ders.: *La communauté inavouable*, Paris 1983. – E. Lévinas: *Sur M.B.*, Montpellier 1975. – F. Collin: *M.B. et la question de l'écriture*, Paris 1986. – J. Derrida: *Parages*, Paris 1986. – S. Kofman: *Paroles suffoquées*, Paris 1987. – G. Poppenberg: *Ins Ungebundene. Über Lit. nach B.*, Tüb. 1993.

BSt

Bloch, Ernst (1885–1977), dt. Philosoph, der sich als Marxist verstand. – 1912 fand B. Aufnahme in den Kreis um M. ↗ Weber und schloß eine produktive Freundschaft mit G. ↗ Lukács. In der Weimarer Republik wurde B. als Kritiker des Militarismus und Faschismus bekannt. Nach der Machtübernahme der Nazis unterstützte er den antifaschistischen Widerstandskampf in der Emigration und bekannte sich zunächst zur Sowjetunion. Von 1949–1961 hatte B. einen Lehrstuhl für Philosophie an der Universität Leipzig inne und war gleichzeitig Direktor des Instituts für Philosophie. Seine wachsende Kritik am osteurop. Sozialismus veranlaßte ihn schließlich, 1961 in die BRD überzusiedeln, wo er seitdem Honorarprofessor an der Universität Tübingen war. – Bereits in den 20er Jahren, insbes. jedoch nach dem Zweiten Weltkrieg war B. um eine undogmatische und schöpferische Interpretation des Marxismus bemüht. Zentrales Anliegen seiner Philosophie von seiner ersten Veröffentlichung *Vom Geist der Utopie* (1918) bis zu seinem großen dreibändigen Werk *Das Prinzip Hoffnung* (1954–59) ist der Nachweis, daß die sozialen Utopien der Vergangenheit eine antizipatorische Vorwegnahme des Sozialismus seien und im Marxismus ihre bislang vollendetste theoretische Form erlangt hätten. B. unterscheidet zwischen den vormarxistischen abstrakten Utopien und dem Marxismus als einer konkreten Utopie, wobei seiner Meinung nach der Inhalt der Utopie zwar historisch variabel sei, invariant sei jedoch ›die Intention auf Utopisches‹, der Traum nach vorn, das Prinzip Hoff-

nung, die Zukunftsintention oder utopische Antizipation generell. Im Marxismus sei alles bisherige utopische Hoffen aufgehoben und zu sich selbst gekommen; er stelle die theoretische Voraussetzung für eine sozialistische Gesellschaft dar, der Ausbeutung und Unterdrückung ursächlich fremd sei. Seine Konzeption von Utopie basiert auf einem Subjektbegriff, der den Ursprung allen Handelns im Streben des Menschen nach Verbesserung seiner Lebensumstände sieht. Geschichte realisieren die Menschen anfänglich im Spannungsfeld zwischen Hunger und Hoffnung; sie tendiert zunehmend auf eine von Widersprüchen freie Gemeinschaft hin, deren ›Endziel‹ die völlige Identität von Subjekt und Objekt und damit die Aufhebung der Entfremdung als einer allg.menschlichen Erscheinung sei. B. interpretiert die Weltgeschichte als eine teleologische ›Tendenz‹ zum Kommunismus, die die bescheidensten Wünsche und Träume (die Befriedigung des Hungers) ebenso wie die großen Hoffnungen und Ideale (die absolute Freiheit des Menschen) einschließt. Diese ›utopische Intention‹ ist für B. ein die gesamte Geschichte einigendes Moment, welches als ›kultureller Überschuß‹ immer wieder seinen Anspruch auf weitere historische Veränderung geltend macht. Mit diesem Konzept unterlegt er seiner Geschichtsinterpretation einen Utopiebegriff, der ihm erlaubt, den Geschichtsprozeß als unabgeschlossene kulturelle Evolution im weitesten Sinne zu verstehen. B.s Utopiebegriff läßt eine gesellschaftstheoretische Position erkennen, die den osteurop. Sozialismus nicht als End- oder Höhepunkt der Geschichte begreift, sondern als eine Entwicklungsstufe akzeptiert, in der die Hoffnungen der Menschen nur ansatzweise realisiert wurden und ihre noch unerfüllten Wünsche und Träume nach weiterer gesellschaftlicher Veränderung drängen.

Lit.: *E.B.: Gesamtausgabe der Werke*, 16 Bde., FfM. 1969–71. – H.H. Holz: *Logos spermatikos. E.B.s Philosophie der unfertigen Welt*, Darmstadt 1975. – D. Horster: *B. zur Einf.*, Hbg. 1991 [1977]. – S. Markun: *E.B.*, Reinbek 1990 [1977].

StL

Bloom, Harold (*1930), am. Lit.theoretiker. – Studium an den Universitäten Cornell und Yale, seit 1955 Professor in Yale. Zeitweise dem ↗ Dekonstruktivismus zugeordnet, ist B. ebensosehr von romantischer Dichtung, F.W. ↗ Nietzsche, S. ↗ Freud und jüd. Gnostik beeinflußt. Obwohl B.s Hauptinteresse der angloam. Romantik und der Lyrik gilt, bezieht er die gesamte Lit.geschichte von der Antike bis zur Gegenwart in seine oft spekulativen, wenn auch stets originellen Thesen und poetologischen Reflexionen ein, in denen er wie N. ⚊ Frye die Weltlit. als miteinander zusammenhängendes Gesamtsystem der Lit. behandelt, das allerdings nicht von der Suche nach Harmonie und Schönheit, sondern von Konflikten und poetischen Machtkämpfen beherrscht ist. – Nach Studien zur Romantik (*Shelley's Mythmaking*, 1959; *The Visionary Company*, 1961; *Blake's Apocalypse*, 1963) legte B. eine Reihe von Bänden zur Dichtungstheorie vor (u.a. *The Anxiety of Influence*, 1973; *A Map of Misreading*, 1975; *Agon. Towards a Theory of Revisionism*, 1982), die er auch auf die Lyrik der Moderne anwendete (*Yeats' ›A Vision‹*, 1972) und für die Herausarbeitung eines spezifischen ›*American sublime‹* nutzte (*Wallace Stevens. The Poems of Our Climate*, 1977). – Nach B. steht ein Künstler stets in Konkurrenz zu anderen Künstlern, und zwar nicht nur zu seinen Zeitgenossen, sondern v.a. zu jenen Vorläufern, die ihn in seinen ersten Erfahrungen mit der Kunst bes. beeindruckten. Diese ersten Begegnungen mit großer Dichtung der Vergangenheit werden nicht als unproblematischer Einfluß gesehen, sondern als psychodramatischer Konflikt, den B. ⚊ *anxiety of influence* nennt. Da der übermächtige Einfluß literar. Vaterfiguren den jüngeren Dichter zu paralysieren droht, muß er das idealisierte poetische Über-Ich zerstören, um sich den Freiraum für neue Kreativität zu schaffen. Dabei werden gleichzeitig die Spuren, die der Vorläufer im Geist des Dichters hinterlassen hat, unterdrückt, wie B. in *Poetry and Repression* (1976) argumentiert, doch wirken sie untergründig in der Entstehung des neuen Werks mit. Lit.geschichte wird vom Machtkampf der Dichter um literar. Unsterblichkeit beherrscht, der unmittelbar in den Texten selbst ausgetragen wird. Texte sind damit niemals Ausdruck einer urspr.-unmittelbaren ›Vision‹, sondern stets nur ›Re-Visionen‹ früherer Texte. Von diesem ›revisionistischen‹ Lit.begriff aus deckt B. in Gedichten die Spuren, ⚊ Tropen und Bilder früherer Texte auf, die sich in verschiedenen Stufen der Deformation und Transformation im neuen Text verbergen. Da aber figurale Sprache in B.s gnostisch inspirierter Theorie für das Lebensprinzip, literale Sprache für das Todesprinzip steht, hat der Kampf der Dichter um innovativen poetischen Ausdruck gleichzeitig allgemeinere Bedeutung für das geistige Überleben einer Kultur. – B. ist insofern Dekonstruktivist, als er den Text auf den Intertext öffnet, und es für ihn keine ›wahren‹, sondern nur ›starke‹ oder ›schwache‹ Deutungen von Texten gibt; aber er ist kein Dekonstruktivist, insofern er an ›großen Autoren und Werken‹ als bestimmenden Faktoren der Lit.geschichte festhält. Durch Rückgriff auf die Gnostik kommt ferner ein pararreligiöser Zug in sein Denken hinein, der es in Verbindung mit seiner Verehrung für R.W. Emerson als Begründer der ›am. Religion‹ einem postmodernen Transzendentalismus annähert. – B. hat sich in jüngster Zeit v.a. der Frage des ⚊ Kanons großer Lit. angenommen und dezidiert gegen die Nivellierung der Texte im Sinn einer undifferenzierten Gleichheit aller Diskurse Stellung bezogen. In *The Western Canon* stellt er entsprechend seiner Idee der ›*strong poets‹* eine autoritative Liste der Meisterwerke der Lit. (überwiegend) des westlichen Kulturkreises von ihren Anfängen bis zur Gegenwart zusammen. Die höchst umfangreiche Herausgebertätigkeit B.s ließ ihn zu einem der meistzitierten Lit.kritiker der Gegenwart werden.

Lit.: H. Bloom: *The Visionary Company*, Ithaca 1961. – ders. 1997 [1973]. – ders. et al. 1992 [1979]. – ders.: *The Western Canon*, N.Y. 1994. – P. de Bolla: *H.B.: Towards Historical Rhetorics*, Ldn. 1988.

HZ

Blumenberg, Hans (1910–1996), dt. Philosoph. – B. studierte Philosophie, Germanistik und klassische Philologie in Paderborn, Frankfurt a.M., Hamburg und Kiel, wo er 1947 promovierte und sich 1950 habilitierte. Nach Professuren in Hamburg, Gießen und Bochum hatte er bis zu seiner Emeritierung 1985 einen Lehrstuhl für Philosophie in Münster inne. Er war Mitbegründer der Forschungsgruppe ›Poetik und Hermeneutik‹ und erhielt den Kuno-Fischer-Preis der Universität Heidelberg (1974) und den Sigmund-Freud-Preis der Deutschen Akademie für Sprache und Dichtung. – B. ist nach M. ⚊ Heidegger und Th.W. ⚊ Adorno einer der bedeutendsten dt. Nachkriegsphilosophen. Sein facettenreiches Werk zeichnet sich durch eine ungeheure Belesenheit, stilistische Brillanz und durch einen beeindruckenden Umfang aus. – B.s Denken kreist um das Problem der Selbstbehauptung des Menschen gegenüber dem Absolutismus einer rücksichts- und sinnlosen Wirklichkeit. Das Spätmittelalter sieht B. geprägt durch einen theologischen Absolutismus, der die Welt der Macht eines Willkürgottes unterstellt; dagegen behauptet sich der Mensch durch Wissenschaft und Technik. Im kopernikanischen Zeitalter spiegelt sich der Absolutismus der Wirklichkeit in den sinnleeren Wüsten des unermeßlichen Weltalls, dem der Mensch die Erkenntnis von der Erde als einziger Oase entgegensetzt. Eine andere Möglichkeit, sich gegenüber diesem Absolutismus der Wirklichkeit zu behaupten, ist dem Menschen zu allen Zeiten durch sinnstiftende ↗ Mythen gegeben. Auch der Versuch, die rücksichtslose und gleichgültige Wirklichkeit als einen bedeutsamen und lesbaren Text zu verstehen, schafft Distanz und Entlastung und dient somit der menschlichen Selbstbehauptung. Über die Diskrepanz zwischen der unermeßlichen Weltzeit und der eng begrenzten Lebenszeit hilft das Festhalten an der Lebenswelt als »Behaglichkeit gewährende Stätte fragloser Selbstverständlichkeiten« (Wetz 1993, S. 158) hinweg, eine ähnliche Funktion kommt gegenüber der ungastlichen Wirklichkeit dem Rückzug in die verschiedenen ›Höhlen‹ zu, unter denen die der ↗ Kultur einen bes. Stellenwert innehat. Mit diesen Thesen und der Art ihrer Präsentation erweist B. sich als »ein illusionsloser Aufklärer mit nüchterner Verlustempfindlichkeit« (Wetz 1993, S. 178). – Für die Lit.wissenschaft ist B. in dreifacher Hinsicht relevant. In seiner Metaphorologie zeigt B. auf, daß die ↗ Metapher der klaren Begrifflichkeit vorangeht und von dieser abzulösen ist, daß es aber auch absolute Metaphern gibt, die nicht durch logische Begriffe, sondern allenfalls durch neue Metaphern ersetzt werden; sie erschließen die Totalität der Wirklichkeit, die anders nicht erfahrbar wäre, und bieten Orientierungsmuster. Den Mythos (und damit das Erzählen) will B. keineswegs als vom Logos überholte Frühform des menschlichen Geistes verstanden wissen, sondern weist ihm dieselbe Funktion wie der Philosophie und Wissenschaft zu: die Erzeugung von Ordnungen, die Distanz schaffen zum Absolutismus der Wirklichkeit. Diesem Ziel ist auch der Philologe verpflichtet. Als Schwacher, der die Höhle nicht verläßt, sorgt er für Unterhaltung, während die Starken für den Unterhalt sorgen; seine Geschichten bieten den Starken die »Macht der erfüllten Rituale« (B. 1989, S. 30) und werden selbst zu Höhlen, die sich dem Absolutismus der Wirklichkeit widersetzen.

Lit.: H. Blumenberg: *Paradigmen zu einer Metaphorologie*, Bonn 1997 [1960]. – ders.: *Die Legitimität der Neuzeit*, FfM. 1996 [1966]. – ders.: *Die Genesis der kopernikanischen Welt*, FfM. 1985 [1975]. – ders.: *Arbeit am Mythos*, FfM. 1996 [1979]. – ders.: *Die Lesbarkeit der Welt*, FfM. 1993 [1981]. – ders.: *Lebenszeit und Weltzeit*, FfM. 1986. – ders.: *Höhlenausgänge*, FfM. 1997 [1989]. – F.J. Wetz: *H.B. zur Einf.*, Hbg. 1993. – M. Schumann: »Die Kraft der Bilder. Gedanken zu H.B.s Metaphernkunde«. In: *DVjs* 69.3 (1995) S. 407–422.

DP

Booth, Wayne C. (*1921), am. Lit.wissenschaftler. – Studium an der Brigham Young University (1944 B.A.) und an der University of Chicago (1947 M.A., 1950 Ph.D.); 1947–1950: Dozent an der University of Chicago; 1950–53: Assistant Professor am Haverford College; 1953: Leiter des anglistischen Instituts von Earlham College in Richmond; 1956–1957 und 1969–1970: Guggenheim Stipendiat; 1962–91: George M. Pullman Professor of English an der University of Chicago; Lehrtätigkeit in Princeton, Berkeley und Irvine; zahlreiche Auszeichnungen und Ehrenfunktionen. – B. gilt als einer der einflußreichsten Lit.theoretiker und -kritiker dieses Jh.s. Sein Interesse an Lit. ist ein rhetorisches im Sinne einer Konzentration auf die Strategien und Elemente literar. wie kritischer Kommunikation. B. versteht den literar. Text als einen persuasiven rhetorischen Akt und untersucht daher in *The Rhetoric of Fiction* (1961) die Techniken, mittels derer Autoren fiktionaler Texte mit ihren Lesern kommunizieren. Dabei weist B. zahlreiche der bis dahin gängigen kritischen Normen, wie z.B. die Präferenz für *showing* gegenüber *telling* im Gefolge von H. ↗ James und P. ↗ Lubbock, aber auch die Bevorzugung realistischen Schreibens oder die Privilegierung des Autors gegenüber dem Leser, auf der Basis aristotelischen Gedankenguts zurück. Absolute Objektivität in fiktionalen Texten wird von B. als unerreichbare Illusion entlarvt, da Autor wie Leser im Prozeß des Schreibens bzw. Lesens ihre eigenen Einstellungen, Normen und Werturteile unweigerlich mit einbringen. Die literar. Qualitäten eines Textes sind für B. eine Funktion bestimmter narrativer Techniken. Zu deren Analyse hat er eine Reihe bedeutender Konzepte und Interpretationsinstrumente beigetragen, wie z.B. den impliziten ↗ Autor, den postulierten Leser, den Reflektor und den unzuverlässigen ↗ Erzähler, dessen Wertesystem mit dem des impliziten Autors nicht übereinstimmt. B. rehabilitiert das Instrument der auktorialen Einmischung aufgrund der durch dieses bewirkten Festlegung eines moralischen Standpunktes. Er betrachtet zwar Reflektorfiguren und dramatisierte Erzähler ebenfalls als Aspekte der einen ethischen Zweck verfolgenden Stimme des Autors, hält aber dennoch unpersönliches Erzählen aus moralischer Perspektive wegen seiner Mehrdeutigkeit mitunter für fragwürdig, weshalb er der Lit. der Moderne kritisch gegenübersteht. – Ethische Fragestellungen beschäftigen B. auch in seinen späteren Werken, so z. B. in *Modern Dogma and the Rhetoric of Assent* (1974), das aus B.s Zeit als Dekan an der University of Chicago in der konfliktreichen Atmosphäre der 60er Jahre entstanden ist, oder in *A Rhetoric of Irony* (1974), in dem er sich am Beispiel der Ironie u. a. mit dem Problem unendlicher Instabilitäten in bezug auf Wertesysteme auseinandersetzt. B.s *The Company We Keep* (1988) ist ein bedeutender Beitrag zur Entwicklung des ↗ *Ethical Criticism* in den letzten Jahren und analysiert die moralische Dimension einer gesprächsorientierten Lit.wissenschaft. B. hat sein lit.theoretisches Denken und Wirken auch immer als Beitrag zur Verbesserung dieser Welt verstanden.

Lit.: Booth 1991 [1961]. – ders.: *Now Don't Try to Reason With Me. Essays and Ironies for a Credulous Age*, Chicago 1970. – ders.: *A Rhetoric of Irony*, Chicago 1974. – ders.: *Modern Dogma and the Rhetoric of Assent*, Notre Dame 1974. – ders. 1979. – ders: *The Company We Keep. An Ethics of Fiction*, Berkeley 1988. – J. Phelan: »W. C. B.«. In: Jay 1988. S. 49–66.

HA

Bourdieu, Pierre (*1930), frz. Soziologe. – 1951 trat B. in die Pariser Eliteschule Ecole Normale Supérieure ein, studierte Philosophie und schloß sein Studium 1954 mit der Agrégation ab. Seine Diplomarbeit galt »Leibniz als Kritiker Descartes«. 1955–1958 wurde er zum Militärdienst in Algerien aufgeboten; 1958–1960 wirkte er als Assistent für Philosophie an der Universität in Algier. Zuerst Lehrbeauftragter an der Universität Lille, wurde er 1961 zum Directeur d'études für Soziologie an der Pariser Ecole Pratique des Hautes Etudes ernannt. 1981 wurde er auf den Lehrstuhl für Soziologie am Collège de France berufen. Er leitet dort das *Centre de Sociologie européenne* und ist Herausgeber der beiden Zs.en *Actes de la recherche en sciences sociales* und *Liber*. – Während des erzwungenen Aufenthalts in Algerien ›bekehrte‹ sich B. von der Philosophie zur Ethnologie und somit zu den Sozialwissenschaften. Resultat der ersten Untersuchungen vor Ort war das Buch *Sociologie de l'Algérie* (1958), in dem er versuchte, die konkrete Realität des Landes aufzuzeigen, auch um die utopischen Vorstellungen frz. Intellektueller über die algerische Gesellschaft zu differenzieren. Hier schon entwickelte sich seine Kritik am ›Intellektualismus‹; gleichzeitig offenbarte sich seine Sensibilität für die spezifische Logik der Praxis, die ihre Systemati-

sierung in den grundlegenden Werken *Esquisse d'une théorie de la pratique* (1972) und *Le sens pratique* (1980) finden sollte. Auch in seinem neuesten Buch *Méditations pascaliennes* (1997) steht die Spezifität der praxeologischen Erkenntnisweise im Vordergrund und damit auch die Kritik am ›scholastischen‹ Blick, der die Logik der Theorie (des Betrachters) auf die Logik der Praxis der unmittelbar Handelnden projiziert. In der ersten Phase galten weitere Arbeiten Algerien: *Le déracinement* (1964) und *Travail et travailleurs en Algérie* (1964). In diesen ethnologisch inspirierten Studien sind wesentliche Kategorien des späteren Werkes angelegt, etwa diejenige des symbolischen Kapitals. In der traditionalen Gesellschaft der algerischen Kabylei entdeckte B. die relative Unabhängigkeit des Symbolischen (etwa der Ehre) gegenüber dem Ökonomischen, was aber eine eigene Ökonomie des Symbolischen nicht ausschließt. Die sozio-ethnologische Betrachtung Algeriens bestimmte später die Analyse der frz. Gegenwartsgesellschaft, der sich B. seit Mitte der 60er Jahre widmete. Im Zentrum stand hier die Analyse der gesellschaftlichen Reproduktionsweisen des Bildungssystems, so in den Werken *Les héritiers, les étudiants et la culture* (1964), *La reproduction. Eléments d'une théorie du système d'enseignement* (1971) ebenso wie in den Untersuchungen der Universität (*Homo academicus*, 1984) und der Eliteschulen (*La noblesse d'Etat. Grandes Ecoles et esprit de corps*, 1989). In *La misère du monde* (1993) entwickelte er eine eigene Schreibweise, um die Entrechteten zu Wort kommen zu lassen. Ein weiterer Schwerpunkt seit Mitte der 60er Jahre stellte die Kultursoziologie im engeren Sinne dar. Hier geht es um die soziale Bedingtheit des Kulturkonsums am Beispiel der Photographie (*Un art moyen. Essai sur les usages sociaux de la photographie*, 1965) und des Museumsbesuchs (*L'amour de l'art, les musées d'art européens et leur public*, 1966), ein Untersuchungsansatz, der in die Studie *La distinction. Critique sociale du jugement* (1979) mündete, die auf der Basis einer globalen Analyse der Gesellschaft aufzeigt, wie dem Konsum legitimer Kulturgüter die Funktion sozialer Distinktion zukommt. B. beschäftigte sich schon früh mit Fragen der Lit. und der Kunst. 1966 legte er eine erste systematische Untersuchung der literar.-intellektuellen Produktion vor, die mit dem Begriff des ›literar. ↗ Feldes‹ operierte. Die zahlreichen Studien zur Lit. flossen 1992 in das grundlegende Werk *Les règles de l'art. Genèse et structure du champ littéraire* ein. – Untersuchungsziel von B. ist nicht die Gesellschaft, sondern das Soziale, das für ihn als objektivierte Geschichte in Gestalt von Institutionen (›Felder‹) und in Form leibhaft gewordener Geschichte (↗ ›Habitus‹) präsent ist. Über das Begriffspaar ›Habitus‹/›Feld‹ soll die Alternative zwischen dem Subjektivismus (der Phänomenologie) und dem Objektivismus (des ↗ Strukturalismus von Cl. ↗ Lévi-Strauss) überwunden werden. Damit werden die sozialen Akteure wieder ins Spiel gebracht, die nach B. mehr sind als blinde Träger von objektiven Strukturen, ohne daß sie deswegen als letztinstanzliche Referenz im Sinne der Subjektphilosophie hypostasiert werden. Die korrelativen Konzepte von ›Habitus‹ und ›Feld‹ ermöglichen es auch, die strukturellen Invarianten der verschiedenen Objektbereiche zu erfassen, ohne deren Spezifität aus den Augen zu verlieren. Der Universalitätsanspruch des Ansatzes von B. äußert sich darin, daß er versucht, nicht nur Strukturen, sondern auch deren Genese zu erfassen (Genetischer Strukturalismus). Das relationelle Denken und die Historisierung sind für B. in der Tat zwei wichtige Denkansätze, um dem Substantialismus zu entgehen. Die geschichtliche Entwicklung wird als ein fortschreitender Autonomisierungsprozeß der einzelnen Felder gesehen, der indes keineswegs irreversibel ist. B. sieht die Autonomie der intellektuellen Felder gefährdet durch heteronome politische und ökonomische Interventionen. So begnügt er sich seit dem Ende der 80er Jahre nicht mehr mit der analytischen Arbeit, sondern plädiert für eine Form der Intervention eines kollektiv verstanden ›spezifischen Intellektuellen‹ auf der Basis wissenschaftlicher Kompetenz und spezifischer Wertvorstellungen. – Der flexible Ansatz von B., der auf der Grundlage konkreter empirischer Untersuchungen entwickelt wurde und der sich nicht als axiomatische Groß-Theorie versteht, hat sich nicht nur im Bereich der Kultursoziologie, sondern auch in der Lit.- und Geschichtswissenschaft als sehr fruchtbar erwiesen.

Lit.: P. Bourdieu/J.-Cl. Passeron: *Les héritiers. Les étudiants et la culture*, Paris 1964 (dt. *Die Illusion der Chancengleichheit*, Stgt. 1971). – P.B. et al.: *Un art moyen. Les usages sociaux de la photographie*, Paris 1965 (dt. *Eine illegitime Kunst. Die sozialen Gebrauchsweisen der Photographie*, FfM. 1981). – ders.: *Esquisse d'une théorie de la pratique*, Genf 1972 (dt. *Entwurf einer Theorie der Praxis*, FfM. 1976). – ders.: *L'ontologie politique de M. Heidegger*, Paris 1988 (dt. *Die politische Ontologie M. Heideggers*, FfM. 1976). – ders.: *La distinction. Critique sociale du jugement*, Paris 1979 (dt. *Die feinen Unterschiede*, FfM. 1982). – ders.: *Le sens pratique*, Paris 1980 (dt. *Sozialer Sinn*, FfM. 1987). – ders.: *Ce que parler veut dire. L'économie des échanges linguistiques*, Paris 1982 (dt. *Was heißt Sprechen? Die Ökonomie des sprachlichen Tausches*, Wien 1990). – ders.: *Homo academicus*, Paris 1984 (dt. *Homo academicus*, FfM. 1988). – ders.: *Die Intellektuellen und die Macht*, Hbg. 1991. – ders./L.J.D. Wacquant: *Réponses. Pour une anthropologie réflexive*, Paris 1992 (dt. *Reflexive Anthropologie*, FfM. 1996). – ders. et al. (Hgg.): *La misère du monde*, Paris 1993 (dt. *Das Elend der Welt*, Konstanz 1997). – ders./H. Haacke: *Libre-Echange*, Paris 1994. – ders.: *Méditations pascaliennes*, Paris 1997. – A. Dörner/L. Vogt: »Kultursoziologie (B. – Mentalitätsgeschichte – Zivilisationstheorie)«. In: Bogdal 1997 [1990]. S. 134–158. – D. Robbins: *The Work of P. B.*, Milton Keynes 1991. – G. Gebauer/Ch. Wulf (Hgg.): *Praxis und Ästhetik. Neue Perspektiven im Denken P. B.s*, FfM. 1993. – M. Schwingel: *Analytik der Kämpfe. Macht und Herrschaft in der Soziologie B.s*, Hbg. 1993. – ders.: *B. zur Einf.*, Hbg. 1995. – Ausg. »P. Bourdieu« der Zs. *Critique* 579/580 (1995).

JJ

Brecht, Bertolt (1898–1956), dt. Schriftsteller. – B. stammte aus gutbürgerlichem Haus in Augsburg. Obwohl er zwischen 1917 und 1921 in München ein Studium aufnahm, stand für ihn der Beschluß, Schriftsteller zu werden, früh fest. Schon 1922 gelang ihm mit dem Stück *Trommeln in der Nacht* der Durchbruch (Kleist-Preis), dem 1924 die Übersiedlung in die Metropole Berlin folgte. Am Dt. Theater erhielt er die Stelle eines Dramaturgen, die es ihm ermöglichte, auch seine Stücke auf die Bühne zu bringen. Freundschaften mit linksgerichteten Intellektuellen (H. Eisler, F. Sternberg, K. Korsch u.a.) förderten eine gesellschaftskritische Einstellung, aus der er gegen die marktbeherrschenden Apparate (Verlage, Theater, Medien) neue ästhetische Formen theoretisch entwickelte und praktisch erprobte. Mit der epischen Anti-Oper *Die Dreigroschenoper* (Musik: K. Weill) verzeichnete er 1928 seinen größten, legendär gewordenen Erfolg, der ihn wirtschaftlich unabhängig machte. 1933 von den Nazis vertrieben, kam er nach den Exilstationen Österreich, Frankreich, Dänemark, Schweden und Finnland 1941 in die USA, wo er sich vorwiegend als Filmeschreiber (mit wenig Erfolg) den Lebensunterhalt verdiente. Seine poetischen und theoretischen Arbeiten schrieb er weitgehend für die Schublade. Die Möglichkeit, diese zu öffnen, ergab sich erst ab 1947, als B. über die Schweiz nach Berlin (Ost) zurückkehrte. Er arbeitete als Regisseur zunächst seiner eigenen Stücke (durch Modell-Inszenierungen) an verschiedenen Theatern, dann nach der Gründung des Berliner Ensembles 1949 (Leitung: B.s Ehefrau H. Weigel) auch der anderer Autoren (Bearbeitungen von klassischen Stücken u. a. von Goethe, Lenz, Shakespeare). Mit diesen Inszenierungen, für die B. als angestellter Regisseur in der DDR großzügigste Bedingungen in einem eigenen Haus (ab 1954 das Theater am Schiffbauerdamm) erhielt, hatte er die Möglichkeit, seine theoretischen Vorstellungen von einem ›epischen Theater‹ praktisch umzusetzen und durch Gastspiele (Durchbruch Paris 1954) seinen Weltruhm zu begründen. – Obwohl B. ein umfangreiches Konvolut an lit.- und theatertheoretischen Schriften hinterließ, hat er seine ›Theorie des epischen Theaters‹ (auch unter dem Terminus ›Antiaristotelische Dramatik‹ geführt) sowie die Ästhetik eines kritischen Realismus, die v. a. in der Zeit des Exils und der DDR dezidiert gegen die Doktrin des ›sozialistischen Realismus‹ gerichtet waren, nie systematisch entwickelt, sie vielmehr stets im Zusammenhang seiner schriftstellerischen und theaterpraktischen Arbeit und häufig auch nur fragmentarisch formuliert. Außer einigen wenigen publizierten Aufsätzen (»Anmerkungen zur Oper Aufstieg und Fall der Stadt Mahagonny«, 1930) und der selbständigen Schrift *Kleines Organon für das Theater* (1949) wurde B.s Theorie zu seinen Lebzeiten fast ausschließlich über die Aufführungen seiner Stücke bekannt. Ausmaß und Gewicht seines kritischen Realismus ließen sich gar erst 1967, als die erste umfassende Edition der Schriften erfolgte, einschätzen. B.s ästhetische Grundsätze waren, daß die literar. ›Abbildungen‹ zurückzutreten hätten vor dem Abgebildeten und daß für ihre Formen allein die bestehende gesellschaftliche Realität (und nicht die ↗ Ästhetik) zu befragen sei. Dieser Ansatz eröffnete ihm die Möglichkeit, das Konzept einer zeit- und gesellschaftskritischen Lit. zu entwickeln, die sich sowohl formal als auch inhaltlich an aktuellen gesellschafts-politischen Fragen orientierte und die diese zugleich durch (in Parallele zum wissenschaftlichen Experiment ausgearbeitete) modellhafte Darstellungsweisen zu transzendieren suchte. Ziel war es, das bürgerlich-individualistische Verständnis von Lit., wonach Kunst v. a. ›Ausdruck einer Persönlichkeit‹ sei, angesichts der Realität industrieller Massengesellschaften mit ihren das Individuum vereinahmenden bis auslöschenden Apparaten als historisch überholt zu entlarven und statt dessen eine Lit. zu propagieren, die sich endlich den unbekannten Beziehungen der Menschen untereinander widmete und diese zur ästheti-

schen Anschauung brachte. Dazu war es nötig, über die Verwendung aller geeigneten, auch der vom sozialistischen Realismus verpönten avantgardistischen Formen auf ästhetische Weise die gesellschaftlichen Widersprüche und ihre inhumanen (meist kriegerischen) Folgen, die B. als Mitbetroffenen sein Leben lang begleiteten, zum zentralen Thema von Lit. (und Kunst überhaupt) zu erheben. Die Notwendigkeit dazu ergab sich für B. daraus, daß in den modernen Gesellschaften die intersubjektiven Beziehungen immer undurchsichtiger (›komplexer‹) wurden und die Nazis diese Undurchsichtigkeit auf modernstem technischen Standard, aber unter Verwendung von traditionellen ästhetischen Mitteln der Illusionierung (Vortäuschung von Realität, ↗ Illusion, ↗ Illusionsbildung) und der Einfühlung (Suggestion durch einseitigen Appell an die Gefühle) erfolgreich für ihren Aufstieg und dann zur Absicherung ihrer Tyrannei einzusetzen vermochten. – Die Belehrung und Aufklärung, die B. mit seinem Konzept verband, oder die Formel vom ›Theater des wissenschaftlichen Zeitalters‹ (*Organon*) bedeuteten für ihn keineswegs Reduzierung der Lit. auf rationale Vermittlung von ›Lehre‹ durch eindeutige Aussagen; vielmehr war er es, der immer wieder darauf verwies, daß Lit. nicht ↗ Widerspiegelung von Realität (↗ Mimesis) sein kann, sondern Resultat eines ausgeprägten Kunstverstandes sein muß, der der Kenntnis aller traditionellen wie avantgardistischen Formen bedarf, um den Anspruch, widersprüchlich-kritisch und damit realistisch zu sein, einzulösen. Dabei war es für B. entscheidend, daß die literar. wie theatralischen Mittel zur Überprüfung durch die Rezipienten so offengelegt wurden, daß diese außer dem von B. ausdrücklich betonten Vergnügen an der Darstellung zugleich auch Einsicht in die ›Machart‹ des Kunstwerks und der durch sie ›abgebildeten‹ Welt gewinnen konnten. Der Künstler sollte zeigen, daß er zeigt, und die Leser bzw. Zuschauer sollten erkennen, daß Realität von Menschen gemacht, dadurch aber auch durch Menschen veränderbar ist. So sollte die Lit. ihren Beitrag leisten zur höchsten aller Künste, zur Lebenskunst.

Lit.: J. Knopf: *Brecht-Handbuch*, 2 Bde., Stgt. 1980/84. – W. Mittenzwei: *Das Leben des B. B. oder Der Umgang mit den Welträtseln*, 2 Bde., FfM. 1989.

JK

Bremond, Claude (*1929), frz. Lit.theoretiker, zuletzt Professor an der École Pratique des Hautes Études in Paris. – In seiner Monographie

Logique du récit (1973) setzt sich B. mit V. ↗ Propps *Morphologie des Märchens* (1928) auseinander, dessen streng lineare Verknüpfung narrativer Funktionen er kritisiert: Das von Propp entwickelte Schema der Aufeinanderfolge von Handlungsmomenten ist ihm zu starr, mechanisch und zwanghaft, weil es keine Alternativen zuläßt bzw. Abweichungen zu systematisch inkommensurablen Ausnahmefällen erklärt. B.s Lösungsvorschlag besteht darin, die rigide Abfolge der von Propp eruierten 31 Funktionen aufzubrechen, indem er fünf übergeordnete Handlungskategorien konzipiert, unter die die einzelnen Funktionen subsumierbar sind. Durch die so entstandene Mehrdimensionalität der Ebenen wird das Linearschema entzerrt, so daß vorher als nicht systemkonform angesehene Inversionen, Permutationen oder Repetitionen im Erzählablauf als mögliche Realisationsformen des Schemas erscheinen. – Damit ist ein erster Schritt von der rein temporalen Handlungsfolge zur Handlungslogik vollzogen, die ihrerseits zur systematischen Inventarisierung möglicher narrativer Handlungsweisen hinführt. Dieses stärker paradigmatisch orientierte Interesse an einer universellen narrativen Kombinatorik impliziert eine Abwendung von Propps Modellfabel, deren Syntagmatik mitsamt ihrer Teleologie des garantierten Siegs des jeweiligen Helden nunmehr als Resultat kultureller Vorentscheidungen erscheint. Folglich geht es B. darum, die Gebundenheit an das kulturell kontingente Narrationsmodell des russ. Volksmärchens zu überwinden und ›*l'éventail des possibilités théoriquement offertes au conteur*‹ zu eröffnen. Anstatt also das Erzählen von der unausweichlichen Finalität des erreichten Endes her zu denken, gelangt nunmehr der Erzählfluß gleichsam prospektiv von der Quelle her in den Blick, und zwar im Sinne eingeschlagener und verworfener Möglichkeiten an bestimmten Schaltstellen. Um ein hinreichendes Maß an analytischer Präzision wie semantisch abstrakter Universalität zu gewährleisten, führt B. sein Modell der ›*séquence élémentaire*‹ ein, deren triadische Struktur er wie folgt definiert: (a) Virtualität: Funktionen, durch die eine Handlungsmöglichkeit eröffnet wird (oder nicht); (b) Aktualität: Funktionen, durch die die Möglichkeit des Handelns realisiert wird (oder nicht); (c) Resultat: Funktionen, durch die der Handlungsverlauf abgeschlossen wird (Handlungsziel erreicht oder nicht). In Verbindung mit einem ausdifferenzierten Rolleninventar von ›*agents*‹ und ›*patients*‹ sowie einer generellen oppositiven Syntagmatik von ›*processus d'amélioration*‹ bzw. ›*processus de dégradation*‹ läßt sich somit jegliche Narration ungeachtet ihrer jeweiligen semantischen Konkretisation sowie der denkbaren Verschachtelungen ihres Ablaufs detailliert analysieren und in strukturalistischer Manier als Anwendungsfall eines logischen *combinatoire* von Rollen und Funktionen begreifen. – Die Kritik an B.s Theorieansatz ist vielfältig gewesen: R. Scholes bemängelt die aufgrund ihrer semantischen Indifferenz potentielle Unabschließbarkeit der triadischen Zerlegung von Handlungssequenzen, denn jede Teilsequenz kann so ihrerseits erneut in die drei Stufen von Virtualität, Aktualität und Resultat aufgeteilt werden und so fort. Die logische, deduktive Spekulation über denkbare Handlungssequenzen endet damit im infiniten Regreß, weshalb er die induktive Vorgehensweise anhand eines gegebenen Corpus mit einem semantisch wie kontextuell gesättigten Textinventar favorisiert, welches sich der reinen Logifizierung widersetzt. J. ↗ Culler wiederum wirft B. vor, den im Sinne von R. ↗ Barthes' Definition rückwärts gewandten hermeneutischen Code in unzulässiger Weise mit dem vorwärtsgewandten proäretischen Code zu vermischen, denn die retrospektive Klassifizierung von Handlungsfunktionen seitens des Lesers ist im Fortgang der Lektüre ein wichtigeres Strukturierungsmoment als die prospektive Ungewißheit des ›*what happens next*?‹: So kann ein Streit unter Liebenden den Abbruch oder den vertieften Neuanfang ihrer Liebe bedeuten, und erst vom Ende her wird der funktionale Stellenwert des Streits als Belastung oder Bekräftigung des Liebesverhältnisses erklärbar. Die sequentielle ›*logic of events*‹ ist somit einer den gesamten Text semantisierenden ›*logic of coherence*‹ unterworfen. Ebenso ist einzuwenden, daß der Autor/Erzähler (anders als der in Prospektionszustände verwickelte Leser) seine ästhetische Wahl bereits getroffen hat, indem die Erzählung so ist, wie sie ist. Da jegliche Erzählung von der ↗ Dialektik von progredierender ↗ Kontingenz und regredierender Notwendigkeit lebt, trägt B. dem totalisierenden Aspekt auktorialer ›*narrative closure*‹ und damit Sinngebung hinsichtlich der entworfenen narrativen Welt nicht hinreichend Rechnung.

Lit.: Cl. Bremond: »La logique des possibles narratifs«. In: *Communications* 8 (1966) S. 60–76. – ders: *Logique du récit*, Paris 1979 [1973]. – R. Scholes: *Structuralism in Literature*, New Haven 1974. – Culler 1994 [1975]. – J.M. Adam: *Le récit*, Paris 1984. – P. Ricœur: *Temps et récit II*, Paris 1984.

ER

Bricolage/Bricoleur (frz. *bricoler*: basteln), für den Bereich der Kulturtheorie wurde der Begriff *B.* von dem frz. Anthropologen Cl. ↗ Lévi-Strauss in seinem Buch *Das wilde Denken* (1962) geprägt, in dem er sich mit der Struktur von ↗ Mythen beschäftigt. Er vergleicht die Strukturen des mythischen Denkens mit der Arbeitsweise des Bastlers (*Bricoleur*), die er von der Technik des Spezialisten oder Ingenieurs unterscheidet. Während der Ingenieur bei seiner Arbeit immer alle notwendigen Werkzeuge zur Hand hat und deshalb völlig zielgerichtet voranschreiten kann, muß der *Bricoleur* als intellektueller Bastler öfter improvisieren, Umwege gehen und sich mit nicht genau passenden Werkzeugen behelfen: »Die Eigenart des mythischen Denkens besteht nun aber darin, sich mit Hilfe von Mitteln auszudrücken, deren Zusammensetzung merkwürdig ist und die, obwohl vielumfassend, begrenzt bleiben; dennoch muß es sich ihrer bedienen, an welches Problem es auch immer herangeht, denn es hat nichts anderes zur Hand« (Lévi-Strauss 1968, S. 29). In der Art der *B.* sind laut Lévi-Strauss auch die Mythen aufgebaut: Elemente älterer Mythen oder Geschichten finden als »Abfälle und Bruchstücke, fossile Zeugen der Geschichte eines Individuums oder einer Gesellschaft« (ebd., S. 35) ihren Eingang in neuere Mythen, indem sie abgeändert und in einen neuen Kontext integriert werden. – Im Rahmen der Lit.wissenschaft wird *B.* demnach zu einer Form der ↗ Intertextualität: Ältere Texte werden in neue ↗ Kontexte eingebaut und dadurch umfunktioniert oder gar parodiert (↗ Parodie): »Der *bricoleur* erschafft nicht aus dem Nichts, sondern indem er auf ein Arsenal von schon vorhandenem zurückgreift und dieses ›umfunktioniert‹« (Stierle 1971, S. 457). – Für Theoretiker der ↗ Postmoderne hat *B.* z.T. die gleichen negativen Konnotationen wie ↗ Pastiche.

Lit.: Cl. Lévi-Strauss: *Das wilde Denken*, FfM. 1968 [1962]. – K. Stierle: »Mythos als ›B.‹ und zwei Endstufen des Prometheusmythos«. In: M. Fuhrmann (Hg.): *Terror und Spiel. Probleme der Mythenrezeption*, Mchn. 1971. S. 455–472. – Cl. Lévi-Strauss: *Myth and Meaning*, N.Y. 1987 [1979] (dt. *Mythos und Bedeutung*, FfM. 1995 [1980]). – Hartman 1980.
                                                                                                   MK

Brooks, Cleanth (1906–1994), am. Lit.kritiker. – B. gehörte im angloam. Bereich zu den einflußreichsten Lit.wissenschaftlern der ersten Hälfte des 20. Jh.s. Er zählt neben J.C. Ransom (1888–1974), A. Tate (1899–1979), R.P. Blackmur (1904–1965), W.K. ↗ Wimsatt, Jr. und R.P.

Warren (1905–1989) zu den Begründern, v.a. jedoch zu den wichtigsten Praktikern des ↗ *New Criticism*. B.' Einfluß und die große Breitenwirkung des ganzen *New Criticism* lassen sich z.T. darauf zurückführen, daß die kritische Methode der textnahen Analyse (↗ *Close Reading*) im Lit.unterricht an Schule und College lehr- und lernbar war. An der Louisiana State University in Baton Rouge (1932–1947), wo B. zusammen mit dem auch als Romancier und Lyriker hervorgetretenen Warren ab 1935 den *Southern Review* herausgab, und 1947–1984 an der Yale University, wo ab 1950 auch Warren lehrte, sowie bei zahlreichen Gastprofessuren und als Kulturattaché der US-Botschaft in London war B. zeitlebens in Positionen, die ihm Gehör verschafften. Wie Warren, mit dem zusammen B. die für die Rezeption des *New Criticism* wichtigen Unterrichtswerke *Understanding Poetry* (1938, zahlreiche Neuauflagen, zuletzt 1976) und *Understanding Fiction* (1943, zuletzt 1979) schuf, und wie die meisten anderen Hauptvertreter des *New Criticism* war B. ein konservativer Südstaatler, der die durch Kommerzialisierung und Vermassung bedrohten humanistischen Werte des Alten Südens zu bewahren versuchte, allerdings nicht durch romantisch-nostalgische Glorifizierung, sondern durch kritische Auseinandersetzung mit Vergangenheit und Gegenwart dieser geschichtsträchtigen Region. Darin stand er nicht nur Warren und Tate nahe, sondern auch W. Faulkner, über dessen Werk B. mehrere bedeutende Studien schrieb (v.a. *W. Faulkner. The Yoknapatawpha Country* [1963] und *W. Faulkner. Toward Yoknapatawpha and Beyond* [1978]; vgl. auch *The Language of the American South* [1985]). – Die von T.S. ↗ Eliot, I.A. ↗ Richards und W. ↗ Empson erprobten methodischen Ansätze und Verfahren der Textanalyse arbeiteten Ransom, Tate, Warren und B. zur lit.theoretischen Position des *New Criticism* aus, bei der es letztlich um linguistische, semantische und ontologische Aspekte der ↗ Autonomie des Sprachkunstwerks geht. Begründet wird diese Eigengesetzlichkeit damit, daß sprachliche Kunstwerke eine ganz spezifische Form der Wahrnehmung und Erfassung von Wirklichkeit darstellen. Dichtung ist konkret und kann nicht auf ihren Prosagehalt reduziert (›paraphrasiert‹) werden. Wer ihre Eigenart erfassen und beschreiben will, darf sich nicht mit positivistischen, biographischen, psychologischen oder ähnlichen Aspekten der Lit.wissenschaft beschäftigen, sondern allein mit dem Text und seiner internen sprachlichen Organisation, seiner ↗ Form und ↗ Struktur. In dieser Grundposition stimmten alle *New Critics* überein, doch in theoretischen Nuancen und v. a. in der kritischen Praxis unterschieden sie sich deutlich. B. demonstriert seine partielle Eigenständigkeit in seinen wichtigsten Werken, *Modern Poetry and the Tradition* (1939) und *The Well-Wrought Urn. Studies in the Structure of Poetry* (1947; dt. Teilübersetzung *Paradoxie im Gedicht. Zur Struktur der Lyrik*, 1965), einer Sammlung von zehn Musterinterpretationen gegen die ›Irrlehre der Paraphrase‹. Für B. sind Komplexität, ↗ Ambiguität und ↗ Ironie die wichtigsten Qualitätskriterien. Die Sprache der Poesie ist für ihn gleichbedeutend mit Paradoxie; der Begriff ›Ironie‹, als ›terminus technicus der dichterischen Struktur‹ gebraucht (vgl. Halfmann 1971), bezeichnet bei B. die Inkongruenzen der dichterischen Sprache gegenüber dem allg. Sprachgebrauch. Das in den 30er und 40er Jahren Moderne dieses Ansatzes liegt wie bei Eliot in der Betonung des Dissonanten und Vieldimensionalen, doch anknüpfend an S. T. Coleridges romantische Ästhetik vertritt B. auch, deutlicher als z. B. Ransom, die Auffassung, das Kunstwerk müsse ein ›organisches Ganzes‹ sein. Der ideelle Kern einer Dichtung heißt bei B. ›theme‹. – Wie andere *New Critics* zog B. gegen die sog. ›fallacies‹ (kritische Trugschlüsse) zu Felde, doch die Gegner des *New Criticism* warfen auch B. nicht zu Unrecht eine ›ontological fallacy‹ vor, den Trugschluß, daß es möglich sei, das Sein eines lit. Kunstwerks durch eine deskriptive und funktional-analytische Betrachtungsweise zu erfassen, unter völliger Ausklammerung der historischen ↗ Entstehungs- und Rezeptionsbedingungen (vgl. Weimann 1971). Ab Mitte der 50er Jahre zeigt sich auch in B.' eigenen Arbeiten eine stärkere Einbeziehung historischer Fragestellungen, nicht zuletzt in seinen Faulkner-Interpretationen, wie sich überhaupt der *New Criticism* als Methode der ↗ Werkimmanenten Interpretation für die Anwendung auf lyrische und kurze Prosatexte besser eignet als für Dramen und lange Prosatexte.

Lit.: B.K. Bundy: *Ju. Tynjanov and C.B.: A Comparative Study in Russian Formalism and Anglo-American New Criticism*, Ann Arbor 1970. – U. Halfmann: *Der am. New Criticism*, FfM. 1971. – R. Weimann: *Lit.geschichte und Mythologie*, Bln./Weimar 1971. – L.P. Simpson (Hg.): *The Possibilities of Order. C.B. and His Work*, Baton Rouge 1976.

HTh

Bühler, Karl (1879–1963), dt. Psychologe. – Nach Professuren an den Universitäten München (seit 1913) und Dresden (1918–1921) war B. seit 1922 Professor in Wien; 1938 emigrierte er in die USA. Als Schüler von O. Külpe und Mitarbeiter der von Külpe begründeten Würzburger Schule widmete sich B. insbes. der Erforschung von Denk- und Willensprozessen. Mit seinen Werken *Die Gestaltwahrnehmungen* (1913), *Die geistige Entwicklung des Kindes* (1918), *Sprachtheorie* (1934) und *Das Gestaltprinzip im Leben des Menschen und der Tiere* (1960) lieferte B. bahnbrechende Beiträge zur Gestalt-, Kinder- und Sprachpsychologie. In methodischer Hinsicht verbindet B. in seinen Forschungen experimentelle Introspektion mit geisteswissenschaftlichen und behavioristischen Arbeitsweisen. – Weitreichenden Einfluß auf die Lit.theorie übte B. v. a. mit dem von ihm entwickelten und als ›Organon-Modell‹ bezeichneten Sprach- und Kommunikationsmodell aus, demzufolge sprachliche Äußerungen drei Funktionen erfüllen: die expressive Funktion (›Kundgabefunktion‹ bzw. ›Symptomfunktion‹), die durch den Sprecher bzw. Sender bestimmt ist und der Selbstdarstellung seiner Haltung gegenüber dem Gegenstand dient, die appellative Funktion, die durch den Bezug zum Hörer bzw. Empfänger gekennzeichnet ist und auf die Beeinflussung seiner Einstellungen und seines Verhaltens abzielt, sowie die darstellende bzw. referentielle Funktion, d. h. die Ausrichtung einer Äußerung auf Sachverhalte oder Gegenstände, die durch die Nachricht dargestellt werden. In Anknüpfung an B. hat R. ↗ Jakobson dieses Modell um drei Funktionen erweitert: die phatische Funktion der Herstellung und Aufrechterhaltung des Kontakts zwischen Sender und Empfänger, die metasprachliche Funktion der Thematisierung des ↗ Codes und die poetische ↗ Funktion, die durch den reflexiven Bezug auf die Strukturiertheit des Sprachzeichens bestimmt ist (↗ Polyfunktionalität der Sprache). Ebenso wie Jakobson hat W. ↗ Kayser in seinem einflußreichen Buch *Das sprachliche Kunstwerk* (1948) versucht, B.s Schema mit der Gattungstrias zu korrelieren und den drei ›Hauptgattungen‹ je eine dominante Sprachfunktion zuzuweisen: der Epik die darstellende Funktion, der Lyrik die expressive Funktion und dem Drama die Appellfunktion.

Lit.: K. Bühler: *Die Gestaltwahrnehmungen*, Stgt. 1913. – ders.: *Die geistige Entwicklung des Kindes*, Jena 1930 [1918]. – ders.: *Die Krise der Psychologie*, FfM. et al. 1978 [1927]. – ders.: *Ausdruckstheorie*, Stgt. 1968

[1933]. – ders.: *Sprachtheorie. Die Darstellungsfunktion der Sprache*, Stgt. 1982 [1934]. – ders.: *Das Gestaltprinzip im Leben des Menschen und der Tiere*, Bern/Stgt. 1960. – R.E. Innis: *K.B.*, N.Y. 1982. – A. Eschbach (Hg.): *Bühler-Studien*, FfM. 1984. – ders. (Hg.): *K.B.'s Theory of Language*, Amsterdam et al. 1988. – W. Raible: »Konzeptionelle Schriftlichkeit, Sprachwerk und Sprachgebilde. Zur Aktualität K.B.s«. In: *Romanistisches Jb.* 39 (1988) S. 16–21. – Th. Guedj: »The ›Forgotten‹ Psychology of Language of K.B.«. In: *The Georgetown Journal of Languages and Linguistics* 3.1 (1992) S. 71–81.

AN

Bürger, Peter (*1936), dt. Lit.wissenschaftler. – B. promovierte 1959 mit einer Arbeit zum Essay bei H. Heine, 1970 folgte die Habilitationsschrift zu den frühen Komödien Corneilles. Seit 1971 ist er Professor für Lit.wissenschaft an der Universität Bremen. – B.s Untersuchungen fragen v.a. nach den gesellschaftlichen Funktionen von Kunst; sein bekanntester Beitrag zur Lit.theorie ist die *Theorie der Avantgarde* (1974), die er im Kontext einer ↗ Kritischen Lit.wissenschaft entwickelte. B. entwirft hier den auch für seine weiteren Studien wichtigen lit.soziologischen Begriff der ›Institution Kunst‹ (↗ Lit.soziologie). Dieser umfaßt neben der Kunstproduktion und -distribution v.a. die zu einer bestimmten Zeit in einer Gesellschaft herrschenden Vorstellungen über Kunst, die die Rezeption und die Wirkung von Einzelwerken wesentlich bestimmen. In der bürgerlichen Gesellschaft, in der das Teilsystem Kunst seine volle Ausdifferenzierung erfuhr, sieht B. die ›Institution Kunst‹ durch den Autonomiestatus bestimmt; entscheidendes Merkmal für diesen sei die Trennung der Kunst von der Lebenspraxis. Den Höhepunkt dieser Entwicklung bildete für B. der ↗ Ästhetizismus. Seine vielfältig diskutierte These besagt, daß erst die historischen Avantgardebewegungen (Futurismus, Dadaismus und früher ↗ Surrealismus) durch ihren Protest den Zusammenhang von ↗ Autonomie und relativer gesellschaftlicher Folgenlosigkeit offenlegten. Die ↗ Avantgarde, die B. als Selbstkritik der ›Institution Kunst‹ deutet, negierte nicht länger nur eine voraufgehende Epoche oder einen Stil, sondern ihr umfassender Angriff intendierte die (freilich gescheiterte) Rückführung der Kunst in die Lebenspraxis. B. begreift das avantgardistische Kunstwerk als Gegenstück zum organischen, ›runden Werk‹ (Th.W. ↗ Adorno): Es stelle sein ›Gemacht-Sein‹ zur Schau und sei hauptsächlich auf die Schockierung des Rezipienten aus. – B.s Leistung besteht im Versuch, Lit.theorie historisch zu fundieren. Kritik erfuhren v.a. seine

Konzeption der ›Institution Kunst‹ und die Vernachlässigung von Kunstauffassungen, die parallel zur Autonomieästhetik in der bürgerlichen Gesellschaft existieren.

Lit.: P. Bürger: *Theorie der Avantgarde*, FfM. 1990 [1974]. – W.M. Lüdke (Hg.): ›*Theorie der Avantgarde*‹. *Antworten auf P.B.s Bestimmung von Kunst und bürgerlicher Gesellschaft*, FfM. 1976. – Zima 1997. S. 261–266.

SF

Burke, Edmund (1729–1797), brit. Politiker und Publizist. – Studium am Trinity College Dublin, ab 1750 Rechtsstudium in London. Mitglied des Unterhauses von 1765–1794. Ab 1765 Privatsekretär des Marquess of Rockingham, Führer der Whig-Fraktion. – Nach einem einflußreichen Beitrag zur Theorie der Ästhetik, *A Philosophical Enquiry into the Origin of Our Ideas of the Sublime and Beautiful* (1757), wandte sich B. der Politik zu; er war Herausgeber und weitgehender Verfasser der politischen Jahresschrift *Annual Register* (seit 1758). In der Krise um die am. Kolonien verlangte B. Zugeständnisse in der Steuerfrage, »On American Taxation« (1774), und verurteilte den legalistischen und inflexiblen Standpunkt Großbritanniens, »On Conciliation with the Colonies« (1775). Er empfand Respekt für die Amerikaner, die den liberalen engl. Verfassungsgedanken lebten. Auch im Verhältnis zu Irland rief er zu einer pragmatischen Haltung auf und forderte mehr legislative Freiheiten. Engl. Verfassungsprinzipien müßten auch in Irland gelten, damit es zum gleichberechtigten Mitglied des Empire werden könne. Das Machtmonopol der protestantischen Minderheit hielt er für inakzeptabel und destruktiv. Ähnlich pragmatische und humanitäre Prinzipien zeigten sich in seiner Einstellung zur Rolle Großbritanniens in Indien. B. entwickelte im Laufe seines Wirkens die Vorstellung eines föderal strukturierten Empire mit Eigenschaften des späteren Commonwealth, in dem unter Beibehaltung der zentralen Rolle Londons die einzelnen Teile ihre kulturellen Eigenarten bewahrten. In seiner Streitschrift *Reflections on the Revolution in France* (1790) griff B. mit konservativen Argumenten die Ziele der Revolutionäre an. Er fürchtete die Vernichtung bewährter Institutionen und bürgerlicher Wertvorstellungen aufgrund des moralisierenden Eifers und des spekulativen Charakters der geplanten politischen Rekonstruktion der Gesellschaft. B. sah die Gefahr einer Diktatur von Theoretikern, die den Kontakt zum politischen Bewußtsein der Bürger verloren hatten und sich auf die Anwendung von Gewalt zur Realisierung ihrer Ideologie verließen. Die *Reflections* wurden zu einer Grundlagenschrift des europ. Konservativismus und isolierten B. innerhalb der Whigs. – B.s Schaffen ist bis heute umstritten, weil er kein zusammenhängendes System schuf, sondern sich nur zu einzelnen Ereignissen äußerte. Als Vertreter der politischen Mitte verteidigte er die Werte und Traditionen der hierarchischen Gesellschaft mit einer starken Aristokratie und konstitutionellen Monarchie und wandte sich damit gegen die Thesen J.-J. Rousseaus. In seinem skeptischen Weltbild schuf erst die institutionalisierte Gesellschaft die Voraussetzungen für eine positive Entwicklung. Unverletzbarkeit von Eigentum und religiöse Toleranz waren zentrale Prinzipien B.s. In der Tradition von J. Locke (1632–1704) und Montesquieu (1689–1755) sah er das Ideal in einer gemischten Verfassung, in der Krone, Oberhaus und Unterhaus institutionell zusammenarbeiteten und sich gegenseitig kontrollierten. In »Thoughts on the Cause of the Present Discontents« (1770) verteidigte B. die Rechte des Parlaments vor absolutistischen Tendenzen unter George III. – In Deutschland und Frankreich fand B. bei eher konservativen Kreisen Gehör, während in Großbritannien seine Rezeption ausgeglichener war. – Mit seiner sensualistisch fundierten Unterscheidung des Schönen und des Erhabenen hat B. nicht nur maßgeblich zur Psychologisierung und Subjektivierung lit.kritischer Maßstäbe und zur Überwindung der festen Regelsysteme der ↗ klassizistischen Ästhetik beigetragen, sondern auch die Ästhetik des dt. ↗ Idealismus nachhaltig beeinflußt. Daß B.s Bestimmung und Ästhetik des ↗ Erhabenen (engl. *the sublime*) bis in die heutigen Debatten fortwirken, zeigt sich etwa an J.F. ↗ Lyotards Wiederentdeckung des Erhabenen.

Lit.: E. Burke: *A Philosophical Enquiry into the Origin of Our Ideas of the Sublime and Beautiful* (Hg. A. Phillips), Oxford 1990 [1757] (dt. *Philosophische Untersuchung über den Ursprung unserer Ideen vom Erhabenen und Schönen*, Hbg. 1980). – ders.: *The Works of the Right Honourable E.B.*, 8 Bde. (Hg. W. King), Ldn. 1792–1827. – ders.: *The Works*, 6 Bde. (Hg. Edgar Mertner), Hildesheim 1975. – J.F. Lyotard: »Das Erhabene und die Avantgarde«. In: *Merkur* 38 (1984) S. 151–164. – D. Schloss: »E.B. (1729–1797)«. In: Lange 1990. S. 51–82. – R. Zimmer: *E.B. zur Einf.*, Hbg. 1995. – I. Crowe (Hg.): *E.B.: His Life and Legacy*, Dublin 1997. – M. Fludernik: »Ästhetik und Rhetorik im 18. Jh.: E.B., das Erhabene und die Frz. Revolution«. In: dies./R. Nestvold (Hgg.): *Das 18. Jh.*, Trier 1998. S. 209–245.

JSch

Burke, Kenneth Duva (1897–1993), am. Lit.-kritiker und -theoretiker, Philosoph, Schriftsteller und Übersetzer. – Nach abgebrochenem Studium an der Ohio State University und der Columbia University schloß sich B. der schriftstellerischen Avantgarde von Greenwich Village in New York an, wo er sich selbständig in die klassische und europ. Lit. einarbeitete. 1922–36 war B. u.a. als Musikkritiker der Zs.en *The Dial* und *The Nation* tätig; danach lehrte er an verschiedenen Hochschulen der USA Lit.kritik. – In *Counter-Statement* (1931), das seine Essays der 20er Jahre zusammenfaßt, versuchte B. durch sorgfältige rhetorische Analyse zu definieren, was literar. ↗ Struktur ausmacht und wie der Kritiker sie zu betrachten hat. B. betrachtet diese Strukturen als menschliche Universalien, die jedoch in jedem Einzelwerk individuell realisiert werden müssen. Sein Hauptwerk, *The Philosophy of Literary Form* (1941), betrachtet literar. Werke, wie auch alle verbalen Handlungen, als Formen symbolischer Handlung, die weit mehr als nur Informationsvermittlung leisten. Werke bestehen aus ritualisierten Strategien, die es Autoren ermöglichen, sich mit den ›dramatischen Situationen‹ ihrer Vorgaben auseinanderzusetzen. Das Symbolische bei B. entspricht der dichterischen Transformation persönlicher oder sozialer Lebensumstände, und zwar auf drei Ebenen: der wirklichkeitsbezogene ›Entwurf‹ oder die ›Karte‹ einer Situation, das ›Gebet‹ (rhetorisch organisierte Kommunikation, die Erwartungen seitens des Lesers oder Zuschauers weckt und erfüllt) und der ›Traum‹ (therapeutische Widerspiegelung des Unbewußten mittels Bildgefüge). Die soziale Relevanz von Lit. zeigt sich für B. in der schöpferischen Umsetzung von Persönlichem in Allgemeines, wobei die Grundfigur dieser Umwandlung durch die Läuterung des tragischen Helden dargestellt wird. Insbes. die Untersuchung von A. Hitlers *Mein Kampf* (1925/1927, vgl. B. 1939) im Sinne einer Situationsbewältigung zeigt die Affinität B.s mit späteren Ansätzen der ↗ Diskursanalyse und beweist, wie engmaschig textimmanente und textexterne Elemente in Werk sowie in Werkdeutung dialektisch miteinander verflochten sind. In den folgenden Abhandlungen *Grammar of Motives* (1945), *Rhetoric of Motives* (1950) und *Language as Symbolic Action* (1966) versucht B., menschlichen Motiven auf den Grund zu gehen, indem er eine Synthese aus neoplatonischen, psychoanalytischen und marxistischen Theorieansätzen entwickelt und die drei in seinem *Philosophy of Literary Form* (1941) dargestellten

Ebenen systematisch ausbaut. – B.s Werk umfaßt die ganze Spannweite der Lit. Er veröffentlichte Prosa (*The White Oxen*, 1924; *Towards a Better Life*, 1932), Gedichte und Übersetzungen (insbes. der dt. Lit.) ins Engl. Bleibende Wirkung auf die Lit.-und Kulturtheorie erzielte B. jedoch als eklektischer und unbequemer Kritiker, nicht nur der Lit., sondern auch der Philosophie, ↗ Ästhetik, Musik, im Grunde aller menschlichen Lebensbereiche. Trotz des systematischen Charakters seines komplexen Gedankenguts galt B. längere Zeit als marginaler Idiosynkratiker, jedoch finden seine synthesisierenden, interdisziplinären Ansätze zunehmend Anerkennung.

Lit.: K. Burke: *The Complete White Oxen. Collected Short Fiction*, Berkeley 1968 [1924]. – ders.: *Counter-Statement*, Ldn. 1968 [1931]. – ders.: »The Rhetoric of Hitler's ›Battle‹«. In: *Southern Review* 5.1 (1939) S. 1–21. – ders.: *The Philosophy of Literary Form*, N.Y. 1941. – ders.: *A Grammar of Motives*, Berkeley 1969 [1945]. – ders.: *A Rhetoric of Motives*, Berkeley 1969 [1950]. – ders.: *Language as Symbolic Action*, Berkeley 1966. – S.E. Hyman: *The Armed Vision. A Study in the Methods of Modern Literary Criticism*, N.Y. 1955 [1948]. – A.P. Frank: *K.B.*, N.Y. 1969. – W.H. Rueckert (Hg.): *Critical Responses to K.B. 1924–1966*, Minneapolis 1969. – H. White: *Representing K.B.*, Baltimore 1982. – G.E. Henderson: *K.B.: Literature and Language as Symbolic Action*, Athens 1988. – H.W. Simons/T. Melia (Hgg.): *The Legacy of K.B.*, Madison 1989. – P. Jay: »K.B. (1897–)«. In: Heuermann 1990. S. 353–384.

GC

Butler, Judith (*1956), am. Philosophin und Theoretikerin der ↗ *Gender Studies*. – B., die Philosophie studierte und mit *Subjects of Desire. Hegelian Reflections in 20th-Century France* (1987) promovierte, ist Professorin am Department of Rhetoric and Comparative Literature der University of California in Berkeley. – Ausgangspunkt von B.s Studie *Gender Trouble* (1991), durch die sie international bekannt wurde, ist die Infragestellung der Kategorie ›Frau‹ als Subjekt des Feminismus sowie der Unterscheidung zwischen biologischem Geschlecht (*sex*) und kulturellem Geschlecht (↗ *gender*). Mit Bezug auf die Arbeiten von M. ↗ Foucault, J. ↗ Lacan, J. ↗ Kristeva und M. Wittig argumentiert B., daß das ›feministische Subjekt‹ Produkt derselben Herrschaftsstrukturen sei, die es als patriarchalisch identifiziere und bekämpfe. Dies führt sie zu einer Kritik an der Kategorie Identität, die in kulturellen Diskursen produziert und naturalisiert werde, und zur Überlegung, daß die Grundprämisse zukünftiger feministischer Politik die Einsicht in die Konstruiertheit und Veränderlichkeit von Identitäten

sein müsse. B. führt aus, daß das biologische Geschlecht immer nur über kulturelle Symbolisierungen zugänglich sei; *gender* organisiere die Intelligibilität von Körpern. So stellt sich für B. die Frage, ob die Vorstellung von einer biologisch fundierten Differenz zwischen männlichen und weiblichen Körpern nicht eine nachträgliche Fiktion sei, die *gender*-Zuschreibungen stabilisiere. Kulturell intelligible ↗ Geschlechtsidentitäten beruhen nach B. auf der naturalisierten Kausalität zwischen *sex*, *gender* und ↗ Begehren und sind als ein Produkt der ›heterosexuellen Matrix‹ und des Inzesttabus zu beschreiben. Das ›Sein‹ von Mann und Frau ist für B. der Effekt einer nie abgeschlossenen Serie von performativen Akten und Stilisierungen des Körpers, der eben nicht in einer prädiskursiven oder präkulturellen ›Natur‹ verankert ist. In ihrer Imitation der Geschlechtsidentität enthüllten z.B. ›*butch/femme*‹-Lesbierinnen oder Transvestiten den Konstruktcharakter bzw. die ›Performativität‹ von Identitäten. In *Bodies That Matter* (1993) führt B. diesen Begriff, der in der Rezeption von *Gender Trouble* vielfach als Performanz oder Theater mißverstanden wurde, näher aus. Unter ›Performativität‹ versteht B. nicht einen bewußten Akt, sondern den Effekt des Geschlechterdiskurses, der sich in der nicht abschließbaren und nicht intentionalen Wiederholung oder Re-Inszenierung von Normen äußert und auf diese Weise Identitäten konstituiert. In ihren Lektüren von ↗ Platon, S. ↗ Freud und Lacan sowie von zeitgenössischen Filmen und literar. Texten diskutiert B., wie durch den Geschlechter- und den Rassendiskurs eine Materialität des Körpers produziert wird. In Weiterentwicklung der ↗ Sprechakttheorie von J.L. ↗ Austin konzentriert sich B. in *Excitable Speech* (1997) auf die Wirkungsweise von sprachlicher Performativität im politischen Diskurs. Ausgehend von der Frage, wieso Sprache verletzen kann, zeigt sie u.a. am Beispiel von rassistischer Sprache und Pornographie den Konnex zwischen performativen (↗ Sprech-)Akten, gesellschaftlicher Macht, Subjektivität und der Materialität des Körpers auf. – B.s Schriften zur Geschlechtsidentität haben intensive Debatten um die Prämissen der ↗ feministischen Theorie bzw. der *Gender Studies* ausgelöst. Gerade in Deutschland haben zahlreiche Feministinnen B.s Arbeiten scharf kritisiert, da sie eine prädiskursive ›Materialität des Körpers‹ leugne.

Lit.: J. Butler: *Subjects of Desire. Hegelian Reflections in 20th-Century France*, N.Y. 1987. – dies.: *Gender Trouble. Feminism and the Subversion of Identity*, N.Y./Ldn. 1990 (dt. *Das Unbehagen der Geschlechter*, FfM. 1997 [1991]). – dies./J.W. Scott (Hgg.): *Feminists Theorize the Political*, N.Y./Ldn. 1992. – dies. 1993/97 [1995]. – dies.: *Excitable Speech. A Politics of the Performative*, N.Y. 1997. – Institut für Sozialforschung, FfM. (Hg.): *Geschlechterverhältnisse und Politik*, FfM. 1994. – T. Wobbe/G. Lindemann (Hgg.): *Denkachsen. Zur theoretischen und institutionellen Rede vom Geschlecht*, FfM. 1994.

DF/SSch

C

Cassirer, Ernst (1874–1945), Kulturphilosoph. – C. wurde als viertes Kind einer jüd. Familie in Breslau geboren. Er gilt zu Recht als einer der wichtigsten kulturphilosophischen Denker des 20. Jh.s, dem es gelungen ist, so unterschiedliche Strömungen wie die neukantianische Philosophie, die strukturale ↗ Semiotik und die neuere Ethnologie und Kulturanthropologie miteinander zu verbinden. An der Berliner Universität studierte C. zunächst auf den Wunsch des Vaters Jura, jedoch beschäftigte er sich schon sehr bald mehr mit Philosophie und Lit., Geschichte und Kunstwissenschaft. Unter seinen akademischen Lehrern sind bes. G. ↗ Simmel und der Marburger Neukantianer A. Cohen hervorzuheben, bei dem C. 1899 mit einer Arbeit über Descartes' Kritik der mathematischen und naturwissenschaftlichen Erkenntnis promovierte. Die erste Buchveröffentlichung C.s, die Leibniz' Wissenschaftssystem gewidmet war, erschien 1902. Mit Unterstützung von W. ↗ Dilthey habilitierte sich C. an der Berliner Universität mit einer Studie zum Erkenntnisproblem, in der er die bei Cohen begonnene Fragerichtung weiter verfolgte. 1919 erhielt er eine ordentliche Professur in Hamburg, was aufgrund der antisemitischen Haltung an den damaligen Hochschulen keine Selbstverständlichkeit war. 1933 sah er sich durch die Nazis zur Emigration gezwungen. Oxford, Uppsala, Göteborg, die Yale University in New Haven und New York waren die verschiedenen Stationen seiner weiteren Lehrtätigkeit. Die durch die Exilsituation bedingten häufigen Ortswechsel und die materielle Unsicherheit taten seiner wissenschaftlichen Arbeit indessen langfristig keinerlei Abbruch. Noch in Göteburg entstand die in systematischer Hinsicht grundlegende Schrift *Zur Logik der Kulturwissenschaften* (1942). In den USA faßte C. seine philosophischen Grundgedanken im *Essay on Man* (1944) zusammen, der seinen Entwurf einer umfassenden Symboltheorie der menschlichen Kultur sinnvoll abrundete und die Quintessenz seines Philosophierens in einer dem am. Publikum leicht zugänglichen Form präsentieren sollte. Nichtsdestoweniger blieb ihm eine breitere öffentliche Wirksamkeit an am. Hochschulen zunächst einmal versagt. Es ist nicht zuletzt den Schriften der am. Kulturanthropologen S. Langer und C. ↗ Geertz zu verdanken, daß C.s Kulturkonzepte in die moderne kulturwissenschaftliche Diskussion in den USA Eingang gefunden haben und produktiv weiterentwickelt werden konnten. – C.s dreibändiges Hauptwerk *Philosophie der symbolischen Formen* (1923–1929) ist der eindrucksvolle Versuch, die verschiedenen Bereiche menschlicher Kulturtätigkeit als ein einziges System der Symbolbildung zu begreifen. Die anfänglich vorherrschende erkenntnistheoretische Fragestellung wird mehr und mehr von einem semiotischen Interesse überlagert. Anders als die Neukantianer untersucht C. in seinem philosophischen *chef d'œuvre* nicht in erster Linie die transzendentalen Voraussetzungen, die Bedingungen der Möglichkeit von Bedeutung, sondern betont demgegenüber die Notwendigkeit einer genauen Beobachtung der Kulturgegenstände in ihren konkreten historischen und materiellen Ausdrucksformen. Es ist aufgrund der kulturellen Vielfalt und Heterogenität auf den ersten Blick nicht ganz einfach zu entscheiden, welchen Gebieten die Rolle von selbständigen Symbolformen zukommen soll, wie C. sie postuliert. Die Sprache, der ↗ Mythos, die Geschichte, die Kunst und die Wissenschaften erhalten nach C. einen solchen hervorgehobenen Status, indem sie, obgleich untereinander verwandt, jeweils symbolische Formen eigener Art bilden. Im Gegensatz zum traditionellen Symbolbegriff Goethescher Herkunft betont C. v.a. die sinnlich-materielle Qualität der kulturellen Zeichen (↗ Kultursemiotik). C.s Werke zeugen von einem immensen Wissen, zumal in seinen Arbeiten nahezu alle wichtigen Denker der okzidentalen Philosophiegeschichte Erwähnung finden und diskutiert werden, so daß es mitunter sogar schwer fällt, unter der angebotenen Vielfalt der Thesen den eigenen Standpunkt des Autors auszumachen. Eine konsequente Stellungnahme macht sich indessen in C.s ontologiekritischer

Position bemerkbar, die in der Kontroverse mit M. ↗ Heidegger ihren polemischen Ausdruck findet, aber schon in der Frühschrift des Autors *Substanzbegriff und Funktionsbegriff* (1910) eine systematische Fundierung erhalten hat. In C.s letzte größere Publikation *The Myth of the State* (1946) sind die düsteren Erfahrungen mit dem Naziregime und den modernen totalitären Staaten eingeflossen.

Lit.: E. Cassirer: *Philosophie der symbolischen Formen*, 3 Bde., Bln. 1923–29. – ders.: *Zur Logik der Kultur-wissenschaften*, Darmstadt 1961 [1942]. – ders.: *The Myth of the State*, Westport 1983 [1946]. – H.-J. Braun et al. (Hgg.): *Über C.s Philosophie der symbolischen Formen*, FfM. 1988. – H. Paetzold: *C. zur Einf.*, Hbg. 1993. – A. Graeser: *E. C.*, Mchn. 1994.

AS

Charakter und Typ, Bezeichnungen für Darstellungsweisen und Konzeptionen literar. ↗ Figuren in narrativen und dramatischen Texten. Bei einem Ch., der mit einer Vielzahl von Eigenschaften ausgestattet ist, liegt die Betonung auf der persönlichen Eigenart und Unverwechselbarkeit des einzelnen Menschen; der T. abstrahiert vom Individuellen und repräsentiert bestimmte allg.menschliche Züge, eine soziale Schicht oder eine Berufsgruppe. Der Gegensatz von T. und Ch. entspricht E.M. ↗ Forsters Unterscheidung von ein- und mehrdimensionalen Figuren (*flat* und *round characters*). Erstere sind durch einen kleinen, in sich stimmigen Satz von Merkmalen gekennzeichnet; mehrdimensional konzipierte Figuren weisen dagegen eine komplexe Fülle von Eigenschaften auf. Zwischen den Polen der Individualisierung und Typisierung entfaltet sich eine Skala abgestufter Schematisierung mit vielen Zwischenformen. Beispielfiguren (*exempla*) in der spätantiken Lit. und im ma. Moralitätendrama verkörpern einen abstrakten Begriff, ein Laster oder eine Tugend (Personifikationen). Im Gegensatz dazu repräsentiert der T. nicht eine einzige Eigenschaft, sondern ein begrenztes Bündel psychologischer oder soziologischer Merkmale. Gemäß der Herkunft des T.s lassen sich verschiedene Formen der Typisierung unterscheiden: T.en sind entweder aus der zeitgenössischen Ch.kunde und Sozialtypologie übernommen oder entstammen der literar. Tradition. Während die psychologische T. eine bestimmte menschliche Verhaltensweise verkörpert (der Griesgram, Melancholiker oder Geizhals), erscheint der soziale T. (Bauer, Städter, Höfling) als austauschbarer Repräsentant einer Berufsgruppe oder Gesellschafts-

schicht. Daneben gibt es ethnische, regionale und nationale Stereotype (komparatistische ↗ Imagologie) sowie ↗ Geschlechterstereotype. Einer realen Person am nächsten steht eine als Ch. angelegte vielschichtige Figur, die durch eine Fülle charakterisierender Merkmale individualisiert wird. – Die Poetik des ↗ Klassizismus, die mit ihrer als ›Decorum‹ bezeichneten Forderung nach ›angemessener‹ Figurendarstellung an die aus der Rhetorik des ↗ Aristoteles und die Poetik des ↗ Horaz abgeleiteten Kategorisierungen des Menschen nach Alter, Geschlecht, Stand und Nationalität anknüpft, erhebt die Typisierung von Figuren zur normativen Regel. Seit der Romantik ist diese klassizistische Ch.typologie zunehmend entwertet und durch eine realistischere, individualisierende und psychologisierende Figurendarstellung ersetzt worden, die der Komplexität und Verschiedenartigkeit menschlicher Individualität Rechnung zu tragen versucht.

Lit.: E.M. Forster: *Aspects of the Novel*, Ldn. 1993 [1927]. – Pfister 1997 [1977]. – G. Blaicher (Hg.): *Erstarrtes Denken. Studien zu Klischee, Stereotyp und Vorurteil in engl.sprachiger Lit.*, Tüb. 1987. – T. Koch: *Lit. Menschendarstellung. Studien zu ihrer Theorie und Praxis*, Tüb. 1991. – W.E. Gruber: *Missing Persons. Character and Characterization in Modern Drama*, Athens/Ldn. 1994. – B. Asmuth: »Ch.«. In: Weimar 1997. S. 297–299.

AN

Chicago-Schule (auch Neo-Aristotelische Schule oder *Chicago Aristotelians*), eng mit der Wiederbelebung der aristotelischen Poetik, insbes. des Prinzips der ↗ Mimesis, assoziierte Gruppe von Kritikern an der University of Chicago, die seit den 30er, v.a. aber in den frühen 50er Jahren hervortrat und deren namhafteste Exponenten R. McKeon, R.S. Crane, E. ↗ Olson, N. Maclean und B. Weinberg sind. Zum weiteren Umkreis gehört auch W.C. ↗ Booth. – Absicht der Ch.-Sch. ist, eine ›wissenschaftliche‹ Fundierung der Analyse von Dichtung auf der Grundlage der aristotelischen Philosophie und Poetik zu liefern. Im Gegensatz zum damals dominanten ↗ New Criticism sah sie dieses wissenschaftliche Fundament nicht allein in der Sprache als dem entscheidenden Definitionskriterium von Dichtung. Vielmehr betrachtete sie die Sprache eher als äußeres Medium für die Vermittlung innerer, auf dem Nachahmungsprinzip beruhender Vorgänge der literar. Welterzeugung, die nach dem Modell der Analogiebildung zu den Formen und Prozessen der realen Erfahrungswelt funktionieren. Literar. Texte sind nach Crane ›imitative structures made out of the mimetic possibilities of language‹. Was aber dabei nachgeahmt wird, ist keine außerliterar. Wirklichkeit, sondern wird vom Text selbst im Akt seiner sprachlichen Hervorbringung erst geschaffen. Der Text stellt so für die Ch.-Sch., wie für die *New Critics*, eine eigenständige künstlerische Ganzheit mit immanenten Konstruktionsprinzipien dar, doch ist er kein völlig autonomes, selbstreferentielles Sprachgebilde, sondern, wenn auch in vermittelter Form, auf die Lebenswelt zurückbezogen. Er ist zum einen Ausdruck bestimmter ↗ Intentionen des Autors, dessen implizite Präsenz thema- und strukturbildend wirksam ist (vgl. das Konzept des *implied author* bei Booth; impliziter ↗ Autor). Zum zweiten ist er als Werk das Produkt einer Mimesis menschlicher Handlungen, Leidenschaften, Gedanken und Gefühle, die paradigmatisch Grundstrukturen der Erfahrungswelt hervortreten lassen. Zum dritten wird er durch die symbolisch erfahrbar gemachte Analogie von Fiktion und Lebenswelt zum Ausgangspunkt emotionaler Reaktionen des Lesers, dessen Gefühle im Spannungsfeld zwischen Sympathie und Antipathie gegenüber den fiktiven Charakteren und ihren Schicksalen mobilisiert werden. Anstatt der Erkenntnisfunktion wird also hier die affektive Funktion der Dichtung betont, anstatt der konnotativen die denotative Seite der dichterischen Sprache. Dabei hängt jedoch die wirkungspsychologische Intensität eines Textes, wie bei ↗ Aristoteles, eng mit spezifischen Gestaltungs- und Formprinzipien zusammen, deren Herausarbeitung die Aufgabe der Lit.kritik ist. – Für die bes. Charakteristik der Ch.-Sch. innerhalb der am. Lit.kritik ihrer Zeit ergibt sich daraus (a) eine starke Betonung theoretisch-philosophischer Aspekte, (b) eine Rehabilitierung der Autorintention, des Lebensbezugs und der Leserreaktion gegenüber der Isolation des Werks und (c) eine Konzentration der Textanalyse auf Fragen des ↗ Plot, der Charaktere, der formalen Mimesis-Struktur und der Gattungsspezifik und -differenz. Auf der Methodenebene wird von der Ch.-Sch. ein ↗ Pluralismus der Ansätze gefordert, da es angesichts der konkurrierenden Vielfalt methodischer Zugänge kein allein angemessenes Erklärungsmodell von Lit. geben könne. Trotz ihrer Polemik gegen den *New Criticism* ist die Praxis der Ch.-Sch. in ihrer Fokussierung auf die konkrete Ganzheit und die Formalstruktur des Einzelwerks dessen Grundannahmen verwandt.

Lit.: R.S. Crane (Hg.): *Critics and Criticism. Ancient and Modern*, Chicago 1952. – ders.: *The Languages of Criticism and the Structure of Poetry*, Toronto 1953. – E. Olson: *Tragedy and the Theory of Drama*, Detroit 1961.

HZ

Chomsky, Noam Avram (*1928), Professor für Linguistik und Philosophie am Massachussetts Institute of Technology, USA. – Es gibt wohl kaum einen Wissenschaftler des 20. Jh.s, der einen vergleichbar großen Einfluß über die Grenzen seines Fachgebiets, der Linguistik, hinaus hatte. Seine erste wichtige Publikation *Syntactic Structures* (1957) war ein Meilenstein für die Sprachwissenschaft, die Psycholinguistik, aber auch für die analytische Philosophie. Sein mentalistisches Programm stellte eine Abkehr vom damals vorherrschenden Behaviorismus und dem dieser Methodologie verpflichteten taxonomischen ↗ Strukturalismus dar. Der Gegenstand der mit dieser Arbeit begründeten generativen Transformationsgrammatik ist die Sprachkenntnis, die ↗ Kompetenz oder, wie es in neueren Arbeiten (insbes. *Knowledge of Language. Its Nature, Origin, and Use*, 1986) heißt, die I(nternalisierte) Sprache. Sprecher einer Sprache haben nämlich implizite Kenntnis von Strukturbeziehungen in ihrer Sprache, welche die Unterscheidung von verschiedenen Beschreibungsebenen (↗ Tiefen- und Oberflächenstrukturen bzw. D- und S-Strukturen, engl. *deep and surface structures*) und einen Kalkül benötigen, der diese Ebenen aufeinander bezieht, nämlich Transformationen. Das grammatische Design hat seit dieser Zeit einige z.T. radikale Veränderungen erfahren. Geblieben ist jedoch der Regeltyp der Transformation, allerdings in sehr allg. Form: ›Bewege α‹. Ch.s Konzeption der generativen Grammatik durchlief von den *Syntactic Structures* vier große Stationen: die sog. Standardtheorie in *Aspects of the Theory of Syntax* (1965), die sog. Erweiterte Standardtheorie in *Deep Structure, Surface Structure, and Semantic Interpretation* (1969), das sog. ›T-Modell‹ in *Lectures on Government and Binding* (1981) und *The Minimalist Program* (1995). Während im modular aufgebauten T-förmig verzweigenden Modell von 1981 zwischen D- und S-Struktur unterschieden wird, die D-Struktur Input für die syntaktisch Logische Form, die S-Struktur Input für die Phonetische Form, reduziert sich im heutigen minimalistischen Programm die Aufgabe der Grammatik auf die Aufbereitung der syntaktischen Struktur (Strukturen, morphosyntaktische Merkmale und Transformationen) für die sog. Schnittstellen der Grammatik: die der Logischen Form als Wegbereiter für die ↗ Semantik und die der Phonetischen Form als Wegbereiter für die artikulatorisch-perzeptuellen Prozesse der Sprachverarbeitung. Von invarianter Bedeutung in allen Konzeptionen allerdings ist das universalgrammatische, rationalistische Programm, eine kognitive Theorie über das genetisch festgelegte Sprachvermögen, das den Menschen bei gegebenen unzulänglichen Erfahrungsdaten einen mühelosen Spracherwerb während der kritischen Reifungsphase des Gehirns (bis maximal 6 Jahre) ermöglicht. Mit dieser Annahme einer sprachspezifischen genetischen Ausstattung setzt sich Ch. sowohl vom Empirismus (wie etwa W.V. Quine) als auch von der Entwicklungspsychologie J. Piagets ab (vgl. Piattelli-Palmarini 1980). Alle Sprachen befolgen dieselben universalgrammatischen Prinzipien, und der Spracherwerb reduziert sich auf die durch Erfahrungsdaten (sog. ›trigger‹) ausgelöste Festlegung einzelsprachspezifischer Parameter und ähnelt dabei der Reifung anderer Organe. Dabei ist nach Ch.s *Rules and Representations* (1980) das menschliche Gehirn modular in verschiedene aufgabenspezifische Komponenten organisiert. Zwischen dieser universalgrammatischen Konzeption und Ch.s politischer Vorstellung einer komplett freien menschlichen Gesellschaft besteht seiner Auffassung nach ein inhaltlicher Zusammenhang. Erst wenn ein solcher Gesellschaftszustand erreicht wird, können sich die außergewöhnlichen und einzigartigen Fähigkeiten des Menschen frei entfalten (vgl. z.B. Ch. 1971 und 1988). Diese Bedingungen sind seiner Auffassung nach in keiner der gegenwärtigen Gesellschaftsformen gegeben (vgl. Ch. 1969).

Lit.: N. Chomsky: *Aspects of the Theory of Syntax*, Cambridge, Mass. 1965 (dt. *Aspekte der Syntax*, FfM. 1970). – ders.: *American Power and the New Mandarins*, N.Y./Harmondsworth 1969 (dt. *Amerika und die neuen Mandarine. Politische und zeitgeschichtliche Essays*, FfM. 1969). – ders.: *Deep Structure, Surface Structure, and Semantic Interpretation*, Bloomington 1969. – ders.: *Problems of Knowledge and Freedom*, N.Y. 1971 (dt. *Über Erkenntnis und Freiheit*, FfM. 1973). – ders.: *Syntactic Structures*, Den Haag 1973 (dt. *Strukturen der Syntax*, Den Haag 1973). – ders.: *Rules and Representations*, Oxford 1980 (dt. *Regeln und Repräsentationen*, FfM. 1981). – ders.: *Lectures on Government and Binding*, Dordrecht 1981. – ders.: *Knowledge of Language. Its Nature, Origin, and Use*, N.Y. 1986. – ders.: *Language and Problems of Knowledge. The Managua Lectures*, Cambridge, Mass. 1988 (dt. *Probleme sprachlichen Wissens*, Weinheim 1996). – ders.: *The Mimimalist Program*, Cambridge, Mass. 1995. – M. Piattelli-Palmarini (Hg.): *Language and Learning. The Debate between J. Piaget and N.Ch.*, Ldn. 1980.

HL

Cixous, Hélène (*1937), Schriftstellerin, Dramaturgin, Lit.wissenschaftlerin und feministische Theoretikerin. – 1955 verließ C. Algerien, um in Frankreich Anglistik zu studieren. Von 1962–67 lehrte sie an der Universität von Bordeaux, an der Sorbonne und in Nanterre. 1968 habilitierte sie sich mit *L'Exil de James Joyce ou l'art du remplacement*. Gemeinsam mit G. ↗ Genette und T. ↗ Todorov rief C. die Zs. *Poétique* ins Leben. C. ist Gründungsmitglied der Universität Paris VIII in Vincennes, die heute in Saint-Denis liegt und an der sie seit 1968 Professorin für Engl. Lit. ist. 1974 gründete sie dort das Centre de Recherches en Études Féminines. 1983 begann mit der Zusammenarbeit mit A. Mnouschkine und dem Théâtre de Soleil C.' Hinwendung zum Theater. – Ähnlich wie J. ↗ Kristeva, L. ↗ Irigaray oder S. Kofman geht es C. um die Lektüre und das Schreiben von Texten, die den herrschenden westlichen ↗ Logozentrismus und hier v.a. den Geschlechterdiskurs mit seinen ↗ binären Oppositionen Mann/Frau, aktiv/passiv, Kultur/Natur usw. in Frage stellen. In ihren zahlreichen Schriften, in denen sie eine ↗ *écriture féminine* weniger theoretisch zu entwickeln als zu schreiben sucht, überwindet sie die Grenzen zwischen Philosophie, ↗ feministischer Theorie, Lit.kritik, Psychoanalyse und Lit. Neben ihren fiktionalen Texten, die Romane, Novellen und Theaterstücke umfassen, stehen Lektüren von W. Shakespeare, J. Joyce, H. v. Kleist, F. Kafka, R.M. Rilke und Cl. Lispector sowie Auseinandersetzungen mit S.A. ↗ Kierkegaard, M. ↗ Heidegger, S. ↗ Freud und J. ↗ Derrida. Ausgehend von Derridas Konzept der ↗ *différance* und J. ↗ Lacans Überlegungen zu ↗ Metapher und ↗ Metonymie entwickelt C. eine explizit weibliche Position, die, in theoretischer Nähe zu G. ↗ Deleuze und G. ↗ Bataille, das Schreiben nicht über den Mangel bzw. den Tod organisieren will. C. unterscheidet zwischen einer ›männlichen‹ und einer ›weiblichen libidinösen Ökonomie‹, worunter sie die Beziehung des Subjekts zu seinem Anderen faßt. Die ›Ökonomie der Erhaltung‹, die sich durch Wiederholung, Unbeweglichkeit und somit letztlich Tod auszeichne, nennt C. ›männlich‹, während sie unter ↗ ›Weiblichkeit‹ ein Prinzip der Verausgabung, der Bewegung, der Lebendigkeit faßt. ↗ ›Männlichkeit‹ und ›Weiblichkeit‹

sind dabei zunächst Metaphern, die sich aus dem traditionellen Geschlechterdiskurs ergeben. C. bezieht sie nicht auf einen urspr. Leib, denn für sie steht der Körper niemals außerhalb der Signifikation. Weibliches Schreiben ist bei C. somit nicht zwangsläufig an weibliche Autorschaft gebunden, sondern z.B. auch bei J. Joyce festzustellen. Wie Freud argumentiert C., daß das Kind urspr. bisexuell sei, doch anders als dieser sucht sie die Logik der Kastration, der männlichen Angst vor der Frau als sein Anderes, zu überwinden. Demgegenüber entwickelt C. eine Ethik des Schreibens, das auf der weiblichen Ökonomie der ›Gabe‹ basiert und den Anderen weder aneignen noch verdrängen soll. Für C. liegt diese Überwindung phallozentrischer Schreibweisen (↗ Phallozentrismus), die sie bei der brasilian. Schriftstellerin Lispector beispielhaft verwirklicht sieht, der Frau näher jedoch, ohne daß die Logik des Phallus gänzlich überwunden werden könne. Stärker als in ihren frühen Schriften ist seit Ende der 70er Jahre *écriture féminine* für C. v.a. ein Schreiben von Frauen an Frauen, mittels dessen sie sich aus der phallogozentrischen Ordnung freischreiben können. Dies bindet C. an die weibliche Sexualität, die ↗ *jouissance*, sowie die Materialität insbes. des mütterlichen Körpers; Stimme, Milch und Berührung der Mutter werden als Bezugspunkt der *écriture féminine* gesetzt. Der weibliche Körper ist für C. nicht Mangel, sondern, im Gegenteil, eine lebensspendende und nährende Kraft und als solche die Quelle eines quasi automatischen Schreibens, das sie dem Imaginären zuordnet. *Écriture féminine* versteht C. als ein ›somatisches‹ Schreiben, ein ›Schreiben mit dem Körper‹ und ein ›Schreiben des Körpers‹, das nicht abschließend ist, das Repräsentation, Grammatik, Semantik und Syntax überwindet und das ↗ Hegelsche Modell des Herr-Knecht-Verhältnisses zugunsten einer nichthierarchischen Begegnung mit dem Anderen aufgibt. C.' (Re-)Lektüren und Neuschriften setzen an weiblichen Figuren wie Demeter, Penthesilea, Cleopatra, Promethea oder (Freuds) Dora an, mit denen sie gewissermaßen in einen Dialog tritt und die sie als Widerstand gegen die phallozentrische Ordnung liest. – Neben dem vielfach geäußerten Vorwurf, ihre Texte seien hermetisch und unverständlich, ist in der Kritik an C. herausgestellt worden, daß ihre metaphorische Verwendung der Begriffe ›männlich‹ und ›weiblich‹ immer wieder mit einer Ontologie von Mann und Frau verschwömme. Selbst wenn man diesen Einwand nicht teilen will, sondern als Beispiel für den Körper-Geist-Dualismus liest, den C. gerade dekonstruieren will, bleibt das Problem, daß der Dualismus männlich-weiblich in ihren Texten sehr wohl festgeschrieben wird. Gleichwohl hat C. entscheidend dazu beigetragen, daß über eine *écriture féminine* nachgedacht und der Zusammenhang zwischen der Geschlechterdifferenz und einer Ethik des Schreibens von der feministischen Theorie und Kritik aufgegriffen wurde.

Lit.: H. Cixous: *L'exil de J. Joyce ou l'art du remplacement*, Paris 1968. – dies./C. Clément: *La jeune née*, Paris 1975. – dies.: »Le rire de la méduse«. In: *L'Arc* 61 (1975) S. 39–54. – dies.: *Portrait de Dora*, Paris 1976. – dies.: *Die unendliche Zirkulation des Begehrens*, Bln. 1977. – dies.: *Weiblichkeit in der Schrift*, Bln. 1980 [1977]. – dies. et al.: *La venue à l'écriture*, Paris 1986 [1977]. – dies.: *Vivre l'orange/To Live the Orange*, Paris 1979. – dies.: *Illa*, Paris 1980. – dies.: *Le livre de Promethea*, Paris 1983 (dt. *Das Buch von der Promethea*, Wien 1990). – dies.: *L'heure de Cl. Lispector*, Paris 1989. – V.A. Conley: *H.C.: Writing the Feminine*, Toronto 1992 [1984]. – F. van Rossum-Guyon/M. Díaz-Diocaretz (Hgg.): *H.C.: Chemins d'une écriture*, Amsterdam/Paris 1990. – M. Shiach: *H.C.: A Politics of Writing*, Ldn./N.Y. 1991. – S. Sellers: *H.C.: Authorship, Autobiography, and Love*, Cambridge 1996.

DF/SSch

Class ↗ Klasse

Code (lat. *codex*: Buch, Verzeichnis), System von Regeln, Übereinkünften oder Zuordnungsvorschriften, das die Verortung und Deutung von Zeichen oder Zeichenkomplexen erlaubt. – Im lit.- und kulturtheoretischen Gebrauch von C. treffen sich das Konzept der ›Prägung‹ in der Verhaltensforschung (K. Lorenz), demzufolge in der frühesten Kindheit irreversible Lernprozesse ablaufen, welche das sexuelle, moralische und soziale Verhalten des Individuums im Rahmen eines geschlossenen Systems von Organismus und Umwelt festlegen (Konzepte der ↗ Kommunikationstheorie), sowie semiotische Modelle. In diesem Sinne ist C. ein Sammelbegriff für jede Form tiefenstruktureller Prägung (↗ Tiefenstruktur) durch kulturspezifische ideologische, religiöse, epistemologische ↗ Paradigmen, welche perzeptive und moralische Grundstrukturen des individuellen Weltbildes präformieren. – Praktisch manifestieren sich kulturelle C.s z.B. als ↗ Geschlechterstereotype, Konstrukte kultureller ↗ Identität und ↗ Alterität, anthropologische Vorstellungen und Zeitmodelle. Überragende Relevanz bei der weltbildgenerierenden Überlieferung und Institutionalisierung kultureller C.s kommt der Sprache nicht nur als Informationsträgerin, sondern auch in ihrer epistemologisch bedeutsamen Strukturiertheit zu,

z.B. das Subjekt als Agens, Zeitformen des Ver-
bes, maskuline Substantive und Pronomina als
Verallgemeinerungsformen usw., die in Genres
wie dem Bildungsroman, der Autobiographie
oder dem Historiendrama narrativ ausgelegt
werden. Die Einschätzungen mit Bezug auf das
Ausmaß kultureller C.s reicht von der Akzeptanz der vorrangig sprachlich tradierten ›legiti-
men Vorurteile‹ bei H.-G. ↗ Gadamer über die
Kritik an einer mit Hilfe tiefenhermeneutisch
angelegter Methoden aufzudeckenden gesamtkulturellen Pseudokommunikation bei J. ↗ Habermas (1971) bis zu M. ↗ Foucaults These von
der mit seinem Diskursbegriff (↗ Diskurs) absolut gesetzten kulturellen Codierung des Individuums, die das aufklärerische Postulat eines
selbstmächtigen Subjektes ad absurdum führt.

Lit.: J. Habermas: »Der Universalitätsanspruch der
Hermeneutik«. In: K.-O. Apel et al. (Hgg.): *Hermeneu-
tik und Ideologiekritik*, FfM. 1971. S. 120–159. – N.
Elias: *Über den Prozeß der Zivilisation*, 2 Bde., FfM.
1976. – E.W.B. Hess-Lüttich: »C.«. In: Weimar 1997.
S. 307–310.
AHo

Collingwood, Robin G. (1889–1943), engl. Philosoph, Historiker, Kunsttheoretiker. – Studium
in Oxford, danach Dozent an der dortigen Universität, zunächst als Lecturer im Fach Geschichte, dann als Philosophieprofessor. In seiner philosophischen Arbeit orientierte sich C.
weniger an formalanalytischen Verfahren als an
der Geschichtswissenschaft; als Historiker
machte er sich vor allem aufgrund seiner auf der
Analyse von Münzen und Inschriften basierenden Forschungen als Kenner des röm. Britan-
nien einen Namen. Die Ergebnisse dieser Arbeit
legte er in seinem Hauptwerk *Roman Britain*
(1936) und in über einhundert Monographien
vor. C.s Geschichtsauffassung war von der
Überzeugung geprägt, daß der historiographische Prozeß in einem hohen Maße von kreativen
Aktivitäten des Forschers bestimmt sei, der die
Historie nicht lediglich wahrnehme, sondern
imaginär rekonstruiere. Als Philosoph beschäftigte sich C. auch mit Ästhetik. In seinem 1938
erschienenen kunsttheoretischen Hauptwerk
The Principles of Art beschäftigt er sich mit dem
Phänomen der Rezeption von Kunst. Dabei entlarvt er die Schwächen traditioneller Kunstbe-
griffe und greift konventionelle ästhetische
Theorien scharf an, was ihn zu einem der bedeutendsten und einflußreichsten Kunsttheoretiker in der ersten Hälfte des 20. Jh.s werden
ließ. C. lehnt etymologisierende Definitionen

des Kunstbegriffes als einer Beschreibung einer
handwerklichen Tätigkeit ab, da solchermaßen
funktionalisierte utilitaristische Kunst allenfalls
Pseudo-Kunst sein könne. Es sei weder die Aufgabe von Kunst, Emotionen selbstzweckartig im
Sinne bloßer Unterhaltung zu evozieren, noch
habe sie nützliche und damit für die Gesellschaft
verwertbare Emotionen zu schaffen. Auch das
Hervorbringen des Schönen oder die möglichst
exakte Reproduktion ihres Gegenstandes seien
keine notwendigen oder gar hinreichenden Kriterien für die Bestimmung von Kunst. So unter-
zieht C. sowohl die Gedanken ↗ Platons und
↗ Aristoteles' zur ↗ Mimesis als auch das horazi-
sche Diktum des ›*aut prodesse aut delectare*‹
einer kritischen Revision. Kunst ist für C. Ausdruck von Künstler wie Publikum empfundener
Emotionen und kann somit nicht auf einer arbiträr individualistischen Basis verstanden werden.
Zentrales Instrument der Kunst ist die Imagination (↗ Einbildungskraft), die sowohl sinnliche
Wahrnehmung als auch dadurch evozierte Emotionen in Ideen verwandeln und damit zu einer
Einheit werden läßt. Unter dem Einfluß Kants
und Aristoteles', vor allem aber von D. Humes
Distinktion von ›*impressions*‹ und ›*ideas*‹ versteht C. letztere als ästhetischen Ausfluß der
Imagination und als Mittler zwischen den
psychischen Vorgängen der Empfindung und
den sinnlichen des Denkens. Erst im ästhetischen Vorgang werden Wahrgenommenes und
Wahrnehmung gleichermaßen bewußt. Auf
diese Weise wird Erfahrung durch das auf sie
einwirkende Bewußtsein zum imaginativen Instrument einer Fokussierung auf die Idee. Die
dadurch entstehende Expressivität läßt den
Sprecher sich seiner selbst gewahr werden. Im
Gegensatz zum kategorisierenden analytischen
Intellekt präsentiert die Imagination das Objekt
mittels emotional geprägten Diskurses immer
ganzheitlich. Kunst ist also für C. eine expressive
und imaginative Erscheinungsform von Sprache
in einem weiteren Sinne. Kunst ist daher immer
gleichermaßen Erfahrung und Ausdruck von
Emotion, wodurch ihr Doppelcharakter bestimmt ist. Nach C. ist es die Aufgabe der Kunst,
therapeutisch die Korruption des Bewußtseins
durch den Intellekt zu heilen und somit eine
immens wichtige Aufgabe für Gesellschaft und
Individuum wahrzunehmen. Das Wissen und
Verstehen von Wahrheit wird durch die Kunst
ohne intellektuelle Kategorisierung vermittelt,
und zwar in einem komplexen Vorgang innerhalb der Rezeptionsgemeinschaft. Durch ihren
Beitrag zur Selbsterkenntnis des Menschen er-

füllt die Kunst nach C. eine Aufgabe von immenser Bedeutung und übernimmt für uns prophetische Funktionen. – C.s ästhetische Theorie schlägt eine Brücke zum 18. Jh. und leistet einen bedeutenden Beitrag zur Neubestimmung von Imagination und Sprachfunktion im 20. Jh. Durch seine Konzentration auf den Rezeptionsprozeß hat C. auch der ↗ Rezeptionsästhetik wichtige Anregungen gegeben.

Lit.: R. G. Collingwood: *The Principles of Art*, Oxford 1938.

HA

Computergestützte Inhaltsanalyse ↗ Computerphilologie

Computerphilologie, Sammelbegriff für die Einsatzmöglichkeiten des Computers in der Lit.wissenschaft, insbes. das (1) Erstellen und (2) Verwenden elektronischer Texte, einschließlich der computergestützten ↗ Stilistik und Inhaltsanalyse, (3) die Hypertexttheorie und -praxis (↗ Hypertext und Hypertextualität), (4) das Programmieren von Anwendungen für Lit.wissenschaftler, (5) die Untersuchung der Veränderung wissenschaftlicher Kommunikation durch den Computereinsatz. – (1) Erstellung elektronischer Texte. Anfangs dienten die elektronischen Texte v. a. der Druckvorbereitung, z. B. zur Generierung von Konkordanzen oder von komplexen textkritischen Apparaten mittels (halb-) automatischer Kollationierung. Bekanntestes Projekt dieser Anfänge der C. ist R. Busas Konkordanz zu den Werken von Thomas von Aquin, mit deren Erstellung er 1949 begann. Inzwischen werden die elektronischen Texte als Ausgangspunkt für die Druckausgabe und für die Erstellung elektronischer Retrievalausgaben (›Textrechercheprogramme‹) gesehen. Als wesentliches Problem hat sich die langfristige Speicherung eines elektronischen Texts erwiesen, insbes. die Form der Textauszeichnung. ›Textauszeichnung‹ bezeichnet das Eintragen von zusätzlichen Informationen in einen Text, z. B. Autor, Kapitelanfang, Absatz- oder Versende. Die meisten kommerziell vertriebenen Editionen sind zur Zeit aufgrund ihrer proprietären Auszeichnung eng an das jeweilige Darstellungs- und Retrievalprogramm und damit an dessen Lebensdauer gekoppelt. Eine weitgehend betriebssystem- und softwareunabhängige Kodierung, die elektronischen Texten eine mit Drucktexten vergleichbare Lebensdauer ermöglichen soll, kann mit dem philologischen Textauszeichnungssystem der *Text Encoding Initiative* (*TEI*)

erreicht werden. *TEI* baut auf dem internationalen Standard für Auszeichnungssysteme (*Standard General Markup Language*) auf und ermöglicht die Notierung gattungsspezifischer Merkmale von Prosa, Verstexten und Drama sowie die Auszeichnung von Transkriptionen gesprochener Sprache, von Wörterbüchern und terminologischen Datenbanken. Es stellt außerdem einen Mechanismus zur Implementierung auch komplexer Hypertextverknüpfungen und zur Kodierung beliebiger Zeichen zur Verfügung (vgl. Sperberg-McQueen/Burnard 1994; Jannidis 1997). *TEI* ist allerdings bes. zur Codierung semantischer Informationen (z. B. ›Kapitelanfang‹) gedacht; eine Ergänzung, die auch die typographischen Informationen (z. B. Kapitelüberschrift ›fett‹) festhält, wird zur Zeit entwickelt. Erster Arbeitsschritt der Erstellung elektronischer Editionen ist die (Retro-)Digitalisierung von Texten, die auch Archive und Bibliotheken interessiert, da diese so Handschriften oder ältere Buchausgaben schonen und zugleich relativ kostengünstig der Öffentlichkeit zugänglich machen können. Erfaßt werden Texte dafür entweder durch manuelle Eingabe oder durch das Erstellen einer elektronischen Kopie mittels scannen und einer anschließenden Zeichenerkennung mittels *Optical Character Recognition*-Software. Zwei Formen elektronischer Texte haben sich inzwischen etabliert: Zum einen elektronische Editionen autoren-, epochen-, oder gattungsspezifischer Textkorpora, z. B. die Weimarer Ausgabe der Werke J. W. von Goethes (1995) oder die Zusammenstellung kanonischer Texte der Germanistik (vgl. Bertram/Jurschitza 1997). Zum anderen werden fachspezifische Informationssysteme angeboten, z. B. die elektronische Version einer periodischen Bibliographie (vgl. Schmidt 1997) oder Informationen zur Lebenswelt eines Autors (vgl. Kuhn 1995). (2) Verwendung elektronischer Texte. Im wesentlichen gibt es drei Zugriffsweisen auf elektronische Texte: (a) Die Darbietung, z. B. zur Lektüre am Bildschirm oder als Vortrag von Text. (b) Die Suche nach Zeichenketten (*strings*), also nach beliebigen Kombinationen von Buchstaben, Zahlen oder Satzzeichen. Dabei können zumeist auch Platzhalter für beliebige Zeichen eingesetzt werden. Eine abstrakte Form dieser Verwendung von Platzhaltern ist der Einsatz von ›regulären Ausdrücken‹, womit Zeichenmuster beschrieben werden können. Einzelne Zeichenketten können durch die Verwendung von Booleschen Operatoren zu komplexen Abfragen kombiniert werden. (c) Die statistische Auswertung von Korpora, z.B. die Bildung von Häufigkeitslisten und ihr Vergleich mit Durchschnittswerten, die Streuung der tatsächlichen Vorkommnisse vom Mittelwert, die Analyse des gehäuften gemeinsamen Auftretens von Wörtern oder Zeichenketten usw. (↗ Statistische Lit. analyse). Insbes. die computergestützte Stilanalyse, die Stylometrie, und die sozialwissenschaftlich geprägte Inhaltsanalyse verwenden teilweise sehr komplexe quantitative Verfahren. Viele davon können auch ohne den Computer eingesetzt werden, doch erst mit ihm wird die Untersuchung großer Korpora möglich. Die Stylometrie z.B., die zumeist zur Feststellung anonymer oder fraglicher Autorschaft verwendet wird, ermittelt individualspezifische Textmerkmale. Ein frühes Bsp. dafür ist die Analyse der Junius-Briefe durch A. Ellegård, der ausgewählte Funktionswörter untersuchte. Neuere stylometrische Untersuchungen legen die mittlere Satzlänge, die Wortlänge, die Silbenanzahl der verwendeten Wörter oder die relative Verteilungshäufigkeit zugrunde. (3) Hypertexttheorie und -praxis. Als ›Hypertext‹ oder auch ›Hypermedia‹ bezeichnet man elektronische Texte bzw. Textsammlungen, in die audiovisuelle Informationen integriert sein können. Wesentliches Merkmal eines Hypertexts ist die Verknüpfung von Informationseinheiten durch *links*, die es dem Benutzer ermöglichen, mit geringem mechanischen Aufwand von einem Knoten der Verknüpfung zum nächsten zu gelangen. Zur Lektüre von Hypertexten sind zumeist spezielle Präsentationssysteme notwendig. Neben der multimedialen Darbietung und der Realisierung der Verknüpfungen als ›Sprünge‹ von einem Informationspunkt zum nächsten bieten sie auch Vorrichtungen zum Überblick, z.B. als Inhaltsverzeichnis, zum Informationsretrieval, z.B. die Suche nach Zeichenketten, zum Abspeichern und Verknüpfen benutzerspezifischer Zusätze, z.B. Annotierungen, und zum schnellen Wiederfinden bereits besuchter Informationsknoten, z.B. als *history*- bzw. *bookmark*-Funktion. Zentrale Konzepte des Hypertexts, etwa die beliebige, auch assoziative Verknüpfung von Informationseinheiten durch den Autor oder Leser, gehen auf Überlegungen aus den 40er und 70er Jahren zurück (V. Bush, T. Nelson), konnten aber lange Zeit aufgrund der technischen Schwierigkeiten nicht realisiert werden. Erst die leistungsfähigen Computer, die im Laufe der 80er Jahre in größerer Zahl verfügbar wurden, ermöglichten die Präsentation multimedialer Informationen. Erfolgreichstes Bsp. ei-

nes Hypertexts ist seit Anfang der 90er Jahre der Teil des Internet, der als ›World Wide Web‹ (WWW) bezeichnet wird. Anwender können in den Texten und audiovisuellen Informationen, die weltweit auf Computern verteilt mit der Auszeichnungssprache *HTML* (*Hypertext Markup Language*) kodiert sind, mittels WWW-Browsern navigieren. Hypertexte haben sehr schnell Beachtung in der Lit.theorie gefunden, da sie als Realisierung der Forderungen poststrukturalistischer Texttheorien, etwa Dezentrierung und Autorlosigkeit, gesehen wurden (vgl. Landow 1992; ↗ Poststrukturalismus). Inzwischen haben insbes. empirisch arbeitende Kritiker diese Position mit einer Reihe von Belegen in Frage gestellt; z.B. betonen sie die praktische Relevanz von Orientierungsmitteln, die der Autor eines Hypertexts zur Verfügung stellt (vgl. Rouet et al. 1996). Hypertexte und herkömmliche Texte sind weniger als Gegensätze aufzufassen, vielmehr weisen Hypertexte neben den Eigenschaften früherer Textformen auch neue auf und stellen somit eine Herausforderung für moderne Texttheorien dar. (4) Das Programmieren von Anwendungen für Lit.wissenschaftler. Die Verwendung von Programm- und Skriptsprachen durch Philologen hat zwei Formen: Zum einen wird Software für den kleinen Markt der Philologien entwickelt, zum anderen verwenden Lit.wissenschaftler alleinstehende (z.B. ›Perl‹) oder anwendungsspezifische (z.B. ›Lingo‹) Skriptsprachen. Bekannte Bsp. für textwissenschaftliche Software sind das am. Programm ›Tact‹, das zur inhaltlichen Analyse kleinerer Korpora dient, das Retrievalprogramm ›Word Cruncher‹, das engl. Kollationierungsprogramm ›Collate‹ und das dt. Satz- und Editionsprogramm ›Tustep‹ (vgl. Ott 1990). Versuche, lit.wissenschaftliche Programmiertechniken als Bestandteil des Faches zu etablieren, hatten bislang kaum Erfolg (vgl. Ludwig 1991), wahrscheinlich weil sich lit.wissenschaftliche Fragestellungen und Methoden der Informatik, die etwa komplexe Modelle für scheinbar einfache Vorgänge wie Suchen und Sortieren gebildet hat, nur schwer vermitteln lassen. Andererseits lassen sich die spezifischen Interessen von Philologen nur unzureichend oder gar nicht mit Standardprogrammen befriedigen, weshalb sich in der Praxis eine Abhängigkeit von den seltenen Grenzgängern zwischen der Informatik und den Textwissenschaften zeigt. Weitere Verbreitung hat die Verwendung von Skriptsprachen gefunden, die etwa zur Erstellung elektronischer Editionen oder auch zur Ereignissteuerung innerhalb von Multimedia-Anwendungen dienen. (5) Die Untersuchung der Veränderung wissenschaftlicher Kommunikation durch den Computereinsatz. Der PC-Einsatz hat zu Veränderungen in fast allen Bereichen wissenschaftlicher Kommunikation geführt: Die insbes. an Universitäten weit vorangeschrittene Vernetzung hat den persönlichen Informationsaustausch per E-mail zum Standard gemacht. E-mail wird außerdem auch für halböffentliche Diskussionsgruppen genutzt, wodurch Wissenschaftler mit ihren Fachkollegen über Tagungen, ›Calls for Paper‹ und kleinere oder sehr aktuelle inhaltliche Probleme diskutieren können. Die Produktion und Distribution von Fachzeitschriften, die angesichts zunehmender Spezialisierung zu einer Kostenexplosion für Druckwerke geführt hat, wird inzwischen durch elektronische Zs.en oder Aufsatz-Datenbanken ergänzt. In den angelsächsischen Ländern stellen Textarchive über das Internet gesicherte Texte, ausgezeichnet nach *TEI*, für die wissenschaftliche Nutzung zur Verfügung. *preprints* und Arbeitsmaterial werden nicht mehr nur privat ausgetauscht, sondern der *scientific community* angeboten. Da die Digitalisierung der bibliographischen Daten, v.a. durch die Bibliotheken, am weitesten fortgeschritten ist, verändert sich damit auch das Rechercheverhalten von Lit.- und Kulturwissenschaftlern. – Die C. ist international in zwei wissenschaftlichen Gesellschaften organisiert: Der *Association for Computers and the Humanities* (*ACH*) und der *Association for Literary and Linguistic Computing* (*ALLC*). Diese Gesellschaften publizieren auch die beiden renommiertesten Zs.en in diesem Feld: *Literary and Linguistic Computing* (seit 1973) und *Computers and the Humanities* (seit 1966). Ein Teil des Informationsaustausches läuft inzwischen auch über Internet-Gesprächsgruppen, z.B. *HU-MANIST*(http://www.princeton.edu/~mccarty/ humanist/).

Lit.: J. F. Burrows: *Computation into Criticism. A Study of J. Austen's Novels and an Experiment in Method*, Oxford 1987. – A. Schwob et al.: *Historische Edition und Computer*, Graz 1989. – W. Ott: »Edition und Datenverarbeitung«. In: H. Kraft (Hg.): *Editionsphilologie*, Darmstadt 1990. S. 59–70. – R. Kuhlen: *Hypertext*, Bln./Heidelberg 1991. – H.-W. Ludwig: *EDV für Lit.wissenschaftler*, Tüb. 1991. – Ch. S. Butler (Hg.): *Computers and Written Texts*, Oxford 1992. – G. P. Landow: *Hypertext 2.0*, Baltimore 1997 [*Hypertext*, 1992]. – C. M. Sperberg-McQueen/L. Burnard: *Guidelines for Electronic Textencoding and Interchange*, Chicago 1994. – J. W. von Goethe: *Gesammelte Werke*, Weimarer Ausgabe mit Ergänzungen (ersch. bei Chadwyck-Healey; Datenbankzugang un-

ter: http://www.chadwyck.co.uk), CD-ROM, Cambridge 1995. – H. Kuhn: *Th. Mann. Rollende Sphären*, 1 CD-ROM, Mchn. 1995. – Th. Rommel: ›*And Trace It in this Poem Every Line*‹. *Methoden und Verfahren computerunterstützter Textanalyse am Beispiel von Lord Byrons ›Don Juan‹*, Tüb. 1995. – R. J. Finneran (Hg.): *The Literary Text in the Digital Age*, Ann Arbor 1996. – J.-F. Rouet et al. (Hgg.): *Hypertext and Cognition*, Mahwah 1996. – M. Bertram/E. Jurschitza (Hgg.): *Dt. Lit. von Lessing bis Kafka*, 1 CD-ROM, Bln. 1997. – N. Gabriel: *Kulturwissenschaften und neue Medien. Wissensvermittlung im digitalen Zeitalter*, Darmstadt 1997. – F. Jannidis: »Wider das Altern elektronischer Texte. Philologische Textauszeichnung mit *TEI*«. In: *Editio* 11 (1997) S. 152–177. – W. R. Schmidt (Hg.): *Bibliographie der Dt. Sprach- und Lit.wissenschaft*, 1 CD-ROM, FfM. 1997.

FJ

Crane, Ronald ↗ Chicago-Schule

Croce, Benedetto (1866–1952), ital. Philosoph, Historiker und Lit.kritiker, der zeit seines Lebens als Professor an der Universität Neapel lehrte. – Seit 1903 redigierte C. *La Critica*, eine der wichtigsten Kulturzs.en Italiens, 1945–51 die *Quaderni della ›Critica‹*. Im Ersten Weltkrieg war er ein entschiedener Kriegsgegner und wandte sich seit 1922 vehement gegen den Faschismus, dessen Herrschaftszeit er in innerer Emigration überstand. 1921–22 und 1945–51 war C. Minister in der ital. Regierung und trug nach dem Zweiten Weltkrieg maßgeblich zur Neuformierung der Ital. Liberalen Partei bei, in der er in seinen letzten Lebensjahren das Amt eines Präsidenten bekleidete. – Sein theoretischer Ansatz wurde entscheidend durch G. Vico geprägt und führte zu seinem Bruch mit dem mechanischen ↗ Positivismus und marxistischen Ideen, die ihn bis zur Jh.wende interessierten. Unter dem Einfluß F. de Sanctis verstand sich C. als kritischer Fortführer der hegelianischen Philosophie. Seine Konzeption begründete er in seiner vierbändigen *Filosofia come Scienza dello Spirito* (1902–17), wobei es ihm um die Wiederherstellung der Totalität des Denkens ging. Er folgte G. W. ↗ Hegel in dem Gedanken der Weltgeschichte als einer stufenweisen Selbstverwirklichung des Geistes, dessen vier Phasen er als das Ästhetische, das Logische, das Ökonomische und das Ethische bestimmte. Im Unterschied zu Hegel sah er jedoch in der Dialektik einen unendlichen Prozeß, welcher sich nicht durch Gegensätze entfaltet, sondern die Synthese von Unterschieden darstellt, von denen immer wieder neue in der Geschichte auftauchen und die Entwicklung des Geistes bedingen. Diese subjektivistisch-idealistischen Positionen werden

u. a. in seinem Konzept von Theorie und Praxis bzw. von Einzelnem und Allg. sinnfällig. Unter Theorie verstand C. die geistigen Resultate der sinnlichen Wahrnehmung und des Denkens; unter Praxis die gesellschaftlich wichtigen und im Handeln der Menschen sichtbaren Willensäußerungen. Sowohl in Theorie wie auch in der Praxis unterschied er Stufen des Einzelnen und des Allg.: Auf seiner ästhetischen Stufe entfaltet sich der Geist im Einzelnen, auf seiner logischen im Allg.; die ökonomische Stufe ist die Ebene der privaten Interessen des Individuums und die ethische die der allg. Interessen. Mit seiner Betonung des alle Bewußtseinsformen begründenden Charakters der Intuition, welche auf der ästhetischen Stufe des Geistes in ihrer reinsten Form existiert, legitimierte er entgegen der traditionellen Ästhetik seine Theorie von der ↗ Autonomie der Kunst. C. zufolge ist Kunst ein Prozeß, in dem die inkohärenten menschlichen Empfindungen und Eindrücke sprachliche Gestalt annehmen. Er sprach der Kunst jeglichen mimetischen Charakter ab (↗ Mimesis) und verstand diese vielmehr als eine Schöpfung des tätigen Geistes. C. betonte bes. die Dialektik der Inhalt-Form Beziehung. Auf der Ebene des Allg. seien Inhalt und Form zwar separate Phänomene, im Konkreten jedoch untrennbar, denn die Wahrnehmungen und ihre sprachlichen Gestalten existieren nur in ihrer ästhetischen Synthese. Aus dieser Bestimmung leitete C. seine Konzeption der Kunstkritik ab, deren Bewertung eines Artefakts als Kunst (Intuition) auf werkimmanenten ästhetischen Prämissen basiert und von biographischen, moralistischen oder soziologischen Betrachtungen abstrahiert. C.s Plädoyer für eine ↗ Werkimmanente Ästhetik in Abgrenzung von positivistischen und materialistischen Theorien half, den Weg für den ↗ Strukturalismus zu ebnen.

Lit.: B. Croce: *Gesammelte philosophische Schriften in dt. Übertragung*, 8 Bde. (Hgg. H. Feist/R. Peters), Tüb. 1927–1930. – G. Orsin: *B. C.: Philosopher of Art and Literary Critic*, Carbondale 1961. – F. de Faveri: »C. (1866–1952)«. In: Turk 1979. S. 206–218. – M. E. Moss: *B. C. Reconsidered. Truth and Error in Theories of Art, Literature and History*, Hanover/Ldn. 1987.
StL

Culler, Jonathan Dwight (*1944), am. Lit.wissenschaftler. – Studium in Harvard (B.A. 1966) und Oxford (B.Phil. 1968 und D.Phil. 1972). C. lehrte in Cambridge, Oxford und in Yale. Seit 1977 ist er Professor für Vergleichende und für Engl. Lit.wissenschaft an der Cornell University. – C.s Arbeiten plädieren für eine Aufgabe der ↗ Interpretation, die er als Suche nach ↗ Bedeutung und Wissensvermehrung in ↗ Texten versteht, zugunsten einer Analyse von Signifikationsprozessen. Die 1976 mit dem James Russell Lowell Prize der *Modern Language Association of America (MLA)* ausgezeichnete Monographie *Structuralist Poetics* (1975) untersucht die Anwendung linguistischer Methoden auf literar. Texte. Anhand der Arbeiten von R. ↗ Barthes, Cl. ↗ Lévi-Strauss, R. ↗ Jakobson und A. J. ↗ Greimas zeigt C. die Grenzen linguistischer Modelle auf, die sowohl die Leserrolle als auch die Abhängigkeit des Textverständnisses von ↗ Konventionen zu wenig berücksichtigen. C.s eigener Ansatz einer strukturalistischen Poetik fußt, in Anlehnung an N. ↗ Chomsky, auf dem Konzept der literar. ↗ Kompetenz, »the implicit understanding of the operations of literary discourse« (C. 1975, S. 114). Sein Interesse gilt dem System der Konventionen, die literar. ↗ Kommunikation ermöglichen und akzeptable Bedeutungen selektieren, sowie den bei der Rezeption und Interpretation literar. Texte wirksamen Bezugsrahmen bzw. kognitiven ↗ Schemata, die den »process of naturalizing or restoring literature to a communicative function« (C. 1975, S. 134) steuern (↗ Naturalisation). Im Insistieren auf der Konventionalität von Lit. und Interpretation sieht C. sich als Gegenpol zu den Vertretern der *Tel Quel* Gruppe, die seiner Meinung einer willkürlichen Bedeutungsproliferation Vorschub leiste. Diese Distanz zu den Vertretern des frz. ↗ Poststrukturalismus reduziert sich jedoch in C.s folgenden Werken. So sucht *The Pursuit of Signs* (1981) nach einer am Leseprozeß orientierten Verknüpfung von ↗ Strukturalismus, ↗ Semiotik und ↗ Dekonstruktion. Während die leserzentrierten Ansätze von H. R. ↗ Jauß, St. ↗ Fish und M. ↗ Riffaterre zu sehr einer interpretatorischen Zielsetzung verpflichtet seien, führe das Konzept der ↗ Intertextualität unter Ausnutzung von linguistischen Theorien der ↗ Präsupposition zu wertvollen Einsichten für die literar. Semiotik. Indem Dekonstruktion die subversiven Operationen des Signifikationsprozesses herausarbeitet, bereichere auch sie den semiotischen Ansatz, solange sie nicht versucht, ihre eigenen Prinzipien als ›Bedeutung‹ in einem Text wiederzufinden. *On Deconstruction* (1982) liefert dann eine konzise und luzide Würdigung der Dekonstruktion, insbes. der Werke J. ↗ Derridas und P. ↗ de Mans. C. sieht die Aufgabe dekonstruktivistischer Lit.kritik nicht in der Anwendung einer Philosophie bzw. einer philosophischen Strategie auf literar. Interpretationen, sondern in der Untersuchung der textuellen Logik sog. literar. Texte. Da Dekonstruktion, ähnlich dem Strukturalismus, statt einer Interpretation die für Schreiben und Lesen bestimmenden Mechanismen und Strukturen untersuche, widerspricht C. der in Amerika populären Einschätzung dieser Theorie als aufgeklärtere Überwindung des Strukturalismus. Vielmehr ergänzen sich Strukturalismus und Dekonstruktion gegenseitig. Auf den Vorwurf, daß seine Arbeiten ähnlich wie die des ↗ *New Criticism* rein textimmanent, apolitisch und ahistorisch argumentieren, reagiert C.s Aufsatzsammlung *Framing the Sign* (1988), die dezidiert die Einbindung der am. Lit.theorie in ihren institutionellen und politischen Rahmen skizziert. ↗ Interdisziplinarität und eine zunehmende Politisierung werden als die beiden Hauptrichtungen der Lit.theorie der 80er Jahre charakterisiert. Dabei favorisiert C. die notwendige Vielfalt theoretischer Ansätze gegenüber einer totalitär-totalisierenden Theorie. Das kritische Potential einer Theorie entfalte sich nicht nur in einer thematischen Politisierung bzw. Historisierung. Auch die Untersuchung von Rahmenstrukturen, die u.a. von der angeblich rein intellektuellen Dekonstruktion geleistet wird, kann letztendlich zu einer Kritik an politischen und ideologischen Strukturen beitragen. – Trotz des Vorwurfs, daß C.s Darstellungen häufig zu stark vereinfachen, um die Radikalität europ. Ansätze für den am. Markt hoffähig zu machen, liegt seine Stärke doch gerade in der klaren Darstellung komplexer Theorien. So besteht C.s Beitrag weniger in der Entwicklung eigener theoretischer Modelle, als vielmehr in einer selten anzutreffenden Aufgeschlossenheit gegenüber neueren Ansätzen. Sein Verzicht auf Radikalität und Komplexität dürfte dabei wesentlich zu deren Verbreitung beigetragen haben.

Lit.: J. Culler: *Flaubert. The Uses of Uncertainty*, Ithaca 1974. – ders. 1994 [1975]. – ders.: *Saussure*, Harvester 1976. – ders.: *The Pursuit of Signs*, Ithaca 1981. – ders. 1994 [1982]. – ders. 1988. – ders. 1997. – Lentricchia 1980. – Ray 1984. – D. Gorman: »J.C.: A Checklist of Writings on Literary Criticism and Theory to 1994«. In: *Style* 29 (1995) S. 549–561.

AMM

Cultural Materialism, der seit den frühen 80er Jahren an brit. Universitäten entwickelte und institutionalisierte *C.M.* hat teil an einer umfassenderen Tendenz in den neueren Lit.wissenschaften, an der Bemühung um eine Erweiterung der lit.wissenschaftlichen Disziplinen zugunsten neuer kulturhistorischer und politischer Perspektiven. Somit steht der *C.M.* wie auch der in methodischer Hinsicht verwandte am. ↗ *New Historicism* im Zeichen einer kritischen Überwindung der ↗ Werkimmanenten Interpretation und des ↗ *New Criticism*. Entschiedener noch als der *New Historicism* betonen die Vertreter des *C.M.* die unhintergehbare Existenz einer politischen Dimension lit. Texte, der die lit.wissenschaftliche Arbeit Rechnung zu tragen habe. Aus dieser Forderung ergibt sich folgerichtig die Notwendigkeit einer interdisziplinären Zusammenarbeit und wechselseitigen Verflechtung von politischer Theorie, Historiographie (↗ Historiographie und Lit.), Lit.- und ↗ Kulturwissenschaften. Um ihrem Anliegen gerecht zu werden, eine dem neueren Diskussionsniveau angemessene marxistische und materialistische Ästhetik zu entwickeln, sind die Vertreter des *C.M.* um eine Neukonzeption von ↗ Kulturgeschichte (*New Cultural History*) bemüht, die von den Erkenntnissen der frz. ↗ Diskurstheorie und der ↗ Dekonstruktion angereichert und ergänzt wird. Im Rückgriff auf unorthodoxe, neomarxistische Theoriebildung der ↗ Frankfurter Schule (bes. W. ↗ Benjamin, Th.W. ↗ Adorno, M. ↗ Horkheimer) sowie der frz. und brit. marxistisch-materialistischen Lit.kritik (↗ Althusser, ↗ Williams) sichern sich die Vertreter des *C.M.* ein beachtliches Theorieniveau, mittels dessen es gelingt, systematische und methodische Defizite im marxistischen Denken traditioneller Art zu korrigieren. Entgegen den Leitannahmen der orthodox-marxistischen Position werden nun das ältere Basis-Überbau-Modell und die überholungsbedürftige Widerspiegelungspoetik als erkenntnistheoretisch unzulänglich betrachtet und daher abgelehnt. Stattdessen gehen die *Cultural Materialists* von sehr viel dynamischeren Zusammenhängen zwischen lit. Texten, kulturellen Artefakten und historischen Daten aus, von einem Modell reziproker gesellschaftlicher Austauschprozesse, die eine umfassende Neubewertung sozialer Strukturen erforderlich machen. In dieser Hinsicht lassen sich bedeutende methodische Affinitäten und zunehmende Vernetzungen des *C.M.* mit dem am. *New Historicism* beobachten, die jedoch über gewisse bleibende Unterschiede zwischen den beiden parallelen Strömungen nicht hinwegtäuschen können. Hier wie dort entzündet sich die kritische Intention zunächst an Shakespeare, dem wohl best-institutionalisierten Autor der Weltlit., und, mehr noch, der traditionellen Shakespeare-Philologie. Im Mittelpunkt der kulturmaterialistischen Analysen steht nicht zufällig die Epoche der Renaissance, die in der Tat als entscheidendes Schlüsselstadium im Prozeß der gesamtgesellschaftlichen Modernisierung gelten kann und innerhalb deren, so die Annahme, die Weichen für die Verfaßtheit der modernen europ. Gesellschaften gestellt wurden. Zwar strebt der *C.M.* durch die produktive Einbeziehung außerfiktionaler kulturhistorischer Zeugnisse in die Arbeit der Lit.wissenschaftler auch eine Kanonerweiterung an und konvergiert so bis zu einem gewissen Grad mit den Bemühungen der ↗ Mentalitätsgeschichte, aber deutlicher noch verfolgt er das Ziel einer kritischen Re-Lektüre des etablierten ↗ Kanons. Einerseits bestehen zwischen dem brit. *C.M.* und dem am. Neohistorismus eine Allianz und zunehmende Solidarität, die sich aus einer gemeinsamen Frontstellung gegenüber der traditionalen, humanistisch inspirierten Lit.wissenschaft ergeben. Andererseits gehen die Meinungen und Positionen der beiden Bewegungen wiederum auseinander, wenn es um die Frage nach dem subversiven Potential der Renaissance-Lit. geht, das von den Vertretern des *C.M.* im allg. höher veranschlagt wird als von ihren am. KollegInnen. – Unter dem Eindruck des frz. ↗ Poststrukturalismus, insbes. der Diskursanalyse des späten M. ↗ Foucault, widmen sich die *Cultural Materialists* bevorzugt den unterschiedlichen gesellschaftlichen Mechanismen und Manifestationen der ↗ Macht, der Legitimierung und Ausübung von Herrschaft, die, so die Annahme, jenseits oder diesseits der von der traditionellen Geschichtstheorie überschätzten institutionellen Verankerung in den diskursiven Strukturen einer ↗ Epoche und den Praktiken ihrer Verbreitung und Regulierung anzusiedeln sei. So unternehmen die Autoren des *C.M.* den Versuch einer lit. Machtanalyse und -kritik, die in den Renaissance-Tragödien einen reichhaltigen Anschauungsfundus und geeignetes historisches Belegmaterial findet (vgl. Dollimore 1984; Belsey 1985). C. Belseys aufschlußreiche Studie erkundet die inneren Widersprüche frühneuzeitlicher ↗ Subjektivität, wie sie sich beispielhaft in der elisabethanischen und jakobäischen Rachetragödie manifestieren. Das Zögern und die epistemologische Unsicherheit eines Hamlet beleuchten schlaglichtartig das prekäre Moment, das der neuzeitlichen Subjektkonstruktion innewohnt. Nicht individuelles Scheitern kennzeichnet die Tragödienhelden der Renaissance, sondern ihre Haltung erweist sich als symptomatisch für eine ganze Epoche, da sich in ihr eine für die frühe Neuzeit grundlegende gesellschaftliche Problematik kristallisiert. Indem der moralische Konflikt des Helden von einem politischen Spannungsfeld überlagert wird, gewinnt das individuelle Dilemma epochentypische Konturen. Die Überlappungen der beobachteten ethischen und politischen Bezugsrahmen setzen die Handlungsfähigkeit des Subjekts schrittweise außer Kraft, weil sie die bisher anerkannten ↗ Dichotomien zwischen falschem und richtigem Verhalten, zwischen ›gut‹ und ›böse‹ unterwandern, die tradierte Wertehierarchie verunsichern und die konventionellen Bedeutungszuweisungen untergraben. Um ihre Lesart zu plausibilisieren, greift Belsey auf die systematischen Ergebnisse der Dekonstruktion zurück. Mit der Einsicht, daß für die Tragödienhelden der Renaissance die geläufigen Identitätsannahmen und ihre Logik anfechtbar geworden und ins Wanken geraten sind, verbindet sich die Beobachtung einer folgenreichen Differenz und untergründigen Kluft, die sich zwischen den kulturellen ↗ Signifikanten und ihren (ehemals verbürgten) Signifikaten auftut. – Seit Ende der 80er Jahre bahnt sich eine zunehmend fruchtbare Diskussion und Zusammenarbeit zwischen dem *C.M.* und den ↗ *gender studies* an, die die Aufmerksamkeit kulturpoetologischer Studien vermehrt auf das Verhältnis der Geschlechter in seinen sozialgeschichtlichen und politischen Implikationen lenken. Während namhafte feministische Autorinnen wie L. Jardine sich in ihren neueren Veröffentlichungen auf die Seite des *C.M.* geschlagen haben, beschäftigen sich einige herausragende Vertreter des *C.M.* in jüngster Zeit stärker mit der Problematik von Sexualität und lit. Geschlechterrollen. Schon die Orientierung an Foucault mußte die Autoren des *C.M.* das reziproke Verhältnis von Machtausübung und ↗ Begehren erkennen lassen, so daß die genaue Beobachtung der Mechanismen gesellschaftlicher Machtausübung mit einer gewissen Konsequenz zu der systematischen Untersuchung derjenigen Faktoren führen mußte, welche die kulturellen Konstruktionen der ↗ Geschlechterrollen bedingen und regulieren. Sowohl die *gender studies* als auch der *C.M.* stellen sich gegen einen essentialistischen Standpunkt (↗ Essentialismus) zugunsten der Annahme eines kulturellen ↗ Konstruktivismus. Über die soziokulturelle Geschlechterrolle entscheidet demzufolge nicht die biologische Geschlechtszugehörigkeit, die der historischen Veränderung entzogen ist, sondern die kulturspezifische Sozialisation des einzelnen und die epochentypischen Projektionen des Begehrens, wie sie sich in den charakteristischen Diskursen einer Gesellschaft oder Kulturgemeinschaft sedimentiert haben. Von diesen Voraussetzungen ausgehend, beschäftigt sich Belsey in ihrem Buch *Desire* (1994) mit einer Geschichte des Begehrens und der abendländischen Liebessemantik. Analog dazu hat J. Dollimore (1991) den nicht weniger ambitionierten Versuch vorgelegt, von Augustinus bis O. Wilde und Foucault die Möglichkeiten und lit. Ausdrucksformen eines nicht konformen sowie homosexuellen Begehrens zu erkunden, in denen sich die kulturellen Erwartungen und Ängste der okzidentalen Gesellschaften vielleicht am prägnantesten artikuliert haben. Mit den zuletzt genannten Studien hat die diskutierte Bewegung zugleich den anfänglichen Kernbereich ihrer materialistischen Textarbeit, die Renaissanceepoche, verlassen und damit die Reichweite ihres Ansatzes entschieden erweitert. Darin zeigt sich, daß sich das intellektuelle und theoretische Potential des *C.M.* noch lange nicht erschöpft hat und in Zukunft durchaus eine produktive Weiterentwicklung der methodischen Voraussetzungen und verwendeten Konzepte zu erwarten ist (vgl. Colebrook).

Lit.: Belsey 1994 [1980]. – dies.: *The Subject of Tragedy. Identity and Difference in Renaissance Drama*, Ldn/N.Y. 1985. – dies.: *Desire. Love Stories in Western Culture*, Oxford 1994. – J. Dollimore/A. Sinfield: *Political Shakespeare. New Essays in C.M.*, Ithaca 1985. – J.E. Howard/M.F. O'Connor (Hgg.): *Shakespeare Reproduced. The Text in History and Ideology*, N.Y./Ldn. 1987. – J. Dollimore: *Radical Tragedy. Religion, Ideology and Power in the Drama of Shakespeare and his Contemporaries*, Durham 1993 [1984]. – ders.: »Shakespeare, C.M., Feminism and Marxist Humanism«. In: *NLH* 21.2 (1989–90) S. 471–493. – ders.: *Sexual Dissidence. Augustine to Wilde. Freud to Foucault*, Oxford 1991. – C. Belsey/J. Moore (Hgg.): *The Feminist Reader. Essays in Gender and the Politics of Literary Criticism*, N.Y. 1989. – A. Höfele: »New Historicism/C.M.«. In: *Jb. der dt. Shakespearegesellschaft West* (1992) S. 107–123. – L. Jardine: *Reading Shakespeare Historically*, Ldn./N.Y. 1996. – Colebrook 1998 [1997]. Bes. S. 138–197.

AS

Cultural Studies (dt. ›Kulturstudien‹, nicht ›Kulturwissenschaft‹ im Sinne einer eigenständigen Disziplin), Ober-/Sammelbegriff für die multi- bzw. interdisziplinäre Analyse kultureller Fragestellungen. – Der Begriff wurde zuerst in Großbritannien zur Kennzeichnung der Arbeiten von R. ↗ Hoggart und v.a. R. ↗ Williams verwendet, die die aus der Lit.kritik hervorgegangene brit. Tradition der Kulturkritik (M. Arnold, T.S. ↗ Eliot, I.A. ↗ Richards, F.R. ↗ Lea-

vis) fortsetzten, erweiterten und durch eine Demokratisierung des Kulturverständnisses (statt um die eine sog. hohe Kultur ging es ihnen um die Vielfalt der Kulturen innerhalb der brit. Gesellschaft) neu akzentuierten (vgl. Turner 1996, S. 38–77). Dieser Perspektivenwechsel war v.a. den gesellschaftlichen Umstrukturierungen in Großbritannien nach dem Zweiten Weltkrieg geschuldet, bei denen soziale (Ausbau des *welfare state*, ›Verbürgerlichung‹ der Arbeiterklasse), politische (mehrere Labour-Regierungen, ›Niedergang‹ des Empire) und kulturelle Faktoren (fortschreitende Egalisierung der Bildungschancen, Akzeptanzprobleme einer ›multikulturellen‹ Gesellschaft) interagierten. Von entscheidender Bedeutung für die Entwicklung und Institutionalisierung der *C.St.* waren zum einen sog. Gründertexte (wie Hoggarts *The Uses of Literacy* [1957], Williams' *Culture and Society 1780–1850* [1958] und *The Long Revolution* [1961] sowie E.P. Thompsons *The Making of the English Working-Class* [1963]), die sich um ein Verstehen der genannten gesellschaftlichen Veränderungen bemühten, zum anderen das 1964 von Hoggart gegründete Centre for Contemporary Cultural Studies (CCCS) an der Universität Birmingham, an dem konkrete Fragestellungen theoretisch und empirisch untersucht werden sollten. Unter Hoggarts Leitung konzentrierte sich die Arbeit des CCCS zunächst auf lit.- und kultursoziologische Probleme im engeren Sinne; unter dem Direktorat von St. ↗ Hall (1968–1979) kamen Arbeiten zur Medien- und Ideologietheorie, zur ↗ populären und zur Arbeiterkultur, zu jugendlichen ↗ Subkulturen und zu feministischen Fragestellungen hinzu. Diese Untersuchungen waren verschiedenen theoretischen Ansätzen verpflichtet: Neben dem von Williams entwickelten ↗ *Cultural Materialism* war die Rezeption des ↗ Strukturalismus (F. de ↗ Saussure, Cl. ↗ Levi-Strauss, R. ↗ Barthes), des Marxismus (G. ↗ Lukács, L. ↗ Althusser, A. ↗ Gramsci) und der ↗ Frankfurter Schule, deren Schlüsseltexte in den späten 60er und frühen 70er Jahren zum ersten Mal (zumeist in der *New Left Review*) in engl. Übersetzung erschienen, von entscheidendem Einfluß. Das CCCS, das bis 1979 dem English Department assoziiert war, wurde (nach Halls Wechsel an die Open University) zunächst in eine ›independent research and postgraduate unit in the Faculty of Arts‹ (CCCS, 11th Report, 1979–80) unter der Leitung von R. Johnson, ab 1.1. 1988 unter Einbeziehung der Soziologie in ein ›Department of Cultural Studies […] within the Faculty of

Commerce and Social Science‹ (*CCCS*, 19th Report, 1987–88) umgewandelt. Obwohl in den 60er Jahren weitere Institutionen und Gruppierungen mit verwandten Interessen, wie z.B. das *Centre for Television Research* in Leeds (1966), das *Centre for Mass Communication Research* in Leicester (1966) und die *Glasgow Media Group* (1974-82) gegründet wurden und kontinuierlich arbeiteten, ist es legitim, bis Ende der 70er Jahre die Entwicklung der *C.St.* mit der Entwicklung des *CCCS* in etwa gleichzusetzen. Anfang der 80er Jahre kam ›the moment of autonomy‹ (Hall), d.h. die relative geistige Unabhängigkeit der *C.St.* vom *CCCS*: Auf Grund steigender Nachfrage wurden (trotz grundsätzlicher Kürzungen im Bildungsbereich) vermehrt *C.St.*-Studiengänge mit unterschiedlichen Profilen und entsprechenden Stellen (zunächst an Fachhochschulen, dann an Universitäten) geschaffen; an der Open University wurde von 1982-87 ein Kurs zu dem Thema ›Popular Culture‹ (U203) (↗ Populärkultur) angeboten, an dem viele WissenschaftlerInnen mitarbeiteten, die, wie die AbsolventInnen des *CCCS*, in den kommenden Jahren zur Weiterentwicklung und Verbreitung der *C.St.* beitragen sollten. Parallel dazu setzte eine intensive Rezeption der *C.St.* in den USA (vgl. Grossberg et al. 1992), aber auch Australien und Europa (v.a. Deutschland, Italien) ein. – Der moderne Begriff von ↗ Kultur ist durch fünf Momente gekennzeichnet, die sich nacheinander herausgebildet haben, aber in unserem gegenwärtigen Verständnis des Begriffes weiterwirken: Zunächst fand sich der Begriff im Sinne von ›Kultivierung‹ im Zusammenhang mit der Land- und Viehwirtschaft, später wurde diese Vorstellung auf den menschlichen Verstand ausgedehnt. In der Folgezeit wurden ein kultivierter Geist bzw. ein kultiviertes Benehmen bestimmten sozialen Gruppen zuerkannt, die gleichzeitig die Normen für eine ganze Gesellschaft setzten. Unter dem Einfluß J.G. Herders setzte ein Prozeß der Relativierung ein, der es dann ermöglichte, von Kulturen (im Plural) als Ausdruck von verschiedenen Lebensweisen (auch innerhalb einer Gesellschaft) zu sprechen; aus diesem Verständnis entwickelte sich der anthropologische Kulturbegriff. Aus einem gezielten Interesse an der symbolischen Dimension, d.h. dem einer Gruppe gemeinsamen Vorrat an ↗ Zeichen und ↗ Bedeutungen, ging schließlich der semiotische Kulturbegriff hervor (↗ Kultursemiotik). Vor diesem Hintergrund werden die vielfältigen theoretischen Entwicklungen und praktischen Untersuchungen der *C.St.* deutlich:

(a) Der idealistisch beschränkte Kulturbegriff (»a state or process of human perfection, in terms of certain absolute or universal values«) wurde um die dokumentarische (»the body of intellectual and imaginative work, in which, in a detailed way, human thought and experience are variously recorded«) und die anthropologische Dimension (»a particular way of life, which expresses certain meanings and values not only in art and learning but also in institutions and ordinary behaviour«) erweitert und eine Neubestimmung der analytischen Perspektive als »studying all the activities and their interrelations, without any concession or priority to any one of them« (Williams 1965, S. 57, 62) wurde vorgenommen. (b) Eine partielle Konvergenz des anthropologischen und semiotischen Kulturverständnisses bewirkte, daß die *signifying processes*, über und durch die eine Gesellschaft sich erkundet, erfährt und verständigt, nicht als zusätzliche (lediglich abgeleitete oder reflektierende) Momente, sondern als konstitutive Bestandteile des gesellschaftlichen Systems betrachtet wurden. (c) Das komplexe Verhältnis von Kultur und ↗ Ideologie wurde in dem Sinne neu bestimmt, daß sich Kultur eher auf die alltäglich gelebten Praxen einer Gruppe, Ideologie dagegen auf die Art und Weise, wie sie diese darstellen, bezieht. Kultur und Ideologie sind, da sie auf eine bestimmte Weise zur ↗ Repräsentation kommen müssen, materieller Natur; beide können nicht einfach ihren jeweiligen Gruppen (↗ *race*, ↗ Klasse, ↗ *gender*) zugerechnet werden, sondern sind umstrittene Größen, die ständig neu (de-, re-)konstruiert werden müssen. (d) Die Basis-Überbau-Hypothese wurde durch ein komplexeres Verständnis von Gesellschaft als einer ›structure in dominance‹ (Althusser) abgelöst, deren Elemente als autonom und in widersprüchlicher, asymmetrischer Beziehung zueinander stehend zu begreifen sind. Eines dieser Elemente dominiert, aber keineswegs permanent: Welches Element wie lange dominiert, hängt von der komplexen Konstellation (↗ Überdeterminierung) aller Widersprüche auf allen gesellschaftlichen Ebenen ab. Von entscheidender Bedeutung ist hierbei das Element der ↗ Hegemonie (Gramsci): Wenn eine Gruppe (allein oder in Verbindung mit anderen) in einer Gesellschaft herrschen will, so kann sie dies durch die Ausübung physischer Gewalt tun, oder dadurch, daß sie (durch geeignete Überredungsbzw. Überzeugungsprozesse, bei denen Intellektuelle im weiteren Sinne eine wichtige Rolle spielen) die Zustimmung der beherrschten

Gruppen erlangt. Diese Zustimmung ist jedoch immer umstritten; sie kann einer Gruppierung verloren gehen und von einer anderen erobert werden. (e) Das semiotische Verständnis von Kultur durchlief verschiedene Phasen: Wo die am ↗ Strukturalismus orientierten TheoretikerInnen von einem relativ stabilen Zusammenhang zwischen ↗ Signifikanten und Signifikaten ausgingen, mußten sich die ↗ poststrukturalistischen Ansätzen verpflichteten TheoretikerInnen mit dem ›Gleiten des Signifikats unter den Signifikanten‹, d.h. der grundsätzlichen Instabilität dieser Beziehung auseinandersetzen. Diskurstheoretische Überlegungen (im Anschluß an M. ↗ Foucault) haben dann weniger den Aspekt der Bedeutung als den der Wissensproduktion und seine Verbindung zu gesellschaftlichen Machtstrukturen betont. – Wenngleich *C.St.* erst eine Disziplin *in statu nascendi* ist, so ist die wissenschaftliche Lit. bereits kaum mehr überschaubar. Herausragend sind die theoretisch reflektierten, materialreichen und didaktisch sehr gut gestalteten Veröffentlichungen zu den Open University-Kursen ›State and Society‹, ›Understanding Modern Societies‹ und ›Culture, Media and Identities‹; Zs.en wie *Media, Culture & Society, Theory, Culture & Society, Screen, new formations, Cultural Studies, Soundings* und *Third Text* publizieren innovative und qualitativ sehr gute Studien (vgl. Bassnett 1997). Nachdem in Deutschland zunächst nur die Studien zu jugendlichen Subkulturen rezipiert wurden, hat sich die Anglistik in den letzten Jahren zunehmend kulturwissenschaftlichen Fragestellungen, und damit auch den *C.St.*, geöffnet, was u.a. in der Gründung des *Journal for the Study of British Cultures* (1994ff.) zum Ausdruck kommt (vgl. Kramer 1997).

Lit.: R. Williams: *The Long Revolution*, Harmondsworth 1965 [1961]. – L. Grossberg et al. (Hgg.): *C.St.*, Ldn. 1992. – G. Turner: *British C.St.: An Introduction*, Ldn. 1996.– S. Bassnett: *Studying British Cultures*, Ldn. 1997. – J. Kramer: *British C.St.*, Mchn. 1997. – Ausg. »Lit.wissenschaft und/oder Kulturwissenschaft« der Zs. *Anglia* 114.3 (1996).

JKr

Culturalism, Begriff, der 1980 von St. ↗ Hall in die Debatte eingeführt wurde und der für ihn eine erste, im wesentlichen auf die 60er Jahre begrenzte Phase in der Entwicklung von ↗ *Cultural Studies* in Großbritannien markiert, eine Phase, die eng mit den Namen R. ↗ Williams, R. ↗ Hoggart, E.P. Thompson und dem Aufbau des *Centre for Contemporary Cultural Studies* (*CCCS*) an der Universität Birmingham verbunden ist. Im weiteren Sinne wird C. auch für all jene Kulturbegriffe eingesetzt, für die ↗ Kultur ein Gegengewicht zu den materialistischen und utilitaristischen Aspekten der europ. ↗ Moderne ist. C. in diesem Sinne beginnt mit M. Arnold im 19. Jh. – Bei Hall wird C. als Gegenbegriff zu *structuralism* gebraucht und steht für einen nicht-strukturalistischen Kulturbegriff, wie ihn die genannten Autoren vertreten haben. Hall, nach Hoggart Direktor am *CCCS*, formuliert den Unterschied folgendermaßen: »Whereas, ›in culturalism‹, experience was the ground – the terrain of ›the lived‹ – where consciousness and conditions intersected, structuralism insisted that ›experience‹ could not, by definition, be the ground of anything, since one could only ›live‹ and experience one's conditions *in and through* the categories, classifications and frameworks of the culture. These categories, however, did not arise from or in experience: rather, experience was their ›effect‹« (Hall 1980, S. 60). – Im C. wird also Kultur als Prozeß gesehen, den das ständige Wechselspiel zwischen objektiven Gegebenheiten und subjektiven Erfahrungen und Entscheidungen prägt. Gelebte Erfahrung in gesellschaftlichen Gruppen und gelebte Geschichte stehen im Mittelpunkt des kulturalistischen Interesses. Ein solches, im wesentlichen empirisches und zugleich humanistisches Verständnis von Kultur kommt zwar nicht ohne solch zentrale Schlüsselbegriffe wie ↗ Ideologie und kollektives Bewußtsein aus, aber sie werden nicht zur Basis einer die Kultur totalisierenden Theorie entwickelt. Obwohl die *culturalists* vom Marxismus inspiriert sind, vermeiden sie den für seine dogmatischen Versionen zentralen Basis-Überbau-Schematismus, weil dadurch den Trägern des kulturellen Prozesses jegliche eigenständige und kreative Rolle im kulturellen Geschehen abgesprochen würde. In den 70er Jahren wurde das kulturalistische Verständnis von Kultur unter dem Einfluß des frz. ↗ Strukturalismus, insbes. der Arbeiten von Cl. ↗ Lévi-Strauss und L. ↗ Althusser, durch ein strukturalistisches abgelöst. Dieser strukturalistische Kulturbegriff geht vom Primat überindividueller Strukturen aus, demzufolge das Handeln und Denken der Einzelnen und der gesellschaftlichen Gruppen fremdbestimmt ist. Die für den C. zentrale Vorstellung von frei handelnden Individuen, und damit die Chance zu gesellschaftlichem Ausgleich ohne vorgängige radikale Veränderung der Verhältnisse, geht damit verloren. Im ↗ Poststrukturalismus mit seiner weitgehenden Pluralisierung des Kulturbegriffs erscheinen kulturalistische Positionen als Relikte eines konservativen bürgerlichen Bildungsbegriffs.

Lit.: St. Hall: »Cultural Studies. Two Paradigms«. In: *Media, Culture & Society* 2 (1980) S. 57–72. – R. Samuel (Hg.): *People's History and Socialist Theory*, Ldn. 1981. – G. Turner: *British Cultural Studies*, Boston 1990. – A. Milner: *Contemporary Cultural Theory*, North Sydney 1991. – Ch. Jenks: *Culture*, Ldn. 1993. – S. Bassnett (Hg.): *Studying British Cultures*, Ldn. 1997.

JS

Curtius, Ernst Robert (1886–1956), Romanist, Lit.- und Kulturwissenschaftler. – Von seiner elsäss. Herkunft geprägt, war C. für die Aufgabe eines Mittlers zwischen der dt. und frz. ⁊ Kultur prädestiniert. Seine akademische Laufbahn führte ihn von Straßburg über Bonn nach Marburg und Heidelberg und wieder nach Bonn, wo er von 1929 bis 1951 lehrte. – Einen ersten Markstein in seiner akademischen Laufbahn bilden die unmittelbar nach Kriegsende erschienenen *Literar. Wegbereiter des neuen Frankreich* (1919), die kontrovers aufgenommen wurden, weil sie für zeitgenössische Autoren wie A. Gide, P. Claudel und R. Rolland warben und versuchten, den Lesern ein Bild von dem neuen geistigen Frankreich zu geben, das traditionellen Stereotypisierungen widersprach. Ein Höhepunkt in C.' kulturvermittelnden Bemühungen ist seine Monographie *Die frz. Kultur* (1930), ein überzeugenderes Werk als sein rein faktenorientiertes anglistisches Gegenstück von W. Dibelius (*England*, 1923). – Einen Wendepunkt in C.' Werk markiert die Schrift *Dt. Geist in Gefahr* (1932), eine Diagnose der kulturellen Krise und ein Plädoyer für eine Erneuerung der nationalen Kultur durch Rückbesinnung auf die aus der Antike über das MA. und die Renaissance vererbten europ. kulturellen Werte. C. wendet sich gegen ›Kulturhaß‹ ›völkischer‹ und ›sozialistischer‹ Provenienz, insbes. gegen bildungsfeindliche Tendenzen in der Wissenschaft und Philosophie. Hauptgegner ist der ›Soziologismus‹ K. Mannheims (*Ideologie und Utopie*, 1929), der in der Kulturkrise eine ›präzedenzlose Zäsur‹ sieht und alle überlieferten Werte und Sicherheiten in einer radikal und skeptizistischen und letztendlich nihilistischen Denkweise verabschiedet und die ›Revision‹ zum politischen Prinzip schlechthin erhebt. Dagegen stellt C. (1932, S. 113) einen neuen europ. Humanismus, der mit E. Troeltsch (*Der Historismus und seine Probleme*, 1922) »in der durchgängigen Verwachsung unserer modernen Welt mit der Antike die [...] Besonderheit des Europäismus anerkennt«. Dieser Humanismus kann sich C. zufolge nur in einer Wiederbegegnung mit dem MA. vollziehen. Hier findet sich somit bereits das weltanschauliche und kulturpolitische Fundament für C.' Hauptwerk *Europ. Lit. und lat. Mittelalter* (1948), das die Erforschung der Latinität des MA.s als Bindeglied zwischen »zwei Kulturkörpern«, »dem antik-mittelmeerischen und dem modern-abendländischen« versteht (C. 1993, S. 19). C. (ebd., S. 25) postuliert eine Präsenz der »Lit. der Vergangenheit in der jeweiligen Gegenwart«, wobei er anders als etwa H.-G. ⁊ Gadamer nicht die Dialektik, sondern die Kontinuität von Vergangenheit und Gegenwart betont. Die große wissenschaftliche Errungenschaft dieses Werkes ist die Begründung der ⁊ Toposforschung.

Lit.: E. R. Curtius: *Dt. Geist in Gefahr*, Stgt. 1932. – ders.: *Europ. Lit. und lat. MA.*, Tüb. 1993 [1948]. – W. Berschin/A. Rothe (Hgg.): *E. R. C.: Werk, Wirkung, Zukunftsperspektiven*, Heidelberg 1989. – W.-D. Lange (Hg.): *»In Ihnen begegnet sich das Abendland«. Bonner Vorträge zur Erinnerung an E. R. C.*, Bonn 1990. – D. Hoeges: *Kontroverse am Abgrund. E. R. C. und K. Mannheim*, FfM. 1994.

WGM

Cyberpunk, von K. Hafner und J. Markoff geprägter Begriff für Computerkultur, der einerseits moderne Computertechnologie (*Cyber-*), andererseits Subversivität (-*Punk*) konnotiert und auf die Nutzung des dominanten, technologischen wie sozialen, Systems für individuelle oder subkulturelle Interessen verweist. – Seit den 80ern bezeichnet C. einen Trend, der sich literar. und theoretisch sowie in theatralischen, künstlerischen und musikalischen Performances ausdrückt. Im C. werden klassische Science-Fiction-Topoi ebenso wie postmoderne Sprachspiele (⁊ Postmoderne) montiert. Technologiekritik und -euphorie wechseln einander unvermittelt ab. Als Initiator gilt der am. Autor W. Gibson, der in seinem Kultroman *Neuromancer* (1984) den Begriff ›Cyberspace‹ prägte und damit dem virtuellen Raum der elektronischen Datenzirkulation einen Namen gab. Der Roman etablierte, ebenso wie die zwei Folgebände *Count Zero* (1987) und *Mona Lisa Overdrive* (1989) jene Mischung aus Metaphysik und Maschinenästhetik, die dann in der urbanen Chrom-Leder-Stahl-Ästhetik der 80er Jahre (B. Sterling, J. Shirley, L. Shiner) ebenso wie in der spirituellen, sinnlichen Ästhetik der New Age-

und Rave-Szene der 90er (P. Cadigan, J. Noon) variiert und zitiert wurde. – Generell geht es im C. um die Bewältigung der ›Repräsentationskrise‹ (S. Bukatman), die auf der Erfahrung einer unsichtbar omnipräsenten Informationstechnologie gründet. Die Erkenntnis, daß das Authentische synthetisch generierbar ist, daß Realität und Simulation, Biologie und Technologie nicht länger eindeutig unterschieden werden können, wird im C. aber eben nicht nur als beängstigender Kontrollverlust, sondern immer auch als Faszination und Befreiung inszeniert, was sich gerade in den Spekulationen über futuristische Mensch-Maschine-Mischformen, sog. ›Cyborgs‹ (CYBernetic ORGanism), zeigt.

Lit.: B. Sterling (Hg.): *Mirrorshades. The C. Anthology*, N.Y. 1986. – L. McCaffery (Hg.): *Storming the Reality Studio*, Durham 1991. – S. Bukatman: *Terminal Identity*, Durham 1993. – M. Klepper et al. (Hgg.): *Hyperkultur. Zur Fiktion des Computerzeitalters*, Bln. 1995.

RM

D

Danto, Arthur C. (*1924), am. Philosoph und Kunsttheoretiker. – D. studierte 1945–49 an der Wayne und der Columbia University sowie in Paris Philosophie und Kunstgeschichte und hat nach dem Scheitern der eigenen künstlerischen Ambitionen beiden akademischen Disziplinen die Treue gehalten, indem er seit 1951 an der Columbia University (ab 1966 als Professor, ab 1975 als Johnsonian Professor of Philosophy, jetzt als Emeritus) Philosophie lehrt und seit 1984 zusätzlich als Kunstkritiker für die einflußreiche Zs. *The Nation* schreibt. – D., innovativer Grenzgänger unter den analytischen Philosophen der Nachkriegszeit, wendet die Methoden seiner Disziplin auf so ungewohnte Themen wie die Historiographie, Kunst und Mystik sowie auf das Denken F.W. ↗ Nietzsches und J.-P. ↗ Sartres an. Leitmotive seines Werks sind seine Auffassung von Philosophie als Unterscheiden zwischen anscheinend nicht zu Unterscheidendem sowie sein Bild des Menschen als *ens repräsentans* und *ens narrans*. In z.T. bereits in den 50er Jahren veröffentlichten Beiträgen, die 1965 in *Analytical Philosophy of History* versammelt wurden, verleiht D. der noch von C. Hempel und Fragen der Kausalität und Gesetzesmäßig-

keit dominierten Geschichtsphilosophie neue Impulse. Ins Zentrum des Interesses rücken nunmehr Fragen des historischen Erzählens sowie des Konstruktcharakters aller Historiographie. Grundlegend für D.s Position ist die Einsicht, daß in der Geschichtsschreibung gerade den Geschichten (*stories*) eine wichtige Erkenntnis- und Steuerfunktion zukommt, ja daß es ohne Geschichten keine zu erzählenden Ereignisse gäbe. D. gelangt ferner zu weiterführenden Bestimmungen sowohl der Makrostrukturen der Historiographie als *temporal structures* (Zeitstrukturen) als auch deren Mikrostrukturen als *narrative sentences*. Sieht man von den wichtigen Vorläufern M. Oakeshott und W. Schapp ab, ist D. ein Vordenker der neuen antipositivistischen, erzählorientierten Geschichtsphilosophie und Anthroplogie, zu deren wichtigsten Vertretern W.B. Gallie, H. Fain, H. ↗ White und A. MacIntyre gehören. Für die damals maßgebende Zs. *History and Theory* ist er eine zentrale Figur; der Lit.wissenschaft, zumal der Analyse der historischen Fiktion, liefert er ein erkenntnisförderndes Instrumentarium. – D.s Kunsttheorie wird 1964 von A. Warhols epochemachenden *Brillo Boxes* ausgelöst. Was die Warholschen *Boxes* von ihren zum Verwechseln ähnlichen, industriellen Gegenstücken unterscheidet, ist (so D.), daß wir die ersteren als Kunst auffassen und auslegen. Kunst unterscheide sich von Nicht-Kunst dadurch, daß ihr Kunsttheoretisches und -geschichtliches anhafte. In seiner späteren, an G.W.F. ↗ Hegel angelehnten Philosophie der Kunst skizziert D. eine Geschichte, in der eine zunehmend zum Bewußtsein ihrer selbst gelangende Kunst endlich zur Philosophie wird und sich somit in der ↗ Postmoderne aufhebt. Dies bedeute zwar das Ende, aber nicht den Tod der Kunst. Seitdem gebe es eine Pluralität an sich jenseits jeglicher *grand narrative* entwickelnden Kunstrichtungen. – D. haftet nicht das Odium an, nicht kontrovers zu sein. Seine Geschichtsphilosophie kann nicht ganz dem Vorwurf des Relativismus entgehen, seine Kunsttheorie wird der Moderne-Lastigkeit sowie der ontologischen Fehldarstellung bezichtigt. Dessenungeachtet gebührt D. das Verdienst, gleich zwei kulturwissenschaftliche ↗ Paradigmenwechsel ton- und textangebend begleitet zu haben, und dies in einer wendigen, esprit- und humorvollen Prosa, die jedwedem Fachsimpeln eine bewußte Absage erteilt.

Lit.: A.C. Danto: »The Artworld«. In: *Journal of Philosophy* 61.19 (1964) S. 571–584. – ders.: *Analytical*

Philosophy of History, Cambridge 1965 (erw. *Narration and Knowledge*, N.Y. 1985). – ders.: *Nietzsche as Philosopher*, N.Y. 1980 [1965]. – ders.: *What Philosophy Is*, N.Y. 1968 (erw. *Connections to the World. The Basic Concepts of Philosophy*, Berkeley 1997 [1989]). – ders.: *Mysticism and Morality*, N.Y. 1988 [1972]. – ders.: *J.-P. Sartre*, N.Y. 1975. – ders.: *The Transfiguration of the Commonplace*, Cambridge, Mass. 1981. – ders.: *Beyond the Brillo Box. The Visual Arts in Post-Historical Perspective*, Berkeley 1998 [1992]. – ders.: *After the End of Art. Contemporary Art and the Pale of History*, Princeton 1997. – M. Rollins (Hg.): *D. and His Critics*, Oxford/Cambridge, Mass. 1993. – F. Ankersmit/H. Kellner (Hgg.): *A New Philosophy of History*, Ldn./Chicago 1995.

RH

Dauer, in G. ↗ Genettes ›Discours du récit‹ (*Figures III*, 1972) neben Ordnung (↗ Anachronie) und ↗ Frequenz eine der drei Grundkategorien zur Analyse zeitlicher Relationen zwischen den Begebenheiten der Geschichte und ihrer narrativen Darstellung in der Erzählung (↗ Erzählzeit und Erzählte Zeit). – Das Grundproblem bei der Untersuchung der D. liegt darin, daß man die D. einer Erzählung nicht messen kann, weil die Lektürezeit eine individuell variable Größe ist. Somit fehlt auch ein fester Ausgangspunkt, der in der Zeitspannengleichheit (oder ›Isochronie‹) von Geschichte und Erzählung bestünde. Daher muß auf die Analyse der D. auf der Basis eines Vergleichs zwischen der D. der erzählten Geschichte und ihrer D. in der Erzählung verzichtet werden. Doch in Anlehnung an die Geschwindigkeitsmessung, bei der Zeit und Raum miteinander in Beziehung gesetzt werden, kann die Geschwindigkeit der Erzählung analysiert werden, wenn man die D. der Geschichte mit der Länge des Textes korreliert. In dieser Variable spiegeln sich dann die für jede Erzählung unabdingbaren Rhythmuseffekte (oder ›Anisochronien‹). (Genette ersetzt 1983 im *Nouveau discours du récit* die Kap.überschrift ›Dauer‹ durch ›Geschwindigkeit‹.) – Es gibt vier narrative Grundtempi: *Summary*, Pause, Ellipse und Szene. Die *Summary* entspricht der Zeitraffung, d. h. Begebenheiten der Geschichte werden in der Erzählung zusammenfassend wiedergegeben. Bei der Pause wird die eigentliche Geschichte unterbrochen, um eine Beschreibung oder einen Kommentar einzuschieben. (Im *Nouveau discours du récit* grenzt Genette diese deskriptive Pause von der eher extradiegetischen kommentierenden Pause ab, die er ›Digression‹ oder ›Reflexion‹ nennt.) Eine Ellipse liegt vor, wenn Begebenheiten der Geschichte ausgespart werden; hier können mehrere Formen unterschieden werden. Wird die ausgesparte Zeit angegeben, liegen bestimmte oder ›explizite‹ Ellipsen vor; ist dies nicht der Fall, handelt es sich um unbestimmte oder ›implizite‹ Ellipsen. Die Unbestimmtheit der Ellipse ist bei der ›hypothetischen‹ Ellipse am größten: Sie läßt sich temporal nicht genau einordnen, so daß die zeitliche Analyse an ihre Grenzen stößt. Der vierte Geschwindigkeitstypus, die Szene, verweist begrifflich und konzeptionell auf das Drama. Denn gemeint sind ›dramatische‹ Episoden, bei denen sich die Zeit der Geschichte und die Länge der Erzählung in etwa decken, also z. B. Dialogszenen. S. Chatman (1974) fügt als Fünftes die Zeitdehnung (*stretch*) hinzu, bei der die Erzählzeit größer ist als die erzählte Zeit.

Lit.: Genette 1972/80 (1983/88/94). – S. Chatman: »Genette's Analysis of Narrative Time Relations«. In: *L'Esprit Créateur* 14 (1974) S. 353–368.

BM

Deixis (gr. *deíxis*: Hinweis), die situationsabhängige ↗ Referenz auf Elemente der Rahmensituation eines Kommunikationsvorgangs durch verbale oder nonverbale Mittel. – Bereits die antike Grammatik beschrieb die Funktion deiktischer Ausdrücke, und die moderne Linguistik stellt D. in den Schnittbereich von ↗ Semantik und ↗ Pragmatik. Hauptproblem für Bedeutungstheorien ist, daß deiktische Ausdrücke wechselnde Referenzobjekte haben und nicht ohne weiteres in situationsunabhängige Ausdrücke übersetzbar sind; so bezeichnet ›hier‹ je nach ↗ Kontext ein Zimmer oder ein ganzes Land. Situationsdeixis tritt in Dialogen auf, deren Teilnehmer einander und ihre gemeinsame Umgebung wahrnehmen. K. ↗ Bühler zufolge ist jeder Sprecher das Zentrum eines Koordinatensystems, dessen Nullpunkt durch ›ich‹ (Personaldeixis), ›hier‹ (Lokaldeixis) und ›jetzt‹ (Temporaldeixis) gekennzeichnet ist und relativ zu dem er andere Orte, Richtungen und Objekte lokalisiert. In natürlichen Sprachen sind deiktische Ausdrücke immer mit deskriptiver Information vermischt, etwa über relative Entfernung (›da‹ vs. ›dort‹). In einer logischen Rekonstruktion sind deiktische Ausdrücke Funktoren, die eine Situation als Argument haben. Zeigegesten und andere hinweisende Körperbewegungen alleine sind immer mehrdeutig und werden darum meist mit deiktischen Ausdrücken kombiniert. Im einfachsten Fall, wie ›dieser Baum‹ beim Zeigen auf einen Baum, sind gezeigtes und referiertes Objekt identisch. In komplexeren Fällen steht das gezeigte Objekt in einer erschließbaren Beziehung zum Referenzobjekt. So wird die Phrase ›dieser Maler‹, geäußert beim Zeigen auf ein Bild, vom Hörer aufgrund der Kausalrelation zwischen Produzent und Produkt verstanden. Diskursdeixis und Textdeixis referieren textintern, nämlich auf sprachliche Ausdrücke desselben Textes (›dieses Kapitel‹) oder deren Inhalte (›das folgende Argument‹).

Lit.: K. Bühler: *Sprachtheorie*, Stgt. 1982 [1934]. – Ausg. »Die Indexikalität der Erkenntnis« (Hg. H. Pape) der *Zs. für Semiotik* 21.1 (1999).

DS

Dekodierung, Bezeichnung für die Entschlüsselung einer Zeichenfolge (↗ Kommunikationstheorie) und für eine Analysemethode der ↗ Semiotik, mit der R. ↗ Barthes und U. ↗ Eco in den 60er Jahren strukturalistische Positionen weiterführten. Das Prinzip der D. basiert auf der Prämisse, daß der gesamten ↗ Kultur ↗ Codes eingeschrieben sind, welche wie ein ↗ Text gelesen und interpretiert werden können. Diese Codes umfassen die Regeln bzw. die regelmäßig auftretenden Kriterien, nach denen sich ein gegebener Vorrat an kulturellen Ausdruckselementen (↗ Signifikanten) und ein bestimmter Bedeutungsvorrat (Signifikate) einander zuordnen lassen. Somit ist die Funktion der Kulturkritik die Entschlüsselung dieser semiotischen Zeichenbeziehungen, durch die allein die Wirklichkeit zugänglich ist. Indem diese Methode das als Referent bzw. Referenzobjekt (↗ Referenz) bezeichnete Bezugsobjekt als außersemiotische Tatsache ausklammert und seine Analyse anderen Wissenschaftsdisziplinen zuweist, mißt sie der Relation zwischen ↗ Zeichensystem und Wirklichkeit nur marginale Bedeutung bei. Barthes postulierte in seiner richtungsweisenden Interpretation von H. de Balzacs Kurzgeschichte *Sarrasine* (1830) fünf Codes, die nicht in hierarchischer Beziehung zueinander stehen: den hermeneutischen, semischen, symbolischen, proairetischen und den kulturellen Code, welche für jeden kulturellen Text konstitutiv sind. Die Kommunikation von kulturellen Bedeutungen ist für Barthes nur möglich, wenn Textproduzent und -rezipient bewußt oder intuitiv diese Codes teilen. Während dieses Modell von einem geradlinigen Kommunikationsprozeß zwischen Produzent und Rezipient ausgeht, in dem letzterem eine passive Rolle zugeschrieben ist, betont die Semiotik seit den 80er Jahren die ↗ Polysemie der kulturellen Zeichen sowie die Ambivalenz der diesen Codes eingeschriebenen

Bedeutungen, deren Entschlüsselung nicht zuletzt durch den diskursiven Kontext des Rezipienten determiniert und folglich instabil ist.

Lit.: R. Barthes: *S/Z*, Paris 1970 (dt. *S/Z*, FfM. 1987 [1976]). – R. Scholes: *Semiotics and Interpretation*, Ldn. 1982.

StL

Dekonstruktion, Theorie und Verfahren der poststrukturalistischen Lit.kritik (↗ Poststrukturalismus), das im wesentlichen auf Konzeptionen J. ↗ Derridas und P. ↗ de Mans zurückgeht (vgl. auch ↗ Dekonstruktivismus). Der Begriff entzieht sich einer eindeutigen Bestimmung, da er selbst gerade die Unmöglichkeit jeder eindeutigen Bestimmbarkeit und semantischen Begrenzbarkeit sprachlicher ↗ Zeichen beinhaltet. Indem er neben dem zunächst ins Auge springenden Moment der De-struktion auch ein Moment der Kon-struktion enthält, bezeichnet er den für die D. charakteristischen, doppelten Gestus zwischen Kritik und Affirmation, zwischen der radikalen Demontage überlieferter Begriffsgerüste und dem gleichzeitigen Bewußtsein, grundsätzlich nicht ohne diese auszukommen. Die D. ist daher keine schematisch anwendbare Methode, sondern ein gewissermaßen subversives Prinzip der Annäherung an Texte ›von innen her‹, die diese in ihren potentiell unendlichen Bedeutungsverästelungen, ihrem über die manifeste Textintention hinausgehenden Bedeutungsüberschuß und ihrer dabei unvermeidlich hervortretenden inneren Widersprüchlichkeit expliziert. Insbes. stellt sie die Art und Weise heraus, in der die je spezifische Sprache, Form und Rhetorik eines Textes der eigenen Aussage so weit entgegenlaufen, daß sie deren Hauptinhalte letztlich selbst wieder dementieren. Regulative Prinzipien des Verfahrens sind die Axiome der ›Schrift‹ und der ›Differenz‹, d.h. einerseits die Annahme der Priorität der Schrift vor dem gesprochenen Wort (dem ›Logos‹), des ↗ Signifikanten vor dem Signifikat, des intertextuell-offenen (↗ Intertextualität) vor dem individuell-geschlossenen Charakter kultureller Zeichensysteme und andererseits der unaufhebbaren Differentialität, der irreduziblen Mehrdeutigkeit und prozeßhaften Unabschließbarkeit der kulturellen Zeichenaktivität. Die Kritik der D. an der logozentrischen (↗ Logozentrismus) ›westlichen‹ Tradition des Denkens und der Textauslegung besteht denn auch darin, daß diese die intertextuelle Offenheit und Vieldeutigkeit kultureller Erfahrung in die Zwangsmuster eines vereindeutigenden Systemdenkens preßt, in dem das vorgebliche Interesse an Erkenntnis häufig nur ein Interesse der Machtausübung und der ideologischen Realitätskontrolle verbirgt. Der Akt der D. ist von hier aus intendiert als Selbstbefreiung des Denkens aus gewohnten Grenzziehungen und Hierarchisierungen, insbes. aus den herkömmlichen ↗ Dichotomien von Subjekt und Objekt, Geist und Körper, Signifikat und Signifikant, Innerem und Äußerem, gut und böse, wahr und falsch, Gegensätzen, die oft genug zur Rechtfertigung des Hegemonieanspruchs einer Kultur, ↗ Klasse (*class*), Rasse (↗ *race*) oder eines Geschlechts (↗ *gender*) über das andere mißbraucht wurden. – Als charakteristische Operationen der D. in der Lit.kritik ergeben sich daraus v. a.: (a) Dezentrieren der zentral gesetzten thematisch-strukturellen Instanzen eines Textes aus der Perspektive dessen, was durch sie marginalisiert wird, sich aber dennoch als textkonstitutiv erweist; (b) Auflösung binärer, hierarchischer Bedeutungsoppositionen im Text und deren Einbeziehung in einen enthierarchisierten Prozeß von Differenzen (↗ Binarismus, ↗ *différance*); (c) Auflösung ungebrochener Identitäts-, Präsenz- und Subjektkonzepte in der fiktional dargestellten Welt und ihrer Charaktere; (d) Aufbrechen der scheinbaren Einheit und Geschlossenheit des Textes in die Offenheit eines intertextuellen Spannungsfelds, durch das der Einzeltext erst konstituiert wird und das seine immanenten Bedeutungen stets bereits von außen her affiziert; (e) Aufzeigen der Art und Weise, wie die im Text intendierten Signifikate durch die unhintergehbare Interferenz des sprachlichen Mediums verstellt bleiben und wie stattdessen das ↗ Spiel der Signifikanten, der Prozeß der kulturellen Semiose, selbst den Textvorgang ins Innerste bestimmt; (f) Aufweisen der Tendenz der Texte, die eigene Bedeutungskonstruktion durch die Art und Weise ihrer rhetorisch-semiotischen Präsentation letztlich selbst wieder zu dekonstruieren; (g) im Zusammenhang damit Aufdecken spezifischer rhetorisch-struktureller Konfigurationen in Texten, die solche Prozesse der D. unmittelbar inszenieren, wie ↗ *mise en abyme*, Rekursivität, Selbstreferentialität (↗ Selbstreferenz), Paradoxalität; (h) im Bereich der Textverfahren und Darstellungsmodi Aufwertung der ↗ Rhetorik gegenüber der ↗ Ästhetik, insofern letztere eine (für die D. obsolet erscheinende) Kontinuität von sinnlicher Welt und Ideenwelt voraussetzt, sowie der ↗ Allegorie gegenüber dem ↗ Symbol, da ein Zeichen nicht mehr (wie im Symbol) als Verkörperung eines Allg. im Bes., sondern nur

als ein immer wieder ›anders sagen‹ (wie in der Allegorie, von gr. *allēgorein*: anders sagen) im Sinn der Differentialität von Sprache gesehen wird. – Nach einer Phase großer Verbreitung in den 80er Jahren hat sich die D. als für sich bestehende Zugangsweise zu Texten eher erschöpft und ist Verbindungen mit verschiedenen ›inhaltlich‹ geprägten Positionen wie ↗ Feministische Lit.theorie, ↗ Psychoanalytische Lit.wissenschaft, ↗ Marxistische Lit.theorie und ↗ Postkolonialismus eingegangen, wobei sie als kritisches Korrektiv essentialistischer Konzepte von Geschlechterdifferenz, Subjektidentität, gesellschaftlicher Wirklichkeit oder nationaler Kultureigenschaften fungiert und erstarrte Denkmuster auf die Vielfalt kultureller Differenzen und Interferenzen öffnet.

Lit.: s. auch ↗ Dekonstruktivismus. – B. Menke: »D. – Lektüre. Derrida lit.theoretisch«. In: Bogdal 1997 [1990]. S. 242–273. – dies.: »D.: Lesen, Schrift, Figur, Performanz«. In: Pechlivanos et al. 1995. S. 116–137. – C. Proß/G. Wildgruber: »D.«. In: Arnold/Detering 1997 [1996]. S. 409–429.

HZ

Dekonstruktivismus, Richtung des ↗ Poststrukturalismus, die sich v. a. auf den sprachlich-textuellen und ideologisch-metaphysischen Aspekt von Kultur und Lit. bezieht und deren Begründer und philosophischer Hauptvertreter J. ↗ Derrida ist. In den USA wurde die D. von den sog. *Yale Critics* H. ↗ Bloom, G. ↗ Hartman, J.H. ↗ Miller und P. ↗ de Man als innovatives Paradigma der Lit.kritik eingeführt, das v. a. in den 80er Jahren große Bedeutung erlangte. – Der D. wurde von Derrida zunächst in primär philosophischem Kontext aus einer grundlegenden Auseinandersetzung mit der Tradition der westlichen Metaphysik entwickelt. Er ist darin beeinflußt von F. ↗ Nietzsches Kritik humanistischer Ideologie und seiner Annahme eines allen Kulturäußerungen zugrundeliegenden Willens zur Macht, von M. ↗ Heideggers Analytik der Temporalität und begriffshermeneutischen Reflexion (v. a. *Identität und Differenz*, 1957), von F. de ↗ Saussures Loslösung sprachlicher ↗ Zeichen aus der Beziehung zur außersprachlichen Welt und deren Ersetzung durch ein innersprachliches System von Differenzen und vom größeren Theoriediskurs des Poststrukturalismus (J. ↗ Lacan, M. ↗ Blanchot, R. ↗ Barthes, M. ↗ Foucault), den er zugleich entscheidend mitprägte. Letzterer ist wiederum erst aus seiner Auseinandersetzung mit dem ↗ Strukturalismus verstehbar, aus dem er hervorging und dessen Spuren er trägt. Der entscheidende Bruchpunkt zwischen beiden Epistemen liegt dort, wo dem quasi-naturwissenschaftlichen Systemdenken des Strukturalismus mit seiner Annahme allg.gültiger Grundgesetze der symbolischen Tätigkeit des menschlichen Geistes, die er allen Ausprägungen kultureller Aktivitäten zugrundeliegen sah (vgl. Cl. ↗ Levi-Strauss), seine Basis entzogen wurde. In dem bahnbrechenden Aufsatz »La structure, le signe et le jeu dans le discours des sciences humaines« (in *L'écriture et la différence*, 1967) zeigt Derrida, wie die unhinterfragte Prämisse eines festen Zentrums kultureller ↗ Strukturen und Zeichensysteme zu unauflöslichen ↗ Paradoxien führt und wie der Versuch einer ontologischen Fundierung der sprachlichen Zeichenaktivität durch ein ›transzendentales Signifikat‹, d.h. eine letzte bedeutungsgebende Instanz, immer wieder durch den niemals stillzustellenden Prozeß der ↗ Signifikanten subvertiert wird, die sich in ständiger wechselseitiger Verschiebung, Substitution und ↗ *dissémination* befinden. Der Signifikant als der materielle Zeichenträger, also der konkret-mediale Aspekt der kulturellen Zeichenvorgänge, rückt damit in den Mittelpunkt der Aufmerksamkeit, während gleichzeitig die Seite des Signifikats, des Bedeuteten und Bezeichneten, in höchstem Maße problematisiert wird. Die Suche nach einem transzendentalen Signifikat wirkt nur noch als ein niemals erfüllbares ↗ Begehren fort, das durch die ›Unruhe der Sprache‹, das über alle fixierenden Text- und Bedeutungsgrenzen hinausschießende ↗ Spiel der Signifikanten, immer wieder aufgeschoben und weitergetrieben wird. Es gibt kein Inneres mehr ohne ein Äußeres, kein Immaterielles ohne materielle Manifestation, keine ↗ Bedeutung jenseits der konkreten Zeichengestalt. Dieses Äußere der Zeichen, ihre sinnlich-materielle Gestalt, wird aufgefaßt in Analogie zum ›Körper‹, der aus seiner langen Zwangsherrschaft durch den ›Geist‹ befreit werden muß. Für die Lit.kritik folgt daraus, daß der Text von den logozentrischen Bedeutungsansprüchen befreit werden muß, denen er durch das traditionelle Verfahren der ↗ Interpretation unterworfen wird. Es gilt, die materielle Seite der Texte ernstzunehmen, ja diese als konventionelle Bedeutungsstrukturen ›unlesbar‹ zu machen und in ihrer reinen, jede eingrenzbare Bedeutungszuschreibung sprengenden Textualität zum Vorschein zu bringen. – Schlüsselkonzepte Derridas sind die der ›Schrift‹ und der ›Differenz‹, der *écriture* und der ↗ *différance/différence*. Diese sind gegen die, wie Derrida es sieht, tragenden logozentrischen Illusionen des abendländischen Denkens gewendet, nämlich gegen die Illusion der ›Präsenz‹ einer unmittelbar gegebenen und in Sprache vergegenwärtigten Wirklichkeit, und gegen die Illusion der ›Identität‹ des Zeichens mit seiner Bedeutung, des Subjekts mit sich selbst. Gegen den ›Phonozentrismus‹ des westlichen Denkens und die Priorität des Logos und der gesprochenen Sprache setzt Derrida die Priorität der Schrift. Die Schrift wird dabei nicht verstanden in einem empirischen oder historischen Sinn, etwa als konkrete historische Entstehung bestimmter Schriftsysteme, sondern als diesen vorausgehende ›Ur-Schrift‹, als universales Apriori menschlicher Kultur (*Grammatologie*, 1974). Mit dem Axiom der Unhintergehbarkeit der Schrift hängt das zweite Axiom des D. zusammen, das der *différance*: Es gibt keine Identität, sondern nur Differenz, keine Kernpunkte des Denkens, sondern nur ein Netzwerk aufeinander bezogener Zeichen, eine unendliche Kette immer weiterverweisender Signifikanten. ›Bedeutung‹ ergibt sich nur aus dieser Beziehung und Differenz zwischen den Zeichen, sie ist damit prinzipiell entlang der gesamten Signifikantenkette verstreut und niemals in einem Zeichen vollständig gegeben. Umgekehrt impliziert jedes Zeichen die Wiederholung seines früheren Gebrauchs und ist damit niemals urspr. gesetzt. Gleichzeitig ist es durch seine differentielle Beziehung zu anderen Zeichen seinerseits in seiner Bedeutung nicht eindeutig eingrenzbar oder ›identifizierbar‹. Jedes Zeichen und jeder Text gehen über die ihnen subjektiv zugeschriebenen Bedeutungen hinaus, da diese immer schon unterschwellig auf andere, nichtintendierte Bedeutungen bezogen sind, die die beabsichtigte Eindeutigkeit und Abgeschlossenheit jedes Diskurses sprengen. Der eigentümlich umwegige, das Nichtgesagte einbeziehende und eigene Festlegungen vermeidende Denkmodus des D. begründet sich aus der grundsätzlichen Paradoxalität und vorgängigen Spaltung der Schrift selbst, die in ihrer Bestimmung als ›urspr. Spur‹ von Differenzen zugleich als Ursprung und als Nachträgliches, als Anwesenheit und zugleich als Abwesenheit markiert ist, ohne je eines von beiden allein zu sein. Diese Zwischenposition seines Denkens hat Derrida u.a. mit einer Grammatik des Schleiers, des Vorhangs und des ›Hymen‹ umschrieben, die ebenso Präsenz wie Absenz, ebenso Verheißung wie Verweigerung erfüllter Bedeutung impliziert (*La dissémination*, 1972). – Die Auflösung herkömmlicher ↗ binärer Oppositionsmuster resultiert also nicht in einem einfachen Umkehrungsverfahren, sondern im Versuch, das Denken in Identitäten und Oppositionen von innen her zu überwinden. Der D. ist in wesentlichen Aspekten ein Neuschreiben der zentralen westlichen Konzepte und Positionen von deren Rändern her, von dem ›Supplement‹, das jene Konzepte zugunsten ihrer vermeintlichen Eindeutigkeit unterdrückt, das aber bestimmend in sie als Bedingung ihrer Möglichkeit hineinwirkt und sie so a priori unterminiert (die Schrift als das unterdrückte Supplement des Logos, die Kultur als Supplement der Natur usw.). An Begriffen wie dem ›Hymen‹ zeigt sich darüber hinaus der im D. implizit mitgedachte Zusammenhang von Text- und Lebensvorgängen, der etwa auch in der im Anschluß an ⟋ Platon vorgenommenen Bezeichnung der Schrift als ›Pharmakon‹ deutlich wird, die sowohl als Heilmittel wie als Giftmittel wirksam sei und so nicht nur konzeptuelle, sondern sozusagen kulturbiologische Funktion erhält. – Die Geschichte logozentrischen Denkens erscheint von hier aus als Domestizierung der Offenheit und abgründigen Mehrdeutigkeit der Sprache (⟋ Ambiguität) durch die Zwangsstrukturen eines vereindeutigenden Systemdenkens, das seine Definitionsmacht über die Realität durch hierarchisch-wertende Begriffsoppositionen wie die zwischen Subjekt und Objekt, Geist und Materie, Seele und Körper, ⟋ Natur und ⟋ Kultur, wahr und falsch zu stabilisieren suchte. An die Stelle von System, Zentrum und Struktur tritt im D. der Begriff des ›Spiels‹, das Derrida als ›Abwesenheit eines Zentrums‹ bestimmt. Hieraus ergibt sich eine typische Ambivalenz des D. zwischen Desillusionierung und avantgardistischer Aufbruchsrhetorik. Negation und Affirmation greifen eigentümlich ineinander, da die Zerstörung bisheriger Scheingewißheiten und harmonisierender Sinnkonstruktionen des Denkens gleichzeitig als eine bisher nicht dagewesene Befreiung ungebundener Denk- und Lebensenergien aufgefaßt wird, die gegen die Systemzwänge traditioneller Wissenschaft, die Machtstrukturen der Gesellschaft, die Rollenmuster der Geschlechter oder die Interpretation von literar. Texten gleichermaßen mobilisierbar sind. – Der D. wirkt sich auch auf die Sicht des menschlichen Subjekts aus, dem nicht mehr eine einheitliche Identität zukommt, sondern das bereits bei S. ⟋ Freud ein *mixtum compositum* verschiedener Antriebskräfte und Selbstbilder ist, die oft im Konflikt zueinander stehen. Unsere ›Identität‹ ist so eine plurale Identität; sie ist

keine zentrierte Struktur, sondern ein Ort des Spiels verschiedener Bilder des Selbst ohne festen Grund und ohne festes Zentrum. Ja, sie ist nicht bloß durch das Spiel verschiedener Selbstbilder, sondern bis in ihr Innerstes hinein durch das Spiel von Texten bestimmt. Dies hat für die Kommunikation zur Folge, daß die Subjekte sich auch gegenseitig opak sind und ⟋ Verstehen zur Fiktion wird, die einen unaufhebbaren Bruch zwischen den einzelnen überdeckt. Hierin liegt eine unmittelbare Antithese zur ⟋ Hermeneutik, die ja das intersubjektive Verstehen, in welcher Begrenztheit auch immer, zur zentralen Kategorie ihres Kultur- und Lit.begriffs hat. Aus der ›Macht des guten Willens‹, die H.-G. ⟋ Gadamer als unabdingbare Voraussetzung aller sinnvollen Kommunikation, also auch aller lit.- und kulturtheoretischen Debatten, sieht, wird bei Derrida in charakteristisch dekonstruktiver Umkehrung der ›gute Wille zur Macht‹. Die Vorstellung gelingender Kommunikation ist eine Spätform des humanistischen Idealismus; für das Verhältnis der Subjekte zueinander gilt: Der Bruch ist der Bezug. – Für die Lit.kritik ergeben sich aus all dem verschiedene Konsequenzen: (a) Der Text bildet kein in sich geschlossenes, integriertes Ganzes mehr, sondern ist ein Ort intertextueller Einflüsse und Interferenzen (⟋ Intertextualität). (b) Der Text bildet daher auch keine kohärente Struktur, sondern ein heterogenes Kraftfeld von Spannungen und Widersprüchen, die sich zu keiner inneren Einheit zusammenfügen. (c) Der Text geht einerseits immer schon über die ihm zugeschriebenen Bedeutungen hinaus, andererseits liegt in seiner Form und Rhetorik zugleich die Tendenz begründet, den eigenen Bedeutungsanspruch schließlich wieder selbst zu dekonstruieren. (d) Die herkömmliche Trennung von Autor, Text und Leser wird damit ebenfalls unhaltbar, da weder Autor noch Leser die Kontrolle über den Prozeß der Zeichenaktivität beanspruchen können, den die Schrift selbst als ständige Produktion von Differenzen trägt. (e) Für den Interpreten kann es kein adäquates Verstehen von Texten mehr geben, da sich deren Bedeutung jeder eindeutigen Festlegung entzieht und überdies auch hier das Diktum vom ›Bruch als Bezug‹ gilt. ›Every reading is a misreading‹, sagt J. ⟋ Culler, und statt der Unterscheidung von ›wahren‹ und ›falschen‹ Interpretationen gibt es nur noch die zwischen ›*weak readings*‹ und ›*strong readings*‹ von Texten. (f) Die Lit.kritik ist nicht mehr eine ⟋ Metasprache, die der Lit. als ⟋ Objektsprache gegenübergestellt wird; vielmehr muß sich der lit.kritische Diskurs seiner eigenen Zugehörigkeit zu jener allg. Textualität bewußt werden, d.h. seiner inneren Verwandtschaft zur Mehrdeutigkeit und Selbstreferentialität (↗ Selbstreferenz) der Lit. selbst. Die Lit.kritik darf sich der Lit. nicht mehr hierarchisch über- oder unterordnen, sondern muß ihr ähnlich werden und so ihre durch Institutionalisierung und Überformalisierung verlorengegangene Vitalität zurückgewinnen. Auch hier ist die genannte Ambivalenz des Ansatzes zu konstatieren, denn je nach Präferenz des Kritikers kann dabei entweder die Bedeutungspluralisierung an einem Text betont werden, die den Verlust des Zentrums affirmiert und sich als Möglichkeit produktiven Spiels herausstellt (vgl. G. ↗ Hartman), oder die letztliche Bedeutungsleere, die durch den selbstdekonstruktiven Charakter des Textes am Ende notwendigerweise herauskommt (vgl. de Man 1979). – Der D. hat sich innerhalb der anglo-am. Lit.kritik zunächst hauptsächlich auf die Periode der Romantik konzentriert, in der nicht zuletzt Versuche, Lit. und Kritik aneinander anzunähern, ihre Wurzeln haben. Er ist aber inzwischen längst auf alle möglichen Epochen und Texte der Lit.geschichte angewendet worden, wobei nach einer Phase intensiver Produktivität eine gewisse Monotonie der Ergebnisse unverkennbar war. Inzwischen hat sich der D. als eigenständiger Ansatz eher erschöpft und zunehmend mit anderen, mehr inhaltlich orientierten Ansätzen der Lit.- und Kulturtheorie verbunden (↗ Psychoanalytische Lit.wissenschaft, ↗ Feministische Lit.theorien, ↗ Marxistische Lit.theorie, ↗ Postkolonialismus, ↗ Cultural Studies). Er hat sich dabei als Prinzip des Abbaus von Denk- und Machthierarchien einerseits politisiert, andererseits wirkt er als erkenntnistheoretisches Korrektiv für ungebrochene Wahrheitsansprüche kulturellen Wissens, indem er auch im Bereich kulturkritischer Gegendiskurse alle essentialistischen Konzepte (wie der von Marginalität, ↗ Geschlechtsidentität, gesellschaftlicher Wahrheit oder kultureller Nationalität) hinterfragt. – Die Grenzen des D. liegen nicht nur in seiner mangelnden pragmatischen Komponente, insofern er sich auf kulturelle ›Inhalte‹ stets nur parasitär beziehen kann; sie liegen auch in den eigenen epistemologischen und texttheoretischen Voraussetzungen. So führt der Versuch der Abschaffung einer zentrierten und hierarchisierten Begrifflichkeit in einen Selbstwiderspruch, der durch keine noch so ausgeklügelte terminologische Vermeidungsstrategie entschärft werden kann, vielmehr auf einer Me-

taebene unvermeidlich neue Begriffszentren und -hierarchien hervorbringt (›Schrift‹, ›Differenz‹ usw.). Auch die Texte des D. müssen, wenn sie überhaupt einen Erkenntnisanspruch erheben wollen, abstrahieren und generalisieren. Und sie müssen darüber hinaus so geschrieben sein, daß sie, was überwiegend auch zutrifft, von ihren intendierten Lesern ›verstanden‹ werden können. Dies setzt voraus, daß ihre Begriffe einen (wie auch immer umwegig bestimmten) Bedeutungskern besitzen, womit aber der Prozeß der *différance* gerade suspendiert ist. Darin bestätigt sich der auch für den D. geltende hermeneutische Grundsatz, daß die Beteiligten ›allein unter der Voraussetzung intersubjektiv identischer Bedeutungszuschreibungen überhaupt kommunikativ handeln können‹ (↗ Habermas).

Lit.: M. Heidegger: *Identität und Differenz*, Pfullingen 1957. – J. Derrida: *L'écriture et la différence*, Paris 1967 (dt. *Die Schrift und die Differenz*, FfM. 1972). – ders.: *La dissémination*, Paris 1972 (dt. *Dissemination*, Wien 1995). – de Man 1979. – Lentricchia 1980. – B. Johnson: *The Critical Difference: Essays in the Contemporary Rhetoric of Reading*, Baltimore 1981. – Culler 1994 [1982]/1994 [1988]. – Horstmann 1983. – Zapf 1996 [1991]. S. 189–219. – Zima 1994. – G. Neumann (Hg.): *Poststrukturalismus. Herausforderung an die Lit.wissenschaft*, Stgt./Weimar 1997.

HZ

Deleuze, Gilles (1925–1996), frz. Philosoph. – Trotz seines umfangreichen Werkes ist D. immer noch vornehmlich in der Personalunion mit F. ↗ Guattari als Verfasser von *Capitalisme et schizophrenie. Tome 1: l'Anti-Œdipe* (1972) sowie des zweiten Bandes dieses Werkes, *Capitalisme et schizophrenie. Tome 2: Mille Plateaux* (1980) bekannt. Beiden Werken, die zu den einflußreichsten Büchern des ↗ Poststrukturalismus zählen, liegt eine Auseinandersetzung mit der Psychoanalyse J. ↗ Lacans zugrunde, wobei in der Rezeption die Unterschiede zu Lacan vielleicht zu sehr hervorgehoben wurden, denn es geht D. und Guattari eher um eine perspektivische Verschiebung Lacanscher Theorie als um deren generelle Zurückweisung. Hauptziele der Kritik sind die Beihilfe der Psychoanalyse zum Projekt der Ödipalisierung des ↗ Subjekts (d.h. seine Unterwerfung unter das phallische Gesetz der Kultur) sowie Lacans Psychismus (d.h. die konsequente Versprachlichung des Unbewußten). Im Gegensatz dazu propagieren D. und Guattari ein streng materialistisch gedachtes, maschinelles ↗ Unbewußtes; eine Wunschmaschine, die sich Ödipalisierungstendenzen auf verschiedensten Fluchtlinien entzieht. Dabei setzen sie gegen den Mangel, dem sich das Lacansche Subjekt zu stellen hat, die Positivität des Wunsches. Der Versuch der Befreiung des Subjekts von einengenden Strukturen, der in den Idealen des ›Schizos‹ und des ›Nomaden‹ kulminiert, macht sie zu Poststrukturalisten *par excellence*. Insbes. das Konzept des *Rhizoms*, einer Wurzelform in deren Struktur (im Gegensatz zu der Struktur der Baumwurzel, die sich durch eine strenge Hierarchie auszeichnet) ein jeder Punkt mit jedem anderen Punkt verbunden werden kann, hat sich als äußerst fruchtbare ↗ Metapher herausgestellt, um eine poststrukturalistische Denkweise, die Struktur postmoderner Lit. und deren Rezeption, oder auch die Struktur von ↗ Hypertexten adäquat zu beschreiben. Auch in seinen ›rein philosophischen‹ Werken (*Différence et répétition*, 1968; *Logique du sens*, 1969) propagiert D. ein Denken, das sich ›auf tausend Plateaus‹ transversal und rhizomatisch durch verschiedene Denksysteme zieht, ohne diese zu vereinheitlichen oder zu reduzieren. Diese Art der Analyse findet ihren Kulminationspunkt in dem Werk *Le Pli. Leibniz et le Baroque* (1988), dessen Kap., ähnlich einiger Werke postmoderner Lit., nicht sequentiell gelesen werden müssen und sollten. Außer M. Serres ist D. der Philosoph, der sich am erfolgreichsten Konzepte aus anderen, insbes. technischen, Wissenschaften (Topologie, Chaosforschung, Katastrophentheorie) zunutze gemacht hat, um philosophische Fragestellungen anzugehen. Außer seinen speziellen Philosophen gewidmeten Werken (*Nietzsche et la philosophie*, 1962; *La philosophie critique de Kant*, 1963; *Le Bergsonisme*, 1966; *Spinoza et le problème de l'expression*, 1968; *Foucault*, 1986) sind für die Lit.- und Kunsttheorie bes. seine Werke *Kafka. Pour une littérature mineure* (1975 mit Guattari) und *Proust et les signes* (1964), *Francis Bacon. Logique de la sensation* (1981) sowie sein zweibändiges Werk zum Film (*Cinema-1: L'image-mouvement*, 1983; *Cinema-2: L'image-temps*, 1985) von Bedeutung, in denen er eine Analyse des Films im Rahmen einer Diskussion von Texten H. Bergsons und Ch. ↗ Peirces vorlegt. Aber auch in seinen nicht speziell den Künsten gewidmeten Werken findet man immer wieder Verweise auf Schriftsteller (u.a. W.S. Burroughs, L. Carroll und W. Gombrowicz) sowie auf bildende Künstler und Filmemacher.

Lit.: Frank 1997 [1983]. – R. Bogue: *D. and Guattari*, Ldn./N.Y. 1989. – B. Massumi: *A User's Guide to Capitalism and Schizophrenia. Deviations from D. and Guattari*, Cambridge 1992. – Th. D'Haen: »D., Guat- tari, Glissant and Post-›American‹ Narratives«. In: *REAL* 13 (1997) S. 387–399. – Ch. Jäger: *G.D.: Eine Einf.*, Mchn. 1997. – F Balke: *G.D.*, FfM. 1998.

HB

de Man, Paul (1919–1983), Lit.theoretiker. – Führender Vertreter der *Yale Critics*, geb. in Belgien, seit 1952 in den USA, Professor an den Universitäten Cornell und Johns Hopkins, ab 1970 in Yale; nach existentialistisch inspirierten Romantikstudien später stark epistemologisch bestimmtes Erkenntnisinteresse an Texten im Grenzbereich von Lit. und Philosophie. – De M. konzentriert sich v.a. auf die ↗ Paradoxien, die durch den Doppelcharakter der Texte als logischer und rhetorischer Gebilde erzeugt werden. Der Geltungsanspruch logischen Denkens wird immer wieder dementiert durch die figurale Seite der Sprache, derer es sich bedienen muß. Die Rhetorik eines Textes, d.h. die sprachliche Form seines Arguments, legt sich quer zu jeder konsistenten Bedeutungsabsicht, und diese Gegenläufigkeit läßt sich ebensosehr an traditionell als ›nichtfiktional‹ wie an als ›fiktional‹ eingestuften Texten aufzeigen. Der Text wird zum prinzipiell nicht in seiner ↗ Bedeutung begrenzbaren Spiel der Signifikation, das entgegen allen Versuchen logisch-vereindeutigender Bedeutungskontrolle in ↗ Unbestimmtheit und Unentscheidbarkeit führt. – Diese innere Gegenläufigkeit zeigt sich epistemologisch als ↗ Dialektik von *Blindness and Insight* (1971). Der Wahrheitsanspruch vermeintlicher Einsicht in die Phänomene der Erfahrung, wie er uns in der rhetorischen Vermittlung der Texte entgegentritt, wird hier nicht allein von der Relativität von Standpunkten oder von den impliziten Vorurteilen der jeweiligen kulturellen Tradition her in Frage gestellt. Er wird vielmehr als unauflöslich und zuinnerst verschränkt gesehen mit einer grundsätzlichen Blindheit, die jeder sprachlich artikulierten Perspektive anhaftet, die man gegenüber kulturellen Phänomenen einnehmen mag. Da die Sprache ihren Gegenstand durch ihre eigene Funktionsweise, ihre ›Rhetorik‹, erst konstituiert, verstellt sie immer zugleich den Blick auf das, was sie vor Augen zu führen scheint. Gerade durch die spezifischen Blindstellen der eigenen ↗ Perspektive konturieren sich erst bestimmte Aspekte der Texte. Von daher kommt de M. (1971, S. 109) zu der paradoxen Schlußfolgerung, daß der Punkt der größten Erkenntnisschwäche einer Position zugleich der Punkt ihrer größten Stärke sein kann: »Critics' moments of greatest blindness with regard to their own critical assumptions are also the [...] moments at which they achieve their greatest insight«. Erkenntnis funktioniert sozusagen entgegen ihrer Absicht, und diese Doppelgesichtigkeit aller Rede ist es, die die ↗ Dekonstruktion herauszuarbeiten hat. So zeigt de M. im Fall der *New Critics*, wie deren Theorie des organischen Kunstwerks in der interpretatorischen Praxis zur produktiven Blindstelle wird, die sie gerade nicht-organische Elemente im Text wie ↗ ›Ironie‹ oder ›Paradoxie‹ erkennen und herausarbeiten läßt. – Ein wichtiger Punkt an de M.s Theorie ist aber nun, daß der Riß zwischen Sprache und Bedeutung, zwischen Rhetorik und Authentizität im literar. ↗ Diskurs bewußt inszeniert wird. Da literar. Texte sich von vornherein über ihren fiktionalen Charakter und ihren Status als textuelle Konstrukte im klaren sind, sind sie widerständiger gegen die Verführungskraft falscher Wahrheits- und Erkenntnisansprüche als andere, begriffsgläubige oder naiv-realistische Schreibweisen. Lit. ist weniger blind als andere Diskursformen, da sie die grundlegende Blindheit, die aus der gebrochenen Natur sprachlichen Weltbezugs resultiert, zu ihrem eigentlichen Thema hat. Indem literar. Texte die Widerständigkeit gegen jede eindeutige Lektüre in ihre Präsentation einschließen und zeigen, wie die scheinbare Transparenz jeder Aussage von ihren eigenen Ausdrucksmitteln unterminiert wird, werden sie zu *Allegories of Reading* (1979). De M. wendet daher seine dekonstruktivistische Energie hauptsächlich lit.kritischen oder philosophischen Texten zu, die er für weit anfälliger für die *ontological fallacy* hält als poetische Texte. Wie für die anderen *Yale Critics* wird damit die Lit. *ex negativo* doch wieder zu einem bevorzugten Erkenntnismedium, da das Prinzip der Dekonstruktion bereits in den literar. Texten selbst vorweggenommen ist: »The deconstruction is not something we have added to the text but it constituted the text in the first place. A literary text simultaneously asserts and denies the authority of its own rhetorical mode. [...] Poetic writing is the most advanced and refined mode of deconstruction« (de M. 1979, S. 17). – De M. und die anderen *Yale Critics* sind wegen dieser Privilegierung der Lit. kritisiert worden, weil sie letztlich den ↗ *New Criticism* mit einer neuen Terminologie weitertrieben und ihren literar. Textbegriff auf die gesamte Kulturwelt ausweiteten. Doch solche Kritik wird der gerade nicht ›ästhetischen‹, sondern mit den Mitteln strenger Reflexion betriebenen Arbeit der Dekonstruktion nicht gerecht, mit der de M. ideo-

logische Wahrheitsansprüche demontiert, indem er die paradoxalen Unentscheidbarkeiten der Texte als deren unhintergehbare, durch die Sprache selbst bedingte Grundeigenschaft herausstellt. – Die Entdeckung kollaborativer Zs.enartikel de M.s aus der Zeit der Nazi-Okkupation Belgiens hat nach seinem Tod zu Kontroversen geführt, die sich z.T. zur pauschalen Diskreditierung seiner Position auswuchsen.

Lit.: de Man 1989 [1971]. – ders. 1979. – ders.: *The Rhetoric of Romanticism*, N.Y. 1984. – ders. 1986. – Frank 1997 [1983]. – Ausg. »de M.« der Zs. *Comparative Literature* 38.4 (1986). – Ch. Norris: *P. de M.: Deconstruction and the Critique of Aesthetic Ideology*, Ldn./N.Y. 1988. –W. Hamacher et al. (Hgg.): *Responses. de M.'s Wartime Journalism*, Lincoln/Ldn. 1989. – L. Ellrich/N. Wegmann: »Theorie als Verteidigung der Lit.? Eine Fallgeschichte. P. de M.«. In: *DVjs* 64.3 (1990) S. 467–513. – K.H. Bohrer (Hg.): *Ästhetik und Rhetorik. Lektüren zu P. de M.*, FfM. 1993.

HZ

Denotation (lat. *denotare*: bezeichnen), wird in der Logik, ↗ Semantik und ↗ Semiotik für eine bestimmte Art der ↗ Bedeutung oder ↗ Referenz sprachlicher und anderer ↗ Zeichen verwandt. D. erscheint meist als Komplementärbegriff zur ↗ Konnotation. – In der Logik wird D. seit J.St. Mill für die Extension eines Begriffes gebraucht, d.h. ein Begriff oder Name denotiert eine Anzahl von Gegenständen, während er die Eigenschaften eines Gegenstandes konnotiert (Intension). In der Semantik bezeichnet D. die lexikalische Grundbedeutung eines sprachlichen Ausdrucks im Unterschied zu den mit ihm assoziierten, z.B. emotionalen Mitbedeutungen (Konnotationen). Daneben wird, insbes. in der Semiotik, generell die referentielle Funktion eines Zeichens als D. bezeichnet, also das Verhältnis, das zwischen einem Zeichen und seinem Bezugsobjekt (Denotat) besteht. – In der ↗ Poetik tritt die D. vielfach zugunsten der Konnotationen in den Hintergrund. Insbes. im ↗ *New Criticism*, aber auch etwa bei G. ↗ Genette, wird das Wesen literar. Sprache jenseits der D. gesehen. Eine Steigerung dieser Auffassung stellt die Negation der Möglichkeit von D. überhaupt dar, da ›primäre‹ Bedeutungen von ›sekundären‹ nicht zu scheiden seien (R. ↗ Barthes; ↗ Dekonstruktion). Andererseits wird D. ausdrücklich zur Beschreibung literar. Sprache herangezogen, etwa wenn P. ↗ Ricœur, anknüpfend an N. Goodmans Theorie der Bezeichnung, den spezifischen referentiellen Bezug der ↗ Metapher D. nennt. Gerade indem durch den wörtlichen Sinn der Metapher keine Referenz herzustellen ist, ergibt sich eine D. oder Referenz zweiter Stufe, die eine Neubeschreibung der Realität ermöglicht.

Lit.: P. Ricœur: »Une théorie de la dénotation généralisée«. In: ders.: *La métaphore vive*, Paris 1975. S. 288–301. – J. Lyons: *Semantics*, Cambridge 1977 (dt. *Semantik*, Mchn. 1980).

MB

Derrida, Jacques (*1930), frz. Philosoph und Lit.theoretiker; Begründer und Hauptvertreter der ↗ Dekonstruktion. – Geb. in Algerien, Studium an der Ecole Normale Supérieure in Paris, dort ab 1965 Professor für Philosophie. Ab 1975 Seminare in Yale und Einfluß auf die *Yale Critics*. Heute Directeur d'Études an der Ecole des Haute Etudes en Sciences Sociales und Visiting Professor in Irvine und Cornell. – D. ist einer der einflußreichsten, profiliertesten und umstrittensten Theoretiker der Gegenwart, der nicht nur im engeren Bereich der Dekonstruktion, sondern für die gesamte poststrukturalistische Wende des geistes- und kulturwissenschaftlichen Denkens seit den 70er Jahren von maßgeblicher Bedeutung war. Seine Theorie ist als Kritik der westlich-metaphysischen Tradition des ↗ Logozentrismus zunächst stark philosophisch geprägt und bezieht sich erst in zweiter Linie auf ›Lit.‹ im engeren Sinn, hat aber gerade im Bereich der Lit.theorie und -kritik immense Wirkung entfaltet. In der Tat besteht eine wichtige Absicht D.s darin, daß der herkömmliche Gegensatz von Philosophie und Lit. wenn nicht gänzlich aufgehoben, so doch relativiert und durch wechselseitige Grenzüberschreitung als produktive ›Differenz‹ in neuer Weise fruchtbar gemacht werden soll. Charakteristisch für D. sind weniger bestimmte Inhalte als ein Denken quer zu den bestehenden Diskursgrenzen, eine nie stillzustellende, nie ans Ende kommende Einstellung radikaler Reflexion, die eindeutige Festlegungen als Reduktion vermeidet und sich in den unbestimmten Randzonen etablierter Konzepte und Diskurse bewegt, zwischen den durch sprachliche Ausdrücke, philosophische Begriffe, ideologische Konzeptionen, Grenzen von Disziplinen und Textgattungen usw. definierten Elementen und ↗ Systemen kultureller Signifikation. Beeinflußt ist er v.a. von der Phänomenologie E. ↗ Husserls, von der Metaphysikkritik F. ↗ Nietzsches und M. ↗ Heideggers (dessen Konzepte ›Abbau‹ und ›Destruktion‹ er in den Begriff der ›Dekonstruktion‹ übersetzte), und vom frz. ↗ Strukturalismus in der Nachfolge von F. de ↗ Saussure und Cl. ↗ Lévi-Strauss. Über

Zs.en wie *Critique* und *Tel Quel* stand er im Austausch mit anderen Theoretikern des ↗ Poststrukturalismus wie J. ↗ Lacan, M. ↗ Blanchot, R. ↗ Barthes und M. ↗ Foucault. – Am Beginn von D.s Entwicklung stand die Dekonstruktion der logozentrisch-metaphysischen Annahmen der westlichen Philosophie im Vordergrund, wobei er nicht zuletzt aus der Kritik phänomenologischer und strukturalistischer Positionen, von denen er herkam, die Grundkonzepte seines Denkens entfaltete (vgl. *Die Stimme und das Phänomen*). Schlüsselbegriffe sind die der *écriture* und der ↗ *différance*, der Schrift und der Differenz, die, mit einem Netzwerk weiterer Terminologien angereichert, zu Leitmotiven seines Denkens werden. Die ›Schrift‹ wird dabei gegenüber der gesprochenen Sprache entscheidend aufgewertet und als ›Ur-Schrift‹, als allen kulturellen und geistigen Tätigkeiten vorgängige Instanz, gesehen. Wirklichkeit, Präsenz, ↗ Bedeutung und Bewußtsein sind nie unmittelbar gegeben, sondern stets nur in semiologisch vermittelter Sekundärform zugänglich. Die sprachlichen ↗ Signifikanten bilden keine außersprachliche Welt mehr ab, sondern bringen selbst erst die kulturellen und textuellen Welten hervor, die sie bezeichnen. An die Stelle stabiler, mit sich identischer und in sich zentrierter ↗ Strukturen und ↗ Zeichensysteme tritt bei D. ein offener Prozeß der ↗ Semiose, ein ständiger Prozeß der Verschiebung, Ersetzung und ↗ *dissémination* von Bedeutung, der die traditionellen Konzepte von Identität, Struktur, Zeichen, System und ↗ Text radikal dezentriert und pluralisiert. Größte Wirkung in den USA übte der Vortrag »Structure, Sign and Play in the Discourse of the Human Sciences« (1968) aus, der die Überwindung des ↗ *New Criticism* ermöglichte, ebenso die engl. Übersetzung von *De la grammatologie* (1967) mit der Einleitung von G. ↗ Spivak (*Of Grammatology*, 1976). In den Schriften D.s wird nicht nur seine geistige Nähe zu Autoren der literar. und philosophischen ↗ Avantgarde, der Psychoanalyse und des ↗ Surrealismus (wie Nietzsche, A. Artaud, G. ↗ Bataille, S. ↗ Freud und P. ↗ Valéry) deutlich, sondern darin wird auch das Prinzip der dekonstruktivistischen Pluralisierung von Textualität demonstriert (in dem paraliterar. *Glas* [1974] sowie in seinen Kommentaren zu Schriftstellern wie St. Mallarmé, P. Celan oder J. Joyce; vgl. *Ulysses grammophon*, 1987). In neuester Zeit scheinen verstärkt Affinitäten D.s zu postmarxistischen und jüdisch-mystischen Positionen hervorzutreten, die die epistemisch-textbezogene

Akzentsetzung und den ›negativen Fundamentalismus‹ seiner früheren Schriften zu modifizieren und inhaltlich zu erweitern scheinen. Zunehmend hat D. auch zu aktuellen politischen und kulturellen Fragen der Gegenwart Stellung genommen, etwa zu den Vorwürfen gegen Heidegger und P. ↗ de Man wegen deren opportunistischer Haltung in der Nazi-Zeit. Das Grundproblem, wie dabei von den Aporien der Unentscheidbarkeit, in die die dekonstruktivistische Theorie führt, zu den Urteils- und Entscheidungsprozessen der politisch-gesellschaftlichen Praxis gelangt werden kann, bleibt dabei aber letztlich ungelöst.

Lit.: J. Derrida: *L'écriture et la différence*, Paris 1967 (dt. *Die Schrift und die Differenz*, FfM. 1972). – ders.: *De la grammatologie*, Paris 1967 (dt. *Grammatologie*, FfM. 1974). – ders.: *Marges de la philosophie*, Paris 1972 (dt. *Randgänge der Philosophie*, Wien 1988). – ders.: *La voix et le phénomène*, Paris 1979 (dt. *Die Stimme und das Phänomen*, FfM. 1988). – Culler 1994 [1982]/1994 [1988]. – Norris 1996 [1982]. – Frank 1997 [1983]. – E. Behler: *D. – Nietzsche, Nietzsche – D.*, Mchn. 1988. – H. Kimmerle: *J.D. zur Einf.*, Hbg. 1997 [1988]. – B. Menke: »Dekonstruktion – Lektüre. D. lit.theoretisch«. In: Bogdal 1997 [1990]. S. 242–273.

HZ

Desillusionierung ↗ Illusionsdurchbrechung

Deutscher Idealismus ↗ Idealismus, deutscher

Deviation ↗ Deviationsstilistik

Deviationsstilistik (lat. *deviatio*: Abweichung), aus der ↗ Prager Schule, dem ↗ Russ. Formalismus sowie aus Arbeiten L. ↗ Spitzers, R. ↗ Welleks und A. Warrens hervorgegangener Begriff, der die ↗ Stilistik in erster Linie als komparatistisches, kontrastierendes und quantifizierendes Verfahren begreift. Grundannahme ist die ↗ Autonomie literar., v.a. poetischer Sprache, die ein von außerliterar. ›Alltags- oder Normalsprache‹ distinktes Regularitätensystem bildet. – Idealvorstellung jeder D. ist die quantifikatorisch, statistisch und strukturell präzise Erfassung von nach Frequenz und Qualität signifikanten divergenten Elementen literar. Sprachgebrauchs auf verschiedenen linguistischen Ebenen (Graphemik, Lexik, Pragmatik, Semantik, Syntax, Morphologie, Phonologie). An die Stelle der als nicht ausreichend präzisen bzw. mitunter mehrdeutig gewerteten Terminologie der traditionellen Lit.-wissenschaft tritt dabei oft ein mathematisches, der Aussagen- und Prädikatenlogik angenähertes Beschreibungsvokabular, das idealiter naturwissenschaftlich-objektiven Charakter haben soll. Deviation, z.T. auch als Devianz oder Deformation bezeichnet, liegt dabei in zwei Formen vor, der extratextuellen, die hauptsächlich in (a) dem Verstoß gegen normative Regeln linguistischer Struktur, (b) der signifikanten Hyperkorrektur und ↗ Überdetermination dieser Regeln besteht. Intratextuelle Deviation betrifft dagegen Divergenzen innerhalb ein- und desselben Textes von seinen eigenen (sprachlichen) Normen. H. Fricke (1981, S. 87) definiert poetische Abweichung als »eine Verletzung sprachlicher Normen, die eine nachweisbare Funktion erfüllt und deretwegen somit überwiegend keinerlei Sanktionen akzeptiert werden«. So werden im übertragenen Sinne in der ↗ Erzähltheorie auch unkonventionelle Ausprägungen von erzähltechnischen Verfahren als deviant beschrieben, wie z.B. ↗ Anachronien im ↗ Erzähltempo und Inkonsequenzen der ↗ Erzählsituation und der ↗ Fokalisierung, so daß hier die D. die Ebene der mikrotextuellen grammatikalischen Beschreibung zugunsten makrotextueller Strukturierung verläßt. Durch Äquivalenz, Okkurrenz und Rekurrenz können alle genannten Erscheinungsformen der Deviation in einem literar. Text zentraler Träger kohäsions- und kohärenzstiftender Mittel (↗ Kohärenz) sein. Sinnvolle Einsatzgebiete der D. bestehen in erster Linie bei der statistisch und terminologisch faßbaren Auswertung der linguistischen Deviationen einzelner Texte, bes. bei Gedichten, der Werke eines Autors, einer Schule, einer ↗ Epoche oder einer ↗ Gattung. – Die der D. inhärente Auffassung von Stil als genuin normabweichendem sprachlichen Verhalten wird seit ca. 1980 zunehmend als problematisch empfunden, da sie zum einen das Problem der Definition der relevanten Norm(en) selbst aufwirft, zum anderen suggeriert, eine nicht als normdivergent gewertete Sprachverwendung sei stilfrei. M. Fludernik führt z.B. die methodische Inadäquanz der D. für Fragen der Gattungsproblematik sowie des fiktionalen Dialogs an. Neuere Ansätze der Stilistik werten daher die stilistischen Idiosynkrasien (nicht nur) literar. Sprachgebrauchs als funktional bzw. kontextuell bedingt (↗ Kontext), und attestieren dem literar. Text Autonomie und ↗ Polyvalenz bezüglich seiner Regeln und Normen. Die sog. ›Normalsprache‹ weist lediglich eine klar strukturierte Bezugsebene auf, von der abgewichen kann, nämlich die Norm der grammatischen Korrektheit. Die D. kann somit wenig mehr als die Katalogisierung bzw. Systematisierung grammatischer Irregularitäten leisten, wenngleich in hoch formalisierter Weise, die den Aufgaben der Werkkontrastierung und des Werkvergleichs einen wissenschaftlich exakten Charakter verleiht. Das übergreifende und urspr. Ziel der D., eine genuin linguistische Definition von ↗ Literarizität z.B. in Form reproduzierbarer poetischer oder Textgrammatiken hervorzubringen, ist dagegen im Rückblick als nur unbefriedigend realisiert zu evaluieren.

Lit.: H.F. Plett: *Textwissenschaft und Textanalyse. Semiotik, Linguistik, Rhetorik*, Heidelberg 1979. – Fricke 1981. – M. Fludernik: »Sprachwissenschaft und Lit. wissenschaft: Paradigmen, Methoden, Funktionen und Anwendungsmöglichkeiten«. In: Nünning 1995. S. 119–136.

GN

Dewey, John (1859–1952), am. Philosoph, Pädagoge und Psychologe. – Obwohl D. ↗ Platon und G. W. F. ↗ Hegel als seine Lieblingsautoren bezeichnet hat, haben Ch. Darwin und W. James den stärksten Einfluß auf D. ausgeübt. Auf der Basis einer nicht-dualistischen Auffassung vom menschlichen Geist als einer Qualität des Handelns, nämlich des intelligenten Umgangs mit Natur, entwickelte D. seine Version des Pragmatismus, den Instrumentalismus. Im Zentrum steht der Begriff der Erfahrung (*experience*), den D. sorgfältig von dem traditionellen Erfahrungsbegriff der Empiristen zu trennen sucht. Erfahrung besteht im kontrollierten Experiment, einer Rückkoppelung des Erleidens an das Tun, nicht in einem zufälligen Herumtasten. ›Erfahrung‹ ist ein ›doppelläufiges‹ Wort (James), in ihr sind Subjekt und Objekt vereint; ›Erfahrung‹ bezeichnet ebenso den Gegenstand der Erfahrung wie das Erlebnis selbst. In späteren Jahren wollte D. den Begriff der Erfahrung im Titel seines 1929 erschienenen Buches *Experience and Nature* (dt. *Erfahrung und Natur*) durch den, ebenfalls doppelläufigen, Begriff der Kultur ersetzen, da ihm die traditionellen subjektivistischen Konnotationen des Erfahrungsbegriffs unüberwindlich schienen. – Erfahrungen haben eine charakteristische Form. Alles Leben spielt sich in Interaktion mit der Umwelt ab. Es treten Bedürfnisse auf, die einen Bruch der Integration mit der Umwelt bezeichnen. Daraus entwickelt sich ein Verlangen, eine Neuanpassung herbeizuführen. Die Phasen der Erfahrung sind der Ort der charakteristischen geistigen Eigenschaften des Menschen: ›*Gefühle*‹ (Emotion) zeigen den Bruch und die Integration an; ›*Wahrnehmung*‹ (Perzeption) ist der Versuch, sich über die Bedingungen der Umgebung einen Überblick zu

verschaffen, ›*Reflexion*‹ die Phase des Planens, um die Neuanpassung zu bewirken, die ›*Manipulation*‹ verändert die materiellen Bedingungen; schließlich erreicht man das mit neuem Sinn angereicherte Objekt, die Phase der ›*Vollendung*‹ (Konsummation). Bes. künstlerische Tätigkeit ist ein Modell der Erfahrung und dient deshalb als Kritik entfremdeter Tätigkeit wie etwa der Arbeit in der Fabrik.

Lit.: M.H. Thomas: *J.D.: A Centennial Bibliography*, Chicago 1962. – M. Suhr: *J.D. zur Einf.*, Hbg. 1994.

MS

Diachron/Diachronie (gr. *diá*: durch[-hin]; gr. *chrónos*: Zeit), bezeichnet die zeitliche Abfolge von Ereignissen oder Zuständen in einem System; bei einer diachronen Analyse geht es um die historische Entwicklung eines Phänomens (z.B. einer literar. Gattung). Umfaßt die diachrone Perspektive »alles, was mit den Entwicklungsvorgängen zusammenhängt« (de Saussure 1967, S. 96), so erliegen Strukturalisten gern der Versuchung, die Gleichzeitigkeit des Ungleichzeitigen zu unterschätzen. Die ↗ Evolution der Lit. auf die ↗ Barthes'sche Formel zu bringen, »On the one hand there is what it is possible to write, on the other hand what it is no longer possible to write« (zit. n. Lodge 1981, S. 71), steht in Spannung zum Ungleichzeitigen ebenso wie zur Komplexität des auf der Achse der ↗ Synchronie betrachteten Systems. Ein Pragmatiker wie D. Lodge (1981, S. 75) weist mit seiner lit.historischen Beschreibung der Moderne auf einen Mittelweg: »This variety can be reduced to an intelligible order if we refer it to what is constant and finite in literature as a signifying system, mapping the diachronic on the grid of the synchronic«. Entscheidend ist die Relativierung der traditionellen D. durch die Synchronie. Allerdings verspricht die von H.R. ↗ Jauß (1970, S. 197) im Rückgriff auf S. ↗ Kracauer propagierte Abkehr vom Primat der D. hin zum »synchrone(n) Schnitt durch die literar. Produktion eines historischen Zeitpunkts« mit notwendig »weitere(n) Schnitte(n) im Vorher und Nachher der Diachronie« als Theorie mehr, als der Lit.historiker in der Praxis in der Regel hält. Dennoch kann die systembedingte Andersartigkeit der Lit. einer anderen Epoche zu fruchtbaren Vergleichen führen, solange der Historiker akzeptiert, nur über Ausschnitte aus der Gesamtheit einer im ständigen Wandel befindlichen Kultur urteilen zu können. Periode, ↗ Gattung, Thema oder ↗ Motiv sind diachron gebrauchte Betrach-

tungseinheiten von unterschiedlicher Aussage-
fähigkeit gegenüber dem Gesamtprozeß.

Lit.: F. de Saussure: Grundfragen der allg. Sprachwissenschaft, Bln. 1967 [1916]. – Jauß 1992 [1970]. –
D. Lodge: »Historicism and Literary History. Mapping
the Modern Period«. In: ders.: *Working with Structuralism*, Ldn. 1981. S. 68–75.

FWN

Dialektik (gr. *dialektikḗ téchnē*: Kunst des Gesprächs), semantisch und etymologisch mit Dialog verwandt, bezeichnet Dialektik in der Antike, v.a. bei ⁊ Platon, eine Technik, bestimmte
Auffassungen und Meinungen (gr. *dóxa*) ge-
sprächsweise auf ihre Stichhaltigkeit zu prüfen.
Platons D.konzept ist aus seinem polemischen
Bezug zur sophistischen Eristik zu verstehen, die
eine rein strategische Überredungskunst darstellte. Bei ⁊ Aristoteles wird die D. in Verbindung mit der ⁊ Topik zu einem der Logik nahestehenden begriffsanalytischen Instrument zur
Aufdeckung von Argumentationsfehlern. Bei
Kant, in der *Kritik der reinen Vernunft* (1781),
firmiert die ›transzendentale‹ D. als ein Organ,
das geeignet ist, die Widersprüche aufzudecken,
in die sich die ›natürliche‹ D. der menschlichen
Vernunft verwickelt. Bei G.W.F. ⁊ Hegel meint
D. die durch eine Logik des Widerspruchs vor-
angetriebene Bewegung des Erkennens. Diese
Bewegung vollzieht sich in drei Schritten: Das in
der Thesis Gesetzte wird durch die Antithesis
negiert (a), dann durch Negation der Negation
von neuem behauptet und zugleich auf ein höheres Niveau angehoben (b); daraus entsteht die
Synthesis, die Thesis und Antithesis in sich aufhebt und zugleich bewahrt (c). Dieser Vorgang
verweist auf den Schlüsselbegriff der Vermittlung, der bei Hegel sowohl die Beziehung zwischen zwei Gegenständen (Thesen) des Denkens als auch die Relation zwischen Erkenntnissubjekt und -objekt meinen kann. Ihrem
Selbstverständnis nach ist D. bei Hegel nicht nur
eine Technik, ein Instrument des Erkennens,
sondern zugleich eine in der Natur des Denkens
wie des Seins liegende Gesetzmäßigkeit. Insofern ist D. bei Hegel zugleich Ontologie. K.
⁊ Marx hat die Hegelsche D. materialistisch umgedeutet. Unter D. versteht er die fundierende
Gesetzmäßigkeit der gesellschaftlichen, d.h. insbes. ökonomischen Entwicklung. Ausgangspunkt der D. bei Marx sind die menschlichen
Grundbedürfnisse und die gesellschaftlich organisierten Formen ihrer Befriedigung, wobei v.a.
die Spannung zwischen Produktionsverhältnissen und Produktivkräften den dialektischen Widerspruch vorantreibt. Eine andere Reformulie-

rung der Hegelschen D. findet sich bei M.
⁊ Horkheimer und Th. W. ⁊ Adorno. Deren
Konzeption einer ›D. der Aufklärung‹ verweist
auf die Beobachtung, daß sich das aufklärerische
Projekt einer Befreiung zu rationalem Denken
und Handeln im Zivilisationsprozeß gegen sich
selbst kehrt und in autoritäre Herrschaft und
Gewalt umschlägt. Daneben und unabhängig
von diesem Konzept entwickelt Adorno den
erkenntnistheoretischen Begriff einer ›negativen
D.‹, der, in polemischer Wendung gegen Hegel,
die unhintergehbare Differenz von begrifflichem
Denken und dessen Gegenstand geltend
macht.

Lit.: W. Janke: *Historische D.*, Bln./N.Y. 1977. – D.
Davidson: *D. und Dialog*, FfM. 1993.

LS

Dialogizität (dt. auch Redevielfalt, Polyphonie
[Mehrstimmigkeit]), in Abwendung von einer
synchronen oder rein immanenten Sprachbetrachtung im Sinne F. de ⁊ Saussures und der
russ. Formalisten (⁊ Russ. Formalismus) entwikkelte der russ. Lit.wissenschaftler und Philosoph
M. ⁊ Bachtin die Grundgedanken der D. bzw.
des Dialogismus. Insbes. Bachtins Übersetzer
(seit den 70er und 80er Jahren, zunächst v.a. ins
Engl.) und Interpreten (T. ⁊ Todorov, J. ⁊ Kristeva, C. Emerson, M. Holquist sowie R. Lachmann und R. Grübel) haben den Begriff eingeführt und als theoretisches Konzept etabliert,
das der Lit.wissenschaft, v.a. der Romantheorie,
neue Impulse gegeben hat in seiner Betonung
der intertextuellen und kontextorientierten
Aspekte von Lit. – Nach Bachtin ist jegliche
sprachliche Äußerung immer ein kommunikativer, dynamischer Prozeß, der als Sprechakt auf
den anderen oder andere gerichtet ist und zur
Gegenrede auffordert. Worte, Äußerungen und
Texte spiegeln den epistemologischen Modus
der Welt der ⁊ Heteroglossie, sind Konfliktfelder
sich teils bündelnder, teils konkurrierender Stimmen (Sprach- und Registerebenen, aber auch
Werte und Normen). In der Lit. zeigt sich die D.
paradigmatisch im polyphonen, mehrstimmigen Roman als »Mikrokosmos der Redevielfalt«, der die »sozioideologischen Stimmen der
Epoche« (Bachtin 1979, S. 290) auffächert. In
einem polyphonen Kunstwerk ergänzen und
brechen sich eine Vielzahl von divergenten Stimmen, Perspektiven und Weltanschauungen in
der Orchestrierung des Autors, der wiederum
als eine Stimme an dem dynamischen Sinnkon-
stituierungsprozeß teilnimmt. Im Gegensatz zu
einem monologischen Werk läßt der dialogische

Roman nicht durch das Hervortreten nur einer dominanten Stimme andere verstummen, er tendiert vielmehr zur subversiven Kraft des ↗ Karnevalismus und reflektiert im narrativen Rahmen demokratische und anti-hierarchische Werte. Im Gegensatz dazu, so Bachtin, bestimmt Monologizität, d.h. die Dominanz nur einer Stimme, traditionelle, hierarchisch aufgebaute Gesellschaften und deren epische und lyrische Texte. Als monologisch sind auch Interpretationen zu verstehen, die autoritativ Deutungsvielfalt leugnen und einen Königsweg suggerieren. Hingegen ist eine dialogische Interpretation nie abgeschlossen und kann nie, wie im Sinne H.-G. ↗ Gadamers, in einer abschließenden ›Horizontverschmelzung‹ enden, sondern stellt sich als dynamische, dialogische Hermeneutik dar, zumal der Leser selber als ›polyphones Ich‹ offen ist und keine abgeschlossene Einheit darstellt. – Bachtins zunächst auf den Roman beschränkte D.-Forschung wird inzwischen immer mehr auch auf andere Gattungen (Lyrik und Drama) ausgeweitet, in denen inhärente Multiperspektivität, etwa in der Komplementärlektüre durch den Leser, auszumachen ist. D.-Forschung ermöglicht nicht nur Einblicke in das dynamische Beziehungsgeflecht innerhalb des literar. Produktions- und Rezeptionsprozesses, verlangt nicht nur ein hohes Maß an Selbstreflexion, sondern mahnt darüber hinaus interpretatorische Offenheit und die Fähigkeit an, mit Widersprüchen und ungelösten Problemen zu leben. Eine dialogische Auseinandersetzung mit Lit. darf niemals mit der Fixierung des Textes auf eine Bedeutung enden: »To be means to communicate dialogically. When dialogue ends, everything ends« (Bachtin in: Gardiner 1992, S. 25).

Lit.: J. Kristeva: »Bachtin, das Wort, der Dialog und der Roman«. In: J. Ihwe (Hg.): *Lit.wissenschaft und Linguistik*, FfM. 1972. Bd. 3, S. 345–375. – M.M. Bachtin: *Die Ästhetik des Wortes* (Hg. R. Grübel), FfM. 1993 [1979]. – ders.: *The Dialogic Imagination* (Hg. M. Holquist), Austin 1981. – R. Lachmann (Hg.): *D.*, Mchn. 1982. – T. Todorov: *M. Bakhtin. The Dialogical Principle*, Minneapolis 1995 [1984]. – M. Pfister: »Konzepte der Intertextualität«. In: U. Broich/ders. (Hgg.): *Intertextualität*, Tüb. 1985. S. 1–30. – D.M. Bauer: *Feminist Dialogics. A Theory of Failed Community*, Albany 1988. – D. Bialostosky: »Dialogic Criticism«. In: Atkins/Morrow 1989. S. 214–228. – M. Holquist. *Dialogism. Bakhtin and the Theory of Ideology*, Ldn./N.Y. 1990. – M. Gardiner. *The Dialogics of Critique. M.M. Bakhtin and the Theory of Ideology*, Ldn./N.Y. 1992. – M. Martinez: »D., Intertextualität, Gedächtnis«. In: Arnold/Detering 1997 [1996]. S. 430–445.

LV

Dichotomie/Dichotomisierung (gr. *dichotomía*: Zweiteilung), in der traditionellen Logik Gliederung eines Gattungsbegriffs in einen seiner Artbegriffe und dessen Negation. – J. ↗ Derridas Kritik der binären Logik richtet sich u.a. gegen in Schlüsseloppositionen des kulturellen Bewußtseins (wie Rede-Schrift, Seele-Leib, Stoff-Form usw.) implizierte Hierarchisierungen und dadurch evozierte metaphysische Vorannahmen wie Phonozentrismus und Präsentismus. Die Pole der Dualismen sind jeweils mit einem umfassenden semantischen Feld konnotiert, welches sich durch die systematische Vernetzung mit demjenigen anderer Schlüsselbegriffe zur Suggestion eines kohärenten, in sich geschlossenen, sich gegenseitig bestätigenden, hierarchisch organisierten und moralisch evaluierten Weltbildes verwebt. Sexistische und rassistische Strategien des ›*Othering*‹ funktionalisieren analog metaphorische Oppositionen wie z.B. Leib-Seele, Licht-Dunkelheit um die Konzepte von Weiblichkeit-Männlichkeit bzw. um die nationalkulturelle ↗ Alterität und ↗ Identität als hierarchisierende tiefenstrukturelle Differenzkriterien von ↗ *gender* und Rasse (↗ *race*).

Lit.: J. Derrida: *De la grammatologie*, Paris 1967 (dt. *Grammatologie*, FfM. 1983). – A.R. JanMohamed: *Manichean Aesthetics. The Politics of Literature in Colonial Africa*, Amherst 1983. – H. Cixous: »Sorties«. In: Lodge 1988. S. 287–293.

AHo

Diegese (gr. *diḗgēsis*: Erzählung, Erörterung, Ausführung), analytischer Begriff der modernen ↗ Erzähltheorie, der die in einer ↗ Erzählung narrativ vermittelten Vorgänge und die durch diese konstituierte räumlich-zeitliche Welt bezeichnet. – Schon in ↗ Platons *Staat* (387–367 v.Chr.) unterscheidet Sokrates zwischen Diegesis und ↗ Mimesis. Während der Dichter bei ersterer selbst spricht und dies auch nicht zu verbergen sucht, schafft er bei letzterer die Illusion des nicht durch ihn vermittelten Sprechens. Diese klassische Unterscheidung zwischen Diegesis und Mimesis entspricht also der modernen narratologischen Distinktion zwischen *telling* und *showing*. G. ↗ Genette definiert D. allerdings neu als die aus der Erzählung abstrahierte Abfolge von Handlungen und Ereignissen, unabhängig von ihrer erzählerischen Vermittlung im *récit*. Erzählerfiguren in narrativen Texten werden nach Genette jedoch nach ihrem Verhältnis zur diegetischen Welt, d.h. zum räumlich-zeitlichen Universum der ↗ Figuren bzw. Charaktere, klassifiziert (↗ Erzähler). Homodiegetische

Erzähler sind Teil dieser Welt und entsprechen zumeist F.K. ↗ Stanzels Ich-Erzähler, während heterodiegetische Erzähler nicht Charaktere innerhalb der von ihnen erzählten Situationen sind (↗ Erzählsituation). Autodiegetische Erzähler sind Ich-Erzähler, die gleichzeitig als Hauptfiguren in der Welt der D. fungieren. Charaktere, die derselben D. angehören, werden als ›isodiegetisch‹ bezeichnet. Die extradiegetische Ebene der Narration befindet sich außerhalb der D., so daß der Erzähler nicht als Textfigur auftritt, während die intradiegetische Ebene sich innerhalb der D. befindet. Scheherazade in den *Erzählungen aus Tausendundeiner Nacht* (8. Jh.) ist beispielsweise als Figur innerhalb der Welt der Rahmenerzählung eine intradiegetische Erzählerin. Da sie aber nicht selbst ein Charakter in den von ihr erzählten meta- bzw. hypodiegetischen Geschichten ist, fungiert sie als heterodiegetische Erzählerfigur.

Lit.: Genette 1972/80. – ders. 1983/88/94. – K. Weimar: »D.«. In: ders. 1997. S. 360–363.

HA

Différance/Différence, eines der wichtigsten (Para-)Konzepte der Theorie der ↗ Dekonstruktion von J. ↗ Derrida, das an F. de ↗ Saussures Betonung der Differentialität der sprachlichen Zeichen anknüpft und diese radikalisiert. Das System der sprachlichen Differenzen ist bei Derrida nicht mehr stabil und an relativ fest zuschreibbare Signifikate gebunden, sondern als Prozeß des ständigen Sich-Unterscheidens und Aufeinander-Verweisens von Signifikanten gefaßt, als ein Spiel der Differenzen ohne Zentrum und festen Grund, das gleichwohl selbst die einzige Grundlage von Sprache und Bedeutung darstellt. Das Kunstwort der *différance*, das die orthographisch korrekte Form des frz. *différence* scheinbar nur minimal verändert, soll dennoch die fundamentale Priorität der Schrift vor der gesprochenen Sprache demonstrieren, die Derridas Anliegen ist, da der Unterschied der beiden Wörter nicht lautlich hörbar ist, sondern erst in der Schriftform als ihre ›Differenz‹ hervortritt. Die D. betreibt so in ihrem eigenen Begriff die Dekonstruktion einer mit sich selbst identischen Zeichenbedeutung. Sie macht sich die Doppelbedeutung des Verbs *différer* (›sich unterscheiden‹, aber auch ›aufschieben‹) zunutze, und verweist damit auf den räumlichen und zeitlichen Aspekt der sprachlichen Zeichenaktivität als endloser Produktion von Differenzen, ohne die kein Text und keine Bedeutung möglich sind, die aber zugleich keine Präsenz und keine ein-

grenzbare Identität von Text und Bedeutung mehr zulassen. Indem darüber hinaus in dem ›a‹ der D. die Partizipialform des Verbs mit anklingt, wird die unentscheidbare Stellung der Zeichenproduktion zwischen Aktivität und Passivität betont und die dezentrierende ↗ Polysemie des Begriffs D. noch gesteigert.

Lit.: s. ↗ Derrida

HZ

Digitale Kommunikation ↗ Kommunikation, analoge und digitale

Dilthey, Wilhelm (1833–1911), Philosoph. – D., der Sohn eines Hofpredigers, studierte zunächst Theologie und Philosophie in Heidelberg, wandte sich aber nach seiner Übersiedlung nach Berlin bald ganz der Philosophie zu, habilitierte sich und vertrat dieses Fach in Basel, Kiel und Breslau, bis er 1882 auf den Lehrstuhl Hegels nach Berlin berufen wurde. – Der zentrale Begriff von D.s Philosophie ist der Lebensbegriff, wobei er von vornherein ›Leben‹ primär als eine geschichtliche Kategorie auffaßte. Wenngleich D. keine umfassende Darstellung der Geschichte der Völker vorlegte, zeichnen sich seine weitreichenden Interessen deutlich in den Büchern und Abhandlungen ab, die von seinen Schülern zu einer 20 Bände umfassenden Gesamtausgabe vereinigt wurden, deren Titel die Spannweite von D.s Interessengebieten verdeutlichen (vgl. z. B. Bd. II: *Weltanschauung und Analyse des Menschen seit Renaissance und Reformation* [1891–1904]; Bd. XII: *Zur preussischen Geschichte. Schleiermachers politische Gesinnung und Wirksamkeit. Die Reorganisatoren des preuss. Staates. Das allg. Landrecht*, 1872; Bd. XV–XVII: *Zur Geistesgeschichte des 19. Jh.s*, 1859–1874). Den Ausgangspunkt für seine geschichtlichen Untersuchungen bildeten die Biographien. Bereits in seinen Anfängen legte D. den ersten Band von *Leben Schleiermachers* (1870) vor, in dem er seinen methodischen Ansatz deutlich zu erkennen gab, der das Leben des Einzelnen in umfassende geschichtliche (und insbes. geistesgeschichtliche) Zusammenhänge einordnet. Das Ausmaß der Studien, die bei einem Autor wie Schleiermacher nötig waren, dürfte einer der Gründe gewesen sein, weshalb D. den zweiten Band zu seinen Lebzeiten nie fertigstellte; erst 1966 erschien *Leben Schleiermachers. 2. Band. Schleiermachers System als Philosophie und Theologie* (aus dem Nachlaß, Hg. M. Redeker). Grundlegende Reflexionen über den Menschen, die Gesellschaft und die

Geschichte veranlaßten D. zugleich zu Arbeiten im Bereich der Ethik, der Pädagogik und der Psychologie. Die bedeutendste von ihm abgeschlossene Arbeit über sein Forschungsprogramm ist die *Einleitung in die Geisteswissenschaften. Versuch einer Grundlegung für das Studium der Gesellschaft und der Geschichte* (1883). Ziel der Geisteswissenschaften ist die Erfassung der geschichtlich-gesellschaftlichen Wirklichkeit. Wiewohl D. den körperlich-materiellen Aspekt nicht aus den Augen verliert, trennt er grundsätzlich zwischen den Naturwissenschaften, die nach dem Kausalitätsprinzip ›erklären‹, und den Geisteswissenschaften, die innere Zusammenhänge ›verstehen‹ und erschließen wollen. D. ist ein Empiriker, der die Universalgeschichte nicht auf eine Formel bringen möchte, sondern den Blick auf das Singuläre und Individuelle richtet, um von dieser Basis aus Zusammenhänge zu erforschen. Große Dichtung, wie er sie bei Shakespeare und Cervantes, bei Lessing, Goethe, Novalis und Hölderlin findet, ist als Quelle für ihn von bes. Bedeutung, weil sie ihren Ursprung im Erlebnis nimmt (vgl. *Das Erlebnis und die Dichtung* 1905). In dem allg. Gehalt der Dichtung kommt nach seinen Darlegungen »nicht ein Erkennen der Wirklichkeit, sondern die lebendigste Erfahrung vom Zusammenhang unserer Daseinsbezüge in dem Sinn des Lebens zum Ausdruck« (*Das Erlebnis und die Dichtung*, Göttingen 1965, S. 126f.). Dieser Erlebnisbegriff wurde für D., seine Nachfolger und Anhänger in den Geisteswissenschaften zu einem Wertbegriff, der auf Autoren aller Epochen, in denen man glaubte, urspr. Leben entdecken zu können, angewandt wurde. Als Beleg für das Ausmaß von D.s Einfluß und Weiterentwicklung im Rahmen der Lit.wissenschaften kann O. Walzels Studie *Leben, Erleben und Dichten* (Lpz. 1912) dienen. Die Grenzen des Erlebnisbegriffes, auf die W. ↗ Benjamin in aller Schärfe aufmerksam machte (vgl. Sauerland 1972, S. 169), sind nicht zu übersehen; weder der frz. Symbolismus noch der ↗ Expressionismus lassen sich vom Begriff der Erlebnisdichtung her angemessen deuten. Von der Bedeutung, die D.s Philosophie heute noch besitzt, zeugen v. a. die Werke von E. W. Orth (1985) und H. P. Rickmann (1988).

Lit.: W. Dilthey: *Gesammelte Schriften* (Hgg. B. Groethuysen et al.), Göttingen 1922–1997 (wird fortgesetzt). – K. Sauerland: *D.s Erlebnisbegriff. Entstehung, Glanzzeit und Verkümmerung eines lit.historischen Begriffs*, Bln./N.Y. 1972. – E. W. Orth: *D. und die Philosophie der Gegenwart*, Freiburg/Mchn. 1985. – H.P.

Rickmann: *D. Today. A Critical Appraisal of the Contemporary Relevance of His Work*, N.Y. 1988. – M. Jung.: *D. zur Einf.*, Hbg. 1996.

WE

Discours ↗ Histoire vs. *discours*

Diskontinuität ↗ Kontinuität/Diskontinuität

Diskursanalyse ↗ Diskurstheorien und Diskurs

Diskurstheorien und Diskurs (lat. *discursus*: das Auseinanderlaufen, Hin- und Herlaufen), der Begriff des D.es wird verstärkt seit Beginn der 70er Jahre von ganz verschieden fundierten Ansätzen in Anspruch genommen, so daß es zur Vermeidung terminologischer Verwirrung unabdingbar ist, jeweils deutlich zu machen, aus welcher theoretischen Perspektive von D. die Rede ist. Wollte man die divergierenden D.theorien auf einen kleinsten gemeinsamen Nenner bringen, so verbliebe als Schnittmenge eine vage Charakteristik als »Theorien, die in der Untersuchung von Äußerungszusammenhängen«, von Äußerungsfolgen, Kohärenzen bzw. von »regelbestimmten Sprachspielen« im weitesten Sinne angewandt werden (Fohrmann 1997, S. 372). Eine solche Definition ließe das ohnehin weite Spektrum der D.theorien zusätzlich expandieren. Dessen ungeachtet lassen sich vier wichtigere D.theorien konturieren, die in Deutschland vermehrt seit Beginn der 70er Jahre eine Rolle spielen: (a) D.theorie im Sinne der ›Gesprächs-‹, oder ›Konversationsanalyse‹ bzw. ›*discourse analysis*‹ angloam. Prägung einschließlich der ↗ Sprechakttheorie ist einer, teils stärker psychologisch, teils stärker linguistisch orientierten ↗ Pragmatik verpflichtet, wobei das Augenmerk zum einen auf den pragmatischen Rahmen von D.en, zum anderen auf über die Satzgrenze hinausgehende Redezusammenhänge gerichtet ist (vgl. Ehlich 1994). (b) Bei J. ↗ Habermas bezeichnet D. eine spezifische Form der Interaktion, nämlich die Orientierung an einem Idealtyp ›herrschaftsfreier Kommunikation‹ mit dominant rationalem Austausch von Argumenten unter Ausblendung aller empirischen Bedingungsfaktoren (vgl. Habermas 1971, 1976 und 1985). Mag es auch sinnvoller erscheinen, hier von einer ↗ Kommunikationstheorie zu sprechen, so benutzen die Vertreter dieser Transzendentalpragmatik doch die Bezeichnung D.theorie, und zwar insbes. dann, wenn es gilt ›Brücken‹ zu den frz. D.theorien (M. ↗ Foucault, M. Pêcheux, L. ↗ Althusser) zu schlagen. So wird etwa von ›D.ethik‹ oder auch ›Spezialdiskursen‹ gesprochen. (c) Schließlich sprechen von D. all jene seit den 60er Jahren aufgetretenen Denkrichtungen, die die Materialität sowie die Macht- und Subjekteffekte von historisch je spezifischen Aussageformationen behandeln. Diese D.theorien fassen D.e im strikten Sinne als materielle Produktionsinstrumente auf, mit denen auf geregelte Weise soziale Gegenstände wie ›Wahnsinn‹ (vgl. Foucault 1961), ›Sexualität‹ (vgl. Foucault, 1976–1984), ›Normalität‹ (vgl. Link 1996) und die ihnen entsprechenden Subjektivitäten produziert werden. Geht man von den Analysen M. ↗ Foucaults aus, dann lassen sich in modernen Gesellschaften hochgradig spezialisierte Wissensbereiche voneinander abgrenzen, die jeweils relativ geschlossene Spezialdiskurse ausgebildet haben. Sie können ihrerseits, je nach Theorieoption, als Resultat zunehmender gesellschaftlicher Ausdifferenzierung (N. ↗ Luhmann) bzw. Arbeitsteilung (K. ↗ Marx) angesehen werden. Die institutionalisierte Rede innerhalb solcher differenzierter Wissensbereiche läßt sich als je spezifischer D. verstehen, wobei ›D.‹ immer nur die sprachliche Seite einer weiterreichenden ›diskursiven Praxis‹ meint, die das gesamte Ensemble von Verfahren der Wissensproduktion wie Institutionen, Sammlung, Kanalisierung, Verarbeitung, autoritative Sprecher, Regelungen der Versprachlichung, der Verschriftlichung und der Medialisierung umfaßt. D.e im Sinne der an die Arbeiten Foucaults anschließenden Theorien sind demnach dadurch bestimmt, daß sie sich auf je spezielle Wissensausschnitte (Spezialdiskurse) beziehen, deren Grenzen durch Regulierungen dessen, was sagbar ist, was gesagt werden muß und was nicht gesagt werden kann, gebildet sind, sowie durch ihre je spezifische Operativität. ›D.analyse‹ bezeichnet dann die Methodik der Untersuchung dieser komplexen diskursiven Praxis, ›D.‹ ihre Reflexion. Auch (literar.) ↗ Texte müssen im Anschluß an Foucault dann als Bestandteile übergreifender historischer D.formationen bzw. mit Link (1988) re-integrierender ↗ Interdiskurse verstanden und analysiert werden. Da Foucault selbst jedoch keine explizite Theorie des literar. D.es entwickelt hat (vgl. *Schriften zur Lit.*, 1974 [1969]), ging die Rezeption seiner Arbeiten in den Lit. wissenschaften, ganz im Gegensatz zu den heute aktuellen Trends, zunächst nicht in Richtung einer möglichst umfassenden Bestimmung der Spezifik des literar. D.es, sondern knüpfte einerseits an die von Foucault begonnene Pro-

blematisierung der Autorfunktion an (vgl. »Was ist ein Autor?«, in: *Schriften zur Lit.*), verfolgte andererseits die von ihm herauspräparierten Spezialdiskurse als Themen von Lit., etwa ›Lit. und Wahnsinn‹. (d) Innerhalb der an Foucault anschließenden D.theorien haben sich in den beiden letzten Jahrzehnten unterschiedliche Akzentuierungen einzelner Aspekte seiner D.theorie bzw. Kombinationen mit weiteren Theorieelementen entwickelt: Eine stärker medientheoretisch orientierte Richtung fragt, in konsequenter Verlängerung Foucaults, nach den Medien als diskurskonstituierenden, -bedingenden und -regulierenden ↗ Aufschreibesystemen (vgl. Kittler 1985 und Kittler et al. 1987); feministische Ansätze untersuchen insbes. geschlechtsspezifische diskursive Kodierungen und Ordnungen (vgl. Runte 1996); stärker an J. ↗ Lacan als an Foucault lehnen sich psychoanalytisch orientierte D.theorien an, wobei v. a. die Faszinationskomplexe unbewußter Wunschenergien in den Mittelpunkt des Interesses rücken (vgl. Gallas 1981). Eine Weiterentwicklung der eigentlichen D.analyse für den Spezialfall der Lit. erfährt die D.theorie Foucaults bei J. Link und U. Link-Heer, die literar. D.e als Orte der Häufung solcher D.elemente und diskursiver Verfahren verstehen, die der Re-Integration in den Spezialdiskursen arbeitsteilig organisierten Wissens dienen (vgl. Link 1983 und 1988 sowie Link/Link-Heer 1990). Dabei wird insbes. auch die Funktion solcher Re-Integration für die jeweilige Konstitution historisch-spezifischer Subjektivitäten betont. Für die Textwissenschaften von bes. Interesse ist hier das gesamte Ensemble diskursübergreifender elementar-literar. Elemente. Dazu gehören die verschiedenen Modelle von ↗ Analogien, ↗ Metaphern, ↗ Symbolen, ↗ Mythen, insbes. auch von ↗ Kollektivsymbolen. Sie bilden den allg. interdiskursiven Rahmen eines D.systems. Der Lit. insgesamt kommt aus dieser interdiskurstheoretischen Sicht ein quasi paradoxer Status zu: Einerseits ist sie Spezialdiskurs mit eigenen Formationsregeln; andererseits greift sie in bes. hohem Maße auf diskursübergreifende Elemente zurück, und zwar in zweierlei Hinsicht: extensiv durch enzyklopädische Akkumulation von Wissen, intensiv dadurch, daß polyisotopes (mehrstimmiges) D.material so verwendet wird, daß die Ambivalenzen und semantischen Anschlußmöglichkeiten noch gesteigert werden und im Extremfall die gesamte Struktur der Spezial- und ↗ Interdiskurse einer ↗ Kultur ins Spiel gebracht wird. Nimmt man als Beispiel das zwischen 1807 und

1837 erschienene *Morgenblatt für gebildete Stände*, so zielt J.F. Cottas ›Instruction für die Redaction‹ zugleich auf akkumulierende Integration der Spezialdiskurse wie des ausdifferenzierten Publikums (»Es ist der Plan des Mbl. u. die Erwartung des Publikums durch dises Institut alles zu erhalten, was es von den Ereignissen, Erscheinungen im literar., Kunstfach p. interessiren kann [...]. *Allen Etwas* ist das Hauptgesez das jeder Numer zur Norm dienen muß, man darf also annehmen, daß in jeder derselbigen der Gelehrte, der Kaufmann, halb oder ganz gebildet, der geschäftige Müssiggänger, der Mann von Welt, die Dame von Geist, der Künstler etwas finde« [Cotta nach Kuhn 1980, S. 47]), während Jean Paul sich in der Vorstellung des Programms in Nr. 1 vom 1. Januar 1807 der intensiven, polyisotope Kollektivsymbole nutzenden Form von Re-Integration bedient, indem er die verbreitete ›Uhr‹-Symbolik katachretisch in ein ›Ballon‹-Symbol münden läßt (»Eine Zs., diese Dutzend- und Terzinen-Uhr der Zeit, muß mit der Zeit fortgehen wie jede Uhr und sogar fortfliegen [...]« [Jean Paul nach Kuhn 1980, S. 47]). Für die sog. ›hohe Kunstlit.‹ stellen solche interdiskursiven Elemente ›Halbfertigfabrikate‹ dar, die sie weiter elaboriert (vgl. etwa die ›Ballon‹-Symbolik in Jean Pauls Romanen). Lit. ist daher neben Religion, Philosophie, den ›Weltanschauungen‹ der zweiten Hälfte des 19. Jh.s und den modernen Mediendiskursen als ein auf interdiskursive Integration hin angelegter Spezialdiskurs zu beschreiben, der sich aus je schon spontan gebildetem interdiskursivem Material ›nährt‹. Sie kann dabei die kollektiv parat gehaltenen diskursiven Positionen sowohl verstärken wie ambivalent auflösen oder kulturrevolutionär subvertieren. Dabei bildet die gewohnte Institutionalisierung einen Spiel-Rahmen nicht nur für Experimente, sondern gerade auch für ›unerhörte‹ Positionen. Die Interdiskurstheorie gibt damit nicht nur eine Antwort auf die Frage nach dem Funktionszusammenhang von Lit., Kultur und Spezialdiskursen und erlaubt es, den lit.-wissenschaftlichen Blick stets schon auf das gesamte Feld der Kultur hin auszudehnen, sondern macht auch die Schnittstelle zu den Intertextualitätstheorien deutlich, insofern ↗ Intertextualität dann Interdiskursivität immer schon zur Voraussetzung hätte. – Insgesamt haben die D.theorien, v.a. die unter (c) und (d) genannten, zu einer Reihe von Debatten innerhalb der Lit.- und Textwissenschaften geführt: Die Orientierung der D.theorien an der Streuung von Aus-

sagen quer durch ganze Bündel von Texten stellte den Werkbegriff ebenso in Frage wie den des individuellen Autors und darüber hinaus die Instanz des in sich geschlossenen, intentional handelnden Subjekts als Ort des Ursprungs von D.theorien überhaupt, was von seiten hermeneutischer Theorien (↗ Hermeneutik), die sich bes. herausgefordert fühlen mußten, als ›Verlust des Subjekts, des Autors, des Werkes‹ beklagt wurde. Weiter verschob sich die alte ↗ Mimesis-Frage nach der Abbildung von ›Realität‹ im Text hin auf die nach der Konturierung der diskursiven Elemente, Regulierungen und Praktiken als eigener Form von Materialität. Dies brachte den D.theorien Foucaults gelegentlich den Vorwurf einer idealistischen Konstruktion ein. Dem steht jedoch entgegen, daß diese D.theorien keineswegs behaupten, die ganze Welt sei lediglich das Produkt von D.theorien, sondern mit Foucault (und zuvor schon J. ↗ Kristeva) zwischen diskursiven und nicht diskursiven Praktiken (z.B. Ökonomie) unterscheiden, wobei beide als materiell und im Zustand wechselseitiger funktionaler Verzahnung begriffen angesehen werden (vgl. die Beiträge in Demirovic/Prigge 1988).

Lit.: M. Foucault: *Wahnsinn und Gesellschaft*, FfM. 1973 [1961]. – ders.: *Die Ordnung der Dinge*, FfM. 1971 [1966]. – ders: *Archäologie des Wissens*, FfM. 1973 [1969]. – ders.: *Die Ordnung der D.es*, FfM. 1977 [1971]. – J. Habermas: »Vorbereitende Bemerkungen zu einer Theorie der kommunikativen Kompetenz«. In: ders./N. Luhmann (Hgg.): *Theorie der Gesellschaft oder Sozialtechnologie*, FfM. 1971. S. 101–142. – M. Foucault: *Sexualität und Wahrheit*, Bd. 1–3, FfM. 1977–1986 [1976–1984]. – J. Habermas: »Zwei Bemerkungen zum praktischen D.«. In: ders.: *Zur Rekonstruktion des Historischen Materialismus*, FfM. 1976. S. 338–346. – F.A. Kittler/H. Turk (Hgg.): *Urszenen. Lit.wissenschaft als D.analyse und D.kritik*, FfM. 1977. – M. Foucault: *Schriften zur Lit.*, FfM. 1988 [1979]. – J.F. Cotta: »Instruction für die Redaction«. In: D. Kuhn (Hg.): *Cotta und das 19. Jh.: Aus der literar. Arbeit eines Verlages. Ständige Ausstellung des Schiller-Nationalmuseums und des Dt. Lit.archivs Marbach am Neckar*, Stgt. 1980. S. 47. – Jean Paul: »Abschieds-Rede bey dem künftigen Schlusse des Morgenblatts«. In: Kuhn 1980. S. 47f. – H. Gallas: *Das Textbegehren des Michael Kohlhaas. Die Sprache des Unbewußten und der Sinn der Lit.*, Hbg. 1981. – *Kulturrevolution. Zs. für angewandte D.theorie*, 1982 ff. – Link 1983. – J. Habermas: *Der philosophische D. der Moderne*, FfM. 1985. – Kittler 1995 [1985]. – ders. et al. (Hgg.): *D.analysen. Medien*, Wiesbaden 1987. – Ausg. »D. – Macht – Hegemonie« (Hgg. A. Demirovic/W. Prigge) der Zs. *Kulturrevolution* 17/18 (1988). – J. Link: »Lit.analyse als Interdiskursanalyse«. In: Fohrmann/Müller 1992 [1988]. S. 284–307. – M. Titzmann: »Kulturelles Wissen – D. – Denksystem. Zu einigen Grundbegriffen der Lit.geschichtsschreibung«. In: *Zs. für frz. Sprache und Lit.* 99 (1989) S. 47–61. – J. Link/U. Link-Heer: »D./

Interdiskurs und Lit.analyse«. In: *LiLi* 20.77 (1990) S. 88–99. – C. Kammler: »Historische D.analyse (M. Foucault)«. In: Bogdal 1997 [1990]. S. 32–56. – R.G. Renner: »D.«. In: W. Killy (Hg.): *Lit.-Lexikon*, Bd. 13, Gütersloh 1992. S. 180–183. – K. Ehlich (Hg.): *D.analyse in Europa*, FfM. 1994. – P.A. Bové: »Discourse«. In: Lentricchia/McLaughlin 1995 [1990]. S. 50–64. – J. Link: *Versuch über den Normalismus. Wie Normalität produziert wird*, Opladen 1996. – A. Runte: *Biographische Operationen. D.e der Transsexualität*, Mchn. 1996. – S. Winko: »D.analyse«. In: Arnold/Detering 1997 [1996]. S. 463–478. – J. Fohrmann: »D.«. In: Weimar 1997. S. 372–374.

UG/JL/RP

Dissémination, Begriff J. ↗ Derridas, der mit dessen spezifischem Zeichenbegriff zusammenhängt. Die sprachlichen Signifikanten sind nicht festen Signifikaten zugeordnet, sondern in einem ständigen Prozeß der Differenzierung, der inneren Entzweiung und gegenseitigen Ersetzung begriffen. Das Spiel der Zeichen, das ein Spiel von Bedeutungssetzung und zugleich Bedeutungsauslöschung ist, ist niemals stillzustellen oder auf einen überschaubaren, in sich abgeschlossenen Text- oder Aussagezusammenhang eingrenzbar. Sprachliche und textuelle Bedeutung entsteht stets erst im Wechselbezug mit dem allgemeineren Prozeß von Sprache und Schrift und ist somit potentiell über die gesamte Signifikantenkette einer Sprach- und Kulturwelt verstreut. Die *D.* ist ein sowohl die ›äußeren‹, formalistischen wie die ›inneren‹, thematischen Ordnungsgrenzen des Textes sprengendes Prinzip, das die binär-hierarchischen Oppositionsmuster logozentrischen Denkens subvertiert und übersteigt (↗ Binarismus, ↗ Logozentrismus). In Fortführung des Begriffs der ↗ *différance* als der Differentialität der Schrift im doppelten Spannungsfeld zwischen (zeitlichem) Aufschub und (räumlicher) Verschiebung intendierter Bedeutung besagt die *D.*, daß erst die Zwischenräume zwischen den sprachlichen Elementen deren Bedeutung hervorbringen, womit sie diese zugleich immer wieder in irreduzible ↗ Polysemie ›zerstreuen‹. Wie insgesamt für die ↗ Dekonstruktion charakteristisch, schwingt in dem Ausdruck *D.* durch den negativen Aspekt der Auflösung und Zerstreuung hindurch in der Konnotation der ›Saat‹ ein gewissermaßen kulturbiologischer Aspekt von semiologischer Produktivität mit, die allerdings niemals an einen bestimmten Text oder Autor gekoppelt, sondern der Sprache und Schrift generell zu eigen ist.

Lit.: J. Derrida: *La dissémination*, Paris 1972 (dt. *Dissemination*, Wien 1995).

HZ

Dissociation of Sensibility, der Begriff der *D. of S.* wurde von dem modernen engl. Dichter und Kritiker T.S. ↗ Eliot in seinem einflußreichen Aufsatz »The Metaphysical Poets« (1921) geprägt. Dort unternimmt Eliot eine Rehabilitation der bis dahin oft geschmähten *Metaphysical Poets* wie z.B. J. Donne, A. Marvell, G. Herbert, H. Vaughan, A. Cowley u.a. Die traditionelle Geringschätzung dieser Dichter ging bis dahin auf S. Johnsons in seinem *Life of Cowley* (1779) geäußerten Vorwurf zurück, daß in der Dichtung der *Metaphysicals* ›die heterogensten Ideen gewaltsam verbunden sind‹. Eliot sieht die Verbindung von Disparatem in der *Metaphysical Poetry* jedoch deshalb nicht als Nachteil, weil es diesen Dichtern dennoch gelingt, ein organisches Ganzes in ihren Gedichten zu schaffen. Insbes. verstehen sie es noch, Denken und Fühlen zusammenzuhalten, so daß trotz des rational-analytischen Elements in ihrer Lyrik die Sensibilität unmittelbaren Erlebens und Fühlens nicht verloren geht. Damit vermeiden die *Metaphysical Poets* laut Eliot jene *D. of S.*, die nach ihnen mit Milton und Dryden einsetzte und die sich z.B. in der Dichtung Tennysons und Brownings in einem hohen Maß an Rationalität äußert, das nicht mehr mit einer vergleichbar intensiven Sensibilität gepaart ist. Eliot sieht daher in den *Metaphysical Poets* nicht wie Johnson die Repräsentanten einer negativen Entwicklung engl. Lyrik im 17. Jh., sondern die letzten wahren Vertreter einer großen engl. Dichtungstradition, Nachfolger der Dichtung Shakespeares, Marlowes, B. Jonsons, Chapmans und anderer Elisabethaner, die ebenfalls noch nicht der *D. of S.* zum Opfer gefallen sind. Erst in der komplexen Dichtung der klassischen Moderne erkennt Eliot wieder Symptome dieser großen Tradition. Eliots Konzept der *D. of S.* beeinflußte die *New Critics* (↗ *New Criticism*) und die *Cambridge School of Criticism*, wird aber oft als simplifizierend kritisiert.

Lit.: T.S. Eliot: »The Metaphysical Poets«. In: ders.: *Selected Essays*, Ldn. 1934 [1931]. S. 281–291.

HA

Dominante (lat. *dominare*: beherrschen), Bezeichnung für die Leitkomponente eines Werks oder einer Epoche, die dessen bzw. deren strukturelle Einheit und spezifischen Charakter begründet. Die *D.* ist ein wichtiger Begriff der ↗ Prager Schule und des ↗ Russ. Formalismus, v.a. geprägt durch die Arbeiten von R. ↗ Jakobson zur Lyrik sowie J. ↗ Mukařovský und V.B. ↗ Šklovskij zur Prosa. Die *D.* ist das jeweils vorherrschende, essentielle, charakteristische und organisatorische Moment der künstlerischen bzw. verbalen Struktur; sie determiniert die Seinsweise des Kunstwerks, konstruiert seine internen Hierarchien und verleiht ihm so seine Gestalt. Obgleich das Konzept auf I. ↗ Tynianov zurückgeht (vgl. McHale 1987, S. 6), verdankt es seine Verbreitung v. a. einem Vortrag von Jakobson aus dem Jahre 1935 und den Schriften von M. ↗ Bachtin. Jakobson definiert die D. als »diejenige Komponente eines Kunstwerkes [...], an der sich alle andern orientieren: sie regiert, determiniert und transformiert die restlichen Komponenten. Die Dominante garantiert die Integrität der Struktur« (Jakobson 1979, S. 212). – Der Begriff der D. ist sehr weit und umfassend zu verstehen: Die D. eines einzelnen Gedichtes z. B. kann ein rekurrentes stilistisches Mittel sein, als D. der Lyrik ist jedoch bisweilen auch die Versstruktur oder die übergeordnete ästhetische ↗ Funktion von literar. Sprache überhaupt beschrieben worden. Die Versstruktur selbst wiederum ist ihrerseits ein komplexes Gebilde aus einer Vielzahl von Elementen, d. h. potentiell dominanten Faktoren. Für die ↗ Gattungs- und ↗ Lit.geschichte ist der Begriff der D. interessant, weil er auch zur Charakterisierung einzelner ↗ Epochen dienen kann: Während für die Lyrik der ↗ Renaissance Malerei und Bildhauerei als D. gelten, ist diese die Musik in der Lyrik der ↗ Romantik; für die Epoche des ↗ Realismus ist es die Lit. allg. Dem Konzept der D.n liegt eine dynamische Auffassung von Lit.geschichte als permanentem Versuch zugrunde, etablierte Verfahren zu dehabitualisieren (↗ Verfremdung) und durch innovative zu ersetzen. Dabei ist weniger von einem Austausch spezifischer Elemente als vielmehr von ihrer wechselnden Funktionalisierung auszugehen. Die inhärente Idee der ›shifting dominant‹ ist in jüngerer Zeit in die Theorie vom ↗ Paradigmenwechsel eingeflossen.

Lit.: J. Striedter (Hg.): *Russ. Formalismus: Texte zur allg. Lit.theorie und zur Theorie der Prosa*, Mchn. 1994 [1971]. – L. Matejka/I. R. Titunik (Hgg.): *Semiotics of Art*, Cambridge, Mass. 1989 [1976]. – R. Jakobson: *Poetik. Ausgewählte Aufsätze 1921–1971* (Hgg. E. Holenstein/T. Schelbert), FfM. 1993 [1979]. – B. McHale: *Postmodernist Fiction*, Ldn. 1996 [1987].

GN

Dramentheorien (gr. *dráma*: Handlung; *drán*: handeln, tun; gr. *theōría*: Sehen, Betrachtung, *theōrein*: sehen), die historische Entwicklung und Vielfalt von Dramen erschweren sowohl abstrakte Gattungsdefinitionen und -typologien wie auch alle Versuche, allg. Gesetze und Regeln für das Drama aufzustellen. D. spiegeln daher das kulturelle Selbstverständnis, das Objekt-, Problem- und Methodenbewußtsein ihrer Zeit und definieren Dramen entsprechend den jeweils für relevant gehaltenen Kontexten. Es wird allg. angenommen, daß das Drama sich aus religiösen und kultischen Ritualen entwickelt hat. Darauf weisen D. des japanischen Nō-Theaters, wie z. B. die Aufsätze von Zeami Motokiyo aus dem 14. und 15. Jh. oder die dem legendären Bharata zugeschriebene Theorie des indischen Sanskrit-Dramas aus dem 2. Jh. ebenso hin wie die im folgenden ausschließlich berücksichtigten D. des westlichen Kulturraumes. In der gr. Polis wurden die kultischen Spiele mehr und mehr säkularisiert. Die Verbindung von Dramen zu kultischen Feiern blieb aber lange Zeit relevant, und noch heute wird betont, daß das Drama den Zuschauern eine spezifische Gruppenerfahrung vermittle. Entsprechend häufig heben D. die Aspekte hervor, die auf religiös-kultische Kontexte verweisen, etwa bei den zu Ehren von Dionysos aufgeführten Dithyramben, den ma. Mysterienspielen, den Passionsspielen usw., während in neuerer Zeit eher auf politische Kontexte eines entsprechend engagierten Dramas oder auf spezifische Publikumserfahrungen, wie etwa beim Happening, verwiesen wird. Erst mit der zunehmenden Bedeutung der Veröffentlichung von gedruckten Dramentexten treten in D. literar. Aspekte in den Vordergrund, die ab dem 18., v. a. aber seit dem 19. Jh. an Dominanz gewinnen und erst wieder in den Theorien des späten 20. Jh.s unter dem Einfluß der ↗ Semiotik, der soziologisch orientierten Rollentheorie, der Texttheorie und der Kommunikationsforschung zurücktreten. – D. heute stehen also, wenn sie Vollständigkeit anstreben, sowohl im theater- wie im lit.wissenschaftlichen Kontext; sie geben Rechenschaft über alle erkennbaren Elemente von Dramen und Dramentypen, beschreiben die potentiellen Wirkungen dieser Elemente und Gattungen und legen die Stellung oder Funktion des Dramas in der Gesellschaft offen. Es ist verständlich, daß sich D. bei dieser Fülle von zu untersuchenden Aspekten gewöhnlich auf ausgewählte Perspektiven konzentrieren, was durch die moderne Trennung in Theater- und Lit.wissenschaft gefördert wird, doch wäre eine D., die etwa die Einflüsse des Theaters außer acht ließe, immer nur Teil eines Ganzen. Andererseits basiert natürlich jede einzelne Drameninterpretation auf einer D., weil immer gewöhnlich nur implizit ganz bestimmte Vorstellungen vom Drama in die Auslegungen einzelner Werke einfließen. D. macht diese oft unbewußt bleibenden, historisch geprägten Grundlagen zum Thema und verweist damit auf die für die Dramenkonzeption maßgeblichen kulturellen Kontexte. – Die Geschichte der für den westlichen Kulturkreis relevanten D. beginnt mit ↗ Aristoteles' höchst einflußreicher, wenn auch nur fragmentarisch überlieferter *Poetik* aus dem 4. Jh. v.Chr., also innerhalb einer Dichtungstheorie. Dichtung wird als Nachahmung menschlicher Realität verstanden (↗ Mimesis) und mit dem Zweck verbunden, Freude an dieser Nachahmung und am Erkennen von Wahrheit zu vermitteln. Bei Aristoteles ist der handelnde Mensch das zentrale Thema von Dichtung generell und speziell von Dramen. Die Komödie stellt Fehler und Schwächen der Menschen bloß, während das Wesen der Tragödie so zusammengefaßt wird: »Die Tragödie ist die Nachahmung einer edlen und abgeschlossenen Handlung von einer bestimmten Größe in gewählter Rede, derart, daß jede Form solcher Rede in gesonderten Teilen erscheint und daß gehandelt und nicht berichtet wird und daß mit Hilfe von Mitleid und Furcht eine Reinigung von eben derartigen Affekten bewerkstelligt wird« (1972, S. 30). Sechs Teile konstituieren die Tragödie: ›Mythos, Charakter, Rede, Absicht, Szenerie und Musik‹. Rede, Szenerie und Musik sind die Mittel zur Gestaltung der Nachahmung; Absicht und Charakter ergeben sich aus der Handlung, die als Ganzes den Mythos ausmacht. Die Wirkung auf die Zuschauer wird ebenfalls durch den Mythos erreicht, wobei Mitleid entsteht, ›wenn der, der es nicht verdient, ins Unglück gerät, Furcht, wenn es jemand ist, der dem Zuschauer ähnlich ist‹. Die Tragödie ist für Aristoteles die höchste Gattung, da sie alle Elemente besitzt, die auch die Epik hat, darüber hinaus aber ›als bedeutendes Stück die Musik und die Bühnenkunst, die beide am offensichtlichsten Freude bereiten‹. Die Aufführung bringt also ein zusätzliches Vergnügen mit sich, sie ist aber für die Bewertung der Tragödie selbst nicht notwendig, denn ›man kann sie schon auf Grund bloßer Lektüre beurteilen.‹ Das ↗ MA. betont mit seinen verschiedenen Formen des geistlichen Spiels, wie Passions-, Mysterien- oder Heiligenspielen, zunächst wieder den kultischen und sakralen Charakter des Dramas. D. für dieses Theater sind gewöhnlich nicht explizit formuliert und grundsätzlich nicht der klassischen Antike verpflichtet, sondern der christlichen Tradition und Gegenwart. Sie fordern die Darstellung der christlichen Glaubenselemente mit dem dazugehörigen Geschichtsbild, das von der göttlichen Schöpfung und dem menschlichen Sündenfall ausgeht und über Leiden auf Erden sowie Erlösung durch Buße und Sühne zur abschließenden göttlichen Gnade für die gerechten Gläubigen gelangt. Schon in diesem Geschichtsverständnis verbindet sich Tragik mit Glück, und eine tragikomische Mischung charakterisiert die Spiele dieser Zeit generell. Aristoteles' strikte Trennung in Komödie und Tragödie ist hier so wenig angemessen wie eine Ständeklausel oder die Forderung nach der Einheit von Ort, Zeit und Handlung, da Handlung gezeigt werden soll, die entweder in der Vergangenheit schon stattgefunden hat, aber heute immer noch relevant ist, oder Handlung, die typisch und daher an allen Orten, für alle Menschen und zu jeder Zeit bedeutsam ist. In der frühen Neuzeit wird Aristoteles' Poetik neben der des ↗ Horaz zur Rechtfertigung eigenen künstlerischen Schaffens und zur Entwicklung einer Normativik (↗ normative Poetik) benutzt, die im 17. Jh. zur vollen Entfaltung kommt, nachdem sie von L. Castelvetro in seinen *Abhandlungen über die aristotelische Poetik* 1570 vorformuliert wurde. Für den Höhepunkt dieser Entwicklung stehen beispielhaft N. Boileau mit seiner 1674 erschienen *L'art poétique* und das klassische frz. Theater, von dem sich das engl., für das ab dem späten 17. Jh. W. Shakespeare als repräsentativ galt, deutlich absetzt. Der normativen D. der Franzosen mit der Ständeklausel, den Regeln für angemessene Sprache, Beachtung der Wahrscheinlichkeit und Schicklichkeit, also des ›Dekorum‹, sowie der aus Aristoteles nur mittelbar ableitbaren Forderung nach der Einheit von Ort, Zeit und Handlung, stehen schon früh Überlegungen gegenüber, die die Unabhängigkeit von ständischen oder gattungsbestimmten Regeln betonen und künstlerische Freiheit hervorheben. Für diese Position sind im 18. Jh. etwa E. Youngs *Conjectures on Original Composition* (1759) und M. J. R. Lenz' *Anmerkungen über das Theater* (1774) repräsentativ; doch forderte schon L. de Vega 1609 in *Die neue Kunst der Komödiendichtung* mehr oder weniger direkt die Unabhängigkeit von festen Gattungsregeln, gegen die sich 1660 P. Corneille in seiner *Abhandlung über die Bühnenkunst* ebenfalls aussprach. Auch der eher klassizistisch orientierte J. Dryden verteidigt in seinem *Essay of Dramatic Poesy* (1668) die vitale Vielfalt engl. Dramen gegen die Kälte des regelbestimmten frz. Theaters. Rund 100 Jahre später versuchen

G.E. Lessing und J.G. Herder, zwischen den beiden Positionen zu vermitteln, wobei sie jeweils Shakespeares Werk als Ausdruck künstlerischer Genialität mit der aristotelischen Regelmäßigkeit und den sich aus ihr entwickelnden Typologien verbinden wollen. Das 18. Jh. ist im Grunde schon die Zeit der Abkehr vom normativen Denken in den D., das Voltaire in seinem *Diskurs über die Tragödie* 1731 noch einmal konservativ zusammenfaßt, bevor D. Diderots Überlegungen *Von der dramatischen Dichtkunst* 1758 mehr Freiräume fordert und S. Johnson, sonst eher ein Klassizist, im Vorwort seiner Ausgabe der Werke Shakespeares 1765 das Ende der drei Einheiten reklamiert. Das bürgerliche Trauerspiel hatte sich bereits als zeitgemäßer neuer Dramentyp gebildet, und mit ihm entstand eine durch Lessings *Hamburgische Dramaturgie* (1767f.) repräsentativ formulierte D., die die Bürger nicht nur in Komödien dargestellt wissen will, sondern ihnen auch heldenhaftes und tragisches Handeln zutraut. Tragisch, moralisch und rührend sind solche Situationen, die das durch eine Schwachheit verursachte Unglück von Menschen zeigen, die den bürgerlichen Zuschauern in jeder Beziehung am nächsten kommen. Das bürgerliche Trauerspiel wirkt für Lessing v.a. auf die Gefühle der Zuschauer, weckt deren Rührung und ist auf diese Weise ein Medium zur Vermittlung bürgerlicher Tugenden. Auch Schillers D. von 1784 versteht die Schaubühne als eine ›moralische Anstalt‹, in der sich die Ideale der Aufklärung und des Bürgertums verbinden, um ›Menschlichkeit und Duldung‹, ›sittliche Bildung‹ und ›Aufklärung des Verstandes‹ zu vermitteln. Damit ist die Schaubühne ›eine Schule der praktischen Weisheit, ein Wegweiser durch das bürgerliche Leben, ein unfehlbarer Schlüssel zu den geheimsten Zugängen der menschlichen Seele‹. Die romantischen D. (↗ Romantik) setzen die Entwicklung zur Darstellung der bürgerlichen Klasse und zur Aufwertung von Emotionalität fort, feiern das volkstümliche, zeitnahe Drama, die Mischung der Stile und Ausdrucksmittel, die Verbindung von tragischen und komischen Elementen, von Häßlichem und Schönem, und sie sehen in dieser Vereinigung von Gegensätzlichem nicht nur eine realitätsnähere Darstellung, sondern auch eine bessere Annäherung an das über äußerliche Erscheinungen hinausgehende Geheimnis des Lebens. A.W. Schlegels Vorlesungen *Über dramatische Kunst und Lit.* von 1808, V. Hugos Vorwort zu seinem Drama *Cromwell* von 1827 und Aufsätze von S.T. Coleridge aus den Jahren 1818 bis 1836 stehen exemplarisch für diese Tendenz, die das Allg.typische und generell Gültige durch das Individuelle und Zeitgemäße ergänzt, um auf diese Weise die ›organische Einheit‹ des Kunstwerks Drama zu erreichen, die der gleichartigen, widersprüchlichen und komplexen Einheit des Lebens entspricht. G.F.W. ↗ Hegels zur gleichen Zeit entstandene Ästhetik sieht das klassische Drama zwar noch einmal als Ideal und findet im modernen Gegenwartsdrama eine Überbetonung des Subjektiven, doch stellt auch er im Drama die für seine Zeit typische Verbindung von Gegensätzen fest, die ihn das Drama auf ›die höchste Stufe der Poesie und Kunst überhaupt‹ stellen läßt, da es ›die Objektivität des Epos mit dem subjektiven Prinzip der Lyrik in sich vereinigt‹. Nach Hegels typisch modernem, weil dialektisch konzipierten Versuch, die Antike gegenüber der Moderne zu sichern, führt die Entwicklung unaufhaltsam weiter in Richtung der ↗ Moderne, d.h. zu widerspruchsvollen oder Widerspruch gerade überwinden wollenden Versuchen, die Gegenwart darzustellen und zu verstehen, z.B. im naturalistischen Milieudrama, das theoretisch v.a. von É. Zola reflektiert wurde (↗ Naturalismus), und im sozialen Drama, z.B. bei G. Hauptmann. Eine bis heute nachwirkende Entwicklung des 19. Jh.s ist der Versuch, die Vielfalt der Wirklichkeit und des Dramas wissenschaftlich und damit ›objektiv‹ zu erfassen. So ist G. Freytags *Technik des Dramas* von 1863 durch das Bemühen geprägt, die Grundregeln des Dramenaufbaus durch empirische Analyse festzulegen. In seiner Theorie verbinden sich auf zeitcharakteristische Weise das Prinzip der Wissenschaftlichkeit, der Faktendarstellung und der empirischen Deskription mit Nachwirkungen der Tradition, die sich sowohl in der Orientierung an anerkannt großen Werken wie in der Ausrichtung auf aristotelische Kategorien zeigt. Während Freytags Bemühen um eine überzeitliche Gültigkeit beanspruchende D. v.a. in akademischen Kreisen langfristige Anerkennung fand, forderten Dramen mit realistischen Darstellungen von Gegenwartsproblemen schnell Hinweise auf Ebenen der menschlichen Existenz jenseits der materiellen Oberfläche heraus. So entstanden etwa in den D. des Symbolismus erste explizite Versuche, das Theater als Ort sinnlicher Erfahrungen vom Drama als literar. Kunstwerk zu trennen bzw. ein umfassendes ›Gesamtkunstwerk‹ (R. Wagner) zu erstellen, das auch den Zuschauer zum ›Mitschöpfer‹ macht. Das Künstlerische erscheint als eigenwertiger Bereich, der keine zeitgeschichtliche Rechtfertigung aus der Realität benötigt und gleichzeitig als Mittel, andere und tiefere Wahrheiten als die des Alltagslebens zu erreichen. Die Vorstellung des reinen und absoluten Theaters verlangt die vollkommene Verschmelzung von lyrischer Sprache, Musik, Licht, Farben und Mythologie und ist eine Konzeption, die die D. des Regisseurs A. Appia ebenso beeinflußt wie die Theorie und schriftstellerische Praxis von H. von Hofmannsthal, O. Wilde, W.B. Yeats, T.S. Eliot oder F. García Lorca. F.W. ↗ Nietzsches Beschreibung der *Geburt der Tragödie* (1871) als Verbindung von Apollinischem und Dionysischem lieferte zahlreiche Anlässe für spätere Überlegungen über den Niedergang der Tragödie in der Moderne. – A. Čechovs oder H. Ibsens Dramen, die die Dramenpraxis in Europa revolutionierten, verlangten dagegen D., die sich von der antiken Tradition entfernten, diese nicht zum Ideal nahmen, sondern sie eher historisch betrachteten, und die den zeitgenössischen Erkenntnissen, etwa der Psychoanalyse C.G. ↗Jungs und S. ↗Freuds, Rechnung trugen. Schon in seinem 1888 erschienenen Aufsatz »Der Einakter« hatte A. Strindberg hervorgehoben, daß nun das ›Hauptinteresse in den psychologischen Verlauf verlegt‹ wird. So entstehen Traumspiele und Stationendramen, in denen nicht mehr die Handlung Einheit garantiert, sondern das Bewußtsein der ↗ Figuren. Kurze dramatische Darstellungen bedeutungsvoller Situationen entsprechen dem Geschmack einer schnellebigen Zeit. Zeitgeschmack und die für die Moderne typische Ausdifferenzierung und Pluralisierung zeigt sich auch in den folgenden D., die von den verschiedensten Kunstkonzepten der Zeit, wie Futurismus, ↗ Surrealismus, ↗ Expressionismus, Dadaismus usw., beeinflußt sind. Die Mitte des 20. Jh.s ist von zwei gegensätzlichen D. dominiert, der des Epischen Theaters und der des Theaters des Absurden. Das von B. ↗ Brecht (1939) unter dem Einfluß von E. Piscator konzipierte und realisierte epische Theater will explizit eine andere Wirkung auf das Publikum ausüben als das aristotelische Theater, und es verwendet dazu gänzlich andere Mittel als das bürgerliche Theater, gegen das sich Brecht in erster Linie wendet. Statt Mitleid und Furcht sollen ›Hilfsbereitschaft‹ und ›Wissensbegierde‹ erzielt werden; statt des Prinzips der Einfühlung wird das der ↗ ›Verfremdung‹ benutzt, das Erkenntnis über die Realität vermittelt. Dadurch wird der Zuschauer im Theater ›empfangen als der große Änderer, der in die Naturprozesse und

die gesellschaftlichen Prozesse einzugreifen vermag. Das Theater versucht nicht mehr, ihn besoffen zu machen, ihn mit Illusionen auszustatten. Das Theater legt ihm nunmehr die Welt vor zum Zugriff‹. Die auf konstruktiven Eingriff in die Welt basierende Theorie Brechts erhält nach dem Zweiten Weltkrieg im Theater des Absurden einen Gegenpol, der die Sinnlosigkeit allen menschlichen Handelns hervorhebt. M. Esslin entwickelt im Kontext der existentialistischen Philosophie und der von A. Camus stammenden Definition des Absurden 1961 eine D., die die praktische Lösung der Existentialisten, nämlich trotz aller Absurdität im Leben für Sinn und Werte zu kämpfen, außer acht läßt und die Werke von A. Adamov, E. Albee, S. Beckett, J. Genet, E. Ionesco, H. Pinter und anderen als Dramen interpretiert, die allein die Sinnlosigkeit jeglichen menschlichen Handelns zeigen. Neben der Thematik des Sinnverlusts hebt Esslin v.a. die Bildhaftigkeit dieses Theaters sowie die sich mit der dargestellten Sinnlosigkeit verbindende spezifische Charakterisierung der Sprache als nicht-diskursiv, bedeutungslos oder klischeehaft und der Figuren als identitätslose, willensschwache oder typenhafte Allerweltsfiguren bzw. Außenseiter hervor, die nicht miteinander kommunizieren, isoliert sind und bei denen Sprechen und Handeln auseinanderfallen. Die in der Theorie des Absurden schon deutlich werdende Selbstreferentialität der ↗ Zeichen wird durch D. der Folgezeit ganz in den Vordergrund gestellt: Sprache weist darin nicht auf eine wie auch immer definierte andersartige Wirklichkeit hin, sondern nur auf andere Zeichen, speziell auf Zeichen desselben Systems, also des Dramas bzw. Theaters. So wird z.B. für Brater (vgl. 1987) das Drama Becketts, das Th.W. ↗ Adorno (vgl. 1974) noch als typisch absurd versteht, nun ein Drama über das Drama, das allein mit den Zeichen der Gattung spielt. D. ist damit postmodern geworden. Die Darstellungsformen des Dramas werden selbst zum Thema, Inhalt und Problem der Stücke, etwa auch bei P. Handke und S. Shepard. In diesem postmodernen Kontext vertritt Handke (vgl. 1968) eine für die zweite Hälfte des 20. Jh.s repräsentative Position, die das Theater als unbrauchbar für eine Änderung der Gesellschaft ansieht: ›es taugt nicht zu Lösungsvorschlägen, höchstens für Spiele mit Widersprüchen‹. R. Wilsons ›Theater der Visionen‹ (vgl. Brecht 1979) vertritt dieselbe Tendenz, wobei die auf Malerei und Musik basierende Bildlichkeit seiner Inszenierungen Fragen nicht beantworten, sondern provozieren will. Die von P. ↗ Szondi (vgl. 1956) konstatierte Krise des modernen Theaters findet also neben den schon bei ihm beschriebenen auch im postmodernen Theater immer weitere Rettungsversuche mit dazugehörigen D.. – Wissenschaftliche D. konzentrieren sich nach den apolitischen Perspektiven der Nachkriegszeit (vgl. W. ↗ Kayser 1948; E. ↗ Staiger 1946; N. ↗ Frye 1957), den kontrastiven Positionen der 60er (vgl. Klotz 1960; Grimm 1963) und Fortsetzungen der strukturalistischen D. bis in die 70er Jahre (vgl. Mukařovský 1937; Souriau 1950; Greimas 1973) seit den 80ern auf vier Perspektiven, die die bisherige Entwicklung zeitspezifisch akzentuieren: Erstens hat sich eine ↗ Theatersemiotik entwickelt, die Methoden der allg. ↗ Semiotik aufgreift. Zweitens hat die Weiterentwicklung der Kommunikations- und Textforschung Fragen nach drameninternen Strukturen in den Vordergrund gestellt. Dadurch ist es gelungen, die traditionellen Untersuchungsbereiche von Dramenanalysen in einer bis dahin ungewohnten systematischen Kohärenz und Vollständigkeit zusammenzufassen und mit neuen Perspektiven, z.B. der Informationsvergabe, zu verbinden. So ergibt sich ein differenziertes »Wahrnehmungs- und Beschreibungsraster« (Pfister 1997, S. 382), das große Hilfen für die Analyse von Dramen bietet. Eine andere Akzentsetzung haben drittens D., die Kommunikation und Interaktion mit der soziologischen und psychologischen Erkenntnis verbinden, daß jeder Mensch im Alltag selbst verschiedene Rollen spielt, die wie die Rollen auf der Bühne dekodiert und interpretiert werden müssen. Diese etwa von G.H. Mead (1938), E. Goffman (1959), P. ↗ Watzlawick et al. (1966) oder B. Wilshire (1982) entwickelten Überlegungen haben nicht nur zu größerem Verständnis von alltäglichem menschlichen Verhalten geführt, sondern auch zu aufschlußreichen Interpretationen von dramatischem Agieren. Drama ist in diesem Kontext exemplarisches, künstlich und künstlerisch gestaltetes Muster menschlichen Verhaltens, das im Theater nicht wesentlich anders als in der alltäglichen Realität ist. Viertens hat sich D. aus feministischer und geschlechtsspezifischer Perspektive etabliert (vgl. Case 1990; Goodman 1993; Keyssar 1984). Sie untersucht, wie D. und Dramenpraxis von verschiedenen Vorstellungen über Geschlechterrollen beinflußt sind, welche Bedeutung Frauen in der Vergangenheit spielten und v. a., wie in Gegenwart und Zukunft die Möglichkeiten von Frauen zur aktiven Beteiligung in allen Bereichen

der Dramenproduktion verbessert werden können. Alle dramatischen Formen und Ausdrucksmittel, die als mit patriarchalischen Herrschaftsstrukturen verbunden gesehen werden, wie etwa der ↗ Realismus, werden aus dieser Perspektive abgelehnt, und es wird die Entwicklung neuer, von solchen Traditionen unabhängiger Formen gefordert. So reklamieren z.B. E. Marks (1979) und S.-E. Case (1989) das Schreiben von lesbischen Dramen als ›exzessivster Möglichkeit‹, die Frau und ihren Körper zu entdomestizieren. Die jüngste Entwicklung dieser Richtung verlangt ›utopische Perspektiven‹, die Darstellung dessen, was noch nicht ist, und das Schaffen neuer Subjekt-Positionen von Frauen, aber auch Männern. Selbstbestimmung in und durch Dramen soll die Möglichkeit bieten, sich versuchsweise und spielerisch nicht nur aus alten Zwängen zu befreien, sondern weitgehend unabhängig davon eigene Vorstellungen von neuen Identitäten und Gestaltungsräumen zu entwickeln (vgl. Dolan 1990; Gilbert/Gubar 1989; Stimpson 1989). Die D. ist damit deutlich im Begriff, die Postmoderne hinter sich zu lassen und konstruktivistische Elemente aufzugreifen, die bisher weder in Theorien populärer und vornehmlich auf Unterhaltung abzielender Dramen noch in Überlegungen zum politischen Theater auftauchen.

Lit.: G. Freytag: *Die Technik des Dramas*, Stgt. 1994 [1863]. – B.H. Clark (Hg.): *European Theories of the Drama*, N.Y. 1977 [1918]. – G.H. Mead: *The Philosophy of the Act*, Chicago 1972 [1938]. – Kayser 1992 [1948]. – E. Staiger: *Grundbegriffe der Poetik*, Mchn. 1983 [1946]. – E. Souriau: *Les deux cent mille situations dramatiques*, Paris 1950. – P. Szondi: *Theorie des modernen Dramas 1880–1950*, FfM. 1994 [1956]. – Frye 1990 [1957]. – E. Goffmann: *The Presentation of Self in Everday Life*, N.Y. 1959. – V. Klotz: *Geschlossene und offene Form im Drama*, Mchn. 1992 [1960]. – M. Esslin: *The Theatre of the Absurd*, Ldn. 1991 [1961] (dt. *Theater des Absurden*, Reinbek 1996 [1964]). – R. Grimm: »Drama im Übergang: Pyramide und Karussell«. In: ders.: *Strukturen. Essays zur dt. Lit.*, Göttingen 1963. S. 8–43. – F. Schiller: »Was kann eine gute, stehende Schaubühne eigentlich wirken?«. In: ders.: *Werke*, Bd. 20, Weimar 1963. S. 78–100. – J. Mukařovský: »Zwei Studien über den Dialog«. In: ders.: *Kap. aus der Poetik*, FfM. 1967. S. 108–153. – P. Watzlawick et al.: *Pragmatics of Human Communication*, N.Y. 1967. – P. Handke: »Brecht, Spiel, Theater, Agitation«. In: H. Rischbieter (Hg.): *Theater im Umbruch*, Mchn. 1970. S. 64–67. – R. Grimm (Hg.): *Dt. D.*, 2. Bde., Wiesbaden 1980 [1971]. – Aristoteles: *Poetik* (Hg. O. Gigon), Stgt. 1972. – J. Greimas: »Les actants, les acteurs et les figures«. In: ders.: *Sémiotique narrative et textuelle*, Paris 1973. S. 161–176. – Th. W. Adorno: »Versuch, das Endspiel zu verstehen«. In: ders.: *Werke*, Bd. 11, FfM. 1974. S. 281–321. – B. F.

Dukore (Hg.): *Dramatic Theory and Criticism. Greeks to Grotowski*, N.Y. 1974. – A. van Kesteren/H. Schmid (Hgg.): *Moderne D.*, Kronberg 1975. – Pfister 1997 [1977]. – S. Brecht: *The Theatre of Visions*. R. Wilson, Ldn. 1994 [1979]. – E. Marks: »Lesbian Intertextuality«. In: G. Stambolian/dies. (Hgg.): *Homosexualities and French Literature*, Ithaca 1979. S. 353–377. – M. Carlson: *Theories of the Theatre. A Historical and Critical Survey from the Greeks to the Present*, Ithaca 1993 [1984]. – H. Keyssar: *Feminist Theatre. An Introduction to Plays of Contemporary British and American Women*, Hampshire 1996 [1984]. – E. Brater: *Beyond Minimalism. Beckett's Late Style in the Theatre*, N.Y. 1987. – S.-E. Case: »Towards a Butch-Femme Aesthetic«. In: L. Hart (Hg.): *Making a Spectacle. Feminist Essays on Contemporary Women's Theatre*, Ann Arbor 1989. S. 282–299. – S.M. Gilbert/S. Gubar: »The Mirror and the Vamp. Reflections on Feminist Criticism«. In: Cohen 1989. S. 144–166. – C.R. Stimpson: »Woolf's Room, Our Project. The Building of Feminist Criticism«. In: Cohen 1989. S. 129–143. – S.-E. Case (Hg.): *Performing Feminism. Feminist Critical Theory and Theatre*, Baltimore 1990. – J. Dolan: »›Lesbian‹ Subjectivity in Realism. Dragging at the Margins of Structure and Ideology«. In: Case 1990. S. 40–53. – B. Brecht: »Über experimentelles Theater«. In: ders.: *Werke*, Bd. 22/1, Bln./FfM. 1993. S. 540–557. – L. Goodman: *Contemporary Feminist Theatres. To Each Her Own*, Ldn. 1993. – G. Krieger: »D. und Methoden der Dramenanalyse«. In: Nünning 1995. S. 69–92. – D. Schwanitz et al.: »Drama, Bauformen und Theorie«. In: Ricklefs 1996. S. 397–420. – H. Schmid: »D.«. In: Weimar 1997. S. 402–406.

KPM

Durkheim, Émile David (1858–1917), Mitbegründer der frz. Soziologie, soziologischer Klassiker mit andauernder Wirkung. – Studium an der École Normale Supérieure, u.a. mit J. Jaurès, durch den er sich dem Sozialismus näherte. Nach Abschluß in Philosophie 1885 Studienreise nach Deutschland. Es folgen Veröffentlichungen über die dt. Universitäten und die dortige sozialwissenschaftliche Auseinandersetzung mit Fragen des sozialen Zusammenhalts, der ›Moral‹. 1887 Professor für Pädagogik und Sozialwissenschaft in Bordeaux. Während der folgenden 15 Jahre publizierte er wichtige Arbeiten und begründete faktisch die frz. Soziologie. Grundlage waren eigene Forschungen, die Gründung der *Année Sociologique* (1898) und die Institutionalisierung der neuen Disziplin in der Hochschule. Seit 1902 Lehrtätigkeit an der Sorbonne, 1906 Berufung auf einen für ihn umbenannten Lehrstuhl für Erziehungswissenschaft und Soziologie. – D. stellte sich in seinem ersten Hauptwerk *Über soziale Arbeitsteilung* (1893) eine für moderne und demokratische Gesellschaften zentrale Frage: »Wie geht es zu, daß das Individuum, obgleich es immer autonomer wird, immer enger von der Gesellschaft abhängt? Wie kann es zu gleicher Zeit persönlicher und solidarischer sein?« (D. 1996, S. 82). Seine Zuversicht, diese Fragen beantworten zu können, machte D. zu einem zentralen Denker eines sich demokratisierenden, Kirche und Staat trennenden Frankreichs, dessen Bürger individuelle Interessen verfolgten, aber den Einwänden antidemokratischer Kräfte begegnen mußten. Diese sahen unter Verweis auf die 1871er Niederlage Zusammenhalt und Stärke des Landes durch den wachsenden Individualismus gefährdet. D. lehnte sowohl das dem Theorem vom Gesellschaftsvertrag zugrundeliegende voluntaristische Moment ab als auch das technokratische autoritärer Herrschaft. In der Teilung der sozialen Arbeit (soziale Differenzierung) sieht D. einen eigendynamischen Prozeß, der als Ergebnis von Bevölkerungswachstum und ›sozialer Verdichtung‹ ›mechanisch‹ Individualisierung und gleichzeitig größere wechselseitige Abhängigkeit bewirke. Die sich individualisierenden Akteure würden, so seine Hoffnung, ihre größere Abhängigkeit in ihr Handeln integrieren und einen neuen ›organischen‹ Typ von Solidarität hervorbringen. In *Der Selbstmord* (1897) nahm D. am Beispiel einer so augenscheinlich persönlichen Entscheidung das Thema der problematischen Beziehung zwischen Individuum und Gesellschaft auf. Mit der Entwicklung zu modernen Gesellschaften entstehe ein problematisches Bindungsverhältnis zwischen Individuum und Gesellschaft. Würden die Bindungen zu eng oder zu locker, so wüchsen die Selbstmordraten, was D. auch statistisch zu belegen versuchte. Im dritten Hauptwerk, *Die elementaren Formen des religiösen Lebens* (1912), wendete sich D. der Religion und ihrem Ursprung zu, einem Thema, das in wissenschaftlichen Zusammenhängen entweder apologetisch oder herabsetzend und damit unangemessen behandelt wurde. Wieder steht die Beziehung Individuum vs. Gesellschaft im Mittelpunkt. D. geht von der universellen Präsenz religiöser Überzeugungen aus und fragt nach ihrem gemeinsamen Nenner. Er findet ihn in der Gegenüberstellung von Heiligem und Profanen. Unter Rückgriff auf Entwicklungsvorstellungen H. Spencers glaubt D., auf die, wie er meint, ursprünglichste Form von Religiosität zurückgreifen zu können, den australischen Totemismus. Die einem Totem zugesprochene ›anonyme und unpersönliche Kraft‹ gehe auf die Gesellschaft zurück. Sie agiere durch ihre Mitglieder. Gesellschaft sei so gleichermaßen anonym und übermächtig. Die gesellschaftliche Autorität lasse ein Gefühl der Achtung und Legitimität für diese Macht entstehen. Dies sei der Ursprung des Heiligen, Religion also Projektion gesellschaftlicher Macht. In dieser Perspektive wird Religion keineswegs als Betrug oder ›Opium für das Volk‹ verstanden, wohl aber als an den Stand der jeweiligen gesellschaftlichen Entwicklung gekoppelt. – In methodischer Hinsicht vertrat D. die These, Soziales sei durch Soziales zu erklären, was oft als soziologistische bzw. kulturistische Programmatik verstanden wurde (↗ Kulturtheorien).

Lit.: É. Durkheim: *Über soziale Arbeitsteilung. Studie über die Organisation höherer Gesellschaften*, FfM. 1996 [1893]. – St. Lukes: *É.D.: His Life and Work. A Historical and Critical Study*, Harmondsworth 1975. – R.A. Nisbet: *The Sociology of É.D.*, Ldn. 1975. – A. Giddens: *D.: His Life, Work, Writings and Ideas*, Glasgow 1978. – R. König: *É.D. zur Diskussion. Jenseits von Dogmatismus und Skepsis*, Mchn. 1978. – Ph. Besnard (Hg.): *The Sociological Domain, the Durkheimians and the Founding of French Sociology*, Cambridge 1983.

PMH

E

Eagleton, Terry (*1943), engl. Lit.wissenschaftler. – Nach seinem Studium am Trinity College und einer Beschäftigung am Jesus College in Cambridge wechselte E. 1969 an die Oxford University. Tätigkeiten als *Fellow* und später als Dozent für *Critical Theory* folgte 1992 der Ruf zum Thomas Wharton Professor of English Literature, eine der prestigeträchtigsten Positionen in der engl. Lit.wissenschaft. E. ist heute neben F. ↗ Jameson der einflußreichste marxistische Lit.theoretiker (↗ Marxistische Lit.theorie) im angelsächs. Raum. – E.s frühe Schriften sind deutlich von seinen damaligen trotzkistischen Grundüberzeugungen geprägt. So vertritt er in *Criticism and Ideology* (1978) noch die Position, daß die gesamte Kultur so stark von bürgerlicher ↗ Ideologie durchsetzt sei, daß progressive Werte dort nicht zu finden sein könnten. Man sei darauf angewiesen, neue Werte zu entwickeln, ein Prozeß, der unter kapitalistischen Produktionsverhältnissen nicht gelingen könne und der nur durch revolutionären Umbruch möglich würde. Diese Überzeugung in Verbindung mit einem expansiven, in wesentlichen Teilen auf L.

↗ Althusser zurückgehenden Ideologiebegriff impliziert eine recht ungünstige Prognose für die Wirksamkeit von Handlungen im Bereich des kulturellen und politischen Überbaus. Die folgenden Arbeiten E.s lassen sich als Versuch lesen, einen größeren erkenntnistheoretischen Spielraum für Ideologiekritik und eine revolutionäre Theorie des Überbaus zu erarbeiten. Schon in seinem Buch über W. ↗ Benjamin (1981) entfernt sich E. von Althusser und formuliert unter Rückgriff auf A. ↗ Gramscis ↗ Hegemoniebegriff eine Perspektive für ›revolutionäre Lit.kritik‹. Dabei geht er davon aus, daß die hegemoniale Ideologie ein wesentliches Herrschaftsinstrument ist, deren Rolle bei der systemstabilisierenden Konstruktion von Subjekten analytisch aufgedeckt werden kann und muß, um revolutionären Wandel zu ermöglichen. Dabei wird allerdings nicht ganz klar, auf welche Weise der revolutionäre Lit.wissenschaftler selbst sich ideologischen Verzerrungen soll entziehen können. E.s immens erfolgreiche Einführung in die Lit.theorie (1983) markiert seine zunehmende Offenheit für nicht-marxistische Theorieansätze wie den Feminismus (↗ Feministische Lit.theorien), die Psychoanalyse (↗ Psychoanalytische Lit.wissenschaft) und poststrukturalistische (↗ Poststrukturalismus) Ansätze in der Nachfolge M. ↗ Foucaults. Trotz dieses offensiv vertretenen Eklektizismus bleibt E.s Verpflichtung auf den marxistischen Diskurs als Grundlage seines theoretischen Gebäudes stets deutlich. Der wichtigste Schritt bei der Lösung der für jeden marxistischen Lit.theoretiker entscheidenden Frage, wie Ideologiekritik betrieben werden kann, ohne daß man sich selbst dem Vorwurf aussetzt, wiederum nur Ideologie zu produzieren, gelingt E. in *The Ideology of the Aesthetic* (1990). Dort wird die allen Menschen gemeinsame Körperlichkeit als Grundlage für die Ermittlung objektiver Bedürfnisse und Rechte ausgemacht, die die Basis für eine Kritik herrschender Verhältnisse bilden können. Der ästhetische Diskurs der Moderne wird gleichzeitig als ideologisches Instrument, aber auch als potentielle Form des Widerstandes gegen eine die Rechte des Körpers mißachtende instrumentelle Vernunft konzeptualisiert. Auf dieser Grundlage liest E. die Klassiker der modernen Ästhetik neu und entwickelt Ansätze für eine kommunistische Ethik, die ihre normativen Standards aus den Grundbedürfnissen nach Nahrung, Sexualität und sozialer Interaktion ableitet. – Die bes. Bedeutung E.s für die aktuelle Diskussion in der Lit.theorie besteht darin, daß er den marxistischen Diskurs für Einflüsse anderer Strömungen öffnet, ohne dabei die erkenntnistheoretischen und inhaltlichen Grundlagen des Marxismus in Frage stellen zu müssen. Gleichzeitig schafft E. durch seinen Rückgriff auf die Rechte des Körpers als Ausgangspunkt des Denkens eine epistemologische Basis, von der aus der Marxismus gegen den extremen erkenntnistheoretischen Skeptizismus anderer Ansätze wie des ↗ Dekonstruktivismus verteidigt werden kann.

Lit.: T. Eagleton: *Criticism and Ideology. A Study in Marxist Literary Theory*, Ldn. 1976. – ders: *W. Benjamin, or, Towards a Revolutionary Criticism*, Ldn. 1981. – ders. 1996 [1983]. – ders. 1995 [1990]. SS

Eco, Umberto (*1932), ital. Zeichentheoretiker und Schriftsteller. – 1955 Promotion in Turin; 1961 Dozent für ↗ Ästhetik in Turin und 1964 für Semiotik in Mailand; 1964–1974 diverse internationale Dozenturen und Gastprofessuren; seit 1975 Professor für Semiotik in Bologna; seit 1965 Kolumnist für *L'espresso*; seit 1971 Herausgeber der Semiotik-Zs. *VS*; zahlreiche literar. und wissenschaftliche Preise. – Nach der Dissertation zur Ästhetik bei Thomas von Aquin folgt E.s Hauptwerk *Das offene Kunstwerk*, das neben den Arbeiten M. ↗ Benses und A. A. Moles' die wichtigste Studie zur Informations- und Kommunikationsästhetik darstellt. Kunstwerke werden hier unter dem Einfluß der mathematischen Informationstheorie begriffen als Repertoires zur ↗ Aktualisierung von Information, als »Virtualität möglicher Ordnungen« (ebd., S. 168). Der in der Redundanz begründeten Bedeutung des Werkes wird die auf Unwahrscheinlichkeit basierte Information gegenübergestellt; entsprechend unterscheidet E. ›geschlossene‹ von ›offenen‹ Strukturen. ›Offene‹ Strukturen sind nach E. Merkmal zeitgenössischer ↗ Avantgarde-Ästhetiken. Die Beschäftigung mit trivial- und massenkulturellen Phänomenen, fortgeführt in *Apokalyptiker und Integrierte*, bringt E. in die Nähe des frz. ↗ Strukturalismus, etwa der *Mythologies* R. ↗ Barthes' und der narratologischen Untersuchungen G. ↗ Genettes. In seiner einflußreichen *Einführung in die Semiotik* vollzieht E., ähnlich wie Barthes und Bense, die Wendung zur ↗ Semiotik, die er jedoch als umfassend integrierende Theorie der gesellschaftlichen Sinnzirkulation, als ›Logik der Kultur‹, entwickelt und damit aus ihren reduktionistischen Beschränkungen löst. Kennzeichnend für E.s Semiotik sind neben dem Bemühen um eine Integration des ↗ Saussureschen dyadi-

schen und des ↗ Peirceschen triadischen Zeichenmodells u. a. das intensive Bemühen um eine Grundlegung des Zeichenbegriffs in Logik, Informationstheorie und analytischer Linguistik (*Zeichen*; *Semiotik*), weiter seine taxonomischen Ansätze sowie die Analysen trivialkultureller und visueller Phänomene, dies auch essayistisch in zahlreichen Feuilletons und Kolumnen (*Platon im Striptease-Lokal*; *Zeichen*; *Über Spiegel und andere Phänomene*). Bemerkenswert ist die Auseinandersetzung mit der semiotischen ↗ Referenz, bes. mit der ikonischen Ähnlichkeit (*Einführung in die Semiotik* [1972], S. 197–220; *Zeichen* [1977], S. 117–157). Anders als im frz. ↗ Poststrukturalismus z. B. J. ↗ Derridas führt E. die Einsicht in die rekursive Beschränktheit, die tendenzielle Selbstaufhebung der semiotischen Untersuchung und die ›Abwesenheit der Struktur‹ (*Einführung in die Semiotik* [1972], S. 395–408) nicht zu einer Aufgabe des Zeichenbegriffs, sondern seit *Lector in fabula* (1977) zur Erweiterung des semiotischen Feldes durch eine elaborierte Theorie der ↗ Interpretation, die von Peirces Zeichenmodell herkommend zu ↗ Hermeneutik und Sprachphilosophie sowie zu zeichen- und kulturhistorischen Schwerpunktsetzungen hinführt. Dabei schlüsselt sie die zentralen Problemstellungen postmoderner ↗ Kulturtheorie interpretationssemiotisch auf (*Die Suche nach der vollkommenen Sprache*). Interpretation ist demnach nicht auf die Aktualisierung der im Text präfigurierten Strukturmöglichkeiten zu beschränken; bei zunehmender Komplexität, ↗ Selbstreferenz und Transrationalität ist der Prozeß der Interpretation vielmehr durch ›abduktive‹ (Peirce) Einzelfallverfahren gekennzeichnet, die erst in Beziehung der Texte und der Interpretationen zueinander, in ›intertextuellen Szenographien‹ einer rationalisierenden Kontrolle zugänglich werden. Anhand der Labyrinthmetapher entfaltet E. in *Semiotik und Philosophie der Sprache* einen unter dem Einfluß G. ↗ Deleuzes dynamisch gewandelten Strukturbegriff. – Die wissenschaftlichen Abhandlungen ergänzt E. seit 1980 durch Romane, die die Grundthemen der semiotischen Rationalität und Rationalitätskritik literar. inszenieren. Insbes. *Der Name der Rose* gilt als paradigmatischer und erfolgreicher Roman der ↗ Postmoderne. Wie kaum ein anderes Gesamtwerk der Gegenwart bündelt E.s generalistische pansemiotische Kulturtheorie in der Vielfalt auch ihrer Gegenstände die Strömungen der Theoriebildung im letzten Drittel des 20. Jh.s.

Lit.: Fiktionale Werke: U. Eco: *Il nome della rosa*, Mailand 1980 (dt. *Der Name der Rose*, Mchn. 1982). – ders.: *Il pendolo di Foucault*, Mailand 1988 (dt. *Das Foucaultsche Pendel*, Mchn. 1989). – ders.: *L'isola del giorno prima*, Mailand 1994 (dt. *Die Insel des vorigen Tages*, Mchn. 1995). – Nichtfiktionale Werke: ders.: *Il problema estetico in Tommaso d'Aquino*, Mailand 1970. – ders.: *Opera aperta*, Mailand 1962 (dt. *Das offene Kunstwerk*, FfM. 1973). – ders.: *Diario minimo*, Mailand 1963 (dt. *Platon im Striptease-Lokal*, Mchn. 1990). – ders.: *Apocalittici e integrati*, Mailand 1964 (dt. *Apokalyptiker und Integrierte. Zur kritischen Kritik der Massenkultur*, FfM. 1984). – ders. 1980 [1968]/ 1994 [1972]. – ders.: *Il segno*, Mailand 1973 (dt. *Zeichen. Einf. in einen Begriff und seine Geschichte*, FfM. 1977). – ders. 1994 [1975]/1991 [1987]. – ders.: *Lector in fabula*, Mailand 1977 (dt. dass., Mchn. 1987). – ders.: *Dalla periferia dell'impero*, Mailand 1977 (dt. *Über Gott und die Welt*, Mchn. 1985). – ders. 1996 [1984]/1985. – ders.: *Sugli specchi e altri saggi*, Mailand 1985 (dt. *Über Spiegel und andere Phänomene*, Mchn. 1988). – ders.: *I limiti dell'interpretazione*, Mailand 1990 (dt. *Die Grenzen der Interpretation*, Mchn. 1992). – ders.: *La ricerca della lingua perfetta nella cultura europea*, Rom 1993 (dt. *Die Suche nach der vollkommenen Sprache*, Mchn. 1994). – M. Franz: »Das menschliche Maß in der Kunst«. In: ders./St. Richter (Hgg.): *U.E.: Im Labyrinth der Vernunft*, Lpz. 1990 [1989]. S. 455–473. – A. Burckhardt/E. Rohse (Hgg.): *U.E.: Zwischen Lit. und Semiotik*, Braunschweig 1991. – D. Mersch: *U.E. zur Einf.*, Hbg. 1993.

LE

Écriture féminine (weibliches Schreiben; von frz. *écriture*: Schreiben; *féminine*: weiblich), der Begriff stammt von H. ↗ Cixous, ist aber auf theoretische Konzepte und die schriftstellerische Praxis v.a. frz. Feministinnen (wie L. ↗ Irigaray, M. Wittig, Ch. Chawaf, A. Leclerc, M. Duras, J. Hyvrard) übertragen worden, ohne daß diese eine einheitliche ›Schule‹ bilden würden. – Vor dem Hintergrund der 1968er ›Revolution‹ in Frankreich wurde *é.f.* als theoretische und praktische Auseinandersetzung mit dem ↗ Logozentrismus und ↗ Phallozentrismus der westlichen Kultur entwickelt. Cixous widersetzt sich Definitionsversuchen von *é.f.*, da ein solcher Versuch zwangsläufig zu ihrer Reduktion und zur Bestätigung der Symbolischen Ordnung führen müsse, die Bedeutung festzuschreiben suche. Dieser Logik sucht die *é.f.* mit einer Schreibweise zu begegnen, die nicht über den Mangel, sondern über die Verausgabung organisiert und an den weiblichen bzw. den mütterlichen Körper gebunden ist. Der Vorwurf, *é.f.* propagiere ein biologistisches Konzept von Weiblichkeit, greift jedoch zu kurz. In dem Versuch, die ↗ binäre Opposition von Körper und Geist zu überwinden, wird bei den Theoretikerinnen der *é.f.* einerseits der Körper nie außerhalb sprachlicher Strukturen gedacht, andererseits der Text aber auch nicht vom Körper gelöst. Für Wittig muß sich ›feministisches Schreiben‹ v.a. einer heterosexuellen Metaphorisierung und Fetischisierung des weiblichen Körpers widersetzen. Als Charakteristika von *é.f.* gelten die Auflösung von Gattungsgrenzen, die Unabgeschlossenheit des Textes, ein nichtlineares Erzählen, ↗ Dialogizität, syntagmatische und grammatikalische Brüche sowie die Betonung der Materialität der Sprache über Rhythmus und Homophonie. Cixous unterscheidet eine ›männliche‹ von einer ›weiblichen libidinösen Ökonomie‹, wobei ›männlich‹ und ›weiblich‹ als Metaphern zu verstehen sind, die sich nicht auf biologische Körper beziehen müssen. *É.f.* ist für Cixous daher nicht zwangsläufig an die Autorschaft der Frau gebunden, obwohl sie Frauen explizit zum Schreiben auffordert, um so die patriarchale Aneignung von weiblicher Körperlichkeit und Sexualität zu überwinden. Weibliches Schreiben verdrängt für Cixous den Körper und seine physiologischen Prozesse nicht; gerade die Anbindung des Schreibens und Sprechens an Stimme und Körper der Mutter betrachtet sie als Subversion der Symbolischen Ordnung. Kernpunkt ihrer Überlegungen ist eine Ethik des Schreibens, die der ↗ Alterität des Anderen Rechnung trägt und die sie paradigmatisch in der nichtnarzißtischen Mutterliebe verwirklicht sieht. Cixous führt folglich die Überlegungen von J. ↗ Derrida fort, der das ›Weibliche‹ für das Unentscheidbare der Schrift, als »Metapher des Metonymischen« (Weigel 1989, S. 196) setzt. Demgegenüber entwirft Irigaray ihr *parler femme* (Frau-Sprechen) als ein Schreiben oder Sprechen von Frauen. Da die Frau in der patriarchalen Ordnung als Frau keinen Ort habe, sei ihr Schreiben ein uneigentliches, es komme aus der Verstellung innerhalb der Symbolischen Ordnung und gleichzeitig von ›anderswo‹. Mit dem Bild der ›zwei Lippen‹, die sich unablässig berühren, bindet Irigaray weibliche Sexualität und weibliches Sprechen aneinander. Auf diese Weise setzt sie dem phallogozentrischen Denken in Einheiten und Eindeutigkeiten eine weibliche Logik der Berührung, des ›Flüssigen‹, des Nicht-Eins-Seins entgegen. Das ›Semiotische‹ bei J. ↗ Kristeva ist aufgrund seiner Assoziation mit der präödipalen Mutter-Kind-Dyade oft unter *é.f.* gefaßt worden, obwohl Kristeva das Konzept eines weiblichen Schreibens als quasi religiöse Überhöhung des Weiblichen kritisiert hat. Anstatt das Symbolische suspendieren zu wollen, sucht sie vielmehr das Spiel von Semiotischem und Symbolischem in der Sprache zu beschreiben. Damit entgeht sie letztlich der Tendenz, die bei Cixous kritisiert wurde, nämlich ›Weiblichkeit‹ erneut als Metapher festzuschreiben und den Dualismus männlich-weiblich zu stabilisieren. Doch auch ihr wurde, wie der *é.f.* insgesamt, vorgeworfen, die Bedeutung des Schreibens für die Subversion der patriarchalen Ordnung überzubewerten.

Lit.: A.R. Jones: »Writing the Body. Toward an Understanding of ›L'*É.f.*‹«. In: *Feminist Studies* 7.2 (1981) S. 247–263. – S. Weigel: *Die Stimme der Medusa. Schreibweisen in der Gegenwartslit. von Frauen*, Reinbek 1989 [1987]. – S. Sellers: *Language and Sexual Difference. Feminist Writing in France*, N.Y. 1991. – I. Weber (Hg.): *Weiblichkeit und weibliches Schreiben. Poststrukturalismus, weibliche Ästhetik, kulturelles Selbstverständnis*, Darmstadt 1994.

DF/SSch

Edition ↗ Editionswissenschaft

Edition, elektronische ↗ Computerphilologie

Editionswissenschaft, die Rekonstruktion der Textgeschichte literar. Werke im Hinblick auf die Herstellung einer meistens historisch-kritischen Ausgabe. – Die Geschichte dieser Disziplin läßt sich als eine Abfolge von verschiedenen Auffassungen über die Rolle des Herausgebers beschreiben. Obwohl v.a. in Europa die meisten neuen historisch-kritischen Ausgaben durch eine minimale Intervention des Editors charakterisiert werden, gibt es auch gegenläufige Tendenzen, die ihrerseits als eine Reaktion auf frühere Editionsmethoden zu verstehen sind. Daß die E. im dt., im Gegensatz zu anderen Sprachgebieten, eine Wissenschaft genannt wird, dürfte damit zusammenhängen, daß die ersten systematischen Editionsmethoden in der positivistischen Atmosphäre des 19. Jh.s entworfen wurden (↗ Positivismus). Obwohl sie von mehreren Forschern vorbereitet wurde, gilt K. Lachmann (1793–1851) als Pionier der modernen E. Seine genealogische Methode, die eine Art Stammbaum (*stémma*) der verschiedenen Textfassungen aufstellt (*recensio*), deren Autorität untersucht (*examinatio*) wird und den verlorenen Urtext durch Emendieren zu rekonstruieren versucht (*emendatio/divinatio*), wurde urspr. für klassische Texte entwickelt. Mit seiner Lessing-Ausgabe hat Lachmann die Prinzipien der klassischen ↗ Textkritik auch auf modernere Lit. angewendet. Seine Methode liegt vielen historisch-kritischen Ausgaben zugrunde. Die be-

kanntesten frühen Beispiele sind K. Goedekes explizit ›historisch-kritisch‹ genannte Schiller-Ausgabe (1867–76) und die Weimarer ›Sophienausgabe‹ der Werke Goethes (1887–1919). – Auch im Ausland war die Lachmannsche Methode einflußreich. Nachdem G. Paris, der 1856 in Deutschland romanische Philologie studiert hatte, diese neue Disziplin als exakte Wissenschaft in Frankreich befürwortete, herrschte in der frz. Textkritik ein ambivalentes Verhältnis zum dt. Editionsverfahren vor. Der Versuch von frz. Philologen wie H. Quentin, G. Rudler und G. Lanson, literar. Texte möglichst ›objektiv‹ zu edieren, beschwörte Reaktionen von Verfechtern der *Belles-Lettres*-Tradition wie H. Massis und A. de Tarde herauf, die behaupteten, das ›Sammeln von Varianten‹ habe nichts mehr mit intellektueller Arbeit zu tun. Lansons Nachfolger, J. Bédier, schlug 1913 eine neue Methode vor, die die oben erwähnte ambivalente Haltung widerspiegelt: Einerseits war sie als Reaktion gegen Lansons/Lachmanns Editionsmodell konzipiert; andererseits versuchte sie dennoch, die Subjektivität des Herausgebers zu reduzieren. Diese sog. *best-text*-Methode, die im engl. Sprachgebiet früher schon von R.B. McKerrow angewandt wurde, wählt aus den verfügbaren Dokumenten ein einziges aus und läßt keine eklektische Emendation dieses ›besten‹ Textes mittels Varianten aus anderen Fassungen zu. Es besteht aber die Gefahr, daß eine mechanische Anwendung dieser Methode zu starr wird. W.W. Greg schlug deshalb 1950 seine *copy-text*-Methode vor, die dem persönlichen Urteil des Herausgebers mehr Wert zugesteht. Greg machte einen Unterschied zwischen Orthographie- oder Interpunktionsvarianten (*accidentals*) und bedeutungsändernden Wortlautvarianten (*substantives*). Ein dem letzten Manuskript chronologisch möglichst naheliegender, d.h. wenig *accidentals* enthaltender Text (der *copy-text*) wird dann anhand späterer Varianten, v.a. *substantives*, emendiert. F. Bowers, der Gregs Methode zur offiziellen Editionsstrategie des am. CEAA (inzwischen CSE, Committee on Scholarly Editions) machte, schlug vor, daß wenn unter den Manuskripten eine Reinschrift vorhanden ist, diese als *copy-text* dienen sollte, da sie der Autorintention am besten entspräche. Die Auffassung, der Herausgeber sei eine Art Testamentsvollstrecker des Autors, war auch in Deutschland lange Zeit verbreitet; die ›Fassung letzter Hand‹ diente z.B. für die sog. ›Sophien-Ausgabe‹ noch selbstverständlich als Basis des edierten Textes. Diese Praxis wurde 1959 von E.

Grumach und später von S. Scheibe in Frage gestellt. Scheibe betrachtete jede Textfassung als ›im Prinzip gleichwertig‹, so daß eine ›Fassung früherer Hand‹ genauso gut zur Grundlage des edierten Textes dienen konnte. Da die ↗ Intentionen des Autors sich immer wieder ändern und der Autor während des Schreibprozesses jedesmal seine neueste Fassung begreiflicherweise als die wertvollste, d. h. die autorisierte betrachtet, führte Scheibe den Begriff ›Autor-Autorisation‹ ein, womit er konsequent den Standpunkt des Autors einnahm und das Werk deshalb als Produkt eines Individuums behandelte. Dagegen wurde in der anglo-am. Editionstheorie die ›Hagiolatrie‹ des Autors von M. Peckham kritisiert. Auch D. F. McKenzie, D. Pizer und J. J. McGann betonten die ›Soziologie des Textes‹, wobei der Autor als nur ein Glied in der Kette und jede textuelle Äußerung als Resultat einer Zusammenarbeit verschiedener Instanzen betrachtet wird. Trotz dieser unterschiedlichen Tendenzen betonen jedoch fast alle Editionstheorien der 2. Hälfte des 20. Jh.s den dynamischen Aspekt literar. Texte, indem sie nicht nur das Endergebnis, sondern auch den ↗ Entstehungsprozeß darzustellen versuchen. In Deutschland gilt F. Beißners Stuttgarter Hölderlin-Ausgabe (1943–85) diesbezüglich als Markstein, obgleich sie nachher kritisiert wurde, u. a. weil sie nur das ›ideale Wachstum‹ darzustellen versuchte. H. Zeller entwickelte später für seine C. F. Meyer-Ausgabe (1958–) einen Editionstyp, der es dem Leser ermöglicht, alle Entscheidungen des Herausgebers nachzuvollziehen. Obwohl im dt. Sprachraum inzwischen ein Konsensus über die Gleichwertigkeit der Textfassungen zu bestehen scheint, unterscheidet H. W. Gabler, Herausgeber der synoptischen *Ulysses*-Edition (1984), zwei Methoden: Bei der ersten steht der edierte Text im Mittelpunkt, während die zweite den Variantenapparat als Kernstück der Edition betrachtet. Das letztere Modell wurde schon 1971 von G. Martens befürwortet und zur Herstellung einer Heym-Ausgabe (1993) angewendet. Auch Editionen wie D. E. Sattlers sog. Frankfurter Hölderlin-Ausgabe oder die Stroemfeld/Roter Stern-Ausgabe der Werke Kafkas zeigen eine textdynamische Tendenz auf, die u. a. dem wachsenden Interesse der frz. *critique génétique* an den Vorstufen eines Textes (*avant-texte*) entspricht. Am Pariser Institut des Textes et Manuscrits Modernes (ITEM) werden literar. Texte nicht als fertige Produkte (*écrit*), sondern eher als Prozesse bzw. Produktion (*écriture*) betrachtet. Editionswissen-

schaftler wie L. Hay, B. Brun, J. L. Lebrave und A. Grésillon beschäftigen sich daher nicht an erster Stelle mit Fragen der Textkonstitution. Als Musterbeispiel einer sog. *édition génétique* nimmt Grésillon Bezug auf dt. historisch-kritische Editionsmodelle wie Sattlers Hölderlin-Ausgabe, die im Engl. ›*documentary*‹ genannt werden, weil sie den handschriftlichen Befund am liebsten ohne jede editorische Intervention darstellen möchten. G. Th. Tanselle bezeichnet diesen haupsächlich in Europa verbreiteten Trend daher als *noncritical* (vgl. Greetham 1995). Als Vertreter der anglo-am. Greg-Bowers-Tradition betont er jedoch weiterhin die kritische Rolle des Herausgebers, ohne neue Entwicklungen zu ignorieren. Mit elektronischen Mitteln (↗ Computerphilologie) wird es möglich, große Mengen von Manuskripten und Quellenmaterial möglichst vollständig und dennoch kompakt zu speichern, sie hypertextuell miteinander zu verbinden und zugleich einen oder sogar mehrere kritisch edierte Texte (*edited texts*) nicht als Endpunkt der Edition, sondern als sachkundigen Vorschlag anzubieten. Die Frage, welche Bedeutung dem Urteil des Herausgebers beizumessen sei oder wie anonym er sich aufstellen kann und sollte, bleibt jedoch ein zentraler Diskussionspunkt der E., da jede Ausgabe unvermeidlich eine gewisse ↗ Interpretation impliziert.

Lit.: G. Martens/H. Zeller (Hgg.): *Texte und Varianten*, Mchn. 1971. – S. Scheibe et al.: *Vom Umgang mit Editionen. Eine Einf. in Verfahrensweisen und Methoden der Textologie*, Bln. 1988. – W. P. Williams/C. S. Abbott: *An Introduction to Bibliographical and Textual Studies*, N. Y. 1989. – H. Zeller: »Fünfzig Jahre neugermanistischer Edition«. In: *Editio* 3 (1989) S. 1–17. – H. Kraft: *Editionsphilologie*, Darmstadt 1990. – G. Bornstein (Hg.): *Representing Modernist Texts*, Ann Arbor 1991. – Ph. Cohen (Hg.): *Devils and Angels*, Charlottesville 1991. – S. Scheibe/C. Laufer (Hgg.): *Zu Werk und Text*, Bln. 1991. – J.-L. Lebrave: »La critique génétique«. In: *Genesis* 1 (1992) S. 33–72. – G. Bornstein/R. G. Williams (Hgg.): *Palimpsest*, Ann Arbor 1993. – L. Hay (Hg.): *Les manuscrits des écrivains*, Paris 1993. – A. Grésillon: *Eléments de critique génétique*, Paris 1994. – Th. Bein (Hg.): *Altgermanistische E.*, FfM. 1995. – H. W. Gabler et al. (Hgg.): *Contemporary German Editorial Theory*, Ann Arbor 1995. – D. C. Greetham (Hg.): *Scholarly Editing*, N. Y. 1995. – Zs. *Editio. Internationales Jb. für E.* (1987 ff.). – A. Bohnenkamp: »Textkritik und Textedition«. In: Arnold/Detering 1997 [1996]. S. 179–203. – K. Hurlebusch: »Edition«. In: Ricklefs 1996. S. 457–487.

DVH

Einbildungskraft (gr. *phantasía*; lat. *imaginatio*), die Fähigkeit eines Menschen, sich kontrafaktische oder in der aktuellen Wahrnehmung nicht vorhandene Gegenstände vorstellen zu können. Die Erkenntnisfunktion der E. besteht in der Vermittlung von sinnlicher Erfahrung und Verstand. Durch Abstraktion von der Vielheit anschaulicher Objekte synthetisiert sie allg. Schemata, an die der Verstand begrifflich anknüpfen kann, die als Zeitbestimmungen a priori aber räumlich transformierbar bleiben. Gegenstände in der aktuellen Wahrnehmung können nur identifiziert werden, weil die inaktuellen Wahrnehmungen der E. virtuell präsent und assoziativ abrufbar sind. Gegenwärtiges wird unter dem Aspekt von Gespeichertem wahrgenommen, und der antizipierende Rückgriff auf die E. sichert die Kontinuität der Erfahrung. Das ästhetische Potential der E. liegt in ihrem Vermögen zur spontanen und freien Selektion wie innovativen Kombination von Vorstellungsinhalten. Sie stellt so eine Voraussetzung dar für metaphorische oder symbolische Darstellungen in literar. Texten (↗ Metapher; ↗ Symbol), ist aber nicht auf ein Substrat von Zeichen reduzierbar. Diese markieren lediglich eine strukturelle Bezugsebene, über die die E. permanent spielerisch hinausgeht, um imaginativ deren Schemata oder Leerstellen zu füllen. Der Wahrnehmungshorizont des Rezipienten kann sich dabei verändern oder auch nur Bestätigung finden. – Bis weit in das 18. Jh. hinein wurde in der ontologischen Tradition die E. eher geringgeschätzt. Ihr produktives Potential wurde entweder auf die *imitatio* verpflichtet oder als dichterisches Sondervermögen mit Begriffen wie *furor poeticus* poetologisch eingeschränkt und ontologisch entschärft. Mit der Entwicklung des ästhetischen Bewußtseins im 18. Jh., v. a. aber in der ↗ Romantik und im dt. ↗ Idealismus wird die E. zu einem konstitutiven Vermögen des Subjektes aufgewertet. Im Anschluß an I. Kant und F. W. J. Schelling unterscheidet S. T. Coleridge eine bloß reproduktive ›*fancy*‹ von einer kreativen ›*primary imagination*‹ und einer ›*secondary imagination*‹. Das kreative Vermögen letzterer besteht einerseits darin, den unendlichen Schaffensprozeß der Natur im Geiste zu wiederholen, und andererseits in einer Destruktion und Rekonstruktion von Wahrnehmungen zu einer organischen, Subjekt und Objekt versöhnenden Einheit. Im Zuge der ↗ Dekonstruktion des ↗ Subjektes in ↗ Moderne und v. a. ↗ Postmoderne verliert die E. an theoretischer Bedeutung. Das nunmehr ins Zentrum rückende Imaginäre entzieht sich der Idealisierung und findet auch im Medium der Lit. einen

nur nicht-identischen, begrifflich uneinholbaren Ausdruck.

Lit.: R. Kearney: *The Wake of Imagination*, Ldn. 1988. – Iser 1993 [1991]. – ders.: »Fiktion/Imagination«. In: Ricklefs 1996. S. 662–679.

PhW

Einflußforschung ↗ Quellen- und Einflußforschung

Eisenstein, Sergej Michajlovič (1898–1948), russ. Filmregisseur und -theoretiker. – E. kam über das Theater (Proletkult) zum Film, den er als intellektuelles Medium zur Vermittlung abstrakter Konzepte und politischer Agitation nutzte. Als Vertreter eines extremen Formalismus sah E. das Kernstück des Films in der Montage, deren Theorie er, beeinflußt von D. W. Griffith und V. Meyerhold, in zahlreichen Essays darlegte und stetig erweiterte. Im Gegensatz zu V. Pudovkin definierte E. als Ziel der Film-Montage nicht die Unterstützung der Erzählung, sondern die Erschaffung einer neuen Realität. Hierzu postulierte er eine dialektische ›Kollisionsmontage‹, bei der nach dem Modell japan. Ideogramme narrativ unverbundene Bilder zusammenprallen, um eine neue Bedeutung zu konstituieren. Diese Konzeption übertrug E. später auf die Montage innerhalb einer Einstellung (›*mise-en-cadre*‹), deren Bestandteile, ›Attraktionen‹ genannt, in dialektischer Beziehung zueinander stehen, um eine emotionale Reaktion des Publikums zu provozieren, die ihrerseits zu politischer Erkenntnis führen soll. Mit dynamischem Schnittrhythmus, visuellen ↗ Metaphern und dem Einsatz entindividualisierter Schauspieler als ›Typen‹ (↗ Charakter und Typ) deutet der experimentelle Debütfilm *Streik* den Stil der späteren Filme voraus. Bes. eindrucksvoll setzte E. seine Montage-Theorie in dem bahnbrechenden *Panzerkreuzer Potemkin* (1925) um, der eine stürmische internationale Rezeption erfuhr. Von den an der Gliederung der antiken Tragödie orientierten 5 Akten des Films erlangte v. a. die oft zitierte 4. Episode Berühmtheit, »Die Treppe von Odessa«. In *Oktober* (1927), der aufwendigen Rekonstruktion der politischen Ereignisse im St. Petersburg des Revolutionsjahres 1917, experimentierte E., über die ›Montage der Attraktionen‹ hinausgehend, mit einer anspruchsvolleren ›intellektuellen Montage‹. Seine späteren Filme sind meist weniger avantgardistisch und technisch konventioneller. Im Angesicht zunehmender Presseanfeindungen und stalinistischer Zensur begann E.

1935 mit der Produktion seines ersten Tonfilms, *Die Beshin-Wiese* (1935), die jedoch trotz umfangreicher Revisionen im Sinne der offiziellen Parteilinie 1937 gestoppt wurde. Nach öffentlicher Selbstkritik erhielt E. den Auftrag zu einem filmischen Epos über den russ. Nationalhelden A. Newsky, der als patriotisches Symbol des sowjet. Kampfes gegen Deutschland eingesetzt werden sollte, unterstützt durch Originalmusik von S. Prokofjew und E. Tissés eindrucksvolle Kameraführung. Höhepunkt des Films ist die 35minütige Sequenz über die Schlacht auf der Eiswüste des Peipussees. In seinem letzten Film *Iwan der Schreckliche* (1943/45), ein auf drei Teile angelegtes monumentales Epos, gestaltete E. die historischen Ereignisse wie bereits in *Alexander Newsky* (1938) mit opernhaftem Pathos, vermied aber eine einseitige Idealisierung des Zaren. Bes. der düstere zweite Teil brachte die Willkür und Brutalität der Alleinherrschaft zum Ausdruck. Der Film wurde von der politischen Führung aufs Schärfste verurteilt und gelangte erst 1958 zur Aufführung. Nach einer Aussprache mit Stalin erhielt E. eine Drehgenehmigung für den Schlußteil der Trilogie, der jedoch wegen des schlechten Gesundheitszustands des Filmpioniers nicht mehr realisiert wurde. – Als einer der bedeutendsten Vertreter russ. Filmkunst und früher ⁊ Filmtheorie hat E. maßgeblich zur Konstituierung einer Grammatik des Films beigetragen und unzählige Regisseure beeinflußt (u.a. A. Hitchcock, O. Welles, J.-L. Godard, O. Stone). P. Greenaway bezeichnete ihn als einzigen wahrhaft großen Filmemacher, der für die Filmkunst dasselbe geleistet habe wie Shakespeare für das Theater und Rembrandt für die Malerei.

Filmographie: *Streik* (*Stačka*, 1924, sw., 68 min.). – *Panzerkreuzer Potemkin* (*Bronenosec Potëmkin*, 1925, sw., 75 min.). – *Die Generallinie/Das Alte und das Neue* (*General'naja Linija/Staroe i Novoe*, 1926–29, sw., 90 min.). – *Oktober* (*Oktjabr'*, 1927, sw., 115 min.). – *Unter Mexikos Sonne* (*Que Viva Mexico!*, 1930–32, sw., 57 min.). – *Die Beshin-Wiese* (*Beshin Lug*, 1935, sw., 30 min.). – *Alexander Newsky* (*Aleksandr Nevskij*, 1938, sw., 108 min.). – *Iwan der Schreckliche* (*Ivan Groznyj*, 1943/45, sw., 99 min.).

Lit.: S.M. Eisenstein: *Selected Works* (Hg. R. Taylor), Ldn. 1988ff. – D. Bordwell: *The Cinema of E.*, Ldn. 1993. – I. Axjonow: *S.E.*, Bln. 1997.

JH

Èjchenbaum, Boris Michajlovič (1886–1959), russ. Lit.wissenschaftler. – E. studierte zunächst an der Petersburger Akademie für Militärmedizin und wechselte dann an die historisch-philo-logische Fakultät der Petersburger Universität, die er 1912 abschloß. In den Jahren 1918–1949 lehrte er dort, zwischenzeitlich (1920–1931) auch am Leningrader Institut für Geschichte der Künste. – Im zunehmend repressiven sowjet. Lit.betrieb wandte sich Ė. seit den 30er Jahren verstärkt editorischen und textologischen Problemen zu und betreute u.a. die historisch-kritische Ausgabe der Werke L.N. Tolstojs, dem auch seine umfangreichste Studie gewidmet ist (*Lev Tolstoj*, 3 Bde., L. 1928–1960). Ė. ist einer der bedeutendsten Theoretiker des ⁊ Russ. Formalismus, dessen Instrumentarium er v.a. auf dem Gebiet der Prosaforschung um stiltheoretische und historisch-methodologische Einsichten bereicherte. Konzentrierten sich Ė.s frühe, von der Ästhetik des Symbolismus geprägte Arbeiten zunächst noch auf geistesgeschichtliche Fragestellungen, so rückten mit seiner Annäherung an den Formalismus seit 1917/18 Fragen des Textaufbaus und seiner Bedeutungsebenen in den Vordergrund. Bes. Aufmerksamkeit widmete Ė. dem Kunstmittel des russ. ⁊ skaz, einer die mündliche Sprache in ihrer stilistischen und semantischen Gebrochenheit oft subversiv imitierenden Erzählhaltung. Ė.s Abhandlung »Wie Gogol's ›Mantel‹ gemacht ist« (1919) brach konsequent mit der bisherigen ideengeschichtlichen Rezeption eines klassischen und politisch umstrittenen Textes, indem er statt dessen die Konkurrenz zweier Erzählhaltungen, des komischen und des pathetisch-deklamatorischen *skaz*, als eigentliches Konstruktionsprinzip herausarbeitete und Gogols Intention auf ein subtiles ›Spiel mit der Realität‹ und historischen Lesergewohnheiten reduzierte. Spätere Abhandlungen zu A.A. Achmatova, M.J. Lermontov oder Tolstoj zeigen Ė.s zunehmendes Bemühen, über die Analyse einzelner Werke hinaus den Systemcharakter einzelner Kunstmittel und ihren Stellenwert im lit.historischen Prozeß herauszuarbeiten. In Abhandlungen zur ⁊ Lyriktheorie wie etwa »Die Melodik des russ. lyrischen Verses« (1922) unterstrich Ė. die bedeutungsbildende Funktion auch paralinguistischer Elemente wie etwa des Rhythmus (⁊ Metrik). Prinzipielle theoretische Bedeutung erlangte seine aus der Analyse der Verssprache gewonnene Definition des Kunstwerks als einer dynamischen, hierarchisch organisierten Struktur konkurrierender Elemente, deren stilprägendes Prinzip er als ›organisierende Dominante‹ bezeichnete. Gleichzeitig lehnte er eine Anwendung rein linguistischer Untersuchungsmethoden auf die Lyrik als mechanistisch ab. In seinem programmatischen Aufsatz »Die Theorie der formalen Methode« (1925) unterstrich È. den ideologiefreien Anspruch des Formalismus, auf der Grundlage von spezifischen Eigenschaften des literar. Materials eine selbständige Wissenschaft von der Lit. zu entwickeln und verwahrte sich gegen den Vorwurf mangelnden Geschichtsbewußtseins. In bewußter Abgrenzung zur marxistischen Lit.soziologie entwickelte È. erstmals in seiner Studie »Lit. und literar. Alltagsleben« (1927) eine Theorie der spezifischen Bedingungen literar. Produktion und Alltagsexistenz (*byt*), die den Autor zwar von Determinanten wie Klasse und Gesellschaft befreiten, ihn jedoch als in die jeweiligen historischen Produktions- und Rezeptionsbedingungen von Lit. eingebunden begriff. – È. trug wesentlich zur Etablierung des Formalismus auch als lit.historisch fruchtbarer Methode bei. Profunde Kenntnis der europ. Lit. sicherte seinen Arbeiten darüber hinaus bleibenden komparatistischen Wert (↗ Komparatistik).

Lit.: B.M. Èjchenbaum: *Aufsätze zur Theorie und Geschichte der Lit.*, FfM. 1965. – ders.: *Mein Zeitbote*, Lpz. 1987. – Ju. Striedter (Hg.): *Texte der russ. Formalisten*, Bd. 1, Mchn. 1969. – M. Čudakova/E. Toddes: »Stranicy naučnoj biografii B.M.È.«. In: *Voprosy literatury* 1 (1987) S. 128–162. – C. Any: *B.È: Voices of a Russian Formalist*, Stanford 1994.

RG

Ekphrasis (auch Ecphrasis; gr. *ek*: aus; gr. *phrázein*: sagen, sprechen, erklären; Beschreibung/ Erklärung), urspr. ein rhetorischer Begriff, der die ausführliche Beschreibung einer Sache in einer Rede bezeichnete, erfuhr E. später eine zweifache Bedeutungsverengung. Einerseits denotierte sie nun die schriftliche Darstellung von Kunstwerken (Gemälde und Statuen); andererseits waren diese ↗ Repräsentationen fortan literar. Natur. Als poetische Reaktion auf eine visuelle Darstellung ist z.B. das Bildgedicht nicht nur eine aus der E. entstandene ↗ Gattung, sondern auch ein typisches Beispiel für die literar. Aneignung eines vormals rhetorischen Konzeptes. E. ist ferner zu einem *terminus technicus* in der Kunstwissenschaft geworden, in der der Begriff die verbale (vorwiegend literar.) Repräsentation einer visuellen Repräsentation bezeichnet (Heffernan 1993, S. 3). Die jüngste Entwicklung des Begriffs deutet in Richtung einer Ausweitung, wenn jegliche verbale Äußerung über ein Kunstwerk als E. betrachtet wird (Wagner 1996, S. 14). – E. ist erstmals in den rhetorischen Schriften des Dionysios von Halikarnassos nachgewiesen. Im 5.Jh. beginnt die Begrenzung

der E. auf Beschreibungen von Kunstwerken. In dieser engen semantischen Bedeutung entwickelte sich die E. zu einem poetischen Genre mit facettenreicher Geschichte, die von der Antike (Homers Beschreibung des Schildes von Achilles in der *Ilias*) über die Renaissance (Shakespeares *The Rape of Lucrece*) und Romantik (Keats' »Ode on a Grecian Urn«) bis in die Neuzeit reicht (W.H. Audens »*Musée des Beaux Arts*«). Da einige der ekphrastisch kommentierten Kunstwerke fiktionaler Art sind (z.B. das Bild in R. Brownings Gedicht »My Last Duchess«), wurde für solche Texte der Begriff ›notional‹ (d.h. imaginäre) E. vorgeschlagen (vgl. Hollander 1988). Dieser Versuch einer Unterscheidung verweist auf die grundsätzliche Problematik des Begriffes (vgl. Mitchell 1994, S. 157), der als eine Form der ↗ Mimesis insofern paradox ist als er dem angeblich stummen (oft weiblichen) Bild eine (zumeist männliche) Stimme verleiht und dabei die Stimmen des Bildes verzerrt oder unterdrückt (vgl. M. ↗ Foucault 1966; J. ↗ Derrida 1978). Wie die poststrukturalistische Erkenntnis, daß Bilder nicht in Worte übersetzbar sind, sind diese semantisch-ideologischen und geschlechterspezifischen Aspekte der E. bisher nicht ausreichend beachtet worden.

Lit.: M. Foucault: *Les mots et les choses*, Paris 1966. – J. Derrida: *La vérité en peinture*, Paris 1978. – J. Hollander: »The Poetics of E.«. In: *Word & Image* 4.1 (1988) S. 209–219. – D. Carrier: *Principles of Art History Writing*, University Park 1991. – M. Krieger: *E.*, Baltimore 1992. – K. Dschirl (Hg.): *Bild und Text im Dialog*, Passau 1993. – J. Heffernan: *Museum of Words*, Chicago 1993. – Preminger/Brogan 1993. – J.W.T. Mitchell: *Picture Theory. Essays on Verbal and Visual Representation*, Chicago 1994. – G. Scott: *The Sculpted Word. Keats and E.*, Hanover 1994. – H.P. Wagner: *Reading Iconotexts. From Swift to the French Revolution*, Ldn. 1995. – ders. (Hg.): *Icons – Texts – Iconotexts*, Bln. 1996. S. 10–15.

HPW

Elias, Norbert (1897–1990), Soziologe und Kulturphilosoph. – Erst spät, 1976 mit der 3. Aufl. von *Über den Prozeß der Zivilisation*, seiner umfassenden Untersuchung und Theorie der historischen Entwicklung von individuellen und gesellschaftlichen ›Interdependenzgeflechten‹, gelang E. der Durchbruch. Der nun etablierte vormalige Außenseiter erreichte in den letzten Jahrzehnten seines Lebens Ruhm, Anerkennung und offizielle Auszeichnungen. Frühere Werke wurden neu aufgelegt; Konzepte, die E. in den 20er und 30er Jahren entworfen hatte, formulierte er erst in den 70er und 80er Jahren aus. Es folgte eine kaum mehr überschaubare Fülle von

Publikationen, die auch postum anhält. Das Emigrantenschicksal eines dt. Juden hat die zunächst spärliche und dann verspätete Rezeption seiner Werke mit beeinflußt. E. studierte Medizin, Psychologie und Philosophie und promovierte 1924 in Breslau. Zum Abschluß des Habilitationsverfahrens am Frankfurter Institut für Sozialforschung kam es wegen der nationalsozialistischen Machtergreifung 1933 nicht; E. mußte seine Wissenschaftskarriere abbrechen und war als Emigrant in London später v.a. als Pädagoge und Therapeut tätig. Erst 1954 erlangte er wieder eine hauptberufliche Dozentur für Soziologie an der Universität Leicester. Eine befristete Professur in Ghana (1962–64), zunehmende Vortragstätigkeit auch in Deutschland und schließlich Gastprofessuren in den Niederlanden folgten; 1984 ließ E. sich endgültig in Amsterdam nieder. – In seinen Werken spiegelt sich der interdisziplinäre und synthetisch-integrative Ansatz des Kulturhistorikers, Anthropologen, Soziologen und Psychologen. Als Universalist und ›Menschenwissenschaftler‹ reflektierte er lebenslang über Genese und Wandel von Kulturen und Individuen, über die Verflechtungen von Individuum und Gesellschaft. Dies fand seinen Niederschlag in einflußreichen kultursoziologischen und zivilisationshistorischen Studien. Der Untertitel von *Über den Prozeß der Zivilisation* (1939, Neuaufl. 1969), *Soziogenetische und psychogenetische Untersuchungen*, macht deutlich, daß E. die Entwicklung der abendländischen Gesellschaft im untersuchten Zeitraum von der Feudalgesellschaft bis zur Industriegesellschaft des 19. Jh.s als interdependenten Modellierungsprozeß deutet. Im Verlauf der wachsenden sozioökonomischen Ausdifferenzierung und gesellschaftlichen Abhängigkeiten wird die eher ungedämpfte Aggressivität des ma. Menschen zurückgedrängt, der ›zivilisierte‹ Mensch verinnerlicht zunehmend Affektunterdrückung und Triebsublimation. Die individuelle Sozialisation bildet also entsprechend die Entwicklung der Menschheit ab. E.' Analyse von Anstands- und Manierenbüchern beschreibt paradigmatisch die Ausprägung der zunächst sozialen, dann internalisierten, immer verfeinerten Verhaltensnormen im Spannungsgeflecht von Adel und Bürgertum. E. führt dies weiter aus in *Die höfische Gesellschaft* (1969), am Beispiel der ›Konfigurationen‹ des hierarchischen Machtgefüges am Hofe des absolutistischen Herrschers Ludwig XIV. In *Die Gesellschaft der Individuen* (1987) faßt E. seine Theorien zusammen: Die Entwicklung der Persönlich-

keitsstruktur des Menschen ist wie die der Gesellschaft, in die sie in einem Netzwerk von gegenseitigen Abhängigkeiten und Machtbeziehungen eingebettet ist, ständigem Wandel unterworfen; der Mensch ›ist ein Prozeß‹. – In verkürzter Aufnahme ist E.' Thesen ↗ Eurozentrismus und teleologischer Schematismus vorgeworfen worden; v.a. H.P. Duerr leugnet E.' Vorstellung von der zunehmenden Affektkontrolle des westlichen Menschen angesichts von nach wie vor existierenden und neu ausbrechenden triebbestimmten oder gar zerstörerischen Tendenzen. Der Kritik ist entgegenzuhalten, daß E.' Thesen durch ihn selbst wie durch seine Anhänger modifiziert wurden, Negativurteile sich oft an schlagwortartig rezipierten Thesen festmachen und E. den Prozeß der Zivilisation nicht als unilinear oder abgeschlossen charakterisiert hat und die höchst ambivalenten Folgen des Verlusts von unmittelbaren Gefühlen erkannte. Eine umfassende, nicht allein auf Schlagworten basierende Rezeption des Gesamtwerkes in den Lit.- und Kulturwissenschaften steht v.a. im angelsächs. Raum noch aus. E.' interdisziplinärer Ansatz und mentalitätsgeschichtliches Interesse für die Rituale des Alltags, seine Überwindung eines nur statischen Strukturalismus und einer lediglich auf ›dichte Beschreibung‹ (Cl. ↗ Geertz) konzentrierten synchronen Darstellung in einem prozessualen Ansatz und sein auf Machtzirkulation sowie Affektkontrolle basierendes Konzept einer dynamischen Gesellschaft ›dezentrierter‹ Subjekte machen ihn zum Vordenker einer anthropologisch-historischen Wende in den Geisteswissenschaften, die bisher eher mit Namen wie M. ↗ Foucault, Geertz und St. ↗ Greenblatt verbunden wurde. Trotz der intensiven Rezeption von E.' Schriften sind die vielfältigen lit.- und kulturwissenschaftlichen Anschluß- und Anwendungsmöglichkeiten, die seine Theorie der Zivilisation insbes. für »eine zivilisationshistorisch fundierte Lit.wissenschaft« (Wild 1996, S. 80) eröffnet, erst in jüngster Zeit erkannt und noch nicht systematisch ausgearbeitet worden.

Lit.: N. Elias: *Über den Prozeß der Zivilisation*, 2 Bde., FfM. 1997 [1939]. – ders.: *Die höfische Gesellschaft*, FfM. 1997 [1969]. – ders.: *Was ist Soziologie?*, Mchn. 1996 [1970]. – ders.: *Die Gesellschaft der Individuen*, FfM. 1996 [1987]. – R. Wild: *Lit. im Prozeß der Zivilisation. Entwurf einer theoretischen Grundlegung der Lit.wissenschaft*, Stgt. 1982. – P. Gleichmann et al. (Hgg.): *Materialien zu N.E.' Zivilisationstheorie*, 2 Bde., FfM. 1982 [1979]. – H. Korte: *Über N.E.: Das Werden eines Menschenwissenschaftlers*, Opladen 1997 [1988]. – H.P. Duerr: *Nacktheit und Scham. Der My-

thos vom Zivilisationsprozeß, FfM. 1994 [1988]. –
ders.: *Intimität. Der Mythos vom Zivilisationsprozeß*,
FfM. 1994 [1990]. – R. Baumgart/V. Eichener: *N.E.
zur Einf.*, Hbg. 1997 [1991]. – R. Wild: »Lit. und
Zivilisationstheorie«. In: Glaser/Luserke 1996. S. 69–
92. – K.H. Rehberg (Hg.): *N.E. und die Menschen-
wissenschaften*, FfM. 1996.

LV

Eliot, Thomas Stearns (1888–1965), Dichter,
Kritiker, Publizist und Verleger. – E. wurde in St.
Louis (USA) geboren, blieb aber nach seinem
Studium (Harvard, Sorbonne, Oxford) in Europa. 1914 ließ er sich in London nieder, 1927
erhielt er die brit. Staatsbürgerschaft. E. war
zunächst als Lehrer und als Bankangestellter
tätig und wurde dann Publizist. Er war Mitherausgeber der Zs. *The Egoist* (1917–1919) und
Begründer wie Herausgeber von *The Criterion*
(1922–1939). Seit 1925 war er für den Verlag
Faber and Faber in London tätig. Die Lösung
der modernen Sinnkrise suchte E. im anglo-
katholischen Glauben, zu dem er 1927 übertrat.
Mit *Prufrock and Other Observations* (1917),
Poems (1920), *The Waste Land* (1922), *Ash Wed-
nesday* (1930) und *Four Quartets* (1935–1942)
wurde E. zu einem der bedeutendsten engl.spra-
chigen Dichter der klassischen Moderne. Seine
frühe künstlerische Entwicklung stand unter
dem Einfluß E. Pounds. Als Dramatiker tat sich
E. mit *Murder in the Cathedral* (1935), *The
Family Reunion* (1939), *The Cocktail Party*
(1950), *The Confidential Clerk* (1954) und *The
Elder Statesman* (1959) hervor. 1948 erhielt er
für sein Werk den Lit.nobelpreis. E. ist nicht nur
ein hervorragender Vertreter der klassischen
Moderne in der engl. Lyrik des frühen 20.Jh.s,
sondern er hat auch in zahlreichen kritischen
Reflexionen über sein eigenes dichterisches Tun
sowie in einer Reihe von Rezensionen und Aufsätzen zur Geschichte der europ. Dichtung einen bedeutenden Beitrag zur literar. Theoriebildung sowie zur Lit.geschichtsschreibung seiner Zeit geleistet. E.s Aufsatz »Tradition and the
Individual Talent« (1919) enthält eine kritische
Zurückweisung romantischer Konzepte wie
Originalität und Individualität und definiert Tradition als ein positives Gut, das man sich allerdings erst durch einen Prozeß der Vergegenwärtigung von Vergangenheit erarbeiten muß. Dabei begreift E. Tradition als die simultane Existenz aller Kunstwerke, die durch den Eingriff
lebender Dichter in ihrer impliziten hierarchischen Wertestruktur ständig verändert wird,
wodurch dem Künstler eine bes. Verantwortung
zukommt. Als Mitglied der abendländischen

Kultur kann der Dichter dabei nicht im Sinne
romantischer Individualität frei über Sprache
verfügen, sondern seine Individualität nur im
Rahmen kultureller Konformität als Sprachrohr
der Tradition entwickeln. Dichtung ist für E. also
nicht Ausdruck persönlicher Emotionen, sondern im Gegenteil unpersönliches Medium der
Expression von Tradition. Impersonalität und
Objektivität sind auch Themen von E.s Aufsatz
»Hamlet« (1919), in dem er am Beispiel von
Shakespeares Drama erläutert, wie der große
Dichter nie nach bloßem Selbstausdruck strebt,
sondern seine Erfahrung mittels eines objektiven
Korrelats über die rein private Ebene hinaushebt
und ihr dadurch transsubjektive und universale
Geltung verleiht. Durch die Entpersonalisierung
von Erfahrung im objektiven Korrelat wird diese
des Akzidentiellen beraubt und somit auch für
andere nachvollziehbar. Durch diese Betonung
der impersonellen Signifikanz der Dichtung erweist sich E. als Vertreter eines klassizistisch
orientierten Lit.verständnisses. In seinem Aufsatz »The Metaphysical Poets« (1921) rehabilitierte E. die lange vernachlässigten vorrevolutio-
nären Dichter des 17.Jh.s und sprach ihnen den
Status der wahren Vertreter einer großen engl.
Dichtungstradition im Gefolge der Elisabethaner und vor jener unheilvollen ⁊ *dissociation of
sensibility* im Sinne einer unorganischen Trennung von Rationalität und Empfinden zu, wie
sie laut E. seit Milton und Dryden vorherrscht.

Lit.: T.S. Eliot: *The Sacred Wood*, Ldn. 1920. – ders.:
For Lancelot Andrewes, Ldn. 1928. – ders.: *The Use of
Poetry and the Use of Criticism*, Ldn. 1933. – ders.:
Elizabethan Essays, Ldn. 1934. – ders.: *Essays Ancient
and Modern*, Ldn. 1936. – ders.: *Notes Towards the
Definition of Culture*, Ldn. 1948. – W. Wicht: »T.S.E.
(1888–1965)«. In: Lange 1990. S. 315–342.

HA

Ellipse ⁊ Dauer; ⁊ Erzähltempo

Emblem ⁊ Emblematik

Emblematik (gr. *émblēma*: ›Eingesetztes‹; auch
eingelassene Mosaiktafeln, Reliefs und Intar-
sien), bezeichnet sowohl die praktisch-künst-
lerischen als auch die zeitgenössischen theoretischen (meist normativen) Bemühungen um
die im 16.Jh. entstandene intermediale Gattung
des Emblems. Davon abzuheben ist die moderne, eher deskriptiv-analytisch orientierte und
interdisziplinär ausgerichtete Emblemforschung, die im 19.Jh. einsetzt. – Das Emblem ist
eine literar.-bildkünstlerische Mischform mit allegorischer Grundstruktur in der umfassenden

Pictura-Poesis-Tradition. Der Grundtypus des Emblems ist dreiteilig und setzt sich aus einem Bildelement, der Pictura (auch Icon oder Imago genannt), und zwei Textelementen zusammen: dem Motto (oder Lemma bzw. Inscriptio) und der Subscriptio. Die verschiedenen Elemente sind in unterschiedlicher Weise an den Funktionen des Darstellens/Abbildens und des Deutens/Auslegens beteiligt. Im Idealtypus präsentiert die Pictura einen bedeutungshaltigen Gegenstand oder Sachverhalt, das Motto regt zur Suche nach einem Zweitsinn an, der in der Subscriptio erläutert wird. So überschreibt J. W. Zincgref in seinen *Emblematum ethico-politicorum centuria* (1619) die Pictura eines Schlüsselbundes mit dem Motto »Non omnia possumus omnes« (›Wir können nicht alle alles‹) und bietet dazu in der dt. Ausgabe (1633) den Vierzeiler: »WIr Schlüsseln allzumahl haben ein Ampt vnd Namen/ Doch keiner vnter vns öffnet die Schloß allzusammen/ Also die Menschen auch han unterschiedlich sitten/ Einer ist wol zu Fuß/ der ander baß beritten« (Henkel/Schöne 1967, Sp. 1337f.). Die unterschiedliche Funktion der Schlüssel ist somit als Hinweis auf die unterschiedlichen Fähigkeiten der Menschen ausgelegt. Das Beispiel zeigt deutlich, daß die Subscriptio sich nicht auf die Auslegung beschränkt, sondern im Rückgriff auf den Bildgegenstand auch an der Funktion des Abbildens beteiligt ist. Die zeitgenössische Theorie sieht in der Pictura den Leib, in den hinzugefügten Worten die Seele des Emblems und fordert, daß der Sinn sich erst durch das Zusammenwirken von Bild und Text ergeben solle. – Die emblematische Praxis hat sich jedoch nur selten an die normativen Regeln gehalten. Die Pictura bietet Gegenstände aus der Welt der Natur und der vom Menschen geschaffenen Umwelt, aber auch aus der Geschichte und der mythologischen und literar. Tradition. Das Motto gibt das Thema des Emblems an oder leitet eine Lebensregel aus der Pictura ab und läßt sich oft auf die Bild- wie auf die Bedeutungsebene beziehen. Gegen die Forderung der Theorie nach kurzen fremdsprachigen Motti wird zunehmend verstoßen, da das Emblem auch über den urspr., elitären Rezipientenkreis der Humanisten und der höfischen Kultur hinaus Interesse und Verbreitung findet. Der Umfang der Subscriptio wird in der Theorie nicht diskutiert und ist variabel. In der außerliterar. E. wie in emblematischen Bildprogrammen süddt. Kirchen werden (medienbedingt) die Textanteile stark reduziert bis hin zum Ausfall der Subscriptio. In der Buch.-E.

wird die dreiteilige Standardform oft durch Übersetzungen und Kommentare erweitert. – Die E. verdankt sich einem vielschichtigen Traditionsgeflecht. Sehr eng ist die Beziehung zur Impresen- oder Devisenkunst, die gegen Ende des 14. Jh.s in Oberitalien entwickelt wurde und durch ihre Verbindung von Devise (Wahlspruch) und bildlichem Zeichen ebenfalls der Pictura-Poesis-Tradition angehört. Die Imprese ist älter als das Emblem, doch stehen beide Gattungen in einem engen Wechselbezug. Die zweiteilige Imprese kann durch Hinzufügen einer Subscriptio in ein Emblem, das Emblem durch Ausblenden der Subscriptio in eine Imprese überführt werden. Doch ist die Imprese stärker auf ein Individuum oder eine Institution (z. B. Akademie) bezogen, während das Emblem eher Allg.gültigkeit beansprucht. Die Theorie der E. ist in ihren Anfängen im 16. Jh. weitgehend durch die vornehmlich in Italien geführte Diskussion über die Impresenkunst geprägt. Die emblematische Subscriptio ist ohne den Einfluß des gr.-röm. Epigramms kaum denkbar. Methodisch setzt die E. die schon in der Antike entwickelte, durch die ma. Bibelexegese sanktionierte Denkform der Allegorese fort und verdankt diesem hermeneutischen Aneignungsversuch auch einzelne Motive, wie sie in Herbarien, Bestiarien, Lapidarien, allegorischen Wörterbüchern und bibelexegetischen Schriften überliefert worden sind. Auch der auf einem fruchtbaren Mißverständnis beruhenden Renaissance-Hieroglyphik schuldet die E. zahlreiche Einzelmotive. Rein formale Entsprechungen bietet die E. zu anderen Repräsentanten der Pictura-Poesis-Tradition wie dem Totentanz, der Verbindung von Titulus und Bild oder der Narrenspiegel-Lit. Deutlich näher stehen der E. illustrierte Fabelsammlungen aufgrund ihrer Dreiteiligkeit von Überschrift, Bild und erläuterndem (im Bildteil darstellendem, in der Moral auslegendem) Fabeltext. – Als erstes Emblembuch gilt das *Emblematum Liber* des A. Alciato (1531). Die Blütezeit der E. fällt in die Zeit von 1580 bis 1750, aber auch noch im späten 19. und im 20. Jh. werden emblematisch illustrierte Werke wiederholt aufgelegt. Die ↗ Gattung erfreute sich internationaler Beliebtheit. Doch die Frage der Nationalität der Emblem-Autoren ist weitgehend irrelevant, da die meisten Emblembücher lat. Texte aufweisen oder mehrsprachig sind und da Autor, Künstler und Drucker eines Emblembuchs verschiedener Nationalität sein können. Grundsätzlich ist in der Geschichte der E. eine Tendenz zur thematischen, formalen und funktionalen Diversifikation festzustellen, was aber für das Einzelwerk die Konzentration auf thematische Schwerpunkte nicht ausschließt. Unter inhaltlichem Aspekt kann zwischen den allg. ethisch-moralischen, den politischen, den religiösen, den erotischen und den alchimistischen Emblembüchern differenziert werden, ohne daß die Grenzen immer klar zu ziehen wären. Bes. hervorzuheben ist die religiöse E., die im 16. Jh. nur spärlich verbreitet ist, aber im 17. Jh. auf katholischer wie auch auf protestantischer Seite einen immensen Aufschwung erlebt. Sie soll etwa ein Drittel der gesamten Emblembuchproduktion ausmachen; in der außerliterar. E. dürfte ihr Anteil noch größer sein. Als eigenständiger Emblembuchtyp ist die Emblem-Enzyklopädie zu nennen, die mehr oder weniger umfangreiche Emblem-Kataloge zur weiteren Verwendung verfügbar hält. Der erfolgreichste Vertreter dieses Buchtyps ist der *Mondo simbolico* (1653) des F. Picinelli. Das Werk bietet nur wenige Illustrationen, aber eine Fülle von Emblembeschreibungen und -erläuterungen, die nach Sachgruppen der Bildmotive gegliedert sind. Die lat. Bearbeitung durch A. Erath wurde wiederholt aufgelegt und hat auch die Anlage der modernen Emblem-Enzyklopädie *Emblemata* (Henkel/Schöne 1967) angeregt. – Die Buch-E. (oder innerliterar. E.) ist nicht auf die Verwendung emblematischer Illustrationen beschränkt, sondern kann sich auch mit Emblemzitaten und -entwürfen begnügen, die, v. a. in rhetorischen Handbüchern und Sammelbänden und in der Erbauungslit., als Ausgangspunkt eines Gleichnisses oder einer ausführlicheren Allegorese dienen können und mitunter die Textstruktur bestimmen. Außerliterar. E. findet sich auf verschiedenen Gegenständen wie Trinkgefäßen, Schmuckstücken, Glocken, Kanonen und Schießscheiben, aber v. a. als Wandschmuck in Profan- und Sakralbauten, sowie im Rahmen von Trauerfeierlichkeiten und im höfischen Festwesen. – Die Vielfalt ihrer Erscheinungsweisen und Quellen, ihr intermedialer Charakter und ihre weite Verbreitung über alle nationalen und konfessionellen Grenzen hinweg machen die E. zu einem Gegenstand, der, trotz der erst in den letzten 30 Jahren intensivierten methodisch vielfältig ausgerichteten Emblem-Forschung stets neue Entdeckungen und Einsichten in die Gedankenwelt und Kultur des 16. bis 18. Jh.s verspricht.

Lit.: W. S. Heckscher/K.-A. Wirth: »Emblem, Emblembuch«. In: L. H. Heydenreich/K.-A. Wirth (Hgg.): *Reallexikon zur Kunstgeschichte*, Bd. 5, Stgt. 1967. Sp. 85–228. – A. Henkel/A. Schöne (Hgg.): *Emblemata. Handbuch zur Sinnbildkunst des XVI. und XVII. Jh.s*, Stgt. 1996 [1967]. – A. Schöne: *E. und Drama im Zeitalter des Barock*, Mchn. 1993 [1968]. – W. Harms/H. Freytag (Hgg.): *Außerliterar. Wirkungen barocker Emblembücher*, Mchn. 1975. – C. Kemp: *Angewandte E. in südt. Barockkirchen*, Mchn./Bln. 1981. – D. Peil: »E.« In: Ricklefs 1996. S. 488–514.

DP

Emotion (lat. *emovere*: herausbewegen, emporwühlen). E.en zählen zum kulturellen Wissen einer Zeit und manifestieren sich in verschiedenen Zeichen- und Handlungszusammenhängen einer Kultur, u. a. in Lit. Für diese sind E.en unter drei Aspekten von Bedeutung: Unter dem (am häufigsten thematisierten) Rezeptionsaspekt betrachtet, stellt E. neben ↗ Kognition und Handlungsorientierung eine Kategorie dar, mit der die ↗ Wirkung von Lit. beschrieben wird; bei der Produktion von Texten zählen die E.en des Verfassers zu den Faktoren, die (in noch nicht ausreichend geklärter Weise) die Textgestalt mitbestimmen; und die Texte selbst enthalten emotionale Kodierungen, d. h. sprachliche ↗ Zeichen, Bilder und Handlungselemente, die, historisch und kulturell variabel, mit E.en verbunden sind. – Von den antiken bis zu den Aufklärungspoetiken galt das Hervorrufen von E.en oder spezieller bestimmten E.en, wie Rührung, Mitleid oder Befreiung aufgestauter Affekte (↗ Katharsis), als ein Ziel der Dichtung. Die ↗ Rhetorik lieferte das Wissen, welche Elemente einer Rede bzw. eines Textes bestimmte Gefühle im Hörer bzw. Leser hervorbringen können. Unter autonomieästhetischen Postulaten geriet das ›movere‹ bis heute in theoretischen Mißkredit. Das Erzeugen von E.en wurde der ↗ Triviallit. zugeordnet und in ›anspruchsvoller‹ Lit. nur als Mittel zu höheren Zwecken akzeptiert. In der v. a. an kognitiven Gehalten interessierten Lit.wissenschaft wurden E.en bis in die 60er Jahre unsystematisch, erst ab den 80er Jahren z. B. unter diskurs- und ↗ mentalitätsgeschichtlicher Perspektive sowie im Kontext der ↗ literar. Anthropologie systematischer untersucht. Vielversprechend v. a. zur Analyse der Rezeptionsseite sind neueste empirische Arbeiten; die Mechanismen textueller Kodierung von E.en sind noch nicht erforscht.

Lit.: H. Alfes: *Lit. und Gefühl*, Opladen 1995. – E. Keitel: *Von den Gefühlen beim Lesen*, Mchn. 1996.

SW

Empfänger ↗ Kommunikationsmodell

Empirie/empirisch (gr. *empeiría, empeirikós*: Erfahrung, auf Erfahrung beruhend, aus der Erfahrung stammend), der Empirismus ist eine bedeutende Tradition der Philosophie und Wissenschaften, die auf F. Bacon, Th. Hobbes, J. Locke, G. Berkeley und D. Hume zurückgeführt wird. Im dt. Sprachraum haben insbes. I. Kant, R. Avenarius und E. Mach an die empiristische Tradition angeknüpft. – Nach der ma. Scholastik ging es den aufklärerischen Empiristen darum, Spekulationen und unüberprüfbaren Behauptungen (Metaphysik) Einhalt zu gebieten. Gegen die Rationalisten (vgl. R. Descartes) machten sie geltend, daß die äußeren Sinne durch reale Dinge affiziert bzw. gereizt werden und so in der Wahrnehmung, Beobachtung und Erfahrung die Objekte dieser äußeren Welt zur Vorstellung bringen (vgl. Bacon, Locke). Daher sei gerade nicht beliebig oder willkürlich, was beobachtet bzw. erfahren wird (vgl. Berkeley); die Realität instruiere und beschränke, leite und zügele sozusagen die überschießende Aktivität des Geistes. Deshalb sind seit Bacon bestimmte methodologische Prinzipien Ausdruck der empiristischen Rationalität: planmäßiges, hypothesengeleitetes Sammeln von Exemplaren (z.B. in der Zoologie und der Botanik), systematisches Beobachten (z.B. in der Astronomie und der Metereologie) sowie Experimentieren (z.B. in der Chemie und der Physik). Die empiristischen Prinzipien sind die Prinzipien einer erfahrungswissenschaftlichen Methodologie. Die Arbeiten von Locke, Berkeley und Hume zeigen sehr deutliche Differenzierungen hinsichtlich der Anteile, die Geist und Ratio im Zusammenspiel mit Sinnlichkeit und Realität spielen. Lockes ›Ideen‹ sind vom Geist erzeugt, stammen aber aus der Konfrontation von Geist und Realität. Berkeleys ›Ideen‹ können vom Subjekt nicht willkürlich gebildet oder verändert werden, z.B. in der Sinneswahrnehmung: ›Sein bedeutet Wahrgenommenwerden!‹ Kant bringt mit seiner Unterscheidung von ›Ding an sich‹ und ›Erscheinung‹ und mit der Untersuchung der kategorialen Bedingungen der Möglichkeit von Erkenntnis die empiristischen und die rationalistischen Argumente auf einen gemeinsamen Nenner, demzufolge sich die Erkenntnis nicht nach den Gegenständen richtet, sondern die Gegenstände nach der Erkenntnis. Die uns erfahrbare Welt ist keine Welt des ›Scheins‹, sondern eine Welt der Erscheinung (›Phänomene‹), die notwendig ist, weil sie den Gesetzen des Erkenntnisvermögens gehorcht. Die Welt der Dinge an und für sich (›Noumena‹) bleibt unerkennbar (ist jedoch ›problematisch‹, d.h. möglich). Die menschliche Vernunft operiert letztlich immer mit Ideen auf der Basis von Anschauung und Erfahrung. – Die moderne Wissenschaftstheorie hat Kants Einsichten und die der Empiristen und Rationalisten auf die Formel der Theoriebeladenheit der ›Erfahrung‹ gebracht (vgl. z.B. K. Popper, N.R. Hanson, T.S. Kuhn). Der radikale ↗ Konstruktivismus (vgl. z.B. H. v. Foerster, E. v. Glasersfeld) versucht, den Popperschen Pragmatismus (›Wissenschaft als Problemlösungsveranstaltung‹), Kants transzendentalen Idealismus und Berkeleys Skepsis miteinander zu versöhnen; empirisch bedeutet hier: Mit den Mitteln menschlicher Kognition, also dem Wahrnehmen, Beobachten, Experimentieren in/mit einer kognitiv-sozial konstruierten Wirklichkeit, herausfinden, wie Probleme, z.B. Beschreibungs-, Erklärungs- und Gestaltungsprobleme, tatsächlich gelöst werden können.

Lit.: F. Kambartel: »Erfahrung«. In: J. Ritter/K. Gründer (Hgg.): *Historisches Wörterbuch der Philosophie*, Bd. 2, Basel 1972. Sp. 609–617. – Rusch 1987. – S.J. Schmidt: *Die Zähmung des Blicks. Konstruktivismus – E. – Wissenschaft*, FfM. 1998.

GR

Empirische Rezeptionsforschung ↗ Rezeptionsforschung, empirische

Empirische Theorie der Literatur (ETL), im Jahre 1980 legte S.J. ↗ Schmidt mit dem ersten Teilband seines *Grundriß der Empirischen Lit. wissenschaft* eine komplexe Theorie literar. kommunikativen Handelns vor. Sie wird spezialisierend und theoretisierend schrittweise aus einer allg. Handlungstheorie, einer Theorie kommunikativen Handelns sowie einer Theorie ästhetischen Handelns entwickelt. Als Gegenstandsbereich dieser Theorie werden literar. ↗ Handlungen, d.h. nicht ↗ Texte, bestimmt, in denen Akteure (in der Theorie ›Aktanten‹ genannt) mit solchen Texten umgehen, denen sie aufgrund ihrer bisherigen Erfahrungen die Eigenschaft ›literar.‹ zuschreiben. Dabei wird die ↗ Literarizität von Texten abhängig gemacht von der Art und Weise, wie Aktanten sozialisationsbedingt mit Texten umgehen. Produzieren oder lesen sie Texte nicht primär im Hinblick auf ihre erfahrungsweltliche Referenzialisierbarkeit, d.h. auf Fragen wie: Welche Tatsachen werden ausgesagt? Sind die Aussagen auch tatsächlich wahr? u.a., so handeln sie einer ↗ Konvention gemäß, die als ›ästhetische Konvention‹ (komplementär zu einer ›Tatsachenkonvention‹ für die Bereiche nicht-ästhetischen Handelns) bezeichnet wird. Produzieren oder rezipieren Aktanten Texte außerdem nicht unter dem Gesichtspunkt der Eindeutigkeit der Texte und Textkomponenten sowie der ausgesagten Sachverhalte, sondern erwarten sie eine bzw. schreiben oder lesen sie in Hinblick auf eine Vielzahl möglicher Lesarten und Bedeutungsvarianten, so handeln sie gemäß der ›Polyvalenz-Konvention‹, die komplementär zu einer ›Monovalenz-Konvention‹ für nicht ästhetische Handlungen angesetzt wird. Unter diesen Voraussetzungen gelten Texte als literar., wenn sie von Aktanten als literar. Texte behandelt werden, d.h. wenn Aktanten im Umgang mit Texten den beiden genannten Konventionen folgen. Zugleich wird der Bereich der in diesem Sinne literar. kommunikativen und nicht-kommunikativen Handlungen als Geltungsbereich der Ästhetik- und Polyvalenzkonvention deutlich von allen anderen sozialen Handlungsbereichen unterschieden. Die Konventionen sorgen somit dafür, daß der Bereich literar. Handelns nach Innen und Außen differenziert wird. – Intern wird der Bereich literar. Kommunikationshandlungen nach vier Handlungsrollen strukturiert: nach der literar. Produktion (LP; ↗ Lit.produktion), der literar. Vermittlung (LV; ↗ Lit.vermittlung), der literar. Rezeption (LR; ↗ Lit.rezeption) und der literar. Verarbeitung (LVA; ↗ Lit.verarbeitung), die zueinander in handlungslogischen, zeitlichen und kausalen Beziehungen stehen. Dabei werden die Handlungsrollen Produktion und Rezeption als obligatorisch, Vermittlung und Verarbeitung als fakultativ angesehen. Entsprechend wird die Theorie literar. Kommunikationshandlungen für jede dieser Handlungsrollen in vier Theorieelemente (TE) ausdifferenziert: in die Theorie literar. Produktionshandlungen (TLP), die Theorie literar. Vermittlungshandlungen (TLV), die Theorie literar. Rezeptionshandlungen (TLR) und die Theorie literar. Verarbeitungshandlungen (TLVA). Die in allen Theorieelementen in spezialisierter oder theoretisierter Form wiederkehrenden handlungstheoretischen Grundbegriffe sind: ›Handlung‹, im Sinne von Veränderung oder Aufrechterhaltung eines Zustandes durch einen Aktanten; ›Aktant‹ als individuelles, kollektives, institutionelles oder korporatives handelndes System, wobei individuelle Aktanten im Sinne H.R. Maturanas als autopoietische kognitive Systeme interpretiert werden (↗ Autopoiesis); ›Handlungssituation‹; ›Handlungsvoraussetzungssystem‹, das für individuelle Aktanten

zum Handlungszeitpunkt ihr Wirklichkeitsmodell, alle Handlungsrestriktionen, alle allg. und speziellen Fähigkeiten, Bedürfnisse, Intentionen und Motivationen, alle sprachlichen und enzyklopädischen Kenntnisse, Wissen über soziale Konventionen, Normen und Werte, nicht kontrollierbare Handlungsbedingungen und -beschränkungen biographischer, d.h. physischer und psychischer, sozialer, politischer und ökonomischer Art umfaßt (vgl. Schmidt 1980, S. 29; ↗ Voraussetzungssystem); ›Handlungsstrategie‹; ›Handlungsrealisierung‹; ›Handlungsresultat‹ und ›Handlungsmittel‹, d.h. im Falle kommunikativen Handelns z.B. Sprache, ↗ Kommunikatbasis, ↗ Kommunikat. – Zu den zentralen Begriffen der ETL gehört das Konzept des ↗ ›Lit.systems‹. Damit ist die Vorstellung von einem Sozialsystem Lit. verbunden, das neben anderen gesellschaftlichen Subsystemen wie Kunst, Wissenschaft, Wirtschaft, Politik usw. spezifische Leistungen bzw. Funktionen für die Gesellschaft als Ganze, z.B. in Form von Reflexivität, Innovativität und Identität, für andere Subsysteme von Gesellschaft, z.B. Produkte für das Wirtschaftssystem oder für das Rechtssystem, sowie für die im Lit.system handelnden Individuen auf kognitiver, emotiver und normativer Ebene erbringt. Die gängige Redeweise vom Lit.betrieb illustriert die Vielzahl verschiedener Vorgänge, Sachverhalte und Zusammenhänge, an die hier zu denken ist. – Im zweiten Teilband des Grundrisses (vgl. Schmidt 1982) werden lit.historische, lit.soziologische, lit.psychologische, lit.kritische und lit.didaktische Fragen und Probleme im Rahmen der ETL rekonstruiert. ↗ Lit.geschichte wird dort als Ermittlung der ↗ Diachronie des Lit.-Systems gefaßt: »›Literarhistorie in der ETL‹ bedeutet: Erforschung der Geschichte aller in der ETL konzipierten Elemente des Systems LITERATUR im Kontext der übrigen gesellschaftlichen Systeme in einer Gesellschaft G bzw. in einer Menge von Gesellschaften {G1,..., Gn}. D.h. Literarhistorie im Rahmen der ETL ist nicht zu konzipieren als eine eigenständige Disziplin: sie ist vielmehr zu konstruieren als die diachrone Komponente der ETL. Von der Konzeption her wird die ETL also nur dann als vollständig bezeichnet, wenn sie in der Lage ist, die synchronen wie die diachronen Aspekte aller Elemente des Systems LITERATUR im Kontext von G zu untersuchen [...]. Die Grundlage empirischer historischer Analysen in einer solchermaßen vollständigen ETL bildet eine Theorie von Veränderung, also eine Theorie diachroner

Prozesse im LITERATUR-System bzw. eine Theorie der diachronen Entwicklung der Strukturen und Funktionen des LITERATUR-Systems selbst« (Schmidt 1982, S. 32; Hervorhebungen im Original). In lit.didaktischer Hinsicht (↗ Lit.didaktik) ergeben sich mit der ETL folgende allg. Lernziele für den Lit.unterricht: Ausbildung der Fähigkeit zur kompetenten Teilnahme am Lit.system, d.h. der Fähigkeit zum Handeln in den verschiedenen literar. ↗ Handlungsrollen, sowie zu seiner Analyse und Kritik, d.h. strukturale und funktionale Aspekte des Lit.systems kennen und beurteilen. – Die ETL ist im Rahmen einer Konzeption Empirischer Lit.wissenschaft (ELW) entwickelt worden, die explizite wissenschaftstheoretische und methodologische Werte postuliert, nämlich Empirizität, Theoretizität und Applikabilität. Die ELW verpflichtet sich damit ausdrücklich zur Beachtung grundsätzlicher Standards wissenschaftlichen Handelns: ↗ Intersubjektivität und Explizitheit der Fachsprache, intersubjektive Überprüfbarkeit der Ergebnisse, gesellschaftliche Relevanz der bearbeiteten Probleme, Lehr- und Lernbarkeit der Methoden und Begrifflichkeiten. Der metatheoretische Wert der Applikabilität öffnet eine Perspektive für eine Angewandte Lit.wissenschaft, die sich der Bearbeitung von praktischen Problemen im Handlungsfeld Lit., z.B. für Aktanten in den verschiedenen literar. Handlungsrollen, widmet.

Lit.: Schmidt 1991 [1980]. – ders. 1982. – D. Hintzenberg et al.: *Zum Lit.begriff in der BRD*, Braunschweig 1980. – P. Finke: *Konstruktiver Funktionalismus. Die wissenschaftstheoretische Basis einer ETL*, Braunschweig 1982. – G. Rusch/S. J. Schmidt: *Das Voraussetzungssystem G. Trakls*, Braunschweig 1983. – H. Hauptmeier/S. J. Schmidt: *Einf. in die Empirische Lit.-wissenschaft*, Braunschweig/Wiesbaden 1985. – D. Meutsch: »Über die Rolle von Konventionen beim Verstehen literar. Texte«. In: SPIEL 4.2 (1985) S. 381–408. – Arbeitsgruppe NIKOL (Hg.): *Angewandte Lit.wissenschaft*, Braunschweig 1986. – D. Meutsch: *Lit. verstehen. Eine empirische Studie*, Braunschweig 1987. – R. Viehoff (Hg.): *Alternative Traditionen. Dokumente zur Entwicklung einer Empirischen Lit.wissenschaft*, Braunschweig 1991. – Barsch et al. 1994. – H.F. Alfes: *Lit. und Gefühl. Emotionale Aspekte literar. Schreibens und Lesens*, Opladen 1995. – G. Rusch: »Modelle, Methoden und Probleme der ETL«. In: Nünning 1995. S. 215–232. – S. J. Schmidt: »The Empirical Study of Literature. Reasons, Plans, Goals«. In: M.L. Losa et al. (Hgg.): *Literatura Comparada. Os Novos Paradigmas*, Porto 1996. S. 281–294. – ders.: »Anwendungsorientierte Lit.wissenschaft – Perspektiven eines Projekts«. In: G. Jäger/J. Schönert (Hgg.): *Wissenschaft und Berufspraxis*, Paderborn 1997. S. 135–144.

GR

Emplotment (engl. wörtlich: Einbettung der historischen Fakten in einen Handlungs- und Sinnzusammenhang), ist als Begriff durch den am. Geschichtstheoretiker H. ↗ White in die Debatte um die ›Fiktion des Faktischen‹ in der Geschichtsschreibung eingeführt worden, um Strategien des Historikers zu umschreiben, die Kontingenz historischer Ereignisse und Geschehen erzählerisch zu strukturieren und zu einer Geschichte zu machen. »E. is the way by which a sequence of events fashioned into a story is gradually revealed to be a story of a particular kind« (White 1973, S. 7). White entwickelt dazu schematisch eine an N. ↗ Frye orientierte Typologie narrativer Figuren, wie Stile (Romanze, Komödie, Satire, Tragödie) und ↗ Tropen (↗ Metapher, ↗ Metonymie, ↗ Synekdoche und ↗ Ironie), die als tiefenstrukturelle Prägeformen die Wahrnehmung, Darstellung und Konstruktion des jeweiligen historischen Diskursgegenstands unhintergehbar präfigurieren. Damit demontiert White den epistemologischen Status der Geschichtsschreibung im Unterschied zur Belletristik (↗ Historiographie und Lit.) und den Glauben an die Möglichkeit objektiver historischer Darstellung. Die Historiographie wird von White (1978, S. 85) sogar als »essentially a literary, that is to say fiction-making, operation« bezeichnet. – Die von poststrukturalistischen Theorien wie dem ↗ New Historicism aufgenommenen Thesen Whites sind kürzlich in zweierlei Hinsicht modifiziert worden. So hat A. Nünning (1995, S. 142) darauf hingewiesen, daß das bei White als spezifisch literar. eingeengte Verfahren des E. nicht unbedingt per se die Geschichtsschreibung zur Fiktion werden läßt. Weiterhin deutet H. Antor (1996, S. 68) das E. als Ausdruck einer anthropologisch bedingten Grunddisposition des Menschen als ›pattern-building animal‹, fiktive wie nicht-fiktive Texte in einen kohärenten Sinnzusammenhang zu bringen.

Lit.: s. auch H. ↗ White. – H. White: *Metahistory. The Historical Imagination in Nineteenth-Century Europe*, Baltimore 1973. – ders.: *The Tropics of Discourse. Essays in Cultural Criticism*, Baltimore 1978. – A. Nünning: *Von historischer Fiktion zu historiographischer Metafiktion*, Bd. 1, *Theorie, Typologie und Poetik des historischen Romans*, Trier 1995. Bes. S. 129–144. – H. Antor: »The Ethics of Criticism in the Age After Value«. In: Ahrens/Volkmann 1996. S. 65–85.

LV

Empson, (Sir) William (1906–1984), brit. Lit.kritiker und Dichter, Universitätsprofessor. – E. erhielt durch Stipendien eine klassische Erziehung am Winchester College, der ältesten engl. Public School, sowie am Magdalene College, Cambridge, wo er 1929 einen B. A. in Mathematik erhielt und 1935 sein M. A.-Examen mit Auszeichnung in engl. Lit. ablegte. Seine langjährige Laufbahn als Hochschullehrer begann mit einem Lehrstuhl für engl. Lit. an der Bunrika Daigaku Universität, Tokio, 1931–34. 1937–39 war E. Professor für engl. Lit. und 1947–53 Professor im Institut für Westliche Sprachen an der Chin. National-Universität Peking. Während des Zweiten Weltkriegs arbeitete er 1940–41 im Monitoring Department und 1941–46 als chin. *Editor* für die BBC. 1953–71 war er als Professor für Engl. an der Universität Sheffield tätig; in den Sommern 1948, 1950 und 1954 bekleidete er eine Gastprofessur am Kenyon College, Gambier, Ohio. 1968 wurde ihm der *Ingram Merrill Foundation Award* verliehen; die Ehrendoktorwürde erhielt er 1968 von der University of East Anglia, Norwich, 1971 von der Universität Bristol und nach seiner Emeritierung schließlich auch 1974 von der eigenen Universität. 1979 wurde E. in den Adelsstand erhoben. – E. ist einer der herausragenden und meistbeachteten brit. Lit.kritiker des 20. Jh.s. Als Student in Cambridge brachte er schon mit 24 sein erstes und bedeutendstes Werk, *Seven Types of Ambiguity* (1930), heraus, das von seinem akademischen Lehrer I. A. ↗ Richards angeregt war. Mehrdeutigkeit ist für E., sofern sie nicht lediglich auf gedanklicher Schwäche beruht, ein Phänomen der Verdichtung und deshalb eine der entscheidenden Wurzeln der Poesie und ein Merkmal aller großer Dichtung (↗ Literarizität, ↗ Polyvalenz). In brillanten und eigenwilligen Interpretationen von Texten engl. Dichter wie W. Shakespeare, J. Donne, G. Herbert und G. M. Hopkins macht E. dies deutlich. Auch wenn das Buch vorgibt, eine systematische Auseinandersetzung mit sieben verschiedenen Typen der ↗ Ambiguität zu sein, muß E. zugeben, daß sich die verschiedenen Kategorien häufig überschneiden und nicht scharf voneinander zu trennen sind. Dabei ist freilich eine Bewegung in Richtung auf zunehmende Komplexität unverkennbar. E.s Hauptinteresse liegt darin, wie er in einem späteren Artikel ausführt, ›to examine what already goes on in the mind of a fit reader‹, und der fähigste und vielfach virtuose Leser ist zweifellos der Autor selbst. Das gilt auch für die beiden folgenden Bücher. In *Some Versions of Pastoral* (1935), das sich ebenfalls mit unterschiedlichen Arten von ↗ Ironie und Mehrdeutigkeit beschäftigt, dehnt E. den Gattungsbegriff

der Pastorale souverän aus und interpretiert Texte wie *The Beggars' Opera* und *Alice in Wonderland*, in denen er ›the pastoral process of putting the complex into the simple‹ beobachtet. *The Structure of Complex Words* (1951) setzt seine früheren Ansätze fort; E. verbindet sie mit bestimmten historischen und semantischen Kontexten und untersucht Schlüsselbegriffe wie *wit, fool, honest* und *sense*, wie sie in einzelnen Texten und Epochen erscheinen. Demgegenüber ist *Milton's God* (1961) eine geistreiche und scharfe Polemik gegen die Gottesvorstellung des christlichen Glaubens. E.s eigene Dichtung, die sich v. a. am Vorbild von Donne und den *Metaphysical Poets* orientiert, beeindruckt durch Komplexität und Tiefgründigkeit und entspricht so seinen theoretischen Einstellungen. – E. ist einer der Erfinder des modernen Prinzips des ↗ *Close Reading* (↗ Werkimmanente Interpretation), und er hat maßgeblichen Einfluß auf die Schule des ↗ *New Criticism* ausgeübt. Doch im Gegensatz zu den *New Critics* lehnte E. nie die Berücksichtigung der ↗ Intention des Autors ab und versuchte auch, den historischen ↗ Kontext eines literar. Werks zu berücksichtigen: ›*Purpose, context and person*‹, so zu Anfang von *Seven Types*, bestimmen für ihn zum großen Teil die ↗ Bedeutung des literar. Werks, die der Kritiker herauszuarbeiten hat.

Lit.: W. Empson: *Collected Poems*, Ldn. 1955. – J. H. Wills, Jr.: *W. E.*, N. Y. 1969. – R. Sale: *Modern Heroism. Essays on D. H. Lawrence, W. E., and J. R. R. Tolkien*, Berkeley 1973. – R. Gill (Hg.): *W. E.: The Man and His Work*, Ldn. 1974. – Ch. Norris: *W. E. and the Philosophy of Literary Criticism*, Ldn. 1978. – F. Day: *Sir W. E.: An Annotated Bibliography*, N. Y. 1984. – Ch. Norris: »Complex Words, Natural Kinds, and Interpretation-Theory. An Essay in Empsonian Semantics«. In: *REAL* 13 (1997) S. 219–256.

RB

Entautomatisierung ↗ Verfremdung

Entropie (gr. *entrépein*: umkehren), physikalisches Konzept aus dem Bereich der Thermodynamik, demzufolge eine zur Verfügung stehende Energiemenge nie vollständig in nützliche mechanische Arbeit umgesetzt werden kann, so daß immer ein gewisser Energiebetrag verlorengeht. Schon 1824 beobachtete N. L. S. Carnot, daß die von Dampfmaschinen produzierte Energie nie komplett in Bewegungsenergie transformiert wird, sondern z. B. ein Teil in Form von Wärmeenergie evaporiert. Mitte des 19. Jh.s formulierte dann R. J. E. Clausius das zweite thermodynamische Gesetz, das besagt, daß Wärmeenergie in einem spontanen Prozeß im Sinne eines Wärmeausgleiches immer von wärmeren zu kälteren Körpern fließt. Dabei geht zwar keine Energie verloren, aber die transportierte Energie kann nicht mehr für mechanische Arbeit nutzbar gemacht werden. Damit steigt die E. des Systems. Laut dem zweiten thermodynamischen Gesetz befinden wir uns also in einer Welt, deren E. einem Maximum zustrebt, was letztlich zum Wärmetod des Universums führt. Auf dem Weg zum finalen Zustand völliger E. werden sich im Rahmen des allg. Energieausgleiches alle Strukturen und Ordnungen auflösen, da die diese zusammenhaltende Energie in die Umgebung zerstreut wird. – Poststrukturalistische Kritiker und Schriftsteller bedienen sich gerne der Metapher der E., um ihre Skepsis gegenüber relativ statischen strukturalistischen Ansätzen zum Ausdruck zu bringen und auf die Dynamik der postmodernen Auflösung und stetigen Veränderung traditioneller Strukturen zu verweisen (↗ Strukturalismus, ↗ Poststrukturalismus). Dabei werden konventionelle Teleologien ebenso in Frage gestellt wie traditionelle Ordnungs- und Wertemuster. E. ist eine beliebte Metapher für solche poststrukturalistische Positionen in zahlreichen anglo-am. literar. Texten, die von Th. Pynchons Kurzgeschichte »Entropy« (1984) bis hin zu T. Stoppards Drama *Arcadia* (1993) reichen.

Lit.: P. Freese: *From Apocalypse to Entropy and Beyond. The Second Law of Thermodynamics in Post-War American Fiction*, Essen 1997.

HA

Entstehungsbedingung, der Begriff bezeichnet im lit.theoretischen Kontext die historischen, materiellen oder ideengeschichtlichen Voraussetzungen eines kulturellen bzw. literar. Phänomens. E.en in diesem Sinne sind Gegenstand so unterschiedlicher methodischer Richtungen wie ↗ Historismus, ↗ Ideengeschichte, ↗ Mentalitätsgeschichte, ↗ Geistesgeschichte, ↗ Lit.soziologie, ↗ Produktionsästhetik und ↗ Diskursanalyse. – Das Interesse an Entstehung und Entfaltung ist zunächst kennzeichnend für den methodischen Ansatz des geistesgeschichtlichen Historismus, der kulturelle Prozesse nach einem organologischen Entwicklungsschema zu erklären suchte. Als maßgebend für diese Richtung erwies sich dabei eine eigentümliche Verbindung von den Konzepten der Genese und der Genealogie: Die Frage nach den kulturellen E.en eines Phänomens wurde zugleich als Problem des verborgenen Ursprungs und der Herkunft aufge-

faßt. Die E.en firmierten dabei zumeist als Ausgangspunkt eines teleologischen Musters von Entstehung, Aufstieg, Blütezeit und Verfall. Diese Form der genealogischen Kulturgeschichte wurde zum Angriffspunkt einer anderen, kultur- bzw. moralkritischen Genealogie bei F. ↗ Nietzsche und M. ↗ Foucault. Nietzsche kritisiert das traditionelle Modell der Entstehung und Entwicklung v. a. im Blick auf dessen metaphysische und anthropologische Annahmen und fordert statt dessen die genaue, begriffsgeschichtliche Rekonstruktion unserer Vorstellungen und Konzepte. In ähnlicher Weise setzt Foucault an die Stelle der geistesgeschichtlichen Kategorie der Entstehung das Ensemble der wissensgeschichtlichen und diskursimmanenten Bedingungen der Redeformen, das, wie er auch sagt, ›historische Apriori‹ des betreffenden Diskurses. Auch die Lit.soziologie hat es mit E.en von Lit. zu tun: Ihr geht es um die E.en im Sinne der sozialen und institutionellen Voraussetzungen der Produktion und Rezeption von Lit. (↗ Lit.produktion, ↗ Lit.rezeption).

Lit.: M. Foucault: »Nietzsche, die Genealogie, die Historie«. In: ders. (Hg.): *Von der Subversion des Wissens*, FfM. 1987. S. 69–90.

LS

Episteme (gr. *epistēmē*: Wissen, Verstehen), aufgrund von Materialstudien zur Geschichte des Wahnsinns entwickelt M. ↗ Foucault in verschiedenen Studien eine Geschichte der E., d. h. von historisch variablen Wissensformationen, mit dem impliziten Ziel der Historisierung und Depotenzierung des Vernunftbegriffes und damit der Kritik der historischen ↗ Moderne. Gemäß der Analyse von *Les mots et les choses* (1966) bestimmen epistemische Konfigurationen (Wissensformationen) die Anordnung der Dinge und sind die Ermöglichungsbedingung für die Organisation von sprachlichen Äußerungen. Die epistemischen Konfigurationen sind zwar diachronisch verschieden und durch Brüche voneinander getrennt, synchronisch verbinden sie jedoch unterschiedliche Wissensgebiete miteinander, und zwar entsprechend einer allg. Disposition. Trotz aller Streuung des Wissens sind E. grundsätzlich aneinander gekoppelt; in ihren Strukturen verweisen sie aufeinander. Die E. der Ähnlichkeit organisiert das Wissen der ↗ Renaissance und die Interpretation des Zusammenhangs zwischen Zeichen und Dingen. In vier grundsätzliche Formen (›convenientia‹, ›aemulatio‹, Analogie, Sympathie) gruppiert Foucault eine Vielzahl semantischer Möglichkeiten des Ähnlichkeitsdenkens. Die auf ↗ Identität und Differenz gründenden mathematischen, taxonomischen und genetischen E. der Klassik strukturieren das Wissen nach einer binären Logik. Mit der Auflösung der klassischen E. und damit der universalen Analysemethode ergibt sich eine Ausdifferenzierung des Wissens, die im 19. Jh. zu den Einzelwissenschaften führt. Diese ruhen auf gemeinsamen anthropozentrischen E.n, die eine metaepistemologische Analyse verlangen. Die epistemologischen Wissensformationen manifestieren sich, so Foucault, als diskursive Praktiken (*L'archéologie du savoir*, 1969). ↗ Diskurse werden von Regeln und institutionellen Zwängen, d. h. von materiell faßbaren historischen Bedingungen und Folgerungen (historische Aprioris) begleitet, die dem ↗ Subjekt einen spezifischen Platz zuweisen und eine reglementierte Praxis durchsetzen. Die wiederkehrenden Serien von Diskursen bilden die Wirklichkeit nicht ab, sondern konstituieren sie und haben aus diesem Grunde Ereignischarakter. Jedem Diskurs wohnt eine ihn erst fundierende Wirkkraft inne, die Foucault in Anlehnung an F. ↗ Nietzsche den ›Willen zur Wahrheit‹ nennt. Die Wahrheit einer Rede ist nicht metaphysisch als Abglanz vom Sein eines auswärtigen Anderen, als Angleichung des Diskurses an seinen Gegenstand zu verstehen, sondern tritt als Effekt vorausgegangener diskursiver Ereignisse hervor. Die Ereignisse des Gesagten und die Wirkungen der ↗ Sprechakte werden in ihrer Positivität und Äußerlichkeit analysiert, wo es keine ›inneren Geheimnisse‹, keinen ›sammelnden Logos‹ und keine ›Teleologie der Vernunft‹ gibt (Waldenfels). Die ↗ Diskursanalyse hat damit weder mit dem Ungesagten (↗ Hermeneutik) noch mit den Regeln der Sagbarkeit zu tun. Foucault schließt also ein ›Anderswo‹ aus, in dem sich das entscheidet, was sich in den Diskursen ereignet. Die ↗ Entstehungsbedingungen dieses Ereignisses zeigen auch die Bedingungen für ihr ausgrenzendes Tun, so daß mit der Positivität des Diskursereignisses auch die ausgrenzende Tätigkeit der Diskurse in den Blick einer Archäologie des Wissens kommt. – Im Spätwerk seit *L'ordre du discours* (1971) wird der Akzent auf die ↗ Macht gelegt. Institutionelle Diskurspraktiken werden als Machtdispositive, einem unzertrennlichen Aggregat aus Können und Wissen, begriffen. Die Macht gilt als absolut und unhintergehbar im Verhältnis zum Subjekt, das als unterlegen angesehen wird. Die Depotenzierung des Vernunfts- und Subjektbegriffs hat die Kritik von J. ↗ Habermas und M. Frank bezüglich der Aporie

der Diskursanalyse hervorgerufen. Doch greifen diese Autoren den metaepistemologischen Anspruch Foucaults nicht auf. In *La bibliothèque fantastique* (1995) bzw. in anderen in *Schriften zur Lit.* (1974) versammelten Essays entwickelt Foucault die Konzeption eines Gegendiskurses, der der Lit. zugeschrieben wird. Nach der Dissolution des homogenen Gebiets geregelter ↗ Repräsentationen gilt Lit. als eine ausgesprochene kulturelle Heterotopie, d. h. als ein heterogener Raum und ein Nicht-Ort der Sprache, der im Widerstreit zu den Kohärenzregeln der Diskurse steht. Analog dazu wird in *L'archéologie du savoir* die Geschichte der E., die in *Les mots et les choses* noch fortschreitend erscheint, als paradoxale Aufeinanderfolge von Diskontinuitäten und als ↗ Palimpsest von Diskursen denkbar. Die postklassische Lit. habe die Funktion eines nicht diskursiven Denkens, das das rohe Sein der Sprache manifestiert, die Macht der Sprache offenlegt und die Ereignisse der Diskurse darstellt. Lit.kritik verlangt mithin eine metaepistemologische Kritik realistischer bzw. positivistischer und anthropomorpher E.

Lit.: M. Foucault: *Les mots et les choses,* Paris 1966 (dt. *Die Ordnung der Dinge,* FfM. 1971). – ders.: *L'archéologie du savoir,* Paris 1969 (dt. *Archäologie des Wissens,* FfM. 1973). – ders.: *L'ordre du discours,* Paris 1971 (dt. *Die Ordnung des Diskurses,* Mchn. 1974). – ders.: *Schriften zur Lit.,* FfM. 1993 [1974]. – ders.: *La bibliothèque fantastique,* Brüssel 1995. – H-G. Ruprecht: »Savoir et littérature; doxa historique/épistème sémiotique«. In: *Degrés* 12.39/40 (1984) S. m1-m12. – C. Kammler: »Historische Diskursanalyse (M. Foucault)«. In: Bogdal 1997 [1990]. S. 31–55. – P. Veyne: *Foucault. Die Revolutionierung der Geschichte,* FfM. 1992. – W. Seitter: *Das Spektrum der Genealogie. M. Foucault,* Bodenheim 1996.

VB

Epochen, literaturgeschichtliche/Epochenbegriffe (gr. *epochḗ*: Halte- oder Fixpunkt), E. bezeichnen Zeiträume in Geschichte oder Lit. geschichte, die sich im Vergleich zum Vorher und Nachher als relativ homogen darstellen und zumeist durch eine Reihe von Trennereignissen (↗ E.schwelle) begrenzt sind. In der Lit.wissenschaft erlaubt die Einteilung in E. ein sinnvolles Gespräch über langfristige Veränderungen von ↗ Gattungen und literar. Formen sowie über ↗ Diskurse, welche die Lit. beeinflussen. E. sind somit, wie Gattungen, als »soziokulturelle Verständigungsmittel« (Voßkamp 1992, S. 265) aufzufassen, die in jeweilige historische Funktionszusammenhänge eingebunden sind. Sie sind der literar. ↗ Evolution nicht wesensmäßig inhärent, sondern werden im Nachhinein gebildet. Anders ausgedrückt: E. und E.bewußtsein sind zumeist nicht deckungsgleich. Konstruktivistische Positionen (↗ Konstruktivismus, radikaler) gehen davon aus, daß E.einteilungen und ↗ Periodisierungen grundsätzlich revidierbar sind und weniger durch den Gegenstand der Untersuchung als durch den Untersuchenden als subjektabhängige Konstruktionen (vgl. A. Nünning 1996, S. 15) festgesetzt werden. – Flexibilität von E.begriffen ergibt sich durch die mehrfache Anbindung an Formgesetze der Gattungen, an gesellschaftliche und institutionelle Beziehungsgeflechte und Bedürfniskonstellationen und an den Dialog mit den jeweiligen Rezipientengruppen. E.begriffe nehmen ob der Vielfalt solcher Anschließbarkeiten in der Lit. gern Fremddiskurse politischer (›Georgian age‹), biographischer (›Goethezeit‹), kunsthistorischer Art (›Barock‹) auf, je nach den vorherrschenden Erkenntnisinteressen, wobei die Gesetze ästhetischer Evolution in Spannung mit Tempi des Wandels in anderen gesellschaftlichen Bereichen geraten: So endet z. B. das Restaurationszeitalter in der engl. Lit. erst im frühen 18. Jh. und nicht 1688. E. sind um so stabiler, je deutlicher sich an ihren Grenzen Trennereignisse und Transformationen aus verschiedenen Diskursen häufen. Nichtsdestoweniger zeigt ein Blick über Kultur- oder Ländergrenzen schnell ihre regionale und thematische Begrenztheit, wie A. O. Lovejoy in einer wegweisenden Untersuchung zur Romantik schon 1924 aufgewiesen hat. – Trotz aller Problematik sind E. notwendig als Ordnungsbegriffe für das Verstehen der Mechanismen des kulturellen ↗ Gedächtnisses, welches nur mit ihrer Hilfe über Singularitäten und Unzeitgemäßes urteilen kann. Die wachsende Skepsis gegenüber E.einteilungen hat mehrere Ursachen, v. a. die Krise totalisierender Geschichtsentwürfe, der sog. *grand récits*, u. a. durch die rezeptionsästhetische (↗ Rezeptionsästhetik) Wende (vgl. H. R. ↗ Jauß 1970) und den ↗ Poststrukturalismus. Beide führten zum Ersetzen des Kollektivsingulars Geschichte (vgl. Koselleck 1979), der Geschichte als geradezu metaphysische Schicksalsmacht eingesetzt hatte, durch eine Vielzahl konkurrierender Geschichten, durch Polychronie, Pluralität, Heterogenes an jedem historischen Ort (↗ Historiographie und Lit., ↗ Kontingenz). Parallel dazu ist die Aufspaltung der Lit. in Literaturen zu konstatieren, in Frauen-Lit. (vgl. Schabert 1995, S. 184), Minderheitenlit., ↗ Triviallit., welche jeweils eigenen Tempi des Wandels folgen. Schließlich ist die postkoloniale

Wende (↗ Postkol. Lit.theorie) bedeutsam, welche den Eurozentrismus durch potenzierte Fremdheitserfahrungen dekonstruiert und Strategien hermeneutischer Anverwandlung problematisiert (↗ Hermeneutik). D. E. Wellbery (1996, S. 125) geht von einem unmittelbaren Zusammenhang zwischen Internationalisierung und ↗ Dekonstruktion aus. Seine Verteidigung der unhistorischen interkulturellen Rezeption befreit den Einzeltext von epochalen Bindungen. – Historisch wäre ein Dreischritt zu konstatieren. Bezeichnen E. urprünglich Einschnitte in der Zeit, so wird der Begriff im 18. Jh. auf einen Zeitraum übertragen und erlaubt die Konstruktion geschichtsphilosophischer Modelle vor einem offenen Zukunftshorizont. In der ↗ Postmoderne führen Erfahrungen der Ungleichzeitigkeit des Gleichzeitigen, der Anachronie und der kulturellen Hybridisierung (vgl. Bhabha 1994) zur grundsätzlichen Skepsis gegenüber E.begriffen.

Lit.: R. Koselleck: *Vergangene Zukunft. Zur Semantik geschichtlicher Wirklichkeiten*, FfM. 1979. – M. Titzmann: »Probleme des E.begriffs in der Lit.geschichtsschreibung«. In: K. Richter/J. Schönert (Hgg.): *Klassik und Moderne*, Stgt. 1983. S. 98–131. – Gumbrecht/Link-Heer 1985. – R. Herzog/R. Koselleck (Hgg.): *E.schwelle und E.bewußtsein*, Mchn. 1987. – R. Rosenberg: »E.«. In: Brackert/Stückrath 1996 [1992]. S. 269–280. – W. Voßkamp: »Literar. Gattungen und lit. geschichtliche E.«. In: Brackert/Stückrath 1996 [1992]. S. 253–269. – H. K. Bhabha: *The Location of Culture*, Ldn. 1994. – I. Schabert: »*Gender* als Kategorie einer neuen Lit.geschichtsschreibung«. In: Bußmann/Hof 1995. S. 162–204. – A. Nünning: »Kanonisierung, Periodisierung und Konstruktcharakter von Lit.geschichten«. In: ders. (Hg.): *Eine andere Geschichte der engl. Lit.*, Trier 1996. S. 1–24. – D. E. Wellbery: »Posthermeneutische Konzepte der Texterörterung«. In: L. Danneberg/F. Vollhardt (Hgg.): *Wie international ist Lit.wissenschaft?*, Stgt. 1996. S. 123–138. – G. Plumpe: »Einl.: Vom Dilemma der E.begriffe«. In: *E. moderner Lit.: Ein systemtheoretischer Entwurf*, Opladen 1995. S. 7–30.

WG

Epochenschwelle (gr. *epochḗ*: Halte- oder Fixpunkt), bezeichnet einen Zeitraum des Übergangs von einer ↗ Epoche zur nächsten. Die Einführung des Begriffs, der sich als räumliche ↗ Metapher mit dem Zeitschema reibt, kann als Zeichen einer wachsenden Skepsis gegenüber einfachen Phasenmodellen angesehen werden, deren Übergänge um so plötzlicher sein müssen, je kohärenter die jeweilige Epoche in Abgrenzung zum Vorher und Nachher definiert wird. – Eingeführt wurde der Begriff 1958 von H. Blumenberg, der sich gegen das Prägnanzbedürfnis derer wendet, welche sich im Glauben an handlungsmächtige Geschichtssubjekte an Handlungen, Ereignisse oder Lebensdaten klammern, um den Geschichtsprozeß zu ordnen. Blumenberg sucht vielmehr Nahtstellen zwischen MA. und Neuzeit auf, an denen neue Fragestellungen, Wirklichkeitsbegriffe und philosophische Systeme sichtbar werden und umgreift mit seiner Untersuchung zwei Jh., so daß die E. sich zur eigenen Epoche auszuweiten scheint. Bekanntermaßen ist gar umstritten, ob die E. zur Moderne um 1500 oder um 1800 anzusetzen ist, für beide Möglichkeiten sprechen Häufungen von Trennereignissen. – Je nach Fragestellung lassen sich verschiedene E.n ausmachen, verschiedene Verzögerungen und Beschleunigungen, die darüber hinaus mit regionalen und nationalen Zeitverschiebungen auftreten. Nichtsdestoweniger hat das Konzept der E. den Vorteil, daß es die Artifizialität der Epocheneinteilungen kompensiert, an der auch die Archäologie des frühen M. ↗ Foucault leidet, in welcher der Übergang von einer ↗ Episteme (›épistémè‹) zur nächsten als ›rupture‹ gedacht wurde. Die E. erlaubt, Zeiten des beschleunigten Wandels als komplexe Wechselspiele von Wandel und Konstanz mit mehrfachen Zäsuren zu denken. – Der Begriff ist offenbar eine genuin dt. Prägung, allenfalls das engl. *age of transition* wäre bedeutungsverwandt, wobei hier noch deutlicher der Widerspruch zwischen Epoche und Phase des Übergangs (*transition*) zutage tritt. Synonyme Begriffe sind ›Schwellenzeit‹ oder ›Sattelzeit‹. Letzterer wird auch für die ↗ Systemtheorie (vgl. ↗ Luhmann in Gumbrecht/Link-Heer 1985, S. 11–33) verwendet. Obwohl die Systemtheorie die Notwendigkeit von Epochen für den Evolutionsprozeß nicht notwendig anerkennt, erlaubt Luhmanns Begriff der ›evolutionären Errungenschaft‹ den Brückenschlag zum diskontinuierlichen Denken in Epochen und Sattelzeiten.

Lit.: H. Blumenberg: »E. und Rezeption«. In: *Philosophische Rundschau* 6 (1958) S. 94–120. – ders.: *Aspekte der E.: Cusaner und Nolaner*, FfM. 1976. – Gumbrecht/Link-Heer 1985. – R. Herzog/R. Koselleck (Hgg.): *E. und Epochenbewußtsein*, Mchn. 1987.

WG

Erfahrung, ästhetische, v.a. in der ↗ Hermeneutik wichtiger Begriff, der einerseits die Spezifik literar. Erfahrung, andererseits zugleich deren Zugehörigkeit zu einem allgemeineren, philosophisch-lebensweltlichen Erfahrungsbegriff beinhaltet. Die Konzeption der E., die in Fort-

führung von H.-G. ↗ Gadamer insbes. von H. R. ↗ Jauß ausformuliert wurde, löst zum einen das Werk aus seiner zeitlosen ↗ Autonomie und bezieht es in den geschichtlichen Kommunikationsprozeß von Autor und Leser ein. Zum anderen führt sie Ansätze einer Bestimmung des Ästhetischen weiter, die seit der Antike in Abgrenzung zur wissenschaftlichen Erkenntnis einerseits und zur politisch-moralischen Handlungswelt andererseits unternommen wurden. Jauß unterscheidet als drei Grundkategorien der E.: ↗ Poiesis, Aisthesis und ↗ Katharsis. Poiesis bezeichnet die produktive Seite der Erfahrung des Textes als Hervorbringung einer eigenen, in der Realität so nicht existierenden Welt; Aisthesis die rezeptive Seite des ästhetischen Vergnügens, das durch die gelungene Verbindung von Einheit und Vielfalt, von Abstraktem und Konkretem im gelungenen Kunstwerk entsteht und sich zwischen dem Genuß des Schönen, Harmonischen und Wohlgeformten (*fruitio*) und der Faszination am Deformierten, Exzentrischen und Verdrängten (*curiositas*) bewegt; Katharsis die kommunikative Seite der durch den Text erregten Affekte und Leidenschaften, die sowohl eine individuell befreiende und bewußtseinsverändernde ↗ Wirkung ausüben wie eine allgemeinere, kulturell normbildende und normverändernde Funktion übernehmen können. – Die E. hat stets eine intersubjektive Komponente: In den literar. Alternativmodellen des Lebens und der Identität werden vielfältige Möglichkeiten der Begegnung mit einem ›Anderen‹ angeboten, das gerade erst durch die pragmatischen Alltagszwängen enthobene ↗ Fiktionalität des Ästhetischen im Wechselspiel von Identifikation und reflexiver Distanz der symbolischen Erfahrung zugänglich wird. Im literar. Spannungsfeld zwischen Eigenem und Anderem, zwischen Vertrautem und Fremdem wird nicht nur eine ständige Erneuerung von Sprache und Wahrnehmung bewirkt, sondern auch ein Prozeß des Selbst- und ↗ Fremdverstehens, der die Erfahrung von ↗ Alterität zum irreduziblen Bestimmungsmoment eigener Identitätsfindung macht. Gegenüber der Negativität des Ästhetischen wie bei Th. ↗ Adorno bezieht also die E. auch affirmative und kommunikative Aspekte ein, und gegenüber der poststrukturalen Einebnung des Ästhetischen auf eine subjektlose Textualität wird in der E. der unverzichtbare Status des ↗ Subjekts für die Bestimmung von Lit. betont.

Lit.: Jauß 1991 [1977].

HZ

Erhabene, das, obwohl ironischerweise selbst eng mit der Idee der Begriffslosigkeit verbunden, ist das E. einer der traditionsreichsten und wichtigsten ästhetischen Begriffe überhaupt. Von der Antike (Longinus) über J. Addison, E. ↗ Burke, I. Kant, F. Schiller, G.W.F. ↗ Hegel bis hin zu J.-F. ↗ Lyotard hat es zu einer Fülle von Interpretationen, Definitionen und Unterscheidungen Anlaß gegeben (das technologische, das psychoanalytische, das ideologische, das harmonische E.). Als einer der Termini in der Triade des E.n, des Schönen und des Pittoresken (wobei das letztere als Vermittlung zwischen den beiden anderen, sich diametral gegenüberstehenden Begriffen zu verstehen ist), dient das E. sowohl als Stilbegriff (das rhetorische E., z.B. der ›erhabene Stil‹ bei Longinus) als auch als Mittel der Naturbeschreibung und -einordnung. Während Burke die Eigenschaften des E.n (Größe, Dunkelheit usw.) im Gegensatz zu denen des Schönen ordnet und auflistet und den Schrecken sowie die (Ehr)furcht als die dem E.n eigentümlichen Affekte definiert, liegt bei Kant das Augenmerk auf der Dynamik der Konfrontation des ↗ Subjekts mit dem E.n, eine Konfrontation, die zugleich anziehend und abstoßend ist. Kant, der zwischen einem mathematischen (Größe) und einem dynamischen E.n (Macht) unterscheidet, geht davon aus, daß das E. eine Vorstellung des Subjekts ist, d.h. seinen Ursprung nicht in der Natur, sondern im Inneren des Subjekts hat. Die Konfrontation des Subjekts mit einem erhabenen Naturobjekt ist demnach eigentlich die Konfrontation mit einer Idee, die durch das Objekt evoziert wird, insbes. die Idee unendlicher Größe oder unendlicher Macht. Das E. des Objekts liegt darin, daß es diese an sich unvorstellbaren und begriffslosen Ideen repräsentiert. Auf die Überwältigung und Erweiterung seiner ↗ Einbildungskraft durch diese Ideen reagiert das Subjekt zuerst mit physischer (sowie psychischer) Ohnmacht. Die zweite Phase der Konfrontation bringt eine Distanzierung mit sich. Die Instanz der Vernunft erlaubt es dem Subjekt, in der Referenz auf das Ideal und das moralische Gesetz, von sich selbst und von seiner Sinnlichkeit zu abstrahieren und so seine Ruhe vor dem E.n wiederzugewinnen, eine Ruhe, in der sich die Vernunft in ihrer Negation, d.h. insbes. im Wissen um ihre Begrenztheit, positiv verorten kann. Die Konfrontation mit dem E.n beinhaltet somit die Bezwingung der Leidenschaften durch Grundsätze. Im 19. Jh., insbes. in der Schule des am. Transzendentalismus, wurde das negative, gebrochene E.

Kants in ein positives E. umgekehrt. Hier verliert sich das Subjekt in der Erhabenheit des Objekts: In der Anschauung des erhabenen Objekts wird das Subjekt zu einem sich totalisierenden Bewußtsein, das am Bewußtsein der Erhabenheit Gottes teilhat. War im 18. und 19. Jh. bes. das Natur-E. wichtig, so ist in der ↗ Moderne und ↗ Postmoderne das technologische E. in den Vordergrund gerückt, sowie, im Bereich der Lit.-theorie, das E. als ↗ Trope des Unsagbaren und als Trope der Konfrontation mit einer Grenzerfahrung, an der die Darstellungskraft scheitert. Diesen Bruch hebt bes. Lyotard hervor, der zwischen begrifflicher ›Natur‹ und unbegrifflicher ›Materie‹ unterscheidet. Gleichzeitig ist das E. dem Versprechen der Erleuchtung verbunden. Alle diese Verweise sind für das psychoanalytische E. wichtig, bei dem die Rekonstruktion des unbegrifflichen Unbewußten in das begriffliche Bewußte im Rahmen einer Theorie der ↗ Sublimierung verhandelt wird.

Lit.: E. Burke: *A Philosophical Enquiry into the Origin of our Ideas of the Sublime and the Beautiful* (Hg. Ph. Adam), Oxford 1990 [1757] (dt. *Philosophische Untersuchung über den Ursprung unserer Ideen vom E.n und Schönen*, Hg. W. Strube, Hbg. 1980). – J.F. Lyotard: »Das E. und die Avantgarde«. In: *Merkur* 38 (1984) S. 151–164. – Ch. Pries (Hg.): *Das E.: Zwischen Grenzerfahrung und Größenwahn*, Weinheim/Bln. 1989. – W. Reese-Schäfer: »Vom Erhabenen zum Sublimen ist es nur ein Schritt. Moderne und postmoderne Ästhetik bei J.-F. Lyotard«. In: ders./B. Taureck (Hgg.): *J.-F. Lyotard*, Cuxhaven 1990. S. 169–184.
HB

Erinnerung, kulturelle, die gegenwärtige Konjunktur der Forschung zu E. und Gedächtnis dürfte sich einerseits aus der Tatsache begründen, daß wir uns an einer ↗ Epochenschwelle befinden, wo die lebendige E. von Zeitzeugen an die großen Katastrophen dieses Jh.s schwindet und dafür die Geschichtsschreibung und ihre unterschiedlichen E.sformen, z.B. das Gedächtnis der Beklagten und das Gedächtnis der Kläger (vgl. Diner 1991), in den Vordergrund treten. Dabei wird zunehmend bewußt, daß Erfahrungen nur durch einen sozial produzierten Wahrnehmungsrahmen (*cadres sociaux*) in den individuellen und kollektiven E.sbestand aufgenommen werden (vgl. Halbwachs 1966). Die auf diese Weise in den Blick geratenen E.smodi und ihre Referenzhorizonte konzentrieren das gegenwärtige Interesse auf das Verhältnis von Sprache und Gedächtnis, auf ↗ Mündlichkeit bzw. ↗ Schriftlichkeit und Gedächtnis, auf Erzählstruktur und Gedächtnis sowie auf ↗ Identität und Gedächtnis. Dabei sind nicht nur die begriffliche Ausdifferenzierung von Gedächtnis und E. einerseits, ›Andenken‹, ›Eingedenken‹ andererseits (W. ↗ Benjamin), sondern auch ›Leib‹- und ›Kontext-Gedächtnis‹ (vgl. Weinrich 1988) von Bedeutung. Diese Überlegungen reichen von einem psycholinguistisch ausgerichteten Forschungsinteresse am Kurz- und Langzeitgedächtnis (vgl. Rohrer 1978), von einer soziologischen Fragestellung nach Alltagsformen des kollektiven Gedächtnisses (vgl. Halbwachs 1966) bis hin zu den vielfältigen Möglichkeiten eines schriftlich oder bildlich codierten kulturellen ↗ Gedächtnisses (vgl. Warburg 1993; Assmann 1992). Sie werden ergänzt durch die Reflexion auf die Vorzüge und Grenzen einer die Raum-Struktur des Gedächtnisses betonenden ›memorialen Topologie‹ (vgl. Noras *lieux de mémoire*, 1995). Derartige Ansätze problematisieren die bislang gezogenen Fachgrenzen, vornehmlich der Geschichts-, Kunst- und Lit.wissenschaft, so daß gesagt werden konnte, es baue sich »um den Begriff der E. ein neues Paradigma der Kulturwissenschaften« auf (Assmann 1992, S. 11). Diese These gewinnt zusätzlich an Plausibilität durch den offensichtlichen Dynamisierungsschub des globalen Wissenszuwachses sowie seiner beschleunigten ↗ Zirkulation durch die zweite Medienrevolution. Es geht nicht mehr nur um das von Vergessen bedrohte Gedächtnis (vgl. Freudenfeld 1996), um Fragen der ↗ Mnemotechnik, sondern grundsätzlich um die kulturellen Formen von Aufzeichnungs-, Speicherungs- und Übertragungstechnologien (H.M. ↗ McLuhan, F.A. ↗ Kittler; vgl. Rieger 1997). – Diese aktuellen theoretisch diskutierten Fragen zu E. und Gedächtnis werfen ein neues Licht auf die Geschichte der Gedächtniskunst, insbes. die Epochengrenzen der *Mnemonik*, Gedächtnislehre und Gedächtnistheorie. Hier lassen sich einige Schwerpunkte exemplarisch nennen, z.B. (a) die Rekonstruktion eines Gedächtniskonzepts in Ägypten, das mit seiner monumentalen, rituellen und archivalisch ausgerichteten *Memoria* zur Ausbildung einer Klassik führte, die auf Dauer und Kontinuität abgestellt war und daher ohne Geschichtsschreibung auskam (vgl. Assmann 1992); (b) die Erstellung einer Gattungstypologie der *Mnemonik* aus dem jeweiligen funktionalen Bedarf an spezifischen Wissensformen (vgl. Berns/Neuber 1993), speziell die Restitution und Transformation der rhetorisch-technischen Gedächtniskunst durch den Neuplatonismus (vgl. die Kontroverse um die Aneignung in hermetischer oder

philosophisch-erkenntniskritischer Tradition; Yates 1966 bzw. Carruthers 1990); (c) des weiteren eine in der frühen Neuzeit einsetzende, sich von der ↗ Antike unterscheidende Rückbindung der individuell gewählten *imagines* der Mnemotechnik an ein kollektives Gedächtnis (vgl. Berns/Neuber 1993); sowie (d) die neuzeitliche Umrüstung der *Memoria* von einer retrospektiven Speicherkapazität (vgl. Weinrich 1988) zu einer futuristisch orientierten E. (vgl. Assmann et al. 1983); schließlich sind (e) die im Umfeld von Reformation und Gegenreformation sich abzeichnenden konkurrierenden E.skonzepte mit ihrer unterschiedlichen Wort- bzw. Bildzentrierung zu nennen. – Für Lit. und Philosophie ist die im antiken Griechenland vollzogene Ausdifferenzierung in die epische *Mnemosyne* mit ihrer plastischen Darstellung der Details und in die körperlose philosophische *Anamnesis* als Wieder-E. von Bedeutung gewesen. Augustins Erweiterung des Begriffs der *Memoria* um das ›Selbst-Eingedenken‹ führt in der nachreformatorischen Rezeption zu selbstbeobachtenden E.sprotokollen über die religiöse Erweckung und Lebensführung und damit zur Konjunktur der literar. Gattungen Tagebuch, Autobiographie und psychologischer Roman. H. Bergsons Analyse des Versagens von E. und S. ↗ Freuds Studien zur E.sform des Traumes, einschließlich seiner Entdeckung der ›Zensur der E.‹, haben bedeutsame Folgen für die Lit. gehabt, z.B. für die Beziehung von Zufall und E. in M. Prousts *A la recherche du temps perdu* (1913–1927) und im *Manifeste du Surrealisme* (1924).

Lit.: M. Halbwachs: *Das Gedächtnis und seine sozialen Bedingungen*, FfM. 1986 [1966]. – F.A. Yates: *Gedächtnis und Erinnern*, Bln. 1996 [1966]. – J. Rohrer: *Zur Rolle des Gedächtnisses beim Sprachenlernen*, Bochum 1984 [1978]. – H. Bergson: *Materie und Gedächtnis*, FfM. 1982. – A. Assmann et al. (Hgg.): *Schrift und Gedächtnis*, Mchn. 1983. – J. Assmann/T. Hölscher (Hgg.): *Kultur und Gedächtnis*, FfM. 1988. – M. Koch: *Mnemotechnik des Schönen*, Tüb. 1988. – H. Weinrich: »Über Sprache, Leib und Gedächtnis«. In: H.U. Gumbrecht/K.L. Pfeiffer (Hgg.): *Materialität der Kommunikation*, FfM. 1988. S. 80–93. – M. Carruthers: *The Book of Memory*, Cambridge 1990. – D. Diner: *Der Krieg der E.en und die Ordnung der Welt*, Bln. 1991. – J. Assmann: *Das kulturelle Gedächtnis*, Mchn. 1997 [1992]. – J.J. Berns/W. Neuber (Hgg.): *Ars memorativa*, Tüb. 1993. – A. Haverkamp/R. Lachmann (Hgg.): *Memoria. Vergessen und Erinnern*, Mchn. 1993. – A. Warburg: *Mnemosyne-Atlas*, Wien 1993. – P. Nora: »Das Abenteuer der *Lieux de mémoire*«. In: E. François (Hg.): *Nation und Emotion. Deutschland und Frankreich im Vergleich*, Göttingen 1995. S. 83–92. – N. Berg et al. (Hgg.): *Shoa. Formen* der E., Mchn. 1996. – R. Freudenfeld: *Gedächtnis-Zeichen*, Tüb. 1996. – S. Rieger: *Speichern/Merken*, Mchn. 1997.

GOe

Erkenntnisinteresse, eng mit der modernen philologischen ↗ Hermeneutik verknüpfter Begriff für die fragestellungsspezifischen Intentionen, welche wissenschaftliches Bemühen leiten und seine Erscheinungsweise prägen. – Wie jede theoretische Anstrengung, so steht auch lit.- und kulturwissenschaftliche Forschung stets in einem Kontext, der ihre Zielsetzungen, Wertorientierungen und Methoden selektiert und determiniert. Dieses E. ist allerdings selbst das Objekt von Reflexion, Neuinterpretation und Reorientierung, was in jeder Wissenschaft für die Produktion einer unendlichen Menge von Fragen, die an ein endliches Korpus von Gegenständen gestellt werden, verantwortlich zeichnet. Nach J. ↗ Habermas lassen sich drei Typen von E. unterscheiden: das technische und auf Beherrschung des Gegenstandes zielende E. der Naturwissenschaften, das praktische, auf Sicherung und Verbesserung kommunikativer Strukturen gerichtete E. der Geisteswissenschaften, und das kritische E. der Psychologie, Psychoanalyse und ↗ Kritischen Theorie mit der Intention von rationaler Emanzipation und Aufklärung. Weitere Differenzierungen existieren zwischen dem analytisch-diskursiven E. des Formalismus und dem praktisch-kritischen E. der ↗ Marxistischen Lit.theorie und der ↗ Ideologiekritik. – In jüngerer Zeit wird neben terminologischer Adäquatheit, argumentativer Verifizierbarkeit und sachlicher Relevanz v.a. die kommunikative Verständlichkeit (↗ Intersubjektivität) als zentrales Element zur Legitimation von lit.wissenschaftlichem E. angesehen. Zu bedenken gilt also bei (literar.)wissenschaftlicher Forschung, daß jedes E. *per definitionem* die Interpretationsmöglichkeiten seines Gegenstandes limitiert und eher als organisationsmethodisches Arbeitsprinzip denn als Instrument zur Findung ›objektiver‹ Wahrheiten zu werten ist.

Lit.: J. Habermas: *Erkenntnis und Interesse*, FfM. 1968. – N. Mecklenburg/H.Müller: *E. und Lit.wissenschaft*, Stgt. et al. 1974. – Ch. Enzensberger: *Lit. und Interesse. Eine politische Ästhetik mit zwei Beispielen aus der engl. Lit.*, FfM. 1981.

GN

Erlebte Rede (engl. *free indirect discourse*; frz. *style indirect libre*), von J.E. Lorck 1921 erstmals in die Erzählforschung eingeführter Begriff zur Beschreibung einer Erzählweise, bei der die Äußerungen und Gedanken eines Charakters in Anlehnung an dessen Syntax und Diktion, jedoch im jeweils aktuellen Erzähltempus zum Ausdruck gebracht werden. Die Pronomina werden der jeweiligen Erzählsituation angepaßt. Grammatikalisch ist die e.R. der indirekten R. verwandt, es fehlt ihr aber oft am einleitenden Satz, und Orts- und Zeitangaben werden wie in direkter R. verwendet. F.K. ↗ Stanzel (1979, S. 248) spricht von einer ›»Ansteckung‹ der Erzählersprache durch die Figurensprache«. Solche Echos der Figurenrede können umgangssprachliche Wendungen oder Elemente des Idiolekts des Charakters ebenso wie typische semantische Elemente sein. E.R. tritt meistens in Verbindung mit interner ↗ Fokalisierung auf. E.R. erlaubt es daher auch in einer auktorialen ↗ Erzählsituation, Elemente der Ich-Erzählsituation zu nutzen, wobei aber oft durch die spürbare Gegenwart des Erzählers die Rede und Gedanken der Figur in leicht ironischem Licht erscheinen. E.R. unterscheidet sich vom ↗ inneren Monolog, der zweiten großen Variante der Bewußtseinsstromtechnik (↗ Bewußtseinsstrom), durch ihren höheren Grad an Grammatizität und durch ihre geringeren Normabweichungen. - E.R. taucht schon in den Werken von J. Austen auf. Sie wurde durch ihre virtuose Verwendung in G. Flauberts Roman *Madame Bovary* (1857) populär und ist seither ein beliebtes Erzählmittel v.a. in modernen fiktionalen Texten. Die historische und generische Bandbreite der Erscheinungsformen der e.R. ist jedoch viel umfassender und reicht, wie Fludernik (1993) gezeigt hat, von frühneuzeitlichen Erzähltexten bis zu nichtfiktionalen Alltagserzählungen und journalistischen Texten. Die Verwendung der e.nR. in einer umstrittenen Rede über die Judenverfolgung im dritten Reich durch den damaligen Bundestagspräsidenten Jenninger wurde von vielen Zuhörern nicht erkannt und führte vor einigen Jahren zum Rücktritt des Politikers.

Lit.: R. Pascal: *The Dual Voice. Free Indirect Speech and its Functioning in the 19th-Century European Novel*, Manchester 1977. – D. Cohn: *Transparent Minds. Narrative Modes for Presenting Consciousness in Fiction*, Princeton 1983 [1978]. – B. McHale: »Free Indirect Discourse. A Survey of Recent Accounts«. In: *PTL* 3 (1978) S. 249–287. – M. Fludernik: *The Fictions of Language and the Languages of Fiction. The Linguistic Representation of Speech and Consciousness*, Ldn. 1993.

HA

Erwartungshorizont (engl. *horizon of expectations*), zentrales Konzept rezeptionsästhetisch orientierter Lit.theorie und ↗ Hermeneutik, das die Situiertheit des Lesers in der Welt als einen den Verstehensprozeß entscheidend beeinflussenden Faktor erfaßt (↗ Rezeptionsästhetik). Der E. besteht aus der Gesamtheit kultureller Annahmen und Erwartungen, Normen und Erfahrungen, die das Verstehen und die Interpretation eines literar. Textes durch einen Leser in einem bestimmten Moment leiten. Der E. ist abhängig von zeitlichen und kulturräumlichen Faktoren einerseits und von individuellen Gegebenheiten in bezug auf den einzelnen Rezipienten andererseits. Horizonte unterliegen also historischen Veränderungen und sind damit auch mitverantwortlich für die Neubewertung literar. Werke im Laufe der Zeit. – Der Begriff des Horizonts ist insbes. seit F. ↗ Nietzsche, E. ↗ Husserl und M. ↗ Heidegger in den philosophischen Sprachgebrauch eingegangen. Für die Hermeneutik griff H.-G. ↗ Gadamer in *Wahrheit und Methode* (1960) den Begriff wieder aus der Phänomenologie Husserls auf (↗ phänomenologische Lit. wissenschaft), um die Beschränktheit des Gesichtskreises beim durch seinen Standort situationsgebundenen Menschen zu beschreiben. Der Begriff des Horizontes bezieht sich dabei auf die »Gebundenheit des Denkens an seine endliche Bestimmtheit« (Gadamer 1986, S. 307), aber auch Texte haben für Gadamer ihren eigenen Horizont. Historisches Verstehen beispielsweise älterer Texte bedeutet für Gadamer die Gewinnung des historischen Horizontes solcher Werke. Der Horizont der Gegenwart umfaßt auch unsere ›Vor-Urteile‹, die die Erwartung strukturieren, mit der wir uns einem Text nähern. Verstehen findet laut Gadamer in der Horizontverschmelzung von gegenwärtigem Horizont des Lesers und historischem Horizont des Textes statt. Gadamers Überlegungen wurden v. a. von H.R. ↗ Jauß in *Lit.geschichte als Provokation* (1970) aufgegriffen, der erstmals den Begriff des E.s in die Lit.theorie einführte, wenngleich dieser schon vorher von dem Soziologen K. Mannheim und von K. Popper und E.H. ↗ Gombrich benutzt worden war. Für Jauß ist der E. eine Erwartungsstruktur im Sinne eines die Lektüre leitenden Referenzsystems, das sich v. a. aus den die jeweilige Textgattung bestimmenden bekannten Normen, den Beziehungen des Textes zu seiner dem Leser ebenfalls vertrauten literar. Umgebung und zu anderen Texten sowie aus der dem Rezipienten präsenten Differenzqualität von Fiktion und Wirklichkeit konstituiert. Durch die Verwendung von Bekanntem produziert der Text im Leser einen E. in bezug auf die Normen des Evozierten, wobei

diese dann aber reproduziert oder auch negiert, parodiert, variiert werden können. Der Rezeptionsprozeß stellt für Jauß somit einen Vorgang des ständigen Aufbaus und der unablässigen Veränderung von Horizonten in der Auseinandersetzung mit Textsignalen dar, der *idealiter* in die Schaffung eines transsubjektiven Verstehenshorizontes führen sollte, welcher die Wirkung des Textes bestimmen würde. Die Konfrontation von E. und literar. Kunstwerk führt nach Jauß also zu einem Horizontwandel, der sich in der Breite des Spektrums kritischer Reaktionen auf den Text äußert und die ästhetische Qualität des Werkes dokumentiert. In Anlehnung an die Verfremdungstheorie der russ. Formalisten ist daher die Distanz zwischen E. und Werk für Jauß ein Indikator literar. Wertes (↗ Russ. Formalismus; ↗ Verfremdungseffekt). So ist diese Distanz bei kulinarischer Kunst bzw. Unterhaltungslit. nicht sehr groß, wodurch es kaum zu einem Horizontwandel kommt. Bei anspruchsvoller Lit. ist laut Jauß jedoch aufgrund des größeren Abstandes zwischen E. und literar. Werk das Gegenteil der Fall.

Lit.: H.R. Jauß 1992 [1970]. – H.-G. Gadamer: *Wahrheit und Methode*, Tüb. 1986. S. 305 ff.

HA

Erzähler, alteingeführter, aber neuerdings kritisierter (vgl. Fludernik 1993; Weimar 1994) Grundbegriff der Narratologie für ein zentrales Element der ›discours‹-Ebene (↗ *histoire* vs. *discours*), näherhin der ↗ Erzählsituation: die (textinterne) Vermittlungsinstanz von ↗ Erzählungen. Basis des E.konzeptes ist (a) ein einem Großteil der Erzähllit. durchaus angemessenes illusionistisch-vorstellendes Denken, aufgrund dessen der im mündlichen Erzählen anwesende E. auf schriftliches Erzählen übertragen wird, wo er indes nur als Vorstellungsobjekt aufgrund mehr oder weniger deutlicher Spuren im Text rekonstruiert werden kann, sowie (b) ein systematisches Denken, das in Weiterentwicklung des schon bei ↗ Platon und ↗ Aristoteles nachweisbaren Redekriteriums die Vermitteltheit der Erzählkunst als gattungskonstitutives Element der Unvermitteltheit des Dramas gegenübergestellt. Als gedachtes Agens einer Erzählfunktion wird der fiktive E. im Rahmen des z. T. inzwischen ebenfalls umstrittenen (vgl. Fludernik 1993, S. 58–65) literar. ↗ Kommunikationsmodells traditionell von folgenden Instanzen abgegrenzt: auf der ›Sender‹-Seite vom textexternen historischen ↗ Autor und vom textinternen ›impliziten ↗ Autor‹ bzw. den Implikaten des Gesamttextes, auf der ›Empfänger‹-Seite vom textinternen ›fiktiven ↗ Leser‹, der mitunter einem expliziten Erzähler bzw. ›*overt narrator*‹ als ›*narratee*‹ gegenübersteht, vom ebenfalls textinternen impliziten ↗ Leser sowie dem textexternen realen Leser. Trotz vereinzelter Versuche, den Begriff E. nur auf Texte mit markanten E.spuren, d. h. mit einem ›*overt narrator*‹, zu beschränken (vgl. Fludernik 1993, S. 443), wird ein E. aus Gründen der Abgrenzung vom Drama in der Regel für alle Erzählungen in Anschlag gebracht: »There is at least one narrator in any narrative« (Prince 1982, S. 8). Probleme, auch gattungstheoretischer Art, bereiten dann allerdings Texte, in denen wegen einer extrem innenperspektivischen Darstellung wie im ↗ inneren Monolog von A. Schnitzlers »Fräulein Else« (1924) die Spuren des E.s gegen Null tendieren. Für solche Fälle wurde das Konzept eines ›*covert narrator*‹ eingeführt (vgl. Chatman 1978, Kap. 5), das allerdings tendenziell mit dem ›impliziten Autor‹ zusammenfällt. – Typologisch lassen sich E. differenzieren: (a) nach dem Grad der Spürbarkeit oder »Verpersönlichung und Entpersönlichung« (Stanzel 1979, S. 192), den erwähnten Formen eines ›*covert*‹ vs. ›*overt narrator*‹; explizite Erzähler können, abgesehen vom Grad ihrer Einmischung, d. h. ihrem mehr oder weniger subjektiven ›Erzählverhalten‹ (vgl. Petersen 1993, Kap. II.4), gegebenenfalls ihrem Geschlecht (vgl. Nünning 1994) und ihrer metafiktionalen ›*self-consciousness*‹, weiter differenziert werden: (b) nach Wissensstand und Verläßlichkeit: ›allwissende‹ oder ›zuverlässige‹ vs. ›unzuverlässige‹ E. (vgl. Booth 1961; Rimmon-Kenan 1996 [1983], S. 100–103; Nünning 1998); und (c) je nachdem, ob sie aufgrund der in (a) und (b) genannten ›Formatierungskriterien‹ als Fokalisierungsinstanz (engl. *focalizer*) anzusehen sind oder nicht (↗ Fokalisierung). Weitere Unterscheidungen sind zu treffen: (d) nach der Zugehörigkeit des E.s zu einer erzähllogischen Ebene in der Terminologie Rimmon-Kenans (vgl. 1983, Kap. 7): extra-diegetischer E., der Normalfall eines E.s erster Ordnung, vs. intra- und hypodiegetischer E., ›*overt narrators*‹ zweiter und dritter Ordnung bei ›*embedded stories*‹ (↗ Diegese); (e) nach der Möglichkeit, für den E. über diese Zuordnung hinaus auch eine Zuordnung zu einer darunterliegenden Erzählebene vorzunehmen: Ist diese Möglichkeit nicht gegeben, d. h. besetzen E. und Erzähltes verschiedene fiktive Welten, spricht man von einem ›heterodiegetischen‹ E., z. B. beim typischen ›auktorialen E.‹ (vgl. Stanzel

1979). Ist dieser Fall gegeben, d. h. bei »Identität [...] der Seinsbereiche des E.s und der Charaktere« (Stanzel 1979, S. 109), liegt ein ›homodiegetischer E.‹ vor (vgl. Genette 1972, Kap. 5), v. a. in der typischen Ich-Erzählsituation, wobei zwischen ›peripherem‹ (vgl. Stanzel 1979, Kap. 7.2.2.) und zentralem ›homodiegetischen‹ E. weiter zu differenzieren ist. Eine letzte Differenzierung steht damit z. T. im Zusammenhang, bei welcher nach der gegebenenfalls zeitlichen, räumlichen, intellektuellen, emotionalen, moralischen usw. Distanz des E.s zum Erzählten gefragt wird (vgl. den Begriff ›Erzählhaltung‹ bei Petersen 1993, Kap. II.5). (3) Von den zahlreichen Funktionen des E.s (vgl. Nünning 1997) seien als (explizite oder implizite) Grundfunktionen genannt: die Konstitution bzw. Vermittlung der erzählten Welt und die v. a. für *overt narrators* wichtige Sprecher- und Kommentatorrolle; als hierauf aufbauende weitere Funktionen: die Eigencharakterisierung als fiktive Gestalt, die Herstellung von Kontakten zum fiktiven Leser, referentielle, auf die erzählte Welt und ihre Kontexte bezogene generalisierende Aussagen oder ästhetisch-selbstreferentielle Aussagen z. B. zum Erzählvorgang (↗ Metafiktion) zu machen; sowie als wiederum auf den vorigen aufbauende Funktionen: Sympathielenkung, Steuerung des wirkungsästhetischen Effektes, z. B. der ästhetischen ↗ Illusion oder ihrer Durchbrechung (↗ Illusionsdurchbrechung), Mitwirkung an der Sinngebung des Textes, Vermittlung von Normen und Weltbild usw.

Lit.: Booth 1991 [1961]. – Genette 1972/80. – Chatman 1993 [1978]. – Stanzel 1995 [1979]. – G. Prince: *Narratology. The Form and Functioning of Narrative*, Bln. 1982. – Rimmon-Kenan 1996 [1983]. – M. Bal: *Narratology. Introduction to the Theory of Narrative*, Toronto 1997 [1985]. – M. Fludernik: *The Fictions of Language and the Languages of Fiction. The Linguistic Representation of Speech and Consciousness*, Ldn. 1993. – A. Nünning: »*Gender and Narratology*. Kategorien und Perspektiven einer feministisch orientierten Erzähltheorie«. In: *ZAA* 42 (1994) S. 102–121. – J.H. Petersen: *Erzählsysteme. Eine Poetik epischer Texte*, Stgt. 1993. – K. Weimar: »Wo und was ist der E.?«. In: *MLN* 109 (1994) S. 495–506. – Fludernik 1996. – A. Nünning: »Die Funktionen von Erzählinstanzen. Analysekategorien und Modelle zur Beschreibung des E.verhaltens«. In: *LWU* 30 (1997) S. 323–349. – ders. (Hg.): ›*Unreliable Narration*‹. *Studien zur Theorie und Praxis unglaubwürdigen Erzählens in der engl.sprachigen Erzähllit.*, Trier 1998.

WW

Erzählerische Unzuverlässigkeit ↗ Unzuverlässigkeit, erzählerische

Erzählperspektive ↗ Fokalisierung; ↗ Erzählsituation

Erzählsituation, v. a. in der dt.sprachigen Narratologie seit F. K. ↗ Stanzels *Die typischen E.en im Roman* (1955) verbreiteter Sammelbegriff für Elemente der ›discours‹-Ebene (↗ *histoire* vs. *discours*), die sich beziehen auf die Gestaltung (a) bestimmter (fiktiver) Instanzen der narrativen Kommunikationssituation: des fiktiven ↗ Lesers und bes. des fiktiven ↗ Erzählers; (b) der Instanz der ↗ Fokalisierung, bzw. des/der Perspektivträger(s), sowie (c) der sich aus Erzähler(n) und Fokalisierungsinstanz(en) ergebenden Möglichkeiten, die erzählte Welt zu erfassen. ›E.‹ wird z. T. synonym mit ›*point of view*‹ und ›Erzählperspektive‹ verwendet, und beides wird verwirrenderweise auch für ›Fokalisierung‹ gebraucht. Die E. ist jedoch weiter gefaßt als Erzählperspektive bzw. Fokalisierung und setzt sich aus der Modellierung folgender Faktoren zusammen: (a) Erzählform (vgl. Petersen 1993, Kap. II.1): Erzählen in der ersten oder dritten, selten zweiten Person (vgl. Fludernik, 1993); (b) ›Formatierung‹ gegebenenfalls des fiktiven Lesers, v. a. jedoch des Erzählers; (c) ↗ Perspektive/Fokalisierung; (d) (An-)Sicht des Erzählten, bezogen v. a. auf die dargestellten Figuren (vgl. Stanzel 1979, S. 55–56): ›Innensicht‹, d. h. der Leser erhält Einblick in deren Psyche, oder ›Außensicht‹, d. h. es wird nur geschildert, was ein Zeuge wahrnehmen könnte; (e) Modus (vgl. Stanzel 1979, Kap. 6): ›*telling*‹, d. h. berichtendes Erzählen, ›Diegesis‹, oder ›*showing*‹, d. h. szenische Darstellung, ›Mimesis‹. – Aus einer bestimmten, historisch häufigen Kombination dieser Faktoren ergeben sich die Stanzelschen ›typischen E.en‹, wobei Stanzel nicht alle der genannten Faktoren und Elemente als konstitutiv erachtet. Diesen typischen E.en können in typologisch und lit.historisch erhellender Weise Werke der Erzähllit. zugeordnet werden, obwohl die Modellierung mancher Faktoren, bes. der Ansichten und des Modus, im Verlauf dieser Werke variabel ist und Übergangsformen auftreten, die in einem ›Typenkreis‹ (vgl. Stanzel 1979) darstellbar sind. Im einzelnen können in Anlehnung an Stanzel unterschieden werden: (a) ›Auktoriale E.‹: Erzählform: dritte Person; Formatierung des Erzählers: heterodiegetischer *overt narrator* mit Neigung zu ›Allwissenheit‹ und Einmischungen; Möglichkeit eines fiktiven Lesers; Perspektive: meist Aperspektivismus oder Außenperspektive ohne intradiegetischen Reflektor; Sicht: Innen- wie Außensicht möglich; Modus: Abwechslung von *telling* und *showing* möglich, jedoch Tendenz zum *telling*; (b) ›Ich-E.‹: Erzählform: erste Person; Formatierung des Erzählers: homodiegetisch, meist mit ›erzählendem Ich‹ als *overt narrator*; zumal bei größerer Distanz zwischen ↗ Erzählzeit und erzählter Zeit oft Erzählverhalten mit Mehrwissen; Möglichkeit eines fiktiven Lesers; Perspektive: durch Beschränkung auf subjektives Ich Neigung zum Perspektivismus; häufig Innenperspektive, wenn das ›erlebende Ich‹ als Reflektor dominant ist, dagegen vorwiegend Außenperspektive, wenn das ›erzählende Ich‹ dominiert; Sicht: Innen- u. Außensicht möglich; Modus: Abwechslung von *telling* und *showing* möglich; (c) ›Personale E.‹: Erzählform: dritte Person; Formatierung des Erzählers: heterodiegetischer *covert narrator*, kein allwissendes Erzählverhalten, kein fiktiver Leser; Perspektive: Perspektivzentrum in intradiegetischer/n Reflektor-Figur(en), daher Innenperspektive mit ausgeprägtem Perspektivismus; Sicht: Innensicht bezüglich des diegetischen Reflektorbewußtseins wie Außensicht möglich; Modus: Dominanz von *showing*; (d) ›Neutrale E.‹ bzw. ›*camera-eye*-Technik‹, eine von Stanzel (vgl. 1979, Kap. 7.3.2.; vgl. auch Broich 1983) nur am Rande erwähnte E.: Erzählform, Formatierung des Erzählers und Modus: ähnlich personaler E.; Perspektive: Perspektivismus, ausgehend von einem nicht-anthropomorphen Perspektivzentrum; Sicht: Innensicht ist ausgeschlossen.

Lit.: F. K. Stanzel: *Die typischen E.en im Roman*, Wien 1955. – Genette 1972/80.– Stanzel 1995 [1979]. – D. Cohn:»The Encirclement of Narrative. On F. Stanzel's ›Theorie des Erzählens‹«. In: *Poetics Today* 2.2 (1981) S. 157–182.– Genette 1983/88/94. – U. Broich:»Gibt es eine ›neutrale E.‹? F. K. Stanzel zum 60. Geburtstag«. *GRM* 33 (1983) S. 129–145. – J. H. Petersen: *Erzählsysteme. Eine Poetik epischer Texte*, Stgt. 1993. – M. Fludernik:»Second Person Fiction. Narrative *You As Addressee And/Or Protagonist*«. In: *AAA* 18.2 (1993) S. 217–247.

WW

Erzähltempo (engl. *narrative speed, tempo*), Konzept bei der Analyse narrativer Texte, das das Verhältnis zwischen ↗ Erzählzeit und erzählter Zeit erfaßt und dadurch Aufschluß über Raffungen und Dehnungen in der narrativen Präsentation der Erzählung gibt. Die Erzählzeit ist die Zeit, die der Durchschnittsleser zur Lektüre des jeweils vorliegenden Textes benötigt, während die erzählte Zeit den Zeitraum bezeichnet, der für die fiktionale Handlung benötigt wird, innerhalb dessen also die Geschichte abläuft. Ist die Erzählzeit länger als die erzählte Zeit, so liegt das Phänomen der Zeitdehnung vor. Der Text weist dann ein niedriges E. auf. Umgekehrt liegt ein hohes E. vor, wenn die Erzählzeit kürzer als die erzählte Zeit ist. Bei szenischer Präsentation liegt oft Zeitkongruenz im Sinne einer Gleichheit von Erzählzeit und erzählter Zeit vor. Die erzählte Zeit muß oft erst aufgrund verschiedener Textsignale erschlossen werden, da in einem Text z.B. Zeitsprünge (Ellipsen) oder Auslassungen ebenso vorkommen können wie Pausen im Fortschritt der erzählten Zeit, z.B. bei längeren deskriptiven Passagen. Zusammenfassende Textteile berichtenden Erzählens beschleunigen das E. Anachronien, d.h. Abweichungen von der normalen Chronologie der erzählten Geschichte, wie sie durch die retrospektive Rückblende (↗ Analepse) oder die antizipatorische Vorauswendung (↗ Prolepse) entstehen, schaffen ebenso die Notwendigkeit für den Leser, die erzählte Zeit zu rekonstruieren. Gleiches gilt für die repetitive mehrfache Präsentation eines einzigen fiktionalen Vorganges und für das einmalige Erzählen eines sich wiederholenden Vorgangs nach dem Prinzip der Iterativität. Obwohl sich E. also primär auf das Verhältnis zweier Kategorien narrativer Dauer bezieht, spielen in der Praxis auch Aspekte chronologischer Ordnung und narrativer ↗ Frequenz eine Rolle.

Lit.: Genette 1972/80. – ders. 1983/88/94.

                                                              HA

Erzähltheorien, Bezeichnung für heterogene Ansätze der Erzählforschung, die auf eine systematische Beschreibung und Erforschung der Arten, Strukturen und Funktionsweisen narrativer Phänomene abzielen. Als Synonym für E. ist in der internationalen Erzählforschung der auf T. ↗ Todorov zurückgehende Terminus ›Narratologie‹ (*narratology*) üblich, der als ›Wissenschaft vom Erzählen‹ definiert ist, während der nur im dt. Sprachraum verwendete Begriff ›Narrativik‹ keine weite Verbreitung gefunden hat. – Trotz zahlreicher Vorläufer in der Erzählforschung ist das eigentliche Konzept von E. als einer systematischen lit.wissenschaftlichen Erforschung des Erzählens erst in der zweiten Hälfte des 20. Jh.s. entstanden. Fest etabliert wurde das Konzept durch F. ↗ Stanzels ›Theorie des Erzählens‹, die »eine Weiterentwicklung und Differenzierung der Typologie der Erzählweisen« (1995, S. 13) darstellt. Obgleich die E. an Grundprobleme der Poetik des ↗ Aristoteles anknüpft, ist die moderne Narratologie primär strukturalistischer Provenienz. Der Begriff E. hebt den Anspruch der darunter subsumierten

Forschungsbeiträge auf Theoretizität, Systematik, Explizität, Deskriptivität und Falsifizierbarkeit der konzeptuellen Strukturen hervor und grenzt diese modellorientierten Ansätze von anderen Formen der Beschäftigung mit Erzähltexten ab. – Ziel der international und interdisziplinär arbeitenden E. ist eine systematische Analyse der Elemente des Erzählens und ihrer strukturellen Zusammenhänge. Die E. untersucht die spezifisch narrative Dimension von Erzähltexten und entwickelt ↗ Modelle für die Beschreibung der Strukturen von ↗ Erzählungen. Die Ausdehnung des Objektbereichs der E. hängt von der jeweils zugrunde gelegten Definition von ↗ Narrativität bzw. des spezifisch Erzählerischen ab. Der Gegenstandsbereich der E. ist nicht auf literar. Erzähltexte begrenzt, weil das Narrative in verschiedenen ↗ Textsorten und ↗ Gattungen sowie kultur- und epochenübergreifend auftritt. G. ↗ Genette (1972) grenzt den Geltungsbereich der E. auf die Untersuchung der sprachlichen Gestaltung zeitlich angeordneter Ereignisse und Situationen ein und stellt die Analyse der Beziehungen zwischen erzählten Geschichten und der Form ihrer erzählerischen Wiedergabe in den Mittelpunkt. In der neueren Forschung werden auch nicht-fiktionale Erzählungen (vgl. Fludernik 1996) und narrative Phänomene in anderen Medien berücksichtigt. So weiten etwa S. Chatman (1978, 1990) und E. Branigan (1992) den Objektbereich auf Erscheinungsformen des Narrativen in den visuellen Medien aus. Das Ziel der E. besteht Chatman (1990, S. 2) zufolge in der Formulierung ›der allg. Prinzipien des Narrativen und seiner Aktualisierung in verschiedenen Medien‹. Gegen restriktive objekttheoretische Beschränkungen sprechen die Verbreitung des Narrativen in unterschiedlichen ↗ Diskursen und Medien, die interdisziplinäre Ausrichtung der jüngeren E. sowie das zunehmende Interesse, das der Erforschung von Alltagserzählungen, von Oralität und der Bedeutung von Narrativität in der Psychoanalyse, Anthropologie, Philosophie, Pragmatik und Historiographie entgegengebracht wird. – Die Entwicklung der E. läßt sich in drei Phasen aufgliedern, deren Übergänge fließend sind (vgl. Jahn 1995): ihre prä-strukturalistischen Anfänge (bis Mitte der 60er Jahre), eine strukturalistische Hauptphase (bis Ende der 80er Jahre) und eine Phase der Revision und interdisziplinären Weiterentwicklung. Pionierarbeit bei der vorstrukturalistischen Systematisierung von Erzähltechniken und Erzählweisen literar. Prosatexte leisteten in Deutschland v.a. K. Friedemann

(1910), K. Hamburger (1957), die Vertreter einer ›morphologischen Poetik‹, W. ↗ Kayser, E. ↗ Lämmert und Stanzel, in den USA Norman Friedman, W. C. ↗ Booth und die neoaristotelischen Kritiker der ↗ Chicago-Schule sowie der ↗ Russ. Formalismus mit seiner Aristoteles-Rezeption. Mit ihrer Abgrenzung der fiktiven Erzählinstanz vom historischen Autor und dem impliziten ↗ Autor sowie der Einführung des Konzepts eines unzuverlässigen Erzählers hat Booths Studie zur ›Rhetorik der Erzählkunst‹ v. a. der Forschung zum ↗ Erzähler wichtige Anregungen gegeben. Stanzels typologische Klassifikation von drei typischen ↗ Erzählsituationen stellt den umfassendsten, flexibelsten und im dt. Sprachraum einflußreichsten Versuch dar, die grundsätzlichen Möglichkeiten der Mittelbarkeit des Erzählens zu beschreiben. – Die strukturalistische E., die v. a. der frz. Narratologie wichtige Impulse verdankt, zielt auf systematische Modellbildung und Beschreibung von Textstrukturen mittels eines eindeutigen metasprachlichen Bezugrahmens ab. Ihre dominant formalistische Ausrichtung geht einher mit dem Bemühen, eine möglichst abstrakte, eindeutige und kohärente ↗ Metasprache zur Beschreibung der Konstituenten und Relationen narrativer Strukturen zu entwickeln. Ein Ausgangspunkt für eine Systematisierung der verschiedenen Ansätze der E. ist die Differenzierung von Ebenen eines narrativen Textes, die vom Russ. Formalismus als *Fabel* bzw. *Sujet* und vom frz. ↗ Strukturalismus als ↗ *histoire* (die Verbindung der erzählten Ereignisse nach ihrem zeitlichen Ablauf) und *discours* (die Gestaltung der Geschichte durch einen Erzähler) bezeichnet werden. In ihren Anfängen beschäftigte sich die strukturalistische Narratologie frz. Provenienz primär mit dem Substrat der *histoire* bzw. der Ebene des Erzählten (↗ *Plot*; vgl. Dannenberg 1995); in der Nachfolge von V. ↗ Propps Studien zur Struktur russ. Zaubermärchen erwuchs daraus etwa bei Cl. ↗ Bremond, A. J. ↗ Greimas und G. ↗ Prince (1982) der Versuch, eine generative Grammatik des Erzählens zu entwickeln (↗ Aktant). – Erst durch Genettes (1972) bahnbrechende Studie über den Diskurs des Erzählens, deren Terminologie inzwischen als *lingua franca* der E. gilt, verlagerte sich das Interesse von der erzählten Geschichte auf die Ebene des Erzählens. Genettes strukturalistischer Taxonomie, die er in Auseinandersetzung mit seinen Kritikern teilweise modifiziert hat (Genette 1983), verdanken E. und Erzähltextanalyse entscheidende Fortschritte an terminologischer Präzisierung und

Systematisierung, v. a. im Hinblick auf die Beschreibung der Formen der erzählerischen Wiedergabe und zeitlichen Anordnung von Ereignissen. Bei der Frage nach der Zeitstruktur unterscheidet Genette zwischen Kategorien der erzählerischen Anordnung (*ordre*) des Geschehens, der ↗ Dauer (*durée*) bzw. Geschwindigkeit des Erzählens (↗ Erzähltempo) und der Häufigkeit bzw. ↗ Frequenz (*fréquence*). Seine Differenzierung zwischen dem Erzählen (*qui parle?*) und der ↗ Fokalisierung (*qui voit?*), d. h. zwischen Sprechern, die als erzählende Aussagesubjekte fungieren, und Instanzen, aus deren subjektiver Perspektive die fiktive Welt wahrgenommen wird, überwindet terminologische und methodische Probleme der Begriffe Erzählsituation und Erzählperspektive. Genettes Unterscheidung von Fokalisierungstypen wurde von anderen Narratologen durch eine Berücksichtigung der Kommunikationsebenen, auf denen Fokalisierungsinstanzen angesiedelt sind, präzisiert (↗ Diegese). Andere Ansätze der E. unterscheiden im Hinblick auf die Techniken, mit denen Gedanken, Gefühle, Wahrnehmungen und Erinnerungen von ↗ Figuren narrativ vermittelt werden, die ↗ Erlebte Rede vom ↗ Gedankenbericht (*psycho-narration*) und ↗ inneren Monolog (vgl. Cohn 1978; ↗ Bewußtseinsstrom). – Einen systematischen Bezugsrahmen für die Integration und Weiterentwicklung vorliegender Ansätze zur E. (zum Vergleich verschiedener Ansätze und Modelle vgl. Martin 1986; Fludernik 1993b; Jahn/Nünning 1994; Jahn 1995) sowie zur Differenzierung der Funktionen von Erzählinstanzen liefert das ↗ Kommunikationsmodell narrativer Texte, das sowohl mit Stanzels Klassifikation der Erzählsituationen als auch mit der strukturalistischen Unterscheidung von *histoire* und *discours* kompatibel ist. Die realistischen und mimetischen Prämissen, die die Übertragung kommunikationstheoretischer Konzepte auf die verschiedenen Instanzen und Ebenen narrativer Texte impliziert, sind in der neueren Forschung Gegenstand der Kritik geworden (Fludernik 1993a). – In jüngster Zeit zeichnen sich in der Entwicklung der E. disparate Tendenzen ab: ein Rückzug und Beharren auf vorstrukturalistischen bzw. strukturalistischen Positionen (Chatman 1990; Genette 1983), eine Verlagerung des Akzents von der Modellbildung auf die Applikation erzähltheoretischer Kategorien sowie eine Abwendung von den formalistisch-strukturalistischen Grundlagen und eine Hinwendung zu Fragen der ↗ Kulturwissenschaft. Darüber hinaus gibt es einige Neuansätze, die

Möglichkeiten einer produktiven Weiterentwicklung narratologischer Theorien, Modelle und Methoden aufzeigen. Dazu zählen Beiträge zu einer ↗ feministischen Narratologie, die die Kategorie ↗ Gender ins Zentrum stellt, Ansätze einer ›kognitiven‹ und interdisziplinär orientierten E., die Modelle der ↗ Pragmatik und ↗ Diskursanalyse integriert und im Grenzbereich zwischen linguistischer und lit.wissenschaftlicher Analyse narrativer Texte angesiedelt ist, eine Kritik der E. aus der Sicht des ↗ Poststrukturalismus (vgl. Gibson 1996) sowie eine nicht-essentialistische ›natürliche‹ Narratologie (vgl. Fludernik 1996), die über eine Synthese vorliegender Ansätze hinausgeht und sowohl die bisherige Konzentration auf fiktionale Erzähltexte als auch die reduktiven Prämissen realistischer E.n überwindet. Eine stärkere Berücksichtigung der pragmatischen Dimension von Erzähltexten, ein zunehmendes Interesse an nicht-literar. Erzählungen, eine Anwendung der E. in anderen Disziplinen, eine Empirisierung und Einbeziehung des innovativen Potentials neuerer Ansätze in der ↗ Kognitionstheorie und ↗ Schematheorie sowie ein Rückgriff auf erzähltheoretische Kategorien, um das Verhältnis zwischen ↗ Historiographie und Lit. zu bestimmen (P. ↗ Ricœur, H. ↗ White) und fiktionale Erzähltexte von nicht-fiktionalen abzugrenzen (vgl. Genette 1991), sind weitere Indikatoren für die zunehmende Interdisziplinarisierung der Erzählforschung. Zu den Desiderata einer interdisziplinär orientierten E. zählen die Entwicklung leistungsfähiger Methodologien und Theorien, die den Wirklichkeitsbezug und den Inhaltsaspekt narrativer Texte einbeziehen, sowie eine empirische Überprüfung der Rezeptionsrelevanz narrativer Strukturen. Sowohl der Rückgriff auf Kategorien und Methoden der E. in der ↗ Gattungstheorie (vgl. Nünning 1995) und der feministischen Narratologie als auch die Korrelierung von narratologischen und systemtheoretischen Modellen zur Erfassung der Sinnorientierungen fiktionaler Erzähltexte sowie zur Rekonstruktion der lit.geschichtlichen Ausdifferenzierung des Romans (vgl. Reinfandt 1997) bezeugen, daß die E. noch immer ein großes Anwendungs-, Innovations- und Entwicklungspotential besitzt.

Lit.: K. Friedemann: *Die Rolle des Erzählers in der Epik*, Darmstadt 1965 [1910]. – K. Hamburger: *Die Logik der Dichtung*, Stgt. 1968 [1957]. – Genette 1972/80. – W. Haubrichs (Hg.): *Erzählforschung 1/Erzählforschung 2/Erzählforschung 3/Theorien, Modelle und Methoden der Narrativik*, Beih.e zu *LiLi* 4/6/8, Göttingen 1976/77/78. – Chatman 1993 [1978]. – D. Cohn: *Transparent Minds. Narrative Modes for Presenting Consciousness in Fiction*, Princeton 1978. – Stanzel 1995 [1979]. – R. Kloepfer/G. Janetzke-Dillner (Hgg.): *Erzählung und Erzählforschung im 20. Jh.*, Stgt. 1981. – G. Prince: *Narratology. The Form and Functioning of Narrative*, Bln./N.Y. 1982. – Genette 1983/88/94. – Rimmon-Kenan 1996 [1983]. – M. Bal: *Narratology. Introduction to the Theory of Narrative*, Toronto 1985. – W. Martin: *Recent Theories of Narrative*, Ithaca/Ldn. 1986. – Prince 1988 [1987]. – M.J. Toolan: *Narrative. A Critical Linguistic Introduction*, Ldn./N.Y. 1988. – Chatman 1993 [1990]. – Sonderhefte zur Narratologie der Zs. *Poetics Today* 11.2 (1990), 11.4 (1990) und 12.3 (1991). – G. Genette: *Fiction et diction*, Paris 1991. – M.-L. Ryan: *Possible Worlds, Artificial Intelligence and Narrative Theory*, Bloomington 1991. – E. Branigan: *Narrative Comprehension and Film*, Ldn. 1992. – A. Fehn et al. (Hgg.): *Neverending Stories. Toward a Critical Narratology*, Princeton 1992. – M. Fludernik: *The Fictions of Language and the Languages of Fiction. The Linguistic Representation of Speech and Consciousness*, Ldn. 1993a. – M. Fludernik: »Narratology in Context«. In: *Poetics Today* 14 (1993b) S. 729–761. – M. Jahn/A. Nünning. »A Survey of Narratological Models«. In: *LWU* 27.4 (1994) S. 283–303. – H. Dannenberg: »Die Entwicklung von Theorien der Erzählstruktur und des Plot-Begriffs«. In: Nünning 1995. S. 51–68. – M. Jahn: »Narratologie. Methoden und Modelle der Erzähltheorie«. In: Nünning 1995. S. 29–50. – A. Nünning: *Von historischer Fiktion zu historiographischer Metafiktion*, Bd. 1, *Theorie, Typologie und Poetik des historischen Romans*, Trier 1995. – M. Fludernik: *Towards a ›Natural‹ Narratology*, Ldn. 1996. – A. Gibson: *Towards a Postmodern Theory of Narrative*, Edinburgh 1996. – Ch. Reinfandt: *Der Sinn der fiktionalen Wirklichkeiten. Ein systemtheoretischer Entwurf zur Ausdifferenzierung des engl. Romans vom 18. Jh. bis zur Gegenwart*, Heidelberg 1997.

AN

Erzählung (engl. *narrative*), Begriff zur Beschreibung des Untersuchungsgegenstandes der Narratologie oder ↗ Erzähltheorien. Es gibt unterschiedliche Definitionen von E. Eine E. im weiteren Sinne kann z.B. nach S. Chatman (1978; 1990) durch Sprache ebenso vermittelt werden wie im Medium des Films, aber auch im Tanz oder in einer pantomimischen Präsentation. Die von anderen führenden Narratologen (G. ↗ Genette 1972 und 1983; F.K. ↗ Stanzel 1979; G. ↗ Prince 1987) vertretene engere Bestimmung von E. definiert diese als die kommunikative Vermittlung realer oder fiktiver Vorgänge durch einen Erzähler an einen Rezipienten. Stanzel (1979) versucht eine Bestimmung des Phänomens E. durch eine Analyse von ↗ Erzählsituationen, die er in seinem berühmten Typenkreis zueinander in Beziehung setzt. Chatman (1978) untersucht die E. mit einem *story/discourse*-Modell, bei dem zwischen der Inhalts- und der

Ausdrucksseite des Phänomens unterschieden wird. Schließlich bietet Genette (1972 und 1983) ein taxonomisches Typenschema narrativen Diskurses als strukturalistisches Analyseinstrument, bei dem verschiedene Arten von E. nach ihrer erzählerischen ⁊ Fokalisierung und nach der Verwendung heterodiegetischen oder homodiegetischen Erzählens unterschieden werden. Im Rahmen einer weiten Definition von E. unterscheidet Chatman (1990) zwischen diegetischen Typen von E., wie z.B. dem Roman oder der Kurzgeschichte, und mimetischen Typen wie dem Drama, dem Film oder dem Cartoon. Poststrukturalistische Kritiker finden auch in Sachtexten und anderen nicht-fiktionalen Texten, wie z.B. in der Historiographie, Spuren eines ⁊ emplotment und dadurch auch die Strukturen von E.

Lit.: Genette 1972/80. – Stanzel 1995 [1979]. – Chatman 1993 [1978]. – ders. 1993 [1990]. – Prince 1988 [1987]. – Genette 1983/88/94. – Nünning 1989. – J.H. Miller: »Narrative«. In: Lentricchia/McLaughlin 1995 [1990]. S. 66–79. – M. Jahn: »Narratologie: Methoden und Modelle der Erzähltheorie«. In: Nünning 1995. S. 29–50.

HA

Erzählzeit und Erzählte Zeit, in der *Odyssee* Homers wie auch im entsprechenden Film von St. Kubrick ist die Zeit, die Zuhörer, Leser oder Zuschauer zur Aufnahme des Epos brauchen, in ihrem Umfang und ihrer linearen Abfolge (Erzählzeit) gänzlich unterschiedlich zur erzählten Zeit (vgl. ⁊ Diegese, ⁊ Mimesis). Die früh in der germanistischen (vgl. G. Müller 1968; W. ⁊ Kayser 1948 u.ö), anglistischen (vgl. F.K. ⁊ Stanzel 1955) und später romanistischen Tradition (vgl. G. ⁊ Genette 1972) entwickelte Unterscheidung kann man als ›Erzählform‹ zusammenfassen (Kloepfer 1998). Sie hat drei Dimensionen: (a) Ordnung mit Übereinstimmung in der Abfolge, mit ⁊ Anachronien (Vorgriff vs. Rückgriff in unterschiedlicher Reichweite) und mit Achronien (totale Diskrepanz); sodann (b) ⁊ Dauer in szenischer Identität, Verkürzungen bis zur Pause und Dehnungen (z.B. zehn Seiten für wenige Sekunden); und schließlich (c) die ⁊ Frequenz, welche die Spannung zwischen erzählten und Erzählereignissen erfaßt: als ikonische Entsprechung, als iterative Zusammenfassung von Wiederholtem oder umgekehrt Repetition des einmalig Geschehenen. Die Spannungen innerhalb der Erzählform können mehr oder weniger anspruchsvoll den Adressaten zu ästhetisch relevanten Leistungen führen, denn Verdichtungen, Einschübe und Verzerrungen können nicht nur

rhythmisch genutzt werden, ikonisch mit dem Dargestellten übereinstimmen oder ihm gerade widersprechen (Ironie), sondern den Adressaten zu spezifischen, zeichengesteuerten inneren Handlungen bringen (›Sympraxis‹) wie z.B. Antizipation, Erinnern, Simultanhalten (⁊ Emotion; ⁊ Identifikation) oder zu Haltungen bzw. Einstellungen wie Neugier, Spannung, Frustration (⁊ Verfremdung; ⁊ Illusion, ästhetische). In Lit. und Film wird die Erzählform oft genutzt, um verschiedene Zeitkonzepte erfahrbar zu machen, sie experimentell zu erproben und kulturspezifisch dergestalt zu kontrastieren, daß die Prämissen gegensätzlicher Wirklichkeitsmodelle erfahrbar werden.

Lit.: W. Kayser: *Das sprachliche Kunstwerk*, Tüb. 1992 [1948] – F.K. Stanzel: *Die typischen Erzählsituationen im Roman*, Wien 1955. – G. Müller: *Morphologische Poetik* (Hg. E. Müller), Tüb. 1968. – Genette 1972/80. – ders. 1983/88/94. – R. Kloepfer: *Sympraxis. Ko-Autorschaft in Lit. und Film*, Dresden 1998.

RK

Essentialismus (lat. *essentia*: Wesen), philosophischer Begriff für Lehre, die dem Wesen, d.h. der Essenz, das Primat gegenüber dem Dasein, d.h. der Existenz, attestiert. – In Nachfolge platonischen Denkens (z.B. Thomas von Aquin, B. Spinoza) postuliert der E., daß jedes wissenschaftliche Untersuchungsobjekt, auch der Mensch, so und nur so erscheint, wie es essentiell, d.h. seinem Wesen nach realiter ist und über eine Reihe inhärenter und unveränderbarer Eigenschaften verfügt, die jedweden ⁊ Kontext des Objektes prinzipiell irrelevant für seine wissenschaftliche Untersuchung erscheinen lassen. Mitte des 20. Jh.s entwickelt sich mit dem frz. Existentialismus unter Federführung von A. Camus und J.P. ⁊ Sartre ein Kontrastentwurf, der im E. die Gefahren sieht, den Menschen der Verantwortlichkeit für sein Handeln zu entbinden und ein generell fatalistisches Weltbild zu transportieren. Der kritische Rationalismus K. Poppers kritisiert den E. als verantwortlich für den erkenntnistheoretischen Rückstand der traditionell betriebenen Geistes- und Sozialwissenschaften im Vergleich zu den Naturwissenschaften: Während diese in nominalistischer Manier Aussagen und Theorien sowie deren Ableitungen auf ihren Wahrheitsgehalt überprüfen, d.h. der Möglichkeit einer Falsifizierung unterziehen, tendierten jene zur Behandlung von (geschaffenen) Begriffen, die sich nicht durch empirische und experimentelle Beobachtung, sondern nur durch (gesetzte) Definition erschlössen. – In der Lit.wissenschaft nehmen v.a. der ⁊ Poststrukturalismus, der ↗ *New Historicism*, die ↗ Feministische Lit.theorie und die ↗ Postkoloniale Lit. theorie eine den E. des ↗ *New Criticism* (und jeglicher textimmanenter Kritik) zurückweisende Haltung ein. Kritisiert und zurückgewiesen werden v. a. essentialistische Bestimmungen von ↗ Weiblichkeit und ↗ Männlichkeit (↗ *gender*) und von Rasse (↗ *race*). Da jedoch der Gegenpol eines absoluten Relativismus jede textanalysierende und -evaluierende Argumentation nivellieren würde, basieren auch neuere Arbeiten oft auf einem an den Untersuchungszwecken ausgerichteten, d. h. strategisch limitierten E.

Lit.: D. Fuss: *Essentially Speaking*, N. Y. 1989. – N. Shor/E. Weed (Hgg.): *The Essential Difference*, Bloomington 1994.

GN

Ethical Criticism (gr. *éthos*: Sitte, Gewohnheit, Brauch), der Begriff einer ethischen Lit.kritik erscheint zunächst fast wie ein Hendiadyoin, da es im Wesen jeder nicht bloß reproduktiven oder deskriptiven Kritik liegt, interpretative Schwerpunkte zu setzen und dadurch zu werten und Aussagen über die Qualität literar. Werke zu machen, wobei Konzepte des Guten und des Schlechten implizit oder explizit eine Rolle spielen (↗ Wertung). In der Tat findet sich in der Lit.theorie schon immer der Zusammenhang zwischen Moral bzw. ethischen Vorstellungen und Normen und der Funktion von Lit. ↗ Platon, der ja die Dichter des Lügens zeiht, weist ihrer Kunst eine ethische Funktion im Sinne einer Systemstabilisierung von Staat und Erziehungswesen zu, verbannt die Dichter andernfalls aber aus seinem Staat. In der ↗ Renaissance weist der engl. Dichter B. Jonson in *The Art of Poetry* (1640/41), einer Übersetzung von ↗ Horaz' *Ars Poetica*, seiner Kunst ebenfalls eine für das Leben wichtige ethische Bedeutung zu, und in Deutschland wird im 18. Jh. wiederum über die moralethische Funktion von Lit. diskutiert. 1730 reklamiert J.Ch. Gottsched in seiner *Critischen Dichtkunst* die Lit. im Dienste einer bürgerlichen Sittenreform und weist ihr damit die Aufgabe einer Moraldidaxe zu, der sie als Medium der Anschauung rationalistisch moralphilosophischer Einsicht nachkommen soll. In dem berühmten Briefwechsel über das Trauerspiel von 1756/57 zwischen G.E. Lessing, M. Mendelssohn und F. Nicolai hingegen vertreten die beiden letzteren die Gegenposition zu Gottsched und sehen die Tragödie in einem Freiraum jenseits der Moral, während Lessing wiederum der Tragödie insofern eine moralische Aufgabe zuweist, als sie die Empfindungsfähigkeit des

Menschen als Basis jeder Moralität steigern soll. – Im 20. Jh. wurde die Debatte über die ethische Dimension der Lit. und ihrer Kritik v. a. im angelsächs. Raum geführt, von wo aus sie aber auch in andere Kulturräume ausstrahlte. Die Vertreter des ↗ *New Criticism* befürworteten in ihrem Streben nach einem mit der Naturwissenschaft rivalisierenden Objektivitätsideal eine formalistisch-textimmanente Analyse, die Bewertung nur auf der Basis der dem Text inhärenten Formqualitäten zuließ, das Anlegen außertextueller moralethischer Wertmaßstäbe jedoch als unwissenschaftlich ablehnte. F.R. ↗ Leavis hingegen verband ästhetische mit moralischen Fragestellungen und funktionalisierte die Romane einer von ihm postulierten großen Tradition im Sinne einer moralischen Lebenskritik. Er sah diese Romane als moralische Fabeln und damit als Medien einer konzentrierten Signifikanz für das Leben, worin er eine hohe ethische Qualität erkannte. Aufgrund solch problematischer Verwendung der ethischen Dimension in den Werken der *New Critics* oder der *Leavisites* wurden moralethische Fragen und solche nach der Evaluation literar. Werke einige Zeit lang nur mit Argwohn betrachtet. – In den letzten Jahren allerdings wurde gerade solchen Fragen starkes kritisches Interesse zuteil, und es entwickelte sich *E. C.* als ein neuer Zweig der Lit.theorie. Dies hängt v. a. mit der Orientierungs- und Wertekrise der Welt im späten 20. Jh. zusammen, die nach dem Verlust der Mitte in der ↗ Moderne und der spielerischen Bejahung eines *anything goes* in der ↗ Postmoderne nunmehr an einen Punkt gelangt ist, an dem inmitten der multiplen Angebote der neuen heterogenen Polyzentrik eines immer offener und immer multikultureller werdenden *global village* wieder nach ethischen Orientierungen gesucht wird, ohne daß man die durch die Kritik des ↗ Poststrukturalismus, der ↗ Dekonstruktion und der Postmoderne unmöglich gewordenen alten Positionen wieder einnehmen möchte. Suchte man in der frühen Postmoderne noch jegliche moralethische Positionierung als metaphysische Täuschung zu vermeiden und vermied man Diskussionen über Ethik und Wertkonzepte aus Angst vor einer Etikettierung als altmodischer *liberal humanist*, so hat man nun die anthropologische, psychologische und kulturelle Notwendigkeit einer auch moralethischen Selbstpositionierung im Sinne von Identitätsdefinition und Orientierungsstiftung, aber auch im Sinne der Ermöglichung eines produktiven Diskurses erkannt. Die Essentialismen alter moralethischer

Systeme können gleichwohl nicht mehr unhinterfragt akzeptiert werden, da sie den Konstruktcharakter und damit die Künstlichkeit ihrer Wertstrukturen hinter dem Postulat einer ethischen Wahrheit mit einer eigenen Ontologie zu verbergen suchen. Moralethische Werte können immer nur mittels Sprache formuliert werden, und da wir dem Gefängnis der Sprache nicht entfliehen können, müssen ethische Konzepte ebenso wie der Akt der endgültigen Bedeutungskonstitution im linguistischen Signifikationsprozeß immer wieder vertagt werden und unterliegen daher einem unendlichen Prozeß des Versagtbleibens. Dennoch bedarf der Mensch eines Weltmodells und somit auch der durch ein solches implizierten Vorstellung von Wahrheit und einer Wertstruktur, um sich im Chaos der ihn umgebenden kontingenten Welt zurechtzufinden. Der kanad. Philosoph Ch. Taylor hat auf die Notwendigkeit solcher erklärender Bezugsrahmen für die Identitätskonstitution und -stabilisierung hingewiesen, und der am. pragmatische Philosoph R. ↗ Rorty betont die Bedeutung einer zumindest vorgestellten Teleologie für den Menschen, wie sie durch solche konstruierten Weltmodelle geschaffen werden. Auch durch literar. Kunstwerke werden explizit oder implizit solche Fokusangebote gemacht. Kritiker wie J. H. ↗ Miller streben nach wie vor nach ethischen Universalien im Sinne Kants, nach einem allg.gültigen moralischen Gesetz, und sehen dennoch die Unmöglichkeit, ein solches mittels der *infinite deferral* der Sprache zu erreichen, weshalb Miller die Ethik des Lesens im Erkennen der letztlichen Unlesbarkeit eines jeden Textes sieht. Philosophen und Kritiker wie R. ↗ Rorty, M. Nussbaum und W. C. ↗ Booth hingegen nehmen eine weniger rigide Position ein und vertrauen auf die katalytische Funktion einer Fiktion von Teleologie, die unterschiedliche Leser immer wieder dazu bringt, ihre Versuche der Evaluation und der Sinnhaftmachung dialogisch miteinander zu vergleichen, dadurch ihre eigene Position jeweils zu definieren und zu verhandeln, womöglich auch zu verändern, ohne daß dieser Prozeß je zu einem Ende im Sinne einer einstimmigen Übereinkunft führen müßte. Das Ergebnis ist eine neue Offenheit jenseits liberalhumanistischer Skrupel, die sich der Begrenztheit und konkreten Bedingtheit ihrer jeweiligen Positionen bewußt ist und diese immer wieder neu zu verhandeln bereit ist, Inkommensurabilität verschiedener Ansichten zu ertragen weiß, konfliktfähig ist und dennoch Konsens sucht, ohne ihn erzwingen zu müssen.

Dadurch ist *E. C.* auch in der Lage, die Herausforderungen der Alteritätsforschung, des ↗ Multikulturalismus, der ↗ feministischen Lit.theorie, der ↗ Ideologiekritik, der ↗ Diskurstheorie u. a. aufzunehmen und produktiv bei der Lektüre literar. Kunstwerke zu nutzen.

Lit.: A. MacIntyre: *After Virtue*, Ldn. 1981. – G. J. Handwerk: *Irony and Ethics in Narrative. From Schlegel to Lacan*, New Haven 1985. – J. H. Miller: *The Ethics of Reading*, N. Y. 1987. – B. Herrnstein Smith: *Contingencies of Value. Alternative Perspectives for Critical Theory*, Cambridge, Mass., 1988. – W. C. Booth: *The Company We Keep. An Ethics of Fiction*, Berkeley 1988. – ders.: »Are Narrative Choices Subject to E. C.?«. In: J. Phelan (Hg.): *Reading Narrative. Form, Ethics, Ideology*, Columbus 1989. S. 57–78. – J. H. Miller: »Is There an Ethics of Reading?«. In: J. Phelan (Hg.): *Reading Narrative*. S. 79–101. – R. Rorty: *Contingency, Irony, and Solidarity*, Cambridge 1989. – Ch. Taylor: *Sources of the Self. The Making of the Modern Identity*, Cambridge 1989. – G. G. Harpham: »Ethics«. In: Lentricchia/McLaughlin 1995 [1990]. S. 387–405. – M. Nussbaum: *Love's Knowledge. Essays on Philosophy and Literature*, N. Y./Oxford 1990. – H. Antor: »Ethical Plurivocity, or: The Pleasures and Rewards of Reading«. In: R. Ahrens/H. Antor (Hgg.): *Text – Culture – Reception. Cross-Cultural Aspects of English Studies*, Heidelberg 1992. S. 27–46. – S. Connor: *Theory and Cultural Value*, Oxford 1992. – V. W. Gras: »The Recent Ethical Turn in Literary Studies«. In: *Mitteilungen des Verbandes Dt. Anglisten* 4.2 (1993) S. 30–41. – Ch. Norris: *Truth and the Ethics of Criticism*, Manchester/N. Y. 1994. – H. Antor: »The Ethics of Criticism in the Age After Value«. In: Ahrens/Volkmann 1996. S. 65–85. – R. v. Heydebrand/S. Winko: *Einf. in die Wertung von Lit. Systematik – Geschichte – Legitimation*, Paderborn 1996. – G. Hoffmann/A. Hornung: *Ethics and Aesthetics. The Moral Turn of Postmodernism*, Heidelberg 1996.

HA

Ethnizität (gr. *éthnos*: Volk, Schar), zentrales Konzept ↗ Postkolonialer Lit.- und Kulturtheorie, das die Zugehörigkeit zu einer bestimmten Rasse, einem Volk oder einer Nation beschreibt. E. bezeichnet auch die bewußte Betonung solcher Situiertheit in einem politischen und kulturellen Rahmen. E. spielt eine entscheidende Rolle bei der Identitätskonstitution von Subjekten, da die Zugehörigkeit zu und Identifikation mit einer bestimmten ethnischen Gruppe gleichzeitig eine Plazierung in einem kulturellen, historischen und sprachlichen Raum bedeutet und somit eine Situierung in der Welt im Sinne einer Selbstdefinition darstellt. Gleichzeitig ist E. eine unvermeidbare Kondition jeglicher menschlichen Existenz, da sich jedes Individuum immer schon in einem ethnisch bestimmten kulturellen Kontext befindet. In modernen pluralistischen Gesellschaften mit ihrer oft multikulturellen Bevölkerung stellt sich die Frage nach der Verwirklichung des Gleichheitsanspruches, nach dem E. kein negatives Auslesekriterium sein kann. Die Diskriminierung von Menschen aufgrund ihrer ethnischen Zugehörigkeit erfüllt den Tatbestand des Rassismus und ist oft das Resultat bes. intensiver Betonung der eigenen E. durch den Rassisten, der dadurch seine Identität zu stärken sucht und der negativ konstruierten Alterität des solchermaßen Diskriminierten mit einem hierarchischen Machtanspruch begegnet. Die negative Form der E. geht also auch mit Nationalismus, Hegemonialansprüchen und Imperialismus einher, wenngleich sie nicht mit diesen Begriffen gleichgesetzt werden kann. Gleichzeitig fungiert E. im postkolonialen Kontext oft als Instrument der Selbstbehauptung oder der Rekonstitution einer nach der kolonialen Erfahrung beschädigten oder zerstörten kulturellen Identität. Dies gilt sowohl im Rahmen aus der kolonialen Abhängigkeit entlassener Nationen als auch im Kontext multikultureller postkolonialer Nationen wie z.B. Kanadas, Südafrikas, Australiens oder der karib. Staaten, wo etwa ethnische Lit. als Ausdruck einer eigenen kulturellen Identität einen wichtigen Beitrag zur Positionierung der Angehörigen verschiedener ethnischer Gruppen innerhalb der Gesamtgesellschaft leisten. Den potentiell zentrifugalen Kräften des ↗ Multikulturalismus kann die E. eine psychologisch eher zentripetale Kraft hinzufügen. E. erweist sich daher als Instrument der Rezentrierung für marginalisierte Gruppen. Als Prinzip bei der Definition einer Nation wurde E. allerdings aufgrund der einem solchen Verfahren innewohnenden Gefahren schon im 19. Jh. von E. Renan abgelehnt. Der Begriff der E. erschließt lediglich eines von verschiedenen Paradigmen innerhalb der postkolonialen Studien und steht diesbezüglich gleichrangig neben anderen Fragehorizonten, die durch Konzepte wie Multikulturalität, soziale Klasse, Geschlechterdifferenz, historische Erfahrung u.a. definiert sind.

Lit.: W. Sollors: »Theory and Ethnic Message«. In: *MELUS* 8.3 (1981) S. 15–17. – E. Renan: »What Is a Nation?«. In: H: Bhabha (Hg.): *Nation and Narration*, Ldn./N.Y. 1990. S. 8–22. – W. Sollors: »Ethnicity«. In: Lentricchia/McLaughlin 1995 [1990]. S. 288–305. – ders.: »Who is Ethnic?« In: B. Ashcroft et al. (Hgg.): *The Post-Colonial Studies Reader*, Ldn./N.Y. 1995. S. 219–222. – Williams/Chrisman 1996 [1993]. S. 27–123. – A. Arteaga (Hg.): *An Other Tongue. Nation and Ethnicity in the Linguistic Borderlands*, Durham, NC 1994. – St. Hall: »New Ethnicities«. In: B. Ashcroft et al. (Hgg.): *The Post-Colonial Studies Reader*, Ldn./ N.Y. 1995. S. 223–227.

HA

Eurozentrismus, E. bezeichnet Prozesse und Verhältnisse politischer wie kultureller Hegemonisierung in einem kolonialen und post-kolonialen Kontext, bei denen die Macht- und Wertestrukturen der (ehemaligen) europ. Kolonialherren gegenüber denjenigen der (post-)kolonialen Staaten und Kulturen im Sinne einer vorausgesetzten Überlegenheit einseitig dominant sind. So fungieren oft europ. Texte auch in der Lit. der ehemaligen Kolonien nach wie vor als Vorbilder oder Beziehungspunkte, wenngleich dies von zahlreichen post-kolonialen Theoretikern (↗ Postkoloniale Lit.theorie) einer scharfen Kritik unterzogen wird. Vorgänge literar. ↗ Kanonbildung erweisen sich als eurozentrisch, wenn sie von ästhetischen und anderen Standards europ. Provenienz geleitet werden. Eurozentrische Paradigmen ergeben sich, wenn Interessen und Sichtweise europ. Kritiker die Konzeptualisierung außereurop. Phänomene einseitig prägen. Dies ist z.B. nach E. ↗ Said bei der Konstruktion stereotyper Bilder des Orients als eines Aktes, bei dem der Orient erst im europ. Bewußtsein konstituiert wird, der Fall. Eurozentrische Konzepte basieren aber auch auf einer Methode der Negativität im Sinne einer Konstruktion einer nichteurop. ↗ Alterität als instrumentelle Folie bei der eigenen Identitätskonstitution. Entwicklungen bei der Entstehung indigener Lit.- und Kulturtheorien in den postkolonialen Ländern und Sprachbereichen (↗ Postkolonialismus), so z.B. die ↗ *négritude*-Bewegung, die Position der afr. *bolekaja*-Kritiker oder die aus einer bes. heterogenen Gesellschaft hervorgegangene karib. Kulturtheorie, haben in den letzten Jahren zur Schaffung von Alternativen zu eurozentrischen Konzepten beigetragen. Solche Reaktionen auf die durch den E. geschaffenen Abhängigkeiten betonen die Unabhängigkeit und Gleichwertigkeit, mitunter sogar die Überlegenheit, der jeweiligen indigenen Kulturen und lehnen auch universalistische Ansätze als eine Form eines kaschierten E. ab.

Lit.: Said 1995 [1978]. – B. Ashcroft et al. (Hgg.): *The Empire Writes Back. Theory and Practice in Post-Colonial Literatures*, Ldn./N.Y. 1993 [1989]. – V. Lambropoulos: *The Rise of Eurocentrism. Anatomy of Interpretation*, Princeton 1993.

HA

Evolution, literarische, die Beschäftigung mit der Lit.- und Kulturentwicklung als einem evolutionären Prozeß ist eine erst in den 20er Jahren des 20. Jh.s einsetzende Tendenz in der Kulturwissenschaft. Bis dahin herrschte die Auffassung vor, die Lit.entwicklung sei durch eine Summierung von Werken, die zufällig oder auf eine nicht erklärungsbedürftige Weise aufeinanderfolgen, ausreichend präzise beschrieben. Die beiden wichtigsten historischen Positionen, innerhalb derer der Entwicklungsprozeß als E. betrachtet wurde, sind (im Rahmen des ↗ Russischen Formalismus) die von Ju. ↗ Tynjanov und (im Rahmen des Prager ↗ Strukturalismus) die von J. ↗ Mukařovský. Eine semiotische Perspektive wurde in neuerer Zeit von W. A. Koch und eine systemtheoretische von M. Fleischer vorgeschlagen. Tynjanov postuliert eine evolutionäre Konzeption, indem er von einer dynamischen Existenzweise des ›literar. Faktums‹ und des ›literar. Systems‹ ausgeht, worunter ein traditionsgebundener und bedingter, zeit- und raumabhängiger Kanon von Generierungsregeln verstanden wird. Als wichtigstes Prinzip der l.n E. wird die Ablösung von Systemen angesehen. Die Elemente eines Werkes weisen untereinander Korrelation und Wechselwirkungen auf. Neben der ›konstruktiven Funktion‹ (die Korrelation der Elemente innerhalb des Werkes) werden die ›literar. Funktion‹ (die Korrelation eines Werks mit den literar. Reihen), die ›sprachliche Funktion‹ (die Korrelation zum außerliterar. Leben) und die ›soziale Funktion‹ der Lit. unterschieden. Die Funktionen der literar. Reihe unterliegen der E. jeweils im Verhältnis zur sozialen Reihe. Mukařovský geht im Hinblick auf das nicht-materielle ›ästhetische Objekt‹ von zwei Entwicklungsfaktoren aus, den internen Gesetzmäßigkeiten des Werkes und seiner sozialen Gebundenheit. Sowohl das Kunstwerk als auch seine Elemente werden als dynamische, steuernden Prozessen unterliegende Zeichen angesehen, die zwischen literar. und außerliterar. Reihen vermitteln. Die Antriebskräfte der Veränderungen werden durch die Verschiebungen der Funktionen einzelner Elemente gebildet. Das Kunstwerk ist als ein aus Zeichen bestehendes komplexes Zeichen und also als System aufzufassen. – Einen semiotischen Ansatz liefert die ›Evolutionäre Kultursemiotik‹ von Koch, in der zwei E.sarten postuliert werden: ›Genese‹ und ›Metagenese‹, die zwei spiegelsymmetrische, irreversible, nicht-permutierbare und binär gegliederte Modi der gleichen E. (mit anderen Mitteln) darstellen. Folglich wird zwischen einer genetischen und einer metagenetischen Realität unterschieden und von einer ›Unikultur‹ (kulturelle

Universalien) und einer ›Idiokultur‹ (einzelne Kulturen) ausgegangen. Die Konzeption von Fleischer stellt einen empirisch fundierten systemtheoretischen und konstruktivistischen Ansatz dar. Die Kultur wird als eine ›Zweite Wirklichkeit‹ aufgefaßt, die sich (als kognitives, kommunikatives Konstrukt und relational-funktionelles Gebilde) von der physikalischen Realität durch ihren zeichenhaften Charakter unterscheidet (Kultur ist die Wirklichkeit der Zeichen). Sie ist ein evoluierendes, selbstorganisierendes, kontingentes und existentes offenes System, dessen Umwelt das soziale System bildet. Funktionen und Generierungsregeln unterliegen auf der Basis von vier Ordnungsmustern (Norm, Hierarchie, Interdependenz, Tradition [nach Riedl 1975]) Fixierungen und Determinationsprozessen, die sich durch den Mechanismus der Variabilität endgültigen Fixierungen entziehen können. Die Ordnung der Kultur (und Lit.) ist eine poststabilisierte Ordnung.

Lit.: Ju. Tynjanov: »Das literar. Faktum« (1924) und »Über die l. E.« (1927). In: Ju. Striedter (Hg.): *Russ. Formalismus*, Mchn. 1994 [1971]. S. 393–461 und S. 433–461. – R. Riedl: *Die Ordnung des Lebendigen*, Hbg. 1975. – Ju. Striedter: »The Russian Formalist Theory of Literary Evolution«. In: *PTL* 3 (1978) S. 1–24. – J. Mukařovský: »Ästhetische Funktion, Norm und ästhetischer Wert als soziale Fakten« (1936). In: ders.: *Kap. aus der Ästhetik*, FfM. 1982. S. 7–112. – W. A. Koch: *Evolutionäre Kultursemiotik*, Bochum 1986. – M. Fleischer: *Die E. der Lit. und Kultur. Grundsatzfragen zum Entwicklungsproblem (ein systemtheoretisches Modell)*, Bochum 1989. – R. Lauer: »E.smodelle in der Lit.wissenschaft«. In: G. Patzig (Hg.): *Der E.sgedanke in den Wissenschaften*, Göttingen 1991. S. 30–52. – M. Fleischer: *Die Wirklichkeit der Zeichen. Empirische Kultur- und Lit.wissenschaft*, Bochum 1994.

MF

Exotismus (lat. *exoticus*; gr. *exotikós*: ausländisch), eurozentrische Sonderform des von Europa ausgehenden epistemologischen Imperialismus, der sich v. a. auf Kulturen in Afrika, Asien und Südamerika bezieht und als Wegbereiter oder ideologische Legitimationsinstanz von politisch-ökonomischen Dominanzansprüchen fungiert (↗ Eurozentrismus). Im engeren Sinn ein zumindest oberflächlich positiv besetztes Heterostereotyp als normatives Korrektiv von Fehlentwicklungen in der zumeist europ. Ausgangskultur, im weiteren Sinn jede imaginäre Überschreibung einer fremden Kultur (↗ Imaginäre, das). Im E. spielt Rasse (↗ *race*) als Konstrukt zur Pseudolegitimation für die Behauptung einer naturgegebenen Differenz eine zentrale Rolle (vgl. Appiah 1985), wobei die ›funktionellen Korrelationen‹ (M. ↗ Foucault 1977) der rassistischen und sexistischen diskursiven Stigmatisierung auffällig sind. – Mit Bezug auf Asien, Afrika und Lateinamerika bildeten sich seit dem 16. Jh. ganze Diskurse des E. wie Afrika als der ›dunkle Kontinent‹ oder der pseudowissenschaftliche ↗ Orientalismus (E. ↗ Said) heraus, die den allg. Mechanismen der Konstruktion kultureller ↗ Identität bzw. ↗ Alterität gehorchen. Je nach dem Interesse des europ. Beobachters konsolidieren sich die Wahrnehmungen zum Negativ-Heterostereotyp, vor dem die Herrschaftskultur ihre Überlegenheit in zivilisatorischer, moralischer, religiöser, intellektueller, technischer oder ökonomischer Hinsicht begründet und implizit oder explizit ein Eingreifen in die Autonomie des meist mit primitivistischer Naturnähe assoziierten fremden Kulturkreises legitimiert; historisch seltener wird die kulturelle Alterität als positives Gegenbild konstruiert, wie in Rousseaus ›Edlem Wilden‹ oder *New-Age*-Aneignungen asiat. Religionen und Philosophien, in welchem sich nicht die tiefenstrukturell-oppositionellen Zuschreibungen, sondern die Bewertung ihrer Pole ändert: Naturnähe und Spiritualität gelten als Vorzug gegenüber den rationalistisch-empiristisch-utilitaristischen Denkparadigmen der europ. Ausgangskultur (T. ↗ Todorov 1985, bes. »Gleichheit oder Ungleichheit«). Das ambivalente Heterostereotyp, daß dunkelhäutige Völker ein ›spontaneres‹ bzw. ›primitiveres‹ Verhältnis zu ihrer Sexualität besitzen als die Weißen, taucht bereits in den ersten Reiseberichten des MA. in diesem Zusammenhang auf. – Die Übergänge zwischen E. und Xenophobie sind fließend, da sich im E. angstbesetzte, aus dem kulturellen Autostereotyp verdrängte Wünsche konzentrieren, welche Begehren, aber zugleich Haßgefühle auf die fetischisierten Opfer der Projektionen als Repräsentanten des verbotenen Eigenen wecken.

Lit.: T. Todorov: *La conquète de l'Amérique*, Paris 1982 (dt. *Die Eroberung Amerikas*, FfM. 1985). – A. Appiah: »The Uncompleted Argument. Du Bois and the Illusion of Race«. In: *Critical Inquiry* 12.1 (1985) S. 21–37. – S.L. Gilman: *Difference and Pathology. Stereotypes of Sexuality, Race, and Madness*, Ithaca 1985. – D. Harth: »E.«. In: Borchmeyer/Žmegač 1994 [1987]. S. 135–138. – H. Pollig/T. Osterwold (Hgg.): *Exotische Welten, Europ. Phantasien* (Katalog zur gleichnamigen Ausstellung), Stgt. 1987. – S. Weigel: »Die nahe Fremde – das Territorium des ›Weiblichen‹. Zum Verhältnis von ›Wilden‹ und ›Frauen‹ im Diskurs der Aufklärung«. In: Th. Koebner/G. Pickerodt (Hgg.): *Die*

andere Welt. Studien zum E., FfM. 1987. S. 171–199. – M. Torgovnick: *Gone Primitive*, Chicago 1990.

AHo

Explication de texte, die E. entsteht zu Beginn des 20. Jh.s (Hauptgeltung 30er bis Anfang 60er Jahre) als Reaktion auf biographische, historische, soziologische Kausalanalysen literar. ↗ Texte und geht vom autonomen Einzeltext als sprachlich-ästhetischer Einheit aus (↗ Autonomie). Es geht nicht um die Funktionsbestimmung von Lit., sondern um den Nachweis der immer schon vorausgesetzten Qualität einzelner Texte (v. a. Gedichte), die sich in stilistischer Harmonie, ↗ Kohärenz, Stimmigkeit aller formalen Komponenten in einem Text (Werkstil), im Gesamtwerk eines Autors (Personalstil), in einer bestimmten Zeit (Epochen-, Zeitstil) objektiviert. Die ↗ Intention des Autors und »Kategorie der Kausalität« haben keinen Platz, »wo makellose Schönheit als solche verstanden werden soll« (Staiger 1971, S. 17). Texte, die dieser Norm nicht entsprechen, können keinen Anspruch auf literar. Geltung erheben. »La littérature se compose de tous les ouvrages dont le sens et l'effet ne peuvent être pleinement révélés que par l'analyse de la forme« (Lanson 1965, S. 34). – Lit. wird als Abweichung von einer formalisierten Norm konventioneller Sprachverwendung definiert (↗ Deviationsstilistik). Dies verweist methodologisch auf die von F. de ↗ Saussure entwickelte Antithetik von ↗ ›langue‹ (Sprache als System, Sprachnorm) und ›parole‹ (individueller ↗ Sprechakt, Ausdruck, ↗ Performanz) und von ↗ ›diachron‹ (Geschichte des sprachlichen Systems) und ↗ ›synchron‹ (gegenwärtige Ausprägung des Systems) sowie auf Wölfflins (1915) formale Oppositionen ›linear-malerisch‹, ›Fläche-Tiefe‹, ›geschlossene-offene Form‹, ›Vielheit-Einheit‹, ›Klarheit-Unklarheit‹ zur Epochenbestimmung (↗ Epochen) von Renaissance und Barock. Die Lit.wissenschaft entwickelt daraus die technologische Methode der ↗ Stilanalyse sowie ein Register von Stilmerkmalen und -typen. In standardisierter Form umfaßt die E. folgende Teile: 1. *situation du texte, localisation, paraphrase*; 2. *compréhension globale*; 3. *étude de la composition*; 4. *analyse détaillée (le fond, la forme)*; 5. *conclusion*. Sie vermittelt auch Erkenntnisse über historische Prozesse: »Nous étudions l'histoire de l'esprit humain et de la civilisation nationale dans leurs expressions littéraires, dans celles-là essentiellement; et c'est toujours au travers d'un style que nous tâchons d'atteindre le mouvement des idées et de la vie«

(Lanson 1965, S. 34). – Gegenüber der E. betonen ↗ Werkimmanente Interpretation und ↗ *New Criticism* den hermeneutischen Verstehensprozeß (›Einfühlen‹): Das spontane Verständnis der Textstimmigkeit wird in der Stilanalyse objektiviert und zu einem gesicherten Urteil zusammengefaßt. Es geht um die Rechtfertigung von Dichtungen, die den impliziten Lit.begriff immer schon erfüllen. – Kritisiert werden an diesem Zirkelverfahren »die Unschärfe der Terminologie und die Überschätzung des individuellen Geschmacksurteils des Interpreten, das sich einer wissenschaftlichen Verifikation entzieht« (Adam 1997, S. 247). Eine Reaktualisierung ihrer in den 60er Jahren v. a. an Rezeptions- und Sozialgeschichte verlorenen Geltung könnte die E. im Rahmen des Deutungsmodells ↗ Kommentar erfahren: Erweiterter Lit.begriff, Mittelpunktstellung, Unantastbarkeit und Orientierungsfunktion des Texts, rhetorisch fundierte Strukturanalyse, Paraphrase, historische Brückenfunktion zwischen Text/Kontext und Leser könnten motivierend wirken.

Lit.: s. auch L. ↗ Spitzer, I. A. ↗ Richards, E. ↗ Staiger, W. ↗ Kayser. – H. Wölfflin: *Kunstgeschichtliche Grundbegriffe*, Mchn. 1915. – L. Spitzer: *Aufsätze zur romanischen Syntax und Stilistik*, Mchn. 1918. – ders.: *Stilstudien*, Mchn. 1928. – ders.: *Eine Methode, Lit. zu interpretieren*, Mchn. 1966. – W. Kayser: *Das sprachliche Kunstwerk. Eine Einf. in die Lit.wissenschaft*, Bern 1968 [1948]. – E. Staiger: *Die Kunst der Interpretation. Studien zur dt. Lit.geschichte 1945–1955*, Mchn. 1971 [1955]. – G. Lanson: *Essais de méthode, de critique et d'histoire littéraire* (Hg. H. Peyre), Paris 1965. – Eagleton 1996 [1983]. – G. Mathieu-Castellani/M. Plaisance (Hgg.): *Les commentaires et la naissance de la critique littéraire*, Paris 1990. – J. Assmann/B. Gladigow (Hgg.): *Text und Kommentar. Archäologie der literar. Kommunikation IV*, Mchn. 1995. – W. Adam: »Die Zs. ›Euphorion‹ in den Jahren 1950–1970«. In: P. Boden/R. Rosenberg (Hgg.): *Dt. Lit.wissenschaft 1945–1965. Fallstudien zu Institutionen, Diskursen, Personen*, Bln. 1997. S. 241–260.
BD

Exposition (lat. *exponere*: ausstellen, darlegen), Bezeichnung für die Vergabe jener Informationen in narrativen und dramatischen Texten, die für die szenisch dargestellte Situation bedeutsam sind und sich auf Ereignisse beziehen, die ihr zeitlich vorausliegen. – Im Gegensatz zum dramatischen Auftakt, dessen Aufgabe es ist, den Kommunikationskanal zwischen Bühne und Publikum herzustellen, die Aufmerksamkeit der Zuschauer zu wecken und sie in die Atmosphäre des Stückes einzustimmen, besteht die Funktion der E. darin, über die Vorgeschichte

und Voraussetzungen der Geschichte zu informieren und in Geschehen, Figuren, Raum und Zeit einzuführen. Obwohl sich die E. im klassischen Drama meist nur über den ersten Akt erstreckt, ist diese Begrenzung auf die Eingangsphase des Textes nicht notwendig. Vielmehr gibt es verschiedene Typen der E., die als initialisolierte E. bzw. sukzessiv-integrierte E. bezeichnet werden: Im ersten Fall erfolgt die expositorische Informationsvergabe blockhaft und ist auf den Texteingang beschränkt, während sie im zweiten Fall über den gesamten Textverlauf verteilt, in kleinere Teilmengen aufgelöst und in die fortschreitende Handlung verwoben ist (vgl. Pfister 1977, S. 125 f.). Im analytischen Drama, in dem die Handlung primär darin besteht, die Voraussetzungen der Eingangssituation schrittweise aufzudecken, erstreckt sich die E. sogar über den gesamten Textverlauf. – Während im antiken Drama der Prolog, auf den das epische Theater oft zurückgreift, die häufigste Form der E. ist, wird die Vorgeschichte in neuzeitlichen Dramen meist in Form eines expositorischen Monologs oder im Figurendialog vermittelt. Im Vergleich zur E. im Drama sind die Möglichkeiten der Vergabe expositorischer Informationen und der Gestaltung des Romaneingangs (vgl. Erlebach 1990) in narrativen Texten aufgrund gattungsspezifischer Besonderheiten vielfältiger (↗ Erzählsituation; ↗ Analepse).

Lit.: H.G. Bickert: *Studien zum Problem der E. im Drama der tektonischen Bauform*, Marburg 1969. – J.O. Fichte: *Expository Voices in Medieval Drama*, Nürnberg 1975. – Pfister 1997 [1977]. – P. Erlebach: *Theorie und Praxis des Romaneingangs*, Heidelberg 1990.
AN

Expressionismus, Literaturtheorien des (lat. *expressio*: Ausdruck), Sammelbegriff für eine von ca. 1910–1925 anhaltende geistesgeschichtliche Strömung, der eine Reihe äußerst heterogener Phänomene in bildender Kunst, Musik und v. a. der dt. Lit. bezeichnet. – E. wird mehrheitlich als Bezeichnung speziell der dt. Version der avantgardistischen ↗ Moderne verwendet, ist jedoch bereits seit ca. 1850 für die bildende Kunst in den USA belegt. In drei Etappen herrschte eine radikale Abkehr von der betont materiellen ↗ Mimesis des ↗ Naturalismus und, unter differenten Prämissen, des ↗ Realismus, sowie der stilisierten ↗ Subjektivität des Impressionismus: Den stil- und theorieprägenden Aufbruchsjahren, dem sog. Früh-E. 1909–1914, folgten die das politische und ästhetische Krisenbewußtsein präzisierende Periode des Ersten Weltkrieges, der sog. Hoch-E. 1914–1918 und die unmittelbare Nachkriegsepoche als Zentrum umfassender sozio-politischer Veränderungen und Neuanfänge, der Spät-E. 1918–1925. – Der E. intendiert und realisiert die Transzendierung bzw. Hybridisierung (↗ Hybride Genres) traditioneller ästhetischer Formen und Normen; der künstlerische Ausdruck wird unter dem Einfluß S. ↗ Freuds primär auf persönlich-psychologisierte Basis, in Nachfolge F.W. ↗ Nietzsches auf die Grundlage rauschhaft-ekstatischen Erlebens gestellt. Psychologischen Dispositionen als Ideen, Themen und ↗ Motiven der Kunst wird formale ↗ Autonomie gewährt, d.h. diese suchen sich ihren je eigenen adäquaten Ausdruck, der oft die Auflösung traditioneller Ordnungsschemata realisiert. Der Ausdruck determiniert somit die Form, was in der Lit. u.a. zu Aufhebung, Umkehr und Verzerrung bis zur Groteske von argumentativer und sprachlicher Logik, Dialog- und Klangstrukturen, Symbol- und Bildersprache (↗ Symbol), Häufung von Neologismen, Komposita, Synästhesien, Syntax- und Interpunktionsverstößen führt. In der stark durch Ausdruck von und Appell an Emotionen getragenen Lyrik nimmt die Rhythmik oft eine erhöhte Position gegenüber dem Reim und, im Extremfall, auch der Motivbearbeitung ein; der E. zeigt hier fließende Grenzen zu den z.T. zeitgleichen Entwicklungen des Futurismus, des Dadaismus und des ↗ Surrealismus. Das mit Abstraktionen, Psychologisierungen und Typisierungen arbeitende Drama war von großem Einfluß auf das epische, politische und absurde Theater der nachfolgenden Jahrzehnte. Die bes. F. Kafka prägende Epik des E. präsentiert existentielle Modellsituationen der Verlassenheit, Isolierung und bis zur Schizophrenie reichenden inneren ›Zerrissenheit‹ des Menschen; dominante Darstellungsmittel sind hierbei die ↗ erlebte Rede, der ↗ innere Monolg und die Ich-Perspektive (↗ Erzählsituation; ↗ Perspektive). Unter den Einflüssen und Vorläufern des E. sind nur Ch. Baudelaire, J.-A. Rimbaud und P. Verlaine in der Lyrik sowie, im dt. Drama des 18. und 19. Jh.s, G. Büchner, Ch.D. Grabbe und H. v. Kleist in der Forschung unstrittig. Soziopolitisch erklärt sich der E. als bisweilen idealistisch und messianisch verklärtes ikonoklastisches Aufbegehren einer jungen gebildeten Oberschicht gegen die strengen bürgerlich-konservativen Normen des Wilhelminismus, mit v.a. im Hoch-E. latenten politisch-aktivistischen und anarchistischen Tendenzen. Die ihn begleitende, fast gänzlich unformuliert gebliebene Lit.theorie postuliert die (Rück)besinnung auf die Ideale des Vitalismus, der Gefühlsintensität und des Instinktgebrauchs. Expressionistische Lit. versteht sich somit in erster Linie als Plattform für Assoziationen, Emotionen und Projektionen des angesichts zeitgeschichtlicher Entwicklungen zutiefst desorientierten, verängstigten und frustrierten Menschen.

Lit.: H.G. Rötzer (Hg.): *Begriffsbestimmung des literar. E.*, Darmstadt 1976. – R. Brinkmann: *E.*, Stgt. 1980. – H. Meixner/S. Vietta (Hgg.): *E. – sozialer Wandel und künstlerische Erfahrung*, Mchn. 1982. – Th. Anz: »*E.*«. In: Borchmeyer/Žmegač 1994 [1987]. S. 142–152. – H. Koopmann: *Dt. Lit.theorien zwischen 1880 und 1920. Eine Einf.*, Darmstadt 1997.

GN

Extradiegetische Ebene ↗ Diegese

F

Fanon, Frantz (1925–1961), afro-karibischer Autor und Kolonialismuskritiker. – Nach dem Medizinstudium in Frankreich war der aus Martinique stammende F. als Psychiater in Algerien tätig und setzte sich dort für die Nationale Befreiungsfront ein. In Schriften wie *Peau noire, masques blancs* (1952) und *Les damnés de la terre* (1961) bietet er eine pointierte Kritik des ↗ Kolonialismus, die psychopathologische und marxistische Ansätze miteinander verbindet. Er analysiert die eurozentrische Rassendiskriminierung, die mit ihrer fiktiven Stereotypik den Schwarzen auf seine ethnische Zugehörigkeit reduziert (↗ Eurozentrismus; ↗ Exotismus), ihn den psychischen Deformationen des zerstörten Selbstwertgefühls als Stigmatisierter oder der selbstentfremdenden Anpassung an die weißen Normen unterwirft und damit die Grundlagen des Kolonialsystems bildet. Ein ›manichäischer Wahn‹ erzeugt mit dem Gegensatz von Unterdrücker und Unterdrücktem eine Reihe vorurteilsbehafteter ↗ Dichotomien, die beide Seiten affizieren und die Vorstellungsmuster eines das repressive System verfestigenden Herrschaftsdiskurses abgeben. Der Prozeß der Entkolonisierung beginnt mit der Entmythisierung solcher Denkschemata, führt im Widerstand zwangsläufig zur Eskalation von Gewalt und Gegengewalt und ist mit der nationalen Befreiung noch nicht abgeschlossen, da diese bei der Macht-übernahme einer systemkonformen einheimi-schen Bourgeoisie die Revolution der Gesell-schaft nach sich ziehen muß. Trotz mancher Überspitzungen hat F. postkoloniale Theoreti-ker wie H.K. ↗ Bhabha und ›Dritte-Welt‹-Au-toren wie É. Glissand (Konzept der ›*Antillanité*‹) oder Ngugi wa Thiong'o (Postulat des ›Decolo-nizing the Mind‹) maßgeblich beeinflußt.

Lit.: F. Fanon: *Peau noire, masques blancs,* Paris 1952 (dt. *Schwarze Haut, weiße Masken,* FfM. 1980). – ders.: *Les damnés de la terre* (Einl. J.-P. Sartre), Paris 1961 (dt. *Die Verdammten dieser Erde,* Reinbek 1969). – E. Dacy: *L'actualité de F.F.: Actes du colloque de Braza-ville,* Paris 1986. – L.R. Gordon et al. (Hgg.): *F.: A Critical Reader,* Oxford 1996.

EK

Feld, literarisches, das Konzept des l.F.s wurde von P. ↗ Bourdieu in zahlreichen Aufsätzen seit 1966 formuliert. Der Ansatz fand seine syste-matische Darstellung im grundlegenden Werk *Les règles de l'art. Genèse et structure du champ littéraire* (1992). Durch die Kategorie des ›F.s‹ soll der globale Gesellschaftsbegriff differenziert und der realen Autonomisierung der einzelnen Bereiche Rechnung getragen werden. – Die Theorie des l.F.s versucht die Antinomie zu überwinden zwischen einer ↗ werkimmanenten Interpretation und einer ↗ marxistischen Lit. theorie, die Werke v.a. als Ausdruck einer sozia-len Klasse deutet und von einer letztinstanzli-chen Determinierung durch die Ökonomie aus-geht. Das l.F. wird nach Bourdieu durch eine Ordnung eigener Logik bestimmt. Als relativ autonomes F. steht es gegenüber dem F. der Ökonomie, der Politik, der Macht nicht in ei-nem homologen (↗ Homologie), sondern in ei-nem chiastischen Verhältnis; es zeichnet sich aus durch die Ablehnung der für das ökonomische F. grundlegenden Regeln und Regelmäßigkeiten. Die Dominanz des ökonomischen Kapitals ist so innerhalb der Logik des l.F.s ein ›heteronomes‹ Prinzip, dem etwa die Massenlit. verpflichtet scheint, der darum ein geringerer symbolischer Stellenwert zukommt. Das spezifische kulturelle Kapital steht in einem umgekehrten Verhältnis zum ökonomischen. Das F. ist Ort des perma-nenten Kampfes zwischen den beiden Prinzipien der Hierarchisierung: des heteronomen und des autonomen Prinzips. Bei feldinternen literar. Kämpfen geht es nach Bourdieu immer um die Definition der jeweiligen literar. Legitimität. Er unterscheidet zwischen dem dominanten Pol, der eine literar. ›Orthodoxie‹ festschreiben will,

und dem dominierten Pol der ↗ Avantgarde, welche diese Position umzustürzen gedenkt. Das l.F. wird so intern geprägt durch das System der Positionen (als Positionen symbolischer Macht) und das System der Stellungnahmen (mittels Werken oder theoretischer Aussagen). Während in den systemtheoretischen Ansätzen (der ↗ Diskurstheorie und -analyse, der ↗ Gat-tungstheorie, der ↗ Intertextualitätstheorie) nur die innere Logik als Gesamtes der literar. Pro-dukte betrachtet wird, sollen hier die Symbolsy-steme immer auch auf das System der sozialen Positionen bezogen werden, deren Ausdruck sie sind, damit so im Wechselspiel der beiden Ord-nungen die Dialektik von Text und Kontext adäquat erfaßt werden kann. Eine Sozio-Ana-lyse sollte nach Bourdieu immer auch die forma-len Aspekte der literar. Produkte untersuchen, diese aber in Bezug zur jeweiligen Position der Produzenten im F. setzen. Die schriftstellerische Praxis wird schließlich von Bourdieu verstanden als Schnittpunkt der Geschichte der Positionen und der Geschichte der Dispositionen, die die Produzenten einbringen. Da das System der be-stehenden Positionen die erwarteten Voraus-setzungen bestimmt, die eingebrachten Voraus-setzungen der (neuen) Produzenten, aber auch das System der Positionen verändern können, ist von einem dialektischen Wechselverhältnis von Positionen und Dispositionen auszugehen und nicht von einer mechanistischen Determination der ersteren durch die soziale Herkunft der Schriftsteller. Die Theorie des l.F.s beschränkt sich nicht auf die Analyse der feldinternen Posi-tionen der Schriftsteller und ihre Stellungnah-men durch Werke und Manifeste. Lit. Gruppen, Verlagen und der Lit.kritik wird eine wichtige Rolle bei der Schaffung des symbolischen ›Wer-tes‹ der Werke zugeschrieben. Bourdieu hat in *Les règles de l'art* seinen Ansatz illustriert durch die Analyse der Ausbildung des l.F.s während des Zweiten Kaiserreiches in Frankreich (mit ↗ Flaubert und Baudelaire), den Höhepunkten der Autonomisierung um die Jh.wende und schließlich der institutionellen Bedingungen der Lit. in den 1960er Jahren. – Das Konzept Bour-dieus regte eine Reihe von literar. Arbeiten v.a. zum l.F. Frankreichs an: zur Klassik (A. Viala), zum 19.Jh. (R. Ponton, Ch. Charle, A.-M. Thiesse), zu ↗ Sartre (A. Boschetti) und zur Gruppe ›*Tel Quel*‹ (N. Kauppi), aber auch zum l.F. in Deutschland (Funk/Wittmann) und Brasi-lien (S. Miceli).

Lit.: L. Fischer/K. Jarchow: »Die soziale Logik der F.er und das F. der Lit.«. In: *Sprache im technischen Zeitalter*

102 (1987) S. 164–172. – P. Bourdieu: *Les règles de l'art. Genèse et structure du champ littéraire*, Paris 1992. – J. Jurt: *Das l.F.: Das Konzept P. Bourdieus in Theorie und Praxis*, Darmstadt 1995. – P. Bourdieu: »Das l.F.«. In: L. Pinto/F. Schultheis (Hgg.): *Streifzüge durch das l.F.*, Konstanz 1996. S. 33–147. – J. Jurt: »Bourdieus Analyse des l.F.s oder der Universalitätsanspruch des sozialwissenschaftlichen Ansatzes«. In: *IASL* 22.2 (1997) S. 152–180.

JJ

Felman, Shoshana (*1942), Professorin für frz. Lit. und Komparatistik an der Yale University, New Haven. – F. ist v. a. durch ihre Arbeiten zum Verhältnis von Psychoanalyse und Lit. bekannt geworden. Ihre theoretischen Bezugspunkte sind die ↗ Sprechakttheorie J.L. ↗ Austins, die Psychoanalyse nach J. ↗ Lacan und die ↗ Dekonstruktion, die sie allerdings weniger als geschlossene Theoriegebäude denn als Strategien des Lesens rezipiert. In Anlehnung an Austin betont F. den performativen Charakter von Sprache. Dies verbindet sie mit Lacans Überlegungen zur Übertragung in seiner Neubestimmung der Psychoanalyse. Lacans Ansatz hat laut F. das zeitgenössische Denken insgesamt revolutioniert und kann auch lit.wissenschaftlich nutzbar gemacht werden. F. (vgl. 1978, S. 10) betont in diesem Zusammenhang, daß sich die Psychoanalyse dem Unbewußten der Lit. widme, während die Lit. das Unbewußte der Psychoanalyse sei. Das Ziel lit.wissenschaftlicher Lektüren sieht F. nicht in der ↗ Interpretation von ↗ Bedeutung, sondern in der Analyse der Art und Weise, in welcher der (literar.) Text Bedeutung stiftet und auflöst. Erkenntnisleitend ist dabei die Frage nach dem ›Wie‹ des Lesens. Am Beispiel von H. James' *The Turn of the Screw* betont sie, daß ↗ Literarizität gerade das sei, was unablässig Bedeutung produziere, sich aber der Interpretation entziehe. Der Versuch des Lit.kritikers oder Psychoanalytikers, Sinn zu arretieren und sich selbst außerhalb der Sprache bzw. des Unbewußten zu verorten, sei zwangsläufig zum Scheitern verurteilt. In ihren Lektüren von H. de Balzacs »La Fille aux yeux d'or« und »Adieu« sowie S. ↗ Freuds *Traumdeutung* macht sie diese Herangehensweise für eine feministische Lektüre fruchtbar. ›Als Frau lesen‹ heißt für F. nicht, dem Text von außen Widerstand zu bieten, sondern die spezifischen Widerstandsmomente zu benennen, in denen der Text selbst patriarchale Versuche der Sinnstiftung und der Festschreibung der ↗ Geschlechterdifferenz unterläuft.

Lit.: S. Felman: »Turning the Screw of Interpretation«. In: dies. (Hg.): *Literature and Psychoanalysis, the Ques-*

tion of Reading. Otherwise. Yale French Studies 55/56 (1978) S. 94–207. – dies.: *Le scandale du corps parlant. Don Juan avec Austin, ou la séduction en deux langues*, Paris 1980. – dies.: *J. Lacan and the Adventure of Insight. Psychoanalysis in Contemporary Culture*, Cambridge, Mass. et al. 1987. – dies.: *What Does a Woman Want? Reading and Sexual Difference*, Baltimore/Ldn. 1993.

DF/SSch

Feministische Literaturtheorie, die f.L. basiert nicht auf einer einheitlichen und geschlossenen theoretischen Position, sondern auf einer Vielzahl von inzwischen sehr differenzierten Methoden, mit denen aus weiblicher Perspektive die Darstellung von Frauen in literar. ↗ Texten sowie die ↗ Lit.produktion und -rezeption von Frauen erforscht wird. Allen Ansätzen ist gemeinsam, daß sie die von männlichen Sehweisen geprägte und insofern einseitige Sicht auf Lit. kritisieren und revidieren oder gar aufheben und ersetzen. In ihrer Vorgehensweise ist die f.L. interdisziplinär. Sie verarbeitet u. a. Erkenntnisse der allg. Frauenforschung, der Anthropologie, ↗ Kulturtheorie, Psychoanalyse und des Materialismus. – Die f.L. entwickelte sich im engl. Sprachraum vor dem Hintergrund der politisch orientierten Frauenbewegung seit dem Ende der 60er Jahre. In der frühen Phase, d.h. bis ca. Mitte der 70er Jahre, analysierten Wissenschaftlerinnen v.a. die ↗ Frauenbilder in von Männern verfaßten ›Klassikern‹ der Lit. und zeigten auf, was bis dahin unbemerkt geblieben war: die Gestaltung von literar. Frauenfiguren nach patriarchalischen Normen. Diese Phase, von E. ↗ Showalter als *feminist critique* bezeichnet, wurde von M. Ellmanns *Thinking about Women* (1968) eingeleitet. Hier reflektiert die Autorin kritisch und ironisch über stereotype Frauendarstellungen in der Lit. und die damit verbundenen Rollenfestschreibungen sowie über die Einschreibungen männlicher Vorstellungen von ↗ Geschlechterdifferenz in die Lit.kritik. Wesentlich einflußreicher war *Sexual Politics* (1969), die Dissertation der am. Feministin K. ↗ Millett. Diese liest kanonisierte kulturelle und literar. Texte des 19. und 20. Jh.s subversiv ›gegen den Strich‹ (↗ Gegenden-Strich-Lesen), d.h. sie unterwirft die Werke männlicher Autoren den Interessen der (f.n) Leserin. Dabei entdeckt Millett patriarchalische Weiblichkeitsstereotype, welche die hierarchischen Machtverhältnisse zwischen den Geschlechtern reproduzieren und damit fortschreiben. Aus der Feststellung, daß literar.-kulturelle Standardwerke überwiegend durch ↗ Misogynie gekennzeichnet sind, ergab sich in der f.nL. die

Frage nach den Konsequenzen für die Rezeption dieser Texte durch Frauen. J. Fetterleys Studie *The Resisting Reader* (1978) beschreibt das Dilemma, in dem sich Frauen beim Lesen misogyner Lit. befinden: Sie werden dazu verführt bzw. gezwungen, sich mit der männlichen Sichtweise zu identifizieren, und ordnen sich so nur allzu leicht männlichen Autoritätsstrukturen unter. – Ab Mitte der 70er Jahre widmete sich die f. L. auch der Kritik und Revision des vor dem Hintergrund männlicher Werturteile gebildeten literar. ↗ Kanons. Das Ziel war, eine Kontinuität weiblichen Schreibens aufzudecken, wobei Uneinigkeit bestand, ob bislang mißachtete Werke von Frauen in den vorhandenen Kanon zu integrieren seien oder ob sich die f. L. gänzlich von der bestehenden Tradition lossagen und einen ›Gegenkanon‹ nach eigenen Kriterien bilden solle. Das bekannteste Resultat der Bemühungen um einen solchen alternativen Kanon ist die *Norton Anthology of Literature by Women*, herausgegeben von S.M. ↗ Gilbert und S. Gubar. Mit der Wiederentdeckung und Veröffentlichung bis dahin unbeachteter Lit. von Frauen begann eine verstärkte Beschäftigung mit der Rolle der Frau als Autorin. Diese prominenteste Phase der f.nL. wurde von Showalter (1985, S. 131) als ›Gynokritik‹ bezeichnet. Diese bemüht sich um die Einbeziehung aller Aspekte weiblichen Schreibens, von den soziokulturellen Bedingungen im jeweiligen historischen Kontext über die Frage nach einer spezifisch weiblichen Kreativität und Sprache bis hin zu Themen und Strukturen der Texte sowie literar. Genres. In der kritischen Auseinandersetzung mit den Arbeitsbedingungen von Autorinnen wurde V. ↗ Woolfs *A Room of One's Own* (1929) zu einem Basistext. Woolf geht darin der Frage nach, mit welchen Hindernissen sich (potentielle) Schriftstellerinnen im Laufe der Lit.geschichte immer wieder konfrontiert sahen. Diese reichen von mangelnder gesellschaftlicher Anerkennung bis hin zum Problem, daß Geld und Muße als Voraussetzungen für kreatives Arbeiten oft fehlten. Die Versuche, eine spezifisch ↗ weibliche Ästhetik aufzuspüren und eine weibliche Schreibtradition nachzuzeichnen, brachten die ›Klassiker‹ im Bereich lit.wissenschaftlicher ↗ Women's Studies hervor. Vor allem Gilberts und Gubars Studie *The Madwoman in the Attic* (1979) trug zur internationalen Etablierung der f.nL. bei. Die Autorinnen beschäftigen sich u.a. mit der Frage, wie sich der rein männliche Kreativitätsmythos auf die Werke bekannter Autorinnen des 19. Jh.s auswirkte. Dabei

entdeckten sie, daß die unterdrückten Gefühle von Angst, Wut und Selbstverachtung, welche die Schriftstellerinnen aufgrund ihrer gesellschaftlichen Ablehnung empfanden, in Subtexten dargestellt werden, die unter der konventionellen, den patriarchalischen Stereotypen entsprechenden Oberfläche liegen. Anders als Gilbert und Gubar ist Showalter in ihrer bahnbrechenden Studie *A Literature of Their Own* (1977) bemüht, die Lücken zwischen den wenigen anerkannten ›Höhepunkten‹ weiblichen Schaffens zu füllen, um die Traditionslinien einer sich durch die Geschichte der engl.sprachigen Lit. ziehenden weiblichen Schreibtradition nachzuzeichnen. Bei der Untersuchung dieser Weiblichkeitsdiskurse, die Showalter als literar. Subkultur begreift, werden kulturgeschichtliche Kontexte konsequent miteinbezogen. Die Fülle der von Showalter zusammengetragenen Texte weiblicher Autorschaft, die hier als Ausdruck weiblicher Erfahrung gelten, machten deutlich, daß es noch viele bislang unbekannte Autorinnen zu ermitteln gab. Unterstützt wurde diese Aufgabe der f.nL. durch f. Verlage, die wiederentdeckte Texte von Frauen druckten, sowie von f.n Zs.en, die ein wissenschaftliches Diskussionsforum bereitstellten. Neben Showalter beschäftigten sich u.a. P. Meyer Spacks in *The Female Imagination* (1975), E. Moers in *Literary Women* (1976) und N. Baym in *Women's Fiction* (1978) mit der Erforschung weiblicher Schreibtraditionen. Die Kritik, daß sich diese Werke zu sehr auf weiße, heterosexuelle Autorinnen der Mittelschicht konzentrieren, führte zur stärkeren Beachtung der marginalisierten Bereiche innerhalb der weiblichen Lit.-produktion. In ihrer lesbischen ↗ Kulturtheorie und -kritik definierte etwa A. Rich ↗ Weiblichkeit neu im Sinne eines *lesbian continuum* (↗ Gay and Lesbian Studies). A. Walker sieht eine Aufgabe f.rL. darin, die Geschichte schwarzer Frauen vor dem Vergessen zu retten. Hierzu trugen Studien wie B. Christians *Black Women Novelists* (1980) und H.V. Carbys *Reconstructing Womanhood* (1987) bei. Insgesamt ist in der f.nL. allerdings umstritten, ob die Bildung eines weiblichen literar. Kanons, der selbst wiederum ausgrenzt und hierarchisiert, unter politisch-reformerischen Gesichtspunkten überhaupt sinnvoll ist. T. Moi (1985, S. 78) etwa kritisiert, daß ein solches Vorgehen nicht notwendig dazu beiträgt, patriarchalische Strukturen aufzulösen. Auch Showalter (1985, S. 249) räumt ein, daß es in erster Linie die stärker sozialistisch beeinflußte engl. f. L. ist, die mit ihrer Kritik eine politische Veränderung bewirken will. Demgegenüber arbeitet die am. f.L. vorwiegend textorientiert und hält z.T. an etablierten lit.wissenschaftlichen Normen fest. Entsprechend ist die f.L. im am. Wissenschaftssystem stärker institutionalisiert als in anderen Ländern. Kurse in f.rL. und *Women's Studies* gehören zum Lehrprogramm vieler am. Universitäten. Auch diese Entwicklung ist jedoch nicht unproblematisch, da eine rein separatistisch verstandene Frauenforschung eine ungefährliche Alibifunktion übernehmen kann, welche die phallozentrische Ordnung bestätigt. Zudem wird seit den 80er Jahren die mangelhafte theoretische Fundierung der empirisch und praxisorientiert arbeitenden anglo-am. f.nL. kritisiert, die bes. mit dem Bekanntwerden der stärker abstrakt-theoretisch argumentierenden frz. f.L. im engl. Sprachraum deutlich wurde. – Frz. Feministinnen haben in Weiterentwicklung der Theorien von J. ↗ Lacan und J. ↗ Derrida eine f. Philosophie sowie eine Herangehensweise an literar. Texte entwickelt, in welcher der Differenz zentrale Bedeutung beigemessen wird. In diesen oft als essentialistisch kritisierten Ansätzen wird davon ausgegangen, daß es einen fundamentalen Unterschied zwischen der Denk- und Ausdrucksweise von Männern und Frauen gibt, der allerdings weniger biologisch als durch die psychologischen Auswirkungen gesellschaftlich-kultureller Prägungen bedingt ist. Die gemeinsame Prämisse der frz. f.nL. ist die Verankerung der Geschlechterdifferenz in der Sprache, welche nach Derrida als ›phallogozentrisch‹ begriffen wird, d.h., daß der Phallus als ihr Logos fungiert, als primärer Signifikant und Zentrum ihrer Macht. Dies manifestiert sich u.a. in festen Bedeutungszuweisungen und ↗ binären Oppositionen, die frz. Feministinnen zu dekonstruieren und/oder durch eine ↗ *écriture féminine*, eine spezifisch weibliche Schreibweise, zu ersetzen suchen. Auch wenn der frz. f.nL. die Psychoanalyse und der ↗ Poststrukturalismus als theoretische Basis gemeinsam sind, sind deren Implikationen von H. ↗ Cixous, L. ↗ Irigaray, J. ↗ Kristeva und M. Wittig, den wichtigsten Vertreterinnen der frz. f.nL., mit unterschiedlichen Akzenten und Schwerpunkten weiterentwickelt worden. Cixous sieht die Möglichkeit einer spezifisch weiblichen Ausdrucksweise im ›Schreiben durch den Körper‹: die Tinte wird mit den Körperflüssigkeiten (Muttermilch, Blut) assoziiert, und das unbeschriebene Blatt, bes. dessen Ränder, werden zum Körper, der spielerisch beschrieben wird. Ein zentraler Begriff ist dabei die weibliche

↗ *jouissance*, ein sexuelles Genießen, das in seiner Auflösung der Grenzen zwischen ↗ Subjekt und Objekt an die Sinnlichkeit der präädipalen Phase erinnert und nicht der symbolischen Ordnung des ↗ Phallozentrismus entspricht. Dieser *jouissance* soll in der *écriture féminine* Ausdruck verliehen werden. Zudem versuchen die Autorinnen, mit Hilfe von Wortspielen, Neologismen, unkonventioneller Zeichensetzung und stilistischen Brüchen die phallozentrische Logik zu durchbrechen. Mit dieser Strategie widmet sich Irigaray den Diskursen von Philosophen wie ↗ Freud, ↗ Platon, Lacan, ↗ Marx, Engels, ↗ Heidegger und ↗ Nietzsche, die grundlegend für die phallogozentrische Denktradition sind. Kristeva bezeichnet die dominante sprachliche Ordnung als ›symbolischen Modus‹, das ›Gesetz des Vaters‹, das mit dem Spracherwerb des Kindes verinnerlicht wird. Dem Symbolischen voraus geht der ›semiotische Modus‹, die Phase vorsprachlicher Zeichenaktivität, die in den unbewußten Triebkräften auch im Erwachsenen weiterwirkt und in der Sprache die Sinnsetzung des Symbolischen unablässig durchkreuzt. Kristeva weist der Kunst (Poesie, Theater, Gesang, Tanz usw.) eine bes. Bedeutung zu, da sie dem Semiotischen Ausdruck verleiht, als Semiotisierung und damit Destabilisierung des Symbolischen wirksam wird. Wittig geht noch einen Schritt weiter, indem sie versucht, eine völlig neue, nichtphallogozentrische Sprache zu entwickeln. Ihr Ziel ist es, die Sprache durch eine ›Lesbianisierung‹ strukturell so zu verändern, daß die Kategorien *sex* und ↗ *gender*, d.h. biologisches und soziokulturelles Geschlecht, die die Unterdrückung der Frau organisieren, aufgehoben sind. – Kritikerinnen haben auf die politische Positionslosigkeit und praktische Unverbindlichkeit der frz. f.nL. hingewiesen. In der Tat sind die historische und soziopolitische Situation von Frauen in der frz. f.nL. allenfalls von zweitrangiger Bedeutung. Cixous' rein sprachbezogene Definition von *écriture féminine* impliziert zudem, daß diese auch von Männern realisiert werden kann. Infolgedessen wird einigen frz. Wissenschaftlerinnen vorgeworfen, daß sie sich nicht nur in der Wahl ihrer Vorbilder (Lacan, Derrida usw.), sondern auch in ihren Musterbeispielen der weiblichen Schreibweise auf Männer berufen, loben sie doch die experimentellen Ausdrucksformen von Autoren wie J. Joyce, J. Genet und St. Mallarmé. Trotz der Unterschiede zwischen der frz. und anglo-am. f.nL. ist es allerdings in den letzten fünfzehn Jahren zunehmend zu einer gegenseitigen Beeinflussung und Annäherung gekommen. Zum einen können die frz. Positionen statt als ahistorische Essentialismen als Fragen nach den Grenzen phallogozentrischer Sinnstiftung, als Repräsentierbarkeit des (in der patriarchalischen Logik) Nichtrepräsentierbaren, verstanden werden. Zum anderen hat die anglo-am. f.L. ihre Theoriefeindlichkeit, die lange Zeit als Widerstand gegen patriarchale Fremdbestimmung verstanden wurde, inzwischen aufgegeben. So wurden etwa psychoanalytische Theorieansätze seit den 80er Jahren v.a. durch die f. Filmtheorie in den anglo-am. Feminismus getragen und weiterentwickelt (vgl. J. Rose, L. Mulvey, T. de Lauretis). Entsprechend ergibt sich für die gegenwärtige f.L. nicht so sehr das Bild eines verwirrenden Pluralismus als eher das einer fruchtbaren Dialogizität. Dies beweist nicht zuletzt die poststrukturalistische bzw. dekonstruktivistische Richtung innerhalb der f.nL. (↗ Dekonstruktion), die an Theorien von F. de ↗ Saussure, Derrida, Lacan und ihren f.n Weiterentwicklungen anknüpft und diese mit materialistischen oder diskurstheoretischen Ansätzen verbindet (↗ Diskurstheorie; vgl. Johnson 1987, Spivak 1987). Ausgangspunkt ist die Saussuresche Unterscheidung zwischen ↗ Signifikant und Signifikat, die darauf verweist, daß Bedeutungsstiftung ein sprachlich-differentieller Prozeß ist. Das trifft insbes. auch auf die Geschlechterdifferenz zu, die nicht essentiell, sondern rhetorisch begründet ist, wobei die Sprache die Illusion der Essentialität produziert (vgl. Vinken 1992, S. 19). Der (literar.) Text ist für die Vertreterinnen der poststrukturalistischen oder dekonstruktivistischen f.nL. der Ort, an dem diese Differenz produziert, aber gleichzeitig auch lesbar wird. Im Gegensatz zu den ↗ Women's Studies bzw. der frühen Phase der f.nL. werden weder weibliche Autorschaft noch f. Kritik an eine außersprachliche Erfahrung von Frauen gekoppelt und durch eine solche autorisiert. Statt dessen wird die den Texten eingeschriebene Geschlechterdifferenz zum Ausgangspunkt einer f.n (Re-)Lektüre, die sich einem ›männlichen Verlesen‹ entgegensetzt. Den phallogozentrischen Versuch, die Differenz zu verdrängen, feste Bedeutungen zu setzen und männliche Selbstidentität zu stiften, beantwortet u.a. Sh. ↗ Felman mit einem ›als-Frau-Lesen‹, das die textuelle Konstruktion von ›Frau‹ oder ›Weiblichkeit‹ als Moment erkennt, in dem die Differenz zum Tragen kommt und Essentialismen und ↗ Identitäten aufbricht. In der poststrukturalistischen Richtung der f.nL., die die binäre Opposition männlich-weiblich zu dekon-

struieren sucht, treffen sich somit die politische Kritik der f.nL. mit der Perspektive einer allgemeineren Geschlechterforschung, den ↗ Gender Studies. Das geht vielfach mit einer konsequenten Öffnung des Forschungsgegenstandes von lit.- zu medien- bzw. kulturwissenschaftlichen Fragestellungen einher (vgl. z.B. de Lauretis), eine Entwicklung, die ebenfalls als Indiz für die anhaltende Vitalität der f.nL. gelten kann.

Lit.: G. Greene/C. Kahn (Hgg.): *Making a Difference. Feminist Literary Criticism, Explorations in Theory,* Lexington 1985. – Moi 1994 [1985]. – J. Newton/D. Rosenfelt (Hgg.): *Feminist Criticism and Social Change. Sex, Class and Race in Literature and Culture,* N.Y. et al. 1985. – Showalter 1993 [1985]. – B. Johnson: *A World of Difference,* Baltimore et al. 1987. – G. Spivak: *In Other Worlds. Essays in Cultural Politics,* N.Y. et al. 1987. – C. Weedon: *Wissen und Erfahrung. Feministische Praxis und poststrukturalistische Theorie,* Dortmund 1990 [1987]. – B. Hahn: »Feministische Lit.wissenschaften«. In: Bogdal 1997 [1990]. S. 225–241. – B. Vinken (Hg.): *Dekonstruktiver Feminismus. Lit.wissenschaft in Amerika,* FfM. 1992. – P. Morris: *Literature and Feminism. An Introduction,* Oxford 1993. – R. Kroll/M. Zimmermann (Hgg.): *Feministische Lit.wissenschaft in der Romanistik. Theoretische Grundlagen – Forschungsstand – Neuinterpretationen,* Stgt. 1995. – L. Lindhoff: *Einf. in die f.L.,* Stgt. 1995. – J. Osinski: *Einf. in die feministische Lit.wissenschaft,* Bln. 1998 [1995]. – G. Rippl: »Feministische Lit.wissenschaft«. In: Pechlivanos et al. 1995. S. 230–240. – W. Erhart/B. Herrmann: »Feministische Zugänge – ›Gender Studies‹«. In: Arnold/Detering 1997 [1996]. S. 498–515.

ABe/DF/SSch

Feministische Narratologie, ein von S.S. Lanser geprägter Begriff für Ansätze der Erzählforschung, die auf einer Verbindung der Prämissen ↗ feministischer Lit.theorien mit Konzepten der ↗ Erzähltheorie beruhen und die narrative Strukturen und Strategien im Kontext der kulturellen Konstruktionen von ↗ Geschlechterdifferenz untersuchen. Während das Bemühen der dominant semiotisch-formalistisch orientierten Erzähltheorie auf systematische Modellbildung und Beschreibung von Textstrukturen mittels eines eindeutigen metasprachlichen Bezugsrahmens gerichtet ist, stehen in mimetisch-inhaltlich ausgerichteten feministischen Studien meist lit.geschichtliche, interpretatorische oder ideologische Fragen im Vordergrund. Im Gegensatz zur vom Ansatz her ahistorischen, geschlechtsindifferenten und textzentrierten strukturalistischen Erzähltheorie geht die f.N. davon aus, daß narrative Formen keine überzeitlichen Idealtypen darstellen, sondern historisch und kulturell bedingte Indikatoren weiblicher Wirklichkeitserfahrung sind, und daß die Frage des Geschlechts von AutorInnen, Erzählinstanzen (↗ Erzähler) und Fokalisierungsinstanzen (↗ Fokalisierung) eine relevante Kategorie ist, die auf der Ebene der Modellbildung und bei der Interpretation literar. Texte zu berücksichtigen ist. Folgerichtig rückt die f.N. die Kategorie ↗ *Gender* und das dialogische Spannungsverhältnis von Texten (insbes. von Autorinnen) und kulturgeschichtlichen Kontexten ins Zentrum, um geschlechtsspezifische Besonderheiten der Erzählweise unter Rückgriff auf erzähltheoretische Kategorien zu ermitteln und aus feministischer Perspektive auszuwerten. Ziel des erzähltheoretisch fundierten und kontextualisierenden Ansatzes der f.N. ist es, über die Untersuchung der Poetik von Erzähltexten Einsicht in feministisch relevante Problemstellungen zu gewinnen. – Die Mehrzahl der bisherigen Studien zur f.N. zielt darauf ab, auf der Basis neuer oder erweiterter Typologien die Struktur der erzählerischen Vermittlung in Erzählungen von Autorinnen auf ihre gesellschaftskritischen Implikationen hin zu untersuchen. Die bisher umfassendsten Versuche, eine »feminist poetics of narrative« (Lanser 1992, S. 6) zu entwickeln, bilden die Monographien von R. Warhol (1989) und Lanser (1992), die geschlechtsspezifische Erzählstrategien in engl.sprachigen Romanen seit dem 18. Jh. im Kontext des ambivalenten Verhältnisses erforschen, das Schriftstellerinnen in der patriarchalischen Gesellschaft zu den Manifestationsformen gesellschaftlicher, rhetorischer und literar. ↗ Autorität haben, die ihnen weitgehend vorenthalten ist. – Der Nutzen erzähltheoretischer Kategorien für die feministische Lit.wissenschaft besteht darin, daß diese eine analytische Präzisierung feministischer Erzählforschung (z.B. im Hinblick auf die Frage nach einer ↗ *écriture féminine*) ermöglichen. Hingegen trägt die Berücksichtigung der Kategorie *Gender* durch die f.N. dazu bei, erzähltheoretische Modelle zu modifizieren und zu erweitern, die Ahistorizität und Textzentriertheit der strukturalistischen Erzähltheorie zu überwinden sowie die Bedeutung der Faktoren ↗ Geschlechterdifferenz und ↗ Kontext für die Produktion und Rezeption von Erzähltexten zu erschließen. Die bislang erschienenen Arbeiten zur f.N. verdeutlichen, daß eine Verbindung von feministischer Lit.theorie und Erzähltheorie produktive Perspektiven für eine Erweiterung der Lit.wissenschaft auf eine Kulturwissenschaft hin eröffnet.

Lit.: S. S. Lanser: »Toward a Feminist Narratology«. In: *Style* 20 (1986) S. 341–363. – dies.: »Shifting the Paradigm. Feminism and Narratology«. In: *Style* 22 (1988) S. 52–60. – R. R. Warhol: *Gendered Interventions. Narrative Discourse in the Victorian Novel*, New Brunswick 1989. – S. S. Lanser: *Fictions of Authority. Women Writers and Narrative Voice*, Ithaca/Ldn. 1992. – M. Homans: »Feminist Fictions and Feminist Theories of Narrative«. In: *Narrative* 2.1 (1994) S. 3–14. – A. Nünning: »Gender and Narratology. Kategorien und Perspektiven einer feministischen Narrativik«. In: *ZAA* 42 (1994) S. 102–121. – S. S. Lanser: »Sexing the Narrative. Propriety, Desire, and the Engendering of Narratology«. In: *Narrative* 3.1 (1995) S. 85–94. – K. Mezei (Hg.): *Ambiguous Discourse. Feminist Narratology and British Women Writers*, Chapel Hill/Ldn. 1996.

AN

Fernsehen und Literatur, die Verbreitung des F.s zum dominierenden Massenmedium in der 2. Hälfte des 20. Jh.s hat zu einer grundlegenden Veränderung von Sichtweisen und Erscheinungsformen der Lit. maßgeblich beigetragen. Als weltweit meistgenutzter Zeitvertreib nicht mehr nur in den Industriegesellschaften forderte das F. zu neuen Überlegungen zur Medialität der Lit. heraus und schärfte das Bewußtsein für ihre medientechnische Verfaßtheit in komplexen Systemen. In umfassenden, über die Theoretisierung des Einzelmediums F. (oder audiovisueller Verwandter wie Foto, Film, Video und ihren computerisierten und vernetzten Abkömmlingen) hinausgehenden Entwürfen weist die ↗ Medientheorie der unentrinnbaren Medienpräsenz einen neuen Absolutheitsanspruch zu: Schrift verliert sich demnach in Audiovisualität auf Bildschirmen (V. Flusser), und sowohl Lit. als auch F. gehen in der Datenspeicherung der ↗ Aufschreibesysteme (F. A. ↗ Kittler) auf. – In der Fernsehtheorie, die immer von der jeweiligen institutionellen Verankerung (z.B. den idealtypischen privatwirtschaftlichen und öffentlichen Modellen der USA und Großbritannien) und dem technischen Entwicklungsstand abhängig war, dominiert historisch gesehen die Dichotomiebildung von Lit. vs. F. Dies gilt, obwohl Bild und Ton im Ursprung Text und Lit. sind. Lit. bietet dem F. Stoffe, Personal und (bes. in der Anfangsphase) ästhetische Normen. F. ist Verweisorgan, Verwerter und Produzent dramatischer (›armchair theatre‹) wie narrativer Texte (›telenovela‹). Andererseits werden die Rolle des Individuums und die Funktion künstlerisch-literar.en Ausdrucks sowohl durch die industriellen Produktionsabläufe als auch die Zuschauerwahrnehmung der programmierten Alltagsrezeption relativiert. In der medialen Inszenierung der Wirklichkeit fallen Person und Figur in der Medienpersönlichkeit ebenso zusammen wie das Fiktionale mit dem Expositorischen, das Ereignis mit dem Plot. Unterhaltung und Information verschwimmen in einem grenzenlosen und unabgrenzbaren Programmfluß (R. ↗ Williams) und der nivellierenden Orientierung am kleinsten gemeinsamen Nenner für die größte anzunehmende Medienwirkung in kommerzieller Prime-Time-Programmierung (T. Gitlin). Die Theoriebildung zum F. beginnt in der Nachkriegszeit mit der Dichotomie Masse (F.) vs. Elite (Lit.) unter humanistischen und modernistischen Vorzeichen in Großbritannien (F.R. ↗ Leavis, Q.D. Leavis, D. Thompson) sowie unter dem Eindruck der Systemantagonismen in den USA (B. Rosenberg, D. MacDonald). So wird die Wahrem, Schönem und Gutem verpflichtete buchlesende Elite oder Minoritäten-Marxismus gegen Totalitarismusgefahr und eine bildorientierte Spektakelgesellschaft ins Stellung gebracht (G. Debord, D. Boorstin). Das F. betrieb in Perfektion, was W. ↗ Benjamin als Authentizitätsverlust oder Entauratisierung (↗ Aura) infolge technischer Reproduzierbarkeit bei Foto und Film erkannt hatte. Für die marxistische Theoretisierung stand jedoch meist nicht die Zurückdrängung der Bourgeoisie aus der Kunst, die Benjamin erhoffte, am Ende der Entwicklung. TV galt als Instrument einer repressiven ↗ Kulturindustrie, die im Kapitalismus durch illusorisches Entertainment die Masse unterdrückt (M. ↗ Horkheimer; Th.W. ↗ Adorno; G. ↗ Anders) bzw. als Kanal für soziale Kontrolle durch Bevorzugung dominanter Lesarten (St. ↗ Hall) in kapitalistischer Hegemonie (nach A. ↗ Gramsci). Die humanistische Sorge um die Zurückdrängung der Schriftkultur, deren Echos z.B. bei G. ↗ Steiner, N. Postman, M. Winn oder J. Manders zu hören sind, griff in den 60er Jahren H.M. ↗ McLuhan auf, indem er die Ablösung der westlichen Werte und der schriftkulturellen Kausallogik durch eine elektrisch verbreitete orale Verlagerung der Sinneserfahrung verkündete. Das abstrakte, ›kühle‹ Medium F., so McLuhan, fordere zu maximaler Partizipation des Zuschauers auf und sei mit bes. ritueller Kraft und charismatischer Wirkung ausgestattet. Hoffnungen televisualer Medienemanzipation wichen jedoch bald dem Bild des F.s als ›buddhistische Maschine‹ (H.M. Enzensberger), als ambientes Rauschen, ›amnesisch‹ (F.R. ↗ Jameson) und apathisch. Im Zuge der semiotisch-strukturalistischen Wende in den 60er und 70er

Jahren wurde das F. als textuelles Universum entdeckt und für die seriöse akademische Analyse zugänglich, wobei insbes. die Theoretisierung von Audiovisualität und Sprache, die Ermittlung televisueller Kodierungen und serieller und programmierter Narrativität im Vordergrund stand (vgl. Fiske/Hartley 1978; Allen 1992). Orthodoxe Manipulationsszenarien wurden vom Bild des F.s als mythenartikulierender Barde abgelöst, und bes. J. Fiske akzentuierte die bedeutungskonstituierende, kreative Rolle von Zuschauerstrategien. Das F. avancierte zum *locus classicus* der ↗ Postmoderne. Hierfür in Anspruch genommen wurde die ephemere Oberflächlichkeit des F.s, sein Narzißmus, die Deformation der Öffentlichkeit, v.a. aber die von ihm ausgehende ontologische Destabilisierung, Pluralisierung und Diskontinuität, die endlose Abfolge vielfältiger, aber toter Bilder, denen die Grenze zum Realen fehlt. Sinnfällig erschien dies im medial bedingten Pseudo-Event oder der Transformation der Welt zum Ritual einer sich selbständig auf den Bildschirmen kreierenden Hyperrealität (J. ↗ Baudrillard, B. McHale). Im dt.sprachigen Raum wurde unter dem Einfluß des radikalen ↗ Konstruktivismus und der Systemtheorie das F. als kreativer Ort der Realitätskonstruktion, als dominanter Weltbildner und als autopoietisches, selbstbeobachtendes Kommunikationssystem gesehen (S.J. ↗ Schmidt; N. ↗ Luhmann): Erfahrungs- und Medienwirklichkeiten fließen ineinander. – Verharrte das terrestrisch ausgestrahlte Fernsehbild mit der ›Einfaltquote‹ als einzigem Maß am Boden der Medienhierachie, so brachte in den 80er Jahren die strukturell-strukturelle Diversifizierung und Globalisierung durch Video, Satelliten und Kabel, Sparten- und Kanalzersplitterung, Pay TV und computerisierte Interaktivität mit der Hybridisierung des F.s neben Grenzüberschreitungen und neuen Sättigungsgraden auch einen Verlust von Massencharakter und ein komfortableres Nischendasein von televisionärer Kunst. Das F. als Fenster zur Inszenierung von Kultur und Gesellschaft dehnt die Grenzen der Buchdeckel bis zum nie vollzogenen Sendeschluß aus, und die Rolle des Buchs als Scheibenwischer, wie sie bes. am Autoren wie T. Pynchon, N. Mailer, J. Kosinski, D. DeLillo oder D.F. Wallace angenommen haben, bleibt prekär.

Lit.: H.M. McLuhan: *Understanding Media*, Cambridge, Mass. 1996 [1964]. – R. Williams: *Television. Technology and Cultural Form*, Ldn. 1990 [1974]. – J. Fiske/J. Hartley: *Reading Television*, Ldn. 1978. – T.

Gitlin: *Inside Prime Time*, Ldn. 1994 [1983]. – J. Fiske: *Television Culture*, Ldn. 1987. – R.C. Allen: *Channels of Discourse Reassembled*, Ldn. 1992. – W. Faulstich (Hg.): *Grundwissen Medien*, Mchn. 1995 [1994]. – K. Merten et al. (Hgg.): *Die Wirklichkeit der Medien*, Opladen 1994. – H. Schanze/B. Zimmermann (Hgg.): *Das F. und die Künste*, Mchn. 1994. – N. Abercrombie: *Television and Society*, Cambridge 1996. – J. Griem (Hg.): *Bildschirmfiktionen*, Tüb. 1998.

EVV

Fiedler, Leslie A. (*1917), am. Romanschriftsteller, Lyriker, Lit.wissenschaftler, Kulturkritiker. – Professor für engl. Lit., zunächst an der Montana State University, später an der University of Buffalo. F.s oft kontroverse und mitunter umgangssprachliche Analysen am. Lit., v.a. sein Hauptwerk *Love and Death in the American Novel* (1960), stehen unter dem Einfluß von D.H. Lawrences *Studies in Classic American Literature* (1924), da er wie der brit. Autor die spezifisch uneurop. Qualität am. Lit. betont. Im Gegensatz zu Lawrence akzeptiert F. allerdings die moderne am. Massenkultur und schreibt innerhalb eines bewußt am. Erfahrungshorizontes. F. zählt zu den ersten unvoreingenommenen Kritikern von Unterhaltungskultur (↗ Unterhaltungsindustrie) und ↗ Massenmedien. Er opponiert gegen die traditionelle ästhetische Wertehierarchie des Establishments und baut Berührungsängste zur ↗ *popular culture* ab. F. trug entscheidend zur ↗ Postmoderne-Diskussion bei, als er 1969 signifikanterweise im *Playboy Magazine* seinen programmatischen Aufsatz »Cross the Border. Close the Gap« publizierte, in dem er sich gegen den textimmanenten rationalen Formalismus des ↗ *New Criticism* wandte, den er als Exponenten der Moderne ablehnte. Gleichzeitig forderte F. eine neue subversive Kritik, die die Grenze zwischen hoher Lit. und Unterhaltungslit. überschreitet und auch bislang verschmähte populäre kulturelle Massenerscheinungen wie den Western, Science Fiction, aber auch Pornographie usw. analysiert. Dabei will er die Gräben konventioneller literar. Hierarchisierungen überbrücken, den Kontext literar. Texte mehr in die Analyse mit einbeziehen und die Rolle des Lesers und bes. des Breitenpublikums stärker betonen.

Lit.: L.A. Fiedler: *An End to Innocence*, Boston 1955. – ders.: *Love and Death in the American Novel*, N.Y. 1992 [1960]. – ders.: *No! In Thunder*, Boston 1960. – ders.: *The Second Stone. A Love Story* (Roman), N.Y. 1963. – ders.: *Waiting for the End*, N.Y. 1964. – ders.: *The Last Jew in America* (Kurzgeschichten), N.Y. 1966. – ders.: *A F. Reader*, N.Y. 1977. – W. Kühnel: »L.A. F. (1917–)«. In: Heuermann/Lange 1992 [1991]. S. 49–82.

HA

Figur, literarische (lat. *figura*: Gestalt), menschliche oder menschenähnliche Gestalt in fiktionalen ↗ Texten. F.en bestehen aus Textelementen, die durch den Bezug auf literar. Typen und Personenwahrnehmungsmodelle Kohärenz erhalten und mit weiteren Informationen angereichert werden. Zu unterscheiden sind Weise und Inhalt der Figurendarstellung. Mit den Mitteln der direkten und indirekten Charakterisierung, z.B. Erzählerkommentar, ↗ Handlung, Figurenrede, Selbst- und Fremdbeschreibung, werden F.en den Moment überdauernde Eigenschaften zugeordnet. Insbes. Techniken der indirekten Charakterisierung basieren oft auf historisch varianten Regelmäßigkeitsannahmen. Menge, interne Ordnung und Komplexität der Eigenschaften bilden die Grundlage zu Kategorisierungsversuchen von F.en: flache vs. runde F. (E.M. ↗ Forster), Typ vs. Individuum (↗ Charakter und Typ). Einen Sonderfall der F. stellt der Protagonist und dessen Rezeption, oft in Form der ↗ Identifikation, durch den Leser dar. – Seit der Antike werden die Abhängigkeit der F. von der Handlung (↗ Aristoteles) und das interne Verhältnis der figurenspezifischen Textelemente (↗ Horaz) diskutiert. Figurenklassifikationen waren von der Typenkomödie bekannt. Noch lange im Kontext normativer oder anthropologischer Konzepte erörtert, erhielt die Theorie der F. einen wesentlichen Anstoß erst durch die strukturalistische ↗ Erzähltheorie, die die F. als Funktionsstelle der Handlung bestimmt (↗ Aktant). Rezeptiontheoretische Überlegungen betonen dagegen die Rolle von impliziten Persönlichkeitstheorien des Lesers bei der Figurenkonstitution. Eine Integration der textanalytischen und rezeptionsästhetischen Ansätze steht noch aus.

Lit.: H. Grabes: »Wie aus Sätzen Personen werden«. In: *Poetica* 10 (1978) S. 405–428. – Th. Koch: *Literar. Menschendarstellung*, Tüb. 1991.

FJ

Figur, rhetorische ↗ Tropen

Fiktion/Fiktionalität (lat. *fingere*: bilden, erdichten, vortäuschen), Bezeichnung für den erfundenen bzw. imaginären Charakter der in literar. Texten dargestellten Welten. Die Auffassung, daß Aussagen in literar. Texten bezüglich eines Wahrheitsanspruches ein Sonderstatus zukommt, zieht sich mit unterschiedlichen Bewertungen durch die gesamte Geschichte lit.wissenschaftlicher Theoriebildung. So findet sich der Topos von der Lügenhaftigkeit der Dichtung ebenso wie die Vorstellung von Lit. als Ausdruck einer höheren Wahrheit im Rahmen einer erfundenen Wirklichkeit. Mit der Verwendung des ↗ Mimesis-Konzeptes erfolgte zeitweilig eine Verschiebung von der Wahrheitsfrage auf das Wahrscheinliche, wobei das Unwahrscheinlich-Phantastische ganz ausgeblendet wurde. Eine ausgearbeitete Theorie der F. liegt bisher nicht vor. Als Grundlage für die heutige Theoriebildung muß immer noch H. Vaihingers *Philosophie des Als Ob* (1911) gelten. F. steht im Zusammenhang mit Kategorien wie ›Realität‹, ›Sinn‹, ›Bedeutung‹, ↗ Referenz und ↗ Verstehen. Zur begrifflichen Klärung erscheint es sinnvoll und notwendig, eine terminologische Differenzierung bezüglich der Attribute ›real‹, ›referentiell‹, ›fiktiv‹ und ›fiktional‹ vorzunehmen. ›Real‹ kann als ein Seinsmodus definiert werden, der Sachverhalten aufgrund von gemeinsam geteilten, durch ↗ Konventionen und Sanktionen abgesicherten Wirklichkeitsvorstellungen zugeschrieben wird. Als ›referentiell‹ können alle Äußerungen bezeichnet werden, denen unter dem geltenden Wirklichkeitskonzept eine realitätsbehauptende Funktion zukommt. Dies beinhaltet die Akzeptanz einer eindeutigen Zuordnung der erzeugten Textbedeutung zu einem Realitätsbereich außerhalb des kommunikativen Aktes. Fiktionale Texte unterscheiden sich von referentiellen dadurch, daß dieser eindeutige Realitätsbezug fehlt. Zur Klärung dieses Sachverhaltes ist es sinnvoll, zunächst den Begriff des ›Fiktiven‹ anzusprechen. ›Fiktiv‹ meint etwas Erdachtes, Erfundenes, Vorgestelltes, mit dem dennoch im Sinne eines ›Als Ob‹ operiert wird. Auch hier erfolgt die Zuordnung zu einem außertextuellen Seinsbereich, der jedoch als vom Sprachverwender gesetzt gedacht wird. Handlungen und Figuren in Romanen sind ebenso fiktiv wie Textaufgaben im Mathematikbuch oder juristische Kategorien wie die ›juristische Person‹ oder die ›Ein-Mann-Gesellschaft‹. Entscheidend für den Unterschied ist der jeweilige Verwendungszusammenhang. Die Lösung fiktiver Fälle und Aufgaben dient der Einübung von Fertigkeiten im Sinne praktischer Handlungskompetenzen. Als Modellfälle mit Modelllösungen zielen sie auf die Erfassung von Realem ab. Wird dieser eindeutige Bezug zu dem, was man als ›real‹ auffaßt, aufgehoben, dann wird F. erzeugt. Genuiner Ort für F. ist das ↗ Spiel: Es negiert einerseits den eindeutigen Bezug zur Realität, andererseits ist den Regeln zu folgen, solange man spielt. Hier schließt die vielfach genannte Funktion des Probehandelns im Umgang mit Lit. an. F. bezeichnet eine pragmatische Größe, die direkt von geltenden Wirklichkeitsvorstellungen und Spachverwendungskenntnissen abhängt. Zur Bestimmung von ↗ Literarizität reicht F. sicher nicht aus. Ästhetische Charakterisierungen und literar. Konventionen treten hinzu. Herauszustellen ist jedoch, daß F. als einziges Bestimmungselement allen modernen ↗ Lit.begriffen seit dem 18 Jh. gemeinsam ist. Deshalb wurde F. in verschiedenen ↗ Lit.theorien der letzten Jahrzehnte mit unterschiedlichen Begründungen als Differenzqualität von Lit. begriffen. Anschluß wurde u.a. gesucht an die Semantik möglicher Welten. Der Status als Texteigenschaft bzw. als pragmatische Zuschreibung war in dieser Diskussion durchaus strittig.

Lit.: H. Vaihinger: *Die Philosophie des Als Ob. System der theoretischen, praktischen und reliogiösen F.en der Menschheit aufgrund eines idealistischen Positivismus*, Lpz. 1911. – H. Grabes: »F.-Realismus-Ästhetik. Woran erkennt der Leser Lit.?« In: ders. (Hg.): *Text – Leser – Bedeutung. Untersuchungen zur Interaktion von Text und Leser*, Grossen-Linden 1977. S. 61–81. – W. Hoops: »Fiktionalität als pragmatische Kategorie«. In: *Poetica* 11 (1979) S. 281–317. – U. Keller: *Fiktionalität als lit.wissenschaftliche Kategorie*, Heidelberg 1980. – D. Henrich/W. Iser (Hgg.): *Funktionen des Fiktiven*, Mchn. 1983. – A. Assmann: »F. als Differenz«. In: *Poetica* 21.3–4 (1989) S. 239–260. – D. Cohn: »Signposts of Fictionality«. In: *Poetics Today* 11.4 (1990) S. 775–804. – K. Kasics: *Lit. und F.*, Heidelberg 1990. – Th.-M. Seibert: »F. im Recht«. In: *Zs. für Semiotik* 12.3 (1990) S. 175–242. – K.L. Pfeiffer: »Zum systematischen Stand der F.theorie«. In: *Journal for Gerneral Philosophy of Science* 21 (1990) S. 135–156. – Ch. Berthold: *F. und Vieldeutigkeit*, Tüb. 1993. – W. Iser: »F./Imagination«. In: Ricklefs 1996. S. 662–679. – L. Rühling: »Fiktionalität und Poetizität«. In: Arnold/Detering 1997 [1996]. S. 25–51.

AB

Film und Literatur können als ↗ Zeichen- und Repräsentationssysteme, ästhetische Gegenstände, ↗ Medien, ↗ Institutionen und kulturelle Subsysteme beschrieben werden. Zwischen ihnen bestehen historisch variable Beziehungen, die aus semiotischer, narratologischer, medien- und diskursgeschichtlicher sowie aus systemtheoretischer Perspektive zu erfassen versucht worden sind. – Historisch gesehen hat sich das Verhältnis von F.u.Lit. im Kontext nationaler Kulturen unterschiedlich entwickelt und ist auch durch andere Medien wie z.B. Theater oder Fernsehen mitbeeinflußt worden. Als Repräsentanten einer ›literar. Vorgeschichte des Films‹

vor 1895 gelten Autoren wie Stendhal, E. T. A. Hoffman, G. ↗ Flaubert, E. A. Poe, J. Conrad und H. ↗ James, weil ihre Werke Zusammenhänge zwischen gesellschaftlichen Veränderungen und neuen Wahrnehmungsweisen faßbar machen, die auf den F. vorausweisen. Trotz vielfältig zu konstruierender paralleler Reaktionsformen auf die veränderte visuelle Kultur des späten 19. Jh.s wandten sich allerdings gerade die frühen F.e an andere Zielgruppen als die längst als Kunstform institutionalisierte Lit. F.e wurden um 1900 in Zusammenhang mit Vaudeville, Artistik und Musik als Massenunterhaltung gezeigt; ihre literar. Quellen bildeten Feuilleton-Romane und Groschenhefte. Schon bald näherten sich F.schaffende aber auch bildungsbürgerlichen literar. Wertmaßstäben an. So wurden dramatische Stoffe tableauartig abgefilmt und Literaten, ermutigt von einer sich entwickelnden seriösen F.kritik, für die Mitarbeit an F.projekten gewonnen, die der literar. Volksbildung dienen sollten. Als D. W. Griffith 1908 seine neuartigen Montageverfahren auf die Romane Dickens' zurückführte, schienen F.u.Lit. auf gemeinsame ästhetische Prinzipien verpflichtet, so daß sich bald auch die dadaistische, surrealistische und expressionistische Lit. für den F. zu interessieren begann. In den 20er Jahren entwickelten sich modernistische Schreibweisen, die Strukturähnlichkeiten zu filmischen Techniken wie *overlapping* und *close-up* aufwiesen (Joyces *Ulysses* [1922], A. Döblins *Berlin, Alexanderplatz* [1929]) oder, wie J. Dos Passos' *Manhattan Transfer* (1925), eigens als filmisch deklarierte Kategorien wie ›*newsreel*‹ und ›*camera-eye*‹ präsentierten, um die großstadttypischen Erfahrungen von Beschleunigung, Komplexität, Unüberschaubarkeit und Wurzellosigkeit faßbar zu machen. Mit der Einführung des Tonfilms 1927 ergaben sich aufgrund der gemeinsamen Dimension der Sprache neue Berührungspunkte mit der Lit. Für manche Kritiker schien das Medium F. nun seiner Eigenständigkeit beraubt; die zur Stummfilmzeit beliebte Metapher der F.sprache als einer universalen ›Hieroglyphe der Moderne‹ verlor ihre Evidenz. Die Vorstellung einer filmischen Bilderschrift gewann erst wieder an Bedeutung, als A. Astruc 1948 das Stichwort der *caméra stylo* prägte und dieses von frz. Literaten und F.schaffenden in den 60er Jahren aufgenommen wurde. Auf der Grundlage eines revidierten Autorbegriffs, der auch Regisseuren eine eigene ›Handschrift‹ zugestand (*politique des auteurs*), wurden im Spannungsfeld von *nouvelle vague* und *nouveau roman* anti-realisti-

sche Darstellungsstrategien entwickelt, während gleichzeitig Theoretiker wie Ch. ↗ Metz die semiotischen Bestandteile einer ›Sprache des F.s‹ zu klassifizieren suchten. – Mit der Durchsetzung des von Intellektuellen allg. verachteten Mediums Fernsehen avancierte der F. (bzw. das klassische europ. und am. Kino) gerade auch im Bewußtsein von Schriftstellern zu einer zunehmend nostalgisch betrachteten Kunstform. Gleichzeitig entwickelte v. a. die am. F.industrie aggressiv neue Formen der Vielfachverwertung und -vermarktung. Hier kommt es zu neuen Austauschprozessen zwischen F. u. Lit.: Lit.klassiker werden aufgrund neuer Verfilmungen wiederaufgelegt; Bestseller-Autoren schreiben ›drehbuchgerechte‹ Romane; erfolgreiche F.e werden zu Romanen umgeschrieben (*novelization*). Zukünftige Interaktionsformen von F. u. Lit. werden zunehmend von den Möglichkeiten digitaler Verwertungs- und Wiederaufbereitungsmöglichkeiten bestimmt sein. – Insgesamt gesehen bieten sich für die Untersuchung des Verhältnisses von F. u. Lit. folgende Einzelaspekte an: (a) Eigenschaften der filmischen und literar. Zeichencodes, bedeutungskonstituierende Elemente, Erzählmuster, Raum- und Zeitparameter; (b) Produktions- u. Rezeptionsbedingungen (Autorstatus, Zuschauer und Leser, Verlagswesen und F.industrie); (c) kulturelle Bewertungen und Legitimationsmuster (z. B. ›Kunst‹ vs. ›Unterhaltung‹); (d) Lit.verfilmungen bzw. Adaptationsformen; (e) Schreiben für den F. (Drehbücher, Szenarien, Treatments); (f) Texte, die das Medium F. inhaltlich thematisieren bzw. formale Strukturähnlichkeiten entwerfen, so z. B. G. Hofmanns *Der Kinoerzähler* (1990) oder R. Coovers *A Night at the Movies* (1987). Hier sollte berücksichtigt werden, daß Texte nicht einfach ›filmisch‹ sind, sondern literar. Konstruktionen erproben, die zu verschiedenen Zeiten auf unterschiedliche Weise von Lesern als ›filmisch‹ interpretiert werden; (g) Texte, die F.e literarisieren wie z. B. G. Zwerenz' Roman *Die Ehe der Maria Braun* (1981) nach Faßbinders gleichnamigem Film von 1978 oder die *novelizations* zu G. Lucas' *Star Wars* (1977). – Die interdisziplinäre Erforschung der Wechselbeziehungen zwischen F. u. Lit., die sich somit nicht auf die Analyse von Lit.verfilmungen (vgl. Albersmeier/Roloff 1989) beschränkt, hat durch Studien zur Theorie und Praxis der intermedialen Analyse (Roloff 1995; ↗ Intermedialität) neue Impulse erhalten.

Lit.: Ch. Metz: *Sprache und F.*, FfM. 1973 [1971]. – J. Harrington: *Film and/as Literature*, Englewood Cliffs

1977. – A. Kaes (Hg.): *Kino-Debatte. Texte zum Verhältnis von Lit. u. F. 1909–1929*, Tüb. 1978. – K. Kanzog: »F. (u.Lit.)«. In: Borchmeyer/Žmegač 1994 [1987]. S. 153–156. – J. Paech: *Lit. u. F.*, Stgt. 1988. – F.-J. Albersmeier/V. Roloff (Hgg.): *Lit. verfilmungen*, FfM. 1989. – G. Mast/M. Cohen (Hgg.): *Film Theory and Criticism. Introductory Readings*, N. Y. et al. 1992. – F.-J. Albersmeier: »Lit. u. F.: Entwurf einer praxisorientierten Textsystematik«. In: Zima 1995. S. 235–268. – V. Roloff: »Zur Theorie und Praxis der intermedialen Analyse am Beispiel von Buñuel, Truffaut, Godard und Antonioni«. In: Zima 1995. S. 269–309.

JG

Filmsemiotik (gr. *sḗma*: Zeichen), die semiotische Attacke auf intuitive Interpretationen und hermeneutisches Verstehen hat seit Mitte der 1960er Jahre, erweitert und ergänzt durch Anregungen aus der Narratologie, der Psychoanalyse und dem Feminismus, die ⟋ Filmtheorie bestimmt. Innerhalb der ⟋ Semiotik sind zwei Strömungen erkennbar: eine stärker linguistisch-strukturalistische (⟋ Strukturalismus), europ. Richtung, die einen semiotischen Ansatz mit der Rhetorik, der generativen Transformationsgrammatik oder ⟋ Pragmatik verknüpft (F. Knilli, W. Buckland), sowie eine poststrukturalistische (⟋ Poststrukturalismus) Adaption, v. a. im anglo-am. Raum, die die Zeichenlehre mit der Psychoanalyse, bes. der J. ⟋ Lacans, verbindet. Beteiligt an der Geburt der F. waren (z. B. in den Arbeiten von P. Wollen) der Urvater der Semiotik, C. S. ⟋ Peirce, und sein triadisches ⟋ Zeichensystem (das objektdeterminierte Ikon [⟋ Ikonizität], das durch die Beziehung zum Objekt determinierte indexische ⟋ Zeichen, das auf reiner Konvention beruhende Symbol) sowie in noch stärkerem Maße F. de ⟋ Saussures Zeichentheorie, die Bezeichnendes von Bezeichnetem trennte (⟋ Signifikant und Signifikat). – Angetreten mit dem Anspruch, der impressionistischen Filmkritik ein am ⟋ *Linguistic turn* orientiertes Gerüst systematischer Filmanalyse entgegenzusetzen, erarbeiteten zunächst U. ⟋ Eco und C. ⟋ Metz ein zu Saussure analoges Inventorium zur Beschreibung des Films als Zeichensystem. Zuvor hatte P. P. Pasolini noch von der ›Semiotik der Wirklichkeit‹ gesprochen und, wie anfangs auch Metz, das kinematographische als ikonisches Zeichen auf die Abbildungsfunktion zurückgeführt (vgl. auch A. Bazin, S. ⟋ Kracauer). Bald jedoch sahen Metz, Eco und R. ⟋ Barthes ein vielfältiges System kinematischer ⟋ Codes am Werk, die wie es bei Sprachzeichen der Fall ist, zu ⟋ Polysemie, d. h. Bedeutungsoffenheit, führen. Gemäß einer Maxime Ecos ist

der Film damit der Lüge fähig und lädt so zu semiotischer Analyse ein. Im pseudo-ikonischen, audiovisuellen Zeichen sah Eco (anders als bei der doppelten Artikulation der Sprache mit dem Phonem als kleinstem bedeutungsunterscheidenden und dem Morphem als kleinstem bedeutungtragenden Element) statt des Zwangs zur Repräsentation den Zwang zur Bedeutung mit dem ›Sem‹ als kleinster Einheit. Den Vergleich zur sprachlichen Grammatik bemühte die Semiotik, die zuvor als Erweiterung und Abbild der Wirklichkeit oder als Ergebnis eines Autorwollens galt, um im Film, systematisch konventionell und kulturell bedingte Bedeutungsprozesse zu beschreiben. Metz griff Saussures Unterscheidung von Sprachsystem (*langue*) und Sprache (*langage*) auf. Da im Film Kommunikation unilateral ist und v. a. weil im Gegensatz zur Sprache die Beziehung von Bezeichnendem und Bezeichnetem nicht willkürlich ist, folgerte er, daß der Film zwar kein Sprachsystem, aber eine Sprache sei. Um der Komplexität filmischer Kodierung gerecht zu werden, benannte Eco zehn Codes und beschrieb Metz in seiner *Grande Syntagmatique* acht Syntagmen (⟋ Syntagma), d. h. Systeme von gemeinsam wirkenden, sich gegenseitig bedingenden Kodierungen. Metz unterscheidet zwischen (a) dem einzigen autonomen ›Segment‹, der einzelnen Einstellung, und einer Verbindung aus mehreren Einstellungen, den Syntagmen. Hier erkennt er chronologische Syntagmen mit einer zeitlichen Abfolge und achronologische Abfolgen ohne zeitliche Struktur. Im Fall von achronologischen Abfolgen trennt er (b) ›parallele Syntagmen‹, bei denen die gezeigten Motive kontrastieren von (c) ›Reihensyntagmen‹, bei denen die gezeigten Motive eine Reihenanordnung ergeben; im Fall von chronologischen Einheiten unterscheidet er (d) ›deskriptive‹ Einheiten, die eine Gleichzeitigkeit des Gezeigten implizieren und narrative Einheiten, bei denen eine Abfolge der Bilder einer Abfolge des Geschehens entspricht; bei letzteren wiederum zwischen (e) ›alternierenden‹ Einheiten, die mehrere Handlungszusammenhänge vorstellen, und (f) linear narrativen, die ein Handlungsgefüge bilden (›Szenen‹); diese gliedern sich schließlich in eine (g) ›gewöhnliche Sequenz‹, die mit Auslassungen arbeitet und (h) die ›Episodensequenz‹, die die Auslassungen so markiert, daß ein Episodengefüge entsteht. An Metz' ambitionierter Filmsyntax wurde vielfach bemängelt, sie sei inkonsistent und nicht universell anwendbar. Der Versuch, analog zum Sprachsystem kleinste Einheiten zu isolieren, scheiterte schließlich an der formalistischen Enge der Fragestellung und an der babylonischen Sprachverwirrung und vermochte die theoretisch unreflektierten Fachtermini der Industrie als Beschreibungsvokabular nicht abzulösen. – Das immanent anhand taxonomischer Listen filmischer Codes beschreibbare, statische System ›Filmtext‹ wurde v.a. infolge der Anwendung des von Barthes eingeführten Begriffs der ›écriture‹ (›Schreiben‹, bei Metz: Saussures ›parole‹, ›Sprachäußerung‹) gegen einen dynamischeren und fließenderen Begriff der Bedeutungskonstitution verworfen. An die Stelle der in der traditionellen Filmästhetik etablierten Analogie des ›caméra-stylo‹ (›Kamera-Stift‹, J. Astruc), deren primäres Ziel es war, den Film als künstlerisches Ausdrucksmedium zu etablieren (z.B. bei R. Arnheim, S. ↗ Eisenstein und V. Pudovkin), trat in Barthes' *S/Z* das Publikum als Autor und die ›écriture‹ als Filmpraxis, die als Avantgarde den Film gegen die etablierte Praxis geschlossener Bedeutungshermetik in einem Feld multipler Textgeneration neu entdeckte (›lesbare‹ versus ›schreibbare‹ Texte). Zentral diskutiert wurden Mechanismen der ›suture‹, des ›Vernähens‹ von Zuschauererwartung und Realitätsillusion im Hollywood-Kino mit typischen Einstellungen und Schnittfolgen (›shot/reverse-shot‹). Mit der Frage, wie die Identifikation von filmischem Blick und Zuschauerblick hergestellt wird, stand nun die Analyse kinematographischer Rezeption im Vordergrund. In den 80er Jahren wird v.a. diskutiert, wie Autor, Text und Zuschauer eine imaginär-textliche, entleerte, weil nie wirklich erreichbare, Einheit werden. Metz erweiterte seinen Ansatz um die Analyse des kinematischen Apparats, d.h. (a) die physischen Bedingungen der Projektion, (b) die statische, auf das durch Lichtstrahl auf die Leinwand projizierte Bild konzentrierende Dunkelheit, (c) die filmischen Mechanismen und (d) die psychische Disposition des Publikums. Die kinematographische Rezeption ist demnach sowohl bestimmt durch die Orientierung an lebensweltlicher als auch durch filmisch-konventionelle Seherfahrung. Metz nannte dies die ›Gleichzeitigkeit von Präsenz und (imaginärer) Absenz‹, die er auf voyeuristische und fetischistische Triebe zurückführt. Entscheidenden Einfluß auf die Analyse des kinematographischen Apparats (mit M. ↗ Foucault auch als ›Dispositiv‹ bezeichnet) hatte auch J.-L. Baudry, der die Analogie von Film und Traum zog. Semiotisch-psychoanalytische Dispositiv-Theorien gingen soweit,

den abgedunkelten Kinosaal mit einer imaginären Gebärmutter in Beziehung zu setzen. Die ›zweite Welle‹ psychoanalytischer Semiotik nach Lacan ist von feministischer Warte aus als ›phallozentrisch‹ (↗ Phallozentrismus) kritisiert und um eine Kritik ›männlichen‹ und eine Analyse ›weiblichen‹ Sehens und Hörens ergänzt worden (L. Mulvey, T. De Lauretis, M. A. Doane, M. Rose, C. Penley, T. Modleski, K. Silverman). – In dem narratologischen Ansatz der Filmtheorie (D. Bordwell, E. Branigan, S. Chatman), der Präzisierung des notorisch unscharfen Begriffs *point of view* (↗ Erzählperspektive), wurden immanente und extrinsische Zugriffe vereint. Die Analyse der Narrativität (↗ Erzähltheorien) von Filmen erkannte in der Vorführung einen Erzählakt, der jedoch anders als die Schrifterzählung keinen identifizierbaren ↗ Erzähler hat, bestenfalls sekundäre Erzähler, z.B. als ›voice-over‹, einführt. Aufgrund der Vielschichtigkeit von Kamerabild, Ton, Schrift und Montage, der semiotischen Aufladung durch kinematographische Codes und Konventionen, fiel zudem im Vergleich zur Schrift die Unterscheidung in die Geschehnisse (›story‹) und die Art ihrer Vermittlung (›discourse‹) schwerer. Neben diesen konventionellen Grundbedingungen der Leinwanderzählung erschien jedoch die einzelne Füllung des vorgegebenen Schemas analysierbar (Rahmenerzählung und abgeleitete Erzählung, interner versus externer Erzähler, visuelle, aurale, graphische Dimension der Erzählung, Erzählvorgang versus ↗ Fokalisierung/Filter: ›Wer erzählt aus wessen Wahrnehmung heraus?‹). Gerade die zugunsten des Visuellen lange vernachlässigte Tonspur gewann in der narratologischen Analyse an Bedeutung (R. Altman, C. Gorbman, J. Feuer). – Die Kritik an der F. entzündete sich zum einen an der Ahistorizität des Ansatzes, dem universalistischen Anspruch und der szientistischen Verdunkelung des Films im *Linguistic turn*, und zum anderen, v.a. in der kognitivistisch-neoformalistischen Filmanalyse in den USA (z.B. Bordwell, N. Carroll, K. Thompson, J. Staiger), an dem metaphorischen Delirium und der fehlenden methodischen Verankerung der Psychosemiotik. So forderte 1996 ein programmatischer neokognitivistischer Sammelband die Rekonstruktion der Filmtheorie; weitere wiederentdeckte Schwerpunkte liegen auf der historischen, kulturellen und ökonomischen Bedingtheit des Kinos.

Lit.: s. auch ↗ Film und Lit. – P. Wollen: *Signs and Meanings in the Cinema*, Ldn. 1997 [1969]. – R. Barthes: *S/Z*, Paris 1976 [1970]. – F. Knilli (Hg.):

Semiotik des Films, FfM. 1974 [1971]. – Ju. Lotman: *Semiotics of Cinema*, Ann Arbor 1976. – Chatman 1993 [1978]. – S. Heath: *Questions of Cinema*, Basingstoke 1985 [1981]. – ders./P. Mellencamp (Hgg.): *Cinema and Language*, Frederick 1983. – T. DeLauretis: *Alice Doesn't. Feminism, Semiotics, Cinema*, Bloomington 1995 [1984]. – D. Bordwell: *Narration in the Fiction Film*, Ldn. 1995 [1985]. – K.-D. Möller-Naß: *Filmsprache*, Münster 1988 [1986]. – R. Lapsley/M. Westlake: *Film Theory. An Introduction*, Manchester 1996 [1988]. – R. Stam et al: *New Vocabularies in Film Semiotics*, N.Y./Ldn. 1996 [1992]. – W. Buckland (Hg.): *The Film Spectator*, Amsterdam 1995. – D. Bordwell/N. Carroll (Hgg.): *Post-Theory. Reconstructing Film Studies*, Madison 1996.

EVV

Filmtheorie fragt nach den technisch-apparativen, den gesellschaftlich-institutionellen und den semiotisch-ästhetischen Eigenschaften ihres Gegenstandes; je nach theoretischer Vorentscheidung wird Film somit beschrieben als technisches Medium, als kulturindustrieller Komplex oder als Ensemble in sich strukturierter Akte kommunikativen Handelns: Technisch basiert er auf der photochemischen Speicherung von Bilderserien auf einem Filmstreifen, weiterhin auf den Apparaturen, mit denen solche Serien so aufgenommen und wiedergegeben werden können, daß der Eindruck kontinuierlicher Bewegungen entsteht. Eng verbunden mit der Untersuchung wahrnehmungsphysiologischer, psychologischer und kognitiver Prozesse, die der Bewegungsillusion zugrunde liegen, prägt die Frage nach den Besonderheiten dieser Technik die ersten, bald nach der Entwicklung brauchbarer Filmmaterialien, Kameras und Projektoren die am Ende des 19. Jh.s entstehenden F.n. Neue Relevanz bekommt die F. mit der Verbreitung alternativer, elektromagnetisch-analoger und digitaler Aufzeichnungs- und Speicherungstechniken. Unter gesellschaftlich-institutioneller Perspektive beschreibt ein zweiter Theorie-Komplex Produktion, Distribution und Rezeption von Filmen, die Organisationsstruktur der Film- und Kinoindustrie, deren ökonomische, kulturelle und politische Bedeutung und die Relation zu anderen ↗ Massenmedien, etwa dem ↗ Fernsehen. Das ausdifferenzierteste Feld der F. bilden Ansätze, die auf die, deskriptive wie normative, produktions- wie rezeptionsorientierte, Erfassung einzelner Filme oder systematisierter Mengen von Filmen zielen: Filmästhetik, kommunikations- und zeichentheoretische Ansätze, ↗ Gattungs- und Genretheorien. – In der Geschichte der F. haben sich die verschiedenen Dimensionen häufig überlagert. Erste Ansätze,

die sich v.a. der Intention verdanken, den Ort des Films im System der Künste zu bestimmen, suchen mit apparatebezogenen Argumentationen die Frage nach seinem ›Wesen‹ zu beantworten: Liegt seine Stärke im dokumentarisch-registrierenden Realismus oder in den illusionsbildenden oder kreativen Potentialen tricktechnischer Verfremdung? Nachdem bereits eine der frühesten konsistent ausformulierten F.n, H. Münsterbergs *The Photoplay. A Psychological Study* aus dem Jahre 1916, die expressive, mehr auf die Veräußerlichung psychischer denn auf die Abbildung physischer Realität zielende Funktion hervorgehoben hat, lokalisiert R. Arnheims 16 Jahre später publizierte einflußreiche Studie *Film als Kunst* die ästhetischen Möglichkeiten gerade in den technisch bedingten Unvollkommenheiten der Abbildung. Der Verlust der Dreidimensionalität, der Farbe, des geschlossenen Raum-Zeit-Kontinuums durch das begrenzte Bildfeld und durch Montagetechniken, das Fehlen akustischer und anderer Sinneseindrücke setzt die filmische Reproduktion in Spannung zur reproduzierten Wirklichkeit. Erst das derartig verfremdete Abgebildete kann zum Rohmaterial eines ästhetischen Schaffensprozesses werden. Die lit.theoretische Kategorie der ↗ Verfremdung hat v.a. S. ↗ Eisenstein theoretisch wie auch praktisch auf den Film übertragen. Dazu dient ihm in erster Linie die Montage, die heterogene, aus ihrem natürlichen Zusammenhang gerissene Fragmente zu einer neuen, künstlichen Einheit zusammenfügt und so die gewohnte Wahrnehmung provozieren kann. Sie ermöglicht es auch, z.B. durch eine Rhythmisierung der Schnittfolge, alternative Ordnungsprinzipien im Film zu etablieren, so wie es etwa Rhythmus und Reim im Gedicht bezogen auf die normale Sprache tun. Weitere Techniken des Films, etwa von der Alltagswahrnehmung abweichende ↗ Perspektiven wie Groß- und Nahaufnahme, die eine eigene, visuelle, gegenüber anderen, stärker konventionalisierten Sprachen zugleich universellere und suggestivere Filmsprache erzeugen, hat B. Balázs herausgearbeitet. Montage und Kameratechnik bieten so die Grundlage für eine filmische Rhetorik. Kritisch gegenüber diesem filmischen Formalismus verhalten sich dagegen ›realistische‹ F.n. Für S. ↗ Kracauers 1960 veröffentlichte *Theorie des Films. Die Errettung der äußeren Wirklichkeit* ist es der in der photographischen Technik begründete Realismus, den eine sich ihrer Spezifik bewußte Filmästhetik so unverzerrt wie möglich in ihren Mittelpunkt stellen

sollte, für A. Bazin eine ›Ontologie des foto-
grafischen Bildes‹: Der mechanische, menschlicher Kreativität entzogene Prozeß der Abbildung erzeugt eine ›Spur‹, die wie ein Fingerabdruck auf das Abgebildete verweist. – Die Frage
nach den ideologischen Implikationen des Films
wird jedoch nicht in erster Linie auf technischer,
sondern auf gesellschaftlich-institutioneller
Ebene diskutiert. Als erstes genuin modernes
Massenmedium hat Film seit seinen Anfängen
eine umfangreiche soziologisch orientierte
Theoriebildung angeregt: Film steht für die Ent-
individualisierung und Industrialisierung der ästhetischen Produktion, für die Kommerzialisierung der Distribution und für die Kollektivie-
rung und soziale Dynamisierung der Rezeption.
Das kann als Überwindung eines vormodernen
Kunstverständnisses begrüßt, aber auch als weitere Stufe der Entfremdung und Entmündigung
des Individuums kritisiert werden. Während
etwa W. ↗ Benjamin oder B. ↗ Brecht in ihren
medientheoretischen Überlegen der 20er Jahre
wenigstens prinzipiell in der industriellen, ar-
beitsteiligen Produktionsweise des Films die
Möglichkeit sehen, den traditionellen, auf das
einsam-geniale Individuum ausgerichteten
Kunstbegriff zu überwinden zugunsten eines
Modells kollektiver Kreativität, kritisieren M.
↗ Horkheimer und Th. W. ↗ Adorno die ↗ Kulturindustrie als Übergriff des kapitalistischen
Verwertungszwangs auf die Kunst: Der den Gesetzen des Marktes unterworfenen Produktion
steht ein passiv konsumierendes Publikum gegenüber, das von den genormten Produkten
seiner kreativen und kritisch-reflexiven Potentiale beraubt wird. Daß in dieser pessimistischen
Sicht die Möglichkeiten der Filmindustrie nicht
hinreichend erfaßt werden, betont dagegen eine
›Politique des Auteurs‹, die seit den 50er Jahren
v. a. in der frz. Filmzeitschrift Cahiers du Cinéma
entwickelt wurde, u. a. von F. Truffaut, J.-L. Godard, E. Rohmer und Cl. Chabrol. Zunächst
deskriptiv darauf gerichtet, gerade im klassischen Hollywood-Kino nicht den Einfluß der
Produktionsgesellschaften, sondern die individuellen Stile einzelner Regisseure zu identifizieren, entwickelt sich die Vorstellung eines dem
literar. Autor entsprechenden kreativ-genialen
Filmautors auch zum produktionsleitenden Paradigma des ›Autorenfilms‹. – Eine Verbindung
gesellschaftlicher und technisch-apparativer
Aspekte hat in neuerer Zeit die v. a. im Kontext
feministischer F. diskutierte ›Apparatus‹-Theo-
rie hergestellt. Die ›voyeuristische‹ Rezeptions-
situation, d. h. das Verhältnis des unbeweglich

im dunklen Kinosaal verharrenden Betrachters
zu der auf die Leinwand projizierten Aktion,
erscheint dabei als Modell der in der neomarxi-
stischen Theorie L. ↗ Althussers beschriebenen
ideologischen, also auf der Identifikation mit
strukturell vorgegebenen Positionen basierenden Subjektkonstitution. Der kinematographische Apparat, ein Dispositiv im Sinne M. ↗ Foucaults, erzeugt bereits aufgrund seiner Struktur
eine Faszination, die stark genug ist, um einen
zeitweiligen Ich-Verlust auszulösen, während
gleichzeitig eine von den auf der Leinwand präsentierten Figurenkonstellationen und Handlungsmustern ausgehende Reformierung des Ich
stattfindet (vgl. L. Mulvey in Rosen 1986). –
Kriterien zur Beschreibung der semiotischen
Struktur und des semantischen Gehalts von Filmen liefert seit den 60er Jahren v. a. die u. a. von
Ch. ↗ Metz und Ju. ↗ Lotman entwickelte
↗ ›Filmsemiotik‹. In Analogie zum sprachlich-
literar. Text beschreibt sie Film als ↗ Zeichensystem, dessen Grundlage ein Ensemble optischer und akustischer Signale bildet, die mittels
bestimmter Verknüpfungstechniken und -regeln
zu einer ›Textur‹ verwoben werden. Deren Beschreibung ist Aufgabe der Filmanalyse; F. untersucht die grundsätzlichen technischen und die
kulturell konventionalisierten Verfahren der Selektion und Kombination: die ›Mise-en-Scène‹,
d. h. die Organisation des Raums und die Inszenierung der Handlung vor der Kamera, dazu
gehören etwa Architektur, Beleuchtung, Kostüm, Schauspiel; die ›Kinematographie‹ im engeren Sinn, dazu gehören die Bildbegrenzung
oder Kadrierung (von frz. cadre: Rahmen), die
Kameraperspektive, Einstellungsgröße, Tiefen-
schärfe, Kamerabewegungen, die Wahl des
Filmmaterials und dessen Bearbeitung in der
Postproduktion, etwa Kolorierung und Viragie-
rung; und schließlich die ›Montage‹. An die
Herausarbeitung der verschiedenen filmischen
↗ Codes schließt die Frage an, wie in ihrem
Zusammenspiel die Bedeutung eines Films entsteht. Antworten darauf sind in jüngster Zeit v. a.
von einem kognitionstheoretisch-konstruktivi-
stischen Standpunkt aus entworfen worden, der
die filmische Struktur und ihre Rezeption in
einem dialektischen Prozeß der Abgleichung kognitiver Schemata aufeinander bezieht (vgl. etwa
Bordwell/Thompson 1979). Weitere Forschungsschwerpunkte der letzten Jahre bilden
die Filmnarratologie, die die filmische Präsentation von Geschichten und ihre Point-of-View-
Strukturen untersucht (Filmsemiotik), die typologische Klassifikation von Filmen nach Krite-

rien wie fiktional und dokumentarisch, ›real‹ und ›animiert‹ oder konventionell und avantgardistisch, die Untersuchung von Filmgenres wie Western, Melodram, Horrorfilm, erotischer Film. In Anlehnung an den ↗ *New Historicism* in der Lit.wissenschaft hat auch eine theoretische Reflexion der Filmgeschichtsschreibung eingesetzt, die u.a. von der Intention geprägt ist, apparative, institutionelle und semiotische Dimension stärker aufeinander zu beziehen.

Lit.: s. auch ↗ Film und Lit. – H. Münsterberg: *The Photoplay. A Psychological Study*, N.Y. 1970 [1916]. – R. Arnheim: *Film als Kunst*, FfM. 1988 [1932]. – Th.W. Adorno/M. Horkheimer: *Dialektik der Aufklärung*, FfM. 1996 [1947]. – S. Kracauer: *Theorie des Films. Die Errettung der äußeren Wirklichkeit*, FfM. 1996 [1960]. – W. Benjamin: *Das Kunstwerk im Zeitalter seiner technischen Reproduzierbarkeit*, FfM. 1996 [1963]. – Ch. Metz: *Semiologie des Films*, Mchn. 1972. – A. Bazin: *Was ist Kino? Bausteine zu einer Theorie des Films*, Köln 1975. – J.D. Andrew: *The Major Film Theories. An Introduction*, Ldn. 1976. – Ju. Lotman: *Probleme der Kinoästhetik. Einf. in die Semiotik des Films*, FfM. 1977. – D. Bordwell/K. Thompson: *Film Art. An Introduction*, N.Y. 1997 [1979]. – B. Balázs: *Schriften zum Film*, 2 Bde., Bln. 1982/84. – P. Rosen (Hg.): *Narrative, Apparatus, Ideology. A Film Theory Reader*, N.Y. 1986. – B.K. Grant (Hg.): *Film Genre Reader II*, Austin 1997 [1995].

WSt

Fish, Stanley (*1938), am. Lit.wissenschaftler, Kritiker. – Studium an der University of Pennsylvania in Philadelphia; dort B.A. 1959; M.A. an der Yale University 1960; dort auch Ph.D. 1962 mit einer Arbeit über J. Skeltons Dichtung; 1962 *Instructor* an der University of California in Berkeley; 1962–67: Assistant Professor ebd.; 1967–69: Associate Professor; 1969–74: Full Professor; 1974–85: Kenan Professor of English an der Johns Hopkins University in Baltimore; seit 1985: Arts and Sciences Distinguished Professor of English and Law an der Duke University in Durham; seit 1994: Executive Director der Duke University Press. – F. ist ein Kritiker, der seine theoretischen Positionen mehrfach verändert und öffentlich über diese Umorientierungen reflektiert hat. Seine akademischen Anfänge liegen in der Auseinandersetzung mit engl. Renaissance-Lit., wobei er sich schnell von der Tradition der Interpretationstechniken des ↗ *New Criticism*, die sein Studium geprägt hatten, entfernte. F.s Denken ist interdisziplinär geprägt und zeigt v.a. den Einfluß solcher Wissenschaftsphilosophen wie Th.S. ↗ Kuhn und P.W. Bridgman, aber auch jenen des analytischen Philosophen J.R. ↗ Searle, des Soziologen H. Dreyfus, des Juristen K. Abraham und des Kunst-

historikers M. Fried. F. etablierte sich als einflußreicher Lit.theoretiker durch sein zweites Buch, *Surprised By Sin. The Reader in »Paradise Lost«* (1967), in dem er argumentierte, der zentrale Bezugspunkt von Miltons berühmtem Gedicht sei der ↗ Leser, der insofern auch das eigentliche Thema des Textes abgebe, als es Milton darum gehe, dem Leser seinen Zustand des sündigen Gefallenseins vor Augen zu führen. Dies geschehe durch eine Parallelisierung der biblischen Geschichte vom Sündenfall mit der Situation des Lesers, der trotz all seiner analytischen Fertigkeiten den Text nur unzureichend interpretieren kann. Dadurch wird der Rezipient sowohl zum aktiven Teilnehmer am Geschehen als auch zum Kritiker seiner eigenen Tätigkeit. F.s Position in *Surprised by Sin* ist Teil seiner Reaktion auf die orthodoxe formalistische Position des *New Criticism*, die im Gefolge von W.K. ↗ Wimsatts und M.C. Beardsleys Verurteilung der *intentional* und der *affective fallacy* jegliche Berücksichtigung von Autor und Leser bei der Bedeutungkonstitution eines Textes ablehnte und das literar. Kunstwerk als autonome Quelle ästhetischer Bedeutung betrachtete. In seinen Schriften aus den 70er Jahren, deren bedeutendste in *Is There A Text In This Class?* (1980) zusammengefaßt sind, verweist F. auf den temporalen Charakter des Lektüreprozesses und auf die daraus resultierende Bedeutung der Interaktion des Lesers mit dem als Katalysator wirkenden Text beim Schaffen von Bedeutung. Die spatiale Erstreckung des Textes mag zwar zunächst den Eindruck einer festen Ausdehnung und einer darin eingefangenen festen Bedeutung erwecken; dies täuscht aber darüber hinweg, daß Bedeutung vielmehr das sich über einen Zeitraum erstreckende Erlebnis einer Aussage ist, die nicht schon vorher eindeutig vorliegt. Zwischen beiden Polen, also zwischen Text und Leser, herrscht dabei nach F. zunächst ein Gleichgewicht der Kräfte, was allerdings die traditionelle Vernachlässigung des Rezipienten unmöglich macht. Später jedoch verlagert F. das Hauptgewicht auf den Leser, von dem er schließlich behauptet, er generiere jegliche im Text wahrgenommene Bedeutung. Der *affective fallacy* von Wimsatt und Beardsley stellt F. also reaktiv und provokant seine ↗ affektive Stilistik gegenüber, nach der Lit. keine objektive Eigenexistenz führt, sondern immer erst durch den und im Leser zustande kommt. Schließlich wendet sich F. von der Frage, ob nun der Text oder der Leser wichtiger sei, ab und stellt die These auf, daß der entscheidende Faktor bei der Konstitution von Bedeutung im Leseprozeß die jeweils gewählte Interpretationsstrategie sei. Lit. hat nunmehr keine eigene Ontologie mehr. Was als Lit. zu gelten hat und wie es zu lesen ist, wird einzig und allein durch die vom Interpreten gewählte Perspektive bestimmt. Die Wahl des Blickwinkels wiederum ist keine willkürliche, sondern eine meist von sozialen Normen und insbes. institutionellen Konventionen bestimmte, so daß es zur Herausbildung sog. ↗ Interpretationsgemeinschaften kommt. Deren Normen sind in unterschiedlichen Interpretationen immer schon impliziert. F.s Konzept der Interpretationszirkel bedeutet das Ende für die Vorstellung von der einen, objektiven und richtigen Interpretation eines literar. Textes, was F. wie auch die Vertreter der ↗ Rezeptionsästhetik, des ↗ Poststrukturalismus und der ↗ Dekonstruktion seitens formalistisch orientierter Kritiker dem Vorwurf des Relativismus ausgesetzt hat. F. ist dennoch einer der einflußreichsten engl.sprachigen Kritiker und hat die Entwicklung des am. *reader-response criticism* entscheidend geprägt. Durch seine bes. Betonung der aktiven Rolle des Lesers hat er auch der ↗ Lit.didaktik der vergangenen zwei Jahrzehnte wertvolle Impulse erteilt und zu einer Schüler- und Handlungsorientierung des Lit.unterrichts beigetragen. F. gilt auch als wesentlicher Einfluß auf die *New Pragmatists*.

Lit.: St. Fish: *J. Skelton's Poetry*, Hamden 1976 [1965]. – ders.: *Surprised by Sin. The Reader in »Paradise Lost«*, Ldn. et al. 1967. – ders.: *Self-Consuming Artifacts. The Experience of 17th-Century Literature*, Berkeley 1972. – ders.: *The Living Temple. G. Herbert and Catechizing*, Berkeley 1978. – ders. 1995 [1980]. – ders.: *Doing What Comes Naturally. Change, Rhetoric, and the Practice of Theory in Literary and Legal Studies*, Durham 1989. – ders.: *There's No Such Thing as Free Speech… And It's a Good Thing, too*, Oxford/N.Y. 1994. – ders.: *Professional Correctness. Literary Studies and Political Change*, Oxford 1995. – W.E. Ray: »St.F.: Supersession and Transcendence«. In: ders.: *Literary Meaning. From Phenomenology to Deconstruction*, Oxford 1984. S. 152–169.

HA

Flaubert, Gustave (1821–1880), frz. Schriftsteller. – Das Werk F.s ist zu einem Emblem der Lit. der ↗ Moderne geworden, auf das sich ein M. Vargas Llosa ebenso bezieht wie die frz. Avantgarde (N. Sarraute oder A. ↗ Robbe-Grillet). Man hat das Werk F.s zu Unrecht dem ↗ ›Realismus‹ zugerechnet. Wenn er die Emphase und den Gefühlsüberschwang der ↗ Romantik, für die er in seiner Jugend sehr sensibilisiert war, bändigen wollte, dann allein durch die Kraft des ↗ Stils. Die Themen aus dem frz. Alltag in *Madame Bovary* (1856/57) und *L'éducation sentimentale* (1869) oder aus exotischer Ferne wie *Salammbô* (1862) und *La tentation de Saint Antoine* (1874) waren für ihn bloß Herausforderung, um Kunstwerke zu schaffen, die v. a. durch ihre innere Kohärenz und nicht durch referentielle Treue überzeugen sollten. F. verkörperte so das Ideal der ›reinen Kunst‹, für das seine finanzielle Unabhängigkeit eine Bedingung der Möglichkeit war, die er auch in der Figur des sozial nicht-determinierten Protagonisten Frédéric in *L'éducation sentimentale* zu übersetzen versuchte. – F. artikulierte seine ästhetische Konzeption nie systematisch in einer Schrift; sie kann jedoch aus seiner sehr umfangreichen Korrespondenz ermittelt werden, die er u.a. mit Schriftstellerinnen wie L. Colet und G. Sand austauschte. Er hat durchaus daran gedacht, in seinem Alter ein grundlegendes lit.-kritisches Werk zu schreiben, wozu er sich aufgrund seiner schöpferischen literar. Leistung bes. ermächtigt sah. Die Kunst ist für F. zunächst etwas Absolutes. In zahlreichen Anspielungen vergleicht er sie mit einer Religion, die man nicht irgendeiner fremden Zielvorstellung unterordnen darf. Letzter Zielpunkt bleibt das Schöne, nicht das Wahre und nicht die moralische Wirkung. Darum distanzierte er sich von den Naturalisten (↗ Naturalismus), für die die referentielle Funktion der Lit. zentral war. Die eigentliche Natur des Schönen wird bei F. nicht genau definiert; für den Schriftsteller ist es offensichtlich, daß das Schöne einzig das Ergebnis einer langen und geduldigen Arbeit an der ↗ Form sein kann, von der Berge von Entwürfen zu seinen Werken Zeugnis ablegen. Diese radikale Position einer ›reinen Kunst‹ mußte sich im ›literar. ↗ Feld‹ durchsetzen gegenüber den teilweise heteronomen Positionen einer konservativen bürgerlichen und einer subversiven sozialen Kunst. Zentral für F.s Schaffen ist die vorgängige Konzeption, die urspr. Idee des Werkes (er beruft sich hier auf Goethe). Der Stil, die Form, das unbestimmbare Schöne müssen aus dieser Konzeption hervorgehen. Ebenso wichtig in der konzeptuellen Phase ist die visuelle Wahrnehmung, die die Auswahl aus den vorgegebenen Elementen der ›Realität‹ bestimmt. Denn Kunst bedeutet immer auswählen und nicht bloß abbilden. Dann spielen Musikalität und der Wille, die plastischen Werte der Malerei mit Worten wiederzugeben, eine wichtige Rolle. Schließlich orientierte sich F.s Kunstwillen am Paradigma der Wissenschaft. Die Wissenschaftssprache ist bei ihm wegen ihrer Präzision stilistisches Vorbild. Die Berufung auf die Wissenschaft begründet seinen Willen, die Dinge an sich zu zeigen, ohne anthropomorphe Projektion und ohne Idealisierung. Wenn sich in den fünfziger Jahren die Forderung der ›Unparteilichkeit‹ mit dem Wissenschaftspostulat verbindet, so ist es später diejenige der Universalität. Durch ihren universellen Charakter soll die Lit. (ähnlich wie naturwissenschaftliche Gesetze) das Partikuläre transzendieren. Das Wissenschaftsparadigma prägt als poetologisches Konzept nicht nur den Schaffenshorizont F.s; die Methoden der Wissenschaft bestimmen auch seinen Schaffensprozeß. Das belegen die minutiösen historischen Nachforschungen als Vorarbeit zu seinen Romanen. Durch das Quellenstudium suchte er sich der Wahrscheinlichkeit seiner fiktionalen Welt zu versichern. Entscheidend blieb indes die Eigengesetzlichkeit des Romanuniversums. Letztlich ging es darum, die Wissenschaft für eine ästhetische Zielsetzung dienstbar zu machen: »Faire, à travers le Beau, vivant et vrai quand même«.

Lit.: G. Flaubert: *Correspondance. I: 1830–1851; II: 1851–1858; III: 1859–1868* (Hg. J. Bruneau), Paris 1973/80/91. – G. W. Frey: *Die ästhetische Begriffswelt F.s. Studien zur ästhetischen Terminologie der Briefe F.s,* Mchn. 1972. – J. Jurt: »Le statut de la littérature face à la science: le cas de F.«. In: G. Pagliano/A. Gómez-Moriano (Hgg.): *Ecrire en France au XIXe siècle,* Longueil, Montréal 1989. S. 175–192. – R. Debray Genette/J. Neefs (Hgg.): *L'œuvre de l'œuvre. Etudes sur la correspondance de F.,* Paris 1993.

JJ

Fokalisierung (engl. *focalization:* Scharfeinstellung), wie das dt. Korrelat ↗ ›Perspektive‹ und ›*point of view*‹ aus dem Bereich optischer Wahrnehmung stammender Zentralbegriff der Erzähltheorie zur *discours*-Ebene (↗ *Histoire* vs. *discours*). Er bezeichnet eine Konstituente der ↗ Erzählsituation und bezieht sich auf die Funktion des *focalizer,* einer narrativen Vermittlungsinstanz, die G. ↗ Genette mit den Leitfragen »qui voit?« (1972, S. 203) bzw. »qui perçoit?« (1983, S. 43) erfaßt, im Unterschied zum ↗ Erzähler, nach dem er mit »qui parle?« fragt (1972, S. 203). Bestimmend für eine erkennbare F. sind die Existenz eines Perspektivzentrums in der Erzählung, die Partialität der von diesem erfaßten Sachverhalte sowie deren Begrenzung durch einen mit dem jeweiligen Standpunkt gegebenen Horizont. Durch diese konstitutive Begrenztheit von F., die weit über eine optische Perspektivität hinaus sich auf Informationsstand und kogni-

tive, psychologische oder ›ideologische‹ Wahrnehmungs- und Bewertungsmuster bezieht, ist es epistemologisch fraglich, ob es eine ›Null-F.‹, wie sie Genette annimmt, geben kann (vgl. Toolan 1988, S. 67f.). Allerdings ist es sinnvoll, von einer mehr oder weniger prominenten F. auszugehen, und insofern verständlich, daß die meisten Theoretiker einen *focalizer* im Unterschied zum Erzähler nicht in allen Erzählungen ansetzen, z. B. nicht in Texten mit allwissendem Erzähler. – Typologisch lassen sich differenzieren: (a) nach der Spürbarkeit von F.: graduelle Abstufungen zwischen Perspektivismus bzw. deutlich begrenztem *point of view* und tendenziellem Aperspektivismus (vgl. Kablitz 1988); (b) nach der Zuordnung der F. zu erzähllogischen Ebenen: ›Innenperspektive‹ bei F. auf der intradiegetischen Ebene (Genette [1972, S. 206] spricht von »focalization interne«) vs. ›Außenperspektive‹ bei F. von der extradiegetischen Ebene aus (Genette [1972, S. 206f.] nennt dies »focalization zéro« und reserviert »focalization externe« für die im Grunde innenperspektivische ›*camera-eye technique*‹; Stanzel [1979, S. 150] definiert Innen-/Außenperspektive etwas anders: nach dem Kriterium der Standortwahl inner- oder außerhalb der Hauptfigur oder des Geschehenszentrums); neuerdings wird massiv für die von Genette und Stanzel ausgeschlossene Möglichkeit einer Personalunion zwischen extradiegetischem Erzähler und *focalizer* plädiert (vgl. Toolan 1988, S. 74; Jahn 1996), wie sie bei manchem unzuverlässigen Erzähler deutlich werden kann; (c) nach dem Grad der Anthropomorphisierung des Perspektivzentrums: Ver- oder Entpersönlichung der F. Diese v. a. für die Innenperspektive wichtige Unterscheidung ist konstitutiv für die Differenzierung von personaler Erzählsituation (mit ›Reflektorfigur[en]‹, vgl. Stanzel 1979) und neutraler Erzählsituation (mit einem *camera eye* als unpersönlichem Perspektivzentrum); (d) nach der Variabilität der F.: statische vs. variable, auf mehrere *focalizers* zentrierte F.

Lit.: T. Todorov: »Les catégories du récit littéraire«. In: *Communications* 8 (1966) S. 125–151. – Genette 1972/80. – Stanzel 1995 [1979]. – S.S. Lanser: *The Narrative Act. Point of View in Prose Fiction,* Princeton 1981. – Genette 1983/88/94. – A. Kablitz: »Erzählperspektive – *point of view* – *focalisation.* Überlegungen zu einem Konzept der Erzähltheorie«. In: *Zs. für frz. Sprache und Lit.* 98 (1988) S. 239–255. – M. J. Toolan: *Narrative. A Critical Linguistic Introduction,* Ldn. 1988. – M. Jahn: »Windows of Focalization. Deconstructing and Reconstructing a Narratological Concept«. In: *Style* 30 (1996) S. 241–267.

WW

Form (lat. *forma*: äußere Gestalt, Umriß), Grundbegriff der Lit.-, Kunst- und Kulturtheorie, der gerade wegen seines axiomatischen Charakters schwer zu fassen bzw. zu definieren ist und, wie schon Th. W. ↗ Adorno in seiner *Ästhetischen Theorie* (1970) bündig formuliert, »bis hinauf zu Valéry, den blinden Fleck von Ästhetik« (S. 211) bildet. An den zahlreichen Wandlungen, denen der neuzeitliche F.begriff unterliegt, läßt sich bes. gut die historische Bedingtheit jener lit.theoretischen Konzepte ablesen: So wird gegen Ende des 19. Jh.s eine ältere, organologische und anthropomorphe F.konzeption durch neue technomorphe Vorstellungen ersetzt, die im Futurismus und der ↗ Avantgardelit. überhaupt ihren Höhepunkt erreichen. Ferner ist zu unterscheiden zwischen ganzheitlichen F.konzepten, die meist mit der Vorstellung von unmittelbarer Prägnanz und Evidenz einhergehen, und differentiellen Ansätzen, wie sie aus der ↗ Dekonstruktion und der ↗ Systemtheorie vertraut sind. N. ↗ Luhmanns Beschreibung des modernen Lit.systems stützt sich nicht von ungefähr auf mathematische und physikalische F.modelle. So greift Luhmann in *Die Kunst der Gesellschaft* (1995) bezeichnenderweise auf das F.konzept des mathematischen Kalküls zurück und versteht die F. in Einklang mit G. Spencer-Brown als eine Unterscheidung, als Differenz zwischen ↗ Selbstreferenz und Fremdreferenz bzw. Grenzlinie zwischen einem markierten und einem unmarkierten Raum. Im Gegensatz zu älteren harmonistischen, ganzheitlichen F.modellen (etwa der seit J. J. Winckelmann geläufigen, klassischen Forderung der Wohlproportioniertheit und des Gleichgewichts) betont Luhmanns Ansatz die Asymmetrie und das Spannungsverhältnis, das sich zwischen den beiden Seiten der F. bzw. der Differenz auftut. – Im Gegensatz zum holistischen F.begriff erweist sich der differenztheoretische auch in der neueren Mediendebatte als durchaus anschlußfähig. Jene differentielle Spannung kann nämlich als die zwischen F. und Medium interpretiert werden. Auch das Medium, dem die literar. bzw. ästhetische F. aufgeprägt werden soll, stellt sich dabei, entgegen einem verbreiteten laienhaften Verständnis, nicht als eine amorphe, unstrukturierte Masse dar, sondern weist vielmehr selbst schon bestimmte charakteristische Strukturmerkmale auf. Genauer: Es besteht aus losen Kopplungen, die bei der F.fixierung zu festen Kopplungen verdichtet werden können.

Lit.: Th. W. Adorno: *Gesammelte Schriften*, Bd. 7, *Ästhetische Theorie* (Hgg. G. Adorno/R. Tiedemann),

FfM. 1970. – N. Luhmann: *Die Kunst der Gesellschaft*, FfM. 1995.

AS

Formalismus ↗ Russischer Formalismus

Forster, Edward Morgan (1879–1970), engl. Romanschriftsteller, Essayist, Biograph und Kritiker. – Studium am King's College, Cambridge; Mitglied der *Bloomsbury Group*; Karriere als freier Schriftsteller. Schon in seiner Studienzeit begann F., gegen die Normen und Beschränkungen des Viktorianismus aufzubegehren und sich für soziale und ästhetische Fragen zu interessieren, wobei er u. a. einerseits Themen von Autoren wie G. Meredith wieder aufgriff, andererseits aber einen freieren und umgangssprachlicheren Stil entwickelte. Nach dem großen Erfolg seines Romans *A Passage to India* (1924) wurde er von der Universität Cambridge eingeladen, die renommierten *Clark Lectures* für das akademische Jahr 1926–27 zu halten, die 1927 unter dem Titel *Aspects of the Novel* veröffentlicht wurden. Das Werk zählt zu den Klassikern der Romantheorie und Narratologie (↗ Erzähltheorien) des 20. Jh.s und enthält zahlreiche Definitionen und Analysen erzählerischer Komponenten fiktionaler Texte, die heute zum narratologischen Grundwissen gehören. F. setzt sich zunächst aus moderner Perspektive kritisch mit dem engl. Roman auseinander und stellt diesem als positives Gegenbeispiel die Werke Prousts, Tolstojs und Dostoevskijs gegenüber, die er wegen ihrer umfassenden Vision menschlichen Lebens, ihrer gründlichen Erforschung der Seele und ihres modernen Bewußtseins bes. schätzte. Schließlich attackiert F. diejenigen Kritiker, die Lit. nach außertextuellen Kategorien klassifizieren und somit unter Mißachtung der Autonomie des literar. Kunstwerks eine genaue Auseinandersetzung mit dem einzelnen Text vermeiden. Für die Analyse von Erzähltexten bietet F. ein begriffliches Instrumentarium. So unterscheidet er zwischen *story* und ↗ Plot, wobei erstere als die chronologische Verknüpfung des narrativen Geschehens und letzterer als die kausale Verknüpfung der Handlungselemente definiert wird. Während die *story* nach F. lediglich die Neugierde des Lesers befriedigt, beansprucht der Plot die Intelligenz und das Gedächtnis des Rezipienten und steht deshalb auf einer höheren Stufe. Bei der Darstellung von Charakteren ist nach F. die Fiktion realer als die Wirklichkeit, da sie auch Einblicke in die Psyche der Figuren gestattet. Dabei sind durch einen

Satz beschreibbare, statische und den Leser nie überraschende Typen oder *flat characters* von sich verändernden, dynamischen und den Leser mitunter verblüffenden *round characters* zu unterscheiden (↗ Charakter und Typ). F. nennt *fantasy* und *prophecy* als weitere Elemente des Romans und weist ihnen die Aufgabe des Verweises auf Wertestrukturen hinter den äußeren Erscheinungsformen der Welt zu. Er nähert damit den Roman der Religion und der Philosophie an und macht ihn zum Instrument moderner Sinnsuche. *Rhythm* und *pattern* sind die Techniken, mittels derer *fantasy* und *prophecy* im Roman zum Ausdruck kommen, wobei sich F. eines Vergleichs mit der Form von Beethovens 5. Sinfonie bedient, deren Rhythmus wie der eines guten Romans das gesamte Kunstwerk zusammenhält. Für F. liegt die Schönheit großer Musik in ihrer expansiven Offenheit, so daß er sich in bezug auf den Roman gegen die Abgeschlossenheit konventioneller Romanenden wendet. Durch die ästhetische organische Einheit und die gleichzeitige Offenheit des Textes bleibt so die Möglichkeit des Verweises auf Transzendentes, Ewiges, Übernatürliches, d. h. auf einen Sinn. In typisch modernistischer Manier ist Forster hier wie auch in einigen seiner anderen theoretischen Schriften, z. B. in *Two Cheers for Democracy* (1951), sowohl von formaler Analyse als auch von bis in Bereiche der Mystik reichenden Fragen nach Sinnhaftigkeit und Werten fasziniert. F. war ein humanistischer Kritiker, der die Lit.theorie v. a. durch seinen Beitrag zum Instrumentarium der Erzähltextanalyse bereichert hat.

Lit.: E. M. Forster: *Aspects of the Novel*, Ldn. 1927. – ders.: *Abinger Harvest*, Ldn. 1936. – ders.: *Two Cheers for Democracy*, Ldn. 1951. – H. Antor: *The Bloomsbury Group. Its Philosophy, Aesthetics, and Literary Achievement*, Heidelberg 1986. Bes. S. 79–94.

HA

Foucault, Michel (1926–1984), frz. Historiker und Philosoph. – F. zählt seit den 70er Jahren zu den einflußreichsten Theoretikern für die Lit.-wissenschaft. Er kann als Begründer der Diskursanalyse gelten (↗ Diskurstheorien und Diskurs), und er hat maßgeblich anderweitige Paradigmata wie den ↗ *New Historicism* geprägt. Nach dem Studium der Philosophie und Psychologie lehrte er an mehreren frz. Universitäten Philosophie. 1970 übernahm er den Lehrstuhl für die Geschichte der Denksysteme am Collège de France. Die Wirkung, die F. für die Lit.wissenschaft gewonnen hat, beruht wesentlich darauf,

daß er ihr eine Alternative zur traditionellen ↗ Geistesgeschichte bot. Statt die Entwicklung einzelner Ideen zu verfolgen, hat er in seinen Schriften stets Ordnungen des Denkens rekonstruiert, die jeden einzelnen Wissensbestand als Teil eines übergreifenden Systems verstehen lassen. Geschichte erscheint deshalb als eine Transformation solcher Ordnungen, als eine Veränderung der Beziehung zwischen den Dingen. Dies zeigt sich bereits in F.s Arbeit *Folie et déraison. Histoire de la folie à l'âge classique* aus dem Jahr 1961. Sie beschreibt für das Zeitalter der Klassik ein Konzept des Wahnsinns, in dem der Wahn als bloße Verneinung der Vernunft erscheint. Er wird als ein allein negatives Phänomen, als die Umkehrung aller Ordnung, begriffen. Dies ändert sich an der Wende zum 19. Jh. Nun beginnt der Wahnsinn eine rätselhafte Größe zu werden, deren unbekannte Eigenschaften zu ermitteln sind. Als Gegenstand eines eigenen Interesses wird der Wahn zur positiven Entität des Wissens. Charakteristisch ist schon für dieses Buch die Untersuchung der Beziehung zwischen den Diskursen des Wahnsinns und den sozialen Praktiken, mit ihm umzugehen. Es ist nicht zuletzt diese Kombination von Empirie und Theorie, die F.s Studien ihre fortwährende Faszination verliehen haben. – Das für F.s Denken zentrale Konzept einer Diskursarchäologie hat er v. a. in seinem wohl meistzitierten Werk, *Les mots et les choses. Une archéologie des sciences humaines* (1966), entwickelt. F. beschreibt darin den Weg, den das abendländische Denken seit der Antike genommen hat, als eine Ablösung verschiedener epistemologischer Ordnungen, die durch eine jeweils spezifische Vorstellung vom sprachlichen Zeichen bestimmt werden (↗ Episteme). Maßgeblich für das Denken ist bis zum 16. Jh. die Konzeption des Zeichens als einer Ordnung des Ähnlichen gewesen. Die Zeichen und die Dinge werden austauschbar, weil die Ähnlichkeit sich vom Zeichenbezug nicht unterscheiden läßt. Die sich seit dem 17. Jh. formierende Ordnung des klassischen Denkens bedeutet einen radikalen Bruch mit dieser Vorstellung. Nun wird das Zeichen zu einer Größe, das von den Dingen selbst radikal getrennt wird. Der Bezug des Zeichens zu seinem Gegenstand wird willkürlich, zugleich gewinnt das Zeichen damit eine vollkommene Transparenz für den je bezeichneten Gegenstand. Die Dinge selbst sind in einer logischen Ordnung, in einer Taxonomie einander zugeordnet. Diese Struktur ändert sich an der Wende zum 19. Jh. noch einmal grundlegend. Die nun entstehende sog. Tiefenepistemologie der Moderne ist charakterisiert durch eine tiefe Zweiteilung. In einer völligen Umkehr der klassischen Ordnung verlieren die Zeichen ihre Transparenz. An der Oberfläche der Dinge angesiedelt, werden sie dunkel, ihre Bedeutung erscheint rätselhaft. Zugleich wirken in der Tiefe der Dinge metaphysische dynamische Kräfte, die sich aller Beobachtung entziehen und den verborgenen Grund des Seins bezeichnen. Es sind dies die Geschichte, die Arbeit und v.a. das Leben. In dieser Ordnung des Denkens haben auch die nun entstehenden Humanwissenschaften ihren Ort. Die Rekonstruktion solcher sich wandelnder Voraussetzungen des Denkens hat F. zu einem engagierten Kritiker der Kategorie des ↗ Subjekts werden lassen. Zielt die Philosophie der Neuzeit gerade auf das Subjekt als den Ursprung aller Wahrheit und Wahrheitserkenntnis, so geht es F. darum, die Fiktionen einer solchen Annahme aufzudecken. Das Subjekt wird zu einem bloßen Element in einem ihm stets vorausgehenden diskursiven Regelwerk. – Seit den 70er Jahren und nicht zuletzt unter dem Einfluß seiner Nietzsche-Lektüre ändern sich F.s Vorstellungen über das Funktionieren des Denkens in einer wesentlichen Hinsicht. Erschien er bislang als ein Archäologe, der sich ablösende statische Ordnungen rekonstruierte, so gewinnt nun ein dynamisches Moment entscheidende Bedeutung. F. wird zum Theoretiker der ↗ Macht, einer letztlich metaphysischen Entität, die den Willen zur Wahrheit regiert und den Kern alles Denkens bildet. Bes. konsequent hat F. diesen Gedanken in seiner dreibändigen *Histoire de la sexualité* (1976–1984) verfolgt. Er unterscheidet hier zwei grundsätzlich verschiedene Kulturen des Eros. Kennzeichnend für die Antike ist eine *ars erotica*. Der Sexus ist hier Gegenstand eines vermittelbaren Wissens, die Wahrheit wird aus der Lust bezogen. Demgegenüber entwickelt sich seit dem MA. eine *scientia sexualis*, für die der Sexus Gegenstand eines beständigen Interesses, einer fortwährenden Suche nach seiner verborgenen Wahrheit ist. Ihr korrespondiert nicht die für die *ars erotica* charakteristische Bewahrung und Tradierung eines aus Erfahrung gesammelten Wissens; sie entwickelt vielmehr Prozeduren zur Ermittlung der verborgenen Wahrheit des Eros. Ihr entspricht eine Institution wie das Bußsakrament oder eine Kommunikationsform wie das Geständnis; ihr korrespondieren diskursive Strategien der Macht.

Lit.: M. Foucault: *Folie et déraison*, Paris 1961 (dt. *Wahnsinn und Gesellschaft*, FfM. 1995 [1969]). – ders.: *Naissance de la clinique*, Paris 1963 (dt. *Die Geburt der Klinik*, FfM. 1996 [1973]). – ders.: *Les mots et les choses*, Paris 1966 (dt. *Die Ordnung der Dinge*, FfM. 1997 [1971]). – ders.: *L'archéologie du savoir*, Paris 1969 (dt. *Archäologie des Wissens*, FfM. 1997 [1973]). – ders.: *L'ordre du discours*, Paris 1971 (dt. *Die Ordnung des Diskurses*, FfM. 1996 [1974]). – ders.: *Surveiller et punir*, Paris 1975 (dt. *Überwachen und Strafen*, FfM. 1997 [1976]). – ders.: *Histoire de la sexualité I*, Paris 1976 (dt. *Sexualität und Wahrheit I. Der Wille zum Wissen*, FfM. 1997 [1977]). – ders.: *Histoire de la sexualité II*, Paris 1984 (dt. *Sexualität und Wahrheit II. Der Gebrauch der Lüste*, FfM. 1995 [1986]). – ders.: *Histoire de la sexualité III*, Paris 1984 (dt. *Sexualität und Wahrheit III. Die Sorge um sich*, FfM. 1995 [1986]).– F. A. Kittler/H. Turk: *Urszenen. Lit.wissenschaft als Diskursanalyse und Diskurskritik*, FfM. 1977. – H.L. Dreyfus/P. Rabinow: *M.F.: Beyond Structuralism and Hermeneutics*, Chicago 1996 [1982] (dt. *M.F.: Jenseits von Strukturalismus und Hermeneutik*, Weinheim et al. 1994). – J. Habermas: *Der philosophische Diskurs der Moderne*, FfM. 1996 [1985]. – D. Carroll: *Paraesthetics. F. – Lyotard – Derrida*, N.Y. 1987. – Fohrmann/Müller 1992 [1988]. – H. Fink-Eitel: *F. zur Einf.*, Hbg. 1997 [1989]. – C. Kammler: »Historische Diskursanalyse (M.F.)«. In: Bogdal 1997 [1990]. S. 32–56. – F. Ewald/B. Waldenfels (Hgg.): *Spiele der Wahrheit. M.F.s Denken*, FfM. 1991. – H.H. Kögler: *M.F.*, Stgt./Weimar 1994. – J. Link: *Versuch über den Normalismus. Wie Normalität produziert wird*, Opladen 1997.

AK

Frames ↗ Schema und Schematheorie

Frankfurter Schule, erst seit den 50er Jahren gebräuchliche Bezeichnung für die philosophisch-soziologisch ausgerichtete Forschergruppe um M. ↗ Horkheimer, die sich in den frühen 30er Jahren am Frankfurter Institut für Sozialforschung konstituierte und aus der die ↗ Kritische Theorie hervorging; eine im wesentlichen auf K. ↗ Marx und S. ↗ Freud zurückgreifende Gesellschaftsphilosophie mit einem starken interdisziplinären Anfangsimpuls, einer zumindest bis in die 50er andauernden empirischen Ausrichtung, geprägt von der erzwungenen Emigration der jüdischen Forschergruppe, einer in jüdischer Tradition stehenden Erlösungshoffnung und einer sehr starken Betonung ästhetischer Reflexion. Nach R. Wiggershaus (1988, S. 10) macht die Bezeichnung des Horkheimer-Kreises als ›Schule‹ Sinn: Man verfügte von Anfang an über einen eigenen ›institutionellen Rahmen‹ der Forschungsarbeit; Horkheimer war die ›charismatische Persönlichkeit‹, die über die Extremsituation der Emigration und die Neugründung in der jungen Bundesrepublik hinweg bis in die späten 60er Jahre die Integration gewährleistete; seine Antrittsrede als Institutsdirektor stellte das ›Manifest‹, das sozialphilosophische Programm dar, wie sein Aufsatz über »Traditionelle und kritische Theorie« (1970) das neue theoretische Paradigma umriß; schließlich waren die *Zs. für Sozialforschung* (1932–1939) und ihre Nachfolgezeitschriften die Publikationsorgane, die die Außendarstellung der F.Sch. leisteten. – Das Institut für Sozialforschung war 1923 von dem jüdischen Unternehmersohn F. Weil begründet worden; dieser hatte begeistert den Marxismus rezipiert und schaffte mit seiner umfänglichen Stiftung die Möglichkeit einer programmatisch von Moskau, der Komintern und der KPD unabhängigen marxistischen Gesellschaftsforschung. Erster Leiter des Instituts war der Soziologe C. Grünberg, dem schon 1930 Horkheimer folgte. Die Forschung in der Grünberg-Ära konzentrierte sich auf marxistisch inspirierte, ökonomiegeschichtliche Projekte, zeitgleich mit dem Wechsel im Direktorium kam mit der Verpflichtung E. Fromms ein psychoanalytischer Forschungsaspekt hinzu. Mitarbeiter des Instituts waren darüber hinaus der Soziologe und ›Ur-Freund‹ Horkheimers F. Pollock, der eher lit.- bzw. kulturhistorisch arbeitende L. Löwenthal, der 1932 H. ↗ Marcuse als Mitarbeiter gewann; Th. W. ↗ Adorno publizierte in der *Zs. für Sozialforschung*, Kontakt zum Institut aus je unterschiedlicher Entfernung hatten u. a. auch G. ↗ Lukács, S. ↗ Kracauer, E. ↗ Bloch und W. ↗ Benjamin. – Horkheimer gelang es aufgrund der weitsichtigen Vorbereitung der Emigration, das Institut über Genf nach New York zu retten. Auch angeregt durch die avancierten Methoden empirischer Sozialforschung in den USA führte das Institut von 1933 an verschiedenste Projekte durch: empirische Studien zu spezifischen Fragen von Autoritätseinstellungen bei Studenten bzw. Arbeitslosen; die beispielhaften *Studien über Autorität und Familie* (1936), die die kritische Gesellschaftstheorie mit sozialpsychologischen Erkenntnissen vermittelten und damit zu einem Erklärungsmodell für die Entstehung faschistischer Strukturen beitrugen. Horkheimer praktizierte in der Emigration eine geschickte, wenn auch nicht unproblematische Außen- und Personalpolitik: Den beginnenden antikommunistischen Tendenzen in den USA wollte man sich nicht durch zu starke Betonung marxistischer Standpunkte ausliefern; die Beginn der 40er Jahre zunehmend prekär werdende finanzielle Situation des Instituts führte zur Trennung von fast allen Mitarbeitern, der interdisziplinäre Aspekt des Forschungskonzeptes trat damit

weit in den Hintergrund. Horkheimer sah v. a. in Adorno, seit 1938 in New York, den geeigneten Mitarbeiter für sein großes Dialektik-Projekt und der ins Zentrum rückenden Antisemitismusforschung (aus denen schließlich die *Dialektik der Aufklärung* (1944/1947) hervorging). Die Wiedereinrichtung des Instituts in Frankfurt bedeutete die Rückkehr eines marxistischen und jüdischen Instituts ins nachfaschistische Deutschland. Horkheimer (von 1951–53 war er Rektor der Frankfurter Universität) erwies sich aber auch hier als politischer Taktiker. Einerseits betätigte sich das IfS an nachgerade ›kapitalfreundlichen‹ empirischen Untersuchungen (etwa die ›Mannesmann-Studie‹ *Betriebsklima* von 1955), andererseits waren es gerade die thematisch breit gestreuten publizistischen Arbeiten Adornos, Marcuses und später auch J. ↗ Habermas', die, neben der charismatischen Integrationsfigur Horkheimer, mit ihrem pessimistisch-kritischen Blick auf die nachfaschistische Bundesrepublik der F.Sch. zu ihrem Profil verhalfen. Die Auseinandersetzung Adornos und Habermas' mit dem soziologischen Positivismus, mit M. ↗ Heidegger und H. G. ↗ Gadamer markierten ebendiesen Fortbestand der Grundlagen kritischer Gesellschaftstheorie, der dem Horkheimerkreis um das Institut erst die Bezeichnung als ›Schule‹ eintrug. Gegenüber der aufkommenden Studentenbewegung verhielten sich Horkheimer, Adorno und auch Marcuse weitgehend distanziert, sie wehrten die vermeintliche praktische Einlösung einer gesellschaftlichen Hoffnung, zudem durch ein ›falsches‹ gesellschaftliches Subjekt, die Studentenschaft, ab. – Aus dem Umkreis der F.Sch. ging schon seit den späten 20er Jahren ein breites Spektrum lit.-ästhetischer Publikationen hervor: Löwenthals inhaltlich-ideologiekritisch bzw. sozialgeschichtlich argumentierende Studien; Benjamins Aufsätze u. a. zum ↗ Erzähler, die ›Wahlverwandtschaften‹-Studie oder seine abgelehnte Habilitationsschrift zum *Ursprung des dt. Trauerspiels* (1925); die Vielzahl der musiktheoretischen und -soziologischen, lit.wissenschaftlichen und ästhetisch-theoretischen Aufsätze Adornos (von den frühen Musikkritiken, der »Philosophie der neuen Musik« über die *Noten zur Lit.* bis hin zur *Ästhetischen Theorie*), die ganz anders als die Schriften Löwenthals den konstruktiven Umgang des Kunstwerks mit dem ›Material‹ in den Vordergrund stellen und, im Rückgriff auf Benjamin, auf die Spuren von Hoffnung und Erlösung setzen, die im Kunstwerk aufscheinen. Insgesamt erscheint damit die lit.theoretisch-ästhetische Produktion der F. Sch. als zu inhomogen, um sie auf einen Begriff, auf ein Konzept zu bringen; vielmehr repräsentiert sie ein breites Spektrum historisch und konzeptionell sehr unterschiedlicher Zugänge zu kunsttheoretischer Reflexion: Die kritische Theorie der F.Sch. hat auch international große Resonanz gefunden; ihre Rezeption hat maßgeblich zur Entwicklung des ↗ *Cultural Materialism* und der ↗ *Cultural Studies* in Großbritannien beigetragen.

Lit.: s. ↗ Kritische Theorie.

BJ

Französischer Strukturalismus ↗ Strukturalismus, amerikanischer, französischer, genetischer

Frauenbilder, die Untersuchung von F.n, im anglo-am. Bereich als ›*Images of Women*‹ *criticism* bekannt, gehört zu den frühesten Interpretationsansätzen innerhalb der feministischen Lit.wissenschaft (vgl. ↗ feministische Lit.theorien). Hier decken Kritikerinnen die männlichen Sichtweisen in literar. Werken von Autoren auf, indem sie diese Texte auf die darin enthaltenen Weiblichkeitsentwürfe hin untersuchen. Dabei zeigt sich, daß bestimmte F. wie das der *femme fatale*, der Heiligen, der Kindsfrau, der Hure, des Engels im trauten Heim usw. die westliche Lit. und Kultur durchziehen. Die Analyse solcher F. macht deutlich, wie sehr ↗ Weiblichkeit in der Lit. nach männlichen Bedürfnissen gestaltet bzw. nach patriarchalischen Vorstellungen verfügbar gemacht wird. – Zwei feministische Klassiker, nämlich M. Ellmanns *Thinking about Women* (1968) und K. ↗ Milletts *Sexual Politics* (1970), bildeten die Grundlage für die explosionsartige Entwicklung dieser von E. ↗ Showalter als *feminist critique* bezeichneten Forschungsrichtung. Ein Hauptanliegen in dieser ersten Phase der feministischen Lit.wissenschaft war es, die Forderungen nach politischen und sozialen Veränderungen auch auf kulturelle und akademische Bereiche auszudehnen. In ihrer bahnbrechenden Dissertation *Sexual Politics*, die zum internationalen Bestseller wurde, gelingt Millett die Verbindung von politisch orientierter Patriarchatskritik (↗ Patriarchat) und institutionalisierter lit.-wissenschaftlicher Forschung. Durch ein subversives ↗ ›Gegen-den-Strich‹-Lesen entdeckt sie in von Männern verfaßten literar.-kulturellen Standardwerken all jene F., welche durch ↗ Misogynie gekennzeichnet sind und welche die hierarchischen Machtverhältnisse zwischen den Geschlechtern fortschreiben. Ellmanns Buch

widmet sich den ↗ Geschlechterstereotypen in literar. Texten von Männern und Frauen sowie den Geschlechterklischees in Rezensionen und kritischen Studien zur Lit. Dabei zeigt sie insbes. die subtilen Strategien eines autoritären und manipulativ verzerrenden Diskurses bei der literar. Darstellung von Frauen und bei der lit.kritischen Bewertung von Autorinnen auf. – In den 70er Jahren wurde der ›*Images of Women*‹ *criticism* zu einem zentralen Forschungsschwerpunkt der anglo-am. feministischen Lit.wissenschaft; dies belegt schon die enorm hohe Anzahl entsprechender Publikationen in diesem Bereich. Hier wurde v.a. der ↗ Wirklichkeitsbezug von Lit. hervorgehoben und literar. Rezeption als eine Art Kommunikation zwischen AutorInnen- und LeserInnenerfahrung begriffen, was bisweilen zu einer ›ultra-realistischen‹ Position (vgl. Moi 1985, S. 45) führte. Erst seit der stärker autorinnenzentrierten zweiten Phase der feministischen Lit.wissenschaft wenden sich Wissenschaftlerinnen bei der Analyse von F.n auch solchen Texten zu, die endgültige Festlegungen und Begrenzungen in Bezug auf das Bild der Frau vermeiden und deren palimpsestartige (↗ Palimpsest) oder nichtrealistische Darstellungsformen einer unbestimmten, vieldeutigen Weiblichkeit Raum geben. Der konsequente kulturhistorische Ansatz bei der Untersuchung von F.n wird in den ↗ Gender Studies weiter fortgeführt, indem die zeitgenössischen *sex-gender*-Systeme, in welche die jeweiligen F. eingebettet sind, erforscht werden.

Lit.: S.K. Cornillon (Hg.): *Images of Women in Fiction. Feminist Perspectives*, Bowling Green, 1972. – I. Stephan: »›Bilder und immer wieder Bilder...‹. Überlegungen zur Untersuchung von F.n in männlicher Lit.«. In: dies./S. Weigel (Hgg.): *Die verborgene Frau. Sechs Beiträge zu einer feministischen Lit.wissenschaft*, Bln. 1983. S. 15–35. – Moi 1994 [1985]. – Th. Fischer-Seidel (Hg.): *Frauen und Frauendarstellung in der engl. und am. Lit.*, Tüb. 1991.

DF/SSch

Frauenforschung ↗ Feministische Literaturtheorie; ↗ Gender Studies; ↗ Women's Studies

Fremdverstehen, der Begriff F. ist eng verwandt mit dem Konzept des ↗ Verstehens, betont jedoch explizit Aspekte interkultureller Verständigung (die Begriffe ›interkulturelle Verständigung‹ bzw. ›interkulturelles Verstehen‹ werden daher häufig synonym zu F. gebraucht). Während die Auseinandersetzung mit dem Verstehen der von W. ↗ Dilthey in Abgrenzung zum logisch-kausalen Erklären der Naturwissenschaften konzipierten geisteswissenschaftlichen

Methode der ↗ Hermeneutik zugrundeliegt und darüber hinaus auf eine bis in die Antike zurückreichende wissenschaftsgeschichtliche Tradition zurückblickt, hat sich F. erst in jüngerer Zeit als Forschungsbereich etabliert. – Die Beschäftigung mit der Vermittlung, den Voraussetzungen, Grenzen und Möglichkeiten von F. erfolgt mit unterschiedlichen Zielsetzungen und Methoden u.a. in der Ethnologie, Psychologie, Kommunikationsforschung, Philosophie, Theologie sowie der Fremdsprachen- und Lit.didaktik. Im Zuge der postkolonialen Debatte wird F. kontrovers diskutiert: Kritische Positionen lehnen F. teilweise als Vereinnahmung des Fremden durch Reduzierung auf vertraute Schemata ab bzw. stellen F. als eigenständiges Konzept in Frage, da jedes Verstehen, auch im Kontext des Eigenen, aufgrund der Heterogenität von Kulturen im Prinzip F. sei; dagegen heben Befürworter den Dialogcharakter und die Prozeßhaftigkeit des F.s hervor, deren detaillierte Analyse es ermöglicht, »das F. in seiner Besonderheit zu erfassen, ohne es als unmöglich anzusehen oder es zu trivialisieren« (Bredella/Christ 1995, S. 10). Davon ausgehend versucht die Lit.didaktik, durch bewußte Unterscheidung zwischen Innen- und Außenperspektive und Anleitung zur ↗ Perspektivenübernahme die eigene ↗ Identität zu hinterfragen und zugleich eine Annäherung an das Fremde zu erreichen. Während dabei meist Gemeinsamkeiten zwischen eigener und fremder Kultur betont werden, setzen andere Ansätze, etwa aus dem Bereich interkultureller Wirtschaftskommunikation, den Schwerpunkt auf kulturspezifische Unterschiede, wenn sie, z.B. im Rahmen auslandsorientierter Aus- und Weiterbildung, durch Gegenüberstellung konfliktträchtiger Episoden (sog. *critical incidents*) aus Herkunfts- und Zielsprache interkulturelle Kompetenz zu vermitteln versuchen. – Die große Relevanz der Debatte um F. in einer zunehmend multikulturellen Gesellschaft (↗ Multikulturalismus) und vor dem Hintergrund der fortschreitenden Internationalisierung kultureller und ökonomischer Beziehungen zeigt sich an der Vielzahl von Seminaren, Tagungen und Schriftenreihen zum Thema, der Einführung neuer fremdkulturorientierter Studiengänge, wie etwa der Fächer Interkulturelle Germanistik oder Interkulturelle (Wirtschafts)Kommunikation, sowie der Entwicklung einer ↗ Xenologie.

Lit.: Th. Sundermeier (Hg.): *Die Begegnung mit dem Anderen. Plädoyers für eine interkulturelle Hermeneutik*, Gütersloh 1991. – B. Thum/G.-L. Fink (Hgg.): *Praxis interkultureller Germanistik. Forschung – Bil-* dung – Politik, Mchn. 1993. – L. Bredella/H. Christ: »Didaktik des F.s im Rahmen einer Theorie des Lehrens und Lernens fremder Sprachen«. In: dies. (Hgg.): *Didaktik des F.s*, Tüb. 1995. S. 8–19. – B.-D. Müller: »Sekundärerfahrung und F.«. In: J. Bolten (Hg.): *Cross-Culture. Interkulturelles Handeln in der Wirtschaft*, Sternenfels/Bln. 1995. S. 43–58. – A. Wierlacher/G. Stötzel (Hgg.): *Blickwinkel. Kulturelle Optik und interkulturelle Gegenstandskonstitution*, Mchn. 1996. – L. Bredella et al. (Hgg.): *Thema F.: Arbeiten aus dem Graduiertenkolleg »Didaktik des F.s«*, Tüb. 1997.

RS

Frequenz (lat. *frequentia*: Häufigkeit), in G. ↗ Genettes ›Discours du récit‹ (*Figures III*, 1972) neben Ordnung (↗ Anachronie) und ↗ Dauer die dritte Kategorie zur Untersuchung temporaler Beziehungen zwischen Geschichte und Erzählung. Bei der Frequenzanalyse geht es um die Wiederholungs- bzw. Häufigkeitsbeziehungen, die sich zwischen den erzählten Ereignissen (Geschichte) und den narrativen Aussagen (Erzählung) ergeben können (↗ *histoire* vs. *discours*). – Ausgehend von der Tatsache, daß sowohl ein Ereignis als auch eine Aussage wiederholt werden kann, differenziert Genette zwischen folgenden Typen narrativer Wiederholungen: die singulative Erzählung (einmal erzählen, was einmal passiert ist), die anaphorische Erzählung (n-mal erzählen, was n-mal passiert ist), die repetitive Erzählung (n-mal erzählen, was einmal passiert ist), und die iterative Erzählung (einmal erzählen, was n-mal passiert ist). – Genette entwickelt drei Merkmale zur Unterscheidung derjenigen singulären Einheiten, aus denen eine iterative Reihe und ihre iterative Erzählung bestehen. Wenn diachronische Angaben gemacht werden, werden die Grenzen, also Anfang und Ende einer Reihe determiniert, auch wenn diese ›Determination‹ implizit oder unbestimmt bleibt. Wenn man beispielsweise vom Sommer spricht, ist dieser durch die Monate Juni bis August begrenzt. Wird die rhythmische Wiederkehr singulärer Einheiten betont, wird eine ›Spezifikation‹ vorgenommen. So impliziert eine Aussage wie ›bei schönem Wetter‹ eine Wiederholung des mit dieser adverbialen Bestimmung versehenen Erzählten. Mit dem Begriff ›Extension‹ bezeichnet Genette die zeitliche Ausdehnung oder den Umfang einer iterativen Reihe. Diese Angaben können von einer eher punktuellen Natur sein (z.B. die Uhrzeit), sie können aber auch eine längere Phase betreffen (z.B. ›eine schlaflose Nacht‹).

Lit.: Genette 1972/80. – S. Chatman: »Genette's Analysis of Narrative Time Relations«. In: *L'Esprit Créateur* 14 (1974) S. 353–368. – Genette 1983/88/94.

BM

Freud, Sigmund (1856–1919), Neurologe und Psychiater, Begründer der Psychoanalyse. – F., der von 1859 bis zu seiner erzwungenen Emigration 1938 in Wien lebte, nahm dort 1873 das Medizinstudium auf und spezialisierte sich auf Neuropathologie. 1885 wurde er zum Privatdozenten für Nervenkrankheiten ernannt. Im Rahmen einer Hypnosebehandlung von Anna O., einer Patientin des Arztes J. Breuer, ›entdeckte‹ F. den für die Psychoanalyse konstitutiven Unterschied zwischen bewußten Prozessen und dem ↗ Unbewußten, d.h. demjenigen Teil des Seelenlebens, der sich nicht dem Realitätsprinzip beugt und an dem die Phantasie und damit auch ästhetische Kreativität ihren Ursprung hat. 1895 veröffentlichte F. seine *Studien über Hysterie*. Hier zeigt sich bereits die für die Psychoanalyse charakteristische Emphase auf der prägenden Kraft kindlicher Sexualität bzw. des Lustprinzips. In den 1890er Jahren entwickelte F. die Grundzüge der Psychoanalyse, die er in seiner *Traumdeutung* (1900) darlegte. In diesem Werk, das für die Übertragung psychoanalytischer Methoden auf literar. Texte grundlegend ist, macht F. die scheinbar chaotischen Traumproduktionen einer Deutung zugänglich, indem er sie als Ausdruck unbewußter Ängste und Wünsche interpretiert. Dieser latente, verborgene Trauminhalt erscheint im manifesten Traumtext bruchstückhaft und verschoben in Form einer Bildersprache. Den Nachweis der Wirkungen des Unbewußten im Alltagsleben, etwa in Form von Fehlleistungen wie Vergessen, Versprechern und Druckfehlern, versuchte F. in der Studie *Zur Psychopathologie des Alltagslebens* (1904) zu erbringen. Erst mit *Drei Abhandlungen zur Sexualtheorie* und *Der Witz und seine Beziehungen zum Unbewußten* (beide 1905) wurde die Psychoanalyse bekannt und gewann allmählich auch international Anhänger. F.s spätere Schriften demonstrieren die Verbindungen zwischen Psychoanalyse und ↗ Kulturtheorie. In *Totem und Tabu* (1913), einer psychologischen Deutung der Urgesellschaft, beschäftigt sich F. mit den Ursprüngen von Religion und Moral, in *Das Unbehagen in der Kultur* (1930) mit der Unterdrückung von Triebstrukturen zugunsten von Zivilisationsprozessen. – F.s Werk hatte großen Einfluß auf die moderne Kunst- und Lit.theorie. F. hat selbst verschiedene psychoanalytische Interpretationen von Kunstwerken, insbes. von literar. Texten, vorgenommen. Das bekannteste Beispiel ist seine Deutung von Sophokles' *Oedipus Rex* und Shakespeares *Hamlet* in der *Traumdeutung*. Hier analysiert er die Art und Schwere der tragischen Katastrophe des König Ödipus sowie Hamlets Zögern bei der Rache für den Tod seines Vaters. Diese bis dahin lit.wissenschaftlich nicht erklärbaren Phänomene sowie die kathartische Wirkung (↗ Katharsis) dieser Tragödien begründet er mit der Wirkkraft ödipaler Phantasien. – Aus diesen Thesen leitete die ›klassische‹ ↗ Psychoanalytische Lit.wissenschaft drei verschiedene Ansätze ab: (a) einen psychobiologischen Ansatz, in dem das Werk als Symptom für die unbewußten Triebphantasien des Autors gesehen wird, (b) einen textbezogenen Ansatz, in dem literar. ↗ Figuren einer Charakter(psycho)analyse unterzogen werden, und (c) einen rezipientenbezogenen Ansatz, in dem das ästhetische Vergnügen mit der Freisetzung des universell, also auch beim Rezipienten wirkenden unbewußten ↗ Begehrens erklärt wird. In dem lit.theoretischen Aufsatz »Der Dichter und das Phantasieren« (1908) bestimmt F. literar.-kulturelle Kreativität als die sozial akzeptierte ↗ Sublimierung unbewußter Energien. Indem er literar. Texte mit Tagträumen gleichsetzt, werden die latenten Gehalte von Lit. mit den Methoden der psychoanalytischen Traumanalyse entschlüsselbar. Hieraus entwickelte sich später die Symbolanalyse, die z.T. recht rigide und monoton der F.schen Liste von Sexualsymbolen (im Anhang zur Traumdeutung) folgte. – Das populäre Bild einer doktrinär-reduktiven F.schen Lit.-kritik ist hinlänglich bekannt. Auch wenn aus F.s Werk keine kohärente ↗ Ästhetik ableitbar ist, so stellt es doch Möglichkeiten bereit, neue, nicht vom aufklärerischen und historistischen Denken bestimmte Bedeutungsvariationen literar. Texte zu ermitteln und Kategorien wie das Unheimliche (vgl. *Gesammelte Werke* Bd. 12, S. 229–268) oder literar. ↗ Imagination (be)greifbar zu machen. – Die heutige Auseinandersetzung mit F. geht v.a. auf dessen Re-Visionen durch J. ↗ Lacan sowie durch die ↗ feministische Lit.-theorie zurück. Ersterer hat F.s Ansatz um eine linguistische Komponente erweitert, seine Vorstellung von psychischer Identität modifiziert und den Begriff des Begehrens neu bestimmt. Letztere hat die patriarchalischen bzw. phallozentrischen Strukturen (↗ Phallozentrismus) in F.s Theorie des Unbewußten kritisiert und sie um eine angemessene Darstellung der weiblichen Psyche ergänzt.

Lit.: S. Freud: *Gesammelte Werke* (Hg. A. Freud et al.), 18 Bde. und Nachtragsbd., Ldn./FfM. 1940 ff. – ders.: *Studienausgabe* (Hgg. A. Mitscherlich et al.), 10 Bde., rev. Neuausg., FfM. 1989 [1969–1975]. – E. Jones: *The Life and Work of S.F.*, 3 Bde., Ldn. 1954–1957. –

J. J. Spector: *F. und die Ästhetik. Psychoanalyse, Lit. und Kunst*, Mchn. 1973 [1972]. – H.-M. Lohmann: *F. zur Einf.*, Hbg. 1991 [1986]. – P. Gay: *F.: Eine Biographie für unsere Zeit*, FfM. 1995 [1988].

DF

Friedrich, Hugo (1904–78), Romanist. – *Die Klassiker des frz. Romans: Stendhal, Balzac, Flaubert* (Lpz. 1939; später umbenannt in *Drei Klassiker* ...), *Die Struktur der modernen Lyrik*, 1956; *Die Rechtsmetaphysik der Göttlichen Komödie*, 1941; *Epochen der ital. Lyrik*, 1964 sowie die Monographie *Montaigne* (1949): dies sind die Werke, durch die F., der von 1957 bis 1970 an der Universität Freiburg lehrte, weit über die Grenzen seines Faches hinaus berühmt wurde. Mit seinem Buch über Stendhal, H. de Balzac und G. Flaubert zeichnet F. das Profil des realistischen Romans nach, der im Gegensatz zur Romantik nach einer phantasiefreien Erfassung der Wirklichkeit strebt und der, geprägt vom Geist der zeitgenössischen Wissenschaft, sich zu einem Instrument der kritischen Durchdringung der Realität entwickelt. Stendhal sieht die niederziehenden Mächte in der frz. Gesellschaft, aber (in Julien Sorel, dem Protagonisten von *Le rouge et le noir*, 1830) auch den Widerstand einer auf Größe angelegten Individualität, die sich der Masken des Zeitalters bedient, um in heuchlerischem Spiel die Gegner überlisten zu können. Balzac präsentiert in seinen Romanen das gesamte Geflecht der wirtschaftlichen, politischen und gesellschaftlichen Verhältnisse und stellt durch das Schicksal unvergeßlicher Individualitäten die »innere Geschichtlichkeit« (*Drei Klassiker*, S. 95) des Zeitalters dar. Flaubert zielt wie Stendhal auf die Entromantisierung des Weltbildes. Bei ihm erreicht die »Ernüchterung des politischen Zeitbewußtseins« (ebd., S. 130) ihren Höhepunkt. Die Erfahrung des zwischen Ich und Nicht-Ich bestehenden Fremden wird durch ein kommentarloses Erzählen in bedrückender Weise vermittelt. – Auch die moderne Lyrik, die F. v. a. am Beispiel von Ch. Baudelaire, J. N. A. Rimbaud und St. Mallarmé charakterisiert, ist in gleicher Weise antiromantisch wie der realistische Roman. Das moderne Gedicht »sieht ab von der Humanität im herkömmlichen Sinne, vom ›Erlebnis‹, vom Sentiment, ja vielfach sogar vom persönlichen Ich des Dichters« (*Die Struktur der modernen Lyrik*, S. 17). Der Dichter ist der »Operateur der Sprache« (ebd.). Moderne Dichtung konzentriert sich ausschließlich auf die Form, auf das Zerlegen und Deformieren der Realität. Dem herkömmlichen Begriff des Schönen wird eine Ästhetik des Häßlichen entgegengesetzt, an die Stelle einer sinnerfüllten Transzendenz tritt bereits bei Baudelaire die leere Idealität. Rimbaud praktiziert ein Verfahren, das lyrische Texte »aus den Kombinationsmöglichkeiten der Sprachtöne und aus den assoziativen Schwingungen der Wortbedeutungen« (ebd., S. 91) hervorgehen läßt, und Mallarmé treibt die Sprache mit mathematischem Kalkül bis an die Grenzen ihrer Leistungsfähigkeit. In seinem abschließenden Kap. und den Textbeispielen zeigt F., wie weit verzweigt das Modell der modernen Lyrik ist. Er weist u. a. auf P. Valéry, J. Guillén, G. Lorca, T. S. ↗ Eliot und S.-J. Perse hin. F.s Buch *Epochen der ital. Lyrik* liefert eine Art Vorgeschichte zur modernen Lyrik. Es ist ein Modell für eine lit.historische Untersuchung, in der die Kontinuität in der Entwicklung der ital. Lyrik von ihren Anfängen bis zum Zeitalter des Barock herausgearbeitet wird. Von der Thematik aus gesehen macht sich eine Art Pendelbewegung bemerkbar, die von einer platonisierenden Betonung der Transzendenz zu einer stärker empirischen Einstellung führt. So heißt es z. B.: »Mit Petrarca beginnt leise die Annäherung an die empirische Welt [...]« (*Epochen*, S. X), und weiterhin: »Seit den Lyrikern des endenden Quattrocento wird die sichtbare Welt, in das Vielfältigste erweitert, mit sinnenhafter Freude ausgekostet« (ebd.). Auch in der *Göttlichen Komödie* werden emotionale Regungen des Wanderers registriert, und seine Erlebnisse bilden einen Bezugspunkt allen Geschehens; aber sein Mitgefühl, sein Mitleid sprengt an keiner Stelle die objektive Be- und (Ver-)urteilung der einzelnen Gestalten, wie F. in seinem Buch *Die Rechtsmetaphysik der Göttlichen Komödie* nachweist. Jede Episode, auch die Episode von Paolo und Francesca, die im Mittelpunkt der Betrachtungen steht, ist auf diese Rechtsordnung bezogen. Montaigne, dem F. in den Nachkriegsjahren eine umfassende Darstellung widmete, steht zwischen dem Systemdenken eines Dante und der erzählerisch-kritischen Durchdringung der Realität eines Flaubert. Montaigne registriert in einer lockeren Weise, wie ihn persönlich eine bestimmte Situation beschäftigt und zu welchen Reflexionen seine Erfahrungen Anlaß bieten; es kommt bei ihm auf ›die unbedingte Subjektivität‹ an. Persönliche Wahrhaftigkeit tritt an die Stelle einer aus dem Systemdenken gewonnenen Wahrheit. F.s Ziel ist es, das schwebende Vermuten dieses Essayisten, die »ruhige empirische Menschenanalyse« (*Rechtsmetaphysik*,

S. 37), nachzuzeichnen. Vor dem Hintergrund einer umfassenden literar. und philosophischen Tradition (Vergil, Lucrez, Horaz, Platon, Aristoteles und Cicero), entwickelte Montaigne eine ganz eigene Art des Sprechens und Schreibens und gab mit seinen *Essais* den Anstoß für eine Prosaform, die für die literar. Entwicklung aller europ. Lit. in der Neuzeit von Bedeutung war. Ein biographisches Portrait F.s findet sich bei F.-R. Hausmann (1993).

Lit.: F.-R. Hausmann: ›*Aus dem Reich der seelischen Hungersnot*‹, *Briefe und Dokumente zur romanistischen Fachgeschichte im Dritten Reich*, Würzburg 1993. S. 21–44.

WE

Frye, (Herman) Northrop (1912–1991), kanad. Komparatist, Lit.theoretiker und Kulturkritiker. – Der aus bescheidenen, methodistischen Verhältnissen stammende F. studierte in Toronto 1930–33 Anglistik und Philosophie und erlangte nach einem Zusatzstudium der Theologie 1936 die Priesterweihe der United Church of Canada, entschied sich aber nach kurzer Probezeit als Student Minister in einer tristen Gemeinde in Saskatchewan endgültig für die Lit. und die Alma mater, der der später Vielberufene zeit seines Lebens treu blieb, 1939–47 als Lecturer, 1947–67 als Professor für Anglistik am Victoria College, 1957–67 als Principal des Colleges, ab 1967 als (erster) University Professor, und schließlich ab 1978 als Chancellor (Rektor). – In F.s Schaffen gehen seine Studienfächer eine kreative Symbiose ein: Das Schreiben des belesenen Komparatisten und dezidierten Verfechters einer systematischen Lit.wissenschaft dient gleichzeitig dem Erweis, daß der Lit. des Abendlandes ein Reservoir an ↗ Mythen, ↗ Symbolen und ↗ Archetypen zugrunde liegt, das letzten Endes von der Bibel, insbes. von der Geschichte des Sündenfalls, der Vertreibung aus dem Paradies und der erhofften Rückkehr, gespeist wird. F. ist v.a. für sein Hauptwerk *Anatomy of Criticism* (1957), einen der anspruchvollsten und sogleich ertragreichsten lit.wissenschaftlichen Systementwürfe des 20. Jh.s, bekannt. Die vier eng miteinander verzahnten, in glänzender Prosa gehaltenen Essays, aus denen das Werk hauptsächlich besteht, befassen sich mit den historischen Modi der Lit., mit der literar. Symbolik, der ↗ Mythentheorie und den literar. ↗ Gattungen. (a) Der erste, historisierende Essay führt fünf Modi auf, die sich dadurch unterscheiden, daß ihre Protagonisten jeweils in einem anderen Verhältnis zur Umwelt sowie zu

den anderen Personen stehen. Je moderner die Lit. wird, je mehr sie vom Mythos, über die Romanze und die (hohe und niedrige) ↗ Mimesis zur ↗ Ironie fortschreitet, desto weniger souverän-überlegen ihre Protagonisten, desto mächtig-übermächtiger deren Mitstreiter und Umwelt. (b) Der zweite Essay gilt der literar. Symbolik. F. unterscheidet fünf Bedeutungsarten (wörtlich, beschreibend, formal, mythisch und analogisch), denen Symboltypen und Modi zugeordnet werden. (c) Der (vielleicht bekannteste) dritte Essay befaßt sich mit Mythen, die als den literar. Gattungen zugrundeliegende Urmuster aufgefaßt werden. Es kommt zu herausragenden Charakterisierungen der Komödie, der Romanze, der Tragödie und der Satire bzw. Ironie, wobei detailreich auf typische Figurenkonstellationen, ↗ Motive und Geschehnismuster eingegangen wird. (d) Der letzte Essay umreißt suggestiv die Gattungen Drama, Epos, erzählende Lit. und Lyrik und stellt deren Verhältnis zu den Modi, Symboltypen und Mythen dar. Dem Facetten-, Bezugs- und Einsichtsreichtum dieses Bandes wird keine knappe Charakterisierung gerecht. Der Versuch ist um so vergeblicher, als F.s späteres Werk häufig aus Erweiterungen und Präzisierungen der Systematik besteht. So ist *The Secular Scripture* (1976) eine weiterführende Studie der Romanze und *The Return of Eden* (1965) eine Studie zum Miltonschen Epos, während *The Myth of Deliverance* (1983) und *A Natural Perspective* (1965) ergänzende Untersuchungen zur Shakespearschen Komödie liefern und *Fools of Time* (1967) Entsprechendes für die Shakespearesche Tragödie leistet. Keineswegs zuletzt gehen die beiden Werke *The Great Code* (1982) und *Words with Power* (1990) jeweils zentrifugal bzw. -petal dem Thema nach, das F.s vorheriges Werk immer erwarten läßt: den auch die Struktur der Bibel bestimmenden literar. Gehalten. Mehrere Essay-Bände lassen in F. zudem einen Kultur- und Universitätskritiker ersten Ranges sowie einen fesselnden Kanadisten, Anreger einer neuen Richtung der kanad. Lyrik, Deuter und Ermutiger der kanad. Kultur, ja *magus* seines Landes erkennen. – F.s theoretischer Standpunkt wird in der programmatischen Einf. zu seinem *Anatomy* verdeutlicht. Er verwirft jegliche extrinsische Herangehensweise an die Lit. und plädiert für eine induktive, von kumulativer Erkenntnisprogression gekennzeichnete Wissenschaft. Seine Position ist die eines Aufhebers des ↗ *New Criticism* und eines (eher unbewußten) Vorbereiters des ↗ Strukturalismus. Sein doppeltes

Verdienst ist es, einerseits teils als ›*terminological buccaneer*‹, teils in Eigenregie ein tragfähiges terminologisches Gerüst errichtet, andererseits sowohl bekannte als auch damals eher vernachlässigte literar. Gebilde (Romanze, Satire) erkenntnisbringend beschrieben zu haben. Die Kritik an F. ist allerdings so alt wie sein Ruhm. Wiederholt ist geltend gemacht worden, daß seine Modi und Mythen Konstrukte seien, über deren tatsächliches Vorhandensein im jeweiligen Werk sich trefflich streiten lasse. Sein Anspruch, eine Wissenschaft gegründet zu haben, sei schon deshalb problematisch, weil diese Konstrukte oft weder beleg- noch widerlegbar seien. Außerdem würden seine Schemata nie dem spezifischen Wesen des einzelnen Werkes gerecht. Fest steht: F.s Werk hat nicht nur den Reiz des Umfassenden, sondern auch die Tücke des Ausgeklügelten. Sie entwirft eine Ordnung, die der Versuchung erliegt, allem seinen Platz und jedem Platz sein Etwas zuzuweisen. Die Dimensionen der Debatte um F. sind indes auch eine Hommage an die Spann- und Tragweite seines Vorhabens. So umstritten sein Werk, so unbestritten sein Einfluß. Mit M. Boykin gehört er zu den Leitfiguren einer an Archetypen orientierten Lit.kritik (↗ Archetypentheorie), wobei er allerdings behauptete, mit C.G. ↗ Jung nicht mehr gemeinsam zu haben als mit S. Bernhardt. Seine induktiven Gattungsbeschreibungen gehören zu den Unverzichtbarkeiten des Faches, unzählige gattungstheoretische Untersuchungen sind von ihm ausgegangen. Pegel von F.s Wirkung ist der Tatbestand, daß er lange angeblich zu den zwölf meistzitierten Lit.theoretikern überhaupt gehörte. Damals galt noch H.M. ↗ McLuhans Wort: ›Norrie [F.] is not struggling for his place in the sun. He is the sun‹. In einem Nachruf in *The Times* hieß es triftig: ›He was one of the last leading critics to be concerned with humane letters rather than with his own position in a hierarchy‹. Auf dem Ehrenbord vieler Lit.wissenschaftler steht er heute noch; bes. deutlich zeigt sich F.s Einfluß in den metahistoriographischen Werken H. ↗ Whites. Bei F. wird die Lit. zur zentralen Instanz einer humanen Gesellschaft, ihre Fabeln werden zu Ariadnefäden des menschlichen Selbstverständnisses und der Selbstwerdung, und somit wird eine kunstvoll konstruierte Lit.wissenschaft zur zweiten Lit.

Lit.: N. Frye: *Fearful Symmetry. A Study of W. Blake*, Princeton 1990 [1947]. – ders. 1990 [1957]. – ders.: *Fables of Identity. Studies in Poetic Mythology*, N.Y. 1972 [1963]. – ders.: *The Well-Tempered Critic*, Bloomington/Ldn. 1973 [1963]. – ders.: *A Natural Per-* *spective. The Development of Shakespearean Comedy and Romance*, N.Y. 1965 (dt. *Shakespeares Vollendung. Eine Einf. in die Welt seiner Komödien*, Mchn. 1966). – ders.: *The Return of Eden. Five Essays on Milton's Epics*, Toronto 1975 [1965]. – ders.: *Fools of Time. Studies in Shakespearean Tragedy*, Ann Arbor 1993 [1967]. – ders.: *The Modern Century*, Toronto/Oxford 1991 [1967]. – ders.: *The Stubborn Structure. Essays on Criticism and Society*, Ldn. 1980 [1970]. – ders.: *The Bush Garden. Essays on the Canadian Imagination*, Toronto 1971. – ders.: *On Teaching Literature*, N.Y. 1972. – ders.: *The Secular Scripture. A Study of the Structure of Romance*, Cambridge, Mass. 1978 [1976]. – ders.: *Spiritus Mundi. Essays on Literature, Myth and Society*, Bloomington 1983 [1976]. – ders.: *The Great Code*, Ldn./N.Y. 1982. – M. Krieger (Hg.): *N.F. in Modern Criticism*, N.Y. 1966. – W.K. Wimsatt: »N.F.: Criticism as Myth«. In: Krieger (Hg.), S. 75–107. – J. Casey: »A ›Science‹ of Criticism. N.F.«. In: ders.: *The Language of Criticism*, Ldn. 1966. S. 140–152. – R.D. Denham: *N.F.: An Annotated Bibliography*, Toronto 1987 [1974]. – ders.: *N.F. and Critical Method*, University Park 1978.

RH

Funktion, ästhetische/poetische, ausgehend von seiner Erweiterung der Klassifizierung von K. ↗ Bühler nennt R. ↗ Jakobson (1971) jene Sprachfunktion, die die Aufmerksamkeit des Rezipienten auf die sprachliche Beschaffenheit einer Nachricht lenkt, die poetische F. Um nicht nur die Besonderheiten von in engerem Sinne literar. Texten, sondern auch von politischen Slogans, Werbetexten und darüber hinaus von nicht-sprachlichen Texten beschreiben zu können, wird auch von der ästhetischen F. gesprochen. In Texten, in denen die ästhetische F. überwiegt, ist nach Jakobson die referentielle F. der Nachricht tendenziell aufgehoben, so daß solche Texte autoreflexiv, also auf sich selbst bezogen und daher autonom erscheinen. Diese Autoreflexivität ergibt sich aus einer überdurchschnittlichen Dichte der horizontalen Äquivalenzbeziehungen zwischen den ↗ Signifikanten oder den Signifikaten bzw. deren Relationen eines Syntagmas als Ergebnis der Selektion von Textelementen aus vertikalen Äquivalenzklassen (Paradigmen). Jakobson (1971, S. 153) drückt dies mit folgender Formel aus: »Die poetische F. überträgt das Prinzip der Äquivalenz von der Achse der Selektion auf die Achse der Kombination«. So erscheint der Werbeslogan ›Milch macht müde Männer munter‹ als das Ergebnis einer Selektion nach nicht nur grammatikalischen und semantischen, sondern darüber hinaus auch metrischen und phonetischen Kriterien, so daß sich Äquivalenzen auch auf der ↗ syntagmatischen Ebene ergeben. – Jakobsons

Gedanke, oft auch ›Jakobsonsches Gesetz‹ genannt, wurde zur Grundlage zahlreicher linguistisch orientierter Lit.analysen. Zunächst wie etwa bei R. Posner (1972) auf lyrische Texte konzentriert, erbrachte Cl. ⁊ Lévi-Strauss (1967) mit seiner Analyse des Ödipus-Mythos den Nachweis der Gültigkeit für narrative Texte. Kritisch wurde angemerkt, daß eine klare Dichotomisierung zwischen poetischen und nichtpoetischen Botschaften nicht zu leisten sei. W. A. Koch (1978) kritisierte zudem eine zu vereinfachende Charakterisierung der Kategorien Paradigma und Syntagma. V. a. aber die These von der Autonomie der ästhetischen ⁊ Zeichen regte zu Weiterentwicklungen des Ansatzes an, etwa bei U. ⁊ Eco (1987) in Richtung rezeptionstheoretischer Überlegungen oder durch eine sozialhistorische Erweiterung in der semiotischen Interdiskursanalyse (⁊ Interdiskurs) bei J. Link und R. Parr (1997).

Lit.: Cl. Lévi-Strauss: *Strukturale Anthropologie*, FfM. 1967. – R. Jakobson: »Linguistik und Poetik«. In: J. Ihwe (Hg.): *Lit.wissenschaft und Linguistik*, Bd. II/1, FfM. 1971. S. 142–178. – R. Posner: »Strukturalismus in der Gedichtinterpretation«. In: ebd. S. 224–266. – H. U. Gumbrecht: »Poetizitätsdefinition zwischen F. und Struktur«. In: *Poetica* 10 (1978) S. 342–361. – W. A. Koch: »Poetizität zwischen Metaphysik und Metasprache«. In: *Poetica* 10 (1978). S. 285–341. – Eco 1991 [1987]. S. 347–368. – J. Link/R. Parr: »Semiotik und Interdiskursanalyse«. In: Bogdal 1997 [1990]. S. 108–133.

VW

Funktionsgeschichtliche Ansätze, Sammelbezeichnung für eine heterogene Gruppe von lit.-wissenschaftlichen Strömungen der 60er und 70er Jahre mit kulturwissenschaftlich (⁊ Kulturwissenschaft) orientierten Perspektiven und Fragestellungen. Trotz der Vielfältigkeit f.r A. lassen sich zwei Hauptströmungen unterscheiden: f. A. der westlichen, damals polemisch als ›bürgerlich‹ bezeichneten Lit.wissenschaft, und f. A. der marxistisch orientierten Lit.wissenschaft. – Westliche f. A. stellen die Frage nach den jeweiligen kulturellen ⁊ Funktionen einer Lit., z. B. einer Gattung, in einer Epoche. Solche Funktionen können u. a. sein: die Plausibilisierung von neuem Wissen, die Vermittlung zwischen kulturellen Institutionen, z. B. der Philosophie, der Historiographie und den Naturwissenschaften, und dem Publikum, die Mitwirkung an der Konstruktion einer neuen sozialen oder nationalen Identität, die Hervorbringung neuer bzw. die Affirmation alter Mythen. Das Aufkommen solcher f.n A. war als doppelte Reaktion auf die

lit.theoretischen Trends der damaligen Zeit zu verstehen: auf die rein intrinsischen Ansätze wie der ⁊ New Criticism einerseits sowie die ⁊ Lit. soziologie und die ⁊ Marxistische Lit.theorie andererseits. Während man den ersteren die Ausblendung der historischen Dimension und des kulturellen Kontextes von Lit. vorwarf, erschienen die letzteren aufgrund ihrer ideologisch geprägten Geschichtsauffassung voreingenommen und wegen ihres systemischen Charakters unflexibel. Dementsprechend verstanden Vertreter der f.n A. Lit. weder als bloße Widerspiegelung gesellschaftlicher Mechanismen noch als Folge universaler und zeitloser Meisterwerke, sondern als eigenständigen, aber immer in das jeweils historische Zusammenspiel kultureller Kräfte eingebundenen Prozeß. Ihre Arbeiten führten sie nicht selten zu Ergebnissen, die heutigen ⁊ mentalitätsgeschichtlichen oder ⁊ kulturwissenschaftlichen Ansätzen den Weg ebneten. – Als einer der ersten Lit.wissenschaftler, der sich an funktionsgeschichtlichen Fragestellungen orientierte, verdient E. Wolff bes. Erwähnung. Seine Studien zu Shaftesbury, Ruskin und Carlyle sowie zum engl. Roman des 18. Jh.s zeigen, daß sich Lit. als Vermittler in den Dienst kultureller Institutionen stellt, um zeitgenössisches neues Wissen aus seiner Esoterik zu befreien und der Öffentlichkeit seine lebensweltliche Relevanz näher zu bringen. Diese Funktionalität erreicht sie u. a. dadurch, daß sie neue Gattungen hervorbringt, wie z. B. den historischen Roman, oder ältere modifiziert, etwa den literar. Essay oder die Versepistel. Wolff vermeidet es jedoch bewußt, Lit. im Dienste von politischen oder auch nur sozialgeschichtlichen Diskursen zu sehen. Andere Forscher dagegen haben demonstriert, daß sich auch diese Dimension der Lit. durch f. A. durchaus erschließen lassen. W. Voßkamp z. B., der vielleicht wichtigste germanistische Vertreter f.r A., wies in Untersuchungen zur Utopie, zur Robinsonade sowie zum Bildungsroman nach, daß die jeweiligen Gattungen die sich verändernden Sinnkonstruktionen einer Gesellschaft nicht nur reflektierten, sondern aktiv an ihrer Gestaltung mitwirkten. F. A. haben sich als bes. geeignet erwiesen, politische, soziale und nationale Mythen gleichsam in ihrer Entstehung zu erfassen. – Trotz ihrer großen Verdienste um die Entwicklung f.r A. kann man Wolff und Voßkamp nicht als Begründer einer Theorie oder gar Schule bezeichnen. F. A. erheben selten den Anspruch auf theoretische Geschlossenheit; ihre Terminologie ist weder einheitlich noch etabliert. Dennoch sind f. A. in mehrfacher Weise wichtige Stationen auf dem Entwicklungsweg der Lit.theorie gewesen. Erstens implizieren f. A. die Erweiterung des Kanons und taten dies bereits in einer Zeit, als sich Konsumlit. und Gebrauchstexte noch nicht als Gegenstand lit.wissenschaftlicher Untersuchung eingebürgert hatten. So finden sich funktionsgeschichtliche Studien zur Straßenballade, zum Pamphlet und zum Comic-Strip, bevor diese Genres von der Kulturwissenschaft entdeckt wurden. Zweitens wurde die interdisziplinäre Öffnung der Lit.wissenschaft, die eine zwangsläufige Konsequenz der f.n A. darstellt, durch die damalige Entwicklung beschleunigt: »Mir scheint, daß wir auf diesem Wege nicht nur die ›werkimmanente‹, sondern auch die ›literaturimmanente‹ Betrachtungsweise hinter uns lassen und die Literaturgeschichte ohne Scheu als integrierenden Bestandteil der allg. Kulturgeschichte verstehen müssen« (Wolff 1970, S. 16). Drittens begreifen f. A. Lit. nicht mehr als Abbild historischer Wirklichkeit oder autonome Kunstform, sondern bereits als Spiegel und zugleich prägenden Faktor kollektiver Wahrnehmungsmuster und Wunschvorstellungen. – In der sozialistisch geprägten Lit.wissenschaft war die Frage nach der Funktion von Lit. von vornherein in die marxistisch-leninistische Rahmenideologie eingebunden. Hier ging es den Forschern um »Aufgabe und Leistung der Literatur im gesellschaftlichen Leben und im Leben der Individuen und Gruppen, um Beziehungen, die wesentlich das Verhältnis von Literatur und Wirklichkeit, sozialer Bewegung und Literatur ausmachen und deshalb auch stets die Aufmerksamkeit der Kulturpolitik der Partei der Arbeiterklasse fanden« (Schlenstedt et al. 1975, S. 13). Bevorzugter Untersuchungsgegenstand war in dieser dogmatischen Version der f.n A. die sozialistische Lit. selbst. Es entstanden jedoch auch Abhandlungen über vormarxistische Lit., die auf ihre revolutionäre und klassenkämpferische bzw. klassenkonsolidierende, die Bourgeoisie und den Nationalismus stabilisierende, Funktion hin untersucht und bewertet wurden. Bemerkenswerterweise wurde der Terminus ›Funktion‹ von den undogmatischen marxistischen Lit.theoretikern der Zeit eher gemieden, obwohl sie Perspektiven entwickelten, die man funktionsgeschichtlich hätte nennen können.

Lit.: E. Wolff: *Ruskins Denkformen*, Diss. Bonn 1950. – ders.: *Shaftesbury und seine Bedeutung für die engl. Lit.*, Tüb. 1960. – ders.: *Der engl. Roman im 18. Jh.*, Göttingen 1980 [1964]. – ders.: »Sir Walter Scott und Dr. Dryasdust. Zum Problem der Entstehung des histori-

schen Romans im 19. Jh.«. In: W. Iser/F. Schalk (Hgg.): *Dargestellte Geschichte in der europ. Lit. des 19. Jh.s*, FfM. 1970. S. 15–32. – D. Schlenstedt et al. (Hgg.): *Funktion der Lit.*, Bln. 1975. – W. Voßkamp: »Gattungen als literar.-soziale Institutionen. Zu Problemen sozial- und funktionsgeschichtlich orientierter Gattungstheorie und -historie«. In: W. Hinck (Hg.): *Textsortenlehre – Gattungsgeschichte*, Heidelberg 1977. S. 27–44. – ders.: »Lit.geschichte als Funktionsgeschichte der Lit. (am Beispiel der frühneuzeitlichen Utopie)«. In: T. Cramer (Hg.): *Lit. und Sprache im historischen Prozeß*, Tüb. 1983. S. 32–54. – U. Broich et al. (Hgg.): *Functions of Literature*, Tüb. 1984.

SSt

G

Gadamer, Hans-Georg (*1900), dt. Philosoph. – Studium in Marburg. Professor in Leipzig (1938–1947), Frankfurt (1947–1949) und Heidelberg (1949–1968). Führender Vertreter der ↗ Hermeneutik, der von W. ↗ Dilthey, E. ↗ Husserl, R. Bultmann und insbes. M. ↗ Heidegger beeinflußt ist. – G.s Hauptwerk *Wahrheit und Methode* (1960) stellt eine philosophische Grundlegung der Hermeneutik als einer universellen Theorie des ↗ Verstehens in Kunst und Geisteswissenschaften dar. Verstehen ist dabei nicht nur ein sekundärer Akt des ästhetischen oder intellektuellen Bewußtseins, sondern ist im Anschluß an Heidegger als ontologische Seinsweise des Subjekts selbst gefaßt, die zugleich unaufhebbar in die ↗ Intersubjektivität der Sprache eingebettet ist. In der Sprache nimmt die ›ontologische Universalität des Verstehens‹ Gestalt an, in ihr ist ein vorgängiges Sinn- und Wahrheitspotential angelegt, das der einzelnen Subjektivität vorausgeht und deren kreative Selbstartikulation trägt, aber durch diese auch erst jeweils neu zu Geltung kommt. Sprache in G.s Sinn ist das Medium eines unendlichen Gesprächs, ›in dem Wort und Begriff erst werden, was sie sind‹. Ein zentrales Spannungsverhältnis ergibt sich dadurch zwischen der ›Wahrheit‹ als dem Anliegen der Geisteswissenschaften und den ›Methoden‹ der Erkenntnis, wie sie in den Naturwissenschaften eingesetzt werden. Gegen die Objektivierung und methodische Funktionalisierung humanistischer Gegenstände sieht G. sie eingebunden in einen einerseits prinzipiell deutungsoffenen, andererseits von Endlichkeit bestimmten geschichtlich-existentiellen Prozeß, der niemals der Reflexion völlig transparent sein kann. G.s Realitätssicht ist dabei geprägt von einem aristotelischen Bewußtsein der erfahrungsbedingten Grenzen reiner Rationalität gegenüber dem Allwissenheitsanspruch jenes sokratisch-platonischen Intellektualismus, als dessen geistiges Erbe G. die moderne Wissenschaftsgläubigkeit sieht. Kann ›Wahrheit‹ mithin nicht außerhalb oder jenseits der Sprache aufgefunden werden, sondern nur im geschichtlichen Entfaltungsprozeß des kulturellen Interpretationsgeschehens selbst, das sie in Gang hält, so fragt sich, welches genauer der Charakter der ↗ ›Interpretation‹ ist, die in G.s Sicht konstitutiv für Sprache und alles kulturelle Leben ist. Sie ist wesentlich der Versuch der Übersetzung der Äußerung einer anderen, fremden Subjektivität in den Horizont der eigenen Subjektivität. Dies geschieht in jedem Dialog, wo wir die Intention der anderen Person zumindest bis zu einem gewissen Grad verstehen müssen, um angemessen auf sie zu reagieren. Dies heißt nicht, daß wir ihren Standpunkt übernehmen müssen, sondern daß wir versuchen müssen, ihre Bedeutungsabsicht so weit wie möglich nachzuvollziehen, um überhaupt sinnvoll und kohärent kommunizieren zu können. ›Verstehen‹ ist in diesem Sinn nicht eine empathetische, sondern eine epistemische Kategorie, die für das praktische Gelingen jeder Kommunikation notwendig ist. Was dieses Verstehen in Alltagssituationen erleichtert, ist ein gemeinsamer Bestand an Normen und Überzeugungen, der es erlaubt, die Äußerung des andern auf einen Kontext des Vertrauten zu beziehen. Dies ist nun vergleichbar mit der Interpretation eines literar. Textes, der ebenfalls die Äußerung eines personalen Subjekts im überpersönlichen Medium der Sprache darstellt. Indessen wird hier die Sachlage kompliziert durch den Umstand, daß wir es nicht nur mit bedeutungsmäßig bes. dichten, sondern oft mit Texten aus einer fernen Vergangenheit oder einer fremden Kulturwelt zu tun haben. Wir können nicht einfach auf unsere eigenen Werte und Realitätsbegriffe als Maßstab für das Textverstehen zurückgreifen, sondern sind gehalten, so konkret wie möglich den Horizont des Textes zu rekonstruieren. Doch dies ist ein Ziel, das nie wirklich erreichbar ist, und daher spricht G. vom hermeneutischen Vorgang als einer ›Horizontverschmelzung‹, als stets nur annäherungsweiser, subjektiv und historisch sich wandelnder Konvergenz zwischen dem Horizont des Interpreten und des Textes. Diese Art der Begegnung mit dem Text transzendiert

also die Grenzen der eigenen Subjektivität und des eigenen historischen Standorts, ohne je den falschen Anspruch der Objektivität zu erheben. Interpretation und Verstehen sind nur möglich, weil wir Teil einer Sprache sind, Teil einer kulturellen Geschichte, in der wir sozialisiert wurden. Die Prägung durch diese Geschichte nennt G. das ›Vorverständnis‹, das wir an jeden Text oder Kommunikationspartner herantragen und das unvermeidlich unsere erste Reaktion bestimmt. Und doch besteht der Akt des Verstehens im Bemühen, diesen kulturellen Vorurteilen entgegenzuwirken. Indem wir den Anderen zu uns sprechen lassen, können wir unser Vorverständnis beständig modifizieren und ein adäquateres, wenn auch nie definitives Verständnis des Anderen, bzw. des Textes, herausbilden. – Was ist der spezifische Ort und Charakter der Lit. in einer solchen hermeneutischen Sicht? Zunächst kann man sagen, daß ↗ Kunst und Lit. eine Schlüsselrolle für den Geltungsanspruch der philosophischen Theorie selbst zugeschrieben wird. Denn in ihr wird die enge Wechselbeziehung zwischen Leben und Wissen, Verstehen und Begriff, Erfahrung und Sprache, auf die es G. ankommt, in voller Bewußtheit und ästhetischer Konkretheit zum Ausdruck gebracht. In ihrer zeitlichen Struktur und ihrem Wesen als überpersönliches ›Spiel‹, dem kreativen Urelement aller kulturellen Aktivität, bringen Kunst und Lit. den symbolischen Selbstauslegungsprozeß kulturellen Lebens exemplarisch zum Vorschein. Gleichzeitig verliert aber damit die Lit. ihren autonomen Status, da sie nur einen wenn auch bes. wichtigen Spezialfall der allg. Wirkungsweise der Sprache darstellt. Die Sprache als Gespräch ist selbst ihrem Wesen nach ein Spiel, das einerseits bestimmten Regeln folgt, andererseits aber in seinem ›Ausgang‹ stets offen und in seinem Verlauf von der Kreativität der Beteiligten abhängig ist. Lit. ist so eine künstlerisch verdichtete Form kultureller Aktivität, die nicht in ästhetischer Abstraktion, sondern in Kontinuität zum Erfahrungsprozeß des Alltagslebens gesehen werden muß. G. gibt die Idee des Kunstwerks als einer geschlossenen, zeitlos für sich bestehenden Einheit auf und verlagert stattdessen die Aufmerksamkeit auf die ästhetische ↗ Erfahrung, die das Werk vermittelt. Damit rückt der ↗ Leser in den Blickpunkt der Theorie. Indem dieser sich dem Anderssein des Textes und dem von ihm entfalteten kommunikativen Bedeutungsspiel aussetzt, kann er seine Wahrnehmung und Kreativität in einzigartiger Weise erweitern und intensivieren. – G. ist von Kritikern ein allzu idealistischer Verstehensbegriff vorgeworfen worden, der die Bedingungen ideologischer Verzerrung der Wahrnehmung des Anderen nicht ausreichend berücksichtige (J. ↗ Habermas) bzw. überhaupt einer humanistischen Illusion verhaftet sei (J. ↗ Derrida). Ebenso wurde ihm eine allzu affirmative Haltung zur kulturellen und künstlerischen Tradition vorgehalten, die radikale politische oder ästhetische Innovationen nicht zulasse bzw. nicht adäquat theoretisierbar mache. In seinen Entgegnungen auf diese Kritik hat G. seine hermeneutische Position noch einmal nachdrücklich bekräftigt, wobei einerseits deren Grenzen an der Erfahrung der (post)modernen Philosophie und Kunst hervortraten, andererseits aber auch ihre theoretische Unhintergehbarkeit für die Begründung einer jeglichen Kultur- und Lit.wissenschaft überzeugend aufgewiesen wurde.

Lit.: H.-G. Gadamer: *Wahrheit und Methode*, Tüb. 1960. – ders./J. Habermas: *Theorie-Diskussion. Hermeneutik und Ideologiekritik*, FfM. 1971. – D.P. Michelfelder/R.E. Palmer: *Dialogue and Deconstruction. The Gadamer-Derrida Encounter*, Albany 1989.

HZ

Gates, Henry Louis, Jr. (*1950), am. Lit.wissenschaftler und impulsgebender Repräsentant der *African-American Studies*. – Nach Professuren in Yale, Cornell und Duke ist G. seit 1991 Leiter des African-American Studies Department und Direktor des renommierten W.E.B. DuBois Institute for Afro-American Research an der Universität Harvard, der wichtigsten Institution für interdisziplinäre afrikanistische und afro-diasporische Forschung in den USA. G.' umfangreiche Publikationen befassen sich mit afro-am. Lit. ebenso wie mit ↗ *race*, ethnischer Identität, ↗ Multikulturalismus, Afrika, der afrikan. Diaspora und afro-am. ↗ (Populär)kultur (*New Black Cinema*, Rap, Sport). Inzwischen wirkt er als *public intellectual* mit breiter Medienpräsenz weit über den akademischen Kontext hinaus: das Nachrichtenmagazin *Time* bezeichnete ihn 1997 als einen der 25 einflußreichsten Amerikaner der Gegenwart. – G. kritisierte Ende der 70er die stark ›sozial-realistisch‹ ausgerichteten *black studies*, die afro-am. Lit. ›mimetizistisch‹ als direkten Ausdruck einer essentialistischen ›schwarzen Identität‹ verstehen ließen (↗ Essentialismus). Dagegen plädierte er für die Analyse afro-am. Lit. nach strukturalistischen und poststrukturalistischen Theorieansätzen (↗ Strukturalismus, ↗ Poststrukturalismus), die ein Verständnis von Lit. als intertextuellem und inter-

kulturellem Verweisgefüge ermöglichten. H.A. Baker Jr. (1984), neben G. einer der wichtigsten afro-am. Theoretiker der Gegenwart, kritisierte G.' Theorie damals als Konstrukt einer ›intertextuellen Welt der Schriftkunst‹, das der spezifisch afro-diasporischen Tradition des *vernacular* (etwa: Umgangssprache/Alltagssprache/gesprochene Sprache) keine Rechnung trage. – Mit seinem theoretisch einflußreichsten Werk, *The Signifying Monkey*, vollzog G. dann 1988 die geforderte Wendung hin zu einer *vernacular theory* schwarzer Ästhetik, die schriftlich immer nur annähernd repräsentiert werden könne und sich gerade in der Vermittlung zwischen Geschriebenem und Gesprochenem (*talking book, speakerly text*) verwirkliche. Die aus der afro-am. Folklore stammende Figur des *signifying monkey* wird zum ersten Bezugspunkt für den ›schwarzen‹ ›Sprachmodus‹ des *Signifyin(g)*. Der Affe, der in den Volkserzählungen spielerisch seine Gesprächspartner parodiert und lächerlich macht, markiert für G. eine Strategie der Unterminierung dominanter Repräsentationsmuster und der Fortschreibung alternativer ↗ Codes durch die afro-am. Kultur, die sich von den Tagen der Sklaverei bis in die Populärkultur der Gegenwart abzeichnet: »the ensuing alteration or derivation of meaning makes Signifyin(g) the black trope for all other tropes, the trope of tropes, the figure of figures« (G. 1988, S. 81). *Signifyin(g)* reflektiert so die Entfremdungs- und Unterdrückungserfahrung diasporischer und versklavter Kulturen, indem Kritik und Bedeutung über Inversionen, Wortspiele, Reime, parodierende Wiederholung oder Auslassungen eher indirekt denn explizit vermittelt werden, so daß in mancher Hinsicht *Signifyin(g)* als parodistische und spielerisch subversive Repräsentationsstrategie die Ästhetik der ↗ Postmoderne vorwegnimmt. – Seit den 80er Jahren gilt G.' Arbeit primär der Erschließung und Erforschung der prägenden ↗ Tropen schwarzer Lit. und der Erarbeitung eines Referenzsystems schwarzer Kultur, einer ›Wissensgrundlage, die mächtig genug ist, daß niemand jemals wieder sagen kann, wir hätten keine Kultur, keine Zivilisation, keine Geschichte‹, wie in bezug auf das laufende Großprojekt der von ihm edierten *Encyclopedia Africana* erläuterte.

Lit.: H.L. Gates Jr.: »Preface to Blackness. Text and Pretext«. In: R.B. Stepto/D. Fisher (Hgg.): *The Reconstruction of Instruction*, N.Y. 1979. – ders.: *Figures in Black*, N.Y. 1987. – ders.: *The Signifying Monkey*, N.Y. 1988. – ders: *Loose Canons*, N.Y. 1993. – ders.: *Colored People*, N.Y. 1995. – ders.: *Thirteen Ways of*

Looking at a Blackman, N. Y. 1996. – ders./N. McKay
(Hgg.): *The Norton Anthology of African American
Literature,* N. Y. 1996. – H. A. Baker Jr.: *Blues, Ideology,
and Afro-American Literature,* Chicago 1984.
                                                          RM

Gattung, literarische, der Begriff G. wird in der
Lit.wissenschaft in zwei verschiedenen Bedeutungen verwendet: zum einen zur Bezeichnung
der drei traditionellen Großbereiche der Lit. (Lyrik, Drama und Erzähllit. bzw. früher: Epik), zum
anderen zur Bezeichnung spezifischer, anhand
sehr verschiedener Kriterien definierter literar.
Texttypen (wie Tragödie, Komödie, Historie,
bürgerliches Trauerspiel, Einakter, Epos, Romanze, Roman, Kurzgeschichte, Essay, Brief-
roman, pikaresker Roman, Detektivroman,
Utopie, Schauerroman, Sonett, Ode, Ballade
oder Satire). – Bes. in der ersten, aber auch in der
zweiten Bedeutung dient der Begriff der G. v. a.
der Ordnung und Klassifikation von Lit. Um
diese Funktion zu optimieren, hat die ↗ G.s-
theorie immer wieder versucht, alle G.en in einem gestuften System nach Art des naturwissenschaftlichen Einteilungssystems der Pflanzen
und Tiere unterzubringen und dabei den unscharfen Begriff der G. durch unterschiedliche
Bezeichnungen für Werkgruppen der höheren
und niederen Stufen zu ersetzen. Solche Versuche waren jedoch zum Scheitern verurteilt,
weil literar. anders als biologische G.en nicht an
einen genetisch fixierten, die Replizierung der
Einzelform bestimmenden Code gebunden,
sondern intentional gestaltbare, sehr flexible Gebilde sind. Aufgrund ihrer Flexibilität sind literar.
G.en in bes. Maße den Einflüssen der Lit.-,
Geistes- und Sozialgeschichte unterworfen und
somit historisch äußerst wandelbar. Für die
Theoriebildung über G.en bedeutet das, daß
weder im Gesamtfeld der literar. Texte noch
innerhalb der drei traditionellen Großbereiche
klare Hierarchien über- und untergeordneter
Kategorien auszumachen sind. Vielmehr stellen
G.en offene Systeme dar, deren Charakter nur
durch ein Bündel von unterschiedlichen formalen, strukturellen und thematischen Kriterien beschrieben werden kann (vgl. Suerbaum 1993,
S. 83–88). – Die Einsicht in die beschränkten
Möglichkeiten der G.sklassifikation, verbunden
mit der durch die ↗ Rezeptionsästhetik geschaffenen Aufmerksamkeit für den ↗ Erwartungshorizont der Leser, hat die neuere G.sforschung
zu der These veranlaßt, das Konzept der G. sei
»of little value in classification«, jedoch von großer Wichtigkeit als »a communication system,

for the use of writers in writing, and readers and
critics in reading and interpreting« (Fowler
1982, S. 256). So wie die verschiedenen ↗ Textsorten in der täglichen Sprachpraxis Untersy-
steme der Sprache mit eigenen Regeln und
↗ Konventionen darstellen, deren Kenntnis für
die erfolgreiche Kommunikation unabdingbar
ist, so setzt auch die literar. ↗ Kommunikation
bei einer Reihe von Textgruppen die Vertraut-
heit mit spezifischen, nur für diese Textgruppe
gültigen Spielregeln voraus. Das adäquate Verständnis eines Liebessonetts aus dem Zeitalter
der Renaissance erfordert z. B. in den meisten
Fällen die Kenntnis der petrarkistischen Liebes-
konzeption; der Leser von Science Fiction muß
neben den allg. Konventionen der Erzähllit. die
Regel akzeptieren, daß ein zukünftiges Ereignis
als schon geschehen dargestellt wird und die
gezeigte Welt gegenüber der Jetztzeit fundamental verändert ist (vgl. Suerbaum 1993, S. 102).
Bes. augenfällig ist die Erfordernis einer gattungsspezifischen Leseweise im Falle des klassischen Detektivromans, dessen Rezeption durch
die Erwartung einer verzögerten Lösung und
abschließenden Überraschung gesteuert wird
(vgl. Suerbaum 1982). Die Konzeption der G. ist
aufgrund ihres Regel- und Systemcharakters zu
einem der beliebtesten Forschungsgegenstände
der modernen, strukturalistisch orientierten Lit.
wissenschaft geworden und hat älteren Paradigmen lit.theoretischer Reflexion wie dem
↗ Autor oder der ↗ Epoche den Rang abgelaufen. – Die Frage, ob ein konkreter Text einer G.
angehört oder nicht, kann freilich jeweils nur im
Rekurs auf das G.sbewußtsein seiner Leser entschieden werden, das ein labiles, mit zunehmender Komplexität der Texte nur schwer zu
fassendes Wissen ist (vgl. Kuon 1988, S. 250).
Aus diesem Grunde ist die Relevanz von G.en in
der Geschichte der G.stheorie auch wiederholt
bestritten worden. Andererseits aber zeigen so
hübsche Exempla wie das katastrophale Text-
mißverständnis einer alten Dame, die in einer
berühmten Thurber-Geschichte Shakespeares
Macbeth als Krimi zu lesen versucht, daß eine
rezeptionsorientierte Lit.theorie nicht ohne die
Konzeption der G. und gattungsgerechten Leseweise auskommen kann (vgl. Suerbaum 1982).

Lit.: U. Suerbaum: »Text, G., Intertextualität«. In: Fa-
bian 1993 [1971]. S. 81–123. – W. Raible: »Was sind
G.en? Eine Antwort aus semiotischer und textlingui-
stischer Sicht«. In: *Poetica* 12.3–4 (1980) S. 320–349. –
Fowler 1997 [1982]. – U. Suerbaum: »Warum ›*Mac-
beth*‹ kein Krimi ist. G.sregeln und gattungsspezifische
Leseweise«. In: *Poetica* 14 (1982) S. 113–133. – H.
Steinmetz: »Historisch-strukturelle Rekurrenz als G.s-

/Textsortenkriterium«. In: Vorstand der Vereinigung der dt. Hochschulgermanisten (Hg.): *Textsorten und literar. G.en. Dokumentation des Germanistentages in Hamburg vom 1.–4. April 1979*, Bln. 1983. S. 68–88. – Z. Kravar: »G.en«. In: Borchmeyer/Žmegač 1994 [1987]. S. 173–180. – P. Kuon: »Möglichkeiten und Grenzen einer strukturellen G.swissenschaft«. In: J. Albrecht et al. (Hgg.): *Energeia und Ergon*, Bd. 3, Tüb. 1988. S. 237–252. – P. Stolz: »Der literar. G.sbegriff. Aporien einer lit.wissenschaftlichen Diskussion. Versuch eines Forschungsberichtes zum Problem der ›literar. G.en‹«. In: *Romanistische Zs. für Lit.geschichte* 14 (1990) S. 209–227. – H. Meyer: »G.«. In: Pechlivanos et al. 1995. S. 66–77. – K. Müller-Dyes: »G.sfragen«. In: Arnold/Detering 1997 [1996]. S. 323–348.

PW

Gattungsgeschichte, ist schon die Definition und Klassifikation von ↗ Gattungen schwierig und umstritten, so stellt die Theoretisierung und umfassende Beschreibung der G. ein Desiderat der lit.wissenschaftlichen Forschung dar. Ein weitgehender Konsens besteht heute darüber, daß Gattungen offene ↗ Systeme von Form- und Funktionsmerkmalen sind, an denen die einzelnen Werke in unterschiedlichem Maße partizipieren (↗ Gattungstheorie), und daß die Gattungen einer ↗ Epoche eine Gattungslandschaft bilden, die wiederum als System beschrieben werden muß. Der Verlauf der G. ist demnach eine ↗ diachrone Systemtransformation, die sich auf zwei Ebenen abspielt: auf der der einzelnen Gattung und der der Gattungslandschaft, wobei sich der gattungsgeschichtliche Wandel jeweils dadurch vollzieht, daß ein Element des Systems durch ein anderes ersetzt wird, neu zu dem System hinzukommt oder ganz daraus verschwindet (vgl. Marsch 1979, S. 120). Die Schwierigkeit der Beschreibung dieser komplexen Transformationsprozesse liegt nun (a) in der großen Zahl der eine Einzelgattung konstituierenden Merkmale, (b) in der Strittigkeit der Relevanz von Merkmalen, die sich nicht im Kern-, sondern im Randbereich eines gattungstypischen Merkmalsbündels befinden, (c) in der historischen Variabilität der Gattungen, die als Konstrukte im Bewußtsein der Leser in jedem Entwicklungszustand der Gattungslandschaft neu definiert werden können, so daß sich bei älteren Werken die Gattungszugehörigkeit verändern kann (vgl. die Beispiele von Suerbaum 1993, S. 88). – Um die komplexen Transformationsprozesse der G. künftig genauer erfassen zu können, empfehlen sich für die Lit.wissenschaft methodische Anleihen bei der Biologie, da diese auf dem Gebiet der Taxonomie und bei der

Rekonstruktion der Evolution mit z. T. analogen Problemen konfrontiert ist. Eine Hilfe bei der Veranschaulichung von Entwicklungen der G. können z.B. Stammbaummodelle, sog. Kladogramme, leisten (vgl. Bonheim 1991/92). Wie die Entwicklung der biologischen muß auch die der literar. Gattungen im Kontext ihrer Wechselbeziehungen mit der Umwelt, die bei literar. Gattungen in ihren Produktionsbedingungen, ihren gesellschaftlichen ↗ Funktionen und im ↗ Erwartungshorizont der Leser bestehen, sowie im Kontext ihrer Konkurrenz zu anderen Gattungen gesehen werden. Gattungen verschwinden selten durch eine plötzliche Umweltveränderung (wie die elisabethanisch-jakobäische Rachetragödie mit der Schließung der Theater 1642), häufiger durch eine allmähliche Umweltveränderung (wie das Aussterben von Epos und Tragödie als Folge eines gewandelten Weltbilds) oder durch das Auftreten konkurrenzüberlegener Formen (wie die Verdrängung der klassischen Utopie durch die Science Fiction, die ihre Zukunftsentwürfe mit spannender Handlung verbindet). Neben solchen externen Ursachen kann auch ein internes Problem, mangelnde Mutationsfähigkeit des Regelsystems (wie im Falle des petrarkistischen Liebessonetts), für den Niedergang einer Gattung verantwortlich sein. Umgekehrt besitzen diejenigen Gattungen die größten Überlebens- und Entwicklungschancen, deren Regelsystem sich (wie das des Krimis) als variabel und anpassungsfähig erweist. Analog zur Anagenese von Gattungen in der biologischen Evolution kann sich die Weiterentwicklung dabei in einer Rationalisierung der Gattungsstrukturen und -funktionen (Entwicklung der Detektiverzählung von E. A. Poe bis A. Christie), einem Anwachsen der Größe (von der Detektivgeschichte zum Detektivroman), einer Steigerung der Kompliziertheit und einer Zunahme der Reaktionsfähigkeit auf neue Anforderungen (wie die Befriedigung neuer Lesererwartungen durch Erweiterungen des traditionellen Themen- und Motivbestands) dokumentieren. Auf solche neuen Anforderungen kann die literar. Gattungslandschaft, einer von Köhler (1977, S. 18) erstellten Typologie der Möglichkeiten gemäß, außer mit (a) der Steigerung der Kapazität von Einzelgattungen, (b) der Schaffung neuer Gattungen, (c) der Bildung von ↗ hybriden Genres auch mit (d) der radikalen Verwerfung und Umstrukturierung des gesamten überkommenen Systems, d.h. mit einem Epochenumbruch reagieren, wobei dieser Fall zwar am stärksten von der Wissenschaft beachtet worden, im wirklichen Verlauf der G. aber eine seltene Ausnahmeerscheinung ist (vgl. Luhmann 1985, S. 16).

Lit.: U. Suerbaum: »Text, Gattung, Intertextualität«. In: Fabian 1993 [1971]. S. 81–123. – G.K. Kaiser: »Zur Dynamik literar. Gattungen«. In: H. Rüdiger (Hg.): *Die Gattungen in der vergleichenden Lit.wissenschaft*, Bln. 1974. S. 32–62. – E. Köhler: »Gattungssystem und Gesellschaftssystem«. In: *Romanistische Zs. für Lit.geschichte* 1 (1977) S. 7–21. – W. Voßkamp: »Gattungen als literar.-soziale Institutionen«. In: W. Hinck (Hg.): *Textsortenlehre – G.*, Heidelberg 1977. S. 27–44. – E. Marsch: »Gattungssystem und Gattungswandel«. In: W. Haubrichs (Hg.): *Probleme der Lit.geschichtsschreibung*, Göttingen 1979. S. 104–123. – N. Luhmann: »Das Problem der Epochenbildung und die Evolutionstheorie«. In: Gumbrecht/Link-Heer 1985. S. 11–33. – H. Bonheim: »The Cladistic Method of Classifying Genres«. In: *REAL* 8 (1991/92) S. 1–32. – W. Voßkamp: »G.«. In: Weimar 1997. S. 655–658.

PW

Gattungstheorie und Gattungspoetik, wichtigstes Problem der G.stheorie war zu allen Zeiten die Frage nach der Unterscheidung und Klassifikation von ↗ Gattungen. Da die Wahrnehmung von Ähnlichkeiten, Unterschieden und sich daraus ableitenden Einteilungen immer von dem der Wahrnehmung zugrundeliegenden Denksystem abhängig ist, waren die Probleme der G.stheorie stets auf das Engste mit philosophischen Grundfragen verbunden. Von bes. Bedeutung ist in diesem Zusammenhang zum einen der sog. Universalienstreit, also die Frage, ob Allg.- (und damit auch Gattungs-)begriffe apriorisch neben den einzelnen Dingen (d.h. hier: den literar. Werken) existieren (Position des Platonismus und Realismus), ob sie ein bloßer Ausfluß subjektiven begrifflichen Denkens (Position des Nominalismus) oder ob sie Konstrukte sind, die aus der Interaktion von Erkenntnissubjekt und -objekt resultieren (Position des ↗ Konstruktivismus) (vgl. Hempfer 1973, S. 30 ff.); zum anderen spielt die Alternative zwischen einem deduktiv-systematischen und einem induktiv-historischen Verfahren bei der Gattungsbestimmung eine wichtige Rolle (vgl. Hempfer 1973, S. 128 ff.; Harris 1992, S. 120 f.). Vor dem Hintergrund dieser Grundannahmen und Denkverfahren gliedern sich die Beiträge zur G.stheorie zum einen in solche, die die Relevanz von Gattungen grundsätzlich bestreiten, und zum anderen in solche, die sie grundsätzlich befürworten, wobei der Gattungsbegriff der Befürworter entweder ein systematischer oder ein historischer sein kann. – In der Geschichte der Lit.theorie wechseln Positionen, die die Rele-

vanz von Gattungen anerkennen oder gar betonen, mit Theorien, die die Relevanz von Gattungen ignorieren oder gar bestreiten: In der klassischen ↗ Antike ist die Gattung ein wichtiges Konzept: Schon in ↗ Platons *Politeía* (392d) und ↗ Aristoteles' *Poetik* (Kap. 1) finden sich Ansätze zu einer Gattungstypologie, und die aristotelischen Aussagen zu Tragödie, Komödie und Epos haben bekanntlich die gesamte Geschichte der europ. G.stheorie vorgeprägt. Bei röm. Lit.theoretikern wie Cicero, Horaz und Quintilian ist eine Fülle der auch heute noch gebräuchlichen Gattungsbegriffe, z.B. Elegie, Satire, Pastorale, schon vorhanden (vgl. Harris 1992, S. 116). Das ↗ MA. zeigt sich am Problem der Gattungsunterscheidung nur wenig interessiert, die ↗ Renaissance entdeckt es wieder und entwirft hierzu bereits so komplexe Differenzierungen, daß sich Shakespeares Polonius darüber lustig machen kann (vgl. *Hamlet* II.2.). Das Zeitalter des Neoklassizismus ist eine Blütezeit präskriptiver G.stheorie, bemüht um eine hierarchische Stufung und Reinerhaltung der einzelnen Gattungen; für die auf den ↗ Autor konzentrierten Lit.theoretiker der ↗ Romantik hingegen sind Gattungsfragen wieder weniger interessant. Die wichtigsten Neuerungen in der G.stheorie des 19. Jh.s sind dann, v.a. in Deutschland, die Herausbildung der Lehre von den drei ›Naturformen‹ der Dichtung (Epik, Lyrik, Drama), die mit den verschiedensten psychologischen und philosophischen Prinzipien untermauert wird, sowie die von F. Brunetière, J.A. Symonds und anderen unternommenen Versuche, die G.stheorie mit Prinzipien der biologischen Evolutionstheorie zu verbinden. Im krassen Gegensatz hierzu steht am Anfang des 20. Jh.s die nominalistische Position B. ↗ Croces und seiner Schüler, für die allein die Idee des Schönen und das einzelne Werk real, die Gattungen aber bloße Sprachfiktionen sind (vgl. Hempfer 1973, S. 37–52). Eine strikt platonistisch-realistische Auffassung von den Gattungen dominiert dagegen die dt. Lit.theorie um die Mitte des 20. Jh.s, geprägt von den fundamentalontologischen Vorstellungen E. ↗ Staigers (vgl. Hempfer 1973, S. 69–76). In der angloam. Lit.-theorie des 20. Jh.s spiegelt sich der Gegensatz zwischen Befürwortung und Ignoranz oder gar Ablehnung der G.stheorie im Dissens zwischen den Kritikern der ↗ Chicago-Schule, die als Neuaristoteliker das Konzept der Gattung äußerst wichtig nehmen, und den Vertretern des ↗ *New Criticism*, bei denen es kaum eine Rolle spielt. Die Auseinandersetzung um den Gattungsbegriff setzt sich schließlich, die Nationallit. übergreifend, fort im Gegensatz zwischen dem klassischen ↗ Strukturalismus, dem der Gattungsbegriff sehr wichtig ist (vgl. z.B. Hempfer 1973; Todorov 1974; Bonheim 1991/92), und dem ↗ Poststrukturalismus, der ihn durch Konzepte wie ›Intertextualität‹ und ›*écriture*‹ ersetzen möchte (vgl. Schnur-Wellpott 1983). – Das bei den Befürwortern der G.theorie am weitesten verbreitete Konzept ist noch immer das der Gesamteinteilung der Lit. in die drei Großbereiche Epik (oder moderner: Erzähllit.), Lyrik und Drama. Für die neueren, vom Strukturalismus geprägten Gattungstheoretiker hat das Konzept jedoch nurmehr einen heuristischen Wert. Den Theoretikern vom 19. bis weit ins 20. Jh. galt es hingegen noch als eine von Natur aus gegebene Wesenheit. So gab es für Goethe (1981, S. 187) »nur drei echte Naturformen der Poesie: die klar erzählende, die enthusiastisch aufgeregte und die persönlich handelnde: Epos, Lyrik und Drama«. So wie schon Goethe hier versucht, die drei vermeintlichen Naturformen an drei verschiedene menschliche Tätig- oder Befindlichkeiten (Erzählen, Erregung, Handeln) zu koppeln, hat es bei anderen Theoretikern eine Fülle ähnlicher Parallelisierungen gegeben, deren metaphysischer Charakter in den meisten Fällen offensichtlich ist: J. Paul z.B. korrelierte Epik mit der Vergangenheit, Lyrik mit der Gegenwart, Dramatik mit der Zukunft. Staiger übernahm diese Trias und fügte ihr eine Reihe von weiteren hinzu, indem er u.a. Epik mit Addition, Wort und Vorstellung, Lyrik mit In-einander, Silbe und Erinnerung, Dramatik mit Gegenüber, Satz und Spannung in Verbindung brachte (vgl. Schnur-Wellpott 1983, S. 49). Selbst noch im Denken eines klassischen Strukturalisten wie R. ↗ Jakobson spielt die Assoziation von Epik mit der dritten, Lyrik mit der ersten und Dramatik mit der zweiten Person Singular eine Rolle (vgl. Hempfer 1973, S. 168 f.). Die methodische Fragwürdigkeit solcher Parallelisierungen wird deutlich, wenn man in Rechnung stellt, daß es bei der Gegenüberstellung zweier beliebiger Triaden immer ein Glied in der einen Triade geben muß, das mit einem bestimmten Glied der anderen in irgendeiner ›Hinsicht‹ mehr Ähnlichkeit aufweist als mit den beiden anderen, so daß die Suche nach Parallelen zur *self-fulfilling prophecy* gerät. Anfechtbar ist neben den Parallelen, mit denen die Vertreter einer idealistischen G.poetik die Naturformenlehre zu untermauern versuchten, auch die Dreiteilung selbst: So ist gegen die

kategoriale Unterscheidung von Erzähllit., Lyrik und Drama mit Recht eingewendet worden, daß sich einige Gattungen, wie der Essay, gar nicht in das Schema fügen, während andere, wie die Pastorale und die Satire, bei denen der Unterschied zwischen Prosa- und Versvariante nur von sekundärer Bedeutung ist, künstlich von ihm zerschnitten werden. Ein weiterer Nachteil des Schemas liegt darin, daß seine drei Kategorien nicht auf derselben Ebene liegen (vgl. Suerbaum 1993, S. 86). Unliebsame Überschneidungen und künstliche Zertrennungen bleiben aber auch dann ein zentrales Problem einer nach Grundformen suchenden G.stheorie, wenn man die Triadik der Naturformenlehre durch eine Binäropposition (↗ Binarismus) ersetzt und z.B. zwischen Poesie und Nicht-Poesie bzw. ›Prosa‹ oder fiktionalen und nicht-fiktionalen Texten unterscheidet (vgl. Todorov 1974, S. 960; Suerbaum 1993, S. 86). – Das typische Problem der traditionellen G.stheorie, die Willkür für apriorisch erklärter Unterscheidungen, die von ihren Verfechtern nur durch eine präskriptive Theorie gegen eine komplexere Wirklichkeit verteidigt werden können, findet sich analog in ihren verschiedenen Teilbereichen, den G.spoetiken, wieder. So geht die in der G.spoetik des Dramas seit Aristoteles gepflegte Unterscheidung von Tragödie (mit ernsthafter Handlung, sozial hochstehenden Figuren und unglücklichem Ausgang) und Komödie (mit komischer Handlung, sozial niedrigen Figuren und glücklichem Ausgang) nicht nur deshalb nicht auf, weil es auch Tragikomödien gibt, sondern v.a., weil die meisten modernen Dramentypen (episches Stücke mit episodischer Handlungsstruktur, absurde Dramen, Einakter) ebenso wie z.B. die religiösen Dramen des MA.s (Mysterienspiele und Moralitäten) durch andere Strukturschwerpunkte definiert sind und somit nicht in das aristotelische Schema passen. Ebenso wenig haben auf dem Gebiet der Romanpoetik, trotz ihres unbestreitbaren heuristischen Nutzens, Kategorisierungsversuche wie W. ↗ Kaysers Unterscheidung von Geschehnis-, Figuren- und Raumroman in *Das sprachliche Kunstwerk* (1948) oder F.K. ↗ Stanzels viel beachteter Typenkreis in *Theorie des Erzählens* (1979) eine überzeitliche, ontologische Berechtigung. Für die Entwicklung von Neuansätzen im Bereich der G.spoetik bietet sich am ehesten die Kategorie der Sprechsituation an (vgl. Hempfer 1973, S. 139 ff. und 225; Suerbaum 1993, S. 97–100), die freilich ebenfalls nur als ein Konstrukt verstanden werden kann und besser für gattungspoetische Inno-

vationen im Bereich des Dramas und der Erzähllit. als im Bereich der Lyrik geeignet erscheint. – Auf methodologische Aporien stößt
die G.stheorie nicht nur bei ihrer Suche nach
Grundformen für die Einteilung der Lit., sondern auch bei der noch viel komplexeren Aufgabe der Unterscheidung und Ordnung ihrer
Unterformen. Da alle traditionellen Verfahren
der Gattungsklassifikation auf dem Prinzip beruhen, Texte zu einer Gattung zusammenzufassen, denen ein bestimmtes formales, strukturelles oder inhaltliches Merkmal gemeinsam
ist, sind sie der Gefahr der Bildung von oberflächlichen logischen Klassen ausgesetzt, die wenig über die wirkliche Beschaffenheit der in ihnen zusammengefaßten Objekte aussagen. Man
kann Texte aufgrund einer gemeinsamen Akt-
oder Zeilenzahl (Einakter, Sonett), einer Thematik (Abenteuer-, Liebes-, Sozialroman), vielleicht
auch, wie es E.M. ↗ Forster (vgl. 1966, S. 19) in
geschickter Polemik gegen die G.stheorie tat,
aufgrund eines gemeinsamen Schauplatzes (›the
literature of Inns‹, ›the literature of Sussex‹) zu
einer Gattung erklären. Daß mit einer solchen
Zuordnung aber nur wenig über den tatsächlichen Verwandtschaftsgrad der Texte ausgesagt
wird, ist gerade im Fall des letzten Beispiels bes.
evident. T. ↗ Todorov (1976/77, S. 162) hat dieses Grundproblem der G.stheorie wie folgt auf
den Punkt gebracht: »One can always find a
property common to two texts, and therefore
put them together in one class. But is there any
point in calling the result of such a union a
›genre‹?« – Ein Mittel zur Vermeidung oberflächlicher Klassenbildung hat die Forschung
lange Zeit in der Suche nach ↗ Archetypen
(↗ Archetypentheorie) und Urformen gesehen,
aus denen sich die ganze spätere Vielfalt der Lit.
entwickelt haben sollte. A. Jolles' vielzitiertes
Buch von den neun *Einfachen Formen* (1930)
(Legende, Sage, Mythe, Rätsel, Spruch, Kasus,
Memorabile, Märchen, Witz) gehört ebenso in
diesen Zusammenhang wie der anthropolo-
gisch-strukturale Ansatz N. ↗ Fryes in *The Anatomy of Criticism* (1957), der vier prägenerische,
auf vier jahreszeitliche ↗ Mythen zurückgehende
Schreibweisen unterscheidet, Romanze (Sommer), Tragödie (Herbst), Komödie (Frühling),
Satire (Winter), und der Versuch Todorovs
(1976/77), als den Ursprung von Gattungen
↗ Sprechakte auszumachen, wobei sich der
Texttyp Gebet aus dem Sprechakt des Betens,
die Autobiographie aus dem Über-sich-selbst-
Reden und die phantastische Lit. (↗ Phantastik)
aus dem verwunderten Sprechen entwickelt ha-

ben soll. Alle diese Ansätze sind jedoch mit dem
Problem konfrontiert, daß sich ihr Erkenntnisinteresse auf Ahistorisch-Substantielles bezieht,
während an den konkreten Texten aber nur
Historisch-Akzidentielles ablesbar ist (vgl. Kuon
1988, S. 238), so daß die rekonstruierten Zwi-
schenschritte sehr spekulativ wirken müssen
und die postulierten Typologien der Archetypen
leicht anfechtbar sind (Wenn z.B. die Sage eine
einfache Form ist, warum dann nicht auch das
Volkslied? Wenn der Witz, warum dann nicht
auch die Anekdote?). – Vielversprechender erscheint ein anderer Weg der Vermeidung oberflächlicher Klassenbildung, der auch von der
nachlinnéschen biologischen Taxonomie einge-
schlagen worden ist: die Ablösung der sog. mo-
nothetischen, an nur einem einzigen Kriterium
orientierten, durch die polythetische, auf die
Berücksichtigung vieler verschiedener Kriterien
abzielende Klassifikation. Es handelt sich dabei
um ein Verfahren, das mit L. ↗ Wittgensteins
Konzept der ›Familienähnlichkeit‹ in enger Verbindung steht. Danach wird die Verwandtschaft
zwischen den Mitgliedern einer Familie durch
ein bestimmtes Merkmalsbündel konstituiert,
an dem die verschiedenen Individuen jeweils in
einzelnen, einigen oder auch vielen, aber niemals
in allen Merkmalen partizipieren. Bezogen auf
die G.stheorie, auf die dieses Denkmodell in
jüngerer Zeit von vielen Theoretikern übertragen worden ist (vgl. Ryan 1981; Fowler 1982;
Goch 1992; Suerbaum 1993), bedeutet das, daß
eine Gattung einerseits nur dann diesen Namen
verdient, wenn die ihr zugeordneten Texte in
einer Vielzahl von Merkmalen übereinstimmen,
daß aber andererseits das einzelne Werk nicht
alle diese Merkmale aufweisen muß, um der
Gattung zugerechnet werden zu können, sondern nur so viele, daß man seine Familienzuge-
hörigkeit erkennt (vgl. Suerbaum 1993, S. 94).
Ein Werk kann auch an den Merkmalen mehrerer Gattungen partizipieren und deshalb wahl-
weise der einen oder der anderen bzw. beiden
Gattungen zugeordnet werden (z.B. dem Thril-
ler und dem Detektivroman, der Science Fiction
und der Anti-Utopie, der Elegie und der Pastorale). Die Gattungen sind diesem Modell zufolge keine festen Entitäten, sondern offene Systeme, die sich, vergleichbar mit sich z.T. be-
rührenden, überlagernden oder gar einschließenden Kugeln (vgl. Goch 1992, S. 25), nicht
mehr trennscharf voneinander unterscheiden,
sondern fließende Grenzen haben und sich ob
ihrer Nichtabgeschlossenheit auch leicht aus-
dehnen, verengen oder verlagern können. Die

Vorzüge eines solchen Vorstellungsmodells für die G.stheorie sind offensichtlich: Zum einen wird das neue Partizipationsmodell ungleich besser als die alten essentialistischen Gattungskonzeptionen der realen Vielfalt der Gattungslandschaft, ihrer geschichtlichen Veränderbarkeit und ihrer Tendenz zur Bildung von ↗ hybriden Genres gerecht. Ob es um die immer größere Ausdifferenzierung einer Einzelgattung (also eine Zunahme ihrer Merkmalsmenge), ihren allmählichen Zerfall in verschiedene Zweige (also die zunehmende Isolierung einer Teilmenge der Merkmale von einer anderen) oder gar um den Fall einer radikalen Umstrukturierung der gesamten Gattungslandschaft geht, prinzipiell sind alle diese möglichen Entwicklungen der ↗ Gattungsgeschichte mit dem Partizipationsmodell erfaßbar. Zum anderen hat das Modell den Vorzug, daß es, da die Zahl der erkannten Merkmalsähnlichkeiten eine Frage subjektiven Ermessens ist, die Entscheidung über die Zugehörigkeit eines Werks zu einer Gruppe dem Urteil des Betrachters überläßt und so deutlich macht, daß Gattungen weder platonische Wesenheiten noch Nachfahren fester Urformen sind, sondern Konstrukte, die im Bewußtsein ihrer Leser existieren.

Lit.: E.M. Forster: *Aspects of the Novel*, Harmondsworth 1966 [1927]. – A. Jolles: *Einfache Formen*, Tüb. 1982 [1930]. – J.W. v. Goethe: »Noten und Abhandlungen«. In: *Werke*, Bd. 2 (Hg. E. Trunz), Hbg. 1981 [1949]. – K.W. Hempfer: *G.stheorie. Information und Synthese*, Mchn. 1973. – T. Todorov: »Literary Genres«. In: Th.A. Sebeok (Hg.): *Current Trends in Linguistics*, Bd. 12, Den Haag 1974. S.957–962. – ders.: »The Origin of Genres«. In: *NLH* 8 (1976/77) S.159–170. – K. Müller-Dyes: *Literar. Gattungen*, Freiburg et al. 1978. – M.-L. Ryan: »Introduction. On the Why, What and How of Generic Taxonomy«. In: *Poetics* 10 (1981) S.109–126. – Fowler 1997 [1982]. – M. Schnur-Wellpott: *Aporien der G.stheorie aus semiotischer Sicht*, Tüb. 1983. – P. Kuon: »Möglichkeiten und Grenzen einer strukturellen Gattungswissenschaft«. In: J. Albrecht et al. (Hgg.): *Energeia und Ergon*, Bd. 3, Tüb. 1988. S.237–252. – M. Perloff (Hg.): *Postmodern Genres*, Norman/Ldn. 1989. – H. Bonheim: »The Cladistic Method of Classifying Genres«. In: *REAL* 8 (1991/92) S.1–32. – M. Goch: *Der engl. Universitätsroman nach 1945*, Trier 1992. Bes. S.15–27. – W.V. Harris: *Dictionary of Concepts in Literary Criticism and Theory*, Ldn. 1992. S.115–127. – U. Suerbaum: »Text, Gattung, Intertextualität«. In: Fabian 1993 [1971]. S.81–123. – K. Müller-Dyes: »Gattungsfragen«. In: Arnold/Detering 1997 [1996]. S.323–348.

PW

Gattungsvermischung ↗ Hybride Genres

Gay and Lesbian Studies (engl. *gay*: homosexuell, schwul; engl. *lesbian*: lesbisch), die Kultur- und Lit.kritik der *G.a.L.St.* richtet sich auf gesellschaftliche Homophobie (die krankhafte Angst vor Homosexualität) und Heterosexismus (die Annahme, daß Heterosexualität die natürliche Form menschlicher Sexualität sei). – *G.a.L.St.* entstanden in den späten 60er und frühen 70er Jahren im Kontext der US-am. Bürgerrechtsbewegung und der Frauenbewegung und haben sich seitdem als eigenständige Richtung in den Kultur- und Sozialwissenschaften etabliert. *G.a.L.St.* hieß zunächst Identitätspolitik; das *coming out*, d.h. das öffentliche Bekenntnis zur eigenen Homosexualität, wurde als Befreiung eines authentischen Selbst verstanden (vgl. z.B. D. Altmann). In der Lit. äußerte sich dies in Autobiographien und Memoiren, während sich die Lit.wissenschaft, wie sie in neugegründeten Zs.en der Schwulen- und Lesbenkultur veröffentlicht wurde, auf die archäologische Suche nach unbekannten homosexuellen SchriftstellerInnen und die Relektüre kanonisierter AutorInnen, wie z.B. Sappho, V. ↗ Woolf, A. Gide oder O. Wilde, und die Theoretisierung von schwulem oder lesbischem Schreiben konzentrierte. Seit Anfang der 80er Jahre wurde diese Richtung der *G.a.L.St.* durch Positionen in Frage gestellt bzw. ergänzt, die mit Bezug v.a. auf M. ↗ Foucaults *Histoire de la sexualité* (1976) auf den Konstruktcharakter von sexuellen Identitäten verwiesen. Historisch und kulturell spezifische Symbolisierungsstrategien von Geschlecht und Sexualität rückten in den Mittelpunkt des Interesses, wobei der Streit zwischen ›Essentialität vs. Konstruktion‹ nicht abschließend gelöst wurde und beide ›Richtungen‹ bis heute fortbestehen. In Studien zur europ. Kultur- und Lit.geschichte wurde ebenso wie in anthropologischen Arbeiten die Historizität und kulturelle Spezifik von Homosexualität betont (vgl. A. Bray, D. Halperin, Sh. Ortner/H. Whitehead, J. Weeks). Obwohl homosexuelle Aktivitäten für frühere Epochen und andere Kulturen zweifellos nachzuweisen sind, ist die Definition individueller ↗ Identität über die Sexualität ein modernes westliches Phänomen, das erst mit der Auflösung der Familie und der Freisetzung des lohnabhängigen Individuums im Kapitalismus zum Tragen kam (vgl. J. D'Emilio). Dies erklärt die Herausbildung einer ↗ Subkultur v.a. männlicher Homosexueller zu Ende des 19. Jh.s ebenso wie die Pathologisierung menschlicher Homosexualität durch Medizin und Psychologie bzw. Psychoanalyse. – Trotz vieler Gemeinsamkeiten ist der Terminus *G.a.L.* zu einem gewissen Grad irreführend, impliziert er doch eine Einheitlichkeit, die keineswegs durchgängig festzustellen ist. Studien zur männlichen Homosexualität widmeten sich in den 80er Jahren v.a. der diskursiven Konstruktion von ›Sodomie‹, ›Homosexualität‹ oder ›schwuler‹ Identität, was oft mit historischen Fragestellungen verbunden war. Untersucht wurden u.a. die gr. Antike, die frühe Neuzeit sowie das *Fin de Siècle* (vgl. z.B. Bray, D'Emilio, J. Dollimore, Halperin, Weeks). Ein weiterer wichtiger Aspekt war und ist die Auseinandersetzung mit dem Konstruktcharakter von ↗ Männlichkeit, was einen Teil der *G.St.* mit den *Men's St.* verbindet. Die Rezeption poststrukturalistischer Theoretiker wie R. ↗ Barthes, G. ↗ Deleuze und P.F. ↗ Guattari löste schließlich die Frage nach dem Zusammenhang von ↗ Repräsentation und ↗ Begehren aus. Demgegenüber spielten in der lesbischen Theorie und Kritik (vgl. u.a. J. Foster, G. Rubin, A. Rich, L. Faderman, J. Johnston, M. Wittig, B. Zimmerman) feministische Fragestellungen immer eine zentrale Rolle; gleichermaßen wurde aber auch Kritik an homophoben bzw. heterosexistischen Tendenzen des Feminismus geübt, wie sie beispielsweise für die frühen Arbeiten der ↗ feministischen Lit.theorie (E. Moers, P. Meyer Spacks, E. ↗ Showalter) festgestellt wurden. – Innerhalb der lesbischen Theorie und Kultur ist eine große Bandbreite von Positionen vertreten, die von radikalem Separatismus bis zur Arbeit innerhalb der Frauenbewegung reichen. In diesem Zusammenhang hat A. Rich auf die Relevanz von lesbischen Themen hingewiesen. Sie identifiziert Zwangsheterosexualität als dominante Matrix kultureller Macht, die alle Frauen auf eine ›natürliche‹ sexuelle Beziehung zum Mann und die Reproduktionsfunktion festschreibe. Ein Widerstandspotential sieht Rich in einem ›*lesbian continuum*‹, unter das sie nicht nur lesbische Sexualität faßt, sondern vielmehr sämtliche frauenorientierten Lebens- und Kulturformen. Während Rich somit die Frage der sexuellen Orientierung in den Hintergrund stellt, haben radikale Strömungen (*Radicalesbians*, J. Johnston) propagiert, daß die Abkehr von der Heterosexualität die notwendige Voraussetzung für die Überwindung patriarchaler Herrschaft sei. Auch Wittig knüpft die Subversion der Geschlechterhierarchie an die Lesbierin. In Auseinandersetzung mit biologistischen und essentialistischen Erklärungen der ↗ Geschlechterdifferenz bestreitet Wittig, daß ›Frau‹ eine natürliche Kategorie sei. Statt dessen handele es sich um

eine politische und ökonomische Interpretation des Körpers, ein Signifikationssystem, das Frauen innerhalb der gesellschaftlichen Beziehungen in eine asymmetrische Beziehung zum Mann setze. Für Wittig durchbricht die Lesbierin diese Logik: Sie sei keine Frau im ökonomischen, politischen oder ideologischen Sinne, denn die Kategorie ›Frau‹ entstehe immer erst in Relation zum Mann. Wittig geht es nicht um die gesellschaftliche Anerkennung von Homosexualität bzw. lesbischer Identität, sondern um die Subversion des Geschlechterdiskurses durch die Sprache. – Seit Ende der 70er Jahre hat eine weitere Ausdifferenzierung der *G.a.L.St.* stattgefunden: Insbes. in den USA wurde von AfroamerikanerInnen und HispanoamerikanerInnen die Kategorie ↗ race bzw. ↗ Ethnizität in die Diskussion eingeführt und ein weißer Solipsismus kritisiert. Die Problematisierung von Identitäten im Spannungsfeld von Homophobie, ↗ Sexismus und Rassismus fand und findet sowohl in der Lit. wie auch in der Theorie statt (vgl. z.B. die Anthologien von B. Smith, Ch. Moraga, G. Anzaldúa und J. Beam). Zunehmend wird auch das Zusammenwirken der Kategorien von Sexualität und ›Rasse‹ in gesellschaftlichen Diskursen analysiert, wie es sich z.B. im Faschismus, aber auch in der AIDS-Diskussion manifestiert. Letztere löste einen *backlash* gegen alle Formen von Sexualität aus, die nicht der Norm der dauerhaften heterosexuellen Paarbeziehung entsprechen. Dem steht gleichwohl die Institutionalisierung von *G.a.L.St.* über Lehrstühle und eigene Studiengänge insbes. an angloam. und niederländ. Universitäten sowie die Verbreitung schwuler/lesbischer Lit., Musik und Filmkultur entgegen. – 1991 prägte T. de Lauretis den Begriff ›*queer*‹ (engl. eigenartig, komisch, schwul), um damit in Abgrenzung zu *G.a.L.* eine neuere Tendenz in der Theorieentwicklung zu beschreiben. Die *Queer St.* widmen sich sämtlichen Aspekten nicht-heterosexueller Praxis, die zudem nicht notwendigerweise auf die Sexualität beschränkt sind und auch in lit. Texten zum Tragen kommen können. Damit sollen unterschiedlichen Identitäten im Spannungsfeld von Geschlecht, ›Ethnizität‹/Rasse und sexueller Orientierung Rechnung getragen und Kontroversen um die *political correctness* von Pornographie, Fetischismus, Sadomasochismus oder Bisexualität, wie sie z.B. in der Lesbenbewegung geführt worden sind, vermieden werden. Vorstellungen von einem authentischen Selbst wird eine klare Absage erteilt, indem eine relative Autonomie der Sexualität von

↗ *gender* postuliert wird. Gerade solche Phänomene wie *camp*, *butch/femme*-Paare oder Transvestismus werden als Infragestellung solcher Naturalisierungen begriffen, da sie, oftmals parodistisch und ironisch, die heterosexuellen Normen der *mainstream*-Kultur kommentieren. *Queer St.* konzentrieren sich folglich auf gesellschaftliche Symbolisierungspraktiken, auf das Spannungsfeld ↗ Kultur – (sexuelle) Identität – Textualität. Es geht um Positionalitäten anstelle von authentischen Identitäten und um die Subversion von Ontologien und Homogenisierungstendenzen (vgl. z.B. S.-E. Case, Dollimore, D. Fuss, M. Garber, E. Kosofsky Sedgwick, A. Sinfield). Mit der Herausbildung der *Queer St.* wurde die Trennung zwischen Schwulen- und Lesbenbewegung z.T. aufgehoben, auch wenn der urspr. pejorative Begriff ›*queer*‹ von vielen Homosexuellen abgelehnt wird. Mit den *Queer St.* sind zudem die weitreichenden Implikationen von *G.a.L.St.* durch eine allgemeinere Lit.wissenschaft sowie durch die ↗ *Gender St.* und die ↗ *Cultural St.* rezipiert worden.

Lit.: Ausg. »Queer Theory. L.a.G. Sexualities« (Hg. T. de Lauretis) der Zs. *Differences. A Journal of Feminist Cultural Studies* 3.2 (1991). – H. Abelove et al. (Hgg.): *The L.a.G.St. Reader*, N.Y. 1993. – C.K. Creekmur/A. Doty (Hgg.): *Out in Culture. G., L., and Queer Essays on Popular Culture*, Durham 1995.

DF/SSch

Gedächtnis, kulturelles, Sammelbegriff für »den jeder Gesellschaft und jeder Epoche eigentümlichen Bestand an Wiedergebrauchs-Texten, -Bildern und -Riten [...], in deren ›Pflege‹ sie ihr Selbstbild stabilisiert und vermittelt, ein kollektiv geteiltes Wissen vorzugsweise (aber nicht ausschließlich) über die Vergangenheit, auf das eine Gruppe ihr Bewußtsein von Einheit und Eigenart stützt« (J. Assmann 1988, S. 15). – Das auf den frz. Soziologen M. Halbwachs und den Mentalitätshistoriker J. Le Goff zurückgehende und v.a. von A. und J. Assmann im Rahmen der historischen ↗ Kulturwissenschaften systematisch ausgearbeitete Konzept umfaßt die Inhalte, kulturellen Rahmenbedingungen und gesellschaftlichen Überlieferungsformen der kollektiven ↗ Erinnerung. Das k.G. hat neben einer zeitlichen auch eine räumliche und soziale Dimension (vgl. Rothe 1988, S. 275 ff.). Das Konzept betont, daß G. selbst eine Geschichte hat und daß den Medien der kulturellen Erinnerung eine produktive, generative und konstruktive Rolle als Medium kollektiver Identitätsbildung

zukommt. – Im Gegensatz zum individuellen G. von Personen und zum kommunikativen G. einer Gesellschaft ist das k.G. durch seine ›Alltagsferne‹, seinen übergreifenden Zeithorizont, sowie durch sechs Merkmale gekennzeichnet, die J. Assmann (1988, S. 13 ff.) als »Identitätskonkretheit‹ oder Gruppenbezogenheit«, »Rekonstruktivität«, »Geformtheit«, »Organisiertheit«, »Verbindlichkeit« und »Reflexivität« bezeichnet. Das Merkmal der Gruppenbezogenheit betont, daß das k.G. nie den Wissensvorrat aller Mitglieder einer Gesellschaft konserviert, sondern den einer bestimmten Gruppe oder Schicht, die durch die kulturelle Überlieferung ihre Identität festigt. Das Konzept der Rekonstruktivität trägt der Einsicht der konstruktivistischen G.forschung Rechnung, daß das G. kein Speicher ist, der die Vergangenheit selbst bewahrt, sondern daß die Gesellschaft von ihrer jeweils gegenwärtigen Situation aus ihre Geschichte(n) unter wechselnden Bezugsrahmen neu konstruiert (vgl. die Beiträge in Schmidt 1991). Das Merkmal der Geformtheit bezeichnet den Umstand, daß sich kollektiv geteiltes Wissen in einem Medium objektivieren und kristallisieren muß, um kulturell überliefert zu werden. Das Kennzeichen der Organisiertheit bezieht sich auf die »institutionelle Absicherung von Kommunikation« sowie die »Spezialisierung der Träger des kulturellen Gedächtnisses« (J. Assmann 1988, S. 14). Verbindlich ist das k.G. insofern, als sich durch den Bezug auf ein normatives Selbstbild der jeweiligen Gruppen »eine klare *Wertperspektive* und ein *Relevanzgefälle*« ergibt, »das den kulturellen Wissensvorrat und Symbolhaushalt strukturiert« (ebd.). Reflexiv ist das k.G., weil es deutend, kritisierend und kontrollierend auf sich selbst, verbreitete Konventionen und das Selbstbild der jeweiligen Gruppe Bezug nimmt. – Die in verschiedenen geisteswissenschaftlichen Disziplinen (v.a. Ägyptologie, ↗ *New Cultural History*/Kulturgeschichte, ↗ Mentalitätsgeschichte, Soziologie) betriebenen und von unterschiedlichen Ansätzen (z.B. ↗ Imagologie, ↗ Kultursemiotik, ↗ Lit. Anthropologie, ↗ Medientheorie, ↗ Xenologie) ausgehenden Forschungen zum k.G. beschäftigen sich v.a. mit den Formen, Optionen und Funktionen kollektiver Erinnerung, dem Wandel seiner Organisationsformen, Medien und ↗ Institutionen (↗ Mnemotechnik), dem ›G. der Orte‹ (vgl. Nora et al. 1984–1992; A. Assmann 1994; Raulff 1989; Matsuda 1996) der Bedeutung von ↗ Kanon und ↗ Zensur sowie mit dem Zusammenhang zwischen k.G., der öffentlichen

Konstruktion von Vergangenheit und kollektiver Identitätsbildung (vgl. Giesen 1998).

Lit.: M. Halbwachs: *Les cadres sociaux de la mémoire*, Paris 1994 [1925] (dt. *Das G. und seine sozialen Bedingungen*, FfM. 1985 [1966]). – ders.: *La mémoire collective*, Paris 1968 [1950] (dt. *Das kollektive G.*, FfM. 1991 [1967]). – P. Nora et al.: *Les lieux de mémoire*, 7 Bde., Paris 1984–1992. – J. Assmann: »K.G. und kulturelle Identität«. In: ders./T. Hölscher (Hgg.): *Kultur und G.*, FfM. 1988. S. 9–19. – A. Rothe: »Kulturwissenschaften und k.G.«. In: Assmann/Hölscher 1988. S. 265–290. – U. Raulff: »Ortstermine. Lit. über kollektives G. und Geschichte«. In: *Merkur* 43.2 (1989) S. 1012–1018. – Assmann/Harth 1993 [1991]. – S.J. Schmidt (Hg.): *G.: Probleme und Perspektiven der interdisziplinären G.forschung*, FfM. 1996 [1991]. – J. Assmann: *Das k.G.*, Mchn. 1997 [1992]. – A. Assmann: »Das G. der Orte«. In: Ausg. »Stimme, Figur« der Zs. *DVjs* (Sonderheft, 1994) S. 17–35. – A. Nünning: »Lit., Mentalitäten und k.G.: Grundriß, Leitbegriffe und Perspektiven einer anglistischen Kulturwissenschaft«. In: Nünning 1995. S. 173–197. – M. Martinez: »Dialogizität, Intertextualität, G.«. In: Arnold/Detering 1997 [1996]. S. 430–445. – M.K. Matsuda: *The Memory of the Modern*, Oxford 1996. – A. Confino: »Collective Memory and Cultural History«. In: *The American Historical Review* 102.5 (1997) S. 1386–1403. – S.A. Crane: »Writing the Individual Back into Collective Memory«. In: *The American Historical Review* 102.5 (1997) S. 1372–1385. – B. Giesen: *Kollektive Identität. Die Intellektuellen und die Nation*, FfM. 1998.

AN

Gedankenbericht (engl. *psycho-narration*; frz. *discours narrativisé intérieur*), Wiedergabe unausgesprochener Gedanken einer ↗ Figur durch einen ↗ Erzähler analog zum Redebericht bzw. zur indirekten Rede als Wiedergabe gesprochener Rede. Eingeleitet durch *verba credendi*: ›Sie dachte an …‹; ›er glaubte, er habe …‹ usw. Anders als Gedankenzitat (d.h. gedachte direkte Rede) und autonomer ↗ innerer Monolog ist G. nicht Figurenrede, sondern Erzählerdiskurs. Der Übergang zur ↗ erlebten Rede, die Erzähler- und Figurenperspektive verbindet, ist fließend. G. in der 3. Person ist ein Phänomen außenperspektivischen Erzählens (↗ Fokalisierung, ↗ Erzählsituation) und bedingt einen allwissenden Erzähler, der Zugang zum Bewußtsein der Figuren hat. Dem G. in der Ich-Erzählung (vgl. Cohns [1978] Begriff: *self-narration*) eignet mehr retrospektive als introspektive Qualität. – Als vorherrschendes Verfahren der Bewußtseinsdarstellung in der Erzählkunst wurde G. seit dem Ende des 19. Jh.s zunehmend von ›unmittelbareren‹ Formen der Innenweltdarstellung wie erlebter Rede und innerem Monolog verdrängt (↗ Bewußtseinsstrom). Verstärkt findet sich G. im 20. Jh. bei Autoren, die das Potential des G.s zur Ironisierung des Innenlebens ihrer Figuren nützen, z.B. bei Th. Mann. Privilegien des G.s als indirektester Form der Bewußtseinsdarstellung sind die zeitlich geraffte oder gedehnte Wiedergabe von Bewußtseinsinhalten sowie die ›Versprachlichung‹ nicht verbalisierter Bewußtseinsinhalte bzw. des Unbewußten (Träume). Im Gegensatz zur intensiv diskutierten erlebten Rede blieb G. in der literar. Erzählforschung weitgehend vernachlässigt. In die dt. erzähltheoretische Diskussion wurde der Terminus von F.K. ↗ Stanzel (1965, S. 146ff.) eingeführt.

Lit.: F.K. Stanzel: *Die typischen Erzählsituationen im Roman*, Wien 1965. – D. Cohn: *Transparent Minds*, Princeton 1978.

ML

Geertz, Clifford (*1926), am. Kulturanthropologe. – Seit 1970 lehrt G. am Institute for Advanced Studies an der Universität Princeton. Nachdem er sich zunächst mit kulturspezifischen Studien im ethnologischen und religionswissenschaftlichen Bereich qualifiziert hatte, die den javanesischen und den islamischen Glaubensvorstellungen gewidmet waren (*The Religion of Java*, 1960; *Islam Observed,* 1968), gilt sein Hauptinteresse seit den frühen 70er Jahren den erkenntnistheoretischen Voraussetzungen und Problemen der Kulturanthropologie und der disziplinären Grundlagendiskussion. In *The Interpretation of Cultures* (1973) skizziert G. ein semiotisches Analyseverfahren und Deutungsprogramm, die auf einem symbolisch-strukturalen Kulturverständnis beruhen. Im Anschluß an M. ↗ Weber begreift G. die kulturellen Ausdrucksformen des Menschen als selbstgesponnene Bedeutungsnetze, innerhalb derer sich die kulturelle Kommunikation bewegt und soziales Handeln vollzieht. Aufgrund jener unauflöslichen Verstrickung der einzelnen, empirisch gegebenen Formen in ein übergreifendes ›Gewebe der Kultur‹ kann er die Kontextabhängigkeit jeglicher gesellschaftlicher Ausdrucksformen und ↗ Symbole postulieren und die Eingebundenheit der materiellen Artefakte in pragmatische Zusammenhänge und Handlungsverläufe geltend machen, seien diese nun sakral-kultischer Herkunft oder alltäglich-weltlicher Art. Deutlicher als die von Cl. ↗ Lévi-Strauss begründete strukturalistische Ethnologie betont G. mit der methodischen Leitidee einer ›dichten Beschreibung‹ ein dynamisches Moment der Kulturen, ohne dessen Berücksichtigung eine angemessene Deutung gesellschaftlicher Zeichen schlicht unmöglich wäre. In »History and

Anthropology« (1989/90) versucht er, der diachronen Dimension der Kultur und dem ethnologisch geschulten Blick der neueren Geschichtsschreibung Rechnung zu tragen. In der mit dem renommierten *National Book Critics Award* ausgezeichneten Studie *Works and Lives* (1988) macht G. ferner auf die Verflechtung der modernen Kulturwissenschaft mit dem Bereich der ↗ Fiktion aufmerksam, indem er genuin literar. Strategien in den Schriften von führenden Ethnologen des 19. und 20. Jh.s wie E. E. Evans-Pritchard, R. Benedict, B. Malinowski und Lévi-Strauss offenlegt. – G.s Kulturhermeneutik und v. a. seine Methode der dichten Beschreibung sind nicht nur von St. ↗ Greenblatt und anderen Vertretern des ↗ New Historicism mit Gewinn auf lit.geschichtliche Probleme angewendet worden, sondern haben auch maßgeblich zur ›anthropologischen Wende in der Lit.wissenschaft‹ (Bachmann-Medick) beigetragen und der Ausarbeitung der neueren ↗ Kulturwissenschaften wichtige Impulse verliehen.

Lit.: C. Geertz: *The Interpretation of Cultures. Selected Essays*, N. Y. 1973 (dt. Teilübers.: *Dichte Beschreibung. Beiträge zum Verstehen kultureller Systeme*, FfM. 1991 [1983]). – ders.: *Works and Lives. The Anthropologist as Author*, Stanford 1988 (dt. *Die künstlichen Wilden. Der Anthropologe als Schriftsteller*, Mchn. 1990). – ders.: »History and Anthropology«. In: *NLH* 21.2 (1989/90) S. 321–341. – D. Bachmann-Medick (Hg.): *Kultur als Text. Die anthropologische Wende in der Lit.wissenschaft*, FfM. 1996. – C. Colebrook: »Culture and Interpretation«. In: dies. 1998 [1997]. S. 66–89.

AS

Gegen-den-Strich-Lesen, ganz allg. ist das G. eine Form der Lektüre, welche die von einem ↗ Text offen oder implizit vorgegebenen Richtlinien ablehnt, indem sie diese ironisch unterläuft oder ihnen explizit eine andere Sichtweise entgegensetzt. Als politische Strategie wurde das G. durch K. ↗ Milletts provokative und bahnbrechende Studie *Sexual Politics* (1969) bekannt. Seitdem gehört es zu jenem Forschungsbereich der ↗ feministischen Lit.theorie, der sich mit der Frau als Leserin beschäftigt. Da Frauen gelernt haben, wie Männer zu lesen, identifizieren sie sich häufig gegen ihre Interessen mit männlichen Figuren und patriarchalischen Sichtweisen. Demgegenüber schlägt J. Fetterley in ihrer Studie mit dem programmatischen Titel *The Resisting Reader* (1978) eine Rezeption vor, die sich den partizipatorischen, einfühlsamen Formen des Lesens zugunsten einer oppositionellen Lektüre verweigert. Ein feministisches G. führt zum einen zu einer Re-Vision des engen männ-

lichen ↗ Kanons und der darin eingeschriebenen Normen, zu »A Map for Rereading«› wie A. Kolodny (1985) als Reaktion auf H. ↗ Blooms *A Map of Misreading* (1975) formuliert. Zum anderen kann durch Überinterpretation (*over-reading*) ↗ Weiblichkeit in Texte hineingelesen und der Blick auf eine alternative, weibliche ↗ (Sub-)Kultur gelenkt werden. Demgegenüber betont die Theorie des Lesens im dekonstruktiven Feminismus analog zu P. ↗ de Mans *Allegories of Reading* (1979) ein mit dem grundsätzlichen Spiel von Differenz (↗ *différance*) zusammenhängendes *misreading*, jenes Falschlesen, das aufgrund des selbstsubversiven Potentials von literar. Texten unumgänglich ist. Die Verdoppelung von *misreading* im feministischen Lesen ›als Frau‹ offenbart die rhetorische Verfaßtheit der Geschlechter und fördert die geschlechtliche Differenz als Zeichenfiktion zutage.

Lit.: A. Kolodny: »A Map for Rereading«. In: Showalter 1993 [1985]. S. 46–62. – P. P. Schweickart: »Reading Ourselves. Toward a Feminist Theory of Reading«. In: E. A. Flynn/P. P. Schweickart (Hgg.): *Gender and Reading*, Baltimore 1986. S. 31–62.

DF/SSch

Geistesgeschichte, der Begriff G. ist in dieser Form erstmals in F. Schlegels Vorlesungen *Geschichte der alten und neuen Lit.* (1812) belegt. Mindestens drei verschiedene Bedeutungsdimensionen des Begriffs sind zu unterscheiden: (a) In einem weiteren Sinne steht G. für einen Teilaspekt der allg. ↗ Kulturgeschichte, als Bezeichnung für die Entwicklung der gedanklich-ideellen bzw. bewußtseinsgeschichtlichen Kulturmomente im Unterschied zur Geschichte der materiellen oder politischen Kultur. In diesem Sinne überschneidet sich der Begriff G. mit den verwandten Termini ↗ Ideengeschichte (auch *History of Ideas*), ↗ Mentalitätengeschichte (auch *Histoire des Mentalités*). (b) Der Begriff G. wird zudem im Sinne von ›Geschichte des Geistes‹ gebraucht, als Kollektivsingular und gleichsam subjekthaft gedachter Synthesebegriff. Das Konzept ›Geist‹, gedacht als menschheitsgeschichtliche, universalgeschichtliche oder metaphysische Instanz (›das Absolute‹), erscheint dabei meist als das zugrundeliegende, im Ablauf der Zeit zu sich selbst kommende Substrat des Geschichtsprozesses (dt. ↗ Idealismus; G. W. F. ↗ Hegel). (c) In einem engeren, spezielleren Sinne bezeichnet G. eine bestimmte Richtung der Lit.wissenschaft, die v. a. in den 10er und 20er Jahren des 20. Jh.s die Theorie und Praxis lit.wissenschaftlichen Arbeitens dominiert hat. –

Wichtige begriffs- und philosophiegeschichtliche Voraussetzungen der Entstehung des Terminus G. im heutigen Sinne sind (a) die polare Entgegensetzung der Begriffe ›Natur‹ und ›Geist‹ im Zuge der neuzeitlichen Semantikevolution, (b) die Singularisierung (vgl. R. Koselleck) des Geistbegriffs im Laufe des 18. Jh.s, d. h. die Zusammenfassung vormoderner Vorstellungen von Geistwesen, *noumena* und *esprits* im Kollektivsingular des einen Geistes und (c) die wissens- bzw. wissenschaftsgeschichtliche Karriere des Geistbegriffs, d. h. seine Herausbildung zum zentralen Träger- und Referenzbegriff kulturgeschichtlicher Prozesse. Die genannte singularische Fassung des Geistbegriffs begegnet begriffsgeschichtlich erstmals in J. Barclays *Icon Animorum* (1614), wo es heißt, daß jedem Zeitalter ein ihm eigentümlicher Geist (›*proprium spiritum*‹) zukomme. Ein vergleichbares Einheitskonzept ist gemeint, wenn Montesquieu vom ›esprit des lois‹, J. G. Herder vom ›Geist der Zeiten‹, ›Geist einer Nation‹ oder vom ›Genius eines Volkes‹ spricht. In der Philosophie des dt. Idealismus wird dann der großangelegte Versuch ins Werk gesetzt, den Entwicklungsgang bzw. die Geschichte des auf diese Weise singularisierten, als Kollektivsubjekt verstandenen Geistes nachzuzeichnen. Avanciert der Geistbegriff schon beim frühen F. W. J. Schelling zu einem bestimmenden Fundamentalbegriff, so unternimmt es Hegel insbes. in der *Phänomenologie des Geistes* (1807), den emphatisch als Selbstentfaltung und Selbsterkenntnis aufgefaßten Entwicklungsgang jenes Geistes en detail vorzuführen. Eine weitere wichtige Station in der Entwicklung der Semantik von Geist und G. wird im Umkreis der Bemühungen um eine Grundlegung der Geistes- und ↗ Kulturwissenschaften im späten 19. Jh. erreicht. Für dieses Projekt, das in erster Linie von W. ↗ Dilthey und den Philosophen des Neukantianismus (vgl. W. Windelband, H. Rickert) vorangetrieben wurde, wurde die Unterscheidung von Naturwissenschaften auf der einen, und Kultur- bzw. Geisteswissenschaften auf der anderen Seite zur entscheidenden, erkenntnisleitenden Differenz. So postulierte Dilthey für die Geisteswissenschaften ein eigenes, von dem der Naturwissenschaften verschiedenes Methodenkonzept, das sich durch die Trias Ausdruck, Erlebnis, Verstehen umschreiben lasse (↗ Hermeneutik). Ähnlich formulieren dann auch Windelband und Rickert: Den Naturwissenschaften als nomothetischen Wissenschaften sei ein erklärendes, aus allg. Gesetzen herleitendes Verfahren angemessen, während den Geisteswissenschaften eine Methode des historisierenden, intuitiven Verstehens zukomme. Im Rahmen des genannten, Diltheyschen Begründungsversuchs wird zugleich der Bereich der Kultur, des ›objektiven‹ Geistes, entschieden als historischer begriffen, d. h. schon hier geht es um Geistes›geschichte‹, auch dort, wo der Begriff nicht explizit fällt. Als einschlägige Arbeiten Diltheys zu diesem Problemfeld sind insbes. die *Einleitung in die Geisteswissenschaften* (1883) und *Der Aufbau der geschichtlichen Welt in den Geisteswissenschaften* (1910) zu nennen. Bei einem lit.wissenschaftlichen Publikum wurde Dilthey v. a. durch sein lit.geschichtliches und dichtungstheoretisches Buch *Das Erlebnis und die Dichtung* (1906) bekannt. – Damit waren die methodischen Grundlagen gelegt, von denen aus die Karriere der G. als führendes Paradigma der (dt.) Lit.wissenschaft der 10er und 20er Jahre ihren Ausgang nahm. Angeführt durch R. Ungers programmatischen Aufsatz »Philosophische Probleme in der neueren Lit.wissenschaft« (1908) beginn seit 1910 die Reihe der großen geistesgeschichtlichen Monographien und Überblicksdarstellungen. Als einschlägige Publikationen sind v. a. zu nennen: Ungers *Hamann und die dt. Aufklärung* (1911), F. Gundolfs *Shakespeare und der dt. Geist* (1911), M. Kommerells *Der Dichter als Führer in der dt. Klassik* (1928) und H. A. Korffs *Geist der Goethezeit* (1923–1953). Erfolg und fachinterne Dominanz des Paradigmas G. schlagen sich nicht zuletzt auch im Titel der zu Beginn der 20er Jahre von P. Kluckhohn und E. Rothacker begründeten *Dt. Vierteljahrsschrift für Lit.wissenschaft und G.* nieder. – Die G. der ersten Jahrzehnte des 20. Jh.s tritt auf als eine methodische Richtung, die literar. Texte als Ausdruck und Zeugnis einer übergeordneten Instanz auffaßt, die als ›Geist‹ oder ›Zeitgeist‹ bezeichnet wird. Zu beachten ist, daß der für jene Richtung typische Begriff der G. eine im Vergleich zu den menschheits- und universalhistorischen Konzepten des 19. Jh.s geringere Extension aufweist (vgl. K. Weimar) und jeweils auf eine spezifische, repräsentative Teilströmung des Gesamtprozesses ›Geschichte‹ zielt. Dabei ist es wichtig zu sehen, daß die geistesgeschichtlichen Ansätze trotz ihrer gemeinsamen Referenz auf den Geistbegriff keine in sich homogene, geschlossene Forschungsrichtung darstellen. Eher als in einem einheitlichen zugrunde liegenden Konzept ist das verbindende Moment geistesgeschichtlicher Zugehensweisen wohl in der Abgrenzung von einem gemeinsamen Gegner zu sehen: Die G.

erscheint als Reaktion auf eine Phase vorwiegend positivistisch, werkgeschichtlich-biographisch orientierter Forschung (↗ Positivismus, ↗ Biographismus) unter Führung der Schererschule, ist es doch ihre Absicht, den Horizont der Fachwissenschaft für weitere, über ein rein philologisches Interesse hinausgehende Fragestellungen zu öffnen. So verdienstvoll der interdisziplinäre Ansatz der G. ist, so liegen doch die Schwierigkeiten und Grenzen des Vorgehens auf der Hand: Die Ausrichtung am disziplinären Vorbild der Philosophie und der Hang zu großangelegten Synthesen bewirkten einen ausgeprägt spekulativen Einschlag, so daß schon bald die Notwendigkeit deutlich wurde, die weit ausgreifenden philosophischen Deutungsangebote wieder durch genauere Textbeobachtungen einzuschränken und zu kontrollieren. Der durchschlagende, auch institutionell sich äußernde Erfolg der G. ist wohl nicht allein auf das kognitive Potential der Richtung als Fundierungskonzept für die Geisteswissenschaften zurückzuführen, sondern verdankt sich nicht zuletzt ihrem Anspruch, in einer Zeit allg. Unsicherheit und Krise neue Orientierungen und Wertmaßstäbe zu bieten, eine Art Ethik (vgl. R. Kolk) des angemessenen Schreibens und Handelns. Dieser deutlich normative Akzent dürfte indessen gerade dasjenige Moment bezeichnen, das die G., gemessen am heutigen deskriptiven Wissenschaftsbegriff, problematisch und kaum mehr zeitgemäß erscheinen läßt.

Lit.: K. Vietor: »Dt. Lit.geschichte als G.«. In: *PMLA* 60.1 (1945) S. 899–916. – F. Fulda et al.: »Geist«. In: *Historisches Wörterbuch der Philosophie*, Bd. 3 (Hg. J. Ritter), Darmstadt 1974. S. 154–204. – K. Weimar: »Zur Geschichte der Lit.wissenschaft. Forschungsbericht«. In: *DVjs* 50.1–2 (1976) S. 298–364. – E. Schulin: »G., ›Intellectual History‹ und ›Histoire des Mentalités‹ seit der Jh.wende«. In: ders.: *Traditionskritik und Rekonstruktionsversuch*, Göttingen 1979. S. 144–162. – P. King (Hg.): *The History of Ideas*, Ldn. 1983. – H. Dainat: »Dt. Lit.wissenschaft zwischen den Weltkriegen«. In: *Zs. für Germanistik* NF 1 (1991) S. 600–608. – Ch. König/E. Lämmert (Hgg.): *Lit.wissenschaft und G: 1910–1925*, FfM. 1993. – H. Dainat/R. Kolk: »Das Forum der G.«. In: R. Harsch-Niemeyer (Hg.): *Beiträge zur Methodengeschichte der neueren Philologien*, Tüb. 1995. S. 111–134. – K. Weimar: »G.«. In: Weimar 1997. S. 678–681.
LS

Gender (engl. Genus, Geschlecht), 1968 schlug der Psychologe R. Stoller vor, den Begriff *G.* aus der Grammatik zu entlehnen, um mit ihm soziokulturelle Funktionen von Männlichkeit und Weiblichkeit zu bezeichnen und von biologischen Geschlechtsmerkmalen (*sex*) zu unterscheiden. Seit den frühen 70er Jahren ist diese Differenzierung von der feministischen Forschung weitgehend übernommen worden (↗ *G. Studies*). Da das Dt. diese Unterscheidung nicht kennt, werden die engl. Termini gewöhnlich auch im Dt. verwendet. – Grundannahme der *G. Studies* ist, daß G. nicht kausal mit dem biologischen Geschlecht verknüpft ist, sondern als eine kulturelle Interpretation des Körpers zu verstehen ist, die dem Individuum über eine ↗ Geschlechtsidentität und Geschlechterrolle einen spezifischen Ort innerhalb der gesellschaftlichen Ordnung zuweist. Als zugleich semiotische und soziokulturelle Kategorie meint G. folglich die Bedeutung(en), die eine Kultur der Unterscheidung zwischen Mann und Frau verleiht und die sich mit anderen grundlegenden Sinnstiftungen überlagern bzw. sie stabilisieren kann. So ermöglicht der Einbezug der Kategorien *class* (↗ Klasse), ↗ *race* bzw. ↗ Ethnizität und sexueller Orientierung in die Analyse von G., wie er von materialistischen Feministinnen, der ↗ Postkolonialen Lit.theorie und den ↗ *Gay and Lesbian Studies* eingefordert wurde, die Überkreuzung der ↗ Geschlechterdifferenz mit anderen gesellschaftlichen Machtverhältnissen zu erforschen. In bezug auf die Lit. untersuchen die unterschiedlichen Richtungen der ↗ feministischen Lit.theorie bzw. G. Studies, wie in der Gestaltung literar. Texte, in Fragen der Autorschaft und der Rezeption von Lit. G. als prägendes Prinzip zum Tragen kommt, reproduziert und gegebenenfalls auch dekonstruiert wird. – Seit den späten 80er Jahren wird unter dem Einfluß von neueren Erkenntnissen in der Biologie und der Medizingeschichte (Th. Laqueur) einerseits und der Weiterentwicklung der Theorien des ↗ Poststrukturalismus andererseits die Differenzierung zwischen *sex* und G. in Frage gestellt. In der kontroversen Auseinandersetzung, die innerhalb der G. Studies geführt wird, stehen solche Positionen zur Diskussion, die den Konstruktcharakter von G. zwar anerkennen, aber eine letztlich ahistorische und prädiskursive Leiblichkeit voraussetzen, der oftmals subversives Potential zugewiesen wird (E. Scarry, A. Duden). Das Postulat von Gemeinsamkeiten, die sich aus der kulturellen Interpretation und Funktionalisierung der weiblichen Biologie ergeben, manifestiert sich insbes. im ↗ Gynozentrismus wie auch bei Vertreterinnen der Differenztheorie. Auf diese Weise, so betont u.a. J. ↗ Butler, werde aber die abendländische (nachaufklärerische) Bindung von Subjektivität an den

Körper fortgeschrieben. Neuere Richtungen der G. *Studies* erachten dagegen auch *sex*, also den vermeintlich natürlichen Körper, als eine kulturelle Konstruktion, die nachträglich die Zuschreibung von G. naturalisiert. Danach gehen kulturelle Signifikationsprozesse, die den Geschlechtskörper produzieren, mit einer Körperpraxis einher, in der die Individuen diese Repräsentationen reproduzieren und als eigene materielle Körperidentität konstituieren. Für Butler ist die Kohärenz von *sex* und G. zwar prozeßhaft, sie unterliegt aber nicht dem freien Willen der Individuen, sondern ist ein Effekt gesellschaftlicher Machtdiskurse. Während für diejenigen, die die kategoriale Trennung zwischen *sex* und G. für obsolet halten, der Körper seinen Charakter als unveränderliche Konstante verloren hat und ebenso wie Charaktereigenschaften und soziale Rollen zur Variable wird, haben andere diesem Konzept entgegengehalten, daß der Körper aus der Forschung eliminiert und damit die abendländische Binarität von Körper und Geist reproduziert werde.

Lit.: Institut für Sozialforschung FfM. (Hg.): *Geschlechterverhältnisse und Politik*, FfM. 1994. – T. Wobbe/G. Lindemann (Hgg.): *Denkachsen. Zur theoretischen und institutionellen Rede vom Geschlecht*, FfM. 1994. – M. Jehlen: »Gender«. In: Lentricchia/McLaughlin 1995 [1990]. S. 263–273. – C. Kaplan/D. Glover: G., Ldn. 1998.

DF/SSch

Gender Studies (Geschlechterforschung; engl. *gender*: Geschlecht; *study*, Pl. *studies*: Studien, Untersuchungen), *G.St.* analysieren das hierarchische Verhältnis der Geschlechter (↗ Geschlechterdifferenz; ↗ Geschlechtsidentität und Geschlechterrolle), wie es sich in den verschiedenen Bereichen einer Kultur manifestiert. Grundannahme dabei ist, daß sich Funktionen, Rollen und Eigenschaften, die ↗ Männlichkeit bzw. ↗ Weiblichkeit konstituieren, nicht kausal aus biologischen Unterschieden zwischen Mann und Frau ergeben, sondern gesellschaftliche Konstrukte und damit veränderbar sind. Die Gegenstände und Methoden der *G.St.* sind von denen der feministischen Theorie nicht immer eindeutig zu trennen. Ein entscheidender Unterschied ist gleichwohl die Perspektive: Anders als die ↗ *Women's Studies* postulieren die *G.St.* keine Gemeinsamkeiten von Frauen, die auf ihre spezifische Körperlichkeit bzw. die männliche Reaktion auf diese Körperlichkeit (↗ Misogynie; ↗ Sexismus) zurückzuführen wären. So ist die zentrale Analysekategorie der *G.St.* nicht ›die Frau‹ oder ›Weiblichkeit‹, sondern Geschlecht-

lichkeit als Genus (↗ G.), d.h. als historisch wandelbares, gesellschaftlich-kulturelles Phänomen. Die *G.St.* diskutieren kulturelle ↗ Repräsentationen und Interpretationen des Körpers und fragen danach, wie die gesellschaftliche Geschlechterdifferenz über den Rückgriff auf die Biologie naturalisiert wird. Vielfach steht auch die Unterscheidung zwischen männlich und weiblich selbst zur Disposition. Unter Bezugnahme auf die ↗ Dekonstruktion wird die Geschlechtsidentität dabei als Effekt sprachlich-differentieller Prozesse verstanden, die jeder Essentialität entbehrt (↗ Essentialismus). Ziel ist folglich weniger die Kritik an männlicher Herrschaft und die Forderung nach Gleichberechtigung von Frauen. Zwar setzen sich die *G.St.* auch mit der Asymmetrie zwischen den Geschlechtern auseinander, sie fragen darüber hinaus aber auch nach der Konstitution, der Funktion und der spezifischen Ausformung der Geschlechterdifferenz in der jeweiligen Gesellschaft. Entsprechend wird G. auch im Zusammenspiel mit anderen hierarchisierenden Kategorien wie etwa *class* (↗ Klasse) und ↗ *race* diskutiert. Die *G.St.* stellen insofern einen neuen wissenschaftlichen Ansatz dar, als hier angenommen wird, daß kulturelle Bedeutungsstiftung grundsätzlich über die Geschlechterdifferenz organisiert wird. G. wird folglich nicht als ein weiterer Forschungsaspekt neben vielen anderen erachtet, wie dies im Bereich der *Women's Studies* möglich ist, sondern kann oder sollte jeder Forschung zugrunde liegen. – Die *G.St.*, die sich v.a. in den 80er Jahren etablierten, trugen zunächst v.a. jenen Einwänden Rechnung, die dem frühen Feminismus eine Universalisierung der Erfahrungen weißer Frauen der Mittelklasse und Ignoranz gegenüber Differenzen zwischen Frauen vorgeworfen haben. Die von poststrukturalistischen Theorien inspirierte Dekonstruktion der Kategorie ›Frau‹, für den frühen Feminismus gleichermaßen Forschungsobjekt wie Erkenntnissubjekt, ist daher als ein entscheidender Aspekt in der Entwicklung der *G.St.* zu erachten. Die weitgehende Verdrängung der *Women's Studies* durch die *G.St.* mit ihrer veränderten Schwerpunktsetzung hat dazu geführt, daß die vorwiegend soziohistorische Ausrichtung feministischer Studien der 70er Jahre durch Ansätze ergänzt oder ersetzt wurde, die aus der Lit.wissenschaft, der (Sprach-)Philosophie und der Anthropologie stammen. Letztere hat auf die Vielfalt von G.-Systemen in den verschiedenen Kulturen verwiesen (vgl. Sh. Ortner und H. Whitehead). Ein entscheidender theoretischer Impuls ging von der Anthropologin G. Rubin aus, die die Freudsche Psychoanalyse und den ↗ Strukturalismus von Cl. ↗ Lévi-Strauss verknüpfte und die Differenzierung zwischen *sex* und *G.* für die Gesellschaftsanalyse nutzbar machte. Von Rubin stammt der Begriff des ›*sex/gender*-Systems‹, womit sie die Strukturen bezeichnet, durch die in einer spezifischen Kultur aus dem ›biologischen Rohmaterial‹ (*sex*) gesellschaftliche Subjekte (*G.*) produziert werden. Innerhalb dieses Systems geht nach Rubin die Naturalisierung der Geschlechterdifferenz mit dem Inzesttabu sowie mit der Tabuisierung aller Formen von Sexualität einher, die nicht der normativen heterosexuellen Paarbeziehung entsprechen. Rubins *sex-gender*-System galt über lange Zeit als grundlegendes Modell der *G.St.* Ihre These vom Zusammenhang zwischen Geschlechterdifferenz und gesellschaftlicher ›Zwangsheterosexualität‹ ist von den ↗ *Gay and Lesbian* bzw. *Queer Studies* aufgenommen und weiterentwickelt worden. Insbes. deren neuere Strömungen, die sich dem Konnex *sex-gender*-Sexualität zuwenden, haben wiederum für die *G.St.* wichtige Impulse geliefert (vgl. z.B. J. ↗ Butler, J. Dollimore, E.K. Sedgwick). Neben den Parallelen und Überschneidungen zwischen *G.St.* und *Gay and Lesbian Studies* sind *G.St.* auch ein wichtiger Aspekt der ↗ Postkolonialen Lit.theorie, wie sie u.a. in den Arbeiten von G.C. ↗ Spivak entwickelt wird. Gemeinsamer Ansatzpunkt ist die Frage nach dem Zusammenwirken von Geschlechterdifferenz und ethnischer Differenz bzw. Rassismus. *G.St.* stellen folglich nicht so sehr eine eigenständige Forschungsrichtung dar als vielmehr eine spezifische Art der Herangehensweise an kulturelle Phänomene, die sich in den verschiedenen Disziplinen mit unterschiedlichen Methoden etabliert hat. So ist der Einbezug der Kategorie *G.* nicht nur für die Lit.- und Sozialwissenschaften, sondern auch für die naturwissenschaftliche (E. Fox Keller) und die historische Forschung (N. Zemon Davis, J. Kelly-Gadol) eingefordert worden. Dabei ist jedoch fast immer eine deutliche interdisziplinäre, vielfach kulturwissenschaftliche oder kulturanthropologische Anlage der Forschung festzustellen, die sich gerade aus der Zielstellung der *G.St.* ergibt. Charakteristisch ist zudem eine historische Perspektivierung, die nach Brüchen und Neudefinitionen der Geschlechterordnungen fragt. Daß sich solche Studien insbes. auf das Europa der Frühen Neuzeit und die Zeit um 1800 konzentriert haben (vgl. A. Corbin, C. Gallagher, K. Hausen, C. Honegger, Th. La-

queur, L. Steinbrügge), erklärt sich dadurch, daß bis ins 18.Jh. ein grundsätzlich anderes Modell der Geschlechterdifferenz gültig war. Mann und Frau waren graduell voneinander unterschieden, wurden aber nicht in fundamentaler Opposition zueinander gesehen. – Geht man davon aus, daß die Geschlechterdifferenz ein Effekt gesellschaftlicher Diskurse ist, verlangt der Konnex von Text und *G.* bzw. ↗ Textualität und Sexualität bes. Berücksichtigung. *G.St.* in der Lit.wissenschaft analysieren, wie kulturelle Entwürfe von Weiblichkeit oder Männlichkeit in der Lit. und ihrer Lektüre konstituiert, stabilisiert und revidiert werden. Dies impliziert u.a., daß der literar. Text in seiner historischen und kulturellen Spezifität, in seinen intertextuellen Bezügen beispielsweise zu religiösen, politischen, medizinischen oder juristischen Diskursen gelesen wird (vgl. u.a. C. Belsey, St. ↗ Greenblatt, S. Weigel). Dabei wird auch der Zusammenhang zwischen *G.* und Genre sowie geschlechtsspezifisches Lesen (Sh. ↗ Felman, P. Schweickart) problematisiert und gefragt, inwieweit Autorschaft und das Schreiben bzw. die Repräsentation an sich über die Geschlechterdifferenz organisiert sind (E. Bronfen, B. Johnson, T. de Lauretis, B. Vinken). Schließlich stehen auch die Paradigmen der Lit.-wissenschaft selbst zur Disposition, so daß z.B. die traditionelle ↗ Lit.geschichtsschreibung einer kritischen Lektüre und Neuschrift unterzogen wird (vgl. Schabert 1997). – War bei aller methodologischen und theoretischen Vielfalt innerhalb der *G.St.* die Unterscheidung zwischen biologischem und sozialem Geschlecht weitgehender Konsens, hat in den späten 80er Jahren und verstärkt zu Beginn der 90er Jahre eine intensive Debatte um die Gültigkeit dieses *sex/gender*-Modells eingesetzt, in der verschiedene Aspekte zum Tragen kommen: (a) die Rezeption und radikale Weiterentwicklung theoretischer Ansätze des ↗ Poststrukturalismus (der ↗ Diskursanalyse M. ↗ Foucaults, der Psychoanalyse J. ↗ Lacans und ihrer Lektüre durch frz. Feministinnen); (b) die Aufnahme neuerer Erkenntnisse der Medizingeschichte (Th. Laqueur, L. Jordanova), die zeigen, daß sich Vorstellungen von einem fundamentalen Unterschied zwischen männlichem und weiblichem Körper (*two-sex-model*) erst seit dem 18.Jh. entwickelt haben; (c) Auseinandersetzungen in der Biologie um die Kriterien zur Bestimmung der Geschlechtszugehörigkeit; (d) die durch die neuen Kommunikationstechnologien ausgelöste Revolutionierung des Verhältnisses von Mensch, Maschine und Wirklichkeit (D. Haraway); (e) Phänomene der

Populärkultur wie z.B. Transvestismus (M. Garber). Mit dem Argument, daß erst die Gesellschaft bestimmten Körpermerkmalen Bedeutung zuweist und als Geschlechtsmerkmale identifiziert, wird der Glaube an eine jeder Kultur vorgängige Existenz von zwei biologischen Geschlechtern bestritten (Butler, G. Lindemann). In der kontrovers geführten Diskussion geht es somit letztlich um ein grundsätzliches Neudenken von Geschlechtlichkeit und Körperlichkeit.

Lit.: E. Showalter (Hg.): *Speaking of G.*, N.Y./Ldn. 1989. – Institut für Sozialforschung FfM. (Hg.): *Geschlechterverhältnisse und Politik*, FfM. 1994. – T. Wobbe/G. Lindemann (Hgg.): *Denkachsen. Zur theoretischen und institutionellen Rede vom Geschlecht*, FfM. 1994. – I. Schabert: *Engl. Lit.geschichte. Eine neue Darstellung aus der Sicht der Geschlechterforschung*, Stgt. 1997. – C. Kaplan/D. Glover (Hgg.): *G.*, Ldn. 1998.

DF/SSch

Genetischer Strukturalismus ↗ Strukturalismus, amerikanischer, französischer, genetischer

Genette, Gérard (*1930), frz. Lit.wissenschaftler. - Besuch der École Normale Supérieure; 1954: Agrégation in Lettres classiques; 1959–1960: gemeinsame Tätigkeit mit J. ↗ Derrida an einem lycée zur Vorbereitung auf die ENS; 1963 assistant; 1967 Professsor für frz. Lit. an der Sorbonne in Paris; Professor an der École des Hautes Études in Paris; Schüler des Philosophen und Lit.wissenschaftlers R. ↗ Barthes; 1970 zusammen mit T. ↗ Todorov und H. ↗ Cixoux Gründer der Zs. *Poétique*. – G. setzt sich in seinem gesamten lit.theoretischen Werk mit der Bestimmung der spezifischen Qualität des literar. Kunstwerks auseinander. G. wurde in den 60er Jahren stark vom ↗ Strukturalismus beeinflußt und entwickelte auf dieser Basis ein neues System der formalen Textanalyse. In *Figures I* (1966) anonymisiert G. ähnlich wie Barthes und M. ↗ Foucault die Rolle des Autors und lehnt jegliche Psychologisierung des literar. Textes durch einen Rückgriff auf die Erfahrung des historischen ↗ Autors ab. In *Figures II* (1969), *Figures III* (1972) und *Nouveau discours du récit* (1983) widmet sich G. Fragen narratologischer Textanalyse, wobei er eine Präzisierung und Neudefinition der platonisch-aristotelischen Unterscheidung zwischen ↗ Mimesis und ↗ Diegese ebenso leistet wie eine Funktions- und Strukturanalyse der ↗ Erzählung. - G. untergliedert den narrativen Akt in drei Aspekte: die Geschichte (↗ *histoire*) als Folge von Ereignissen, die Gegen-

stand der Erzählung (*récit*) im Sinne eines narrativen Diskurses sind, sowie das Ereignis des Erzählens (*narration*). Weitere zentrale Konzepte der Narratologie G.s sind die Zeitanalyse mit den Kategorien ↗ Erzählzeit, erzählte Zeit, Ordnung, ↗ Dauer und ↗ Frequenz sowie Modus im Sinne der Art und Regulierung der erzählerischen Vermittlung durch ↗ Fokalisierung, wobei die Beziehung zwischen *histoire* und *récit* und das Verhältnis von ↗ Erzähler und Geschichte im Vordergrund stehen. Den Begriff der narrativen Stimme (*voix*) führt G. bei der Diskussion der narrativen Instanz, des Verhältnisses von *narration* zu *histoire* und *récit*, ein. Schon in *Introduction à l'architexte* (1979) beschäftigt sich G. mit der bereits in den 60er Jahren von J. ↗ Kristeva in Anlehnung an M. ↗ Bachtin erörterten Problematik der ↗ Intertextualität, die er in *Palimpsestes* (1982) ohne Kristevas ideologiekritischer Stoßrichtung wieder aufnimmt. Dabei geht es um die dialogischen Beziehungen und Abhängigkeiten von Texten untereinander. G. versteht Intertextualität (z.B. durch Zitate aus anderen Texten in einem Text) lediglich als ein Teilphänomen jener Transtextualität, die als weitere Subkategorien auch ↗ Paratextualität (z.B. Titel, Vorworte, Marginalien), ↗ Metatextualität (z.B. kritische Kommentare), ↗ Architextualität (z.B. Gattungstypik) und Hypertextualität beinhaltet. Letztere analysiert G. in *Palimpsestes* ausführlich. Für ihn ist der ↗ Hypertext vom vorausgehenden ↗ Hypotext durch literar. Transformation und Imitation abgeleitet, wie z.B. die *Aeneis* und *Ulysses* von Homers *Odyssee*. Hypotextualität ist also lesend-interpretierendes Schreiben. Der Hypotext schimmert im Hypertext noch genauso durch wie der urspr. Text im darüber geschriebenen beim ↗ Palimpsest. Dabei sind ludistische, satirische und ernste Varianten (↗ Parodie, Travestie, ↗ Transposition, ↗ Pastiche, Karikatur, Fälschung) zu unterscheiden. In *Seuils* (1987) führt G. diese Analysen in bezug auf das Phänomen der Paratextualität fort. Mit *Fiction et diction* (1991) hat G. u.a. einen erzähltechnisch fundierten Beitrag zur Debatte um die Gemeinsamkeiten und Unterschiede zwischen faktischen und fiktionalen Erzählungen geleistet. G. hat einen entscheidenden Einfluß auf die ↗ Erzähltheorie und die Intertextualitätsdebatte seit den 60er Jahren ausgeübt.

Lit.: G. Genette: *Figures I-III*, Paris 1966–1972. - ders.: *Mimologiques. Voyage en Cratylie*, Paris 1976. - ders.: *Introduction à l'architexte*, Paris 1979. - ders. 1982/93. - ders. 1983/88/94. - ders.: *Seuils*, Paris 1987. – ders.:

Fiction et diction, Paris 1991. – Sh. Rimmon: »A Comprehensive Theory of Narrative. G.'s ›Figures III‹ and the Structuralist Study of Fiction«. In: *PTL* 1 (1976) S. 33–62.

HA

Genfer Schule, unter dem Begriff G.Sch. versteht man eine Gruppe von Lit.wissenschaftlern (mit der Universität Genf als Kristallisationspunkt), die, inspiriert durch die Anregungen der dt. ↗ Geistesgeschichte, die frz.sprachige Lit.betrachtung erneuerten. Zur G.Sch. zählten als Väter M. Raymond (1897–1957) und A. Béguin (1901–1957), der aus Belgien stammende und an der Universität Zürich lehrende G. ↗ Poulet (1902–1991), der den Begriff École de Genève (G.Sch.) geprägt hatte, J.-P. Richard (*1922) sowie J. Rousset (*1910) und J. ↗ Starobinski (*1920), Schüler von M. Raymond. Was diese Lit.wissenschaftler einte, war weniger eine gemeinsame Theorie als eine persönliche Affinität. Alle waren sich einig in der Ablehnung einer positivistisch-biographistischen Lit.betrachtung (↗ Biographismus, ↗ Positivismus) und in der Einschätzung des Kunstwerkes als eines Ausdruckes des ›Geistes‹. Während die frz. *critique universitaire* die Innovationen der 20er Jahre (↗ Russ. Formalismus; dt. ↗ Stilkritik; am. ↗ *New Criticism*) kaum zur Kenntnis genommen hatte, fanden die Westschweizer Raymond und H. Béguin in Deutschland (der erstere wirkte in Leipzig als Lektor [1926–1928], der letztere in Halle [1929–1934]) entscheidende Anregungen durch die geistesgeschichtlichen Methoden der Lit. (vertreten durch Namen wie W. ↗ Dilthey, E.A. ↗ Cassirer und F. Gundolf), die den ↗ Positivismus überwunden hatten, ohne dabei einem wissenschaftlichen Impressionismus zu verfallen, und die für philosophische Fragestellungen durchaus offen waren. Neben dem Einfluß der dt. Geistesgeschichte trug Bergsons Valorisierung der Intuition und der Sympathie als der Ratio ebenbürtige Erkenntnisformen wie auch die ersten Leistungen der außeruniversitären ›schöpferischen Kritik‹ (*critique créatrice*) um J. Rivière und Ch. Du Bos zu einem neuen Typus der Lit.betrachtung bei, der sich in Raymonds *De Baudelaire au surréalisme* (1933) und in Béguins Genfer Dissertation *L'âme romantique et le rêve* (1939) erstmals überzeugend artikulierte. Beide Autoren schrieben dem Traum und dem Unbewußten eine zentrale Rolle zu, betrachteten diese aber nicht im Sinne ↗ Freuds als Abstellraum von verdrängtem biographischem Material, sondern als Ort, der jenseits der onto-

logischen und sozio-ökonomischen Entfremdung Spuren einer verlorenen Einheit enthalte, die durch die Poesie aktiviert werde. Béguin legte unter diesem exklusiven Blickwinkel eine für Frankreich neue Sicht der dt. Romantik vor und sah als deren geistige Nachfahren in Frankreich nicht die Romantiker, sondern Nerval, Baudelaire und Rimbaud, deren Werk er als metaphysische Suche nach der verlorenen Einheit deutete. – Innerhalb des relativ liberalen universitären Systems der Schweiz entwickelten Raymond in Genf und Béguin in Basel die Ansätze einer neuen Art der Lit.kritik, die nachhaltig auf eine zweite Generation von Lit.wissenschaftlern wirkte, die man unter der Bezeichnung *Ecole de Genève* zusammenfaßte. Als Charakteristikum der Gruppe, deren individuelle Unterschiede offensichtlich sind, hat man die thematische Betrachtungsweise hervorgehoben. Es geht darum, rekurrente Themen in den literar. Werken herauszuarbeiten. Bei Raymond steht das Existenzgefühl als Form des Selbstbewußtseins im Vordergrund, bei Starobinski die Beziehung des Verstehens des Bewußtseins des anderen, bei Rousset die Beziehung zwischen literar. Formen und dem geistigen Leben sowie bei Poulet die Kategorien des Bewußtseins: Raum, Zeit, Ursache, Zahl. Die Lit. wird als Produkt des ›Geistes‹ gesehen, der sich in spezifischen Formen sowohl in der Dichtung wie in den plastischen Künsten äußert; darum auch ausgehend von H. Wölfflins kunstgeschichtlichen Grundbegriffen (1991 [1915]) ein Interesse für übergreifende Fragestellungen des Manierismus bei Raymond, des Barock bei Rousset und der Neo-Klassik bei Starobinski. Die technischen Verfahren der Textanalyse erscheinen bei den Autoren der G.Sch. als Mittel für eine letztlich persönliche Begegnung zwischen kritischem und schöpferischem Bewußtsein. Die G.Sch. spielte so eine Pionierrolle für eine Erneuerung der Lit.betrachtung. Mit der linguistisch-semiologisch ausgerichteten strukturalistischen Lit.kritik wurde gegen Ende der 60er Jahre eine Richtung dominant, die vorzugsweise die Ausdrucksformen zum Gegenstand des Forschens machte, während die G.Sch. über die Untersuchung von Inhalts›formen‹ eine subjektive Begegnung mit dem literar. Werk suchte.

Lit.: J. Jurt: »Das kritische Denken A. Béguins«. In: *Schweizer Rundschau* (1973) S. 281–287. – F. Giacone: »L'école de Genève: mythe ou réalité?« In: *Micromegas* II.2 (1975) S. 67–91. – P. Grotzer: *Existence et destinée d'A. Béguin*, Neuchâtel 1977. – J. Starobinski: »A.

Béguin, M. Raymond: La nescience des rêves«. In: *Critique* 371 (1978) S. 352–368. – P. Grotzer (Hg.): *A. Béguin et M. Raymond. Colloque de Cortigny*, Paris 1979. – C. Reichler: »J. Starobinski et la critique genevoise«. In: *Critique* 43 (1987) S. 606–611.

JJ

Genotext und Phänotext (gr. *génesis*: Entstehung; gr. *phaínein*: erscheinen, sichtbar machen), von der Psychoanalytikerin und Lit.theoretikerin J. ↗ Kristeva geprägte Begriffsdiade, die den Unterschied zwischen der kommunikativen und der affektiven Ebene des ↗ Textes bezeichnet. Der G. ist ein nicht linguistisches, dynamisches, prozesshaftes Feld von Triebenergien. Es ›unterliegt‹ der Sprache und ist dem Körper und prä-ödipalen Beziehungen zugeordnet. Im Gegensatz zur Prozeßhaftigkeit und Fluidität des G.s bezeichnet der Ph. eine feste sprachliche Struktur, welche die Existenz eines ↗ Subjekts, und somit auch die eines vom Subjekt getrennten Objekts, voraussetzt. In der Sprache sind grundsätzlich beide Ebenen operativ, wobei der G. eine Markierung für die Anwesenheit poetischer Sprache ist, die, aus dem Ph. heraus, diesen aufbricht oder sogar pulverisiert. Kristevas Unterscheidung ist eingebettet in den von ihr entwickelten Gegensatz zwischen dem Feld des ›Semiotischen‹ (der nicht-expressiven, nicht-sprachlichen Artikulierung der Totalität der Triebe und ihrer rhythmischen und pulsierenden Bewegungen durch ein noch nicht erstelltes Subjekt) und dem des ›Symbolischen‹ (der sprachlichen Ordnung in ↗ Signifikant und Signifikat und Referent [↗ Referenz]). In diesem Zusammenhang ist der G. sowohl der semiotischen, nicht-sprachlichen *chora* als auch dem Heraufkommen des Symbolischen, und damit der Sprache, zugeordnet. Er bildet somit ein Scharnier zwischen der rein körperlichen und der sprachlichen Ebene; eine Zwischenebene, über die der Fluß des Semiotischen in das Symbolische verhandelt wird. Bedeutet Ödipalisierung die Symbolisierung des Semiotischen, so bedeutet Kunst die Semiotisierung des Symbolischen.

Lit.: J. Kristeva: *La révolution du langage poétique*, Paris 1974.

HB

Genre ↗ Gattung, literarische; ↗ Hybride Genres

Geschlechterdifferenz, G. bezeichnet das hierarchische Verhältnis zwischen Männern und Frauen, wie es in verschiedenen Aspekten einer Gesellschaft zum Tragen kommt. Dies überkreuzt sich mit anderen Hierarchisierungen, v. a. über die Kategorien ↗ *race* und *class* (↗ Klasse), so daß die G. weitere Differenzierungen innerhalb der Geschlechter nicht ausschließt. – Die ↗ *Gender Studies* bzw. die ↗ feministische Theorie führen diese Ungleichheiten nicht auf Vorstellungen von einem natürlichen ›Wesen‹ der Geschlechter zurück. Statt dessen wird seit den späten 60er Jahren zwischen dem biologischen Geschlecht (*sex*) und dem kulturellen Geschlecht (↗ *gender*) unterschieden und letzteres als Konstrukt erkannt, das sich nicht kausal aus dem Körper ergibt. Wie die Ergebnisse historischer Forschung zeigen, haben sich in der westlichen Kultur erst im 19. Jh. Vorstellungen etabliert, die von einer grundsätzlichen biologischen Verschiedenheit der Geschlechter ausgehen, aus denen spezifische, komplementäre Charakteristika abgeleitet werden. Diese geschlechtsspezifischen Zuschreibungen orientieren sich an den ↗ binären Oppositionen Kultur/Natur, aktiv/passiv, Verstand/Gefühl, Geist/Körper, wobei der Frau immer der zweite (negativ besetzte) Term zugewiesen wird. Die Forschung zur G. sucht einerseits ihr Entstehen und ihre spezifische Ausformung in der jeweiligen Gesellschaft nachzuzeichnen und sie andererseits als sprachlich-differentiellen Prozeß zu dekonstruieren. Hier trifft sich die ↗ Dekonstruktion mit der Psychoanalyse nach J. ↗ Lacan, der die Herausbildung der geschlechtlichen Differenz erst mit dem Eintritt des Kindes in die Symbolische Ordnung ansetzt. G. stellt sich folglich als hierarchischer und unabschließbarer Signifikations- und Repräsentationsprozeß dar, welcher in gesellschaftlichen Diskursen immer wieder aufs neue (re-)produziert wird.

Lit.: H. Nagl-Docekal/H. Pauer-Studer (Hgg.): *Denken der G.: Neue Fragen und Perspektiven der feministischen Philosophie*, Wien 1990. – C. Honegger: *Die Ordnung der Geschlechter. Die Wissenschaft vom Menschen und das Weib*, FfM./N.Y. 1991. – G.-A. Knapp: »Politik der Unterscheidung«, In: Institut für Sozialforschung FfM. (Hg.): *Geschlechterverhältnisse und Politik*, FfM. 1994. S. 262–287.

DF/SSch

Geschlechterstereotyp (gr. *stereós*: starr, fest; frz. *stéréotype*: mit feststehenden Typen gedruckt), Bezeichnung für stark vereinfachte, weit verbreitete und historisch variable Vorstellungen von ↗ Weiblichkeit und ↗ Männlichkeit, die auf der polarisierenden Zuweisung von vermeintlich geschlechtsspezifischen Eigenschaften beruhen und sich in literar. Texten v. a. in ↗ Frauenbildern niederschlagen. Grundsätzlich fungiert das G. der *femininity* als defizitäre Folie für eine als normativer Maßstab gesetzte, präsentische *masculinity* (H. ↗ Cixous 1988). In dieser Konstellation gehorcht die Distribuierung attributiver Zuschreibungen den allg. epistemologischen, diskursiven und psychologischen Mechanismen binärer ↗ Dichotomisierungen, welche Konstrukte kultureller ↗ Identität und ↗ Alterität steuern, wobei der Weiblichkeit als ›internem Fremdem‹ eine strukturanaloge Funktion zu nationalkulturellen Alteritätskonstrukten als ›externem Fremdem‹ der Identitätskonstitution des männlichen Subjekts zukommt. – Seit ca. 1975 stehen verstärkt ethnische und klassenspezifische Differenzen der manifesten G.en, seit den 80er Jahren die Analyse geschlechtsspezifischer ›Gestalten‹ und Einstellungen zu literar. ↗ Textualität und Kreativität im Mittelpunkt der anglo-am. ↗ *Gender Studies*. Analysen im Rahmen des frz., psychoanalytisch-dekonstruktivistisch geprägten Feminismus vertreten die These, daß die oppositionell konstruierten G.e bereits tiefenstrukturell in der okular-, logo- und phallozentrisch (↗ Logozentrismus, ↗ Phallozentrismus) organisierten Struktur der abendländischen Epistemologie angelegt sind, und entwerfen mit Konzepten wie dem ›Semiotischen‹ (J. ↗ Kristeva) oder ↗ *jouissance* Gegenmodelle.

Lit.: M. Ellmann: *Thinking about Women*, N.Y. 1968 – L. Irigaray: *Speculum de l'autre femme*, Paris 1990 [1974]. (dt. *Speculum. Spiegel des anderen Geschlechts*, FfM. 1980). – H. Cixous: »Sorties«. In: Lodge 1988. S. 287–293. – J. Seed/J. Wolff (Hgg.): *The Culture of Capital. Art, Power, and the 19th-Century Middle Class*, Manchester 1988. Bes. S. 117–134.

AHo

Geschlechtsidentität und Geschlechterrolle, der Begriff der G.rolle stammt aus der soziologischen Rollentheorie, die das soziale Handeln des oder der einzelnen im Rahmen gesellschaftlicher Erwartungsmuster als Rolle bezeichnet. Unter G.rollen wären also die spezifischen Aufgaben zu verstehen, die Männern bzw. Frauen zugewiesen werden, insbes. die geschlechtsspezifische Arbeitsteilung in der Familie und dem Erwerbsleben, darüber hinaus aber auch als ›männlich‹ oder ›weiblich‹ definierte Verhaltensmuster. Die Rollen gehen nach dieser Theorie im Zuge der Sozialisation fest ins Handeln der Individuen über, die sie internalisieren und schließlich als natürlich erachten, d.h. als G.-identität ausbilden. Mit der Analyse von G.u.G. wird folglich der Zusammenhang zwischen kör-

perlich differenzierten Individuen, Gesellschaftsstruktur und Persönlichkeitsentwicklung beleuchtet. – Seit den 60er Jahren hat der Feminismus Kritik an den traditionellen weiblichen Rollen geübt. Dabei wurde mehr und mehr auch der den Rollen zugrunde liegende Machtaspekt berücksichtigt, die Natürlichkeit der Verbindung zwischen Körper, gesellschaftlicher Rolle und G.identität angezweifelt und als Effekt kultureller Diskurse beschrieben. In Abweichung von Sozialisationstheorien erfolgt nach der Psychoanalyse J. ↗ Lacans mit dem Eintritt des Kindes in die Symbolische Ordnung die sexuelle Differenzierung und die Herausbildung von G.identität. Dagegen betont die feministische Objektbeziehungstheorie in der Nachfolge M. Kleins die Ablösung von der Mutter als zentral für die Ausformung der G.identität des Kindes. Vom ↗ Gynozentrismus wurden traditionelle Weiblichkeitsstereotype (Mutterschaft, Emotionalität, Körperlichkeit usw.) positiv umbewertet und zur Basis einer weiblichen G.identität und einer neuen Ethik erklärt. Neuere Entwicklungen in den ↗ *Gender Studies* diskutieren G.identität dagegen als gesellschaftliches Konstrukt, das die Beziehung zwischen körperlichem Geschlecht, G.rollen sowie Sexualität naturalisiert und das in den kulturellen Signifikationssytemen unablässig reproduziert wird.

Lit.: S. Harding: »G.identität und Rationalitätskonzeptionen. Eine Problemübersicht«. In: E. List/H. Studer (Hgg.): *Denkverhältnisse. Feminismus und Kritik*, FfM. 1989. S. 425–453.

DF/SSch

Geschmack, in der ↗ Ästhetik und Kunsttheorie seit dem 17. Jh. gebräuchlicher Begriff zur Kennzeichnung der subjektiven Grundlagen ästhetischer Werturteile. – Die Bedeutung von G. als ein bes. Urteilsvermögen geht auf B. Gracián zurück, dessen ›Weltmann‹ seinen guten G. gerade darin beweist, daß er die Dinge frei von subjektiver Täuschung beurteilen kann. Im engl. Sensualismus wird der G. (v.a. bei Shaftesbury) zu dem Vermögen, das Wahre subjektiv in Form der Schönheit wahrzunehmen, während bei E. ↗ Burke (1757) der G. ein sinnliches Vermögen darstellt, das zwar allen Menschen gleichermaßen zukommt, aber erst durch Schulung und durch den Verstand zu einem ästhetischen Urteilsvermögen, dem ›guten‹ G., geschärft werden muß. In Kants *Kritik der Urteilskraft* (1790) erfährt dann der G. seine zentrale ästhetische Bestimmung: G. ist das »Beurteilungsvermögen eines Gegenstandes oder einer Vorstellungsart durch ein Wohlgefallen, oder Mißfallen, *ohne alles Interesse.* Der Gegenstand eines solchen Wohlgefallens heißt *schön«* (Kant 1974, S. 124). Damit wird der subjektive G. zur Quelle der Bestimmung des Schönen. Allerdings gehört es zur paradoxen Struktur des Geschmacksurteils, daß es, obwohl subjektiv, allg. Geltung beansprucht. Das Geschmacksurteil fordert zwar nicht jedermanns ›Einstimmung‹, aber es ›sinnet‹ jedermann diese ›Einstimmung‹ an. Daß dieses Urteil einerseits in der subjektiven Erfahrung gründet, andererseits aber einen Anspruch auf Verbindlichkeit erheben kann, läßt sich nach Kant nur durch ein Prinzip erklären, das zwar ›durch Gefühl‹, aber doch ›allg.gültig‹ bestimmen kann, was gefalle oder mißfalle. Dieses den G. universalisierende Prinzip nennt Kant den ›Gemeinsinn‹, der es erlaubt, das eigene Schönheitsempfinden mit anderen teilen zu wollen und zu können. – Im 19.Jh. verliert der G. seine zentrale ästhetische Bedeutung, um im 20.Jh. eher als soziologische Kategorie wieder aufzutauchen. Bei P. ↗ Bourdieu etwa ist der Geschmack Ausdruck jenes durch soziale Herkunft und Bildung bedingten ästhetischen Distinktionsverfahrens, durch das in einer nur vordergründig egalitären Gesellschaft die ›feinen Unterschiede‹ zwischen den Menschen und sozialen Gruppen als Unterschiede der geschmacksbedingten ästhetischen Vorlieben und Präferenzen kommuniziert und dargestellt werden.

Lit.: E. Burke: *A Philosophical Enquiry into the Origin of Our Ideas of the Sublime and Beautiful* (Hg. A. Phillips), Oxford 1990 [1757] (dt. *Philosophische Untersuchung über den Ursprung unserer Ideen vom Erhabenen und Schönen*, Hbg. 1980). – I. Kant: *Kritik der Urteilskraft*, Werkausgabe Bd. 10 (Hg. W. Weischedel), FfM. 1974 [1790]. – F. Schümmer: »Die Entwicklung des G.sbegriffs in der Philosophie des 17. und 18.Jh.s«. In: *Archiv für Begriffsgeschichte* 1 (1956) S. 120–141. – P. Bourdieu: *La distinction. Critique sociale du jugement*, Paris 1979 (dt. *Die feinen Unterschiede*, FfM. 1982).

KPL

Gilbert, Sandra M. (*1936) / **Gubar, Susan** (*1944), Lit.wissenschaftlerinnen. – Gi., Professorin für engl.sprachige Lit. an der University of California, Davis, und Gu., Professorin für engl.-sprachige Lit. an der Indiana University Bloomington, sind Vertreterinnen der als ›Gynokritik‹ bezeichneten Richtung in der ↗ feministischen Lit.theorie, d.h. sie beschäftigen sich mit Produktions- und Rezeptionsbedingungen weiblichen Schreibens. Zahlreiche, vormals kaum zur Kenntnis genommene Texte von Schriftstellerinnen haben Gi. und Gu. in der inzwischen zum Standardwerk avancierten *Norton Anthology of Literature by Women* (1985) zusammengetragen. Bekannt wurden sie aber v. a. durch ihre einflußreiche Studie *The Madwoman in the Attic* (1979). Hier steht nicht, wie bei E. ↗ Showalter, ein neues und breites Textkorpus, sondern eine kleine Auswahl von Werken bekannter Autorinnen wie J. Austen, Ch. und E. Brontë und G. Eliot im Mittelpunkt. Diese bereits zum literar. ↗ Kanon zählenden Texte werden von Gi. und Gu. in ebenso sprachlich geistreicher wie inhaltlich origineller Weise neu interpretiert. Ziel der Untersuchung ist die Ermittlung einer distinktiven weiblichen literar. Tradition, die auch Erklärungsmodelle für weibliche Kreativität bzw. weibliche Ästhetik (↗ Weiblichkeit und weibliche Ästhetik) in einer von Männern dominierten Kultur liefert. Der durch den ↗ Phallozentrismus geprägte maskuline Kreativitätsmythos, der Kunst als Ausdruck männlicher Schaffenskraft erscheinen läßt, führt laut Gi. und Gu. zu einer weiblichen *anxiety of authorship*, ein Konzept das analog zu H. ↗ Blooms Konzept der männlichen ↗ *anxiety of influence* auf ein gespaltenes Verhältnis der Schriftstellerinnen zu ihrer eigenen Autorinnenschaft hinweist: weibliches Schreiben verleiht Frauen Macht, ist aber auch mit Schuld- und Furchtgefühlen verbunden. So verwendeten die genannten Schriftstellerinnen spezifische Textstrategien, welche diese Doppelheit zum Ausdruck bringen. Neben einer Reihe immer wiederkehrender binärer Muster wie Gefangenschaft und Flucht, Krankheit und Gesundheit, Fragmentarisierung und Ganzheit ist v.a. die im Titel genannte Figur der Wahnsinnigen eine solche Teilprojektion des Selbstbildes der Autorinnen. Das bekannteste Beispiel hierfür ist Bertha Mason, eine Figur, die Ch. Brontë der Titelheldin in ihrem Roman *Jane Eyre* (1847) als gesellschaftlich nicht akzeptierte Alternative gegenüberstellt. Als monströse Frau entspricht sie zwar einerseits den vom Patriarchat zugeschriebenen weiblichen Rollenstereotypen, andererseits äußert sich in ihr als ›dunkler‹ Doppelgängerin der Autorin aber auch unterdrückte Wut und Rebellion. Das Postulat einer Autorinnenpsyche, die qua biologischer Geschlechtszugehörigkeit eine authentische weibliche Stimme hervorbringt, mag methodisch angreifbar sein. Gleichwohl bleibt es ein Verdienst von Gi. und Gu., daß sie die vermeintlich bekannte Lit. von Frauen in aufregender Weise neu erscheinen lassen, indem sie die Texte wie ↗ Palimpseste lesen; unter der patriarchal-konventionellen Oberfläche läßt sich subversive Weiblichkeit entdecken. Gleichsam fortgeführt haben Gi. und Gu. ihre wegweisende Studie zum 19. Jh. mit *No Man's Land* (1988–94), einer dreibändigen Publikation zur engl. und am. Lit. im 20. Jh., wobei sie hier auch Texte männlicher Autoren mit einbeziehen und die Dynamik der Geschlechterbeziehungen stärker in den Vordergrund stellen.

Lit.: S.M. Gilbert/S. Gubar: *The Madwoman in the Attic. The Woman Writer and the 19th-Century Literary Imagination*, New Haven/Ldn. 1979. – diess. (Hgg.): *The Norton Anthology of Literature by Women. The Tradition in English*, N. Y./Ldn. 1996 [1985]. – diess.: *No Man's Land. The Place of the Woman Writer in the 20th Century*, 3 Bde., New Haven 1988–1994. – M. Jacobus: »Review of *The Madwoman in the Attic*«. In: *Signs* 6 (1981) S. 517–523. – W.E. Cain (Hg.): *Making Feminist History. The Literary Scholarship of S.M.Gi. and S.Gu.*, N.Y./Ldn. 1994.

DF/SSch

Goldmann, Lucien (1913–1970), Philosoph, Lit.soziologe und -theoretiker. – Als Sohn eines Rechtsanwalts in Bukarest geboren, studierte G. Rechtswissenschaft und Philosophie in Bukarest, Wien, Zürich und Paris. Während seines Wien-Aufenthalts 1933 lernte G. die Schriften G. ↗ Lukács' kennen, die eine nachhaltige Wirkung auf ihn ausübten. 1940 floh er wegen der dt. Okkupation Frankreichs in die Schweiz. 1945 promovierte er mit der Arbeit *Mensch, Gemeinschaft und Welt in der Philosophie Kants*. Nach Abschluß der Dissertation war er zunächst Assistent bei J. Piaget in Genf, dann Forschungsbeauftragter am Centre de la Recherche Scientifique (CNRS) in Paris. Seit 1958 lehrte er an der École Pratique des Hautes Études, wo er 1959 Direktor wurde. 1961 übernahm er die Leitung des Centre de Recherche de Sociologie de la Littérature am Institut für Soziologie der Universität Brüssel, eine Funktion, die er bis zu seinem Tod ausübte. – G.s lit.soziologisches Werk durchzieht der Versuch, den Gedanken der sozialen Bedingtheit von Lit. und Philosophie konsequent in die Praxis der Textanalyse umzusetzen. Dabei versteht G. in Anlehnung an ein Konzept W. ↗ Diltheys die kulturelle Hervorbringung (›la creation culturelle‹) als Ausdruck einer spezifischen Weltanschauung (›vision du monde‹). ›Weltanschauung‹ meint dabei eine bestimmte Beobachtungsperspektive, wie sie für eine zugehörige soziale Gruppe charakteristisch ist. G. postuliert ein Entsprechungsverhältnis

(↗ Homologie) von Lit. und gesellschaftlich-ökonomischer Situation, er modifiziert jedoch das Marxsche Basis-Überbaumodell (↗ Marxistische Lit.theorie) insofern, als er der Lit. und Kultur einen Status relativer ↗ Autonomie zuerkennt. Leitbegriff der Textanalyse ist der der ↗ Kohärenz. G. nimmt an, daß sich im literar. bzw. philosophischen Werk eine spezifische Sichtweise in größtmöglicher Dichte und Intensität verwirkliche und daß jenem eine bedeutungsvolle innere ↗ Struktur (›structure significative interne‹) zukomme. G. hält dabei an einem älteren, ›klassischen‹ Werkbegriff fest; er geht aus von einem ↗ Kanon der großen Autoren und Werke. Diese Tendenz hat ihr philosophisches Korrelat im Leitbegriff der ↗ Totalität, den G. von G.W.F. ↗ Hegel und Lukács entlehnt. Überhaupt ist G.s Ansatz in weiten Teilen durch das Frühwerk Lukács' inspiriert. Dies zeigt sich bereits in G.s erstem *chef d'œuvre*, *Le dieu caché*. Thema des Buchs ist die geistige und kultursoziologische Situation des Amtsadels im 17. Jh. in Frankreich, wie sie sich exemplarisch in den *Pensées* B. Pascals (1670) und den Dramen J. Racines artikuliert. Gesellschaftliche Voraussetzung jener Texte ist der politische Macht- und Bedeutungsverlust des Adels, eine Situation, die dessen Angehörige in Resignation und Melancholie treibt. G. zitiert hier Lukács' Begriff der ›tragischen Weltanschauung‹: Als tragisch erscheint die Suche nach Authentizität, nach Harmonie mit dem Ganzen in einer zersplitternden, in funktionale Teile zerfallenden gesellschaftlichen Welt. Die Texte Pascals und Racines erscheinen dabei als exemplarische Zeugnisse, in denen das zeittypische Bewußtsein einer Gruppe in größtmöglicher Kohärenz zum Ausdruck kommt. Sie überschreiten daher die realgeschichtliche, zeitgenössische ↗ Mentalität in Richtung eines postulierten idealtypischen Konstrukts, das G. das ›zugerechnete Bewußtsein‹ nennt. In der späteren, 1964 erschienenen Romansoziologie (*Pour une sociologie du roman*) setzt G. sein Projekt eines strukturalistisch-genetischen Ansatzes der Lit.analyse fort (↗ Strukturalismus). Die Arbeit enthält neben Einzelanalysen zu A. Malraux und zum *Nouveau Roman* auch einen umfangreichen Methodenteil, in dem G. die theoretischen Prämissen seines Ansatzes reflektiert. Hier expliziert G. den Homologiebegriff, die Vorstellung einer Strukturgleichheit zwischen Romanform und gesellschaftlicher, insbes. ökonomischer, Organisationsform. In Anschluß an K. ↗ Marx' Theorem des Warenfetischismus geht G. davon aus, daß spätkapitalistische Gesellschaften eine charakteristische Tendenz zur ›Verdinglichung‹ aufweisen, d.h. daß der unmittelbare Bezug zum Gebrauchswert der Güter zunehmend durch den Tauschwert der Ware verstellt bzw. ersetzt wird. Parallel dazu beobachtet G. im Roman ein ›Problematischwerden‹ des Individuums, das schließlich (im *Nouveau Roman*) hinter der Übermacht der sich verselbständigenden Dinge verschwindet.

Lit.: L. Goldmann: *Le dieu caché. Études sur la vision tragique dans les ›Pensées‹ de Pascal et le théâtre de Racine*, Paris 1955. – ders.: *Recherches dialectiques*, Paris 1959. – ders.: *Pour une sociologie du roman*, Paris 1964. – ders.: *Structures mentales et création culturelle*, Paris 1970, – Ausg. »Lit.soziologie II. L. G.s Methode – zur Diskussion gestellt« der Zs. *Alternative* 13.71 (1970). – H. A. Baum: *L. G.: Marxismus contra vision tragique?*, Stgt. 1974. – D. Hoeges: »L. G.«, In: W.-D. Lange (Hg.): *Frz. Lit.kritik der Gegenwart in Einzeldarstellungen*, Stgt. 1975. S. 208–238. – A. Dörner/L. Vogt: *Lit.soziologie*, Opladen 1994.
                                                                                                        LS

Gombrich, (Sir) Ernst Hans Josef (*1909), Kunsthistoriker und Kunsttheoretiker. – Nach dem Studium der Kunstgeschichte an der Universität Wien erforschte G. zunächst die Karikatur, emigrierte dann nach England (1936), um am Londoner Warburg Institut den Forschungsnachlaß des Gründers A. ↗ Warburg zu untersuchen. G. war Direktor des Instituts (1959–1976) und Professor der Kunstwissenschaften an den Universitäten von Oxford, Cambridge, London und Cornell. – G.s aus dem Gedächtnis verfaßte Überblicksstudie *The Story of Art* (1950) ist das meistverkaufte Kunstbuch aller Zeiten, in dem er erstmals das zentrale Problem der Wahrnehmung und der optischen Täuschung behandelte. Die an der National Gallery of Art (Washington, D. C.) gehaltenen Mellon-Vorträge (1956) bildeten die Grundlage für *Art and Illusion* (1960), die einflußreichste unter G.s vielen Untersuchungen zu den psychologischen Aspekten der Wahrnehmung und der bildlichen Darstellung. Laut G. sind die verschiedenen, sich ablösenden Darstellungsweisen der Kunst nicht durch die historische Analyse von Stilrichtungen zu erklären (obgleich jede Darstellung spezifische Stilmerkmale aufweist). Eher sind diese Darstellungsweisen (Illusionismus, ↗ Realismus oder ↗ Naturalismus, symbolische oder expressive Abstraktion usw.) durch die menschliche Geschichte hindurch jederzeit potentiell vorhanden. Die Bildkonventionen oder Formen einer ↗ Kultur stehen sowohl in engem Zusammenhang mit der Art, wie der Zuschauer psychologisch auf die ↗ Illusion reagiert, als auch in losem Zusammenhang mit allg. kulturellen Konventionen. Wenn sich die Funktion der Kunst innerhalb einer Kultur ändert, ändern sich auch die Bildformen, jedoch ist Kunst nicht primär die Abbildung einer historischen Realität, sondern Ausdruck dessen, was der Künstler zu sehen glaubt. Weder die ›innere‹ bzw. unbewußte noch die sichtbare Welt läßt sich direkt ins Bildliche übertragen. G. kritisiert hiermit den Anspruch auf einen unmittelbaren Zugang zur Außenwelt (↗ Mimesis) sowie die Theorie, daß die Kunst bildlicher Ausdruck einer persönlichen Innenwelt sei. Aus einer bereits entwickelten Formensprache selektiert der Künstler die Entsprechung (Schema) für das, was er als Umsetzung des Gesehenen (↗ Motiv) auffaßt. Anhand dieser Art des entdeckerischen Experimentierens prüft der Künstler (gleich einem Wissenschaftler; G. beruft sich in diesem Zusammenhang wiederholt auf die Wissenschaftstheorie von K. Popper) seine Wahrnehmungshypothesen, die im Grunde genommen von allen Menschen geteilt werden. Darüber hinaus unterliegt die Kunst laut G. keiner evolutionären Prozeßhaftigkeit; historisch betrachtet gibt es also keine ›primitiven‹ Phasen der Kunst, und auch der physikalisch begründete, erhöhte Illusionismus der Impressionisten stellt eine nur scheinbare Errungenschaft dar. – Die Ansichten von G. sind für die Lit.wissenschaft fruchtbar gewesen, insbes. die Vorstellung von Wahrnehmung als Interpretationsprozeß (↗ Interpretation), die zentrale Bedeutung des aktiven Betrachters bei der Schaffung von Bildern sowie die aktive Aufrechterhaltung von Beständigkeiten während des menschlichen Wahrnehmungsaktes usw. (↗ Rezeptionsästhetik; ↗ Erwartungshorizont). G. hat die Begabung, seine kognitiven, biologisch fundierten Theorien einem allg. Publikum zugänglich zu machen. Seine profunde Belesenheit zeigt sich an der Breite seiner Schriften: Studien von Künstlern wie G. Romano, O. Kokoschka und S. Steinberg, Überlegungen zur sprachlichen Umsetzung von Bildern, zur Kunstdidaktik, zu Design, Dekoration und Stilfragen oder gemalten Schatten, ↗ Kulturgeschichte und zur Kunst der ↗ Renaissance.

Lit.: E. H. Gombrich: *The Story of Art*, Ldn. 1995 [1950]. – ders.: *Art and Illusion*, Ldn. 1972 [1960]. – ders.: *Meditations on a Hobby Horse and other Essays on the Theory of Art*, Oxford 1985 [1963]. – ders.: *Norm and Form*, Ldn. 1985 [1966]. – ders.: *A. Warburg. An Intellectual Biography*, Ldn. 1986 [1970]. –

ders.: *The Sense of Order. A Study in the Psychology of Decorative Art*, Oxford 1979. – ders.: *The Image and the Eye. Further Studies in the Psychology of Pictorial Representation*, Oxford 1982. – ders.: *Shadows. The Depiction of Cast Shadows in Western Art*, Ldn. 1995. – W.J.Th. Mitchell: *Iconology. Image, Text, Ideology*, Chicago 1986. – K. Lepsky: *E.H.G.: Theorie und Methode*, Wien 1991. – J. Onians (Hg.): *Sight and Insight. Essays on Art and Culture in Honour of E.H.G. at 85*, Ldn. 1991.

GC

Grammatologie (gr. *grámma*: Buchstabe; gr. *lógos*: Lehre), ein Fallbeispiel der Derridaschen ↗ Dekonstruktion im gleichnamigen Buch. Dekonstruiert wird das von Cl. ↗ Lévi-Strauss postulierte ›Zentrum‹ als inhärenter Bestandteil einer ›Struktur‹ und die damit verbundene Annahme, daß die Struktur durch ihr Zentrum mit Bedeutung ›gefüllt‹ wird. Denn es geht J. ↗ Derrida hierbei um eine Umkehrung des Selbstanspruchs der Philosophie als einem durch den ↗ Logozentrismus legitimierten Zugang zur ›Wahrheit‹. Durch die Postulierung der Überlegenheit des ›Wortes‹ als konkreten Ausdruck einer durch sie erst greifbaren Realität macht sich die Philosophie somit, als ›Metaphysik der Präsenz‹, zu eigen, daß ihre Sprache nicht auf sich selbst, sondern auf die ›Wahrheit‹, die dem Wort als ›Logos‹ inne sein muß, übergreift. Derrida findet Parallelen zwischen dieser Legitimierungsstrategie der Metaphysik und der binären Bevorzugung des gesprochenen Wortes durch den Phonozentrismus. Auch das Phonem wird wegen seiner lautlichen Präsenz als ein primäres ↗ Zeichen für die nicht anwesende aber ihm zuzuordnende Bedeutung vernommen; daher gerät das Schreiben (*écriture*) seit ↗ Platons Zeiten in den Verruf, eine verfälschende Sekundärwiedergabe der ›Wahrheit‹ zu sein. Dennoch erahnt F. de ↗ Saussure in seiner Theorie der Differenz (die das ↗ Zeichensystem nur durch ihre Unterscheidung von anderen Zeichen aber nicht durch immanente Werte charakterisiert) die ›Verschiebung‹ der ›verzögerten‹ *trace* (Spur) von dem Begriff (Signifikat) auf dessen Bedeutung (↗ Signifikant), die Derrida als ↗ ›*différance*‹ in Auflehnung gegen den Machtanspruch des Logozentrismus setzt. »Insofern sie die Bedingung für jedes sprachliche System darstellt« ist [die Schrift] ›Urschrift‹ und kann »nicht selbst ein Teil [des Systems]« sein (Derrida 1974, S. 105). Durch Hinzufügung der Idee des ›Supplements‹ wird die Schrift (*écriture*) von Derrida zu einem Begriff erweitert, der Schrift und Sprachlaute in sich vereinigt.

Lit.: J. Derrida: *Die Schrift und die Differenz*, FfM. 1972. – ders.: *Grammatologie*, FfM. 1974. – A. Spree: »G.«. In: Weimar 1997. S. 740–742.

MGS

Gramsci, Antonio (1891–1937), ital. Politiker, Philosoph, Kultursoziologe und Lit.kritiker. – In Sardinien als viertes von sieben Kindern in ärmlichen Verhältnissen aufgewachsen, seit früher Kindheit durch einen Rückgratschaden behindert und kränkelnd, ging G. 1911 mit einem Stipendium zum Studium der Sprachwissenschaften nach Turin. Er schloß dort Freundschaft mit militanten Sozialisten und arbeitete als politischer Journalist und Lit.kritiker. Seit 1913 Mitglied der Sozialistischen Partei, seit 1915 Redakteur der Parteizeitung *Avanti!*, gründete er 1919 gemeinsam mit P. Togliatti die Zeitung *L'Ordine Nuovo*. 1921 Gründungsmitglied der ital. kommunistischen Partei (PCI) und 1924, wieder mit Togliatti, Begründer des PCI-Parteiorgans *L'Unità*. Unter B. Mussolini wurde G. 1926 verhaftet und aufgrund der faschistischen Sondergesetze zu 26 Jahren Haft verurteilt. Den Rest seines Lebens verbrachte er gesundheitlich angeschlagen in verschiedenen Gefängnissen. 1937 starb er, unmittelbar nach seiner Freilassung, in Rom. – Paradoxerweise verbrachte der Autor, der auf der unauflöslichen Verknüpfung der theoretischen Tätigkeit mit ihrer praktischen Anwendung bestand, die Hälfte seines Berufslebens im »Abseits der politischen Praxis, der machbaren Geschichte«, wo »seine einzige praktische Tätigkeit in der geduldigen Arbeit des Philologen« bestand (Borek 1991, S. 34). Im Gefängnis entstanden G.s Hauptwerke, die *Quaderni del carcere* und die *Lettere dal carcere*. Sein Nachruhm begann zehn Jahre nach seinem Tod mit Togliattis Erstveröffentlichung der *Quaderni del carcere*. Eine angemessene Rezeption aber wurde erst ab 1975 mit der vollständigen kritischen Ausgabe der *Quaderni* durch V. Gerratana möglich. Togliatti hatte ausgewählte Texte G.s systematisch nach Themen geordnet und damit eine Organizität vorgespiegelt, die das Werk eines Mannes verfälschte und für eigene politische Zwecke nutzbar zu machen suchte, dem es prinzipiell an ›systematischem Geist‹ mangelte (G. über sich selbst in G. 1975, S. 1841). Seine (keineswegs nur biographisch) bedingte fragmentarisch-essayistische Methode der perpetuierlichen Suche, Wiederaufnahme, Ergänzung, Korrektur, auch Verwerfung bestimmter Themen verstand G. als Kritik am Systemdenken. Eine ›Rhapsodie, die sich in eine

Symphonie verwandelt‹ nennt der röm. Moralphilosoph G. Baratta G.s Werk und führt dessen ›außerordentlichen Gesamteindruck‹ gerade auf ›die einfache Aneinanderreihung der Fragmente‹ zurück. – G.s marxistische ›Theorie der Praxis‹, die den historischen Materialismus mit der hegelianischen Dialektik B. ↗ Croces verband und der eine zugleich aktivistische und idealistische Geschichtsphilosophie zugrundelag, gilt als einer der originellsten Beiträge in der Geschichte des internationalen Marxismus (↗ Marxistische Lit.theorie). Von den einen als ›reaktionärer Subjektivismus‹ gescholten, von den anderen als ›reformistischer Marxismus‹ gefeiert, bestimmte sie jahrzehntelang die Kulturdebatte nicht nur der ital. Linken. Eine zentrale Rolle kommt in G.s Reflexionen über Geschichte und Gegenwart Italiens und die Entwicklung einer revolutionären Perspektive den Intellektuellen zu. G.s Vision vom ›organischen‹ Intellektuellen als Vermittler von Kultur und sozialem Konsens an die Arbeiterklasse stand in krassem Gegensatz zum tradierten Selbstverständnis der ital. Intellektuellen als kosmopolitisch ausgerichteter, freischwebender Kaste von Ideologen. G.s Verhältnis zur Lit. ist eher politisch-praktischer als ästhetischer Natur. Seine Idee einer ›national-populären‹ Lit. als Hauptinstrument der kulturellen Erziehung der Arbeiterklasse geht einher mit einer Modifikation des marxistischen Begriffes der ↗ ›Hegemonie‹, mit dem G. die erzieherische Aufgabe des Staates zur Herausbildung einer einheitlichen Volkskultur faßt. Die fragmentarisch 1947 (vollständig 1965) erschienenen, meist an seine Frau und an seine Schwägerin gerichteten *Lettere dal carcere*, in denen sehr persönliche Äußerungen enthalten sind, greifen interpretierend viele der Themen auf, die in den *Quaderni* theoretisch-begrifflich abgehandelt werden. Die zahlreichen, häufig nicht einmal namentlich gekennzeichneten Artikel aus den ersten zehn Jahren werden in Italien seit 1980 systematisch in einer mehrbändigen historisch-kritischen Ausgabe publiziert.

Lit.: A Gramsci: *Lettere dal carcere* (Hgg. S. Caprioglio/ E. Fubini), Turin 1988 [1965] (dt. *Gefängnisbriefe*, 4 Bde., Hgg. U. Apitzsch et al., Hbg. 1995). – ders.: *Quaderni del carcere*, 4 Bde. (Hg. V. Gerratana), Turin 1975 (dt. *Gefängnishefte*, Hg. K. Bochmann, Hbg. 1995). – P. Togliatti: *G.: Ein Leben für die ital. Arbeiterklasse*, Bln. 1954. – J. Thibaudeau: »Preliminary Notes on the Prison Writings of G.: The Place of Literature in Marxian Theory«. In: *Praxis* 3 (1976) S. 3–29. – N. Bobbio: *Saggi su G.*, Mailand 1990. – J. Borek: »G.: Ein

Philologe liest den Text der fragmentarischen Wirklichkeit«. In: *Zibaldone* 11 (1991) S. 30–39.

SHe

Greenblatt, Stephen J. (*1943), am. Lit.theoretiker, Renaissanceforscher. – G. studierte in Yale (PhD 1969), war Fulbright Stipendiat in Cambridge und ist seit 1969 Professor am Department of English der University of California, Berkeley. Er hatte zahlreiche Gastprofessuren, u. a. in Oxford, Paris, Harvard, Florenz. – Nach seiner ersten Studie *Three Modern Satirists. Waugh, Orwell, and Huxley* (1965) wandte sich G. zunehmend der ↗ Renaissance zu und etablierte sich Anfang der 80er als Mitbegründer des ↗ *New Historicism*; 1982 prägte er den *New Historicism* als lit.theoretischen Begriff und ist seit 1984 Mitbegründer und Mitherausgeber der Zs. *Representations*, des wichtigsten Organs des *New Historicism*. Mit der Herausgeberschaft der Buchreihe *The New Historicism. Studies in Cultural Poetics* und zahlreichen Publikationen, die z. T. ins Dt. übersetzt wurden, ist G. zu einem der einflußreichsten Lit.wissenschaftler seiner Generation geworden. Als profilierter Denker des *New Historicism* hat er entscheidend beigetragen zur Abkehr vom textimmanenten ↗ *New Criticism*, zur Historisierung der Lit.wissenschaft und zur Auflösung alter Grenzziehungen zwischen Fiktivem und Nicht-Fiktivem sowie zwischen zentralen und marginalisierten Diskursen. Bereits 1980 dekonstruierte er, beeinflußt von der machtzentrierten Diskursanalyse M. ↗ Foucaults und den Praktiken der ›dichten Beschreibung‹ des am. Kulturanthropologen C. ↗ Geertz, in seiner bahnbrechenden Studie zur ›Konstruktion von Identität‹ im England der Renaissance (*Renaissance Self-Fashioning*) gängige Vorstellungen von Künstler, Werk und ↗ Epoche als Entitäten, indem er diese als von den jeweiligen ↗ ›Zirkulationen‹ soziokultureller Energien abhängige dynamische Produkte deutete, deren dominante Ausprägungen sich gerade durch Ausblendung marginalisierter Gruppen und Diskurse konstituieren. Das bes. Interesse G.s gilt immer wieder W. Shakespeare, den er entsprechend nicht als autonomes Genie verklärt, sondern als semantisches Kraftfeld deutet, durch das die sozialen und ästhetischen Energien seiner Zeit strömen und zu denen er in mannigfaltigen interdependenten Beziehungen steht. Die Aufgabe des Lit.wissenschaftlers ist das dialogische ›Verhandeln‹ mit dem Werk und dem Autor. In oft imitierter Weise hat G. seine *Shakespearean Negotiations* paradigmatisch in dem Aufsatz »Shakespeare and the Exorcists«

(G. 1988, S. 94–128) inszeniert. Ausgehend von einer Anekdote oder einer geschichtlichen Randerscheinung reflektiert G. dabei in seinen Publikationen in weit ausholenden Gedanken zentrale ↗ Episteme der Renaissance und bringt nicht-literar. Kulturdokumente mit wesentlichen Werken der Zeit in einen spannungsreichen Aussagezusammenhang, wie hier z.B. ein Traktat gegen Teufelsaustreibung mit Shakespeares *King Lear*. Dabei deckt G. Schicht für Schicht in den Partikularismen einer Kultur deren wesentliche kulturelle Strömungen auf. Die Lit. erweist sich dabei als ein, in der Theorie zumindest, keineswegs privilegiertes Spannungsfeld in der Vielfalt soziokultureller Praktiken. Im Gegensatz zu epigonalen *New Historicists* gelingt es G. jedoch, gerade die etablierte Lit. in ihrer komplexen Einbettung in den historischen Kontext als bes. mächtiges semiotisches Kraftzentrum erhellend herauszuheben. Derartige Interdependenzen erhalten ihre deziderteste Ausführung bei G. in dem 1981 erstmals veröffentlichten Aufsatz »Invisible Bullets. Renaissance Authority and Its Subversion«, in dem er die Inszenierung von ↗ Macht und die Macht der Inszenierung am Beispiel des Königtums der Tudors aufzeigt, das auch auf der (dem Theater Shakespeares nahen) Vorführung theatralischer Macht beruhte. Als kontrovers hat sich die hier vorgetragene ›*Containment*-These‹ erwiesen, daß Macht ihre eigene Subversion hervorbringe und sie sogar enthalte. – G. hat sukzessive das von ihm in Anlehnung an Geertz postulierte semiotische Interpretationsmodell der ›*poetics of culture*‹ fortentwickelt in der engen Konfigurierung von kulturellen Artefakten (wie Texten) mit ihrem Umfeld kultureller Praktiken und Bedeutungssysteme. So hat er in seinen zahlreichen Veröffentlichungen, etwa zur Geschichte der blutigen Eroberung des am. Kontinents, den »alternative histories, competing accounts, and muffled voices« (G. 1993b, S. VIII) ein breites Forum geschaffen und damit die Revision der Curricula und literar. ↗ Kanons im Sinne einer Betonung der bisher Unterdrückten und Ausgegrenzten, eines Auslotens der kulturellen ›*fault lines*‹ vorangetrieben. Selber zum Funktionsträger des akademischen Establishment geworden, dem gegenüber er einst zu einer deutlichen Revision angetreten war, beklagt er allerdings inzwischen den von ihm mit vorangetriebenen Relativismus und die fehlenden Standards in den ↗ Kulturwissenschaften angesichts eines ›aufbrausenden Fin-de-siècle-Banausentum[s]‹.

Lit.: s. auch ↗ *New Historicism*. – St. J. Greenblatt: *Renaissance Self-Fashioning. From More to Shakespeare*, Chicago 1993a [1980]. – ders.: »Invisible Bullets. Renaissance Authority and Its Subversion«. In: *Glyph* 8 (1981) S. 40–60. – ders. (Hg.): *The Power of Forms in the English Renaissance*, Norman 1982. – ders. (Hg.): *Representing the English Renaissance*, Berkeley 1988. – ders.: »Towards a Poetics of Culture«. In: Veeser 1989. S. 1–14. – ders.: *Shakespearean Negotiations. The Circulation of Social Energy in Renaissance England*, Oxford 1997 [1988] (dt. *Verhandlungen mit Shakespeare*, FfM. 1993 [1990]). – ders.: *Learning to Curse. Essays in Early Modern Culture*, N. Y. 1990 (dt. *Schmutzige Riten. Betrachtungen zwischen Weltbildern*, FfM. 1995 [1991]). – ders.: *Marvelous Possessions. The Wonder of the New World*, Oxford 1992 [1991] (dt. *Wunderbare Besitztümer. Die Erfindung des Fremden. Reisende und Entdeckende*, Bln. 1998 [1994]). – ders./ G. Gunn (Hgg.): *Redrawing the Boundaries. The Transformation of English and American Literary Studies*, N. Y. 1992. – ders. (Hg.): *New World Encounters*, Berkeley 1993b. – A. Höfele: »New Historicism/Cultural Materialism«. In: *Jb. der Dt. Shakespeare-Gesellschaft* 1992. S. 107–123. – A. Simonis: »*New Historicism* und *Poetics of Culture. Renaissance Studies* und Shakespeare in neuem Licht«. In: Nünning 1995. S. 153–172. – C. Colebrook: »St. G. and New Historicism«. In: dies. 1998 [1997]. S. 198–219.

LV

Greimas, Algirdas Julien (*1917), Linguist und Semiotiker. – Nach Studium in Paris und Grenoble sowie Forschungstätigkeiten an den Universitäten Alexandria, Ankara, Istanbul und Poitiers war G. von 1965 bis zu seinem Tod Professor für Allg. Semantik an der Pariser École des Hautes Études. G. ist ein entscheidender Wegbereiter der modernen ↗ Semiotik, nimmt aber ebenso eine Schlüsselstellung auf dem Gebiet des ↗ Strukturalismus ein, die zum einen in G.' theoretisch ambitionierter Nutzbarmachung der aus der Anthropologie stammenden Methodik von Cl. ↗ Lévi-Strauss für Linguistik und Lit.wissenschaft und zum anderen in seiner breiten und folgenreichen Rezeption in Großbritannien und den USA begründet liegt (vgl. Culler 1975). – Für G. nähert sich die ↗ Interpretation einer objektivierbaren Analyse, die in ihrem Selbstverständnis sogar noch den ↗ Russ. Formalismus an positivistischer Akkuratheit, aber auch an Reduktivität übertrifft. Flächendeckende Wirkung und bis heute andauernde intensive Diskussion löste G.' *Sémantique structurale* (1966) aus, welche die strukturalistische Analyse v. a. mit drei konzeptionellen Neuerungen bereicherte: (a) dem in der Nachfolge von V. J. ↗ Propp entwickelten Modell der literar. ↗ Aktanten, welches mit nur sechs Rollen die Konstitution literar. ↗ Figuren in einer Reihe von traditionellen narrativen ↗ Gattungen, und damit deren interne Logik systematisch erschließt; (b) der Erweiterung des im klassischen Strukturalismus vorherrschenden Systems von ↗ binären Oppositionen um die Kriterien der Kontrarität, Kontradiktion und Komplementarität zum 4-Punkte-Modell des semiotischen Quadrats. Dieses hat sich bereits mehrfach als analytisch und heuristisch wertvolles Instrument zur Themen- und Figurenanalyse erwiesen (vgl. Jameson 1981; Connor 1985); (c) die aus einer Symbiose von (a) und (b) abgeleitetete Theorie der ↗ Isotopien. Diese bilden homogene und konsistente Bedeutungsebenen, deren Präsenz durch die Dominanz koreferentieller Seme (↗ Polysemie) bewirkt wird. Der Nachweis textueller ↗ Kohärenz gelingt durch Sammlung und Auswertung von Wörtern mit gleichen dominanten Semen, d.h. dem Verfahren der Monosemierung, ihre Ordnung zu komplexen Isotopien und schließlich deren Systematisierung zum Thema des Textes (vgl. G. 1976a). Erst durch diese *activité structuraliste* wird der Inhalt rekonstruierbar als Kombinatorik elementarer semantischer Bausteine bzw. werden Isotopiebrüche und -überlagerungen als Angebot zur ↗ Polyvalenz des (nicht nur) literar. Textes erkennbar. – Gegen das Aktantenmodell ist Kritik v.a. wegen dessen Schematisierung auf Kosten struktureller Komplexität geübt worden, da es mögliche textuelle Manipulationen von Funktionen und Rollen unberücksichtigt läßt. Dagegen ist einzuwenden, daß die Wahrnehmung dieser Manipulationen nur auf der Grundlage des konventionellen Rollenschemas selbst beruht. Dieses wiederum wird zwar von der gegenwärtigen Forschung tatsächlich als weitgehend universal betrachtet; G.' Projekt einer gattungsspezifisch replizierbaren narrativen Grammatik mit Oberflächen- (=Isotopieebenen) und ↗ Tiefenstruktur (=Seme) jedoch wird derzeit kaum noch verfolgt. Als Orientierungsgrundlage zur Untersuchung disparater semiologischer Gegebenheiten leistet G.' Systematik unbestreitbar weiterhin vorzügliche Dienste. Nachhaltig beeinflußt von G. zeigen sich u.a. die Arbeiten von R. ↗ Barthes, G. ↗ Prince und T. ↗ Todorov.

Lit.: A.J. Greimas: *Sémantique structurale*, Paris 1995 [1966] (dt. *Strukturale Semantik*, Braunschweig 1971). – ders.: *Dictionnaire de l'ancien français*, Paris 1997 [1968]. – ders.: *Du sens*, Bd. 1, Paris 1970. – ders.: *Maupassant. La sémiotique du texte. Exercises pratiques*, Paris 1988 [1976a]. – ders.: *Sémiotique et Sciences sociales*, Paris 1991 [1976b]. – ders.: *Du sens*, Bd. 2, Paris 1983. – ders.: *De l'imperfection*, Paris 1987. – Culler 1994 [1975]. – M. Adriaens: »Isotopic Organization and Narrative Grammar«. In: *Poetics and Theory of Literature* 4 (1980) S. 501–544. – K. Elam: *The Semiotics of Theatre and Drama*, Ldn. 1994 [1980]. – Jameson 1994 [1981]. – St. Connor: *Ch. Dickens*, Ldn. 1996 [1985].

GN

Grice, H. Paul (1913–1988), engl. Philosoph. – G. lehrte bis 1967 in Oxford und anschließend in Berkeley. – Seine einflußreichen Beiträge zur Bedeutungstheorie, gesammelt in *Studies in the Way of Words* (1989), stellen eine enge Beziehung zwischen Psychologie und ↗ Semantik her. G. postuliert die Vorgängigkeit der vom Sprecher intendierten Mitteilung, für die oft auch außersprachliche Mittel gefunden werden können, gegenüber der linguistischen Bedeutung. Da die sprecherintendierte situationsabhängige Bedeutung häufig nicht in der linguistischen Bedeutung von Äußerungen aufgeht, war G.s Bestimmung der zusätzlichen Bedeutung als ›konversationelle Implikatur‹ bahnbrechend. Die Unterscheidung zwischen linguistischer Bedeutung und Implikatur wurde zum einen in der ↗ Sprechakttheorie aufgegriffen und eröffnete zum anderen eine Basis für die Trennung von Semantik und ↗ Pragmatik. – In der lit.- und kulturtheoretischen Rezeption der Sprechakttheorie haben sich G.s Überlegungen zum ›Kooperationsprinzip‹, zum *common ground* zwischen Sprecher/in und Hörer/in sowie zur Rolle des Kontextes in der Bedeutungsbestimmung als bes. fruchtbar erwiesen. M.L. Pratt (1977) stützt sich z.B. auf G., wenn sie Lit. als ›*speech context*‹ definiert, dessen kulturelles und genrebezogenes Vorwissen herausstellt und ein Kooperationsprinzip für den literar. vermittelten Verständigungsprozeß spezifiziert. In Ch. Altieris dramatistischer Lit.theorie von 1981 hingegen wird innerhalb der konversationellen noch eine narratologisch interessante ›expressive‹ Implikatur ausgemacht, die die Subjektivität des literar. Erzählers hermeneutisch vermitteln kann.

Lit.: M.L. Pratt: *Toward a Speech Act Theory of Literary Discourse*, Bloomington 1977. – Ch. Altieri: *Act and Quality*, Brighton 1981. – D. Sperber/D. Wilson: *Relevance. Communication and Cognition*, Cambridge, Mass. 1986. – R.W. Dasenbrock: »Introduction«. In: ders. (Hg.): *Redrawing the Lines. Analytic Philosophy, Deconstruction, and Literary Theory*, Minneapolis 1989. S. 3–27 (s. auch die annotierte Bibliographie, S. 247–255).

UBe

Groeben, Norbert (*1944), dt. Psychologe und Lit.wissenschaftler. – 1963 bis 1968 Studium der Germanistik, Psychologie, kath. Theologie und Soziologie an den Universitäten Mainz und Münster. 1971 Promotion zum Dr.phil., 1972 Habilitation für Psychologie in Heidelberg, 1982 Habilitation für Allg. Lit.wissenschaft in Siegen. 1973 bis 1994 Professur für Psychologie und Psycholinguistik an der Universität Heidelberg; seit 1993 Honorarprofessor für Allg. und Empirische Lit.wiss. an der Universität Mannheim; seit 1994 Professur für Allg. Psychologie und Kulturpsychologie an der Universität Köln. – G.s *Lit.psychologie* von 1972 ist der erste programmatische Entwurf einer Empirisierung der Lit.wissenschaft durch die Adaptation von Methoden der empirischen Sozialforschung und der experimentellen Psychologie zur Erhebung und Analyse von Bedeutungskonkretisationen bei Lesern literar. Texte. Ziel war die Objektivierung lit.wissenschaftlicher Interpretationen als Bedeutungszuweisungen zu literar. Texten (vgl. G. 1977). Zur Integration hermeneutischer und empirischer Verfahren hat G. auch mit seiner verstehend-erklärenden Psychologie und konsensorientierten Methodenentwicklungen (z.B. Heidelberger Struktur-Lege-Technik gemeinsam mit B. Scheele) wichtige Beiträge geleistet.

Lit.: N. Groeben: *Lit.psychologie. Lit.wissenschaft zwischen Hermeneutik und Empirie*, Stgt. 1972. – ders.: *Rezeptionsforschung als empirische Lit.wissenschaft. Paradigma, durch Methodendiskussion an Untersuchungsbeispielen*, Kronberg 1977. – ders.: *Leserpsychologie. Textverständnis – Textverständlichkeit*, Münster 1982. – ders./P.Vorderer: *Leserpsychologie. Lesemotivation-Lektürewirkung*, Münster 1988.

GR

Guattari, Pierre Félix (1930–1992), frz. Psychoanalytiker. – G. ist mit G. ↗ Deleuze zusammen der Verfasser des einflußreichen poststrukturalistischen Werks *Capitalisme et schizophrenie tome 1: L'Anti-Oedipe* (1972) sowie des zweiten Bandes dieses Werkes, *Capitalisme et schizophrenie tome 2: Mille Plateaux* (1980). In der Zusammenarbeit mit Deleuze repräsentiert G. eher die psychoanalytisch-politische Seite, eine Positionierung, die sich auch in seinen anderen Publikationen zeigt, so z.B. in *Psychanalyse et transversalité* (1972), *La Révolution moléculaire* (1977), *L'inconscient machinique* (1979), *Cartographies schizoanalytiques* (1989) und *Chaosmose* (1992). Nach dem Studium war G. Schüler J. ↗ Lacans, von dessen Werk er sich aber in *L'Anti-Oedipe* dezidiert abhebt. Seit 1953 ist G.s Name eng mit dem Konzept der ›Schizo-

analyse‹ sowie mit der alternativen Klinik La Borde verbunden, in der neue Wege der Behandlung und neue Wege des Zusammenlebens mit psychisch ›kranken‹ Patienten erprobt wurden. Theoretisch ist insbes. das von ihm entwickelte Gegensatzpaar des ›Molaren‹ und des ›Molekularen‹ hervorzuheben. Hierbei handelt es sich um den Gegensatz zwischen großen, bürokratischen Strukturen (molaren Maschinen) und kleinen, dezentrierten und polyzentrischen Gruppenzusammenschlüssen (molekularen Maschinen). Aus dem Kampf dieser Gegensätze entwickelt sich eine Dynamik aus ›Deterritorialisierung‹ und ›Reterritorialisierung‹, d.h. aus Auflösung und Konstruktion oder auch aus Fluchtlinien und Zentralisierung. Innerhalb dieser Dynamik optiert G. für ein Soziales, das sich aus kleinen Gruppen zusammensetzt, zwischen denen die Verbindungen offen und fließend sind. Wie Deleuze bediente sich G. oft Konzepten der technischen Wissenschaften, zuletzt insbes. der Chaostheorie.

Lit.: R. Bogue: *Deleuze and G.*, Ldn/N.Y. 1989. – Th. D'Haen: »Deleuze, G., Glissant and Post-›American‹ Narratives«. In: *REAL* 13 (1997) S. 387–399.

HB

Gubar, Susan ↗ Gilbert, Sandra M./Gubar, Susan

Gynocriticism ↗ Feministische Literaturtheorie

Gynokritik ↗ Feministische Literaturtheorie

Gynozentrismus (gr. *gynē*: Frau; gr. *kéntron*: Mittelpunkt eines Kreises), im Gegensatz zum sog. ›humanistischen Feminismus‹, der von der universellen Gleichheit aller Menschen ausgeht und die Gleichberechtigung von Männern und Frauen einfordert, betont der G. die positive Differenz von Frauen, die in der patriarchalen Kultur unterdrückt werde. Bes. weibliche Eigenschaften und Werte, wie z.B. Fürsorglichkeit, Friedfertigkeit, Naturnähe und Kooperationsbereitschaft, werden auf die Spezifik des weiblichen Körpers und/oder die Sozialisation von Frauen sowie ihre Aufgaben im Reproduktionsbereich zurückgeführt. Es wird argumentiert, daß die Forderung nach Gleichberechtigung die patriarchale Definition des Menschen übernehme und männliche Normen bestätige. Nur die Anerkennung der Differenz sowie die Durchsetzung einer weiblichen Ethik könne grundsätzliche Veränderungen in der Gesellschaft herbeiführen. – Der G. entwickelte sich gegen Ende der 70er Jahre als eine einflußreiche Richtung der feministischen Theorie und ist insbes. in der Philosophie, Politikwissenschaft und Soziologie von Bedeutung, wo er häufig mit moraltheoretischen Überlegungen bzw. mit pazifistischen und ökologischen Zielstellungen verknüpft wird (vgl. z.B. S. Griffin, C. Gilligan, M. O'Brien, N. Hartsock). Für die Lit.wissenschaft propagiert E. ↗ Showalter eine ›Gynokritik‹, die sich mit der Frau als Textproduzentin auseinandersetzen soll. Gynokritik ist ein identifikatorisches Lesen, das der von der patriarchalen Gesellschaft zum Schweigen gebrachten weiblichen Erfahrung und den Bedingungen und Formen weiblicher Ästhetik (↗ Weiblichkeit und Weibliche Ästhetik) nachspüren soll. Durch den G. sind die in der westlichen Kultur gültigen und die Wissenschaft leitenden patriarchalen Wertvorstellungen grundsätzlich in Frage gestellt worden. Für die Lit.wissenschaft bedeutete dies eine Kritik an den herkömmlichen Kriterien ästhetischer ↗ Wertung sowie die Auseinandersetzung mit vormals unbekannten Schriftstellerinnen. Gleichwohl wurde dem G. vorgeworfen, zur Ghettoisierung von Frauen und ihrer Lit. beizutragen und die patriarchalen Vorstellungen vom Wesen und von der Rolle der Frau nicht grundsätzlich in Frage zu stellen, sondern sie nur unter veränderten Vorzeichen zu betrachten und damit erneut zu bestätigen.

Lit.: I.M. Young: »Humanismus, G. und feministische Politik«. In: E. List/H. Studer (Hgg.): *Denkverhältnisse. Feminismus und Kritik*, FfM. 1989. S. 37–65.

DF/SSch

H

Habermas, Jürgen (*1929), dt. Philosoph und Soziologe. – H. gehört seit mindestens 20 Jahren zu den politisch einflußreichsten Intellektuellen in der BRD. Nach Studien in Göttingen und Bonn wurde H. 1956 Th.W. ↗ Adornos Assistent in Frankfurt. Nach seiner Habilitation 1961 und Professuren in Marburg und Heidelberg wurde H. 1971 Direktor am Max-Planck-Institut zur Erforschung der Lebensbedingungen der wissenschaftlich-technischen Welt. Seit 1983 ist H. als Professor der Philosophie nach Frankfurt zurückgekehrt. Dieser letzte Schritt ist auch von beträchtlichem symbolischen Ge-

wicht, weil H. der führende Exponent der zweiten Generation der ↗ Frankfurter Schule ist. – H.' philosophisches Projekt ist ein groß angelegter Versuch, den Anspruch der ↗ Kritischen Theorie einzulösen, daß Wissenschaft stets auch ihre eigenen normativen Grundlagen und ihr ↗ Erkenntnisinteresse rational zu begründen habe. Insofern läuft H.' Denken auf eine universalistische Ethik hinaus. Als Grundlage einer solchen Ethik können nach H. nur Sätze dienen, die von allen potentiell Betroffenen in einem rationalen Diskurs akzeptiert würden. Da ein solcher Diskurs faktisch, wegen der Intervention von Machtverhältnissen und Partikularinteressen nicht stattfinden kann, muß ein anderer Zugang zu solchen verallgemeinerungsfähigen Normen gefunden werden. Die Suche nach diesen Normen betreibt H. mit Hilfe der Sprachanalyse. Er konstatiert, daß mit jedem Sprechakt implizit ein Wahrheitsanspruch, ein Richtigkeitsanspruch und ein Wahrhaftigkeitsanspruch erhoben wird. Insofern basiert jede Form kommunikativen Handelns auf einem ethischen Anspruch. Die Pointe dieser Thesen besteht darin, daß H. die von ihm in der Kommunikation erkannten Geltungsansprüche zusammenfaßt und auf den Kernbegriff der Aufklärung zurückführt: Die drei ermittelten Ansprüche lassen sich nach H. (1984) alle unter dem Oberbegriff der Vernünftigkeit zusammenfassen. Damit hat er eine Norm gefunden, die sowohl im lebensweltlichen Handeln verankert ist als auch die Basis wissenschaftlichen Denkens in der Moderne bildet. Die Vernunft ist für H. die normative Basis von Wissenschaft, die die Bereiche von moralisch-praktischer Einsicht, ästhetischem Urteil und theoretischer Reflexion zusammenführt. – Die Verankerung seiner zentralen Norm in der lebensweltlichen Aktivität des kommunikativen Handelns führt H. zu einer Verabschiedung metaphysischen Denkens. Begriffe und Konzepte existieren nicht rein und zeitlos, sondern nur so lange, wie sie die in der Lebenswelt gewonnenen Erfahrungen angemessen zusammenfassen können. Weil die Lebenswelt jedoch ständigen Veränderungen unterworfen ist, müssen auch die Allg.begriffe ständig angepaßt werden. Die zweite entscheidende Konsequenz aus H.' Theorien ist eine Konsens-Theorie der Wahrheit. Aus den prinzipiell auf Vernunft gerichteten Strukturen der Kommunikation leitet H. ab, daß diejenigen Aussagen als wahr zu gelten haben, auf die sich alle potentiell Betroffenen einigen würden, wenn sie in einen herrschaftsfreien Diskurs eintreten könnten. H.' Beharren auf der

Wahrheitsfähigkeit auch ethischer Aussagen, sein Beharren auf der Fähigkeit der Vernunft, wahre Aussagen von falschen zu unterscheiden, und sein universalistischer Ansatz mußten ihn in scharfen Gegensatz zu führenden Exponenten postmoderner Positionen bringen. *Der philosophische Diskurs der Moderne* (1985) ist H.' systematischer Versuch, die Traditionen der Aufklärung gegen den seit F.H. ↗ Nietzsche immer wieder erhobenen und im ↗ Poststrukturalismus wieder aufgegriffenen Vorwurf zu verteidigen, es solle unter dem Deckmantel der Vernunft nur ›Wille zur Macht‹ verborgen werden. Der Versuch der Wahrheitssuche mit Hilfe von rationalen Diskursen sei kein verdecktes Verfolgen von Machtinteressen, sondern basiere nur auf dem ›zwanglosen Zwang‹ des besseren Arguments. – H.' Bemühen, ein geschlossenes philosophisches Denkgebäude mit universalistischem Anspruch zu errichten, stellt in einer Zeit, in der allenthalben das Ende der großen philosophischen Systeme verkündet wird, eine starke Provokation dar. So ist H. zur Symbolfigur in der Auseinandersetzung darüber geworden, ob ethische Aussagen mit Wahrheitsanspruch vorgetragen werden können und ob überhaupt eine rational erkennbare und intersubjektiv gültige Wahrheit von Aussagen zu bestimmen ist. H.' Arbeiten bilden einen Bezugsrahmen für alle diejenigen, die nicht davon überzeugt sind, sich in einem postmodernen Universum gleichwertiger subjektiver Wahrheiten und interessengeleiteter Diskurse zu bewegen.

Lit.: J. Habermas: *Theorie des kommunikativen Handelns*, 2 Bde., FfM. 1981. – ders.: *Vorstudien und Ergänzungen zur Theorie des kommunikativen Handelns*, FfM. 1995 [1984]. – ders.: *Der philosophische Diskurs der Moderne. Zwölf Vorlesungen*, FfM. 1996 [1985]. – D. Horster: *H. zur Einf.*, Hbg. 1995 [1988]. – ders.: *J.H.*, Stgt. 1991. – W. Reese-Schäfer: *J.H.*, FfM. 1991.

SS

Habitus (gr. *héxis*: Haltung, Erscheinung, lat. *se habere*: sich verhalten), unter H. versteht man die Haltung, Gebärde oder den typischen Verhaltensstil einer Person. Die Bedeutung des Begriffs changiert zwischen der Vorstellung eines situationsbedingten Verhaltensmusters und der eines personenbezogenen, eher charakterologischen Schemas, das als erworbenes Muster wie eine Art ›zweite Natur‹ Wahrnehmungs- und Handlungsweisen seines Trägers bestimmt. An der Begriffsgeschichte des H.konzepts haben sowohl rhetorische und philosophische als auch kulturgeschichtliche und soziologische Traditio-

nen teil. Schon bei ↗ Aristoteles wird der Ausdruck *héxis* als Inbegriff individualtypischer Verhaltensweisen und Äußerungsformen gebraucht. In der antiken Rhetorik (Cicero, Quintilian) begegnet das H.konzept als *terminus technicus* innerhalb der *actio*-Lehre, wobei der Begriff in bezeichnender Mehrdeutigkeit sowohl Körperhaltung und Gebärdensprache des Redners als auch dessen geistige Haltung intendiert. H. fungiert dabei als ein Bildungs- und Perfektionsbegriff; dem antiken oratorischen Ideal des *vir bonus* entsprechend meint H. die zur Gewohnheit gewordene »Leichtigkeit der Rede« (E.R. ↗ Curtius). In der ↗ Renaissance kommt es zu einer wichtigen Erweiterung der Begriffssemantik. H. bezieht sich nun nicht mehr nur auf die Physiognomie des Redners, sondern auch auf Tonfall und Sprachstil der Rede. Im Zuge der Frühaufklärung tritt an die Stelle des rhetorischen H.begriffs als einer Technik, die auch strategisch (unter Einsatz von Simulation) zu verwenden sei, die Idee von H. als harmonischer, für das Innere transparenter äußerer Erscheinung. In jüngerer Zeit erhielt das H.konzept neue Brisanz durch die These E. ↗ Panofskys, daß die Stile und Ausdrucksformen einer ↗ Epoche durch gewisse tiefer liegende *mental habits* geprägt seien. An diese Auffassung schließt P. ↗ Bourdieu an, wenn er H. als ein soziales Verhaltensmuster definiert, das, durch Sozialisation erworben, den spezifischen Lebensstil von Individuen und sozialen Gruppen strukturiert.

Lit.: C. Bohn: *H. und Kontext. Ein kritischer Beitrag zur Sozialtheorie Bourdieus*, Opladen 1991. – A. Košenina: »H.«. In: G. Ueding (Hg.): *Historisches Wörterbuch der Rhetorik*, Bd. 3, Darmstadt 1996. 1272–1277.

LS

Hall, Stuart McPhail (*1932), brit. Kulturtheoretiker, neben R. ↗ Hoggart und R. ↗ Williams einer der ›Gründerväter‹ der brit. ↗ *Cultural Studies*. – In Kingston (Jamaica) geboren, verbrachte H. dort seine Kindheit und Jugend, kam 1951 als Rhodes Scholar an die Universität Oxford (M.A.), arbeitete danach als Lehrer, 1961–64 als Lecturer (Film and Mass Media Studies) am Chelsea College (Universität London). 1964 von Hoggart an das neugegründete Centre for Contemporary Cultural Studies (CCCS) der Universität Birmingham berufen, wurde er dessen Geschäftsführender Direktor (1968–72) und nach Hoggarts Ausscheiden dessen Direktor (1972–79). Von 1979–97 war er Professor für Soziologie an der Open University. – In 40 Jahren intellektueller Tätigkeit hat H. mehr als 200 Publikationen zu kulturwissenschaftlichen und -politischen Fragestellungen veröffentlicht, v. a. in den Bereichen Medien, ↗ Ideologiekritik, Staat, ↗ Moderne, kulturelle Identität und ↗ Ethnizität (vgl. Koivisto 1994, Morley/Chen 1996, S. 504–514), die sich sowohl durch eine umfassende und reflektierte Kenntnisnahme vorliegender Theorien als auch durch einen zwar eklektischen, aber ungemein produktiven Umgang mit ihnen in der Weiterentwicklung und Anwendung auf konkrete Fragestellungen auszeichnen. Die wichtigsten Arbeiten H.s kreisen um die zentrale(n) Frage(n) einer semiotisch orientierten ↗ Kulturwissenschaft (Wie, wo, wann und mit welchem Effekt werden die *shared meanings*, d. h. die ↗ Bedeutungen, die Gruppen und Individuen miteinander teilen, produziert, zirkuliert und konsumiert?) und lassen sich mit Hilfe eines *circuit of culture* und dessen fünf komplex strukturierten Bereichen (Identität, Produktion, Konsumtion, Regulierung, Repräsentation) skizzieren (vgl. H. 1997, S. 1–4): Die Bedeutungen, die den Mitgliedern einer Gruppe gemeinsam sind (und die diese von denen einer anderen Gruppe unterscheiden), vermitteln ihnen ein Gefühl der Identität. H. hat diese Frage wiederholt am Beispiel der *Black Britons* (von der Sklaverei bis zum modernen karib. Film, von den *Rastafarians* bis zur Struktur des rassistischen Diskurses) bearbeitet und hierbei von marxistischen (A. ↗ Gramsci), psychoanalytischen (J.-M. ↗ Lacan) und diskurstheoretischen Ansätzen (M. ↗ Foucault) Gebrauch gemacht. Bedeutungen werden nicht nur im individuellen und kollektiven Austausch, sondern auch durch eine Vielzahl von Medien, insbes. die ↗ Massenmedien, produziert und zirkuliert. H. hat bereits Anfang der 70er Jahre die Defizite der traditionellen Kommunikationsforschung beschrieben, die Komplexität der En- und Dekodierungsprozesse neu formuliert und seine theoretischen Analysen mit materialreichen Studien (zu Presse, Film und Fernsehen) untermauert. Bedeutungen werden auch hervorgebracht, wenn Menschen Kulturelles konsumieren, um ihrer Persönlichkeit Ausdruck zu verleihen. Dies kann z. B. durch das Tragen von Kleidungsstücken, das Hören (und Tanzen zu) bestimmter Musik, den Besuch von Veranstaltungen (vom Fußballspiel bis zur *last night of the Proms*) geschehen. Die von H. und seinen MitarbeiterInnen vorgelegten Untersuchungen zu jugendlichen Subkulturen, *football hooliganism* und religiösen Ideologien in der Karibik gehören hierher. Bedeutungen tragen über ihre Produktion und Konsumtion nicht nur zur permanenten Identitätsbildung der sie benutzenden Menschen bei, sondern greifen in diese Prozesse durch Norm- und Wertsetzungen auch regulierend ein. H. hat diesen Aspekten v. a. in seinen Beiträgen zur Staatsanalyse und zur Rolle der Ideologie (v. a. unter Bezug auf Gramsci und L. ↗ Althusser) Aufmerksamkeit gewidmet. Um jedoch überhaupt Bedeutungen produzieren zu können, müssen den Mitgliedern einer Kultur eine gemeinsame Sprache, Ideen, Begriffe und Bilder, kurz Systeme der Repräsentation zur Verfügung stehen. Auch diese Problematik hat H. immer wieder unter Rückgriff auf diverse, v. a. aber diskurstheoretische Ansätze, bearbeitet (vgl. H. 1997, S. 13–64).

Lit.: St. Hall (Hg.): *Representation. Cultural Representation and Signifying Practices*, Ldn. 1997. – I. v. Rosenberg: »St. H. (1932–)«. In: Heuermann/Lange 1992 [1991]. S. 261–289. – J. Koivisto: »St. H. – Bibliographie seiner Schriften«. In: St. Hall: *Rassismus und kulturelle Identität. Ausgewählte Schriften 2* (Hgg. U. Mehlem et al.), Hbg. 1994. S. 223–234. – D. Morley/ K.-H. Chen: »A Working Bibliography. The Writings of St. H.«. In: diess. (Hgg.): *St. H.: Critical Dialogues in Cultural Studies*, Ldn./N. Y. 1996. S. 504–514.

JKr

Hamburger, Käte (1896–1992), Germanistin. – H. stammt aus einer jüd. Bankiersfamilie. Sie studierte in Berlin und München und promovierte 1922 mit einer Arbeit über Schiller. Von 1928–1932 Assistentin bei P. Hofmann in Berlin. 1933 Emigration nach Frankreich, von dort 1934 nach Schweden, wo sie bis 1957 blieb. Danach übernahm sie auf die Initiative F. Martinis einen Lehrauftrag an der TH (der späteren Universität) Stuttgart, wo sie bis 1976 lehrte. 1980 Ehrenpromotion der Universität Siegen. – H.s lit.wissenschaftliche Forschung ist von Anfang an durch den Rückbezug auf philosophische Positionen geprägt. So interpretierte sie bereits früh etwa den Freiheitsbegriff Schillers vor dem Hintergrund der existentialistischen Philosophie J.-P. ↗ Sartres oder die metaphysischen Fragmente Novalis' durch Rückgriff auf die kantische Transzendentalphilosophie. H.s Hauptwerk ist *Die Logik der Dichtung* (1957), das seit seinem Erscheinen kontrovers diskutiert wird und heute als ein Klassiker der ↗ Erzähl- und ↗ Gattungstheorie gilt. H. versucht hier ausgehend von der Sprachphilosophie der Moderne einen systematischen Zugriff auf die dichterische Sprache zu gewinnen. Kontroversen hat das Buch aber eher wegen seiner erzähltheoretischen Implikationen ausgelöst. So lehnt H.

etwa die Figur des Erzählers ab, weil das ›Erzählen‹ keine Person sei, sondern eine Funktion.

Lit.: K. Hamburger: *Die Logik der Dichtung*, Stgt. 1994 [1957]. – F. Martini (Hg.): *Probleme des Erzählens in der Weltlit.*, Stgt. 1971. – J. Janota/J. Kühnel (Hgg.): *Ehrenpromotion K.H.*, Siegen 1980. – H. Kreuzer/J. Kühnel (Hgg.): *K.H.*, Fs., Siegen 1986.

MFr

Handlung/Handlungsrollen, literarische, Termini aus der ↗ Empirischen Theorie der Lit. (ETL); der Begriff der H. wird dort definiert als intentionale (beabsichtigte) Veränderung oder Aufrechterhaltung eines Zustandes durch eine Person, die in einer Situation im Rahmen ihres ↗ Voraussetzungssystems und gemäß einer Strategie handelt. Eine literar. H. ist eine Kommunikationshandlung (eine H., die für das Zustandsmanagement ↗ Kommunikate benutzt), die eine sprachliche ↗ Kommunikatbasis als thematisches Kommunikat realisiert und dabei die Ästhetik- und die Polyvalenz-↗ Konvention befolgt sowie sprachbezogene ästhetische Normen anwendet. Die Ästhetik-Konvention entlastet den Handelnden von der ansonsten sozial verbindlichen Verpflichtung auf die Wahrheit und den Tatsachengehalt von Aussagen (Tatsachen-Konvention). Dadurch werden kontrafaktische und fiktionale Aussagen im Zusammenhang ästhetisch-literar. ↗ Kommunikation positiv bewertbar. Die Polyvalenz-Konvention entlastet von der ansonsten geltenden Verpflichtung auf die Eindeutigkeit von Aussagen. Dadurch werden in ihrer Bedeutung und Lesart vielschichtige, für alternative semantische Interpretationen offene Texte positiv bewertbar. Literar. Handeln ist also ein auf sprachliche Kommunikate gerichtetes Handeln, das ↗ Fiktionalität und Mehrdeutigkeit von Texten ermöglicht, erwartet und erzeugt. – Bereits seit der Antike gibt es soziale H.srollen im Bereich ästhetisch-literar. Handelns. Das Konzept der sozialen Rollen stammt aus der Beziehungssoziologie (L. v. Wiese, G. ↗ Simmel); dort bezeichnet es gesellschaftlich vorgegebene H.sräume oder Positionen, die von einzelnen Individuen ausgefüllt bzw. besetzt werden können; die Gesellschaft legt die Verhaltens- und H.smöglichkeiten ihrer einzelnen Mitglieder fest. R. Dahrendorf dynamisierte in seinem *Homo Soziologicus* das starre Rollenkonzept der Beziehungssoziologie, indem er soziale Rollen als Resultate der Wechselwirkung und Arbeitsteilung unter den Gesellschaftsmitgliedern charakterisierte, die als so-

ziale Institutionen stabilisiert werden können. – Im Bereich des ästhetisch-literar. Handelns haben sich schon früh soziale Rollen wie die des Poeten, des Erzählers, des Sängers und Mimen, oder des Kommentators etabliert. Mit der Technisierung des Schreibens durch manuelle und schließlich maschinelle Vervielfältigung (Buchdruck) sowie einer entsprechenden infrastrukturellen Entwicklung und Kommerzialisierung (Buchmarkt) entstanden z.B. die moderne Schriftsteller-Rolle, die Rolle des Verlegers und des Buchhändlers, des Bibliothekars, des Lit.-kritikers. In der ETL werden solche H.srollen auf vier generelle Rollenkonzepte reduziert, nämlich die der ↗ Lit.produktion, ↗ Lit.vermittlung, ↗ Lit.-rezeption und ↗ Lit.verarbeitung. Mit der fortschreitenden medialen Diversifizierung und Ausdifferenzierung sind die H.srollen in den Mediensystemen bis in die Gegenwart (z.B. digitale Bildschirmmedien) einem enstprechenden Wandel unterworfen: Urheber von Werken sind oft Teams, so daß Autorschaft nicht mehr auf eine Person (z.B. den Dichter) zurechenbar ist; die traditionelle Verlegerrolle ist in zahlreiche Spezialtätigkeiten wie Finanz- und Personalmanagement, Lektorierung, Herstellung und Marketing differenziert, die keine Einzelperson mehr allein ausüben kann; die Gruppe der Lit.rezipienten und -verarbeiter ist intern hoch differenziert. Um diesem Differenzierungsprozeß auch terminologisch Rechnung zu tragen, wird in der neueren ETL zwischen H.sbereichen (Produktion, Rezeption, Vermittlung, Verarbeitung) und in diesen Bereichen entstandenen H.srollen unterschieden.

Lit.: Schmidt 1991 [1980]. – G. Rusch: »Zur Systemtheorie und Phänomenologie von Lit.«. In: *SPIEL* 10.2 (1991) S. 305–339. – S. J. Schmidt: »H.srollen im Fernsehen«. In: W. Faulstich (Hg.): *Vom ›Autor‹ zum Nutzer. H.srollen im Fernsehen*, Mchn. 1994. S. 13–26.

GR

Hartman, Geoffrey H. (*1929), Lit.kritiker. – H. emigrierte 1939 aus Deutschland nach England und siedelte 1946 von dort in die USA über. Er studierte an der Yale University (u.a. bei E. ↗ Auerbach und R. ↗ Wellek), wo er 1953 im Fach Vergleichende Lit.wissenschaft promovierte und seit 1968 (nach Zwischenstationen an der University of Iowa und der Cornell University) die Karl-Young-Professur für Anglistik und ↗ Komparatistik innehat. – H. gehört zur Gruppe der *Yale Critics* und gilt als einer der bedeutendsten Repräsentanten des am. ↗ Dekonstruktivismus. Wie P. ↗ de Man und J.H. ↗ Miller ist er stark

durch die Philosophie J. ↗ Derridas beeinflußt.
Anders als seine Kollegen sieht H. in Derrida
jedoch nicht den Begründer einer neuen Theorie, sondern den Erneuerer einer durch die Vorherrschaft des ›hellenistischen‹ ↗ Logozentrismus verschütteten ›hebraistischen‹ Tradition
der Textexegese, die das schöpferische Potential
der kommentierenden Tätigkeit zur Geltung
bringt. Das Analyseverfahren Derridas besitzt
für H. exemplarische Bedeutung, weil es die
kanonische Autorität des zu deutenden Textes
einerseits, die kognitive Autorität theoretischer
Metasprache andererseits untergräbt: ›Primäre‹
und ›sekundäre‹ Autoritäten stehen je schon in
einem Vermittlungszusammenhang. – H.s Studien zielten von Anfang an auf eine Theorie
literar. Vermittlung. Seine für die anglo-am. Romantikforschung wegweisende Wordsworth-
Monographie (1964) konfrontiert den archaischen Unmittelbarkeitsanspruch visionärer
Schau mit der Mittelbarkeit modernen poetischen Bewußtseins. In *The Fate of Reading*
(1975) modifiziert H. sein phänomenologisches
Modell literar. Bewußtseins unter Rekurs auf S.
↗ Freuds Theorie des ↗ Unbewußten und H.
↗ Blooms Konzeption der Einflußangst (↗ *Anxiety of Influence*). In seinen theoretischen
Hauptschriften schließlich radikalisiert H. den
Vermittlungsgedanken und behauptet die prinzipielle Gleichstellung von literar. Praxis und
theoretisierendem Kommentar: In *Criticism in
the Wilderness* (1980) fordert er programmatisch
die Rückbesinnung auf das lit.kritische Erbe der
↗ Romantik und die Befreiung vom *common
sense*-Ideal der anglo-am. Lit.kritik. *Saving the
Text* (1981) bietet die praktische Umsetzung
dieses Programms. H. schreibt Derridas Hegel-
und Genet-Kommentare auf kreative Weise fort;
seine Interpretationen zeichnen sich methodisch
durch die enge Verbindung von ↗ *close reading*
und theoretischer Reflexion, stilistisch durch
hintergründiges Wortspiel aus. Zugleich kritisiert H. die Tendenz des radikalen Dekonstruktivismus, historische und psychische Faktoren
zu vernachlässigen. – H.s emphatischer Begriff
der ↗ Lektüre und sein unkonventioneller Stil
haben die Rezeption seiner Schriften erschwert
und ihm den Vorwurf elitärer Unverbindlichkeit
eingebracht. Doch der konsequent anti-totali-
täre und humanistische Grundzug seines Denkens ist in den 90er Jahren verstärkt hervorgetreten, so etwa in den Überlegungen zum
apokalyptischen Zeitverständnis ideologischer
Fundamentalismen in *Minor Prophecies* (1991)
und in den Forschungsarbeiten zur Schoa, denen

sich H. als Leiter des Yale Video Archive for
Holocaust Testimonies widmet.

Lit.: G. H. Hartman: *Wordsworth's Poetry 1787–1814*,
Cambridge, Mass. 1987 [1964]. – ders.: *Beyond For-
malism. Literary Essays 1958–1970*, New Haven
1970. – ders.: *The Fate of Reading and Other Essays*,
Chicago 1975. – ders.: *Criticism in the Wilderness. The
Study of Literature Today*, New Haven 1980. – ders:
Saving the Text. Literature-Derrida-Philosophy, Balti-
more 1995 [1981]. – ders.: *Minor Prophecies. The
Literary Essay in the Culture Wars*, Cambridge, Mass.
1991. – Norris 1996 [1982]. S. 92–99. – R. C. Davis/R.
Schleifer (Hgg.): *Rhetoric and Form. Deconstruction at
Yale*, Norman 1985. – G. D. Atkins: *G. H.: Criticism as
Answerable Style*, Ldn./N. Y. 1990. – Zapf 1996
[1991]. S. 209–215.

ChM

Hassan, Ihab (*1925), Lit.wissenschaftler und
Kulturkritiker. – 1946: B.Sc. in Elektrotechnik
an der Universität Kairo und Auswanderung in
die USA; 1948: M.Sc. an der University of Pennsylvania; M.A. (1950) und Ph.D. (1953) in engl.
Lit. ebd.; Instructor in English am Rensselaer
Polytechnic Intitute in Troy, N. Y. (1952–1954)
und an der Wesleyan University in Middletown,
Conn. (1954–1955); 1955–1958: Assistant Professor; 1958–1962: Associate Professor;
1962–1970: Benjamin L. Waite Professor ebd.;
seit 1970: Vilas Research Professor of English
and Comparative Literature an der University of
Wisconsin in Milwaukee. – H. gilt als einer der
bedeutendsten Theoretiker der ↗ Postmoderne
und einer der originellsten Kritiker am. Nachkriegslit. Seine frühen Arbeiten zeigen noch den
Einfluß des am. ↗ *New Criticism*. Mit *The Literature of Silence* (1967) und *Paracriticisms* (1974)
aber schrieb sich H. in die lit.kritische Avantgarde und leistete einen entscheidenden Beitrag
zur Entstehung des Begriffes der Postmoderne.
H. analysierte dabei die Transformation westlicher Kultur in eine anti-elitäre und von den
Massenmedien beeinflußte ↗ *popular culture*. In
The Literature of Silence plädierte H. für eine
neue Lit., die auf die Erfahrungen des Dritten
Reiches mit einer völligen Zurückweisung traditioneller westlicher Geschichte und Kultur reagiert, was zur Obszönität eines H. Miller oder
zum unbestimmten Schweigen eines S. Beckett
führt. In *The Dismemberment of Orpheus*
(1971) benennt H. die beobachtbaren Veränderungen in der westlichen Kultur mit dem Begriff
der Postmoderne, deren Analyse er in *Paracriticisms* fortführt. Er betont das Zufällige und
Kontingente postmoderner Lit. und erhebt
Konzepte wie Negativität, Unstrukturiertheit
und dialogische Auseinandersetzung zu zentra-

len Instrumenten einer neuen Kunst der Vielstimmigkeit, die er als ›Parakritik‹ bezeichnet.
Dabei löst sich die Grenze zwischen Kunst und
Kritik zusehends auf, und bislang von der Kritik
ignorierte Lebensbereiche werden nunmehr
erstmals berücksichtigt. H. verweist auf die Bedeutung kritischer Selbsthinterfragung der Lit.
z. B. in postmoderner ↗ Metafiktion. Er kontrastiert ↗ Moderne und Postmoderne in diakri-
tischer Manier, wobei beide an einer Sinnkrise
leiden, die Moderne aber versucht, neue Autorität in der künstlerischen Form zu finden, während die Postmoderne in einer anti-autoritären
und anarchischen Geste den Sinnverlust bejaht
und sich populären Formen zuwendet. In der
intellektuellen Grenzüberschreitung wird die
Imagination zum Instrument einer neuen Teleologie, zum Werkzeug einer Evolution, zu einem
universalen Bewußtsein, das Wirklichkeit und
Phantasie gleichermaßen umfaßt. Lit. hat daher
in H.s Theorie der Veränderung eine wichtige
Funktion wahrzunehmen.

Lit.: I. Hassan: *Radical Innocence. Studies in the Contemporary American Novel*, Princeton 1961. – ders.:
Crise du héros américain contemporain, Paris 1964. –
ders.: *The Literature of Silence. H. Miller and S. Beckett*,
N. Y. 1967. – ders.: *The Dismemberment of Orpheus.
Toward a Postmodern Literature*, Madison 1982
[1971]. – ders.: *Contemporary American Literature,
1945–1972. An Introduction*, N. Y. 1973. – ders.: *Paracriticisms. Seven Speculations of the Times*, Urbana
1975. – ders.: *The Right Promethean Fire. Imagination,
Science and Cultural Change*, Urbana 1980. – ders.:
*Out of Egypt. Scenes and Arguments of an Autobio-
graphy*, Carbondale 1986. – ders.: *The Postmodern
Turn. Essays in Postmodern Theory and Culture*, Columbus 1987. – ders.: *Rumors of Change. Essays of
Five Decades*, Tuscaloosa 1995. – ders.: *Between the
Eagle and the Sun. Traces of Japan*, Tuscaloosa 1996.

HA

Hayles, Katherine N. (*1943), am. Lit.theoreti-
kerin, Anglistin/Amerikanistin. – H. studierte
Chemie sowie Engl. und Am. Lit. Sie lehrte u. a.
an der University of Iowa und ist seit 1992 an
der University of California, Los Angeles tätig.
Ihr Schwerpunkt liegt auf den Wechselbeziehungen zwischen Mathematik/Naturwissen-
schaften und der Lit. des 20. Jh.s. In ihrem ersten
Buch (1984) entwickelt sie eine Lit.theorie, die
sich an dem Feldmodell der Naturwissenschaften orientiert, das sie metaphorisch als ›cosmic
web‹ umschreibt. Kennzeichen dieses Modells
sind: die wechselseitigen Beziehungen zwischen
den Elementen eines Feldes (*interconnected-
ness*); die Einbeziehung des Beobachters in die
beobachtete Situation (*participation*); daraus re-

sultierend die Unbestimmtheit (*indeterminacy*)
und Unabschließbarkeit jeder interpretierenden
Beobachtung von Phänomenen. Jedes Element
ist weiterhin partikularer Ausdruck der im Feld
herrschenden Wechselbeziehungen, wie sie aus
nicht-linearen Systemen bekannt sind. H. beruft
sich auf Quantenmechanik, Gödels Unvollstän-
digkeitstheorem und die Relativitätstheorie, um
die Präsenz dieser neuen Art von Beschreibung
in der ↗ Kultur plausibel zu machen. Das Feldmodell ist sowohl heuristisches Instrument bei
der Analyse von Texten als auch von literar.
Autoren benutzte strukturierende Metapher. H.
weist dies an den Werken von Autoren der
Gegenwart sowie D. H. Lawrence nach, wobei
sich eine Differenzierung nach den unterschiedlichen Ebenen der Handhabung als notwendig
erweist. Während sich etwa R. Pirsig in *Zen in
the Art of Motorcycle Maintenance* (1974) explizit mit physikalischen und fernöstlichen Feld-
modellen auseinandersetzt, werden bei J. L. Borges oder V. Nabokov Texte durch das Feld und
die dort stattfindenden Rekursionen und Sym-
metrien erzeugt. Direkte Einflüsse von Physik
und Mathematik auf Autoren des 20. Jh.s sind
jedoch oft kaum nachzuweisen. Daher entwikkelt H. das Konzept einer *cultural matrix*, einer
übergeordneten Diskursebene, die vermittelnde
Funktionen innerhalb einer Kultur besitzt. Der
Begriff wird näher in ihrem Werk *Chaos Bound*
erläutert, das eine Studie zum Verhältnis von
Chaostheorie und Lit. darstellt. Die kulturelle
Bedingtheit auch naturwissenschaftlicher Modelle wird nun mit dem Bild des *cultural field*
oder der *configuration* ausgedrückt. Der Begriff
›Chaos‹, der in verschiedenen Theorien unterschiedlich akzentuiert wird, hat eine solche kulturelle Konfiguration in den Jahrzehnten zwischen 1960 und 1990 erzeugt. H. sieht diese
Ideenvernetzung zwischen postmoderner Lit.,
etwa bei I. Calvino, D. Lessing oder St. Lem,
↗ Poststrukturalismus und der mathematisch-
physikalischen Chaostheorie (J. Prigogine, V. J.
Stenger u. a.). Sie postuliert dabei eine Wechselseitigkeit zwischen Kultur und Wissenschaften,
die von Naturwissenschaftlern wohl eher bezweifelt wird. In der Folge stellt sie weitere
Zusammenhänge zwischen ↗ Postmoderne und
naturwissenschaftlich-technischen Entwicklungen her, die sie im Begriff der Denaturierung
(*denaturing*) faßt. Der Begriff kennzeichnet die
Aufkündigung von Naturhaftigkeit in der modernen Kultur auf mehreren Ebenen: Sprache
(vgl. ↗ Strukturalismus), Ablösung von Kontexten (Trennung von Information und Bedeu-

tung), Raum und Zeit (Diskontinuität als schizoide Erfahrung der Postmoderne) und menschlicher Körper (*virtual reality, cyborgs*). In der postmodernen Lit. münden diese Prozesse in eine Denaturierung von Erfahrung überhaupt, ein Vorgang, der in der Wissenschaft schon längst begonnen hat, etwa bei der Entschlüsselung der DNS-Strukturen. H. liefert mit ihren konstruktivistischen Positionen wichtige Anregungen für den derzeit sich konstituierenden Komplex ⁊ Naturwissenschaften und Lit. Man kann ihr Werk als eine differenzierte, von einem hohen Maß an Selbstreflexivität geprägte Anwendung des Poststrukturalismus auf das Gebiet *science and literature* bezeichnen.

Lit.: N.K. Hayles: *The Cosmic Web. Scientific Field Models and Literary Strategies in the 20th Century,* Ithaca, 1984. – dies.: *Chaos Bound. Orderly Disorder in Contemporary Literature and Science,* Ithaca 1990.

ESch

Hegel, Georg Wilhelm Friedrich (1770–1831), dt. Philosoph. – Als Sohn eines höheren Beamten im Dienst des Herzogs von Württemberg in Stuttgart geboren, wurde H. nach Abschluß des Gymnasialbesuchs in das damals sehr renommierte Tübinger Stift aufgenommen, um ein Theologiestudium zu absolvieren (1788–1793). Dort lernte er F. Hölderlin und F. W. J. Schelling kennen, mit denen er weit über das Studium hinaus brieflich in Verbindung blieb. Nach Abschluß des Studiums nahm H. zunächst eine Hauslehrerstelle in Bern, danach eine in Frankfurt an (1793–1800). Nach dem Tod der Eltern 1799 erhielt er einen Anteil des Familienerbes und damit die finanzielle Möglichkeit, eine wissenschaftliche Karriere einzuschlagen. Er habilitierte sich 1801 an der Universität Jena in Astronomie und lehrte dort als Privatdozent und außerordentlicher Professor. In den folgenden 15 Jahren verfaßte H. seine wichtigsten Schriften: 1801 erschien die *Differenz des Fichteschen und Schellingschen Systems der Philosophie*, 1807 die *Phänomenologie des Geistes*. Zudem gab H. in der Jenaer Zeit gemeinsam mit Schelling die Zs. *Kritisches Journal der Philosophie* heraus. Von 1808 bis 1816 war H. Rektor des protestantischen Aegydiengymnasiums in Nürnberg. 1812 und 1816 erschienen die beiden Bände seines opus magnum, der *Wissenschaft der Logik*. 1816 erhielt H. einen Ruf auf eine Stelle an der Universität Heidelberg, wo er von 1816–1818 lehrte. 1817 veröffentlichte er die *Enzyklopädie der philosophischen Wissenschaften im Grundrisse*. 1817 übernahm H. die

Nachfolge von Fichtes Lehrstuhl in Berlin. 1821 erschienen H.s *Grundlinien der Philosophie des Rechts*. – Aus H.s umfangreichen Werk seien hier zwei in kultur- und lit.theoretischer Hinsicht bes. wichtige Schriften kurz vorgestellt: Die *Phänomenologie des Geistes* (1807) und die *Vorlesungen über Ästhetik* (1835–38). Die *Phänomenologie des Geistes*, die nach ihrem urspr. Titel »Wissenschaft von der Erfahrung des Bewußtseins« sein will, verfolgt den Bildungsgang des menschlichen Geistes, der von der ›sinnlichen Gewißheit‹ des ›natürlichen Bewußtseins‹ zum spekulativen Denken der Philosophie führt. Dabei schwankt die Referenz des Textes in eigentümlicher Weise zwischen Individualgeschichte und Kollektivgeschichte der Menschheit, ein Zug, der auf den generalisierend-repräsentativen Anspruch der Schrift verweist. Nicht zu Unrecht ist H.s *Phänomenologie* als philosophisches Pendant zum Genre des dt. Bildungsromans bezeichnet worden. Motor der Bewußtseinsentwicklung ist der von H. zugleich als zeittypisch empfundene Gegensatz zwischen dem subjektiven Moment des Geistes und einem Äußeren, Objektiven, das jenes Subjektive begrenzt. Der Vorgang folgt einer dialektischen Bewegung (⁊ Dialektik), in der sich das Bewußtsein jeweils selbst in Zweifel zieht und so auf eine höhere Stufe gelangt. Wichtige Stadien dieses Werdegangs sind der ›Kampf um Anerkennung‹, der zwischen den komplementären Figuren von Herr und Knecht ausgetragen wird, die Gestalt des Weisen nach dem Vorbild der antiken Stoa sowie der Zustand des innerlich gespaltenen ›unglücklichen Bewußtseins‹. Über die Stufen des Sittlichen und der Religion führt der Gang des Geistes schließlich zum ›absoluten Wissen‹, zur reinen Idee, deren systematische Entfaltung Aufgabe der *Wissenschaft der Logik* sein wird. Die postum, von H.s Schüler H. G. Hotho veröffentlichten *Vorlesungen über Ästhetik* stellen den Anspruch, zugleich Geschichte und systematische Erfassung der Kunst bzw. der Idee des Kunstschönen zu sein. Sie geben einen Abriß historischer Erscheinungsformen der Kunst von der Antike bis zur zeitgenössischen Gegenwart des frühen 19. Jh.s. Auffallend ist H.s Idealisierung und Überhöhung der antiken Kunst, bes. der Plastik, im Zeichen der harmonischen Einheit von sinnlicher Erscheinung und Idee. Im Blick auf die Lit. entspricht dem die beherrschende Position, die H. dem Drama (der Tragödie) im System der Gattungen zuweist. Der Antike kontrapunktisch gegenübergestellt erscheint die Gegenwart als eine ›Welt der

Prosa‹, die im Schatten eines sich abzeichnenden ›Endes der Kunst‹ steht. Rezeptionsgeschichtlich von Bedeutung ist v.a. H.s Wirkung auf die Hegelianische und ↗ marxistische Lit.theorie (G. ↗ Lukács, L. ↗ Goldmann, Th.W. ↗ Adorno).

Lit.: G.W.F. Hegel: *Werke in 20 Bänden* (Hgg. E. Moldenhauer/K.M. Michel), FfM. 1969–71. – H. Turk:»H. (1770–1831)«. In: ders. 1979. S. 122–132. – D. Henrich: *H. im Kontext*, FfM. 1988. – A. Honneth: *Kampf um Anerkennung. Zur moralischen Grammatik sozialer Konflikte*, FfM. 1992. – T. Smith: *Dialectical Social Theory and Its Critics. From H. to Analytical Marxism and Postmodernism*, N.Y. 1993. – N. Friedhelm: *Auf H.s Spuren* (Hgg. L. Sziborsky/H.Schneider), Hbg. 1996.

LS

Hegemonie (gr. *hēgemonía* von *hēgéisthai*: führen), bezeichnenderweise ist die Befähigung zu führen, die dem Begriff H. inhärent ist, immer eng mit der Vorstellung von der Unfähigkeit anderer, dieses für sich selbst zu tun, verbunden (vgl. die Phallozentrismuskritik des Feminismus). Die Befähigung hingegen wird gewährleistet durch die Anerkennung der (militärischen/kulturellen/wirtschaftlichen) Überlegenheit der führenden Macht seitens der Geführten (vgl. die ↗ Hegelsche ›Herr-Knecht-Dialektik‹). – Etymologisch bezieht sich H. auf die bestehende Führerschaft oder Dominanz eines einzelnen Mitglieds einer Vereinigung oder Konföderation bei der Entstehung des gr. Staatenbundes. H. entwickelte sich weiter zum Ausdruck einer Dominierung durch eine Außenmacht, wie z.B. die H. der ehemaligen UdSSR gegenüber ihren Nachbarstaaten. – (a) A. ↗ Gramsci prägte die marxistische Auslegung der H. als die Dominanz einer bestimmten kulturellen oder ideologischen Auffassung in einer Gesellschaft, die nicht durch Zwang sondern durch das ›Einverständnis‹ ihrer, durch die Intellektuellen der ›zivilen‹ Gesellschaft bereits überzeugten Mitglieder, herrscht. (b) Postkoloniale Lit.theorien beziehen sich auf diese Deutung der H. In der einflußreichen Arbeit des Lit.wissenschaftlers E. ↗ Said wird die Entwicklung einer hegemonialen Vorstellung des sog. ›Orients‹ durch ihre Stereotypisierung als zwar exotisch, aber dennoch minderwertig gegenüber der westlichen Welt, analysiert. (c) Das von dem Soziologen P. ↗ Bourdieu geprägte Konzept der ›symbolischen Gewalt‹ bezieht sich auf die gesellschaftlich verursachte ›Gewalt‹, die dem Individuum bestimmte Verhaltensmuster vorschreibt, nur die Betroffenen spüren diese ›Gewalt‹ nicht; vielmehr streben sie nach Dominanz durch die

Erlangung vom größtmöglichen Anteil an dem sog. ›symbolischen Kapital‹ eines bestimmten Bereiches (›Feldes‹).

Lit.: P. Bourdieu: *Outline of a Theory of Practice*, Cambridge 1977. – Said 1995 [1978]. – A. Gramsci: *Gefängnishefte*, Hbg. 1991.

MGS

Heidegger, Martin (1889–1976), dt. Philosoph. – Der im badischen Meßkirch geborene Sohn eines Küfermeisters und Meßmers studierte von 1909–1913 in Freiburg katholische Theologie und Philosophie, wurde 1913 mit einer Arbeit zur Logik promoviert und 1916 mit einer Schrift zu Duns Scotus habilitiert. 1919 wurde er Assistent E. ↗ Husserls und, nach einer fünfjährigen Professur in Marburg, 1928 auch dessen Nachfolger in Freiburg. In den Jahren 1933–34 engagierte sich H. aktiv für den Nationalsozialismus. 1945–1951 erhielt er Lehrverbot, 1952 wurde er emeritiert. – H.s frühe Schaffensperiode bis zur sog. ›Kehre‹ um das Jahr 1930 hat ihren Höhepunkt in der Veröffentlichung von *Sein und Zeit* (1927). Darin knüpft H. an die phänomenologische Methode Husserls (›Zu den Sachen selbst‹) an, weist aber zugleich die bewußtseinsphilosophischen Prämissen von dessen Erkenntnistheorie zurück. So beruhte die traditionelle Bewußtseinsphilosophie auf der binären Unterscheidung zwischen selbstreflexivem und substantiellem ↗ Subjekt einerseits und kategorial zu begreifendem Objekt andererseits, einem atemporalen Sein steht das geometrisch bestimmbare Seiende gegenüber. Demgegenüber versucht H., Erkennen und Sein aus dem alltäglichen Dasein heraus zu verstehen, ›Sein‹ und ›Zeit‹ nicht mehr disjunktiv, sondern konjunktiv zu fassen. Der Grundgedanke dabei ist, daß Menschen, ehe sie erkennen, immer schon handelnd und verstehend in die Welt eingebettet sind. Um dieses vorphilosophische Seinsverständnis aufzudecken, analysiert H. die fundamentalen Formen des Daseins oder ›Existenzialien‹, in denen und durch die sich die Welt den Menschen erschließt. In der Welt sind wir danach durch den Umgang mit ›zuhandenen‹ Werkzeugen, das Bezogensein auf die Anderen, durch unsere ›Befindlichkeit‹, ›Gestimmtheit‹, das Verstehen und die ›Rede‹, die ›Sorge‹ oder die ›Angst‹. Als Ganzes vollzieht und erfüllt sich das Dasein in seiner Zeitlichkeit. In der Angst ist die Zukunft des Todes, das Sein zum Tode gegenwärtig. In der Sorge ist der Mensch sich vorweg auf die offene Zukunft gerichtet, zugleich wurzelt die Sorge als Befindlichkeit schon immer in der ›Gewesenheit‹. In der Rede der Sorge werden Zukunft und Gewesenheit der Sorge mitgeteilt und gegenwärtig, ist der Mensch bei ihr. H. faßt die Zeit als ein verschränktes Ineinander der drei ›Ek-stasen‹ Gewesenheit, Gegenwart und Zukunft und nicht als ein gerichtetes Nacheinander von Zeitpunkten. – Durch die Situierung des Menschen in einem lebensweltlichen Geflecht von Beziehungen und Vollzügen hatte H. zumindest den Weg gewiesen, auf dem die traditionelle Dichotomie von Ich und Welt zu überwinden war. Gleichwohl bewegt sich sein frühes Anliegen, Sein und Zeit aus dem Dasein abzuleiten, noch immer im Horizont eines anthropozentrischen Weltbildes. In seinen ab Mitte der 30er Jahre verfaßten Schriften zum *Ursprung des Kunstwerkes* oder zu Hölderlin lehnt er denn auch alle subjektivistischen (produktions- oder wirkungsästhetischen) Deutungen der Kunst, die ihm wesentlich Sprachkunst ist, ab. Sein ontologisches Interesse gilt dagegen der ›Un-Verborgenheit‹ oder Wahrheit und der Geschichtlichkeit, die ein Kunstwerk alternativ zum technisch-rationalen Denken erschließen kann. Ein Kunstwerk ist der ›Dienlichkeit‹ entzogen und ›steht in sich‹. Es bedeutet und stellt eine Welt auf, doch kommt zugleich in ihm hervor, was aller ↗ Bedeutung voraus ist, was aber der Welt und den Menschen dennoch zugrundeliegt. H. nennt dies ›Erde‹. In der Kunst wird so der entzogene Ur-sprung der Welt wie der Riß oder Sprung zwischen Erde und Welt, Physis und Kultur nachvollziehbar. Insbes. die Dichtung Hölderlins spricht das Entzogene aus und kann daher einer Gemeinschaft von Menschen den gemeinsamen Grund ihrer selbst aufweisen. In der sich verschließenden Offenheit oder Überdetermination des Kunstwerkes erscheint die ganze Welt in einem anderen Licht und wird offen für Anderes. Die Dichtung setzt die Wahrheit ins Werk, weil sie durch ein urspr. ›Nennen‹ das Seiende zuallererst ins Offene kommen läßt. Dichterische Sprache benennt nicht einfach, durch sie werden die Dinge vielmehr erst anwesend. In Melodie und Rhythmus der Dichtung macht sich eine eigene zeitliche Gestimmtheit geltend, ihre Bildhaftigkeit trifft den Menschen unvermittelt. Da dieses dichte und mehrdeutige Sprachgeschehen kausal nicht rückführbar ist, muß es jeweils vollzogen werden. In *Unterwegs zur Sprache* (1959) hat sich H. schließlich vom Paradigma der Repräsentation und Logik gänzlich gelöst. H. spricht nun vom ›Ereignis im Zeigen der Sage‹, welches die Dinge in ihr Eigenes gelangen, ›erscheinen‹ und ›verscheinen‹ läßt, wobei er v.a. an die deiktische Funktion (↗ Deixis) der Sprache denkt. Als ein zeitliches Phänomen eröffnet das Ereignis des Sagens ebenso wie es verbirgt. Es vergegenwärtigt, entzieht und entzieht sich selbst. Die demgemäße denkerische Haltung ist die der rezeptiven ›Gelassenheit‹, ein von instrumentellem Zwang befreites ›Vernehmen‹ des freien Spieles dichterischer Worte. – Von H.s Werk ist eine immense Wirkung auf Philosophie, Lit. und ↗ Lit.theorie ausgegangen. Seine Analyse des Daseins und der Mitwelt hat den Weg für J.P. ↗ Sartres Existenzialismus, M. Merleau-Pontys Phänomenologie und die Ethik E. Levinas' bereitet; Dichter wie P. Celan und I. Bachmann oder Lit.wissenschaftler wie E. ↗ Staiger sind von H. beeinflußt worden. H.s Antisubjektivismus, sein Denken der Zeit und der Sprache haben den ↗ Poststrukturalismus M. ↗ Foucaults und die ↗ Dekonstruktion J. ↗ Derridas oder P. ↗ de Mans entscheidend geprägt. H.s größtes Verdienst liegt sicher darin, die Philosophie neu in der Lebenswelt begründet zu haben. Die politischen und quasi-religiösen Erwartungen, die er in Dichtung und Kunst setzt, dürften aber zu hoch angesetzt sein, auch lassen sie ideologische Momente erkennen. Als Antithese zu linguistischen, ästhetizistischen oder technizistisch-formalen Reduktionismen in der Sprach- und Lit.wissenschaft ist seine Sprach- und Dichtungsontologie jedoch auch heute noch von Bedeutung.

Lit.: M. Heidegger: *Sein und Zeit*, Tüb. 1977 [1927]. – ders.: *Erläuterungen zu Hölderlins Dichtung*, FfM. 1996 [1944]. – ders.: *Unterwegs zur Sprache*, FfM. 1985 [1959]. – ders.: *Der Ursprung des Kunstwerkes*, Stgt. 1982 [1960]. – W.V. Spanos (Hg.): *M.H. and the Question of Literature. Toward a Postmodern Literary Hermeneutics*, Bloomington 1979 [1976]. – J.J. Kokkelmans: *H. and Science*, Washington 1985. – ders.: *H. on Art and Art Works*, Dordrecht 1985. – P. Cardoff: *M.H.*, FfM. 1991. – G. Figal: *H. zur Einf.*, Hbg. 1996 [1992]. – Ch.E. Macann (Hg.): *M.H.: Critical Assessments*, 4 Bde., Ldn. 1992.

PhW

Hermeneutik (gr. *hermēneutikḗ téchnē*: Auslegungs-, Übersetzungskunst), der Begriff bezeichnet sowohl die literar.-philologische Kunstlehre der Textinterpretation als auch die philosophische Theorie der Auslegung und des ↗ Verstehens überhaupt. Beide Bedeutungen überschneiden sich z.T. in verschiedenen geisteswissenschaftlichen Theorien, so daß eine klarere Trennung zwischen ihnen, z.B. in literar. H. und hermeneutische Philosophie, wünschenswert wäre. – Traditionell beschäftigt sich die literar. H. mit der Auslegung von Gesetzen (juristische H.), des humanistischen Textkanons (philologische H.), philosophischer und biblischer Schriften (philosophische und theologische H.), doch werden auch andere tradierte Kunstformen und gesellschaftliche Überlieferungen von ihr erfasst. – Bereits in der Antike lassen sich mit den allegorischen Interpretationen von ↗ Mythen (bes. Homers und Hesiods) durch die Stoiker erste Ansätze einer literar. H. erkennen, die in ähnlicher Weise von Philon von Alexandreia (15 v.Chr.–45 n.Chr.) im Umgang mit dem Alten Testament verwendet wurden. Die Kirchenväter Origines (185–254; *Peri archôn*) und Augustinus von Hippo (354–430; *De doctrina christiana*) lieferten eine erste, im MA. stark wirkende Theoretisierung des Verfahrens, bei der der buchstäbliche Sinn hinter dem ›geistlichen‹ zurücktritt. Augustinus postulierte dabei einen mehrfachen ↗ Schriftsinn, dessen gottgemäßer Sinn unter Absehung vom wörtlichen Text der Fabeln durch den Schriftkundigen zu eruieren sei. Durch die Reformation traten die Betonung des wörtlichen Sinns der Bibel und die Ablehnung der Auslegungstradition in den Vordergrund. Bestimmend waren M. Luthers (1483–1546) ›Schriftprinzip‹ der ›*sola scriptura*‹, demgemäß sich die Bibel selbst auslegt, und M. Flacius Illyricus' (1520–1575) Werk *Clavis scripturae sacrae*, das einen Schlüssel (*clavis*) zur Interpretation von Bibelstellen bieten wollte. Die Einführung des Neologismus ›H.‹. findet in der frühen Neuzeit durch J.C. Dannhauers (1603–1666) Werk *Hermeneutica sacra sive methodus exponendarum sacrum litterarum* (1654) statt. Weitere Wegbereiter der H. in dieser Periode, die durch die Auflösung der Trennung der unterschiedlichen Auslegungspraktiken von theologischer und philologischer H. gekennzeichnet ist, sind J.H. Chladenius (1710–1759), G.F. Meier (1718–1777), A.H. Francke (1663–1727), S.J. Baumgarten (1706–1757) und J.S. Semler (1725–1791). Steht in der frühen Neuzeit noch die praktische Textauslegung mit ihrem Ziel der Aufdeckung der Originalbedeutung des Textes im Vordergrund hermeneutischer Bemühungen, so stellt sich mit der romantischen H. des 18. und 19. Jh.s, z.B. in den Schriften G.A.F. Asts (1778–1841), F.A. Wolfs (1759–1824), J.G. Herders (1744–1803), F.v. Schlegels (1772–1829), ein Universalisierungsprozeß ein. In dieser Periode beginnt sowohl die Historisierung der Bibel als auch die stärkere Beachtung weltlicher Lit. in den Bemühungen der frühen Hermeneutiker. F.D.E. Schleiermacher (1768–1834; Theologe und Philosoph; seit 1810 Professor in Berlin; seit 1811 Mitgl. der Preuß. Akademie der Wissenschaften), der für die weitere Entwicklung der H. bedeutendste Vertreter, führte in Auseinandersetzung mit dem Gedankengut des dt. ↗ Idealismus als erster eine Trennung zwischen der reinen Methodenlehre der Textbearbeitung und der Theorie vom menschlichen Verstehen überhaupt ein, die sich in seiner Unterscheidung zwischen ›grammatischer‹ und ›psychologischer‹ H. ausdrückte. Verstehen erscheint ihm als durch die Teilhabe jedes Menschen an Gott gewährleistet, die einen Akt der ›Divination‹, des kongenialen Erfassens des Sinns eines Kunstwerks, ermöglicht. Das wichtigste Hilfsmittel auf dem Weg zu einem angemessenen Verständnis ist dabei die historisch-biographische Analyse, da sich erst aus dem Verständnis des Lebenszusammenhangs die Bedeutung der einzelnen Werke erschließt. Im Übergang vom 19. zum 20. Jh. wurde W. ↗ Dilthey, ausgehend von seinem *Leben Schleiermachers* (1870) und seiner Auseinandersetzung mit den Ansichten der historischen Schule L.v. Rankes (1795–1886) und J.G. Droysens (1808–1884), zum Begründer der Theorie der Geisteswissenschaften, deren Selbständigkeit nach Gegenstand und Methode er in Abhebung von den Naturwissenschaften in seiner *Einleitung in die Geisteswissenschaften* (1883) zu erweisen suchte. In den *Ideen zu einer beschreibenden und zergliedernden Psychologie* (1894) stellte er die in diesem Zusammenhang entscheidende Trennung zwischen naturwissenschaftlichem ›Erklären‹ und geisteswissenschaftlichem ›Verstehen‹ auf. Ein weiteres grundlegendes Werk für Diltheys Nachfolger auf dem Gebiet der H. und der geisteswissenschaftlichen Erkenntnistheorie ist *Der Aufbau der geschichtlichen Welt in den Geisteswissenschaften* (1910). In einer theoretischen Weiterentwicklung der Position Schleiermachers wird hier die Bedingung der Möglichkeit des Verstehens in der Geschichtlichkeit des Menschen erblickt; eine methodische Fortentwicklung findet dabei allerdings nicht statt. – Im 20. Jh. erfolgt eine starke Ausweitung der theoretischen Tendenzen des 19. Jh.s; ihre extremsten Formen finden diese im Bereich der Philosophie. Sie interessieren sich dort nur noch am Rande für das Verstehen von Texten und richten ihr Hauptaugenmerk auf die erkenntnistheoretische Fundierung des Verstehens. Vorherrschend ist hier die fundamentalontologische Theorie M. ↗ Heideggers, mit dessen Werk *Sein und Zeit* (1927) die Etablierung einer hermeneutischen Philosophie ihren Abschluß fand. Heideggers Bedeutung für die Entwicklung der Geisteswissenschaften im 20. Jh. ist kaum zu überschätzen: er wurde nicht nur für die weitere Ausprägung der Theorie der Geisteswissenschaften und der H. durch seinen Schüler H.-G. ↗ Gadamer, sondern auch für die Philosophie des frz. Existentialismus (J.-P. ↗ Sartre), die dt. Existenzphilosophie (K. Jaspers) und verschiedenste lit.- und kulturwissenschaftliche Theorien (J. ↗ Derrida, P. ↗ Ricœur, J. ↗ Habermas, Th. W. ↗ Adorno usw.) zu einem entscheidenden Einflußfaktor. Verstehen wird von ihm als die primäre Weise des In-der-Welt-Seins ausgewiesen. In der Sorge um den je eigenen Lebensweg erlangt die Auslegung des alltäglich Begegnenden vorrangige Bedeutung; Texte werden als Träger von darin angesprochenen Seinsmöglichkeiten bedeutsam. Große Skepsis wird dabei der sprachlichen Fundierung des Verstehens entgegengebracht, da Sprache durch bereits in den Worten liegenden Weltauslegungen die Möglichkeit des Verbergens von Wahrheit beinhaltet. H. meint hier die Analyse der verschiedenen Aspekte der Verstehensprozesse. – In Gadamers bahnbrechendem Werk *Wahrheit und Methode* (1960) wird der Akzent auf die positiven Möglichkeiten der in der Sprache angelegten Verstehensunterschiede verschoben, durch die erst eine Grundlage für den diskursiven Vergleich von Welterkenntnis bzw. Textverständnis existiert. Interpretation und Wahrheit sind wegen ihrer Bezogenheit auf die je eigene Welterfahrung also nur für den jeweiligen Leser gültig und insofern nur subjektiv zu denken. Die immense Bedeutung, die sich in den vielfältigen Reaktionen auf dieses Werk zeigt (vgl. die langjährigen Diskussionen mit Derrida und Habermas), erfordert allerdings eine breitere Betrachtung von Gadamers Theorie. Während das Verstehen der romantischen H. noch als kongeniale Reproduktion der urspr. genialen Produktion eines Kunstwerks galt (Schleiermacher) und im Laufe der Universalisierung des Ansatzes zum existentialen Akt der Auslegung des innerweltlich Begegnenden wurde (Heidegger), charakterisiert Gadamer es als die ›Verschmelzung der Horizonte‹ von Text und Leser. Einer der Kernbegriffe ist dabei der des ↗ ›hermeneutischen Zirkels‹, der in verschiedenen Formen und Vorformen auch bei seinen Vorgängern auftritt. Dieser bezeichnet das Verhältnis des Ganzen und seiner Teile als Strukturmerkmal jeden Verstehens, ob textbezogen oder

nicht, demzufolge jedem Wissen ein Vorwissen vorausgeht und jeder Erweiterung des Wissenshorizonts eine weitere Ausdehnung folgen kann, so daß Verstehen immer prozeßhaft, veränderlich und wesenhaft subjektiv bleibt. ›Man versteht anders, wenn man überhaupt versteht.‹ (Gadamer). Damit hängt auch das Problem des reziproken Verhältnisses von Ganzem und Teil (z. B. im Verhältnis von Kap. zu Buch oder Buch zu Gesamtwerk eines Autors) zusammen, bei dem jeweils das eine notwendige Vorbedingung für das angemessene Verständnis des anderen ist. Versuchte die ältere H. noch (und bestimmte Vertreter einer modernen philologischen H. wieder), aus diesen Dilemmata auszubrechen und einen objektiven Standpunkt zu finden, von dem aus sichere Erkenntnis möglich würde, so bezieht die hermeneutische Philosophie seit Heidegger (›Vorhabe, Vorsicht und Vorgriff‹) und Gadamer die Vorurteile des erkennenden Subjekts als notwendige Erkenntnisbedingung mit ein, deren sich der Interpret bewußt werden muß, da sie wesenhaft nicht hintergehbar sind. Mit diesen ist jede Art der Welterfahrung gemeint, die ein Leser an einen Text, bzw. ein Betrachter an ein Objekt, überhaupt heranträgt, so z. B. der von Gadamer so benannte ›Vorgriff der Vollkommenheit‹, in dem der Leser sowohl einen kohärenten Textsinn als auch die Wahrheit des im Text Ausgesagten voraussetzt. Aufgrund der vorhandenen Vorurteile ist die wichtigste Aufgabe der philologischen H., Offenheit für den Anspruch des Textes zu wahren, der von Gadamer als Antwort auf eine existentielle Frage verstanden wird. Diese Frage gilt es, unter Abwehr eigener Einfälle herauszuhören und sich auf ein ›hermeneutisches Gespräch‹ einzulassen, bei dem die Sache selbst den Verlauf des Frage-Antwort-Spiels zwischen Erkennendem und Objekt bestimmt. Dabei ist zu beachten, daß die von der gr. Ontologie entwickelte und seit Descartes stark in den Vordergrund getretene ↗ Dichotomie von Subjekt und Objekt von den Vertretern der hermeneutischen Philosophie gerade abgelehnt wird. Im Anschluß an Heideggers ›ontologische Wende‹ bezeichnet Gadamer das Verhältnis von Text und Leser als Spiel, in dem die Offenheit des Lesers eine ›totale Vermittlung‹ bzw. Horizontverschmelzung bewirken kann. Erst im Anschluß an dieses Verstehen kann die kritisch-objektivierende Betrachtung stehen. Im Begriff der Horizontverschmelzung liegt allerdings auch die Ablehnung einer historischen Naivität: Vor aller Möglichkeit der Verschmelzung muß der Versuch der gründlichen

Erschließung des (auch historischen) Horizonts des Anderen liegen, doch ist sich die hermeneutische Philosophie der Unabschließbarkeit dieses Prozesses bewußt. Der historischen Erschließung eines Textes kommt dabei ein weiteres Strukturmerkmal des Verstehens, der Zeitenabstand, zugute. Durch den historischen Abstand zum Untersuchungsobjekt werden nämlich sowohl die Vorurteile der Entstehungszeit des Werks zerstört als auch neue Verstehensmöglichkeiten eröffnet, die der im Text zur Sprache gebrachten Sache angemessener sein können. – Gegen die relativistische Tendenz der hermeneutischen Philosophie richten sich verschiedene weitere Spielarten der H., zum einen Teil im erkenntnistheoretischen Rückschritt zu Schleiermacher, Dilthey und einer wiederzugewinnenden Originalbedeutung des Textes (E.D. ↗ Hirsch Jr., E. Betti), zum anderen Teil in Betonung der Notwendigkeit, trotz des unbezweifelbaren Konflikts der Interpretationen zu methodischen Verfahren zu gelangen, die eine völlige Willkür einschränken (Ricœur). Hirsch wendet sich mit seinem Werk *Validity in Interpretation* (1967) in Anlehnung an die Tradition der philologischen H. gegen die formalistische Textanalytik des anglo-am. ↗ *New Criticism* und dessen Unterordnung von Bedeutung und Inhalt eines Werks unter Aufbau und Struktur. Seine dabei hervortretende Betonung der Möglichkeit des objektiven Erfassens der Originalbedeutung (*meaning*) eines Texts, für die die Absicht des Autors den einzig gültigen Erkenntnismaßstab liefert und die im Gegensatz zur Bedeutung (*significance*) für den einzelnen Leser zu verstehen ist, bringt ihn mit der poststrukturalistischen Kritik ebensosehr in Konflikt wie mit der hermeneutischen Philosophie Gadamers, mit deren Positionen er sich in seiner Essaysammlung *The Aims of Interpretation* (1976) auseinandersetzt. Ricœur wandte sich, ausgehend von philosophischen Untersuchungen, seit 1960 verstärkt der hermeneutischen Theorie zu, innerhalb derer er zu einem Ausgleich der verschiedenen Strömungen zu gelangen versuchte. In *De l'Interprétation – Essais sur Freud* (1965) schlägt Ricœur eine begriffliche Trennung in eine H. des Glaubens, die sich bemüht, eine gegebene, ›heilige‹ Bedeutung zu erschließen, und eine H. des Zweifels, die der scheinbar eindeutigen Oberflächenbedeutung mißtraut und tiefer liegende Interpretationsmöglichkeiten aufsucht, vor. Zu diesem Zweck werden u. a. die Techniken der Psychoanalyse (↗ Psychoanalytische Lit.wissenschaft) oder der

Ideologiekritik (↗ Ideologie/Ideologiekritik) als Methoden befürwortet. *Le conflit des interprétations* (1969) bringt eine Auseinandersetzung mit den Theorien des ↗ Strukturalismus und ↗ Poststrukturalismus, bei der Ricœur mit seiner Theorie des Symbols eine Verbindung zwischen diesen und der H. zu etablieren versucht.

Lit.: E. Betti: *Die H. als allg. Methodik der Geisteswissenschaft*, Tüb. 1962. – E.D. Hirsch: »Three Dimensions of Hermeneutics«. In: *NLH* 3 (1972) S. 245–261. – Jauß 1991 [1977]. – M. Riedel: *Verstehen oder Erklären? Zur Theorie und Geschichte der hermeneutischen Wissenschaften*, Stgt. 1978. – H. Birus: *Hermeneutische Positionen*, Göttingen 1982. – U. Nassen (Hg.): *Klassiker der H.*, Paderborn 1982. – T.K. Seung: *Structuralism and Hermeneutics*, N.Y. 1982. – D.E. Klemm: *The Hermeneutical Theory of P. Ricœur*, Lewisburg 1983. – Ph. Forget (Hg.): *Text und Interpretation*, Mchn. 1984. – M. Frank: *Das individuelle Allgemeine. Textstrukturierung und Textinterpretation nach Schleiermacher*, FfM. 1985. – E.D. Hirsch: »Truth and Method in Interpretation«. In: *Review of Metaphysics* 18 (1985) S. 489–507. – J.C. Weinsheimer: *Gadamer's Hermeneutics*, New Haven 1985. – G.B. Madison: *The Hermeneutics of Postmodernity*, Bloomington 1988. – W. Jung: »Neue H.konzepte. Methodische Verfahren oder geniale Anschauung?« In: Bogdal 1997 [1990]. S. 159–180. – H. Silverman (Hg.): *Gadamer and Hermeneutics*, N.Y. 1991. – A. Bühler (Hg.): *Unzeitgemäße H.: Verstehen und Interpretation im Denken der Aufklärung*, FfM. 1994. – J. Grondin: *Hermeneutische Wahrheit? Zum Wahrheitsbegriff H.-G. Gadamers*, Weinheim 1994. – A. How: *The Habermas-Gadamer Debate and the Nature of the Social*, Avebury 1995. – N. Bolz: »H./Kritik«. In: Ricklefs 1996. S. 758–776. – K.-M. Bogdal: »Problematisierung der H. im Zeichen des Poststrukturalismus«. In: Arnold/Detering 1997 [1996]. S. 137–156. – P. Rusterholz: »Hermeneutische Modelle«. In: Arnold/Detering 1997 [1996]. S. 101–136. – ders.: »Zum Verhältnis von H. und neueren antihermeneutischen Strömungen«. In: Arnold/Detering 1997 [1996]. S. 157–177.

RAh

Hermeneutischer Zirkel (gr. *hermēneutés*: Ausleger, Erklärer), Modell zur Erfassung des Verstehensprozesses. Der h. Z. beschreibt das Verhältnis des Ganzen und seiner Teile zueinander. Ein Werk kann nur verstanden werden, wenn der Leser bei der Lektüre der einzelnen Textbestandteile schon eine Vorstellung von der Bedeutung des gesamten Textes hat. Vor dem Hintergrund dieser Hypothese in bezug auf den Gesamtsinn werden die einzelnen Teile sinnhaft, während umgekehrt aber gleichzeitig die Lektüre der Textbestandteile auch die Antizipation der Bedeutung des kompletten Textes beeinflußt. – Für M. Luther war ›sola scriptura sui ipsius interpres‹, d. h. daß die Bibel sich selbst auslegt. Zum Verständnis einer einzelnen Textstelle braucht der gläubige Leser nicht mehr die Überlieferung der Kirche mit ihrer Lehrautorität, sondern kann sich am Gesamtsinn der Heiligen Schrift orientieren. Diese protestantische ↗ Hermeneutik wurde insbes. von dem Schelling-Schüler F. Ast und von dessen Schüler F. Schleiermacher im frühen 19. Jh. weiterentwickelt. Nach Ast läßt sich das Zirkelproblem nur durch die Anerkennung der urspr. Einheit des Besonderen und des Allg., und d. h. durch das Voraussetzen einer Sinneinheit von Einzelnem und Ganzem, auflösen. Schleiermacher begegnet der Möglichkeit von ↗ Verstehen hingegen mit größerer Skepsis und sieht lediglich in der Kongenialität zwischen Interpret und Schriftsteller, also in der Fähigkeit des Lesers, sich dem Autor geistig anzuverwandeln, eine Hoffnung auf Verstehen. Letzteres hat nach Schleiermacher immer Prozeßcharakter, wobei vorgreifendes bzw. divinatorisches Erraten in bezug auf das Ganze und absichernder Vergleich mit dem Einzelnen in einem dialogischen Verhältnis stehen und zur Erhellung des Textes führen können. W. ↗ Dilthey greift das Prinzip des h. Z.s wieder auf, wenn er darlegt, daß das bloße Nebeneinander der Teile des Lebens lediglich durch die Annahme eines diesen übergeordneten Bedeutungszusammenhanges sinnhaftig werden kann. Dennoch bleibt der Verstehensprozeß auch hier immer ein unabgeschlossener, bei dem der Vorgang der induktiven Antizipation des Ganzen aus den Teilen nie ein völliges Ende nimmt. Verstehen als Überbrückung der kulturellen oder zeitlichen Kluft zwischen Subjekt und Objekt ist nach Dilthey ein Prozeß zwischen einzelnen Typen, d. h. Besonderem, und Allg.menschlichem, d. h. Generellem, wobei ganz im Sinne des h. Z.s mittels des historischen Bewußtseins über die Bedingtheit des Standpunktes des Individuums dennoch universales Wissen möglich wird, das wiederum die Geschichtlichkeit der verstehenden Einzelposition verstehbar werden läßt. Auch M. ↗ Heidegger stellt fest, daß Verstehen immer nach der Logik eines *circulus vitiosus* abläuft. Dabei kommt es nicht darauf an, den Zirkel zu verlassen, sondern sich seiner richtig zu bedienen, weil dieser in der existentiellen Vorstruktur des Daseins selbst angelegt sei. Der h. Z. erweist sich dadurch als produktiv im Sinne einer Auflösung des Antagonismus zwischen Teil und Ganzem, Vorverständnis und Text, Subjekt und Objekt. Auch H.-G. ↗ Gadamer bedient sich in *Wahrheit und Methode* (1960) wieder des Modells des h. Z.s, um das Phänomen des Verstehens zu klären. Die Kreisbewe-

gung zwischen Teil und Ganzem faßt er durch die Analyse des hermeneutischen Gesprächs zwischen verstehendem oder erkennendem Subjekt und erkanntem Objekt oder Text, bei dem im wechselseitigen Dialog Vor-Urteile durch Frage- und Antwort-Vorgänge verändert werden. Da dabei beide beteiligten Pole sich ständig verändern und gegenseitig beeinflussen und dieser Prozeß wiederum nach dem Muster des h. Z.s abläuft, kann nach Gadamer die alleinig richtige und endgültige Interpretation eines Textes nicht existieren. Verstehen ist demnach kein linearer und endlicher Vorgang, wie die Zirkelstruktur deutlich zeigt. Nach Gadamer können wir die Vergangenheit nur aus der Gegenwart heraus verstehen und umkehrt. Es ist sein Verdienst, zu einer Historisierung des h. Z.s beigetragen zu haben.

Lit.: K. Stierle: »Für eine Öffnung des h. Z.s«. In: *Poetica* 17 (1985) S. 340–354. – J. Grondin: *Einf. in die philosophische Hermeneutik*, Darmstadt 1991.
                                                                    HA

Heterodiegetischer Erzähler ↗ Diegese; ↗ Erzähler

Heteroglossie (gr. *héteros*: anders; gr. *glóssa*: Zunge; gr. *heteroglōssía*: Vielstimmigkeit, Redevielfalt), ist als dynamisches Kommunikations- und Sinnkonstituierungsmodell als ›*master trope*‹ (M. Holquist) des russ. Lit.wissenschaftlers M. ↗ Bachtin bezeichnet worden. – Nach Bachtin sind Wörter, Äußerungen und Texte keine abgeschlossenen, synchron zu beschreibenden Entitäten, sondern bilden zeitlich und kontextuell unterschiedliche Bedeutungen. Sie sind offene Zentren dynamischer Interaktionen, Spannungsfelder, durch die zentripetale und zentrifugale Kräfte strömen. Sprachliche Zeichen, Äußerungen und Texte sind nicht nur linguistisch (wie durch Dialekte, Soziolekte, Idiolekte usw.) geprägt, sie sind darüber hinaus eingebettet in einen politischen, moralischen, ideologischen und ökonomischen Kontext miteinander konkurrierender ↗ Episteme. – Der Pluralität der Bedeutungen gegenüber ist nach Bachtin in bes. Maße der polyphone Roman offen, der die Multiplizität sich widersprechender Stimmen im Sinne der ↗ Dialogizität auffächert. Während monologische Lit. die soziale Redevielfalt homogenisiert und autoritär einengt auf eine dominante Stimme (nach Bachtin spiegeln Lyrik und Epos hierbei eine hierarchische Autoritätsgesellschaft), ist dialogische Lit. demokratisch und reflektiert Meinungsvielfalt, auch wenn sie durch Selektion, Reduktion und narrative Struktur die H. der Welt im Kunstwerk reduziert. Eine bewußte Akzeptanz der H. unserer Welt impliziert eine selbstreflexive Interpretation, die eine dialogische, nie abzuschließende Interaktion zwischen Autor, Text, Leser und Kontext(en) anstrebt. – H. als Betonung der kulturellen und historischen Verankerung von Texten und Interpretierenden ist ein wichtiges Impulsfeld poststrukturalistischer und anderer, Relativismus, Differenz sowie ›Abwesenheit des Zentrums‹ (J. ↗ Derrida) betonender Ansätze.

Lit.: s. auch ↗ Bachtin, ↗ Dialogizität, ↗ Karnevalismus. – M. Bachtin: *Formen der Zeit im Roman. Untersuchungen zur historischen Poetik*, FfM. 1989. – ders.: *The Dialogic Imagination. Four Essays by M.M. Bakhtin* (Hg. M. Holquist), Austin 1994 [1981].

LV

Heterostereotypen, nationale ↗ Imagologie, komparatistische

Hirsch, Eric Donald Jr. (*1928), am. Lit.theoretiker. – Studium an den Universitäten Cornell und Yale, Professor an der Yale University (1956–60) und der University of Virginia (seit 1966). H. knüpft in seiner literar. ↗ Hermeneutik an die Ideen von F. Schleiermacher und W. ↗ Dilthey an. In den lit.theoretischen Hauptwerken *The Aims of Interpretation* und *Validity in Interpretation* besteht er gegen relativistische Tendenzen auf der Notwendigkeit der Annäherung an die urspr. Bedeutung eines Textes. Die Rekonstruktion der *original meaning* im Unterschied zu der aus historischer Distanz in den Text hineinprojizierten *anachronistic meaning* ist mit hohem Annäherungswert möglich, wenn man alle relevanten Faktoren zum Verständnis der Bedeutungsintention des Autors einbezieht (↗ Intention). H. favorisiert somit eine objektivierende, deskriptiv-wertfrei verfahrende Lit.-wissenschaft. Zugleich betrachtet er die Respektierung der Autorintention und der urspr. Werkbedeutung als eine ›ethische Maxime‹, die die Praxis der Lit.interpretation bestimmen müsse und die gleichzeitig einen Modellfall für intersubjektives Verstehen und ethisches Verhalten generell abgebe. Um der Differenz zwischen urspr. Textbedeutung und späterer Auslegung gerecht zu werden, unterscheidet H. ferner zwischen *meaning* und *significance*, wobei die erstere textinhärent und konstant bleibt, während die letztere mit den jeweils verschiedenen Auslegungsperspektiven und -interessen variiert. – H. hat in den z.T. heftigen Auseinandersetzungen

um die neuere Lit.- und Kulturtheorie in den USA eine differenzierte, traditionell-hermeneutische Position bezogen. In dem mit Ko-Autoren verfaßten *Cultural Literacy* (1987) hat er das zum adäquaten Verständnis literar. Texte notwendige kulturelle Vorwissen herausgestellt.

Lit.: E.D. Hirsch: *Validity in Interpretation*, New Haven 1967. – ders.: *The Aims of Interpretation*, Chicago 1976. – ders. et al.: *Cultural Literacy. What Every American Needs to Know*, Boston 1987.

HZ

Histoire vs. discours, die Begriffsopposition (vgl. É. ↗ Benveniste 1966) geht davon aus, daß das verbale bzw. literar. wie auch das filmische Erzählen zwei Situationen verbindet, eine an- und eine abwesende. Der Text gibt den Zeichenverlauf für den jeweils konkreten Adressaten in einer bestimmten Ordnung vor (frz. *discours*). Dieses ›Wie‹ des Diskurses dient dem ›Was‹, der vergegenwärtigten, in einer Geschichte verknüpften Welt (frz. *histoire*). Für G. ↗ Genette (1972 und 1983) und die meisten westlichen Strukturalisten (↗ Strukturalismus) besteht eine ↗ Erzählung nur aus diesen beiden Dimensionen. Sie stehen in Spannung durch ihre beiden Zeiten (↗ Erzählzeit und Erzählte Zeit) und dadurch, daß unterschiedliche Wahrnehmungsweisen und Artikulationsmodi im Diskurs bestimmen, was wie zu Geschichte(n) wird. A. Jolles (1930), M. ↗ Bachtin (1989), am. Pragmatisten wie W. Labov und J. Waletzky (1967) sowie T. ↗ Todorov (1967 und 1971) gehen jedoch davon aus, daß die Spannung zwischen Geschichte und Diskurs dem ›Wozu‹ eines Textes dient. Man macht Geschehnisse zu Ereignissen und diese zu einer Geschichte und tut dies diskursiv auf eine bestimmte Weise, um genrespezifisch witzig, märchenhaft, phantastisch, spannend usw. zu wirken. Wenn der Text die möglichen Reaktionen des Adressaten vorwegnimmt, sie als praktisches, zeichengelenktes Tun für eine umfassende Wirkung organisieren kann, wird die so erzeugte Pragmatik während der Kommunikation zentral. Sie konkretisiert den »Pakt« zwischen Autor und Leser zu einer spezischen »Ko-Autorschaft« (Sartre 1958, S. 27f. und 35), impliziert eine »Vollzugsstruktur« und »Spielregeln« (W. ↗ Iser 1976, S. 50 und 176), wird von R. Kloepfer »Sympraxis« genannt (1998) und entspricht so, durch Antwort auf die diversen Leserleistungen, auf die dieser wieder reagieren kann usw., dem sokratischen Ideal eines Textes, der das Dialogische über die Zeit bewahrt (vgl. Platons *Phaídros* 1276dff.).

Lit.: A. Jolles: *Einfache Formen*, Tüb. 1982 [1930] – J.-P. Sartre: *Qu'est-ce que la littérature*, Paris 1947 (dt. *Was ist Lit.?*, Hg. T. König, Reinbek 1990 [1950]). – É. Benveniste: *Problèmes de linguistique générale*, Paris 1966 (dt. *Probleme der allg. Linguistik*, Mchn. 1974). – W. Labov/J. Waletzky: »Narrative Analysis. Oral Versions of Personal Experience«. In: J. Helm (Hg.): *Essays on the Verbal and Visual Arts*, Seattle 1967. S. 12–44. – T. Todorov: *Littérature et signification*, Paris 1967. – ders.: *Poétique de la prose*, Paris 1971 (dt. *Poetik der Prosa*, FfM. 1972). – Genette 1972/80. – Iser 1994 [1976]. – Genette 1983/88/94. – M. Bachtin: *Formen der Zeit im Roman*, FfM. 1989. – R. Kloepfer: *Sympraxis. Ko-Autorschaft in Lit. und Film*, Dresden 1998.

RK

Historiographie und Literatur, die lit.- und kulturtheoretischen Diskussionen über das Verhältnis zwischen H. u. L. konzentrieren sich v. a. auf drei Problembereiche: (a) die diachrone Entwicklung des Verhältnisses zwischen H. u. L.; (b) die textuellen Gemeinsamkeiten und Unterschiede zwischen literar. und historiographischen Werken; (c) die umstrittene Frage nach der literar. Dimension der Geschichtsschreibung und der daraus abgeleiteten Nivellierung des Unterschieds zwischen H. u. L. – (a) Bis zur Mitte des 19. Jh.s galt die H. selbst als ein Zweig der L.; Geschichtsschreibung wurde an rhetorischen, stilistischen und künstlerischen Qualitäten sowie ihrem moralischen und didaktischen Nutzen gemessen. Erst mit dem Aufkommen positivistischer Geschichtsschreibung und dem Anspruch der H. auf Wahrheit und Objektivität entwickelte sich eine klare funktionale Differenzierung zwischen H. u. L., die sowohl durch die literar. Innovationen des ⁊ Ästhetizismus und ⁊ Modernismus als auch durch die Verwissenschaftlichung und Professionalisierung der H. im 20. Jh. verstärkt wurde. Die daraus entstandene Kluft zwischen H. u. L. sowie traditionelle Auffassungen von den Unterschieden zwischen literar. und historiographischen Werken sind in der ⁊ Postmoderne sowohl von Seiten der Geschichtstheorie als auch durch innovative Formen literar. Geschichtsdarstellung (⁊ hybride Genres; historiographische ⁊ Metafiktion) grundlegend in Zweifel gezogen worden. (b) Die traditionelle Auffassung, daß sich H. u. L. durch ihren unterschiedlichen ⁊ Wirklichkeitsbezug und Wahrheitsanspruch klar voneinander abgrenzen lassen, geht auf die Poetik des ⁊ Aristoteles zurück, derzufolge der Historiker tatsächliches Geschehen schildert, während sich der Dichter mit dem Bereich des Möglichen befaßt (›der eine erzählt, was geschehen ist, der

andere, was geschehen könnte‹). Diese eindeutige Abgrenzung von Dichtung und Geschichtsschreibung nach dem ontologischen Unterschied zwischen ihren Referenten, die die Tradition der europ. Dichtungstheorie (vgl. Heitmann 1970) bis ins 20. Jh. geprägt hat und noch in der modernen Unterscheidung zwischen fiktionalem und nicht-fiktionalem Erzählen fortwirkt (⁊ Fiktion/Fiktionalität), ist inzwischen der Einsicht gewichen, daß es zwischen H. u. L. eine Vielzahl von Parallelen gibt. Die herkömmliche Unterscheidung zwischen H. u. L. ist v. a. von neueren ⁊ Diskurstheorien und dem ⁊ Poststrukturalismus, der konstruktivistisch orientierten ⁊ Kognitionstheorie (⁊ Konstruktivismus) sowie von narrativistischen Ansätzen in der Geschichtstheorie unterminiert worden, die das Bewußtsein in die sprachliche Bedingtheit, Zeichenvermitteltheit und Konstrukthaftigkeit (⁊ Konstruktion/Konstruktivität) jeglicher Form von Wirklichkeitserfahrung und Erkenntnis, und damit auch der H., geschärft haben (⁊ *linguistic turn*). (c) Mit ihrem Nachweis, daß sich Historiker bei der Anordnung und Darstellung des Materials literar. Darstellungsmittel (etwa archetypischer Erzählmuster und rhetorischer Figuren) bedienen, haben v. a. erzähltheoretisch orientierte Studien von Geschichtstheoretikern wie W. B. Gallie, D. LaCapra, L. Gossman, L. Mink, A. ⁊ Danto, P. ⁊ Ricœur und H. ⁊ White die aus der strukturellen Identität der Erzählformen resultierende enge Verwandtschaft zwischen historiographischen und fiktionalen Werken nachgewiesen. Die daraus abgeleitete Einsicht in die literar. Dimension der H. hat zu einer weitreichenden Neubewertung der Geschichtsschreibung und des Verhältnisses zwischen H. u. L. geführt (vgl. Gearhart 1984; Rigney 1990; Carrard 1992). – Allerdings werden bei den Debatten um die gemeinsame ⁊ Narrativität weder die unterschiedlichen institutionellen Rahmenbedingungen von H. u. L. (insbes. die Wissenschaftsspezifik der Geschichtsschreibung und die Besonderheiten des ⁊ L.systems) noch die handlungsleitenden ⁊ Konventionen berücksichtigt, gemäß denen historiographische und literar. Werke produziert und rezipiert werden. In den Debatten um Fiktionalität haben etwa W. ⁊ Iser, D. Cohn und G. ⁊ Genette darauf hingewiesen, daß sich fiktionale Erzähltexte auch in formaler Hinsicht von nicht-fiktionalen durch eine Vielzahl von Fiktionalitätssignalen und fiktionalen Darstellungsprivilegien unterscheiden (z. B. im Hinblick auf Kommunikationsstruktur, Identität bzw. Nicht-Identität von ⁊ Autor und

↗ Erzähler, ↗ Erzählsituation, Möglichkeiten der Darstellung des ↗ Bewußtseinsstroms wie ↗ Erlebte Rede und ↗ innerer Monolog, ein variabel hohes Maß an ↗ Ambiguität und ↗ Metafiktion, Gebrauch paratextueller und deiktischer Elemente; ↗ Paratext, ↗ Deixis; vgl. Nünning 1995, S. 153–199). – Zu jenen Ansätzen, die die Aussagekraft literar. Werke als kulturgeschichtliche Quellen neu gewürdigt haben, zählen der ↗ New Historicism, der die Historizität der L. sowie die Textualität der historischen Überlieferung und der H. betont, die ↗ New Cultural History und die ↗ Mentalitätsgeschichte.

Lit.: K. Heitmann: »Das Verhältnis von Dichtung und Geschichtsschreibung in älterer Theorie«. In: *Archiv für Kulturgeschichte* 52 (1970) S. 244–279. – H. White: *Metahistory. The Historical Imagination in 19th-Century Europe*, Baltimore/Ldn. 1997 [1973] (dt. *Metahistory. Die historische Einbildungskraft im 19. Jh.*, FfM. 1994 [1991]). – L. Gossman: »History and Literature. Reproduction or Signification«. In: R.H. Canary/H. Kozicki (Hgg.): *The Writing of History. Literary Form and Historical Understanding*, Madison 1978. S. 3–39. – H. White: *Tropics of Discourse. Essays in Cultural Criticism*, Baltimore/Ldn. 1994 [1978] (dt. *Auch Klio dichtet oder die Fiktion des Faktischen. Studien zur Tropologie des historischen Diskurses*, Stgt. 1991 [1986]). – S. Gearhart: *The Open Boundary of History and Fiction*, Princeton 1984. – G. Scholz Williams: »Geschichte und die literar. Dimension. Narrativik und Historiographie in der anglo-am. Forschung der letzten Jahrzehnte. Ein Bericht«. In: *DVjs* 63 (1989) S. 315–392. – L. Gossman: *Between History and Literature*, Cambridge, Mass. 1990. – A. Rigney: *The Rhetoric of Historical Representation*, Cambridge/N.Y. 1990. – G. Genette: *Fiction et diction*, Paris 1991. – Ph. Carrard: *Poetics of the New History. French Historical Discourse from Braudel to Chartier*, Baltimore/Ldn. 1992. – A. Nünning: *Von historischer Fiktion zu historiographischer Metafiktion*, Bd. 1, *Theorie, Typologie und Poetik des historischen Romans*, Trier 1995. – P.M. Lützeler: *Klio oder Kalliope? L. und Geschichte*, Bln. 1997. – Ausg. »L. und Geschichte in der Postmoderne« der Zs. *Anglia* 117.1 (1999).

AN

Historische Semantik ↗ Semantik, strukturale und historische

Historischer Autor ↗ Autor, historischer

Historischer Leser ↗ Lesen/Lektüre

Historismus, die Bedeutung des Begriffs ›H.‹ ist nicht leicht zu bestimmen, da er seit dem 19. Jh. verschiedene Bedeutungen erhalten hat. Bezeichnet er zum einen historische Betrachtung in einem sehr allg. Sinn, so steht er zum anderen für ein Konzept der Geschichte, das sie gegen geschichtsphilosophische Entwürfe, im bes. die-

jenigen des dt. ↗ Idealismus abgrenzen soll. In diesem Sinne gilt ein Wort, das bereits von L. v. Ranke stammt, gewissermaßen als die ›Gründungsurkunde‹ des H.: ›Jede Epoche ist unmittelbar zu Gott, und ihr Wert beruht gar nicht auf dem, was aus ihr hervorgeht, sondern in ihrer Existenz selbst, in ihrem eigenen Selbst.‹ Als historistisch in diesem Sinne erscheint eine Geschichtsbetrachtung, die auf die individuelle Besonderheit einzelner historischer Konstellationen setzt und von ihrer Funktion für eine Teleologie der Geschichte absieht. Eine solchermaßen begriffene Geschichte scheint in der Tat aller Geschichtswissenschaft, die um die Rekonstruktion einzelner historischer Ereignisse und Ereignisfolgen bemüht ist, weit näher zu stehen als der spekulative Entwurf des Ganzen der Geschichte. Indes ist diese offensichtliche Distanz zur Geschichtsphilosophie zugleich zur Quelle einer ebenso engagierten wie besorgten Kritik geworden. Im bes. E. Troeltsch hat auf die Gefahren eines in diesem H. angelegten Relativismus hingewiesen, weil die Bemühung um das je einzelne historische Faktum und seine Besonderheit die Geschichte zugleich um ihren Sinn bringe. Als Preis geschichtswissenschaftlicher Exaktheit erscheint solchermaßen ein Relativismus, der allem das gleiche Recht zubilligt und damit jeden Wert in Frage stellt. Vergleichbare Sorgen liegen bereits dem zweiten Stück aus F. ↗ Nietzsches *Unzeitgemäße Betrachtungen. Vom Nutzen und Nachteil der Historie* (1874) zugrunde. Die Übermacht historischer Erinnerung, das bloße Sammeln von Fakten droht schon für Nietzsche mit dieser Fixierung auf eine gestaltlose Vergangenheit die Möglichkeiten der Gegenwart zu verschütten und die Zukunft damit zu verbauen. So ist H. in der Lit.wissenschaft auch zu einer wertenden Charakteristik einer Forschung geworden, die aufgrund des vermeintlichen Respekts vor der historischen Individualität des Gegenstands auf jegliche Erklärung verzichtet und sich auf das Sammeln und die Beschreibung bloßer Fakten beschränkt. – Zumindest in begrifflicher Hinsicht hat der H. in der jüngeren Diskussion eine neue Aktualität gefunden. Der ↗ New Historicism, der die lit.wissenschaftliche Diskussion des letzten Jahrzehnts nicht unmaßgeblich geprägt hat und wesentlich mit dem Namen von St. ↗ Greenblatt verbunden ist, teilt indes mit dem H. des 19. bzw. frühen 20. Jh.s kaum mehr als den Namen. Sein methodisches Profil ist nicht einfach zu bestimmen, da er einen gewissen Eklektizismus gerade zu seinem Programm macht. So lassen sich in Greenblatts Studien ebenso die Spuren von M. ↗ Foucaults Diskursarchäologie oder J. ↗ Derridas ↗ Dekonstruktion bemerken, wie er sich nicht scheut, auch marxistische Theoreme wieder aufzugreifen. So unterschiedlich sich die Ansätze von H. und *New Historicism* also präsentieren, in einer Hinsicht mag man bei ihnen ein gemeinsames Anliegen beobachten können. Hier wie dort geht es um eine Distanzierung von Theorien, die einen Universalitätsanspruch erheben. Nicht zuletzt aus diesem Grund macht der erwähnte methodische Eklektizismus für den *New Historicism* Sinn, weil der damit verbundene Verzicht auf ein monolithisches Konzept gerade als Konsequenz eines gewissen Skeptizismus gegenüber einer integrativen Theorie erscheint. Indes ergibt sich ein entscheidender Unterschied gegenüber dem H. im jeweiligen Stellenwert aller Geschichte. Der H. selbst erscheint als eine Form historischen Denkens, die ein Konzept von Geschichte gegen ein anderes zu behaupten versucht. *New Historicism* in der Lit.wissenschaft nimmt sich statt dessen wie ein Versuch aus, historischen Gesichtspunkten als solchen zu neuer Geltung gegenüber Theorien zu verhelfen, denen historische Erklärungen literar. Phänomene weitgehend fremd blieben. Doch auch das hier angesetzte Konzept des Historischen selbst ist ein gegenüber dem H. wiederum sehr verschiedenes. Während sich der H. über eine bestimmte zeitliche Ordnung definiert, die Existenz einer universellen teleologischen Entwicklung der Geschichte in Frage stellt, bedeutet für den *New Historicism* Geschichte v.a. auch eine Determination literar. Phänomene durch anderweitige soziale Phänomene. Der *New Historicism* erscheint deshalb auch als ein Gegenparadigma zu einer Lit.wissenschaft, die wesentlich auf die ↗ Autonomie des Ästhetischen baut. Schon der Begriff selbst ist deshalb als eine programmatische Alternative zum ↗ *New Criticism* angelegt.

Lit.: F. Aspetsberger: *Der H. und die Folgen. Studien zur Lit. in unserem Jh.*, FfM. 1987. – F. Jaeger/J. Rüsen: *Geschichte des H.*, Mchn. 1992. – A. Wittkau: *H.: Zur Geschichte des Begriffs und des Problems*, Göttingen 1992. – M. Baßler et al.: *H. und literar. Moderne*, Tüb. 1996. – O.G. Oexle: *Geschichtswissenschaft im Zeichen des H.*, Göttingen 1996. – O.G. Oexle/J. Rüsen (Hgg.): *H. in den Kulturwissenschaften. Geschichtskonzepte, historische Einschätzungen, Grundlagenprobleme*, Köln et al. 1996. – H. Tausch (Hg.): *H. und Moderne*, Würzburg 1996. – G. Scholtz (Hg.): *H. am Ende des 20. Jh.s. Eine internationale Diskussion*, Bln. 1997.

AK

History of Ideas ↗ Ideengeschichte

Hjelmslev, Louis (1899–1965), dän. Sprachwissenschaftler. – Mit V. Brøndal (1887–1942) gilt H. als Begründer der Kopenhagener Schule (1933), die den strukturalistischen Ansatz von F. de ↗ Saussure weitergeführt hat. Der Sohn eines Mathematikprofessors studierte zunächst in seiner Heimatstadt Kopenhagen beim Junggrammatiker H. Pedersen, dessen Lehrstuhl für Linguistik er 1937 übernahm, danach in Litauen (1921), Prag (1923) und Paris (1926). H. entwickelte den ↗ Strukturalismus in zweierlei Hinsicht anders als die 1926 entstandene ↗ Prager Schule: Seine Methoden sind formalistischer und werden auch konsequent auf die Inhaltsstruktur der Sprache angewendet, während in Prag insbes. deren Ausdrucksseite Interesse fand. Kern der von H. vertretenen Lehre ist die ›Glossematik‹, ein differenziertes semiotisches Modell, das die fragmentarischen Überlieferungen von Saussures ›sémiologie‹ so miteinander verknüpft, daß für die Inhalts- und für die Ausdrucksebene der sprachlichen ↗ Zeichen jeweils eine Unterscheidung zwischen ↗ Form und Substanz vorgenommen wird. H. bezeichnet die vier daraus resultierenden semiotischen Größen als ›strata‹ und ihre Herleitung als ›stratification‹. Die Glossematik wurde nicht nur zur Grundlage der strukturalistischen ↗ Semantik (H., E. Coseriu u.a.), sondern übte auch einen nicht zu unterschätzenden Einfluß auf die zeichentheoretischen Diskussionen der folgenden Dekaden aus. Die Unterscheidung zwischen Form und Substanz erweist sich als unverzichtbares Instrument bei der Absonderung der ›formalen‹, d.h. funktionsimmanenten Strukturen von funktionsneutralen, ›substantiellen‹ Zeichenkorrelaten. In seinem Entwurf einer strukturellen Semantik (1959) verwirklichte H. seine strengen methodischen Vorgaben mit Hilfe der Kommutationsprobe, die das empirische Erfassen semantischer Minimalpaare (Seme) ermöglicht. Der konsequente Formalismus von H., der auch vom Positivisten und Logiker R. Carnap (Wiener Kreis) beeinflußt wurde, hat die Integration der Wortfeldtheorie in das strukturelle Modell ermöglicht, ist aber später weniger streng gehandhabt worden, so daß Seme teilweise, wie in der traditionellen Semantik, als konstituierende semantische Merkmale und nicht mehr als binäre oppositive Funktionen interpretiert wurden, was zum Niedergang des Strukturalismus in der Semantik zumindest beigetragen hat.

Lit.: L. Hjelmslev: *Éssais linguistiques*, Paris 1971 [1959]. – ders.: *Prolégomènes à une théorie du langage*, Paris 1968. – E. Coseriu: »Pour une sémantique diachronique structurale«. In: *Travaux de Linguistique et Littérature* 2.1 (1964) S. 139–186. – G. Graffi: *Struttura, forma e sostanza in Hjelmslev*, Bologna 1974. – E. Gülich/W.Raible: »Das Textmodell der Glossematik«. In: diess.: *Linguistische Textmodelle*, Mchn. 1977. S. 90–97. – R.A. de Beaugrande: *Linguistic Theory. The Discourse of Fundamental Works*, Ldn. 1991.

PG

Hochliteratur, der Begriff H. (oft auch ›Höhenkammlit.‹) steht im Gegensatz zur Volkslit., ↗ Triviallit. oder ↗ Kitsch. Dabei wird die ↗ Literarizität der betreffenden Texte hervorgehoben, und es liegt meist ein ↗ Lit.begriff zugrunde, der die ↗ Autonomie und den Kunstcharakter des literar. Kunstwerks betont, wie z.B. beim ↗ Russ. Formalismus, ↗ *New Criticism* oder bei der ↗ Werkimmanenten Interpretation. Mit ähnlicher Bedeutung werden Begriffe wie ›schöne Lit.‹, ›imaginative Lit.‹, ›fiktionale Lit.‹, oder auch, bevorzugt von der Germanistik, im allg. Sinne ›Dichtung‹ verwandt, wobei noch die positive ästhetische ↗ Wertung hinzukommt. Die Annahme von H. führt oft zur Ausbildung eines literar. ↗ Kanons, den die einzelnen großen Werke bilden. In dem Maße, wie linguistische und gesellschaftliche Aspekte bei der Lit.betrachtung die ästhetischen Momente verdrängen, wird auch der Begriff H. weniger favorisiert, und es wird stattdessen häufig einfach von ↗ ›Texten‹ gesprochen.

RB

Höhenkamm-Literatur ↗ Hochliteratur

Hoggart, Richard (*1918), engl. Lit.- und Kulturwissenschaftler. – H. ist seit der Veröffentlichung von *The Uses of Literacy* (1957) sowie der Eröffnung des Centre for Contemporary Cultural Studies (*CCCS*) an der Universität von Birmingham 1964 sowohl inhaltlich als auch institutionell eng mit der Entwicklung der ↗ *Cultural Studies* in Großbritannien und insbes. dem ↗ *Culturalism* verbunden. Gemeinsam mit R. ↗ Williams und E.P. Thompson vertrat H. die Kehrtwende von der bürgerlich-humanistischen ↗ Kulturtheorie seit M. Arnold zu einem auch marxistische Orthodoxien ablehnenden sozialistischen Sonderweg Großbritanniens. Mit Williams und Thompson teilt H. sowohl die Herkunft aus der Arbeiterklasse (er wuchs in Leeds auf und besuchte auch die dortige Universität) als auch die akademische Orientierung, die nach einem ersten, von F.R. ↗ Leavis geprägten, lit.

kritischen Ansatz über W.H. Auden zunehmend von Erfahrungen in der Erwachsenenbildung bestimmt ist. Aus dieser marginalisierten Stellung heraus lehnte H. den Appell an die ›Great Tradition‹ und eine durch Vermassung verlorene kulturelle Kohärenz (Q.D. und F.R. ↗ Leavis) ebenso ab wie kontinentaleurop. Verknüpfungen von Theorie und Marxismus (↗ Frankfurter Schule; ↗ Strukturalismus). So isolierte sich H. immer mehr von herrschenden Strömungen der *Cultural Studies*, die von seinem eigenen Nachfolger als Direktor des CCCS ab 1968, St. ↗ Hall, seit Mitte der 60er Jahre in diese Richtung vorangetrieben wurden. H. wandte sich als Lecturer an der University of Leicester, Direktor des CCCS, Warden des Goldsmiths' College, Generaldirektor der UNESCO sowie in vielfältigen Kommissionen immer mehr von der ideellen Diskussion innerhalb der *Cultural Studies* ab und einer weltweiten institutionellen Verankerung zu. H. insistiert auf der aktiven Rolle menschlicher Individuen bei der kulturellen Prägung einer Gesellschaft, deren primäres Ausdrucksfeld für ihn die Kultur der Arbeiterklasse der 30er Jahre und ihre Bedrohung durch die ↗ Massenmedien ist. In *The Uses of Literacy*, dessen eigentlich vorgesehener Titel *The Abuses of Literacy* die kulturpessimistische Ausrichtung intensiviert hätte, offeriert H. daher nur wenig anders als in seiner dreibändigen Biographie *The Life and Times of R. H.* (1988–1992) eine impressionistische, am eigenen Erfahrungshorizont orientierte Sicht der kulturellen Landschaft Großbritanniens. Er kontrastiert im ersten Teil von *The Uses of Literacy* die genuine Arbeiterkultur der 30er Jahre (das klassenbewußte ›us‹ vs. ›them‹) und ihren Ursprung aus der stolzen Wertbestimmung weiblicher Häuslichkeit und männlicher Arbeitswelt mit den Attacken einer normierenden und verflachenden Nachkriegsaffluenz mit totalitären Zügen im zweiten, früher verfaßten Abschnitt. Gegen Paperbacks (deren Stil H. wegen rechtlicher Bedenken selbst fingierte), Seifenopern im Radio, laute Popmusik aus Plattenspielern und Juke Boxes sowie Teddy Boys und amerikanisierte Bars wird ein neuer Ethos der Volksbildung (›*extra-mural studies*‹, ›*adult education*‹, ›Open University‹) in Stellung gebracht, der Anknüpfungspunkte in der Kreativität und Solidarität des arbeitenden Menschen findet, in gemeinschaftlich initiierten Blaskapellen, Arbeiterklubs und Dartspielen. Bes. prägnant wird das skizzierte Kulturgefälle in der Nachkriegserscheinung des entwurzelten ›*scholarship boy*‹, dem akademisch gebildeten Arbeitersohn. In *The Tyranny of Relativism* (1998, urspr. *The Way We Live Now*) aktualisiert H. seinen Widerstand gegen den hegemonialen Populismus und Relativismus insbes. der Massenmedien. Auch in dieser spürbar paternalistischeren und pessimistischeren Bilanz äußert H. dennoch die Hoffnung auf die transformierende Kreativität aus der authentisch populären Kultur (↗ Populärkultur). – Die Kritik an H.s Theoriefeindschaft und unverkennbarer Nostalgie für eine intakte und authentische Arbeiterkultur hat seinen Einfluß, der von den Autoren der ›Angry Young Men‹ bis zu TV-Bildern der Arbeiterklasse bei D. Potter oder der Seifenoper *Coronation Street* spürbar ist, geringer werden lassen. Er bleibt jedoch insbes. für die institutionelle Etablierung der *Cultural Studies* in Großbritannien eine Schlüsselfigur.

Lit.: R. Hoggart: *The Uses of Literacy*, New Brunswick 1992 [1957]. – ders.: *W.H. Auden*, Ldn. 1977 [1961]. – ders.: *The Life and Times of R.H.*, 3 Bde., Ldn. 1988–92. – ders.: *The Tyranny of Relativism*, New Brunswick 1998 [1995]. – G. Turner: *British Cultural Studies*, Ldn. 1996.

EVV

Holland, Norman N. (*1927), am. psychoanalytischer Lit.theoretiker. Professor an der State University of New York, dann University of Florida. – Im Vergleich zu der stark intellektuell geprägten Lit.auffassung der Konstanzer ↗ Rezeptionsästhetik (↗ Konstanzer Schule) ist der am. *reader-response criticism*, zu dem H. gehört, durch eine größere Betonung psychologischer und emotionaler Faktoren und eine weit radikalere Individualisierung der Leserreaktion gekennzeichnet. Während H. in *The Dynamics of Literary Response* (1968) noch von der orthodoxen Psychoanalyse S. ↗ Freuds ausgeht, bezieht er in *Poems in Persons* (1973) und *Five Readers Reading* (1975) zunehmend konkrete Fallstudien beobachtbarer Lesererfahrungen ein und konzentriert sich später auf die Frage, wie das Rezeptionsverhalten gegenüber Texten durch ein persönlichkeitsgebundenes Transaktionsmodell gesteuert wird, das eng mit dem Identitätskonzept des Interpreten zusammenhängt. H. überwindet hier (*The I*, 1985) die kindheits- und komplexzentrierten Ansätze früherer Psychoanalyse und ersetzt sie durch das Konzept der Identität, die nicht als fixe Größe aufgefaßt wird, sondern als habituell stabilisierte Strategie der Fremd- und Selbstdeutung im Spannungsfeld zwischen den Bedürfnissen des Ich und den Anforderungen seiner Umwelt. Die Transaktion zwischen Text und Leser wird als Feedback-Prozeß gesehen, in dem die Textdeutung zugleich eine durch unbewußte Faktoren mitbeeinflußte Selbstinszenierung des Lesers impliziert. H. nennt diese wiederkehrende Struktur des Leserverhaltens das *identity theme*, von dem aus die verschiedenen Aussagen des Interpreten über Texte zusammengehalten werden und das nicht auf die Primärrezeption beschränkt bleibt, sondern auch die wissenschaftliche Textinterpretation mitbestimmt (was H. u.a. an Lit.professoren getestet hat). – H. hat diesen Ansatz in jüngster Zeit, etwa in *The Brain of Robert Frost* (1988), auf die Erforschung der kognitiven und neurologischen Aspekte literar. ↗ Kommunikation ausgeweitet. Gegenüber der poststrukturalistischen Psychoanalyse eines J. ↗ Lacan blieb H. skeptisch.

Lit.: N.N. Holland: *The Dynamics of Literary Response*, N.Y. 1968. – ders.: *Five Readers Reading*, New Haven 1975. – ders.: *The I*, New Haven 1985.

HZ

Homodiegetischer Erzähler ↗ Diegese; ↗ Erzähler

Homologie (gr. *homós*: gleich; gr. *lógos*: Rede, Beziehung, Verhältnis), Bezeichnung für einen Strukturparallelismus. – H. besteht dann, wenn zwei oder mehr Elemente in einem Bereich in derselben Relation stehen wie zwei oder mehr Elemente in einem anderen Bereich. Sie entspricht einer Äquivalenzbeziehung auf der Ebene von Relationen. Äquivalenz ist als abgeschwächter Fall der Synonymie eine inverse Operation zur (asymmetrischen) Opposition (vgl. ↗ Binarismus/binäre Opposition): Gleichheit wird durch die Äußerung hergestellt, indem gemeinsame Merkmale relevant gesetzt und fokussiert und somit funktionalisiert werden, während differente Aspekte neutralisiert bzw. in der Struktur der Äußerung hierarchisch untergeordnet sind. Äquivalenz evoziert die Bildung von Äquivalenzklassen und fokussiert ein ↗ Paradigma. So wird in »Aus Nichts schafft Gott, wir schaffen aus Ruinen« (Ch.D. Grabbe in seinem Drama *Don Juan und Faust*, S. 433) der Produktionsakt als zentrale Kategorie gesetzt, hinsichtlich der göttliche und menschliche Sphäre als vergleichbar gedacht werden. Gott (a) verhält sich dabei zum Nichts (b), wie sich das Wir (c) zu den Ruinen (d) verhält: a : b :: c : d. Im Unterschied zur Analogie müssen bei der H. die einzelnen Terme keine direkten Beziehungen untereinander haben und keine gemeinsamen

Merkmale a priori aufweisen. Gefordert ist eine Strukturgleichheit, keine Substanzgleichheit. Mittels des Begriffs der H. lassen sich somit verschiedene Bereiche in Beziehung setzen; die H. erlaubt es, Teilsysteme innerhalb eines Textes bzw. ↗ Systems, oder text-/systeminterne Teile und text-/systemexterne zu korrelieren. Als Spezialfall der H. ist das ↗ Mise-en-abyme aufzufassen, bei dem eine Teilstruktur die Gesamtstruktur eines Textes widerspiegelt. Als extrem variable Relation und durch ihre ordnungsstiftende Funktion trägt die H. in besonderem Maße zur Rekonstruktion semantischer Strukturen bei: Im Modell, aber nicht zwischen empirischen Daten, kann ein Zusammenhang, können gemeinsame Merkmale auf einer abstrakten Ebene, hinter scheinbar diskreten Erscheinungen erstellt werden. – H. ist ein von Cl. ↗ Lévi-Strauss in der Ethnologie eingeführter Begriff, um spezifische Entsprechungen, so zwischen ›Clan‹ und ›Totem‹, beschreiben zu können. Im strukturalen Denken (↗ Strukturalismus, ↗ Struktur, ↗ Kohärenz) stellt die H.bildung allg. ein wichtiges Verfahren der ↗ Interpretation dar. Darüber hinaus spielt der Begriff der H. in der ↗ Lit.soziologie und der ↗ marxistischen Lit. theorie eine zentrale Rolle. Im Gegensatz zur ↗ Widerspiegelungstheorie geht L. ↗ Goldmann von H.n zwischen den Strukturen literar. Texte und den Denkstrukturen und Weltanschauungen sozialer Gruppen aus, während F. ↗ Jameson zwischen Struktur-H. und ›Vermittlung‹ unterscheidet.

Lit.: Ch.D. Grabbe: *Don Juan und Faust* (1829). In: ders.: *Werke und Briefe* (bearbeitet von A. Bergmann), Bd. 1, Darmstadt 1960. S. 415–513. – Cl. Lévi-Strauss: *Le totémisme aujourd'hui*, Paris 1996 [1962] (dt. *Das Ende des Totemismus*, FfM. 1988 [1965]). – M. Titzmann: *Strukturale Textanalyse. Theorie und Praxis der Interpretation*, Mchn. 1977.

HK

Horaz (65–8 v.Chr.), Autor. – Obwohl H. (Quintus Horatius Flaccus) nur Sohn eines Freigelassenen war, kam er früh nach Rom, um eine solide Ausbildung zu erhalten. Ein Studienaufenthalt in Athen folgte. Dort schloß er sich nach Caesars Ermordung (44) der republikanischen Seite unter Brutus an und brachte es bis zum Militärtribunen (Legionskommandanten). Nach der Niederlage bei Philippi (42) und dem Tod des Brutus übernahm H. die bescheidene Stellung eines Schreibers (*scriba*) in Rom. In diese Zeit fallen wohl auch die ersten literar. Arbeiten, die *Epoden* und *Satiren*, die bereits etablierte Autoren wie Vergil auf H. aufmerksam machten

und ihm schließlich den Zugang zum exklusiven Kreis um Maecenas öffneten (*Sat.* I 6, 56 ff.). Das H. von Maecenas geschenkte Landgut in den Sabinerbergen machte ihn zum unabhängigen Schriftsteller. – Mit lit.theoretischen Fragen befaßte sich H. seit seinem Frühwerk. Bereits in den *Sermones* (*Satiren*) spricht H. Gedanken aus, die in den späteren, ganz der Lit.theorie gewidmeten *Briefen* (*Epistulae*) breiter ausgeführt werden: die Reflexion über die Gattungsnormen und das den ↗ Gattungen Angemessene (*decorum*), das dezidierte Eintreten für kleine, formvollendete Dichtungen in der Tradition der hellenistischen Lit.theorie (↗ Antike, Lit.theorien der) und als Konsequenz dieser Haltung die Ablehnung der archaischen röm. Lit. und schließlich das Bestreben, der klassischen gr. Lit. eine unter ästhetischen Gesichtspunkten gleichberechtigte röm. Lit. an die Seite zu stellen (*aemulatio*). Der Gegensatz zwischen der früheren, mangelhaften Dichtung und der modernen, ausgefeilten Poesie wird im Augustus-Brief (*Ep.* II 1) in einem lit.geschichtlichen Überblick über die Gattungen der röm. Lit. breit ausgeführt mit dem Ziel, die im Rom des Augustus grassierende Begeisterung für alles Alte zu bekämpfen. Der Florus-Brief (*Ep.* II 2) ist eher produktionsästhetischen Fragen gewidmet. In der *Ars poetica* (Pisonen-Brief), einer Verbindung des Lehrgedichts mit der plaudernden Form der Versepistel, fließen die sonst sporadisch geäußerten Gedanken zusammen. Deskriptive, produktions- und rezeptionsästhetische Gesichtspunkte gehen der Briefform entsprechend fließend ineinander über. Von H. bewußt an den Anfang gestellte Leitbegriffe sind in der Dichtkunst wie in der Malerei Einheit und innere Stimmigkeit der Fiktion. Ein guter Künstler zeichnet sich dadurch aus, daß er diese Grundprinzipien mit der künstlerischen Freiheit (*audacia*) und dem Streben nach Abwechslung (*variatio*) in ein ausgeglichenes Verhältnis bringt, wobei er sich im Stil wie der Charakterisierung vom Prinzip der Angemessenheit (*decorum*) leiten lassen muß. Wie bereits in *Sat.* I 4, 39 ff. sieht H. eine doppelte Quelle des Dichtens in der Begabung (*ingenium*) und der handwerklichen Kunst (*ars*), die v.a. durch Klarheit in der Gestaltung und im Ausdruck bestimmt sein muß. Dem doppelten Ursprung der Dichtkunst entspricht ihre zweifache Wirkung, zu nützen und zu erfreuen (*prodesse, delectare*: *Ars* 333 f.).

Lit.: M. Fuhrmann: *Die Dichtungstheorie der Antike*, Darmstadt 1992 [1973]. – C.O. Brink: *Horace on Poetry* (Bd. 1, *Prolegomena to the Literary Epistles*; Bd.

2, *The ›Ars Poetica‹*, Bd. 3, *Epistles Book II*), Cambridge 1963/71/82.

BZ

Horkheimer, Max (1895–1973), dt. Philosoph. – Der Sohn eines jüdischen Fabrikanten aus Stuttgart studierte von 1919 an in Frankfurt Psychologie, Philosophie und Nationalökonomie; sein wichtigster Lehrer war der gestaltpsychologisch inspirierte Philosoph H. Cornelius. Bereits 1925 bei Cornelius habilitiert, übernahm H. 1930 die Leitung des Instituts für Sozialforschung, dessen unorthodox-parteiungebundener Marxismus genau seiner Position entsprach. Dem weitsichtigen Organisator H. gelang es 1933, das Institut sowie einen großen Teil dessen finanzieller Ausstattung über Genf nach New York zu retten. Seine dortige Institutsführung war u.a. geprägt von der vorsichtigen Rücksichtnahme auf die politischen Empfindlichkeiten des Gastlandes. Nach dem Zweiten Weltkrieg brachte er das Institut an die Frankfurter Universität zurück, deren Rektor er von 1951–1953 war. Mit seinem Aufsatz über »Traditionelle und kritische Theorie« legte er 1937 den Grundstein für die philosophische Ausrichtung der Institutsarbeit für die nächsten Jahrzehnte; der 1944 gemeinsam mit Th. W. ↗ Adorno verfaßte Band *Dialektik der Aufklärung* stellte die pessimistische Verknüpfung des eigenen langjährigen Dialektik-Vorhabens mit einer grundlegenden Kritik philosophischer Rationalität angesichts der faschistischen Barbarei dar. Während H. eher die philosophisch-dialektischen Anteile der ↗ Kritischen Theorie fortzuführen gedachte, gingen die kunst- oder lit.theoretischen Impulse der ↗ Frankfurter Schule meist von Adorno aus.

Lit.: W. van Reijen: *H. zur Einf.*, Hbg. 1992 [1982]. – A. Schmidt/N. Altwicker (Hgg.): *M.H. heute. Werk und Wirkung*, FfM. 1986. – R. Wiggershaus: *Die Frankfurter Schule. Geschichte, theoretische Entwicklung, politische Bedeutung*, Mchn. 1988.

BJ

Husserl, Edmund (1859–1938), dt. Philosoph, Begründer der Phänomenologie. – 1876–1886 Studium der Mathematik (Promotion), Physik und Philosophie in Leipzig, Berlin und bei F. Brentano in Wien. In Halle habilitierte sich H. 1887 in Philosophie mit der Schrift *Über den Begriff der Zahl. Psychologische Analysen*; er lehrte dort als Privatdozent bis 1901. Von 1901–1916 war er Professor in Göttingen. Von 1916 bis zu seiner Emeritierung im Jahre 1928 hatte H. den Lehrstuhl für Philosophie in Frei-

burg inne, auf dem ihm M. ↗ Heidegger folgte. 1936 wurde H. aufgrund seiner jüd. Abstammung von den Nationalsozialisten die Lehrbefugnis entzogen. – H.s phänomenologische Methode der Bewußtseinsanalyse zielt darauf ab, durch radikale Einklammerung aller Vorannahmen einen Bereich apodiktisch evidenter, allg.-gültiger Erkenntnisse zu erschließen und damit die Philosophie als ›strenge Wissenschaft‹ zu begründen. – Von H.s Arbeiten sind außer programmatischen Einführungsschriften zu seinen Lebzeiten nur wenige in Buchform erschienen. 1900/01 veröffentlicht H. sein erstes Hauptwerk *Logische Untersuchungen*. In kritischer Auseinandersetzung mit dem logischen Psychologismus wird hier das deskriptive Verfahren phänomenologischer Bewußtseinsanalyse entwickelt. 1913 bringt das *Jb. für Philosophie und phänomenologische Forschung* den ersten der auf drei Bände geplanten *Ideen zu einer reinen Phänomenologie und phänomenologischen Philosophie* heraus. Darin gibt H. der Phänomenologie eine transzendentalphilosophische Wendung, die von vielen seiner bisherigen Weggefährten nicht mitvollzogen wird. Auf Veranlassung H.s werden 1928 seine *Vorlesungen zur Phänomenologie des inneren Zeitbewußtseins* durch seinen Mitarbeiter Heidegger publiziert. 1929 wird die *Formale und transzendentale Logik* veröffentlicht. Aus zwei an der Sorbonne gehaltenen Vorträgen gehen dann die *Cartesianischen Meditationen* hervor, die 1931 in frz. Sprache und auf dt. erst posthum 1950 erscheinen. Mit zeitlicher Verzögerung wird schließlich auch das unvollendet gebliebene Spätwerk *Die Krisis der europäischen Wissenschaften und die transzendentale Phänomenologie* rezipiert. In vollständiger Form liegt das wegen des Konzepts der Lebenswelt vielbeachtete Buch erstmals 1954 vor. – Die Rettung des Nachlasses von mehr als 40.000 meist stenographierten Manuskriptseiten vor der Vernichtung durch die Nationalsozialisten ist dem Franziskanerpater van Breda zu verdanken. Das von ihm gegründete H.-Archiv an der Universität Löwen (Belgien) ediert in Zusammenarbeit mit dem H.-Archiv der Universität Köln die Reihe der »Husserliana«. Diese historisch-kritische Gesamtausgabe umfaßt die von H. selbst besorgten Veröffentlichungen sowie Auswahlbände aus den Nachlaßmanuskripten. – H.s Betrachtungsweise von Bewußtseinsphänomenen hat die Ansätze der ↗ phänomenologischen Lit.wissenschaft und der ↗ Rezeptionsästhetik nachhaltig geprägt. Die Werke von R. ↗ Ingarden, M. Heidegger, H. G. ↗ Gadamer, W. ↗ Iser, J. P. ↗ Sartre, M. Merleau-Ponty und P. ↗ Ricœur verdanken H.s Philosophie entscheidende Theorieimpulse. Einflüsse auf R. ↗ Jakobson und die Vertreter der ↗ Prager und ↗ Genfer Schule sind ebenfalls nachweisbar.

Lit.: E. Husserl: *Husserliana. Gesammelte Werke* (Hg. H. L. van Breda), Den Haag 1950 f. – H. Spiegelberg: *The Phenomenological Movement*, Den Haag 1982 [1960]. – R. Bernet et al.: *E. H.: Darstellung seines Denkens*, Hbg. 1989. – E. Ströker/P. Janssen: *Phänomenologische Philosophie*, Freiburg 1989. – P. Prechtel: *H. zur Einf.*, Hbg. 1991. – B. Waldenfels: *Einf. in die Phänomenologie*, Mchn. 1992.

HJSch

Hybride Genres (lat. *hybrid*: von zweierlei Herkunft, zwitterhaft; lat. *genus*: Gattung, Wesen), der Terminus h. G. dient der Bezeichnung von literar. ↗ Textsorten, die Merkmale unterschiedlicher ↗ Gattungen in sich vereinen und daher mit den traditionellen Gattungsbegriffen westlicher Poetik nicht mehr adäquat beschrieben werden können. Obwohl das Phänomen der Genreüberschreitungen vereinzelt auch in anderen geisteswissenschaftlichen Disziplinen erörtert worden ist (vgl. Geertz 1980) und der Terminus im Grunde immer dann greift, wenn konventionelle Gattungstypologien gesprengt werden, wird er doch v. a. in bezug auf den zeitgenössischen Roman verwandt, und zwar insbes. wenn eine über die realistische Darstellung hinausgehende Mischung von Fakt und ↗ Fiktion vorliegt. Dies ist z. B. der Fall, wenn authentisches Material mit Mitteln fiktionalen Erzählens strukturiert wird oder aber der Roman selbstreflexiv auf den Prozeß des Schreibens und damit auf seinen Konstruktcharakter verweist (↗ Metafiktion). Zur Bezeichnung dieser Grenzphänomene sind die unterschiedlichsten Begriffe vorgeschlagen worden, u. a. *documentary novel, new journalism, literary journalism, postmodernist historical novel, antihistorical novel, metahistorical novel, historiographic metafiction, literary nonfiction, faction, factifiction, fictional biography* und *travelogue* (vgl. Maack/Imhof 1993; Nünning 1993). Kaum beachtet wurde dabei, daß sich auch in der Lyrik und der Kurzprosa das Verhältnis von Fakt und Fiktion gewandelt hat, daß auch hier die Vorstellung einer externen, objektiv darstellbaren Realität der subjektiv erfahrenen Wirklichkeit gewichen ist. Eine Typologie zeitgenössischer h. G. sollte dies ebenso berücksichtigen wie die zunehmenden Grenzüberschreitungen zwischen verschiedenen Künsten und Medien (↗ In-termedialität). – Die Gattungsproblematik ist erst in jüngster Zeit wieder ins Zentrum des lit.theoretischen Interesses gerückt; Vertretern poststrukturalistischer Ansätze galt sie als veraltetes, auf die postmoderne Lit. nicht anwendbares Konzept, gerade wegen ihrer Tendenz zur Gattungsentgrenzung. Diese Ablehnung läßt sich nur vor dem Hintergrund eines normativen, auf Kohärenz und Linearität konzentrierten Gattungsbegriffs erklären, der so allerdings schon lange keine Geltung mehr hatte. Das zeigt sich z. B. an den russ. Formalisten V. ↗ Šklovskij und Ju. ↗ Tynjanov, aber auch an M. ↗ Bachtin (↗ Russ. Formalismus). Mit seinem Differenz und Heterogenität in den Mittelpunkt stellenden Konzept der ›dialogischen Imagination‹ hat Bachtin ein flexibles Modell entwickelt, welches nicht nur mit postmodernen Erzählstrukturen vereinbar ist, sondern die Vorstellung h. G. vorwegnimmt. Bereits an der Wende zum 19. Jh. hatte F. Schlegel ein Genre in die Lit.-theorie eingeführt, das gleich in mehrfacher Hinsicht hybrid genannt werden kann: die Arabeske. Neben der Vereinigung unterschiedlicher literar. Ausdrucksformen schwebte Schlegel für seine arabeske ›Universalpoesie‹ die Integration von Philosophie, Rhetorik und Lit.kritik vor. Anregungen fand er in der islam. Kultur, in der die Mischung verschiedener Formen, auch nichtliterar., originär mit dem Lit.begriff verbunden ist, die also Gattungseinteilungen nach westlichem Muster nicht kennt.

Lit.: C. Geertz: »Blurred Genres. The Refiguration of Social Thought«. In: *The American Scholar* 49 (1980) S. 165–179. – J. Hellmann: *Fables of Fact. The New Journalism as New Fiction*, Urbana 1981. – G. S. Morson: »Threshold Art«. In: ders.: *The Boundaries of Genre. Dostoevsky's ›Diary of a Writer‹ and the Traditions of Literary Utopia*, Austin 1981. S. 39–68. – Fowler 1997 [1982]. – R. Cohen: »Do Postmodern Genres Exist?«. In: *Genre* 20.3–4 (1987) S. 241–257. – A. Maack/R. Imhof (Hgg.): *Radikalität und Mäßigung. Der engl. Roman seit 1960*, Darmstadt 1993. – A. Nünning: »Mapping the Field of Hybrid New Genres in the Contemporary Novel. A Critique of L. O. Sauerberg, ›Fact into Fiction‹ and a Survey of Other Recent Approaches to the Relationship between ›Fact‹ and ›Fiction‹«. In: *Orbis Litterarum* 48 (1993) S. 281–305. – J. Ernst: *E. A. Poe und die Poetik des Arabesken*, Würzburg 1996. – A. Nünning: »Crossing Borders and Blurring Genres. Towards a Typology and Poetics of Postmodernist Historical Fiction in England since the 1960s«. In: *EJES* 1.2 (1997) S. 217–238.

JE

Hybridität, der aus dem Lat. abgeleitete urspr. biologische Wortgebrauch versteht unter ›Hybride‹ einen Bastard, ein aus Kreuzungen hervorgegangenes Produkt von Vorfahren mit unterschiedlichen erblichen Merkmalen. Das Konzept der H. umfaßt heute einen vielfältig auslegbaren Problemkomplex kultureller Mischformen, der auch als ›Synkretismus‹ bezeichnet worden ist und häufig in Zusammenhang mit den Begriffen ↗ Pastiche, Kontamination, ↗ Interkulturalität und ↗ Multikulturalismus sowie ↗ Dialogizität, ↗ Heteroglossie und dem Karnevalesken (M. ↗ Bachtin), der Nomadologie von G. ↗ Deleuze und P.F. ↗ Guattari und M. ↗ Foucaults heterotopischen Räumen gebraucht wird. – Der Begriff entwickelt sich in den Rassenlehren des 19. Jh.s zu einer kulturellen Metapher. Als rassistisch gefärbte Argumentationsfigur und zugleich angstbesetztes und verführerisches Phantasma sexueller Kontakte zwischen verschiedenen Rassen findet sich H. in den Debatten über die Sklaverei (›miscegenation‹), in der Typenlehre und Eugenik sowie in antisemitischen und nationalsozialistischen Texten. – In den 80er Jahren wurde H. zu einem kulturtheoretischen Schlüsselbegriff umgedeutet. Eine Schaltstelle dieser strategischen Aneignung bildet Bachtins Konzept einer organischen und intentionalen H. sprachlicher Phänomene. Neben St. ↗ Hall, P. Gilroy und I. Chambers hat v.a. H. ↗ Bhabha diese politisch zu funktionalisierende linguistische H. unter Anschluß an die Psychoanalyse J. ↗ Lacans und J. ↗ Derridas Begriff der ↗ différance zu einer interkulturellen Denkfigur gemacht. Diese faßt Kulturkontakte nicht mehr essentialistisch (↗ Essentialismus) bzw. dualistisch, sondern entwirft einen ›dritten Raum‹, in dem die Konstitution von Identität und ↗ Alterität weder als multikulturelles Nebeneinander noch als dialektische Vermittlung, sondern als unlösbare und wechselseitige Durchdringung von Zentrum und Peripherie, Unterdrücker und Unterdrücktem modelliert wird. Bhabhas Begriff der H. übernimmt W. ↗ Benjamins Konzept der Übersetzung als einer Transformation, in der Inkommensurables ans Licht tritt, und macht den post-kolonialen Intellektuellen zu einem produktiven ›Parasiten‹ inmitten neuer Globalisierungs-, Regionalisierungs- und Migrationsbewegungen, der, wie etwa S. Rushdie, seine Heimatlosigkeit subversiv ausspielen kann. – Diese strategische ›Ortlosigkeit‹ bildet einen Hauptangriffspunkt vieler Kritiker Bhabhas. So wurde darauf hingewiesen, daß eine poststrukturalistisch fundierte H. die Erfahrungen einer privilegierten Schicht kosmopolitischer Intellektueller verallgemeinert und die Realität kolonialer Ausbeutung sowie das

Problem der Mobilisierung kollektiver Identitäten und Handlungsinstanzen vernachlässigt. Während zudem kritisiert wurde, daß H. die Bedeutung von ↗ Geschlechterdifferenzen in kolonialen Szenarien verwischt, macht D. Haraway in Anlehnung an die von den ↗ Gender Studies herausgearbeitete H. von Geschlechterbeziehungen den Cyborg, ein Mischwesen aus Mensch und Maschine, zur Leitfigur einer feministischen Politik, die sich Naturwissenschaften und Technologie aneignet, um die materiellen wie diskursiven Übergänge und Austauschprozesse zwischen Menschen, Tieren und Dingen zu erfassen. Haraway liefert damit ein Bindeglied zu zwei Theoriefeldern, in denen der Begriff der H. ebenfalls an Bedeutung gewonnen hat, der ↗ Medientheorie, in der Schnittstellen von Mensch und Maschine sowie die hybriden Repräsentationspotentiale des Computers (wie z.B. morphing) erkundet werden, und den sog. social studies of science, deren Vertreter u.a. auf M. Serres' Konzept hybrider ›Quasi-Objekte‹ zurückgegriffen haben, um den Graben zwischen natur- und geisteswissenschaftlicher Kultur zu überbrücken. – H. ist selbst ein bewußt hybrid gefaßter Begriff und damit ebenso wie die Phänomene, die er hervortreiben soll, schwer zu lokalisieren und immer wieder neu zu verhandeln: Er oszilliert zwischen einem stärker integrativ konzipierten multikulturellen und einem dekonstruktiven Verständnis. Als subversive Kategorie ist H. zudem argumentativ angewiesen auf den Gegenpol stabiler Identitäten, Nationen, Kulturen und Ethnien, also auf das, was viele Anhänger einer Theorie der H. zu überwinden suchen. Für die künftige Begriffsverwendung stellt sich die Frage, welche analytische bzw. subversive Funktion dieser Begriff noch übernehmen kann, wenn H. im Begriff ist, Multikulturalismus als Mode, Werbestrategie und Unternehmensphilosophie abzulösen.

Lit.: Ch.W. Thomsen (Hg.): Hybridkultur, Siegen 1994. – R.C. Young: Colonial Desire. Hybridity in Theory, Culture and Race, Ldn. 1995. – E. Bronfen et al. (Hgg.): Hybride Kulturen. Beiträge zur anglo-am. Multikulturalismusdebatte, Tüb. 1997. – P. Werbner/T. Modood (Hgg.): Debating Cultural Hybridity. Multi-Cultural Identities and the Politics of Anti-Racism, Ldn. 1997. – M. Fludernik (Hg.): Hybridity and Postcolonialism, Tüb. 1998.

JG

Hypertext/Hypertextualität (gr. *hypér*: über; lat. *texere*: weben, flechten), *Hypér* verweist auf die metatextuelle Ebene des H.s, d.h. auf die einem elektronisch abgespeicherten ↗ Text übergelagerte Struktur von elektronischen Vernetzungen mit weiteren Texten. – Der Begriff H. wurde in den 60er Jahren von dem Computerpionier Th. H. Nelson geschaffen. Nelson (1980, S. 2) definierte H. als elektronische Form des »non-sequential writing«. Nach Nelson ist H. ein elektronisch verknüpftes, multilineares und multisequentielles Netzwerk von Textblöcken (Lexien), das dem Leser erlaubt, interaktiv mit dem(n) Text(en) in Kontakt zu treten, elektronischen Verbindungen zu folgen oder selbst solche in Form eigener Lexien zu schaffen. Der H. erzeugt durch die Möglichkeit von Verbindungen (*links*) einen Dialog zwischen Text und weiteren Kontexten/Texten; der H. verliert für Nelson seine Funktion als isolierter Text, wie ihn das traditionelle Buch darstellt. – Im Gegensatz zum Begriff H. beschreibt Hypertextualität die Konvergenz zwischen Computertechnologie und poststrukturalistischen Theorieansätzen (↗ Poststrukturalismus). Nach G. P. Landow (1992) führt die Verbindung aus Text und elektronischem Medium zu einer Pragmatisierung poststrukturalistischer und dekonstruktivistischer Theoreme. Hypertextualität beschreibt einen Textbegriff, der vortäuscht, sich aus der aristotelischen Totalität, die den Text als kausale und lineare Abfolge zwischen Anfang, Mitte und Ende begreift, zu befreien. Hypertextualität fordert eine unabschließbare Neubeschreibung, da sich der elektronisch verfaßte Text jeweils neu in den Übergängen, Verbindungen und Komplexionen des hypertextuellen Netzwerkes konstituiert. Nach Landow übersetzt Hypertextualität die poststrukturalistische Forderung nach einer Dehierarchisierung in eine demokratische Textpragmatik; sie verspricht gleichermaßen Teilhabe an Wissen und Kontribution zu Wissen (vgl. J.-F. ↗ Lyotards *La condition postmoderne*, 1979). – H. und Hypertextualität sind eng verbunden mit den lit.theoretischen, philosophischen und kybernetischen Neuansätzen seit dem Ende der 60er Jahre. Allen gemein ist nicht nur ihre Kritik am logozentrischen Denkmodell der europ. Epistemologie und Metaphysik, sondern ebenso die mit dem ↗ Logozentrismus einhergehende Vorstellung von Textualität als linearem Schreiben und Lesen. J. ↗ Derridas *De la grammatologie* (1967), die am Ende der 60er Jahre zeitgleich mit der zunehmenden Verbreitung des *Personal Computer* entstanden ist, deutet bereits die Konvergenz zwischen Kybernetik und Humanwissenschaften an. Die digitale ›Erschütterung‹, von der Derrida spricht, verkündet ein ›*debordement*‹, das die traditio-

nell überlieferten Grenzen und Einteilungen der Texte überwindet. R. ↗ Barthes trifft in *S/Z* (1970) die kategoriale Unterscheidung in ›schreibbare‹ und ›lesbare‹ Texte, die in der Theorie zum H. und der Hypertextualität eine dominante Rolle spielt. ›Lesbare Texte‹ sind für Barthes schlechthin ›klassische‹ Texte (vornehmlich realistische Romane des 19. Jh.s), in denen der Leser als passiver Rezipient fungiert, insofern diese Text noch ganz einer auktorial vermittelten Darstellungsästhetik verpflichtet sind. Im Gegensatz dazu eröffnet der ›schreibbare Text‹ (moderne, postmoderne Texte) die Möglichkeit der aktiven Teilnahme des Lesers am Prozeß der Bedeutungskonstitution. – Zeitgenössische Theorien zu H. und Hypertextualität (vgl. Landow 1994) vernachlässigen allerdings die Komplexität des Rezeptionsaktes im ›klassischen‹ Text und betonen dagegen poststrukturalistische Konzepte wie die der Dehierarchisierung, der ↗ Intertextualität, des ›schreibbaren Textes‹ und der Negation der Linearität in der ↗ Postmoderne.

Lit.: Th. H. Nelson: *Literary Machines*, Sausalito 1992 [1980]. – G. P. Landow: *H.: The Convergence of Contemporary Critical Theory and Technology*, Baltimore 1992/93. – ders.: *H. Theory*, Baltimore 1994. – H. Krapp/Th. Wägenbauer (Hgg.): *Künstliche Paradiese – Virtuelle Realitäten. Künstliche Räume in Lit.-, Sozial-, und Naturwissenschaften*, Mchn. 1997.

OSch

Hypotext (gr. *hypó*: unter, darunter; lat. *textus*: Gewebe, Geflecht), der unterschiedliche Gebrauch des Begriffes ist durch die jeweilige Auslegung des gr. Präfixes bedingt. M. Bal bezeichnet mit H. einen in sich kohärenten ↗ Text, der in einen anderen Text eingebettet ist, zu dem er in einem Subordinationsverhältnis steht, z.B. eine Erzählung in einer Erzählung. Ein psychoanalytischer Ansatz, der sich etwa auf Erkenntnisse der Traumdeutung stützt, führe mitunter zu vertieften Einsichten in das oft problematische Verhältnis zwischen einem H. und dem ihn umgebenden Text. Weitaus geläufiger ist jedoch G. ↗ Genettes Verwendung des Begriffes H. im Rahmen der ↗ Hypertextualität, einer von Genettes fünf Typen der Transtextualität (↗ Intertextualität). Nach Genette wird ein H. von einem anderen Text, dem Hypertext, überlagert, wobei die Überlagerung nicht die Form eines Kommentars einnimmt. Da aus einem H. durch Transformationen unterschiedlicher Komplexität neue Texte hervorgehen können, fungiert er innerhalb der Genetteschen Terminologie quasi als eine Sonderform des Prätextes. Die neu ent-

standenen Texte nehmen zwar Bezug auf ihren
H., tun dies aber nicht immer explizit. Genette
unterscheidet zwei Arten der Beziehung zwischen H. und Hypertext: Bei der Transformation (↗ Parodie und Travestie) wird der H. entweder stilistisch oder inhaltlich deformiert. Die
Nachahmung (Persiflage und ↗ Pastiche) versucht hingegen, den Stil des H.s beizubehalten.
Ein bes. Problem besteht für Genette, wenn ein
H. nicht mehr auffindbar bzw. verifizierbar ist.
Ein solcher »degré [...] *epsilon*, d'une hyper-
textualité« (Genette 1982, S. 433) sei bes. irri-
tierend für den Leser und rege zur Erstellung von
fiktiven H.en bzw. Pseudo-H.en an. Anhand dieser Problematik wird deutlich, daß Genette den
H. als manifesten, quellenähnlichen Text versteht, wodurch sich sein Modell transtextueller
bzw. intertextueller Beziehungen vom Gedanken des *déjà* bei R. ↗ Barthes unterscheidet, das
gerade die Anonymität der Verweisspuren betont.

Lit.: M. Bal: »Notes on Narrative Embedding«. In:
Poetics Today 2.2 (1981) S. 41–59. – Genette
1982/93.

AMM

Idealismus, deutscher, philosophiegeschicht-
lich bezeichnet der Begriff jene in den letzten
Dekaden des 18. Jh.s maßgeblich zwischen
Kant, Fichte, Schelling und F. ↗ Hegel geführte
Debatte hinsichtlich der Vorherrschaft der Vernunft über das Wirkliche bzw. das als wirklich
Erscheinende. Da alle vier Hauptvertreter des I.
darüber hinaus dem Individuum, das sich seine
Welt gleichsam selbst entwirft, mehr Bedeutung
zubilligten als die idealistische Philosophie ihrer
europ. Vorgänger, erklärt sich auch der nationale
Impetus der nicht ganz unproblematischen
Sammelbezeichnung. – Gleichwohl spricht für
einen Vergleich der vier Positionen, daß sie gemeinsam im Anschluß an die immanente Aufwertung des vernunftbegabten Subjekts auch
das Problem des Sittlichen und des Metaphysischen neu stellten. Denn solange es der Mensch
ist, der zumindest die jeweils wahrgenommene
und partiell nur wahrnehmbare Natur hervorbringt und diesem Sein einen Zweck beimißt,
bedarf es eigentlich keiner göttlichen Weltord-

nung mehr, derzufolge allein das moralisch in-
tegre Leben den Fortbestand des Irdischen garantiert. Ontologisch wurde diese Inthronisie-
rung der diesseitsverhafteten Erkenntniskräfte
allerdings unterschiedlich gewichtet. So sind
sich Kant und Fichte weitestgehend einig, daß
die Objekte der Wahrnehmung nicht mehr als
Tatsachen vorgefunden, sondern vom erkennenden, sich selbst bewußten Ich gesetzt werden. Demgegenüber bestimmen Schelling und
Hegel die Dinge als Modifikationen eines intel-
ligiblen Prinzips, das bestrebt bleibt, sich wieder
seiner gottgleichen Einheit zu versichern. Sehr
viel weiter reichte der Konsens zwischen den
verschiedenen Ansätzen jedoch nicht. Insbes.
der geschichtsphilosophische Aspekt der Wertigkeit des Einzelnen im Prozeß der Weltaneignung sowie die daraus resultierenden ethischen und ästhetiktheoretischen Konsequenzen
wurden recht divergent diskutiert. – In seiner
Kritik der reinen Vernunft hatte Kant in Abgrenzung vom empirischen I. dargelegt, subjektiv hervorgebrachte Phänomene seien nicht
willkürlicher Natur, sondern in ihrer Objektivität
insofern ernstzunehmen, als der Verstand über
die seinshaften Qualitäten vorgefundener Dinge
ohnehin keine Aussage treffen könne. Folglich
befaßt sich das menschliche Erkenntnisvermögen lediglich mit den äußerlichen Formen wahrgenommener Objekte, während ihm die Dinge
an sich, deren Vorhandensein Kant im übrigen
keineswegs leugnete, unzugänglich bleiben.
Doch solange Kant einräumte, die Existenz absoluter Noumena sei vorstellbar, vermochte sein
kritischer I. auch nicht die Frage zu beantworten, ob denn das je individuell Erkannte identisch sei mit dem Erkennenden oder aber Gemeinsamkeiten aufweise mit bloß denkbaren
und letztlich gegenstandslosen Begriffen. –
Fichte versuchte dieses Problem in Kants Erfah-
rungsphilosophie zu lösen, indem er jede Spekulation über das Metaphysische als Versuch
zurückwies, die Freiheit des Menschen zu be-
schneiden. Um daher die Würde des Menschen
und seiner Vernunft vor der unbeweisbaren Präsenz einer jenseitigen Wirklichkeit zu retten,
erklärte Fichte das Ich zum einzigen Maßstab
aller erscheinenden Realität. Im Anschluß an
diese Grundlegung des subjektiven I. führte
Fichte in seiner *Wissenschaftslehre* den Nachweis, für jedes einzelne Wesen gelte nur als
seiend, was von ihm auch wahrgenommen werden könne. Apperzeption aber vollzieht sich
nach Fichte grundsätzlich nur im Handeln und
setzt einen triadischen Erkenntnisprozeß in

Gang. So handelt bereits das absolute, noch nicht von Realität umgebene Ich, das sich selbst setzt. Solch einer identitätssichernden Thesis folgt die antithetische Einsicht, daß es neben dem Ich auch ein Nicht-Ich geben könne, eine Annahme, die im Umgang mit den wahrgenommenen Phänomenen denn auch bestätigt wird. Wo immer also ein Ich sein Anderssein erfährt und bestätigt, versichert es sich seiner selbst. Erst im Akt der Synthesis, der sowohl der Begriffs- als auch der Kategorienbildung dient, werden solche subjektiven Erfahrungen reflektiert und in gesetzmäßigen Verwandtschaftsbeziehungen festgeschrieben. Fichte verdeutlicht das Gemeinte mit dem berühmten Beispiel, Gold und Silber würden zunächst als wesensverschieden erkannt und anschließend der Klasse der Metalle zugeordnet. Nun wiederholt nicht jeder Mensch solche Erkenntnisschritte, vielmehr steht ihm kulturgeschichtlich gesammeltes Wissen zur Verfügung. Auch der angestrebten Unabhängigkeit des Ich bleiben Grenzen in der Gesellschaft gewöhnlich gezogen. Und doch besteht für Fichte die höchste synthetische Leistung des Einzelnen darin, sich auf der Basis eines freien Selbstbewußtseins stets die Möglichkeit offen zu halten, neue Wege der Weltaneignung zu erkunden. Dem Vorwurf, mit dieser Verabsolutierung des singulären Individuums das moderne Bedürfnis nach grenzenloser Selbstverwirklichung zu legitimieren, begegnete Fichte mit dem Hinweis, ohne die zumindest intellektuell gewahrte Option persönlicher Autonomie könne es keinen Fortschritt geben. Schon aus diesem Grund ziele alles menschliche Handeln auf die Verwirklichung einer emanzipierten und egalitären Gesellschaft. Da der Mensch in seinen Fähigkeiten begrenzt sei, akzeptiere er zudem die Notwendigkeit, seine subjektive Freiheit einzuschränken. Eben diese selbst auferlegte Pflicht, sich als soziales Wesen zu arrangieren, berechtigt nach Fichte aber auch zu der Hoffnung, daß die aus einer Vielzahl von Persönlichkeiten zusammengesetzte ↗ Kultur schrittweise die Utopie vollkommener Vernunftherrschaft realisiert. – Weder Kant noch Fichte versuchten zu erklären, warum die Natur auch unabhängig vom Menschen nach Gesetzmäßigkeiten funktioniert. Ein System, das seinen eigenen Fortbestand sichert, muß jedoch vernünftig organisiert sein, weshalb Schelling der *natura naturans* auch Geist attestierte. Um sich selbst erhalten zu können, muß sich die intelligible Weltseele freilich in Geschlechter und Einzelwesen dividieren, die ihrer-

seits die Erhaltung des Lebens gewährleisten. Dennoch verhält sich die Natur ihren Geschöpfen gegenüber indifferent, was dem Individuum nach Schelling die Gelegenheit eröffnet, seine Unabhängigkeit auszubilden. Aus dieser Chance läßt sich indessen noch nicht die Überlegenheit des Menschen innerhalb des Weltganzen ableiten. Vielmehr bleibt er schon deshalb auf die Natur verwiesen, weil sie als ständige Evolution immer neue Phänomene entwickelt, die mit Sinn zu besetzen sind. Insofern behauptet der fortschreitende Weltgeist auch seine absolute Präsenz. Will die Natur demgegenüber ihrer selbst bewußt werden und in den Zustand reiner Identität zurückkehren, bedarf sie einer Kultur, die dem archetypischen Intellekt zur Anschauung verhilft. Wie Schelling in seiner Abhandlung über das *System des transzendentalen Idealismus* ergänzt, wird der ontologische Gegensatz zwischen dem erkennenden Subjekt und einer zur Selbsterkenntnis drängenden Natur bes. produktiv in Kunstwerken überwunden, die im ästhetisch geformten Endlichen die unendliche Naturvernunft aufscheinen lassen. Diese identitätsphilosophische Aufwertung einer symbolischen und v.a. autonomen Kunst auf Kosten der Pflichtenlehre wies Hegel mit dem Argument zurück, der Weltgeist könne nur dann wieder in den Zustand vollendeter Absolutheit einkehren, wenn eine um ethische Integrität bemühte Gesellschaft die Fortentwicklung des Sittlichen gewährleiste. Deshalb lehnte Hegel auch die Forderung nach einer hochdifferenzierten Individualität als willkürlich ab und führte im Gegenzug den Nachweis, selbst die Natur sei der teleologischen Seinsordnung unterworfen und arbeite ähnlich wie die Menschheitsgeschichte an der Re-Unifikation des Weltgeistes mit. – Weiter als bis zu dieser Forderung nach einer Selbstvernichtung alles Gewordenen zugunsten der Wiederkunft einer allmächtigen, mit Gott gleichzusetzenden *res cogitans* ließ sich Hegels absoluter I. nicht denken. Zwar rettete Hegel die Hegemonie der Vernunft über alles Wirkliche und Willkürliche, indem er darauf hinwies, der menschliche Geist könne sich seines erkenntnisleitenden Interesses bewußt werden. Allerdings wies er jenes Streben, einen eigenen Beitrag zur reinen Vernunftwerdung der Menschheit abzuleisten, als eine gleichsam stoisch zu tragende Pflicht aus. Folgerichtig muß sich der einzelne mit gleichsam akadademischer Selbstzucht bewußt bleiben, daß sein fragmentarisches Denken und Dasein höheren Zielen dient. Schärfer freilich konnte sich Hegel auch nicht von jenem berühmten Manifest distanzieren, welches er vermutlich gemeinsam mit Schelling und Hölderlin 1796/97 im Tübinger Stift verfaßte und das heute unter dem Titel *Das älteste Systemprogramm des dt. I.* bekannt ist. Dort nämlich wird die Klage über ein aufgeklärtes, zweckorganisiertes Staatswesen geführt, das sich selbst zum Mythos wird. Als Vollendung der Vernunft oder ›höhere Aufklärung‹ galt den Verfassern hingegen eine zunächst subjektiv und alsdann ästhetisch entwickelte Widerständigkeit, die neben jener Idee persönlicher Selbstsetzung auch der Neuorganisation einer teils kritischen, teils aber auch mythopoetischen Öffentlichkeit Vorschub leistet.

Lit.: N. Hartmann: *Die Philosophie des dt. I.*, Bln./N.Y. 1974 [1960]. – W. Beierwaltes: *Platonismus und I.*, FfM. 1992 [1972]. – K. Gloy/P. Burger (Hgg.): *Die Naturphilosophie im dt. I.*, Stgt. 1993.

StG

Ideengeschichte, für den Begriff I. lassen sich zwei Begriffsverwendungen konstatieren: (a) I. bezieht sich auf alle Darstellungsweisen intellektueller Entitäten, die kontinuierliche Verlaufslinien in diachroner Anordnung herstellen. Von der enger definierten philosophiehistorischen Begriffs- und Problemgeschichte unterscheidet sich die I. dadurch, daß sie die Grenzen der einzelnen Wissenschafts-, Religions-, Philosophie- und Lit.geschichten überschreitet. Die ↗ Geistesgeschichte ist im Gegensatz dazu als spezielle Form der I. zu beschreiben, die sich innerhalb der I. durch ihren synthetisierenden Ansatz und den hohen Repräsentationsanspruch ihrer Resultate für ganze Kulturepochen auszeichnet. In methodischer Hinsicht ist als moderner Gegenbegriff zu sämtlichen ideengeschichtlichen Verfahren der ↗ Strukturalismus zu betrachten. (b) Der Terminus bezeichnet den spezifischen disziplinären Rahmen, den die am. Schule der ›*History of Ideas*‹ der I. im Sinne von (a) gegeben hat. In diesem Kontext läßt sich eine explizite methodologische Diskussion verfolgen. – Die I. im weiteren Begriffsverständnis tritt mit dem modernen Bewußtsein der Geschichtlichkeit auf und wird in ihren Anfängen gemeinhin mit der ›Historischen Ideenlehre‹ des 18. Jh.s identifiziert (vgl. Geldsetzer 1976, S. 135 ff.). Die Variationsbreite der Ansätze in der weiteren Entwicklung unterliegt sehr stark der Definitionsmacht, die die Systeme der klassischen dt. Philosophie ausüben und entspricht ihrer konzeptionellen Streuung hinsichtlich der Auffassung vom Wesen und der Funktion der

›Ideen‹. Der Verlust dieser festen Anbindung führt dann etwa ab der Mitte des 19. Jh.s zu einem Umbruch im ideengeschichtlichen Problembewußtsein. Die methodische Abkoppelung der Einzelwissenschaften von systemphilosophischen Integrationsschemata, für die paradigmatisch der Hegelianismus (↗ Hegel) steht, entzieht der I. nicht nur die Kriterien für die historische Bewertung der jeweiligen Ideen. V. a. zerfällt der begründete Zusammenhang zwischen den sich ausdifferenzierenden Wissenschafts- und Kulturgebieten, welche die I. als Gegenstände beansprucht. Diese Lücke wird zunächst von der durch herbartianische Psychologie und Humboldtsche Sprachtheorie gestützten ›Völkerpsychologie‹ H. Steinthals und M. Lazarus' ausgefüllt. Die I. erhält hier eine empirische Gestalt. Sie leistet eine genetische Rückverlängerung der gegebenen Kulturtatsachen, wie sie in den Wissenschaften und Künsten vorliegen. Der innere Zusammenhang einer derart erforschten ideellen ↗ Kultur erscheint nunmehr als ethisches Problem (vgl. Lazarus 1865). – Für das 20. Jh. wirkungsreiche Restitutionsversuche einer synthetischen I. unternehmen die ›Geistesgeschichte‹ W. ↗ Diltheys wie auch die marxistische Ideologietheorie. Diltheys Konzeption der I. als Geistesgeschichte knüpft bewußt an das Integrationspotential der ›Geist‹-Terminologie des dt. ↗ Idealismus an. Der Konnex von Lit., Philosophie und Kulturgeschichte wird jedoch nicht mehr aus einem letztbegründungsmächtigen rationalistischen Monismus abgeleitet, sondern stellt sich im ›Verstehen‹ der geschichtlichen Sinngehalte her (vgl. Makkreel 1975). Diltheys Studien beeinflußen sowohl die hermeneutische ↗ Begriffsgeschichte H. G. ↗ Gadamers als auch eine lebensphilosophisch-intuitivistische Geistesgeschichte, die nach dem Ersten Weltkrieg die dt. Lit.geschichtsschreibung dominiert (vgl. Ermatinger 1930). Die Ideologietheorie, welche die ↗ marxistische Lit.theorie weitgehend fundiert, behauptet dagegen eine prinzipiell eindeutige Dependenz aller intellektuellen Entitäten von materiellen, d. h. in diesem Fall sozioökonomischen, Prozessen (vgl. Eagleton 1993). Offen und in der marxistischen Theoriedebatte von Beginn an umstritten bleibt allerdings, inwieweit sich der zunächst philosophisch hypostasierte Kausalnexus von primärer geschichtlich-gesellschaftlicher ›Basis‹ und sekundärem ›Überbau‹ mit Lit., Philosophie, Religion, Rechtswesen usw. in einer ideologiekritischen I. nachvollziehen und bewerten läßt, ohne dabei die Funktion ideeller Faktoren bei der Konstitution des Basisgeschehens zu vernachlässigen. Andererseits etabliert die Frage nach der Verknüpfung von Ideellem und Gesellschaftlichem ein Thema, das unter Verzicht auf die kritische Wertungsinstanz der marxistischen Geschichtsphilosophie von anderen Ansätzen, wie z.B. der Wissenssoziologie K. Mannheims, aufgegriffen wird und auch gegenwärtig noch zu den Grundproblemen der I. gerechnet werden kann (vgl. Eibl 1996). – Die Ende der 30er Jahre um A.O. Lovejoy und die Zs. *Journal of the History of Ideas* (1940ff.) hervorgetretene am. Schule der I. gilt als historiographische Verwissenschaftlichung der I. Dies vollzieht sich jedoch nicht über eine Eingrenzung des Gegenstandsfeldes. Vielmehr heben die Vertreter der *History of Ideas* ihre interdisziplinäre Perspektive hervor. So wird der Lit.geschichte eine der Philosophie- und Wissenschaftsgeschichte nicht nachstehende Bedeutung als Materialreservoir zuerkannt. V.a. soll nicht nur über die explizite ›philosophische Semantik‹ eines Zeitalters aufgeklärt werden, sondern ›Denkmotive‹ und ›unbewußte Gewohnheiten des Denkens‹ gelten als Untersuchungsgegenstände gleichen Ranges (vgl. Lovejoy 1993, S. 16ff.). Die Disziplinarität dieser I. verbindet sich dagegen mit ihren methodischen Prämissen, die ihrem Anspruch nach eine Alternative zum tendenziell mystifizierenden Synthetisieren in der geistesgeschichten Tradition formulieren. Die zentrale Kategorienbildung erfolgt dabei mit den *unit-ideas*. Sie bezeichnen basale Elementarideen, die als bedeutungsmäßig invariante Bausteine den historisch variabel gebildeten, vielgestaltigen ideengeschichtlichen Komplexen zugrundeliegen. Die I. als ein wissenschaftliches Verfahren, das Lovejoy mit der analytischen Chemie vergleicht, erziele damit in der Zergliederung des Materials Erkenntnisse sowohl über die inhaltlichen Grundbestandteile der intellektuellen Menschheitsgeschichte als auch über die Formierungskräfte, deren Wirken in der Bauweise der historisch einmaligen Komplexe zu Tage trete. Damit komplettiert nach Lovejoy (vgl. 1993, S. 35) die I. die naturhafte Seite der Anthropologie um ihre geistigen Bestandteile. Die methodischen Voraussetzungen dieses umfassenden Forschungsprogramms haben jedoch bald Widerspruch hervorgerufen und, wie die Mink-Wiener-Kontroverse zeigt, die am. Schule der I. dem Vorwurf ausgesetzt, mit der Kombination ahistorischer Elementarideen und Historizität allein verbürgender ominöser ›Kräfte‹ selbst auf eine Mystifikation von Geschichtlichkeit zurückgrei-

fen zu müssen (vgl. Mink 1968). Eine erste Kritik an dem Konzept der *unit-idea* hat E. ↗ Cassirer bereits 1943 in einem Beitrag für das *Journal of the History of Ideas* veröffentlicht, in dem er die seines Erachtens falsche Fragestellung nach einer vermeintlichen intellektuellen Substanz, die sich in den Elementarideen verkörpere, mit den Leitbegriffen von Funktion und Dynamik in ideengeschichtlichen Prozessen konfrontiert (vgl. Cassirer 1943, S. 55). Dies ist um so bemerkenswerter, da sich hinter der verhalten geäußerten Kritik eine methodologisch ausgearbeitete Gegenkonzeption verbirgt. Cassirer überträgt darin seine zunächst wissenschaftstheoretisch formulierte Einsicht, daß in der modernen Physik der substanzialistische Dingbegriff durch den Relationszusammenhang eines funktionalen Stellengefüges substituiert wird, auf die ideengeschichtliche Begriffsbildung. Er fordert damit, daß sich die methodische Erzeugung intellektueller Entitäten entgegen dem vormodernen Atomismus Lovejoys am zeitgemäßen naturwissenschaftlichen Paradigma der Funktionsreihen zu orientieren habe, bei denen allein die Position der Elemente zueinander ihre Bedeutung bestimme. Cassirers grundsätzliche Überlegungen zum Rekonstruktionsproblem ideeller Kontinuitäten (vgl. Cassirer 1994, Bd. 1, S. 9ff.) sind jedoch bisher in erster Linie als Beitrag zur philosophiegeschichtlichen Problemgeschichte wahrgenommen worden, wiewohl eine direkte Anwendung auf die allg. Methodologie der I. naheliegt.

Lit.: M. Lazarus: »Über die Ideen der Geschichte«. In: *Zs. für Völkerpsychologie und Sprachwissenschaft* 3 (1865) S. 385–486. – E. Cassirer: *Das Erkenntnisproblem in der Philosophie und Wissenschaft der neueren Zeit*, 4 Bde., Darmstadt 1994 [1906–1920/50]. – E. Ermatinger (Hg.): *Philosophie der Lit.wissenschaft*, Bln. 1930. – A.O. Lovejoy: *The Great Chain of Being. A Study of the History of an Idea*, Cambridge, Mass. 1982 [1936] (dt. *Die große Kette der Wesen*, FfM. 1993 [1985]). – E. Cassirer: »Some Remarks on the Question of the Originality of the Renaissance«. In: *Journal of the History of Ideas* 1 (1943) S. 49–56. – L.O. Mink: »Change and Causality in the History of Ideas«. In: *Eighteenth-Century Studies* 2 (1968–69) S. 7–25. – L. Geldsetzer: »I.«. In: J. Ritter/K. Gründer (Hgg.): *Historisches Wörterbuch der Philosophie*, Bd. 4, Basel 1971ff. Spalte 135–137. – R. Makkreel: *Dilthey. Philosopher of the Human Studies*, Princeton 1975. – T. Eagleton: *Ideologie. Eine Einf.*, Stgt./Weimar 1993 [1991]. – K. Eibl: »Lit.geschichte, I., Gesellschaftsgeschichte und das ›Warum der Entwicklung‹«. In: *IASL* 21.2 (1996) S. 1–26.

AH

Ideenzirkulation (gr. *idéa*: Aussehen, Beschaffenheit, Urbild; lat. *circulare*: sich im Kreis bewegen; Umlauf der Ideen), programmatische ↗ Metapher der europ. Aufklärung für die öffentliche Gewinnung, Anreicherung und Verbreitung von Wissen. Die I. knüpft begrifflich an autoritative schriftliche Mitteilungsformen an (das ›Zirkular‹), überschreitet diese administrative Tradition aber als Element eines komplexen ökonomischen Bildfeldes, in dem freier Handel, freier Verkehr, lebhafter Geldumlauf und freier Gedankenaustausch zum idealen Modell der rationalen öffentlichen Kommunikation zusammentreten. Dabei verweist die I. auf eine disziplinübergreifende ›makroökonomische‹ Wissensordnung und ihre Vorstellungen eines natürlich-freien räumlichen Ausgleichs von Mangel und Überfluß. – Der Zerfall der Einheitsfiktion ›lit. Öffentlichkeit‹ (u.a. Differenz von kommerzialisiertem Buchmarkt und Bildung), die rapide Verzeitlichung der Geschichtserfahrung im Gefolge der frz. Revolution sowie neue ökonomische Theorien der dynamisch-offenen Preisbildung und Geldzirkulation (Papiergeld) bilden um 1800 wesentliche Bedingungen für eine Transformation der Metapher. So wird die Papiergeldzirkulation in der romantisch-klassizistischen Autonomieästhetik (↗ Autonomie) zur faszinosen Reflexionsfigur poetologischer Selbstverständigung (Novalis, Goethe; auch Jean Paul), während nationale Integrationskonzepte und Staatstheorien der politischen Romantik (Novalis, A. Müller, E.M. Arndt) die I. durch selbstregulative organizistische Umlaufmodelle in ›Volksgeist‹, Sprache und Staatskörper ersetzen. Spätaufklärerische Überlegungen publizistischer I. wirken dagegen in den Zs.enprojekten L. Börnes und der Jungdeutschen nach.

Lit.: J. Habermas: *Strukturwandel der Öffentlichkeit*, FfM. 1995 [1962]. – W. Hamacher: »Faust, Geld«. In: *Athenäum* 4 (1994) S. 131–187. – J. Vogl: »Ökonomie und Zirkulation um 1800«. In: *Weimarer Beiträge* 43.1 (1997) S. 69–78. – H. Schmidt: »Jungdeutsche Publizistik als I.«. In: G. Oesterle/M. Lauster (Hgg.): *Vormärzlit. in europ. Perspektive II*, Bielefeld 1998. S. 207–228.

HSch

Identifikation (lat. *idem*: derselbe; *identitem*: mehrmals; *facere*: tun, schaffen, herstellen, ausüben), über die Ur-I. verwebt sich die Beziehung zur Umwelt als Autoritätsinstanz, zumeist in Person der Eltern, und die Abgrenzung von ihr im Bewußtsein der individuellen Besonderheit zur Ich-Identität. Die I. spielt daher in feministi-

schen Untersuchungen zur geschlechtsspezifischen Subjektkonstitution sowie in postkolonialen Analysen des Verhältnisses von Kolonialmacht und Kolonisierten bei der Herausbildung einer kulturellen Identität eine zentrale Rolle. Die unterschiedlichen Definitionen der I. bei S. ↗ Freud und J. ↗ Lacan implizieren weitreichende Folgen für die Konzeptualisierung von subjektiver Identität und das Verhältnis von Individuum und Umwelt. Für das Phänomen, daß Frauen patriarchalisch-misogyne Werteparadigmen vertreten und bestimmte Gruppen kolonisierter Völker den Machtdiskurs der Kolonialmacht internalisieren, ist das von A. Freud 1936 entwickelte Konzept einer ›I. mit dem Aggressor‹ von großer Erklärungskraft, demzufolge das traumatische Erlebnis von passiv erlittener Autorität durch eine aktive Reaktion bewältigt werden soll.

Lit.: D.O. Mannoni: *Prospero and Caliban. The Psychology of Colonization*, Ann Arbor 1990 [1964]. – J. Butler: *Gender Trouble. Feminism and the Subversion of Identity*, N.Y. 1990. – H.K. Bhabha: *The Location of Culture*, Ldn. 1994.

AHo

Ideologem (gr. *idéa*: äußere Erscheinung, Anblick; gr. *lógos*: Wort), der Begriff des I.s ist von F. ↗ Jameson in Anlehnung an sprachwissenschaftliche Termini wie Phonem (kleinste bedeutungsdifferenzierende Einheit) oder Morphem (kleinste bedeutungtragende Einheit) gebildet worden. Jameson bezeichnet damit jene standortabhängigen Interpretationen von Fakten, aus deren Kombination sich Ideologien zusammensetzen (↗ Ideologie und Ideologiekritik). In seinen Worten ist ein I.: »[T]he smallest intelligible unit of the essentially antagonistic collective discourses of social classes« (›Die kleinste erkennbare Einheit der grundsätzlich gegensätzlichen kollektiven Diskurse gesellschaftlicher Klassen‹; Jameson 1981, S. 76). Damit wird gleichzeitig deutlich, daß für den Marxisten Jameson die Kategorie ↗ ›Klasse‹ der entscheidende Faktor zur Bestimmung des erkenntnistheoretischen Standorts ist, der die Interpretation von Realität bestimmt.

Lit.: Jameson 1994 [1981].

SS

Ideologie und Ideologiekritik (gr. *idéa*: äußere Erscheinung, Anblick; gr. *lógos*: Wort), von dem Franzosen A.L. Destutt de Tracy 1796 als neutrale Bezeichnung für eine neue Wissenschaftsdisziplin geprägt, hat der I.begriff bald eine negative Bedeutung angenommen. Dies geht u. a. auf seinen Gebrauch durch K. ↗ Marx und F. Engels zurück, der bis heute die Grundlage der Diskussion bildet. I. bezeichnet dort die auf der Standortabhängigkeit des Denkens beruhenden Mechanismen, durch die veränderliche, gesellschafts- und interessenspezifische Fakten als naturgegebene, unveränderliche Daten mißverstanden werden. Insofern steht das Konzept der I. bei Marx und Engels im Kontext der Debatte um die Erkenntnisfähigkeit von Subjekten, die den gesamten philosophischen Diskurs der Moderne durchzieht. In der selbstbestimmten Arbeit erfährt das Subjekt nach Marx den Sinn der es umgebenden Objekte. Unter kapitalistischen Produktionsverhältnissen werden Objekte jedoch auf ihren Wert reduziert, und die Verbindung zwischen Subjekten und Objekten wird durchtrennt; gesellschaftliche Wertzuschreibungen scheinen Natureigenschaften der Objekte zu sein. Auf der Grundlage dieser verzerrten Wahrnehmungen bilden sich sytemstabilisierende Glaubens- und Überzeugungssysteme, I.n, aus. – Während Marx und Engels noch die Möglichkeit, ideologische Verzerrungen der Wahrnehmung zu durchschauen, also I.kritik zu betreiben, konstatieren, werden die Definitionen von I. in der Folge immer expansiver. So vertritt K. Mannheim (1929) die Auffassung, daß alles Denken standortabhängig und damit ideologisch sei. Dies gilt dann natürlich auch für das Denken, das I.n als solche entlarven will. So wird die Frage, wer das Subjekt von I.kritik sein kann, zu einem zentralen Problem. In der diesbezüglichen Diskussion haben sich im wesentlichen zwei Lösungsansätze herauskristallisiert. Einerseits werden kollektive Erkenntnisprozesse als Möglichkeit zur Überwindung von I. angesehen. So hält G. ↗ Lukács es für möglich, daß sich ein proletarisches Klassenbewußtsein herausbilden läßt, das zum Erkennen der objektiven Lage fähig ist. F. ↗ Jameson entdeckt ein ideologiekritisches Potential in Kollektiven aller Art, und J. ↗ Habermas will I.n mit Hilfe der potentiell ideologiekritischen Substanz von herrschaftsfreier Kommunikation ausschalten. Der konkurrierende Vorschlag, der heute in erster Linie in der feministischen Theorie (↗ Feministische Lit.theorien), aber auch von marxistischen Theoretikern wie T. ↗ Eagleton (↗ Marxistische Lit.theorie) verteten wird, geht davon aus, daß die Körperlichkeit des Menschen einen Katalog an objektiven Bedürfnissen und Erfahrungstatsachen bereitstellt, der einen analytischen Ausgangspunkt für ideologiekritische Reflexion

bietet. – Ein weiterer wichtiger Schritt der Expansion des I.-Konzeptes ist in L. ↗ Althussers Arbeiten zu finden. Als ›ideologische Staatsapparate‹ werden dort Institutionen bezeichnet, die dafür sorgen, daß Subjekte ihr Handeln als autonom und folgenreich für ein übergeordnetes Ganzes mißverstehen, während sie nach Althusser nur austauschbare Funktionsträger im System sind. Hiermit wird die Anfälligkeit für herrschaftsstabilisierende I. vom kognitiven auf den affektiven Raum ausgedehnt. – Die Tendenz zu immer expansiveren I.definitionen hat zu dem Versuch geführt, den I.begriff mit Konzepten des ↗ Poststrukturalismus wie M. ↗ Foucaults Begriff des ›Diskurses‹ und J. ↗ Derridas Verständnis von Metaphysik zu verbinden. Weil diese Theoretiker jedoch die Allgegenwart von I.n konstatieren, scheitert das Unterfangen, sie für I.kritik zu nutzen, an dem Punkt, wo es notwendig wird, einen ideologiefreien, vernünftigen Maßstab für die Ermittlung ideologischer Aussagen zu erarbeiten. Diesen Maßstab in einer ideologiegesättigten Welt zu finden, bleibt die wichtigste und schwierigste Aufgabe der I.kritik.

Lit.: G. Lukács: *Geschichte und Klassenbewußtsein*, Neuwied 1970 [1923]. – K. Mannheim: *I. und Utopie*, FfM. 1965 [1929]. – L. Althusser: *I. und ideologische Staatsapparate*, Hbg. 1977. – P.V. Zima (Hg.): *Textsemiotik als I.kritik*, FfM. 1977. – Jameson 1994 [1981]. – Eagleton 1995 [1990]. – ders.: *Ideology. An Introduction*, Ldn. 1991. – F. Jameson: *Postmodernism, or, The Cultural Logic of Late Capitalism*, Durham 1991. – Sh. Raman/W. Struck: »I. und ihre Kritiker«. In: Pechlivanos et al. 1995. S. 207–223.

SS

Ikon/Ikonizität (gr. *eikōn*: Bild), das Ikon (Pl.: Ikons) ist in Ch. S. ↗ Peirces Einteilung von Zeichen nach ihrem Objektbezug ein bildhaftes Zeichen, das mindestens eine wahrnehmungsrelevante Qualität mit dem bezeichneten Objekt gemeinsam hat (nicht zu verwechseln mit ›die Ikone‹, Pl. ›die Ikonen‹), während Indizes aufgrund einer Kausalbeziehung und ↗ Symbole aufgrund von Konventionen mit ihrem Objekt in Verbindung gebracht werden. – Eine um U. ↗ Eco zentrierte Debatte hat klargestellt, daß Ikons nicht mechanisch abbilden, sondern kulturelle Stereotype wiedergeben (z. B. sind Meere auf Landkarten unabhängig von ihrer realen Farbe blau). Visuelle Ikons sind zweidimensional (Photos, Piktogramme) oder dreidimensional (Skulpturen, Gesten); Lautmalerei und Programmusik sind akustische Beispiele. Alle Ikons haben konventionelle Anteile; so legen die Lautgesetze einer Sprache fest, ob der Ruf des Esels in ihr mit ›iah‹ oder ›hee-haw‹ wiedergegeben wird. Natürliche Sprachen weisen auf allen Ebenen ikonische Züge auf; so gibt die syntaktische Ordnung oft die Reihenfolge der erzählten Ereignisse wieder, und in der Konkreten Poesie werden Textumrisse zu Bildern. Ikonische Gesten, die abstrakte Objekte so behandeln, als wären sie konkrete Gegenstände, erlauben Rückschlüsse auf die mentalen Modelle eines Sprechers. Piktogramme sind leicht verständlich, wenn sie konkrete Objekte darstellen. Abstraktere Inhalte sind durch ↗ Metonymie darstellbar, etwa wenn eine Schneeflocke am Thermostat ›kalt‹ bedeutet. Solche Übertragungen sind oft kulturspezifisch; der Blumenhut an einer Toilettentür bedeutet nur da ›Damen‹, wo dieses Kleidungsstück bekannt ist. In Verkehr, Produktkennzeichnung und anderen begrenzten Kontexten haben sich Piktogrammsysteme weltweit durchgesetzt, wobei die Zeichen mit der Zeit immer schematischer werden. Eine Erweiterung sind die sog. ›icons‹ von graphischen Computeroberflächen, da sie nicht nur das Aussehen von Objekten imitieren, sondern auch deren Verhalten.

Lit.: J. Haiman: *Natural Syntax. Iconicity and Erosion*, Cambridge 1985. – P. Bouissac et al. (Hgg.): *Iconicity. Essays on the Nature of Culture*, Tüb. 1986.   DS

Illokution/Illokutionärer Akt ↗ Sprechakttheorie

Illusion, ästhetische (lat. *illusio*: Verspottung, Ironie, Täuschung). (1) Ein Effekt ↗ ästhetischer Wirkung, der unter bestimmten Bedingungen (↗ I.sbildung) im Rezipienten als eine mögliche Form der Rezeption von Artefakten entsteht: die imaginative, v.a. visuelle Vorstellung, in den vom Artefakt bestimmten Raum bzw. in seine Welt einzutreten, in ihr ›rezentriert‹ zu sein (vgl. Ryan 1991, S. 21–23) und diese wie eine Wirklichkeit (mit)zuerleben (↗ ästhetische Erfahrung). Im Unterschied zur Sinnestäuschung, aber auch zur ›rituellen I.‹ archaischer Wahrnehmung von Artefakten, bei der diese mit der Realität gleichgesetzt werden, besitzt ä.I. stets ein Moment latenter rationaler Distanz als Folge des kulturell erworbenen Wissens um den Artefaktstatus des Wahrgenommenen. Damit ist ä.I. ein ambivalentes Phänomen, das zwischen den (ausgeklammerten) Polen völliger ›Immersion‹ (vgl. Ryan 1991) und völliger Distanz, die u.a. durch Verfahren der ↗ I.sdurchbrechung hervorgerufen

werden kann, angesiedelt ist. Im Normalfall liegt ä.I. in relativer Nähe zur Immersion, ist jedoch nach Art und Intensität variabel: Dies gilt sowohl für ganze Werke in historischer wie individueller Hinsicht, als auch während der Rezeption eines Werkes. (2) Typologisch lassen sich u.a. differenzieren a) nach dem auslösenden Artefakt: nichttextuelle ä.I. (in diesem, v.a. auf bildende Kunst bezogenen Sinn hat der Begriff der ›ä.n I.‹ in der Kunstwissenschaft seinen Ursprung [vgl. Gombrich 1977]) vs. textuelle bzw. literar. ä.I., bei der die ›dramatische I.‹ am bekanntesten ist; daneben ist von Bedeutung die ä.I. narrativer Texte (vgl. Wolf 1993), wohingegen diejenige der Lyrik noch weitgehend ungeklärt ist (vgl. Wolf, 1998); b) nach dem Wesen der ä.n I.: Die oft mit ä.I. gleichgesetzte *illusion of reality* (↗ Realismus-Effekt) oder ›*illusion référentielle*‹ (Barthes 1968) ist nur eine, auf bestimmte fiktionale Werke beschränkte Form, bei der deren ↗ Fiktionalität ausgeblendet erscheint; wichtiger als diese ›Referenzillusion‹ ist die aller ä.n I. und obiger Definition zugrundeliegende ›Erlebnisillusion‹, die auch von nichtfiktionalen Werken hervorgerufen werden kann, wobei lediglich das Bewußtsein um den Artefaktcharakter in den Hintergrund tritt. (3) Historisch sind in der abendländischen Entwicklung der bildenden Kunst die Anfänge ä.r I. mit dem Aufkommen einer ästhetischen, nicht vorwiegend pragmatischen Zwecken dienenden Kunst(-rezeption) in der von ↗ Gombrich (1977) sog. ›griechischen Revolution‹ mit dem Höhepunkt im 4. Jh. v.Chr. anzusetzen, d.h. mit einer Kunst, die durch ›überzeugende Annäherung an die Wirklichkeit‹ statt (nur) durch ›klare Lesbarkeit‹ charakterisiert ist (↗ Mimesis, Wahrscheinlichkeit). Anfänge ä.r I. in der klassischen gr. Lit. sind u.a. durch das Spiel mit der I. in der Komödie z.B. bei Aristophanes anzunehmen. In der neueren Lit. spielt ä.I. im Erzählen seit Cervantes und bes. seit dem Roman des 18. Jh.s eine wichtige Rolle. In diese Zeit fällt auch eine intensive poetologische Auseinandersetzung mit dem ›Schein‹ der Kunst. Der realistische Roman des 19. Jh.s stellt einen Höhepunkt der I.slit. dar. Im nachantiken Drama ist ä.I. seit der Shakespearezeit, ebenfalls mit einem Höhepunkt im 19. Jh. (↗ Naturalismus), zu beobachten. Im 20. Jh. erreicht die erzählerische I.skunst in der modernen Bewußtseinsmimesis einen weiteren Höhepunkt, wenn auch in dieser Zeit das nicht mehr illusionistische Erzählen, parallel mit Tendenzen zur ↗ I.sdurchbrechung im Drama (Pirandello, ↗ Brecht), an Boden gewinnt. In der

Gegenwart, v.a. im ↗ Postmodernismus, ist ä.I., wenn überhaupt, in der narrativen wie dramatischen Hochkunst vielfach nur mehr ironisch vorhanden, wohingegen die kommerzielle Kunst (v.a. Film und ↗ Triviallit.) weiterhin dominant illusionistisch ist.

Lit.: E.H. Gombrich: *Art and Illusion. A Study in the Psychology of Pictorial Representation*, Ldn. 1977 [1960]. – R. Barthes.»L'Effet de réel«. In: *Communications* 11 (1968) S. 84–89. – E. Lobsien: *Theorie literar. I.sbildung*, Stgt. 1975. – W. Strube: »I.«. In: J. Ritter/K. Gründer (Hgg.): *Historisches Wörterbuch der Philosophie*, Bd. 4, Darmstadt 1976. S. 204–215. – M. Hobson: *The Object of Art. The Theory of Illusion in Eighteenth-Century France*, Cambridge 1982. – M.-L. Ryan: *Possible Worlds. Artificial Intelligence and Narrative Theory*, Bloomington/Indianapolis 1991. – Wolf 1993. – ders.: »Shakespeare und die Entstehung ä.r I. im engl. Drama«. In: *GRM* 43.3 (1993b) S. 279–301. – ders.: »Aesthetic Illusion in Lyric Poetry?« In: *Poetica* 30 (1998).

WW

Illusionsbildung, (1) a) Stufe im Prozeß der Rezeption von Artefakten, in der ↗ ästhetische Illusion entsteht; Folge der ↗ ›Konkretisation‹ des Dargestellten, die sich nach dessen ›Dechiffrierung‹ und vor der ›Realisation‹ der Thematik, Funktion und ästhetischen Struktur einstellen kann (vgl. R. ↗ Ingarden 1931, 1937; Wolf 1993, Kap. 1.2.4). b) I. ist kein Automatismus, ist auch, trotz vorhandener Affinitäten, weder auf ↗ Mimesis noch auf ↗ Realismus beschränkt, sondern abhängig von bestimmten Faktoren, Voraussetzungen, Verfahren und deren Prinzipien, aufgrund derer ästhetische Illusion als »guided projection« (Gombrich 1977, S. 169) in der Vorstellung des Rezipienten gebildet werden kann. (2) Grundsätzliche Faktoren der I. sind: das Werk und, z.B. im Drama, seine Aufführung; der Rezipient; der kultur- und kunsthistorische Kontext (vgl. Wolf 1993, Kap. 2). Innerhalb dieses Kontextes ist, als Voraussetzung der I., die Möglichkeit ästhetischer Rezeption und Einstellung von Bedeutung, daneben, als Bezugselemente der illusionsbedingenden Wahrscheinlichkeit, die außerkünstlerischen, von der jeweiligen ↗ Episteme (mit)geformten lebensweltlichen Wahrnehmungs- und Sinnstiftungsschemata sowie die Begriffe des Wirklichen und Möglichen, aber auch innerkünstlerische Konventionen, bes. Gattungs- und Schreibweisekonventionen. Zu den rezipientenseitigen Faktoren gehören überindividuelle (wie die Fähigkeit zur Vorstellungsbildung und zur Partizipation am jeweiligen Kontext oder auch ein gewisses Fiktionsbedürfnis) und individuelle

(wie der jeweilige Erfahrungshorizont, die Zugehörigkeit zu bestimmten, z.B. weltanschaulichen, kulturellen, sozialen oder geschlechtlichen Gruppen, der Grad der Teilhabe am Code des Werkes und v.a. die Illusionsbereitschaft). Die Variabilität bes. der werkexternen Faktoren der I. bewirkt eine beachtliche Variabilität der I. selbst. Dies heißt jedoch nicht, daß es eine völlige Beliebigkeit der I. gäbe, zumal I. maßgeblich durch die Lenkung im Werk bestimmt ist. Diese werkinterne I. läßt sich über einige, zumindest für die Illusionslit. seit dem 17. Jh. weniger variabel erscheinende Illusionsziele und -prinzipien beschreiben. Allg. Ziel werkseitiger I. ist die Ermöglichung einer den Rezipienten ansprechenden Erfahrung, die grundsätzlich analog zur Wirklichkeitserfahrung und damit wahrscheinlich wirkt und den Rezipienten an der dargestellten Welt interessiert. Dieses inhaltliche und ›rhetorische‹ Ziel einer Erfahrungssimulation bzw. -vermittlung impliziert die Reduktion der bei ästhetischer Rezeption immer latent vorhandenen Distanz, die Imitation lebensweltlicher Konzepte, bes. konkreter Vorstellungsinhalte (in der Lit. z.B. [anthropomorpher] Figuren und deren äußere und/oder psychische Erfahrungen, Erlebnisse, Handlungen), v.a. aber die Imitation lebensweltlicher Wahrnehmungsschemata bzw. Anschauungsformen der Erfahrung. Diese Zielvorgabe wird umso eher erreicht, und ein Werk wirkt umso illusionistischer, je mehr und intensiver folgende, dessen Substanz und ›rhetorische‹ Präsentation betreffende Prinzipien der I. beachtet werden: das Prinzip anschaulicher Welthaftigkeit (nicht nur die Nennung konkreter Sachverhalte, sondern deren Ausstattung mit einer gewissen Detailfülle), das Prinzip der Sinnzentriertheit (die logisch oder auch psychologisch konsistente und motivierte Gestaltung sowie Vermittlung der zur Anschauung oder Vorstellung gebrachten Gegenstände), das Prinzip der Perspektivität (die Imitation lebensweltlich perspektivischer Wahrnehmung durch standortgebundene Partialität und Horizontbegrenztheit der vermittelten Ansichten, in der Erzählkunst z.B. durch eine bestimmte ↗ Fokalisierung [Innenperspektive]), das Prinzip der Mediumsadäquatheit (die Ausschöpfung der den jeweiligen künstlerischen Medien eigenen Möglichkeiten und die Respektierung von deren Grenzen, wie sie sich z.B. bei der Deskription statischer Gegenstände im Erzählen zeigen), das Prinzip der Interessantheit (eine Werkgestaltung, die den Rezipienten an die Ebene der dargestellten Sachverhalte bindet, in der Lit. z.B. durch Spannungsstiftung und andere emotional oder psychologisch ansprechende Elemente, ungewöhnliche oder den Bedürfnissen bestimmter Rezipientengruppen entgegenkommende Geschichten) sowie das Prinzip des ›celare artem‹ (das Verhüllen der ›Künstlichkeit‹ im Sinne sowohl der Gemachtheit als auch der nicht direkten Referentialisierbarkeit des Werkes).

Lit.: Ingarden 1972 [1931]. – ders.: *Vom Erkennen des literar. Kunstwerks,* Tüb. 1968 [1937]. – Wolf 1993.

WW

Illusionsdurchbrechung, (1) Abbau bzw. Störung ästhetischer ↗ Illusion; ein Sekundärphänomen in der Vorstellung des Rezipienten, das auf einer werkintern oder -extern, d.h. im kultur- oder lit.historischen Kontext, vorgängigen (Möglichkeit der) ästhetischen Illusion basiert. I. ist nach Art und Intensität ähnlich variabel wie die ästhetische Illusion selbst und abhängig von denselben Faktoren wie die ↗ Illusionsbildung. I. ist in der Doppelpoligkeit der ästhetischen Illusion selbst potentiell enthalten, da diese eine dominante ›Immersion‹ bzw. imaginative ›Rezentrierung‹ in der Welt des Artefakts mit einer latenten ästhetisch-rationalen Distanz vereint. (2) I. zielt auf die Aktualisierung dieser Distanz, die Ablenkung des Interesses von der dargestellten ›Welt‹ als eines in Analogie zur Lebenswelt erfahrbaren Erlebnisraumes, die Betonung von deren Unwahrscheinlichkeit und/oder des Fiktions- oder Artefaktcharakters des Werkes. Erreicht werden diese Ziele durch eine Vielzahl von Verfahren, deren gemeinsamer Nenner die Nichterfüllung eines oder mehrerer Prinzipien der Illusionsbildung ist. Für die Erzählkunst sind u.a. zu nennen Spielarten expliziter ↗ Metafiktion, z.B. ›Fiktionsdemonstrationen‹, d.h. kritische, Fiktionalität bloßlegende Eigenmetafiktion, sowie viele weitere, z.T. implizit metafiktionale Verfahren: Formen der Entwertung der ↗ histoire als Folge einer Über- oder Untererfüllung tradierter (Sinn-)Erwartungen, z.B. durch Auflösung herkömmlicher Erzählkonstituenten, bes. eines anschaulichen *setting,* wahrscheinlicher Charaktere und eines interessanten, sinnvoll motivierten Plot; durch das Bloßlegen einer Abhängigkeit des Erzählten nicht von einer außertextuellen Wirklichkeit, sondern von sprachlichen und sonstigen Strukturen oder von bestimmten Texte (↗ Intertextualität); durch die artifiziell wirkende Häufung ähnlicher Erzählelemente (z.B. in ↗ mises en abyme); durch sinnstörende Inkonsistenzen oder Widersprüche, u.a.

mittels eines ›Kurzschließens‹ (erzähl-)logisch getrennter Ebenen (↗ Metalepse); schließlich verschieden von Verfahren, durch die der *discours* (↗ histoire vs. *discours*) ›opak‹ wird, etwa als Folge von ungewöhnlicher Sprachverwendung, typographischen Experimenten oder dem Ausfall der Sinnstiftungsfunktion des *discours* u.a. durch eine Überzahl an ↗ Leerstellen, kohärenzsprengende (Multi-)Perspektivik usw. (s. auch ↗ Verfremdung). (3) In der neueren Lit.geschichte ist, abgesehen von der bes. Affinität zwischen I. und bestimmten Gattungen und Schreibweisen (Komödie, komisches Erzählen, ↗ Parodie, Satire, episches Drama), illusionsstörende Lit. bis zum Ende des 19. Jh.s gegenüber der dominanten proillusionistischen Lit. minoritär. Die historischen Schwerpunkte illusionsstörender Lit. sind weithin identisch mit der Entwicklung metafiktionaler oder metatextueller (↗ Metatext) Lit. und erreichen ihr größtes Gewicht in der Lit. des ↗ Postmodernismus.

Lit.: I. Strohschneider-Kohrs: *Die Romantische Ironie in Theorie und Gestaltung,* Tüb. 1977 [1960]. – M. Smuda: *Der Gegenstand der bildenden Kunst und Lit.: Typologische Untersuchungen zur Theorie des ästhetischen Gegenstands,* Mchn. 1979. – A.K. Mellor: *English Romantic Irony,* Ldn. 1980. – C. Nash: *WorldGames. The Tradition of Anti-Realist Revolt,* Ldn. 1987 (ersch. als *World Postmodern Fiction. A Guide,* Ldn. 1993). – Wolf 1993.

WW

Imaginäre, das (lat. *imaginarius:* bildhaft, nur in der Einbildung bestehend; *imago:* Bild, Urbild, Totenmaske), Schlüsselbegriff im psychoanalytischen Modell von J. ↗ Lacan. – Das I. leitet sich ab von dem ›Image‹ der im Spiegel bzw. an der Mutter wahrgenommenen Ganzheitlichkeit des Körpers, mit dem der präödipale Säugling sich entgegen der eigenen Erfahrung des *corps morcelé* (M. Klein) im ↗ Spiegelstadium identifiziert und welches hinfort als *moi* den tiefenstrukturellen Horizont seiner Welt- und Selbstauslegung, d.h. zunächst seines eigenen Körperschemas, als subjektive Ganzheit vorgibt. ↗ Subjektivität konstituiert sich also auf der Basis einer Fehldeutung (*méconnaissance*), welche die Spaltung der Psyche in *je* und *moi* inauguriert. – Einerseits impliziert die Identifikation des *je* mit dem imaginären *moi* eine Verkennung der Seinsweise des irreflexiven, eigenschafts- und damit wesenlosen, exzentrischen *sujet véritable* oder auch *sujet de l'inconscient,* das Lacan als *je* bezeichnet. Andererseits jedoch erhält *je* erst durch diese Identifikation mit dem *moi* ein imaginäres Korrelat (vgl. Frank 1983), welches die

Bedingung der Möglichkeit dafür darstellt, *je* überhaupt, und sei es ex negativo, semantisch aufscheinen zu lassen. Die Filmtheorie greift auf das I. mit Bezug auf unbewußte Identifizierungsvorgänge bei der Filmrezeption, postkoloniale Studien mit Bezug auf von unbewußten Projektionen getragene Konstrukte kultureller ↗ Alterität zurück. – In seiner ↗ literar. Anthropologie ersetzt W. ↗ Iser bei seiner Entfaltung der Konstitutionsbedingungen von Lit. die herkömmliche Opposition von Fiktion und Wirklichkeit durch eine dreistellige Beziehung, die Triade des Realen, Fiktiven und I.n, und betont, daß der ›Akt des Fingierens‹ dem I.n Realität verleihe, weil er ihm eine spezifische Gestalt gebe: »in der Überführung des Imaginären als eines Diffusen in bestimmte Vorstellungen geschieht ein Realwerden des Imaginären« (Iser 1991, S. 19).

Lit.: Ch. Metz: *Le signifiant imaginaire*, Paris 1977 (engl. *The Imaginary Signifier*, Bloomington 1984). – S.M. Weber: *Rückkehr zu Freud. J. Lacans Entstellung der Psychoanalyse*, Wien 1990 [1978]. – H.-Th. Lehmann: »Die Raumfabrik – Mythos im Kino und Kinomythos«. In: K.H. Bohrer (Hg.): *Mythos und Moderne*, FfM. 1983. S. 572–609. – Frank 1983 (bes. Vorlesung 18–20). – L. Costa Lima: *Die Kontrolle des I.n. Vernunft und Imagination in der Moderne*, FfM. 1990. – Iser 1993 [1991].

AHo

Imagination ↗ Einbildungskraft

Imagologie, komparatistische (lat. *imago*: Bildnis), der Begriff k. I. bezeichnet eine lit.wissenschaftliche Forschungsrichtung innerhalb der vergleichenden Lit.wissenschaft, die nationenbezogene Fremd- und Selbstbilder in der Lit. selbst sowie in allen Bereichen der Lit.wissenschaft und -kritik zum Gegenstand hat. Sie beschäftigt sich dabei mit der Genese, Entwicklung und Wirkung dieser ›Hetero- und Auto-*Images*‹ im literar. und außerliterar. Kontext (vgl. Leiner 1991, S. 12; Fischer 1987, S. 56). Der Begriff der *Images* oder Bilder dient im Vergleich zur historischen Stereotypenforschung einer Erweiterung des Objektbereichs in dem Sinne, daß über imagotypische Aussagen im Rahmen eines sprachlich-gedanklichen ↗ Diskurses hinaus auch historisch originelle Einzel- oder Kollektivsichtweisen eines Landes Berücksichtigung finden (vgl. zur Differenzierung begrifflicher Konzepte Fischer 1987, S. 57; O'Sullivan 1989, S. 22 f. und 41 f.). Institutionell ist die I. v. a. in der ↗ Komparatistik als demjenigen Zweig der Lit.-wissenschaft angesiedelt, der die Beziehungen verschiedensprachiger literar. Werke untereinander erforscht. Der Ansatz der Bildforschung wird jedoch auch innerhalb der Nationalphilologien betrieben (bes. intensiv in der frz. Romanistik und der Anglistik; vgl. Leiner 1991 und Blaicher 1992). Als Wissenschaftszweig steht die I. in enger Verwandtschaft zur (historischen) Stereotypenforschung, wie sie heute, auf der Basis des neutralen Stereotypenbegriffs der kognitiven Sozialpsychologie (vgl. O'Sullivan 1989, S. 20 f.), in beinahe allen Humanwissenschaften betrieben wird. Darüber hinaus weist sie deutliche Beziehungen zur ↗ Xenologie auf, die sich ausgehend vom Blickpunkt der ›interkulturellen Germanistik‹ als eine Theorie kultureller ↗ Alterität versteht. – Die wissenschaftlichen Vorläufer der k. I. erstrecken sich zeitlich vom letzten Viertel des 19. Jh.s bis zum Beginn der 50er Jahre des 20. Jh.s. Die Forschungen dieser »Frühgeschichte komparatistischer Image-Forschung« (Fischer 1981, S. 28) zeichnen sich dadurch aus, daß ihre Vertreter, ausgehend von der deklarierten Verschiedenheit der Nationen, die Existenz von ›Nationalcharakteren‹ als gegebene und beschreibbare Wesensentitäten annahmen. Als ihre vorrangige Aufgabe erachteten sie es, anhand der Werke namhafter Autoren, welche sie entsprechend den Prinzipien der Einflußforschung als ›nationaltypisch‹ einstuften, das Vorhandensein bestimmter ›Nationalcharaktere‹ in der Lit. nachzuweisen. Taten sie dies meist mit einer »völkerversöhnende[n] Grundtendenz« (ebd., S. 17), so glichen ihre Verfahrensweisen und Ergebnisse einer positivistischen ↗ Motiv- und Stoffgeschichte (↗ Positivismus), die in den Denkstrukturen der Völkerpsychologie verankert blieb. Zu Beginn des 20. Jh.s vollzog sich dann die Wendung der Komparatistik weg von der Einflußforschung hin zur internationalen ↗ Rezeptionsforschung, die sich den ↗ Mentalitäten und dem Rezeptionsverhalten der Leser und Kritiker von Lit. verschrieb (vgl. ebd., S. 32 ff.). Doch änderte diese neue Herangehensweise an der Praxis der Image-Forschung wenig, da ihre Vertreter nun zwar ›Nationalcharaktere‹ als historisch variable Größen begriffen, diese aber weiterhin als Beitrag zur Völkerpsychologie verstanden. Damit blieben sie aber in letzter Instanz dem romantischen und positivistischen Erbe des 19. Jh.s verhaftet. Dies gilt auch noch für die k. I. nach dem Zweiten Weltkrieg; sie beharrte nämlich auf einer Komparatistik der lit.historischen ›Tatsachen‹, welche Fragen der Lit.theorie und -methodologie oder der ↗ Ästhetik ausklammerte und die Bildforschung als Gegenstand empirischer Forschungen definierte. Dabei maß sie ihr letztlich propädeutischen Charakter zu, indem man auf ihr zukünftiges Einmünden in eine neue Wissenschaft, die »Vergleichende Völkerpsychologie« hoffte (vgl. Fischer 1987, S. 59 f.). – Ins Wanken geriet die lange Tradition der positivistischen, völkerpsychologisch ausgerichteten I. erst in Folge der umgreifenden ideologiekritischen und methodologischen Kritik R. ↗ Welleks an der Komparatistik. Die entsprechenden Neuverortungen der I. vollzog seit Mitte der 60er Jahre in bes. Maße H. Dyserinck (vgl. Fischer 1981, S. 25 ff.). Als Ergebnis der Überlegungen formulierten er und seine Schüler bis in die späten 80er Jahre eine lit.wissenschaftlich ausgerichtete k. I., die völkerpsychologische Denkschemata und positivistische Vorgehensweisen strikt zurückweist und an die Stelle »ideologischer Kategorien« (ebd., S. 28) die Erforschung der historischen Zusammenhänge um die Entstehung und Wirkung nationaler Vorstellungsbilder setzt. Die k. I. erweiterte ihren Gegenstandsbereich nun konzeptionell auf einen extensiven Lit.begriff hin, der in der imagologischen Praxis jedoch nur wenig Anwendung fand. Charakteristisch für die k. I. ist lange Zeit ihr ideologiekritischer Anspruch gewesen (vgl. ebd., S. 16), der wie die I. seit jeher im außerliterar. Zeichen der Völkerverständigung stand und der in seinen extremen Ausformungen sogar bis zur Verleugnung der Existenz historisch bedingter Unterschiede zwischen Mentalitäten und Verhaltensweisen unterschiedlicher ethnischer Gruppen überhaupt geführt hat (vgl. O'Sullivan 1989, S. 13; Stüben 1995, S. 54). – In jüngster Zeit jedoch wird die »historische Wirkkraft« nationaler Differenzen als »wahrnehmungsprägende Schemata« (Blaicher 1992, S. 9) nicht mehr geleugnet. Ausgehend von dieser Einsicht ergeben sich für eine zukünftige k. I. eine Reihe von Aufgaben und Anforderungen, welche über die oben getroffenen Bestimmungen hinausgehen. Die zentrale Aufgabe der k. I. wird es dabei sein, sich zwischen zwei Wissenschaftsrichtungen zu entscheiden, nämlich (a) zwischen einer im engeren Sinne lit.wissenschaftlichen und (b) einer mentalitätsgeschichtlich orientierten. Im ersten Fall geht es um den »Primat der literar. und lit.wissenschaftlichen Spezifität« (Fischer 1987, S. 67) der Bilder und innerliterar. Untersuchungen zum ›ästhetischen Potential‹ (vgl. O'Sullivan 1989) von (nationalen) Images. In deren Zentrum stehen u. a. die Funktionen der bewußten oder unbewußten

Setzung oder Unterdrückung (nationaler) Bilder und Stereotypen (vgl. ebd., S. 26 und 48 f.). Eine Forderung an diese Forschungsrichtung ist die tatsächliche Umsetzung des extensiven Lit.begriffs als Gegenstandsfeld der Forschung, so daß neben fiktionalen Texten vermehrt auch andere Textsorten untersucht werden. So könnten z. B. durch die Analyse lit.wissenschaftlicher Texte wesentliche Ergänzungen zur Wissenschaftsgeschichte des 20. Jh.s entstehen, die sich in den letzten Jahren stark biographischen Aspekten gewidmet hat (↗ Biographismus). Die Alternative zu dieser Entwicklung der k. I. besteht in einer mentalitätsgeschichtlich orientierten Bildforschung, die die literar. Bilder von anderen Ländern um ihres semantischen Gehaltes willen untersucht, um auf diese Weise letztlich einen Beitrag zu einer interdisziplinären Kulturgeschichte zu leisten. Dies ist aber nur sinnvoll, wenn sich die Komparatisten auf ihre lit.wissenschaftlichen Kompetenzen besinnen. Das bedeutet zunächst, daß sich die k. I. die Erkenntnisse des radikalen ↗ Konstruktivismus zu eigen macht und es zu ihrem Ziel erklärt, mittels der Analyse von Texten als sprachlicher Realitätskonstituierung Aufschluß über kollektive Wahrnehmungsmuster und Vorstellungen historischer Gemeinschaften zu gewinnen. Interessante Aufschlüsse könnte diese Form der k. I. beispielsweise zur Klärung der These vom literar. Ursprung von Stereotypen allg. beitragen (vgl. O'Sullivan 1989, S. 38). Ein anderer lohnender Komplex betrifft die integrierende Funktion von textuellen Fremd- und Eigenbildern für die Ausbildung der kollektiven Identität sozialer Gruppen. Im Kontext der von Dyserinck (1988) postulierten »politischen Tragweite« der k. I. als »einer europäischen Wissenschaft von der Lit.« stellt sich u. a. die Frage nach der Bedeutung nationaler Bilder und Stereotypen für Prozesse der Nationsbildung.

Lit.: F. K. Stanzel: »Der literar. Aspekt unserer Vorstellungen vom Charakter fremder Völker«. In: *Anzeiger der philosophisch-historischen Klasse der Österreich. Akademie der Wissenschaften* 111 (1974) S. 63–82. – P. Boerner »Das Bild vom anderen Land als Gegenstand literar. Forschung«. In: *Sprache im technischen Zeitalter* 56 (1975) S. 313–321. – M. S. Fischer: *Nationale Images als Gegenstand Vergleichender Lit.geschichte. Untersuchungen zur Entstehung der k. I.*, Bonn 1981. – ders: »Literar. I. am Scheideweg. Die Erforschung des ›Bildes vom anderen Land‹ in der Lit.-Komparatistik«. In: G. Blaicher (Hg.): *Erstarrtes Denken. Studien zu Klischee, Stereotyp und Vorurteil in engl.sprachiger Lit.*, Tüb. 1987. S. 55–71. – H. Dyserinck: »K. I.: Zur politischen Tragweite einer europ. Wissenschaft von der Lit.«. In: ders./K. U. Syndram (Hgg.): *Europa und das nationale*

Selbstverständnis. Imagologische Probleme in Lit., Kunst und Kultur des 19. und 20. Jh.s, Bonn 1988. S. 13–37. – W. Leiner: *Das Deutschlandbild in der frz. Lit.,* Darmstadt 1991 [1989]. – E. O'Sullivan: *Das ästhetische Potential nationaler Stereotypen in literar. Texten,* Tüb. 1989. – H. J. Kleinsteuber: »Stereotype, Images und Vorurteile. Die Bilder in den Köpfen der Menschen«. In: G. Trautmann (Hg.): *Die häßlichen Deutschen? Deutschland im Spiegel der westlichen und östlichen Nachbarn,* Darmstadt 1991. S. 60–68. – G. Blaicher: *Das Deutschlandbild in der engl. Lit.,* Darmstadt 1992. – H. Dyserink: *I.: Gesammelte Aufsätze zur Erforschung ethnischer Stereotypenbildung,* Bonn 1993. – A. Nünning: »Das Image der (häßlichen?) Deutschen. Möglichkeiten der Umsetzung der k. I. in einer landeskundlichen Unterrichtsreihe für den Engl. unterricht«. In: *Die Neueren Sprachen* 93.2 (1994) S. 160–184. – J. Stüben: »Dt. Polen-Bilder. Aspekte ethnischer Imagetype und Stereotype in der Lit.«. In: H. H. Hahn (Hg.): *Historische Stereotypenforschung. Methodische Überlegungen und empirische Befunde,* Oldenburg 1995. S. 41–74.

MSch

Imitation ↗ Mimesis

Impliziter Autor ↗ Autor, impliziter

Impliziter Leser ↗ Leser, impliziter

Individuelles Unbewußtes ↗ Unbewußtes, individuelles

Ingarden, Roman Osipovich (1893–1970), poln. Philosoph. – 1912–1918 Studium der Mathematik bei D. Hilbert sowie der Psychologie und Philosophie bei E. ↗ Husserl in Göttingen und Freiburg; 1918 Promotion bei Husserl (*Intuition und Intellekt bei Henri Bergson*); 1924 Habilitation (*Essentiale Fragen. Ein Beitrag zum Problem des Wesens*) und Privatdozent in Lwów (Lemberg), wo er von 1933–1939 eine Professur innehatte; 1945 bis zu seiner Emeritierung 1963 war er Professor der Philosophie in Krakau; Nachlaß in der Poln. Akademie der Wissenschaften in Krakau. – I. ist von der Phänomenologie stark geprägt, geht allerdings auf kritische Distanz zu Husserls transzendentalem Idealismus. In dem dreibändigen Werk *Der Streit um die Existenz der Welt* (1964/65), das als grundlegender Beitrag zur Klärung des Idealismus-Realismus-Problems angelegt ist, betont I. den Vorrang der Ontologie. Die ontologische Umakzentuierung der Phänomenologie zeigt sich bereits in I.s einflußreicher ästhetischer Studie *Das literar. Kunstwerk* (1931). Darin untersucht I. unter methodischer Ausklammerung aller psychologischen und sozialen Bedingungen von Kunst das Problem der Seinsweise des literar.

Werkes. Dieses ist in seiner Grundstruktur ein intentionales Gebilde und daher seinsheteronom. Im Unterschied zu realen und idealen, z. B. mathematischen, Gegenständen, die seinsautonom existieren, ist das literar. Werk in seiner Gegebenheitsweise in doppelter Hinsicht abhängig: zum einen von den schöpferischen Leistungen eines künstlerischen Bewußtseins, zum anderen von den ↗ Konkretisationen im Lektüreprozeß. Dabei treffen die Operationen des Lesebewußtseins stets auf einen identischen Gegenstand, da die materiale Invarianz der sprachlichen Zeichen die intersubjektive Gestalt des literar. Werkes fundiert. In seinem Stufenbau lassen sich die Schichten der sprachlichen Lautgebilde, der Bedeutungseinheiten, der dargestellten Gegenständlichkeiten und der schematisierten Ansichten unterscheiden. Neben diesem Schichtenaufbau besitzt das literar. Werk in der ›Ordnung der Aufeinanderfolge‹ seiner Teile ein weiteres Strukturmerkmal. Was es für I. aber allererst zu einem Kunstwerk macht, ist die polyphone Harmonie, d. h. der Zusammenklang jener ästhetischen Wertqualitäten, die sich in den einzelnen Schichten des Werkes zeigen. – Beziehen sich I.s Überlegungen zur Struktur und Seinsweise intentionaler Gegenständlichkeit zunächst auf das literar. Kunstwerk, so werden sie in den *Untersuchungen zur Ontologie der Kunst* (1962) auf Musik, Bild, Architektur und Film ausgedehnt. *Vom Erkennen des literar. Kunstwerks* (1968) widmet sich schließlich den Fragen der Konkretisation literar. Werke. I. geht dabei von der Erkenntnis aus, daß die im literar. Werk dargestellte Gegenständlichkeit, im Gegensatz zur allseitigen Bestimmtheit realer Wahrnehmungsgegenstände, zahlreiche Unbestimmtheitsstellen (↗ Unbestimmtheit, literar.) aufweist. Dies ist in der Eigenart sprachlicher Darstellungsmittel begründet, Gegenstände immer nur in selektiver Schematisierung, jedoch nie in ihrer vollen Anschaulichkeit vergegenwärtigen zu können. In der Konkretisierung des literar. Werkes spielt daher die Auffüllung der zahlreich vorkommenden Unbestimmtheitsstellen eine wesentliche Rolle. Die Konkretisationen umfassen verschiedene Bewußtseinsakte, wobei die Wahrnehmung des materialen Fundaments für I. weniger von Interesse ist als die Bedeutungserfassung des Kunstwerks und die Konstitution des ästhetischen Gegenstandes im Lesebewußtsein. – In der Auseinandersetzung mit den ästhetischen Schriften I.s sind v. a. zwei Einwände erhoben worden. So lautet ein Vorwurf, das Schichtenmodell halte an einem klassizistischen

Kunstideal (›polyphone Harmonie‹) fest und sei daher ein inadäquates Beschreibungsinstrument für die irritierenden Erfahrungen moderner Lit.. Darüber hinaus wird dem Konzept der Konkretisierung vorgehalten, es reduziere die Leseraktivität auf eine textuell vorgesteuerte Komplettierungsleistung von Unbestimmtheitsstellen. Ungeachtet dieser Kritik hat die Ästhetik I.s in vielfältiger Hinsicht anregend gewirkt für die Fragestellungen der ↗ Rezeptionsästhetik wie auch der ↗ phänomenologischen Lit.wissenschaft. Die von I. getroffenen Unterscheidungen von Kunstwerk und ästhetischem Gegenstand, von Bild und Gemälde sowie von Werk und Konkretisation sind nach wie vor von zentraler Bedeutung für die theoretische Diskussion folgender Problemfelder: ästhetische Erfahrung und Wahrnehmung, die Rolle des Rezipienten von Kunst und Lit. sowie die Interaktion bildlicher und sprachlicher Medien.

Lit.: R. Ingarden: *Gesammelte Werke* (Hgg. R. Fieguth/ G. Küng), Tüb. Bisher erschienen: Bd. 4., *Einf. in die Phänomenologie E. Husserls* (Hg. G. Haeflinger), 1992; Bd. 6, *Frühe Schriften zur Erkenntnistheorie* (Hg. W. Galewicz), 1994; Bd. 7, *Zur Grundlegung der Erkenntnistheorie* (Hg. W. Galewicz), 1996; Bd. 8, *Zur Objektivität der sinnlichen Wahrnehmung* (Hg. W. Galewicz), 1997; Bd. 13, *Vom Erkennen des literar. Kunstwerks* (Hgg. R. Fieguth/G. Küng), 1997. – R. Ingarden: *Erlebnis, Kunstwerk und Wert*, Tüb. 1969. – ders.: *Gegenstand und Aufgaben der Lit.wissenschaft* (Hg. R. Fieguth), Tüb. 1976. – ders.: *Selected Papers in Aesthetics* (Hg. P. McCormick), Mchn. 1985. – W. Schopper: *Das Seiende und der Gegenstand. Zur Ontologie R.I.s*, Mchn. 1974. – P. Graff/S. Krzemien-Ojak (Hgg.): *R.I. and Contemporary Polish Aesthetics*, Warschau 1975. – E.H. Falk: *The Poetics of R.I.*, Chapel Hill 1981. – L.G. Taylor: *A Critical Study of R.I.s Phenomenology of Literary Works of Art*, Ann Arbor 1987. – P. McCormick/B. Dziemidok (Hgg.): *On the Aesthetics of R.I.*, Boston 1989.

HJSch

Inhaltsanalyse, computergestützte ↗ Computerphilologie

Innerer Monolog, narratives Verfahren zur möglichst unvermittelten Präsentation direkter Gedankenzitate in einem fiktionalen Text. Der i.M., der auch als autonomer Monolog bezeichnet wird, ist neben der ↗ erlebten Rede die zweite große Variante der Bewußtseinsstromtechnik (↗ Bewußtseinsstrom). Wie die erlebte Rede wird auch der i.M. eingesetzt, um die Komplexität mentaler Abläufe im Denken fiktionaler Charaktere möglichst realistisch zu evozieren. Dabei werden insbes. beim i.M. auch Regeln der Grammatikalität und der Kohärenz-

logik überschritten, wenn z.B. der teils fragmentarische und chaotisch assoziative Charakter menschlichen Denkens dargestellt wird. So können im i.M. syntaktisch unvollständige Sätze und Wortsequenzen ebenso auftauchen wie Aneinanderreihungen von Begriffen, die keine konventionell sinnhafte Abfolge ergeben, da sie die individuelle Assoziationskette einer fiktionalen Figur darstellen. – Für die erratische Qualität solcher Bewußtseinsinhalte verwendete der berühmte am. Psychologe und pragmatische Philosoph W. James im 19. Jh. erstmals den Begriff *stream of consciousness*. Nachdem G. Flaubert schon 1857 in *Madame Bovary* ausführlich die erlebte Rede als eine Form der Bewußtseinsstromtechnik benutzt hatte, machte 1888 der frz. symbolistische Schriftsteller E. Dujardin in seiner Novelle *Les lauriers sont coupés* erstmals vom im Vergleich zur erlebten Rede noch näher an der Assoziativität der Gedanken orientierten i.M. Gebrauch. In der Lit. der klassischen ↗ Moderne wurde der i.M. eine beliebte narrative Technik, der sich A. Schnitzler in seiner Erzählung *Leutnant Gustl* (1900) ebenso bediente wie J. Joyce im berühmten i.M. der Molly Bloom im letzten Kap. des *Ulysses* (1922) oder V. ↗ Woolf in *Mrs Dalloway* (1925).

Lit.: D. Cohn: *Transparent Minds. Narrative Modes for Presenting Consciousness in Fiction*, Princeton 1978. – W.G. Müller: »I.M.«. In: Borchmeyer/Žmegač 1994. S. 208–211.

HA

Institutionen, literarische, diejenigen Instanzen des ↗ Lit.systems, die an der Produktion (↗ Lit.produktion), der Verbreitung (↗ Lit.vermittlung) und der Rezeption und Verarbeitung (↗ Lit. rezeption, ↗ Lit.verarbeitung) von Lit. beteiligt sind. Hierzu gehören Autorinnen und Autoren, literar. AgentInnen, ÜbersetzerInnen, LektorInnen, das Druckgewerbe, der Buchhandel, Zeitungen und Zs.en, die Lit.kritik, Schriftstellerorganisationen, Bibliotheken, Bildungseinrichtungen wie Schulen und Universitäten sowie Leserinnen und Leser. Dieses Konglomerat ließe sich nicht nur um weitere Instanzen ergänzen, auch eine stärkere Differenzierung ist denkbar. Das trifft z.B. auf den Buchhandel zu, der in verschiedene Teilbereiche wie Verlagsbuchhandel, Zwischenbuchhandel und Bucheinzelhandel zerfällt. Die literar. I. stellen somit ein offenes, heterogenes Netzwerk mit vielfältigen Relationen und Abhängigkeiten dar, in denen die unterschiedlichsten gesellschaftlichen

Prozesse zum Tragen kommen. Einen lit.kritischen Terminus von G. ↗ Deleuze und P.F. ↗ Guattari aufgreifend, läßt sich dieses Gebilde als ›Rhizom‹ beschreiben. – Da der Lit.betrieb einem ständigen Wandel unterworfen ist, sind die literar. I. in ihrem jeweiligen Zeitbezug zu sehen. So veränderte sich etwa die Rolle des Verlegers durch den Wegfall des Mäzenatentums stark; der Beruf des Lektors entstand erst zu Beginn des 20. Jh.s. Daneben gilt es die Abhängigkeit des Lit.betriebs von den politischen und ökonomischen Rahmenbedingungen zu beachten. Die Mechanismen demokratischer Staaten lassen sich nicht ohne weiteres auf totalitäre Staaten übertragen, kommen hier doch gänzlich andere literar. I. ins Spiel, wie z.B. Zensurbehörden. – Das in den letzten Dekaden anwachsende Interesse an den literar. I. hat seinen Ursprung in den kommunikationsorientierten, systemtheoretischen und kulturwissenschaftlichen Ansätzen (↗ Kommunikationstheorie; ↗ Systemtheorie; ↗ Kulturwissenschaft), die seit den 60er Jahren die textimmanente Betrachtung von Lit. (↗ Werkimmanente Interpretation) abgelöst haben. Hierzu zählen die ↗ Marxistische Lit.theorie, die ↗ Rezeptionsästhetik von H.R. ↗ Jauß und W. ↗ Iser, die ↗ Empirische Theorie der Lit. von S.J. ↗ Schmidt, die Polysystemtheorie von I. Even-Zohar, der ↗ Cultural Materialism von R. ↗ Williams, die zunächst unter dem Stichwort ↗ New Historicism bekannt gewordene Cultural Poetics von St. ↗ Greenblatt sowie die einflußreiche Kultursoziologie P. ↗ Bourdieus. Der Terminus literar. I. wird bei Bourdieu allerdings vermieden und durch das Konzept des ›champ littéraire‹ ersetzt (literar. ↗ Feld). Die Empirische Theorie der Lit., deren Gegenstandsbereich der Gesamtbereich sozialer Handlungen im Lit.system ist, hat literar. I. im Rahmen eines strukturierten Netzes von Theorielementen und ↗ Handlungsrollen konzeptualisiert. Ein nicht minder bedeutsamer Impuls ging von der literar. Übersetzungsforschung (↗ Übersetzungstheorien) aus. Im Unterschied zu den zuvor erwähnten Ansätzen, die sich häufig auf abstrakte Überlegungen beschränkten und den literar. Text mitunter ganz ausblendeten, analysiert die Übersetzungsforschung exemplarische Fälle und gelangt so z.B. zu Aussagen über den Einfluß von Lektoren, Übersetzern und Herausgebern oder aber die kanonbildende Wirkung (↗ Kanon) der Copyrightbestimmungen. Daß die literar. I. bislang nicht mehr Berücksichtigung gefunden haben, obwohl ihre Einbeziehung seit langem als notwendig erkannt ist, mag u.a. damit zu tun haben, daß die für konkrete Aussagen notwendigen Dokumente mitunter nicht zugänglich sind. Die Korrespondenz der Verlage mit Übersetzern und Herausgebern z.B. ist nicht immer erhalten oder wird, was zeitgenössische Fälle betrifft, aus geschäftsinternen Gründen der Forschung nur ungern zur Verfügung gestellt. Die Untersuchung literar. I. kann Aufschluß geben über Phänomene wie literar. ↗ Autorität, literar. ↗ Bildung, literar. ↗ Wertung, die Unterscheidung von ↗ Hochlit. und ↗ Triviallit. sowie die Mechanismen der Kanonbildung und ↗ Zensur.

Lit.: R. Williams: *Culture*, Ldn. 1981. – J. Dubois: *L'institution de la littérature. Introduction à une sociologie*, Paris 1983 [1978]. – I. Even-Zohar: »The ›Literary System‹«. In: *Poetics Today* 11.1 (1990) S. 27–44. – A. Viala: »L'histoire des institutions littéraires«. In: H. Béhar/R. Fayolle (Hgg.): *L'histoire littéraire aujourd'hui*, Paris 1990. S. 118–128. – K. Martens: »Institutional Transmission and Literary Translation. A Sample Case«. In: *Target* 3.2 (1991) S. 225–241. – P. Bourdieu: *Les règles de l'art. Genèse et structure du champ littéraire*, Paris 1992. – A. Barsch: »Komponenten des Lit.systems. Zur Frage des Gegenstandsbereichs der Lit.wissenschaft«. In: Fohrmann/Müller 1996. S. 134–158.

JE

Intention (lat. *intentio*: Absicht/Bestrebung), der Begriff hat sehr starke Affinitäten mit seinen Bedeutungen außerhalb der Lit.theorie. Juristisch ist er im anglo-am. Strafrecht schon lange gebräuchlich (z.B. Unterschied zwischen Mord und Totschlag); philosophisch bezieht er sich in der Phänomenologie (E. ↗ Husserl) auf den Problemkreis Wahrnehmung-Objekt sowie in der ↗ Sprechakttheorie (J.L. ↗ Austin) auf die den Kommunikationsakt bestimmenden Konventionen; kunstgeschichtlich erfaßt er ästhetische Fragestellungen zum auktorialen Beitrag bei der Werkgenese. – In der Lit.kritik ist I. spätestens seit 1946 ein umstrittenes Konzept. Die Traditionalisten argumentieren, daß die I. eines Autors rekonstruierbar und im Hinblick auf die ↗ Bedeutung eines ↗ Textes ausschlaggebend ist. Der wichtigste Vertreter dieser in der ↗ Romantik beginnenden Richtung ist E.D. ↗ Hirsch (1967), der zwischen *meaning* (durch I. des Autors im Text festgelegt) und *significance* (variiert je nach ↗ Epoche und Leser) unterscheidet und die I. als unverzichtbares Hilfsmittel bzw. als Norm für die ↗ Interpretation bezeichnet. Die *New Critics* (↗ New Criticism) W.K. ↗ Wimsatt und M. Beardsley hingegen argumentieren in der Nachfolge der ↗ Moderne (T.S. ↗ Eliot) gegen das romantische Prinzip der ↗ Originalität und bezeichnen das interpretierende Operieren mit der I. als Trugschluß (*intentional fallacy*). Als Anti-Intentionalisten insistieren sie auf der sprachlichen ↗ Struktur des Textes und weisen dem (akademischen) Kritiker eine evaluative Funktion zu, ohne dessen ↗ Subjektivität in Frage zu stellen. Seit den 70er Jahren wird die I. durch den ↗ Poststrukturalismus in Frage gestellt (vgl. J. ↗ Derrida 1967; M. ↗ Foucault 1969), wenn Foucault z.B. vom anonymen ↗ Diskurs spricht und Derrida die Idee des Ursprungs und der festen Bedeutung ad absurdum führt. Die I. wird auch durch den performativen Aspekt der Sprache (J. ↗ Culler 1997, S. 95–109) zu einem höchst problematischen Kriterium für die Interpretation.

Lit.: W.K. Wimsatt/M. Beardsley: »The Intentional Fallacy« (1946). In: D. Newton-de Molina (Hg): *On Literary Intention*, Edinburgh 1976. S. 1–13. – J. Derrida: *De la grammatologie*, Paris 1967 (dt. *Grammatologie*, FfM. 1996 [1974]). – E.D. Hirsch: *Validity in Interpretation*, New Haven 1967. – M. Foucault: *L'archéologie du savoir*, Paris 1969 (dt. *Archäologie des Wissens*, FfM. 1995[1973]). – Ausg. »I.« der Zs. *NLH* 25.3 (1994). – A. Patterson: »I.«. In: Lentricchia/McLaughlin 1995. S. 135–146. – D. Buchwald: »Intentionalität, Wahrnehmung, Vorstellung, Un-Bestimmtheit«. In: Pechlivanos et al. 1995. S. 311–323. – Culler 1997.

HPW

Interaktionstheorie der Metapher ↗ Metapherntheorien

Interdiskurs, reintegrierender, sind ↗ Diskurse im Sinne der an die Arbeiten M. ↗ Foucaults anschließenden ↗ Diskurstheorien dadurch bestimmt, daß sie sich auf je spezielle Wissensausschnitte (Spezialdiskurse) beziehen, deren Grenzen durch Regulierungen dessen, was sagbar ist, was gesagt werden muß und was nicht gesagt werden kann, gebildet sind (die ›Ordnung des Diskurses‹ bei Foucault) sowie durch ihre je spezifische Operativität, so bezeichnet der I.begriff all jene Diskurselemente und diskursiven Verfahren, die der Re-Integration des in den Spezialdiskursen arbeitsteilig organisierten Wissens dienen. – Zu unterscheiden sind dabei drei Ebenen von Interdiskursivität: (a) Bereits Foucault selbst hat gezeigt, wie sich mehrere Diskurse oder diskursive Formationen auf Grund der Analogie ihrer Aussageverfahren zu interdiskursiven Konstellationen bündeln. (b) Weiter lassen sich diskursübergreifende Dispositive wie ›Vernunft‹, ›Sexualität‹ oder ›Normalität‹ feststellen, die soziale Gegenstände von bes., tendenziell gesamtgesellschaftlicher Rele-

vanz konstituieren. (c) Schließlich lassen sich in (literar.) Texten Elemente mit diskursübergreifender und damit die ausdifferenzierten Spezialdiskurse re-integrierender Funktion bestimmen, wie etwa die verschiedenen Modelle von Metaphern, Symbolen (v.a. ↗ Kollektivsymbolen), Analogien und Mythen. Solche elementar-literar. Elemente bilden in ihrer Gesamtheit den allg. interdiskursiven Rahmen eines Diskurssystems, wobei diese Elemente wiederum zu verschieden perspektivierten I.en (Religion, Philosophie und eben auch Lit.) gebündelt werden können, und zwar sowohl parallel als auch in Konkurrenz zueinander. Lit. ist dann einerseits als ein Spezialdiskurs zu beschreiben (weil sie eigenen Formationsregeln unterliegt), andererseits als hochgradig interdiskursiv, da sie, wie sich empirisch leicht feststellen läßt, in bes. hohem Maße diskursübergreifende und -integrierende Elemente ins Spiel bringt. Lit. übernimmt also als Spezialdiskurs die Funktion interdiskursiver Re-Integration. Über den engeren Gegenstandsbereich der Lit. hinaus stellt die I.theorie damit nicht nur ein Modell für den komplexen Funktionszusammenhang von Lit., Spezialdiskursen und Gesamt-Kultur bereit, sondern liefert zudem einen Beitrag zur Debatte um Intertextualität, die dann lediglich als ein Spezialfall von Interdiskursivität zu verstehen wäre.

Lit.: J. Link: »Lit.analyse als Interdiskursanalyse«. In: J. Fohrmann/H. Müller (Hgg.): *Diskurstheorien und Lit.wissenschaft*, FfM. 1992 [1988]. S. 284–307. – J. Link/U. Link-Heer: »Diskurs/I. und Lit.analyse«. In: *LiLi* 20.77 (1990) S. 88–99. – J. Link/R. Parr: »Semiotik und I.«. In: Bogdal 1997 [1990]. S. 108–133.

UG/JL/RP

Interdisziplinarität, I. beschreibt eine Praxis in Lehre und Forschung, an der mehr als eine Disziplin beteiligt ist. Sie versteht sich als Reaktion auf die fortschreitende Spezialisierung in den etablierten wissenschaftlichen Disziplinen und zugleich als Antwort auf das wachsende Bewußtsein vom vielschichtigen Charakter wissenschaftlicher Problemstellungen. Über die allg. akzeptierte Forderung hinaus, daß I. eine größere Rolle in den Wissenschaften spielen solle, gibt es wenig Klarheit darüber, was I. bedeutet. Das Spektrum der Definitionen reicht vom punktuellen Zusammenarbeiten zweier Disziplinen zur Lösung eingrenzbarer Probleme, bis hin zum Verständnis von I. als ein neues universelles Forschungsparadigma. – Wie immer in solch unübersichtlichen Situationen hat man sich bemüht, dem heillosen begrifflichen Durcheinander in Sachen I. durch Differenzierung und Präzisierung der verwendeten Terminologie abzuhelfen. Hier sind insbes. solche Versuche zu nennen, die durch die Unterscheidung von Multi-, Inter- und Transdisziplinarität und im weiteren durch die Abgrenzung der echten von der nur scheinbaren I. eine Klärung herbeiführen wollen. J. Kockelmans (1979) hat z.B. die folgende terminologische Unterscheidung vorgeschlagen: Ausgehend von einer Definition von Disziplin als Wissensgebiet oder Untersuchungsfeld, das durch einen Corpus von allg. verbindlichen Methoden charakterisiert ist, schlägt er die Variante Multidisziplinarität für Studiengänge vor, die von mehreren Disziplinen durchgeführt werden. Pluridisziplinär nennt er eine Vorgehensweise, bei der die Erkenntnisse und Methoden anderer Disziplinen für die Forschung in der eigenen Disziplin herangezogen werden. Interdisziplinär ist für ihn Wissenschaft, die durch einen oder mehrere Wissenschaftler betrieben wird und bei der versucht wird, ein Problem zu lösen, dessen Lösung nur durch die Integration von Teilen etablierter Disziplinen in eine neue erreicht werden kann (z.B. Psycholinguistik oder Biophysik). Schließlich führt er den Begriff *crossdisciplinary work* ein für ein Vorgehen, bei dem verschiedene Disziplinen an der Lösung eines komplexen Problems beteiligt sind, das aber nicht zur Herausbildung einer neuen Disziplin führt. Diese Versuche, die Terminologie auszudifferenzieren, sind kaum dazu geeignet, dem wissenschaftspolitischen Schlagwort die notwendige Prägnanz zu verschaffen. J. Mittelstraß hat deshalb den Vorschlag gemacht, echte Disziplinarität als ›Transdisziplinarität‹ zu identifizieren. Er geht von einer fundamentalen Asymmetrie zwischen der ›Rationalität der Fakten‹ und der Rationalität der historisch gewachsenen Disziplinen aus. Insofern Disziplinen ihren Gegenstand und ihr Problemfeld definieren und insofern die Zahl der Probleme, die zur Lösung anstehen und die nicht mehr mit dem Lösungsraster einer Disziplin bewältigt werden können, ständig steigt, insofern muß I. in der Mittelstraßschen Mutation zur Transdisziplinarität sich durch die Konstitution eigener Gegenstände definieren: »Transdisciplinarity does not just leave individual disciplines the way they are« (Mittelstraß 1991, S. 21). Damit ist aber I. nicht mehr nur Ergänzung der disziplinären Methodiken, sondern ein Programm für die radikale Umgestaltung von Wissenschaft, für eine neue Forschungspraxis.

Lit.: J. Kockelmans: *Interdisciplinarity and Higher Education*, University Park 1979. – J. Mittelstraß: »Die Stunde der I.?« In: J. Kocka (Hg.): *I.*, FfM. 1987. S. 152–158. – J. Thompson Klein: *Interdisciplinarity. History, Theory, and Practice*, Detroit 1990. – U. Hübenthal: *Interdisziplinäres Denken*, Stgt. 1991. – J. Mittelstraß: »Einheit und Transdisziplinarität. Eine Einl.«. In: Akademie der Wissenschaften zu Berlin (Hg.): *Forschungsbericht 4. Einheit der Wissenschaften*, Bln./N.Y. 1991. S. 12–22.

JS

Intermedialität (lat. *inter*: zwischen; lat. *medius*: Mittler, vermittelnd), analog zur ↗ Intertextualität, die eine in einem Text nachweisliche Einbeziehung mindestens eines weiteren (verbalen) Textes bezeichnet, läßt sich I. definieren als eine intendierte, in einem Artefakt nachweisliche Verwendung oder Einbeziehung wenigstens zweier konventionell als distinkt angesehener Ausdrucks- oder Kommunikationsmedien. Ähnlich wie der Begriff ›↗ Text‹ in der Intertextualität ist allerdings ›Medium‹ als Basis von I. problematisch. Die Möglichkeit, ›Medium‹ im engeren, technischen Sinn aufzufassen, wird heute in der I.sforschung oft zugunsten eines weiten Mediumsbegriffs unter Einschluß der traditionellen Künste aufgegeben, wodurch eine weitgehende Deckung mit den *interart(s) studies* entsteht. – Typologisch läßt sich I. differenzieren: (a) nach beteiligten Medien: für die Lit. z.B. der Einbeziehung von bildender Kunst (↗ Kunst und Lit.), Film (↗ Film und Lit.), Musik (↗ Musik und Lit.); (b) nach der Dominanzbildung: intermediale Formen ohne klare Dominanz, z.B. Musik und Lyrik im Kunstlied, vs. I. mit Dominanz eines Mediums gegenüber einem oder mehreren anderen, z.B. punktuelle Illustrationen zu einem Roman; (c) nach der Quantität der intermedialen Bezugnahmen: ›partielle‹, d.h. Teile eines Werkes betreffende, vs. ›totale‹, d.h. das ganze Werke betreffende I., im Bereich musik-literar. I., z.B. Drama mit Liedeinlagen vs. Oper; (d) nach der Genese der I.: ›primäre I.‹, bei der I. wie in der Bildgeschichte von Anfang an Teil des Werkkonzeptes ist, vs. ›sekundäre I.‹, bei der I. erst im Nachhinein, oft von fremder Hand entsteht, z.B. bei Romanverfilmungen; (e) nach dem bes. wichtigen Differenzkriterium der Qualität des intermedialen Bezuges: Bei der ›manifesten I.‹ bleiben die beteiligten Medien als solche an der Werkoberfläche unabhängig von einer möglichen Dominanzbildung erhalten und unmittelbar erkennbar, z.B. bewegte Bilder, ›dramatischer‹ Text und Musik im Tonfilm. Dabei kann die

Intensität des intermedialen Bezuges schwanken zwischen den Polen ›Kontiguität‹, z.B. im Nebeneinander von Text und Musik im Kinderlied, und ›Synthese‹, z.B. in einer Wagneroper. Zur manifesten I. in Opposition steht die ›verdeckte I.‹, bei der stets eine bestimmte Dominanzbildung stattfindet, so daß ein nicht-dominantes Medium als Folge eines ↗ Medienwechsels im dominanten Medium eines Werkes aufgeht, von diesem quasi verdeckt wird und deshalb an der Werkoberfläche nicht mehr in jedem Fall erkennbar ist. In der verdeckten I. kann die Nachweisbarkeit der I. daher zum Problem werden, namentlich in einer wichtigen Unterform der I.: der Imitation bzw. Inszenierung eines fremden Mediums, d.h. im Versuch, in einem Medium (oft bis an die Grenzen von dessen Möglichkeiten) ein anderes Medium unter ›ikonischer‹ statt ›referentieller‹ Zeichenverwendung nachzuahmen, z.B. wenn ein literar. Text durch bestimmte Strukturen der Musik angenähert wird. In der Regel bedarf es zur Erkennbarkeit der I. hierbei einer ›Lesehilfe‹ (in paratextuellen Hinweisen [↗ Paratext], Bildunterschriften o.ä.). Diese Hilfen gehören zur zweiten Unterform verdeckt intermedialer Bezüge: der intermedialen Thematisierung, bei der unter üblicher Verwendung der Zeichen des einen Mediums auf ein anderes Medium referiert wird: z.B. in der Beschreibung eines Gemäldes in einer literar. ↗ Ekphrasis. – I. ist in der Form manifester I. ein in der Lit. wohl schon immer vorkommendes Phänomen, bes. in der traditionellen Verbindung zwischen Musik und Text im Lied. Das Auftreten verdeckter I., bes. fremdmedialer Imitation, ist demgegenüber eine relativ neue Entwicklung. Im Roman datieren Versuche der Annäherung an die Malerei ab dem Ende des 18.Jh.s, Experimente mit einer Musikalisierung ab der Romantik und Imitationen filmischer Techniken ab der ↗ Moderne. Das funktionale Spektrum der I. ist außerordentlich breit. In der Lit. umfaßt es u.a. das experimentelle Ausloten und Erweitern der Grenzen des eigenen Mediums, das Schaffen metafiktionaler/ästhetischer Reflexionsräume (↗ Metafiktion) oder die Stärkung, aber auch Unterminierung ästhischer ↗ Illusion.

Lit.: Z. Konstantinovic et al. (Hgg.): *Literature and the Other Arts. Proceedings of the IXth Congress of the ICLA*, Innsbruck 1981. – J.-P. Barricelli/J. Gibaldi (Hgg.): *Interrelations of Literature*, N.Y. 1982. – U. Weisstein (Hg.): *Lit. und bildende Kunst, Ein Handbuch zur Theorie und Praxis eines komparatistischen Grenzgebietes*, Bln. 1992. – Zima 1995. – H.P. Wagner (Hg.): *Icons, Texts, Iconotexts. Essays in Literature and Intermediality*, Bln. 1996. – W. Wolf: »I. als neues Paradigma der Lit.wissenschaft? Plädoyer für eine lit.-zentrierte Erforschung von Grenzüberschreitungen zwischen Wortkunst und anderen Medien am Beispiel von V. Woolfs ›The String Quartet‹«. In: *AAA* 21.1 (1996) S. 85–116. – J. Helbig (Hg.): *I.: Theorie und Praxis eines interdisziplinären Forschungsgebiets*, Bln. 1998.

WW

Internet ↗ Medien, neue

Interpretation (lat. *interpretatio*: Deutung, Übersetzung, Erklärung), Prozeß und Resultat der Auslegung bzw. Deutung mündlicher, schriftlicher und allg. zeichenhafter Äußerungen auf der Basis von ↗ Verstehen bzw. hermeneutischer Bemühung; im engeren Sinne Auslegung schriftlicher (theologischer, juristischer, historischer, literar.) Werke in methodisch reflektierter bzw. wissenschaftlich disziplinierter, nicht nur naiver Weise nach Maßgabe der ↗ Hermeneutik als der ›Kunstlehre des Verstehens‹, mit der Grundregel des ↗ ›hermeneutischen Zirkels‹, spiralenförmig vom Teil zum Ganzen und zurück führend; im engsten Sinne Deutung von Kunstwerken. – Die lit.wissenschaftliche I. unterscheidet zwischen rein philologischer I. erklärungsbedürftiger Aussagen, d.h. semantischer und grammatischer Klärung zeitgenössischer bzw. uns fremd gewordener vergangener Texte, und ästhetischer I. (vgl. Ter-Nedden 1987, S. 32ff.). Lit. als Selbstdarstellung konkreter Subjektivität geht, schon aufgrund ihrer Gestaltqualität, über die diskursive Sprache der Information bzw. Wissenschaft hinaus; Form ist integrativer, nicht ablösbarer Bestandteil dieses Symbolsystems. Die ästhetische I. reflektiert dies. Die ↗ ›werkimmanente‹ I. (vgl. E. ↗ Staiger), historische Erscheinung nach 1945, ist, logisch gesehen, die Voraussetzung weiterreichender, werktranszendierender I., da sie sowohl den immanenten philologischen Sinn und die Textintention bestimmt als auch den immanenten ästhetischen Beziehungs- und Formenreichtum reflektierend erläutert. Wird die Immanenz des Textes falsch verstanden, muß auch die werktranszendierende I., die Beziehungen des Werks zu Autor, Kultur- und Sozialgeschichte usw. eruiert, falsche Konsequenzen ziehen. Die werktranszendierende I. kann (a) das Werk als Material und Quelle für historische, soziologische, ideengeschichtliche, psychologische Auslegungen und Erklärungen verwenden, (b) es auf ↗ Gattung, ↗ Stil, ↗ Ideen einer ↗ Epoche oder (c) auf ↗ Intention und Entwicklung des Autors beziehen und (d) übergreifende Zusammenhänge zwischen Werk und Kultur- und Sozialgeschichte sowie soziopsychologischen Gegebenheiten herstellen. Die an der ↗ marxistischen Lit.theorie orientierte I. versuchte, das Werk als Phänomen des ›Überbaus‹ aus der ökonomischen ›Basis‹ zu verstehen, ja zu erklären oder gar ›abzuleiten‹. Die moderne ›Antihermeneutik‹, sich auf M. ↗ Foucault, J. ↗ Lacan oder J. ↗ Derrida berufend, bewegt sich häufig im Rahmen der antiaufklärerischen Paradoxie, antihermeneutisch (d.h. nicht-verstehend) verstehen zu wollen, wenngleich sie vorgibt, in ihren ↗ ›Diskursanalysen‹ und ↗ ›Dekonstruktionen‹ subjektunabhängig bloß ↗ ›Strukturen‹ und ↗ ›Diskurse‹ freizulegen (vgl. R. Barthes 1970, J. Hörisch 1988). – Die Geschichte der I. leitet sich von der theologischen Exegese, um philologische und ↗ allegorische I. bemüht, her. Im 18. Jh. verbinden sich theologische und profane Exegese zu wissenschaftlicher historisch-hermeneutischer Auslegung, deren Theorie von Schleiermacher zu W. ↗ Dilthey und schließlich zu H.-G. ↗ Gadamer führt, der die Basis des für unhintergehbar-universell gehaltenen hermeneutischen Erkennens in Sprache und Dialog begründet sieht. Eine spezifisch literar. I.-Theorie steckt noch in den Anfängen. E. D. ↗ Hirsch hat 1972 im Gegensatz zu poststrukturalistischen Thesen vom ↗ ›Tod‹ des Autors und des Sinns Überlegungen zur Rekonstruktion der Autorintention angestellt. Er hält, wie U. ↗ Eco (1992), an der sinngebenden Instanz des Autors, die Unbewußtes einschließe, bzw. der *intentio operis* fest, während H.R. ↗ Jauß von der Unabschließbarkeit der Deutung der unbegrenzten Sinnpotentiale eines Werks, der *intentio lectoris* vorbehalten, ausgeht. L. Bredella (1980) und G. Ter-Nedden (1987) z.B. wenden sich einer spezifisch literar. I.-Theorie zu.

Lit.: E.D. Hirsch: *Validity in Interpretation*, New Haven 1967 (dt. *Prinzipien der I.*, Mchn. 1972). – R. Barthes: *S/Z*, Paris 1970 (dt. *S/Z*, FfM. 1976). – L. Bredella: *Das Verstehen literar. Texte*, Stgt. 1980. – Ph. Forget (Hg.): *Text und I.*, Mchn. 1984. – G. Ter-Nedden: *Leseübungen. Einf. in die Theorie und Praxis der literar. Hermeneutik*, Hagen 1987. – J. Hörisch: *Die Wut des Verstehens*, FfM. 1988. – St. Mailloux: »I.«. In: Lentricchia/McLaughlin 1990. S. 121–134. – U. Eco: *Die Grenzen der I.*, Mchn. 1992.

HHH

Interpretationsgemeinschaft, zentrales Konzept des rezeptionsästhetischen Ansatzes (↗ Rezeptionsästhetik) des am. Lit.theoretikers und

Juristen St. ↗ Fish, der im Titelaufsatz seines Werkes *Is There A Text In This Class? The Authority of Interpretive Communities* (1980) die Möglichkeit der einen richtigen ↗ Bedeutung eines Textes negiert. Bedeutung ist für Fish weder die Eigenschaft eines statischen und stabilen Textes noch das Eigentum völlig freier und unabhängiger Leser, sondern vielmehr das Ergebnis der Tätigkeit einer I., die die Aktivitäten des individuellen Rezipienten ebenso steuert wie sie dessen Lektüreergebnisse prägt. Dabei bezieht sich der Begriff der I. weniger auf eine Gruppe von Individuen, die sich auf eine bestimmte Lesart geeinigt haben, als auf ein Bündel von verbreiteten Rezeptionsstrategien, die allen Angehörigen der jeweiligen I. gemein sind. Interpretative Leseakte sind demnach immer schon in sprachliche und institutionelle soziale Konventionen eingebettet, die ihnen vorausgehen und sie bestimmen. Situation und gesellschaftlicher Rahmen determinieren den Prozeß des Lesens, so daß für Fish weder der Text noch der Leser dominiert, sondern die Interpretationsstrategie der jeweiligen I. Eine objektive und allg. intersubjektiv akzeptable und verbindliche Interpretation kann es also nicht geben. Vielmehr existieren die verschiedenen Lesarten, wie sie durch unterschiedliche I.en bestimmt sind, gleichberechtigt nebeneinander. Durch den Rückgriff auf die institutionalisierte Übereinkunft in bezug auf Lesestrategien erweist sich Fishs Konzept der I., das er in seiner Studie *Professional Correctness* (1995) zu einer Theorie der institutionellen Professionalisierung der Lit. kritik weiterentwickelt hat, als vermittelndes Instrument zwischen formalistischen, rein textzentrierten Ansätzen und ausschließlich auf den einzelnen Leser hin orientierten Theorien der ↗ Rezeptionsästhetik und der empirischen ↗ Rezeptionsforschung.

Lit.: Fish 1995 [1980]. – R.W. Dasenbrock: »Accounting for the Changing Certainties of Interpretive Communities«. In: *MLN* 101.5 (1986) S. 1022–1041. – E. Freund: *The Return of the Reader. Reader-Response Criticism*, Ldn. 1987. – St. Fish: *Professional Correctness. Literary Studies and Political Change*, Oxford 1995.

HA

Intersubjektivität, phänomenologisch-hermeneutischer Begriff, der die Vorgängigkeit der Sprache als Verständigungszusammenhang von Subjekten sowohl gegenüber dem Anspruch ›objektiven‹ Wissens wie gegenüber dem Erkenntnisanspruch des einzelnen Subjekts postuliert und dabei an E. ↗ Husserls intersubjektiv geteilte Lebenswelt und M. ↗ Heideggers In-der-Welt-Sein durch Sprache anschließt. Anders als die letztlich subjektlose poststrukturalistische ↗ Intertextualität impliziert der Begriff der I. die konstitutive Rolle der beteiligten Subjekte an sprachlich-textuellen Prozessen und betont gegenüber dem dekonstruktivistischen Diktum der Unmöglichkeit des Verstehens nachdrücklich dessen Möglichkeit, ja Notwendigkeit in Sprache, Kultur und Lit. Gegen J. ↗ Derrida besteht H.-G. ↗ Gadamer auf dem hermeneutischen ↗ Verstehen nicht als empathetischer, sondern als epistemischer Kategorie. Die I. der Sprache und des Verstehens ist aber niemals garantiert oder vollständig, sondern mit dem geschichtlichen, kulturellen und persönlichen Horizont der Subjekte vermittelt. Sie ist daher nach J. ↗ Habermas eine ›gebrochene I.‹, die durch das kommunikative Handeln der konkreten Subjekte stets neu realisierbar ist, aber gleichwohl eine unhintergehbare normative Implikation von Sprache selbst darstellt. – ›Intersubjektiv‹ und dialogisch ist in diesem Sinn auch das Modell der Lit., das als Antwort des Autors auf Fragen erscheint, die seine Zeit ihm stellt, und das zugleich den Leser dazu motiviert, Antworten auf die neuen Fragen zu finden, die der Text ihm durch sein Anderssein aufgibt. Das Sich-Hineinversetzen in die ↗ Perspektive eines Anderen wird zur spezifischen Rezeptionsbedingung der Lit., durch die das Vertraute verfremdet und zugleich das Fremde als das Vertraute präsentiert wird. Dadurch wird in der Lit. die lebensweltliche Erfahrung des Selbst- und ↗ Fremdverstehens gleichsam potenziert und in ihren Möglichkeiten und Grenzen erkundet.

Lit.: J. Habermas: *Theorie des kommunikativen Handelns*, 2 Bde., FfM. 1981. – Ph. Forget (Hg.): *Text und Interpretation*, Mchn. 1984.

HZ

Intertextualitätstheorien und Intertextualität, I. bezeichnet die Eigenschaft von insbes. literar. ↗ Texten, auf andere Texte bezogen zu sein. I.stheorien beschreiben, erklären oder systematisieren die Bezüge zwischen Texten. – Daß ein literar. Text nicht in einem Vakuum existiert, ist seit langem bekannt, zumal Begriffe wie Imitation, ↗ Parodie oder Epikrise schon der klassischen ↗ Rhetorik vertraut waren. Darüber hinaus ist allein die Idee von literar. oder anderen ↗ Gattungen ohne die Annahme intertextueller Bezüge undenkbar, da die bloße Klassifizierung eines Texts als Typus schon eine Aussage über Ähnlichkeiten oder Unterschiede zu anderen

Texten impliziert. Grundsätzlich sind zwei Kategorien von I.theorien zu unterscheiden. In der einen wird I. als deskriptiver Oberbegriff für herkömmliche Bezugsformen von Texten verstanden, in der anderen in einem umfassenderen ontologischen Sinn zur qualitativen Bezugnahme auf sämtliche Arten von bedeutungstragenden Äußerungen verwendet. Während deskriptive I.theorien versuchen, die intentionale und spezifische Anspielung eines Autors auf das Werk eines anderen zu bezeichnen, wurde der ontologische Begriff der I. urspr. innerhalb eines breiteren und radikaleren theoretischen Projekts geprägt, das gerade die Vorstellung auktorialer ↗ Intentionalität sowie die Einheit und ↗ Autonomie des ›Werks‹ selbst unterminieren wollte. – Die auf dieser radikaleren Version der I. basierenden I.theorien haben ihre Herkunft in M. ↗ Bachtins Theorie der ↗ Dialogizität, obgleich die Unterschiede zwischen dieser und der I.theorie genauso bedeutsam sind wie ihre Gemeinsamkeiten. Nach Bachtin (1986, S. 91 f.) ist jede Äußerung untrennbar mit Dialog und Zitat verbunden, denn sie ist »filled with dialogic overtones«, »with echoes and reverberations of other utterances«. Weil Sprache ein soziales Medium ist, sind die Wörter, die wir benutzen, bereits angereichert mit den Intentionen und Akzenten anderer Sprecher. Äußerungen beziehen ihre Bedeutung nur aus der »dialogisch erregte[n] und gespannte[n] Sphäre der fremden Wörter, Wertungen und Akzente«‹ mit welchen sie in »komplexen Wechselbeziehungen« stehen (Bachtin 1979, S. 169). Sprache ist gekennzeichnet von ↗ Heteroglossie, der komplexen Konfiguration konkurrierender sozialer, generischer und berufsspezifischer Sprachen, die die Stratifikation jeder Einzelsprache zu einem beliebigen Zeitpunkt ausmachen. J. ↗ Kristeva berief sich explizit auf Bachtin, als sie den Begriff I. prägte, um damit die dialogische Relation aller Texte untereinander zu beschreiben. Laut Kristeva (1972, S. 348) baut sich jeder Text »als Mosaik von Zitaten auf, jeder Text ist Absorption und Transformation eines anderen Textes«. Kristeva und anderen Poststrukturalisten zufolge ist I. eine Eigenschaft aller Texte und beschreibt nicht nur die intentionalen Bezüge von bewußter Anspielung auf andere Texte. Die Kristevasche I.theorie geht sogar so weit, die auktoriale Intentionalität völlig zu marginalisieren, indem der Dialog von intendierenden Sprechern durch den Dialog von Texten ersetzt wird: »An die Stelle des Begriffs der Intersubjektivität tritt der Begriff der Intertextualität« (ebd.). An diesem Punkt vollzieht Kristeva jedoch einen Bruch mit Bachtins Dialogizität. Insbes. in seinen späteren Schriften betont Bachtin (1986, S. 104), daß jeder Text ein Subjekt oder einen Autor habe, und daß Sprache immer die Form einer Äußerung annehme, die zu einem bestimmten sprechenden Subjekt gehört und außerhalb dieser Form nicht existieren kann (ebd., S. 71). In der Kristevaschen I.theorie dient der Begriff I. sowohl als polemische Waffe als auch als deskriptives Instrument innerhalb des umfassenderen poststrukturalistischen Projekts der Subjektdezentrierung (↗ Subjekt und Subjektivität). Kristeva (1972, S. 372) zufolge ist gerade das Vorhandensein von I. für eine Verwischung der Grenze zwischen lesendem und schreibendem Subjekt verantwortlich; beide werden textualisiert: »Derjenige, der schreibt, ist auch derjenige, der liest« und ist »selbst nur ein Text, der sich aufs neue liest, indem er sich wieder schreibt«. Auch R. ↗ Barthes stellt in seiner I.stheorie Vorstellungen von Subjektautonomie und auktorialer Intentionalität in Frage, wenn er in seinem sehr einflußreichen Essay »Der Tod des Autors« (1968) den Leser als Raum beschreibt, in welchen das den Text konstituierende ›Gewebe von Zitaten‹ eingeschrieben sei (↗ Autors, Tod des). Dieser Leser sei jedoch kein unschuldiges Subjekt, das dem Text vorausginge, sondern selbst schon eine Pluralität anderer Texte, ›unendlicher Codes‹. Die universalisierende Tendenz, die Barthes' ›unendlich‹ und Kristevas ›jeder Text‹ impliziert, ist ein entscheidendes Moment poststrukturalistischer I.stheorien. J. ↗ Derrida, für den Sprache immer ›Zitat‹ oder ›Iteration‹ ist, spricht von einem grenzen- und nahtlosen ›*texte général*‹ (vgl. L. Jenny 1982, S. 45: I. »speaks a language whose vocabulary is the sum of all existing texts«) Bachtin zufolge sind intertextuelle Bezüge weder universell noch unendlich, sondern historisch determiniert. ↗ Heteroglossie ist nicht das Produkt subjektloser Texte, sondern ein soziales und historisches Phänomen. – Das allumfassende Konzept unendlicher intertextueller Bezüge, das der ↗ Poststrukturalismus vertritt, hat seine Anhänger nicht davon abgehalten, in ihrer textanalytischen Praxis spezifische Wechselbeziehungen zwischen einzelnen Texten und deren ›Prätexten‹ bzw. ↗ Hypotexten hervorzuheben. So versucht H. ↗ Bloom in seiner I.stheorie eine absolutistische Variante der poststrukturalistischen I. (›there are no texts, but only relationships between texts‹) mit deskriptiver literar. Einflußforschung zu vereinba-

ren. Bloom zufolge ist der Text, in bes. Maß das Gedicht, ein Schlachtfeld, auf dem der Dichter einen ödipalen Konflikt mit den Prätexten der Tradition und den Einfluß ausübenden ›Vätern‹, die diese Prätexte projizieren, ausagiert. Blooms Konzept einer ↗ ›*anxiety of influence*‹ grenzt nicht nur die möglichen Beziehungen zwischen Text und Prätext ein, sondern repersonalisiert diese wieder, so daß Subjektivität und ↗ Intersubjektivität wieder von Bedeutung sind. – In dem bisher umfassendsten intertextualitätstheoretischen Projekt versucht G. ↗ Genette (1982/93), eine systematische Typologie intertextueller Relationen aufzustellen. Genette teilt die in ihrer Gesamtheit von ihm Transtextualität genannten möglichen Beziehungen zwischen Texten in fünf Untergruppen ein: (a) I., womit v. a. die ganze »traditionelle Praxis des Zitats« (G. 1993, S. 10) sowie die zusätzlichen Aspekte des Plagiats und der Anspielung gemeint sind; (b) Paratextualität, die Beziehung zwischen einem Text und den ihn unmittelbar einrahmenden Versatzstücken von Texten, wie z. B. Titel, Einleitung, Nachwort, Anmerkungen, Epigraph usw. (↗ Paratext); (c) ↗ Metatextualität, der Kommentar eines Textes zu einem anderen; Genette (ebd., S. 13) nennt dies »die kritische Beziehung par excellence«; (d) ↗ Hypertextualität, die kommentarlose Transformation eines Prätextes (bzw., in Genettes Worten, eines ›Hypotextes‹) in die Form einer Parodie, eines ↗ Pastiches, einer Adaption (↗ Lit.adaption) usw.; und (e) ↗ Architextualität, die als abstrakteste und impliziteste der fünf Kategorien die allgemeineren Gattungsbezüge zwischen Texten betrifft. – Gerade die Differenzierung und Pluralisierung von Kategorien im Genetteschen Begriffssystem verweisen auf ein zentrales Problem aller I.stheorien. Der Begriff I. ist derzeit als Bezeichnung für eine Vielzahl möglicher Bezugsformen von Texten in Gebrauch, seien sie intentional oder unbewußt, zufällig oder von theoretischer Notwendigkeit. Darüber hinaus widersprechen sich die beiden extremen Versionen, die eine universell-ontologisch, die andere spezifisch-deskriptiv. Wenn alle Texte nur Aktualisierungen eines anonymen und uneinholbaren Intertextes oder ›*texte général*‹ sind, wie kann man dann noch von einzeln auffindbaren und abgrenzbaren Prätexten sprechen? Und wie können der synchronistische ↗ Strukturalismus oder der anti-teleologische und ahistoristische Poststrukturalismus die diachrone Vorgängigkeit aufrechterhalten, die der ontologische Begriff des Prätextes impliziert? So bleiben die zwei Richtungen innerhalb der I.stheorie nicht nur praktisch sondern auch theoretisch unvereinbar. Während die I.stheorie in ihrer textanalytischen Anwendung die Bezüge zwischen einzelnen Texten ermittelt und analysiert, stellt sie in ihrer sprachontologischen Anwendung gerade die Grundlage einer solchen Auswahl in Frage.

Lit.: J. Kristeva: »Wort, Dialog und Roman bei Bachtin«. In: J. Ihwe (Hg.): *Lit.wissenschaft und Linguistik*, Bd. 3, FfM. 1972. S. 345–375. – Bloom 1997 [1973]. – M. Bachtin: *Die Ästhetik des Wortes* (Hg. R. Grübel), FfM. 1979. – Genette 1982/93. – L. Jenny: »The Strategy of Form«. In: T. Todorov (Hg.): *French Literary Theory Today*, Cambridge et al. 1982. S. 34–63. – W. Schmid/W.-D. Stempel (Hgg.): *Dialog der Texte. Hamburger Kolloquium zur I.*, Wien 1983. – U. Broich/M. Pfister (Hgg.): *I.: Formen, Funktionen, anglistische Fallstudien*, Tüb. 1985. – E. Morgan: »Is there an Intertext in this Text? Literary and Interdisciplinary Approaches to Intertextuality«. In: *American Journal of Semiotics* 3.4 (1985) S. 1–40. – M. Bachtin: *Speech Genres and Other Late Essays* (Hgg. C. Emerson/M. Holquist), Austin 1986. – M. Pfister: »I.«. In: Borchmeyer/Žmegač 1994 [1987]. S. 215–218. – U.J. Hebel (Hg.): *Intertextuality, Allusion and Quotation. An International Bibliography of Critical Studies*, N.Y. 1989. – R. Lachmann: *Gedächtnis und Lit.: I. in der russ. Moderne*, FfM. 1990. – M. Worton/J. Still (Hgg.): *Intertextuality. Theories and Practices*, Manchester et al. 1995 [1990]. – J. Clayton/E. Rothstein (Hgg.): *Influence and Intertextuality in Literary History*, Madison 1991.– H.F. Plett (Hg.): *Intertextuality*, Bln. 1991. – W. Kühlmann/W. Neuber (Hgg.): *I. in der Frühen Neuzeit. Studien zu ihren theoretischen und praktischen Perspektiven*, FfM. 1994. – Sh. Schahadat: »I.: Lektüre – Text – Intertext«. In: Pechlivanos et al. 1995. S. 366–377. – R. Lachmann: »I.«. In: Ricklefs 1996. S. 794–809. – M. Martinez: »Dialogizität, I., Gedächtnis«. In: Arnold/Detering 1997 [1996]. S. 430–445.
RA

Intradiegetische Ebene ↗ Diegese

Irigaray, Luce (*1932), Psychoanalytikerin, Linguistin, feministische Philosophin. – I. studierte Philosophie, Psychologie und Linguistik in Louvain und Paris und erhielt eine Ausbildung als Psychoanalytikerin. Von 1969 bis 1974 unterrichtete sie an J. ↗ Lacans École Freudienne, aus der sie wegen ihrer Habilitationsschrift *Speculum de l'autre femme* (1974) ausgeschlossen wurde. I. hat internationale Gastprofessuren wahrgenommen und ist Direktorin des Centre National de la Recherche Scientifique in Paris. – Neben ihren empirischen Arbeiten zur Linguistik, in denen I. ein geschlechterdifferentes Sprachverhalten notiert, ist sie insbes. durch ihre Schriften zur feministischen Philosophie bekannt geworden. I. stellt für die Geschichte abendländischen Denkens eine ›hom(m)osexu-

elle‹ (frz. *homme*: Mann) Logik fest, die nur ein Geschlecht kenne: den Mann. Die Frau fungiere als Tauschobjekt zwischen Männern und werde immer nur in Relation zum Mann, als Mangel oder Verkümmerung des Männlichen definiert. Die Frau sei als sie selbst in der Symbolischen Ordnung nicht repräsentierbar; sie sei somit ein ›Geschlecht, das nicht eins ist‹. I. geht es um eine Dezentrierung des phallozentrischen Diskurses (↗ Phallozentrismus) mittels einer ↗ ›Mimesis‹ der männlichen Logik, die die Psychoanalyse S. ↗ Freuds und Lacans nicht verschont. In ihren Texten manifestiert sich dieser dekonstruktive Impetus in der untrennbaren Verquikkung ›männlicher‹ Texte mit I.s eigenen Kommentaren. Der phallozentrische Diskurs wird aus sich selbst heraus subvertiert, und der doppelte Ort der Frau, gleichzeitig innerhalb wie außerhalb der Symbolischen Ordnung, wird als Ausgangspunkt dieser Subversion gefaßt. I. geht es allerdings nicht um eine ↗ Dekonstruktion der ↗ Geschlechterdifferenz; neben der männlichen fordert sie eine weibliche Symbolische Ordnung, die der Frau einen Ort des Sprechens eröffnen soll. Dabei ist die autoerotische Berührung der ›zwei Lippen‹ der Frau I.s Gegenmodell zu einer Logik des Phallus. Die Frage, ob I. die ›Lippen‹ metaphorisch begreift oder auf den materiellen weiblichen Körper bezieht, wird ganz bewußt nicht abschließend beantwortet. Ihre Texte suchen binäres Denken zu unterlaufen, indem sie Sprache an den Körper und an Sexualität binden. Das weibliche Sprechen, *parler femme*, das I. sowohl theoretisch entwickelt als auch in ihren eigenen Prosatexten zu schreiben sucht, weist Parallelen zur ↗ *écriture féminine* bei H. ↗ Cixous auf, ist aber explizit ein Sprechen von Frauen. I. beschreibt es als eine Ökonomie des Flüssigen, des Spielerischen und Unabschließbaren. Neben der Kritik an der abendländischen Philosophie hat sich I. mit dem Problem einer weiblichen Genealogie auseinandergesetzt. Für sie geht der Mord an der Mutter dem Vatermord noch voran, den Freud als kulturstiftendes Moment identifiziert. I. problematisiert das Mutter-Tochter-Verhältnis, Beziehungen zwischen Frauen sowie ein weibliches Göttliches als Referenzpunkt eines nichtphallozentrischen Symbolisierungssystems. In ihren Überlegungen zu einer Ethik des Anderen, in der I. eine theoretische Nähe zu E. Levinas aufweist, sucht sie, im Gegensatz zu Lacan, die Beziehung zwischen Selbst und Anderem nicht über den Mangel, sondern über eine Ökonomie des Überschusses und der Verausgabung zu fassen. – Von materialistischen Feministinnen wurde I. als Essentialistin angegriffen, während von der Psychoanalyse in der Nachfolge Lacans kritisiert wurde, daß I. eine utopische Regression in die präödipale Mutter-Kind-Dyade propagiere. Die feministische Lit.wissenschaft hat sich v.a. mit ihren Überlegungen zum weiblichen Sprechen und Schreiben auseinandergesetzt. Neuere Richtungen der ↗ Gender Studies (R. Braidotti; J. ↗ Butler) greifen ihre Überlegungen zur ›Mimesis‹ kultureller Diskurse sowie zur Prozeßhaftigkeit von (weiblicher) Identität auf.

Lit.: L. Irigaray: *Speculum de l'autre femme*, Paris 1974 (dt. *Speculum. Spiegel des anderen Geschlechts*, FfM. 1980). – dies.: *Ce sexe qui n'en est pas un*, Paris 1977 (dt. *Das Geschlecht, das nicht eins ist*, Bln. 1979). – dies.: *Et l'une ne bouge pas sans l'autre*, Paris 1979. – dies.: *Amante Marine, de F. Nietzsche*, Paris 1980. – dies.: *Le corps-à-corps avec la mère*, Montreal 1982. – dies.: *L'oubli de l'air chez M. Heidegger*, Paris 1983. – dies.: *Éthique de la différence sexuelle*, Paris 1984 (dt. *Ethik der sexuellen Differenz*, FfM. 1986). – dies.: *Parler n'est jamais neutre*, Paris 1985. – dies.: *Sexes et parentés*, Paris 1987 (dt. *Genealogie der Geschlechter*, Freiburg 1989). – dies.: *Le temps de la différence*, Paris 1989 (dt. *Die Zeit der Differenz*, FfM. 1991). – E. Grosz: *Sexual Subversions. Three French Feminists*, Sydney 1989. – N. Schor: »This Essentialism that Is not One. Coming to Grips with I.«. In: *Differences* 2.1 (1989) S. 38–58. – M. Whitford: *L.I.: Philosophy in the Feminine*, Ldn. 1991.

DF/SSch

Ironie (gr. *eirōneía*: Verstellung), in der Geschichte des Begriffs der I. zeichnen sich drei Verwendungsweisen ab (vgl. Oesterreich 1994, S. 110–111): (a) Erstens wird die I. als Redewendung, als rhetorischer Tropus (↗ Tropen) verstanden (*ironia verbi*), der einen Ausdruck (Substituendum) durch einen semantisch entgegengesetzten Ausdruck (Substituens) ersetzt, wobei das Gemeinte durch die sog. I.-Signale erkennbar ist (vgl. H. ↗ Weinrich 1966, S. 61). So wird Lob durch Tadel und Tadel durch Lob ausgedrückt. Das in dieser Definition beschlossene Gegensatzkriterium wurde bes. von Quintilian (*Institutio oratoria*, IX.ii.44) betont. Nach Cicero (*De Oratore*, II.lxvii.269) meint die I. etwas anderes, als sie sagt. (b) Zweitens wird die I. als Lebensform verstanden (*ironia vitae*). ↗ Aristoteles (*Nikomachische Ethik*, 1108 a 23, 1127 a 20–32) und Quintilian (IX.ii.46) weisen auf die Dialogtechnik und Lebensführung von Sokrates hin. Ihnen folgen spätere Theoretiker wie F. Schlegel. (c) Der dritte I.-Begriff ist ontologisch (*ironia entis*). Er kam in der Romantik auf, wiederum bes. bei Schlegel, der die rhetorische I. ›infinitisiert‹, z.B. in seinen Beiträgen zum *Athe-*

näum. Diese neue Form der I. (die als romantische I. bezeichnet wird) tritt in der zur Philosophie erhobenen Poesie auf, die ständig den Widerstreit zwischen Ideal und Wirklichkeit zum Ausdruck bringt. Schlegel verbindet die I. mit der Parabase, einer Technik der Illusionsbrechung in der attischen Komödie. – Lit. Erscheinungsformen der I.: Die I. als rhetorischer Tropus (*antiphrasis*) findet sich als Einzelfigur, z.B. in der als Lob getarnten Verunglimpfung »Brutus is an honourable man« in Shakespeares *Julius Caesar* (III.2), und als Gesamtstruktur, etwa H. Fieldings *Jonathan Wild* (1743). In der Satire von der Antike bis zu G. Orwells *Animal Farm* (1945) ist die rhetorische I. die schärfste Waffe. Eine bes. Technik ist dabei die Verwendung einer satirischen ↗ Figur (*satiric persona*). Im Roman nimmt der auktoriale ↗ Erzähler bei Cervantes, Fielding, D. Diderot, Wieland, Goethe und Th. Mann oft eine ironische Haltung ein. Das ironische Potential des figurengebundenen (›personalen‹) Erzählens (↗ Erzählsituation) nutzen Autoren wie J. Austen (*Emma*, 1816), G. ↗ Flaubert (*Madame Bovary*, 1856) und H. ↗ James (*The Ambassadors*, 1903), deren Darstellung zwischen Einfühlung und Distanzierung wechselt. Eine wichtige Form der I. in der Lit. ist die dramatische und speziell die tragische I. Das klassische Beispiel dafür ist Ödipus' Verfluchung des Mörders seines Vaters in Sophokles' Drama, die unwissentlich eine Selbstverfluchung ist. Eine Wirkungsbedingung der dramatischen I. ist der unterschiedliche Kenntnisstand und Bewußtheitsgrad (*discrepant awareness*) bei den dramatischen Figuren und den Zuschauern, ein wichtiges Mittel auch der Komödie. Eine bes. Form der I., die im 20. Jh. z.B. bei L. Pirandello, I. Calvino, M. Frisch und Ph. Roth auftritt, ist die Fiktionsironie (vgl. Heimrich 1968), die mit der ↗ Fiktionalität des Textes spielt. Bedeutende Vorläufer sind Sterne und Diderot.

Lit.: N. Knox: *The Word Irony and its Context 1500–1755*, Durham, 1961. – H. Weinrich: *Linguistik der Lüge*, Heidelberg 1966. – B. Heimrich: *Fiktion und Fiktionsironie in Theorie und Dichtung der dt. Romantik*, Tüb. 1968. – D.C. Muecke: *Irony and the Ironic*, N.Y. 1982 [1970]. – H. Weinrich: »I.«. In: J. Ritter/K. Gründer (Hgg): *Historisches Wörterbuch der Philosophie*, Bd. 4, Basel 1976, Sp. 577–582. – D. Knox: *Ironia. Medieval and Renaissance Ideas on Irony*, Leiden 1989. – D. Stojanovic: *I. und Bedeutung*, Bern 1991. – P.L. Oesterreich: *Philosophen als politische Lehrer. Beispiele öffentlichen Vernunftgebrauchs*, Darmstadt 1994. – L. Hutcheon: *Irony's Edge. The Theory and Politics of Irony*, Ldn. 1995. – E. Behler: »I./ Humor«. In: Ricklefs 1996. S. 810–841. – E. Behler: *I. und literar. Moderne*, Paderborn 1997.

WGM

Ironie, romantische ↗ Romantik, Literaturtheorien der

Iser, Wolfgang (*1926), dt. Anglist und Lit.-wissenschaftler, führender Repräsentant der ↗ Konstanzer Schule. – Nach seiner Promotion (1950) und Habilitation (1957) in Heidelberg mit Arbeiten zu H. Fieldings Weltanschauung und der Autonomie des Ästhetischen bei W. Pater wurde I. in den 60er Jahren in schneller Folge auf Lehrstühle für angl. Lit.wissenschaft in Würzburg, Köln und Konstanz (1967) berufen. Auf der Basis seiner Anfang der 70er Jahre entwickelten Theorie der ↗ Wirkungsästhetik machte er gemeinsam mit H.R. ↗ Jauß und anderen Vertretern eines *Reader-response criticism* (↗ Rezeptionsästhetik) Konstanz zu einem national wie international renommierten Zentrum interdisziplinärer geisteswissenschaftlicher Forschung und Reflexion, damit die Reformimpulse dieser jungen Universität einlösend. Die *Poetik und Hermeneutik*-Reihe bildete dafür ein adäquates und höchst einflußreiches Forum der Diskussion und Publikation. Die Tatsache, daß I.s Hauptwerke in eine Vielzahl von Sprachen übersetzt worden sind, und sein durch zahlreiche Einladungen zu Gastprofessuren dokumentiertes Renommee gerade in den USA belegen sein Ansehen und den Einfluß seiner Wirkungsästhetik ebenso eindrucksvoll wie zehn abgelehnte Rufe, die Mitherausgeberschaft mehrerer wichtiger Zs.en und die Ehrenmitgliedschaft der *Modern Language Association of America (MLA)*. – Die Grundgedanken der Theorie der Wirkungsästhetik hat I. zunächst in *Die Appellstruktur der Texte* (1970) skizzenhaft vorgezeichnet, sie sodann in *Der implizite Leser* (1972) an Einzelanalysen engl.sprachiger Romane von Bunyan bis Beckett interpretatorisch durchgespielt und den Spielraum der Besetzung der Leserrolle in ihrer historischen Ausdifferenzierung vermessen und sie schließlich in seinem Hauptwerk *Der Akt des Lesens* (1976) theoretisch ausgefächert und zu einem umfassenden Modell der kommunikativen Interaktion von Text und Leser abgerundet. Nach einer vorübergehenden Rückkehr zu exemplarischen Werkinterpretationen in den 80er Jahren, hat er v. a. in *Das Fiktive und das Imaginäre* (1991) die anthropologische Dimension seiner Wirkungsästhetik systematisch expliziert (↗ Literar Anthropologie). Durch die anthropologisch verankerte Triade des Realen, Fiktiven und ↗ Imaginären in ihrer wechselseitigen Beziehung wird die Eigentümlichkeit der Akte des Fingierens und ihrer

Wirkungen darin gesehen, daß die Fiktion ›die Wiederkehr lebensweltlicher Realität im Text bewirkt und gerade in solcher Wiederholung das Imaginäre in eine Gestalt zieht, wodurch sich die wiederkehrende Realität zum Zeichen und das Imaginäre zur Vorstellbarkeit des dadurch Bezeichneten aufheben‹. – In I.s Wirkungsästhetik werden die geläufigen Essentialismen (↗ Essentialismus) ontologischer Urteile und Unterscheidungen durch eine funktionalistische Perspektive dynamisiert und die produktiven Leistungsmöglichkeiten von Fiktionen neu bestimmt. Insbes. wird die traditionelle Statik der Begriffstrias von Autor, Werk und Leser durch die Betonung des temporalen Geschehenscharakters in der hermeneutischen Aktstruktur des Lesens so neu akzentuiert, daß sowohl die Interaktion von Text und Leser als dialogischer Prozeß vorstellbar als auch ein Bewußtsein dafür geschaffen wird, daß der ästhetische Wert und das Erkenntnispotential des literar. Textes diesem nicht als ontologisches Seinsprädikat innewohnen, sondern erst in den durch die virtuelle Systemganzheit der Werkstruktur gelenkten Vorstellungsaktivitäten und Äquivalenzbildungen des Lesers sich vollenden. Leitvorstellungen wie die Bestimmung des Ästhetischen als einer Textperspektiven zu einem Netz von Relationen organisierenden Hohlform, die Beschreibung des wechselnden Leserblickpunkts durch die Thema-Horizont-Struktur oder die Konzeptualisierung der Erkenntnisfunktion fiktionaler Texte als die Entpragmatisierung der vertikal hierarchisierten Geltungsansprüche des in den Text eingezogenen Normenrepertoires (↗ Textrepertoire), aber auch einprägsame Konzepte wie die ↗ Appellstruktur, die ↗ Leerstelle oder der implizite ↗ Leser leisten dazu einen wesentlichen Beitrag. – Noch wichtiger für die theoretische Substanz seiner Wirkungsästhetik sind drei prägende Grundüberzeugungen: (a) ein emphatischer Begriff von der intellektuellen, emotionalen und anthropologischen Erkenntniskraft fiktionaler Texte; (b) die Verortung dieser Leistungsmöglichkeit in der offenen Dynamik der Perspektiven ihrer als virtuell vorgestellten, ganzheitlichen Systemstruktur, die es durch einen erweiterten Werkbegriff vor störenden Interferenzen mit dem realen Autor und Leser abzusichern gilt und deren analytisch angemessene Übersetzung in die Pragmatik des lebensweltlichen Diskurses in erster Linie einer hermeneutisch-phänomenologisch orientierten Lit.wissenschaft, nicht dagegen einer empirisch-analytisch verfahrenden Sozialpsychologie des Autors und des Lesers obliegt; (c) bei aller Offenheit des wirkungsästhetischen Textmodells gegenüber dem Leser das Insistieren auf einer dem rationalen Diskurs zugänglichen Textstruktur, die als transzendentale Systemreferenz eine hinreichend intersubjektiv zu rekonstruierende Basis bildet, um trotz des immer subjektiv gebrochenen Charakters einer jeden ↗ Aktualisierung des Sinnpotentials die Wissenschaftsfähigkeit des kritischen Dialoges zu gewährleisten und einer relativistischen Beliebigkeit des Spiels individueller Meinungen und Projektionen vorzubeugen. Insofern tritt I. für ein Textmodell ein, das zwar die ›Unausschöpflichkeit‹ des Sinns von Fiktionen herausstreicht, nicht jedoch wie der ↗ Poststrukturalismus von seiner ›Unbestimmbarkeit‹ ausgeht.

Lit.: W. Iser: *Die Appellstruktur der Texte. Unbestimmtheit als Wirkungsbedingung literar. Prosa*, Konstanz 1970. – ders.: *Der implizite Leser. Kommunikationsformen des Romans von Bunyan bis Beckett*, Mchn. 1994 [1972]. – ders.: »Die Appellstruktur der Texte. Unbestimmtheit als Wirkungsbedingung literar. Prosa«. In: R. Warning (Hg.): *Rezeptionsästhetik*, Mchn. 1994 [1975]. S. 228–252. – ders. 1994 [1976]. – ders.: *L. Sternes ›Tristram Shandy‹. Inszenierte Subjektivität*, Mchn. 1987. – ders.: *Prospecting. From Reader Response to Literary Anthropology*, Baltimore 1989. – ders. 1993 [1991]. – P. V. Zima: »W. I.s Wirkungsästhetik«. In: ders. 1991. S. 249–258.

MW

Isotopie (gr. *ísos*: gleich; gr. *tópos*: Ort), von A. J. ↗ Greimas (1971) eingeführter Begriff für eine homogene semantische Struktur, die die ↗ Kohärenz und somit die Verstehbarkeit eines Textes begründet. Eine I. konstituiert sich durch die Rekurrenz gleicher semantischer Einheiten, den kontextuellen Semen oder Klassemen, in unterschiedlichen Lexemen oder Lexemgruppen eines Textes. So ist z. B. das Klassem [Finanzen] in dem folgenden Satzgefüge rekurrent: ›Er entschied sich für eine Bank, die mit kostenloser Kontoführung, Telefonbanking und Zinsen für das Girokonto warb‹. Eine weitere Leistung der I. besteht darin, daß polysemische Begriffe (↗ Polysemie), wie hier ›Bank‹, durch die Rekurrenz des Klassems monosemiert, d. h. vereindeutigt werden. Mehrdeutige ↗ Signifikanten können aber auch z. B. in Bonmots als konnektierender Term zur Verbindung zweier unterschiedlicher I.n Verwendung finden (z. B. ›Der Feind der Hamburger ist der Feinschmecker‹). Literar. Texte intensivieren dieses Verfahren, indem einzelne Lexeme oder Lexemgruppen ganz unterschiedlichen I.n zugeordnet werden können. Auf diese Weise entstehen komplexe I.n, die

Mehrfachlesarten zulassen. Rastier (1974) z. B. wies drei verschiedene kohärente Lesarten des Gedichts »Salut« von St. Mallarmé nach. – Der Begriff I. und das damit verbundene semanalytische Verfahren fand v. a. seit den 70er Jahren Eingang in die Lit.wissenschaft, so etwa bei J. Schulte-Sasse und R. Werner (1977), die auch der Kritik der Ahistorizität begegneten und eine sozial-historische Erweiterung der Methode vorschlugen sowie in Ansätzen eine Übertragung auf den Film leisteten. Nachdem der Begriff eine starke Ausdehnung auf die Rekurrenz der verschiedensten Inhalts- und Ausdruckselemente gefunden hatte, unternahm U. ↗ Eco (1987) eine konzentrierende Systematik, wobei er gleichzeitig den Begriff in seinen rezeptionspragmatischen Ansatz integrierte.

Lit.: A. J. Greimas: *Sémantique structurale*, Paris 1966 (dt. *Strukturale Semantik*, Braunschweig 1971). – F. Rastier: »Systematik der I.n«. In: W. Kallmeyer et al. (Hgg.): *Lektürekolleg zur Textlinguistik*, Bd. 2, FfM. 1974. S. 153–190. – E. U. Große: »Zur Neuorientierung der Semantik bei Greimas«. In: ebd. S. 87–125. – J. Schulte-Sasse/R. Werner: *Einf. in die Lit.wissenschaft*, Mchn. 1977. – U. Eco: *Lector in fabula*, Mchn./Wien 1987. S. 107–127.

VW

J

Jakobson, Roman Osipovič (1896–1982), russ. Linguist und Philologe. – Als einer der wichtigsten Vertreter des ↗ Strukturalismus hat J. nicht nur der modernen Linguistik, sondern auch der strukturalistischen Lit.- und Kulturwissenschaft viele nachhaltig wirkende Denkanstöße gegeben. J.s bes. Verdienst liegt dabei in der konsequenten interdisziplinären Anwendung eines binären, mit Strukturanalogien und Oppositionen (↗ binäre Oppositionen) operierenden Denkens auf so verschiedene Gebiete wie Phonologie, Neurolinguistik und Lit.wissenschaft. – In der Biographie und wissenschaftlichen Entwicklung J.s lassen sich nach Koch (1981, S. 225 f.) vier Phasen unterscheiden: (a) die formalistische Phase (1914–1920), in der J. Student an der Moskauer Universität, ab 1915 Mitglied des von ihm mitbegründeten ›Moskauer linguistischen Kreises‹, ab 1917 Mitglied der Petersburger ›Gesellschaft zur Erforschung der poetischen Sprache‹ und als solcher einer der wichtigsten Vertreter des ↗ Russ. Formalismus war; (b) die strukturalistische Phase (1920–1939), in der J., ins tschech. Exil getrieben, einer der Gründer und führenden Denker der ↗ Prager Schule wurde; (c) die semiotische Phase (1939–1949), in der J., diesmal durch den Nationalsozialismus vertrieben, über Skandinavien in die USA emigrierte, 1941 Professor an der Columbia University wurde, die Bekanntschaft von Cl. ↗ Lévi-Strauss machte und dadurch Einfluß auf den frz. Strukturalismus gewann; (d) die interdisziplinäre Phase (ab 1949), in der J. in Harvard (und später auch am Mass. Institute of Technology) lehrte und seine urspr. an der Phonologie gewonnene Einsicht in die Bedeutung binärer Strukturen auf Probleme der Informations- und ↗ Kommunikationstheorie, ↗ Ästhetik, Aphasiologie, Genetik und anderer Wissenschaften übertrug. – Auf die Kultur- und Lit.theorie haben v.a. vier Konzepte Js. einen wichtigen Einfluß ausgeübt: (a) das Prinzip der dynamischen, sich gegenseitig bedingenden Oppositionen, das sich im Bereich der ↗ Kulturtheorie in elementaren Oppositionen wie der zwischen Genese und Metagenese, ↗ Natur und ↗ Kultur, Eigen- und Fremdkultur, ↗ Hochlit. und ↗ Subkultur wiederfinden ließ und zur Begründung einer neuartigen ›Evolutionären Kultursemiotik‹ nutzen ließ (vgl. hierzu die Arbeiten von W.A. Koch); (b) das J.sche ↗ Kommunikationsmodell mit seinen sechs Sprachfunktionen, eine Weiterentwicklung des sog. ›Organon-Modells‹ von K. ↗ Bühler aus den Jahren 1933/34. Grundidee dieses von J. (vgl. 1960, S. 66–71) in einer seiner bekanntesten Schriften skizzierten Modells ist die Vorstellung, daß bei jedem Kommunikationsakt sechs Faktoren: der Sender, die Botschaft, der Kanal, der Empfänger, der Kontext und der Code, sowie in jeweils unterschiedlich starker Ausprägung sechs ihnen zugeordnete Sprachfunktionen eine Rolle spielen: die emotive Funktion als Ausdruck der Befindlichkeit des Senders und seiner Haltung zum thematisierten Gegenstand; die poetische ↗ Funktion als »the set [...] toward the message as such« (ebd., S. 69), also als ›Einstellung auf die Botschaft als solche‹, auf ihre bes. sprachliche Form und Strukturiertheit; die phatische Funktion als die Überprüfung der zwischen Sender und Empfänger hergestellten Sprechverbindung; die konative Funktion als der in der Botschaft enthaltene Appell an den Empfänger; die referentielle Funktion als der Bezug auf die Wirklichkeit, d.h. auf die im Kontext vorgegebenen Gegenstände und Personen (↗ Referenz); die

metalinguale Funktion als die Verständigung über den ↗ Code, also z.B. über die Bedeutung der im Kommunikationsakt verwendeten Begriffe. Für die lit.wissenschaftliche Forschung wurden diese Unterscheidungen in der Folgezeit v.a. auf dem Gebiet der ↗ Dramen- und ↗ Erzähltheorie relevant. Außerdem wurden sie immer wieder im Zusammenhang mit J.s bedeutendstem Beitrag zur Lit.theorie zitiert, nämlich in der (c) Definition der poetischen Sprachfunktion, als deren Grundprinzip J. in einer berühmt gewordenen Formel ›die Projektion des Prinzips der Äquivalenz von der Achse der Selektion auf die Achse der Kombination‹ erkannte (ebd., S. 71; ↗ Literarizität). Unter der ›Achse der Selektion‹ wollte J. dabei die vielen Muster von sich in ihrer Bedeutung, ihrer Lautgestalt oder auch ihrem Rhythmus entsprechenden Wörtern verstanden wissen, aus denen ein Sprecher bei der Produktion normalsprachlicher Texte in der Regel jeweils nur eines, bei der Bildung poetischer Texte aber jeweils mehrere Wörter nacheinander in den Text einfüge. Damit hatte J. ein einheitliches Erklärungsprinzip für alle Wiederholungsstrukturen, nicht allerdings für die verschiedenen Formen der Bildlichkeit der Dichtung gefunden. Doch schuf J. auch bezüglich letzterer ein einflußreiches Theorem, nämlich (d) das Prinzip der Opposition zwischen ↗ Metaphorik und ↗ Metonymik, das J. zugleich im Unterschied zweier Aphasietypen, in der Opposition von Poesie und Prosa, ja sogar im Gegensatz zwischen Romantik und Realismus widergespiegelt sah. Eine weniger positive Aufnahme als diese Konzepte fanden in der Lit.wissenschaft J.s praktische Interpretationsversuche, deren rigorosem Binarismus man unschwer methodische Schwächen nachweisen konnte (vgl. z.B. Culler 1975, S. 55–74).

Lit.: R. Jakobson: *Poetik. Ausgewählte Aufsätze 1921–1971* (Hgg. E. Holenstein/T. Schelbert), FfM. 1979. – ders.: »Linguistics and Poetics« (1960). In: ders.: *Language in Literature* (Hgg. K. Pomorska/St. Rudy), Cambridge, Mass. 1987. S. 62–94. – Culler 1994 [1975]. – E. Holenstein: *R.J.s phänomenologischer Strukturalismus*, FfM. 1975. – G. Saße: »J. (*1896)«. In: Turk 1979. S. 286–297. – W.A. Koch: »R.J.-Laudatio«. In: H. Schnelle (Hg.): *Sprache und Gehirn. R.J. zu Ehren*, FfM. 1981. S. 223–235. – M. Krampen: »A Bouquet for R.J.«. In: *Semiotica* 33 (1981) S. 261–299. – St. Rudy: *R.J.: A Complete Bibliography of His Writings*, Bln. 1990. – R. Bradford: *R.J.: Life, Language, Art*, Ldn. 1994.

PW

James, Henry (1843–1916), am. Romancier, Dramatiker, Lit.kritiker. – Der jüngere Bruder des Philosophen W. James erhielt seine Bildung in New York und Europa und verbrachte ab 1876 die meiste Zeit seines Lebens in England. J. war ein sehr produktiver Lit.kritiker: Neben einer Studie über N. Hawthorne (1879) in Buchform schrieb er nahezu 300 lit.kritische Essays und Rezensionen. Viele davon hat J. selbst für die vier zu seinen Lebzeiten veröffentlichten Bände *French Poets and Novelists* (1878), *Partial Portraits* (1888), *Essays in London and Elsewhere* (1893) sowie *Notes on Novelists* (1914) ausgewählt. Noch bekannter wurden allerdings die achtzehn Vorworte für die New Yorker Ausgabe seiner gesammelten Romane und Erzählungen (1907–09). – J.' Lit.kritik kann kaum systematisch genannt werden, dennoch hat sie grundlegenden Einfluß auf die Erzähltheorie und die strukturale Analyse des narrativen ↗ Diskurses ausgeübt. Als Kritiker gehört J. zu den ersten, die die Erzählprosa nicht mehr als eine Form trivialer Unterhaltung oder moralischer Instruktion ansahen, sondern ihr den Status einer eigenen Kunstform zusprachen. Das geht allein schon aus dem Titel seines vielleicht berühmtesten Essays »The Art of Fiction« (1884) hervor, in dem er für den zeitgenössischen engl. Roman »a theory, a conviction, a consciousness of itself« fordert. Der Essay bietet keine eigene Theorie, wird aber seiner Forderung nach Reflexivität gerecht, indem er eine Reihe überkommener poetologischer Grundannahmen in Frage stellt. J. vermeidet nicht nur die ↗ binäre Opposition von Form und Inhalt, sondern wendet sich auch gegen die Auffassung von Charakterisierung, Erzählung, Beschreibung, Handlung und Dialog als isolierbare Einheiten oder ›Blöcke‹ innerhalb des Werkaufbaus und betont statt dessen die wechselseitige Bedingtheit von Figur und Handlung. Dessenungeachtet hat J. selbst einige wirkungskräftige theoretische Begriffspaare aufgestellt. Das schlagkräftigste ist die Unterscheidung zwischen den Erzählmodi *telling* (Erzählen) und *showing* (Zeigen), die bes. für das theoretische Werk P. ↗ Lubbocks (1921) und W.C. ↗ Booths (1961) wichtig wurde. Schon in »The Art of Fiction« und später in den Vorworten übt J. scharfe Kritik an Romanciers, die sich in Form von Erzählerkommentaren direkt an den Leser wenden und so die fiktionale Handlungsebene durchbrechen, was für J. ein verwerflicher Stilbruch ist. Stattdessen rühmt er die Kunst der ›szenischen‹ oder ›indirekten‹ Darstellung. Im Vorwort zu *The Portrait of a Lady* scheint J. sogar einen noch radikaleren Gegensatz unterschiedlicher

Erzählebenen einzuführen, der die für die moderne ↗ Narratologie zentrale ↗ Genettesche Unterscheidung zwischen ↗ *histoire* (Geschichte) und *récit* (Erzählung) vorwegnimmt. Mit seiner berühmten ›*house of fiction*‹-Metapher, eines Hauses, das nur Fenster zur Beobachtung, aber keine Türen für einen Übergang zwischen Beobachter und Beobachtetem bereitstellt, beharrt J. auf der absoluten Trennung zwischen dem Außen der Handlung und dem Innen des erzählerischen Diskurses. Noch wichtiger für die ↗ Erzähltheorie wurden allerdings seine wiederholten Kommentare zur Perspektive. Um die Abhängigkeit vom ↗ Erzähler zu vermeiden, ohne diesen aber gleichzeitig durch eine nur noch dialogische Darstellung des Szenischen opfern zu wollen, hat J. eine vermittelnde Beobachterfigur entwickelt, durch deren Blickwinkel fast die gesamte Handlung präsentiert wird. Diese Figur wird in den Vorworten abwechselnd als ›*reflector*‹, ›*register*‹ bzw. ›*centre of consciousness*‹ bezeichnet: Begriffe, die noch immer im Zentrum der narratologischen Diskussion um die ↗ Fokalisierung stehen. – J. war zuallererst Romanautor und dementsprechend besteht sein anregendster Beitrag zur Lit.theorie in dem engen Wechselverhältnis zwischen seinen Kommentaren zur Erzählprosa und seinen eigenen erzählenden Texten. Dieses erschöpft sich nie in einfacher Übereinstimmung, sondern ist die aktive Ausarbeitung von scheinbaren Widersprüchen. So unterminiert J. z.B. in seinen Spätwerken regelmäßig den begrifflichen Gegensatz von *histoire/récit*. Objekte der Handlungsebene führen ein Eigenleben als Metaphern der Erzählung, gleichermaßen fließen Metaphern der Erzählebene als konkrete Gegenstände in die Handlung ein. In seinem Roman *The Golden Bowl* (1904) führt der Titel selbst ein solches Doppelleben als Objekt der *histoire* und Symbol des *récit*, wobei er die Trennlinie zwischen beiden Ebenen verwischt. Das berühmt gewordene Bild des Elfenbeinturms, um den Maggie zu Beginn des Zweiten Buches herumgeht, nimmt eine vergleichbare Stellung zwischen Figuren- und Erzählebene ein, um schließlich als Titel des unvollendeten Romans *The Ivory Tower* wieder aufzutauchen. Auch die in den Vorworten eingeführte Gegenüberstellung von *showing* und *telling* wird von den Romanen selbst unterlaufen. J.' hochgradig rhetorisierte Erzählstimme ist alles andere als zurückhaltend und hat keine Skrupel vor ↗ Selbstreferenz oder vor den Leser miteinbeziehenden Verwendungen der 1. Person Plural, wie z.B. ›unser Held‹

oder ›unser Freund‹. Selbst da, wo die erzählerische Diktion am meisten im Vordergrund zu
stehen scheint, hat sie jedoch weiterhin die
Funktion des *showing*, da das jeweils benutzte
Idiom, sofern es nicht die Sprechweise einer der
Figuren nachahmt, in metonymischem Verhältnis zu einem wichtigen Aspekt der Figuren oder
der Situation steht. Auch Genettes begriffliche
Unterscheidung von Stimme und Modus gerät
angesichts von J.' eindeutig modaler, im Sinne
des *showing* eingesetzter Erzählstimme ins
Wanken, was sich als sein wichtigster Beitrag zur
Erzähltheorie erweisen mag.

Lit.: H. James: *The Art of the Novel*, N. Y. 1934. – ders.:
Selected Literary Criticism, Ldn. 1963. – V. Jones: *J. the
Critic*, Ldn. 1984. – T. Tanner: *H. J. and the Art of
Nonfiction*, Athens 1995.

RA

Jameson, Fredric (*1934), am. Lit.wissen-
schaftler. – J. ist der einflußreichste marxistische
Lit.theoretiker in den USA. Nach seinem Studium in Aix, München, Berlin und Yale lehrte J.
frz. sowie vergleichende Lit.wissenschaft. Professuren an der Harvard University, der University of California sowie der Yale University
folgte 1986 der Ruf an die Duke University. Dort
ist J. heute Professor für Vergleichende Lit.wis-
senschaft, Direktor des lit.wissenschaftlichen
Graduiertenprogramms und des Zentrums für
Kulturtheorie. – J. ist der zeitgenössische marxistische Lit.theoretiker, der am stärksten einer
Traditionslinie verpflichtet ist, die über die Vermittlung von G. ↗ Lukács direkt auf das ↗ Hegelsche Erbe des Marxismus zurückgreift (↗
Marxistische Lit.theorie). Insbes. die Sicht der
Geschichte als ↗ Totalität, also eines Sinnzusam-
menhanges, dessen Wesen und Entwicklungslogik prinzipiell ermittelbar und beschreibbar
sind, ist ein bestimmendes Moment im Denken
J.s. Gegen heftige Angriffe, bes. von poststrukturalistischen Theoretikern, verteidigt J. (1981,
S. 19 f.) seine Konzeption von Geschichte als
»single great collective story« und von historischen Ereignissen als »vital episodes in a single
vast unfinished plot«. Die so verstandene historische Totalität wird zum semantischen Bezugsrahmen für scheinbar widersprüchliche oder
kontingente Phänomene. Die Totalität entzieht
sich jedoch nach J. jeder ↗ Repräsentation und
ist auch nicht im Sinne einer letzten Wahrheit
zugänglich. Es ist erst die marxistische ↗ Dialektik, die die Spuren der Geschichte als abwe-
sender Ursache in Handlungen, Texten, Artefakten usw. aufspüren und damit einen Zugang zur

Totalität eröffnen kann. So wird der Marxismus
zur notwendigen Voraussetzung für das Verständnis von Texten. Es handelt sich also um ein
Mißverständnis, wenn J. wegen seines unbe-
fangenen Gebrauchs nicht-marxistischer Theorieansätze wie des ↗ Strukturalismus, des ↗ Poststrukturalismus und der Psychoanalyse (↗ Psychoanalytische Lit.wissenschaft) eine pluralistische Haltung unterstellt wird. Marxismus, so J.
(1981, S. 10), sei ein »›untranscendable horizon‹
that subsumes such apparently antagonistic or
incommensurable critical operations, assigning
them an undoubted sectoral validity within itself, and thus at once cancelling and preserving
them«. Insofern ist der Marxismus für J. auf einer
höheren epistemologischen Ebene angesiedelt
als konkurrierende Ansätze, die dann aus dieser
erhöhten Perspektive wohlwollend betrachtet
werden können. – Auffallend am Gesamtwerk
J.s ist seine innere Geschlossenheit über einen
Zeitraum von über 25 Jahren. Die oben skizzierten Grundpositionen lassen sich in allen seinen theoretischen Werken seit dem Beginn der
70er Jahre erkennen. So ist *Marxism and Form*
(1971) ein Versuch, die europ. dialektische Tradition im Sinne G. ↗ Lukács' in den marxistischen Diskurs in Nordamerika einzuführen. In
The Prison-House of Language (1972) versucht
J., strukturalistische und formalistische Positionen dialektisch aufzuheben und für den Marxismus zu nutzen. Ähnlich verfährt J. mit psychoanalytischen Einsichten in *The Political Unconscious* (1981). Die Methode, narrative Elemente
auf ihre zugrundeliegenden ↗ Tiefenstrukturen
und ihre Verankerung in der materiellen Realität
hin zu befragen, wie sie in der psychoanalytischen Praxis vorkommt, wird hier zur Entschlüsselung der nur in narrativer Form vorliegenden Geschichte eingesetzt. J.s beharrlicher
Versuch, kulturelle Phänomene und theoretische Positionen in den Kontext einer übergeordneten Entwicklungslogik zu stellen, mußte ihn
zwangsläufig zu einer Auseinandersetzung mit
Theorien der ↗ Postmoderne führen, die das
Ende aller auf Totalität zielenden großen Denksysteme postulieren. Unter Rückgriff auf E.
Mandels *Spätkapitalismus* (1972) analysiert J.
die Postmoderne als kulturellen Ausdruck einer
veränderten ökonomischen Struktur. In *Postmodernism, or, The Cultural Logic of Late Capitalism* (1991) argumentiert J., daß den drei von
Mandel vorgestellten Phasen des Kapitalismus,
marktorientiert, monopolistisch und multinatio-
nal, die kulturellen Perioden ↗ Realismus, ↗ Moderne und Postmoderne entsprechen. Ein bes.

Kennzeichen des multinationalen Spätkapitalismus sei es, daß die Globalisierung der Produktion, eine neue Dynamik der Finanzmärkte, neue ↗ Medien, eine Zurückdrängung der Nationalstaaten und immer stärker konsumorientierte Zielvorstellungen es unmöglich machen, den eigenen Platz im Gesamtsystem zu bestimmen. Dem entspreche die postmoderne Abneigung gegen totalisierende Denksysteme, die Hervorhebung von Unbestimmtheit, ↗ Spiel und Differenz (↗ *différance*) und die Erfahrung einer fragmentierten ↗ Subjektivität. Zugleich sei zu beobachten, daß im Spätkapitalismus auch solche Bereiche unter den Einfluß der Logik des Kapitalismus gerieten, die zuvor eine relative Autonomie im Sinne L. ↗ Althussers besessen hätten. Die Postmoderne sei deshalb kein möglicher Gegenstand für eine von außen kommende moralische oder ästhetische Bewertung, sondern als ›kulturelle Dominante der Logik des Spätkapitalismus‹ das Medium, in dem sich alle kulturellen Erscheinungen bewegten. Insofern sei für den Kulturkritiker kein erkenntnistheoretischer Ort zugänglich, von dem aus er ›altmodische Ideologiekritik‹ betreiben könnte. – J.s Beharren auf dem Primat der Geschichte als Ursache empirischer Phänomene läßt wenig Platz für voluntaristische Akte zur Veränderung gesellschaftlicher Strukturen. Es bedarf eines hohen Vertrauens in den marxistischen Diskurs, um sich auf J.s Gedankengebäude einzulassen. Sein erkenntnistheoretisches Modell läßt kaum Raum, sich der Ideologie des Spätkapitalismus zu entziehen, oder kürzer gesagt: Wenn Veränderungen nicht der Entwicklungslogik der Geschichte eingeschrieben sind, so gibt es nach J. kaum eine Möglichkeit, sie willentlich herbeizuführen. Gleichzeitig bleibt festzuhalten, daß die Arbeiten J.s von großer intellektueller Stringenz sind und seine Analysen konkreter kultureller Phänomene zum Scharfsinnigsten gehören, was die marxistische Kulturwissenschaft in den letzten Jahrzehnten hervorgebracht hat.

Lit.: F. Jameson: *Marxism and Form. 20th-Century Dialectical Theories of Literature*, Princeton 1971. – ders.: *The Prison-House of Language*, Princeton 1972. – ders. 1994 [1981]. – ders.: *Postmodernism, or, The Cultural Logic of Late Capitalism*, Ldn. 1991. – W.C. Dowling: *J., Althusser, Marx. An Introduction to ›The Political Unconscious‹*, Ithaca 1984. – P.U. Hohendahl: »Marxistische Lit.theorie zwischen Hermeneutik und Diskursanalyse. F.J.s ›The Political Unconscious‹«. In: Fohrmann/Müller 1992 [1988]. S. 200–220. – D. Kellner (Hg.): *Postmodernism. J. Critique*, Washington 1989. – I. Kerkhoff: »F.R.J. (1934–)«. In: Heuermann/Lange 1992 [1991]. S. 383–415. SS

Jauß, Hans Robert (1921–1997), dt. Romanist. – J. studierte romanische Philologie und habilitierte sich 1957 in Heidelberg. Er lehrte in Münster und Gießen und war von 1966 bis 1987 Professor für Lit.wissenschaft in Konstanz. – J.' frühe Arbeiten wie die Dissertation über M. Proust (1955) und die Habilitationsschrift über die ma. Tierdichtung (1959) zeigen die große Spannbreite seiner Textuntersuchungen von der ma. bis zur modernen frz. Lit.. Seine neueren Forschungen gingen aus von der Wende zur ↗ Rezeptionsgeschichte, wie J. sie 1967 in seiner Konstanzer Antrittsvorlesung über ›Lit.geschichte als Provokation der Lit.wissenschaft‹ zum ersten Mal vorstellte und als ↗ Paradigmenwechsel in einer weitgehend unhistorischen Lit.wissenschaft verstanden wissen wollte. In Abgrenzung von den werkimmanenten und produktionsästhetischen Lit.theorien (↗ Werkimmanente Interpretation; ↗ Produktionsästhetik) und von Interpretationsmodellen der Nachkriegszeit sowie Integration verschiedener Ansätze, u.a. der Wissenssoziologie und der ↗ Hermeneutik H.-G. ↗ Gadamers, wertet J. die Rezeptionsseite und damit den aktiven, sinnbildenden ↗ Leser ebenso auf wie die historische Dimension der Lit.. Mit der Vermittlung des Historischen mit dem Ästhetischen begründet er die ↗ Rezeptionsästhetik im Sinne eines dialektischen Verhältnisses von Werk, Rezipient und Geschichte mit den zentralen Begriffen des ›literar. und gesellschaftlichen ↗ Erwartungshorizonts‹ der Rezipienten, dem möglichen ›Horizontwandel‹ durch ›ästhetische Distanz‹ und der Unterscheidung zwischen der ›primären Rezeption‹ der zeitgenössischen Leser gegenüber der ›sekundären Rezeption‹ späterer Leser. In *Alterität und Modernität der ma. Lit.* (1977) leistete J. einen wichtigen Beitrag zur Neuorientierung der Mediävistik: Mit der Aufwertung des ästhetischen Vergnügens des modernen Lesers an ma. Texten wird zugleich die Frage nach dem Verstehen und der Rekonstruierbarkeit der zeitlich fernen und fremden Lebenswelt des MA.s gestellt, die J. mit der Bestimmung der ›Alterität‹ als hermeneutisches Prinzip im Sinne eines Erkennens im Kontrast zur modernen Erfahrung faßt. Der ma. Lit. kommt in der Frage nach dem Zusammenhang zwischen vergangenen Erscheinungen der Lit. und gegenwärtiger Leseerfahrung Modellcharakter für die allg. Theoriebildung sowie für eine interdisziplinär verstandene Humanwissenschaft zu. Die Arbeiten J.' stellen seit dem Ende der 70er Jahre v.a. die Ästhetik unter dem Aspekt der ›ästhetischen

↗ Erfahrung‹ mit ihren historischen Manifestationen in den drei Grundfunktion der ↗ ›Poiesis‹, ›Aisthesis‹ und ↗ ›Katharsis‹ sowie die literar. Hermeneutik als Kunstlehre vom Verstehen, Auslegen und Anwenden in den Mittelpunkt (vgl. J. 1977). Seit dem Ende der 80er Jahre setzte sich J. kritisch mit neueren konkurrierenden (postmodernen) Theorieansätzen wie z.B. dem ↗ *New Historicism* oder dem ↗ Dekonstruktivismus auseinander (vgl. J. 1994, S. 287 ff.). Die Rettung der literar. Hermeneutik, verstanden als das den als grenzüberschreitend, integrativ und dialogisch verstandenen Geisteswissenschaften gemeinsame methodische Prinzip, steht im Zusammenhang mit der Forderung nach einer Öffung der Geisteswissenschaften gegenüber den ↗ Kulturwissenschaften, in denen z.B. die Konfrontation mit dem Fremden und das Sich-Verstehen im Anderen zentrale Fragen sind (↗ Fremdverstehen). – J.' bis in die USA wirkender rezeptionstheoretischer Ansatz (vgl. Holub 1984) ist u.a. auf dem Hintergrund seiner Mitarbeit am Reformvorhaben der Universität Konstanz im Fachbereich Lit.wissenschaft (↗ Konstanzer Schule) und (seit 1963) an der innovativen Forschungsgruppe ›Poetik und Hermeneutik‹ zu verstehen. Angesichts seiner Ablehnung der ↗ Widerspiegelungstheorie wie auch seiner Kritik an Th.W. ↗ Adornos ›Ästhetik der Negativität‹ ist J. v.a. aus marxistischer Sicht eine bürgerliche Idealisierung von Lit. sowie eine übersteigerte Vorstellung von literar. Wirksamkeit vorgeworfen worden.

Lit.: Jauß 1992 [1970]. – ders.: *Alterität und Modernität der ma. Lit.*, Mchn. 1977. – ders. 1991 [1977]. – ders.: *Die Theorie der Rezeption*, Konstanz 1987. – ders.: *Studien zum Epochenwandel der ästhetischen Moderne*, FfM. 1990 [1989]. – ders.: *Wege des Verstehens*, Mchn. 1994. – Holub 1989 [1984]. S. 53–82. – J.E. Müller: »Lit.wissenschaftliche Rezeptions- und Handlungstheorien«. In: Bogdal 1997 [1990]. S. 181–207.

GMO

Jencks, Charles (*1939), am. Architekturtheoretiker. – Studium der Architektur und Lit. an der Harvard University in Cambridge, Massachusetts und als Fulbright-Stipendiat an der London University bei R. Banham. Lehraufträge über Architekturtheorie und Architekturgeschichte an verschiedenen Hochschulen in USA, Europa und Japan. Zur Zeit lehrt J. an der University of California in Los Angeles und an der Architectural Association in London. – J. wurde v.a. als Theoretiker der postmodernen Kunst und Architektur bekannt. Am Ende seiner repräsentativen Studie über die ↗ Postmoderne als ›neuer Klassizismus in Kunst und Architektur‹ kommt J. zur Formulierung einer ›postmodernen Poetik‹ und ihrer Regeln, die sinnfällig demonstriert, wie die Prinzipien und Programme der Postmoderne in der Kunst- und Architekturproduktion der 80er Jahre zum Ausdruck gebracht worden sind. J. geht davon aus, daß die augenfälligste, also an ihren Kunstwerken ablesbare, Eigenart der Postmoderne eine neue Hybride der ›dissonanten Schönheit‹ oder ›disharmonischen Harmonie‹ sei. Der postmoderne Pluralismus äußert sich nicht nur in einem Nebeneinander der ↗ Stile, sondern in einer ›zersplitterten Einheit‹ der Werke selbst; es gibt eine Neigung zu ›Disjunktion und Kollisionen‹, die aber trotzdem einem harmonischen Bedürfnis genügen, keinen demonstrativ fragmentarischen oder antinomischen Charakter haben sollen. Das Stilprinzip der Postmoderne ist darüber hinaus schlechthin durch einen ›radikalen Eklektizismus‹ gekennzeichnet, der ›Vermischung von verschiedenen Sprachen, um verschiedene Geschmackskulturen in Anspruch zu nehmen und verschiedene Funktionen gemäß ihrem entsprechenden Modus zu definieren‹. Ziel ist dabei ein ›eleganter Urbanismus‹, der in kleinen, vielfältigen Einheiten operiert und einen Gegenpol zur zusammenhanglosen und überzentralisierten Stadt bilden soll. Damit hängt auch ein Phänomen zusammen, das J. die ›postmoderne Trope des Anthropomorphismus‹ nennt: die Wiederkehr von Ornamenten und Formen, die den menschlichen Körper andeuten, der in der postmodernen Malerei zu einem tragenden Sujet geworden ist. Damit ist überhaupt gegenüber den Formalismen und Funktionalismen der Moderne eine Rückkehr zum Inhalt möglich geworden. Sehr oft firmiert diese Inhaltlichkeit (als Zitat, als Anspielung, als Verweis oder als Motiv) als eine parodistische oder nostalgische Auseinandersetzung mit der Vergangenheit. Eine Konsequenz daraus ist für J. der ›weitverbreiteste Aspekt der Postmoderne‹, nämlich ihre ›Doppelkodierung‹, ihr Gebrauch von Ironie, Mehrdeutigkeit und Widerspruch. Dies wiederum führt zu einem bewußten Ausarbeiten von ›neuen rhetorischen Figuren‹. Im Gegensatz zur ↗ Moderne ist es wieder der Anspruch postmoderner Kunst, zu sprechen, zu erzählen, anzudeuten und anzuspielen, die Kommunikation mit dem Adressaten zu suchen, diese aber nicht allzu ernst zu nehmen. Damit korrespondiert eine Beobachtung J.', daß nämlich die postmoderne Architektur ihren Humanismus als

›Rückkehr zum abwesenden Zentrum‹ inszeniert, als Wunsch nach einem Gemeinschaftsraum und als Eingeständnis, daß es nichts Adäquates gibt, um diesen zu besetzen (vgl. Jencks 1988, S. 335 ff.). Die dem entgegengesetzte dekonstruktivistische und High-Tech-Architektur versucht J. hingegen mit dem Begriff der ›neuen Moderne‹ zu umschreiben, der mit dem in Deutschland gebräuchlichen Begriff der ›zweiten Moderne‹ korreliert. – Die Bedeutung von J. liegt in seinen Versuchen, klare Begrifflichkeiten für umstrittene Phänomene zu finden, was für die Lit.wissenschaft insofern interessant ist, als sich v. a. seine Bestimmungen der Postmoderne, wenn auch nicht uneingeschränkt, auch auf die postmoderne Lit. der 80er Jahre, etwa auf die Romane von U. ↗ Eco und A. S. Byatt, übertragen lassen.

Lit.: Ch. Jencks: *The Language of Post-modern Architecture*, N.Y. 1978 (dt. *Die Sprache der postmodernen Architektur. Entstehung und Entwicklung einer alternativen Tradition*, Stgt. 1978). – ders.: *Post-Modernism. The New Classicism in Art and Architecture*, N.Y. 1987 (dt. *Die Postmoderne. Der neue Klassizismus in Kunst und Architektur*, Stgt. 1988 [1987]). – ders.: *What is Post-modernism?*, N.Y. 1988 (dt. *Was ist Postmoderne?*, Zürich 1990). – ders.: *The New Moderns*, Ldn. 1990 (dt. *Die neuen Modernen. Von der Spät- zur Neo-Moderne*, Stgt. 1990). – ders.: *The Architecture of the Jumping Universe. A Polemic. How Complexity Science is Changing Architecture and Culture*, N.Y. 1997. – K.P. Liessmann: *Philosophie der modernen Kunst*, Wien 1993. – H. Klotz: *Kunst im 20. Jh.: Moderne – Postmoderne – Zweite Moderne*, Mchn. 1994.

KPL

Jouissance (frz.: Genuß, Lusterfüllung, Wollust; engl. Entsprechungen: *feminine pleasure*, *feminine elsewhere*), erstmals von R. ↗ Barthes im lit.theoretischen Kontext verwendet, umschreibt *J.* in den psychoanalytisch-genetischen Sprach- und Erkenntnismodellen der frz., von J. ↗ Derrida und J. ↗ Lacan beeinflußten Feministinnen H. ↗ Cixous, L. ↗ Irigaray und J. ↗ Kristeva einen mit ↗ Weiblichkeit assoziierten, präverbalen, vorsymbolischen Seinsmodus, der in Analogie zur von den triebfeindlichen Regelungsmechanismen der ›masculine economy‹ (Cixous) noch nicht kontrollierten libidinösen Triebstruktur in der Zeit der präödipalen Mutterbindung konzipiert ist. – Da *J.*, »only a theoretical supposition justified by the need for description« (Kristeva 1976, S. 58), für den Erwachsenen nur als Regression oder Psychose zu reproduzieren ist und sich der Darstellung im Rahmen eines mimetischen Repräsentationsmodells entzieht (Kristeva 1980), greifen Cixous

und Irigaray auf poetisch-metaphorische Umschreibungen zurück, in denen das traditionelle Weiblichkeitsstereotyp der Mutter sowie das Wasser als Hinweis auf die ontische und ontologische Vorgängigkeit der vom herrschenden ↗ Diskurs devaluierten, mit Weiblichkeit assozierten Materialität des Körpers und des symbiotischen bzw. semiotischen Seinsmodus des präödipalen Säuglings eine zentrale Rolle spielen. – Die Bedeutung von *J.* liegt in der Funktion, als *différence féminine* die moralischen, psychologischen und epistemologischen Defizite der phallogozentrisch (↗ Logozentrismus, ↗ Phallozentrismus) organisierten symbolischen Ordnung aufzuzeigen und eine Gegenwelt der unberechenbaren Hingabe (›the Realm of the Gift‹, Cixous) oder der nicht-verbalen Erkenntnisweise des ›Semiotischen‹ (Kristeva) zu entwerfen.

Lit.: J. Kristeva: *About Chinese Women*, Ldn. 1986 [1976]. – dies: *Desire in Language*, N.Y. 1980. S. 271– 294. – E. Marks/I. de Courtivron (Hgg.): *New French Feminisms*, N.Y. 1993 [1980]. – J. Gallop: »Beyond the J. principle«. In: *Representations* 7 (1984) S. 110–115. – Moi 1994 [1985]. – D.C. Stanton: »Difference on Trial. A Critique of the Maternal Metaphor in Cixous, Irigaray, and Kristeva«. In: N.K. Miller (Hg.): *The Poetics of Gender*, N.Y. 1986. S. 157–182.

AHo

Jung, Carl Gustav (1875–1961), Tiefenpsychologe. – Mit S. ↗ Freud gilt J. als Begründer der modernen analytischen Psychologie. Nach dem Studium der Medizin in Basel sammelte er 1900–1909 erste therapeutische Erfahrungen an der psychiatrischen Klinik Burghölzli in Zürich und war 1905–1913 Privatdozent für Psychiatrie an der Universität Zürich. 1907 begann eine engere Bekanntschaft mit Freud, die 1913 mit dem Zerwürfnis endete. 1909 eröffnete er eine private Praxis in Küsnacht; es folgten Gastvorlesungen in den USA und wachsende internationale Reputation, die sich u. a. in der Ernennung zum Titularprofessor an der Eidgenössischen Technischen Hochschule Zürich und dem Ruf auf eine Ordentliche Professur für Psychologie an der Universität Basel ausdrückte. 1948 gründete er das C. G. Jung-Institut in Zürich. – Trotz großer internationaler Anerkennung legt sich manch dunkler Schatten auf J.s Namen. Dies liegt nicht allein an seiner tiefen Faszination für Okkultismus, Alchimie und paranormale Erscheinungen wie UFO-Visionen und einer damit einhergehenden Vereinnahmung J.s durch esoterische Zirkel, nicht nur an einer recht freizügigen Deutung der eigenen

Forschungsergebnisse. Auch einige Äußerungen, die ihn in verfängliche Nähe zum Nationalsozialismus brachten, von dem er sich allerdings bald eindeutig distanzierte, trüben das Bild des Schöpfers der Theorie des kollektiven ↗ Unbewußten, der ↗ Archetypen und des Individuationsprozesses. – In Abwendung von Freuds Pansexualismus und dessen Konzept des individuellen ↗ Unterbewußten, das lediglich durch archaische Residuen befleckt sei, die es zu sublimieren gelte, entwickelte J. die Theorie des kollektiven Unbewußten als Reservoir und Generator universaler Urbilder des phylogenetischen menschlichen Erbes. Diese Archetypen geraten nur durch persönliche Konkretisierungen zu ›archetypischen Vorstellungen‹. Einerseits verbinden die Archetypen das Individuum mit einer überzeitlichen und alle kulturellen Grenzen überschreitenden ›göttlichen Weltseele‹; andererseits können Archetypen wie Schatten oder Animus/Anima bei Verdrängung oder falscher Projektion auf andere schwere seelische Probleme verursachen. Der durch den historischen Prozeß der wachsenden Individualisierung vereinzelte Mensch muß in vorsichtiger therapeutischer Arbeit zu den archaischen Ebenen der Urbilder vorstoßen und kann nur in der Auseinandersetzungen mit seinen individuellen Konkretisierungen der Archetypen ein Einswerden mit sich selbst und der ganzen Menschheit erlangen. Die Sinnbilder des kollektiven Unbewußten lassen sich nur in Analogien und in der Amplifikation (synchronen und diachronen Vergleichen) nachweisen, und dies bes. in Tagträumen, Halluzinationen und Träumen. Als Hort der Archetypen erweisen sich auch ↗ Mythen, Märchen und literar. Werke. In den Produkten des Künstlers drängt das kollektive Unbewußte J. zufolge an die Oberfläche, artikuliert sich und evoziert im Leser/Betrachter urspr. Gefühle. M. Brumlik (1993, S. 45) deutet J.s Theorie als eine »romantische Theorie des Unbewußten [...], das hier genau die Funktion einnimmt, die das Genie in der romantischen Ästhetik innehatte«. – J.s Konzept des kollektiven Unbewußten und der Archetypen wurde mit unterschiedlicher terminologischer und inhaltlicher Akzentsetzung früh von M. Bodkin (*Archetypal Patterns in Poetry*, 1934) für die Interpretation fruchtbar gemacht; N. ↗ Frye (*Anatomy of Criticism*, 1957) und der in den 60er und 70er Jahren in den USA stark vertretene ↗ *Archetypal Criticism* sind J. als Wegbereiter bes. verpflichtet. J.s Gedanken bleiben Anstoß für eine breite Palette kulturwissenschaftlicher Untersuchungen zu Science Fiction,

Märchen, Kinderlit., Triviallit. und bes. zu Erzeugnissen der Populär- und Massenkultur, von der Architektur F.L. Wrights (vgl. Barnaby/D'Acierno 1990, S. 124–136) bis zu dem Hollywoodfilm *Batmans Rückkehr* (vgl. Brumlik 1993). Bei der gegenwärtigen Hegemonie des Differenzdenkens, der aller Gesamtkohärenz enthobenen *class-* (↗ Klasse), *↗ gender-*, *↗ race-*Ansätze, wird J.s auf Integration ausgerichtetem Denken im allg. allerdings wenig direkte Reverenz erwiesen; er könnte bei dem allseits geförderten *return of the repressed* in der Lit.theorie als ein auf das Emporheben des seelisch Unterdrückten bedachter Vordenker allerings wieder entdeckt werden.

Lit.: C.G. Jung: *Gesammelte Werke*, Bde. 1–19, Olten/Freiburg 1960–1983. – ders.: *Welt der Psyche*, FfM. 1990 [1954]. – ders.: *Bewußtes und Unbewußtes*, FfM. 1990 [1957]. – ders.: *Erinnerungen, Träume, Gedanken* (Hg. A. Jaffé), Olten/Freiburg 1997 [1962]. – K. Barnaby/P. D'Acierno (Hgg.): *C.G.J. and the Humanities*, Princeton 1990. – M. Brumlik: *C.G.J. zur Einf.*, Hbg. 1993. – G. Wehr: *C.G.J.*, Reinbek 1995 [1969].

LV

K

Kalligramm (gr. *kállos*: Schönheit; *grámma*: Buchstabe, Geschriebenes), der Begriff geht auf die zwischen 1913 und 1918 entstandene Textsammlung *Calligrammes* von G. Apollinaire zurück: Es handelt sich um rhythmisierte Prosatexte oder Gedichte in freien Versen (›*vers libres*‹), die durch räumlich konturierende Zeilen, d.h. mit Leerräumen in der jeweiligen Mitte, Objekte wie Herz, Krone und Spiegel zweidimensional andeuten. Mit dieser Neuerung wie auch durch die intentionale Vieldeutigkeit seiner dichterischen Sprache und die beziehungsreiche, unterschiedlich interpretierbare Zusammenstellung mehrerer solcher Objekte zu einem K. steht Apollinaire im Gegensatz zur Tradition, in der das gefüllte Umrißgedicht dominierte. Dieses stellte meist einen einzigen Gegenstand (z.B. Ei, Altar, Amboß) durch wechselnde Verslängen dar und wurde dadurch, daß sich seine Anspielungen stets innerhalb der antiken Mythologie (z.B. Amboß für den Schmiedegott Vulkanus) oder der christlichen Lehren bewegten, für alle Kenner ›dechiffrierbar‹ und eindeutig. Der Begriff K., der sich nach Apollinaire in den Ländern der Romania durchsetzte, hat den Vorteil, sowohl Gedichte als auch kurze Prosatexte mit spielerisch-mimetischer Typographie zu umfassen. Er steht im historischen Kontext der wechselseitigen Befruchtung der Künste, v. a. der Malerei und der Dichtung, die ausgehend vom ital. Futurismus ca. 1912–1918/20 einen Höhepunkt erreichte, wobei Apollinaire eine gewichtige Mittlerrolle einnahm. Vom K. zu unterscheiden ist einerseits das Gemäldegedicht oder Bildgedicht, das namentlich in Barock, Romantik und Neuromantik die Stimmungswerte eines Gemäldes in Worte umzusetzen sucht, andererseits die ↗ Konkrete Poesie, die sich nach dem Zweiten Weltkrieg (50er bis 70er Jahre) in verschiedenen Ländern entwickelte und die in der Regel nicht-mimetische Anordnungen der Wörter, z. B. in geometrischen Mustern, zum freien Spiel mit der Sprache bevorzugt. – Unter dem älteren Terminus Figurengedicht (engl. ›figure poem‹), der auf den lat. Begriff ›carmen figuratum‹ zurückgeht, versteht man ein gefülltes Umrißgedicht, z. B. L. Carrolls »Long and sad tail of the Mouse« (in *Alice's Adventures in Wonderland*) oder Ch. Morgensterns »Trichter« (in *Galgenlieder*). Der Ursprung des Figurengedichts, das möglicherweise zunächst als Aufschrift auf geweihten Gaben diente, verliert sich im Dunkel der Geschichte. Erste ›abendländische‹ Beispiele sind aus der gr. Dichtung des 3. Jh.s v.Chr. belegt. Epochen späterer starker Verbreitung dieser Subgattung, oft als sog. ›Gelegenheitsdichtung‹ (Krönung, Hochzeit usw.), bilden die Karolingerzeit, die Renaissance und der Barock mit einfallsreichen Erfindungen und Variationen. Heute erinnern neben ›Ausläufern‹ der oben genannten Bewegungen viele typographische Spielformen, welche die Werbung in mimetischer und aufmerksamkeitsheischender Absicht erschafft, an die über zwei Jahrtausende alten Traditionen der visualisierenden Poesie.

Lit.: J. Adler/U. Ernst: *Text als Figur. Visuelle Poesie von der Antike bis zur Moderne*, Weinheim 1990 [1987]. – N.M. Mosher: *Le texte visualisé. Le calligramme de l'époque alexandrine à l'époque cubiste*, N.Y. et al. 1990.

EUG

Kanon, literarischer (gr. *kanṓn*: Regel, Maßstab), urspr. auf die anerkannten heiligen Schriften bezogen, wird der Begriff K. erst seit Ende des 18. Jh.s auf Lit. angewendet. Mit K. wird gewöhnlich ein Korpus literar. Texte bezeichnet, die eine Trägergruppe, z. B. eine ganze Kultur oder eine subkulturelle Gruppierung, für wert-

voll hält, autorisiert und an dessen Überlieferung sie interessiert ist (materialer K.), daneben aber auch ein Korpus von ↗ Interpretationen, in dem festgelegt wird, welche Bedeutungen und Wertvorstellungen mit den kanonisierten Texten verbunden werden (Deutungskanon). Ein K. entsteht also nicht dadurch, daß sich Texte aufgrund zeitloser literar. Qualitäten durchsetzen; er ist vielmehr das historisch und kulturell variable Ergebnis komplizierter Selektions- und Deutungsprozesse, in denen inner- und außerliterar. (z.B. soziale, politische) Faktoren eine Rolle spielen. K.es erfüllen verschiedene Funktionen für ihre Trägergruppe: Sie stiften Identität, indem sie für die Gruppe konstitutive Normen und Werte repräsentieren; sie legitimieren die Gruppe und grenzen sie gegen andere ab; sie geben Handlungsorientierungen, indem sie ästhetische und moralische Normen wie auch Verhaltensregeln kodieren; sie sichern Kommunikation über gemeinsame Gegenstände. Je homogener eine Gesellschaft ist, desto wahrscheinlicher ist es, daß es einen K. oder wenige K.es gibt. Typisch für moderne, zunehmend differenzierte Gesellschaften ist dagegen die K.pluralität: K.es, die die Selbstdarstellungs- und Legitimationsbedürfnisse unterschiedlicher Trägergruppen erfüllen, stehen neben- und gegeneinander. – Bis in die 60er Jahre wurde unter K. der bildungsbürgerliche K. verstanden, der weitgehend mit dem akademischen identisch war. Zu ihm zählen die Bezugstexte der ›Weltlit.‹ (aus abendländischer Sicht), d.h. in der Regel die Texte, auf die sich andere Texte bzw. Autoren immer wieder bezogen haben, die eine längere Zeit in der akademischen Kommunikation präsent und deren Ausgaben kontinuierlich lieferbar sind. Ab den 70er Jahren im Zeichen der ↗ Ideologiekritik, konsequenter aber im Kontext am. feministischer Forschung (↗ Feministische Lit.theorie) ab den 80er Jahren wurde dieser K. heftig kritisiert, v.a. sein Status als Machtinstrument der ›repräsentativen‹ gesellschaftlichen Gruppe der ›male whites‹ und die systematische Ausgrenzung und Abwertung der Texte und Traditionen kultureller ›Randgruppen‹, z.B. der Frauen und der Schwarzen. Als Konsequenz wurden einerseits Gegenk.es der unterdrückten Gruppen gefordert, andererseits wurde, aus der radikaleren poststrukturalistischen Kritik (↗ Poststrukturalismus) am Konzept der Repräsentativität generell, für den Verzicht auf K.es plädiert. Dagegen steht die Einsicht, daß zumindest in literar. Institutionen K.es unvermeidbar sind und auch Kritiker des Konzepts mit ihren Akten der Auswahl und ↗ Wertung von Texten zu deren Kanonisierung beitragen. Als Gegenreaktion auf die K.-revision stellte H. ↗ Bloom in *The Western Canon* (1994) eine autoritative Liste literar. Meisterwerke von der Antike bis zur Gegenwart auf und löste damit in den USA erneut eine heftige K.-debatte aus.

Lit.: Assmann/Assmann 1987. – H.J. Lüsebrink/G. Berger: »K.bildung in systematischer Sicht«. In: diess. (Hgg.): *Literar. K.bildung in der Romania*, Rheinfelden 1987. S. 3–32. – B.H. Smith: *Contingencies of Value*, Cambridge, Mass./Ldn. 1988. – J. Guillory: *Cultural Capital. The Problems of Literary Canon Formation*, Chicago/Ldn. 1993. – H. Bloom: *The Western Canon*, N.Y. 1994. – R. v. Heydebrand/S. Winko: »Geschlechterdifferenz und literar. K.«. In: *IASL* 19.2 (1994) S. 96–172. – J. Guillory: »Canon«. In: Lentricchia/McLaughlin 1995. S. 233–249. – R. Grübel: »Wert, K. und Zensur«. In: Arnold/Detering 1997 [1996]. S. 601–622. – S. Winko: »Literar. Wertung und K.bildung«. In: Arnold/Detering 1997 [1996]. S. 585–600. – J.-J. Lecercle: »The Münchhausen Effect. (Why) Do We Need a Canon?«. In: *EJES* 1.1 (1997) S. 86–100. – R. v. Heydebrand (Hg.): *K.-Macht-Kultur*, Stgt. 1998.

SW

Kanonbildung und Kanondebatte/-kritik
↗ Kanon

Karnevalismus, wird als aus alten Volkstraditionen schöpfende Kulturströmung gesehen, die subversiv bestehende Ordnungen von Innen heraus durchbricht und erstarrte Gegensätze auflöst. Der K. ist neben und mit der verdeckte Spannungen aufspürenden ↗ Dekonstruktion zu einem häufig verwendeten lit.wissenschaftlichen Interpretationsmuster geworden. – Entscheidend wurde der K.begriff von M. ↗ Bachtins kulturgeschichtlichen und romantheoretischen Grundpositionen geprägt, insbes. durch dessen Studie *Rabelais und seine Welt* (1940 erstellt, erst 1965 russische Erstaufl. in Moskau, 1968 als *Rabelais and His World* erste engl. Übers.; dt. 1987 und 1995). Bachtin sieht Rabelais' Werk als Vollendung einer karnevalesken Gegenkultur, die bis in die Antike und ins MA. zurückgeht. Der närrische *mundus inversus* der karnevalesken Manifestationen löst anarchisch Grenzen auf zwischen Oben und Unten, Kunst und Leben, Innen und Außen, Ernst und Spaß, Lachendem und Verlachtem. Eine ›Lachkultur‹ breitet sich aus, in die groteske Kreatürlichkeit und unerhörte Phantastik in die Alltagswelt hineinbrechen. Es entsteht sogar momentan die utopische Vision einer egalitären Gesellschaft. – Die nach der Renaissance im Zuge der Triebreduktion und gesellschaftlichen Ausdifferenzie-

rung einsetzende ›Entkarnevalisierung‹ hat nach Bachtin der Lit., v.a. dem polyphonen Roman (↗ Dialogizität), die Funktion des Refugiums und Horts einer inversen, parodistischen, enthierarchisierenden und utopische Züge aufweisenden K.kultur zugewiesen. – Bachtins K.konzept muß auch vor dem Hintergrund seiner Entstehungszeit, des Stalinismus, gewürdigt werden, basiert es doch tendenziell auf einer romantischen Verklärung der ↗ Populärkultur und des K. als Fest der Unterdrückten. V.a. der ↗ New Historicism hat gezeigt, wie dominante Systeme selber subversive Tendenzen als machtstabilisierende Faktoren auslösen, lenken und unterstützen. Trotzdem bleibt der K., v.a. bei Studien zur Populärkultur und zur Lit., ein Schlüssel, »der sich fast in jedem Schloß dreht, ohne es doch immer zu öffnen« (Stierle 1995).

Lit.: W. Haug/R. Warning (Hgg.): *Das Fest*, Mchn. 1989. – M. Bachtin: *Lit. und Karneval. Zur Romantheorie und Lachkultur*, FfM. et al. 1990. – M. Bachtin: *Rabelais und seine Welt. Volkskultur als Gegenkultur*, FfM. 1995. – K. Stierle: »Gelächter, das die Welt erschüttert«. In: *Süddt. Zeitung* 8.11.1995, Beilage, S. VII (Rez. von Bachtin 1995).

LV

Katachrese ↗ Metapher

Katharsis (gr. Reinigung), von ↗ Aristoteles in die antike Dramentheorie (Lit.theorien der ↗ Antike) eingeführter Begriff, der in seiner konkreten Bedeutung noch immer umstritten ist. Ausgangspunkt für die Auslegungsgeschichte ist die knappe Bemerkung im Kontext der Tragödiendefinition der aristotelischen *Poetik* (1449b 24ff.; in: Aristoteles 1989, S. 19): »Die Tragödie ist Nachahmung einer [...] Handlung [...], die Jammer und Schaudern hervorruft und hierdurch eine Reinigung von derartigen Erregungszuständen bewirkt.« Die Vielzahl der Deutungen läßt sich vereinfacht in zwei Gruppen trennen: Die eine Interpretengruppe stellt den zentralen Begriff K. primär in einen ethischmoralischen, die andere in einen primär medizinischen Kontext. Bedeutender Vertreter der ersten Gruppe ist G.E. Lessing (*Hamburgische Dramaturgie*, 78. Stück; in: Lessing 1985, S. 574), nach dem die kathartische Wirkung der Tragödie als »Verwandlung der Leidenschaften in tugendhafte Fertigkeiten« beschreibbar ist. Exponent der zweiten Gruppe ist J. Bernays (*Zwei Abhandlungen über die aristotelische Theorie des Dramas*, 1880), der die Wirkung der Tragödie in Analogie zu einem homöopathischen Medikament beschreibt: Die Tragödie intensiviere die Leidenschaften und reinige, befreie eben dadurch von ihnen. Während für Lessing dem Theaterpublikum Erziehung, sittlich-geistige Bildung (*paideía*) zuteil wird, ist für Bernays Lustgewinn (*hédoné*) als Gefühl der Erleichterung und Befreiung der eigentliche kathartische Effekt. Mittelbar erhält die Tragödie auch bei diesem Verständnis von K. ethische Relevanz, da erst die Reinigung von den Leidenschaften ein vernunftgemäßes Leben ermöglicht. Beide Grundpositionen sind mit großer Akribie vielfach modifiziert und vertieft worden (z. B. von F. Dirlmeier, W. Schadewaldt, H. Flashar sowie L. Golden). Der Fokus der theoretischen Diskussion der letzten Jahrzehnte hat sich jedoch vom Wesen der K. zum Wesen der Tragödie und der Tragik sowie auf die Frage nach literar. Emotionen generell verlagert.

Lit.: G.E. Lessing: *Werke und Briefe*, Bd. 6, *Werke 1767–1769* (Hg. K. Bohnen), FfM. 1985. – Aristoteles: *Die Poetik* (Hg. M. Fuhrmann), Stgt. 1989. – M. Luserke (Hg.): *Die Aristotelische K.: Dokumente ihrer Deutung im 19. und 20. Jh.*, Hildesheim et al. 1991.

UB

Kayser, Wolfgang (1906–1960), dt. Lit.wissenschaftler. – 1941 Professor in Lissabon, 1950 Professor in Göttingen für dt. und vergl. Lit.geschichte. – K. hat das Gebiet der Lit.wissenschaft auf die ›schöne Lit.‹ und damit eine reine Dichtungswissenschaft eingegrenzt. Im Mittelpunkt steht nach der ideologischen Kongruenz vieler Germanisten mit dem Nationalsozialismus (auf dem berüchtigten Germanistentag 1966 in München wurde auch K. noch von K.O. Conrady an den Pranger gestellt) nun »das besondere Vermögen solcher literarischen Sprache, eine Gegenständlichkeit eigener Art hervorzurufen, und der Gefügecharakter der Sprache, durch den alles in dem Werk Hervorgerufene zu einer Einheit wird« (Kayser 1969, S. 14). Sein vielgelesenes programmatisches Hauptwerk *Das sprachliche Kunstwerk* (1948) folgt dem von K. Viëtor 1945 initiierten Trend, nach dem ›das Wunder der dichterischen Gestalt‹ ein ›Phänomen sui generis‹ sei, so daß der Hauptakzent auf autonom gesetzten bau- und gattungsgeschichtlichen Aspekten liegt. Im Gegensatz zur Schule um E. ↗ Staiger geht es hier weniger um menschlich bedeutende, existentielle Inhalte, sondern um ›Bauformen‹: »[A]lle an der Gestaltung zur einheitlichen Gestalt beteiligten Formelemente [sind] in ihrer Wirksamkeit und in ihrem Zusammenwirken zu begreifen: von der äußeren Form, Klang, Rhythmus, Wort, Wort-

schatz, sprachlichen Figuren, Syntax, Geschehnissen, Motiven, Symbolen, Gestalten zu Ideen und Gehalt, Aufbau, Perspektive, Erzählweise, Atmosphäre« (K. 1958, S. 46). Gefolgt sind ihm E. ↗ Lämmert in *Bauformen des Erzählens* (1955), K. ↗ Hamburger in *Die Logik der Dichtung* (1957), V. Klotz in *Geschlossene und offene Form im Drama* (1969) und F.K. ↗ Stanzel in *Typische Formen des Romans* (1964). In der Negierung von historischem und biographischem Detail steht K. dem ↗ New Criticism nahe. Kurz vor seinem frühen Tod schien er die ›Kategorie des Geschichtlichen‹ wieder differenzierter ins Auge zu fassen, ohne allerdings noch neue Akzente in der Germanistik setzen zu können. Begriffsbildend gewirkt hat K. in der ↗ Metrik (Diss. *Die Klangmalerei bei Harsdörffer*, 1932; *Kleine dt. Versschule*, 1946; *Kleines literar. Lexikon*, 1948), zum Phänomen des Grotesken (*Das Groteske. Seine Gestaltung in Malerei und Dichtung*, 1957), zu Fragen der Wertung und Interpretationstheorie (*Vortragsreise*, 1958) und zu ›Bauformen‹ (etwa die Triaden ›Geschehnis-, Figuren- und Raum-Roman‹ und ›Figuren-, Raum- und Handlungsdrama‹) sowie mit einer Reihe außerordentlich überzeugender Einzelinterpretationen zur dt. Lyrik (*Das sprachliche Kunstwerk*). Auch der Terminus ›literar. Leben‹ wurde von der ↗ Lit.soziologie wieder aufgegriffen. Vor der Wende, die ihn seine Lissaboner Professur kostete, hatte er in seiner Habilitationsschrift zur *Geschichte der dt. Ballade* (1936) linientreu das völkische Element in den Mittelpunkt gestellt. Danach blieben Bereiche wie ›Nationallit.‹ oder gar die Goethesche ›Weltlit.‹ trotz einer offenen Lehrpraxis diffus. Weniger überzeugend erschien auch seine Position in der mit dem Hamburger Romanisten H. Petriconi aufgenommenen Kontroverse zur ↗ Motiv- und Themenforschung (vgl. Pollmann 1973, S. 180–182).

Lit.: Kayser 1992 [1948]. – ders.: *Die Vortragsreise. Studien zur Lit.*, Bern 1958. – H. Neumann: »Gedenkwort aus der Trauerfeier für W.K. am 28. Januar 1960 in der Aula der Georg-August-Universität zu Göttingen«. In: W. Kayser: *Schiller als Dichter und Deuter der Größe*, Göttingen 1960. S. 32–40. – K.O. Conrady: *Einf. in die Neuere dt. Lit.wissenschaft*, Reinbek 1966. – L. Pollmann: *Lit.wissenschaft und Methode*, FfM. 1973 [1971]. – D. Gutzen/N. Oellers/J.H. Petersen: *Einf. in die neuere dt. Lit.wissenschaft*, Bln. 1989 [1976]. – J. Hermand: *Geschichte der Germanistik*, Reinbek 1994.

FWN

Kermode, Sir (John) Frank (*1919), engl. Lit. kritiker und -theoretiker. – Der auf der Isle of Man geb. und aufgewachsene K. studierte in Liverpool 1937–40 und 1946–47 Anglistik, um daraufhin nach *lectureships* in Newcastle und Reading Professuren an den Universitäten Manchester (1958–65) und Bristol (1965–67) zu erhalten. 1967–74 hatte K. die renommierte Lord Northcliffe-Professur am University College London inne und wurde 1974 auf den prestigeträchtigen King Edward VII-Lehrstuhl an der Universität Cambridge berufen, von dem er aber 1982 nach dem Cambridger Lit.streit vorzeitig zurücktrat. Der 1991 in den Ritterstand erhobene Emeritus war 1966–67 Mitherausgeber von *Encounter*, ab 1970 Herausgeber der maßgebenden *Modern Masters*-Serie und ab 1979 Galionsfigur der einflußreichen *London Review of Books*. – K. gehört zu den weltlit.offensten, theoriekundigsten und angesehensten angelsächs. Lit.kritikern der Gegenwart. Seine feinfühlige Dissertation über W. Stevens, den lyrischen Erkunder moderner Fiktivwelten, gibt den Tenor seines Œuvres an: K. ist selber zum wohl bekanntesten engl. Fiktionstheoretiker, zum Sinnstifter menschlicher Sinnstiftungen geworden. *The Sense of an Ending* (1967) befaßt sich mit endtelosgerichteten ↗ Fiktionen (*end-determined fictions*), von der Apokalypse über die Tragödie und die Geschichtsphilosophie bis hin zu den verschiedenen Erscheinungsformen des Romans. Im Gegensatz zum stabilitätsfördernden ↗ Mythos werden Fiktionen hier als Traditionsnachfolger, als Motoren und Erkunder einer im Wandel begriffenen Welt aufgefaßt. K.s These lautet: Je telos- und ausgangsunsicherer die Welt, je mehr Weltzeit sie aufweist, desto komplexer unsere sie deutenden Fiktionen. *The Genesis of Secrecy* (1979) ist Ausdruck eines Doppelanliegens: Zum einen untersucht das Werk die literar.-narrativen Strukturen und ↗ Motive, die den Evangelien zugrunde liegen, zum anderen zeichnet es aber auch die Nähe der Lit.interpretation zur biblischen Exegese nach. Der fesselnde Text, der einen wesentlichen Beitrag zu den damals florierenden *literary biblical studies* darstellt, ist nebenbei wohl eine der besten Einführungen in das Faszinosum des Interpretierens überhaupt. K. ist zudem Meister der *petits genres*. Unter seinen zahlreichen kleineren Schriften verdienen die narratologisch bedeutsamen *Novel and Narrative* (1972) und *How We Read Novels* (1975) bes. Erwähnung. – K., dessen ungewöhnliche Herkunft eine Außenseiterposition nahelegte, pflegte früh eine damals

unengl. Nähe zu europ. Denkern wie F.W. ↗ Nietzsche und H. Vaihinger sowie zur lit.wissenschaftlichen ↗ Avantgarde, insbes. zum Denken von R. ↗ Barthes und P. ↗ Ricœur. Als Brücke zum Kontinent hat er auf das engl. Kulturleben einen kaum zu überschätzenden Einfluß ausgeübt. Zu den von seinem berühmten Londoner Seminar geprägten Textwissenschaftlern gehören C. Brooke-Rose, S. Heath, J. ↗ Culler und Ch. Norris. Dessenungeachtet ist K. nicht unter die Theoretiker *tout court* gegangen. Für sein Werk gilt im allg., was er über *The Sense of an Ending* schrieb: Es ist ›an example of literary theory as it was before it became absorbed into Theory‹. Zudem ist K. zu facettenreich, als daß er der einen oder anderen Schule zuzuordnen wäre. Er ist erhellender Herausgeber (insbes. von A. Marvell, H. ↗ James und T.S. ↗ Eliot), der begabte *Causeur* unter den Vortragenden und der Gentleman unter den Rezensenten, allerdings einer, dessen Feder mitunter zum Stilett wird. In seiner pointiert-elegant parlierenden Autobiographie mit dem polyvalenten Titel *Not Entitled* (1995) geht er auf dieser weiteren Metaebene sinnstiftend seinem lebenslangen Bemühen um Sinnstiftungen nach.

Lit.: F. Kermode: *Romantic Image*, Ldn. 1976 [1957]. – ders.: *Wallace Stevens*, Ldn./Boston 1989 [1960]. – ders.: *Puzzles and Epiphanies. Essays and Reviews 1958–61*, Ldn. 1962. – ders. 1994 [1967]. – ders.: *Continuities*, Ldn./N.Y. 1968. – ders.: *Modern Essays*, Ldn. 1990 [1971]. – ders.: *Novel and Narrative*, Glasgow 1972. – ders.: *How We Read Novels*, Southampton 1975. – ders.: *The Classic*, Cambridge, Mass. 1983 [1975]. – ders.: *The Genesis of Secrecy. On the Interpretation of Narrative*, Cambridge, Mass. 1994 [1979]. – ders.: *The Art of Telling. Essays on Fiction*, Cambridge, Mass. 1983. – ders.: *Poetry, Narrative, History*, Oxford/Cambridge, Mass. 1990. – ders.: *Not Entitled. A Memoir*, Ldn. 1996 [1995]. – J. Gorak: *Critic of Crisis. A Study of F.K.*, Columbia 1987.

RH

Kierkegaard, Søren Aabye (1813–1855), dän. Philosoph, Theologe, Schriftsteller. – K. war seit seiner Kindheit durch eine problematische Beziehung zu seinem Vater, einem Kopenhagener Kaufmann, geprägt, der insbes. seine Neigung zu Schwermut und Melancholie auf den Sohn übertrug. Während seiner Studienzeit (1830–1840) beschäftigte sich K. als Student der Theologie auch eingehend mit Lit. und Philosophie seiner Zeit, bes. mit der Lit. der Kunstperiode und mit G.F.W. ↗ Hegel. 1840 legte er ein Staatsexamen in Theologie ab. 1841 erschien K.s (philosophische) Magisterarbeit unter dem

Titel *Über den Begriff der Ironie, unter ständiger Berücksichtigung des Sokrates.* Ein wichtiges Ereignis im Leben des jungen K. war die Verlobung mit R. Olsen im September 1840, die er ein Jahr später wieder auflöste. Zugleich erfolgte der Entschluß gegen den Kirchendienst oder eine Lehrtätigkeit. Statt dessen arbeitete K. zeitlebens als freier Schriftsteller, ein Werdegang, der durch eine erstaunliche philosophische und schriftstellerische Produktion gekennzeichnet ist. Seine Hauptschriften sind: *Entweder-Oder* (1843), *Die Wiederholung* (1843), *Furcht und Zittern* (1843), *Der Begriff Angst* (1844), *Abschließende, unwissenschaftliche Nachschrift zu den Philosophischen Brocken* (1846), *Die Krankheit zum Tode* (1849). Gegen Ende seines Lebens geriet K. aufgrund seines religiösen und philosophischen Individualismus zunehmend in Opposition zur etablierten Religion in Gestalt der protestantischen Staatskirche. Noch im Todesjahr 1855 ist er in einen publizistischen Kampf gegen die offizielle Kirche verwickelt. – Grundbegriffe des K.schen Philosophierens sind die Kategorien des Einzelnen, der Existenz, des Selbst, der Angst und Verzweiflung, des Paradox, des qualitativen Sprungs und der Entscheidung. Diese Grundkonzepte werden in den verschiedenen Schriften immer wieder aufgegriffen und in unterschiedlicher Weise entfaltet. In lit.-wissenschaftlicher Hinsicht bedeutsam sind v. a. die Frühschrift *Über den Begriff der Ironie* und die Analyse der ästhetischen Existenzweise in *Entweder-Oder*. In der Magisterarbeit legt K. eine detaillierte Analyse der frühromantischen ↗ Ironie vor, die er im Unterschied und Vergleich zur antiken Form der sokratischen Ironie entwickelt. In *Entweder-Oder* kontrastiert er die einander entgegengesetzten Lebensformen des Ästhetischen und des Ethischen, die als alternative Möglichkeiten menschlicher Existenz vorgestellt werden. Das Werk trägt durch die Herausgeberfiktion, durch eingefügte Tagebuchnotizen und Briefe sowie durch die Fiktion eines Dialogverhältnisses der beiden Figuren A und B deutlich literar., ja romanhafte Züge. Die Papiere des Ästhetikers A, die sich aus heterogenen Versatzstücken zusammensetzen und im berühmten ›Tagebuch eines Verführers‹ kulminieren, stellen eine Art Selbstcharakteristik des ästhetisch lebenden Menschen dar. Die subtile Analyse seelischer Zustände und die Psychologie der Liebe, die sich v. a. im Tagebuch äußern, deuten auf K.s heimliche Nähe zur Frühromantik. K.s Darstellung der ästhetischen Existenz läßt sich in vielem als eine (antizipierende)

Beschreibung von Tendenzen des literar. Symbolismus und ↗ Ästhetizismus des 19. Jh.s lesen (vgl. die Motive des *ennui* und des Dandy). Im Gegenzug zur Position des Ästheten profilieren die Papiere des Ethikers B die Kategorien der Entscheidung und der Selbstwahl. Das Konzept der Entscheidung meint einen Akt der Freiheit, in dem sich das Subjekt seiner selbst bewußt wird und als solches erst konstituiert. Bezeichnend ist hier der Gedanke eines qualitativen Sprungs, mit dem sich K. kritisch gegen Hegels Begriff der Vermittlung abgrenzt (vgl. Hegel, ↗ Dialektik). Indes stellen weder die Ausführungen des Ethikers noch die des Ästheten einen absoluten Standpunkt dar, der mit K.s eigender Position identifiziert werden könnte. Beide Positionen relativieren sich gegenseitig, es sind Durchgangsstadien auf dem Weg zum höheren Stadium der religiösen Existenz. Lit.geschichtlich wirkte K.s Werk v. a. auf den frühen G. ↗ Lukács, die Autoren des ↗ Expressionismus und F. Kafka sowie den frühen Th. W. ↗ Adorno. Wichtig wurde er überdies für die Existenzphilosophie (K. Jaspers, J. P. ↗ Sartre, A. Camus) und die existentialistische Lit.betrachtung der 50er Jahre.

Lit.: S. Kierkegaard: *Gesammelte Werke*, 26 Bde. (Hgg. E. Hirsch et al.), Düsseldorf/Köln 1950–1969. – Th. W. Adorno: *K.: Konstruktion des Ästhetischen*, Tüb. 1933. – W. Janke: *Historische Dialektik*, Bln./N. Y. 1977. – W. Greve/M. Theunissen (Hgg.): *Materialien zur Philosophie S.K.s*, FfM. 1979. – K. P. Liessmann: *K.: Zur Einf.*, Hbg. 1993.

LS

Kitsch (Herkunft möglicherweise um 1875 in Münchner Kunstkreisen, in denen aus ›sketch‹ K. wurde: ein schlechtes, billiges [Erinnerungs-] Bild), der stilistische und ästhetische Abwertungsbegriff brandmarkt als künstlerisch niedrig, klischeehaft, überladen und unecht, sogar als seelenlos und verlogen entsprechende Gebrauchsobjekte, kunstgewerbliche Gegenstände, Kunst- und Kulturprodukte sowie Gefühle. In der Lit. zeigt K. Nähe zu rührseliger ↗ Triviallit. K. löst umfassende Reizeffekte aus durch die Anhäufung von emotions- und assoziationsstimulierenden Strukturen (in der Triviallit. idyllische und Harmonie suggerierende Milieus und Motive, platte Identifikationsfiguren, gefühlsbetonte Handlung). K. wurde als Geschmacksverirrung gedeutet, als »sekundäre Imitation der primären Bildkraft der Künste« (W. Killy, in: Schulte-Sassse 1979, S. 63), welche, oft schichtenspezifisch, vom Leser nicht erkannt wird. Eine K.industrie produziert seriell und massenhaft unechte Gefühle und falsche Geborgenheit, die Entfremdungstendenzen einer Konsum- und Fließbandgesellschaft spiegelnd und vorantreibend. – Die seit den 60er Jahren etablierte K.forschung hat sich zunächst v. a. als ideologiekritische, empirische Wirkungs- und Funktionsforschung oder ›Geschmacksforschung‹ (↗ Geschmack) verstanden. Mit der Auflösung ästhetischer und ethischer Grenzen in der ↗ Postmoderne ist K. neu bewertet worden. Alte Dichotomien zwischen Kunst und K., Kommerz und Kunst, K. und (unfreiwilliger) Komik wurden aufgelöst von Künstlern wie J. Beuys und A. Warhol. Dazu gehört das augenzwinkernde Spiel mit Klischees, das Aufbrechen verbrauchter bürgerlicher Kunstvorstellungen, z.B. in den bis zum Exzeß der Geschmacklosigkeit gesteigerten Gemälden und K.objekten von J. Koons. Zur Wiederbelebung erschöpfter Kunst- und Denkformen entdeckt auch die Lit. den K. neu, z.B. die Afroamerikanerin A. Walker, die unbekümmerter Sentimentalität eine beinahe subversive Qualität zuweist. Wenn heute dazu dem K. als legitimem menschlichen Grundbedürfnis eine Existenzberechtigung zugesprochen wird, ist der Begriff moralisch wie ästhetisch kaum noch eindeutig kategorisierbar.

Lit.: H. Reimann: *Das Buch vom K.*, Mchn. 1936. – J. Schulte-Sasse (Hg.): *Literar. K.*, Tüb. 1979. – G. Fuller: *K.-Art. Wie K. zu Kunst wird*, Köln 1992. – L. Vogt: »Kunst oder K.: Ein ›feiner Unterschied‹? Soziologische Aspekte ästhetischer Wirkung«. In: *Soziale Welt* 45 (1994) S. 363–384. – Ausg. »K. und Klischee« der Zs. *Sprache und Lit.* 79.1 (1997).

LV

Kittler, Friedrich (*1943), dt. Lit.- und Kulturkritiker. – Studium der Germanistik, Romanistik und Philosophie in Freiburg; Promotion 1976; 1982–86 Lehrtätigkeiten an den Universitäten Berkeley, Stanford und am Collège internationale de Philosophie in Paris; Habilitation 1984; 1986 Gastprofessur in Santa Barbara; 1986–90 Kodirektor des DFG-Projekts »Lit.- und Medienanalyse« in Kassel; 1987–93 Lehrstuhl für Neugermanistik in Bochum; seit 1993 Lehrstuhl für Ästhetik und die Geschichte der Medien an der Humboldt-Universität zu Berlin; Preis für Medienkunst des Zentrums für Kunst und Medientechnologie, Karlsruhe; 1995 Sprecher der DFG-Forschergruppe »Theorie und Geschichte der Medien«; 1996 *Distinguished Scholar* der Yale University. – Unter dem Einfluß der neuen audiovisuellen ↗ Medien, insbes. aber durch die Etablierung des Computers als neues

Universalmedium geriet spätestens seit den 60er Jahren die mediale Verfassung der Lit. selbst weltweit in den Blick. In den dem Individuellen und Allg. und der Kunst des Verstehens verpflichteten dt. Universitäten reagierte man aber noch in den späten 70ern verstört, als K. in Büchern wie *Urszenen* (1977), *Dichtung als Sozialisationsspiel* (1979) oder, programmatisch, *Austreibung des Geistes aus den Geisteswissenschaften* (1980) solche Basiskategorien wie Werk, Autor, Geist, Sinn und Bedeutung historisch bearbeitete und den sog. ↗ Poststrukturalismus mit den Namen M. ↗ Foucaults, J. ↗ Derridas und J.-M. ↗ Lacans in Deutschland heimisch zu machen versuchte. Zum handfesten Skandal geriet jedoch K.s Habilitationsverfahren. Erst das 13. Gutachten führte zur Auflösung der Pattsituation und dazu, daß *Aufschreibesysteme 1800/1900* (1985) da registriert wurde, wo es vorher um die Interpretation von Autorenprodukten und die Geschichte literar. ↗ Epochen ging. Das Buch, das wie kaum ein zweites seit dem Zweiten Weltkrieg kulturwissenschaftlich Epoche gemacht hat, behandelt die beiden Umbruchsituationen um 1800 und um 1900, die zugleich die Grenzwerte dessen bezeichnen, was wir ›Dichtung‹ nennen. Über neue Alphabetisierungs- und Literarisierungspraktiken und -pädagogiken, die zum Verschwinden der Materialität der ↗ Signifikanten und zur Oralisierung der Buchstaben führen (vgl. K. 1991a), entsteht dt. Dichtung, die ›Bücher halluzinierbar wie Filme und interpretierbar wie Philosophien‹ (vgl. K. 1985) macht. Dichtung, so zum Universalmedium avanciert, das Sprache, Bilder und Töne gleichermaßen speichert, überträgt und verarbeitet, zerfällt mit der Ausdifferenzierung der Medien in Photo- und Telegraphie und in *Grammophon Film Typewriter* (1986), die jedem einzelnen Sinn sein analoges Medium zuordnen, in ›Lit.‹, deren Buchstäblichkeit Material von avantgardistischer Sprachzerhackung und von Psychophysik wird. – Bei K. hört Medienwissenschaft also auf, von ›Inhalten‹ und Programmen zu handeln oder lediglich Bestandteil einer historischen Anthropologie zu sein, die, wie noch bei H.M. ↗ McLuhan, Medien, nicht anders als Technik überhaupt, als Organerweiterungen diskutiert. Nicht nur überwindet K. dadurch die McLuhansche Unterscheidungsschwäche nach außen, sondern auch die Differenzierungsschwäche nach innen, indem er Medien ausnahmslos über die bei ihm auch in der Reihenfolge einer historischen Evolution gedachten Funktionen Speichern, Übertragen, Bearbeiten (bzw. Berechnen) definiert. – In den folgenden Publikationen hat K. die in den *Aufschreibesystemen 1800/1900* entwickelte Perspektive historisch nach vorne und nach hinten verlängert. Auf der einen Seite sind ihm so wichtige Einsichten in die Entwicklung der Schrifttechniken und -kulturen und, was dasselbe ist, der abendländischen ↗ Episteme zu verdanken (vgl. K. 1988 und 1990), auf der anderen nimmt das Projekt eines ›Aufschreibesystems 2000‹ (vgl. K. 1985 und 1993), in dem es nicht mehr um Buchstaben sondern um Zahlen geht, Formen an: In der universalen diskreten Maschine des Computers laufen die bisher getrennten Datenflüsse wieder zusammen und werden digital vereinheitlicht (vgl. K. 1993).

Lit.: F. Kittler: *Urszenen*, FfM. 1977. – ders. (mit G. Kaiser): *Dichtung als Sozialisationsspiel. Studien zu Goethe und G. Keller*, Göttingen 1979 [1978]. – ders. 1995 [1985]. – ders.: *Grammophon Film Typewriter*, Bln. 1986. – ders.: »Am Ende des Schriftmonopols«. In: G. Smolka-Koerdt et al. (Hgg.): *Der Beginn von Lit.*, Paderborn 1988. S. 288–300. – ders.: »Die Welt des Symbolischen – eine Welt der Maschine«. In: G. Großklaus/E. Lämmert (Hgg.): *Lit. in einer industriellen Kultur*, Stgt. 1989. S. 521–536. – ders.: »Vom Take off der Operatoren«. In: *Das Magazin* 1 (1990) S. 15–19. – ders.: *Dichter Mutter Kind*, Mchn. 1991a. – ders.: »Protected Mode«. In: U. Bernhardt/I. Ruhmann (Hgg.): *Computer, Macht und Gegenwehr. Informatikerlnnen für eine andere Informatik*, Bonn 1991b. S. 34–44. – ders.: *Draculas Vermächtnis. Technische Schriften*, Lpz. 1993.

RZ

Klasse (engl. *class*), schon der lat. Begriff ›classis‹, der urspr. ein militärisches Aufgebot, ein Heer, eine Flotte, eine Abteilung oder eine K. von Schülern bezeichnete, unterlag im Laufe der Begriffsgeschichte einer Bedeutungserweiterung. Er stand später auch für Vermögensklassen, die die Basis für das röm. Wahlrecht bildeten. Jeder dieser 193 Vermögensklassen kam unabhängig von der Zahl ihrer Mitglieder je eine Stimme zu, so daß die große Masse der Besitzlosen, die mehr als ein Drittel der Bevölkerung ausmachte, nur über 1/193 der Stimmen verfügte. Der moderne sozialwissenschaftliche Gebrauch von K. geht auf diese zweite Bedeutung zurück. Der Begriff K. beschreibt hier Gruppen in einer gleichen oder ähnlichen ökonomischen Situation. Der in diesem Sinne im 18. und frühen 19. Jh. von C.-H. de Saint-Simon und L. v. Stein benutzte Begriff wird von K. ↗ Marx aufgegriffen und in den Mittelpunkt seiner Gesellschaftstheorie gestellt. Der Marxsche Gebrauch des Terminus bildet die Grundlage aller späteren Diskussionen. K.nkampf ist für Marx das bestimmende Moment aller gesellschaftlichen Entwicklungen. Je nach dem Stand der Entwicklung der Produktionsverhältnisse bilden sich spezifische K.nstrukturen aus. Dabei entsteht stets ein Antagonismus zwischen einer herrschenden K., die die Verfügungsgewalt über die Produktionsmittel hat, und einer oder mehreren anderen K.n, die die direkten Produzenten von Waren und Dienstleistungen sind. Die herrschende K. kontrolliert außer den Produktionsmitteln auch die politische Ordnung und, mit Hilfe von ↗ Ideologie, die Kultur der jeweiligen Gesellschaft. Gemäß der These, daß das gesellschaftliche Sein das Bewußtsein bestimme, sind K.n nach Marx nicht nur ökonomische, sondern auch erkenntnistheoretische Entitäten. Die notwendig auftretenden Widersprüche zwischen der Entwicklung der Produktionsmittel und den gesellschaftlichen Organisationsformen, den Produktionsverhältnissen, führen deshalb dazu, daß die unterdrückten K.n, die direkt von diesen Widersprüchen betroffen sind (unter kapitalistischen Produktionsverhältnissen also das Proletariat), zur Erkenntnis ihrer Lage kommen können. Es bildet sich so ein revolutionäres K.nbewußtsein aus, das die Voraussetzung für gesellschaftliche Umwälzungen ist. Die von Marx prognostizierte proletarische Revolution stellt den Endpunkt dieser Entwicklung dar, weil mit der Aneignung der Produktionsmittel durch die unmittelbaren Produzenten die Basis des K.nantagonismus überwunden sei. Die Folge müsse logisch zwingend eine klassenlose Gesellschaft sein. – Marx' Beschränkung auf einen ökonomisch bestimmten K.nbegriff als Grundlage von Gesellschafts- und Kulturanalyse ist in der Nachfolge scharf angegriffen worden. In der aktuellen lit.- und kulturwissenschaftlichen Debatte geht die Tendenz derjenigen Theoretiker, die nach wie vor auf den K.nbegriff zurückgreifen, dahin, der Einflußgröße K. weitere Determinanten gesellschaftlichen Seins als Grundlage kollektiver Bewußtseinsstrukturen zur Seite zu stellen. Am häufigsten tauchen heute die Begriffe ↗ *race* und ↗ *gender* als Ergänzungen des Konzepts von K. auf. Wie die engl.sprachige Terminologie nahelegt, werden Rasse und Geschlecht insbes. in der anglo-am. Lit.- und Kulturtheorie als gleichrangige Determinanten des sozialen Seins und damit kollektiven Bewußtseins angesehen. Durch den Einfluß ↗ feministischer und ↗ postkolonialer Theorie sind *class, race* und *gender*, wie T. ↗ Eagleton (1986, S. 82) pointiert bemerkt, zu einer Art Heiliger Dreifaltigkeit zeitgenössischer Lit.theorie geworden. Diese Entwicklung ist so weit gediehen, daß man klassisch marxistische Theorien schon allein dadurch von anderen Strömungen innerhalb der ›Neuen Linken‹ unterscheiden kann, daß sie dem Begriff der K. eine herausgehobene Position innerhalb dieser Trinität zuweisen.

Lit.: A. Hunt (Hg.): *Class and Class Structure*, Ldn. 1977. – Moi 1994 [1985]. – T. Eagleton: *Against the Grain. Essays 1975–1985*, Ldn. 1986. – G.Ch. Spivak: *In Other Worlds. Essays in Cultural Politics*, N.Y. 1988 [1987]. – D.T. O'Hara: »Class«. In: Lentricchia/ McLaughlin 1995 [1990]. S. 406–427.

SS

Klassizismus, Literaturtheorien des, während der Begriff ›Klassik‹ die normative Vorbildlichkeit eines Zeitabschnitts impliziert, der als in sich vollendete Epoche gilt, ist der Begriff ›K.‹ über die Referenz auf die gr.-röm. ↗ Antike definiert. Als ›klassizistisch‹ in einem stilistischen Sinne könnte daher im nachhinein jede kulturelle Strömung bezeichnet werden, für die eine Orientierung an der Kunst Griechenlands und Roms konstitutiv ist. Von einer solchen ›klassizistischen‹ Ausrichtung kann man indes nur dann sprechen, wenn man mit eher idealtypischen Grundbegriffen im Anschluß an H. Wölfflin arbeitet: schon für ›die Renaissance‹, deren ↗ Epochenbegriff indes erst von J. Michelet und J. Burckhardt erarbeitet wurde, oder gar die ›Renaissancen‹ im MA., mit mehr Recht aber, weil durch eine zeitgenössische Theorie eher belegt, auch für einen Teilbereich der Barockkunst (man denke an G. Reni, A. Carracci, N. Poussin oder Cl. Lorrain). Erst in dem von G.P. Bellori und der Bologneser Akademie der Carracci vorbereiteten akademischen K. des mittleren 17. Jh.s, nimmt jedoch der normativ-referentielle Diskurs, in dem die Nachahmung der Antike verbindlich gemacht wird, die Gestalt eines Lehrgebäudes an; eine bes. Rolle spielen hierbei die Anhänger Poussins innerhalb der Académie Royale de Peinture. Hinsichtlich ihrer Wirkung steht diese durch Autoren wie Ch. Le Brun oder A. Félibien vermittelte Kunstlehre mindestens gleichrangig neben dem Lehrgebäude des literar. K., in dem die Rezeption und Diskussion der aristotelischen Nachahmungslehre (↗ Aristoteles; ↗ Mimesis) unter stärker lit.spezifischen Aspekten im Vordergrund steht. Unter dem Primat des *ut pictura poesis*-Gebotes kommt der bildenden Kunst jedoch in vieler Hinsicht eine

modellgebende Funktion zu. Die ›Antike‹ steht im akademischen Diskurs für eine Kunst ein, die nicht schlicht Nachahmung der Natur sein, sondern aus der *idea* hervorgehen soll. Der schon in der ital. Tradition als ideell bestimmte *disegno interno* materialisiert sich dieser Lehre zufolge im *disegno esterno*. Die signifikative Zeichnung, der *dessin*, gilt im Gegensatz zur naturnäheren Farbe, dem *coloris*, als Übersetzung des *idea*-Konzeptes (vgl. Imdahl 1987). Leitfunktion erhält das Studium antiker Plastik für den *dessin* nicht zuletzt deswegen, weil das metaphysische Kunstverständnis des akademischen K. eine klare Gattungshierarchie kennt, die sich an der Repräsentation der in sich geschlossenen Gestalt des Menschen als oberstem Wert orientiert. Die Historienmalerei wird daher von ihrem Gegenstand her zur vornehmsten Gattung der Malerei erklärt und rangiert vor Porträt, Genre, Landschaft und Stilleben (vgl. *Geschichte der klassischen Bildgattungen* 1996 ff.). Studien nach den Abgüssen antiker Plastik sollen dieser Lehre zufolge unter Beachtung des rhetorischen *aptum* und *decorum* komponiert werden zu klar und deutlich lesbaren, die Forderung der *vraisemblance* einhaltenden Handlungen. Im direkten Bezug auf R. Descartes »Traité sur les passions« unternahm Le Brun ergänzend den Versuch, eine Systematik der bildlichen Entsprechungen für die menschlichen Affekte zu erstellen, um die Linienschrift des pathognomischen Ausdrucks in eine Gesichtsgrammatik zu fassen (vgl. Montagu 1994). Obwohl im Rahmen der *Querelle des anciens et des modernes* die Verbindlichkeit der Antike in vieler Hinsicht relativiert wurde, blieb die akademische Lehre ein diskursiver Rahmen, der im Modus kritischer Abgrenzungen zwar vielfach überschritten werden konnte, dem in der Dialektik von Überschreitung und affirmierender Bezugnahme jedoch ein langes Nachleben beschieden war. – Der Begriff ›K.‹ wird darüber hinaus in einem engeren Sinne verwendet, um jene historische Diskursformation und jene alle Künste erfassende Bewegung des späteren 18. Jh.s zu kennzeichnen, die wahrscheinlich zum ersten Mal in der Geschichte der Kunst und ihrer Theorie in solch prononcierter Weise einen Begriff dessen, was den eigenen ↗ Stil vom vorhergehenden trennen sollte, zu bestimmen suchte. Im Anschluß an die Postulate klassizistischer Theoretiker wurde hieraus jedoch erst im späteren 19. Jh. ein Epochenbegriff abgeleitet. Dieser schien zum einen geeignet, den nun sog. Neoklassizismus aufgrund seiner theoretischen Reflektiertheit und aufgrund seines Festhaltens am Vernunftideal der Aufklärung abzuwerten; zum anderen aber diente er dazu, eine ihrerseits normativ vorbildliche ›dt. Klassik‹ zu postulieren, für die bis ins 20. Jh. hinein eine ›innere Nähe‹ zur gr. Klassik reklamiert wurde (vgl. Marchand 1996). Nachdem die jüngere Forschung aufgrund einer streng ↗ begriffsgeschichtlichen Fragestellung zunächst feststellte, daß der Begriff Neoklassizismus erstmals um 1880 verwendet wurde (vgl. Wellek 1966; Fontius 1971), und daraus die Folgerung zog, daß ›Klassik‹ und ›K.‹ in Deutschland als reine Konstrukte im Dienste der Herstellung eines kollektiven Nationalbewußtseins zu betrachten seien, betont man neuerdings, ohne die Vereinfachungen und Vereinnahmungen der ↗ Rezeptionsgeschichte zu leugnen, wieder zunehmend die Verbindungslinien zwischen der europ. Aufklärung und einem K., der hier stärker normativ, dort stärker semiotisch, oder sogar erkenntnistheoretisch fundiert wurde, für den man aber auch feststellen muß, daß er aus taktischen und stilpolitischen Gründen den Bezug zur Antike suchte, daß er also den Antikenbezug als Selbstbeschreibungskonzept gegen einen impliziten Gegner erarbeitete (vgl. Beck/Bol 1982; Voßkamp 1993). Der zivile K. der zweiten Hälfte des 18. Jh.s ist (jedenfalls aus der Sicht einer auch die bildenden Künste und deren Theorie einbeziehenden Kulturgeschichte) ein gemeineurop. Phänomen (vgl. Miller 1983; Wilton-Ely 1996) innerhalb jenes Zeitraums von etwa 1750–1830, der in der Geschichtswissenschaft als ›Sattelzeit‹ der ↗ Moderne angesehen wird (R. Koselleck). – Die Ausformungen, die die neue Hinwendung zur Antike angenommen hat, variieren freilich von Autor zu Autor, von Künstler zu Künstler, von Land zu Land. Bruchlinien verlaufen hier etwa zwischen dem Bezug auf die Geschichte Roms und dem auf die Mythologie Griechenlands, zwischen einem eklektizistischen K. und einem um Einheit bemühten, zwischen dem K. der Akademien und dem der Autodidakten, Sammler und Akademiegegner, zwischen einem eher empirisch ausgerichteten K., der archäologische Grabungsstücke sammelt (vgl. *Le antichità di Ercolano esposte*, 1755–1792, unter Mitarbeit von O. A. Bayardi) oder auch die Bauten Griechenlands in Autopsie aufnimmt (vgl. J. Stuart/N. Revett: »Antiquities of Athens«, 1762–1795), und einem theoretischen K., der den Antikenbezug mit Fragestellungen der ↗ Ästhetik (z. B. das Laokoon-Problem seit der Diskussion zwischen J. J. Winckelmann und

G. E. Lessing, »Laokoon: oder Ueber die Grenzen der Mahlerey und Poesie«, 1766) oder der Anthropologie verknüpft (z. B. die Suche nach dem Maß des mittleren Menschen, die innerhalb der Archäologie wiederum zur Hinwendung zu Polyklets Kanon führt). Die ältere Forschung neigte hier im Interesse klarer Begriffsbestimmungen zu ↗ Dichotomisierungen, die kulturpolitisch leicht vereinnahmbar waren. Das Gegensatzpaar Rom/Griechenland diente etwa der Abgrenzung eines frz. von einem dt. Nationalcharakter. Dagegen arbeitet die neuere Forschung eine Vielzahl von Interferenzen und strukturellen Gemeinsamkeiten heraus, die jeden Definitionsversuch unmöglich machen. Schlaglichtartig läßt sich dies durch den Befund illustrieren, daß Winckelmanns Philhellenismus eine zentrale Rolle in der frz. Revolution spielte (vgl. Pommier 1992), wohingegen der Berliner Akademiedirektor B. Rode (1725–1797) bevorzugt Themen der röm. Geschichte darstellte (vgl. Büttner 1988). Wichtiger noch ist, daß auch der empirisch ausgerichtete K., den man insbes. in England, aber auch in Frankreich und Italien für tonangebend hält, von Theorien flankiert ist (J. Reynolds: »Discourses on art«, 1778; F. Milizia: »Dell'arte di vedere nelle belle arti del disegno«, 1781; G. B. Piranesi: »Della magnificenza ed architettura de'Romani«, 1761; Comte de Caylus: »Tableaux tirés de l'Iliade, de l'Odyssée d'Homere et de l'Eneide de Vergile« 1757; ders.: »Recueil d'Antiquités egyptiennes, étrusques, grecques, romaines et gauloises«, 1752–59; A. Chr. Quatremère de Quincy: »Sur l'idéal dans les arts du dessin«, 1805), während der anthropologisch argumentierende K., den man lange für einen dt. Sonderweg hielt, ein wissenschaftliches Fundament etwa in Techniken der Vermessung des Menschen hatte, die ebenfalls ein gemeineurop. Phänomen sind (vgl. Kirchner 1991). Verwerfungen ergeben sich jedoch auch im Blick auf einzelne Länder. So gehen einige der wichtigsten Impulse für die bildende Kunst und Alltagskunst des K. von England aus (insbes. durch J. Flaxmans Umrißzeichnungen und durch seine Zusammenarbeit mit J. Wedgwood), während die engl. Lit. um 1800 kaum als klassizistisch bezeichnet werden kann. – Epochale Bedeutung für die Formulierung der zentralen Theoreme des zivilen K. kommt den »Gedancken über die Nachahmung der Griechischen Wercke in der Mahlerey und Bildhauer-Kunst« (1755) von Winckelmann zu (vgl. Boehm/Miller 1992/95). Dieses Manifest ist durch Ideen von A. F. Oeser, D. Gran und

G.R. Donner vorbereitet, gewinnt seine Kontur jedoch in der Auseinandersetzung mit P. Bellori, Ch. Perrault, A. Félibien und R. de Piles. Es rekurriert auf den älteren akademischen K. und die antiquarische Gelehrsamkeit, um durch die Forderung nach einem neuen Primat gr. Plastik den Begriff der Natur in dem der Antike aufzuheben: Winckelmann sieht eine ideale und daher nachahmenswerte Auswahl aus einer ihrerseits schönen Natur in der gr. Plastik evident verkörpert, deren Nachahmung damit zur paradoxen Aufgabe der Moderne wird. Mimesis wird mit Blick auf eine ↗ Produktionsästhetik der Gegenwart somit neu bestimmt und zugleich verunmöglicht. Dies trennt den K. des späten 18. Jh.s, der in der Abgrenzung vom Barocken den ersten Stilbegriff in der Geschichte der Kunstlit. erarbeitet, zugleich von der Diskussion der älteren *Querelle des anciens et des modernes* im Umkreis von Perrault und von den am *coloris* und am *clair-obscur* interessierten Rubenisten unter den Akademikern des 17. Jh.s, in der das Forschrittsbewußtsein der Partei der Modernen mit einem zunehmend illusionistischen Verständnis des Mimesis-Begriffs verbunden war und sich noch nicht als Stil definieren mußte. Die unaufgelöste Spannung zwischen der neuen Normativität und der neuen Historizität der Antike, die sich in Winckelmanns späteren Schriften, insbes. in der »Geschichte der Kunst des Alterthums« (1764, 2. Aufl. 1776), eher noch verschärfte, waren der die wichtigsten Ausgangspunkte für F. Schillers und F. Schlegels divergierende Antworten darauf, was sentimentalisch, was modern sei. Was Winckelmann für die Plastik der Antike erarbeitete, leistete A.R. Mengs in den »Gedanken über die Schönheit und über den Geschmak in der Malerey« (1762) für die Malerei. Nicht zuletzt an der durch Mengs der Zeit um 1800 vermittelten klassizistischen Kategorientafel entzündete sich eine am Paradigma der Malerei geführte Auseinandersetzung zwischen den Weimarischen Kunstfreunden um Goethe und den Romantikern. – ›K.‹ und ↗ ›Romantik‹ werden in jüngerer Zeit nicht mehr als sich ausschließende Gegensätze oder gar als aufeinander folgende Epochen der Lit.geschichte gesehen, sondern vielmehr als komplementäre Phänomene eingeschätzt. In Hinsicht auf die Bewußtheit und Reflektiertheit der Stilpolitik (vgl. Luhmann 1986), die hinter dem jeweiligen Bruch mit einer als überholt eingeschätzten Vergangenheit steht und die zugleich den Rekurs auf eine räumlich vorgestellte Vorvergangenheit motiviert, sind der in gänzlich

neuer Weise an der Antike orientierte zivile K. nach 1755 und die Romantik, die diese räumliche Leerstelle mit verschiedenen Statthaltern besetzt (vom Primitivismus des MA.s über die Vorgeschichtlichkeit der Kindheit bis hin zum geschichtsphilosophischen Programm einer Neuen Mythologie) prinzipiell vergleichbar (vgl. Gombrich 1978). Im Gegensatz zur normativ verbindlichen und daher ›nahen‹ Antike des älteren, des akademischen K. im 17. Jh. rückt die Antike des zivilen K. in die historisierte Ferne einer Utopie. Diese Antike wird gerade dadurch zum Inzitament der zunehmend als produktiv bestimmten ↗ Einbildungskraft, daß man sich von ihr durch das neue historische und kunsthistorische Denken geschieden weiß. Das klassizistische Bild einer als Raum vorgestellten Antike der ›edlen Einfalt, stillen Größe‹, in der die zum individuellen Ausdruck drängenden Affekte zu erhabener Ruhe gebändigt und mühsam zur schönen Umrißlinie stillgestellt sind, dürfte sich mithin einer Reaktion auf die Verzeitlichungserfahrungen der Moderne verdanken. In dem Maße, in dem klassizistische Theoretiker den projektiven Entwurf des ›Schönen‹ in die Vergangenheit der Antike hinein als Projektion durchschauen und die transzendentale Wende innerhalb der ästhetischen Diskussion um 1790 mitvollziehen, wird der Begriff ›Antike‹ entsemantisiert und, etwa bei Schiller und C.L. Fernow, zum Evidenzappell für einen emphatischen Begriff autonomer Kunst, die sich selbst nicht mehr als nachahmend versteht. War Ästhetik nach 1750 zunächst als Wissenschaft von der sinnlichen Erkenntnis begründet worden, wendet sie sich genau in jenem Moment den Werken ›der Kunst‹ zu, in dem der klassizistische Diskurs seinerseits den Antikenbezug formalisiert. Als wichtigstes Indiz für die damit einhergehende Entsemantisierung der ›Antike‹ kann gelten, daß schon der K. den Ornamenten und hier insbes. den antiken Arabesken eine kritische Aufmerksamkeit schenkt, unter der die Faszination an einer nicht mehr nachahmenden, sondern amimetischen Kunst durchscheint (vgl. K.Ph. Moritz: »Vorbegriffe zu einer Theorie der Ornamente«, 1793; vgl. auch Oesterle 1984; Pfotenhauer 1996). Die Übersetzungsleistung von Sprache, Werke der bildenden Kunst in Texte übersetzen zu können, wird zum Problem (vgl. K.Ph. Moritz: »In wie fern Kunstwerke beschrieben werden können«, 1788). Der produktive Betrachter, der diese Übersetzung in individueller Lektüre zu erbringen hat, und seine Einbildungskraft, die das Divergierende in ein

Bild zu sistieren hat, geraten darüber in den Blick. Kehrseite dieser Individualisierung der Kunstbetrachtung ist eine Pluralisierung der Antike (durch empirische Antikenfunde, durch gesellschaftliche Praktiken wie die verlebendigende Betrachtung von Statuen bei Fackelschein, durch Leitmythen des Umgangs mit der Antike wie insbes. des Pygmalion-Mythos, vgl. Bätschmann 1978). Indem K. und Romantik in Konkurrenz zueinander und mit Blick aufeinander die gleichen diskursiven Felder besetzen, um unterschiedliche stilpolitische Konsequenzen zu ziehen, zeichnen sich allmählich die Konturen der von der Lit.wissenschaft des 19. Jh.s einseitig dichotomisierten und in ein Folgeverhältnis gebrachten Begriffsbestimmungen ab (von großer Reichweite ist für den dt.sprachigen Raum der von den Weimarischen Kunstfreunden J. W. Goethe und J. H. Meyer gemeinsam verantwortete Text »Neu-deutsche religios-patriotische Kunst«).

Lit.: R. Wellek: »The Term and Concept of ›Classicism‹ in Literary History«. In: F. Jost (Hg.): *Proceedings of the IVth Congress of the International Comparative Literature Association*, Paris 1966. S. 1049–1067. – M. Fontius: »›Classique‹ im 18. Jh.«. In: W. Bahner (Hg.): *Beiträge zur frz. Aufklärung und zur span. Lit., Fs. W. Krauss*, Bln. 1971. S. 87–120. – O. Bätschmann: »Pygmalion als Brachter«. In: *Jb. 1974–77 des Schweizer. Instituts für Kunstwissenschaft*, Zürich 1978. S. 179–198. – E.H. Gombrich: *Kunst und Fortschritt*, Köln 1978. – W. Arenhövel/Ch. Schreiber (Hgg.): *Berlin und die Antike*, 2 Bde., Bln. 1979. – H. Beck/P.C. Bol (Hgg.): *Forschungen zur Villa Albani. Antike Kunst und die Epoche der Aufklärung*, Bln. 1982. – N. Miller: »Europ. Philhellenismus zwischen Winckelmann und Byron«. In: *Propyläen Geschichte der Lit.*, Bd. 4, Bln. 1983. S. 315–366. – G. Oesterle: »Vorbegriffe zu einer Theorie der Ornamente«. In: H. Beck et al. (Hgg): *Ideal und Wirklichkeit der bildenden Kunst im späten 18. Jh.*, Bln. 1984. S. 119–139. – N. Luhmann: »Das Kunstwerk und die Selbstreproduktion der Kunst«. In: H.U. Gumbrecht/K.L. Pfeiffer (Hgg.): *Stil*, FfM. 1986. S. 620–667. – M. Imdahl: *Farbe. Kunsttheoretische Reflexionen in Frankreich*, Mchn. 1987. – F. Büttner: »B. Rodes Geschichtsdarstellungen«. In: *Zs. des dt. Vereins für Kunstwissenschaft* 42.1 (1988) S. 33–47. – R. Michel (Hg.): *Le beau idéal ou l'art du concept*, Paris 1989. – Th. Kirchner: *L'expression des passions*, Mainz 1991. – E. Pommier: *Winckelmann und die Betrachtung der Antike im Frankreich der Aufklärung und der Revolution*, Stendal 1992. – W. Busch: *Das sentimentalische Bild*, Mchn. 1993. – G. Boehm/N. Miller (Hg.): *Bibliothek der Kunstlit.*, Bd. 1–4, FfM. 1992–95. – W. Voßkamp (Hg.): *Klassik im Vergleich. Normativität und Historizität europ. Klassiken*, Stgt. 1993. – J. Montagu: *The Expression of the Passions*, New Haven 1994. – S.L. Marchand: *Down from Olympus. Archaeology and Philhellenism in Germany 1750–1970*, Princeton 1996. – H. Sichtermann: *Kulturgeschichte der klassischen Archäologie*, Mchn. 1996. – J. Wilton-Ely: »Neo-classicism«. In: J. Turner (Hg.): *The Dictionary of Art*, Bd. 22, N. Y. 1996. S. 734–742. – H. Pfotenhauer: »K. als Anfang der Moderne?« In: V. v. Flemming/M. Winner (Hgg.): *Ars naturam adiuvans, Fs. M. Winner*, Mainz 1996. S. 583–597. – W. Proß: »›Gens sui tantum similis‹. J.G. Herders Beitrag zur Entstehung des dt. Philhellenismus«. In: *Museum Helveticum* 53 (1996) S. 206–216. – Kunsthistorisches Institut der FU Berlin (Hg.): *Geschichte der klassischen Bildgattungen in Quellentexten und Kommentaren*, 5 Bde., Bln. 1996ff.

HT

Köhler, Erich (1924–1981), dt. Romanist. – K. studierte romanische Philologie (Promotion 1950), habilitierte sich 1955 und war seit 1958 ordentlicher Professor für Romanische Philologie in Heidelberg und seit 1970 in Freiburg. – Schon in seinen frühen mediävistischen Arbeiten zur höfischen Epik und zur provenzalischen Lyrik zeigt sich K.s soziologisches Verständnis von Lit. und Wirklichkeit in Abgrenzung von anderen Modellen der Lit.wissenschaft der Nachkriegszeit wie bes. von der ↗ Werkimmanenten Interpretation mit der Loslösung des literar. Kunstwerks von den gesellschaftlichen Bedingungen seiner Produktion und Rezeption. Für K. (vgl. 1966, S. 84) ist nicht nur die ↗ Triviallit., sondern auch die große Lit. (↗ Hochlit.), das Kunstwerk, nur im historisch-soziologischen ↗ Kontext verstehbar; so gilt auch das Genie als die Summe der Möglichkeiten seiner Zeit. K. praktiziert seinen Ansatz in einer Vielzahl von Textanalysen zur frz. Lit. vom MA. bis zur Moderne, wobei er das MA. als sein ›Laboratorium‹ ansah, von dem aus er methodologische und lit.theoretische Innovationen versuchte (vgl. Krauss 1984). K.s Programm einer historisch-soziologischen Interpretation richtet sich in kritischer Weiterführung des ↗ Formalismus und des Ansatzes von G. ↗ Lukács sowie unter dem Einfluß der Dialektik G. W.F. ↗ Hegels auf die Formen und Institutionen der Vermittlung, die ›Vermittlungsschichten‹, zwischen Gesellschaft und Kunst, zwischen Sein und Bewußtsein. Der Formenbestand einer Epoche, wie z. B. die ↗ Gattungen, kann »als Medium der Transposition von Realität in den geschlossenen ästhetischen Zusammenhang des literarischen Werks« (K. 1966, S. 91) wirksam werden. Ebenso wie K. die ›idealistische Souveränitätserklärung‹ der immanenten Werkinterpretation als inadäquat ablehnt, wendet er sich gegen eine simple ↗ Widerspiegelungstheorie, die ihm als »vulgärmaterialistische Auflösung« von Lit. gilt (ebd., S. 85). Lit. hat eine gesellschafts›bildende‹ Funktion, und zu diesem Zweck verfremdet sie

Wirklichkeit. Kunst besteht darin, »die extensive Totalität in die intensive Totalität des geschlossenen Sinnzusammenhangs des literarischen Werks zu verwandeln« (ebd., S. 95). Die vermeintlich ›objektive‹ Wirklichkeit ist ›objektivierte‹ Wirklichkeit als ›gesellschaftliche Konstruktion‹ und wirkt modellbildend auf die Gestaltung der ›objektiven‹ Wirklichkeit zurück (vgl. Krauss 1984, S. 10). K. hat sich bis in sein Spätwerk hinein eine methodische Offenheit bewahrt, wie seine letzte, im Titel als ›soziosemiotisch‹ bezeichnete Arbeit über A. de Lamartine zeigt (vgl. K. 1982, S. 172–195). Die moderne Lyrik dient ihm angesichts der gelockerten, wenn nicht aufgelösten Beziehung zwischen historisch-sozialer Wirklichkeit und dem Kunstwerk sowie angesichts der modernen Lit.konzeption der ästhetischen ↗ Autonomie als Testfall einer soziologischen Lit.interpretation. – K. hat der dt. Romanistik u. a. als Mediävist, v. a. aber als Lit.soziologe nach dem Krieg wieder zur internationalen Anerkennung verholfen. Der K. in der frühen Kritik oft vorgeworfene Soziologismus (vgl. Krauss 1984) gilt angesichts der gegenwärtigen Diskussion um eine mögliche Öffnung der Lit.wissenschaft hin zur ↗ Kulturwissenschaft eher als Vorzug.

Lit.: E. Köhler: *Ideal und Wirklichkeit in der höfischen Epik*, Tüb. 1970 [1956]. – ders.: *Trobadorlyrik und höfischer Roman*, Bln. 1962. – ders.: *Esprit und arkadische Freiheit*, Mchn. 1984 [1966]. – ders.: *Vermittlungen*, Mchn. 1976.– ders.: *Lit.soziologische Perspektiven* (Hg. H. Krauss), Heidelberg 1982. – H. Krauss: »Historisch-dialektische Lit.wissenschaft. Zum Werk E. K.s«. In: ders. (Hg.): *MA.studien*, Heidelberg 1984. S. 9–13.

GMO

Kognition (lat. *cognoscere*: erkennen, wahrnehmen, wissen), im engeren Sinne alle intellektuellen Leistungen im Gegensatz zu ↗ Emotion und ↗ Imagination; im weiteren Sinne z. B. der K.sbiologie ist K. jede Aktivität, jedes Verhalten eines lebenden Organismus. Im weitesten Sinne erfordert K. als Aktivität lebender Systeme nicht einmal eine neuronale Basis. Die Verhaltensmöglichkeiten einfacher Organismen sind dann als chemophysikalische Reaktionseigenschaften ihrer materiellen Komponenten ›codiert‹, ähnlich wie neuronale Strukturen und Prozesse das Verhalten höherer Organismen bestimmen. Ein weiter K.sbegriff schließt auch Emotionen und Imagination als kognitive Leistungen ein. – In den Neuro- und Psychowissenschaften werden als kognitive Phänomene im einzelnen thematisiert: ›Sinneswahrnehmung‹ als ↗ Selbstreferenz in Nervensystemen, d. h. als Aktivität spezialisierter Neuronen, z. B. Sinneszellen, neuronaler Bahnen und Projektionsareale im Gehirn; ›↗ Gedächtnis‹ nicht als Speicher, sondern als Ausdruck der Veränderung der Reaktivität des Nervensystems durch kurzfristig stabile Kreisstrukturen neuronaler Erregungen (sog. *reverberating circuits*) oder längerfristig durch chemische Marker stabilisierte Verbindungen in neuronalen Netzen; ›Bewußtsein‹ als emergentes Phänomen in komplexen selbstreferentiell operierenden Nervensystemen. ›Intellektuelle Leistungen‹ werden als kognitive Operationen in den Gesamtzusammenhang der Selbstregelung und Selbsterhaltung kognitiver Systeme gestellt und dadurch relativiert.

Lit.: U. Neisser: *Kognitive Psychologie*, Stgt. 1974. – ders.: *K. und Wirklichkeit*, Stgt. 1979. – H. R. Maturana: *Erkennen. Die Organisation und Verkörperung von Wirklichkeit*, Braunschweig/Wiesbaden 1982. – Schmidt 1996 [1994].

GR

Kognitionstheorie (lat. *cognoscere*: erkennen, wahrnehmen, wissen; im engeren Sinne alle höheren intellektuellen Leistungen im Gegensatz zu Emotion und Imagination), K. bzw. Kognitionswissenschaft bearbeitet Fragen des Typs: Was ist Wissen? Wie kommt es zustande? Wie entsteht Erkenntnis? Wie machen wir Erfahrungen? Dies sind epistemologische Fragen, die traditionellerweise von Philosophen behandelt wurden. Heute sind neben der Philosophie noch weitere, nämlich empirische Disziplinen an ihrer Bearbeitung beteiligt, die Kognitive Psychologie, die Neurowissenschaften, die Linguistik, die Biowissenschaften, die Informatik und Künstliche Intelligenz sowie die Kommunikations- und Sozialwissenschaften. Die philosophische Erkenntnistheorie hat sich in Gestalt der Kognitionswissenschaften zu einem interdisziplinären, erfahrungswissenschaftlichen Forschungsfeld gewandelt. Die Beiträge der einzelnen beteiligten Disziplinen zu einer Allg. K., die in Umrissen deutlich wird, sind sehr heterogen. Kybernetik und ↗ Systemtheorie, mathematische Logik und Informationstheorie stellen übergeordnete Bezugsrahmen dar, die eine Zuordnung und Vernetzung der einzelwissenschaftlichen Beiträge gestatten. Dennoch ist noch längst nicht klar, wie eine Lösung z. B. des Leib-Seele-Problems, des Zusammenhangs zwischen physischen und psychischen Phänomenen aussehen könnte. Die Beschreibung von Bewußtsein als emergentem Phänomen in selbstreferentiell verschalteten

neuronalen Netzen erklärt noch recht wenig. –
(1) Als wesentlichen philosophischen Beitrag
zur Entwicklung von K. und Kognitionswissenschaft muß man u.a. die Philosophie I. Kants
ansehen, insbes. seine *Kritik der reinen Vernunft*,
die kognitive Bedingungen der Möglichkeit von
Erfahrung, Wissen und Erkennen expliziert hat,
nämlich die Kategorien und Funktionsprinzipien
des Verstandes. Kant hat auch den Schema-
Begriff im Sinne kognitiver Strukturen eingeführt, wie er in der modernen K. seit J. Piaget
Verwendung findet und zu einem der zentralen
Konzepte geworden ist. (2) Aus der Psychologie
waren einflußreich Arbeiten von H. Ebbinghaus,
G.E. Müller und F.C. Bartlett über die Kreativi-
tät des Gedächtnisses, die Untersuchung von
G.A. Miller über die begrenzte Kapazität des
Arbeitsgedächtnisses und kognitive Strategien
ihrer Handhabung (›*chunking*‹), der Ansatz der
Gestalttheorie von W. Köhler, K. Koffka und W.
Metzger, J. Kelleys Konzept der ›*Personal Con-
structs*‹, in jüngerer Zeit M. Minskys ›*Frame
Systems*‹ (↗ Schema- und Schematheorie), W.
Kintschs ›propositionale Repräsentationen von
Texten‹, T.A. van Dijks ›Makrostrukturen‹ oder
P.N. Johnson-Lairds ›mentale Modelle‹. Nicht
nur aus konstruktivistischer Sicht sind hier ins-
bes. die Arbeiten Piagets zu nennen, der in seiner
Entwicklungspsychologie die Genese der ko-
gnitiven Komponenten und Prozeduren zur
Konstruktion subjektiver Wirklichkeit analysiert
und seine Befunde im Hinblick auf eine genetische Epistemologie interpretiert hat. Piaget hat
auch, neben z.B. Miller, E. Galanter und K.H.
Pribram (›*Test-Operate-Test-Exit*-Modell‹) oder
W.T. Powers (vgl. dessen Konzept des ›Verhaltens als Wahrnehmungskontrolle‹) als einer
der ersten in seiner *Äquilibration kognitiver
Strukturen* kybernetische Konzepte zur Modellierung kognitiver Dynamik herangezogen. Parallel hatten sich der Ansatz der Informationsverarbeitung etabliert und komplexe Modelle
der Wissensspeicherung und des *Retrievals*, der
Verarbeitung sensorischer Information und kognitiver Strukturen und Prozesse entwickelt (vgl.
z.B. P.H. Lindsay und D.A. Norman). U. Neisser
brachte dann alle Entwicklungen dieser Art auf
den Begriff der Kognitiven Psychologie, die jene
Prozesse untersucht, durch die sensorische Aktivität verarbeitet wird, wie Empfinden, Wahrnehmen, Vorstellen, Behalten, Erinnern, Denken, Problemlösen. Damit war jedes psychische
Phänomen ein kognitives Phänomen. Mit seinem Konzept der Analyse-durch-Synthese
stärkte er zugleich den Gedanken der ↗ Kon-

struktivität kognitiver Prozesse. (3) Im weiteren
Sinne, z.B. der Kognitionsbiologie H.R. Maturanas und F.J. Vareals, ist Kognition jede Aktivität, jedes Verhalten eines lebenden Organismus.
Die Kognitionsbiologie Maturanas repräsentiert
mit ihrer Theorie ↗ autopoietischer Systeme einen Trend der Biowissenschaften, lebende bzw.
zeitweise stabile Systeme als selbstreferentielle,
selbstorganisierende, zyklisch operational geschlossene, jedoch energetisch offene Strukturen zu theoretisieren (vgl. M. Eigens ›Hyper-
zyklen‹ und I. Prigogines ›dissipative Strukturen‹). Für Organismen mit Nervensystemen
bedeutet *dies* kognitive Autonomie und infor-
mationelle Geschlossenheit. Das psychologische Konzept der kognitiven Konstruktivität
bietet sich hier zur Erklärung der Möglichkeit
von Wahrnehmung, Verhalten, Handeln und
Lernen unter den Bedingungen kognitiver Autonomie an: Kognitive Systeme befinden sich
auf einer Art Blindflug durch das Medium, in
dem sie als lebende Einheiten realisiert sind. Alle
Informationen müssen sie intern anläßlich von
Veränderungen in ihrer Sensorik und auf der
Basis ihrer jeweils verfügbaren kognitiven Strukturen und Operationsmöglichkeiten erzeugen.
Jedes kognitive System ist in diesem Sinne Konstrukteur seiner Wirklichkeit. Seine Konstrukte
müssen sich in der Kognition, d.h. im Verhalten
und Handeln, bewähren; im Extremfall scheitern nicht nur Wahrnehmungen, Pläne oder
Handlungen, sondern der Organismus als ganzer. (4) Die Neurowissenschaften arbeiten seit
W. McCulloch an der Entwicklung von Modellen für neuronale Prozesse. Er hatte die Arbeitsweise eines Neurons vereinfacht durch eine lo-
gisch-mathematische Funktion charakterisiert
und damit den Weg geebnet für komplexe Modellbildungen bis zum Konnektionismus und für
die Simulation kognitiver Prozesse in der Künstlichen Intelligenz. Die Neurowissenschaften
zeichnen heute ein Bild des Menschen als selbstregelnde Biomaschine mit aktiver Intelligenz, die
ihre neuronale Hardware höchst flexibel und
multifunktional nutzt. Immer mehr gewinnt die
Aktivität von Neuronen in wechselnden Akti-
vationskontexten und die Verlagerung von Ak-
tivitätsmustern in Neuronenverbänden, also die
Beachtung des Organismus als ganzem, für die
Erklärung der Leistungsfähigkeit von Nervensystemen an Bedeutung. (5) Ein weiter Kogni-
tionsbegriff, wie er in der modernen K. verwendet wird, schließt aber nicht nur Emotionen
und Imagination als kognitive Prozesse ein, sondern erfordert auch die Betrachtung aller an-

deren Phänomene des menschlichen Lebens, d.h. sozialer, kommunikativer, ästhetischer usw. Prozesse, unter kognitionstheoretischen Gesichtspunkten. Bes. deutlich dürfte dies für zwischenmenschliche Interaktion und Kommunikation sein; Kognitionssoziologie und ↗ Kommunikationstheorie müssen die Möglichkeit von Verständigung und sozialer Gemeinschaft unter Bedingungen kognitiver Autonomie der Individuen plausibilisieren. Indem sie dies leisten, tragen sie zur Entwicklung der K. bei.

Lit.: P.H. Lindsay/D.A. Norman: *Human Information Processing. An Introduction to Psychology,* N.Y./Ldn. 1977 [1972]. – U. Neisser: *Kognitive Psychologie,* Stgt. 1974. – J. Piaget: *Der Aufbau der Wirklichkeit beim Kinde,* Stgt. 1974. – ders.: *Biologie und Erkenntnis. Über die Beziehungen zwischen organischen Regulationen und kognitiven Prozessen,* FfM. 1992 [1974]. – ders.: *Die Äquilibration der kognitiven Strukturen,* Stgt. 1976. – H.R. Maturana: *Erkennen. Die Organisation und Verkörperung von Wirklichkeit,* Braunschweig 1985 [1982]. – Rusch 1987. – ders.: »Autopoiesis, Lit., Wissenschaft. Was die K. für die Lit.wissenschaft besagt«. In: S.J. Schmidt (Hg.): *Der Diskurs des Radikalen Konstruktivismus,* FfM. 1987. S. 374–400. – F.J. Varela: *Kognitonswissenschaft – Kognitionstechnik,* FfM. 1993 [1990]. – D. Münch (Hg.): *Kognitionswissenschaft,* FfM. 1992. – H. v. Foerster: *Wissen und Gewissen,* FfM. 1996 [1993]. – Schmidt 1996 [1994]. – G. Rusch et al. (Hgg.): *Interne Repräsentationen. Neue Konzepte der Hirnforschung,* FfM. 1996.

GR

Kohärenz (lat. *cohaerere:* zusammenhängen), auch Textkohärenz, ist das Ergebnis derjenigen syntaktischen, semantischen oder pragmatischen Mechanismen, die eine Sequenz, eine Aneinanderreihung von Sätzen und Äußerungen, als zusammenhängend erscheinen lassen, die damit als Einheit aufzufassen ist und in diesem Sinne einen ↗ Text bildet. – K. wird bei T.A. van Dijk (1980) auf zwei Ebenen situiert: (a) Als linearer Zusammenhang bezeichnet K. die Bezüge zwischen einzelnen ↗ Propositionen oder Propositionsgruppen innerhalb einer Sequenz, (b) als Makrostruktur bezieht sich K. auf Zusammenhänge, die die Struktur von Sequenzen hinter sich lassen und auf dem Text als Ganzem beruhen. Die Bedeutungseinheit konstituiert sich dabei über Thema, ↗ Isotopien, ↗ Paradigmen, narrative Strukturen. Syntaktische Konnexionen, die K. begründen, wären etwa deiktische Elemente, Proformen, Tempusabfolge; als Bedingungen und Kriterien semantischer K. lassen sich anführen: (a) Verträglichkeitsbeziehungen, (b) konditionale Zusammenhänge oder kausale Verbindungen zwischen Propositionen, (c) Übernahme raumzeitlicher Situationen, (d)

Beziehungen zwischen Konzepten: Identität, Vergleichbarkeit, Ähnlichkeit und (e) die Einbeziehung von kulturellem Wissen über typische Situationen und Geschehnisse (↗ Schema, *frames*), das als Deutungsraster dient. Referentielle Identität und ↗ Präsuppositionen führen zur pragmatischen K., die sich insbes. über universale logische Prinzipien, das Kooperationsprinzip und allg. Angemessenheitsbedingungen von effektiver Kommunikation als Konversationsmaxime der Qualität, Quantität, Relation und Modalität (H.P. ↗ Grice 1975) darstellt. – Das aus der ↗ Textlinguistik stammende Konzept der K. ist in der strukturalen Textanalyse ein grundlegendes Theorem der Interpretationstheorie und heuristisch relevant. K. entspricht der Sinnhaftigkeit eines Äußerungskontextes und ist an die jeweilige ↗ Thema/Rhema-Struktur eines Textes, die spezifische Kombination von Bekanntheit und Informationshaltigkeit, gebunden. Das Postulat der K. läßt eine Abweichung als Abweichung erkennen, erzwingt die Suche nach dem ›Sinn‹ einer Äußerung und nach der Ebene, auf der dieser Sinn zu situieren ist, und ruft zur ↗ Interpretation, zur Bildung von K.annahmen, auf. Inkonsistenzen und Inkohärenzen, polarisiert als Redundanz und Widerspruch, wie sie die rhetorischen Figuren Pleonasmus und ↗ Paradoxie repräsentieren, werden somit einer Oberflächenebene zugeordnet, die es gilt, mittels adäquater Hypothesen aufzulösen und konsistent in ein Modell über den Text zu integrieren.

Lit.: H.P. Grice: »Logic and Conversation«. In: *Syntax and Semantics* 3 (1975) S. 41–58. – T.A. van Dijk: *Textwissenschaft. Eine interdisziplinäre Einf.,* Mchn. 1980.

HK

Kollektives Unbewußtes ↗ Unbewußtes, kollektives

Kollektivsymbol/Kollektivsymbolik, umfaßt die Gesamtheit der ›Bildlichkeit‹, die durch eine Grundstruktur semantischer Abbildung gekennzeichnet ist. Für diese Grundstruktur gelten sechs Kriterien: (a) semantische Sekundarität, (b) ↗ Ikonizität, (c) Motiviertheit, (d) ↗ Ambiguität (Mehrdeutigkeit), (e) syntagmatische Expansion des Symbolisanten zum Umfang einer rudimentären ↗ Isotopie, (f) Isomorphie-Relationen zwischen Symbolisant und Symbolisat. Als einheitliche Notation dienen die der historischen ↗ Emblematik entlehnten Begriffe ›Pictura‹ für die Symbolisanten und ›Subscriptio‹ für die Symbolisate. Auf struktural-funktionaler Basis umfaßt der so definierte Begriff ›Symbol‹ Phänomene, die aus unterschiedlichen theoretischen Perspektiven und Traditionen als ↗ Symbol, ↗ Allegorie, ↗ Emblematik, ↗ Metapher, Image, ↗ Archetyp usw. von einander getrennt beschrieben werden. Topische Reproduktion und kollektive Trägerschaft sind die weiteren Kennzeichen der K. – Die in den 70er Jahren entstandene lit. wissenschaftliche Forschungsrichtung zur modernen K. betont im Unterschied etwa zu Metaphorologie oder ↗ Toposforschung die synchrone Systematik der Gesamtheit der Symbole und ihre strikte Interdependenz zu einer historisch spezifischen Diskurskonstellation (↗ Diskurs). Die K. gilt dabei als interdiskursives Verfahren (↗ Interdiskurs), das zum strukturierenden Moment der Lit. sowie des gesamtkulturellen Orientierungswissens wird und v. a. die kollektive und individuelle Subjektbildung fundiert.

Lit.: J. Link: *Die Struktur des Symbols in der Sprache des Journalismus. Zum Verhältnis literar. und pragmatischer Symbole*, Mchn. 1978. – A. Drews et al.: *Moderne K.: Eine diskurstheoretisch orientierte Einf. mit Auswahlbibliographie.* In: *IASL* 1, Sonderheft Forschungsreferate (Hgg. W. Frühwald et al.), Tüb. 1985. S. 256–375. – F. Becker et al.: »Moderne K. (Teil II)«. In: *IASL* 22.1 (1997) S. 70–154.

UG

Kolonialismus, allg. die direkte Inbesitznahme fremder Territorien, deren Bevölkerung verdrängt oder unterdrückt wird, zum Zwecke der Besiedlung, wirtschaftlichen Ausbeutung und politischen Machterweiterung und mit Hilfe einer einheimische Traditionen unterbindenden oder überfremdenden kulturellen Bevormundung; speziell die Epoche der Expansion des europ. Einflußbereichs in Übersee seit dem 16. Jh., die mehr als drei Viertel der Erde in den Kolonialreichen der Briten, Franzosen, Holländer, Spanier, Portugiesen, Belgier, Italiener und Deutschen erfaßte und in der imperialistischen Ära des späten 19. Jh.s ihren Höhepunkt erreichte. Der gegenläufige Prozeß der Entkolonisierung setzte bereits im 18. Jh. ein (USA), zog sich aber bis in die Zeit nach dem Zweiten Weltkrieg hin, als eine große Zahl unabhängig werdender Kolonien in der sich formierenden ›Dritten Welt‹ neue Nationen begründete. – Nicht nur nach historischen Schüben, sondern auch nach kulturräumlichen Besonderheiten, den Formen direkter oder indirekter Beherrschung und dem Ausmaß flächendeckender oder beschränkter Einflußnahme ist der Begriff

zu differenzieren. Ein typologischer Unterschied besteht zwischen ›Siedlerkolonien‹, von europ. Mehrheiten dauerhaft besiedelte Länder wie Kanada oder Australien, in denen die verpflanzte Herkunftskultur zivilisationsbewußten Rückhalt bot, aber auch eine der andersartigen Umwelt entsprechende Eigenständigkeit entwickelte, und ›Erobererkolonien‹, von europ. Minderheiten zeitweilig beherrschte Länder etwa Schwarzafrikas oder Südasiens, in denen die Kultur der Einheimischen (am nachhaltigsten in einer privilegierten Schicht) dem Fremdeinfluß ausgesetzt war. Fraglich ist, inwieweit die Gemeinsamkeiten der über den historischen K. hinausreichenden Abhängigkeitsverhältnisse der betreffenden Länder die zunehmend hervortretenden Unterschiede zwischen Siedlerkolonien, die sich zu führenden Industrienationen entwickelt haben, und ehemaligen Eroberkolonien, die v. a. zu den ›Entwicklungsländern‹ zählen, die Subsumierung unter den gleichen Oberbegriff rechtfertigen. Hinzu kommt, daß die einstigen Siedlerkolonien selber bis in jüngste Zeit gegenüber den Eingeborenenvölkern einen ›internen K.‹ praktiziert haben. Die lit.- und kulturkritische Auseinandersetzung mit dem K. leistet v. a die Analyse des ›kolonialen Diskurses‹, wie sie aus der Sicht des ↗ Postkolonialismus von E. W. ↗ Saids ↗ Orientalism konzipiert und von der ↗ Postkolonialen Lit.theorie weiter entwikkelt worden ist.

Lit.: P. Childs/P. Williams: *An Introduction to Post-Colonial Theory*, Ldn. 1997. Bes. Einl. – A. Loomba: *Colonialism/Postcolonialism*, Ldn. 1998.

EK

Kommentar, philologischer (lat. *commentarius* von gr. *hypómnēma*: Denkwürdigkeit, Text-Erklärung), Erläuterungstext. – In jedem K. steckt implizit die These, daß ein (literar.) ↗ Text nicht unmittelbar, etwa auf dem Wege einer Sinnpräsenz oder mittels einer direkten Einfühlung, erfaßt werden kann. – Der ph. K. steht in einer langen Tradition, die über weite Strecken mit der Philologie selber zusammenfällt. Bis zum Aufstieg der ↗ Interpretation als neuer Leitoperation war der sog. Wort- und Sachkommentar das dominante Genre der Philologie. Insbes. der textphilologische K. als Produkt der ↗ Textkritik hat lange das Bild der Disziplin bestimmt. Gegenwärtig lassen sich mehrere Verwendungsweisen ausmachen. Zum einen stellt der ph. K. im engeren Sinn Informationen zu einem kommentarwürdigen Text zusammen. Die meist als gesonderter Anhang einem solchen Werk beigegebenen Hinweise betreffen seine textkritische Überlieferung (↗ Überlieferungsgeschichte), die historische Einordnung und die biographischen ↗ Entstehungsbedingungen sowie die sprachlichen und eventuell metrischen Eigentümlichkeiten. Der ph. K. steht für all das, was an Sach- und Sprachkenntnissen notwendig ist, um den kommentierten Text einer Interpretation unterziehen zu können. Die Unterscheidung von sachlicher Kommentierung und auf Sinnkommunikation ausgelegter Interpretation ist zugleich das Kriterium, anhand dessen entschieden wird, was ein ph. K. an Informationen zusammenträgt bzw. was er mit dem ausgewählten Text tut. Eine zweite implizite These besagt, daß ein ph. K. stets in einem dienenden Verhältnis zu einem ersten, dem primären Text steht: »Der Kommentar geht von der Klassizität seines Textes und damit gleichsam von einem Vorurteil aus.« (Benjamin 1977, S. 539). Lit.theoretisch relevant geworden ist diese emphatische Nähe zum Text einmal in der ↗ Werkimmanenten Interpretation und im ↗ *Close Reading* sowie in der ↗ Dekonstruktion. Hier ist die Grenze zwischen ph. K. und Interpretation aufgehoben bzw. Interpretation wird als Explikation texteigener Strukturen (↗ *différance* [J. ↗ Derrida] bzw. Rhetorizität [P. ↗ de Man]) praktiziert: Zwischen Erkenntnisweise und Erkenntnisgegenstand soll es eine immanente Entsprechung geben. In dieser Ausrichtung als eigene Theorieform beansprucht der ph. K. im Zeitalter konstruktivistischer Wissenschaftstheorie(n) eine epistemologische Sonderposition. – Inzwischen interessiert der ph. K. über den engeren Fachkontext hinaus. Ausgangspunkt ist die Unwahrscheinlichkeit einer solchen aufwendigen Erläuterung: Welche Texte erhalten mit welcher Begründung dieses Maß an Aufmerksamkeit? Das öffnet einmal den Weg zu Fragen des ↗ Kanons. Zum anderen stellt sich die generelle hermeneutische Überlegung, wie das Verhältnis zwischen ph. K. und kommentiertem Text beschaffen ist. Man geht davon aus, daß diese Relation die entscheidende Instanz ist für alle Fragen nach der Variation im Bereich der Ideenevolution. ↗ Geistesgeschichte wird so rückverlegt in die Grundannahme, wonach Text und kommentierende Interpretation sich wechselseitig stabilisieren. Variation als abweichende Sinnzuweisung kann nur dann für die soziale Kommunikation relevant werden, wenn sie dem philologischen Postulat der Einheit von Text und kommentierender Interpretation genügt. Andererseits ist mit der Anerkennung, daß Variationen durch die Produktion von

Texten aus Texten erfolgen, noch nicht geklärt, welche Variation sich durchsetzt (↗ Ideenzirkulation). Entscheidende Instanz hierfür ist dann der soziale Kontext. Aktuell stellt sich in Theorie und Methode das Problem, ob und wie der ph. K. als Form der Texterläuterung auf die Arbeit mit anderen Medien wie Film oder Computerspiel übertragen werden kann. Vermutlich wird mit der Frage, ob der ph. K. mit seiner bis ins Mikrologische reichenden Sensibilität für kommunikative Formen und Strukturen auch außerhalb der ›Höhenkamm-Lit.‹ (↗ Hochlit.) Anwendung finden kann, zugleich über die Zukunft der Lit.wissenschaft wie des lit.zentrierten Schulfachs Deutsch entschieden werden.

Lit.: B. Sandkühler: *Die frühen Dante K.e und ihr Verhältnis zur ma. K.tradition*, Mchn. 1967. – W. Benjamin: *Gesammelte Schriften*, Bd. 2 (Hgg. R. Tiedemann/ H. Schweppenhäuser), FfM. 1977. – L. Ellrich/N. Wegmann: »Theorie als Verteidigung der Lit.? Eine Fallgeschichte. P. de Man«. In: *DVjs* 64 (1990) S. 467–513. – A. Assmann/B. Gladigow (Hgg.): *Text und K.*, Mchn. 1996.

NW

Kommunikat, literarisches, abgeleitet von ↗ Kommunikation, Terminus aus der ↗ Empirischen Theorie der Lit. (ETL). K. bezeichnet die Gesamtheit der kognitiven Operationen, die beim Hörer/Leser anläßlich der Wahrnehmung eines für literar. gehaltenen Textes ablaufen oder die ein Sprecher/Autor in die Form eines literar. Textes transformieren will. K. wird in der ETL so definiert: K. ist ein K. für einen Kommunikationsteilnehmer in einer Kommunikationssituation genau dann, wenn der Kommunikationsteilnehmer mit einer ↗ K.basis, die in der Kommunikationssituation wahrnehmbar und dekodierbar präsentiert wird, Kommunikationshandlungen durchführen kann, oder wenn der Kommunikationsteilnehmer eine K.basis produziert, um dadurch mit anderen Kommunikationsteilnehmern Kommunikationshandlungen durchzuführen. Literar. K.e treten voraussetzungsgemäß in literar. Kommunikation auf. Literar. Kommunikation ist dadurch bestimmt, daß das kommunikative Handeln geltenden literar. Konventionen folgt, z.B. einer Ästhetik-↗ Konvention, die von der sozialen Verpflichtung auf wahrheitsgemäße Kommunikation entbindet und dadurch ↗ Fiktionalität ermöglicht, und einer Polyvalenz-↗ Konvention, die unterschiedliche Lesarten bzw. Bedeutungszuweisungen zu literar. Texten toleriert und evoziert. Lit. wird dadurch zu einem rezeptionsabhängigen Attribut, ist also kein essentielles Textmerkmal mehr.

Lit.: Schmidt 1991 [1980]. S. 55 ff. und 191 ff. – ders. 1996 [1994]. – ders.: »On Understanding Texts. Some Constructivist Remarks«. In: C. Murath/S. Price (Hgg.): *The World, the Image and Aesthetic Experience*, Bradford 1996. S. 65–84.

GR

Kommunikatbasis, literarische, Terminus aus der ↗ Empirischen Theorie der Lit. (ETL), Medienangebot (optisch, akustisch, haptisch), das von Kommunikationsteilnehmern als Kommunikationsmittel genutzt wird, d. h. nach bestimmten Regeln (de-)codiert, für bestimmte kommunikative Funktionen benutzt und mit Bedeutung (kognitiv, emotiv) ausgestattet wird. K. ist stets ein materiales Produkt (z. B. Text, Film, Video, Computerprogramm) einschließlich der Präsentationstechnik, das hergestellt und gestaltet, wahrgenommen und dekodiert, syntaktisch und semantisch interpretiert werden kann. Der Begriff der sprachlichen K. wird genauer gefaßt als materiales Kommunikationsmittel, das den Bedingungen der Phonetizität/ Graphematizität, Lexikalität und Syntaktizität in bezug auf eine natürliche Sprache genügt. Von literar. K. kann in dem Maße gesprochen werden, wie ästhetische und poetische Regeln die Sprachverwendung überformen bzw. in der Rezeption literar. ↗ Konventionen (↗ Fiktionalität, ↗ Polyvalenz) die Kommunikatbildung bestimmen. Wird K. für ästhetisch-literar. Rezeption produziert (z. B. Belletristik), weist sie in der Regel beobachtbare Indikatoren für diese Funktionsbestimmung auf (z. B. Gattungsbezeichnungen, thematisch-stilistische Merkmale). Die bestimmungsgemäße Rezeption erfordert jedoch beim Leser die Kenntnis, die Beobachtung und die Berücksichtigung solcher Indikatoren.

Lit.: Schmidt 1991 [1980]. S. 42 f. und 72 f. – ders.: »Towards a Constructivist Theory of Media Genre«. In: *Poetics* 16 (1987) S. 371–395.

GR

Kommunikation, analoge und digitale, die Unterscheidung kommt aus der Informationstheorie (und Neurologie): Zeichenkörper, die sich mit binären Entweder-Oder-Elementen u. a. für die Computerisierung aufbauen (lassen) und deren Bezug zum ›Inhalt‹ willkürlich ist, nennt man digital, z. B. Zahlen (›*digits*‹), Morse, Druckbuchstaben, Phoneme, Wörter. Korrespondiert die Struktur des Zeichenkörpers mit der Struktur des Vorstellungsinhalts in irgendeiner Weise, nennt man den Zeichentyp analog, z. B. Bilder, Diagramme, Intonation, Gesten, Mimik. Die Unterscheidung überschneidet sich

teilweise mit der von arbiträr vs. motiviert, gesellschaftlich/konventionell vs. ›natürlich‹ und analytisch vs. synthetisch. Motiviert sind auch Index-Zeichen, die wie die Ikone (↗ Ikoniziät) grundlegend für das Lernen von ↗ Zeichen und K. sind. D. K. bedarf eines höheren Grades an Konventionalität bzw. bewußtem Lernen, analoge (wie indexikalische) ist archaischer, ganzheitlicher und kontextabhängiger. Die Unterscheidung ist tendenziell der linken und rechten Hemisphäre der Gehirns zuzuordnen: verbal vs. visuell-räumlich, seriell vs. simultan, rational vs. intuitiv, abstrakt vs. konkret, objektiv vs. subjektiv, intellektuell vs. gefühlvoll, progressiv vs. regressiv, bewußt vs. unbewußt in den üblichen ↗ Dichotomien des 20. Jh.s (vgl. Birbaumer/ Schmidt 1989). – U. ↗ Eco (1972) warnt davor, das Maß unbewußten Lernens bei analogen, ikonischen (und indiziellen) Zeichen zu übersehen. Ähnlich ist das Photo nicht einem Elefanten an und für sich, sondern der komplexen Wahrnehmungsgewohnheit, die sich mit einem gelernten Medium verbunden hat, mit der historischen Vorstellungsstruktur von jenem Tier, die ihrerseits einen hohen Grad an Konventionalität aufweist. Eine Aufnahme aus zu großer Nähe oder ungewohntem Winkel wird nicht verstanden. ↗ Mimesis im urspr. weitesten Sinne bezieht sich auf das Ähnlichwerden, wodurch der Mensch oder ein Artefakt zum Zeichen für etwas wird (vgl. Wulf 1997). P. ↗ Watzlawick et al. (1969) zeigen, daß sich menschliche K. v. a. im Bereich der Beziehung analoger Zeichentypen bedient (↗ Polyfunktionalität der Sprache). Insbes. für Lit. und Kunst ist wichtig, daß analoge Zeichen alle Vermögen des Adressaten, nicht nur das Rationale, ansprechen und daher oft als ›sinnlich‹ bezeichnet werden. Dominant ›digitale‹ Worte, Sätze und Aussagen werden auf zwei Weisen ›analogisch‹ aufgeladen: die sprachliche Mikrostruktur wird durch Parallelismen, ↗ Tropen und Figuren sekundär motiviert; die mit ihnen evozierten Inhalte entsprechen anschaulichen Bildern oder sonstigen Wahrnehmungsgestalten, die ihrerseits in vielfältigen, analogischen Korrespondenzen eingebunden werden können (↗ Symbol). R. ↗ Jakobson (1978) verweist darauf, daß die reichste und langfristig wirkungsvollste K. auf der gleichzeitigen Verwendung unterschiedlicher Zeichentypen beruht und zwar neben den ikonisch-analogen und den arbiträr-digitalen auf den Indexzeichen, bei denen der Zeichenkörper in Kontiguität zum ›Inhalt‹ steht (z. B. durch irgendeine Kausalität). Der Reichtum von Texten beruht

z. T. auf den Lernprozessen, bei denen Analoges (wie komplexe Handlungen) in Indiziellem komprimiert (Geste) erscheint und schließlich ›digital‹ begrifflich bewußt gemacht wird oder umgekehrt Begriffe in den Prozeß der Anschaulichkeit rücküberführt werden. Das kreativitätsfördernde, weil spannungsreiche Wechselverhältnis von ›digitaler‹ Progression und ›analoger‹ Regression ist ein wichtiges Thema der Kunsttheorie bis in die 30er Jahre (vgl. Ivanov 1985).

Lit.: P. Watzlawick et al.: *Menschliche K.*, Bern 1996 [1969]. – Eco 1994 [1972]. – R. Jakobson: »Über die linguistische Einstellung zum Problem des Bewußtseins und des Unbewußten (1978)«. In: ders.: *Semiotik* (Hg. E. Holenstein), FfM. 1988. S. 522–543. – V. V. Ivanov: *Einf. in allg. Probleme der Semiotik*, Tüb. 1985. – N. Birbaumer/R. F. Schmidt: *Biologische Psychologie*, Bln. 1996 [1989]. – Ch. Wulf: »Mimesis«. In: ders. (Hg.): *Vom Menschen. Handbuch historische Anthropologie*, Weinheim 1997. S. 1015–1028.

RK

Kommunikation, literarische, über die linguistische Orientierung formalistischer (↗ Russischer Formalismus) und strukturalistischer Ansätze haben ↗ kommunikationstheoretische Überlegungen schon relativ früh Eingang in die Lit.wissenschaft gefunden. Seit den späten 70er Jahren zeichnet sich darüber hinaus eine Tendenz ab, neben die für ↗ Strukturalismus, ↗ Poststrukturalismus und ↗ Dekonstruktion charakteristische Ausrichtung auf Sprache als Zentralkonzept ein Alternativmodell zu stellen, das K. zum Ausgangspunkt lit.wissenschaftlicher Theoriebildung macht. So steht im Zentrum der ↗ Empirischen Theorie der Lit. eine ›Theorie literar. kommunikativen Handelns‹ mit der Grundannahme eines ›Systems Lit. Kommunikation‹ (S. J. ↗ Schmidt 1980). Adaptionen der soziologischen ↗ Systemtheorie N. ↗ Luhmanns hingegen arbeiten mit dem Konzept der ↗ Autopoiesis der gesellschaftlichen K., das gängige Auffassungen von K., etwa als Übertragung einer Nachricht im Rahmen eines Sender-Empfänger-Modells, grundsätzlich verwirft. K. erscheint demzufolge als selbstreferentieller Prozeß, der im Vorgang des Mitteilens das Mitzuteilende, d. h. die Information erst selektiv erschafft und die Differenz zwischen den mit ›Mitteilung‹ und ›Information‹ bezeichneten Selektionsebenen auf einer dritten Selektionsebene, die Luhmann ↗ Verstehen nennt, synthetisierend sinnhaft bearbeitet. Als Vollzugsmodus sozialer Systeme wird K. dabei strikt von Bewußtsein als Vollzugsmodus psychischer Sy-

steme geschieden. Luhmann (1995, S. 23) verweist auf die »laufende Reproduktion der Unterscheidung von Mitteilung (Selbstreferenz) und Information (Fremdreferenz) unter Bedingungen, die ein Verstehen (also: weitere Verwendung im Kommunikationsprozeß) ermöglichen«, und ergänzt: »Die Begriffe ›Information‹, ›Mitteilung‹ und ›Verstehen‹ müssen dabei ohne direkte psychische Referenz gebraucht werden.« (ebd.). Der hier scheinbar verlorene Zusammenhang wird jedoch auf einer allgemeineren Ebene wiederhergestellt, da sowohl psychische als auch soziale Systeme im Rahmen der Luhmannschen Theorie als Sinnsysteme konzipiert sind, zwischen denen strukturelle Kopplungen nicht nur möglich, sondern notwendig sind. So ist jedes K.ssystem im Hinblick auf eine kontinuierliche Versorgung mit ›Energie‹ in Form von Außenreizen auf die Inklusion psychischer Systeme bzw. deren systemspezifische Sozialisation angewiesen. Die gängige Zurechnung der K. auf handelnde Subjekte ist ein Reflex dieser Notwendigkeit; sie ist jedoch nicht konstitutiver Teil des K.sprozesses, sondern sekundäre inhaltliche Anreicherung. – Auf der Grundlage dieser Theorie läßt sich die literar. K. der modernen Gesellschaft wie folgt beschreiben (vgl. Reinfandt 1997): Lit. K. ist ein systemhafter Zusammenhang von Kommunikationen über Texte als ›Werke‹, der die Entstehung neuer als ›Werk‹ kommunizierbarer Texte fördert und formt. Als (Anschluß-)Selektion einer für ›literar.‹ gehaltenen Differenz von ›Information‹ und ›Mitteilung‹ ist ein als ›Werk‹ intendierter Text zum Zeitpunkt seiner Entstehung fest in den Kontext literar. K. eingebunden, so daß eine werkorientierte ↗ Ästhetik durchaus denkbar bleibt. Eine für das ↗ Lit.system konstitutive K. vollzieht sich jedoch erst dann, wenn dem Text im kommunikativen ›Verstehen‹ die Eigenschaft ›literar.‹ zugeschrieben wird, während auch nicht-literar. ›Verstehen‹ prinzipiell möglich ist. Es handelt sich somit bei ›Lit.‹ in erster Linie um eine historisch wandelbare K.skonvention (↗ Konvention), für deren Beschreibung der spezifische Inklusionsmodus psychischer Systeme im Lit.system und hier bes. die Rollenasymmetrie von aktiver (Autor) und passiver (Leser) Sozialisation von Interesse ist. Im Rahmen einer derartigen Konzeption kann dann auch das im Falle literar. K. bes. ausgeprägte Phänomen der zeitlichen Distanz zwischen der Produktion und der Rezeption eines Textes angemessen berücksichtigt werden. Ein Indiz für die breitere Etablierung von K. als

Grundbegriff oder ›Gegengrundbegriff‹ lit.wissenschaftlicher Modellbildung bietet ein von Fohrmann und Müller 1995 herausgegebener einschlägiger Sammelband.

Lit.: A. Assmann/J. Assmann: »Exkurs: Archäologie der literar. K.«. In: Pechlivanos et al. 1995. S. 200–206. – Schmidt 1991 [1980]. – J. Assmann/B. Gladigow (Hgg.): *Text und K.: Archäologie der literar. Kommunikation IV*, Mchn. 1995. – Fohrmann/Müller 1995. – N. Luhmann: *Die Kunst der Gesellschaft*, FfM. 1995. – Ch. Reinfandt: »Moderne literar. Kommunikation. Ein systemtheoretischer Entwurf«. In: ders.: *Der Sinn der fiktionalen Wirklichkeiten*, Heidelberg 1997. S. 16–122.

ChR

Kommunikationsmodell (lat. *communicatio*: Mitteilung, Verständigung; lat. *communicare*: gemeinsam machen, vereinigen), Bezeichnung für die vereinfachte, abstrahierende und idealisierende Darstellung (↗ Modell) der Instanzen und Strukturen, die für ↗ Kommunikation, d.h. für die Koordination des Verhaltens zwischen Interaktionspartnern, kennzeichnend sind. Zur Erklärung und begrifflichen Repräsentation der beobachtbaren Kommunikationsphänomene sind verschiedene Modelle und Metaphern entwickelt worden. Die verbreitetste, wohl weil bei oberflächlicher Betrachtung intuitiv naheliegende Vorstellung ist das Container-Modell, dem zufolge eine Botschaft, ein Inhalt oder eine Bedeutung in einer Nachricht, einer Zeichenfolge, einem Signal oder Symbol enthalten ist. Damit ist zugleich die Ansicht verbunden, der Absender einer Nachricht habe seine Botschaft in Form von Zeichen oder Symbolen verschlüsselt, die vom Adressaten lediglich wieder entschlüsselt werden müßten, um die Botschaft in ihrer originären Form zu erhalten. Das impliziert, daß Absender und Adressat über gemeinsames Wissen und ein gemeinsames Zeichen- oder Symbolsystem verfügen müssen, damit Kommunikation gelingen kann. Damit ist die Vorstellung der notwendig gleichen Voraussetzungen für Kommunikation und der Schaffung von immer weiterer Gemeinsamkeit durch Kommunikation angesprochen. Hydraulische Modelle und die Elektrotechnik haben zur Erweiterung dieses K.s um das Konzept des Kanals geführt, auf dem Nachrichten (nicht immer störungsfrei) transportiert werden. Diese verschiedenen Versatzstücke haben das klassische K. der Nachrichtenübertragung entstehen lassen, dem zufolge Botschaften von einem Sender in einem Zeichensystem codiert, als Nachrichten auf einem Kanal unter Störeinflüssen zu einem Empfänger übertragen und von diesem unter Verwendung des gleichen Zeichensystems dekodiert werden. Das klassische K. eignete sich bes. gut für die Anwendung der mathematischen Informationstheorie (Shannon/Weaver 1949). Seitdem wird Kommunikation verbreitet als Prozeß der Informationsübertragung bzw. Informationsverarbeitung begriffen. – Im Zuge des ›cognitive turn‹ in der Psychologie, Linguistik und Kommunikationswissenschaft ist die mit dem informationstheoretischen K. verbundene Vorstellung, daß es sich bei Kommunikation um eine Übertragung von Informationen handelt, durch ein konstruktivistisches K. in Zweifel gezogen worden, das davon ausgeht, daß lebende Systeme operational und informationell geschlossen sind und alle Informationen, die sie systemintern verarbeiten, im Prozeß der eigenen Kognition selbst erzeugen (↗ Kommunikationstheorie).

Lit.: s. auch ↗ Kommunikationstheorie. – K. Bühler: *Sprachtheorie. Die Darstellungsfunktion der Sprache*, Stgt. 1982 [1934]. – Cl.E. Shannon/W. Weaver: *Mathematische Grundlagen der Informationstheorie*, Mchn. 1976 [1949]. – A. Nünning: »Informationsübertragung oder Informationskonstruktion? Grundzüge und Konsequenzen eines konstruktivistischen Modells der Kommunikation«. In: *Grundlagenstudien aus Kybernetik und Geisteswissenschaft/Humankybernetik* 30.4 (1989) S. 127–140. – K. Krippendorff: »Der verschwundene Bote. Metaphern und Modelle der Kommunikation«. In: K. Merten et al. (Hgg.): *Die Wirklichkeit der Medien*, Opladen 1994. S. 79–113. – Schmidt 1996 [1994]. Bes. S. 48–120.

GR

Kommunikationsmodell dramatischer, lyrischer und narrativer Texte, Bezeichnung für die vereinfachte graphische Darstellung (↗ Modell) der für verschiedene literar. Gattungen jeweils typischen Kommunikationsstruktur. Das K. rückt die pragmatische Dimension in den Vordergrund und liefert einen theoretischen Bezugsrahmen für die Textanalyse, weil es die Einbeziehung aller Sender und Empfänger ermöglicht, die auf verschiedenen Ebenen im werkexternen und werkinternen Bereich an der ↗ Kommunikation eines literar. Textes beteiligt sind (↗ Diegese). Das K. veranschaulicht sowohl die vertikale Hierarchisierung der Kommunikationsebenen und die funktionalen Einbettungsverhältnisse als auch die »horizontale Binnenstruktur der Kommunikationsniveaus« (Kahrmann et al. 1993, S. 43). – Mit Hilfe des K.s lassen sich grundlegende Gattungsmerkmale lyrischer, dramatischer und narrativer Texte veranschaulichen. In lyrischen Texten äußert sich der

Schriftsteller nicht direkt, sondern delegiert seine Aussagen und Empfindungen an einen fiktiven Sprecher im Text, das ›lyrische Ich‹, das einen mehr oder weniger deutlich konturierten textuellen Adressaten anspricht. In dramatischen und narrativen Texten wird die Kommunikationsebene der fiktiven Handlung, auf der die Sender- und Empfängerrollen wechseln können, durch den Dialog zwischen den Figuren der Geschichte konstituiert. Im Gegensatz zum Drama (vgl. Pfister 1977) ist die Sprechsituation der Figuren im Falle von Erzähltexten in die übergeordnete Kommunikationsebene der erzählerischen Vermittlung eingebettet, auf der sich eine fiktive Erzählinstanz an einen ebenfalls fiktiven, oftmals im Text direkt angesprochenen Adressaten wendet. Von diesen beiden werkinternen, fiktionalen Kommunikationsebenen ist die werkexterne Ebene der empirischen Kommunikation zu unterscheiden, auf der ein realer Autor als Sender und reale Leser als Empfänger fungieren. – Durch die Differenzierung dieser drei Kommunikationsebenen werden sowohl die Unterschiede zwischen dem ↗ Erzähler und dem historischen ↗ Autor sowie zwischen dem fiktiven, im Text oft mitartikulierten Adressaten und dem realen ↗ Leser eines Erzähltextes als auch das Konzept der ›Einbettung‹ der Kommunikationsebenen verdeutlicht, die in einem hierarchischen Subordinationsverhältnis zueinander stehen. Der bereits früher und unabhängig von der ↗ Kommunikationstheorie entwickelte Begriff ›Erzähler‹ kann im Rahmen der Kommunikationsebenen des narrativen Textes systematisch hinsichtlich seiner Funktionen untersucht werden, da er logisch aus den Voraussetzungen der Theorie ableitbar ist. Das K. narrativer Texte ist insofern kompatibel mit der Unterscheidung zwischen der Ebene des Erzählten und der des Erzählens (↗ *histoire* vs. *discours*), als sich der Begriff *histoire* bzw. *story* auf die Gesamtheit der Aspekte bezieht, die die Ebene der erzählten Geschichte, d.h. die eingebettete Kommunikationsebene, konstituieren, während der Begriff *discours* der Struktur der erzählerischen Vermittlung, mithin der zweiten werkinternen Kommunikationsebene, entspricht. – Die in einigen K.en vorgesehene Ebene des impliziten ↗ Autors und impliziten ↗ Lesers (vgl. Kahrmann et al. 1977; Pfister 1977), die der Kommunikationsebene der erzählerischen Vermittlung hierarchisch übergeordnet ist, wird von Kritikern deshalb zurückgewiesen, weil es sich beim impliziten Autor nicht um einen ›Sender‹ im kommunikations-

theoretischen Sinne handelt, sondern um semantische und formale Aspekte des Gesamttextes und weil eine personale Differenzierung zwischen dem impliziten Autor und impliziten Leser nicht nachweisbar ist. In der neueren Forschung sind die realistischen und mimetischen Prämissen, die die Übertragung kommunikationstheoretischer Konzepte auf die verschiedenen Instanzen und Ebenen literar. Texte impliziert und die dem K. zugrunde liegen, Gegenstand der Kritik geworden (vgl. Fludernik 1993). Dennoch hat sich das K. literar. Texte v.a. in der ↗ Erzähltheorie und Erzähltextanalyse, der ↗ Dramentheorie sowie zur Verdeutlichung der Differenzierungskriterien literar. Gattungen als heuristisches und didaktisches Hilfsmittel bewährt (vgl. Wenzel 1997).

Lit.: C. Kahrmann et al.: *Erzähltextanalyse. Eine Einf. in Grundlagen und Verfahren*, 2 Bde., Kronberg 1993 [1977]. – Pfister 1997 [1977]. – Nünning 1989. – M. Fludernik: *The Fictions of Language and the Languages of Fiction*, Ldn. 1993. – P. Wenzel: »Ein Plädoyer für Modelle als Orientierungshilfe im Lit.unterricht«. In: *LWU* 30.1 (1997) S. 51–70.

AN

Kommunikationstheorie (lat. *communicatio*: Mitteilung, Verständigung; lat. *communicare*: gemeinsam machen, vereinigen), allg. steht der Begriff der Kommunikation für jede Form der Orientierung bzw. Koordination von Verhalten zwischen Interaktionspartnern durch Verhalten oder Handeln (z.B. Lautproduktion, Bewegung, Gestik-Mimik, Verwendung spezieller Kommunikationsmittel) bzw. physiologische Veränderung (z.B. Ausstoß von Duftstoffen, Form- und Farbveränderung des Körpers); direktes physisches Einwirken auf Interaktionspartner wird nicht als Kommunikation begriffen; vielmehr ist der Aspekt der Fern(be)wirkung (von Effekten) bestimmend. In der Tierkommunikation wird eher von Kommunikationsverhalten, nur bei höheren Säugern von Kommunikationshandeln als intendiertem Verhalten die Rede sein können. In der menschlichen Kommunikation dagegen ist der intentionale Einsatz von Kommunikationsmitteln, also kommunikatives Handeln, vorherrschend; es gilt wegen seiner sozialgenetischen Implikationen als Prototyp sozialen Handelns. – Kommunikation im Sinne von Kommunikationshandlung kann bestimmt werden als Veränderung oder Bewahrung eines Zustandes, die ein Kommunikator mit spezifischen Sozialisationsvoraussetzungen in einer Kommunikationssituation und gemäß einer Strategie durch den Gebrauch von Kommunikationsmitteln realisiert (vgl. S.J. ↗ Schmidt 1980, S. 318). Typen oder Formen von Kommunikation können nach Kommunikatortypen, Ausgangszuständen, Anlässen bzw. Adressatenmerkmalen, Situationen, Kommunikationsmitteln (d.h. Medien) und der Art ihres Einsatzes sowie nach raum-zeitlichen und sozio-kulturellen Bedingungen differenziert werden. Auf diese Weise gelangt man zur Unterscheidung von professionellen (stilistisch, technisch usw. sophistizierten) und nicht-professionellen, monologischen, dialogischen und polylogischen, einfach und mehrfach, spezifisch und unspezifisch adressierten, symmetrischen und asymmetrischen, direkten und indirekten Kommunikationsformen (z.B. *Face-to-Face-* vs. Briefkorrespondenz), zu themen- oder bereichsspezifischen Formen (Alltags-, Wissenschafts-, politische, pädagogische, Risikokommunikation usw.), zur Unterscheidung von mündlicher, schriftlicher, elektronischer, Kino-, TV- und Computerkommunikation sowie zur Differenzierung von Individual- und Massenkommunikation, kommunikativem Handeln mit Kommunikationspartnern und Handeln mit Kommunikationsmitteln (Medien) regionaler, nationaler und internationaler, inner-, intra- und transkultureller Kommunikation. – Die letzte Unterscheidung ist für die Theorieentwicklung bes. bedeutsam; sie bezeichnet die zwei kommunikativen Grundformen, auf die sich die K. im wesentlichen kapriziert hat, die *Face-to-Face-*Kommunikation und die Rezeption von (Massen-)Medien bei abwesendem Sender bzw. Kommunikator (z.B. Autor eines Briefes oder eines Buches, Regisseur eines Theaterstücks oder Films). Formen der Mediennutzung, die gar nicht (mehr) kommunikator-, sondern ausschließlich rezeptionsorientiert sind, z.B. Kino und Anschauen von TV-Spielfilmen sowie Unterhaltungslektüre, können als spezialisierte Teilprozesse von Kommunikation gelten, die typische Rezeptionseffekte (z.B. ↗ Polyvalenz) und entsprechende Probleme (z.B. der ›richtigen‹ Bedeutung) generieren. – Nach verbreiteter Vorstellung (Container-Modell) tragen oder enthalten Kommunikationsmittel (z.B. Lautäußerungen, Inskriptionen, Gesten usw.) Botschaften, Inhalte oder Bedeutung. Gemäß dem klassischen ↗ Kommunikationsmodell der Nachrichtenübertragung (Shannon/Weaver 1949) wird Kommunikation als Prozeß der Informationsübertragung und -verarbeitung begriffen. Erst seit dem ›*cognitive turn*‹ in der Psychologie, Linguistik und Kommunikationswissenschaft wird das klassische Modell massi-

ver Kritik unterzogen. Insbes. wird der Gedanke der Übertragung von Informationen, Botschaften oder Inhalten von einem Sender zum Empfänger (der für elektrotechnische Systeme durchaus zutreffend ist) auf der Grundlage kognitionswissenschaftlicher Modelle zurückgewiesen. Lebende Systeme werden als operational und informational geschlossene Einheiten betrachtet, die jeweils systemintern und moduliert durch wechselnde sensorische Aktivationen systemspezifische Information erst intern erzeugen. Botschaften werden daher nicht zwischen kognitiven Systemen übertragen, sondern von jedem beteiligten System aufgrund seiner je individuellen Voraussetzungen und Fähigkeiten selbst generiert. Kommunikation wird dadurch zu einem Lern-Prozeß der wechselseitigen Verhaltensadjustierung, des gegenseitigen *tuning*, das unter günstigen Voraussetzungen in immer bessere Verhaltensabstimmungen und -koordinationen mündet. Eine K. für kognitive Systeme kann daher als Kontakt-, Konstruktions- und Kooperationstheorie der Kommunikation bezeichnet werden. Kommunikationsmittel tragen oder beinhalten also an sich keine Information. Sie sind kommunikativ funktionabel erst dank eines Konventionalisierungsprozesses, in dem die beteiligten Individuen bestimmte kommunikative Funktionen (Orientierungen) für bestimmte Lautäußerungen, Gestik, Mimik oder Inskriptionen in ihrem je subjektiven Handeln (als Erwartungen spezifischer Effekte) wechselseitig sozial stabilisieren. Indem jeder Kommunikationspartner Kommunikationsmittel auf der Basis stabiler subjektiver Erfahrungen mit ihrem Gebrauch verwendet, können sie überhaupt zu Zeichen oder Signalen werden, denen Bedeutung im Sinne von Orientierungswerten zukommt. Kommunikative Wirkung bedeutet daher zunächst einmal Erfüllung kommunikativer Handlungsziele (als Resultat); dann aber auch, und zwar sowohl für den Kommunikator wie für den Rezipienten, das Auftreten von vermittelten Effekten als Konsequenz, z.B. *Moodmanagement* (vgl. Zillmann/Bryant 1985) oder sonstige kognitive, emotive bzw. affektive Gratifikationen (z.B. Palmgreen 1984) wie etwa kognitive Konsonanz (vgl. Festinger 1957), Erweiterung von Kenntnissen oder Fähigkeiten, ferner Einstellungsveränderungen, Motivationen für konkrete Handlungen (vgl. Kroeber-Riel 1996) usw. Wo mittelbare Effekte kommunikativ realisiert werden sollen (z.B. in Schule, PR, Werbung und Unterhaltung) ist die Erfolgskontrolle in der Regel problematisch (vgl. Merten et al. 1994). – Theorien der Massenkommunikation (vgl. Maletzke 1988) thematisieren u.a. die Diffusion von Nachrichten sowie die Produktion und Distribution von Massenmedien-Angeboten (Buch, Presse, Hörfunk, TV) in Kommunikations- und Mediensystemen z.B. als kommunikativen Netzwerken (vgl. Breen/Corcoran 1980). Wichtige Theoriebausteine sind das *Gate-Keeper-* und *Agenda-Setting*-Konzept (vgl. White 1950; McCombs/Shaw 1972), der *Two-* bzw. *Multi-Step-Flow of Communication* (vgl. Lazarsfeld et al. 1949; Eisenstein 1994) sowie Effekte und Modalitäten der Diffusion, z.B. Schweigespirale (vgl. Noelle-Neumann 1980) oder wachsende Wissenskluft (vgl. Tichenor et al. 1970).

Lit.: P.F. Lazarsfeld et al.: *The People's Choice*, N.Y. 1949. – Cl.E. Shannon/W. Weaver: *Mathematische Grundlagen der Informationstheorie*, Mchn. 1976 [1949]. – D.M. White: »The Gatekeeper. A Case Study in the Selection of News«. In: *Journalism Quarterly* 27 (1950) S. 383–390. – L.A. Festinger: *A Theory of Cognitive Dissonance*, Evanston 1957. – P. Watzlawick et al.: *Menschliche Kommunikation. Formen, Störungen, Paradoxien*, Bern 1969 [1967]. – Ph. Tichenor et al.: »Mass Media Flow and Differential Growth in Knowledge«. In: *Public Opinion Quarterly* 34 (1970) S. 159–170. – M.E. McCombs/D.L. Shaw: »The Agenda-Setting Function of the Press«. In: *Public Opinion Quarterly* 36 (1972) S. 176–187. – K. Merten: *Kommunikation. Eine Begriffs- und Prozeßanalyse*, Opladen 1977. – M. Breen/F. Corcoran: »Myth, Drama, Fantasy Theme and Ideology«. In: B. Dervin/M.J. Voigt (Hgg.): *Progress in Communication Sciences*, Bd. 3, Norwood 1980. S. 196–223. – E. Noelle-Neumann: *Die Schweigespirale. Öffentliche Meinung – unsere soziale Haut*, Mchn. 1980. – Schmidt 1991 [1980]. – Ph. Palmgreen: »Uses and Gratifications. A Thoretical Perspective«. In: R.N. Bostrom (Hg.): *Communication Yearbook 8*, Newbury Park 1984. S. 20–55. – D. Zillmann/J. Bryant: »Affect, Mood, and Emotions as Determinants of Selective Media Exposure«. In: diess. (Hgg.): *Selective Exposure to Communication*, Hillsdale 1985. S. 157–190. – W. Köck: »Kognition-Semantik-Kommunikation«. In: S.J. Schmidt (Hg.): *Der Diskurs des Radikalen Konstruktivismus*, FfM. 1987. S. 340–373. – G. Maletzke: *Massenkommunikationstheorien*, Tüb. 1988. – F. Krotz: »Kommunikation als Teilhabe. Der ›Cultural Studies Approach‹«. In: *Rundfunk und Fernsehen* 40.3 (1992) S. 412–431. – C. Eisenstein: *Meinungsbildung in der Mediengesellschaft. Eine theoretische und empirische Analyse zum Multi-Step-Flow of Communication*, Opladen 1994. – K. Merten et al. (Hgg.): *Die Wirklichkeit der Medien. Eine Einf. in die Kommunikationswissenschaft*, Opladen 1994. – Schmidt 1996 [1994]. – W.L. Schneider: *Die Beobachtung von Kommunikation*, Opladen 1994. – R. Burkart: *Kommunikationswissenschaft. Grundlagen und Problemfelder*, Wien et al. 1995. – W. Kroeber-Riel/P. Weinberg: *Konsumentenverhalten*, Mchn. 1996. – G. Rusch: »Eine K. für kognitive Systeme«. In: ders./S.J. Schmidt (Hgg.): *Konstruktivismus in den Kommunikations- und Medienwissenschaften, DELFIN*, FfM. 1998. – T. Sutter (Hg.): *Beobachtung verstehen, Verstehen beobachten*, Opladen 1997. – H. Sottong/M. Müller: *Zwischen Sender und Empfänger. Eine Einf. in die Semiotik der Kommunikationsanalyse*, Bln. 1998.

GR

Komparatistik, die Vergleichende Lit.wissenschaft, die den Vergleich zweier oder mehrerer literar. Werke aus verschiedenen Sprachbereichen zum Gegenstand hat, ist in der zweiten Hälfte des 19. Jh.s im Anschluß an vergleichende Naturwissenschaften wie G.v. Cuviers Vergleichende Anatomie, Blainvilles Vergleichende Physiologie und Costes Vergleichende Embryogenese entstanden. In der Situation sollte sie aus methodologischen Gründen im Zusammenhang mit der Vergleichenden Sprachwissenschaft, der Vergleichenden Rechtswissenschaft (ebenfalls K. genannt) und der Vergleichenden Politikwissenschaft betrachtet werden. Denn allen diesen Wissenschaften sind grundsätzliche Fragestellungen gemeinsam: (a) der typologische Vergleich; (b) der genetische Vergleich; (c) Probleme der Rezeption in einem fremden Kulturkontext; (d) Probleme der literar. oder fachsprachlichen Übersetzung; (e) Fragen der ↗ Periodisierung (etwa die Frage nach der Koexistenz von literar. und politischer Romantik in Deutschland und Frankreich) und (f) thematologische Fragestellungen. – (a) Wie sind Ähnlichkeiten auf typologischer Ebene zu erklären? In zahlreichen Fällen stößt man auf sprachliche, literar. oder verfassungsrechtliche Ähnlichkeiten, die nicht aus direkten oder indirekten Einflüssen ableitbar sind, sondern dadurch zustandekommen, daß sich aufgrund von ähnlichen Ausgangssituationen, die geographisch, wirtschaftlich und gesellschaftlich bedingt sein können, ähnliche Typen entwickeln. So hat z.B. der russ. Komparatist V. Zirmunskij gezeigt, daß sich in geographisch weit auseinanderliegenden Gesellschaften (etwa in Aserbaidschan und Westeuropa) in der feudalen Ära das Epos entwickeln konnte, das die Heldentaten kriegerischer Kasten besingt. Zugleich würde ein vergleichender Soziologe oder Anthropologe erklären wollen, weshalb und wie sich ähnliche feudale Strukturen in verschiedenen Ländern Eurasiens unabhängig voneinander entwickelt haben. Eine vergleichbare Situation finden wir in der literar. ↗ Moderne vor, in der unabhängig voneinander avantgardistische Bewegungen in Großbritannien (*Vorticism*), Frankreich (↗ Surrealismus), Deutschland (↗ Expressionismus),

Italien und Rußland (Futurismus) entstanden sind. Als Typen sind sie zunächst unabhängig voneinander aus ähnlich gearteten gesellschaftlichen, politischen und sprachlichen Verhältnissen hervorgegangen. (b) Die komplementäre Fragestellung, die ebenfalls Lit.wissenschaftler, Linguisten, Rechts- und Sozialwissenschaftler beschäftigt, betrifft den Einfluß, der im Rahmen von genetischen Vergleichen untersucht wird. Typologischer und genetischer Vergleich hängen insofern zusammen, als sich immer wieder zeigt, daß literar. Einfluß durch ähnliche gesellschaftliche und kulturelle Voraussetzungen ermöglicht wird. So ist z.B. die Beeinflussung der verschiedenen europ. Avantgarden durch den ital. Futurismus (seit 1909) zu erklären. Daß Einflüsse oftmals politisch bedingt sind, läßt der kroat. und slowen. Expressionismus erkennen, der im Bereich der österreich.-ungar. Monarchie entstanden ist, sowie der aus Frankreich eingeführte serb. Surrealismus (etwa M. Ristics, der nicht nur Dichter, sondern auch serb. Botschafter in Paris war). (c) Obwohl Einfluß und Rezeption verwandte Phänomene sind, sollten sie unterschieden werden: Während sich Einflußstudien vorwiegend auf Kontakte und Beziehungen zwischen einzelnen Schriftstellern und Schriftstellergruppen konzentrieren, haben Rezeptionsstudien kollektive Erscheinungen zum Gegenstand (↗ Rezeptionsgeschichte). Während sich die literar. K. für die Rezeption von H. Hesses Werk bei den am. Hippies, Beatniks und Studenten der 60er Jahre oder für die Nietzsche-Rezeption in Spanien um 1900 interessiert, befaßt sich die Vergleichende Politikwissenschaft mit der kollektiven Rezeption am. Wahlkampftaktiken in verschiedenen europ. Gesellschaften. In beiden Fällen geht es um die Frage, wie die rezipierten Texte oder Praktiken im neuen Kulturkontext umgedeutet, adaptiert und deformiert werden. (d) Eine Umdeutung als adaptierende Rezeption stellt in allen Fällen die Übersetzung (von Lit., Film, politischem Text) dar: Für die literar. K. ist sie deshalb bes. wichtig, weil sich literar. Texte durch Vieldeutigkeit auszeichnen, so daß Übersetzerinnen und Übersetzer einen großen Spielraum für Umdeutungen nutzen können. Aber auch im juristischen Bereich lassen Übersetzungen oftmals abweichende Texte entstehen, wie die Schwierigkeiten der EU-Verwaltung immer wieder zeigen. Eine bes. Form der Übersetzung ist die Übertragung in andere Medien (↗ Lit.adaption; ↗ Medienwechsel), und die zeitgenössische literar. K. befaßt sich in zunehmendem Maße mit den Adap-

tionen von Lit. in Film und Fernsehen (↗ Film und Lit.). (e) Für alle vergleichenden Wissenschaften bes. wichtig ist die ↗ Periodisierung: Gibt es eine europ. Klassik oder ↗ Romantik, einen europ. ↗ Realismus oder ↗ Ästhetizismus? Wie können diese Erscheinungen interkulturell am besten definiert werden? Die interdisziplinäre Frage lautet, ob es möglich und sinnvoll sei, eine literar. und eine politische Aufklärung oder Romantik aufeinander zu beziehen und sie interkulturell zu bestimmen. In diesem Zusammenhang könnte man die radikale These vertreten, daß nur eine interkulturelle und interdisziplinäre Beschreibung von Klassik, Romantik oder Realismus diesen Perioden als historischen Erscheinungen allseitig gerecht wird. (f) Eine solche Beschreibung wird es immer wieder mit der Frage nach den Themen zu tun haben, die in einer bestimmten ↗ Epoche oder Periode dominieren (↗ Stoff-und Motivgeschichte). Mit dieser Frage setzt sich eine historische Thematologie (C. Guillén) auseinander, die u.a. zeigen kann, daß in der Romantik bestimmte Themen wie Identitätssuche, Sehnsucht, Naturverbundenheit, MA. dominieren oder daß Themen und ↗ Mythen (der Faust-Mythos, der Don-Juan-Mythos, der Medusa-Mythos) in verschiedenen Epochen unterschiedlich verarbeitet und gedeutet werden. – Die literar. K., die sich im engl. Sprachbereich bei H.M. Posnett, in Frankreich bei F. Brunetière, später bei J.-M. Carré und in Deutschland bei W. Scherer an den Naturwissenschaften orientierte und der positivistischen Tradition verpflichtet war, hat sich nur allmählich von ihrem ↗ Positivismus gelöst. Obwohl dieser Positivismus als ›Faktenfetischismus‹ sehr früh von der dt. ↗ Geistesgeschichte (z.B. F. Gundolf) in Frage gestellt wurde, begann er in Frankreich erst in den 60er und 70er Jahren zu verschwinden, als die *Nouvelle Critique* an Einfluß gewann und (ähnlich wie in Deutschland) eine an der ↗ Semiotik, der Soziologie, der Phänomenologie und der Psychoanalyse ausgerichtete Methodendiskussion einsetzte. Diese Methodendiskussion führte u.a. dazu, daß sich v.a. in den USA eine Auffassung durchsetzte, die die Vergleichende Lit.wissenschaft auf den Vergleich mit anderen Kunstformen sowie auf den Medienbereich und die Philosophie (H. Remak) ausdehnte. Als ›am. Schule‹ wurde sie in den 60er und 70er Jahren der sog. ›frz. Schule‹ gegenübergestellt, die sich auf den bilateralen genetischen Vergleich konzentrierte, typologische Studien mit Skepsis betrachtete und von einer Ausdehnung der literar. K. auf den Bereich der

↗ Intermedialität nichts wissen wollte. Inzwischen hat sich auch in Frankreich eine eher ›großzügige‹ Definition des komparatistischen Objektbereichs (vgl. Chevrel 1989) durchgesetzt, die Musik, Malerei, Photographie und Film zumindest tendenziell einbezieht. Einige Lit.wissenschaftler gehen so weit, daß sie die K. recht einseitig als Medien- oder Kunstwissenschaft auffassen (vgl. van Heusden/Jongeneel 1993), während andere sie in der Übersetzungswissenschaft auflösen möchten (vgl. Bassnett 1993). Solchen Einseitigkeiten und Verwirrungen kann nur ein klares komparatistisches Konzept entgegenwirken, das die Themen ›Übersetzung‹ und ›Intermedialität‹ unmißverständlich der Vergleichenden Lit.wissenschaft subsumiert und diese wiederum systematisch in den Kontext der anderen vergleichenden Wissenschaften einbettet.

Lit.: H.M. Posnett: *Comparative Literature*, Ldn. 1886. – F. Brunetière: *L'évolution des genres dans l'histoire de la littérature*, Paris 1890. – J.-M. Carré: *Goethe en Angleterre*, Paris 1920. – P. van Tieghem: *La littérature comparée*, Paris 1946. – V. Zirmunskij: *Vergleichende Epenforschung*, Bln. 1961. – S.S. Prawer: *Comparative Literary Studies. An Introduction*, Ldn. 1973.– G.R. Kaiser: *Einf. in die Vergleichende Lit.wissenschaft. Forschungsstand – Kritik – Aufgaben*, Darmstadt 1980. – ders.: *Vergleichende Lit.forschung in den sozialistischen Ländern 1963–1979*, Stgt. 1980. – M. Schmeling (Hg.): *Vergleichende Lit.wissenschaft. Theorie und Praxis*, Wiesbaden 1981. – C. Guillén: *Entre lo uno y lo diverso. Introducción a la literatura comparada*, Barcelona 1985. – Y. Chevrel: *La littérature comparée*, Paris 1989. – P. Brunel/Y. Chevrel (Hgg.): *Précis de littérature comparée*, Paris 1989. – Zima 1992. – S. Bassnett: *Comparative Literature. A Critical Introduction*, Oxford 1993. – B. van Heusden/E. Jongeneel: *Algemene literatuurwetenschap. Een theoretische inleiding*, Utrecht 1993. – H. Birus (Hg.): *Germanistik und K.*, Stgt. 1995. – M. Schmeling (Hg.): *Weltlit. heute. Konzepte und Perspektiven*, Würzburg 1995.

PVZ

Komparatistische Imagologie ↗ Imagologie, komparatistische

Kompetenz ↗ Performanz und Kompetenz

Kompetenz, literarische/poetische (lat. *competentia*: das Zusammentreffen, Stimmen), in Anlehnung an den linguistischen K.begriff N. ↗ Chomskys wurde im Rahmen ↗ Linguistischer Poetiken eine Übertragung in die Lit.wissenschaft vorgenommen. Unter der Annahme der Homogenität von Sprachgemeinschaften ist für Chomsky der primäre Gegenstand der Linguistik ein idealer Sprecher-Hörer, der bei der aktuellen Sprachverwendung auf ein zugrundeliegendes Regelsystem zurückgreift. Die Grammatik einer Sprache versteht sich im Sinne der Generativen Transformationsgrammatik (GTG) als Beschreibung dieser immanenten Sprachkompetenz eines idealen Sprecher-Hörers. In Analogie zur GTG bezeichnet l.K. in der Linguistischen Poetik die menschliche Fähigkeit, poetische Strukturen zu produzieren und zu verstehen. M. Bierwisch (1965) skizzierte das abstrakte Modell eines poetischen Regelsystems, das als ein Eingabe/Ausgabe-Mechanismus sprachlichen Äußerungen Grade von Poetizität zuweist. In den 70er Jahren wurde v.a. auf der Basis von Texttheorien das Konzept der l.K. weiterentwickelt, z.B. von J. Ihwe 1972. Die direkte begriffliche Übertragung der sprachlichen K. auf die l.K. erweist sich als unhaltbar. Da offensichtlich nicht alle Angehörigen einer literar. Kultur über l.K. verfügen, kann die Fähigkeit zum Erwerb dieser K. im Gegensatz zur sprachlichen K. nicht angeboren sein. Weiterhin fällt die l.K. des Sprecher-Hörers auseinander: Nicht alle, die literar. Texte lesen und verstehen, können sie auch produzieren. Im Rahmen der literar. Sozialisationsforschung (Schön 1990) bezeichnet literar. Rezeptions-K. heute Qualitäten des Rezeptionsaktes, die u.a mit der Art der Erfahrungen und dem Grad des Erlebens zusammenhängen.

Lit.: M. Bierwisch: »Poetik und Linguistik«. In: H. Kreuzer/R. Gunzenhäuser (Hgg.): *Mathematik und Dichtung*, Mchn. 1965. S. 49–65. – J. Ihwe: *Linguistik in der Lit.wissenschaft*, Mchn. 1972. – N. Chomsky: *Aspekte der Syntax-Theorie*, FfM. 1973. – E. Schön: »Die Entwicklung literar. Rezeptionskompetenz. Ergebnisse einer Untersuchung zum Lesen bei Kindern und Jugendlichen«. In: *SPIEL* 9.2 (1990) S.229–276.

AB

Konjektur, die hypothetische Verbesserung einer als verderbt interpretierten Textstelle durch den Herausgeber einer Edition. – K. bezeichnet das Verfahren der ↗ Textkritik, eine überlieferte Textstelle aus sprachlichen, metrischen, stilistischen oder interpretatorischen Erwägungen als nicht authentisch zu kategorisieren (Korruptel) und durch eine alternative Textstelle mit Anspruch auf hypothetische Authentizität zu ersetzen. Art und Umfang der K. reichen von der Ersetzung einzelner Buchstaben über Umstellungen von Worten oder Textteilen bis hin zur ersatzlosen Tilgung größerer Textpassagen. Grundlage der K. sind die spezifische Interpretation von ↗ Text und ↗ Kontext und die Divination des jeweiligen Herausgebers. Im Gegensatz zur K. wird als Emendation die Verbesserung eines eindeutigen Schreib- oder Druckfehlers bezeichnet. – Die Konjekturalkritik bildete im Rahmen der großen editorischen Unternehmungen des späten 18. und 19. Jh.s ein zentrales Verfahren der Textherstellung, insbes. innerhalb der Mediävistik. Die ↗ Editionswissenschaft des 20. Jh.s hingegen war von einer zunehmenden Problematisierung der häufig subjektiv oder willkürlich erscheinenden Divinationen der Herausgeber geprägt. Darüber hinaus wurde das Ideal einer hypothetischen Rekonstruktion des nicht erhaltenen Archetyps oder Autographs eines Textes verabschiedet zugunsten einer an der greifbaren Überlieferung orientierten Edition. Neuere kritische Ausgaben nehmen zumeist K.en nur dort vor, wo der überlieferte Text keinerlei Sinn ergibt; hypothetische Verbesserungen werden dagegen in den Sacherläuterungen diskutiert.

Lit.: Th. Bein: *Textkritik*, Göppingen 1990. – H. Kraft: *Editionsphilologie*, Darmstadt 1990.

RGB

Konkrete Poesie (lat. *concretus*: verdichtet), als nichtmimetische literar. Kunstform reduziert die K. P. Wort und Sprache auf elementare Bestandteile. In der ungewohnten Konkretisierung will sie Sprache aus der Einengung durch typographische Regeln und sprachliche Gewohnheiten befreien und dadurch einen erweiterten Rezeptionshorizont sowie ein kritischeres Sprachbewußtsein anregen. – Die K. P. wurde als internationale, wenn auch heterogene Lyrikrichtung 1953 in dem *Manifest för konkret poesie* des Schweden O. Fahlström begrifflich geprägt und von dem Deutschen E. Gomringer 1955 programmatisch in *Vom Vers zur Konstellation* definiert und beschrieben. Mit zahlreichen musealen Präsentationen (z. B. »Schrift und Bild«, Amsterdam/Baden-Baden 1963; »Poesia concreta«, Biennale Venedig 1969) und internationalen Anthologien (vgl. Bann 1967; Williams 1967) sowie in der Rezeption durch die Lit.wissenschaft (vgl. Döhl 1971) erreichte die K. P. ihren Höhepunkt in den 50er und 60er Jahren. Sie taucht in einer sich rasch wandelnden elektronischen Medienlandschaft inzwischen häufiger unter dem Etikett ›Visuelle Poesie‹ auf (auch ›Augen Verse‹ oder ›*Eye Rhymes*‹) und collagiert dabei intermedial Bild mit Text (bisweilen sogar experimentell mit Akustik- und Performanz-Elementen). Betonten Gomringer und Fahlström noch als Künstler und Theoretiker den avantgardistischen Bewegungscharakter der K. P. und erstell-

ten Formenkataloge, so kann die K. P. inzwischen in einer erweiterten Definition in der langen Traditionslinie der Verbildlichung von Texten gesehen werden, beginnend mit gr. Zauberpapyri, über ma. Wortalgebra, den religiösen *shape poems* des Engländers G. Herbert (»The Altar«, 1633) bis zu den Franzosen St. Mallarmé (»Un Coup de Dés«, 1897) und G. Apollinaire, dem Deutschen Ch. Morgenstern, den Futuristen und Dadaisten, der brasilianischen Noigandres-Gruppe, dem Amerikaner E. E. Cummings sowie dem Briten E. Morgan.

Lit.: S. Bann (Hg.): *Concrete Poetry. An International Anthology*, Ldn. 1967. – E. Williams (Hg.): *An Anthology of Concrete Poetry*, N. Y. 1967. – R. Döhl: »K.Lit.«. In: M. Durzak (Hg.): *Die dt. Lit. der Gegenwart*, Stgt. 1971. S. 257–284. – R. Döhl: »K.Lit.«. In: Borchmeyer/Žmegač 1994 [1987]. S. 231–235. – E. Gomringer (Hg.): *Visuelle Poesie*, Stgt. 1995.

LV

Konkretisation/Konkretisierung (lat. *concretus*, Part. Perf. zu *concrescere*: zusammenwachsen, sich verdichten), bedeutendes Konzept rezeptionsästhetisch orientierter Lit.theorie (↗ Rezeptionsästhetik), das die Tätigkeit des Lesers bei der komplementierenden Determinierung und Disambiguierung von Unbestimmtheitsstellen (↗ Unbestimmtheit, literar.) bzw. beim Füllen von ↗ Leerstellen beschreibt. K. bezeichnet auch das Ergebnis solcher konstituierender Aktivitäten des Rezipienten. Der Prozeß der K. läuft oft unbewußt im Leser ab, stellt aber dennoch einen entscheidenden Teil des literar. Verstehensvorganges dar. Erst durch die K. wird der intentionale Gegenstand des literar. Kunstwerkes fertiggestellt. Dies geschieht in Abhängigkeit vom individuellen Leser, der seinen persönlichen ↗ Erwartungshorizont in den Akt der K. einfließen läßt. Demnach läßt jede Unbestimmtheitsstelle ein ganzes K.sspektrum zu, so daß die Vorstellung von der einen richtigen Interpretation eines fiktionalen Textes *ad absurdum* geführt wird. Durch die K. verleiht jeder Leser dem Text eine individuelle Bestimmtheit, die mit denjenigen anderer K.sakte durch andere Rezipienten konkurriert. Während R. ↗ Ingarden noch zwischen richtigen und falschen K. in Abhängigkeit von der Konstituierung ästhetisch relevanter Qualitäten spricht, lehnt sein Schüler F. Vodička die Vorstellung von einer idealen K. ab und sieht den Begriff in Abhängigkeit von der historischen Entwicklung ästhetischer Normen. W. ↗ Iser negiert jegliche solche Normierung und betont statt dessen die Vielheit möglicher K.. Dennoch bleibt es Ingardens Verdienst, mit dem Begriff der K. das literar. Kunstwerk aus den Zwängen einer autorenzentrierten Darstellungsästhetik befreit und dadurch seine Rezeptionsstruktur entdeckt zu haben.

Lit.: Ingarden 1972 [1931]. – Iser 1994 [1976].

HA

Konnotation, in der Linguistik bezeichnet K. v. a. die registerbestimmte Sekundärbedeutung (Mitbedeutung) eines Wortes, im Unterschied zu seinem sachlich-begrifflichen Inhalt, der ↗ Denotation. Jede natürliche Sprache weist eine Vielfalt räumlich-regionaler, sozial-gruppensprachlicher und stilistischer Register auf, vgl. dt. ›am Samstag/Sonnabend‹, ›meine Gemahlin/Gattin/Frau/Alte‹. Die entsprechenden Merkmale solcher Wörter, hier z.B. ›süddt.‹ oder ›gehoben‹, die zugleich Schlüsse auf deren Benutzer und die Sprechsituation zulassen, heißen regionale, soziale, stilistische K. Hinzu kommt die diachronische K. bei Archaismen und Neologismen. Als K. bezeichnen viele Linguisten auch eine quasi gemeinsprachliche Assoziation (Begleitvorstellung), z.B. bei Fuchs ›Schläue, List‹, bei Esel ›Dummheit‹. Wird ein solches Wort für Menschen gebraucht, nennt man es usuelle Metapher. Wörter mit lexikalisierter Bewertung, z.B. dt. ›schön‹, ›häßlich‹, ›Verbrecher‹, bilden ein Sonderproblem: das der denotierten Evaluation. – Zu unterscheiden von der stets überindividuellen Assoziation im linguistischen Sinne ist die mehr oder weniger individuelle und für den Text oder die Texte eines Autors aufschlußreiche Assoziation, die ein Autor mit diversen Verfahren (neben Stilfiguren z.B. Anspielungen, Zitaten, auffallenden Eigennamen) dem Leser mitzuteilen sucht. Gerade sie heißt in der Lit.wissenschaft K., nach dem Vorbild von R. ↗ Barthes und U. ↗ Eco, welche den Begriff von dem Linguisten L. ↗ Hjelmslev (zuerst 1943) übernahmen. Im bis heute weiterwirkenden Modell dieser Strukturalisten steht das Zeichen der Gemeinsprache als Ganzheit, ↗ Signifikant und Signifikat umfassend, wiederum als Signifikant für ein neues Signifikat: die K. Ein Beispiel: G. Benn verwendet das Zeichen ›Mohn‹ stets auch für ›Rausch, Bereich des Irrationalen‹. Da nicht nur Wörter, sondern ebenso ganze Sätze, Textpassagen und Texte ein komplexes Feld einander ähnlicher wie auch gegensätzlicher K.en tragen und erst mit ihrer Erschließung die für das Textverständnis wesentlichen Bedeutungen erkennbar werden, hat man dem primären und v.a. denotativen ↗ Zeichensystem der Gemeinsprache die sekundären, versteckteren Zeichensysteme der Lit. gegenübergestellt, die z.T. dicht von autoren- bzw. zeittypischen K.en durchzogen und geprägt sind. Verwandte, z.T. einfacher strukturierte Phänomene sind bald danach in der Bildersprache von Malern (z.B. P. Klee), in der Werbung und sogar in politischen Reden und Schriften entdeckt worden.

Lit.: C. Kerbrat-Orecchioni: *La connotation*, Lyon 1984 [1977]. – J. Schulte-Sasse/R. Werner: »Die K.«. In: diess.: *Einf. in die Lit.wissenschaft*, Mchn. 1997 [1977]. S. 90–109. – G. Rössler: *K.*, Wiesbaden 1979. – H.K. Schwab: ›*Non-violence*‹. *Studie zur Semantik einer neueren lexikalischen Einheit des Frz.*, Diss. Freiburg 1994. Bes. Kap. 1, 3, 4.

EUG

Konstanzer Schule, mit dem Begriff der K.Sch. bezeichnet man eine Gruppe von Lit.theoretikern, Kritikern, Historikern und Philosophen, die in kritischer Fortführung der phänomenologischen Ästhetik R. ↗ Ingardens seit den späten 60er Jahren an der Universität Konstanz erforschten, wie im Prozeß der Aneignung des ästhetischen Gegenstandes durch die Rezipienten sowie in der daraus entstehenden ↗ Rezeptionsgeschichte Bedeutung konstituiert wird und wie sich diese entwickelt. Es war Ziel der K.Sch., die Qualität ästhetischen Handelns sowohl in bezug auf den impliziten ↗ Leser als auch in bezug auf den realen, historischen ↗ Leser zu beschreiben. Die Angehörigen dieser Schule führten damit einen Paradigmenwechsel in der Lit.wissenschaft herbei und entwickelten die grundlegenden Prämissen der ↗ Rezeptionsästhetik und der Rezeptionsgeschichte. – Als 1967 der Romanist H.R. ↗ Jauß seine Antrittsvorlesung an der Universität Konstanz unter dem Titel »Lit.geschichte als Provokation« hielt, wandte er sich v.a. gegen die aus seiner Sicht überkommene ↗ Produktions- und Darstellungsästhetik herkömmlicher Lit.wissenschaft und forderte eine Rezeptionsästhetik, die den Dialog zwischen Werk und Leser zu berücksichtigen habe. Jauß beschäftigte sich mit der Frage, wie die in der Vergangenheit verwurzelte Erscheinung der Dichtung mit der gegenwärtigen Erfahrung des heutigen Lesers interagiert, und entwickelte dazu das Konzept des ↗ Erwartungshorizontes, der den Dialog des Lesers mit dem ↗ Text bestimmt, wobei es zum Horizontwandel kommen kann. Eine zeitlose und fixierte ↗ Bedeutung des literar. Kunstwerkes kann es daher nicht mehr geben. Vielmehr wird diese durch historische ↗ Konkretisationen abgelöst, die nicht mehr der Beurteilung als richtig oder falsch unterliegen. W. ↗ Iser ergänzte im Jahr

1970 in seiner Antrittsvorlesung an der Universität Konstanz mit dem Titel »Die Appellstruktur der Texte« und in seinen sich daraus entwickelnden weiteren Studien den Ansatz von Jauß und erforschte Grundmuster des Leseaktes, indem er zeigte, wie in literar. Werken durch ein ↗ Textrepertoire Weltansichten konstruiert werden, die durch Unbestimmtheitsstellen (literar. ↗ Unbestimmtheit) gekennzeichnet sind, welche wiederum an den impliziten Leser den Appell um ↗ Konkretisation und dialogische Auseinandersetzung richten. Reale Leser füllen und aktualisieren die ↗ Leerstellen des Textes in Abhängigkeit von ihrem konkreten historischen Erwartungshorizont, wobei sie die Elemente des Textes illusions- und konsistenzbildend interpretieren (↗ Illusionsbildung). Auch K. Stierle entwickelte Jauß' Ansatz weiter und integrierte die Lit.wissenschaft in eine allg. Handlungstheorie, indem er das Verstehen von Texten als das Gelingen des in ihnen jeweils angelegten Kommunikationsaktes definierte und analysierte. Weitere Vertreter der K.Sch., die zur Entwicklung des rezeptionsorientierten Ansatzes beigetragen haben, sind M. Fuhrmann, R. Warning, D. Henrich, G. Buck u.a. Es bestehen enge Verbindungen zwischen dem Denken der K.Sch. und den Ansätzen von J. ↗ Habermas, ↗ Szondi und H. ↗ Blumenberg. Die K.Sch. widmete sich in regelmäßigen Kolloquien aus ihrer Warte relevanten lit.theoretischen Fragestellungen, die in den Bänden der Reihe *Poetik und Hermeneutik* publiziert wurden.

Lit.: Jauß 1992 [1970]. – W. Iser: *Der implizite Leser. Kommunikationsformen des Romans von Bunyan bis Beckett*, Mchn. 1994 [1972]. – R. Warning: *Rezeptionsästhetik*, Mchn. 1994 [1974]. – K. Stierle: *Text als Handlung*, Mchn. 1975. – Iser 1994 [1976]. – Jauß 1991 [1977]. – Holub 1989 [1984].

HA

Konstruktivismus, radikaler, der Terminus und die Konzeption wurden von E. v. Glasersfeld geprägt. Der r.K. ist eine transdisziplinäre Konzeption und stellt eine Theorie des Wissens und Erkennens, eine Erkenntnistheorie für kognitive Systeme, dar. Zentraler Gedanke der Konzeption ist, daß Wissen und Erkennen als kognitive Konstrukte bzw. konstruktive Operationen anzusehen sind. Wissen und Erkenntnis sind ausnahmslos Konstrukte, in diesem Sinne ist der r.K. radikal. Nimmt man diese Einsicht ernst, ergeben sich schwerwiegende erkenntnistheoretische Folgen. So kann z.B. das Verhältnis von Wissen, d.h. stabilen, rekurrent erfolgrei-

chen, viablen ↗ Kognitionen, und Realität, im Sinne eines kognitionsunabhängigen Mediums, in dem lebende Organismen existieren, unter den Bedingungen unhintergehbarer und vollständiger kognitiver ↗ Konstruktivität nur als Kompatibilitäts- oder Passungsverhältnis charakterisiert werden, nicht aber als Korrespondenz, Übereinstimmung ikonischer oder isomorpher Art oder Adaequation. Erkenntnis kann dann nicht mehr umstandslos als Realitätserkenntnis begriffen werden, sondern muß in erster Linie als Selbsterkenntnis, d.h. als Erleben, Erfahren und Erlernen eigener Wahrnehmungs-, Verhaltens-, Denk- und Handlungsmöglichkeiten gelten. Die Erfahrungswelt kognitiver Systeme, ihre persönliche und soziale Wirklichkeit, ist dann als System je subjektiv viabler Kognitionen, nicht aber als Repräsentation von Realität vorzustellen. Genaugenommen kann von einem konstruktivistischen Standpunkt aus über die Möglichkeit oder Unmöglichkeit solcher (Realitäts-)Erkenntnis gar nichts gesagt werden, weil es kognitiven Systemen unmöglich ist, einen Standpunkt einzunehmen, von dem aus das Verhältnis ihrer Urteile zur von ihnen unabhängigen Realität subjektiv, objektiv oder intersubjektiv bestimmt werden könnte (vgl. bereits u.a. Demokrit, Xenophon, Sextus Empiricus, Vico). Mit Ausnahme der Beantwortung der Frage, ob kognitive Systeme ihr Wissen für Realitätserkenntnis im genannten Sinne halten dürfen oder nicht, ist es in jeder anderen Hinsicht gleichgültig, ob solche Erkenntnis möglich ist oder nicht. Denn das von kognitiven Systemen entwickelte Repertoire von Annahmen, Kenntnissen, Erfahrungen und Fertigkeiten büßt seine Funktionen nicht abhängig davon ein, ob es Realität abbildet oder nicht. – Der Konstruktionsbegriff des r.K. kann als (a) Konstruktion von Wirklichkeit, (b) Konstruktion von Erkenntnis, d.h. Wissen, viablen Hypothesen und (c) Konstruktion von Erkenntnisfähigkeiten, d.h. kognitive, und in einem engeren Sinne z.B. mentale Operationen und Operablen bzw. Wissensstrukturen und Wissensprozesse präzisiert werden. ›Konstruktion von Wirklichkeit‹ bedeutet dann für Individuen: Wahrnehmen, Beobachten; (Er-)Finden und Verwenden sprachlicher Ausdrücke, wie von Begriffen, Kennzeichnungen, Namen; Hantieren mit und Gestalten von wahrgenommenen Entitäten; Interagieren, Kommunizieren, Kooperieren mit anderen Individuen. Konstruktion von Wissen bedeutet: Erzeugen sprachlicher Strukturen, die interpersonell verifizierbar sind; Hervorbringen oder Aktualisieren von Strukturen, die ihrerseits sprachliche Strukturen erzeugen, d.h. kognitive Konzepte, Schemata, Scripts, Frames und kognitive Operationen (↗ Schema und Schematheorie); ›Interindividuelle Verifikation‹ bedeutet (vgl. Kamlah und Lorenzen) den Einsatz all derjenigen Prüfverfahren für eine wahr/falsch-Prädikation von Aussagen, vermittels derer prinzipiell jedes einzelne Individuum in einer Gemeinschaft in der Lage ist, zu beurteilen, ob eine Aussage ›wahr‹ oder ›falsch‹ heißen soll; Wissen ist dann immer sozial konstruiert, weil es nicht unabhängig von der Überprüfung durch andere bzw. der Übereinstimmung mit anderen ist. Hier ist auch an gewisse methodologische Prinzipien von Wissenschaft zu erinnern, z.B. an Kommunikabilität, Lehr- und Lernbarkeit, intersubjektive Überprüfbarkeit usw.; ›Konstruktion von Erkenntnisfähigkeiten‹ bedeutet dann: Bilden von Begriffen, d.h. Konzepten, Schemata usw.; Hervorbringen von Wahrnehmungs- und Denkstilen, z.B. Tiefenwahrnehmung von Bildern, episodisches oder syllogistisches Denken; Ausbilden von Verhaltens- und Handlungsstilen oder Verhaltens- und Handlungsmustern, z.B. handwerklichen Techniken, Techniken der Lebensführung, Lebensstile. Erkenntnisfähigkeiten sind als subjektive Vermögen von Individuen durch Sozialisation/Kulturation sozial geprägt und schließen soziale Kompetenzen ein. Die Konstruktion von Erkenntnisfähigkeiten, die Konstruktion von Erkenntnis/Wissen und die Konstruktion von Wirklichkeit konvergieren in kognitiv-sozialen Synthesen, die wir als persönliches Erleben, als Lebensformen bzw. -stile, als Kulturen mit spezifischen Mythen, Wissensbeständen und Lebenspraxen auch aus der eigenen Anschauung kennen. Insofern in der Temporalisierung der hier unterschiedenen Konstruktionsprozesse die Konstruktion von Erkenntnisfähigkeiten die Anwendung dieser Fähigkeiten, d.h. die Konstruktion von Wissen, nach sich zieht, fällt sie mit der Konstruktion von Wirklichkeit zusammen. Wenn also Konstruktivisten von der Konstruktion von Wirklichkeit sprechen, dann in einem derart analysierbaren Sinne. In gleicher Weise kann auch die Rede von der kognitiven Verkörperung von Wirklichkeit präzisiert werden, denn die Anwendung von Erkenntnisfähigkeiten ist im Hinblick auf ihre Resultate, wie z.B. das Vorkommen von Gegenständen in der Umgebung des eigenen Körpers, nicht zu unterscheiden von den vermittels dieser Fähigkeiten kognitiv konstruierten Erfahrungsgegenständen. Das Prozessieren von Erkenntnisfähigkeiten entspricht der kognitiven Konstruktion von Erkenntnisgegenständen. Das bedeutet: Erkenntnisgegenstände sind in kognitiven, und im weiteren Sinne in kognitiv-sozialen Prozessen verkörpert. – Der r.K. hat Wurzeln bzw. Verankerungen in der Tradition skeptischer Philosophie seit den Pyrrhonisten, in der Aufklärungsphilosophie I. Kants, der Analytischen Sprach- und Wissenschaftstheorie v.a. L. ↗ Wittgensteins, dem Pragmatismus (vgl. J. ↗ Dewey, W. James, Ch. ↗ Peirce), dem Methodischen K. (vgl. H. Dingler, S. Ceccato), der Genetischen Epistemologie und Entwicklungspsychologie J. Piagets, in der Kognitiven Psychologie (vgl. G.A. Miller, J. Piaget, U. Neisser), in der therapeutischen Psychologie (vgl. P. ↗ Watzlawick, R.D. Laing), in der Kybernetik (vgl. N. Wiener, W.R. Ashby, C. Shannon), in der Kognitionsbiologie (vgl. H.R. Maturana, F. Varela) und in den Neurowissenschaften (vgl. W. McCulloch, J.C. Eccles). – Aus der Perspektive eines r.K. müssen die Erkenntnis- und Handlungsbedingungen der Wissenschaften und des Alltags grundsätzlich überdacht werden. Kognitive Autonomie, ↗ Autopoiesis, ↗ Selbstorganisation, Selbstreferentialität und Selbstregelung verlangen neue Ansätze z.B. in der ↗ Kommunikationstheorie und Medienwissenschaft (vgl. Kommunikation ohne Informationsübertragung bei W.K. Köck; Handlungstheoretisches Kommunikationsmodell bei S.J. ↗ Schmidt; Attributionstheorie des Verstehens bei G. Rusch), in der Sozialtheorie (vgl. Selbstorganisation sozialer Systeme, Soziale Systeme aus kognitiv autonomen Einheiten etwa bei P.M. Hejl, N. ↗ Luhmann), in der Geschichtswissenschaft (vgl. Geschichte als Interpretament des Vergangenheitsbegriffs bei G. Rusch), in der Managementlehre (vgl. G. Probst), in der Therapie (vgl. das Subjekt als Konstrukteur seiner persönlichen Wirklichkeit). Der konstruktivistische Diskurs hat sich in den letzten Jahren erheblich ausdifferenziert, etwa in kulturwissenschaftlicher Hinsicht (vgl. S.J. Schmidt 1994), ist aber auch Gegenstand scharfer Kritik geworden (vgl. Nüse et al. 1991).

Lit.: P. Watzlawick: *Wie wirklich ist die Wirklichkeit? Wahn, Täuschung, Verstehen*, Mchn. 1997 [1976]. – ders. (Hg.): *Die erfundene Wirklichkeit. Wie wir wissen, was wir zu wissen glauben*, Mchn. 1997 [1981]. – H. v. Foerster: *Sicht und Einsicht*, Braunschweig 1985. – E. v. Glasersfeld: *Wissen, Sprache und Wirklichkeit*, Braunschweig 1987. – H.R. Maturana/F.J. Varela: *Der Baum der Erkenntnis*, Mchn. 1997 [1987]. – Rusch 1987. – S.J. Schmidt (Hg.): *Der Diskurs des r.K.*, FfM. 1994 [1987]. – ders. (Hg.): *Kognition und Gesellschaft. Der Diskurs des r.K. 2*, FfM. 1994 [1992].

– H. v. Foerster: *Wissen und Gewissen*, FfM. 1997 [1993]. – H. R. Fischer (Hg.): *Die Wirklichkeit des K.*, Heidelberg 1995. – R. Nüse et al.: *Über die Erfindungen des r. K.: Kritische Gegenargumente aus psychologischer Sicht*, Weinheim 1995 [1991]. – E. v. Glasersfeld: *R. K.: Ideen, Ergebnisse, Probleme*, FfM. 1996. – ders.: *Wege des Wissens. Konstruktivistische Erkundungen durch unser Denken*, Heidelberg 1997.

GR

Konstruktivität (von lat. *constructio*: Zusammensetzung, Errichtung), als Eigenschaft jeder Wahrnehmung und Erkenntnis abhängig von Wahrnehmungsapparat, Begriffssystem und Konvention im Gegensatz zur realistischen Vorstellung einer ontischen äußeren Wirklichkeit (↗ Essentialismus). In der Skeptischen Tradition neuerdings Grundannahme des ↗ Dekonstruktivismus, der in der Folge J. ↗ Derridas insbes. sprachliche Bedeutungen gegenzulesen und zu unterlaufen versucht, der ↗ Diskursanalyse nach M. ↗ Foucault, die auf die gesellschaftliche Konstruktion von Wissen durch z. B. Ausschließungs- oder Verknappungsprozeduren zielt, und der ↗ Systemtheorie in der Folge der Annahme einer ↗ Autopoiesis der Systeme, radikalisiert im ↗ Radikalen Konstruktivismus, der die K. von Wirklichkeitsmodellen zum Kern seiner multidisziplinären Ansätze macht. Dort entstehen in Anlehnung an die Kybernetik zunächst die biologische Theorie der operationalen Geschlossenheit lebender Organismen, d. h. ihrer Autopoiesis, aus der die K. sogar wahrnehmungsphysiologischer Prozesse folgt (vgl. H. Maturana, F. Varela), dann in verschiedenen Disziplinen neue Konzepte von Wirklichkeit und Wissen. Bausteine der ↗ Kognition bleiben Erfahrungen des Scheiterns (vgl. E. von Glasersfeld), Experimente und Messungen, aber unter Redefinition ihrer Empirizität: Nicht mehr das Ergebnis gilt als objektive Aussage über eine tatsächliche Wirklichkeit, vielmehr ist nur noch operationales Wissen, d. h. das Wissen um die prozessualen Zusammenhänge unserer Konstruktionen, möglich (vgl. G. Vico). Damit wird die rationalistische Unterscheidung von ↗ Subjekt und Objekt der Erkenntnis hinfällig, an deren Stelle die Rückbezüglichkeit der Kognitionssysteme tritt (↗ Selbstreferenz). Bes. Aufmerksamkeit gilt den ontischen Implikationen der Beschreibungssysteme, v. a. der Sprache. – Für die Wissenschaftspraxis wird die Forderung nach Wahrheit durch die nach Glaubwürdigkeit und Effektivität der Modelle und nach Transparenz der K. ihrer Methoden, Begriffssysteme,

Erkenntnisgegenstände und Ergebnisse ersetzt (vgl. McHale 1992).

Lit.: Rusch 1987. – S. J. Schmidt (Hg.): *Der Diskurs des Radikalen Konstruktivismus*, FfM. 1987. – McHale 1992.

GV

Kontext (lat. *contextus*, von *contexere*: zusammenweben), der K. ist grundsätzlich das, was zu einem ↗ Text gehört, damit dieser angemessen verstanden wird. K. ist also eine für das ↗ Verstehen von Texten wesentliche Kategorie. – Zwar reklamieren gerade literar. Texte gerne für sich, was der ↗ *New Criticism* bes. hervorhob, daß sie nämlich aus sich selbst heraus verständlich sind, doch ist dies nur relativ und bes. im Vergleich mit nicht-literar. Texten gültig. Jedes einzelne Element, ob ein Wort, ein Satz oder ein längerer Text, definiert sich immer in Relation zu anderen, die ihm erst eine spezifische ↗ Bedeutung zuweisen. Dieses, die Bedeutung wesentlich mitbestimmende sprachliche oder kulturelle Umfeld ist der K. ↗ Ironie wird z. B. nur dort erkannt, wo eine Aussage aus dem wörtlichen in einen anderen K. gestellt wird. Wörter aus dem K. zu reißen heißt, sie bewußt oder unbewußt mißzuverstehen und ihre Bedeutung zu verzerren. Für P. ↗ Ricœur hebt allein der K. die ↗ Polysemie der Sprache auf. Die ↗ Rezeptionsgeschichte jedes literar. Werkes zeigt, wie sich ↗ Interpretationen dadurch ändern, daß sich die K.e verschieben. In einem K. etwa, der richtiges Verhalten v. a. durch Beherrschung und Akzeptanz der bestimmenden gesellschaftlichen Normen definiert, ist der Misanthrop eine komische und unangemessene Figur, über die Molière entsprechend eine Komödie schreibt. Im romantischen K., in dem subjektives Empfinden ein viel höheres Gewicht erhält und das Individuum in berechtigter Opposition zur Gesellschaft erscheint, erhält dieselbe Figur eine ganz andere, nämlich eine tragische Dimension. K.e prägen die Rezeption von Texten (↗ Lit.rezeption) ebenso wie ihre Produktion (↗ Lit.produktion) und bestimmen stark die ↗ Präsuppositionen von ↗ Autor und ↗ Leser, die Erwartungshaltungen und grundsätzlich die Art und Weise, wie die Welt und darin die Lit. betrachtet wird. Der K. ist immer kulturell beeinflußt, daher historisch veränderbar und in seiner Wertigkeit abhängig vom Konsens der jeweils bestimmenden Gesellschaftsschicht. In einer modernen, multikulturellen Gesellschaft bieten sich grundsätzlich mehrere K.e für die Interpretation von Lit. an. Die Präferenz für nur einen dominierenden

K. bedarf daher heute im Grunde einer expliziten Begründung. Neuere Lit.theorien, wie etwa der ↗ *New Historicism*, betonen die Pluralität der K.e und ziehen herkömmliche Vorstellungen von der Beziehung zwischen literar. Texten und historischen K.en in Zweifel.. Das Aufzeigen der bei einer Textproduktion oder -rezeption maßgeblichen K.e führt zu wesentlichen Erkenntnissen über die kulturellen Zusammenhänge, in denen ein Text steht oder gesehen wird.

Lit.: J. Schulte-Sasse: »Aspekte einer kontextbezogenen Lit.semantik«. In: W. Müller-Seidel (Hg.): *Historizität in Sprach- und Lit.wissenschaft*, Mchn. 1974. S. 259–275. – P. Ricœur: *Interpretation Theory. Discourse and the Surplus of Meaning*, Fort Worth 1976.

KPM

Kontingenz (lat. *contingere*: sich ereignen), wird den Ereignissen, Aussagen oder Sachverhalten zugesprochen, die weder notwendig noch unmöglich sind. Kontingent ist das, was auch anders oder überhaupt nicht sein könnte. Dabei kann K. weder allein als Gegensatzbegriff zur Notwendigkeit noch allein als Kontradiktion der Unmöglichkeit bestimmt werden. Was möglich ist, könnte z.B. durchaus auch notwendig und daher nicht kontingent sein. – Der in der Modallogik und zunehmend auch in den Kultur- und Sozialwissenschaften kontrovers diskutierte Begriff geht auf ↗ Aristoteles zurück und diente v.a. im MA., aber auch noch in der frühen Neuzeit zum Beweis der Existenz Gottes wie zur Bewältigung der K. der Welt selbst. Durch den Schluß von der Endlichkeit der bedingten Welt auf die Unbedingtheit des außer der Zeit seienden Schöpfers hatte die Scholastik der kontingenten Welt eine externe Notwendigkeit unterstellen können. Im reinen Akt Gottes fallen Notwendigkeit und Möglichkeit je zusammen, Notwendiges und Unmögliches sind von vornherein geschieden. Nach der Widerlegung der Gottesbeweise von G. Bruno bis I. Kant, dem Entstehen einer selbstreflexiven Kulturgesellschaft im späten 18. Jh., mit dem Wissen um die Nicht-Notwendigkeit von zugewiesenen Bedeutungen und um die Relativität von Kulturen oder die Unverfügbarkeit von Geschichte dringt das Bewußtsein individueller wie gesellschaftlicher K. zunehmend in das Selbstverständnis der ↗ Moderne ein. Kunst und Lit. erweisen sich darin als Mittel der Kompensation, aber auch der Vergegenwärtigung von K. Durch die Steigerung der formalen ↗ Selbstreferenz und die Nachrangigkeit und Reduktion der K. der Fremdreferenzen eines Kunstwerkes scheinen seine Zeichen eine innere Notwendigkeit oder ›Stimmigkeit‹ anzunehmen. Andererseits kann aber gerade die autonome Kunst auch deutlich machen, daß die Welt so, aber auch verschieden möglich sein könnte.

Lit.: N. Luhmann: »K. als Eigenwert der modernen Gesellschaft«. In: ders.: *Beobachtungen der Moderne*, Opladen 1992. S. 93–128.

PhW

Kontinuität/Diskontinuität (lat. *continuare*: fortsetzen zu . . .), J.G. Droysen sah historische K. im Zusammenhang der menschlich-sittlichen Welt als Ergebnis geschichtlicher Arbeit. In weiterer Differenzierung lassen sich zwischen ↗ Positivismus und ↗ Postmoderne die folgenden Konzepte historischer K.bildung bzw. von D. unterscheiden: (a) die umfassende Kausalität eines unter den Vorzeichen des Positivismus letztendlich erklärbaren historischen Prozesses, (b) der vom individuellen Leben ausgehende, intuitive Analogieschluß, der eine Horizontverschmelzung von Gegenwart und Vergangenheit zu einem D. integrierenden Verstehen herbeiführt, sowie (c) die in der 2. Hälfte des 20. Jh.s diskutierte ↗ Narrativität von Geschichtsentwürfen, die in unterschiedlicher Radikalität die D. historischer Prozesse gegenüber den als linguistische Konstrukte entlarvten Sinnentwürfen des menschlichen Betrachters unterstreicht. Geschichte wird durch Geschichten abgelöst, so daß sich K. als vorübergehende wie begrenzte Form der Kohärenzbildung auf dem Boden von D. darstellt. Damit reduziert sich K. auf ein Bewußtseinsphänomen gegenüber einer atomisierten Vergangenheit. Hatte F.W. ↗ Nietzsche bereits den Historismus attackiert, während die Lebensphilosophie W. ↗ Diltheys und die ↗ Hermeneutik H.-G. ↗ Gadamers noch das Kontinuum historischer Totalität sahen, wäre hier in erster Linie M. ↗ Foucaults Polemik gegen eine als ideologische Fixierung zu verstehende K.sfiktion zu nennen, die den Begriff der D. mit dem Phänomen unerklärbarer Brüche und Sprünge in den Vordergrund rückt (Heterogenität der ↗ Episteme). Neue, bisher in den Geisteswissenschaften jenseits dieser Diskussion wenig ergründete Argumentationswege eröffnet die Chaostheorie.

Lit.: M. Foucault: »Nietzsche, Genealogy, History«. In: P. Rabinow (Hg.): *The Foucault Reader*, N.Y. 1987 [1984]. S. 76–100. – M. Frank: »Ein Grundelement der historischen Analyse. Die D. Die Epochenwende von 1775 in Foucaults ›Archäologie‹«. In: R. Herzog/R. Koselleck (Hgg.): *Epochenschwelle und Epochenbe-*

wußtsein, Mchn. 1987. S. 97–130. – H. Nagl-Docekal (Hg.): *Der Sinn des Historischen*, FfM. 1996.

FWN

Konvention/Ästhetik-Konvention/Polyvalenz-Konvention

(frz. *convention*: Vereinbarung, Abmachung; lat. *convenire*: zusammenkommen, passen), Bezeichnung für die nach Übereinkunft geltenden Regeln, die die Einschätzung von und den Umgang mit Texten, die für literar. gehalten werden, bestimmen. Erfolgt die Definition von Lit. nicht textontologisch über die Angabe von Textmerkmalen und werden ↗ Texte nicht für literar. an sich (↗ Literarizität, ↗ Lit.begriff) gehalten, sondern als in literar. ↗ Handlungen als literar. konstruiert, dann muß die Entscheidung über einen Text als literar. oder nicht-literar. auf andere Weise als vielfach üblich erfolgen. Fragen nach der Literarizität eines Textes können operational unter Rückgriff auf literar. K.en behandelt werden, die im Sinne von Literarisierungsmechanismen fungieren. D.h. die Art und Weise des konventionalisierten Umgangs mit einem Text, also das literar. Handeln von Aktanten, das unter der Befolgung literar. K.en erfolgt, entscheidet über die Literarizität eines Textes. Mit K.en ist keinesfalls Beliebigkeit verbunden. Einerseits halten sie immer die Veränderlichkeit und den historischen Ursprung literar. Normen präsent. Andererseits werden literar. K.en trotz ihrer grundsätzlichen Offenheit bei Geltung in einer sozialen Gruppe unter Androhung von Sanktionen möglichst befolgt. Damit ist die Entscheidung eines Aktanten, einen Text für literar. zu halten und entsprechend zu behandeln, zwar eine subjektabhängige, individuelle Entscheidung, aber keine rein subjektive, denn sie wird getragen von den in einer Gruppe geltenden und geteilten literar. K.en. Abstrakt sind K.en zu beschreiben als Erwartungserwartungen, die im Sinne kognitiver Schemata (↗ Schema und Schematheorie) Handlungen steuern. Literar. K.en greifen auf drei unterschiedlichen Ebenen. Es ist zu unterscheiden zwischen K.en auf intrapersonaler, interpersonaler und systemischer Ebene. Intrapersonale K.en wie z.B. Gattungskonventionen u. Fiktionalitätskonventionen sind beteiligt bei Prozessen der Kommunikatbildung, d.h. der Herstellung u. Zuordnung einer ↗ Bedeutung zu einem für literar. gehaltenen Ausgangstext. Interpersonale K.en regeln die Kommunikation über Lit., und systemische K.en regeln die Teilnahme am ↗ Lit. system im Gegensatz zu anderen sozialen Systemen. – S.J. ↗ Schmidt (1980) geht von zwei K.en aus, die für unser heutiges Lit.system prägend sind: die literar. Ästhetik-K. und die literar. Polyvalenz-K. Die Ä.-K. besagt, daß literar. Texte im obigen Sinne im Gegensatz zur umgangssprachlichen Tatsachen-K. weniger nach den Kriterien wahr/falsch und nützlich/nutzlos beurteilt werden als vielmehr nach ästhetisch-literar. Kriterien, wie sie beispielsweise der Rezipient seinem Lit.verständnis entsprechend anlegt. Weiterhin impliziert die Ä.-K., daß literar. Texte nicht allein und primär das sozial erzeugte und geltende ↗ Wirklichkeitsmodell als Referenzrahmen aufweisen müssen. Mit dem letzten Punkt wird auch der immer wieder betonten ↗ Fiktionalität literar. Texte Rechnung getragen. Die Ä.-K. stellt somit einen sofortigen funktionalen Bezug oder Verwertungszusammenhang zum Alltagsleben und dem dort als gültig unterstellten Wirklichkeitsmodell zurück bzw. hebt einen solchen Bezug auf. Die P.-K. bezieht sich auf die literar. Texten zugeschriebene Mehrdeutigkeit und läuft darauf hinaus, daß sich Leser kaum um das Richtig oder Falsch ihrer jeweiligen Textlesart streiten; eher gestehen sie sich voneinander abweichende Lesarten (↗ Polyvalenz) als durchaus mögliche Textbedeutungen zu. Schmidt führt 1989 Ä.-K. und P.-K. als Makro-K.en ein, die als globale Kriterien zur Festlegung der Teilnahme am Lit.system fungieren. Die Konzepte von Ä.-K. und P.-K. lösten eine Kontroverse um den deskriptiven bzw. normativen Status von Konventionen im Rahmen von Lit.theorien aus, weil nach Schmidt (1980) Nicht-Befolgen der K.en nicht-literar. Handeln impliziert. Mittlerweile ist klargestellt, daß literar. K.en lit.wissenschaftliche Deskriptionen von Handlungsregeln sind, die im Gegenstandsbereich ›Lit.system‹ Gültigkeit besitzen und historischem Wandel unterliegen.

Lit.: Schmidt 1991 [1980]. – ders.: *Die Selbstorganisation des Sozialsystems Lit. im 18. Jh.*, FfM. 1989. – D. Meutsch: »Über die Rolle von K.en beim Verstehen literar. Texte«. In: *SPIEL* 4.2 (1985) S. 381–408. – I. Kramaschki: »Anmerkungen zur Ästhetik- und Polyvalenzdiskussion der empirischen Theorie der Lit. Ein Beitrag zur Konventionalismus-Debatte in der Lit.wissenschaft«. In: *SPIEL* 10.2 (1991) S. 207–233. – N. Groeben/M. Schreier: »The Hypothesis of the Polyvalence Convention. A Systemic Survey of the Research Development from a Historical Perspective«. In: *Poetics* 21 (1992) S. 5–32. – M. Hjort (Hg.): *Rules and Conventions. Literature, Philosophy, Social Theory*, Baltimore 1992. – Barsch et al. 1994. – R. Weninger: *Literar. K.en. Theoretische Modelle, historische Anwendung*, Tüb. 1994.

AB

Kracauer, Siegfried (1889–1966), dt. Architekt, Soziologe und Redakteur der *Frankfurter Zeitung*, führender Filmkritiker der Weimarer Zeit. – K. war befreundet u.a. mit Th.W. ↗ Adorno, L. Löwenthal, E. ↗ Bloch; Mitbegründer der Soziologie der modernen Großstadt- und Massenkultur. Steht K. zunächst unter dem Einfluß von G. ↗ Simmel und S.A. ↗ Kierkegaard, wendet er sich in den 20er Jahren einem kritischen Materialismus zu. In Konkurrenz zu M. ↗ Weber (›Entzauberung der Welt‹) findet der selektiv empiristische K. über ›Oberflächenäußerungen‹ des Alltags Zugang zum Konstruktcharakter der Wirklichkeit wie zum falschen Bewußtsein der neuen Mittelschicht (*Die Angestellten*, 1930). K.s zweite Zentralkategorie des ›Massenornaments‹ definiert sich als ›ästhetischer Reflex der von dem herrschenden Wirtschaftssystem erstrebten Rationalität‹. Als Produkt der ›am. Zerstreuungsfabriken‹ sind die vormals menschlichen Elemente Teile der Maschinerie endlos reproduzierbarer Unterhaltung: »Den Beinen der Tillergirls entsprechen die Hände der Fabrik« (K. 1977, S. 54). Auf gleicher Grundlage beschreibt K. in seiner Studie *Der Detektiv-Roman* (1922/25) den ›unbestrittenen Sieg der *ratio*, [...] verquickt mit jener Sentimentalität [...] des Kitsches‹. Ferner ist K.s Verdienst, den »Primat der diachronischen Betrachtung in der Historiographie« entschieden hinterfragt zu haben (Jauß 1992, S. 195; vgl. K.s Abhandlung »Time and History«. In: M. Horkheimer (Hg.): *Zeugnisse – Th.W. Adorno zum 60. Geburtstag*, 1963, S. 50–64). In der New Yorker Emigration veröffentlicht K. neben *From Caligari to Hitler* (1947) 1960 schließlich seine *Theory of Film. The Redemption of Physical Reality*, eine Mentalitätsgeschichte des Films.

Lit.: S. Kracauer: *Das Ornament der Masse. Essays*, FfM. 1977 [1927]. – ders.: *Schriften I. Soziologie als Wissenschaft. Der Detektiv-Roman. Die Angestellten*, FfM. 1971. – Jauß 1992 [1970]. – I. Belke/I. Renz: *S.K. 1889–1966*, Marbach 1988. – D. Frisby: *Fragmente der Moderne*, Rheda-Wiedenbrück 1989. – G. Koch: *K. zur Einf.*, Hbg. 1996.

FWN

Krieger, Murray (*1923), am. Lit.theoretiker. – Professuren in Minneapolis, Urbana, Iowa City und an der University of California, Irvine; K. studierte seit 1946 bei führenden *New Critics* (J.C. Ransom, A. Tate u.a.) in Kenyon College, wo er sich frühzeitig intensiv mit dem Organizismus Kantischer und Coleridger Prägung auseinandersetzte. Nach seiner Promotion bei E. Vivas und Lehrtätigkeiten an den Universitäten von Minnesota und Illinois richtete die Universität von Iowa 1963 den ersten Lehrstuhl in *Literary Criticism* in den USA für ihn ein. Nach dem Wechsel zu seinem Freund H. Adams an die University of California (1966), gründete K. dort zum Zweck der möglichst umfassenden Diskussion verschiedenster literar. Theorien Anfang der 70er Jahre die School of Criticism and Theory als Sommerprogramm, die heute in Cornell beheimatet ist. Ihr folgten die Gründungen des Critical Theory Institute in Irvine mit M. Poster, D. Carroll und F. Lentricchia, des University of California Humanities Research Institute, dessen erster Direktor K. wurde, und des internationalen Consortium of Humanities Centers and Institutes mit R. Cohen, das über 150 Mitgliedsuniversitäten zählt. – K.s Werk ist darauf angelegt, dem Lit.kritiker seine Arbeitsbedingungen vor Augen zu führen und dadurch sowohl Aufmerksamkeit für vorhandene Probleme zu wecken als auch eine Öffnung für die vielen Interpretationsmöglichkeiten literar. Texte zu bewirken. Bereits 1956 griff er mit *The New Apologists for Poetry* die *New Critics* Ransom, Tate und Brooks wegen ihrer Überbetonung der formalen Geschlossenheit des literar. Werks an. – In *The Tragic Vision* (1960) setzte K., im Anschluß an *The New Apologists*, dem ästhetischen Monismus den irreduziblen thematischen Dualismus von Form und Inhalt entgegen. Im selben Werk postulierte er eine kontextualistische Theorie, derzufolge jedes Gedicht seine eigene Form hervorbringe und man daher keinen allg.gültigen Interpretationsapparat aufbauen könne. Dieselbe Tendenz wurde in dem Nachfolgewerk *The Classic Vision* (1971) fortgesetzt. Der Artikel »The Ekphrastic Principle and the Still Movement of Poetry; or Laokoon Revisited« (in: *The Play and Place of Criticism* 1967, S. 105–128) arbeitet die ↗ Ekphrasis (d.h. die literar. oder sonstige künstlerische ↗ Repräsentation konkreter Dinge) als das poetische Prinzip schlechthin heraus. Das Poetische des Gedichts ist die Hereinnahme des ›stillen‹ Elements der plastischen Künste. Die linear-zeitliche Abfolge des Gedichtlesens wird metaphorisch verlangsamt, durch Quervernetzungen (*repetitions, echoes, complexes of internal relations*) gestoppt. Der poetische Kontext erzeugt K. zufolge »a specifically frozen sort of aesthetic time« (ebd., S. 105). Diese ›gefrorene Zeit‹ beinhaltet allerdings noch alle Möglichkeiten realer Zeit; sie ist dynamisch und enthält verschiedene Ordnungen von Zeitlichkeit. Dadurch nimmt Dichtung der ›realen‹ Zeit ihre bedrohliche Wirkung und erhält einen Erfahrungsmoment der Erlösung (Funktion der literar. ↗ Ästhetik). *Puns* (Wortspiele) geben einem Wort *presence* (Gegenwart). Da das sprachliche Medium inhärent zeitlich und vergänglich, v. a. aber auch chronologisch geordnet ist, kann der *pun* diese Vergänglichkeit zurückholen und den Vorwärtsdrang der Sprache konzentrieren. Existentielle Implikationen werden bei der Untersuchung des Urnenmotivs deutlich, das ebenfalls zum Stillstand der Zeit im Kunstwerk führt, da es als Geburts- und Todesmotiv wirkt. Dieses Essay wurde in *Ekphrasis: The Illusion of the Natural Sign* (1992) nach 25 Jahren wieder aufgegriffen. In *Theory of Criticism – A Tradition and Its System* (1976) zeigt K. die Traditionsströme der Lit.theorie und deren Hauptprobleme auf, um diese gegen seine eigene, vereinheitlichte Theorie des Ästhetischen abzuheben. *A Reopening of Closure. Organicism Against Itself* (1989) bringt eine revisionistische Einschätzung des Organizismus Coleridges, der als sich selbst durchschauend angesehen wird, als sich der Metaphorik seines Organizismusideals, das nie erfüllt werden kann, bewußt. Damit wird wiederum implizit eine Grundlage des ↗ *New Criticism* angegriffen, der sich auf die Tradition der organischen Geschlossenheit des literar. Werks stützt. In seinem jüngsten Werk *The Institution of Theory* (1994) zeichnet K. den Weg der Theoretisierung der Lit.wissenschaften in der zweiten Hälfte des 20. Jh.s nach, an der er maßgeblichen Anteil hat.

Lit.: Krieger 1988. – B. Henrickson (Hg.): *M.K. and Contemporary Critical Theory*, N.Y. 1986. – P.A. Harris: »The Time of Possibilities. M.K. and Literary Theory«. In: *Anglistik* 8.2 (1997) S. 69–79.

RAh

Kristeva, Julia (*1941), Lit.- und Kulturwissenschaftlerin, Sprachphilosophin und Psychoanalytikerin. – 1965 emigrierte die gebürtige Bulgarin nach Paris, wo sie bei R. ↗ Barthes, L. ↗ Goldmann und J. ↗ Lacan studierte und sich 1974 mit *La Révolution du langage poétique* habilitierte. 1966 trat K. der *Tel Quel*-Gruppe bei; ab 1970 war sie im Herausgebergremium der gleichnamigen Zs.; 1979 ließ sie sich als Psychoanalytikerin nieder. K. ist Professorin am Institut Sciences des textes et documents an der Universität Paris VII. – In K.s Werk, das durch den Marxismus, den ↗ Strukturalismus und die Psychoanalyse beeinflußt ist, werden Überlegungen zur Entwicklung des sprechenden Subjekts mit der Frage verknüpft, wie dieses Subjekt in verschiedenen Texten und Diskursen positioniert wird. In *La Révolution du langage poétique* unterscheidet K. das ›Semiotische‹ (die Triebe und ihre Artikulation) vom ›Symbolischen‹ (die Bedeutung, die Repräsentation). Das Semiotische ordnet sie der ›*chora*‹ (gr. leerer Raum) zu, ein Begriff, den sie von ↗ Platon entlehnt. Die *chora* bezieht sich auf die Mutter-Kind-Dyade der präödipalen Phase. Durch zwei ›thetische Setzungen‹, das ↗ ›Spiegelstadium‹ und die ›Entdeckung der Kastration‹, überlagere sich in der Entwicklung des Kindes das Semiotische durch das Symbolische. Mit der Ablösung von der Mutter werde die phallische Ordnung übernommen und Sprache wie sexuelle Differenz konstituiert. Dieser Prozeß ist aber nach K. nie abgeschlossen, in der ›Sinngebung‹ (*signifiance*) durchkreuze das Semiotische unablässig das Symbolische und unterlaufe dessen Setzung. Jede signifikante Praxis sei ein Zusammenwirken mehrerer Zeichensysteme (↗ Zeichen und Zeichensystem). Das bezeichnet K. mit dem Begriff der ›Transposition‹, den sie dem der ↗ ›Intertextualität‹ vorzieht. Die Transposition ist bei K. der Übergang von einem Zeichensystem zum anderen und somit Transformation und Neuartikulation der thetischen Setzung. Einen bes. Stellenwert räumt K. der poetischen Sprache ein, da sie das Semiotische privilegiere; sie gebe den Triebenergien deutlichen Ausdruck und versetze das ›Subjekt in Bewegung‹. Ein solches Textverfahren, wie K. es v. a. bei St. Mallarmé, J. Joyce und A. Artaud feststellt und für dessen Analyse sie den Begriff ›Semanalyse‹ prägt, verweise auf ein neues Verhältnis des Subjekts zur Sprache und damit auf eine Krise gesellschaftlicher Strukturen. Die Evozierung des Semiotischen erfordert nach K. aber eine stabile Position des Subjekts im Symbolischen und ist daher zumeist mit männlicher Autorschaft verbunden. K., die die instabile Identität der Frau in der patriarchalen Ordnung schon in ihrer frühen Studie *Des Chinoises* (1974) problematisiert hatte, beschreibt also im weitesten Sinne den Zusammenhang von Körper und Signifikation: Sprache sieht sie durch eine ›Opferstruktur‹ charakterisiert, als ›Mord am Körper‹, was jedoch immer wieder durch das Hereinbrechen der Triebe unterlaufen werde. Ausgehend von der Marginalisierung von Weiblichkeit in Freuds *Totem und Tabu* diskutiert K. in *Pouvoirs de l'horreur* (1980) über ihr Konzept des ›Abjekts‹ diese notwendige, aber letztlich unmögliche Transzendierung des Körperlichen. Abjekte (Tränen,

Urin, Kot, Schleim, Speichel usw.) seien weder Teil des Körpers noch von ihm getrennt. Gleichermaßen innen wie außen markierten sie die Körperteile, die später zu erogenen Zonen würden. Abjektion, die somit den Körper als *corps propre* (der ›eigene‹ und der ›saubere‹ Körper) in die symbolische Ordnung einschreibe, verweise gleichzeitig auf die Instabilität des Symbolischen und auf die Dynamik des Semiotischen. In der Auseinandersetzung mit der Lust am Abstoßenden und insbes. mit L.-F. Célines Antisemitismus stellt K. den Zusammenhang her zwischen der Instabilität individueller Identität und der Auflösung gesellschaftlicher Strukturen und Ordnungen. *Histoires d'Amour* (1983) und *Soleil Noir* (1987) sind Studien zur Liebe bzw. zur Melancholie. K. führt aus, daß die Ablösung von der Mutter und die Identifizierung mit dem ›Vater der persönlichen Vorzeit‹ die Voraussetzung für eine stabile Subjektkonstitution sei. Die Liebe als symbolische Idealisierung des Anderen und als Streben nach Vereinigung mit ihm sei ›Verneinung‹ (*dénégation*) des Verlusts der Mutter. Gleichzeitig mißt K. der Mutterschaft aber eine spezifische Bedeutung zu. Wie das Abjekt sei auch die Schwangerschaft ein *borderline*-Phänomen, für das die Trennung zwischen Subjekt und Objekt nicht gelte. Mutterschaft ist für K. der Ort des Semiotischen, Herausforderung für das Symbolische und gleichzeitig Modell für eine ›Härethik‹, eine neue Ethik der Liebe. Dies trennt K. aber deutlich von gynozentrischen Vorstellungen (↗ Gynozentrismus), die sie für ›Religion‹ bzw. Metaphysik hält. Eine unvollständige Ablösung von der Mutter führe zwangsläufig zu Melancholie und Depression, was K. als typisch für die zeitgenössischen westlichen Gesellschaften erachtet. Der Melancholiker bilde keine Objektbeziehung heraus, für ihn hätten die Zeichen nicht die Kraft, die Mutter symbolisch zurückzubringen oder den Verlust zu bezeichnen. Solche Ausführungen zur Theorie der Psychoanalyse wendet K. auch auf Kunst und Lit. an; an *Romeo und Julia*, *Don Juan*, der Troubadourdichtung, der christlichen Marienverehrung oder auch der Lyrik von Ch. Baudelaire diskutiert sie literar. Auseinandersetzungen mit der Liebe, während ihr Dostojewski, M. Duras sowie H. Holbein als Beispiele für die Wirkungsweise der Melancholie dienen. *Étrangers à nous-mêmes* (1988), für das sie 1989 den *Prix Henri Hertz* erhielt, führt ihre Gedanken aus *Pouvoir de l'horreur* fort, insofern als sie sich auch hier der inneren Spaltung des Subjekts widmet. Die Verleugnung der

eigenen Fremdheit, so führt K. in einer Geschichte der abendländischen Xenophobie aus, habe die Projektion des Abjekts, des Triebes oder des Unheimlichen nach außen zur Folge. – K. ist als eine der wichtigsten Semiologinnen rezipiert worden. Die ↗ feministische Lit.theorie und Kritik hat ihre Schriften widersprüchlich aufgenommen. Auf der einen Seite wird ihr Geschichtslosigkeit, eine Überbewertung des Poetischen und eine unkritische Haltung zum ↗ Phallozentrismus der Psychoanalyse vorgeworfen; andererseits haben gerade neuere Strömungen der ↗ *Gender Studies* ihre Überlegungen aufgenommen und weiterentwickelt.

Lit.: J. Kristeva: *La révolution du langage poétique*, Paris 1974 (dt. *Die Revolution der poetischen Sprache*, FfM. 1980). – dies.: *Des chinoises*. Paris 1974 (dt. *Die Chinesin. Die Rolle der Frau in China*, FfM. et al. 1982). – dies.: *Pouvoirs de l'horreur. Essai sur l'abjection*, Paris 1980. – dies.: *Histoires d'amour*, Paris 1983 (dt. *Geschichten von der Liebe*, FfM. 1989). – dies.: *Soleil noir. Dépression et mélancolie*, Paris 1987. – dies.: *Étrangers à nous-mêmes*, Paris 1988 (dt. *Fremde sind wir uns selbst*, FfM. 1990). – dies.: *Les nouvelles maladies de l'âme*, Paris 1993 (dt. *Die neuen Leiden der Seele*, Hbg. 1994). – E. Grosz: *Sexual Subversions. Three French Feminists*, Sydney 1989. – J. Fletcher/A. Benjamin (Hgg.): *Abjection, Melancholia, and Love. The Work of J.K.*, Ldn./N.Y. 1990. – J. Lechte: *J.K.*, Ldn./N.Y. 1990. – I. Suchsland: *J.K. zur Einf.*, Hbg. 1992.

DF/SSch

Kritische Literaturwissenschaft, umfaßt im weitesten Sinne alle Ansätze, die im Kontext der Studentenproteste der 1960er Jahre aufkamen und sich vor dem Hintergrund der ↗ Kritischen Theorie gegen die traditionellen Methoden und Themen der Lit.wissenschaft wandten. Hierzu zählen etwa: die Erweiterung des Klassiker-dominierten ↗ Kanons zugunsten bisher als ↗ Triviallit. betrachteter Werke, die kritische Auseinandersetzung mit dem Dritten Reich und seiner Lit.wissenschaft, die Beschäftigung mit der sog. Exillit., die Einbeziehung der ↗ Massenmedien in die wissenschaftliche Untersuchung und eine neue Diskussion der historischen Avantgardebewegungen. – Im engeren Sinne nimmt K.L. nicht nur ihren Gegenstand selbst, sondern v.a. die Bedingungen in den Blick, die Lit. möglich machen. Sie entwickelte sich in doppelter Richtung: Während eine wirkungsästhetisch ausgerichtete K.L. v.a. nach der konstitutiven Rolle des Lesers für die Textbedeutung fragt (W. ↗ Iser; ↗ Wirkungsästhetik), sucht eine empirisch orientierte K.L. außerliterar. Rahmenbedingungen in die wissenschaftliche Analyse miteinzubeziehen. Letzteres führte zu dem Versuch, kritische ↗ Hermeneutik und ↗ Ideologiekritik zu verbinden, wie dies z.B. P. ↗ Bürger, ausdrücklich unter dem Titel ›K.L.‹, vorgeschlagen hat. ›Kritische Hermeneutik‹ erweitert dabei im Anschluß an J. ↗ Habermas die hermeneutischen Grundbegriffe von ›Vorurteil‹, ›Applikation‹ und ›Horizontverschmelzung‹ (H.G. ↗ Gadamer) um die historisch-soziale Situation des deutenden Individuums. Kunstwerke werden somit nicht als historisch abgeschlossene Gebilde verstanden, sondern als geistige Objektivationen, die immer wieder neu interpretiert werden müssen. Geschichte selbst unterliegt dadurch einem ständigen Prozeß der Neuformulierung, der auch die ideologiekritische Aufdeckung des widersprüchlichen Verhältnisses von Kunst und gesellschaftlicher Realität eröffnet. Zugrunde gelegt wird dabei der Ideologiebegriff des jungen K. ↗ Marx, der es erlaubt, die Dialektik von ›falschem Bewußtsein‹ und ›Wahrheit‹ in einem Gedankengebilde zu ermitteln. Diese Bestrebungen der K.nL. münden in eine Analyse von ↗ Funktionen und Funktionswandel der Kunst innerhalb einer Gesellschaft.

Lit.: E. Leibfried: *Kritische Wissenschaft vom Text*, Stgt. 1972 [1970]. – P. Bürger: »Hermeneutik – Ideologiekritik – Funktionsanalyse«. In: ders.: *Vermittlung – Rezeption – Funktion*, FfM. 1979. S. 147–159. – P. V. Zima: »K. L. als Dialog«. In: ders. 1991. S. 364–407.

SF/WJ

Kritische Theorie, der Begriff wird häufig synonym zu dem der ↗ Frankfurter Schule verwendet, also der Philosophen- und Soziologengruppe um M. ↗ Horkheimer und das Frankfurter Institut für Sozialforschung, aus dem in den 30er Jahren das Konzept einer k.Th. der Gesellschaft hervorging. Hier soll jedoch zwischen den beiden Bezeichnungen unterschieden werden: Frankfurter Schule bezeichnet eher den Personenkreis um Horkheimer und das Institut, mitsamt seiner Gründungs-, Emigrations- und Frankfurter Neugründungsgeschichte; K.Th. meint dagegen das von Personen und Institutionen stärker losgelöste theoretische ↗ Paradigma, die philosophische Konzeption, die sich durch ein spezifisches Verhalten gegenüber der philosophischen Tradition, eine durch die Verfolgungs- und Emigrationsgeschichte des Horkheimerkreises mitkonstituierte thematische und konzeptionelle Schwerpunktsetzung und auch durch einen spezifischen sprachlichen, ästhetisch-literar. Gestus des philosophischen Schreibens auszeichnet. – Horkheimer formulierte 1937 in seinem Aufsatz über »Traditionelle und

k.Th.« das Konzept, das sich fortan mit dem Begriff k.Th. verbinden sollte. Es grenzt sich scharf gegen alle, auf Descartes zurückgehende Wissenschaftstheorie ab, deren Prinzip die bloße Formulierung eines möglichst geschlossenen und rational zweckmäßigen Systems auseinander abgeleiteter Sätze sei. Auf der Grundlage der philosophischen Ableitung des Begriffs der Ware bei K. ↗ Marx geht Horkheimer von der gesellschaftlichen Produziertheit eines jeglichen philosophischen Erkenntnisgegenstandes aus; die k.Th. fragt gerade nach den Produktionsverhältnissen hinter den philosophisch artikulierten Gegenständen, nach der gesellschaftlichen Praxis, die diese bedingt. Neben ihren Konsequenzen für soziologisch-empirische Projekte bedeutete diese Konzeption die Forderung nach einer umfassend erscheinenden philosophischen Reflexion, die aber schon bald, sowohl angesichts der faschistischen Barbarei in Europa als auch durch die spezifischen Interessen der wichtigsten Mitarbeiter am Institut, eine Verengung der Perspektive erfuhr. Die Gegenstände der soziologischen Untersuchungsprojekte des Instituts hatten unmittelbar mit der Exilsituation zu tun: Etwa die *Studien über Autorität und Familie* (1936) versuchten, die gesellschaftlichen Grundlagen für die Entstehung des Faschismus zu klären. Dabei erwies sich der für die k.Th. prägend werdende unorthodoxe Rückgriff sowohl auf Marx als auch auf S. ↗ Freud als äußerst produktiv. Th. W. ↗ Adorno schuf 1941/42 mit seinem Aufsatz »Zur Philosophie der neuen Musik« die Grundlagen für die spezifische philosophische Ausrichtung, die die k.Th. von der Mitte der 40er Jahre an bestimmen sollte. Am Beispiel der Schönbergschen Zwölftonmusik führte Adorno die zentralen Gedanken einer Geschichte der Naturbeherrschung und ihren Niederschlag im Kunstwerk durch. In enger Verbindung zu Horkheimers lange geplantem Dialektik-Projekt ist damit die gedankliche Basis für die *Dialektik der Aufklärung* geschaffen, die Adorno und Horkheimer 1944 mit dem Untertitel *Philosophische Fragmente* fertigstellen. Hier wendet sich die k.Th. explizit gegen die Prinzipien traditioneller Erkenntnis, in deren synthetisierendem Verfahren sie Gewalt und Angst vor dem Anderen eingeschrieben sieht, mithin Anteile des ↗ Mythos; gegenläufig werden schon der mythischen Erzählung Aspekte von Aufklärung attestiert. Die mythische Fixierung der Aufklärung auf das Herrschaftsprinzip wird in Exkursen zu Kant, de Sade und zur ↗ Kulturindustrie der am. Gegenwart der Autoren durchgeführt, im Lichte der in der faschistischen Barbarei ihr wahres, ihr gewaltvolles Gesicht enthüllenden Zweckrationalität. Die Grundkonzeption der *Dialektik der Aufklärung* bleibt für die späteren Schriften v. a. Adornos bestimmend. In seiner philosophischen Hauptschrift *Negative Dialektik* (1966) führt er die Kritik am mythischen, da gewaltsamen Prinzip philosophischer Syntheseleistung weiter; in der Fragment gebliebenen *Ästhetischen Theorie* (1970) wird, unter Rückgriff auf die »Philosophie der neuen Musik« die Frage nach dem Gesellschaftlichen an der Art und Weise künstlerischer Formgebung vertieft. – Neben der Betonung der Gesellschaftstheorie, bei Horkheimer, F. Pollock und L. Löwenthal, und der des sozialpsychologischen Gegenstandsbereichs (E. Fromm, H. ↗ Marcuse) ist v. a. der für die ↗ Ästhetik fruchtbare Anteil der k. Th. gekennzeichnet durch je unterschiedliche Varianten einer auf die Kunst übertragenen messianischen Hoffnung: W. ↗ Benjamin formuliert ausdrücklich ein theologisches Modell von Geschichte, deren Erlösungshoffnung metaphorisch erahnbar scheint in der ↗ Aura eines Kunstwerks, seinem sichtbar werdenden Kultwert, der unter den Bedingungen der ↗ Moderne, der Reproduzierbarkeit des Kunstwerks in Photographie und Film und in seiner endgültigen Vermarktung als Ware, vollends untergeht; für E. ↗ Bloch erscheinen ›Utopie‹ und ›Hoffnung‹, wie er sie in seinem frühen Buch *Geist der Utopie* (1918/1923) und in seinem späten Hauptwerk *Das Prinzip Hoffnung* (1954–59) ausbreitet, gerade wieder am Kunstwerk, und zwar in Formen ›ausdrucksvollen Überschwangs‹, im Ornament, in der musikalischen Bewegung. Adorno wiederum denkt ›Hoffnung‹ als das der rationalistisch-konstruktiven Arbeit des Kunstwerks am Material eingeschriebene Andere, das der ↗ Mimesis ans übermächtige Gesellschaftliche sich im ästhetischen Bruch Entziehende, das aber einzig den Blick erlaubt auf das Wahre im Werk: »Erkenntnis hat kein Licht, als das von der Erlösung her auf die Welt scheint« (Adorno in Tiedemann 1980, S. 281). – Benjamin, Bloch und Adorno gemeinsam ist, bei aller Divergenz ihrer Perspektiven im Einzelnen, v. a. in ihrem Blick auf ↗ Kunst und Lit. das Aufmerken auf Kleines, Fragmentarisches, Alltägliches: Damit wird ein stilistisches und philosophisches Prinzip der k. Th. jenseits aller expliziten theoretischen Selbstverständigung umrissen: Ein gewissermaßen ›wildes‹, aphoristisches Denken, das im beobachteten Bruchstück einer alltäglichen Wirklichkeit oder kulturellen Überlieferung eine

knapp und oft pointiert formulierte Erkenntnis aufscheinen sieht und in die literar. ›Gattung‹ des Denkbildes mündet. – K. Th. der Kunst bedeutet also die Erkenntnis der ›falschen‹ Gesellschaftlichkeit am Kunstwerk: eine Erkenntnis, die den Erlösungsgedanken dieses Falschen noch denkt. Eine theoretische Konzeption, die v. a. von Adornos Schüler J. ↗ Habermas unter entschiedenen Akzentverschiebungen fortgeschrieben wurde. Öffentlichkeit und alle Formen gesellschaftlicher Kommunikation sind die Schwerpunkte der k. Th. der Gesellschaft bei Habermas; in Anwendung der Auslegungstechnik der Freudschen Traumdeutung sieht Habermas in privater wie öffentlicher, d. h. auch literar. ↗ Kommunikation die unterschwellig verzerrenden und entstellenden Wirkungen von Produktions- und Herrschaftsverhältnissen am Werk, Wirkungen, die erst ↗ Ideologiekritik bewußt mache und deren Aufhebung aus dem Ideal einer herrschaftsfreien Kommunikation heraus betrieben werden müsse. – V. a. im Kontext der Studentenbewegung ·war die k. Th. eine breit rezipierte Theorie, der v. a. aus der *Ästhetischen Theorie* sprechende Anspruch einer die ästhetische Form des Kunstwerks präzise in den Blick nehmenden gesellschaftlichen Theorie erscheint allerdings als noch lange nicht eingelöst.

Lit.: Th. W. Adorno: *Gesammelte Schriften*, Bd. 4, *Minima Moralia* (Hg. R. Tiedemann), FfM. 1980 [1954]. – R. Bubner: »Was ist k. Th.?«. In: *Hermeneutik und Ideologiekritik*, FfM. 1971. S. 160–209. – U. Gmünder: *K. Th.: Horkheimer, Adorno, Marcuse, Habermas*, Stgt. 1985. – H. Dubiel: *K. Th. der Gesellschaft. Eine einführende Rekonstruktion von den Anfängen im Horkheimer-Kreis bis Habermas*, Weinheim 1992 [1988]. – R. Wiggershaus: *Die Frankfurter Schule. Geschichte, Theoretische Entwicklung, Politische Bedeutung*, Mchn. 1988. – R. Erd et al. (Hgg.): *K. Th. und Kultur*, FfM. 1989. – P. V. Zima: »Die Ästhetik der K. Th.«. In: ders. 1991. S. 130–172. – G. Figal: »K. Th.: Die Philosophen der Frankfurter Schule und ihr Umkreis«. In: A. Hügli/P. Lübcke (Hgg.): *Philosophie im 20. Jh.*, Bd. 1, Reinbek 1992. S. 309–404. – G. Schmid-Noerr: *Gesten aus Begriffen. Konstellationen der K. Th.*, FfM. 1997.

BJ

Kuhn, Thomas Samuel (1922–1996), am. Physiker und Wissenschaftstheoretiker. – K. studierte zunächst in Harvard theoretische Physik. Nach dem Erlangen seines Doktorgrades 1949 wandte er sich der Wissenschaftsgeschichte zu. Seine Bedeutung auch für die Geistes- und Gesellschaftswissenschaften gründet sich auf sein 1962 publiziertes bahnbrechendes Werk *The Structure of Scientific Revolutions*. – K. s These verabschiedet sich von der Vorstellung, daß die exakten Wissenschaften sich kontinuierlich der ›Wahrheit‹ nähern, weil die Forschergemeinschaft die Sammlung von Ergebnissen vervollständige, Modelle verfeinere und Theorien weiterentwickele. Vielmehr entsteht Fortschritt nach K. durch wissenschaftliche Revolutionen, in denen ein neues ↗ Paradigma das zuvor herrschende verdrängt. Ein Paradigma, der u. a. aus akzeptierten Theorien und Modellen gebildete Systemzusammenhang, ist stets nur zeitweise erfolgreich, da es die Welt an sich nicht sichtbar macht, sondern durch seine determinierenden Konstituenten der Welt eine Erscheinungsform gibt, also lediglich eine Interpretation der Welt ist. Die Entwicklung eines neuen Paradigmas erfolgt, wenn die Anzahl der Probleme, die mit dem alten nicht mehr lösbar sind, zu groß wird. Das neue Paradigma ist mit dem akzeptierten jedoch inkommensurabel; es hat eine völlig andere Erscheinungswelt geformt. Einsteins Paradigma, inklusive seiner Relativitätstheorie, ist also keine Weiterentwicklung der Newtonschen Physik, sondern fußt auf einem davon unabhängigen Ideensystem. Jedes neue Paradigma trifft zunächst auf Widerstand, denn die Forschergemeinschaft muß sich neue kognitive Strukturen aneignen; sie spaltet sich in zwei Lager. Eine wissenschaftliche Revolution findet statt. An ihrem Ende hat das neue Paradigma das alte verdrängt, weil es die scheinbar unerklärbaren Rätsel erfolgreich zu lösen vermag. Ein ↗ Paradigmenwechsel ist erfolgt. Das alte Paradigma genießt fortan nur noch historischen Wert. – K.s Wissenschaftstheorie wurde selbst als revolutionär empfunden, in Punkten aber auch heftig kritisiert. Einmal wurde mangelnde Präzision in der Definition des Begriffs Paradigma konstatiert. Zudem warf man K. vor, seine Theorie suggeriere zumindest, daß sich die Forschergemeinschaft in ihrem Widerstand gegen ein neues Paradigma zeitweise irrational verhält. K. wies die Einwände in ausgedehnten Debatten mit den Wissenschaftstheoretikern K. Popper und I. Lakatos zurück, revidierte seine Auffassungen jedoch. – Obwohl K.s Werk sich auf die Geschichte der Naturwissenschaften beschränkt, wurden und werden seine Thesen u. a. auch von der Lit.theorie aufgegriffen. Auf der einen Seite sind es die Vertreter von Invarianzmodellen, die mit K. ihre szientistischen Ansprüche an die Lit.wissenschaft legitimieren. So erkennt z. B. R. Ronen (vgl. 1990) in der Narratologie einen genuinen Paradigmenwechsel in der Untersuchung von Plotstrukturen, da hier der Ansatz des klassischen ↗ Strukturalismus

durch den der ›narrative semantics‹ abgelöst werde. Metatheoretische Abhandlungen, die die Anpassung der Lit.wissenschaft an die exakten Wissenschaften und ebenfalls die Entwicklung von ausschließlich invarianten Modellen propagieren, berufen sich explizit auf K.s Autorität (vgl. Göttner/Jacobs 1978). Auf der anderen Seite bedienen sich auch Vertreter anderer Ansätze der K.schen Terminologie. Z. B. sieht H. R. ↗ Jauß seine ↗ Rezeptionsästhetik als neues Paradigma der Lit.theorie, das nun endlich die neopositivistischen und historistischen überwunden habe. – Es muß offen bleiben, ob sich K. überhaupt als Autorität für Lit.theoretiker eignet, zeichnet sich die jüngere Lit.wissenschaft doch durch die friedliche Koexistenz eines breiten Spektrums unterschiedlicher Theorien, Modelle und Methoden aus (↗ Pluralismus), ein Umstand, der sich K. zufolge in den exakten Wissenschaften gerade nicht nachweisen läßt.

Lit.: Th. S. Kuhn: *The Structure of Scientific Revolutions*, Chicago 1996 [1962] (dt. *Die Entstehung des Neuen. Studien zur Struktur der Wissenschaftsgeschichte*, FfM. 1977). – H. R. Jauß: »Paradigmenwechsel in der Lit.wissenschaft«. In: *Linguistische Berichte* 3 (1969) S. 44–56. – H. Göttner/J. Jacobs: *Der logische Bau von Lit.theorien*, Mchn. 1978 [1974]. – W. Diederich (Hg.): *Theorien der Wissenschaftsgeschichte*, FfM. 1978. – H. Putnam: »The Craving for Objectivity«. In: *NLH* 15 (1984) S. 229–239. – P. Hoyningen-Huene: *Die Wissenschaftsphilosophie Th. S. K.s*, Braunschweig 1989. – R. Ronen: »Paradigm Shift in Plot Models. An Outline of the History of Narratology«. In: *Poetics Today* 11 (1990) S. 817–842. – J. M. Crafton (Hg.): *Selected Essays. International Conference on Representing Revolution*, Carrollton 1991.

SSt

Kultur (lat. *cultura*: Pflege, Landbau) bezeichnet in der Alltagssprache und in der Wissenschaft sehr unterschiedliche Phänomene und ist zusammen mit Zivilisation (von frz. *civilisation*, einer Neubildung des 18. Jh.s aus *civilité* von lat. *civilitas*) zu erörtern. Wie kaum ein anderes Begriffspaar sind K. und Zivilisation Teil der europ. (v. a. frz.-dt.) Auseinandersetzung um die politische und intellektuelle Führungsposition in Europa, sowie der Ausbildung der jeweiligen nationalen Identität (im Sinne von *nation-building*). – K. wird in Frankreich in der Grundbedeutung ›Pflege‹ seit dem 16. Jh. verwendet. Das Wort kann sich dabei auf konkrete äußere Gegenstände beziehen. *Culture* bezeichnet so den Anbau unterschiedlicher Nutzpflanzen, z. B. *culture de la vigne*. Gepflegt werden kann aber auch die innere Natur des Menschen: K. von Geistigem, etwa als *culture des sciences*. Das Wort bezeichnet den Prozeß und sein Ergebnis. K. als Pflege menschlichen Denkens und Handelns konnotierte auch die Verbesserung der Sitten. Damit geriet K. in Konkurrenz zu Wörtern wie *civilité, politesse, police* usw. Im 18. Jh. entsteht die wohl auf Mirabeau zurückgehende Umformung von *civilité* zu *civilisation* mit der Bedeutung ›Sittenverbesserung‹. Wie K. wird *civilisation* auf den Vorgang und auf das Ergebnis angewandt. Bereits im 18. Jh. erhält der Begriff auch eine geschichtsphilosophische Bedeutung. Er bezeichnet nunmehr die historische Entwicklung der Menschheit. Sie wird, etwa bei den Enzyklopädisten, im Sinne der Aufklärung als Höherentwicklung zu Selbständigkeit, Freiheit, Frieden, Abschaffung der Sklaverei und Sieg über die Armut verstanden. Während *civilisation* im Singular ein wertender Begriff ist, bezeichnet etwa seit 1820 die Pluralform *civilisations* Völker mit jeweils spezifischen Sprachen, Sitten, Normen usw. In dieser Form wurde der Begriff zu einem Fachbegriff der Anthropologie, Ethnologie, Geschichtswissenschaft und Soziologie, wo er weitgehend synonym mit K. verwendet wird. Napoleon setzte den Zivilisationsbegriff propagandistisch ein. Nach seiner Niederlage wurden nationaler Gedanke und *civilisation* als universelles Fortschrittskonzept verbunden. Während des 19. Jh.s wurden so viele außenpolitische Aktivitäten Frankreichs als Erfüllung des selbsterteilten zivilisatorischen Auftrags dargestellt. – Die Entwicklung des dt. K.begriffs und seine Unterscheidung von ›Zivilisation‹ muß vor diesem Hintergrund sowie vor dem des politischen Scheiterns des dt. Bürgertums gesehen werden. S. Pufendorf brauchte bereits im 17. Jh. *cultura* als Gegenbegriff zum Naturzustand und zur Barbarei. Als Wertbegriff kennzeichnete K. so eine Seinsform, die sich über den Naturzustand erhebt. In stärkerem Maße wurde K. in Deutschland jedoch erst seit dem 18. Jh. gebraucht, zunächst v. a. als Fachterminus in der Land- und Forstwirtschaft. Durch die Beschäftigung mit der frz. Aufklärung breitete sich etwa ab 1760 K. auch in der übertragenen Bedeutung aus. Dabei stellte man einem Naturzustand einen K.zustand gegenüber. Die Konzeption einer Persönlichkeitskultur entstand. Unter dem Einfluß des Hofes in Versailles entwickelte sich parallel zu diesem inneren und subjektiven Aspekt der einer objektiven K. Beides wurde in der dt. Tradition v. a. auf die Vervollkommnung des Einzelmenschen bezogen. Er kann seine ›Freiheit‹ zwar im ökonomischen, sonst aber v. a. im Bereich wissenschaftlicher und künstlerischer Ak-

tivitäten verwirklichen, die Politik bleibt ihm versperrt. – In der Mitte des 19. Jh.s wurde der K.begriff aufgespalten. Neben den aus der Goethezeit stammenden normativen K.begriff trat nun der wissenschaftliche K.begriff (↗ K.theorie). Zurückgehend auf J. Burckhardts *Kultur der Renaissance in Italien* (1860) »entstand der heute gebräuchliche zeit- und raumbezogene K.begriff als Ausdruck eines einheitlichen vergangenen oder gegenwärtigen Geschichtskörpers [...] K. wird zum seelischen Gesamtzustand einer Zeit und einer Nation« (Pflaum 1967, S. 291). K. wurde damit nicht mehr auf Einzelmenschen als Teil der Menschheit insgesamt, sondern auf abgrenzbare soziale Gruppen bezogen. Damit konnten Kulturen als Individuen beschrieben, analysiert und verglichen werden. Dies führte zu einer nicht mehr wertenden, sondern deskriptiven Definition, wie sie E. B. Tylor im Anschluß an die Diskussion in Deutschland bereits 1870 verwendete: »Kultur oder Zivilisation, [...] ist das komplexe Ganze, das Wissen, Überzeugungen, Kunst, Gesetze, Moral, Tradition und jede andere Fertigkeit und Gewohnheit einschließt, die Menschen als Mitglieder einer Gesellschaft erwerben« (A. L. Kroeber/C. Kluckhohn 1967, S. 81). Verglichen mit dem Präzisionsgewinn durch den wissenschaftlichen K.begriff blieb der Wortgebrauch in der Alltagssprache bis heute vage, aber positiv wertend. Zivilisation trat in Deutschland im Anschluß an den frz. Gebrauch als ›Sittenverfeinerung‹ auf, wurde jedoch bereits seit der zweiten Hälfte des 18. Jh.s innerhalb des innen/außen-Dualismus mit K. kontrastiert. Der K.-Zivilisation-Dualismus entstand. Zurückgehend auf I. Kant wurde Zivilisation als bloß äußerlich verstanden, während K. die innere Verfeinerung meinte, ein Vorwurf, den das Bürgertum kontinuierlich dem bes. von Frankreich beeinflußten Adel machte. Damit sprach es Bildung als Teil von K. einen Wert zu, durch den der Gebildete und Kultivierte Gleichrangigkeit mit dem Adel beanspruchte, wenn nicht gar Überlegenheit. J. H. Pestalozzi assoziierte Zivilisation mit ›Masse‹ und sprach von ›kulturlosen Civilisationskünsten‹, während er K. für etwas ›Organisches, Innerliches‹ hielt. Obwohl etwa von 1850 bis 1880 oft synonym verwendet, wurden die Begriffe danach verschärft als Antithesen gefaßt. Schätzte man zunächst die Industrialisierung positiv ein, so änderte sich das, als die ersten Umweltveränderungen deutlich wurden, als die zwar erfolgreiche aber auch krisenhaft verlaufende Industrialisierung Deutschlands viele Menschen existentieller Not aussetzte und das Land sich gegen Konkurrenz von außen abschottete. Damit einher ging die konservative Wende der Politik Bismarcks 1878/79 (Wehler 1995, S. 934 ff.). Sie verschärfte und instrumentalisierte einerseits den exklusiven Nationalismus. Andererseits wuchs auch die Angst vor der sich organisierenden Arbeiterschaft. Nach 1880 wurde ›Zivilisation‹ zum Schlagwort der konservativen Gesellschafts- und Technikkritik. Schließlich ging der Begriff in die Schriften der Volkstumpropagandisten und in rassistische Diskurse (H. S. Chamberlain, L. Woltmann, A. Wirth u. a.) ein, findet sich aber ebenso bei Denkern und Künstlern wie R. Wagner, F. ↗ Nietzsche, A. Schäffle und R. Eucken. Die eigene ›innere‹ K. wurde zu dem, worin man sich von anderen Nationen zu unterscheiden glaubte, bes. von Frankreich, bei dem der Zivilisationsbegriff eine trotz aller Differenzen mit dem K.begriff vergleichbare Funktion hatte. Die Differenz von K. und Zivilisation war damit bis zum Ersten Weltkrieg und seiner Propaganda auf beiden Seiten außenpolitisches Kampfinstrument, in Deutschland überdies Teil des politisch konservativen Begriffsrepertoires und der Abgrenzung des Bürgertums von der Arbeiterschaft. – Nach dem Ersten Weltkrieg kam es zu nachhaltigen Reorientierungen. Im wissenschaftlichen Bereich sieht man heute, auch unter anglo-am. Einfluß, die Differenz von K. und Zivilisation als vernachlässigbar an. Die Differenz lebt jedoch im unscharfen Alltagsgebrauch fort. Soweit die Geisteswissenschaften nicht die wissenschaftliche Bedeutung von K. aufnehmen, findet sich in ihnen eine Tendenz, an die dt. Tradition der Jh.wende anzuschließen. So wird K. oft exklusiv auf Kunst und Lit. bezogen und als ›höhere K.‹ von der ›Massenkultur‹ unterschieden. Bereiche wie Bildung, Wissenschaft oder Technik, ebenso aber auch die Gestaltung von Städten oder Produkten werden kaum eingeschlossen, obwohl dies dem wissenschaftlichen K.begriff entsprechen würde. – Vorschläge zur Präzisierung des K.begriffs sind in jüngster Zeit von Seiten der ↗ Kulturökologie und v. a. ↗ Kultursemiotik sowie im Zusammenhang der Debatten um eine ↗ Kulturwissenschaft unterbreitet worden.

Lit.: A. L. Kroeber/C. Kluckhohn: *Culture. A Critical Review of Concepts and Definitions*, N. Y. 1967 [1952]. – M. Pflaum: »Die K.-Zivilisation-Antithese im Deutschen«. In: J. Knobloch et al. (Hgg.): *K. und Zivilisation* (Europ. Schlüsselwörter, Bd. III), Mchn. 1967. S. 288–427. – H. Brackert/F. Wefelmeyer (Hgg.): *K.: Bestimmungen im 20. Jh.*, FfM. 1990. – St. Greenblatt: »Culture«. In: Lentricchia/McLaughlin 1990 [1995].

S. 225–232. – H.-U. Wehler: *Dt. Gesellschaftsgeschichte. Von der ›Dt. Doppelrevolution‹ bis zum Beginn des Ersten Weltkriegs 1849–1914*, Mchn. 1995. – H. Böhme: »Vom Cultus zur K.(wissenschaft). Zur historischen Semantik des K.begriffs«. In: Glaser/Luserke 1996. S. 48–68.

PMH

Kulturelle Alterität ↗ Alterität, kulturelle

Kulturelle Erinnerung ↗ Erinnerung, kulturelle

Kulturelles Gedächtnis ↗ Gedächtnis, kulturelles

Kulturgeschichte ↗ *New Cultural History*/Kulturgeschichte

Kulturindustrie, von Th. W. ↗ Adorno und M. ↗ Horkheimer 1944 geprägter Begriff, mit dem die Gesamtheit der industriell erzeugten und distribuierten Kulturgüter sowie die dazugehörigen Rezeptionsformen bezeichnet werden. Der Begriff der K. ist umfassender als der Begriff ↗ ›Unterhaltungsindustrie‹, weil er auch die Segmente der ↗ Kultur, die sich selbst nicht als unterhaltend verstehen, mit einbezieht. K. ist aber auch nicht gleichzusetzen mit dem oft ähnlich verwendeten Begriff der ›Massenkultur‹, weil mit diesem auch jene spontanen kulturbildenden Prozesse gemeint sein können, die durch die K. aufgegriffen und verwertet werden. – In der *Dialektik der Aufklärung* (1947) hatten Adorno und Horkheimer nicht nur den Begriff der K. in die Diskussion eingeführt, sondern ihm auch eine pejorative Deutung gegeben: K. ist »Aufklärung als Massenbetrug« (Adorno/Horkheimer 1971, S. 108). K. ist dabei jenes Verfahren, das v. a. die ästhetischen und philosophischen Werke und Errungenschaften der bürgerlichen Kultur durch technische Reproduktion und massenhafte Vermarktung zwar allg. zugänglich macht, gleichzeitig dadurch aber auch entwertet: »Immerwährend betrügt die Kulturindustrie ihre Konsumenten um das, was sie immerwährend verspricht« (Adorno/Horkheimer 1971, S. 125). Dieser Betrug gründet in der Technik der K., die alles einem Prozeß der ›Standardisierung und Serienproduktion‹ unterwirft und so das opfert, wodurch sich die Logik des Kunstwerks von der des gesellschaftlichen Systems unterscheidet. Durch diese Vereinheitlichung verliert die Kultur insgesamt ihre kritische Potenz, wird unter dem Monopol der K. zu einem Element, das Herrschaft nicht unterläuft, sondern stabilisiert. In seinem späteren »Résumé über K.« hat Adorno (1967, S. 62) den ökonomischen und ideologischen Charakter der K. unterstrichen: »Geistige Gebilde kulturindustriellen Stils sind nicht länger *auch* Waren, sondern sie sind es durch und durch«. Dieser Warencharakter durchstreicht den Geist, den Wahrheitsanspruch der Kunstwerke, macht diese zu einem Instrument der Entmündigung. K. ersetzt das kritische Bewußtsein durch Anpassung. – In der ersten Phase der Auseinandersetzung um Adornos Begriff der K. dominierte dann auch diese negative Einschätzung der K., wenngleich auch Adorno immer wieder vorgeworfen wurde, daß er die kritische und subversive Kraft mancher Phänomene der Massenkultur falsch eingeschätzt habe und, etwa in seiner Kritik am Jazz, selbst nur die Vorurteile eines bürgerlichen Musikgeschmacks reproduziert habe (vgl. Steinert 1992). Zu einer, deutlich auch gegen Adorno gerichteten folgenreichen Verteidigung der K. gelangte schon in der 60er Jahren U. ↗ Eco, der die K. allerdings mit der medial vermittelten Massenkultur gleichsetzte. Die industriell erzeugte Massenkultur, so Eco, ist Resultat einer Produktionsform, die an sich noch nichts über die damit vermittelten Werte besagt. Massenkultur eröffne zumindest die Chance auf Partizipation an Kultur für Gruppen, die bisher von jeder Kultur ausgeschlossen waren. Diese Chancen wahrzunehmen sei allerdings eine Frage der Politik, nicht der K. Der Konflikt zwischen einer avantgardistischen ›Kultur des Neuen‹ und der ›Unterhaltungskultur‹ ist für Eco (1984, S. 56) allerdings unabwendbar: Es ist »der Kampf der Kultur mit sich selbst«. Der intellektuellen Nobilitierung der K. durch Eco und andere folgte in den 80er Jahren im Zuge der postmodernen Ästhetisierung der Lebenswelten eine Akzentverschiebung des Diskurses, durch die der Begriff der K. an Bedeutung verlor. Versuche, die kritische Beurteilung der K. als Vereinheitlichung und Massenbetrug auch für die ↗ Postmoderne fruchtbar zu machen und damit den postmodernen Pluralismus der ↗ Stile als Gegenpol zur K. zu etablieren, blieben ohne größere Resonanz (vgl. Welsch 1987, S. 116). K. wird faktisch als jener Rahmen für alle innovativen und unterhaltenden kulturellen Aktivitäten vorausgesetzt, innerhalb dessen es auf ästhetische Positionierungen ankommt. Soziologischer Untersuchungsgegenstand bleibt allerdings der Einfluß der K. v. a. auf die Herausbildung der Jugendkulturen. Der mit dem Zusammenbruch des Sozialismus einsetzende Prozeß der Globalisierung scheint allerdings eine

Renaissance des Begriffs der K. mit sich zu bringen. Im Zentrum steht dabei aber nicht mehr die Frage nach dem Verhältnis von authentischer Kunst und K., sondern die nach dem Verhältnis einer westlich dominierten, weltweit vereinheitlichten und mit modernsten Medien vermittelten globalen K. zu den damit konfrontierten traditionalen Regionalkulturen.

Lit.: Th. W. Adorno/M. Horkheimer: *Dialektik der Aufklärung*, FfM. 1971 [1947]. – U. Eco: *Apokalyptiker und Integrierte*, FfM. 1984 [1964]. – Th. W. Adorno: *Ohne Leitbild. Parva Aesthetica*, FfM. 1967. – W. Welsch: *Unsere postmoderne Moderne*, Weinheim 1987. – L. Löwenthal: *Lit. und Massenkultur*, FfM. 1990. – H. Steinert: *Die Entdeckung der K.: Oder Warum Prof. Adorno Jazz-Musik nicht ausstehen konnte*, Wien 1992. – R. Behrens: *Pop, Kultur, Industrie. Zur Philosophie der populären Musik*, Würzburg 1996. – S. Lash: *Die globale K.*, FfM. 1998.

KPL

Kulturkritik, der Begriff ›K.‹ vereint auf spezifische Weise zwei eigenständige Konzepte. Das ist erst mit Herausbildung des Kollektivsingulars ↗ ›Kultur‹ im 18. Jh. und einer gleichzeitigen Etablierung der ›kritischen‹ Rede möglich. Synonyme Begriffe wie ›Kulturpessimismus‹, ›Reformismus‹, ›Irrationalismus‹, ›Gegenaufklärung‹ usw. sind immer schon (epochen-)politisch ausdifferenziert und meinen bestimmte (reaktionäre) Gruppe, Generation oder Partei. Genauso wie ›Kultur‹ als Wertbehauptung ein emphatischer undifferenzierter Begriff ist, wahrt auch die K. die Chance einer generalisierenden Verwerfung und referiert insgesamt auf Kultur als Einheit hochgradig ausdifferenzierter Bereiche. Einerseits wird innerhalb einer Masse von Phänomenen mit asymmetrischen Leit- und Großunterscheidungen operiert (›Natur‹/›Zivilisation‹, ›Zivilisation‹/›Kultur‹ usw.), so daß ein beständiger summarischer Verweis auf das ›Echte‹, ›Richtige‹ oder ›Wertvolle‹ die Verwerfung motiviert. Auch die suggerierte Autor- bzw. Leseridentifikation mit dem Kollektivsingular ›Menschheit‹ in der Nachfolge Rousseaus als Konstruktionsprinzip des Diskurses (vgl. Schödlbauer/Vahland 1997) ist nur eine Variante. Inhaltlich wird ein bes. signifikanter, weil ›Kultur‹ grundlegend strukturierender Bereich stellvertretend kritisiert. Die spezifisch kulturkritische Argumentation richtet sich gegen die (bestehenden) Kommunikationsverhältnisse: Seit der Expansion des Buchmarktes in der zweiten Hälfte des 18. Jh.s wird mit einem noch zu rekonstruierenden Apparat an metaphorischen Zuschreibungen und Suggestionen die jeweils vorherrschende Kommunikation bzw. das Medium in einer aufrückenden Analogie als zu ›schnell‹ oder ›massenhaft‹ kritisiert. K. ist dann der rhetorisch aufwendige Rekurs auf jeweils unmittelbare, nicht-mediale Kommunikationsverhältnisse und eng an die Durchsetzung der hermeneutischen ⁊ Episteme geknüpft, welche diese kommunikationspolitischen Wunschverhältnisse fordert. Außer Darlegungen, die Programme der K. paraphrasieren oder sammeln, gibt es keine grundlegende Darstellung.

Lit.: G. Stanitzek: »Talkshow-Essay-Feuilleton-Philologie«. In: *Weimarer Beiträge* 38 (1992) S. 506–528. – U. Schödlbauer/J. Vahland: *Das Ende der Kritik*, Bln. 1997.

HCh

Kulturmaterialismus ⁊ *Cultural Materialism*

Kulturökologie, (1) Naturökologie und Kulturökologie: Gewöhnlich wird unter ›Ökologie‹ eine Teildisziplin der Biologie verstanden. Schon der Biologe J. von Uexküll hat freilich darauf hingewiesen, daß bereits für die Tierwelt eine subjektive, kognitiv strukturierte ›Merkwelt‹ von der objektiven, physikalisch geordneten ›Wirkwelt‹ unterschieden werden muß. Der Umwelt steht mithin eine Innenwelt gegenüber, die den evolutionär wachsenden psychischen Raum aufspannt, in dem Tiere und bes. wir Menschen leben. ⁊ Kultur ist also ein Evolutionsprodukt der ⁊ Natur, und sie beginnt schon vor dem Auftreten des Menschen. Leider wird Uexküll mit diesen zukunftsweisenden Überlegungen bis heute von vielen Naturwissenschaftlern als Außenseiter abgestempelt, und die biologische Ökologie hat entsprechend bisher kaum einen Weg aus den physikalistischen Begrenzungen ihres bisherigen Paradigmas heraus gefunden. Unerachtet dessen haben sich immer wieder Forscher aus kultur- und sozialwissenschaftlichen Disziplinen von der suggestiven Kraft der ökologischen Fragestellungen und Ideen zu unorthodoxen Anwendungen auf ⁊ Systeme im menschlich-kulturellen Raum anregen lassen. Ein heute recht verbreiteter Forschungszweig dieser Art ist die sog. Sozialökologie, in der soziale Prozesse in menschlichen Gesellschaften daraufhin untersucht werden, unter welchen Umweltbedingungen sie stattfinden und wie sie ihrerseits auf ihre soziale Umwelt zurückwirken. Ein Verbindungsglied zur Biologie stellt dabei die Humanökologie dar, die mit teilweise naturwissenschaftlichen, teilweise sozialwissenschaftlichen Methoden den Men-

schen in seiner Rolle zwischen natürlicher und kultureller Umwelt thematisiert. Weitere alternative Ökologien sind im Laufe der Zeit hinzugekommen, so daß die Biologie heute nicht mehr die Alleinvertretung für das ökologische Denken für sich in Anspruch nehmen kann. Ihrer ›Naturökologie‹ tritt damit immer deutlicher eine ›Kulturökologie‹ gegenüber, die die Innenwelten des Menschen mit seinen kulturellen Umwelten in Beziehung setzt und hierbei in erheblichem Umfange von den in der Biologie als speziellem Anwendungsfall erprobten Grundmustern ökologischen Denkens profitiert. Spätestens mit dieser Entwicklung gewinnt dieses Denken damit auch eine Bedeutung für das Verständnis von Sprache und Lit. (2) Konzeptionen der K.: Die älteste, heute schon ›klassisch‹ zu nennende Form der K. ist die *cultural ecology* des Ethnologen J. H. Steward, der Kulturen als Adaptionen an die natürlichen Biome der Erde zu verstehen versucht. V. a. in der am. Kulturanthropologie sind hierzu viele Nachfolge- und Alternativkonzeptionen entwickelt worden (vgl. Bargatzky 1986). In der Soziologie wurde die Sozialökologie zu einer frühen Form von K. Alle diese Ansätze finden ihren Zugang zu den Phänomenen der Kultur insbes. über den Umweltbegriff, indem sie zu erforschen versuchen, wie die spezifisch menschlichen Umwelten aussehen. Zu ihnen gehören zweifellos auch die natürlichen Lebensgrundlagen, aber eben auch kulturelle, die in erheblich variantenreicherer Form als jene entwickelt sein können. Typisch ist für diese Konzeptionen, daß in ihnen nicht der Kulturbegriff selber ökologisch zu verstehen versucht wird, sondern ein herkömmliches Kulturverständnis auf der Basis eines herkömmlichen naturwissenschaftlichen Verständnisses von Ökologie mit einem neuen, humanspezifischen Umweltverständnis zusammengeführt wird. Grundsätzlich anders gehen Ansätze vor, die die Reichweite ökologischer Überlegungen und Konzepte nicht von vorneherein auf ihren traditionellen biologischen Horizont beschränken. Die heute vielleicht bedeutendste und zukunftsträchtigste Forschungsrichtung der K. speist sich daher nicht nur aus der Biologie, sondern neben ihr überwiegend aus anderen Quellen: psychologischen, philosophischen und systemtheoretischen. Die biologische Hauptquelle ist die bereits erwähnte Innenwelttheorie Uexkülls, die psychologische *ecology of mind* G. ⁊ Batesons und die philosophische *deep ecology* A. Naess'. Daneben hat die von verschiedenen Forschern entwickelte formale Theorie evolutionärer Systeme (z. B. Laszlo 1993) einen entscheidenden Einfluß. Je nachdem, welche dieser (und anderer) Quellen dominiert, ergeben sich verschiedene Perspektiven auf die Bereiche Geist, Mensch, Natur und Kultur, die auch unterschiedliche inhaltliche Schwerpunkte der K. zur Folge haben, z. B. in der Sprachökologie, der ökologischen Ökonomie, der Theorie sozialer Institutionen oder der politischen Ökologie. Eine eher integrative Position, die die verschiedensten Einflüsse dieser Art aufnimmt und zu einer einheitlichen Theorie von Materie und Geist, Leben und Handeln zu verarbeiten versucht, ist beispielsweise der Ansatz F. Capras. Obwohl die K. eine noch junge Wissenschaft ist, existiert sie bereits in einer Reihe mehr oder weniger unterschiedlicher Konzeptionen: ein Umstand, der aus konventioneller wissenschaftstheoretischer Sicht auf Grundlagenunsicherheit und ›Unreife‹ schließen läßt, aus kulturökologischer Sicht aber sehr begrüßenswert ist, da er von Ideenreichtum und kraftvoller Lebendigkeit einer neuen Disziplin zeugt, die weit davon entfernt ist, in einem Lehrgebäude fester Dogmen zu erstarren. (3) Theorie kultureller Ökosysteme: Ein Problem der Allg. ↗ Kulturwissenschaft schleppen auch die meisten Ansätze der K. mit sich fort: die Vagheit und Ungreifbarkeit des Kulturbegriffs. Deshalb soll hier noch kurz die sog. Evolutionäre K. vorgestellt werden, die Kultur nicht nur als eine spezifische Form humaner Umwelt begreift, sondern ein selber mittels ökologischer Konzepte genauer als bisher beschreibbares System. Der Kulturbegriff wird hier also als fundamentaler theoretischer Begriff verstanden, der in der Kulturökologie einer (neuartigen) Klärung zugeführt werden kann. Die Theorie kultureller Ökosysteme (vgl. Finke 1993) versteht sich als eine Antwort auf dieses Problem. Grundlage ist die Beobachtung, daß bei einer tiefen Analyse kultureller Handlungsfelder und Prozesse Strukturen sichtbar werden, die den Binnenstrukturen und Außenbeziehungen von Ökosystemen auffällig ähneln und wahrscheinlich Relikte eines evolutionären Erbes sind, das die Kultur aus ihren Anfängen in der Natur bis heute mitgenommen und nur an der Oberfläche vielfach institutionell überformt hat. Zu dieser Erbschaft gehören z. B. die Umweltoffenheit der kulturellen Systeme, ihre energetische Nichtautonomie, ihre nachhaltige interne Organisation über Kreislaufprozesse der Herstellung, Aneignung und Wiederaufbereitung von Information, ein gewisses Maß an Fehlerfreundlichkeit oder das

Management ihrer Systemgrenzen als mehr oder weniger breite Übergangszonen zu Nachbarsystemen. Auf diese Weise können Kulturen auf der ethnischen Ebene (›Kulturen der Völker‹), der sozialen Ebene (soziale Systeme, Institutionen: Wirtschaft, Politik, Wissenschaft, Kunst, Lit. usw.) und der personalen Ebene (individuelle Glaubens- und Überzeugungssysteme) in formal ähnlicher Weise als kulturelle Ökosysteme beschrieben werden. (4) Bezug zu Linguistik und Lit.wissenschaft: Das 1972 erschienene Buch *The Ecology of Language* des norwegischen Linguisten E. Haugen öffnete erstmals für die Linguistik eine ökologische Perspektive. Ein Vierteljh. später hat sich die Sprachökologie als ein neues Teilgebiet der Linguistik fest etabliert (vgl. Fill 1996). Sprachen werden als Teile von Sprache-Welt-Systemen verstanden, auch eine neue Art von Sprachkritik, die in der Erhaltung der sprachlichen Kreativität ein übergeordnetes Ziel sieht, wurde möglich. Bes. interessant ist die Tatsache, daß die K. auch einige für die strukturelle Linguistik theoretisch neuartige und weiterführende Perspektiven auf Sprache und Sprechen eröffnet. So besagt beispielsweise die ›*missing-link*-Hypothese‹ (vgl. Finke 1996), daß die formale Organisation der natürlichen Sprachen sie bis heute als intermediäre Systeme des evolutionären Übergangs zwischen den älteren natürlichen und den jüngeren kulturellen Systemen ausweist (Kontinuum sprachlicher Regularitäten von strikter Determination in der Phonetik bis zu wenig verbindlichen Konventionen in der ↗ Stilistik mit vielen Zwischenstufen in den verschiedenen Teilen der Grammatik). Im Unterschied zur Linguistik existiert in der Lit.wissenschaft bislang noch keine kulturökologische Forschungstradition. Wo aber Lit.wissenschaft dezidiert als eine ↗ Kulturwissenschaft verstanden und versucht wird, Lit. als informationsreiche Ausdrucksform kulturellen Lebens zu verstehen, ist die Einbettung solcher Forschung in einen kulturökologischen Begriffsrahmen naheliegend. Wenn Lit. selber als ein soziales System mit eigenen ↗ Konventionen beschrieben wird, führt seine ökologische und evolutionäre Erklärung zu einer formal und inhaltlich wesentlich vertieften Perspektive. Das kulturelle Ökosystem Lit. ist seit langem eine wichtige Quelle jener psychischen Energie und kulturellen Kreativität, die der kulturellen Evolution nicht nur Ausdruck verleihen, sondern den Prozeß ihrer weiteren Entwicklung antreiben. Seine Vielfalt, Offenheit und Wandlungsfähigkeit hat im Bereich der Kultur einen Wert, der zeigt, daß diese Merkmale und Eigenschaften der älteren natürlichen Lebensformen allg. Kennzeichen zukunftsfähiger Systeme sind.

Lit.: J. v. Uexküll: *Umwelt und Innenwelt der Tiere*, Bln. 1908. – J.H. Steward: *Theory of Cultural Change*, Urbana 1955. – G. Bateson: *Steps to an Ecology of Mind*, N.Y. 1972 (dt. *Ökologie des Geistes*, FfM. 1981). – E. Haugen: *The Ecology of Language*, Stanford 1972. – Th. Bargatzky: *Einf. in die K.*, Bln. 1986. – A. Naess: *Ecology, Community and Lifestyle*, Cambridge 1989. – P. Finke: »Kultur als Ökosystem«. In: *Living* 3 (1993). S. 56–59. – E. Laszlo: *The Creative Cosmos*, Edinburgh 1993.– A. Fill (Hg.): *Sprachökologie und Ökolinguistik*, Tüb. 1996. – P. Finke: »Sprache als *missing link* zwischen natürlichen und kulturellen Ökosystemen«. In: Fill 1996. S. 27–48.

PF

Kultursemiotik (lat. *cultura:* Landbau, Pflege; gr. *sēmeíon:* Zeichen), die theoretische Reflexion über ↗ Kultur läßt sich bis Cicero zurückverfolgen. Sie ging lange von einseitigen Definitionen aus und beschränkte sich auf bestimmte Aspekte von Kultur; erst die moderne Anthropologie und ↗ Semiotik untersuchen Kultur als einheitliches Phänomen. Die Anthropologie unterscheidet soziale, materiale und mentale Kultur, und die Semiotik stellt diese drei Gegenstandsbereiche in einen systematischen Zusammenhang, indem sie eine soziale Kultur als eine strukturierte Menge von Zeichenbenutzern (Individuen, Institutionen, Gesellschaft) definiert, die materiale Kultur als eine Menge von ↗ Texten (Zivilisation) und die mentale Kultur als eine Menge von ↗ Codes. – K. im engeren Sinn beginnt bei E. ↗ Cassirer, der eine Kultur als Gesamtheit von symbolischen Formen charakterisiert und diese zum zentralen Gegenstand der Semiotik erklärt. Der breitesten und überaus produktiven Definition der ↗ Tartu-Moskauer Schule zufolge ist Kultur die hierarchisch geordnete Gesamtheit aller Zeichensysteme, die in der Lebenspraxis einer Gemeinschaft verwendet werden. Von diesen sind manche dauerhaft (Bild, Statue, Gebäude, Gesetzestext), andere nur in ihrem Vollzug wahrnehmbar, der entweder einmal (Happening) oder häufiger stattfindet (Gottesdienst). Auch elementare Verhaltensweisen sind kulturell geformt, da jede Kultur etwa festlegt, wie eine bequeme Ruhehaltung aussieht und wieviel Schmerz man artikulieren darf. – Dieser semiotische Ansatz ist in Fortführung des ↗ Strukturalismus holistisch und dynamisch; ihm zufolge gibt es weder isolierte noch statische Zeichensysteme. Er macht es möglich, die kulturelle Entwicklung als Übergang zu immer komplexeren Zeichenfunktionen zu verstehen. Unter evolutionärer Perspektive wird ein Kontinuum zwischen ↗ Natur und Kultur angenommen, so daß kulturelles Handeln oft als Fortsetzung von natürlichem Verhalten gilt (z.B. Nestbau – Hausbau). Nach Ju. ↗ Lotman ist jede Kultur als System konzentrischer Sphären rekonstruierbar, die von innen nach außen das kulturell Zentrale, kulturell Periphere, Nichtkulturelle und Außerkulturelle enthalten. Dieses Modell erlaubt es, den Mechanismus des Kulturwandels zu beschreiben, der in der zunehmenden Semiotisierung der Welt besteht und an den Grenzen dieser Sphären stattfindet. Der Übergang vom Außerkulturellen zum Nichtkulturellen setzt ein, wenn eine Kultur einen neuen Objektbereich entdeckt, ihn durch einen rudimentären Code erfaßt und zum bekannten Wissensbestand in Beziehung setzt. An der Grenze zwischen Kultur (Lotman spricht von ›Semiosphäre‹) und Nichtkultur entsteht ein Bedürfnis nach Übersetzung fremder Texte, die folglich Sinnbildungsprozesse in Gang setzen. Hier definiert eine Kultur ihre eigene Identität, so daß nach Einverleibung des vorher Fremden ein Bedarf nach neuen derartigen Herausforderungen entsteht. Im Inneren einer Kultur gibt es eine Binnengliederung in Zentrales und Peripheres. Hier entsteht Dynamik, weil jeder Code dazu tendiert, eine zentrale Stelle einzunehmen, die durch weite Verbreitung, häufige Verwendung und hohes Prestige gekennzeichnet ist. Zentrale Codes werden immer weiter verfeinert, standardisiert und automatisiert und greifen schließlich auf andere Zeichensysteme über. Sobald diese wachsende Dominanz sie starr und damit unattraktiv macht, werden sie wiederum von flexibleren Codes verdrängt. Dieser zyklische Prozeß verläuft in allen Bereichen, jedoch unterschiedlich schnell: natürliche Sprachen verändern sich viel langsamer als ideologische Systeme. Er läßt sich nur aufhalten, wenn alternative Codes für denselben Objektbereich nebeneinander bestehen. Günstig ist jeweils ein mittleres Ausmaß von innerer Vielfalt, da zu viele Codevarianten zu Chaos führen und zu wenige zu Stagnation. Kulturwandel mit vorhersagbaren Ergebnissen nennt Lotman ↗ ›Evolution‹. Den nicht-vorhersagbaren Fall bezeichnet er als ›Ausbruch‹ und lokalisiert ihn v.a. im Bereich von Kunst und Mode. Dieser semiotische Ansatz erlaubt es auch, interkulturelle Prozesse zu beschreiben, etwa die Integration des einzelnen in eine andere Kultur, die Übernahme fremder Artefakte und Wertsysteme sowie die Zitate fremdkultureller Zeichen. – Kultursemiotische Detailuntersuchungen beschäftigen sich mit bestimmten Arten des menschlichen Handelns und dessen Resultaten. Jedes Werkzeug etwa ist eine Materialisierung von Erfahrungen, denn es weist bereits durch seine Gestaltung auf seine Funktion hin, wobei verschiedene Reflexionsstufen unterscheidbar sind. Auf der niedrigsten Stufe wird ein Gebrauchswert zufällig entdeckt: Man stellt etwa fest, daß sich ein Felsen zum Sitzen eignet. Das einfachste künstliche Pendant ist ein Hocker, während ein Stuhl bereits das zusätzliche Bedürfnis nach Bequemlichkeit erfüllt. Auf den nächsten Stufen wird der Zweck der Artefakte explizit gekennzeichnet (Sessel) oder gar zelebriert (Thron). Der Übergang zu höheren Stufen bewirkt eine Standardisierung der Objekte und zugleich eine Automatisierung des Umgangs mit ihnen. Zeitgenössische Kulturen können in ihrer Gesamtheit untersucht werden, zu der auch flüchtige Gebilde gehören wie Tischdekorationen, Fernsehinterviews oder Grußrituale. Die Archäologie hingegen kann sich oft nur auf materielle Zeugnisse stützen. Auch hier hat sich eine umfassendere Perspektive durchgesetzt, die von den Objekten auf ihre Hersteller schließt und auf die Kontexte, in denen sie verwendet wurden. Irrtümer sind nie auszuschließen, da Objekte oft mehrere Funktionen haben oder in einen anderen Kontext übernommen wurden. Ein bes. Typ von Artefakten sind Texte, d.h. Zeichenkomplexe, die durch eine festgelegte Bedeutung gekennzeichnet sind. Der Textbegriff, der urspr. nur geschriebene Texte umfaßte, wurde Anfang des 20. Jh.s zunächst auf mündliche Äußerungen ausgedehnt und dann immer weiter, so daß heute jedes codierte Zeichentoken als Text gilt, sei es Bild, Musikstück oder multimediale Installation. Das Zusammengehörigkeitsgefühl einer Gesellschaft wird durch Rituale und Inszenierungen stabilisiert, die oft eine Grenze zwischen semiotischen Sphären thematisieren, z.B. die zum Transzendenten (Gottesdienst), zur konkurrierenden Kultur (Sport, Quiz), zur Tierwelt (Zoo, Zirkus) oder zur Pflanzenwelt (Gärten, Parks).

Lit.: Koch 1986. – Ju. Lotman: »Über die Semiosphäre«. In: *Zs. für Semiotik* 12 (1990) S. 287–305. – R. Posner: »Was ist Kultur? Zur semiotischen Explikation anthropologischer Grundbegriffe«. In: M. Landsch et al. (Hgg.): *Kultur-Evolution. Fallstudien und Synthese*, FfM. 1992. S. 1–65.

RPo/DS

Kulturtheorien, K. bieten aus unterschiedlichen theoretischen und disziplinären Perspektiven Erklärungsangebote sowohl für den Wirkungszusammenhang von ↗ Kultur und Gesellschaft als auch für Kultur als einen mehr oder weniger eigenständigen Phänomenbereich. Im Gegensatz zum oft diffusen Kulturbegriff der Alltagssprache gehen anthropologisch-soziologische K. von einem Kulturbegriff aus, dessen Kern sich in allen theoretischen Ansätzen findet. Traditionell besteht er aus den Annahmen, daß Kultur neben den Gegenständen der materiellen Kultur v.a. erlerntes Wissen und erlernte Fertigkeiten im Gegensatz zu angeborenem Wissen und angeborenen Fertigkeiten umfaßt, und kulturelles Wissen kein individuelles, sondern geteiltes Wissen ist. Anhand dieses Kernes läßt sich die Entwicklung und die Problematik von K. skizzieren. – Die Geschichte der K. ist die der Auseinandersetzung mit dem Kultur/Natur-Dualismus. Von der Etymologie des Kulturbegriffs her ist dieser Dualismus nicht zwingend, hatte sich ›Pflege‹ doch stets auch auf natürliche Gegenstände bezogen. Aufgrund der ›Verinnerlichung‹, den das Kulturkonzept im 19. Jh. außerhalb der Wissenschaft erlebte, wurde die Entgegensetzung von Natur und Kultur seit den letzten Jahrzehnten des 19. Jh.s aber zu einem zentralen Thema der K. Dafür war neben der Säkularisierung die Auseinandersetzung mit dem Phänomen Gesellschaft/Nation wichtig. Als Ergebnis entstanden bis heute diskutierte Fragen über die Natur von Gesellschaft, über ihr Verhältnis zu Individuen und über die Rolle kollektiven und individuellen Wissens und Handelns. Sie sind für K. unmittelbar wichtig. Es ist so kein Zufall, daß u.a. die Sozialwissenschaften gegen Ende des 19. Jh.s entstehen (E.D. ↗ Durkheim). Die sich institutionalisierenden neuen Disziplinen mußten einen eigenen Gegenstandsbereich nachweisen, um einen Anteil an den knappen Ressourcen zu erlangen. Die Soziologie steckte so ihr Terrain u.a. mit ›die Gesellschaft‹ bzw. auch mit ›Kultur‹ ab, wobei es hier eine Arbeitsteilung mit der Anthropologie gab. In Deutschland erfolgte die Institutionalisierung in der Auseinandersetzung mit der schon eher etablierten Geschichtswissenschaft, den Sprachwissenschaften, der Wirtschaftswissenschaft und der Philosophie. Umgekehrt grenzte man sich schnell von den Naturwissenschaften und bes. von der Biologie ab. In den USA bildete sich an der Wende zum 20 Jh. eine starke eugenische Bewegung, die zusammen mit Darwinisten, Lamarckisten und Mendelianern (die moderne Genetik entstand erst seit 1915, die heutige Vereinigung zwischen Darwinismus und Genetik erst in den 30er Jahren) u. a. auch einen biologischen Determinismus vertrat, also die Auffassung, alle sozialen und kulturellen Phänomene seien biologische Epiphänomene. Diese Entwicklung hatte einen deutlich rassistischen Bezug. Sie machte außerdem den entstehenden Sozialwissenschaften ihren Gegenstand streitig. Dagegen argumentierten in den USA F. Boas, A. Kroeber u. a. sowie in Deutschland F. Oppenheimer, soziale und kulturelle Phänomene seien von der Biologie unabhängig. In Deutschland lehnten die meisten Wissenschaftler biologische Argumente jedoch v. a. unter dem Einfluß der Geschichtswissenschaft und der Philosophie ab. – Als Ergebnis dieser Bedingungen entstand der weit über die K. hinausreichende Kulturismus. Er setzte dem biologischen einen sozialen bzw. kulturellen Determinismus entgegen. Die Vertreter dieser Position (in der Anthropologie z. B. Boas, M. Mead, R. Benedict, in der Soziologie etwa M. ↗ Weber, die Durkheim-Schule, die Ethnomethodologie, viele gegenwärtige Systemtheoretiker oder Vertreter des ›social constructionism‹, letztlich aber auch der Marxismus) gehen davon aus, daß die ›menschliche Natur‹ für das Verständnis sozialer und kultureller Phänomene vernachlässigbar sei. Obwohl man sich vom Behaviorismus distanziert, steht der Kulturismus letztlich in dieser Tradition. Menschliches Denken und Handeln, und damit auch Kultur, wurde zunächst ausschließlich als Ergebnis von Lernen (Sozialisation) in einer sozialen Umwelt aufgefaßt, wobei man die Kultur einer Gesellschaft auch als System der Einpassung in eine natürliche Umwelt verstand. Mit dem Nachlassen behavioristischer Überzeugungen trat der Aspekt der Konditionierung hinter den der aktiven Übernahme bzw. der Aushandlung zurück. Damit war überdies kultureller Wandel besser zu erfassen. Differenzierte Annahmen über kulturrelevante menschliche Eigenschaften galten jedoch auch in der veränderten Perspektive als ›biologistisch‹. Man ging nach wie vor davon aus, daß es weder angeborene Interessen und Verhaltenspräferenzen, noch funktionale Notwendigkeiten gebe, die ›Übernahme‹ und Elaboration kulturellen Wissens oder gar kulturelle Innovationen in unter Umständen erheblichem Maße kanalisieren: neben einigen ›nur‹ physische Grundbedürfnissen kennzeichne den Menschen v. a. eine anpassende Lernbereitschaft. Das kulturistische Forschungsprogramm dominierte bis in die späten 70er Jahre. Dazu

trugen die Erfahrungen mit dem Rassismus und seinen Mordprogrammen bei. Aber auch die Soziobiologie verlängerte das Fortbestehen der zementierten Positionen. Obwohl selber nicht rassistisch, steht sie doch in der Tradition des biologischen Determinismus und vertritt ihre eng am Darwinismus orientierten Überzeugungen teilweise so, daß alte Befürchtungen erneut geweckt werden. Seit den 80er Jahren lösen sich die K. von der Alternative ›Kultur oder Natur‹. Während der biologische Determinismus schon lange als gescheitert gilt, wird nunmehr auch der Kulturismus problematisch. Für ihn wichtige Forschungsergebnisse wurden falsifiziert (vgl. Freeman 1983). Die Globalisierung der letzten Jahre weckte das Interesse für vernachlässigte Befunde. Die Erkenntnis wächst, daß der Kulturismus nicht erklären kann, warum so viele Menschen und Gesellschaften so viel gemeinsam haben. Ohne individuelle und soziale Universalien müßten die Differenzen zwischen unterschiedlichen Kulturen erheblich größer sein (vgl. Brown 1991). Mit der Abwendung vom alten Dualismus gehen eine Reihe richtungweisender konzeptueller Entscheidungen einher. Die entstehenden modernen K. kennzeichnen so vier Merkmale: (a) Kultur als Gegenstand von K. wird präzisiert als Mengen von Konzepten, Wirklichkeitskonstrukten und ihnen zugeordnetes Handlungswissen. Kultur besteht danach aus ideationalen oder kognitiven Gegenständen, die von den Mitgliedern einer Gesellschaft oder sozialen Gruppe geteilt werden. Gegenstände der materiellen Kultur (literar. Werke, Bilder, Bauwerke usw.) sind Instantiierungen kulturellen Wissens, ohne daß sie weder produziert noch als Kulturprodukte wahrgenommen werden können. (b) K. ist vom Typ der Dynamik her eine Evolutionstheorie. Sie bezieht sich auf Mengen von Einheiten. Diese werden variiert und unterliegen variationsabhängigen Selektionen. Dadurch verändert sich die Zusammensetzung und damit auch der Charakter der betreffenden Kultur. Variationen können aus der Selektivität mimetischer Prozesse, aus Anwendungserfahrungen oder aus Prüfungen der theoretischen Konsistenz resultieren. (c) Kultur wird von der Funktion her als ein zweites Vererbungssystem verstanden, das parallel zur genetischen Vererbung arbeitet. Im Unterschied zur langsamen vertikalen genetischen Vererbung arbeitet die kulturelle schneller (Medien!) und zusätzlich ›horizontal‹, ist also nicht auf biologische Nachkommen beschränkt. Kultur erlaubt, erfolgreich zu kommunizieren, Wissensbestände zu speichern und weiterzugeben. Schließlich stimuliert die Objektivierung kulturellen Wissens sein Reflexivwerden, d.h. die leistungssteigernde Anwendung von Wissen auf Wissen. (d) Kultur/ Gesellschaft und Biologie werden nicht gegensätzlich, sondern komplementär verstanden. Abweichend von den unspezifischen Lern- und Anpassungsannahmen des Kulturismus liegt es nahe, von evolvierten spezifischen kognitiven Mechanismen auszugehen. Danach sind nicht konkrete Vorstellungen, Präferenzen usw. angeboren, sondern die ihnen zugrundeliegenden kognitiven Mechanismen. Sie operieren stets unter historisch-kulturell wechselnden Bedingungen. Konkretes kulturelles Wissen (aber auch Verhalten) entsteht somit aus dem Zusammenwirken von Angeborenem und Gelerntem. Kultur berücksichtigt biologische und umweltspezifische Bedingungen, umgekehrt konnte und kann der Mensch nur dank Kultur seinen Lebensraum ausweiten und die heutige Populationsdichte erreichen.

Lit.: D. Freeman: *Liebe ohne Aggression. M. Meads Legende von der Friedfertigkeit der Naturvölker*, Mchn. 1983. – R. Boyd/P. J. Richerson: *Culture and the Evolutionary Process*, Chicago 1985. – F. Neidhardt et al. (Hgg.): *Kultur und Gesellschaft*, Opladen 1986. – D.E. Brown: *Human Universals*, N.Y. 1991. – W.H. Durham: *Coevolution. Genes, Culture, and Human Diversity*, Stanford 1991. – P.M. Hejl: »Kultur als sozial konstruierte Wirklichkeiten. Zur Analytik der ›dritten Ebene‹ aus systemtheoretischer Sicht«. In: *SPIEL* 12.1 (1993) S. 81–104. – E.-M. Engels (Hg.): *Die Rezeption von Evolutionstheorien im 19. Jh.*, FfM. 1995. – P. Weingart et al. (Hgg.): *Human by Nature. Between Biology and the Social Sciences*, Hillsdale 1997.

PMH

Kulturwissenschaft, der Terminus K. läßt sich bislang trotz vielfältiger Bemühungen deshalb nicht eindeutig definieren, weil darunter eine Vielfalt von unterschiedlichen Forschungsrichtungen und Tendenzen in den Geisteswissenschaften subsumiert wird, weil er als Sammelbegriff für einen offenen und interdisziplinären Diskussionszusammenhang fungiert und weil seine Reichweite umstritten ist. Der inflationär gebrauchte Begriff K. wird in mindestens vier verschiedenen Bedeutungen verwendet: (a) In einem sehr weiten Sinne steht K. für einen fächerübergreifenden Bezugsrahmen, der das Spektrum der traditionellen geisteswissenschaftlichen Disziplinen integrieren soll. (b) Der Begriff K. fungiert zweitens als Schlagwort für die von verschiedenen Seiten erhobene Forderung nach einem Wandel und einer Erweiterung der traditionellen Philologien und Lit.wissenschaften. (c)

In einem noch engeren und spezielleren Sinne bezeichnet K. einen Teilbereich bzw. eine bestimmte Richtung innerhalb der einzelnen Philologien. (d) Der begrifflichen Klarheit wenig förderlich ist es, auch die Volkskunde oder Europ. Ethnologie als K. zu bezeichnen (vgl. Glaser/ Luserke 1996). Trotz einiger inhaltlicher und methodischer Parallelen ist K. zu unterscheiden von der in Großbritannien entwickelten Form von ↗ *Cultural Studies*, zu deren Merkmalen eine marxistische Gesellschaftstheorie, eine ideologisch geprägte Zielsetzung und eine weitgehende Eingrenzung des Gegenstands auf die ↗ Populärkultur (engl. *popular culture*) der Gegenwart zählen. Je nach den jeweils zugrunde gelegten Gegenstands- und Methodenbestimmungen der K. ergeben sich vielfältige Berührungspunkte mit der komparatistischen ↗ Imagologie, ↗ Kollektivsymbolik, ↗ Kulturökologie, ↗ Lit. Anthropologie, ↗ Begriffs-, ↗ Geistes-, ↗ Ideen- und ↗ Mentalitätsgeschichte, ↗ *New Cultural History*, ↗ Xenologie und den ↗ *Gender Studies*. – Die verschiedenen Versuche, den Gegenstandsbereich und die Methoden von K. zu definieren, unterscheiden sich zum einen im Hinblick auf die verwendeten ↗ Kulturbegriffe und ↗ Kulturtheorien; zum anderen variieren sie in bezug auf die jeweils vorgeschlagenen theoretischen Leitbegriffe und Verfahrensweisen. Trotz der Vielzahl unterschiedlicher Entwürfe wird ein die Kulturanthropologie und der ↗ Kultursemiotik verpflichtetes Verständnis von ›Kultur als Text‹ (vgl. Bachmann-Medick 1996) und von K. als »ein interpretatives, bedeutungsgenerierendes Verfahren, das sozial signifikante Wahrnehmungs-, Symbolisierungs- und Kognitionsstile in ihrer lebensweltlichen Wirksamkeit analysiert« (Böhme/Scherpe 1996, S. 16), favorisiert. K. geht es v.a. um »ein Verständnis der Textvermitteltheit von Kulturen ebenso wie von kulturellen Implikationen literarischer Texte« (Bachmann-Medick 1996, S. 45). – Zu den wissenschaftsgeschichtlichen Vorläufern einer so verstandenen K. zählen E.A. ↗ Cassirers Untersuchungen der ›symbolischen Formen‹, das mit der Kulturwissenschaftlichen Bibliothek Warburg verbundene fächer- und epochenübergreifende Forschungsprogramm (A. ↗ Warburg), die soziologischen Arbeiten G. ↗ Simmels, die auf N. ↗ Elias zurückgehende Zivilisationstheorie und psychohistorische Verhaltensforschung, die kulturgeschichtlichen Arbeiten J. Burckhardts, G. ↗ Lukács', E.R. ↗ Curtius' und W. ↗ Benjamins (vgl. Simonis 1998) sowie die frz. Mentalitätsgeschichte. Darüber hinaus haben der

↗ *linguistic turn*, das wachsende Interesse an den Wechselbeziehungen zwischen den verschiedenen Künsten und Medien sowie die zunehmende Internationalisierung und Interdisziplinarität der Geisteswissenschaften den Aufschwung der K. begünstigt. Wichtige theoretische und methodische Impulse für die Entwicklung innovativer Varianten von K. gehen zurück auf den ethnologischen und lit.wissenschaftlichen ↗ Strukturalismus (insbes. auf Cl. ↗ Lévi-Strauss und R. ↗ Barthes), die ↗ Lit.soziologie (namentlich die Studien P. ↗ Bourdieus), die ↗ Kultursemiotik (U. ↗ Eco), die am. Kulturanthropologie (allen voran die semiotische Erforschung kultureller Prozesse der Selbstauslegung durch C. ↗ Geertz), Studien zu den historisch variablen ↗ Aufschreibesystemen (F. A. ↗ Kittler), den ↗ *New Historicism* bzw. die ›Kulturpoetik‹ St. ↗ Greenblatts, neue ↗ Medientheorien sowie auf ↗ Diskurstheorien und historische Diskursanalysen, v. a. die Arbeiten M. ↗ Foucaults. – Die von verschiedenen Seiten erhobene Forderung nach einer kulturwissenschaftlichen Reformierung und Weiterentwicklung der Philologien hin zu interdisziplinären Formen von K. (vgl. Frühwald et al. 1991) gründet u. a. in der Kritik an der bisherigen institutionellen Aufteilung akademischer Disziplinen, dem verbreiteten Wunsch nach einer Kanonrevision und einer Ausweitung des Gegenstandsbereichs lit.wissenschaftlicher Forschung, der Skepsis gegenüber überkommenen Text- und Lit.begriffen (↗ Literarizität), der Zurückweisung des normativ gefärbten Gegensatzes zwischen ↗ Hochlit. und Populärkultur, der Notwendigkeit der Einbeziehung der heutigen Medienkultur sowie der Abkehr vom ↗ Eurozentrismus und der interkulturellen Erforschung einer neuen ›Weltlit.‹. Für die verbreitete Ansicht, daß K. »das Fundament für die verschiedensten Reformbemühungen abgeben könnte«, gibt es eine Vielzahl von Gründen, welche sich H. Böhme und K. Scherpe (1996, S. 10) zufolge »in sechs Typen einer kulturwissenschaftlichen Entwicklung der Philologien ordnen lassen« (ebd., vgl. S. 10–13): (a) wissenschaftsimmanente Motive, die sich aus der Einsicht in das Mißverhältnis zwischen Problementwicklung und disziplinärer Entwicklung ergeben; (b) der allg. »Trend zur Pluralisierung der Quellen« (ebd., S. 11), der mit der Ausweitung des Lit.begriffs, der Problematisierung und Revision des ↗ Kanons verschiedener Nationalliteraturen sowie der Aufwertung der Populärkultur und der ↗ Massenmedien einhergeht; (c) die Einsicht, daß durch die Aus-

differenzierung und Spezialisierung der Philologien vielfältige Erkenntnisgrenzen (insbes. im Hinblick auf fächerübergreifende Fragestellungen) entstanden sind, sowie die daraus abgeleitete Forderung, den Verlust an wissenschaftlicher Wahrnehmungsfähigkeit durch eine interdisziplinäre Neuorientierung zu überwinden; (d) ein »Veralten der philologischen Methoden gegenüber der Entwicklung der Künste selbst« (ebd., S. 12), ein v. a. in der dialogischen Beziehung der Lit. zu anderen Medien zu beobachtender Prozeß, dem die K. durch die Entwicklung interdisziplinärer Ansätze (↗ Interdisziplinarität; ↗ Komparatistik) und Konzepte (z. B. ↗ Intermedialität; ↗ Medienwechsel) entgegenzuwirken versucht; (e) Motive, die weniger den Gegenstandsbereich als die Methoden und Forschungsperspektiven betreffen; K. wird dabei als »eine Form der Moderation« und als »ein Medium der Verständigung« zwischen den hochspezialisierten Einzelwissenschaften bzw. als »eine Metaebene der Reflexion« (ebd.) konzeptualisiert; (f) Versuche einer »gegenstandsbezogenen Selbstbegründung von K.«, denen die Auffassung zugrunde liegt, daß K. »sehr wohl durch ein eigenes Set von Fragestellungen, Methoden und Gegenstandsfeldern charakterisiert sei« (ebd., S. 13). Dazu zählen etwa die Entwicklung einer ↗ Medienkulturwissenschaft, die Forschungen zur kulturellen ↗ Erinnerung und zum kollektiven Gedächtnis (vgl. J. Assmann/Hölscher 1988; A. Assmann/Harth 1991; J. Assmann 1992), das von der ›anthropologischen Wende in der Lit.wissenschaft‹ ausgehende Konzept einer »Literaturwissenschaft als einer ethnologisch inspirierten Kulturwissenschaft« (Bachmann-Medick 1996, S. 18), eine ›mentalitätsgeschichtlich orientierte K.‹ (vgl. Nünning 1995), eine ›textwissenschaftlich fundierte K.‹ (vgl. Grabes 1996) sowie die unter dem Begriff ↗ *New Cultural History* subsumierten alltags- und kulturgeschichtlichen Studien. – Obgleich inzwischen ein breiter Konsens darüber besteht, daß eine interdisziplinäre Erweiterung der Philologien auf eine K. hin notwendig und daß eine stärkere Einbeziehung kulturgeschichtlicher Fragen und neuer Medien wünschenswert sei, besteht bislang keine Klarheit über die Abgrenzung des Gegenstandsbereichs einer K., über deren Verhältnis zu traditionellen Formen von Lit.wissenschaft und über die theoretischen Grundlagen oder die Methoden der Kulturanalyse. Einigkeit herrscht allenfalls darüber, daß die Hochkonjunktur des Themas ›K.‹ dem Interesse an disziplinübergreifenden Fragestellungen entspringt und daß nach neuen Möglichkeiten gesucht wird, die Analyse von Texten und anderen Medienerzeugnissen mit weiterreichenden kulturgeschichtlichen Fragestellungen zu verknüpfen. Zu den weiteren Konvergenzpunkten der Debatten zählen: (a) die »Anerkennung des Konstruktcharakters kollektiver Bedeutungssysteme« (Bachmann-Medick 1996, S. 21), d.h. die Überzeugung, daß Kultur von Menschen gemacht bzw. konstruiert wird; (b) die Erkenntnis, »daß es ›Kultur‹ nicht gibt, sondern nur ›Kulturen‹« (Böhme 1996, S. 62); (c) die Auffassung, daß der Kulturbegriff weder auf ›hohe‹ Kultur eingeschränkt noch mit den künstlerischen Lebensäußerungen einer Gemeinschaft gleichgesetzt werden darf; (d) die Einsicht, daß Kultur nicht nur eine materiale Seite (die ›Kulturgüter‹ einer Nation) hat, sondern auch eine soziale und mentale Dimension (vgl. Posner 1991). – Als bes. perspektiven- und anwendungsreich gilt eine textwissenschaftlich und kultursemiotisch fundierte K., die von einem bedeutungsorientierten und konstruktivistisch geprägten Kulturbegriff ausgeht und Kultur als einen symbolischen und textuell vermittelten Prozeß der Selbstauslegung und Bedeutungskonstruktion bestimmt. Demzufolge wird Kultur als der von Menschen erzeugte Gesamtkomplex von kollektiven Sinnkonstruktionen, Denkformen, Empfindungsweisen, Werten und Bedeutungen definiert, der sich in Symbolsystemen materialisiert. ›Lit.‹ verkörpert einen zentralen Aspekt der materialen Seite der Kultur bzw. der medialen Ausdrucksformen, durch die eine Kultur beobachtbar wird. K. muß von einem weiten Lit.begriff ausgehen, auf jede wertbestimmte Eingrenzung verzichten und neben Texten auch mentale Dispositionen (Vorstellungen, Ideen, Werte und Normen) und soziale Praktiken berücksichtigen. Leitbegriffe einer historischen und mentalitätsgeschichtlich orientierten K. sind darüber hinaus die Konzepte der ⁊ Alterität, Erinnerung, des kulturellen ⁊ Gedächtnisses und der ⁊ Mentalitäten. Die Begriffe der kollektiven Erinnerung und des kulturellen Gedächtnisses verweisen auf den gesellschaftlichen Rahmen von Kultur, auf die sozialen Institutionen bzw. Kulturträger, die die Voraussetzungen für die kulturelle Überlieferung schaffen, weil sie die Aneignung und Tradierung des kollektiven Wissens durch die Selektion und Speicherung von Texten sowie durch die Kommunikation über Texte sicherstellen. Der Begriff der Mentalität bezeichnet ein Ensemble von kollektiven Denkweisen, Gefühlen, Überzeugun-

gen, Vorstellungen und Wissensformen, mithin die immaterielle Dimension von Kultur. – Angesichts der gegenwärtigen Hochkonjunktur der Themen ›kulturelles Gedächtnis‹ und ›Erinnerungskulturen‹ spricht vieles dafür, »daß sich um den Begriff der Erinnerung ein neues Paradigma der Kulturwissenschaften aufbaut« (J. Assmann 1992, S. 11). Als bes. fruchtbar haben sich kulturwissenschaftliche Fragestellungen darüber hinaus im Kontext der komparatistischen Imagologie, der Untersuchung von ⁊ Kollektivsymbolen und ⁊ Metaphern, der interdisziplinären Fremdheitsforschung bzw. Xenologie, der Medienkulturwissenschaft, der ⁊ Postkolonialen Lit.theorie und Lit.kritik sowie in Studien zur Entwicklung des kollektiven Bewußtseins und zur Herausbildung von nationaltypischen Gewohnheiten und Identitäten erwiesen (vgl. Giesen 1991 und 1998; Berding 1994 und 1996). Ob K.en in Zukunft weiter an Boden gewinnen werden, hängt aber nicht allein von der Konsistenz der Theorieentwürfe oder der Produktivität der Forschung ab, sondern auch von der institutionellen Verankerung einer interdisziplinär und historisch ausgerichteten K. in geisteswissenschaftlichen Fakultäten.

Lit.: H. Bausinger: »Germanistik als K.«. In: *Jb. Dt. als Fremdsprache* 6 (1980) S. 17–31. – J. Assmann/T. Hölscher (Hgg.): *Kultur und Gedächtnis*, FfM. 1988. – R. Posner: »Kultur als Zeichensystem. Zur semiotischen Explikation kulturwissenschaftlicher Grundbegriffe«. In: Assmann/Harth 1991. S. 37–74. – Frühwald et al. 1996 [1991]. – B. Giesen (Hg.): *Nationale und kulturelle Identität. Studien zur Entwicklung des kollektiven Bewußtseins in der Neuzeit*, FfM. 1996 [1991]. – J. Assmann: *Das kulturelle Gedächtnis*, Mchn. 1997 [1992]. – K.P. Hansen (Hg.): *Kulturbegriff und Methode. Der stille Paradigmenwechsel in den Geisteswissenschaften*, Tüb. 1993. – H. Berding (Hg.): *Nationales Bewußtsein und kollektive Identität*, FfM. 1994. – A. Nünning: »Lit., Mentalitäten und kulturelles Gedächtnis. Grundriß, Leitbegriffe und Perspektiven einer anglistischen K.«. In: Nünning 1995. S. 173–197. – Bachmann-Medick 1996. – H. Berding (Hg.): *Mythos und Nation*, FfM. 1996. – H. Böhme: »Vom Cultus zur Kultur(wissenschaft). Zur historischen Semantik des Kulturbegriffs«. In: Glaser/Luserke 1996. S. 48–68. – Böhme/Scherpe 1996. – Glaser/Luserke 1996. – H. Grabes: »Textwissenschaftlich fundierte K./Landeskunde«. In: *Anglistik* 7 (1996) S. 35–40. – D. Harth: »Vom Fetisch bis zum Drama? Anmerkungen zur Renaissance der K.en«. In: *Anglia* 114.3 (1996) S. 340–375. – Ausg. »Lit.wissenschaft und/oder K.« der Zs. *Anglia* 114.3 (1996) S. 307–445. – B. Henningsen/St. M. Schröder (Hgg.): *Vom Ende der Humboldt-Kosmen. Konturen von K.*, Baden-Baden 1997. – B. Korte et al.: »K.«. In: dies.: *Einf. in die Anglistik*, Stgt./Weimar 1997. S. 140–190. – U.C. Steiner: »Können die K.en eine neue moralische Funktion beanspruchen?« In: *DVjs* 71.1 (1997) S. 3–38. – B. Giesen: *Kollektive Iden-*

tität. Die Intellektuellen und die Nation, FfM. 1998. –
L. Simonis: *Genetisches Prinzip. Zur Struktur der
Kulturgeschichte*, Tüb. 1998. – Zs. *Kea. Zs. für K.*
1990 ff.

AN

Kunst und Literatur, als Teilbereich der ↗ Intermedialität deckt das Begriffsfeld die Summe aller
Relationen zwischen den Systemen der L. und
der bildenden K. ab. Inhaltlich-strukturelle Relationen zwischen K. u. L. lassen sich als ›Thematisierung‹, ›Realisierung‹ und ›Kombination‹ beschreiben. In diachroner Abfolge können Texte
einzelne, gelegentlich auch fiktive Bilder beschreiben, interpretieren oder alludieren, Künstlerfiguren, kunstgeschichtliche oder -theoretische Probleme zum Gegenstand haben. Umgekehrt können auch Bilder inhaltlich auf Texten
basieren, z. B. biblischen oder mythologischen.
Daneben existieren ohne nachweisbare Einflüsse stoffliche oder motivliche Koinzidenzen
zwischen Bildern und Texten, innerhalb gemeinsamer kulturhistorischer Kontexte oder auch
über diese hinausgehend. Als Realisierung läßt
sich im Beziehungsgefüge von K. u. L. die Nachahmung bzw. strukturelle Entsprechung von
Verfahrensweisen, z. B. Collage und Montage,
bezeichnen. Im Grenzbereich zwischen den
Künsten befindet sich die visuelle Poesie, die
Zeichen beider Systeme zu einem Komplex zusammenfügt und damit durch eine zweifache
Codierung doppelt ›lesbar‹ wird. Eine lediglich
synoptische Kombination über das gemeinsame
Medium leistet dagegen z. B. die ↗ Emblematik
durch eine sprachliche Bezugnahme auf das Bild
oder die Buchillustration mit einer bildlichen
Bezugnahme auf den Text. Über die bloße Beziehung zwischen semiotischen Systemen und ihrer einzelnen Zeichenkomplexe hinaus gehen
Doppelbegabungen von Künstlern/Autoren sowie Verbindungen durch gemeinsame Theorien
und Programme mit interdisziplinärer Ausrichtung wie z. B. im Futurismus oder im Symbolismus. – Die Geschichte des Zusammenhangs von L. und bildender K. ist seit der Antike
immer wieder geprägt von Diskussionen um die
Vormachtstellung unter den Künsten. Sie nimmt
ihren Ausgang in der Ästhetik des Hellenismus,
die nicht nur den K.charakter von Malerei und
Skulptur neu definierte, sondern auch Gemeinsamkeiten mit der L. in der ↗ Mimesis erkannte.
Während im MA. Bilder dagegen häufig als
Trugbilder verteufelt wurden, erfuhren sie in der
Renaissance wiederum unter Hinweis auf ↗ Horaz' »ut pictura poesis« eine Aufwertung. V. a.

manieristische Theorien bewerten in der Folge
das Verhältnis von bildender K. u. L. als ein verwandtschaftliches, das sich auch in Mischformen niederschlägt. Auf eine deutliche Trennung
der Künste zielt indessen Lessings »Laokoon«,
indem er die Darstellungsformen der L. als primär zeitgebunden und die der bildenden K. als
primär raumbezogen charakterisiert. Mit der
↗ Romantik beginnt eine z. T. emphatisch irrationale Idealisierung von Symbiose und Synästhesie, die sich zu Anfang des 20. Jh.s wiederholt. Um 1900 schließlich werden mit dem Aufkommen von ↗ Film und ↗ Photographie die
visuellen Medien innerhalb der Avantgarden immer dominanter, indem sie bis heute zunehmend als Folie der L. fungieren. – Die Erforschung des Verhältnisses von K. u. L., Text und
Bild, findet durch komparatistische Untersuchungen einzelner Werke und Aspekte sowohl
im Grenzbereich von Philologie und K.geschichte, aber auch mit übergreifenden Ansätzen
wie z. B. der ↗ Semiotik, der ↗ Systemtheorie
oder der bislang noch mit ihrer Selbstdefinition
beschäftigten ↗ Kulturwissenschaft statt. Immer
erscheinen dabei die einzelnen kulturellen Objektivationen als funktionale oder symbolische
Entitäten im Kontext der Sozial-, ↗ Geistes- und
↗ Ideengeschichte. Eine umfassende theoretische Systematisierung intermedialer Beziehungen leisten auch diese Disziplinen nur ansatzweise, indem sie sie als Teilbereiche kulturellen
Handelns oder eines Symbolsystems ↗ Kultur
beschreiben.

Lit.: W. Harms (Hg.): *Text und Bild, Bild und Text*
(DFG-Symposion 1988), Stgt. 1990. – L. Ritter-Santini
(Hg.): *Mit den Augen geschrieben. Von erzählten und
gedichteten Bildern*, Mchn. 1991. – U. Weisstein (Hg.):
*L. und bildende K.: Ein Handbuch zur Theorie und
Praxis eines komparatistischen Grenzgebietes*, Bln.
1992. – E. Louis/T. Stooss (Hgg.): *Die Sprache der K.:
Die Beziehung von Bild und Text in der K. des 20. Jh.s*,
Stgt. 1993. – T. Eicher/U. Bleckmann (Hgg.): *Intermedialität. Vom Bild zum Text*, Bielefeld 1994. – Zima
1995.

ThE

L

Lacan, Jacques-Marie Émile (1901–1981), frz.
Psychoanalytiker. – L. studierte in Paris Medizin
und erhielt seine Ausbildung als Arzt für Neurologie und Psychiatrie in den bekanntesten Institutionen Frankreichs. Schon früh engagierte

er sich für eine philosophisch fundierte Erweiterung der Psychiatrie. Seine klinischen Fallstudien verband er mit spekulativen theoretischen Argumenten aus dem Bereich der Philosophie, der Sprach- und Lit.wissenschaft und später auch der mathematischen Topologie. Mit der von ihm sog. ›Rückkehr zu ↗ Freud‹ revolutionierte er nicht nur die Psychoanalyse. L.s These aus seinem berühmten Vortrag von 1953, »Fonction et champ de la parole et du langage en psychoanalyse«, daß das ↗ Unbewußte wie eine Sprache strukturiert ist und von Sprache hervorgebracht wird, hatte auch große Wirkung über die Fachgrenzen hinweg. L. beeinflußte Philosophen und Wissenssoziologen wie R. ↗ Barthes, M. ↗ Foucault, G. ↗ Deleuze, J. ↗ Derrida und J. ↗ Baudrillard sowie die poststrukturalistische Lit.theorie (↗ Poststrukturalismus). Für seine Fachkollegen dagegen wurde er wegen seiner radikalen Freudrezeption, seiner unkonventionellen Auftritte und Methoden sowie seines eigenwilligen Sprachstils zum *enfant terrible*. Nach dem Bruch mit der nationalen und der internationalen Gesellschaft für Psychoanalyse gründete L. 1964 eine eigene, in den 70er Jahren höchst einflußreiche Freud-Schule in Paris, die er 1980 auflöste. Die wichtigsten, nach L.s eigenem Urteil kaum lesbaren Aufsätze bzw. Vorträge wurden 1966 unter dem Titel *Écrits* publiziert. Von 1953 bis kurz vor seinem Tod hielt er vor einem immer größer werdenden Publikum jährlich ein Seminar ab; hiervon wurden ebenfalls die meisten veröffentlicht. – In seinem grundlegenden Aufsatz zum ↗ Spiegelstadium, »Le stade du miroir comme formateur de la fonction du Je« (1936/49), beschreibt L. den imaginären Charakter menschlicher Selbstfindung. Die Genese des Ich findet im Imaginären durch die Identifizierung des Kindes mit seinem Spiegelbild, also mit einem ›anderen‹ statt. Erst mit der Sprache, die eine vorgegebene symbolische Ordnung bildet, wird das Ich zum ↗ Subjekt, d.h. es kommt zur Vermittlung mit dem anderen, dessen Absenz nun symbolisch repräsentiert werden kann. Damit erteilt L. der reflexiven Identität des (selbst)bewußten Ich cartesischer Prägung eine deutliche Absage. In »L'instance de la lettre dans l'inconscient ou la raison depuis Freud« (1949) beschreibt L. die Struktur des Symbolischen anhand zweier zentraler Begriffe des Linguisten R. ↗ Jakobson. Die ↗ Metapher fungiert als Verdichtung und nähert sich einer Sinnstiftung über Ähnlichkeitsbeziehungen mit Hilfe der Überlagerung von ↗ Signifikanten an; die ↗ Metonymie verweist aufgrund

von Kontiguitätsrelationen auf andere Signifikanten und damit auf die Unmöglichkeit eines vollständigen und stabilen Sinns. So radikalisiert L. die schon bei dem strukturalistischen Sprachwissenschaftler F. de ↗ Saussure angelegte Trennung zwischen den Signifikanten, d.h. dem Lautbild, und dem Signifikaten, d.h. der Vorstellung, zugunsten einer stets aufgeschobenen ↗ Bedeutung bzw. eines gleitenden Signifikanten. Eine Allegorie dieses Prozesses findet sich in »Le séminaire sur ›La lettre volée‹« (1956), einer Lit.- bzw. Diskursanalyse L.s zu einer Erzählung E. A. Poes. Der immer weiter zirkulierende Brief und seine bewußte/unbewußte Zeichenbotschaft repräsentieren die Unterwanderung des Signifikats durch den Signifikanten in einem vorgegebenen System, wobei der Brief auch für Phallus und Kastration steht, insofern er für den jeweiligen Besitzer sowohl Macht als auch Gefahr impliziert. In »Subversion du sujet et dialectique du désir dans l'inconscient freudien« (1960) postuliert L. das dezentrierte ↗ Subjekt, das der symbolischen Ordnung des Unbewußten unterworfen ist und den Verschiebungen innerhalb der Signifikantenkette unterliegt. Es ist durch einen Seinsmangel definiert, der das ↗ Begehren, die Suche nach einer nie erreichbaren Einheit, produziert. Das Begehren des anderen im Realen, das ist der Bereich der unzugänglichen Objekte, ist nämlich notwendig das Begehren des ›Anderen‹, d.h. eines Subjekts im Zeichensystem bzw. im hypothetischen Raum des Signifikanten. In »La signification du phallus« (1958) bestimmt L. den Phallus als Zeichen des Mangels schlechthin. Dies führt L. auf die Tabuisierung der Mutter als Liebesobjekt durch das ›Gesetz des Vaters‹ zurück (↗ Patriarchat), das auf der abstrakten Signifikantenebene in Form des ›Namen-des-Vaters‹ die symbolische Ordnung bestimmt. Wegen dieses ↗ Phallo(go)zentrismus, d.h. der Privilegierung des Phallus als Zeichen von Wissen und Macht, wurde L. sowohl von J. ↗ Derrida als auch von feministischen Theoretikerinnen wie L. ↗ Irigaray und J. ↗ Kristeva, kritisiert. Gleichzeitig gibt es auch Berührungspunkte zwischen L. und neueren feministischen Ansätzen: Durch die Beziehung zur symbolischen Ordnung wird geschlechtliche Identität zu Genus oder ↗ gender, d.h. zum gesellschaftlichen (Macht-)Konstrukt und zur kulturellen Fiktion. – Für die ↗ Psychoanalytische Lit.wissenschaft ist L. von großer Bedeutung, da er psychische Prozesse unmittelbar an sprachlich-literar. Strukturen bindet. Als semiotische Phänomene in einem Machtsystem werden Kategorien wie Unbewußtes, Begehren und Subjekt darüber hinaus auch kulturwissenschaftlich (be)greifbar. Eine direkte Übertragung der Thesen L.s auf die Interpretation von Texten ist freilich kaum möglich. Das Verhältnis zwischen Psychoanalyse und Lit.wissenschaft ist bei L. eher das einer Implikation als einer Applikation. Dies zeigt sich u.a. an der Absage an den referentiellen Charakter von Sprache sowie daran, daß auch der Leser in einer Signifikantenkette gefangen und der Text wiederum vom Unbewußten des Lesers abhängig ist. Entsprechend hat L. primär eine intensive Grundlagen- und Methodendiskussion in der Lit.theorie ausgelöst.

Lit.: J. Lacan: *Écrits*, Paris 1966 (dt. *Schriften* [Hg. N. Haas], 3 Bde., Olten 1973–1980). – ders.: *Le séminaire de J.L.*, 20 Bde. (Hg. J.-A. Miller), Paris 1953/54–1972/73. – ders.: *Das Werk* (Hgg. N. Haas/H.-J. Metzger), Weinheim 1991ff. [1986]. – R.C. Davis (Hg.): *The Fictional Father. Lacanian Readings of the Text*, Amherst 1981. – J. Gallop: *Reading L.*, Ithaca 1985. – Sh. Felman: *J.L. and the Adventure of Insight. Psychoanalysis and Contemporary Culture*, Cambridge, Mass. 1987. – G. Pagel: *L. zur Einf.*, Hbg. 1989. – P. Colm Hogan/K. Pandit (Hgg.): *Criticism and L.: Essays and Dialogue on Language, Structure, and the Unconscious*, Athen/Ldn. 1990. – H.H. Hiebel: »Strukturale Psychoanalyse und Lit. (J.L.)«. In: Bogdal 1997 [1990]. S. 57–83. – M. Bowie: *L.*, Ldn. 1991 (dt. Göttingen 1994).

DF

Lämmert, Eberhard (*1924), dt. Lit.wissenschaftler und Germanist. – Studium an den Universitäten München und Bonn; Promotion 1952 in Bonn; Habilitation ebd. 1960; zunächst Lehrtätigkeit in Bonn (1960); 1961 außerordentlicher Professor an der FU Berlin, 1962: ordentlicher Professor an der FU Berlin; 1970: Professor an der Universität Heidelberg; 1976–1983: Präsident der FU Berlin; Vorsitz und Vorstand in zahlreichen kulturellen Organisationen. – L. wurde über die Grenzen der Germanistik hinaus v.a. durch sein Frühwerk über *Bauformen des Erzählens* (1955) bekannt, in dem er versucht, die Prinzipien und Oberbegriffe zu analysieren, die die Gattungen und Typen der Epik bestimmen. Er leistet damit einen Beitrag zur Bereitstellung »sachgerechte[r] Kriterien zur Ordnung der verschiedenen Dichtungsformen« (L. 1993, S.9). Die von L. entwickelte Taxonomie erfaßt insbes. den sukzessiven Aufbau des Erzählwerks, seine sphärische Geschlossenheit sowie die Dimensionen der Rede im Erzählvorgang (↗ Erzählung). L. unterscheidet zwischen der Fabel der Erzählung und der dieser zugrun-

deliegenden Geschichte (↗ *histoire* vs. *discours*) und beschäftigt sich ausgiebig mit mehrsträngigen Erzählungen, die er je nach der dominanten Verknüpfungsform in additive, korrelative und konsekutiv-kausale untergliedert. In einem weiteren Kapitel analysiert L. die Rolle des ↗ Erzählers, seiner Mittlerexistenz und seiner Gegenwart für das Erzählen. Artikulation und Bedeutung von Erzählphasen werden von L. ebenso erfaßt wie verschiedene Arten der Raffung und Erzählweisen. Im Mittelteil seiner Studie beschäftigt sich L. nach der zergliedernden Analyse der Einzelteile des Erzählwerks mit jenen Aspekten, die ihm Geschlossenheit verleihen können. Dabei stehen Rückwendungen und Vorausdeutungen im Vordergrund. Erstere werden in aufbauende, auflösende und eingeschobene Rückwendungen unterschieden, wobei bei der dritten Kategorie zwischen Rückschritten, Rückgriffen und Rückblicken zu differenzieren ist. Vorausdeutungen können nach L. in Erzähltexten in zukunftsgewisser bzw. zukunftsungewisser Form auftauchen. Der dritte Teil von L.s narratologischer Analyse zeigt die Rede in einem Spannungsverhältnis zur Aktion und definiert die Erzählkunst als eine Mischform zwischen der auf die einheitliche Sprachdimension der Personenrede konzentrierten Dramatik und der nicht minder reinen auf das Dichterwort beschränkten Lyrik. Schließlich untersucht L. die direkte Rede als Erzählmedium hinsichtlich ihres Zusammenhanges mit dem dargestellten Vorgang sowie als Mittel von Personengestaltung und zur Strukturierung erzählter Abläufe. Dem Gespräch als einer Überschneidung von Rede und Widerrede widmet L. ein eigenes Analysekapitel. Es ist das Verdienst L.s, als einer der ersten eine systematische Taxonomie narratologischer Konzepte zur Analyse von Erzähltexten entworfen und damit der Entwicklung der ↗ Erzähltheorie wichtige Impulse gegeben zu haben.

Lit.: E. Lämmert: *Bauformen des Erzählens*, Stgt. 1993 [1955]. – ders.: *Reimsprecherkunst im Spätmittelalter*, Stgt. 1970. – ders.: *Die Entfesselung des Prometheus*, Paderborn 1985. – ders.: *Die Geisteswissenschaften im Industriezeitalter*, Hagen 1986. – ders.: *Das überdachte Labyrinth. Ortsbestimmungen der Lit.wissenschaft 1960–90*, Stgt. 1991.

HA

Langue und parole, die Unterscheidung von *l.u.p.* ist eine der vier sich aus dem Arbitraritätsprinzip der Sprache ableitenden Grunddichotomien in F. de ↗ Saussures *Cours de linguistique générale* (*CLG*, 1916); Saussure betrachtet sie als die zentrale ↗ Dichotomie. Das Bild, das sich aus der Auswertung des von den Saussure-Schülern Ch. Bally und A. Sechehaye herausgegebenen *CLG* ergibt, wird durch die Einbeziehung des Quellenmaterials der Vorlesungen z. T. modifiziert. In der Forschung setzt sich zunehmend die Ansicht durch, daß die Unterscheidung von *l.* u. *p.* eine methodologische und keine objektgegebene ist. Nach Saussure handelt es sich um zwei interdependente Erscheinungsformen für dieselben sprachlichen Einheiten. Die *l.* ist die Ebene der Virtualität. Sie ist ein ↗ System von Regeln und ↗ Zeichen; der Wert eines Zeichens ergibt sich aus den Beziehungen und Oppositionen zu anderen Zeichen. Demgegenüber ist die *p.* die Ebene der Aktualität, der konkreten Realisierungen von Einheiten der *l.* Der passiven *l.* steht die aktive, durch den Willen des Individuums bedingte *p.* gegenüber. Sprachwandel beginnt in der *p.*, dort entstandene Änderungen können in einem zweiten Schritt in die *l.* übernommen werden. Im *CLG* sagt Saussure (1967, S. 30):»En séparant la langue de la parole, on sépare du même coup: 1° ce qui est social de ce qui est individuel; 2° ce qui est essentiel de ce qui est accessoire et plus ou moins accidentel.« Zieht man jedoch die Quellen für den *CLG* hinzu, zeigt sich, daß die *l.* nach Saussure nicht nur über eine soziale Seite verfügt (damit eine sprachliche Einheit Teil des Systems wird, muß sie von der Sprachgemeinschaft übernommen werden), sondern auch über eine individuelle: »Tout ce qui est contenu dans le cerveau de l'individu, le dépôt des formes <entendues et> pratiquées et de leur sens, <c'est> la *l.*« (Saussure 1967ff., S. 383). Umgekehrt ist die *p.* zwar primär individuell, doch bei Saussure findet sich auch eine soziale Konzeption der *p.* »im Sinne einer intersubjektiven (dialogischen) Hervorbringung neuen sprachlichen Sinnes« (Jäger 1976, S. 234). Der Schwerpunkt liegt bei Saussure eindeutig auf der *l.*, aber er sieht auch die Notwendigkeit einer *linguistique de la p.*. Der Oberbegriff für *l.* u. *p.* ist *langage*, ein Terminus, der bei Saussure zunächst austauschbar mit *l.* gebraucht wird. Voraussetzung für *l.* u. *p.* ist die *faculté du langage*, die nach Saussure naturgegebene Sprachfähigkeit. Die *faculté du langage* ist wichtig bei der Aktivierung, der Kodierung und der ↗ Dekodierung. In anderer Form findet sich die Trennung in verschiedene Ebenen im 19. Jh. bereits vor Saussure; ein wichtiger Vorläufer ist G. von der Gabelentz (1891) mit seiner Unterscheidung zwischen Sprachsystem und aktualisierter Rede. – Hauptkritikpunkte an der Dicho-

tomie *l.* u. *p.* sind der statische Charakter der *l.* und die zu rigide Trennung in *l.* u. *p.* (daß es Zwischenebenen geben könnte, klingt bei Saussure nur implizit an). Demgegenüber geht E. Coseriu (1979) von einer Dreiteilung in System, Norm und Rede aus. Er unterteilt die *l.* in System und Norm. Das System ist die Ebene des Funktionellen, der distinktiven Einheiten, während die Norm die Ebene des in einer Sprachgemeinschaft Üblichen, traditionell Fixierten, aber nicht zwangsläufig Distinktiven ist. K. Heger (1969) setzt zwischen Norm und *p.* zusätzlich die Ebene der Sigma-*p.* an, auf der eine Summe von *p.*-Akten klassiert wird. Ähnliche Dichotomien wie die von *l.* u. *p.* finden sich bei N. ↗ Chomsky (↗ Kompetenz und Performanz) und bei G. Guillaume (1964), der *l.* und *discours* trennt. – Die lit.wissenschaftliche Aneignung von Saussures Unterscheidung zielt bis in die 60er Jahre (↗ Russ. Formalismus; ↗ Prager Schule; ↗ Strukturalismus; *Tel Quel*; A. J. ↗ Greimas; R. ↗ Barthes) auf die Erfassung struktureller Invarianzen von Texten. Der Einfluß von Saussures Anagrammstudien (J. ↗ Starobinski; ↗ Anagramm), die stärkere Akzentuierung der Signifikantenebene gegenüber der des Signifikats (↗ Signifikant und Signifikat), die Betonung von Fragen der Temporalisierung, der Historizität und Subjektivität führen zu einer Revision solcher Ansätze.

Lit.: G. v. der Gabelentz: *Die Sprachwissenschaft. Ihre Aufgaben, Methoden und bisherigen Ergebnisse*, Tüb. 1984 [1891]. – G. Guillaume: *Langage et science du langage*, Paris/Quebec 1964. – N. Chomsky: *Aspects of the Theory of Syntax*, Cambridge, Mass. 1965. – F. de Saussure: *Cours de linguistique générale* (Hgg. Ch. Bally/A. Sechehaye), Paris 1967 [1916]. – Saussure 1967ff. – K. Heger: »Die Semantik und die Dichotomie von *l.* u. *p.*«. In: *Zs. für romanische Philologie* 85 (1969) S. 144–215. – E. Coseriu: *Sprache. Strukturen und Funktionen*, Tüb. 1979 [1970]. – L. Jäger: »F. de Saussures historisch-hermeneutische Idee der Sprache. Ein Plädoyer für die Rekonstruktion des Saussureschen Denkens in seiner authentischen Gestalt«. In: *Linguistik und Didaktik* 27 (1976) S. 210–244,

YSt

L'art pour l'art ↗ Ästhetizismus

Leavis, Frank Raymond (1895–1978), engl. Lit.- und Kulturkritiker. – L.' akademischer Werdegang, seine enge lit.kritische Zusammenarbeit mit seiner Frau Queenie Dorothy und seine erfolgreiche Funktion als führender Kopf der einflußreichen Zs. *Scrutiny* sind untrennbar mit Cambridge und der Aufbruchstimmung verknüpft, die dort nach Etablierung der *English*

Studies als eines eigenständigen Studiengangs herrschte. Obwohl er zwischen 1927 und 1964 in verschiedenen Positionen ununterbrochen am Downing College lehrte und schon bald durch sein Charisma, zahlreiche vielbeachtete Publikationen und mehrere heftige Kontroversen, so mit R. ↗ Wellek über das Verhältnis von Lit.kritik und Philosophie, mit F.W. Bateson über das Verhältnis von ›*scholarship*‹ und ›*criticism*‹ und C.P. Snow über das Problem der ›zwei Kulturen‹, weit über Cambridge hinaus bekannt wurde, führten sein Außenseiterstatus und seine mit polemischer Schärfe vertretenen Grundsatzpositionen dazu, daß ihm die angemessene Anerkennung an seiner eigenen Universität allzu lange versagt blieb. Auch das kulturelle Establishment ließ ihn zeitlebens die Verärgerung spüren, die er bei ihren Repräsentanten durch seine harsche Kritik an der Diskrepanz von Ideal und Wirklichkeit der veröffentlichten Meinung und ihrem Versagen gegenüber den normativen Anforderungen an ›the common pursuit of true judgement‹ provoziert hatte. – Bei seinem Programm einer in der Lit.kritik zentrierten und zivilisationskritisch ausgerichteten Erneuerung der wertstiftenden Leitbildfunktion der Kultur, das eine adäquate Antwort auf das geistig-moralische Vakuum im intellektuellen Leben Englands versprach, sind Lit.- und ↗ Kulturkritik untrennbar miteinander verknüpft und vereinen sich im prinzipiellen Einspruch gegen das Verhängnis der modernen Zivilisation. Dies gilt auch für seine einflußreichen Bemühungen um die ›*great tradition*‹ der engl. Lit. Sie sind weit mehr als nur die eigenwillige Konstruktion eines ↗ Kanons und verdichten sich zu prinzipiellen Reflexionen auf die Implikationen einer wirkungsgeschichtlich verankerten Tradition als der relevanten Vorgeschichte des modernen Bewußtseins. Im Hintergrund steht dabei die kulturkritische Diagnose, daß die Kultur generierende Wechselbeziehung von Kontinuität und Kreativität als Folge des modernen Zivilisationsprozesses weitgehend zerstört worden ist. Kompensatorisch soll daher die literar. Tradition zum Kernpunkt eines kulturellen ↗ Gedächtnisses werden, das die in der Lit. bewahrten repräsentativen humanen Wert- und Sinnerfahrungen als Alternative zur Eindimensionalität einer ›*technologico-Benthamite civilization*‹ bereitstellt. – Bei L.' Neukonzeption der Tradition engl. Lyrik in den 30er Jahren orientiert er sich an den lit.theoretischen Schriften und der dichterischen Praxis von T.S. ↗ Eliot. Demgegenüber liefert das Romanwerk von D.H. Lawrence (im para-

digmatischen Gegensatz zu dem von J. Joyce) den gegenwärtigen Bezugspunkt für die hermeneutische Rekonstruktion der ›*great tradition*‹ des engl. Romans, die im Zentrum seiner Arbeiten in den 40er und 50er Jahren steht. Dabei bildet *D.H. Lawrence: Novelist* (1955) die notwendige Ergänzung zu *The Great Tradition* (1948), in der er das Wertprädikat der Klassizität für diejenigen AutorenInnen reserviert, denen es gelingt, ästhetisch-narrative Innovation mit einer fundierten moralischen Lebenskritik zu verbinden. – Die von L. in seinem Spätwerk entworfene gattungsübergreifende ›romantische‹ Traditionslinie von W. Blake über den späten Ch. Dickens bis zu Lawrence, für die eine radikalisierte Zivilisationskritik ebenso wie fundamentalphilosophische Affirmationen charakteristisch sind, ist ohne das komplexe Ideennetz seiner lebensphilosophischen Kulturanthropologie nicht denkbar. Konstruktiv Anregungen von R.G. ↗ Collingwood, M. Polanyi und M. Grene aufnehmend, vertieft L. damit entscheidend seine kulturkritische Axiomatik, die bis dahin kaum über die aktualisierende Fortschreibung der Grundpositionen viktorianischer Kulturkritik und der Maximen eines ›*liberal humanism*‹ hinausgelangt war. Mit seiner um das komplexe Konzept des ›*third realm*‹ zentrierten lebensphilosophischen Kulturanthropologie schlägt er eine Brücke zwischen der subjektiven Innerlichkeit der Seele und der objektiven Welt materieller und geistiger Gegenstände und damit der kulturgeschichtlichen Gattungsarbeit. Analog dazu versöhnt er in seiner Lit.theorie ausdrucks- und werkästhetische Ansätze und vermittelt die Subjektivität emotionsgestimmten inneren Erlebens und Selbstausdrucks mit der Objektivität des Situationskorrelats und der Konkretheit gegenständlicher Wirklichkeit. Da lebensphilosophisch gesehen weder ein empiristischer Materialismus noch ein subjektivistischer Idealismus das Wesen der menschlichen Lebensstruktur im Sinne der unaufhebbaren Differenz von ›*life and lives*‹, von transzendentalem Lebensprinzip und seiner Konkretisierung in den individuellen psychischen Systemen, adäquat erfassen kann, bedarf es dazu der in seiner lebensphilosophischen Kulturanthropologie vorgezeichneten prozeßhaften Vermittlung von innerseelischer Unmittelbarkeit und der Objektivität der materiellen und kulturellen Welt und damit des Umwegs der Seele über die entäußerte Welt kultureller Gegenstände zur Wahrheit ihrer eigenen Selbstverwirklichung. Ihr entspricht ein Innenwelt und Außenwelt wechselseitig brechender Lit.begriff, in dem einerseits ein narzißtischer Gefühlskult durch die gegenständliche Konkretheit der Situation diszipliniert wird und in dem andererseits einer fremden und indifferenten Welt des Empirisch-Dinglichen die humanisierende Kraft menschlicher Kultur und Kreativität sich mitteilt.

Lit.: F.R. Leavis: *New Bearings in English Poetry. A Study of the Contemporary Situation*, N.Y. 1978 [1932]. – ders.: *Revaluation. Tradition and Development in English Poetry*, Harmondsworth 1994 [1936]. – ders.: *The Great Tradition. G. Eliot, H. James, J. Conrad*, Harmondsworth 1993 [1948]. – ders.: *The Common Pursuit*, Harmondsworth 1993 [1952]. – ders.: *D.H. Lawrence. Novelist*, Harmondsworth 1981 [1955]. – ders.: *Nor Shall My Sword. Discourses on Pluralism, Compassion and Social Hope*, Ldn. 1972. – ders.: *The Living Principle. ›English‹ as Discipline of Thought*, Ldn. 1977 [1975]. – ders./Q.D. Leavis: *Dickens the Novelist*, Ldn. 1994 [1970]. – R.P. Bilan: *The Literary Criticism of F.R.L.*, Cambridge 1979. – M. Winkgens: *Die kulturkritische Verankerung der Lit.kritik bei F.R.L.*, Paderborn 1988. – J. Kramer: »F.R.L. (1895–1965)«. In: Lange 1990. S. 315–342.

MW

Leerstelle, zentraler Begriff der von W. ↗ Iser in seinen Schriften der 70er Jahre entwickelten Theorie der ↗ Wirkungsästhetik. – Iser knüpft an R. ↗ Ingardens Konzept der Unbestimmtheitsstellen (↗ Unbestimmtheit, literar.) an und leitet die L. phänomenologisch aus dem perspektivischen ↗ System ›schematisierter Ansichten‹ in der Gegenstandserzeugung fiktionaler Texte ab, geht jedoch insofern entscheidend über Ingarden hinaus, als ihre ↗ Konkretisierung durch den Leser nicht nur als eine undynamische Komplettierung von ›Lücken‹ im Text, sondern als Basis für das offene, Sinn konstituierende Geschehen in der Interaktion von Text und Leser gedacht wird. Die L. wird daher als unterbrochene bzw. ausgesparte Anschließbarkeit definiert, die eine vom Leser zu vollziehende Kombinationsnotwendigkeit zwischen einzelnen Textsegmenten und Darstellungsperspektiven anzeigt, ihm also eine Hypothesenbildung darüber abverlangt, in welchem Beziehungsverhältnis diese zueinander stehen, und die zugleich in kontrollierter Weise diese Vorstellungsaktivität des Lesers steuert. – Die Funktion der L. als Kommunikationsbedingung erklärt sich aus der Annahme einer fundamentalen Asymmetrie von Text und Leser, ›die sich in der mangelnden Gemeinsamkeit einer Situation und in der mangelnden Vorgegebenheit eines gemeinsamen Bezugsrahmens anzeigt‹ (Iser). Dies ist freilich kein Manko, sondern fungiert analog zur Wirkung von Kontingenzerfahrung in dyadischen Interaktionen der Lebenswelt als Antrieb zu einem dynamischen Kommunikationsprozeß zwischen Text und Leser. Er wird durch die Dialektik ›von Zeigen und Verschweigen‹ reguliert, wobei das Verschwiegene den Anreiz für die Konstitutionsakte des Lesers bildet, die ihrerseits durch das im Text Formulierte und perspektivisch Ausgestaltete kontrolliert werden. Die L. ist daher kein Freibrief für interpretatorische Willkür und den Relativismus subjektiver Sinnprojektionen, sondern wird in der Systemreferenz der Textstruktur verankert, die der intersubjektiven Rekonstruktion zugänglich bleibt. Obwohl L. als Textstrategien in erster Linie auf der ↗ syntagmatischen Achse den wechselnden Leserblickpunkt organisieren, üben sie gemeinsam mit den Negationen auch auf der paradigmatischen Achse des ↗ Textrepertoires eine entscheidende Wirkung aus. Erzeugen doch Negation bzw. ›gezielte Teilnegationen‹ eingekapselter Normen ihrerseits ›L.n im selektierten Normenrepertoire‹, markieren ›eine Verdeckung am bekannten Wissen‹, stellen dessen Geltungsanspruch in Frage und wirken so in vielfältiger Weise auf die Vorstellungen des Lesers ein.

Lit.: s. auch W. ↗ Iser. – G. Kaiser: »Nachruf auf die Interpretation?«. In: *Poetica* 4 (1971) S. 267–277. – ders.: »Die Appellstruktur der Texte. Unbestimmtheit als Wirkungsbedingung literar. Prosa«. In: R. Warning (Hg.): *Rezeptionsästhetik*, Mchn. 1994 [1975]. S. 228–252. – Iser 1994 [1976]. S. 257–347. – M. Richter: »Wirkungsästhetik«. In: Arnold/Detering 1997 [1996]. S. 516–535.

MW

Leitdifferenz, im Rahmen der differenztheoretischen Konzeption der soziologischen ↗ Systemtheorie N. ↗ Luhmanns (vgl. 1984, S. 56f.) bezeichnet der Begriff der L. eine Differenz, die durch die Etablierung eines bestimmten Gesichtspunktes, den man neutral mit einer binären Schematisierung (↗ Binarismus, ↗ Dichotomie) wie brauchbar/unbrauchbar umschreiben könnte, den Spielraum für Selektionen arrangiert und einschränkt. – Im Hinblick auf die Abstraktheit dieser Definition kann man L.en auf ganz unterschiedlichen Ebenen beobachten. Luhmann (1984, S. 19) selber scheint in erster Linie an größere wissenssoziologische Zusammenhänge zu denken: »L.en sind Unterscheidungen, die die Informationsverarbeitungsmöglichkeiten der Theorie steuern. [Sie] können die Qualität eines beherrschenden Paradigmas gewinnen, wenn sie eine Supertheorie so organisieren, daß praktisch die gesamte Informations-verarbeitung ihnen folgt.« In diesem Sinne verweist Luhmann für die Geschichte des Systemdenkens auf drei Phasen, nämlich (a) das Paradigma von Teil und Ganzem, (b) das Paradigma von ↗ System und Umwelt und (c) das Paradigma autopoietischer Systeme. – Im lit.-wissenschaftlichen Bereich erklärt S. J. ↗ Schmidt die Unterscheidung literar./nicht-literar. zur L. des modernen Sozialsystems Lit. (↗ Lit.system). Die daran anschließende lit.wissenschaftliche Diskussion (vgl. Werber 1992, S. 25 f.) macht deutlich, daß der Begriff der L. noch nicht hinreichend von anderen Begriffen der Luhmannschen Theorie, insbes. im Hinblick auf die Codierung symbolisch generalisierter Kommunikationsmedien (vgl. ↗ Systemtheorie), unterschieden wird.

Lit.: N. Luhmann: *Soziale Systeme. Grundriß einer allg. Theorie*, FfM. 1984. – S. J. Schmidt: *Die Selbstorganisation des Sozialsystems Lit. im 18. Jh.*, FfM. 1989. – N. Werber: *Lit. als System. Zur Ausdifferenzierung literar. Kommunikation*, Wiesbaden 1992.　　　　ChR

Lektüre ↗ Lesen/Lektüre

Lesbian Studies ↗ *Gay and Lesbian Studies*

Lesen/Lektüre (ahd. *lesan*; lat. *legere*: auflesen, sammeln, auslesen; mlat. *lectura*: Lesen; frz. *lecture*), (1) eine bewußt-intentionale und primär innere, d. h. geistige Handlung eines Individuums, in der komplexe Prozesse der visuellen Aufnahme und Wahrnehmung v. a. von Sprache in der Form schriftlicher ↗ Zeichen (↗ Schriftlichkeit) und des geistigen Verstehens zur Bedeutungsgenerierung zusammenwirken (vgl. Aust 1983). – Lesen, das sich auch auf nichtsprachliche Zeichen beziehen kann, ist mehr als das Entziffern und Dekodieren von Zeichen. Im Kontext des Verstehensbegriffs (↗ Verstehen) und der aktiven Sinnkonstitution wird Lesen im Zusammenspiel von Text- und Lesestrategien (vgl. Gross 1994) vielmehr zum Inbegriff des hermeneutischen Prinzips (↗ Hermeneutik; vgl. Blumenberg 1981). – ›Lektüre‹ im Singular bezeichnet im Dt. zum einen den Lesevorgang, zum anderen, auch im Plural, den Lesestoff. Das Lesen gilt im Rahmen der Erforschung der Lesekultur einer Gesellschaft als zentrale Kulturtechnik und wurde schon früh Gegenstand theoretischer Überlegungen, v. a. in pädagogischen Kontexten wie im MA. im *Didascalicon* des Hugo von St. Victor oder aber in den erzieherischen Schriften über die ›Lesewut‹ der Frauen

im 18. Jh. Die Rekonstruktion des Lesens in seinen verschiedenen Erscheinungsformen und Praktiken als »historisch und gesellschaftlich bestimmte[...] Arten des Textzugangs« (Chartier 1990, S. 11) steht angesichts der Nichtbeobachtbarkeit und der Notwendigkeit des Schließens von äußeren Bedingungen und Wirkungen des Lesens vor bes. methodischen Problemen. (2) In einer Phänomenologie des Lesens werden unter typologischen Aspekten v. a. in lit.wissenschaftlichen Arbeiten Leseweisen unterschieden wie z. B. distanziert-kritisches vs. identifizierendes Lesen, kursorisches vs. gründliches Lesen, wort- vs. sinnbezogenes Lesen usw. Bes. Aufmerksamkeit wird dem vom pragmatischen Lesen deutlich abgehobenen literar. Lesen gewidmet, das angesichts oft mehrdeutiger Texte (↗ Ambiguität) komplexe Desambiguierungsstrategien im Verstehensversuch erforderlich macht (vgl. Gross 1994, S. 2). – In den 70er Jahren wurde zum einen im Rahmen der ↗ Wirkungsästhetik der Leser als im Text eingeschriebene Kategorie (W. ↗ Iser; impliziter ↗ Leser), zum anderen in der ↗ Rezeptionsforschung und in der ↗ Rezeptionsästhetik als historische Instanz (H. R. ↗ Jauß) aufgewertet, so daß das Zusammenspiel von Text als ›Partitur‹ mit lesersteuernden Merkmalen und aktiv deutendem Leser zum Gegenstand der Untersuchungen wurde. In der postmodernen Diskussion führt der Gedanke der Unabschließbarkeit der im Lesevorgang gebildeten Deutungen zur Vorstellung vom ›offenen Text‹, während die literar. Tradition unter dem Aspekt eines kreativen *misreading* der nachfolgenden Autoren- und Kritikergenerationen nachvollziehbar wird (H. ↗ Bloom; J. H. ↗ Miller; ↗ Dekonstruktion; ↗ Postmoderne). (3) Die historische Lese(r)forschung, die sich in ihren Fragen und Verfahren mit der ↗ Lit.soziologie berührt, richtet sich in dem Versuch der Erforschung vergangener Lesehandlungen und historisch konkreter Leser von der Antike zur Moderne u. a. auf den Wandel von Leseweisen wie laut-murmelndes vs. stilles Lesen oder gruppenbezogenes, geselliges Vorlesen vs. einsames Lesen, auf den Wandel von Leseeinstellungen und -motiven, auf die Erforschung von Lesergruppen nach Stand bzw. Schicht, Alter und Geschlecht wie z. B. in Untersuchungen zur Frauen- und Arbeiterlektüre, auf die Entwicklung von Lesertypologien, z. B. nach der Wahl der Lesestoffe mit der Unterscheidung zwischen Krimimalromanleser und Sachbuchleser, nach den Schriftträgertypen, etwa dem Zeitungsleser gegenüber dem Buchleser, nach der Lesehäufigkeit mit dem Vielleser gegenüber dem Gelegenheitsleser sowie auf die Untersuchung von Lesefunktionen, deutlich z.B. in der Unterscheidung von Arbeits-, Freizeit-, Bildungslektüre bei R. Engelsing (1974). Versuche der ↗ Periodisierung v.a. zum Übergang vom MA. zur frühen Neuzeit und zur Wende im 18. Jh. liegen z.B. nach dem Kriterium des Unterschieds zwischen ›intensiver‹ und ›extensiver‹ Lektüre bei R. Engelsing und nach dem Kriterium des ›Verlusts der Sinnlichkeit‹ um 1800 bei E. Schön (1987) vor. Zentrale Bereiche der historischen Lese(r)forschung sind die Abgrenzung von Lesen und Vorlesen mit dem zugeordneten Rezeptionsmodus ›Hören‹ (↗ Mündlichkeit) v.a. zum MA., der bildungshistorische Hintergrund zur Lesefähigkeit, die ›Leserevolution‹ im 18. Jh., der Zusammenhang von Lesen und Demokratisierung, Modernisierung und Individualisierung sowie Fragen der Lesebehinderung und der Leseverbote (↗ Zensur). Quellen der historischen Lese(r)forschung sind u.a. Inventarlisten von privaten Bibliotheken, Bibliothekskataloge, Testamente, Hinweise auf Leseprozesse und -erlebnisse in Briefwechseln, Lesernotizen in Büchern (›Marginalienforschung‹), aber auch die Auswertung von bildlichen Lesedarstellungen wie v.a. die Untersuchung der materiellen Merkmale der Schriftträger selbst, u.a. im Hinblick auf Typenwahl und Layout unter dem Aspekt der Lesbarkeit. Problematisch ist, daß bis in die Neuzeit hinein das Leseverhalten des Volkes gegenüber dem der Eliten angesichts fehlender Quellen nur schwer zugänglich ist. (4) Die moderne soziologisch-empirische Lese(r)forschung, die v.a. als Buchmarktforschung betrieben wird, steht im Zeichen der Diskussion um die ›Medienrevolution‹ bzw. Medienkonkurrenz der Print-Medien gegenüber den Non-Print-Medien (↗ Massenmedien). Seit H.M. ↗ McLuhans *Gutenberg-Galaxy* von 1962 steht das (vermutete) Ende der Lesekultur wie die neue *secondary orality* des Medienzeitalters (W.J. ↗ Ong) sowie der ›Sekundäranalphabet‹ bzw. der ›funktionale Analphabet‹ im Zentrum der medientheoretischen Diskussion. In neueren Untersuchungen (vgl. Franzmann/Steinborn 1978) wird der seit dem 19. Jh. meist an der ›schönen Lit.‹ ausgerichtete Begriff des Lesens weitgehend durch die pragmatische Kategorie der ›Buchnutzung‹ ersetzt.

Lit.: A.C. Baumgärtner (Hg.): *Lesen. Ein Handbuch*, Hbg. 1974 [1973]. – R. Engelsing; *Der Bürger als Leser*, Stgt. 1974. – H.R. Jauß: »Der Leser als Instanz einer neuen Geschichte der Lit.«. In: *Poetica* 7 (1975) S. 325–344. – Iser 1994 [1976]. – B. Franzmann/P. Steinborn (Hgg.): *Kommunikationsverhalten und Buch*, 7 Bde., Mchn. 1978. – H. Blumenberg: *Die Lesbarkeit der Welt*, FfM. 1996 [1981]. – H. Aust: *Lesen*, Tüb. 1983. – B. Schlieben-Lange (Hg.): *Lesen – historisch*, Göttingen 1985. – E. Schön: *Der Verlust der Sinnlichkeit*, Stgt. 1993 [1987]. – A. Fritz: *Lesen in der Mediengesellschaft*, Wien 1989. – R. Chartier: *Lesewelten*, FfM./Paris 1990. – H.E. Bödeker (Hg.): *Lesekulturen im 18. Jh.*, Hbg. 1992. – D.H. Green: *Medieval Listening and Reading*, Cambridge et al. 1996 [1994]. – S. Gross: *Lese-Zeichen*, Darmstadt 1994. – U. Ricklefs: »Lesen/Leser«. In: ders. 1996. S. 961–1005.
GMO

Leser, fiktiver (fiktiver Adressat, engl. *narratee*), das Konzept des f.L.s bildet das Korrelat des ↗ Erzählers auf der *discours*-Ebene (↗ *histoire* vs. *discours*) eines Erzähltextes, ist aber bei weitem nicht so etabliert wie das des Erzählers. Grundlage für dieses Konzept ist die Annahme, daß jede Erzählung einen Adressaten besitzt; im ↗ Kommunikationsmodell narrativer Texte bildet der f.L die dem Erzähler als Sender entsprechende Instanz auf Empfängerseite. Auf der Senderseite läßt sich der f.L. textintern von Leserfiguren auf der Figurenebene und vom impliziten ↗ Leser abgrenzen, textextern stehen ihm Konzepte wie das des ›idealen‹ bzw. intendierten (vgl. Wolff 1971) und des realen Lesers gegenüber. Innerhalb dieser Abgrenzungen lassen sich verschiedene Grade der Explizität des f.L.s unterscheiden, die zwischen den Polen ›impliziter fiktiver Adressat‹ (*covert narratee*) und ›expliziter fiktiver Adressat‹ (*overt narratee*) angesiedelt sind. Allen Ausprägungen des f.L.s gemeinsam sind die Eigenschaften des *zero-degree narratee* (vgl. G. ↗ Prince 1980): Dieser ist mit den gleichen sprachlichen Fähigkeiten wie der Erzähler ausgestattet, besitzt jedoch keine Persönlichkeit und ist auf das Erzählen und die Werturteile des Erzählers angewiesen, da er aufgrund seines fehlenden Weltwissens keine impliziten Kausalitäten wahrnehmen kann. Der *zero-degree narratee* bildet gleichzeitig die Nullstufe der Skalierung von Adressatentypen und ist mit dem *covert narratee* identisch. Je expliziter die Signale sind, die den f.L. textuell faßbar machen, desto näher rückt der Adressatentyp an den *overt narratee*. Diese textuellen Signale können in direkten Leseranreden eines auktorialen Erzählers bestehen, aber auch im Gebrauch eines inklusiven ›wir‹ oder in ›rhetorischen‹ Fragen des Erzählers, die unterstellte Fragen des f.L.s wiedergeben. An den Extrempunkten dieser Skala sind die Übergänge zur jeweils nächsten Kommunikationsebene fließend: Ein durch viele textuelle Signale explizierter f.L. kann zur Leserfigur werden, während der Übergang vom *covert narratee* zum impliziten Leser fließend ist und die Abgrenzung vom jeweils verwendeten Konzept des impliziten Lesers abhängt (vgl. Goetsch 1983, S. 201).

Lit.: E. Wolff: »Der intendierte Leser«. In: *Poetica* 4 (1971) S. 139–166. – G. Prince: »Introduction to the Study of the Narratee«. In: Tompkins 1994 [1980]. S. 7–25. – W.D. Wilson: »Readers in Texts«. In: *PMLA* 96 (1981) S. 848–863. – P. Goetsch: »Leserfiguren in der Erzählkunst«. In: *GRM* 33 (1983) S. 199–215. – G. Prince: »The Narratee Revisited«. In: *Style* 19.3 (1985) S. 299–303.

KS

Leser, historischer ↗ Lesen/Lektüre

Leser, impliziter, als Komplement zum *implied author* (W.C. ↗ Booth) von W. ↗ Iser unter diesem Titel in Einzelanalysen engl.sprachiger Romane historisch ausdifferenziertes und in *Der Akt des Lesens* (1976) theoretisch detailliert begründetes Zentralkonzept seiner ↗ Wirkungsästhetik. – In strikter Parallelität zum ›impliziten ↗ Autor‹ wird der i.L. als ein sowohl vom realen Leser als auch von der im Text markierten Perspektive der Leserfiktion unterschiedenes theoretisches Konstrukt postuliert. Als rezeptionsbezogenes Äquivalent zum impliziten Autor plausibilisiert es zum einen eine als personalisiert vorgestellte eigene Kommunikationsebene zwischen beiden Instanzen und etabliert in dem nach unterschiedlichen semiotischen Niveaus differenzierten ↗ Kommunikationsmodell narrativer Texte eine weitere, vierte Ebene. Als transzendentales Modell gedacht, erweitert der i.L. zum anderen den phänomenologischen Spielraum der Textstruktur und der über sie intersubjektiv begründbaren lit.wissenschaftlichen Aussagen und sichert sie gegen Interferenzen mit der sozialpsychologisch codierten Realität des historischen ↗ Autors wie des Lesers ab. – Iser definiert den i.L. als ›ein transzendentales Modell, durch das sich allg. Wirkungsstrukturen fiktionaler Texte‹ beschreiben lassen. Es meint die im Text ausmachbare Leserrolle, die aus einer Textstruktur und einer Aktstruktur besteht, es umschreibt ›einen Übertragungsvorgang, durch den sich die Textstrukturen über die Vorstellungsakte in den Erfahrungshaushalt des Lesers übersetzen‹. Da die Leserrolle einen Realisierungsfächer, eine virtuelle Struktur von durch perspektivische Relationen unterschiedlich anschließbaren Bedeutungspotentialen, enthält, der in jeder konkreten ↗ Aktualisierung eine bestimmte Besetzung ›der Struktur des i.L.s‹ erfährt, bildet diese Struktur einen intersubjektiv zugänglichen Referenzrahmen, der ›den Beziehungshorizont für die Vielfalt historischer und individueller Aktualisierungen des Textes bereitstellt, um diese in ihrer Besonderheit analysieren zu können‹. Ungeachtet der Verdienste um ein theoretisch geschärftes Bewußtsein für die aktive Rolle des Lesers bei der Konstituierung der Werkstruktur, ist das Konzept des i.L.s aus narratologischer Perspektive ernsthaft in Zweifel gezogen worden. Wie beim impliziten Autor richtet sich die Kritik am i.L. gegen den zu Widersprüchen führenden Status dieser personalisierte Instanzen suggerierenden Konzepte, die beide aus der übergreifenden Werkstruktur abgeleitete Konstrukte vom Fluchtpunkt des Lesers darstellen ohne Bindung an ein reales oder fiktives Aussagesubjekt und daher in der Differenz von Sender- und Empfängerinstanz im Grunde ununterscheidbar werden. Daher spricht manches für A. Nünnings (1993) Vorschlag, zur Vermeidung von Paradoxien auf beide Konzepte und ihre Unterscheidung zu verzichten, gleichzeitig aber ihre unverzichtbaren theoretischen Funktionen auf das rein virtuelle System einer Gesamtstruktur des Textes (↗ Struktur) als einer im Sinne von L. ↗ Althussers Strukturbegriff abwesenden Ursache, die nur in ihren Wirkungen vorhanden ist, zu übertragen.

Lit.: s. auch W. ↗ Iser. – W. Iser: *Der i.L.: Kommunikationsformen des Romans von Bunyan bis Beckett*, Mchn. 1994 [1972]. – ders. 1994 [1976]. S. 37–86. – S.R. Suleiman/I. Crosman (Hgg.): *The Reader in the Text. Essays on Audience and Interpretation*, Princeton 1980. – A. Nünning: »Renaissance eines anthropomorphisierten Passepartouts oder Nachruf auf lit.-kritisches Phantom? Überlegungen und Alternativen zum Konzept des ›implied author‹«. In: *DVjs* 67 (1993) S. 1–25.

MW

Leserforschung ↗ Lesen/Lektüre

Lévi-Strauss, Claude (*1908), Ethnologe und Kulturtheoretiker. – Von 1935 bis 1939 lehrte L.-St. an der Universität von São Paulo und hatte Gelegenheit, an mehreren Expeditionen ins Innere von Brasilien teilzunehmen, deren Eindrücke er später in einem seiner bedeutendsten und populärsten Werke, den *Traurigen Tropen* (*Tristes Tropiques*, 1955) festhielt. Von 1942 bis 1945 war er als Dozent an der New School for Social Research in N.Y. tätig. Fünf Jahre später nahm er einen Ruf an die École Pratique des

Hautes Études an, wo er als Forschungsschwerpunkt die vergleichenden Religionswissenschaften der schriftlosen Völker vertrat. Seit 1959 lehrte er am Collège de France das Fach Sozialanthropologie, eine Tätigkeit, die er bis zu seiner Emeritierung im Jahre 1982 ausübte; seit 1973 ist er außerdem Mitglied der Académie française. – Schon seine erste bedeutende Publikation über die elementaren Verwandtschaftsstrukturen (*Les structures élémentaires de la parenté*, 1949) erwies sich als wegweisend für die Form der strukturalen Ethnologie, an deren Grundlegung und Weiterentwicklung L.-St. zeitlebens arbeitete. Es folgten Studien zum Totemismus und über das sog. ›wilde Denken‹ (*La pensée sauvage* 1962), die ↗ Mentalität der Naturvölker, die L.-St. als nicht weniger komplex und vielschichtig begreift als diejenige der Zivilisationsmenschen. Sie ist, wenn auch durch andere Prioritäten bestimmt als die in den modernen Kulturen übliche Denkweise, ebenso subtil und durch beachtliche Abstraktionen gekennzeichnet. Das ›wilde Denken‹ gleicht nach L.-St. einer intellektuellen Bastelei (↗ bricolage); es orientiert sich stärker an Qualitäten als an Quantitäten und weist einen auffallenden klassifikatorischen Grundzug auf. In den *Mythologiques* (1964– 1971), seinem vierbändigen Hauptwerk, setzt L.-St. das begonnene Projekt der ethnologisch-mythologischen Strukturanalysen fort. Darüber hinaus werden nun Transformationsregeln entworfen, die es erlauben, aus einer gegebenen Mythe (↗ Mythos) eine Vielzahl neuer mythischer Erzählungen zu generieren. Die weitere Ausdifferenzierung oder Abwandlung der Mythen diente, so die Annahme, nicht zuletzt dem Ziel, sie an neue Lebenswelten und sich allmählich verändernde Kulturgemeinschaften anzupassen. – In lit.wissenschaftlichen Fachkreisen wurde L.-St. v. a. durch die fruchtbare Zusammenarbeit mit R. ↗ Jakobson bekannt, aus der u. a. die strukturalistische Interpretation von Ch. Baudelaires »Les Chats« hervorging, die für jene Form der Textanalyse (↗ Strukturalismus) vorbildlich werden sollte. Das bahnbrechendste Werk, das L.-St. auch außerhalb von kulturwissenschaftlichen und akademischen Fachkreisen berühmt machte, war der 1955 erschienene autobiographische Reisebericht *Tristes Tropiques*, in dem der Autor die Erfahrungen seiner Feldforschungen, die ethnographischen Beobachtungen und Studien bei den brasilian. Eingeborenen, aufgezeichnet und literar. verarbeitet hat. Zweifellos zählt das Buch zu den bedeutendsten ›literar. Erfolgen‹ des Strukturalismus.

Die *Traurigen Tropen* sind nicht zu Unrecht mit Montaignes *Essais* verglichen worden. Sie werden von pessimistischen und zivilisationskritischen Akzenten durchzogen, da sich L.-St. bewußt ist, daß die beobachteten Kulturen bereits im Verschwinden begriffen sind. Ohne eine nostalgische oder romantische Haltung gegenüber den sog. ›primitiven‹ Völkern aufkommen zu lassen, beschreibt er deren Lebensgewohnheiten, an denen er selbst unmittelbar teilnahm, mit sachlichem Blick und größter Genauigkeit. Der erkenntnistheoretische Wert der Begegnung mit den Eingeborenen liege für den zivilisierten Menschen, so die Bilanz der brasilian. Reise, nicht zuletzt darin, daß er in ihnen eine irreduzible Andersartigkeit erkennt, während die eigene Kultur Gefahr laufe, eine immer größere Gleichförmigkeit zu fördern, in der Entdeckungen des Fremden und des Anderen nicht mehr möglich sind.

Lit.: Cl. Lévi-Strauss: *Tristes Tropiques*, Paris 1955 (dt. *Traurige Tropen*, FfM. 1993 [1960]). – ders./R. Jakobson: »›Les Chats‹ de Ch. Baudelaire«. In: *L'homme. Revue française d'anthropologie* 2.1 (1962) S. 5–21 (dt. »›Les Chats‹ von Ch. Baudelaire«. In: *Sprache im Technischen Zeitalter* 29 [1969] S. 2–19). – ders.: *La pensée sauvage*, Paris 1962 (dt. *Das wilde Denken*, FfM. 1968). – ders.: *Mythologiques*, 4 Bde., Paris 1964–71 (dt. *Mytholgica*, 4 Bde., 1995 [1971–75]). – ders./D. Eribon: *De près et de loin*, Paris 1988 (dt. ›*Das Nahe und das Ferne*‹. Eine Autobiographie in Gesprächen, FfM. 1989). – W. Lepenies/H. Ritter (Hgg.): *Orte des wilden Denkens. Zur Anthropologie von Cl.L.-St.*, FfM. 1970. – E. Leach: *L.-St. zur Einf.*, Hbg. 1991. – A. de Ruijeter: *Cl.L.-St.*, FfM./N.Y. 1991.

AS

Lezama Lima, José (1910–1976), kuban. Dichter, Romancier, Essayist und Kulturkritiker. – Nach seinem Jurastudium in Havanna wurde L. eines der Gründungsmitglieder der literar. Zs. *Verbum* (1937) und Kopf der mit der Zs. *Orígenes* (1944–1956) assoziierten literar. Gruppe. – L. nutzt die essayistische Freiheit, um formal sowie inhaltlich eine poetische Denkmethode der ↗ Kulturkritik zu entwickeln. Dabei nimmt er die Kulturtheorie des ↗ Neobarock vorweg, das die Opposition zwischen den Utopien autochthoner Identität und den unter dem Verdacht des ↗ Eurozentrismus stehenden Kosmopolitismus überwindet. ↗ Kultur bedeutet für L. prinzipiell Assimilation und damit Hybridität. Schon in seinem Gedichtband *Dador* von 1960 (dt. *Der Schenkende*) verwirklicht er einen formalen und inhaltlichen Universalismus, der (analog zu J.L. Borges) zugleich Emblem für seine umfassende kulturelle Bildung und eine authentische Form von ›americanidad‹ ist. Kultur ist unendliche Schöpfung auf dem Wege einer universellen Metaphorik, die eine ästhetische Seinsform behauptet, welche nur in poetischen Paradoxa zu denken ist und nicht mit der ↗ Mimesis von Welt koinzidiert. Paradoxales, metaphorisches Denken wird zur Erkenntnismethode, die auch in ein den metahistorischen Theorien nahestehendes Geschichtsmodell mündet. Geschichte ist, so L., ›imaginiert‹. Historische Epochen sind Entwürfe eines metaphorisch denkenden Subjekts, das die Vergangenheit aus dem Vergessen oder aus dem statischen ›Granit‹ der Geschichte durch den Funken eines Bildes entwirft, eine Konzeption, auf deren Grundlage S. ↗ Sarduy den ›archäologischen‹ Charakter von Geschichte entwickeln wird (↗ Episteme). In *La expresión americana* (1957) wird dies mit der barocken Entillusionierungspraxis (*desengaño*) verbunden. Mit Anspielungen auf Platons *Symposion* betont L. die Fähigkeit des Kolonialbarock, die bunte Vielfalt kultureller Elemente zu assimilieren. Auch L. akzentuiert den rituellen Akt des Festes, die Zelebrierung der Lust am philosophischen Gespräch und die Verwirklichung des platonischen Eros als Drang nach philosophischer Erkenntnis. L.s Schreibprozeß transformiert aber die philosophische Spekulation des platonischen Symposiums. Eros wird nicht zugunsten der Erkenntnis sublimiert, sondern ist beteiligt als glühende Energie und bestimmt die Ökonomie des Festes. Damit kommt der Prozeß der Erkenntnis nicht zum Stillstand. Die in diesem Essay entwickelte Kulturheterogenität (↗ Hybridkultur) geht über die in der Theorie der Mestizierung implizite Kultursynthese, die eine dialektische Aufhebung impliziert, hinaus. Die Assimilationsmetapher setzt einen dynamischen Prozeß voraus, der vom Ursprungsdenken unabhängig ist. Im aktiven Umwandlungsprozeß sind weder *Arché* noch *Télos* des kulturellen Transfers relevant. Beide Pole des Transfers erfahren vielmehr eine Umwandlung. Die Intertexte der alten und neuen Welt, die gleichermaßen assimiliert werden, wirken damit als Quelle von kulturproduktiven Differenzen. L.s *Poetische Methodologie* (1979) meint unter bezug auf B. Pascal das Erkennen der ›ewig enigmatischen Kehrseite sowohl des Dunklen oder Fernen wie des Hellen oder Nahen‹. Diese Form von Erkenntnis der Welt als Enigma geht auf die »resistente Substanz« einer Metaphorik zurück, die fortschreitende, unendliche Verbindungen

herstellt (vgl. W. ↗ Benjamin 1979, S. 161). Infolge der Widerstände des poetischen Zeichens koinzidiert die ästhetische ↗ Erfahrung nicht mit der Evidenz von Welt, der man sich mit ethnographischem Blick bemächtigen kann. In diesem Sinne ist *Paradiso* (1966) ein umfassendes Romanexperiment mit autobiographischen und zugleich metapoetischen Zügen. Die barocke Textur macht den Roman zur genealogischen Chiffre Amerikas und zum ästhetischen Universum mit dantesker Größe. Theater- und Spiegeleffekte sowie Sprachakrobatik verdichten die Artifizialität kultureller Formen. Die Poetik des Romans zwischen extremer Konkretion des poetischen Zeichens und Abstraktion künstlicher Gegenwelten sowie zwischen Poesie und Philosophie nimmt die kulturtheoretische Position und die Ästhetik des Neobarock vorweg. Das infolge der Assmiliation der Universalkultur hybride Zeichen macht dichotomische Standpunkte von Identität und Differenz unmöglich.

Lit.: W. Benjamin: *One-Way Street*, Ldn. 1979. – A. Cruz-Malave: *El primitvo implorante. El ›sistema poético del mundo‹ de J.L.L.*, Amsterdam 1994. – S. Menton: »Cuba's Hegemonic Novelists«. In: *Latin American Research Review* 29.1 (1994) S. 260–266. – E. Bejel: »El ritmo del deseo y la ascensión poética en L.L.«. In: *La Palabra y el Hombre* 3 (1995) S. 103–122.

VB

Linguistic turn, der Begriff bezeichnet eine Reihe von sehr unterschiedlichen Entwicklungen im abendländischen Denken des 20. Jh.s. Allen gemeinsam ist eine grundlegende Skepsis gegenüber der Vorstellung, Sprache sei ein transparentes Medium zur Erfassung und Kommunikation von Wirklichkeit. Diese Sicht wird durch die Auffassung von Sprache als unhintergehbare Bedingung des Denkens ersetzt. Danach ist alle menschliche Erkenntnis durch Sprache strukturiert; Wirklichkeit jenseits von Sprache ist nicht existent oder zumindest unerreichbar. Wichtigste Folgen sind, daß Reflexion des Denkens, bes. die Philosophie, damit zur Sprachkritik wird und daß Reflexion sprachlicher Formen, auch der Lit., nur unter den Bedingungen des reflektierten Gegenstandes, eben der Sprache, geschehen kann. – Deutliche Anklänge finden sich bereits bei antischolastischen Rhetorikern der ital. Renaissance, wie z.B. L. Valla; später wiederholt bei einzelnen Autoren wie G. Vico oder J.G. Hamann und, im 19. Jh., bes. in der Philosophie F. ↗ Nietzsches, der vom ›Zuchthaus der Sprache‹ schreibt (vgl. Jameson 1972), und in der Dichtung St. Mallarmés. Das

Problem der Intransparenz des Mediums Sprache wurde dann zu Beginn des 20. Jh.s in paradigmatischer Weise von L. ↗ Wittgenstein in zwei kontrastiven Erklärungsversuchen angegangen. Sein Frühwerk des *Tractatus* trifft sich einflußreich mit der analytischen Philosophie um G. Frege, G. E. Moore, B. Russel und, später, dem ›Wiener Kreis‹ in dem Bestreben, erkannte Verzerrungen und Unschärfen der Sprache mit Mitteln der Logik (Russels *logical atomism*) zu beseitigen bzw. zu vermeiden. Die hier unterlegte Statik einer Abbildtheorie der Sprache revidiert Wittgenstein in seinen späteren Schriften zur Vorstellung von unabhängigen ↗ Sprachspielen, deren Regeln nur durch Erfahrung gesellschaftlich vermittelt, nicht aber auf eine logische Essenz reduziert werden können. Diese Abkehr von logischen Sprachidealen hin zur Betrachtung der Aussageweisen alltäglicher Sprache als menschlicher Tätigkeit und gesellschaftlicher Praxis kennzeichnet auch die v. a. mit J. L. ↗ Austin identifizierte *ordinary language philosophy*. Allg. verliert ein Text aus dieser Sicht seine unilineare Korrelierbarkeit mit einer bestimmten ↗ Bedeutung; diese wird vielmehr in den gesellschaftlich verorteten Prozessen von Produktion, Reproduktion und Rezeption verhandelt und bleibt multivalent. Sich ergebende Fragestellungen wurden u. a. von M. ↗ Bachtin, in der Hermeneutik H. G. ↗ Gadamers und in der ↗ Rezeptionsästhetik der ↗ Konstanzer Schule thematisiert. Der individualisierenden Tendenz dieser Ansätze steht das Systemdenken der neueren frz. Sprachbetrachtung gegenüber, das sich, ausgehend von der ↗ Semiotik F. de ↗ Saussures, in ↗ Strukturalismus und später ↗ Poststrukturalismus auffächert. Sprache als Regelsystem von ↗ Zeichen, dem der Einzeltext gehorcht, ohne es je ganz zu realisieren, wurde im Strukturalismus zum linguistischen Paradigma, das anwendbar ist, wo immer sich ein Phänomen als ↗ Zeichensystem darstellen läßt. ↗ Intersubjektivität wird zur ↗ Intertextualität im weitesten Sinne, das Subjekt zur Schnittstelle disparater ↗ Diskurse, Geschichte zur Genealogie von ↗ Epistemen (vgl. M. ↗ Foucault); Regeln der Grammatik inspirieren Beschreibungsmodelle für Erzähltexte (↗ Erzähltheorien); Grundformen der Rhetorik firmieren als Prägemuster der Geschichtsschreibung (vgl. H. ↗ White). – Die Kritik des *l. t.* betont zum einen die fehlende Rückkoppelung an die sozio-materielle Realität als gefährliche Folge einer Auffassung, die Sprache als unhintergehbar und damit unhinterfragbar charakterisiert (vgl. z. B. J. ↗ Habermas); zum anderen sieht inzwischen R. ↗ Rorty mit der zunehmenden Entwertung des (sprachphilosophischen) Repräsentationsgedankens auch die mit ihm untrennbar verquickten Grundvoraussetzungen des *l. t.* in der Bedeutungslosigkeit verschwinden (Rorty 1992, S. 371–74).

Lit.: R. Rorty (Hg.): *The L. T.*, Chicago 1992 [1967]. – Jameson 1974 [1972]. – D. LaCapra: *History and Criticism*, Ithaca 1985.

KSt

Linguistische Ansätze/Linguistische Poetik, die Bezeichnung L. P. wurde geprägt für Lit.-theorien und lit.wissenschaftliche Ansätze, Schulen und Richtungen, die auf linguistischen Konzepten oder Sprachtheorien fundiert sind oder im Anschluß an diese entwickelt wurden. Ausgangspunkt für diese gesuchte Annäherung ist die Überlegung, daß Lit. zunächst ein sprachliches Phänomen und als solches zu analysieren ist. Erst in einem darauffolgenden zweiten Schritt ist sie in ihren ästhetischen Ausprägungen zu erfassen und zu untersuchen. Aufgrund dieser Überlegung liegt es nahe, lit.wissenschaftliche Forschung und Theoriebildung an Ansätzen, Konzepten, Methoden und Resultaten der Sprachwissenschaft auszurichten. Ein Zitat von R. ↗ Jakobson (1972, S. 118) bringt diese Grundauffassung deutlich zum Ausdruck: »Poetik beschäftigt sich hauptsächlich mit der Frage: *Was macht aus einer sprachlichen Nachricht ein Kunstwerk?* Da der wichtigste Untersuchungsgegenstand der Poetik die *differentia specifica* der Wortkunst ist in Beziehung zu anderen Künsten und in Beziehung zu anderen Arten sprachlichen Verhaltens, ist es berechtigt, die Poetik an den ersten Platz innerhalb der Literaturwissenschaft zu setzen«. ↗ Literarizität wird in der L. P. an bes. sprachlichen Eigenschaften sprachlicher Äußerungen festgemacht, wodurch die Trennung von praktischer und poetischer Sprache ihre Begründung findet. Durch die das 20. Jh. prägende strukturale Sprachwissenschaft F. de ↗ Saussures kommt es seit Beginn der L. P. zu einer intensiven Verflechtung mit dem ↗ Strukturalismus und strukturalem Denken. Der Strukturalismus ist weniger als eine Theorie denn als eine bes. wissenschaftliche Denkweise zu begreifen, die neben Linguistik und Lit.wissenschaft ganz unterschiedliche Disziplinen wie Biologie, Ethnologie oder Philosophie geprägt hat (vgl. Titzmann 1984). Der frühe R. ↗ Barthes (1966, S. 191 f.) bestimmt die strukturalistische Einstellung näher als »das Ziel jeder strukturalistischen Tätigkeit, sei sie nun reflexiv oder poetisch [...], ein ›Objekt‹ derart zu rekonstituieren, daß in dieser Rekonstitution zutage tritt, nach welchen Regeln es funktioniert (welches seine ›Funktionen‹ sind). Die Struktur ist in Wahrheit also nur ein *simulacrum* des Objekts, aber ein gezieltes, ›interessiertes‹ Simulacrum, da das imitierte Objekt etwas zum Vorschein bringt, das im natürlichen Objekt unsichtbar oder, wenn man lieber will, unverständlich blieb. Der strukturale Mensch nimmt das Gegebene, zerlegt es, setzt es wieder zusammen; das ist scheinbar wenig [...]. Und doch ist dieses Wenige, von einem anderen Standpunkt aus gesehen, entscheidend; denn zwischen den beiden Objekten, oder zwischen den beiden Momenten strukturalistischer Tätigkeit, bildet sich etwas Neues, und dieses Neue ist nichts Geringeres als das allgemein Intelligible«. Ein im Sinne struktural er Analyse und Synthese schon klassisch zu nennender Text ist die ›Les Chats‹-Analyse von Jakobson/Cl. ↗ Lévi-Strauss (1962). Auf verschiedenen linguistischen Ebenen, von der Phonologie bis zur Semantik, werden Gesetze aufgestellt. Wie auch diese Gemeinschaftsarbeit zeigt, ist L.P. generell geprägt durch eine ausgesprochene Textfixiertheit, die auch bei Saussures bilateralem Zeichenmodell und seiner Vorstellung von Sprache als ↗ System mit Selektion und Kombination als den zentralen Prinzipien zusammenhängt. Schon im formalistischen Manifest von Ju. Tynjanov/Jakobson wird 1928 der Systemgedanke für die Erforschung von Sprache und Lit. ausdifferenziert. Werkgruppen, ↗ Gattungen, literar. Entwicklungen werden als Systeme betrachtet. Diese Art Systembildung findet sich außerhalb der L.P. bis in die heutige Lit.wissenschaft z.B. im Rahmen literarhistorischer Fragestellungen (vgl. Titzmann 1991). Als grundsätzliches Problem aller L.P. stellt sich die Frage nach dem logischen Verhältnis von linguistischen und lit.wissenschaftlichen Theorieanteilen und ihrem Zusammenspiel (vgl. Barsch 1981). In den wenigsten L.P. wird dieses Verhältnis explizit thematisiert. Häufig wurde, wie bei den ↗ russ. Formalisten, statt dessen ein Kampf um die Lit.wissenschaft als eigenständige Disziplin geführt, da die Linguisten in der Lit. einen bes. Anwendungsfall von Sprache und in der Lit.wissenschaft ein Anhängsel an die Linguistik sahen. Jakobson (1972, S. 118) bestätigt eine solche Position, indem er der Poetik im Sinne von Dichtungstheorie folgenden Status zuweist: »Poetik hat mit Problemen der sprachlichen Struktur zu tun, genauso wie die Analyse

der Malerei es mit bildlichen Strukturen zu tun hat. Da die Linguistik die umfassende Wissenschaft von der Sprachstruktur ist, kann die Poetik als ein wesentlicher Bestandteil der Linguistik angesehen werden«. An diesem Zitat zeigt sich die grundsätzliche Schwäche L.P. Lit. wird als eine bes. Sprachkonstruktion begriffen und nicht als sozio-historisches Phänomen, an dem Autoren, Lektoren, Leser und Kritiker beteiligt sind, die aus einem Text erst Lit. machen. Wenn auch in der L.P. nach strukturellen Gesetzmäßigkeiten gesucht wird und nicht der singuläre Text im Fokus des Interesses steht, so wird doch immer stillschweigend das vorausgesetzt, was man eigentlich herausfinden möchte: Man weiß immer schon, ob der jeweilige Text literar. ist oder nicht. – Die Geschichte der L.P. wird allg. mit den Russ. Formalisten am Beginn des 20. Jh.s angesetzt, die eine erste intensive Zusammenarbeit von Linguisten und Lit.wissenschaftlern aufwiesen. Die ↗ Dichotomie von praktischer und poetischer Sprache geht ebenso auf sie zurück wie die zentralen Begriffe ›Verfahren‹, ↗ Verfremdung, ›Konstruktionsprinzip‹ und ›literar. Reihe‹. Der etwas später entstandene Prager Strukturalismus (↗ Prager Schule) weist mit Jakobson eine zentrale Figur der Formalisten auf. In seiner Prager Zeit entsteht seine Arbeit zur Dominanten, die im Sinne einer strukturprägenden Größe starke Ähnlichkeit zu Tynjanovs ›Konstruktionsprinzip‹ aufweist. J. ↗ Mukařovský ist die zweite wichtige Figur im Prager Linguistik-Zirkel, der 1926 gegründet wurde. Mit seiner Unterscheidung von ›ästhetischem Objekt‹ und ›materiellem Artefakt‹ nimmt er R. ↗ Ingardens Dichotomie von Werk und ↗ Konkretisation bzw. die Trennung von ↗ Kommunikatbasis und ↗ Kommunikat der ↗ Empirischen Theorie der Lit. vorweg. Analog zum funktionalen Sprachmodell der Russ. Formalisten führt Mukařovský das Konzept der ästhetischen ↗ Funktion ein, die analog zu Jakobsons poetischer Funktion allen ästhetischen Gebilden und nicht nur Kunst eigen ist. Der osteurop. Strukturalismus wurde von der sowjet. ↗ Kultursemiotik der ↗ Tartu-Moskauer Schule um Ju. ↗ Lotman in gewisser Weise fortgesetzt. L.P. und Strukturalismus wurden in den ehemaligen Ostblockstaaten auch als wissenschaftliche Überlebenstrategie für ideologiereduzierte Forschung betrieben. Im Gegensatz zu Osteuropa hat der Strukturalismus in Amerika und in Westeuropa bis auf die Pariser Gruppe *Tel Quel* keine herausragenden Zentren gebildet. In Amerika gibt es nach dem Zweiten Weltkrieg verschiedene linguistische Ansätze, die sich mit ↗ Metrik, ↗ Stilistik oder in Anschluß an N. ↗ Chomskys Generativer Transformationsgrammatik mit poetischen Abweichungsgrammatiken befassen (↗ Kompetenz). ›Foregrounding‹ und ›coupling‹ werden als Varianten des Verfremdungsbegriffs bzw. Parallelismuskonzepts geprägt. Auch in Westeuropa beginnt die Rezeption des Russ. Formalismus und des Prager Strukturalismus erst lange Zeit nach dem Zweiten Weltkrieg. Neben Frankreich als einer Hochburg des Strukturalismus und Italien mit einer semiotischen Ausrichtung (U. ↗ Eco) wurden in Deutschland v. a. in den 70er Jahren linguistische Ansätze verfolgt. Im Kontext des Linguistik-Booms wurde eine Verwissenschaftlichung der Lit.wissenschaft auf linguistischer Basis angestrebt. Die wissenschaftstheoretischen Defizite ↗ werkimmanenter Interpretation sollten unter Verwendung elaborierterer linguistischer Modelle überwunden werden. So stellten z. B. J. Ihwe und J. Petöfi Lit.theorien auf der Basis von Texttheorien auf; G. Wienold formulierte eine Semiotik der Lit., und S. J. ↗ Schmidt beschrieb einen kommunkations- und handlungstheoretischen Ansatz. Die L. P., die auch Verbindungen zur Informationsästhetik aufweist, hat ein breites Feld von Anwendungsmöglichkeiten sprachwissenschaftlicher Methoden in der Lit.wissenschaft eröffnet (vgl. Fludernik 1995 und 1996).

Lit.: H. Kreuzer/R. Gunzenhäuser (Hgg.): *Mathematik und Dichtung*, Mchn. 1965. – M. Bierwisch: »Strukturalismus. Geschichte, Probleme und Methoden«. In: *Kursbuch 5* (1966) S. 77–152. – R. Barthes: »Die strukturalistische Tätigkeit«. In: *Kursbuch 5* (1966) S. 190–196. – J. Ihwe (Hg.). *Lit.wissenschaft und Linguistik. Ergebnisse und Perspektiven*, 3 Bde., FfM. 1971. – H. Blumensath (Hg.): *Strukturalismus in der Lit.wissenschaft*, Köln 1972a. – ders.: *Linguistik in der Lit.wissenschaft*, Mchn. 1972b. – R. Jakobson: »Linguistik und Poetik«. In: H. Blumensath 1972a. S. 118–147. – M. Titzmann: *Strukturale Textanalyse*, Mchn. 1977. – ders.: »Struktur, Strukturalismus«. In: K. Kanzog/A. Masser (Hgg.): *Reallexikon der dt. Lit.geschichte*, Bd. 4, Bln./N. Y. 1984. S. 256–278. – A. Barsch: *Die logische Struktur linguistischer Poetiken*, Bln. 1981. – M. Titzmann (Hg.): *Modelle des literar. Strukturwandels*, Tüb. 1991. – Ju. Tynjanov/R. Jakobson: »Probleme der Lit.- und Sprachforschung«. In: R. Viehoff (Hg.): *Alternative Traditionen*, Braunschweig 1991. S. 67–69. – M. Fludernik: »Sprachwissenschaft und Lit.wissenschaft. Paradigma, Methoden, Funktionen und Anwendungsmöglichkeiten«. In: Nünning 1995. S. 119–136. – dies.: »Linguistics and Literature. Prospects and Horizons in the Study of Prose«. In: *Journal of Pragmatics* 26.2 (1996) S. 583–611.

AB

Literarische Anthropologie, entstanden ist der Begriff aus einem wachsenden Interesse der Lit.-wissenschaft an anthropologischen Fragestellungen sowie der A., insbes. der am. Kulturanthropologie, an lit.wissenschaftlichen Analysemethoden. Diese doppelte disziplinäre Herkunft prägt auch heute noch das Spektrum der verschiedenen Ansätze, die unter diesem Begriff verfolgt werden. – Anspruch auf Erstbenutzung des Begriffs hat F. Poyatos, der ihn 1977 vorgeschlagen hat. Wie er in einem von ihm herausgegebenen Konferenzband mit dem Titel *Literary Anthropology* (1988, S. xii) erläutert, ist das interdisziplinäre Forschungsfeld l. A. bestimmt durch »the anthropologically-oriented use of the *narrative literatures* of the different cultures [...], as they constitute the richest sources of documentation for both synchronic and diachronic analyses of people's ideas and behaviors«. Literaturen sind also für ihn Archive anthropologisch relevanter Daten, eine Einsicht, die in der Mythen- und Archetypenforschung Tradition hat (↗ Mythen-; ↗ Archetypentheorie), aber hinter den Reflexionsstand der *interpretive anthropology* eines C. ↗ Geertz oder J. Clifford zurückfällt. Poyatos' positivistisches Verständnis von l. A. ist heftig von Teilnehmern der Konferenz, auf deren Ergebnissen der genannte Sammelband beruht, kritisiert worden und hat keine Schule gemacht. So faßte z. B. in der abschließenden Diskussion die Anthropologin J. Botscharow die Einwände in der folgenden Weise zusammen: »Objektive Fakten können in literarischen Texten nicht von den Produkten der Imagination der Schriftsteller unterschieden werden.« (Poyatos 1988, S. 337). Deshalb erweist sich Poyatos' Ansatz als unfruchtbar. – Für ertragreicher und interessanter wird ein Ansatz gehalten, für den Lit. nicht als Quelle objektiver Information gilt, sondern in dem ihre Verfahren zum Gegenstand anthropologischer Fragestellungen gemacht werden. Es ist dieser Ansatz, der sich in der Folge als forschungsleitend und produktiv herausstellen sollte. Zwei unterschiedliche Schwerpunktsetzungen kommen dabei zum Tragen. Für die eine ist die anthropologische Frage nach der Fiktionsfähigkeit und Fiktionsbedürftigkeit des Menschen, die Bestimmung der Rollen, die ↗ Fiktionen in der Geschichte des Welt- und Selbstverstehens des Menschen gespielt haben, dominant. Die andere untersucht die konkrete Rolle der Lit. bei der Entfaltung eines anthropologischen Interesses. Die Erstere ist transzendental orientiert, die letztere konkret historisch. Für die eine stehen W.

↗ Isers Arbeiten zum Fiktiven und ↗ Imaginären, für die andere W. Pfotenhauers Untersuchungen zur Rolle der autobiographischen Lit. im 18. und frühen 19. Jh. Beide Richtungen treffen sich und interagieren in dem 1996 gegründeten Sonderforschungsbereich ›Lit. und A.‹ an der Universität Konstanz. In seiner Studie von 1987 beschreibt Pfotenhauer l. A. als einen für das 18. Jh. ›denkwürdigen Sachverhalt‹: nämlich »die Verbindung von Anthropologie und Literatur als wechselseitige Ermutigung, Reflexion, Kritik. Anthropologie ist die neue, populäre Wissenschaft des 18. Jarhunderts; sie befaßt sich mit dem ›ganzen Menschen‹ als einem leibseelischen Ensemble; sie will im Gegensatz zu den herrschenden Denktraditionen die alte Aufspaltung von Sinnlichem und Vernunft in ein ›commercium mentis et corporis‹, eine Verbindung von Leib und Seele, umdeuten; [...]. Darin ist Anthropologie mit der gleichzeitig sich entwickelnden Ästhetik verschwistert, die Subjektivität in ihren konkreten Erscheinungsformen in ihr Recht setzt« (Pfotenhauer 1987, S. 1). Es erstaunt deshalb nicht, so Pfotenhauer (ebd.), »daß Anthropologie sich Unterstützung von den ästhetischen Praktiken erwartet und die Literatur zur Reflexion jener menschlichen Ganzheit ermuntert«; es erstaunt auch nicht, »daß Literatur ihrerseits sich als Anthropologie sui generis versteht, nämlich als einen authentischen, durch Selbsterfahrung und Selbstreflexion gewonnenen Aufschluß über die Natur des Menschen«. Pfotenhauer findet konsequenterweise für seine l. A. ein fruchtbares Betätigungsfeld dort, wo Lit. explizit zur A. wird. Das Buch schreibt deshalb die Geschichte einer »Innenansicht des Anthropologischen« (ebd., S. 2) und tritt damit in Gegensatz zu der aus der generalisierenden Distanz operierenden philosophischen A. des 19. und zur Ethnologie des 20. Jh.s. Literar. ist diese A., weil die Einheit des physischen und psychischen Menschen nur im »Reflexionsbereich des einzelnen Subjekts« (ebd., S. 5). und im unmittelbaren Bezug auf seine Lebenspraxis herstellbar ist. »Für diese Anthropologie des Einzelmenschlichen wird dann die Autobiographie als Quelle der Erkenntnis des ganzen Menschen bedeutsam.« (ebd., S. 5) Die Gattung Autobiographie erlaubt nach Pfotenhauer das Fingieren eines Zusammenhangs und die Exploration eines Zusammenwirkens der beiden Seiten des Menschen, Möglichkeiten, die die naturwissenschaftliche oder philosophische Reflexion schon längst verspielt hatte. Deshalb ist für ihn im 18. Jh. die »Konvergenz von Menschenkunde

und Selbstdarstellung durch die subjektive Reflexion auf erlebte Menschennatur [...] literarische Anthropologie im emphatischen Sinne« (ebd., S. 27). Pfotenhauers Ansatz bleibt an die Selbstbekundung eines anthropologischen Interesses gebunden, d. h. er ist im Grunde immanentistisch, impliziert aber zugleich so etwas wie die Beispielhaftigkeit der Entwicklung des neuzeitlichen Ich für die gesamte Kulturgeschichte des Menschen. Eine Perspektive, auf deren Basis unterschiedliche Modelle der kulturellen Leistung von literar. Fiktionen entwickelt werden können, ist bei Pfotenhauer nicht erkennbar. Er bleibt insofern trotz der von ihm herausgearbeiteten anthropologischen Leistung von Lit. in einer bestimmten Epoche eine A. der Lit. schuldig. Iser wählt einen anderen Weg. Er geht in seinem Aufsatz »Towards a Literary Anthropology« (1989) das Problem ›literarischer‹ als Poyatos und in seinem Buch *Das Fiktive und das Imaginäre. Perspektiven l. A.* grundsätzlicher als Pfotenhauer an. Die Frage, die sich angesichts der Tatsache, daß alle Schriftkulturen fiktionale Lit. produziert haben, erhebt, ist seiner Ansicht nach die nach der speziellen Leistung von Lit. gegenüber anderen Produkten kulturbildender Aktivitäten des Menschen. L. A. ist für Iser das Studium der anthropologischen Implikationen literar. Texte, ein Forschungsparadigma mit hoher Ertragsprognose, da das Medium Lit. Einsichten in die Ausstattung des Menschen erlaubt, wie sie philosophische, soziologische oder psychologische Theorien des Menschen nicht zu vermitteln vermögen. Lit. wird auf diese Weise für Iser zum Instrument der Erforschung menschlicher Potentiale an und zugleich jenseits ihrer je historischen Aktualisierung. Historische Aktualisierungen müssen im Kontext der jeweiligen Funktionen gesehen werden, die Fiktionen erfüllen. Dabei gilt, daß diese Fiktionen weder glatt unter wie auch immer definierte anthropologische Konstanten zu verrechnen sind, noch auch unter die jeweiligen kulturellen Bedingungen, unter denen sie entstehen. Literar. Werke inszenieren vielmehr als ›phantasmatische Figurationen‹ Interaktionsverhältnisse zwischen den menschlichen Anlagen und den jeweiligen Gegebenheiten dergestalt, daß sie diese fortwährend überschreiten. Es ist nach Iser die grundsätzliche Leistung der Fiktion, dem Menschen ein bes. Instrumentarium der Selbsterweiterung zur Verfügung zu stellen. L. A. ist für ihn deshalb extensionale A.; diese Bestimmung führt ihn konsequent zu der Frage, warum der Mensch sich ständig überholen will. Er beantwortet diese Frage mit einem existential-epistemologischen Credo, das für alle seine Arbeiten zentral ist: »As human beings' extensions of themselves, fictions are ›ways of worldmaking‹, and literature figures as a paradigmatic instance of this process because it is relieved of the pragmatic dimension so essential to real-life situations.« (Iser 1989a, S. 270). Fiktionale Akte übersteigen das jeweils Gegebene, weil sie Mensch und Welt frei von pragmatischen Zwängen inszenieren können. Im entpragmatisierenden Übersteigen doppelt und spiegelt sich das Gegebene und der Mensch so, daß dabei seine Grenzen und seine Ausschlüsse zugleich mitgekennzeichnet werden. Dadurch wird eine Wahrnehmungsveränderung induziert, die ihrerseits auf das Gegebene zurückwirkt. Die Quelle, aus der sich der unablässige Drang zur Entpragmatisierung und Fiktionalisierung speist, ist für Iser (ebd., S. 273) das Imaginäre: »Yet fictionality is only an instrument that channels the necessary flow of fantasy into our everyday world. As an activity of consciousness it taps our imaginary resources, simultaneously shaping them for their employment, and so the interplay between the fictional and the imaginary turns out to be basic to the heuristics of literary anthropology.« Die Frage nach der historischen Umsetzbarkeit dieser Art von l. A. beantwortet Iser ausweichend, indem er sie in die Frage nach ihrem wissenschaftshistorischen Ort umformuliert. L. A. gewinnt demnach ihre Bedeutung als Nachfolgerin eines untergegangenen bürgerlichen Bildungsverständnisses von Lit. Lit. dient nicht mehr der Bildung des Menschen zu geschlossener Persönlichkeit, sondern der permanenten Selbstaufklärung seiner Wandelbarkeit. Beide Richtungen der l. A. sind komplementär. Die Bedingung der Möglichkeit von Lit. und ihre je historisch und kulturell spezifische Funktionalisierung in Prozessen des Selbst- und Weltverstehens treffen sich als Theorie und Praxis ureigenster menschlicher, und d.h., anthropologischer Vermögen. Die eine sieht Lit. als eine eigene Form der A., während sich die andere als Rekonstruktion der theoretischen Grundlegung für eine A. der Lit. versteht. Für die weitere Entwicklung wird entscheidend sein, wie produktiv sich diese beiden Richtungen miteinander ins Verhältnis setzen.

Lit.: H. Pfotenhauer: *L.A.*, Stgt. 1987. – F. Poyatos (Hg.): *Literary Anthropology*, Amsterdam/Philadelphia 1988. – W. Iser: *Prospecting. From Reader Response to Literary Anthropology*, Baltimore/Ldn. 1989a. – ders.: »Towards a Literary Anthropology«. In: R. Cohen 1989. S. 208–228. – ders. 1993 [1991]. – P. Benson (Hg.): *Anthropology and Literature*, Urbana 1993. – D. Bachmann-Medick (Hg.): *Kultur als Text*, FfM. 1996. – J. Schlaeger (Hg.): *The Anthropological Turn in Literary Studies*, Tüb. 1996.

JS

Literarische Autorität ↗ Autorität, literarische

Literarische Bildung ↗ Bildung, literarische

Literarische Evolution ↗ Evolution, literarische

Literarische Figur ↗ Figur, literarische

Literarische Gattung ↗ Gattung, literarische

Literarische Handlung ↗ Handlung und Handlungsrollen, literarische

Literarische Handlungsrollen ↗ Handlung und Handlungsrollen, literarische

Literarische Institutionen ↗ Institutionen, literarische

Literarische Kommunikatbasis ↗ Kommunikatbasis, literarische

Literarische Kommunikation ↗ Kommunikation, literarische

Literarische Kompetenz ↗ Kompetenz, literarische/poetische

Literarische Unbestimmtheit ↗ Unbestimmtheit, literarische

Literarische Wertung ↗ Wertung, ästhetische/literarische

Literarische Wirkung ↗ Wirkung, ästhetische/literarische

Literarische Zensur ↗ Zensur, literarische

Literarischer Kanon ↗ Kanon, literarischer

Literarischer Stoff ↗ Stoff, literarischer

Literarisches Feld ↗ Feld, literarisches

Literarisches Kommunikat ↗ Kommunikat, literarisches

Literarisches Motiv ↗ Motiv, literarisches

Literarizität, »Was macht aus einer sprachlichen Nachricht ein Kunstwerk?« Diese Frage R. ↗ Jakobsons impliziert für ihn die Suche nach den *differentia specifica* von Poesie und Lit. in Abgrenzung zu umgangssprachlichen Texten. Die Erforschung dieser bes. Texteigenschaften bilden den zentralen Gegenstandsbereich der Lit.-wissenschaft bzw. der Poetik im Sinne von Lit.-theorie. L. hängt damit direkt mit dem verwendeten ↗ Lit.begriff zusammen, der für Jakobson an der Linguistik ausgerichtet ist. Schon 1921 vertritt Jakobson seine Position mit der These: »Den Gegenstand der Literaturwissenschaft bildet nicht die Literatur, sondern das Literarische, das heißt: das, was das vorliegende Werk zu einem Werk der Literatur macht« (zit. n. Ėjchenbaum 1965, S. 14). Für Jakobson ergibt sich die L. bzw. Poetizität einer sprachlichen Äußerung aus dem Vorliegen der poetischen Funktion. In seinem an K. ↗ Bühler ausgerichteten Sprachmodell ergänzen sich verschiedene sprachliche Funktionen, die in unterschiedlicher Zusammensetzung in sprachlichen Äußerungen enthalten sind. Die poetische Funktion ist definiert als Ausrichtung auf die Sprache selbst, d. h. auf formale Eigenschaften des sprachlichen Materials, die durch eine bes. Verwendung des sprachlichen Selektionsprinzips Parallelismen auf phonologischer, syntaktischer und semantischer Ebene erzeugen. Ein literar. Text ist dann dadurch ausgezeichnet, daß die in ihm vorhandenen sprachlichen Funktionen von der poetischen Funktion dominiert werden. – Jakobsons Eingangsfrage wurde auch in verschiedenen, jedoch nicht allen lit.wissenschaftlichen Ansätzen des 20. Jh.s thematisiert. Bezugspunkt war bei der Frage nach der L. von Texten immer wieder das Problem der Bestimmung des lit.wissenschaftlichen Gegenstandsbereiches. Je nach Zugrundelegung einer ↗ Produktions-, ↗ Werk- oder ↗ Rezeptionsästhetik wurde als der Bestimmungsort für L. der Autor, das Werk oder der Leser angesehen. L. wurde entsprechend in der Phantasie und künstlerischen Schaffenskraft des Autors, im Aufbau von Texten, im bes. Vokabular, in speziellen Textelementen und ästhetischen Verfahren oder in einer bes. Rezeptionsweise gesucht. Für jede dieser Definitionen von L. gibt es schwerwiegende Gegenargumente: Genies schreiben nicht nur Lit.; Rezipienten können einen Text je nach Kontext u. Interesse literar. oder nicht-literar. verstehen; das *poem trouvé* oder St. ↗ Fishs (1980) Seminar-Experimente mit Linguistennamen diskreditieren den Text als den Ort für L. Mit der Empirischen Lit.wissenschaft (↗ Empirische Theorie der Lit.) verlagert sich die Frage der L. von der Text- auf die Handlungsebene. Im ↗ Lit.system als einem autonomisierten sozialen System entscheiden die dort agierenden Teilnehmer aufgrund ihres Handelns maßgeblich, ob ein Text das Prädikat ›literar.‹ oder ›nicht-literar.‹ zugewiesen bekommt: Verlagslektoren können Manuskripte als nicht-literar. ablehnen; Leser können Schriftstellerautobiographien als literar. oder nicht-literar. rezipieren. Für literar. gehaltene Texte werden in pragmatischer Sicht allg. nicht im Sinne von Handlungsanweisungen verstanden, sie dienen ästhetisch-unterhaltenden Zwecken und heben direkte Verwertungszusammenhänge auf (↗ Fiktionalität). Die Zuschreibung von L. ist keineswegs willkürlich oder beliebig. Sie basiert auf literar. ↗ Konventionen, die im Rahmen der literar. Sozialisation ausgebildet wurden, auf literar. (Vor-)Wissen, Zielen und Interessen und nicht zuletzt auf der jeweiligen Situation. Wird einem Text L. allg. zugeschrieben oder findet er sogar in Lit.geschichten Erwähnung, dann ist diese Attribution kaum noch umzustoßen.

Lit.: B. Ėjchenbaum: *Aufsätze zur Theorie und Geschichte der Lit.*, FfM. 1965. – R. Jakobson: »Linguistik und Poetik«. In: H. Blumensath (Hg.): *Strukturalismus in der Lit.wissenschaft*, Köln 1972. S. 118–147. – St. Fish: »How to Recognize a Poem When You See One«. In: ders. 1995 [1980]. S. 322–337. – A. Barsch: *Die logische Struktur linguistischer Poetiken*, Bln. 1981. – Eagleton 1996 [1983]. – P. J. Brenner: »Was ist Lit.?«. In: Glaser/Luserke 1996. S. 11–47.

AB

Literatur und Film ↗ Film und Literatur; ↗ Intermedialität

Literatur und Historiographie ↗ Historiographie und Literatur

Literatur und Kunst ↗ Kunst und Literatur; ↗ Intermedialität

Literatur und Musik ↗ Musik und Literatur; ↗ Intermedialität

Literatur und Naturwissenschaft ↗ Naturwissenschaft und Literatur

Literatur und Photographie ↗ Photographie und Literatur

Literaturadaption (lat. *adaptare*: anpassen), verweist auf die vielfältigen Erscheinungsformen des Ästhetischen und meint allg. Gattungswechsel bzw. Gattungstransformation eines literar. Werkes, z. B. die Umarbeitung (im Gegensatz zur nicht gattungsändernden Bearbeitung) eines Romans zum Drama; spezieller nicht nur (innerliterar.) Gattungswechsel, sondern ↗ Medienwechsel, bes. die Transformation eines literar./theatralischen Werks in ein elektronisch produziertes Medium, etwa Film, Fernsehen, Video, Hörfunk; oft bezeichnet L. heute die herkömmlich sog. ›Lit.verfilmung‹. Der Begriff L. umfaßt also unterschiedlichste Formen von Gattungs- bzw. Medienwechsel literar. Texte. Am häufigsten werden Erzählwerke für Film, Fernsehen, Hörfunk, Theater, Oper oder Musical adaptiert, doch auch Dramen, Hörspiele oder Lyrik erfahren L. Die implizierten Interferenzen lassen den Begriff L. an M. ↗ Bachtins ↗ Dialogizität sowie an die Begriffe ↗ Intertextualität und ↗ Intermedialität anschließen. – Bes. in bezug auf die Transformation ins Filmmedium (↗ Film und Lit.) lassen sich Grundzüge und Entwicklungen der Adaptionsdebatte verfolgen. So stand die Beurteilung dieser Form von L. lange im Schatten des Axioms der ↗ Werktreue (bes. in Frankreich, aber auch in Deutschland), das häufig kulturelle Hierarchie-Standards implizlert. Der normative Zugang weicht heute auch in den Philologien der Einsicht (die verstärkt auch zu einer Ersetzung des ›belasteten‹ Terminus Adaption durch ›Transformation‹ führt), daß die L. die Transformation eines Textsystems von einem in ein anderes Zeichensystem bedeutet, zwei künstlerisch gleichwertige, jedoch jeweils strukturspezifische Gattungen oder Medien nicht in Konkurrenz, sondern Konvergenz bringt. An die Stelle von Hegemonialbefunden tritt die Analyse reziproker Abhängigkeitsverhältnisse. Die zunehmende Vernetzung unserer ›Medienkultur‹ hat nicht nur für die ↗ Medienwissenschaft Konsequenzen, sondern auch für den Lit.begriff: So schlägt F.-J. Albersmeier die Zweiteilung ›Lit. im Medium des Buches‹ und ›Lit. im Medium des Films‹ vor. Die Mehrfachverwertung von literar. Texten verweist nicht nur auf den ›Stoffhunger‹ der ↗ Massenmedien, sondern ist auch Zeichen einer ebenso altherkömmlichen wie hochaktuellen Intermedialität der Künste, deren Hybridisierungs- und Vernetzungsformen die Lit.- und Kulturwissenschaften vielfach noch aufzuarbeiten haben. – Die erforderlichen strukturellen Anpassungen an die Zielgattung/das Zielmedium der L. können sich in unterschiedlichen Graden und auf allen analytischen Ebenen des literar. Werks (Geschichts- und Diskursebene, Motivik, Raum- und Zeitstruktur, Figuren, Spra-

che usw.) vom Ausgangstext entfernen. Die wechselnden Anteile von Invarianz und Varianz zwischen Originaltext und Adaption lassen sich anhand tiefenstruktureller Begrifflichkeiten beschreiben, wie sie etwa von A. J. ↗ Greimas' struktularer ↗ Semiotik oder der strukturalen Erzählanalyse von R. ↗ Barthes, S. Chatman u. a. (vgl. McFarlane 1996, Mundt 1994) entwickelt wurden. L. kann von einem anderen Autor(enteam) oder auch maßgeblich vom Autor selber vorgenommen werden. Zu beachten sind auch die zeitlichen und institutionellen Einflüsse auf die L., nicht nur der werkliche Bezug zwischen Originaltext und Adaption (gegebenenfalls epochale Abstände zwischen beiden, das filmische Starsystem, die ›Handschrift‹ des Regisseurs oder Produzentenvorlieben, filmische Gattungskonventionen). Trotz des autonomen Werkstatus stellt L. immer auch eine Interpretation des Ausgangstextes dar.

Lit.: Chatman 1993 [1978]. – I. Schneider: *Der verwandelte Text*, Tüb. 1981. – F.-J. Albersmeier/V. Roloff (Hgg.): *Lit.verfilmungen*, FfM. 1989. – F.-J. Albersmeier: *Theater, Film und Lit. in Frankreich*, Darmstadt 1992. – M. Schaudig: *Lit. im Medienwechsel*, Mchn. 1992. – M. Mundt: *Transformationsanalyse*, Tüb. 1994. – Zima 1995. – B. McFarlane: *Novel to Film*, Oxford 1996. – I. Schneider: »Lit. und Medien«. In: Ricklefs 1996. S. 1054–1079.

RN

Literaturbegriff, im engeren Sinne, d. h. in Abgrenzung zu Begriffsbildungen wie Sach-, Fach- oder Sekundärlit., bezeichnet der Terminus ›L.‹ historisch kontingente Vorstellungen von Lit., die in einer sozialen Gruppe gemeinsam geteilt werden. L.e bilden die Grundeinstellung gegenüber für literar. gehaltenen Texten und bestimmen in Verbindung mit literar. ↗ Konventionen und Vertextungsstrategien der Produktion und Rezeption den weiteren Umgang mit diesen Texten. – Aus technischer Sicht schneidet ein L. aus der Menge aller Texte diejenigen heraus, die unter die jeweilige Vorstellung fallen, und trennt somit literar. von nicht-literar. Texten. Das Prädikat ›ist literar.‹ (↗ Literarizität) kann folglich als das Ergebnis einer Zuschreibung unter Anwendung eines L.s verstanden werden. Diese Art der Zuschreibung schließt einerseits nicht aus, daß ein und derselbe Text in synchroner oder diachroner Betrachtung mit mehreren L.en verträglich ist. Häufig ist in einer derartigen Überlagerung gerade ein Kennzeichen von ›hoher‹ Lit. (↗ Hochlit.) im Sinne einer immer neuen Lesbarkeit (↗ Polyvalenz) gesehen worden. Andererseits zeigt auch die Zuschreibung ›nicht-literar.‹ für Texte, die nicht unter einen L. passen, Konsequenzen. – Innerhalb des ↗ Lit.systems basieren Lit.streits zwischen literar. Schulen und Strömungen auf unterschiedlichen L.en und führen zu Ausgrenzungsbestrebungen der jeweils als nicht-literar. erachteten Texte. Außerhalb des Lit.systems kann es durch staatliche, kirchliche oder Intervention anderer einflußreicher sozialer Gruppen zur Beeinträchtigung und Verfolgung von Texten (literar. ↗ Zensur) kommen, die für andere als Lit. gelten. L.e geben somit eine Antwort auf die Frage: Was ist Lit.? Sie bilden damit auch einen Faktor der näheren Bestimmung des Gegenstandsbereichs der Lit.wissenschaft. H. Grabes stellte 1977 ein Schema zur Typologisierung von L.en auf, das auf drei verschiedenen Dimensionen basiert. Die erste betrifft die Behauptung der ontologischen Valenz und trennt referentielle und fiktionale Texte (↗ Fiktionalität). Im Gegensatz zu fiktionalen behaupten referentielle Texte den Anspruch, eindeutige Aussagen über ›Realität‹ zu machen. Die zweite Dimension bezieht sich auf die epistemologische Valenz, d. h. auf den Erkenntniswert von Texten. Auch hier werden zwei Zuschreibungen unterschieden: realistisch und phantastisch (↗ Realismus; ↗ Realismus-Effekt; ↗ Phantastik). Realistische Texte signalisieren trotz ihres fiktionalen Status unter Rückgriff auf das Wahrscheinliche die Behauptung einer Erkenntnisfunktion bzgl. der sozial geltenden Vorstellungen von Realität. Phantastischen Texten fehlt dieser Bezug. Im deutlichen Aufzeigen von Alterität untergraben sie den Glauben an die absolute Verbindlichkeit jeglicher Realitätskonzepte. Schließlich deckt die dritte Dimension die Frage nach der ontischen Besonderheit von Lit. ab. Als Ort für den Sitz des Schönen finden sich historisch drei verschiedene Angaben: Produzent, Werk und Rezipient. In dieses dreidimensionale Schema lassen sich alle L.e einordnen. – Historisch gerade geltende L.e wie der sog. ›erweiterte L.‹ wurden häufiger in die lit.wissenschaftliche Theoriebildung übernommen und als analytische Kategorien und damit als determinierende Elemente der Theorie selbst verwendet. Als historisch veränderliche Größen sind L.e für analytische Zwecke jedoch untauglich; sie gehören demnach zum lit.wissenschaftlichen Gegenstandsbereich selbst. Wie für andere Konzepte auch ist hier ein ›Absinken‹ von der theoretischen auf die Gegenstandsebene festzustellen.

Lit.: K. Hamburger: *Logik der Dichtung*, Stgt./Mchn. 1987 [1957]. – H. Grabes: »Fiktion – Realismus – Ästhetik. Woran erkennt der Leser Lit.?«. In: ders.

(Hg.): *Text-Leser-Bedeutung*, Grossen-Linden 1977. S. 61–81. – P. Hernadi (Hg.): *What is Literature?*, Bloomington 1978. – D. Hintzenberg et al.: *Zum L. in der BRD*, Braunschweig 1980. – A. Barsch: »Handlungsebenen des Lit.systems«. In: *SPIEL* 11.1 (1992) S. 1–23.

AB

Literaturdidaktik (gr. *didáskein*: lehren, unterrichten), L. bezeichnet den Komplex von Entscheidungen, Konzeptionen und Theorien über Lit. als Gegenstand institutionalisierter Lernprozesse; dieser wird die gesellschaftliche Funktion eines Weltauslegungsangebots zugeschrieben, das sich im hermeneutischen Prozeß als Erfahrung und Simulationsmöglichkeit geschichtlicher Sozialisation erschließt. In die europ. Bildungstradition ist Lit. als Lerngegenstand durch die antike ↗ Rhetorik und das System der *septem artes liberales* eingeführt; hier gehört sie als Gegenstand der Lese-, Schreib- und Auslegungskompetenz zur Grammatik. – Die Bestimmung von Lernzielen bzw. -inhalten ist von gesellschaftlichen Wertregistern wie ästhetische und religiöse Bildung, National- oder Klassenbewußtsein, Emanzipation und Toleranz abhängig, die in Formen wie bildungs-, lernziel-, handlungsorientierter, erfahrungsbezogener und integrativer Unterricht umgesetzt werden. Der Textauswahl liegt eine Theorie von Lit. zugrunde, deren zentrale Kategorie die einer Kanonkonzeption ist (↗ Kanon). L. umfaßt die Organisation rezeptiver, produktiver, darstellender, analytischer, kommunikativer, rhetorisch-argumentativer, wissensentnehmender und -speichernder Handlungsformen und Erkenntnismöglichkeiten. Bezugswissenschaften wie Lit.-wissenschaft und -geschichte werden auf der Methodenebene als werkimmanentes, lit.soziologisches, rezeptionstheoretisches, strukturalistisches oder psychoanalytisches Verfahren der Textanalyse berücksichtigt.

Lit.: J. Fritzsche: *Zur Didaktik und Methodik des Dt.unterrichts*, 3 Bde., Stgt. 1994. – G. Lange: *Taschenbuch des Dt.unterrichts*, Bd. 2, *L.*, Baltmannsweiler 1994. – W. Jank/H. Meyer (Hgg.): *Didaktische Modelle*, Weinheim 1994. – Zs. *Der Dt.unterricht*, Stgt. – *Informationen zur Dt.didaktik. Zs. für den Dt.unterricht in Wissenschaft und Schule*, Wien.

BD

Literaturgeschichte und Literaturgeschichtsschreibung, der doppeldeutige Begriff der Lit.geschichte (LG) bezeichnet sowohl den Gegenstand, den historischen Prozeß der Lit., als auch den Vorgang seiner Erkenntnis, Deutung und Darstellung durch die Lit.geschichtsschreibung (LGS) bzw. die von ihr hervorgebrachten Darstellungen bzw. Werke, d. h. die in Buchform vorliegenden LGn. – Die grundlegenden Probleme der LGS liegen darin begründet, daß sich das Kompositum ›LG‹ aus zwei Begriffen zusammensetzt, die beide mehrdeutig sind. Der moderne Geschichtsbegriff umfaßt zum einen den Zusammenhang der historischen Ereignissse, d. h. die Gesamtheit des vergangenen Geschehen (die *res gestae*) bzw. den Gegenstand der Geschichtswissenschaft, zum anderen die Beschäftigung mit diesem Gegenstand, d. h. die Rekonstruktion und (meist narrative) Darstellung eines historischen Geschehens (die *historiae rerum gestarum*) durch die Geschichtswissenschaft bzw. Geschichtsschreibung (GS). Das Kompositum ›Historiographie‹ läßt erkennen, daß die Aufgabe der GS darin besteht, trotz der (letztlich unüberbrückbaren) Kluft eine Verbindung herzustellen zwischen einem vergangenen Geschehen und geschriebener Geschichte. Da LGS eine auf einen spezifischen Bereich konzentrierte Form von Historiographie ist, gilt das gleiche für den Begriff der LG. Auch hier ist zu unterscheiden zwischen den lit.geschichtlichen Ereignissen (z. B. Erscheinen literar. Werke, Veränderungen im Buchmarkt, Lebensdaten von Autoren), also dem Objektbereich, und der Darstellung der sich daraus ergebenden Zusammenhänge, der LGS bzw. ihren Produkten, den in Buchform vorliegenden LGn (vgl. Müller 1982; Voßkamp 1989, S. 166). – Die Definition des Objektbereichs der LGS hängt zunächst einmal von dem jeweils zugrunde gelegten Lit.begriff (↗ Literarizität; ↗ Hochlit. vs. ↗ Triviallit.) ab, der die jeweiligen Selektionsprinzipien bestimmt (vgl. Grabes 1988). Bereits aus der Mehrdeutigkeit des Lit.begriffs ergibt sich, daß die Vorstellung von ›einer‹ LG einer Nationallit. durch die Einsicht ersetzt werden muß, daß es von jeder ↗ Epoche und ↗ Gattung eine Vielzahl möglicher Geschichten geben kann. Durch die von der ↗ Empirischen Theorie der Lit. geforderte, aber schon vorher von vielen Richtungen der LGS praktizierte Fokuserweiterung vom ↗ Text auf den als ↗ ›Lit.system‹ bezeichneten gesellschaftlichen Handlungsbereich (d. h. Autoren, Buchmarkt, Rezipienten und Kritiker) kommt es zu einer erheblichen Erweiterung des Objektbereichs der LGS und zu einer entsprechenden Differenzierung lit.geschichtlicher Ansätze. – Je nach dem jeweils fokussierten Teilbereich des Lit.systems und nach den theoretisch-methodischen Prämissen ergibt sich eine Pluralität unterschiedlicher Formen von LGS.

Im Bereich der text- bzw. werkzentrierten LGS sind Richtungen wie ↗ Stoff-, Motiv- und Themengeschichten, ↗ Gattungsgeschichten und Geschichten bestimmter Darstellungsverfahren zu nennen. Marxistische LGS konzentriert sich auf die Bedingungen literar. Produktion und auf das Wechselverhältnis zwischen literar. Werk und historischem ↗ Kontext (↗ Widerspiegelung). ↗ Strukturalistische Ansätze richten das Interesse auf das Symbolsystem Lit. und untersuchen die ↗ Evolution dieses Systems. Hinzu kommen Ansätze wie die ↗ Geistesgeschichte, ↗ Ideengeschichte, ↗ Mentalitätsgeschichte, ↗ Quellen- und Einflußforschung sowie ↗ funktions- und rezeptionsgeschichtliche Ansätze. – In diachroner Hinsicht haben sich seit ihren Anfängen sowohl die Auffassungen vom Wesen und den Aufgaben der LGS als auch die Ansätze und Modelle der LGS mehrfach grundlegend geändert. An die Stelle enzyklopädischer Gesamtdarstellungen einer Nationallit., die die nationale Identität eines Volkes zu erhellen versuchten, ist eine Vielzahl unterschiedlicher Formen der LGS getreten. Nachdem LGn durch die Vorherrschaft der ↗ werkimmanenten Interpretation (↗ *New Criticism*) und der Theoretisierung der Lit.wissenschaft in Mißkredit geraten waren, erlebten sie im Zuge der von H. ↗ Weinrich geforderten ›LG des Lesers‹ eine Renaissance. V.a. die von H. R. ↗ Jauß entwickelte ↗ Rezeptionsgeschichte, die den Leser zur maßgeblichen ›Instanz einer neuen Geschichte der Lit.‹ (Jauß) erhoben und betont hat, daß LG nicht unbefragt mit einer Geschichte literar. Texte gleichzusetzen ist, hat dem LGS einen bis heute andauernden Aufschwung beschert. Der ↗ *linguistic turn* und die Einsicht in die theoretische Bedingtheit jeder Form von Erkenntnis haben allerdings zu einem Paradigmenwechsel in der Theorie, wenngleich noch keineswegs in der Praxis, der LGS geführt. Durch H. ↗ Whites Poetik der Geschichtsschreibung ist das Bewußtsein dafür gewachsen, daß zwischen der Abfolge historischer Ereignisse und ihrer Umwandlung in eine narrative Struktur, die die Fakten überhaupt erst mit Bedeutung ausstattet, eine unüberbrückbare Kluft liegt, daß sich auch die Historiographie bei der Verknüpfung von Ereignissen zu einem kohärenten Erzählzusammenhang (↗ Plot) literar. Erzählmuster bedient (↗ *emplotment*) und daß die Vorstellung von einer einheitlichen und verbindlichen ›Großen Geschichte‹ (vgl. Berkhofer 1995) ihre Gültigkeit verloren hat. Die Theoriedebatten über epistemologische und methodische Grundfragen der Historiographie haben dem positivistischen Glauben an die Möglichkeit, historische Erkenntnis und Darstellungen könnten Totalität, Objektivität und Wahrheit beanspruchen (↗ Positivismus), endgültig den Boden entzogen und sie durch die Einsicht in »den Konstruktcharakter jeder Lit.geschichte« (Voßkamp 1989, S. 173) ersetzt, die Einsicht, daß LGS ein theoriegeleiteter Konstruktionsprozeß ist. LGn sind demzufolge keine theoriefreien oder gar objektiven Rekonstruktionen realer lit.historischer Sachverhalte, sondern theorie- und beobachterabhängige Vorgänge. Jede lit.geschichtliche Darstellung ist das Ergebnis von Auswahl- und Konstruktionsvorgängen, die ihrerseits auf ↗ Wertungen beruhen. Diese betreffen zum einen die Selektion der Werke, Daten und Ereignisse, die als bes. relevant oder repräsentativ eingestuft werden (↗ Kanon), zum anderen deren Anordnung (z.B. nach chronologischen Gesichtspunkten oder Genres), die jeweils vorgenommene zeitliche Untergliederung in ↗ Epochen (↗ Epochenschwelle; ↗ Periodisierung) und die verwendeten lit.wissenschaftlichen Ordnungskategorien und Erzählmuster. Auch bei Epochen, Gattungen oder literar. Strömungen handelt es sich nicht um vorgefundene reale Objekte, sondern um lit.wissenschaftliche Konstrukte (↗ Konstruktivität), die als Ordnungsbegriffe fungieren und heuristische, definitorische, deskriptive und komparative Funktionen erfüllen. Durch die Unterscheidung von Epochen wird die ↗ diachrone Dimension der LG, die zeitliche Entwicklung, gegliedert, während die Unterscheidung von Gattungen das wichtigste Gliederungsprinzip ist, um die ↗ synchrone Dimension der LG, die zur gleichen Zeit existierenden Phänomene, zu strukturieren. Die von S. ↗ Kracauer geprägte Formel der »Koexistenz des Gleichzeitigen und des Ungleichzeitigen« (zit. nach Jauß 1970, S. 196) macht die Notwendigkeit deutlich, die in der LGS vorherrschende diachrone Betrachtungsweise durch die Berücksichtigung der synchronen Vielfalt literar. Phänomene zu ergänzen. – In der gegenwärtigen Diskussion lassen sich v.a. sechs Ansätze und Forschungsrichtungen der LGS unterscheiden, die von verschiedenen theoretischen Grundannahmen ausgehen und unterschiedliche methodische Verfahren benutzen: (a) ↗ sozialgeschichtliche und struktural-funktionale Ansätze, die die Geschichte des Sozialsystems Lit. rekonstruieren (vgl. v. Heydebrand et al. 1988); (b) an M. ↗ Foucault anknüpfende Formen von subjektdezentrierter und diskursanalytischer (↗ Diskurs-

theorien und Diskurs) LGS; (c) ↗ medienorientierte LGS, die sich auf Veränderungen der ↗ Aufschreibesysteme (F. ↗ Kittler) konzentriert; (d) systemtheoretisch und konstruktivistisch fundierte Ansätze im Rahmen der Empirischen Theorie der Lit. (vgl. Schmidt 1985 und 1989); (e) die nur in Ansätzen theoretisch reflektierten und methodisch eklektischen Arbeiten des ↗ New Historicism; (f) die der ↗ feministischen Lit.theorie und den ↗ Gender Studies verpflichteten revisionistischen Studien, die die Selektionsprinzipien, Anordnungsverfahren, Epochenzäsuren, Beurteilungsmaßstäbe und Lektürepraktiken traditioneller LGn aus der Sicht der Geschlechterforschung kritisch durchleuchten und von der ↗ Geschlechterdifferenz bzw. ↗ Gender als Kategorie einer neuen LGS ausgehen (vgl. Schabert 1995 und 1997). Zu den aktuellen Ansätzen und Konzepten zählen außerdem eine aus der Beschäftigung mit den ›neuen Literaturen in engl. Sprache‹ hervorgegangene ›interkulturelle LGS‹ sowie die interdisziplinäre Erweiterung der LGS hin zu integrativen Formen von Kulturgeschichte bzw. ↗ New Cultural History oder ↗ Mentalitätsgeschichte.

Lit.: H. Kantorowicz: »Grundbegriffe der LG«. In: *Logos. Internationale Zs. für Philosophie der Kultur* 1 (1929) S. 102–121. – Jauß 1992 [1970]. – R. Weimann: *LG und Mythologie. Methodologische und historische Studien*, FfM. 1977 [1971]. – W. Haubrichs (Hg.): *Probleme der LGS*, Beih. 10 der Zs. LiLi, Göttingen 1979. – J.-D. Müller: »LG/LGS«. In: D. Harth/P. Gebhard (Hgg.): *Erkenntnis der Lit.: Theorien, Konzepte, Methoden der Lit.wissenschaft*, Stgt. 1989 [1982]. S. 195–227. – C. Uhlig: *Theorie der Lit.historie. Prinzipien und Paradigmen*, Heidelberg 1982. – J. Schönert: »Neuere theoretische Konzepte in der LGS«. In: Th. Cramer (Hg.): *Lit. und Sprache im historischen Prozeß. Vorträge des Dt. Germanistentages Aachen 1982*, Bd. 1, Lit., Tüb. 1983. S. 91–120. – S.J. Schmidt: »On Writing Histories of Literature. Some Remarks from a Constructivist Point of View«. In: *Poetics* 14 (1985) S. 279–301. – W. Voßkamp/E. Lämmert (Hgg.): *Historische und aktuelle Konzepte der LGS. Zwei Königskinder? Zum Verhältnis von Lit. und Lit.wissenschaft*, Tüb. 1986. – H. Grabes: »Selektionsprinzipien und Lit.begriff in der anglistischen LGS«. In: *GRM* 38 (1988) S. 3–14. – R. v. Heydebrand et al. (Hgg.): *Zur theoretischen Grundlegung einer Sozialgeschichte der Lit.: Ein struktural-funktionaler Entwurf*, Tüb. 1988. – J. Fohrmann: *Das Projekt der dt. LG. Entstehung und Scheitern einer nationalen Poesiegeschichtsschreibung zwischem Humanismus und dt. Kaiserreich*, Stgt. 1989. – S.J. Schmidt: *Die Selbstorganisation des Sozialsystems Lit. im 18.Jh.*, FfM. 1989. – M. Titzmann: »Kulturelles Wissen – Diskurs – Denksystem. Zu einigen Grundbegriffen der LGS«. *Zs. für frz. Sprache und Lit.* 99 (1989) S. 47–61. – W. Voßkamp: »Theorien und Probleme gegenwärtiger LGS«.

In: F. Baasner (Hg.): *LGS in Italien und Deutschland. Traditionen und aktuelle Probleme*, Tüb. 1989. S. 166–174. – H. Eggert et al. (Hgg.): *Geschichte als Lit.: Formen und Grenzen der Repräsentation von Vergangenheit*, Stgt. 1990. – L. Patterson: »Literary History«. In: Lentricchia/McLaughlin 1995 [1990]. S. 250–262. – M. Titzmann: »Skizze einer integrativen LG und ihres Ortes in einer Systematik der Lit.wissenschaft«. In: ders. (Hg.): *Modelle des literar. Strukturwandels*, Tüb. 1991. S. 395–438. – G. Plumpe/K.O. Conrady: »Probleme der LGS«. In: Brackert/Stückrath 1996 [1992]. S. 374–392. – J. Fohrmann: »Über das Schreiben von LG«. In: P.J. Brenner (Hg.): *Geist, Geld und Wissenschaft. Arbeits- und Darstellungsformen von Lit.-wissenschaft*, FfM. 1993. S 175–202. – C.-M. Ort: »Texttheorie – Textempirie – Textanalyse. Zum Verhältnis von Hermeneutik, Empirischer Lit.wissenschaft und LG«. In: A. Barsch et al. (Hgg.): *Empirische Lit.wissenschaft in der Diskussion*, FfM. 1994. S. 104–122. – R.F. Berkhofer: *Beyond the Great Story. History as Text and Discourse*, Cambridge, Mass./Ldn. 1995. – I. Schabert: »Gender als Kategorie einer neuen LGS«. In: Bußmann/Hof 1995. S. 162–204. – M. Pechlivanos: »LG(n)«. In: ders. et al. 1995. S. 170–181. – G. Plumpe: *Epochen moderner Lit.: Ein systemtheoretischer Entwurf*, Opladen 1995. – A. Meier: »LGS«. In: Arnold/Detering 1997 [1996]. S. 570–584. – A. Nünning: »Kanonisierung, Periodisierung und der Konstruktcharakter von LGn. Grundbegriffe und Prämissen theoriegeleiteter LGS«. In: ders. (Hg.): *Eine andere Geschichte der engl. Lit.: Epochen, Gattungen und Teilgebiete im Überblick*, Trier 1996. S. 1–24. – I. Schabert: *Engl. LG. Eine neue Darstellung aus der Sicht der Geschlechterforschung*, Stgt. 1997. – L. Simonis: *Genetisches Prinzip. Zur Struktur der Kulturgeschichte*, Tüb. 1998.

AN

Literaturproduktion, allg. Prozeß der Herstellung literar. ↗ Texte, Tätigkeit literar. Autoren; Handlung, die als literar. eingeschätzte Texte als Resultat erbringt. In der ↗ Empirischen Theorie der Lit. als Theorie literar. Produktionshandlungen expliziert. – Den handlungstheoretischen Grundannahmen gemäß wird L. verstanden als Handlung eines Lit.produzenten, der im Rahmen seines persönlichen ↗ Voraussetzungssystems und in einer historisch konkreten Produktionssituation agiert. L. folgt einer vorab oder im Handlungsvollzug gebildeten Produktionsstrategie zur Herstellung eines literar. ↗ Kommunikates und seiner Verbalisierung in der Produktionshandlung. Produktionsresultat ist dann eine optische, akustische oder haptische ↗ Kommunikatbasis, die als literar. präsentiert wird. L. ist seit der Antike als soziale Handlungsrolle (Poet, Dichter, Schriftsteller) institutionalisiert. Seit dem 18. Jh. bildet die L. zusammen mit der ↗ Lit.vermittlung, der ↗ Lit.rezeption und der ↗ Lit.verarbeitung in den Industriegesellschaften teilweise selbstregelnde Handlungsbereiche, ↗ Lit.systeme genannt.

Lit.: H. Schwenger: *L.: Zwischen Selbstverwirklichung und Vergesellschaftung*, Stgt. 1979. – Schmidt 1991 [1980]. S. 199–227. – ders./R. Zobel: *Empirische Untersuchungen zu Persönlichkeitsvariablen von Lit.produzenten*, Braunschweig/Wiesbaden 1983. – ders./G. Rusch: *Das Voraussetzungssystem G. Trakls*, Braunschweig/Wiesbaden 1983.

GR

Literaturpsychologie, die L. bearbeitet lit.wissenschaftliche Fragestellungen zum literar. Kunstwerk, seinem Schaffens- und Rezeptionsprozeß unter Hinzuziehung verschiedener psychologischer Theorien, Methoden und Konzepte. Von einer geschlossenen Disziplin oder einem einheitlichen Ansatz kann aufgrund der theoretischen und methodischen Vielfalt kaum gesprochen werden. Zwei Hauptzweige der L. lassen sich jedoch unterscheiden: zum einen die zu einem eigenen Ansatz gewachsene ↗ Psychoanalytische Lit.wissenschaft, die im Rückgriff insbes. auf S. ↗ Freud und J. ↗ Lacan literar. Produktion (↗ Lit.produktion) und Rezeption (↗ Lit.rezeption) als Ausdruck des ↗ Unbewußten zu verstehen sucht; zum anderen die empirisch arbeitenden Psychologie-Ansätze, deren erklärtes Ziel es ist, psychologische Äußerungen über Lit., ihre Schöpfung und ihre Wirkung empirisch überprüfbar und somit bis zu einem gewissen Grad vorhersagbar zu machen (↗ Empirische Theorie der Lit.). – Die empirische Psychologie befaßt sich erst seit den 60er Jahren verstärkt mit Lit.; psychoanalytische Aussagen werden als Arbeitshypothesen aufgegriffen und im Rahmen empirischer Studien modifiziert, Fragestellungen aus der ↗ Lit.soziologie und der ↗ Rezeptionsästhetik werden übernommen und mit psychologischen Methoden und Modellen aufbereitet. Dabei haben sich v.a. folgende Teilgebiete der L. herausgebildet: (a) Die Kreativitätsforschung bestimmt Merkmale der literar. Künstlerpersönlichkeit, des kreativen Prozesses und des daraus resultierenden Produkts. Solange Kreativität nicht potentiell oder ansatzweise jedem Menschen zugestanden wurde, sondern als eine spezifische Eigenschaft ›nichtnormaler‹ Menschen galt, wurde ein ursächlicher Zusammenhang zwischen Kreativität bzw. Genialität und Wahnsinn, d.h. Psychosen oder Neurosen, gesehen. Dieser Zusammenhang hat sich empirisch als so nicht haltbar erwiesen. Psychologische Tests ergeben, daß Künstler und Dichter zwar überdurchschnittlich stark durch psychopathologische Symptome gekennzeichnet sind, daß diesen aber eine ebenso überdurchschnittliche Ich-Stärke entgegenwirkt. Diese Integration von polaren Merkmalen charakterisiert auch den kreativen Prozeß, der in eine Abfolge von Phasen, nämlich der Präparation, Inkubation, Illumination und Elaboration, unterteilt wird: Auf der Grundlage fachspezifischer Kompetenzen und der bewußten Absicht, schöpferisch tätig zu werden, erkundet und bearbeitet der Dichter seine regressiv-inspiratorischen Impulse. Dieser Prozeß bezieht zwar Ergebnisse von Primärprozessen wie Träume und Phantasien mit ein, aber er zielt darauf ab, unbewußte Wünsche zu enthüllen und mit einer künstlerischen Aufgabenstellung zu verbinden. »Insgesamt ist der kreative Prozeß – der Prozeß des Erschaffens, der von herausragenden Schöpfern in den Künsten, den Wissenschaften oder in irgendeinem intellektuellen Gebiet geleistet wird – eine spiegelbildliche Umkehrung des Träumens« (Rothenberg 1986, S. 90). Im Gegensatz zum Traum ist kreatives Denken grundsätzlich von einem Streben nach Realitätsorientierung und -integrierung gekennzeichnet; dieses Merkmal unterscheidet es bei aller oberflächlicher Ähnlichkeit von psychopathologischen Äußerungen. Dem kreativen Produkt wird aufgrund seiner Verknüpfung von Neuartigkeit und Brauchbarkeit soziale Wertschätzung zuteil. Für die empirisch ausgerichtete Ästhetik folgt daraus, daß Kreativität keine absolute, sondern eine subjektive und historisch relative Größe ist. (b) Die empirisch-lit.psychologische ↗ Rezeptionsforschung integriert die Analyse literar. Texte und ihrer Wirkung in den Rahmen der empirischen Sozial- und Kommunikationswissenschaften. Die während und infolge der Lektüreverarbeitung stattfindenden kognitiven und emotionalen Prozesse sowie die aus ihnen resultierenden Handlungen bilden hier die Forschungsschwerpunkte. Freilich ist das Problem der methodologischen Absicherung, insbes. bei der empirischen Ermittlung emotionaler Effekte (↗ Emotion), bisher nur ungenügend gelöst. Empiriker setzen sich in der Wirkungsforschung deutlich von Psychoanalytikern ab, denen sie inhaltsanalytische Methodenfehler vorwerfen: Der Schluß vom Textinhalt bzw. von den Wirkungsintentionen auf die tatsächliche Textwirkung impliziere ein revidierungsbedürftiges, passiv-rezeptives Bild vom Leser. Statt dessen gelte es, die Rolle des Lesers aufzuwerten und die Textbedeutung als im Leseakt verhandelbar zu betrachten (↗ Rezeptionsästhetik; ↗ Wirkungsästhetik). Die empirisch-psychologische Rezeptionsforschung nähert sich der Lit.soziologie, indem sie Statistiken,

etwa über die schichtenspezifischen Merkmale literar. Rezeption, psychologisch erklärt, um so eine Zusammenschau biographischer und sozialer Bedingungen des Lesens zu ermöglichen. Nachdem in diesem Bereich zunächst v. a. mit entwicklungspsychologischen Ansätzen gearbeitet wurde, favorisiert die L. heute die Anwendung sozialisationstheoretischer Ansätze. Die Wirkungsforschung fragt dabei u. a. nach den Funktionen des Lesens für den individuellen Leser: Fördert Lektüre eine Flucht vor oder eine Hinwendung zur Alltagswirklichkeit; bestätigt oder hinterfragt sie die bisherigen Werte und Normen des Lesers; bietet sie Stabilisierung oder Anstoß zur Veränderung des Ichs und seiner Umwelt? (c) Die psychologische Theorie ästhetischer Evolution von Martindale ermöglicht die Erklärung und Vorhersage des inhaltlichen und stilistischen Wandels in einzelnen literar. ↗ Gattungen oder Traditionssträngen. Da das Aktivierungspotential ästhetischer Reize erwiesenermaßen im Laufe der Zeit nachläßt, sind Dichter dazu gezwungen, den Wirkungen dieser Habituation im Rezipienten entgegenzuwirken. Dies geschieht entweder dadurch, daß die Inhalte stärker an primärprozeßhafter Regression angekoppelt bleiben, oder dadurch, daß ein stilistischer Umbruch herbeigeführt wird. Empirische Untersuchungen in verschiedenen künstlerischen Medien und Kulturräumen legen den Schluß nahe, daß diese beiden Prozesse des literar. Wandels aufeinander folgen bzw. sich abwechseln: Die Inhalte werden solange immer assoziativer und irrationaler, bis ein ›toter Punkt‹ erreicht ist, an dem in dem betreffenden Stil keine intensiveren ästhetischen Reize mehr geboten werden können und der alte Stil durch einen neuen ersetzt wird. – Die grundsätzliche Problematik der L. ist ähnlich wie die der Lit.soziologie. Da sie keine eigenständige Disziplin ist, kann sie sowohl der Psychologie als auch der Lit.wissenschaft zugeordnet werden. Im ersten Fall stellt sich die Frage nach der Art und Qualität der lit.wissenschaftlichen Konzepte, im zweiten Fall die nach der Anwendbarkeit und Relevanz der verwirrenden Menge psychologischer Ansätze für lit.wissenschaftliche ↗ Erkenntnisinteressen. In diesem Zusammenhang wäre eine zukünftige Aufgabe der empirisch ausgerichteten L., unterschiedliche Ansätze auf der Basis ihrer Überprüfbarkeit zu integrieren und Fragestellungen zur Lit. im Sinne eines Handlungssystems (vgl. Schmidt 1982, S. 150) zu entwickeln.

Lit.: W. Salber: *L.*, Bonn 1972. – C. Martindale: *Romantic Progression. The Psychology of Literary History,*

Washington, D.C. 1975. – N. Groeben: *Rezeptionsforschung als Empirische Lit.wissenschaft*, Tüb. 1980 [1977]. – Schmidt 1991 [1980]. – ders. 1982. – W. Schönau (Hg.): *Lit.psychologische Studien und Analysen*, Amsterdam 1983. – E. Wright: *Psychoanalytic Criticism. Theory in Practice*, Ldn. 1984. – A. Rothenberg: »Kreativität in der Lit.«. In: R. Langner (Hg.): *Psychologie der Lit.: Theorien, Methoden, Ergebnisse*, Weinheim 1986. S. 78–104. – J. Rattner: *L.*, Bln. 1988. – J. Pfeiffer et al. (Hgg.): *L. 1945–1987. Eine systematische und annotierte Bibliographie*, Würzburg 1989. – D. Willbern: »Reading after Freud«. In: Atkins/Morrow 1989. S. 158–179. – J. Cremerius (Hg.): *Widersprüche geschlechtlicher Identität. Mit Bibliographie L. 1992–96*, Würzburg 1998.

DF/ASt

Literaturrezeption (lat. *receptio*: Aufnahme), Begriff zur Bezeichnung der Wirkung von Texten auf Leser bzw. der Aufnahme von Lit. durch Leser/Rezipienten. L. stellt das Forschungsgebiet verschiedener kritischer Ansätze dar. Die ↗ Rezeptionsästhetik erforscht L. auf theoretischer Ebene, wobei die verschiedenen Konstituenten des Rezeptionsprozesses wie Unbestimmtheitsstellen, ↗ Erwartungshorizont, ↗ Konkretisationen, impliziter ↗ Leser, realer Leser usw. analysiert werden. Die ↗ Rezeptionsgeschichte beschäftigt sich mit konkreten historischen Manifestationen der L., ihren diachronischen Entwicklungen und deren Abhängigkeiten von Größen wie Zeitgeschmack, sozio-kultureller Kontext, Lit.betrieb, Mechanismen der ↗ Lit.vermittlung usw. Empirische ↗ Rezeptionsforschung untersucht auf der Basis praktischer Erhebungen das reale Rezeptionsverhalten konkreter Rezipienten und somit anhand wirklicher Fallbeispiele die Wirkung von Lit., wobei solche Leserforschung die sozialen Bedingungen von L. reflektiert und deshalb auch die Ergebnisse und Verfahren der ↗ Lit.soziologie berücksichtigt (vgl. S. J. ↗ Schmidt 1980). – L. ist seit Ende der 60er Jahre ein Schwerpunktthema lit.theoretischer Arbeiten. Dies ist eine Reaktion gegen frühere autorenzentrierte Ansätze. Es steht nunmehr nicht mehr die Intentionalität des Autors im Vordergrund, sondern die Aktivität des Lesers, der im Lektüreprozeß den Text erst durch seine interaktive Mitarbeit im Rezeptionsprozeß vollendet.

Lit.: G. Grimm (Hg.): *Lit. und Leser. Theorien und Modelle zur Rezeption literar. Werke*, Stgt. 1975. – R. Warning (Hg.): *Rezeptionsästhetik. Theorie und Praxis*, Mchn. 1979 [1975]. – Schmidt 1991 [1980]. – S. Suleiman/I. Crosman (Hgg.): *The Reader in the Text. Essays on Audience and Interpretation*, Princeton 1980. – R.C. Holub: *Reception Theory. A Critical Introduction*, Ldn. 1984.

HA

Literatursoziologie, die L. stellt eine Richtung der Lit.analyse dar, die insbes. den gesellschaftlichen und soziokulturellen Bedingungen der Produktion und Rezeption von Lit. (↗ Lit.produktion, ↗ Lit.rezeption), der Textkonstitution sowie der Entwicklung literar. Genres Rechnung tragen will. – Obwohl die Einsicht in die gesellschaftliche Bedingtheit von Lit. älteren Datums ist und historisch zumindest bis zu Autoren des 18. Jh.s zurückreicht, ist die L. als eine eigene Disziplin bzw. Teildisziplin des Wissenschaftssystems eine verhältnismäßig junge Erscheinung. Erste Ansätze zur Einführung sozialgeschichtlicher und soziologischer Methoden in die Lit.wissenschaften sind in den 10er und 20er Jahren des 20. Jh.s zu verzeichnen, ein Phänomen, das mit der Entwicklung und Institutionalisierung der Sozialwissenschaften in jenem Zeitraum in engem Zusammenhang steht. Als frühe Versuche einer Übertragung soziologischer Methoden und Betrachtungsweisen auf das Gebiet der Lit. und Kunst sind insbes. die kultur- und kunstsoziologischen Analysen G. ↗ Simmels, die musiksoziologischen Untersuchungen M. ↗ Webers sowie Teile des Frühwerks von G. ↗ Lukács zu nennen. Doch auch innerhalb der lit.wissenschaftlichen Fachgemeinschaft selbst lassen sich seit etwa 1910 Entwürfe zu einer soziologischen bzw. sozialliterar. Zugangsweise zu Fragen der Lit. und der Lit.geschichte beobachten. Diese im weitesten Sinne kultur- und gesellschaftsbezogene Orientierung stellt den gemeinsamen Nenner so unterschiedlicher Ansätze dar wie der geschmacks- und publikumssoziologischen Forschungen L. Schückings, der sozialgeschichtlichen Untersuchungen A. Hirschs, der bewußtseinsgeschichtlichen Konzeption L. Löwenthals und der marxistisch-materialistischen Verfahrensweise A. Kleinbergs. P. Merker hat bereits zu Beginn der 20er Jahre in einem programmatischen, überblickshaften Beitrag auf das mögliche Anwendungsspektrum soziologischer Verfahrensweisen in den Lit.wissenschaften hingewiesen. Allerdings fanden die genannten, frühen Entwürfe zu einem lit.soziologischen Ansatz innerhalb der zeitgenössischen Fachgemeinschaft zunächst nur eine geringe Resonanz, da sie noch zu sehr im Schatten des zu jener Zeit dominierenden geistesgeschichtlichen Paradigmas standen. – Ein disziplinenweiter Erfolg der lit.soziologischen Richtungen zeichnete sich erst mit der gesellschaftskritischen und -theoretischen Wende in den Philologien der 60er und 70er Jahre ab. Auch A. Hausers richtungweisende

Arbeiten zur *Sozialgeschichte der Kunst und Lit.* (1953) wurden in Deutschland erst verzögert in den 50er und 60er Jahren rezipiert. In den 60er Jahren traten H.N. Fügen und A. Silbermann dann, angeregt durch die leser- und publikumssoziologischen Arbeiten R. Escarpits, mit Konzepten zur empirischen und statistisch-quantitativen Erforschung der Produktion, Distribution und Rezeption von Lit. hervor. Während in den empirisch-positivistisch ausgerichteten Analysen Silbermanns und Fügens das literar. Werk selbst in seiner formalen Eigenheit und ästhetischen ↗ Struktur der Tendenz nach ausgeklammert wird, rückt jenes demgegenüber in den Beiträgen der frz. Soziologen L. ↗ Goldmann und P. ↗ Bourdieu ins Zentrum des Interesses. Sowohl Goldmann als auch Bourdieu versuchen, mit unterschiedlichen theoretischen Mitteln, Beziehungen, Gesetzmäßigkeiten und Interaktionsformen des gesellschaftlichen Lebens durch die Untersuchung der Texte selbst, d.h. ihrer literar. Strukturen und der in ihnen dargebotenen fiktionalen Welten, herauszuarbeiten. Neben den frz. Theoretikern sind im weiteren Sinne auch Vertreter der ↗ Frankfurter Schule (Th. W. ↗ Adorno, W. ↗ Benjamin) sowie einige Richtungen der ↗ Ideologiekritik dem Bereich lit.soziologischer Forschungen zuzurechnen. In der Tradition jener nicht rein empirischen, lit.bezogenen Betrachtungsweise stehen schließlich auch die Ansätze V. Žmegačs und E. ↗ Köhlers, die soziologische mit lit.geschichtlichen Gesichtspunkten zu verbinden suchen. In neueren soziologisch orientierten Arbeiten über Lit. ist vielfach der Versuch zu erkennen, klassische Theorietraditionen der L. (Goldmann, Adorno, Bourdieu) mit Theoriekonzepten der ↗ Diskursanalyse, ↗ Semiotik oder ↗ Systemtheorie zu verknüpfen. – Ein, wenn nicht das zentrale Problem der L. besteht in der Frage, wie sich das Verhältnis von Lit. und gesellschaftlichem Leben darstellt bzw. theoretisch beschreiben läßt. Von der marxistisch inspirierten Vorstellung eines bloßen Abbildverhältnisses (↗ Widerspiegelungstheorie) ist man in der neueren Diskussion ebenso abgerückt wie von der recht vagen Auffassung einer nicht näher definierbaren Wechselbeziehung gesellschaftlicher und literar. Tendenzen. Als bis heute maßgebend darf demgegenüber die Einsicht der klassischen Soziologie (Simmel, Weber) gelten, daß der Bereich der ästhetischen und literar. Kultur eine eigene, von den anderen gesellschaftlichen Funktionsbereichen (z.B. Recht, Religion, Politik) distinkt unterschiedene Sphäre darstellt, die eigenen Ge-

setzmäßigkeiten und Entwicklungstendenzen unterliegt. Auch der genetische ↗ Strukturalismus Goldmanns schließt noch an diese Grundidee an, insofern nämlich, als er der Welt der literar. ↗ Fiktion eine gewisse Eigenständigkeit und formale Abgeschlossenheit (↗ Autonomie, ↗ Kohärenz) zuerkennt. Das entscheidende Bindeglied zwischen literar. Fiktion und Gesellschaft liegt nämlich für Goldmann nicht in irgendwelchen inhaltlichen Aspekten oder ›Aussagen‹ der Texte; es besteht vielmehr in einer abstrakteren, formalen Kategorie, die Goldmann als ›Strukturhomologie‹ (↗ Homologie) bezeichnet. Gemeint ist eine Beziehung der Entsprechung und Korrelation zwischen der fiktiven Welt des literar. Werks einerseits und bestimmten Denkstrukturen gesellschaftlicher Trägergruppen andererseits. Mit einem ähnlich abstrakten, theoretischen Konzept arbeitet Bourdieu, indem er den Marxschen (K. ↗ Marx), ökonomischen Begriff des Kapitals erweitert (um eine soziale, kulturelle und symbolische Dimension) und so die gesellschaftstheoretische Aufgabe als Untersuchung kultureller Praktiken und Zeichenverwendungen definiert. Auch im Konzept des ↗ Habitus als sozialisationstypischem Verhaltensstil wird dieser enge Zusammenhang von Sozialstruktur und kultureller Praxis greifbar. Gemeinsam ist Goldmann und Bourdieu die werksoziologische Orientierung, die Betonung des literar. Textes bzw. der literar. Fiktion als eines eigengesetzlichen, für sich bestehenden Gebildes. Hierin berühren sie sich mit der Auffassung Adornos, der allerdings, aufgrund seines Theorems ästhetischer Negativität, das künstlerische bzw. literar. Werk stärker außerhalb bzw. in der Verweigerung jeglichen gesellschaftlichen Vollzugs lokalisiert. Während die zuletzt genannten Theoretiker v.a. eine Soziologie des literar. Werks bzw. Textes entwerfen, stellt sich auf der anderen Seite die Frage nach einer möglichen Verbindung von soziologischer und historischer Betrachtung in den Lit.- und ↗ Kulturwissenschaften. Diesem Erfordernis suchen seit den 70er Jahren einerseits rezeptions- und wirkungsgeschichtliche, andererseits sozialgeschichtliche, zivilisationsgeschichtliche und evolutionstheoretische Ansätze nachzukommen. Die alte vulgärsoziologische These vom neuzeitlichen ›Aufstieg des Bürgertums‹ zur dominierenden gesellschaftlichen Klasse wird dabei in jenen neueren Arbeiten meist durch gesellschaftsgeschichtliche Konzepte größerer Reichweite und Komplexität ersetzt, etwa durch die Annahme einer Umstellung von stratifikatorischer zu funktionaler Primärdifferenzierung der Gesellschaft (N. ↗ Luhmann, ↗ Systemtheorie), oder etwa die Auffassung eines sich länger anbahnenden zivilisationsgeschichtlichen Trends zu einer allmählichen ›Individualisierung des Subjekts‹ (N. ↗ Elias). Insgesamt müßte ein anspruchsvoller lit.soziologischer Ansatz dem Doppelcharakter der Lit., zugleich autonom und ›fait social‹ (Adorno) zu sein, Rechnung tragen, d.h. er dürfte Lit. weder als bloßes Abbild noch als reine Negation gesellschaftlicher Verhältnisse begreifen. Die L. könnte hier auf ein Angebot von seiten der neueren Kommunikations- und Systemtheorie zurückgreifen, insofern letztere Kunst bzw. Lit. entschieden als Kommunikation begreift, sie also einerseits in (nicht außerhalb) der Gesellschaft lokalisiert, sie jedoch andererseits als sich selbst organisierenden und selbst selegierenden Zusammenhang begreift.

Lit.: A. Hauser: *Sozialgeschichte der Kunst und Lit.*, Mchn. 1983 [1953]. – J. Scharfschwerdt: *Grundprobleme der L.*, Stgt. 1977. – J. Dubois: *L'institution de la littérature. Introduction à une sociologie*, Paris 1978. – J. Link/U. Link-Heer: *Lit.soziologisches Propädeutikum*, Mchn. 1980. – A. Silbermann: *Einf. in die L.*, Mchn. 1981. – H.N. Fügen: »Zur Wissenschaftlichkeit und Systematik der soziologischen Roman-Interpretation«. In: *IASL* 7 (1982) S. 1–20. – M. Poulain: *Pour une sociologie de la lecture. Lectures et lecteurs dans la France contemporaine*, Paris 1988. – A. Dörner/L. Vogt: »Kultursoziologie«. In: K.M. Bogdal 1997 [1990]. S. 131–153. – W. Voßkamp: »L.: Eine Alternative zur Geistesgeschichte?«. In: Ch. König/E. Lämmert (Hgg.): *Lit.wissenschaft und Geistesgeschichte 1910–1925*, FfM. 1993. S. 291–303. – A. Dörner/L. Vogt: *L.: Lit., Gesellschaft, politische Kultur*, Opladen 1994.

LS

Literatursystem, Terminus aus der ↗ Empirischen Theorie der Lit. (ETL) zur Bezeichnung jenes gesellschaftlichen Handlungsbereichs in dem literar. Kommunikationshandlungen vollzogen werden. Der Lit.begriff wird dort nicht über spezifische Merkmale einer Textsorte Lit. definiert, sondern durch eine spezifische Modalität des Umgehens mit sprachlichen ↗ Kommunikaten, in diesem Fall des durch die Ästhetik- und die Polyvalenz-↗ Konvention geprägten kommunikativen Handelns. Jede Kommunikationshandlung, die sprachliche ↗ Kommunikatbasen als thematische Kommunikate den beiden genannten Konventionen gemäß (als fiktional und mehrdeutig) realisiert, ist ein literar. Phänomen, ein Fall von Lit. Die Ästhetikkonvention (ÄLKO) und Polyvalenzkonvention (PLKO) er-

füllen hier also die Funktion, literar. von nichtliterar. Handeln zu unterscheiden. In der ETL werden vier Typen literar. ↗ Handlungen als literar. Handlungsrollen differenziert: ↗ Lit.produktion (LP), ↗ Lit.vermittlung (LV), ↗ Lit.rezeption (LR) und ↗ Lit.verarbeitung (LVA). Insofern diese literar. Handlungstypen in voraussetzungslogischer und zeitlicher Hinsicht zusammenhängen und durch ihre Ästhetik- und Polyvalenz-Konventionalität von allen anderen Handlungen in einer Gesellschaft unterschieden sind, kann von einem System literar. Kommunikationshandlungen, kurz: L., gesprochen werden. In der ETL wird dazu folgende Hypothese entwickelt: »In unserer Gesellschaft G gibt es ein System von Kommunikationshandlungen (SyLKH), die dadurch ausgezeichnet sind: (a) daß die Kommunikationshandlungen sich auf sprachliche Ästhetische thematische Kommunikatbasen [...] richten; (b) daß Produktions- und Rezeptionshandlungen von Kommunikationsteilnehmern in SyLKH der ÄLKO und PLKO folgen, Vermittler- und Verarbeiterhandlungen daneben anderen Handlungsregularitäten folgen, die als spezifisch für SyLKH betrachtet werden und mit ÄLKO und PLKO verträglich sein müssen; (c) daß SyLKH eine innere Struktur aufweist, über eine Außen-Innen-Differenzierung verfügt, von G akzeptiert wird und in G Funktionen erfüllt, die von keinem anderen Kommunikationssystem substituiert werden« (Schmidt 1980, S. 233). Die Struktur des L.s wird durch die Relationen der Handlungsrollen zueinander bestimmt, wobei Produktion und Rezeption als obligatorische, Vermittlung und Verarbeitung als fakultative Komponenten gelten; in mengentheoretischer Schreibweise: SyLKH = {LP, LV, LR, LVA}. Als vom L. ausschließlich bediente Funktion wird die gleichzeitige Erbringung von kognitiven, moralisch-sozialen (normativen) und hedonistischen (emotionalen) Leistungen für die Teilnehmer an literar. ↗ Kommunikation postuliert. In kognitiver Hinsicht dient literar. Kommunikation z.B. der Problematisierung oder Stabilisierung von persönlichen und sozial geteilten ↗ Wirklichkeitsmodellen, in normativer Hinsicht zur Infragestellung bzw. Konfirmierung sozialer Normen und zur exemplarischen Handhabung bzw. Lösung von Normenkonflikten, in emotionaler Hinsicht dient literar. Kommunikation dem Nach- bzw. Mitvollzug von Stimmungen, Gefühlen, Leidenschaften sowie der Vermittlung von Freude, Spaß, ästhetischem Genuß oder auch der Entlastung vom Alltag. 1989 hat S.J. ↗ Schmidt einen Entwurf vorgelegt, wie die Entstehung des Sozialsystems Lit. im Deutschland des 18. Jh.s erklärt werden kann. Den theoretischen Rahmen dieses Entwurfs bilden eine konstruktivistisch erweiterte Systemtheorie sowie eine Theorie funktionaler Differenzierung. Lit. wird seither beobachtet unter der Doppelperspektive Sozialsystem vs. Symbolsystem Lit., wobei das Sozialsystem Lit. als selbstorganisiertes autonomes gesellschaftliches Teilsystem konzipiert wird.

Lit.: Schmidt 1991 [1980]. S. 174–198. – ders.: *Die Selbstorganisation des Sozialsystems Lit. im 18. Jh.*, FfM. 1989. – F. Meyer/C.-M. Ort: »L.e – Lit. als System. Eine theoretische Vorbemerkung«. In: *SPIEL* 9.1 (1990) S. 1–14. – A. Barsch: »Handlungsebenen, Differenzierung und Einheit des L.s«. In: Schmidt 1993. S. 144–169. – C.-M. Ort: »Sozialsystem ›Lit.‹ – Symbolsystem ›Lit.‹. Anmerkungen zur einer wissenssoziologischen Theorieoption für die Lit.wissenschaft«. In: ebd. S. 269–294. – A. Barsch: »Komponenten des L.s. Zur Frage des Gegenstandsbereichs der Lit.wissenschaft«. In: Fohrmann/Müller 1996. S. 134–158. – A. Dörner/L. Vogt: »Lit. – Lit.betrieb – Lit. als ›System‹«. In: Arnold/Detering 1997 [1996]. S. 79–99. – S. J. Schmidt: »›System‹ und ›Beobachter‹. Zwei wichtige Konzepte in der (künftigen) lit.wissenschaftlichen Forschung«. In: Fohrmann/Müller 1996. S. 106–133.

GR

Literaturtheorien der Antike ↗ Antike, Literaturtheorien der

Literaturtheorien der Renaissance ↗ Renaissance, Literaturtheorien der

Literaturtheorien der Romantik ↗ Romantik, Literaturtheorien der

Literaturtheorien des Barock ↗ Barock, Literaturtheorien des

Literaturtheorien des Expressionismus ↗ Expressionismus, Literaturtheorien des

Literaturtheorien des Klassizismus ↗ Klassizismus, Literaturtheorien des

Literaturtheorien des Mittelalters ↗ Mittelalter, Literaturtheorien des

Literaturtheorien des Modernismus ↗ Modernismus, Literaturtheorien des

Literaturtheorien des Naturalismus ↗ Naturalismus, Literaturtheorien des

Literaturtheorien des Realismus ↗ Realismus, Literaturtheorien des

Literaturtheorien des Surrealismus ↗ Surrealismus, Literaturtheorien des

Literaturverarbeitung, allg. jede kommunikative Handlung, die anläßlich und mit Bezug auf literar. Kommunikate bzw. ↗ Kommunikatbasen neue Kommunikate bzw. Kommunikatbasen hervorbringt. – L. erfordert literar. Rezeption als zeitliche und logische Voraussetzung. In der ↗ Empirischen Theorie der Lit. (ETL) wird L. als Theorie literar. Verarbeitungshandlungen expliziert. Den handlungstheoretischen Grundannahmen gemäß wird L. verstanden als Handlung eines Lit.verarbeiters (z. B. Autor, Kritiker, Interpret, Kommentator), der im Rahmen seines persönlichen ↗ Voraussetzungssystems und in einer historisch konkreten Verarbeitungssituation agiert. L. folgt einer vorab oder im Handlungsvollzug gebildeten Verarbeitungsstrategie zur Erzeugung eines Verarbeitungskommunikates in der Verarbeitungshandlung (z. B. die Herstellung einer literar. Buchkritik). Spezielle Verarbeitungsoperationen sind Kondensieren, Elaborieren, Paraphrasieren, metatextuelles Beschreiben, Bewerten, Erklären. Produktionsresultat ist dann eine Kommunikatbasis (z. B. Buch, Artikel, Vortrag, Verfilmung), die als literar. Verarbeitungsresultat präsentiert wird. Seit dem 18. Jh. hat L. mit der Handlungsrolle des Lit.kritikers eine soziale Institutionalisierung und Professionalisierung gefunden.

Lit.: Schmidt 1991 [1980]. S. 274–315. – ders.: *Die Selbstorganisation des Sozialsystems Lit. im 18. Jh.*, FfM. 1989. – M. Natori: »Das Sozialsystem Lit. und die Handlungsrolle ›Verarbeitung‹«. In: A. Barsch et al. (Hgg.): *Empirische Lit.wissenschaft in der Diskussion*, FfM. 1994. S. 123–137.

GR

Literaturverfilmung ↗ Film und Literatur; ↗ Intermedialität

Literaturvermittlung, allg. jede direkt oder indirekt zwischen Autor und Leser vermittelnde Einrichtung, Unternehmung oder Instanz wie Veranstalter von Lesungen, Verlage (Lektorierung, mediale Realisierung, Distribution, Marketing), Buchhandel, Bibliotheken, Lit.unterricht in den Schulen, Textpräsentation im Internet usw. – In der ↗ Empirischen Theorie der Lit. (ETL) wird L. als Theorie literar. Vermittlungshandlungen expliziert. Den handlungstheoretischen Grundannahmen gemäß wird L. verstanden als Handlung eines Literaturvermittlers (z. B. Autor selbst, Verleger, Drucker, Lehrer), der im Rahmen seines persönlichen ↗ Voraussetzungssystems und in einer historisch konkreten Vermittlungssituation agiert. L. folgt einer vorab oder im Handlungsvollzug gebildeten Vermittlungsstrategie zur medialen Realisierung eines literar. ↗ Kommunikates in der Vermittlungshandlung (z.B. die Herstellung eines Buches auf der Basis eines Manuskriptes). Produktionsresultat ist dann eine mediale ↗ Kommunikatbasis (z.B. Buch, Film oder Hörspiel), die als Lit. präsentiert wird. Seit dem 18. Jh. bildet L. zusammen mit ↗ Lit.produktion, ↗ Lit.rezeption und ↗ Lit.verarbeitung in den Industriegesellschaften teilweise selbstregelnde Handlungsbereiche (↗ Lit.systeme). Der Handlungsbereich L. weist einen hohen Professionalisierungsgrad mit diversen Lehrberufen in verschiedenen Tätigkeitsbereichen auf.

Lit.: Schmidt 1991 [1980]. S. 227–242. – ders.: *Die Selbstorganisation des Sozialsystems Lit. im 18. Jh.*, FfM. 1989.

GR

Literaturwissenschaftliche Methode ↗ Methode, literaturwissenschaftliche

Literaturwissenschaftlicher Pluralismus ↗ Pluralismus, literaturwissenschaftlicher

Literaturwissenschaftliches Modell ↗ Modell, literaturwissenschaftliches

Lodge, David John

Lodge, David John (*1935), engl. Lit.wissenschaftler und Romanautor. – L. studierte Anglistik an der University of London und lehrte seit 1960 an der University of Birmingham, bis er 1987 seine Professur zugunsten der Schriftstellerei aufgab, die er bisher parallel zur Lehrtätigkeit betrieben hatte. Neben seiner frühen Arbeit über katholische engl. Romanautoren war in den 60er Jahren v. a. ein längerer Aufenthalt in den USA prägend für seine Entwicklung. – Schon in seinem ersten lit.theoretischen Werk, *Language of Fiction* (1966), versucht L., der formalistisch orientierten Lyrikanalyse des ↗ New Criticism ein entsprechendes Instrumentarium an nachvollziehbaren Untersuchungsmethoden für fiktionale Prosatexte gegenüberzustellen. Parallel zu diesem lit.theoretischen Interesse setzt er sich lit.geschichtlich mit Stilarten des Romans im 20. Jh. auseinander. Während für ihn die Modernisten nach radikal neuen literar. Ausdrucksformen suchen, setzen zeitgenössische Autoren, zu denen sich L. auch selbst zählt, auf traditionelle Erzählweisen. – Später ergänzt L. seine lit.theoretische Konzeption durch kontinentaleurop. Ansätze. In *The Novelist at the Crossroads* (1971, S. 55) spiegelt sich L.s formalistisch-linguistischer Ansatz in der programmatischen Überschrift »Towards a Poetics of Fiction. An Approach through Language«. Den entscheidenden Schritt hin zu einer strukturalistischen Lit.theorie vollzieht L. mit *The Modes of Modern Writing* (1977). Hier bringt er die bisher in seinem Werk unverknüpft nebeneinander verlaufenden Problematiken von Lit.theorie und ↗ Lit.geschichte zusammen. Die ↗ Dichotomie von ↗ Metapher und ↗ Metonymie übernimmt er aus einem Aufsatz des russ. Sprach- und Lit.wissenschaftlers R. ↗ Jakobson, in dem dieser zwischen zwei verschiedenen Arten von Sprachstörungen unterscheidet. Jakobson führte diese zum einen auf eine Einschränkung der Selektionsfähigkeit zwischen ähnlichen Wörtern zurück, zum anderen auf eine Einschränkung der Kombinationsfähigkeit, Wörter einander grammatisch korrekt zuzuordnen: Menschen mit Störungen der Selektionsfähigkeit können keine Metaphern benutzen, da diese auf einer Ähnlichkeitsbeziehung basieren, und Menschen, deren Kombinationsfähigkeit eingeschränkt ist, können keine Metonymien benutzen, da diese auf räumlicher oder kausaler Nähe beruhen. L. klassifiziert nun sogar literar. Genres nach der Bedeutung, die metaphorischer bzw. metonymischer Sprachgebrauch in ihnen spielt: Metaphorisch ist die Sprache der Lyrik, der Romantik und der literar. ↗ Moderne, metonymisch hingegen die der Prosa und des ↗ Realismus. In den 80er Jahren, v. a. in *After Bakhtin* (1990), wendet sich L. auch einem anderen theoretischen Modell zu, dem ↗ Dialogizitätskonzept des Russen M. ↗ Bachtin. Dialogismus dient als Sammelbegriff für Bachtins innovative Ansätze in Lit.wissenschaft, Linguistik und Anthropologie, wobei ›Dialog‹ bedeutet, daß in allen Wörtern, Sätzen oder Gedanken, die ein Autor aus einem anderen Kontext in seinen eigenen neuen Text übernimmt, noch dieser frühere ↗ Kontext mitschwingt. Für Bachtin hebt sich v. a. der Roman durch seine dialogischen Eigenschaften von traditionell monologischen Genres wie dem Epos ab. Während L. bisher im strukturalistischen Sinn F. de ↗ Saussures Sprache als formales System gesehen hatte, sieht er jetzt mit Bachtin Sprache eher als sozial bedingt. – Seitdem L. seine akademische Laufbahn zugunsten seiner Karriere als Romanautor aufgab, ist sein nichtfiktionales Werk eher journalistisch und essayistisch gefärbt. Dennoch wirkt er nach wie vor, v. a. in den von ihm herausgegebenen Anthologien zur modernen Lit.theorie, als ein pragmatischer Vermittler und Interpret kontinentaleurop. Theorien. Auch L.s erfolgreiches Romanwerk, v.a. Universitätsromane wie *Changing Places* (1975) und *Small World* (1984), spiegelt satirisch die Entwicklung der zeitgenössischen Lit.theorie.

Lit.: D. Lodge: *Language of Fiction*, Ldn. 1966. – ders.: *The Novelist at the Crossroads*, Ithaca 1971. – ders. 1972. – ders.: *The Modes of Modern Writing. Metaphor, Metonymy, and the Typology of Modern Literature*, Ldn. 1977. – ders.: *Working With Structuralism*, Boston 1981. – ders.: *Write On*, Ldn. 1986. – ders. 1988. – ders.: *After Bakhtin*, Ldn. 1990. – ders.: *The Art of Fiction*, Ldn. 1992. – ders.: *The Practice of Writing*, Ldn. 1996. – D. Ammann: *D.L. and the Art-and-Reality Novel*, Heidelberg 1991. – M. Moseley: *D.L.: ›How Far Can You Go?‹*, San Bernardino 1991. – I. Pfandl-Buchegger: *D.L. als Lit.kritiker, Theoretiker und Romanautor*, Heidelberg 1993.

MK

Logozentrismus (gr. *lógos*: die Rede, das Wort; gr. *kéntron*: Mittelpunkt eines Kreises), der L. ist ein von J. ↗ Derrida geprägter, für das Verständnis der ↗ Dekonstruktion zentraler Begriff, der sich im Anschluß an M. ↗ Heidegger auf eine Metaphysik der Präsenz bezieht. Derrida bezeichnet die Hauptströmungen westlichen Denkens als logozentrisch, als sie das Wort im Sinne von ›*lógos*‹, d.h. als metaphysische Einheit von Wort und Sinn, privilegieren. Laut Derrida ist logozentrisches Denken um ein transzendentales Zentrum bzw. ein übergeordnetes Konzept, wie z.B. Gott, Natur, Mensch oder Phallus (↗ Phallozentrismus), organisiert, dem eine absolute, außersprachliche Präsenz zugesprochen wird und das sprachliche Bedeutungen bestätigt und fixiert. Damit werde Sprache zum bloßen Mittel der (Suche nach) Erkenntnis. – Innerhalb des L. kritisiert Derrida eine weitere hierarchische Ordnung, nämlich den Phonozentrismus, d.h. die Privilegierung des Sprechens gegenüber der Schrift. Seit ↗ Platon gelte das gesprochene Wort als authentischer (Selbst-)Ausdruck und damit als Garant von ↗ Bedeutung, da es die Präsenz eines sprechenden ↗ Subjekts voraussetze, das den Ursprung des ↗ Textes konstituiere. Schreiben dagegen zerstöre das Ideal reiner Selbstpräsenz bzw. unmittelbarer Realisation von Bedeutung. Der Einsatz eines fremden, depersonalisierten (Schreib-)Mediums mache die Differenz zwischen einer Äußerung und deren Sinn deutlich, eine Differenz, die in jedem ↗ Diskurs eine ↗ *différance*, d.h. eine fortlaufende Verschiebung von Bedeutungen, bewirke. – Mit seiner Kritik am L. und der in ihm implizierten

Möglichkeit eines stabilen Sinns von Diskursen versucht Derrida, die tradierten Systeme und Grenzen von Sprache und Denken zugunsten einer ↗ Grammatologie, d.h. eines dezentrierten Spiels der ↗ Signifikanten, zu öffnen.

Lit.: J. Derrida: *De la grammatologie*, Paris 1967 (dt. *Grammatologie*, FfM. 1974).

DF/HJ

Lotman, Jurij Michajlovič (1922–1993), russ. Lit.wissenschaftler. – L. absolvierte 1950 die Universität Leningrad und war ab 1954 Dozent, ab 1963 Professor an der Universität Tartu. Er hatte wesentlichen Anteil an der Neukonstituierung der ↗ Semiotik in der Sowjetunion und gehörte zu den Initiatoren der ↗ Tartu-Moskauer Schule. L. begann mit lit.geschichtlichen Forschungen, insbes. zur russ. Lit. des 18. Jh.s. Seit Ende der 50er Jahre beschäftigte er sich zunehmend mit zeichen- und modelltheoretischen Problemen und arbeitete von den 60er Jahren an eng mit den Semiotikern des Moskauer Kreises zusammen. Seine zahlreichen Arbeiten zur Geschichte der russ. Lit. und ↗ Kultur untersuchen meist Einzelphänomene unter semiotischer Perspektive, es finden sich darunter aber auch z.B. die eher traditionellen Dichter-Biographien A.S. Puškins und N.M. Karamzins. – L.s theoretische Arbeiten knüpfen an den Russ. ↗ Formalismus sowie die allg. Zeichen- und Informationstheorie an. In seinem im Original 1970 erschienenen Buch *Die Struktur des künstlerischen Textes* entfaltet L. die zentralen Begriffe seiner strukturell-semiotischen Methode und liefert in auf verschiedene Textebenen bezogenen Strukturanalysen reiches Anschauungsmaterial für deren Anwendbarkeit. Die hier noch nicht weiter explizierte Prämisse L.s ist es, daß die Kultur und jedes ihrer Subsysteme mit natürlichen Sprachen vergleichbare ↗ Zeichensysteme bilden und als solche analysiert werden können. Besonderheit der Lit. ist es, daß ihr Material die natürlichen Sprachen selbst sind. Hinzu kommt, daß der ›künstlerische ↗ Text‹ (im weiteren Sinne zu verstehen nicht nur als Einzelwerk, sondern auch als homogene Gruppe von beliebig vielen Werken bis hin zur Produktion einer ganzen ↗ Epoche) ein Modell von Wirklichkeit (↗ Wirklichkeitsmodell) konstituiert. Entsprechend ist künstlerische Sprache ein ›sekundäres modellbildendes System‹, das dem Künstler dazu dient, seine Mitteilung zu kodieren. Da die ↗ Codes von Produzent und Rezipient sich nie völlig decken, bedeutet jede ↗ Interpretation, also Umkodierung auf ein externes System, eine

Reduktion des Bedeutungsumfangs des Textes. L. führt hierfür den Begriff der ›paradigmatischen‹ Bedeutung ein, der er die ›syntagmatische‹ Bedeutung gegenüberstellt, welche die Relation der Textelemente untereinander bezeichnet. Sekundäre Systeme bilden, anders als die natürlichen Sprachen, ihre eigenen Denotate. Diese gehören nicht der Wirklichkeit an, sondern modellieren Wirklichkeit. Verschiedene Systeme werden aufeinander projiziert, es finden ›multiple Umkodierungen‹ statt. Darüber hinaus können Textelemente in verschiedene Kontextstrukturen eingehen. Der künstlerische Text weist aufgrund dieser Eigenschaften einen im Vergleich mit allg.sprachlichen Texten vielfach höheren Informationswert auf. Ästhetische Information ist aber nicht nur, wie schon die Formalisten gezeigt haben, ↗ Strukturen eigen, die auf eine Entautomatisierung und damit Erschwerung der Wahrnehmung hinauslaufen, vielmehr sind historisch auch künstlerische Systeme, wie der ↗ Klassizismus, anzutreffen, die das Ästhetische auf der Befolgung bestimmter Regeln begründen. – Aufgrund seines universellen Ansatzes hat L. nicht nur für die Theoriebildung, sondern auch für die praktische Analyse von Erscheinungen der Lit., Kunst und Kultur überaus anregend gewirkt.

Lit.: Ju. Lotman: *Die Struktur literar. Texte*, Mchn. 1986. – ders.: *Universe of the Mind. A Semiotic Theory of Culture*, Ldn. 1990. – A. Shukman: *Literature and Semiotics. A Study of the Writings of Yu.M.L.*, Amsterdam et al. 1977.

FG

Lubbock, Percy (1878–1965), engl. Schriftsteller und Lit.kritiker. – Mütterlicherseits entstammt L. den Gurneys mit Sitz auf Earlham Hall, Norfolk; Erziehung in Eton und King's College, Cambridge; vorübergehend Bibliothekar am Magdalen College, Cambridge; bestens befreundet mit Literaten wie A.C. Benson, H. Sturgis, H. ↗ James und E. Wharton. Seinen eigenen fiktiven Werken wie der James nachempfundene Roman *Region Cloud* (1925) oder *Roman Pictures* (1923) war kein Erfolg beschieden, obwohl L. sich als Meister der impressionistischen Vignette und Ortsbeschreibung ausgewiesen hatte (*Earlham. Reminiscences of the Author's Early Life at Earlham Hall, Norfolk*, 1922; *Shades of Eton*, 1929). Neben seiner Herausgebertätigkeit (*H. James. The Middle Years*, 1917; *The Letters of H. James*, 1920; *The Diary of A.C. Benson*, 1926) verfaßte er eine Reihe von Biographien: *E. Browning in her Letters* (1906), *S. Pepys* (1909), *G. Calderon. A Sketch*

from Memory (1921), *M. Cholmondeley. A Sketch from Memory* (1928), *Portrait of E. Wharton* (1947). Seine Darstellung der genannten Schriftstellerinnen erscheint oftmals patronisierend negativ. Nachhaltige Wirkung erreichte die an James exemplifizierte romantheoretische Darstellung *The Craft of Fiction* (1921), deren *point of view*-Theorie (↗ Erzählsituation, ↗ Fokalisierung) in J.T. Shipleys weit verbreitetem *Dictionary of World Literature* (1953, S. 441) um einen »shifting view-point« sozusagen ›offiziell‹ ergänzt wurde. Ausgehend von »the need to be consistent one *some* plan«, dabei zwischen dem Strom der Impressionen eines subjektiven Lektüreaktes und der »condition of an immobile form« (L. 1921, S. 14–15) differenzierend, umreißt L. zwei jedem Autor mehr oder minder bewußte Strukturprinzipien. In der sich als richtig erweisenden Annahme, damit weitgehende Forschungen anzustoßen (»scope for a large enquiry« [ebd., S. 267]), ist es L.s erklärtes Ziel, zunächst die »received nomenclature« (ebd., S. 22) der Romananalyse zu systematisieren. Seine Kategorienbildung erfolgt auf der Ebene der Erzählweise (›*panoramic*‹, etwa ›berichtend/raffend‹, gleichbedeutend mit ›*pictorial*‹; und ›*scenic presentation of a story*‹) und der der Fokussierung im Sinne der auktorialen und personalen ↗ Erzählsituation: »The whole intricate question of method, in the craft of fiction, I take to be governed by question of the point of view – the question of the relation in which the narrator stands to the story« (vielzit. Auftakt zu Kap. 17, ebd. S. 251). Daß L. dabei kein Gespür für mögliche Zwischenformen und die Probleme alternierender Perspektiven hätte, sehen weder E.M. ↗ Forster (*Aspects of the Novel*, 1927: ›*bouncing*‹) noch E. ↗ Lämmert (1955) richtig. Neben Balzac, Thackeray, Tolstoi und Dickens behandelt L. v.a. H. James' Romane. Deren perspektivische Rigidität findet seinen Beifall: »A subject wrought to this pitch of objectivity is no doubt given weight and compactness and authority in the highest degree; it is like a piece of modelling, standing in clear space, casting its shadow. It is the most finished form that fiction can take« (ebd., S. 254). Nicht die Statue, sondern die theatrale ›*performance*‹ ist L.s Zentralmetapher (»the method by which the picture of a mind is fully dramatized«, ebd., S. 156). Damit kündigt sich schon eine wenn auch nur vorübergehende Vernachlässigung älterer, insbes. viktorian. Konventionen durch die Erzählforschung an, deren Entwicklung im angloam. Sprachraum L. nachhaltig prägte (W. ↗ Booth).

Lit.: P. Lubbock: *The Craft of Fiction*, N.Y. 1976 [1921]. – N. Friedman: »Point of View in Fiction. The Development of a Critical Concept«. In: *PMLA 70* (1955) S. 1160–1184. – E. Lämmert: *Bauformen des Erzählens*, Stgt. 1991 [1955]. – M.G. Harkness (Hg.): *P.L. Reader*, Freeport 1957. – Booth 1991 [1961]. – Sister K. Morrison: »James's and L.'s Differing Points of View«. In: *Nineteenth-Century Fiction* 16 (1961) S. 245–255. – F.K. Stanzel 1995 [1979]. – L. Auchincloss: »My dear blest Percy!« In: *The New Criterion* 3.9 (May 1985) S. 83–85. – S. Goodman: *E. Wharton's Inner Circle*, Austin 1994.

FWN

Luhmann, Niklas (*1927), dt. Soziologe. – Nach einem Jurastudium begann L. seine berufliche Laufbahn als Verwaltungsbeamter in Niedersachsen (1954–62). 1960 ließ er sich für ein Jahr zum Studium bei Talcott Parsons, dem Begründer der soziologischen ↗ Systemtheorie, in Harvard beurlauben. Zurückgekehrt hielt L. die Nähe zur Wissenschaft, zunächst als Referent am Forschungsinstitut der Hochschule für Verwaltungswissenschaften in Speyer, später als Abteilungsleiter an der Sozialforschungsstelle Dortmund. Der hier geknüpfte Kontakt zu dem Soziologen H. Schelsky ermöglichte es L. 1966, Promotion und Habilitation an der Universität Münster nachzuholen. 1968 wurde L. auf den Lehrstuhl für Soziologie an der neugegründeten Universität Bielefeld berufen, den er bis zu seiner Emeritierung 1992 innehatte. – Rückblickend bringt L. (1997, S. 11) sein wissenschaftliches Wirken leicht ironisch auf die Formel »Theorie der Gesellschaft; Laufzeit: 30 Jahre; Kosten: keine.« Ihre Radikalität und Eigenständigkeit verdankt die von L. 1984 unter dem Titel *Soziale Systeme* vorgelegte allg. Theorie der Übernahme des in der Biologie bzw. Neurophysiologie entwickelten Begriffs der ↗ Autopoiesis, der zum Dreh- und Angelpunkt der Beschreibung des modernen Gesellschaftssystems wird; fortan gilt: »Die Gesellschaft ist nur das sich autopoietisch reproduzierende System aller anschlußfähigen Kommunikationen.« (L. 1990, S. 688). Von hier aus entfaltet L. den Universalitätsanspruch seiner Theorie, der jedoch durchaus zeitgemäß gefaßt ist: Da die Theorie ↗ Kommunikation und ihre soziale Strukturbildung als Letzthorizont aller Wirklichkeitserkenntnis voraussetzt, wird sie sich selbst zum Gegenstand und muß ihren Universalitätsanspruch im Spiegel eines erkenntnistheoretischen ↗ Konstruktivismus kritisch reflektieren (vgl. L. 1990). Wie bei Konstruktivismus und ↗ Dekonstruktion handelt es sich zudem um ein differenztheoretisches Konzept, das gegen jede Form von ↗ Essentialismus opponiert (vgl. de Berg/Prangel 1995). So ist z.B. aus dem Blickwinkel der L.schen Theorie gerade der Mensch kein ↗ System, sondern bildet sozusagen die Interferenz der sich wechselseitig als Umwelt voraussetzenden autopoietischen Systeme Organismus und Bewußtsein, zu denen unter modernen Bedingungen als weiteres autopoietisches System die Gesellschaft hinzukommt. Damit wird zugleich deutlich, daß der Mensch spätestens mit der Ablösung segmentärer oder stratifikatorischer gesellschaftlicher Differenzierungsformen durch das für die moderne Gesellschaft dominant zu setzende Prinzip der funktionalen Differenzierung (vgl. ↗ Systemtheorie) nicht mehr als Teil der Gesellschaft aufgefaßt werden kann, so daß die Begiffe ↗ Subjekt/Subjektivität oder Individuum/Individualität/Individualismus auf radikal neue Art in ihrer soziokulturellen Bedingtheit gedacht werden müssen. Neben der allg. Theoriebildung und der detaillierten Beschreibung einzelner Funktionssysteme (vgl. u.a. L. 1990, 1995) sowie der modernen Gesellschaft insgesamt (vgl. L. 1997) bilden derartige historische Rekonstruktionen des Zusammenhangs von gesellschaftlicher Struktur und kultureller Semantik (vgl. L. 1980/1981/1989/1995, 1982) einen weiteren Interessenschwerpunkt in L.s umfangreichem Werk (für eine Bibliographie bis 1997 vgl. Baraldi et al. 1998 [1997]). – Angesichts dieser thematischen Breite und der Differenziertheit des Theoriegebäudes ergeben sich vielfältige Anknüpfungsmöglichkeiten für lit.- und kulturtheoretische Fragestellungen. Dabei lassen sich zwei Hauptrichtungen unterscheiden: Als gegenwärtig wohl umfassendster Entwurf einer Theorie der ↗ Moderne und ihrer Entwicklungsdynamik bietet die L.sche Systemtheorie einen komplexen Rahmen für die historische Kontextualisierung kultureller Phänomene. Diese historisch-soziokulturelle Sensibilität ist zugleich auch einer der Vorzüge der L.schen Systemtheorie als Kommunikationstheorie, deren eigentliches innovatives Potential in der Auffassung von Kommunikation als selbstreferentiellem Geschehen liegt (↗ Kommunikation, literar.). Sowohl der in L.s Theorie zentral stehende funktionale Sinnbegriff als auch die damit verbundene Auffassung des Kommunikationsmediums Sprache, deren »eigentliche Funktion« L. (1984, S. 137) in der »Generalisierung von Sinn mit Hilfe von Symbolen« erblickt, eröffnen interessante Perspektiven für semiotische Überlegungen. In einem hier anschließenden Konzept zur ↗ Evolution von Kommunikationsmedien beschäftigt sich L. (1997, S. 190–412) mit der Ausdifferenzierung und dem Zusammenwirken von Sprache, Verbreitungsmedien (Schrift, Buchdruck, elektronische Medien) und symbolisch generalisierten, den Funktionssystemen der modernen Gesellschaft zuzuordnenden Erfolgsmedien wie z.B. Geld in der Wirtschaft, ↗ Macht in der Politik oder Wahrheit in der Wissenschaft. – Nachdem die L.-Rezeption über lange Zeit durch die Auseinandersetzung mit J. ↗ Habermas geprägt war, in der L. die Rolle des konservativ-affirmativen Gegenpols zugewiesen wurde, ist in der Lit.wissenschaft (insbes. in der ↗ Empirischen Theorie der Lit.) ebenso wie in anderen Bereichen seit den 80er Jahren eine intensive Auseinandersetzung mit den Ideen L.s zu beobachten (vgl. de Berg 1995 sowie Systemtheorie).

Lit.: N. Luhmann: *Gesellschaftsstruktur und Semantik. Studien zur Wissenssoziologie der modernen Gesellschaft*, 4 Bde., FfM. 1980–95. – ders.: *Liebe als Passion. Zur Codierung von Intimität*, FfM. 1982. – ders.: *Soziale Systeme. Grundriß einer allg. Theorie*, FfM. 1984. – ders.: *Die Wissenschaft der Gesellschaft*, FfM. 1990. – ders.: *Die Kunst der Gesellschaft*, FfM. 1995. – ders.: *Die Gesellschaft der Gesellschaft*, FfM. 1997. – W. Reese-Schäfer: *L. zur Einf.*, Hbg. 1996 [1992]. – H. de Berg: *L. in Literary Studies. A Bibliography*, Siegen 1995. – de Berg/Prangel 1995. C. Baraldi et al.: *GLU. Glossar zu N.L.s Theorie sozialer Systeme*, FfM. 1998 [1997].

ChR

Lukács, Georg (György) (1885–1971), ungar. Philosoph. – Ihren Beitrag zur intellektuellen Physiognomie des 20. Jh.s haben die teils in ungar. und teils in dt. Sprache verfaßten Werke L.' auf den Feldern der Politik, der Philosophie und der Lit.kritik geleistet. So gilt L. gleichermaßen als Begründer des westlichen Marxismus, als einer der bedeutendsten modernen Ästhetiktheoretiker und als ein ebenso einflußreicher wie umstrittener Vertreter eines antiavantgardistischen Lit.konzepts. – Die erste Buchpublikation des jungen Budapester Autors, die *Entwicklungsgeschichte des modernen Dramas* (1907/11), folgt bereits dem methodischen Interesse, soziologische und formale Perspektiven zu integrieren. Anschluß an die aktuellen Strömungen des dt. Geisteslebens findet L. mit dem Essayband *Die Seele und die Formen* (1911). Anfang 1912 übersiedelt er nach Heidelberg und erarbeitet in Anlehnung an den neukantianischen Geltungsphilosophen E. Lask eine radikal formalistische Ästhetik (1974 aus dem Nachlaß veröffentlicht als *Heidelberger Phi-*

losophie der Kunst 1912–14 und *Heidelberger Ästhetik 1916–18*). Gegenüber allen idealistischen Modellen, die das Ästhetische spekulativ mediatisieren und zum Organon höherer Erkenntnis verklären, begreift L. das Kunstwerk als bedeutungsautonomen Zeichenkomplex. Dieser fundiert zwar alle rezeptiven Prozesse, bleibt aber in seiner prinzipiell unbeschränkten Kontextualisierbarkeit für jede allg.gültige Verbegrifflichung inhaltlich unübersetzbar. Jedes adäquate Verstehen von Kunst bedeutet ein ›normatives Mißverständnis‹. Jedoch wird dadurch nach L. nicht die künstlerische Wirkung eingeschränkt, sondern deren genuine hermeneutische Potenz bezeichnet, wie L. in dem Essay »Die Theorie des Romans« (1916) demonstriert. Urspr. als Einleitung seines geplanten und nur fragmentarisch überlieferten *Dostoevskij-Buches* konzipiert, gibt L. hier ›bei Gelegenheit vom‹ Gattungswandel des Epos zum Roman einen Kommentar zur Kulturphilosophie seiner Zeit und problematisiert den ethischen Solipsismus des bürgerlichen Individualismus. Die dort nur sehr vage angedeutete praktische Lösung konkretisiert sich für L. durch die revolutionären Ereignisse 1917/19, bei denen er sich für die ungar. Räterepublik engagiert. Den theoretischen Ausdruck dieser politischen Parteinahme legt er mit der Aufsatzsammlung *Geschichte und Klassenbewußtsein* (1923) vor. Diese *Studien über materialistische Dialektik* führen die Formen kapitalistischer Rationalität auf das Grundphänomen der ›Verdinglichung‹ zurück. Dem wird die utopische Projektion eines proletarischen Klassenbewußtseins gegenübergestellt, das gesellschaftliche Strukturen in transparente Handlungszusammenhänge aufzulösen vermag. Von der Intellektuellengeneration der 20er Jahre ist dieser praxisphilosophische Marxismusentwurf rasch rezipiert worden und hat v.a. W. ↗ Benjamin und die ↗ Frankfurter Schule beeinflußt. Während der 30er und 40er Jahre beteiligt sich L. in Berlin und Moskau an lit.konzeptionellen Kontroversen, die am markantesten in der ›Expressionismusdebatte‹ 1937/38 zu Tage treten. In zahlreichen kritischen und historischen Arbeiten plädiert L. für eine ›realistische‹ Gestaltungsweise und bezichtigt die literar. ↗ Avantgarde, den fetischisierenden Tendenzen der Moderne zu erliegen. Eine philosophische Begründung erfolgt jedoch erst in seinen Budapester Spätwerken, der *Eigenart des Ästhetischen* (1963) und der *Ontologie des gesellschaftlichen Seins* (aus dem Nachlaß 1984/86), die wieder Elemente der Heidelberger Periode aufgreifen.

Das ›normative Mißverständnis‹ wird nun abgemildert zu einer pluralistischen Rezeptivität werkhafter Kunst, die durch ihre Formalität einen ›defetischisierenden‹ Verweis auf menschliche Diesseitsorientierung trägt.

Lit.: G. Lukács: *Werke*, Neuwied/Bln. 1968 ff. – R. G. Renner: »L. (1885–1971)«. In: Turk 1979. S. 219–237.– R. Danneman (Hg.): *G. L. – Jenseits der Polemiken*, FfM. 1986. – G. Pasternack: *G. L.*, FfM. 1986 [1985]. – R. Danneman: *L. zur Einf.*, Hbg. 1997. – T. Themann: *Ontoanthropologie der Tätigkeit. Über die Dialektik von »Genesis« und »Geltung« im Werk von G. L.*, Bonn 1996.

AH

Lyotard, Jean-François (1924–1998), frz. Philosoph. – Die Frühwerke L.s sind der Versuch, seine sich seit 1966 vollziehende Abwendung von Sektenmarxismus der 50er und 60er Jahre durch eine neuartige Verbindung von Marxismuskritik und Psychoanalyse zu verarbeiten (vgl. *Discours, Figure* [1971] und *Economie libidinale* [1974]). Heute werden sie fast nur noch in esoterischen Kreisen rezipiert. Über die Grenzen Frankreichs hinaus ist L. durch seine Übertragung des ↗ Postmoderne-Begriffs aus dem Feld der Architektur in die Philosophie und Gesellschaftstheorie bekannt geworden. *La condition postmoderne* (1979) diagnostiziert eine Krise der großen sinngebenden Erzählungen (›*grands récits*‹) der ↗ Moderne: Sowohl die Erzählung der Aufklärung mit ihrem Fortschrittsoptimismus als auch die hegelmarxistische Geschichtsphilosophie werden nicht mehr geglaubt. Wissenschaftliches Wissen aber bedarf zu seiner Legitimation einer Metaerzählung. Das postmoderne Wissen hat eine Doppelgestalt: Zwar legt die Entzauberung der legitimatorischen Sprachspiele eine Merkantilisierung des Wissens allein nach technisch-wirtschaftlichen Leistungskriterien, den Regeln der Performanz, nahe. Dagegen aber steht, daß Wissen nicht allein Machtinstrument ist, sondern auch Sensibilitäten erhöht, feinere Differenzierungen wahrzunehmen lehrt und v. a. die Fähigkeit, das Inkommensurable zu ertragen, deutlich ausweitet. L. selbst hat diese urspr. als Gutachten verfaßte Arbeit immer als Gelegenheitsschrift angesehen und insbes. den Postmoderne-Begriff später entscheidend relativiert. Gescheitert ist nach L. nicht die Moderne, sondern das modernistische Projekt, nämlich der Versuch, v. a. in der Architektur nach dem Muster des Bauhauses die Behausung nach einem einheitlichen Schema durchzukonstruieren (vgl. L. im Gespräch mit C. Pries in Pries 1989, S. 324 f.). Es geht ihm in

seiner späteren Selbstinterpretation darum, die Moderne nicht durch die neue große Erzählung von ihrem Ende zu überwinden, sondern vielmehr, sie zu redigieren, sie zu überarbeiten (*Réécrire la modernité*, 1988). So kann L. die ihm oft vorgehaltene Paradoxie auflösen, daß jeder Moderne ihre Postmoderne in Form selbstreflexiver Kritik immer auch schon vorangegangen ist und daß in seiner Verwendung des Begriffes M. E. de Montaigne, F. Rabelais und L. Sterne sowie S. ↗ Freud, R. Musil und G. Stein als postmodern zu gelten haben. In seinem Hauptwerk *Le différend* (1983) hat L. diesen Grundgedanken durch den Rückgriff auf L. ↗ Wittgensteins Sprachspieltheorie in 264 Aphorismen und vierzehn Exkursen, die sich konsequent einer Systematisierung verweigern, zu einer eigenen Philosophie ausgeweitet. Eine Situation des Widerstreits entsteht immer dann, wenn unterschiedliche ↗ Sprachspiele sich als inkommensurabel erweisen, es aber unter den Bedingungen der Postmoderne und des Glaubensverlustes gegenüber den Metaerzählungen keine übergeordnete Instanz gibt, die ihre Differenz etwa nach der Art eines Rechtsstreits schlichten könnte. Es kommt ihm darauf an, hellhörig zu werden für solche Situationen und sie nicht durch die ökonomistische Durchformung aller ↗ Diskurse einzuebnen. Der Versuch, das Ereignis nicht als singulären Fall zu nehmen, sondern die Heterogenität ausschalten zu wollen, führt im Extremfall zum Verbrechen der Auslöschung. Auschwitz ist für L. deshalb ein zentrales Geschichtszeichen der Moderne. Anschließend hat L. sein Hauptinteresse ästhetischen Problemen zugewandt, bes. im Bereich der Malerei. Er hat entscheidend dazu beigetragen, den lange übersehenen Begriff des ↗ Erhabenen wieder in die Theoriediskussion einzuführen, indem er ihn als Erklärungsansatz für einige große Werke der ↗ Avantgarde in der Malerei (B. Newman) und bildenden Kunst (D. Buren; M. Duchamp) fruchtbar machen konnte. Die großen Gefühle, wie das Erhabene und der Enthusiasmus, sind Indikatoren des Widerstreits. Mittels dieser Begrifflichkeit knüpft er an Kants *Kritik der Urteilskraft* (1790) und an dessen *Streit der Fakultäten* (1798) an. L.s Kantinterpretation weicht radikal von der akademischen Orthodoxie ab und konzentriert sich v. a. auf Momente des Nichtrationalen in der kantischen Philosophie.

Lit.: J. F. Lyotard: *Discours, figure*, Paris 1971. – ders.: *Economie libidinale*, Paris 1974 (dt. *Ökonomie des Wunsches*, Bremen 1984). – ders.: *La condition postmoderne* Paris 1979 (dt. *Das postmoderne Wissen. Ein*

Bericht, Wien 1994 [1986]). – ders.: *Essays zu einer affirmativen Ästhetik*, Bln. 1982. – ders.: *Le différend*, Paris 1983 (dt. *Der Widerstreit*, Mchn. 1987). – ders.: »Das Erhabene und die Avantgarde«. In: *Merkur* 38.424 (1984) S. 151–164. – ders.: *Philosophie und Malerei im Zeitalter ihres Experimentierens*, Bln. 1986. – ders.: *Die Transformatoren Duchamp*, Stgt. 1987a. – ders.: *Postmoderne für Kinder. Briefe aus den Jahren 1982–1985*, Wien 1996 [1987b]. – ders.: *Über Daniel Buren*, Stgt. 1987c. – ders.: »Die Moderne redigieren« (1987). In: W. Welsch (Hg.): *Wege aus der Moderne. Schlüsseltexte der Postmoderne-Diskussion*, Bln. 1994 [1988a]. S. 204–214. – ders.: *Réécrire la modernité*, Lille 1988b (dt. *Die Moderne redigieren*, Bern 1988). –ders.: *Der Enthusiasmus*, Wien 1988c. – ders.: *Heidegger und ›die Juden‹*, Wien 1988d. – ders.: *Das Inhumane. Plaudereien über die Zeit*, Wien 1989a. – ders.: »Das Interesse des Erhabenen«. In: C. Pries (Hg.): *Das Erhabene. Zwischen Grenzerfahrung und Größenwahn*, Bln. 1989b. S. 91–118. – ders.: *Die Analytik des Erhabenen. Kant-Lektionen*, Mchn. 1994. – A. Wellmer: *Zur Dialektik von Moderne und Postmoderne. Vernunftkritik nach Adorno*, FfM. 1985. – W. Welsch: *Unsere postmoderne Moderne*, Bln. 1993 [1987]. – W. Reese-Schäfer: *L. zur Einf.*, Hbg. 1995 [1988]. – Ch. Pries (Hg.): *Das Erhabene. Zwischen Grenzerfahrung und Größenwahn*, Weinheim/Bln. 1989. – W. Reese-Schäfer: »Vom Erhabenen zum Sublimen ist es nur ein Schritt. Moderne und postmoderne Ästhetik bei J.-F.L.«. In: ders./B. Taureck (Hgg.): *J.-F.L.*, Cuxhaven 1990. S. 169–184. – W. Welsch/Ch. Pries (Hgg.): *Ästhetik im Widerstreit. Interventionen zum Werk von J.-F.L.*, Bln. 1991. – J. Derrida: *Préjugés. Vor dem Gesetz*, Wien 1992. – W. Reese-Schäfer: »Adorno Lehrer L.s«. In: W. Marotzki/H. Sünker (Hgg.): *Kritische Erziehungswissenschaft – Moderne – Postmoderne*, Weinheim 1992. S. 249–268.

WRS

Lyriktheorien, die Lyrik hat sich in der Theorie als dritte Hauptgattung neben der Epik und der Dramatik erst im 18. Jh. durchsetzen können. Die Tradition der antiken ↗ Poetik hatte Probleme, das aristotelische ↗ Mimesis-Kriterium auf die Lyrik anzuwenden. Die relativ späte Konzeptualisierung der Lyrik als ↗ Gattung führte dazu, daß die in der Goethe-Zeit und ↗ Romantik dominierende Stimmungs- und Erlebnislyrik und das auf diese bezogene Lyrikverständnis zur Norm erhoben wurden, ein Vorgang, der die L. bis in die zweite Hälfte des 20. Jh.s maßgeblich beeinflußte. – Ein verbreitetes Lyrikverständnis leitet sich von der Etymologie des Wortes Lyrik her und betont die enge Verbindung der Lyrik mit der Musik (vgl. Burdorf 1995, S. 2). Verabsolutiert wird die Musikalität als Formmerkmal in der L. von G. W. ↗ Hegel und Vischer. Für Vischer ist die ›wahre lyrische Mitte‹ die liederartige Dichtung, in der das ›Subjekt seinen augenblicklichen Stimmungszustand ausspricht‹. Noch 1984 sagt B. Asmuth: ›Der Kern der Lyrik ist das Lied‹. Die liedhafte Poesie wird in dieser Tradition als diejenige Lyrik verstanden, in der sich die Innerlichkeit des ↗ Subjekts, der ›Gehalt und die Tätigkeit des innerlichen Lebens‹ (Hegel) am intensivsten ausdrückt. Die objektive Welt wird in einer solchermaßen verstandenen Lyrik dem ›subjektiven Gemüth‹ (Hegel) anverwandelt. Es kommt nach Vischer zum ›punktuellen Zünden der Welt im Subjekt‹. Das Verständnis der Lyrik als Gefühls- und Stimmungsausdruck gipfelt im 20. Jh. in E. ↗ Staigers Werk *Grundbegriffe der Poetik* (1946). Beim Verständnis der Lyrik als Gefühlsausdruck werden das Ich, das im Gedicht spricht, und das empirische Ich des Dichters vielfach gleichgesetzt. In der Hegelschen Tradition gelten der Dichter als konkretes Subjekt und sein subjektives Erleben als ›der Mittelpunkt und eigentliche Inhalt der lyrischen Poesie.‹ Von einem aussagelogischen Standpunkt aus bestimmt K. ↗ Hamburger (1957) das lyrische Gedicht im Unterschied zur Epik und Dramatik als nicht-fiktional, als »Wirklichkeitsaussage« eines realen Aussagesubjekts, das mit dem Dichter identisch sei. Hamburgers Theorie ist genauso wie die Staigersche eine Weiterentwicklung des Hegelschen Lyrikkonzeptes. – Seit den 50er Jahren läßt sich in der L. eine Abwendung von den verabsolutierten Kategorien der Stimmung und des Erlebnisses feststellen. Von der subjektivistischen Position distanziert sich eine bes. im engl.sprachigen Bereich beheimatete lyriktheoretische Schule (u. a. R. Langbaum, G. T. Wright, E. Faas), die lyrisches Sprechen grundsätzlich als dramatisch-monologisch bezeichnet und das Ich auch in romantischen Gedichten als dramatische Persona versteht (Langbaum). Eine andere Art der Abkehr der L. von subjektivistischen Positionen ist im rezeptionsästhetischen Ansatz zu erkennen. In seiner semiotischen L. *Semiotics of Poetry* (1978) arbeitet M. ↗ Riffaterre ›die Dialektik von Text und Leser‹ heraus und betont, daß der semiotische Prozeß im Bewußtsein des Lesers ablaufe. Die ↗ Rezeptionsästhetik hat sich auch des problematischen Begriffs des lyrischen Ich angenommen. So gewinnt in K.H. Spinners kommunikationsorientiertem Ansatz (1975) das lyrische Ich als ›Leerdeixis‹ seine Funktion im ›Rezeptionsvorgang‹. Ähnlich sind bei A. Easthope (1983) der lyrische Diskurs und die Subjektivität der Lyrik ein Produkt des Lesers. Radikal bricht D. Lamping mit traditionellen Gattungsbestimmungen der Lyrik wie der Subjektzentriertheit, der Form des Ich-Sagens und der bes. lyrisch-ästhetischen Sprachverwendung.

Letztere wurde als ›Differenzqualität‹ und ›Selbstreflexivität der poetischen Sprache‹ in der Schule des ↗ Formalismus und der ↗ linguistischen Poetik (R. ↗ Jakobson) herausgestellt. Lamping (1989, S. 63) definiert Lyrik als »*Einzelrede in Versen*«. Die Versform benutzt auch Burdorf (1995) als Kriterium, um die Lyrik von der Epik und Dramatik abzugrenzen. Daß die Gattung der Lyrik angesichts solcher minimalistischer Definitionen nicht mehr, wie noch in den 50er und 60er Jahren, als ›Paradigma der Moderne‹ gelten kann, ist offensichtlich. Die Lyrik hat ihre paradigmatische Qualität in den 70er und 80er Jahren an die Erzählkunst abgegeben, deren Theorie hinsichtlich innovativer Kraft und kulturgeschichtlicher Relevanz die L. weit hinter sich gelassen hat (↗ Erzähltheorien). In den letzten Jahren ist allerdings wieder Bewegung in die L. gekommen. Dies zeigt sich z.B. in der intensiven theoretischen Auseinandersetzung mit den Problemen des Raum- und Regionalitätsbezugs in der Lyrik, die auch die Umweltbiologie reflektiert. Hinsichtlich der neuen ortsbewußten Lyrik (*poetry of place*) verlaufen dichterische Produktion und Theoriebildung (vgl. Robinson 1984; Schenkel 1993) weitgehend synchron. Auch die festgefahrene Debatte über das lyrische Subjekt ist wieder in Gang gekommen, v.a. durch eine Monographie von D. Jaegle (1995), die Erkenntnisse der Systembiologie (H.R. Maturana, F.J. Varela; ↗ Autopoiesis) für die lit.wissenschaftliche Subjektivitätstheorie fruchtbar macht. Jaegle findet in keiner anderen Gattung eine solche Fülle subjektkonstituierender ›rekursiver Verfahren‹ wie in der Lyrik. Aus (vorwiegend) lyrikspezifischen rekursiven Merkmalen (Metrum, Reim, Alliteration, Refrain usw.) erklärt er die Subjektivität und den Kunstcharakter der Gattung, ohne auf das Verständnis lyrischer Subjektivität in der Hegel-Tradition rekurrieren zu müssen. Er untersucht die Verwendung der 1. Person Singularis als ›Pronomen der Selbstbezüglichkeit‹ genauer als je zuvor. Die ↗ Kognitionstheorie hat hier der L. wesentliche Impulse gegeben.

Lit.: K. Hamburger: *Die Logik der Dichtung*, Stgt. 1994 [1957]. – R. Langbaum: *The Poetry of Experience*, N.Y. 1974 [1957]. – B. Asmuth: *Aspekte der Lyrik*, Düsseldorf 1972. – W.G. Müller: *Das lyrische Ich*, Heidelberg 1979. – E. Austermühl: *Poetische Sprache und lyrisches Verstehen*, Heidelberg 1981. – A. Easthope: *Poetry as Discourse*, Ldn. 1983. – P. Robinson: *A Local Habitation. The Sense of Place in Contemporary British Poetry*, Diss. York, Kanada 1984. – D. Lamping: *Das lyrische Gedicht*, Göttingen 1993 [1989]. – E. Schenkel: *Sense of Place. Regionalität und Raumbewußtsein in der neueren brit. Lyrik*, Tüb. 1993. – D. Burdorf: *Einf. in die Gedichtanalyse*, Stgt./Weimar 1997 [1995]. – R. Helmstetter: »Lyrische Verfahren. Lyrik, Gedicht und poetische Sprache«. In: Pechlivanos et al. 1995. S. 27–42. – E. Horn: »Subjektivität in der Lyrik. ›Erlebnis und Dichtung‹, ›lyrisches Ich‹«. In: Pechlivanos et al. 1995. S. 299–310. – D. Jaegle: *Das Subjekt im und als Gedicht. Eine Theorie des lyrischen Text-Subjekts am Beispiel dt. und engl. Gedichte des 17.Jh.s*, Stgt. 1995.

WGM

M

Macherey, Pierre (*1938), frz. Philosoph. – Lehrtätigkeit an der Universität Lille III, zuvor Paris I; Herausgeber der Reihe *Les grands textes de la philosophie* (Presses universitaires de France). – M.s Lit.theorie beruht auf dem 1966 erschienenen Aufsatzband *Pour une théorie de la production littéraire*, der weder bei seinem Autor noch wirkungsgeschichtlich Fort- oder Umsetzungen gefunden hat. Dennoch bildet dieses Werk immer noch einen exemplarischen Entwurf ↗ Marxistischer Lit.theorie. Unter Rückgriff auf die ↗ Ideologiekritik seines Lehrers L. ↗ Althusser, die auf einer antihegelianischen und antihumanistischen Marx-Lektüre beruht, entwickelt M. einen Widerspiegelungsbegriff, der versucht, die ↗ Totalitätskonzeption des organischen Kunstwerks von G. ↗ Lukács ebenso zu überwinden wie die von L. ↗ Goldmann postulierten Homologiestrukturen (↗ Homologie) zwischen der *vision du monde* des literar. Textes und der diese Sicht der Welt propagierenden sozialen Trägerschicht. In der Folge Althussers lehnt M. insbes. das Hegelsche Teleologiekonzept ab; dies gilt auch für den Zusammenhang zwischen sozialen ↗ Klassen und deren ↗ Ideologie widerspiegelnden Werken der Lit. Da es für M. keine und v.a. keine kohärente oder gar totale ↗ Widerspiegelung gibt, kann das literar. Werk, insbes. der Roman, auch keine *vision du monde* repräsentieren, geschweige denn eine solche entwerfen. Schließlich bezieht sich M. auf Althusser und dessen Marx-Lektüre, wenn er postuliert, daß nicht die Antworten entscheidend sind, die ein Text anbietet, sondern vielmehr die von ihm nicht gestellten Fragen. Dabei handelt es sich weniger um Fragen, die der Text nicht aufwerfen möchte. Wichtiger ist, daß er bestimmte Fragen auf Grund seiner ideologi-

schen Beschränktheit nicht stellen kann, weil er
›blind‹ ist, und dennoch Materialien dafür präsentiert, daß sie aufgeworfen werden können.
Aufgrund dieser Voraussetzungen verlagert sich
das ↗ Erkenntnisinteresse bei M. vom Text als
einem ↗ Kohärenz und ↗ Totalität repräsentie-
renden Ensemble auf die ›literar. Produktion‹
(↗ Lit.produktion). Der Text wird als Resultat
von sozialen, ideologischen und ästhetischen
›Praktiken‹ aufgefaßt, und dementsprechend
bildet er ein heterogenes Ensemble; M. spricht
von einem Balzac-Roman als ›disparatem Text‹.
Damit wird eine Unvollständigkeit des Werkes
postuliert, die es zu mehr als dem Ausdruck
oder gar der Widerspiegelung einer herrschenden Ideologie werden läßt, seine Brüche und
Risse ›dekonstruieren‹ diese vielmehr: »Durch
die Abwesenheit, durch den Mangel läßt sich so
gerade eine neue Art von Notwendigkeit definieren. Das Werk existiert nur, weil mit ihm eine
neue Desorganisiertheit produziert wird, die mit
der Desorganisiertheit der Ideologie in Beziehung (nicht in Übereinstimmung) steht (die
Ideologie kann nicht als System organisiert
sein)« (M. 1974, S. 72). – M.s Verdienst bleibt,
mit der Betonung des Produktionscharakters
literar. Texte und dem damit verbundenen, vom
Autor nicht zu kontrollierenden Eindringen des
↗ Unbewußten und ↗ Imaginären, eine der
Komplexität ideologischer Prozesse entsprechende Widerspiegelungstheorie vorgeschlagen
zu haben. P. V. Zima vergleicht sie nicht ohne
Grund mit Th. W. ↗ Adornos negativer Dialektik, mit ähnlicher Berechtigung können Parallelen zu R. ↗ Barthes etabliert werden. Der Mangel
von M.s Konzeption, der wohl auch das Aus-
bleiben einer Wirkung erklärt, besteht jedoch
darin, daß sie der ästhetischen Komponente der
literar. Produktion nur unzureichend Rechnung
trägt (vgl. Eagleton 1976), so daß »die einzelnen
Texte jede Eigenständigkeit und historische Spezifität verlieren« (Raman/Struck 1995, S. 217).
Als Philosoph betrachtet M. Lit. freilich fast
exklusiv als Bestandteil der ›ideologischen
Staatsapparate‹ (vgl. Althusser); sein späteres
Werk, bis hin zu *A quoi pense la littérature?*
(1990), befaßt sich mit der Wirkungsgeschichte
philosophisch-ideologischer Entwürfe.

Lit.: P. Macherey: *Pour une théorie de la production
littéraire*, Paris 1966 (dt. *Zur Theorie der literar. Produktion*, Darmstadt 1974). – ders.: *Lire le Capital* IV,
Paris. 1973. – ders.: *Hegel ou Spinoza*, Paris 1979. –
ders.: *Comte. La philosophie et les sciences*, Paris 1989.
– ders.: *A quoi pense la littérature? Exercices de philosophie littéraire*, Paris 1990. – ders.: *Introduction à
l'éthique de Spinoza*, 5 Bde., Paris 1994–1998. – T.

Eagleton: *Marxism and Literary Criticism*, Ldn. 1976.
– S. Raman/W. Struck: »Ideologie und ihre Kritiker«.
In: M. Pechlivanos et al. 1995. S. 207–223.
                                                                                          WA

Macht, der Einfluß, durch den Akteure anderen
Personen erfolgreich Handlungen vorschreiben
oder deren Handlungsmöglichkeiten einschränken. Man spricht dabei auch von M.verhältnis-
sen oder M.beziehungen. – M. ist weder ein
modernes Phänomen, noch sind M.verhältnisse
auch nur für menschliche Gesellschaften spezifisch. M.beziehungen setzen soziale Verhältnisse
voraus, in denen M. als ein Mittel der Regulierung von Interaktionsbeziehungen bzw. der
Handlungskoordination auftritt. Damit geht
einher, daß Mächtige und M.unterworfene in
der Regel bestehende M.verhältnisse kennen
und anerkennen. Fehlt diese Anerkennung, so
handelt es sich um Gewaltverhältnisse. Die Anerkennung schließt jedoch nicht ein, daß M.ver-
hältnisse als legitim anerkannt werden. Dies
bleibt Herrschaftsverhältnissen vorbehalten, bei
denen M.ausübung im Rahmen von Institutionen erfolgt. Die Anerkennung von M.verhältnis-
sen fordert wegen ihrer Wechselseitigkeit eine
gewisse Rücksicht von allen Beteiligten. Dies ist
der Ansatzpunkt für ihre Veränderung. Die fehlende Anerkennung macht Versuche riskant, bestehende Gewaltverhältnisse zu ändern. Herr-
schaftsverhältnisse widerstehen Reformbestre-
bungen dagegen bereits deshalb, weil sie qua
Institutionalisierung auf zeitliche Dauer angelegt
sind und somit doppelt legitimiert erscheinen.
Während reine Gewaltverhältnisse nur zeitlich
beschränkt bestehen können, finden sich politische, wirtschaftliche und kulturelle und zunehmend auch mediengestützte M.differenzen in
allen Gesellschaften. Historisch besteht eine
Tendenz, M.verhältnisse in Herrschaftsbezie-
hungen zu überführen, den Zugang zu M.posi-
tionen von der Zugehörigkeit zu bestimmten
Familien oder sozialen Schichten zu lösen und
statt dessen an die Erfüllung von Kriterien zu
binden, die je nach Bereich variieren. Politische
M.positionen werden z. B. aufgrund anderer
Auswahlkriterien erlangt als wirtschaftliche oder
wissenschaftliche. Im Zuge der Demokratisierung werden v. a. politische M.positionen unabhängig von allen anderen Überlegungen in regelmäßigen Abständen neu besetzt. – Im Anschluß
an die Arbeiten M. ↗ Foucaults wurde der M.be-
griff v. a. im Kontext des angelsächsischen ↗ *Cultural Materialism*, der ↗ Feministischen Lit.theo-
rie, der ↗ Marxistischen Lit.theorie und des

↗ *New Historicism* aufgegriffen, die mit unterschiedlichem Erkenntnisinteresse historische und aktuelle Manifestationsformen von M. untersuchen.

Lit.: M. Weber: *Wirtschaft und Gesellschaft*, Tüb. 1980. – D. Rueschemeyer: *Power and the Division of Labour*, Stanford 1986.

PMH

Männlichkeit, analog zu den ↗ *Women's Studies*, die sich in den 70er Jahren etablierten und sich der Erforschung von ↗ Weiblichkeit widmeten, entstanden die *Men's Studies* in den 80er Jahren als eigener Forschungsbereich. Die Notwendigkeit, M. auch wissenschaftlich zu thematisieren, wurde deutlich, nachdem die Frauenbewegung und die damit einsetzende ↗ feministische Lit.wissenschaft traditionelle Frauenbilder und Weiblichkeitsstereotypen, und damit die bisherige Abgrenzungs- und Bezugsgröße von M., in Frage stellten. Mit der Auflösung scheinbar natürlicher ↗ Geschlechterdifferenzen und -hierarchien ging eine vielbeschworene ›Krise‹ der M. einher. Das herkömmliche Schema, nach dem der Mann als Maß für den Menschen und als Inbegriff der menschlichen Natur galt, mußte aufgegeben werden. Entsprechend ist M. in den (*New*) *Men's Studies* kein essentialistisches Konzept mehr, sondern wird als ein variables Bündel kultureller Normen begriffen, das jeweils historisch verschieden verkörpert wird. So geht es in der M.sforschung um die Analyse von M.sbildern und -stereotypen, um die Demontage heroischer M.smythen sowie um die Erforschung von *male bonding* bzw. männlichen Bindungen und Gemeinschaften, welche die Vielschichtigkeiten und Differenzen von M. sowie die hierarchischen Machtverhältnisse innerhalb dieser M.en sichtbar werden lassen. – Als kulturell produziertes und historisch variables Zeichenkonstrukt ist M. v. a. zum kultur- und lit.wissenschaftlichen Forschungsobjekt avanciert. Wie in der frühen Phase der *Women's Studies* verfahren die Untersuchungen dabei weitgehend in geschlechtsspezifischer Exklusivität. Zunächst waren es v. a. anglo-am. Lit.wissenschaftler, welche danach fragten, wie literar. Texte M.skonzepte reflektieren, modifizieren und selbst wiederum neue M.sfiktionen formen. Dabei wurde, wie in den ↗ *Gender Studies* inzwischen üblich, zunehmend auch das Zusammenspiel von M. mit anderen gesellschaftlich-kulturellen Kategorien wie ↗ Klasse, ethnische Zugehörigkeit (↗ Ethnizität), religiöse, politische und, v. a. in den ↗ *Gay Studies*, sexuelle Ausrichtung berücksichtigt. In-

wieweit die geschlechterspezifische Differenzierung zwischen der Erforschung von M. und Weiblichkeit in einer künftigen Geschlechterforschung aufgehoben sein wird, muß sich erst noch zeigen.

Lit.: H. Brod (Hg.): *The Making of Masculinities. The New Men's Studies*, N.Y. 1987. – H. Brod/M. Kaufman (Hgg.): *Theorizing Masculinity*, Ldn. 1994. – Ausg. »Masculinities« der Zs. *Journal for the Study of British Cultures* 3.2 (1996). – W. Erhart/B. Herrmann (Hgg.): *Wann ist der Mann ein Mann? Zur Geschichte der M.*, Stgt./Weimar 1997.

DF/SSch

Magischer Realismus, in der Lit.wissenschaft wird das Konzept des M.R. v. a. im Bereich des Romans und anderer narrativer Formen verwendet, wo es sich auf das Zusammenspiel von realistischen und nichtrealistischen Elementen bezieht (↗ Realismus; ↗ Phantastik). Ganz speziell bezeichnet der Begriff M.R. die stilprägenden Merkmale im lateinam. Roman des 20. Jh.s, insbes. seit den 50er Jahren. Aus der realistischen Erzählstruktur, die auf historisch konkreten gesellschaftspolitischen Umständen basiert, wachsen phantastische Momente hervor, die sich aus Riten, Mythen und Träumen ableiten. Dies trifft v. a. auf Romane wie G.G. Márquez' *Cien años de soledad* (1967; *Hundert Jahre Einsamkeit*) oder I. Allendes *La casa de los espíritus* (1982; *Das Geisterhaus*) zu, wobei ersterer als prototypisches Werk des M.R. gilt. – Der Begriff des M.R. stammt urspr. aus der Kunstkritik. Geprägt wurde er durch F. Roh, der sich in seiner Studie *Nach-Expressionismus – M.R.* (1925) mit den Malern der ›Neuen Sachlichkeit‹ und ihren Darstellungen des Ungewöhnlichen im Alltag beschäftigt. Initiiert durch die Übersetzung dieser Studie ins Spanische (1927) fand das Konzept des M.R. in der bildenden Kunst rasch Verbreitung. 1943 zeigte das New Yorker Museum of Modern Art eine Ausstellung zu ›American Realists and Magic Realists‹, in der u. a. Bilder E. Hoppers gezeigt wurden. Hier wurde der Begriff solchen Stilmitteln zugeordnet, die eine surreal überhöhte Wirklichkeit erzeugen. Für literar. Werke wurde der Begriff erstmals 1938 von dem ital. Romancier M. Bontempelli verwendet. ›Realismo magico‹ beinhaltet hier, wie bei Roh, Reaktionen auf den ↗ Expressionismus. Schriftsteller wie A.U. Pietri (Venezuela), A. Carpentier (Kuba) und M.Á. Asturias (Guatemala), die vom frz. ↗ Surrealismus beeinflußt waren, wendeten den Begriff in den 40er Jahren auch auf die lateinam. Lit. an. Bekannt wurde in diesem Zusammenhang v. a.

Carpentiers Bestimmung des ›wunderbar Wirklichen‹ (*lo real maravilloso*) im Prolog zu seinem Roman *El reino de este mundo* (1949; *Das Reich von dieser Welt*). Als Modell hierfür dient Carpentier die von ↗ Mythos und Magie bestimmte ›Wirklichkeit‹ der Karibik, die sich von der stärker empiristisch-naturwissenschaftlich geprägten Erlebnis- und Erfahrungswelt in Europa deutlich unterscheidet. – Obwohl der M.R. v. a. mit der lateinam. Erzählkunst assoziiert wird, kann er auch als ein internationales Stilphänomen verstanden werden, dessen Spuren in Märchensammlungen wie *1001 Nacht*, in der ma. Artus-Dichtung oder in der Lit. der Romantik ebenso zu finden sind wie in der postmodernen Lit. und Medienkultur. Charakteristisches Merkmal der Diskurse des M.R. ist das Verschmelzen von zwei kategorial verschiedenen Ordnungs- und Repräsentationssytemen zu einem dritten, neuen Realitäts- und Darstellungsmodus. Um eine solche Synthese aus den phantastischen, grotesk-bizarren Mustern magischer Wirklichkeitskonzepte, die häufig aus alten nichteurop. Hochkulturen stammen, mit den aufklärerisch-rationalen Denk- und Sprachstrukturen des Realismus, wie sie v. a. für die moderne westliche Welt kennzeichnend sind, bemühen sich auch zeitgenössische Autorinnen und Autoren wie I. Calvino, M. Kundera, G. Grass, E. Tennant, A. Carter, J. Winterson und S. Rushdie.

Lit.: M.-E. Angulo: *Magic Realism. Social Context and Discourse*, N.Y. 1995. – D.K. Danow: *The Spirit of Carnival. Magical Realism and the Grotesque*, Lexington 1995. – L.P. Zamora/W.B. Faris (Hgg.): *Magical Realism. Theory, History, Community*, Durham 1995.

DF/HJ

Marcuse, Herbert (1898–1979), dt.-am. Philosoph und Kulturkritiker, der ↗ Kritischen Theorie der ↗ Frankfurter Schule nahestehend, in den 60er Jahren einer der intellektuellen Wortführer der Studentenbewegung und der neuen Linken. – M. studierte Lit.wissenchaft, Philosophie und Nationalökonomie, promovierte 1923 in Freiburg über den ›dt. Künstlerroman‹, studierte danach noch bei M. ↗ Heidegger und E. ↗ Husserl; seit 1932 hatte M. Kontakt mit dem Frankfurter Institut für Sozialforschung (M. ↗ Horkheimer; Th.W. ↗ Adorno), 1934 emigrierte er in die USA. M. publizierte in der *ZfS*, arbeitete für die am. Regierung, von 1954 bis 1965 war er Professor für Politikwissenschaft in Brandeis, von 1965 bis 1969 Professor an der University of California, San Diego; Gastprofessuren führten ihn in den 60er Jahren auch nach Frankfurt a. M. und Berlin. – M. hatte sich schon seit seiner Dissertation immer wieder mit ästhetischen Fragen beschäftigt, wenn auch sein Hauptanliegen gesellschaftstheoretischer Natur war. Nach den Versuchen der frühen Jahre, Existentialontologie, Phänomenologie und Marxismus in einer Theorie der Revolution zusammenfließen zu lassen, widmete sich M. zunehmend einer kritischen Analyse der bürgerlich-kapitalistischen Gesellschaft, die v. a. in seinem Hauptwerk *Der eindimensionale Mensch* (1964) auch technologiekritische und pessimistische Züge trug. In dem 1937 erstmals publizierten Aufsatz »Über den affirmativen Charakter der Kultur« hatte M. die bürgerliche Kunst und Lit., die er als ein ›Reich der Seele‹ wertete, in dem Freiheit, Güte und Schönheit nur in der Imagination verwirklicht werden, als ideologische Affirmation ungerechter sozialer und politischer Verhältnisse kritisiert. Diese Kunst, wenngleich eine Vorahnung des Glücks, würde verschwinden, wenn es an die revolutionäre Verwirklichung des Glücks ginge: »Die Schönheit wird eine andere Verkörperung finden, wenn sie nicht mehr als realer Schein dargestellt werden, sondern die Realität und die Freude an ihr ausdrücken soll« (M. 1965, S. 99). In *Eros and Civilsation* (1955), seiner großen Studie über S. ↗ Freuds Psychoanalyse, hatte M. allerdings in der Kunst seit dem 18. Jh. und in den ästhetischen Theorien, v. a. bei Kant und Schiller, ›Elemente einer nichtrepressiven Kultur‹ ausgemacht, in denen jene ›Versöhnung von Lust und Freiheit, Trieb und Moral‹ exemplarisch vorgeführt worden war, die dann auch eine befreite Gesellschaft, der Arbeit zu einem freien Spiel werden würde, kennzeichnen sollte: »Der Spieltrieb könnte, würde er tatsächlich als Kulturprinzip Geltung gewinnen, die Realität im wahrsten Sinn des Wortes umgestalten« (M. 1957, S. 184). In seiner späten Schrift *Die Permanenz der Kunst* (1977, S. 57), die gegen eine orthodoxe marxistische Ästhetik gerichtet war, hat M. schließlich die ↗ Autonomie der ›ästhetischen Form‹ als zentrales Element der Kunst verteidigt und allen Versuchen, Kunst ideologisch oder politisch zu vereinnahmen, eine Absage erteilt: »Das politische Programm der Abschaffung der autonomen Form führt zur Einebnung der Realitätsstufen zwischen Kunst und Leben und so zur Lähmung der Widerstandskraft der Kunst. Die Abschaffung ihrer Autonomie ermöglicht erst ihr Eindringen ins Ensemble der Gebrauchswerte und die Degeneration der Kunst zur propagandistischen Massenkunst oder kommerzialisierten Massenkultur.« – Die Bedeutung von M. für die ↗ Kulturtheorie liegt in dem Versuch, eine marxistisch inspirierte Theorie der Kultur mit einem psychoanalytischen Triebmodell zu verbinden, wobei der autonomen Kunst letztlich eine entscheidende kritische Funktion zugesprochen wurde. Das zunehmende Desinteresse an der Kritischen Theorie hat allerdings auch M. längst aus dem Zentrum des ästhetischen Diskurses gerückt.

Lit.: H. Marcuse: »Über den affirmativen Charakter der Kultur«. In: *ZfS* 6 (1937) S. 54–94. – ders.: *Eros und Kultur*, Stgt. 1957 (spätere Aufl. unter dem Titel *Triebstruktur und Gesellschaft*). – ders.: *Der eindimensionale Mensch*, Neuwied 1968 [1964]. – ders.: *Kultur und Gesellschaft*, 2 Bde., FfM. 1980 [1965]. – ders.: *Die Permanenz der Kunst*, Mchn. 1977. – U. Gmünder: *Kritische Theorie. Horkheimer, Adorno, M., Habermas*, Stgt. 1985. – R. Wiggershaus: *Die Frankfurter Schule. Geschichte, theoretische Entwicklung, politische Bedeutung*, Mchn. 1987 [1986]. – H. Brunkhorst/G. Koch: *H.M. zur Einf.*, Hbg. 1990 [1987]. – Institut für Sozialforschung (Hg.): *Kritik und Utopie im Werk von H.M.*, FfM. 1992.

KPL

Marx, Karl (1818–1883), dt. Volkswirtschaftler und Philosoph. – Nach Studium und Promotion (1842) mußte M. aus politischen Gründen die Hoffnung auf eine akademische Karriere aufgeben. Nach journalistischen Tätigkeiten, zunächst in Köln und dann in Paris, übersiedelte M. 1845 nach Brüssel. Nachdem 1848 das von M. und F. Engels verfaßte kommunistische Manifest erschienen war, wurde M. aus Belgien ausgewiesen. Nach zwei Jahren in Deutschland emigrierte M. 1851 nach London, wo er die folgenden 32 Jahre bis zu seinem Tode lebte. – Der Ausgangspunkt des Denkens M.' ist sein entschiedener Materialismus. Alle Aspekte des Lebens sind entscheidend von den materiellen Bedingungen der Existenz geprägt. Die Geschichte wird deshalb als Abfolge von Kämpfen um die Kontrolle über diese materiellen Grundlagen verstanden. Zudem werden auch Bewußtseinsstrukturen und die Möglichkeit zur Erkenntnis der Realität auf die äußeren Lebensbedingungen zurückgeführt. Dies geschieht mit Hilfe eines einfachen Grundgedankens: Mit dem Zurückdrängen religiöser Offenbarungen als Quelle der Gewißheit über das Wesen der Welt stellt sich für die Philosophie der Moderne stets das Problem, wie Subjekte sich der Wahrheit ihrer Wahrnehmungen der sie umgebenden Objektwelt versichern können. Dieses Problem versucht M. durch den Begriff der Arbeit zu lösen bzw. zu umgehen. In der Arbeit manipulieren Menschen ihre Umwelt so, daß die Sicherung ihrer persönlichen Existenz gewährleistet wird. Die manipulierte Objektwelt wird so zum Spiegel grundlegender menschlicher Bedürfnisse. Die Objekte sind keine rein äußerlichen Phänomene, sondern Produkte der Arbeit von Subjekten und deshalb der Erkenntnis dieser Subjekte zugänglich. Wenn unter den Bedingungen der Tauschwirtschaft die Produkte menschlicher Arbeit jedoch auf ihren Tauschwert reduziert werden, wird die Arbeit nicht mehr von den eigenen Bedürfnissen und Wesenskräften bestimmt. Damit wird auch die Verbindung von Subjekt und Objekt durchtrennt, der Produzent seiner Arbeit, der Welt und nicht zuletzt sich selbst entfremdet. Die Tauschwerte sind jedoch nichts anderes als gesellschaftliche Wertzuweisungen, so daß die auf ihren Wert reduzierte Objektwelt veränderbare herrschende Strukturen als dem Einfluß der Subjekte entzogene objektive Bedingungen erscheinen lassen kann. Insofern ist die Entfremdung notwendige Voraussetzung für die Herausbildung von ↗ Ideologie. – Die Analyse und Kritik ideologisch verzerrter Wahrnehmung von Welt ist wegen der grundlegenden Bedeutung des Entfremdungsbegriffes für die marxistische Theorie zum Kernbestandteil marxistischer Lit.- und Kulturkritik geworden. Das Maß, in dem sich Individuen dem Einfluß der durch die ökonomische Struktur bestimmten Ideologien entziehen können, ist ein entscheidendes Problem für den Marxismus. Im Bereich der Kultur bestimmt dieses Maß das denkbare oppositionelle Potential von Lit., Kunst und Philosophie (↗ marxistische Lit.theorie). Im Kernbereich marxistischer Theorie ist diese Frage entscheidend dafür, ob mit Hilfe individueller Erkenntnisprozesse und Handlungen gesellschaftlicher Wandel herbeigeführt werden kann. Wenn nämlich die Wahrnehmung sehr weitgehend von herrschaftsstabilisierenden Ideologien geprägt ist, kann sich revolutionärer Wandel nur unabhängig von individuellen Intentionen aus der Entwicklungslogik des Kapitalismus ergeben. Bei einem weniger umfassenden Ideologiebegriff ergibt sich umgekehrt ein weitaus größerer Handlungsspielraum für Individuen. Deshalb sind marxistische Kultur- und Gesellschaftsanalyse über den Ideologiebegriff eng miteinander verbunden. Insofern stellt das Denken M.' die Beschäftigung mit Lit. und Kultur in einen übergeordneten Sinnzusammenhang. Dies dürfte auch ein Grund dafür sein, daß das marxistische Gedankengut trotz seiner schwindenden Bedeutung in der Politik in den Kulturwissenschaften noch einen vergleichsweise großen Einfluß besitzt.

Lit.: N. Geras: *M. and Human Nature. Refutation of a Legend*, Ldn. 1983. – J. Habermas: »Drei Perspektiven: Linkshegelianer, Rechtshegelianer und Nietzsche«. In: ders.: *Der philosophische Diskurs der Moderne. Zwölf Vorlesungen*, FfM. 1985. S. 65–103. – O.K. Flechtheim/H.M. Lohmann: *M. zur Einf.*, Hbg. 1991 [1988] – T. Eagleton: »The Marxist Sublime«. In: ders. 1995 [1990]. S. 196–233.

SS

Marxistische Literaturtheorie, der Sammelbegriff ›m.L.‹ faßt sehr unterschiedliche lit.theoretische Ansätze zusammen. Dies hat seinen Grund darin, daß das Adjektiv ›marxistisch‹ nicht so sehr gemeinsame Basisannahmen über das Wesen der Lit. oder der Sprache impliziert, als vielmehr Übereinstimmungen in der Einschätzung philosophischer, historischer, politischer und v.a. sozio-ökonomischer Sachverhalte und Entwicklungen. Die Arbeiten K. ↗ Marx' und F. Engels' bieten lediglich sehr allg. und grundsätzliche Überlegungen zu Lit. und Kultur. Die unterschiedliche Interpretation und relative Gewichtung dieser Überlegungen bilden die Basis für die verschiedenen Strömungen in der m.L. – Allen marxistischen Theorien gemeinsam ist die Verpflichtung auf die materialistischen Grundlagen des Denkens Marx' und damit eine Sicht der Geschichte als einer Abfolge von Kämpfen um die Kontrolle über die materiellen Grundlagen der Existenz. Unter der Prämisse, daß die materiellen Bedingungen des Seins das Bewußtsein bestimmen, ist eine isolierte Betrachtung der Lit. ohne Berücksichtigung der zugrunde liegenden materiellen Bedingungen unsinnig. Insofern kommt keine m.L. ohne ein Modell aus, das den Einfluß der Produktionsverhältnisse, der sog. Basis, auf bewußtseinsabhängige Phänomene wie Lit., einen Bereich des Überbaus, beschreibt. Wie eng der Zusammenhang zwischen Basis und Überbau ist, ist eine der entscheidenden Fragen in der m.L. Die Aussagen der Klassiker des Marxismus können diese Frage nicht klären, weil sie einen weiten Interpretationsspielraum bieten. So schreibt Engels (1968, S. 206): »Die politische, rechtliche, philosophische, religiöse, literarische, künstlerische usw. Entwicklung beruht auf der ökonomischen. Aber sie alle reagieren auch aufeinander und auf die ökonomische Basis. Es ist nicht, daß die ökonomische Lage Ursache, allein aktiv ist und alles andere nur passive Wirkung. Sondern es ist Wechselwir-

kung auf Grundlage der in letzter Instanz stets sich durchsetzenden ökonomischen Notwendigkeit.« Auf einer ersten Ebene lassen sich m.L.n danach unterscheiden, wie unmittelbar der Einfluß der Basis auf den Überbau und wie stark die Rückwirkung des Überbaus auf die Basis angenommen wird. Die zweite entscheidende Quelle für die Heterogenität m.L.n betrifft erkenntnistheoretische Grundlagen. Nach Marx ermöglicht nur die selbstbestimmte Arbeit einen Kontakt zur Welt der Objekte, der dem Subjekt die Gewißheit verbürgt, die Welt angemessen wahrzunehmen. Wenn durch die Entfremdung der Arbeit unter tauschwertorientierten Produktionsverhältnissen tatsächlich die harmonische Verbindung von Subjekt und Objekt durchtrennt wird und die Sicht auf die Objektwelt notwendigerweise ideologisch verzerrt ist, stellt sich die Frage, wie der marxistische Theoretiker sich diesen Beschränkungen der Möglichkeiten von Erkenntnis soll entziehen können (↗ Ideologie und Ideologiekritik). Die Antwort auf die Frage, wie stark Subjekte in ihren Erkenntnismöglichkeiten durch Ideologie eingeschränkt sind, hat entscheidende Konsequenzen für die jeweilige m.L. Für Zwecke einer ersten Orientierung kann man das Feld der m.L.n wie folgt ordnen: (a) hohe Abhängigkeit des Überbaus von der Basis und schwacher Ideologiebegriff; (b) hohe Abhängigkeit des Überbaus von der Basis und expansiver Ideologiebegriff; (c) hoher Grad von Autonomie des Überbaus und expansiver Ideologiebegriff; (d) hoher Grad von Autonomie des Überbaus und schwacher Ideologiebegriff. – (a) M.L.n dieser Prägung waren insbes. in der Lit.wissenschaft des ehemaligen Ostblocks verbreitet. Die Partei als Vorhut der Arbeiterklasse sei als Trägerin proletarischen Klassenbewußtseins in der Lage, die objektiven materiellen Bedingungen zu erkennen. Insofern nehme sie nicht nur politisch, sondern auch epistemologisch eine Sonderstellung ein. Gleichzeitig, so die These, spiegelten die kulturellen Erscheinungen ungebrochen den Stand der Produktionsverhältnisse. So glaubte V. Zirmunskij (1973, S. 206), lange Zeit der führende Komparatist der Sowjetunion, in allen europ. Literaturen die gleiche Abfolge von literar. Strömungen und Stilrichtungen am Werk zu sehen: »Renaissance, Barock, Klassizismus, Romantik, Realismus und Naturalismus, Modernismus und – in unseren Tagen mit dem Anbruch einer neuen Epoche in der gesellschaftlichen Entwicklung – des sozialistischen Realismus, welcher eine neue und höhere Entwicklungsstufe des Realismus darstellt. Diese Übereinstimmung kann unmöglich Zufall sein. Sie ist vielmehr durch ähnliche soziale Entwicklungen bei den betreffenden Völkern historisch bedingt.« Angesichts der augenfälligen intellektuellen Schlichtheit dieser Typologie ist es nicht erstaunlich, daß westliche Marxisten versuchten, sich von solchen ›vulgärmarxistischen‹ Positionen zu distanzieren. Seit dem Zusammenbruch des Ostblocks spielen m.L.n dieses Typus kaum noch eine Rolle, und eine Renaissance dieser Strömung ist in absehbarer Zeit auch nicht zu erwarten. Dabei schwindet auch der Einfluß solcher Theoretiker, die, wie G. ↗ Lukács, eine strukturell ähnliche Position weit differenzierter und subtiler vertreten (↗ Widerspiegelung und Widerspiegelungstheorie). (b) Konsequenter, aber gerade deshalb mit großen erkenntnistheoretischen Problemen behaftet, argumentieren solche Theoretiker, die als Konsequenz des für stark gehaltenen Einflusses der Basis auf den Überbau die Möglichkeiten zur Überwindung ideologischer Verzerrungen der Realitätserkenntnis skeptisch beurteilen. Der einflußreichste Exponent einer solchen Haltung ist der am. Lit.theoretiker F. ↗ Jameson. Er übernimmt das Konzept einer gesellschaftlichen ↗ Totalität, deren bestimmendes Moment der Stand der Produktionsverhältnisse sei. Gleichzeitig geht er davon aus, daß in der Mediengesellschaft des Spätkapitalismus die ökonomische Basis immer mehr Bereiche des Überbaus, die bislang noch eine relative Autonomie genossen hätten, direkt beeinflusse. Dieser Prozeß sei so weit fortgeschritten, daß es keinen von der Logik der Basis abgekoppelten Bereich mehr gebe, von dem aus Ideologiekritik möglich wäre. Die Ideologie ist einfach allgegenwärtig oder mit Jamesons (1991, S. 180) Worten: »everything is ideology, or better still, [...] there is nothing outside of ideology«. Positionen, die, wie Jamesons, einen starken Einfluß der Basis auf den Überbau und einen sehr expansiven Ideologiebegriff vertreten, geraten zwangsläufig in Gefahr, eines performativen Widerspruchs bezichtigt zu werden. Wenn alle Positionen ideologisch verzerrt sind, so das einschlägige Argument, müßte das logischerweise auch für Jamesons eigene Thesen gelten. Dennoch werden sowohl die theoretischen Grundüberzeugungen als auch die konkreten Analysen kultureller Erscheinungen mit einem impliziten Geltungsanspruch vorgetragen, so daß sich die Frage aufdrängt: »By what authority [...] does Jameson now claim exemption from the prison-house of ideology?« (Flieger 1982, S. 52). Diese Frage bleibt für alle m.L.n dieses Typus entscheidend. Jameson verweist hier auf ein zukünftiges kollektives Klassenbewußtsein als Möglichkeit zur Überwindung von Ideologie. F. Lentricchia, der unter Rückgriff auf Überlegungen von M. ↗ Foucault ein ähnliches theoretisches Projekt verfolgt wie Jameson, glaubt hingegen, auf Aussagen mit Wahrheitsanspruch ganz verzichten zu können. Wenn diese Lösungen auch theoretisch stringent aus den Basisannahmen abgeleitet sind, so birgt doch die These, daß individuelle Subjekte Aussagen mit Wahrheitsanspruch nicht legitimieren können, große Probleme bei der konkreten Arbeit mit Texten. Zudem wird der Appellcharakter, der dem marxistischen Diskurs stets innewohnt, durch solche Ansätze stark in Frage gestellt. (c) Im westlichen Marxismus hat sich bes. nach dem Zweiten Weltkrieg eine deutliche Abkehr von mechanistischen Basis-Überbau-Modellen vollzogen. Wesentliche Anstöße hierfür kamen von der sog. ↗ Frankfurter Schule. So entdeckt z.B. Th.W. ↗ Adorno eine Parallele zwischen der Tendenz, heterogene Objekte auf ihren Tauschwert zu reduzieren, und dem Versuch, unterschiedlichste Sachverhalte mit Hilfe begrifflicher Konzepte miteinander zu identifizieren. ›Identität‹ ist für Adorno (1966, S. 149) »die Urform von Ideologie«. Damit ist der Begriff der Ideologie auf jede Art identifizierenden Denkens ausgedehnt. Für klassische Basis-Überbau-Modelle, die heterogene Überbauphänomene zu einem bloßen Reflex der ökonomischen Basis reduzieren, ist in einem solchen Denken kein Platz. Es muß deshalb ein Bereich gefunden werden, in dem den heterogenen Erscheinungen ihr Recht gelassen wird und in dem sie nicht auf identifizierende Allg.begriffe reduziert werden. Eine Besonderheit der Frankfurter Schule und dort in erster Linie Adornos besteht darin, daß sie der Kunst und damit auch der Lit. die Fähigkeit zuschreibt, sich der Ideologie zu entziehen. Ästhetik wird hier zum Fluchtpunkt des Heterogenen, nicht unter die Identität zu Subsumierenden. Dies erklärt dann auch die Vorliebe der Frankfurter Schule für die ästhetischen Experimente der klassischen ↗ Moderne und ihre Abneigung gegen den ↗ Realismus. Auf einer völlig anderen Grundlage, nämlich der einer Verbindung strukturalistischer und psychoanalytischer Ansätze, versucht L. ↗ Althusser vulgärmarxistische Konzepte zu überwinden und den Ideologiebegriff weiterzuentwickeln. Zum einen versucht Althusser, das Verhältnis eines Ganzen zu seinen Teilen neu zu erklären. Es sei nicht so, wie klassische Basis-Überbau-Modelle voraussetzten, daß ein System ein inneres Wesen habe, das sich dann nur in einzelnen Phänomenen manifestiere. Vielmehr genießen nach Althusser die verschiedenen Überbau-Bereiche eine ›relative Autonomie‹ und folgen ihrer eigenen Entwicklungslogik. Einzelne Ereignisse seien Ergebnisse komplexer Wechselwirkungen zwischen jeweils relevanten Subsystemen, durch den Einfluß verschiedener Subsysteme ›überdeterminiert‹ (↗ Überdetermination/Überdeterminierung). Gleichzeitig sorge die relative Autonomie dafür, daß unterschiedliche Teilsysteme miteinander in Widerspruch geraten könnten. Noch wichtiger für die Weiterentwicklung der m.L. ist jedoch Althussers Theorie der Ideologie. Der Einzelne, so Althusser, könne nicht mit der Erkenntnis der Tatsache leben, daß seine individuelle Existenz für das Funktionieren der gesellschaftlichen Strukturen völlig belanglos sei. Mit ›Ideologie‹ werden diejenigen Fehlurteile über die Realität bezeichnet, die dem Individuum die Illusion vermitteln, einen bedeutsamen Einfluß auf das Gesamtsystem zu haben, um sich so als klassisches Subjekt und nicht als bloßer Träger gesellschaftlicher Funktionen sehen zu können. So wird dem durch verschiedenste Einflüsse der umgebenden Strukturen determinierten Subjekt zugleich die Illusion ermöglicht, ein autonomes und stabiles Wesen zu besitzen. Damit hat Althusser die Sphäre der Ideologie von der Erkenntnis der Objektwelt auf die Konstitution von Subjekten selbst ausgedehnt. Bei aller Vergleichbarkeit ihrer Basisannahmen haben Althussers und Adornos Theorien für die Lit.theorie sehr unterschiedliche Konsequenzen: Während im einen Fall Lit. auf ihr ideologiekritisches Potential hin untersucht werden muß, ist sie im anderen Fall Ausdruck der ideologischen Sicht von Individuen und bietet somit eine Chance, Ideologie sichtbar zu machen. Gemeinsam ist beiden Theorien jedoch, daß sie die m.L. für Anregungen anderer Strömungen wie des ↗ Strukturalismus und der Psychoanalyse (↗ Psychoanalytische Lit.wissenschaften) geöffnet haben. (d) Die meisten zeitgenössischen m.L.n haben in der Nachfolge Althussers und der durch ihn ausgelösten Rezeption des Strukturalismus Modelle entwickelt, in denen der Primat der Basis sich nur sehr indirekt manifestiert. Gleichzeitig wird versucht, dem performativen Widerspruch zu entgehen, der in einem expansiven Ideologiebegriff angelegt ist, ohne das gesellschaftskritische Potential des Konzeptes aufgeben zu müssen. Ein häufig beschrittener Weg aus diesem Dilemma ist der Versuch, sich mit Hilfe bes. der frühen Schriften Marx' ein erkenntnistheoretisches Fundament zu schaffen, mit dessen Hilfe zumindest ein potentieller Weg zur Erkenntnis nicht ideologisch verzerrter Realität offen gehalten werden kann. Auf dieser Grundlage soll dann mit Wahrheitsanspruch vorgetragene Ideologiekritik möglich werden. So vertritt T. ↗ Eagleton in seinen neueren Arbeiten den Ansatz, daß objektive Bedürfnisse und damit rationale Normen aus dem überzeitlichen Datum der Körperlichkeit des Menschen abgeleitet werden können. Arbeit, Sexualität und soziale Interaktion werden so zum Ausgangspunkt für eine Analyse objektiver Bedürfnisse, vor deren Hintergrund Anspruch und Wirklichkeit gesellschaftlicher Strukturen ideologiekritisch miteinander verglichen werden können. Der damit verbundene Versuch, Ethik, Politik, Geschichte und die Rationalität selbst auf einer körperlichen Grundlage zu rekonstruieren, soll so die Basis für eine marxistische Lit.- und Kulturkritik bilden (vgl. Eagleton 1990, S. 196f.). Die gleichrangige Stellung, die Eagleton Arbeit und Sexualität zuweist, ist Ausdruck der Tendenz, die m.L. für andere Ansätze, hier für die ↗ feministische Lit.theorie, zu öffnen. Während in Eagletons Fall der Boden des marxistischen Diskurses dabei nicht verlassen wird, sind einige andere dieser Öffnungsversuche kaum noch als m.L. zu erkennen. So wird in den letzten Jahren häufig versucht, marxistische und poststrukturalistische Positionen miteinander zu verbinden. Die dabei entstehenden theoretischen Konstrukte sind zwar häufig in sich stimmig, verabschieden sich aber von für den Marxismus unverzichtbaren erkenntnistheoretischen Basisannahmen (z.B. Ryan 1982). – Elemente m.r L. wie der Ideologiebegriff sind auch für solche Theoretiker interessant, die sich nicht dem marxistischen Diskurs zugehörig fühlen. So haben sich höchst erfolgreiche lit.theoretische Strömungen wie der ↗ New Historicism und der ↗ Cultural Materialism auf der Grundlage einer fruchtbaren Synthese marxistischer, poststrukturalistischer und historistischer Theoreme gebildet. Insbes. der New Historicism kann jedoch nicht zu den m.L.n gerechnet werden, weil er die übergeordneten Ziele des Marxismus nicht teilt.

Lit.: Th.W. Adorno: *Negative Dialektik*, FfM. 1966. – F. Engels: »Brief an W. Borgius vom 25.1. 1894«. In: *Werke. K. Marx; F. Engels* (Hg. Institut für Marxismus-Leninismus beim ZK der SED), Bd. 39, Bln. 1968.

S. 205–207. – V.M. Zirmunskij: »Die literar. Strömungen als internationale Erscheinungen«. In: H. Rüdiger (Hg.): *Komparatistik. Aufgaben und Methoden*, Stgt. 1973. S. 104–126. – H. Siegel: *Sowjetische Lit.theorie (1917–1940)*, Stgt. 1981. – J.A. Flieger: »The Prison-House of Ideology. Critic as Inmate«. In: *Diacritics* 12.3 (1982) S. 47–56. – D. Forgacs: »Marxist Literary Theories«. In: Jefferson/Robey 1992 [1982]. S. 166–203. – M. Ryan: *Marxism and Deconstruction. A Critical Articulation*, Baltimore 1982. – A. Callinicos: *Marxism and Philosophy*, Oxford 1983. – Eagleton 1995 [1990]. – F. Jameson: *Postmodernism, or, The Cultural Logic of Late Capitalism*, Ldn. 1991. – J. Knowles: »Marxism, New Historicism and Cultural Materialism«. In: R. Bradford (Hg.): *Introducing Literary Studies*, Ldn. 1996. S. 568–595.

SS

Maskulinität ↗ Männlichkeit

Massenmedien (lat. *medium*: Mitte, in der Mitte Befindliches, ab etwa 17. Jh. neulat. instrumentale Bedeutung: Mittel, vermittelndes Element; lat. *massa*: Teig, Klumpen, Haufen, daraus im Dt., Engl., Frz. die Bed. ungegliederte, große Menschenmenge, engl. Entsprechung: *the [mass] media*, frz.: *les médias*, Sg. *le média* häufiger als der Anglizismus *les mass média*) haben in den ↗ Medientheorien und der gegenwärtig entstehenden ↗ Medienwissenschaft sehr unterschiedliche Definitionen erfahren. Wegen der hohen Komplexität der Ansätze mag hier eine schlichte, wortgeschichtlich inspirierte Definition genügen: Ein Massenmedium ist ein Mittel, mit dem ein Adressant einer großen Menge von Adressaten eine (prinzipiell beliebige) Botschaft (*message*) oder Summe von Botschaften ausrichtet, unabhängig davon, ob die Erwartungen der Adressaten darin berücksichtigt sind oder nicht. Der Begriff M. thematisiert als Wortzusammensetzung von den mindestens vier Handlungsbeteiligten, nämlich Adressant, Botschaft, Mittel bzw. ›Bote‹ und Adressat, nur die beiden letzteren, läßt also die in Wirklichkeit vielgestaltige Produzentenseite offen und ist schon deshalb sehr vage. Im übrigen hat die Vorstellung einer eher undifferenzierten Publikumsmasse eigentlich nie zugetroffen. Jedes Medium mußte sich nach seiner Etablierung auf bestimmte Publikumssegmente spezialisieren. Das haben viele Wirkungsanalysen (meist im Auftrag der Werbewirtschaft) gezeigt (vgl. Noelle-Neumann/Schulz/Wilke [Hgg.] 1994, S. 518–571). Alle Leerstellen wurden daher in der obigen Definition möglichst generalisierend aufgefüllt. Eben wegen der Offenheit des Begriffs M., die aber auch positiv als Plastizität und als Disponibilität für historische Wandlungen empfunden werden kann, existiert bis heute keine allg. anerkannte und umfassende Theorie der M. – Unterschiedlich waren die Ausgangspunkte schon 1910–30: konservative Kulturkritik oder Bejahung der Moderne. Seit den 60er Jahren dominieren einerseits demokratietheoretische und ideologiekritische Ansätze, welche die M. als Ausdruck bestehender, demokratiefremder Machtverhältnisse und Mittel zur Entpolitisierung, ja Verdummung der Massen ansehen. Sie haben v.a. in der Medienpädagogik der Schulfächer eine beachtliche Resonanz gefunden. Zunehmende Bedeutung gewinnen andererseits die medienkritischen Ansätze der Philologien und der ↗ Semiotik. Ihre Sichtweise der M. ist durchweg ambivalent. Sie betrachten die M. einerseits als prägende und z.T. faszinierende Faktoren der Gegenwartskommunikation und -kultur, andererseits als mit vielen Fehlern behaftete Phänomene, als durchaus bewegungsfähiges und optimierbares ›System‹, gerade im Hinblick auf das Konzept freier, mündiger, mitbestimmender Staatsbürger. Dieser Ambivalenz entspricht das halb ästhetisch, halb kritisch gemeinte Schlagwort von der Macht der Zeichenwelten, namentlich in den sich angleichenden Großstadtkulturen. Die medienkritischen Ansätze zielen u.a. auf die bessere Verständlichkeit von Text und Bild wie auch gegen deren Divergenz (sog. ›Text-Bild-Schere‹), auf die deutlichere Strukturierung der Angebotspaletten durch Verweistechniken (↗ Hypertext), auf den sorgfältigeren Umgang mit der Sprache wegen der Rückwirkungen auf die Gemeinsprache und das sprachvermittelte Weltbild (Sprachkritik), auf den Nachweis und den Abbau der ›transportierten‹ Völker-, Gruppen- und ↗ Geschlechterstereotypen (↗ Imagologie) bzw. zumindest einen distanzierteren Umgang mit ihnen, und allgemeiner (gegen die Tendenzen zur ›Verflachung‹ und ›Kürze‹) auf mehr Raum für eine niveauvolle, orientierende und zugleich anregende Hintergrundinformation. Im Interesse der Rezipienten wie der Produzenten geht es hier also v.a. um die Effizienzsteigerung sowohl der Kommunikation selbst als auch der medial inszenierten Wirklichkeitserschließung. – Unterschiedlich wie diese Ansätze waren und sind auch die Perspektiven, je nachdem, ob man die M. aus der Sicht ihrer Produzenten (der ›Macher‹) betrachtet (so im dt.-frz. Vergleich Koch/Schröter/Albert [Hgg.] 1993 und hinsichtlich der ›koproduzierenden‹ am. Werbe- und Medienwirtschaft Bogart 1995), sich auf die ›Produkte‹ bzw. die technischen ›Kanäle‹ konzentriert (z. B. Burger 1990) oder aber die ›Optik der Rezipienten‹ untersucht und v. a. der Frage einer Änderung ihrer Wissensstrukturen und Einstellungen nachgeht (Wirkungsforschung, beispielhaft u. a. in Früh 1994). So ergibt sich eine (wenn auch begrenzte) Parallelität zu einigen lit.wissenschaftlichen Vorgehensweisen, schlagwortartig gesagt zur ⸋ Produktions-, Text- und ⸋ Rezeptionsästhetik. – Historisch lassen sich mindestens drei Entwicklungsstufen der Medien unterscheiden (Faulstich 1994, S. 26–40, im folgenden stark modifiziert). Von alters her gibt es neben der (grundlegenden) *face-to-face communication* die primären Medien, die ohne technische Hilfsmittel auskommen: nämlich an den Körper gebundene ›Mensch-Medien‹, die ihre Wirkungen der Stimme und der sog. Körpersprache, nicht nur ihrer Botschaft, verdanken. Zu ihnen gehören seit Menschengedenken die Prediger, die Redner, die herumziehenden Geschichtenerzähler oder Epensänger vor größerem Publikum. Das primäre Medium ist ›berufen‹, es legitimiert sich meist aus einem höheren Auftrag, etwa als Sprachrohr Gottes, des Staatswohls, der geschichtlich begründeten Mission eines Volkes, wobei diese höheren Instanzen der Legitimation (wie auch die Produzenten und Reproduzenten von Texten) oft miteinander verschmelzen. Die sekundären Medien erfordern technische Hilfsmittel bei der Zeichenproduktion, nicht aber bei den Zeichenempfängern. Ihr Ausgangspunkt liegt in der Erfindung des Buchdrucks im 15. Jh., sieht man einmal von den Vorstufen der Briefe und der Vervielfältigung von Manuskripten in Schreiberwerkstätten ab. Erste ›Zeitungen‹ entwickeln sich mit dem neuen Informationsbedarf des frühkapitalistischen Fernhandels, das Buch, noch immer ein elitäres Medium, wird u. a. durch die Reformation popularisiert, Flugblätter, gedacht zum Vorlesen durch Schriftkundige, gelangen ins Volk. Zu M. werden die sekundären Medien erst mit der Ausbreitung der Lesefähigkeit im 18. und 19. Jh., und zwar phasenverschoben von Land zu Land. Nun steigert sich neben der Produktion der Bücher und Periodika auch die der populären, preiswerten Heftchen (Kolportageromane, Almanache, Ratgeber), die den Wünschen und Möglichkeiten eines breiten Publikums angepaßt sind. Die Annahme des Anglisten H. M. ⸋ McLuhan (1962), allein mit dem Buchdruck beginne ein völlig neues Zeitalter (dessen Ende nun gekommen sei), gilt heute als simplifizierend. Sie ist geprägt vom monokausalen (daher fragwürdigen) Charakter seiner Konzeption, die Mittel des Austausches zwischen den Menschen bestimmten die Inhalte ihrer Kommunikation und Kultur; folglich ziehe der Wandel der Mittel (Medien) unweigerlich den Wandel der gesamten Kultur nach sich. Die tertiären Medien erfordern im Unterschied zu den sekundären nicht nur bei der Herstellung und Übertragung der Kommunikationsinhalte, sondern auch bei deren Empfang technische Einrichtungen. Es handelt sich u. a. um Radio, Tonträger (Schallplatte, MC, CD) und Fernsehen mit entsprechenden Empfangsgeräten, in neuester Zeit auch Multimedia-Computer. Die M. werden durch diese Volltechnisierung des Zeichenprozesses zu einem gigantischen Geschäft, in dem neben den Zeichenproduzenten und -rezipienten immer mehr ›fremde‹ Wirtschaftssektoren mitspielen und sich (über ihr Kapital und die Pressionen der Profitmaximierung) ›engagieren‹. – Durch die tertiären Medien sind die goldenen Jahre der Presse (ca. 1880–1920) und wohl auch des Buches unwiderruflich zur Vergangenheit geworden. Zunächst kam das Radio auf (Vorgeschichte der drahtlosen Telegraphie, dann M. seit Mitte der 20er bzw. 30er Jahre), etwa gleichzeitig der Film, später das Fernsehen (Vorgeschichte: 30er Jahre, TV als M. in den USA seit den 40er, in Europa den 50er bis 70er Jahren). Doch ist die immer noch weit verbreitete Annahme einer einfachen Abfolge Presse → Rundfunk → Fernsehen (als sog. ›Leitmedien‹) in zweierlei Hinsicht zu korrigieren: (a) Rundfunk und Film waren gleichermaßen die Leitmedien der 30er Jahre, und beide wurden sehr effizient als Propagandainstrumente benutzt. (b) In Wirklichkeit koexistieren und ergänzen sich die älteren (schriftlich-graphischen) M., die sich zu Printmedien wandeln (der Begriff beinhaltet den qualifizierten Bilddruck und damit frequente Text-Bild-Ensembles statt der früheren Schrifttextdominanz) und die neueren audiovisuellen (hinsichtlich der Kanäle elektronischen) M. Die älteren M. überleben durch diverse Strategien der Anpassung an die neueren, jeweils herrschenden M., etwa die Bücher mit den Innovationen erst des Taschenbuchs, nun der CD-ROM-Paralleleditionen. Ebenso der Film: Puttnam (1997) hat bes. nachdrücklich mit der Legende von der Verdrängung des Films durch das Fernsehen aufgeräumt. Dasselbe gilt für die Printmedien. Wir sind direkte Zeugen ihrer Anpassung an die ›TV-Ära‹: im Layout, in der Visualisierung von Information, in ihren ⸋ Textsorten und v. a. ihren Inhalten (TV-Seiten der Zeitungen und TV-Zs.en als Auflagen-Spitzenreiter), aber (auch Ausbau der komplementären Hintergrundinformation und der spezialisierten lebenspraktischen Ratgebung. Es findet also eine Neuverteilung der Funktionen statt, mit gleichen Tendenzen auf dem Büchermarkt. Eben deshalb sind viele Verlage (z.B. Bertelsmann) unter Umstrukturierung und internationaler Expansion ihres Printsektors zu Multimedienkonzernen geworden. Treffender als das Bild einer historischen Abfolge der M. dürfte deshalb ein historisch-›geologisches‹ Stratifikationsmodell sein (allmähliche Aufeinanderschichtung, mit entsprechenden Wandlungen durch Druck der Superstratmedien auf die Substratmedien), ein Modell, das in Treppenform vorstellbar ist. Beim Vergleich der Wirkungspotentiale von Druckmedien und Fernsehen kommt im übrigen eine Zehnjahresstudie u.a. zu dem Ergebnis, daß »Leser bessere Rezipienten als Zuschauer« sind (Früh 1994, S. 163). – Man kann sich fragen, ob mit dem 20.Jh. nicht auch die Ära bzw. die Dominanz der M. zu Ende geht. Das künftige Multimedia-Zeitalter stellt im Grunde nur eine Modifizierung der tertiären Medien dar, allerdings eine weitreichende. Diese Ära steht im Zeichen der Re-individualisierung, der Spartenprogramme und einer zwar gesteuerten, aber nicht mehr peripheren (bisher eher zur Demonstration der ›Bürgernähe‹ dienenden) Direktbeteiligung der Rezipienten. Die nun anbrechende Epoche wird hinsichtlich der M. v.a. vom Pay-TV und seinen (von der Digital-Technologie ermöglichten) Programmbouquets geprägt. Das Pay-TV ist nicht werbe-, sondern abonnentenfinanziert. Damit erlischt der z.Zt. bestehende Einfluß der Werbung auf die Programmgestaltung. Die Umstellungen werden gewaltig sein und die dann älteren M. einschließlich der TV-Vollprogramme als ›Dinosauriermedien‹ erscheinen. Im bereits weltweiten Kampf weniger finanzkräftiger Großkonzerne um die Vorherrschaft, namentlich im Filmsektor seit den GATT-Verhandlungen 1993 (vgl. Puttnam 1997), kann der einzelne ›Nutzer‹ allerdings nicht mitreden. Insofern sehen die Perspektiven der Zukunftskultur weniger interaktiv aus, als sie in Unkenntnis der Hintergründe gepriesen wurden. Dennoch zeichnet sich für das dritte Jahrtausend, gleichzeitig mit den von Konzernen kontrollierten Datentransporten aller Art, ein (nun computergestützter) neuer Zyklus ab, der mit dichter globaler *face-to-face*-Kommunikation und entsprechend expansiven primären Medien (s. oben) einsetzt. Er wird die Ex-

M. des ›ersten Zyklus‹ überlagern und dadurch deren Wandlungen beschleunigen.

Lit.: H.M. Mc Luhan: *The Gutenberg Galaxy*, Toronto 1962 (dt. *Die Gutenberg-Galaxis*, Düsseldorf 1968). – H. Burger: *Sprache der M.*, Bln./N.Y. 1990 [1984]. – U.E. Koch et al. (Hgg.): *Dt.-frz. Medienbilder*, Mchn. 1993. – W. Faulstich (Hg.): *Grundwissen Medien*, Mchn. 1994. – W. Früh: *Realitätsvermittlung durch M.*, Opladen 1994. – E. Noelle-Neumann et al. (Hgg.): *Fischer Lexikon Publizistik/Massenkommunikation*, FfM. 1994. – L. Bogart: *Commercial Culture. The Media System and the Public Interest*, Oxford/N.Y. 1995. – D. Puttnam: *The Undeclared War. The Struggle for Control of the World's Film Industry*, Pymble 1997.

EUG

Materialistische Literaturwissenschaft
↗ Marxistische Literaturtheorie

Materialität der Kommunikation, der Begriff zielt auf die Stofflichkeit, Empirizität und ↗ Kontingenz von ↗ Kommunikation. Er ist abzugrenzen von Formen des philosophischen bzw. historischen Materialismus sowie der neueren Konzepte ↗ *Cultural Materialism* und *Material Culture*. – Das Interesse an der M. der K. läßt sich aus der Kritik an den Zeichenbegriffen (↗ Zeichen) E. ↗ Husserls und F. de ↗ Saussures herleiten, die den ideellen bzw. strukturellen Wert des Bedeutungsträgers von seinen materiellen Eigenschaften abtrennen. In den 20er Jahren versuchte u.a. V.N. Vološinov, dem formalistischen Zeichenbegriff de Saussures ein materialistisches Sprachmodell entgegenzusetzen. In den 60er Jahren wird die M. der K. im Verlauf der poststrukturalistischen Auseinandersetzung mit de Saussure neu überdacht. Zentral für diese Revision sind J. ↗ Derridas frühe Schriften, in denen er dem Transparenzideal logozentrisch begründeter Subjektpositionen und ↗ Kommunikationsmodelle einen metaphorischen Schriftbegriff entgegenhält, der sowohl geschriebener als auch gesprochener Sprache vorgängig scheint und die Widerständigkeit und Opazität von Sprache betont. Parallel zu Derridas ↗ Dekonstruktion logozentrischer Auffassungen von Sekundarität und Äußerlichkeit schlägt M. ↗ Foucault vor, nicht mehr nach inneren und verborgenen Gehalten zu suchen, sondern ›äußere Möglichkeitsbedingungen‹ von Diskursen zu rekonstruieren, um ›den Zufall, das Diskontinuierliche und die Materialität in die Wurzel des Denkens einzulassen‹. In Umkreis und Nachfolge der Pariser *Tel-Quel*-Gruppe werden Möglichkeiten einer materialistischen Textsemiotik diskutiert: Hier plädiert R. ↗ Barthes für die theoretische Wiederbelebung des stofflichen und körperlichen Aspekts von Kommunikation, während J. ↗ Kristeva und andere die M. der Sprache in Anlehnung an Kategorien des historischen Materialismus konzipieren. Aus diesem semiotischen Rückgriff auf die ↗ marxistische Theorie ergibt sich eine wissenschaftsgeschichtliche Parallele zu R. ↗ Williams, der in *Marxism and Literature* (1977) das später von St. ↗ Hall, J. Fiske u.a. ausgebaute Projekt eines auf historischen Materialismus und Prager Strukturalismus (↗ Prager Schule) zurückgreifenden *Cultural Materialism* vorstellt. Eine stärker pragmatisch orientierte systematische Untersuchung der M. der Repräsentationsweisen verschiedener Künste hat N. Goodman bereits 1968 mit *Languages of Art* vorgelegt. – Ab den 80er Jahren markiert das Stichwort der M. der K. in Deutschland eine breitere Rezeption poststrukturalistischer Theorien und die Öffnung traditioneller Disziplinen in Richtung einer Kulturgeschichte von M. der K. wie z.B. den Modalitäten von ↗ Mündlichkeit und ↗ Schriftlichkeit. Inspiriert von der kybernetischen Kategorie des ›Rauschens‹ formiert sich ein Forschungsfeld, das den Geisteswissenschaften die M. von kommunikativen Akten, Diskursen und Institutionen entgegenhält und eine ›Physiologie von ↗ Aufschreibesystemen‹ (F. ↗ Kittler) propagiert, die Sprache nicht mehr als intentional bestimmten Transport geistiger Gehalte begreift. Mit der Weiterentwicklung elektronischer Kommunikationstechnologien kommt es zu einer theoretischen Verzahnung von Konzepten der M. der K. und Phänomenen der Dematerialisierung: Angesichts der zunehmenden Virtualisierung von Beziehungen, Orten, Waren und Dienstleistungen wird die Frage aufgeworfen, »Ob man ohne Körper denken kann« (J.-F. ↗ Lyotard in Gumbrecht/Pfeiffer 1988, S. 813-829). Gegen das zivilisatorische Erbe der cartesianischen Trennung von *res cogitans* und *res extensa* wird eine kulturanthropologische ›Wiederkehr des Körpers‹ mobilisiert, um dem durch die beschleunigte Medienentwicklung bedingten ›Schwinden der Sinne‹ standhalten zu können. Zur Zeit markiert der Begriff der M. der K. ein heterogenes Feld kultur- und mediengeschichtlicher Forschung. Zukünftige Untersuchungen könnten von der Auseinandersetzung mit den dezidiert politischen Arbeiten des brit. *Cultural Materialism* sowie der *Material Culture*, einem in den USA aus der Museumskunde entstandenen Feld der Erforschung von Alltagsgegenständen, -praktiken und -technologien, profitieren.

Lit.: N. Goodman: *Languages of Art*, N.Y. 1968. – J.F. Lyotard (Hg.): *Les immatériaux*, 2 Bde., Paris 1985. – H.U. Gumbrecht/K.L. Pfeiffer (Hgg.): *M. der K.*, FfM. 1988. – S. Gross: *Lese-Zeichen. Kognition, Medium und M. im Leseprozeß*, Darmstadt 1994. – K. Ryan (Hg.): *New Historicism and Cultural Materialism. A Reader*, Ldn. 1996.

JG

McLuhan, Herbert Marshall (1911–1980), am. Kommunikationstheoretiker. – Nach dem Studium an der Universität von Manitoba Aufenthalt in Cambridge, wo er mit moderner Lit. und Ästhetik (Pound, Eliot, Joyce) und dem ↗ New Criticism in Berührung kam. Ab 1946 war er Professor für engl. Lit. am St. Michael's College in Toronto, wo er 1963 das Institute for Culture and Technology gründete, das nach seinem Tod seinen Namen trägt. – McL. ist durch drei Bücher berühmt geworden, die zur Grundlage der modernen Medien- und Kommunikationswissenschaft geworden sind. Als erste Studie erschien 1951 *The Mechanical Bride. Folklore of Industrial Man*, in der er für die populäre Kultur die Verbindung von Technik und Sexualität als Grundkonstante herausarbeitet, wie sie bes. in der Werbung, den Comics und der Zeitung sichtbar ist. Um die Dynamik der modernen ↗ Massenmedien zu erforschen, so McL., ist es notwendig, ein möglichst großes Spektrum von Ideen und repräsentativen Aspekten der Realität aufzuzeichnen. Dabei wendet er Methoden der Kunstanalyse auf Medien an, um deren Kunstwerkcharakter hervorzuheben und verständlich zu machen. International berühmt wurde McL. durch seine beiden kurz nacheinander erschienenen Bücher *The Gutenberg Galaxy. The Making of Typographic Man* (1962) und *Understanding Media. The Extensions of Man* (1964). Gegenüber der *Mechanical Bride*, die zur Aufklärung über die Konsequenzen der mechanistischen Schriftkultur dienen sollte, beschäftigt er sich in diesen Studien mit den elektronischen Medien, die für ihn ein Gegengewicht dazu darstellen. In der *Gutenberg Galaxy* wird gezeigt, wie das Kommunikationsmedium des Buchdrucks die westliche Geschichte beeinflußte und auch den menschlichen Organismus prägte. Gegenüber der ma. oralen Kultur, für die die auditive Wahrnehmung zentral war (↗ Mündlichkeit), rückt mit der Erfindung des Buchdrucks der Sehsinn in den Mittelpunkt (↗ Schriftlichkeit). Die sichtbaren Lettern des Buches und die damit ermöglichte Verbreitung von Schrift ließen eine technologische Beschleunigung einsetzen, die in der Entstehung von Nationenstaaten und -sprachen mündete. Die Einheitlichkeit und Reproduzierbarkeit von phonetischen Zeichen ermöglichte neue Formen der Speicherung und Verarbeitung von Informationen, die formal-logisches Denken im naturwissenschaftlichen Sinne vorbereiteten. In *Understanding Media* wendet sich McL. der gegenwärtigen, d. h. elektronischen Medienwelt zu. Unabhängig vom Inhalt, der für ihn sekundär ist, zeichnet sich jedes Medium dadurch aus, daß es nur auf sich selbst verweist, d. h. seine eigene Botschaft ist. Der Inhalt eine Mediums ist dann ein anderes Medium. So ist gemäß McL. der Inhalt des Mediums Schrift die Sprache, seine Botschaft hingegen die durch sie hervorgebrachte Veränderung der Situation des Menschen. Dieser Ausschluß des Inhalts der Kommunikationsmedien ist in der Nachfolge einer der zentralen Punkte der Kritik gewesen, da neben der Veränderung der Wahrnehmung auch das dabei Wahrgenommene betrachtet werden muß. McL. unterscheidet zwischen heißen und kalten Medien: heiße Medien wie das Foto sind ›aggressiv‹ und vermitteln eine Fülle an Wissen, kalte wie das Fernsehen sind ›zurückhaltend‹ und fordern zur Teilnahme (z. B. der Einbildungskraft) auf. Als Folge der elektronischen Medien sieht McL. das Aufkommen einer neuen oralen Kultur, die nationale Grenzen überwindet und die Welt in ein ›globales Dorf‹ verwandelt. – McL.s Ansätze sind auf vielfältige Weise aufgenommen worden, ohne daß sich eine eigene Schule daraus entwickelt hätte. So stehen seine Arbeiten in engem Zusammenhang mit den Studien zur Oralität von W. ↗ Ong und J. Goody. Auch N. Postmans Medienkritik oder P. ↗ Virilios Forschungen zur Verbindung von Medien und Krieg beeinflußte er. Im dt. Sprachraum sind v. a. die ↗ Aufschreibsysteme F. A. ↗ Kittlers und N. Bolz' Arbeiten von ihm geprägt.

Lit.: H. M. McLuhan: *The Mechanical Bride. Folklore of Industrial Man*, N. Y. 1951. – ders.: *The Gutenberg Galaxy. The Making of Typographic Man*, Toronto 1962. – ders.: *Understanding Media. The Extensions of Man*, Ldn. 1964. – ders./Q. Fiore: *The Medium is the Message*, N. Y. 1967. – P. Marchand: *M. McL.: The Medium and the Messenger*, N. Y. 1989. – P. Ludes: »M. McL. (1911–1980)«. In: Heuermann 1990. S. 421–447. – M. Giesecke: *Der Buchdruck in der frühen Neuzeit. Eine historische Fallstudie über die Durchsetzung neuer Informations- und Kommunikationstechnologien*, FfM. 1991. – G. Willmott: *M. McL.: From Modernism to Minimalism*, Ann Arbor 1993.

JSt

Medien, neue, n. M. bestehen aus einem multifunktionalen Verbund, der digitale und herkömmliche Medien mittels Computer verbindet. Der digitale Code (↗ Kommunikation, digitale) ist universell und kann alle analogen Zeichensysteme verarbeiten, deshalb ist er nicht nur ↗ intermedial, sondern transmedial. Dabei ist ›neu‹ in diesem Kontext eine unscharfe Bezeichnung. Lokal und global vernetzt durch Telekommunikationskanäle, konstituieren die n. M. das Internet. Es handelt sich bei diesen um eine Vielzahl von Medien, die durch eine Schnittstelle wie die graphische Benutzeroberfläche des *World Wide Web* oder einen Datenanzug zugänglich sind. – Das Internet basiert auf dem am. ARPAnet der 60er Jahre, welches zur dezentralen Organisation von militärischer Information entwickelt wurde. Die dafür eingesetzte elektronische Post- und Datenfernübertragung ermöglichte die computergestützte Online-Kommunikation zwischen Menschen. Erste Hypertextsysteme (↗ Hypertext) wurden in den 90er Jahren mit Graphik, Ton und Animation zu komplexen, multimedialen Formen erweitert bis hin zu künstlichen, im Computer generierten, virtuellen Welten, die ihren Ursprung in Simulationsprogrammen haben. Die mittels n. M. durchgeführten literar. und künstlerischen Experimente sind noch in den Anfängen und wurden wenig analysiert, systematisiert oder theoretisch erforscht. Das Schreiben verläßt die Buchform, wie das von J.-F. ↗ Lyotard konzipierte kollektive Schreibexperiment, »Die Immaterialien« (1985), im Centre Pompidou zeigt. H. M. ↗ McLuhans Vorstellung von den Medien als ›Extensionen des menschlichen Körpers‹, F. A. ↗ Kittlers Begriff der ›Telematik‹ und V. Flussers Idee der ›digitalen Umkodierung der Weltlit.‹ haben die Begriffsbildung für die Analyse der neuen Medienlandschaft vorbereitet. Zuerst wurde die ↗ Medientheorie von Film und Fernsehen auf die n. M. angewandt, später wurden Begriffe aus poststrukturalistischen und semiotischen Theorieansätzen (↗ Poststrukturalismus, ↗ Semiotik) abgeleitet, z. B. die Simulation (J. ↗ Baudrillard) oder die aus dem ↗ ›Tod des Autors‹ (R. ↗ Barthes) gezogenen Konsequenzen zur Auffassung von Text als ›lesbar‹ und ›schreibbar‹. Herkömmliche Theorien der ↗ Massenmedien sind auf die n. M. nicht anwendbar, da wir es mit ausdifferenzierten Gemeinschaften und unterschiedlichsten Gebrauchsformen zu tun haben. Von Seiten des Feminismus wird v. a. der Mythos der Immaterialität angefochten, der die Entgrenzung von Mensch und Maschine, verbildlicht durch die Figur des Cyborgs, positiv für die Diskussion der

Subjektbildung und Körperlichkeit besetzt. Es zeichnen sich Tendenzen in der Praxis der n.n M. ab, die als Konkretisierung der theoretischen Forderungen der ↗ Postmoderne aufgefaßt werden können, bes. von J. ↗ Derridas Kritik des ↗ Logozentrismus. Aus konstruktivistischer Sicht (↗ Konstruktivismus) verstehen sich die n.n M. nicht als Repräsentation der Wirklichkeit, sondern als künstliche Welten, von denen der Benutzer umgeben ist. Als Folge von Entterritorialisierung und Dezentralisierung der Informationsspeicher sowie der Telepräsenz von geographisch entfernten Kommunikationspartnern entsteht eine neue Kommunikationssituation, die die Bedeutung von Autor, Text und Leser grundlegend verändert. Autorität, Originalität und Kreativität des Autors werden hinterfragt und zugunsten des aktiven, selektierenden, schreibenden und performativen Lesers, wie ihn die ↗ Rezeptionsästhetik skizziert, verlagert. Neben dem Sehen spielen andere Sinne wie Hören und Tasten eine große Rolle für die Wahrnehmung in den multimedialen Räumen. Für das literar. Schreiben werden verstärkt Kollaborationsformen und ↗ hybride Genres gebraucht, die ein Netz von Erzählelementen mit multilinearen Verzweigungen im offenen, veränderbaren Raum jenseits von Schrift und Druck entwerfen.

Lit.: K. Kanzog: »M. (und Lit.)«. In: Borchmeyer/Žmegač 1994 [1987]. S. 268–273. – N. Bolz: *Theorie der n.n M.*, Mchn. 1990. – P. Delany/G. P. Landow (Hgg.): *Hypermedia and Literary Studies*, Cambridge, Mass. 1991. – F. Rötzer (Hg.): *Digitaler Schein. Ästhetik der elektronischen Medien*, FfM. 1991. – N. Bolz et al. (Hgg.): *Computer als Medium*, Mchn. 1994. – St. Bollmann (Hg.): *Kursbuch n.M.*, Mannheim 1995. – E. Schütz/Th. Wegmann: »Lit. und M.«. In: Arnold/Detering 1997 [1996]. S. 52–78. – K. Beck/G. Vowe (Hgg.): *Computernetze – ein Medium öffentlicher Kommunikation?*, Bln. 1997. – J. H. Murray: *Hamlet on the Holodeck. The Future of Narrative in Cyberspace*, N. Y. 1997. – J. Griem (Hg.): *Bildschirmfiktionen. Interferenzen zwischen Lit. und n.nM.*, Tüb. 1998.

SH

Medienkulturwissenschaft, die Forderung nach Etablierung einer M. wurde Anfang der 90er Jahre von S. J. ↗ Schmidt erhoben, der auch erste Vorschläge zur Konzeption einer solchen Disziplin vorlegte. Zur Begründung dieser Forderung wurden sowohl gesellschaftliche als auch wissenschaftliche Entwicklungen angeführt, die kurz so zusammengefaßt werden können: Mit Blick auf die gegenwärtige Gesellschaft ist kaum zu bestreiten, daß wir in einer Medi-

engesellschaft leben, in der telematische Maschinen Wahrnehmungen und Gefühle, Wissen und Kommunikation, Sozialisation und Interaktion, Gedächtnis und Informationsverarbeitung, Politik und Wirtschaft beeinflussen, wenn nicht gar dominieren. Medien sorgen durch die Pluralisierung von Beobachtungsmöglichkeiten dafür, daß Kontingenzerfahrungen zur Alltäglichkeit werden. Unsere Wirklichkeitserfahrungen werden transformiert durch virtuelle Realitäten, Simulationen und weltweit operierende Netzwerke, in denen die schier unendliche Transformierbarkeit von Datenströmen in temporalisierbare Oberflächenzustände und Aggregate Prozessualität über Identität obsiegen lassen. Die traditionellen Konzepte von Autor und Rezipient, von Information und Kommunikation, von Sinn und Bedeutung, von Kreativität, Rezeptivität und Interaktion werden radikal umgeschrieben. – Die Mediengeschichte zeigt nun deutlich, daß sich die einzelnen Mediensysteme im Gesamtmediensystem einer Gesellschaft gegenseitig in ihren Funktionsmöglichkeiten definieren. Neue ↗ Medien verdrängen nicht etwa die bereits vorhandenen. Sie zwingen vielmehr die Gesellschaft zu einer Respezifikation des Gesamtmediensystems, erhöhen die kommunikative Komplexität und modifizieren das Verhältnis zwischen personaler und medienvermittelter Kommunikation. Für medienwissenschaftliche Forschungen folgt aus dieser gesellschaftlichen Entwicklung, daß die Beobachtung und Analyse einzelner Mediensysteme und ihrer spezifischen Medienangebote notwendigerweise differenztheoretisch erfolgen muß, da Medienspezifik nur im Vergleich zu jeweils konkurrierenden Medienangeboten beobachtet werden kann. Das bedeutet, daß einschlägige wissenschaftliche Analysen systemorientiert operieren müssen, um die Co-Evolution wie die funktionsspezifizierende Konkurrenz der Mediensysteme und -angebote in der Gesellschaft in den Blick zu bekommen. – Während über das Faktum der Mediengesellschaft relativ rasch Einigkeit erzielt werden kann, scheiden sich die Geister bei der Beantwortung der Frage, ob wir auch in einer Medienkulturgesellschaft leben; denn für viele sind Medien negativ konnotiert, was mit dem meist vorausgesetzten engen ↗ Kulturbegriff (Stichwort: ›Hochkultur‹; ↗ Hochlit.) nicht zusammenpaßt. Vertritt man dagegen einen weiten Kulturbegriff, der nicht auf ein Medium allein oder auf die bloße Orientierung an Kunst oder ›Hochkultur‹ zugeschnitten ist, dann gewinnt die Hypothese von der Medienkulturgesellschaft erheblich an Plausibilität. Ein solcher weiter Kulturbegriff kann von der Beobachtung ausgehen, daß alle uns bekannten sozialen Gemeinschaften kognitiv wie kommunikativ mit Systemen von Dichotomien operieren, um sich in ihrer Umwelt zu orientieren, um sozial zu interagieren, Norm- und Wertprobleme zu lösen oder Gefühle und deren Ausdruck zu inszenieren. Aus solchen Systemen von Dichotomien bauen sich die Wirklichkeitsmodelle (im Sinne von Modellen *für* Wirklichkeit) sozialer Gemeinschaften und Gesellschaften auf, die als Systeme kollektiver Wissensbestände beschrieben werden können. Erst über solches kollektives Wissen (und d.h. über die Vermaschung reflexiver Strukturen) wird Kommunalisierung als Grundlage von Kommunikation und Vergemeinschaftung möglich. Dieses kollektive Wissen wird in der Sozialisation reproduziert, per Kommunikation über Erwartungserwartungen stabilisiert und in für wesentlich erachteten Bereichen an soziale Institutionen gebunden, die spezifische Wissensbestände verwalten und entwickeln. Dieses kollektive Wissen muß in genügender Intensität, hinreichend oft und in Form gesellschaftlich verbindlicher Semantik kommunikativ thematisiert werden, um im Bewußtsein der Gesellschaftsmitglieder Bestand zu haben und die Doppelaufgabe der Reproduktion von Gesellschaft und der Kontrolle von Individuen erfüllen zu können. Das *Programm* dieser Thematisierung kann dann sinnvoll als Kultur einer Gesellschaft konzipiert werden. Dieses Programm, das aufgrund der operationalen Geschlossenheit kognitiver Systeme immer wieder neu von Aktanten angewandt werden muß, ist ausdifferenziert nach Handlungs- und Wissensbereichen, die gesellschaftlich relevant und eigenständig geworden sind, bzw. nach gesellschaftlichen Teilsystemen, die sich im Zuge funktionaler Differenzierung herausgebildet haben (↗ Systemtheorie). Solche Kultur(teil)programme lassen sich unter verschiedenen Gesichtspunkten beobachten und miteinander vergleichen, so etwa nach Verbreitungsbereich und repräsentativer Trägerschaft, nach Sozialsystem-Spezifik und der Bindung an Betreuungsinstitutionen (wie z.B. Museen oder Universitäten), nach dem Typ von Manifestationen dieses Programms (z.B. als Riten, Kunstwerke, Werkzeuge, Diskurse) usw. Vergleiche basieren dann auf der Beobachtung der spezifischen Komplexität der jeweiligen Programme, ihrer Lernfähigkeit und Dynamik (Aufnahmekapazität und Anpassungsflexibilität), ihrer Kapazitäten der Lö-

sung von spezifischen Legitimations-, Regelungs- und Kontrollproblemen, ihrer Fähigkeit zur Selbstbeobachtung und Selbstthematisierung. Konzipiert man ›Kultur‹ dergestalt als (ausdifferenziertes) Gesamtprogramm der gesellschaftlich relevanten Thematisierung des sozial verbindlichen Wirklichkeitsmodells und berücksichtigt man, daß diese Thematisierung weitestgehend und notwendigerweise in den Mediensystemen abläuft, dann liegt der Schluß nahe, daß wir in der Tat in einer Medienkulturgesellschaft leben. – Akzeptiert man solche Überlegungen einmal als Ausgangspunkt, dann läßt sich das Layout einer künftigen M. wie folgt skizzieren. Zunächst ist zu berücksichtigen, daß eine, wie auch immer konzipierte M. notwendig autologisch und selbstreferentiell operieren muß; denn nur im Rahmen von Kultur kann über Kultur im Rahmen einer Wissenschaft gesprochen werden. Von einer M. ›objektive‹ Aussagen über Medienkultur erwarten zu wollen, wäre illusorisch; erwarten kann man bestenfalls Aussagen und Analysen, die sich im medienkulturwissenschaftlichen Diskurs als anschlußfähig erweisen, womit man in das zweite Paradox steuert, daß man nur in Kommunikation und mit Hilfe von Medienangeboten über Medienkultur sprechen kann. Mit Blick auf die gegenwärtige Situation der Medienforschung im weiteren Sinn liegt es nahe, M. als ein Interaktionsplafond für alle Disziplinen zu konzipieren, die sich mit Medien beschäftigen. Alles dort bisher erarbeitete Wissen kann sich dabei für eine M. als nützlich erweisen. M. ihrerseits kann für andere medienerforschende Disziplinen zwei wichtige Funktionen übernehmen: (a) die Erarbeitung von Grundlagenwissen in den Bereichen ↗ Kognitions-, ↗ Kommunikations-, ↗ Medien- und ↗ Kulturtheorie, und (b) die Beobachtung, Integration und Evaluation einzelwissenschaftlicher Forschungsergebnisse unter generalisierten medienkulturwissenschaftlichen Perspektiven. Solche Perspektiven betreffen u.a. die Erarbeitung eines konsensfähigen allg. Medienbegriffs, Probleme der Kopplung von Kognition und Kommunikation durch Medien(angebote), die Geschichte der Wahrnehmungsmodifikationen durch die spezifischen Konstruktions- und Selektionsbedingungen der einzelnen Medien, die Entstehung und Funktion komplexer Mediensysteme in unterschiedlichen Gesellschaftstypen und Entwicklungsformen, den Zusammenhang zwischen Medien(systemen) und der Ausdifferenzierung von Kultur(en) als Programm(en) gesellschaftlicher Selbstbeschreibung usw. Um solche Perspektiven nicht rein additiv zu behandeln, empfiehlt sich eine Systematisierung, die zugleich die Teilbereiche einer entwickelten M. markieren. Dabei können etwa vier Teilbereiche unterschieden werden: (a) Medienepistemologie als systematische Erforschung der diachronen und synchronen Möglichkeiten bzw. Erscheinungsformen kognitiver wie kommunikativer Wirklichkeitskonstruktion unter den Bedingungen der Nutzbarkeit spezifischer Medien(systeme) bis hin zu Netzwerken und Hybridsystemen; (b) Mediengeschichte in diversen Ausprägungen, also z.B. als Technikgeschichte, als Wahrnehmungs-, ⁊ Mentalitäts- oder Kommunikationsgeschichte, wobei diese verschiedenen Beobachtungsaspekte koordiniert und integriert werden müssen, um aus einem bloßen Neben- oder gar Gegeneinander herauszukommen; (c) Medienkulturgeschichte im engeren Sinn als (Re-)Konstruktion der Co-Evolution von Medien(systemen), Kommunikations- und Diskurstypen (Stichworte: Mediengattungstheorie, Kanonisierungsprozesse in Mediensystemen) und einzelnen Kulturteilprogrammen wie z.B. Kunst oder Wissenschaft; (d) Trans- und Interkulturalitätsforschung als Beobachtung und Analyse der Interaktionsmöglichkeiten zwischen Kulturen, spezifischer Möglichkeiten und Erscheinungsformen von Kulturprogrammen (Mono-, Multi-, Transkulturalität), Formen kultureller (Ent-)Kolonialisierung, kultureller Ausdifferenzierung und Entdifferenzierung unter spezifischen Mediensystem-Bedingungen, Identität und Fremdheit unter Globalisierungsansprüchen, internationaler Kommunikation usw. – M. kann nur in interdisziplinärer Form arbeiten. Wünschenswert wäre darüber hinaus auch eine interkulturelle Orientierung, um die spezifischen blinden Flecken des eigenen Beobachterstandpunktes relativieren zu können und Latenzbeobachtungen zu ermöglichen. – Eine Ausbildung in M. (ein erster Studiengang dieses Namens ist von R. Viehoff an der Universität Halle inzwischen eingerichtet worden; vgl. Viehoff 1997) soll zu einer kompetenten Analyse wie zur kreativen Teilnahme an medienkulturellen Aktivitäten befähigen. Die Themen werden der M. nicht ausgehen, da Entwicklungen wie Migration, Globalisierung der Kommunikation und deren Kommerzialisierung, *Cybersociety*, Inter- und Multikulturalität ständig neue Problemfelder eröffnen, die bearbeitet werden müssen.

Lit.: s. auch ⁊ Medientheorien. – Schmidt 1996 [1994]. – ders.: »Medien – Kultur – Gesellschaft. Medienfor-schung braucht Systemorientierung«. In: *Medien Journal* 4 (1995) S. 28–35. – ders.: *Die Welten der Medien*, Braunschweig/Wiesbaden 1996. – ders.: »M.: Interkulturelle Perspektiven«. In: A. Wierlacher/G. Stötzel (Hgg.): *Blickwinkel. Kulturelle Optik und interkulturelle Gegenstandskonstitution*, Mchn. 1996. S. 803–810. – J. Schönert: »Lit.wissenschaft – Kulturwissenschaft – M.«. In: Glaser/Luserke 1996. S. 192–208. – ders.: »Transdisziplinäre und interdisziplinäre Entwicklungen in den Sprach-, Lit.-, Kultur- und Medienwissenschaften.« In: G. Jäger/J. Schönert (Hgg.): *Wissenschaft und Berufspraxis*, Paderborn et al. 1997. S. 17–29. – R. Viehoff: »›Mord und Totschlag‹ als Voraussetzung der Medienwissenschaft. Zur Einrichtung einer kommunikationswissenschaftlichen Professur und zur Entwicklung des Studiengangs ›M.‹ an der Universität Halle«. In: Jäger/Schönert 1997. S. 269–280. – P. Ludes: *Einf. in die Medienwissenschaft. Entwicklungen und Theorien*, Bln. 1998.

SJS

Medienorientierte Literaturinterpretation, die m.L. reflektiert die Rahmenbedingungen literar. Werke im Kontext der Medienentwicklung. Über die inhaltliche Thematisierung von Medien und das Phänomen des ⁊ Medienwechsels hinaus liegen die Aufgabenbereiche m.r L. in der Erforschung der literalen Grundlagen von Texten in Schrift, Druck und Computer sowie in der Erweiterung des Blicks auf das Spektrum literar. Formen im Spannungsfeld außerliteraler Konkurrenzmedien wie Photographie, Phonograph, Grammophon, Film, Hörfunk, Tonband oder Fernsehen. Mit der Betrachtung der Lit.geschichte unter dem Aspekt einer übergreifenden Mediengeschichte trägt m.L. einer zeitgemäßen Ausprägung lit.wissenschaftlicher Fragestellungen in der Mediengesellschaft Rechnung und ermöglicht die Erweiterung bislang vorwiegend sozialhistorisch begründeter kultureller Umbrüche um eine medienhistorische Dimension. Die Gliederung in medientechnisch präfigurierte Epochen läßt die Geschichte der Lit. als Teil eines allg. kulturellen Ausdifferenzierungsprozesses vom Stadium der primären Oralität über die Stadien von Schrift, Buchdruck und analogen Medien bis zu deren Digitalisierung erkennbar werden. – Die Vormachtstellung von Schrift und Druck in der Gründerzeit der Lit.-wissenschaft bildete die Basis für die Konzeption der Philologien als Buchwissenschaften, deren Funktionen J.G. Fichte 1807 als »Kunstmittel aller Verständigung« (Jäger/Switalla 1994, S. 12) definierte. Die seit der Erfindung der Photographie 1839 kategorial veränderte Medienlandschaft ließ spätestens mit der zunehmenden Mediennutzung und internationalen Vernetzung verschiedenster Medientechniken wie

Hörfunk, Fernsehen und Computer eine neue Positionierung der einzelnen, national gegliederten Lit.wissenschaften notwendig erscheinen. Bildet auf Produktionsseite die professionelle Beschäftigung moderner Autoren mit dem Status von Lit. im immer differenzierteren Medienumfeld des 19. und 20. Jh.s den Beginn medienorientierter Sichtweisen, so basiert die lit.wissenschaftliche Auseinandersetzung mit Medien, noch vor den Reflexionen über ihren Einsatz im schulischen Bereich, auf der durch Medien wie den Phonographen beförderten Theoriebildung zur Problematik von ↗ Mündlichkeit und ↗ Schriftlichkeit. Den Startschuß dazu geben Ende der 20er Jahre des 20. Jh.s die Arbeiten von M. Parry über die oralen Strukturen der Homerschen Epen und seine gemeinsam mit A. B. Lord nach dem Vorbild des Slawisten M. Murko unternommenen Phonogrammstudien an der zeitgenössischen oralen Tradition jugoslaw. Sänger (↗ oral literature). Angeregt davon und geprägt von den Folgeerscheinungen zeitgenössischer Medienentwicklungen haben v. a. im anglo-am. Raum Forscher wie E. A. Havelock, H. A. Innis, J. Goody, I. Watt, H. M. ↗ McLuhan und W. J. ↗ Ong die in der wechselseitigen Erhellung von Mündlichkeit und Schriftlichkeit gewonnenen Erkenntnisse auf allg. aktuelle Fragestellungen wie das von Ong beschriebene Phänomen der schriftgestützten sekundären Oralität des elektronischen Zeitalters ausgeweitet. Weitere Wurzeln m.r L. sind neben den kunstsoziologischen Untersuchungen von W. ↗ Benjamin in den von Medienschaffenden und Medientheoretikern wie B. ↗ Brecht, A. Döblin, R. Arnheim, G. Eckert oder S. ↗ Kracauer entwickelten Einzelmedientheorien zu Film und Hörfunk sowie in jenem ideologiekritischen Bereich, der das Verhältnis von Medien und Realität reflektiert, zu finden. Von dieser im dt. Sprachraum durch Medienkritiker wie K. Kraus, M. ↗ Horkheimer, Th. W. ↗ Adorno oder G. ↗ Anders vertretenen Ansicht führt direkt zu dem von McLuhan in die Debatte eingeführten Slogan »The medium is the message« und der von Autoren wie H. M. Enzensberger kolportierten Einsicht in den prinzipiell manipulativen Impetus von Medien. Die Erkenntnis, daß die formalen Voraussetzungen von Medientechniken den Inhalt ihrer Botschaft wesentlich mitbestimmen, bildet eine wichtige Grundlage für jene Fragestellungen, die sich mit dem Einfluß der verschiedenen ↗ Aufschreibesysteme auf die Form von Lit. beschäftigen. Die Öffnung der Germanistik in Richtung auf die von Horkheimer und Adorno stigmatisierte

↗ Unterhaltungsindustrie der ↗ Massenmedien führt aber auch zu neuen, medienorientierten Bewertungskriterien literar. Texte und zur von H. Kreuzer bereits in den 60er Jahren betriebenen Problematisierung des traditionellen Lit.begriffs (↗ Triviallit.). Das Verständnis der Germanistik als Teildisziplin einer interdisziplinären ↗ Medienwissenschaft macht die von H. Schanze postulierte Notwendigkeit einer Einordnung der Lit. in einen größeren mediengeschichtlichen Zusammenhang deutlich. – Die historische und inhaltliche Basis m.r L. bildet die Auseinandersetzung mit der ↗ Materialität der Kommunikation und von Texten, die sich von den antiken Auffassungen der Dichtung bei ↗ Platon und ↗ Aristoteles über die Regelpoetiken des Barock bis hin zu den poetologischen Konzepten moderner Autoren des 20. Jh.s verfolgen läßt. In Abgrenzung zu den Denk- und Gestaltungsformen oraler Dichtungen, die als von Rhapsoden memoriertes und mündlich weitergegebenes Depot eines allumfassenden kulturellen ↗ Gedächtnisses dienen, sind Theoretiker wie Goody, Watt, Havelock und Ong den Konsequenzen der durch die Schrift in Gang gebrachten Literalisierung von Gesellschaften nachgegangen. Am Beginn der literar. Entwicklung steht die Erfindung des vollständigen phonetischen Alphabets im 8. Jh. v. Chr. und die damit einhergehende Entwicklung schriftgestützter Gattungen wie der gr. Tragödie, der philosophischen Prosa oder der faktenorientierten Geschichtsschreibung. Die mündliche Vermittlung bleibt bis zur Erfindung des Buchdrucks mit beweglichen Lettern um 1450 durch den Mainzer J. Gutenberg in allen Bereichen des gesellschaftlichen Lebens von entscheidender Bedeutung. Ein kategorialer Wandel im Prozeß der ↗ Alphabetisierung wird erst wieder durch die Einführung der Typographie mit ihren von M. Giesecke beschriebenen einschneidenden Veränderungen in der Produktion, Distribution und Rezeption von Texten initiiert. Sie bildet im 18. Jh. die Grundlage für die Ausbildung typographischer Lit.konzepte wie G. E. Lessings »Laokoon«. Der von Lessing unter dem Aspekt der Grenzziehung zwischen Lit. und den anderen Künsten (↗ Intermedialität) für die Dichtung postulierte Aufgabenbereich der Darstellung von Handlungen führt in direkter Linie zu einer von den Romantikern um 1800 auf die Spitze getriebenen Ästhetik der ↗ Einbildungskraft, die Novalis als jenen »wunderbare[n] Sinn, der uns alle Sinne ersetzen kann« (Kittler 1985, S. 120), definiert. Mit der im Verlauf des 19. Jh.s anbrechenden Zeit analoger Medientechniken macht sich eine tendenzielle Umkehrung des Literalisierungsprozesses bemerkbar. Die durch Phonograph, Grammophon, v.a. aber Film, als Medium der Aktion per se, in Frage gestellte Funktion der Lit. als Darstellungsmedium von Handlungen geht Hand in Hand mit der Erprobung experimenteller filmischer, funkischer oder explizit unmimetischer Schreibweisen (⟋ Konkrete Poesie). Ein weiterer Epochenschritt im Verhältnis von Lit. und Medien zeichnet sich heute mit der Nutzung digitaler Textverarbeitungssysteme und der Digitalisierung aller Medienbereiche ab. Aufwendige Multimedia-Anwendungen auf CD-ROM und im Internet fördern durch die medientechnisch erstmals unbegrenzten Möglichkeiten der Manipulation nicht nur eine neue Vorstellung von Wirklichkeit im Sinne virtueller Realität (⟋ Medien, neue), sie bilden auch die technische Grundlage für neue literar. Formen (⟋ Hypertext) und führen, etwa im Bereich interaktiver Medienkunst, zu einer weitgehenden Verabschiedung traditioneller ästhetischer Konzepte wie dem der Autorschaft. – Im dt. Sprachraum beginnt m.L. um 1970 u.a. mit den allg. Darstellungen F. Knillis, G. Ter-Neddens frühen Thesen zur Literalisierung oder E. Kaemmerlings Untersuchungen zur filmischen Schreibweise in der lit.wissenschaftlichen Debatte Fuß zu fassen. Von zentraler Bedeutung für ihre Etablierung sind H. Schanzes Studie (1974), die erstmals einen repräsentativen Überblick über das Forschungsgebiet gibt, und Kreuzer (1977). Zu den heute aktuellsten Ansätzen m.r L. zählen der seit Anfang der 80er Jahre unter dem Einfluß der frz. (Post)Strukturalisten entwickelte antihermeneutische Ansatz im Umfeld von F.A. ⟋ Kittler, W. Kittler, N. Bolz und J. Hörisch sowie die konstruktivistische Perspektive S.J. ⟋ Schmidts.

Lit.: H. Schanze: *Medienkunde für Lit.wissenschaftler*, Mchn. 1974. – H. Kreuzer (Hg.): *Lit.wissenschaft – Medienwissenschaft*, Heidelberg 1977. – Kittler 1995 [1985]. – Th. Elm/H.H. Hiebel (Hgg.): *Medien und Maschinen. Lit. im technischen Zeitalter*, Freiburg 1991. – L. Jäger/B. Switalla: »Sprache und Lit. im Wandel ihrer medialen Bedingungen. Perspektiven der Germanistik«. In: diess. (Hgg.): *Germanistik in der Mediengesellschaft*, Mchn. 1994. S. 7–23. – E. Schütz/Th. Wegmann: »Lit. und Medien«. In: Arnold/Detering 1997 [1996]. S. 52–78.   HHi

Medientheorien, der Gegenstand von M. erscheint auch heute noch nicht genau umrissen. Das Wort ›Medium‹ bedeutete im Lat. ›Mittel,

Mittler, Vermittelndes‹ und wird in grammatikalischen, psychologischen bzw. parapsychologischen und spiritistischen Kontexten verwendet. Im pädagogischen Wortgebrauch gelten Lehrmittel und Methoden als Medien; in den Geisteswissenschaften werden sowohl Gegenstandsbereiche wie Musik oder Lit. als auch Bedeutungsträger wie Ton oder Sprache als Medien bezeichnet. M. sind heute Gegenstand von Soziologie, Publizistik, Kommunikationswissenschaft, Lit.wissenschaft und einer eher empirisch ausgerichteten ⟋ Medienwissenschaft. – Historisch gesehen entwickelten sich M. (a) aus Einzelmedientheorien, wie z.B. B. ⟋ Brechts Radiotheorie oder B. Balázs' Filmtheorie; (b) aus der Informationstheorie bzw. Kybernetik, deren Medienbegriff C.E. Shannon und W. Weaver 1949 als Zeichenvorrat bzw. zu interpretierende und manipulierende Datenmenge modelliert haben (⟋ Kommunikationstheorie); (c) aus kritischen Ansätzen, wie z.B. W. ⟋ Benjamins »Kunstwerk«-Aufsatz oder M. ⟋ Horkheimers und Th.W. ⟋ Adornos »Kulturindustrie«-Kapitel in der *Dialektik der Aufklärung* (1944/47), die ideologische Funktionen von Medien in größeren gesellschaftlichen und kulturellen Kontexten betrachten; (d) schließlich aus T. Parsons zwischen 1931 und 1959 ausgearbeiteter soziologischer ⟋ Systemtheorie, mit der er ausgehend von kybernetischen und linguistischen Überlegungen Medien als Zusatzeinrichtungen von Sprache beschrieb, die Handlungs- und Sozialsysteme strukturieren, indem sie Erlebens- und Handlungszusammenhänge sowie Problemlösungen als Informationen rekonstruierbar machen. – Während sich in den USA in den 40er und 50er Jahren eine größtenteils affirmativ-positivistische Kommunikationsforschung entwickelt hatte, die Effekte von Medien statistisch zu belegen suchte, rückte H.M. ⟋ McLuhan zu Beginn der 60er Jahre im Kontext neuerer Forschungen zu ⟋ Mündlichkeit und ⟋ Schriftlichkeit (E. Havelock, H. Innis, J. Goody, W. ⟋ Ong) das technische Eigenleben von Medien als ›Prothesen des Menschen‹ in den Mittelpunkt. Mit Hilfe eingängiger Slogans (›the medium is the message‹) und oft willkürlich anmutender Definitionen konstruierte McLuhan ein mediengeschichtliches Szenario, in dem die neuen elektrischen Medien (v.a. das Fernsehen) eine *retribalization* bewirken sollten, die das einseitig visuell ausgerichtete Gutenberg-Zeitalter beenden und zu einer wieder mündlich geprägten, taktil-gemeinschaftlichen Gesellschaftsform zurückführen würde. Der mit McLuhan populär gewordenen Medien-Determinismus provozierte weiterentwickelte medientheoretische Ansätze, die Medienhandeln stärker zu kontextualisieren und zu differenzieren versuchten. So entwickelte sich z.B. in Großbritannien im Umfeld der Glasgow University Media Group und des Birmingham Center for Cultural Studies (↗ Cultural Studies) ein von L. ↗ Althusser und A. ↗ Gramsci inspirierter neomarxistischer Kulturmaterialismus, dessen Vertreter v.a. am Beispiel des Fernsehens medial vermittelte Ideologien und politische Spielräume sowie den sozialen, geschlechtertypischen und interkulturellen Gebrauch von ↗ Massenmedien untersuchten (R. ↗ Williams, St. ↗ Hall, J. Fiske). In Frankreich knüpfte J. ↗ Baudrillard ebenfalls an Marxismus und ↗ Strukturalismus an und entwarf eine polemisch formulierte Medientheorie, die McLuhans Optimismus in die apokalyptische Vision einer totalitären Mediengesellschaft wendete, in der sich die Kategorien des Sozialen, Politischen und Wirtschaftlichen aufgelöst haben und nur noch referenzlose Zeichen und unendliche Tauschprozesse von einer schweigenden Masse konsumiert werden. In der Bundesrepublik wurden McLuhan sowie die brit. und frz. Theoretiker anfänglich kaum rezipiert und zunächst die am. Kommunikationsforschung durch G. Maletzkes Theorie vom »Feld der Massenkommunikation« zugänglich gemacht. Einen wichtigen Einfluß bildeten die Medienkonzepte der ↗ Kritischen Theorie, die sich in Enzensbergers »Baukasten zu einer Theorie der Medien« und in D. Prokops Untersuchungen zur Unterhaltung als systemstabilisierendem Medium des Kapitalismus niederschlugen. In seiner *Theorie des kommunikativen Handelns* (1981) entwickelte J. ↗ Habermas auf der Grundlage von Ideen der ↗ Frankfurter Schule sowie der Systemtheorie Parsons' sein Konzept einer Lebenswelt, in der Medien zwar wie bei Parsons an Sprache gebunden bleiben, aber nicht mehr in ihrer kollektiv-systemerhaltenden Funktion, sondern als Instrumente der Verständigung mündiger Subjekte modelliert werden. Ebenfalls in Anlehnung an Parsons entwickelte N. ↗ Luhmann ein systemtheoretisches ↗ Kommunikationsmodell, das sich allerdings nicht mehr an Informationsübermittlung orientiert, sondern die Kontingenz aller ↗ Kommunikation konstatiert: Es ordnet Medien nicht dem Telos rationaler Verständigung unter, sondern beschreibt sowohl symbolische Medien wie Geld, Recht und Liebe als auch die auf technischen Vervielfältigungsmitteln basierenden Massenmedien als

Faktoren, die Realität konstruieren, indem sie Selektionen organisieren und Komplexität reduzieren. Ab Mitte der 70er Jahre wurde das Thema Medien in der Bundesrepublik v.a. innerhalb der Germanistik diskutiert. Neben den Studien H. Kreuzers, W. Faulstichs u.a. gewannen Mitte der 80er Jahre die Arbeiten F. ↗ Kittlers an Einfluß, der durch einen an Psychoanalyse und Nachrichtentechnik ausgerichteten, polemisch erweiterten Medienbegriff die Geisteswissenschaften zu entzaubern suchte. Gleichzeitig kam es zu einer verstärkten Rezeption postmoderner Medientheoretiker wie P. ↗ Virilio und V. Flusser. In einer ähnlich zwischen Euphorie und Apokalypse schwankenden Rollenverteilung wie bei McLuhan und Baudrillard boten sich ihre Schriften an, den durch elektronische Medien ausgelösten Strukturwandel auf den jeweiligen Begriff zu bringen: Während Flusser die neuen Medien als Faktoren begrüßt, die uns von physischen Begrenzungen zu befreien vermögen, warnt Virilio vor immer effektiveren Wahrnehmungs- und Wissensprothesen, die unser Reaktions- und Handlungsvermögen in Kürze verdrängt haben werden. – Angesichts der Komplexität gegenwärtiger multimedialer Vernetzungsprozesse sind aktuelle M. nicht mehr vorrangig an verbaler Kommunikation ausgerichtet, sondern an Visualität und an Möglichkeiten interessiert, die zeitgenössische ›Grammatiken‹ von Bildern, Texten und ihren Mischformen entziffern helfen könnten. Unter dem Einfluß von ↗ Rezeptionsforschung und Systemtheorie haben sich die Fragestellungen aktueller M. neu orientiert: Es wird nicht mehr in traditionell gesellschaftskritischer Manier gefragt ›was die Medien mit den Menschen machen‹, sondern danach ›was Menschen mit Medien machen‹; es wird weniger versucht, die ›wahre‹ von der ›falschen‹ Mediendarstellung zu unterscheiden, sondern untersucht, wie Medien Realität konstruieren. Konstruktivistische Ansätze haben zudem das Bewußtsein für die Historizität der Kommunikationsmodelle geschärft, mit denen Theorien Medienhandeln und Medienwirklichkeiten konzeptualisieren.

Lit.: F. Inglis: *Media Theory. An Introduction*, Oxford/Cambridge, Mass. 1990. – W. Faulstich: *M.: Einf. und Überblick*, Göttingen 1991. – K. Merten et al. (Hgg.): *Die Wirklichkeit der Medien. Eine Einf. in die Kommunikationswissenschaft*, Opladen 1994. – D. Kloock: *Von der Schrift- zur Bild(schirm)kultur. Analyse aktueller M.*, Bln. 1995. – N. Stevenson: *Understanding Media Cultures. Social Theory and Mass Communication*, Ldn. 1997 [1995]. – N. Luhmann: *Die Realität der*

Massenmedien, Opladen 1996. – D. Kloock/A. Spahr: *M.: Eine Einf.*, Mchn. 1997.

JG

Medienwechsel, die Übertragung von Thema, Handlung oder argumentativer Struktur eines Textes von einem Medium mit seinen spezifischen medialen Voraussetzungen und Bedingungen in ein anderes Medium. – M. kann sich prinzipiell von allen Medien zu allen Medien vollziehen, also z.B. vom Buch zum Film, von der Zs. zum Hörspiel, vom Video zur Schallplatte oder vom Sprechstück zur Oper. Gegenstand des M.s bilden deskriptive, narrative oder argumentative Elemente eines Zeichensystems (Ausgangstext) innerhalb eines spezifischen Mediums (Ausgangsmedium), die in ein anderes Zeichensystem (Zieltext) innerhalb eines anderen Mediums (Zielmedium) transferiert werden. Hierunter fallen etwa literar. Themen, dramatische Handlungsabläufe, historische Ereignisabfolgen, argumentative oder assoziative Komplexe; primär beschäftigt sich die Forschung zum M. freilich mit der Übertragung bestimmter literar. ↗ ›Stoffe‹ von einem Medium in ein anderes. Die konstitutiven Bedeutungs- und Informationsstrukturen des Ausgangstextes müssen beim Transfer in den Zieltext eines anderen Mediums weitgehend erhalten bleiben. Von bes. Forschungsinteresse allerdings sind nicht diese Kontinuitäten, sondern die Veränderungen eines Ausgangstextes infolge seines Transfers von einem Medium in ein anderes mit seinem je spezifischen Code, seinen Bedingungen, Möglichkeiten und Grenzen. Dabei wird einerseits die Adaption des Ausgangstextes aufgrund der jeweiligen semiotischen, ästhetischen, technischen und organisatorischen Konventionen und Spielräume des Zielmediums mehr oder weniger stark restringiert; die Verfilmung eines Romans kann z.B. zur Straffung der Handlung, zur Streichung oder Kumulierung von Figuren nötigen (↗ Film und Lit.). Andererseits eröffnet das Zielmedium neue Darstellungspotentiale und Gestaltungsmöglichkeiten und somit vielfältige Chancen der innovativen Fortschreibung des Ausgangstextes im neuen Medium; so gestattet die Romanverfilmung etwa das Spiel mit synästhetischen Effekten oder die fiktive Herstellung dokumentarischer Authentizität. Bes. Aufmerksamkeit gilt bei der Untersuchung des M.s Fragen der Auswahl konstitutiver Elemente aus dem Ausgangstext und der Ergänzung neuer Elemente für den Zieltext, ferner Fragen der unterschiedlichen Perspektivierung, Segmentierung und Strukturierung von Ausgangs- und Zieltext unter den jeweiligen medienspezifischen Voraussetzungen und Bedingungen. – Die Thematisierung und Erforschung des M.s läßt sich bis zu den ersten Lit.verfilmungen in den 20er Jahren zurückverfolgen, wurde allerdings erst im Zug der zunehmenden Etablierung medienwissenschaftlicher Ansätze seit den späten 70er Jahren intensiviert. Bis zur Gegenwart konzentrierte sich dabei das Interesse fast ausschließlich auf die Untersuchung von Romanverfilmungen. Medienkomparatistische Studien zur Übertragung erzählender Texte in die Medien Drama oder Hörspiel hingegen sind rar, Arbeiten zum M. zwischen unterschiedlichen Printmedien, etwa Buch oder Zeitung, fehlen fast gänzlich. Die Diskussionen über den M. in der Romanverfilmung wiederum wurden jahrzehntelang von Fragen der Wertung, d.h. des vorgeblichen ›Gelingens‹ oder ›Mißlingens‹ der filmischen Adaption eines erzählenden Textes dominiert. Erst in den letzten Jahren wurde die Verfilmung narrativer Texte sukzessive als produktive Rezeption eines Ausgangstextes unter spezifischen medialen Bedingungen erkannt und ohne normative Vorbehalte differenziert beschrieben.

Lit.: D. Hafner: *Tom Jones*, Bern 1981. – I. Schneider: *Der verwandelte Text*, Tüb. 1981. – E.W.B. Hess-Lüttich/R. Posner (Hgg.): *Code-Wechsel. Texte im Medienvergleich*, Opladen 1990. – F.J. Albersmeier: *Theater, Film und Lit. in Frankreich. M. und Intermedialität*, Darmstadt 1992. – M. Schaudig: *Lit. im M.*, Mchn. 1992. – H.G. Rötzer (Hg): *Lit.verfilmung*, Bamberg 1993. – M. Mundt: *Transformationsanalyse, Methodologische Probleme der Lit.verfilmung*, Tüb. 1994. – I. Schneider: »Lit. und Medien«. In: Ricklefs 1996. S. 1054–1079.

RGB

Mehrdeutigkeit ↗ Ambiguität

Mehrfacher Schriftsinn ↗ Schriftsinn, mehrfacher

Melancholie (gr. *melancholía*: Schwarzgalligkeit), die lange Reihe epochentypischer Ersatzbegriffe umfaßt u.a.: *taedium vitae, acedia, tristitia*, Hypochondrie, *ennui, spleen, mal du siècle*, Weltschmerz, Schwermut, unglückliches Bewußtsein. – (1) Der zuerst im Corpus Hippocraticum (um 400 v.Chr.) auftauchende Terminus bezeichnet einen der vier Körpersäfte und später, etwa bei Galen, auch das von diesem Saft (*humor*) dominierte Temperament. Während die antike Medizin der M. mit dem diagnostischen und therapeutischen Instrumentarium der

Humoralpathologie begegnet, das auf Ausgleich und Homöostase (Eukrasie) abzielt, hat die christlich-theologische Ansprache als Mönchskrankheit und *acedia* eine extreme Bedeutungsverdüsterung zur Folge. Thomas von Aquin rechnet die ›Heilsverdrossenheit‹ und ›Wirkscheu‹ unter die Todsünden. Seine *Summa theologica* (1267–73) markiert damit den Höhepunkt einer Negativierung, die noch heute in der umgangssprachlichen Gleichsetzung von M. und Trübsinn nachhallt und selbst medizinisch nicht ohne Entsprechung geblieben ist, benutzt doch die zeitgenössische Psychiatrie M. weiterhin als Synonym für endogene Depressionen sowie bestimmte psychotische Krankheitsbilder. (2) Demgegenüber ist der literar.-künstlerische M.-Begriff positiv aufgeladen, impliziert oft genug etwas Schwelgerisch-Genußvolles und setzt sich so von den medizinischen, theologischen oder aufgeklärt-rationalistischen ›Krankschreibung‹ des Schwarzgalligen ab. Die Eingangsfrage des Kap. 30.1 der (pseudo-)aristotelischen *Problemata:* »Warum sind alle hervorragenden Männer, ob Philosophen, Staatsmänner, Dichter oder Künstler, offenbar Melancholiker gewesen?« stellt dabei schon Mitte des 3. Jh.s v.Chr. die Weichen für jene ästhetische Nobilitierung, die der melancholischen Einsicht in das Unheile der Welt und die Trostlosigkeit unseres Daseins seit Beginn der Neuzeit widerfahren ist. Von Petrarcas aufmüpfigem »Secretum« (1342/43) über Ficinos Feier der Gelehrten-M. in *De triplici vita* (1489) und Burtons enzyklopädischer *Anatomy of Melancholy* (1621) bis zu zeitgenössischen Apologeten der ›schönen Kunst der Kopfhängerei‹ wie F. Pessoa oder E.M. Cioran zieht sich dabei eine insistierende Widerrede durch die moderne ↗ Mentalitätsgeschichte, die alle Erlösungsangebote ausschlägt, damit ›das Bewußtsein nicht mehr um das Leid betrogen werden kann‹ (H. ↗ Marcuse). – (1) Es ist also gerade der Anspruch auf illusionslose Klarsicht, ›une lucidité suprême, métaphysique‹ (J. ↗ Kristeva), auf schöpferisch dargestellte und bewältigte Ent-Täuschung, an dem melancholische Lit. und Kunst gemessen werden will und aus dem sich ihre erstaunliche Produktivität erklärt; benennt der ›*humeur mélancholique*‹, aus dem Montaigne seine Essayistik hervorgehen läßt, doch zugleich die Nährlösung für ein beachtliches Segment neuzeitlicher Kultur. (2) Während sich in der bildenden Kunst mit Dürers *Melencolia I* (1514), Géricaults *Floß der Medusa* (1819), den ›verlorenen‹ Bildwelten Delvaux', de Chiricos und Hoppers, in der Musik mit

Dvoráks *Am. Quartett*, Sibelius' *Valse Triste* und Góreckis 3. Symphonie, im Film mit Tarkovskijs *Nostalghia* (1983) die Paradigmen gleichsam aufdrängen, erzeugt die Überfülle des Beispielhaften in der Lit. Darstellungsprobleme. Fraglos gibt es auch hier überragende Inkarnationen des Melancholikers wie Shakespeares *Hamlet* (1601), Goethes *Werther* (1774) oder Gončarovs *Oblomov* (1895); daneben lassen sich aber in nahezu allen europ. Nationalliteraturen ganze Lebenswerke finden, die so massiv unter dem Signum der M. stehen wie das Leopardis in Italien, das Ibsens und Strindbergs in Skandinavien, das Büchners, Lenaus oder Kunerts in Deutschland, das Donnes, Grays und Arnolds auf den Brit. Inseln. In deren kalten und vernebelten Regionen hat man seit elisabethanischen Zeiten das natürliche Domizil der Trübsalbläser, die nach Dr. Cheyne allesamt an der *English Malady* (1733) laborieren, ausmachen wollen. Und vielleicht war deshalb das Richtigstellungsbedürfnis der insularen Lit. bes. hoch. Keats' »Ode on Melancholy« (1819) kommt ihm auf sublime Weise nach und liefert zwei Generationen vor J. Thomsons »City of Dreadful Night« (1874) zugleich eine der einprägsamsten Selbstcharakterisierungen heilloser Luzidität: »the wakeful anguish of the soul«.

Lit.: L. Völker (Hg.): ›*Komm, heilige M.*‹. *Eine Anthologie dt. M.-Gedichte*, Stgt. 1983. – U. Horstmann (Hg.): *Die stillen Brüter. Ein M.-Lesebuch*, Hbg. 1992. – L. Babb: *The Elizabethan Malady*, East Lansing 1951. – S. Wenzel: *The Sin of Sloth. Acedia in Medieval Thought and Literature*, Chapel Hill 1967. – R. Kuhn: *The Demon of Noontide*, Princeton 1976. – H.-J. Schings: *M. und Aufklärung*, Stgt. 1977. – J. Kristeva: *Soleil Noir. Dépression et mélancholie*, Paris 1987. – R. Klibansky et al.: *Saturn und M.*, FfM. 1990. – L. Heidbrink (Hg.): *Entzauberte Zeit. Der melancholische Geist der Moderne*, Mchn. 1997.

UH

Memoria ↗ Mnemotechnik

Mentalität (lat. *mens*: Geist), M. ist der Gegenstand der ↗ M.sgeschichte, die es sich zum Ziel setzt, die M. einer ↗ Epoche oder eines gegebenen historischen Zeitraums zu erforschen. Unter M. versteht man ein komplexes Phänomen, das sowohl Konzepte und Ideen als auch unbewußte Motive umfaßt. Der Begriff der M. läßt sich also nicht festlegen auf die vorherrschenden Denkfiguren und mentalen Strukturen einer Epoche, sondern er schließt vielmehr auch die psychischen Faktoren, die unbewußten und halbbewußten Beweggründe in sich ein, die bestimmte soziale Handlungsmuster und kulturelle Ausdrucksformen prägen. Damit steht M. im Gegensatz zum Objektbereich der älteren ↗ Geistes- und ↗ Ideengeschichte, die sich ausschließlich für den intellektuellen Horizont, verkörpert in den philosophischen und literar. Dokumenten einer gegebenen Zeitspanne, interessierte. M. läßt sich hingegen definieren als ein heterogenes Ensemble aus kognitiven und intellektuellen Dispositionen, Denkmustern und Empfindungsweisen, aus denen sich die teilweise unbewußten Kollektivvorstellungen einer Gesellschaft zusammensetzen. Von der Ideengeschichte divergierend, begreift die Schule der Annales die M. als eine Kollektivvorstellung, als Gemeingut einer Epoche, und erzielt so eine größere Flexibilität, als es die ausschließliche Orientierung am kulturellen Höhenkamm erlauben würde. Der M.shistoriker begegnet indes der nicht zu unterschätzenden Schwierigkeit, ausgehend von der irreduziblen Vielfalt der überlieferten Dokumente einer vergangenen Epoche, deren mentale und emotive Voraussetzungen zu rekonstruieren. Er sieht sich mit keiner geringeren Aufgabe konfrontiert, als den überlieferten empirischen Daten, unter denen sich alltägliche praxisbezogene Schriftstücke wie Testamente, Gerichtsprotokolle, Meßkataloge, Handelsverträge, Inventarlisten, Flugblätter, Tagebuchnotizen ebenso finden wie literar. Texte und Kunstwerke, die Funktionsweise und die jeweiligen Mechanismen eines kollektiven ↗ Unbewußten zu entlocken. Es stellt sich dabei die Frage, inwieweit überhaupt und auf welchem Wege von den überlieferten Zeugnissen einer Periode auf die zugrundeliegende M. hochzurechnen ist. Es liegt auf der Hand, daß die Arbeit des M.shistorikers in weit höherem Maße als die der traditionellen Geschichtsschreibung einer interdisziplinären Zusammenarbeit bedarf mit so unterschiedlichen Forschungszweigen wie der kulturellen Anthropologie, der Ethnologie, der Mythenforschung (↗ Mythentheorie und -kritik), der Ikonologie, der Psychoanalyse (↗ psychoanalytische Lit.wissenschaft) und nicht zuletzt der Lit.wissenschaft. In vielfacher Hinsicht ergeben sich Berührungspunkte zwischen dem M.sbegriff und den z. T. enger gefaßten Konzepten des kulturellen ↗ Symbols, der Idee, des Geistes, der ↗ Ideologie und des ↗ Diskurses. – Ging die frühere M.sgeschichte noch von der Leitvorstellung einer *histoire totale* aus, der Möglichkeit, Geschichte in ihrer vollen Komplexität und Totalität zu rekonstruieren, so ist sie von jener ambitionierten Zielsetzung inzwi-

schen eher abgerückt, nicht zuletzt, um Verwechslungen mit älteren Vorschlägen wie demjenigen des ›Zeitgeists‹ vorzubeugen. In diesem Sinne warnt Le Goff (vgl. 1992, S. 167) davor, daß der Begriff M. zu einer ›gefährlichen Abstraktion‹ werden kann, wenn er allzu schnell vereinheitlicht wird und nicht auf die historischen Wirklichkeiten in ihren heterogenen Ausprägungen bezogen bleibt.

Lit.: J. Le Goff: *Histoire et mémoire*, Paris 1988 [1977] (dt. *Geschichte und Gedächtnis*, FfM/N.Y. 1992). – V. Sellin: »M. und M.sgeschichte«. In: *Historische Zs.* 241 (1985) S. 555–598. – s. auch die Zs. *Mentalities/Mentalités. An Interdisciplinary Journal* 1986 ff.

AS

Mentalitätsgeschichte, die Geburtsstunde der modernen M. (frz. *histoire de mentalités*) fällt zusammen mit der Gründung der Zs. *Annales: Economies Sociétés Civilisations* durch M. Bloch und L. Febvre im Jahre 1929, wenn auch mit dieser Periodisierung wichtige, richtungweisende Vorläufer wie etwa J. Michelets *Histoire de France* (1833–1867) und J. Huizingas Studie *Herbst des MA.s* (1919) nicht verleugnet werden sollen. Die von Frankreich ausgehende kulturhistorische Bewegung, die mit nichts weniger als dem Gedanken einer umfassenden Reform historiographischer Arbeit assoziiert ist, wurde zunächst in England und Italien rezipiert, während sie Deutschland, wie die relativ späten Übersetzungen frz.sprachiger mentalitätsgeschichtlicher Werke zeigen, erst mit merklicher Verzögerung erreichte und dort nur sehr zögernd Fuß fassen konnte. – Die M. ist von Anfang an durch eine polemische Haltung gegenüber der in der Tat überholungsbedürftigen, da einseitig ereignisorientierten, politischen Geschichte gekennzeichnet, wie sie von der traditionellen Historiographie lange Zeit bevorzugt bzw. als die einzig mögliche Form der Geschichtsschreibung angesehen wurde. Demgegenüber betont die M. die entscheidende und epochenkonstitutive Bedeutung von kollektiven Vorstellungen, zeittypischen Anschauungen, latenten Dispositionen und aus diesen hervorgehenden Verhaltensmustern, die dem ereignisverhafteten Beobachter des geschichtlichen Verlaufs notwendig entgehen. Die ↗ Mentalität einer Epoche läßt sich weit eher an den alltäglichen Umgangsformen, sozialen Praktiken und volkstümlichen Gebräuchen ablesen, als daß sie sich in einmaligen Begebenheiten oder einschneidenden politischen Zäsuren bemerkbar macht. Um sich ihrem eigentlichen Untersuchungsgegenstand, der spezifischen Mentalität einer historischen Epoche zu nähern, muß sich der Historiker auf das Gebiet der Alltagsgeschichte im Schatten der spektakulären politischen Daten begeben. Es ist der M. nicht zuletzt darum zu tun, die dem Blick der traditionellen Geschichtsschreibung verborgenen bzw. unbeachteten Dokumente der schriftlichen und kulturellen Überlieferung ausfindig zu machen und deren systematischen Stellenwert im sozialen Gefüge einer Epoche zu erkunden. Daraus ergeben sich Überschneidungsfelder und Berührungspunkte mit der in mancher Hinsicht verwandten Sozialgeschichte, die sich indessen einer stärker empirisch-positivistischen Forschungsrichtung verpflichtet weiß. Mit dem Bemühen, die mentalen Eigenheiten und psychischen Dispositionen in einem gegebenen historischen Zeitraum zu beschreiben, gerät die M. unvermeidlich in die Nähe der ↗ Ideengeschichte, ja sie weist sogar gewisse Ähnlichkeiten mit der ↗ Geistesgeschichte traditioneller Herkunft auf. Es lassen sich indessen bei genauerer Betrachtung entscheidende Unterschiede hinsichtlich der jeweils gewählten Methodik sowie des anvisierten Objektbereichs entdecken. Während die älteren ideen- und geistesgeschichtlichen Arbeiten ein unverkennbar esoterisches bzw. am kulturellen und literar. ›Höhenkamm‹ orientiertes Erkenntnisinteresse verfolgen, untersucht die neuere M. das Zusammenspiel von Elitekultur und Volkskultur, die Verflechtung von exoterischen und esoterischen Tendenzen, die den intellektuellen Horizont einer Epoche prägen. Zudem sucht die M. nicht allein die ideellen Konstrukte und die ihnen zugrundeliegenden Denkfiguren zu erfassen, sondern sie berücksichtigt ebenso die psychologischen Motivationen und die emotionellen Komponenten, die an der Bewußtseinsbildung teilhaben. Insofern überschneidet sich der Gegenstandsbereich der M. mit dem Forschungsgebiet der Psychohistorie. Die in einer Kulturgemeinschaft verbreiteten Verhaltensmuster und Ausdrucksformen erlauben, so die Annahme, Rückschlüsse auf ein kollektives Unbewußtes, dessen Wirkungspotential sich darüber hinaus in den geläufigen Vorstellungsbildern und den charakteristischen kulturellen Artefakten historischer Epochen sedimentiert. In den Schriften von Ph. Ariès und J. Le Goff gewinnen die mentalitätsgeschichtlichen Studien ungeachtet der oft mit kompromißloser Akribie zusammengetragenen Materialbasis ein beeindruckendes anthropologisches und philosophisches Format. Beliebte Themen mentalitätsgeschichtli-

cher Forschungen sind das Verhältnis zur ›Kindheit‹ und zum ›Tod‹ (Ariès), Zeit und Gedächtnis, das Verhältnis der Geschlechter, die Struktur der Familie, die Geschichte der gesellschaftlich Marginalisierten, der Prostitution, des Wahnsinns und des Verbrechens, um nur die wichtigsten thematischen Schwerpunkte zu nennen. Es handelt sich also um ein insgesamt höchst heterogenes Untersuchungsfeld, innerhalb dessen die Skala der Erkenntnisrichtungen weitgespannt ist; die derzeitigen Interessen reichen von spektakulären Themen wie Hexenprozessen zu unscheinbareren Objekten wie Ernährung und Mode. Neben ambitionierten, ins Spekulative ausgreifenden Entwürfen, wie dem Versuch einer Rekonstruktion des ma. Traumerlebens anhand der überlieferten Bilddokumente (Le Goff 1985) finden sich auch nüchternere, aber nicht minder aufschlußreiche Projekte wie Untersuchungen zu den historischen Behandlungsmethoden und dem Umgang mit Krankheiten. – Da die M. in der traditionellen Geschichtsschreibung neben ihrer Fixierung auf Ereignisse und Zäsuren eine Überschätzung der Institutionen und ihrer Geschichte zu erkennen glaubt, setzt sie dieser die Konstruktion einer Art innerer Geschichte, einer ›Geschichte des privaten Lebens‹ entgegen, die den kollektiven Symbolen und Ausdrucksformen gewidmet ist. Dabei stößt sie auf die Frage, wie die Genese und die weitere Entwicklung eines solchen soziokulturell verankerten Vorstellungsfundus zu denken und darzustellen ist. Zunächst gingen die Mentalitätsgeschichtler von der Annahme einer recht hohen Kontinuität in der Vorstellungswelt einer Gesellschaft bzw. Kulturgemeinschaft aus, die sich, wenn überhaupt, nur langsam über sehr große Zeiträume hinweg entwickelte. F. Braudel prägte in einem Aufsatz von 1956 den Begriff der ›longue durée‹, der langen Dauer, der zu einem Schlüsselkonzept mentalitätsgeschichtlicher Forschung avancierte. Häufig umfaßten die in der Folgezeit vorgelegten Studien nicht weniger als drei oder vier Jh. e. Die Idee einer solchen konservativen Beharrungskraft der Mentalitäten birgt indes ein systematisches Problem, denn es stellt sich angesichts der sehr hoch veranschlagten kulturellen und intellektuellen Kontinuität die Frage, wie politische und gesellschaftliche Revolutionen erklärt werden können, ja wie überhaupt geschichtlicher Wandel möglich ist. Die zunächst propagierte und begrüßte Vorstellung der ›histoire immobile‹, der erstarrten Geschichte, hat sich als zunehmend prekär und anfechtbar erwiesen.

Die moderne M. konnte bei dieser Konzeption nämlich nicht stehenbleiben, liefe sie doch in letzter Instanz auf ein im Grunde ahistorisches Modell hinaus, das nurmehr nach überzeitlich gültigen, archetypischen Denkmustern und Verhaltensregeln Ausschau hält. Als aufschlußreiches und notwendiges Pendant der ›langen Dauer‹ wurde die Konzeption der Krisen, der kurzen Zeiten, entwickelt. Die Krisenmomente sind desweiteren geeignet, die angenommene Kontinuität und die anfänglich vorherrschende Idee des linearen Zeitverlaufs aufzusprengen und zu modifizieren. Schon Ariès geht von der, im Vergleich zu Braudels Vorschlag, sehr viel komplexeren Annahme einer Überlappung verschiedener Zeitrhythmen und Zeitordnungen aus. – Die nunmehr seit ca. neunzig Jahren bestehende M. hat nicht zuletzt dadurch ihre bleibende Anschlußfähigkeit in der neueren Theoriebildung unter Beweis gestellt, daß sie der ↗ Diskurstheorie, der Kulturanthropologie, dem ↗ *New Historicism* und der Entwicklung einer interdisziplinären ↗ Kulturwissenschaft wegweisende Anstöße vermittelt hat. Indem die M. das Augenmerk u.a. auf die kulturellen Artefakte und Gebrauchsgegenstände aller Art lenkt, kann sie zudem dort als ein ergänzendes Korrektiv fungieren, wo sich die historische Diskursanalyse einseitig auf die sprachlich-literar. Überlieferung konzentriert. Nicht zufällig beschäftigte sich M. ↗ Foucault in *Überwachen und Strafen* (frz. *Surveiller et punir* 1975) und in der *Geschichte der Sexualität* (frz. *Histoire de la sexualité* 1976) mit Kontexten und Problemen, die durchaus in das bevorzugte Terrain der Mentalitätsforscher fallen. – Die Leitbegriffe, Methoden und Einsichten der M. eröffnen vielfältige lit.- und kulturwissenschaftliche Anschluß- und Anwendungsmöglichkeiten, insbes. für die Entwicklung einer »historisch-soziologischen Lit.-wissenschaft« (Jöckel) und einer interdisziplinär und »mentalitätsgeschichtlich orientierten Kulturwissenschaft« (Nünning).

Lit.: Ph. Ariès: *L'enfant et la vie familiale sous l'Ancien Régime*, Paris 1973 (dt. *Geschichte der Kindheit*, Mchn. 1996 [1975]). – ders.: *L'homme devant la mort*, Paris 1977 (dt. *Geschichte des Todes*, Mchn. 1980). – ders.: *Un historien du dimanche*, Paris 1980 (dt. *Ein Sonntagshistoriker. Ph. Ariès über sich*, Mchn. 1990). – ders./ G. Duby (Hgg.): *Histoire de la vie privée*, 5 Bde., Paris 1985–87 (dt. *Geschichte des privaten Lebens*, 5 Bde., FfM. 1990–93). – M. Bloch: *Schrift und Materie der Geschichte* (Hg. C. Honegger), FfM. 1987 [1977]. – J. Le Goff et al.: *La nouvelle histoire*, Paris 1978 (dt. *Die Rückeroberung des historischen Denkens. Grundlagen der Neuen Geschichtswissenschaft*, FfM. 1994 [1990]). – J. Le Goff: *La naissance du purgatoire*, Paris 1981 (dt. *Die Geburt des Fegefeuers*, FfM. 1983). – ders.: *L'imaginaire médiéval*, Paris 1985. – ders.: *Histoire et mémoire*, Paris 1986 (dt. *Geschichte und Gedächtnis*, FfM. 1992). – P. Dinzelbacher (Hg.): *Europ. M.*, Stgt. 1993. – H. Schulze: »M. – Chancen und Grenzen eines Paradigmas der frz.Geschichtswissenschaft«. In: *Geschichte in Wissenschaft und Unterricht* 36 (1985) S. 247–270. – A. Burguière et al.: *Mentalitäten-Geschichte. Zur historischen Rekonstruktion geistiger Prozesse* (Hg. U. Raulff), Bln. 1987. – S. Jöckel: »Die ›histoire des mentalités‹. Baustein einer historisch-soziologischen Lit.-wissenschaft«. In: *Romanistische Zs. für Lit.geschichte* 11 (1987) S. 146–173. – A. Dörner/L. Vogt: »Kultursoziologie (Bourdieu – Mentalitätengeschichte – Zivilisationstheorie)«. In: Bogdal 1997 [1990]. S. 134–158. – A. Nünning: »Lit., Mentalitäten und kulturelles Gedächtnis. Grundriß, Leitbegriffe und Perspektiven einer anglistischen Kulturwissenschaft«. In: Nünning 1995. S. 173–197. – s. auch die Zs. *Mentalities/Mentalités. An Interdisciplinary Journal* 1986ff.

AS

Mentalstil, 1977 in der engl.sprachigen (›*mind style*‹), 1991 in der dt.sprachigen Philologie geprägter Begriff, der sowohl von Linguisten wie Lit.wissenschaftlern in Anwendung auf literar. ↗ Texte entwickelt wurde. Der Begriff M. verweist auf den bes. Aspekt der (unbewußten oder bewußten) Sprachstilgebung, der speziell auf Einstellungen, Meinungen, Werthaltungen und psychische Befindlichkeiten der (individuell konzipierten) Sprachträger zurückzuführen ist. M.e sind einstellungsindizierende sprachliche Strukturvarianten, die sich v.a. über grammatische und lexikalische Sprachformen manifestieren (in Abgrenzung von ›Denkstil‹, ›Erzählstil‹ usw.; restriktivere Bedeutung als ›Autorenstil‹, ›Personalstil‹, ›Individualstil‹, ›Figurenstil‹). Das Verhältnis ↗ Stil/Mentalstil ist implikativ: M.e sind Teil des Stils eines Textes, jedoch enthält nicht jeder literar. Text einen ausgeprägten M. (↗ Deviationsstilistik; vgl. dagegen Ansätze, von R. Fowler u.a., daß jeder Text mentalstilistisch markiert sei). – Der Begriff des *mind style* wurde 1977 von Fowler eingeführt: »Cumulatively, consistent structural options, agreeing in cutting the presented world to one pattern or another, give rise to an impression of a world-view, what I shall call a ›mind-style‹« (Fowler 1977, S. 76). Fowler selbst (1986) und G. Leech sowie M. Short arbeiteten den Begriff anhand von ausgewählten Lit.beispielen weiter aus, bevor 1991 im dt. Sprachraum mit der Einordnung in Stilgeschichte, Stilforschung und Stiltheorie bzw. der methodologischen und theoretischen Erfassung des Begriffs M. in der ersten Monographie der

Übergang zu einer ⏶ Mentalstilistik geleistet wurde. Während frühere Ansätze im Rahmen der Personalstilkonzeption meist am Autorenstil interessiert waren, bis hin zur Autorpsychologisierung (L. ⏶ Spitzer), unterstreicht diese Konzeptionierung von M. eine Ästhetisierung des Stilphänomens, nämlich die Auffassung von M. als primär sprachbezogenes literar. Kunstmittel indirekter Figurencharakterisierung. Obwohl der Begriff des M. auch für die ⏶ Dramentheorie und -analyse relevant ist, erweist er sich bes. ergiebig im Zuammenhang mit Erzähltexten, aufgrund des Hinzutretens einer Vermittlungsinstanz (⏶ Erzähler) bzw. Vervielfältigung der sprachlichen Formen (vgl. z.B. ⏶ Erlebte Rede). M. kann als Autoren-M., Erzähler-M. oder als Figuren-M. greifbar werden. Das Konzept des M. verbindet so nicht nur Lit.wissenschaft und Linguistik, sondern liegt auch im Schnittbereich von Stil und Erzähltechnik, Stiltheorie und ⏶ Erzähltheorie, wie im Rahmen einer Mentalstilistik deutlich wird.

Lit.: R. Fowler: »Discourse Structure and Mind-Style«. In: ders.: *Linguistics and the Novel*, Ldn. 1977. S. 103–113. – ders.: »Meaning and World-View«. In: ders. *Linguistic Criticism*, Oxford 1986. S. 147–167. – G.N. Leech/M.H. Short: »Mind Style«. In: dies.: *Style in Fiction*, Ldn. 1992 [1981]. S. 187–208. – R.M. Nischik: *Mentalstilistik. Ein Beitrag zu Stiltheorie und Narrativik*, Tüb. 1991. – M.H. Short: »Mind-style«. In R.E. Asher (Hg.): *Encyclopaedia of Language and Linguistics*, Oxford 1994. S. 2504–2505.

RN

Mentalstilistik, ein 1991 in die dt.sprachige Philologie eingeführter Zugang, der sprachwissenschaftliche und lit.wissenschaftliche Ansätze und Methoden verbindet und mit dem Begriff ⏶ Mentalstil ein neues Konzept literar. Bedeutungsvermittlung ins Zentrum rückt. In Anlehnung an die ⏶ Stilistik erforscht die M. Bezüge des Konzepts Mentalstil zu anderen Kategorien der Lit.- und Sprachwissenschaft, wobei sowohl mikro- als auch makrostrukturelle (z.B. narrativische) Aspekte bestimmend sind. Die M. erarbeitet theoretische und methodologische Grundlagen für die Erforschung von Mentalstilen speziell in literar. Texten, sondiert interdisziplinäre Anknüpfungspunkte (z.B. zur [⏶ Lit.-]Psychologie) und stellt Modellanalysen bereit (vgl. Nischik 1991). Sowohl (Sprach-)Stil als auch Mentalstil manifestieren sich sprachlich. Mentalstile transportieren zudem über die spezifische Wahl lexiko-grammatischer Elemente implizit Bedeutungen, die Rückschlüsse auf Einstellungen bzw. mentale Befindlichkeiten des

Sprachträgers zulassen (⏶ Konnotation). M. ist insofern ein neuerer Forschungsbereich der Stilistik, der mit einem Artikel M.A.K. Hallidays (1971) aus der Taufe gehoben wurde, auch wenn erst 1977 durch R. Fowler der Begriff *mind-style* geprägt wurde. – Die M. steht marginal mit herkömmlichen Stilkonzeptionen (⏶ Stil) bzw. Forschungstraditionen in Zusammenhang. Bereits seit der gr. und röm. ⏶ Antike (Sprachphilosophie, ⏶ Rhetorik) beschäftigt man sich mit den Zusammenhängen zwischen Denken und Sprache/(Rede-)Stil bzw. zwischen Person/ Persönlichkeit/Charakter und Sprache/(Rede-) Stil. Bis ins 20. Jh. hinein hat sich der Personalstiltopos (›Individualstil‹, ›Autorenstil‹) als übermächtig erwiesen, der auf dem Höhepunkt der Aufklärung durch den Comte de Buffon seine klassische Formulierung fand: ›Le style est l'homme même‹. Daneben fügte sich in der Aufklärung eine weitere wichtige Stilkonzeption zu dem ⏶ Topos ›Style is the Dress of Thought‹ (J. Locke, W. Leibniz, J. Dryden, A. Pope, S. Johnson). In der ⏶ Romantik gewinnt die Inkarnationsvorstellung die Vorherrschaft (›Style is the Incarnation of Thought‹, J.H. Newman 1858). Im Einklang mit der romantischen Genieästhetik schlägt sich zudem die gesamte Persönlichkeit des Autors gemäß romantischer Stilauffassung im Kunstwerk nieder (z.B. J.G. Hamann, J.G. Sulzer, J.G. Herder, F. Schleiermacher). Der Topos ›Style is Vision‹ bildete sich erst im 19. Jh. heraus und spaltete sich im 20. Jh. von dem übergeordneten Personalstiltopos ab (vgl. W. Paters »*mind* in style«, 1888, S. 21). Während die für eine M. wichtige Inkarnationsvorstellung von Denken und Sprache in der Sprachphilosophie bereits im 18. Jh. ausgearbeitet wurde und im 19. Jh. durch W.v. Humboldt ihre klassische Formulierung fand (›Die Sprache ist das bildende Organ des Gedankens‹, 1836), benötigte die Lit.wissenschaft länger, um zwei weitere, speziellere Aspekte einer M. zu entwickeln: die Einstellungskomponente und die Verschiebung vom Autorenstil zum Figurenstil als ästhetische Wahl des Schriftstellers zur indirekten Figurencharakterisierung. Noch in der ersten Hälfte des 20. Jh.s erlebte die lange dominante Konzeption des Autorenindividualstils eine weitere Blüte in der dt. ›idealistischen Stilforschung‹ (›Vosslersche Schule‹, ›Psychologische Stilistik‹: K. Vossler, E. Lerch, L. ⏶ Spitzer), eine dem ⏶ hermeneutischen Zirkel verpflichtete, anfechtbare psychologische ⏶ Deviationsstilistik (»to penetrate to the soul not only of the author but of the man«, Spitzer 1948,

S. 135). Die Vosslersche Schule brachte wichtige konkrete Stilanalysen hervor und stellte dabei Sprach- und Lit.wissenschaft als gleichgewichtig nebeneinander. Ab ca. 1950 bereiteten eine weitergehende Linguistierung der Stilforschung, semiotische Theorien eines K. ↗ Bühler, R. ↗ Jakobson oder U. ↗ Eco mit ihrer Hervorhebung einer Ausdrucksfunktion bzw. ›emotiver Sprachfunktion‹ sowie insbes. auch anglo-am. Forscher eine M. vor (vgl. Ohmann 1962 mit Standardumschreibungen einer autorenorientierten M.). Unterstützt wurde dieser Ansatz durch die strukturalistischen Sprach- und Lit.theorien eines Jakobson, R. ↗ Barthes und T. ↗ Todorov, die betonten, daß in literar. Texten die Signansseite des sprachlichen Zeichens nicht nur Bedeutung vermittle, sondern selbst Bedeutung trage. – Strenggenommen den Beginn einer M. stellt Hallidays 1971 erschienene Studie zu W. Goldings *The Inheritors* dar, der eine ›funktionale Sprachtheorie‹ zugrunde liegt (vgl. ›ideationale Sprachfunktion‹). In Hallidays Studie erscheint zum ersten Mal explizit Sprache als mentalstilistische Reflexion literar. Figuren, unabhängig vom ›Autorenstil‹, und es ergibt sich somit eine innovative spezifizierte Kreuzung früherer Stiltopoi: von, in zunehmender Relevanz, ›Style is the Dress of Thought‹, ›Style is the Incarnation of Thought‹, ›Le style est l'homme même‹, ›Style is Vision‹ zu ›Le style est (la vision de) la figure même‹. In den Halliday-Nachfolgestudien werden weitere Analysebereiche einer M. erarbeitet (vgl. bes. Leech/Short 1981, Nischik 1993, Semino/Swindlehurst 1996, Bockting 1995). In den 80er und z.T. 90er Jahren, in denen poststrukturalistische und dekonstruktivistische Trends die Lit.theorie prägten (↗ Poststrukturalismus, ↗ Dekonstruktion), ästhetische bzw. epistemologische Fragestellungen mehr denn je vor mimetischen rangierten, hat sich die epistemologische Stilauffassung durchgesetzt. Figurale Mentalstile erscheinen so einerseits als Interpretationsresultate figuraler Weltdeutung, andererseits als Interpretationsangebote an den literar. geschulten Leser. – Daraus ergeben sich folgende methodische Konsequenzen: Da es kein Inventar sprachlicher Formen geben kann, das in einer invarianten Relation zu semantischen und psychologischen Kategorien stünde, muß gerade beim mentalstilistischen Ansatz der jeweils sprachliche, inhaltliche und pragmatische Kontext berücksichtigt werden, ist zudem ›literar. Kompetenz‹ unabdingbar. So zeigt sich auch an den frühen, eher von linguistisch geschulten Wissenschaftlern vorgenommenen Mentalstilstudien eine gewisse Vernachlässigung lit.wissenschaftlicher Fragestellungen, die in den 1990er Jahren im Rahmen einer M. berücksichtigt wurden: Struktur der erzählerischen Vermittlung, Multiperspektivität, Sprecherzuordnung, Figurendarstellung und -charakterisierung, Figurenkonstellation, Erzählmodi, Arten der Informationsvergabe (z.B. Metaphorik; vgl. übergreifend Nischik 1991; sowie Bockting 1994, Semino/Swindlehurst 1996). Gerade eine M. kann nicht ganz auf hermeneutische Erkenntnisverfahren und deviationsstilistische Methodik verzichten. Jedoch läßt sich hier zum einen, mit Halliday und Fowler, zwischen ›deviance, prominence‹ und ›relevance‹ unterscheiden; zweitens lassen sich bes. mentalstilsensible Bereiche ausweisen (Nischik 1991), die schließlich mit Verfahren zeitgenössischer Linguistik systematischer, objektivierbarer und intersubjektiv überprüfbar und nachvollziehbar analysiert werden können (vgl. z.B. das auf Halliday zurückgehende, pragmatisch und textlinguistisch orientierte ›funktionale‹ Grammatikmodell sowie speziell auch das dort verankerte Konzept der ›Transitivitäts-Struktur‹ von Sprache/Texten [semantische Konzepte wie Belebtheit/Unbelebtheit, Verursachung, Verantwortung, Agens/Patiens usw.]). Mentalstile können sich in vielfältigen Kombinationen und Variationen auf der Wortebene (z.B. Wortwahl), Phrasenebene (z.B. Wortstellung), Satzebene (z.B. Satzstruktur) sowie textuell (z.B. illokutive Dominanzen, ↗ Sprechakttheorie) manifestieren. Häufig sind alle Analyseebenen betroffen. Bei einer umfassenden mentalstilistischen Lit.analyse kann und sollte die per se bereits interdisziplinär konzipierte M. auf vielfältige Forschungsbereiche der Lit.wissenschaft wie Sprachwissenschaft zurückgreifen (z.B. Sprechakttheorie, ↗ Erzähltheorie, ↗ Feministische Narratologie, ↗ Metapherntheorie, ↗ Bildfeldtheorie, ↗ Isotopieforschung).

Lit.: s. auch ↗ Mentalstil. – W. Pater: »Style« [1988]. In: ders.: *Appreciations with an Essay on Style*, 1910 [1889]. S. 5–38. – L. Spitzer: *Linguistics and Literary History. Essays in Stylistics*, Princeton 1948. – R.M. Ohmann: *Shaw. The Style and the Man*, Middletown 1962. – M.A.K. Halliday: »Linguistic Function and Literary Style«. In: S. Chatman (Hg.): *Literary Style*, Ldn. 1971. S. 330–368. – R. Fowler: *Linguistics and the Novel*, Ldn. 1977. – G.H. Leech/M.H. Short: *Style in Fiction*, Ldn./N.Y. 1981. – W.G. Müller: *Topik des Stilbegriffs*, Darmstadt 1982. – R.M. Nischik: »Mind Style Analysis and the Narrative Modes for the Presentation of Consciousness«. In: H. Foltinek et al. (Hgg.): *Tales and ›their telling difference‹. Zur Theorie und Geschichte der Narrativik*, Heidelberg 1993. S. 93–107. – I. Bockting: *Character and Personality in the*

Novels of William Faulkner. A Study in Psychostylistics, Lanham/Ldn. 1995. – E. Semino/K. Swindlehurst: »Metaphor and Mind Style in Ken Kesey's ›One Flew Over the Cuckoo's Nest‹«. In: *Style* 30 (1996) S. 143–166.

RN

Metafiktion (gr. *metá*: inmitten, zwischen, hinter, nach; lat. *fictio*: Bildung, Gestaltung), (1) (Teil einer) Erzählung, die von Metafiktionalität, einer Sonderform von ↗ Metatextualität und damit von literar. Selbstreferentialität (↗ Selbstreferenz), geprägt ist. Metafiktional sind selbstreferentielle auf (Erzähl-)Lit. bezogene Aussagen und Elemente einer Erzählung, die nicht auf Inhaltliches als scheinbare Wirklichkeit abheben, sondern den Rezipienten die ↗ Textualität und ↗›Fiktionalität‹ im Sinne von ›Künstlichkeit, Gemachtheit‹ oder ›Erfundenheit‹ des eigenen Textes, fremder Texte oder von (literar.) ↗ Texten allg. zu Bewußtsein bringen. Der seit R. Scholes (1970) geläufige Begriff ›M.‹ hat weithin die älteren, engeren Begriffe der ›*self-conscious narration*‹ und der ›Fiktionsironie‹ ersetzt. Er wird meist auf das Auftreten in fiktionalem Erzählen beschränkt, findet sich aber auch im Zusammenhang mit dem Drama (vgl. Schlueter 1979). Bei metafiktionalen Phänomenen in nicht-fiktionalem Erzählen kann man von ›Metanarration‹ sprechen, falls man nicht in Anlehnung an G. ↗ Genette (1972) ›metadiegetisch‹ bzw. ›metanarrativ‹ auf *embedded stories* bezieht. (2) Systematisch lassen sich u.a. unterscheiden (vgl. Wolf 1993, Kap. 3.2.): (a) Vermittlungsformen: wie bei der Metatextualität explizite M., d.h. durch den metatextuellen Wortsinn isolierbare und zitierbare M., vs. implizite M., z.B. auf der *discours*-Ebene typographische Experimente oder auf der *histoire*-Ebene (↗ *histoire* vs. *discours*) Unwahrscheinlichkeiten/Widersprüchlichkeiten, sofern diese Verfahren dem *foregrounding* des Fiktionscharakters dienen; (b) quantitative Formen: punktuelle M. vs. extensive M., die im Extremfall zu ›*critifiction*‹, einer Verwischung der Grenzen zwischen *fiction* und *criticism*, führen kann; (c) inhaltliche Formen 1; *fictum*-M., die Bezugnahme auf den Wahrheitsstatus bzw. die ↗ Referenz, vs. *fictio*-M., die Bewußtmachung von Künstlichkeit ohne Bezug auf den Wahrheitsstatus, z.B. eine auktoriale Thematisierung der Kapiteleinteilung; (d) inhaltliche Formen 2: Eigen-M., der direkte Bezug auf den eigenen Text, vs. Fremd-M., der intertextuelle Bezug auf einen anderen Text (wobei ↗ Intertextualität jedoch auch nicht-metafiktionale Phänomene umfaßt, z.B. den Bezug auf inhalt-

liche Elemente des Prätextes ohne *foregrounding* von dessen Fiktionsstatus), vs. Allg.-M., die meta-ästhetische Diskussion von Lit. allg.; e) inhaltliche Formen 3: kritische M., das distanzierende Bloßlegen von Fiktionalität, z.B. in der ↗ Parodie als kritischer Fremd-M., vs. nicht-kritische oder affirmative M., d.h. M., die nicht unmittelbar auf Distanzierung oder Kritik zielt, z.B. Authentizitätsfiktionen. (3) Die Funktionen von M. sind vielfältig und lassen sich nicht auf das Unterminieren der Sinn- und Glaubhaftigkeit des Erzählten beschränken und auch nicht, trotz der oft rational-distanzierenden Wirkung, immer als ↗ Illusionsdurchbrechung ansehen. Andere Funktionen beinhalten: Schaffen poetologischer Reflexionsräume; ästhetische Selbst- oder Fremdkommentierung und Bereitstellung von Verstehenshilfen, v.a. bei innovativen Werken; Feier des Erzählten oder des Erzählers; spielerisches Ausloten der Möglichkeiten des Mediums. (4) Obwohl historisch M. vielfach mit dem ↗ Postmodernismus gleichgesetzt wird, tritt sie wie Metatextualität seit den Anfängen der abendländischen Erzählkunst auf, schwankt jedoch in Häufigkeit, Form und Funktion in Abhängigkeit (a) von der ↗ Gattung: So sind ↗ Parodien per Definition M.; komisches Erzählen neigt wegen der Affinität zwischen Komik und Distanz mehr zur M. als ernstes; in Künstlerromanen ist M. thematisch erwartbar; und (b) vom Epochenkontext (↗ Epochen). Höhepunkte der M. in der neueren westlichen Lit.-geschichte sind u.a. Cervantes' *Don Quijote,* Fieldings *Tom Jones,* Sternes *Tristram Shandy,* Diderots *Jacques le fataliste* sowie im 19. Jh. der dt. Roman der ↗ Romantik mit seiner romantischen Ironie; im Realismus reduziert sich M. oft auf nicht-kritische *fictio*-M., so auch bei Thackerays *Vanity Fair;* im 20. Jh. tritt M. verstärkt in kritischen Formen im Modernismus und regelmäßig im Postmodernismus auf; die neueste Entwicklungsform ist dabei die *historiographic metafiction,* die Kombination von historischer Referenz mit metatextueller und metahistorischer Selbstbespiegelung.

Lit.: W.C. Booth: »The Self-Conscious Narrator in Comic Fiction before *Tristram Shandy*«. In: *PMLA* 67 (1952) S. 163–185. – R. Scholes: »Metafiction«. In: *Iowa Review* 1 (1970) S. 100–115. – Genette 1972/80. – R. Alter: *Partial Magic. The Novel as a Self-Conscious Genre,* Berkeley 1975. – J. Schlueter: *Metafictional Characters in Modern Drama,* N.Y. 1979. – L. Hutcheon: *Narcissistic Narrative. The Metafictional Paradox,* N.Y. 1980/1984. – P. Waugh: *Metafiction. The Theory and Practice of Self-Conscious Fiction,* Ldn. 1984. – B. Stonehill: *The Self-Conscious Novel. Artifice in Fiction from Joyce to Pynchon*, Philadelphia 1988. – Wolf 1993. – M. Currie (Hg.): *Metafiction*, Ldn. 1995. – A. Nünning: *Von historischer Fiktion zu historiographischer M.*, 2 Bde., Trier 1995.

WW

Metalepse (gr. *metálēpsis*: Umtausch), in G. ⚹ Genettes ›Discours du récit‹ (*Figures III*, 1972) Bezeichnung für den Wechsel zwischen narrativen Ebenen, der auftritt, wenn zwischen diegetischer (⚹ Diegese/Diegesis) und extra- oder metadiegetischer Welt hin- und hergeschaltet wird. Die M. gestaltet und überwindet »eine bewegliche, aber heilige Grenze zwischen zwei Welten: zwischen der, in der man erzählt, und der, von der erzählt wird« (Genette 1994, S. 168 f.). Mit parallel konstruierten Begriffen wie z.B. der ⚹ Prolepse oder ⚹ Analepse hat die M. den Wechsel der narrativen Ebene gemein. Im Gegensatz zu diesen primär temporal ausgerichteten Konzepten, die die Ordnung (⚹ Anachronie), die ⚹ Dauer und die ⚹ Frequenz betreffen, gehört die M. jedoch zur Kategorie der Stimme, da sie die narrative Instanz (⚹ Erzähler) unmittelbar ins Spiel bringt. – Die metaleptische Transgression birgt ein komisches und phantastisches, auch illusionsstörendes (⚹ Illusionsdurchbrechung) Wirkungspotential, das z.B. von L. Sterne genutzt worden ist: In *Tristram Shandy* (1760–67) nötigt der extradiegetische Erzähler Tristram durch allerlei erzählerische Abschweifungen seinen (diegetischen) Vater dazu, seinen Mittagsschlaf zu verlängern, oder der Leser wird gebeten, die Tür zu schließen. Die spielerisch-ironischen Effekte der M. sowie die Möglichkeiten zur Reflexion der Lit. als Medium, die die M. bietet, haben sie zu einem häufigen Gestaltungsmittel moderner und v.a. postmoderner Lit. (⚹ Postmoderne) gemacht.

Lit.: Genette 1972/80. – ders. 1983/88/94.

BM

Metapher (gr. *metaphorá*: Übertragung), die Einzelwort-M. gehört zu den Sprungtropen (⚹ Tropen) und genießt unter den rhetorischen Figuren die höchste poetische Reputation. Sie steht zu dem von ihr ersetzten eigentlichen Ausdruck nicht, wie die ⚹ Synekdoche, in einer Teil-Ganzes-Relation und auch nicht, wie die ⚹ Metonymie, in einer realen Beziehung qualitativer Art, sondern beruht auf einer Abbild- oder Ähnlichkeitsrelation; die ⚹ Rhetorik der Antike hat deshalb die M. als verkürzten Vergleich aufgefaßt, neuere ⚹ M.ntheorien bieten andere Erklärungen. Weitgehend gemeinsame Grundlage ist dabei die Differenzierung zwischen Bildspender und Bildempfänger. Die über das Einzelwort hinaus fortgesetzte M. wird in der Rhetorik als ⚹ Allegorie bezeichnet. Neben dem engen M.-Begriff kennt die Lit.wissenschaft auch einen weiteren M.-Begriff, der auf bildliches Sprechen überhaupt abzielt, also auch Vergleich, Gleichnis, Parabel und die Allegorie im weiteren Sinn miteinschließt und quantitative Kriterien außer acht läßt. M.n im engeren wie im weiteren Sinn können ⚹ Bildfeldern zugeordnet werden. – Nach ihrem jeweiligen Habitualisierungsgrad lassen sich die M.n unterscheiden in innovative M.n, die als neuartig, unter gewissen (in der Forschung strittigen) Umständen auch als kühn empfunden werden, klischeeartige M.n, deren metaphorischer Status noch spürbar ist, obwohl sie immer wieder verwendet werden (das ›Feuer der Liebe‹), und verblaßte oder Ex-M.n, deren metaphorischer Ursprung nicht mehr präsent ist (Wer assoziiert den ›Leitfaden‹ sofort mit ›Ariadne‹?) oder die mangels eines ›eigentlichen‹ Ausdrucks semantische Lücken im sprachlichen System ausfüllen (›Flaschenhals‹), die sonst nur durch aufwendige Paraphrasen zu schließen wären. Ex-M.n können durch Expansionen ›revitalisiert‹ werden, was meistens komische Effekte nach sich zieht (der ›Oberschenkel‹ vom ›Tischbein‹). In der modernen Lit. werden mitunter M.n verwendet, die nicht mehr in eine ›eigentliche‹ Ausdrucksweise rücküber-tragen werden können und daher als absolute M.n bezeichnet werden. Die M. als Lückenbüßer im sprachlichen System ist in der antiken Rhetorik als Katachrese bezeichnet worden. Dieser Terminus wird inzwischen weitgehend nur noch auf die stilblütenartige Bildermengung bezogen (›Die Organe der Staatsmaschine müssen auf einen neuen Kurs gebracht werden.‹). – Wichtiger als das seit der Antike tradierte (ontologische) Spektrum der Möglichkeiten metaphorischer Übertragung (Vom Belebten zum Unbelebten, vom Unbelebten zum Belebten, vom Belebten zum Belebten, vom Unbelebten zum Unbelebten), das inzwischen um ein synästhetisches Paradigma ergänzt worden ist (Plett 1991, S. 82), sind für den Lit.wissenschaftler die Probleme einer ›Grammatik‹ der M.n, die nach den (vornehmlich) syntaktischen Realisierungsmöglichkeiten metaphorischen Sprechens fragt. Dabei wäre z.B. zwischen Substantiv-, Verb-, und Adjektiv-M.n zu unterscheiden und auf Phänomene wie die metaphorische Apposition, Prädikation, Substitution und ⚹ Referenz sowie auf die verschiedenen metaphorischen Genitive zu achten (vgl. Plett 1991, S. 84–87). Auch die Frage nach der Funktion der M. ist mit dem Hinweis auf die Möglichkeiten der Belehrung (*docere*), des Erfreuens (*delectare*) und der Emotionalisierung (*movere*) noch längst nicht erschöpfend beantwortet. Der hier nur ansatzweise skizzierte Fragenkatalog erweitert sich noch beträchtlich, wenn man bedenkt, daß die M. ein interdisziplinäres Forschungsfeld bietet, an dem zahlreiche Fächer lebhaftes Interesse bekunden.

Lit.: Lausberg 1990 [1949]. §§ 228–231. – ders. Mchn. 1990 [1960]. §§ 558–564. – J. Dubois et al.: *Allg. Rhetorik*, Mchn. 1974 [1970]. S. 176–187. – Plett 1991 [1971]. S. 79–90. – H. Weinrich: *Sprache in Texten*, Stgt. 1976. – J. Nieraad: *»Bildgesegnet und bildverflucht«. Forschungen zur sprachlichen Metaphorik*, Darmstadt 1977. – Kurz 1997 [1982]. – P. Michel: *Alieniloquium. Elemente einer Grammatik der Bildrede*, Bern 1987. S. 155–195.

DP

Metapherntheorien, als M. sind die Erklärungsversuche zur Frage nach der Herkunft und/oder Funktion der ↗ Metapher bzw. metaphorischen Sprechens zu verstehen, die seit der Antike von den verschiedensten Fachdisziplinen unternommen worden sind. Grundsätzlich ist zwischen der Substitutionstheorie und verschiedenen Ausprägungen der Interaktionstheorie zu unterscheiden. – Gemäß der Substitutionstheorie, die seit der antiken ↗ Rhetorik vertreten wird, ersetzt die Metapher als uneigentlicher Ausdruck einen eigentlichen Ausdruck, zu dem sie in einer Ähnlichkeitsrelation steht, so daß sie zu einem Vergleich expandiert werden bzw. als verkürzter Vergleich aufgefaßt werden könnte. Die Schwächen dieser Theorie sind offenkundig und teilweise auch ihren Anhängern bewußt. Schon ↗ Aristoteles hat gesehen, daß es Metaphern gibt, die eine sprachliche Lücke im System ausfüllen und deshalb nicht im Sinne einer Umkehr des metaphorischen Verfahrens durch den ›eigentlichen‹ Ausdruck ersetzt werden können. Ebenso läßt sich für die absolute Metapher der modernen Lyrik kein ›eigentlicher‹ Ausdruck rekonstruieren. Andrerseits gibt es Metaphern, die den Bildspender und den Bildempfänger sprachlich gekoppelt präsentieren (wie die Genitivmetapher ›Feuer der Liebe‹); von einem Ersatz kann daher keine Rede sein. Außerdem wird diese Theorie nicht den Besonderheiten gerecht, die mit der über das Einzelwort hinaus fortgesetzten Metapher (↗ Allegorie) verbunden sein können (wie dem Prinzip des überquellenden Details; vgl. Lausberg 1990, § 402). – Die

älteste Variante der Interaktionstheorie geht auf die Sprachpsychologen W. Stählin und K. ↗ Bühler zurück. Stählin (1914) fragte nach den Verständnisbedingungen metaphorischen Sprechens; er sieht die Metapher in einer gewissen Spannung mit dem Zusammenhang der Äußerung, so daß sich eine Bewußtseinslage der doppelten ↗ Bedeutung als Grundlage des metaphorischen Bedeutungserlebnisses ergibt. Dabei verschmelzen Bild und Sache. Der Hörer sieht sich gezwungen, die Metapher als angemessenes Glied des Zusammenhangs zu interpretieren. – Bühler (1965, S. 342 ff.) versteht die Metapher als sphärenmischendes Komponieren, wobei zugleich auch das Phänomen der Sphärendeckung wirksam wird. Die Sphärendeckung, die Bühler am technischen Modell des Doppelfilters verdeutlicht, bewirkt die Neutralisierung jener Merkmale der beiden Sphären, die nicht zueinander passen; so wird z. B. in der Metapher ›Salonlöwe‹ durch die Sphärendeckung das Merkmal ›blutgierig‹ ausgeblendet. Der Begriff der Sphärendeckung im Sinne des Doppelfilters suggeriert klar umrissene semantische Konzepte, die in der Metapher verbunden werden, während die Sphärenmischung dem metaphorischen Prozeß insofern gerechter wird, als dadurch die Kombination komplexer Konzepte mit denotativen wie konnotativen Komponenten nahegelegt wird (↗ Denotation, ↗ Konnotation). – Als Stammvater der Interaktionstheorie im engeren Sinn gilt I. A. ↗ Richards (vgl. Haverkamp 1996), der die Metaphorik nicht als Abweichung vom gewöhnlichen Wortgebrauch, sondern als Abbildung des vergleichend-begriffsbildenden Denkens überhaupt versteht und damit den eingeengten Metaphernbegriff der alten Rhetorik übersteigt. In der Metapher werden nicht Wörter gegeneinander ausgetauscht, sondern »zwei unterschiedliche Vorstellungen in einen gegenseitigen aktiven Zusammenhang« (Haverkamp 1996, S. 34) gebracht; Richards differenziert die in der Metapher interagierenden Vorstellungen als *tenor* und *vehicle*, um damit ältere, nicht adäquate Begriffspaare wie ›Bedeutung‹ und ›Bild‹ abzulösen. Richards' Theorie wird von M. Black (vgl. Haverkamp 1996) 1954 aufgegriffen und terminologisch weiterentwikkelt; er ersetzt *tenor* und *vehicle* durch *frame* und *focus* und führt auch die Bezeichung ›Interaktionstheorie‹ ein. Den von Richards so genannten ›gegenseitigen aktiven Zusammenhang von Vorstellungen‹ (vgl. Haverkamp 1996, S. 34) präzisiert Black als Bedeutungserweiterung durch die Verbindung oder Beeinflussung zweier

»System[e] miteinander assoziierter Gemeinplätze [*system of associated commonplaces*]« (Haverkamp 1996, S. 70 f.). Insgesamt gesehen vertieft die von Richards und Black entwickelte Interaktionstheorie das Verständnis der Funktion metaphorischen Sprechens, ist jedoch bei der Interpretation literar. Texte nur begrenzt hilfreich. – Da die Metapher als Prüfstein für jede Semantiktheorie (↗ Semantik) herangezogen werden kann, hat auch die strukturalistische Merkmalsemantik sich um eine M. bemüht. Die dabei diskutierten Prozeduren der Übertragung, Tilgung, Marginalisierung und Topikalisierung einzelner semantischer Merkmale (vgl. Nieraad 1977, S. 55–65) sind strittig und leisten mitunter nicht mehr als die herkömmliche Vergleichstheorie, können aber gelegentlich (etwa durch die Annahme eines Kategorien-Transfers) das Verständnis der absoluten Metaphern in der modernen Lyrik fördern. Das Grundproblem der Merkmalsemantik ist die Frage nach der Methode, die es erlaubt, Bedeutungen in (möglichst hierarchisierte) Merkmalbündel zu zerlegen. Im Rahmen der Transformationsgrammatik (N. ↗ Chomsky) bleibt der merkmalsemantische Ansatz außerdem auf die Einzelwortmetapher beschränkt und wird der Abhängigkeit metaphorischer Äußerungen durch den satzübergreifenden Kontext nicht gerecht. In dieser Hinsicht ist der textlinguistische Zugriff ein Fortschritt, der über die Merkmalanalyse einen Text in ↗ Isotopie-Ebenen (Sememfelder) zu zerlegen versucht (vgl. Nieraad 1977, S. 66–69). Solche Isotopien entsprechen den Komponenten von ↗ Bildfeldern und lassen den Zusammenhang mit der Interaktionstheorie nicht mehr erkennen; ihr Auffinden bleibt jedoch dem Grundproblem der merkmalsemantischen M. verhaftet. Die textlinguistische M. kann durch den Rückgriff auf den Projektionsbegriff (Kallmayer) die sprachpsychologische M. (Stählin/Bühler) wieder aufnehmen und damit die Vorstellung von der Interaktion zweier semantischer Konzepte in der Metapher reaktivieren, doch ist dieser vielversprechende Ansatz bisher nicht weiterverfolgt worden. – Als Variante der Interaktionstheorie kann auch die von H. ↗ Weinrich (1976) entwickelte Konterdeterminationstheorie gelten, denn sie geht davon aus, daß die Metapher erst durch die Mitwirkung ihres ↗ Kontextes entsteht. Der Kontext konterdeterminiert das metaphorisch verwendete Wort. Die Metapher weckt einen Erwartungshorizont, dem der Kontext widerspricht; sie erhält durch den (sprachlichen) Kontext (Ko-Text)

eine ›Meinung‹, die ihre lexikalisch festgelegte ›Bedeutung‹ übersteigt. Das Prinzip der Konterdetermination läßt sich auch auf den in sich abgeschlossenen Text übertragen, der durch die kommunikative Situation (Kon-Text) eine andere ›Meinung‹ erhält und dadurch als Allegorie verstanden werden kann. So werden bei der Metaphernanalyse auch pragmatische Aspekte berücksichtigt. Weinrich kann mit der Weiterentwicklung seiner Theorie die Erklärungsansätze der Merkmalsemantik und der ↗ Pragmatik integrieren, fällt aber hinter Richards und Black zurück, weil er die Konterdetermination nur in einer Richtung wahrnimmt und sich der Frage verschließt, inwiefern denn die Metapher auf den Kontext einwirken könnte. – In der Wissenschaftstheorie und Philosophie fragt die M. nach der Relevanz der Metapher für die Erkenntnis. Die Antworten fallen verschieden aus: zum einen wird die Metapher als Modell verstanden, das den Gewinn neuer Erkenntnisse ermöglicht (oder verhindert) und zumindest deren Verbreitung didaktisch erleichtert, aber bald gegen ›eigentliche‹ Begriffe ausgetauscht werden sollte, zum andern wird zugestanden, daß Metaphern lebensweltliche Zusammenhänge/ Probleme mitteilbar machen, die in eine klare Begrifflichkeit nicht/noch nicht überführt werden können. – Es gibt keine Theorie, die alle mit der Metapher verbundenen Probleme in befriedigender Weise klären kann. Da es verschiedene Metapherntypen gibt, ist zu vermuten, daß auch verschiedene M. notwendig sind, die sich einerseits am jeweiligen Metapherntyp orientieren und andrerseits auf die fachspezifischen Interessen des jeweiligen Ansatzes zugeschnitten sein müssen. Das lit.wissenschaftliche Erkenntnisinteresse deckt dabei nur einen Teilbereich eines zunehmend interdisziplinär erforschten Problemfeldes (vgl. z. B. Lakoff/Johnson, Turner) ab, das sich etwa im Rahmen der politischen ↗ Ideengeschichte (vgl. Münkler, Rigotti) als sehr fruchtbar erwiesen hat.

Lit.: W. Stählin: »Zur Psychologie und Statistik der Metapher«. In: *Archiv für die gesamte Psychologie* 31 (1914) S. 297–425. – K. Bühler: *Sprachtheorie – Die Darstellungsfunktion der Sprache*, Stgt. 1982 [1934]. – Lausberg 1990 [1949]. – H. Weinrich: *Sprache in Texten*, Stgt. 1976. – J. Nieraad: »*Bildgesegnet und bildverflucht*«. *Forschungen zur sprachlichen Metaphorik*, Darmstadt 1977. – Kurz 1997 [1982]. – G. Lakoff/ M. Johnson: *Metaphors We Live By*, Chicago 1996 [1980]. – A. Haverkamp (Hg.): *Theorie der Metapher*, Darmstadt 1996 [1983]. – M. Turner: *Death is the Mother of Beauty: Mind, Metaphor, Criticism*, Chicago/Ldn. 1987. – G. Lakoff/M. Turner: *More than Cool Reason. A Field Guide to Poetic Metaphor*, Chicago/Ldn. 1989. – H. Münkler: *Politische Bilder, Politik der Metaphern*, FfM. 1994. – F. Rigotti: *Die Macht und ihre Metaphern. Über die sprachlichen Bilder der Politik*, FfM. 1994. – D.E. Wellbery: »Retrait/Reentry. Zur poststrukturalistischen Metapherndiskussion«. In: G. Neumann (Hg.): *Poststrukturalismus. Herausforderung an die Lit.wissenschaft*, Stgt./Weimar 1997. S. 194–207.

DP

Metasprache, in einem allg. Sinn handelt es sich um M. immer dann, wenn eine Aussage über Sprache (vgl. ↗ Objektsprache) getroffen wird. Die Unterscheidung zwischen Objektsprache und M. wurde zunächst in der Logik, v. a. von A. Tarski (1971), eingeführt, um ↗ Paradoxien in der Art von ›Alle Kreter lügen‹ des Kreters Epimenides zu vermeiden. R. ↗ Jakobson (1971) griff diese Dichotomisierung auf, indem er jede sprachliche Äußerung, die sich auf Sprache bzw. auf den ↗ Code bezieht, als M. definierte. Damit gehören aber nicht nur Aussagen von Logikern und Linguisten zur M., sondern auch Paraphrasen, Übersetzungen und darüber hinaus Spracherläuterungen jeglicher Art, wie etwa ›Fohlen ist die Bezeichnung für ein junges Pferd‹, so daß die metasprachliche Funktion als Bestandteil alltäglicher Kommunikation und wichtiger Bestandteil des Sprachlernprozesses angesehen wird. In der Lit.wissenschaft wurde v. a. in den 70er Jahren eine intensive Diskussion um eine lit.wissenschaftliche M. geführt. Ausgehend von einer Kritik an der bisherigen Praxis, in der der Sprachgestus der interpretatorischen Paraphrasen oftmals nicht von dem des Untersuchungsgegenstandes zu unterscheiden war (vgl. Fricke 1977), wurden v. a. von Vertretern strukturaler Theorien Überlegungen zur Gestaltung einer lit.wissenschaftlichen M. vorgelegt, die dem Kriterium der intersubjektiven Nachprüfbarkeit gerecht werden sollte. Vorschläge, die v. a. in Richtung semantischer Vereindeutung der M. zielten, wurden hauptsächlich auf der Basis der natürlichen Sprache entwickelt (vgl. Eimermacher 1973). Dem standen Konzepte gegenüber, analog zu den Naturwissenschaften rein formale Sprachen zu kreieren (vgl. Koch 1971). Heute wird die Notwendigkeit einer systematischen und eindeutigen M. v. a. von Vertretern des ↗ Dekonstruktivismus in Zweifel gezogen.

Lit.: W. A. Koch: *Varia Semiotica*, Hildesheim 1971. – R. Jakobson: »Linguistik und Poetik«. In: J. Ihwe (Hg.): *Lit.wissenschaft und Linguistik*, Bd. II/1, FfM. 1971. S. 142–178. – A. Tarski: »Der Wahrheitsbegriff in den formalisierten Sprachen«. In: K. Berka/L. Kreiser (Hgg.): *Logik-Texte*, Bln. 1986 [1971]. S. 443–545. – K. Eimermacher: »Zum Problem einer lit.wissenschaftlichen M.«. In: *Sprache im technischen Zeitalter* 48 (1973) S. 255–277. – H. Fricke: *Die Sprache der Lit. wissenschaft*. Mchn. 1977. – E. Schüttpelz: »Objekt- und Metasprache«. In: Fohrmann/Müller 1995. S. 179–216.

VW

Metatext und Metatextualität (gr. *metá*: zwischen, hinter, nach; lat. *textus*: Gewebe; Zusammenhang), (1) ein Text(teil), der von M.ualität geprägt ist; in Analogie zu ↗ ›Metasprache‹ ein Text(teil), der sich selbstreferentiell (↗ Selbstreferenz) wieder auf ↗ Text bezieht, im Unterschied zur ↗ Intertextualität von einer höheren logischen Ebene aus, einer Metaebene, auf der die ↗ Textualität bzw. der Konstruktcharakter des Objekttextes thematisch wird. M.ualität bezieht sich dabei nicht (nur) auf Teile oder die Gesamtheit eines oder mehrerer vorgängiger Texte oder von Texten allg., sondern direkt oder indirekt auch auf den ›eigenen‹ Text oder Teile von diesem. Dies kann explizit erfolgen, wobei Selbstreferentialität in einzelnen Begriffen isolier- und zitierbar ist, oder implizit, wobei Selbstbezüglichkeit nur als Funktion bestimmter Elemente oder Verfahren des Textes spürbar wird. Die Reichweite von M.ualität hängt vom zugrundegelegten Textbegriff ab. Bei einem weiten Textbegriff kann M.ualität z. B. auch Metamalerei erfassen, bei einem engeren nur sprachliche Texte. Für die Lit.(theorie) ist M.ualität in den Erscheinungsformen Metadrama, Metalyrik einschließlich poetologischer Lyrik und ↗ Metafiktion wichtig. (2) Die Funktionen der M.ualität entsprechen in etwa denen der Metafiktion. (3) M.ualität ist seit den Anfängen abendländischer Lit. in allen Hauptgattungen nachweisbar (z. B. in Aristophanes’ *Batrachoi*, in Pseudo-Homers *Batrachomyomachia* oder in Horaz’ Ode III, 30), wobei Lyrik wie auch Komödie eine bes. Affinität zur M.ualität aufweisen; in der neueren Lit. sind Höhepunkte an M.ualität im 17./18. Jh. beobachtbar (Cervantes, ›barockes‹ Metadrama u. a. mit ›Spiel im Spiel‹-Elementen, Sterne, Diderot), in der romantischen Ironie bes. dt. romantischer Erzählkunst, im Modernismus und v. a. im ↗ Postmodernismus.

Lit.: J. Voigt: *Das Spiel im Spiel*, Göttingen 1954. – W. Hinck: *Das Gedicht als Spiegel der Dichter. Zur Gesch. des dt. poetologischen Gedichts*, Opladen 1985. – R. Hornby: *Drama. Metadrama, and Perception*, Lewisburg 1986. – Z. Kravar: »M.ualität«. In: Borchmeyer/Žmegač 1994 [1987]. S. 274–277. – K. Vieweg-Marks: *Metadrama und engl. Gegenwartsdrama*, FfM. 1989.

WW

Methode, literaturwissenschaftliche (gr. *mé-thodos*: der Weg auf ein Ziel hin), allg. bezeichnet M. ein planvoll eingesetztes Mittel zur Realisierung eines Ziels bzw. ein systematisches Verfahren zur Lösung einer gestellten Aufgabe. Als wissenschaftstheoretischer Begriff wird M. mit Bezug auf die Naturwissenschaften definiert. Um in den Lit.wissenschaften von M.n sprechen zu können, sind deren ›weichere‹ Standards zu berücksichtigen. L.M.n müssen drei Bedingungen erfüllen: Es müssen (a) im Kontext einer Interpretationstheorie explizite oder doch explizierbare Ziele benannt werden; (b) relativ genaue Annahmen formuliert werden oder post festum formulierbar sein, nach welchem Verfahren diese Ziele am geeignetsten einzulösen sind; (c) Begriffe eingeführt sein, mit denen die Ergebnisse im wissenschaftlichen Text dokumentiert werden. Eine genuine l.M. gibt es nicht, statt dessen aber eine Reihe von M.n (↗ Pluralismus), die, teils aus anderen Disziplinen adaptiert, teils für lit.wissenschaftliche Fragestellungen entwickelt, in den Lit.wissenschaften eingesetzt werden. M.n der Textsicherung und ↗ Textkritik, auch ›philologische M.n‹, sind von solchen der Textanalyse und ↗ Interpretation sowie der ↗ Lit.geschichtsschreibung zu unterscheiden. Eingeteilt werden sie nach ihrer Herkunftsdisziplin, z.B. ›soziologische‹, ›psychologische‹ M.n; nach philosophischen Rahmentheorien, z.B. ›positivistische‹, ›phänomenologische‹ M.n; oder nach ihrem primären Gegenstandsbereich, z.B. ↗ ›werkimmanente‹, ↗ ›rezeptionsästhetische‹ M.n. Sie unterscheiden sich v.a. darin, welche leitenden Fragestellungen als sinnvoll akzeptiert, welche Textstrukturen und ↗ Kontexte für relevant gehalten und einbezogen und welche Argumentationstypen als gültig akzeptiert werden. Die Identifikation von l.M.n ist oft schwierig, da sie nicht in Reinform vorkommen, sondern Bestandteil einer Interpretationstheorie sind, und da statt genauer Angaben über einzelne Interpretationsschritte meist unspezifische Regeln formuliert werden. – Dominieren zunächst philologische M.n (Lachmann) und politisch aktualisierende Lit.geschichtsschreibung (Gervinus), so etablieren sich in der 2. Hälfte des 19. Jh.s die sog. positivistische, biographische M. (Scherer; ↗ Positivismus) und um 1900 die auf ein ganzheitliches Verstehen abzielende hermeneutische M. in ihrer geistesgeschichtlichen Spielart (W. ↗ Dilthey; ↗ Hermeneutik). Von den l.M.n der 20er bis 50er Jahre ist heute meist nur noch die ↗ werkimmanente Interpretation, eine an den ↗ *New*

Criticism anknüpfende M., (wenn auch kritisch) im Gespräch. Ab den 70er Jahren wird der sog. M.npluralismus Kennzeichen der Lit.wissenschaften. Neben die sich um präzisere Analyseverfahren bemühenden strukturalistischen, linguistischen und semiotischen M.n (↗ Linguistische Ansätze, ↗ Strukturalismus, ↗ Semiotik) treten verschiedene auf gesellschaftliche Kontextualisierung zielende soziologische Ansätze, z.B. ↗ Ideologiekritik und ↗ Sozialgeschichtliche Ansätze. Verschiedene rezeptionsbezogene M.n, von der ↗ Rezeptionsästhetik bis zu empirischen Ansätzen (↗ Empirische Theorie der Lit.), werden entwickelt, ebenso autor- oder textzentrierte lit.psychologische Verfahren (↗ Lit.psychologie). Die Varianten der seit den 80er Jahren stärker vertretenen ↗ Diskurstheorie, ↗ Dekonstruktion und des ↗ *New Historicism* zeitigen M.n post festum.

Lit.: Hauff 1991 [1971]. – D.E. Wellbery: *Positionen der Lit.wissenschaft*, Mchn. 1985. –H. Fricke: »Wieviele ›M.n‹ braucht die Lit.wissenschaft?« In: ders.: *Lit. und Lit.wissenschaft*, Paderborn 1991. S. 169–187. – K.-M. Bogdal (Hg.): *Neue Lit.theorien in der Praxis. Textanalysen von Kafkas ›Vor dem Gesetz‹*, Opladen 1993.

SW

Methodischer Pluralismus ↗ Pluralismus, literaturwissenschaftlicher/methodischer

Metonymie (gr. *metonymía*: Namensvertauschung, Umbenennung), die M. gehört wie die ↗ Synekdoche zu den Grenzverschiebungstropen (↗ Tropen). Sie ersetzt den eigentlichen Ausdruck durch einen anderen, der zum ersetzten in einer realen Beziehung qualitativer Art (kausal, räumlich oder zeitlich) steht, und nicht, wie in der ↗ Metapher, in einer Ähnlichkeitsrelation. Die Grenzen zwischen der M., der Metapher und der Synekdoche sind fließend. – Folgende metonymische Substitutionstypen sind zu unterscheiden: (a) Ursache-Wirkung-Beziehung: Autor statt Werk (›Vergil lesen‹), Gottheit statt Funktionsbereich (mythologische M.: ›Venus verfallen sein‹), Erfinder/Erzeuger statt Erfindung/Erzeugnis (›einen Ford fahren‹); (b) Gefäß-Inhalt-Beziehung (wobei als Gefäß auch Ort oder Zeit verstanden werden können und der Inhalt Personen und Sachen umfaßt): Gefäß statt Inhalt (›ein Glas trinken‹), Ort statt Einwohner (›Köln jubelt‹, ›das Theater tobt‹), Zeit statt Zeitgenossen (›die vergnügungssüchtigen 20er Jahre‹), Körperteil statt Eigenschaft (›Köpfchen haben‹); (c) Abstraktum-Konkretum-Beziehung: ›die Jugend (für: die Jugendlichen) flippt aus‹; (d) ↗ Symbol statt des damit bezeichneten sozialen Phänomens (symbolische M.): ›das Szepter aus der Hand geben‹ (für: die Herrschaft abgeben). Die Substitutionsbeziehungen sind teilweise umkehrbar. – Die verschiedenen Typologisierungsversuche der M. sind Aufzählungen ohne Anspruch auf die Stringenz eines logischen Systems und als solche variabel. Auch die strukturalistische ↗ Rhetorik hat keine überzeugende Theorie der M. ausarbeiten und Kriterien zu ihrer unstrittigen Identifizierung entwikkeln können.

Lit.: Lausberg 1990 [1949]. §§ 216–225. – ders. 1990 [1960]. §§ 565–571. – J. Dubois et al.: *Allg. Rhetorik*, Mchn. 1974 [1970]. S. 194–199. – Plett 1991 [1971]. S. 77–79.

DP

Metrik (gr. *metriké téchnē*: Kunst des Messens), Verslehre, Wissenschaft von den Regeln, nach denen ›gebundene Rede‹, d.h. metrisch regulierte und gereimte Verssprache, in verschiedenen Sprachen und historischen Ausprägungen geformt ist. – In der lit.wissenschaftlichen M. lassen sich drei systematische Forschungsfelder unterscheiden: (a) auf der Ebene der Prosodie die Analyse sprachgeschichtlich differierender metrischer Grundgegebenheiten und Systeme: einmal deren Grundlagen in der ↗ Antike, zum anderen ihre Ausdifferenzierungen in verschiedenen Sprachen und Sprachgruppen, z.B. in romanischen und germanischen Sprachen; (b) auf der Ebene der Versgeschichte die Untersuchung historisch ausgeprägter, kanonisierter Typen von Versstrukturen; (c) auf der Ebene der Verssemiotik die theoretische Beschreibung und konkrete Erfassung des für die neuzeitliche Dichtung charakteristischen Spannungsverhältnisses von Metrum (Versmaß) und Rhythmus (Sprachfluß). – (1) Die erste systematische Verslehre wurde im 4. Jh. v.Chr. von Aristoxenes von Tarent verfaßt. Da in der Antike Poesie, Musik und Tanz eine Einheit bilden, bezieht sich seine Rhythmustheorie auf die drei Künste gleichermaßen; zudem wird hier noch nicht zwischen Rhythmus und Metrum unterschieden. Nach der Theorie des Aristoxenes wird durch den Rhythmus eine unrhythmische Materie, das Rhythmizomenon, z.B. eine körperliche, akustische oder sprachliche Bewegung, strukturiert und in ein proportionales Verhältnis gebracht. Das Grundmaß ist der *chrónos tópos*, die kleinste unteilbare Zeiteinheit. Rhythmus entsteht durch die geregelte Zusammensetzung von Kürzen und Längen, die statisch im Verhältnis 1:2 bestimmt werden. Die kleinste Einheit ist

der *pous* (lat. *pes*): der Schritt, das Heben und Aufsetzen des Fußes, ist die bildliche Figur, in der im Gr. Rhythmus gedacht wird. In seiner Rhythmik entwickelt Aristoxenes eine normative Typologie von Versfüßen, die allen späteren Verslehren als Grundlage dient. Darauf aufbauend nimmt der zweite antike Rhythmustheoretiker, Aristides Quintilianus, Differenzierungen vor. Er definiert wie Aristoxenes Rhythmus als ›System aus Zeitgrößen, die nach Maßgabe einer bestimmten Ordnung zusammengesetzt sind‹, schließt aber darüber hinaus auch mögliche Abweichungen mit ein: zwischen dem streng Rhythmischen und Arhythmischen siedelt er das ›annähernd Rhythmische‹ an: die Aufweichung des statischen Metrums durch Temposchwankungen. Hier finden sich erste Anzeichen für ein Auseinandertreten von Metrum und Rhythmus, das für die neuzeitliche Dichtung kennzeichnend wird. Augustin trägt mit seiner Schrift über die *ars musica* (zwischen 386 und 388 n. Chr.) maßgeblich zur Rezeption und Kanonisierung der antiken Verslehre in der Neuzeit bei. Er beschreibt eine umfassende Systematik von Versfüßen, die auf den antiken Rhythmustheorien aufbaut und in der Darstellung vorwiegend auf Beispiele aus der Poesie zurückgreift. Kennzeichnend für die weltanschauliche Umcodierung des Rhythmusgedankens ist, daß Augustin das antike Denken in harmonischen Proportionen auf den christlichen Ordo-Gedanken überträgt und so den Rhythmus zu einem unverbrüchlichen göttlichen Prinzip erhebt. Auf dieser Grundlage hält sich im ↗ MA. ein ausnahmslos statisches Rhythmussystem. Erst in der frühen Neuzeit vollzieht sich eine allmähliche Dynamisierung des Rhythmusbegriffs. R. Descartes erweitert in seinem *Musicae Compendium* (1650) das System der zulässigen rhythmischen Proportionen, so daß synkopische Strukturen möglich werden. Durch W.C. Prinz (1676) wird der Begriff des ›Taktes‹ neu in die Pestheorie eingeführt und bildet dort, als absolut regelmäßiges Maß, einen gewissen Gegensatz zum Rhythmus. Metrum und Rhythmus geraten in ein spannungsvolles Verhältnis zueinander, wobei das Metrum für die Regelhaftigkeit, der Rhythmus für die Abweichung steht. In den normativen Dichtungstheorien des 17. Jh.s. findet eine entsprechende Verlagerung statt: nicht der Rhythmus, sondern die Metrik wird nun zum Gegenstand der ↗ Poetik erhoben, wobei in erster Linie die spezifischen Regeln der Versgestaltung für die einzelnen Literaturen festgelegt werden. Für das Dt. schreibt z.B. M. Opitz ausschließlich die Verwendung von Jamben und Trochäen vor. Demgegenüber greifen klassizistische Autoren des 18. Jh.s. auf die Vielfalt antiker Versmaße zurück, die in ›freien Rhythmen‹ kunstvoll kombiniert werden (F. G. Klopstock). Gleichzeitig wird, in Anlehnung an die aufklärerische und empfindsame Musikästhetik (J. Mattheson; J. J. Rousseau; J. G. Sulzer), ein neuer Rhythmusbegriff entwickelt, der sich vom strengen Formbewußtsein löst und die Naturhaftigkeit und Individualität des rhythmischen Ausdrucks hervorhebt. In diesem Sinne erklärt K. Ph. Moritz in seinem *Versuch einer dt. Prosodie* (1786) den Rhythmus zum Grundprinzip der Dichtung; in der ↗ Romantik wird die ästhetische Spannung von Metrum und Rhythmus zum poetischen Ideal erhoben (F. W. J. Schelling; Novalis). Einen weiteren Höhepunkt erreicht die Debatte schließlich durch lebensphilosophische Konzepte um 1900 (H. Bergson; L. Klages), die den Takt als künstliches Ordnungssystem verwerfen und den Rhythmus zum organischen Prinzip schlechthin erklären. – In der neueren lit.wissenschaftlichen M. wird die Frage nach dem Verhältnis von Metrum und Rhythmus unter anthropologischen, kulturwissenschaftlichen und linguistischen Aspekten neu diskutiert. Dabei wird zum einen der Rhythmus als umfassendes natürliches und kulturelles Erfahrungsmodell beschrieben, das auf die alltägliche und die ästhetische Sprachgestaltung unmittelbar einwirkt (vgl. Meschonnic 1995). Zum anderen wird eine Theoriedebatte über die Einheit bzw. die Gegenläufigkeit von Metrum und Rhythmus geführt, wobei entweder unter dem Aspekt der Regelhaftigkeit und Ordnungsstiftung eine Identität beider Prinzipien in der Verssprache behauptet wird (vgl. Jünger 1952) oder aber das sprachliche Spannungsverhältnis zwischen dem Metrum als dem abstrakten Schema des ↗ Textes und seiner konkreten rhythmischen Gestalt systematisch untersucht wird (Ch. Küper). (2) Die Metrik beschäftigt sich mit gebundener Rede: mit Verstexten, die metrisch strukturiert sind, d. h. deren poetische Form durch kanonisierte Versmaße und Reimschemata bestimmt ist. Der Begriff des ›Metrums‹, das einem Verstext zugrunde liegt, wird unterschiedlich verwendet. Im weitesten Sinne bezeichnet er die Gesetzmäßigkeit, die Summe aller Regeln, nach denen ein Verstext aufgebaut ist: also das Versmaß und das Reimschema. Im engeren Sinne versteht man unter ›Metrum‹ aber gewöhnlich das ›Versmaß‹, d. h. die geregelte Abfolge von betonten und unbetonten

Silben in einer Verszeile oder einem ganzen Verstext. Die metrische Analyse von Verstexten bewegt sich auf zwei Ebenen: auf der Ebene der Prosodie und der der Versifikation. Die Prosodie ist Ausdruck der Regeln, nach denen das sprachliche Material metrisch klassifiziert wird; sie verdeutlicht also die metrisch relevanten Einheiten. Für die syntaktische Gliederung eines Textes sind dies Wort, Kolon und Satz; sie sind v. a. relevant für die Strukturierung von Versenden bzw. Zäsuren innerhalb einer Verszeile. Auf der Ebene der phonetischen Einheiten bestimmt die Prosodie (a) wie die kleinste phonetische Einheit definiert ist: die Silbe. Hier unterscheiden sich die Regeln in verschiedenen Sprachen, im Frz. gelten z. B. unbetonte Endungen vor vokalischem Anlaut nicht als Silbe, sondern werden durch Ellision unhörbar gemacht. Die Prosodie entscheidet (b) über die unterschiedliche Gewichtung von Silben. In der Antike wird unterschieden zwischen Längen und Kürzen (›silbenmessende Prosodie‹), im Dt. gilt die Differenzierung zwischen betonten und unbetonten Silben, (›silbenwägende‹ oder ›akzentuierende Prosodie‹). Schließlich bestimmt die Prosodie (c) die Regeln für das Reimen von Worten. Auf der Ebene der Versifikation werden die Regeln bestimmt, die den Bau von Versen und ganzen Verstexten ermöglichen. Man unterscheidet zwischen drei Arten der Versifikation: (a) der Silbenzählung (im Frz. werden Verse nach der Zahl der Silben definiert); (b) der Ordnung nach Größen: hier sind die Kombinationen von betonten und unbetonten Silben und die Zahl und Abfolge von Versfüßen, also das Versmaß, ausschlaggebend (z. B. Jambus, Trochäus usw.); (c) der Ordnung der Verse durch Reimbindung, d. h. durch Endreime, Anfangsreime oder Reimstrukturen in den Strophen. In Verstexten finden sich drei Stufen metrischer Regulierung. Eine ›stichische Ordnung‹ liegt vor, wenn alle Verszeilen durch die gleichen Regeln bestimmt sind, eine ›strophische Gliederung‹ bei Texten mit gleichgebauten Versgruppen und einem regelmäßigem Metrum. Schließlich gibt es kanonisierte Schemata auf der Ebene der ›globalen Ordnung‹: eine bestimmte Anordnung von Strophen in einem regelhaft aufgebauten Verstext, z. B. das Sonett, die Stanze, die Terzinen. Die historische Erforschung tradierter Vers-, Strophen- oder Gedichtformen ist Gegenstand der Versgeschichte und entweder komparatistisch orientiert oder auf die Entwicklungen in einzelnen Sprachen und ihren Literaturen bezogen.

Lit.: K.Ph. Moritz: *Versuch einer dt. Prosodie*, Darmstadt 1973 [1786]. – F.G. Jünger: *Rhythmus und Sprache im dt. Gedicht*, 1987 [1952]. – B. Snell: *Gr. M.*, Göttingen 1982 [1955]. – R. Baehr: *Einf. in die frz. Verslehre*, Mchn. 1970. – J. Malof: *A Manual of English Meters*, Bloomington 1970. – C. Wagenknecht: *Dt. M. Eine historische Einf.*, Mchn. 1981. – D. Breuer: *Dt. M. und Versgeschichte*, Mchn. 1981. – Ch. Küper: *Sprache und Metrum, Semiotik und Linguistik des Verses*. Tüb. 1988. – A. Barsch: *M., Lit. und Sprache. Generative M. zwischen empirischer Lit.wissenschaft und generativer Phonologie*, Braunschweig 1991. – H. Meschonnic: *Politique du rhythme. Politique du sujet*, Lagrasse 1995. – Ausg. »Metrics Today I« (Hg. Ch. Küper) der Zs. *Poetics Today* 16.3 (1995). – Ausg. »Metrics Today II« (Hg. Ch. Küper) der Zs. *Poetics Today* 17.1 (1996). – B. Moennighoff: »M.«. In: Arnold/Detering 1997 [1996]. S. 272–286.

ChL

Metrum ↗ Metrik

Metz, Christian (1931–1993), frz. Filmsemiotiker. – Von der Mitte der 60er Jahre bis zu seinem Freitod 1993 prägte M. die semiotisch-metapsychologische Revolution im Bereich der Filmwissenschaft. Nach einer klassisch-philologischen Schulausbildung wurde M. im Fach Allg. Sprachwissenschaft an der Sorbonne promoviert. Unter dem Einfluß von F. de ↗ Saussure, A. Martinet und L. ↗ Hjelmslev wurde M. zum textlinguistischen (↗ Textlinguistik) orientierten Gegner der bis dato impressionistischen Filmkritik, der er sich parallel zum Studium in Filmclubs gewidmet hatte. Die grundlegenden Werke *Essais sur la signification au cinéma* (1968, dt.: *Semiologie des Films*) und *Langage et cinéma* (1971, dt. *Sprache und Film*) wiesen M., der auch die Institutionalisierung der Filmwissenschaft förderte, als Hauptvertreter der ↗ Filmsemiotik aus. Mit »Le cinéma, langue ou langage?«, seinem einflußreichen Essay für *Communications* im Jahr 1964, begann M. ein Inventorium zur Beschreibung des Films als ↗ Zeichensystem zu erarbeiten, das er Mitte der 70er Jahre im Übergang von ↗ Strukturalismus zu ↗ Poststrukturalismus um die psychoanalytische Beschreibung der Rezeption erweiterte. Dabei unterschied M. zunächst grundsätzlich zwischen dem mehrdimensionalen Gesamtsystem Kino (›*fait cinematographique*‹: Ökonomie, Technologie, Distribution, Rezeption usw.) und dem eigentlichen Objekt der Semiotik, dem Film als Text (›*fait filmique*‹). Zunächst nannte M. im Rückgriff auf Saussures Begriff ›*langage*‹ den unilateralen und unwillkürlich bezeichnenden Film eine unsystematische, komplex bedeutende Sprache. Um einen Film ›lesbar‹ zu machen, war das zugrundeliegende Sprachsystem (vgl. etwa M.' *Grande Syntagmatique*) zu konstruieren, indem die kinematographischen ↗ Codes, die wie bei Sprachzeichen zu ↗ Polysemie, d.h. Bedeutungsoffenheit, führen, benannt wurden. Der Film vereinigt dabei im Unterschied zur Sprache kinematographische Codes wie Lichtregie, Kameraführung und Montage mit nicht-kinematographischen wie Schrift, Musik und Dialog sowie spezifischeren, genrebedingten oder individuellen Sub-Codes, wie etwa Darstellungskonventionen des *film noir*. – Die Bevorzugung des Texts gegenüber dem Zuschauer empfand auch M. als Mangel der linguistisch orientierten Filmsemiotik, und so wurde er Mitte der 70er Jahre zum Vorreiter der Verknüpfung semiotischer und psychoanalytischer Theorien (vgl. »Psychoanalyse et cinéma«, 1975; *Le signifiant imaginaire*, 1977). Als Hauptvertreter der bis in die 90er Jahre hinein bes. im angloam. Raum dominierenden psychosemiotischen ↗ Filmtheorie nahm M.J. ↗ Lacans Begriff des ↗ Imaginären auf, der den vorödipalen und rein visuellen Bereich der Spiegel-Phase in der Ich-Entwicklung beim Kind bezeichnet; hier entwickelt das Kind im Spiegel sein ideales Ich und eine narzistische Selbstliebe (↗ Spiegelstadium). M. assoziierte das Kino mit den narzistischen Impulsen der Spiegel-Phase und akzentuierte insgesamt die Rolle des Unbewußten im Kino. Im Kino entsteht demnach Bedeutung durch das imaginäre Bezeichnen, durch ein Bilderrepertoire, während die Wirkung symbolischer Komponenten, die z.B. in der Schrift oder dem Leinwandbild dominieren, minimiert bleiben. Laut M. präsentiert der Kinofilm eine unerschöpfliche Gegenwart von Bildern, die jedoch alle im Imaginären operieren und unerreichbar bleiben. Der kinematographische Apparat befördert diese synästhetische oder halluzinogene Wirkung des Kinos und die Regression des wehrlosen Zuschauers in den Zustand des narzistischen Imaginären. Als Elemente des tagtraumähnlichen Zustands, an dem der Zuschauer in triebhaft ödipalen Szenarien von Fetischismus und Voyeurismus partizipiert, nennt M. in Anknüpfung an J.L. Baudry die sitzende Starre und Stille des Zuschauers, die Dunkelheit im Zuschauerraum und die synästhetische Kraft von bewegtem, abbildendem Bild und übereinstimmendem Ton in gemeinsamer übergroßer Konzentration. M.' Metapsychologie des Films erkannte allerdings auch Unterschiede zum Traumzustand, wie etwa die Bewußtheit des Kinogangs und die bewußte Konstruktion des

Films, doch problematisierte sie die Position des Filmtheoretikers, der sich auch selbst dem filmischen Imaginären nicht völlig im Reich des Symbolischen entziehen kann.

Lit.: Ch. Metz: *Semiologie des Films*, Mchn. 1972. – ders.: *Sprache und Film*, Ffm. 1973. – ders.: *The Imaginary Signifier*, Bloomington 1992 [1982]. – S. Heath: »The Work of C.M.«. In: *Screen Reader* 2 (1981) S. 138–161. – M. Marie/M. Vernet (Hgg.): *C.M. et la théorie du cinéma*, Paris 1990. – J. Lechte: *Fifty Key Contemporary Thinkers*, Ldn. 1996 [1994]. – *Semiotica* 112.1/2 (1996).

                                                                    EVV

Miller, J. Hillis (*1928), am. Lit.theoretiker. – Studium in Oberlin und Harvard, Professor u. a. in Yale und Irvine (seit 1986), Vertreter der *Yale Critics*. Zunächst stark von der Phänomenologie der ↗ Genfer Schule beeinflußt (↗ phänomenologische Lit.wissenschaft), die die Identifikation des Kritikers mit dem im Text manifestierten Autorbewußtsein postulierte (z. B. *The Form of Victorian Fiction,* 1968), vollzog er unter J. ↗ Derridas Einfluß die Wendung zum ↗ Dekonstruktivismus. Lit. wird zum Medium, das die Grenzen menschlicher Erkenntnis auslotet und deren Grund und Ursprung in der Sprache erkundet. In der Bedingungslosigkeit, mit der sie dies unternimmt, treibt sie die Infragestellung der Welt und des Selbst zum Extrem, wobei sie auf jeder Stufe neu mit der Zurückweisung einer kohärenten oder gar verläßlichen Antwort konfrontiert wird. Literar. Texte sind für M. Strukturen sprachlicher Reflexivität, die, statt auf identifizierbare Bedeutungen zu verweisen, unendlich in sich selbst zurücklaufen. Die Suche nach einem Fundament und Zentrum menschlicher Erkenntnis in der Sprache führt in einen infiniten Regreß und zur Einsicht in die Abwesenheit eines solchen Zentrums. Entsprechend ist M.s charakteristische Denkfigur für die Beschaffenheit des Textes die des ↗ *mise en abyme*. Der Text wird aufgefaßt als unergründliches Labyrinth der Wörter und Bedeutungen, die er inszeniert. Neben seinem Hauptgebiet, der viktorianischen Lit., demonstriert M. dies auch an moderner Lyrik, so wenn er zu W. Stevens' Gedicht »The Rock« sagt: »›The Rock‹ is [...] a running *mise en abyme*. The poem repeatedly takes some apparently simple word [...] and plays with each word in turn, placing it in a context of surrounding words so that it gives way beneath its multiplying contradictory meanings and reveals a chasm below.« (M. 1976, S. 13) – Die labyrinthische Unergründlichkeit textueller Bedeutung bestimmt aber ebenso die

Situation des Kritikers. Denn dieser kann niemals einen außersprachlichen Halt für seine Interpretation finden, sondern stets nur die proliferierende Vielfalt von Bedeutungen explizieren, die die Interpretation weder stillstellen noch kontrollieren kann. – Wie die anderen *Yale Critics* räumt M. in seiner Theorie der Lit. einen Sonderstatus ein. Lit. ist dasjenige Medium, in dem die epistemische Selbstbefragung der Sprache ihre höchste Bewußtheit und Intensität erreicht, womit sie zum Modellfall für das Wirken von Textualität und für die dekonstruktivistische Tätigkeit der Kritik selbst wird. Zwar vertritt auch M. die poststrukturalistische Auffassung, daß es nur *misreadings* von Texten geben könne, und betont gegenüber deren ästhetischer Einheit und Identität ihre Differenz und Nicht-Identität. Dennoch wird die dekonstruktivistische Lesart als letztlich dem intrinsischen Charakter der Lit. selbst entsprechend gesehen. M. behauptet, gegen andere Poststrukturalisten, daß »great works of literature [...] are likely to be ahead of their critics«. Sie besitzen einen Grad an textueller Komplexität und Selbstbewußtheit, die der Kritiker nur annäherungsweise zu erreichen vermag. »A critic may hope with great effort, and with the indispensable help of the writers themselves, to raise himself to the level of linguistic sophistication where Chaucer, Spenser, Shakespeare, Milton, George Eliot, Stevens, or even Williams are already. [...] The critic, then, still has his uses, though this use may be no more than to identify an act of deconstruction which has always already, in each case differently, been performed by the text itself« (M. 1975, S. 31). Der Kanon ›großer‹ Werke bzw. Autoren bleibt hier weitgehend unverändert gültig. – In neuerer Zeit hat M. als Konsequenz seiner Lit.theorie eine spezifische ›Ethik des Lesens‹ postuliert, die gerade die Unmöglichkeit der Reduktion des Textes auf eine bestimmte, eingrenzbare, etwa moralische, Bedeutung zu ihrem anti-dogmatischen Hauptinhalt hat.

Lit.: J. H. Miller: *The Form of Victorian Fiction*, Notre Dame 1968. – ders.: *Thomas Hardy. Distance and Desire*, Cambridge, Mass. 1970. – ders.: »Deconstructing the Deconstructors«. In: *Diacritics* 5 (1975) S. 24–31. – ders.: »Criticism as Cure«. In: *Georgia Review* 30 (1976) S. 5–31. – ders.: *The Linguistic Moment*, Princeton 1985. – ders.: *The Ethics of Reading*, N.Y. 1986. – Horstmann 1983. S. 55–64.

                                                                    HZ

Millett, Kate (*1934), am. Bildhauerin, Schriftstellerin und Hochschullehrerin. – M., die sich seit den frühen 60er Jahren in der Bürgerrechts-

und in der Frauenbewegung engagierte, promovierte 1970 mit Auszeichnung an der Columbia University. – Ihre Dissertationsschrift, *Sexual Politics*, fand auch außerhalb des akademischen Buchmarktes großen Anklang und wurde sogar zum internationalen Bestseller. In der Tat scheint dieses bahnbrechende Buch die Kluft zwischen privatem politischen Engagement und institutioneller akademischer Forschung zu überbrücken. In ihrer polemischen Attacke gegen das ↗ Patriarchat in der westlichen Kultur und insbes. gegen die ↗ Misogynie und den ↗ Sexismus in der Lit. geht es M. darum, die grundlegende Hypothese vom Ungleichgewicht der Machtverhältnisse zwischen den Geschlechtern, d.h. *sexual politics*, kultur- und literarhistorisch zu belegen. Dazu untersucht sie u.a. weibliche Stereotypen in literar. Werken von H. Miller, D.H. Lawrence, N. Mailer und J. Genet. Den ↗ Phallozentrismus, d.h. ein um den Phallus als Symbol männlicher Macht zentriertes Denken, entdeckt sie v.a. in solchen Textpassagen, in denen die Frau zum sexuellen Objekt degradiert und auf die damit assoziierten Geschlechtereigenschaften wie passiv, irrational, körperbezogen usw. reduziert wird. Der aufsehenerregendste lit.wissenschaftliche Aspekt von M.s Studie ist die Tatsache, daß sie den konventionellen Respekt vor literar. ›Größen‹ aufgibt und die Texte des traditionellen literar. ↗ Kanons ↗ ›gegen den Strich‹ liest. In dieser Art von subversivem *Misreading* wird die herkömmliche Hierarchie zwischen literar. Text und Leser zugunsten der Leserin und deren Standpunkten und Interessen umgekehrt. Zudem bricht M. mit den etablierten Methoden des ↗ *New Criticism*, indem sie kultur- und ideologiegeschichtliche Kontexte systematisch mit einbezieht. Ihr Ansatz ist freilich reduktionistisch, insofern sie die patriarchale Ideologie als eine allumfassende, widerspruchsfreie und bewußt eingesetzte Machtstruktur begreift und alle literar.-kulturellen Phänomene ausschließlich im Sinne von *sexual politics* erklärt und entsprechend einseitig deutet. Dies gilt zum einen für ihre lange Zeit unwidersprochene Verurteilung von S. ↗ Freud und der Psychoanalyse, zum anderen für ihre lit.kritischen Analysen, in denen Autor, Erzähler und Figur häufig miteinander identifiziert werden und die formalen, z.T. diskontinuierlichen Strukturen literar. Texte unbeachtet bleiben. Lit. erscheint so als mechanische Reflexion von zuvor ermittelten soziokulturellen Faktoren. – Trotz solcher und anderer methodischer Schwächen wurde M.s Buch zu einer Art Manifest über die Ungleichheit zwischen den Geschlechtern in der westlichen Kultur, und es machte die Autorin zur Sprecherin der Frauenbewegung. Im angloam. Bereich initiierte es die erste Phase ↗ feministischer Lit.-theorie, die sog. *images of women*-Schule, die sich mit ↗ Frauenbildern in kanonischen Werken männlicher Autoren beschäftigt. M.s Interesse an kultur- und gesellschaftspolitischen Fragen zeigt sich auch in ihren späteren Publikationen. *The Basement* (1980) und *The Politics of Cruelty* (1994) sind Reportagen und Analysen zur Folter. In *Flying* (1974) geht es um M.s Probleme im Umgang mit ihrer Publizität, in ihrem autobiographischen Werk *Sita* (1977) um die Folgen ihres öffentlichen Bekenntnisses zur Homosexualität.

Lit.: K. Millett: *Sexual Politics*, Garden City 1970 (*Sexus und Herrschaft*, Mchn. 1971). – C. Kaplan: »Radical Feminism and Literature. Rethinking M.'s ›Sexual Politics‹«. In: *Red Letters* 9 (1979) S. 4–16. – B. Linden-Ward: »K.M. (1934–)«. In: Heuermann/Lange 1992 [1991]. S. 417–441. – A.B. Keating: »K.M.«. In: S. Pollack/D.D. Knight (Hgg.): *Contemporary Lesbian Writers of the United States*, Westport 1993. S. 361–369.

DF/SSch

Mimesis (gr. Nachahmung), für die ↗ Ästhetik seit der Antike ein zentraler Begriff, der die Funktion von Kunst und Lit. primär von ihrer Fähigkeit zur Nachahmung einer vorkünstlerischen, außerliterar. Wirklichkeit her bestimmt. Während die M. bei ↗ Platon noch eher negativ als bloße Abbildung einer Welt der sinnlichen Erscheinungen gilt, die ihrerseits nur das Abbild einer höheren Wahrheit darstellt, erfährt sie bei ↗ Aristoteles eine entscheidende Aufwertung und wird in einer für die zukünftige Lit.theorie maßgeblichen Weise definiert. Zu ihrem Gegenstand hat die M. die Welt menschlicher Handlungen, die sie mit den imaginativen Mitteln der Sprache vergegenwärtigt. Gerade die Verbindung von Bes. und Allg., von Partikularem und Universalem wird dabei zum Hauptmerkmal der Lit., die sie als Diskurs möglicher Welten von der Geschichtsschreibung als Medium des Partikularen einerseits und von der Philosophie als Medium des Universalen andererseits absetzt. Was Lit. nachahmt, ist also nicht bereits als solches vorgegeben, sondern entsteht gleichsam erst im Akt der Nachahmung selbst. Motivation der M. ist nach Aristoteles eine anthropologische Antriebskraft, insofern die M. einem allg.menschlichen Nachahmungsbedürfnis entspringt und kreativen Ausdruck gibt. Die Formen der M.

sind je gattungsspezifisch unterschiedlich, sie orientieren sich aber neben den allg. ästhetischen Kriterien von Rhythmus, Harmonie und Proportionalität an der v.a. in Handlungslogik, Charakterzeichnung und zeitlich-räumlicher Konsistenz ausgedrückten Analogiebeziehung der Fiktion zur Realität. Die Wirkung der künstlerischen M. schließlich beruht auf der Freude der Rezipienten an der erfolgreich inszenierten Nachahmung, die zum identifizierenden Mit-Spielen der nachgeahmten Handlungen führt und dabei höchst intensive Reaktionen zwischen Mitgefühl und Betroffenheit auslöst (vgl. ↗ Katharsis). – Die M. hatte seit der ↗ Renaissance bis zum ↗ Klassizismus große Bedeutung als Prinzip der Nachahmung der ↗ ›Natur‹, trat in der ↗ Romantik zurück, erfuhr im ↗ Realismus und ↗ Naturalismus des 19. Jh.s neue Aufwertung und hat auch im 20. Jh. in einem realistisch-humanistischen Strang der Lit.geschichte und in realistisch geprägten Lit.theorien (↗ Marxistische Lit.theorie, ↗ Chicago-Schule) eine allerdings durch ↗ Moderne und ↗ Postmoderne grundlegend in Frage gestellte Rolle gespielt.

Lit.: Aristoteles: *Poetik* (Hg. M. Fuhrmann), Stgt. 1993. – Auerbach 1994 [1946]. – St. Kohl: *Realismus. Theorie und Geschichte*, Mchn. 1977. – M. Spariosu (Hg.): *Mimesis in Contemporary Theory. The Literary and Philosophical Debate*, Philadelphia 1984ff. – G. Gebauer/Ch. Wulf: *M.: Kultur-Kunst-Gesellschaft*, Reinbek 1992. – B.F. Scholz (Hg.): *M.: Studien zur literar. Repräsentation*, Tüb. 1997.

HZ

Mise en abyme (frz. In-Abgrund-Setzung), dieser von J. Ricardou (1967, S. 173) nach A. Gide (1948, S. 41) geprägte Begriff bezeichnet eine Form v.a. literar. Rekursivität und damit ↗ Selbstreferenz, bei der mindestens ein Element einer übergeordneten Ebene (inhaltlicher oder formaler Natur) analog auf einer untergeordneten Ebene erscheint. *M.e.a.* setzt also eine Ähnlichkeitsrelation und eine logische Hierarchie voraus (in der Erzählkunst die Ordnung von ↗ Paratext, extra-, intra-, und hypodiegetischer Ebene; ↗ Diegese) und steht somit in Opposition zu anderen Ähnlichkeitsformen, z.B. zur ↗ Ikonizität (Analogien zwischen verschiedenen, aber nicht notwendig hierarchisch differenzierten Ebenen, z.B. zwischen Laut- und Inhaltsebene eines Gedichts), zur ›mise en série‹ (Analogien von ›in Serie gesetzten‹ Elementen auf derselben Ebene) oder zur ›mise en cadre‹ (invers zur *M.e.a.*, dem analogen Auftreten textueller Elemente einer untergeordneten Ebene auf einer übergeordneten, d.h. in der ›Rah-

mung‹). – Typologisch sind solche differenzierbar (a) in quantitativer Hinsicht: ›eingelegte *M.e.a.*‹ von geringem Umfang, wodurch die übergeordnete Ebene dominant ist, vs. ›gerahmte *M.e.a.*‹ von großem Umfang, wodurch die übergeordnete Ebene zur bloßen Rahmung wird (vgl. Hornby 1986, S. 33–35, für Formen des Spiels im Spiel); ferner ›totale‹ und/oder häufige bzw. endlose *M.e.a.*, z.B. der Endlosreim »Un chien vint dans l'office […]« im zweiten Akt von Becketts *En attendant Godot* (1953), vs. ›partielle‹ und/oder einmalige *M.e.a.*, z.B. das Spiel im Spiel »The Murder of Gonzago« in Shakespeares *Hamlet* (1602); (b) in qualitativer Hinsicht: ›wörtliche‹ vs. ›transponierte‹, d.h. veränderte *M.e.a.*; (c) nach Gegenstandsbereichen: ›inhaltliche‹ vs. ›formale‹ *M.e.a.*‹; so ist jede Geschichte in einer Geschichte als Spiegelung des Erzählens eine formale *M.e.a.*, nicht aber immer auch eine inhaltliche bzw. thematische; (d) in funktionaler Hinsicht: Wichtig ist hier die *M.e.a.* »*révélatrice*« (Ricardou 1978, S. 50), durch die (meist inhaltliche) Leerstellen der übergeordneten Ebene wie im *Hamlet* aufgefüllt und Rätsel aufgedeckt werden; daneben kann, v.a. bei häufiger oder paradoxer Anwendung, die *M.e.a.* auch als »contestation du récit unitaire« (Ricardou 1978, S. 75) und damit als *foregrounding* literar. Künstlichkeit ↗ illusionsdurchbrechend wirken. – Obwohl die *M.e.a.* ein überzeitliches und weit über den Bereich von ↗ Kunst und Lit. hinausgehendes Phänomen ist, erscheint sie in hochgradig autoreferentiellen und antimimetischen Texten wie dem *nouveau roman* und Erzählungen des ↗ Postmodernismus bes. häufig.

Lit.: A. Gide: *Journal 1885–1939*, Paris 1948. – J. Ricardou: *Problèmes du nouveau roman*, Paris 1967. – ders.: *Le nouveau roman*, Paris 1973. – ders.: *Nouveaux problèmes du roman*, Paris 1978. – L. Dällenbach: *Le récit spéculaire*, Paris 1977 (engl. *The Mirror in the Text*, Chicago 1989). – R. Hornby: *Drama, Metadrama, and Perception*, Lewisburg 1986.

WW

Misogynie (gr. *misógynos*: Frauenhasser; von gr. *mísos*: Haß, Abscheu; gr. *gyne̊*: Frau), unter Misogynie wird in der Medizin bzw. Psychologie der krankhafte Haß von Männern gegenüber Frauen verstanden; verallgemeinert bezeichnet der Begriff Frauenfeindlichkeit bzw. Verachtung gegenüber Frauen. – V.a. von frühen Richtungen des Feminismus wurde M. als ein Merkmal patriarchaler Kulturen identifiziert, welches das abendländische Denken seit der Antike prägt. Eine explizite Form von M. wird in der Gewalt gegen Frauen und der Abwertung von Frauen gesehen; doch gleichzeitig wird M. auch als Ursache für die Unterdrückung weiblicher Bildung, weiblichen Begehrens und weiblicher Subjektivität erachtet. M. ist sowohl biologistisch (als ›männliche Natur‹, in der eine grundsätzliche Angst vor dem Weiblichen und dem Mütterlichen zum Ausdruck komme) wie soziologisch (als Rationalisierung und Naturalisierung männlicher Herrschaft) erklärt worden. In ihrer Studie *The Troublesome Helpmate. A History of Misogyny in Literature* (1966) untersucht K. Rogers M. in der Lit. Rogers versteht M. als Abwehr von Sexualität, als Gegenbewegung zur Idealisierung von Frauen und als Versuch, Frauen der männlichen Herrschaft zu unterwerfen. K. ↗ Milletts *Sexual Politics* (1969) und A. Dworkins *Pornography* (1979) konzentrieren sich auf diesen dritten Aspekt. Sie untersuchen Degradierungen von Frauen, wie sie sich insbes. im Bereich der Sexualität und ihren ↗ Repräsentationen in der (pornographischen) Lit. manifestieren. Neuere Studien analysieren dagegen die Gleichzeitigkeit von ↗ Begehren und Gewalt in der M. und verweisen auf Brüche bzw. das Scheitern der Repräsentation. Gleichwohl wird der Begriff wegen seiner Nähe zu essentialistischen Erklärungen der ↗ Geschlechterdifferenz nur noch selten verwendet und eher durch Begriffe wie ↗ Sexismus oder ↗ Phallozentrismus ersetzt.

Lit.: R. H. Bloch/F. Ferguson (Hgg.): *Misogyny, Misandry, and Misanthropy,* Berkeley 1989. – K. A. Ackley (Hg.): *Misogyny in Literature. An Essay Collection,* N. Y. 1992.

DF/SSch

Misreading ↗ Gegen-den-Strich-Lesen

Mittelalter, Literaturtheorien des, (1) Versteht man unter Lit.theorie ein Erklärungsmodell, das den Gegenstand in seinen allgemeinsten Prinzipien darlegen, die Bedingungen und Mittel seiner Produktion, seine Funktionen und Bedeutungen sowie seine Wirkung fassen und unter allg.gültigen wie programmatischen Normsätzen beschreiben will, ist zunächst festzuhalten, daß eine solche umfassende Theorie der Lit. im MA. nicht entwickelt wurde. Verbreitet waren v.a. Lehrwerke für die Praxis der Dichtung als präskriptiv angelegte Poetiken (↗ Rhetorik, Stilartenlehre, ↗ Metrik, *ornatus*), nur verstreut und unsystematisch finden sich theoretische Äußerungen über Einzelaspekte der Lit. Dieser Befund hat seine historischen Gründe. Denn

trotz aller Kontinuitäten zwischen ↗ Antike, Spätantike und MA. gibt es keine ungebrochene Tradition der Reflexion auf den Gegenstand und seine Bestimmung. Das antike Wissen über die Lit., ihre Formen, ihre Darstellungsmittel und ihre Wirkungen wird nur bruchstückhaft überliefert. Da solches Wissen von der Spätantike bis ins 12. Jh. hinein in das Bildungsmonopol der christlichen Kirche fiel, unterlag zum einen die Bedingung der Möglichkeit seiner Tradierung in Latein einer relativ strikten Kontrolle seiner Anwendungsmöglichkeit für die Förderung des Glaubens, für den Lobpreis Gottes und seiner Schöpfung; ausschließlich maßgeblich war hier für die Zeit bis ca. 1200 der Einfluß des augustinischen Denkens. Zum anderen ergaben sich neue Anstöße zu literar. Gestaltung in den Volkssprachen zunächst nur vereinzelt ab dem 8. und 9. Jh., eine ungebrochene Tradition schriftlich fixierter, literar. Texte wird mit regionalen Unterschieden erst vom späten 10. und frühen 11. Jh. an ausgebildet. Und erst in der zweiten Hälfte des 12. Jh.s beginnt ein Emanzipationsprozeß, in dessen Verlauf der bis dahin vorherrschenden Literarästhetik der Kirche eine Funktionsbestimmung der Lit. an die Seite gestellt wird, die sich nicht mehr ausschließlich dem Dienst am Glauben verpflichtet sehen will. Die Scholastik des 13. Jh.s betont gegen den dann deutlicher vorgetragenen Wahrheitsanspruch des Fiktionalen noch einmal ausdrücklich die Rolle des Künstlers als Diener Gottes, denn nur was zu Wahrheit als höherer Erkenntnis führt, läßt sich innerhalb eines metaphysischen Systemgebäudes rechtfertigen (Thomas von Aquin). Etwas von solchen vielgestalten Abwertungsversuchen der Lit. durch klerikale Denker in dem Emanzipationsprozeß ab ca. 1150 wird z.B. faßbar im Traktat *De reductione artium ad theologiam* des Franziskaners Bonaventura von ca. 1248–1256, der Dichtung als *ars theatrica* zusammen mit dem Gesang, der Instrumentalmusik und der Pantomime zu den *artes mechanicae* verbannt und ihr nur den letzten Rang der Erkenntniswege einräumen will: Sie ist nur nutzlose Entspannung und Erheiterung. Erst im 14. Jh. heben F. Petrarca und G. Boccaccio die Dichtung als Möglichkeit wahrer Erkenntnis über die Welt auf einen höheren Rang: Petrarca setzt sie über die *artes liberales,* Boccaccio stellt sie neben die Philosophie und die Theologie, sie ist für ihn *scientia* (*Genealogia deorum gentilium,* 14.–15. Buch; 1365). Angesichts dieser historischen Rahmenbedingungen für Lit. wird verständlich, warum sich die Überlieferung des antiken Wissens v.a. auf die Übermittlung von Regeln und Regelwerken der Darstellungsmittel beschränkte: Solche Dichtungslehren des MA.s gehen auf die rhetorischen Lehrwerke Ciceros (u.a. *De oratore, De inventione*), auf Quintillian (*Institutio Oratoria*), Horaz (*De arte poetica*) sowie auf Vergil zurück (*Bucolica, Georgica* und *Aeneis* als Belege für die drei Stilebenen). (2) Historische Gliederung. Mit Blick auf die im 12. Jh. einsetzende volkssprachliche und nicht mehr nur auf christliche Jenseitsziele gerichtete Reflektion auf den Gegenstand stellt sich dieses Jh. in der Tat als eine Art Wasserscheide dar. Vor ca. 1150 finden sich Äußerungen lit.theoretischer Art vereinzelt in Prologen oder Epilogen (die im gesamten MA. der bevorzugte Ort solcher Reflektionen sind); Ziel der Argumente über die Verwendung der Volkssprache, den ↗ Stil, die Darstellungsmittel oder die Funktion der Texte ist dabei immer die Rechtfertigung der Dichtung als Gotteslob und Vermittlung von Heilslehre. Als exemplarisch für den gesamten Zeitabschnitt können die Überlegungen Otfrieds von Weißenburg aus seinem lat. Widmungsschreiben und dem ersten Kapitel seiner *Evangelienharmonie* gelten (ca. 860–870; vgl. Haug 1992, S. 25–45). Wiewohl Otfried explizit auf die antiken Dichtungslehren Bezug nimmt und der Volkssprache eine mindere Leistungsfähigkeit hinsichtlich der rhetorisch-linguistischen Organisation seines Textes zurechnet, treten beide Aspekte (die Schönheit der Sprache und die geringere Ausdrucksfähigkeit des Dt.) eindeutig hinter ihre Funktion der Vervollkommnung des Menschen zurück; die bewußte sprachliche Gestaltung darf nicht selbstreferentiell sein, sie findet ihre systematische Bestimmung nur in ihrer Aufgabe als Gottesdienst und Dienst am Nächsten: Gott möge verhindern, so Otfried, daß er »um der schönen Form willen die falschen Worte wähle« (2.15–16). Diese letztlich augustinische Auffassung der Sprachverwendung als Gotteslob führt in einen unauflösbaren Konflikt zwischen Sprache als schöner Form (mit ihrer inhärenten Tendenz, Selbstzweck zu werden) und Sprache als Gottesdienst (als Hinleitung zu höheren Zielen). Dieser Konflikt kann nur teilweise dadurch überdeckt werden, daß in einer christlichen Verkehrung der Stilhierarchie etwa im *sermo humilis* der klassische *ornatus facilis* an die oberste Stelle der Hierarchie rückt; der schöne Schein der Worte, die Möglichkeit, eine schöne Form um ihrer selbst willen zu bewundern, wird immerzu gegen das Gebot

streiten, den Lobpreis Gottes auch möglichst in schönster Form darzubringen. Und noch ein weiteres erhellt aus Otfrieds Überlegungen: Er schreibt seine *Evangelienharmonie* in der Volkssprache, weil Latein nicht mehr allen Klerikern zur Verfügung steht (vgl. zur gleichen Zeit ähnliche Bemühungen am Hof des westsächs. Königs Alfred in England). Der Beginn volkssprachlicher Dichtung in der ↗ Schriftlichkeit hat also eine seiner Ursachen im Bildungsverlust der Wikingerzeit; zugleich ist er aber auch motiviert als Versuch der Überwindung der Attraktivität weltlicher Dichtung, über deren Inhalte und Formen wir aus dieser Zeit nur indirekt lernen, weil sie zur oralen Kultur gehört (↗ Mündlichkeit). Wo sie verschriftlicht worden ist, da finden sich allenfalls Überlegungen zur formalen Gestaltung oder Hinweise auf die Rolle des Dichters als *historicus* (z.B. im altengl. *Beowulf*, 867ff.). Die Invektiven gegen solche Heldensagen als oral tradierter und kollektiv erinnerter Geschichte (von Alkuin 797 bis zum *Annolied* ca. 1077–81 und darüber hinaus) zeugen von ihrer Lebensbedeutsamkeit nicht nur bei den weltlichen Herren; Äußerungen über Form, Inhalte und Zweckbestimmung sind jedoch nur gebrochen und durch Kritik vermittelt überliefert. Für das klerikal definierte Konzept von Lit. gilt dagegen, daß die Bibel Urgrund aller Geschichte zu sein hat: Der engl. Abt Aelfric (gestorben ca. 1012) nennt sie gar wiederholt die ›Bibliothek‹, mit der sich alle Fragen sozialer Praxis beantworten lassen. Somit definiert sich die Rolle des Dichters als *servus Dei*, dessen einzige Aufgabe von Würde der Lobpreis Gottes ist; er selbst muß hinter dieser Aufgabe zurückstehen (und bleibt daher meist anonym: vgl. z.B. die Autorensignatur des altengl. Dichters Cynewulf in Runen, die sich nur den lesenden Mitbrüdern erschließen, so daß sie ihn in ihre Fürbittegebete einschließen können; im Vortrag geht diese Information verloren). – Diese bis ins Hochmittelalter vorherrschende Lehre vom Gottesdienst der Dichtung wird ab dem 12. Jh. gründlich erschüttert. Hand in Hand mit den Emanzipationsbewegungen in fast allen kulturellen Bereichen (vgl. das Schlagwort von der ›Renaissance‹ des 12. Jh.s) werden auch der Gegenstand Lit. und Aspekte seiner allg. Prinzipien neu und unter anderen Vorzeichen diskutiert, ohne daß jedoch eine umfassende Lit.theorie entwickelt wurde. Strittig ist noch, in welchem Maße bei solchen Diskussionen in der volkssprachlichen Lit. ähnliche Diskussionen und Wesensbestimmungen aus dem lat. Schrifttum bestimmend waren; unstrittig lassen sich Parallelen oder Anleihen aufzeigen (Minnis 1988; Minnis/ Scott 1991), die jedoch meist universelle Aspekte betreffen (wie z.B. den belehrenden Anspruch, den natürlich auch die profane Dichtung vertritt), nicht jedoch die nun eindeutig auch an der Diskussion weltbezogener Verhaltensmuster und am ästhetischen Wohlgefallen orientierten Inhalte und Formen (wie z.B. im Artusroman des MA.s oder im provenzalischen Dichtungsstil des *trobar clus*). Geographisch, zeitlich und inhaltlich zeigen sich hinsichtlich der Diskussion über Lit. große Unterschiede zwischen den Volkssprachen: in Frankreich z.B. setzt das öffentliche Gespräch im Medium weltlicher Lit. schon im früheren 12. Jh. ein (Troubadourlyrik mit Bezug auf Formgestaltung und Inhalte) und wird ab ca. 1165 bei Chrétien de Troyes traditionsstiftend (z.B. mit Bezug auf die Erzählstruktur als eine sinntragende Konstituente); im dt. Sprachraum folgen die wesentlichen Beiträge in der mittelhochd. Klassik von ca. 1180 bis ca. 1230 (Gottfried v. Straßburg, z.B. mit der Konstitution eines Publikums von »edelen herzen«; Hartmann v. Aue, z.B. in der Reklamation von Nutzen und Erfreuen durch weltliche Dichtung; oder Wolfram v. Eschenbach, z.B. mit Diskussion der Erzählverfahren); wegen seiner anderen sprachlichen Situation (Bevorzugung frz. Lit. in den lit.tragenden Schichten) ist England Nachzügler in der Diskussion (ab ca. 1350, u.a. G. Chaucer, J. Gower, W. Langland); wieder anders verläuft die Diskussion in Italien. Wegen der unterschiedlichen soziokulturellen Bedingungen und wegen der insgesamt unsystematischen wie inhaltlich divergierenden Behandlung des Gegenstands in der profanen Lit. des MA.s ist eine historisch-chronologische Darstellung für den Zeitabschnitt von ca. 1150 bis ca. 1500 nicht möglich; statt dessen sei kurz ein gemeinsamer Nenner wesentlicher Aspekte skizziert. (3) Rhetoriken und Poetiken. Im gesamten MA. werden Abhandlungen und Lehrbücher über Rhetorik in Anlehnung an klassisch-lat. Muster geschrieben. Wesentlich und einflußreich sind diejenigen des 12. und 13. Jh.s: die *Ars versificatoria* des Matthäus v. Vendôme mit ihren Erläuterungen der traditionellen drei Stilarten (ca. 1170); die *Poetria Nova* des Geoffrey de Vinsauf mit ihrem Schwerpunkt auf der *dispositio* und der *elocutio* (ca. 1200–1215); die *Poetria de arte prosaica, metrica et rhythmica* des John of Garland, die ausdrücklich Beschäftigung mit den antiken Autoren als Schullektüre verlangt und Teile seines eigenen Ovid-Kommen-

tars einschließt (vor ca. 1250). Ihnen und den späteren Lehrbüchern des MA.s ist die Ausrichtung auf die Praxis gemeinsam, sie wollen keine Lit.theorie entwerfen, sondern Übungsanleitung sein. (4) Das Problem der Wahrheit. Im christlichen Glaubensgebäude ist nur eine Wahrheit möglich: »Whatever turns elsewhere in any kind of art or writing whatsoever is not philosophical doctrine but [...] foolish fables and fictions [...]« (John of Salisbury, *Policraticus*, 7.2). Weltliche Dichtung steht daher immmer vor dem klerikalen Vorwurf der Lüge und muß sich deshalb im gesamten MA. mit bes. Betonung eines Anspruchs auf Wahrheit verteidigen; Artusromane, so lautet exemplarisch ein Vorwurf, sind »Lügen, die die Herzen verdüstern und die Reinheit der Seele zerstören« (*Vies des Pères*, vor 1229; Haug 1992, S. 252). Die Dichter beantworten den Vorwurf mit bes. Verweisen auf ihre *auctores*, mit Kritik an ihren Quellen und mit Wahrheitsbeteuerungen (vgl. z.B. in den ma. Trojaner-Sagen die Berufung auf die angeblichen Augenzeugen Dares und Dictys sowie die Kritik an Homer); sie erfinden auch schriftliche Quellen, um ihren Wahrheitsanspruch abzusichern (z.B. die ›Kyot‹-Quellenkonstruktion in Wolframs *Parzival*, ca. 1200–1210; schon spielerisch: Chaucers Quelle ›Lollius‹ für den *Troilus*, ca. 1385). Die Berufung auf die Autorität des Schriftlichen und auf *auctores* nimmt deutlich Anleihe bei einem vergleichbaren Argumentationsmuster in Philosophie und Theologie; folglich rechtfertigt sich die Wahrheit der Dichtung auch mit ihrem Anspruch, nützlich für die Lebensgestaltung des Publikums zu sein; dabei werden in steigendem Maße diesseitsbezogene Normsysteme verhandelt (z.B. Ritterideal, Liebesthematik). Die traditionelle und im MA. selbst in didaktischer Lit. immer wieder zitierte Lehrformel des *prodesse et delectare* (Horaz, *Ars Poetica*) zeigt aber auch an, daß neben dem reklamierten Nutzen ästhetischem Wohlgefallen in weltlicher Dichtung ein oftmals gleicher Rang zugeschrieben wird. (5) Originalitätsbegriff. Die Quellenberufung als Absicherung des Wahrheitsanspruchs verweist auf ein weiteres konstitutives Merkmal ma. Lit.: Sie ist weitgehend Rezeptionslit., die nicht das noch nie Gehörte und radikal Neue bieten, sondern schon Bekanntes innovativ gestalten will; der engl. Dichter J. Lydgate z.B. erläuert dies am Bild des Töpfers, der eine vorhandene Form zerstöre, um sie neu und *besser* zu gestalten (Prolog *Fall of Princes*, ca. 1431–38). (6) Rolle des Dichters. In den expliziten wie impliziten Definitionen der

Rolle des Dichters zeigt sich eine deutliche Entwicklung zur Individualität; während im Frühmittelalter die Rolle klerikal als Gottesdiener bestimmt wird und dabei die in der oralen Kultur und ihrer Verschriftlichung propagierte Funktion des Dichters als *historicus* heftig attackiert wird (Lügenvorwurf), sind aus dem 12. Jh. nicht nur im Bereich der Lit. erste Künstlersignaturen belegt, die von einem neuen Selbstverständnis zeugen: Der Künstler tritt aus der Anonymität (Übergang zur Er- und Ich-Form), das literar. Werk selbst wird (trotz aller Beteuerungen im Bescheidenheitstopos und der vorgeblichen Überantwortung einer ›Korrektur des Geschriebenen‹ an Mäzene oder Publikum) ›authentischer‹ Text, der auch gegen den verändernden Zugriff anderer verteidigt wird. (7) Fazit. Wiewohl kein systematischer Entwurf einer Lit.theorie aus dem MA. vorliegt, läßt sich aus der dichterischen Praxis doch ein relativ entwickeltes Bewußtsein der Grundprinzipien von Lit., ihren Formen und Gestaltungsmitteln ableiten. Es bleibt aber festzuhalten, daß selbst die Summe der Einzelbeobachtungen nicht zu einer systematischen Theorie des Gegenstandes und seiner Eigenarten führt; dies liegt auch darin begründet, daß Theoriebildung v.a. im Bereich der Kunst immer hinter der gestaltenden Praxis zurückbleiben muß, das abstrakt-systematische Gebäude kann nicht einmal die Fülle der realisierten Möglichkeiten fassen.

Lit.: U. Mölk: *Frz. Literarästhetik des 12. und 13. Jh.s: Prologe, Exkurse, Epiloge*, Tüb. 1969. – H.R. Jauß: »Theorie der Gattungen und Lit. des MA.s«. In: ders.: *Alterität und Modernität der ma. Lit.*, Mchn. 1977. S. 327–358. – P. Klopsch: *Einf. in die Dichtungslehren des lat. MA.s*, Darmstadt 1980. – F.P. Knapp: »Historische Wahrheit und poetische Lüge. Die Gattungen weltlicher Epik und ihre theoretische Rechtfertigung im Hochmittelalter«. In: *DVjs* 54 (1980) S. 581–635. – B. Haupt (Hg.): *Zum ma. Lit.begriff*, Darmstadt 1985. – R. Copeland: »Literary theory in the later Middle Ages«. In: *Romance Philology* 41 (1987–88) S. 58–71. – A.J. Minnis: *Medieval Theory of Authorship*, Aldershot 1988 [1984]. – M.W. Bloomfield: *The Role of the Poet in Early Societies*, Cambridge 1989. – W. Haug: *Lit.theorie im dt. MA. von den Anfängen bis zum Ende des 13. Jh.s*, Darmstadt 1992 [1985]. – A.J. Minnis/ A.B. Scott (Hgg.): *Medieval Literary Theory and Criticism c.1100–c.1375. The Commentary Tradition*, Oxford 1991 [1988]. – J. Heinzle (Hg.): *Literar. Interessenbildung im MA.*, Stgt. 1993. Bes. S. 357–496.

WB

Mnemotechnik (gr. *mnēmē*: Gedächtnis, Erinnerung; *téchnē*: Handwerk, Kunst), Technik und Verfahren, die Gedächtnisleistung zu steigern, z.B. durch systematische Übung oder Lernhilfen wie Merkverse. – (1) Die M. als Kunst im vormodernen Sinne (lat. *ars memorativa, ars memoriae*), das unvollkommene menschliche Gedächtnis (lat. *memoria*: Gedächtnis, Erinnerung) zu stützen und somit dem Vergessen entgegenzuwirken, wurzelt in der Antike, zum einen z.B. in der aristotelischen Vorstellung von der *memoria* im Kontext einer Seelentheorie, zum anderen in der lat. ⁊ Rhetorik, wie sie v.a. durch Ciceros *De Oratore*, den anonymen Traktat *Ad C. Herennium libri IV* und Quintilians *Institutio Oratoria* repräsentiert ist. In der Bindung an die antike Rhetorik und damit an die Kompetenz des Redners steht die *memoria* als einer der fünf Sektoren der Rhetorik neben der *inventio, dispositio, elocutio* und der *pronuntiatio*. Angesichts der übergeordneten Vorstellungen von der Priorität des Gesichtssinns und der Notwendigkeit eines strikten Ordnungsprinzips ist der Kern des Regelsystems der M. einmal die Verräumlichung (*loci*), bes. in architektonischen Kategorien von Gebäuden oder Straßen einer Stadt, wie zum anderen die Verbildlichung (*imagines*) des Gedächtnisses mit der zusätzlichen Unterscheidung zwischen einem Sach- und einem Wortgedächtnis (*memoria rerum, memoria verborum*). Regeln, die z.B. an den Kategorien der Ähnlichkeit oder der Opposition ausgerichtet sind, garantieren im Rahmen der Vorstellung von einem trainierbaren ›künstlichen Gedächtnis‹ im Vergleich mit dem natürlichen Gedächtnis eine Speicherung von Wissensbeständen an bestimmten ›Orten‹ in systematischer Ordnung, so daß diese Gedächtnisbilder auch jederzeit leicht abrufbar sind. Wachstafel und Magazin gelten als zentrale Metaphern des Gedächtnisses. Das christliche MA. transformiert diese antike *ars memorativa* v.a. in der Scholastik, indem sie die *memoria* als Teilaspekt der *prudentia*, der Unterscheidungsfähigkeit zwischen gut und schlecht, versteht und sie damit zu einem Teil des ma. Tugendsystems macht (Thomas von Aquin, A. Magnus). Im 16. und 17. Jh. herrschen dagegen, angeregt durch hermetische Traditionen (vgl. Yates 1966; Keller 1991), magische und okkulte Gedächtnissysteme vor. Von der Mitte des 17. Jh.s an verliert die M. ihre Bedeutung. (2) Die heutige Forschung richtet sich v.a. auf die Geschichte der M. und der Vorstellungen zur *memoria* (vgl. Yates 1966; Carruthers 1990), nicht zuletzt angesichts der modernen Abwertung ›bloßer‹ Gedächtnisleistungen, die den Idealen von Kreativität, Spontaneität, Genialität und ›wahrer‹ Erkenntnis entgegenstehen. Bedeutsame Fortschritte zeigen sich in der Einschätzung des Wandels der kulturellen Bedeutung des Gedächtnisses und damit der M.: Während ältere Arbeiten wie die primär an der Renaissance interessierte Studie von F. Yates (1966) die sachliche Notwendigkeit der M. aus dem Fehlen der ↗ Schriftlichkeit, v. a. der des Buchdrucks, abzuleiten versuchte und somit von einer klaren Zuordnung von M. und schriftlosen Kulturen (↗ Mündlichkeit) ausging, diskutiert die neuere Forschung (vgl. Carruthers 1990) u. a. die *memoria* und die mit der Erfindung des Buchdrucks keineswegs unmittelbar verdrängte M. jenseits einer solch klaren Zuordnung zu mündlichen Kulturen. So werden die bes. Formen der M. in teil-literaten Kulturen mit der Umformulierung der Vorstellungen vom Gedächtnis in Kategorien der Schriftlichkeit aufgezeigt. Der Verlust der Bedeutung von Gedächtnis und M. am Ende der frühen Neuzeit wird eher mit dem Funktionsverlust der Rhetorik angesichts des gesteigerten Wahrheitsanspruchs an Aussagen im 17. und 18. Jh. begründet. Im Anschluß an die aristotelische Unterscheidung von *memoria* und *reminiscentia* wird die Doppelgestalt der *memoria* (vgl. A. Assmann/Harth 1991) als kulturelles ↗ ›Gedächtnis‹ im Sinne von Speichern und Deponieren und kultureller ↗ ›Erinnerung‹ im Sinne des ›Abrufens‹ diskutiert. Da das Gedächtnis sich immer auf Vergangenes, Ereignisse wie Vorstellungen, bezieht, die es zu vergegenwärtigen trachtet, steht v. a. das Verhältnis von *memoria*, Geschichte und Kultur im Mittelpunkt des Interesses historischer wie kulturwissenschaftlicher Forschung (vgl. Oexle 1995; ↗ Kulturwissenschaft), wobei den Begriffen ›individuelles‹ vs. ›soziales‹ bzw. ›kollektives Gedächnis‹ (vgl. Burke 1991; Fentress/Wickham 1992) und ›kulturelles‹ vs. ›kommunikatives Gedächtnis‹ bes. Bedeutung zukommt (J. Assmann 1992).

Lit.: F. Yates: *The Art of Memory*, Ldn. 1992 [1966] (dt. *Gedächtnis und Erinnern*, Bln. 1997 [1990]). – M. J. Carruthers: *The Book of Memory*, Cambridge 1996 [1990]. – A. Haverkamp/R. Lachmann (Hgg.): *Gedächtniskunst*, FfM. 1991. – B. Keller: »M. als kreatives Verfahren im 16. und 17. Jh.«. In: A. Assmann/Harth 1993 [1991]. S. 200–217. – P. Burke: »Geschichte als soziales Gedächtnis«. In: A. Assmann/Harth 1993 [1991]. S. 289–304. – J. Assmann: *Das kulturelle Gedächtnis*, Mchn. 1997 [1992]. – J. Fentress/Ch. Wickham: *Social Memory*, Oxford et al. 1994 [1992]. – A. Haverkamp/R. Lachmann (Hgg.): *Memoria*, Mchn. 1993. – J. J. Berns/W. Neuber (Hgg.): *Ars Memorativa*, Tüb. 1993. – O. G. Oexle: »Memoria als Kultur«. In: ders. (Hg.): *Memoria als Kultur*, Göttingen 1995. S. 9–78. – H. Weinrich: *Lethe. Kunst und Kritik des Vergessens*, Mchn. 1997.
GMO

Modell, literaturwissenschaftliches, formale, graphische oder bildliche Darstellung einer lit.-wissenschaftlichen Theorie oder eines Teilbereichs einer Theorie. Obgleich die Verwendungsweisen des M.-begriffs in der Lit.wissenschaft uneinheitlich sind, hat dieser eine Reihe von definierten Merkmalen (vgl. Stachowiak 1965, S. 438): M.e sind stets Abbildungen bzw. Repräsentationen von etwas, sie erfassen nur eine begrenzte Anzahl als relevant erachteter Aspekte bzw. Eigenschaften des abgebildeten Bereichs, und sie sind daher abhängig von den zugrundegelegten Relevanzkriterien. Wie andere M.e beruhen auch l. M.e auf Komplexitätsreduktion, denn sie abstrahieren vom Einzelfall und versuchen, generalisierend und vereinfachend komplexe lit.theoretische oder lit.geschichtliche Sachverhalte schematisch darzustellen. V. a. in der ↗ Erzähltheorie (vgl. Jahn/Nünning 1994), ↗ Kultursemiotik und ↗ Textlinguistik (vgl. Gülich/Raible 1977) sind M.e weit verbreitet. Einflußreiche l. M.e sind der von F. ↗ Stanzel entwickelte Typenkreis der ↗ Erzählsituationen, das ↗ Kommunikationsmodell narrativer Texte sowie diagrammartige Darstellungen der ↗ Evolution literar. ↗ Gattungen (vgl. Bonheim 1990, Kap. 8 und 9). Der Nutzen l. M.e besteht darin, daß sie heuristische, kognitive, deskriptive, typologische, komparatistische, mnemotechnische und didaktische Funktionen erfüllen und aufgrund ihrer Anschaulichkeit v. a. im Lit.unterricht eine Orientierungshilfe bieten (vgl. Wenzel 1997).

Lit.: H. Stachowiak: »Gedanken zu einer allg. Theorie der M.e«. In: *Studium Generale* 18 (1965) S. 432–463. – E. Gülich/W. Raible: *Linguistische Textmodelle. Grundlagen und Möglichkeiten*, Mchn. 1977. – H. Bonheim: *Literary Systematics*, Cambridge 1990. – M. Jahn/A. Nünning: »A Survey of Narratological Models«. In: *LWU* 27.4 (1994) S. 283–303. – A. Nünning: »Vom Nutzen und Nachteil lit.wissenschaftlicher Theorien, M.e und Methoden für das Studium«. In: Nünning 1995. S. 1–12. – P. Wenzel: »Ein Plädoyer für M.e als Orientierungshilfe im Lit.unterricht«. In: *LWU* 30.1 (1997) S. 51–70.
AN

Moderne (lat. *modo*: nur, eben, gleich, jetzt; spätlat. *modernus*: neu, derzeitig), eine Beschreibung der M. zu liefern ist eine unendliche Aufgabe, weil modern grundsätzlich das ist, was als gegenwärtig, aktuell, neu und nicht vergangenheitsorientiert angesehen wird. Seit dem Ende des 5. Jh.s ist das Wort ›modernus‹ im Gegensatz zu ›antiquus‹ belegt. Es wird immer wieder dann verwendet, wenn das Selbstverständnis einer ↗ Epoche oder Gesellschaftsgruppe sich deutlich von Vorgängern unterscheidet und absetzt. Im Streit zwischen den ›Alten und den Modernen‹ (*querelle des anciens et des modernes*), den Ch. Perrault 1687 in der frz. Akademie auslöste und der den Beginn der Aufklärung markiert, gewinnt das M. die Überhand gegenüber der Tradition der ↗ Antike und der Vergangenheit schlechthin. Der Fortschrittsglaube der Aufklärung ist allerdings dort schon verloren, wo die M. mit dem Romantischen identifiziert und dadurch als Teil eines Geschichts- und Kulturverfalls betrachtet wird, wie etwa bei J. W. v. Goethe und G. F. W. ↗ Hegel. Das Moderne ist bei Goethe schon 1813 kein historischer, sondern ein moralisch-psychologischer Begriff, der sich v. a. durch die menschliche Freiheit und das Wollen definiert: ›Ein Wollen, das über die Kräfte des Individuums hinausgeht, ist modern‹ (vgl. Goethe 1988). Diese Betonung des Wollens, des Subjektiven und des gesteigerten Selbstbewußtseins bleibt für die M. ein andauerndes Charakteristikum. M. ist ohne Bezug auf sich selbst nicht denkbar und löst sich immer dann auf, wenn diese reflexive Beziehung verlorengeht. Dieser seit der Aufklärung immer mehr zunehmende Selbstbezug geht einher mit historischen Entwicklungen, die den Menschen letztlich zum alleinigen Fundament des Lebens machen. Die nominelle Gleichheit aller Menschen und das Streben nach Demokratie seit der frz. Revolution sind ebenso wesentliche Bestandteile der M. wie Industrialisierung und Technologisierung. Dazu tritt die »Erfahrung der Beschleunigung« und die Einsicht, daß »jede neue Modernität dazu bestimmt ist, sich selbst zu überholen« (Koselleck et al. 1969, S. 303). Die Gegenwart hört auf, ein abgrenzbarer Fixpunkt zu sein. Vielmehr erscheint sie als Fülle ständig neuer Perspektiven. Wahlmöglichkeiten ergeben sich durch die Öffnung und Differenzierung der Gesellschaft, die dem einzelnen seine Rolle nicht mehr verbindlich vorschreibt, sondern persönlicher Entscheidung und Qualifikation überläßt. Diese »funktionale Systemdifferenzierung« (Luhmann 1973, S. 104) bietet den Menschen Freiräume der Selektion. Die in der M. auf die Spitze gebrachte Freiheit erscheint aber immer in einer janusköpfigen Doppeldeutigkeit, die das Paradox, eine dialektische Zwiespältigkeit und die Multiperspektivität zu wesentlichen Merkmalen der M. machen: Der Mensch, der in der M. zum Maß aller Dinge wird, weil alle Rechtfertigung nicht mehr von einem Gott oder einer gottähnlichen Regierung,

sondern vom Menschen ausgeht, erhält eine ungeheure Verantwortung, die sich mit einer gleich großen Angst vor dem Scheitern paart. Entsprechend sehen typisch moderne Autoren, wie etwa S. A. ↗ Kierkegaard, J.-P. ↗ Sartre oder H. Pinter, Freiheit immer verbunden mit Verantwortung und existentieller Angst. In der M. ist die vorher holistische Gesellschaft durch eine individualistische, widersprüchliche und fragmentarisierte ersetzt. – Spätestens seit dem 19. Jh. sind die Menschen in den dynamischen modernen Prozeß verwickelt, der durch Individualisierung, Differenzierung, Spezialisierung und Abstraktion gekennzeichnet ist sowie durch Technologisierung, Säkularisierung, Rationalisierung und Verwissenschaftlichung. Die moderne Welt ist ›entzaubert‹ (M. ↗ Weber), alles Über-Natürliche ist ihr genommen, und das Künstliche als das von Menschen Geschaffene wird ihre eigentliche Natur. Moderne Kunst ahmt daher nicht mehr Natur nach, sie ist nicht mehr von einem traditionellen Konzept der ↗ Mimesis geprägt, sondern ihr obliegt es, relevante Inhalte erst zu gestalten. Wahrheit, Schönheit und Gutes sind dabei nicht mehr in einem Platonischen Sinne absolut, sondern multidimensional und nur relativ gültig. Dazu treten in den ↗ Poetiken des 19. Jh.s radikale Änderungen der klassischen Kategorien des Schönen: Ch. Baudelaire z. B. feiert nicht das Schöne, sondern das Künstliche und das Neue, inklusive des Häßlichen und des Schmerzes. Alle Versuche, die Widersprüchlichkeit, Zwiespältigkeit, Relativität und Multiperspektivität der M. zu überwinden, erscheinen als verzweifelte Bemühungen, das Leiden an der modernen Vielfalt und der Eigenverantwortung im Leben zu beseitigen, das Leben weniger komplex und widersprüchlich zu machen. Ein solcher Versuch, der als typisch modern gesehen wird, ist z. B. der Faschismus. Auch der Kommunismus steht als Idee zur Aufhebung von Gegensätzen im modernen Kontext, wie ebenso verschiedenste Formen des Fundamentalismus, der sich immer als wahre und monolithische Lösung in komplexen Situationen, und damit auch als Aufhebung der M., anbietet. – Die literar. M. reflektiert das gewachsene Selbstbewußtsein und ist wesentlich durch die typisch moderne ↗ Paradoxie geprägt, was zu einer großen Vielfalt der Darstellungen der modernen Situation führt. Sie sind danach sortierbar, ob sie Zwiespältigkeit und Gegensätzlichkeit beibehalten oder eine einseitige Position favorisieren, wie etwa der sozialistische Realismus, der ↗ Naturalismus oder auch der ↗ Realismus. Der Realismus und Naturalismus des 19. Jh.s wurden zunächst als typisch moderne Formen der Lit. verstanden, da sie versprachen, die zeitgemäße Wirklichkeit in angemessener Weise wiederzugeben. Mit dem sich ändernden Verständnis von Realität und den Formen ihrer Wahrnehmung und Darstellung wandelt sich jeweils auch die Sicht in bezug auf die Art und Weise der Repräsentation von Wirklichkeit in Lit. Die Darstellung der menschlichen Innenwelt und der subjektiven Wahrnehmung wird im 20. Jh. immer wichtiger gegenüber der Darstellung von Außenwelt. Klassische Lit. der M., wie etwa J. Joyces *Ulysses* (1922), zeigt dabei deutlich, wie sehr Innenwelt und Außenwelt ständig ineinanderfließen. Die Epiphanieerlebnisse der Joyceschen Figur Daedalus im Dublin zu Beginn des 20. Jh.s sind ebenso nur von relativer Gültigkeit wie die der Leser. In ihnen verbinden sich immer materielle Alltäglichkeiten mit ideeller, subjektiver Bedeutungszuweisung, und die Relevanz der Epiphanie verschiebt sich bei jeder Veränderung in den Polen Innen und Außen wieder von neuem. Die Bedeutung des Augenblicks, die u. a. K. H. Bohrer (1981) für die Ästhetik der M. hervorhebt, basiert auf dieser sich ständig verschiebenden Relevanz der Verbindung von Innen und Außen, die keine feste Identität der Protagonisten mehr zuläßt. Die moderne Erfahrung, wie sie *Ulysses* vermittelt, ist geprägt durch die Betonung von Widersprüchlichkeit, Fragmentarisierung, Komplexität und Paradoxie, die zu Pluralität, Vielschichtigkeit und permanentem Wandel führt. Da die traditionellen Sinngebungen des Lebens, die klassischen ↗ Mythen, in der M. nicht mehr ihre Funktion erfüllen, werden sie zerstört, parodiert und in der Lit. rekonstruiert bzw. durch neue Mythen von nur relativer Gültigkeit ersetzt. Die M. und ihre Geschichte erscheint als ›anarchisch‹ (T. S. ↗ Eliot), ohne Ordnungs- und Sinngefüge, so daß E. ↗ Durkheim für sie den Begriff ›Anomie‹ verwendet, der auf einen wesentlichen Grund für die hohe Selbstmordrate in der M. verweist. Für C. G. ↗ Jung ist Schizophrenie eine typische Zeiterscheinung der M. Da es in der M. keine überzeitlich gültigen Mythen mehr geben kann, Sinngebungen für menschliches Leben aber unerläßlich sind, wächst die Bedeutung von Lit. und mit ihr die Relevanz der Sinn konstituierenden Leser, denn der »Wahrheitsgehalt der Werke der literar. M. liegt diesen nicht voraus, weder im Leben des Autors noch in der Gesellschaft, der sie sich verdanken. Wir müssen ihn durch denkende

Aneignung hervorbringen« (Bürger 1996, S. 1311). Das macht die oft beklagte Schwierigkeit moderner Lit. aus, aber auch ihren bes. Reiz. Moderne Lit. reflektiert das neue und sich immer wieder wandelnde Selbstbewußtsein der Menschen zwischen den Extremen der Autonomie und der völligen Abhängigkeit von den gesellschaftlichen Umständen. Die M. wird als eine Krisensituation dargestellt, in der alle Traditionen und Sicherheiten verloren sind und der Mensch häufig unbehaust, im Exil, auf Wanderschaft, vereinsamt oder entfremdet ist. Neben der Problematisierung des menschlichen Selbstverständnisses steht dabei die Infragestellung aller Wahrnehmungsformen im Vordergrund. Nicht die Handlung als äußerliches Geschehen ist das wichtigste, sondern der Versuch, aus Handlungs-, Erlebnis- und Wahrnehmungsfragmenten eine sinnvolle Struktur zu gestalten. Der ↗ Bewußtseinsstrom erscheint in diesem Kontext als eine typisch moderne Form der Wahrnehmungsdarstellung, die mit einer für die M. ebenso typischen Differenzierung einer Einheit, nämlich S. ↗ Freuds Aufspaltung des Subjekts in Ich, Über-Ich und Es, korrespondiert. Chronologie als wichtiges Ordnungselement geht in moderner Lit. häufig verloren; auch die Zeit erscheint als eine bloße Relation in Abhängigkeit von anderen Variablen. Gedankenlogik oder eindeutige Gefühle werden ersetzt durch fragmentarische Bilder und komplexe Anspielungen. Sprache und ihre Fähigkeit zur ↗ Repräsentation wird zu einem herausragenden Problem, da Bedeutung nicht mehr vorgegeben, sondern von aktiven konkreten Sinnsetzungen der Menschen innerhalb bestimmter Situationen abhängig ist. – In der Gegenwart manifestiert sich dieses wesentliche Element der M., der Zwang zur Sinnschöpfung, sehr augenfällig in den verschiedenen Theorien des ↗ Konstruktivismus. Eine Poetik des modernen Konstruktivismus muß die Gegensätze von Innen- und Außenwelt, von ästhetischer Form und konkreter Lebenspraxis verbinden, so daß nicht einseitig eine bloße ›Selbstreferentialität der ästhetischen Zeichen‹ vorliegt, wie sie bes. die ↗ Postmoderne betont, sondern sich in untrennbarer Verbindung mit den ästhetischen ↗ Zeichen eine Art ›Pragmatik des besseren oder vernünftigeren Lebens‹ ergibt. Anderenfalls verliert die M. ›ihren lebenspraktischen Bezug und vergrößert ihre esoterische Substanz‹ (vgl. Bohrer 1987). Eine allein ästhetisch fundierte M. ist nicht mehr modern, weil ihre Widersprüchlichkeit, die Verbindung von Gegensätzlichem, ihre Vielfalt und

Paradoxie verlorengeht. Eine ästhetische M. braucht vielmehr das vermeintlich ganz andere, etwa die ⟋ Pragmatik, um überhaupt noch als modern gelten zu können. In diesem Kontext ist M. heute kaum noch im Rahmen einer zeitlichen Abfolge aufzufassen, sondern als die Zeit einer Fülle von Möglichkeiten in jedem Lebensbereich und natürlich auch in der Lit., die mindestens die Verbindung von Gegensätzen, also Bipolarität kennt; dazu meist aber auch Dutzende von Variationen dazwischen, also Polymorphie, kulturelle Vielfalt, die sich nie ohne erhebliche Verluste auf eine ›Einfalt‹, auf Uniformität reduzieren läßt, ohne daß die Beschreibung als ›modern‹ verlorengeht. Deutlich ist auch, daß die M. weiterhin bestimmt ist von den Menschen, die versuchen, sich selbst, ihre Zeit, ihre Identität, Geschichte und Bedeutung zu begreifen. Die M. bleibt subjekt- und gegenwartsbezogen und damit notwendigerweise ein Ort der Auseinandersetzung zwischen widerstreitenden Kräften.

Lit.: R. Koselleck et al.: *Das Zeitalter der europ. Revolution. 1780–1848*, FfM. 1969. – E. Durkheim: *Der Selbstmord*, FfM. 1997 [1973]. – N. Luhmann: »Weltzeit und Systemgeschichte. Über Beziehungen zwischen Zeithorizonten und sozialen Strukturen gesellschaftlicher Systeme«. In: *Kölner Zs. für Soziologie und Sozialpsychologie* 16 (1973) S. 81–115. – K.H. Bohrer: *Plötzlichkeit. Zum Augenblick des ästhetischen Scheins*, FfM. 1981. – M. Berman: *All That is Solid Melts into Air. The Experience of Modernity*, N.Y./Ldn. 1995 [1982]. – K.H. Bohrer: » Nach der Natur. Ansichten einer M. jenseits der Utopie«. In: *Merkur* 41 (1987) S. 631–645. – H. Holländer/Ch.W. Thomsen (Hgg.): *Besichtigung der M.: Bildende Kunst, Architektur, Musik, Lit., Religion*, Köln 1987. – J.W. v. Goethe: »Shakespeare und kein Ende«. In: ders.: *Werke* (Hg. E. Trunz), Bd. 12, Mchn. 1988. S. 287–298. – H. Meschonnic: »Modernity Modernity«. In: *NLH* 23 (1992) S. 401–430. – V. Žmegač: »M./Modernität«. In: Borchmeyer/Žmegač 1994 [1987]. S. 278–285. – P. Bürger: »M.«. In: Ricklefs 1996. S. 1287–1319. – Zima 1997.
KPM

Modernismus, Literaturtheorien des

Modernismus, Literaturtheorien des, in der ersten Dekade des 20. Jh.s läßt sich in den westlichen Kulturen ein Paradigmenwechsel erkennen, der als Beginn des M. gilt. V. ⟋ Woolf stellte 1924 in ihrem Essay »Character in Fiction« in der Rückschau fest, daß sich ungefähr im Dezember 1910 der menschliche Charakter gewandelt habe. Deutliche Veränderungen zeichneten sich allerdings schon einige Jahre zuvor ab, als die Fauvisten erstmals ihre Bilder im Pariser Herbstsalon präsentierten, G. Stein sich in ihrem Werk *Three Lives* (1909) von traditionellen Erzählstrukturen abwandte und A. Schönberg

neue, dissonante Klangformen zu entwickeln begann. Was den M. von vorangehenden Epochen unterscheidet, ist erstens seine Internationalität. Paris und London wurden zu den kosmopolitischen Zentren der neuen Kunst, wo nicht nur Franzosen, Briten, Iren und Italiener zusammentrafen, sondern auch zahlreiche Amerikaner, darunter die Lyriker und Prosaschriftsteller E. Pound, T.S. ⟋ Eliot, R. Frost, G. Stein und E. Hemingway. Charakteristisch ist zweitens, daß es im M. zu einem in diesem Ausmaß neuen Wechselspiel zwischen den verschiedenen Künsten kam. Das zeigt sich z.B. an P. Klee und F. Kupka, die ihren Bildern musikalische Titel gaben, oder an Stein und G. Apollinaire, deren literar. Experimente Parallelen zu den kubistischen Bildern ihres Freundes P. Picasso aufweisen. – Ungeachtet der internationalen Ausrichtung des M. läßt seine Theoriebildung eine starke angloam. Dominanz erkennen. Einer der Gründe hierfür ist, daß kontinentaleurop. Kritiker andere Epocheneinteilungen favorisieren. Sie wenden sich eher der weitgefaßten, Symbolismus und Naturalismus mit einschließenden ⟋ Moderne zu oder konzentrieren sich auf einzelne modernistische Strömungen wie den Futurismus, den Dadaismus oder den ⟋ Expressionismus. Auch der Begriff der ⟋ Avantgarde nimmt in Europa häufig den Platz des M. ein. Der M. zog im Grunde erst nach dem Zweiten Weltkrieg die Aufmerksamkeit der Wissenschaft auf sich. Frühere Kommentare stammen v.a. von den Modernisten selbst, die die Prinzipien ihrer literar. Praxis zu erläutern suchten, oder aber von Kritikern, die, wie die *New Critics* (⟋ *New Criticism*), gleichzeitig Schriftsteller waren. Zum anfänglichen Paradigma des M. entwickelte sich die Lyrik. Erst die Erfolge von J. Joyce und V. ⟋ Woolf lenkten die Aufmerksamkeit auf den Roman, der allerdings, ebenso wie das Drama, bis in die zweite Hälfte des 20. Jh.s hinein eine untergeordnete Rolle in den L.d.M. spielte. Bei aller Differenz in der Begrifflichkeit wird in den frühen Selbstäußerungen zum M. immer wieder betont, daß etwas Neues geschaffen, daß ein Bruch mit traditionellen literar. Konventionen herbeigeführt werden müsse. Dies bedeutete v.a. die Abwendung von starren Rhythmen und Reimen, von einem Übermaß an Rhetorik sowie von der poetischen Diktion. Als Orientierungspunkte dienten die frz. Symbolisten, der Amerikaner W. Whitman, die traditionelle *folk poetry*, z.B. keltischer und provenzalischer Herkunft, sowie die asiatische Lyrik. Aber auch die Industriekultur und die Alltagssprache gaben den Modernisten Anregungen für neue, individuelle Ausdrucksweisen. Weitere Inspirationsquellen erkannten sie in der Malerei und der Musik. In H. Monroes Einleitung zu ihrer Anthologie *The New Poetry* (1917), eine der einflußreichsten frühen M.definitionen, werden diese und andere Punkte spezifiziert. Dabei wird deutlich, daß die geforderten Neuerungen sich nicht nur auf Sprache und Form beziehen, sondern daß der Lit. auch neue inhaltliche Bereiche erschlossen werden sollen; an die Stelle historischer und legendenhafter Stoffe werden konkrete Objekte und Umgebungen sowie die damit verbundenen Gefühle gesetzt. Als bes. erstrebenswert galt Monroe eine ›directness of vision‹, ›a concrete and immediate realization of life‹, wie sie die Imagisten zu verwirklichen suchten. Doch nicht alle Modernisten waren der literar. Tradition feindlich gesonnen. T.S. Eliot z.B. betrachtete das kulturelle Erbe als wichtigen Bestandteil der Lit. Er ging dabei aber, so wird v.a. an seinem programmatischen Essay »Tradition and Individual Talent« (1919) deutlich, von einer Gleichzeitigkeit aller Epochen aus, die es dem Autor erlaube, nach Belieben aus dem bereits Vorhandenen auszuwählen. Eine solche Auffassung, wie sie im übrigen auch Pound vertrat, kam der antimimetischen Tendenz der neuen Kunst entgegen. – Seit Ende der 20er Jahre erschienen erste überblicksartige Studien zum M., von denen sich die folgenden als bes. einflußreich erwiesen: L. Ridings und R. Graves' *A Survey of Modernist Poetry* (1927), die die Abkehr von traditionellen poetischen Techniken betont; E. Wilsons *Axel's Castle* (1931), die auf die Rolle des Symbolismus für die modernistischen Entwicklungen verweist; sowie F.R. Leavis' *New Bearings in English Poetry* (1932), die T.S. Eliot ins Zentrum des M. rückt. Diese Studien trugen zu einem monolithischen M.begriff bei, der erst in den 80er Jahren grundlegend revidiert wurde. In Anlehnung an die Äußerungen von T.E. Hulme und Eliot setzen es viele M.theorien als geradezu selbstverständlich voraus, daß der M. mit der ↗ Romantik gebrochen und sich in eine neoklassische Richtung entwickelt habe. Als einer der ersten hat 1942 R. Jarrell deutlich gemacht, daß die modernistische Lyrik durchaus als Weiterentwicklung der Romantik begriffen werden kann. Das zeige sich z.B. daran, daß das Originalitätsstreben der Romantiker mit einem ständigen Experimentieren einhergehe, welches wiederum ein wesentliches Kennzeichen des M. sei. Auch die modernistische Vorliebe für Fragmentarisches und Ironie

seien bereits in der Romantik zu beobachten. Diese Haltung wird einige Jahrzehnte später mit bes. Konsequenz von H. ↗ Bloom vertreten. Wie M. Perloff deutlich gemacht hat, sind die verschiedenen M.konzepte stark von den jeweiligen Dichtern abhängig, die diese Epoche repräsentieren. Kritiker, die W. Stevens mit seinen lyrischen, meditativen Gedichten in den Mittelpunkt rücken (das sind neben Bloom v.a. J.H. ↗ Miller, F. ↗ Kermode und H. Vendler), erkennen eine Kontinuität zwischen Romantik und M.; Kritiker, die Pound als zentrale Figur ansehen, dagegen einen deutlichen Bruch. Während der M. lange als ein epochenspezifisches, auf die ersten drei Dekaden dieses Jh.s beschränktes Phänomen gesehen wurde, ging man Ende der 70er Jahre dazu über, modernistische Schreibweisen zu bestimmen, die auch zu anderen Zeiten vorliegen können. Unter diesem Blickwinkel können z.B. auch E.A. Poe, N. Hawthorne und H. Melville im 19. bzw. die *Black Mountain* und *Beat Poets* in der zweiten Hälfte des 20. Jh.s als modernistisch gelten. Insgesamt sind die M.konzepte von den jeweils vorherrschenden lit.theoretischen Ansätzen beeinflußt. So sieht z.B. L.M. ↗ Trilling den Ursprung des M. in einer ideengeschichtlichen Konstellation (*Beyond Culture*, 1965), J.N. Riddel nähert sich ihm aus dekonstruktivistischer Sicht (*The Inverted Bell*, 1974) und R. Poirier definiert ihn, in Anlehnung an R. ↗ Barthes' ›textes scriptibles‹, über ein bestimmtes Leseverhalten, das die Texte erzwingen. Eine wichtige Rolle hat darüber hinaus die Kanondebatte gespielt, die in den letzten beiden Dekaden zu einer umfassenden Neubewertung des M. geführt hat. Ziel war es v.a., bislang vernachlässigten Vertretern des M. zu ihrem Recht zu verhelfen. Die afroam. Dichter der *Harlem Renaissance*, die man in der Regel isoliert betrachtet hatte, wurden nun in den modernistischen Kontext gestellt. Außerdem wurde verstärkt versucht, den weiblichen Anteil an der Lit. des M. zu bestimmen: Stein und H.D. (Hilda Doolittle), die bislang im Schatten von Yeats, Pound, Eliot, Stevens, Joyce und Proust gestanden hatten, nehmen nunmehr eine zentralere Position ein, werden z.T. sogar als Vorläufer postmoderner Tendenzen gesehen. Einbezogen in die Neuordnung wurde auch die politisch engagierte Lit.. Zugleich wird dem Verhältnis zwischen dem angloam. M. und den verschiedenen avantgardistischen Strömungen Kontinentaleuropas mehr Aufmerksamkeit geschenkt.

Lit.: H. Monroe: »Introduction to the First Edition«. In: dies. (Hg.): *The New Poetry. An Anthology*, N.Y. 1928 [1917]. S. xxxv-xliii. – F. Kermode: *Continuities*, Ldn. 1968. – P. Faulkner: *Modernism*, Ldn. 1977. – Ahrens/Wolff, Bd. 2, 1979. – M. Calinescu: *Five Faces of Modernity*, Durham 1988. – A. Eysteinsson: *The Concept of Modernism*, Ithaca 1990. – M.J. Hoffman/ P.D. Murphy (Hgg.): *Critical Essays on American Modernism*, N.Y. 1992. – M. Perloff: »Modernist Studies«. In: Greenblatt/Gunn 1992. S. 154–178. – P. Nicholls: *Modernisms. A Literary Guide*, Basingstoke 1995. – Zima 1997.

JE

Motiv, literarisches (mittellat. *motivum*: Bewegung, Antrieb), im weitesten Sinne kleinste strukturbildende und bedeutungsvolle Einheit innerhalb eines Textganzen; im engeren Sinne eine durch die kulturelle Tradition ausgeprägte und fest umrissene thematische Konstellation (z.B. Inzestmotiv). In der engl. und am. Lit.wissenschaft hat sich der Begriff *motif* neben dem allgemeineren Terminus *theme* durchgesetzt; im Frz. wird die Bezeichnung *thème* verwendet, wobei diese, wie engl. *theme*, zugleich die Kategorien ↗ ›Stoff‹, ›Thema‹, ›Idee‹ bzw. ›Gehalt‹ in sich einschließt. Die dt. Terminologie unterscheidet zwischen M., Stoff und Thema, wobei das M. die kleinste semantische Einheit bildet, der Stoff sich aus einer Kombination von M.en zusammensetzt und das Thema die abstrahiere Grundidee eines Textes darstellt. – Der Begriff M. entstammt der spätmittelalterlichen Gelehrtensprache und bezeichnet dort einen intellektuellen Impuls, einen ›Einfall‹, der den Charakter einer Rede bestimmt. Im 18. Jh. wird der Terminus auf die Künste übertragen: Zunächst etabliert er sich im Bereich der Tonkunst, wo das M. als kleinste melodische Einheit einer musikalischen Komposition definiert wird; Ende des 18. Jh.s erscheint der Begriff in der Fachsprache der ital. Malerschule und bezeichnet dort ein ornamentales oder figuratives Element innerhalb eines Kunstwerks. Goethe führt den Begriff als kunstkritische Kategorie in die Lit. ein, wobei sowohl strukturelle Aspekte, wie die Funktion des M.s für den Aufbau von ↗ Texten, als auch ein anthropologisches Interesse am M. als ›Phänomen des Menschengeistes‹ eine Rolle spielen. Mit der Erforschung von literar. ›Ur-M.en‹ durch die Brüder Grimm findet die Kategorie des M.s Eingang in die Lit.wissenschaft, wo ab Mitte des 19. Jh.s der Forschungszweig der M.geschichte (↗ Stoff- und M.geschichte) begründet wird. – Der Begriff des M.s wird auf zwei Ebenen verwendet: bei der immanenten Strukturanalyse von Texten und im Bereich der intertextuellen Beziehungen. (1) Für die Einsicht in die ↗ Struktur von literar. Texten spielt das M. als kleinste bedeutungstragende Einheit eine zentrale Rolle und erfüllt verschiedene Funktionen: Es dient der formalen Gliederung, der semantischen Organisation und der Verflechtung von Themen; es fungiert als inhaltliche Schaltstelle und es erzeugt Spannung; es fördert die Anschaulichkeit; es entfaltet ein Deutungspotential (vgl. Daemmrich/Daemmrich 1995). Bei der M.analyse lassen sich verschiedene Typen von M.en unterscheiden: auf der Strukturebene die Kern-M.e und die Neben-M.e, ferner die Füll-M.e, die oft nur eine ornamentale Funktion übernehmen; auf der Inhaltsebene die Situations-M.e und die Typen-M.e, z.B. das M. der Feuerprobe oder das M. des Menschenfeindes. Eine Sonderform des literar. M.s ist das aus der Musik entlehnte ›Leitmotiv‹, eine sich im Text systematisch wiederholende Formeinheit, die einer anschaulichen Strukturierung und der signifikanten symbolischen Vertiefung dient (Th. Mann; T.S. ↗ Eliot). (2) Im Forschungsbereich der M.geschichte wird das M. nicht nur als Baustein innerhalb einer Textstruktur, sondern v.a. als Bestandteil eines intertextuellen Bezugssystems untersucht. Kriterium ist hier die Verselbständigung des M.s und die »Kraft [...], sich in der Überlieferung zu erhalten« (Lüthi 1962, S. 18). Zumeist bezieht sich ein solches tradierbares M. auf anthropologische Grundsituationen, die zwar historisch variiert werden, aber in ihrem Kern konstant bleiben. Im Gegensatz zum Stoff ist ein M. nicht an feststehende Namen und Ereignisse gebunden, sondern es bietet lediglich einen ›Handlungsansatz mit verschiedenen Entfaltungsmöglichkeiten‹ (vgl. Frenzel 1992). Ein Teil der überlieferten M.e der Weltlit. ist seit der ↗ Antike an feststehende Begriffe gebunden, z.B. das M. der *anagnórisis* (Wiedererkennen) oder das M. des *descensus* (Unterweltsbesuch). Die meisten Bezeichnungen sind jedoch erst durch die allmähliche Konventionalisierung im diachronen Prozeß entstanden, z.B. ›Doppelgänger‹, ›verführte Unschuld‹, ›künstlicher Mensch‹ oder ›mirage américain‹.

Lit.: M. Lüthi: *Märchen*, Stgt. 1962. – E. Frenzel: *M.e der Weltlit.: Ein Lexikon dichtungsgeschichtlicher Längsschnitte*, Stgt. 1992 [1976]. – H.S. Daemmrich/ I.G. Daemmrich: *Themen und M.e in der Lit.: Ein Handbuch*, Tüb./Basel 1995 [1987]. – N. Würzbach: »Theorie und Praxis des M.-Begriffs. Überlegungen bei der Erstellung eines M.-Index zum Child-Korpus«. In: *Jb. für Volksliedforschung* 38 (1993) S.64–89. – U. Wölk: »M., Stoff, Thema«. In: Ricklefs 1996. S. 1320–1337.

ChL

Motivgeschichte ↗ Stoff- und Motivgeschichte/
Thematologie

Mündlichkeit (engl. *orality*), der Gebrauch der
mündlichen Sprache gegenüber der schriftlichen
Sprache (↗ Schriftlichkeit) im Kontext ihrer gesellschaftlichen Bedingungen und Konsequenzen. Im Rahmen eines Modells mündlicher
Kommunikation wird die Produktions- von der
Rezeptionsseite mit Sprechen vs. Hören von
Schreiben vs. ↗ Lesen unterschieden. – (1) In
sprachwissenschaftlichen Ansätzen wird die M.
über die spezifischen Merkmale der mündlichen
Sprache als ›Sprache der Nähe‹ gegenüber der
schriftlichen Sprache als ›Sprache der Distanz‹
(vgl. Koch/Oesterreicher 1985) u.a. durch ihre
Situationsgebundenheit und das implizite Sprechen, durch deutliche Sprecher-Hörer-Signale,
expressive Formen und lexikalische Armut beschrieben. (2) In historischer, ethnologischer
und soziologischer Sicht wird die M. im Blick
auf die Erforschung traditioneller ›mündlicher
Kulturen‹ *vor* aller Schriftlichkeit im Sinne der
primary orality (vgl. W.J. ↗ Ong 1982) mit entsprechenden Denkstrukturen und Einstellungen
verbunden, die z.T. in Merkmalslisten wie ›konservativ‹, ›redundant‹, ›homöostatisch‹, ›parti-
zipatorisch‹ usw. erfaßt werden (vgl. ebd.). So ist
in der selektiven Anpassung der Vergangenheit
an die Erfordernisse der Gegenwart in der
mündlichen Kultur die ›strukturelle Amnesie‹,
das gezielte Löschen und Vergessen von Vergangenem und von alten Wissensstrukturen, möglich (vgl. Goody/Watt 1968). Rein mündliche
Kulturen zeichnen sich durch bes. Formen der
Wissensspeicherung und der Bildung des kulturellen ↗ Gedächtnisses aus, wie auch allg. dem
Gedächtnis und den gedächtnisfördernden
Techniken (↗ Mnemotechnik) jenseits der Möglichkeit schriftlicher Abstützung ein hoher Wert
zugesprochen wird. Der M. kommt in historischer Ausrichtung zum einen als Ausgangs-
stadium für die Feststellung der Veränderungen
von Kulturen durch die Einführung von Schrift
eine große Bedeutung zu, zum anderen ist M.
immer integraler Bestandteil aller modernen
Bemühungen um die Erforschung der jeweils
epochenspezifischen Schnittstellen zwischen
Schriftlichkeit und M., und zwar jenseits einer
bloßen Restkategorie wie in Ongs Begriff der
residual orality. Eine Aufwertung der M. liegt
auch in der *oral history* als Zugang zur Erfahrung und Erinnerung noch lebender Informan-
ten, unterstützt durch Interviews und Tonband-
aufnahmen, vor (vgl. Bommes 1982). (3) Aus

lit.historischer Sicht wird in ↗ diachroner wie
↗ synchroner Perspektive im Anschluß an die
Theorie der mündlichen ›Produktion‹ von Dichtung am Beispiel von Homer (vgl. Parry
1930/32) und des serbo-kroatischen *guslar* (vgl.
Lord 1960) zum einen die Möglichkeit einer rein
mündlichen Überlieferung von Dichtung diskutiert wie in der älteren mediävistischen ›Liedertheorie‹, zum anderen auch die Erforschung eines spezifisch mündlichen Stils der Dichtung
intensiviert, in deren Zentrum die dichterische
Formel als Ermöglichung der erstaunlichen Gedächtnisleistungen der Dichter steht. Der Begriff
oral literature wird angesichts seiner Widersprüchlichkeit (lat. *littera*: der Buchstabe) zugunsten von *oral poetry* abgelehnt (vgl. Zumthor
1987). In der Diskussion um die *oral-formulaic
poetry,* wie sie z.B. zum altengl. Dichter Cæd-
mon oder zum Sänger (*scop*) im *Beowulf* (8. Jh.)
geführt wird, hat sich inzwischen die Notwendigkeit zu weiteren Differenzierungen ergeben,
indem z.B. zwischen dem *oral-memorial poet*
und dem in der Situation vor Hörern impro-
visierenden *oral-formulaic poet* (vgl. Coleman
1996, S. 43–51) unterschieden wird. Zudem hat
sich zwar die Formel als Merkmal eines erkennbaren mündlichen Dichtungsstils als brauchba-
res Analyseinstrument erwiesen, aber dieser for-
melhafte Stil ist keineswegs immer ein Beweis
für eine rein mündliche Produktion des Textes,
wie es die Verwendung solcher Stilelemente
durch eindeutig schriftlich orientierte Autoren
zeigt. In der neueren Diskussion zur ma. Lit.
wird angesichts der *transitional literacy* schon
für die frühmittelalterliche Zeit von Mischformen ausgegangen, die in Begriffen wie ›*aurality*‹
(vgl. Coleman 1996) und ›Vokalität‹ (vgl. Schaefer 1992) faßbar werden. In der Diskussion um
die hoch- und spätmittelalterliche Lit. geht es
v.a. um das Zusammenspiel von Schriftlichkeit
und M., z.B. in der Möglichkeit der Verwendung eines mündlichen Stils im Sinne einer rein
›fingierten M.‹ mit der ihr zugeordneten Hö-
rerfiktion, die sich auch in der modernen Lit.
finden läßt. Für die hoch- und spätmittelalterliche Lit. reduziert sich die M. auf den Perfor-
manzaspekt (↗ Performanz und Kompetenz),
d.h. den mündlichen Vortrag (*oral delivery*) im
Rahmen von geselligen Vorlesesituationen, und
zeigt damit Ähnlichkeiten mit der hörer- und
wirkungsorientierten ↗ Rhetorik. Angesichts
des sich im MA. entwickelnden privaten und
stillen Lesens von literar. Texten als Alternative
zum geselligen Vorlesen und Zuhören kommt
der Frage nach dem vom Autor intendierten

primären Rezeptionsmodus im Sinne von ›Hören und/oder Lesen‹ bes. Bedeutung zu (vgl. Scholz 1980; Green 1994).

Lit.: M. Parry: »Studies in the Epic Technique of Oral Verse-Making«. In: *Harvard Studies in Classical Philology* 41 (1930) S. 73–147 und 43 (1932) S. 1–50. – A.B. Lord: *The Singer of Tales*, Cambridge, Mass. 1980 [1960] (dt. *Der Sänger erzählt*, Mchn. 1965). – J. Goody/I. Watt: »The Consequences of Literacy«. In: J. Goody (Hg.): *Literacy in Traditional Societies*, Cambridge 1981 [1968]. S. 27–68 (dt. *Literalität in traditionellen Gesellschaften*, FfM. 1981). – R. Finnegan: *Oral Poetry*, Bloomington 1992 [1977]. – E. Haymes: *Das mündliche Epos*, Stgt. 1977. – N. Voorwinden/M. de Haan (Hgg.): ›*Oral Poetry*‹. *Das Problem der M. ma. epischer Dichtung*, Darmstadt 1979. – J. Opland: *Anglo-Saxon Oral Poetry*, New Haven 1980. – M.G. Scholz: *Hören und Lesen*, Wiesbaden 1980. – M. Bommes: »Gelebte Geschichte. Probleme der *Oral History*«. In: *LiLi* 12 (1982) S. 75–103. – Ong 1996 [1982]. – P. Goetsch: »Fingierte M. in der Erzählkunst entwickelter Schriftkulturen«. In: *Poetica* 17 (1985) S. 202–218. – P. Koch/W. Oesterreicher: »Sprache der Nähe – Sprache der Distanz«. In: *Romanistisches Jb.* 36 (1985) S. 15–43. – P. Zumthor: *La lettre et la voix*, Paris 1987. – U. Schaefer: *Vokalität*, Tüb. 1992. – D.H. Green: *Medieval Listening and Reading*, Cambridge et al. 1996 [1994]. – J. Coleman: *Public Reading and the Reading Public in Late Medieval England and France*, Cambridge/N.Y. 1996.

GMO

Mukařovský, Jan (1891–1975), tschech. Ästhetiker, Lit.theoretiker und -kritiker. – Mitbegründer der ↗ Prager Schule, der die Entwicklung der strukturalistischen und semiotischen Ästhetik in Prag in den 30er und 40er Jahren entscheidend mitprägte. Nach dem Hochschulabschluß 1915 in Linguistik und Ästhetik und der Promotion 1922 habilitierte sich M. 1929 mit einer formalen Analyse des bedeutendsten Werkes der tschech. Romantik unter dem Titel *Máchův Máj. Estetická studie*. 1938 wurde M. auf den Lehrstuhl für Ästhetik an die Karlsuniversität in Prag berufen, deren Rektor er von 1948 bis 1953 war. Anfang der 50er Jahre widerrief er unter stalinistischem Druck seine strukturalistisch-semiotischen Erkenntnisse aus der Vorkriegszeit. 1952 wurde er ordentliches Mitglied der neu gegründeten Tschechoslowakischen Akademie der Wissenschaften, deren Institut für tschechische Lit. er 1951–62 leitete. – M.s wissenschaftliche Tätigkeit entwickelte sich in der Tradition der Herbartschen Ästhetik, unter dem Einfluß der ↗ Husserlschen Phänomenologie (↗ Phänomenologische Lit.wissenschaft) und des ↗ russ. Formalismus und erreichte ihren Höhepunkt in den 30er und 40er Jahren mit der Studie *Estetická funkce, norma a hodnota jako sociální fakty* (*Ästhetische Funktion, Norm und ästhetischer Wert als soziale Fakten*, 1936) sowie den lit.theoretischen Analysen *Kapitoly z české poetiky* (1941, 1948). M.s Studien über das Schaffen einheimischer klassischer und zeitgenössischer Lyriker und Prosaiker, in denen er die prosodischen, rhythmischen, lexikalischen, syntaktischen und thematischen Komponenten und deren Interdependenz in der Struktur eines Werkes untersuchte, richteten sich auf die Aufdeckung des künstlerischen Aufbauprinzips, auf dem die semantische Einheit und Spezifik des literar. Werkes als ästhetischem Faktum beruhte. Gleichzeitig interessierten M. allg. Fragen der Dichtung aus struktularer Sicht, wie z.B. der ↗ Text als in sich strukturierter Kontext, dichterische Benennung, ↗ Evolution der Dichtkunst, die Rolle des Individuums in der Lit.geschichte und insbes. die Dichtersprache, deren Funktion er zusammen mit R. ↗ Jakobson in den ›Thesen‹ des Prager Linguistenkreises 1929 umrissen hat: Der Ausrichtung der Mitteilungssprachen auf den Gegenstand des Ausdrucks und der Tendenz, ihre Ausdrucksmittel zu automatisieren, wurde ›das Zielen der Dichtersprache auf den Ausdruck selbst‹ und die Aktualisierung ihrer Mittel entgegengesetzt. Später unterstrich M. ihre ästhetische ›Selbstzweckhaftigkeit‹ sowie die ästhetisch bewußte Deformation der bestehenden schriftsprachlichen Norm in der Dichtung als sog. künstlerisches Verfahren. Zu den wichtigsten Beiträgen M.s aus den 30er Jahren, in denen er das formalistische Prinzip der reinen Immanenz (russ. Formalismus) überwand und sich verstärkt mit allg.-ästhetischen Fragen befaßte, gehört der Vortrag »Umění jako semiologický fakt« (»Die Kunst als semiologisches Faktum«, 1934), in dem er die Theorie des Zeichencharakters der Kunst, das Kernstück seiner ästhetischen Konzeption, darlegte. In der von M. entwickelten strukturalistischen Ästhetik, einer objektivistischen und materialistischen Richtung des ästhetischen Denkens, wird das Ästhetische als ein Struktursystem funktional aufgefaßter ästhetischer Zeichen verstanden. Die zentrale Kategorie bildet die Struktur als innere Vereinigung der in dialektischer Wechselbeziehung zueinander stehenden Komponenten zu einem Ganzem, deren Hierarchisierung einer dauerhaften Veränderung unterliegt und die die Quelle der Entwicklungsdynamik der Struktur ist. Aufgrund dieses Modells der Struktur begreift M.: (a) die innere Zusammensetzung jedes einzelnen Kunstwerks; (b) die Gesamttradition einer Kunstart als einen im kollektiven Bewußtsein existierenden und die Zeit durchlaufenden Komplex von künstlerischen Konventionen und Normen, auf dessen Grundlage sich jedes neue Werk konkretisiert; (c) das Verhältnis einzelner Kunstarten zueinander, die zwar als immanente, jedoch nicht absolut geschlossene Strukturen die Impulse zu ihrer Veränderung auch durch die Berührung mit anderen Strukturreihen empfangen. In M.s semiologischer Konzeption der Kunst erscheint das Kunstwerk als: (a) ein Komplex von Zeichen, die eine komplizierte Struktur von Bedeutungen tragen; (b) eine autonome ästhetische Entität, die nicht nur auf eine konkrete designierte Realität, sondern auf die ganzheitlichen Realitätsanschauungen hinweist; (c) ein kollektivbezogenes Phänomen, in dessen Aufbau die realisierte Stellungnahme des Subjekts zur Wirklichkeit in die Vorstellungsstrukturen einer Kulturgemeinschaft aufgenommen und dadurch in Kontakt mit dem für diese Gemeinschaft gültigen Wertesystem und ihrer Ideologie gebracht wird; (d) eine zwischen dem in die Gesellschaft eingebundenen Individuum des Urhebers und des Empfängers bedeutungsvermittelnde Struktur, die in einem Sinngebungsprozeß durch die Auseinandersetzung der Autorenpersönlichkeit mit den jeweils gültigen kollektiven Anschauungsschemata der künstlerischen Tradition entsteht und in einem Sinnfindungsprozeß als sog. interner semantischer Kontext fungiert, in dem ihr Gesamtsinn durch den Rezipienten konstituiert wird. Somit wird im Kunstwerk sowohl das materielle Artefakt, das äußere, unveränderliche Signifikans, als auch das sog. ästhetische Objekt, seine immaterielle, in der Zeit und im Raum wandelbare Entsprechung, das Signifikat, gesehen, das aus der Begegnung der vom Artefakt ausgehenden Impulse mit der ästhetischen Tradition im kollektiven und individuellen Bewußtsein entsteht. Zu den wichtigen konstitutiven Momenten eines Kunstwerks als Träger ästhetischer und außerästhetischer Werte und Funktionen zählt nach M. die sog. ästhetische ↗ Funktion. Als merkmalloser Gegenpol aller außerästhetischen, teleologisch definierbaren Funktionen schwächt sie die Fähigkeit des Kunstwerks, praktischen Zielen zu dienen, und lenkt damit die Aufmerksamkeit auf seinen Aufbau. Durch die Spannung zwischen Autoreflexivität und Zweckdienlichkeit wird die Dynamik des Entwicklungsprozesses im ästhetischen Bereich bedingt. Vor dem Hintergrund der ästhetischen Norm, des kollektiv geteilten regulierenden Prinzips der ästhetischen Funktion, wird der Grad der ästhetischen Antinormativität des Kunstwerks erkannt. Durch die ästhetische Bewertung dagegen wird das Kunstwerk in seiner Komplexität erfaßt, in der alle, auch die außerästhetischen Funktionen und Werte, bei der Herausstellung seines aktuellen ästhetischen Wertes zu Geltung kommen.

Lit.: J. Mukařovský: *Kapitoly z české poetiky* (dt. Teilübers.: *Kap. aus der Poetik*, FfM. 1967), 3 Bde., Prag 1941/1948. – ders.: *Studie z estetiky* (dt. Teilübers.: *Kap. aus der Ästhetik*, FfM. 1970; *Studien zur strukturalistischen Ästhetik und Poetik*, Mchn. 1974), Prag 1966/1971. – ders.: *Cestami poetiky a estetiky* (dt. Teilübers.: *Schriften zur Ästhetik, Kunsttheorie und Poetik*, Tüb. 1986), Prag 1971. – ders.: *Studie z poetiky*, Prag 1982. – W. Schamschula: »M. (1981–1975)«. In: Turk 1979. S. 238–250. – P. Burg: *J.M.: Genese und System der tschech. strukturalen Ästhetik*, Neuried 1985. – F.W. Galan: *Historic Structures. The Prague School Project, 1928–1946*, Austin 1985. – W.F. Schwarz (Hg.): *Prager Schule. Kontinuität und Wandel*, FfM. 1997.

AG

Multikulturalismus, Konzept, das die ethnische Vielfalt und das Nebeneinander heterogener sozialer und kultureller Muster in einer Gesellschaft beschreibt. M. bezeichnet auch die politischen Bemühungen von Regierungen und ethnischen Organisationen, die Gleichberechtigung der in einer Gesellschaft vertretenen Kulturen zu gewährleisten und Kontakte zwischen ihnen zu fördern. M. ist einer der zentralen Begriffe in der Diskussion über postkoloniale Literaturen (↗ Postkolonialismus), da er ein Phänomen beschreibt, das ein typisches Erbe des ↗ Kolonialismus darstellt und daher in den kulturellen Produkten ehemaliger Kolonien immer wieder auftaucht. Die pluralistische ↗ Hybridität des M. kontrastiert dabei oft mit der monozentrischen Assimilation an eine als dominant gesetzte Kulturform. Als das Konzept eines postkolonialen Synkretismus konkurriert M. aber auch häufig mit den Theorien radikalerer ethnischer Vertreter, die die einseitige Wiederbelebung präkolonialer kultureller Strukturen befürworten. Ersterer Ansatz wird z.B. im karib. bzw. afr. Raum von Schriftstellern wie W. Harris aus Guyana und dem Nigerianer W. Soyinka verfolgt, während Autoren wie der karib. Historiker und Dichter E. Brathwaite und der niger. Dichter Chinweizu Anhänger letzterer kultureller Strategie sind. Dabei versucht z.B. Brathwaite, die multikulturelle Vielheit der karib. Gegenwart mit einer Privilegierung der afr. Wurzeln gegenüber dem europ. Superstrat zu verbinden. M. betont die kulturellen Unterschiede in einem egalitären Kontext im Sinne der Bereicherung der gesamten Gesellschaft durch die Heterogenität ihrer Bestandteile. Dies wird allerdings von einigen Vertretern der ↗ Postkolonialen Lit.-theorie als lediglich kaschierte Form eines europ. Kosmopolitismus und daher als monokulturelle Vereinnahmung kritisiert. Aus diesem Grund zeigen sich austr. Kritiker wie S. Gunew dem Konzept des M. gegenüber skeptisch. Sie sehen in der austr. M.-Politik ein Instrument, das den Kampf der Aborigenes um Landrechte mittels einer eurozentrisch geprägten ideellen Fassade erschwert. So verstanden kann M. also auch als diskursive Formation empfunden werden, die bestimmten ideologischen und ethnischen Interessen dient, wenngleich der Begriff gemeinhin als Konzept zur Bezeichnung von Bemühungen zur Eliminierung der Rassendiskriminierung benutzt wird. Gleichzeitig fungiert M. aber auch als wichtiges Konzept bei der Konstruktion des Nationenbegriffes in heterogenen postkolonialen Gesellschaften und dient als Klammerbegriff, der Ängste in bezug auf Separatismus und Zersplitterung beruhigen soll. M. ist z.B. im ehemals klassischen Einwanderungsland Kanada von bes. Bedeutung. Seit 1971 bezeichnet der Begriff die offizielle Regierungspolitik, und seit 1972 gibt es dort einen Staatsminister für M. Der *Canadian Multiculturalism Act* von 1988 stellt die Prinzipien des gleichberechtigten Nebeneinanders und Miteinanders in der ethnischen Heterogenität der kanad. Gesellschaft im Sinne einer Politik der gegenseitigen Anerkennung und des Respekts auf eine gesicherte juristische Basis. M. ist auch ein wichtiger Faktor in der Diskussion über die oft komplizierten Mechanismen postkolonialer Identitätskonstitution, wobei zwischen der kollektiven Identität z.B. einer ethnischen Gruppe in der multikulturellen Gesellschaft und der persönlichen Identität innerhalb einer solchen Gruppe zu unterscheiden ist. Für beide jedoch ist die *>politics of recognition<* (vgl. Taylor 1994, S. 25–73) von entscheidender Bedeutung.

Lit.: S. Gunew: »Denaturalizing Cultural Nationalisms. Multicultural Readings of ›Australia‹«. In: H. Bhabha (Hg.): *Nation and Narration*, Ldn./N.Y. 1990. S. 99–120. – Ch. Taylor: *Multiculturalism. Examining the Politics of Recognition* (Hgg. A. Gutmann et al.), Princeton 1994.

                                                                        HA

Musik und Literatur, eine intermediale Thematik, die in den Bereich von M.- und Lit.wissenschaft fällt, daneben in den der allg. Kultur- und Medienwissenschaft, der *interart(s) studies* und in die Forschung zur ↗ Intermedialität. Aufgrund der medialen Divergenzen ist die noch im 18. Jh. gängige Rede von M.u.L. bzw. ›Dichtung‹ als ›Schwesterkünste‹ heute nur mehr von historischer Bedeutung. Gleichwohl betont die neuere Forschung die fortbestehende Verwandtschaft beider Künste und ihre Beziehungen mehrfach. Dies geschieht einmal, in medienkomparatistischer Hinsicht, in systematisch-theoretischen Ansätzen, bei denen Affinitäten und Differenzen von M.u.L. als (urspr.) sich akustisch manifestierende Zeitkünste mit allerdings unterschiedlichen Fähigkeiten, z.B. in der Vermittlung simultaner Informationen, und mit verschiedenen semiotischen Charakteristiken analysiert werden. Bes. Interesse hat die umstrittene Frage nach der Möglichkeit gemeinsamer narrativer Strukturen gefunden (vgl. Kramer 1990; Newcomb 1992). Eine andere Richtung konzentriert sich auf kulturhistorisch-hermeneutische Affinitäten zwischen M.u.L. in der Geschichte beider Künste (vgl. Kramer 1984 und 1990). Gegenüber diesen komparatistischen Ansätzen (↗ Komparatistik) untersucht die Intermedialitätsforschung im engeren Sinn spürbare Bezüge zwischen M.u.L. in bestimmten Werken. – Systematisch lassen sich dabei unterscheiden: Im Bereich ›manifester Intermedialität‹ können M.u.L. in der multimedialen Vokalmusik mehr oder weniger gleichrangig kombiniert werden; M. (wie L.) kann aber auch in untergeordneter Funktion vorkommen, etwa wenn M. in einem Roman in Notenzitaten in Erscheinung tritt. Im Bereich ›verdeckter Intermedialität‹ kann L. in der M. auftreten (Programmusik) und umgekehrt, wobei zwischen bloßer ›Thematisierung‹ von M. in der L. und deren ›Inszenierung‹ bzw. Imitation, also ›Musikalisierung‹ zu differenzieren ist. ›Musikalisierungsversuche‹ von L. können sich äußern in ›word music‹, der Imitation akustischer Merkmale der M., sowie in formalen, strukturalen oder die literar. Bibelwelt betreffenden Analogiebildungen. Evoziert ein literar. Werk mittels dieser Verfahren ein bestehendes oder fiktives Werk der M. in quasi ›intertextueller‹ Weise, liegt *>verbal music<* vor (vgl. Scher 1984, S. 12 f.). Problematisch ist allg. die Erkennbarkeit literar. ›Musikalisierung‹, so daß der Rezipient/Interpret hierbei in der Regel auf explizite Thematisierung von M./einer musikalisierenden Intention angewiesen ist. (3) Abgesehen von der angenommenen urspr. Verwandtschaft von M.u.L. sind manifeste intermedialer Beziehungen zwischen M.u.L. transhistorisch v.a. in der Lyrik und in der Vokalmusik beobachtbar, wobei die ab der ital. ↗ Renaissance entwickelte Oper eine bekannte Sonderform darstellt. Die verdeckt-intermediale Annäherung beider Künste gewinnt seit dem 19. Jh. an Bedeutung. Dies zeigt sich einerseits in der Programmusik, andererseits in der dezidiert musikalischen Qualität mancher romantischer Lyrik und im Postulat der Angleichung der L. an die im Gegensatz zur bisherigen Künstehierarchie an die oberste Stelle rückende M. im frz. Symbolismus und bei den Parnassiens. Wichtig sind hier auch Versuche einer Musikalisierung der Erzählkunst insbes. im ↗ Modernismus und ↗ Postmodernismus, z.B. bei Th. Mann, V. Woolf, J. Joyce, A. Huxley, A. Burgess und R. Pinget. – Das neuzeitliche Auftreten musikalisch-literar. Intermedialität wie jeder Intermedialität erfüllt eine Vielzahl von Funktionen; es kann z.B. als Symptom gelten für Experimentierfreude, für das Ungenügen an Einzelmedien und das Streben nach neuen (Komposit-)Medien; es kann Ausdruck der historischen Dominanz eines Mediums sein (z.B. der M. in der Romantik) usw. Der Sonderfall von Musikalisierungsversuchen der L. kann der Schaffung eines metaästhetischen Reflexionsraumes dienen, dem ↗ Spiel mit der literar. Form und der Resensualisierung von L., der Suche nach alternativen Strukturierungsmöglichkeiten des literar. Materials jenseits traditioneller ↗ Mimesis, wobei oft auch die Darstellung von alogischen Bewußtseinsinhalten eine Rolle spielt, aber auch dem Rekurs auf die aus der pythagoräischen Tradition stammende Ordnungs- und Harmoniekonnotation der M.

Lit.: C.S. Brown: *Music and Literature. A Comparison of the Arts*, Ann Arbor 1987 [1948]. – J.A. Winn: *Unsuspected Eloquence. A History of the Relations between Poetry and Music*, New Haven 1981. – St.P. Scher (Hg.): *L.u.M.: Ein Handbuch zur Theorie und Praxis eines komparatistischen Grenzgebietes*, Bln. 1984. – L. Kramer: *Music and Poetry. The 19th Century and After*, Berkeley 1984. – ders.: *Music as Cultural Practice. 1800–1900*, Berkeley 1990. – St.P. Scher (Hg.): *Music and Text. Critical Inquiries*, Cambridge 1992. – A. Newcomb: »Narrative Archetypes and Mahler's Ninth Symphony«. In: Scher 1992. S. 117–136. – A. Gier/G.W. Gruber (Hgg.): *M.u.L.: Komparatistische Studien zur Strukturverwandtschaft*, FfM. 1995. – H. Zeman: »M.u.L.«. In: Ricklefs 1996. S. 1338–1393. – W. Bernhart et al. (Hgg.): *Word and Music Studies. Defining the Field*, Amsterdam 1999.

WW

Musterpoetik ↗ Poetik

Mythentheorie und -kritik, die Rede über den ↗ Mythos ist seit ihren Anfängen in der ↗ Antike mit M.kritik aufs engste verschränkt. Von ↗ Platon bis Epikur gilt der Mythos als etwas Unwahres oder Unverbürgtes und darum Zweifelhaftes, das in den Bereich der Erfindung und der ↗ Fiktion verwiesen wird. Jener Vorwurf der Lügenhaftigkeit und moralischen Zweideutigkeit setzte sich in der christlichen Tradition mehr oder weniger ungebrochen fort, zumal diese im Mythos die konkurrierende heidnische Lehre erblickte und zu bekämpfen suchte. Die Kirchenväter beschäftigten sich nicht zuletzt deshalb ausführlicher mit der alteurop. Mythenüberlieferung, um sie desto schlagkräftiger widerlegen zu können. – Während die geläufigen Vorbehalte gegen den Mythos von einer vorherrschenden ablehnenden Einstellung zeugten, die auf dessen Abwertung bedacht war, erhielt die zuvor diskreditierte Nähe der Mythen zur Fiktion und Poesie im 18. Jh. eine entschieden positive Wendung. Obwohl das Jh. der Aufklärung in weiten Teilen im Zeichen einer rationalistischen Überwindung vormodernen Wissens steht, brachte es keineswegs eine einhellig mythenfeindliche Haltung hervor. Im Gegenteil: Auch die aufklärerischen Positionen machten sich die überlieferten Mythologeme in vielfältiger Weise zunutze. Die Befürworter der Frz. Revolution greifen in ihren Schriften sogar bevorzugt auf die antike gr. und, mehr noch, röm. Vorstellungswelt zurück (was sich etwa auch in der damaligen Mode niederschlägt), um der neuen Staatsform eine angemessene mythische Genealogie zu verschaffen, so daß sich im neuen Mythos der Revolution vormoderne und moderne Aspekte unauflöslich verschränken. Für J.G. Herder (1744–1803) avanciert die Mythologie zu einem heuristischen Prinzip eigener Art, weil sie durch ihre sinnliche Konkretheit und unmittelbare Evidenz Entdeckungen ermöglicht, die im blinden Fleck des rationalistischen Wahrheitsbegriffs liegen. Herder erweitert den tradierten Mythosbegriff auch insofern, als er zwischen einer volkstümlichen und einer individuellen Mythengenese unterscheidet. K.Ph. Moritz' *Götterlehre* (1791) betont in Einklang mit Herder die poetische Struktur der Mythenüberlieferung. Er verschärft jedoch die Vorstellung einer irreduziblen Eigengesetzlichkeit der Mythen, die, darin dem neuen Autonomieideal (↗ Autonomie) der zeitgenössischen Ästhetikdiskussion verwandt, eine ›Sprache der Phantasie‹ bilden und als in sich vollendete schöne Kunstwerke ihren Endzweck in sich selber haben. Mit dieser programmatischen Aufwertung der abendländischen Mythenkultur ist der diametrale Gegenpol zur christlich-antiken Polemik gegen die mythischen Denkformen erreicht. F. Schlegel (1800) sollte die entdeckte Beziehung zwischen Mythen und Poesie weiter ausbauen und zur programmatischen Verkündigung einer ›neuen Mythologie‹ zuspitzen. Nicht nur findet die poetische Imagination in den Mythen einen reichhaltigen Ideenfundus und geeignete *sujets* für die künstlerische Ausgestaltung vor, sondern darüber hinaus stellt die geforderte ›neue Mythologie‹ für Schlegel und F.W.J. Schelling (1856/57) selbst eine einzigartige ästhetische Kategorie dar, die geeignet ist, zwischen (aufgeklärter) Vernunft und prälogischen Denkansätzen, zwischen ↗ ›Natur‹ und ↗ ›Kunst‹ zu vermitteln. – Wie bereits aus dem historischen Überblick ersichtlich wurde, ist der Gegenstandsbereich der M.th. alles andere als eindeutig und klar definiert. Die Frage, was als Mythos bzw. Mythe gelten kann, ist in der Forschung bis heute äußerst umstritten. War die ältere Forschung überwiegend an der antiken gr. Mythenkultur orientiert, die allerdings schon in der ↗ Romantik durch ein neu erwachtes Interesse an indischen Mythen ergänzt wurde, geht die ethnologisch geprägte Mythenanalyse des 20. Jh.s längst andere Wege. Sie konzentriert sich auf die Vorstellungswelt der schriftlosen und sog. primitiven Völker, die teilweise mit Hilfe detaillierter Feldforschung rekonstruiert wird. In systematischer Hinsicht bedeutet die strukturalistische M.th. von Cl. ↗ Lévi-Strauss (1958) eine deutliche Zäsur, nicht nur weil sie erstmals einen konsequenten systematischen Zugriff auf die diversen Formen mythischen Denkens erlaubt hat, sondern auch weil sie die zuvor eher als diffus eingestufte mythische Vorstellungswelt von dem zählebigen Stigma der Unterlegenheit gegenüber dem logischen Denken befreit hat. Während die von Lévi-Strauss erschlossene und rehabilitierte Ordnung des ›wilden Denkens‹ durchaus noch von der romantischen Faszination am Mythos inspiriert ist, macht sich bei anderen Philosophen des 20. Jh.s eine stärkere Ernüchterung bemerkbar, die nicht zuletzt durch den Mißbrauch mythischer Denkfiguren während des Nationalsozialismus tiefgreifend geprägt ist. Hatte E. ↗ Cassirer (1956) das mythische Denken in den 20er Jahren im zweiten Teilband seines philosophischen Hauptwerks noch als eine eigene ›symbolische Form‹ beschrieben und, damit verbunden, als wichtigen Schritt und integralen Bestandteil der kulturellen Evolution des Menschen bewertet, so setzt das im am. Exil verfaßte Spätwerk *Der Mythus des Staates* (1946) sehr viel düsterere Akzente. In Cassirers erneuerter Beschäftigung mit dem Mythos äußert sich nun unter dem Eindruck der Schrecken des Nazisystems die Angst vor dem Ausbruch mythischen Denkens im 20. Jh., das kaum noch als kulturelles Ordnungsprinzip in den Blick rückt, sondern vielmehr ins Chaotische, schlechthin Ungeordnete hinüberspielt und den Niedergang der Kultur bedeutet. Auch O. Marquard (1971) geht auf Distanz zu mythischen Denkformen, und zwar v.a. zu solchen, die nicht polytheistischen Ursprungs sind und zur Verherrlichung einer einzigen Geschichte oder Person tendieren. – Trotz der verständlichen mythenskeptischen Position der Nachkriegswissenschaftler erlebte die M.th. in den letzten Jahrzehnten im Fahrwasser der Ausdifferenzierung und der neueren Ergebnisse der Ethnologie und Kulturanthropologie eine erstaunliche Hochkonjunktur. So findet der von Lévi-Strauss begründete, noch vergleichsweise statische Strukturbegriff der mythischen Denkform in der neueren ethnologischen Forschung, welche die Zusammenhänge der symbolischen Form des Mythos und seiner (kultischen) Umsetzung im Ritus erkundet, eine kritische Erweiterung. C. ↗ Geertz hebt den Handlungscharakter der kulturellen ↗ Symbole im allg. und der mythischen Komponenten der Kultur im bes. hervor. Nach Geertz ist es Aufgabe des Kulturanthropologen, die Riten und Gebräuche einer Gesellschaft vermittels einer ›dichten Beschreibung‹ zu erfassen bzw. festzuhalten, um in ihnen bes. Inszenierungen kulturellen und mythischen Wissens zu erkennen. Es liegt auf der Hand, daß vor dieser Folie die gegenwärtige M.th. aus der Ritenforschung (A. van Gennep; V. Turner) neue Impulse erhalten kann, insofern nun die soziale Komponente, das eigentümliche Handlungspotential und die dynamische Qualität der Mythen zutage treten. Die Ritenforschung weist natürlich über das Gebiet der Mythenforschung hinaus, weil es neben den sakralen auch eine große Anzahl weltlicher Riten ohne erkennbaren mythischen Ursprung gibt. Die neuere Mythenforschung bewegt sich somit in einem interdisziplinären Terrain zwischen Ethnologie, Sozialanthropologie, Religionswissenschaften, ↗ Mentalitätsgeschichte, ↗ Poetik und ↗ Ästhetik. Die im Ritus freigesetzte ›Theatralität‹ mythischer Denkmuster verkörpert nicht allein einen bes. ästhetischen Reiz, sondern ermöglicht es auch, die Umsetzung mythischer

↗ Stoffe in literar. ↗ Gattungen wie im Drama, etwa in der Tragödie, zu verfolgen und, über die bisherigen lit.wissenschaftlichen Beschreibungsmodelle hinausgehend, aus einem ethnologischen Blickwinkel zu betrachten.

Lit.: J. G. Herder: »Über die neuere Dt. Literar. Fragmente, als Beilagen zu den Briefen, die neueste Lit. betreffend«. In: ders.: *Sämtliche Werke*, Bd. 1 (Hg. B. Suphan), Hildesheim 1967/68 [1767]. S. 357–531. – K.Ph. Moritz: *Götterlehre*, Bln. 1979 [1791]. – F. Schlegel: *Gespräch über die Poesie*, Paderborn et al. 1985 [1800]. – F. W. J. Schelling: *Philosophie der Mythologie*, 2 Bde., Darmstadt 1966 [1856/57]. – E. Cassirer: *Der Mythus des Staates*, FfM. 1994 [1946]. – Cl. Lévi-Strauss: *Wesen und Wirkung des Symbolbegriffs*, Darmstadt 1956. – ders.: *Strukturale Anthropologie*, FfM. 1967 [1958]. – O. Marquard: »Zur Funktion der Mythologiephilosophie bei Schelling«. In: M. Fuhrmann (Hg.): *Terror und Spiel*, Mchn. 1971. S. 257–263. – G. v. Graevenitz: *Mythos. Zur Geschichte einer Denkgewohnheit*, Stgt. 1987. – D. Harth/J. Assmann (Hgg.): *Revolution und Mythos*, FfM. 1992. – S. Wilke: *Poetische Strukturen der Moderne. Zeitgenössische Lit. zwischen alter und neuer Mythologie*, Stgt. 1992. – W. Jens: *Mythen der Dichter. Modelle und Variationen, vier Diskurse*, Mchn. 1993. – A. Böhn: »Mythos, Geschichte, Posthistorie: Remythologisierung als Folge des Abschieds von der Lit.«. In: H. Laufhütte (Hg.): *Lit.geschichte als Profession. Fs. D. Jöns*, Tüb. 1993. S. 423–446. – E. Goodman-Thau (Hg.): *Messianismus zwischen Mythos und Macht. Jüd. Denken in der europ. Geistesgeschichte*, Bln. 1994. – S. Greif: »Der Mythos. Das wilde Denken und die Vernunft«. In: H. Kreuzer (Hg.): *Pluralismus und Postmoderne. Lit.geschichte der 80er und frühen 90er Jahre in Deutschland*, FfM. 1994. S. 124–136. – D. Kremer: »Ästhetische Konzepte der Mythopoetik um 1800«. In: H. Günther (Hg.): *Gesamtkunstwerk. Zwischen Synästhesie und Mythos*, Bielefeld 1994. S. 11–27. – Ch. Lubkoll: *Mythos Musik. Poetische Entwürfe des Musikalischen in der Lit. um 1800*, Freiburg 1995. – R. Schlesier: »Das Staunen ist der Anfang der Anthropologie«. In: Böhme/Scherpe 1996. S. 47–59.

AS

Mythos (gr. *mýthos*: Erzählung, Fabel, Sage; lat. *mythus*), unter M. versteht man meist mündlich tradierte Erzählungen, die im Dienste einer vorwissenschaftlichen Erklärung und Beschreibung der Lebenswelt stehen und sich meist vor der Folie eines kosmischen oder übernatürlichen Bezugsrahmens abspielen. Mythentraditionen finden sich v. a. bei den antiken Hochkulturen und den sog. Naturvölkern. Von der gr. Philosophie wurde der M. mit Skepsis betrachtet. Als symptomatisch für seine Geringschätzung darf ↗ Platons Urteil im 2. Buch der *Politeía* (ca. 380–70 v.Chr.) gelten, das die gr. Göttermythen, überliefert durch Homer und Hesiod, als Lügenmärchen abstempelte und nicht zuletzt aus moralischen Gründen für verwerflich erachtete. So-

mit waren die Vorzeichen für die Aufnahme des M. in der abendländischen Theoriediskussion eher ungünstig. Doch verwendet auch Platon selbst in seinen Dialogen mythische Einlagen, um seine Philosopheme zu veranschaulichen. – Im 18. Jh. war es v. a. K.Ph. Moritz, der im Rahmen seiner *Götterlehre* (1791) dem M. eine erkenntnisleitende Funktion zuerkannte. F. Schlegels »Rede über die Mythologie« (1800) erkundet den wechselseitigen Zusammenhang zwischen M. und Poetik. Die romantische Mythenforschung (Arnim, Grimm) meinte im M. urspr. volkstümliche Denkweisen und Ausdrucksformen zu entdecken, in denen sich ein unverstelltes, da von der modernen Zivilisation noch nicht überformtes, anthropologisches Wissen bekundete. Im 20. Jh. setzte E. ↗ Cassirer die begonnene Aufwertung des M. fort, indem er in ihm eine menschliche Kulturleistung eigener Art, eine bes. symbolische Form erkannte, die den Zeichensystemen der Sprache und der Geschichte vergleichbar und mit ihnen grundsätzlich gleichwertig sind. Dank Cassirers richtungweisendem Beitrag wurde das ›mythische Denken‹ für die neuere ↗ Kulturwissenschaft interessant. Die gesteigerte Aufmerksamkeit auf den M. erhielt durch die strukturalistische Ethnologie zusätzliche Impulse. In Cl. ↗ Lévi-Strauss' Studien gewinnt die Mythenforschung erstmals ein modernes spezialwissenschaftliches Format. Es ist das Verdienst Lévi-Strauss', mittels formalistischer Analysemethoden nachgewiesen zu haben, daß die mythische Denkform keine ungeordnete und regellose ist, sondern eine von der rationalistischen Logik zwar verschiedene, aber nichtsdestoweniger komplexe Struktur aufweist, die in der Idee eines prädiskursiven ›wilden Denkens‹ ihren angemessenen Ausdruck findet.

Lit.: E. Cassirer: *Sprache und M.: Ein Beitrag zum Problem der Götternamen*, Lpz. 1925. – G. v. Graevenitz: *M.: Zur Geschichte einer Denkgewohnheit*, Stgt. 1987. – D. Borchmeyer: »M.«. In: ders./Žmegač 1994 [1987]. S. 292–308.

AS

N

Nachahmung ↗ Mimesis

Narratee ↗ Leser, fiktiver

Narrativik ↗ Erzähltheorien

Narrativität, das Bündel von formalen und/oder thematischen Merkmalen, durch das sich ↗ Erzählungen bzw. narrative Texte auszeichnen und von anderen, nicht-narrativen ↗ Gattungen und ↗ Textsorten unterscheiden. – Definitionen von N. variieren, je nachdem ob sie von der Ebene des Erzählten oder der des Erzählens ausgehen (↗ *histoire* vs. *discours*). In der strukturalistischen ↗ Erzähltheorie herrscht die Auffassung vor, daß Erzählungen (im Gegensatz zu Beschreibungen, Abhandlungen und anderen Texttypen) durch eine zeitlich organisierte Handlungssequenz definiert sind, in der es durch ein Ereignis zu einer Situationsveränderung kommt (↗ Plot). Hingegen sehen am Erzählvorgang interessierte Theoretiker wie F. ↗ Stanzel (1995, S. 15 ff.) in der »Mittelbarkeit« des Erzählens das wesentliche Gattungsmerkmal narrativer Texte und das konstitutive Kennzeichen von N. Im Gegensatz zu handlungs- bzw. diskursorientierten Bestimmungen des Begriffs definiert M. Fludernik (1996, S. 12) N. als »experientiality« als die ›quasi-mimetische Evokation lebensweltlicher Erfahrung‹. – Während in der Erzähltheorie definitorische Probleme im Vordergrund stehen, lenken historiographische Studien zum Problem der N. die Aufmerksamkeit auf »den Tatbestand, daß alle Geschichte zunächst in *Erzählungen über Vergangenes*, d. h. in *Geschichten*, präsent ist« (Baumgartner 1992, S. 147) sowie auf »die grundsätzliche Bedeutung der Erzählung, ihre Unverzichtbarkeit für den Erkenntnisprozeß der historischen Forschung und seine Darstellung« (ebd., S. 148). In den Debatten, die in der Anthropologie, analytischen Philosophie (A. C. ↗ Danto), Psychologie und v. a. Geschichtstheorie über das Problem der N. geführt werden, richtet sich das Interesse auf Fragen nach der Bedeutung von N. für die Darstellung der Wirklichkeit (vgl. H. ↗ White 1980; ↗ Repräsentation), nach den Funktionen von Erzählstrukturen in der Geschichtsschreibung (vgl. Stone 1979; White 1987; ↗ emplotment) und nach dem Verhältnis zwischen ↗ Historiographie und Lit., als deren grundlegende Gemeinsamkeit N.

gilt. Die Aufarbeitung der lit.wissenschaftlichen Erzähltheorie und die interdisziplinäre Erforschung der Funktionen von N. haben nicht nur zur Einsicht in die narrative Verfaßtheit und ↗ Konstruktivität menschlicher Wirklichkeitsentwürfe und in die grundlegende Bedeutung von N. für die Geschichtsschreibung geführt (vgl. Stierle 1979), sondern auch zu einer Nivellierung der Unterschiede zwischen historiographischen und literar. Erzählungen.

Lit.: H. M. Baumgartner: »N.«. In: K. Bergmann et al. (Hgg.): *Handbuch der Geschichtsdidaktik*, Seelze-Velber 1997 [1979]. S. 146–149. – J. Kocka/Th. Nipperdey (Hgg.): *Theorie und Erzählung in der Geschichte*, Mchn. 1979. – Stanzel 1995 [1979]. – L. Stone: »The Revival of Narrative. Reflections on a New Old History«. In: *Past & Present* 85 (1979) S. 3–24. – K. Stierle: »Erfahrung und narrative Form. Bemerkungen zu ihrem Zusammenhang in Fiktion und Historiographie«. In: Kocka/Nipperdey 1979. S. 85–118. – G. Prince: *Narratology. The Form and Functioning of Narrative*, Bln. et al. 1982. – H. White: »The Value of Narrativity in the Representation of Reality«. In: *Critical Inquiry* 7.1 (1980) S. 5–27. – ders.: *The Content of the Form. Narrative Discourse and Historical Representation*, Baltimore/Ldn. 1987 (dt. *Die Bedeutung der Form. Erzählstrukturen in der Geschichtsschreibung*, FfM. 1990). – J. H. Miller: »Narrative«. In: Lentricchia/McLaughlin 1995. S. 66–79. – M. Fludernik: *Towards a ›Natural‹ Narratology*, Ldn. 1996. – J. Vogt: »Grundlagen narrativer Texte«. In: Arnold/Detering 1997 [1996]. S. 287–307.
                                                                         AN

Narratologie ↗ Erzähltheorien; ↗ Feministische Narratologie

Natur, gemeinsam mit dem Gegenbegriff der ↗ Kultur ist N. ein Schlüsselkonzept jedes Weltbildes und spiegelt grundsätzliche Vorannahmen kulturell spezifischer Realitätsentwürfe. Vier abendländische Konzeptualisierungen von N. sind: (a) das präsentisch und essentialistisch gedachte Wesen eines Phänomens; (b) eine untergründige Dynamik, welche den Lauf der Welt und/oder das individuelle Schicksal des Menschen steuert; (c) die gesamte Welt irdischer Phänomene in ihrer Materialität; (d) das unabhängig vom Menschen Entstandene und nicht Veränderte. – Verschiedene Konzepte existieren häufig historisch synchron und werden den jeweils dominanten ↗ Diskursen entsprechend semantisch unterschiedlich gefüllt und bewertet, wobei der Konstruktcharakter zeitgenössischer N.konzepte schwer durchschaubar ist. Im Zentrum gegenwärtiger Theorien steht diese Funktionalisierung historisch spezifischer N.konzepte als Matrix und implizite Legitimation historisch spezifischer, dominanter Weltbilder und Diskurse. Rassismus und ↗ Sexismus z.B. legitimieren sich durch den Rekurs auf einen meist diffusen N.begriff, insofern ethnische und Geschlechtsdifferenzen unter Verweis auf die N. als unhinterfragbare Gegebenheiten postuliert werden (↗ Geschlechterdifferenz). – In tiefenhermeneutisch angelegten Analysen werden kulturell codierte (↗ Code) Verhaltens- und Denknormen von Schamgefühlen bis Realitätsentwürfen, die dem Einzelnen ›natürlich‹ erscheinen, auf ihre kulturell-historische Relativität hin untersucht.

Lit.: R.G. Collingwood: *The Idea of Nature*, Ldn. 1986 [1945]. – Sh.B. Ortner:»Is Female to Male as Nature is to Culture?« In: M.Z. Rosaldo/L. Lamphere (Hgg.): *Woman, Culture, and Society*, Stanford 1974. S. 67–87. – W. Lepenies: *Das Ende der N.geschichte. Wandel kultureller Selbstverständlichkeiten in den Wissenschaften des 18. und 19.Jh.s*, FfM. 1978 [1976]. – J. Zimmermann (Hg.): *Das N.bild des Menschen*, Mchn. 1982. – R. Groh/D. Groh: *Weltbild und N.aneignung. Zur Kulturgeschichte der N.*, FfM. 1991. – K. Groß et al. (Hgg.): *Das N./Kultur-Paradigma in der engl.sprachigen Erzähllit. des 19. und 20.Jh.s. Fs. zum 60. Geburtstag von P. Goetsch*, Tüb. 1994. – H. Böhme:»Vom Cultus zur Kultur(wissenschaft). Zur historischen Semantik des Kulturbegriffs«. In: Glaser/Luserke 1996. S. 48–68.

AHo

Naturalisation/Naturalisierung, urspr. aus Arbeiten von L. ↗ Althusser abgeleitetes Konzept für das Verfahren, durch das jede fremdartige, neue und unbekannte Erscheinung in ein bereits bestehendes Deutungsgefüge eingegliedert bzw. im Kontext eines bekannten Bezugsrahmens gedeutet wird. Im Zuge der N. wird Fremdes (vgl. ↗ Alterität) in automatisierter, nicht-reflektierter Art und Weise interpretiert, evaluiert, hierarchisiert und schließlich integriert bzw. expelliert. – Für die ↗ Lektüre literar. Werke bzw. für die Rezeption (vgl. ↗ Rezeptionsästhetik) von Kunst im allg. besteht N. darin, für neue Erscheinungsformen bzw. neue Inhalte stets ein adäquates, bereits etabliertes ↗ Schema zu suchen, in das diese eingepaßt und innerhalb dessen sie versteh- und bewertbar werden; nur so kann deren Unbekanntheitsgrad schrittweise reduziert werden. Das Raster von Schemata wird seinerseits sukzessiv verändert, da, je nach Stärke des empfundenen Unbekanntheitsfaktors eines Werkes, das jeweils herangezogene Schema selbst expandiert oder neu strukturiert werden muß. In der Lit.wissenschaft ist die Auseinandersetzung mit den Funktionsmechanismen und Wirkungsweisen der N. ein zentrales Anliegen des ↗ Poststrukturalismus, ↗ *New Historicism*, ↗ *Cultural*

Materialism und der ↗ Ideologiekritik, welche die subjektiv gemeinhin als ›natürlich‹ empfundenen Verstehens- und Deutungsweisen von ↗ Text, Lit. und ↗ Kultur als geschaffene, nur relativ gültige und historisch, ideologisch oder politisch motivierte Konstrukte dekouvriert. Unter diesen Prämissen stellen sich in letzter Konsequenz sämtliche gesellschaftlich akzeptierten Werte, Normen und als absolut gültig tradierte ›Wahrheiten‹ als ehemals fremde und später naturalisierte Begriffe dar. – N. steht als Konzept in direkter Opposition zum ↗ Essentialismus, welcher die Erscheinungsformen der (künstlerischen) Objekte und der Menschen als Ausdruck objektiver, fixierter und permanenter Qualitäten versteht. Im Anschluß an Culler hat Fludernik (1996) die impliziten Prämissen der N., die sich etwa beim ↗ Realismus-Effekt oder bei der Tendenz zur Anthropomorphisierung textueller Strukturen (z.B. ↗ ›Erzähler‹, ›impliziter ↗ Autor‹) zeigen, im Rahmen einer nicht-essentialistischen ›natürlichen‹ Narratologie systematisch herausgearbeitet.

Lit.: Culler 1994 [1975]. S. 134f. – Veeser 1989. – Fludernik 1996. Bes. S. 33f.

GN

Naturalismus, Literaturtheorien des (engl. *naturalism*; frz. *naturalisme*), der Stilbegriff ›N.‹ bezeichnet Kunstrichtungen, die eine exakte Wiedergabe des Gegenstands gegenüber den subjektiven Bedingungen seiner Erfahrung wie den medialen Bedingungen seiner Reproduktion zur Norm erheben und Stilisierung ablehnen. Der ↗ Epochenbegriff ›N.‹ bezeichnet euroam. Strömungen der zweiten Hälfte des 19.Jh.s, welche die Bedingungen und Auswirkungen der urbanen, wissenschaftlich-industriellen Zivilisation thematisieren. Beide Verwendungen gehen ineinander über. – Der philosophische Wortgebrauch der frühen Neuzeit nennt den empirisch orientierten Naturforscher ›*naturalista*‹; heute bezeichnet der N. Positionen, die auf Theorieelemente verzichten, die über naturwissenschaftliche Verfahren hinausgehen. Kunstgeschichtlich wird der Begriff zunächst von Bellori (1672) zur Charakterisierung einer Malergruppe in der Nachfolge Caravaggios gebraucht (Manfredi, Ribera, Valentin). 1857 bezeichnet J.-A. Castagnary *(Philosophie du Salon)* zeitgenössische Malerei als N. und weitet den Begriff später zum Stilbegriff aus. Bei Flaubert angelegt und durch die Brüder Goncourt im Vorwort zu *Germinie Lacerteux* (1864) formuliert, entwickelt E. Zola den N. als literarästhetisches Programm, das theoretisch in *Le roman expérimental* (1880) und literar. im Romanzyklus *Les Rougon-Macquart* (1871–93) modellgebend wird. Zola will emotionsfreie, quasi-naturwissenschaftliche Beobachtung und Wiedergabe gesellschaftlicher Realität, die dem Künstler lediglich die Wahl des Sujets und die Konstellation der Figuren freistellt. Das Kunstwerk fungiere wie ein Experiment, in dem das Bewußtsein des Künstlers (*tempérament*) die naturwissenschaftliche Meßapparatur vertrete, formuliert Zola in Anlehnung an den Physiologen C. Bernard. Mit Rückgriff auf H. Taines Milieutheorie (vgl. das Vorwort zur *Histoire de la Littérature anglaise* von 1863), sieht Zola Personen determiniert durch Rasse (↗ *race*), Milieu und Moment. Dabei ersetzt eine pseudo-darwinistische Vererbungstheorie positivistisches Fortschrittsdenken. Wie für den pessimistischen am. N. der Jh.wende (F. Norris, St. Crane, Th. Dreiser; vgl. Poenicke 1982) ist Zola auch Ausgangspunkt des dt. N., doch während die frz. und am. Naturalisten Prosagattungen bevorzugen, entfaltet jener seine größte Wirksamkeit auf der Bühne. Zunächst terminologisch unsicher (die erste Generation bezeichnet sich als ›Jüngstdeutsche‹ und ihren Stil als ›echten Realismus‹) lehnen alle Naturalisten die wilhelminische Repräsentationslit. ab und fordern, der Reichseinigung 1871 müsse eine neue, zeitgemäße Lit. folgen. Sie rezipieren die zeitgenössische Lit. des Auslandes (Zola, Tolstoj, Dostoevskij, Ibsen, Whitman) und eignen sich die eigene Tradition neu an (Sturm und Drang, Junges Deutschland, G. Büchner, H. Heine). In Publikationen der Brüder H. und J. Hart, bes. in den *Kritischen Waffengängen* (1882–84), vorbereitet, zentriert sich der dt. N. um zwei Zs.en: Im Münchner Kreis um die *Gesellschaft* (ab 1885) mit ihrem *spiritus rector* M.-G. Conrad. Die Programmatiker, neben Conrad v. a. L. Jacobowski, C. Alberti und H. Conradi, plädieren für zeitgemäße Kunst, behaupten aber nationale und antiurbane Positionen, die zur Heimatkunst und verschiedentlich in den Faschismus führen werden. Mit Gründung der *Freien Bühne für modernes Leben,* die als *Neue Rundschau* bis heute besteht, geht 1890 die führende Rolle an die Berliner über. Der Berliner N. entspringt der intensiven Diskussion von Literaten und Lit.-wissenschaftlern in einer Vielzahl von Gruppierungen und Vereinen: Der Verein *Durch* proklamiert die ↗ Moderne als Epoche; vom Friedrichshagener Kreis um die Brüder Hart, W. Bölsche und B. Wille gehen volkspädagogische und lebensreformerische Initiativen (Urania, Gar-

tenstadtbewegung) aus; Bühnenvereine münden in die Volksbühnenbewegung. Als O. Brahm, Germanist, Theaterkritiker und Hg. der *Freien Bühne*, 1894 die Leitung des Dt. Theaters übernimmt, hat sich der N. durchgesetzt, gilt aber ästhetisch bereits als ›überwunden‹ (vgl. H. Bahr: *Die Überwindung des Naturalismus* [1887–1904]). Die ethisch wie publikationsstrategisch motivierte Vorliebe der Naturalisten für skandalträchtige Sujets führt nach der Uraufführung von G. Hauptmanns *Vor Sonnenaufgang* (1889) und A. Holz' und J. Schlafs *Familie Selicke* (1890) zum Vorwurf der ›Rinnsteinkunst‹. Trotz aller Insistenz, der N. sei eine Darstellungsart, also formal zu verstehen, provoziert die technische Virtuosität naturalistischer Dramatik das Mißverständnis, ihre Produkte seien ›bloße Reproduktion‹: Indem sie ›einen Ausschnitt des Lebens‹ auf die Bühne bringen will, befördert sie die ↗ Illusion von Unmittelbarkeit; sie präsentiert im ›Sekundenstil‹ Handlungen in Echtzeit, öffnet sich in der ›phonographischen Methode‹ allen Sprachformen und versieht die Stücke mit ausgiebigen, nicht inszenierbaren Regieanweisungen. Publikumswirksam war der N. v. a. in poetologisch vermittelnden Positionen wie den Romanen M. Kretzers und P. Lindaus, sowie den Dramen M. Halbes und H. Sudermanns, auch Hauptmanns. – Die ästhetische Diskussion hingegen radikalisierte sich: Hatte 1886 in K. Bleibtreus Programmschrift *Revolution der Lit.* mit ihrem Postulat eines ›Dichterdenkers‹ kraftgenialischer Individualismus vorgeherrscht, so bekennt sich im gleichen Jahr W. Bölsche in *Die naturwissenschaftlichen Grundlagen der Poesie* zu ›ästhetischer Arbeit‹, die zeigen solle, ›dass Wissenschaft und Poesie keine principiellen Gegner zu sein brauchen‹. Objektivistische, beliebige Gegenstände mit wissenschaftlicher Exaktheit behandelnde Tendenz fordert C. Alberti: »[R]ein stofflich betrachtet, steht jedes natürliche Objekt, jeder Vorgang gleich hoch« (Brauneck/Müller 1987, S. 54). Holz, Theoretiker des ›konsequenten Naturalismus‹, postuliert in *Die Kunst, ihr Wesen und ihr Gesetz*: »Die Kunst hat die Tendenz, wieder Natur zu sein. Sie wird sie nach Massgabe ihrer jedweiligen Reproductionsbedingungen und deren Handhabung« oder: »Kunst = Natur – x« (Brauneck/Müller 1987, S. 148 f.). Kunst will exakte Wiedergabe, bleibt aber an die mentalen wie medialen Bedingungen der Darstellung gebunden. Vielfach wird die naturalistische Zurückweisung des ästhetischen Kanons als Theorieverzicht interpretiert, doch teilt der N. in seiner Betonung des Zeichencharakters der Kunst, der inhaltlichen Indifferenz des Ästhetischen (↗ Ästhetik) sowie in seiner Ablehnung des idealistischen Symbolbegriffs (↗ Symbol) die Positionen zeitgenössischer Lit.-wissenschaft mit ihrer herbartianisch-formalästhetischen Tradition. Die Junggrammatiker hatten betont, daß die Sprache gerade in ihrem alltäglichen, unwillkürlichen Gebrauch Formationsgesetze der Wirklichkeit offenlege, und W. Scherer, als Lit.wissenschaftler wie Kritiker für den N. einflußreich, hatte die prinzipielle Poetizität jeder sprachlichen Äußerung behauptet. Der N. weist inhaltliche wie formale Restriktionen aus kunstfremder Argumentation zurück. An die Stelle philosophisch legitimierter Gehaltsästhetik tritt das Verständnis des Kunstwerks als strukturiertes Gebilde ästhetischer Zeichen. In seiner avancierten Form wird dem N. auch in Lyrik (Holz: *Phantasus* [1898/99]) und Prosa (Holz/Schlaf: *Papa Hamlet* [1889]; Schlaf: *Sommertod* [1847]; Hauptmann: *Bahnwärter Thiel* [1888]; Conradi: *Adam Mensch* [1889]) Sprache zum Material und der Künstler zum Ort und Ausführenden ästhetischer Organisation. Damit formiert der N. die Grundlagen der literar. Moderne. Zu einem stiltypologisch abgeschwächten N. bekennen sich noch A. Döblin, H. Broch und R. Musil. Daß der frz. und skandinav. N. auch in England rezipiert und lit.theoretisch reflektiert wurde, zeigt sich sowohl an den Werken von Autoren wie Th. Hardy, G. Gissing und G.B. Shaw als auch an der z.T. heftig geführten Rezeptionsdebatte, im Zuge derer sich ein engl. N.begriff herausbildete (vgl. Greiner/Stilz 1983).

Lit.: Th. Meyer (Hg.): *Theorie des N.*, Stgt. 1973. – G. Mahal: *N.*, Mchn. 1975. – R.C. Cowen: *Der N.: Kommentar zu einer Epoche*, Mchn. 1977. – J. Kolkenbrock-Netz: *Fabrikation – Experiment – Schöpfung. Strategien ästhetischer Legitimation im N.*, Heidelberg 1981. – H. Möbius: *Der N.: Epochendarstellung und Werkanalyse*, Heidelberg 1982. – K. Poenicke: *Der am. N.: Crane, Norris, Dreiser*, Darmstadt 1982. – W. Greiner/G. Stilz (Hgg.): *N. in England 1880–1920*, Darmstadt 1983. – M. Brauneck/Ch. Müller (Hgg.): *N.: Manifeste und Dokumente zur dt. Lit. 1880–1900*, Stgt. 1987. – D. Borchmeyer: »N.«. In: ders./Žmegač 1994 [1987]. S. 309–318.

LSch

Naturwissenschaften und Literatur, die Geschichte dieses sich seit einigen Jahrzehnten etablierenden Gebiets reflektiert die sich verändernden Beziehungen zwischen beiden Begriffen, die im engl.sprachigen Kulturraum als *science and literature* einen größeren Spielraum als im Dt. umfassen. Das kommunikative Problem, das das Verhältnis von Natur- und Geisteswissenschaften seit dem 19. Jh. prägte und von den Viktorianern J. Ruskin und M. Arnold erkannt wurde, ist in neuerer Zeit in der Formel der ›zwei Kulturen‹ wieder aufgelebt (vgl. C.P. Snow 1959). Als Antwort auf diese Situation des gegenseitigen Nichtverstehens sind die Bestrebungen im Umfeld der *history of ideas* (↗ Ideengeschichte) anzusehen, die seit den 30er Jahren des 20. Jh.s auf die Bedeutung von Weltbildwandel und wissenschaftlichen Leitideen für die Lit. gerichtet waren. Zu nennen wären M.H. Nicolsons Studien zu Auswirkungen der neuen Astronomie und Einzeluntersuchungen zu G. Chaucer, J. Donne, Novalis, S.T. Coleridge oder E. Zola. Im Mittelpunkt steht dabei die Rezeption der Wissenschaften durch die Autoren und daher ein intensives Quellenstudium. Seit den 60er Jahren ist eine Abwendung von dieser Betrachtungsweise festzustellen. Wissenschafts- und Lit.theorie begannen, individuelle Positionen in der Geschichte des Erkennens und künstlerischen Schaffens zu entwerfen. Th.S. ↗ Kuhns *The Structure of Scientific Revolutions* (1962) zeigte die nichtrationalen und nicht-additiven Prozesse der Wissensgeschichte und bereitete so den Boden für poststrukturalistische Betrachtungsweisen (↗ Poststrukturalismus). In der Folge von M. ↗ Foucaults Diskursbegriff wurde nun auch naturwissenschaftliche Erkenntnis dem Rhetorikverdacht ausgesetzt (vgl. Gross 1990), der Anlaß für eine heftige Kontroverse wurde (vgl. Gross/Levitt 1994). Als der Physiker A. Sokal 1996 mit einem pseudowissenschaftlichen Aufsatz poststrukturalistische Praktiken entlarvte (*Sokal's Hoax*), erreichte der Streit der Kulturen einen neuen Höhepunkt. Die Debatte um ↗ Konstruktivismus und Relativismus, und damit um die Isomorphismen zwischen N. u. Lit., dauern an (vgl. Argyros 1991; Tallis 1995). Unterhalb aller Polemik ist Wissenschaft als Lit. etwa an Darwins Schriften demonstriert worden (vgl. Beer 1983), ebenso an S. ↗ Freud, T.H. Huxley oder J. Tyndall (vgl. Beer 1996): alle jedoch Autoren, deren Wissenschaftlichkeit noch von einer humanistischen Bildung getragen wurde. Deutliche poststrukturalistische Ansätze verfolgen N.K. ↗ Hayles und Ph. Kuberski (1994), wenn sie Chaostheorie und ↗ Dekonstruktivismus in Verbindung bringen. J. Joyce, V. Nabokov, F. O'Brien, J.L. Borges oder D. Lessing sind moderne Autoren, denen bes. Aufmerksamkeit zuteil wurde. Feminismus, Wissenschaftssoziologie (B. Latour) und Technologieforschung haben weitere Zusammenhänge erhellt. In letzter Zeit läßt sich eine Rückkehr zu hierarchischen Interpretationen der Beziehung von N.u.L. beobachten. Aus Evolutionsbiologie, Neurobiologie und Anthropologie werden Modelle entwickelt, die dem literar. Potential des Menschen einen Platz in der Evolutionsgeschichte zuweisen (vgl. Carroll 1995) oder sie in Interaktion mit anderen kognitiven Eigenschaften sehen. Das Spannungsfeld ist in den 90er Jahren zu einem der reichhaltigsten und entwicklungsträchtigsten interdisziplinären Territorien geworden, nicht zuletzt aufgrund der wachsenden Bedeutung von Computer- und Medientechnologie und der zunehmenden Popularisierung neuester wissenschaftlicher Ergebnisse.

Lit.: C.P. Snow: *The Two Cultures*, Ldn. 1959 (dt. *Die zwei Kulturen*, Stgt. 1969). – G. Beer: *Darwin's Plots*, Ldn. 1983. – A.G. Gross: *The Rhetoric of Science*, Cambridge, Mass. 1990. – A.J. Argyros: *A Blessed Rage for Order*, Ann Arbor 1991. – D. Broderick: *The Architecture of Babel. Discourses of Literature and Science*, Carlton 1994. – P. Gross/N. Levitt: *Higher Superstition*, Baltimore 1994. – Ph. Kuberski: *Chaosmos*, Albany 1994. – J. Carroll: *Evolution and Literary Theory*, Columbia 1995. – R. Tallis: *Newton's Sleep. The Two Cultures and The Two Kingdoms*, N.Y. 1995. – G. Beer: *Open Fields. Science in Cultural Encounter*, Oxford 1996.

ESch

Négritude, Konzept des postkolonialen Diskurses, mittels dessen die Intellektuellen v.a. schwarzafr. ehemaliger Kolonien ihre kulturelle Unabhängigkeit und Eigenständigkeit betonen und gegen deren Assimilation durch die Kultur der weißen Kolonialherren behaupten wollen (↗ Postkoloniale Lit.theorie). – Die Ursprünge des Begriffs gehen auf eine Bewegung schwarzer Studenten aus den frz. Kolonien zurück, die 1932 mit dem Konzept der N. gegen die offizielle frz. Kolonialpolitik protestierten, die Kultur der Weißen offensiv in die von Frankreich verwalteten abhängigen Regionen Schwarzafrikas zu tragen. Die Vertreter der N., z.B. der senegalesische Staatsmann und Dichter L.S. Senghor, betonten die Gesamtheit der zivilisatorischen Werte Afrikas und der schwarzen Welt, v.a. Konzepte wie intuitive Vernunft oder kosmischen Rhythmus, die auch in einer spezifisch schwarzen Lit. zu finden sein. Für Senghor stellte die N. einen neuen dialogischen Humanismus des 20. Jh.s dar. Senghor versuchte allerdings gleichzeitig, die Opposition zwischen Afrika und Europa zu unterminieren, indem er auf zahlreiche Parallelen zwischen der Philosophie der N. und modernen Entwicklungen in der weißen Welt hinwies. Ein weiterer wichtiger Vertreter der N. war A. Césaire aus Martinique, der wie Senghor ebenfalls Dichter und Staatsmann war und mit *Cahier d'un retour au pays natal* (1938) einen wichtigen Beitrag zur Popularisierung des Begriffes leistete. Die 1947 gegründete Zs. *Présence Africaine* trug entscheidend zur Verbreitung der Idee der N. bei. Trotz seiner Ursprünge im frankophonen schwarzen Kontinent, spielt N. auch in pan-afr. anglophonen Bewegungen in der Karibik und in den USA und in deren Lit. eine große Rolle. Die N.-Bewegung ist zwar ein Meilenstein auf dem Wege der Emanzipation der Schwarzen, wurde aber auch von schwarzen Intellektuellen kritisiert. So attackierte der Südafrikaner E. Mphalele die N. als Ausdruck eines Minderwertigkeitskomplexes, während der Nigerianer W. Soyinka eine radikalere Position einnimmt und eine aggressivere Interessenvertretung der Schwarzen fordert. Andere afr. Kritiker, unter ihnen F. Fanon, lehnen das Konzept der N. mit seiner Betonung der intuitiven Veranlagung des Afrikaners als statische und essentialistische Fortschreibung westlicher Stereotypen ab.

Lit.: L.S. Senghor: *The Africa Reader. Independent Africa*, Ldn. 1970. – H.-J. Heinrichs: *»Sprich deine eigene Sprache, Afrika!« Von der N. zur afr. Lit. der Gegenwart*, Bln. 1992.

HA

Neobarock (gr. *néos*: neu; port. *barroco*: unregelmäßig, schiefrund; Bezeichnung für Form von Perlen), die theoretische Grundlage des N. geht auf den durch die Barock-Forschung A. Schönes wiederentdeckten *Ursprung des dt. Trauerspiels* (W. ↗ Benjamin, 1928) und auf die antimimetische Deutung prämoderner Formen der ↗ Allegorie durch Benjamin zurück (vgl. ↗ Barock). In der modernen Lit. wird die barocke Krise des Deutens zum zwangsläufigen Scheitern und Zerfall eines auf (mimetische) Ergebnisse ausgerichteten Lesens; der barocke Nominalismus wird reaktualisiert in Form metakritischer Distanz und als Bewußtsein des Seins der Sprache. P. ↗ de Man verbindet die moderne Deutung Benjamins mit postmodernem, J. ↗ Derridas ↗ Dekonstruktion verpflichtetem Denken (*Allegories of Reading*, 1979). Auf der Basis einer postmodernen Deutung der Allegorie führt S. ↗ Sarduy den Begriff des N. ein (*Barroco*, 1974). Die Wurzeln des N. werden in der Koloniallit. gesehen. Die Übertragung des span. Barock in die ›Neue Welt‹ erzeuge übertriebene Formen, die eine implizite ↗ Parodie und damit transgressive Züge gegen die herrschende ↗ Ideologie verbergen. Der historische Analogismus von Barock und N. gründet eine diskontinuierliche Geschichte am. Poetologie. Im Vorwort zu *Historia Universal de la Infamia* (1935) kehrt J.L. Borges die Wertungen des phaseologischen Modells des Barock um. Humoristische, barocke Übertreibungen stellen nach Borges den Höhepunkt jeder Lit. dar. So bestehen z.B. bei B. Gracián implizite, beim engl. Barockdichter J. Donne intentionale transgressive Züge. Die indirekte Transgression der Koloniallit. und -kunst gegen die antireformatorische Strenge der Kolonialgesellschaft wird durch den kuban. Schriftsteller J. ↗ Lezama Lima mit dem Begriff der *contraconquista* (Gegeneroberung) betont und zur transepochalen Eigenschaft der lateinam. Kultur erhoben. Diese Poetologie wird vom Exilkubaner Sarduy postmodern umgedeutet. – Die epistemologischen Grundlagen des transepochalen Begriffs des Barock sind unterschiedlich: Im Gegensatz zu ontologischen Ansätzen wie dem des Kubaners A. Carpentier (*Barroco americano*, 1967) steht die Betonung der ↗ Intertextualität durch die ↗ Metapher der ›anthropophagischen‹ Assimilation in Lezama Limas »La curiosidad barroca« (*La expresión americana*, 1957). Neben indian. Traditionen assimiliere der am. Barock die Traditionen der Universalkultur, die zugleich durchbrochen werden. Das ›Zitat‹ wird zur einzig möglichen, ›authentischen‹ Form von Lit. und Kultur. Mit Bezug auf die Entillusionierungspraxis des Barock betont Lezama Lima die illusionäre Natur der allegorischen Repräsentation. Nach ihm gilt (analog zu Benjamin) die Allegorie als historische Denkmethode, wobei die in der Metapher der Assimilation implizite Kritik an der Metaphysik des Ursprungs den Übergang zur postmodernen Deutung des N. vorbereitet. Im Unterschied zum prämodernen Barock wird im postmodernen N. die Sprache selbstreferentiell und metaepistemologisch; auch der Grad der Auflösung kohärenter Repräsentationen ist höher. Die neobarocke Lit. Lateinamerikas führt deswegen eine Kritik der kulturellen Instrumente und Deutungsmuster durch. Ästhetisch werden die Montage, die ↗ ›mise en abyme‹, zentrifugale und hybride Formen und unabgeschlossene Schöpfungsprozesse hervorgehoben. Von Lezama Lima übernimmt Sarduy auch das historische Modell und die Kritik an der Geschichtsmetaphysik. Die Vergangenheit werde von der Erinnerung nicht durch eine temporale Kausalität ins Bewußtsein gehoben, sondern als

Montage, als sinn- und funktionslos gewordene Ruine, in der alle Zeiten koexistieren, ein Modell, das nach M. ↗ Foucault (1969) ›archäologisch‹ genannt werden kann. – Neobarocke Züge bestimmen auch den aktuellen lateinam. Roman, etwa den Stadtroman, der in Analogie zur urbanen Thematik des Kolonialbarock (vgl. A. Ramas' *Ciudad letrada*) gesehen werden kann, oder den neuen historischen Roman (*Nueva Novela Histórica*), der sich um eine Absage an die Geschichtsmetaphysik bemüht (Sarduy, R. Bastos, G.G. Márquez, C. Fuentes u.a.). Als Effekt der Rezeption des lateinam. N. wurden auch in der europ. Lit. postmoderne neobarocke Konzepte thematisiert, bes. durch I. Calvino (in bezug auf Borges) und durch den frz. Schriftsteller D. Fernandez (z.B. *Le banquet des anges*, 1984). Die barocke Ästhetik war aber auch schon für Theorie und Praxis des *Nouveau Roman* relevant (bes. M. Butor). Der historische Analogismus zwischen prämoderner und moderner Ästhetik wurde zuerst durch G.R. Hocke (1957) in bezug auf den Manierismus erarbeitet. Für den Neomanierismus, eine moderne Deutung der Artifizialität (Curtius) und ›Gegen-natürlichkeit‹ (Gehlen) des Manierismus, behauptet Hocke, der Klassiker stelle Gott in seiner Essenz, der Manierist Gott in seiner Existenz dar. Die dem Neomanierismus zugrundeliegende ↗ Episteme der historischen Moderne unterscheidet diesen von den postmodernen Epistemen des N. Gleichwohl teilt der N. mit Hockes transepochalem Begriff des Manierismus das (moderne) Bewußtsein der Krise und der Intertextualität sowie die Figur des Labyrinths als Ausdruck zentrifugaler Kräfte des Textes. Werden das Visionäre und Traumhafte im Neomanierismus betont, so geraten in der Ästhetik des N. die Vereinigung des Disparaten (*concordia discors*) und deren komplementäre Erscheinung, nämlich die Uneinigkeit des Einigen (*discordia concors*), als unauflösbare und fundamentale Form des Widerstreits (nach J.F. ↗ Lyotards *différend*) ins Zentrum.

Lit.: G.R. Hocke: *Die Welt als Labyrinth*, Hbg. 1957. – M. Foucault: *L'archéologie du savoir*, Paris 1969. – S. Sarduy: *Barroco*, Paris 1991 [1974]. – P. de Man: *Allegories of Reading*, New Haven 1979. – Ch. Buci-Glucksmann: *La raison baroque. De Baudelaire à Benjamin*, Paris 1984. – S. Sarduy: »La simulación«. In: G. Calabró (Hg.): *Identità e metamorfosi del barroco ispanico*, Neapel 1987. S. 233–258. – A. Pauly: *Neobarroco. Zur Wesensbestimmung Lateinamerikas und seiner Lit.*, FfM. 1993.

VB

Neohistorismus ↗ *New Historicism*

Neostrukturalismus ↗ Poststrukturalismus

Neue Medien ↗ Medien, neue

New Criticism, der Begriff bezeichnet die wohl bedeutendste Richtung in der am. Lit.theorie und -kritik des 20. Jh.s. Konzipiert schon in den 30er und 40er Jahren gewann der *N. C.* in der Zeit von etwa 1950 bis 1970 einen dominanten Einfluß auf die anglo-am. Lit.kritik und den Lit. unterricht in den USA sowie in weiten Teilen Westeuropas. In den Jahren danach wurde er zur bevorzugten Zielscheibe der Polemik fast aller neueren Richtungen in der am. Lit.theorie. – Trotz seiner weiten Verbreitung war der *N. C.* keine lit.kritische Schule im strengen Sinne, denn seine Anhänger haben ihre Prinzipien nur selten, am deutlichsten erst in späten Verteidigungsschriften (vgl. Wellek 1982; Brooks 1979) expliziert, und die Unterschiede zwischen ihren Gedankengebäuden und Terminologien sind mindestens ebenso groß wie die Gemeinsamkeiten. Schon an der Prägung des Begriffs waren verschiedene Autoren beteiligt (vgl. Wellek 1982, S. 87 f.). J. E. Spingarn entdeckte den Begriff bei B. ↗ Croce und machte ihn zum Titel eines 1911 veröffentlichten Büchleins, in dem er Croces Theorien darlegte. E. E. Burgum verwandte ihn 1930 als Titel eines Sammelbands und J. C. Ransom 1941 als Titel eines Buchs, das am meisten zur Verbreitung des Begriffs beitrug, obwohl es andere Vorläufer und Vertreter des *N. C.* kritisierte. Selbst unter Experten ist umstritten, welche Kritiker überhaupt dem *N. C.* zugerechnet werden dürfen: In der Regel als Vorläufer oder geistige Ahnherren der Bewegung bezeichnet werden T. S. ↗ Eliot, der als erster anglo-am. Kritiker die Eigengesetzlichkeit der Lit. (↗ Autonomie) betonte und damit eine Basis für die vornehmlich ↗ werkimmanente Lit. betrachtung des *N. C.* legte, I. A. ↗ Richards, der als erster die Notwendigkeit einer intensiven Textarbeit im Lit.unterricht erkannte, obwohl er, anders als die eigentlichen *New Critics*, noch keine scharfe Trennung zwischen der objektiven Struktur des Textes und den subjektiven Erfahrungen seiner Leser intendierte, sowie Richards Schüler W. ↗ Empson, der mit seiner berühmten Studie *Seven Types of Ambiguity* (1930) wesentlich zur Verbreitung der für den *N. C.* zentralen Vorstellung beitrug, daß Mehrdeutigkeit (↗ Ambiguität) ein entscheidendes Kriterium für die ästhetische Qualität eines Textes sei (vgl. Schulte-Middelich 1982, S. 26). Als typische

Vertreter des *N. C.* gelten neben Ransom seine Schüler A. Tate und Cl. ↗ Brooks (vgl. Halfmann 1971). Brooks sorgte zusammen mit seinen Mitautoren R. P. Warren bzw. R. B. Heilman durch die Veröffentlichung von vier sehr einflußreichen, immer wieder aufgelegten Handbüchern (*An Approach to Literature*, 1936; *Understanding Poetry*, 1938; *Understanding Fiction*, 1943 und *Understanding Drama*, 1945) am meisten für die Popularisierung der neuen Richtung. Weitere häufig dem *N. C.* zugerechnete Kritiker sind R. P. Blackmur, K. D. ↗ Burke, W. K. ↗ Wimsatt und Y. Winters, wenngleich sich die beiden Erstgenannten später deutlich vom *N. C.* abgesetzt haben und auch Winters über die Zuordnung niemals glücklich war (vgl. Wellek 1982, S. 89 und Brooks 1979, S. 592, die als die besten Kenner der Szene die Disparatheit der Bewegung stark betonen). Gefördert wurde die Verbreitung des *N. C.* außer durch die genannten Handbücher auch durch Zs.en wie *The Southern Review*, *The Kenyon Review* und *The Sewanee Review*, die, von den Hauptvertretern des *N. C.* herausgegeben, die im Sinne des *N. C.* durchgeführte Art der Interpretation weithin bekannt machten. Wie die Liste der genannten Vertreter und Zs.en erkennen läßt, war der *N. C.* im engeren, eigentlichen Sinne ein am., in den konservativ geprägten Südstaaten angesiedeltes Phänomen. Engl. Kritiker und Organe hingegen, die (wie F. R. ↗ Leavis und seine Zs. *Scrutiny*) von manchen Betrachtern ebenfalls mit dem *N. C.* in Verbindung gebracht werden, teilen nur einzelne seiner Prinzipien und Termini. Eine über den am. Kontext hinausweisende Komponente erhielt der *N. C.* durch Wellek, der als ehemaliges Mitglied des Prager Linguistenkreises (↗ Prager Schule) und Einwanderer in die USA dem *N. C.* durch sein mit Elementen der osteurop. Lit.-theorie angereichertes, gemeinsam mit Warren verfaßtes Handbuch *A Theory of Literature* (1949) ein inoffizielles theoretisches Manifest bescherte und später zum gewichtigsten Verteidiger des *N. C.* wurde. – Dem von den *New Critics* praktizierten und in ihren theoretischen Schriften gerechtfertigten Umgang mit Lit. liegen folgende Prinzipien zugrunde: (a) Die Konzentration auf den Text als Objekt: Unter den verschiedenen Komponenten des ↗ Kommunikationsmodells kommt nach Auffassung der *New Critics* dem Text die entscheidende Bedeutung zu. Auf seine objektiven Strukturen (die Wörter und Wortmuster mit ihren geschichtlich belegbaren Bedeutungen und Assoziationen) soll der Kritiker seine Aufmerksamkeit konzentrieren. Der historische ↗ Kontext ist dabei, abgesehen von der Geschichtlichkeit der Wortbedeutung, nur von geringer Wichtigkeit. Aus der Betrachtung weitgehend ausgespart bleiben sollen auch die Erfahrungen und ↗ Intentionen des Autors und der durch den Text beim Leser hervorgerufene subjektive Respons (↗ Wirkung; ↗ Wirkungsästhetik): zwei Komponenten, für deren aus der Sicht des N.C. falsches Für-wichtig-Halten Wimsatt und sein Co-Autor M. Beardsley die Begriffe ›intentional‹ bzw. ›affective fallacy‹ prägten (vgl. Wimsatt, *The Verbal Icon*, 1954). Das Postulat von der Konzentration auf den Text als Objekt verbindet den N.C. mit in anderen Nationen angesiedelten lit.theoretischen Richtungen, die sich wie der ↗ Russ. Formalismus oder die frz. ↗ *explication de texte* ebenfalls vornehmlich auf die Werkstruktur konzentrieren und damit die rein positivistische, nur auf biographische und historische Fakten ausgerichtete Lit.betrachtung des 19. Jh.s überwinden wollten (↗ Positivismus; ↗ Biographismus). (b) Das Prinzip des ›*close reading*‹: Da der Text als Objekt im Mittelpunkt des lit.theoretischen Interesses des N.C. steht, ist das *close reading*, d.h. ein genaues, allen Bedeutungsnuancen und sprachlichen Effekten eines Textes nachspürendes Lesen, eine *conditio sine qua non* neukritischer Lit.interpretation. Auch in England (in Anlehnung an Richards) unter dem Stichwort *practical criticism* bekannt, wurde das Prinzip des *close reading* zu einem Meilenstein auf dem Weg von einer noch das 19. und frühe 20. Jh. prägenden impressionistischen Art der Lit.betrachtung hin zu wissenschaftlich-gründlichen, kritischen Textinterpretationsverfahren, die auch aus den auf den N.C. folgenden lit.theoretischen Richtungen nicht mehr wegzudenken sind. (c) Die Suche nach Mehrdeutigkeit: Dieses Prinzip ergibt sich notwendig daraus, daß sich ein *close reading* nur bei solchen Texten lohnt, die vielschichtig, kompliziert und mit vielen Bedeutungsnuancen angereichert sind. Die verschiedenen Vertreter des N.C. haben zur Bezeichnung von Mehrdeutigkeit und semantischen Spannungspotentialen eigene Termini, wie z.B. *ambiguity* (Empson), *tension* (Tate), *irony* und *paradox* (Brooks) geprägt, die sich auch als Leitbegriffe im Lit.unterricht verwenden ließen und durch häufigen Gebrauch z.T. später zu bloßen Schlagworten verkamen. (d) Die Betonung der Einheit (›*unity*‹) im Disparaten: Prägt einerseits der Fokus auf Mehrdeutigkeit und Spannungen das literar. Interesse des N.C., ist es ihm andererseits wichtig, jene Prinzipien zu bestimmen, die die disparaten Elemente eines Kunstwerks zu einer höheren Einheit zusammenfügen (vgl. den von Brooks bevorzugten Terminus *paradox*, der ja bereits eine letztliche Einheit der Gegensätze unterstellt). Die *New Critics* konnten sich bei ihrer Betonung der Einheit des Kunstwerks auf die Lit.theorie S. T. Coleridges berufen, der bereits die Formel von der Schönheit der Kunst als einer ›*unity in multeity*‹, einer Einheit in der Vielheit, verwendet hatte. Aber während Coleridge als Romantiker das Konzept der Einheit nur auf die ↗ Imagination des Dichters bezog, versuchten die *New Critics*, sie auch konkret an Elementen des Textes festzumachen, z.B. an einem im Mittelpunkt des Kunstwerks stehenden Charakter, einem durchgängigen Schauplatz oder (meistens) an einem leitmotivischen Thema. Typisch für Interpretationen im Geiste des N.C. sind daher Aufsatztitel wie ›The Theme of X in...‹ oder ›X as a Unifying Principle in...‹. Nicht nur die Art der Analyse, sondern auch die Auswahl der zu analysierenden Gegenstände wurde von den genannten Prinzipien des N.C. vorgeprägt: Die Technik des *close reading* und das Suchen nach Mehrdeutigkeit ließen sich am besten im Bereich der Lyrik praktizieren. Innerhalb der Lyrik kamen v.a. jene Epochen den Interessen der *New Critics* entgegen, die (wie die *Metaphysical Poetry*) oder die moderne Dichtung, mit weithergeholten Vergleichen, schwierigen ↗ Metaphern und dunklen ↗ Symbolen arbeiten. Im Bereich der Erzähllit. boten sich v.a. kurze und moderne (psychologische, impressionistische und symbolistische) Texte, im Bereich des Dramas die Stücke Shakespeares mit ihren komplexen Bildern und Themenmustern für eine Analyse mit den Mitteln des N.C. an (vgl. Schulte-Middelich 1982, S. 37–39). Eine Folge dieser Schwerpunktsetzung war eine ↗ Kanonbildung im universitären und schulischen Lit.unterricht, die schließlich von neueren Richtungen als einengend und zu traditionsorientiert empfunden wurde. Noch stärker der ↗ Tradition und dem Konservatismus verpflichtet war der N.C. in seiner politischen und philosophischen Orientierung. Zu einem großen Teil aus den Südstaaten stammend, vertraten einzelne *New Critics* (wie z.B. Tate) sogar offen antidemokratische Wertvorstellungen; zumindest standen die meisten Vertreter des N.C. der modernen, von Wissenschaft und Technik geprägten Zivilisation ablehnend gegenüber. Dementsprechend postulieren sie in ihren lit.theoretischen Schriften einen fundamentalen Unterschied zwischen der Sprache der Wissenschaft und der Sprache der Dichtung: In der ersteren, so die These, seien die Bezeichnungen ausschließlich denotativ, in der letzteren hätten sie zusätzlich eine metaphorisch-konnotative Komponente. Einigen Hauptvertretern der Richtung war dieser Dualismus zwischen denotativer und konnotativer Bedeutung (↗ Denotation; ↗ Konnotation) sogar ein neu erfundenes Begriffspaar wert (Ransom z.B. spricht von *structure* und *texture*, Tate von *extension* und *intension*). Nach Auffassung aller *New Critics* erreicht die poetische Sprache durch ihre metaphorisch-konnotative Komponente eine bes., sie über die Wirklichkeit hinaushebende Qualität. Gleichwohl bleibt sie aber auf die Wirklichkeit bezogen, indem sie eine lebendige Erfahrung (*experience*) zum Ausdruck bringt. Mit der vom ↗ Poststrukturalismus propagierten Auffassung, daß zwischen Sprache und Wirklichkeit ein niemals überwindbarer Bruch besteht, hat die Sprachkonzeption des *N.C.* daher trotz ihrer Betonung der Mehrdeutigkeit von Texten nichts zu tun (vgl. Wellek 1982, S. 94; Brooks 1979, S. 605). – Ob ihres lange Zeit dominanten Einflusses ist es nicht verwunderlich, daß die Grundpositionen des *N.C.* von fast allen anderen Richtungen der Lit.theorie polemisch angegriffen worden sind. Die generelle Strategie dieser Polemiken besteht darin, dem *N.C.* die Mißachtung dessen vorzuwerfen, was der eigenen Richtung als neues ↗ Paradigma gilt: So hielt schon in den 50er und 60er Jahren die ↗ Chicago-Schule dem *N.C.* die Vernachlässigung von Handlung, Charakteren und anderen gattungsspezifischen Faktoren vor. Rezeptionsorientierte Kritiker klagen, der *N.C.* habe den Leser mißachtet (↗ Rezeptionsästhetik). Vertreter des am. ↗ *New Historicism* und des brit. ↗ *Cultural Materialism* werfen dem *N.C.* vor, den historischen Kontext bzw. die ideologischen Funktionen von Lit. ignoriert zu haben. Konservative Hermeneutiker vom Schlage eines E.D. ↗ Hirsch meinen, der *N.C.* habe mit seiner Suche nach Mehrdeutigkeit die Offenheit und Vieldeutigkeit der Lit. überbetont. Poststrukturalen Theoretikern gehen hingegen die Zugeständnisse des *N.C.* an diese Faktoren noch nicht weit genug. Daß sich dabei die von den verschiedenen Seiten erhobenen Vorwürfe, wie das letzte Beispiel zeigt, z.T. gegenseitig neutralisieren, ist ein Indiz dafür, daß es sich bei den lit.theoretischen Annahmen des *N.C.* im Grunde um ausgewogene Positionen handelt, die besser als manche andere Theorie mit dem *common sense* vereinbar sind.

Lit.: R. Weimann: ›*N.C.*‹ *und die Entwicklung der bürgerlichen Lit.wissenschaft*, Mchn. 1974 [1962]. – U. Halfmann: *Der am.* ›*N.C.*‹, FfM. 1971. – Cl. Brooks: »The N.C.«. In: *The Sewanee Review* 87 (1979) S. 592–607. – B. Schulte-Middelich: »Der *N.C.*: Theorie und Wertung«. In: B. Lenz/ders. (Hgg.): *Beschreiben, Interpretieren, Werten*, Mchn. 1982. S. 19–52. – R. Wellek: »The *N.C.*: Pro and Contra«. In: ders.: *The Attack on Literature and Other Essays*, Chapel Hill 1982. S. 87–103. – J.R. Willingham: »The *N.C.*: Then and Now«. In: Atkins/Morrow 1989. S. 24–41. – D. Robey: »Anglo-American *N.C.*«. In: Jefferson/ders. 1992. S. 65–83. – M. Weitz: »Zur Karriere des *Close Reading. N.C.*, Werkästhetik und Dekonstruktion«. In: Pechlivanos et al. 1995. S. 354–365.

PW

***New Cultural History*/Kulturgeschichte**, Sammelbegriff für neue kulturgeschichtliche Tendenzen der am. und brit. Geschichtswissenschaft seit den 80er Jahren. Die *NCH* entwickelte sich als eine Art Erweiterung der *New Social History*, die die Geschichtsschreibung in den 60er und frühen 70er Jahren dominierte. Ebenso wie diese beschäftigt sich die *NCH* v.a. mit den Erfahrungen ›einfacher Leute‹; im Gegensatz zur *New Social History* schließt sie aber auch die Kulturen der Eliten ein und verwendet kaum quantifizierende Methoden. Statt dessen wird versucht, anhand von signifikanten Einzelfällen allg. Phänomene zu erhellen. Ausgehend von einem weiten Begriff von ↗ Kultur (↗ Kulturtheorien; ↗ Kultursemiotik) begreift die *NCH* die den Menschen umgebende Lebenswelt als ein kulturelles und soziales Konstrukt; die Institutionen und Artefakte sind ebenso wie die ↗ Codes, die menschliches Handeln leiten und Sinngebungsprozesse prägen, Produkte der jeweiligen Kulturen und als solche historisch wandelbar. Daher sind v.a. ehemals als unveränderlich erachtete Phänomene wie Krankheit, Kindheit, Sexualität oder der Körper Gegenstände der *NCH*, die wie die ↗ Mentalitätsgeschichte davon ausgeht, daß auch menschliches Denken und Fühlen historischen Veränderungen unterliegt. – Innerhalb der *NCH* werden unterschiedliche Konzepte und Methoden benutzt, um ein breites Spektrum von Gegenständen zu erforschen. Maßgeblich für die Entwicklung der in sich heterogenen *NCH* waren v.a. folgende Komponenten, die in der Anwendung vielfach Überschneidungen aufweisen: (a) ein marxistischer Revisionismus, der, im Gefolge von E.P. Thompsons *The Making of the English Working Class* (1963), die Erfahrungen und Bewußtseinsveränderungen von Menschen aus den unteren Schichten zum Gegenstand der Forschung erhob; (b) eine neue Betrachtungsweise in der Geschichte der politischen Philosophie, die im Anschluß an J.G.A. Pocock und Q. Skinner dem historischen Kontext und den jeweils verbreiteten Argumentationsmustern große Bedeutung für die Ermittlung des Gehalts politischer Ideen und Handlungen beimaß; (c) Veränderungen innerhalb der ↗ Geistesgeschichte, die seit den späten 70er Jahren zunehmend den sozialen Kontext berücksichtigte, der wirklichkeitskonstituierenden Bedeutung von Sprache sowie ↗ Diskursen größere Bedeutung zuschrieb, die bedeutungskonstituierende Funktion von Rezipienten anerkannte und die wechselseitigen Einflüsse von ›hoher‹ und ›niederer‹ Kultur untersuchte (↗ Hochlit.; ↗ Triviallit.); (d) ein intensiveres Interesse an der *popular culture* (↗ Populärkultur) und den Formen der Rezeption dieser Kultur; (e) J. ↗ Habermas' Konzeption von öffentlichem und privatem Bereich; (f) diskursanalytische Arbeiten im Gefolge von M. ↗ Foucault, die zwar oft einzelnen seiner Thesen kritisch gegenüberstehen und von unterschiedlichen Diskursbegriffen ausgehen, aber Gemeinsamkeiten im Hinblick auf die Auffassung von der prägenden, wenn auch nicht deterministischen, Bedeutung von Diskursen und auf die Betonung diskursiver Praktiken und der Herrscher sowie Beherrschte einschließenden Machtbeziehungen aufweisen; (g) A. ↗ Gramscis Konzept der ↗ Hegemonie; (h) neuere Untersuchungen zur *material culture*, die die von Menschen geschaffenen oder bearbeiteten Gebrauchs- oder Kunstgegenstände (etwa Maschinen, Geschirr, Kleidung, Möbel, Häuser, Reliquien und Gemälde, inklusive sog. ↗ ›Kitsch‹) für die Analyse von Einstellungen, Werten und Lebensweisen nutzen; (i) Studien zu Freizeitaktivitäten und der ›Kultur des Konsums‹, die wirtschafts- und kulturgeschichtliche Fragestellungen miteinander verbinden. Die Mentalitätsgeschichte frz. Provinienz übte hingegen nur wenig Einfluß auf die *NCH* aus. Für die engl. *NCH* sind über die genannten Komponenten hinaus noch zwei weitere Faktoren bedeutsam, die Einsichten des ↗ *New Historicism* und die Übernahme von Konzepten und Methoden der ↗ *Cultural Studies*. – Die am. *NCH*, die zunehmend auch in Großbritannien und Deutschland rezipiert wird, prägen einige weitere bedeutende Komponenten: (a) der ↗ *linguistic turn*, wie die auf den ↗ Poststrukturalismus gründende intensivere Beschäftigung mit Sprache genannt wird, die nicht mehr als durchlässiges Medium angesehen wird, das einen unverstellten Blick auf die Wirklichkeit erlaubt. Die

Einsicht, daß Texte Re-präsentationen vergangener Wirklichkeiten darstellen, schlägt sich v.a. in einer differenzierteren Auseinandersetzung mit der Sprache schriftlicher Quellen und mit Metaphern nieder; (b) die Anwendung anthropologischer Methoden, die als das wichtigste Merkmal der am. *NCH* gelten und aufgrund des Mangels an schriftlichen Eigenaussagen insbes. verwendet werden für die Analyse der Erfahrungen von Frauen und Arbeitern, die Erforschung afro-am. Kulturen während und nach der Sklaverei sowie der Lebenswelten von Indianern. Am. Historiker beziehen sich dabei hauptsächlich auf die Konzepte der Kulturanthropologie, vorwiegend auf die Werke von M. Douglas, V. Turner, M. Sahlins und insbes. C. ↗ Geertz, dessen Vorgehensweise der ›dichten Beschreibung‹ großen Anklang findet, obgleich Historiker den gruppenspezifischen Differenzierungen von Kulturen sowie vorherrschenden Machtverhältnissen und Kämpfen um Status meist größere Bedeutung beimessen als Geertz; (c) die Einsichten der ↗ *Gender Studies*, die bei der Untersuchung von Konstruktionen der ↗ Geschlechtsidentitäten und Geschlechterrollen sowie deren Wechselbeziehungen zu sozialen Institutionen und zur Politik auf anthropologische Einsichten ebenso zurückgreifen wie auf Konzepte Foucaults und die in den USA an der Spitze der Entwicklungen in der *NCH* stehen; (d) die Differenzierung in unterschiedliche Ethnien und die Berücksichtigung der Faktoren von Rasse (↗ *race*), ↗ Klasse (*class*) und Geschlecht (↗ *gender*). – Viele Studien der *NCH* teilen eine Reihe von Prämissen. Für die Analysen werden ein breites Spektrum unterschiedlichster Quellen, von Gerichtsakten bis zu Karikaturen, hinzugezogen; insbes. werden zuvor vernachlässigte mündliche Traditionen, Legenden oder populäre Lit. berücksichtigt. Außerdem besteht starkes Interesse an Kommunikationsformen von Einblattdrucken über Almanache bis zu Medien wie Fernsehen und Kino sowie an der Geschichte des Alltags, an Freizeitaktivitäten und Festkulturen. Darüber hinaus wird den Beziehungen zwischen der Produktion und dem Konsum von kulturellen Gütern sowie den jeweiligen Vermittlungsinstanzen große Aufmerksamkeit gewidmet. Weitere Gemeinsamkeiten liegen in der Deutung von rituellem und alltäglichem Verhalten und der Anlage von Gärten oder Gebäuden als ›Texte‹, aus denen Aufschluß über Einstellungen und Motivationen von Zeitgenossen gewonnen werden kann. Beachtung findet eine Vielzahl von früher marginalisierten Gruppen, die nicht mehr als ohnmächtige Opfer eingestuft werden, sondern als eigenständige Akteure, die ihr Schicksal im Rahmen der ihnen zur Verfügung stehenden Möglichkeiten beeinflußten. – Die *NCH* der 90er Jahre ist in mehrfacher Hinsicht von Grenzüberschreitungen gekennzeichnet: Zum einen werden in noch stärkerem Maße als zuvor Methoden aus unterschiedlichen Disziplinen nebeneinander verwendet, zum anderen besteht eine Tendenz zur Wiedereingliederung der Politik und zur sozialen Verankerung kulturgeschichtlicher Phänomene. Ihre gegenwärtige Bedeutung verdankt die *NCH* nicht nur der Tatsache, daß sie die bislang neueste und momentan einflußreichste Entwicklung in der Geschichtswissenschaft darstellt, sondern v.a. ihren integrativen Tendenzen und den zunehmend genutzten Möglichkeiten, zuvor fragmentarisierte Teilbereiche der Geschichtswissenschaft in neuen Synthesen (↗ Kulturwissenschaft) zu vereinigen.

Lit.: L. Hunt (Hg.): *The NCH*, Berkeley et al. 1989. – Th. Bender: »Intellectual and Cultural History«. In: E. Foner (Hg.): *The New American History*, Philadelphia 1997 [1990]. S. 181–202. – P. Burke (Hg.): *New Perspectives on Historical Writing*, Cambridge et al. 1995 [1991]. – L.W. Levine: »The Folklore of Industrial Society. Popular Culture and Its Audiences«. In: *American Historical Review* 97 (1992) S. 1369–1399. – V. Nünning: »Wahrnehmung und Wirklichkeit. Perspektiven einer konstruktivistischen Geistesgeschichte«. In: G. Rusch/S. J. Schmidt (Hgg.): *Konstruktivismus. Geschichte und Anwendung*, FfM. 1992. S. 91–118. – N.B. Dirks et al. (Hgg.): *Culture, Power, History. A Reader in Contemporary Social Theory*, Princeton 1994. – H. Lehmann (Hg.): *Wege zu einer neuen Kulturgeschichte*, Göttingen 1995.

VN

New Historicism (dt. Neohistorismus), der *N.H.* hat sich mit dem Ende seiner ersten Phase der Theoriebildung Ende der 80er Jahre in den USA zum »dominanten Theorieparadigma einer sich zunehmend kulturwissenschaftlich begründenden Lit.wissenschaft« (Hebel 1992, S. 325) entwickelt. Er ist weniger eine homogene Schule, sondern bezeichnet als Sammelbegriff vielmehr eine breite Palette kontextorientierter neohistorischer Ansätze. – St. ↗ Greenblatt prägte den Begriff 1982 in seiner Einführung zu der Zs. *Genre*, um die Gemeinsamkeiten verschiedener Studien zur engl. Renaissance zu umschreiben. Rasch konnte sich der *N.H.* als machtvolle neue, kulturanthropologisch ausgerichtete Interpretationsrichtung (›*poetics of culture*‹) institutionell etablieren, v.a. durch die eindrucksvollen Studien Greenblatts zur Renaissance und zu Shakes-

peare sowie durch die vierteljährlich erscheinende Zs. *Representations*. Verschiedene Sammelbände mit Einführungs- und Überblickscharakter (vgl. Veeser 1989) folgten, bis schließlich in einer von Greenblatt und G. Gunn 1992 herausgegebenen Zwischenbilanz mit dem programmatischen Titel *Redrawing the Boundaries. The Transformation of English and American Literary Studies* die unumkehrbaren radikalen Veränderungen der lit.kritischen Landschaft dokumentiert und vorläufig festgeschrieben wurden. Neben Greenblatt gelten als Hauptvertreter u.a. S. Bercovitch, J. Dollimore, C. Gallagher, J. McGann, F. Lentricchia, W.B. Michaels, L.A. Montrose und H.A. Veeser. Die Grenzziehung gegenüber dem eher marxistisch geprägten, auf R. ↗ Williams zurückgehenden brit. ↗ *Cultural Materialism* ist nicht immer eindeutig möglich. Zahlreiche Forschungsdokumentationen und kritische Darstellungen haben, bei allen theoretischen und methodischen Vorbehalten, den *N.H.* als kulturwissenschaftlichen Ansatz auch für dt. Geisteswissenschaftler fruchtbar gemacht (vgl. Eggert et al. 1990, Zapf 1991, Nünning 1992, Hebel 1992, Höfele 1992; vgl. auch die Beiträge von Fluck, Volkmann u. Zapf in Ahrens/Volkmann 1996) und der Debatte um eine ›postmoderne Geschichtsschreibung‹ entscheidende Anstöße gegeben (vgl. Eggert et al. 1990; Conrad/Kessel 1994; Scholtz 1997). Allerdings wurde auch auf etablierte dt. kultur- bzw. funktionsgeschichtliche Ansätze verwiesen (z.B. von E. Lämmert oder E. Wolff; vgl. Kaes in Eggert et al. 1990, S. 56; Volkmann 1996, S. 330). – Geistesgeschichtlich wurde der *N.H.* als Reaktion auf die Krise des (am.) Fortschrittsgedankens sowie auf den wachsenden Einfluß von multikulturellem Wertepluralismus gedeutet (vgl. Thomas in Scholtz 1997, S. 13 ff.). Trotz der Heterogenität der *New Historicists* ist ihnen die dezidierte Frontstellung gegenüber zwei als überholt abgewerteten Schulen gemeinsam, dem textimmanenten ↗ *New Criticism* sowie den *a posteriori* nun zum ›Old Historicism‹ ernannten früheren kontextbezogenen Interpretationsrichtungen. Dem unhistorischen Analyseverfahren des auf textliche ↗ Autonomie insistierenden *New Criticism* wird dabei bisweilen in ideologischer Überhöhung die Funktion eines über lange Jahre dominanten bourgeoisen Unterdrückungsapparats zugeschrieben, der eine unheilvolle Allianz mit dem ›*Old Historicism*‹ eingegangen sei. Als reaktionärer oder konservativer Sinnstiftungsmechanismus, so der *N.H.*, erkannte letzterer nicht den Konstruktcharakter jeglicher historischen Deutung und degradierte, wie auch die orthodoxe ↗ Marxistische Lit.theorie, die Lit. lediglich zum Reflektor des historischen Hintergrunds (↗ Widerspiegelung). Bei bewußt eindeutiger Abgrenzung gegenüber traditionellen Interpretationsrichtungen erweisen sich die eigenen theoretischen und methodischen Grundlagen des *N.H.* eher als bewußt eklektizistisch und neuen Einflüssen gegenüber offen. Mit der für seinen Erfolg mit ausschlaggebenden »portmanteau quality« (Veeser 1989, S. xi) absorbiert und modifiziert der *N.H.* geschickt andere Positionen. (a) Wie der ↗ Poststrukturalismus geht der *N.H.* vom dezentrierten, intertextuell vernetzten Individuum bzw. Einzeltext aus (↗ Intertextualität), leugnet den ontologischen Unterschied zwischen Text und Kontext und betont den Kontingenzcharakter historischen Geschehens. (b) Mit skeptizistischen Geschichtstheoretikern wie H. ↗ White und in Anlehnung an die ↗ Rezeptionsästhetik wird dabei die Dimension der Inszenierung des Textes durch den Historiker bzw. Interpreten selbstreflexiv zur Sprache gebracht. (c) Wie die Marxistische Lit.theorie postuliert der *N.H.* die Dominanz von Machtbeziehungen und von sozioökonomischen Prägebedingungen. Allerdings leugnet der *N.H.* im Sinne von M. ↗ Foucaults historischer ↗ Diskursanalyse eine teleologische Geschichtsausrichtung sowie ein einfaches Basis-Überbau-Schema angesichts von dynamischen und gängige Hierarchien transzendierenden Machtkonfigurationen. (d) In der Praxis der ↗ Interpretation werden die Techniken der ↗ Dekonstruktion bei einem *close reading* angewendet, im Aufspüren der *fault lines*, der Brüche und Ausgrenzungen in logozentrischen Textstrukturen. Im Sinne der Tiefenpsychologie S. ↗ Freuds und J.M. ↗ Lacans wird dabei das Verschwiegene, bisher Unterdrückte wieder aufgespürt (↗ Subtext; ↗ Tiefenstruktur). (e) Interdisziplinär und in Anlehnung an die Kulturanthropologie von C. ↗ Geertz wird eine enge Verbundenheit aller sozialen und kulturellen Praktiken erkannt, die es erlaubt, auch in Randphänomenen die ↗ Episteme einer ↗ Epoche aufzudecken. (f) Die dominanten Fragestellungen und Thematiken des *N.H.* orientieren sich, unter dem Einfluß der ↗ Feministischen Lit.theorie, der ↗ Postkolonialen Lit.theorie und des ↗ Multikulturalismus, an den Aspekten von *class* (↗ Klasse), ↗ *gender* und ↗ *race*. – Es haben sich darüber hinaus folgende Prämissen und Praktiken der *N.H.*-Forschung herauskristallisiert. (a) Jeder Text ist historisch geprägt; er ist

als *culture in action* nicht allein Abbild der Realität, sondern in ein dynamisches soziokulturelles und ästhetisches, synchron und diachron verlaufendes Interdependenzgeflecht eingebettet (*embedded*). Bedeutenden Texten bzw. Autoren wird dabei der Status von semiotischen Kraftfeldern eingeräumt. (b) Literar. Texte verlieren in dieser dynamischen ↗ ›Zirkulation sozialer Energien‹ (Greenblatt) ihren privilegierten Status als ästhetische Gebilde, da ↗ Geschmack als historische Variable erscheint, ↗ Literarizität und Narrativik als Diskursstrategie definiert werden. Literar. Texte interessieren primär in ihren komplexen Interaktionen mit anderen, auch nichtliterar. Texten und kulturellen Praktiken. (c) Den *N.H.* beschäftigt als dominantes Thema die spezifische Konstruktion von Identität, da *race, class* und *gender* als historisch variable Kategorien gedeutet werden. Im Zuge einer Revision der Texte tritt vormals Ausgeschlossenes und Unterdrücktes in den Vordergrund, insbes. komplexe Macht- und Unterdrückungsmechanismen in kohärent wirkenden Texten, bisher schamhaft verborgene Körperlichkeit, Manifestationen des Bizarren und des Wahnsinns usw. Im Zuge dieser Neuorientierung wird der literar. ↗ Kanon durch eine Privilegierung der bisher unterdrückten Stimmen aufgelöst und umgeformt. (d) Interpretationen des *N.H.* widersetzen sich einer Teleologie und Kausalität anstrebenden *master-narrative*. Sie praktizieren vielmehr die von Geertz propagierte Darstellungstechnik der ›dichten Beschreibung‹ (engl. ›*thick description*‹), bei der das Geflecht der reziproken kulturellen Beziehungen eingehend erkundet wird. Die kontingenzbetonende Vorgehensweise der Interpreten spiegelt dabei bewußt postmodernes Vielheitsstreben, ↗ Dialogizität und emanzipatorisches wie multikulturelles Bewußtsein. – V.a. in den USA hat die ideologische Ausrichtung des *N.H.* zu scharfen Auseinandersetzungen mit konservativen Kritikern und der Garde der *New Critics* geführt. Es lassen sich schematisch folgende Kritikpunkte am *N.H.* auflisten: (a) Nicht immer werde die eigene Position des *N.H.* kritisch hinterfragt; die Historie gerate bisweilen zur Echokammer postmoderner Ressentiments und ↗ Ideologien. (b) Die Hypothese von der Verbundenheit aller kulturellen Zeichen führe bisweilen zu spekulativen Verallgemeinerungen. Die Geschichte gerate zum abgeschlossenen Irrgarten der Zeitgenossen, die nun nicht mehr Opfer eines dominanten Zeitgeists seien, aber trotzdem zu willenlosen Marionetten an den Fäden komplexer Episteme degradiert würden. (c) Die Einebnung der Einzeltexte wie des Sonderstatus von Lit. habe, so v. a. konservative Kritiker, zu einem Relativismus in der Lit.wissenschaft und zu einer ›Balkanisierung‹ (H. ↗ Bloom) der Kulturlandschaft geführt. (d) Zu oft würden Argumentations- wie Kompositionsmuster der eindrucksvollen Greenblatt-Aufsätze epigonal nachgeahmt. Das Fehlen von quellenkritischem Bewußtsein, Stringenz und Prägnanz verberge sich bei Greenblatt-Imitatoren hinter dem ostentativen Gestus der diskontinuierlich ausgerichteten, anti-logozentrischen ›dichten Beschreibung‹. Von einem Schutzwall modischer Terminologie dürftig verborgen, blieben die Ergebnisse bisweilen subjektivistisch, ja unbedeutend und banal. (e) Das Leugnen einer hinter den Mikrogeschichten versteckten verbindlichen Makroebene, also auch der Möglichkeit einer strukturierten diachronen Betrachtungsweise, gerate bisweilen ebenfalls zur Leerformel. Denn mit der Etablierung des N.H. und seinem Ausgreifen in alle literar. ↗ Epochen sei inzwischen ein Textkorpus entstanden, das durchaus die vielstimmige ›Große Erzählung‹ einer alternativen Kulturgeschichte durchschimmern läßt. Ungeachtet der Einwände gegen die mangelnde theoretische Fundiertheit und methodische Stringenz und ihre oft eklektische und essayistische Qualität haben die kulturpoetologischen Studien des N.H. maßgeblich zur Historisierung, interdisziplinären Erweiterung und ↗ kulturwissenschaftlichen Neuorientierung der Lit.wissenschaften in Amerika und Europa beigetragen.

Lit.: s. auch St. ↗ Greenblatt. – C. Belsey: »Literature, History, Politics«. In: *Literature and History* 9.1 (1983) S. 17–27. – R.C. Murfin: ›*Heart of Darkness*‹. *A Case Study in Contemporary Criticism*, N.Y. 1989. – Veeser 1989. – H. Eggert et al. (Hgg.): *Geschichte als Lit.: Formen und Grenzen der Vergegenwärtigung von Vergangenheit*, Stgt. 1990. – S. Bercovitch: *The Office of ›The Scarlet Letter‹*, Baltimore 1991. – H. Zapf: »N.H.«. In: ders. 1996 [1991]. S. 230–240. – Greenblatt/Gunn 1992. – U, Hebel: »Der am. N.H. der achtziger Jahre. Bestandsaufnahme einer neuen Orthodoxie kulturwissenschaftlicher Lit.interpretation«. In: *Amerikastudien* 37 (1992) S. 325–347. – A. Höfele: »N.H./Cultural Materialism«. In: *Jb. der Dt. Shakespeare-Gesellschaft West*, Bochum 1992. S. 107–123. – A. Nünning: »Narrative Form und fiktionale Wirklichkeitskonstruktion aus der Sicht des N.H. und der Narrativik«. In: *ZAA* 40 (1992) S. 197–213. – Ch. Conrad/M. Kessel (Hgg.): *Geschichte schreiben in der Postmoderne*, Stgt. 1994. – H.A. Veeser (Hg.): *The N.H. Reader*, N.Y./Ldn. 1994. – M. Baßler et al.: *N.H.: Lit.geschichte als Poetik der Kultur*, FfM. 1995. – St. Greenblatt: »Culture«. In: Lentricchia/McLaughlin 1995 [1990]. S. 225–232. – A. Simonis: »N.H. und

Poetics of Culture. Renaissance Studies und Shakespeare in neuem Licht«. In: Nünning 1995. S. 153–172. – St. Mullaney: »After the N.H.«. In: J. Drakakis/ T. Hawkes (Hgg.): *Alternative Shakespeares*, Ldn./N.Y. 1996. S. 17–37. – L. Volkmann: »Reconstructing a Usable Past. The N.H. and History«. In: Ahrens/Volkmann 1996. S. 325–344. – Colebrook 1998 [1997]. – G. Scholtz (Hg.): *Historismus am Ende des 20. Jh.s. Eine internationale Diskussion*, Bln. 1997.

LV

Nietzsche, Friedrich Wilhelm (1844–1900), dt. Philosoph und Altphilologe. – Studium in Bonn und Leipzig; Professur in Basel (1869–1879). Seine Hauptwerke umfassen: *Die Geburt der Tragödie aus dem Geiste der Musik* (1872); *Unzeitgemäße Betrachtungen* (1873–1876); *Die Fröhliche Wissenschaft* (1882); *Also sprach Zarathustra* (1883–1885) und *Zur Genealogie der Moral* (1887). Die emphatischen Begriffe, die im 19. Jh. eine den Teilen übergeordnete Ganzheit repräsentieren sollen (›Menschheit‹, ›Individuum‹ usw.), werden mit dem Verweis auf eine grundlegendere Schicht ›molekularer‹ Ereignisse kritisiert. Die idealistische ↗ Hermeneutik verliert an Boden. N. zerlegt das Leben in die antiindividualistischen Einheiten flottierender »Machtquanten« (N. 1988, Bd. 13, S. 257) und stemmt sich einer humanitären Perfektibilitätsdoktrin mit seiner kriegerischen Physik der Körper entgegen. Texte bestehen in dieser Perspektive nicht aus größeren Bedeutungseinheiten, die einen ethischen Generalnenner haben, sondern bieten dem Leser eine Oberfläche gleitender Metaphern; diese legen keinen Verweis auf ›eigentliche‹ Bedeutungen, ›tiefere‹ und damit verbindliche Sinngehalte mehr nahe. Es gibt »nur Interpretationen«, keine »Thatsachen« (N. 1988, Bd. 12, S. 315), nur wechselnde Fluchten molekularer Bezugsgrößen. N.s Werk beginnt allerdings nicht mit einer spektakulären Umkehr. Es sind vielmehr die von Schopenhauers oder G. Büchners Antiidealismus schon in der Abkehr von teleologischen ›Zwecken‹ zugespitzten Fragen nach der Möglichkeit einer ›grundlegenden‹ Erfahrung und dem Ursprung der ›Entfremdung‹, nach der Legitimität und Ökonomie des Disharmonischen, die den Auftakt und roten Faden seiner Texte bilden. N. aber geht weiter: Physiologie verdrängt Philosophie und fungiert als ›Wissenschaft vom Leib‹, die den Zugriff auf heterogene Disziplinen und die Entdifferenzierung traditionell gegeneinander abgeschotteter Diskurse erleichtert: Der Leib soll künftig über das Subjekt befragt werden, um subjektiv nützliche, aber falsche Interpretationen zu vermeiden und die Möglichkeit einer feststellbaren ›letzten Bedeutung‹ zurückzuweisen. Die philosophische Ästhetik des 19. Jh.s wird auf zwei Wegen verlassen. ↗ Ästhetik wird demnach als »Physiologie der Kunst« (N. 1988, Bd. 13, S. 516) dem physiologischen Diskurs subsumiert, und der Künstler wird ein pathologischer Held: »Es sind die Ausnahme-Zustände, die den Künstler bedingen: alle die mit krankhaften Erscheinungen tief verwandt und verwachsen sind: so daß es nicht möglich scheint, Künstler zu sein und nicht krank zu sein.« (ebd., S. 356). Diese Wendung ist abrupt. Genieästhetik dagegen kulminiert in einer explizit religiösen Stiftungskompetenz eines ›Zarathustra‹. Die neuen Unterscheidungen (›gesund‹/›krank‹, ›Zustand‹/›Person‹) werden nicht mehr als absolute Gegensätze benutzt, sondern bekommen relativen Beschreibungswert auf einer Skala. Die unumgängliche perspektivische Befangenheit des Interpreten wird in Rechnung gestellt, um gerade als ›Entschiedenheit‹ der Stellungnahme zum Hieb gegen die angenommene ›Lauheit‹ zu werden. Sichtbar wird ein bes. Textbauproblem: Beständig überkreuzen sich eine radikale Gegensätzlichkeits-, Kampfes- oder Entscheidungsrhetorik und eine Analytik der Phänomenwelt als nicht-teleologisches Kontinuum von Signifikanten, Reiz- oder Machtquanten. Erste Konsequenz dieser Umstellungen ist eine Politisierung des neuen Diskurses, der bei Aufgabe einer deutlichen Erkennbarkeit und Festlegung der Positionen (als Gegensätze) kein neutrales Gebiet mehr anerkennen darf. ›Decadence‹ (nach N.s Bourget-Lektüre ein zentraler diagnostischer Komplex) kann als Befund dem Autor N. nicht wirklich entgegengesetzt werden, sondern bleibt ein bewußt »contagiöses« (N. 1988, Bd. 13, S. 356) Phänomen. So erreicht die Inszenierung der eigenen Biographie eine Geschlossenheit, die den anonymen Erkenntnisgewinn eines naturwissenschaftlichen Fächeragglomerats an den (Leidens-)Weg eines ›großen Einsamen‹ zurückbinden möchte. Der Gestus »langer gefährlicher Uebungen der Herrschaft über sich« (N. 1988, Bd. 3, S. 350) im Namen einer ›wirklichen‹ Erfahrung forciert die Philosophie als ↗ Kulturkritik. Diese möchte ein Konkretum *sans phrase*, einen ›Schnitt‹ präsentieren: der Philosoph als Arzt/Chirurg in Kenntnis der Not des Patienten ›Gegenwart‹. Die von der physiologischen Ästhetik aus bekämpften Unterscheidungen der Philosophie werden nun im kulturkritischen Kontext in den Dienst eines antibürgerlichen

Wertekanons gestellt. N. identifiziert Wissenschaft mit Bürgerlichkeit, v. a. mit einem Sekuritätsbestreben, das als Sammelzitat den ganzen topischen Komplex der Modernität trifft. Eine »Ökonomie im Großen« (N. 1988, Bd. 12, S. 557) überspringt die Grenzen des alten ›Individuums‹ und denkt in der programmatisch ›immoralistischen‹ (vgl. N. 1988, Bd. 12, S. 510) Dimension der ›Gattung‹. Das Gemäßigte, Mittlere bleibt ein Fluchtort des ›Durchschnitts‹, der ›Masse‹. Dieses Pathos des Extrems siedelt alles, was dem permanenten Alarmzustand der Gesellschaft entgegensteht, in jener imaginären Mitte an und findet schließlich mit dem ›Krieg‹ einen alternativen, auf Dauer gestellten Ausnahmezustand zur ›Gesellschaft‹. Hier wird ein Gestus der Bedingungslosigkeit kultiviert, der als die Fähigkeit »zu Ende zu denken« (N. 1988, Bd. 13, S. 146) neue Philosophie werden soll. Wie sich die Gesellschaft in Gefahr und Krieg restrukturiert aus der Ununterschiedenheit zu einer ›Rangordnung‹, so erwirbt sich der Autor in beständigem herrschaftlichem Umgang mit dem Schmerz, den die symbolische Biographie an die Stelle des gesellschaftlichen Verkehrs setzt, den Vorrang seiner Autorschaft und seiner Schriften in der Menge der Texte bzw. Menschen. Versteht man Kultur als ein erlernbares Set konkurrierender Praktiken einer notwendigen Differenzierung homogener Zeichenmassen, als ein ›System von Unterschieden‹, dann wird deutlich, daß in N.s zugespitzter Metaphorik des Krieges und dynamistischen Umschrift der Rhetorik eine radikale Reflexion auf dieses Differenzierungsgeschehen stattfindet. – Seitdem eine neuere Ausgabe der Werke die Proportionen zwischen den zu Lebzeiten herausgegebenen Hauptwerken und einem in Umfang und Wildheit nur zeitweise durch eine gestraffte thematische Lesart gebändigten Nachlaß endgültig umkehrt, erfolgt die Lektüre N.s unter dem Gesetz des ›Disgregativen‹ (vgl. N. 1988, Bd. 13, S. 527).

Lit.: F. Nietzsche: *Kritische Studienausgabe* (Hgg. G. Colli/M. Montinari), 15 Bde., Mchn. 1988. – P. Klossowski: *N. und der Circulus vitiosus deus*, Mchn. 1986 [1975]. – F. Kittler: »N. (1844–1900)«. In: Turk 1979. S. 191–206. – ders.: »Wie man abschafft, wovon man spricht«. In: *Lit.magazin* 12 (1980) S. 153–178. – E. Behler: *Derrida – N., N. – Derrida*, Mchn. 1988. – C. Koelb (Hg.): *N. as Postmodernist. Essays Pro and Contra*, Albany 1990. – A. Nehamas: *N.: Leben als Lit.*, Göttingen 1996 [1991]. – M. Stingelin: »›Moral und Physiologie‹. N.s Grenzverkehr zwischen den Diskursen«. In: B. Dotzler (Hg.): *Technopathologien*, Mchn. 1992. S. 41–57. – J. Zwick: *N.s Leben als Werk*, Bielefeld 1995. – B. Magnus: »Philosophy as a Kind of

Writing: *Der Fall N.«*. In: *REAL* 13 (1997) S. 125–147.

HCh

O

Oberflächenstruktur ↗ Tiefenstruktur

Objective correlative, von T.S. Eliot in dem Essay »Hamlet and His Problems« geprägter Begriff, der die charakteristische Wendung der modernistischen Ästhetik weg von spätromantischer Subjektivität hin zur Objektivierung des sprachlichen und künstlerischen Ausdrucks im Medium des Kunstwerks selbst bezeichnet. Der Begriff bleibt bei Eliot eher unscharf, er scheint im wesentlichen zu besagen, daß ein literar. Werk ↗ Emotionen nicht direkt und unmittelbar ausdrücken darf, wenn es künstlerischen Geltungsanspruch erheben will, sondern daß alle subjektiven Elemente in objektive Bilder, Situationen und Ereignisfolgen zu transformieren sind: »The only way of expressing emotion in the form of art is by finding an *objective correlative*; in other words, a set of objects, a situation, a chain of events which shall be the formula of that particular emotion« (Eliot 1971, S. 789). Wie diese Transformation von amorphen Emotionen in ästhetisch kontrollierte Textstruktur im einzelnen auszusehen hat, bleibt unklar. Immerhin demonstriert Eliot am Beispiel von Shakespeares *Hamlet*, wie ein das Kriterium des O. C. mißachtendes Drama (seiner Meinung nach) scheitert, da der Exzeß an Emotion in dem Stück nicht durch die entworfene Situation, die Handlung oder die Charakterbeziehungen ›objektiv‹ beglaubigt werde. Da die Romantik in *Hamlet* einen ihrer zentralen Vorläufertexte hatte, ist die Stoßrichtung von Eliots Argument deutlich auch gegen diese gerichtet. – Ist die Forderung nach einer Umsetzung bloß persönlicher, emotionaler oder ideologischer Anliegen in bildhaft-konkrete Darstellungsformen in der Lit. bis zu einem gewissen Grad einleuchtend, da sie einem allg. Prinzip des Ästhetischen als der symbolischen Repräsentation von Erfahrung im Medium sinnlicher Anschauung entspricht, so gehört sie in ihrer Verabsolutierung bei Eliot zur Ästhetik der klassischen Moderne, die im späteren 20. Jh. durch andere Schwerpunktsetzungen abgelöst wurde.

Lit.: T.S. Eliot: »Hamlet and His Problems«. In: H. Adams (Hg.): *Critical Theory Since Plato*, N.Y. et al. 1971. S. 788–790.

HZ

Objektsprache, allg. werden zur O. alle Äußerungen innerhalb einer natürlichen Sprache gerechnet, die Aussagen über außersprachliche Objekte treffen, z.B. ›Ich werfe den Schneeball‹. Unter O. wird auch jene Sprache verstanden, über die dann Aussagen zweiter Ordnung in einer ↗ Metasprache getroffen werden. So ist in der Aussage ›Schneeball‹ ist ein Kompositum‹ ›Schneeball‹ ein objektsprachlicher Ausdruck, dessen Status durch die Anführungszeichen deutlich gemacht wird. Hier liegt die bereits im MA. übliche Unterscheidung zwischen ›Gebrauch‹ eines Begriffs im ersten Beispiel und ›Erwähnung‹ eines Begriffs im zweiten Beispiel zugrunde. In der Lit.wissenschaft trägt in der Regel ein zu untersuchender Primärtext den objektsprachlichen Status, doch können die entstehenden Texte in der Metasprache (↗ Interpretationen) ihrerseits Gegenstand von Untersuchungen und damit zur O. werden (vgl. die Untersuchung von H. Fricke, 1977). – Die Unterscheidung zwischen O. und Metasprache wurde v.a. von A. Tarski (1971) als Unterschied zwischen Grund- und Metasprache eingeführt. Auf diese Weise sollten logische ↗ Paradoxien wie das berühmte ›Alle Kreter lügen‹ des Kreters Epimenides vermieden werden.

Lit.: A. Tarski: »Der Wahrheitsbegriff in den formalisierten Sprachen«. In: K. Berka/L. Kreiser (Hgg.): *Logik-Texte*, Bln. 1986 [1971]. S. 443–545. – H. Fricke: *Die Sprache der Lit.wissenschaft*, Mchn. 1977. – E. Schüttpelz: »O. und Metasprache«. In: Fohrmann/Müller 1995. S. 179–216.

VW

Olson, Elder (*1909), Lit.kritiker, Lyriker, Dramatiker. – Der aus einer norweg. Seefahrerfamilie stammende O. war Dozent am Armour Institute of Technology in Chicago, 1948 Gastprofessor in Frankfurt, 1952 in Puerto Rico und von 1954–77 Professor of English an der University of Chicago. Neben R.S. ↗ Crane, N. Maclean und R. McKeon wird er zur neo-aristotelischen ↗ Chicago-Schule gezählt, deren pluralistische Methodologie (↗ Pluralismus) mit dem programmatischen Aufsatz »The Dialectic Foundations of Critical Pluralism« (geschrieben 1935, veröffentlicht 1966) gerechtfertigt zu haben er jedoch bestritten. O. unterscheidet einen (platonisch auf Einheitlichkeit zielenden) *dialectical criticism* und einen (aristotelisch differenzierenden) *literal criticism*. In *Aristotle's Poetics and English Literature* (1965) entwickelt er sein Konzept von ›mimetischen‹ und ›didaktischen‹ literar. Werken: die einen (*Ilias, Hamlet*) imitieren menschliche Handlungen um ihrer selbst willen, die anderen (*Paradise Lost, La Divina Commedia*) wollen zu *phrónesis* (Einsicht) führen. Kritische Werturteile beziehen sich für den Pluralisten O. entweder auf die eingesetzten Mittel oder auf den moralischen Wert der erwünschten Wirkung (*On Value Judgements in the Arts and other Essays*, 1976). In *Tragedy and the Theory of Drama* (1961) verfeinert er die Humeschen Unterscheidungen zwischen emotionalen Effekten. »Tragedy endows with worth, comedy takes worth away«› heißt es in *The Theory of Comedy* (1968); beide Gattungen verwenden rhetorische Mittel, die Handlungsplausibilität und Figurencharakterisierung bestimmen. Wie sich auch Lyrik unter rhetorischen Aspekten analysieren läßt, hat O., selbst ein formbewußter Dichter, in »Rhetoric and the Appreciation of Pope« (1939) und in *The Poetry of Dylan Thomas* (1954) beispielhaft demonstriert.

Lit.: E. Olson: »Rhetoric and the Appreciation of Pope«. In: *Modern Philology* 37 (1939) S. 13–35. – ders.: *The Poetry of Dylan Thomas*, Chicago 1954. – ders.: *Tragedy and the Theory of Drama*, Detroit 1961. – ders. (Hg.): *On Aristotle's Poetics and English Literature*, Chicago 1965. – ders.: »The Dialectic Foundations of Critical Pluralism«. In: *Texas Quarterly* 9 (1966) S. 202–230. – ders.: *The Theory of Comedy*, Bloomington 1968. – ders.: *On Value Judgements in the Arts and other Essays*, Chicago 1976. – Th. E. Lucas: *E.O.*, N.Y. 1972. – J.L. Batterby: *E.O.: An Annotated Bibliography*, N.Y. 1983.   HW

Ong, Walter Jackson (*1912), am. Autor, katholischer Geistlicher. – Ong studierte an der St. Louis University und der Harvard University (Ph.D. 1955), trat 1935 in den Jesuitenorden ein und war seit 1970 Professor of Humanities an der St. Louis University, Missouri. – Schon frühe Arbeiten O.s zu Petrus Ramus und zur engl. Lit. der Renaisance zeigen ein ausgeprägtes Interesse an der ↗ Rhetorik im Spannungsfeld von ↗ Mündlichkeit und ↗ Schriftlichkeit, das seit dem Ende der 60er Jahre um medientheoretische Fragestellungen erweitert wurde. Ausgehend von den Theorien von E. Havelock, J. Goody und I. Watt sowie H.M. ↗ McLuhan und ihren Thesen zur Entwicklung einer *literate mentality* skizziert O. in *Orality und Literacy* (1982) die Differenz zwischen mündlichen und schriftlichen Kulturen als Differenz in den Denk-

strukturen und den ↗ Mentalitäten, die er mit fixen Merkmalslisten versieht, z.B. ›konservativ‹ und ›homöostatisch‹ für *oral cultures* (vgl. O. 1982, S. 36–57). Zusätzlich bietet O. ein Modell zu den graduellen Abstufungen der Funktion von Schriftlichkeit in schon teil-literaten Kulturen an. Die Schrift wie später auch die neuen ↗ Medien sind als Technologien keine rein äußerlichen Faktoren, sondern wirken bewußtseinsstrukturierend. Mit seinen Vorstellungen zu den Stadien der Entwicklung von der Mündlichkeit zur Schriftlichkeit über die Schrift und den Buchdruck hin zu den elektronischen Medien mit ihrer neuen Mündlichkeit kommt der ↗ diachronen Perspektive eine bes. Bedeutung zu, die u.a. auch O.s Interesse an der Lit. des MA.s erklärt. Zentrale Begriffe O.s sind neben der ›primären Mündlichkeit‹ (*primary orality*) der non-literaten Kulturen die ›sekundäre Mündlichkeit‹ (*secondary orality*) im Zeitalter der elektronischen Medien sowie die *residual orality* zur Erklärung von Mündlichkeitsresten in weitgehend literaten Kulturen. – O.s Theorie gilt in der Diskussion um Mündlichkeit und Schriftlichkeit nach wie vor als *master theory* und wirkt bes. in der mediävistischen Diskussion fort. Kritik richtet sich gegen O.s essentialistische Vorstellung von zwei sich polar gegenüberstehenden Kulturtypen mit gegensätzlichen Merkmalsstrukturen ohne Mischungsformen und Zwischenstufen, gegen seinen technologischen Determinismus und die einseitig eurozentrische Perspektive (vgl. Coleman 1996).

Lit.: W. J. Ong: *The Presence of the Word*, Minneapolis 1986 [1967]. – ders.: *Rhetoric, Romance, and Technology*, Ithaca 1980 [1971]. – ders.: *Interfaces of the Word*, Ithaca/Ldn. 1977. – ders. 1996 [1982]. – J. Coleman: *Public Reading and the Reading Public in Late Medieval England and France*, Cambridge 1996. Bes. S. 1–35.   GMO

Onomastik, literarische (gr. *ónoma*: Name; Namenkunde), lit.wissenschaftliche Teildisziplin, die sich mit Bedeutung, Gebrauch und Funktion von Eigennamen in literar. Texten befaßt; interdisziplinär verbunden mit der sprachhistorisch oder linguistisch orientierten Namenforschung sowie psychologischen, soziologischen, volkskundlichen und kulturhistorischen Fragestellungen (Namenpsychologie, soziale Schichtungen des Namenbestandes, Anredekonventionen, Namenmoden, Namenmagie, Namengebungsmotivationen usw.). – Anders als in der seit dem 19. Jh. streng wissenschaftlich betriebenen, etymologisch, lokal-, kultur- und sprachhistorisch orientierten Ortsnamen- und Personennamenforschung (Namenkunde im engeren Sinn), anders auch als in der linguistischen und sprachphilosophischen Debatte über die Frage, ob Eigennamen Bedeutung oder nur Referenzfunktion haben (vgl. U. Wolf 1993), wurden Namen in literar. Texten bis zur zweiten Hälfte des 20. Jh.s meistens eher impressionistisch und unsystematisch behandelt. In Dissertationen, feuilletonistischen Essays und wissenschaftlichen Aufsätzen wurde zwar Material gesammelt, wurden die Namengebung in einzelnen Texten oder im Gesamtwerk einzelner Autoren und ansatzweise auch Gattungs- oder Epochenkonventionen erörtert, doch übergreifende, interdisziplinär orientierte und theoretisch fundierte Arbeiten zur l. O. gibt es erst seit den 70er Jahren des 20. Jh.s. Innerhalb weniger Jahre konstituierten mehrere unabhängig voneinander entstandene Dissertationen durch Einbeziehung linguistischer, psychologischer und soziologischer Forschungsergebnisse, durch Systematisierung verstreuter lit.wissenschaftlicher Ergebnisse sowie durch Konzentration auf typologische und pragmatische Fragestellungen den Gegenstand der l. O. im engeren Sinne. Hinsichtlich systematisch koordinierter Forschung oder einer einheitlichen Fragestellung steht die l. O. weiterhin am Anfang, doch angesichts der proteischen Natur des Eigennamens als sprachliches Zeichen, seiner daraus resultierenden vielseitigen Verwendbarkeit und Funktionalisierung in den unterschiedlichsten Kontexten würde eine rigide einheitliche Fragestellung ohnehin zur Verengung des Forschungsspektrums führen; unverzichtbar ist allerdings der interdisziplinäre, komparatistische Forschungsansatz. – Ob Eigennamen als sprachliche Zeichen im Alltagsgebrauch über ihre Identifizierungsfunktion hinaus semantisch bedeutsam sind, ist bis heute umstritten. Daß literar. Namen Bedeutung haben, daß sie z.B. Figuren implizit charakterisieren sollen, ist seit jeher unbestritten. Entsprechende Überlegungen und z.T. gattungsgebundene Regeln für die poetische Namengebung und ihre Spielarten gehören seit Aristoteles zu den konstanten Themen der abendländischen ↗ Poetik. Nach Ch. S. ↗ Peirce liegt der Sonderstatus literar. Eigennamen in einer »Verschiebung der dominant indexikalischen Nennfunktion der normalen Eigennamen in Richtung auf die symbolische Bezeichnungsfunktion des allgemeinen Wortschatzes« (Birus 1987, S. 39). H. Birus unterscheidet in seiner

Typologie unter Zugrundelegung der Parameter Kontiguität/Similarität, nicht-einzelsprachlich/einzelsprachlich und individuell/seriell vier Gruppen literar. Namen: verkörperte, klassifizierende, klangsymbolische und redende Namen (ebd. S. 45). Bei verkörperten Namen beruht die Semantisierung auf dem Vorwissen über einen bereits (real oder fiktional) existierenden Namenträger und dessen Eigenschaften. Hier kann z.B. die Erforschung der ↗ Intertextualität von Eigennamen anknüpfen (Name als Zitat; vgl. Thies 1978). Bei klassifizierenden Namen beruht die Semantisierung auf einem Vorwissen über bestimmte (nationale, religiöse, soziale u.a.) Gruppen von Namenträgern und deren Namenkonventionen. Dieser Namentypus herrscht in realistischen Lit.formen vor: Angemessenheit bezüglich Ort und Zeit der Handlung und sozialer Stellung des Namensträgers ist hier ein wichtiges Kriterium. Bei klangsymbolischen Namen beruht die Semantisierung auf ikonischen Qualitäten (Lautmalerei, Synästhesie usw.); der Name soll ›mit Klängen reden und viel sagen, ohne es zu nennen‹ (J. Paul). Redende Namen (engl. *telling names*) schließlich erlangen Bedeutung wegen ihrer sprachlichen Durchsichtigkeit (Similarität zu Elementen des allg. Wortschatzes). Solche vordergründig charakterisierenden Namen dominieren v.a. in der Komödie und in allen Spielarten der didaktischen Lit. Nach ihrer unterschiedlich direkten Wirkungsweise kann man verkörperte und redende Namen auch als ›Appellativnamen‹ zusammenfassen, klassifizierende und klangsymbolische als ›suggestive Namen‹. In seiner Funktionstypologie von Namen in erzählenden Texten unterscheidet D. Lamping (1983) nach Identifizierung, Illusionierung, Charakterisierung, Akzentuierung und Konstellierung, Perspektivierung, Ästhetisierung und Mythisierung (vgl. auch Thies 1978, S. 312–321).

Lit.: H. Birus: *Poetische Namengebung. Zur Bedeutung der Namen in Lessings ›Nathan der Weise‹*, Göttingen 1978. – H. Kalverkämper: *Textlinguistik der Eigennamen*, Stgt. 1978. – H. Thies: *Namen im Kontext von Dramen. Studien zur Funktion von Personennamen im engl., am. und dt. Drama*, FfM. et al. 1978. – D. Lamping: *Der Name in der Erzählung. Zur Poetik des Personennamens*, Bonn 1983. – U. Wolf (Hg.): *Eigennamen. Dokumentation einer Kontroverse*, FfM. 1993 [1985]. – H. Birus: »Vorschlag zu einer Typologie literar. Namen«. In: *LiLi* 17.67 (1987) S. 38–51.
HTh

Oralität ↗ Mündlichkeit

Oral literature ↗ Mündlichkeit

Orchestrierung ↗ Dialogizität

Orientalism, herkömmliche engl. Bezeichnung für die Orientalistik, die durch die gleichnamige Schrift von E. W. ↗ Said (1978) die neue Bedeutung eines kolonialismuskritischen Schlüsselbegriffs gewonnen hat. Unter dem Einfluß von M. ↗ Foucault und A. ↗ Gramsci versteht Said O. als einen vom Okzident entwickelten Diskurs über den Orient, der durch die abwertende Darstellung des Anderen die eigene Identität profiliert und privilegiert, um imperiale ↗ Hegemonieansprüche auf die so abgegrenzte Welt zu rechtfertigen. Der orientalistische ↗ Diskurs umfaßt weit mehr als die philologischen, historischen oder anthropologischen Sparten der Orientalistik: die Vorstellungsmuster und Darstellungsweisen in einem breiten Spektrum von Texten (literar. Werke, Reiseführer, journalistische Berichte, politische Traktate, naturwissenschaftliche Studien, philosophische und religionskundliche Schriften), die v. a. seit dem 18. Jh. in England und Frankreich und seit dem Zweiten Weltkrieg in den USA den Orient bevormundet und vereinnahmt haben, in einer Tradition, die letztlich bis in die Antike zurückzuverfolgen ist. Mit dem Autoritätsanspruch der überlegenen Kultur entwirft darin der Westen auf dichotomisch manipulierter Vergleichsbasis und mit Hilfe einer heterogenen Stereotypik ein quasi-mythisches Bild vom Osten, das diesem eine Disposition zur Sensualität, Irrationalität, Dekadenz, Femininität, Korruption und Brutalität unterstellt. Der diskursiv ›orientalisierte‹ Orient ist eine bewußte oder unbewußte Projektion, die latent oder manifest zum Ausdruck kommt, gegenteiligen Realitäten mit bemerkenswerter Konsistenz trotzt und direkt oder indirekt der kolonialen Kontrolle dient. Ausgehend von einem politisch kontextualisierten Lit.- und Kulturverständnis zielt Said in der Analyse des O. auf die Offenlegung solcher Zusammenhänge, indem er durch strategische Lesarten die Positionen der Autoren und die intertextuell sich abzeichnenden referentiellen Konstituenten ermittelt. – Nach Wegbereitern wie F. ↗ Fanon hat Said mit seiner systematischen, facettenreichen Kritik des O. das einflußreiche Modell der Analyse des ›kolonialen Diskurses‹ eingeführt und maßgebliche Grundlagen für die ↗ Postkoloniale Lit.-theorie geschaffen. So umstritten seine Studie bleibt, wo sie zu Pauschalurteilen über die Komplizenschaft der Orientalistik, undifferenzierten

und damit homogenisierenden historischen und kulturräumlichen Vergleichen und einem europ. Philosophien verpflichteten Eklektizismus neigt (vgl. die Kritik bei J. M. MacKenzie, A. Ahmad), so wegweisend war sie interdisziplinär und international für die postkoloniale Theoriebildung, die von G. Ch. ↗ Spivak und H. K. ↗ Bhabha, wie auch im späteren Werk von Said, in Einzelaufsätzen und Aufsatzsammlungen modifiziert werden sollte, und für die bereits existierende postkoloniale Lit.kritik, der sie einen theoretischen Bezugsrahmen bot.

Lit.: E. W. Said 1995 [1978]. – A. Ahmad: *In Theory. Classes, Nations, Literatures*, Ldn./N.Y. 1992. Kap. 5. – Williams/Chrisman 1996 [1993]. Bes. Teil II. – J.M. MacKenzie: *Orientalism. History, Theory, and the Arts*, Manchester 1995. – P. Childs/P. Williams: *An Introduction to Post-Colonial Theory*, Ldn. 1997. Bes. Kap. 3. – B. Moore-Gilbert: *Postcolonial Theory. Contexts, Practices, Politics*, Ldn. 1997. Bes. Kap. 2.

EK

Originalität (lat. *originalis*: urspr.), bezeichnet die schöpferische Fähigkeit, Neues und Innovatives zu schaffen, im Gegensatz zur reinen Reproduktion und Imitation des Herkömmlichen. Der Begriff ist stark geprägt vom romantisch-bürgerlichen Verständnis von der Einmaligkeit des Kunstwerkes, der Genialität des Künstlers und der Autonomie des historischen Subjekts. – Als früher Einfluß ist die Schrift des Engländers E. Young *Conjectures on Original Composition* (1759) bedeutend, die in Ablehnung der klassizistischen Imitatiotheorie (↗ Klassizismus) die Eigenleistung des Künstlers programmatisch hervorhebt. Die von Young erkannte Nähe des Dichters zum Ursprung der Schöpferkraft, der sakralisierten Natur, wird in der ↗ Romantik überhöht in der Mystifizierung der Einmaligkeit dichterischen Schaffens. Der Künstler gerät zum Seher und Geistesheroen. Zunehmend wurde und wird O. nicht mehr allein als kreativer Umgang mit dem Tradierten gedeutet, sondern als bewußter Traditionsbruch des sich seine eigenen Werte schaffenden Genies inszeniert, in Abwendung von einer technisierten und normierten Industrie- und Konsumkultur. – In der ↗ Postmoderne ist der Begriff unter dem Einfluß der Kritik am bürgerlichen ↗ Autonomiebegriff dekonstruiert worden. Der Illusionscharakter von Identität und O. wurde schlagwortartig von R. ↗ Barthes mit dem Konzept vom ↗ ›Tod des Autors‹ zusammengefaßt: Text wie Autor seien lediglich als ›Echokammer‹ vorheriger Texte zu sehen, die in einem ›*mosaique de citations*‹ (vgl. J. ↗ Kristeva) vom

Künstler als handwerklich begabtem ↗ *Bricoleur* neu zusammengefügt werden. Damit taucht ein Verständnis von O. neu auf, das starke Affinitäten zum klassizistischen Nachahmungsgebot aufweist. Auch wenn in Extrempositionen die O. zum rein juristisch definierbaren Urheberschaftsbegriff verengt sein mag, so könnte O. heute doch als aufregende, fremd anmutende Verschmelzung der Tradition in einer über die reine Anverwandlung hinausgehenden kreativen Gestaltung gesehen werden.

Lit.: H. Schrey: *Anverwandlung und O.*, Duisburg 1992. – W. Haug/B. Wachinger (Hgg.): *Innovation und O.*, Tüb. 1993.

LV

Ortega y Gasset, José (1883–1955), span. Philosoph. – Sohn einer Madrider Verleger-Familie. Geschichtswissenschaftliche Promotion (1904), Studium in Deutschland bei G. ↗ Simmel, W. Wundt und H. Cohen. Gründung und Herausgabe der Zs. *Revista de Occidente* (seit 1923). Publikationen zur Ästhetik, Politik, Geschichtsphilosophie und Soziologie. Exil in Frankreich, Argentinien und Portugal (1936– 1948). – In seinem einflußreichsten, der Analyse ›unserer gegenwärtigen Situation‹ gewidmeten Buch *Aufstand der Massen* von 1930 schreibt O. (1931b, S. 83), daß »die ursprüngliche und wesentliche Bedeutung des Wortes *Leben* nur an den Tag kommt, wenn man es im Sinn von Biographie, nicht von Biologie gebraucht.« Diese Bestimmung einer zeitgenössischen Großvokabel bezeichnet noch in der essayistisch-politischen Stellungnahme den hermeneutischen Boden des umfangreichen Gesamtwerkes. Ein weiterer zentraler hermeneutischer Topos schließt sich an: »Das Leben stellt an alle seine Aktivitäten die Forderung des Zusammenschlusses zum *Ganzen*« (O. 1931a, S. 92). Bedeutsam aber ist eine Abweichung. Im Anschluß an F. ↗ Nietzsche und Simmel wird im Verstehensprozeß den ›Dingen‹, also den ›Teilen‹ der hermeneutisch-topischen Verhältnisbestimmung Ganzes/Teile, der Vorrang eingeräumt, denn »[d]ie Dinge [. . .] sind durch unsere eigenen organischen Vermögen rings um unsere Sonderexistenz her geschaffen und bilden eine biologische Hülle« (ebd., S. 101). Diese Umkehrung ist Ausgangspunkt aller Texte O.s. Sein Buch *Meditationen über Don Quijote* enthält schon das Programm: »In der Kultur ist das Allgemeine [. . .] nur die taktische Schwenkung, die wir vornehmen müssen, um wieder zum Unmittelbaren hinzufinden. [. . .] Denn in Wirk-

lichkeit gibt es nichts weiter als Teile; das Ganze ist deren Abstraktion.« (O. 1959, S. 51). Eine ›Auslegung der gemeinen Dinge‹ stößt nun notwendig auf den Widerspruch eines (↗ Hermeneutik-spezifischen) Wertgefälles zwischen einer auszulegenden, sinnlosen, aber wirklichen Dinghülle des ›Lebens‹, der ›Um-Stände‹ und einer als Auslegungsprämisse nunmehr unwirklichen Einheit des ›Geistes‹, ›Logos‹ oder der ↗ ›Kultur‹. Als Kommentar zum Fiktionalitätsproblem in Cervantes' Roman wird dieser Widerspruch schon in den *Meditationen* behandelt: »Aber Recht und Wahrheit sind [. . .] Luftspiegelungen, die über der Materie entstehen. [. . .] Cervantes erkennt, daß die Kultur zwar alle diese Eigenschaften hat, daß sie aber, leider, eine Fiktion ist. Denn wie die Marionettenbühne von der Wirtsstube, so ist die Kultur von der barbarischen, brutalen, sinnlosen Wirklichkeit der Dinge umschlossen« (ebd., S. 159 ff.). Diese Fiktionalität der Kultur bewirkt, daß »den besten Erzeugnissen unserer Kultur etwas Doppelsinniges anhaftet« (ebd., S. 109). Dieser von O. (1931b, S. 150) fortan ›Camouflage‹, ›Doppelantlitz‹ usw. genannte Aspekt der Wirklichkeit erfordert »den Blick des Übersetzers, der ein Wörterbuch neben dem Text [der Welt] hat«. Jedes Einzelding wird nun zum Ausgangspunkt dieser ›Übersetzung‹, die ein ›Lesen des Inwendigen‹, eine ›Meditation‹ ist: »Beim Meditieren bahnen wir uns einen Weg zwischen Massen von Gedanken« (O. 1959, S. 83). Das Werk O.s, das jener Forderung des Lebens nach ›Ganzheit‹ konsequent nachkommen möchte, um die bloße »Umbenennung der Ideen« (O. 1931a, S. 92) zu beenden, erfüllt auf immer noch einnehmende und produktive Weise stets die zentrale Vorschrift der Hermeneutik, »ein gegebenes Faktum [. . .] auf kürzestem Weg zum vollen Entfalten seiner Bedeutung zu bringen« (O. 1959, S. 34). – O.s Werk, für das sich E.R. ↗ Curtius seit den 20er Jahren einsetzte, wird in den 30er und 50er Jahren mit den Konjunkturen der hermeneutischen Lebens- bzw. Existenzialphilosophie fast vollständig ins Dt. übersetzt. Einflußreich war v.a. O.s von Nietzsches Perspektivismus und W. ↗ Dilthey beeinflußte perspektivistische und kulturkritische Lebensphilosophie.

Lit.: J. Ortega y Gasset: *Meditaciones del Quijote*, Madrid 1914 (dt. *Meditationen über ›Don Quijote‹*, Stgt. 1959). – ders.: *El tema de nuestro tiempo*, Madrid 1923 (dt. *Die Aufgabe unserer Zeit*, Stgt. 1931a). – ders.: *La rebelión de las masas*, Madrid 1930 (dt. *Der Aufstand der Massen*, Stgt. 1931b). – ders.: *Obras*, 31

Bde., Madrid 1979–1986. – ders.: *Gesammelte Werke*, 6 Bde., Stgt. 1978. – E.R. Curtius: »O.«. In: ders.: *Kritische Essays*, Bern 1950. S. 247–286. – J. Marias: O., Madrid 1960.

HCh

Ortiz, Fernando (1881–1969), kuban. Anthropologe, Essayist und Kulturtheoretiker. – Der in Havanna geb. Sohn eines span. Vaters und einer kuban. Mutter wächst auf der Baleareninsel Menorca auf, wo er 1895 auf menorkin. sein erstes Buch, *Principi y pròstes*, über Sitten und Gebräuche der Insel erscheinen läßt. Nach seinem Jurastudium in Havanna, Barcelona und Madrid beschäftigt er sich mit der ital. Schule der Kriminologie, deren Positionen er 1906 in *Los negros brujos* auf die schwarze Bevölkerung Kubas anwendet. So beginnt unter zunächst kriminologischen und positivistischen Vorzeichen eine lebenslange Beschäftigung mit den schwarzen Kulturen, die O. den Beinamen des (nach Columbus und A.v. Humboldt) ›dritten Entdeckers‹ Kubas einbringen sollte. In der Folge hat O. diverse Lehrstühle an der Universität von Havanna inne und übt seit 1910 durch die geschickte Gründung und Leitung kulturpolitisch-literar. Zs.en jahrzehntelang großen Einfluß nicht nur auf den avantgardistischen *Grupo Minorista*, sondern auch auf mehrere Generationen der kuban. Geisteswelt aus. O. bekleidet verschiedene politische und diplomatische Ämter und führt neben lexikographischen, kriminologischen und verfassungsrechtlichen Untersuchungen (von ihm stammen ebenso Kernbestände des kuban. Strafgesetzbuches wie das erste lateinam. Handbuch für Fingerabdrücke) seine afrokuban. Studien etwa in *Los negros esclavos* (1916), *Glosario de afronegrismos* (1924), *La africanía de la música folklórica de Cuba* (1950) oder *Los instrumentos de la música afrocubana* (5 Bde., 1952–55) unter Verwendung eines erweiterten Kulturbegriffs fort. Sein Einsatz gilt nicht nur der Untersuchung, sondern auch der Integration der schwarzen und anderer von ihm analysierter Kulturen (vgl. *Las cuatro culturas indias de Cuba* [1943] oder *El engaño de las razas* [1946]) in die kuban. Gesellschaft und deren Identität: Wissenschaft ist für O. ohne deren Umsetzung in konkretes politisches Handeln nicht denkbar, so unterschiedlich auch die Kontexte waren, innerhalb derer sich dieser vielgestaltige Intellektuelle von enzyklopädischer Bildung und universalistischem Geist bewegte. – In seinem kulturtheoretischen und literar.

Hauptwerk, *Contrapunteo Cubano del Tabaco y el Azúcar* (1940), gelingt es O., seine anthropologischen Studien mit Positionen der literar. und politischen Avantgarde in Einklang zu bringen. Vor dem Hintergrund breit gestreuter intertextueller Verweise und der Kombination unterschiedlichster literar. Gattungsformen führt O. in seinem kontrapunktischen Dialog zwischen Tabak und Zucker den Begriff der Transkulturation gegen den angelsächs. geprägten und oftmals eurozentrisch verwendeten Terminus Akkulturation ins Feld. Was dort als passiv-aufnehmender Vorgang erschien, wird nun als aktiv-transformatorischer Prozeß gedacht, wobei Transkulturation im Sinne von O. stets auch eine partielle Dekulturation sowie die Schaffung völlig neuer kultureller Ausdrucksformen beinhaltet. Im Gegensatz zum damals in Lateinamerika vorherrschenden *mestizaje*-Konzept liegt der Schwerpunkt der Transkulturationsprozesse nicht auf Vermischung und Fusion, sondern auf der Erzeugung neuer, durchaus heterogener kultureller Phänomene. Wie O. in den Identitätsdebatten als Intellektueller zwischen dem Typus des modernistischen Schriftstellers der Wende zum 20. Jh. und dem universitär verankerten Spezialisten unserer Tage steht, so siedelt sich sein Transkulturationsbegriff zwischen den homogenisierenden Konzepten von Mestizisierung und Akkulturation einerseits und jenen kultureller Heterogenität und ⁄ Hybridität andererseits an. Beeindruckend ist das augenzwinkernde literar. Raffinement, mit dem O. Formen der Transkulturation in die ästhetische Gestaltung ebenso der 1940 erschienenen Erstausgabe wie der wesentlich erweiterten Edition von 1964 einfließen läßt: Sprache ist ihm nicht transparentes Medium der Wissenschaft, sondern Ausdrucksform der eigenen (transkulturierten) Kultur. Zu den großen Intellektuellen, die sich von seinem Werk inspirieren ließen, zählen im Bereich der Lit. A. Carpentier, N. Guillén oder M. Barnet, in der Lit.theorie A. Rama, in der Anthropologie seine Schülerin L. Cabrera oder N. García Canclini sowie in der Musik v.a. Komponisten wie A. Roldán oder A. García Caturla.

Lit.: F. Ortiz: *Contrapunteo cubano del tabaco y el azúcar* (Hg. J. Le Riverend), Caracas 1978. – J. Le Riverend (Hg.): *Orbita de F.O.*, Havanna 1973. – A. Melis: »F.O. y el mundo afrocubano«. In: T. Heydenreich (Hg.): *Kuba. Geschichte – Wirtschaft – Kultur*, Mchn. 1987. S. 169–182. – T. Bremer: »The Constitution of Alterity«. In: ders./U. Fleischmann (Hgg.): *Alternative Cultures in the Caribbean*, FfM. 1993. S. 119–129. – C. Manzoni: »El ensayo ex-céntrico. El contrapunteo de F. O.«. In: *Filología* 29 (1996) S. 151–156.

P

Palimpsest (gr. *pálin*: zurück, *psêstos*: geschabt), Begriff aus der Handschriftenkunde zur Bezeichnung der Wiederbeschreibung bzw. Überschreibung eines Papyrus, wobei mit Hilfe verschiedener technischer Verfahren ein vorangehender, urspr. Text weitgehend getilgt und nur noch in Fragmenten ›zwischen‹ dem neuen Überschreibungstext sichtbar ist. – In seiner metaphorischen Bedeutung der komplexen Interrelation zweier historisch differenter, asymmetrisch sich zueinander verhaltender Texte, eines offiziellen, textuell konsistenten, gut lesbaren, autorisierten, späteren Überschreibungstextes und eines urspr., bis auf nicht getilgte Spuren verdrängten und marginalisierten überschriebenen Textes (↗ Subtext) hat der P.-Begriff in der neueren Lit.- und Kulturtheorie eine Hochkonjunktur erfahren und durch sein dynamisches zweipoliges Vorstellungsgeflecht vielfältige texttheoretische Anschließbarkeit entfaltet. So dient G. ↗ Genette der P. als Titel seiner Untersuchung von ›Hypertextualität‹, der Beziehung des ↗ ›Hypertextes‹ auf einen vorangehenden ↗ ›Hypotext‹. Auch in lit.-, kultur- und mentalitätsgeschichtlichen Analysen hat sich die P.-Vorstellung als fruchtbar erwiesen; erlaubt sie es doch, die vom gegenwärtig dominanten historischen Bewußtsein marginalisierten und durch die hermeneutische Kontinuität wirkungsgeschichtlicher Aneignungsprozesse nivellierten widerständigen Momente radikaler Diskontinuität und historischer Alterität als in den Brüchen des vermeintlichen geschichtlichen Kontinuums aufscheinende Fragmente und Spuren eines überschriebenen ›anderen‹ Geschichtstextes zu lesen und die versuchte systematische Rekonstruktion seiner strukturellen Kohärenz methodisch zu konzeptualisieren. Schließlich ermöglicht die P.-Metapher vor dem Hintergrund eines ›Unbehagens an der Kultur‹ (S. ↗ Freud) und zahlreicher Hypothesen zum ›Prozeß der Zivilisation‹ (N. ↗ Elias), das Spannungsverhältnis von ↗ Natur und ↗ Kultur, Körper und Geist, prägnant als palimpsestische Textstruktur zu fassen, also als kulturell überschriebene und nor-mierte Natur, die freilich im kulturellen Überschreibungstext noch den urspr. Naturtext momenthaft durchscheinen läßt.

Lit.: C. Uhlig: »P.«. In: ders.: *Theorie der Literarhistorie. Prinzipien und Paradigmen*, Heidelberg 1982. S. 87–99. – Genette 1982/93. – M. Winkgens: »Natur als P.: Der eingeschriebene Subtext in Ch. Dickens' ›David Copperfield‹«. In: ders. et al. (Hgg.): *Das Natur/Kultur-Paradigma in der engl.sprachigen Erzähllit. des 19. und 20. Jh.s*, Tüb. 1994. S. 35–61.

MW

Panofsky, Erwin (1892–1968), Kunsthistoriker. – Nach der Promotion an der Universität Freiburg i. B. wurde P. 1926 erster Professor der Kunstgeschichte an der Universität Hamburg; hier stand er in engem Kontakt mit F. Saxl, E. ↗ Cassirer und A. ↗ Warburg. Nach der nationalsozialistischen Machtergreifung wurde P. als Jude entlassen und emigrierte 1934 nach Amerika. P. war Kunstprofessor an der New York University, Professor für Dichtung an der Harvard University (1947–48) sowie Professor am Institute for Advanced Study der Princeton University bis zu seinem Lebensende. – P.s Studie über A. Dürers Radierung *Melencolia I*, die durch die Forschungen Warburgs inspiriert wurde, führte ins Begriff der Ikonologie in die Kunsttheorie ein; hier sowie später in *Studies in Iconology* (1939) unterscheidet P. zwischen ›Ikonographie‹ und ›Ikonologie‹. Die (analytische) Ikonographie erläutert die Bildinhalte von Kunstwerken mit Hilfe von überlieferten Bildkonventionen und Textquellen; die (synthetische) Ikonologie entschlüsselt die im Kunstwerk immanenten Beweggründe durch deren Einbettung in einen ›kulturellen Kosmos‹. Laut P. ist das Kunstwerk ein ›Symptom‹ oder eine charakteristische Manifestation einer kulturhistorischen Situation, die sich sowohl in der Stoffauswahl als auch im künstlerischen ↗ Stil zeigt. Durch die Geschichte der Kunst hindurch drükken sich wesentliche Züge des menschlichen Geistes in spezifischen Themen und Begriffen aus: Diese neoplatonische Vorstellung untersucht P. in seinem Buch *Idea* (1924). Darin verbindet er die Geschichte der Erkenntnistheorie mit früheren Theorien über das Verhältnis zwischen intellektuellen ›Ideen‹ und Darstellungen der physischen Welt. In verschiedenen Aufsätzen aus den 20er Jahren über die Entwicklung der Proportionslehre und der ↗ Perspektive in der Kunst zieht P. wichtige Folgerungen aus der Kantschen Erkenntnistheorie, die das reziproke Verhältnis zwischen dem Wissenden und dem Gewußten berücksichtigt. Durch die vollständige Systematisierung der perspektivischen Konstruktion in der ↗ Renaissance wird die subjektive Proportionalität des Körpers (Zuschaueransicht) erstmals in Einklang mit der objektiven Proportionalität gebracht. Obwohl es mehrere Möglichkeiten gibt, die dreidimensionale Wirklichkeit auf eine Bildfläche zu projizieren, gilt die Renaissance-Perspektive als Grundpfeiler aller Systeme, da sie die einzige Konstruktionsart ist, die Subjekt- und Objektwelt mit einschließt. – Die meisten von P.s Studien befassen sich mit der Kunst des MA.s und der Renaissance (obwohl er auch einen bahnbrechenden Aufsatz über »Style and Medium in the Moving Pictures« 1937 veröffentlichte). Unter diesen befinden sich mehrere grundlegende Studien über Dürer sowie P.s ikonographisch reichhaltiges Meisterwerk, *Early Netherlandish Painting* (1953), in dem er die allmähliche Integration von christlicher Symbolik in die realistische Darstellung der sichtbaren Welt untersucht. Darüber hinaus gilt P.s analytisch-synthetisches Modell der ikonologischen Erläuterung bis heute als methodische Grundlage für die Erforschung von Darstellungsinhalten der bildenden Kunst sowie als Ausgangspunkt für die wissenschaftliche Untersuchung der Beziehung zwischen Wort und Bild in der lit.wissenschaftlichen Emblemforschung (↗ Emblematik).

Lit.: E. Panofsky/F. Saxl: *Dürers ›Melencolia I‹*, Lpz. 1923. – E. Panofsky: *Idea. Ein Beitrag zur Begriffsgeschichte der älteren Kunsttheorie*, Bln. 1960 [1924]. – ders.: »Style and Medium in the Moving Pictures«. In: *transition* 26 (1937) S. 121–133. – ders.: *Studies in Iconology. Humanistic Themes in the Art of the Renaissance*, N.Y. 1962 [1939]. – ders.: *Early Netherlandish Painting. Its Origins and Character*, Cambridge, Mass. 1953. – ders.: *Meaning in the Visual Arts. Papers in and on Art History*, Garden City 1955. – ders.: *Aufsätze zu Grundfragen der Kunstwissenschaft* (Hgg. H.Oberer/E. Verheyen), Bln. 1974 [1964]. – M. Meiss (Hg.): *Essays in Honor of E.P.*, N.Y. 1961. – R. Heidt: *E.P.: Kunsttheorie und Einzelwerke*, Köln 1977. – M. Podro: *The Critical Historians of Art*, New Haven/Ldn. 1982. – M.A. Holly: *P. and the Foundations of Art History*, Ithaca/Ldn. 1984.

GC

Paradigma, paradigmatisch (gr. *parádeigma*: Beispiel), der P.-Begriff bezeichnet ein Konzept aus der Wissenschaftstheorie, das sich teilweise mit dem Begriff einer wissenschaftlichen Theorie überschneidet. Der Begriff P. wurde von dem am. Wissenschaftshistoriker Th.S. ↗ Kuhn 1962 geprägt, als er sich mit Fragen der Entwicklung wissenschaftlichen Wissens und des wissenschaftlichen Fortschritts (↗ Paradigmenwechsel) auseinandersetzte. – Ganz allg. ist P. bestimmbar als gemeinsam geteilte Vorstellungen einer Gruppe von Wissenschaftlern in einer Disziplin. Mit de Mey (1982) lassen sich verschiedene Ebenen und Reichweiten von Paradigmen unterscheiden: von den gemeinsamen, tragenden Normen, Werten, Einstellungen und Handlungsweisen einer Kultur über das wissenschaftliche Weltbild in den Naturwissenschaften bis zu Gemeinsamkeiten einer Wissenschaftlergruppe eines speziellen Forschungsfeldes. Als Antwort auf seine vielen Kritiker präzisiert Kuhn 1969 in einem Postskriptum u.a. seinen Begriff von P., indem er sich auf einen doppelten Sprachgebrauch beschränkt. Einerseits steht P. für ein Bündel von Werten, Methoden, Ansichten usw., das er als ›disziplinäre Matrix‹ bezeichnet. Andererseits meint P. ein bes. Element dieser Matrix. Als erstes Element verfügt eine disziplinäre Matrix über symbolische Verallgemeinerungen, die in ihrer Funktion Naturgesetzen ähneln. Das zweite Element sind bestimmte Modelle, die der Forschergruppe gängige Metaphern und Analogien liefern. Gemeinsame Werte bezüglich der Güte von Voraussagen oder von ganzen Theorien bilden eine dritte Komponente. Die vierte und letzte Größe besteht aus Musterbeispielen konkreter Problemlösungen, die nun ebenfalls als P. bezeichnet werden. Unter Anwendung dieser disziplinären Matrix lassen sich Disziplinen in paradigmatisch und vor-paradigmatisch einteilen, wobei die letzteren dadurch gekennzeichnet sind, daß sie noch nicht über ein P. verfügen. Diese Trennung hat in den sog. Geisteswissenschaften zu einer weicheren Verwendung des P.-Begriffs geführt.

Lit.: Th.S. Kuhn: *The Structure of Scientific Revolutions*, Chicago 1996 [1962]. – M. de Mey: *The Cognitive Paradigm*, Chicago 1992 [1982]. – K. Bayertz: *Wissenschaftstheorie und P.begriff*, Stgt. 1981.

AB

Paradigmenwechsel (gr. *parádeigma*: Beispiel), P. bezeichnet im Sinne Th.S. ↗ Kuhns (1969) den Übergang von einem wissenschaftlichen ↗ Paradigma zu seinem Nachfolger im Laufe einer revolutionären Umbruchsphase, der eine wissenschaftliche Krise vorangegangen ist. – Kuhns Trennung von normaler und revolutionärer Wissenschaft erschütterte den wissenschaftstheoretischen Glauben an die Rationalität von Wissenschaft und löste eine langjährige Debatte über Wissenschaftsfortschritt sowie die Entwicklung von Modellen der Theoriendynamik aus. In den nach Kuhn vor-pradigmatischen Disziplinen erfuhr der Begriff des P.s einen inflationären und oszillierenden Gebrauch. In der Lit. wissenschaft fand er seit den frühen 70er Jahren intensive Verwendung im Rahmen von Verwissenschaftlichungsbestrebungen. H.R. ↗ Jauß benutzte 1969 als erster den Begriff P., um nach der werkimmanenten Interpretation für seinen Ansatz der ↗ Rezeptionsästhetik den Status eines neuen Paradigmas zu reklamieren. Vornehmlich wurde die Rede vom P. nicht deskriptiv sondern präskriptiv verwendet, um sich strategisch von anderen Positionen abzugrenzen und den Eindruck des Neuen, Innovativen zu erzeugen. Eine engere und explizitere Orientierung an Kuhns urspr. Konzept wurde im Rahmen der ↗ Empirischen Theorie der Lit. entwickelt. Nach N. ↗ Groeben (1994) bildet die Empirische Lit.wissenschaft in wissenschaftshistorischer Sicht kein Paradigma, jedoch einen ernstzunehmenden Paradigmakandidaten. Groeben wird damit der Tatsache gerecht, daß in der Lit.wissenschaft die Voraussetzungen für eine terminologisch strenge Anwendung des Konzepts P. nicht gegeben sind, da die Kriterien für paradigmatische Wissenschaften erst noch zu erfüllen sind.

Lit.: Th.S. Kuhn: *The Structure of Scientific Revolutions*, Chicago 1996 [1962]. – H.R. Jauß: »Paradigmawechsel in der Lit.wissenschaft«. In: *Linguistische Berichte* 3 (1969) S. 44–56. – N. Groeben: »Der Paradigma-Anspruch der Empirischen Lit.wissenschaft«. In: Barsch et al. 1994. S. 21–38.

AB

Paradoxie (gr. *pará dóxa*: ›gegen die Meinung‹), eine P. ist ein Widerspruch, der nicht als Fehler ad acta gelegt werden kann, sondern so zwingend oder sinnvoll ist, daß er die Logik oder die ↗ Interpretation dazu herausfordert, sich mit ihm auseinanderzusetzen. P.n widersprechen entweder, wie es die Bedeutung nahelegt, dem *common sense* oder sie widersprechen sich selbst. Zum ersten Typ gehört Erasmus' *Lob der Torheit* (1511), zum zweiten die P. ›Dieser Satz ist falsch‹. – Die ideengeschichtliche Forschung sieht die P. als ein Epochenphänomen, das v.a. den ↗ Barock und Autoren wie Donne oder Pascal kennzeichnet, welche die barocktypische Spannung zwischen Diesseits und Jenseits in P.n ausdrücken. In Cl. ↗ Brooks' *The Well Wrought Urn* (1947), einem Standardwerk des ↗ *New Criticism*, verliert die P. ihre historische Spezifik. Sie ist nicht das bes. Merkmal einer ↗ Epoche, sondern der dichterischen Sprache und garantiert deren ästhetischen Sonderstatus, der zum Credo des *New Criticism*

gehört. Auch im ↗ Dekonstruktivismus ist die P. omnipräsent, wie bereits der in sich widersprüchliche Terminus De-kon-struktion zeigt. Die dekonstruktive Interpretation führt nicht zur ↗ Bedeutung eines Textes, sondern zu einem Widerspruch zwischen zwei gleichermaßen zwingenden Bedeutungen; eine Auflösung des Widerspruchs und die damit verbundene Entscheidung für eine Bedeutung sind ausgeschlossen. Diese Unmöglichkeit der Bedeutungsfixierung wird häufig als Aporie bezeichnet und von P. ↗ de Man (1979, S. 72) mit dem Oxymoron, der rhetorischen Variante der P., verglichen. Im Dekonstruktivismus kennzeichnen P.n nicht nur (wie bei Brooks) dichterische, sondern auch nichtliterar. Texte. P. ist hier nicht die Ausnahme, sondern die Regel und damit paradoxerweise nicht mehr ›gegen die Meinung‹.

Lit.: Cl. Brooks: *The Well Wrought Urn*, San Diego 1975 [1947]. – P. de Man: *Allegories of Reading. Figural Language in Rousseau, Nietzsche, Rilke, and Proust*, New Haven 1979. – P. Geyer/R. Hagenbüchle (Hgg.): *Das Paradox. Eine Herausforderung abendländischen Denkens*, Tüb. 1992.

BN

Paratext (gr. *pará*: neben; über ... hinaus; lat. *textus*: Gewebe, Zusammenhang), dieser von G. Genette (1982) geprägte Terminus wird von ihm als Sammelbegriff gebraucht für eine Sonderform von ›Transtextualität‹ (zu der auch ↗ Intertextualität zählt): Kommentar›texte‹ zu einem ›eigentlichen ↗ Text‹, die hauptsächlich funktional definiert sind als lektüresteuernde Hilfselemente, die Informationen und Interpretationen liefern, gegebenenfalls auch eine Schmuckfunktion erfüllen, daneben aber auch zumeist materiell, z.B. im Layout, vom ›eigentlichen Text‹ unterschieden sind. P.e umfassen laut Genette (1987) (a) je nach Kontext: werkinterne ›Peritexte‹ wie Vorwort, Widmung, Titel, Kapiteltitel und werkexterne ›Epitexte‹, z.B. Autoreninterviews; (b) je nach Erscheinungszeit: P.e der Erstausgabe und spätere P.e; (c) je nach Autoren: auktoriale, editorische oder ›allographe‹, von fremder Hand verfaßte, P.e; (d) je nach Adressaten: öffentliche vs. private P.e; (e) je nach Realitäts- und Authentizitätsstatus: authentische, fiktive oder ›apokryphe‹ (fälschlich zugeordnete) P.e; sowie (f) je nach Erscheinungsform: textuelle, d.h. schriftliche, und mündliche; verbale und nichtverbale P.e (nichtverbale P.e sind z.B. ikonische P.e, d.h. Illustrationen, aber auch materielle P.e, z.B. Buchformat, verwendete Drucktypen, ferner ›faktuelle P.e‹ wie Alter, Geschlecht des Autors, Erscheinungsdatum u. ä.). – In dieser weiten, den Textbegriff beinahe poststrukturalistisch ausdehnenden Fassung ist das Konzept ›P.‹ widersprüchlich: Genette (1987, S. 7) scheint P. einerseits auf Schriftlichkeit und Buchmaterialität festzulegen (»ce par quoi un texte se fait livre«), läßt andererseits aber auch mündliche Texte, ja selbst Fakten wie das Autorengeschlecht zu. Außerdem hat Genettes P. fließende Grenzen, z. B. außerhalb des Werkes zum lit. wissenschaftlichen Kommentar und innerhalb zur ↗ Metafiktion oder beim Drama zum Nebentext, ferner zum Phänomen der ›Rahmung‹: Bei Rahmenerzählungen können z. B. Teile der Rahmung, also des ›eigentlichen Textes‹, Funktionen erfüllen, die Genette P.en zuschreibt. Hilfreich erscheint daher eine engere Definition von P. als Sonderfall produktionsseitiger literar. ›Rahmung‹, die im Gegensatz zu sonstigen Rahmungsformen verbal ist, werkintern auf Texte außerhalb des (theoretisch) von den P.en isolierbaren ›eigentlichen‹ Werkes und werkextern auf vom Autor autorisierte Texte beschränkt wäre.

Lit.: Genette 1982/93. – ders.: *Seuils*, Paris 1987 (dt. *Paratexte. Das Buch vom Beiwerk des Buches*, FfM. 1992). – B. Moennighoff: »P.e«. In: Arnold/Detering 1997 [1996]. S. 349–356. – W. Wolf: »Framing Fiction«. In: A. Solbach/W. Grünzweig (Hgg.): *Narratologie, Rhetorik, Textlinguistik. Ein Integrationsversuch*, Tüb. 1998.

WW

Parodie (gr. *pará*: gegen, neben; gr. *ōdḗ*: Gesang), traditionell wird P. seit Scaligers Renaissance-Poetik (1561) verstanden als Nachahmung, die einen Originaltext imitiert und dabei das Werk, den Autor oder dessen Meinung verspottet. Die P. wird dabei oft (wie die Travestie) als ein literar. Texttyp, laut W. Karrer (1977) eine Art der Burleske, angesehen, in dem eine Inkongruenz zwischen ↗ Form und Inhalt herrscht: In der P. ist die stilistische Ebene ›hoch‹ und der Inhalt ›niedrig‹ bzw. werden Form und ↗ Stil des Originals beibehalten, aber der Inhalt verändert. Bei der Travestie verhält es sich umgekehrt. Dieses Verständnis der P. als ›Gegengesang‹ läßt sich anscheinend problemlos aus der Etymologie des Wortes herleiten, wenn man die Vorsilbe *pará* als ›gegen‹ übersetzt. Eine solche Art der P. gab es schon im Altertum, und im MA. diente sie u. a. zur Auseinandersetzung mit kirchlichen Autoritäten. – Die neuere P.forschung sieht den Begriff eher im Zusammenhang der ↗ Intertextualitätsdiskussion und definiert P., da *pará* von der Etymologie her auch ›neben‹ bedeuten kann, nicht nur im Sinn von Gegengesang, sondern auch als alternativen ›Nebengesang‹. P. ist demnach eine Form der Intertextualität, eine zwar andersartige, aber der Aussage des Original- bzw. Prätextes nicht unbedingt diametral entgegengesetzte und auch nicht unbedingt spöttische Abwandlung. L. Hutcheon prägte hierfür den Ausdruck der ›etwas anderen Wiederholung‹ (›repetition with a difference‹). Diese Art der angeführten parodistischen Differenz ergibt sich dadurch, daß man einen Text oder Textausschnitt im Rahmen einer *trans-contextualization* in einen neuen ↗ Kontext überführt und ihm so einen neuen Sinn gibt. – In diesem umfassenden, intertextuellen Sinn, der z. T. allerdings wegen seines unscharfen und allzu umfassenden Charakters kritisiert wird, erfährt die P., die jahrhundertelang zu den sekundären ↗ Gattungen zählte, v. a. im 20. Jh. eine Aufwertung. Zwar weisen schon Renaissance-Theoretiker auf die Bedeutung der *parodia in honore* als Wertschätzung des Originals hin, man kannte auch vom 16. bis zum 18. Jh. zahlreiche Imitationen klassischer Vorbilder wie ↗ Horaz und Vergil, die man im hier entwickelten Sinn als P. bezeichnen kann, aber erst im 20. Jh. wurde die P. voll rehabilitiert. Die russ. Formalisten V. ↗ Šklovskij und Ju. ↗ Tynianov sahen das parodistisch abgewandelte Wiederholen von überlieferten Texten als wichtiges Grundmuster der literar. Entwicklung (↗ Russ. Formalismus), und ihr Nachfolger M. ↗ Bachtin wies der P. im Rahmen seiner Theorien des Dialogismus (↗ Dialogizität) eine wichtige Rolle zu. V. a. im Kontext der literar. ↗ Moderne und ↗ Postmoderne, in der Intertextualitätsbeziehungen eine wachsende Bedeutung zukommt, wird P. als eine Darstellungstechnik, die weniger die Außenwelt reflektiert, sondern sich primär auf andere literar. Texte bezieht, immer bedeutender (↗ Metafiktion). Hutcheon sieht im gleichzeitigen Aufgreifen und Verändern von künstlerischen Traditionen die überragende Bedeutung der P., und zwar nicht nur in der zeitgenössischen Lit., sondern in vielen Kunstformen des 20. Jh.s wie Musik, Architektur und Malerei. Während die traditionelle Definition die P. eher als Gattung sieht, ist P. für die Vertreter des intertextuellen Ansatzes eine Schreibweise. Beide Sichtweisen der P. scheinen schon seit der Antike nebeneinander existiert zu haben. B. Müller (1994, S. 41) schlägt eine Kombination dieser beiden Interpretationen vor: Für sie gehört ein parodistischer Text immer dann zur Gattung P., wenn in ihm die Charakteristika der parodistischen Schreibweise über die Eigenschaften der urspr. parodierten Gattung dominieren.

Lit.: F. W. Householder, Jr.: »Parodia«. In: *Classical Philology* 39 (1944) S. 1–9. – W. Hempel: »P., Travestie und Pastiche. Zur Geschichte von Wort und Sache«. In: *GRM* 15 (1965) S. 150–176. – Ju. Tynjanov: »Dostoevskij und Gogol (Zur Theorie der P.)«. In: Ju. Striedter (Hg.): *Russ. Formalismus. Texte zur allg. Lit.theorie und zur Theorie der Prosa*, Mchn. 1971. S. 301–371. – W. Karrer: *P., Travestie, Pastiche*, Mchn. 1977. – T. Verweyen/G. Witting: *Die P. in der neueren dt. Lit.*, Darmstadt 1979. – L. Hutcheon: *A Theory of Parody. The Teachings of 20th-Century Art Forms*, Ldn. 1985. – A. Höfele: »P.«. In: Borchmeyer/Žmegač 1994 [1987]. S. 340–343. – M. A. Rose: *Parody. Ancient, Modern, and Post-Modern*, Cambridge 1993. – B. Müller: *Komische Intertextualität. Die literar. P.*, Trier 1994.

MK

Parole ↗ *Langue* und *Parole*

Pastiche (ital. *pasticcio*: Pastete, undurchsichtige Affäre), unter P. versteht man eine dem Original möglichst nahe kommende Imitation des ↗ Stils eines Autors oder auch nur eines bestimmten ↗ Textes. Der P. ist eine Art der ↗ Intertextualität, bei der im Gegensatz zur ↗ Parodie nicht von vornherein die Absicht besteht, sich vom wiederaufgegriffenen Text ironisch zu distanzieren bzw. eine komische Wirkung zu erzielen. L. Albertsen sieht im P. sogar eine Form der ›liebevollen Einfühlung‹. Für W. Karrer (1977, S. 189) ist der P. durch die Mechanisierung der stilistischen Züge des Originaltexts bestimmt und nicht (wie die Parodie oder die Travestie) durch Inkongruenz im Verhältnis zum Original. L. Hutcheon (1985, S. 38) bezeichnet den P. als »imitative«, während die Parodie »transformational« sei. Der P. ist also eine Form der stilistischen Übung, die v. a. für Nachwuchsschriftsteller attraktiv ist. Mitunter kann stilistische Nachahmung allerdings auch zur Täuschung des Publikums vorgenommen werden, jedoch schlägt Karrer vor, eine solche ›Fälschung‹ vom P. abzugrenzen. – Berühmtester Praktiker und Theoretiker des P. ist wohl M. Proust, der in seinem theoretischen Werk zwischen bewußter und unbewußter Nachahmung, ›*p. volontaire*‹ und ›*p. involontaire*‹, unterscheidet und dem P. ferner eine reinigende, vom literar. Einfluß des Originals befreiende Wirkung zuschreibt. – Im Rahmen der poststrukturalistischen ↗ marxistischen Lit.theorie bekommt der Terminus P. negative Konnotationen. F. ↗ Jameson (1983) sieht z. B. in der postmodernen Welt

die eigentlich politisch motivierte Parodie zum bloßen, ausdruckslosen, ahistorischen P. verkommen.

Lit.: W. Hempel: »Parodie, Travestie und P.«. In: *GRM* 15 (1965) S. 150–176. – L.L. Albertsen: »Der Begriff des P.«. In: *Orbis Litterarum* 26 (1971) S. 1–8. – W. Karrer: *Parodie, Travestie, P.*, Mchn. 1977. – F. Jameson: »Postmodernism and Consumer Society«. In: H. Foster (Hg.): *The Anti-Aesthetic. Essays on Postmodern Culture*, Port Townsend 1983. S. 111–125. – L. Hutcheon: *A Theory of Parody. The Teachings of 20th-Century Art Forms*, Ldn. 1985. – M. A. Rose: *Parody. Ancient, Modern, and Post-Modern*, Cambridge 1993.

MK

Pathetic fallacy, Konzept, das der engl. Dichter, Kritiker und Sozialtheoretiker J. Ruskin in Kap. 12 des dritten Bd.s seiner Studie *Modern Painters* (1856) prägte, um die Technik jener Dichter und Künstler zu beschreiben, die der unbelebten Natur in ihren Werken menschliche Gefühle zuschreiben, welche diese natürlich nicht haben kann. Weinende Wolken, seufzende Winde, fröhliche Blumen und grausame Gischt sind Beispiele für *p. f.* Die natürlichen Erscheinungen zugeschriebenen Eigenschaften sind diesen nicht inhärent, sondern das Ergebnis der Rückübertragung der Wirkung eines Gegenstandes auf diesen. Für Ruskin ist *p. f.* ein Symptom eines bes. erregten Gefühlszustandes, der in Irrationalität abzugleiten droht. Dieser emotional bedingte Irrtum verfälscht unsere Wahrnehmung äußerer Dinge. Ruskin nutzt das Konzept der *p. f.*, um eine evaluierende Klassifikation engl. und europ. Dichter zu etablieren. Hervorragende kreative Dichter wie Shakespeare, Dante oder Homer bedienen sich seiner Ansicht nach nur selten der *p. f.* Zweitrangige Dichter hingegen, die Ruskin auch reflektive Dichter nennt und zu denen er Romantiker wie Wordsworth, Coleridge und Keats, aber auch viktorianische Dichter wie Tennyson zählt, machen häufig von *p. f.* Gebrauch. Während letztere diesen Irrtum aus einer morbiden Emotionalität heraus oder aufgrund ungenauer Wahrnehmung begehen, nutzen inspirierte Dichter laut Ruskin *p. f.* akkurat und angemessen nur in solchen Zusammenhängen, die in der Tat berechtigterweise starke Gefühle hervorrufen. In allen anderen Dichtern verurteilt Ruskin den Gebrauch der *p. f.* als einen Verstoß gegen die Wahrheit. Er prägte das Konzept, um den verzerrenden weltlichen Sentimentalismus, den er bei vielen seiner Zeitgenossen zu beobachten glaubte, zu kritisieren. Seit Ruskin hat der Gebrauch der *p. f.* abgenommen, wenngleich das Konzept heute meist wertfrei zur Beschreibung der Erscheinung eingesetzt wird.

HA

Patriarchat (Patriarch: Stammvater, Erzvater, Vorsteher mehrerer Kirchenprovinzen; gr. *pa-triarchēs*: Stammvater eines Geschlechts; aus gr. *patēr*, Genitiv *patrós*: Vater; gr. *archós*: Anführer, Oberhaupt; gr. *árchein*: der erste sein, herrschen), in ↗ feministischen Lit.- und Kulturtheorien wird mit P. die Herrschaft des Mannes über die Frau in der Familie und der Gesellschaft bezeichnet und damit an die Verwendung des Begriffs in Anthropologie, Marxismus und Psychoanalyse angeknüpft. P. meint hier entweder die nach dem Vaterrecht organisierten Sozialstrukturen in unterschiedlichen Gesellschaften, den Zusammenhang zwischen der bürgerlichen Kleinfamilie und dem Aufkommen des Privateigentums oder die Rolle der väterlichen Autorität bei der Herausbildung der sexuellen Identität des Kindes. Bei S. ↗ Freud besitzt das P. nicht nur ontogenetische Bedeutung, sondern löst auch in der stammesgeschichtlichen Entwicklung des Menschen das Matriarchat, die Mutter- oder Frauenherrschaft, ab und leitet damit den Beginn der Zivilisation ein. M. ↗ Weber spricht dagegen in bezug auf vormoderne Gesellschaften mit großfamilialen Strukturen von P. – Den Ausgangspunkt für feministische Diskussionen um das P. bildete K. ↗ Milletts grundlegende Studie *Sexual Politics* (1969), in der sie die hierarchische Beziehung zwischen den Geschlechtern als ›Sexualpolitik‹ bezeichnet und für alle Bereiche der Kultur die Unterwerfung der Frau durch männliche Sexualität feststellt. Bei Millett wie auch bei vielen anderen frühen Feministinnen (z.B. Sh. Firestone, S. Brownmiller) wird das P. als monolithische und universale Ordnung begriffen, die in der biologischen Natur des Mannes begründet zu sein scheint. In psychoanalytisch orientierten feministischen Theorien (vgl. J. Mitchell, L. ↗ Irigaray) wird unter P. dagegen die Struktur der symbolischen, d.h. sprachlich-kulturellen Ordnung verstanden. Kritik wurde v.a. an dem ahistorischen und essentialistischen Charakter von P.theorien geäußert, die andere Unterdrückungskategorien wie v.a. ↗ Klasse und ›Rasse‹ (↗ race) ignorieren. Aus der Sicht der Frauen- und Geschlechtergeschichte ist das Interpretationsmuster des P.s sogar als die »wirkungsvollste Sichtblende gegen eine differenzierende Wahrnehmung von Geschlechterverhältnissen in der Geschichte« (Hausen/Wunder 1992, S. 23) bezeichnet worden.

Lit.: S. Walby: *Theorizing Patriarchy*, Oxford 1990. – K. Hausen/H. Wunder (Hgg.): *Frauengeschichte – Geschlechtergeschichte*, FfM./N.Y. 1992.

DF/SSch

Paz, Octavio (1914–1998), mexikan. Schriftsteller und Essayist. – Der Einfluß der poetologischen und kulturhistorischen Essays von P. ist beträchtlich. *El arco y la lira* (1956) und *Los hijos del limo* (1974) zeichnen jeweils eine avantgardistische und eine postavantgardistische Phase, die erstere in Verbindung mit präkolumbischer, die zweite mit fernöstlicher Dichtung bzw. Philosophie. Die Überlegenheit poetischen Denkens gegenüber dem diskursiven Denken gründet auf der surrealistisch umgedeuteten, romantischen ↗ Einbildungskraft und ihrer Fähigkeit, den Hiatus von ↗ Subjekt und Objekt zu überwinden, zur urspr., d.h. vordiskursiven Versöhnung der Gegensätze und damit zu einer von der Geschichtsteleologie abweichenden poetischen ↗ Mimesis zu kommen (*El arco y la lira*). Die rationalitätskritische, zeitliche und räumliche *coincidencia oppositorum* führt zur These der konstitutiven Heterogenität des Menschen, eine ontologische Andersheit (*otredad*), die mit Bezug auf H. Bergson, J.-P. ↗ Sartre und M. ↗ Heidegger existentialistisch verstanden wird. Weil das Bewußtsein des Heterogenen auf der Temporalisierung der Augenblickserfahrung gründet, wählt P. die moderne Dichtung als Beispiel für das essentiell Poetische. Auf der Basis der Augenblickserfahrung wird in *Los hijos del limo* die Tatsache entlarvt, daß die surrealistische Avantgarde das teleologisch konzipierte *futurum* sakralisiert und zugleich mit der christlichen Ewigkeit utopisch füllt (vgl. Schulz-Buschhaus 1991), um sich am politischen Modernisierungsprojekt zu beteiligen. Die Verbindung von Analogie und Ironie, die schöpferische Kraft des Augenblicks und die Suche eines vieldeutigen, offenen Sinns beweglicher Konstellationen poetischer ↗ Zeichen ermöglichen nach P. die Rettung der ↗ Moderne und die Begründung der postavantgardistischen Ästhetik (*Los hijos del limo*), deren Beispiel das vom Tantrismus und dem ›I-Djing‹ beeinflußte Langgedicht *Blanco* (1967) ist. Mit der Weihung des Augenblicks überlebe die Moderne die Avantgarde und überwinde die durch die Technik und die Beschleunigung der Zeit herbeigeführte Entfremdung des Ich sowie den vertieften Bruch zwischen Sprache und Welt (*Die rotierenden Zeichen*, 1967). Die Affirmation des Ich durch die erotische Integration des Du in die poetische

Erfahrung der Andersheit (*Die rotierenden Zeichen*), offenes Kunstwerk und ↗ Intertextualität bestimmen die postavantgardistische Lyrik. Die Nähe zu ↗ Barock und ↗ Neobarock wird von P. in bezug auf die Dichtung von Sor Juana Inés de la Cruz betont (*Sor Juana Inés de la Cruz o las trampas de la fe*, 1982). – P. adaptiert in den 60er Jahren den frz. (Cl. ↗ Lévi Strauss) bzw. den Prager ↗ Strukturalismus (R. ↗ Jakobson) sowie Dialogtheorien an die postindustrielle Situation der Kunst. Die in der Ästhetik des Augenblicks erfahrene Andersheit wird als Sprung in ein Sein der Sprache erfahren, das ›Schweigen‹, d.h. eine Sprache jenseits des diskursiven Denkens, bedeutet. Dies läßt zwar eine Kongenialität mit dem späteren, nicht explizit genannten L. ↗ Wittgenstein erkennen. Trotz der kritischen Funktion der Poesie gegenüber der Gesellschaft unterscheidet sich die Ästhetik P.' dennoch von den postmodernen Zügen des Neobarock. Das Pathos des Augenblicks überlagert die allegorische Distanz und Selbstbezüglichkeit der Poesie. Das Kommunikationsversprechen der poetischen Ontologie des Heterogenen bleibt eine romantisch-utopische Auslegung des Problems des Anderen und der existentiellen Einsamkeit. Diese versöhnliche Position wird als willkommene Alternative zu der antiutopischen und damit beunruhigenden Grundlegung der ↗ Postmoderne gefeiert. Die Theorie der ↗ Alterität (*otredad*) von P. wird von zahlreichen europ., aber auch lateinam. Interpreten als Niederschlag einer existentiellen Situation der kulturellen Heterogenität des historischen Ursprungs lateinam. Kulturen gesehen, die P. seit dem einflußreichen kulturhistorischen Essay *El laberinto de la soledad* (1950) mit der Identität Mexikos (*mexicanidad*) verbunden hat, wobei er in *Postdata* (1970) den Kommunikationsoptimismus nur noch der Poesie zuschreibt. – Aus der Perspektive neuerer Kulturtheorien (↗ Hybridkultur und Neobarock) kritisiert man heute sowohl die eurozentrische Sicht von *El laberinto de la soledad*, dessen Mexiko-Bild Alteritätsvorstellungen Europas entspricht, als auch die mangelnde Historizität des Denkens von P. Die atemporale Sicht von *El laberinto* betrachtet die Geschichte aus der stets gleichbleibenden Gegenwart des Dichters (Aguilar Mora). Weil P. den Konflikt von Mythos und Geschichte stets zugunsten des Mythos löst und diesen ontologisch interpretiert, negiert er historisches Denken. Die Geschichte bleibt zu Diensten einer universellen, mit der Formel der *otredad* konzipierten Identität.

Lit.: O. Paz: *El laberinto de la soledad,* Mexiko Stadt 1959 [1950] (dt. *Das Labyrinth der Einsamkeit,* Freiburg 1970). – ders.: *El arco y la lira,* Madrid 1992 [1956] (dt. *Der Bogen und die Leier,* FfM. 1990 [1983]). – ders.: *Los hijos del limo,* Barcelona 1974 (dt. *Die andere Zeit der Dichtung. Von der Romantik zur Avantgarde,* FfM. 1989). – ders.: *Sor Juana Inés de la Cruz o las trampas de la fe,* Barcelona 1982 (dt. *Sor Juana Inés de la Cruz oder die Fallstricke des Glaubens,* FfM. 1991). – H. Wentzlaff-Eggebert: »›Libertad bajo palabra‹. Poetologisches Programm und poetische Praxis bei O.P.«. In: J.M. López de Abiada/T. Heydenreich (Hgg.): *Iberoamerica. Historia – sociedad – literatura,* Mchn. 1983. S. 1051–1074. – U. Schulz-Buschhaus: »Ansichten vom Ende der Avantgarde. O.P.' ›Los hijos del limo‹ und ›Tiempo nublado‹«. In: H. Wentzlaff-Eggebert (Hg.): *Europ. Avantgarde in lateinam. Kontext. Akten des internationalen Berliner Kolloquiums 1989,* FfM. 1991. S. 473–490. – R. Hozven: *O.P.: Viajero del presente,* Mexiko Stadt 1994. – E.M. Santi/A. Stanton: »O.P.: Otherness and the Search for the Present«. In: *The Georgia Review* 49.1 (1995) S. 251–271. – S. Yurkievich: »O.P.: Amplitud y envergadura«. In: *Neue Romania* 16 (1995) S. 105–110. – M. Scharer-Nussemberger: »Figuras de la analogía o los avatares de la palabra«. In: *Taller de Letras* 24 (1996) S. 79–92.

VB

Peirce, Charles Sanders (1839–1914), am. Philosoph, Logiker und Naturwissenschaftler. – P. gilt als Begründer des Pragmatismus (↗ Pragmatik) und der modernen ↗ Semiotik. Er leistete grundlegende Beiträge zu verschiedenen Wissenschaftsgebieten, z.B. zur formalen Logik, Mathematik, Wissenschaftstheorie, Astronomie und Physik. P. studierte u. a. Mathematik, Naturwissenschaft und Philosophie am Harvard College (1855–59), Klassifikationstechniken bei L. Agassiz (1860) und Chemie an der Lawrence Scientific School von Harvard (1860–63). Er war Mitarbeiter der *United States Coast and Geodetic Survey* (1859–60 u. 1861–91), lehrte seit 1864 kurzzeitig in Harvard, Boston (Lowell Institute) und Baltimore (Johns Hopkins University) und war einer der Hauptautoren des *Century Dictionary* (1889–91) sowie des *Dictionary of Philosophy and Psychology* (1901/02). Es gelang P. nie, eine Lebensstellung an einer Universität zu erhalten. Er verfaßte eine Vielzahl von Artikeln, fand für umfangreichere Arbeiten mit Ausnahme von *Description of a Notation for the Logic of Relatives* ... (1870), *Photometric Researches* (1878) und *Studies in Logic by Members of the Johns Hopkins University* (1883) jedoch keine Verleger. Die zu P.s Lebzeiten unveröffentlicht gebliebenen Manuskripte umfassen ca. 80.000 handschriftliche Seiten, eine zusammenhängende Darstellung seiner Philosophie existiert nicht. – In Auseinandersetzung mit I. Kant und ↗ Aristoteles entwickelt P. 1867/68 in »On a New List of Categories« ein für seine weiteren Arbeiten grundlegendes System von drei Universalkategorien, in die er alles Seiende klassifiziert. Auf diesen Kategorien der ›Firstness‹, ›Secondness‹ und ›Thirdness‹ aufbauend, entwirft er ein umfangreiches System der Zeichenklassifikation, das heute zu den Fundamenten der Semiotik gehört. Dabei betont P. den funktionalen und relationalen Charakter des ↗ Zeichens, das als eine triadische Relation bestehend aus Repräsentamen (das ›konkrete‹ Zeichen als ›Vehikel‹ des Semioseprozesses), Interpretant (die Zeichenbedeutung/-wirkung im Bewußtsein des Interpreten) und dargestelltem Objekt aufgefaßt wird und dessen ↗ Interpretation ein Universum potentiell unendlicher Weiterverweisung (vgl. ↗ Semiose) eröffnet. 1878 legt P. in »How to Make Our Ideas Clear« die Grundannahmen des Pragmatismus dar. Seine zentrale These lautet:»Überlege, welche Wirkungen, die denkbarerweise praktische Relevanz haben könnten, wir dem Gegenstand unseres Begriffs in unserer Vorstellung zuschreiben. Dann ist unser Begriff dieser Wirkungen das Ganze unseres Begriffes des Gegenstandes« (P. 1967, I, S. 339). Vereinfacht gesagt, ergibt sich die Bedeutung eines Begriffs als Summe dessen möglicher praktischer Folgen. P. verbindet Zeichentheorie und Pragmatismus, da er den Begriff nicht nur als mentales Vorkommnis oder ›Verhaltensregel‹ auffaßt, sondern auch als Disposition, »unter bestimmten Bedingungen in bestimmter Weise zu handeln« (vgl. Oehler 1995, S. 10). – Der Einfluß von P.s Beiträgen auf die Naturwissenschaften beschränkte sich zunächst auf einen kleinen Expertenkreis. Zudem fühlte sich P. von den Rezipienten seiner Philosophie des Pragmatismus z.T. mißverstanden, was 1905 zur Umbenennung seiner Denkrichtung in ›Pragmatizismus‹ führt. Einflüsse hiervon finden sich bei C.I. Lewis, R. Carnap und W.V.O. Quine. P.s Zeichentheorie wurde in ihrer epochalen Bedeutung erst allmählich durch die Vermittlung von C.K. Ogden und I.A. ↗ Richards, Ch. Morris, R. ↗ Jakobson, U. ↗ Eco und anderen erkannt. Sie stellt heute die Grundlage der Semiotik als wissenschaftlicher Disziplin dar, wobei sich P.s Einfluß sowohl in strukturalistischen (↗ Strukturalismus) als auch poststrukturalistischen (↗ Poststrukturalismus) Denkrichtungen nachweisen läßt.

Lit.: Ch. S. Peirce: *Collected Papers*, Bd. I-VI (Hgg. Ch. Hartshorne/P. Weiss), Cambridge, Mass. 1931–35; Bd. VII und VIII (Hg. A.W. Burks), Cambridge, Mass.

1958 (*Electronic edition* auf CD-ROM, Charlottesville, VA.: InteLex Corporation 1995). – ders.: *Schriften*, 3 Bde. (Hg. K.-O. Apel), FfM. 1967f. – K.-O. Apel: *Der Denkweg von Ch. S. P.: Eine Einf. in den am. Pragmatismus*, FfM. 1975. – G. Deledalle: *Théorie et pratique du signe. Introduction à la sémiotique de Ch. S. P.*, Paris 1979. – Ch. Hookway: *P. The Arguments of the Philosophers*, Ldn. 1985. – G. Deledalle: *Ch. S. P., phénomenologue et sémioticien*, Amsterdam 1987. – H. Pape: *Erfahrung und Wirklichkeit als Zeichenprozeß. Ch. S. P.s Entwurf einer spekulativen Grammatik des Seins*, FfM. 1989. – J.K. Sheriff: *The Fate of Meaning. Ch. P., Structuralism, and Literature*, Princeton 1989. – E. Walther: *Ch. S. P.: Leben und Werk*, Baden-Baden 1989. – G. Deledalle: *Lire P. aujourd'hui*, Brüssel 1990. – G. Schönrich: *Zeichenhandeln. Untersuchungen zum Begriff einer semiotischen Vernunft im Ausgang von Ch. S. P.*, FfM. 1990. – L. Nagl: *Ch. S. P.*, FfM. 1992. – R.S. Corrington: *An Introduction to Ch. S. P.: Philosopher, Semiotician, and Ecstatic Naturalist*, Lanham 1993. – K. Oehler: *Ch. S. P.*, Mchn. 1993. – K.L. Ketner (Hg.): *P. and Contemporary Thought. Philosophical Inquiries*, N.Y. 1995. – K. Oehler: *Sachen und Zeichen. Zur Philosophie des Pragmatismus*, FfM. 1995. – V.M. Colapietro/Th.M. Olshewsky (Hgg.): *P.'s Doctrin of Signs. Theory, Applications, and Connections*, N.Y. 1996. – R. Hilpinen (Hg.): *The Philosophy of Ch. S. P.*, Dordrecht 1996. – J.J. Lizka: *A General Introduction to the Semeiotic of Ch. S. P.*, Bloomington 1996. – R. Kevelson: *P., Science, Signs*, N.Y. 1996. – R.A. Smyth: *Reading P. Reading*, Lanham 1997. – F. Merrell: *P., Signs, and Meaning*, Toronto. 1997.

StH

Performanz und Kompetenz, in der Sprachtheorie von N. ↗ Chomsky verwendete Begriffe, die die individuelle Sprachverwendung (*performance*) und die allg. Sprachfähigkeit (*competence*) bezeichnen. Sie entsprechen weitgehend der Auffassung von ↗ *langue* und *parole* bei F. de ↗ Saussure, mit der Einschränkung, daß de Saussure unter *langue* ein statisches System versteht, während Chomsky mit ›K.‹ ein dynamisches Regelsystem beschreibt, in dem mit Hilfe von Operationen sprachliche Formen und Strukturen erzeugt werden. – Die Unterscheidung von Sprachfähigkeit und individueller Sprachverwendung findet sich bereits bei G.W. ↗ Hegel, W. von Humboldt und H. von der Gabelentz. Auch sie differenzieren zwischen dem Sprachvermögen, d.h. dem Sprechenkönnen allg., der Kenntnis einer Einzelsprache und dem individuellen Sprechen, was bei de Saussure mit den Begriffen *langage* (Sprachvermögen allg.), *langue* (Einzelsprache) und *parole* (individuelle Sprachverwendung) bezeichnet wird. Chomsky schließlich reduziert die drei Komponenten auf die Dichotomie Sprachfähigkeit eines idealen Sprecher-Hörers in seiner Sprache (K.) und individuelle Verwendung der Sprache (P.). K. bezeichnet das, was man weiß und wofür man sprachlich kompetent ist, wie grammatisches Wissen, Diskurswissen, Wörter und Register; P. beschreibt die Durchführung der K., d.h. die tatsächliche Verwendung der Sprache in konkreten Situationen. Hier können verschiedene Faktoren wie begrenztes Kurzzeitgedächtnis, Mangel an Konzentration, äußere Störfaktoren (z.B. Lärm) u.ä. dazu führen, daß sprachliche Äußerungen unvollständig realisiert werden oder von den Regeln abweichen: D.h. man kann von den Äußerungen selbst nicht auf die zugrunde liegende K. des Sprechers schließen. Neuere Auffassungen, die sich gegen die Idealisierung bei Chomsky wenden (vgl. Hymes, Coseriu u.a.), unterscheiden zwischen linguistischer K., der Fähigkeit, grammatisch korrekte Sätze zu bilden, und kommunikativer K., der Fähigkeit, sich unter unterschiedlichen situativen Bedingungen zu verständigen. Diesen entsprechen dann zwei Typen von Umsetzung, die linguistische und die kommunikative P.; im ersteren Fall geht es um die grammatische Korrektheit einer Äußerung, in letzterem um die Angemessenheit einer Äußerung in einer bestimmten Situation.

Lit.: N.A. Chomsky: *Aspects of the Theory of Syntax*, Cambridge, Mass. 1967 [1965]. – D. Hymes: »K. und P. in der Sprachtheorie«. In: *Wirkendes Wort* 28 (1978) S. 305–328. – E. Coseriu: *Sprachkompetenz*, Tüb. 1988.

CR

Periodisierung (gr. *períodos*: Herumgehen, Kreislauf), in Geschichte und ↗ Lit.geschichte Einteilung der Zeit in ↗ Epochen, Abgrenzung unterschiedlicher Zeitabschnitte nach sozialen, ästhetischen, philosophischen, politischen Gesichtspunkten. In ital. und frz. Lit.geschichten wird oft eine chronologische Gliederung der Perioden nach Jh.en bevorzugt, in deutschen im Anschluß an die ↗ geistesgeschichtliche Lit.betrachtung eine Gliederung nach kunsthistorischen und stilgeschichtlichen Begriffen. Engl. Lit.geschichten wechseln oft die Einteilungsprinzipien. So koexistieren für den Bereich des 18. Jh.s chronologische (z.B. ›*18th century novel*‹), stilgeschichtliche (›*classicism – romanticism*‹), biographische (›*age of Johnson*‹), philosophische (›*enlightenment*‹) oder dynastische (›*Georgian*‹) P. Eine solche Offenheit im Umgang mit P. ermöglicht das Durchschauen der Artifizialität solcher Einteilungen sowie ihrer Abhängigkeit vom jeweils gewählten Gesichtspunkt und vom privilegierten (Fremd-)Diskurs.

Zum anderen erschließt sie Polychronie und Pluralität durch die Koexistenz konkurrierender Trennereignisse. Schließlich erlaubt sie das präzisere Erfassen der Anachronie unterschiedlicher kultureller Bereiche. So bleibt die chronologische Einteilung in der engl. Lit.kritik v.a. dem inkommensurablen Roman vorbehalten, während *classicism* sich vornehmlich auf Formen der Versdichtung und des Dramas bezieht, *Georgian* auf architektonische Zeugnisse. Solche Flexibilität auf der Beschreibungsebene erlaubt das Erfassen von vielfältigen Geschichten und kann unnötige Diskussionen über ↗ Synchronie auf der Objektebene vermeiden helfen. – Als Beispiel für eine Lit.geschichte ohne totalisierende P. sei auf A. Nünnings ›andere‹ Geschichte der engl. Lit. von 1996 verwiesen. Diese nimmt bewußt Überlappungen als Preis für die Pluralisierung der Lit.geschichte in Kauf, stellt Gattungsgeschichten neben Epochenüberblicke, mentalitätsgeschichtliche Skizzen sowie Frauenlit.geschichten und bekennt sich zum Konstruktcharakter jeder Lit.geschichte. Fragment und Perspektivwechsel erlauben so zumindest tendenziell eine Rettung der vielstimmigen Zukunftsoffenheit der Geschichte vor präsentistischen Verkürzungen. – P.en kranken erstens an der Spannung zwischen Schema und erlebter Diskursvielfalt, zwischen Geschichte und mikrostrukturellen Geschichten, zweitens an der Anachronie zwischen verschiedenen gesellschaftlichen Tempi des Wandels, z.B. zwischen Gesellschaft, Ökonomie und Kunst, drittens an der eigenen Verspätung, sind sie doch gemeinhin Produkte eines retrospektiven Zugriffs (Gegenbeispiele wären die durch Manifeste ausgerufenen Epochen des Futurismus oder des Imagismus) und schließlich an der beschleunigten Dezentrierung postmoderner Gesellschaften, welche dazu neigen, alle Grenzerfahrungen in der Vielfalt simultan vorhandener Erlebnis- und Medienwelten aufzuheben (J. ↗ Baudrillard). Perioden haben daher ihre Verbindlichkeit weitgehend eingebüßt, werden vielmehr als zeitbedingte Ordnungsschemata angesehen, deren Berechtigung allenfalls in einer auffälligen Beschleunigung gesellschaftlicher Transformationen zu Zeiten von Epochengrenzen oder ↗ Epochenschwellen bestehen kann. Nichtsdestoweniger sind sie notwendig für eine effektive Verständigung über langfristige literar. Entwicklungen. – Moderne P.en, welche sich von zyklischen oder heilsgeschichtlichen Modellen abheben, haben ihren Ursprung in Ch. Perraults *Querelle des Anciens et des Modernes,* welche im späten 17. und im 18.Jh. die Differenzqualität der Moderne vollends anerkennt und einen offenen Horizont für Zukünftiges erschließt (vgl. ↗ Jauß 1970). Grundsätzlich kann von einem Zäsurbedarf des Menschen ausgegangen werden (vgl. Marquard in Herzog/Koselleck (Hgg.) 1987, S. 343), welcher auf die eigene Positionierung und Konturierung gegenüber dem Anderen zielt. Dieser Zäsurbedarf nimmt in dem Maße zu, in dem religiöse Grenzsetzungen an Bedeutung abnehmen; zugleich wird er zunehmend innerweltlich gedeckt. Im Anschluß an die *Querelle* entwickelt sich im 18.Jh. bes. mit A.W. Schlegel und G.G. Gervinus auch die moderne ↗ Lit.geschichtsschreibung. Die eindeutigen zumeist stil- oder ideengeschichtlichen P.sversuche traditioneller Lit.geschichten werden in der ↗ Postmoderne unterwandert durch die ↗ Kanondebatte, durch ↗ Multikulturalismus, durch die Forderung nach einer Frauenlit.geschichte und durch ↗ postkoloniale Fremdheitserfahrungen.

Lit.: Jauß 1992 [1970]. – U. Japp: *Beziehungssinn. Ein Konzept der Lit.geschichte*, FfM. 1980. – M. Brunkhorst: »Die P. in der Lit.geschichtsschreibung«. In: M. Schmeling (Hg.): *Vergleichende Lit.wissenschaft. Theorie und Praxis*, Wiesbaden 1981. S. 25–48. – J.-D. Müller: »Lit.geschichte/Lit.geschichtsschreibung«. In: D. Harth/P. Gebhardt (Hgg.): *Erkenntnis der Lit. Theorien, Konzepte, Methoden der Lit.wissenschaft*, Stgt. 1982. S. 195–227. – O. Marquard: »Temporale Positionalität. Zum geschichtlichen Zäsurbedarf des modernen Menschen«. In: R. Herzog/R. Koselleck (Hgg.): *Epochenschwelle und Epochenbewußtsein*, Mchn. 1987. S. 343–352. – R. Rosenberg: »Epochengliederung. Zur Geschichte des P.sproblems in der dt. Lit.geschichtsschreibung«. In: *DVjs* 61, Sonderheft (1987) S. 216–235. – W. Röcke: »Lit.geschichte – Mentalitätsgeschichte«. In: Brackert/Stückrath 1992. S. 639–649. – D. Perkins: *Is Literary History Possible?*, Baltimore 1992. – M. Pechlivanos: »Lit.geschichte(n)«. In: ders. et al. 1995. S. 170–181.

WG

Perlokution/Perlokutionärer Akt ↗ Sprechakttheorie

Personale Erzählsituation ↗ Erzählsituation

Perspektive (lat. *perspicere*: hindurchschauen, deutlich sehen), urspr. ein Begriff aus der Naturwissenschaft, insbes. der Optik. Mlat. *perspectiva* bezeichnet die Wissenschaft von der Sehkraft, die sich mit dem richtigen Sehen, seinen Gesetzen und Problemen der optischen Täuschung befaßt. In der Malerei verschiebt sich mit dem zentralperspektivischen Bild in der Renaissance die Bedeutung des Begriffs von der Beschreibung optischer Regeln zur Beschreibung bildkünstlerischer Techniken, die bestimmte optische Effekte erzeugen: Ein räumliches Objekt wird auf einer ebenen Fläche so dargestellt, daß es bei dem Betrachter den gleichen Bildeindruck erzeugt wie ein Körper im Raum. In der Philosophie wird die Verwendung von P. im Rationalismus und in der Aufklärung einerseits ausgeweitet zur Beschreibung erkenntnistheoretischer Probleme; andererseits wird das Optische im Zuge einer zunehmenden Betonung der Individualität des Menschen als Instrument der Erkenntnis angezweifelt. Dies führt zu einer inhaltlichen Neubewertung des Begriffs: Leibniz verwendet ihn erstmals metaphorisch zur Bezeichnung kognitiver Prozesse. In der Strömung des Perspektivismus (F.W. ↗ Nietzsche; J. ↗ Ortega y Gasset) spiegelt sich schließlich die Auffassung wider, daß die Erkenntnis der Welt immer von der P. des Betrachters abhängt. Damit wird die Möglichkeit einer subjektunabhängigen und allg.gültigen Wahrheit verneint und der lange dem Begriff zugrundegelegte Subjekt-Objekt-Dualismus zugunsten des wahrnehmenden Subjekts, das seine Wirklichkeit selbst erschafft, aufgehoben. – In der Lit.wissenschaft ist P. ein heterogen verwendeter Begriff der ↗ Dramen- und ↗ Erzähltheorie, der bei F.K. Stanzel (1979) sowohl die Struktur der erzählerischen Vermittlung (↗ Erzählsituation), den Unterschied zwischen interner und externer ↗ Fokalisierung, den Standpunkt einer Figur sowie die räumliche Darstellung des Schauplatzes bezeichnet. E. ↗ Lämmert (1955) charakterisiert als P. den auf den Erzähler bezogenen räumlichen und zeitlichen Abstand zum Geschehen (Nahperspektive vs. Fernperspektive), während W. ↗ Kayser (1948) und N. Sullivan (1968) P. rezeptionsästhetisch (↗ Rezeptionsästhetik) bzw. produktionsästhetisch (↗ Produktionsästhetik) definieren. Unter Rückgriff auf epistemologische Konzepte, welche die visuell-optischen und kognitiven Aspekte des Begriffs miteinander verknüpfen, übernimmt M. Pfister (1974, 1977) das Konzept der P. für die Dramentheorie und definiert die P. einer Figur als deren Vorinformationen, psychologische Disposition und ideologische Orientierung. A. Nünning (1989) adaptiert Pfisters Neukonzeptualisierung für die Narratologie und definiert P. als das Eigenschaftsspektrum, die individuelle Wirklichkeitssicht und, in Anlehnung an S.J. ↗ Schmidt (1980), als das fiktive ↗ Voraussetzungssystem einer Figur bzw. des Erzählers.

Lit.: Kayser 1992 [1948]. – E. Lämmert: *Bauformen des Erzählens*, Stgt. 1955. – N. Sullivan: *Perspective and the Poetic Process*, N.Y. 1968. – C. Guillén: »On the Concept and Metaphor of Perspective«. In: ders.: *Literature as System. Essays towards the Theory of Literary History*, Princeton 1971. S. 283–371. – M. Pfister: *Studien zum Wandel der P.nstruktur in elisabethanischen und jakobäischen Komödien*, Mchn. 1974. – ders. 1997 [1977]. – Stanzel 1995 [1979]. – Schmidt 1991 [1980]. – A. Nünning: »Figurenperspektive, Erzählerperspektive und P.nstruktur des narrativen Textes«. In: ders.: *Grundzüge eines kommunikationstheoretischen Modells der erzählerischen Vermittlung*, Trier 1989. S. 64–84.

CS

Perspektivenstruktur (lat. *perspicere*: hindurchschauen, deutlich sehen; lat. *struere*: schichten, zusammenfügen, errichten), ein von M. Pfister (1974, 1977) im Zusammenhang mit der Informationsvergabe in dramatischen Texten entwickeltes Konzept, welches das System der Kontrast- und Korrespondenzrelationen der Figurenperspektiven (↗ Perspektive) untereinander und der Figurenperspektiven zur ›auktorial intendierten Rezeptionsperspektive‹ beschreibt. In ›absoluten‹ dramatischen Texten besitzen die einander gleichgeordneten Figurenperspektiven »für den Rezipienten prinzipiell den gleichen Grad der Verbindlichkeit« (Pfister 1994, S. 92). Wird jedoch ein vermittelndes Kommunikationssystem etabliert, kommt es zu einer Hierarchisierung der Perspektiven, so daß verschiedene Techniken der Perspektivensteuerung zur Konstituierung der auktorial intendierten Rezeptionsperspektive unterschieden werden: (a) die unabhängig von den Figurenperspektiven erfolgende a-perspektivische Informationsvergabe (außersprachliche Informationen, sprechende Namen, Figurenverhalten, Handlungsablauf); (b) die Selektion der Figurenperspektiven, welche auf deren quantitativen Umfang und qualitative Streuung abzielt; (c) die Kombination der Figurenperspektiven, welche die Zuordnung und Korrelation der Einzelperspektiven beschreibt (z.B. symmetrische Gruppierungen um als Normrepräsentanten dienende Zentralfiguren oder diametral angeordnete Extrempositionen, die keinen gemeinsamen Fluchtpunkt aufweisen). Daraus ergeben sich drei idealtypische Modelle der P. dramatischer Texte: (a) die a-perspektivische P., bei der sich die Figurenperspektiven mit der vom Autor intendierten und mehr oder weniger explizit artikulierten Rezeptionsperspektive decken; (b) die geschlossene P., bei welcher der Leser die auktorial intendierte Rezeptionsperspektive, die implizit

als eine der Figurenperspektiven im Text formuliert ist oder sich aus dem gemeinsamen Fluchtpunkt der Einzelperspektiven ergibt, selbst zu erschließen hat; (c) die offene P., bei der die Figurenperspektiven sich als uneinheitlich erweisen und die auktorial intendierte Rezeptionsperspektive unbestimmt bleibt. A. Nünning (1989) hat Pfisters Konzept der P. in die ↗ Erzähltheorie übertragen und analog zur ›Figurenperspektive‹ das Konzept der ›Erzählerperspektive‹ etabliert, da personalisierte, explizite Erzähler die Figurenperspektiven durch Kommentare, Vorausdeutungen oder Leseranreden wesentlich steuern, korrigieren und ergänzen können. Die P. narrativer Texte bezeichnet die Gesamtheit aller Beziehungen, die zwischen den Figurenperspektiven untereinander und zwischen den Figurenperspektiven und der Erzählerperspektive bestehen; sie ist demnach auf der Ebene der Gesamtstruktur eines Textes angesiedelt. Anstatt eine begrenzte Anzahl von Idealtypen festzulegen, kann man von einem Spektrum verschiedener Typen von P.en zwischen den Polen ›geschlossen‹ und ›offen‹ ausgehen. Je weniger sich dabei die Einzelperspektiven in einem gemeinsamen Fluchtpunkt vereinigen lassen, desto offener ist die P. eines narrativen Textes.

Lit.: M. Pfister: *Studien zum Wandel der P. in elisabethanischen und jakobäischen Komödien*, Mchn. 1974. – ders. 1997 [1977]. – A. Nünning: »Figurenperspektive, Erzählerperspektive und P. des narrativen Textes«. In: ders.: *Grundzüge eines kommunikationstheoretischen Modells der erzählerischen Vermittlung*, Trier 1989. S. 64–84.

CS

Perspektivenübernahme bezeichnet einen geistigen Vorgang, bei der sich eine Person virtuell in die Lage einer anderen versetzt, um deren ↗ Perspektive von einem Ereignis oder einer Angelegenheit zu erfahren. Bei diesem die Planung von menschlichen Handlungen beeinflussenden Prozeß handelt es sich nicht um einen bloßen ›Wechsel‹ der Perspektive, sondern um ein Hereinnehmen der anderen Perspektive in den Reflexionsvorgang in Abgleichung mit der eigenen Perspektive. Diese Verdopplung des Standpunktes zeigt, daß der zunächst eingenommene Blickwinkel nicht der allein mögliche ist, sondern daß es von derselben Sache mehrere Ansichten gibt. – Neben G. W. F. ↗ Hegels ↗ Dialektik von Ich und Anderem, E. ↗ Husserls Phänomenologie der ↗ Intersubjektivität und A. Schütz' phänomenologischem Ansatz in der Soziologie, die der Entwicklung des Ansatzes zur P. wichtige Impulse verliehen haben, gilt G. H.

Mead als dessen eigentlicher Begründer. Aufbauend auf einer Untersuchung menschlicher Kommunikation entwickelt Mead eine Theorie der Interaktion, in der die P. »die fundamentale Bedingung für die Konstitution der Struktur des Subjekts« ist (Geulen 1982, S. 17). Bedeutend sind auch die Arbeiten von J. Piaget, der die Fähigkeit zur P. als das Ergebnis der allg. kognitiven Entwicklung eines Individuums ansieht. Mit Beginn der 60er Jahre entwickelt sich eine empirische Forschung zur P. (engl. *role-taking, perspective-taking*) in den USA, die sowohl aktualgenetisch als auch ontogenetisch ausgerichtet ist und die räumlich-visuelle P., die emotionale P. sowie die informationsbezogene P. zum Untersuchungsgegenstand hat. Gegenwärtig ist die Forschung zur P. nach D. Geulen (1982, S. 12) der wohl »wichtigste Ansatz zur empirischen Analyse interpersonalen Verstehens«. In der Lit.wissenschaft gewinnt das Konzept v. a. in Studien zum interkulturellen ⁊ Fremdverstehen zunehmend an Bedeutung.

Lit.: D. Geulen (Hg.): *P. und soziales Handeln*, FfM. 1982.

CS

Phänomenologische Literaturwissenschaft, die ph.L. umfaßt jene Betrachtungsweisen von Lit., die sich am methodischen Vorgehen der Philosophie E. ⁊ Husserls sowie an ihrem Selbstverständnis als Bewußtseins- und Erfahrungstheorie orientieren. Auch die Weiterführung und Umakzentuierung der Husserlschen Phänomenologie, insbes. durch M. ⁊ Heidegger, J.-P. ⁊ Sartre, M. Merleau-Ponty und P. ⁊ Ricœur, liefert konzeptionelle Anstöße für die ph.L. Innerhalb ihres Theoriefeldes wird das Phänomen Lit. in dreifacher Hinsicht thematisch: als Ausdruck des Autorenbewußtseins, als Auslöser von Auffassungsakten im Leseprozeß sowie als Darstellung lebensweltlicher Erfahrungsstrukturen. – Ziel der Phänomenologie Husserls ist es, Klarheit über das Bewußtsein des Menschen von sich selbst und der Welt zu gewinnen. In diesem Zusammenhang wird Welt nicht als Summe vorgegebener Tatsachen aufgefaßt, sondern als Horizont möglicher Konstitutionsleistungen des Bewußtseins. Husserl geht dabei von der Erfahrung aus, daß alles raum-zeitliche Sein nur in Beziehung zu einem Bewußtseinssubjekt Sinn und Bedeutung erhält. Die phänomenologische Reflexion folgt dem methodischen Postulat, zu den ›Sachen selbst‹ vorzudringen und dabei alle sachfremden Vormeinungen einzuklammern. Sie richtet ihre Auf-

merksamkeit auf die Art und Weise, wie die Dinge als Bewußtseinsphänomene erscheinen. Analysiert wird die Konstitution von Gegenständen in den Leistungen des Bewußtseins, d.h. in den Akten und Prozessen der Wahrnehmung, der Vorstellung, der Erinnerung, der Reflexion usw. Indem phänomenologische Forschung die Gegebenheitsweise von Gegenständen in den vielfältig verflochtenen Aktzusammenhängen des Bewußtseins untersucht, will sie den Aufbau realer und möglicher Welten aus den Konstitutionsleistungen der ⁊ Subjektivität verdeutlichen. – In kritischer Wendung gegen die Transzendentalphänomenologie Husserls zielt Heideggers »*Fundamentalanalyse des Daseins*« (1967, S. 41) darauf ab, das »In-der-Welt-sein [...] als Grundverfassung des Daseins« (ebd., S. 52) aufzuklären. Heideggers radikale ontologische Besinnung hat sich auf die ph.L. insofern ausgewirkt, als der Aufweis der »Vor-Struktur des Verstehens« (ebd., S. 151) als »Ausdruck der existenzialen *Vor-Struktur* des Daseins selbst« (ebd., S. 153) den Zusammenhang von Zeit, Sprache und ⁊ Verstehen ins Blickfeld rückt. Historizität, Voraussetzungshaftigkeit, Zirkelstruktur und antizipatorischer Charakter des Verstehens werden zu entscheidenden Einsichten für einen reflektierten Umgang mit Textinterpretationen (⁊ Interpretation) und literar. Sinnbildungsprozessen. So liefert die Erkenntnis »Auslegung ist nie ein voraussetzungsloses Erfassen eines Vorgegebenen« (Heidegger 1967, S. 150) einen zentralen Impuls für H.-G. ⁊ Gadamers »Theorie der hermeneutischen Erfahrung« (1975, S. 250). Diese leitet darüber hinaus ihren universalen Anspruch aus Heideggers daseinsanalytischer Fundierung des Verstehens ab. – Die Kritiker der ⁊ Genfer Schule, denen trotz aller Unterschiedlichkeit eine phänomenologisch inspirierte Grundorientierung gemeinsam ist, konzentrieren sich innerhalb der Konstellation von Verfasser, Werk und Leser auf die Beziehung von Autor und Text. Unter weitgehender Ausklammerung aller kontextuellen Bedingungsfaktoren (getreu den Reduktionspostulaten phänomenologischer Wesensschau) richten sich ihre Untersuchungen darauf, wie das Bewußtsein eines Autors, d.h. die für seine individuelle Lebenswelt konstitutiven Erfahrungsmuster sich in der organischen Einheit seines Werkes ästhetisch manifestieren. Die Suche nach den einheitsstiftenden Grundmustern verläuft dabei als interpretative Bewegung zwischen Einzeltext und Gesamtwerk. Das Ziel der Wiedergewinnung individueller Erfahrungswelten verbindet sich dabei mit dem weiterreichenden Anspruch, durch die Interpretationskunst literar. Texte signifikante Augenblicke einer Bewußtseins- und Imaginationsgeschichte der ↗ Moderne zu verdeutlichen. – Während die Arbeiten der Genfer Schule das Verhältnis von Werk und Verfasser anvisieren, richtet die Phänomenologie der ästhetischen ↗ Erfahrung den Blick auf die Beziehung von Text und Leser. So legt M. Dufrenne mit seiner *Phénoménologie de l'expérience esthétique* (1967) eine zusammenhängende phänomenologische ↗ Ästhetik vor, bei der er sich methodisch an die Perspektive des Betrachters hält. Als folgenreich für die Entwicklung der ph.L. haben sich v.a. die Arbeiten des Husserl-Schülers R. ↗ Ingarden erwiesen. Die von ihm angesprochenen Fragen der ↗ Konkretisation literar. Texte rücken in den Schriften W. ↗ Isers in den Mittelpunkt einer Theorie ästhetischer ↗ Wirkung. In Abkehr von einer mimetisch orientierten ↗ Produktions- und Darstellungsästhetik fragt diese nicht länger danach, was literar. ↗ Fiktionen bedeuten, sondern was sie im Bewußtsein des Lesers bewirken können (vgl. Iser 1976). Im Gegensatz zu Ingarden sieht Iser die Aktivität des Lesers nicht auf die Vervollständigung der Unbestimmtheitsstellen (↗ Unbestimmtheit) beschränkt. Die von ihm so genannten ↗ Leerstellen ermöglichen allererst jene dynamische Wechselwirkung von Text und Leser, in der die Sinnmöglichkeiten des Textes in der Vorstellung des Rezipienten Gestalt gewinnen. – Im Umkreis der ↗ Konstanzer Schule sind eine Reihe von Untersuchungen erschienen, in denen die Erfahrung der Komplexität moderner Lit. sowie ihre vielfältigen Verflechtungen mit anderen Medien als produktive Herausforderung für die Erklärungsleistungen der ph.L. begriffen wird. Dabei zeigt es sich, daß die traditionellen Kategorien der Ingardenschen Ästhetik zwar tauglich sind für die Beschreibung realistischer Illusionskunst (↗ Illusion, ↗ Illusionsbildung), nicht jedoch für die anti-illusionistische Lit. der Moderne (↗ Illusionsdurchbrechung). Die Differenzierung des phänomenologischen Ansatzes durch Erkenntnisse der Linguistik, der ↗ Semiotik, der Informationstheorie sowie der phänomenologischen Soziologie von A. Schütz eröffnet der ph.L. eine Reihe neuer Perspektiven. Im Rahmen einer Theorie der Imagination wird z.B. das Problem der Umstrukturierung von Wahrnehmungs- und Vorstellungsgewohnheiten durch die historischen Ausprägungen von Kunst und Lit. zu einem wichtigen Arbeitsfeld (vgl. Smuda 1979). Für E. Lobsien (1988)

vermag die Phänomenologie v.a. Zugänge zur Lit. der Moderne zu eröffnen, weil beide gleichermaßen eine Transparenz bewußten Lebens beabsichtigen. Erst die phänomenologische Reflexion bringt die Vielfalt jener Erfahrungen unverkürzt zur Sprache, die durch moderne Lit. ermöglicht werden. – Der Aufgabenbereich der Phänomenologie als »Theorie der Fiktion und Praxis der Interpretation« resultiert für F. Fellmann (1989, S. 199) aus der zentralen Frage, wie fiktionale Geschichten aufgrund ihres Möglichkeitscharakters »zum Instrument der Wirklichkeitserkenntnis werden« (ebd., S. 216) und den sinnhaften Aufbau der Lebenswelt modellhaft erschließen können. – In eine andere Richtung zielt das Interesse einer sich an der Phänomenologie orientierenden ↗ Literar. Anthropologie. Sie fragt nach der Fiktionsbedürftigkeit des Menschen und versucht dabei deutlich zu machen, inwieweit Lit. als Produkt der ↗ Einbildungskraft zum Spiegel unserer anthropologischen Ausstattung wird (vgl. Iser 1993).

Lit.: M. Heidegger: *Sein und Zeit*, Tüb. 1967 [1927]. – M. Geiger: *Zugänge zur Ästhetik*, Lpz. 1928. – Ingarden 1972 [1931]. – J.-P. Sartre: *L'imaginaire*, Paris 1940 (dt. *Das Imaginäre*, Reinbek 1971). – M. Heidegger: *Holzwege*, FfM. 1972 [1950]. – E. Husserl: *Gesammelte Werke. Husserliana*, Bde. I-XXX, Den Haag 1950 ff. – M. Dufrenne: *Phénoménologie de l'expérience esthétique*, Paris 1967 [1953]. – H.-G. Gadamer: *Wahrheit und Methode*, Tüb. 1975 [1967]. – J. Derrida: *La voix et le phénomène*, Paris 1967 (dt. *Die Stimme und das Phänomen*, FfM. 1979). – R. Ingarden: *Vom Erkennen des literar. Kunstwerks*, Darmstadt 1968. – E. Lobsien: *Theorie literar. Illusionsbildung*, Stgt. 1975. – R. Warning (Hg.): *Rezeptionsästhetik*, Mchn. 1979 [1975]. – Iser 1994 [1976]. – R. Magliola: *Phenomenology and Literature*, West Lafayette 1977. – M. Smuda: *Der Gegenstand in der bildenden Kunst und Lit.*, Mchn. 1979. – E. Lobsien: *Das literar. Feld*, Mchn. 1988. – F. Fellmann: *Phänomenologie als ästhetische Theorie*, Freiburg/Mchn. 1989. – R. Magliola: »Like the Glaze on a Katydid-Wing. Phenomenological Criticism«. In: Atkins/Morrow 1989. S. 101–116. – Iser 1993 [1991]. – E. Lobsien: *Wörtlichkeit und Wiederholung*, Mchn. 1995.

HJSch

Phänotext ↗ Genotext und Phänotext

Phallozentrismus (gr. *phallós*: männliches Glied, gr. *kéntron*: Mittelpunkt eines Kreises). – (1) Der Begriff bezeichnet die patriarchale Struktur der sprachlich-kulturellen Ordnung, die den Phallus als Symbol und Quelle der Macht setzt. In der Psychoanalyse J. ↗ Lacans (»La signification du phallus«, 1958) fungiert der Phallus als primärer ↗ Signifikant. Er ist nicht mit dem Penis gleichzusetzen, impliziert jedoch die Projektion biologischer auf kulturelle Aspekte, wie z.B. im maskulinen Kreativitätsmythos. Zudem nehmen Frauen und Männer innerhalb des Symbolischen unterschiedliche Positionen zum Phallus ein. So legt Lacan in *Encore* (1973) dar, daß die Frau keinen Ort in der phallischen Ordnung habe. Der Feminismus kritisiert den P. kultureller Diskurse, durch den die Frau nur als Mangel gedacht werden kann. L. ↗ Irigaray verweist in *Speculum de l'autre femme* (1974) auf die phallozentrische Struktur der Psychoanalyse von S. ↗ Freud und Lacan. Der Phallus fungiere hier als Garant für männliche Herrschaft, durch den die Frau nur über männliches ↗ Begehren, als das ›Andere‹, nicht aber als Frau repräsentiert werde. (2) Der verwandte Begriff des Phallogozentrismus geht aus einer Kombination von P. und ↗ Logozentrismus hervor und verbindet somit Psychoanalyse, Feminismus und ↗ Dekonstruktion. Unter Logozentrismus versteht J. ↗ Derrida das Phantasma einer unvermittelten metaphysischen Präsenz von ↗ Bedeutung im gesprochenen Wort. Dieser Logos gilt im Gegensatz zur Schrift als Garant von Authentizität, Wahrheit und Kohärenz. Phallogozentrismus verweist auf die analoge Struktur von P. und Logozentrismus, die Privilegierung des Phallus als Ursprung und Zentrum aller Signifikanten. Insbes. der frz. Feminismus setzt dagegen Strategien wie ↗ *écriture féminine* (H. ↗ Cixous) oder *parler femme* (Irigaray) als Kritik und Subversion der phallogozentrischen symbolischen Ordnung.

Lit.: J. Gallop: *The Daughter's Seduction. Feminism and Psychoanalysis*, Ithaca 1982.

DF/SSch

Phantastik (gr. *phantastikós*: Imagination, Vorstellungskraft), auch ›phantastische Lit.‹. – Im weiteren Sinne jede Art von Lit., die dem empirisch überprüfbaren Weltbild des Lesers ein anderes entgegenstellt, u.a. Science-Fiction, *Fantasy*, Legende, Horror, Märchen; im Gegensatz dazu Ph. im engeren Sinne, in der innerhalb des Texts ein Konflikt zwischen dem zunächst vorgestellten Weltbild, das auch das des Lesers ist, und Ereignissen, die sich nicht innerhalb dieses Weltbilds erklären lassen, dargestellt wird (z.B. H. James, *The Turn of the Screw*, E.A. Poe, »The Fall of the House of Usher«). Die meisten Definitionen berufen sich auf einen solchen Ordnungskonflikt als bestimmendes Merkmal der Ph., wenn auch die in der Lit. theorie zu beobachtende Subjektivierung des

Wirklichkeitsbegriffs die Definition erschwert. – Bei T. ↗ Todorov, der neben R. Callois die zeitgenössische theoretische Diskussion auslöste und oft, z.B. durch St. Lem, kritisiert wurde, wird die Unschlüssigkeit des Lesers über die Beschaffenheit der fiktionalen Welt zum entscheidenden Kriterium. Textstrategien, u.a. die Erzähltechnik (z.B. erzählrische ↗ Unzuverlässigkeit, ↗ Plot), spielen bei der Darstellung dieses Konflikts eine Rolle, sind aber im einzelnen ebensowenig als konstitutiv für die Phantastik anzusehen wie bestimmte ↗ Motive, z.B. Geister, Magie, Fabelwesen. Zudem muß zwischen Phantastik als ↗ Genre und als übergreifender ästhetischer Kategorie unterschieden werden.

Lit.: T. Todorov: *Introduction à la littérature fantastique*, Paris 1970. – Ch.W. Thomsen/J.M. Fischer (Hgg.): *Phantastik in Lit. und Kunst*, Darmstadt 1985 [1980] [mit Auswahlbibliographie]. – R. Callois: »Das Bild des Phantastischen«. In: R.A. Zondergeld: *Phaicon* 1, FfM. 1982. S. 44–83. – St. Lem: »T. Todorovs Theorie des Phantastischen«. In: Zondergeld 1982. S. 92–122. – J.M. Fischer: »Phantastische Lit.«. In: Borchmeyer/Žmegač 1994 [1987]. S. 344–346. – R.A. Zondergeld/H.E. Wiedenstried: *Lexikon der phantastischen Lit.*, Stgt. 1998. – N. Cornwell: *The Literary Fantastic*, N.Y. 1990. – R. Lachmann: »Exkurs: Anmerkungen zur Ph.«. In: Pechlivanos et al. 1995. S. 224–229.

BG

Philologischer Kommentar ↗ Kommentar, philologischer

Phonozentrismus ↗ Logozentrismus

Photographie und Literatur, (1) Ästhetik: Die Ph. wurde im 19. Jh. von Seiten der Lit. fast durchweg kritisch beurteilt. Zwar stellte die Erfindung der Daguerreotypie, die 1839 der Öffentlichkeit vorgestellt wurde, eine Sensation dar, eine Anerkennung als Kunstwerk blieb ihr allerdings versagt. Die Ph.n wurden als bildgewordene ↗ Simulakren des Gegenstandes beschrieben. Die Präzision der Wiedergabe implizierte zugleich den Vorwurf, Ph.n seien rein mechanische und leblose Reproduktionen, denen es an schöpferischer Darstellung fehle. In den poetologischen Debatten des ↗ Realismus und ↗ Naturalismus spielt die Ph. als Vergleichsmedium eine entscheidende Rolle. Einerseits versuchen die Schriftsteller und Theoretiker, sich von der ›kunstlosen‹ Ph. abzusetzen, andererseits werden aber photographische Kategorien auf die poetologischen Bestimmungen insbes. des Realismus übertragen. Erst zu Beginn des 20. Jh.s kommt es v.a. im ↗ Surrealismus, Futurismus und im Kontext der Diskussion der ↗ Moderne zu einer veränderten Einschätzung der Ph., die nun in den Rang einer Kunst erhoben wird. Dieser veränderte Status ist begründet in einer zunehmenden Autonomisierung des Kunstwerkes (↗ Autonomie), das nun auch von seiner mimetischen Funktion (↗ Mimesis) abgelöst wird. Die Ph. wird im Zusammenhang einer Reflexion über Wahrnehmung und ↗ Repräsentation diskutiert. (2) Motivgeschichte: Ph. oder Photographen spielen in der Lit. des 19. Jh.s nur eine untergeordnete Rolle. Mit wenigen Ausnahmen (z. B. W. Raabes *Der Lar*, 1889; N. Hawthornes *The House of the Seven Gables*, 1851) erscheinen sie nur am Rande oder allenfalls in persiflierenden Darstellungen. Im 20. Jh. steht die Ph. im Kontext einer Reflexion über Repräsentation und Reproduktion (etwa im *Nouveau Roman*, bei R. D. Brinkmann oder in J. Gerz' *Zeit der Beschreibung*, 1974–1984) sowie über ↗ Erinnerung und ↗ Gedächtnis (z. B. in U. Johnsons *Jahrestagen*, 1970–1983, oder W. Kempowskis *Echolot*, 1993). (3) Illustration/Photoroman: Im 19. Jh. wurden v. a. Texte der romantischen Lit. und Klassikerausgaben mit photographischen Illustrationen versehen. Die sog. Dichter-Galerien verwendeten die Ph. zur Reproduktion von Gemälden oder Zeichnungen zu Texten ›klassischer‹ Autoren. Erst mit G. Rodenbachs *Bruges-la-Morte* (1892) kommt es zu einer Verbindung von Ph. und Lit. in einem gemeinsamen Projekt. Im 20. Jh. finden sich seit A. Bretons *Nadja* (1928) zahlreiche Beispiele einer konzeptionellen Verknüpfung von Lit. und Ph. bzw. einer Zusammenarbeit von Schriftstellern und Photographen. In der Nachkriegslit. werden, in einem Wechselspiel von Faktizität und ↗ Fiktion, zudem verstärkt Presse- und dokumentarische Ph.n verwendet (z. B. bei P. Handke, J. Becker oder A. Kluge). – Der Photoroman, der bereits um 1880 entstand, aber erst in der Zwischenkriegszeit eine weite Verbreitung fand, ist ein Beispiel einer Verbindung von Lit. und Ph. in der Populärlit.

Lit.: W. Kemp (Hg.): *Theorie der Fotografie*, 3 Bde., Mchn. 1980–1983. – E. Koppen: *Lit. und Ph.: Über Geschichte und Thematik einer Medienentdeckung*, Stgt. 1987. – G. Plumpe: *Der tote Blick. Zum Diskurs der Ph. in der Zeit des Realismus*, Mchn. 1990. – H. v. Amelunxen: »Ph. und Lit.: Prolegomena zu einer Theoriegeschichte der Ph.«. In: Zima 1995. S. 209–231. – J. M. Rabb: *Literature & Photography. Interactions 1840–1990*, Albuquerque 1995.

BSt

Platon (427–347 v. Chr.), gr. Philosoph. – In Athen zur Zeit des Peloponnesischen Krieges (431–404) geb., erlebte P. den Zusammenbruch des demokratischen Athen mit den folgenden bürgerkriegsähnlichen Wirren. Nach der oft nicht zuverlässigen antiken biographischen Tradition (der autobiographische 7. Brief ist in seiner Echtheit heftig umstritten) soll P. nach 399 eine erste große Reise (u. a. nach Ägypten) unternommen haben; drei weitere, sicher bezeugte Reisen nach Sizilien und Süditalien 388/7, 367/5 und 361/60 folgten. P. versuchte erfolglos, am Hof der Tyrannen Dionysios I. und II. von Syrakus die philosophische Staatstheorie und politische Praxis zu verbinden. Die Gründung einer eigenen Philosophenschule, der nach ihrer Lage beim Hain des Heros Akademos so genannten Akademie, fällt wohl in die Zeit zwischen 387–367. Im Unterschied zu seinem Schüler ↗ Aristoteles ist von P. keine für den Lehrbetrieb bestimmte Schrift erhalten, sondern die für ein breiteres Publikum verfaßten sog. exoterischen Dialoge. – Der Zusammenbruch Athens, die innenpolitischen Wirren und das Todesurteil gegen seinen Lehrer Sokrates (399) prägten P.s Denken und führten ihn zu der Frage nach dem Verhältnis von Ethik und Politik und nach der Form des bestmöglichen Staates, v. a. im *Staat* (ca. 380–370) und dem Alterswerk, den *Gesetzen*. In seinem Staatsmodell fällt der Erziehung (*paideía*) eine herausragende Rolle zu. Damit geraten unter didaktischem Aspekt die literar. ↗ Gattungen der Stadt (*pólis*) Athen, insbes. das Epos und die Tragödie, in die Kritik. Nach P.s Seelenmodell übt das Drama einen unmittelbaren, schädlichen Einfluß auf die Psyche der Rezipienten aus, da es ihn zwinge, sich in der Illusion der Vorführung mit den handelnden Personen zu identifizieren. Die dabei ausgelösten Emotionen können bleibenden Schaden in der Psyche des Rezipienten hinterlassen und damit letztlich auch den Zustand der Gesellschaft negativ beeinflussen. Die didaktisch-psychologische Kritik der Dichtung wird im 10. Buch des *Staates* im Zusammenhang mit der Ideenlehre metaphysisch fundiert: Dichtung bildet als eine Form mimetischer Kunst (↗ Mimesis) lediglich die bereits eine Stufe von der Idee entfernten Erscheinungen der Welt ab. Die künstlerischen Produkte weisen demnach sogar eine mindere Qualität als die Phänomene auf und bieten auch keine Zugang zu den hinter den Erscheinungen liegenden Ideen. – Die Ablehnung der bildenden Künste und der Lit. durch P. prägte in weit höherem Maße als die erste Antwort auf P., die *Poetik* seines Schülers ↗ Aristoteles, die ↗ Lit.theorie in der ↗ Antike. V. a. P.s im Dialog *Ion* entwickelte Enthusiasmos- (Inspirations)-Theorie beeinflußte die Diskussion der Neuplatoniker, die florentinischen Humanisten des 15. Jh.s und den Geniegedanken in der Neuzeit.

Lit.: M. Fuhrmann: *Die Dichtungstheorie der Antike*, Darmstadt 1992 [1973]. – J. Schmidt: *Die Geschichte des Genie-Gedankens in der dt. Lit., Philosophie und Politik 1750–1945*, Bd. I., Darmstadt 1985. Bes. S. 106 ff./468 ff. – S. Halliwell: *Plato. Republic 10*, Warminster 1988. – M. Suhr: *P.*, FfM. 1992.
BZ

Plot, von diversen Theoretikern unterschiedlich definierter Begriff der narratologischen Analyse fiktionaler Texte, der zwischen den Konzepten von *story* und *discourse* bzw. ↗ *histoire* und *discours* anzusiedeln ist. Die Diskussion über den P.-Begriff reicht bis zu der *Poetik* des ↗ Aristoteles zurück, wo unserem heutigen Konzept das des *mýthos* entspricht. P. bedeutete für Aristoteles ein die Entwicklung und den inneren Zusammenhang eines Dramas bestimmendes Prinzip, dem alle anderen Elemente unterzuordnen seien. So bestand ein guter P. für den gr. Philosophen aus einem Anfang, einer Mitte und einem Ende, die sich zu einem organischen Ganzen fügen sollten. Die klassische Definition von P. stammt von E.M. ↗ Forster, der damit die logische Kausalverknüpfung der Bestandteile des Handlungsgeschehens bezeichnet und den P. von der durch rein temporale Verknüpfung von Handlungselementen gekennzeichneten *story* unterscheidet. Die Kausalverknüpfungen des P. können sehr eng und zwingend, aber auch, wie in einer episodischen Erzählung, relativ locker sein. Forsters Definition ist allerdings von der durch die russ. Formalisten (↗ Russ. Formalismus) initiierten Unterscheidung zwischen *fabula* und *sjuzhet* zu trennen, wobei die *fabula* heute oft als *story* bezeichnet wird, die aber als kausal-chronologische Verknüpfung des Geschehens im Sinne der Inhaltsebene definiert wird. Dem Begriff *sjuzhet*, der mitunter synonym mit P. gebraucht wird, entspricht heute das *discourse*-Konzept auf der Ausdrucksebene, wobei V. ↗ Sklovskij in seiner literar. Verfremdungstheorie die spezifische Qualität des Romans in einer Unterminierung der durch die kausale Linearität von Ursache und Wirkung etablierten Chronologie sieht. P. im Sinne von *discourse* bzw. *sjuzhet* ist dann das Produkt der narrativen Bearbeitung des als Rohstoff genutzten Materials der *story*, wie es in der Realität aufgetreten wäre, was der Leser allerdings lediglich aus der Oberflächenstruktur des P. erschlie-

ßen kann. Während einige Kritiker den P.-Begriff auch synonym mit den Begriffen *story* oder *discourse* gebrauchen, definiert S. Chatman P. als das Ergebnis des Zusammentreffens beider, nämlich als das Resultat der Behandlung von *story* durch *discourse*. Eine weitere P.-Theorie definiert den Begriff als die Spur, die die möglichen narrativen Welten in Form einer bestimmten Aktualisierung im Universum des Textes hinterlassen. Feministische Kritikerinnen verwenden den P.-Begriff mitunter wie den der *story*, während Theoretikerinnen wie M. Hirsch im Sinne einer feministischen P.-Analyse nach typisch weiblichen bzw. männlichen Erzählstrukturen oder Darstellungsmustern wie z.B. stereotyp in einer Heirat mündenden Romanschlüssen fahnden. R.S. ↗ Crane, N. Friedman, Cl. ↗ Bremond, Chatman u.a. haben ebenfalls unterschiedliche P.-Strukturen in Typologien kategorisiert. So wird z.B. zwischen handlungs-, personen- und ideenorientiertem P. ebenso unterschieden wie zwischen euphorischem und dysphorischem, externem und internem, einfachem und komplexem, epischem oder dramatischem P. – In der Geschichte der Erforschung von Plot-Modellen zeichnet sich ein ↗ ›Paradigmenwechsel‹ (vgl. Ronen 1990) ab, der in einem Wechsel von strukturalen Analysen von Handlungsstrukturen im klassischen ↗ Strukturalismus hin zu semantischen Beschreibungen narrativer Modalitäten in jüngeren Entwicklungen der ↗ Erzähltheorie besteht.

Lit.: E.M. Forster: *Aspects of the Novel*, Ldn. 1927. – Chatman 1993 [1978]. – R. Ronen:»Paradigm Shift in Plot Models. An Outline of the History of Narratology«. In: *Poetics Today* 11.4 (1990) S. 817–842. – H. Dannenberg:»Die Entwicklung von Theorien der Erzählstruktur und des P.-Begriffs«. In: Nünning 1995. S. 51–68.
HA

Pluralismus, literaturwissenschaftlicher/methodischer, analog zu seiner politischen Verwendung, in der der Begriff des P. die legitime Vielfalt miteinander konkurrierender Wertsysteme und gesellschaftlicher Interessen bezeichnet, steht der Begriff in der Lit.wissenschaft für die Auffassung, daß zwei oder mehr voneinander verschiedenen oder gar sich widersprechenden Positionen ein gleiches Maß an Berechtigung zukommt. Dabei kann sich der Begriff sowohl auf die Vielfalt der bei der Textinterpretation anwendbaren Methoden (›methodischer P.‹) als auch auf die Vielzahl der verschiedenen möglichen Deutungen eines Textes (›interpretatorischer P.‹) beziehen. – Einen Meilenstein in der Geschichte der theoretischen Reflexion des lit.wissenschaftlichen P. stellt die Arbeit von W.C. ↗ Booth *Critical Understanding* (1979) dar. Booth entwickelt den Begriff des P. in kritischer Abgrenzung gegen drei alternative Konzepte: (a) den Monismus (auch Dogmatismus oder Absolutismus), der unter den verschiedenen möglichen Positionen nur eine als wahr oder richtig anerkennt; (b) den Skeptizismus (auch Relativismus), der keiner der Positionen Wahrheit und Gültigkeit zugesteht, aber mit seiner Hypothese ›that the world is certainly doubtful‹ einen im Grunde nicht weniger dogmatischen Standpunkt vertritt als der Monismus; (c) den Eklektizismus, der bestimmte Teile bestimmter Positionen als wahr akzeptiert und andere Teile verwirft, damit aber das Problem des P. ebenfalls nicht bewältigt, weil er an der Idee einer einzigen Wahrheit festhält, auch wenn diese aus verschiedenen Positionen zusammengesetzt ist. Ein echter P. soll sich nach Booth hingegen dadurch definieren, daß er einander widersprechende Positionen in gleichem Maße als wahr oder richtig anerkennt. In seinen weiteren Reflexionen sieht Booth allerdings sehr deutlich, daß auch ein so definierter P. das logische Problem der Alternative zwischen dem Einen und dem Vielen nicht zu überwinden vermag und Gefahr läuft, auf einer höheren Ebene in eines jener Konzepte zurückzufallen, gegen die er eigentlich abgegrenzt werden sollte. So muß sich der P. entweder als ein allen übrigen möglichen Positionen übergeordnetes Rahmenkonzept verstehen, das die zwischen diesen Positionen bestehenden Widersprüche zu bloßen Teilperspektiven einer höheren Einheit erklärt, so aber auf einer übergeordneten Ebene zum Konzept des Monismus zurückkehrt; oder der P. verzichtet auf jeden Anspruch auf übergeordnete Wahrheit, postuliert nur noch eine relative Gültigkeit der verschiedenen Positionen bezogen auf die ihnen jeweils zugrundeliegenden, historisch wandelbaren Prämissen, nimmt damit aber eine Haltung ein, die einem Skeptizismus bedenklich nahekommt. Da sich das Problem des P. somit auf rein logischem Wege nicht befriedigend lösen läßt, schlägt Booth eine praktisch-ethische Lösung vor: Ein Lit.kritiker, der sich dem Konzept des P. verschreibt, müsse mit fremden Positionen fair umgehen, d.h. sie nicht zu Strohmännern machen, sondern sich um wohlwollendes Verständnis bemühen; er müsse aber auch den Mut besitzen, allzu extreme Positionen zurückzuweisen und deren Ausschließlichkeitsanspruch zu bekämpfen. – Gerade gegen das zuletzt genannte Postulat haben sich jüngere, marxistischen, poststrukturalistischen und anderen avantgardistischen Positionen anhängende Theoretiker (↗ Marxistische Lit.theorie; ↗ Poststrukturalismus) immer wieder energisch zur Wehr gesetzt (vgl. hierzu bes. die Beiträge von Mitchell und Erlich in *Critical Inquiry* 1986 sowie Rooney 1989). Nach ihrer Auffassung stellt der von Booth und anderen postulierte lit.wissenschaftliche P. lediglich eine verhüllte Form politischer Repression dar, deren wohlkalkuliertes Ziel es sei, jenen Richtungen der Lit.theorie die Existenzberechtigung abzusprechen, die sich nicht auf ein alle Interessengegensätze transzendierendes Ideal universellen Verstehens einlassen wollen, weil sie in Kategorien wie ↗ Klasse, Rasse (↗ race) und Geschlecht (↗ gender) die beherrschenden Determinanten aller kritischen ↗ Diskurse erkannt haben. Demgegenüber haben die Verteidiger des P. darauf hingewiesen, daß das Vertrauen auf die Möglichkeit rationaler Kommunikation, die Verständigung über Fakten und Deutungsmöglichkeiten und die Suche nach übergreifenden, das Einzelne und Widersprüchliche integrierenden Perspektiven unverzichtbare Voraussetzungen aller wissenschaftlichen Erkenntnis seien.

Lit.: G. Pasternack: *Theoriebildung in der Lit.wissenschaft. Einf. in Grundfragen des Interpretationspluralismus*, Mchn. 1975. – Booth 1979. – Ausg. »Pluralism« der Zs. *Critical Inquiry* 12.3 (1986). – Rooney 1989.

PW

Poetics of Culture ↗ *New Historicism*

Poetik (gr. *poïetiké téchnē*: Kunst des Dichtens), Lehre von der Dichtkunst, dem Wesen, den Formen und ↗ Gattungen der Lit. – Sie bestimmt die konstitutiven Kriterien und Grundbegriffe der Lit. im allg., einer Gattung oder das Lit.verständnis einzelner Autoren (↗ Autorpoetik), wobei P. ebenfalls im Sinne philosophischer und ästhetischer Verallgemeinerungen die für ganze ↗ Epochen charakteristische Lit.konzeption darstellt. Im 20. Jh. impliziert P. zunehmend ein Lit.programm in der Form avantgardistischer Manifeste oder strukturalistischer Funktionsbestimmungen von Dichtung zur Erneuerung der Lit. und Lit.theorie. In der neueren Lit.wissenschaft bezeichnet Poetologie eine wissenschaftliche P. bzw. Allg. Dichtungstheorie im Abgrenzung von der ›Lehre von der Dichtkunst‹ (Anweisungspoetik), wenngleich beide Termini häufig synonym verwendet werden. –

Die erste bis heute einflußreiche P. verfaßte ↗ Aristoteles um 330 v.Chr. als Polemik gegen ↗ Platon mit dem Ziel, die Dichtkunst im allg., ihre Formen und deren Eigenart sowie die Frage der Gestaltung der Stoffe in der Dichtung zu erklären. In seiner als Fragment überlieferten *Poetik* ist Lit. ein Medium, welches mit den imaginativen Mitteln der Sprache die Welt sinnlicher Wahrnehmungen und menschlicher Handlungen nachahmt. Sie ist nicht wie für Platon die bloße Kopie einer abgehobenen archetypischen Wahrheit, sondern zeigt jene konkrete Sphäre individueller Phänomene und ihrer sich wandelnden Wechselbeziehungen, über die die Erkenntnis allg. Wahrheiten möglich wird. Dichtung und Lit. sind hier deutlich aufgewertet, da sie im Unterschied zur Geschichtsschreibung, der bloßen Nachzeichnung vergangener Tatsachenwelten, in ihren Fiktionswelten die Grenzen der bestehenden Realität durchbrechen und die Vollendung des in der Natur noch Unvollendeten antizipieren. Sie sind kein sklavisches Abbild einer äußeren Wirklichkeit, sondern Nachahmung einer möglichen, etwas Geschaffenes also, dem vom Autor seine unverwechselbare Form verliehen wird. Das sprachliche Kunstwerk beruht auf einem Akt der Nachahmung (↗ Mimesis), der durch Techniken der Fiktionalisierung (↗ Poiesis) das Material in die spezifische Struktur und ästhetische ↗ Erfahrung (*aísthēsis*) verwandelt. Aristoteles legte als erster in der Geschichte der Lit.kritik eine differenzierte Unterscheidung und Klassifizierung von Gattungen (des Epischen, Lyrischen, Dramatischen; der Komödie und Tragödie) vor, wobei er die Tragödie zum Kern seiner P. erhebt, da sie am radikalsten die Grenzen menschlicher Erkenntnis dramatisiert und am intensivsten die ungelösten emotionalen Spannungen des Zuschauers reinigt (↗ Katharsis). Sein Mimesis-Begriff ist für die gesamte Nachahmungspoetik von der ↗ Renaissance bis über die Mitte des 18. Jh.s hinaus prägend. Bereits ↗ Horaz' *Ars poetica* (13 v.Chr.) trägt den Charakter einer Dichtungslehre, der danach jeder P. bis ins späte 19. Jh. anhaftet. Die meisten Gelehrten vom Humanismus bis zur Aufklärung betrachteten ihre P. im Sinne einer Regelpoetik als praktische Anweisung zur Dichtkunst mit weitgehend gesetzgeberischem bzw. präskriptivem Charakter. Die erste der bedeutenden, auf dem aristotelischen Mimesis-Begriff basierenden P.en war J.C. Scaligers *Poetices libri VII* (1561). Die humanistische Überzeugung von der Vorbildlichkeit und zeitlosen Gültigkeit der antiken Dichtung ging mit dem Stilprinzip der Nachahmung antiker Musterautoren (*imitatio*) einher. Der gelehrte Dichter (*poeta eruditus*) galt als das Ideal des Schriftstellers; Dichtung war primär nicht die Wiedergabe persönlicher Erfahrungen, sondern die Auseinandersetzung mit den durch die Tradition vorgegebenen Inhalten und Formen. Ein weiteres zentrales Moment dieser normativen P., die die Beachtung der allg. Regeln zur Bedingung dichterischer Vollkommenheit erklärte, war die Modellhaftigkeit der ↗ Rhetorik und somit der Vorrang des Wirkungsaspekts. Lit. sollte gemäß der Trias, die für die Rhetorik ebenso wie für die P. galt, die Hörer und Leser bewegen (*movere*), belehren (*docere*) oder erfreuen (*delectare*). – Das bekannteste dt. Werk einer Regelpoetik ist Gottscheds *Versuch einer Critischen Dichtkunst* (1730), dem das aufgeklärte Primat des Vernunftprinzips und der sich seiner Würde und Freiheit bewußt werdende Mensch die orientierende Perspektive gibt. Von Gottsched bis zu J. Schlegels und Novalis' ästhetischen Reflexionen um 1800 bestimmt das Verhältnis von Vernunft und ↗ Einbildungskraft die Diskussion um ↗ Subjektivität, Individualität und Historizität in der Dichtung. Bei aller fortschreitenden Auflösung der normativen Regelhaftigkeit und einsetzender Historisierung kunsttheoretischer Begrifflichkeit suspendiert die Vernunft ihre Kontrollfunktion nie und bleibt stets das Medium dichterischer Erkenntnis, wenngleich der Phantasie eine gewisse Gestaltungsfreiheit eingeräumt wird. Bei Gottsched deutet sich bereits an, daß die aufgeklärte P. gegenüber der Rhetorik in ihrem Eigengewicht bestärkt wird. In Abgrenzung vom klassizistischen ↗ Geschmacksbegriff, der das Urteil über Kunst einem gebildeten, elitären Publikum zuerkennt, erhält dieser nun eine objektivierte Normativität von den Regeln her, die aus der Natur des *res* selbst abgeleitet werden und daher vernünftig sind. Mit Kants *Kritik der Urteilskraft* (1790) bestimmt die philosophische Grundlegung von ↗ Ästhetik und P. die dichtungstheoretischen Reflexionen. Der Versuch in der Klassik (↗ Klassizismus) und ↗ Romantik, Geschichte und Natur, Subjekt und Objekt ästhetisch zu versöhnen, erbrachte eine Hochblüte der historischen P. Sie bricht grundsätzlich mit dem Nachahmungsprinzip und begründet die ↗ Autonomie der Kunst, die keinem außerästhetischen Zweck dient. Bei G. W. ↗ Hegel z.B. hat die Kunst ihren Zweck in sich, indem sie Wahrheit in sinnlicher Gestalt enthüllt. Er bestimmt die historischen Entwicklungsstufen der Kunst anhand der Art der Versöhnung von Idee und Gestalt: In der symbolischen Kunstform bleibt die Idee unbestimmt, noch ihre Form suchend; in der klassischen Kunstform wird die Idee in der mit ihr identisch gewordenen Gestalt vollkommen verkörpert; in der romantischen, der höchsten Kunstform schließlich verwirklicht sich die Idee in freier Geistigkeit. – Mit dem Ende der Romantik wird die P. entweder als Teildisziplin einer allg. Lit.wissenschaft oder als programmatische Aussage über die Dichtung deutlich von poetischen Systematisierungen abgesetzt, wobei große poetologische Entwürfe fehlen. Systematische und historische Aspekte der Wissenschaft von der Lit. werden säuberlich geschieden. Die Philologie begreift sich als historische Wissenschaft und setzt sich von systematisierenden lit.theoretischen Tendenzen ab; ihr deskriptiv-historisches Verfahren beeinflußt auch die Methode der von der allg. Lit.wissenschaft subsumierten P. Die P. des ↗ Realismus war im 19. Jh. zunehmend bemüht, die Objektivität der künstlerischen Darstellung als Versinnlichungsprozeß des poetisch Wahren zu festigen. Das Ästhetische lief dabei dem Historischen konträr, so daß Kunst entweder wie bei K. ↗ Marx von einer neuen materialistischen Totalität oder wie bei F.W. ↗ Nietzsche von einem biologistischen lebensphilosophisch gewendeten Ich-Agens begründet wurde, oder aber Kunst sich letztlich gegen die Realität selbst wendete, indem sie den Anspruch erhob, eine menschliche Essenz vor dem Zugriff der spätbürgerlichen Wirklichkeit zu retten. Ansätze zu einer neuen P. zeigen sich im späten 19. Jh. dort, wo einzelne Autoren neuen literar. Strömungen (↗ Ästhetizismus, ↗ Naturalismus) zum Durchbruch verhalfen, wie z.B. in A. Holz' *Die Kunst. Ihr Wesen und ihre Gesetze* (1891/92), dessen naturalistische Programmatik von der Lit. einen positivistischen Szientismus forderte. – Anfang des 20. Jh.s unternehmen die Strukturalisten in Anknüpfung an die Formale Schule den Versuch, die Spezifik der poetischen Sprache im Vergleich zu anderen Formen und Funktionen der Sprache zu bestimmen und von hier aus Lit.wissenschaft als P. neu zu begründen. Am klarsten formulierte R. ↗ Jakobson das zentrale Konzept der Poetizität, mit dem er die Spezifik der künstlerischen Sprache als Abweichung von der zur Gewohnheit gewordenen Alltagssprache definierte (↗ Literarizität). Dieser werkimmanenten P. liegt die Auffassung vom Kunstwerk als einem autonomen sprachlichen Zeichengebilde zugrunde, das weder als Ausdruck der Persönlichkeit des Autors

noch als Abbild einer außersprachlichen Wirklichkeit zu verstehen ist. Sinnüberschreitung auf der Produktionsseite und verfremdender Normbruch auf der Rezeptionsseite bilden den Hauptinhalt der nach dem Kontrastprinzip ermittelten Poetizität. In den späten 30er Jahren erfolgte eine Erweiterung dieser Konzeption durch ein kontextualistisches Beschreibungsmodell, das die Organisation von textimmanenten Strukturen als Funktion von außersprachlichen Bezugswirklichkeiten und Poetizität auf der Grundlage einer poetischen ↗ Semantik interpretiert. Seit den 60er Jahren ist die ↗ Semiotik um eine Weiterentwicklung der strukturalistischen P. bemüht, indem sie Lit. als eine gesellschaftliche Institution versteht, in deren ↗ Zeichensystemen sich vielfältige historische Widersprüche manifestieren. Der ↗ *New Historicism* hat seit den 80er Jahren einer P. der Kultur den Weg geebnet, die den literar. Text aus seiner ästhetischen Isolation genommen und auf das sozialgeschichtliche Spannungsfeld seiner Zeit hin geöffnet hat. Ausgehend von einem textualisierten Wirklichkeitsbegriff wird Lit. nicht als Nachahmung oder Abbild einer vorgegebenen Wirklichkeit, sondern als Teil einer sozialen Praxis verstanden, die sich in ihrer Kulturproduktion immer wieder herstellt. Folglich ist Lit. eingebunden in einen materiellen Gesamtzusammenhang kultureller Selbstartikulation, in dem stets konkrete Machtinteressen wirksam sind. Im Zentrum dieser neu-historischen P. steht das Problem, wie Lit. zum kulturellen Inszenierungsfeld für charakteristische Muster der politischen Machtstrukturen ihrer Zeit wird. Wenngleich hier sinnvolle Ansätze einer historisch und kulturell kontextualisierten P. formuliert sind, so trägt sie der Spezifik der Lit. nur ungenügend Rechnung.

Lit.: J. Körner: *Einf. in die P.*, FfM. 1964 [1949]. – W. Höllerer: *Dokumente zur P.*, Reinbek 1965. – H. Wiegmann: *Geschichte der P.*, Stgt. 1977. – ders.: »P.«. In: Ricklefs 1996. S. 1504–1537. – A. Meier: »P.«. In: Arnold/Detering 1997 [1996]. S. 205–218.

StL

Poetische Funktion ↗ Funktion, ästhetische/poetische

Poetische Kompetenz ↗ Kompetenz, literarische/poetische

Poiesis (gr. ›herstellendes Tun‹), seit ↗ Aristoteles verwendeter Begriff für die welterzeugende Tätigkeit der dichterischen Einbildungskraft. – Die P. betont gegenüber der in der ↗ Mimesis herausgestellten Nachahmung einer außerliterar. Wirklichkeit den Charakter des literar. Werks als Hervorbringung einer dem handwerklichen Können und der Imagination des Künstlers entsprungenen Eigenwelt der Dichtung, die zwar Analogien zur realen Erfahrungswelt aufweist, aber diese zugleich überschreitet und ihr, als fiktionale Gegenwelt, den Spiegel ihrer unrealisierten Möglichkeiten vorhält. Nach H.R. ↗ Jauß benennt P. den produktiven Aspekt der ästhetischen ↗ Erfahrung, die nicht nur der Außenwelt ihre ›spröde Fremdheit‹ (Hegel) nimmt, indem sie sie in eine selbstgeschaffene Welt verwandelt, sondern die in eins damit auch die Strukturen menschlicher Kreativität als solche erkundet und zur Darstellung bringt. – Die P. wurde v. a. in solchen Epochen und Stilrichtungen gegenüber der Mimesis aufgewertet, die die Selbständigkeit und den Vorrang der künstlerischen Imagination betonen (v. a. ↗ Romantik, ↗ Moderne, ↗ Postmoderne). In den semiotisch und konstruktivistisch ausgerichteten neueren Lit.- und Kulturtheorien hat P. im allg. Sinn produktiver Hervorbringung statt realistischer Nachbildung von Wirklichkeit Bedeutung gewonnen, etwa im Begriff ›poietischen Könnens‹, den J. Mittelstraß als Schlüsselbegriff für den schaffenden, neue Möglichkeiten hervorbringenden Geist der Neuzeit ansetzt, oder in der ↗ ›Autopoiesis‹ als Eigenschaft sich selbst erzeugender und reproduzierender biologischer, kultureller und textueller Systeme in der ↗ Systemtheorie, oder auch in der ›kulturellen Poetik‹ des ↗ New Historicism, die den welterzeugenden Charakter symbolischer Formen von der Lit. auf die gesamte Kulturwelt ausweitet.

Lit.: Aristoteles: *Poetik* (Hg. M. Fuhrmann), Stgt. 1993. – Jauß 1991 [1977].

HZ

Point of view ↗ Erzählsituation; ↗ Fokalisierung

Polyfunktionalität der Sprache, ↗ Zeichen und Zeichensysteme entsprechen der polysensorischen Ausstattung des Menschen, der sogar mit einem Organ wie dem Ohr gleichzeitig zwei Typen von Wahrnehmung verarbeitet (Geräusche, Musik, Intonation gegenüber der analytischen Sp.; ↗ Kommunikation, analoge und digitale). Sprach- und andere Zeichen funktionieren meist gleichzeitig in verschiedener Hinsicht. Die Aussage ›Guten Morgen‹ eröffnet das Gespräch und indiziert mit dem Tonfall Befindlichkeit. Seit R. ↗ Jakobson (1960) wird untersucht, wie Zeichen gleichzeitig und in der Abfolge vielfältig

wirksam sein können und zwar durch die Lenkung der ›Einstellung‹ des Adressaten auf eine Konstituente der Kommunikation: (a) auf die phatische Kontaktaufnahme bzw. ihre Aufrechterhaltung durch die Kommunikanten (wie Blicke, Gesten, Annäherung oder der Aufmachung von Texten, Paratextualität [↗ Paratext] im Sinne G. ↗ Genettes), (b) auf die emotive Indizierung der Bedingungen des Sprechers bzw. Autors, (c) auf die appellative Ausrichtung auf den Adressaten, (d) auf die metasprachliche bzw -semiotische Information über den oder die gebrauchten ↗ Codes, (e) auf den referentiellen Verweis (↗ Referenz) auf eine Welt(-vorstellung) und v. a. (f) als poetischer Selbstverweis des Zeichens auf seine Körperlichkeit oder ›Mache‹ (↗ Funktion, ästhetische). Die fünf restlichen Funktionen können durch die poetische in ihrer kommunikativen Wirksamkeit gesteigert werden, weil das ästhetisch bedingte Verweilen beim Zeichenkörper und -prozeß das zeichenverarbeitende Bewußtsein dynamisiert. Auf diese Weise werden gleichzeitig verschiedene Vermögen des Menschen aktiviert und die ökonomischen Verwendungsformen des Zeichens bzw. Textes extrem steigerbar; daher die These von der Kunst als ökonomischste und konzentrierteste Form der Informationsspeicherung und -übermittlung (vgl. J. ↗ Mukařovský 1967 und 1970; J. ↗ Lotman 1972; Holenstein 1979; Kloepfer 1998) und die Quasi-Notwendigkeit, künstlerische Verfahren für effiziente Medienkommunikation zu nutzen (vgl. Kloepfer/ Landbeck 1991). Monofunktionalität wie in strenger Wissenschaft (Referenzialität), beim Militär (appellativ Befehle) oder in *L'art pour l'art* (↗ Ästhetizismus) angestrebt gibt es nur annäherungsweise und als Ausnahme. Die poetische/ästhetische Funktion mit ihrer Folge (gesteigerte P.) ermöglicht die Selbsterfahrung der eigenen, durch Lernen gesteigerten Befähigung, was die wichtigste Grundlage für Genuß ist. Da jeder Funktion auch ein Geltungsanspruch zugeordnet werden kann (a. Gleichheit/Kontakt, b. Wahrhaftigkeit/Aufrichtigkeit, c. Richtigkeit/ Normativität, d. Verständlichkeit/Klarheit, e. Wahrheit/Adäquatheit und f. Schönheit/Wohlgefälligkeit), ergibt sich, daß Texte, insbes. literar. bzw. künstlerische, je nach ↗ Kompetenz des Adressaten immanent (↗ Polyvalenz) und v. a. im Wandel der kulturhistorischen Bedingungen unterschiedlich hierarchisch gegliedert und als unterschiedliche Wirkangebote erscheinen. Ein weiterer Aspekt der sprachlichen P. beruht auf der Nutzung unterschiedlicher Zeichentypen je nach Funktion (↗ Kommunikation, analog und digital). Die Informationen über die Bedingungen der Kommunikanten (a.-c.) und oft auch die über den Codegebauch (d.) werden im Alltag analog/ikonisch oder indiziell gegeben; dies gilt auch für alle Entwicklungen der Prosodie in der Versifizierung sowie für rhetorisch bzw. poetisch gebrauchte ›Figuren‹ oder ›Wendungen‹ (↗ Tropen), welche zusätzliche Äquivalenzen schaffen und, wie elementare Gesten, Angebote sind, sich entsprechend zu verhalten: Etwas auf Gleichheit oder Verschiedenheit abtastend (Reim), etwas verkehrend (↗ Ironie), etwas auffüllend (Ellipse), verkleinernd (Hyperbel) oder Wissen übertragend (↗ Metapher). Referenzielle oder appellative Nützlichkeit (*prodesse* bei ↗ Horaz) bedarf im Kleinen und Großen der (Gemüts-) Bewegung (*movere*) und der genußvollen Selbsterfahrung oder gar Eigenleistung (*delectare*), um längerfristig wirkungsvoll zu sein durch Einnistung im Gedächtnis (vgl. Weinrich 1988).

Lit.: J. Mukařovský: *Kap. aus der Poetik*, FfM. 1967. – ders.: *K. aus der Ästhetik*, FfM. 1982 [1970]. – Ju. Lotman: *Die Struktur literar. Texte*, Mchn. 1993 [1972]. – R. Jakobson: »Linguistik und Poetik (1960)«. In: ders.: *Poetik* (Hg. E. Holenstein), FfM. 1993 [1979]. S. 83–121. – E. Holenstein: »Einl.: Von der Poesie und der Plurifunktionalität der Sp.«. In: R. Jakobson: *Poetik* (Hg. E. Holenstein), FfM. 1993 [1979]. S. 7–60. – H. Weinrich: »Über Sp., Leib und Gedächtnis«. In: H.U. Gumbrecht/K.L. Pfeiffer (Hgg.): *Materialität der Kommunikation*, FfM. 1995 [1988]. S. 80–93. – R. Kloepfer/H. Landbeck: *Ästhetik der Werbung*, FfM. 1991. – R. Kloepfer: *Sympraxis. Ko-Autorschaft in Lit. und Film*, Dresden 1998.

RK

Polyphonie ↗ Dialogizität

Polysemie (gr. *polýs*: viel; gr. *sēma*: Zeichen), auch als Multisemie bzw. Äquivokation bekanntes Phänomen der ↗ Semantik zur Bezeichnung der Mehrdeutigkeit von Wörtern, nach der ein ↗ Signifikant mehrere Signifikate besitzen kann. – Die nach jüngeren Theorien nur unter diachroner Perspektive (↗ Diachron und Diachronie) von Homonymie (phonetische Identität bei etymologischer Diversität) unterscheidbare P. (phonetische und etymologische Identität) ist als semantische Universalie eine zentrale Qualität lexikalischer Einheiten und ein struktureller Grundzug der *langue* (↗ *langue* und *parole*). P. belegt, daß ↗ Bedeutung von Lexemen ein komplexes Gebilde, d. h. eine Komposition aus mehreren Teilbedeutungen (Semen) darstellt, die zumindest partiell identische Referenzbereiche besitzen müssen, deren korrekte Auswahl ein we-

sentlicher Baustein linguistischer Kompetenz ist (↗ Performanz und Kompetenz): Erst die vom ↗ Kontext bzw. der ↗ Aktualisierung des Zeichens abhängige Monosemierung (vgl. A.J. ↗ Greimas), d.h. die im Gebrauch (d.h. *parole*) jeweils relevante Disambiguierung polysemer Wörter durch Zuweisung einer eindeutigen ↗ Referenz ermöglicht sprachliche ↗ Kommunikation. P. ist die wichtigste Ausnahmeerscheinung vom in der Regel zeichenkonstitutiven Charakter natürlicher Sprachen, nach dem jeder Inhaltseinheit genau eine Ausdruckseinheit entspricht und umgekehrt. – Die ↗ Stilistik hat bisweilen die intendierte Okkurrenz und Rekurrenz von P. in literar. Texten, d.h. die simultane Präsenz von ↗ Konnotationen neben der ↗ Denotation eines Lexems, als ein konstitutives Merkmal von ↗ Literarizität gewertet. Poetische Mittel wie sprachliche ↗ Ironie, ↗ Metapher, ↗ Metonymie und ↗ Synekdoche beruhen zwar oft auf dem durch die P. erreichten Effekt der ↗ Ambiguität, dies gilt jedoch ebenso für die Sprache des Witzes und der Werbung. Auch das Verfahren der ↗ Dekonstruktion stützt sich auf die These irreduzibler P. in literar. Werken.

Lit.: N. Fries: *Ambiguität und Vagheit. Einf. und kommentierte Bibliographie*, Tüb. 1980. – S. Wichter: *Signifikantgleiche Zeichen*, Tüb. 1988.

GN

Polysystem Theory ↗ Systemtheorie

Polyvalenz (gr. *polýs*: viel; lat. *valere*: gelten), Bezeichnung für die literar. Texten zugeschriebene Mehrwertigkeit bzw. Mehrdeutigkeit; zu den Eigenschaften, die literar. Texten immer wieder zugeordnet worden sind, gehört die Fähigkeit, hinsichtlich ganz unterschiedlicher Textelemente beim Rezipienten Kohärenz und eine positive Einstellung zu erzeugen. Formale Eigenschaften der Textstruktur wie Reim, Metrum und Syntax gehören ebenso dazu wie semantische Einheiten, z.B. Wortwahl und ↗ Metaphern. Rezipienten können auf der Basis ihrer Erfahrungen, Interessen, Emotionen, sprachlichen Strukturierungsfähigkeiten usw. bei der Herstellung literar. Bedeutung dem Text ein für sie als optimal empfundenes Maß an kohärenten Strukturen zuschreiben und damit ein kohärentes, subjektiv optimal befriedigendes Rezeptionsresultat erzielen. Lit.-Produzenten gehen auf solche Erwartungen ein, indem sie komplexere Textstrukturierungsverfahren verwenden, die dem Leser auf verschiedenen Ebenen kohärente Strukturen, neue Sinnbezüge und emotionale

Besetzungen erlauben. – Derart ausgestattete Texte wurden von S.J. ↗ Schmidt 1974 unter dem Konzept der Polyfunktionalität diskutiert. Als Gegenbegriff zur P. fungiert der Begriff der Monovalenz, der in nicht-literar. Kommunikation prägend ist. Eindeutigkeit, Klarheit, Bestimmtheit werden von umgangssprachlichen und meist auch von wissenschaftlichen Texten erwartet. Sprachliche Überstrukturierungen gelten eher als dysfunktional. P. dagegen verbindet sich mit der ästhetisch positiv bewerteten Möglichkeit, daß verschiedene Rezipienten synchron oder ein und derselbe Leser synchron und diachron zu unterschiedlichen, aber jeweils kohärenten und subjektiv relevanten Rezeptionsresultaten kommen können. (↗ Konvention/P.-Konvention).

Lit.: S.J. Schmidt: *Elemente einer Textpoetik*, Mchn. 1974. – ders. 1991 [1980]. – ders.: *Die Selbstorganisation des Sozialsystems Lit. im 18. Jh.*, FfM. 1989. – L. Kramaschki: »Anmerkungen zur Ästhetik- und P.diskussion der empirischen Theorie der Lit.«. In: *SPIEL* 10.2 (1991) S. 207–233. – N. Groeben/M. Schreier: »The Hypothesis of the Polyvalence Convention. A Systemic Survey of the Research Development from a Historical Perspective«. In: *Poetics* 21 (1992) S. 5–32.
ÄB

Polyvalenz-Konvention ↗ Konvention/Ästhetik-Konvention/Polyvalenz-Konvention

Populärkultur, der Begriff ›P.‹ (engl. *popular culture*) umfaßt die sich überschneidenden Räume der Volkskultur, der Massenkultur und der ↗ Subkulturen, wobei je nach Definition der Aspekt der aktiv zugreifenden Alltagspraxen oder der Aspekt der gleichschaltenden Konsumtion betont wird. – Die Konzeptionsgeschichte der P. ist engstens mit der der Hochkultur verwebt, zu der P. seit dem 19. Jh. den meist wertend verwendeten Gegenbegriff darstellt. Die Abgrenzung eines privilegierten Raums der Hochkultur (Theater, klassische Lit., klassische Musik) gegenüber der P. (Vaudeville/Kabarett, Trivialit., Populärmusik) vollzieht sich im engl.-sprachigen Raum im Laufe des 19. Jh. im Zuge sozialer und ethnischer Ausdifferenzierungen. Die Fähigkeit, zwischen ›wahrer Kunst‹ und ↗ ›Kitsch‹ oder ›Schund‹ zu unterscheiden, wird damit nicht als erlernte und sozial bedingte Kompetenz begriffen, sondern zur natürlichen Begabung stilisiert, so daß sich die Trennlinie zwischen Hochkultur und P. gleichermaßen ›naturalisiert‹ und ideologisch verfestigt. Die Unterscheidungskompetenz selbst wird mithin zum ›kulturellen Kapital‹ im Sinne P. ↗ Bourdieus.

Die Skepsis gegenüber P. als oberflächlichem Massenvergnügen am. Ursprungs erreichte im berühmten Manifest zur kapitalistischen ↗ Kulturindustrie der aus dem faschistischen Deutschland emigrierten marxistischen Kritiker M. ↗ Horkheimer und Th. W. ↗ Adorno 1944 ihren Höhepunkt. Die Autoren konfrontieren eine triviale (amerikanische) Massenkultur einer im Untergang begriffenen (europ.) Volkskultur und kommen zu dem Schluß, daß die pervertierende und gleichschaltende Wirkung Hollywoods, der Medien und populärer Musik allein über eine intellektuelle Hochkultur zu bewältigen sei. – Die brit. ↗ *Cultural Studies* in der Folge von R. ↗ Hoggart, R. ↗ Williams und E.P. Thompson versuchten diesem elitären Kulturverständnis eine positivere Vorstellung von P. als Volks- und Massenkultur gegenüberzustellen, die die Rezipienten als aktiv teilnehmende Kommunikationspartner eher denn als willenlos den ↗ Massenmedien ausgelieferte Opfer begreifen läßt. Der Kulturtheoretiker St. ↗ Hall verwies dann in seinem zentralen Aufsatz »Encoding, decoding« auf das ungleichmäßige Verhältnis von Produktion und Rezeption und auf die prinzipielle Möglichkeit der Rezipienten, die vorgefertigten Phrasen der Kulturindustrie ↗ gegen den Strich zu lesen, kritisch zu kommentieren oder zu ignorieren und so durch das Rezeptionsverhalten die dominanten Bilder neu zu interpretieren oder die Produktion zu beeinflussen. Dieser Ansatz wurde durch den am. Medienwissenschaftler J. Fiske noch radikalisiert, der P. als allg. Rezeptionspraxis begreift, die sich der gleichschaltenden Maschinerie der kommerziellen Massenkultur grundsätzlich widersetzt. Fiskes sehr optimistische Vision einer umfassend subversiven P. wurde in jüngeren *Cultural Studies*-Arbeiten etwa von M. Morris oder L. Grossberg wiederum skeptisch angegangen, die auf die gegenseitige Durchdringung von P. einerseits und Konsum- und Massenkultur andererseits hinwiesen und somit kulturelle Austauschprozesse als immer auch kommerzielle und ideologische Aneignungsstrategien präsentierten. Bei aller Skepsis wird P. aber dennoch auch von diesen Kritikern als eine kulturelle Sphäre verstanden, die aufgrund ihrer Flexibilität und Dynamik gerade gesellschaftlich marginalisierten Gruppen Ausdrucks- und Repräsentationsmöglichkeiten bietet und damit das Verständnis von kultureller Identität wesentlich und konstruktiv prägt.

Lit.: St. Hall: »Encoding, decoding«. In: ders. et al. (Hgg.): *Culture, Media, Language*, Ldn. 1987 [1980].

S. 128–140. – W. Brückner: »*Popular Culture*. Konstrukt, Interpretament, Realität«. In: *Ethnologia Europaea* 14 (1984) S. 14–24. – L. W. Levine: *Highbrow/Lowbrow*, Cambridge, Mass. 1988. – J. Fiske: *Understanding Popular Culture*, Boston 1989. – A. Ross: *No Respect. Intellectuals and Popular Culture*, N. Y. 1989. – J. Fiske: »Popular Culture«. In: Lentricchia/McLaughlin 1995 [1990]. S. 321–335. – L. Grossberg: *We gotta get out of this place*, N. Y. 1992. – T. Holert/M. Terkessidis (Hgg.): *Mainstream der Minderheiten*, Bln. 1996.

RM

Positivismus, für den heute üblichen Gebrauch des Begriffs ›P.‹ in der Lit.wissenschaft ist eine auffällige Ambivalenz charakteristisch. Dient er zum einen zur Bezeichnung eines bestimmten historischen Paradigmas innerhalb der Geschichte der Wissenschaft im allg. wie der Philologie im bes., so wird dieser Begriff ebenso zur wertenden, wo nicht polemischen Kennzeichnung aktueller Tendenzen des Fachs benutzt. Als positivistisch in diesem Sinne gelten gemeinhin eine theoriekritische bzw. -feindliche Haltung, die Beschränkung auf das Sammeln bloßer Fakten oder der Verzicht auf methodische Reflexion. Diese wertende Verwendung des Terminus ›P.‹ läßt sich als eine spezifische Reduktion des historischen Programms positivistischer Wissenschaft beschreiben, der indes ein Theoriedefizit mitnichten anzulasten ist. Vielmehr tritt der P. im 19. Jh. mit einer sehr reflektierten Methodologie in Erscheinung. – Maßgeblich für die Begründung des Konzepts einer positivistischen Wissenschaft ist das Werk von A. Comte (1798–1857) geworden. Wesentliche Positionen sind in seiner Abhandlung über die Philosophie des P. formuliert, die in den Jahren 1830–1844 entstanden ist. Grundlegend für das Programm des P. ist zunächst die kritische Wendung gegen Theologie und Metaphysik. Zugleich ist es symptomatisch für ein Werk des 19. Jh.s, daß diese von Comte abgelehnten Erkenntnisformen zum anderen als unvermeidliche Phasen eines historischen Prozesses verstanden sind, als dessen letztes Stadium sich der *état positif* einstellt. Als kennzeichnend für den *état théologique* wird eine Erkenntnis bestimmt, die auf die innere Natur der Dinge zielt. Das Interesse richtet sich zugleich auf die Einsicht in die ersten Ursachen und die letzten Ziele. Erkenntnis meint hier absolute Erkenntnis. Der wesentliche Unterschied des *état métaphysique* gegenüber dem *état théologique* besteht im Ersatz des Glaubens an übernatürliche Mächte, welche die Welt regieren, durch die Annahme von abstrakten Prinzipien, die der Wirklichkeit innewohnen. Erst der *état positif* bricht mit diesen Vorstellungen. Nun zielt die Erkenntnis nicht mehr auf die innere Natur der Dinge, sie versucht vielmehr die Gesetze der Erscheinungen zu ermitteln. Zu diesem Zweck setzt sie die Beobachtung wie die Vernunft ein. Als Gegenstand wissenschaftlicher Erkenntnis können deshalb nur beobachtbare Phänomene gelten. Gerade die Bestimmung von Gesetzen als dem eigentlichen Erkenntnisziel der Wissenschaft zeigt, wie verkürzend gegenüber dem historischen Programm des P. der mit dem Begriff gern verbundene polemische Vorwurf einer bloßen Beschränkung auf das Sammeln einzelner Wissenstatbestände ist. Comte begreift gerade die Rekonstruktion von Zusammenhängen, die als Gesetzmäßigkeiten zu formulieren sind, als die Aufgabe aller Wissenschaft. Dieses unverkennbar an den Naturwissenschaften orientierte Programm hat Comte ebenso als verbindlich für die Untersuchung gesellschaftlicher Phänomene erklärt, und damit ist er zu einem Begründer der Soziologie geworden. Noch einmal erscheint es für eine Methodologie des 19. Jh.s typisch, daß die Erklärung sozialer Tatbestände jeweils als eine Rückführung auf einen früheren Zustand verstanden wird. Gesetzmäßigkeiten meinen hier also zeitliche Regelmäßigkeiten. Die Festlegung der Soziologie auf ein an den Naturwissenschaften orientiertes Wissenschaftsmodell aber schließt eine grundsätzliche methodologische Unterscheidung zwischen Geistes- und Naturwissenschaften, wie sie etwa W. ↗ Dilthey formulieren sollte, aus. – Auch für die Lit.wissenschaft mußte das positivistische Paradigma die Aufgabe bedeuten, literar. Texte aus den sie bedingenden Faktoren herzuleiten. Als einer der Wegbereiter des lit.wissenschaftlichen P. kann deshalb H. Taine (1828–1893) gelten. In der Einleitung zu seiner 1863 erschienenen Geschichte der engl. Lit. hat er drei Bestimmungsfaktoren für die Entstehung jedes Werks definiert: die Rasse, das Milieu und den Moment. Determinierende Phänomene sind also die biologische wie die soziale Prägung des Schriftstellers. Konzeptuell unschärfer erscheint demgegenüber die Kategorie des Moments, die letztlich die Kontingenz historischer Prozesse als Determinante von Lit. beschreibt. W. Scherer (1841–1886), einer der bedeutendsten Repräsentanten des lit.wissenschaftlichen P. in Deutschland, hat, in Anlehnung an Taine, die Trias des Erlebten, Ererbten, Erlernten als maßgeblich für die Erkenntnis des literar. Werks bestimmt. Nicht untypisch für eine in Deutschland formulierte Theorie, sind die Bestimmungsfaktoren der Lit. hier als subjektspezifische verstanden: Die äußeren Voraussetzungen sind bereits in der Form ihrer Aneignung eingeführt. – Scherers Unterscheidung der drei Determinanten des poetischen Werks deutet bereits auf die beiden wohl maßgeblichsten Erscheinungsformen, in denen das positivistische Programm in der Lit.wissenschaft Gestalt gewonnen hat: auf den ↗ Biographismus und die ↗ Quellenforschung. Daß sich ein literar. Text angemessen nur dann verstehen läßt, wenn man ihn aus der Biographie seines Autors erklärt, ist eine bis weit in unser Jh. gültige und noch heute verschiedentlich vertretene Position geblieben. Sie gründet auf der Formel eines unmittelbaren Bedingungsverhältnisses zwischen Leben und Werk eines Schriftstellers, und sie erscheint zugleich als eine positivistische Konkretisation der romantischen Ausdrucksästhetik. Die Rekonstruktion der Biographie und die Herstellung von Parallelen zwischen Begebenheiten im Leben des Autors und in den Geschichten seiner Werke bildet deshalb eines der beliebtesten Verfahren zur wissenschaftlichen Erklärung literar. Texte, gilt doch der Aufweis entsprechender Gemeinsamkeiten immer schon als eine Entdeckung eines ursächlichen Zusammenhangs. Lassen sich solchermaßen literar. Texte für die positivistische Wissenschaft zum einen kausal aus der Vita ihres Autors ableiten, so werden sie in analoger Weise auch durch den Aufweis von Gemeinsamkeiten mit früheren Texten erklärt. Auch in diesem Fall gilt die Feststellung einer Gemeinsamkeit als die Aufdeckung eines ursächlichen Zusammenhangs; der ältere Text hat deshalb als eine Quelle des späteren zu gelten. Zumal auf diesem Gebiet hat die positivistische Lit.wissenschaft mit ihren umfänglich kommentierten Ausgaben bis heute unverzichtbare Instrumente bereitgestellt. Deren fortwährende Nützlichkeit bleibt erhalten, obwohl sich die methodologischen Voraussetzungen wesentlich verändert haben. V.a. die sog. ↗ Intertextualitätstheorie hat die Annahme eines kausalen Zusammenhangs zwischen einem Text und seiner ›Quelle‹ grundsätzlich in Zweifel gezogen. Sie hat das Verhältnis zwischen beiden Texten statt dessen als eine semiotische Differenz bestimmt, die wesentlich zur Bedeutungskonstitution eines Textes beiträgt, statt seine Entstehung durch eine kausale Reduktion erklären zu können. Ungeachtet dieser Distanzierung von den methodischen Prämissen bleibt das von der positivistischen Editionsphilologie bereitgestellte Material ein nach wie vor sehr wertvolles Hilfsmittel zur Textinterpretation. – Auch der Prozeß des Verstehens selbst ist von der positivistischen Lit.-wissenschaft auf einen Kausalzusammenhang zurückgeführt worden. So gilt ein Text dann als angemessen verstanden, wenn er im Leser dieselben Vorstellungsassoziationen auslöst, die der Autor dieses Texts bei seinen Lesern hat hervorrufen wollen. Nicht zuletzt eine solche psychologistische Rekonstruktion des Textverstehens deutet an, welche Paradigmen den P. in der Lit.wissenschaft abgelöst haben. Aus durchaus unterschiedlichen Voraussetzungen haben v.a. ↗ Hermeneutik und ↗ Semiotik die Möglichkeit einer Reduktion des poetischen Werks auf die kausalen Prozesse seiner Entstehung in Frage gestellt. Ihre jeweils unterschiedlich begründete Gegenposition begreift den poetischen Text statt dessen primär als eine semantische Ordnung, deren Sinn sich ebenso aus den Beziehungen zwischen ihren Elementen wie aus der Beziehung des Texts zu anderen Texten bzw. außersprachlichen Sinnträgern ergibt.

Lit.: A. Comte: *Cours de philosophie positive*, Paris 1989 [1830–44] (dt. *Die Soziologie. Die Positive Philosophie im Auszug*, Stgt. 1974). – K. Popper: *Logik der Forschung*, Tüb. 1994 [1934]. – Wellek, Bd. 4, 1966. – J. Hauff et al. (Hgg.): *Methodendiskussion. Arbeitsbuch zur Lit.wissenschaft*, Bd. 1, *P., Formalismus, Strukturalismus*, FfM. 1991 [1971].

AK

Posthistoire (frz. ›Nach-Geschichte‹), der von A. Gehlen 1962 dem frz. Philosophen und Mathematiker A.A. Cournot zugeschriebene Begriff ist neben ›post-human‹ die umfassendste Variante zeitgenössischer ›Post-‹Präfixe. Bei Cournot herrschte Mitte des 19. Jh.s in Weiterentwicklung von I. Kants aufklärerischem Vernunftbegriff noch die Hoffnung auf eine frühpositivistische Überwindung der geschichtlichen Wirrnis im Aufstieg des Bürgertums vor. – Wiederentdeckt wurde die These vom Verschwinden der Geschichte v.a. seit den 70er Jahren des 20. Jh.s, wo sie ein Windschattendasein zwar häufiger, aber beiläufiger Erwähnung fristete, nun im Zusammenhang mit postrationalistischen Ideen geschichtlicher ↗ Narrativität (H. ↗ White), postmarxistischer Enttäuschung klassenbestimmter Geschichtsdynamik, postnuklearer Dauerapokalypse und ahistorischen Sichtweisen bes. des am. ↗ Poststrukturalismus. Nach dem Ende des kalten Krieges und der Systemkonfrontation entspann sich dann um die Thesen F. Fukuyamas eine breitenwirksamere politische Debatte um das *P.*, die zuletzt in die Auseinandersetzung um den Kampf der Kulturen mündete. – Im Zentrum geschichtsphilosophischer Fragestellungen nach Sinnhaftigkeit, Fortschritt und Determinismus in historischem Geschehen werden posthistorische Entwürfe auf G. W. F. ↗ Hegel zurückgeführt, der angesichts Napoleons zu Pferde während der Schlacht von Jena in diesem die Weltseele erkannt hatte, die Auflösung von Herr- und Knecht-Antagonismen im Bürger-Soldaten konstatierte und später in Europa ein vernunftbestimmtes Ende der Geschichte sah, den Triumph des Weltgeistes. Bes. A. Kojève reklamierte und aktualisierte Hegel für seine Version des Geschichtsendes, nämlich die Befriedigung der menschlichen Begierde bis 1943 im universalen und homogenen Staat des Stalinismus und ab 1945 in der europ. Integration und der Klassenlosigkeit des Kapitalismus. – Trotz der Abkehr von Cournots Progressionsautomatismen ist der Begriff auch bei Gehlen und anderen zeitgenössischen Versionen des *P.* abhängig von Prozessen der Verbürgerlichung, der verbreiterten Allg.bildung, der Entrevolutionierung der Welt. Gehlen sieht die Ereignisse überraschungslos und die Ideologien analog zu den Weltreligionen erstarrt, ›kulturell kristallisiert‹. Für N. O. Brown ist es die Neurose, J. Rifkin die ↗ Entropie, E. P. Thompson der Exterminismus, M. Serres die Thanatokratie, J. Ellul die Technokratie, L. Mumford die Mega-Maschine, J. ↗ Baudrillard die Prozession der Simulakra (↗ Simulakrum), V. Flusser die Photographie und F. R. ↗ Jameson die perpetuierte Gegenwart, in der sich die Geschichte auflöst: letztlich in beschleunigten Varianten des Immergleichen. F. Fukuyama belebte dagegen mit Hegel die teleologische und optimistische Version des Geschichtsendes, das er im tendenziell universellen Sieg des liberalen und demokratischen Staates erblickt, und rief damit heftige Kritik und Gegenentwürfe hervor (z. B. P. Andersons Vision einer sozialökologischen Umstrukturierung). – Es erscheint folgerichtig, daß die geschichtstheoretische Diskussion zuletzt die Frontlinien neu gezogen hat, die nicht mehr in der Kategorie des Staates, sondern zwischen lokalen Kulturen und globalen Zivilisationen verlaufen (S. P. Huntington). Zudem wird der ewigen Gegenwart des elitären Medienzynismus eine neue Erinnerungskultur und eine Renaissance geschichtlichen Bewußtseins entgegengesetzt (V. Sobchack; vgl. auch Tendenzen im ↗ *New Historicism*) und die Universalität des *P.*-Denkens mit

postmoderner Fragmentierung und Pluralität kontrastiert.

Lit.: D. Attridge et al. (Hgg.): *Post-structuralism and the Question of History*, Cambridge 1987. – L. Niethammer: *P.*, Reinbek 1989. – F. Fukuyama: *Das Ende der Geschichte*, Mchn. 1992. – P. Anderson: *Zum Ende der Geschichte*, Bln. 1993. – M. Meyer: *Ende der Geschichte?*, Mchn. 1993. – T. Diehl/C. Feller (Hgg.): *Das Ende der Geschichte?!*, Gießen 1994. – C. Conrad/M. Kessel (Hgg.): *Geschichte schreiben in der Postmoderne*, Stgt. 1994. – J. Lukacs: *Die Geschichte geht weiter*, Mchn. 1996 [1994]. – R. Rotermundt: *Jedes Ende ist ein Anfang. Auffassungen vom Ende der Geschichte*, Darmstadt 1994. – V. Sobchack (Hg.): *The Persistence of History*, N.Y./Ldn. 1996.

EVV

Postkoloniale Literaturtheorie und -kritik, Theorie und Kritik, die aus Ansätzen des ↗ Postkolonialismus heraus die vom ↗ Kolonialismus beeinflußten bzw. sich von ihm absetzenden Literaturen zum Gegenstand hat. Die Theorie wurde v. a. von E. W. ↗ Said, G. Ch. ↗ Spivak und H. K. ↗ Bhabha, Lit.wissenschaftlern aus der ›Dritten Welt‹, in den USA und England seit den späten 70er Jahren entwickelt, wobei der frz. ↗ Poststrukturalismus entscheidende Anstöße gab und auch einige Affinitäten zu ↗ Postmoderne/Postmodernismus bestehen. Die Kritik hat wesentlich früher eingesetzt, ist breiter angelegt und ungleich produktiver, bleibt häufig aber traditionellen Interpretationsmethoden verhaftet. Auch wo sie nicht theoretisch reflektiert erscheint, nähert sich die Kritik allerdings wie die Theorie in der kontextbewußten Lit.analyse kulturhistorischen Betrachtungsweisen. Im weitesten Sinne ist die (von der Theorie auch zunehmend beeinflußte) Kritik definierbar als » a set of reading practices ... preoccupied principally with analysis of cultural forms which mediate, challenge or reflect upon the relations of domination and subordination – economic, cultural and political – between (and often within) nations, races and cultures, which characteristically have their roots in the history of modern European colonialism and ... continue to be apparent in the present era of postcolonialism« (Moore-Gilbert 1997, S. 12). Schon vor F. ↗ Fanon gab es eine Reihe lit.- und kulturkritischer Autoren von W. E. B. Du Bois über C. L. R. James bis zu A. Césaire, die sich mit solchen Fragestellungen beschäftigten, aber auf breiterer Basis setzte die Kritik erst im Gefolge der Entstehung oder Erneuerung der Literaturen der aus den Kolonien hervorgegangenen Nationen in den 60er Jahren ein. In der engl.sprachigen Welt begann man sich den Literaturen des Commonwealth zu widmen und zeigte retrospektiv ein verstärktes Interesse an der Lit. engl. Autoren über die (ehemaligen) Kolonien. Die Studien zur ›Commonwealth-Lit.‹, wie die anglophonen Literaturen Kanadas, der Karibik, West-, Ost- und Südafrikas, Indiens und Südostasiens, Australiens und Neuseelands lange bezeichnet wurden, waren, abgesehen von der ungenauen Bezeichnung für eine (schon durch die wechselnde Mitgliedschaft der einzelnen Länder) kaum zutreffende Einheit, durch die Vorstellung von den Verzweigungen der engl. Lit. beeinträchtigt, die das Mutterland angelsächs. Kultur letztlich zum Maßstab machten. Erst durch den Theorieschub der 80er Jahre wurde der Blick für die postkoloniale Problematik geschärft, die man mit Begriffen wie ↗ *Orientalism*, ↗ Alterität, Subalternität, ↗ Hybridität, Mimikry oder Zentrum/Peripherie zu erfassen suchte. – Die bekannteste Schrift zur postkolonialen Lit.theorie, die v.a. das Verhältnis zur literar. Praxis beleuchtet, ist das Gemeinschaftswerk *The Empire Writes Back* (1989) der Australier B. Ashcroft, G. Griffiths und H. Tiffin. Es bietet einen Forschungsbericht zur Theoriebildung, der auch die poetologischen Konzepte der Autoren einschließt, und eine komparatistische Synopse der Schreibansätze und Strategien in den Literaturen, die nach einem eigenen Modell als Ausdruck eines Dezentralisierungsprozesses gesehen werden. In der subversiven Verweigerung des imperialen Diskurses (*abrogation*) und der Aneignung eines indigenen Diskurses (*appropriation*) entsteht eine dialektisch dynamische Hybridität, die in der fortwährenden Auseinandersetzung mit der ›aufgepfropften‹ Kultur kreative Energien freisetzt, wobei den Methoden des umdeutenden *rereading* und neuschaffenden *rewriting* eine wichtige Funktion zukommt. Die literar. Entkolonisierung beginnt bei der Sprache, die dem privilegierten Standard des brit. Engl. eigene Varietäten entgegensetzt. – In der Theoriebildung werden drei Modelle unterschieden: (a) nationale oder regionale Theorien, die sich den Wesensmerkmalen etwa der kanad. oder karib. Lit. widmen; (b) ethnische Theorien, die sich auf die Lit. ethnischer Gruppen (↗ Ethnizität, ↗ *race*) wie das ›*black writing*‹ konzentrieren; (c) komparatistische Theorien, die den Wechselwirkungen und Affinitäten zwischen diversen Literaturen etwa der ›Dritten Welt‹ gelten. Wo diese Theorien ↗ Essentialismen wie *Canadianness* oder *pan-Africanism* abstrahieren, ist freilich Skepsis angebracht, auch wenn entsprechende Orientierungsversuche z.T. bei den Schriftstel-

lern selber eine große Rolle spielen. – Ist *The Empire Writes Back* deutlich dem postkolonialen Konzept verpflichtet, so rückt eine weitere Bezeichnung des expansiven Lit.gebiets sowohl vom unstimmigen Begriff der ›Commonwealth-Lit.‹ als auch von der ideologiekritischen Programmatik der postkolonialen Lit.theorie ab: Der Begriff ›*New English Literatures*‹ (oder genauer: ›*New Literatures in English*‹) kennzeichnet etwas neutraler die betreffenden Literaturen, deren Neuheit allerdings z.T. recht unterschiedlichen Entwicklungsphasen entspricht und allenfalls in der späten internationalen Rezeption hervortritt. Typische Schwerpunkte der Kritik, die sich den *New English Literatures* widmet, sind etwa folgende: die literar. Reflektion der individuellen wie kollektiven Problematik kultureller Identität; die Entwicklungsmuster der Emanzipation von der Kolonial- zur Nationallit. und die ↗ Synchronie der internationalen Berührungspunkte zwischen diesen, von der Fixierung auf engl. Vorbilder sich lösenden Literaturen; die Konditionen des oft noch beherrschenden Lit.markts Europas und der USA; das Dilemma der Sprachenwahl in multilingualen Kulturen und Aspekte der varietätenspezifischen Stilisierung; die Wiederbelebung autochthoner Traditionen, v.a. in den Formen einer für den Vortrag bestimmten oder mündlich geprägten Lit.; die Entwicklung eigenständiger, von europ. Stilrichtungen divergierender Schreibweisen wie der des ↗ magischen Realismus in der ›Dritten Welt‹; die kreative Revision des ↗ Kanons europ. Klassiker mit kolonialgeschichtlichen Implikationen durch Gegendarstellungen; die literar. Erschließung als Leerräume aufgefaßter Territorien in den Siedlerkolonien zum Zwecke der geistigen Anverwandlung und kulturellen Vereinnahmung; die Perspektivenwechsel in der Rekonstruktion der Kolonialgeschichte wie in der desillusionierten Bloßstellung der nachkolonialen Fehlentwicklungen in der ›Dritten Welt‹; die Dramatisierung kolonialgeschichtlich bedingter interner Konflikte zwischen unterschiedlichen Rassen (Konstellation Siedler/Eingeborene) oder Lebensweisen (Gegensatz archaische/moderne Welt); die Beschreibung der ›doppelten‹ Kolonialisierung der Frau durch die angestammte patriarchalische wie die von der Imperialmacht ausgeübte Repression und die Anfänge einer emanzipatorischen Frauenlit. (↗ Feministische Lit.theorie); das Aufkommen ethnischer Minoritätenliteraturen der Ureinwohner in den USA und anderen einstigen Siedlerkolonien oder der Diaspora aus der ›Dritten Welt‹ in

England. – Neben der Kritik der *New English Literatures* gibt es die weiter zurückreichende Kritik der lateinam. Literaturen und seit einiger Zeit auch die Kritik der frz.sprachigen Literaturen außerhalb Europas. In all diesen Entwicklungen ist der Einfluß der postkolonialen Lit.-theorie gegenwärtig unübersehbar; er reicht durch seine vielseitigen Ansätze einer globalen ⟋ Komparatistik und die anderen Künste einbeziehenden ⟋ Intermedialität sowie seine Affinität zu den ⟋ *Cultural Studies, Ethnic Studies* und ⟋ *Women's Studies* weit über die Lit. hinaus. Die postkolonialistische Fokussierung bringt allerdings auch die Gefahr der kritischen Verengung der Lesarten und einer Verkürzung der Literaturen. Es fragt sich, inwieweit die Mehrheit der Autoren zwischen Kanada und Neuseeland tatsächlich das Primärinteresse am anti-kolonialen Diskurs und an der transkulturellen Hybridität teilt oder ob sie nicht mindestens so sehr an der Problematik des Individuums in seiner unmittelbaren Umwelt und vor dem Hintergrund der sich wandelnden modernen Welt interessiert ist, in die solche Fragen nur sekundär hineinspielen. Auf jeden Fall aber sind von der Theorie wichtige Impulse ausgegangen, die sowohl dazu anhalten, die europ. Lit. stärker ⟋ ›gegen den Strich zu lesen‹ als auch die Literaturen der (ehemaligen) Kolonien differenzierter aus ihren historischen Kontexten heraus zu begreifen.

Lit.: B. Ashcroft et al.: *The Empire Writes Back. Theory and Practice in Post-Colonial Literatures*, Ldn. 1989. – ders. et al. (Hgg.): *The Post-Colonial Studies Reader*, Ldn. 1997 [1995]. – Williams/Chrisman 1996 [1993]. Bes. Teile IV, V. – E. Boehmer: *Colonial and Postcolonial Literature. Migrant Metaphors*, Oxford 1995. – E. Kreutzer: »Theoretische Grundlagen postkolonialer Lit.kritik«. In: Nünning 1995. S. 199–213. – P. Mongia (Hg.): *Contemporary Postcolonial Theory. A Reader*, Ldn. 1996. – P. Childs/P. Williams: *An Introduction to Post-Colonial Theory*, Ldn. 1997. Bes. Kap. 1, 2, 6. – B. Moore-Gilbert: *Postcolonial Theory. Contexts, Practices, Politics*, Ldn. 1997. Bes. Kap. 1, 5. – ders. et al. (Hgg.): *Postcolonial Criticism*, Ldn. 1997. – A. Loomba: *Colonialism/Postcolonialism*, Ldn. 1998. – L. Gandhi: *Postcolonial Theory. A Critical Introduction*. Edinburgh/N.Y. 1998. – R.J.C. Young: *Postcolonialism. An Historical Introduction*, Oxford 1998.

EK

Postkolonialismus/Postkolonialität, dem engl. *postcolonialism* entsprechender Begriff, meist synonym mit Postkolonialität (*postcoloniality*) verwandt, gelegentlich als programmatisch konnotierter vom deskriptiv verstandenen Alternativbegriff abgesetzt, zur Bezeichnung der diskursiv zum Ausdruck kommenden, v.a. kritisch Distanz schaffenden Reaktion auf den ⟋ Kolonialismus in einer noch nicht abgeschlossenen Periode, die weltweit auf die endgültige Emanzipation vom Kolonialerbe zielt. Das Präfix ›post‹ kennzeichnet unterschiedlich markierte nachkoloniale, ausgeprägt anti-koloniale und einem Zustand jenseits des Kolonialismus geltende Tendenzen, die zugleich nicht immer frei von Anpassungszwängen sind. Die impliziten Mehrdeutigkeiten haben P. zu einem umstrittenen Grundbegriff der ⟋ Postkolonialen Lit.theorie gemacht. Im weitesten Sinne bestimmt als »all the culture affected by the imperial process from the moment of colonization to the present day« (Ashcroft et al. 1989, S. 2), bezieht P. prinzipiell beide Seiten des Wechselverhältnisses zwischen (ehemaligem) Kolonisator und (ehemaligem) Kolonisiertem ein und bezeichnet mit dem ›post‹ einen schon in der Frühzeit des Kolonialismus einsetzenden Prozeß fortwährender Auseinandersetzung mit der kolonialen Konstellation, der eine (bezweifelbare) historische Linearität hypostasiert. Im engeren Sinne bezieht sich P. auf die Zeit nach der Unabhängigkeit der Kolonien, die meist nicht einfach chronologisch aufgefaßt wird (analog zu *postcolonial,* mit Bindestrich, als Synonym von *postindependent*), sondern mit der Verarbeitung des nachwirkenden oder wiederbelebten Kolonialismus assoziiert wird. Zur Problematik des Begriffs gehört, daß er unterscheidbare oder sich überlagernde Zustände und Vorgänge erfaßt. Schon nach dem geläufigen Modell des Spannungsverhältnisses zwischen metropolitanem Zentrum und kolonialer Peripherie ergeben sich komplexe Verschiebungen und Verschränkungen. Das gilt für das ambivalente Kolonialerbe der Verbreitung europ. Sprachen, Denkweisen, Wissenssysteme und Kunstformen in nicht-europ. Regionen der Welt, mit denen sich die unabhängig werdenden Kolonien in der Bemühung um kulturelle Eigenständigkeit kontrovers auseinandersetzen. Geschieht dies verstärkt in nachkolonialer Zeit, so gibt es andererseits neokoloniale Zwänge, wie sie von den USA ausgeübt werden, die selbst einmal aus einer Siedlerkolonie hervorgegangen sind, aber mit der Entwicklung zur führenden Industrienation die imperiale Rolle Europas übernommen haben, wenn sie weltweit politisch intervenieren, wirtschaftlich dominieren und kulturell Einfluß nehmen. Andererseits gibt es globale Migrationsbewegungen, zumal die Diasporas aus der ›Dritten Welt‹, die als unübersehbare ethnische Minoritäten etwas von dem kolonialen Konfliktpotential an die imperialen Zentren zurückgegeben und diese multikulturell zu verändern begonnen haben. Ein Beispiel für solche Entwicklungen bietet Kanada, dessen Lit. und Kultur nur sehr allmählich Abstand zu den brit. Vorbildern gewann, ohne sich dem zunehmenden Einfluß des übermächtigen Nachbarn USA entziehen zu können. Außerdem ist die Nation durch die kulturelle Kluft zwischen Anglokanadiern und Frankokanadiern, Nachkommen der einst auf am. Boden rivalisierenden Kolonialmächte Europas, immer wieder Zerreißproben ausgesetzt. Schließlich hat man erst seit der Anerkennung der multikulturellen Zusammensetzung der kanad. Bevölkerung auch der Lit. und Kultur der kolonialistisch marginalisierten Eingeborenenvölker und der diskriminierten Einwanderer aus der ›Dritten Welt‹ mehr Aufmerksamkeit gewidmet. Generell spielen kosmopolitische Repräsentanten der Diasporas aus der ›Dritten Welt‹ in einer sich wandelnden Weltlit. als Lit.theoretiker wie Schriftsteller eine maßgebliche Rolle. Nicht von ungefähr hat S. Rushdie mit dem Bonmot ›The Empire Writes Back‹ die Devise von der Gegenbewegung einer Lit. ausgegeben, die von der anderen Seite des Planeten her dem bislang dominanten europ. ↗ Kanon den Rang streitig macht.

Lit.: B. Ashcroft et al.: *The Empire Writes Back. Theory and Practice in Post-Colonial Literatures*, Ldn. 1989. – Williams/Chrisman 1996 [1993]. Bes. Teil IV. – P. Childs/P. Williams: *An Introduction to Post-Colonial Theory*, Ldn. 1997. Bes. die Einl.. – B. Moore-Gilbert: *Postcolonial Theory. Contexts, Practices, Politics*, Ldn. 1997. Bes. Kap. 1. – A. Loomba: *Colonialism/Postcolonialism*, Ldn. 1998.

EK

Postmoderne/Postmodernismus, Bezeichnung für die kulturgeschichtliche Periode nach der ↗ Moderne bzw. für ästhetisch-philosophische Ansätze und kulturelle Konfigurationen dieser Zeit. Meist gelten die künstlerischen, politischen und medialen Umbrüche der 60er Jahre in den USA als Ausgangspunkt für die P., die nicht von ungefähr als ›am. Internationale‹ (A. Huyssen) bezeichnet wurde. Hingegen bezeichnet der Begriff ›Postmodernismus‹ die für diese Epoche typischen literar. Stilrichtungen und kulturellen Phänomene. – Während die P. in vieler Hinsicht als Fortsetzung und Radikalisierung der in der Moderne angelegten Erkenntnisskepsis und Repräsentationskrise gesehen werden kann, markiert sie andererseits den Bruch mit dem elitären Kunstverständnis und Wissensbegriff der Moderne: ›Hochkultur‹ und ↗ Popu-

lärkultur greifen ineinander, eine Vielzahl von Minderheiten- und ↗ Subkulturen stellen dominante Wertmaßstäbe und Konzepte in Frage, Politik und Performance werden von den omnipräsenten Medien nahtlos verwoben, und die ›Logik des Spätkapitalismus‹ (F. ↗ Jameson) bestimmt Kunst und Kommerz gleichermaßen. Ein wichtiger Bezugspunkt für die epistemologische Krise der P. ist so der bereits in der Moderne angelegte Bruch mit dem aufklärerischen Projekt einer umfassenden Erfassung und Erklärung der Welt, die Ablösung der sinnstiftenden ›großen Erzählungen‹ (F. ↗ Lyotard) der Religion und der Wissenschaft durch fragmentarische und vorläufige Wissensmodelle. – Der daraus folgende Orientierungsverlust findet auch in theoretischen Reflexionen zum Wirklichkeitsverlust Ausdruck, wie z.B. in der Feststellung, Realität werde durch multimediale Technologien der Simulation (J. ↗ Baudrillard, ↗ Simulakrum) verdrängt und schließlich ersetzt, und jegliches Geschichtsbewußtsein verliere sich in der Oberflächenästhetik der Konsumgesellschaft. Die Wertungen dieser Entwicklung variieren dabei von kulturpessimistischem Skeptizismus angesichts einer gleichschaltenden Kommerzialisierung bis zur euphorischen Verkündigung eines neuen Zeitalters der Dehierarchisierung und Liberalisierung. – Künstlerisch fand die P. in zahllosen Projekten von Architektur (Ch. ↗ Jencks, R. Venturi, F. Gehry) über bildende Kunst (A. Warhol, J. Beuys, C. Sherman), Film (J.-L. Godard, D. Lynch) und nicht zuletzt Lit. (Th. Pynchon, K. Acker, R. Coover, J. Fowles) Ausdruck. Viele der höchst unterschiedlichen Künstler, die der P. zugerechnet werden, betreiben den provokativ oder spielerisch inszenierten Bruch mit tradierten Kunstkonzepten und Weltanschauungen (*anything goes*). Daneben erweist sich die teils apokalyptisch, teils ironisch gefärbte Rede vom Ende der Kunst (*nothing new*) als dominantes Thema, das im Zitat- und Verweischarakter postmoderner Kunst und Lit. reflektiert wird. Beide Positionen führen zur Verarbeitung etablierter ↗ Codes und ↗ Stile durch die formalen Mittel von ↗ Parodie, Plagiat, ↗ Pastiche und Collage. Kunstprojekte seit den 60er Jahren setzten immer wieder die Einsicht um, daß zentrale kunsttheoretische Konzepte (Schönheit, Wahrheit, Authentizität, Genialität usw.) keinerlei transhistorische Gültigkeit oder transkulturelle Verbindlichkeit haben, sondern durch soziale Institutionen (Schule, Akademie, Museum, Medien) geprägt und vermittelt werden. Ästhetische Urteile erweisen sich so nicht als interesselos, sondern als wesentlich durch ↗ Ideologien und sozio-kulturelle Rahmenbedingungen bestimmt. V.a. Film und Lit. reflektieren ein verändertes Verständnis von Kunst als Experimentierfeld eher denn als Sinnfindungsinstanz, so daß sich phantastische Handlungselemente, metafiktionale Verweise (↗ Metafiktion), absurde ↗ Sprachspiele und Genre-Brüche (↗ hybride Genres) häufen, wie die Erzählungen J.L. Borges', die Romane Th. Pynchons oder die Filme P. Greenaways und D. Cronenbergs deutlich machen. Jüngere Arbeiten der P. setzen diese Ansätze oft multimedial in Installationen, Netzprojekten, Pop-Events usw. um, wobei weiterhin das Interesse an der Mitarbeit der Rezipienten und an der spielerischen Unterwanderung etablierter Konzepte und Konventionen zentral ist.

Lit.: J.F. Lyotard: *La condition postmoderne*, Paris 1979 (dt. *Das postmoderne Wissen*, Hg. P. Engelmann, Wien 1993). – A. Huyssen/K.R. Scherpe (Hgg.): *Postmoderne*, Reinbek 1997 [1986]. – D. Borchmeyer: »P.«. In: ders./Žmegač 1994 [1987]. S. 347–360. – B. McHale: *Postmodernist Fiction*, N.Y. 1987. – Hutcheon 1996 [1988]. – M. Sarup: *An Introductory Guide to Poststructuralism and Postmodernism*, Athens 1995 [1989]. – F. Jameson: *Postmodernism, or, The Cultural Logic of Late Capitalism*, Durham 1991. – Z. Bauman: *Intimations of Postmodernity*, Ldn. 1992. – McHale 1992. – H. Bertens: *The Idea of the Postmodern. A History*, Ldn./N.Y. 1995. – T. Eagleton: *The Illusions of Postmodernism*, Oxford 1996. – Zima 1997.

RM

Poststrukturalismus, unter dem Begriff P., der oft fälschlicherweise als Synonym zum Begriff ↗ Postmoderne gehandelt wird, werden eine Anzahl von Philosophen (G. ↗ Deleuze, J. ↗ Derrida, M. ↗ Foucault, L. ↗ Irigaray, J.-F. ↗ Lyotard), Lit.kritikern (R. ↗ Barthes), Soziologen (J. ↗ Baudrillard) und Psychoanalytikern (F. ↗ Guattari, J. ↗ Kristeva, J. ↗ Lacan) gebündelt. Entwickelt wurde der P. zum großen Teil in Frankreich; insbes. in einem kleinen Zirkel von sich gegenseitig befruchtenden Denkern im Paris der späten 60er-80er Jahre (man spricht daher oft vom P. als ›frz. Schule‹), wobei der Höhepunkt der internationalen Rezeption des P. in den 80er Jahren liegt. Wie sein Name besagt, entwickelt sich der P. aus einer komplexen Revision und Neudefinition des wiederum insbes. frz. ↗ Strukturalismus (Cl. ↗ Lévi-Strauss, F. de ↗ Saussure, R. ↗ Jakobson, L. ↗ Althusser). Bedeutend beim P., der den Strukturalismus modifizierend kritisch weiterentwickelt, ist der Rekurs auf die linguistische Wende (↗ *linguistic turn*), d.h. auf

die Beeinflussung verschiedener Wissenschaften durch Linguistik und ↗ Semiotik. Diese gemeinsame Basis erlaubt eine starke ↗ Interdisziplinarität, da alle Spielarten des P., ob nun Philosophie, Soziologie oder Psychoanalyse, ihre spezifischen Theorien aus einer rigorosen Semiotisierung der Welt und der Wissenschaft heraus entwickeln. So ist den, sich teilweise kritisch voneinander abhebenden, Versionen des P. gemeinsam der Rückgriff auf die, insbes. Saussuresche, Zeichentheorie, in der sich das ↗ Zeichen aus der Triade Signifikat (Vorstellung, Bezeichnetes), ↗ Signifikant (Lautbild, Bezeichnendes) und Referent (Ding, Objekt; vgl. ↗ Referenz) zusammensetzt, wobei der Referent als ›ausgeschlossenes Element‹ fungiert, welches der Zeichenproduktion zwar unterliegt (als Vakuum, das es zu füllen gilt), sie aber nicht direkt beeinflußt (vgl. dazu bes. U. ↗ Eco). In den verschiedenen Versionen des P. wird durchgehend die Idee, der zufolge das Signifikat höher zu bewerten ist als der lediglich ›supplementäre‹ Signifikant, einer rigorosen Kritik unterzogen. Bei Derrida geschieht dies mittels einer ↗ Dekonstruktion (ein Begriff der, obwohl genaugenommen nur auf die Derridasche Form des P. anwendbar, weithin synonym mit der Verfahrensweise des P. verwendet wird) ›logozentrischer‹ (vgl. ↗ Logozentrismus), d.h. in der Metaphysik verhafteter, Texte. Die dekonstruktive Analyse legt in den untersuchten Texten die ›Verdrängung‹ des Sprachmaterials zugunsten der Illusion unkontaminierter Bedeutung offen. In rhetorisch und konzeptuell höchst komplexen Texten führt Derrida die untersuchten Texte bis an die Grenze, an der sich die Ideen von Ursprung, reiner ↗ Bedeutung sowie von gedanklicher und textueller Geschlossenheit auflösen. In einem im Laufe seiner Entwicklung immer verspielter und freier werdenden Duktus, der sich bewußt den Gesetzen eines philosophisch-wissenschaftlichen Textes entzieht, werden Derridas Schriften zu Abbildern eines Denkens, das sich dezidiert innerhalb der Spaltung von Signifikat und Signifikant ausbreitet. Die durch die ›Durchstreichung‹ der Ontologie und der Metaphysik erreichte Freiheit wird dem P. oft als Verspieltheit angelastet. Bei Lacan, der stärker im Strukturalismus verwurzelt ist als Derrida, zeigt sich eine ähnliche Aufwertung des Sprachmaterials, die Lacan aus der Freudschen Theorie (vgl. S. ↗ Freud) heraus erarbeitet. Zurückgreifend auf die Theorien Jakobsons bildet Lacan die linguistischen Begriffe ↗ Metapher und ↗ Metonymie auf die psychoanalytischen Begriffe Verdichtung und Verschiebung ab. Aus dieser Analogie entwickelt er den Begriff eines ↗ Unbewußten, das ›strukturiert ist wie eine Sprache‹. In der Kritik von Deleuze und Guattari wird die Lacansche Theorie gegen sich selbst gelesen, wobei bes. das Gefangensein der Theorie in dem sozialen Projekt der Ödipalisierung hervorgehoben wird. War das Ergebnis der psychoanalytischen Kur ein ↗ Subjekt, das sich mit seiner Gespaltenheit abgefunden hat, so propagieren Deleuze und Guattari ein Subjekt, das sich in Felder und Ströme von Intensitäten auflöst. Auch Baudrillard macht sich in seiner Kritik des klassischen Marxismus die Linguistik zunutze. Laut Baudrillard sind alle ökonomischen Gesetze dem Gesetz und der Struktur des arbiträren ↗ Codes, d.h. der Sprache, unterworfen und spiegeln dieses wider. Baudrillards Theorie zufolge ist in der postkapitalistischen Welt die Realität ausgelöscht und in eine hyperreale Simulation überführt worden (↗ Simulakrum). Diese ist künstlich geschaffen und vollständig den Werten des Kapitalismus unterworfen. Wichtig für das Projekt des P., sowie für seine Rezeption, ist im bes. Maße seine sowohl implizite als auch explizite Neudefinition des Subjektsbegriffs, der sich nicht mehr in einen humanistischen Rahmen zwängen läßt, obwohl die Aversion zwischen P. und Humanismus oft auf Mißverständnissen beruht. Das poststrukturalistische ↗ Subjekt ist ohne Ursprung und ohne Einheit. Es ist ›im tiefsten Inneren‹ ein Zeichenprodukt; ein in der Sprache gefangenes und durch Sprache, im weiteren Sinne durch ↗ Kultur definiertes Wesen. Insbes. der Feminismus hat sich diese Sichtweise zunutze gemacht, um die Stellung der Frau (als dem Signifikat eines phallokratischen Systems und einer phallokratischen Sprache) frei- und umzuschreiben (↗ Feministische Lit.theorie). Solche Neudefinitionen sind möglich, da der P. die Realität als ein künstlich erzeugtes Produkt versteht und somit als inhärent fiktiv. Ein der Logik der Sprache unterworfenes Subjekt ist unweigerlich ein eminent literar. Dies ist wohl der Grund dafür, daß der P. insbes. die Lit.theorie beeinflußt hat, die in diesem Subjekt das literar. Subjekt wiederfand. Im Gegensatz zum Strukturalismus, dem es darum ging, aus verschiedenen Oberflächenstrukturen eine ↗ Tiefenstruktur zu abstrahieren und somit aus verschiedenen Texten eine allg. Bedeutung zu destillieren (im Bereich der Lit.theorie und der Anthropologie denke man z.B. an die Mytheninterpretationen Lévi-Strauss'; ↗ Mythentheorie und -kritik), geht es dem P. gerade darum zu zeigen, daß eine solche Trennung nicht auf-

rechtzuerhalten ist (ein Schlüsselwerk in diesem Übergang ist Foucaults Buch *Les mots et les choses*, 1966, dt. *Die Ordnung der Dinge*). Generell propagiert der P. die Gleichstellung der Ebenen des Signifikanten und des Signifikats bei gleichzeitiger Auslassung des Referenten als einem erst nachträglich erstellten, immer schon versprachlichten Begriff. In der Lit.theorie, z.B. in Barthes' *S/Z* (1970), führt dies dazu, daß verschiedene Lese- und Interpretationsebenen parallel zueinander oder, wie Deleuze und Guattari sagen würden, ›transversal‹ einen Text durchkreuzen, ohne ihn auf eine spezifische Bedeutung zu reduzieren. – Dieser Rekurs auf anscheinend frei flottierende, oder in Derridas Vokabular ›disseminierende‹ (↗ *Dissémination*), Leseversionen, in deren Licht selbst die aufgefächertsten Interpretationen der hermeneutischen Schule noch zu zentriert erscheinen, haben den P. sowohl der im engeren Sinne lit.-theoretischen Kritik einer ›*anything-goes*-Attitüde‹ ausgesetzt als auch im weiteren Sinne dem Vorwurf, elitär und unpolitisch zu sein. Bes. in letzter Zeit gibt es Versuche des P., sich eben diesen Kritiken zu stellen. So werden insbes. in den Kulturwissenschaften Versuche unternommen, Spannungen zwischen Kulturen und innerhalb kultureller Gruppen als Konflikte zwischen verschiedenen Zeichensystemen zu behandeln. Selbst der Marxismus, der seit jeher am stärksten auf einer zeichenlosen, realen Basis ›unterhalb‹ des kulturellen Überbaus insistiert, hat sich in letzter Zeit mit dem P. auseinandergesetzt (Baudrillard; F. ↗ Jameson; S. Žižek) und Strömungen des P. in sein Denkbild integriert.

Lit.: J. V. Harari (Hg.): *Textual Strategies: Perspectives in Post-structural Criticism*, Ldn. 1979. – R. Young (Hg.): *Untying the Text*, Boston 1981. – Horstmann 1983. – Frank 1997 [1983]. – R. Harland: *Superstructuralism. The Philosophy of Structuralism and Post-Structuralism*, Ldn. 1994 [1987]. – M. Sarup: *An Introductory Guide to Post-Structuralism and Postmodernism*, N. Y. 1988. – G. Neumann (Hg.): *P.*, Stgt. 1995. – Zapf 1996. S. 189–204. – G. Neumann (Hg.): *P.: Herausforderung an die Lit.wissenschaft*, Stgt./Weimar 1997. – Selden et al. 1997.

HB

Poulet, Georges (1902–1991), belg. Lit.kritiker. – P. wurde in Chênée (Belgien) geboren; er studierte an der Universität Lüttich Lit. und Rechtswissenschaften. Stationen seiner Lehr- und Forschungstätigkeit sind die Universität Edinburgh (1927–1952), die Johns-Hopkins-Universität in Baltimore (1952–1957), anschließend die Universitäten von Zürich und Nizza. –

Zusammen mit J. ↗ Starobinski, J.-P. Richard und J. Rousset gehört P. zur sog. ↗ Genfer Schule, die ihrerseits in den Bereich der *nouvelle critique* einzuordnen ist. Gemeinsamer Arbeitsschwerpunkt der Mitglieder ist die an Themen orientierte Textanalyse, die *critique thématique*. – Seit seinem Erstlingswerk, den 1949 in vier Bänden erschienenen, danach teilweise überarbeiteten *Etudes sur le temps humain*, beschäftigt sich P. mit den Kategorien der Zeit und des Raums, d. h. mit der Frage, wie ein menschliches Bewußtsein diese erfährt. Eine Vielzahl von Monographien (zu Autoren des 16.–20. Jh.s, u. a. Montaigne, Joubert und Stendhal), diese Vorgehensweise behält P. bei, inaugurieren P.s ›Bewußtseinskritik‹, *critique d'identification*. In den *Métamorphoses du cercle* (1961) exemplifiziert P. die Raumproblematik anhand der Figuren des Kreises und der Kugel; in seinem letzten großen Werk, *La pensée indéterminée* (1990), verfolgt P. die Spuren des Unbestimmten und Unbestimmbaren, des ›vagen Denkens‹ in philosophischen und/oder literar. Werken des 17.–20. Jh.s, wobei sein Interesse nach wie vor eher dem Seeleninnenleben als der Außenwelt gilt. Ontologische Grundfragen, für die er mit Hilfe von Autoren aus fünf Jh.en eine breite Palette von Antworten zur Verfügung stellt, stehen im Zentrum. – Von den seit den 50er Jahren in rascher Folge entstehenden Aufsätzen und Buchpublikationen sind der Beitrag zum Sammelband *Les chemins actuels de la critique* (1968) und *La conscience critique* (1971) bes. hervorzuheben, da sie die theoretischen Grundpositionen erhellen: die *critique d'identification* beruht auf der Koinzidenz von Autoren- und Leserbewußtsein, eine Haltung, die, wie P. selbst betont, u. a. bei A. Thibaudet und M. Proust sowie in H. Bergsons Phänomenologie und der existentialistischen Philosophie vorgezeichnet ist. Als romantische ›Ahnin‹ dieser Position führt P. Mme de Staël an. Im Verlauf der Lektüre soll der Kritiker idealerweise den Denkrhythmus des Autors in sich spüren. Diese ›Initialzündung‹ des kritischen Aktes, der seinen vorläufigen Höhepunkt in der Identifikation findet, leitet einen hermeneutischen Prozeß des allmählich fortschreitenden Erkenntnisgewinns in die Wege. Dieser basiert auf den individuell und kollektiv motivierten Erinnerungen des Lesers. Voraussetzung des Werkverständnisses ist vor diesem Hintergrund die mehrfache Lektüre, nur so könne es zur »*révélation totale* de l'*œuvre totale*« (P. 1968, S. 20) hinführen. Letztendlich müsse der Kritiker den Autor ergänzen, indem er eine »unification rétrospective« (ebd., S. 21)

seiner Werke vornehme. – Intuition und Identifikation bilden die Grundfesten der kritischen Subjektivität und bezeichnen insofern die Abkehr von biographischen Methoden, insbes. der ›*L'homme et l'œuvre*-Methode‹ eines Sainte-Beuve, als sie diese schlichtweg umkehren: nicht die Biographie soll das Werk erklären, sondern das Werk soll eventuell die Biographie des Autors verständlich machen. Der kritischen Subjektivität obliegt es darüber hinaus, in die Tiefenstrukturen des Geistes zu progredieren, sich, indem sie diese skizziert, zu entsubjektivieren und interindividuelle Relevanz zu beweisen. So kann hier von einem grundlegenden kritischen Paradoxon die Rede sein, von einer prononcierten Subjektivität, die es zu bündeln und zu objektivieren gilt. – P. erhielt eine Reihe von Auszeichnungen, seine Methode ist jedoch, v. a. wegen des hohen Stellenwerts der Identifikation, keineswegs unumstritten. Aus den streckenweise pathetisch anmutenden Texten erhebt sich allerdings das auch für die *Nouvelle critique* grundlegende Postulat, sich zunächst auf den Text selbst einzulassen, also auf induktivem Wege zu klaren Ergebnissen zu gelangen.

Lit.: G. Poulet: »Une critique d'identification«. In: ders. (Hg.); *Les chemins actuels de la critique*, Paris 1968. S. 7–22. – ders.: *La conscience critique*, Paris 1971. – ders.: *La pensée indéterminée*, 3 Bde., Paris 1985–1990.
                                                                                   AAS

Präsupposition (lat. *prae*: vor; lat. *supponere*: unterlegen, unterstellen), in der Linguistik bezeichnet P. eine für das korrekte Verständnis einer Äußerung notwendige Voraussetzung, die, im Unterschied zur Implikation (engl. *entailment*), auch für die Verneinung eines Satzes zutrifft. – Die insbes. seit Ende der 50er Jahre veröffentlichten linguistischen Arbeiten unterscheiden grundsätzlich einen logischen und einen pragmatischen Ansatz (↗ Pragmatik). Während ersterer kontextunabhängig das P.svermögen bestimmter lexikalischer Einheiten analysiert, berücksichtigt letzterer den ↗ Kontext der jeweiligen Kommunikationssituation. Indem eine P. eine hierarchische Schichtung der jeweiligen Aussage in einen Vorder- und einen Hintergrund bewirkt, liefert sie den für das Textverständnis notwendigen Rahmen. In dieser Schichtungs- bzw. Rahmenfunktion berühren sich linguistische P. und ↗ Intertextualität. Für J. ↗ Culler liefert die linguistische Analogie eine mögliche Strategie zur praktikablen Begrenzung generalisierender ↗ Intertextualitätstheorien.

Der logische Ansatz kann dabei helfen, Prätexte zu einem ↗ Text zu erstellen und deren Relation zum Text zu untersuchen. Eine pragmatisch-kontextorientierte Vorgehensweise fokussiert hingegen die Konventionen, die den Raum eines literar. Textes konstituieren. Allerdings sind der Adaption des linguistischen Modells auf die Textinterpretation Grenzen gesetzt. So impliziert U. ↗ Eco eine Lenkung der P. durch den Sender; das gegenseitige Wissen von Sender und Empfänger um die P. sei für das Gelingen von ↗ Kommunikation unabdingbar. Eine P. könne nur dann verneint werden, wenn man den gesamten diskursiven Rahmen der Äußerung bezweifle. Ausgehend von einem poststrukturalistisch geprägten Textverständnis betonen andere Kritiker gerade die anonyme Herkunft der P. als einem Komplex aus Kenntnissen und ↗ Diskursen sowie die Aktivität des Empfängers bei der Erstellung und Aktivierung von P.en. J. ↗ Kristevas Ausführungen über einen quasi-ödipalen Konflikt zwischen Text und P. stellen dabei einen psychoanalytisch fundierten Gegenpol zu Ecos Behauptung dar, daß eine solche Gegenbewegung unnatürlich sei. Gerade für texttheoretische Ansätze wie ↗ Dialogizität, Intertextualität oder ↗ Dekonstruktion dürften in der Tat die Reibungspunkte zwischen einem Text und seinen P.en von größerem Interesse sein als das fraglose ↗ Verstehen.

Lit.: J. Kristeva: *La révolution du langage poétique*, Paris 1974. – Ch.-K. Oh/ D. A. Dinneen (Hgg.): *Syntax and Semantics*, Bd. 11, *Presupposition*, N. Y. 1979. – J. Culler: *The Pursuit of Signs*, Ithaca 1981. – U. Eco: *Die Grenzen der Interpretation*, Mchn. 1995 [1990].

AMM

Prätext ↗ Hypotext; ↗ Intertextualität

Prager Schule (auch P. Linguistenkreis, Pražský lingvistický kroužek, Cercle linguistique de Prague), neben der Kopenhagener Schule und dem am. Deskriptivismus eine der drei Hauptrichtungen der strukturellen Linguistik des 20. Jh.s, hervorgegangen aus einer 1926 auf Anregung des Anglisten V. Mathesius (1882–1945) gegründeten Vereinigung von Linguisten. Ihre Mitglieder, die in Opposition zur traditionellen historisch beschreibenden ›atomisierenden‹ Sprachwissenschaft standen, verband das gemeinsame Interesse an einer Neuorientierung der Linguistik auf der Grundlage der Arbeiten B. de Courtenays, der Fortunatovschule und insbes. von F. de ↗ Saussures Konzeption der Sprache als synchronem Zeichensystem. – Die P.Sch.

faßt die Sprache auf als: (a) eine dynamische ↗ Struktur und ein kohärentes System von ↗ Zeichen, die auf der jeweiligen Sprachebene um die ↗ paradigmatische Achse durch Oppositionen und auf der ↗ syntagmatischen Achse durch Kontraste geordnet sind; (b) ein funktionales System im teleonomischen Sinne, d. h. als eine kommunikative oder ästhetische Aufgaben erfüllende Gesamtheit von Ausdrucksmitteln und eine auf den wechselseitigen Beziehungen zwischen den Formen und Funktionen basierende Struktur. Außerdem betrachtet die P.Sch. (a) die Untersuchung der Funktion der Form, d. h. der Bedeutung, als unerläßlichen Bestandteil der Erfassung der Sprache von ihrer Inhalts- und Ausdrucksseite; (b) die synchrone Untersuchung als vorrangig, indem sie durch einen vollständigen Einblick in das Systemwesen einer Sprache es ermöglicht, auch in der ↗ Diachronie die Fortentwicklung des Systems zu sehen; (c) als Gegenstand der Linguistik die durch mündliche und schriftliche Äußerungen gegebene sprachliche Wirklichkeit. – Das Hauptarbeitsgebiet der P.Sch. war die Phonologie, in der die bedeutungsunterscheidende Funktion der Laute und phonematische Oppositionsstrukturen von N. S. Trubetzkoy (1890–1939) erforscht und von R. ↗ Jakobson durch seine Konzeption des Phonems als eines Bündels distinktiver Merkmale weiterentwickelt wurde. Als wegweisend erwiesen sich Trubetzkoys Idee der Morphonologie, Jakobsons Theorie der morphologischen ↗ binären Oppositionen, die Konzeption der inhaltsbezogenen Sprachanalyse sowie die Theorie der funktionalen Satzperspektive von Mathesius, B. Trnkas Stratifikationsmodell der Sprache, V. Skaličkas grammatische Sprachtypologie, B. Havráneks Aufstellung funktionaler Varietäten der Schrifsprache und J. Vacheks Untersuchung der Komplementarität gesprochener und geschriebener Sprache. Reger Gedankenaustausch im P. Linguistenkreis trug auch zur Entwicklung des ↗ Strukturalismus in der Ethnographie, Lit.wissenschaft und ↗ Ästhetik bei. Einerseits wurden von den Linguisten konkrete Arbeiten zu Sprache, ↗ Stil und ↗ Metrik einzelner literar. Werke vorgelegt, andererseits auf Anregung von Jakobson und insbes. J. ↗ Mukařovský theoretische Fragen behandelt, wie z. B. die Auffassung des literar. Werkes als ein von der ästhetischen ↗ Funktion durchdrungenes Kommunikat und als eine durch die Funktion und Interaktion ihrer Komponenten geprägte Struktur, das semiotische Wesen des Kunstwerkes, die ↗ Evolution der Dichtkunst u.a. – 1929 präsentierte die Gruppe auf dem Ersten Slavistenkongreß in Prag ihre Thesen mit dem Programm der strukturell-funktionalen Sprachforschung. In der sog. klassischen Periode der P.Sch. 1929–39 erschienen acht Bände der Schriftenreihe *Travaux du Cercle Linguistique de Prague*, ab 1935 bis heute ist die Zs. *Slovo a slovesnost* ihr Publikationsorgan. Die durch den Zweiten Weltkrieg und den marxistischen Dogmatismus unterbrochene Arbeit der P.Sch. wurde Ende der 50er Jahre im Kruh moderních filologů (Kreis moderner Philologen) und im Jazykovědné sdružení (Linguistenverband) fortgesetzt durch die jüngere Generation von Linguisten, wie F. Daneš, M. Dokulil, K. Hausenblas, O. Leška oder P. Sgall und insbes. auf den Gebieten der Wortbildung, Lexikologie, ↗ Stilistik, Sprachkultur, Satzsemantik und Topik-Fokus-Gliederung (↗ Thema und Rhema) der Äußerung weiterentwickelt. 1964–1971 erschienen 4 Bände der wiederbelebten Reihe *Travaux linguistiques de Prague*. Seit Anfang 1990 trifft sich der P. Linguistenkreis wieder regelmäßig, 1995–96 sind zwei Bände der Reihe *Travaux du Cercle Linguistique de Prague* (*Prague Linguistic Circle Papers I, II*) erschienen.

Lit.: J. Vachek: *The Linguistic School of Prague*, Bloomington 1966. – P. V. Zima: »Die literar. Ästhetik des P. Strukturalismus«. In: ders. 1991. S. 173–214. – P.A. Luelsdorff (Hg.): *The Prague School of Structural and Functional Linguistics*, Amsterdam 1994. – W. F. Schwarz (Hg.): *P.Sch.: Kontinuität und Wandel*, FfM. 1997.

AG

Pragmatik (gr. *pragmatikós*: im Geschäftsleben erfahren, nützlich; *prágma*: Tun, Handlung), P. ist allg. der Teil der ↗ Semiotik, der sich mit der Beziehung von ↗ Zeichen zu deren Benutzern beschäftigt. In der Linguistik untersucht P. das sprachliche Handeln und läßt sich spezieller als Untersuchung von ↗ Bedeutung im ↗ Kontext definieren. Die ↗ Sprechakttheorie basiert ebenso auf pragmatischer Perspektive wie die ↗ Diskursanalyse, da beide ›regelbestimmte Sprachpraxis‹ (vgl. Foucault 1981) betrachten. L. ↗ Wittgensteins (1971, I, §43) Aussage, daß der Gebrauch eines Wortes seine Bedeutung bestimmt, bringt die Relevanz der P. durch die untrennbare Beziehung zwischen Sprachgebrauch und -bedeutung zum Ausdruck. Hierin liegt eine wesentliche Gemeinsamkeit von P. und dem erkenntnistheoretischen Modell des Pragmatismus, das hier nicht näher diskutiert wird: Das ↗ Verstehen von Sprache ist durch das Wissen über ihren Gebrauch definiert. Wittgensteins ↗ Sprachspiele stellen dann eine ›als Lebensform funktionierende, unzerreißbare Einheit von Sprachgebrauch, Lebenspraxis und Welterschließung‹ (vgl. Apel 1976, I, S. 321 f.) dar. Diese ›Funktionseinheit von Sprachverwendung, Lebensform und Situationswelt‹ (vgl. ebd., S. 375) wird von der P. betont. Wo pragmatische Lit.wissenschaft also Sprachverwendung in literar. Texten untersucht, analysiert sie zugleich auch Lebensform und Situationswelt. P. ist daher heute Teil einer allg. Handlungstheorie, die Handeln durch kulturelle Kontexte definiert sieht (vgl. Morris 1977; Schwemmer 1987). Da Zeichengebrauch und -bedeutung sich aus lebenspraktischer Erfahrung definieren, führt die Analyse von Zeichen letztlich zu dem Welt- und Selbstverständnis, das durch Zeichen immer vermittelt wird, aber keineswegs ständig bewußt ist. Das Weltbild stellt, wie J.R. ↗ Searle (1979) darlegt, den alltäglichen Hintergrund dar, mit dem ein Hörer vertraut sein muß, wenn er die Bedeutung von ↗ Sprechakten verstehen und kommunikativ handeln soll. Eine ›Universal-P.‹ hat in diesem Kontext die Aufgabe, »universale Bedingungen möglicher Verständigung zu identifizieren und nachzukonstruieren« (Habermas 1982, S. 174). – Eine lit.wissenschaftliche P. untersucht entsprechend die Bedingungen und Formen möglicher und realer Verständigung mittels Lit., speziell etwa die möglichen Wirkungsabsichten, die konkreten, historisch feststellbaren Wirkungen und die realen wie potentiellen Wirklichkeitsbezüge von Texten. Letztlich geht es auch ihr um die Darlegung des maßgeblichen, Bedeutung erst konstituierenden Weltbildes. Im Unterschied zu einer Universal-P. ist lit.wissenschaftliche P. gewöhnlich an den Bedingungen konkret historischer und kulturell geprägter Verständigung interessiert. Sie untersucht die Sprech- bzw. Schreibsituationen, die für ganz bestimmte Personen in spezifischen ↗ Epochen und bei Verwendung konkreter ↗ Gattungen gelten, und fragt etwa danach, zu welchen Handlungen, Reaktionen usw. ein Text Leser explizit oder implizit auffordert. Diese Rezeptionshandlungen sind nur z.T. durch den Text initiiert, zum anderen sind sie bestimmt durch die Verstehens- und ↗ Erwartungshorizonte, die die Rezipienten an den Text herantragen. Erst beides zusammen, Textzeichen und die biologisch wie kulturell geprägte Kompetenz zu ihrer Verarbeitung, ermöglichen Verstehen. Es gibt also einen konstitutiven Zusammenhang »zwischen den generativen Leistungen des sprach- und handlungsfähigen Subjekts einerseits und den allgemeinen Strukturen der Rede andererseits« (Habermas 1982, S. 179). Diese Zweipoligkeit muß die lit.wissenschaftliche P. beachten, die sich deshalb »nicht ausschließlich einer empirischen Analyse« bedienen kann (ebd., S. 180), sondern Empirie bzw. Szientifik mit ↗ Hermeneutik verbindet (Apel 1976, II, S. 7–154). Beobachtung oder sensorische Erfahrung muß also mit Verstehen bzw. kommunikativer Erfahrung zusammengehen (Habermas 1982, S. 183 f.), um die Einheit von Sprachgebrauch, Lebenspraxis und Welterschließung zu erreichen. Wie in der Semiotik und Linguistik ist P. damit auch in der Lit.wissenschaft ein sehr komplexer Ansatz, der zudem bisher nicht in nur einem wissenschaftlichen Bereich in Erscheinung getreten ist, sondern in verschiedenen Perspektivierungen mit unterschiedlichen Schwerpunktsetzungen erscheint. Hier sei nur auf die ↗ Rezeptionsästhetik als eine Konzeption mit bes. auffälligem Bezug zur P. verwiesen. Aber auch psychologische Untersuchungen der Produktion und Rezeption von Lit. (↗ Lit.produktion; ↗ Lit.rezeption), kognitivistische Konzepte, die das Verstehen von Lit. untersuchen (↗ Kognitionstheorie), oder alle historischen, soziologischen und kulturwissenschaftlichen Ansätze haben stark pragmatisch orientierte Komponenten. Aus dieser Komplexität des Gegenstandes pragmatischer Lit.wissenschaft ergibt sich die Notwendigkeit der in der bisherigen Praxis auch feststellbaren Einschränkung des Untersuchungsobjekts auf überschaubare Fragen. Andererseits ist die Relevanz der P. nach Wittgenstein noch einmal dadurch potenziert worden, daß man inzwischen, wie M. ↗ Foucault (1981), davon ausgeht, daß der Sprachgebrauch die Welt, von der die Rede ist, nicht einfach abbildet, sondern überhaupt erst ›konstruiert‹ (↗ Konstruktivität). P. muß dann beschreiben, durch welche Zeichen Welt aufgebaut wird und wie Realität in Sprechhandlungen bzw. deren Produkten, also Texten, zum Ausdruck kommt. P. in der Lit.wissenschaft fragt demnach nicht nur danach, wie sich ein literar. Text auf kulturelle Kontexte bezieht und welches Verhältnis im und durch den Text zu bestimmten Welten aufgezeigt wird, sondern untersucht letztlich sogar, welche Welt durch die Zeichen des Textes erstellt wird. Der kulturelle Kontext ist somit nicht etwas, das extern zur Lit. vorhanden wäre und nur gelegentlich in ihr reflektiert wird, sondern jeder Text baut ihn mehr oder weniger explizit in sich ein und durch sich auf. Lit. ist für P. daher nie

außerhalb der Lebenswelt von ↗ Autor und ↗ Leser, sondern immer ein Teil davon und hat entsprechend immer bestimmte Funktionen darin. Lit. wird nicht als eine geschlossene oder rein formale Textstruktur betrachtet, sondern als ein Medium in einer Kommunikationskette, wobei die funktionale und realitätsbezogene Perspektive sehr wichtig ist. Spezifisch pragmatische Fragestellungen sind etwa die nach den von Texten nicht explizit ausgedrückten, aber mit intendierten Bedeutungen, den Implikaturen, nach den Erwartungshaltungen und Verstehensvoraussetzungen, den ↗ Präsuppositionen, oder nach den Wirkungen, den Persuasionen, von Texten (↗ Wirkungsästhetik). Wie in der Linguistik ist P. auch in der Lit.wissenschaft eine äußerst komplexe Perspektive, die noch keineswegs vollständig entwickelt und genutzt worden ist, die aber gerade durch ihre vielfachen Bezüge zur Linguistik und Semiotik im Rahmen interdisziplinären Arbeitens sehr vielversprechend ist. Pragmatische Lit.wissenschaft entwickelt sich gegenwärtig im Kontext einer immer stärker werdenden interdisziplinären Kooperation von Lit.wissenschaft mit Geschichte, Anthropologie, Soziologie und ↗ Kulturwissenschaft. In ihrem Bezug zu kulturell und historisch definierten Lebensformen und Situationswelten findet lit.wissenschaftliche P. auch die Kriterien für die relative Gültigkeit ihrer Interpretationen und für eine angemessene Unterbrechung des ansonsten in der ↗ Postmoderne endlos andauernden Interpretationsprozesses, der unendlichen ↗ Semiose. – Im Grunde ist bereits ↗ Horaz' Bestimmung der Dichtkunst als Mittel zur Unterhaltung und Belehrung eine Definition aus pragmatischer Perspektive, die klar zwei unterschiedliche Funktionen und Wirkungen von Dichtung herausstellt. Diese funktionale Perspektive hat sich in den verschiedensten Ausprägungen und Akzentuierungen bis heute fortgesetzt. Die sog. ›rhetorische Kritik‹ von W. ↗ Booth aus den 50er Jahren etwa untersucht ebenso die Relation von Lit. zu ihren Benutzern wie der ↗ Strukturalismus, der Lit. als ein systematisches ↗ Spiel mit ↗ Codes betrachtet, das ganz bestimmte Wirkungen bei Rezipienten auslöst. M. H. ↗ Abrams' (1953) Versuch, Lit. in Beziehung zu Autor, Leser, zur dargestellten Welt oder zum literar. Text als expressiv, appellativ, mimetisch oder ästhetisch zu definieren, basiert in ihrer Beschreibung von Zeichen im Verhältnis zu Benutzern bzw. zur dargestellten Welt auf der relationalen Perspektive, die für P. grundlegend ist. Nach der Illusion des ↗ *New Criticism* und der ↗ werkimmanenten Interpretation, Lit. ohne Bezug zu Zeichenbenutzern und deren Lebenswelten interpretieren zu können, hat die pragmatische Wende in der Sprachwissenschaft auch die Lit.wissenschaft dazu geführt, Kontext- und Gebrauchsuntersuchungen mit neuer Intensität zu betreiben. So ist etwa das von G. Brown und G. Yule (vgl. 1983, S. 59) definierte Prinzip der ›lokalen Interpretation‹, das für das Verstehen eines Textes Kontexte aus dessen unmittelbarem, alltäglichen Umfeld fordert und nicht Zusammenhänge, die mit diesem Lebensraum nur wenig zu tun haben, zumindest implizit etwa im ↗ New Historicism zu finden. Eine explizit lit.wissenschaftliche P. befindet sich gegenwärtig erst in der Entwicklung und steht immer noch stark in der Nähe zur Sprachwissenschaft, sehr deutlich etwa dort, wo Höflichkeit (vgl. Sell 1985), ↗ Stil (vgl. Sell 1993), aber auch Aspekte der Narrativik untersucht werden (vgl. Watts 1981). Es fehlt noch eine umfassende Theorie (vgl. Sell 1991), und auch der Begriff P. selbst wird eher wenig gebraucht, sogar dort, wo z.B. T. ↗ Eagleton (1983) immer wieder darauf hinweist, wie sehr Lit. von historischen und kulturellen Kontexten abhängt. Auch bei St. ↗ Fish (1980) fällt der Begriff P. nicht, obwohl die Bedeutung der ↗ ›Interpretationsgemeinschaft‹ hervorgehoben wird, die allerdings Lit. signifikanterweise nicht in Beziehung zu ihrem Alltagsleben sehen soll, will sie nicht völlig ›unprofessionell‹ (vgl. Fish 1995) werden. P. ist aber im Grunde inzwischen gerade dadurch zu definieren, wie es ihr gelingt, die engen Grenzen der Fishschen Interpretations- oder Berufsgemeinschaft zu überschreiten, interdisziplinär zu arbeiten und so neue Perspektiven zu eröffnen bzw. Lit. gerade in den Kontexten zu sehen, in denen sie eine Bedeutung erhält, die über enge sprach-ästhetische Grenzen hinausgeht und allg.-menschliche Lebens- und Erkenntnispraxis umfaßt.

Lit.: M.H. Abrams: *The Mirror and the Lamp. Romantic Theory and the Critical Edition*, N.Y. 1953. – L. Wittgenstein: *Philosophische Untersuchungen*. In: *W. Schriften*, Bd. 1 (Hgg. G. Anscombe/R. Rhees), FfM. 1971 [1953]. S. 279–544. – D. Breuer: *Einf. in die pragmatische Texttheorie*, Mchn. 1974. – K.O. Apel (Hg.): *Sprachpragmatik und Philosophie*, FfM. 1982 [1976]. – J. Habermas: »Was heißt Universalpragmatik?« In: K.-O. Apel 1982 [1976]. S. 174–272. – Ch. W. Morris: *Pragmatische Semiotik und Handlungstheorie*, FfM. 1977. – J.R. Searle: *Expression and Meaning. Studies in the Theory of Speech Acts*, Cambridge 1979. – Fish 1995 [1980]. – M. Foucault: *Die Archäologie des Wissens*, FfM. 1995 [1981]. – R.J. Watts: *The Pragmalinguistic Analysis of Narrative Texts. Narrative Co-operation in Ch. Dicken's ›Hard Times‹*, Tüb. 1981. – G. Brown/G. Yule: *Discourse Analysis*, Cambridge 1983. – Eagleton 1996 [1983]. – R.D. Sell: »Politeness in Chaucer. Suggestions toward a Methodology for Pragmatic Stylistics«. In: *Studia Neophilologica* 57 (1985) S. 175–185. – O. Schwemmer: *Handlung und Struktur*, FfM. 1987. – R.D. Sell (Hg.): *Literary Pragmatics*, Ldn. 1991. – R. Shusterman: *Pragmatist Aesthetic. Living Beauty, Rethinking Art*, Oxford 1992. – R.D. Sell: »The Difficult Style of the Wasteland. A Literary-pragmatic Perspective on Modernist Poetry«. In: P. Verdonk (Hg.): *20th Century Poetry. From Text to Context*, Ldn. 1993. S. 134–158. – K. Oehler: »Über Grenzen der Interpretation aus der Sicht des semiotischen Pragmatismus«. In: J. Simon (Hg.): *Zeichen und Interpretation*, FfM. 1994. S. 57–72. – St. Fish: *Professional Correctness. Literary Studies and Political Change*, N.Y. 1995. – H. Putnam: *Pragmatism. An Open Question*, Oxford 1995.

KPM

Prince, Gerald (*1942), am. Lit.wissenschaftler, Romanist. – Geburt in Alexandria in Ägypten; seit 1964 am. Staatsbürger. Studium am Brooklyn College der City University of New York und an der University of Florida; Promotion an der Brown University (Ph.D. 1968); 1967–1968: *instructor* im frz. Institut der University of Pennsylvania in Philadelphia; 1968–1973: Assistant Professor; 1973: Associate Professor; zur Zeit: Magnin Family Term Professor and Associate Chair of Romance Languages sowie Co-director des Center for Cultural Studies der University of Pennsylvania. – P.s Forschungen konzentrieren sich auf frz. Lit. des 20. Jh.s und insbes. auf theoretische Fragen der Narratologie, die er unter Bezug auf zahlreiche Texte der Weltlit. erörtert. Hat P. noch Anfang der 80er Jahre den Begriff der ↗ Erzählung weit gefaßt und darunter auch narrative Strukturen im Film, beim Tanz oder in der Pantomime subsumiert, so wandte er sich 1987 einem engeren Begriff zu, der dramatische Formen ausschließt und auf der verbalen Vermittlung durch einen ↗ Erzähler besteht. P. hat insbes. einen wertvollen Beitrag zur Erforschung des lange vernachlässigten *narratee* oder fiktionalen Rezipienten geleistet, also jener Instanz des ↗ Kommunikations›modells narrativer Texte, das auf der Empfängerseite auf derselben Ebene wie der Erzähler anzusiedeln ist. P.s Werk gilt als wichtiger Beirag zur narrativen Grammatik fiktionaler Texte und zur ↗ Erzähltheorie.

Lit.: G. Prince: *Métaphysique et technique dans l'œuvre romanesque de Sartre*, Genf 1968. – ders.: *A Grammar of Stories. An Introduction*, Den Haag 1973. – ders.: *Narratology. The Form and Functioning of Narrative*, Bln./N.Y. 1982. – ders. 1988 [1987].

HA

Produktionsästhetik, lit.- und kunstwissenschaftliche Ansätze, welche die gesellschaftlichen und politischen ↗ Kontexte der Entstehung von (literar.) Kunst, d.h. ihre Produktionsbedingungen (↗ Lit.produktion) untersuchen und sich dabei vorrangig auf ↗ Empirie stützen. – Realisiert findet sich die P. unter akzentuiert politischen Vorzeichen v.a. in der ↗ Marxistischen Lit.theorie; sie fußt in ihren zeitgenössischen Entwicklungen maßgeblich auf den Arbeiten von Th.W. ↗ Adorno, L. ↗ Althusser und G. ↗ Lukács. Enge Beziehungen existieren weiterhin zu ↗ Ideologiekritik, materialistischer ↗ Ästhetik und ↗ Widerspiegelungstheorie. In Opposition zur P. steht die ↗ Rezeptionsästhetik in der von H.R. ↗ Jauß und W. ↗ Iser entworfenen Form, wenngleich die P. mit dieser und der Formalästhetik, welche sich mit der Entstehung und Geltung von Geschmacksurteilen beschäftigt, ihre Stellung als Subjektästhetik teilt, da sie sich mit den Bedingungen der Entstehung von Kunst auseinandersetzt. Im Gegensatz hierzu untersucht die Objektästhetik (↗ Werk-, Inhalts- und Gehaltsästhetik) in erster Linie Aspekte des ästhetischen Gegenstands selbst. – Für T. ↗ Eagleton wird die künstlerisch-literar. Produktion zu allen Zeiten grundlegend von den dominanten gesellschaftlichen Bedingungen beeinflußt, wie z.B. dem Protektions- und Patronagewesen im England des 18.Jh.s, oder den Bedürfnissen des zeitgenössischen Massenpublikums, welche vom literar. Markt explizit durch die Massenproduktion von *pulp fiction* befriedigt werden. Ähnlich nehmen auch P. ↗ Macherey und F.R. ↗ Jameson der traditionellen, insbes. der formalistischen Werkästhetik gegenüber eine ablehnende Haltung ein, welche das Kunstwerk als starre, kontextlose und überzeitlich valide Gegebenheit analysiert. Der P. ist daher im Gegenzug daran gelegen, das Werk als unausweichlichen Reflex der historischen, ökonomischen, sozialen und politischen Konstellationen seiner Entstehungszeit zu untersuchen. Für Macherey ist das Kunstwerk darüber hinaus nicht nur Indikator der herrschenden ↗ Ideologie, sondern auch Motor ihrer Fiktionalisierung. Erst in dieser, so Macherey, zeigen sich die internen Inkohärenzen und Widersprüche der Ideologie selbst, was wiederum der Kunst subversives, d.h. die Konstellationen beeinflussendes Potential verleiht. Künstlerische Produktion steht damit stets in Relation zum Kontext, sei es als schlichter mimetischer Ausdruck der Ideologie ihrer Epoche oder als deren kritische Korrektur; sie kann ein im politischen Sinne ideo-logiestützendes oder -infiltrierendes Moment darstellen. Dieser Ansatz der P. umfaßt formale und inhaltliche Aspekte des Kunstwerks, so daß z.B. die Forminnovationen der literar. ↗ Moderne als Antwort auf bzw. künstlerische Ästhetisierung der geistesgeschichtlichen Umbruchsituation der Epoche verstehbar werden. – Beachtliche Ergebnisse der P. sind die inzwischen weitgehend akzeptierte Ablehnung des Bildes vom schöpferischen Subjekt als zeit- und raumlosem ›Werkzeug‹ der Inspiration, wie es z.B. die klassizistische Genieästhetik pflegte, sowie die Relativierung der Vorstellung von unbegrenzter ↗ Autonomie des Künstlers und des Kunstwerks. Die P. hat gezeigt, daß jede künstlerische Produktion eminent vom realgeschichtlichen Kontext determiniert wird. Insbes. die Forschung zu den Funktionsmechanismen der Verbreitung von ↗ Triviallit. hat dies deutlich gemacht. In der dt. Germanistik der 60er und 70er Jahre zeigte sich eine Forcierung der P. in der Konzentration auf Fragen nach schriftstellerischem und künstlerischem Selbstverständnis (↗ Autorpoetik), Arbeitsalltag und gesellschaftlicher Reputation, mit fließenden Grenzen zur ↗ Lit.soziologie. In den 80er Jahren sind entscheidende Gedanken der P. in die ↗ Empirische Theorie der Lit. eingeflossen.

Lit.: T. Eagleton: *Criticism and Ideology. A Study in Marxist Literary Theory*, Ldn. 1976. – P. Macherey: *Pour une théorie de la production littéraire*, Paris 1980 [1966]. – G. Gaiser: *Lit.geschichte und literar. Institutionen. Zu einer Pragmatik der Lit.*, Meitingen 1993.

GN

Prolepse (gr. *prolēpsis*: Vorwegnahme), in G. ↗ Genettes ›Discours du récit‹ (*Figures III*, 1972) stellt die P. eine der beiden Hauptformen narrativer ↗ Anachronie dar und gehört als solche zur Kategorie ›Ordnung‹ (↗ Anachronie); allerdings kommt sie, zumindest in der abendländischen Erzähltradition, viel seltener vor als die komplementäre ↗ Analepse. Die P. wird definiert als »jedes narrative Manöver, das darin besteht, ein späteres Ereignis im voraus zu erzählen oder zu evozieren« (Genette 1994, S.25). – Analog zur Analepse unterscheidet Genette zunächst einmal zwischen den Kriterien der Reichweite und des Umfangs einer P., um dann unter ›Reichweite‹ die externe und interne P. sowie unter ›Umfang‹ die partielle und die komplette P. näher zu betrachten. Während die externe P. sich nicht mit dem Zeitfeld der Basiserzählung überschneidet, kommt es bei der homodiegetischen (im Gegensatz zur heterodiegetischen) internen P. zu einer Interferenz zwischen Basiserzählung und proleptischem Erzählsegment. Füllt diese P. im voraus eine spätere Lücke aus, handelt es sich um eine kompletive P.; die repetitive P. verdoppelt gewissermaßen ein zukünftiges narratives Segment und hat somit die Funktion eines expliziten ›Vorgriffs‹, der die Spannung durch antizipierende Wendungen wie ›später werden wir sehen, daß...‹ steigern soll. (Demgegenüber wecken ›Vorhalte‹ lediglich unspezifische Erwartungen.) Als ›komplett‹ ist eine P. dann zu bezeichnen, wenn die proleptische Erzählung mit dem Zeitfeld der Basiserzählung verbunden wird. Demgegenüber liegt eine ›partielle‹ P. vor, wenn sich die P. deutlich von der Basiserzählung abhebt, was z. B. signalisiert werden kann durch Formulierungen wie ›ich greife viele Jahre vor‹.

Lit.: Genette 1972/80. – ders. 1983/88/94.

BM

Proposition (lat. *propositio*: Thema), die von einer Äußerung, einem Segment explizit ausgesprochene oder implizit vorausgesetzte semantische Information, d.h. alle durch den Akt der Äußerung, durch dieses Segment zugleich als wahr gesetzte Aussagen. – P.en sind nicht auf Aussagesätze beschränkt. Der propositionale Gehalt einer Äußerung ist alles das, was notwendig zutreffen, in der ↗ Tiefenstruktur der Äußerung gegeben sein muß, damit die Oberfläche, die Form der Äußerung, Sinn machen kann (↗ Kohärenz). Dazu gehören insbes. Prämissen, als selbstverständlich zugrundegelegte Voraussetzungen und Rahmenbedingungen einer Äußerung. Eine Teilmenge der P.en stellen die ↗ Präsuppositionen dar. Als abstrakte Entitäten, deren Funktion es ist, Zustände einer wirklichen oder möglichen Welt zu beschreiben, bilden P.en somit die Grundlagen einer Modellierung von Welt. So liegen der Aufforderung ›Machen Sie das Fenster zu!‹ notwendig spezifische Gegebenheiten des konkreten Weltzustandes zugrunde, etwa raumzeitliche Konzepte und Situierung, Merkmale und Beziehung von Sprecher-Adressat, Handlungsmöglichkeiten usw.; es gilt, mittels der P.en der Äußerung die Menge von möglichen Welten zu finden, in denen die Äußerung wahr werden könnte. – P. ist ein aus Logik und Sprachphilosophie kommender, an Wahrheitswerte gebundener Begriff, der von ↗ Semantik und ↗ Sprechakttheorie übernommen wurde. Die strukturale Interpretationstheorie baut, neben der Merkmalsanalyse, auf der propositionalen Analyse als grundlegender

Operation zur Rekonstruktion des Bedeutungspotentials von Texten auf. ›Ableitbare P.‹ ist dabei jede Aussage, die aus einer Äußerung aufgrund von Sprachkompetenz oder Wissen über die Welt, auch aufgrund mehrerer Sätze oder bereits abgeleiteter P.en, gefolgert werden kann. Die Konzeption von P.en erlaubt es darüber hinaus, textuelle P.en von kulturellen P.en zu unterscheiden und über letztere bzw. deren spezifisches Verhältnis zu ersteren eine Grundlage für die Einbeziehung des kulturellen Kontextes in die Interpretation zu schaffen.

Lit.: M. Titzmann: *Strukturale Textanalyse. Theorie und Praxis der Interpretation*, Mchn. 1977. – ders.: »Zum Verfahren der strukturalen Textanalyse – am Beispiel eines diskursiven Textes«. In: *Analyse & Kritik* 1 (1981) S. 64–92. – ders.: »Skizze einer integrativen Lit.geschichte und ihres Ortes in einer Systematik der Lit.wissenschaft«. In: ders.: *Modelle des literar. Strukturwandels*, Tüb. 1991. S. 395–438.

HK

Propp, Vladimir Jakovlevič (1895–1970), russ. Lit.wissenschaftler. – P. arbeitete nach einem philologischen Studium in Petrograd ab 1918 als Lehrer für die dt. Sprache und war ab 1932 als Dozent, ab 1938 als Professor für Volkskunde an der Universität Leningrad tätig. 1964 wurde er Mitglied der Akademie der Wissenschaften der UdSSR. Der Schwerpunkt seiner Forschungen liegt im Bereich der russ. Volksdichtung; seine Arbeiten betreffen Volksmärchen, lyrische Volkslieder, epische Lieder (Bylinen), Gattungsfragen usw. Bedeutung für die Lit.theorie hat wegen des ›morphologischen‹ Ansatzes v.a. seine Arbeit über die russ. Zaubermärchen, deren struktureller Teil 1928 unter dem Titel *Morphologie des Märchens* erschien. Gerade dieser Ansatz aber wurde von offiziöser Seite als ›formalistisch‹ kritisiert und konnte unter den Bedingungen der restriktiven Kulturpolitik Stalins nicht weiterverfolgt werden. P. promovierte 1939 mit dem erst 1946 unter dem Titel *Die historischen Wurzeln des Zaubermärchens* veröffentlichten historischen Teil der Arbeit von 1928 zum Dr. habil. und konzentrierte sich in der Folge überwiegend auf historisch-genetische Probleme. – Methodischer Ausgangspunkt der *Morphologie des Märchens* ist die Beobachtung, daß in dem gewählten Textkorpus, den Zaubermärchen der Sammlung A.N. Afanas'evs, ein und dieselbe ↗ Handlung von verschiedenen ›Personen‹ ausgeführt werden kann. Grundlegend für die Märchenkomposition ist also nicht die Person, deren Attribute nur Variablen darstellen, sondern die Handlung, die auf konstanten Bauelementen basiert. Durch Analyse der Handlung ermittelt P. deren kleinste Einheiten, die er als ›Funktionen‹ bezeichnet. Das gesamte Textkorpus wird auf ein Repertoire von nur 31 solcher ›Funktionen‹ zurückgeführt, für die P. Kurzdefinitionen wie ›Abreise‹, ›Rückkehr‹, ›Schädigung‹, ›Rettung‹, ›Empfang des Zaubermittels‹, ›Prüfung‹, ›Entlarvung‹, ›Bestrafung‹ usw. angibt und denen er Symbole zuordnet, die eine formalisierte Darstellung der Textstruktur erlauben. Die ›Funktionen‹ sind mit wiederum konstanten ›Rollen‹ des jeweiligen Handlungsträgers verknüpft: ›Held‹, ›Gegenspieler‹ oder ›Schadensstifter‹, ›Helfer‹ usw. Ferner sind sie zu bestimmten ›Sequenzen‹ geordnet, die P. als Struktureinheit zwischen ›Funktion‹ und dem Textganzen einführt, so daß sich insgesamt eine hierarchische Gliederung des Textes ergibt. Die ›Funktionen‹ sieht P., anders als seine Nachfolger, auf einer einzigen Ebene angesiedelt. Die Ebene der sprachlichen Realisierung läßt er bei der Betrachtung weitestgehend außer acht. Die Attribute der Personen werden hingegen als ›variable Märchenelemente‹ in die Analyse miteinbezogen. Als linguistisch orientiert erweist sich P.s Methode u. a. darin, daß er die Personen wie Subjekte und Objekte, die Handlungen wie Prädikate behandelt. – P. hat mit seiner Märchenstudie die Grundlage für eine strukturalistische ↗ Erzähltheorie und Erzähltextanalyse geschaffen. Obwohl P. durch Übersetzungen erst seit den späten 50er Jahren international rezipiert und seine *Morphologie* erst 1969 in der Sowjetunion nachgedruckt wurde, hat er auf die jüngere Erzählforschung nachhaltigen Einfluß ausgeübt. So knüpfen die Arbeiten zur Erzählgrammatik von Autoren wie C. ↗ Bremond und T. ↗ Todorov an P. an und modifizieren dessen Modell, um es auf Erzähltexte generell übertragen zu können.

Lit.: V. Propp: *Morphologie des Märchens*, FfM. 1975 [1928]. – ders.: *Die historischen Wurzeln des Zaubermärchens*, Mchn. 1987 [1946]. – R. Breymayer: »Bibliographie zum Werk V. J. P.s und zur strukturalen Erzählforschung«. In: *Linguistica Biblica* 15/16 (1972) S. 67–77. – E. Gülich: »Die Anfänge der Erzähltextanalyse bei V. P.«. In: dies./W. Raible: *Linguistische Textmodelle*, Mchn. 1977. S. 195–202.

FG

Prosodie ↗ Metrik

Psychoanalytische Literaturwissenschaft, als interpretative Methode wurde die Psychoanalyse von S. ↗ Freud begründet, der seine klinischen Untersuchungen u. a. mit literar. Analysen verband. Laut Freud enthalten literar. Werke analog zum Tagtraum eine durch ↗ Sublimierung bzw. Repression von unbewußtem ↗ Begehren entstandene Oberfläche, den manifesten Gehalt, dessen latente Bedeutung durch p. Deutungsverfahren entschlüsselt werden kann. Eine Reihe solcher durch Verschiebung und Kondensation entstandener Imagos bzw. symbolischer Muster und ihrer Deutungen findet sich in Freuds *Traumdeutung* (1900). – In ihrer ersten Phase beschränkte sich die P. L. weitgehend auf psychobiographische Deutungen, in denen der ↗ Text als Symptom für das individuelle ↗ Unbewußte des Autors begriffen wird. Danach schlagen sich die Neurosen bzw. Traumata des Autors, v. a. die damit verbundenen unterdrückten sexuellen Phantasien, in immer wiederkehrenden ↗ Figuren und ↗ Motiven nieder. Systematisiert und weitergeführt wurden solche Charakter- und Symbolanalysen durch den Freud-Biographen E. Jones, der durch seine Analyse ödipaler Motive in *Hamlet and Oedipus* (1949) bekannt wurde. – Neben Freud war v. a. dessen (abtrünniger) Schüler C. G. ↗ Jung für die P. L. modellbildend. Dessen ↗ Archetypentheorie hebt auf urtümliche Bedeutungsmuster ab, die über zeitliche und kulturelle Grenzen hinaus als allg. psychische Prädispositionen im sog. kollektiven ↗ Unbewußten fortwirken. Auf M. Bodkins *Archetypal Patterns in Poetry* (1934) folgte in den USA eine Flut von Studien, die solche universellen Muster bzw. ↗ Mythen aufzuspüren suchen. Neue Impulse im *archetypal criticism* gingen von N. ↗ Frye aus, der Gattungsuntersuchungen den Weg bahnte, sowie von A. Pratt, die ihre Forschungen mit feministischen Ansätzen verband. – In der zweiten Phase der nachfreudianischen P. n L. verlagerte sich das Interesse vom Autor und dessen Text hin zum Leser, dem nun eine aktive Rolle in der Produktion von ↗ Bedeutung zugebilligt wurde. Neben der auf M. Klein zurückgehenden Objekt-Beziehungstheorie, welche die dynamische Interaktion zwischen Text und Leser berücksichtigt, initiierte v. a. die am. Ego-Psychologie den modernen *reader-response criticism* (↗ Rezeptionsästhetik), der die ↗ Identität, die Rolle und die Funktion des Lesers erforscht. N. N. ↗ Holland, einer der Begründer dieser Richtung, beschäftigt sich in *The Dynamics of Literary Response* (1968) mit unbewußten Wünschen als determinierenden Faktoren für Lesererwartungen und -reaktionen. In *The Anxiety of Influence* (1973) setzt H. ↗ Bloom den Leser, v. a. wenn es sich um einen Dichter oder Kritiker handelt, in eine ödipale

Rivalitätsbeziehung zum Autor, so daß literar. Rezeption zum Schauplatz entsprechender Verhaltensweisen (wie Idealisierung, Neid und Aggression) wird. – Den größten Einfluß auf die neuere P.L. hatte der frz. Psychoanalytiker J. ↗ Lacan. Seine strukturale Psychoanalyse basiert auf den linguistischen Modellen von F. de ↗ Saussure und R. ↗ Jakobson. Lacans zentrale These lautet, daß das Unbewußte wie eine Sprache strukturiert ist und selbst eine Folge des Eintritts in sprachliche Strukturen ist. Das vorgegebene sprachliche System, der Ort des ›Anderen‹, repräsentiert gesellschaftliche Vorschriften, insbes. das ›Gesetz des Vaters‹, und stellt insofern eine symbolische, d.h. sprachlich-kulturelle Ordnung dar, die durch patriarchalische Strukturen gekennzeichnet ist. Das Symbolische ist mit Hilfe von rhetorischen Mitteln, v.a. durch ↗ Metapher und ↗ Metonymie, beschreibbar. Dabei wird die bei Saussure bereits angelegte Trennung zwischen der sprachlichen ↗ Repräsentation bzw. dem ↗ Signifikanten und der gedanklichen Vorstellung bzw. dem Signifikaten zu einer stets aufgeschobenen Bedeutung erweitert. Aufgrund der fehlenden festen Beziehungen zu Signifikaten unterliegt das ↗ Subjekt einem sprachlich-symbolisch vermittelten Begehren, das nie sein Ziel erreicht. Da auch der Interpret dem (stets verfehlten) unbewußten Begehren unterliegt und Bedeutung nicht fixierbar ist, kann Textdeutung nicht mehr als ein Gleiten an einer Signifikantenkette sein. Insofern hat Lacans Ansatz für die Lit.wissenschaft eher theoretische Implikations- als praktische Applikationsmöglichkeiten. – Eine ideologiekritische Radikalisierung der Ansätze Lacans erfolgte durch den Philosophen G. ↗ Deleuze und den Psychiater F. ↗ Guattari. In *L'anti-oedipe* (1972) weisen sie auf die Zusammenhänge zwischen der Ideologie des Mangels in den p.n Konzepten des Unbewußten und des Begehrens auf der einen Seite und kapitalistischen Machtstrukturen auf der anderen Seite hin. Entsprechend lehnen sie Freuds und Lacans ödipale Theorien als bürgerlich-imperialistische Konstrukte ab. In ihrer sog. Schizoanalyse wird die von Lacan behauptete Instabilität des sprachlich konstituierten Subjekts und die dauernde Verschiebung des symbolisch vermittelten Begehrens als positive Kraft jenseits gesellschaftlich-kultureller Repressionsmechanismen begriffen. Am Beispiel von Kafka zeigen sie, wie Lit. mit Hilfe der Schizoanalyse gleichsam eine ›Maschinerie‹ des Begehrens mit befreiendem, ja revolutionärem Potential in Gang setzen kann. – Die Suche nach einem Ausweg aus vorgegebenen Repräsentationsformen ist auch das Ziel einer psychoanalytisch orientierten ↗ feministischen Lit.theorie. Nachdem frühe Feministinnen wie S. de ↗ Beauvoir und K. ↗ Millett Freuds defizitäre Konzeption weiblicher Sexualität angeprangert hatten, setzte mit J. Mitchells einflußreicher Studie *Psychoanalysis and Feminism* (1974) eine positivere Rezeption der Psychoanalyse ein. Dabei wurde Freuds Annahme einer soziokulturell geformten instabilen psychischen Identität und Lacans Konzept der Mobilität des, immer sprachlich vermittelten, Begehrens als Hinweis auf den diskursiv-fiktionalen Charakter von ↗ Geschlechtsidentität und ↗ Geschlechterdifferenz gesehen (vgl. Mitchell/Rose 1982). L. ↗ Irigaray hat auf die Notwendigkeit hingewiesen, den ↗ Phallozentrismus der Psychoanalyse zu revidieren, insofern der Phallus bei Freud und Lacan als primärer Signifikant fungiert und die Fortschreibung männlicher Machtstrukturen garantiert. J. ↗ Kristeva hat Lacans Begriff des Symbolischen durch die Kategorie des Semiotischen ergänzt. Letzteres ist eine Zone des Widerstandes an den Rändern des Symbolischen, das vor und gegen sprachlich-psychische Zwangsmechanismen wirkt und sich v.a. in poetischen Texten, etwa in Form von Widersprüchen, Brüchen und Schweigen, zeigt. – Das provokative Potential der P.nL. kommt auch in anderen zeitgenössischen Theorien zu kulturellen Diskursen zum Tragen. In *Histoire de la Sexualité* (1976) beschäftigt sich M. ↗ Foucault mit dem zentralen Stellenwert von Sexualität, v.a. in der Psychoanalyse, als einem Kristallisationspunkt moderner Wissens- und Machtstrategien. Foucault geht von einem die Diskurse steuernden kulturellen Unbewußten aus, das er, im Gegensatz zu Jung, als ständig fluktuierend und, im Gegensatz zu Freud, als diskontinuierlich, d.h. als repressiv und gleichzeitig subversiv begreift. Auf dieser Grundlage können auch p. Diskurse, ebenso wie andere kulturelle Repräsentationsformen, auf ihre verborgenen Normierungen und wechselnden Marginalisierungen hin neu gelesen werden.

Lit.: J.M. Fischer (Hg.): *Psychoanalytische Lit.interpretationen*, Tüb. 1980. – J. Mitchell/J. Rose (Hgg.): *Feminine Sexuality. J. Lacan and the École Freudienne*, Ldn. 1982. – E. Wright: *Psychoanalytic Criticism. Theory in Practice*, Ldn./N.Y. 1984. – H.H. Hiebel: »Strukturale Psychoanalyse und Lit. (J, Lacan)«. In: Bogdal 1997 [1990]. S. 57–83. – W. Schönau: *Einf. in die P.L.*, Stgt. 1990. – U. Haselstein: »Exkurs: Psychoanalyse und Lit.wissenschaft«. In: Pechlivanos et al.

1995. S. 295–298. – L. Rühling: »Psychologische Zugänge«. In: Arnold/Detering 1997 [1996]. S. 479–497.

DF

Q

Queer Studies ↗ *Gay and Lesbian Studies*

Quellen- und Einflußforschung, die Q. möchte motiv- und stoffliche (↗ Stoff- und Motivgeschichte; ↗ Motiv; ↗ Stoff) Abhängigkeiten literar. Kunstwerke von mündlich tradierten (z.B. Mythen, Sagen, Märchen, Lieder) oder bereits schriftlich fixierten Vorlagen (z.B. eigene oder fremde literar. Kunstwerke, historiographische Werke, Biographien, Tagebücher, Memoiren, Zeitungsnotizen) aufdecken. Zweck der Q. ist nicht, dem jeweils analysierten Kunstwerk und damit dessen Verfasser oder Verfasserin Mangel an Originalität nachzuweisen, sondern durch den Vergleich von Quelle und Bearbeitung Erkenntnisse und Einsichten über Schaffensprozesse, Kunstauffassung und Intentionen des Dichters oder der Dichterin zu gewinnen. So erlaubt z.B. ein Vergleich der Herrscherfiguren Duncan und Macbeth aus Shakespeares Tragödie *Macbeth* (1605/06) mit der von Shakespeare benutzten Hauptquelle, der *Chronicles* (1587) des R. Holinshed, interessante Aussagen über die aus signifikanten Abweichungen erschließbaren Intentionen des Dramatikers. Gleichzeitig verdeutlicht dieses Beispiel, wo die Grenze zwischen Q. und Intertextualitätsforschung (↗ Intertextualität) anzusetzen ist: Ein solcher Vergleich konzentriert sich primär auf Handlungsmotivationen und die Charakterzeichnung der jeweiligen Protagonisten, wobei die interpretatorisch bedeutsamen Abweichungen Shakespeares von Holinsheds *Chronicles* nahezu keine Intertextualität generieren; »it will be relevant for a study of intertextuality only if the resulting adaptation preserves a (traceable!) trace of that which it almost, but not quite, erases« (Höfele 1997, S. 225). Diese mögliche klare Differenzierung zwischen Q. und Intertextualitätsforschung (vgl. ebd.: »the fact that a pre-text can be clearly identified as ›source‹ says nothing about its degree of intertextual relevance«) sollte nicht darüber hinwegtäuschen, daß viele Studien der Intertextualitätsforschung im Grunde nicht über das methodische Instrumentarium und die Ergebnisreichweite einer reflektierten Q. hinausgekommen sind. Wo sich, wie im 19. und in den ersten Jahrzehnten des 20. Jh.s nicht selten praktiziert, die Q. damit zufriedengibt, die benutzte Quelle zu identifizieren, ist sie zurecht in Verruf gekommen: »Tatsächlich ist damit nichts für die künstlerische Erfassung und noch sehr wenig für die literarhistorische getan. Die eigentliche Arbeit müßte jetzt beginnen. Warum ergriff der Dichter diesen Stoff, was reizte ihn? Wie und wozu verarbeitete er ihn?« (Kayser 1948, S. 58) Eine reflektierte Q., die die Ergebnisse der ↗ Überlieferungsgeschichte miteinbezieht und sich, zumindest teilweise, der ↗ Rezeptionsforschung annähert, ermöglicht zum einen bedeutsame Einsichten in ein einzelnes literar. Kunstwerk und zum anderen wird sie zur Voraussetzung für motiv- und stoffgeschichtliche Untersuchungen sowie für Studien zur Intertextualität. Es ist daher sicherlich kein Zufall, daß einige neuere Studien (z.B. M.A. Grail 1997 und James 1997) in ihren methodologischen Überlegungen Positionen formulieren, die explizit zwischen reflektierter Q. und ↗ *New Historicism* bzw. ↗ *Cultural Studies* angesiedelt sind und deren interpretatorische Ergebnisse die Fruchtbarkeit solcher Ansätze exemplarisch verdeutlichen.

Lit.: Kayser 1992 [1948]. Bes. S. 56–59. – H.H. Lehnert: »Q. und fiktive Strukturen«. In: *Rice University Studies* 53.4 (1967) S. 13–21. – A. Höfele: »20th-Century Intertextuality and the Reading of Shakespeare's Sources«. In: *Poetica* 48 (Tokio, 1997) S. 211–227. – H. James: *Shakespeare's Troy. Drama, Politics, and the Translation of Empire*, Cambridge 1997. – Ausg. »Shakespeare's Plutarch« (Hg. M.A. Grail) der Zs. *Poetica* 48 (Tokio, 1997).

UB

R

Race (dt. Rasse), biologische und anthropologische Differenzierungskategorie, die im Rahmen der Klassifikationsprojekte der Aufklärung zentral relevant für die Beschreibung und Erfassung des Menschen wurde. – Mit den darwinistischen Theorien des späten 19. Jh.s wurde *R.* endgültig zur Leitmetapher für human- wie sozialwissenschaftliche Diskurse, zum Bezugspunkt für hierarchisierende Modelle von Natur und Gesellschaft. Ideologische und wissenschaftliche

Interessen liefen ineinander und die Argumentationsmuster vermischten sich bis zur Ununterscheidbarkeit. Obwohl von den seriösen Sozial- und Humanwissenschaften schon in den 30ern in ihrer Aussagekraft in Frage gestellt, wurde die wertende Verwendung von R. bis Mitte des 20. Jh.s durch (pseudo)wissenschaftliche Erklärungsmuster legitimiert. Inzwischen ist der Begriff in bezug auf den Menschen wissenschaftlich weitgehend diskreditiert, erweist sich aber weiterhin als ideologisch höchst wirksame »trope of ultimate, irreducible difference between cultures, linguistic groups, or adherents of specific belief systems which [...] also have fundamentally opposed economic interests« (Gates 1986, S. 5). – Aufgrund der Einsicht, daß R. eher kulturell denn biologisch kodiert ist, kommt die Begriffsdefinition der der Ethnie (↗ Ethnizität) oft sehr nahe. Der Forderung, den Begriff R. durch den der ›ethnischen Differenz‹ zu ersetzen, begegnen allerdings gerade Vertreter von ethnischen Minderheiten äußerst skeptisch. Viele argumentieren für die Beibehaltung des Begriffs, der schließlich als Konzept weiterhin gesellschaftlich wirksam sei. Solange rein äußerliche Unterschiede, z. B. Hautfarbe und Physiognomie, Diskriminierung bedingten und nicht wertfrei begriffen würden, erübrige sich auch der Begriff R. nicht. – Eine Reaktion auf diese Einsicht in die ungebrochene Wirksamkeit des Begriffs ist seine Neubesetzung im Engl. Anders als ›Rasse‹ wird R. v. a. von schwarzen Kritikern nicht rein pejorativ gebraucht, sondern als Mittel der Selbstsetzung und Abgrenzung gegenüber dem weißen Mainstream affirmiert. So basiert die ›neue kulturelle Politik der Differenz‹, für die der afro-am. Kritiker C. West plädiert, u. a. auf einem positiven Verständnis von R. als gemeinschaftsstiftendem Bezugspunkt für minoritäre Emanzipationsbestrebungen. – Die ungebrochene ideologische Relevanz des Begriffs macht auch den Fokus der lit.wissenschaftlichen Debatten um R. aus, die von afro-am. Kritikern die wohl wichtigsten Impulse erfuhren und in der ↗ Postkolonialen Lit.theorie und -kritik intensiv geführt werden. So wies K. A. Appiah auf die intrikaten Bezüge zwischen den Konzepten R. und *nation* hin, die gerade durch literar. Texte hergestellt und kontinuierlich neu verhandelt werden. Für Appiah ebenso wie für H. L. ↗ Gates wird R. zum ›Gerüst‹ für die literar. Inszenierung von Geschichte, Kultur und nationaler Identität. T. Morrison ging in ihrer Untersuchung zur am. Lit. noch weiter und erklärte R. zum uneingestandenen und ungenannten ›Betriebssystem‹ des literar. ↗ Kanons, das nicht länger expliziert werden muß, um kulturell wirksam zu werden. Das Verschweigen des Begriffs allein könne also keinesfalls zum Mittel der Bewältigung des Phänomens werden. Morrison war überdies eine der ersten Kritikerinnen, die ihre Aufmerksamkeit von *blackness*, d. h. schwarzer Differenz, auch auf *whiteness*, d. h. den weißen Status quo, ausweitete, und damit die Konstruiertheit sämtlicher ethnischer Stereotype zum Ausgangspunkt ihrer Untersuchung machte. Diese Wendung kennzeichnet eine der wichtigsten aktuellen Tendenzen in diesem Feld.

Lit.: Gates 1995 [1986]. – C. West: »The New Cultural Politics of Difference«. In: R. Ferguson et al. (Hgg.): *Out There. Marginalization and Contemporary Cultures*, N. Y. 1990. S. 16–36. – D. LaCapra (Hg.): *The Bounds of R.*, Ithaca 1991. – J. Donald/A. Rattansi (Hgg.): ›R.‹, *Culture and Difference*, Ldn. 1992. – T. Morrison: *Playing in the Dark. Whiteness and the Literary Imagination*, Cambridge, Mass. 1992. – D. T. Goldberg: *Racist Culture*, Cambrigde, Mass. 1993. – Sh. Raman: »*The Racial Turn*. ›R.‹, Postkolonialität, Lit.wissenschaft«. In: Pechlivanos et al. 1995. S. 241–255. – K. A. Appiah: »R.«. In: Lentricchia/McLaughlin 1995 [1990]. S. 274–287. – W. Lubiano (Hg.): *The House that R. Built*, N. Y. 1997.
                                                                                    RM

Race-Class-Gender-Analyse ↗ *Gender*; ↗ Klasse; ↗ *Race*

Radikaler Konstruktivismus ↗ Konstruktivismus, radikaler

Rasse ↗ *Race*

Reader-response theory/criticism ↗ Rezeptionsästhetik

Realismus, Literaturtheorien des (lat. *res*: Sache, Wirklichkeit), die andauernden Definitionsprobleme des R. ergeben sich aus der historisch gewachsenen Fülle des Begriffs, der sich, manchmal zugleich, auf eine ↗ Epoche, auf ein literar. Programm und auf einen übergreifenden Stil beziehen läßt. Trotz wiederholter Versuche, eine wissenschaftlich fundierte Definition festzulegen, bestätigt sich bisher noch immer die Anwendung von R. als Pauschalterminus bei der Evaluation von literar. und künstlerischen Artefakten. Der wissenschaftlich vertretbare Gebrauch des Wortes kann aber nicht um die Rezeptionsdimension des Sachverhaltes hin, und R. könnte deswegen am besten als ein historisch und soziologisch variabler Bedeutungseffekt aufgefaßt werden (R.-Effekt), der daraus besteht, daß ein literar. Text oder ein Kunstwerk der jeweiligen Realitätsauffassung des Publikums entspricht und diese vielleicht sogar mitbestimmt. Dieser Effekt kann von höchst unterschiedlichen Stilmerkmalen erzielt werden; in der heutigen Lesepraxis wird er oft nicht mehr ausgelöst durch die Verfahren, durch die sich die für den (ohnehin allzu reduktiven) Epochenbegriff grundlegenden Texte von Stendhal, H. de Balzac, G. Flaubert, Ch. Dickens oder G. Eliot auszeichnen. R. als Programm schreibt sich leicht in diese konstruktivistische Definition ein, denn die Vertreter des R. streben immer den genannten Effekt an. Wie St. Kohl (1977) belegt hat, beziehen sich die programmatischen Realisten dabei meist auf eine seit einiger Zeit dominierende Strömung, deren Repräsentationstechniken sie dann als der ›neuen‹ Realitätsauffassung völlig unangemessen betrachten. – R., in der scholastischen Philosophie des MA.s ein Terminus für die Realität der Universalien außerhalb des Denkens und in diesem Sinne das Gegenteil von Nominalismus, wird erst seit der Mitte des 19. Jh.s systematisch in der Lit.- und Kunstkritik verwendet. Der frz. Maler G. Courbet und der frz. Autor J. Champfleury nahmen die nach der Revolution von 1848 als Schimpfwort entwickelte Vokabel auf zur Umschreibung ihres anti-romantischen Programms. Obwohl beide kaum über einfältige bzw. provokative Formulierungen hinauskamen, wurde R. bald ein populäres Stichwort bei denen, die sich, wie J. Schmidt und G. Freytag im dt.sprachigen Gebiet und G. Eliot in England, für die möglichst ›objektive‹ Vorstellung der ideologisch sehr unterschiedlich definierten Wirklichkeit einsetzten. Gegen Ende der 1850er Jahre bekam R. in Frankreich, v. a. durch das Scheitern der programmatischen Realisten und die fortwährende Verwendung des Wortes im Obszönitätsprozeß gegen Flauberts *Madame Bovary* (1857), einen sehr negativen Ruf, der É. Zola dazu veranlaßt haben muß, seinen Naturalismus in möglichst großer Ferne vom allerdings ähnlich orientierten R. zu beschreiben. In der Lit.geschichte wurden beide Termini mindestens bis zum Ende des 19. Jh.s nicht klar voneinander getrennt, sondern oft synonym verwendet, wobei R. jedoch meistens als umfassendere Bezeichnung diente. Obwohl z. B. die eingehende Erforschung des dt. R. im 19. Jh. erst zwischen etwa 1970 und 1990 stattfand, war R. bereits Anfang des 20. Jh.s längst als Epochenbegriff eingebürgert, was in der Theoriebildung später lange eine

Fixierung auf die kanonisierten Autoren der Periode um 1850 nach sich zog. Im Modernismus, z. B. bei V. Woolf, und in der historischen Avantgarde, z. B. bei A. Breton, nahmen die negativen Konnotationen des R. noch zu. Die Konventionen des R. waren nämlich der bevorzugte Angriffspunkt der Neuerer, die bisweilen auch ihre eigene Praxis als einen ›tieferen‹ R. beschrieben. – Die negative Dimension des Terminus ist von wesentlicher Bedeutung für die wissenschaftliche Begriffsbildung; in einer ersten Periode bis etwa 1960 überwog der Versuch, den Terminus zu retten mittels einer positiven Bestimmung. Später jedoch, teilweise im Strukturalismus und insbes. in der Dekonstruktion, griff man die negativen Konnotationen auf, die dem Begriff seit dem Modernismus anhafteten, und verdammte den R. als einen bürgerlich simplistischen Stil. R. Jakobson analysierte schon 1921 die Begriffsfülle und zog dabei sogar die Publikumsreaktion in Betracht. Als textuelle Hauptmerkmale des R. schlug er die nähere Heranziehung eines Details und die Plausibilisierung durch Motivierung der poetischen Verfahren vor. G. Lukács hielt in den 30er Jahren den Expressionisten autoritär einen marxistisch orientierten R. als Norm vor, der, wie angeblich bei Balzac und L. Tolstoy, aus der ›richtigen‹ Erfassung der gesellschaftlichen Widersprüche die Gestaltung einer sich ständig entwickelnden Totalität schöpft. Obwohl sich Lukács' Definition weitgehend mit dem Programm des 1932 in der Sowjetunion verordneten sozialistischen R. deckt, der die konkrete Abbildung der Realität in ihrem revolutionären Werdegang vorsah, übte er wegen ihrem Mangel an Qualität viel Kritik an der damaligen sowjet. Lit.produktion. In der späteren Diskussion mit Lukács entfalteten B. Brecht und Th. W. Adorno die modernistische Konzeption eines tieferen, unkonventionellen R., indem sie zur Erfassung der zeitgenössischen Wahrheit neue Repräsentationstechniken wie Montage und Bewußtseinsstrom befürworteten. In *Mimesis* (1946), einer umfassenden Behandlung der Realitätsabbildung in der westlichen Lit., entwickelt der dt. Romanist E. Auerbach auf der Grundlage der Werke Stendhals und Balzacs eine Definition vom R. der Neuzeit als eine ernsthafte und radikal historisierende Vorstellung, in der die klassischen Regeln des Dekorums verletzt werden zugunsten eines vollständigen Bildes der sich ändernden Gesellschaft. R. Barthes gab der theoretischen R.forschung neue Impulse durch seine Betonung der *vrai-*

semblance, dem von bestimmten Textstrategien ausgelösten Eindruck, ein Text sei wahrheitsgetreu. Die bekannteste mit dem Namen Barthes verbundene, aber schon von Jakobson hervorgehobene Strategie ist die Verwendung eines scheinbar trivialen Details, dessen Funktion Barthes in seinem grundlegenden Beitrag über den ›Realitätseffekt‹ (1968) am Beispiel des Klaviers in Flauberts *Un cœur simple* (1877) erläutert. Höhepunkt der strukturalistischen R.forschung bildet der Beitrag von P. Hamon (1973), in dem R. in Anlehnung an die Theorie J. ↗ Searles als ein ↗ Sprechakt analysiert wird, dessen wichtige, dem eingegangenen Wahrheitskontrakt entstammende Beschränkungen (wie z.B. Kohärenz und Lesbarkeit) in 15 typischen Verfahren resultieren (z.B. die psychologische Motivation der Charaktere und die Hervorhebung der Autorität des Erzählers). Hamon sowie die grundlegende Kritik von Ch. Brooke-Rose (1981) haben den konstruktivistischen Ansatz vorbereitet. Dessen bisher radikalste Formulierung liegt in der Arbeit M. Fluderniks (1996) vor (↗ Konstruktivismus; ↗ Konstruktivität), die den Konventionsaspekt des R. als Bedeutungseffekt betont und dadurch die enge Bindung der Definition des Begriffs ›R.‹ an die kanonisierten Werke der realistischen Epoche reduziert.

Lit.: Auerbach 1994 [1946]. – R. Barthes: »L'effet de réel«. In: *Communications* 11 (1968) S. 84–89. – G. Lukács: *Probleme des R.*, 3 Bde., Neuwied 1964–71. – R. Brinkmann (Hg.): *Begriffsbestimmung des literar. R.*, Darmstadt 1987 [1969]. – R. Jakobson: »Über den R. in der Kunst«. In: Ju. Striedter (Hg.): *Texte der russ. Formalisten*, Mchn. 1969. S. 373–391. – P. Hamon: »Un discours contraint«. In: *Poétique* 16 (1973) S. 411–445. – St. Kohl: *R. Theorie und Geschichte*, Mchn. 1977. – Ch. Brooke-Rose: »The Features of Realistic Discourse«. In: dies.: *A Rhetoric of the Unreal*, Cambridge 1986 [1981]. S. 85–95. – F. Gaede: »Realismus«. In: Borchmeyer/Žmegač 1994 [1987]. S. 365–369. – Fludernik 1996. Bes. S. 37–38 und S. 159–168. – L. Herman: *Concepts of Realism*, Columbia 1996. – H. Foltinek: »R.«. In: Ricklefs 1996. S. 1575–1605.

LH

Realismus-Effekt (frz. *effet de réel*; engl. *reality effect*), ein von R. ↗ Barthes geprägter Begriff zur Bezeichnung der von bestimmten literar. Texten ausgehenden Wirkung, die den Eindruck ausgeprägter Wirklichkeitsnähe und ›Lebensechtheit‹ der fiktiven Welt evoziert. Der Wirklichkeitsbegriff des sog. ›naiven‹ ↗ Realismus sieht eine problemlose Entsprechung von literar. Text und dessen Referenzgegenstand, d.h. der darzustellenden Welt, vor. Der ↗ *linguistic turn* in der Lit.wissenschaft, der mit den Erkenntnissen der

formalistischen bzw. strukturalistischen Lit. theorie vollzogen wurde, räumt jedoch mit der Konzeption von der Vorgängigkeit einer Welt auf, die vom Kunstwerk mimetisch gespiegelt wird (↗ Mimesis, ↗ Widerpiegelung). Dreht man dieses Abbildungsverhältnis um, indem man nunmehr vom Primat des Sprachsystems ausgeht, das unsere Wahrnehmung der Wirklichkeit steuert, so ergibt sich Barthes zufolge das Problem der ›*inadéquation fondamentale du langage et du réel*‹. Der künstlerische Text ist eben nicht das Leben, weshalb die in sog. ›realistischen‹ Texten durchaus vorhandenen Ähnlichkeiten mit der Wirklichkeit als Resultat eines ›Kampfes‹ (vgl. Lotman 1972) mit der fundamentalen Unähnlichkeit von Welt und Sprache verstanden werden müssen. – Realismus ist demnach nicht ›naturwüchsig‹, sondern ein mit künstlerischen Mitteln erzielter Effekt: ›*donner à l'imaginaire la caution formelle du réel*‹ (Barthes). Realistische Lit. aktiviert daher in bes. starkem Maße den ›kulturellen Code‹, durch welchen die Fülle des Weltwissens innerhalb des Kunstwerks präsent gehalten wird. Dies geschieht durch häufige Verweise auf alltagsweltliche Kenntnisse von Naturwissenschaft, Psychologie, Medizin, Gesellschaft oder Geschichte, wobei bes. das Auftauchen historischer Personen in literar. Texten einen ›*effet superlatif de réel*‹ (Barthes) darstellt. In semiotischer Hinsicht hat Barthes (1984) den R.-E. wie folgt definiert: Durch den Verweis auf kontingente Wirklichkeitsdetails im Roman etwa wird eine direkte Verbindung zwischen dem ↗ Signifikanten, also dem aufgerufenen Realitätsdetail, und der Wirklichkeit als generellem Referenzgegenstand etabliert, und zwar unter Umgehung des Signifikats, d.h. der Aussage über die Welt, welche etwa der Roman per ↗ Plot zu vermitteln sucht. Dabei bleibt die referentielle Semantik der Wirklichkeitsverweise weitgehend irrelevant, denn ihre Funktion erschöpft sich darin, dem Leser zu signalisieren: ›*nous sommes le réel*‹. Systemtheoretisch ausgedrückt spielt der realistische Roman seine ↗ Selbstreferenz, d.h. seine Plot-Figuration, herunter zugunsten der Fremdreferenz auf das jeweils geltende gesellschaftliche Realitätsmodell, das seinerseits selbst den sekundären Status einer gesellschaftlichen Konstruktion hat (vgl. Barthes 1970). Wie sehr der Leser dieser ›*illusion référentielle*‹ zu erliegen vermag, zeigt das Beispiel von Dickens' oder Balzacs Romanen, die trotz ihrer konventionellen Entwicklungs- oder Liebes-Plots aufgrund der Fülle der Wirklichkeitsverweise als ›realistisch‹ wahrgenommen werden. – Bereits in seinem Aufsatz »Über den Realismus in der Kunst« (1921) hat R. ⊅ Jakobson etliche der von Barthes weiterentwickelten Theorieansätze skizziert: das narrativ folgenlose Detail als Verfahren zur Erzeugung der Realismusillusion sowie die Übereinstimmung von im Text modellierter Wirklichkeit mit dem geltenden kulturell oder literar. Wirklichkeitsmodell als Realismuskriterium. Dieses Kriterium ist später von G. ⊅ Genette (1969) und T. ⊅ Todorov (1987) unter dem Begriff der ›vraisemblance‹ aufgegriffen und präzisiert worden, wobei wiederum darauf insistiert wird, daß die literar. produzierte Wahrscheinlichkeit nur ein Schein des Wahren sein kann. In einem erweiterten gesellschaftlichen Sinn verwendet daher St. ⊅ Hall (1982) den Begriff des ›reality effect‹ als Synonym für ⊅ Ideologie, die sich dadurch auszeichnet, daß scheinbar konstative Aussagen über ›how things really are‹ ihren performativen Status als gesellschaftliche Vorurteile zu verschleiern suchen. Bes. im modernen und postmodernen Roman wird durch spielerische Hervorkehrung des selbstreferentiellen Konstruktcharakters des Kunstwerks (⊅ Metafiktion) dieser ideologischen ⊅ Naturalisierung entgegengewirkt.

Lit.: R. Barthes: *Le degré zéro de l'écriture*, Paris 1968 [1953]. – G. Genette: *Figures II*, Paris 1969. – R. Barthes: *S/Z*, Paris 1970. – Ju. Lotman: *Die Struktur literar. Texte*, Mchn. 1972. – R. Barthes: *Leçon*, Paris 1978. – St. Hall: »The Rediscovery of ›Ideology‹. The Return of the Repressed in Media Studies«. In: M. Gurevitch et al. (Hgg.): *Culture, Society and the Media*, Ldn. 1995 [1982]. S. 56–90. – R. Barthes: *Le bruissement de la langue* (*Essais critiques IV*), Paris 1984. – T. Todorov: *La notion de littérature*, Paris 1987.

ER

Redevielfalt ⊅ Dialogizität

Referent ⊅ Referenz

Referenz (lat. *referre*: zurücktragen), R. steht einmal für die Beziehung zwischen einem ⊅ Zeichen und dem von ihm bezeichneten Objekt, häufig aber auch für den Gegenstand oder ›Referenten‹ selbst, auf den Bezug genommen wird. V.a. in sprachpragmatischen Ansätzen bezeichnet die R. darüber hinaus den Akt der Bezugnahme auf ein Objekt. Ferner wird die R. auch mit dem begrifflichen Kern eines Ausdrucks, seiner ⊅ Denotation, gleichgesetzt. Neuere Ansätze der ⊅ Textlinguistik betonen, daß R. »ein kognitives‹ Phänomen ist« (Vater 1992, S. 153), und unterscheiden zwischen verschiedenen R.-

typen: Zeitreferenz, Ortsreferenz, Gegenstandreferenz und Ereignisreferenz. Grundsätzlich kann ein Gegenstandsbezug durch ein deiktisches sprachliches Zeichen (⊅ Deixis) wie ›dieses‹ hergestellt werden, durch Prädikationen oder beschreibende Ausdrücke wie ›der dt. Fußballmeister des Jahres 1997‹ und schließlich durch Eigennamen wie ›Joyce‹, die das eigentliche Problem einer Theorie der R. darstellen. Da Namen an sich weder indexikalische noch beschreibende Merkmale aufweisen, entsteht die Frage, wodurch sie die Bezugnahme auf Einzeldinge ermöglichen. Zu den wichtigsten Erklärungsansätzen gehören die v.a. mit G. Frege und B. Russell verbundene Beschreibungstheorie der Eigennamen sowie die mit S. Kripke verknüpfte kausale Theorie der Eigennamen. Während die ältere Theorie davon ausgeht, daß Eigennamen eine Bedeutung annehmen, weil eine entsprechende Kennzeichnung des Objektes mit ihnen assoziiert wird, sieht Kripke den Grund für ihre R. in einer urspr. Zuordnung von Gegenstand und Namen, die durch eine kausale Kette von Verwendungen des Namens historisch weitergegeben wird. Da sich in der fiktionalen Lit. in der Regel singuläre Termini nicht deiktisch und raum-zeitlich lokalisieren oder auf eine reale Wahrnehmungssituation zurückführen lassen, wird ihr häufig R. abgesprochen. Nimmt man allerdings auch mentale Modelle, Vorstellungsbilder oder Universalien als mögliche Objekte der R. und berücksichtigt man ferner, daß die primäre Wirklichkeits-R. auch eines kontextenthobenen Zeichens nie ganz außer Kraft gesetzt werden kann, dann wird die verbreitete These von der Nichtreferentialität durchaus fragwürdig.

Lit.: U. Wolf (Hg.): *Eigennamen*, FfM. 1993 [1985]. – A. Whiteside/M. Issacharoff (Hgg.): *On Referring in Literature*, Bloomington 1987. – Ch. Bode: *Ästhetik der Ambiguität*, Tüb. 1988. – H. Vater: »R. in Texten«. In: ders.: *Einf. in die Textlinguistik. Struktur, Thema und R. in Texten*, Mchn. 1992. S. 109–158.

PhW

Reflektorfigur ⊅ Erzählsituation; ⊅ Fokalisierung

Regelpoetik ⊅ Poetik

Reintegrierender Interdiskurs ⊅ Interdiskurs, reintegrierender

Rekursivität ⊅ Selbstreferenz

Renaissance, Literaturtheorien der, dem Selbstverständnis der R. entsprechend (vgl. Buck 1987, S. 123–136) knüpfen die lit.theoretischen Überlegungen im Kontext normativer und deskriptiver ↗ Poetiken jeweils an entsprechende antike Vorstellungen an. Wie in der ↗ Antike wird in der R. »die Dichtung als eine weitgehend lehrbare und mithin erlernbare Tätigkeit des menschlichen Geistes aufgefaßt« (Buck 1972, S. 28). Mit A. Mussatos Verteidigung der Poesie gegen die kritischen Einwände eines Grammatikers, eines Juristen und eines Dominikanermönchs beginnt in der 1. Hälfte des 14. Jh.s die Geschichte der ital. Dichtungslehren der R. (vgl. Buck 1952). In den nächsten rund 300 Jahren entsteht ein gewaltiges Korpus von lat. und ital. Poetiken, Traktaten und Kommentaren, das nicht nur aufgrund seines enormen Umfangs (eine Bibliographie der einschlägigen Titel würde bereits ein eigenes Buch füllen) eindrucksvoll die Vorreiterrolle der ital. R. demonstriert. Die außerhalb Italiens in den jeweiligen Nationalliteraturen in Latein oder in der Nationalsprache verfaßten Poetiken greifen immer wieder auf ital. Quellen zurück, diskutieren im wesentlichen die gleichen Probleme wie die ital. Dichtungslehren und vollziehen »mit entsprechender Phasenverschiebung die Entwicklung nach, welche die italienische Dichtungslehren vom 14. Jh. bis zum Ausgang des 16. Jh.s vollzogen haben« (Buck 1972, S. 29). – Ungeachtet der im einzelnen sehr großen Unterschiede hinsichtlich Struktur und Inhalt der Dichtungslehren der R., kann man in Art einer vereinfachten Synthese die L. d. R. allg. auf vier Grundproblemkreise zurückführen: (a) Imitatiokonzepte und Rhetorisierung, (b) Selbstverständnis der Dichter, (c) Dichtung und Wahrheit, (d) Gattungspoetik. (a) Imitatiokonzepte und Rhetorisierung: Die Nachahmung (*imitatio*) antiker Musterautoren gilt als das Grundgesetz normativer R.-Poetik (vgl. McLaughlin 1995); die Rechtfertigung der *imitatio* bot das Vorbild der röm. Lit., die sich offen zur *imitatio* der gr. Lit. bekannte (Cicero, ↗ Horaz). In direkter Abwandlung der Forderung des Horaz (*Ars poetica* 268 f.) fordert z. B. J. Du Bellay (*Deffence et illustration de la langue françoyse* I,4; zit. nach Buck 1972, S. 33) die frz. Dichter zur Nachahmung der antiken Vorbilder auf: »Lies und lies erneut zuerst, oh künftiger Dichter, die griechischen und lateinischen Musterautoren und blättere sie tags und nachts durch.« Schon die Antike war der Frage, ob das Konzept der *imitatio* dem Dichter die Entfaltung eines eigenen Stils überhaupt ermögliche,

nicht ausgewichen und hatte mit dem berühmten Bienengleichnis (vgl. bes. Seneca, *Epistulae morales* 84) die Antwort formuliert, daß, in Analogie zur Honigproduktion der Biene, der Dichter seine Lektürefrüchte in seinem eigenen Werk zu einem neuen Produkt verschmelzen solle. Diese Vorstellung greift F. Petrarca (*Familiari* I.7; zit. nach Buck 1972, S. 33) auf, indem er zunächst die *imitatio* als *variatio* seiner Vorlagen rechtfertigt und mit der Forderung, im Verwandlungsprozeß solle nicht nur Neues, sondern zugleich Besseres (*aemulatio*) entstehen, die schöpferische Leistung des Dichtersubjekts herausstellt: »Es gereicht den Bienen nicht zum Ruhm, wenn sie nicht das Gefundene in etwas anderes und Besseres verwandeln.« Die der *imitatio* würdigen Musterautoren werden in den Poetiken der R. in Autorenkatalogen zusammengefaßt; so gelten etwa seit Petrarca Cicero für die Prosa und Vergil für die Dichtung als die großen Vorbilder. In dem bereits sehr differenzierten Autorenkatalog von B. Ricci (*De imitatione libri tres* von 1541) erscheinen Plautus und Terenz für die Komödie, Seneca für die Tragödie, Vergil für die Epik, Cicero für die ↗ Rhetorik, Tibull für die elegische Dichtung, Horaz für die Lyrik und Martial für das Epigramm als Lehrmeister. Da die Auseinandersetzung mit dem Prinzip der *imitatio* sich größtenteils auf die kunstvolle Rede beschränkt, bleibt die aus der Antike übernommene weitgehende Identifizierung von Poetik und Rhetorik bestehen, ließ sich doch die Rhetorisierung der Poetik direkt aus der *Ars poetica* des Horaz ableiten: »Über Horaz hinausgehend, forderte man vom Dichter, er solle sein Publikum nicht nur ergötzen und belehren, sondern auch – wie der Redner – seelisch bewegen: Zum ›delectare‹ und ›docere‹ tritt als dritte Funktion des Dichters das ›movere‹. Der ›poeta rhetor‹ – wie ihn zuerst Pontano konzipiert hat – soll vermittels seines Pathos im Zuhörer oder Leser Bewunderung erregen. Fortan gewann die Wirkungskategorie des ›movere‹ ständig an Bedeutung bis zu ihrem Triumph in der Barockpoetik« (Buck 1972, S. 36). Wenden sich die Poetiken der R. anfänglich primär an den lat. schreibenden Dichter, so rücken im 15. Jh. zunehmend auch die Nationalsprachen in den Blickpunkt der Poetiken. Einen wichtigen Schritt auf dem Weg zu einer allg. Akzeptanz der Nationallit. markiert P. Bembos Normierung der ital. Lit.sprache nach dem Vorbild der humanistischen Rhetorik. Dort, wo die sprachliche Bindung an das Latein weniger ausgeprägt ist als in der Romania, artikuliert sich nationales Sprachbewußtsein deutlicher, wie die Poetiken Ph. Sidneys und G. Puttenhams in England und in Deutschland die theoretischen Aussagen eines M. Opitz exemplarisch zeigen. – (b) Selbstverständnis der Dichter: Mit der Wiederbelebung des antiken Brauchs der Dichterkrönung (erstmals 1315 Mussato) kündigt sich ein Wandel im Selbstverständnis des Dichters an; gleichzeitig erkennt die Gesellschaft damit dem Dichter sozusagen offiziell den hohen Rang zu, den er als Repräsentant der von ihm erneuerten Lit. beanspruchen darf. Das Krönungsdiplom Petrarcas (8. April 1341) feiert diesen als großen Dichter und Historiker und verleiht ihm das Recht, die Dichtkunst, Geschichte und die freien Künste zu lehren; damit wird der *poeta laureatus* zugleich zum *poeta eruditus*, der zur Ausübung der Dichtkunst gelehrten Wissens bedarf, dieses aber mittels seiner Kunst auch weitergibt. Darüber hinaus sind Dichter (wie schon bei Cicero und Horaz) mit ihrer Kunst die Sachwalter des Nachruhms, die Garanten dafür, daß bedeutende Taten und Charaktere der Nachwelt überliefert werden. Angesichts dieser überragenden Bedeutung des Dichters, der über den Nachruhm verfügt und »als ›poeta vates‹ die Geheimnisse einer höheren Weisheit [kennt]« (Buck 1972, S. 37), bilden immer mehr R.dichter ein elitäres Bewußtsein aus, das sie zunehmend von der unwissenden Menge entfernt. Die Forderung L. Castelvetros, die Dichtung solle das gemeine Volk unterhalten und müsse als Voraussetzung dafür von diesem verstanden werden, markiert eine Außenseiterposition; primärer Adressat für die Dichtung der R. ist ein gebildetes, ausgewähltes Publikum, mit dem sich der Dichter in seinen poetischen Grundüberzeugungen und seinem kulturellen Wissen einig weiß. Eine Ausnahme bilden dabei insgesamt die Theater: L. de Vega, W. Shakespeare und A. Hardy verdanken ihren Erfolg dem Beifall eines sich aus nahezu allen Volksschichten rekrutierenden Publikums. »[I]ch schreibe mit der Kunst, welche die erfanden, die den Applaus des Volkes wollten«, erklärt de Vega freimütig (*Arte Nuevo de hacer comedias en este tiempo*, Vers 45 f.; zit. nach Buck 1972, S. 38); zugleich setzen sich die erfolgreichen Dramatiker zunehmend über die strengen, aus der aristotelischen *Poetik* abgeleiteten Gattungsdefinitionen hinweg. – (c) Dichtung und Wahrheit: Wie Imitatiokonzepte und Rhetorisierung der Dichtung mit antiken Vorbildern gerechtfertigt werden, so greift auch die allg. Kritik an der Dichtung im wesentlichen auf Argumente ↗ Platons zurück,

der in seiner *Politeía* den schon zu seiner Zeit verbreiteten Vorwurf, die Dichter seien Lügner, erkenntnistheoretisch untermauert hatte. Die Auseinandersetzung mit dem zentralen Vorwurf der Lügenhaftigkeit der Dichtung prägt für gut zwei Jh.e nachhaltig die L.d.R. Als wichtiges Argument gegen diesen Vorwurf wird zunächst die schon in der Antike praktizierte allegorische Auslegung (↗ Allegorie) ins Feld geführt, mit deren Hilfe unter der dichterischen Fiktion eine verborgene Wahrheit aufgedeckt wird. Da dieses die gleiche Wahrheit ist, die ansonsten Theologie und Philosophie vermitteln (Mussato), wird der Dichter damit zum *poeta theologus*: »Im Dienst der Dichtung als einer in Gott wurzelnden ›ars divina‹ kleidet der Dichtertheologe die Wahrheit in eine Form, die ihre Rechtfertigung in der Bibel findet« (Buck 1972, S. 41). Die kritische Auseinandersetzung mit der *Poetik* des ↗ Aristoteles in der 1. Hälfte des 16. Jh.s, insbes. mit der aristotelischen Differenzierung von Dichtung und Geschichtsschreibung (Kap. 9), liefert weitere Argumente. Die Darstellung des Dichters unterscheidet sich von der des Historikers im wesentlichen darin, daß der Historiker partikulär wahre Geschehnisse berichte, während der Dichter eine eigene Welt schaffe, die im Bereich des Wahrscheinlichen und Möglichen liege. Diese Leistung des Dichters wird von J.C. Scaliger (*Poetices libri septem* I,1; zit. nach Buck 1972, S. 42) explizit mit dem göttlichen Schöpfungsakt verglichen: »Der Dichter schafft sowohl eine andere Natur wie verschiedene Schicksale und macht sich selbst endlich eben dadurch zu einem anderen Gott.« Konsequent schlägt Scaliger daher vor, den Begriff *poeta* durch den präziseren lat. Begriff *factor* (›Verfertiger‹, ›Schöpfer‹) zu ersetzen. Durchaus ähnlich bezeichnet Puttenham den Dichter als *maker* und beschreibt seine Tätigkeit in deutlicher Analogie zur Tätigkeit Gottes bei der Erschaffung der Welt. Aus der gleichen Konzeption des dichterischen Schaffens folgert Sidney, der Dichter könne schon allein deswegen kein Lügner sein, weil er die Dinge nicht wirklichkeitsgetreu abbilde und somit nicht unter dem Kriterium der Wahrheit betrachte. Zugleich formuliert Sidney damit die in der ital. Poetik entwickelte und nahezu kanonisch gewordene Deutung des aristotelischen Konzepts der ↗ Mimesis: »Da der Dichter Aristoteles zufolge bei Wahrung der Wahrscheinlichkeit das in der inneren und äußeren Welt liegende Allgemeine sichtbar machen sollte, konnte es sich bei der Mimesis nicht um eine realistische Nachahmung der Natur handeln, vielmehr um deren idealisierende Überhöhung; nicht um die Darstellung der Wirklichkeit, wie sie ist, sondern wie sie sein soll« (Buck 1972, S. 42 f.). Erste Ansätze einer neuen ↗ Ästhetik, die sich über die Vorgaben der normativen Poetik hinwegsetzt, sind in G. Fracastoros um 1540 verfaßten Dialog *Naugerius sive de poetica* greifbar, der durch die Kombination platonischer und aristotelischer Vorstellungen zu einer Neudefinition des Dichters und seiner Tätigkeit vorstößt: »Alle, denen die Fähigkeit, gut zu sprechen, gegeben ist, sprechen [...] gewiß gut und geschickt, jeder nach seinem Maße. Aber den Unterschied gibt es zwischen beiden, daß außer dem Dichter keiner schlechthin gut und geschickt spricht, sondern nur in seiner Art und soweit es zu seinem selbstgesetzten Ziel gehört: für den also zur Belehrung, für jenen zur Überredung, und wenn es andere derartige Ziele gibt; der Dichter allein aber wird von keinem anderen Ziele bewogen als dem des schlechthin guten Sprechens bei jedem ihm vorliegenden Stoffe. Auch er will freilich belehren und überreden und über andere sprechen, aber nicht, soviel nützlich ist und genügend, die Sache zu erklären, als wäre er an dieses Ziel gebunden; sondern er formt sich unabhängig ein anderes, ideales, überhaupt schönes Bild und sucht allen Schmuck der Rede und alle Schönheiten, die man der Sache verleihen kann« (zit. nach Buck 1987, S. 211). – (d) Gattungspoetik: Bedeutsamer noch als die Fragen nach Wesen und Ursprung der Dichtung sind für die L. d. R. und die dichterische Praxis die Fixierung dichterischer Normen (oder eines Archetypus für die jeweilige ↗ Gattung), die weitgehend aus der normativ verstandenen *Poetik* des Aristoteles und aus der *Ars Poetica* des Horaz hergeleitet werden. Wenn in der L. d. R. Tragödie und Epos dominieren, so ist dies einerseits erklärbar aus dem fragmentarischen Charakter der aristotelischen *Poetik*; andererseits gelten Tragödie und Epos aufgrund ihrer bedeutsamen Stoffe und ihres hohen Stils auch als die vornehmsten Gattungen. Im Mittelpunkt der Diskussionen um die Tragödie steht der Begriff der ↗ Katharsis und die Konzeption der Tragödiencharaktere. In Ergänzung des Aristoteles, der lediglich die Einheit der Handlung für notwendig hielt, erhebt Castelvetro die Lehre von den drei Einheiten der Handlung, der Zeit und des Ortes zum ›Grundgesetz der Tragödie‹. Das Epos gilt, ungeachtet der häufig nur knappen Bemerkungen in den Dichtungslehren, nahezu unangefochten als die vornehmste Gattung, als ›Maßstab, an dem jede

andere Dichtung zu messen ist‹ (Scaliger); epische Dichtung ist fast immer zugleich Heldendichtung, die es erlaubt, den jeweiligen Helden als Ideal sittlicher Vollkommenheit, als *exemplum virtutis* zu präsentieren (Sidney; E. Spenser). Da das Epos als Gattung ein umfassendes Sachwissen des Dichters voraussetzt, explizieren die Poetiken der R. vornehmlich im Kontext der Theorie des Epos den Begriff des *poeta eruditus*, für den Homer und Vergil als Archetypen reklamiert werden. In Abgrenzung von der Tragödie entwickeln die R.poetiken eine bes. Theorie der Komödie, die z. B. noch in B. Jonsons *Everyman In His Humour* (1598) nachwirkt. Bei der Definition jener Gattungen, die weder von Aristoteles noch Horaz explizit erwähnt werden, werden zwar ebenfalls die wenigen einschlägigen antiken Notizen ausgewertet, insgesamt jedoch ist es primär der literar. Erfolg einzelner Gattungen, der anregend auf die lit.-theoretische Reflexion wirkt. Unter dem Einfluß des modischen ›Petrarkismus‹ beginnt die Reflexion über das Wesen der Lyrik, und L. Ariosts *Orlando Furioso* (1416–21) markiert den Beginn der theoretischen Rechtfertigung des aus der Tradition des MA.s erwachsenen *romanzo*. Die Verteidigung des *romanzo* entwickelt sich zur Theorie des Romans, und zugleich fordert Giraldi mit dem lapidaren Hinweis darauf, daß weder Aristoteles noch Horaz den *romanzo* gekannt hätten, ganz allg., eine neue Gattung nach den ihr eigenen Gesetzen zu beurteilen. Die Theorie des Romans wie auch die weitgehend auf Cintio basierende theoretische Rechtfertigung der Tragikomödie als neue dramatische Gattung markieren entscheidende Schritte auf dem Wege der Loslösung der L. d. R. von der antiken Tradition, ein Weg, auf dem ihr die Lit., allen voran die Dramatiker Englands, Spaniens und Frankreichs, folgt und bisweilen auch vorangeht.

Lit.: A. Buck: *Ital. Dichtungslehren vom MA. bis zum Ausgang der R.*, Tüb. 1952. – B. Weinberg: *A History of Literary Criticism in the Italian Renaissance*, 2 Bde., Ann Arbor 1990 [1961]. – A. Buck: »Dichtungslehren der R. und des Barock«. In: ders. (Hg.): *Neues Handbuch der Lit.wissenschaft*, Bd. 9, *R. und Barock*, FfM. 1972. S. 28–60. – Ahrens/Wolff 1978 f. – B. Nugel (Hg.): *Engl. Lit.theorie von Sydney bis Johnson*, Darmstadt 1984. – P. Parker/D. Quint (Hgg.): *Literary Theory. Renaissance Texts*, Baltimore/Ldn. 1986. – A. Buck: *Humanismus*, Freiburg/Mchn. 1987. – R. Stillers: *Humanistische Deutung. Studien zu Kommentar und Lit.theorie in der ital. R.*, Düsseldorf 1988. – K. Hempfer: »Problem traditioneller Bestimmungen des R.-Begriffs und die epistemologische ›Wende‹«. In: ders. (Hg.): *R.: Diskursstrukturen und epistemologische*

Voraussetzungen, Stgt. 1993. S. 9–45. – M.L. McLaughlin: *Literary Imitation in the Italian Renaissance,* Oxford 1995. – H.F. Plett: *English Renaissance Rhetoric and Poetics. A Systematic Bibliography of Primary and Secondary Sources,* Leiden 1995. – U. Schulz-Buschhaus: »Diskussion aktueller Probleme. Neue (und weniger neue) Wege zu einer ›Bestimmung des R.begriffs‹«. In: *Zs. für Romanische Philologie* 111.2 (1995) S. 245–256. – M. Bierbach: *Grundzüge humanistischer Lexikographie in Frankreich,* Tüb./Basel 1997.

UB

Repräsentation (lat. *repraesentatio*: Darstellung/Vertretung), der Begriff läßt sich im weitesten Sinn definieren als ein Prozeß der Sinnkonstituierung, in dessen Verlauf die Komponenten ↗ Referenz und ↗ Performanz insofern eine eminente Rolle spielen, als sie ↗ Ambiguität und Neues schaffen. R. ist ein wesentliches Merkmal sprachlicher Prozesse, deren semiotische Dimensionen von F. de ↗ Saussure und Ch. S. ↗ Peirce ausgelotet und systematisiert wurden. Als Vermittlungsvorgang, der durch Verweisen und ›Stellvertreten‹ funktioniert, ist die R. ein integraler Bestandteil der Sprache(n) und ↗ Zeichensysteme in Kunst und Musik. Gleichzeitig bezeichnet sie in der Philosophie ein umstrittenes epistemologisches Problemfeld und betrifft in ihrer medialen Funktion eine große Bandbreite von Fächern: Seit der ↗ Antike ist R. ein Grundkonzept der ↗ Ästhetik (der allg. Theorie der Künste), der ↗ Semiotik (der allg. Theorie der Zeichen) und seit etwa 300 Jahren der Politik und Staatskunde. Die gemeinsame Struktur der semiotischen und politischen R. besteht in einer Dreiecksbeziehung (vgl. Mitchell 1995): R. ist jeweils eine Darstellung von etwas/jemand durch etwas/jemand-für etwas/jemand. Die bei R. benutzten Zeichen gewinnen Bedeutung im Rahmen von ↗ Codes bzw. Systemen. ↗ Stil und Genre sind z. B. institutionalisierte Arten der Beziehung zwischen R.smaterial und Repräsentiertem. – Historisch gesehen erstreckt sich die umfangreiche Diskussion der R. als Problembegriff von ↗ Platon, der R. als künstlerisch falsch ablehnt, über die Tabus der Religionen (Bilderfeindlichkeit und Ikonoklasmus) bis hin zu modernen Phänomenen wie Pornographie (R. sexueller Akte zur Stimulation) und den postmodernen Thesen (↗ Postmoderne), die Realität sei ein Netzwerk von ›Artefaktualitäten‹ und virtuellen R.en (vgl. J. ↗ Derrida 1996) und die Kunst eine Schrift, welche die Differenz zwischen Wahrnehmung und Kommunikation überbrücke (vgl. N. ↗ Luhmann 1995). Psycho-

logen und Neurowissenschaftler haben im Rahmen der sog. ›*imagery debate*‹ erkannt, daß interne, mentale R.en sowohl propositional (sprachartig) als auch bildhaft sind. Psychoanalytisch argumentierende Poststrukturalisten (↗ Poststrukturalismus) bezweifeln schließlich das Vermögen der Sprache schlechthin, Erfahrungen zum Ausdruck zu bringen (vgl. J. ↗ Kristeva 1997). Faszination und Problematik der R. liegen darin, daß wir mit ihr unseren Willen kundtun, während sie gleichzeitig im politischen und ästhetischen Bereich diesen Willen von uns trennt. Jede R. führt zu einem Verlust, zu einer Kluft zwischen ↗ Intention und Realisation, Original und Kopie. Der Gewinn bei der R. sind die Werke der Kunst, Musik und Lit. – In der Lit. verweisen Wörter bzw. Texte auf die externe Welt, auf andere Wörter/Texte, auf sich selbst oder auf den Verweisprozeß an sich. W. ↗ Iser (1989) führt aus, daß der engl. Terminus *representation* mehrdeutig ist und die Vorstellung des Wiederholens und Abbildens (↗ Mimesis) beinhaltet. Er verwendet R. daher im Sinne des dt. Konzeptes der Darstellung, um die Performanz (und nicht die Referenz) beleuchten zu können. Iser unternimmt eine Archäologie des R.saktes und zeigt, wie bei der ↗ Aktualisierung/Rezeption von Texten Vielstimmigkeit entsteht. Zwar erkennt er die Tatsache an, daß sich R. nur im Geist des Rezipienten entfalten kann und daher nicht Mimesis ist, sondern ein performativer Akt. Bedenklich ist jedoch Isers Tendenz (die in der Ablehnung des ↗ Dekonstruktivismus begründet ist), den Aspekt der Referenz auszuschließen und damit auch die Differenz, die Kunst und Lit. erst schafft.

Lit.: M. Krieger (Hg.): *The Aims of Representation,* N.Y. 1987. – W. Iser: »Representation. A Performative Act«. In: ders.: *Prospecting. From Reader Response to Literary Anthropology,* Baltimore 1989. S. 236–248. – Th. Metzinger: *Subjekt und Selbstmodell,* Paderborn 1993. – W. J. T. Mitchell: »Representation«. In: Lentricchia/McLaughlin 1995 [1990]. S. 11–23. – T.V.F. Brogan: »Representation and Mimesis«. In: Preminger/Brogan 1993. S. 1037–1044. – N. Luhmann: *Die Kunst der Gesellschaft,* FfM. 1995. – J. Derrida: *Echographies de la télévision,* Paris 1996. – J. Kristeva: *Pouvoirs et limites de la psychanalyse,* Bd. 2, *La révolte intime,* Paris 1997.

HPW

Rezeptionsästhetik (engl. *reception theory, reader-response criticism*), lit.theoretischer Ansatz, der Ende der 1960er Jahre gleichzeitig in einer dt. und einer angelsächs. Variante, dem sog. *reader-response criticism,* entstand und durch die Konzentration auf die Rolle des ↗ Lesers v.a.

eine Gegenreaktion auf formalistische und strukturalistische Ansätze sowie auf die Darstellungsästhetik des ↗ *New Criticism* markierte (↗ Strukturalismus). Die Vertreter der R. rebellierten gegen diejenigen Ansätze, die den literar. ↗ Text ausschließlich als ein autonomes Objekt mit einer eigenen Ontologie betrachteten und es daher ablehnten, bei der Analyse solcher Kunstwerke extratextuelle Faktoren wie die Autorenintention oder die Leserreaktion zu berücksichtigen. Die am. Kritiker W.K. ↗ Wimsatt und M.C. Beardsley hatten 1946 und 1949 in zwei berühmt gewordenen Aufsätzen die Erörterung dieser Aspekte als *intentional fallacy* bzw. als *affective fallacy* gebrandmarkt und reklamiert, daß dabei der eigentliche Untersuchungsgegenstand jeder literar. Analyse, der reifizierte Text, verschwände, so daß die Objektivität einer wissenschaftlichen Untersuchung durch Impressionismus und Relativismus ersetzt werde. Die R. hingegen konzentriert sich gerade auf die Wirkungen von literar. Werken auf Leser, da sie den Text als Netzwerk von an den Rezipienten gerichteten ↗ Appellstrukturen versteht. Der Text wird nach diesem Lit.verständnis erst im Leseprozeß durch die Interaktion mit dem Leser komplettiert und entsteht nur durch die ↗ Konkretisation vollends. Die R. bezieht wichtige Anregungen aus der Phänomenologie (↗ phänomenologische Lit.wissenschaft) und aus der ↗ Hermeneutik. Hier ist E. ↗ Husserls phänomenologische Betonung der Bedeutung unserer Bewußtseinsinhalte gegenüber den Objekten der Welt ebenso zu nennen wie M. ↗ Heideggers Hinweis auf die unentrinnbare historische Situiertheit unseres Bewußtseins in der Welt der durch dieses wahrgenommenen Gegenstände. Letzterer Gedanke wurde von H.-G. ↗ Gadamer in seiner grundlegenden Arbeit zur philosophischen Hermeneutik, *Wahrheit und Methode* (1960), aufgenommen und auf die Lit.theorie appliziert. Gadamer verweist darauf, daß ein literar. Kunstwerk nicht als vollendeter ästhetischer Gegenstand mit einer festen inhärenten Bedeutung erscheint, sondern vielmehr immer erst von einem Interpreten wahrgenommen und verstanden werden muß, wobei dieser Prozeß von der historischen Situation des Lesers abhängig ist, da im Verlauf der verstehenden Lektüre der Horizont des Textes in einem Dialog auf den des Lesers trifft. Das Ästhetische ist hier also durch den prozessualen Charakter eines interaktiven Verstehensvorganges gekennzeichnet, dessen jeweilige geschichtliche Verwurzelung unausweichlich ist. H.R. ↗ Jauß griff diese

Gedanken in *Lit.geschichte als Provokation* (1970) wieder auf und entwickelte, auch unter dem Einfluß von H. ↗ Weinrichs Plädoyer für eine Lit.geschichte des Lesers, das Konzept des historisch-ästhetischen ↗ Erwartungshorizontes, das die jeden Rezeptionsprozeß präformierenden Gedankenstrukturen des Lesers im Sinne eines die Lektüre leitenden Referenzsystems beschreibt. Erwartungshorizonte liefern den Lesern die notwendigen Wertmaßstäbe zur Beurteilung literar. Werke. Da es aber im Laufe der Geschichte auch zum Phänomen des Horizontwandels kommt, ändern sich die Bedeutungen und Evaluationen von Texten ebenfalls, so daß ↗ Rezeptionsgeschichte in der »sukzessive[n] Entfaltung eines im Werk angelegten, in seinen historischen Rezeptionsstufen aktualisierten Sinnpotentials« (Jauß 1970, S. 186) besteht. Damit wird auch das Konzept einer statischen, korrekten und endgültigen ↗ Bedeutung, die dem Text immer schon eingeschrieben ist, unhaltbar. Das geht auch aus dem Ansatz von W. ↗ Iser hervor, der den literar. Text insofern als Appell an den Leser versteht, als ihm sog. Unbestimmtheitsstellen (literar. ↗ Unbestimmtheit) eingeschrieben sind, die der Rezipient aktualisieren muß, die also nach ↗ Konkretisation verlangen. Der historische, reale ↗ Leser allerdings wird die Unbestimmtheit der schematisierten Ansichten des Textes immer nur aus seinem historischen Erwartungshorizont heraus konkretisieren können, denn der Rezipient befindet sich während der Lektüre in einem ständig weiterlaufenden Prozeß der Bedeutungskonstitution, in dem er die potentiellen Bedeutungen des Textes aus seiner Position heraus aktualisiert. Während der implizite ↗ Leser und seine Tätigkeit durch die Unbestimmtheitsstellen des literar. Kunstwerkes angelegt und somit textimmanent sind, trifft der reale Leser mit seinem konkreten historisch und sozio-kulturell bedingten Rezeptionshorizont von außen auf das Werk und schafft individuelle Konkretisationen. Dabei reagiert er auf das ↗ Textrepertoire der vom Autor aus der extratextuellen Welt selektierten und in sein Werk aufgenommenen Normen und Weltansichten, mittels derer versucht wird, dem Chaos der kontingenten Welt eine gewisse Ordnung aufzuerlegen. Es hängt jedoch allein von der Weltsicht des Rezipienten ab, wie er als Leser auf dieses angebotene Repertoire reagiert und wie er die darin enthaltenen ↗ Leerstellen füllt bzw. aktualisiert. So kommt es bei einem Text zu einer Pluralität möglicher Bedeutungen, und interpretatorische Gewißheit wird durch die Of-

fenheit der literar. Kommunikation ersetzt. – St.
↗ Fish, der in der angelsächs. Welt mit seiner
Theorie einer ↗ affektiven Stilistik entscheidend
zum Paradigmenwechsel von einer text- zu einer
leserzentrierten Lit.theorie beigetragen hat, bot
mit seinem Begriff der ↗ Interpretationsgemeinschaften allerdings ein Konzept an, das zeigt,
daß der Rezeptionsprozeß bei aller Offenheit
kein völlig relativer oder gar arbiträrer ist, sondern von institutionalisierten Konventionen geleitet ist. N. ↗ Holland und D. Bleich entwickelten rezeptionsorientierte Ansätze in Anlehnung
an Ergebnisse psychologischer Forschungen. So
greift Holland kognitive psychoanalytische
Identitätsmodelle auf und versteht den Leseprozeß als einen Vorgang der spezifischen re-
aktiven Internalisierung von äußeren Einflüssen
im Sinne einer Bestätigung und Festigung der
jeweiligen Leseridentität. Bleich greift Gedanken
des späten S. ↗ Freud auf und negiert die Möglichkeit objektiver Lektüre, was ihn zur empirischen Analyse der subjektiven Bedingtheit
jeglicher Interpretation führt. Weitere rezeptionsästhetische Ansätze finden sich bei M. ↗ Riffaterre, der mit seinem heuristischen Konzept
des aus vielen Einzellesern kumulativ konstruierten Archilesers versucht, der Gefahr eines völligen Subjektivismus entgegenzutreten, und bei
J. ↗ Culler, der die objektive Existenz literar.
Strukturen ablehnt und statt dessen nur vom
Leser konstruierte Bedeutungsstrukturen akzeptieren will, wobei es darauf ankommt, die
interpretativen Konventionen zu isolieren, deren
sich der Rezipient jeweils bedient. In jüngster
Zeit hat Iser auf der Basis seines rezeptionsästhetischen Ansatzes eine ↗ literar. Anthropologie entwickelt.

Lit.: H.-G. Gadamer: *Wahrheit und Methode. Grundzüge einer philosophischen Hermeneutik*, Tüb. 1990
[1960]. – H. Weinrich: »Für eine Lit.geschichte des
Lesers«. In: *Merkur* 21.2 (1967) S. 1027–1038. – Jauß
1992 [1970]. – W. Iser: *Der implizite Leser. Kommunikationsformen des Romans von Bunyan bis Beckett*, Mchn. 1994 [1972]. – N. Holland: *5 Readers
Reading*, New Haven/Ldn. 1975. – Iser 1994 [1976]. –
D. Bleich: *Subjective Criticism*, Baltimore 1978. – R.
Warning (Hg.): *R.*, Mchn. 1994 [1974]. – Fish 1995
[1980]. – S. Suleiman/I. Crosman (Hgg.): *The Reader
in the Text. Essays on Audience and Interpretation*,
Princeton 1980. – Tompkins 1994 [1980]. – J. Culler:
*The Pursuit of Signs. Semiotics, Literature, Deconstruc-
tion*, Ithaca/Ldn. 1981. – Jauß 1991 [1977]. – Holub
1989 [1984]. – E. Freund: *The Return of the Reader.
Reader-Response Criticism*, Ldn./N.Y. 1987. – W. Iser:
*Prospecting. From Reader Response to Literary An-
thropology*, Baltimore/Ldn. 1989. – J.E. Müller: »Lit.
wissenschaftliche Rezeptions- und Handlungstheorien«. In: Bogdal 1997 [1990]. S. 181–207. – P.V.

Zima: »Die R. zwischen Hermeneutik und Phänomenologie«. In: ders. 1991. S. 215–263. – H. Zapf: »Re-
zeptionstheorie«. In: ders. 1996 [1991]. Kap. 22,
S. 180–188. – Selden et al. 1997 [1985]. S. 46–69. – D.
Schöttker: »Theorien der literar. Rezeption. R., Rezeptionsforschung, Empirische Lit.wissenschaft«. In: Ar-
nold/Detering 1997 [1996]. S. 537–554.

HA

Rezeptionsforschung, empirische (lat. *receptio*: Aufnahme), die R. untersucht die Aufnahme
und Wirkungsgeschichte eines Kunstwerkes, eines Autors oder einer literar. Mode bei einzelnen
Lesern, bei sozial, historisch oder altersmäßig
definierten Lesergruppen. Die etwa seit Beginn
der 70er Jahre etablierte R. vereint unterschiedlichste theoretische Ansätze: ↗ Lit.soziologie,
↗ Hermeneutik, Prager ↗ Strukturalismus und
↗ Lit.geschichte. Entsprechend heterogen sind
sowohl die theoretischen Modelle der R. wie
auch die konkreten Rezeptionsanalysen. – Das
Ziel e.r R. ist nicht die (bessere) ↗ Interpretation
literar. Texte, sondern es geht ihr im Rahmen
der Lese(r)forschung um die Untersuchung der
Bedeutungszuweisungen von Lesern und Rezipientengruppen unter der Berücksichtigung der
jeweiligen sozialen, situativen, psychischen und
kognitiven Voraussetzungen als Erklärungsfak-
toren. Dieses Ziel setzt die theoretische Einsicht
voraus, daß Texte generell nicht wie Speicher
Bedeutungen enthalten. Die geläufige Metapher
von Medienangeboten als Speichermedien ist
insofern unscharf, als das gemeinsam geteilte
Wissen um Sprache und Sprachgebrauch dabei
immer stillschweigend vorausgesetzt wird und
Kommunikation bloß als Transfer von Bedeutung erscheint. Bedeutungen werden jedoch erst
in konkreten Kommunikationssituationen aus
Anlaß eines sprachlichen Stimulus erzeugt und
diesem sprachlichen Ausgangsmaterial zugeordnet. Texte determinieren nicht die Erzeugung
von Bedeutungen; sie bilden einen unter mehreren Faktoren, die am Prozeß der Bedeutungskonstruktion beteiligt sind. Rezeption wird zu
einem aktiven Prozeß der Bedeutungbildung,
der in der Textverstehensforschung (N. ↗ Groeben 1982; Meutsch 1987) als ein zyklischer
Prozeß mit *top down-* und *bottom up-*Bewegungen modelliert wird. Im Gegensatz zu ontologischen Text- und Bedeutungsbegriffen basieren
aktive Lese(r)modelle auf der Trennung von
sprachlichem (graphisch-phonologisch, syntaktisch strukturiertem) Textmaterial und dem
↗ Kommunikat als der zugeordneten Bedeutung. Eine vergleichbare Differenzierung findet
sich bereits mit ästhetischem Objekt und mate-

riellem Artefakt im Prager Strukturalismus (↗ Prager Schule); R.↗ Ingardens analoge Unterscheidung von Werk und ↗ Konkretisation wird von der Konstanzer ↗ Rezeptionsästhetik aufgegriffen. Diese fundamentale Trennung von Text und Bedeutung wird in diesen Ansätzen allerdings nur angedacht und in ihrer theoretischen, methodologischen und empirischen Tragweite unterschätzt und nicht systematisch verfolgt. Der sog. implizite ↗ Leser ist gerade nicht ein realer Leser, sondern das Konstrukt literarhistorischer Interpretationstätigkeit. – E.R. bildet ein interdisziplinäres Feld, auf dem unterschiedliche Disziplinen mit jeweils eigenen Erkenntnisinteressen tätig sind. Kommunikationswissenschaft, Geschichte, Soziologie, Psychologie, Ethnologie, Linguistik, Lit.wissenschaft beschäftigen sich mit Fragen der Leser und des Lesens: Wer liest welche Texte aus welchen Gründen? Wer liest überhaupt und wer nicht? Wie wird man zum Leser? Welche Texte wurden früher gelesen und von wem? – In der Lit.wissenschaft wird schon sehr früh eine Berücksichtigung des Lesers gefordert: R. Prutz rechtfertigt 1845 in »Über die Unterhaltungslit.« das breite Publikumsinteresse an Lit., die in Lit.geschichten üblicherweise keinen Eingang findet. Mehr als 100 Jahre später ist 1967 diese Forderung mit H. ↗ Weinrichs »Für eine Lit.geschichte des Lesers« immer noch aktuell. Mit Beginn der 70er Jahre zeigt die ↗ Lit.didaktik ein empirisches Interesse an Leseverhalten, Lektüreauswahl, Lesemotivation und Rezeptionsleistungen von Schülern. Verschiedene Schultypen von der Haupt- bis zu den berufsbildenden Schulen werden dabei erfaßt. E. Nündel und W. Schlotthaus (1978) dehnen die Fragestellung auch auf Lehrer aus, deren Leseeinstellungen empirisch untersucht und in ihren Konsequenzen für den Lit.unterricht diskutiert werden. Die Erforschung von Lese- und Medienbiographien ist ein neueres Verfahren, das Bild vom Leser zu ergänzen (vgl. Bonfadelli et al. 1993). Daneben gab es in den letzten Jahren empirische Forschungen (E. Schön) zum Erwerb einer literar. Rezeptionskompetenz, mit der Qualitäten des Rezeptionsaktes (Erfahrungen, Gratifikationen, Umgangsweisen) selbst angesprochen sind. Im Rahmen einer Theorie literar. Sozialisation überwindet das Konzept literar. Rezeptionskompetenz ältere, statische und ästhetisch imprägnierte Lesealter- bzw. Phasenmodelle literar. Entwicklung. Neben den Untersuchungen zum Lit.unterricht bilden Fragen zum Leseklima in der Familie (vgl. Hurrelmann et al. 1993), zur literar. Sozialisation im Vor-

schulalter und vor Erwerb der Lesefähigkeit weitere Gegenstandsbereiche literar. Sozialisation (vgl. zu letzeren Komplexen Andringa; Davis; Wieler, alle in Barsch et al. 1994). Der literarhistorische *mainstream* der Lit.wissenschaft tut sich schwer hinsichtlich des Rezeptionsaspektes. Häufig kommen daher Anregungen und Forschungsergebnisse aus angrenzenden Disziplinen. So geht etwa der Begriff des Geschmacksträgertypus auf den Anglisten und Komparatisten L. Schücking und seine ›Soziologie der literar. Geschmacksbildung‹ (1931) zurück. Weitere Impulse erfuhr die e.R. von der Kultur- und ↗ Lit.soziologie (R. Escarpit; H. Fügen; A. Silbermann) und durch historische Buchmarkt- und volkskundliche Leserforschung (R. Wittmann; R. Engelsing; R. Schenda). Die Lit.soziologie der letzten drei Dekaden hat in verschiedenen Studien immer wieder die Zusammensetzung und Beeinflussung der Leserschaft hinsichtlich von Faktoren wie Alter, Bildung, Beruf, konfessionelle Bindung, Wohnortgröße, soziales Umfeld und Kontakte, Mediennutzung und Freizeitaktivitäten untersucht. Darüber hinaus wurden neben der Unterscheidung in Wenig-, Durchschnitts- und Vielleser auch Vorschläge für verschiedene Lesertypen wie den ›Buchmensch‹, ›Buchliebhaber‹, ›Konsumleser‹ oder den ›unlustigen Leser‹ gemacht. Unter dem Topos vom ›Leseland‹ hat es in der ehemaligen DDR eine Reihe empirischer Leser-Studien gegeben, auf die in Göhler et al. (1989) rückblickend eingegangen wird. Einen systematischen Vergleich empirischer Forschung in BRD und DDR bietet Köhler (1990). Empirische Belege für ein Ende des Buchlesens und eine direkte Beeinträchtigung literar. Sozialisation lassen sich in all diesen Studien nicht finden. Die Medienvielfalt und die differenzierte Mediennutzung kann jedoch negative Auswirkungen auf Faktoren haben, die das Lesen fördern: die Gesprächskultur in der Familie und die Art der Themenbehandlung. Im lit.soziologischen Ansatz einer ↗ Empirischen Theorie der Lit. bildet literar. Rezeption eine der zentralen ↗ Handlungsrollen des ↗ Lit.systems. Im Rahmen dieses Ansatzes wurden Studien zur Befolgung literar. ↗ Konventionen, zum ↗ Lit.begriff, zu Gattungskonzepten, zum literar. Verstehen und auch zu Lesern von Heftromanen durchgeführt. Ein weiterer wichtiger Teil der e.R. wird von der ↗ Lit.psychologie abgedeckt. Neben Arbeiten zur empirischen Erhebung des Erwartungshorizontes von Rezipienten (Bauer et al. 1972; Hillmann 1974) im Anschluß an die ↗ Rezeptionsästhetik und der singulär geblie-

benen Arbeit von Heuermann et al. (1982) ist
v.a. Groeben (1977) mit dem Ansatz einer Empirisierung der Lit.wissenschaft durch die Validierung lit.wissenschaftlicher Interpretationen
auf der Basis von Rezeptionsdaten zu erwähnen.
Mit einer Vielzahl empirischer Rezeptionsstudien unter Verwendung und Entwicklung verschiedener Methoden (z.B. der Struktur-Lege-
Technik zur Erfassung subjektiver Theorien von
Rezipienten) konnte Wissen über den Leser und
den konstruktiven Prozeß des Lesens gewonnen
werden. Dabei fand auch D.E. Berlynes umge-
kehrte U-Funktion als Verhältnis von physio-
logischer Erregung und hedonistischem Wert
eine weitere Bestätigung. Andere lit.psychologi-
sche Studien sind ausgerichtet auf unterschiedliche Rezeptionsstrategien von Lesern. Grundsätzlich werden dabei immer zwei Rezeptions-
modi gegenübergestellt: eine analysierende, distanzierte Rezeption im Gegensatz zu einer
involvierten. Dabei ist die erste Rezeptionshal-
tung eher ziel- und ergebnisorientiert während
die zweite auf den Prozeß des Lesens selbst
ausgerichtet ist. In den letzten Jahren ließ sich in
der e.R. eine zunehmende Verschiebung von
quantitativen auf qualitative Methoden feststellen, wobei beide ihre Berechtigung haben und
nicht gegeneinander auszuspielen sind. Im Rahmen von Sprach- und Lit.psychologie spielt die
Wirkungsforschung eine untergeordnete Rolle.
Weniger Texte als Medien wie Kino und TV
bilden v.a. im Zusammenhang mit der Frage
nach der Wirkung von Gewaltdarstellungen einen zentralen Gegenstand gegenwärtiger Diskussionen.

Lit.: W. Bauer et al.: *Text und Rezeption*, FfM. 1972. –
H. Hillmann: »Rezeption – empirisch«. In: W. Dehn
(Hg.): *Ästhetische Erfahrung und literar. Lernen*, FfM.
1974. S. 219–237. – H. Leuschner: »Ergebnisse einer
Wirkungsanalyse«. In: *LiLi* 4 (1974) S. 95–116. – H.
Link: *R.*, Stgt. et al. 1980 [1976]. – Iser 1994 [1976]. –
G. Grimm: *Rezeptionsgeschichte*, Mchn. 1977. – N.
Groeben: *R. als empirische Lit.wissenschaft*, Tüb. 1980
[1977]. – E. Nündel/W. Schlotthaus: *Angenommen.
Agamemnon. Wie Lehrer mit Texten umgehen*, Mchn.
1978. – D. Hintzenberg et al.: *Zum Lit.begriff in der
BRD*, Wiesbaden 1980. – N. Groeben: *Leserpsycho-
logie. Textverständnis – Textverständlichkeit*, Münster
1982. – H. Heuermann et al.: *Werkstruktur und Rezeptionsverhalten. Empirische Untersuchungen über den
Zusammenhang von Text-, Leser- und Kontextmerk-
malen*, Göttingen 1982. – E. Ibsch/D.H. Schram
(Hgg.): *R. zwischen Hermeneutik und Empirik*, Amsterdam 1987. – H.R. Jauß: *Die Theorie der Rezeption*,
Konstanz 1987. – D. Meutsch: *Lit. verstehen. Eine
empirische Studie*, Wiesbaden 1987. – N. Groeben/P.
Vorderer: *Leserpsychologie. Lesemotivation – Lektüre-
wirkung*, Münster 1988. – H. Göhler et al. (Hgg.):

Buch – Lektüre – Leser. Erkundungen zum Lesen, Bln.
1989. – U.E.E. Köhler: »Lesekultur in beiden dt. Staaten. 40 Jahre – ein Vergleich«. In: *Archiv für Soziologie
und Wirtschaftsfragen des Buchhandels* 44 (1990)
W2369-W2628. – B. Hurrelmann et al.: *Lesesozialisation*, Bd. 1., *Leseklima in der Familie*, Gütersloh 1993.
– H. Bonfadelli et al.: *Lesesozialisation*, Bd. 2., *Leseer-
fahrungen und Lesekarrieren*, Gütersloh 1993. – Barsch
et al. 1994. – G. Marci-Boehncke et al. (Hgg.): *Blick-
Richtung Frauen. Theorien und Methoden geschlechter-
spezifischer R.*, Weinheim 1996. – D. Schöttker: »Theorien der literar. Rezeption. Rezeptionsästhetik, R., Empirische Lit.wissenschaft«. In: Arnold/Detering 1996.
S. 537–554.

AB

Rezeptionsgeschichte, ein wichtiger Aspekt
der Entwicklung der neueren Lit.theorie, der
insbes. von der literar. ↗ Hermeneutik Anstöße
erhielt, aber auch in anderen Ansätzen zunehmend Bedeutung gewann, ist die Verlagerung
der Aufmerksamkeit im Prozeß literar. Kommunikation vom Autor oder Text auf den ↗ Leser. Lit. wird nicht länger im vermeintlich überzeitlich fixierbaren Objekt des Textes verortet,
sondern als Kommunikationsprozeß aufgefaßt,
in welchem dem Leser eine wichtige, ja konstitutive Rolle zukommt (↗ Rezeptionsästhetik;
↗ Wirkungsästhetik). Die prozessuale Natur des
Ästhetischen bleibt dabei nicht auf den individuellen Rezeptionsakt beschränkt. Sie kennzeichnet vielmehr die Geschichte der Lit. selbst,
die weniger als Abfolge von Werken denn als
Abfolge der Wirkungen aufgefaßt wird, die
diese Werke durch jeweils verschiedene Epochen hindurch ausgeübt haben. – Der führende
Vertreter dieser R. ist H.R. ↗ Jauß. Jauß führt den
Begriff des historisch-ästhetischen ↗ ›Erwartungshorizonts‹ ein, der die Leserreaktion auf
einen Text präformiert, aber auch umgekehrt die
Reaktion des Textes auf seine intendierten Leser
mitbestimmt. Die Erwartungen des Lesers können vom Text erfüllt, modifiziert oder völlig
desillusioniert werden. Jauß erläutert dies u.a. an
Flauberts Roman *Madame Bovary* (1856), der
die Erwartungen seines ersten Publikums schok-
kierte, da sich sein provokativ unpersönlicher
Stil in bis dahin völlig ungewohnter Weise jedes
moralischen Urteils enthielt. Der Protest gegen
den Roman gipfelte in einem Prozeß, der mit
dem kuriosen Ergebnis endete, daß der Autor
zwar freigesprochen, sein Stil aber als ›amora-
lisch‹ verurteilt wurde. Später indessen wurde
genau dieser Stil seinerseits zu einer akzeptierten
Norm, die den ästhetischen Geschmack des Publikums veränderte und so die Rezeption der
nachfolgenden Generation frz. Romanciers mit-

bedingte. – Die R. eines literar. Werks wird von Jauß aufgefaßt als beständig fortschreitender und sich geschichtlich wandelnder Vollzug jener stets neu zu leistenden ›Horizontverschmelzung‹, die H.-G. ↗ Gadamer als grundlegend für die hermeneutische Begegnung zwischen Interpret und Text angesetzt hatte. Jauß definiert die R. als die »sukzessive Entfaltung eines im Werk angelegten, in seinen historischen Rezeptionsstufen aktualisierten Sinnpotentials, das sich dem verstehenden Urteil erschließt, sofern es die ›Verschmelzung der Horizonte‹ in der Begegnung mit der Überlieferung kontrolliert vollzieht« (Jauß 1970, S. 186). Hier tritt eine eigentümliche Ambivalenz des Begriffs der R. zwischen Historie und Metahistorie, zwischen der tatsächlichen R. eines Werks und der metahistorischen Beschreibung dieses Prozesses hervor, die sich durch die obige Definition und durch die Praxis der R. als Wissenschaft zieht. Dennoch hat dieser Ansatz sich inzwischen insofern als produktiv erwiesen, als er allein schon quantitativ einen ganz neuen Zweig von Lit.geschichte hervorgebracht hat, der sich mit unterschiedlichsten Aspekten der Rezeption von Autoren bzw. Werken als konstitutivem Teil von deren Nachwirkung, Geltung, Bedeutung und Interpretationsgeschichte beschäftigt. Allerdings nimmt es nicht Wunder, daß die real praktizierte R. oftmals doch wieder auf die vermeintlich überwundene positivistische Stufe zurückfällt, da sowohl die genannte ›Horizontverschmelzung‹ wie auch der tragende theoretische Begriff des ›Erwartungshorizonts‹ relativ vage und spekulativ bleiben. Insbes. ist klar, daß letzterer mit zunehmender Annäherung an die Gegenwart an Prägnanz verliert, da hier die Pluralisierung und Individualisierung der ästhetischen Stile und folglich auch der Erwartungshaltungen so weit fortgeschritten ist, daß nicht mehr von einer dominierenden Richtung gesprochen werden kann. – Die R. eines Werks kann aber über dessen Aufnahme beim Publikum und bei der Kritik auch an späteren Neubearbeitungen verfolgt werden, wobei allerdings der Punkt erreicht ist, an dem die Rezeption eines Werks in neue literar. Produktion übergeht. Bei vielen modernen Inszenierungen und Dramenadaptionen z.B. findet effektiv eine Neubearbeitung klassischer Stücke aus dem Geist eines dezidierten Gegenwartsbewußtseins statt. Ebenso werden zunehmend Folgeromane klassischer Werke, wie der von J. Austen, populär. Das poststrukturalistische Konzept der ↗ Intertextualität schreibt gar allen Texten den Charakter

von ›produktiven Rezeptionen‹ früherer Texte zu. Die in solchen (post-)modernen Konzeptionen implizierte Auflösung eines fixen, autonomen Werkbegriffs und seine Dynamisierung in einen Prozeß jeweils neuer ästhetischer Erfahrung ist durchaus im Sinn der ›Provokation der Lit.wissenschaft‹, die Jauß' Konzeption der R. intendiert. Allerdings ist klar, daß in einer wissenschaftlichen R., anders als in der literar. Primärrezeption, der urspr. Text durch die sich verändernden Gestalten seiner Auslegungs- und Aneignungsgeschichte im Auge behalten werden muß. – Über den ästhetischen Aspekt der historisch sich wandelnden Text-Rezipienten-Beziehung hinaus sind auch literar. Institutionen der ↗ Lit.rezeption wie das Bildungssystem, die Lit.kritik, die Verlage und das Distributionssystem in den Gesichtskreis der R. gerückt (Zimmermann 1977), andererseits wurden methodisch unterschiedliche Analyseverfahren und Darstellungsformen rezeptionsgeschichtlicher Untersuchungen theoretisch herausdifferenziert und praktisch fruchtbar gemacht (Grimm 1977). Trotz des gemeinsamen Interesses am Leser ist die hermeneutisch orientierte R. zu unterscheiden von W. ↗ Isers phänomenologischer Wirkungsästhetik und v.a. von der empirischen ↗ Rezeptionsforschung, die sich der Methoden der empirischen Sozialwissenschaften bedient, um die tatsächlichen Reaktionen von Rezipienten zu ermitteln.

Lit.: Jauß 1992 [1970]. – G. Grimm: *R.: Grundlegung einer Theorie*, Mchn. 1977. – B. Zimmermann: *Lit.rezeption im historischen Prozeß. Zur Theorie einer R. der Lit.*, Mchn. 1977. – Holub 1989 [1984].

HZ

Rhema ↗ Thema und Rhema

Rhetorik (engl. *rhetorical criticism*, gr. *rhētorikḗ téchnē*: ›Redekunst‹), ist die Kunst der Meinungsbeeinflussung durch eine triftig argumentierende, sinnvoll gegliederte, stilistisch ansprechende und wirkungsvoll vorgetragene Rede zunächst im mündlichen, dann aber auch, wie beim Brief, im schriftlichen Kontext. Zugleich hat die Rh. seit der ↗ Antike als Theorie und Wissenschaft der Redekunst ein imponierendes Lehrgebäude errichtet. Von dem Streit zwischen ↗ Platon und den Sophisten an steht die Rh. im Spannungsfeld zwischen einer stärker zweckbestimmten Definition als ›dicere ad persuadendum accommodate‹ (Cicero) und einer eher moralistischen Definition als ›ars/scientia bene dicendi‹ (Quintilian). Dieser Gegensatz lebt wieder auf in der ↗ Renaissance, in der Opposition zwischen der von den Humanisten postulierten »kulturstiftende[n] Einheit von Rede und Vernunft« (Plett 1996, S. 17) einerseits und der machiavellistischen, machtpolitisch motivierten Redekunst andererseits, die auch die Mittel der Verstellung und Verführung einschließt. Angesichts des Mißbrauchs der Rh. als Mittel der Unterdrückung und der Verführung in Politik und Werbung hat die sog. Argumentations-Rh. (J. Kopperschmidt, G.K. Mainberger) mit Begriffen wie ›vernünftige Rede‹ und ›rhetorische Vernunft‹ das alte *oratio-ratio*-Ideal wiederzubeleben versucht. Tacitus' idealistische Auffassung vom Gedeihen der Rh. nur unter den Bedingungen der politischen Freiheit ist, wenn man Erfolgskriterien berücksichtigt, durch die Wirkung von Agitation und Propaganda gerade im 20. Jh. immer wieder Lügen gestraft worden. – Das in der Antike entwickelte System der Rh. stellt Regeln und Techniken für die Redeherstellung (primäre/öffentliche Rh.) und die Textherstellung (sekundäre/literar. Rh.) bereit. Es unterscheidet (a) die Gerichtsrede (*genus iudiciale*) mit den Funktionen von Anklage oder Verteidigung, (b) die politische Rede (*genus deliberativum*) mit den Funktionen von Zuraten oder Abraten sowie (c) die Festrede (*genus demonstrativum*) mit der Funktion von Lob (oder Tadel). – Das übergeordnete Gliederungsprinzip im System der Rh. ergibt sich aus den fünf Arbeitsgängen beim Herstellen einer Rede (*officia oratoris, processes of rhetoric*): (a) Findungslehre (*inventio*), die Lehre vom Suchen und Finden von Argumenten und Beweisen, (b) Anordnungslehre (*dispositio*), die Lehre von Zahl und Anordnung der Redeteile, (c) Stillehre (*elocutio*), die Lehre vom sprachlichen Ausdruck, insbes. vom übertragenen Wortgebrauch (Tropik), den rhetorischen Figuren, den Stilgattungen und den Stiltugenden und -fehlern, (d) Gedächtnislehre (*memoria*), (e) Lehre vom Vortrag (*actio*). – Das MA., in dem die Rh. als ein Teil im System der sieben Künste (*artes liberales*) weiterlebt, hat das Lehrgebäude der Rh. um zwei Zweige der Theorie erweitert, (a) die *ars dictaminis*, die rhetorische Kunst des Briefschreibens, und (b) die *ars praedicandi*, die Kunst des Predigens. Die Renaissance-Rh. knüpft unmittelbar an die in der Epoche wiederentdeckte antike Rh. an. Es entwickelten sich Rh.en, die sich ganz auf den ↗ Stil (*elocutio*) konzentrierten. Im Zuge dieser Entwicklung wuchsen ↗ Poetik und Rh. zusammen, wie in G. Puttenhams *The Arte of English Poesie* (1589),

einer Poetik, die sich hauptsächlich mit den ↗ Tropen und Figuren befaßt. Die Konsequenz aus dieser Entwicklung zogen die sog. *Ramisten* (P. Ramus, A. Talaeus), welche die Findungs- und Gliederungslehre (*inventio, dispositio*) der Logik (↗ Dialektik) zuwiesen und die Zuständigkeit der Rh. auf die Stillehre (*elocutio*) beschränkten. Eine solchermaßen amputierte Rh. war nicht mehr als eine Stillehre. Nach der Renaissance und dem ↗ Barock setzt eine Abwertung der Rh. ein. In der ↗ Romantik wird der Bruch mit der Rh. endgültig vollzogen, etwa bei Wordsworth, der mit dem Kunststil des ↗ Klassizismus (*poetic diction*) abrechnet, und Novalis, der sagt: ›Poësie ist Poësie. Von Rede (Sprach)kunst himmelweit verschieden.‹ – Als Fachdisziplin wurde die Rh. freilich in der klassischen Philologie des 19. und 20. Jh.s weiterbetrieben, neuerdings durch am. Forscher wie J.J. Murphy und G.A. Kennedy, die mit dem Blick auf ein breiteres Publikum schreiben. Zu einer Renaissance der Rh. haben E.R. ↗ Curtius mit der Neubegründung der ↗ Toposforschung, H. Lausberg mit seiner umfassenden Systematik rhetorischer Kategorien und K. Dockhorn mit seiner Nutzung der rhetorischen Affektenlehre für die ↗ Interpretation beigetragen. An der Renaissance der Rh. wirkten auch Philosophen wie H. ↗ Blumenberg, H.-G. ↗ Gadamer und J. ↗ Habermas mit, wobei letzterer mit seinem Theorem der herrschaftsfreien Kommunikation und der Konsensustheorie die größte Öffentlichkeitswirkung hatte. Die neue Rh. in der Nachfolge von C. Perelmans und L. Olbrechts-Tytecas *La nouvelle rhétorique* (1958) modernisiert die Disziplin etwa durch Umdeutung der Rh. zur Texttheorie und der *inventio* zur Argumentationstheorie und durch »die Linguistisierung der *elocutio*« (Plett 1996, S. 14). – In bezug auf die rhetorisch geprägte Lit., bes. der Renaissance und des Barock, haben Neuphilologen bei der Erforschung rhetorischer Prinzipien und Techniken und in der rhetorischen Textanalyse (*rhetorical criticism*) viel geleistet. Z.B. ist die Struktur der klassischen Rede im Aufbau von Sidneys *Defence of Poesie* (1595) nachgewiesen worden oder der Gebrauch der rhetorischen Topik in Sternes *Tristram Shandy* (1759–1767). Ohne explizit den Bezug zur klassischen Rh. zu suchen, haben Vertreter des ↗ New Criticism die Rh. als ›the study of verbal understanding and misunderstanding‹ neu bestimmt (I.A. ↗ Richards). Das Rh.-Verständnis von C. ↗ Brooks und R.P. Warren in *Modern Rhetoric* (1949) läßt die *inventio* und literar. und historische Kontexte unberücksichtigt. Der *New Criticism* wurde von K. ↗ Burke heftig angegriffen, der alles menschliche Tun als rhetorisch organisiert begreift. Ein Beispiel für die erfolgreiche Nutzung der Rh. in der literar. Textanalyse ist W.C. ↗ Booths *The Rhetoric of Fiction* (1961), das die rhetorischen Möglichkeiten der Leserbeeinflussung im Roman untersucht und viele Nachfolger fand. Auch neuere lit.wissenschaftliche Ansätze wie der ↗ Dekonstruktivismus bedienen sich allerdings in ihrer Bedeutung erweiterter rhetorischer Kategorien, bes. der ↗ Metapher.

Lit.: Lausberg 1990 [1960]. – K. Dockhorn: *Macht und Wirkung der Rh.*, Bad Homburg 1968. – W. Barner: *Barockrhetorik*, Tüb. 1970. – Plett 1991 [1971]. – P. Dixon: *Rhetoric*, Ldn. 1971. – St. Fish: »Rhetoric«. In: Lentricchia/McLaughlin 1995 [1990]. S. 222. – K.-H. Göttert: *Einf. in die Rh.: Grundbegriffe – Geschichte – Rezeption*, Mchn. 1994 [1991]. – E. Torra: »Rh.«. In: Pechlivanos et al. 1995. S. 97–111. – U. Neumann: »Rh.«. In: Arnold/Detering 1997 [1996]. S. 219–233 – H.F. Plett (Hg.): *Die Aktualität der Rh.*, Mchn. 1996. – G. Ueding: »Rh.«. In: Ricklefs 1996. S. 1647–1668.

WGM

Rhetorische Figur ↗ Tropen

Rhythmus ↗ Metrik

Richards, Ivor Armstrong (1893–1979), engl. Lit.theoretiker, Dichter. – R. studierte und lehrte am Magdalene College in Cambridge; wichtige Beziehungen zu C.K. Ogden, später zu T.S. ↗ Eliot; seit 1927 u.a. Gastprofessuren in China; 1944–1963 Professor an der Harvard University; ab 1963 widmete sich R. der eigenen *Language Research Inc.* Seit den 30er Jahren arbeitete R. bes. an Projekten zum ›Basic English‹, einer internationalen Verkehrssprache von 850 Wörtern und reduzierten Regeln. – Gemeinsam mit Ogden entwickelt R. in *The Meaning of Meaning* (1923) eine Bedeutungslehre, die Wortbedeutungen aus ↗ Kontexten ableitet, d.h. aus der Textumgebung und aus der Geschichte der mit dem Wort verknüpften Ereignisse und Wahrnehmungen; auch neurophysiologische Aspekte werden berücksichtigt. In *Principles of Literary Criticism* (1924) entwirft R. unter Bezug auf Behaviourismus und Gestaltpsychologie ein ›materialistisches‹ Gegenmodell zur idealistischen ↗ Ästhetik, welches dem ästhetischen Reiz ein um die neuronale Eigendynamik erweitertes ›*stimulus-response*‹-Schema zugrundelegt. In Gruppenversuchen mit Studenten, denen er Gedichte zur ↗ Interpretation vorlegte, ohne nähere Angaben beizufügen, demonstrierte R. die Bedeutungsvielfalt des literar. Tex-

tes und die interdependente Bedeutungsbildung im Text (*Practical Criticism*, 1929; vgl. Martindale/Dailey 1995). Dieses Verfahren wurde zum ›*close reading*‹ des ↗ New Criticism weiterentwickelt. Teile von R.' Lit.theorie gelten als wegbereitend für den *New Criticism*, von dem sich R. (vgl. 1990, S. 194f.) jedoch distanzierte. Sein Interesse galt nicht ausschließlich formalästhetischen Aspekten des Textes, sondern bes. der jeweiligen Aktivität des ↗ Autors (Erfahrungsprotokoll) und ↗ Lesers. Er zeigte die Abhängigkeit der Bedeutungsbildung von der Erfahrenheit des Lesers, der u.a. Bedeutungsinterdependenzen der Wörter erkennen muß: »the Proper Meaning of a passage [...] is a kind of scholastic ghost with very much less in it than a good reader will quite rightly find there« (R. 1943a, S. 94). R. gab wichtige Impulse für den *Reader-Response Criticism* (↗ Rezeptionsästhetik; vgl. Berg 1987) und die transaktionale Lit.theorie (L.M. Rosenblatt). Sein psychologischer Ansatz zur Erklärung der Kontextbildung beeinflußte Empirische Lit.wissenschaft (↗ Empirische Theorie der Lit.) und *New Rhetoric*.

Lit.: I.A. Richards/C.K. Ogden: *The Meaning of Meaning*, N.Y./Ldn. 1923. – I.A.R.: *Principles of Literary Criticism*, Ldn. 1949 [1924]. – ders.: *Mencius on the Mind*, Ldn. 1932. – ders.: *The Philosophy of Rhetoric*, N.Y. 1936. – ders.: *Interpretation in Teaching*, N.Y. 1938. – ders.: *How to Read a Page*, Ldn. 1943a. – ders.: *Basic English and its Uses*, N.Y. 1943b. – ders.: *Speculative Instruments*, Ldn. 1955. – ders.: *So Much Nearer*, N.Y. 1968a. – ders.: *Design for Escape. World Education Through Modern Media*, N.Y. 1968b. – ders.: *Beyond*, N.Y. 1974. – ders./Ch. Gibson: *Techniques in Language Control*, Rowley 1974. – ders.: *Complementarities. Uncollected Essays*, Cambridge 1976. – ders.: *Selected Letters* (Hg. J. Constable), Oxford 1990. – W.H.N. Hotoph: *Language, Thought and Comprehension*, Ldn. 1965. – R. Wellek: »On Rereading I.A.R.«. In: *The Southern Review* 3 (1967) S. 533–554. – J.P. Schiller: *I.A.R.: Theory of Literature*, New Haven 1969. – J. Schlaeger: »Einl.«. In: *I.A.R.: Prinzipien der Lit.kritik*, FfM. 1972. S. 7–36. – J.P. Russo: »A Bibliography of the Books, Articles, and Reviews of I.A.R.«. In: *I.A.R.: Studies in His Honor*, N.Y. 1973. S. 321–365. – J. Needham: *The Completest Mode. I.A.R. and the Continuity of English Literary Criticism*, Edinburgh 1982. – R. Wellek: »I.A.R. (1893–1979)«. In: ders., Bd.V, 1986. S. 221–238. – T.F. Berg: »Psychologies of Reading«. In: J. Natoli (Hg.): *Tracing Literary Theory*, Urbana 1987. S. 248–277. – J.P. Russo: *I.A.R.: His Life and Work*, Baltimore 1989. – C. Martindale/A. Dailey: »I.A.R. Revisited. Do People Agree in Their Interpretations of Literature?« In: *Poetics* 23 (1995) S. 299–314.

ChZ

Ricœur, Paul (*1913), frz. Theologe und Philosoph; zuletzt Professor an der Université de Paris

(Nanterre) und der University of Chicago. – Eine Grundannahme der R.schen existentialen ↗ Hermeneutik wird gebildet durch den Primat der Symbolsysteme: Erst über die Auslegung des in den ↗ Symbolen enthaltenen Sinns erlangen wir unser Wissen von der menschlichen Existenz, d. h. der Gang der Erkenntnis führt von der Interpretation der ›langage‹ zur ›expérience vécu‹. Vor diesem Hintergrund ist R.s Beitrag zur Lit.theorie zu verstehen, denn die Lit. ist einer der wichtigsten Symbolbereiche, in denen die existentiale Sinnbewältigung geleistet wird. Dabei geht es R. in seiner Annäherung an das ›kategoriale Unbewußte‹ der Sprache darum, interpretierendes Verstehen und formale Analyse zu verbinden. Diese Vorgehensweise, die in der ↗ phänomenologischen Tradition des engen Bezugs von *nóēsis* (dem intentionalen Wahrnehmungsakt) und *nóēma* (dem gegenständlichen Sinn) gründet, hat zu einer für die Lit.theorie äußerst anregenden Fusion von Hermeneutik und ↗ Strukturalismus geführt. Die alte Diskussion über das wechselseitige Verhältnis von Feststellungs- und Deutungsakt wird damit auf eine neue Basis gestellt. – Die sich so ergebende Dialektik von Erklären und ↗ Verstehen kann in zweierlei Richtungen für die ↗ Interpretation literar. Texte funktionalisiert werden, und zwar zunächst im Sinne des Fortschreitens von der Hypothesenbildung zur Hypothesenbestätigung: Die divinatorische Interpretationsannahme über den Sinn eines ↗ Textes, dem stets der Vorwurf der ↗ Subjektivität anhaftet, bedarf demnach der Validierung durch den Rekurs auf die verbale Intention des Textes selbst. Dies schränkt den Interpretationsspielraum wesentlich ein, indem der subjektive Ansatz, der auf die Sinntotalität des Textes abhebt, in zirkulärer Weise (↗ Hermeneutischer Zirkel) vermittelt sein muß mit dem objektiven Ansatz, der über die semantische wie syntagmatische Detailanalyse die nachvollziehbare Konstruiertheit des Textsinns erfaßt. Umgekehrt steht die damit einhergehende *epoché*, die den Text als geschlossenes ↗ Zeichensystem ohne Fremdreferenz begreift, unter dem Aspekt der Öffnung: Die Annahme, die Textbedeutung sei aufgrund der Universalität semiotisch-logischer Systeme gleichsam *more geometrico* konstruierbar, läßt die Möglichkeit vielfältiger Konstruktionen ein und desselben Textes ebenso außer acht wie den Umstand, daß jeder Strukturierung ein Moment subjektiv wie kulturell bedingter Interpretation innewohnt. Somit muß ›die Objektivation der Beschreibung wieder in den Prozeß der Erfahrung am Text‹ (vgl. H.R. ↗ Jauß 1977) rückführbar sein, d. h. die objektive Universalienkombinatorik und ›*l'existentiel*‹ der subjektiven Sinnbildung sind in der Aufgabe, die eigene Welt mit den Augen des Textes zu sehen, eng miteinander verbunden. Diese Dialektik von allg. ↗ Code und individueller Botschaft bedingt demnach, daß jeder Text in produktiver wie in rezeptiver Hinsicht als ein ›individuelles Allg.‹ (vgl. Frank) verstanden werden muß. – Bes. in R.s monumentaler dreibändiger Studie *Temps et récit* (1983–85) wird dieser Zusammenhang deutlich: Anstatt den aristotelischen Begriff der ↗ Mimesis in essentialistischer Weise als sprachliche ↗ Repräsentation außersprachlicher Wirklichkeit zu begreifen, bricht er dessen Geschlossenheit auf, indem er ihn dreifach entfaltet: Die ›Mimesis 1‹ ist demnach eine vorgängige Ausgangswelt, deren ↗ Zeichen, Regeln und Normen jedoch immer schon symbolisch vermittelt und damit ›präfiguriert‹ sind; die ›Mimesis 2‹ ist die über narrative Strukturen vermittelte und damit ›konfigurierte‹ Anschlußwelt der fiktiven wie historischen Erzählungen, während ›Mimesis 3‹ die durch die Aneignung der erzählten Welt ›transfigurierte‹ Welt des Lesers meint. Diese Prozeßhaftigkeit des Verstehens macht das Zusammenspiel von struktureller Analyse und existentialer Sinngebung deutlich, indem erst im Durchgang durch die strukturell beschreibbare narrative Matrix der Bezug zwischen Wirklichkeit und ästhetischer ↗ Erfahrung herstellbar ist. – G. ↗ Genette (1966) hat aus einer stärker semiotisch akzentuierten Perspektive auf die Dialektik von Code und Botschaft hingewiesen und die Komplementarität von struktureller Methode und Interpretation hervorgehoben. U. ↗ Eco (1987) sieht entsprechend die bedeutungsverleihende *intentio lectoris* eingeschränkt durch die *intentio operis*, deren kontextuelle, syntagmatische Determiniertheit der potentiell unendlichen, paradigmatischen Offenheit des sprachlichen Zeichens entgegenwirkt.

Lit.: P. Ricœur: *De l'interpretation. Essai sur Freud*, Paris 1965 (dt. *Die Interpretation. Ein Versuch über Freud*, FfM. 1974). – ders.: *Le conflit des interprétations. Essais d'herméneutique*, Paris 1969 (dt. *Hermeneutik und Strukturalismus. Der Konflikt der Interpretationen*, Mchn. 1973). – ders.: *Temps et récit*, 3 Bde., Paris 1983–1985 (dt. *Zeit und Erzählung*, 3 Bde., Mchn. 1988–1991). – G. Genette: »Structuralisme et critique littéraire«. In: ders.: *Figures I*, Paris 1966. S. 145–170. – Jauß 1991 [1977]. – M. Frank: *Das individuelle Allgemeine*, FfM. 1985. – K. Stierle: »Für eine Öffnung des hermeneutischen Zirkels«. In: *Poetica*

17 (1985) S. 340–354. – U. Eco: *Streit der Interpretationen*, Konstanz 1987. – Ch. Bouchindhomme/R.
Rochlitz (Hgg.): › *Temps et récit‹ de P.R. en débat*, Paris
1990. – D. Wood: *On P.R.: Narrative and Interpretation*, Ldn./N. Y. 1991. – J. Mattern: *P.R. zur Einf.*, Hbg.
1996.

ER

Riffaterre, Michael (*1924), frz. Lit.theoretiker.
– Nach seinem Studium an den Universitäten
von Lyon und Paris emigrierte der gebürtige
Franzose in die USA, wo er 1955 seine Promotion an der Columbia University in New York
beendete, an der er von 1964 bis 1982 den B.W.
Knopf Lehrstuhl für frz. Lit. innehatte. Neben
mehreren Gastprofessuren an angesehenen Universitäten wurde er 1987 Direktor der *School of
Theory and Criticism* am Dartmouth College in
New Hampshire. – Mit einer Reihe von Veröffentlichungen in den 60er und 70er Jahren etablierte sich R. als Wegbereiter des *Reader-Response Criticism*, der angloam. Ausrichtung der
↗ Rezeptionsästhetik. Anhand seiner Kritik von
R. ↗ Jakobsons und Cl. ↗ Lévi-Strauss' Analyse
von Baudelaires Gedicht »Les Chats« entwickelt
R. 1966 seine ›strukturale Stilistik‹, die auf der
Annahme basiert, daß die Bedeutung eines Textes nur durch die Reaktion des Lesers ermittelt
werden kann. Die Bedeutung zeigt sich in dich-
terisch relevanten linguistischen Eigenschaften
des Textes, die Rezipienten beim ↗ *close reading*
wiederholt auffallen. Es handelt sich v.a. um die
Stellen, an denen Lesererwartungen frustriert
werden. Statt von realen Lesern geht R. von
dem Konstrukt eines ›super-reader‹ aus, einer
abstrakten Kombination aus Autor, anderen
Dichtern, Übersetzern, Kritikern und sonstigen
akademisch gebildeten Rezipienten. Im Zentrum der Analyse steht also primär die Ermittlung der relevanten Textstellen; es geht nicht um
die individuellen Reaktionen des Lesers, da diese
aufgrund ihrer Subjektivität der strukturinhären-
ten Bedeutung des Werkes nicht gerecht werden. Die auffälligen Textstellen sind tendenziell
nicht mimetisch, sondern bilden außergewöhn-
liche stilistische Bedeutungsmuster. Sie können
durch die rhetorische Beschreibung der ›Stilfakten‹ analysiert werden. Stilfakten kommen
durch die dialektische Struktur von linguistischen Textelementen, die stilistische Kontexte
und stilistische Kontraste bilden, zustande. – In
Semiotics of Poetry (1978) entwickelt R. sein
Konzept der ›Matrix‹ als implizites Bedeutungsmuster. Der Text selbst ist eine Variation bzw.
semiotische Transformation einer Matrix, die
nur durch das Zusammenspiel der Textelemente

sichtbar wird und die oftmals nur aus einem
Wort besteht. Sie kann durch die Analyse intertextueller Phrasen, Klischees oder grammatischer Auffälligkeiten entschlüsselt werden. Die
Bedeutung eines Gedichts wird im Prozeß des
Entschlüsselns sichtbar. – Indem R. dem Leser
eine zentrale Rolle bei der Bestimmung der Bedeutung literar. Texte einräumt, leistet er einen
wichtigen Beitrag zur Rezeptionsästhetik. Seine
Überzeugung, daß die Bedeutung von Texten
nicht durch Referentialisierbarkeit auf eine
extrinsische Welt konstituiert werden kann, verweist auf eine Grundprämisse poststrukturali-
stisch-dekonstruktivistischer Theorien (↗ Poststrukturalismus, ↗ Dekonstruktivismus). Jedoch
setzt sich R. mit seinem Insistieren auf einer
objektiven und fixen Bedeutung literar. Texte
der Kritik aus. Er beansprucht einerseits, eine
allg. Theorie des Lesens aufgestellt zu haben,
grenzt andererseits jedoch andere als seine eigenen Interpretationen als fehlerhaft aus. Somit ist
seine ›allg. Theorie‹ des Lesens eher präskriptiv
als heuristisch.

Lit.: M. Riffaterre: *Essais de stylistique structurale*, Paris
1971 (dt. *Strukturale Stilistik*, Mchn. 1973). – ders.:
Semiotics of Poetry, Bloomington/Ldn. 1978. – ders.:
La production du texte, N.Y. 1979 (engl. *Textproduc-
tion*, N.Y. 1983). – ders.: *Fictional Truth*, Balitmore/
Ldn. 1990. – P. de Man: »Hypogram and Inscription.
M.R.'s Poetics of Reading«. In: *Diacritics* 9.4 (1981)
S. 17–35. – V. Mishra: »Text, Textuality and Interpreta-
tion. An Interview with M.R.«. In: *Southern Review* 18
(1985) S. 109–119.

FM

Robbe-Grillet, Alain (*1922), frz. Romancier,
Regisseur und Drehbuchautor, Kritiker und
Lit.theoretiker. – R.-G. ist einer der wichtigsten
Vertreter des *Nouveau Roman*, zu dem N. Sarraute, R. Pinget, C. Ollier, M. Butor, C. Simon
und S. Beckett gerechnet werden. R.-G. publizierte neben Romanen (*Les Gommes*, 1953; *Le
Voyeur*, 1955; *La Jalousie*, 1957; *Dans le Laby-
rinthe*, 1959; *La Maison de rendez-vous*, 1965;
Projet pour une révolution à New York, 1970;
Topologie d'une cité fantôme, 1976; *Souvenirs
du triangle d'or*, 1978; *Djinn (un trou rouge entre
les pavés disjoints)*, 1981) auch Drehbücher oder
Ciné-Romans (*L'année dernière à Marienbad*,
1961; *L'Immortelle*, 1963; *L'homme qui ment*,
1968; *L'Eden et après*, 1971; *Glissements pro-
gressifs du plaisir*, 1974; *Le Jeu avec le feu*, 1975;
La belle captive, 1983; *Un bruit qui rend fou*,
1995), eine mehrbändige Autobiographie (*Le
miroir qui revient*, 1984; *Angélique ou l'enchan-
tement*, 1987; *Les derniers jours de Corinthe*,

1994) und Bücher in Zusammenarbeit mit Künstlern und Photographen (mit D. Hamilton: *Rêves de jeunes filles*, 1971; *Les demoiselles d'Hamilton*, 1972; mit P. Delvaux: *Construction d'un temple en ruine à la déesse Vanadé*, 1975; mit Illustrationen von R. Magritte: *La Belle Captive*, 1975; mit R. Rauschenberg: *Traces suspects en surfaces*, 1978; mit I. Ionesco: *Temple aux miroirs*, 1977). Seine Essaysammlung *Pour un nouveau roman* (1963) ist neben den lit.theoretischen Publikationen J. Ricardous (*Pour une théorie du nouveau roman*, 1971; *Problèmes du nouveau roman*, 1967; *Le nouveau roman*, 1973) und N. Sarrautes *L'ère du soupçon* (1956) die maßgebliche Positionsbestimmung des *Nouveau Roman*. R.-G.s Kritik an traditionellen Bestimmungen des Romans ähnelt dabei in entscheidenden Punkten den frühen lit.theoretischen Überlegungen R. ↗ Barthes und auch der Kritik des ↗ Dekonstruktivismus und der Diskursanalyse an traditionellen Kategorien wie ↗ Autor, Werk oder ↗ Metapher und ↗ Symbol. Barthes' und M. ↗ Blanchots Interpretationen der ersten Romane von R.-G. bestimmen zudem die Grundzüge der Rezeption. Für Barthes sind die Texte R.-G.s durch einen neutral registrierenden Blick charakterisiert. Dementsprechend bezeichnet er sie als ›objektive‹ oder ›objektale‹ Lit. An die Stelle einer Psychologisierung der Figuren und einer Verwendung von Metaphern tritt die Beschränkung auf eine präzise Beschreibung der sichtbaren Welt. Demgegenüber hebt Blanchot Verrätselungsstrategien in den Texten von R.-G. hervor, die mit Spiegel- und Wiederholungsstrukturen arbeiten. Neben einem Rückgriff auf Elemente des Kriminalromans findet sich auch ein Einfluß des ↗ Surrealismus und hierbei bes. R. Roussels. In seinen lit.theoretischen Essays in *Pour un nouveau roman* kritisiert R.-G. anthropozentrische und metaphysische Implikate des traditionellen Romans. Die ›idée pananthropique‹, die in den Beschreibungen der Welt durchweg auf anthropologische Analogien zurückgreift, soll durch eine Beschreibung der Dinge abgelöst werden, in der die Distanz zwischen dem ›Ich‹ und den Dingen zum Gegenstand wird. An die Stelle einer angenommenen tieferen Bedeutung, die mittels Metaphern und Symbolen zu dechiffrieren ist, tritt eine Beschränkung auf die sichtbare Oberfläche der Dinge. Die Lit.theorie des *Nouveau Roman* hatte auch einen erheblichen Einfluß auf Autoren der dt. Lit., wie etwa U. Johnson (*Mutmaßungen über Jakob*, 1959), P. Handke (*Die Hornissen*, 1966; *Der Hausierer*, 1967) oder P. Weiss (*Der Schatten des Körpers des Kutschers*, 1960).

Lit.: J. Ricardou (Hg.): *R.-G. Analyse, théorie*. Centre culturel international de Cérisy-la-Salle, 2 Bde., Paris 1976. – Ausg. »R.-G.« (Hg. F. Jost) der Zs. *Obliques* 16/17 (Paris 1978). – K.A. Blüher (Hg.): *R.-G. zwischen Moderne und Postmoderne*, Tüb. 1992. – R.-M. Allemand: *A.R.-G.*, Paris 1997.

BSt

Romantik, Literaturtheorien der, (1) Anders als die Ästhetiken des dt. ↗ Idealismus liegt die romantische Theorie der Lit. nicht in Gestalt von ↗ Systemen vor, sondern in einer Menge von einzelnen Fragmenten. Bis auf geringfügige Nuancen werden die Grundsteine zu einer romantischen Lit.theorie in der Früh-R. gelegt. Die romantische Theorie der Lit. kann deshalb weitestgehend mit ihrer frühromantischen Formulierung identifiziert werden. Sie findet sich in den Fragmenten, die F. Schlegel für die Zs. *Lyceum der schönen Künste* und zwischen 1798 und 1800, gemeinsam mit seinem Bruder A. W. Schlegel, für die Zs. *Athenäum* verfaßt hat. An der Herausbildung einer frühromantischen Lit.-programmatik sind zudem die etwa gleichzeitigen fragmentarischen Aufzeichnungen F. von Hardenbergs (Novalis) beteiligt, die nur zum kleineren Teil (»Blüthenstaub«) im *Athenäum*, zum größeren Teil postum (*Allgemeines Brouillon*) publiziert wurden. Gegenüber Novalis und den Schlegels ist der lit.theoretische Ertrag etwa W.H. Wackenroders, L. Tiecks und C. Brentanos oder auch F. Schleiermachers im Kontext der Früh-R. eher gering zu veranschlagen. Die Früh-R. bestimmt das autonome Profil (↗ Autonomie) einer romantischen Lit. als ›progressive Universalpoesie‹ und, im Gegenzug zu älteren Konzepten der ↗ Mimesis, als Effekt der ↗ Imagination. Im berühmten 116. Athenäumsfragment F. Schlegels (1958 ff., Bd. 2, S. 182 f.) heißt es: »Die romantische Poesie ist eine progressive Universalpoesie. [...] Die romantische Dichtart ist noch im Werden; ja das ist ihr eigentliches Wesen, daß sie ewig nur werden, nie vollendet sein kann.« Eine weitergehende Bestimmung erfährt diese Konstruktion durch den Begriff der ›Transzendentalpoesie‹ (ebd., S. 204), mit dem Schlegel einerseits die Selbstreflexivität romantischer Poesie meint, die »zugleich Poesie und Poesie der Poesie« (ebd.) zu sein habe, und andererseits die Vermischung von philosophischer Reflexion und ästhetischer Anschauung. Im Bild einer schwebenden Reflexion verpflichtet Schlegel romantische Poesie auf die Paradoxie einer unabschließbaren Universalität. Als unmittelbare Folge der transzendental inspirierten Doppelung der Reflexion entledigt sich der philosophische Begriff des Universalismus sowohl seines systematischen Anspruchs als auch seiner Letztbegründbarkeit. Er verwandelt sich in einen reflexiven Prozeß, der nurmehr vorläufige Unterbrechung, aber gewiß kein Ende mehr zuläßt (vgl. Menninghaus 1987). Novalis (Bd. 2, S. 698) spricht in diesem Sinne von dem Zwang der reflektierenden Energie, sich dauernd über die Schultern zu blicken, ohne einen Fixpunkt zu bestimmen. In existenzieller Hinsicht wird diese reflektierende Energie virulent, weil Schlegels ›progressive Universalpoesie‹ nicht auf das Gebiet der Lit. eingegrenzt bleibt, sondern darüber hinaus auf eine wechselseitige Durchdringung mit dem Leben angelegt ist: Die R. »will [...] die Poesie lebendig und gesellig, und das Leben und die Gesellschaft poetisch machen« (Schlegel, Bd. 2, S. 182). (2) Den prägnantesten Ausdruck hat die romantische Doppelreflexion in der Form der ↗ Ironie gefunden, die als ›romantische Ironie‹ Epoche gemacht hat. Ihr eigentlicher Theoretiker ist F. Schlegel, während bei den übrigen frühromantischen Poetologen, wie A. W. Schlegel, Wackenroder oder Novalis, eher eine gewisse Distanz zum Begriff der Ironie zu bemerken ist. Die weitreichende Bestimmung der Ironie gibt Schlegel im 48. *Lyceums*-Fragment: »Ironie ist die Form des Paradoxen« (ebd., S. 153). Diese Bestimmung deutet an, daß der Begriff der romantischen Ironie der rhetorischen Tradition entstammt, in der die Figur der Ironie eine Aussage bezeichnet, die das genaue Gegenteil von dem meint, was sie buchstäblich sagt. Aber Schlegels Konzept der Ironie und des Paradoxen geht über die rhetorische Tradition hinaus. Es handelt sich um einen ästhetischen Begriff, und d.h. bei Schlegel, er bezeichnet die ästhetische Funktion des paradoxen Kontrastes von Universalität, Unabschließbarkeit und fragmentarischer Begrenzung (vgl. Strohschneider-Kohrs 1960; Behler 1972). Romantische Ironie bezeichnet in Schlegels Verständnis keine spezifische Aussage, sondern das Verhältnis der Schwebe oder der Verschiebung zwischen Aussagen in einer Darstellungsform, die poetisch-assoziative Bildlichkeit mit philosophischer Diskursivität verbindet. (3) Die Regel der Unabschließbarkeit schreibt der romantischen Lit. einen Grundzug des Fragmentarischen ein, dessen Status nicht zufällig, sondern notwendig ist, insofern das romantische Fragment als in sich vollendet und gleichzeitig unendlich gedacht

wird (vgl. Gockel 1979, S. 26). Schlegels Vorstellung des Ganzen als ›Chaos‹ beruht in erkenntnistheoretischer Hinsicht auf der intellektuellen Anschauung des ›Witzes‹, der sich nur in Fragmenten äußern kann, Fragmenten allerdings, die im Einzelnen ein Bild des Ganzen erscheinen lassen. Wenn Schlegel (Bd. 18, S. 90) den Witz als ›fragmentarische Mystik‹ charakterisiert, dann betont er damit einerseits seine Nähe zu mystischem Analogiedenken, löst sich andererseits aber von der metaphysischen Versöhnungssemantik der Mystik und betont den differentiellen Aspekt des Fragmentarischen. Der Witz erscheint bei Schlegel als oberste erkenntnistheoretische Funktion der intellektuellen Anschauung, die sich der fragmentarischen Form bedient, um ein Miniatur-Bild des Universums bzw. Chaos zu stellen, als »punktuelles Aufblitzen der Einheit von Einheit und Unendlichkeit im Endlichen« (Frank 1989, S. 294 f.). Aus der wechselseitigen, durchweg ambivalenten Koppelung des Endlichen und des Unendlichen kann deutlich werden, warum der frühromantische Universalitätsanspruch die Form des Fragments wählt und warum gerade aus dem miniaturhaften Bruchstück die romantische Forderung nach Totalität erwächst, die sich am eindrücklichsten in der romantischen Phantasie vom »absolute[n] Buch« (Schlegel, Bd. 2, S. 265) niederschlägt, jener profanen Bibel, die Novalis und Schlegel als Integral der Lit.- und Bildungsgeschichte wiederholt entworfen haben. (4) Die Vermischung von Poesie und philosophischer Reflexion, grundlegendes Merkmal der Transzendentalpoesie, wiederholt sich auf der Ebene der Gattungspoetik als umfassende Vermischung der Formen, ↗ Gattungen und ↗ Stile. In Kontrast zum klassizistischen Primat des Dramas, v. a. der Tragödie, führt dies bei Novalis und F. Schlegel zu einer eindeutigen Präferenz des Romans. Sie favorisieren den Roman, weil er als offene prozessuale Form in der Lage ist, alle übrigen Formen zu integrieren, »alle getrennten Gattungen der Poesie wieder zu vereinigen« (Schlegel, Bd. 2, S. 182). Mit der Offenheit und Unabschließbarkeit der romantischen Romanform ist jedoch das Problem der Formlosigkeit gestellt, dem Schlegel und Novalis einerseits mit einem aufwendigen Begriff des Fragmentarischen und andererseits mit einem nicht minder anspruchsvollen Konzept einer neuen ästhetischen Mythologie begegnen (↗ Mythentheorie und -kritik). Das in diesem Sinne mythische Kunstwerk der R. ist als das ›künstlichste aller Kunstwerke‹ ein formales Gebilde von hoher semiotischer Verdichtung, dessen präzise äußere Begrenzung mit einer unendlichen Reflexionstiefe und einer inkommensurablen Bildkomplexität kommuniziert. Die romantische Enzyklopädie des ›absolute[n] Buches‹ referiert auf naturmagische und sprachmystische Traditionen, die in einem semiotischen Äquivalenzprinzip gründen. Die frühromantische Lit.theorie bezieht sich namentlich auf die jüdische Vorstellung einer weltschöpferischen, ganz mit Bedeutung aufgeladenen Ursprache. Beide haben eine Sprache im Blick, deren Zeichen die magische Fähigkeit haben, eine neue Welt zu konstituieren. Schlegels und Novalis' Rede vom ›Zauberstab der Analogie‹ verschiebt das religiöse bzw. metaphysische Moment jedoch notwendig in eine ästhetische Richtung. Ähnlich wie Schlegel bezieht auch Novalis das romantische Projekt, die verlorene ursprachliche Identität von ↗ Zeichen und Referent literar. zu restituieren, auf die magische Sprachvorstellung der Kabbala. Im Kontext einer »Lehre von den Signaturen« und einer »grammatische[n] Mystik« der Schrift als »Zauberey« (Novalis, Bd. 2, S. 500) notiert er unter dem Stichwort »MAGIE. (mystische Sprachl[ehre])« in *Das Allgemeine Brouillon*: »Sympathie des Zeichens mit dem Bezeichneten (Eine der Grundideen der Kabbalistik.)« (ebd., S. 499). Romantische Lit. wird als neue Weltschöpfung entworfen, als Konstruktion imaginärer Welten. Die kabbalistische Sprachmagie dient Schlegel wie Novalis zur sakralen Vorlage einer säkularen Theorie literar. ↗ Imagination, die speziell Novalis zu einem magischen bzw. absoluten Idealismus insofern ausbaut, als der romantischen Poesie nichts weniger zur Aufgabe gestellt wird, als die äußere Welt zu spiritualisieren und die getrennten Sphären zu vereinen, und dem Künstler die Rolle eines Propheten der profanen Erleuchtung zugewiesen wird. Novalis (Bd 2, S. 334) erläutert die Funktion des ›Romantisierens‹ im Sinne einer magischen ›Operation‹: »Die Welt muß romantisirt werden. So findet man den urspr[ünglichen] Sinn wieder. Romantisiren ist nichts, als eine qualit[ative] Potenzierung. Das niedre Selbst wird mit einem bessern Selbst in dieser Operation identificirt.« Die Indienstnahme einer religiösen Metaphorik zur Beschreibung des romantischen Autors ist in der Früh-R. nicht auf Novalis beschränkt. Die unter ästhetischem Vorgebot stehende Vermittlung von Kunst und Religion zu einer ›Kunstreligion‹ findet sich bei so unterschiedlichen Autoren wie Wackenroder und Schleiermacher. (5) Die Behauptung ästhetischer

Autonomie in der Lit.theorie der R. stützt sich neben dem Universalitätsanspruch wesentlich auch auf eine Theorie und literar. Praxis der Imagination, die den mimetischen Abbildkonzepten des 18. Jh.s diametral gegenüber steht. Zwar kommt die romantische Poesie nicht ohne einen im weitesten Sinne mimetischen Zug aus, mit dem traditionellen Begriff der Naturnachahmung hat sie jedoch nichts mehr gemein. Sie sucht keinen »Bezug zu einer vorgegebenen Wirklichkeit«, sondern sie arbeitet an der »Erzeugung einer eigenen Wirklichkeit« (Blumenberg 1969, S. 10), der autonomen, imaginären Realität der Kunst. Selbstverständlich stellt sich im Akt romantischer Imagination auch ein ↗ Wirklichkeitsbezug her, er macht aber keineswegs ihre Eigenart aus. Wichtiger als ↗ Referenz wird die Realisierung eines selbstreferenten ↗ Zeichensystems, dessen Sinn erst über das Zusammenspiel der einzelnen semiotischen Elemente zu ermitteln ist, bevor er insgesamt wieder auf Welt bezogen werden kann. Romantische Poesie neigt zur Verrätselung und Hermetik, sie muß deshalb die Möglichkeit der Entschlüsselung berücksichtigen, sie muß diese Position des hermeneutisch geschulten Lesers mitdenken. Wenn nicht mehr ein bestimmtes Nachahmungsverhältnis zu einer gegebenen Wirklichkeit Maßstab der Lektüre ist, dann muß der Leser v. a. über ausreichend imaginative Fähigkeiten verfügen, um die Phantastik des romantischen Textes handhaben zu können. Bereits Novalis weiß, daß der ›wahre Leser‹ als ›erweiterter Autor‹ zu verstehen ist, nicht jedoch als Reproduktion des Autors, sondern als jemand, der sich der »freyen Operation« (Novalis, Bd. 2, S. 399) des Lesens gewachsen zeigt. Ästhetische Autonomie muß auf die Rolle des Lesers ausgedehnt werden: »Wie ich und was ich lesen soll, kann mir keiner vorschreiben« (ebd.). Und weiter: der Leser »macht eigentlich aus einem Buche, was er will« (ebd.). – Aus der weitreichenden Option für das Phantastische und für eine imaginäre Welt ergibt sich eine Affinität von Märchenform und romantischer Lit. insgesamt. Sie läßt sich über eine Reihe von strukturellen Merkmalen der Märchenform überprüfen. Grundlegend ist hier eine Aufhebung der alltäglichen, rationalistischen Logik, die zu Raumverschränkungen, Zeitverschiebungen, Aufhebung von Figurenidentitäten, Metamorphosen, Mensch-Tier-Kreuzungen, belebter Dingwelt, Sprachfähigkeit der nichtmenschlichen Natur usw. führt. Genau diese Aufhebung alltäglicher Notwendigkeit hat Novalis im Blick, wenn er im *Allgemeinen Brouillon* den Märchendichter und romantischen Dichter insgesamt auf den ›Zufall‹ bezieht und das romantische Märchen zum Kanon der Poesie erhebt: »Das Mährchen ist gleichsam der *Canon* der *Poesie* – alles poetische muß mährchenhaft seyn. Der Dichter betet den Zufall an« (ebd., S. 691). – Mit der Unabschließbarkeit der romantischen Doppelreflexion stellt sich ein Problem der Grund- und Haltlosigkeit, der bereits in der Früh-R. mit dem Korrektiv der christlichen Religion begegnet wird, deren festgefügte Ordnung in der Lage ist, die existenziellen Konsequenzen fortschreitender Selbstreflexion abzuwenden. Von Novalis' und Brentanos Affinität zum katholischen Christentum und Schlegels Konversion zum Katholizismus führt ein Weg zu Eichendorff, der in seinem spätromantischen Versuch *Über die ethische und religiöse Bedeutung der neueren romantischen Poesie* (1847) so weit geht, romantische Lit. als direkten ästhetischen Ausdruck katholischen Glaubens zu sehen. Selbstverständlich widerspricht ein solchermaßen eingeengtes katholisches Verständnis der R. sowohl der komplexen, differentiellen Zeichenstruktur der romantischen Lit. als auch der avancierten frühromantischen Theorie der Lit.

Lit.: F. Schlegel: *Kritische F.-Schlegel-Ausgabe*, 35 Bde. (Hgg. E. Behler et al.), Paderborn 1958 ff. – I. Strohschneider-Kohrs: *Die romantische Ironie in Theorie und Gestaltung*, Tüb. 1977 [1960]. – H. Blumenberg: »Wirklichkeitsbegriff und Möglichkeit des Romans«. In: H.R. Jauß (Hg.): *Poetik und Hermeneutik 1*, Mchn. 1969 [1964]. – E. Behler: *Klassische Ironie, romantische Ironie, tragische Ironie. Zum Ursprung dieser Begriffe*, Darmstadt 1972. – Novalis: *Werke, Tagebücher und Briefe* (Hgg. H.-J. Mähl/R. Samuel), Mchn. 1978–87. – H. Gockel: »F. Schlegels Theorie des Fragments«. In: E. Ribbat (Hg.): *Romantik. Ein lit.wissenschaftliches Studienbuch*, Königstein 1979. – W. Menninghaus: *Unendliche Verdopplung. Die frühromantische Grundlegung der Kunsttheorie im Begriff absoluter Selbstreflexion*, FfM. 1987. – M. Frank: *Einf. in die frühromantische Ästhetik. Vorlesungen*, FfM. 1989.

DK

Rorty, Richard McKay (*1931), am. Philosoph. – 1946–52 Studium der Philosophie u.a. bei R. Carnap und R. McKeon an der University of Chicago; 1949 B.A., 1952 M.A.; 1952–56 Studium an der Yale University«; 1956 Ph.D. 1958–61 Professor am Wellesley College, 1961–82 Professor in Princeton. Seit 1982 Professor of Humanities an der University of Virginia in Charlottesville. – R.s Anthologie *The Linguistic Turn* (1967) spiegelt die Wende von der traditionellen zur sprachanalytischen Philosophie im 20. Jh. wider. In der Einleitung entwickelt R. bereits den Grundgedanken einer Kritik an der traditionellen Erkenntnistheorie, die wesentlich auf der Vorstellung von Erkenntnis als spiegelbildlicher Darstellung der Wirklichkeit beruht. Sein Hauptwerk *Philosophy and the Mirror of Nature* (1979) schreibt diesen Gedanken fort und beinhaltet eine Kritik an den Erkenntniszielen der westlichen Philosophie seit der Neuzeit. R. unterstreicht, daß ›Wahrheiten‹ eher konstruiert als gefunden werden. Er kritisiert den universellen Erkenntnisanspruch in der traditionellen Philosophie und entwickelt im Gegensatz dazu seine Idee der raum-zeitlich kontingenten ›Praktiken‹ oder ›Vokabulare‹, die sich aus der individuellen Interpretation zufälliger Einflußfaktoren ergeben (u.a. Zeitung, Film, Comic, Fernsehen, Lit.). Sein anti-essentialistisches Denken richtet sich gegen ›abschließende Vokabulare‹ (z.B. Platonismus, Metaphysik) und verlangt H.-G. ↗ Gadamer folgend den »bildenden Diskurs«, der »uns durch die Kraft seiner Fremdartigkeit aus unserem alten Selbst herausführ[t und dazu beiträgt], daß wir andere Wesen werden« (R. 1981, S. 390). Als Vokabular der ›Selbstformung‹ (R.s *edification*) dient nach R. die Lit. (bes. das Werk M. Prousts, V. Nabokovs, G. Orwells). – Für die Lit.theorie ist R.s Aufsatzband *Consequences of Pragmatism* (1982) von Bedeutung. Dort entwirft R. eine neopragmatische Philosophie, in der sich poststrukturalistische und dekonstruktivistische Ansätze (M. ↗ Foucault; J. ↗ Derrida) mit dem anglo-am. Pragmatismus (W. James; J. ↗ Dewey) überlagern. Der daraus resultierende postmoderne Textualismus R.s stellt die Lit. in den Mittelpunkt und behandelt sowohl Wissenschaft als auch Philosophie als literar. ↗ Gattungen. Die Studie *Contingency, Irony and Solidarity* (1989) schreibt die Partikularisierungs- und Pluralisierungstendenz in R.s Neopragmatismus fort. R. (1989, S. 121) fordert dort in Anlehnung an H. ↗ Bloom den »starken Dichter«, der ständig neue »Vokabulare« ansammelt und damit die Voraussetzung »zum Leben mit Pluralitäten und zum Beenden der Suche nach universeller Geltung« schafft. R. entfaltet eine ›poetisierte‹, ›post-metaphysische‹ Kultur, in deren Mittelpunkt nicht der prinzipiengeleitete Metaphysiker, sondern die ›liberale Ironikerin‹ (Genusspezifik bei R. intendiert) steht, die im Bewußtsein der ↗ Kontingenz lebt und daher ein Leben mit Pluralitäten akzeptiert. Die auf Solidarität zielende soziale Prägung jener ›ironisierten‹ Kultur ist wesentlich aus der ästhetischen Erziehung in der Lit. abgeleitet. – R.s Beitrag zur ↗ Lit.-theorie liegt in der anti-essentialistischen Orientierung seiner Kontingenzphilosophie. In Annäherung an Blooms (vgl. 1973, S. 43) Theorie der ›intentionalen Fehldeutung‹ eines Textes/Wortes wird die literar. Interpretation zu einem ästhetischen ›Werkzeug‹ individueller und kultureller ›Neubeschreibung‹. In der Kritik sieht sich R. häufig dem Relativismus-Vorwurf ausgesetzt (u. a. J. ↗ Habermas; H. Putnam). Sein liberaler Neopragmatismus wird als Ausdruck der liberal-bürgerlichen am. ↗ Postmoderne gewertet.

Lit.: R. Rorty: *The Linguistic Turn*, Chicago 1988 [1967]. – ders.: *Philosophy and the Mirror of Nature*, Princeton 1979 (dt. *Der Spiegel der Natur. Eine Kritik der Philosophie*, FfM. 1981). – ders.: *Consequences of Pragmatism. Essays 1972–1980*, Minneapolis 1986 [1982]. – ders.: *Contingency, Irony, and Solidarity*, Cambridge/N.Y. 1989 (dt. *Kontingenz, Ironie und Solidarität*, FfM. 1992). – ders.: *Objectivity, Relativism and Truth. Philosophical Papers*, Bd. 1, Cambridge 1991a. – ders.: *Essays on Heidegger and Others. Philosophical Papers*, Bd. 2, Cambridge 1991b. – Bloom 1997 [1973]. – A.R. Malachowski/J. Burrows (Hgg.): *Reading R.*, Oxford 1996 [1990]. – D. Horster: *R.R. zur Einf.*, Hbg. 1991. – L. Bredella: »R.R. on Philosophy, Literature, and Hermeneutics«. In: *REAL* 13 (1997) S. 103–124.

OSch

Rückwendung ↗ Analepse

Russischer Formalismus, der R.F. ist gekennzeichnet durch die enge Kooperation von Linguisten und Lit.wissenschaftlern und steht am Beginn der Entwicklung der ↗ Linguistischen Poetik am Anfang dieses Jh.s. – Neben einem gemeinsamen Interesse an der sprachlichen Erscheinung poetischer Texte ist das angestrebte wissenschaftstheoretische Reflexionsniveau bemerkenswert. Die Lit.wissenschaftler des R.F. sahen unter der Vernachlässigung außerliterar. Faktoren wie z.B. literar. Milieu und sozialhistorischem Kontext Poesie und Lit. als genuin sprachliche Phänomene an und orientierten sich daher an der zeitgenössischen Linguistik. Die Linguisten ihrerseits, inspiriert durch die strukturale Linguistik F. de ↗ Saussures und ihres russ. Verfechters de Courtenay, sahen in der ↗ Dichotomie von praktischer Sprache und poetischer Sprache einen Beleg für die funktionale Sprachtheorie, die von unterschiedlichen Sprechweisen ausging. Die poetische Sprache und nicht einzelne literar. Werke wurde somit zum Forschungsgegenstand der russ. Formalisten. Daher darf der F. auch nicht mit der ↗ Werkimma-

nenten Interpretation oder dem ↗ *New Criticism* kurzgeschlossen werden. Denn die Textbezogenheit und Werkanalysen der russ. Formalisten blieben weder Selbstzweck noch führten sie zu autonomen Kunstwerkvorstellungen, sondern sie zielten auf strukturelle Gesetzmäßigkeiten ab, die für die ↗ Literarizität von Texten verantwortlich gemacht wurden. Ein weiteres Charakteristikum des R.F. war sein erkenntnistheoretisches bzw. wissenschaftstheoretisches Interesse. Bereits 1925 reflektiert B. ↗ Éjchenbaum (1965, S. 8) rückblickend in seiner *Theorie der Formalen Methode*: »Wir stellen konkrete Grundsätze auf und halten uns daran, sofern sie vom Material verifiziert werden. Wenn das Material ihre Differenzierung oder Veränderung erheischt, dann ändern und differenzieren wir die Grundsätze. In diesem Sinne sind wir unabhängig von unseren eigenen Theorien, wie es sich für die Wissenschaft auch gehört: denn Theorie und Überzeugung ist zweierlei. Fertige Wissenschaften gibt es nicht [...] Wissenschaft vollzieht sich nicht in der Aufstellung von Wahrheiten, sondern in der Überwindung von Irrtümern.« Diese frühe Vorstellung von Theorie als einem wissenschaftlichen Werkzeug und nicht als dogmatisierte ↗ Ideologie nimmt Positionen vorweg, wie sie erst 40 Jahre später im Zusammenhang mit dem ↗ Paradigmabegriff von Th.S. ↗ Kuhn zu finden sind. – Als Kontext für die Entstehung des R.F. ist auf verschiedene Ursachen und Faktoren zu verweisen. So befand sich die russ. Lit.wissenschaft nach der Jh.wende in einem desolaten Zustand. Mit A.A. Potebnja und A.N. Veselovskij waren die führenden Lit.wissenschaftler ihrer Zeit verstorben, denen nur noch Epigonen folgten. Die Lit. war zum Gegenstand ganz unterschiedlicher Disziplinen geworden: Geschichte, Soziologie und Psychologie sahen daher in der Lit.wissenschaft eine ihrer jeweiligen Hilfswissenschaften. Die russ. Lit.wissenschaft schien durch ihr zusammenhangloses, positivistisches Faktensammeln nicht in der Lage, sich von diesen anderen Fächern durch einen eigenen Gegenstandsbereich, durch eigene Fragestellungen und Methoden abzugrenzen. Schließlich befand sich auch die Lit. in Bewegung: Der Symbolismus wurde abgelöst durch den Futurismus, der mit Autoren wie V. Chlebnikov und V. Majakowski den Eigenwert des Wortes betonte. Formalisten wie V. ↗ Šklovskij und R. ↗ Jakobson standen den Dichtern des Futurismus sehr nahe. Der R.F. wurde von zwei geistigen Zentren geprägt: 1915 wurde der Moskauer Linguistik-Zirkel gegrün-

det u. a. unter der Beteiligung von Jakobson und
P. Bogatyrev; 1916 konstituierte sich in St. Petersburg die Gesellschaft zur Erforschung der
poetischen Sprache (russ. abgek. *Opojaz*). Anders als der Moskauer Linguistik-Kreis setzte
sich die *Opojaz* einerseits aus Linguisten und
andererseits aus Lit.historikern und Lit.theoretikern zusammen, von denen V. Šklovskij und
Ėjchenbaum bes. zu nennen sind. Später wurde
die Gesellschaft durch Ju. ↗ Tynjanov ergänzt.
Ab 1917 gab es regen Kontakt und Gedankenaustausch zwischen beiden Zentren, der sich v. a.
in Vorträgen und Kolloquien abspielte. Die gemeinsamen Interessen schlugen sich neben Einzelveröffentlichungen in Sammelbänden zur
Theorie der poetischen Sprache (1916 und
1917) und in der Anthologie *Poetika* (1919)
nieder. Während der Wirren des Ersten Weltkrieges und der Oktoberrevolution hatten die
russ. Formalisten die Möglichkeit, an verschiedenen russ. Universitäten neue Anhänger zu
finden und ihre Ideen zu festigen. 1920 entstand
als neues Zentrum des R.F. die Abteilung für
Lit.geschichte am St. Petersburger Staatlichen
Institut für Kunstgeschichte, die von V. Žirmunsky geleitet wurde. Unter der Mitarbeit von
Ėjchenbaum, Šklovskij und Tynjanov entwikkelte sich diese Abteilung für Lit.geschichte zum
organisatorischen Kern des R.F., zumal der
Moskauer Linguistik-Kreis durch den Weggang
von Jakobson einen seiner wichtigsten Vertreter
verlor. Jakobson arbeitete seit 1920 an der russ.
Handelsmission in Prag und gehörte dort zu den
Gründern des Prager Linguistik-Zirkels. Er hielt
jedoch weiterhin Kontakt zu den russ. Formalisten, so daß sich auch eine engere Beziehung
zwischen russ. Formalisten und Prager Strukturalisten ergab (↗ Prager Schule). – Die Tätigkeit der russ. Formalisten kann grob in drei
Phasen eingeteilt werden. (a) Die erste Phase von
1915 bis 1920 ist gekennzeichnet durch einen
intensiven interdisziplinären Dialog von Linguisten und Lit.wissenschaftlern, wie er für die
Geschichte der Lit.wissenschaft aufgrund einer
gleichberechtigten Kooperation bisher einmalig
ist. Der Gegenstand gemeinsamer Forschungsinteressen war die poetische Sprache. Mit dem
Begriff der poetischen Sprache wurde der Versuch unternommen, Lit. von Nicht-Lit. abzugrenzen, d.h. die Dichotomie von poetischer
und praktischer Sprache diente als Mittel zur
Abgrenzung eines genuin lit.wissenschaftlichen
Gegenstandsbereichs. Zunächst wurde die poetische Sprache für den Bereich der Dichtung untersucht. Klang, Rhythmus, Versbau, Erzeugung

von Oralität bildeten zentrale Gegenstände formalistischer Forschung. Lit.wissenschaftler und
Linguisten führten jedoch unterschiedliche Problemstellungen zum Gegenstandsbereich poetische Sprache. Šklovkijs Position in dem programmatischen Artikel »Die Kunst als Verfahren« (1916) war z. B. wahrnehmungsorientiert.
Lit. Verfahren wie das der Desautomatisierung
oder ↗ Verfremdung (russ. *ostranenie*), der Wiederholung oder das Verfahren des Parallelismus
bildeten seines Erachtens die Grundlage für eine
bes. Form der Wahrnehmung, die den Umgang
mit Lit. prägt. Linguisten wie Jakobson dagegen
sahen in der poetischen Sprache eine Bestätigung des funktionalen Sprachmodells. Diese
Differenz, erklärbar durch unterschiedliche Ausgangsfragestellungen, wurde nie richtig thematisiert und konzeptionell abgeschlossen, obwohl
es genügend Anschlußstellen gab. So sprach
Šklovskij z. B. von der ›Motiviertheit‹ von Verfahren, d. h. von der funktionalen Einbindung
von Verfahren in den Gesamttext, was der Sichtweise des funktionalen Sprachmodells durchaus
entspricht. (b) Die zweite Phase (1921–1926)
bildet die produktivste Zeit des R.F. Die formalistischen Lit. wissenschaftler versuchten, die entwickelten Konzepte, die gewonnenen Einsichten und Gesetzmäßigkeiten anhand der Analyse
literar. Texte zu fundieren. Im Fokus dieser Arbeiten stand häufig die Frage nach dem ›Machen‹ eines Textes. Šklovskijs diesbezügliche
Trennung von Fabel im Sinne sprachlichen Ausgangsmaterials und Sujet als literar. Strukturierung ist noch heute in der Lit.wissenschaft gebräuchlich. In diese zweite Phase fällt 1924 mit
L. Trotzkijs *Lit. und Revolution*, das ein ganzes
Kapitel dem R.F widmet, ein erster Schatten auf
die Arbeit der russ. Formalisten. Trotzkij wie
später auch P. Medvedev in *Die formale Methode
in der Lit. wissenschaft* (1928) kritisieren die
Reduktion von Lit. auf Sprache und die Ausblendung des sozialhistorischen Kontextes bei
der Erforschung literar. Phänomene. (c) Im letzten Abschnitt von 1927 bis 1930 gehen die russ.
Formalisten auf die vehemente Kritik ein, indem
sich Tynjanov z. B. mit Fragen der literar. ↗ Evolution und dem Problem der Relation von Gesellschaft und Lit. auseinandersetzt. Šklovskijs
Modell der Desautomatisierung durch Verfahren wird historisiert und eine Kette von Verfremdung/Automatisierung/erneute Verfremdung literar. Konstruktionsprinzipien gebildet. Das
Konzept der literar. Reihe, die neben verschiedenen anderen sprachlichen Reihen verläuft, bildet einen systemischen Ansatz, der das Verhält-

nis von Lit. und Gesellschaft versuchsweise integriert. Der Druck auf den R.F. ist jedoch so stark, daß sich 1928 V. ↗ Propp in seiner Arbeit zur *Morphologie des Märchens* schon nicht mehr als Formalist bezeichnet. Schließlich bleibt den russ. Formalisten nichts anderes übrig, als ihre ›Schuld‹ zu bekennen oder historiographische Arbeiten anzufertigen. – Während der R.F. für die ↗ Prager Schule und die ↗ Tartu-Moskauer-Schule von deren Anfängen an prägend war, wurde er im Westen erst nach der Veröffentlichung von V. Erlichs Monographie (1955, dt. 1964) und durch die Vermittlung von T. ↗ Todorov rezipiert. In der Folgezeit übte er insbes. auf den frz. ↗ Strukturalismus und die Entwicklung der strukturalistischen ↗ Erzähltheorie (R. ↗ Barthes, G. ↗ Genette, G. ↗ Prince) nachhaltigen Einfluß aus, wurde aber auch in den USA intensiv rezipiert und aus marxistischer Sicht kritisiert (vgl. F. ↗ Jameson 1972).

Lit.: L. Trotzkij: *Lit. und Revolution*, Bln. 1968 [1924]. – V. Propp: *Morphologie des Märchens*, FfM. 1975 [1928]. – P. Medvedev: *Die formale Methode in der Lit.wissenschaft*, Stgt. 1976 [1928]. – V. Erlich: *Russian Formalism. History, Doctrine*, New Haven 1985 [1955] (dt. *R.F.*, FfM. 1987 [1964]). – B. Ėjchenbaum: *Aufsätze zur Theorie und Geschichte der Lit.*, FfM. 1965. – W. Stempel/Ju. Striedter (Hgg.): *Texte der russ. Formalisten*, Mchn. 1969. – Jameson 1974 [1972]. – H. Günther (Hg.): *Marxismus und Formalismus*, Mchn. 1973. – Ju. Striedter/M. Nicholson: »The Russian Formalist Theory of Prose«. In: *PTL* 2 (1977) S. 429–470. – diess.: »The Russian Formalist Theory of Literary Evolution«. In: *PTL* 3 (1978) S. 1–24. – A. Hansen-Löve: *Der R.F.*, Wien 1996 [1978]. – T. Bennett: *Formalism and Marxism*, Ldn. 1979. – P. Steiner: *Russian Formalism. A Metapoetics*, Ithaca 1984. – Ju. Striedter: *Literary Structure, Evolution, and Value. Russian Formalism and Czech Structuralism Reconsidered*, Cambridge, Mass. 1989. – Zima 1991. S. 60–99, 173–214. – M. Aucouturier: *Le formalisme russe*, Paris 1994. – R. Grübel: »F. und Strukturalismus«. In: Arnold/Detering 1997 [1996]. S. 386–408.
AB

Said, Edward W. (*1935), Lit.wissenschaftler. – Aus arab. Familie in Jerusalem, nach v.a. westlich geprägter Erziehung Studium in den USA, dort als Anglist und Komparatist tätig (seit 1963 an der Columbia University, N.Y.). – S. ist mit einem vielseitigen Werk hervorgetreten, das neben den Schwerpunkten der kolonialen ↗ Diskursanalyse und ↗ postkolonialen Lit.- und Kulturtheorie Schriften zur allg. Lit.theorie, engl. Lit., musikalischen Interpretation, Palestina-Politik und Medienkritik umfaßt. Aus der kosmopolitischen Sicht persönlich erfahrener Interkulturalität und mit dem Engagement des Lit.- und Kulturkritikers, der Texte prinzipiell im Kontext ihres Bezugs zur ›Welt‹ (den räumlich-zeitlichen Gegebenheiten ihres sozialen, kulturellen Umfelds) betrachtet und gegen jede einseitig determinierte, repressive Erzeugung kulturellen Wissens opponiert, hat S. mit seiner Studie ↗ *Orientalism* (1978) der ↗ Kolonialismus-Kritik einen Schlüsselbegriff geliefert und der entstehenden postkolonialen Lit.theorie entscheidende Direktiven gegeben. In *Culture and Imperialism* (1993) entwickelt er sein Konzept der Orientalismus-Kritik in zweierlei Hinsicht weiter: Er zielt nun auf eine umfassendere Theorie des Zusammenhangs von Kultur und (überzeitlich verstandenem) Imperialismus, indem er den Gegenstandsbereich auch auf außerorientalische Kolonien ausdehnt (v.a. die Karibik, Schwarzafrika, Indien, Australien, aber auch Irland), und betont stärker die anti-imperialistischen Widerstände, um zu einem ausgeglicheneren Bild der Kolonisierungs- und Entkolonisierungsprozesse zu kommen. Mit der Leitidee der ›kontrapunktischen‹ Lesestrategie versucht er, von den ↗ binären Oppositionen im Wechselverhältnis von Kolonisator und Kolonisiertem und entsprechend essentialistischen Argumenten wegzukommen. Es geht ihm um die differenzierte Erfassung der kulturellen Heterogenität und dynamischen ↗ Hybridität, die sich in den Texten beider Seiten abzeichnen. In diesem Sinne interpretiert er Hauptwerke der engl. Lit. vom 17. bis zum 20. Jh. oder der ital. Oper im 19. Jh., die in offensichtlicher oder versteckter Symptomatik eurozentrische und ethnozentrische Perspektiven zeigen. – Bei der Entwicklung des anti-imperialistischen Diskurses in den (ehemaligen) Kolonien während des 20. Jh.s kennzeichnet S. drei Phasen: (a) die Rückgewinnung der eigenen Geschichte und die Wiederbelebung bodenständiger Kultur; (b) die Entwicklung konternder Alternativen, die in der grenzüberschreitenden ›voyage-in‹ die Kultur der imperialen Zentren verändern; (c) die Überwindung einer befristet nationalen Orientierung in Richtung einer universalen Idee freier, humaner Gemeinschaft, die eine neue Weltlit. im Sinne der interkulturell vernetzten ›einen‹ Welt hervorbringen kann. Entsprechende Denkanstöße und literar. Ansätze verfolgt er von W.B. Yeats, dem Dichter der Irischen Renaissance, bis zu F. ↗ Fanon, dem afro-karibischen Psychologen des Rassismus. Von den drei führenden postkolonialen Theoretikern (S., H. ↗ Bhabha und G.Ch. ↗ Spivak) hat S. über seine bahnbrechende Orientalismus-Studie hinaus schon deswegen die wohl größte Wirkung, weil er sich eines ansprechend eloquenten Stils bedient.

Lit.: Said 1995 [1978]. – ders. 1991 [1983]. – ders. 1993. – G.H. Lenz: »E.W.S. (1935–)«. In: Heuermann/Lange 1992 [1991]. S. 443–470. – M. Sprinker (Hg.): *E.S.: A Critical Reader*, Oxford 1992. – Childs/Williams 1997 [1996]. Bes. Kap. 3. – Moore-Gilbert 1997. Bes. Kap. 2.

EK

Sarduy, Severo (*1937), kuban. Schriftsteller. – Als Exilkubaner in Paris steht S. der poststrukturalen Theorie der Gruppe *Tel Quel* nahe (↗ Poststrukturalismus). *Cobra* (1972) ist der erste Text, der in radikaler Weise Elemente des ↗ Neobarocks verwirklicht. Die vorangehenden Romane *Gestos* (1962) und *De dónde son los cantantes* (1967) experimentieren, analog zum *Nouveau Roman*, mit dem filmischen Medium, bes. mit einem traumartigen Erzählrhythmus. Erst der Leser führt die Wahrnehmungsangebote zusammen. Die Abfolge der Bilder und Szenen entspricht dem ›Traveling‹ einer Kamera, die stark mit Schnitten und Überblendungen arbeitet. Die Handlungslogik ist schwach; auf den sozialpolitischen Kontext wird verzichtet. Erst in *Cobra* entsteht eine Montagetechnik im Sinne neobarocker Ästhetik. Die Mischung von Gattungen, die fragmentarischen Kurzgeschichten in lockerer Zusammenfügung und die intertextuellen Anspielungen zerstören die Werkgeschlossenheit und öffnen den Text zu anderen Texten, z.B. P. Calderón de la Barcas *El gran teatro del mundo* (1655) und *La Celestina* (1499) von F. de Rojas (↗ Intertextualität). Die Erotik ist Motor der Handlungen, ihr Mangel der Grund für Cobras Tod. Fragmentierung und interne Wiederholungen produzieren nicht nur eine ↗ *mise en abyme* der zitierten ↗ Diskurse, sondern auch Supplemente (J. ↗ Derrida) und Differenzen zum narrativen Diskurs. Die Stimmen von ↗ Erzähler und ↗ Figuren sind Zitate. Die artifizielle Stofflichkeit der Körper (bes. des Transvestiten Cobra) führt zu einer unauflöslichen ontologischen Ambivalenz, die durch Montage von Mensch und Marionette verstärkt wird. In Übereinstimmung mit dem nach einer gemeinsamen Reise mit R. ↗ Barthes verfaßten Essay »Tanger« (1971) sind alle Orte des Romans Transitionsräume (das Theater, Tanger als Grenze zwischen Westen und Osten) oder entsprechen der Inversion des Westens (Tibet). Der dezentrierte Chronotopos (M. ↗ Bachtin) läßt den Zentralismus westlichen Denkens erkennen. Es wird deutlich, daß geopolitische Polaritäten perspektivische Erfindungen sind. In dem Maße, in dem der narrative Diskurs fortentwickelt wird, erfahren Figuren, Räume und Zeiten eine Ent-Identifizierung durch eine tiefe Zeichenambivalenz, die schon im Titel konnotiert ist: Das Stammverb ›cobrar‹ bedeutet zugleich ›verlangen‹, ›sammeln‹ wie auch ›bergen‹ (bes. ›recobrar‹). Es ist zudem Homophon von ›cubrir‹, was ›verdecken‹ und damit gerade das Gegenteil von ›recobrar‹ bedeutet. Schließlich ist ›cobra‹ auch das ↗ Anagramm von ›barroco‹. In S.s metahistorischem Roman wird eine ontologische Heterogenität konstruiert, die die kategoriale Zuordnung kultureller, topographischer und ontologischer Zeichen in Frage stellt. Mit diesem Roman antizipiert S. seinen eigenen theoretischen Essay zum Neobarock und nimmt sowohl die Orientalismus-Kritik (↗ Orientalism) von E.W. ↗ Said (1978) als auch Kulturtheorien vorweg, die das Hybride als kulturelles Zeichen par excellence ansehen (H. ↗ Babha; N. García Canclini; ↗ Hybridität). Ein weiteres Beispiel neobarocker Ästhetik ist der Roman *Colibri* (1984).

Lit.: S. Sarduy: *Gestos*, Barcelona 1962 (dt. *Bewegungen*, FfM. 1968). – ders.: *De donde son los cantatas*, Mexico 1967. – ders.: »Tanger«. In: *Tel Quel* 47 (1971) S. 86-88. – ders.: *Cobra*, Buenos Aires 1972. – ders.: *Barroco*, Buenos Aires 1974. – ders.: *Colibri*, Barcelona 1984 (dt. *Kolibri*, Bln. 1991). – Said 1995 [1978]. – A. Eire: »Mudo combate contra el vacío. Conversación con S.S.«. In: *Inti* 43/44 (1996) S. 361-368.

VB

Sartre, Jean Paul (1905–1980), frz. Philosoph und Schriftsteller. – S. studierte in Paris von 1924–1929 Philosophie; er lernte S. de ↗ Beauvoir kennen. Von 1931–1939 arbeitete er als Lehrer in Le Havre und veröffentlichte in dieser Zeit u.a. *La transcendence de l'égo* (1936) und *La nausée* (1938). Während des Krieges geriet S. in dt. Kriegsgefangenschaft und arbeitete später in der Résistance mit. 1943 erschien *L'être et le néant: Essai d'ontologie phénoménologique*, sein philosophisches Hauptwerk. Seit 1945 arbeitete S. als freier Schriftsteller und gründete die Zs. *Les temps modernes*. Er veröffentlichte u.a. das Drama *Huis clos* (1945) und Essays (*L'existentialisme est un humanisme*, 1946; *Situations I-III*,

1947–49). In den 50er Jahren nahm er am kommunistischen ›Völkerkongress für den Frieden‹ teil, protestierte gegen das sowjet. Eingreifen beim Volksaufstand in Ungarn und den frz. Kolonialkrieg in Algerien. 1960 besuchte er Fidel Castro und veröffentlichte *Critique de la raison dialectique.* 1963 erschien seine Autobiographie *Les mots.* Im folgenden Jahr wurde ihm der Nobelpreis für Lit. zuerkannt, den er ablehnt. Die bis 1976 erschienenen Bände *Situations IV-X* beinhalten v. a. kürzere Schriften zu Politik und Kunst. 1967 verurteilte S. Kriegsverbrechen der USA in Vietnam; 1968 unterstützte er die Maibewegung. Seine Flaubert-Biographie *L'idiot de la famille* erschien 1971–72. – Mit der Behauptung, der Schriftsteller sei für seine Epoche verantwortlich, lancierte S. die von ihm gegründete Zs. *Les temps modernes.* Diese Überzeugung leitet er aus *L'être et le néant* ab, wo er über die Freiheit des Individuums schreibt. Die Verantwortung für die Welt, v. a. für das politische Handeln, liegt beim Schriftsteller. S.s Biographie macht deutlich, daß er sich selbst an diesen ethischen Imperativ gehalten hat. S.s Ansicht von Lit. (oft als ›Tendenzlit.‹ verunglimpft) ist jedoch nicht nur biographisch gefärbt, sondern auch rezeptionsästhetisch, denn nach S. hat allein der Leser die Freiheit, ein Kunstwerk entstehen zu lassen. Dieser Ansatz stammt ebenfalls aus *L'être et le néant.* Ein (lit.) Kunstwerk, das S. als eine imaginäre Präsentation der Welt versteht, richtet sich an alle Menschen; daher setzt es die Freiheit aller voraus. Lit. kann demnach nur existieren, wenn in der ›realen Welt‹ das Streben nach Freiheit möglich ist. So ergibt sich aus dem Wesen der Kunst selbst das gesellschaftliche Engagement des Schriftstellers und des Lesers. Dieses klare Bekenntnis zur ›engagierten Lit.‹ modifiziert S. einige Jahre später. In seiner Autobiographie *Les mots* (1963) legt S. dar, daß für ihn bis in die 50er Jahre die Lit. ein Religionsersatz gewesen sei, daß er sich aber von dieser Auffassung entfernt habe. Einige Kritiker fassen dies als Abwertung von Lit. generell auf; eine Ansicht, die durch die von S. in einem Interview zur Diskussion gestellte Frage: »Was bedeutet Lit. in einer Welt, die hungert?« scheinbar bestärkt wird. In einem Podiumsgespräch, »Was kann Lit.?«› beantwortete er kurz darauf beide Fragen: Lit. wirkt nicht unmittelbar auf die gesellschaftlichen Vorgänge ein, aber sie verschafft dem Leser eine Möglichkeit zur Ausübung seiner Freiheit. – Wenn S. 1945 behauptet hat, daß engagierte Lit. darauf hinarbeite, die Welt zu verändern, so bezog er sich dabei auf die

Prosa; der frühe S. war der Meinung, daß Lyrik nicht zweckgebunden sei. Auch diese Ansicht, wie auch seine Definitionen von Prosa und Lyrik, präzisiert er im Laufe der Jahre (vgl. Howells 1979, S. 9–14): Der Hauptunterschied zwischen Prosa und Lyrik ist jetzt nicht mehr die ›Zweckgebundenheit‹, sondern die unterschiedliche Weise, in der sie auf den Leser einwirkt. Entgegen der Auffassung von H. Bergson, daß das Denken der Sprache vorausgehe, ist der späte S. der Meinung, daß sich Denken und Sprache gegenseitig bedingen und betont z. B. in *Critique de la raison dialectique* (1960–85), daß die Sprache es dem Menschen nicht erlaube, bestimmte Gedanken zu haben, weil diese mit Hilfe der Sprache nicht auszudrücken seien. Hierin zeigt sich der Einfluß der *Nouvelle Critique* und der *Tel-Quel*-Gruppe.

Lit.: J.-P. Sartre: *Was ist Lit.? Ein Essay,* Hbg. 1950 (»Qu'est-ce que la littérature?« In: *Les Temps Modernes* 17–22 [Febr.-Juli 1947]) – ders.: *J.-P. S. s'explique sur* ›Les mots‹, interview par J. Piatier« (dt. »Was bedeutet Lit. in einer Welt, die hungert?«). In: *Le Monde* 5990 (18.4.1964) S. 13. – Ch. Howells: *S.'s Theory of Literature,* Ldn. 1979. – M. Suhr: *S. zur Einf.,* Hbg. 1997.

MSp

Saussure, Ferdinand de (1857–1913), schweizer. Indogermanist und Allg. Sprachwissenschaftler. Seit 1875 studierte S. in Genf Philosophie, Kunstgeschichte, klassische Philologie und Linguistik. Von 1876 bis 1880 vertiefte er seine Linguistikstudien in Leipzig und Berlin. 1878 erschien (mit der Angabe 1879) sein *Mémoire sur le système primitif des voyelles dans les langues indo-européennes.* Im Februar 1880 promovierte er in Leipzig über den absoluten Genitiv im Sanskrit. Im November desselben Jahres ging S. nach Paris, wo er 1881 zum »Maître de conférences« für Gotisch und Althochdt. an der École Pratique des Hautes Études ernannt wurde. Von 1891 an war er Professor für Geschichte und Vergleich der indogermanischen Sprachen in Genf. Zentrale Arbeitsgebiete waren außer dem Sanskrit die Geschichte und Grammatik des Gr. und Lat. Im Jahr 1896 trat er die Nachfolge J. Wertheimers an und übernahm zusätzlich den Bereich Allg. Sprachwissenschaft. Weitere Schwerpunkte seiner Arbeit sind die zwischen 1906 und 1909 entstandenen Anagrammstudien sowie in den Jahren 1906/07, 1908/09 und 1910/11 drei Vorlesungen über Allg. Sprachwissenschaft, die dem postum 1916 erschienenen *Cours de linguistique générale* (*CLG*) zugrundeliegen. Dieses wichtigste Werk S.s basiert auf studentischen Mitschriften sowie in begrenztem Umfang auf persönlichen Notizen aus S.s Nachlaß; als Herausgeber fungieren Ch. Bally und A. Sechehaye unter Mitarbeit von A. Riedlinger. – Aufgrund des *CLG* gilt S. als der Begründer des ⁊ Strukturalismus; S. selbst verwendet allerdings den Terminus ›Struktur‹ nur selten und dann nicht im strukturalistischen Sinn, er spricht statt dessen von ⁊ ›System‹. Zentrale Gedanken des *CLG* sind die ⁊ Arbitrarität des sprachlichen ⁊ Zeichens und seine Linearität, die vier ⁊ Dichotomien ⁊ *langue* und *parole*, ⁊ Synchronie und ⁊ Diachronie, ⁊ Signifikant und Signifikat, Syntagmatik und Paradigmatik (⁊ syntagmatisch) sowie der soziale Charakter der Sprache. Eine wesentliche Rolle spielt zudem der *valeur*-Begriff; der Wert eines sprachlichen Zeichens ergibt sich aus den Relationen, v.a. den Oppositionen, die es mit anderen Zeichen desselben Systems eingeht. Neben der *linguistique interne* beschäftigt sich S. auch mit der *linguistique externe*. Die Betonung des Sprachzustands und nicht der Sprachentwicklung führt zu einer Neubegründung der synchronischen Sprachwissenschaft. Die Linguistik wird bei S. in einen weiteren Kontext eingebettet: den der Semiologie, die S. (S./de Mauro 1967, S. 33) als »science qui étudie la vie des signes au sein de la vie sociale« konzipiert; sie beschäftigt sich mit allen Zeichensystemen, deren Zeichen ein *signifiant* und ein *signifié* aufweisen, d.h. auch mit solchen, die keine natürlichen Sprachen sind. Der *CLG* ist eher evolutionär als revolutionär; seine herausragende Bedeutung gewinnt er dadurch, daß zentrale Konzepte der Allg. Sprachwissenschaft zu einer umfassenden und originellen Theorie zusammengefügt werden. – Wesentliche Ideen des *CLG* finden sich schon in früheren Werken. In seiner bedeutendsten Arbeit aus dem indoeurop. Bereich, *Mémoire sur le système primitif des voyelles dans les langues indo-européennes* (1879), liefert S. erstmalig eine umfangreiche Darstellung des indoeurop. Vokalsystems. Bereits hier findet sich ein erster Hinweis auf den Systemcharakter sprachlicher Einheiten. Neben sprachwissenschaftlichen Werken hat S. auch lit.wissenschaftliche Arbeiten verfaßt, die überwiegend im Nachlaß zu finden sind. Zu nennen sind hier insbes. die erst 1964 an die Öffentlichkeit gelangenden Vorarbeiten zur Anagrammproblematik; sie beziehen sich v.a. auf verschiedene Epochen der lat. Dichtung. Regelmäßigkeiten bei der Verteilung der lautlichen Elemente werden von S. mit der semantischen Struktur

eines Textes korreliert. In einigen Punkten löst er sich dabei vom *CLG*, etwa mit der Beobachtung, daß in der Dichtung die Untrennbarkeit von Signifikant und Signifikat mitunter aufgehoben wird. S. betrachtet das ⁊ Anagramm als ein generelles dichterisches Prinzip, das auf bestimmten Gesetzen beruht, muß aber erkennen, daß seine These in dieser Allgemeinheit nicht aufrechterhalten werden kann. – Bislang nicht definitiv geklärt ist die Frage nach den Vorläufern S.s; als sicher gilt der Einfluß von J. Baudouin de Courtenay, W.D. Whitney, H. Paul, G. von der Gabelentz, W. von Humboldt und E. ⁊ Durkheim. Die Wirkungsgeschichte von S.s Werk ist komplex. Der *CLG* hat in der Ausgabe von 1916 nicht nur die Linguistik beeinflußt (in unterschiedlichem Maße berufen sich etwa die ⁊ Genfer Schule, die ⁊ Prager Schule und die Kopenhagener Schule [L. ⁊ Hjelmslev] auf ihn), sondern auch die Lit.wissenschaft und die Semiologie sowie Disziplinen wie Anthropologie (Cl. ⁊ Lévi-Strauss) und Philosophie. In den 50er und 60er Jahren wird S. in Frankreich postum zu einem der einflußreichsten Theoretiker. Von bes. Bedeutung ist S. für die *Tel-Quel*-Gruppe (J. ⁊ Kristeva); diese rezipiert sowohl Ideen, die auf den *CLG* zurückgehen, wie die Dichotomien *langue/parole* und Syntagmatik/Paradigmatik als auch die Anagrammstudien. Während allerdings der Willen des Dichters bei S. die zentrale Kraft für das Hervorbringen von Bedeutung ist, spielt er bei *Tel Quel* nur eine untergeordnete Rolle. Die Rezeption des *CLG* war lange Zeit einseitig; S. wird als strenger Strukturalist, der für eine ausschließlich systemimmanente Sprachbetrachtung eintritt, angesehen; die hermeneutisch-idealistische Komponente in S.s Denken wird hingegen nur unzureichend wahrgenommen. Daß sich S. im *CLG* neben der Synchronie auch ausgiebig mit der Diachronie, neben der *linguistique interne* auch mit der *linguistique externe* beschäftigt, wurde lange vernachlässigt. Die Herausgeber des *CLG*, Bally und Sechehaye, werden S. insofern nicht gerecht, als sie den Eindruck erwecken, sein Theoriengebäude habe einen abgeschlossenen Charakter. Erst Jahrzehnte nach Erscheinen des *CLG* setzte sich die Einsicht durch, daß es z.T. große Abweichungen zwischen dem ›wahren‹ und dem überlieferten S. gibt. Die Auswertung der handschriftlichen Quellen des *CLG* durch R. Godel (1957), die kommentierte Ausgabe von T. de Mauro (1967) sowie die kritische Ausgabe von R. Engler (1967ff.) revidieren den *Cours* von 1916 in wichtigen Aspekten.

Lit.: F. de Saussure: *Mémoire sur le système primitif des voyelles dans les langues indo-européennes*, Lpz. 1879 (Nachdruck: Olms, 1987). – ders.: *Cours de linguistique générale* (Hgg. Ch. Bally/A. Sechehaye), Paris 1967 [1916] (Kritische Ausg.n: Hg. R. Engler, Wiesbaden 1967–1974 und Hg. T. de Mauro, Paris 1991 [1967]). – ders.: *Linguistik und Semiologie. Notizen aus dem Nachlaß. Texte, Briefe und Dokumente* (Hg. J. Fehr), FfM. 1997. – R. Godel: *Les sources manuscrites du ›Cours de linguistique générale‹ de F. de S.*, Genf 1969 [1957]. – G. Mounin: *F. de S. ou Le structuraliste sans le savoir*, Paris 1968. – P. Wunderli: *F. de S. und die Anagramme. Linguistik und Lit.*, Tüb. 1972. – R. Amacker: *Linguistique saussurienne*, Genf 1975. – Th. M. Scheerer: *F. de S.: Rezeption und Kritik*, Darmstadt 1980. – P. Wunderli: *S.-Studien*, Tüb. 1981. – P. Prechtl: *S. zur Einf.*, Hbg. 1994 [1993]. – P. J. Thibault: *Re-reading S.: The Dynamics of Signs in Social Life*, Ldn/N. Y. 1997.
YSt

Schema und Schematheorie (lat. *schema*; gr. *schēma*: Haltung, Gebärde, Gestalt, Erscheinung, geometrische/rhetorische Figur), ein vorwiegend in der ↗ Kognitionstheorie und -psychologie verwendeter Begriff, der einen hypothetisch angenommenen Baustein der ↗ Kognition bezeichnet. Sch.ta sind fundamentale Elemente, auf denen alle Informationsprozesse beruhen. Sie repräsentieren als ganzheitliche Strukturen Wissen auf allen Stufen der Abstraktion, z. B. Sinneseindrücke, Szenerien, Gestalttypen, institutionelle Strukturen, Emotionen, Interaktionen usw. In bezug auf Sprachproduktions- und Verstehensprozesse wird dafür in der Linguistik und Künstlichen-Intelligenz (KI)-Forschung der Begriff *frame* verwendet. Nur auf Handlungen und Ereignisse beziehen sich die Termini *script* und *scenario*. – Die Sch.-Theorie hat ihre Grundlagen in der Gestalttheorie (vgl. M. Wertheimer, W. Köhler, K. Koffka u. a.) und in den darauf aufbauenden Ansätzen der experimentellen Psychologie (vgl. O. Selz) und der Entwicklungspsychologie (vgl. Handlungs- und Assoziationsschemata bei J. Piaget). Der Begriff Sch. findet sich jedoch bereits in einer ähnlichen Verwendung bei Kant (sog. ›transzendentales Sch.‹, ein Verfahren der ↗ Einbildungskraft, bei dem nach einer allg. Regel ein bes. Bild hergestellt wird, das nicht mit dem konkreten Bild des Begriffes identisch ist) und bei H. Bergson (Konzept der ›dynamischen Sch.ta‹ als Abstrahierung von konkreten Bildern beim Lernen und ein ›Rückübersetzen‹ beim Erinnern). Als eigentlicher Begründer der Sch.theorie gilt der Experimentalpsychologe Sir F. Bartlett (1932). Bartlett kritisiert am bisherigen Sch.-Begriff, daß er zu statisch sei, und stellt seinen Sch.-Begriff

unter drei Prämissen: (a) Sch.ta sind bewußte und aktive Prozesse; sie reduzieren Komplexität und konstituieren Sinn. (b) Sch.ta bestehen nicht aus einzelnen Elementen, sondern bilden ganzheitliche Strukturen, die komplexes Wissen repräsentieren. (c) In den Sch.ta sind nicht nur kognitive Wissensbestandteile integriert, sondern auch soziale und affektive. Nach einer Phase der Ablehnung und Zurückweisung vor dem Hintergrund des Introspektionismus und Behaviorismus erfuhr die Sch.-Theorie in den 70er Jahren eine Neubelebung durch nahezu gleichzeitig erschienene Publikationen der kognitiven Psychologie (vgl. D. E. Rumelhart), KI-Forschung (vgl. M. Minsky), Linguistik (vgl. Ch. Fillmore), Theorie der Motorik (vgl. R. A. Schmidt), die alle auf der Sch.theorie aufbauen. Sie ist seither ein fester Bestandteil dieser Forschungsgebiete. – Die Sch.theorie ist im Grunde eine Theorie über Wissen, enthält aber auch Informationen darüber, wie man das Wissen anwenden kann. Dem Sch.-Begriff liegen folgende Prinzipien zugrunde: Sch.ta sind aktive Prozesse, die der Informationsherstellung und -verarbeitung dienen. Sie sind Hilfen bei der Wahrnehmung (z. B. das Gesichtsschema), beim Verstehen eines Diskurses (z. B. Sch. einer Szenerie), beim Erinnern, beim Lernen und Problemlösen. Sie sind verantwortlich für die Interpretation sensorischer Daten, die Organisation von Handlungen, das Bestimmen von Zielen und Teilzielen und kontrollieren die mentale Verarbeitung. Sch.ta bestehen aus mehreren Leerstellen oder Rollen. Diese können wieder aus einem anderen Sch. bestehen. Die Füllungen der Leerstellen können sich gegenseitig beeinflussen. Sch.ta sind also hierarchisch strukturiert; Sch.ta, die keine Subschemata mehr einbetten, werden als sog. *primitives* bezeichnet. Die Sprach- und Textverstehensforschung versteht Sch.ta im engeren Sinne als Gedächtnisinhalte oder mentale Repräsentationen, die die wichtigsten Eigenschaften eines Gegenstandes oder stereotype Handlungssequenzen abbilden. Diese im Langzeitgedächtnis gespeicherten Einheiten werden bei der Sprachproduktion und -rezeption zusammen mit einem Begriff aufgerufen. Neben dem Terminus *frame* werden auch die Begriffe *script* (vgl. Schank/Abelson 1977) oder *scenario* (vgl. Sanford/Garrod 1981) verwendet, um die Repräsentation von stereotypen Handlungsabfolgen oder Ereignissen mit jeweils festgelegten Rollen für die Akteure zu bezeichnen. Beispiel dafür ist der Besuch im Restaurant, bei dem ein bestimmter Handlungsablauf, wie Bestellen, Servieren, Essen, Bezahlen, und eine bestimmte *personage* in ihrer jeweiligen Rolle, wie Gäste, Kellner/in, Koch, assoziiert werden. Nicht erwähnte Handlungsabläufe und/oder Personen können mit Hilfe solcher Sch.ta inferiert werden. Die auf der Sch.theorie basierenden Ansätze sehen damit in den Sch.ta eine entscheidende Grundlage für das ↗ Verstehen von Äußerungen und ↗ Texten. Indizien für das erst in letzter Zeit erkannte lit.wissenschaftliche Anwendungs- und Leistungspotential der Sch.theorie sind innovative Ansätze der ↗ Erzähltheorie, insbes. der kognitiven Narratologie (vgl. Jahn 1997), die unter Rückgriff auf das Konzept der *frames* zu einer Neukonzeptualisierung der Konstitution von ↗ Erzählsituationen vorgedrungen ist.

Lit.: F.C. Bartlett: *Remembering. A Study in Experimental and Social Psychology*, Cambridge 1995 [1932]. – R.C. Schank/R.P. Abelson: *Scripts, Plans, Goals and Understanding*, Hillsdale 1977. – D.E. Rumelhart: »Schemata. The Building Blocks of Cognition«. In: R.J. Spiro et al. (Hgg.): *Theoretical Issues in Reading Comprehension*, Hillsdale 1980. S. 33–58. – A.J. Sanford/S.C. Garrod: *Understanding Written Language*, Chichester 1981. – M.R. Waldmann: *Sch. und Gedächtnis*, Heidelberg 1990. – K.-P. Konerding: *Frames und lexikalisches Bedeutungswissen*, Tüb. 1993. – M. Jahn: »Frames, Preferences, and the Reading of Third-Person Narratives. Towards a Cognitive Narratology«. In: *Poetics Today* 18.4 (1997) S. 441–468.

CR

Schmidt, Siegfried J. (*1940), dt. Philosoph, Linguist, Lit.-, Kommunikations- und Medienwissenschaftler, Schriftsteller und Bildender Künstler. – 1960–1965 Studium der Philosophie, Germanistik, Linguistik, Kunstgeschichte und Geschichte in Freiburg, Göttingen und Münster. Promotion zum Dr. phil. 1966 in Münster, Habilitation für Philosophie 1968 in Karlsruhe. 1971 Berufung auf den Lehrstuhl Texttheorie der Universität Bielefeld, dort 1973 Wechsel auf den Lehrstuhl Theorie der Lit.; 1979 Berufung auf den Lehrstuhl Germanistik/ Allg. Lit.wissenschaft an der Universität-GH Siegen. 1984 Gründung des Instituts für Empirische Lit.- und Medienforschung an der Universität-GH Siegen (LUMIS), bis 1997 dessen Geschäftsführender Direktor; 1997 Berufung auf den Lehrstuhl Kommunikationstheorie und Medienkultur an der Universität Münster. – Neben N. ↗ Groeben, J. Ihwe und G. Wienold Mitbegründer und wichtigster Theoretiker der Empirischen Lit.wissenschaft. Sch. legte mit dem zweibändigen *Grundriß* (1980, 1982) den ersten umfassenden und expliziten Entwurf einer handlungstheoretisch begründeten ↗ Empirischen Theorie der Lit. und einer handlungs- und anwendungsorientierten Lit.wissenschaft in Opposition zum textorientierten hermeneutischen Paradigma vor. Der transdisziplinäre Ansatz wurde in vielen Studien empirisch und theoretisch ausgearbeitet. Zs.en (*SPIEL, POETICS*) und die Internationale Gesellschaft für Empirische Lit.wissenschaft (IGEL) dokumentieren den Erfolg.

Lit.: S.J. Schmidt: *Texttheorie*, Mchn. 1973. – ders. 1991 [1980]. – ders. 1982. – ders.: *Kognitive Autonomie und soziale Orientierung*, FfM. 1994. – ders.: *Die Welten der Medien*, Braunschweig/Wiesbaden 1996.

GR

Schreiben, weibliches ↗ *Écriture féminine*

Schriftlichkeit (engl. *literacy*), Gebrauch der Schrift im Kontext ihrer gesellschaftlichen und kulturellen Bedingungen und Konsequenzen. Unter kommunikationstheoretischen Aspekten ist Sch. unterteilbar in eine Produktions- und eine Rezeptionsseite mit Schreiben und ↗ Lesen als dialogisch aufeinander bezogene Handlungen gegenüber Sprechen und Hören (↗ Mündlichkeit). – Historisch wurde die Schrift in ihren Auswirkungen auf das Denken des einzelnen, auf die Wissensorganisation einer Gesellschaft und v.a. auf ihre Kultur in bezug auf den Umgang mit der Vergangenheit und der Traditionsbildung (kulturelles ↗ Gedächtnis) schon seit der ↗ Antike theoretisch reflektiert, wie es sich z.B. an Platons *Phaídros* (274c-278b) mit seiner Schriftkritik zeigt, die unter Wert- und Normaspekten gegenüber dem Lobpreis der Schrift eine eigenständige Perspektive auf die Nachteile des Schriftgebrauchs in der europ. Tradition begründet. Unter den Vorzeichen der sog. ›Medienrevolution‹ des ausgehenden 20. Jh.s hat sich das wissenschaftliche Interesse an der Sch. im Vergleich mit der Mündlichkeit und damit an schriftlichen und mündlichen Kulturen (*literate* vs. *oral cultures*) zudem in interdisziplinärer Ausrichtung seit den 70er Jahren erheblich verstärkt, wie es u.a. die Einrichtung der Sonderforschungsbereiche in Münster zur pragmatischen Sch. im ↗ MA. und in Freiburg zu den Übergängen zwischen Mündlichkeit und Sch. mit ihren Publikationsorganen (*Frühmittelalterliche Studien, ScriptOralia*) zeigt. – (1) Neuere sprachwissenschaftliche Konzeptionen zeigen unter Abgrenzung von L. Bloomfields Diktum

›writing is not language‹ eine intensive Beschäftigung mit der als gleichberechtige Varietät verstandenen schriftlichen ›Sprache der Distanz‹, die u.a. durch die Merkmale der Situationsunabhängigkeit, der Abspaltung von Produktion und Rezeption und der Tendenz zur höheren Explizitheit wie zur Objektivierung von sprachlichen Bedeutungen bestimmt wird (vgl. Koch/Oesterreicher 1985; Feldbusch 1985). Solche Ansätze können zum einen zur näheren Bestimmung der von der schriftlichen Sprache geprägten Denkstrukturen im Sinne einer *literate mentality* genutzt werden, zum anderen sind sie immer zugleich Bestandteil der literar. Sprache als weitgehend schriftliche mit der impliziten raum-zeitlichen Trennung von ↗ Autor und ↗ Leser und der zugeordneten Verstehens- und Interpretationsproblematik (vgl. P. ↗ Ricœur 1978). (2) Aus historischer, ethnologischer und soziologischer Sicht werden auf der Grundlage der vielfachen Funktionen der Schrift in der Speicherung, Archivierung und Tradierung von Informationen unter dem Aspekt der exakten Wiederholbarkeit und Dauerhaftigkeit über Raum und Zeit hinweg die Veränderungen von rein mündlichen Kulturen, v.a. der in ihr dominanten Denkstrukturen, und die spezifisch schriftlich fundierte Wissensorganisation zum Gegenstand gemacht. So zeigt z.B. E.A. Havelock diesen Prozeß in Griechenland vom 7. bis zum 3. vorchr.Jh. im Wandel von der *craft literacy* einiger Experten hin zu einer Demokratisierung des Schriftgebrauchs. Parallelen zum europ. (Früh-)MA. lassen sich nach den Ergebnissen neuerer Forschung nur bedingt ziehen, da angesichts der lat. Schriftkultur der Kirche im MA. eine völlig schriftlose Welt nie gegeben war. (3) Als ›Konsequenzen der Literalität‹ (vgl. Goody/Watt 1968) gelten in bezug auf die von ihr geprägten Denkstrukturen v.a. die Förderung von historischer Distanz und Reflexion, die Befreiung vom Druck der unmittelbaren situativen sozialen Kontrolle und die Individualisierung sowie, angesichts der veränderten Wissensakkumulation über die Zeit hinweg ohne ›strukturelle Amnesie‹ mündlicher Kulturen, die Überprüfbarkeit und der kritisch-rationale Vergleich von autoritativen Textaussagen mit der Möglichkeit der Aufdeckung von Widersprüchen. In bezug auf die Kultur und ihre Tradierungsproblematik wird das kulturelle Gedächtnis als schriftlich fundiertes von dem mündlicher Kulturen mit den ihnen zuzuordnenden Formen der Erinnerung wie Denkmal und Ritual unterscheidbar. Unter soziologischen Aspekten zeigen sich zentrale Funktionen des Schriftgebrauchs v.a. in der sozialen Integration und Gruppenkohäsion durch die wert- und normgebundene Schrift- und Textbezogenheit von Gruppen auch jenseits des faktischen Schriftgebrauchs im Sinne der Entstehung von *textual communities* (vgl. Stock 1983). In diesem Rahmen stellt sich auch die Frage nach den Institutionen der Schriftkultur. Die Diskussion um die ↗ ›Materialität der Kommunikation‹ richtet den Blick auch auf die gesellschaftlichen und kulturellen Auswirkungen des Wandels von einer handschriftlichen zu einer gedruckten Sch. im 15.Jh. Unter lit.historischen Aspekten wird die literar. Kommunikation als dem Begriff nach schriftliche (lat. *littera*: der Buchstabe) v.a. in der Antike wie auch im MA. durch die Lösung des Autors vom sozialen Druck der in der Situation anwesenden Hörer und durch die Ermöglichung von ↗ Fiktionalität bestimmt (vgl. Rösler 1983; Haug 1985). (4) Zur Zuordnung von Sch. und Mündlichkeit gilt heute, daß statt der Vorstellung eines polaren Modells mit einer rigiden Gegenüberstellung von schriftlichen und mündlichen Kulturen, denen jeweils feste Merkmalslisten zugeordnet sind (vgl. W.J. ↗ Ong 1982), und statt eines evolutionären Modells zum Übergang von Kulturen aus der reinen Mündlichkeit in die reine Sch. die neuere Forschung vom Gedanken der Mischformen und der jeweils epochenspezifischen Schnittstellen (*interfaces*) durch Neuzuordnungen von Sch. und Mündlichkeit ausgeht, wie es v.a. der modernen Mediendiskussion um die *secondary orality* entspricht.

Lit.: J. Goody/I. Watt: »The Consequences of Literacy«. In: J. Goody (Hg.): *Literacy in Traditional Societies*, Cambridge 1981 [1968] S. 27–68 (dt. *Literalität in traditionellen Gesellschaften*, FfM. 1981). – E.A. Havelock: *Origins of Western Literacy*, Toronto 1976. – P. Ricœur: »Die Schrift als Problem der Lit.kritik und der philosophischen Hermeneutik«. In: J. Zimmermann (Hg.): *Sprache und Welterfahrung*, Mchn. 1978. S. 67–88. – J. Oxenham: *Literacy*, Ldn. 1980. – W.J. Ong: *Orality and Literacy*, Ldn. 1996 [1982] (dt. *Oralität und Literalität*, Opladen 1987). – B. Stock: *The Implications of Literacy*, Princeton 1983. – W. Rösler: »Schriftkultur und Fiktionalität«. In: A. Assmann et al. (Hg.): *Schrift und Gedächtnis*, Mchn. 1993 [1983]. S. 109–122. – E. Feldbusch: *Geschriebene Sprache*, Bln./N.Y. 1985. – W. Haug: *Lit.theorie im dt. MA.*, Darmstadt 1992 [1985]. – P. Koch/W. Oesterreicher: »Sprache der Nähe – Sprache der Distanz«. In: *Romanistisches Jb.* 36 (1985) S. 15–43. – R. Finnegan: *Literacy and Orality*, Oxford/N.Y. 1988. – H. Günther/O. Ludwig (Hgg.): *Schrift und Sch.: Writing and Its Use*, Bln./N.Y. 1994. – D.R. Olson: *The World on Paper*, Cambridge 1996 [1994].

GMO

Schriftsinn, mehrfacher, die Lehre vom m.n Sch. geht davon aus, daß der Sinn eines ↗ Textes sich grundsätzlich nicht in der wörtlichen ↗ Bedeutung, im buchstäblichen Sinn erschöpft, sondern daß der Interpret darüber hinaus weitere Sinnstufen zu ermitteln hat. Das dabei übliche Verfahren der Allegorese erschließt nicht nur die ›eigentliche‹ Bedeutung solcher Texte, die vom Textproduzenten von vornherein mit einem Zweitsinn ausgestattet sind (wie ↗ Allegorie und Parabel), sondern ist auf alle Texte anzuwenden, die dem Verdacht eines m.n Sch.s ausgesetzt sind, weil ihr wörtliches Verständnis als unsinnig oder anstößig empfunden werden könnte. Als verbindlich anerkannte ältere Texte können durch diese Methode auch unter neuen Rezeptionsbedingungen ›gerettet‹ werden. – Die Auslegung nach dem m.n Sch. hat von der Antike bis über die Reformationszeit hinaus die christliche Bibelexegese bestimmt, war aber auch schon in der heidnischen Antike und im hellenistisch-jüdischen Kulturkreis üblich. In der Antike wurden zunächst Homer und Hesiod einer Allegorese unterzogen, um die von ihnen tradierten ↗ Mythen gegen philosophische Kritik zu verteidigen. Dabei wurden bereits Ansätze einer Stufung des m.n Sch.s erkennbar, indem die Mythen sowohl physikalisch-kosmologisch als auch ethisch ausgelegt wurden. Diese vornehmlich stoische Dichterallegorese wurde später durch Philon von Alexandria auch auf das Alte Testament übertragen. Im Neuen Testament modifizierte Paulus die Allegorese zur allegorisch-typologischen Auslegung. Das alttestamentliche Geschehen wird in seiner Faktizität nicht bezweifelt, aber zugleich auch als Präfiguration (Typus) heilsgeschichtlicher Ereignisse und Fakten aus der Zeit des Neuen Testaments (Antitypen) verstanden. So legt Paulus (Galater 4,24) Sara und Hagar, die beiden Frauen Abrahams, als die beiden Testamente aus und verwendet dafür den Allegoriebegriff. Später werden weitere typologische Beziehungen wie die zwischen dem Typus der Opferung Isaaks und dem Antitypus der Kreuzigung Christi aufgedeckt. Origines entwickelt die Allegorese zu einer systematischen Lehre vom m.n (dreifachen) Sch. Auch Gregor der Große vertritt in seiner Exegese die Lehre von einem dreifachen Sch. – Im hohen MA. sind verschiedene Dreier- und Vierergruppen des m.n Sch.s üblich. Die weiteste Verbreitung fand die Gliederung des m.n Sch.s in vier Stufen. Auf der Ebene des Litteralsinns (*sensus litteralis*) informiert der Text über den wörtlichen (historischen) Sinn des bi-blisch tradierten Berichts. Dem steht der geistige Sinn (*sensus mysticus*) gegenüber, der dreifach unterteilt ist: der *sensus allegoricus* deutet den Text heilsgeschichtlich, der *sensus moralis* oder *tropologicus* deckt dem Gläubigen die moralischen Konsequenzen auf, der *sensus anagogicus* erschließt ihm die eschatologisch-anagogische Bedeutung. So ist Jerusalem nach dem Litteralsinn die Hauptstadt der Juden, nach dem *sensus allegoricus* die christliche Kirche, nach dem *sensus moralis* die Seele des einzelnen Gläubigen und nach dem *sensus anagogicus* das ewige Gottesreich, das Himmlische Jerusalem der Apokalypse. Die Lehre vom m.n (vierfachen) Sch. wurde nicht nur auf die Bibel, sondern auch auf heidnische Texte (zum Zwecke einer *interpretatio christiana*) angewandt; aber auch geschichtliche und naturkundliche Fakten wurden nach dieser Methode auf ihren geistigen Sinn hin befragt, wie etwa in den ma. Bestiarien und Enzyklopädien nachzulesen ist. Mit der Reformation, die dem Litteralsinn der Bibel gegenüber dem geistigen Sinn die Priorität einräumt, wird die Wirksamkeit der Lehre vom m.n Sch. eingeschränkt.

Lit.: Ch. Meier: »Überlegungen zum gegenwärtigen Stand der Allegorie-Forschung«. In: *Frühmittelalterliche Studien* 10 (1976) S. 1–69. – F. Ohly: *Schriften zur ma. Bedeutungsforschung*, Darmstadt 1977. – H. Brinkmann: *Ma. Hermeneutik*, Tüb. 1980. – H. Meyer: »Sch., mehrfacher«. In: J. Ritter/K. Gründer (Hgg.): *Historisches Wörterbuch der Philosophie*, Bd. 8, Basel 1992, Sp. 1431–1439. – R. Suntrup: »Allegorese«. In: Weimar 1997. S. 36–40.

                                                                    DP

Searle, John R. (*1932), am. Philosoph. – S. studierte bis 1952 in Wisconsin, lehrte und promovierte in Oxford und ist seit 1959 Philosophieprofessor in Berkeley. Seine Arbeiten beschäftigen sich v.a. mit der Sprachphilosophie und Philosophie des Geistes. – Im Anschluß an seinen Lehrer J.L. ↗ Austin hat S. mit *Speech Acts* (1969) entscheidend zum Durchbruch und zur weiteren Entwicklung der ↗ Sprechakttheorie beigetragen. In *Intentionality* (1983) typologisiert er intentionale Zustände des Bewußtseins analog zu den nun für derivativ befundenen Illokutionen des ↗ Sprechakts. *The Rediscovery of the Mind* (1992) beschreibt das menschliche Bewußtsein im Gegensatz zu materialistischen ↗ Kognitionstheorien als nicht reduzierbares subjektiv-mentales Phänomen. Die neuere Arbeit *The Social Construction of Reality* (1995) widmet sich im Rückgriff auf die Intentionalitäts- und die Sprechakttheorie der Struktur sozialer und kultureller Institutionen und präzisiert zugleich S.s philosophischen Realismus. – Neben Austin und H. P. ↗ Grice stellt S. einen wichtigen Bezugspunkt für die lit.- und kulturtheoretische Rezeption der Sprechakttheorie dar. Im sprechakttheoretischen Kontext entstand auch sein vielbeachteter Aufsatz »The Logical Status of Fictional Discourse« (1974), der fiktionale ↗ Diskurse als eine Form des Vortäuschens (*pretending*) diskutiert. S. verteidigt in notorischen Auseinandersetzungen mit J. ↗ Derrida Kategorien der Sprechakttheorie wie ›Intention‹, ›linguistische Bedeutung‹, ›extralinguistischer Kontext‹ und ›Hintergrund‹. Zudem nimmt er 1994 diese und andere Begriffe der analytischen Philosophie zum Ausgangspunkt für eine Kritik dekonstruktivistischer (↗ Dekonstruktivismus), radikal rezeptionsästhetischer (↗ Rezeptionsästhetik) und radikal intentionalistischer lit.theoretischer Modelle.

Lit.: J.R. Searle: »Literary Theory and Its Discontents«. In: *NLH* 25.3 (1994) S. 637–667. – R.B. Nolte: *Einf. in die Sprechakttheorie J.R.S.s*, Freiburg/Mchn. 1978. – E. Lepore/R. v. Gulick (Hgg.): *J.S. and His Critics*, Oxford/Cambridge, Mass. 1991. – J.M. Henkel: *The Language of Criticism. Linguistic Models and Literary Theory*, Ithaca 1996.

UBe

Selbstorganisation, auf einer allg. Ebene verweist der Begriff der S. auf eine Vielzahl von Konzepten und Theorien, die seit ca. 1940 in verschiedenen naturwissenschaftlichen Disziplinen zur Erklärung von Phänomenen der spontanen Entstehung von Ordnung und der Entwicklung dynamischer ↗ Systeme erarbeitet wurden. Nachdem in den frühen 70er Jahren strukturelle Ähnlichkeiten zwischen diesen unabhängig voneinander formulierten Konzepten bemerkt wurden, entwickelte sich ein transdisziplinäres Forschungsprogramm, das zu einer Analogisierung und Globalisierung der Grundideen führte. Die Berechtigung des damit häufig verbundenen Anspruchs auf eine Revolutionierung des wissenschaftlichen Weltbildes (vgl. Jantsch 1979) läßt sich heute noch nicht abschließend beurteilen, das ↗ Paradigma der S. ist jedoch fest etabliert und in nahezu allen wissenschaftlichen Disziplinen aufgegriffen worden (vgl. für die Lit.-wissenschaft S.J. ↗ Schmidt 1989). – Im Kontext der ↗ Systemtheorie markieren S. und ↗ Autopoiesis zwei unterschiedliche Aspekte des Phänomens der ↗ Selbstreferenz: Während der Begriff der Autopoiesis Selbstreferenz im Hinblick auf die kontinuierliche, operativ geschlossene (Re-)Produktion der Elemente eines Systems be-

zeichnet und so an die unveränderliche, identitätsbestimmende Ebene der Organisation des Systems gebunden ist, bezieht sich der Begriff der S. auf die Ebene der Umsetzung von Umweltreizen in systemimmanent hervorgebrachte Strukturen und eröffnet so den Zugriff auf die jeweils individuelle, durch das Zusammenspiel von Organisation und Umwelt bedingte Entwicklung eines Systems. Angesichts der Verbreitung des Paradigmas der S. in den unterschiedlichsten Disziplinen ist jedoch der Begriffsgebrauch keineswegs einheitlich.

Lit.: E. Jantsch: *Die Selbstorganisation des Universums. Vom Urknall zum menschlichen Geist*, Mchn. 1992 [1979]. – S.J. Schmidt: *Die Selbstorganisation des Sozialsystems Lit. im 18. Jh.*, FfM. 1989. – R. Paslack/P. Knost: *Zur Geschichte der Selbstorganisationsforschung. Ideengeschichtliche Einf. und Bibliographie*, Bielefeld 1990.

ChR

Selbstreferenz, Phänomene der Selbstbezüglichkeit und die mit ihnen häufig einhergehenden ↗ Paradoxien sind im Laufe der Philosophie- und Wissenschaftsgeschichte in der Regel als logische oder erkenntnistheoretische Probleme diskutiert worden, deren Lösung nach den Regeln der Logik und im Hinblick auf das damit einhergehende Wahrheitsideal angestrebt und verfehlt wurde. Seit dem 18. Jh. vollzieht sich allerdings gerade im erkenntnistheoretischen Bereich eine Umwertung, die die Bezugnahme des Erkenntnissubjekts auf sich selbst als Bedingung jeder Erkenntnis anerkennt (↗ Hermeneutik). Auch im ästhetischen Bereich zeichnet sich unter modernen Bedingungen eine positivere Einschätzung der Reflexivität ab, die schon früh Eingang in die lit.wissenschaftliche Theoriebildung findet: In der vom ↗ Russ. Formalismus über den ↗ Strukturalismus bis zu ↗ Dekonstruktion und ↗ Poststrukturalismus verlaufenden Entwicklungslinie wird unter dem Stichwort einer spezifisch ästhetischen bzw. poetischen ↗ Funktion der Sprache immer wieder das Merkmal der Autoreferentialität literar. Sprachverwendung thematisiert (R. ↗ Jakobson), bis dieser Gedanke schließlich in den jüngsten Theorien auf die Funktionsweise von Sprache schlechthin übertragen wird. – Diese Globalisierung ist symptomatisch für eine im 20. Jh. auf breiter Front vollzogene Neubewertung, die Reflexivität und Paradoxien als Phänomene eigenständigen Charakters und Werts anerkennt und ganze Wissenschaftszweige auf ihre Erforschung ansetzt. So steht das Konzept der S. im Zentrum der ↗ Systemtheorie und vieler mit ihr verbundener Disziplinen (↗ Autopoiesis, ↗ Selbstorganisation). Daß es sich bei S. um ein typisches Phänomen der ↗ Postmoderne handelt, belegt darüber hinaus das massive Auftreten programmatisch selbstbezüglicher Schreibweisen in der neueren Lit. (↗ Metafiktion).

Lit.: S. J. Bartlett/P. Suber (Hgg.): *Self-Reference. Reflections on Reflexivity*, Dordrecht 1987. – S. J. Bartlett (Hg.): *Reflexivity*, N.Y. 1992. – M. Scheutz: *Ist das der Titel eines Buchs? S. neu analysiert*, Wien 1995.

ChR

Semantik, strukturale und historische (gr. *sẽma*: Zeichen), innerhalb der Linguistik untersucht die Teildisziplin S. als Subkategorie der ↗ Semiotik die ↗ Bedeutung sprachlicher ↗ Zeichen. Je nach Forschungsinteresse geschieht dies auf Mikroebene in bezug auf Wörter, Sätze, Äußerungen und Texte, auf Makroebene in bezug auf verschiedene Einzelsprachen, beides sowohl in ↗ diachroner wie ↗ synchroner Hinsicht. Die Forschung geht dabei als deskriptive, empirische, kombinatorische oder komparatistische Analyse in Form von Wort-S., Satz-S., sprachphilosophischer S. und logischer S. vor. Grundlegend geprägt hat den mitunter deckungsgleich mit Semasiologie verwendeten Terminus erst M. Bréal (1897), doch reicht sein Gegenstand bis zu den sprachphilosophischen Schriften von ↗ Platon und ↗ Aristoteles und deren konträren Grundauffassungen vom naturalistisch-ostentativen (Platon) bzw. konventionalistisch-konzeptionellen (Aristoteles) Abbildungsverhältnis der Wörter zu ihren Inhalten zurück. Die Universalität des Begriffs der S. ist erkennbar in seiner Definition als »a set of studies of the use of language in relation to many different aspects of experience, to linguistic and non-linguistic context, to participants in discourse, to their knowledge and experience, to the conditions under which a particular bit of language is appropriate« (Palmer 1993, S. 206). S. ist ein äußerst komplexes und heterogenes Arbeitsfeld, das eine Affinität zu einer Reihe weiterer Disziplinen aufweist, was durch die Vielzahl von Studien mit kombinatorischem Ansatz dokumentiert wird (z. B. ›Syntax und S.‹, ›S. und ↗ Pragmatik‹, ›Generative S.‹, ›Interpretative S.‹, ›Logische S.‹, ›Psychologische S.‹, ›Textsemantik‹, ›*truth-conditional semantics*‹ usw.; vgl. Lyons 1977). – In der Formierungsphase der Disziplin seit dem frühen 19. Jh. stand v. a. die historische S. im Mittelpunkt. Diese

besteht weitgehend im diachronen Studium von Bedeutungswandel, oft veranschaulicht durch morphologisch und phonologisch minutiös durchgeführte Etymologie von z. T. rekonstruierten Protoformen einzelner Lexeme (vgl. Fisiak 1985). Historische S. ist somit ein zentrales Aufgabengebiet der historisch-vergleichenden Sprachwissenschaft und der Indogermanistik. Während der Blütezeit von ca. 1880 bis 1940 erstellte sie eine Reihe von Klassifikationen zur diachronen Erklärung von lexikalischen Innovationen, Transformationen und Neologismen (vgl. Sappan 1983). Hiervon profitieren zeitgenössische Arbeiten zur Sprachverbund-, Sprachtypologie- und Universalienforschung ebenso wie die eher praxisorientierte Aktualisierung und Konzipierung von Wörterbüchern. Ihre Ergebnisse liefern darüber hinaus wichtige Grundlagen für die Arbeitsbereiche der ↗ affektiven Stilistik, der ↗ Metaphern- und ↗ Übersetzungstheorien sowie der ↗ Rhetorik. Derzeit in rascher Fortführung begriffen befindet sich daneben die für die erst in Ansätzen geleistete Systematisierung des Phänomens linguistischer Kategorisierung wichtige Forschungsrichtung der Prototypen-S. Nicht zu vergessen ist die politische Relevanz bzw. die ›Warnfunktion‹ der historischen S. mit Blick auf die Prozesse des Sprachverfalls und des Sprachtods. – Von entscheidender Prägung sowohl für die Linguistik als auch für die Lit.wissenschaft war das 1923 erstmals publizierte, bis heute mehrfach neu aufgelegte und immens einflußreiche Buch *The Meaning of Meaning* von C. K. Ogden und I. A. ↗ Richards, dessen Titel sprichwörtlich zur Ausgangsfrage v. a. wortsemantischer Analyse geworden ist. In diesem Werk wird u. a. das Modell des semantischen (auch semiotischen) Dreiecks entworfen, das auch die derzeitige Auffassung der Dependenzrelationen zwischen ↗ Signifikant und Signifikat noch bestimmt:

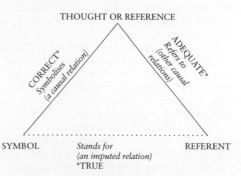

Semantisches Dreieck nach Ogden/Richards (1923, S. 11)

Zwischen *symbol* (linguistisches Element, Signifikant, Bezeichnung) und *referent* (reales Objekt, Gegenstand, Denotat, Designat, Bezeichnetes) existiert eine als wahr angenommene, konzeptionelle und vereinbarte Relation. Diese ist konventionalisiert und im Prinzip austauschbar (↗ Arbitrarität des Zeichens). Zwischen *symbol* und *thought or reference* (Konzept, Begriff, Sinn, Bedeutung) besteht dagegen eine korrekte, d.h. zutreffende kausale Relation, zwischen *thought or reference* und *referent* eine weitere kausale Relation von adäquatem, d.h. zulänglichem Charakter. Jedes Element des Dreiecks definiert sich also jeweils über die Beziehung zu zwei Relata, und nur über begriffliche Konzepte lassen sich sprachliche Ausdrücke auf Objekte der außersprachlichen Realität beziehen. Ausschlaggebend für ›korrektes‹ Sprachverständnis ist statt einer direkt relevanten Beziehung die mittelbare Interpretation via das Konzept. V.a. für das Anliegen der Lit.wissenschaft, nicht-eindeutige sprachliche Einheiten zu interpretieren (↗ Ambiguität), ist die durch das Modell ermöglichte strukturell präzise Differenzierung von denotativer (↗ Denotation) und assoziativer bzw. konnotativer (↗ Konnotation) Bedeutung ein sinnvolles Analyseinstrument. Die sprachphilosophische S. seit R. Carnap (1891–1970), G. Frege (1848–1925), B. Russell (1872–1970), H. Putnam (*1926) und L. ↗ Wittgenstein (vgl. auch ↗ Sprachspiel), auch etabliert unter dem Terminus der ›Philosophie der normalen Sprache‹ (›*ordinary language philosophy*‹), bemüht sich nachhaltig um weitere definitorische Präzisierung der Konzepte Sinn und Bedeutung und hat hierzu eine Reihe fruchtbarer Systematiken (Abbildtheorie; Intension vs. Extension; Verifikation vs. Falsifikation; Wahrheitswerttheorie) entwickelt, die wichtige Arbeitsgrundlagen für die ↗ Computerphilologie, Informationstechnologie und Forschung zur Künstlichen Intelligenz bereitstellen. – Seit ca. 1930 trat im Anschluß an F. de ↗ Saussure und L. ↗ Hjelmslev ein verstärktes synchron und strukturalistisch motiviertes Interesse zutage (vgl. Nerlich 1992), das z.B. durch Komponentenanalyse die systematische Strukturiertheit von Wort- und Satzbedeutungen, ihre Motivation und, in jüngerer Zeit, auch ihre emotiv-affektiven Charakteristika im Blickfeld hat (vgl. Osgood et al. 1975). Als bes. vielversprechend sind hier die Ansätze der lexikalischen S. hervorzuheben, welche die dominanten Regeln zur ↗ paradigmatischen und ↗ syntagmatischen Kombinierbarkeit von Lexemen funktional erfassen. Bisweilen sehr komplexe semantische Relationen wie Antonymie, Homonymie, Hyponymie, Kollokation und ↗ Polysemie zwischen Wörtern bzw. Wortgruppen als lexikalischen Feldern werden so in Hinsicht auf semantische Kompatibilität, und Kongruenz untersucht (vgl. Wunderlich 1980). – In der modernen S. steht dagegen eher die praktische ↗ Referenz im Mittelpunkt, d.h. die Frage, mittels welcher semantischer Organisationsprinzipien Sprecher verschiedener Sprachen die Welt ›aufteilen‹, sich linguistische und in der Folge perzeptive und kognitive Orientierungsschemata schaffen (↗ Kognitionstheorie). Die S. zeigt so fließende Grenzen zur linguistischen Pragmatik, d.h. sie konzentriert sich auf das Verhältnis zwischen Zeichen und Zeichenbenutzer und fokussiert den tatsächlichen Sprachgebrauch gegenüber der theoretischen Sprachfähigkeit (↗ *langue* und *parole*; ↗ Performanz und Kompetenz). Literar. S. (z. T. auch literar. Semiotik) wird seit den 60er Jahren (vgl. Eaton 1966) bes. in Großbritannien unter Einfluß des frz. ↗ Strukturalismus (R. ↗ Barthes; A. J. ↗ Greimas) als eigenständige Subdisziplin der Lit.theorie betrieben. Die derzeit vielversprechendsten Ansätze versuchen, unter den Begriffen der ›*possible*‹ bzw. ›*text world(s) semantics*‹, als Subform der ↗ Textlinguistik (vgl. Gülich/Raible 1977), die epistemischen, ontologischen und psychologischen Bedingungen der Bedeutungskonstitution in literar. Texten zu eruieren, und vor kommunikativ-handlungstheoretischem Hintergrund (↗ Handlung und Handlungsrollen) repetitive Strukturen der Etablierung, Markierung und Manipulation textueller ↗ Kohärenz zu erarbeiten.

Lit.: M. Bréal: *Essai de sémantique*, Brionne 1983 [1897]. – C.K. Ogden/I.A. Richards: *The Meaning of Meaning*, Ldn. 1994 [1923]. – T. Eaton: *The Semantics of Literature*, Den Haag 1966. – Ch.E. Osgood et al.: *Cross-Cultural Universals of Affective Meaning*, Urbana 1975. – F.R. Palmer: *Semantics*, Cambridge et al. 1993 [1976]. – Gülich/Raible 1977. – J. Lyons: *Semantics*, 2 Bde., Cambridge 1977. – D. Wunderlich: *Arbeitsbuch S.*, FfM. 1991 [1980]. – R. Sappan: *The Rhetorical-logical Classification of Semantic Changes*, Braunton 1987 [1983]. – J. Fisiak (Hg.): *Historical Semantics and Historical Word Formation*, Bln. 1985. – B. Nerlich: *Semantic Theories in Europe 1830–1930*, Amsterdam/Philadelphia 1992.

GN

Semiologie ↗ Semiotik

Semiose (gr. *sēmeíon*: Zeichen; gr. *sēmaínein*: bezeichnen), Zeichenprozeß, -interpretation. – Der Prozeß der S. kann bis zur Entstehung des

Lebens auf der Erde zurückverfolgt werden und ist für alle Richtungen der ↗ Semiotik von zentraler Bedeutung. Er bezeichnet den offenen und theoretisch unendlichen Prozeß einer »kontinuierliche[n] ↗ Interpretation von ↗ Zeichen durch Folgezeichen (und Handlungen)« (Nagl 1992, S. 32 f.) bzw. die triadische Natur des Zeichenprozesses. Ch. S. ↗ Peirce (1993, Bd. 3, S. 255) definiert S. als »eine Wirkung oder einen Einfluß, der in dem Zusammenwirken dreier Gegenstände, wie ein Zeichen, sein Objekt und sein Interpretant, besteht, wobei dieser tri-relative Einfluß in keiner Weise in Wirkungen zwischen Teilen aufgelöst werden kann«. Ch. Morris bezeichnet mit S. den ›Prozeß, in dem etwas als ein Zeichen fungiert‹, und unterscheidet auf der Basis der ›drei Korrelate der triadischen Semioserelation‹ zwischen der syntaktischen, der pragmatischen und der semantischen Dimension der Semiotik. – Nach Peirce löst das Zeichen im Bewußtsein des Interpreten einen Interpretationsprozeß aus, dessen Ergebnis (der Interpretant als ›Gedankenzeichen‹) seinerseits interpretierbar sein muß. Der Interpretant des ersten Zeichenprozesses wird somit zum Repräsentamen eines neuen Zeichenprozesses in einem Universum potentiell unendlicher S. Aus der ›Selbstrepräsentativität‹ des Zeichens resultiert jedoch, daß sich der Interpretant nicht darauf beschränkt, ein Repräsentamen als für ein Objekt stehend zu interpretieren (›lineare Verkettung‹), sondern daß er die zugrundeliegende Relation selbst zum Objekt macht (›selbstbezügliche Verkettung‹) und sich als »den Interpretanten [interpretiert], der ein Zeichenmittel als für ein Objekt stehend interpretiert« (Schönrich 1990, S. 112). – J. ↗ Derrida sieht in der Verweisungsstruktur des Zeichens und der Aufschiebung von Bedeutung Ansätze zur Logozentrismuskritik (↗ Logozentrismus) und zur Dekonstruktion des transzendentalen Signifikats. Kritiker werfen ihm jedoch vor, nicht nur die Gewohnheit/Verhaltensregel (›habit‹) als (provisorische) erfahrungsweltliche »Vorwegnahme des idealen Grenzwertes des endgültigen Interpretanten« bzw. des »absoluten Objektes« (Oehler 1995, S. 237) außer acht zu lassen, sondern sich auch insofern zu Unrecht auf Peirce zu beziehen, als für diesen der Interpret »in jeder Phase der S. eine genauere Kenntnis des Inhaltes des Repräsentamens hat als in der vorangegangenen« (ebd., S. 233).

Lit.: H. Pape: *Erfahrung und Wirklichkeit als Zeichenprozeß. Ch. S. Peirces Entwurf einer spekulativen Grammatik des Seins*, FfM. 1989. – G. Schönrich: *Zeichen-*

handeln. Untersuchungen zum Begriff einer semiotischen Vernunft im Ausgang von Ch. S. Peirce, FfM. 1990. – L. Nagl: *Ch. S. Peirce*, FfM. 1992. – J.D. Johansen: *Dialogic Semiosis. An Essay on Signs and Meaning*, Bloomington 1993. – Ch. S. Peirce: *Semiotische Schriften*, 3 Bde. (Hg. Ch. J. Kloesel), FfM. 1986–1993. – Nöth 1994. – Th. Broden: »For a Semiotics of Semiosis. Beyond Signifier and Signified«. In: *RS/SI* 15.2 (1995) S. 163–188. – Merrell 1995. – K.L. Ketner (Hg.): *Peirce and Contemporary Thought. Philosophical Inquiries*, N.Y. 1995. – K. Oehler: *Sachen und Zeichen. Zur Philosophie des Pragmatismus*, FfM. 1995. – B. v. Heusden: *Why Literature? An Inquiry into the Nature of Literary Semiosis*, Tüb. 1997. – Posner et al. 1997.

StH

Semiotik (gr. *sēmeíon*: Zeichen), Wissenschaft von den ↗ Zeichen(prozessen). – Ch. S. ↗ Peirce (1993, Bd. 3, S. 259) definiert die S. als die »Lehre von der wesentlichen Natur und den grundlegenden Arten der möglichen Semiose«. Als solche untersucht die S. alle Arten von Zeichenprozessen, wie sie z. B. zwischen oder innerhalb von Menschen, nichtmenschlichen Organismen und Maschinen (z. B. Computer-S., Maschinensemiose) stattfinden. Die S. vereinigt somit »die wissenschaftliche Erforschung aller verbalen und nicht-verbalen Kommunikationssysteme in sich« und befaßt sich »mit der Formulierung von Nachrichten durch Quellen, der Übermittlung dieser Nachrichten über Kanäle, der Dekodierung und Interpretation dieser Nachrichten durch Empfänger und der Signifikation« (Sebeok 1984, S. 232). – Nach T. ↗ Todorov (1977) speist sich die S. historisch aus der ↗ Semantik/Sprachphilosophie, Logik, ↗ Rhetorik und ↗ Hermeneutik; man unterscheidet auch zwischen einer medizingeschichtlichen, einer philosophischen und einer linguistischen Tradition. Reflexionen über Zeichengebrauch finden sich bereits früh in verschiedenen Disziplinen. Sie reichen über die ↗ Antike (↗ Platon, ↗ Aristoteles), Augustinus, die ma. Scholastik (R. Bacon, J. Duns Scotus, W. v. Ockham), die ↗ Renaissance (J. Poinsot, Th. Campanella) und die Aufklärung (J. Locke spricht in seinem *Essay Concerning Human Understanding* [Buch IV, Kap. xxi, §4] von »σημειωτική, or the Doctrine of Signs«) bis zur Konstituierung der S. als eigenständiger Wissenschaft im 20. Jh. In die hier nur ansatzweise skizzierte Tradition reihen sich die Grammatiker von Port Royal genauso ein wie G. W. Leibniz, J. H. Lambert, E. B. de Condillac, J. M. Degérando, W. v. Humboldt, J. G. v. Herder, I. Kant und G. W. Hegel. – Die moderne S. speist sich unter linguistischen Gesichtspunkten aus F.

de ↗ Saussures strukturalistischer Sprachtheorie sowie seinem der Sozialpsychologie zugeordneten Projekt der *sémiologie*. Dieses konzipiert Saussure (1987 [1916], S. 33) als »*une science qui étudie la vie des signes au sein de la vie sociale*«, innerhalb derer der Linguistik eine bes. Rolle zukommt. Seit den 70er Jahren dieses Jh.s verringert sich jedoch der Einfluß der strukturalistisch orientierten linguistischen Ausrichtung der S. zugunsten eines von Ch. S. Peirce dominierten philosophisch fundierten Entwicklungsstrangs, der sich durch eine umfassendere Semiotik- und Zeichenkonzeption auszeichnet. – Peirce entwickelt 1867/68 ein System von drei ›Universalkategorien‹, die für seinen Zeichenbegriff, der den funktionalen und relationalen Charakter des Zeichens betont, von zentraler Bedeutung sind. Für Peirce bildet das Zeichen eine triadische Relation aus Repräsentamen (Zeichen als ›Vehikel‹ des Semioseprozesses), Interpretant (Zeichenbedeutung/-wirkung im Bewußtsein des Interpreten) und dargestelltem, nicht notwendigerweise materiellem Objekt. Bei seinem Zeichenbegriff unterscheidet Peirce zwischen dem emotionalen/unmittelbaren, dem energetischen/dynamischen und dem logischen/normalen/finalen Interpretanten sowie zwischen dem unmittelbaren (zeicheninternen) und dem dynamischen (zeichenexternen) Objekt. Da für ihn Denken in Zeichen erfolgt und der Interpretant somit selbst ein zu interpretierendes ›Gedankenzeichen‹ darstellt, eröffnet die Interpretation eines Zeichens ein Universum potentiell unendlicher ↗ Semiose. Entsprechend seinem Dreierschema der Universalkategorien unterteilt Peirce den Zeichen-, Interpretanten- und Objektaspekt der ›Zeichentriade‹ in drei Trichotomien. Unter dem Aspekt des Zeichens als Repräsentamen unterscheidet er zwischen dem Quali-, dem Sin- und dem Legizeichen, bezüglich des Interpretantenbezugs differenziert er zwischen ↗ Rhema, Dicent und Argument, bezüglich des Objektbezugs zwischen Ikon (↗ Ikonizität), Index und ↗ Symbol. – Unter Anlehnung an Peirces Arbeiten rückt Ch. Morris das beobachtbare ›Zeichenverhalten‹ in den Vordergrund, da er die (deskriptive) S. als ›Teil der naturwissenschaftlichen Verhaltensforschung‹ betrachtet. Das von Morris entwickelte Zeichenmodell umfaßt den einer Zeichenklasse angehörenden Zeichenträger, das Designat als Klasse oder Gesamtheit aller möglichen Denotate/Referenten sowie den Interpretanten. Dieser wird als Disposition aufgefaßt, auf ein Zeichen mit einem bestimmten Verhalten zu rea-

gieren. Auf Morris geht auch die auf der Basis der drei Zeichenaspekte von Peirce vorgenommene Unterteilung der S. in eine syntaktische, eine pragmatische und eine semantische Dimension zurück. – In der Lit.wissenschaft finden sich strukturalistisch inspirierte semiotische Ansätze seit den 20er Jahren dieses Jh.s bei V. ↗ Propp, im ↗ Russ. Formalismus sowie in der ↗ Prager Schule, weshalb man auch von einem dritten, russ.-tschech. Hauptstrang in der Entwicklung der S. sprechen kann. In den 30er und 40er Jahren wird Saussures Projekt einer *sémiologie* von L. ↗ Hjelmslev aufgenommen. Z. T. darauf aufbauend, allerdings weniger formalistisch als Hjelmslev, entwickelt A. J. ↗ Greimas Saussures Projekt im Sinne einer strukturalen, auf Texte (im weitesten Sinne) angewandten ↗ Semantik weiter. Mit Hilfe von *carrés sémiotiques* versucht er, die Sinn-Achsen von Texten herauszuarbeiten und ›Sinnbezirke‹ durch ↗ binäre Oppositionen in ›konträre‹ und ›kontradiktorische‹ semantische Einheiten zu strukturieren. Neben Greimas findet die S. in Frankreich in den 60er und 70er Jahren v. a. in den Untersuchungen zur Narrativik von R. ↗ Barthes, Todorov, C. ↗ Bremond und G. ↗ Genette bedeutende Vertreter. Da sich der vorliegende Überblick im folgenden auf ausgewählte Aspekte der Lit.semiotik, die ein Teilgebiet der Textsemiotik darstellt, beschränken muß, kann auf die Entwicklung der S. in der ehemaligen UdSSR (M. ↗ Bachtin; ↗ Tartu-Moskauer Schule), in Italien (F. Rossi-Landi; U. ↗ Eco; C. Segre) und den USA (R. Scholes; M. ↗ Riffaterre) nur verwiesen werden. Dasselbe gilt auch für viele text- und lit.semiotisch interessante multimediale Bereiche, wie z. B. für Comic, Theater oder Werbung. – In der Lit.wissenschaft führt die S., die in Deutschland erst ab Mitte der 60er Jahre Bedeutung erlangt, zu mehr Systematik, Wissenschaftlichkeit und Methodenreflexion. Dabei ermöglichen die zunehmende Verwendung des triadischen Zeichenmodells von Peirce und die Differenzierung zwischen ›Ko- und Kon-Text‹ sowohl einen ›dynamischen Strukturbegriff‹ als auch die ›Immanenz der Textstruktur‹ transzendierende Fragestellungen. Vereinfachend kann zwischen einer deduktiven, an einer wissenschaftstheoretischen Fundierung der Lit.wissenschaft arbeitenden, und einer deskriptiven oder angewandten Lit.-S. unterschieden werden, welche »die Frage nach Erkenntnisverfahren und -funktion von Dichtung« (Kloepfer 1977, S. 252) in den Vordergrund stellt. In lit.semiotischen Arbeiten finden sich somit sowohl Versuche, ›Textgrammatiken der

Lit.‹ und ›universelle Poetiken‹ zu erstellen als auch Untersuchungen zur ↗ Dialogizität, Mehrfachkodiertheit, zum Zeichencharakter sowie zu den Prozessen der Leserlenkung und der Bedeutungsproduktion literar. Texte. Diese können von einer diskursanalytisch erweiterten S. auf ihre Interaktion mit anderen kulturellen Teilsystemen sowie auf die Charakteristika literar. Zeichen untersucht werden. Unter diesem Aspekt versucht die S., die Fragestellung nach der ↗ ›Literarizität/Poetizität‹ literar. Diskurse durch das Herausarbeiten ihrer Spezifika wie ›Autofunktionalität‹, ↗ ›Verfremdung/Deautomatisierung‹, ›Multiplikation konnotativer Signifikate/↗ Polysemie bzw. Polyisotopie‹, ›Zeichenmotivierung‹ und ›Symbolik‹ zu beantworten. Dabei wird die Frage nach kleinsten ›literar.‹ Elementen um die Frage nach der Existenz semiotischer Regeln ergänzt, welche »die syntagmatische Fügung literar. Texte in ihrer Gesamtheit« (Link 1990, S. 531) erklären. Die Struktur des literar. Diskurses wird dadurch zumindest vorläufig als »paradigmatisch generiertes und paradigmatisch expandiertes Syntagma« (ebd., S. 536) faßbar, dessen Mehrstimmigkeit sowohl aus den ihm immanenten semiotischen Strukturen als auch aus seinem Status als je nach ›Kulturtyp‹ mehr oder weniger institutionalisiertem und elaboriertem ↗ Interdiskurs resultiert. – Andere lit.semiotische Ansätze sehen in der S. v. a. eine ›Wissenschaft von den ↗ Codes‹ oder privilegieren den kommunikativen und prozessualen Aspekt des Rezeptionsvorgangs, indem sie z.B. untersuchen, inwiefern der Text als komplexes semiotisches System/›Superzeichen‹ nicht nur Einfluß auf den Akt der Lektüre nimmt, sondern auch nur eine gewisse Anzahl an Interpretationen (›type-token‹-Relation) zuläßt. So erscheint die Lektüre z.B. bei Eco als Code- und Spurensuche, als zeichengesteuertkreativer Konstruktionsvorgang, der von den Strategien des Textes vorgesehen ist und durch eine ›Logik der ↗ Signifikanten‹ sowohl stimuliert als auch kontrolliert wird. – Doch die Frage nach der Begrenzung der Interpretationsmöglichkeiten eines Textes ist seit der Infragestellung strukturalistischer Prinzipien durch die ↗ Dekonstruktion umstritten. Seit Mitte der 60er Jahre kann von der Herausbildung einer ›poststrukturalen‹ S. gesprochen werden (↗ Poststrukturalismus), welche die diskursive Produktion von Sinn, die Signifikanten(kette), Prozesse wie Aufschiebung und Weiterverweisung sowie die Materialität und ↗ Intertextualität der Zeichen privilegiert. Zu dieser innerhalb der S. umstrittenen

Ausrichtung (vgl. Posner 1993) werden u. a. die (sich durchaus strukturalistischer Erkenntnisse bedienenden) Arbeiten von J. ↗ Lacan, spätere Arbeiten von Barthes, J. ↗ Kristevas ›Sémanalyse‹ und J. ↗ Derridas ›Grammatologie‹ gerechnet.

Lit.: Saussure 1995 [1916]. – Eco 1994 [1972]. – ders.: *The Role of the Reader. Explorations in the Semiotics of Texts*, Bloomington 1984 [1979]. – ders. 1985. – ders. 1991 [1987]. – R. Kloepfer: »Tendenzen der Lit.semiotik in der BRD. Eine Skizze«. In: *Romanistische Zs. für Lit.geschichte* 1.2 (1977) S. 247–264. – T. Todorov: *Théories du symbole*, Paris 1977 (dt. *Symboltheorien*, Tüb. 1995). – P. V. Zima (Hg.): *Textsemiotik als Ideologiekritik*, FfM. 1977. – Eschbach/Rader 1980. – Th. Sebeok: »Die Büchse der Pandora und ihre Sicherung. Ein Relaissystem in der Obhut einer Atompriesterschaft«. In: *Zs. für Semiotik* 6.3 (1984) S. 229–252. – Merrell 1985. – Nöth 1985. – Blonsky 1991 [1985]. – Sebeok 1994 [1986]. – J. K. Sheriff: *The Fate of Meaning. Ch. Peirce, Structuralism, and Literature*, Princeton 1989. – J. Link: »Lit.wissenschaft und S.«. In: Koch 1990. S. 521–564. – ders./R. Parr: »S. und Interdiskursanalyse«. In: Bogdal 1997 [1990]. S. 108–133. – Nöth 1990. – P. V. Zima: »Die Ästhetiken der S.: Drei Modelle«. In: ders. 1991. S. 264–314. – Merrell 1992. – Ch. S. Peirce: *Semiotische Schriften*, 3 Bde. (Hg. Ch. J. Kloesel), FfM. 1986–1993. – R. Posner: »S. diesseits und jenseits des Strukturalismus. Zum Verhältnis von Moderne und Postmoderne, Strukturalismus und Poststrukturalismus«. In: *Zs. für Semiotik* 15.3–4 (1993) S. 211–233. – Moriarty 1996. – B. v. Heusden: *Why Literature? An Inquiry into the Nature of Literary Semiosis*, Tüb. 1997. – Nöth 1997. – R. Posner et al. (Hgg.): *S. Ein Handbuch zu den zeichentheoretischen Grundlagen von Natur und Kultur*, Bd. 1, Bln. 1997.

StH

Sender ↗ Kommunikationsmodell

Sexismus (engl. *sexism*; von lat. *sexus*: Geschlecht), bezeichnet die Diskriminierung aufgrund des Geschlechts, zumeist die Abwertung von Frauen, die durch Vorstellungen vom ›natürlichen Wesen‹ der Geschlechter begründet wird. Im Gegensatz zur ↗ Misogynie wird S. weniger als psychische Verfaßtheit des einzelnen Mannes denn als struktureller Mechanismus innerhalb einer patriarchalen Ordnung (↗ Patriarchat) analysiert, mittels dessen, wie S. Brownmiller in *Against Our Will* (1975) zeigt, männliche Herrschaft stabilisiert und naturalisiert wird. A. Davis hat in ihrem Klassiker *Women, Race & Class* (1981) darauf verwiesen, daß S. in Rassismus und Klassenherrschaft eingebunden ist. Im Bereich der Lit. ist S. auf allen Ebenen, der Produktion, der Rezeption und der ↗ Repräsentation, festgestellt worden. – Schon 1929 hat V. ↗ Woolf in *A Room of One's Own* den Ausschluß von Schriftstellerinnen aus dem männlichen Lit.betrieb kritisiert. In ihrer einflußreichen Studie *Sexual Politics* (1969) zeigt K. ↗ Millett an literar. Darstellungen sexueller Begegnungen, wie durch die Degradierung von Frauen männliche Machtphantasien für Autor, Protagonisten und Leser befriedigt werden. M. Ellmann führt in *Thinking About Women* (1968) aus, daß die Rezeption von Texten schreibender Frauen durch Weiblichkeitsstereotype geleitet ist. In den 70er und den frühen 80er Jahren haben sich Studien zum S. in der Lit. insbes. auf die Kritik an ↗ Frauenbildern konzentriert, die nicht mit den konkreten Erfahrungen von Frauen übereinstimmen, die Frau auf bestimmte Geschlechterrollen und -eigenschaften (↗ Geschlechtsidentität und Geschlechterrolle) festlegen bzw. sie als minderwertig darstellen. Schließlich kritisiert die feministische Forschung nicht zuletzt auch die Grundannahmen der (Sprach- und Lit.-)Wissenschaft, die von einem neutralen Erkenntnissubjekt und objektiven Erkenntnisinteressen ausgeht. Sie weist darauf hin, daß die traditionelle Wissenschaft von Männern beherrscht sei, mit männlichen Begriffen und Kriterien arbeite und so den S., den Ausschluß, die Marginalisierung und Abwertung von Frauen, immer wieder reproduziere.

Lit.: V. Gornick/B.K. Moran (Hgg.): *Woman in Sexist Society. Studies in Power and Powerlessness*, N.Y./Ldn. 1971. – C. Kramarae: *Women and Men Speaking. Frameworks for Analysis*, Rowley, Mass. 1981.

DF/SSch

Showalter, Elaine (*1941), am. Lit.- und Kulturwissenschaftlerin. – S., die an der University of California studierte, ist Professorin für Englisch an der Princeton University. – Bekannt wurde S. v.a. durch ihr einflußreiches Buch *A Literature of Their·Own* (1977), das programmatisch für die zweite Phase und heute immer noch prominente Richtung der ↗ feministischen Lit.theorie im angloam. Bereich steht. In diesem als ›Gynokritik‹ bezeichneten Ansatz wird die Frau nicht mehr nur als Leserin, sondern auch als Autorin in den Mittelpunkt gestellt, und zwar mit dem Ziel, die bis dahin vernachlässigten Traditionen weiblichen Schreibens zu ermitteln (↗ *écriture féminine*). S.s wichtigster Beitrag für die ↗ Lit.geschichtsschreibung im allg. und für die feministische Lit.kritik im bes. ist es, daß sie erstmals den wenig oder gar nicht bekannten Schriftstellerinnen Aufmerksamkeit schenkt. In einem Anhang zu ihrer Studie listet sie Daten zu über 200 brit. Romanautorinnen vom frühen

19. Jh. bis zur Gegenwart auf, eine wahre Fundgrube für weiterführende Untersuchungen. Die Studie war tatsächlich wegweisend für die Erforschung der Geschichte sowie der charakteristischen Merkmale einer separaten, spezifisch weiblichen Ästhetik (↗ Weiblichkeit und weibliche Ästhetik). Die methodischen Probleme dieses Ansatzes lassen sich an S.s Studie exemplarisch verdeutlichen. Die Untersuchung wird nicht von einer explizit formulierten Theorie getragen, sondern bemüht sich um die Sammlung möglichst vieler Texte und Beobachtungen zu diesen Texten. Implizit herrscht hier freilich eine Auffassung vor, nach welcher Lit. als transparentes Medium fungiert, das authentische außerliterar. weibliche Erfahrung transportiert und für Leserinnen erkennbar werden läßt. Entsprechend bewertet S. u.a. die Romane des bürgerlichen ↗ Realismus positiv, da diese ein souveränes, mit einem entsprechenden Selbstbewußtsein ausgestattetes Subjekt unterstellen. So bedient sich S. implizit weiterhin jener durch maskuline Werte geprägten Normen, welche die Lit.kritik lange Zeit bestimmt haben. – Trotz solcher methodischer Einwände bleibt es ein Verdienst S.s, die empirische Erforschung der Praxis weiblichen Schreibens initiiert zu haben. Dies zeigt sich nicht zuletzt an den zahlreichen, u.a. auch von S. herausgegebenen Anthologien mit literar. Texten weiblicher Autorschaft, die bisherige lit.geschichtliche Leerstellen bereits beträchtlich gefüllt haben. Zudem verbindet S. ihre Arbeit mit historischen, interdisziplinär ausgerichteten Konzepten. Sie sieht nämlich die konkrete Erfahrung von Autorinnen stets in spezifischen kulturgeschichtlichen Kontexten verankert. Dies zeigt sich insbes. in ihren späteren Studien, etwa zu Frauen und Wahnsinn, sowie an der Erweiterung ihrer Fragestellungen in Richtung ↗ Gender Studies. Neben zahlreichen Aufsätzen hat S. auch Sammelbände zur Geschichte und aktuellen Situation feministischer Lit.wissenschaft herausgegeben.

Lit.: E. Showalter: *A Literature of Their Own. British Women Novelists from Brontë to Lessing*, Princeton, Ldn. 1982 [1977]. – dies.: *The Female Malady. Women, Madness, and English Culture, 1830–1980*, N.Y. 1985. – dies. (Hg.): *Speaking of Gender.* N.Y./Ldn. 1989. – dies.: *Sexual Anarchy. Gender and Culture at the Fin de Siècle*, N.Y. 1990. – dies. (Hg.): *Daughters of Decadence. Women Writers of the Fin de Siècle*, Brunswick 1993. – dies. (Hg.): *Scribbling Women. Short Stories by 19th-Century American Women*, Ldn. 1996. – dies.: *Hystories. Hysteria, Gender and Culture*, Ldn. 1997 (dt. *Hystorien. Hysterische Epidemien im Zeitalter der Medien*, Bln. 1997).

DF/SSch

Signifikant (frz. *signifiant*) und Signifikat (frz. *signifié*), für den schweizer. Sprachwissenschaftler F. de ↗ Saussure, den Begründer der modernen Linguistik, besteht das sprachliche ↗ Zeichen aus zwei Teilen oder Ebenen, die konventionell miteinander verbunden sind. Auf der Inhaltsebene gibt es eine Vorstellung, einen Begriff (das Bezeichnete oder Signifikat), und auf der Ausdrucksebene gibt es das damit verbundene Lautbild (das Bezeichnende bzw. den Signifikant): »Das sprachliche Zeichen vereinigt in sich nicht einen Namen und eine Sache, sondern eine Vorstellung und ein Lautbild« (Saussure 1967, S. 77). Saussure vergleicht die Sprache mit einem Blatt Papier, wobei das Denken die Vorderseite und der Laut die Rückseite ist: »[M]an kann die Vorderseite nicht zerschneiden, ohne zugleich die Rückseite zu zerschneiden« (ebd., S. 134). Das Signifikat ist eine ›psychische‹ Vorstellung, die für Saussure nur auf der Ebene des Denkens existiert und sich auf den materiellen Referenten in der Wirklichkeit bezieht. Ebenso ist der Signifikant, das Lautbild, ein idealisiertes »kollektives Modell« (Trabant 1996, S. 40) und nicht etwa der tatsächliche materielle Laut, den wir wahrnehmen. Trabant unterscheidet deshalb die aktuelle physikalische Vergegenwärtigung eines Wortes als Signifikantenexemplar von dem nur auf einer idealen psychischen Ebene existierenden Lautbild bzw. *image acoustique*. Verschiedene semiotische Schulen interpretieren und benennen den Signifikanten auf verschiedene Weise: z.B. als *Interpretant,* ›Sinn‹, ›Begriff‹ oder *Designatum*. Dem Terminus Signifikat entsprechen in verschiedenen semiotischen Theorien z.B. Zeichen, ↗ Symbol, zeichenhaftes Vehikel, Ausdruck oder *Representamen*. – Manche Lit. wissenschaftler wie R. ↗ Barthes und J. ↗ Derrida haben die ↗ Dichotomie auch auf literar. ↗ Texte übertragen. Für G. ↗ Genette ist in einer Erzählung z.B. das Signifikat die erzählte Geschichte (↗ *histoire*) und das Signifikant der Diskurs des Erzählens (*récit*).

Lit.: F. de Saussure: *Grundfragen der allg. Sprachwissenschaft*, Bln. 1967. – Genette 1972/80. – U. Eco: *Zeichen. Einf. in einen Begriff und seine Geschichte*, FfM. 1977 [1973]. – J. Trabant: *Elemente der Semiotik*, Tüb. 1996.

MK

Signifikat (signifié) ↗ Signifikant (*signifiant*) und Signifikat (*signifié*)

Simmel, Georg (1858–1918), dt. Philosoph und Soziologe. – S. promovierte 1881 und habilitierte sich 1885 in Berlin über I. Kant. Er war seit 1885 Privatdozent und seit 1901 außerordentlicher Professor für Philosophie in Berlin, seit 1914 ordentlicher Professor für Philosophie in Straßburg. – S.s umfangreiches Werk konzentriert sich auf drei große Themenbereiche: (a) Die Soziologie wird als moderne Erfahrungswissenschaft als ›formale reine Soziologie‹ mit Ausrichtung auf die zeitlosen Formen (modern ›Strukturen‹) der Prozesse der Vergesellschaftung wie z.B. Arbeitsteilung, Herrschaft, Konflikt, Kampf, Geselligkeit und Freundschaft bestimmt. (b) In kulturtheoretischen Reflexionen zur ↗ Moderne (›Temposteigerung des Lebens‹, ›urbaner Lebensstil‹) entwirft S. eine Vorstellung des gegenüber der Gesellschaft nach einem persönlichen Lebensstil und nach Differenzierung über ästhetische Stilisierung verlangenden Individuums. (c) In Ergänzung seiner ›formalen Soziologie‹ bieten S.s feinsinnige und detailorientierte Kulturanalysen und kulturtheoretische Überlegungen, wie z.B. zur Rolle des Fremden, v.a. Einsichten in die Probleme der modernen ↗ Kultur: Die Moderne wird unter dem Aspekt von Kontinuitätsbrüchen mit ihren möglichen Desintegrationseffekten (›Allmacht des Geldes‹, ›Versachlichung von Beziehungen‹) und des Gegensatzes von tradierter bürgerlicher Kultur und moderner Massengesellschaft betrachtet. Der Verlust an Traditionen und der moderne Pluralismus der Weltanschauungen, der Kulturformen und Lebensstile führt zu den Einzelnen auch überfordernden Wahlmöglichkeiten. Angesichts des insgesamt ›fragmentarischen Charakters der Moderne‹ wählt S. den Essay als die diesem Gegenstandsbereich angemessene Form der Darstellung. S.s Verständnis von Kunst und Ästhetik zeigt eine Aufwertung der modernen Alltagsästhetik und des Gebrauchszwecks der Kunst (z.B. im Kunstgewerbe), der reproduzierbaren Kunst neben dem autonomen Kunstwerk, der ›großen Kunst‹. S. hat sich mit den Kunstrichtungen seiner Epoche wie Impressionismus, Jugendstil, Symbolismus und Expressionismus auseinandergesetzt und den ästhetischen Pluralismus, die Vielheit der ↗ Stile, als kennzeichnendes Merkmal der Moderne bewertet. Sein bes. Interesse galt so verschiedenen Autoren und Künstlern wie St. George, Rembrandt und Goethe. In seinen Künstlermonographien betont er den Eigenwert der Persönlichkeit und den unmittelbaren Bezug von Werk und Person: Das Kunstwerk ist ihm ein ↗ Symbol der Geheimnisse des Individuums, das nie ganz im Gesellschaftlichen aufgeht. – S. gilt als bedeutender Kulturphilosoph der Jh.wende und als einer der Begründer der Soziologie. Wegen seines Verzichts auf systematische Darstellung und eine ›große‹, schulenbildende Theorie, auf weltanschaulich-politische Parteinahme sowie wegen seiner ›ästhetischen Unentschiedenheit‹ wurde er in der frühen Rezeption als ›bloßer Anreger‹ statt als ›Vollender‹ (so S.s ehemaliger Schüler G. ↗ Lukács) bzw. als eine interessante Übergangserscheinung abgewertet. Aus der Sicht der (frühen) ↗ Kritischen Theorie galt er als Vertreter des reinen ↗ Ästhetizismus und damit als Relikt des bürgerlichen Zeitalters (Th. W. ↗ Adorno). Erst J. ↗ Habermas hat S. neu gewürdigt. In der Diskussion um die ↗ Postmoderne gilt S.s Versuch der Entwicklung eines Rahmens für eine umfassende Deutung der modernen Kultur gerade wegen der Betonung des Fragmentarischen des Denkens und des entsprechenden Pluralismus der Stile als bes. aktuell und anregend.

Lit.: G. Simmel: *Gesamtausgabe* (Hg. O. Rammstedt), FfM. 1989 ff. (geplant 24 Bde., bisher Bde. 2–11, 14). – ders.: *Zur Philosophie der Kunst*, Potsdam 1922. – ders.: *Vom Wesen der Moderne* (Hg. W. Jung), Hbg. 1990. – H. Böhringer/K. Gründer (Hgg.): *Ästhetik und Soziologie um die Jh.wende. G.S.*, FfM. 1976. – W. Jung: *G.S. zur Einf.*, Hbg. 1990. – K. Lichtblau: *G.S.*, FfM. 1997.

GMO

Simulakrum (lat. *simulacrum*: Bild, Abbild, Nachbildung, Gebilde; kann aber auch mit Statue, Götterbild, Bildsäule, Traumbild, Schatten und Gespenst übersetzt und als Produkt oder Gegenstand einer Simulation [vgl. lat. *simulatio*: Vortäuschung, Verstellung, Schein oder Vorwand] verstanden werden), in aktuellen medientheoretischen Kontexten gilt ein S. als eine ›Kopie ohne Original‹, als eine Darstellung, die sich auf ein reales Vorbild zu beziehen scheint, diese Referenz aber nur noch simuliert. – Der Begriff verdankt seine medien- und kulturtheoretische Karriere im wesentlichen den Schriften J. ↗ Baudrillards. Dieser verwendet den Begriff (frz. *simulacre*) in *Der symbolische Tausch und der Tod* (1991) zunächst noch als beschreibend-neutrale Bezeichnung für die Produkte der Repräsentationsordnungen verschiedener symbolischer Kulturen. Er beschreibt im Rahmen seiner Revision der marxistischen Werttheorie ›drei Ordnungen der Simulakren‹, in deren Verlauf dem klassischen und industriellen ein gegenwärtiges Zeitalter folgt, in dem die Prinzipien Imitation und Produktion dem S. weichen und Werte allein aufgrund von Strukturgesetzen kursieren. In Baudrillards späteren Schriften, v. a.

in dem Essay »Die Präzession der Simulakren« (1978), umfaßt der Begriff des S.s ↗ Repräsentationen und Artefakte, die sich nicht mehr auf Vorbilder, Substanzen, Zwecke und Ideale zurückführen lassen, sondern mit Hilfe von Modellen und ↗ Codes Realitätseffekte simulieren und operationalisierbar machen. Mit der Popularisierung von Baudrillards fatalistischer Medientheologie ist das S. zu einem Inbegriff eines gegenwärtigen Zeitalters der Digitalisierung, zur vielzitierten Chiffre einer Medienwelt geworden, in der Authentizität künstlich hergestellt wird und sich Opposition und ↗ Ideologiekritik überlebt haben, weil die Unterscheidungen von ›wahr‹ und ›falsch‹, Sein und Schein längst implodiert sind. Will man diese allerdings weiterhin als S. beschreiben, empfiehlt es sich, den Begriff von den Konzepten ↗ Illusion, ↗ Fiktion und Repräsentation sowie ihren jeweiligen wissenschaftsgeschichtlichen Implikationen abzugrenzen und zudem die Produktion und den Gebrauch von S. genauer ins Auge zu fassen.

Lit.: J. Baudrillard: *Der symbolische Tausch und der Tod*, Mchn. 1991 [1976]. – ders.: »Die Präzession der Simulakren«. In: ders.: *Agonie des Realen*, Bln. 1978.

JG

Skaz (russ. *skazat*: erzählen), ein vom ↗ Russ. Formalismus geprägter Begriff für eine am mündlichen Erzählen orientierte Erzählweise. Das Verfahren des S. erzeugt die Illusion der naturalistischen Niederschrift einer lebhaften und spontanen mündlichen Erzählung eines stark individualisierten Erzählers. Typische stilistische Mittel sind Dialekt, Soziolekt, Slang, Idiosynkrasien in Grammatik oder Aussprache u. a. – Der erzähltheoretische Begriff wurde in der russ. formalistischen Lit.theorie bes. häufig mit N. Gogol und N. Leskov im 19. Jh. und M. Sostschenko u. a. im frühen 20. Jh. in Verbindung gebracht. Allerdings ist das als S. bezeichnete Phänomen schon mindestens so alt wie die *Canterbury Tales* (vgl. McLean 1954). B. ↗ Èjchenbaum prägt 1918 erstmals den Begriff, der bei ihm für die Übertragung von Mündlichkeit in literar. Form steht, und schlägt vor, S. mit Hilfe der ›Ohrenanalyse‹ (*aural analysis*) zu untersuchen. Im Gegensatz zu Èjchenbaum, der S. »ausschließlich als *Ausrichtung auf die mündliche Form des Erzählens* [...] und die entsprechenden sprachlichen Besonderheiten« (Bachtin 1971, S. 231), versteht, betont M. ↗ Bachtin, daß S. »vor allem Ausrichtung auf *fremde Rede*« (ebd.) bedeute. Während V. Vinogradov im S. die Interaktion der stilistischen Systeme umgangssprachlicher und literar. Rede sieht, definiert I.R. Titunik S. als ein stilistisches Mittel innerhalb einer narrativen interpolierten ›berichtet-berichtenden‹-Text-Struktur. Das S. als Form fingierter ↗ Mündlichkeit gewinnt im Zuge der Mündlichkeit-Schriftlichkeit-Diskussion an Aktualität, da es historische Rückschlüsse auf Status und Bewertung von Mündlichkeit und ↗ Schriftlichkeit in bestimmten Schriftkulturen erlaubt.

Lit.: H. McLean: »On the Style of Leskovian S.«. In: *Harvard Slavic Studies* II (1954) S. 299 ff. – Lit.: M. Bachtin: *Probleme der Poetik Dostoevskijs*, FfM. 1985 [1971]. – I.R. Titunik: »Das Problem des S.«. In: W. Haubrichs (Hg.): *Erzählforschung 2. Theorien, Modelle und Methoden der Narrativik*, Göttingen 1977. S. 114–140.

FM

Šklovskij, Viktor Borisovič (1893–1984), russ. Lit.wissenschaftler und Schriftsteller. – S. studierte in Petrograd Philologie und war 1916 Gründungsmitglied der Gesellschaft zum Studium der poetischen Sprache (OPOJAZ), einer der Keimzellen des ↗ Russ. Formalismus, zu dessen Hauptvertretern Š. zählt. 1920 erhielt er eine Professur am Petrograder Institut für Kunstgeschichte, mußte aber wegen seiner Tätigkeit im Bürgerkrieg 1922 emigrieren. 1923 wurde er amnestiert und lebte in der Folge in Moskau. Nachdem die Formale Schule unter politischen Druck geriet, distanzierte er sich 1930 öffentlich von seiner Methode, knüpfte aber in der Phase der kulturpolitischen Liberalisierung nach 1953 wieder daran an. Neben wissenschaftlichen Arbeiten über ↗ Film und Literatur hat er künstlerische Prosa geschrieben, in der sich Autobiographisches mit formalistischen Verfahren verbindet. V.a. seine in den 10er und 20er Jahren entwickelten Konzepte haben in ↗ Strukturalismus und ↗ Semiotik weitergewirkt. – Š.s 1916 erschienener programmatischer Aufsatz »Die Kunst als Verfahren« (Striedter 1969, Bd.1, S. 2–35) verwirft die traditionellen Methoden der Lit.betrachtung (↗ Biographismus, ↗ Geistesgeschichte usw.) als ihrem Gegenstand unangemessen und fordert die Konzentration auf das, was Lit. ausmacht, die ↗ Literarizität, sowie ihr Medium, die Sprache. Das Kunstwerk definiert Š. als die Summe der in ihm angewandten ›Verfahren‹, deren Funktion es ist, dem Rezipienten das ›Gemachtsein‹ des Kunstwerks zu vermitteln. Entsprechend besteht künstlerische Wahrnehmung im bewußten Erleben der ↗ ›Form‹, des ›Gemachtseins‹ des Werkes. Š. geht davon aus, daß sich die Formen der Kunst im Laufe der

Zeit abnutzen, so daß die bezeichneten Gegenstände nicht mehr gesehen, sondern nur noch wiedererkannt werden. Diesem Prozeß der ›Automatisierung‹ muß die Kunst das entgegensetzen, was Š. als ↗ Verfremdung bezeichnet. Gegenstände werden so dargestellt, als würden sie zum ersten Mal bzw. aus einer dem Rezipienten fremden ↗ Perspektive gesehen. Das ›Neu-Sehen‹ ist eng verbunden mit dem Konzept der ›erschwerten Form‹: Erschwerung der Rezeption ist nach Š. eine Bedingung ästhetischer ↗ Erfahrung; diese kann im übrigen auch durch die ›Bloßlegung des Verfahrens‹ im Kunstwerk selbst erzielt werden. Da aber jegliches Verfahren potentiell dem Prozeß der Automatisierung unterliegt, folgt aus den Thesen Š.s, daß die Entwicklung der Kunst als permanente Innovation gesehen werden muß, ihre Normen einem ständigen Wandel unterliegen. Dies erklärt auch, warum Š. in seinen Schriften zur künstlerischen Prosa erst ›sujetlose‹, ›ornamentale‹, auf Montage basierende, später ›sujet‹- oder ›fabelorientierte‹ Formen favorisiert. Es deutet sich hier an, daß die literar. Tradition nicht, wie es in den früheren Schriften den Anschein hat, als Friedhof überholter Formen gesehen wird, sondern als Fundus, der die Aktualisierung solcher Formen erlaubt, die in einer bestimmten ↗ Epoche kanonisch waren, aber bereits dekanonisiert wurden. Das Neue definiert sich im Bezug auf den jeweils herrschenden ↗ Kanon, so daß Älteres im Sinne eines ›Rösselsprungs‹, der das unmittelbar benachbarte Feld ausläßt, innovative Wirkung entfalten kann.

Lit.: V. Šklovskij: *Theorie der Prosa*, FfM. 1984 [1966]. – Ju. Striedter (Hg.): *Texte der russ. Formalisten*, 2 Bde., Mchn. 1969. – R. Lachmann: »Die Verfremdung und das neue Sehen bei V.Š.«. In: *Poetica* 3 (1970) S. 226–249. – R. Sheldon: *V.Š.: An International Bibliography*, Ann Arbor 1977. – A.A. Hansen-Löve: *Der russ. Formalismus*, Wien 1996 [1978].

FG

Sontag, Susan (*1933), am. Lit.- und Kulturkritikerin. – Nach dem Studium der Philosophie in Berkeley, Chicago, Harvard, Oxford und Paris etablierte S. sich 1959 in N.Y. als freie Schriftstellerin im Kreise der ›N.Y. Intellectuals‹ (E. Wilson, H. Rosenberg, P. Rahv, M. McCarthy, I. Howe, L. ↗ Trilling u.a.) um die Zs. *Partisan Review*. Mit ihnen verband S. nicht nur das Engagement für die europ., avantgardistische Lit. der Moderne, sondern auch die Unabhängigkeit von akademischen Institutionen und das Interesse an ↗ Kulturkritik im weiten Sinne. – Mit dem Band *Against Interpretation* inszenierte

S. 1966 einen deutlichen Bruch mit den politisch engagierten, dem Marxismus nahestehenden New Yorker Intellektuellen. Mit der Wendung »[i]n place of a hermeneutics we need an erotics of art« (S. 1966, S. 14) setzt sie sich provokativ und polemisch für eine neue Art formalistischer Kunstbetrachtung ein, die die unmittelbar sinnliche Erfahrbarkeit der Kunst zum Gegenstand macht, und wendet sich gegen die im Gefolge von K. ↗ Marx und S. ↗ Freud etablierten, inhaltlich orientierten Interpretationsansätze. Gleichzeitig distanziert S. sich mit ihrer Forderung nach der Aufhebung der Grenze zwischen Höhenkamm- und Populärlit. vom ↗ New Criticism, mit dem sie gleichwohl die Betonung des Formalen und die Auffassung von der Autonomie der Kunst teilte. Ihre Essays über ›Camp‹, d.h. selbstreflexive, manierierte Kunstwerke, und ›Happenings‹ brachten ihr den Ruf als einer zentralen Wegbereiterin postmoderner Ästhetik ein. Der radikale Gestus täuscht allerdings darüber hinweg, daß S. in den Kunstformen ›Camp‹ und ›Happening‹ die Fortsetzung der modernistischen ↗ Avantgarde-Bewegungen sieht. Ihre Polemik richtet sich weniger gegen modernistische Kunst als vielmehr gegen ihre Vereinnahmung durch das Establishment, welches die Werke ihres kritischen Potentials beraubt und sie neutralisiert, indem es sie in den Rang von ›Klassikern‹ erhebt. Dieser Gedanke wird in den folgenden Essaysammlungen *Styles of Radical Will* (1969) und *Under the Sign of Saturn* (1980) an Autoren wie A. Artaud, E. Canetti und Kritikern wie W. ↗ Benjamin und R. ↗ Barthes illustriert und vertieft. Zur Symbolfigur der Protestbewegung Ende der 60er Jahre wurde S. v.a. durch ihr Engagement gegen den Vietnamkrieg. Ein 1968 auf Einladung Nordvietnams erfolgter Besuch fand seinen Niederschlag in ihrem Essay »Trip to Hanoi«, in dem sie die paradoxe Situation reflektiert, in der sie sich als politische Sympathisantin befindet, deren westliche Liberalität eine naive Identifikation mit dem Gastland verhindert. Der ›westliche‹ Zwang zur Selbstreflexion und -distanz führt zu einer Offenlegung der Projektionsmechanismen, die bei der Wahrnehmung des Fremden in Kraft treten, und machen aus dem Essay mehr als nur ein politisches Manifest. Mit der Essaysammlung *On Photography* (1977) wendet sich S. einem Medium zu, das die von ihr propagierte neue Befindlichkeit exemplarisch verkörpert. Im Unterschied zu der früheren Sammlung *Against Interpretation*, in der sie sich für die ›surrealistische‹ Strategie der radikalen Zerstörung

konventioneller Wahrnehmungsmuster einsetzte, steht S. nun der im Zusammenhang mit Photographie ebenfalls verwendeten Gewaltmetaphorik sehr viel kritischer gegenüber. Von einer persönlichen Krankheitserfahrung ausgehend, untersucht S. in *Illness as Metaphor* und *Aids and Its Metaphors* die gesellschaftliche Konstruktion von Krankheit und wendet sich in aufklärerischer Absicht gegen die metaphorische Mystifizierung von Krebs und Aids. – Bei der Rezeption von S. läßt sich im Zeitraum ihres Schaffens ein deutlicher Wandel konstatieren. Wurde in den 60er Jahren in erster Linie die Radikalität ihrer Positionen wahrgenommen, so treten im Zeitalter postmoderner Relativität ihre an der Lit. der Moderne entwickelten Wertmaßstäbe deutlicher hervor, was sie in den Augen vieler zeitgenössischer Kritiker elitär und überholt scheinen läßt.

Lit.: S. Sontag: *Against Interpretation*, Ldn. 1994 [1966]. – dies.: *Styles of Radical Will*, Ldn. 1994 [1969]. – dies.: *On Photography*, N.Y. 1990 [1977]. – dies.: *Illness as Metaphor*, Harmondsworth 1991 [1978]. – dies.: *Under the Sign of Saturn*, Ldn. 1996 [1980]. – dies.: *A S.S. Reader* (Hg. E. Hardwick), Harmondsworth 1983 [1982]. – dies.: *Aids and Its Metaphors*, N.Y. 1989. – S. Jeffords: »S.S.«. In: Jay 1988. S. 268–275. – S. Sayre: *S.S.: The Elegaic Modernist*, N.Y. 1990. – G. Grieve-Carlson: »S.S. (1933–)«. In: Heuermann/Lange 1992 [1991]. S. 345–382. – L. Kennedy: *S.S.: Mind as Passion*, Manchester 1995. – L. Poague (Hg.): *Conversations with S.S.*, Jackson 1995.

JZ

Sozialgeschichtliche Ansätze, zwei Begriffsverwendungen sind gleichermaßen verbreitet: (a) In einem weiten Sinn sind s.A. alle lit.wissenschaftlichen Methoden, die Lit. durch Gesellschaft bestimmt sehen und sich damit von einer bloßen ↗ Ideengeschichte oder ↗ werkimmanenten Interpretation absetzen. Ein erster und folgenreicher Entwurf ist die ↗ marxistische Lit.-theorie, die von der ↗ Kritischen Theorie aufgegriffen und modifiziert wird. Nach einer Hochzeit s.A. in den 70er und der ersten Hälfte der 80er Jahre führen historische ↗ Diskurstheorien, ↗ New Historicism und eine historisch gewendete ↗ Systemtheorie die Fragestellungen in Adaption neuer Theorien der Sprach- und Kulturgeschichte sowie der Soziologie weiter. (b) In einem engeren Sinne bezeichnet der Begriff ›s.A.‹ eine Gruppe von lit.wissenschaftlichen Methoden, die ca. vom Anfang der 70er bis in die Mitte der 80er Jahre die Theoriediskussion und lit.historische Praxis der Germanistik beherrschten. S.A. in diesem Sinne beerben die marxistische Lit.theorie, schließen sich aber neueren soziologischen Rahmentheorien an. Im folgenden wird von s. A. im Sinne der zweiten Definition gesprochen. – S. A. untersuchen die gesellschaftliche Rolle des literar. ↗ Autors, z. B. seine Herkunft, sein Milieu, die Instanzen der Vermittlung zwischen Autor und Publikum, z. B. Buchmarkt, Bibliothekswesen, literar. Zeitschriften, Mäzenatentum, das Publikum, z. B. seine Zusammensetzung nach Bildungsgrad und sozialem Status, und literar. Texte, z. B. welche Probleme oder Wünsche formuliert werden, welchen Interessen zugrundeliegende Weltbilder dienen. Im Gegensatz dazu klammern die meisten Vertreter einer ↗ Lit.soziologie Textphänomene aus ihrem Forschungsfeld aus und untersuchen mit sozialwissenschaftlich geprägtem Instrumentarium Autor, Buchhandel und andere Distributionswege sowie das Publikum. Im Unterschied zur marxistischen Lit.theorie wird in s. A. das Primat des Ökonomischen in den Gesellschaftsmodellen durch komplexere sozialstrukturelle Modelle ersetzt. Anders als die Kritische Theorie und Ideologiekritik, von denen sich die s. A. anfangs nur schwer unterscheiden lassen, ist das Erkenntnisinteresse der s. A. zunehmend weniger eine Wertung von Lit. mittels der Opposition kritisch-affirmativ, sondern eine Erklärung durch Korrelation literar. Phänomene mit gesellschaftlichen. Eine gemeinsame Theorie s. A. existiert nicht, vielmehr bilden die genannten Forschungsinteressen einen gemeinsamen Bezugsrahmen. Wie dominant s. A. Ende der 70er Jahre waren, zeigt sich daran, daß 1980 gleich zwei umfangreiche literarhistorische Projekte mit explizitem Hinweis auf die Sozialgeschichte im Titel zu erscheinen begannen (vgl. Grimminger 1980 ff.; Glaser 1980 ff.). Doch die Diskussionen dieser Lit.geschichten verdeutlichen auch die Probleme einer Sozialgeschichte der Lit.: Die Gesellschaftsmodelle, die herangezogen werden, weisen bestimmte Parameter, z. B. Entwicklungsstand der Produktivkräfte oder soziale Differenzierung, als dominant aus, die der Lit.wissenschaftler oft nur schwer direkt mit literar. Phänomenen korrelieren kann. Das führte in den genannten Lit.geschichten dazu, daß ein einleitender Teil die Sozialgeschichte der Epoche liefert, während die nachfolgenden, meist gattungsbezogenen Beiträge sich schwer tun, auf die anfangs ausgebreiteten Informationen Bezug zu nehmen. Insbes. erwies es sich als Problem, nach Abkehr von der marxistischen ↗ Widerspiegelungstheorie, ein plausibles und ähnlich umfassendes Modell dafür zu finden, wie gesellschaftliche Faktoren literar. Phäno-

mene bedingen. Vorschläge, dieses Problem zu lösen, sind etwa die Neubeschreibung literar. Formen als Institutionen (vgl. Voßkamp/Lämmert 1986) oder die Analogie literar. Form mit der Gesellschaftsform (vgl. Goldmann 1984; L. ↗ Goldmann, ↗ Homologie). Der Versuch, aus einer Bilanz der bisherigen sozialgeschichtlichen Modelle und unter Rückgriff auf Parsons struktur-funktionalistischen Ansatz eine Theorie der Sozialgeschichte zu bieten, wurde nicht mehr aufgegriffen (vgl. von Heydebrand et al. 1988). S. A. im engeren Sinn haben nach der Mitte der 80er Jahre zunehmend an Plausibilität verloren. Zum einen wurde der Bezug auf ein monolithisches Gesellschaftsmodell als problematische Verkürzung wahrgenommen, da sich die gleichzeitige Vielfalt literar. Formen und Themen kaum befriedigend durch die Rückführung auf eine Dimension der Gesellschaft erklären läßt. Zum anderen war es offensichtlich schwierig, das Bedingungsverhältnis ohne Rückgriff auf Analogien oder essentialistisch gehandhabte Abstraktionen zu bestimmen, z. B. der ›Wille‹ oder das ›Interesse‹ des Bürgertums. So geriet z. B. das lange Zeit beliebte Modell vom Aufstieg oder von der Emanzipation des Bürgertums in die doppelte Kritik von Historikern und Sozialwissenschaftlern. Andererseits hat sich in zahlreichen sozialgeschichtlichen Untersuchungen der enge Zusammenhang von Lit. und gesellschaftsgeschichtlichen Phänomenen bestätigt, was den Impetus zu neuen Theorieformulierungen bildet, z. B. zu einer historisch gewendeten Systemtheorie, zur Neuaufnahme der Theorien P. F. ↗ Bourdieus oder zur germanistischen Rezeption des *New Historicism*. Wichtige Erträge s. A. für die Lit.wissenschaft bestehen in der stärkeren Berücksichtigung nicht-kanonischer Lit. und Lit.formen, z. B. der sog. ↗ ›Triviallit.‹, sowie der Aufmerksamkeit für Kanonisierungsprozesse. Die Öffnung zur Medien- und ↗ Rezeptionsgeschichte hat dazu geführt, daß die Auffassung, das Sozialsystem Lit. sei ein relevanter Faktor für das Verständnis von literar. Phänomenen, zu einem Teil des Faches geworden ist. Typisierungen in der Lit., z. B. Gattungen, werden somit nicht mehr nur als lit.interne Erscheinungen aufgefaßt, sondern als gesellschaftsbedingte Kommunikationsformen gesehen. – Institutionalisiert ist sozialgeschichtliche Forschung neben den bereits genannten Lit.geschichten v. a. in den über 60 Bänden der Schriftenreihe »Studien und Texte zur Sozialgeschichte der Lit.« (seit 1981) und der Zs. *IASL* (seit 1976).

Lit.: A. Hauser: *Sozialgeschichte der Kunst und Lit.*, Mchn. 1990 [1953]. – L. Goldmann: *Pour une sociologie du roman*, Paris 1995 [1964] (dt. *Soziologie des Romans*, FfM. 1984 [1970]). – *IASL*, Tüb. 1976 ff. – H. A. Glaser (Hg.): *Dt. Lit.: Eine Sozialgeschichte*, 10 Bde., Reinbek 1980 ff. – R. Grimminger (Hg.): *Hansers Sozialgeschichte der dt. Lit. vom 16. Jh. bis zur Gegenwart*, Mchn./Wien 1980 ff. – W. Frühwald et al. (Hgg.): *Studien und Texte zur Sozialgeschichte der Lit.*, Tüb. 1981 ff. – J. Schönert: »The Social History of German Literature. On the Present State of Distress in the Social History of German Literarure«. In: *Poetics* 14 (1985) S. 303–319. – W. Voßkamp/E. Lämmert (Hgg.): *Historische und aktuelle Konzepte der Lit.geschichtsschreibung*, Tüb. 1986. – J.-D. Müller: »Aporien und Perspektiven einer Sozialgeschichte ma. Lit.«. In: Voßkamp/Lämmert 1986. S. 56–66. – R. von Heydebrand et al. (Hgg.): *Zur theoretischen Grundlegung einer Sozialgeschichte der Lit. Ein struktural-funktionaler Entwurf*, Tüb. 1988. – K. R. Scherpe: »Lit.geschichte im sozialen und kulturellen Zusammenhang. Eine Revision und ein Prospekt.« In: *Zs. für Germanistik* NF.1 (1991) S. 257–269. – B. Balzer: »Ein gewendetes ›Königsprojekt‹. Sozialgeschichtliche Lit.geschichtsschreibung ›im historischen Prozeß‹.« In: J. Janota (Hg.): *Kultureller Wandel und die Germanistik in der Bundesrepublik*, Bd. 2, Tüb. 1993. S. 161–172. – K. Wechsel: »Sozialgeschichtliche Zugänge«. In: Arnold/Detering 1997 [1996]. S. 446–462.

FJ

Spatial form (engl., wörtl. ›räumliche Form‹), Bilder bestehen aus einem Nebeneinander von Formen und Farben, ↗ Texte aus einem Nacheinander von sprachlichen ↗ Zeichen. *Sp.f.*, eine Ausnahme von dieser Regel, ersetzt die zeitlich-sequentielle Dimension von Texten durch eine räumlich-simultane. Der Leser solcher Texte erschließt deren Sinn nicht progressiv, sondern punktuell, durch die gleichzeitige Wahrnehmung unterschiedlicher Passagen, so wie der Betrachter eines Bildes dessen Teile simultan als ein Ganzes wahrnimmt. Ein Beispiel ist J. Joyces *Ulysses* (1922), dessen Leser weit entfernte Stellen miteinander verbinden muß. – Beispiel und Begriff stammen von J. Frank (1945), der die formalen Innovationen der modernen Lit., insbes. deren Privilegierung von Simultanität gegenüber Sequentialität, als *sp.f.* bezeichnet und auf die Zeit- und Geschichtsskepsis der Autoren zurückführt. Ähnliche Überlegungen findet man bereits bei den Autoren selbst, z. B. in E. M. ↗ Forsters *Aspects of the Novel* (1927), wo die *story* und ihr zeitliches Nacheinander wenig Beifall finden, während *rhythm* und *pattern*, d. h. Leitmotive und handlungsstrukturierende Muster, aufgewertet werden, da sie zeitlich Getrenntes in Beziehung setzen. J. Smitten und A. Daghistany (1981) dokumentieren die Entwick-

lung des Begriffs nach 1945. In dieser Aufsatzsammlung wird *sp.f.* auch für die Analyse von Märchen oder antiken Romanen bemüht und auf weitere nicht-sequentielle Verfahren ausgeweitet: Rückblenden, Rahmenerzählungen, romantische ↗ Ironien usw. Diese Ausweitung ist im wesentlichen eine Umetikettierung bereits bekannter Verfahren und zeigt die Unschärfe des Begriffs, die daraus resultiert, alle nicht-sequentiellen Strukturen als räumlich zu bezeichnen. Das ist insofern fragwürdig, als ein Leitmotiv z. B. kein sequentielles und trotzdem eher ein Zeit- als ein Raumphänomen ist. *Sp.f.* ist bestenfalls eine ↗ Metapher und auch als solche wenig ergiebig. Sie führt zu statischen Begriffen wie ›Juxtaposition von Motiven‹ oder verleitet zur erwähnten Annektierung benachbarter Termini.

Lit.: J. Frank: »Sp. F. in Modern Literature«. In: *Sewanee Review* 53 (1945) S. 221–240 und 433–456. – W. J. T. Mitchell: »Sp. F. in Literature. Toward a General Theory«. In: ders. (Hg.): *The Language of Images*, Chicago 1980. S. 271–299. – J. Smitten/A. Daghistany (Hgg.): *Sp. F. in Narrative*, Ithaca 1981. – J. Frank: *The Idea of Sp. F.*, New Brunswick 1991.

BN

Spiegelstadium (frz. *stade du miroir*; engl. *mirror stage*), das Sp. als ›Bildner der Ichfunktion‹ ist J. ↗ Lacans metaphorische Umschreibung für die frühkindliche individual-genetische Ur-Identifikation, in der das visuell aufgenommene Spiegelbild für das präödipale Kind eine antizipierende Ganzheitserfahrung generiert, die das Modell für die körperliche Selbstaneignung und in Analogie für epistemologische Entwürfe wie das traditionelle Subjektkonzept abgibt. Lacan schließt aus der Beobachtung, daß ein Schimpanse, sobald er sein Spiegelbild als solches erkennt, das Interesse daran verliert, während für ein Kind diese Entdeckung ein *affairement jubilatoire* darstellt, daß das Kind im Spiegel erstmals seinen Körper als Ganzheit wahrnimmt, während die eigene Erfahrungswelt noch von dem Phantasma des *corps morcelé* (M. Klein) dominiert ist, und fortan das über die Visualität konstruierte ganzheitliche Körperschema als ›Gestalt‹ der Selbstwahrnehmung fungiert. Der Spiegel ist ↗ Metapher für weiter gefaßte Identifizierungen mit Ganzheitsmodellen, z. B. auch die taktile und kinästhetische Erfahrung im Umgang mit der Mutter. – Das dekonstruktivistische (↗ Dekonstruktivismus) Potential des Lacanschen Modells liegt in der Umkehrung des Verhältnisses von Repräsentation und Repräsentiertem: das Bild entsteht vor dem Original. Die Umkehrung impliziert weitreichende Folgen für Schlüsselkonzepte des abendländischen Denkens wie ↗ Identität, ↗ Subjektivität, Individualität: Ganzheitliche Selbstentwürfe entstehen nicht naturwüchsig, sondern werden ›am Ort des anderen‹ erlebt (vgl. Küchenhoff 1988). – Die Stabilität der relational-kommunikativ konstruierten Identität ist zeitlebens abhängig von der Beziehung zu anderen Menschen, denn die dem Sp. vorausgehenden Phantasmen des *corps morcelé* werden durch die Einheitserfahrung im Sp. nicht gelöscht, sondern nur durch die imaginäre Ganzheitlichkeit der Wahrnehmung überdeckt. Die Außenwelt bleibt damit die Bedingung der Möglichkeit der Selbstkonstruktion des Einzelnen als Subjekt; dieses ist keine autonome Wesenheit, sondern imaginäres Abbild eines gegebenen diskursiven Horizontes, ein Sozialisationsprodukt. Subjektivität und Identität sind in diesem Modell einerseits Spaltungssymptome, insofern sich durch die Identifikation mit Bildern der Außenwelt die psychische Differenzierung zwischen *je* und *moi* auftut. Andererseits ketten sie den Einzelnen unabdingbar an die Umwelt und charakterisieren ihn als sozial-kommunikatives Wesen, denn die Vorstellung von Erfülltheit ist an die Existenz des anderen Menschen gebunden. Das Verhältnis des Kindes zur Modellfigur ist narzißtisch geprägt und damit aufgrund der autistischen Komponente tödlich. Es muß durch die Akzeptanz der Andersheit des Anderen und den Verzicht auf die imaginierte ganzheitliche Omnipotenz durchbrochen werden. Vollkommenheit bleibt damit ein Phantasma des ↗ Imaginären. – Aufgrund der Privilegierung der Visualität wird die Struktur des Sp.s v.a. in Theorien zum Film, zur bildenden Kunst und zur Lit. als heuristisches Modell herangezogen. In ↗ feministischen Theorien dekonstruktivistisch-frz. Provenienz verweist das Sp. auf die Wichtigkeit kultureller Muster bei der Herausbildung einer weiblichen Identität. KritikerInnen betonen die Fortschreibung der okularzentrischen Realitätsdefinition von S. ↗ Freud im Rahmen der klassischen Epistemologie im Modell des Sp.

Lit.: J. Lacan: »Das Sp. als Bildner der Ichfunktion, wie sie uns in der psychoanalytischen Erfahrung erscheint«. In: ders.: *Schriften I.*, FfM. 1975. S. 61–70. – R. Konersmann: *Spiegel und Bild. Zur Metaphorik neuzeitlicher Subjektivität*, Würzburg 1988. – J. Küchenhoff: »Der Leib als Statthalter des Individuums?« In: M. Frank/A. Haverkamp (Hgg.): *Individualität*, Mchn. 1988. S. 167–202. – E. Grosz: *J. Lacan. A Feminist Introduction*, Ldn. 1990.   AHo

Spiel, hat sich insbes. auch angesichts der Selbstreflexion postmoderner Lit. (↗ Postmoderne) zu einem Universalbegriff für die Entstehung, Seinsweise, Eigenart und Rezeption von literar. Texten entwickelt. Seine Bedeutung ist damit umfassender als die von L. ↗ Wittgenstein geprägte Begriff des ↗ Sprachspiels, der jedoch die poetologische Verwendung von Sp. beeinflußt hat. – ↗ Plato wertet zwar lit.-künstlerische Tätigkeit unter Verweis auf deren Sp.-Charakter ab (*Politeía* 288b-c, *Politikós* 602b), doch initiiert er gerade damit die Reflexion von Dichtung als Sp. Gleichzeitig verweist seine Vorstellung vom Menschen als Spielzeug Gottes (*Nómoi* 803c-804b) auf die Universalität des Sp.s. Diese kommt auch in der Auffassung vom Leben als Schauspiel zum Ausdruck, die in der Antike und inbes. in der frühen Neuzeit immer wieder formuliert wird. Im dt. ↗ Idealismus werden Freiheit und Harmonie bzw. Regelhaftigkeit des Sp.s zu wesentlichen Kriterien der ↗ Ästhetik. So beruht für I. Kant in der *Kritik der Urteilskraft* (§ 9) das Geschmacksurteil auf dem freien Sp. der Einbildungskraft und des Verstandes im übereinstimmenden Verhältnis zueinander; für Schiller erlangt der Mensch erst durch den Sp.-Trieb seine ganze Bestimmung, da dessen Gegenstand die lebende Gestalt oder Schönheit ist (*Über die ästhetische Erziehung des Menschen*, 15. Brief). – H.-G. ↗ Gadamer steht in der Tradition Schillers, wenn er das künstlerische »Gebilde« als Vollendung des Sp.s betrachtet, in dem sich »das bleibende Wahre« darstellt, das aber seinerseits »nur im jeweiligen Gespieltwerden sein volles Sein erlangt« (*Wahrheit und Methode*, II, 1). Demgegenüber wird die Offenheit und Formlosigkeit des Sp.s von denjenigen Theoretikern betont, die den Gedanken eines universalen Welt-Sp.s aufgreifen, wie er von den Romantikern (Schlegel, Novalis) und von F. ↗ Nietzsche formuliert wurde. So ist für J. ↗ Derrida das Sp. der Welt ein Sp. der Sprache, das durch kein transzendentales ↗ Signifikat begrenzt wird. Für W. ↗ Iser (1991) kennzeichnet Sp. das Mit- und Gegeneinander von Fiktivem und ↗ Imaginärem im literar. Text, ohne daß ein transzendentaler Standpunkt postuliert werden müßte.

Lit.: J. Huizinga: *Homo Ludens. Vom Ursprung der Kultur im Sp.*, Hbg. 1956. – J. Derrida: »Die Struktur, das Zeichen und das Sp. im Diskurs der Wissenschaften vom Menschen«. In: W. Lepenies/H. H. Ritter (Hgg.): *Orte des wilden Denkens*, FfM. 1970. S. 387–412. – J. A. G. Marino: »An Annotated Bibliography of Play and Literature«. In: *Canadian Review of Comparative Literature* 12.2 (1985) S. 306–358. – Iser 1993 [1991]. – R. Burke: *The Games of Poetics. Ludic Criti-*

cism and Postmodern Fiction, N.Y. 1994. – A. Assmann: »No Importance in Being Earnest? Literary Theory as Play Theory«. In: *REAL* 13 (1997) S. 175–184.

MB

Spitzer, Leo (1887–1960), Sprach- und Lit.wissenschaftler. – Sp. gehört mit K. Vossler, E.R. ↗ Curtius und E. ↗ Auerbach zu den bedeutendsten dt.sprachigen Romanisten des 20. Jh.s. In seiner Doktorarbeit über Wortbildung bei Rabelais (1910) geht er über die positivistische Methode seines Wiener Lehrers W. Meyer-Lübke hinaus und verbindet wie in seinem gesamten wissenschaftlichen Werk Sprach- und Lit.wissenschaft. Nach der Habilitation in Wien (1913) lehrte er von 1921 an als Professor in Marburg und später in Köln. Wegen seiner jüd. Abstammung wurde er 1933 suspendiert, übernahm dann eine Professur in Istanbul und wirkte seit 1936 an der Johns Hopkins University in Baltimore. – Seine Interpretationen gehen vielfach von einer momentanen intuitiven Einsicht aus, die durch genaue Textanalysen bestätigt wird. Er entwickelt damit aus dem von F. Schleiermacher und W. ↗ Dilthey formulierten Prinzip des ›↗ hermeneutischen Zirkels‹ das Verfahren des ›philologischen Zirkels‹, das er an den unterschiedlichsten Texten mit größter Kunst praktiziert. Sp. ist einer der wichtigsten Vertreter der Individualstilistik. Von einer sprachlichen Auffälligkeit eines Texts oder einer devianten Sprachform ausgehend nimmt er, ›von der Peripherie ins Zentrum‹ vorstoßend, dessen Gesamtkomposition in den Blick und schlägt die Brücke zur ›Seele‹ des Autors, zur ↗ Epoche und zum geistes-, national- und lit.geschichtlichen ↗ Kontext. Von großem Interesse sind über seine stilistischen und semantischen Analysen hinaus auch seine etymologischen Studien, z. B. über ›Ratio > *Race*‹ und ›*The Gentiles*‹, die 1948 in *Essays in Historical Semantics* erschienen. Vom ↗ *New Criticism* distanziert er sich wegen dessen Vernachlässigung der historischen Dimension. Die Anwendung der formal-analytischen Methodik der linguistischen ↗ Stilistik auf die Lit. etwa durch M. ↗ Riffaterre lehnte er ab, weil sie die humane Qualität der Dichtung verfehle. Nach seinem Tod wurde er von bedeutenden Fachkollegen wie R. ↗ Wellek und J. ↗ Starobinski gewürdigt.

Lit.: G. Green: *Literary Criticism and the Structures of History. E. Auerbach and L.Sp.*, Lincoln 1982. – J.V. Catano: *Language, History, Style. L.Sp. and the Critical Tradition*, Ldn. 1988. – E.K. Baer/D.E. Strenholm: *L.Sp. on Language and Literature. A Descriptive Bibliography*, N.Y. 1991.

WGM

Spivak, Gayatri Chakravorty (*1942), Lit.theoretikerin. – Aus bengal. Mittelstandsfamilie in Calcutta, Studium dort und in den USA, Anglistin und Komparatistin an am. Universitäten (zuletzt Columbia, N. Y.). Unter den ↗ postkolonialen Lit.theoretikern ist S. die eigenwilligste und schwierigste, näher als W.E. ↗ Said und H.K. ↗ Bhabha an J. ↗ Derridas Philosophie der ↗ Dekonstruktion, die sie in einer eigenen Übersetzung der am. Lit.wissenschaft vermittelte (*Of Grammatology*, 1974), und zugleich entschiedener marxistisch, v. a. aber feministisch engagiert. Die triadische Problematik von ↗ *race*, ↗ *gender* und *class* (↗ Klasse) mit ihrer Affinität zur ↗ Postkolonialität kommt bei ihr voll zur Geltung. Entsprechend ist sie sich der eigenen Privilegiertheit als Frau aus der ›Dritten Welt‹ in den akademischen Institutionen der USA kritisch bewußt. – S.s Werdegang spiegelt sich in der Gruppierung der Essays ihrer ersten Sammlung, *In Other Worlds* (1987), wider: Steht zunächst die Lit. des engl. ↗ Kanons, deren politische Implikationen ideologiekritisch freigelegt werden, im Vordergrund (›Literature‹), so weitet sich der Blick zur außerliterar. Welt etwa des frz. Feminismus oder des institutionellen Wissenschaftsverständnisses (›Into the World‹), bis schließlich literar. und historische Fragen des (post)kolonialen Subkontinents ins Zentrum rücken (›Entering the Third World‹). Im Hinblick auf eine angemessene Darstellung der ›Dritten Welt‹ insistiert S. auf der konsequenten Berücksichtigung der Heterogenität der (post-) kolonialen Verhältnisse, die kulturell und historisch zu differenzieren sind und aus ihren spezifischen Gegebenheiten heraus begriffen werden müssen. So markiert sie im Gegensatz zu Said und Bhabha die Unterschiede zwischen der Elite und der subalternen Mehrheit der kolonisierten Völker, zwischen der kosmopolitischen Diaspora und der einheimischen Bevölkerung der ›Dritte-Welt‹-Länder, zwischen der in europ. Weltsprachen und in indigenen Sprachen verfaßten Lit. und hebt nicht zuletzt die Divergenzen hervor, die sich aus der Geschlechterrollenverteilung ergeben. Im Hinblick auf die ›anderweltlichen‹ Gesellschaften und Literaturen kritisiert sie essentialistische Neigungen auf beiden Seiten der (post)kolonialen Konstellation: in der weiterhin eurozentrischen Vereinnahmung der ›Dritten Welt‹ durch zu unreflektierte Verallgemeinerungen im Westen (↗ Eurozentrismus) ebenso wie in der umgekehrten Ethnozentrik eines dem ›Nativismus‹ verschriebenen Denkens in der ›Dritten Welt‹. Es geht S. bes. um die

Problematisierung der Situation jener ›subalternen‹ Mehrheit der unterdrückten ländlichen Bevölkerung Südasiens, von deren Bewußtseinslage und Artikulationsmöglichkeiten eine repräsentative Darstellung der Region entscheidend abhängt. Sie berührt sich darin mit dem progressiven Projekt der ›Subaltern Studies‹, das von einer Gruppe ind. Historiker um R. Guha eine Revision der Kolonialgeschichte von unten versucht. Daß sie freilich die Rekonstruierbarkeit einer solchen Geschichte skeptisch beurteilt, verdeutlicht ihr bekanntester Essay, »Can the Subaltern Speak?« (1988), der auf die doppelte Unterdrückung der südasiat. Frau eingeht und argumentiert, daß sie als Opfer der einheimischen patriarchalischen Tradition wie des brit. Imperialismus zum Schweigen verurteilt ist und auf keine adäquate historische Beschreibung ihrer Situation hoffen kann. In ihrer zweiten Essaysammlung, *Outside in the Teaching Machine* (1993), beschäftigt sich S. ausführlicher mit kulturellen Aspekten der ›Dritten Welt‹ und bezieht exemplarische Lit.- und Filmanalysen ein. Sie zeigt etwa in einer Lesart von M. Devis Erzählung »The Breast Giver«, die eine Verkörperung der ind. Frau sinnbildlich präsentiert, gegen den Strich des Textes (↗ Gegen-den-Strich-lesen) die dialektischen Wechselbezüge zwischen Lit.analyse und Geschichtsschreibung, imaginativer ↗ Fiktionalität und konkreter Realität sowie die Begrenztheit noch so avancierter westlicher Theorien gegenüber dem Sujet. S. postuliert eine Kritik der Entwicklungsideologie, deren Bezugsrahmen gleichermaßen den ›transnationalen Migranten‹ in der Ersten Welt und den ›obskuren Subalternen‹ der ›Dritten Welt‹ erfaßt. Für die lit.wissenschaftliche Praxis der ›Lehrmaschinerie‹ fordert sie eine grundlegende Revision des Kanons und die notwendige Weiterentwicklung zu einer interdisziplinär und transnational umfassenden ↗ Kulturwissenschaft. S. hat als vielseitig kritische, unorthodoxe Theoretikerin große Beachtung gefunden, wenngleich ihr (synergetisch reibungsvoller) Eklektizismus oder ihre Skepsis gegenüber dem subalternen Widerstandspotential kontrovers beurteilt werden.

Lit.: G.Ch. Spivak: *In Other Worlds. Essays in Cultural Politics*, N.Y. 1987. – dies.: »Can the Subaltern Speak?« [1988]. In: Williams/Chrisman 1996 [1993]. S. 66–111. – dies.: *The Post-Colonial Critic. Interviews, Strategies, Dialogues* (Hg. S. Harasym), N.Y. 1990. – dies.: *Outside in the Teaching Machine*, N.Y. 1993. – D. Landry/G. MacLean (Hgg.): *The Spivak Reader*, N.Y. 1996. – Childs/Williams 1997 [1996]. Kap. 5. – Moore-Gilbert 1997. Kap. 3.

EK

Sprachspiel, der Begriff wird von L. ↗ Wittgenstein in seinen späten Schriften, v.a. in Teil I der *Philosophischen Untersuchungen* verwendet. Sp.e sind linguistische ›Tätigkeiten‹, die nach festgelegten Regeln und Konventionen durchgeführt werden. Im Gegensatz zu seiner in der *Logisch-philosophischen Abhandlung* (1921) vertretenen früheren These, daß die Sprache dazu diene, nur *ein* bestimmtes Spiel zu spielen, nämlich die Abbildung von Fakten, hebt Wittgenstein (1971, S. 300, Satz 23) in den *Untersuchungen* (1953) die Mannigfaltigkeit der Sp.e hervor. Diese ist nichts ein für allemal Gegebenes; neue Sp.e können vielmehr jederzeit entstehen, während andere veralten. Die vielen verschiedenen Sp.e, die sich denken lassen, haben nichts Gemeinsames, sondern sind lediglich miteinander ›verwandt‹. Wegen dieses ›Netzes von Ähnlichkeiten‹ ist es möglich, von dem Wesentlichen des Sp.s Rückschlüsse auf das Wesentliche der Sprache zu ziehen (ebd., S. 65–66). – Wittgenstein verwendet Beispiele dafür, wie ein Kind seine Muttersprache lernt, um zu zeigen, wie Gegenstände und Worte miteinander verbunden werden (ebd., S. 7). In einer ›primitiven Sprache‹ würde man sowohl die Verbindung von Wort und Gegenstand als auch das einfache Benennen von Gegenständen durch einen ›Lehrer‹ und das Nachsprechen durch einen ›Schüler‹ Sp. nennen. In komplexen Sprachen dagegen werden die Sp.e erweitert und verschiedenen Sphären des Alltags zugeordnet, z.B. dem Hausbau oder der Schauspielerei. – Ein Philosoph, der der Frage nachgeht, was ein Wort ist, darf Wittgenstein zufolge den vielschichtigen Gebrauch der Sprache untersuchen, er darf ihn aber nicht zu erklären versuchen und erst recht keine Theorie darüber entwickeln; lediglich eine Beschreibung sei erlaubt. Ihr Zweck ist die Lösung philosophischer Probleme durch eine Einsicht in das Arbeiten unserer Sprache: »Die Probleme werden gelöst, nicht durch Beibringen neuer Erfahrung, sondern durch Zusammenstellen des längst Bekannten. Die Philosophie ist ein Kampf gegen die Verhexung unseres Verstandes durch die Mittel unserer Sprache« (ebd., S. 109).

Lit.: L. Wittgenstein: *Philosophische Untersuchungen*. In: *W. Schriften*, Bd. 1 (Hgg. G. Anscombe/R. Rhees), FfM. 1971 [1953] S. 279–544. – J. Churchill: »The Coherence of the Concept ›Language-Game‹«. In: *Philosophical Investigations* 6 (1983) S. 239–258.

MSp

Sprechakt, die einschlägige Bedeutung des Begriffs Sp. (engl. *speech act*) geht zurück auf J.L.

⁊ Austin (1962), der gegenläufig zur zeitgenössischen Linguistik und Sprachphilosophie die Handlungsdimension der Sprache analysierte. Er bezeichnete Äußerungen als Sp.e und umriß so das Paradigma der einflußreichen ⁊ Sp.theorie. – Nach Aufgabe der Unterscheidung zwischen ›performativen‹ oder praktisch vollziehenden und ›konstativen‹ oder behauptenden Äußerungen bestimmt Austin in allen Sp.en drei verschiedene linguistische Akte: den ›lokutionären‹ oder phonetischen, morphosyntaktischen und rhetischen Akt, den ›illokutionären‹ Akt, der die mit der Äußerung des Satzes vollzogene Handlung (z.B. des Versprechens oder Verurteilens) bezeichnet, und schließlich den ›perlokutionären‹ Akt, d.h. seine kontingenten Wirkungen auf die Umstände und ZuhörerInnen. Die Lokution kann wahr oder falsch sein, die Illokution dagegen ›gelingt‹ oder ›mißlingt‹, je nachdem ob sie bestimmte extralinguistische ⁊ Konventionen erfüllt. Diese betreffen z.B. bei dem Satz ›Ich spreche die Angeklagten frei‹ die Gruppe möglicher SprecherInnen, institutionelle Voraussetzungen usw. J.R. ⁊ Searle formalisiert 1969 die Illokution als Folge von Intention und Kontext betreffende Bedingungen sowie ›konstitutiven‹, d.h. eine soziale Praxis erzeugenden Regeln. Seit neuerem werden Sp.e unter dem Gesichtspunkt der veränderndernden Wiederholung (*iterabilité*) und Zitierbarkeit (*citation*) in eine Theorie der Performativität (*performativity*) integriert und als identitätskonstituierendes Potential analysiert (vgl. Butler 1997). – In der lit.theoretischen Rezeption der Sp.theorie wird der literar. Text selbst als Folge von Sp.en oder insgesamt als Sp. bezeichnet und damit in seiner dialogischen, institutionalisierten oder interventionistischen Dimension stark gemacht.

Lit.: Petrey 1990. – J.M. Henkel: *The Language of Criticism. Linguistic Models and Literary Theory*, Ithaca 1996. – J. Butler: *Excitable Speech. A Politics of the Performative*, N.Y./Ldn. 1997 (dt. *Haß spricht. Zur Politik des Performativen*, Bln. 1998).

UBe

Sprechakttheorie, der Begriff Sp. (engl. *speech act theory*) geht in seiner heutigen Bedeutung zurück auf den engl. Philosophen J.L. ⁊ Austin, der sich in *How to Do Things with Words* (1990 [1962]) der Handlungsdimension des Sprechens zuwandte. Die daran anschließende Beschreibung des Handlungscharakters von Äußerungen als ⁊ Sprechakte ist zum zentralen Gegenstand der Sp. geworden, die in der Sprachphilosophie und linguistischen ⁊ Pragmatik vorange-

trieben, doch auch in anderen Disziplinen aufgegriffen wurde. – Austins systematische Betrachtung sowohl der linguistischen Bedeutung als auch der Handlungsdimension von Äußerungen führte zwei lange separierte Bereiche wieder zusammen. Schon ⁊ Aristoteles trennte die Untersuchung der Aussage von anderen Aspekten der Rede, die er der ⁊ Poetik und ⁊ Rhetorik zuordnete. Diese Aufspaltung des wissenschaftlichen Untersuchungsgegenstands ›Sprache‹ blieb bestimmend und wurde im 19. Jh. durch vereinzelte handlungsorientierte Sprachuntersuchungen in Psychologie, Rechtswissenschaften und später der Ethnologie nicht überwunden. Die Betrachtung der Sprache als ›System‹ im Anschluß an F. de ⁊ Saussure in der modernen Linguistik sowie die Konzentration auf ⁊ Propositionen in ›perfekten‹ logischen Sprachen in der Nachfolge des logischen ⁊ Positivismus in der Philosophie verhinderten auch in der ersten Hälfte des 20. Jh.s die systematische Erforschung des sprachlichen Handelns. Ähnlich wie L. ⁊ Wittgenstein im Modell des ⁊ Sprachspiels vollzog Austin daher einen tiefgreifenden Perspektivenwechsel, als er die an Wahrheitsbedingungen orientierte Sprachphilosophie lediglich zum Ausgangspunkt nahm, um den vernachlässigten Handlungsaspekt des Sprechens zu erörtern. – Austin schreibt allen Äußerungen eine Illokution zu und meint damit die Handlung (z.B. des Versprechens, Wettens, Taufens, Verurteilens), die mit der Äußerung eines Satzes in einem bestimmten Kontext vollzogen wird. Während der propositionale Gehalt eines Sprechakts wahr oder falsch sein kann, ›gelingt‹ oder ›mißlingt‹ seine Illokution, je nachdem, ob sie bestimmte extralinguistische ⁊ Konventionen und Bedingungen erfüllt. J.R. ⁊ Searle formalisiert 1969 die Sp. als allg. Bedeutungstheorie und beschreibt die gelingende Illokution durch eine Abfolge von Regeln und Bedingungen. An die Stelle der Erfüllung einer institutionellen Konvention tritt nun die erfolgreiche Kommunikation der ⁊ Intention der Sprecher/innen vor einem komplexen und kontingenten ›Hintergrund‹ (»*background*«), in den kulturelle Vorannahmen, Allg.wissen, Fähigkeiten und Praktiken eingehen. Die Sp. bezieht sich im Kern auf Äußerungen, die im wörtlichen Sinn verwendet werden, und betrachtet die insinuierenden oder ›indirekten‹, figurativen und ironischen Sprechakte als abgeleitete oder ›parasitäre‹ (Austin) und ›nicht-ernsthafte‹ (Searle) Phänomene. Analog dazu beschreibt Searle auch den Status fiktionaler Rede als ›nichtlügende

Vortäuschung‹ (*pretending*), bei der die Illokutionen suspendiert werden. Einen anderen, pragmatisch orientierten Zugang zu indirekten Sprechakten bietet H.P. ↗ Grice (1989 [1967]). Für ihn unterliegt die Konversation einem unausgesprochenen ›Kooperationsprinzip‹, das sich in Maximen der Wahrhaftigkeit, Relevanz, Klarheit und Knappheit spezifizieren läßt. Werden diese in spezifischen Kontexten gezielt verletzt, so können durch ›konversationelle Implikatur‹ für die Hörer/innen zusätzliche Bedeutungen entstehen, die das Gelingen indirekter Sprechakte verständlich machen. In der weiteren Entwicklung der Sp. konkurriert die Formalisierung der Illokutionstypen auf der Ebene der ↗ Semantik mit stärker pragmatisch, d.h. auf die Methodologie der empirischen Beschreibung, den zugrundegelegten Handlungsbegriff und die Beziehungen zwischen Sprechakten und extralinguistischen Faktoren ausgerichteten Forschungen. – Die Rezeption der Sp. in der Lit. wissenschaft setzt noch in den 70er Jahren ein. Zum einen wird die Sp. theoretischer Bezugspunkt für Interpretationen, die Sprecher/innen, Sprechakt und Hörer/innen als Konstituenten lit., insbes. dramatischer, Texte analysieren. Zum anderen erklärt die Lit.theorie den literar. Text selbst zum ›Sprechakt‹, wenn sie sich in Abgrenzung zu textzentrierten Theorien auf die Sp. stützt. Hier wird der literar. ›Sprechakt‹ als dialogische oder soziale Praxis geltend gemacht, wobei verschiedene Akzentsetzungen möglich bleiben. In einer Studie M.L. Pratts von 1977 dient die Sp. dazu, die institutionelle und konventionelle Einbettung der Produktion und Rezeption literar. Texte und Textgenres herauszustellen. Im *reader-response-criticism* bzw. der ↗ Rezeptionsästhetik greifen W. ↗ Iser (1978), St. ↗ Fish (1980) und andere die Sp. auf, um die Konstruktionstätigkeit auf der Seite der Rezeption zu unterstreichen, doch wird mit der Sp. auch für die Relevanz der Autorintention argumentiert. Sh. Felman (1980) schließlich führt eine psychoanalytisch und dekonstruktivistisch (↗ Dekonstruktion) inspirierte Lektüre vor und verweist zugleich auf die Grenzen der Sp. Zudem hat die zentrale Rolle indirekter, metaphorischer, ironischer u.ä. Sprechakte in der Lit. zur Einbeziehung des Kooperationsprinzips geführt, mit dessen Hilfe Ch. Altieri (1981) und Pratt (1977) hermeneutische Spielräume eröffnen. – Kritik an der Sp. gilt wesentlich den Folgen ihrer wahrheitssemantischen Fundierung. Die Bestimmung fiktionaler Diskurse qua Negation läßt die Ausformulierung der Leistungen literar.

Texte kaum zu, und theoretische Idealisierungen der Sp. drohen als Ideologisierung in die Lit.wissenschaft einzugehen. Dies betrifft den Geltungsanspruch des Kooperationsprinzips aber auch das von Searle unterstellte isolierte SprecherIn-HörerIn-Modell. Letzteres legt die Autonomie der SprecherIn im Sprechakt nahe, blendet die Bedeutung ihrer sozialen und institutionellen Positionierung ab und entdifferenziert Rezeptionsweisen. Problematisch erscheint auch die Übertragung logisch-linguistischer Konventions- und Regelbegriffe des Modells in sozial- und lit.wissenschaftliche Kontexte sowie die metaphorische Verschiebung der Sp. von einzelnen Äußerungen auf ganze Texte. Zudem werden kontingente Effekte, wie etwa die rhetorisch-persuasive Dimension der Lit., in der Sp. eher benannt denn ausgearbeitet. In einer kritischen Würdigung Austins und daran anschließenden Diskussion mit Searle befragt J. ↗ Derrida (1988) den Intentionsbegriff, die Stabilität der linguistischen Bedeutung und die Unterscheidung zwischen ernsthaften und nichternsthaften Sprechakten. Mit Hinweis auf die verändernde Wiederholbarkeit (*iterabilité*) und Zitierbarkeit (*citation*) von Äußerungen behauptet er den ›unernsten‹ oder ›theatralischen‹ Charakter aller Sprechakte, ein Postulat, dessen Verständlichkeit dennoch auf die angegriffene Opposition angewiesen bleibt. Die Polemik dieser Auseinandersetzung darf nicht verdecken, daß weder Derrida noch Searle die volle Bedeutung einer Äußerung in ihrer linguistischen Bedeutung lokalisieren. Was Derrida jedoch durch die textuellen Verschiebungen im Bedeutungsgehalt aller Zeichen und durch ihre verändernde Wiederholbarkeit (*iterabilité*) skeptizistisch begründet, fundiert der philosophische Realist Searle in der Abhängigkeit des Sprechakts von einem kontingenten, komplexen Hintergrund. J. ↗ Butler u.a. haben den von Derrida postulierten zitierenden, ›theatralischen‹ Aspekt von Äußerungen in konstruktivistische Identitätskonzeptionen aufgenommen. In diesem Verständnis konstituiert sich im wiederholenden oder ›resignifizierenden‹ Vollzug von Sprechakten eine sowohl konventionsgebundene als auch transgressive, ›performative‹ Identität. – Die Sp. thematisiert neben der linguistischen Bedeutung von Äußerungen jene Bedeutungsaspekte, die im Feld kultureller Praxis individuell, institutionell oder historisch kontingent und interpretierbar bleiben. Dies bestimmt einerseits die Grenze dessen, was die Theorie formalisieren kann, und erklärt andererseits, warum sie für die Lit.- und Kulturtheorie lebendig bleibt.

Lit.: Pratt 1977. – Sh. Felman: *Le scandale du corps parlant. Don Juan avec Austin, ou la séduction en deux langues*, Paris 1980 (engl. *The Literary Speech Act. Don Juan with J.L. Austin or, Seduction in Two Languages*, Ithaca 1983). – Ch. Altieri: *Act and Quality. A Theory of Literary Meaning and Humanistic Understanding*, Brighton 1981. – J. Derrida: *Limited Inc.*, Evanston 1988. – R.W. Dasenbrock: »Introduction«. In: ders. (Hg.): *Redrawing the Lines. Analytic Philosophy, Deconstruction, and Literary Theory*, Minneapolis 1989. S. 3–27 (s. auch die annotierte Bibliographie, S. 247–255). – Petrey 1990. – R. Harnish (Hg.): *Basic Topics in the Philosophy of Language*, Eaglewood Cliffs 1994. S. 3–74. – J.M. Henkel: *The Language of Criticism. Linguistic Models and Literary Theory*, Ithaca 1996. – J. Butler: *Excitable Speech. A Politics of the Performative*, N.Y./Ldn. 1997 (dt. *Haß spricht. Zur Politik des Performativen*, Bln. 1998).

UBe

Staiger, Emil (1908–1987), schweizer. Lit.wissenschaftler. – Als bedeutendster Vertreter der ↗ werkimmanenten Interpretation wandte sich St. nach 1945 gegen eine Lit.wissenschaft, die sich in den Jahrzehnten zuvor der Geschichtsschreibung, Biographik oder Psychologie angenähert hatte, weil deren empirische Vorgehensweise nach St. dem autonomen Sprachkunstwerk keineswegs gerecht wurde. Vielmehr begünstigte die von zahlreichen Germanisten akzeptierte Forderung nach exakten Forschungsergebnissen, daß ausgerechnet jene Fähigkeit in Mißkredit geriet, die für St. (1957, S. 12) überhaupt erst die intensivere Beschäftigung mit Kunstwerken legitimiert: »Das allersubjektivste Gefühl gilt als Basis der wissenschaftlichen Arbeit!« – Verweigerte sich St. aber jedem methodischen Pluralismus zugunsten erlebter Dichtung, so lag es nahe, überhaupt die Analyse einzelner Werke abzulehnen: »Statt mit ›warum‹ und ›deshalb‹ zu erklären, müssen wir beschreiben« (ebd., S. 20). Um Lit. nun von allen logisch abstrakten und historisch generalisierenden Erklärungssedimenten zu befreien, relativierte St. auch das soziokulturelle Interesse an der Lebensgeschichte eines Autors (↗ Biographismus), seines historischen Umfeldes oder an den Entstehungsbedingungen seines Œuvres. Denn die einzigartige, zeitenthobene Dignität einzelner Dichtungen verlangt nach St. eine umfassende stilkritische Beurteilung, und dies nicht zuletzt im akademisch wieder selbstbewußt getragenen Dienst an einem Laienpublikum, dem »vager Besitz« (ebd., S. 15) empfundener Schönheit bereits genug ist: »Kunstgebilde sind vollkommen, wenn sie stilistisch einstimmig sind. [...] Diese Wahrnehmung abzuklären zu einer mitteilbaren Erkenntnis [...], ist die Aufgabe der Interpretation. Auf dieser Stufe scheidet sich der Forscher von dem, der nur Liebhaber ist.« (ebd., S. 14f.). – Gleichwohl war sich St. der Gefahr bewußt, mit seiner ↗ Werkästhetik die Enthistorisierung der Dichtung ebenso zu begünstigen wie den willkürlichen Umgang mit der Lit. Solchen Einwänden vorgreifend, legte er daher in seiner berühmten Studie *Die Kunst der Interpretation* am Beispiel eines Gedichts von Mörike dar, wie dessen »stilistische Einheit auch in historischen Zusammenhängen« zu würdigen sei (ebd., S. 28). Dieser Interpretation der Verse aus ihrem Entstehungskontext heraus ließ St. einen Ausblick auf die zukünftigen Ziele der Germanistik folgen: »Eigentlich sollten wir jede Dichtung im Ganzen der Menschheitsgeschichte betrachten.« (ebd., S. 29). – In St.s Schriften taucht dieses hochgesteckte Ziel bezeichnenderweise erst nach Ende des Zweiten Weltkriegs auf. Zwar hatte er bereits in seiner 1939 erschienenen Abhandlung *Die Zeit als Einbildungskraft des Dichters* darauf hingewiesen, die zeitgenössische Lit.wissenschaft sei gar nicht in der Lage, über bestimmte Formen modernen Erzählens zu richten. Schließlich habe sich die Germanistik einer normativen und phänomenologisch situierten Poetik verweigert und deshalb auch nicht entscheiden können, ob Dichtungen die Urgründe der Poesie oder das bisweilen tragische Verwiesensein an ein Schicksal veranschaulichen. Doch erst in seinem Buch *Grundbegriffe der Poetik* (1946) löste St. die Forderung nach einer lit.-kritisch konzipierten Ästhetik ein und stellte die werkimmanente Methode in den Dienst einer anthropologischen Philosophie, zu deren Aufgaben es gehörte, den ewigen Daseinsgrund des Menschseins zu erkunden. Beweiskräftiges Material für dieses Unterfangen sollte der Lit.wissenschaftler liefern, da nur in der Dichtung das ›Ineffabile‹ alles Individuellen zur Anschauung gelangt (vgl. St. 1955, S. 33). Daß St. seit 1933 unbedarft auf das ›ewig Gültige‹ in der Lit. vertraute und deshalb auch selbst »einer neuen ›Machtergreifung‹ [...] tatenlos und kritiklos zusehen« würde, darauf hat bereits sein Schüler P. ↗ Szondi (1993, S. 222) hingewiesen.

Lit.: E. Staiger: *Die Zeit als Einbildungskraft des Dichters*, Zürich/Lpz. 1939. – ders.: *Grundbegriffe der Poetik*, Zürich 1951 [1946]. – ders.: *Die Kunst der Interpretation. Studien zur dt. Lit.geschichte*, Zürich 1957 [1955]. – P. Szondi: *Briefe* (Hgg. Chr. König/Th. Sparr), FfM. 1993.

StG

Stanzel, Franz Karl (*1923), österreich. Lit.wissenschafter. – Studium der Anglistik und Germanistik in Graz und an der Harvard University; Habilitation 1955; Dozent an der Universität Göttingen 1955–1959; ordentlicher Professor für Engl. Philologie an den Universitäten Erlangen-Nürnberg (1959–1962) und Graz (ab 1962); 1993 emeritiert; Wirkliches Mitglied der Österreichischen Akademie der Wissenschaften. Neben Arbeiten zur engl.sprachigen Lit., zur literar. ↗ Imagologie und zur ↗ Komparatistik v.a. Werke zur ↗ Erzähltheorie. – In der Tradition von K. Friedemann, R. Petsch u.a. betont St. die ›Mittelbarkeit‹ der Erzählung (↗ Narrativität) als deren gattungsspezifisches Merkmal. St.s Annahme einer das Erzählte vermittelnden Erzählinstanz (EI) steht im Gegensatz zu K. ↗ Hamburgers unpersönlicher ›Erzählfunktion‹. Bezüglich der erzählerischen Gestaltung von Mittelbarkeit unterscheidet St. 1955 drei ›typische ↗ Erzählsituationen‹ (ES), die er in seiner *Theorie des Erzählens* (1979) auf Basis der Triade Modus (Erzählerfigur vs. Reflektorfigur), Person (Identität vs. Nicht-Identität der Seinsbereiche von Erzähler und Figuren) und Perspektive (Außenperspektive vs. Innenperspektive) neu konstituiert: (a) die auktoriale ES, gekennzeichnet durch Außenperspektive, die einen omniszienten Erzähler impliziert, durch die Präsenz einer Erzählerfigur, die sich z.B. in Kommentaren und Reflexionen manifestiert, und durch die Nicht-Identität der Seinsbereiche von Erzählerfigur und Figuren; (b) die Ich-ES, gekennzeichnet durch die Identität der Seinsbereiche von EI und Figuren, durch die Anwesenheit einer Erzählerfigur und das Überwiegen von Innenperspektive (Bindung an den Standpunkt bzw. Beschränkung auf den Wissenshorizont des Ich-Erzählers); (c) die personale ES, in der an die Stelle der Erzählerfigur eine Reflektorfigur tritt, wodurch die Illusion der Unmittelbarkeit der Darstellung geschaffen wird: es dominiert Innenperspektive, die Nicht-Identität der Seinsbereiche von Vermittler und Figuren ist durch den Er-Bezug gegeben. Diese ES sind, wie St. deutlich macht, ›Idealtypen‹ im Sinne M. ↗ Webers, d.h. gedankliche Abstraktionen ohne präskriptiven Charakter. Die grundlegenden ↗ binären Oppositionen, aus denen sie sich konstituieren, erscheinen als Achsen in einem zirkulären graphischen Schema der ES, dem ›Typenkreis‹, auf dem St. die einzelnen Werke der Erzähllit. anordnet. Die Kreisform verdeutlicht, daß die ES zueinander offen sind und es zu Übergängen im jeweiligen Erzählwerk kommen

kann. St. nennt dies die ›Dynamisierung‹ der ES. – St.s Systematisierung seiner urspr. phänomenologisch entwickelten ES durch die oben skizzierten Konstituenten dokumentiert den Einfluß strukturalistischer Konzepte in der dt. Lit.wissenschaft seit den frühen 70er Jahren. St.s Theorie wurde weit über die dt.sprachige Erzählforschung hinaus rezipiert (vgl. u.a. Cohn 1981, Genette 1983/88/94). Die Praktikabilität der an zahlreichen Beispielen aus der Erzähllit. entwikkelten Kategorien St.s sicherte ihnen ihre weite Akzeptanz in der lit.wissenschaftlichen Forschung und Lehre.

Lit.: F.K. Stanzel: *Die typischen Erzählsituationen im Roman*, Wien 1955. – ders.: *Typische Formen des Romans*, Göttingen 1993 [1964]. – ders.: *Theorie des Erzählens*, Göttingen 1995 [1979]. – D. Cohn: »The Encirclement of Narrative. On F.S.s *Theorie des Erzählens*«. In: *Poetics Today* 2.2 (1981) S. 157–182. – Genette 1983/88/94.

ML

Starobinski, Jean (*1920), schweizer. Lit.kritiker, Arzt und Psychologe. – St. studierte Lit. und Medizin. Nach der doppelten Promotion war er zunächst zwei Jahre als Arzt und Psychiater in Lausanne tätig, bevor er sich 1954 für mehrere Jahre an die Johns-Hopkins-Universität in Baltimore begab, wo er u.a. mit L. ↗ Spitzer zusammentraf. In Genf wurde er danach zum Professor für Lit.- und ↗ Ideengeschichte ernannt. St. ist Autor eines umfangreichen und bedeutenden lit.- und kunstkritischen Werks, für das er eine Vielzahl von Preisen erhielt. – Die Methode St.s, Mitglied der ↗ Genfer Schule, wird von G. ↗ Poulet zur ›Bewußtseinskritik‹ gezählt. Rekurrentes Thema der Werkanalysen ist zunächst der Blick. So geht St. in *L'œil vivant* (1961) der Frage nach, inwieweit z.B. in den Tragödien von Corneille und Racine oder den Romanen von Rousseau und Stendhal lebensweltliche Erfahrungsmuster anhand der Augen konkretisiert und exemplifiziert werden. In anderen Studien (z.B. zu Baudelaire, 1989) beleuchtet er diverse Formen der Maskerade und der ↗ Melancholie. St. hat eine Reihe von Beiträgen zum geistes-, kunst- und lit.geschichtlichen Kontext der Frz. Revolution geliefert (u.a. *1789. Les emblèmes de la raison*) sowie einige Essays zur bildenden Kunst (z.B. *Garache*) vorgelegt. – Sein spezifischer lit.kritischer, in Analogie zur Psychoanalyse formulierter Ansatz manifestiert sich in *L'œil vivant* und *La relation critique* (1970): Auf der Grundlage einer ›schwebenden Aufmerksamkeit‹ läßt sich der kritische Leser auf den Text ein und versucht, die hinter der referentiellen Ebene verborgenen Phänomene aufzuspüren. Der Kritiker erliegt dem Zauber des Texts und erhält sich gleichzeitig das Recht auf den analysierenden Blick, der innerhalb des dynamischen Rahmens einer Dialektik von Nähe und Distanz den interpretatorischen Erkenntnisgewinn begründen soll. So ergibt sich die eigentliche Methode erst im Verlauf der kritisch orientierten Lektüre, sie ist nicht mehr und nicht weniger als ein »trajet critique« (St. 1970, S. 14), in dessen Verlauf es dem Text als lebendigem Organismus zu begegnen gilt. – Ihren überzeitlichen Wert bezieht die idealistische Lit. kritik St.s aus der prinzipiellen Offenheit, aus dem oft wiederholten Plädoyer für eine Kritik, die sich nicht mit nachprüfbarem Wissen begnügt, sondern das Wagnis eingeht, selbst literar. Status einzunehmen: »elle doit se faire œuvre à son tour, et courir les risques de l'œuvre« (St. 1970, S. 33). Mit seinem eigenen Werk hat St. dies sehr eindrucksvoll bewiesen.

Lit.: J. Starobinski: *La relation critique*, Paris 1970. – ders.: *La mélancolie au miroir. Trois lectures de Baudelaire*, Paris 1989.

AAS

Statistische Literaturanalyse, die St. L. versucht, durch den Einsatz statistischer Methoden und Verfahren objektive Kriterien in der Stilanalyse literar. Texte zu ermöglichen. Dabei wird das Theoriemodell einer quantifizierenden ↗ Stilistik zugrunde gelegt, das Stil als mathematisch erfaßbare Größe versteht. In der St. L. erfolgt der Versuch der empirischen Auswertung isolierter Stilkriterien durch Formalisierung und die anschließende maschinelle Weiterverarbeitung der Daten. Die Statistik als vergleichende zahlenmäßige Erfassung, Untersuchung und Darstellung des Befundes dient abschließend zur Ermittlung von Verteilungen, die als statistisch signifikant/nicht signifikant bewertet werden. Dem Einsatz der Statistik in der ↗ Stilistik liegt der Versuch zugrunde, die Ergebnisse einer empirischen Textdatenerhebung nach objektiven Kriterien zu verifizieren und ein mathematisch exaktes Textbeschreibungsmodell zu entwickeln. Der Einfluß subjektiver Kriterien soll durch die vollständige Erfassung und rechnerische Auswertung der Textdaten ausgeschlossen werden. – Ein Zentralproblem bildet dabei die radikale Dekontextualisierung stilistischer Merkmale, die das Anwendungsspektrum der St. L. einerseits stark eingrenzt, die andererseits aber innerhalb dieser Eingrenzung leistungsfähige Methoden der Textbeschreibung sucht. Im Ide-

alfall wird ein präzise definiertes Textprofil erstellt, das einen ›stilistischen Fingerabdruck‹ ermöglicht. Berechnungsgrundlage ist dabei immer die Annahme einer Merkmalsverteilung, die das Erkennen einer statistischen Abweichung ermöglicht. Für die Untersuchungsergebnisse der St. L. wird der Anspruch erhoben, daß sie jederzeit überprüfbar sind und einen objektiven Befund liefern. – Eine Grundbedingung der St. L. ist die Aufbereitung der Textdaten in zählbare Einheiten, die in ein Verhältnis zum übrigen Text gesetzt werden. Der Untersuchungstext selbst wird dabei sinnvollerweise ebenso in Einheiten zerlegt, so daß spezifische Verteilungsmuster und statistische Abweichungen, speziell Häufung und Absenzen, ermittelt und ausgewertet werden können. Durch das oft sehr umfangreiche Datenmaterial spielt die Computerunterstützung eine entscheidende Rolle in der St. L. (↗ Computerphilologie), sowohl bei der Datenaufbereitung, der mathematischen Auswertung, als auch abschließend bei der graphischen Ausgabe der Ergebnisse in Form von Diagrammen oder Tabellen. – Die ersten modernen, systematischen Untersuchungen von Häufigkeiten und den Verteilungsgesetzen von Wörtern in großen Textkorpora auf statistischer Basis wurden von G. Zipf durchgeführt. Sein mittlerweile klassischer Ranghäufigkeitsquotient (*Zipf's Law*: Das Produkt C aus Rang R und Frequenz F bleibt konstant: $R * F = C$) wird heute als Maßstab für die Gesetze der Wortverteilung in der Lexikostatistik und in der quantitativen Stilistik verwendet. Aufbauend auf Zipf wurden erste Untersuchungen über die Korrelation von Satzlänge und Stil in ausgewählten Texten von G. U. Yule und C. B. Williams durchgeführt, wobei textinhärente Probleme inkonsistenter Interpunktion ebenso zu Problemen führten wie eine formal höchst problematische, syntaktisch differenzierte Darstellung und Berücksichtigung des jeweiligen Satzaufbaus. Die Verteilung sog. ›content words‹ wurde dann später Inhalt einer längeren Studie von Yule, die allerdings wegen ihrer stark mathematisch-statistischen Ausrichtung wenig Interesse in den Geisteswissenschaften fand. In der Bewertung und Rechtfertigung eines vereinheitlichenden mathematischen Zugriffs auf Texte findet sich darum das Zentralproblem der St. L. Selbst scheinbar so etablierte Gesetze wie Zipfs Ranghäufigkeitsquotient sind nicht immer unproblematisch auf unterschiedliche Textumgebungen zu übertragen. – Die St. L. spielt eine zentrale Rolle bei Autorenschaftsprüfungen und damit der Einordnung anonymer oder umstrittener Texte. Dabei wird geprüft, welche Schriftsteller als Autoren für bestimmte Texte ohne historisch eindeutig belegbare Autorenschaft in Frage kommen. Die für diese Prüfung verwendeten Methoden gehen von meßbaren, und damit vergleichbaren, Oberflächenerscheinungen in Texten aus und schließen von gleicher Verwendung idiosynkratischer Ausdrucksformen im Vergleichstext A (B, C, D usw.) auf den statistisch wahrscheinlichen Urheber des Untersuchungstextes X. Im Mittelpunkt solcher Untersuchungen stehen häufig Buchstaben, Buchstabenfolgen und (Funktions-)Wörter, also solche stilistischen Merkmale, die in der Regel von Autoren nicht bewußt manipuliert werden. Bes. Bedeutung kommt bei der Autorenschaftsprüfung A. Morton zu, dessen statistische Auswertungen nicht nur in der Lit.wissenschaft, sondern auch in der Kriminalistik große Wirkung zeigten. Die mittlerweile heftige Kritik an Mortons Methoden der Autorenschaftsprüfung durch M.W.A. Smith und D. Holmes macht aber deutlich, daß die angemessene Umsetzung statistischer Berechnungen auf stilistische Phänomene höchst umstritten ist. Für die mathematisch präzise Beschreibung literar. Texte entwickelte L. Doležel ein grundlegendes Textbeschreibungsmodell. Dieses geht von der Annahme aus, daß jede Aussage über die Form eines Textes auf Abwägungen über die Wahrscheinlichkeit des Auftretens von Stilfiguren beruht, und diese determinieren die Erwartungshaltung gegenüber der Textoberfläche bzw. konstituieren ein charakteristisches Autorenprofil. Somit kann nach Doležel eine grundsätzliche Aussage über Texte getroffen werden, die sich in der elementaren Textformel $T = \{C1, C2 \ldots Cz\}$ als Maßzahl des Textprofils abbilden läßt. Diese Formel beschreibt die meßbaren, statistisch auswertbaren Eigenschaften ›C‹ eines Textes ›T‹, wobei die spezifische Kombination ausgewählter Textcharakteristiken zur idiosynkratischen, präzise beschreibbaren Form eines speziellen Textes führt. Aufbauend auf Doležels Überlegungen und in Studien von N. Ide scheint sich mittlerweile abzuzeichnen, daß auch durch hochkomplexe, mathematisch noch so differenzierte Verfahrensweisen kein nennenswerter Erkenntniszugewinn über Textcharakteristiken verbucht werden kann. Solche Legitimationsprobleme führen zu dem Phänomen, daß statistische Analysen vom eigentlichen Untersuchungsgegenstand abgehoben Lehrbuchcharakter annehmen und sich, wie A. Kennys Einführung, primär als Handbücher und methodische Anweisungen verstehen. Der Einsatz statistischer Methoden muß in dem Moment problematisiert werden, in dem auf den quantifizierbaren Daten eine ↗ Interpretation aufbaut. In diesem Fall ist die Entscheidung, welche Verfahren zur zuverlässigen Ermittlung etwa von statistisch signifikanten Verteilungen ausgewählt werden, von großer Bedeutung für das Ergebnis der Studie. Exemplarisch sind hier die Arbeiten J. Burrows zu der Autorin J. Austen. Er zeigt, daß das Datenmaterial, das als Ergebnis messender und zählender Zugriffsmethoden lediglich als Zwischenresultat anfällt, im Sinne der Zielsetzung der Analyse für die anschließende Interpretation sinnvoll aufbereitet werden kann. So läßt sich in lit.wissenschaftlichen Analysen, die mit vollständig erfaßten Textkorpora arbeiten, auf der Basis von Dichtebestimmungen die Verteilung etwa von Stilfiguren über den Textverlauf auswerten; Abweichungen von erwartbaren Werten können festgestellt und in Relation zum Aufkommen des erfaßten Phänomens im Gesamttext gesetzt werden. Nach Th. Rommel können nur subjektiv behaftete Aussagen über Schwellenwerte gemacht werden, ab denen die Häufigkeit eines Auftretens von Stilfiguren in literar. Texten als ›bedeutsam‹ zu bewerten ist. Hier ist der Einfluß der ›New Stylistics‹ nach M. Toolan auf die Stilanalyse erkennbar, bei dem sich linguistische und lit.wissenschaftliche Ansätze konstruktiv überlagern. Der Einsatz der St.L. in der Lit.wissenschaft erfordert immer die grundsätzliche Überlegung, unter welchen Bedingungen und mit welchem Erkenntnisziel ein quantifizierender Zugang ästhetische Aspekte von Texten aufzudecken vermag.

Lit.: G. Zipf: »Statistical Methods and Dynamic Philology«. In: *Language* 13 (1937) S. 60–70. – G.U. Yule: *The Statistical Study of Literary Vocabulary*, Cambridge 1944. – A. Ellegård: *A Statistical Method for Determining Authorship. The ›Junius‹ Letters 1769–1772*, Göteburg 1962. – L. Doležel/R.W. Bailey (Hgg.): *Statistics and Style*, N.Y. 1969. – A.Q. Morton: *Literary Detection. How to Prove Authorship and Fraud in Literature and Documents*, N.Y. 1978. – A. Kenny: *The Computation of Style*, Oxford 1982. – J. Burrows: *Computation into Criticism. A Study of J. Austen's Novels and an Experiment in Method*, Oxford 1987. – M.W.A. Smith: »Pseudo-Science. A Comedy of Statistical Errors«. In: *Style* 22.4 (1988) S. 650–653. – N. Ide: »A Statistical Measure of Theme and Structure«. In: *Computers and the Humanities* 23 (1989) S. 277–283. – M. Toolan: *The Stylistics of Fiction. A Literary-linguistic Approach*, Ldn. 1990. – Th. Rommel: ›*And trace it in this poem every line*‹. *Methoden und Verfahren computerunterstützter Textanalyse*, Tüb. 1995.

ThR

Steiner, George (*1929), Essayist, Kulturkritiker, Lit.theoretiker, Sprachphilosoph, Schriftsteller. – St., Sproß einer vormals in Wien ansässigen Bankiersfamilie, wurde in Paris geboren, emigrierte 1940 mit seinen Eltern in die USA und wuchs mehrsprachig auf. Seit 1969 Extraordinary Fellow des Churchill College in Cambridge, folgte er 1974 einem Ruf auf den Komparatistik-Lehrstuhl der Universität Genf und ist seit 1994 Weidenfeld Professor of Comparative Literature in Oxford. Stilistische Brillanz und Prinzipientreue haben dem häufig ausgezeichneten, doch in Kollegenkreisen nicht unumstrittenen St. zu außergewöhnlicher Breitenwirkung verholfen. – (1) Leitmotive seiner Ästhetik sind die emphatische Rechtfertigung der Kunst als »excuse for life« (*Errata*), d.h. als einzig noch mögliche Anthropodizee, sowie die nicht minder energische Abwehr aller Tendenzen, das qualitative Gefälle zwischen Kunst und Kommentar einzuebnen. (2) Für den Juden St., der dem Holocaust entkam, sind alle ↗ Institutionen ›exegetischer‹ Kulturvermittlung suspekt geworden, weil nicht mehr auszuschließen ist, »that modern barbarism sprang, in some intimate, perhaps necessary way, from the very core and locale of humanistic civilization« (1967, S. 149). Zum anderen fehlt den Deutungseliten in der Regel die schöpferische Innenperspektive, über die der Erzähler St. in reichem Maße verfügt. Sie veranlaßt ihn zu der Feststellung: »The writer matters far more than the critic, who is at best a loving, clairvoyant parasite« (1980, S. iii); sie autorisiert aber auch seine Widerrede gegen zwei der einflußreichsten Strömungen zeitgenössischer Lit.theorie: die ↗ Linguistische Poetik und die ↗ Dekonstruktion. Die erste Auseinandersetzung wird über mehr als ein Jahrzehnt »with wary fascination« (1967, S. x) fortgesetzt und sprach- und kulturkritisch erweitert. Das Streitgespräch mit den Dekonstruktivisten und ihrer Metaphysik der Sinnabsenz findet v.a. in *Real Presences* (1989) statt, wobei man das Buch zugleich als Plädoyer für ein von Verantwortungsbewußtsein (*answerability*), Taktgefühl (*tact*) und Verbindlichkeit (*courtesy*) geprägtes und also sinnerfülltes Lesen verstehen kann. (3) Ausgehend von der Unzulänglichkeit jedes theoretischen und also generalisierenden Zugriffs auf die jeweilige ›Singularität‹ Kunstwerk, versteht St. Lit. als Statthalterin einer ›Alterität‹, die interpretatorisch nie aufzuheben ist, sondern in ihrer ›Heterophanie‹ (B. Strauß) respektiert werden muß. Insbes. der ↗ Poststrukturalismus besitzt aber als Sinnverabschiedungsdoktrin kein

Sensorium mehr für die sperrige Dignität des ›other‹ und für schöpferische ›Exterritorialitäten‹. In seinen Diskursfluten brodelt nur noch Sekundäres und Tertiäres auf, hat sich diese »mutiny of theory [...] against the authority of the poetic« (1989, S. 116) doch der grundlegenden Einsicht verschlossen, mit der der Interpret und Komparatist St. 1959 seine Laufbahn begann: »[T]here is at the heart of the creative process a religious paradox« (1980, S. 7). (4) Ohne diese Ausrichtung auf eine, sei es sich öffnende, sei es sich verschließende ›Jenseitigkeit‹, ohne eine quasi-Pascalsche »wager on transcendence« (1989, S. 4) verödet die Kunst, verliert sich die ihr prinzipiell nach- und untergeordnete Kritik in alexandrinischen Subtilitäten und Spiegelfechtereien. Deshalb fordert St. die Abkehr von zunehmend selbstreferentieller Professionalität zugunsten eines personalen Sich-Aussetzens: »To try and tell of what happens inside oneself as one affords vital welcome and habitation to the presences in art, music and literature is to risk the whole gamut of muddle and embarrassment. [...] Structuralist semiotics and deconstruction are expressions of a culture and society which ›play it cool‹. [...] Yet the attempt at testimony must be made and the ridicule incurred. For what else are we talking about?« (1989, S. 178). Die ressentimentgeladenen Reaktionen der akademischen Zunft auf das unter dem Titel *The Deeps of the Sea* (1996) inzwischen gesammelt vorliegende erzählerische Werk St.s liefern Anschauungsmaterial zuhauf für die unverminderte Anstößigkeit solcher ›Zeugenschaft‹.

Lit.: G. Steiner: *Tolstoy or Dostoevsky. An Essay in the Old Criticism*, N.Y. 1980 [1959]. – ders.: *Language and Silence. Essays on Language, Literature and the Inhuman*, N.Y. 1967. – ders.: *Extraterritorial. Papers on Literature and the Language Revolution*, N.Y. 1971. – ders.: *In Bluebeard's Castle. Some Notes Towards the Redefinition of Culture*, Ldn. 1971. – ders.: *On Difficulty and other Essays*, Oxford 1978. – ders.: *Real Presences*, Chicago 1989. – ders.: *No Passion Spent. Essays*, Ldn. 1996. – ders.: *Errata*, Ldn. 1997. – N. Scott/R. Sharp (Hgg.): *Reading G.St.*, Baltimore 1994.

UH

Stil (lat. *stilus*: Schreibstift, Schreibart), der Begriff des St.s ist einer der wichtigsten Begriffe der Kulturgeschichte. Die antike ↗ Rhetorik hat ein weitgehend normatives St.-Verständnis. Sie unterscheidet drei St.arten oder -ebenen, den hohen, den mittleren und den niederen St. (*stilus gravis, mediocris, humilis*), die der jeweiligen Redegattung und dem Gegenstand und Zweck der Rede entsprechen müssen. Die Dreistillehre wurde später für die literar. Gattungstheorie in folgenreicher Weise auf die Hauptwerke Vergils bezogen und im MA. zur sog. *rota Vergilii* entwickelt. In der ↗ Antike gab es schon Ansätze zu einem individualistischen St.-Verständnis, bes. im Hinblick auf die ↗ Gattung des Briefes, der als Bild der eigenen Seele (*imago animi*) verstanden wurde. In der ↗ Renaissance existieren das sozioästhetische Konzept des St.s als der Einkleidung der Gedanken (*exornatio*) und die individualistische Vorstellung vom St. als der Inkarnation der Gedanken/des Geistes (*incarnatio*) nebeneinander, wobei die Forderung der Nachahmung (*imitatio*) des St.s der antiken Autoren, insbes. Ciceros, zunehmend in Frage gestellt wurde. Unter dem Einfluß des Puritanismus, der Wissenschaften, des Utilitarismus und Rationalismus wird im 17. Jh. ›a close, naked, natural way of speaking‹ (Th. Sprat) gefordert. Im ↗ Klassizismus kommt es zu einer Rehabilitierung des am *decorum* orientierten Konzepts vom St. als dem Kleid der Gedanken (Pope, Chesterfield), das in der ↗ Romantik, vielmals unter Hinweis auf Buffons Wort ›le style est l'homme même‹, zurückgewiesen wurde. Wordsworth definiert den St. als ›the incarnation of the thought‹. In einer Zeit, die den St. als den individuellen Ausdruck der Persönlichkeit entdeckt, erhebt Goethe den St. in Abgrenzung von Nachahmung und Manier als Vermögen, das ideale Wesen der Dinge zu erkennen, ins Objektive. Im 19. Jh. konvergiert die literar. St.-theorie mit der Kunsttheorie und Kunstwissenschaft. H. Wölfflin arbeitet Anfang des 20. Jh.s in der Kunstwissenschaft ›Sehformen‹ wie die von Linearem und Malerischem und von Geschlossenheit und Offenheit des Kunstwerks heraus, die auch Lit.wissenschaftler (O. Walzel, F. Strich) aufgriffen. Am Anfang der sprachwissenschaftlichen ↗ St.analyse stehen Forscher wie L. ↗ Spitzer und K. Vossler, die den St. als Ausdruck des Individualgeists und auf anderer Ebene als Ausdruck des Volksgeists betrachteten. – Die neuere linguistische Stilistik steht ihren hermeneutischen Theorien skeptisch gegenüber (vgl. Esser 1993, S. 4). Im 20. Jh. erweitert sich die Bedeutung des St.begriffs über den eigentlichen ästhetischen Bereich hinaus. In der Philosophie verschiebt sich das Interesse von Denkinhalten zu Denkstilen. Der Denk-St. als argumentativer *modus operandi* des Philosophen ist zu unterscheiden vom *mind-style* (↗ Mentalstil), unter dem die Erzählforschung die distinktive Wiedergabe individuellen Bewußtseins, z.B. in der Form des *stream of consciousness* (↗ Bewußtseinsstrom), versteht. Die Theorie des Denk-St.s entstand im Neukantianismus (Noack, Görland), wurde in E. Rothackers Bestimmung von ›Kulturen als Lebensstilen‹ fortgeführt und wird heute z.B. von F. Fellmann vertreten. Von dem philosophischen Konzept des Lebens-St.s ist ein popularisiertes Begriffsverständnis zu unterscheiden, das unter dem Wort *lifestyle* firmiert.

Lit.: J. Hermand: *Lit.wissenschaft und Kunstwissenschaft*, Stgt. 1971 [1965]. – A. Müller: St.: *Studien zur Begriffsgeschichte*, Erlangen 1981. – W.G. Müller: *Topik des St.begriffs*, Darmstadt 1981. – H.U. Gumbrecht/K.L. Pfeiffer (Hgg.): *St.*, FfM. 1986. – R. Heinz: *St. als geisteswissenschaftliche Kategorie*, Würzburg 1986. – J. Esser: *English Linguistic Stylistics*, Tüb. 1993. – H.L. Kretzenbacher/H. Weinrich (Hgg.): *Linguistik der Wissenschaftssprache*, Bln./N.Y. 1995. – W.G. Müller: »Die traditionelle Rhetorik und St.konzepte des 20. Jh.s«. In: H.F. Plett (Hg.): *Die Aktualität der Rhetorik*, Mchn. 1996. S. 160–175.

WGM

Stilanalyse ↗ Stilistik/Stilanalyse/Stilkritik

Stilistik/Stilanalyse/Stilkritik (lat. *stilus*: Schreibstift, Griffel, Schreibweise), Stilistik in der Lit.wissenschaft bezeichnet die Anwendung von Kriterien ästhetischer Wertung eines in der Regel deskriptiv umgesetzten Stilverständnisses. ↗ Stil wird hierbei verstanden als Devianzkriterium, das die Abweichung beobachteter Phänomene von einer definierten Charakteristik beschreibt. Damit liegt der Stilistik ein Schema von Konsistenz und Divergenz zugrunde, wobei Textphänomene als hervorgehoben verstanden werden, wenn sie von einem vorgegebenen Grenzwert abweichen bzw. in Kontrast zum Kontext stehen (↗ Deviationsstilistik). In der Stilistik definiert und beschreibt damit der Begriff der Abweichung solche Auffälligkeiten, die in einer Interpretation als bedeutsam und so als stilkennzeichnend gelesen werden. Die Konzentration auf Oberflächenphänomene ist eines der zentralen Kennzeichen der Stilistik, die sich damit einen Textbegriff zu eigen macht, der in seiner Betonung semantischer Determiniertheit und der Suche nach transpersonalen Kriterien in der Textanalyse in ausgeprägtem Kontrast zu Teilen poststrukturalistischer Lit.theorie (↗ Poststrukturalismus), speziell der ↗ Dekonstruktion, steht. In der Nachfolge der antiken ↗ Rhetorik, die sich mit mündlichen Äußerungen befaßt, ist die Stilistik in der Lit.wissenschaft mit der Stilanalyse und Stilkritik von Einzeltexten und Textgruppen befaßt. Wie in der allg. Stilistik, die induktiv und deduktiv auf Kunstwerke generell angewendet wird, unterscheidet man in der Stilistik der Lit.wissenschaft die an übergreifenden, aus kulturellen, geographischen oder historischen Motiven heraus durchgeführten Untersuchungen etwa des Epochen- oder des Nationalstils von der Analyse des Individualstils einzelner Texte oder Autoren. In der Regel bauen Epochen- oder Nationalstile auf dem gemeinsamen Nenner einer Vielzahl von Individualstilen auf. Die Kennzeichen eines solchen Gruppenstils sind von daher in ihrer Anzahl stark reduzierte stilistische Einzelmerkmale, die nach unterschiedlichen, übergreifenden Kriterien verbundene Texte zueinander in Beziehung setzen und gegen andere Textgruppen abgrenzen. Normative Ansätze einer ›Stillehre‹ oder präskriptiven Grammatik des Stils werden in der Lit.wissenschaft nicht mehr vertreten, sie finden sich nur noch vereinzelt in Schreibanleitungen für außerliterar. Texte. – Deskriptive Verfahren einer konstatierenden und interpretierenden Stilistik sind damit die häufigsten Erscheinungsformen. Die Anwendung ästhetisch und psychologisch ausgerichteter Kriterien verlagert die Interpretation der ↗ Wirkung eines Textes auf die Rezipientenseite (↗ Rezeptionsästhetik), wobei sowohl ein klar definierter Textbegriff als auch ein impliziter ↗ Autor und ↗ Leser zugrunde gelegt werden. Stilanalyse und Stilkritik beinhalten durch die systemimmanente Voraussetzung einer erfaßbaren Wirkabsicht des Textes immer eine (zumindest implizite) ↗ Wertung, die eine ideologische Standortbestimmung auch der wertenden Instanz etwa im Sinne des ↗ *New Historicism* verlangt. Dabei ist die Aufdeckung der vielfältigen kulturell, historisch, sozial, ästhetisch oder individuell begründeten Normen und Vorprogramme entscheidend, die zu einer bestimmten Ausprägung der jeweiligen Stilanalyse führen. Da es sich in der Stilistik immer um die Analyse ästhetischer Wirkung handelt, müssen die jeweils untersuchten textuellen Stilkennzeichen in ihrer Form, Funktion und Wirkung erläutert werden, wobei zunehmend auf die Terminologie der Linguistik zurückgegriffen wird. Im Bereich der Mikrostilistik werden als Stilkennzeichen definierte Buchstaben, Buchstabengruppen, Silben, Morpheme, Wörter oder Phrasen einschließlich traditioneller Stilfiguren bis hin zu ganzen Sätzen erfaßt und ausgewertet, während in der Makrostilistik satzübergreifende Einheiten als Stilkennzeichen verwendet werden; hier überschneidet sich die Stilistik mit der ↗ Narratologie. Die rein auf die akribische Analyse von Feinstrukturen ausgerichtete Mikrostilistik sieht sich unter Umständen der Gefahr ausgesetzt, über dem Detail den Gesamtzusammenhang des Textes zu vernachlässigen und damit die Bedeutung von Makrostrukturen nicht ausreichend zu berücksichtigen. Da in einer hermeneutisch konzipierten Analyse die Feinstruktur einer mikrostilistischen Beobachtung auf den Kontext der untersuchten Passage und anschließend wiederholt auf den Gesamttext übertragen wird, muß in jedem Fall die Motivation der Untersuchung auf dem Hintergrund der initialen, auf den vollständigen Text ausgerichteten Fragestellung als Leitmotiv erkennbar sein, so daß die Begrenzung auf das Detail als metonymisches Verfahren und nicht als Einschränkung verstanden wird. Die über Kontraste und Verteilungsmuster ermittelten, im Text durch quantitatives oder qualitatives »*foregrounding*« markierten Stilfiguren dienen anschließend an die Identifikation und die Feststellung der text- oder passagenweiten Distribution dazu, die Interpretation zu motivieren. Dieses Vorgehen basiert auf M. ↗ Riffaterres Modell der Trennung zwischen sog. markierten Elementen und dem unmarkierten, sie umgebenden Kontext. Erst die Differenz zwischen einer erwarteten Form und der tatsächlich realisierten Erscheinung im Text bezeichnet das Gefälle, das durch die bewußte Heraushebung isolierter Stilelemente erzeugt wird und das die Besonderheit des Textes ausmacht. Dabei werden Kontrast und Kontext als Kriterien für die Erfassung und Bewertung von auffälligen Erscheinungen genommen, die Schlüsse auf Grundmuster und ↗ Tiefenstrukturen des Textes erlauben (↗ Strukturalismus). Die Verfahren der Selektion und funktionalen Gewichtung der beobachteten Erscheinungen sind jeweils abhängig von der Zielsetzung der Textanalyse; textübergreifende, verbindliche Regeln für die Definition und Identifikation von relevanten Stilfiguren können nicht bestehen. Hierin besteht ein Grundproblem der Stilistik, denn es wird die Möglichkeit der wertenden Differenzierung zwischen ›nicht-stilistischen‹, und somit ästhetisch wirkungslosen, und ›stilistischen‹, also effektiven, sprachlichen Darstellungsformen thematisiert. Damit ist impliziert, daß eine Gewichtung nach definierbaren Kriterien möglich und sinnvoll, die Differenzierung also für die ästhetische Bewertung von Texten erkenntnisfördernd ist. In diesem Verständnis vom Text und der Rolle des Kritikers wird der Einfluß L. ↗ Spitzers auf die Stilistik deutlich, der bei seinen hermeneutischen Stilanalysen als ersten Schritt der Texterfassung die vollständige Lektüre des Textes voranstellt. Aufbauend auf dieser Gesamtlektüre entwickelt sich ein Verständnis für Auffälligkeiten des Textes, das als Grundvoraussetzung für die nachfolgende Analyse spezifisch ausgewählter Phänomene notwendig ist. Die Bewertung der bestimmten sprachlichen Merkmale liegt auf der Kritiker- und Rezipientenseite, deren Vorgehensweise durch ein Aufblenden und anschließendes Fokussieren als ›Detail – Ganzes – Detail‹ gekennzeichnet ist und die Rolle von Stilfiguren stark betont. Eine interne Hierarchisierung der Stilelemente wird somit etabliert, wobei die Auswahlkriterien die Kontextualisierung des Untersuchungstextes sowie die ideologische oder ästhetische Standortbestimmung der Kritikerinstanz erfordern. Um Teilaspekte der Forderung nach dem Erkennen textimmanenter Funktionsmechanismen zu erfüllen, wird im Bereich der an Oberflächenphänomenen orientierten Stilistik verstärkt der Einsatz computerunterstützter Verfahrensweisen propagiert (↗ Computerphilologie). Diese garantieren durch die Formalisierung der Fragestellung die Vollständigkeit der Befunderhebung und übernehmen effektiv den mechanischen Teil der Textindizierung. Durch die so entstehende Zweiteilung der Stilistik in einen quantitativ vollständig aufbereitenden und einen darauf aufbauenden, qualitativ wertenden Analyseschritt können computerunterstützte Verfahrensweisen in definiertem Ausmaß effektiv für umfassende literar. Stilstudien genutzt werden. Die speziellen Leistungsspezifika der systematischen Phänomenkompilation erscheinen damit als komplementär eingebundene Verfahrensweisen zur interpretierenden Kontextualisierung. Die wachsende Zahl von elektronischen Texten auf CD-ROM und im Internet verweist sowohl auf einen sich wandelnden Textbegriff als auch auf die zunehmende Akzentuierung von Verfahren des *pattern matching* in der Stilanalyse und ist damit Zeichen einer neuen Rezeptionskultur im digitalen Zeitalter. Die häufig implizierte neutrale Wissenschaftlichkeit und der Verdacht des ↗ Positivismus speziell der ↗ Statistischen Stilanalyse wird schon früh von St. ↗ Fish scharf kritisiert, wobei aber auch bei ihm grundsätzlich das in der neueren Stilistik von R. Fowler hervorgehobene Devianzkriterium als Charakteristikum der Stilistik bestehen bleibt. Sprachliche Erscheinungen, also im Text selbst eindeutig manifestierte Merkmale, heben sich gegen den Kontext ab und rücken in den Vordergrund. Dieses ›fore-

grounding‹ läßt solche Textteile als markiert erscheinen, die bestimmte Kriterien eines definierten Qualitätenkatalogs erfüllen. Diesen Textteilen wird in der Regel eine bestimmte Funktion zugesprochen, wobei der Bestimmung der Funktion und Wirkung von markierten Elementen in der Stilanalyse entscheidende Bedeutung zukommt. – Aus der hier angedeuteten Unvereinbarkeit speziell poststrukturalistischer Positionen mit der traditionellen Stilistik und in der kritischen Revision eines positivistischen Wissenschaftsverständnisses unternimmt die moderne Stilistik als ›New Stylistics‹ einen Vermittlungsversuch, der mit einer kritischen Positionsbestimmung die Stilanalyse in die moderne Lit. theorie neu integriert. Diese ›New Stylistics‹ als Form der ›literary linguistics‹ favorisieren einen textzentrierten Zugriff, ohne dabei auf obsolet gewordene theoretische Modelle festgeschriebener Bedeutung zu rekurrieren. Darum findet sich in der modernen Stilistik eine Flexibilisierung der analytischen Methode, die durch ein Oszillieren zwischen verschiedenen analytischen Perspektiven gekennzeichnet ist. Diese auch als ›deconstructive double-movement‹ von M. Toolan in den Diskurs der modernen Stil- und Lit. theorie eingeführte Terminologie beschreibt die Öffnung des stilistischen Ansatzes und hat ein neues Theoriebewußtsein in die Stilistik integriert. Toolans differenzierter Ansatz sieht das Ziel des interpretativen Verfahrens in einem erweiterten Verständnis von Sprache und der sich daraus konstituierenden Lit., das die moderne Stilistik als gleichermaßen der Linguistik und der Lit.wissenschaft verpflichtet definiert.

Lit.: L. Spitzer: *Stil-Studien*, Mchn. 1961 [1928]. – M. Riffaterre: *Strukturale Stilistik*, Mchn. 1973. – R. Fowler (Hg.): *Style and Structure in Literature. Essays in New Stylistics*, Oxford 1975. – Fish 1995 [1980]. – G.N. Leech/M.H. Short: *Style in Fiction. A Linguistic Introduction to English Fictional Prose*, Ldn. 1981. – C. Mair: »The ›New Stylistics‹. A Success Story of Successful Self-Deception?«. In: *Style* 19 (1985) S. 117–133. – W. van Peer: *Stylistics and Psychology. Investigations of Foregrounding*, Ldn. 1986. – D. Birch/M. O'Toole (Hgg.): *Functions of Style*, Ldn. 1988. – M. Toolan: *The Stylistics of Fiction. A Literary-linguistic Approach*, Ldn. 1990. – B. Sowinski: *Stilistik. Stiltheorien und Stilanalysen*, Stgt. 1991. – J. Esser: *English Linguistic Stylistics*, Tüb. 1993. – J.-J. Lecercle: »Briefings Number 3. The Current State of Stylistics«. In: *The European English Messenger* 2 (1993) S. 14–18. – Th. Rommel: ›*And trace it in this poem every line*‹. *Methoden und Verfahren computerunterstützter Textanalyse*, Tüb. 1995. – B. Spillner: »Stilistik«. In: Arnold/Detering 1997 [1996]. S. 234–256.

ThR

Stilistik, affektive ↗ Affektive Stilistik

Stilkritik ↗ Stilistik/Stilanalyse/Stilkritik

Stoff, literarischer, eine Konfiguration von Personen, ↗ Handlungen und Problemstellungen, die durch mythische, literar. oder geschichtliche Vorgaben fest umrissen ist, die durch die literar. Tradition fortgeschrieben wird und die dabei historisch bedingte Umdeutungen erfährt. In der engl., am. und frz. Lit.wissenschaft wird entweder der dt. Terminus St. übernommen oder der allgemeinere Begriff *theme* bzw. *thème* verwendet, der zugleich die Kategorien ›Thema‹, ›Idee‹ bzw. ›Gehalt‹ und ↗ ›Motiv‹ mit einschließt. Im Dt. wird einerseits zwischen St. und Motiv unterschieden, wobei das Motiv die kleinste semantische Einheit, der St. eine Kombination von Motiven darstellt; außerdem wird der St. als vorliterar., abstrakte Gegebenheit abgegrenzt von den Begriffen ↗ ›Form‹ und ›Gehalt‹, die sich auf die ästhetische Gestaltung und die Grundidee, das ›Thema‹ eines konkreten Werks beziehen. – Begriffsgeschichtlich stammt das Wort St. urspr. aus dem außerliterar. Bereich (altfrz. *Estoffe*: Gewirk, Gewebe) und bezeichnet Textilien, wird aber seit dem 18. Jh. wegen seiner Bildhaftigkeit (↗ Text = Gewebe) auf die Lit. übertragen. Als ästhetische Kategorie wird die Bezeichnung aus dem Niederländ. entlehnt, wo sie seit dem 15. Jh. vermutlich über das Handwerk der Seidenweberei Eingang in die Malerei findet. Bis Mitte des 18. Jh.s ist im Dt. der Begriff ›Materie‹ gebräuchlich, der auf die ↗ Horazsche Unterscheidung von *res* (Thema) und *materia* (St.) zurückgeht. 1740 findet sich erstmals bei J. J. Bodmer die Bezeichnung ›Stof‹ für eine noch literar. zu gestaltende Handlung. G.E. Lessing verwendet in der *Hamburgischen Dramaturgie* durchgängig den Begriff ›St.‹ als Übersetzung von frz. *sujet* (Thematik); bei Goethe erscheint demgegenüber das Wort häufig synonym mit ›Vorwurf‹ (stoffliche Vorgabe). Während im frz. Sprachgebrauch konsequent zwischen *matière* als dem vorgegebenen Material und dem *sujet* als der individuellen Thematik eines Textes unterschieden wird, kommt es im Dt. zu einem doppeldeutigen Gebrauch des Wortes ›St.‹, das einmal die außerliterar. Vorgabe, dann aber auch die Fabel, den ↗ Plot eines Textes meint. Diese begriffliche Spannung spiegelt sich auch in den Kontroversen um die lit.wissenschaftliche Disziplin der ↗ ›St.geschichte‹, die sich Ende des 19. Jh.s zunächst auf positivistische ↗ Quellen- und Einflußforschung konzentriert, dann seit

Beginn des 20. Jh.s im Sinne der ↗ Geistesgeschichte betrieben wird, die ›St.‹, ›Form‹ und ›Gehalt‹ eines Werkes als Einheit begreift. In der neueren Forschung wird zwischen diesen Positionen vermittelt, indem literar. St.e sowohl historisch als auch systematisch untersucht werden. Ein St. wird demnach als ein Handlungsgerüst und eine Problemkonstellation definiert, die beide in der literar. Tradition vorgeprägt sind, zugleich aber im Text individuell realisiert werden. – Ein literar. St. ist dann als solcher zu bezeichnen, wenn folgende Bedingungen erfüllt sind: Er muß, im Gegensatz zum Motiv, auf eine eindeutige Vorlage, auf eine (oder mehrere) konstitutive Ausgestaltung(en), zurückzuführen sein, auf die spätere Bearbeitungen sich beziehen. Daraus ergibt sich als Konsequenz, daß literar. St.e weitgehend an feststehende Personennamen und Handlungskonfigurationen gebunden sind, die geringfügig verändert, ergänzt oder reduziert werden können. Schließlich ist ein zentrales Kriterium die Einbindung in ein intertextuelles Bezugsnetz (↗ Intertextualität): Nur dann ist von einem literar. St. zu sprechen, wenn er eine ↗ Überlieferungsgeschichte aufweist und somit in konventionalisierter und kanonisierter Form auftritt. Selbst Kontrafakturen oder Ironisierungen eines St.komplexes orientieren sich notwendig am festgelegten Bezugsrahmen. – Die zahlreichen *St.e der Weltlit.* (vgl. Frenzel 1992) speisen sich aus verschiedensten Quellen: aus antiken ↗ Mythen (z.B. Ödipus; Antigone; Prometheus; Sirenen; Narziß), aus Volkssagen (z.B. Artus; Nibelungen), aus biblischen Geschichten (z.B. Adam und Eva; David; Maria Magdalena), aus literar. Vorlagen (z.B. Parzival; Faust; Undine) sowie aus der Geschichte (z.B. Caesar und Cleopatra; Wallenstein).

Lit.: E. Frenzel: *St.e der Weltlit.: Ein Lexikon dichtungsgeschichtlicher Längsschnitte*, Stgt. 1992 [1962]. – dies.: *Vom Inhalt der Lit.: St. – Motiv – Thema*, Freiburg 1980. – H.S. Daemmrich/I.G. Daemmrich: *Themen und Motive in der Lit.: Ein Handbuch*, Tüb./Basel 1995 [1987]. – U. Wölk: »Motiv, St., Thema«. In: Ricklefs 1996. S. 1320–1337.

ChL

Stoff- und Motivgeschichte/Thematologie, Teildisziplin der ↗ Komparatistik; die St. u. M. untersucht im ↗ diachronen und interkulturellen Vergleich die Ausprägungen, Überlieferungen und historisch bedingten Modifikationen literar. ↗ Stoffe, ↗ Motive und Themen und bezieht dabei neben den Zeugnissen der Weltlit. auch Gestaltungen in bildender Kunst, Musik und Alltagskultur mit ein. Da die dt. Kategorien ›Stoff‹ und ›Motiv‹ in der frz. und angelsächs. Lit.wissenschaft keine eindeutige Entsprechung haben und statt dessen unter der allgemeineren Bezeichnung *thème* bzw. *theme* zusammengefaßt werden, haben sich dort die Begriffe *Thématologie* bzw. *Thematics* durchgesetzt. Aus wissenschaftsgeschichtlichen Gründen gibt es auch in der dt. Komparatistik Bestrebungen, die herkömmliche ›St.u.M.‹ durch die modernere ›Thematologie‹ zu ersetzen. – Die St.u.M. nimmt ihren Ausgang von der Volkslied- und Märchenforschung zu Beginn des 19.Jh.s. Die Brüder Grimm, die die Geschichte der Dichtung generell als ›Geschichte der poetischen Stoffe‹ betrachten, erstellen im Rahmen ihrer Erforschung der Volkslit. eine umfängliche Stoff- und Motivsammlung, aus der sie einen ›Urmythos‹ der indogermanischen Lit. abzuleiten suchen. K. Lachmann begründet seine Liedertheorie mit Untersuchungen zu den Homerischen Epen und namentlich zum Nibelungenlied. Während es in diesen frühen Studien zunächst um die Frage nach archetypischen Grundmustern und Urbildern, um ›Phänomene des Menschengeistes‹ (Goethe) geht, tritt im späteren 19.Jh. an die Stelle der synthetisierenden Betrachtungsweise eine historisch-geographische Differenzierung. Th. Benfey legt mit seiner ›Wanderungstheorie‹ den methodischen Grundstein für eine positivistische St.u.M. Die ›finnische Märchenschule‹ bemüht sich, in der Nachfolge Benfeys, um eine detaillierte lexikographische Erfassung einzelner Märchenmotive und Stoffelemente sowie um die Dokumentation ihrer jeweiligen Herkunft und Entstehungszeit (A. Aarne, A. Christensen, St. Thompson). Auch in den stoff- und motivgeschichtlichen Untersuchungen des lit.wissenschaftlichen ↗ Positivismus (W. Scherer, M. Koch) geht es in erster Linie um die Registrierung und Systematisierung kanonisierter Stoffe und Motive der abendländischen Lit.: um die Rekonstruktion ihrer Entstehungs- und ↗ Überlieferungsgeschichte, um die Auflistung sämtlicher auffindbarer Textzeugen und Varianten, schließlich um minutiöse Strukturvergleiche. Wegen des summarischen Vorgehens ist die positivistische St.u.M. schon früh der Kritik von Seiten der geistesgeschichtlichen Lit.wissenschaft ausgesetzt. B. ↗ Croce (1902) wirft ihr blinde ›Stoffhuberei‹ vor und bemängelt die Beschränkung auf das bloße Material und die Vernachlässigung der ästhetischen Aussagekraft des literar. Kunstwerks. Ihm folgen in Deutschland Lit.wissenschaftler wie O. Walzel, F. Gundolf

und R. Unger, in Frankreich die Komparatisten R. Baldensperger, P. Hazard u.a., die an die Stelle der historischen Einflußforschung (↗ Quellenforschung) die psychologische, geistesgeschichtliche und ästhetische Betrachtungsweise setzen und ihr Augenmerk auf die individuelle, schöpferische Ausgestaltung des literar. Werkes sowie auf epochenspezifische Eigenheiten richten. W. ↗ Dilthey plädiert, trotz aller Kritik an der mechanistischen Vorgehensweise des Positivismus, für ein Festhalten an der St.u.M., die nun allerdings als Untersuchungsfeld ideengeschichtlicher Zusammenhänge (↗ Ideengeschichte) fruchtbar gemacht werden soll. In diesem Sinne setzt sich F. Unger für eine Neubestimmung der St.u.M. als ›Problemgeschichte‹ ein. Auch die Neuansätze J. Petersens und P. Merkers in den 20er Jahren des 20.Jh.s weisen in diese Richtung: sie fordern eine geistesgeschichtliche Aufarbeitung des seit den Arbeiten der Brüder Grimm und der Positivisten bereitstehenden umfangreichen Materials. Während in der geisteswissenschaftlichen St.u.M. das Interesse an stofflichen Konstanten zurücktritt und der historische Eigenwert der Varianten ins Zentrum rückt, etabliert sich im Kontext des ↗ Russ. Formalismus eine Forschungsrichtung, die Motivstrukturen in Texten nicht mehr in einer diachronen Perspektive, sondern ausschließlich ↗ synchron analysiert. Dabei tritt eine funktionale und typologische Beschreibung von Motivkomplexen in den Vordergrund. Der russ. Märchen- und Erzählforscher V.J. ↗ Propp (1928) etwa untersucht typische Erzählmuster und Motivketten, aus denen das narrative Strukturmodell der ↗ Gattung abstrahiert wird. Die Übertragung seiner Theorie der Textstruktur auf kompliziertere literar. Formen (L. Doležel) erweist sich zwar als schwierig, zumal die statische Modellbildung den komplexen und dynamischen literar. Prozessen entgegensteht; es ist aber das Verdienst der strukturalen Motivforschung, überhaupt erstmals Einsichten in die Funktion von Motiven für die Textorganisation gewonnen zu haben. In der strukturalen Motivanalyse wird allerdings zunehmend ein modifizierter Motivbegriff verwendet, der sich auf die internen Textelemente und weniger auf die diachrone Überlieferung und eigenständige Geschichtsfähigkeit kanonisierter Motive bezieht. – Einen Höhepunkt erreicht die Diskussion um den Erkenntniswert und die lit.theoretische Begründung der St.u.M. in den 50er Jahren durch die ↗ werkimmanente Lit.betrachtung und die formalistische Position des am. ↗ *New Criti-*

sism. W. ⟋ Kayser (1948) wirft der St.u.M. Reduktionismus, die Herauslösung und isolierte Behandlung von Einzelelementen des literar. Kunstwerks und damit die Vernachlässigung des ästhetischen Ganzen vor; R. ⟋ Wellek und A. ⟋ Warren (1949) vertreten ein komparatistisches Konzept, das aus der Lit.analyse alle außerliterar., historischen, sozialen, philosophischen und psychologischen Faktoren ausschließt. Wellek polemisiert v. a. gegen die frz. Schule der St.u.M. (Baldensperger, Hazard u.a.), die mehr auf den ›Stoff‹ als auf die ›Kunst‹ ausgerichtet sei. Infolge der breitenwirksamen Kritik an der positivistischen ›Stoffhuberei‹ einerseits, der geistesgeschichtlichen Instrumentalisierung der Kunst andererseits kommt es im Bereich der St.u.M. zu einem Stillstand; eine Neubelebung des Forschungszweiges findet erst seit der Mitte der 60er Jahre statt. Mit seinem »Plaidoyer pour la Stoffgeschichte« (1964) knüpft R. Trousson an die Tradition der historisch ausgerichteten frz. Komparatistik an, fordert nun aber einen problemorientierten Umgang mit literar. Stoffen und Motiven. Es geht dabei einerseits um die systematische Erfassung und funktionale Bestimmung kanonisierter literar. Themen, andererseits um die kulturgeschichtliche Reflexion von Wandlungsprozessen. Ausgehend von Bearbeitungen antiker Stoffe begründet Trousson die Disziplin der *Thématologie*, wobei die problemorientierte Themenforschung insofern eine Ausweitung erfährt, als auch Zeugnisse aus Musik und bildender Kunst in die Analyse einbezogen werden. Ähnliche Tendenzen finden sich auch in am. und dt. Neuansätzen im Rahmen der St.u.M. H. Levin (1968) plädiert in einem programmatischen Aufsatz für eine Integration von historischer und ästhetischer Betrachtungsweise; F. Jost (1974) vertritt die Auffassung, die Thematologie müsse als ›study in functional variations‹ systematische Perspektiven entwickeln. Entsprechend präsentiert Th. Ziolkowski (1977, 1983) in seinen Studien einen kulturwissenschaftlichen Zugang zur Themenforschung, indem er kollektive Imagines in einer Art literar. Ikonographie untersucht und historische Ausdifferenzierungen und Verschiebungsprozesse beschreibt. In der dt.sprachigen Lit.wissenschaft erhält die St.u.M. zunächst in den 60er Jahren durch die Arbeiten E. Frenzels einen Aufschwung, die einerseits um eine typologische bzw. lexikographische Aufarbeitung des bereits erfaßten Materials, andererseits um die Verbindung der Themenforschung mit poetologischen Fragestellungen bemüht ist. H. Pe-

triconi betreibt in seinen exemplarischen Studien zur St.u.M. ›Lit.geschichte als Themengeschichte‹ (1971) und knüpft damit an die historische und problemorientierte Neuausrichtung der Thematologie in der frz. Komparatistik an. In die gleiche Richtung zielen die Beiträge von H. S. Daemmrich und I. G. Daemmrich, die wegen des ideologischen, zwischen Positivismus, Geisteswissenschaft und *New Criticism* ausgetragenen Streits um den ›Stoff‹-Begriff von diesem Abstand nehmen und ihn durch die allgemeinere Bezeichnung ›Thema‹ ersetzen. Um die Terminologie und damit auch um den Gegenstandsbereich der St.u.M. entspinnt sich in der dt. Komparatistik seit den 70er Jahren eine Debatte, die bisher nicht zu einer endgültigen begrifflichen Entscheidung geführt hat. M. Beller schlägt bereits 1970 vor, sich vom Begriff der St.u.M. wegen seiner wissenschaftsgeschichtlichen Belastung zu trennen und stattdessen die frz. Bezeichnung ›Thematologie‹ einzuführen, was zugleich die problemorientierte Neuausrichtung des Forschungszweiges unterstreicht. Während sich dieser Vorschlag in einschlägigen komparatistischen Lehrbüchern und Nachschlagewerken durchgesetzt hat (Strelka, Weisstein, Daemmrich/Daemmrich), formulierten manche Vertreter des Faches Bedenken wegen der mit der neuen Terminologie verbundenen Ausweitung des Forschungsgegenstandes (Bisanz, Frenzel). Der Begriff des ›Themas‹, wie er in der engl. und frz. Lit.wissenschaft verwendet wird, bezieht sich nicht nur auf den eng umrissenen Bereich der geschichtlich überlieferten Stoffe und Motive, sondern zugleich allg. auf thematische und formale Elemente der Lit., die zwar in einem Traditionszusammenhang stehen, aber nicht unbedingt intertextuell verknüpft sind (z.B. Freundschaft, Liebe, Tod). Die terminologischen und sachlichen Unstimmigkeiten bleiben aber zweitrangig angesichts der insgesamt innovativen Entwicklung des Forschungszweigs: der sich durchsetzenden problemorientierten und kulturwissenschaftlichen Neuausrichtung der St.u.M., der wachsenden internationalen Verflechtung und Fundierung der Forschungsdiskussion, nicht zuletzt auch eines zunehmenden Theoriebewußtseins. Namentlich durch die neueren Ansätze der ⟋ Rezeptionsästhetik, der ⟋ Intertextualitätstheorie, des ⟋ *New Historicism* und der *New Cultural History* (⟋ Kulturgeschichte) hat die St.u.M., die Thematologie, wichtige theoretische und methodische Impulse erhalten.

Lit.: B. Croce: *Estetica come scienza dell'espressione e linguistica generale*, Mailand 1902. – V.J. Propp: *Morphologie des Märchens*, Mchn. 1972 [1928]. – Kayser 1992 [1948]. – Wellek/Warren 1993 [1949]. – R. Trousson: »Plaidoyer pour la St.«. In: *Revue de Littérature Comparée* 38 (1964) S. 101–114. – H. Levin: »Thematics and Criticism«. In: P. Demetz u.a. (Hgg.): *The Disciplines of Criticism*, New Haven/Ldn. 1968. S. 125–145. – H. Petriconi: *Metamorphosen der Träume. Fünf Beispiele zu einer Lit.geschichte als Themengeschichte*, FfM. 1971. – M. Beller: »Von der St. zur Thematologie. Betrachtungen zu einem lit.theoretischen Dilemma«. In: *DVjs* 47 (1973) S. 149–166. – F. Jost: *Introduction to Comparative Literature*, Indianapolis 1974. – Th. Ziolkowski: *Disenchanted Images. A Literary Iconology*, Princeton 1977. – H.S. Daemmrich/I.G. Daemmrich: *Wiederholte Spiegelungen. Themen und Motive in der Lit.*, Bern/Mchn. 1978. – E. Frenzel: *Vom Inhalt der Lit.: Stoff – Motiv – Thema*, Freiburg 1980. – R. Trousson: *Thèmes et mythes. Questions de méthode*, Brüssel 1981. – Th. Ziolkowski: *Varieties of Literary Thematics*, Princeton 1983. – Th. Wolpers (Hg.): *Gattungsinnovation und Motivstruktur*, 2 Bde., Göttingen 1989/92. – E. Frenzel: »Neuansätze zu einem alten Forschungszweig. Zwei Jahrzehnte Stoff-, Motiv- und Themenforschung«. In: *Anglia* 111 (1993) S. 97–117. – F. Trommler (Hg.): *Thematics Reconsidered, Fs. H.J. Daemmrich*, Amsterdam 1995.

ChL

Struktur (lat. *structura*: Bau, Bauwerk, Aufbau, Gefüge), zentraler Begriff und charakteristische Denkkategorie des ↗ Strukturalismus zur Konzeption des Untersuchungsgegenstandes, zur Überwindung von Denkweisen in ›Ganzheiten‹ einerseits, von dichotomisch-klassifikatorischen, a priori festschreibenden Einteilungen wie ›Form-Inhalt‹ andererseits. Im lit.wissenschaftlichen Umfeld ist es zunächst der ↗ Text, der als Verknüpfung von Elementen zu einer St. gedacht wird, die Träger eines Sinns, einer ↗ Bedeutung ist. Aber auch andere Einheiten können als ↗ System aufgefaßt werden: St. ist (a) ein relationaler Begriff; er ist in der Begriffsserie ›System‹/›Element‹/›Relation‹/›Funktion‹ zu verorten. St. ist die Menge der Relationen zwischen den Elementen eines Systems. Insofern St. wie die damit verbundene Begriffsreihe nicht substanziell definiert ist, sondern beide (b) relative Begriffe sind und (c) auf verschiedenste Sachverhalte und Realitätsbereiche angewendet werden können, stellt dieses Inventar ein flexibles Instrumentarium dar, das der jeweiligen Betrachtungsweise und Fragestellung entgegenkommt. Der Gegenstand der Klassifikation ist durch heuristisch-operationale Gesichtspunkte und das jeweilige Erkenntnisinteresse geregelt; die inhaltliche Auffüllung ist vom konkreten Anwendungsfall abhängig. Die abstrakte Bestimmung von St. korrespondiert ihrem erkenntnistheoretischen Status: St. ist (d) keine Eigenschaft des Objektes, sondern der theoretischen Modellbildung. Als deren Konstrukt ist sie demgemäß nicht ›empirisch‹ beobachtbar, sondern »Ergebnis einer Interaktion zwischen dem Objekt und den rekonstruierenden Operationen eines epistemischen Subjekts« (Titzmann 1984, S. 261). St.beschreibungen dienen der systematischen Rekonstruktion der dem jeweiligen Objekt zugrundeliegenden Ordnung und können auf verschiedenen Abstraktionsniveaus ablaufen. Instanz ihrer Adäquatheit sind die Normen der Analytischen Wissenschaftstheorie. Konstitutiver Bestandteil dieser Begriffsserie ist (e) der Begriff der Funktion, der in der strukturalen Denkweise notwendig mit dem der St. verbunden ist. Funktion in diesem Kontext meint (im Unterschied zur ästhetischen/poetischen ↗ Funktion) die Bedeutung und den Stellenwert, die/der einer St. in einer umfassenderen, übergeordneten Einheit, dem, was jeweils als System gesetzt ist, zukommt. Die Funktion ist als Größe abhängig vom jeweiligen Gesamtsystem und vernetzt St. mit diesem. St. und Funktion sind dabei voneinander unabhängige Größen, ihre Relation ist nicht notwendig eindeutig: Zum einen ist eine St. nicht durch genau eine Funktion determiniert, zum anderen kann ein- und dieselbe St. in verschiedenen Kontexten verschiedene Funktionen erfüllen. – Der St.begriff im oben erläuterten Sinne stellt einen ›modernen‹ St.begriff dar, der etwa ab 1930 gehäuft auftritt. Die Verwendungsweisen zuvor (bereits W. ↗ Dilthey verwendet den Begriff St.) sind wenig systematisiert und theoretisiert und inhaltlich zumeist nur aus dem jeweiligen konkreten Verwendungskontext zu erschließen. Seine gegenwärtige Bedeutung erlangt der St.begriff in dezidierter und präzisierter Weise als Basisbegriff des Strukturalismus.

Lit.: M. Oppitz: *Notwendige Beziehungen. Abriß der strukturalen Anthropologie*, FfM. 1975. – M. Titzmann: »St., Strukturalismus«. In: K. Kanzog/A. Masser (Hgg.): *Reallexikon der dt. Lit.geschichte*, Bd. 4, Bln. 1984. S. 256–278. – J.C. Rowe: »Structure«. In: Lentricchia/McLaughlin 1995 [1990]. S. 23–38.

HK

Strukturale Semantik ↗ Semantik, strukturale und historische

Strukturalismus, amerikanischer, französischer, genetischer, Analysemethode, die in den Humanwissenschaften historische Untersuchungen durch Strukturanalysen ersetzte. Ziel der strukturalistischen Erneuerung des methodischen Instrumentariums sollte es sein, durch möglichst formalisierbare Beschreibungen der Exaktheit der Naturwissenschaften vergleichbare Aussagen zu erzielen. Diese v. a. von Frankreich ausgehende Umorientierung von einer historischen Betrachtungsweise zur Erfassung synchroner Zustände basiert auf der Prämisse einer ganzheitlichen, in sich dynamischen ↗ Struktur kultureller Phänomene. Sie ist bestrebt, die Gesamtheit der die Elemente eines Systems verknüpfenden Relationen integrativ zu beschreiben. Diese Grundannahme führte zur Abstraktion vom Individuellen, Einmaligen und Kontingenten, das sich keiner Systematik fügt. In dieser von der Kontingenz bereinigten Sicht wird der Struktur Wesenhaftigkeit zugeschrieben, die dem Individuellen vorgegeben ist und so als unbewußtes Regulativ individueller Äußerungen fungiert. – In der Lit.wissenschaft reiht sich der St. in die Tradition einer werkimmanent orientierten Textkritik ein (↗ Werkimmanente Interpretation), die, ausgehend von dem linguistischen Strukturmodell F. de ↗ Saussures, entscheidende Impulse des ↗ Russ. Formalismus und der ↗ Prager Schule in sich aufnahm. In seinem *Cours de linguistique générale* (1916) unterschied Saussure im Gegensatz zur genetischen Sprachbetrachtung der Junggrammatiker zwischen der Sprache als ↗ *langue*, einem unabhängig von seinen Sprechern existierenden ↗ Zeichensystem, und als *parole*, der im einzelnen Sprechakt aktualisierten Sprache. Mit Hilfe dieser Unterscheidung wollte er die Frage nach dem Funktionieren sprachlicher Kommunikation beantworten. Das Zustandekommen einer Verständigung im konkreten Redeakt ist für Saussure nur möglich, wenn Sprecher und Hörer, Sender und Empfänger aufgrund der dem Redeakt vorausgehenden Kenntnis der Sprachstruktur die paradigmatische Stellung des einzelnen sprachlichen ↗ Zeichens und seiner ↗ syntagmatischen Kombinierbarkeit (wiederer)kennen. Der Wert des einzelnen sprachlichen Zeichens resultiert folglich nicht aus seinem Bezogensein auf die Wirklichkeit, sondern primär aus seiner Stellung im Relationsgefüge des Sprachsystems, der Sprachstruktur. Mit dieser Emanzipation und Autonomisierung des Zeichens hat Saussure einem semiotischen Kulturbegriff den Weg geebnet, welcher ein in sich geschlossenes System ohne die Einbeziehung außersystemischer Determinanten wissenschaftlich beschreibt. Von diesen Prämissen aus-

gehend entwickelten die Prager Strukturalisten in den 20er und 30er Jahren ein Erklärungsmodell, welches die ↗ Autonomie von Lit. in Abgrenzung von der etablierten positivistischen Textanalyse und dem ↗ Biographismus ebenso wie von der ↗ Marxistischen Lit.theorie postulierte. In Anknüpfung an die formalistische Prämisse der Autoreflexivität des ästhetischen Zeichens formulierten sie, allen voran J. ↗ Mukařovský und R. ↗ Jakobson, die Auffassung vom Kunstwerk als einem autonomen Zeichengebilde, das weder als Ausdruck der Persönlichkeit des Verfassers noch als Abbild einer außerliterar. Wirklichkeit zu verstehen ist. Was sie am einzelnen Kunstwerk interessiert, ist die spezifisch ästhetische Komposition des Systems der Sprachzeichen, d. h. das durch die künstlerische Sprache Bezeichnete, ihr Signifikat also, welches, um als Künstlichkeit erkennbar zu werden, als Abweichung von der zur Gewohnheit gewordenen Alltagssprache registriert sein muß. Mit Begriffen wie ↗ Literarizität, ›Poetizität‹ oder der ›poetischen ↗ Funktion von Lit.‹ wird die Abweichung vom ›gewöhnlichen Sprechen‹, der Mitteilung oder der Erörterung von Fakten, zum Kriterium für Lit. und die Komposition eines künstlerischen Textes zu seinem ästhetischen Signifikat gemacht. Im Übergang von den 30er zu den 40er Jahren tritt zunehmend ein kontextualistisches Beschreibungsmodell in den Vordergrund, welches die Organisation von Texten als Funktion einer außerliterar. Bezugswirklichkeit begreift. Die ↗ Interpretation textimmanenter Strukturen im Sinne von bedingt auf Selbsterhaltung ausgerichteten kollektiven Denk- und Darstellungsgewohnheiten verleiht zwar dem St. eine neue Dimension, ändert jedoch nichts an der undialektischen Ausklammerung des kreativen Individuums im Prozeß der kulturellen Evolution. – Ein weiterer wichtiger Impuls für die Profilierung des St. ging von dem frz. Anthropologen Cl. ↗ Lévi-Strauss aus, der archaische Kulturen im Sinne von Zeichensystemen nach quasi-linguistischen Regeln analysierte und so eine ↗ Kultur in ihrer gesamtheitlichen Struktur wissenschaftlich zu erfassen suchte. Indem er Kulturen als eine Erscheinungsform der symbolischen Tätigkeit des Menschen verstand, konnte er neben der Beschreibung der jeweiligen kulturellen Manifestationen die Gesetzmäßigkeiten enthüllen, denen die Symbolisierung der Welt folgt. Für die Lit. wissenschaft war von bes. Bedeutung seine Analyse mythischer Erzählungen aus verschiedenen Kulturen, in denen er die Strukturgesetze des jeweiligen ⁊ Mythos aufspürte. Die Attraktivität dieses Ansatzes für eine strukturalistische Lit.wissenschaft bestand darin, daß der einzelne Text als Teil eines umfassenden literar. oder kulturellen Korpus verstanden wird und seine spezifische Ausprägung repräsentativ die Gesetzmäßigkeiten des gesamten Systems verdeutlicht. Auf diese Weise wird eine Systematisierung der Lit. im Sinne eines zusammenhängenden Strukturkomplexes von Texten, Motiven und kulturellen Implikationen möglich. – Die frz. Strukturalisten unternahmen seit den späten 50er Jahren den Versuch der Verknüpfung dieser Ansätze zu einem Funktionsmodell narrativer Texte auf der Grundlage werkimmanenter Signifikationsstrukturen. A. J. ⁊ Greimas' bes. Interesse galt der Etablierung elementarer semantischer ⁊ Paradigmen, die von den jeweiligen Texten artikuliert werden. Anlog zu Saussures Unterscheidung von *langue* und *parole* stellen diese Paradigmen ein Kombinationsmodell dar, dem sich die Texte bedienen und das sie auf ihre spezifische Weise performativ aktualisieren. T. ⁊ Todorovs sog. ›homologisches Modell‹ beruht auf der Prämisse, daß das Wesen eines literar. Textes, seine Literarizität, in seiner Transformation eines Sprachsystems besteht, auf dessen Strukturgesetze er permanent rekurrieren muß, um rezipiert werden zu können. Der literar. Text modifiziert das ihn generierende Sprachsystem in der Weise, daß dieses Sprachsystem in quasi verfremdeter Form als Kunst neu produziert wird. In diesem Sinne geht sein Modell von einer Wechselbeziehung der konstitutiven Textelemente aus, die in analoger Konfiguration im Verlauf der Geschichte in der Form von ⁊ Homologien wiedererstehen. Folglich soll die Aufgabe der Textinterpretation das Herausfiltern dieser Homologien sein, welche die narrative ⁊ Tiefenstruktur des Textes ausmachen. Todorovs Modell ist für den St. insofern richtungsweisend, als es die konventionelle Trennung von ›Inhalt‹ und ›Form‹ zerstört und das ›formale Medium‹ des Textes zur Bedeutung erhebt. – Die Arbeiten von R. ⁊ Barthes lassen bereits poststrukturalistische Ansätze erkennen. Mit dem St. teilt er die Überzeugung von der fundamentalen Bedeutung der Sprache für die Konstituierung von Wirklichkeit; die Auffassung der Welt als einer Welt der Zeichen, aus der es keinen Weg in eine vorsemiotische Erfahrung gibt; die Sicht des individuellen Textes als Bestandteil einer umfassenderen Textumwelt. Während der St. diese Prämissen zu einer quasi-naturwissenschaftlichen Grundlegung der

Humanwissenschaften auszubauen versuchte und nach den Grundgesetzen forschte, die die symbolische Tätigkeit des Menschen determinieren, wird bei Barthes die Selbstkritik strukturalistischer Positionen sinnfällig, die die Idee der Kultur als eines der Sprache nachgebildeten Systems zentrierter Strukturen mit relativ klar zuschreibbaren Bedeutungen verwirft. Seine Argumentation, daß kulturelle Bedeutungen aus dem Wechselspiel von Zeichen resultieren, welche von Individuen entsprechend ihres kulturellen Kontextes en- und dekodiert werden, basiert zwar auch auf der strukturalistischen Konzeption des Textes als einer semiotischen Struktur, geht jedoch über diesen Ansatz hinaus, wenn er der Textstruktur stabile werkimmanente Bedeutungen abspricht und diese vielmehr als Teil eines instabilen kulturellen Kontextes versteht. – Im anglo-am. Sprachraum trug die Rezeption des St. durch N. ⁊ Fryes *Anatomy of Criticism* (1957) maßgeblich zur Ausweitung des werkimmanent orientierten ⁊ New Criticism bei. Mit seinem auch als ⁊ Mythenkritik bezeichneten Verfahren der lit.wissenschaftlichen ⁊ Archetypentheorie bzw. -kritik unternahm er den Versuch, archetypische Strukturzüge (⁊ Archetypus) der Lit. herauszuarbeiten. Er entwickelte auf der Grundlage einer Korrespondenzannahme zwischen Lit., Natur und kollektivem ⁊ Unbewußten eine Typologie literar. Helden und eine Theorie der literar. ⁊ Gattungen, die von der Prämisse eines kollektiven Unbewußten ausgeht, welches eine gleichsam vorsprachliche kulturelle Symbolsprache darstellt. Lit. ist somit jenseits des einzelnen Textes ein den gemeinsamen Regeln ihrer mythologischen Tiefenstruktur folgendes strukturelles Ganzes, in dem sich die archetypischen Kräfte der menschlichen Psyche in Analogien zu den ihnen entsprechenden Naturkräften artikulieren. Fryes Ansatz läßt in stark psychologisierter Form die Rezeption des anthropologischen St. eines Lévi-Strauss erkennen, wenn er Lit. im Sinne eines zusammenhängenden, den einzelnen Text erst situierenden Motiv- und Strukturkomplexes interpretiert. – Die eigentliche Ablösung der Dominanz des New Criticism erfolgte mit den Arbeiten von J. ⁊ Culler und R. Scholes. Scholes *Structuralism in Literature* (1974) übermittelte die frz. Theorieansätze systematisierend für den engl.sprachigen Raum, und Culler wies in seinem *Structuralist Poetics* (1975) den Weg zu einer Neuorientierung der Lit.kritik auf den Prozeß der Bedeutungsgeneration im literar. Diskurs. Cullers Modell geht von der Prämisse aus, daß ein

Text nur als Lit. wahrgenommen wird, wenn er den etablierten ⊅ Konventionen dieses Diskurses entspricht. Deshalb dürfe eine ⊅ Poetik sich nicht der Analyse der Texte an sich zuwenden, sondern jener kollektiv akzeptieren Konventionen, die einem Text den Status von Lit. zuteil werden lassen (Literarizität). Indem Culler eine Poetik formuliert, die den Analyseschwerpunkt von textinhärenten Strukturmustern auf die dem Text kulturell eingeschriebenen Bedeutungsstrukturen verlegt, weist er die Richtung zu einer poststrukturalistischen Kulturkritik, die Lit. als eine soziale Institution und deren Rezeption als eine soziale Aktivität begreift. – Die Geschichte des St. ist auch begleitet von Syntheseversuchen mit nichtstrukturalistischen Ansätzen, wie z.B. dem sog. genetischen St. eines L. ⊅ Goldmann, der die Integration des St. in den dialektischen Materialismus anstrebte. Im Unterschied zum etablierten St. versteht er unter Struktur kein archetypisch-ahistorisches Regelsystem, das sich in den verschiedenen Einzelwerken immer wieder neu manifestiert, sondern ein ganz und gar geschichtliches Phänomen, dessen ⊅ Kohärenz seine essenzielle Existenzbedingung darstellt. Für ein kulturelles Gefüge, das den Kriterien der Kohärenz und Funktionalität der Teile im Rahmen einer Ganzheit genügt, hat Goldmann den Begriff der ›sinnvollen Struktur‹ geprägt. Sie ist nichts Vorgegebenes im herkömmlichen Sinn der Struktur, sondern eine Zielstellung, die im Lauf der Geschichte zu verwirklichen ist. Daraus folgte für ihn in seiner *Soziologie des modernen Romans* (1964) ein kultureller Geschichtsbegriff im Sinne eines Abbaus älterer und des Aufbaus neuer Gesamtstrukturen. Ausgehend von diesem dialektischen Geschichtsverständnis, das die sinnvolle Struktur von Kultur als Projekt bzw. als Entwurf einer sinnvollen Welt versteht, leitete Goldmann einen Lit.begriff ab, der eine Homologie zwischen der imaginären Welt der Lit. und den Denkstrukturen der jeweiligen sozialen Klassen und Schichten etabliert. Dabei sieht er die Spezifik von Kunst und Lit. in ihrem schöpferischen Vorsprung vor der Realität, da sie über die Höhe des kollektiven Bewußtseins der Klassen hinausgeht und deshalb als Motor des Fortschreitens auf ein sinnvoll strukturiertes Leben dient. Goldmanns Versuch der Verknüpfung historischer und strukturalistischer Ansätze stellt eine nutzbringende Weiterentwicklung des St. dar, die dessen begrenzte Wirklichkeitsauffassung zu überwinden beginnt. – Nachhaltigen Einfluß übte der in vielen geisteswissenschaftlichen Dis-

ziplinen rezipierte St. insbes. auf die ⊅ Erzähltheorie (G. ⊅ Genette; G. ⊅ Prince) und die ⊅ Semiotik aus. Seit den späten 60er Jahren wurden die Prämissen und systematisierenden Verfahren des St. von Seiten des ⊅ Poststrukturalismus als logozentrische Illusionen (⊅ Logozentrismus) kritisiert und durch andere Ansätze (v.a. ⊅ Dekonstruktivismus, ⊅ *New Historicism*) abgelöst.

Lit.: J. Piaget: *Le Structuralisme*, Paris 1968. – Culler 1994 [1975]. – R. Scholes: *Structuralism in Literature. An Introduction*, Ldn. 1975. – T. Hawkes: *Structuralism and Semiotics*, Ldn. 1991 [1977]. – J. Sturrock (Hg.): *Structuralism and Since. From Lévi-Strauss to Derrida*, Oxford/N.Y. 1990 [1979]. – E. Kurzweil: *The Age of Structuralism. Lèvi-Strauss to Foucault*, N.Y. 1996 [1980]. – D. Lodge: *Working with Structuralism*, Boston 1981. – Culler 1994 [1982]. – L. Fietz: *St.: Eine Einf.*, Tüb. 1992 [1982]. – Selden et al. 1997 [1985]. S. 103–124. – J. Sturrock: *Structuralism*, Ldn. 1993 [1986]. – R. Harland: *Superstructuralism. The Philosophy of Structuralism and Post-Structuralism*, Ldn. 1994 [1987]. – P. Caws: *Structuralism. The Art of the Intelligible*, Atlantic Highlands 1988. – L.H. Lefkovitz: »Creating the World. Structuralism and Semiotics«. In: Atkins/Morrow 1989. S. 60–80. – Zapf 1996 [1991]. S. 155–165. – L. Jackson: *The Poverty of Structuralism. Literature and Structuralist Theory*, Ldn. 1991. – H. Meyer: »Exkurs: Formalismus und St.«. In: Pechlivanos et al. 1995. S. 43–48. – R. Grübel: »Formalismus und St.«. In: Arnold/Detering 1997 [1996]. S. 386–408.

StL

Subjekt und Subjektivität (lat. *subiectum*: das Unterworfene), obwohl die urspr. lat. Wortbedeutung Passivität suggeriert, wird das Substantiv S. (ebenso wie das Deadjektivum Subjektivität) üblicherweise mit der Vorstellung aktiven Handelns verbunden. So entspricht auf der grammatischen Ebene das S. meist dem Agens eines Satzes. Für die philosophische Tradition der Neuzeit ist die von R. Descartes vertretene Auffassung eines denkenden S.s als Träger oder Quelle von Bewußtsein und ⊅ Intentionalität (*cogito ergo sum*) grundlegend. Mit der nachidealistischen Philosophie des 19. Jh.s (vgl. A. Schopenhauer, F.W. ⊅ Nietzsche, K. ⊅ Marx) und mit dem Beginn der Psychoanalyse S. ⊅ Freuds setzt jedoch eine kritische Hinterfragung des Begriffs des rational-autonomen S.s ein, die bis in die jüngere Kultur- und Lit.theorie fortwirkt, wo das S. nicht mehr als selbständig handelndes, sondern als Wirkung von Handlungen, als Konstrukt oder Effekt von ⊅ Ideologie und Sprache konzeptualisiert wird. – Die einflußreichste Darstellung des S.s als ideologisches Konstrukt ist die des marxistischen Philosophen L. ⊅ Althusser. Die Ideologie (für Althusser die Summe der imaginären Beziehungen, die den Einzelnen an seine realen Existenzbedingungen knüpfen) ruft »die konkreten Individuen als konkrete Subjekte an« (Althusser 1977, S. 142). Schon indem er auf diese Anrufung (*Interpellation*) reagiert, identifiziert sich der Einzelne mit der ihm von der Ideologie benannten Position und wird so als S. ›konstituiert‹. Weit davon entfernt, ein freies und unabhängiges Wesen zu sein, ist der Einzelne in das Netz imaginärer Beziehungen eingebunden, an denen er sich von der ihm zugewiesenen Position aus beteiligen kann. Er ist somit, in Althussers Worten, ›immer schon S‹. – Althussers Konzept des von einem System imaginärer Beziehungen abhängigen S.s ist stark beeinflusst von der psychoanalytischen Theorie J. ↗ Lacans, der die Bedeutung des Eintritts in die Sprache für die S.genese hervorhebt. In der Lacanschen Entwicklungsgeschichte des Kleinkinds identifiziert sich das Kind noch vor dem Spracherwerb über sein Spiegelbild mit einem imaginären ganzheitlichen und autonomen Ich (↗ Spiegelstadium). Mit dem Spracherwerb erweist sich dieses Ich jedoch noch deutlicher als unerreichbar. Um ein soziales S. werden zu können, muß der Einzelne in die von der Sprache verkörperte ›symbolische Ordnung‹ eintreten, die seiner Existenz vorgängig ist und ihm nur dann die Möglichkeit bietet, sich auszudrücken und eine (symbolische) Identität anzunehmen, wenn er eine Reihe von vorgegebenen Positionen als seine eigenen (v)erkennt. Subjektivität wird dabei innerhalb einer Matrix diskursiver S.positionen konstituiert. Darüber hinaus bedeutet der Eintritt in die Sprache eine S.spaltung. Das Ich, das spricht (›*sujet d'énonciation*‹), ist ein anderes, als das Ich, das im Diskurs repräsentiert wird (›*sujet d'énoncé*‹). – Das Konzept des durch die Sprache konstituierten S.s ist eine der Grundannahmen sowohl der post-Saussureschen ↗ Semiotik als auch der poststrukturalistischen Kulturtheorie, die sprachliche Bedeutung nicht als Ausdruck einer intentionalen Haltung des S.s zur Welt, sondern als Produkt eines Systems von Differenzen verstehen. Indem der ↗ Poststrukturalismus das S. nicht mehr als ein urspr., autonomes und einheitliches Selbst beschreibt, sondern als eine ›Funktion des Diskurses‹ (vgl. M. ↗ Foucault), versucht er das S. von seiner vormals privilegierten Stellung als Ursprung und Quelle zu verdrängen, zu ›dezentrieren‹. Diese Dezentrierung des S.s hat in der Lit.theorie dazu geführt, die beiden wichtigsten Rollen des literar. Prozesses (Autor und Leser) nicht mehr in personelle, sondern in rein tex-

tuelle Begriffe zu fassen. So ist es etwa für R. ↗ Barthes (1976) ›Sprache, die spricht, nicht der Autor‹, während der Leser gleichzeitig auf ›eine Pluralität anderer Texte, unendlicher Codes‹ reduziert ist. Auf ähnliche Weise werden in poststrukturalistischen ↗ Intertextualitätstheorien spezifische und abgrenzbare Bezüge zwischen Autoren, im Sinne intendierender Subjekte, ersetzt durch unendliche und nicht-intentionale Beziehungen zwischen Texten und umfassenderen ↗ Codes und Sinnsystemen. Im Gegensatz zu dem von G. ↗ Deleuze, J. ↗ Derrida und J.-F. ↗ Lyotard konstatierten ›Tod des S.s‹ (vgl. auch ↗ Tod des Autors) und dessen Entsubstantialisierung haben ↗ Hermeneutiker und Philosophen des Diskurses neue und differenziertere Interpretationen von Subjektivität und Individualität entwickelt (vgl. v. a. die Arbeiten von M. Frank).

Lit.: J. Lacan: *Das Seminar, Buch XI*, Bln. 1987 [1964]. – R. Barthes: *S/Z*, FfM. 1976 [1970]. – L. Althusser: *Ideologie und ideologische Staatsapparate: Aspekte zur marxistischen Theorie*, Hbg. 1977. – Carroll 1982. – M. Frank: *Die Unhintergehbarkeit von Individualität*, FfM. 1986. – ders. et al. (Hgg.): *Die Frage nach dem Subjekt*, FfM. 1988. – ders./A. Haverkamp (Hgg.): *Individualität*, Mchn. 1988

RA

Subjektdezentrierung ↗ Subjekt und Subjektivität

Subjektposition ↗ Subjekt und Subjektivität

Subkulturen, Zusammenschlüsse von Gruppen innerhalb einer Gesellschaft auf der Basis gemeinsamer Interessen, Wertvorstellungen oder als Reaktion auf Marginalisierungsprozesse. Urspr. vorwiegend sozial, ethnisch oder religiös definiert, wird der Begriff seit den 60er Jahren zunehmend im Bezug auf jugend- und gegenkulturelle Strömungen verwendet. Diese Bedeutungsverschiebung wurde stark durch brit. ↗ *Cultural Studies*-Ansätze geprägt, für die subkulturelle Praktiken eine Möglichkeit darstellten, sozialen Widerstand oder Dissens anders denn als ausschließlich intellektuelles, politisch expliziertes oder hochkulturelles Projekt zu fassen. In diesem Sinne argumentiert der 1976 erschienene Band *Resistance through Rituals* des Birmingham Center for Contemporary Cultural Studies für die politische Wirksamkeit auch scheinbar unpolitischer Zusammenschlüsse v. a. von Jugendlichen der Arbeiterklasse, die sich über populärkulturelle Stile in Popmusik, Kleidung und Sprache nicht-verbal vom hegemonialen System (↗ Hegemonie) abgrenzen: durch Provokation wie die Punks, karikierende Überzeichnung wie die Mods oder alternative Lebensmodelle wie die Hippies. Diese Untersuchung wurde in den folgenden Jahren u.a. von D. Hebdige im Blick auf afro-diasporische Minderheiten und von A. McRobbie im Blick auf weibliche Jugendkultur überprüft und ergänzt. Das in den 70er Jahren noch deutlich formulierte Vertrauen in die Macht der S., gegenhegemonial zu wirken, wird in jüngeren Arbeiten zu diesem Thema stark in Frage gestellt. So wird seit den 80er Jahren die Tendenz einer Vereinnahmung subkultureller Stils durch den kulturellen Mainstream diskutiert, in deren Folge die Gesten des Rebellischen und des Exzentrischen ihre provokative Wirkung verlieren und zu beliebigen, allg. akzeptierten Modestils werden.

Lit.: St. Hall/T. Jefferson (Hgg.): *Resistance through Rituals*, Ldn. 1976. – D. Hebdige: *Subculture. The Meaning of Style*, Ldn. 1991 [1979]. – A. McRobbie: *Feminism and Youth Culture*, Houndmills 1991. – Symbolische Politik, Kultur und Kommunikation (SpoKK, Hg.): *Kursbuch JugendKultur*, Mannheim 1997.

RM

Sublimierung (lat. *sublimis*: erhaben, hochstrebend), von S. ↗ Freud geprägter Begriff, der die Übertragung sexueller Energie in künstlerische oder intellektuelle Energie bezeichnet. Freud spielt bei dem Begriff auf die Theorie der Erhabenheit (das ↗ Erhabene) an, und damit auf die Übertragung einer die Vorstellungs- und Darstellungskraft überschreitenden Idee in eine repräsentative Form, wobei es Freud insbes. um die Übertragung von Unbewußtem in Bewußtes geht. Gleichzeitig spielt der Begriff der S. auf den chemischen Prozeß an, bei dem sich Festes in gasförmiger Form niederschlägt. Dies ermöglicht eine Analogie zur Überführung von Physisch-körperlichem (Sexuellem) in Psychisch-geistiges (Künstlerisch-intellektuelles). Es geht bei der S. um das Aufgeben einer konkreten, direkten Befriedigung zugunsten einer abstrakten, indirekten Befriedigung. Jede S. ist ein Umweg, der beschritten wird, um die Lösung von Spannungen herbeizuführen. Hierbei macht sich die S. die Plastizität der Begierde zunutze, d.h. ihre Fähigkeit, sich auf verschiedenste Objekte zu beziehen. In diesen libidinösen Übertragungen wird sexuelle Energie vom originären Objekt abgelenkt und auf eine nicht direkt sexuelle, aber dennoch an den Sexualtrieb angeheftete, Bahn gelenkt. Es handelt sich dabei bes. um ›perverse‹ Energien, die sich nicht ohne weiteres in die Struktur der genitalen Sexualität integrieren lassen und die in fiktionalen Szenarien ausgelebt werden. Bes. in der Ätiologie der Neurosen ist die S. ein wichtiger Bestandteil. Im weitesten Sinne liegt jeder künstlerischen Arbeit eine solche Umlenkung, Verschiebung und ›Aufhebung‹ sexueller Energie zugrunde, wobei die sexuelle Energie im künstlerischen Medium als libidinöse Strömung oder ↗ Genotext markiert ist.

HB

Substitutionstheorie der Metapher ↗ Metapherntheorien

Subtext, im Kontext poststrukturalistischer Vorannahmen hat der S.begriff und damit die Differenz von explizit formuliertem Haupttext und implizitem S. in der zeitgenössischen Theorie und Textinterpretation große Verbreitung erfahren. In Analogie zur psychoanalytischen Unterscheidung von ›manifestem Gehalt‹ und ›latentem Sinn‹, wie sie S. ↗ Freud in seiner *Traumdeutung* entwickelt hat, geht es darum, aus dem, was der Text erzählt und in seinem manifesten Gehalt affirmiert, das ›Verborgene‹ und das ›Unbewußte‹ seines latenten Sinns zu rekonstruieren, über den er ›uneigentlich‹ auch spricht, indem er in einer eigentümlichen Dialektik von Zeigen und Verschweigen das latent Angedeutete zugleich in der autorisierten Botschaft des manifesten Gehalts verdeckt. T. ↗ Eagleton (1983, S. 178) definiert daher den S. als ›das Unbewußte des Textes selbst‹, als »a text which runs within it, visible at certain ›symptomatic‹ points of ambiguity, evasion or over-emphasis«. Und H. Pinter (1964, S. 123) spricht von der Figurensprache, »[that] is speaking of a language locked beneath it. (...) The speech we hear is an indication of that which we don't hear. It is a necessary avoidance, a violent, sly, anguished or mocking smoke screen which keeps the other in its place«. Die eigentliche Tragweite des S.-Konzepts wird erst ersichtlich, wenn man es als texttheoretische Ableitung aus den Prämissen einer ›Hermeneutik des Verdachts‹ (P. ↗ Ricœur) begreift, die in letzter Konsequenz auf das Wahrheitspostulat aufklärerischer Vernunft und ihren Anspruch zielt, als autonome Subjektivität ihrer selbst mächtig zu sein und als zentrierte, transzendental gegründete Instanz aller gültigen, wahren Urteile zu fungieren. So gehen in das S.-Konzept Anregungen von Denkern wie F. ↗ Nietzsche, K. ↗ Marx, Freud, M. ↗ Foucault, J. ↗ Derrida und J. ↗ Lacan ein, die eindringlich den Nachweis geführt haben, daß das Subjekt entgegen der intuitiven Selbstevidenz nicht ›Herr im eigenen Hause‹ ist. Auf die Praxis der Textinterpretation bezogen, hat dieses an einem ↗ ›différance‹- (Derrida) statt an einem Identitätskonzept orientierte Verständnis des S.s zur Folge, daß gerade im Umkreis der für eine Kultur zentralen diskursiven Konstruktion von ↗ Klasse, Rasse (↗ race und ↗ gender der S. im Verhältnis zum intentional autorisierten manifesten Gehalt eine alternative Version impliziert, die es wie bei einem ↗ Palimpsest aus den fragmentarisch aufscheinenden Spuren innerhalb der Brüche des Überschreibungstextes interpretatorisch in ihrer verborgenen textuellen ↗ Kohärenz zu rekonstruieren gilt. Während daher der Haupttext von den traditionalen Werthierarchien und Diskursformationen abendländisch-aufklärerischen Denkens zeugt, sind dem S. die Spuren einer gegenläufigen Wertung eingeschrieben, die auf eine Dezentrierung des Subjekts, die Fragwürdigkeit auktorialer Intentionalität, die Brüche in der ästhetischen ↗ Struktur und die Offenheit des latenten Sinns hindeuten.

Lit.: H. Pinter: »Writing for the Theatre (1964)«. In: P. Goetsch (Hg.): *English Dramatic Theories IV. 20th Century*, Tüb. 1972. S. 118–124. – Eagleton 1996 [1983]. – M. Winkgens: »Natur als Palimpsest. Der eingeschriebene S. in Ch. Dickens' ›David Copperfield‹«. In: ders. et al. (Hgg.): *Das Natur/Kultur-Paradigma in der engl.sprachigen Erzähllit. des 19. und 20. Jh.s*, Tüb. 1994. S. 35–61.

MW

Surrealismus, Literaturtheorien des (frz. *sur*: über; mlat. *realis*: sachlich, wesentlich), 1917 als Neologismus von G. Apollinaire eingeführt, wird der S. (frz. *surréalisme*), der A. Bretons »Manifest« des Jahres 1924 den Titel gibt, seit 1919 zunächst von Breton und Ph. Soupault, dann auch von anderen praktiziert. Da der S. mehr sein will, als eine weitere ↗ Avantgarde-Bewegung oder gar eine theoretisch fundierte literar. Strömung, definiert Breton (1968, S. 26) ihn ›ein für alle Mal‹ im ›Ersten Manifest‹: »S., Subst., m. – Reiner psychischer Automatismus, durch den man mündlich oder schriftlich oder auf jede andere Weise den wirklichen Ablauf des Denkens auszudrücken sucht. Denk-Diktat ohne jede Kontrolle durch die Vernunft, jenseits jeder ästhetischen oder ethischen Überzeugung. / Enzyklopädie. Philosophie. Der S. beruht auf dem Glauben an die höhere Wirklichkeit gewisser, bis dahin vernachlässigter Assoziationsformen, an die Allmacht des Traumes, an das zweckfreie Spiel des Denkens«. – 1969, drei

Jahre nach Bretons Tod, löst sich die seit 1924 bestehende Surrealistische Gruppe auf. In der Zwischenkriegszeit gibt es surrealistische Gruppierungen u. a. in Belgien, England, Jugoslawien, Spanien und der Tschechoslowakei. Die historische Aufarbeitung des frz. S. beginnt, vom offiziellen S. als zu kritisch abgelehnt, mit M. Nadeaus *Histoire du surréalisme* (1945). In den folgenden Jahrzehnten dominiert eine identifikatorische Perspektive, noch bei F. Alquié (1968). Erst nach 1968/69 setzt die wissenschaftliche Auseinandersetzung ein. P. ↗ Bürger legt 1971 unter Rückgriff auf T. W. ↗ Adorno, G. ↗ Lukács und W. ↗ Benjamin eine erste dialektisch-ideologiekritische Analyse vor, die in Frankreich bis heute ungenügend wahrgenommen wird. Dort erscheint seit 1979 die Zs. *Mélusine*, die insbes. der internationalen Dimension des S. Rechnung trägt. Die *Thèse* von J. Chénieux-Gendron (1983) berücksichtigt erstmals die Vielfalt surrealistischer Verfahren und die Heterogenität der sukzessiven Theoriebildung; demgegenüber sind viele Studien immer noch eher themen- und motivgeschichtlich orientiert. Der gegenwärtige Forschungsstand ist charakterisiert durch die immer noch notwendige historische und editorische Aufarbeitung sowie eine zunehmende thematische und methodische Differenzierung, z.B. Caws (1993), Chénieux-Gendron/Dumas (1993), Thompson (1995). Demgegenüber stellt die Berücksichtigung der europ. Avantgarden, etwa im Sinne von Bürgers *Theorie der Avantgarde* (1974), ebenso ein Forschungsdesiderat dar, wie vergleichende Untersuchungen von surrealistischer Theoriebildung und postmodern-dekonstruktivistischen Diskursen (↗ Postmoderne, ↗ Dekonstruktivismus), etwa in Fortführung von P. Mann (1991). – Insbes. in seiner Entstehungsphase ist das Leben (in/mit) der Gruppe für den S. zumindest ebenso wichtig wie die Autoren, ihre Werke oder die diesen zugrunde liegende ↗ Ästhetik. Von Beginn an muß der S. also mit dem Dilemma leben, weit über eine neue lit.-künstlerische Ästhetik hinausgehen und zugleich eine andere Kunst praktizieren und deren theoretische Grundlagen etablieren zu wollen. Surrealistische Texte und zumindest implizit auch eine Lit.theorie sind unverzichtbar, weil man sich der lit.-künstlerischen Öffentlichkeit, d.h. dem Markt, nicht verweigert, sondern mittels solcher Produktionen mitteilt. Dennoch stellt der S. den umfassenden und weitgehendsten Versuch der historischen Avantgarde dar, die Institution Kunst (vgl. Bürger) zu erschüttern. Sein Ziel, die Kunst ins Leben zurückzuführen, soll in Zusammenhang mit einem breiten Angriff auf die Grundlagen der bürgerlichen Gesellschaft verwirklicht werden. Die Kritik des S. gilt insbes. der unbegrenzten Herrschaft der Vernunft, d. h. einer cartesianischen Logik, die durch eine Gleichwertigkeit von Formen irrationalen Denkens ersetzt werden soll. Die surrealistische Revolte beruht auf der inspirierenden und befreienden Kraft der ↗ Imagination, wie sie sich im Traum, im Märchenhaft-Wunderbaren und in der Liebe manifestiert. Die Freud-Rezeption der Surrealisten verbindet sich allerdings durchweg mit einer nicht nur latenten Kritik: Ihnen geht es nicht um eine Vernunftkriterien genügende Erklärung von Träumen als Basis von Sublimierung und Heilung. Sie wollen vielmehr den Überschuß, die subversive Kraft, die nicht rational bearbeitet und domestiziert werden kann, unmittelbar aus Traum oder Wachtraum ins Leben übertragen, um dieses grundlegend verändern zu können. Dazu entwickelt der S. insbes. vier Verfahren, die implizit als zentrale Elemente einer surrealistischen Lit.-theorie betrachtet werden können: (a) Automatisches Schreiben; in der Anfangsphase sind automatisches Schreiben und S. identisch. Dank des intendierten Ausschaltens der Kontrollinstanzen von Vernunft und Ästhetik kann sich das Subjekt selbst in Frage stellen. Zwar sind die entsprechenden Verfahren durch Psychiatrie oder auch Spiritismus bekannt, der S. wertet die Produkte dieser Aktivität aber dadurch auf, daß er ihnen sowohl ästhetische Qualität als auch subversive Potenz zuspricht. Mittels einer möglichst indifferenten Einstellung und dank einer Ausschaltung der Alltagsbindungen soll sich das Denken selbst manifestieren. Damit hebt die Methode des automatischen Schreibens die Trennung zwischen (privilegierten, gar autonomen) Künstlern und Rezipienten sowie die Grenze zwischen literar. und nicht-literar. Texten auf: jeder kann das automatische Schreiben praktizieren. Auch wenn die Syntax in solchen Texten erhalten bleibt, fördern die semantischen Inkompatibiltäten die Infragestellung von Lit. und Gesellschaft durch die Trias von ↗ Unbewußten, Unbekanntem und Unerhörtem. (b) Surrealistische Bilder; der Konsum der ›Droge Bild‹ (L. Aragon) wird ebenfalls mit S. gleichgesetzt. Auf die kubistische Bild-Ästhetik P. Reverdys zückgreifend, betont Breton nicht länger die präzise Beziehung zwischen weit auseinander liegenden Elementen eines Bildes, sondern statt dessen die Dimension einer willkürlich-zufälligen Beziehung, die der S. zwischen ihnen eta-

blieren will. Dabei kommt dem Bedeutenden (*signifiant*), dem Spiel von Lauten und Buchstaben, die Priorität gegenüber dem Bedeuteten (*signifié*) zu, so daß die Sprache nicht selten einen autoreferentiellen Charakter gewinnt. (c) Objektiver Zufall; von Beginn an praktiziert, wird dieses Verfahren in den 30er Jahren konzeptualisiert. Breton betrachtet es als die Koinzidenz von (äußerer) Naturnotwendigkeit mit (innerer) menschlicher Notwendigkeit. Der objektive Zufall überläßt dem Unbewußten und damit zugleich der Imagination die Steuerung des Geschehens: Ein ↗ Zeichen, das für den Akteur (noch) keine signifikante Bedeutung hat, wird mit einem Ereignis zufällig in Beziehung gesetzt, durch das es eine überraschende, surreale Relevanz für den Betrachter erhält; dabei lassen sich Effekte von Kondensierung, Deplazierung und Substitution unterscheiden. (d) Schwarzer Humor; auch dieses Konzept wird in den 30er Jahren entwickelt, als aus Hegels ›objektivem Humor‹ erstmals bei M. Ernst der ›schwarze Humor‹ abgeleitet wird. Mit seiner Intention, konventionalisierte Mechanismen durch Wörter zu unterminieren, negiert er das Realitätsprinzip und stellt den Ausdruck einer Revolte dar, mit der sich, insbes. in Bretons *Anthologie de l'humour noir* (1940), die Hoffnung verbindet, die Ereignisse mit der Magie subjektiv-subversiver Formulierungen beeinflussen zu können. Mit dieser Programmatik verändert der S. nicht nur den traditionellen Lit.begriff und entwirft von ihm ausgehend eine eigenständige Ästhetik. Ohne eine Lit.theorie formulieren zu wollen, gelingt es seinem Versuch, Lit. ins Leben zu reintegrieren, die Grenzen zwischen Produktion und Rezeption aufzuheben, nicht nur die ↗ Gattungen, sondern auch die Normen des autonomen und organischen Kunstwerks obsolet werden zu lassen.

Lit.: F. Alquié (Hg.): *Entretiens sur le surréalisme*, Paris/Den Haag 1968. – A. Breton: *Die Manifeste des S.*, Reinbek 1968. – P. Bürger: *Der frz. S.*, FfM. 1996 [1971]. – J. Chénieux-Gendron: *Le Surréalisme et le roman 1922–1950*, Lausanne 1983. – P. Mann: *The Theory-death of the Avant-garde*, Bloomington 1991. – J. Chénieux-Gendron/M.C. Dumas: *Jeu surréaliste et humour noir*, Paris 1993. – M. A. Caws et al. (Hgg.): *Surrealism and Women*, Cambridge, Mass. 1993. – H. Fritz: »S.«. In: Borchmeyer/Žmegač 1994 [1987]. S. 406–412. – Ch. W. Thompson: *L'autre et le sacré. Surréalisme, cinéma, ethnologie*, Paris 1995.

WA

Symbol (gr. *sýmbolon*: Wahrzeichen, Merkmal von *symbállein*: zusammenwerfen), in der Antike war das S. urspr. ein Erkennungszeichen aus zwei Hälften, die beim Wiedersehen, bei einer Nachrichtenübermittlung oder einer Vertragserneuerung nach längerem Zeitraum als Beglaubigung dienten. Später wurde als S. auch das auf höhere geistige Zusammenhänge verweisende bildhafte ↗ Zeichen verstanden. – Der Terminus S. wird und wurde in verschiedenen Disziplinen (darunter auch in der Theologie, Psychoanalyse und Soziologie) uneinheitlich und teilweise inflationär verwendet; seine Wort- und Begriffsgeschichte ist bisher nicht befriedigend aufgearbeitet worden. Daher ist das S. auch nicht eindeutig abzugrenzen von verwandten oder benachbarten Phänomenen wie der ↗ Allegorie, dem Emblem (↗ Emblematik), der ↗ Metapher, der ↗ Metonymie und der ↗ Synekdoche. Festzuhalten ist, daß das S. keine rhetorische Figur ist, sondern reale Gegenstände oder Handlungen bezeichnet, die in der Realität oder der erzählten Welt auf etwas anderes verweisen. Dabei ist zu unterscheiden zwischen solchen S. und symbolischen Handlungen, die bewußt als solche gesetzt sind (wie das christliche Kreuz oder die Fahnenweihe) und sich in ihrem Verweisungscharakter erschöpfen, und solchen, die ihren eigenen Stellenwert in der Realität oder im Erzählzusammenhang haben und denen die Verweisungskraft des S.s erst im Nachhinein zugesprochen wird, d.h. die pragmatisch und symbolisch verstanden werden können (vgl. Charlottes Tintenfleck in Goethes *Wahlverwandtschaften*). – Goethes Bevorzugung des S.s gegenüber der Allegorie hat zu einer ideologischen Aufladung und zu einer Ausweitung des Begriffs geführt, so daß er unscharf geworden ist und daher für die Lit.analyse stets neu im Sinne einer Arbeitsdefinition (ohne umfassende philosophische Implikationen) präzisiert werden sollte.

Lit.: W. Emrich: »Das Problem der S.interpretation im Hinblick auf Goethes ›Wanderjahre‹«. In: *DVjs* 26 (1952) S. 331–352. – W. Haug (Hg.): *Formen und Funktionen der Allegorie*, Stgt. 1979. – Kurz 1997 [1982]. – P. Michel: *Alieniloquium. Elemente einer Grammatik der Bildrede*, Bern 1987. S. 536–538. – B.F. Scholz: »Allegorie 2«. In: Weimar 1997. S. 40–44.
DP

Synchron/Synchronie (gr. *sýn*: mit ..., zusammen; gr. *chrónos*: Zeit), bezeichnet die zeitliche Koexistenz und das Zusammenwirken von Elementen innerhalb eines Systems; bei einer synchronen Analyse geht es um die Zusammenschau von (ggf. sehr unterschiedlichen) Phänomenen, die innerhalb eines bestimmten Zeitraumes gleichzeitig anzutreffen sind. Die inzwischen klassische Unterscheidung der beiden Arten von Sprachwissenschaft geht auf F. ↗ de Saussure (1967, S. 96) zurück: »Synchronisch ist alles, was sich auf die statische Seite unserer Wissenschaft bezieht; diachronisch alles, was mit den Entwicklungsvorgängen zusammenhängt« (↗ Diachron/Diachronie). De Saussure stellte die ↗ Arbitrarität des sprachlichen Zeichens in das Zentrum seiner Theorie, wohingegen J. Piaget (1968, S. 67) einen ebenso klassischen Einwand gegen die einseitige Formalisierung dieser Kategorien erhebt, da sie komplexe, historisch gewachsene Strukturen vereinfachen: »Quant aux structures de valeurs, comme en économie, elles occupent une position intermédiaire, liée au diachronique quant au développement des moyens de production et surtout au synchronique quant à l'interaction même des valeurs«. Im frz. ↗ Strukturalismus wird der Prozeß- und Ereignischarakter der Geschichte auf ›struktursynchrone Systeme‹ bezogen (↗ Lévi-Strauss 1968), die »von einem und demselben Kollektivsystem wahrgenommen werden« (de Saussure 1967, S. 119). Dies verweist den Lit.wissenschaftler eher auf die ↗ Systemtheorie als auf strukturalistische Arbeitsweisen, gilt es unter diesen Vorzeichen nun, in der Gleichzeitigkeit bestehende literar. Strukturen auf das ihnen inhärente Regelwerk zu untersuchen, sei dies im Hinblick auf ihre Selektivität in bezug auf Gegenstand und Form oder auch auf die Gleichförmigkeit von Sinnbildungsmustern.

Lit.: F. de Saussure: *Grundfragen der allg. Sprachwissenschaft*, Bln. 1967 [1916]. – Cl. Lévi-Strauss: *Das wilde Denken*, FfM. 1968. – J. Piaget: *Le structuralisme*, Paris 1968.
FWN

Synekdoche (gr. *synekdochē*: Mitverstehen), die S. gehört wie die ↗ Metonymie zu den Grenzverschiebungstropen (↗ Tropen). Sie ersetzt einen semantisch weiteren durch einen semantisch engeren Ausdruck und umgekehrt und läßt sich als »Metonymie quantitativer Beziehung zwischen dem verwendeten Wort und der gemeinten Bedeutung« (Lausberg 1990, §572) auffassen. Zu unterscheiden sind zwei Typen: Die S. vom Weiteren (oder generalisierende S.) und die S. vom Engeren (partikularisierende S.). Die generalisierende S. setzt das Ganze für den Teil (›Brasilien‹ gewinnt die Fußball-WM), die Gattung für die Art (›die Sterblichen‹ für ›die Menschen‹) den Plural für den Singular (so im Pluralis Majestatis) und den Rohstoff für das Fertigfabrikat (›Eisen‹ für ›Schwert‹). Die partikularisierende S. setzt den Teil für das Ganze (›unter meinem Dach‹ für ›in meinem Haus‹), die Art für die Gattung (›Brot‹ für Nahrungsmittel überhaupt) und den Singular für den Plural (S. der Nationalitätsbezeichnung: ›der Franzose‹); die Umkehr der Relation zwischen Rohstoff und Fertigfabrikat ist nicht üblich. Die S. dient der Vermeidung von Wortwiederholungen, kann aber auch spezielle stilistische Effekte (z.B. ↗ Verfremdung, Komik) bewirken. Als bes. Form der S. kann die Antonomasie angesehen werden, wenn sie den Eigennamen durch ein Appellativ ersetzt (›der letzte Ritter‹: Kaiser Maximilian I.) oder umgekehrt (›Ich bin doch kein Krösus!‹). Wie für die Metapher und die Metonymie, von denen sie sich nicht immer eindeutig abgrenzen läßt, gibt es auch für die S. mehrere Habitualisierungsgrade.

Lit.: Lausberg 1990 [1949]. §§ 192–207. – ders. 1990 [1960]. §§ 572–577, 580f. – J. Dubois et al.: *Allg. Rhetorik*, Mchn. 1974 [1970]. S. 170–176. – Plett 1991 [1971]. S. 72–75.

DP

Syntagma/syntagmatisch (gr. *sýntagma*: Zusammengestelltes), im Rahmen des strukturalistischen Sprachmodells F. de ↗ Saussures, das der Sprache einen linearen Charakter zuweist, nimmt der Begriff S. einen wichtigen Platz ein. Er bezeichnet die Beziehung eines Wortes zu den anderen, mit denen es im gleichen Satzgefüge steht: Worte »reihen sich eins nach dem andern in der Kette des Sprechens an, und diese Kombination, deren Grundlage die Ausdehnung ist, können Anreihungen oder Syntagmen genannt werden« (Saussure 1967, S. 147). – Die Beziehung eines Wortes zu all den Wörtern, die statt ihm an seiner Stelle hätten stehen können, wird hingegen paradigmatisch bzw. assoziativ genannt. Das Wortpaar S./↗ Paradigma ist in der strukturalistischen Linguistik allerdings nicht nur auf der Ebene der Wörter und Sätze anwendbar, sondern genauso auf der Ebene von Lauten und Wörtern bzw. Sätzen und Texten. Auf allen diesen verschiedenen Ebenen gehören gleichartige Elemente der einen Ebene zu einem Paradigma, aus dem schließlich ein Element für die höhere Ebene ausgesucht wird, auf der es in eine syntagmatische Beziehung mit den anderen Elementen dieser höheren Ebene tritt. – Auch in der Lit.- und Kulturwissenschaft ist die ↗ Dichotomie S./Paradigma auf verschiedene Weise an-

gewandt worden. Auf die Einbindung eines Wortes in S. und Paradigma bezieht sich z.B. R. ↗ Jakobsons Klassifizierung von Sprachstörungen: manche Arten der Aphasie sind auf Schwierigkeiten auf der syntagmatischen und andere auf Probleme auf der paradigmatischen Ebene zurückzuführen. Laut Jakobson führt das im ersten Fall dazu, daß Patienten keine ↗ Metonymien bilden können; im zweiten Fall können die Patienten keine ↗ Metaphern bilden. – D. ↗ Lodge überträgt Jakobsons Überlegungen auf die Lit. und unterscheidet zwischen Genres, die mehr auf metaphorischer Sprache beruhen, wie Lyrik und der Roman der literar. ↗ Moderne, und anderen Genres, die sich eher auf metonymische Sprache gründen, wie der traditionellrealistische Roman. Auch Cl. ↗ Lévi-Strauss und J. ↗ Lacan haben sich in ihren Theorien der Dichotomie von S. und Paradigma bedient.

Lit.: Cl. Lévi-Strauss: *Das wilde Denken*, FfM. 1968 [1962]. – F. de Saussure: *Grundfragen der allg. Sprachwissenschaft*, Bln. 1967 (*Cours de linguistique générale*, Paris 1916). – D. Lodge: *The Modes of Modern Writing. Metaphor, Metonymy, and the Typology of Modern Literature*, Ldn. 1977. – R. Jakobson: »Two Aspects of Language and Two Types of Aphasic Disturbances«. In: K. Pomorska/S. Rudy (Hgg.): *R. Jakobson. Language in Literature*, Cambridge, Mass. 1987. S. 95–114.

MK

System/Systembegriff (gr. *sýstēma*: ein aus Gliedern bestehendes Ganzes), seit der Antike bezeichnet der S.begriff die Beziehung zwischen Teilen und einem übergeordneten Ganzen. Wesentliches Merkmal des Begriffs ist die schon im Gr. zu beobachtende Doppelung von S. als Gegenstand und S. als etwas Gemachtem. Idealtypisch läßt sich die Begriffsgeschichte als ein langer und noch nicht abgeschlossener Prozeß der Preisgabe des Anspruchs natürlicher Voraussetzbarkeit (S. als Gegenstandsform) zugunsten einer Anerkennung der Künstlichkeit und Konstruiertheit von S. (S. als Darstellungs-, Herstellungs- oder Zustellungsform) beschrieben (vgl. Riedel 1990). In der Antike steht der S.begriff zwischen dem philosophisch zentralen Substanzbegriff und rein akzidentiellen Erscheinungen oder bloßem Schein, so daß z.B. in stoischer Definition der Kosmos als S. erscheint. Eine erste wissenschaftliche Begriffsverwendung findet sich in der Astronomie des ptolemäischen Weltsystems. In nachklassischer Zeit sind v.a. die in der Musiktheorie eingeführten Merkmale der Absolutheit und Vollkommenheit von Bedeutung, die bei der im MA vollzogenen Etablierung eines christlichen Lehrsystems voraussetzbarer Glaubenswahrheiten eine entscheidende Rolle spielen. Mit Beginn der Neuzeit beginnt die eigentliche wissenschaftstheoretische Karriere des S.begriffs, der einerseits mit dem Begriff der Methode assoziiert wird und andererseits nach wie vor der Vorstellung eines zu beschreibenden Natursystems verpflichtet bleibt. Zugleich setzt eine umfassende, die Begründung der Wahrheit des S.s aus der Vernunft anstrebende philosophische Reflexion ein. Im 19. Jh. schließlich kommt es zu einer begriffsgeschichtlichen Krise, für die neben grundsätzlicher Kritik am philosophischen S.begriff zugleich eine inflationäre Verwendung in politisch-sozialen Kontexten kennzeichnend ist. Im wissenschaftlichen Bereich kehrt der S.begriff Mitte des 20. Jh.s in definitorisch präzisierter Form als Zentralbegriff der ↗ Systemtheorie zurück und entfaltet erneut seinen universalen Anspruch. Allg. gilt hier folgende Definition: als S. läßt sich beschreiben ein aus bestimmten Elementen und der Organisation ihrer Relationen sich ergebender dynamischer Zusammenhang. Dabei stehen in den theoretisch avancierteren Ausformulierungen der Systemtheorie (↗ Leitdifferenz) Phänomene bzw. Konzepte der ↗ Selbstreferenz, der ↗ Selbstorganisation und der ↗ Autopoiesis im Mittelpunkt. – In der Lit.wissenschaft lassen sich allgemeinere systembezogene Vorstellungen (↗ Voraussetzungss., ↗ Zeichens.) von systemtheoretischen Entwürfen im engeren Sinne unterscheiden, die auf das Rüstzeug der Allg. Systemtheorie zurückgreifen. Die meisten Ansätze einer systemtheoretischen Lit.wissenschaft orientieren sich an Vorgaben der soziologischen Systemtheorie (vgl. Willke 1996) und konzipieren Lit. als soziales S. (↗ Lit.system), wobei entweder ↗ Handlungen (↗ Empirische Theorie der Lit.) oder ↗ Kommunikationen als Elemente fungieren (vgl. ↗ Schmidt 1996). Die Übernahme des S.begriffs in die Lit.wissenschaft führt somit in der Regel dazu, daß traditionelle Gegenstände lit.wissenschaftlichen Interesses wie z. B. Autor, Text und Leser auf neuartige Weise konzeptualisiert werden müssen. Die hier eröffneten Perspektiven werden allerdings angesichts der naturwissenschaftlichen Herkunft aktueller S.konzepte häufig im Lichte alter Kontroversen wie etwa der Frage nach der Vereinbarkeit von Geistes- und Naturwissenschaften diskutiert.

Lit.: H. Willke: *Systemtheorie I. Grundlagen. Eine Einf. in die Grundprobleme der Theorie sozialer S.e*, Stgt. 1996 [1989]. – M. Riedel: »S., Struktur«. In: O. Brunner et al. (Hgg.): *Geschichtliche Grundbegriffe. Histo-*

risches Lexikon zur politisch-sozialen Sprache in Deutschland, Bd. 6, Stgt. 1990. S. 285–321. – S. J. Schmidt: »›S.‹ und ›Beobachter‹. Zwei wichtige Konzepte in der (künftigen) lit.wissenschaftlichen Forschung«. In: Fohrmann/Müller 1996. S. 106–133.

ChR

Systemtheorie (gr. *sýstēma*: ein aus Gliedern bestehendes Ganzes; gr. *theōría*: Betrachtung), die Grundlagen heutigen systemtheoretischen Denkens wurden seit den 40er Jahren in verschiedenen mathematisch-naturwissenschaftlichen Disziplinen erarbeitet. Wie die Begründung der Allg. S. durch den Biologen L. v. Bertalanffy um 1950 belegt, wurde das Potential des Ansatzes für eine Vereinheitlichung der Wissenschaften schon früh erkannt. Bis heute ist die S. ein Katalysator für ↗ Interdisziplinarität geblieben. Als ↗ System werden dabei ganz unterschiedliche Phänomene aufgefaßt. Das Spektrum reicht von chemischen und thermodynamischen Zusammenhängen über alle Stufen von Leben bis hin zu Fragen der Ökologie und den Erscheinungsformen von Gesellschaft und Kultur. Die gelegentlich emphatisch vertretene Annahme eines ganzheitlich-evolutionären Zusammenhangs dieser Phänomene beruht auf einer Theoretisierung von Beobachtungen aus dem naturwissenschaftlichen Bereich. Im Zentrum des so fundierten wissenschaftlichen ↗ Paradigmas stehen Konzepte der ↗ Selbstreferenz, der ↗ Selbstorganisation und der ↗ Autopoiesis, die als dynamische Grundprinzipien aller Formen von Evolution vorausgesetzt werden. In erkenntnistheoretischer Hinsicht steht die Entwicklung der S. in engem Zusammenhang mit der Formulierung und Etablierung des radikalen ↗ Konstruktivismus. – In der Lit.wissenschaft werden systemtheoretische Konzepte in einem engeren, theoretisch-methodisch ausdifferenzierten Sinne seit den 70er Jahren diskutiert. Ein in Deutschland kaum rezipierter und auch sonst wenig beachteter Ansatz mit semiotischer Orientierung ist die von I. Even-Zohar seit 1970 ausgearbeitete *Polysystem Theory* (vgl. Even-Zohar 1990), die u. a. an Überlegungen von Ju. ↗ Tynjanov (↗ Russ. Formalismus) anschließt und Lit. als komplexen Zusammenhang einer Vielzahl von konzeptuellen, d. h. auf Normen und Werte bezogenen Systemen begreift. Hingegen beziehen sich die v. a. in Deutschland entwickelten Konzeptionen einer systemtheoretischen Lit.wissenschaft in erster Linie auf die von T. Parsons eingeleitete und von N. ↗ Luhmann fortgeführte Übernahme systemtheoretischer Konzepte in die Soziologie. In Analogie zu den mit diesen Namen verbundenen Unterschieden der jeweils zugrundegelegten Systemkonzepte gibt es auch in der lit.wissenschaftlichen Adaption zwei Richtungen. So hält die von S. J. ↗ Schmidt begründete ↗ Empirische Theorie der Lit. (ETL) an einem handlungstheoretischen Modell fest und konzipiert das ↗ Lit.system als Gesamtmenge von beobachtbaren Kommunikationshandlungen, die sich auf konkrete Individuen in vier sozialen Rollen, nämlich Lit.produzent (↗ Lit.-produktion), Lit.vermittler (↗ Lit.-vermittlung), Lit.rezipient (↗ Lit.rezeption) und Lit.verarbeiter (↗ Lit.verarbeitung), beziehen lassen (vgl. Jäger 1994). Andere Modelle hingegen versuchen, der in Luhmanns Theorie vollzogenen Emanzipation der Kommunikation von Handlung gerecht zu werden, und beschreiben das Sozialsystem Lit. als einen dynamischen Zusammenhang sich autopoietisch reproduzierender Kommunikationen. Dabei gelten folgende, auch in der ETL weitgehend unumstrittene Grundannahmen: (a) Im Zuge des Strukturwandels vom vor- bzw. nichtmodernen Prinzip der stratifikatorischen zum modernen Prinzip der funktionalen Differenzierung der Gesellschaft kommt es zur Ausdifferenzierung von jeweils auf eine bestimmte Funktion ausgerichteten sozialen Systemen wie z.B. Wirtschaft, Recht, Wissenschaft oder Politik; die Etablierung dieser Funktionsysteme ist gegen Ende des 18. Jh.s abgeschlossen. (b) Jedes der so ausdifferenzierten Systeme muß eine Mehrheit von Systemreferenzen unterscheiden, nämlich (i) seine Beziehung zum übergeordneten sozialen System der modernen Gesellschaft insgesamt (Funktion), (ii) seine Beziehungen zu anderen Systemen in seiner Umwelt (Leistungen) und (iii) seine Beziehung zu sich selbst (teilsystemspezifische Reflexion). Auf dieser letzten Ebene bestimmt ein System durch Selbstbeobachtung und Selbstbeschreibung (↗ Selbstreferenz) und die damit einhergehende Regulierung des Verhältnisses von Funktion und Leistungen seine Identität. – Eine Theorie, die Lit. als soziales System vorstellt, muß somit bei der Funktion ansetzen, denn nur eine spezifische, von keinem anderen sozialen System bediente Funktion kann die Ausdifferenzierung eines Sozialsystems Lit. rechtfertigen. Luhmann (1995, S. 238) selber verweist im Hinblick auf die Kunst allg. auf den »*Nachweis von Ordnungszwängen im Bereich des nur Möglichen*« und bleibt dabei ähnlich wie Schmidt (1989, S. 418), der von »versuchte[r] Überwindung der funktionalen Differenzierung und ihrer Folgeschäden für das Subjekt und die

›bürgerliche Gesellschaft‹« spricht, dem Blickwinkel des mit der modernen Gesellschaft konfrontierten Individuums verhaftet. Das gleiche, wenn auch weniger emphatisch, gilt für G. Plumpe und N. Werber, die die Funktion der Kunst vor dem Hintergrund der durch die funktionale Ausdifferenzierung der Gesellschaft entstehenden Freizeit mit ›Unterhaltung‹ markieren (vgl. diess. 1993, S. 32–35). Die sich hier andeutende enge Bindung von Kunst und Lit. an das Bewußtsein psychischer Systeme legt es nahe, auf der Ebene der Leistungen nicht nur die vielfältigen Beziehungen des Lit.systems zu anderen sozialen Systemen zu berücksichtigen (vgl. dazu die von Plumpe und Werber [1995] konzipierte polykontexturale Lit.wissenschaft), sondern auch die Beziehungen des Lit.systems zu psychischen Systemen als Leistungen aufzufassen und gerade in der Relationierung beider Orientierungen ein Charakteristikum des Lit.-systems zu sehen (vgl. Reinfandt 1997, S. 29–41). – Die Frage nach den spezifischen Besonderheiten literar. ↗ Kommunikation muß dann auf der Ebene der teilsystemspezifischen Reflexion weiterverfolgt werden. Dabei ergeben sich vor dem Hintergrund der Luhmannschen Theorie folgende Fragen: (a) Welche Kommunikationen lassen sich dem Lit.system zuordnen, und wie erfolgt die bereichsspezifische Attribution im Vorgang der Kommunikation selbst? Systemtheoretisch formuliert stellt sich hier die Frage nach dem symbolisch generalisierten Kommunikationsmedium und dem binär schematisierten Code des Lit.systems. Abstrakt betrachtet kämen als symbolisch generalisiertes Kommunikationsmedium z.B. Schönheit bzw. die Möglichkeit von Ordnung (Luhmann) oder Interessantheit (Plumpe/Werber) in Betracht, woran sich dann als entsprechende Codes schön/häßlich oder interessant/langweilig anschließen und mit begriffsgeschichtlichen Argumenten mehr oder weniger plausibel untermauert werden können. Letztlich geht es auf dieser formalfunktionalen Ebene jedoch primär um die binäre Schematisierung an sich, die einen positiven Präferenz- und einen negativen Reflexionswert zur Verfügung stellt (↗ Leitdifferenz). Angesichts der Textbezogenheit literar. Kommunikation bietet sich darüber hinaus eine Konkretisierung an, die darauf abzielt, daß die ↗ Kontinuität literar. Kommunikation insbes. dadurch gewährleistet und stabilisiert wird, daß Texte als (Kunst-)Werke aufgefaßt und kommuniziert werden. Es erscheint somit sinnvoll, den Werkbegriff als symbolisch generalisiertes Kommunikationsmedium des Kunst- bzw. Lit.systems zu operationalisieren (vgl. Plumpe/Werber 1993, S. 25–27 sowie zur Rolle des Textes in der S. allg. Ort 1995). (b) Wie wird die inhaltsneutrale, rein funktional auf die Fortsetzung literar. Kommunikation bezogene Ebene des Codes inhaltlich, d. h. durch Programme gefüllt? Von zentraler Bedeutung ist dabei der in Luhmanns Theorie entworfene Sinnbegriff, der sich zunächst rein funktional auf ein bestimmtes System, die mit ihm verbundene spezifische System-Umwelt-Differenz und die Fortsetzung der systemspezifischen Operationen bezieht. Durch die ↗ Selbstreferenz des Systems kommt es allerdings zu einem paradoxen *re-entry*, der die System-Umwelt-Differenz als durch das System produzierten und im System beobachteten Unterschied verdoppelt. Auf diese Weise wird operativ geschlossenen ↗ autopoietischen Systemen ›Umweltkontakt‹ möglich, indem sie der Umwelt Sinn zuschreiben, den sie selber produzieren. Hinsichtlich des Sinnbegriffs ergibt sich daraus eine grundsätzliche Differenz der Beobachtungsebenen (vgl. Reinfandt 1997, S. 56–61): Der in Luhmanns Theorie zentral stehende funktionale Sinnbegriff, der nur einer Beobachtung zweiter Ordnung zugänglich ist, bezieht sich ausschließlich auf die Möglichkeiten und Bedingungen der Fortsetzung systemspezifischer Kommunikation. Wesentliches Merkmal ist hier die Etablierung eines systemspezifischen symbolisch generalisierten Kommunikationsmediums und des dazugehörigen Codes. Demgegenüber kommt es auf der Ebene der Selbstbeobachtung und Selbstbeschreibung des Systems zur inhaltlichen Umsetzung der Konsequenzen des funktionalen Sinnbegriffs. Dabei etablieren sich Programme oder gar weiterreichende Semantiken, die unter modernen Bedingungen oft genug als Auseinandersetzung mit Phänomenen des Sinnverlusts erscheinen. Während der funktionale Sinnbegriff ohne Vernichtung des Systems nicht negierbar ist und so für jedes System einen eigenen differenzlosen Letztbegriff darstellt, der für die gesamte Makroperiode der ↗ Moderne gilt, läßt sich mit Hilfe des inhaltlichen Sinnbegriffs etwa über eine Beobachtung der Abfolge von Programmen eine Binnenperiodisierung der Evolution des modernen Lit.systems vornehmen (vgl. Plumpe/Werber 1993, S. 35–41). Gerade der für die S. Luhmanns zentrale Sinnbegriff bietet somit durchaus Möglichkeiten, den Zusammenhang von sozialer und semiotischer Referenzebene der Lit. nachzuzeichnen, und hier liegt das immense Potential eines derart umfassenden Theorieent-

wurfs. Eine systemtheoretische Lit.wissenschaft bietet die Möglichkeit einer Einbeziehung der historischen bzw. soziokulturellen Voraussetzungen von Lit. bei gleichzeitiger differenzierter Berücksichtigung des Lit.spezifischen in Abgrenzung von anderen gesellschaftlichen Bereichen. Beide Aspekte werden in ein einheitliches begriffliches Konzept integriert, das sich zudem zeitgemäß im Rahmen einer konstruktivistischen Erkenntnistheorie bewegt. Eine Realisierung dieses Potentials ist bisher nur in Ansätzen zu beobachten, doch bleibt die S. ›der Theoriekandidat für die Umsetzung dieses Programms‹ (vgl. Jahraus/Marius 1998, S. 105). – Im Gesamtverbund der Lit.wissenschaften haben systemtheoretische Ansätze nach wie vor mit Vorurteilen zu kämpfen, die ihnen einerseits aus traditioneller Sicht Abstraktion und Lebensfeindlichkeit und andererseits aus dekonstruktivistischer Sicht (↗ Dekonstruktivismus) Totalisierungsstreben und Erklärungswahn vorwerfen. Demgegenüber rückt auf systemtheoretischer Seite nach anfänglicher, auf dem Selbstverständnis als neues Paradigma (vgl. Schwanitz 1990) beruhender Abgrenzung zunehmend die Frage nach Parallelen und Verknüpfungsmöglichkeiten mit anderen Grundlagentheorien wie z. B. ↗ Dekonstruktion oder ↗ Hermeneutik in den Mittelpunkt des Interesses (vgl. de Berg/Prangel 1995 und 1997).

Lit.: S. J. Schmidt: *Die Selbstorganisation des Sozialsystems Lit. im 18. Jh.*, FfM. 1989. – Ausg. »Polysystem Studies« (I. Even-Zohar) der Zs. *Poetics Today* 11.1 (1990). – H. Müller: »S./Lit.wissenschaft«. In: Bogdal 1997 [1990]. S. 208–224. – D. Schwanitz: *S. und Lit.*, Opladen 1990. – G. Plumpe/N. Werber: »Lit. ist codierbar. Aspekte einer systemtheoretischen Lit.wissenschaft«. In: Schmidt 1993. S. 9–43. – diess. (Hgg.): *Beobachtungen der Lit.: Aspekte einer polykontexturalen Lit.wissenschaft*, Opladen 1995. – G. Jäger: »S. und Lit. Teil I. Der Systembegriff der Empirischen Lit.wissenschaft«. In: *IASL* 19.1 (1994) S. 95–125. – de Berg/Prangel 1995. – N. Luhmann: *Die Kunst der Gesellschaft*, FfM. 1995. – C.-M. Ort: »S. und Lit. Teil II. Der literar. Text in der S.«. In: *IASL* 20.1 (1995) S. 161–178. – de Berg/Prangel 1997. – Ch. Reinfandt: »Moderne literar. Kommunikation: Ein systemtheoretischer Entwurf«. In: ders.: *Der Sinn der fiktionalen Wirklichkeiten*, Heidelberg 1997. S. 16–122. – O. Jahraus/B. Marius: »S. und Lit. Teil III. Modelle systemtheoretischer Lit.wissenschaft in den 1990ern«. In: *IASL* 23.1 (1998), S. 66–111.

ChR

Szondi, Peter (1929–1971), Lit.wissenschaftler. – Solange sich Lit.wissenschaft der hermeneutischen Prämisse verweigert, daß sowohl das literar. Werk als auch dessen Interpret soziokulturell bedingt sind, verliert sie sich in willkürlichen und traditionssichernden Deutungen. Mit dieser radikalen Kritik an der ⁊ werkimmanenten Methode trug S. Mitte der 60er Jahre maßgeblich zum selbstkritischen Diskurs der Germanistik bei. Da es dem Fach ferner an einer epistemischen Bestimmung des Verhältnisses von Kunst und Wissenschaft fehle, entwickelte S. eine literar. ⁊ Hermeneutik, zu deren Voraussetzungen die Bereitschaft gehört, sich als Interpret des eigenen historischen Standorts zu versichern. Unter Absehung vom Kunstwerk, dem seine Geschichtlichkeit ohnehin inkorporiert ist, muß sich der Hermeneutiker also seiner historischen Differenz zur stets anders gearteten Dichtung bewußt werden und diese Wesensverschiedenheit produktiv in den Prozeß des Verstehens miteinbeziehen. Ansonsten läuft er nämlich nach S. Gefahr, die Einzigartigkeit sprachkünstlerischer Werke metaphysisch zu deuten. – Um genauer die gleichberechtigte Interaktion zwischen dem erkennenden Subjekt und der stets Gegenwart eröffnenden Lit. bestimmen zu können, ergänzte S. sein Interpretationsmodell um eine metahermeneutische Ästhetik, derzufolge sich jedes einzelne Werk allen verallgemeinernden Erklärungen verweigert. Angesichts dieser Individualität jeder Dichtung kann ein Text auch nicht vorschnell auf einen wie auch immer definierten Gang der Geschichte projiziert werden. Schließlich inkorporiert dem Kunstwerk seine eigene historische Bedingtheit, an deren Beispiel der Dichter sinnstiftende Strategien der Verweigerung erprobt. Und wie S. in seiner Studie *Über philologische Erkenntnis* ergänzt, unterstreicht gerade dieser ästhetische Widerstand auch die Autonomie und gesellschaftliche Notwendigkeit der Kunst. Solch eine dialektische und progressive Einschätzung der Lit. verpflichtet den Hermeneutiker, die soziokulturellen Entstehungsbedingungen von Lit. ebenso ernstzunehmen wie die ästhetische Genese einzelner Texte. Unter Berufung auf Th. ⁊ Adorno und die Identitätsphilosophie des dt. ⁊ Idealismus führte S. denn auch den Nachweis, in der Moderne behaupte zwar jedes Kunstwerk seine Unvergleichbarkeit, zugleich aber verweise Dichtung auf die »Logik ihres Produziertseins« (Szondi 1973, S. 254). Für die Lit.wissenschaft folgerte daraus, möglichst plausibel zwischen philologischer Genauigkeit und Interpretation zu trennen. Demgemäß lehnte es S. auch ab, mit Hilfe von Lesevarianten oder Parallelstellen aus dem Gesamtwerk eines Dichters wissenschaftliche Exaktheit vorzutäuschen. Als sinnerschließende

Interpretamente sollten diese Verständnishilfen vielmehr ihren diskursiven, gegenwartsbezogenen Charakter offenbaren. Auf diese Weise entgeht der Wissenschaftler auch dem Vorwurf, sich obskurantistisch ins Wesen der Lit. ›einzufühlen‹. – Hermeneutische Verantwortungsbereitschaft trägt indes noch weiter. Indem sich Textdeutung jeder vermeintlich zweckfreien Tradierung kanonisierter Wissensbestände verweigert, bewährt sich Interpretation auch als Instrument der Gesellschaftskritik. In seinen Vorlesungen über *Poetik und Geschichtsphilosophie* begründet S. dieses Ethos mit dem identitätsphilosophisch hergeleiteten Argument, als selbständiges Individuum anerkenne der Hermeneutiker die Autonomie der Kunstwerke, wenn er allem sittlich und ästhetisch ›Gültigen‹ mit Mißtrauen begegne (vgl. E. ⁊ Staiger). Die Skepsis vor solchen kulturellen Leitwerten sowie die Verpflichtung auf das Projekt der Moderne konvergieren insofern mit dem selbstkritischen Bewußtsein, als auch »unser heutiges Kunstverständnis [...] historisch bedingt und nicht zeitlos-allgemeingültig« ist (Szondi 1975, S. 25).

Lit.: P. Szondi: *Theorie des modernen Dramas. 1880–1950*, FfM. 1994 [1956]. – ders.: »Über philologische Erkenntnis«. In: R. Grimm/J. Hermand (Hgg.): *Methodenfragen der dt. Lit.wissenschaft*, Darmstadt 1973. S. 232–254. – ders.: *Poetik und Geschichtsphilosophie* (Hg. S. Metz), FfM. 1991 [1974]. – ders.: *Einf. in die literar. Hermeneutik. Studienausgabe der Vorlesungen*, Bd. 5 (Hgg. J. Bollack/H. Stierlin), FfM. 1975. – J. Bollack: »Zukunft im Vergangenen. P.S.s materiale Hermeneutik«. In: *DVjs* 64 (1990) S. 370–390.

StG

T

Tartu-Moskauer-Schule (TMS), methodisch dem ⁊ Russ. Formalismus, namentlich den Arbeiten Ju. ⁊ Tynjanovs und dem Strukturalismus der ⁊ Prager Schule verpflichtete, frühzeitig Anregungen der Kybernetik und Informationstheorie aufgreifende Richtung innerhalb der modernen ⁊ Kultur- und Textsemiotik, zu deren wichtigsten Vertretern u.a. V. Ivanov, Ju. ⁊ Lotman, V. Toporov und B. ⁊ Uspenskij gehören. – Unter dem Einfluß der Versuche von Mathematikern (A. Kolmogorov) und Linguisten (Ju. Ščeglov, A. Žolkovskij u.a.), literar. Werke unter informationstheoretischen Gesichtspunkten zu analysieren, bildete sich auf Konferenzen in Moskau (1962) und Tartu (Dorpat, 1964) ein zunächst loser Zusammenschluß von Wissenschaftlern, die als Reaktion auf die herrschende ideologische Infiltrierung der Wissenschaftssprache nach exakten, intersubjektiven Beschreibungsmodellen kultureller Phänomene und Prozesse suchten. Eigene Publikationsorgane wie die Tartuer »Arbeiten zu Zeichensystemen« (»Trudy po znakovym sistemam«) trugen ungeachtet geringer Auflagen zum rasch anwachsenden Renommee der Schule bei. Die auch die TMS erfassende Emigrationswelle der 70er Jahre (A. Pjatigorskij, D. Segal u.a.) führte zu einer ersten Krise, intensivierte jedoch gleichzeitig die internationale Rezeption der Schule. Mit dem Tod Lotmans 1993 und der Lehrtätigkeit führender Vertreter wie Uspenskij und Ivanov im Ausland endet die Geschichte der TMS im engeren Sinne. – Die TMS interpretiert ↗ Kultur als genetisch nicht vererbbares Gedächtnis einer sich durch gemeinsamen Zeichengebrauch definierenden Gesellschaft (vgl. Lotman/Uspenskij). Jede Kultur ist hierarchisch strukturiert und basiert auf verschiedenen semiotischen Subsystemen, die jeweils eigenen Gesetzmäßigkeiten unterliegen. Als kollektives Kommunikationssystem zur Erzeugung, Weitergabe, Verarbeitung und Speicherung von Informationen regelt die Kultur zugleich das menschliche Sozialverhalten, indem sie die Realität in Gestalt sog. ›Weltmodelle‹ (*modeli mira*) intelligibel strukturiert. Primäres ›modellbildendes System‹ (*modelirujuščaja sistema*) ist dabei die natürliche Sprache, auf deren Grundlage selbständige sekundäre Systeme wie Religion, ↗ Mythos, Folklore und Lit., aber auch nonverbale Systeme wie Malerei, Film oder Musik mit ihren jeweils spezifischen Strukturen entstehen. Als ↗ Zeichensysteme gehorchen sie in Analogie zur Phonologie der Prager Schule denselben Regularitäten wie die natürliche Sprache, d.h. Systemhaftigkeit, Segmentierbarkeit sowie syntagmatisch und paradigmatisch wirksamen Kombinationsregeln. Dementsprechend entwickelt sich die Kultur als diachron wie synchron dynamisches System gemäß objektiv feststellbarer Kriterien. In Anlehnung an die historische Sprachwissenschaft und deren Techniken zur Erschließung nicht belegter Lexeme postuliert die TMS damit auch eine prinzipielle Rekonstruierbarkeit mythologischer Texte (vgl. Toporov, Ivanov u.a.). Die auf komplexen, zumeist binären semantischen Relationen (Opposition vs. Äquivalenz) basierenden Zeichensysteme ei-

ner Kultur sind zeitlich, aber auch räumlich strukturiert, etwa binnensystematisch durch die Opposition Zentrum vs. Peripherie oder in bezug auf andere Systeme durch den Gegensatz Offenheit vs. Geschlossenheit. – Die Erarbeitung einer einheitlichen Terminologie für scheinbar disparate Bereiche menschlicher kultureller Tätigkeit und die daraus resultierende Erkenntnis sog. Strukturtypologien gehört ebenso zu den bleibenden wissenschaftstheoretischen Verdiensten der TMS wie ihre methodengeschichtliche Grundlagenforschung, die für die Entwicklung der Semiotik wegweisende Texte vergessener oder in der UdSSR verfemter Klassiker wie etwa O. Frejdenberg oder P. Florenskij neu bzw. erstmalig edierte und rezipierte.

Lit.: K. Eimermacher: »Entwicklung, Charakter und Probleme des sowjet. Strukturalismus in der Lit.wissenschaft«. In: *Sprache im technischen Zeitalter* 30 (1969) S. 126–157. – ders. (Hg.): *Semiotica Sovietica* (1962–1973), 2 Bde., Aachen 1986. – V. Ivanov: *Očerki po istorii semiotiki v SSSR*, Moskau 1976. – K. Eimermacher/S. Shishkoff (Hgg.): *Subject Bibliography of Soviet Semiotics: The Moscow-Tartu-School*, Ann Arbor 1977. – Fleischer 1989. – T. Nikolaeva (Hg.): *Iz rabot moskovskogo semiotičeskogo kruga*, Moskau 1997.

RG

Text (lat. *textus*: Gewebe, Geflecht), Instrument der Kommunikation mittels Sprache; umgangssprachlich für eine zusammenhängende schriftliche Darstellung, in der Musik für Begleitworte zu Gesangsstücken, in der elektronischen Datenverarbeitung für das als Datei gespeicherte Sprachmaterial, im Druckgewerbe die Buchstaben im Unterschied zu nichtbedruckten Zwischenräumen, Illustrationen usw. In der Linguistik eine Folge von geschriebenen oder gesprochenen monologischen oder dialogischen (↗ Mündlichkeit; ↗ Schriftlichkeit) Teiltexten, die sich aus Sätzen/Sprech- bzw. Intonationseinheiten konstituieren und auch nichtsprachliche Mittel wie bildliche Illustrationen umfassen kann. – Der T. drückt ein übergeordnetes Thema, das aus untergeordneten Themen bestehen kann, sowie eine semantische Ganzheitlichkeit aus, die dem T. einen Sinn verleihen. Die Teile des T.s sind thematisch und semantisch durch ↗ Kohärenz und Kohäsion verbunden (↗ Textualität). Der T. wird durch typische Formen, die auch in Kombinationen vorkommen, von seinem Umfeld bzw. einem anderen T. abgegrenzt; der Anfang z.B. durch einleitende sprachliche Floskeln, Überschrift, bes. drucktechnische Gestaltung, Auftritt eines Redners, das Ende z.B. durch abschließende sprachliche Floskeln, deutlichen lokalen oder zeitlichen Zwischenraum zum nächsten T., symbolisches Druckbild nach dem T. Abhängig von der Hervorhebung bestimmter Merkmale des T.s (z.B. Thema oder Handlungsziel) kann es dennoch zu unterschiedlichen Abgrenzungen kommen. So können die Vorlesungen zur Grammatik einer Sprache oder zur Lit. einer ganzen Epoche als mehrere T.e oder als ein T. betrachtet werden. T.e lassen sich T.typen bzw. ⌐ T.sorten zuordnen, oder sie stellen Mischtypen/-sorten dar. Der T. ist Prozeß und Ergebnis einer kooperativen Tätigkeit. Der T.produzent wählt ein Handlungsziel (seine ⌐ Intention) und ein Thema, plant und verwirklicht die T.erzeugung; er setzt dazu gesellschaftliche(s)/indiviuelle(s) Erfahrungen und Wissen ein. Der T.empfänger aktiviert ein sozial, situativ, enzyklopädisch und sprachlich determiniertes Rezeptionsverhalten. – In der Lit.wissenschaft ist der T. u.a. Gegenstand der literar. ⌐ Interpretation und der ⌐ T.kritik. Das lit.wissenschaftliche Konzept der ⌐ Intertextualität (J. ⌐ Kristeva) löst den T. aus seiner interaktionalen Verankerung und betrachtet ihn als eine Art Schnittpunkt von Vortexten, die in den Köpfen der Produzenten/Rezipienten existieren. Wissenschaftsgeschichtlich ist die T.auffassung u.a. mit der Entwicklung der ⌐ T.linguistik, Lit.theorien, ⌐ Editionswissenschaft und ⌐ Kommunikationstheorie verbunden.

Lit.: s. auch ⌐ Textualität. – G. Martens:»Was ist ein T.? Ansätze zur Bestimmung eines Leitbegriffs der T.philologie«. In: *Poetica* 21 (1989) S. 1–25.

WTh

Textkohärenz ⌐ Kohärenz

Textkritik, die Herstellung eines Textes aus seinen Überlieferungsträgern auf der Grundlage spezifischer Editionsprinzipien. – Voraussetzung für T. ist die Annahme einer potentiellen oder sogar prinzipiellen Abweichung des überlieferten Textes vom originalen Text wegen Druck- oder Schreibfehlern, Eingriffen späterer Bearbeiter und Beeinträchtigungen des Überlieferungsträgers. Ziel der T. ist mithin die Erarbeitung eines authentischen Textes gegenüber dem verderbten überlieferten. Die Definitionen von Authentizität differieren allerdings außerordentlich stark. Erstens kann damit der vom Autor intendierte Text gemeint sein; leitendes Prinzip der T. ist dann die Ausführung des unter Umständen niemals materialisierten Autorwillens. Authentizität kann zweitens auch als Autorisation be-

griffen werden. Herzustellen gilt es unter diesen Prämissen einen vom Autor ausdrücklich gebilligten Text. Davon unterschieden ist drittens eine Position, die den Text als Schnittpunkt zwischen Produktion und Rezeption versteht. Im Zentrum steht dann die Konstitution des historisch wirksam gewordenen Textes, auch wenn dieser partiell, z.B. wegen Zensureingriffen, nicht als autorisiert angesehen werden kann. Der jeweilige Anspruch hinsichtlich der Authentizität beeinflußt in hohem Maße die Textgestaltung einer Ausgabe auf der Makro- wie der Mikro-Ebene. Die Entscheidung z.B. für eine Leithandschrift aus einem Handschriften-Stemma oder für den Abdruck einer aus mehreren Fassungen eines Textes steht in direkter Abhängigkeit von der je spezifischen editionsphilologischen Grundposition (⌐ Editionswissenschaft). Gleiches gilt für die Ausrichtung des Lesarten- und Variantenapparats. Der diplomatische Abdruck eines einzelnen Überlieferungsträgers ohne Eingriffe des Herausgebers einerseits und die Darstellung des gesamten Entstehungsprozesses eines Textes innerhalb einer genetischen Edition andererseits stellen hier Extrempositionen der textkritischen Praxis dar. Neben der Konstitution eines Textes aus seinen Überlieferungsträgern ist die T. ferner mit Fragen der Datierung, mit Verfasserzuschreibungen, mit der Ausarbeitung von Sprach- und Sacherläuterungen, eventuell mit der Modernisierung von Rechtschreibung und Zeichensetzung in Abhängigkeit von der jeweiligen Zielgruppe einer Ausgabe und anderem mehr befaßt. – T. als Bemühen um eine möglichst authentische Herstellung überlieferter Texte ist fast ebenso alt wie die Schriftkultur selbst. Sie wurde u.a. in den hellenistischen Bibliotheken und in den Schreibstuben ma. Klöster eifrig betrieben. Bes. Bedeutung erlangte sie im 16.Jh. unter humanistischen Gelehrten, die v.a. die antiken, aber auch die orientalischen und nationalsprachlichen Traditionen durch kritische Ausgaben erschlossen. Auf eine neuerliche Intensivierung der editionsphilologischen Bemühungen im 18.Jh. (etwa durch die Mönche von St. Maur um die Texte der Kirchenväter) folgten sukzessive großangelegte Editionsprojekte zur kritischen Erschließung des Kanons der antiken und nationalsprachlichen Literaturen (vgl. v.a. K. Lachmann). Im 20.Jh. etablierte sich die T., auch mit den Begriffen Textologie, Editionswissenschaft oder -philolgie bezeichnet, als eigenständige Hilfsdisziplin der Sprach- und Lit.wissenschaften.

Lit.: M.L. West: *Textual Criticism and Editorial Technique Applicable to Greek and Latin Texts*, Stgt. 1973. – J.J. McGann: *A Critique of Modern Textual Criticism*, Ldn./Chicago 1983. – *Editio. Internationales Jb. für Editionswissenschaft*, Tüb. 1987 ff. – Th. Bein: *T.*, Göppingen 1990. – H. Kraft: *Editionsphilologie*, Darmstadt 1990. – H. Fromm: »Zur Geschichte der T. und Edition mittelhochdt. Texte«. In: R. Harsch-Niemeyer (Hg.): *Beiträge zur Methodengeschichte der neueren Philologien*, Tüb. 1995. S. 63–90. – J. Bumke: *Die vier Fassungen der ›Nibelungenklage‹*, Bln./N.Y. 1996. – A. Bohnenkamp: »T. und Textedition«. In: Arnold/Detering 1997 [1996]. S. 179–203.

                                                                    RGB

Textlinguistik, der Problematisierung des Begriffs ↗ Text von St. ↗ Fish (*Is There a Text in This Class?*, 1980) innerhalb der Lit.wissenschaft korrespondiert das begriffliche Durcheinander im Umkreis der T. als Disziplin und erst recht in den nachrangigen Anwendungen des Begriffs in den Nachbar- und Schwesterdisziplinen als Folge der mehrfachen konzeptionellen Häutungen von Gegenstand und Erkenntnisinteresse. Dies wird durch ungleiche Deckungen mit den engl. Begriffen und den Rückwirkungen auf die dt. Terminologie nicht einfacher. So bezieht sich *text* im Engl. nur auf den geschriebenen Text, der allg.gebräuchliche dt., nicht nur vorwissenschaftliche Sprachgebrauch neigt häufig zu einer ähnlichen Beschränkung. Der in der dt. T. gebräuchliche Begriff ›Text‹ hingegen umfaßt geschriebene und gesprochene Texte gleichermaßen. Umgekehrt fehlt dem im dt. Sprachraum sehr geläufigen Begriff des ↗ Diskurses die im engl. *discourse* enthaltene Beschränkung auf gesprochene Sprache, so daß im Hinblick auf das Medium zwischen ›Diskurs‹ und ›Text‹ im technischen Gebrauch zunächst keinerlei Unterschied besteht. Der Begriff der Konversation ist in jedem Fall auf gesprochene Sprache beschränkt. Wie im Fall von ›Linguistik‹ und ›Sprachwissenschaft‹ verraten die beiden weitgehend synonymen Begriffe ›Diskurs‹ und ›Text‹ doch eine tendenzielle Unterschiedlichkeit in der Perspektive und in der Methode. So schließt die Diskurslinguistik in jedem Fall neuere und eher pragmatisch ausgerichtete Ansätze ein, während die T. eher nach einer traditionelleren Ausformung dieses Ansatzes klingt. Tendenzielle Unterschiede ergeben sich auch im Hinblick auf den Status des materialen, physischen, sprachlichen Substrats: Der ›Text‹ ist wohl eher das physisch und echtzeitlich existierende Performanzprodukt als Symptom von stattgefundener Kommunikation, während der Diskurs eher schon minimal das Ergebnis von ↗ Interpretation sein kann. Im Extremfall kann mit ›Diskurs‹ auch eine stattfindende Kommunikation mit entsprechenden Kontextualisierungen gemeint sein. Wenn zwischen ›Kotext‹ als rein sprachlicher Umgebung und ↗ Kontext als nichtsprachlichen, aber kognitiv beim Verstehensvorgang präsenten Informationsbeständen unterschieden werden soll, dann ist der Diskurs tendenziell eher kontextuell bereits minimal interpretiert als der Text. Insofern können im technischen Gebrauch durchaus ontische Unterschiede bestehen, die für den Lit.wissenschaftler von Bedeutung sein können. Mit dieser Unterscheidung kann auch das Statement von Fish linguistisch expliziert werden: Wieviel Kontext hat ein Text? Gehört in einer Äußerung wie ›The park is some distance from my house‹ die Interpretation ›... ist weiter weg als Du denkst‹ bereits nicht mehr zum ›text‹ oder ›Text‹? Was meint Fish mit ›text‹? In einem strikten Sinn liegt hier bereits eine kontextuelle Interpretation (eine ›Explikatur‹; vgl. Sperber/Wilson 1986) vor, die bereits in den Bereich der (Text-) ↗ Pragmatik gehört. – Den Bezeichnungen für die Gegenstände entsprechen weitgehend die Disziplinbezeichnungen: ›Diskurslinguistik‹ und ›T.‹ meinen mit den beschriebenen Unterschieden die gleichen Objektbereiche. Insofern ist die T. (damit sei immer auch Diskurslinguistik gemeint) eines der Teilgebiete der Linguistik, die inhärent eine Verklammerung der lit.- und sprachwissenschaftlichen Teilgebiete der Philologien anbieten. Diese Möglichkeit wird allerdings im engl.sprachigen Raum weniger wahrgenommen als in dt. Studien. So behandelt das Standard-Textbook zur *Discourse Analysis* (Schiffrin 1994) ausschließlich nicht-literar. und zudem gesprochene Sprache. Frühe dt. Standardwerke der T., (vgl. Dressler/de Beaugrande 1981; vgl. Gülich/Raible 1977) beziehen prinzipiell literar. Texte mit ein. Eine Extremposition nimmt Coseriu (1980) ein, für den die einzig sinnvolle T. die Linguistik des sprachlichen Kunstwerkes ist. Sein Analyseinstrumentarium ist ausdrücklich gezielt auf die Analyse literar. Texte, etwa in Gestalt der Kategorie des ›Sinns‹, den nur ein ganzer Text als übersummative Aussage oder *message* haben kann. – Als Vorläufer der T. sind v.a. die ↗ Rhetorik zu nennen (W. Jens: *Von dt. Rede*, 1972) und die in der Entwicklung der strukturellen *Mainstream*-Linguistik in Europa und den USA deutlich abseits stehende Tagmemik K.L. Pikes. Disziplingeschichtlich verdankt die T. ihre Entstehung der Einsicht, daß eine linguistisch sinnvolle und verstehensmäßig sinnhaft abgegrenzte Einheit von Sprachvorkommen der Text ist. Diese Einsicht ergab sich auf dem Hintergrund von zweierlei Erkenntnistypen. Zum einen konnte eine Reihe von linguistischen Phänomenen (wie Pronominalisierung oder Themastruktur) nicht mehr innerhalb der Erklärungsdomäne der klassischen strukturellen Paradigmen der Sprachwissenschaft, des Satzes, erklärt werden. Zum anderen setzte sich die Erkenntnis durch, daß von einer abgeschlossenen und selbständigen Sinnhaftigkeit im Sinne einer verstehensmäßigen *closure* oder dem Erreichen einer Sinnkonstanz im Sinne H. Hörmanns erst auf der Ebene des abgeschlossenen Textes gesprochen werden kann. Damit ist die verstehensmäßig sinnhafte und methodisch sinnvolle Analyseeinheit der Text. Damit wurde die T. in den 70er Jahren wissenschaftlich etabliert, und zwar im weiteren Kontext der Hinwendung zu einer Linguistik des Sprachgebrauchs, wie auch ↗ Pragmatik und Soziolinguistik. Die Methodik dieser ersten Phase ist im Grunde eine Ausdehung der Beschreibungsmodelle der Satzlinguistik. Die klassischen Fragestellungen wie semantisch rekurrente Einheiten, Pronominalisierungen und Textsyntax versuchten die Frage nach den einheitsstiftenden Elementen als Frage nach der Kohäsion auf der sprachlichen Oberfläche zu beantworten, wobei Kohäsion als Elemente der Kontinuität an der sprachlichen Oberfläche verstanden wurde (vgl. Halliday 1976). Zwar gab es schon früher exemplarische Anwendungen textlinguistischer Analyseverfahren auf literar. Texte in Gestalt der Erforschung von Textisotopien (vgl. ↗ Greimas 1974, S. 126–152; ↗ Weinrich 1976; ↗ Isotopie), doch bietet erst die systematische Einbeziehung des weiteren Kontextes im Sinne der ›pragmatischen Wende‹ der T. hin zur Texttheorie für die Lit.wissenschaft epistemologische Anschlußstellen in größerem Stil. Eine der klassischen Fragestellungen der T. ist die nach einer Typologisierung von Texten, den ↗ Textsorten. Die Vorschläge zur Texttypologisierung zeichnen die Orientierung der T. in ihrer internen Entwicklung nach, vom Versuch der rein sprachinternen Typologisierung (z.B. Sandig 1983) bis hin zu primär externen, vom Situationstyp her definierten Texttypen, die mit dem Begriff des Registers zusammenfallen. In neuester Zeit führt die computergestützte Textsortenlinguistik (vgl. Biber 1995) zu einer Differenzierung in Texttypen als rein sprachlich definierten statistisch begründeten Vorkommensvergesellschaftungen von Texten und Genres (z.B. *fiction, private letters, official documents*), die wiederum logisch primär auf außersprachlichen Situationstypisierungen gegründet sind und die dann im zweiten Schritt auf statistische Vorkommensprivilegien von sprachlichen Strukturen befragt werden. Dieser Begriff des Genres fällt zusammen mit dem Begriff des Registers und meint (im Gegensatz zum literar. Genre) ausdrücklich sämtliche situationell definierten Typen, unter Einschluß der literar. – Die neueste textsortenlinguistische Forschung neigt insgesamt dazu, den Texttyp oder das Genre (im linguistischen Sinn) zusätzlich zu den Elementen situativ/funktionaler und sprachlicher Konstitution noch unter dem Aspekt der Autonomie (vgl. Nystrand 1986) zu untersuchen: In welchem Maße stützt sich der Verstehensvorgang auf kontextuell gegebene Wissensbestände? Im gegenwärtigen Zusammenhang bedeutet dies die Frage, in welchem Maße zur Textsorte bestimmte Verstehensstrategien als Standardverfahren gehören, die durch sog. Prä-signale (vgl. Grosse 1976) als eine Spielart von Kontextualisierung ausgelöst werden: z.B. die Informationen, die durch die Druckanordnung in Gedichtform oder die Plazierung an einer bestimmten Stelle in der Zeitung gegeben werden. Je nach Textsorte werden Wissensbestände und Verstehensstrategien selektiv aufgerufen, für den Bericht in der Zeitung anders als für den Roman über das ›gleiche‹ Ereignis (vgl. de Beaugrande 1980); nur für letzteren gilt die ›*willing suspension of disbelief*‹. Prinzipiell ist die linguistische Analyse von Texten für die Lit.theorie deshalb von bes. Interesse, weil dadurch Mechanismen des ↗ Verstehens von Lit. und der Manipulation und des Spielens mit solchen kanonischen Verstehensstrategien modelliert werden können, insbes. aber auch zentrale Fragen der ↗ Rezeptionsästhetik, wie die Frage, wieviel *meaning* im ›Text‹ enthalten ist, bei welchem Konzept von ›Text‹, ob und in welcher Weise sprachliches Material als Verstehensanweisungen, sog. *contextualisation devices* oder *discourse markers* (vgl. Schiffrin 1987), zu verstehen ist, und welches Verstehensverhalten als ›legitim‹ und intendiert zu gelten hat. Die Frage, ob und in welcher Weise diese Legitimitäten in Form eines erwartbaren Mitspielens des verstehenden Subjekts für literar. Texte in der gleichen Weise funktionieren (vgl. Stein 1992), ist eine interessante Anschlußstelle für die Lit.theorie. Eine ebenso im Hinblick auf Explizität und den konzeptionellen Beschreibungsapparat sehr von Text- und Textsorten-linguistik geprägte Modellierung des Verstehensvorgangs von Lit. liefern Schauber und Spolsky (1986) mit einer fast algorithmischen Modellierung der ›Errechnung‹ der Bedeutung eines literar. Textes.

Lit.: A.L. Greimas: »Die Isotopie der Rede«. In: W. Kallmeyer et al. (Hgg): *Lektürekolleg zur T.*, FfM. 1974. – E.U. Große: *Text und Kommunikation. Eine linguistische Einf. in die Funktion der Texte*, Stgt. 1976. – M. Halliday: *System and Function in Language*, Oxford 1976. – H. Weinrich: *Sprache in Texten*, Stgt. 1976. – Gülich/Raible 1977. – R.-A. de Beaugrande: *Text, Discourse, and Process*, White Plains 1980. – E. Coseriu: *T.: Eine Einf.*, Tüb. 1980. – W. Dressler/R.-A. de Beaugrande: *Introduction to Text Linguistics*, Ldn. 1981. – B. Sandig: »Textsortenbeschreibungen unter dem Gesichtspunkt einer linguistischen Pragmatik«. In: Vorstand der Vereinigung der Dt. Hochschulgermanisten (Hg.): *Textsorten und literar. Gattungen. Dokumente des Germanistentages in Hamburg 1979*, Bln. 1983. S. 91–102. – M. Nystrand: *The Structure of Written Communication. Studies in Reciprocity between Writer and Readers*, Orlando 1986. – E. Schauber/E. Spolsky: *The Bounds of Interpretation. Linguistic Theory and Literary Text*, Stanford 1986. – D. Sperber/D. Wilson: *Pragmatics. An Overview*, Dublin 1986. – D. Schiffrin: *Discourse Markers*, Cambridge 1987. – D. Stein: *Cooperating with Written Texts*, Bln. 1992. – D. Schiffrin: *Approaches to Discourse*, Oxford 1994. – D. Biber: *Dimensions of Register Variation. A Cross Linguistic Comparison*, Cambridge 1995.

DSt

Textrepertoire, Begriff aus der ↗ Rezeptionsästhetik zur Beschreibung des Umgangs mit der extratextuellen Wirklichkeit in literar. Texten. W. ↗ Iser beschreibt in seiner Theorie ästhetischer Wirkung mit dem Terminus T. diejenigen Konventionen eines Textes, die für das Erstellen einer Situation notwendig sind. Literar. Texte kommunizieren mit dem Leser, indem sie Versatzstücke der außertextlichen Welt aufgreifen, selektieren und neu arrangieren. Durch den Rückgriff auf etwas vorausliegendes Bekanntes wird die Textimmanenz überschritten, da sich literar. Werke in ihrem T. auf vorausgegangene Texte (↗ Intertextualität) ebenso beziehen können wie auf historische oder soziale Normen sowie auf weitere Elemente des sozio-kulturellen Kontextes. Das Bekannte kehrt nunmehr aber nicht in bloßer Reproduktion im Text wieder, sondern in veränderter, reduzierter und verfremdeter Form. Dies ist laut Iser eine wesentliche Bedingung für die im literar. Prozeß ablaufende Kommunikation. Vor dem Hintergrund des Bekannten gehen die T.-Elemente neue Beziehungen ein, und diese überschreitende Verwendung des nunmehr umorganisier-

ten Gewohnten begründen den ästhetischen Wert des Textes, da der Leser durch die verfremdete Präsentation von vermeintlich Bekanntem zu neuer Wahrnehmung und zu einer Neubewertung des Gewohnten veranlaßt wird. Der Leser wird also in die Lage versetzt, mittels der textuellen Horizontdurchbrechung Aspekte wahrzunehmen, deren er im täglichen Leben nicht gewahr wird. Der ästhetische Wert eines fiktionalen Textes stellt insofern eine produktiv negative Größe dar, als durch das T. und die Strategien des Textes kritisch reorganisierend auf die Weltkontingenz und -komplexität reduzierenden Wirklichkeitsmodelle reagiert wird und der Leser durch die somit hergestellte Textkontingenz zu eigener Konsistenzbildung und dadurch zu Sinnaufbau veranlaßt wird. Da das T. v. a. die Grenzen und Lücken bekannter Sinnsysteme sowie durch diese ausgesparte Bereiche thematisiert, regt es vor dem Horizont solcher Modelle zu einer interaktiven Reaktion auf diese an.

Lit.: Iser 1994 [1976]. – ders. 1993 [1991].

HA

Textsorten, der dt. Terminus T. entstand in der Linguistik (Gülich/Raible 1975, zunächst als mündliche Prägung von P. Hartmann), wurde bald von anderen Kultur- und Sozialwissenschaften übernommen und hat sich inzwischen gegenüber konkurrierenden Prägungen (Texttypen, -muster, -formen, -arten) weitgehend durchgesetzt. Er dient als Oberbegriff für nichtliterar. und literar. Diskurstraditionen mit längerer Genese, immanentem Wandel und meist ›übereinzelsprachlicher‹ Verbreitung. Hinsichtlich der sog. Vertextungsregeln, nach denen einzelne Textexemplare als Abfolge von Teiltexten entstehen, sind die T. teils stark schematisiert (so Kochrezepte, Pressehoroskope, Wetterberichte), teils wenig festgelegt (so die Reportage, die *story* und der *background article* in der Presse); der letzte Fall überwiegt. Daher werden die T. heute meist als Idealtypen aufgefaßt, denen die jeweiligen Textexemplare aufgrund der Situationsvarianz und der Gestaltungsfreiheiten in ganz unterschiedlichen Maße entsprechen. Teilweise angeregt von dt.sprachigen Arbeiten haben sich die T.-Forschungen auch in den anglo- und frankophonen Ländern vermehrt (engl. *discourse types, text types*; frz. *types de discours*). U.a. seiner Kürze wegen wird dort aber der lit.bezogene Begriff *genres* vorgezogen und damit verallgemeinert. Man spezifiziert ihn bei Bedarf (z. B. frz. *genres journalistiques/publicitaires/littéraires*). –

Die folgenden Ausführungen beziehen sich auf die nichtliterar. T. (vgl. zu den literar. T. und den Übergangsphänomenen ⁊ Gattung, ⁊ Gattungsgeschichte, ⁊ Gattungstheorie, ⁊ Hybride Genres), v. a. die schriftlichen T., die bereits besser als die gesprochenen erforscht sind. Als strategische Ausgangspunkte der T.-Klassifikation wurden bisher gewählt: (a) die makrostrukturellen Vertextungsmuster (sog. ›Textmuster‹, z. B. deskriptiv, argumentativ, narrativ), (b) die globalen Tätigkeits- und Diskursbereiche (z. B. wissenschaftliche, politische, juristische Texte), (c) die Trägermedien (z. B. Brief, Zeitung), (d) die dominanten Textfunktionen (z. B. [sach]informierend), d. h. senderintentional bestimmte Instruktionen (stets auf mehreren Ebenen, beginnend mit dem Titel als Präsignal) an den Textempfänger über den vom Sender erwünschten Verstehensmodus. Prinzipiell läßt sich jeder dieser Ausgangspunkte mit einsichtigen Argumenten vertreten. Als praktisch und ergiebig erwies sich z. B. für die T. der Presse der Weg vom Medium zur ersten Differenzierung nach Textfunktionen (ergibt die sog. ›Textklassen‹) und zweiten, d. h. weiteren Differenzierung nach Makrostrukturen sowie nach Zusatzkriterien wie Thema und Zeitbezug (ergibt die T.). Zu den T. gelangt man also durch eine Hierarchisierung von Strukturbegriffen, wobei sich das klassifikatorische Vorgehen heute deutlicher als früher an den ›Eigenarten des Objektbereichs‹ und am Untersuchungszweck orientiert. Daher sind alle Modelle, die den neueren Arbeiten zu den T. zugrunde liegen, letztlich aus einem *trial and error*-Verfahren entstanden: durch ständiges Konfrontieren und Korrigieren des ›Vorgehens von oben‹ (Deduktion) mit dem ›Vorgehen von unten‹ (Induktion aus den Texten eines Corpus, unter Berücksichtigung und Präzisierung gemeinsprachlicher T.-begriffe). Mit dem Wandel in der Linguistik vom ⁊ Strukturalismus zur ⁊ Pragmatik und zu geschichtlichen Fragestellungen geht weiterhin die Abkehr vom Ziel einer (nur zweidimensionalen, nicht Aufbau und ⁊ Stil erfassenden) ›Matrix der T.‹ einher, das sich an damaligen Vorgehensweisen in Phonologie und Semantik ausrichtete. Die T., gerade die der ⁊ Massenmedien, gelten nun dezidierter als Abfolgemuster des Handelns durch Schreiben oder Sprechen (vgl. in Lüger 1995). Und sie werden, stets auf kulturgeschichtlichem Hintergrund, in ihrer reichen Entwicklung aus wenigen ›Urformen‹ bzw. ›Vorformen‹ erkannt (vgl. Hrbek 1995), aber auch in ihren jetzigen Wandlungen infolge radikaler Veränderungen der Me-

dienlandschaft erforscht (vgl. Hess-Lüttich et al. 1996). – Unabhängig von den methodischen Divergenzen liegt der Wert der Beschäftigung mit den T. in der Sensibilisierung für deren Eigenarten, d. h. dem Gewinn eines Kategorienrasters für Lektüre, Interpretation und Textproduktion, weiterhin in den Möglichkeiten zum charakterisierenden Vergleich der Medien (z. B. der frz. Hauptstadtzeitungen) nach den von ihnen favorisierten T. Unsere Kenntnis geschichtlicher Übergänge, namentlich von der ⁊ Mündlichkeit zur ⁊ Schriftlichkeit mit sich allmählich verfestigenden schriftlichen T., darunter vielen literar., hat sich deutlich verbessert. Didaktisch hilft das Bewußtsein der T.-vielfalt nachweislich bei der Erstellung von Lehrwerken wie auch von Unterrichtsdossiers und -einheiten, die heute oft eine wohlüberlegte T.-mischung aufweisen.

Lit.: E. Gülich/W. Raible (Hgg.): *T.*, FfM. 1975 [1972]. – E. Werlich: *Typologie der Texte*, Heidelberg 1979 [1975]. – E. U. Große: *Text und Kommunikation*, Stgt. 1976. – H.-H. Lüger: *Pressesprache*, Tüb. 1995 [1983]. – *SkriptOralia*, Tüb. 1987 ff. – W. Heinemann/D. Viehweger: *Textlinguistik*, Tüb. 1991. – E. U. Große/E. Seibold (Hgg.): *Panorama de la presse parisienne*, FfM. 1996 [1994]. – A. Hrbek: *Vier Jh.e Zeitungsgeschichte in Oberitalien*, Tüb. 1995. – E. W. B. Hess-Lüttich et al. (Hgg.): *Textstrukturen im Medienwandel*, FfM. 1996. – R. M. G. Nickisch: »Der Brief und andere T. im Grenzbereich der Lit.«. In: Arnold/Detering 1997 [1996]. S. 357–364. – E. Seibold: *Frz. Fernsehprogrammzeitschriften*, FfM. 1996.

EUG

Textualität (Texthaftigkeit), Begriff der Texttheorie, der die konstitutiven Eigenschaften eines ⁊ Textes definiert; allg. die textexternen (z. B. Partnerbeziehung, Situativität, Handlungsziel) und textinternen (Interaktions- und Bedeutungsstruktur des Textes sowie die sprachlichen Mittel zu deren Ausdruck) Merkmale des Textes, der sich als gesellschaftlich-soziale Tätigkeit (d. h. als Prozeß und Resultat) in den Gesamtrahmen von Tätigkeit einfügt. R. de Beaugrande und W. Dressler (1981) definieren den Text als kommunikative sprachliche Vorkommensweise, der sieben Standardmerkmale aufweist: (a) ⁊ Kohärenz, d. h. Konzepte und Relationen zwischen Konzepten und das Ergebnis kognitiver Prozesse; (b) Kohäsion, d. h. die sprachlichen Mittel zum Ausdruck von Kohärenz, d. h. die Realisierung der Oberflächenstruktur des Textes; (c) ⁊ Intentionalität, d. h. die Überzeugung des Textproduzenten, daß sein kohärenter und kohäsiver Text seine Absicht erfüllen kann; (d) Akzeptabilität, d. h. die Überzeugung des Textrezipienten, daß der Text seiner Erwartung in bezug auf Kohärenz und Kohäsion sowie Nützlichkeit oder Relevanz entspricht; (e) Informativität, die auf den (relativen) Neuigkeitswert des Textes abzielt; (f) Situationalität, die den Bezug der Sprachhandlung (des Textes) auf eine bestimmte Situation sichert, und (g) ↗ Intertextualität, d. h. die Faktoren, die die Nutzung eines Textes abhängig machen vom Wissen über einen oder mehreren vorher begegneten Texten. Im handlungstheoretischen Modell von S. J. ↗ Schmidt (1976) ist T. eine Struktureigenschaft kommunikativer Situationen, die sich als Text realisiert. Texte werden in komplexe kommunikative Handlungsspiele eingebettet; T. verweist bei Schmidt auf einen über die Linguistik hinausgehenden Textbegriff, da Texte keine rein sprachlichen Erscheinungen seien.

Lit.: S. J. Schmidt: *Texttheorie*, Mchn. 1976 [1973]. – R. de Beaugrande/W. Dressler: *Introduction to Text Linguistics*, Ldn. 1981 (dt. *Einf. in die Textlinguistik*, Tüb. 1981). WTh

Textverstehen ↗ Verstehen

Theatersemiotik (gr. *théatron*: Ort zum Schauen, *theásthai*: sehen; gr. *sēmeíon*: Zeichen), Th. wendet systematisch die Methoden und Untersuchungsperspektiven allg. ↗ Semiotik auf das Theater an, um alle für das Theater relevanten ↗ Zeichen, ↗ Codes und Kommunikationssituationen zu erfassen. Im einzelnen lassen sich dabei drei Perspektiven unterscheiden: (a) die Beschreibung eines weitgehend a-historischen, abstrakten internen Codes des Theaters, (b) die Darstellung kultur-historisch voneinander unterscheidbarer Theaterformen, wie etwa die antike Tragödie, das elisabethanische Theater oder das bürgerliche Illusionstheater, und (c) die Analyse einzelner Aufführungen. Die drei klassischen theaterwissenschaftlichen Bereiche, Theoretische und Historische Theaterwissenschaft sowie Aufführungsanalyse, bleiben also differenziert, werden aber in der Th. methodisch enger zusammengeführt. Die systematische Darstellung des theatralischen Codes, die eine Art ›Universalsprache des Theaters‹ (vgl. Fischer-Lichte 1983a) erbringen soll, geht von der grundlegenden Kommunikationssituation aus, daß ein Schauspieler vor Zuschauern eine Rolle darstellt. Die in dieser Situation theoretisch möglichen und relevanten Zeichen des Theaters werden beschrieben, die Regeln ihrer Kombination miteinander bestimmt und ihre möglichen Bedeutungen benannt. Es lassen sich verschie-

dene Gruppen von Zeichen differenzieren und klassifizieren, wobei die sprachlichen Zeichen die wichtigsten sind, da grundsätzlich »alle nicht-sprachlichen Zeichen mit Ausnahme der gestischen und proxemischen [sowie der Musik] auf dem Theater durch sprachliche Zeichen substituiert werden können« (Fischer-Lichte 1983, I, S. 35). Zu den sprachlichen Zeichen kommen durch den Spieler die paralinguistischen oder prosodischen Zeichen, wie Tonhöhe, Artikulationsart und -rhythmus usw. sowie die kinesischen Zeichen, die die Art und Weise des schauspielerischen Agierens umfassen: Gestik, Mimik sowie Nähe oder Distanz zu anderen Figuren, die Proxemik. Das Äußere des Schauspielers, seine Gestalt und speziell Frisur oder Maske, aber auch sein Kostüm, bildet eine weitere Zeichengruppe. Dann kommen Zeichen des Raumes, der Bühnenform, Dekoration, der Requisiten und der Beleuchtung. Musik und Geräusche bilden eine weitere theoretisch mögliche Zeichengruppe. Grundsätzlich geht man davon aus, daß es nicht realisierbar ist, den theatralischen Code in homogene Einheiten zu zergliedern. Das Theater kann alle real existierenden Zeichen verwenden und ihnen im Theaterraum ganz spezifische Funktionen und Bedeutungen geben. Wo bestimmte Zeichengruppen und -bedeutungen dominieren, sich also gewisse ›Hierarchien der Theatermittel‹ (vgl. J. Honzl 1976) und konkrete Theaterformen als Norm herausbilden, ist der Bereich der Darstellung des abstrakten systemischen Theatercodes schon verlassen, und es werden spezifische, historische Zeichenkonstellationen thematisiert. Zur systematischen Darstellung gehört die grundlegende Erkenntnis, daß das Theater die Zeichen der ↗ Kultur, aus der es stammt, verwendet. Dabei werden diese Kultur und deren Zeichen im doppelten Sinne reflektiert: »[Das Theater] bildet [sie] ab und stellt sie in dieser Abbildung vor das nachdenkende Bewußtsein« (Fischer-Lichte 1983, I, S. 19). Diese untrennbare Verbindung des Theaters zu seiner Kultur ist so wichtig, daß die Th. die Zeichen des Theaters nur dann wirklich verstehen kann, wenn sie vorher die primären Zeichen der Kultur versteht. Die Th. muß daher durch eine Semiotik der kulturellen Systeme fundiert werden, also etwa durch eine Semiotik der Geste, des Kostüms, der Musik usw. Durch diese Fundierung ist die Th. nicht nur in die allg. Semiotik eingebunden, sondern auch generell in die Semiotik der Zeichenprozesse in Kultur und Natur (vgl. Koch 1986), spezieller in Verstehenstheorien, die Zeichen als wesentliche Grundlage für menschliche Sinnzuschreibung und Orientierung definieren. Th., die derart in umfassendere Verstehensprozesse integriert ist und sich daher etwa auch als Teil einer ↗ Dramentheorie versteht, die kulturbezogene Fragen nach Stellung und Funktion des Theaters hervorhebt, entgeht dem mehrfach geäußerten Vorwurf, sich zu verselbständigen und eine nicht ausreichend differenzierte Vielzahl relevanter wie eher irrelevant erscheinender Daten hervorzubringen. – Nachdem sich die noch junge Th. lange v.a. um Fragen des Codes und der Syntax gekümmert hat, treten mehr und mehr Probleme der Semantik in den Vordergrund, und die ↗ Pragmatik erweist sich als ein noch vielfältig zu erforschender Bereich. Über kulturvergleichende Untersuchungen kann auch die Th. Aufschluß geben über die in vielen Disziplinen betriebene Suche nach Universalien, d.h. kultur- und zeitspezifisch unabhängigen Merkmalen menschlichen Lebens, und dabei etwa prüfen, ob sich in der Tat ganz bestimmte Mimik in allen Kulturen mit derselben Bedeutung verbindet, wie z.B. Ekman et al. (1974) meinen. Während die Bedeutung des Orts, an dem Theater aufgeführt wird, etwa in oder neben einem Tempel oder einer Kirche, auf dem Dorfanger, in kommunal oder kommerziell erstellten Gebäuden, schon aufschlußreich diskutiert worden ist, bereitet die Abschätzung der Relevanz der Zuschauer offensichtlich größere Schwierigkeiten, so daß dieser Aspekt in der Th. erst seit den 80er Jahren intensiver diskutiert wird. Auch hier erweist sich eine Verbindung der Th. mit anderen Frageperspektiven, z.B. der ↗ Kognitionstheorie und ↗ Hermeneutik notwendig und vielversprechend. – Als eine wissenschaftliche Disziplin entwickelte sich die Th. zuerst im Rahmen der ↗ Prager Schule in den 1930er Jahren, also in einem von Linguistik und strukturalistischer Formanalyse geprägten Kontext. J. ↗ Mukařovský (1975), J. Honzl und J. Veltruský (1976) sind drei repräsentative Namen aus dieser Gruppe, die u.a. Untersuchungen des dramatischen Dialogs, der ↗ Polyfunktionalität und Hierarchisierung theatralischer Zeichen sowie der Stellung des dramatischen Texts im Theater vorgelegt haben. Die Rezeption dieser Überlegungen verlief zögerlich, so daß eine zweite Phase der Th. erst in den 60er und dann stärker in den 70er Jahren durch T. Kowzan (1976), R. ↗ Barthes, G. Mounin (1970), A. Helbo (1975) und P. Pavis einsetzte. Die Differenzierungen zwischen dramatischem Text und Aufführungstext sowie die damit verbundenen

Veränderungen in der Kommunikationssituation wurden weiterentwickelt, und Barthes (1969) definierte das Theater als ein privilegiertes semiologisches Objekt, dessen System im Unterschied zur linearen Sprache polyphon und damit originell sei. Die Originalität der theatralischen Zeichen gründet sowohl in der vielfältigen Kombinierbarkeit primärer Zeichen als auch in der Polyfunktionalität der Zeichen im Theater. Beide Gründe für die Originalität unterliegen aber keineswegs der Beliebigkeit, sondern historisch-sozialen Bedingungen, die in den späten 80er Jahren in soziosemiotischen Theorien zum Theater untersucht wurden (vgl. de Toro 1988; Alter 1990; Carlson 1990), bzw. konkreten kulturellen Kontexten, denen sich die Th. seitdem bes. zuwendet (vgl. Fischer-Lichte 1989b; 1997; Pavis 1990). Die Th. hebt also in ihrer neuesten Phase pragmatische, insbes. rezeptions- und kulturspezifische, Perspektiven hervor.

Lit.: R. Barthes: »Lit. und Bedeutung«. In: ders.: *Lit. oder Geschichte*, FfM. 1969. S. 102–126. – G. Mounin: »La communication théâtrale«. In: ders.: *Introduction à la semiologie*, Paris 1986 [1970]. S. 87–94. – P. Ekman et al.: *Gesichtssprache. Wege zur Objektivierung menschlicher Emotionen*, Wien 1974. – A. Helbo (Hg.): *Sémiologiue de la représentation. Théâtre, télévision, bande dessiné*, Brüssel 1975. – J. Mukařovský: »Zum heutigen Stand der Theorie des Theaters«. In: A.v. Kesteren/H. Schmid (Hgg.): *Moderne Dramentheorie*, Kronberg 1975. S. 76–95. – J. Honzl: »The Hierarchy of Dramatic Devices«. In: L. Matejka/I.R. Titunik (Hgg.): *Semiotics of Art. Prague School Contributions*, Cambridge, Mass. 1976. S. 118–127. – T. Kowzan: *Analyse sémiologique du spectacle théâtral*, Lyon 1976. – J. Veltruský: »Dramatic Text as a Component of Theatre«. In: L. Matejka/I.R. Titunik (Hgg.): *Semiotics of Art*, Cambridge, Mass. 1976. S. 94–117. – E. Fischer-Lichte: *Semiotik des Theaters*, 3 Bde., Tüb. 1989 [1983]. – Koch 1986. – P. Pavis: *Semiotik der Theaterrezeption*, Tüb. 1988. – F. de Toro: »Toward a Socio-Semiotics of the Theatre«. In: *Semiotica* 72 (1988) S. 37–70. – E. Fischer-Lichte: »Von der ›Universalsprache der Empfindungen‹ zur ›Universalsprache des Theaters‹. Zur Geschichte der Th.«. In: *Zs. für Semiotik* 11.1 (1989a) S. 3–11. – dies.: »Wandel theatralischer Kodes. Zur Semiotik der interkulturellen Inszenierung«. In: *Zs. für Semiotik* 11.1 (1989b) S. 63–86. – J. Alter: *A Sociosemiotic Theory of Theatre*, Philadelphia 1990. – M. Carlson: *Theatre Semiotics. Signs of Life*, Bloomington 1990. – P. Pavis: *Le théâtre au croisement des cultures*, Paris 1990. – E. Aston/G. Savona: *Theatre as Sign System. A Semiotics of Text and Performance*, Ldn. 1991. – F. de Toro: *Theatre Semiotics. Text and Staging in Modern Theatre*, Toronto 1995. – G. Krieger: »Dramentheorie und Methoden der Dramenanalyse«. In: Nünning 1995. S. 69–92. – E. Fischer-Lichte: *Die Entdeckung des Zuschauers. Paradigmenwechsel auf dem Theater des 20. Jh.s*, Tüb. 1997.
KPM

Thema und Rhema (gr. *thêma*: das Gesetzte; *rhêma*: das Gesagte), Th. und Rh. ist ein Begriffspaar zur Beschreibung der Informationsstruktur von Äußerungen. – In einem Satz gehören zum Th. diejenigen Elemente, die alte, bekannte, vorerwähnte, präsupponierte Information enthalten (das, worüber etwas mitgeteilt wird); zum Rh. gehören diejenigen Elemente, die neue, unbekannte, nicht vorerwähnte, nicht präsupponierte Information enthalten (das, was darüber mitgeteilt wird). Rein rhematische Äußerungen sind möglich, wenn alle Diskursgegenstände neu sind, z.B. bei Überschrift oder Textanfang; rein thematische Äußerungen dagegen enthalten keine neue Information und sind daher kommunikativ unbrauchbar. Die Th.-Rh.-Gliederung wird auch ›Funktionale Satzperspektive‹ (↗ Prager Schule), ›Fokus-Hintergrund-Gliederung‹ oder ›Mitteilungsperspektive‹ genannt. Dabei werden Begriffspaare wie ›psychologisches Subjekt‹/›psychologisches Prädikat‹ (vgl. Paul 1880), Th./Rh. (vgl. Ammann 1928), *topic/comment* (vgl. Chao 1959) oder *presupposition/focus* (vgl. Chomsky 1971) verwendet, die sich nicht decken, aber allesamt Phänomene der Informationsstruktur von Äußerungen beschreiben. Bei Firbas (1964) wird diese binäre Unterscheidung durch eine skalare ersetzt, bei der das Th. den geringsten, das Rh. den höchsten Grad an kommunikativer Dynamik (›*communicative dynamism*‹) besitzt und die anderen Elemente im Satz zwischen diesen Polen angeordnet sind. Die Entscheidung darüber, was Th. und was Rh. ist, obliegt dem Sprecher, der die Äußerung entsprechend gestaltet. Eine bes. Rolle bei der Perspektivierung der Th.-Rh.-Gliederung spielen etwa Satzintonation, Wortstellung, Verwendung von Proformen (↗ Deixis), Passivierung u.a. syntaktische Verfahren. In der ↗ Textlinguistik gibt die Analyse der Th.-Rh.-Gliederung Hinweise zu Textaufbau, ↗ Kohärenz und schrittweiser Vermittlung komplexer Information in einem Text.

Lit.: H. Paul: *Prinzipien der Sprachgeschichte*, Tüb. 1970 [1880]. – H. Ammann: *Die menschliche Rede*, Bd. 2, *Der Satz*, Lahr 1928. – Y.R. Chao: »How Chinese logic operates«. In: *Anthropological Linguistics* 1 (1959) S. 1–8. – J. Firbas: »On Defining the Theme in Functional Sentence Analysis«. In: *Travaux Linguistiques de Prague* 1 (1964) S. 267–280. – N. Chomsky: »Deep Structure, Surface Structure, and Semantic Representation«. In: D.D. Steinberg/L.A. Jakobovits (Hgg.): *Semantics. An Interdisciplinary Reader in Philosophy, Linguistics and Psychology*, Cambridge 1971. S. 193–216. – L. Lutz: *Zum Thema ›Th.‹. Einf. in die Th.-Rh.-Theorie*, Hbg. 1981. – H.-W. Eroms: *Funktionale Satzperspektive*, Tüb. 1986.   HS

Thematologie ↗ Stoff- und Motivgeschichte/ Thematologie

Theorie, literaturwissenschaftliche (gr. *theōría*: das Anschauen, Untersuchung, Forschung), die auf W. ↗ Dilthey rückführbare Trennung in Natur- und Geisteswissenschaften weist als Kern disparate Auffassungen über Th.en sowie ihre Funktionen und Leistungen auf. Der Th.-begriff in den sog. Geisteswissenschaften ist im Gegensatz zur naturwissenschaftlich ausgerichteten Wissenschaftstheorie kaum expliziert. Wie z.B. Titel und Darstellung von T. ↗ Eagleton 1983 zeigen, werden in der Lit.wissenschaft häufig schon Methoden, Ansätze oder Richtungen als Th.en bezeichnet. Die Ursachen für diesen Sachverhalt sind vielschichtig. Traditionell sind weite Teile der Lit.wissenschaft von Abneigung bis Th.-Feindlichkeit geprägt. Genährt wird diese Ablehnung durch einen autonomen ↗ Lit.begriff, dessen Unikatanspruch sich einer Suche nach Gesetzmäßigkeiten sperrt. Mit der angestrebten Trennung in Natur- und Geisteswissenschaften geht die Unterscheidung von nomothetischen und idiographischen Disziplinen einher, die von dem Postulat unterschiedlicher Forschungsziele gefolgt wird: Erklären von Phänomenen in den Naturwissenschaften, ↗ Verstehen von Texten und anderen menschlichen Handlungsresultaten in den Geisteswissenschaften. Im Gegensatz zum harten Th.begriff der Naturwissenschaften bezeichnet in einer weicheren Verwendung ›Lit.th.‹ allg. konzeptuelle Voraussetzungen, mit denen ein jeweiliger Forschungsgegenstand abgesteckt und bearbeitet wird. Es lassen sich drei Typen von Lit.th.en unterscheiden, die wissenschaftstheoretisch einen unterschiedlichen Status haben: normative, deskriptive und ↗ empirische. Als normativ sind solche Lit.th.en zu kennzeichnen, die implizit oder explizit auf einer ↗ Ästhetik oder ↗ Poetik aufbauen. Unter der Aufstellung ästhetischer Kriterien und Merkmale werden Bedingungen und Forderungen an Texte herangetragen, die diese zu erfüllen haben, um im Sinne des Ansatzes als literar. akzeptiert zu werden. Im Gegensatz zu normativen sind deskriptive Lit.-th.en induktiv ausgerichtet. Sie versuchen, Gemeinsamkeiten und Besonderheiten eines vorgegebenen, begrenzten Korpus von Texten bzw. literar. Phänomenen herauszufiltern. Hauptgebiet deskriptiver Lit.th.en ist die Aufstellung von Klassifikationstypologien und daran anschließend die Bearbeitung von Zuordnungsfragen. Klassisches Beispiel sind ↗ Gattungstheorien, die allg. Bestimmungen spezieller Textsorten anstreben und literar. Texten jeweils zuordnen. Auch strukturalistische Ansätze (↗ Strukturalismus) wie solche der ↗ Linguistischen Poetik und systemisch/systemtheoretische Ansätze (↗ Systemtheorie) ohne Erklärungsanspruch fallen unter diese Gruppe von Th.en. Das Problem normativer und deskriptiver Th.en besteht darin, daß sie entweder einen historisch kontingenten Lit.begriff zur Norm setzen oder aus einem festgelegten Arsenal an Texten induktiv generelle, ahistorische Merkmale von ↗ Literarizität erschließen. Empirische Lit.th.en sind am Wissenschafts- und Th.begriff der analytischen Philosophie ausgerichtet. Sie haben einen anderen Status als normative und deskriptive Th.en. Ihr Interesse gilt nicht einzelnen Texten, sondern kausalen Zusammenhängen, der Aufstellung von Gesetzmäßigkeiten und ihrer empirischen Prüfung im Sinne der Lösung wissenschaftlicher Probleme. Mit der Historisierung und Empirisierung der Frage: ›Was ist Lit.?‹ werden empirische Lit.th.en weder aus dem Gegenstandsbereich abgeleitet noch ihm aufgezwungen. Zentraler Streitpunkt zwischen normativen bzw. deskriptiven Ansätzen einerseits und empirischen Th.en andererseits ist neben der Bestimmung des Gegenstandsbereichs primär der Status lit.wissenschaftlicher Interpretationen.

Lit.: W. Stegmüller: *Probleme und Resultate der Wissenschaftstheorie und Analytischen Philosophie* I-IV, Mchn. 1973/74. – Pasternack 1975. – K. Eibl: *Kritisch-rationale Lit.wissenschaft*, Mchn. 1976. – Eagleton 1996 [1983]. – Bogdal 1997 [1990]. – Nünning 1995.

AB

Tiefenstruktur, das Konzept einer T. geht von der Prämisse aus, daß sowohl individuellen Bewußtseinsvorgängen wie auch überindividuellen, sinnlich wahrnehmbaren Phänomen der Welt ontologisch vorgängige Strukturen zugrundeliegen, welche die Oberflächenphänome steuern und/oder die zwischen scheinbar disparaten Erscheinungen ↗ Kontinuität bzw. ›Sinn‹ stiften. Die kulturell, historisch und biographisch vorgegebenen psychisch-epistemologischen T.en prägen und begrenzen den Horizont der Art und Weise, in der das subjektive oder auch das Bewußtsein einer ganzen Kultur (J. ↗ Habermas' ›Pseudokommunikation‹) die Welt wahrnimmt und deutet. – Im Kontext theoretischer Diskurse tauchen v.a. drei Denk-

figuren auf, um das Verhältnis zwischen einer dem Bewußtsein zugänglichen ›Oberfläche‹ und einer sie motivierenden, weitgehend unbewußten T. zu konzeptualisieren: (a) In Anlehnung an die Traumdeutung von S. ↗ Freud die Differenzierung von manifestem Gehalt und latentem Sinn; (b) die Unterscheidung von einem ausformulierten Haupttext und einem implizit angedeuteten ↗ Subtext; (c) der ↗ Palimpsest. – So unterschiedliche Denkrichtungen wie Marxismus, Psychoanalyse, Philosophien des Vitalismus, ↗ Ideologiekritik, dekonstruktivistisch (↗ Dekonstruktivismus) angelegte Modelle des Feminismus (↗ feministische Lit.theorie) und des ↗ *New Historicism* oder die ↗ Diskursanalyse zielen im Rahmen einer ›Hermeneutik des Verdachts‹ (P. ↗ Ricœur) auf die (Re)Konstruktion von Subtexten, die den bewußten und expliziten ↗ Intentionen von Individuen wie auch von kulturellen Systemen widersprechen und z.B. latente rassistische, sexistische, imperialistische oder ausbeuterische Interessen aufdecken. – Das von dem Linguisten N. ↗ Chomsky geprägte Begriffspaar T. und Oberflächenstruktur, demzufolge sich die Oberflächenstruktur eines Textes durch Transformationen von der T. ableiten, hat v.a. die Theorie- und Modellbildung des ↗ Strukturalismus und der ↗ Erzähltheorie beeinflußt.

Lit.: J. Habermas: »Der Universalitätsanspruch der Hermeneutik«. In: K.-O. Apel et al. (Hgg.): *Hermeneutik und Ideologiekritik*. FfM. 1971. S. 120–159.

AHo

Tod des Autors (engl. *death of the author*), Konzept, das der frz. Kritiker und Philosoph R. ↗ Barthes 1968 anhand einer Analyse von H. de Balzacs Geschichte »Sarrasine« (1831) entwickelte. Barthes greift traditionelle Vorstellungen vom Autor als eines privilegierten Individuums, einer Person, die den von ihr verfaßten ↗ Text und seine Bedeutung völlig kontrolliert, auf und entlarvt sie als Produkte einer typisch modernen, individualistischen und kapitalistischen Ideologie, wie sie sich seit dem Ausgang des MA.s herausgebildet hat. Im Gefolge Mallarmés, Valérys und Prousts will Barthes die Schrift selbst in der Funktion eines solchen Autors sehen und diesen durch einen Skriptor ersetzen, der gleichzeitig mit dem Text geboren wird. Es gibt also keinen gottähnlichen Autor mehr, der seine Botschaft in quasi-theologischer Manier monologisch durch den Text vermittelt, sondern einen multidimensionalen textuellen Raum, der als ein Gewebe von Zeichen und

Zitaten unterschiedlicher kultureller Provenienz erscheint (↗ Intertextualität) und nicht mehr eindeutig im Sinne des Autors entschlüsselbar ist. Statt dessen fokussieren die in einem dialogischen Verhältnis zueinander stehenden Bestandteile des Textes nunmehr im realen historischen ↗ Leser, der als Träger der Bedeutungskonstitution an die Stelle des Autors rückt. Der T. d. A. ist damit die Geburtsstunde des Rezipienten. – Barthes' einflußreiches Konzept entstand gleichzeitig mit der sich in Deutschland Ende der sechziger Jahre neu entwickelnden ↗ Rezeptionsästhetik und wurde zu einem der grundlegenden Texte des ↗ Poststrukturalismus. M. ↗ Foucault versuchte, die Anonymisierung oder völlige Abschaffung des Autor-Begriffes durch Barthes in »What Is an Author?« (1979) mittels einer historisierend-ideologiekritischen Neudefinition des Konzepts als einer im Lauf der Geschichte veränderlichen Diskursfunktion zu verhindern.

Lit.: R. Barthes: »The Death of the Author«. In: ders: *Image-Music-Text*, Ldn. 1987 [1977]. S. 142–148. – M. Foucault: »What Is an Author?« In: Harari 1989 [1979]. S. 141–160. – H.H. Henschen (Hg.): *R. Barthes*, Mchn. 1988. – S. Burke: *The Death and Return of the Author. Criticism and Subjectivity in Barthes, Foucault and Derrida*, Edinburgh 1998 [1992].

HA

Todorov, Tzvetan (*1939), bulg. Lit.theoretiker. – Studium der Slavistik in Sofia und der Sprachund Lit.wissenschaft an der Universität von Paris; Promotion bei R. ↗ Barthes (1970). Seit 1968 Forschungstätigkeiten am Centre National de la Recherche Scientifique (CNRS) und Mitglied des Verwaltungsrates des Centre de Recherches sur les Arts et le Langage; 1970–79 Herausgeber der Zs. *Poétique. Revue de théorie et d'analyse littéraires*; Mitherausgeber wichtiger Publikationen, z.B. G. ↗ Genettes *Figures I-III*; Professuren in den USA, u.a. an der Yale University, New York University, Columbia University. – T.s hermeneutische und semiotische Orientierung entspricht der F. Schleiermachers. Die Grundthese ist: Man versteht nur, was man aus sich mit Notwendigkeit produzieren kann. Das Ziel von Lit. ist Wissen (Wahrheit) und Moral (wertegeleitetes Tun). Überblickt man T.s umfangreiches Werk, fallen Konstanten einer theoretischen Entwicklung auf, die sich, ganz im Gegensatz zu seinem frz. und am. Umfeld, ohne Brüche und Umschwünge vollzieht. Zuerst ist sein Denken davon fasziniert, daß jegliches Handeln zeichenhaft durchdrungen ist und umgekehrt jede Äußerung ›handelt‹, insofern sie die

Beziehung zwischen den Partnern verwandelt (›illokutionär‹) und in die Beziehung zur Welt eingreift (›perlokutionär‹; ↗ Sprechakt, ↗ Sprechakttheorie). Der Sinn einer Aussage, sowohl im Gespräch als auch in der Lit., ist nicht der Artikulation vorgegeben, sondern entwickelt sich in dieser (vgl. T. 1967, S. 20). Die Priorität des Pragmatischen gilt zwischen Einzelpersonen (sprachwissenschaftlich vgl. T./Ducrot 1972) wie zwischen Kulturen, denn die Entdeckung des anderen durch das Ich erfolgt unter Wahrnehmungsgewohnheiten, die vor jedem Verständigungsversuch die ›Energeia‹ von Sprache u.a. Zeichensystemen lenken. T. (1982) nennt als Beispiele dafür Kolumbus als Hermeneut und den Sieg von Cortés durch strategisch bessere Informationsverarbeitung. Sprache ist nicht nur Verständigungsmittel, sondern Organ der Weltanschauung (vgl. W. v. Humboldt); sie gibt es wirklich nur in der Spezifik der Beziehung von »wir und die Anderen« (vgl. T. 1989). Deshalb versucht T. im Sinne von A. Jolles (1930), Genres als ›Geistesbeschäftigungen‹ zu theoretisieren analog zum Fragen, Schweigen oder Erklären usw. und zu den Verhaltensdispositionen, die sich in der Grammatik verkörpern (vgl. T. 1969 und 1972b, S. 115 ff.). Lit., so resümiert T. (1972b, S. 32) mit P. ↗ Valéry, »ist und kann nichts anderes sein, als die Anwendung und Erweiterung bestimmter Eigenschaften der Sprache!« Die Wort-Sprache hat gegenüber allen anderen Zeichensystemen den zusätzlichen Vorteil, daß sie (a) über sich und andere Zeichensysteme sprechen und (b) jederzeit durch Kontext einem Wort neue Bedeutung geben kann (vgl. »Sekundarität« in T./Ducrot 1975, S. 122). Lit. entfaltet diese Potenz. Deshalb ist T. fasziniert von den Russ. Formalisten (↗ Russ. Formalismus), die er nach Frankreich vermittelt: Kunst als Prozeß (und nicht als Summe von Verfahren) weniger der Darstellung denn der Erweckung menschlicher Vermögen zum Umgang mit dem anderen und der Welt, ein Gedanke der dt. ↗ Romantik, den er auch als Basis von M. ↗ Bachtins Theorie entdeckt, so wie R. ↗ Jakobson die ›Selbstgesetzmäßigkeit der Form‹ gemäß Novalis theoretisiert und daraus den Schluß zieht, daß Dichter die Sprache nicht (unmittelbar pragmatisch) nutzen, weil sie sie als angewandte Theoretiker erforschen (T. 1995, S. 273). Wenn Dichtung jedoch Sprache nicht eng-praktisch gebraucht, dann nicht, um sich vom Leben abzuwenden, sondern um unsere pragmatisch-semiotische Zugangsweise nicht erstarren zu lassen. »Gerade die Dichtung sichert unsere (sc.

lebendige) Form von Liebe und Haß, von Aufbegehren und Versöhnung, von Glauben und Ablehnung vor Automatisation und Einrosten«> zitiert T. (1995, S. 272) Jakobson, um fast Jahrzehnte später dem »Abenteuer des Zusammenlebens« in dem »Versuch einer allg. Anthropologie« nachzugehen, nachdem er das Menschliche »Angesichts des Äußersten« (ebd., S. 6), Konzentrationslager und Gulags, v.a. über die Schriften der Betroffenen (bes. Primo Levi) zu bestimmen suchte. Das Dichterische ist Zeugnis, Erzeugnis und Erzeugungsmacht menschlicher Autonomie gerade gegen die Gewalt der Umstände. Erneut zeigt sich systematisch die prinzipielle Nähe von Ästhetischem und Moralischem in T.s Schriften über und ›mit‹ Bachtin (vgl. T. 1981). Das ›dialogische Prinzip‹ (↗ Dialogizität) beruht darauf, daß Sinn im Zwischenraum der menschlichen Dyade erwächst wie Raumtiefe aus der Spannung zwischen dem, was die beiden Augen jeweils sehen. Er wird geschaffen aus der Differenz zweier Verarbeitungsergebnisse. Dies gilt auch für Lektüre, Kritik, Interpretation: Aus der Differenz zwischen dem Autor, der die Leserreaktionen vorbedacht hat, und dem Adressaten, der die Chance zur Ko-Autorschaft bekommt, werden die Vermögen beider, und zwar wechselseitig, verwirklicht (ebd., S. 166). Mit dem literar. Text entdeckt sich der Adressat als Autor. Seine Wahrheit hat zwei komplementäre Gestalten: Sie ist gleichzeitig mehr oder weniger tief (›eindringlich‹) durch die Involvierung der Partner und komplementär reich im Maß der Angleichung an den Reichtum des Objekts. Tiefe (↗ Intersubjektivität) und Reichtum (Objektivität) bedingen einander, weshalb T. die ›nihilistische‹ Beliebigkeit dekonstruktivistischer Entfaltung des eigenen Angeregtseins ebenso ablehnt wie positivistische u.a. Dogmatik (vgl. T. 1991, S. 161 ff.). Im autotelischen bzw. autoreferenziellen Aspekt bezieht sich Kunst erst einmal auf sich bzw. ihre ›Mache‹ (↗ Polyfunktionalität der Sprache), und daraus folgt, daß sich alle Konstituenten ›aufsplittern‹: Das Ich des Sprechers (›lyrisches Ich‹) wird vielfach wie das Du (›entworfener Adressat‹), die Referenz wird (auch) Fiktion usw. Somit zwingt die poetische ↗ Funktion, so führt T. (1995, S. 275) Jakobson fort, die Welt als gegeben (Nachahmung) und als offen (Spiel, Entwurf) anzunehmen: genau das meint ↗ ›Literarizität‹. Ein Beispiel ist phantastische Lit. (↗ Phantastik), wo der Leser in den genüßlichen Zweifel geführt wird, ob er glauben soll oder nicht (vgl. T. 1970). – Kein Wunder, daß T. sich

entsprechend kontinuierlich nach der Leistung fragt, welche Lit.kritik u. -wissenschaft hierbei zu erbringen hat. Wenn, mit Bachtin, Buber, Humboldt, Sprache in ihrer höchsten Form (Lit.) dialogisch ist, dann muß der systematische Umgang genau darauf konzentriert sein. Die *Critique de la critique* (1984) hat zu akzeptieren, was in der ›ethischen Ordnung der Gegensatz von Universellem und Relativem‹ ist: Die Wahrheit kann man nicht besitzen, wohl aber suchen und sie, statt zum Inhalt, zum regulierenden Prinzip der Kommunikation mit dem anderen machen (vgl. T. 1984, S. 183 f.). Nicht nur der textgesteuerte Umgang des Lesers, Kritikers, Wissenschaftlers mit dem Autor, sondern auch der mit anderen seines Standes kann und sollte in dem Maße dialogisch und als intersubjektiv wissenschaftlich werden, wie gleichzeitig die gemeinsam festgelegten Bedingungen der Suche (›universelles‹ Ideal) und die notwendige subjektive Evaluation einbezogen werden (moralische Praxis) (vgl. T. 1984, S. 187).

Lit.: A. Jolles: *Einfache Formen*, Tüb. 1982 [1930]. – T. Todorov: *Littérature et signification*, Paris 1967. – ders.: *Grammaire du Décaméron*, Den Haag 1969. – ders.: *Introduction à la littérature fantastique*, Paris 1970 (dt. *Einf. in die phantastische Lit.*, Mchn. 1972a). – ders.: *Poétique de la prose*, Paris 1971 (dt. Poetik der Prosa, FfM. 1972b). – ders./O. Ducrot: *Dictionnaire encyclopédique des sciences du langage*, Paris 1972 (dt. *Enzyklopädisches Wörterbuch der Sprachwissenschaften*, FfM. 1975). – ders.: *Théorie du symbole*, Paris 1977 (dt. *Symboltheorien*, Tüb. 1995). – ders.: *M. Bakhtine. Le principe dialogique*, Paris 1981. – ders.: *La conquête de l'Amérique*, Paris 1982 (dt. *Die Eroberung Amerikas*, FfM. 1985). – ders.: *Critique de la critique*, Paris 1984. – ders.: *Nous et les autres*, Paris 1989. – ders.: *Les morales de l'histoire*, Paris 1991.

RK

Tomaševskij, Boris Viktorovič (1890–1957), russ. Lit.wissenschaftler und Linguist. – T. studierte 1908–1912 in Lüttich Elektrotechnik und trieb parallel literar. Studien an der Sorbonne. 1921 wurde er Dozent am Petrograder Institut für Kunstgeschichte, ab 1924 lehrte er an der Leningrader Universität, wo er von 1942 an eine Professur innehatte. Daneben war er seit 1921 Mitarbeiter am Institut für russ. Lit., dem späteren Puškinhaus, zeitweise Leiter der Handschriftenabteilung. Um 1920 stand er in Kontakt zur Petrograder ›Gesellschaft zur Erforschung der dichterischen Sprache‹ (OPOJAZ). Seine 1925 erschienene *Theorie der Lit.* erlebte bis 1931 sechs Auflagen, wurde aber schon Ende der 20er Jahre von marxistischer Seite wegen der Nähe zum ↗ Russ. Formalismus kritisiert und in der Folge bis zu den 60er Jahren kaum noch rezipiert. Sein Arbeitsschwerpunkt seit den 30er Jahren war die Textologie, mit der er sich auch theoretisch befaßte. T. hat bedeutende Editionen russ. Klassiker besorgt und zahlreiche Arbeiten zur russ. Lit., insbes. des 19. Jh.s, sowie zur Verslehre veröffentlicht. – Die *Theorie der Lit.* integriert, obwohl T. 1922 gegen den Formalismus polemisierte, dessen Konzepte als bereits eingebürgertes Gedankengut in eine systematische Darstellung zur ›allg. Poetik‹. Diese untersucht nach T. die künstlerischen Funktionen der poetischen Verfahren und ist abzugrenzen gegen ↗ Lit.geschichte einerseits sowie ›normative Poetik‹ andererseits. Gleichwohl berücksichtigt T. auch die literar. ↗ Evolution, da von ihr die künstlerische Wirkung der Verfahren abhängt. Der Begriff des ›Verfahrens‹ ist ebenso auf den frühen Formalismus zurückzuführen wie der der ›Mechanisierung‹, bei V. ↗ Šklovskij ›Automatisierung‹, welche die mit dem Verlust der künstlerischen Wirksamkeit einhergehende Abnutzung der Verfahren bezeichnet. Bes. deutlich sind die Übernahmen von Šklovskij bei den Ausführungen zur ↗ Verfremdung. T. geht hier jedoch weiter als der frühe Formalismus, indem er Verfremdungen wie die ›Bloßlegung des Verfahrens‹ als abhängig vom poetischen System einer ↗ Epoche oder literar. Schule erkennt und die Prozesse von Automatisierung und Innovation auch hinsichtlich des Genrewandels beschreibt. Trotz dieser Weiterentwicklungen hat T.s *Theorie der Lit.* ihren Wert freilich weniger als origineller Beitrag zum theoretischen Diskurs denn als integrative Darstellung. Der erste Hauptabschnitt des Buches behandelt, ausgehend von der Unterscheidung von ›künstlerischer‹ und ›praktischer Rede‹, die Formen poetischer Lexik und Syntax, der Euphonie und der graphischen Form, wobei bis in die antike Rhetorik zurückgegriffen wird. Der zweite Hauptabschnitt zur Metrik knüpft an theoretische Arbeiten der russ. Symbolisten an und stellt nach einem allg. Teil das russ. Verssystem dar. Der dritte Hauptabschnitt schließlich behandelt unter dem Titel ›Thematik‹ den ›Sujetaufbau‹ und die ›literar. Genres‹. Hier finden sich die Begriffe ›Fabel‹ als »Gesamtheit der Motive in ihrer logischen, kausal-temporalen Verknüpfung« und ›Sujet‹ als »Gesamtheit derselben Motive in derjenigen Reihenfolge und Verknüpfung, in der sie im Text vorliegen« (T. 1985, S. 218), die in der späteren Erzählforschung aufgegriffen und differenziert worden sind (↗ *Histoire* vs. *discours*, ↗ Plot, ↗ Tiefenstruktur).

Lit.: B. Tomaševskij: *Theorie der Lit.*, Wiesbaden 1985 [1925]. – R. Jacobson: »B. V. T. 1890–1957«. In: *International Journal of Slav Linguistics and Poetics* 1/2 (1959) S. 313–343. – C. J. G. Turner: »T.'s Literary Theory«. In: *Symposium* 26 (1972) S. 67–77.

FG

Topik/Toposforschung (gr. *tópos*: Ort), mit diesen Begriffen sind zwei Disziplinen bezeichnet, die sich auf zwei unterschiedliche Bedeutungen des Wortes Topos beziehen. In seiner urspr. Bedeutung gehört der Topos als Beweismittel in die *inventio*, die Lehre vom Finden der Argumente und Beweise, die ein Bindeglied zwischen der ↗ Rhetorik und der ↗ Dialektik/Logik bildet. Der rhetorische Topos ist ein ›Fundort‹ für Beweise oder Argumente (lat. *sedes argumentorum*), die man in einer Rede verwenden kann. Die Lehre von den Argumentationstopoi ist die T. (z. B. ↗ Aristoteles' *Topica*). Die Argumentationstopoi oder ›Suchformeln‹ (vgl. Lausberg 1960), ›allg. Formprinzipien der Argumente‹ (vgl. Veit 1963), bilden ein umfassendes Reservoir von Mitteln zur Findung von Argumenten, die z. B. bei einem Rechtsstreit behilflich sein können. Einige Suchformeln finden sich in einem ma. Hexameter ›quis, quid, ubi, quibus auxiliis, cur, quomodo, quando‹, einem Fragenkatalog, den der engl. Rhetoriker Th. Wilson im 16. Jh. so wiedergibt: ›Who, what and where, by what help, and by whose:/Why, how, and when, do many things disclose.‹ Cicero hat diese Topoi in *De inventione* in Sach- und Personentopoi eingeteilt. Es gibt auch abstraktere Topoi wie den Schluß aus dem Gegenteil (*argumentum a contrario*) und den Schluß vom Stärkeren her (*argumentum a fortiori*). Alle diese Argumentationstopoi sind insofern allg. Topoi, als sie auf unterschiedliche Fälle und Situationen anwendbar sind, Aristoteles' *koinós tópos*. Die lat. Entsprechung ist *locus communis* (dt. Gemeinplatz). – Im Lauf der Geschichte hat sich die Bedeutung des Wortes *locus communis* tiefgreifend verändert. Es ist von der Suchformel für ein Argument auf das Argument selbst, den Inhalt des Arguments, bezogen worden. Das trifft zunächst auf prägnante Wahrheitssätze zu, wie z. B. *carpe diem* (›pflücke den Tag‹), *tempus fugit* (›die Zeit entflieht‹). E. R. ↗ Curtius hat, den etwas pejorativ konnotierten Begriff *locus communis* vermeidend, in seinem Werk *Europ. Lit. und lat. MA.* (1948) den Topos-Begriff zur Grundlage einer neuen historischen ↗ Komparatistik gemacht. Seine Neudefinition der Topoi als ›feste Clichés oder Denk- und Ausdrucksschemata‹ mag historisch nicht legitimiert sein; sie hat sich aber als ungemein fruchtbar erwiesen. Curtius hat in engerem Sinne rhetorische Topoi behandelt wie den Bescheidenheits- und den Unsagbarkeitstopos und topische ↗ Metaphern wie die vom Leben als einer Schiffahrt oder der Welt als einem Theater (*theatrum mundi*), Landschaftstopoi wie den *locus amoenus*, traditionelle thematische Konfigurationen wie die von Waffen und Wissenschaften (*armas y letras*), oxymoronische Vorstellungen wie die vom Knaben als Greis (*puer senex*) und Adynata wie die Vorstellung von der verkehrten Welt. Von großer Bedeutung sind u.a. auch die tradierten Techniken der Eröffnung (Exordialtopoi) und der Schlußgebung literar. Werke. – Aus dem hohen Alter der meisten Topoi ergibt sich eine ihrer grundsätzlichen Eigenschaften, nämlich die ihnen gewöhnlich inhärente Spannung zwischen Altehrwürdigkeit und Abgegriffenheit. Topoi können die Plattheit von ›Gemeinplätzen‹ annehmen. Sie können aber auch neu formuliert und neu gedeutet und damit revitalisiert werden. Curtius sah im Weiterleben der Topoi durch die Geschichte ein Zeugnis der Einheit des Erbes der europ. Kultur. Man hat ihm deshalb ein unhistorisches, restauratives Kulturverständnis vorgeworfen (vgl. Jehn 1972). Die T. hat aber den geschichtlichen Funktionswandel der Topoi akzentuiert (vgl. Baeumer 1972). Die historische Dynamik der Topoi zeigt sich auch darin, daß zu bereits existierenden Topoi wie dem *locus amoenus* der pastoralen Dichtung Gegentopoi gebildet werden wie der *locus terribilis* der schauerromantischen Lit. T. ist auch als ›Topologie eines Gesprächs‹ verstanden worden (vgl. Pöggeler 1960), die auch auf die nichtfiktionale Lit. bezogen sein kann. So stellt sich die Geschichte der Stiltheorie z.B. als ein Dialog konkurrierender topischer Gedanken dar (vgl. Müller 1981). In den letzten Jahrzehnten läßt sich neben dem Weiterleben des lit.-komparatistischen Toposkonzepts eine Verallgemeinerung des Begriffes auf alle gesellschaftlich vermittelten Bestandteile der Tradition feststellen (vgl. Bornscheuer 1976).

Lit.: E.R. Curtius: *Europ. Lit. und lat. MA.*, Bern 1993 [1948]. – E. Mertner: »Topos und Commonplace«. In: G. Dietrich/F.W. Schulze (Hgg.): *Strena Anglica. Fs. für O. Ritter*, Halle 1956. S. 178–224. – Lausberg 1990 [1960]. – O. Pöggeler: »Dichtungstheorie und Toposforschung«. In: *Jb. für Ästhetik und allg. Kunstwissenschaft 5* (1960) S. 89–201. – W. Veit: »Toposforschung«. In: *DVjs* 37 (1963) S. 120–163. – M.L. Baeumer (Hg.): *Toposforschung*, Darmstadt 1973. – P. Jehn (Hg.): *Toposforschung. Eine Dokumentation*, FfM. 1972. – L. Bornscheuer: *T.: Zur Struktur der gesell-*schaftlichen Einbildungskraft, FfM. 1976. – W.G. Müller: *T. des Stilbegriffs*, Darmstadt 1981. – U. Hebekus: »T./Inventio«. In: Pechlivanos et al. 1995. S. 82–96.

WGM

Totalität (lat. *totus*: ganz), Vollständigkeit, Ganzheit, universeller Zusammenhang von Phänomenen. Mit der Vorstellung bzw. Forderung nach ästhetischer T. verbindet sich zumeist die Leitidee einer Geschlossenheit der künstlerischen ↗ Form. Ganzheit, Identität und Einheit sind die vorherrschenden Schlüsselbegriffe, die gemäß den Leitannahmen der klassischen ↗ Ästhetik die in sich ruhende, selbstgenügsame Werkgestalt ausmachen. Die Orientierung der Kunstphilosophie am Ideal bzw. Anspruch der T. ist bis ins 20. Jh. wirksam. Noch der späte G. ↗ Lukács vertritt die Auffassung, daß in jedem gelungenen literar. Werk die T. der Erfahrung zum Ausdruck gelangen müsse, um eine Vermittlung von ästhetischer Form und lebensweltlicher Realität zu leisten. Demgegenüber haben sich in der neueren Lit.- und Kunsttheorie überwiegend totalitätskritische Ansätze durchsetzen können. Als Gegenbegriffe zur ästhetischen T. gewinnen das Fragment und die dissonante Struktur eine neue systematische Bedeutung, die in der Avantgardelit. und -kunst ihre beispielhafte Ausprägung annehmen. Theoretiker der ↗ Avantgarde wie W. ↗ Benjamin und Th. W. ↗ Adorno versuchen daher in ihren kunsttheoretischen Arbeiten, den in der modernen Lit. und Kunst beobachteten Auflösungserscheinungen Rechnung zu tragen. Vergleichbare Tendenzen zur Unterwanderung älterer (normativer) T.skonzepte machen sich in der neueren Historiographie und Geschichtswissenschaft bemerkbar, die an der Hegelschen Darstellungsform (G.F.W. ↗ Hegel) des *grand récit* Kritik üben. Der Annahme eines in sich geschlossenen, teleologischen Geschichtsverlaufs setzt der ↗ *New Historicism* polemisch die Vorstellung eines Zerfalls von Geschichte in Geschichten entgegen. Die monolithische Einheit der traditionellen Geschichtskonzeption wird durch narrative Kurzformen wie die Anekdote gleichsam in ihre Bruchstücke zerlegt. Die ↗ Dekonstruktion trägt ebenfalls zur Verabschiedung von traditionellen T.skonzepten bei, da sie literar. Texte als offene Verweisungszusammenhänge betrachtet, deren Bedeutungskonstitution unabschließbar ist (*non-closure*), so daß die Entstehung ganzheitlicher Textgefüge während der Werkgenese oder Lektüre grundsätzlich verhindert wird. Unter den poststrukturalistischen

Denkern, die insgesamt eher metaphysikkritisch orientiert sind und die Angemessenheit ganzheitlicher Textmodelle bestreiten, kündigt sich allenfalls beim späten M. ↗ Foucault in der Vorstellung von der diskursiven Fundierung der ↗ Macht in sprachlichen Vollzugsformen, die so wirkungsmächtig erscheinen, daß sie jegliche subversiven Momente in sich aufheben und keine Infragestellung zulassen, ein neues soziokulturelles T.smoment an.

Lit.: L. Dällenbach/C.L.H. Nibbrig (Hgg.): *Fragment und T.*, FfM. 1984.

AS

Tradition (lat. *tradere*: weitergeben, überliefern), dem Wortsinn nach bezeichnet T. das Ensemble des Hergebrachten, Überkommenen und gewohnheitsmäßig Gegebenen. Bei der Erörterung des T.skonzepts empfiehlt es sich, dessen mögliche Gegenbegriffe und Alternativkonzepte in Betracht zu ziehen: So steht T. als das ›Beharrende‹ und kontinuierlich sich Fortsetzende im Gegensatz zu Neuerung und Innovation bzw. schärfer gefaßt: T.sbruch und radikaler Zäsur. Als der Nachahmung empfohlene, gleichsam autoritäre Vorgabe kontrastiert T. mit der Idee des Abweichenden und Individuellen; als das Alte, Überkommene schließlich erscheint sie als Gegensatz schlechthin zu ↗ Moderne und Modernität. – Daß ohne T. keine kulturelle bzw. literar. Entwicklung, auch keine Innovation, möglich sei, ist spätestens seit der Renaissance (vgl. M.E. de Montaigne) ein Topos der lit.- und kulturkritischen Diskussion. Texte kommen überhaupt erst durch Zitate, durch Referenzen auf ihre literar. Vorläufer zustande (↗ Intertextualität). Auch das Neue bedarf der T., und sei es nur als der Folie, von der sich abhebend es als solches sichtbar wird. Als einer der einschlägigen neuzeitlichen Ausgangspunkte der Geschichte des T.sproblems gilt neben der Renaissance zu Recht die frz. Klassik. Die von Ch. Perrault eröffnete und in verschiedenen Nationallit. fortgeführte *Querelle des anciens et des modernes* (1688 ff.) stellt einen klassischen Bezugspunkt der T.sdebatte dar. Von der oben genannten deskriptiven Einsicht in die Unhintergehbarkeit des Bezugs auf T. zu unterscheiden ist eine emphatische, normative Auffassung, die T. als Inbegriff des Gültigen, Verbindlichen und schlechthin Bewahrenswerten begreift. Wie die Geschichte des T.sbegriffs zeigt, läßt sich auch bei anspruchsvollen, theoretischen Problemformulierungen häufig die Tendenz beobachten, daß ein deskriptiver, analytischer Zugang durch

normative Gesichtspunkte verstellt und der T.sbegriff ontologisch oder anthropologisch überhöht wird. T.S. ↗ Eliot, dessen Essay »Tradition and the Individual Talent« (1919) der T.sdebatte des 20.Jh.s das Stichwort gibt, vertritt in diesem Zusammenhang noch eine gemäßigte Position: Das jeweils neue Werk werde zwar in die Ordnung der T. eingefügt (›its fitting in is a test of its value‹), doch komme ihm zugleich ein Potential zu, verändernd auf die Kriterien und Relationen jenes kanonischen Gefüges der Texte zurückzuwirken. An Eliot anschließend vertritt v.a. E.R. ↗ Curtius einen emphatischen, tendenziell substantialistischen T.sbegriff. Bei Curtius findet sich auch die elitäre Vorstellung von T. als einer überzeitlichen Gemeinschaft der großen Geister, ein Bild, das nicht zufällig an den alten Topos der Kette der Dichter und Weisen anknüpft (Homer, ↗ Platon). Hier wird zugleich deutlich, daß der Begriff T. aufs engste mit Problemen der Kanonbildung (↗ Kanon) und des Klassischen (↗ Klassizismus) verknüpft ist: Als selektive Ordnung der Überlieferung schließt T. immer auch Prozesse der Auswahl und Kanonisierung mit ein. Normative, substantialistische Konzepte neigen zu einer Gleichsetzung von T. und Klassik: die bewahrenswürdige T., so die Auffassung, ist eben die klassische. Von einer in diesem Sinne ontologischen, klassikorientierten Tendenz ist auch H.G. ↗ Gadamers T.sbegriff nicht frei. Seine Konzeption droht die zunächst konzedierte hermeneutische Differenz von gegenwärtigem Interpreten und vergangenem Werk letztlich preiszugeben.

Lit.: T.S. Eliot: »Tradition and the Individual Talent«. In: ders.: *The Sacred Wood*, Ldn. 1964 [1920]. S. 47–59. – E.R. Curtius: *Europ. Lit. und Lat. MA.*, Tüb. 1993 [1948]. – H.G. Gadamer: *Wahrheit und Methode*, Tüb. 1975 [1960]. – Jauß 1992 [1970]. – Bloom 1997 [1973]. – R. Goebel: »Curtius, Gadamer, Adorno. Probleme literar. T.«. In: *Monatshefte* 78.2 (1986) S. 151–166. – A. Höfele: »T.«. In: Borchmeyer/Žmegač 1994 [1987]. S. 431–435.

LS

Transposition (lat. *transponere*: versetzen, umsetzen), im allg. Sprachgebrauch bezeichnet T. eine Übertragung in einen anderen Bereich, z.B. eine andere musikalische Tonart. Auf die poetische Sprache angewandt, benennt J. ↗ Kristeva mit T. einen Vorgang in der Arbeit des (Text-)Unbewußten, nämlich den Übergang von einem ↗ Zeichensystem in ein anderes, wobei die Art des Zeichenmaterials unverändert bleiben kann. ↗ Intertextualität ist ein Beispiel für eine solche T. Da Intertextualität häufig zur traditionellen

Quellenkritik trivialisiert worden sei, ersetzt Kristeva (1974) diesen Begriff vollends durch den der T., um so zu akzentuieren, daß im Zuge einer T. ein altes Zeichensystem mit seinen thetischen Setzungen für ein neues System aufgegeben wird. Gerade für den Ansatz der ↗ Intermedialität, bei dem die Übergänge zwischen Zeichensystemen im Mittelpunkt stehen, erweist sich T. daher als zentraler Begriff. G. ↗ Genette (1982) gebraucht T. im weiteren Sinne in etwa synonym mit dem Begriff der Transformation. T. gilt bei Genette nicht nur wegen der Bandbreite und Vielfalt ihrer Auswirkungen als wichtigste hypertextuelle Praktik, sondern auch wegen der ästhetischen und historischen Bedeutung der durch sie hervorgegangenen Werke. So verschleiern Anspruch und Produktivität eines Werkes wie etwa J. Joyces *Ulysses* (1922) dessen hypertextuellen Charakter. Genette unterscheidet zwei Arten von T. mit jeweils zahlreichen Unterformen. Die formale T. verändert den ↗ Stil eines Textes, Sinnverschiebungen treten nur ›versehentlich‹ ein. Demgegenüber wird bei der thematischen T. der Sinn eines Textes vorsätzlich geändert. Allerdings gibt es laut Genette keine ›unschuldige‹ T., da auch rein formale Änderungen, z.B. Übersetzungen, den Sinn eines Textes, wenn auch unabsichtlich, affizieren. Kristevas Auffassung von T. benötigt dagegen keinen Rekurs auf intentionale Kategorien, um dieses Phänomen zu begründen. Wenn jede T. eine Neuartikulation des Thetischen, d.h. der bedeutungssetzenden Instanz, bedingt, so ist mit jeder T. eine Bedeutungsveränderung unausweichlich eingeschlossen.

Lit.: J. Kristeva: *La révolution du langage poétique*, Paris 1974. – Genette 1982/93.

AMM

Transtextualität ↗ Intertextualität

Trilling, Lionel (1905–1975), am. Schriftsteller und Kritiker. – T. studierte an der Columbia University, war dort Dozent 1932–39 und anschließend Professor bis 1974. – T. wurde in seiner Entwicklung durch die Radikalisierung des geistigen Lebens während der 30er Jahre geprägt. Seine humanistisch-kritische Methodik verbindet ästhetische, soziologische, kulturpolitische und psychologische Fragestellungen. Obwohl er seine frühere marxistische Überzeugung aufgab, hielt er an dem Glauben fest, daß Lit. eng mit Politik verbunden sei. So wie der liberalkonservative engl. Kritiker M. Arnold sich mit den Folgen der Frz. Revolution auseinander-

setzte, forschte T. nach den Auswirkungen des Stalinismus auf das geistige Klima seiner Zeit. In der Aufsatzsammlung *The Liberal Imagination* (1950) griff er Schriftsteller und Kritiker an, die aus ideologischen Gründen zu gedanklichen oder formalen Vereinfachungen neigen. Für T. ist eine liberale Einstellung der einzige Garant einer ästhetisch-gedanklichen Komplexität in der Lit. In der Tat galt für T. der Liberalismus als einzige intellektuelle Tradition seiner Zeit. In *The Opposing Self* (1955) orientierte er sich v.a. an den psychoanalytischen Theorien S. ↗ Freuds, der sein gesamtes Werk stark beeinflußte. Für T. sollten sich Geist (als Teil des künstlerischen Selbst) und Gesellschaft stets in fruchtbarer Spannung zueinander befinden, so daß sich ↗ ›Kultur‹ (für T. ein elitärer Begriff) entwickeln könne. In seinen letzten Essaybänden *Beyond Culture* (1965) und *Sincerity and Authenticity* (1972) beklagte T. die Massenproduktion und unmittelbare Gegenwartsbezogenheit der Kunst. Im nachindustriellen Zeitalter hat T.s Anspruch an die Lit. als integrierendes und moralisch-reformistisches Mittel an Gültigkeit verloren, trotzdem bleiben die Eleganz und der urbane Scharfsinn seiner weitschweifenden Essays unübertroffen.

Lit.: L. Trilling: *M. Arnold*, N.Y. 1955 [1939]. – ders.: *The Liberal Imagination. Essays on Literature and Society*, Ldn. 1964 [1950]. – ders.: *The Opposing Self. Nine Essays in Criticism*, Ldn. 1955. – ders.: *Beyond Culture. Essays on Literature and Learning*, N.Y. 1965. – ders.: *Sincerity and Authenticity*, Ldn. 1972. – L. Fraiberg: *Psychoanalysis and American Literary Criticism*, Detroit 1960. – Q. Anderson et al. (Hgg.): *Art, Politics, and Will*, N.Y. 1977. – R. Boyers: *L.T.: Negative Capability and the Wisdom of Avoidance*, Columbia 1977. – W.M. Chace: *L.T.: Criticism and Politics*, Stanford, 1980. – E.J. Shoben, Jr.: *L.T.*, N.Y. 1981. – M. Krupnick: *L.T. and the Fate of Cultural Criticism*, Evanston 1986. – S.L. Tanner: *L.T.*, Boston, 1988. – H.-J. Lang: »L.T. (1905–1975)«. In: Heuermann 1990. S.385–419.

GC

Trivialliteratur (lat. *trivium*: Dreiweg, Kreuzweg; entsprechend das, was auf der Straße verhandelt wird), der pejorative Begriff bezeichnet Lit. von vermeintlich geringerer Qualität; er wird z.T. als Synonym für Groschenromane, Kolportage und ›Schundlit.‹ verwendet, ebenso für sentimentalen ↗ Kitsch (Thema hier: v.a. Liebes- und Familienbeziehungen). T. ist minderwertig gegenüber handwerklich gelungener Unterhaltungslit., auch wenn im dt. Sprachgebrauch meist nur graduell zu bestimmende Unterschiede vorherrschen. So wird v.a. der aus

dem angelsächs. Raum stammenden, traditions-
reichen Kriminallit. durchaus höherer Anspruch
zugestanden, zumal wenn diese sich von Themen und Weltbild her den ernsteren ↗ Gattungen, gar der Höhenkamm- bzw. ↗ Hochlit annähert. – Die T. als serielle Massenproduktion
erscheint durch platte und abgedroschene For-
melhaftigkeit gekennzeichnet: schematischer
Spannungsaufbau, Melodramatik und Sentimentalität in der Handlung, Schwarz-Weiß-
Zeichnung bei Figuren und eindeutige moralische Zuweisungen sowie Vortäuschung eines
klaren Weltbildes durch Harmonisierungsbe-
strebungen. Neuere Tendenzen, wie komplexere Erzähltechniken, Aufdeckung skandalöser
sozialer Zustände oder ein subversiver, gar tra-
gischer Grundton, werden von Kritikern der T.
und Unterhaltungs-Lit. lediglich als Strategien
der Spannungssteigerung und der Zerstreuung
gewertet. Bürgerliche wie marxistisch beeinflußte Kritiker und Bildungstheoretiker erkennen die T. abschätzig als bedenkliches Produkt
einer seelenlosen Vergnügungs- und Konsum-
industrie. Sie warnen vor ihr als sozialem Sedati-
vum und betonen ihren gegenüber konservativen Werten und Normen affirmativen Charakter. Sie raten von dem Unterrichtseinsatz von
T. in der prägenden Phase der Lesesozialisation
ab (literar. ↗ Bildung) und tragen die Hoffnung,
Aufklärung über T. könne zu deren Verminde-
rung führen. – Kritiker sehen sich in den Zeiten
der ↗ Postmoderne einer radikal gewandelten
Einstellung zur T. gegenübergestellt. Alte
Grenzziehungen zwischen anspruchsvoller und
unterhaltender Lit. werden mit Berufung auf die
Erkenntnis, daß ↗ Geschmack immer soziokulturell geprägt ist, aufgelöst. Die T. wird programmatisch aufgewertet, z.B. in der Kritik des
westlichen ↗ Logozentrismus, der Sentimentalität und Emotionales bisher ausgrenzte. Die Unterschiede zwischen T. und Unterhaltungs-Lit.
schließen sich, ebenso wie die zur gehobenen
Ernsten Lit., wenn postmoderne Autoren wie U.
↗ Eco bewußt Elemente der Unterhaltungs-Lit.
verwenden. – Diese ›neue Unübersichtlichkeit‹
wird die T.-Forschung nachhaltig verändern.
Seit den 60er Jahren standen zunächst empirische und soziologische Studien zur Bedürfnis-
disposition des (schichtenspezifischen) Lesepu-
blikums im Vordergrund. Neben einer ›Geschmacksforschung‹ etablierten sich auch eher
auf das ganze Genre bzw. auf Subgenres aus-
greifende, sehr ertragreiche Forschungsrichtungen, die Gattungskonventionen wie Handlungs-
bausteine, Erzähl- und Themenmotive, Figuren-

arsenale usw. untersuchen und in der gekonnten
Modifikation und Überschreitung etablierter
Muster die Meister und *Queens of Crime* der
Unterhaltungs-Lit. ausmachen. – Die Grenzziehungen sind schwerer geworden, können sich
aber im allg. noch wie anfangs definiert abzeichnen. Einer semiotisch und kontextuell orientierten, sich den ↗ *Cultural Studies* gegenüber öff-
nenden Lit.wissenschaft bietet die T. ein weites
Aufgabenfeld, auch in nun häufigeren Einzelanalysen. Denn als populäre semiotische Kraft-
zentren, die in vergröberter und vereinfachter
Form die ↗ Episteme eines Zeitalters reflektieren
und dabei selbst mitschaffen, sind die Produkte
der T. von exemplarischer kultureller und mentalitätsgeschichtlicher Bedeutung.

Lit.; M. Greiner: *Die Entstehung der modernen Unterhaltungslit.*, Reinbek 1964. – A. Rucktäschel/H.D.
Zimmermann (Hgg.): *T.*, Mchn. 1976. – J. Fiske: *Understanding Popular Culture*, Boston 1989. – Ch. Mu-
kerji/M. Schudson (Hgg.): *Rethinking Popular Culture*,
Berkeley 1991. – P. Nusser: *T.*, Stgt./Weimar 1991.
LV

Tropen (gr. *trópos*: ›Wendung‹), die T. gehören
in den Bereich der rhetorischen Stillehre (*elocutio*; ↗ Rhetorik). Sie sind ein wichtiges Element
des sprachlichen Schmucks (*ornatus*). T. sind
einzelne Wörter oder Wendungen, die im uneigentlichen (übertragenen, figurativen) Sinne
gebraucht werden. Das Bildungsprinzip der T.
ist die Substitution. Der eigentliche Ausdruck
(*proprium*) wird durch einen uneigentlichen
Ausdruck (*improprium*) ersetzt. Durch diese semantische Prozedur unterscheiden sich die T.
von den rhetorischen Figuren (z.B. Frage, Chias-
mus, Ellipse, Anapher), welche die Bedeutung
der einzelnen Wörter nicht antasten. Man kann
die T. nach dem Grad der Distanz zwischen dem
eigentlichen und dem übertragenen Ausdruck
unterscheiden, wobei es ein Spektrum gibt, das
von der Synonymie bis zur Antonymie reicht.
Bei geringerer Distanz spricht H. Lausberg von
›Grenzverschiebungstropen‹ (z.B. Periphrase,
↗ Metonymie, Litotes, Hyperbel), bei größerer
von ›Sprungtropen‹ (z.B. ↗ Metapher, ↗ Allegorie, ↗ Ironie). Ein instruktives Beispiel ist das
Verhältnis von Ironie (Ausdruck des Gemeinten
durch sein Gegenteil) und Litotes (Ausdruck des
Gemeinten durch die Verneinung des Gegen-
teils). Ironisch sagt man von einem ungestalten
Mann ›Das ist ein Adonis‹, litotisch ›Das ist kein
Adonis‹. – Es gibt ↗ Epochen in der Lit.- und
Kulturgeschichte, wie ↗ Renaissance und ↗ Ba-
rock, in denen die tropische Diktion den Sprach-

stil dominiert. Im europ. Manierismus, speziell dem ital. Marinismus und dem span. Gongorismus, auch bei den engl. *metaphysical poets*, werden ausgeklügelte metaphorische Denk- und Sinnfiguren (ital. *concetti*, engl. *conceits*) gebildet, die Gegensätzliches paradoxal (↗ Paradoxie) in einer höheren Einheit verbinden. Das *conceit* ist in der ↗ Romantik (Novalis, Brentano), in Symbolismus (A. Rimbaud, St. Mallarmé) und in der ↗ Moderne (T.S. Eliot, G. Benn, P. Celan) wiederaufgenommen worden. Epochen können auch einzelne T. bevorzugen, wie der engl. ↗ Klassizismus, in dessen *poetic diction* die Periphrase, die Umschreibung eines Ausdrucks durch mehrere Wörter, aufgrund ihrer definitorischen Kraft eine große Rolle spielt. Die Allegorie als Trope und als ↗ Gattung ist im MA. und im Barock von zentraler Bedeutung. Der Klassizismus schätzt auch die Ironie, Hauptmittel der für die Epoche wichtigen Gattung der Satire. – Die T. und damit die ↗ Rhetorik sind auch für die moderne Lit.- und Kulturkritik von großer Bedeutung. Der Linguist R. ↗ Jakobson bestimmt, von der Unterscheidung zwischen Metapher und Metonymie ausgehend, oppositäre metaphorische und metonymische kulturelle Phänomene, z.B. Drama vs. Film, ↗ Surrealismus vs. Kubismus, Poesie vs. Prosa, lyrisches vs. episches Gedicht, Romantik/Symbolismus vs. ↗ Realismus. D. ↗ Lodge versucht mit Hilfe der Jakobsonschen Oppositionen zu einer Typologie der modernen Lit. zu gelangen. Zu einem Angelpunkt einer neuen Theorie der Geschichtsschreibung werden die T. bei H. ↗ White, der die Hauptformen der europ. Historiographie des 19. Jh.s mit den vier T. Metapher, Metonymie, Synekdoche und Ironie verbindet. Lit.wissenschaftlich einflußreich ist die T.kritik des ↗ Dekonstruktivismus (P. ↗ de Man).

Lit.: Lausberg 1990 [1949]. – Plett 1991 [1971]. – H. White: *Metahistory. The Historical Imagination in 19th-Century Europe*, Baltimore 1993 [1973]. – D. Lodge: *The Modes of Modern Writing*, Ldn. 1996 [1977].

WGM

Tynjanov, Jurij Nikolaevič (1894–1943), russ. Lit.wissenschaftler, Romancier, Übersetzer und Drehbuchautor. – T. studierte 1912–1918 an der Historisch-Philologischen Fakultät der Petersburger Universität und war danach zunächst als Übersetzer für die Komintern tätig. Von 1921–1930 hatte er den Lehrstuhl für Lit.geschichte am Leningrader Institut für Geschichte der Künste inne. Seit 1931 widmete sich T. verstärkt editorischen Aufgaben und schriftstellerischer Tätigkeit, u.a. dem großangelegten Werk »Puškin« (1935–43, unvollendet). T. entwickelte verstreute Erkenntnisse des ↗ Russ. Formalismus zu einer konzisen Theorie und leistete den Transfer von der Einzelanalyse werkimmanenter Verfahren zu einem komplexen Modell von ↗ Struktur und ↗ Evolution literar. Verfahren und ↗ Gattungen. – T. folgte dem methodologischen Prinzip des Russ. Formalismus, die ↗ Literarizität (*literaturnost*') sprachlicher Kunstwerke unter Ausschluß werktranszendenter oder normativ-poetischer Vorgaben zu erforschen. Aus der Erkenntnis der bedeutungskonstituierenden Funktion der Form und ihres Primats gegenüber dem Inhalt leitete T. die Auffassung ab, die historische Entwicklung der Lit. sei primär als Wandel ihrer Formprinzipien zu beschreiben. – Bedingungen und Systemhaftigkeit dieses Wandels beschäftigten T. bereits in seiner ersten selbständig erschienenen Arbeit *Dostoevskij und Gogol'. Zur Theorie der Parodie* (1921). Anhand einer konkreten Gattung exemplifizierte T., wie sich aus der Aneignung bestimmter Stilprinzipien bei Dostoevskij deren Reproduktion zum literar. Muster entwickelt, ehe in der parodistischen Überzeichnung Kulmination und gleichzeitige Überwindung des Verfahrens erfolgen (↗ Parodie). In der Aufsatzsammlung *Archaisten und Neuerer* (1929) differenzierte T. diesen Ansatz anhand umfangreichen historischen Materials am Beispiel der Wende von Klassik zu Romantik in der russ. Lit., die T. als widersprüchliches Paradigma literar. Epochenwandels auch in seinen Romanbiographien Kjuchel'bekers, A.S. Griboedovs und Puškins beschäftigte: Dichterexistenz und historisches Bewußtsein werden im Vorgriff auf die Methodik der ↗ Tartu-Moskauer-Schule selbst zum Material des ästhetischen Evolutionsprozesses. T.s auf der Grundlage der Šklovskijschen (V.B. ↗ Šklovskij) Verfremdungstheorie gewonnene Einsichten in die Dynamik literarhistorischer Prozesse faßt 1927 der Aufsatz »Über literar. Evolution« modellhaft zusammen, indem er vier Entwicklungsstadien unterscheidet: (a) ein automatisiertes Konstruktionsprinzip evoziert ein entgegengesetztes, dieses sucht (b) seine leichteste Anwendung, findet (c) weite Verbreitung und verfällt schließlich (d) selbst dem Automatisierungsprozeß. Von wegweisender Bedeutung u.a. für den Prager Strukturalismus (↗ Prager Schule) wurden T.s Forschungen zur Verstheorie, in denen er für die poetische

Sprache semantische Grund- und Sekundärmerkmale unterschied und v. a. am Beispiel des *vers libre* Bedeutung an die dynamische Wechselbeziehung so verschiedener Textebenen wie Rhythmik, Instrumentierung oder Reim knüpfte. Die Einführung des ↗ Systembegriffes erlaubte ihm darüber hinaus eine differenzierte Beschreibung der Hierarchie binnenstrukturell wie auch intertextuell wirksamer Kunstmittel. Indem sich einzelne Elemente jeweils nur in ihrem konkreten Verhältnis zu anderen Kunstmitteln erschließen lassen, wird zugleich die Unmöglichkeit absoluter ästhetischer Werturteile deutlich. – T.s Doppelbegabung als vielseitig interessierter Analytiker und Künstler, die sich auch im Medium Film entfaltete, entzog sein Werk frühzeitig der Vereinnahmung durch einzelne Schulen und sicherte ihm eine weit gefächerte, internationale Rezeption.

Lit.: Ju. Tynjanov: *Die literar. Kunstmittel und die Evolution in der Lit.*, FfM. 1977. – ders.: *Das Problem der Verssprache*, Mchn. 1977. – ders.: *Poetik. Ausgewählte Essays*, Lpz./Weimar 1982. – R. Lauer: »T. (1894–1943)«. In: Turk 1979. S. 267–285. – M. Sosa: *Ju. T.: Method and Theory*, Madison 1987. – V. Šubin (Hg.): *Ju. T.: Biobibliografičeskaja chronika (1894–1943)*, Petersburg 1994.

RG

U

Überdeterminierung/Überdetermination, S. ↗ Freud verwendete den Begriff der Ü., um die Bildungen des ↗ Unbewußten zu beschreiben, und bezeichnete damit die Vieldeutigkeit der Elemente des manifesten Trauminhaltes in bezug auf die Traumdeutung. Die Aufnahme der Elemente in den Trauminhalt erfolgt deshalb, weil sie »mit den meisten Traumgedanken die ausgiebigsten Berührungen aufweisen« (Freud 1972, S. 239). Die von Freud ›Verdichtung‹ genannte Operation der Traumarbeit hat eine Ü. der Elemente des Trauminhalts zur Folge: »Jedes Element des Trauminhaltes erweist sich als überdeterminiert, als mehrfach in den Traumgedanken vertreten.« (ebd.) – J. ↗ Lacan hat den Begriff der Ü., beeinflußt durch die Poetik R. ↗ Jakobsons, von Freud übernommen und reformuliert. Nach Lacan (vgl. 1986, S. 61–119) bilden ↗ Metapher und ↗ Metonymie, respektive Verdichtung und Verschiebung, die grundlegen-

den Mechanismen der Traumarbeit. Die Einbeziehung linguistischer Wissenschaft führt ihn dazu, Ü. als einen Effekt des Unbewußten, das wie eine Sprache strukturiert ist, zu verstehen (vgl. Lacan 1978, S. 26). Die dominante Stellung, die die Sprache in Lacans Vorstellungen einnimmt, zeigt sich v. a. in seiner Behauptung, daß die ↗ Signifikanten noch vor jeder eigentlichen Humanbeziehung die menschlichen Verhältnisse strukturieren (ebd.). – L. ↗ Althusser, beeinflußt durch Freud und Lacan, dehnte die Bedeutung des Begriffs Ü. auf die philosophische und politische Praxis aus. Auf dem philosophischen Feld diente er der Kritik der expressiven Kausalität, wie Althusser (1974) sie beispielsweise in der Philosophie G. W. F. ↗ Hegels angelegt sah. In der politischen Praxis dient Ü. dazu, die Struktur einer Gesellschaftsformation als Wechselwirkung heterogener Widersprüche zu begreifen, wobei die Elemente des Überbaus durch die Elemente der Basis, gleichzeitig aber die Wirkung des dominanten Widerspruchs durch die Wirkung des Überbaus bestimmt wird. Eine Gesellschaftsformation wird als Wechselspiel von Wirkungen zwischen dominantem Widerspruch und sog. Nebenwidersprüchen begriffen.

Lit.: S. Freud: *Die Traumdeutung*, FfM. 1972 [1900]. – L. Althusser: *Für Marx*, FfM. 1974. – J. Lacan: *Seminar XI*, Bln. 1978. – J. Lacan: *Schriften II*, Weinheim 1986.

EHE

Überlieferungsgeschichte, die Ü. umfaßt die Geschichte der Überlieferung des Textbestandes eines literar. Werkes von der ersten handschriftlichen Niederschrift bis zur Erstausgabe (*editio princeps*) oder zu einer historisch-kritischen Ausgabe (↗ Editionswissenschaft). Eine Unterscheidung nach den Tradierungsmethoden, mündliche, handschriftliche und gedruckte Überlieferung, verstellt den Blick auf die entscheidende Tatsache, daß die Überlieferung an die ↗ Schriftlichkeit gebunden ist; selbst mündliche Überlieferung kann nur aus schriftlichen Aufzeichnungen erschlossen werden. Wichtig für die Ü. ist auch die sog. Neben-Überlieferung wie etwa wörtliche Zitate bei anderen Autoren. Nach dem Verhältnis zwischen überliefertem Text und seiner Verfasserin bzw. seinem Verfasser lassen sich drei unterschiedliche Typen von überlieferten Texten unterscheiden: (a) ein auf ein Autograph des Autors bzw. der Autorin zurückgehender ›authentischer Text‹; (b) ein auf einer Ausgabe letzter Hand basierender ›autorisierter Text‹; und (c) ein nur auf nicht kon-

trollierbare Abschriften zurückführbarer ›nicht-
autorisierter Text‹. Zur Gruppe der nichtautori-
sierten Texte gehören der Großteil der antiken
und ma. Lit. und seit der Erfindung des Buchdrucks eine zahlenmäßig schwer abzuschät-
zende Gruppe von Raub- und Nachdrucken. –
Die bes. Schwierigkeiten der Ü. verdeutlicht eindrucksvoll die Überlieferung der antiken Lit., die
zum einen vom Auftauchen der Schrift (2. Jahrtausend v.Chr.) bis zur Erfindung des Buchdrucks auf die unsichere Grundlage der handschriftlichen Verbreitung gestellt war, zum anderen oftmals viele Jh.e an zeitlicher Distanz
zwischen Abfassung eines Textes und frühestem
erhaltenen textlichen Zeugnis zu verzeichnen
hat. Die kritische Überprüfung der Überlieferung (*recensio*) verfolgt den Zweck, ein ver-
lorenes Original zu rekonstruieren oder zumindest einen diesem nahekommenden Archetypus
wiederherzustellen. Das Wissen über die Ü. der
antiken Lit. ist insgesamt noch sehr lückenhaft
und variiert von Gattung zu Gattung und von
Autor zu Autor (vgl. Hunger et al. 1988, S. 583–
605). Eine Sonderstellung nimmt die Ü. der
Bibel ein, die verhältnismäßig gut erforscht ist
und darüber hinaus für Teile des *Neuen Testaments* in der handschriftlichen Überlieferung bis
an den Anfang des 2. Jh.s, also bis in die unmittelbare Nähe der letzten Autoren, zurückreicht. Für die Ü. der antiken Lit. insgesamt gilt,
daß die handschriftlich überlieferten Texte zumeist bereits in der ⟋ Antike textkritisch analysiert, kollationiert und emendiert wurden. Ein
Zentrum der für die Ü. so zentralen Tätigkeit
der ⟋ Textkritik war die Bibliothek von Alexandria; die von den Gelehrten der Ptolemäerzeit
kenntnisreich und sorgfältig erstellten Rezensionen liegen in der Mehrzahl der Fälle heute
verbreiteten Texten, z.B. den erhaltenen Tragödien der großen attischen Tragiker, zugrunde.
Im 9. Jh. sind es vornehmlich der byzantin. Hof
und seine Gelehrten, deren Bedeutung für die Ü.
der gr. Lit. kaum überschätzt werden kann, ›während ma. Kloster- und Hofbibliotheken eine zentrale Rolle in der Ü. der lat. Lit. spielten. In der
⟋ Renaissance sind es die Humanisten, die geradezu flächendeckend Handschriften sammeln,
abschreiben, kollationieren und nahezu alle antiken Autoren in den Druck geben. Seit der Entstehung des Buchdrucks und der damit in größerer Zahl gegebenen authentischen oder doch
zumindest autorisierten Textfassungen rückt die
Ü. als Textvorgeschichte in Form von handschriftlichen oder gedruckten Vorfassungen in
den Blickpunkt des Interesses. Vieles ist dabei

ebenfalls noch nicht hinreichend geklärt, wie
z. B. die Textgeschichte einzelner Shakespeare-
dramen zeigt, bei denen vermutlich immer wieder auch mit authentischen Parallelfassungen
gerechnet werden muß. Obwohl unsere Kenntnisse über die Ü. der antiken, ma. und neuzeitlichen Lit. sehr lückenhaft ist, ist die Kenntnis
der Ü. sowohl unverzichtbare Voraussetzung für
die Einschätzung der textlichen Qualitäten
(›Status des Textes‹) des einzelnen literar. Kunstwerks als auch Grundlage für die ⟋ Quellen- und
⟋ Rezeptionsforschung.

Lit.: W. Kayser: »Kritische Ausgabe eines Textes«. In:
ders. 1992 [1948]. S. 27–35. – H. Hunger et al.: *Geschichte der Textüberlieferung der antiken und ma. Lit.*,
2 Bde., Zürich 1961–64 (Nachdruck von Bd. 1: *Die
Textüberlieferung der antiken Lit. und der Bibel*, Mchn.
1988).

UB

Übersetzungstheorien, Ü. entwickelten sich
aus der Übersetzungspraxis, und zwar in erster
Linie aus der Notwendigkeit der Übersetzer,
getroffene Übersetzungsentscheidungen theoretisch zu rechtfertigen. Bereits bei Cicero (*De
optimo genere oratorum*, v.14) ist die Dichotomie von Wort und Sinn greifbar und daraus
abgeleitet die Vorstellung, daß eine Übersetzung
entweder Auslegung des Wortlautes der Textvorlage (ausgangssprachenorientiert) ist oder
sich am intendierten Publikum orientiert (ziel-
sprachenorientiert). Cicero spricht sich für ziel-
sprachenorientiertes Übersetzen aus; diese Auffassung greifen Hieronymus (»Brief an Pamma-
chius«, in: Störig 1963, S. 1–13) und M. Luther
(»Sendbrief vom Dolmetschen«, in: Störig 1963,
S. 14–32) wieder auf und legen sie ihren einflußreichen Bibelübersetzungen zugrunde. Der
wichtigste theoretische Beitrag zur Übersetzung
im 19. Jh. ist der Aufsatz von F. Schleiermacher
(»Methoden des Übersezens«, in: Störig 1963,
S. 38–70), in dem er die Prinzipien darlegt, die
seiner Platon-Übersetzung zugrunde liegen. Aus
seinem Verständnis der Übersetzungsprobleme
([a] Übersetzung als Vorgang des ⟋ Verstehens
und Zum-Verstehen-Bringens [auch innerhalb
einer Sprache]; [b] unterschiedliche Textgattungen führen zu unterschiedlichen Anforderungen
an die Übersetzer; [c] die Begriffssysteme einzelner Sprachen sind verschieden) leitet Schleiermacher die Forderung ab, der Übersetzer soll
den Lesern den Geist der Sprache des Originals
in der Übersetzung vermitteln (›Methode des
Verfremdens‹). W. ⟋ Benjamin (»Die Aufgabe
des Übersetzers«, in: Störig 1963, S. 182–195)

favorisiert im 20. Jh. dieses Prinzip der ›verfremdenden Übersetzung‹ ebenfalls. – Die frühe Auseinandersetzung über Übersetzungsmethoden hat sich im dt. Sprachraum zu zwei einander gegenüberstehenden Grundforderungen verdichtet: ›wörtliche, verfremdende Übersetzung‹ (Schleiermacher; Benjamin) contra ›freie, eindeutschende Übersetzung‹ (Luther). In der speziell nach dem Zweiten Weltkrieg intensiv geführten Diskussion um Übersetzungspraxis und Übersetzungstheorie lassen sich mit R. Stolze (1997) neun Theorieansätze unterscheiden, die zumeist die historisch und sachlogisch erklärbare Nähe zur Übersetzungspraxis bewahren. (1) Relativistisch orientierte Theorien: W. v. Humboldts (»Einl. zu ›Agamemnon‹«, in: Störig 1963, S. 71–96) Auffassung, das Denken in Abhängigkeit von der Muttersprache als direkten Ausdruck kultureller und nationaler Identität zu sehen, führt zu der pessimistischen Einsicht, daß Übersetzen, insbes. von literar. Texten, prinzipiell unmöglich ist. L. Weisgerber (1971), Hauptvertreter der Sprachinhaltsforschung, hat im Anschluß an Humboldt die These von der Sprache als geistiger Zwischenwelt formuliert, in der jede Sprache zum relativ geschlossenen, gegen andere Sprachen abgegrenzten ↗ System wird. Das ›linguistische Relativitätsprinzip‹ (Sapir-Whorf-Hypothese) kommt zu einem ähnlichen Schluß, daß Sprachen ihrem Wesen nach unübersetzbar seien, da verschiedene Grammatiken Menschen aus zwei verschiedenen Sprachsystemen denselben Vorgang verschieden betrachten lassen. (2) Zeichentheorien und universalistische Übersetzungstheorien: Versteht man Sprache als Kommunikationsinstrument, so wird sie zu einem logisch-grammatikalisch beschreibbaren System, dessen einzelne ↗ Zeichen ebenfalls analysierbar sind (F. de ↗ Saussure). Als wesentliche Charakteristika sprachlicher Zeichen gelten: (a) arbiträrer Charakter; (b) Möglichkeit der Strukturierung; (c) begriffliche Abstrahierung (Ausnahme sind Eigennamen) und (d) Freiheit der Zeichen, ihren Geltungsbereich zu verändern. Die Annahme, daß es auch universelle Bedeutungsaspekte bei den Zeicheninhalten gibt, führt zur semantischen Komponentenanalyse; diese löst den Zeichencharakter auf und untersucht die Zeicheninhalte nach bedeutungskonstitutiven Merkmalen als mögliche sprachliche Korrelate von Eigenschaften der außersprachlichen Wirklichkeit. Die Zuordnung desselben Gemeinten, *tertium comparationis*, zur Ausgangs- und Zielsprache impliziert zwangsläufig, daß jeder Text übersetzbar ist: »Die Übersetzbarkeit eines Textes ist [...] durch die Existenz von syntaktischen, semantischen und erfahrungslogischen Universalkategorien gewährleistet« (Wilss 1977, S. 56). (3) Übersetzungsvorgang als interlingualer Transfer: Angeregt von ersten Forschungen zur maschinellen Übersetzung etabliert sich eine linguistische Übersetzungswissenschaft (Translationslinguistik), die (im Idealfall) beansprucht, den Informationsgehalt eines Textes in der Übersetzung invariant halten zu können. Begriffliche Anleihen bei der ↗ Kommunikationstheorie, z. B. ↗ Code und Codewechsel, ermöglichen die Beschreibung der Übersetzung als Sonderfall sprachlicher ↗ Kommunikation, in der der Übersetzer zwischen Sender und Empfänger einen Kodierungswechsel vornimmt, bei dem der Informationsgehalt eines Textes invariant bleiben sollte. Wichtig ist, daß der Übersetzer dabei nicht nur einfach einen Code umschaltet, sondern zugleich Empfänger der ausgangssprachlichen und Sender der zielsprachlichen Nachricht ist. Die geforderte Invarianz der Information verweist auf ein translatorisches Grundproblem, die Suche nach Entsprechungen (Äquivalenzen). (4) Die Übersetzungswissenschaft im Zeichen der Äquivalenzdiskussion: Die Grundlagen der systematischen Übersetzungsforschung stammen v. a. aus dem Bereich der Bibelübersetzung (vgl. Nida 1964; Nida/Taber 1969). Bibelübersetzung zielt vornehmlich darauf, die ›Botschaft‹ (*message*) wiederzugeben. F. A. Nida differenziert zwischen formaler und dynamischer Äquivalenz und legt eine Prioritätenliste für die Übersetzung fest: (a) kontextmäßige Übereinstimmung ist wichtiger als wörtliche; (b) dynamische Gleichwertigkeit ist wichtiger als formale Übereinstimmung; (c) eine für das Ohr bestimmte Form der Sprache hat Vorrang vor der geschriebenen Sprache; (d) Formen, die vom Zielpublikum anerkannt und verwendet werden, sind prestigeträchtigeren traditionellen Formen vorzuziehen. Die Übersetzungsmethode, die Nida auf der Grundlage zahlreicher Beispiele aus biblischen Texten entwickelt, besteht aus drei Schritten: Analyse, Übertragung (Transfer), Neuaufbau (Synthese). In der Analysephase werden die Sätze in Elementarsätze umgeformt, um den inhärenten Sinngehalt von Syntagmen offenzulegen. In der Transferphase werden die gewonnenen Elementarsätze in der Zielsprache stilistisch so bearbeitet, daß die Formulierungen für die intendierten Empfänger verständlich sind. In der Synthesephase schließlich stehen die stilistischen Unterschiede und Sprachebenen im Vordergrund; durch Umformungen, die alle auf einen Elementarsatz zurückgehen, werden stilistische Variationen geschaffen, aus denen der Übersetzer eine wählt. Das von Nida postulierte Sprachverständnis verweist auf die Notwendigkeit des Wissens um die kulturellen ↗ Kontexte. Eine weitere Konsequenz von Nidas Analysen ist die Erkenntnis, daß keine Übersetzung endgültig sein kann. W. Koller (1979) versucht, die übersetzungskonstituierende Beziehung zwischen Zieltext und Ausgangstext zu präzisieren und unterscheidet fünf Arten von Äquivalenz: (a) die denotative Äquivalenz (↗ Denotation), die sich am außersprachlichen Sachverhalt orientiert; (b) die konnotative Äquivalenz (↗ Konnotation), die durch die Art der Verbalisierung evoziert wird; (c) die textnormative Äquivalenz, die sich an Textgattungs- und Sprachnormen orientiert; (d) die pragmatische Äquivalenz, die den Adressaten des Textes berücksichtigt; (e) die formal-ästhetische Äquivalenz, die die ästhetischen Eigenschaften des Textes berücksichtigt. Aufgabe des Übersetzers ist es, bei seiner Arbeit eine Hierarchie der in der Übersetzung zu erhaltenden Werte aufzustellen, die aus einer Hierarchie der den Text betreffenden Äquivalenzforderungen ableitbar ist. Die prinzipielle Problematik der Verwendung des Äquivalenzbegriffes bleibt jedoch bestehen, zumal der Begriff im Laufe seiner Verwendung in der Übersetzungswissenschaft verschiedene Umdeutungen erfahren hat. Die abstrakte Forderung nach Gleichwertigkeit bestimmter Aspekte in der Textvorlage und der Übersetzung läßt sich als Relation zwischen Ausgangs- und zielsprachlichem Text im Grunde nur an konkreten Textbeispielen und bei klarer Definition des Äquivalenzkriteriums überprüfen. (5) ↗ Textlinguistik und übersetzungsrelevante Texttypologien: Spätestens seit Nida gilt in der Übersetzungswissenschaft die Analyse ganzer Texte als Grundvoraussetzung für das Übersetzen. Es liegt daher nahe, textorientierte linguistische Ansätze für die Übersetzungswissenschaft nutzbar zu machen. Texte enthalten textinterne und -externe Merkmale, anhand derer man sie beschreiben, ordnen und erklären kann. Die Berücksichtigung syntaktischer Strukturen auf der Textebene ist für das Übersetzen wichtig, da die Binnenstruktur eines kohärenten Textes die Voraussetzung für das Erfassen des Inhaltes ist (↗ Kohärenz; ↗ Thema und Rhema). Wenn sich Texte nach Art und Verknüpfung ihrer Teiltexte beschreiben lassen und es sich dabei um textsyntaktische Invarianten handelt, werden dadurch

↗ Textsorten determiniert. Obwohl es bisher keine allg. akzeptierte Definition des Terminus Textsorte gibt, kann man ihn vorläufig definieren als überindividuellen Sprech- oder Schreibakttyp, der an wiederkehrende Kommunikationssituationen gebunden ist und der sich durch charakteristische Kommunikations- und Textgestaltungsmuster auszeichnet. Die Übersetzungswissenschaft strebt eine Texttypologie an, aus der dann bestimmte Übersetzungsprinzipien ableitbar sein sollen. Die übersetzungsorientierte Texttypologie von K. Reiß (1971) umfaßt drei Texttypen: (a) informativer Texttyp (inhaltsbetont); (b) expressiver Texttyp (formbetont); und (c) operativer Texttyp (appellbetont). Nach Reiß bestimmt der Texttyp die zu wählende Übersetzungsmethode. Es ergeben sich drei verschiedene Methoden: Ziel bei der Übersetzung des informativen Texttyps ist die Invarianz auf Inhaltebene; Ziel bei der Übersetzung des expressiven Texttyps ist die Analogie der künstlerischen Gestaltung. Beim operativen Texttyp soll die Identität des textimmanenten Appells in der Übersetzung erhalten bleiben. Diese Typologie ist ein geeignetes Instrument, um Grundtendenzen von Texten auf einfache Weise zu beschreiben, obwohl reale Texte selten eine so deutlich ausgeprägte Primärfunktion aufweisen. Koller (1979) unterscheidet nur noch zwischen zwei übersetzungsrelevanten Textsorten, die in der Einstellung der Leser zu den Texten gründen: Fiktivtexte und Sachtexte. (6) Die pragmatische Dimension des Übersetzens: Spätestens Ende der 70er Jahre rückt die linguistische ↗ Pragmatik (L. ↗ Wittgenstein; J.C. ↗ Austin; J.R. ↗ Searle), insbes. ihr Verständnis von Sprache als Teil menschlichen Handelns (↗ Sprechakttheorie), ins Blickfeld der Übersetzungsforschung, wie das Lehr- und Arbeitsbuch von H.G. Hönig und P. Kussmaul (1982) verdeutlicht. Ausgangspunkt für die ›Strategie des Übersetzens‹ ist die Forderung, daß der Übersetzer nach den Gebrauchssituationen eines Textes fragen und sich bei der Übersetzung auf mögliche Reaktionen des Empfängers einstellen sollte. Kulturell verschiedene Textkonventionen müssen genauso beachtet werden wie die Situation, in die ein Text eingebunden ist. Für Analyse der Sprache sind Sprechakt, Wortbedeutung, Satzbau und Bedeutung gleichermaßen zu beachten. (7) *Translation Studies*: In den 70er Jahren wird die Forderung laut, die Übersetzungswissenschaft als eigenständige Disziplin zu etablieren, wobei J.S. Holmes (vgl. Stolze 1997, Kap. 8) mit seiner Vision einer Feldtheorie der

Übersetzung frühere Ansätze zusammenführt. Holmes' Ausgangspunkt ist die Feststellung, daß einer fruchtbaren Entwicklung der Übersetzungswissenschaft zu lange die Suche nach umfassenden Theorien auf der einen und die gegenseitige Ablehnung verschiedener Theorien auf der anderen Seite im Wege gestanden habe. Bisher seien nur Teilbereiche behandelt worden, wenn auch oft mit dem Anspruch, eine allg. Übersetzungstheorie zu entwerfen. Holmes' metatheoretisch fokussierte Analyse führt zu vier Teiltheorien: (a) Die Theorie des Übersetzungsprozesses; (b) Die Theorie des Übersetzungsproduktes; (c) Die Theorie der Übersetzungsfunktion; (d) Die Theorie der Übersetzung in der Didaktik. Die sog. ›*Manipulation School*‹, zu deren prominenten Vertretern u.a. A. Lefevre, J. Lambert, Th. Hermans, S. Bassnett-McGuire und G. Toury (vgl. Stolze 1997) zählen, versteht Übersetzungsforschung als Teildisziplin der vergleichenden Lit.wissenschaft (↗ Komparatistik). Sie akzeptieren prinzipiell Textveränderungen und formulieren damit die explizite Gegenposition zur linguistischen Übersetzungswissenschaft mit ihrer Forderung nach Äquivalenz. Im Mittelpunkt ihrer Analysen stehen literar. Übersetzungen; ihr Ansatz ist überwiegend deskriptiv und betrachtet Übersetzungen, deren ↗ Rezeptionsgeschichte untersucht wird, als historische Objekte innerhalb des Polysystems Lit. Diese Grundannahmen, die durchaus Ähnlichkeiten mit den konventionellen vergleichenden Lit.wissenschaft haben, liefern wichtige Impulse einerseits für eine Kulturgeschichte der Übersetzungen (vgl. Frank 1986) und andererseits für die Ü., da mit ihr das kurzsichtige Festhalten an Oberflächenstrukturen und Äquivalenznormen überwunden wird (vgl. Snell-Hornby 1988). (8) Funktionale Translationstheorie (Skopostheorie): In deutlicher Abgrenzung von der traditionellen linguistischen Übersetzungswissenschaft entwickeln K. Reiß und H.J. Vermeer (1984) ein Modell der Übersetzung als interkultureller Kommunikation. Beschrieben werden soll Translation als Prozeß und dessen Produkt, das Translat. Ausgangspunkt der Theorie ist die Einsicht, daß Sprache und Kultur interpendent sind. Die Bestimmung der Translation als Transfer zwischen Kulturen bedeutet für das praktische Übersetzen: Ein Translator muß die Ausgangs- und Zielkulturen kennen, er muß ›bikulturell‹ sein; es gibt keine einfache Transkodierung, sondern jede Übersetzung ist ein neuer Text, in der ein Translator neue, andere Botschaften für Zielrezipienten formuliert. Texte werden zu einem bestimmten Zweck und für ein bestimmtes Publikum produziert; Translation ist demnach eine Sondersorte interaktionalen Handelns. Dieser Ansatz führt, konsequent angewendet, zu einem immensen wissenschaftlichen Apparat und einer umfangreichen, umständlichen Fachterminologie. (9) Übersetzung und hermeneutisches Denken: Der Übersetzer als Individuum steht im Mittelpunkt des hermeneutischen Interesses an der Übersetzung, wie exemplarisch die Studien von F. Paepcke (1986) zeigen: Der erste Schritt beim Übersetzen ist das Verstehen des zu übersetzenden Textes. Nach H.-G. ↗ Gadamer tritt der Leser bzw. Übersetzer zunächst in einen Dialog mit dem noch fremden Text, bei dem er nicht ohne eine Wissensbasis fachlicher und kultureller Kentnisse auskommt. Der Sinn des Textes stellt das wichtigste Bindeglied zwischen Text und Übersetzer dar. Allerdings führt Übersetzen nach dem Verstehen (›Rezeption‹) zum Formulieren dieses Verstehens (›Produktion‹). Übersetzungen dokumentieren das Verstehen und stets auch den Sprachstand des Übersetzers und sind damit viel zeitgebundener als Originale. Der hermeneutische Ansatz bürdet dem Übersetzer ein große Verantwortung auf; er kann nicht mehr auf eingeübte Strategien zurückgreifen, sondern muß sein eigenes Denken und sprachliches Handeln beständig reflektieren (vgl. Stolze 1992): entscheidend bei einer Übersetzung ist, was auch die linguistische Kategoriendifferenzierung Stolzes bestätigt, die Genauigkeit der Inhaltswiedergabe und die (ästhetische) Wirkung des Ganzen.

Lit.: L. Weisgerber. *Grundzüge der inhaltsbezogenen Grammatik*, Düsseldorf 1971 [1899]. – E.A. Nida: *Toward a Science of Translating*, Leiden 1964. – E.A. Nida/C.R. Taber: *The Theory and Practice of Translation*, Leiden 1969. – K. Reiß: *Möglichkeiten und Grenzen der Übersetzungskritik*, Mchn. 1971. – W. Wilss: *Übersetzungswissenschaft. Probleme und Methoden*, Stgt. 1977. – W. Koller: *Einf. in die Übersetzungswissenschaft*, Wiesbaden 1997 [1979]. – H.G. Hönig/P. Kussmaul: *Strategie der Übersetzung*, Tüb. 1982. – K. Reiß/H.J. Vermeer: *Grundlegung einer allg. Translationstheorie*, Tüb. 1984. – A.P. Frank: »Towards a Cultural History of Literary Translation«. In: *REAL* 4 (1986) S. 317–380. – F. Paepcke: *Im Übersetzen leben. Übersetzen und Textvergleich*, Tüb. 1986. – M. Snell-Hornby: *Translation Studies. An Integrated Approach*, Amsterdam 1988. – Ch. Nord: *Textanalyse und Übersetzen*, Heidelberg 1988. – W. Wilss: *Kognition und Übersetzen*, Tüb. 1988. – S. Lorenz: »Ü., Übersetzungswissenschaft, Übersetzungsforschung«. In: Arnold/Detering 1997 [1996]. S. 555–569. – R. Stolze: *Hermeneutisches Übersetzen*, Tüb. 1992. – Ch. Nord: *Einf. in das funktionale Übersetzen*, Tüb. 1993. – D.

Bachmann-Medick: »Multikultur oder kulturelle Differenzen? Neue Konzepte von Weltlit. und Übersetzung in postkolonialer Perspektive«. In: dies. 1996. S. 262–296. – R. Stolze: *Ü.: Eine Einf.*, Tüb. 1997 [1994].

UB

Unbestimmtheit, literarische, zentrales Konzept rezeptionsästhetisch orientierter Lit.theorie, derzufolge fiktionale Texte in ihren Bestandteilen nie völlig bestimmt im Sinne einer einzig möglichen interpretativen Realisierung, ↗ Aktualisierung oder ↗ Konkretisierung sind. In der durch die ↗ Rezeptionsästhetik ausgelösten Debatte über Objektivismus und Subjektivismus in der Interpretation literar. Texte nimmt W. ↗ Iser eine vermittelnde Position ein, indem er in einem durch die Spezifik des jeweiligen Textes eingeschränkten Rahmen die Offenheit literar. Werke und damit die Möglichkeit unterschiedlicher Interpretationen postuliert. Dazu greift er auf R. ↗ Ingardens auf phänomenologischer Grundlage entwickeltes Konzept der Unbestimmtheitsstelle zurück, das beschreibt, wie die polyphone Harmonie der unterschiedlichen Schichten eines Kunstwerkes Bestimmtheit lediglich vortäuscht, in der Tat aber den intentionalen Gegenstand des Textes offenläßt. Letzterer ist also prinzipiell unfertig und muß erst noch durch den Akt der ↗ Konkretisation im Sinne der Aktualisierung potentieller Elemente vollendet werden. L. U. aktiviert also den Rezipienten und animiert ihn zur Konstitution des Textgegenstandes. Sind Ingardens Unbestimmtheitsstellen Suggestionsreize einer gedachten Komplettierung, so dynamisiert Iser das Konzept, wenn er von textuellen ↗ Leerstellen spricht, die er nicht als zu realisierendes Potential, sondern als ausgesparte Anschließbarkeit definiert. Leerstellen sind die Gelenke oder gedachten Scharniere des Textes, an denen ein Textelement nicht ohne weiteres an die vorhergehenden anschließbar ist, wodurch die Textkohärenz gefährdet wird. Die dadurch entstehende Kombinationsnotwendigkeit der Textschemata entautomatisiert die im habituellen Sprachgebrauch pragmatisch unproblematische Beziehung der Segmente zueinander. Als Bedingung für die Betätigung des Rezipienten im Text aktiviert die Leerstelle also die Vorstellungsbildung des Lesers, der interaktiv auf den Text reagiert und aus seinem Erfahrungshorizont heraus die Leerstelle füllt, indem er im Interpretationsprozeß ein neues Beziehungsverhältnis zwischen den Segmenten konstituiert.

Lit.: W. Iser: *U. als Wirkungsbedingung literar. Prosa*, Konstanz 1970. – ders. 1976. – G. Graff: »Determinacy/Indeterminacy«. In: Lentricchia/McLaughlin 1995 [1990]. S. 163–176.

HA

Unbewußtes, individuelles, als Schlüsselkonzept der Psychoanalyse bezeichnet das U. bei S. ↗ Freud die vom (Vor-)Bewußtsein ausgeschlossenen mentalen (›Primär‹-)Prozesse, in denen sich ↗ Begehren als Spiel von Repräsentationen (Ideen, Bildern) zeigt. Die Interpretation von Träumen und, analog dazu, von literar. Texten als Tagträumen gelten als der ›Königsweg‹ zum Wissen über das U., das sich hier in zensierter, d. h. verschlüsselter Form manifestiert. In der frühen Phase der ↗ Psychoanalytischen Lit.wissenschaft wurden entsprechende symbolische Muster auf ihren latenten, v. a. ihren sexuellen Gehalt hin dekodiert und als Symptome für die unbewußten Phantasien des Autors betrachtet. – J. ↗ Lacan definierte das U. neu als sprachanaloge Struktur, die erst beim Eintritt in die vorgegebene symbolische, d. h. sprachlich-kulturelle Ordnung entsteht. Statt als sublimierte Energie für kulturelle Phänomene wie Kunst und Lit. erscheint das U. hier in jeder sprachlichen Äußerung und ist mit Hilfe von ↗ Metapher und ↗ Metonymie beschreibbar. Aufgrund der radikalen Trennung von ↗ Signifikanten und Signifikaten muß das, stets sprachlich vermittelte, unbewußte Begehren seine Ziele notwendig verfehlen. Entsprechend verlagert sich das (lit.wissenschaftliche) Interesse vom Inhalt eines Textes hin zum Wie der fortwährenden Bedeutungsverschiebung. – Eine radikale Kritik an psychoanalytischen Konzepten des U.n als Ausdruck bürgerlich-kapitalistischer Machtstrukturen findet sich bei G. ↗ Deleuze und F. ↗ Guattari. In ihrer ›Schizoanalyse‹ konstruieren sie ein unbewußtes Begehren, das nicht Resultat von Unterdrückung ist, sondern befreiendes, ja revolutionäres Potential entwickeln kann. – Für neuere Lit.- und ↗ Kulturtheorien ist neben dem individuellen auch das kulturelle U. (M. ↗ Foucault) und das politische kollektive ↗ U. (F. ↗ Jameson) von Bedeutung.

Lit.: H. Lang: *Die Sprache und das U.: J. Lacans Grundlegung der Psychoanalyse*, FfM. 1993 [1973]. – F. Meltzer: »Unconscious«. In: Lentricchia/McLaughlin 1995 [1990]. S. 147–162.

DF

Unbewußtes, kollektives (engl. *collective unconscious*), in Abgrenzung zu S. ↗ Freud, dessen Konzept eines individuellen ↗ Unbewußten mit archaischen Ablagerungen in der Modifikation durch J. ↗ Lacan zum Modell semiotischer Binärstrukturen wurde, geht C.G. ↗ Jung von einem dreiteiligen Schichtenmodell des Individuums aus: Bewußtsein, persönliches Unbewußtes und k.U. Das k.U. entsteht vor der Ontogenese und ist phylogenetisch vererbt. In seiner Teilhabe am ›Urgedächnis‹ ist es ein autonomes Sammelbecken von vor- und überzeitlichen symbolischen Urbildern, den ↗ Archetypen. Nach Jung kann der moderne, in der Fragmentarisierung lebende Mensch erst in der Auseinandersetzung mit seinem phylogenetischen Erbe im Prozeß der Individuation Ganzheitlichkeit erlangen. Ein Verdrängen der Verbindung mit den archaischen Schichten der Seele führe hingegen zu fatalen Ausbrüchen atavistischer Kräfte. Das k.U. äußert sich in Träumen, Mythen und in der kulturellen Produktion. Es artikuliert sich auch als kreative Kraft durch den Schriftsteller, den es quasi instrumentalisiert und dazu befähigt, tiefe Emotionen im Leser auszulösen, da Lit. momentan die sinnstiftende Verbindung mit dem k.U. aufschimmern läßt und holistische Gestimmtheiten vermitteln kann. – Das tief in romantischen Ganzheitsgedanken wurzelnde Jungsche Konzept des k.U. wurde bes. in den 50er bis 70er Jahren von den unterschiedlichen Vertretern des *myth criticism* (↗ Mythentheorie und -kritik) und der ↗ Archetypentheorie, v.a. in der Folge N. ↗ Fryes, rezipiert. Therapeutische Aspekte der Beschäftigung mit dem k.U. traten dabei zurück; begrifflich und funktional wurde das k.U. als das Unbewußte von bestimmten Kollektiven (Nationen, ethnischen und sozialen Gruppen usw.) spezifiziert (vgl. auch das von F. ↗ Jameson geprägte Konzept des ›politischen Unbewußten‹, engl. *political unconscious*, das für die neuere ↗ Marxistische Lit.theorie bedeutsam geworden ist). Der unscharfe, mythisch aufgeladene Begriff findet in der Lit.wissenschaft inzwischen weniger Verwendung und ist z.B. dem klarer umrissenen soziopsychologischen Terminus *mémoire collective* (kulturelles ↗ Gedächnis) von M. Halbwachs und J. Assmann gewichen.

Lit.: s. auch ↗ Archetypentheorie, ↗ Archetypus, C.G. ↗ Jung. – C.G. Jung: »Über die Archetypen des k.U.«. In: ders.: *Bewußtes und Unbewußtes*, FfM. 1990 [1957]. S. 11–53. – ders.: »Psychologie und Dichtung«. In: ders.: *Welt der Psyche*, FfM. 1990 [1954]. S. 29–54. – W.C. Dowling: *Jameson, Althusser, Marx. An Introduction to* ›*The Political Unconscious*‹, Ithaca 1984. – M. Brumlik: *C.G. Jung zur Einf.*, Hbg. 1993.

LV

Unterhaltungsindustrie, Begriff zur Kennzeichnung der industriellen Produktion und marktorientierten Distribution von Waren und Dienstleistungen, die zum Zwecke der Entspannung, Zerstreuung, Ablenkung und Unterhaltung konsumiert werden. Der Begriff U. ist etwas umfassender als der des *show business*, aber enger als der Begriff ↗ Kulturindustrie und gewinnt seine bes. Bedeutung im Zeitalter der elektronischen und digitalen ↗ Massenmedien. – Das Bedürfnis des Menschen nach Unterhaltung kann nahezu als eine anthropologische Konstante gesehen werden. U. ist jener ökonomische und technische Komplex, der dieses Bedürfnis unter industriellen Bedingungen befriedigt. Die Ursprünge dieses Verfahrens liegen im ›Kolportageroman‹ des 19. Jh.s, der als das »erste Produkt einer modernen, rein kommerziellen Unterhaltungsindustrie« (Wittmann 1991, S. 253) aufgefaßt werden kann. Kennzeichnend dafür sind nicht nur die standardisierten Produktionsformen, sondern auch die flächendeckende Logistik des Verkaufs und Vertriebs. Mit der Entwicklung elektronischer und digitaler Medien wie Radio, Film, Fernsehen, Schallplatte, Video und Computer gewinnt die U. dramatisch an Bedeutung und wird zu einem entscheidenden Wirtschaftsfaktor, bei dem nicht nur Texte, Bilder, Songs, Stories, Shows, Programme, Stars und Sensationen, sondern auch die entsprechenden Geräte, v.a. der Unterhaltungselektronik, in großem Stil gehandelt werden. – Die Kulturkritik stand und steht der U. mitunter äußerst skeptisch gegenüber. Schon in den 50er Jahren hatte G. ↗ Anders moniert, daß das Fernsehen alles dem Paradigma der Unterhaltung unterordne und dadurch der Ernst eine ›antiquierte‹ Kategorie werde; in radikalisierter und vereinfachter Form kehrt diese These bei N. Postman (1985) wieder: Durch die modernen ↗ Medien werde vom Unterricht bis zur Politik, von der Religion bis zur Medizin alles den Gesetzen der U. unterworfen. Wissen und Bildung transformieren sich in *infotainment* und *edutainment*. Die Soziologie scheint diese Polemik zumindest insofern zu bestätigen, als festgestellt werden kann, daß in der ›Erlebnisgesellschaft‹ (vgl. Schulze 1993) das ›Unterhaltungsmilieu‹, also jene v.a. jugendliche Lebensform, deren zentraler Inhalt die von der U. bereitgestellten Produkte sind, stark im Zunehmen begriffen ist, wobei auch groß dimensionierte ›Erlebnisparks‹ an Bedeutung gewinnen.

Lit.: G. Anders: *Die Antiquiertheit des Menschen*, Bd.1, *Über die Seele im Zeitalter der zweiten industriellen*

Revolution, Mchn. 1961 [1980]. – N. Postman: *Wir amüsieren uns zu Tode. Urteilsbildung im Zeitalter der U.*, FfM. 1985. – R. Wittman: *Geschichte des dt. Buchhandels. Ein Überblick*, Mchn. 1991. – G. Schulze: *Die Erlebnisgesellschaft. Kultursoziologie der Gegenwart*, FfM. 1993.

KPL

Unterhaltungsliteratur ↗ Trivialliteratur

Unzuverlässigkeit, erzählerische (engl. *unreliability*), auch als Unglaubwürdigkeit oder unzuverlässiges Erzählen (engl. *unreliable narration*) bezeichnet; der Begriff wurde von W.C. ↗ Booth für die Analyse von Erzähltexten eingeführt und stellt seitdem eine zentrale Kategorie für die Beurteilung von ↗ Erzählern dar. Booth (1961, S. 158f.) bezeichnet einen Erzähler als zuverlässig, wenn er für die Normen des Gesamtwerkes (d.h. die Normen des impliziten ↗ Autors) eintritt oder in Übereinstimmung mit diesen handelt, und als unzuverlässig, wenn ein Widerspruch zwischen den Normen des impliziten Autors und denen des Erzählers auftritt. Dieses textimmanente Verständnis von e.U. geriet erst in den 90er Jahren in die Kritik neuerer lit.theoretischer Ansätze (vgl. Nünning 1997; Wall 1994), die eine Rekonzeptualisierung von e.U. vornehmen. Danach fungiert nicht der implizite Autor als Maßstab für die Ermittlung von e.U., sondern die Werte und Auffassungen des realen ↗ Lesers. Über den Mechanismus der dramatischen ↗ Ironie entsteht eine Diskrepanz zwischen den Intentionen und dem Wertesystem des Erzählers und dem (Vor)Wissen und Normen des Lesers. Damit gewinnt e.U. weitreichende Bedeutung für die ↗ Rezeptionsästhetik und die ↗ Kulturwissenschaft, da sie ein Phänomen an der Schnittstelle zwischen moralischen und ästhetischen Kategorien darstellt. Zur Beschreibung der bisher weitgehend vernachlässigten Interdependenzen zwischen pragmatischem Kontext und e.U. läßt sich unter Rückgriff auf die ↗ Schematheorie ein Bezugssystem erstellen, das textuelle Signale für e.U. (z.B. interne Widersprüche im Diskurs oder multiperspektivische Kontrastierungen) mit kontextuellen Faktoren (z.B. Widersprüche gegen allg. Weltwissen oder allg. literar. Konventionen) verbindet. – Das Phänomen der e.U. ist seit der literar. Inszenierung von ↗ Subjektivität in der Romantik in zunehmendem Maße mit modernen erkenntniskritischen, epistemologischen und ontologischen Fragestellungen innerhalb des literar. Diskurses verknüpft. Obgleich U. weitgehend auf Erzähltexte bezogen wird, hat sie auch hohe Relevanz für eine Vielzahl anderer literar. Formen wie etwa das *memory play* und den *dramatic monologue* (vgl. Richardson 1988).

Lit.: Booth 1991 [1961]. – B. Richardson: »Point of View in Drama. Diegetic Monologue, Unreliable Narrators, and the Author's Voice on Stage«. In: *Comparative Drama* 22.3 (1988) S. 193–214. – K. Wall: »The Remains of the Day‹ and Its Challenges to Theories of Unreliable Narration«. In: *Journal of Narrative Technique* 24 (1994) S. 18–42. – A. Nünning: »'But why will you say that I am mad?‹ On the Theory, History, and Signals of Unreliable Narration«. In: *AAA* 22.1 (1997) S. 83–105. – ders. (Hg.): *Unreliable Narration. Studien zur Theorie und Praxis unglaubwürdigen Erzählens in der engl.sprachigen Erzähllit.*, Trier 1998.

BZe

Uspenskij, Boris Andreevič (*1937), russ. Semiotiker der ↗ Tartu-Moskauer Schule. Nach dem Philologiestudium an der Universität Moskau war U. dort als Dozent, ab 1977 als Professor tätig; seit 1993 hat U. eine Professur an der Universität Neapel inne. – Wie Ju. ↗ Lotman, mit dem er eng zusammenarbeitete betrachtet U. ↗ Kultur als semiotisches System, das alle ›Texte‹ im weiteren Sinne hervorbringt, so daß die ›Texte‹ als Realisierungen der Kultur anzusehen sind. Der Begriff des ›künstlerischen Textes‹ wird in einem umfassenden Verständnis verwendet, er schließt neben der Lit. auch andere Kunstarten ein. U. behandelt in seinen Schriften zahlreiche Einzelerscheinungen der Lit. und anderer Künste sowie insbes. der russ. Kultur und Geschichte. Seine *Poetik der Komposition* (1975) untersucht die strukturelle Organisation des künstlerischen Textes unter dem Aspekt des ›Standpunkts‹. Anknüpfend an Arbeiten des ↗ Russ. Formalismus sowie M.M. ↗ Bachtins u.a. entwirft er eine an narrativen Texten entwickelte Typologie der Kompositionsarten, die sich aus der Differenzierung von vier Ebenen herleitet: der ↗ Ideologie, der raumzeitlichen Position der ↗ Erzählinstanz, der Phraseologie und der Psychologie. U. diskutiert Fälle mit einem einzigen dominanten bzw. mit verschiedenen, gleichberechtigten Standpunkten und klärt die auf allen Ebenen relevante Frage, ob der Standpunkt jeweils innerhalb oder außerhalb der erzählten Welt angesiedelt ist. Ferner werden die oft komplexen Wechselbeziehungen zwischen den Ebenen dargestellt und Erscheinungen wie ↗ Ironie aus der Inkongruenz etwa des ideologischen Standpunkts mit den übrigen erklärt. Auf die Rezeption bezogen bedeutet der Wechsel des Standpunkts eine Dynamisierung der Wahrnehmung, wenn etwa durch Einführung phantastischer Elemente der Leser sein Wertesystem hinsichtlich der fiktiven Welt verändert. Die von U. herausgearbeiteten ↗ Analogien zur bildenden Kunst betreffen Probleme der ↗ Perspektive, des Rahmens und des Hintergrunds, die nicht nur zu literar. Texten in Bezug gesetzt werden, sondern z.B. auch zu religiösen Riten und Zeremonien usw. Von dort ist es nur ein Schritt bis zur semiotischen Analyse der Geschichte (vgl. U. 1991), welche bereits als Resultat eines semiotischen Prozesses begriffen wird, als Semiotisierung der Wirklichkeit durch Verknüpfung von Ereignissen mit den Faktoren Zeit und Kausalität. Aus der Gegenwart wird die Vergangenheit zu einem ›Text‹ organisiert, ähnlich wie ein Schriftsteller noch ungeordnete Ereignisse zu einem Erzähltext organisiert. Beides sind Produkte schöpferischer Phantasie, und in beiden Fällen stellt sich die Frage des Standpunkts. Beim Umgang mit Vergangenheit unterscheidet U. zwischen ›geschichtlichem Bewußtsein‹ mit Orientierung auf die Kausalität sowie ›kosmologischem Bewußtsein‹ mit Orientierung auf einen ↗ Mythos als ›ontologischen Urtext‹. U.s Analysen zur russ. Geschichte (zum Konzept Moskaus als ›drittem Rom‹, zum Phänomen der Usurpatoren, zum Herrscherbild unter Peter I. usw.) zeigen die Fruchtbarkeit seines Ansatzes, indem sie die komplexen Überlagerungen von mythologischem und geschichtlichem Denken bei diesen Erscheinungen herausarbeiten.

Lit.: B.A. Uspenskij: *Poetik der Komposition. Struktur des künstlerischen Textes und Typologie der Kompositionsform*, FfM. 1975. – ders.: *Semiotik der Geschichte*, Wien 1991. – ders. *Izbrannye trudy*, 3 Bde., Moskau 1996–97.

FG

V

Valéry, Paul (1871–1945), frz. Lyriker und Philosoph. – Als Sohn von B. Valéry und F. Grassi, der Tochter eines ital. Konsuls, in Sète geboren. 1887 starb sein Vater, während V. den ersten Teil des Bakkalaureats abschloß. 1888 begann V. ein Studium der Rechtswissenschaft. Durch die Lektüre von J. Huysmans' *A rebours* (1884) wurde V. um diese Zeit erstmals der Zugang zur symbolistischen Dichtung P. Verlaines und St.

Mallarmés eröffnet, deren Werke für seine spätere poetische Produktion eine maßgebliche Bedeutung gewinnen sollten. Nach Abschluß des Studiums begann V. 1894 damit, Tagebuch zu führen, eine Tätigkeit, aus der die unter dem Titel *Cahiers* erschienenen umfangreichen Notizbücher hervorgingen (erste Teilveröffentlichung 1924). 1924 wurde V. als Nachfolger von A. France zum Präsidenten des Pen Club ernannt, 1927 wurde er als Mitglied in die Académie Française berufen. 1937 hielt er am Collège de France seine Antrittsvorlesung, im gleichen Jahr erschien *Degas, danse, dessin*. 1939 hielt er eine Vorlesungsreihe über ↗ Poetik. 1941 verfaßte er eine Rede zu Ehren des im selben Jahr verstorbenen H. Bergson, dessen Zeitphilosophie seinen eigenen theoretischen Arbeiten wichtige Anregungen vermittelt hatte. 1944 beschäftigte sich V. eingehender mit Voltaire, über den er an der *Sorbonne* einen Vortrag hielt (*Discours sur Voltaire*). – Neben V.s umfangreichem poetischem œuvre, das an die literar. Tradition des ↗ Ästhetizismus und der *poésie pure* anschließt und diese produktiv weiterentwickelt, erfreuen sich die dichtungstheoretischen, kulturkritischen und philosophischen Texte des Autors in der neueren Forschung einer zunehmenden Beliebtheit. Bes. Aufmerksamkeit verdienen in diesem Zusammenhang die größtenteils postum veröffentlichten *Cahiers* (1957–1961), die insgesamt etwa 30.000 Seiten umfassenden Tagebuchaufzeichnungen, die V. seit 1894 jeden Morgen niederschrieb. In den *Cahiers* sind, neben Skizzen und ersten Entwürfen zu Gedichten sowie Aquarellen und Federzeichnungen, differenzierte philosophische Reflexionen über die Sprache, die Zeit, die poetischen Techniken und die Aufgabe der Kunst versammelt. In unmittelbarer Nachbarschaft zu weitreichenden spekulativen Überlegungen finden sich alltägliche Aperçus und Selbstbeobachtungen. In V.s philosophischem Verfahren zeichnet sich ein eigentümliches Schwanken zwischen spontanen Gedankenblitzen und systematischem Zugriff ab. So werden die *Cahiers* durch eine vom Autor selbst angelegte, übersichtliche Zusammenstellung der ›Operationen des Denkens‹ begleitet und ergänzt, die es ermöglichen soll, die heterogenen Eintragungen zu ordnen und auszuwerten. V.s Überlegungen verraten eine vorwiegend szientifische Orientierung; neben seinen symbolistisch-ästhetizistischen Vorbildern (↗ Ästhetizismus) wie E.A. Poe und Ch. Baudelaire sind es L. da Vinci, J.G. Leibniz und A. Einsteins Relativitätstheorie, die V.s Aufmerksamkeit beanspruchen. Mithilfe einer Annäherung an die exakten Wissenschaften glaubte V., den elementaren Gesetzmäßigkeiten des Denkens und des menschlichen Intellekts auf die Spur zu kommen. Auch die Arbeit des Dichters beruhe nicht auf einer vagen Intuition, sondern verdanke sich vielmehr einem kombinatorischen Verfahren, einer ›art combinatoire‹, sowie einem berechneten, kalkülgeleiteten Vorgehen. Mit dem Ziel, die Ergebnisse seiner Selbstbeobachtung und seiner Reflexionen nach möglichst durchsichtigen Kriterien zu ordnen und zu formalisieren, gerät V. ferner in die Nähe zum strukturalistischen Sprachbegriff. An seiner Vorstellung, die Dichtung sei ein ›Fest des Intellekts‹, haben insbes. die dem ↗ Surrealismus angehörenden Autoren A. Breton und L. Aragon Anstoß genommen, da sie den Anteil und die maßgebliche Bedeutung des ↗ Unbewußten in der literar. Produktion verleugne. Der Vorwurf eines einseitigen Rationalismus greift indessen zu kurz, nicht zuletzt insofern, als V. kreatives Schreiben und Dichten als ein Ineinander von affektiven, psychologischen Faktoren und mentalen Prozessen begreift. In *L'âme et la danse* (1923) widmete sich V. darüber hinaus der Rolle des Körpers und der Bewegung, deren ungewöhnliche Hochschätzung sich schließlich darin äußert, daß der Tanz für den Autor zum Inbegriff aller Künste avanciert.

Lit.: P. Válery: *Œuvres,* 2 Bde. (Hg. H.J. Hytier), 1980–84 [1957–60] (dt. *Werke,* 7 Bde., Hg. J. Schmidt-Radefeldt, FfM. 1992–95). – ders.: *Cahiers,* 2 Bde. (Hg. J. Robinson), Paris 1973–74. – ders.: *Cahiers 1894–1914* (Hgg. N. Celeyrette-Pietri/J. Robinson-Valéry), Paris 1987–94. – ders.: *Cahiers/Hefte,* 6 Bde. (Hgg. H. Köhler/J. Schmidt-Radefeldt), FfM. 1987–1992. – H. Harth/L. Pollmann: *P. V.,* FfM. 1972. – Ausg. »P. V.: Perspectives de la réception« der Zs. *Oeuvres et Critiques* 9 (1984). – J. Starobinski: »Über die ›Cahiers‹ von P. V.«. In: *Akzente* 3 (1990) S. 243–255. – R.R. Wuthenow: *P. V. zur Einf.,* Hbg. 1997.
AS

Verfremdung, die theoretische Begründung der V. erfolgt unsystematisch durch B. ↗ Brecht und wird von ihm mit dem Einsatz von ↗ ›V-Effekten‹ in der praktischen Theaterarbeit umgesetzt. Ausgangspunkt ist die Einsicht, daß die Vortäuschung von Wirklichkeit (als ob) durch die Illusionierung einer ↗ Ästhetik des Industriezeitalters unangemessen ist, zumal der Faschismus mit seiner ›Ästhetisierung der Politik‹ (W. ↗ Benjamin) alle traditionellen Mittel der Einfühlung zur Verführung der Massen einsetzt. Ziel ist es, die Kunst der Erkenntnis zu öffnen und parallel

zum wissenschaftlichen Experiment künstliche sowie künstlerische Modelle der gesellschaftlichen Realität zu schaffen. Dazu werden das Gewohnte bzw. Bekannte fremd gemacht und die unsichtbaren Bewegungsgesetze des gesellschaftlichen Zusammenlebens parabelhaft zur ästhetischen Anschauung gebracht. Abzugrenzen davon ist das vom ↗ Russ. Formalismus (V. ↗ Šklovskij) entwickelte *ostranenie* (gewöhnlich ebenfalls mit V. übersetzt); es gilt der Vermittlung einer neuen künstlerischen Wahrnehmungsweise, mit der die alltägliche, automatisierte Wahrnehmung negiert und wieder der unvoreingenommenen ›Empfindung der Dinge‹ zugeführt wird (*Iskusstvo kak priem,* 1917; in Striedter 1969). V., erstmals in der Verbform bei B. Auerbach (*Neues Leben,* 1842) nachgewiesen, geht zurück auf G.W.F. ↗ Hegels (1964, II.25, S. 33) Begriff der ›Entfremdung‹, die dieser als Bedingung von Erkenntnis theoretisch begründet hat: »Das Bekannte überhaupt ist darum, weil es *bekannt,* nicht erkannt.« Um zum Gegenstand der Erkenntnis zu werden, muß die unmittelbare Apperzeption negiert werden und das zu erkennende Objekt die Gestalt von etwas Fremdartigem erhalten. Über die Negation dieser Entfremdung (Negation der Negation) ist Erkennen gewährleistet. Brecht übernimmt, als er 1936 (»Beschreibung der Kopenhagener Uraufführung von *Die Rundköpfe und die Spitzköpfe*«; in Brecht 1967, S. 1087) V. erstmals verwendet, die theoretische Position Hegels, verbindet sie zugleich aber (deshalb die terminologische Abweichung) mit seiner Ästhetik eines kritischen ↗ Realismus. Diese hat zum Ziel, mit bewußt demonstrierten künstlerischen Mitteln (›zeige, daß du zeigst‹) die von K. ↗ Marx dem Begriff der ›Entfremdung‹ zugeführten materiellen Aspekte offenzulegen: die Fremdbestimmung des Menschen durch Unterdrückung und Ausbeutung sowie die internalisierten gesellschaftlichen Zwänge, die menschliches Selbstbewußtsein verhindern. E. ↗ Bloch (1962) hat, an Hegel und Brecht anschließend, V. kurz als Negation der ›heimischen Entfremdung‹ definiert.

Lit.: G. W. F. Hegel: *Phänomenologie des Geistes,* Stgt. 1964 [1807]. – E. Bloch: *V.en,* FfM. 1962. – B. Brecht: *Schriften zum Theater 3. Anmerkungen zu Stücken und Aufführungen 1918–1959* (Gesammelte Werke Bd. 17), FfM. 1967. – V. Šklovskij: »Iskusstvo kak priem/ Die Kunst als Verfahren«. In: Ju. Striedter (Hg.): *Texte der russ. Formalisten,* Bd. 1, Mchn. 1969. S. 2–35. – R. Lachmann: »Die ›V.‹ und das ›Neue Sehen‹ bei V. Šklovskij«. In: *Poetica* 3 (1970) S. 226–249. – J. Knopf: *Brecht-Handbuch. Theater,* Stgt. 1980. – V. Žmegač:

»V.«. In: Borchmeyer/Žmegač 1994 [1987]. S. 453–457.

JK

Verfremdungseffekt, auch V-Effekt (lat. *abalienare*: sich einer Sache entäußern, verkaufen, entfremden), Bezeichnung von B. ↗ Brecht für die technischen und sprachlichen Mittel, die (v. a. im Theater) ↗ Verfremdung hervorbringen. Die Basis bildet die Überzeugung, daß Kunst in der fortgeschrittenen und immer komplexer gewordenen Industrie- und Massengesellschaft nicht (mehr) täuschen darf, sondern alle Mittel offenlegen muß, die sie zu ihrer Verfertigung benötigt hat, d. h. Kunst muß zeigen, daß gezeigt wird. Dies geschieht u. a. dadurch, daß (a) die Darsteller einer Rolle nicht in ihr aufgehen, sondern sie während der Verkörperung zugleich kritisieren und kommentieren (Überführung in die 3. Person), daß (b) bei musikalischen Partien die Handlung durch Lichtwechsel unterbrochen wird und die Darsteller eine neue Haltung einnehmen (Desillusionierung), daß (c) die Trennung Bühne/Publikum durch Einführung einer halbhohen Gardine, die die Zuschauer z. B. an Umbauten beteiligt, und durch direkte Ansprachen sowohl während des Geschehens als auch durch Prolog und/oder Epilog durchbrochen wird (Niederlegung der 4. Wand), daß (d) mögliche und widersprüchliche Alternativen zur gezeigten Handlung angedeutet oder mitgespielt werden (Fixierung des Nicht-Sondern) und/oder daß (e) überraschende sprachliche Wendungen den gewohnten Sinn von Worten oder Sentenzen umkehren und durch Doppeldeutigkeit kritisieren. Alle Mittel dienen dazu, die Zuschauer in eine entspannte, beobachtende und damit kritische Haltung zu versetzen, die es ihnen ermöglicht, die künstliche und kunstvolle Demonstration auf der Bühne mit ihren realen Erfahrungen zu vergleichen und aus dem Vergleich möglicherweise Konsequenzen für ihr gesellschaftliches Verhalten zu ziehen. Zugleich ist der V. nötig, um die verborgenen, nicht sichtbaren Bewegungsgesetze der Gesellschaft zur Anschauung zu bringen und damit zu demonstrieren, daß die Zuschauer die sie bestimmende Realität und das ihnen vermeintlich Bekannte (eigentlich) gar nicht kennen. Die Demonstration der Kunst als Kunst greift auf verschiedene Traditionen des Komischen, z. B. der *Commedia dell'arte*, zurück und soll dadurch auch das Vergnügen der Zuschauer an der Kunst verbürgen.

Lit.: J. Knopf: *Brecht-Handbuch. Theater*, Stgt. 1996 [1980]. S. 388–394.

JK

Verstehen (ahdt. *firstan*: wahrnehmen, geistig erfassen, erkennen, aber auch: stellvertretend stehen für, vertreten, z. B. eine Stelle), bereits die Etymologie des Wortes V. läßt erkennen, daß V. nicht nur kognitive, sondern auch wichtige, jedoch durch die dominanten Traditionen z. T. verschüttete, soziale Aspekte hat. – Der Verstehens-Diskurs wird seit der Antike im wesentlichen von hermeneutischen Ansätzen (↗ Hermeneutik) beherrscht, die sich seit Eratosthenes, Aristarch und Krates von Mallos als Methodenlehren der Textauslegung bzw. Interpretation darstellen. Die ma. Verstehens-Lehren vom mehrfachen ↗ Schriftsinn (Augustinus, Origines) formulierten bereits formale Kriterien für die Angemessenheit von Interpretationen. Die von I. Kant beeinflußte Aufklärungshermeneutik F. Schleiermachers relativierte jedoch durch die Universalisierung des Mißverstehens und die Erweiterung auf Texte jeder Art allen methodologischen Bemühungen zum Trotz (z. B. ↗ hermeneutischer Zirkel) jeden Anspruch auf letztverbindliches V.; sie ist darin bis heute, auch von W. ↗ Dilthey (V. in den Geistes- vs. Erklären in den Naturwissenschaften), M. ↗ Heidegger (V. als Praxis) und H. G. ↗ Gadamer (V. als Einrücken in ein Überlieferungsgeschehen), unüberboten geblieben. Die Sozialpsychologie und Psychotherapie haben das V. von Personen in sozialer Interaktion und Kommunikation thematisiert (P. ↗ Watzlawick, R. D. Laing, C. F. Graumann). V. wird dort als Hineinversetzen in den anderen, als Begreifen seiner Motive und Absichten, als Handlungsverstehen konzipiert. Angestoßen durch die Generative Transformationsgrammatik (N. ↗ Chomsky) setzte in der Linguistik und Sprachpsychologie die Entwicklung von Theorien und Modellen jener generativen, kognitiven Mechanismen ein, die Menschen die Produktion natürlich-sprachlicher Äußerungen gestatten (*cognitive turn*). Seitdem wird V. in der Linguistik, Psychologie und Kognitionswissenschaft als Informations- bzw. Textverarbeitung konzipiert, deren Resultat, abhängig von Wissen und Fähigkeiten (mentale Modelle, *frames*, *scripts*, Schemata, Begriffe; ↗ Schema und Schematheorie) die kreative Konstruktion subjektiv befriedigend kohärenter und emotional besetzter mentaler Repräsentationen wahrgenommener Gegenstände sein soll, auf deren Basis inhaltliche Inferenzen sowie Kondensationen oder Elaborationen aller Art möglich werden. Dieser Ansatz hat zu bemerkenswerten Erfolgen in der Automatisierung, z. B. der Spracherkennung und Übersetzung, geführt. Unter dem Aspekt der kognitiven Autonomie und radikalen Konstruktivität lebender Organismen (radikaler ↗ Konstruktivismus) ist V. als Errechnen von Eigenwerten kognitiver Systeme (H. v. Foerster), als Konstruktion viabler Kognitionen (E. v. Glasersfeld), als rekursives Selbst-Verstehen (K. Krippendorff), als Kommunikatkonstruktion (S. J. ↗ Schmidt) sowie als Fremd- und Selbstattribution (G. Rusch) dargestellt worden. Nach der Attributionstheorie bedeutet V., einer Orientierungserwartung zu entsprechen. V. ist sozusagen das Prädikat für den Erfolg von Orientierungshandlungen, kein psychischer Vorgang (L. ↗ Wittgenstein). Nur der Sprecher oder Akteur kann über den Erfolg seiner Handlungen entscheiden, indem er das Verhalten seines Interaktions- bzw. Kommunikationspartners vor der Folie seiner Intentionen und Erwartungen beobachtet und bewertet.

Lit.: H. Hörmann: *Meinen und V.*, FfM. 1994 [1976]. – A. Eschbach (Hg.): *Perspektiven des V.s*, Bochum 1986. – N. Luhmann et al. (Hgg.): *Zwischen Intransparenz und V.*, FfM. 1986. – G. Rusch: »Auffassen, Begreifen, Verstehen«. In: S.J. Schmidt (Hg.): *Kognition und Gesellschaft*, FfM. 1992. S. 214–256. – J. Jacob: »V. konstruieren«. In: Pechlivanos et al. 1995. S. 324–336.

GR

Virilio, Paul (*1932), frz. Philosoph, Architekt, Urbanist, Medientheoretiker. – Als Architekt und Urbanist erkundete V. zwischen 1958 und 1966 die Bunker an der frz. Atlantikküste (1976 Ausstellung »Bunker Archéologie« im Centre Pompidou). Er war als Maler und Arbeiter im Sakralbau tätig. V. leitet die Ecole d'Architecture Spéciale in Paris, ist Mitarbeiter von *La libération* und Mitbegründer eines Zentrums für Friedensforschung. – Aus seinem Studium der Bunkerarchitektur entwickelte V. die Dromologie (gr. *drómos*: Lauf, Eile), die Lehre von der Geschwindigkeit. Dem veralteten Festungsbau und seiner Statik setzt er Beschleunigung und Geschwindigkeit als Kräfte entgegen. Panzerung erscheint als Hemmung für Bewegungselemente. In seinem Hauptwerk *L'horizon négatif* (1984) verfolgt er die hierarchischen Strukturen, die mit der Instrumentalisierung von Geschwindigkeit und Zeit entstehen, bis in die Vorgeschichte zurück und muß dabei notwendig spekulativ bleiben. Der ›Bewegungselite‹ gehört demnach die Herrschaft, ein Prinzip, das sich in der Geschichte, insbes. in der militärischen Strategie, durchsetzt. Doch die Geschwindigkeit erzeugt eine räumliche Leere, die wiederum Bedingung weiterer Beschleunigung wird. Im 19. Jh. wird dieser Prozeß durch die Trennung von Körper und Information (Telegraph, Telefon) intensiviert. Die Herbeiführung einer globalen Jetztzeit wird zum Signum des 20. Jh.s. Die elektronische Zusammenschaltung der Bevölkerung und die Entstehung einer universalen ›Telepräsenz‹ haben ihr Vorbild in der Kriegstechnologie, wie V. (1984b) eindrücklich an der Verwandtschaft zwischen Film, Photographie und militärischen Ereignissen seit dem 19. Jh. zeigt. Der Golfkrieg von 1990/91 ist für V. (1991) der erste virtuelle Krieg, in dem die Einheit von Kommunikation und Waffen hergestellt wurde. Der Körper selbst ist virtuell geworden durch technische und elektronische Implantationen, die kolonialen Eingriffen gleichkommen. Raumfahrt und Eroberung des Körpers durch Genetik, Organhandel und Implantationen sind Anzeichen eines universellen Exodus aus der konkreten Wirklichkeit (vgl. V. 1993). Die evolutionäre Geschichte des Menschen hat ihr natürliches Ende erreicht und wird nun durch Technologie abgelöst. Da elektronische Globalität letzten Endes eine lichtgesteuerte Realität erzeugt, wäre die Technik ein verspäteter Sonnenkult, eine neue Form der Lichtmystik, die den Augenblick, die reine Gegenwart erschaffen soll. V. erweist sich spätestens bei solchen Assoziationen als verkappter Theologe. – V.s Gedanken über die Verbindung von Kommunikation und Krieg wurden von Medientheoretikern wie F. ↗ Kittler aufgenommen und radikalisiert. V.s Dromologie hat das Nachdenken über Zeitphänomene in der ↗ Moderne nachhaltig beeinflußt und etwa zu städtebaulichen Überlegungen geführt. Letztlich handelt es sich bei V.s Analyse um eine Kritik der Beschleunigung und Medialisierung aller Vorgänge als Symptome eines universalen Nihilismus, der sich in der Technik verbirgt. Sein Denkstil ist assoziativ und kaum systematisch. Oft kommt es zu beeindruckenden Formulierungen, die dann nicht weiter ausgeführt werden. Als Essayist bezieht er sich auf alle zur Verfügung stehenden Wissensbereiche wie Lit., Kunst, Mediengeschichte, Philosophie, Anthropologie und Architektur. V.s Kulturkritik hat apokalyptisch-prophetische Untertöne, die seine Analysen radikalisieren, dafür aber oft Präzision und Differenzierung einschränken. Inhaltlich wie stilistisch ergeben sich Ähnlichkeiten mit F. W. ↗ Nietzsche, auf den er sich auch beruft. Der geschichtsphilosophische Anspruch seiner Medientheorie verbindet ihn mit H.M. ↗ McLuhan.

Lit.: P. Virilio: *L'horizon négatif*, Paris 1984a (dt. *Der negative Horizont*, FfM. 1995). – ders.: *Logistique de la perception*, Paris 1984b (dt. *Krieg und Kino*, FfM. 1994). – ders.: *L'écran du désert*, Paris 1991 (dt. *Krieg und Fernsehen*, FfM. 1997). – ders.: *L'art du moteur*, Paris 1993 (dt. *Die Eroberung des Körpers*, FfM. 1996). – ders.: *La vitesse de libération*, Paris 1995 (dt. *Fluchtgeschwindigkeit*, Mchn. 1996). – J. Hörisch: »Non plus ultra. P.V.s rasende Thesen vom rasenden Stillstand«. In: *Merkur* 47 (1993) S. 784–794.

ESch

Volkskultur/-literatur ↗ Populärkultur

Vorausdeutung ↗ Prolepse

Voraussetzungssystem, Konzept aus der ↗ Empirischen Theorie der Lit. (ETL) zur Bezeichnung des Systems aller Handlungsvoraussetzungen und -bedingugen, die sich in der Sozialisationsgeschichte von Aktanten herausgebildet haben und die deren Handlungen in konkreten Situationen bestimmen. Dazu gehören folgende allg. Bedingungen: (a) Alltagswissen, kommunikatives, kulturelles, soziales, politisches, ökonomisches Wissen, (b) kommunikative, kognitive, soziale Fähigkeiten, (c) allg. Motivationen, (d) Bedürfnisse, (e) Intentionen, (f) ökonomische, politische, soziale und kulturelle Bedingungen. Ferner sind folgende spezielle Bedingungen zu berücksichtigen: (a) Annahmen über das V. und die psychischen Dispositionen anderer Kommunikationsteilnehmer, (b) Kenntnis von früheren Handlungen, (c) Kenntnis und kommunikative Realisierung der eigenen Rolle, (d) Erwartungen an den Kommunikationsprozeß, (e) psychische Zustände wie Euphorie oder Depression, (f) physische Zustände wie Ermüdung oder Hunger usw. Für die Erklärung literar. Produktions-, Rezeptions-, Vermittlungs- und Verarbeitungshandlungen (↗ Lit.produktion; ↗ Lit.rezeption; ↗ Lit.vermittlung; ↗ Lit.verarbeitung) werden jeweils spezifische Ausschnitte aus dem V. der Aktanten in Anspruch genommen, für literar. Produktionshandlungen z.B. spezielles poetologisches, sprachliches und lit.geschichtliches Wissen, spezielle kreative, kommunikative und imaginative Fähigkeiten, ästhetische Interessen usw.

Lit.: Schmidt 1991 [1980]. Bes. S. 274–315. – ders./G. Rusch: *Das V. G. Trakls*, Braunschweig 1983. – V. Nünning: »V. und Produktionshandlungen V. Woolfs am Beispiel von *Orlando*«. In: *SPIEL* 7.2 (1988) S. 347–372.

GR

W

Warburg, Aby Moritz (1866–1929), Kunst- und Kulturhistoriker. – Als Mitglied einer renommierten, im Bankwesen und in den Naturwissenschaften tätigen jüd. Familie studierte W. Kunstgeschichte, Psychologie und Völkerkunde in Bonn, Florenz, Straßburg und Berlin. Seine Dissertation (1892) zeigte das Nachleben der Antike in der ital. Frührenaissance anhand der Analyse bewegter Gewandmotive und Bildschemata in Gemälden Botticellis. Im Südwesten der USA studierte W. 1895 die Sitten der Pueblo- und Navajo-Indianer. W.s breite Sammlung von Büchern sowie photographischen Belegen ikonographischer Signifikanz und Kulturmaterialien jeder Art wurde nach seinem Tode zur kulturwissenschaftlichen Bibliothek Warburg. Um die zwischen wissenschaftlichen Disziplinen aufgestellte ›Grenzpolizei‹ zu umgehen, organisierte W. seine Bibliothek, die 1933 nach London hin gerettet werden mußte, nach ›Bildern‹, ›Ideen‹ und ›Handlung‹. – Die historisch-gesellschaftlichen, durch profunde interdisziplinäre Quellenkenntnis gezeichneten Botticelli-Studien W.s gelten als Vorwegnahme der Synthese von Ikonographie und Ikonologie im Modell E. ↗ Panofskys. W. befaßte sich mit mannigfaltigen Fragen: dem Übergang vom MA. zur Renaissance, den Artefakten von Urkulturen, politischer Propaganda, der Psychologie menschlicher Ausdrucksweisen, zivilisatorischen Gedächtnisprozessen (›Mnemosyne‹), astrologisch-kosmologischer Bildersprache, Ritualen, Magie und der Entstehung rationalistischer Denkschemata. Mit dem Warburg Institute der London University, das W.s Interessen verkörpert, verbinden sich einflußreiche Forscher wie F. Saxl, E.H. ↗ Gombrich, G. Bing, Panofsky und E. ↗ Cassirer. Die ›psychologische Ästhetik‹ W.s stellt eine konsequente ↗ Stilistik dar, die genau festzuhalten vermag, wie Kunststile auf verinnerlichte und durch Einfühlung (›Pathos‹) aufgerufene Gestaltungsvorbilder zurückgreifen. Beim Aufprallen verschiedener Traditionen entsteht laut W. eine Interaktion zwischen ↗ Form und Inhalt; das daraus resultierende Einzelbild gilt als ↗ Zeichen einer spezifischen Situation, die jenseits jeder Vorstellung vom ›Zeitgeist‹ Gültigkeit besitzt. Die Bedeutung von W.s Pionierstudien ist im Zuge der Entwicklung neuer ↗ Kulturwissenschaften in jüngster Zeit neu gewürdigt worden.

Lit.: A. Warburg: *Gesammelte Schriften* (Hg. G. Bing), Nendeln 1969 [1932]. – E.H. Gombrich: *A.W.: An Intellectual Biography*, N.Y. 1970. – S. Füssel (Hg.): *Mnemosyne. Beiträge zum 50. Todestag von A.M.W.*, Göttingen 1979. – D. Wuttke (Hg.): *A.M.W.: Ausgewählte Schriften und Würdigungen*, Baden-Baden 1992 [1979]. – S. Ferretti: *Cassirer, Panofsky and W.: Symbol, Art and History*, New Haven 1989 [1984]. – P. Schmidt: *A.M.W. und die Ikonologie*, Bamberg 1989. – Kulturforum Warburg (Hg.): *A.W.: Von Michelangelo bis zu den Puebloindianern*, Warburg 1991.

GC

Warren, Austin (1899–1986), am. Lit.kritiker und Hochschullehrer. – W. studierte an der Wesleyan University, Middletown (B.A. 1920), der Harvard University (M.A. 1922) sowie an der Princeton University, wo er 1926 promovierte. Er war zunächst als Instructor an der University of Kentucky, Lexington (1920–21) und der University of Minnesota, Minneapolis (1922–24) tätig und ging dann an die Boston University (Instructor 1926–29, Assistant und Associate Professor 1929–34, Professor of English 1934–39). Von hier wurde er an die University of Iowa, Iowa City berufen (1939–48), wo er mit seinem Kollegen R. ↗ Wellek zusammenarbeitete; schließlich lehrte er als Professor of English an der University of Michigan, Ann Arbor (1948–68). Als Berg Visiting Professor of American Literature nahm er 1953–54 eine Gastprofessur an der New York University wahr. W. war Mitherausgeber des *New England Quarterly* (1937–40, 1942–46), von *American Literature* (1940–42) und von *Comparative Literature* (1948–50). Als Fellow gehörte er dem *American Council of Learned Societies* und der *Kenyon School of English*, Gambier, Ohio an. Geehrt wurde er u.a. durch ein *Guggenheim Fellowship* (1951) und die Ehrendoktorwürde der Brown University, Providence, Rhode Island (1974). – Die größte Bekanntheit erreichte W. durch seine Mitautorschaft an dem zusammen mit Wellek herausgebrachten und sehr einflußreichen *Theory of Literature* (1949). Obwohl er nur für knapp ein Drittel der Kapitel verantwortlich zeichnete, sind seine Beiträge doch nicht marginal, sondern behandeln so zentrale Aspekte wie »The Function of Literature«, »Image, Metaphor, Symbol, Myth«, »Literary Genres« und »Evaluation« und beeindrucken durch ihre konzise und undogmatische Argumentationsweise. – W. läßt sich als eklektischer Kritiker ansprechen. Im Vorwort seiner Aufsatzsammlung *Connections* (1970) sagt er über sich selbst: »As a literary critic, I have no ›method‹, no speciality,

but am what is called, in another discipline, a ›general practitioner‹«. Eine andere Aufsatzsammlung trägt den bezeichnenden Titel *Rage for Order* (1948), womit W. sowohl das ordnungsstiftende Bemühen des Dichters meint, der ›an equilibrium which is also a tension‹ schafft, als auch die analoge Arbeit des Kritikers. In eigenen Monographien untersuchte W. die Autoren A. Pope, H. James und R. Crashaw und behandelte in zwei Büchern den kulturellen und geistesgeschichtlichen Kontext der Region New England.

Lit.: A. Warren: *Connections*, Ann Arbor 1970. – M. Simon/H. Gross (Hgg.): *Teacher and Critic. Essays by and about A.W.*, L.A. 1976.

RB

Watzlawick, Paul (*1921), Psychotherapeut. – 1945–49 Studium moderner Sprachen und der Philosophie in Venedig; 1950–54 Ausbildung in Psychotherapie am C.G. Jung-Institut Zürich. Neben der psychotherapeutischen Praxis Forschungs- und Lehrtätigkeit v.a. in Stanford (USA) und am Mental Research Institute (MRI) in Palo Alto (USA). – Die Übertragung des ↗ Systembegriffs auf die Psychotherapie und die daraus folgende Deutung menschlichen Verhaltens als ↗ Kommunikation vollziehen den zweiten Paradigmawechsel der Psychotherapie von der ursachenorientierten Psychoanalyse zur zielorientierten Intervention in ein System. Für diese Kurztherapie entwickelt W. das ›Strukturierte Familien-Interview‹. Die in Kooperation entstandenen Schriften *Pragmatics of Human Communication* (1967) und *Change* (1974) stehen im Zentrum der fachlichen Auseinandersetzung und bieten bereits Anknüpfungspunkte für den Radikalen ↗ Konstruktivismus, als dessen Begründer von seiten der Psychotherapie W. gilt. – In *Pragmatics of Human Communication* werden mit der Übertragung des Systembegriffs auf die Psychotherapie und in Analogie zur kybernetischen Vorstellung vom Regelkreis und zur Spieltheorie Wechselwirkungen in menschlichen Beziehungen in die Betrachtung einbezogen. Auf dieser Grundlage läßt sich die Definition pathologischen Verhaltens revidieren und dessen funktionaler Zusammenhang im System begreifen. Angriffspunkt der Therapie ist daher nicht mehr eine intrapsychische Störung, sondern eine Störung der Interaktion, als deren mögliche Ursachen u.a. differenziert werden: Versuche der Verweigerung von Kommunikation, Störungen zwischen Inhalts- und Beziehungsaspekt der Kommunikation, Störungen in symmetrischen bzw. komplementären Interaktionen, divergente Wahrnehmung der Kommunikation durch abweichende ›Interpunktion‹ von Ereignisfolgen. Diese Anerkennung der ↗ Konstruktivität von Wirklichkeitsmodellen ist die Grundlage der Kurztherapie, deren Ziel, wie W. später in Anlehnung an E. von Glasersfeld formuliert, eine ›passendere‹, nicht eine ›richtige‹ Wirklichkeitswahrnehmung ist. In *Change* wird dem therapeutischen Erfolg im Brief Therapy Center des MRI die theoretische Perspektive unterlegt. In Anlehnung an die Logische Typenlehre wird eine Wirklichkeit erster Ordnung im Sinne von Daten von einer Wirklichkeit zweiter Ordnung unterschieden, die das Ergebnis von Kommunikation ist und Sinnzuschreibungen vornimmt. Analog werden ›Schwierigkeiten‹ von ›Problemen‹ differenziert. Letztere bedürfen eines Wandels zweiter Ordnung, d.h. der Überprüfung der Annahmen über die Wirklichkeit, die nach formallogischen Gesetzen nur durch eine Intervention von außen herbeigeführt werden kann. Durch eine gezielte Störung der logischen Trennung der ersten und zweiten Ordnung bei der therapeutischen Intervention, die sog. paradoxe Intervention wie z.B. Umdeutung oder Symptomverschreibung, oder durch die *self-fulfilling prophecy*, kann das Kausalprinzip durchbrochen werden. Im selben Jahr (1974) konkretisiert W. in dem Aufsatz »Brief Therapy. Focused Problem Resolution« in der Fachzs. *Family Process* die wesentlichen Prinzipien der kurztherapeutischen Praxis und ihre einzelnen Schritte. – Die von W. propagierte pragmatische Kurztherapie auf konstruktivistischen Prämissen trifft einerseits auf Kritiker mit emphatischem Wahrheitsverständnis (Nihilismus-Vorwurf) und auf die moralisch begründete Ablehnung der Anpassung, andererseits wird zuweilen wegen der mangelnden theoretischen Grundlagen insbes. der paradoxen therapeutischen Praxis die Übertragbarkeit angezweifelt. – W.s kommunikationstheoretische Einsichten eröffnen vielfältige lit.wissenschaftliche Anschluß- und Anwendungsmöglichkeiten (z.B. im Bereich der ↗ Dramentheorie und -analyse) und sind von R. Breuer (1984) zu einer systematischen und integrativen Theorie des sprachlichen Kunstwerks ausgearbeitet worden.

Lit.: P. Watzlawick et al.: *Pragmatics of Human Communication. A Study of Interactional Patterns, Pathologies, and Paradoxes*, N.Y. 1967 (dt. *Menschliche Kommunikation. Formen, Störungen, Paradoxien*, Bern 1996 [1969]). – ders. et al.: *Change. Principles of Problem Formation and Problem Resolution*, N.Y. 1974 (dt. *Lösungen. Zur Theorie und Praxis menschlichen Wandels*, Bern 1992 [1974]). – ders. et al.: »Brief Therapy. Focused Problem Resolution«. Nachdr. in: ders./J.H. Weakland (Hgg.): *The Interactional View*, N.Y. 1977. S. 274–299. – ders: »Wirklichkeitsanpassung oder angepaßte ›Wirklichkeit‹? Konstruktivismus und Psychotherapie«. In: H.v. Foerster: *Einf. in den Konstruktivismus*, Mchn. 1997 [1985]. S. 89–107. – ders.: *Vom Unsinn des Sinns oder vom Sinn des Unsinns*, Wien 1997 [1992]. – R. Breuer: *Lit.: Entwurf einer kommunikationsorientierten Theorie des sprachlichen Kunstwerks*, Heidelberg 1984.

GV

Weber, Max (1864–1920), dt. Soziologe, Philosoph, Wirtschafts- und Kulturwissenschaftler. – Als Sohn eines Juristen in Erfurt geboren, begann W. nach Abschluß der Schulzeit 1882 das Studium der Rechtswissenschaft, Philosophie, Geschichte und Nationalökonomie in Heidelberg. 1884 wechselte er an die Universität Berlin, 1885 an die Universität Göttingen, um schließlich 1886 in Celle das Erste Juristische Staatsexamen abzulegen. 1889 promovierte W. an der juristischen Fakultät der Universität Berlin und habilitierte sich dort im Februar 1892. In den Jahren 1893–1896 nahm W. nacheinander drei Rufe auf Lehrstühle für Nationalökonomie an den Universitäten Freiburg und Heidelberg an. Seit Herbst 1897 zeigten sich bei W. die Symptome einer Nervenkrise, die im Frühjahr 1898 zu einem ersten nervlich-psychischen Zusammenbruch führte und von deren Auswirkungen W. bis zum Ende seines Lebens betroffen war. Nach mehrmaliger Beurlaubung trat W. im Oktober 1903 endgültig von seiner Professur zurück. 1909 trat er in Berlin als einer der Begründer der ›Dt. Gesellschaft für Soziologie‹ hervor, 1910 als der entscheidende Anreger des ersten ›Soziologentags‹ in Frankfurt. 1909–1914 war W. eine der maßgeblichen Figuren in den Debatten des ›Vereins für Sozialpolitik‹, dem sog. ›Werturteilsstreit‹. 1920 starb W. in München an einer Lungenentzündung. – Das vielschichtige W.sche Werk erstreckt sich über die Bereiche der Soziologie, Philosophie, Geschichte, Rechts- und Wirtschaftstheorie. Neben zeitgleich unternommenen wissenschafts- und erkenntnistheoretischen Arbeiten tritt v.a. die *Protestantische Ethik* (1904/05) als ein erstes Hauptwerk hervor, in dem W. zu einer Klärung der theoretischen Grundbegriffe seiner Kulturtheorie gelangt. W. diskutiert dort die Frage nach den geistesgeschichtlichen Wurzeln und Entstehungsbedingungen des modernen Kapitalismus. Grundthese der Arbeit ist die Idee eines Zusammenhangs zwischen einer durch die protestantische Religion, insbes. den Calvinismus und die puritanischen Sekten, begünstigten psychisch-geistigen Disposition und eines spezifischen Verhaltensstils der Nüchternheit, Berechnung und des materiellen Erfolgsstrebens. Insbes. durch die Prädestinationslehre unterstelle die calvinistische Lehre den Einzelnen einem Imperativ der beruflichen Bewährung in der diesseitigen Welt, der als typischen ⁊ Habitus des Gläubigen ein eigentümliches Ethos der ›innerweltlichen Askese‹ bzw. des ›asketischen Handelns‹ hervorrufe. Im protestantisch-calvinistischen Klima bilde sich so eine spezifische Form von Rationalität heraus, die W. als Höhepunkt und äußerste Zuspitzung des von ihm angenommenen okzidentalen Rationalisierungsprozesses begreift. Dieses Konzept okzidentaler Rationalität, das W. in der vergleichenden Studie zur *Wirtschaftsethik der Weltreligionen* (1915/16) wiederaufnimmt und präzisiert, verweist auf einen stufenweisen Prozeß der ›Weltentzauberung‹, der nach W. bereits im alten Israel, in der Periode der Propheten und der mosaischen Gesetzgebung, beginnt. Zwar weisen auch die religiösen und gesellschaftlichen Systeme Indiens und Chinas für W. durchaus rationale Elemente auf, aber sie unterscheiden sich kategorial von der für den Okzident typischen Form moderner, ökonomisch-technischer Rationalität. Die eigentümliche Problematik jenes okzidentalen Rationalisierungsprozesses besteht für W. darin, daß er eine zunehmende Differenzierung und irreversible Entgegensetzung einzelner Kultursphären bedingt, die dem nach Sinn bzw. Kohärenz suchendem menschlichen Subjekt als verhängnisvoll erscheinen mögen. W. wirft in diesem Kontext die Frage auf, ob möglicherweise der Sphäre der Kunst die bes. Funktion einer ›innerweltlichen Erlösung‹ zukommen könne. Mit seiner musiksoziologischen Studie *Die rationalen und soziologischen Grundlagen der Musik* (1921) darf W. schließlich auch als wichtiger Anreger der Kunst- und ⁊ Lit.-soziologie gelten (G. ⁊ Lukács).

Lit.: M. Weber: *Gesammelte Aufsätze zur Religionssoziologie*, Tüb. 1988 [1920/21]. – ders.: *Gesammelte politische Schriften*, Tüb. 1988 [1921]. – ders.: *Wirtschaft und Gesellschaft*, Tüb. 1990 [1921/22]. – ders.: *Gesammelte Aufsätze zur Sozial- und Wirtschaftsgeschichte*, Tüb. 1988 [1924]. – ders.: *Gesammelte Aufsätze zur Soziologie und Sozialpolitik*, Tüb. 1988 [1924]. – T. Parsons: *The Structure of Social Action*, N.Y. 1968 [1937]. – L.A. Scaff: *Fleeing the Iron Cage. Culture, Politics and Modernity in the Thought of M.W.*, Berkeley 1991 [1989]. – V. Heins: *M.W. zur Einf.*, Hbg. 1997 [1990]. – E. Weiller: *M.W. und die literar. Moderne*, Stgt. 1994. – D. Käsler, *M.W.: Eine Einf.*, FfM. 1995.

LS

Weibliches Schreiben ⁊ *Écriture féminine*

Weiblichkeit/Weibliche Ästhetik, die ⁊ feministische Theorie hat seit den frühen 70er Jahren eine natürliche Beziehung zwischen weiblichem Körper und der weiblichen ⁊ Geschlechtsidentität bzw. Geschlechterrolle bestritten. Die Auseinandersetzung um W.skonstrukte konzentrierte sich zunächst v.a. auf die Festlegung der Frauen auf traditionelle Geschlechterrollen, auf ⁊ Misogynie und ⁊ Sexismus. Frz. Wissenschaftlerinnen kritisierten eine als ›männlich‹ definierte Sprache, die das Weibliche marginalisiert. In neueren Studien wird betont, daß W. nicht nur Ausgangspunkt und Ziel männlichen Schreibens sei, sondern, als Uneigentliches verstanden, letztlich für die Repräsentation selbst stehe. – Der Zusammenhang von weiblicher Autorschaft und Schreiben ist in S. Bovenschens Aufsatz »Über die Frage: Gibt es eine w.Ä.?« (1976) programmatisch beleuchtet worden. Mit dieser Diskussion verfolgt die feministische Lit.-wissenschaft ein doppeltes Ziel: die Kritik an ›männlichen‹ Texten sowie die positive Suche nach einem alternativen ›weiblichen‹ Schreiben bzw. spezifischen Ausdrucksformen für W. In den 70er Jahren wurde die von V. ⁊ Woolf in *A Room of One's Own* (1929) aufgeworfene Frage nach den Bedingungen weiblichen Schreibens in einer patriarchalen Gesellschaft wieder aufgenommen. Dabei bezeichnet ›weiblich‹ für einige TheoretikerInnen solche Texte, die nicht zwangsläufig von einer Frau verfaßt sein müssen, sondern durch Merkmale geprägt sind, die die westliche Kultur traditionell der Frau zugewiesen hat. In diesem Sinne wird w.Ä. oftmals synonym mit H. ⁊ Cixous' Konzept der ⁊ *écriture féminine* verwendet. Im angloam. und dt.sprachigen Bereich implizierte die Frage nach einer w.Ä. aber eher die Problematisierung weiblicher Autorschaft, die Arbeit an einem ›weiblichen‹ Lit.kanon sowie die Analyse der Besonderheiten der Texte von Frauen (S.M. ⁊ Gilbert/S. Gubar; E. ⁊ Showalter). Eine w.Ä. wird im allg. nicht auf den biologischen Körper zurückgeführt, sondern als Effekt der paradoxen Situation der schreibenden Frau begriffen, die Teilhabe an der Kulturproduktion beansprucht, aus der sie eigentlich ausgeschlossen ist. Dies äußert sich in der Geschichte der Frauenlit. u.a. in der Übernahme männlicher Pseudonyme und einer männlichen Erzählperspektive, dem Verzicht auf Veröffentlichung oder der Konzentration auf ↗ Gattungen wie Tagebücher oder Brieflit. Im Zusammenhang mit dem Slogan der Neuen Frauenbewegung, »Das Private ist politisch«, konzentrierten sich Texte von Autorinnen in den 70er Jahren insbes. auf die Aufarbeitung der eigenen Biographie, was als Konstitution einer authentischen, nicht fremdbestimmten ↗ Identität verstanden wurde. In der Lit.wissenschaft ging dies mit der Suche nach einer eigenen Tradition weiblichen Schreibens und der identifikatorischen Lektüre der Texte von Frauen einher (↗ Gynozentrismus). Diese Schwerpunktsetzung ist seit den 80er Jahren zunehmend kritisiert worden, basiert sie doch auf Vorstellungen von der ↗ Autonomie des Subjekts und einem mimetischen Verhältnis (↗ Mimesis) zwischen ↗ Repräsentation und repräsentierter ›Wirklichkeit‹, die in der ↗ Postmoderne problematisch geworden sind. So konzentrieren sich feministische Interventionen in den letzten Jahren eher darauf, in der Theorie und Kritik ebenso wie in der künstlerischen Praxis W.skonstrukte durch die ihnen inhärenten Brüche und Lücken in Frage zu stellen. In diesem Zusammenhang sind die Theorien frz. Feministinnen rezipiert und weiterentwickelt worden (S. Weigel, E. Meyer, M. Schuller). Gegenüber der früheren Konzentration auf ↗ Figuren, ↗ Motive und ↗ Handlung rückt nun die Frage nach der Schreibweise sowie der (↗ De-)Konstruktion des sprechenden/schreibenden Subjekts ins Zentrum des Interesses. Dabei wird jedoch eine Neuschrift von W. gerade vermieden, um nicht die patriarchale Festschreibung ›der Frau‹ zu wiederholen.

Lit.: T. de Lauretis: *Alice Doesn't. Feminism, Semiotics, Cinema*, Bloomington 1984. – S. Weigel: *Die Stimme der Medusa. Schreibweisen in der Gegenwartslit. von Frauen*, Dülmen 1987. – I. Weber (Hg.): *W. und weibliches Schreiben. Poststrukturalismus, w.Ä., kulturelles Selbstverständnis*, Darmstadt 1994.

DF/SSch

Weinrich, Harald (*1927), dt. Sprach- und Lit.-wissenschaftler. – Nach Professuren in Kiel, Köln, Bielefeld und München ist er seit 1992 Professor für Romanistik am Pariser Collège de France. Er erhielt zahlreiche Auszeichnungen im In- und Ausland und ist Mitglied mehrerer Akademien. W. gehört zu den wenigen Forschern, die sowohl für die Sprach- als auch für die Lit.wissenschaft bedeutende Beiträge geliefert haben. Die meisten seiner Monographien (vgl. W. 1964, 1966, 1982 sowie 1993) sind Standardwerke der Lit.- und neuerdings (vgl. W. 1997) auch der Kulturtheorie geworden. Mit seiner provokanten These, Tempus habe nichts mit Zeit zu tun, stößt W. in *Tempus. Besprochene und erzählte Welt* zu einer Neuinterpretation des Tempussystems vor. Er ignoriert die in der Grammatik statuierten, paradigmatischen Tempusfunktionen und verweilt stattdessen bei der syntagmatischen Ordnung der Texte. An Forschungen E. ↗ Lämmerts und K. ↗ Hamburgers anknüpfend, entdeckt er an Beispielen aus der dt., engl. und insbes. der romanischen Erzähllit., daß Tempora eine bestimmte Distribution aufweisen, aus der sich, z.B. für das Frz., zwei Tempusgruppen und damit zwei Sprechhaltungen ableiten lassen: besprechende (*passé composé, présent, futur*) und erzählende Tempora (nämlich *plus-que-parfait, passé antérieur, imparfait, passé simple, conditionnel*). Die letztgenannte Tempusgruppe überwiegt in erzählenden Texten. Aus der Sicht der von W. mitbegründeten ↗ Textlinguistik zeigt sich, daß sich das Zusammenspiel der Vergangenheitstempora in literar. Werken weder durch referentielle noch durch aspektuelle Oppositionen hinreichend erklären läßt. Statt dessen geben sie Erzähltexten Relief und gliedern sie rekurrent nach Vordergrund (*passé simple*) und Hintergrund (*imparfait*). Auch das Erzähltempo ist eine Funktion der Verteilung von Vordergrund- und Hintergrundtempora. Dominiert das *imparfait*, wie z.B. in G. ↗ Flauberts Expositionen, dann schälen sich nur langsam Handlungen aus dem Hintergrund heraus, während Aktionen im *passé simple* das Geschehen beschleunigen und, wie bei Voltaire, zur Ironie tendieren können. In diesem Fall hätte das Tempus den Status eines Ironiesignals, ein Begriff, den W. 1966 zum besseren Verständnis der Ironie einführte. Ironie ist demnach nicht einfach das Gegenteil des Gemeinten (W. ↗ Kayser) sondern sie benötigt einschlägige Signale wie Augenzwinkern, Räuspern, gewagte ↗ Metaphern oder Kursivdruck sowie einen Hörer oder Leser, der diese Zeichen im Unterschied zur Objektperson entschlüsselt. Ein konstitutives Merkmal der Ironie, wie überhaupt der Lit., ist also die Leserrolle. In Opposition zur biographischen sowie zur immanenten Methode plädierte W. (vgl. 1986/1967) daher für eine »Lit.geschichte des Lesers« und gab damit der Entwicklung der ↗ Rezeptions- und ↗ Wirkungsästhetik wichtige Impulse. An einschlägige Arbeiten von J.P. ↗ Sartre und H.R. ↗ Jauß anschließend zeigt er, daß literar. Texte mit Instruktionssignalen durchsetzt sind, die dank eines vorausgesetzten ↗ Erwartungshorizonts entschlüsselt werden können. Neben der ↗ Semantik üben dabei v.a. am Textanfang die deiktischen Sprachelemente eine wichtige Funktion aus. Sie verweisen auf andere Textsegmente und dienen der Kohärenzbildung. Freilich kommt es vor, daß moderne Autoren wie N. Sarraute oder A. ↗ Robbe-Grillet den Erwartungshorizont des Romanlesers bewußt ignorieren, indem Instruktionssignale wie z.B. Proformen nicht aufgelöst werden. Irrationalen Tendenzen in der Lit.theorie zum Trotz bleiben Kohärenzverstöße jedoch stets auf textgrammatische Normen bezogen. Letztere beschreibt W. (1982 und 1993) in seinen Textgrammatiken des Frz. und des Dt. Wie schon in *Tempus* deutet er grammatische Phänomene konsequent aus transphrastischer Perspektive. So gesehen liefern diese Grammatiken einen linguistischen Beitrag zur ↗ Rhetorik und ↗ Stilistik. Darüber hinaus hat W. mit dem von ihm eingeführten Begriff des Bildfeldes (W. 1976, S. 283 ff.) neueren ↗ Metapherntheorien (↗ Bildfeld/Bildfeldtheorie) wertvolle Anregungen verliehen.

Lit.: H.Weinrich: *Tempus. Besprochene und erzählte Welt*, Stgt. 1994 [1964]. – ders.: *Linguistik der Lüge*, Heidelberg 1966. – ders.: »Für eine Lit.geschichte des Lesers«. In: ders.: *Lit. für Leser*, Mchn. 1986 [1971]. S. 21–36. – ders.: *Sprache in Texten*, Stgt. 1976. – ders.: *Textgrammatik der frz. Sprache*, Stgt. 1982. – ders.: *Textgrammatik der dt. Sprache*, Mannheim 1993. – ders.: *Lethe – Kunst und Kritik des Vergessens*, Mchn. 1997.

DSch

Wellek, René (1903–1995), Lit.kritiker und -theoretiker, Universitätsprofessor. – Nach dem Studium an der Karls-Universität Prag, wo er 1926 promovierte, ging W. als Proctor Fellow an die Princeton University (1927–28). Seine Hochschullehrertätigkeit begann er als Dozent für Germanistik am Smith College, Northampton, Mass. (1928–29) sowie der Princeton University (1929–30). Danach verließ er die USA und kehrte als Privatdozent an die Karls-Universität zurück (1930–35), wo er der ↗ Prager Schule angehörte. Während der Vorkriegsjahre lehrte er Tschechisch am Institut für Slavistik der Universität London (1935–39), um dann erneut nach Amerika, an die University of Iowa, zu gehen (1939–41), wo er als Fakultätsmitglied den Kollegen A. ↗ Warren kennenlernte. Von 1941 bis zu seiner Emeritierung im Jahre 1972 arbeitete W. in unterschiedlichen Funktionen und Zuordnungen, die seine vielfältigen Kenntnisse und Interessen widerspiegeln, an der Yale University, einer Hochburg des ↗ *New Criticism*: als Associate Professor (1941–44), Professor of English (1944–46), Professor of Slavic and Comparative Literature (1946–72), Director of Graduate Studies (1947–59), Fellow of Silliman College and Sterling Professor of Comparative Literature (1950–72). Zahlreiche Gastprofessuren an meist renommierten Hochschulen erweiterten seine Kontakte und belegen seine internationale Anerkennung: University of Minnesota (1947), Columbia University (1948), Harvard University (1950, 1953–54), Princeton University (1950, 1973), University of Hawaii (1961), University of California, Berkeley (1963), Florenz und Rom (1959–60), Mainz (1969) und Indiana University (1974). Als Mitherausgeber edierte W. 1941–46 die Zs. *Philological Quarterly* und war Mitglied des Herausgebergremiums von *Comparative Literature, Slavic Review* und *Studies in English Literature*. In der *Modern Language Association* war W. 1946–50 und 1953–59 Mitglied des Herausgebergremiums sowie des geschäftsführenden Ausschusses (1959) und Vizepräsident (1964). Als Präsident leitete er die *International Association for Comparative Literature* (1961–64), die *American Association for Comparative Literature* (1962–65), die Tschechoslowak. Gesellschaft für Künste und Wissenschaften in Amerika (1962–66) und die *Modern Humanities Research Association* (1974). W. erhielt vielfache Auszeichnungen, darunter dreimal ein Guggenheim Fellowship. Ehrendoktorhüte wurden ihm von den Universitäten Lawrence College (1958), Oxford (1960), Harvard (1960), Rom (1961), Maryland (1964), Boston (1966), Columbia (1968), Montreal (1970), Louvain (1970), Michigan (1971), München (1972) und Norwich (1975) verliehen. – W., der 1946 die am. Staatsbürgerschaft annahm, war in mehreren Sprachen zu Hause und verfügte über eine ungewöhnliche Belesenheit, durch die sich ihm ein weites Feld kritischer Lit. erschloß. Sein einflußreichstes Werk war das zusammen mit Warren verfaßte *Theory of Literature* (1949). Wenngleich im Vorwort von »a collaboration in which the author is the shared agreement between two writers« gesprochen wird, ist das Buch vornehmlich von W. geprägt, der mehr als zwei Drittel der Kapitel beigetragen hat. Im Sinne des ↗ *New Criticism* geht es W. v.a. um die ↗ Autonomie des literar. Kunstwerks. In den beiden Kernteilen des Buches beschäftigt er sich mit »The Extrinsic Approach to the Study of Literature« und »The Intrinsic Study of Literature«.

Den extrinsischen Ansatz, die Auseinandersetzung mit dem biographischen, psychologischen, gesellschaftlichen, geistesgeschichtlichen und kunsthistorischen ↗ Kontext, anerkennt er als sinnvoll, um die ›Ursachen‹ des Kunstwerks zu erklären; aber zugleich betont er: »causal study can never dispose of problems of description, analysis, and evaluation of an object such as a work of literary art« (W./Warren 1956, S. 73). Den intrinsischen, ↗ werkimmanenten Ansatz sieht er als die eigentliche Aufgabe des Lit.wissenschaftlers: »The natural and sensible starting-point of work in literary scholarship is the interpretation and analysis of the works of literature themselves.« (ebd., S. 139) Während W. dezidiert gegnerische Positionen kritisiert, werfen ihm seine Gegner Vagheit bei der Bestimmung des eigenen Standortes vor, wenn er etwa das literar. Kunstwerk als »a whole system of signs, or structure of signs, serving a specific aesthetic purpose« (ebd., S. 141) verstehen will oder es als »an object of knowledge *sui generis*« (ebd., S. 156) anspricht. – Unter seinen zahlreichen übrigen Veröffentlichungen ragt bes. das in acht Bänden konzipierte gewaltige *A History of Modern Criticism 1750–1950* (1955–1992) hervor. – W., der grundlegend von I. Kant, R. ↗ Ingarden und J. ↗ Mukařovský beeinflußt war, erweiterte die Konzeption des *New Criticism* um die historische Dimension.

Lit.: Wellek/Warren 1993 [1949]. – R.Wellek: *Concepts of Criticism*, New Haven 1963. – ders. 1966 ff. – ders.: *Discriminations. Further Concepts of Criticism*, New Haven 1970.

                                                                    RB

Werkästhetik, bereits Mitte der 50er Jahre schimpfte W. Muschg, wer zu begreifen vorgebe, was ihn während der Lektüre anspruchsvoller Dichtung ergreift, kultiviere den ›Übermut eines Pfaffentums‹, das sich als Mittler zwischen dem Dichter und dem ›gewöhnlichen Sterblichen‹ aufspiele. Gemünzt waren diese scharfen Worte v.a. auf E. ↗ Staiger und W. ↗ Kayser, deren nach 1945 konzipierte W. sowohl der ↗ werkimmanenten Interpretation als auch der akademischen Lit.kritik das normative Rüstzeug liefern sollte. Gemäß dem Anspruch, zur Rückbesinnung auf die ›eigentlichen‹ Werte dt. Kultur beizutragen, hatte die W. ferner die zentrale Prämisse zu begründen, allein das autonome, zeitenthobene Sprachkunstwerk habe im Mittelpunkt des lit.wissenschaftlichen Interesses zu stehen. Alle produktionsästhetischen oder soziohistorischen Fragestellungen seien hinge-

gen zu vernachlässigen. – Aus dieser Absolutsetzung der einzelnen Dichtung resultierte für Staiger und Kayser, jeder Leser stehe einem Kunstwerk gleichsam ohnmächtig gegenüber. Deshalb übernehme der Hermeneutiker auch die Aufgabe, nach den Gründen für das intensive »Erlebnis des spezifisch Dichterischen« (Kayser 1992, S. 11) zu fragen. Ohne damit gänzlich die »Fähigkeit« seiner Fachkollegen zu diskreditieren, »theoretische Probleme als solche zu erfassen« (ebd.), legte Staiger (1957) in seiner Studie *Die Kunst der Interpretation* dar, die akademische Forschung müsse einsehen, daß sich Lit. als Kunst grundsätzlich »dem Verstand und seinen allgemeingültigen Sätzen« entziehe. Folglich konnte es auch nicht länger Aufgabe des Wissenschaftlers sein, mit seinen Interpretationen zum besseren Textverständnis beizutragen: »Statt mit ›warum‹ und ›deshalb‹ zu erklären, müssen wir beschreiben« (ebd., S. 12 und 20). Um nun dem Einwand zu begegnen, die W. legitimiere eine wenig reflektierte und eher impressionistische Wiedergabe des Gelesenen, konterte Staiger mit dem Einwand, seit die Lit.-wissenschaft ihre eigentlichen Gegenstände aus dem Auge verloren habe, kämen ihre Kommentare »selten über die peinlichste Nachdichtung in Prosa« hinaus (ebd., S. 11). – Angesichts dieser teils polemischen, teils nicht unbegründeten Volte bleibt fraglich, ob es Staiger und Kayser tatsächlich nur darum ging, die unrühmliche Geschichte des eigenen Faches während des NS-Terrors zu verdrängen. Daß beide gemeinsam mit E. Trunz oder W. Emrich nach 1945 recht unverdrossen einen Neuanfang proklamierten, steht dabei außer Frage. Ebensowenig darf aber übersehen werden, daß ihre Kritik einer Germanistik galt, die sich in den Jahrzehnten zuvor den empirischen Nachbardisziplinen geöffnet hatte und mit Hilfe von vermeintlich exakt überprüfbaren Ergebnissen ihr angeschlagenes Renommee aufzubessern versuchte. Diese verschüchterte Anlehnung an die ›harten Wissenschaften‹ fand ihren Niederschlag in formalistischen ↗ Epochenbegriffen oder psychologistischen Dichterbiographien, die allerdings aus Sicht Staigers der ›eigentümlichen Schönheit‹ einzelner Werke niemals gerecht werden. Dagegen sprach für ihn schon die bislang unwiderlegte hermeneutische Lehrmeinung, Lit. verdanke sich einem immer wieder neuartigen, ästhetisch motivierten Umgang mit Sprache. Ihre Qualität bemißt sich insofern am schöpferischen Zusammenspiel von Form und Inhalt sowie der jeweils einzigartigen Verwendung poetischer

Mittel. – Für diese Neubesinnung auf das einzelne Sprachkunstwerk bedurfte es nach Staiger und Kayser wieder einer Lit.kritik, die mit fachspezifisch fundiertem Selbstbewußtsein begründen konnte, warum einzelne Dichtungen unverzichtbar zum ⁊ Kanon ›menschheitlicher‹ Kultur gehören. Programmatisch kündigte Kayser denn auch sein 1948 veröffentlichtes Buch *Das sprachliche Kunstwerk* als ›Poetik‹ an, deren Regelsätze ästhetisches Werten erleichtern sollten. Den epistemischen und gesellschaftspolitischen Überbau für die stilkritische W. hatte Staiger bereits zwei Jahre zuvor mit seiner Abhandlung *Grundbegriffe der Poetik* geliefert. Konziliant wies er die Kanonisierung bedeutender Einzelwerke als Durchgangsstadium aus und stellte die Lit.wissenschaft langfristig in den Dienst einer philosophischen Anthropologie, die der Kultur auch zukünftig die ewige Humanitas hoher Lit. sichere. – Mit diesem nicht unbescheidenen, vorgeblich an Goethe geschulten Anspruch begaben sich Kayser und Staiger in eine Reihe kaum zu lösender Widersprüche. Zwar zeigten sie sich bemüht, einige namhafte Wissenschaftler der Vorkriegszeit als Wegbereiter der ⁊ Stilkritik zu würdigen. K. Voßler oder E. R. ⁊ Curtius wurde aber umgehend vorgehalten, mutlos die gegenklassizistische Lit. der Moderne geduldet zu haben. Die Frage, ob es nach Goethe überhaupt noch eine wertevermittelnde Lit. geben könne, wurde dahingehend beantwortet, jeder genialischen Epoche folge notwendigerweise eine »abflauende Lit.« (Kayser 1992, S. 275). Als nicht minder problematisch erwies sich Kaysers Behauptung, die formgeschichtlichen Typologien v. a. L. ⁊ Spitzers und H. Wölfflins könnten »die Arbeit der individuellen Stilanalyse nur zu einem sehr kleinen Teil« vorbereiten. Kaysers eigene Regelästhetik konnte freilich ebensogut eine »nicht mehr überbrückbare Kluft« zwischen Norm und ›autonomer‹ Form aufreißen (ebd., S. 280). Schließlich stellt sich die Frage, ob eine Dichtung, bei der es »nichts außerhalb Liegendes [gibt], das sie zu ihrem sinnvollen Dasein« braucht (ebd., S. 289), noch einen Leser oder die W. erfordert. – Bis zu Beginn der 60er Jahre versuchten Staiger und Kayser den Einwand zu widerlegen, ihr weltfernes Kunstprogramm verkläre Lit. zum Gegenstand elitärer Solipsismen. Unter Berufung auf die Tradition der romantischen Hermeneutik konzedierten sie den Sozial- und Geisteswissenschaften, »mit dem Blick auf das einzelne Werk« könne die W. durchaus »auf einen Dichter, auf eine Altersstufe, auf eine Generation, auf eine Strömung,

Epoche« angewendet werden (ebd., S. 300). Staiger solidarisierte sich zudem selbst mit dem ansonsten eher gering geschätzten ⁊ Positivismus: »Es gibt da nur sehr wenig abzulehnen, aber für viel zu danken« (Staiger 1957, S. 18). Selbst interdisziplinäre Vergleiche oder die Spiegelung bedeutender deutscher Dichtungen am »Ganzen der Menschheitsgeschichte« wollte er nicht ausschließen (ebd., S. 29). – Solche ideologisch verfänglichen Ausblicke auf eine wertkonservative Lit.wissenschaft, die sich wieder auf völkerkundliche und globale historische Vergleiche einläßt, ließen die W. längstens zur Zeit der Studentenbewegung in Mißkredit geraten. So wendete Staigers Schüler P. ⁊ Szondi ein, wo hohe Lit. zum gesetzgebenden Fetisch erhoben werde, verliere sie ihre Aktualität. Ein enthistorisiertes Kunstwerk, dem die »Logik des Produziertseins« abgesprochen werde, begünstige darüber hinaus wissenschaftliche »Willkür« (1973, S. 254). J. Hermand und K. Berghahn machten geltend, die W. basiere auf der »Fiktion einer anthropologischen Identität zwischen zeitgenössischem und heutigem Leser« (Berghahn 1979, S. 395). Der Vorwurf mangelnder hermeneutischer Erkenntniskritik hat sich bis in jüngste Methodendiskurse gehalten. Die zunächst scharfe Kritik an der vermeintlich apolitischen Haltung der Nachkriegsgermanistik relativierte Weimann allerdings mit dem Nachweis, Staigers und Kaysers methodischer Ansatz stehe in historischer Sicht durchaus dem ⁊ *New Criticism* nahe. Überhaupt mehren sich seit einigen Jahren wieder Stimmen, die auf die Vorzüge der W. hinweisen: »intensives Lesen und philologische Genauigkeit, induktive Verfahrensweise und Formanalyse, Gattungsbewußtheit und Gattungspoetik sind zweifellos Tugenden, die eine historisch orientierte Germanistik nicht aufzugeben braucht« (Berghahn 1979, S. 397). Eher unbeachtet blieb indes jene schon von Muschg als ›pfäffisch‹ deklarierte Ethik, mit der Staiger beispielsweise seine Ablehnung der zweiten Fassung von Goethes *Wanderjahren* begründete: »Der Roman bezaubert uns nicht; wir bleiben frei für Urteil und Kritik und suchen darum und vermissen den zuverlässigen objektiven Halt« (Staiger 1959, Bd. 3, S. 144). Vor soviel Gehorsam der Kunst gegenüber verliert die Dichtung jede provokative, Gegenwart stiftende Widerständigkeit; ein Problem freilich, dem auch eine nur auf die Geschichte fixierte Wissenschaft erliegt.

Lit.: E. Staiger: *Grundbegriffe der Poetik*, Zürich 1946. – ders.: *Die Kunst der Interpretation. Studien zur dt.*

Lit.geschichte, Zürich 1957 [1955]. – ders.: *Goethe*, 3 Bde., Zürich/Freiburg 1952–59. – Kayser 1992 [1948]. – W. Muschg: *Die Zerstörung der dt. Lit.*, Bern 1956. – Weimann 1974 [1962]. – P. Szondi: »Über philologische Erkenntnis«. In: R. Grimm/J. Hermand (Hgg.): *Methodenfragen der dt. Lit.wissenschaft*, Darmstadt 1973. S. 232–254. – K. Berghahn: »Wortkunst ohne Geschichte. Zur werkimmanenten Methode der Germanistik nach 1945«. In: *Monatshefte* 71.4 (1979) S. 387–398. – L. Danneberg: »Zur Theorie der werkimmanenten Interpretation«. In: W. Barner/Ch. König (Hgg.): *Zeitenwechsel. Germanistische Lit.wissenschaft vor und nach 1945*, FfM. 1996. S. 313–342.

StG

Werkimmanente Interpretation (lat. *immanere*: bleiben, anhaften), im weiteren Sinne bedeutet W. I. jede ↗ Interpretation (lat. Auslegung, Erklärung, Deutung), die sich auf den literar. Text selbst konzentriert und die ↗ Kontexte (wie Biographie, Lit.-, Kultur- und Geistesgeschichte, Rezeption) weitgehend vernachlässigt. Ein solches Verfahren kann durch didaktische oder andere Gründe der Zweckmäßigkeit bedingt sein. Prinzipiell wird es propagiert von bestimmten lit.theoretischen Richtungen des 20. Jh.s, welche die ↗ Autonomie des literar. Kunstwerks betonen und die Beschäftigung mit kontextuellen Aspekten der Lit. als sekundär oder sogar störend ansprechen (vgl. ↗ Russ. Formalismus; ↗ *New Criticism*; ↗ *explication de texte*). – Im engeren Sinne meint man mit W. I. oder Werkinterpretation eine dominierende formal-ästhetische Schule in der dt. Nachkriegsgermanistik, welche die Forderung erhebt, das Dichtwerk als künstlerisches Produkt müsse allein aus dem Text heraus gedeutet werden. Dieser Standpunkt kommt sehr deutlich in der Definition zum Ausdruck, die G. v. Wilpert in seinem *Sachwörterbuch der Lit.* (1955) für ›Interpretation‹ gibt: »[...] e. Methode der modernen Dichtungswissenschaft, die durch möglichst eindringliche, tiefe Erfassung e. dichter. Textes in seiner Ganzheit als untrennbare Einheit von Gehalt und Form rein aus sich heraus – ohne Seitenblicke auf biographisches oder literaturgeschichtliches Wissen – zu e. vertieften Verständnis und voller Einfühlung in die eigenständigen, weltschöpferischen Kräfte des Sprachkunstwerks führen, die Dichtung als Dichtung erschließen will«. Schon an dieser Erklärung läßt sich ablesen, daß die Wurzeln einer solchen Position bereits im dt. ↗ Idealismus zu suchen sind. Konkret vertreten wurde die W. I. dann im frühen 20. Jh., z.B. von O. Walzel (1916) in einem Vortrag mit dem bezeichnenden Titel »Die künstlerische Form des Dichtwerks«, wo er gel-

tend macht, ›daß Dichtung v.a. als Kunst genommen werden will‹. Ansätze in Richtung auf die W. I. lassen sich auch in den Stilforschungen beobachten, wie sie etwa L. ↗ Spitzer betrieb, oder in den gattungsgeschichtlichen Untersuchungen, wie sie z.B. der Germanist K. Viëtor plante und durchführte: Hier wandte sich das lit.wissenschaftliche Interesse von der Geistesgeschichte ab und richtete sich auf die künstlerische Form, von der außerliterar. auf die innerliterar. Reihe. Der entscheidende Durchbruch der W. I. in der dt. Germanistik nach 1945 wird gern und plausibel als Reaktion auf den Sündenfall im Dritten Reich erklärt. In Abkehr von der historischen Sichtweise völkischer und nationalpädagogischer Aspekte eröffneten sich nun in der ahistorischen Einstellung der W. I. neue, unverdorbene Perspektiven, und mit der Absage an jedes ideologische Engagement wurden jetzt rigoros geschichtliche, soziale und politische Momente der Lit. aus der Betrachtung verbannt. Zudem gewann man auf diese Weise Anschluß an Entwicklungen, welche sich ähnlich in anderen Ländern bereits vollzogen hatten. Es ist vielleicht kein Zufall, daß Viëtor, der nach anfänglichen Sympathien für die nationalsozialistische Bewegung 1936 in die USA emigriert war, zu einem Pionier der neuen Einstellung wurde und in einem programmatischen Aufsatz über »Deutsche Lit.geschichte als Geistesgeschichte« (1945, S. 915) die W. I. als genuine Form der Lit.betrachtung apostrophieren konnte: »Wo immer man die Literatur betrachtet hat als Ausdruck oder als Nebenprodukt allgemeiner Entwicklungsvorgänge: politischer, sozialer, intellektueller, psychologischer, kultureller – da hat man sich vom ästhetischen Phänomen und seiner Sphäre fortbewegt in den Gesamtraum der Geschichte. Das sind gewiß sinnvolle Fragestellungen. Aber man hat angefangen zu erkennen, daß dies nicht die spezifischen Fragestellungen des Literaturwissenschaftlers sein können. Der Hauptgegenstand seiner Bemühungen hat das gestaltete Werk in seiner sinnlich-spirituellen Ganzheit zu sein – ein Phänomen ›sui generis‹, nicht ein Spiegel oder Ausdruck von Kräften und Bewegungen anderer Sphären. Dadurch bekommt die Interpretation wieder ihren Platz, der ihr gebührt: sie wird wieder zur Haupt- und Grundkunst des Literaturwissenschaftlers. Literatur*geschichte* aber rückt damit an die zweite Stelle«. – Maßgebliche Vertreter der W. I. sind E. ↗ Staiger und W. ↗ Kayser. Staigers Buch *Die Zeit als Einbildungskraft des Dichters. Untersuchungen zu Gedichten von Brentano, Goethe* und *Keller* (1953 [1939]), das im wesentlichen auf Zürcher Vorlesungen aus den Jahren 1936 und 1938 zurückgeht, ist über die engere Thematik hinaus bedeutend. Bes. die kurze Einl. »Von der Aufgabe und den Gegenständen der Lit.wissenschaft« konnte als ein Manifest der W.I. aufgefaßt werden. Bezugnehmend auf G.W. ↗ Hegel, spricht Staiger (1953, S. 15) das Wortkunstwerk als eine eigene Welt an, die er als das zentrale Aufgabenfeld des Lit.wissenschaftlers versteht, indem er konstatiert: »Darauf kommen wir immer wieder zurück, auf die Welt des Dichters, die im Wort vernehmlich wird, das heisst, wir kommen immer« wieder zum Werk, das uns allein als unmittelbarer Gegenstand gegeben ist«. Der Gegenstand, mit dem sich der Lit.wissenschaftler nach Staiger auseinandersetzt, ist »die Dichtung selbst, nicht etwas, das dahinter liegt« (ebd.). Staigers Darlegung der interpretatorischen Arbeit kulminiert in einer vielzitierten Formel: »[…] eben dies, was uns der unmittelbare Eindruck aufschliesst, ist der Gegenstand literarischer Forschung; dass wir begreifen, was uns ergreift, das ist das eigentliche Ziel aller Lit.wissenschaft« (ebd., S. 11). In seiner vorsichtigen Terminologie vermeidet Staiger hier das Wort ›Interpretation‹ und spricht von seiner Absicht, »mit aller Behutsamkeit das einzelne Kunstwerk zu beschreiben. Eine wissenschaftliche Beschreibung nennen wir Auslegung« (ebd., S. 17). Nicht ohne Grund verweist er auf F. Schleiermacher, ›den Meister der hermeneutischen Kunst‹, und zitiert W. ↗ Dilthey und M. ↗ Heidegger. Mit dem letzteren sieht er den ↗ Hermeneutischen Zirkel (»das Einzelne aus dem Ganzen zu verstehen, um hernach das Ganze wieder aus dem Einzelnen zu klären« [ebd., S. 17 f.]) als »eine positive Möglichkeit ursprünglichen Erkennens, die freilich in echter Weise nur dann ergriffen ist, wenn die Auslegung verstanden hat, dass ihre erste, ständige und letzte Aufgabe bleibt, sich jeweils Vorhabe, Vorsicht und Vorgriff nicht durch Einfälle und Volksbegriffe vorgehen [sic] zu lassen, sondern in der Ausarbeitung aus den Sachen selbst her das wissenschaftliche Thema zu sichern« (ebd., S. 18). Staiger (1953, S. 19) möchte »durch vertiefte Einsichten in das Einzelne« eine »Erneuerung« der Lit.wissenschaft bewirken, eine Art Reformation, und so schließt er mit einem Hölderlin-Zitat, in dem das *sola-scriptura*-Prinzip des Protestantismus gefeiert wird: Was dem kirchlichen Reformator die Hl. Schrift ist, das ist dem literar. Exegeten der Text des dichterischen Kunstwerks. Im Einleitungsaufsatz seines be-

deutenden Werks *Die Kunst der Interpretation* (1955) legt Staiger noch einmal seinen methodischen Ansatz dar. Auffällig ist, daß als Basis der wissenschaftlichen Arbeit ›das allersubjektivste Gefühl‹ angesprochen wird. Interpretation ist für Staiger die Kunst, der inneren Stimmigkeit der Einzelteile im Ganzen des Sprachkunstwerks nachzuspüren (»Kunstgebilde sind vollkommen, wenn sie stilistisch einstimmig sind.« [Staiger 1955, S. 14]). Die Subjektivität dieses Ansatzes wird bis zu einem gewissen Grade ausgeglichen, indem das »Wissen, das ein Jahrhundert deutscher Lit.wissenschaft erarbeitet hat« (ebd., S. 18), als Kontrollinstanz, um eine Fehlleitung des Gefühls zu verhindern, anerkannt wird. – W. Kaysers *Das sprachliche Kunstwerk* (1948), das für die Germanistik in Schule und Universität lange eine maßgebliche Orientierung bedeutet hat, bringt durch den Untertitel *Eine Einf. in die Lit.wissenschaft* bereits zum Ausdruck, daß die Interpretation für den Autor den eigentlichen Kern lit.wissenschaftlichen Arbeitens ausmacht. Gegenüber Staiger, auf den sich Kayser mehrfach anerkennend bezieht, ist der Ansatz hier weniger subjektiv. Auch Kayser (1992, S. 5) setzt sich von früheren positivistischen und geisteswissenschaftlichen Richtungen ab und meint, mit ihm habe »ein neuer Abschnitt in der Geschichte der literarischen Forschung« begonnen. Für ihn besitzt ebenfalls das literar. Werk eine autonome Seinsweise: »Das sprachliche Kunstwerk lebt als solches und in sich.« (ebd., S. 387). Oder: »Eine Dichtung lebt und entsteht nicht als Abglanz von irgend etwas anderem, sondern als in sich geschlossenes sprachliches Gefüge.« (ebd., S. 5). Kayser (ebd., S. 387) spricht sogar von »ewigen Gesetze[n] […], nach denen sich das sprachliche Kunstwerk bildet«. Bes. Gewicht hat für Kayser (1992, S. 14) die Dichtung; in ihr manifestieren sich das »besondere Vermögen [der] literarischen Sprache, eine Gegenständlichkeit eigener Art hervorzurufen, und der Gefügecharakter der Sprache, durch den alles in dem Werk Hervorgerufene zu einer Einheit wird«. Entsprechend formuliert Kayser (ebd., S. 5) das Erkenntnisziel des Lit.wissenschaftlers: »Das dringendste Anliegen der Forschung sollte demnach sein, die schaffenden sprachlichen Kräfte zu bestimmen, ihr Zusammenwirken zu verstehen und die Ganzheit des einzelnen Werkes durchsichtig zu machen«. Und er möchte entscheidend dazu beitragen und würde es begrüßen, »wenn sich das Bewußtsein herrschend durchsetzte, daß alle Wissenschaft von der Dichtung in der ›Schönen‹ Lit. einen

Gegenstandsbezirk eigener Art als Kernbezirk besitzt, dessen Erforschung ihre eigenste und innerste Aufgabe ist« (ebd., S. 24). Auch wenn Kayser neben Beispielen aus anderen europ. Literaturen auch auf engl.sprachige Texte eingeht (er ist »der Überzeugung, daß es keine nationalen Literaturwissenschaften gibt« [ebd., S. 6]) und Gemeinsamkeiten mit den *New Critics* deutlich zutagetreten, sind seine Argumentation und Terminologie doch unübersehbar germanistisch geprägt. Der Unterschied zwischen ›Inhalt‹, der ›nicht überbetont werden sollte‹, und ›Gehalt‹, dem ein hoher Stellenwert beigemessen wird, dürfte für einen engl. Sprecher kaum nachvollziehbar sein. – In den 60er Jahren wurde die W.I. zunehmend wegen ihrer Subjektivität und ahistorischen Einseitigkeit, die freilich in der interpretatorischen Praxis durchaus durch historisches Wissen ergänzt wurde, kritisiert und in Richtung auf umfassendere Modelle erweitert. Es ist auf jeden Fall ihr Verdienst, die zentrale Bedeutung des literar. Textes ins allg. Bewußtsein gebracht und, ähnlich dem *close reading*, Verfahren für eine intensive Textanalyse entwickelt zu haben.

Lit.: O. Walzel: »Die künstlerische Form des Dichtwerks (1916)«. In: H. Enders (Hg.): *Die Werkinterpretation*, Darmstadt 1978 [1967]. – E. Staiger: *Die Zeit als Einbildungskraft des Dichters*, Zürich 1953 [1939]. – K. Viëtor: »Dt. Lit.geschichte als Geistesgeschichte«. In: *PMLA* 60 (1945) S. 899–916. – Kayser 1992 [1948]. – E. Staiger: *Die Kunst der Interpretation*, Zürich 1955. – G. von Wilpert: *Sachwörterbuch der Lit.*, Stgt. 1955. – H. Endres (Hg.): *Die Werkinterpretation*, Darmstadt 1967. – E. Leibfried: »Die sog. Werkinterpretation. Kunst und Handwerk«. In: ders. (Hg.): *Kritische Wissenschaft vom Text*, Stgt. 1970 [1969]. S. 188–208. – K.L. Berghahn: »Wortkunst ohne Geschichte. Zur werkimmanenten Methode der Germanistik nach 1945«. In: *Monatshefte* 71 (1979) S. 387–398. – M. Marquardt: »Zum historischen Verhältnis von Interpretation und Lit.geschichte«. In: *Zs. für Germanistik* 8.1 (1987) S. 61–74. – W. Strube: »Analyse der Textinterpretation«. In: *Dilthey-Jb.* 5 (1988) S. 141–163. – H. Müller: »Zur Kritik herkömmlicher Hermeneutikkonzeptionen in der Postmoderne«. In: *Diskussion Deutsch* 21.166 (1990) S. 589–599. – L. Danneberg: »Zur Theorie der W.I.«. In: W. Barner/Ch. König (Hgg.): *Zeitenwechsel*, FfM. 1996. – P. Rusterholz: »Formen ›textimmanenter‹ Analyse«. In: Arnold/Detering 1997 [1996]. S. 365–385.

RB

Werktreue, ein unscharfer Begriff, der oft kritisch oder polemisch verwendet wird, um die Umsetzung eines dramatischen Textes im Sinne der originalen Vorlage auf der Bühne oder in einem anderem Medium (↗ Lit.adaption) anzumahnen. Der Dramentext wird hierbei als Partitur und die Inszenierung als eine Art Übersetzung gesehen. Häufig liegt dabei eine sehr enge Vorstellung von den Sinnmöglichkeiten des dramatischen Textes zugrunde, und der Regisseur soll auf eine einzige ›richtige‹ Deutung eines Stückes verpflichtet werden. Im Gegensatz zur ↗ Werkimmanenten Interpretation wird hier meist durchaus auch die ↗ Intention des Autors, die im schriftlichen Textsubstrat verschlüsselt sei und als deren Sachwalter sich der Regisseur zu verstehen habe, ins Feld geführt. Die Annahme, daß ein Regisseur in erster Linie Mittler, und nicht autonomer Künstler sei und nicht die Vielschichtigkeit des originalen Textes durch flache (modisch aktuelle) Eindeutigkeit ersetzen dürfe, hat andererseits freilich ebenfalls ihre Berechtigung. – W. bezieht sich auf das Regietheater und die Arbeit des Regisseurs, der mit Beginn des 20. Jh.s die bis dahin unbestrittene Vormachtstellung der Schauspieler bricht. Im engl. Sprachraum, wo der Regisseur traditionell eine weniger herausragende Stellung hat als im dt., ist ein analoger Spezialbegriff nicht gebräuchlich.

Lit.: E. Fischer-Lichte: »Was ist eine ›werkgetreue‹ Inszenierung? Überlegungen zum Prozeß der Transformation eines Dramas in eine Aufführung«. In: dies. (Hg.): *Das Drama und seine Inszenierung*, Tüb. 1985. S. 37–49.

RB

Wertung, ästhetische/literarische, der Begriff W. bezeichnet eine sprachliche oder nichtsprachliche Handlung, mit der ein Subjekt einem Objekt (Gegenstand, Sachverhalt oder Person) die Eigenschaft zuordnet, in bezug auf einen bestimmten Maßstab bzw. Wert positiv oder negativ zu sein. In einer ä. W. wird ein ästhetischer Maßstab herangezogen, um ein in der Regel (aber nicht notwendigerweise) ästhetisches Objekt zu beurteilen. Eine l. W. stellt einen Sonderfall ä. W. dar, insofern als Objekt der W. ein literar. Text oder Sachverhalt und/oder als Maßstab ein lit.bezogener Wert fungiert. Literar. Texte sind nicht an sich wertvoll oder wertlos, sondern erhalten diese Eigenschaften erst, wenn man sie auf Wertmaßstäbe bezieht und fragt, ob und in welchem Umfang sie diesen Maßstäben entsprechen. Als Maßstäbe l. W. werden nicht nur ästhetische im engeren Sinne herangezogen, die sich auf formale, strukturelle oder sprachliche Merkmale von Texten beziehen, z.B. ›Schönheit‹, ›Stimmigkeit‹, ›Mehrdeutigkeit‹, ›Selbstreferenz‹, sondern auch auf Inhalte bezogene moralische, politische usw., wirkungsbezogene Maßstäbe, z.B. ›Informationsgewinn‹, ›Wissensvermittlung‹, ›Mitleid‹, ›Sinnstiftung‹

und relationale Werte wie ›Abweichung‹ oder ›Innovation‹. Inhaltliche Bestimmung und Geltung dieser Maßstäbe sind historisch variabel und hängen von gesellschaftlichen Entwicklungen und normativen Vorgaben aus philosophischen, religiösen, ethischen, sozialen u. a. Rahmentheorien ab. Gewertet wird in allen Bereichen des Umgangs mit Lit., sei es explizit oder implizit sprachlich oder in bewußten wie unbewußten Akten des Wählens: beim Verfassen, Lesen und Verstehen von Texten, bei der Distribution z. B. durch Verleger, Lektoren oder Bibliothekare und der ↗ Lit.verarbeitung durch Lit.kritiker, -didaktiker und -wissenschaftler. – Infolge der Ausdifferenzierung der Disziplin und als Reaktion auf soziale Krisenerfahrungen etablierte sich nach ersten Thematisierungen durch W. Scherer in den 20er Jahren l. W. als eigener Bereich lit.wissenschaftlicher Reflexion (O. Walzel). Seitdem sind auf verschiedenen theoretischen Grundlagen Argumente für unterschiedliche Maßstäbe l. W. vorgebracht worden (vgl. Mecklenburg 1977; Schrader 1987), die auf fundierte Werturteile abzielen. Bis in die 80er Jahre dienen sie zugleich der Rechtfertigung von Lit. als Kunst, denn immer geht es in diesen Diskussionen auch um Legitimationsfragen der Disziplin insgesamt. Im Zusammenhang mit der Kritik am ↗ Kanon, v. a. in den USA, wird teils die Kontingenz l. W. und ihrer Maßstäbe hervorgehoben, teils das Ziel wissenschaftlich begründeter Werturteile auf poststrukturalistischer Basis aufgegeben. Dagegen stehen neuere Versuche, l. W. zu intersubjektivieren.

Lit.: N. Mecklenburg (Hg.): *L. W.*, Tüb. 1977. – M. Schrader: *Theorie und Praxis l. W.*, Bln./N. Y. 1987. – Smith 1995 [1988]. – M. Kienecker: *Prinzipien l. W.*, Göttingen 1989. – B. H. Smith: »Value/Evaluation«. In: Lentricchia/McLaughlin 1995 [1990]. S. 177–185. – R. v. Heydebrand/S. Winko: *Einf. in die W. von Lit.*, Paderborn 1996. – S. Winko: »L. W. und Kanonbildung«. In: Arnold/Detering 1997 [1996]. S. 585–600.

SW

White, Hayden V. (*1928), am. Geschichtstheoretiker. – Nach dem Studium an der Wayne State University und der University of Michigan (Ph. D. 1952) Fulbright Stipendiat in Rom 1953–55. Verschiedene Professuren, seit 1973 Direktor am Center for the Humanities der Wesleyan University, Middletown; Professor of the History of Consciousness an der University of California, Santa Cruz. – Im Gegensatz zu anderen Geschichtstheoretikern wie J. Burckhardt, R. G. ↗ Collingwood, R. Chartier, M. de Certeau und D. LaCapra, die bei aller Skepsis gegenüber der Objektivität von Geschichtsdarstellung dennoch deren epistemologischen Sonderstatus herausstreichen, betont Wh. die strukturelle und formale Nähe von ↗ Historiographie und Lit. Seine in den 70er Jahren entwickelten, in vielen Veröffentlichungen weitergeführten Thesen von der ›Fiktion des Faktischen‹ heben den Konstruktcharakter historischer Erkenntnis hervor und demontieren die herkömmliche Zuversicht, objektive Geschichte schreiben zu können. Im Zuge des ↗ *Linguistic turn* in den Geisteswissenschaften und des Aufstiegs des ↗ Poststrukturalismus wurden die Positionen Wh.s v. a. vom ↗ *New Historicism* rezipiert, und dies bes. in der Durchbrechung althergebrachter Grenzziehungen zwischen der Geschichte als Realität und der Fiktion als lediglich reflektierender Sekundärebene sowie in der Aufwertung der Prägefunktion des Narrativ-Fiktionalen. Diesen Sachverhalten, so Wh., kann sich eine theoriebewußte Historiographie nicht entziehen; sie muß diese vielmehr zur Prämisse der Reflexion eigenen Interessegeleitetseins werden lassen. – Wh.s zentrale These, die er aufgrund exemplarischer Untersuchungen von historiographischen Werken des 19. Jh.s entwickelte (vgl. v. a. Wh. 1973), lautet: ›Auch Klio [die Muse des Historikers] dichtet‹, d. h. rhetorische, ästhetische und poetologische Erzählmuster, die als tiefenstrukturelle Prägeformen in der Sprache und im Denken verankert sind, lenken Wahrnehmungs- und Darstellungsschemata des Historikers als Interpreten der Geschichte und formen die Diskursgegenstände vor. Der Akt des historischen Erzählens ist vorstrukturiert durch die Entscheidung des Historikers für eine bestimmte Form des ↗ *Emplotment*. In Anlehnung an N. ↗ Frye entwickelte Wh. eine schematische Typologie historiographischer Stile auf ›metahistorischer‹, nämlich sprachtheoretischer, Grundlage. Als die für die Einordnung historischer Fakten bestimmenden vier archetypischen Plotstrukturen erkennt Wh. die Gattungen der Romanze, Komödie, Satire und Tragödie. Wh. unterscheidet darüber hinaus mit St. Pepper vier Argumentationsstrategien des Historikers, nämlich Formativismus, Mechanismus, Organizismus und Kontextualismus, die ihrerseits wiederum eine ›strukturelle Homologie‹ mit entsprechend unterschiedlichen ideologischen Grundausprägungen vorweisen. Diese verschiedenen Erzählformen spiegeln sich in den vier Grundtypen sprachlicher Vorstrukturierung, den ›Basistropen‹ ↗ Metapher, ↗ Metonymie, ↗ Synekdoche und ↗ Ironie (↗ Tropen).

– Bei aller bemühten Schematik dieser dominanten Prägestrukturen stellen Wh.s Untersuchungen zur Historiographie herkömmliche Vorstellungen von der Konstitution und Präsentation geschichtlichen Wissens auf den Kopf: Während der Historiker traditionell in seinen Begriffen, Methoden und empirisch gewonnenen Theorien über das Instrumentarium zu verfügen meint, mit dem die historischen Fakten ermittelt, gedeutet und in einem erklärenden Zusammenhang arrangiert werden können, bevor dieses in die sprachliche Form einer angemessenen Darstellung gegossen wird, steht für Wh. die präfigurative, ja ›prägenerische‹ Struktur der Sprache am Anfang. Geschichtsschreibung und Fiktion werden nivelliert; der Historiker, so Wh. (1973, S. x), vollzieht einen »essentially poetic act«; sein Werk entspricht einem erzählerischen Konstrukt, einem »verbal artifact« (Wh. 1978, S. 122). – Die im Zuge der poststrukturalistischen Aufhebung herkömmlicher Dichotomien zwischen Geschichte und Lit., Fiktion und Realität in den USA z.T. enthusiastisch aufgenommenen Thesen Wh.s haben in der dt. Historikerzunft kaum Widerhall gefunden bzw. sind auf herbe Kritik gestoßen. Wh. wurde extremer Reduktionismus und mangelnde Konsistenz des tropologischen Argumentationsfundaments vorgeworfen (vgl. Walther 1992; Fulda 1996, S. 26). Aus Sicht der Lit.wissenschaft hat A. Nünning (1995, S. 142) Wh.s Gleichsetzung der Technik des *Emplotment* mit ↗ Literarizität und ↗ Fiktionalität als Trugschluß zurückgewiesen, womit die Geschichtsschreibung sich nicht per se als fiktional erweist. Die Bedeutung von Wh.s Ansatz liegt primär in dem von ihm angesichts des Konstruktcharakters der Historiographie angemahnten Reflexionsbedarf theoriebewußter (Lit.-)Geschichtsschreibung. Die Relativität von Perspektive, Selektion und Arrangement der ›Fakten‹ in einen narrativen Gesamtzusammenhang gilt es zu beachten. Wh. hat den Mythos der Geschichtsschreibung als Rekonstruktion objektiver Epochenabläufe entzaubert und somit entscheidend zur Skepsis gegenüber narrativen Großentwürfen beigetragen.

Lit.: H. White: *Metahistory. The Historical Imagination in Nineteenth-century Europe,* Baltimore 1973 (dt. *Metahistory. Die historische Einbildungskraft im 19. Jh. in Europa,* FfM. 1991). – ders.: *Tropics of Discourse. Essays in Cultural Criticism,* Baltimore 1978 (dt. *Auch Klio dichtet oder die Fiktion des Faktischen. Studien zur Tropologie des historischen Diskurses,* Stgt. 1991 [1986]). – ders.: *The Content of the Form. Narrative Discourse and Historical Representation,* Baltimore 1987 (dt. *Die Bedeutung der Form. Erzählstrukturen in der Geschichtsforschung,* FfM. 1990). – ders.: ›Metahistory‹. *Six Critiques. History and Theory* 19, Beih. (1980). – P. Bahners: »Die Ordnung der Geschichte. Über H.Wh.«. In: *Merkur* 46 (1992) S. 506–521. – G. Walther: »Fernes Kampfgetümmel. Zur angeblichen Aktualität von H.Wh.s ›Metahistory‹«. In: *Rechtshistorisches Journal* 11 (1992) S. 19–40. – A. Nünning: *Von historischer Fiktion zu historiographischer Metafiktion,* Bd. I, Trier 1995. Bes. S. 129–144. – D. Fulda: *Wissenschaft aus Kunst. Die Entstehung der modernen dt. Geschichtsschreibung 1760–1860,* Bln./N.Y. 1996. Bes. S. 5–48.

LV

Widerspiegelung und Widerspiegelungstheorie, in der Philosophie bezeichnet der Begriff W.theorie erkenntnistheoretische Positionen, die davon ausgehen, daß Erkenntnis die W. einer unabhängig vom erkennenden Bewußtsein existierenden objektiven Realität sei. Das Äquivalent dieser Überzeugung auf dem Gebiet der Lit.theorie ist die von ↗ Aristoteles bis weit in das 19. Jh. hinein dominierende Auffassung, daß Lit. ↗ Mimesis, d.h. eine Imitation der Welt ist oder sein sollte. Nachdem durch den Einfluß des ↗ Strukturalismus klassische W.theorien in den meisten lit.theoretischen Strömungen als zu mechanistisch abgelehnt werden, wird der Begriff ›W.theorie‹ inzwischen häufig in einer engeren Bedeutung gebraucht. Er bezeichnet dann ausschließlich marxistische Theorien der W. (↗ marxistische Lit.theorie), die in erster Linie auf G. ↗ Lukács zurückgehen. – Der Kerngedanke der von Lukács inspirierten W.theorien greift unmittelbar auf Grundlagen der Philosophie G.W.F. ↗ Hegels zurück. Lukács schreibt der realistischen Lit. die Möglichkeit zu, die gesellschaftliche ↗ Totalität widerzuspiegeln. Dies bedeutet aber nicht, daß hier eine möglichst naturalistische Lit. (↗ Naturalismus) gefordert wird. Nicht die möglichst genaue Schilderung empirischer Tatsachen spiegele die Realität, sondern die Form des Textes, die das Wesen der gesellschaftlichen Strukturen reproduziere. So liegt nach Lukács beispielsweise in J. Joyces *Ulysses* (1922) trotz der gesellschaftskritischen Ansätze auf der Ebene des Inhalts gerade keine W. vor, weil die stark subjektive Perspektive die Komplexität gesellschaftlicher Prozesse zu einer unverbundenen Abfolge individueller Psychodramen reduziere. Damit werde die Entfremdung nicht als Produkt gesellschaftlicher Strukturen, sondern als *condition humaine* repräsentiert. Dagegen sei ein inhaltlich stark konservatives Werk wie Balzacs *Les Paysans* (1844/55) durch seine die relevanten gesellschaftlichen Widersprüche reflektierende Figurenkonstellation ein Musterbeispiel für W. – Lukács enge Fokussierung auf den realistischen Roman des 19. Jh.s hat ihm scharfe Kritik eingetragen. So vertritt Th. W. ↗ Adorno die Auffassung, der bes. Wert von Lit. bestehe genau darin, daß sie die Realität nicht einfach widerspiegele, sondern die Fähigkeit habe, sich von ihr zu distanzieren. Auch strukturalistisch beeinflußte Positionen im marxistischen Diskurs bestreiten, daß das ästhetische ↗ Zeichen den Referenten ›gesellschaftliche Realität‹ abbilden könne. Trotzdem gibt es immer wieder Versuche, den Begriff der W. zu retten, ohne in Lukács' unflexible und normative Haltung zu verfallen. So geht es bei L. ↗ Goldmanns Begriff der ↗ Homologie nicht mehr darum, daß sich die Konstellationen inhaltlich klar bestimmter Elemente, wie z. B. Bürgertum, Adel und Proletariat bei Balzac, in der Lit. und in der Welt entsprechen. Der Kern von Goldmanns Theorie ist die Annahme einer strukturellen, nicht inhaltlichen Entsprechung zwischen Werk und sozialem Umfeld. Denkstrukturen bestimmter sozialer Gruppen lassen sich nach Goldmann in den Textstrukturen wiederfinden. – Auch in jüngster Zeit gibt es immer wieder Versuche, modifizierte W.stheorien zu entwickeln und zu verteidigen. So stellt beispielsweise F. ↗ Jamesons *The Political Unconscious* (1981) einen Versuch dar, unter Rückgriff auf psychoanalytische Kategorien Parallelen zwischen literar. Formen und Strukturen des Bewußtseins zu ermitteln. Auch in seinen Beiträgen zur Debatte um den Status der ↗ Postmoderne versucht Jameson häufig, Entsprechungen zwischen postmodernen Artefakten und dem fragmentarischen Bewußtsein unter den Bedingungen des Spätkapitalismus ausfindig zu machen. – Ein gemeinsames Problem aller marxistischen W.stheorien ist die Beantwortung der Frage, welchen Mechanismen die Lit. die Fähigkeit verdanken soll, sich ideologischen Verzerrungen entziehen und die Realität direkt oder indirekt angemessen widerspiegeln zu können (↗ Ideologie und Ideologiekritik). Trotz der im Detail stark divergierenden Lösungsansätze sind alle diese Theorien letzten Endes darauf angewiesen, direkt auf zwei Prämissen Hegels zurückzugreifen: (a) Die Realität bildet eine Totalität, einen Sinnzusammenhang, dessen inneres Wesen prinzipiell ermittelbar ist; (b) das organisierende Prinzip der Totalität läßt sich in allen ihren Teilen wiederfinden. Das Maß der Bereitschaft, diese Prämissen zu akzeptieren, bestimmt deshalb weitgehend die Positionen in der Diskussion um die Angemessenheit von W.stheorien.

Lit.: G. Lukács: *Die Theorie des Romans*, Darmstadt 1986 [1916]. – ders.: *Geschichte und Klassenbewußtsein*, Neuwied 1970 [1923]. – L. Goldmann: *Pour une sociologie du roman*, Paris 1964. – Jameson 1994 [1981].

SS

Williams, Raymond (1921–1988), brit. Lit.wissenschaftler und materialistischer Kulturtheoretiker. – W. wurde 1921 als Sohn eines walis. Bahnarbeiters geboren. Nach Abschluß der Schulzeit besuchte er das Trinity College der Universität Cambridge. Seine Studienzeit wurde durch die Kriegsjahre unterbrochen, so daß er erst 1945 seinen ersten akademischen Grad erwerben konnte. Ab 1946 war er in der Erwachsenenbildung als Tutor der Oxford University Delegacy for Extra-Mural Studies tätig. Obwohl W. seit Beginn der 50er Jahre mit einer Reihe von durchaus gewichtigen Buchpublikationen wie beispielsweise die Studien *Drama from Ibsen to Eliot* (1953) und *Drama in Performance* (1954) hervorgetreten ist, lief seine akademische Karriere zunächst eher zögerlich an. 1961 wurde er dann zum Fellow des renommierten Jesus College in Cambridge ernannt. Von 1974 bis 1983 lehrte er schließlich als Professor für Dramenpoetik an der Universität Cambridge. Bis zu seinem Tode veröffentlichte W. mehr als dreißig Bücher, darunter neben theoretischen Werken auch (was für angelsächs. Hochschullehrer keine Seltenheit ist) einige Romane, darunter *Border Country* (1960) und *Second Generation* (1964) sowie eine Reihe von Kurzgeschichten. – Im Rahmen seines umfangreichen kulturwissenschaftlichen Œuvre hat W. die theoretischen Grundlagen des ↗ *Cultural Materialism* erarbeitet, der sich seit den 80er Jahren zu einer eigenständigen Strömung verselbständigte und als brit. Parallelunternehmen zum am. ↗ *New Historicism* ein eigenes Profil gewann. Da W. die orthodoxe marxistische Begrifflichkeit und ihre Schlüsselkonzepte der dialektischen Vermittlung, der ↗ Widerspiegelung und der Geschichtsteleologie mit Skepsis betrachtete, suchte er den Anschluß an die subtileren Denkformen von W. ↗ Benjamin, A. ↗ Gramsci, L. ↗ Goldmann und L. ↗ Althusser. Jedoch orientierte sich W. nicht allein an den genannten literar. Vorbildern der materialistischen Tradition, sondern gewann die eigenen theoretischen Leitideen oft auch in unmittelbarer kritischer Auseinandersetzung mit anderen, sehr viel konservativeren Denkern, wie M. Arnold, T. S. ↗ Eliot und J. St. Mill. – Mit dem sprachphilosophischen Projekt der *Keywords*, das eine Reihe von Schlüsselwörtern der modernen brit. oder abendländischen Kultur etymologisch untersuchte und oft unter einem aktuellen Erkenntnisinteresse kritisch kommentierte, suchte W. seiner materialistischen Kulturvorstellung eine tragfähige Grundlage zu verleihen. Er verfolgte ferner mit jenem sprachkritischen Unternehmen nichts weniger als das Ziel, sich in die Nachfolge des renommierten brit. Lit.theoretikers W. ↗ Empson zu stellen. Sprachanalysen sind insofern integraler Bestandteil von W.' Kulturtheorie, als dieser in der Sprache ein von der Persönlichkeit des jeweiligen Autors unabhängiges, transsubjektives Medium der literar. und kulturellen Überlieferung zu erkennen meint, das v.a. durch eine unhintergehbare ↗ Materialität gekennzeichnet sei. Jegliche Begriffsverwendung hat für W. ferner eine mehr oder weniger verborgene politische Dimension, insofern sie unweigerlich in soziokulturelle Kommunikationen und Interessen eingebunden ist. – Neben der wissenschaftlichen Tätigkeit hat W. zeit seines Lebens aktiv an politischen Bewegungen, Demonstrationen und Bürgerinitiativen partizipiert; nicht allein mit der sog. ›Neuen Linken‹ der 68er Jahre erklärte er sich solidarisch, auch für ökologische Zielsetzungen, für die Friedensbewegung und die Gleichstellung der Frauen setzte er sich persönlich ein, ein Engagement, das sich u.a. in zahllosen Zeitungsartikeln, Interviews, Rundfunksendungen und Fernsehbeiträgen niedergeschlagen hat. Schon früh zeigte W. ein deutliches Interesse an den neuen ↗ Medien, an Film und Fernsehen, bemühte sich um eine intermediale Erweiterung (↗ Intermedialität) des traditionellen Forschungsgebiets des Lit.wissenschaftlers und gab der Entwicklung der ↗ Cultural Studies in Großbritannien wichtige Impulse.

Lit.: s. auch ↗ Cultural Materialism; ↗ Cultural Studies. – R. Williams: *Reading and Criticism*, Ldn. 1966 [1950]. – ders.: *Drama in Performance*, Milton Keynes 1991 [1954]. – ders.: *Culture and Society 1780–1950*, N.Y. 1983 [1958]. – ders.: *Communications. Britain in the Sixties*, Harmondsworth 1976 [1962]. – ders.: *Modern Tragedy*, Ldn. 1979 [1966]. – ders.: *Drama from Ibsen to Brecht*, Ldn. 1987 [1968]. – ders.: *Television. Technology and Cultural Form*, Middletown 1992 [1974]. – ders.: *Keywords. A Vocabulary of Culture and Society*, Ldn. 1983 [1976]. – ders.: *Marxism and Literature*, Ldn./N.Y. 1977. – ders.: *Politics and Letters. Interviews with New Left Review*, Ldn. 1981 [1979]. – ders.: *Problems in Materialism and Culture. Selected Essays*, Ldn. 1980. – ders.: *The Sociology of Culture*, Chicago 1995 [1981]. – ders.: *Towards 2000*, Ldn. 1982. – ders.: *Writing in Society*, Ldn. 1991 [1983]. – A. O'Connor: *R.W.: Writing, Culture, Politics*, Oxford/N.Y. 1989. – T. Pinkney: »R.W.

(1921-1988)«. In: Heuermann/Lange 1992 [1991]. S. 117-141. – C. Colebrook: »R.W. and Cultural Materialism«. In: dies. 1998 [1997]. S. 138-154.

AS

Wimsatt, William Kurtz, Jr. (1907–1975), am. Lit.kritiker und Hochschullehrer. – Nach seinem Studium an der Georgetown University, Washington (B.A. 1928, M.A. 1929) und der Catholic University, St. Louis, promovierte W. 1939 an der Yale University, wo er anschließend als Hochschullehrer tätig wurde (Instructor 1939–42, Fellow 1941–75, Assistant Professor 1943–49, Associate Professor 1949–55, Professor 1955–65, Ford Professor 1965–75, Sterling Professor 1975). Neben anderen Ehrungen erhielt er die Ehrendoktorwürde von der Villanova University, der Notre Dame University Indiana, der St. Louis University, dem Le Moyne College und dem Kenyon College. – W. war ein einflußreicher Vertreter des ↗ New Criticism. Unter seinen ebenso scharfsinnigen wie undoktrinären Arbeiten fanden bes. die mit M. Beardsley 1946 verfaßten Aufsätze über »The Intentional Fallacy« und »The Affective Fallacy« (In: *The Verbal Icon*, 1954) Beachtung, in denen er sich gegen eine primäre Berücksichtigung der Ursachen (↗ Intention) und der ↗ Wirkung des dichterischen Textes wandte und statt dessen eine Konzentration auf das literar. Kunstwerk selbst forderte. Für W., dessen Lit.verständnis auch durch christliche Werte bestimmt wurde, hat die ↗ Metapher als Ausdruck komplexer Verdichtung zentrale Bedeutung für das poetische Werk. Zu seinen wichtigsten Büchern zählen *The Verbal Icon. Studies in the Meaning of Poetry* (1954), *Literary Criticism. A Short History* (mit Cl. ↗ Brooks 1957) und *Hateful Contraries. Studies in Literature and Criticism* (1965). Autoren, mit denen er sich, auch in seinen zahlreichen Editionen, bes. befaßte, waren S. Johnson und A. Pope. – In seiner letzten Schaffensphase mußte W. erfahren, wie die von ihm vertretenen Positionen zunehmend von anderen kritischen Richtungen in Zweifel gezogen und verdrängt wurden.

Lit.: R. Wellek: »The Literary Theory of W.K.W.«. In: *Yale Review* 66 (1976) S. 178–192.

RB

Wirklichkeitsbezug, ein ↗ Text, welcher Art auch immer, ist durch das ↗ Zeichensystem der Sprache vermittelt, das nach den jeweils gültigen Diskurskonventionen ↗ Bedeutungen bereitstellt, und insofern nie direkt auf Wirklichkeit bezogen. Bei ausdrücklich fiktiven Texten (↗ Fiktion/Fiktionalität), erkennbar an Gattungsbezeichnungen oder innertextuellen Signalen, ist der W. noch geringer ausgeprägt. Dennoch lassen sich Texte nur verstehen, wenn die Leser sie auf ihren eigenen Erfahrungshorizont und bei historischen Texten außerdem auf den damaligen, durch entsprechende Kenntnisse anzueignenden Wissensstand beziehen und dadurch Differenzen, Unbestimmtheiten, Unbekanntes usw. zu erkennen vermögen. Die Fremdheit eines Textes kann dann bedeuten, daß die Rezipienten entweder einen bestimmten ↗ Diskurs (z.B. den der Rechtssprache) nicht beherrschen oder daß ein fiktiver Text vorliegt, der sich gängiger Erfahrung verschließt und neue, unbekannte Bezüge öffnet. Auch diese Bezüge können die Leser nur realisieren, wenn sie den fiktiven Text mit ihrer Erfahrung vergleichen, dadurch möglicherweise neue Einblicke in ihre Wirklichkeit gewinnen und ihren Erfahrungshorizont erweitern. Bei ästhetisch gelungenen Texten zeichnen sich die fremden Stellen durch ↗ Unbestimmtheit oder traditionell (nach Goethe) durch Symbolhaftigkeit aus, die die Leser zwar mit ihren Erfahrungen auffüllen, nicht aber auf eine Bedeutung festlegen können: Sie bleiben polyvalent (↗ Polyvalenz), gehen insofern nie in einem W. auf und fordern stets zu neuer Deutung heraus. Die ↗ Autonomie des literar. Kunstwerks, von der in der ↗ Poetik (z.B. von E. ↗ Staiger) immer wieder behauptet wird, sie sei absolut und bilde eine ›eigene Welt‹, die gerade keinen Bezug zur Wirklichkeit hat, ist tatsächlich stets nur relativ: Kunstwerke sind auch Dokumente ihrer Zeit und beziehen sich auf einen wie immer historisch gewordenen Erfahrungshorizont ihrer Autoren; diesen können die Leser auch bei großem historischen Abstand nur über ihr eigenes Wirklichkeitsverständnis aktualisieren. Die Tatsache, daß die großen Kunstwerke der Vergangenheit immer wieder unmittelbar zu wirken vermögen, hängt offensichtlich damit zusammen, daß sie Menschheitserfahrungen formulieren, die sich durch die geschichtliche Entwicklung als notwendig für menschliches Selbstbewußtsein und humane Selbstverständigung bewährt haben (K. ↗ Marx). Der Text wird für die Leser dadurch aktuell, daß sie eigene (historisch vermittelte) Erfahrungen in ihm erkennen; umgekehrt wird ihnen der Text immer fremder, je mehr historisches Wissen sie sich über ihn aneignen.

Lit.: R. Winkler: »Über Deixis und W. in fiktionalen und nicht-fiktionalen Texten«. In: *LiLi*, Beih. 4: *Er-*

zählforschung 1, Göttingen 1976. S. 156–174. – W. Hoops: »Fiktionalität als pragmatische Kategorie«. In: *Poetica* 11 (1979) S. 281–317.

JK

Wirkung, ästhetische/literarische, l.W. wird häufig in einem lit.wissenschaftlich nicht präzisierten Sinne verwendet, um die außerliterar. Wirksamkeit von Lit. zu benennen, während der Terminus ä. W., insbes. im Zusammenhang einer texttheoretisch fundierten ↗ Wirkungsästhetik, die durch den Kunstcharakter von Lit. ausgelösten Erfahrungsprozesse ins Blickfeld rückt. – Der Begriff l.W. subsumiert zumeist die den aktuellen Leseakt überdauernden Momente, also jene höchst unterschiedlichen Spuren, die die ↗ Lektüre literar. ↗ Texte im Leser selbst sowie in Lit. und Gesellschaft hinterläßt. L.W. kann sowohl den Einfluß literar. Werke auf andere Texte und Autoren meinen wie auch die psychischen, moralischen und sozialen Folgen, die sich aus der Aufnahme und Verbreitung von Lit. ergeben. So verstanden, fallen die Probleme der l.W. in den Arbeitsbereich empirischer ↗ Rezeptionsforschung. – In der klassischen ↗ Ästhetik ist von l.W. und ä.W. kaum die Rede, da sie als kunstfremde Phänomene gesehen werden. Überlegungen zur Wirkung von Kunst und Lit. auf ihre Empfänger finden sich denn auch vorwiegend in der ↗ Rhetorik, in der Lehre von den Affekten, in fiktionsfeindlichen Polemiken und moralistischen Warnungen sowie in kunst- und geschmackssoziologischen Untersuchungen. In der Philosophiegeschichte sind die *Poetik* des ↗ Aristoteles wie auch I. Kants *Kritik der Urteilskraft* (1790) insofern eine Ausnahme, als die Konzeption der ↗ Katharsis wie auch die Ästhetik der reflektierenden Urteilskraft zwar auf wirkungsästhetischen Annahmen beruhen, aber keine entsprechende Theorietradition begründet haben. Dies gilt auch für jene kunsttheoretischen Reflexionen des 18. Jh.s und der ↗ Romantik, wie z.B. E.A. Poes Ästhetik des kalkulierten literar. Effekts, in denen Wirkungsphänomene unter Kategorien wie Empfindung, Wohlgefallen, ↗ Geschmack und ↗ Einbildungskraft thematisiert werden. – Erst in der Methodendiskussion der letzten Jahrzehnte werden Fragen der ä.W. und l.W. zum Gegenstand lit.wissenschaftlicher Theoriebildug. V.a. im Rahmen der Wirkungs- und ↗ Rezeptionsästhetik, die damit an Einsichten des ↗ Russ. Formalismus und der ↗ Prager Schule, der ↗ Hermeneutik sowie der phänomenologischen Ästhetik R. ↗ Ingardens (↗ Phänomenologische Lit.wissenschaft) anknüpft, spielen sie eine theoriekonstitutive Rolle. So geht W. ↗ Iser (1976, S. 7) von der Überlegung aus, daß ein literar. Text seine Wirkung erst in der Lektüre zu entfalten vermag: »Wirkung ist [...] weder ausschließlich im Text noch ausschließlich im Leseverhalten zu fassen; der Text ist ein Wirkungspotential, das im Lesevorgang aktualisiert wird.« Ä. W. ereignet sich daher in der Interaktion von Text und Leser. Ästhetisch heißt die durch den Text ausgelöste Wirkung deshalb, weil das Wahrnehmungs- und Vorstellungsbewußtsein des rezipierenden Subjekts angesprochen wird, um es zu einer Differenzierung seiner Einstellungen zu veranlassen. Dies kann sowohl die Auffassung von Selbst und Welt betreffen wie auch die Erwartungen im Umgang mit Kunst und Lit. Wenn literar. Texte als Anweisung zur Vorstellungsbildung und Sinnkonstitution verstanden werden, dann hat die Beschreibung der ä. W. eines Textes einsichtig zu machen, wodurch der Text das Rezeptionsbewußtsein aktiviert und zu welchen unterschiedlichen Konstitutionsleistungen es in Anspruch genommen wird.

Lit.: R. Warning (Hg.): *Rezeptionsästhetik*, Mchn. 1975. – Iser 1994 [1976]. – Jauß 1991 [1977]. – Holub 1989 [1984]. – E. Freund: *The Return of the Reader*, Ldn./N. Y. 1987.

HJSch

Wirkungsästhetik, obwohl die Frage nach der ↗ Wirkung literar. ↗ Texte im Spannungsfeld von Intentionalität, Potentialität und Realität die lit.kritische Reflexion seit jeher beschäftigt hat, ist mit einigem Recht von der theoretischen Entdeckung des Lesers oder gar einem wirkungsästhetisch und rezeptionsgeschichtlich orientierten ↗ Paradigmenwechsel in der Lit.wissenschaft seit Ende der 60er Jahre die Rede. Dies v. a. aus zwei Gründen: zum einen häufen sich seit dieser Zeit die Versuche, das Zusammenspiel von fiktionalem Text und historisch konkretem ↗ Leser in theoretisch angemessener Weise zu konzeptualisieren, ohne sich dabei mit der traditionellen Unterscheidung zwischen einer in ontologischer Selbstgenügsamkeit dem Werk innewohnenden ›*meaning*‹ als Ziel ›wahrer‹ Interpretationsurteile und der leserabhängigen ↗ Aktualisierung der ›*significance*‹ (E.D. ↗ Hirsch) zu begnügen oder in empirischer, zumeist sozialpsychologisch verfahrender ↗ Rezeptionsforschung zu enden. Die psychoanalytischen Wirkungstheorien von S. Lesser und N. ↗ Holland sowie H. ↗ Weinrichs Plädoyer für eine *Lit.geschichte des Lesers* sind hier ebenso zu

nennen wie St. ↗ Fishs konstruktivistische Auflösung der rezeptionstranszendenten Identität des Textes in verschiedene mögliche Lesarten, deren potentielle Willkür allein von der normbildenden Autorität historisch und kulturell relativer ›*interpretive communities*‹ (↗ Interpretationsgemeinschaft) begrenzt wird, und zahlreiche modellhaft entworfene Lesertypologien vom ›Archileser‹ (M. ↗ Riffaterre), über den ›informierten Leser‹ (Fish), den ›intendierten Leser‹ (E. Wolff), die dem Text inhärente ›Rezeptionsvorgabe‹ (Naumann) und Varianten des ›idealen Lesers‹, bis zum ›impliziten ↗ Leser‹ (W. ↗ Iser). Zum anderen haben H. R. ↗ Jauß mit seiner historischen ↗ Rezeptionsästhetik und Iser mit seiner Theorie der W. sowie andere Repräsentanten der ↗ Konstanzer Schule differenzierte Theoriemodelle entwickelt, die sich komplementär ergänzen und so das lit.wissenschaftlich relevante Spektrum rezeptionsorientierter Fragen abzudecken vermögen. Aufgrund des den Theorieentwürfen der Konstanzer Schule eigenen Perspektivenwechsels können sie konstruktiv auf Erschöpfungsphänome der bis dahin vorherrschenden darstellungsästhetischen und formalistischen Forschungsrichtungen reagieren und mit dem Aufbrechen der Seinsautonomie und sinnhaften Geschlossenheit fiktionaler Texte gegenüber den hermeneutischen Vorstellungsaktivitäten der Leser, theoretische Entwicklungen, wenn auch z. T. ungewollt, vorbereiten, wie sie sich etwa in einem offenen postmodernen Intertextualitätskonzept (↗ Intertextualität) oder poststrukturalistischen Analyseverfahren (↗ Poststrukturalismus) manifestieren. Es empfiehlt sich, zwischen einer vom Text ausgehenden und in seiner virtuellen Systemstruktur zentrierten Theorie der W. (Iser) und einer primär an einem dem historischen Wandel unterworfenen ↗ ›Erwartungshorizont‹ orientierten Theorie der Rezeptionsästhetik (Jauß) zu differenzieren. In seiner *Theorie ästhetischer Wirkung* definiert Iser den Text als ein Wirkungspotential, das im Lesevorgang aktualisiert wird, und ästhetische Wirkung als eine zwischen Textstruktur und Aktstruktur des Lesens sich ereignende kommunikative Interaktion. In deutlicher Absetzung von darstellungsästhetischen und formalistischen Textkonzepten akzentuiert er ein Modell fiktionaler Texte, bei dem diese nicht als Dokument für etwas verstanden werden, ›das es (in welcher Form auch immer) gibt, sondern als eine Umformulierung bereits formulierter Realität, durch die etwas in die Welt kommt, das vorher nicht in ihr war‹. Generell ist für Isers Wirkungstheorie der aus einem ↗ funktionsgeschichtlichen Argumentationsansatz resultierende Versuch kennzeichnend, traditionelle ontologische Essentialismen wie etwa die Opposition von Realität und Fiktion oder die statische Triade von ↗ Autor, Werk und Leser prozeßhaft zu dynamisieren und den Ereignischarakter des kommunikativen Geschehens zwischen Text und Leser zu betonen, um so einen angemessenen Begriff von den konstruktiven Erzeugungsleistungen fiktionaler Texte vorstellbar werden zu lassen. – In seinem Textmodell unterscheidet Iser zwischen der paradigmatischen Ebene des ↗ Textrepertoires, der Summe der in den Text eingezogenen Normen, Konventionen und literar. Bezugnahmen, durch die dieser eine Beziehung zu einer außerhalb seiner selbst liegenden vorgängigen ›Realität‹ anzeigt, und der ↗ syntagmatischen Ebene der Textstrategien, die für die ›textimmanente Organisation des Repertoires‹ verantwortlich sind und sämtliche Erzähl- und Darstellungsverfahren umfassen, durch die sich der Text als ein komplexes perspektivisches System konstituiert. In der durch das Zusammenspiel von Repertoire und Strategien erzeugten ↗ Repräsentation einer außertextuellen Realität bezieht sich der Text weder auf kontingente Wirklichkeit schlechthin, sondern auf existierende Sinnsysteme, die im Sinne der ↗ Systemtheorie N. ↗ Luhmanns ihrerseits Sinn und Ordnung nur durch die ›Reduktion von Wirklichkeitskomplexität‹ zu generieren vermögen und daher notwendigerweise ihre eigenen Ausschließungen, Begrenzungen und Defizite mithervorbringen, noch reproduziert er durch ↗ Widerspiegelung einfach ihre vertikal stabilisierte lebensweltliche Geltungshierarchie. Vielmehr kombiniert der Text in seinem horizontal strukturierten System der Perspektivität verschiedene Norm- und Sinnsysteme miteinander, arbeitet so die jeweiligen Grenzen heraus, entpragmatisiert ihre lebensweltlichen Geltungsansprüche und eröffnet einen Horizont von Relationen wechselseitiger Beobachtbarkeit, der es erlaubt, das transzendierend in den Blick zu bekommen, worin wir normalerweise befangen sind, weil es unser Denken und Handeln bestimmt. – Damit freilich dieser bevorzugte Ort der Fiktionen an den Grenzen der etablierten Sinnsysteme Gestalt annehmen kann und damit ihre zentrale Erkenntnisfunktion der ›Bilanzierung defizitärer Realitäten‹ zu einer wirklichen Erfahrung des Lesers werden kann, müssen eine Reihe von Bedingungen erfüllt und theoretisch angemessen konzeptualisiert wer-

den. Zu den wichtigsten gehören: (a) durch das Konzept des impliziten Lesers wird ein transzendentales Modell konstruiert, das als im Text verankerte strukturierte Hohlform die Gesamtheit der Vororientierungen bezeichnet, ›die ein fiktionaler Text seinen möglichen Lesern als Rezeptionsbedingungen anbietet‹, und zugleich den Übertragungsvorgang beschreibt, durch den sich die Textstrukturen über die Vorstellungsakte in den Erfahrungshaushalt des Lesers übersetzen. In dieser Leserrolle, welche die im Text markierte Leserfiktion als einen der den Text als System der Perspektivität konstituierenden Perspektivträger transzendiert, wird ein die Vorstellbarkeit der Ganzheit des Textes ermöglichender Blickpunkt mit dem dazugehörenden Horizont vorgezeichnet, der freilich nur virtuell und impliziert, selbst dagegen nicht ausformuliert ist; (b) da fiktionale Texte eine multiperspektivische, durch voneinander abhebbare Perspektivträger wie ↗ Erzähler, Handlung oder ↗ Figuren gebildete Anlage besitzen, die als divergierende Orientierungszentren unterschiedlich aufeinander beziehbar sind (↗ Perspektivenstruktur), gleichwohl aber als das den Text als Ganzheit konstituierende System der Perspektivität auf einen gemeinsamen Sinnhorizont verweisen, gilt es einen zwar vorstrukturierten, selbst aber nicht ausformulierten Blickpunkt im Lesen zu besetzen, ›von dem her das Zusammenspiel der Perspektiven gewärtigt‹ werden kann; (c) aufgrund der temporalen Erstreckung des Handlungsgeschehens wie des Lesevorgangs folgt dieser vorstrukturierte Blickpunkt einem ständigen Perspektivenwechsel, dessen allg. Merkmale sich durch die Vordergrund-Hintergrund-Beziehung und die Thema-Horizont-Struktur erfassen lassen; (d) durch die diesem textuell vorstrukturierten Blickpunkt entsprechenden, im Vorgang der Lektüre aktualisierten ›Bewußtseinskorrelate des wandernden Blickpunkts‹ wird der Leser nicht nur im beständigen Ineinandergreifen von Retention und Protention (E. ↗ Husserl) in den Geschehenscharakter des offenen Sinnhorizonts hineingezogen und durch seine Vorstellungsaktivitäten zu sich laufend modifizierenden Gestaltbildungsprozessen veranlaßt, sondern er realisiert auch durch die seinem Konsistenzbildungsbedürfnis entspringenden Selektionen im Netz der Beziehungsmöglichkeiten zu Positionen und Perspektiven die virtuelle Systemstruktur des Textes in einer für ihn spezifischen Weise; (e) es ist daher die fiktionale Texte auszeichnende Dialektik von Zeigen und Verschweigen, von Formuliertem und Unformuliertem, welche die sinnerzeugende Dynamik in der kommunikativen Interaktion generiert und die ↗ Fiktionalität des Werks zu einer Wirklichkeit für den Leser werden läßt; (f) diese Dialektik konkretisiert sich syntagmatisch in den ↗ Leerstellen als ›ausgesparter Anschließbarkeit‹ und paradigmatisch in den auf das Normenrepertoire gerichteten Negationen, die beide die Beteiligung des Lesers an der Aktualisierung des virtuellen Sinns des Textes potenzieren und als Kommunikationsrelais fungieren, ›durch das sich die Negation des Bekannten in eine Erfahrung des Lesers zu übersetzen vermag‹; (g) der produktiven Dialogizität von Text und Leser entsprechend, verdinglicht sich das Ästhetische fiktionaler Texte nicht in der autonomen Substantialität formaler Relationen, sondern der ästhetische Wert wird funktionalistisch als Ermöglichungsbedingung für die Organisation komplexer Textperspektiven und ihrer intrikaten Interrelationen bestimmt; (h) Ziel der kommunikativen Interaktion ist die Erzeugung des Äquivalenzsystems des Textes, das mehr ist als alle Positionen und Perspektiven zusammen. Es ist im Text als System zwar virtuell angelegt, nicht aber verbal realisiert, so daß es den je individuellen Konsistenzbildungsakten von Lektüre und ↗ Interpretation obliegt, es gemäß den Signalen der Textstruktur hervorzubringen. Da in jede Äquivalenzbildung unweigerlich individuell gefärbte und historisch relative Selektionsentscheidungen in der ↗ Konkretisierung der Leerstellen wie in der blickpunkthaften Koordination der perspektivischen Relationen eingehen, wird nicht nur die Offenheit des textuellen Sinnhorizonts für sich verändernde historische Rezeptionsbedingungen erklärbar, sondern auch die ›Unausschöpfbarkeit‹ des Sinns durch eine jeweils individuelle Aktualisierung der Struktur des impliziten Lesers. – Es liegt in der Logik dieses bemerkenswert ausgereiften und einflußreichen Modells der W., daß Iser in seinen eigenen Interpretationen den unweigerlich standortrelativen Begrenzungen der Struktur des impliziten Lesers unterliegt. Angesichts der häufig kritisierten Einseitigkeit der von ihm präferierten Texte wie auch der durch Interpretation von ihm rekonstruierten Leserrolle empfiehlt es sich, das prinzipielle Erkenntnispotential seiner W. nicht mit den Limitationen kurzzuschließen, die seinen eigenen Geschmacksvorlieben und denen einiger seiner Schüler inhärent sind.

Lit.: H. Weinrich: »Für eine Lit.geschichte des Lesers«. In: ders.: *Lit. für Leser*, Stgt. 1971. S. 23–34. – R.

Warning (Hg.): *Rezeptionsästhetik*, Mchn. 1975. – Iser 1994 [1976]. – H. Turk: *W.: Theorie und Interpretation der literar. Wirkung*, Mchn. 1976. – Fish 1995 [1980]. – Iser 1993 [1991]. – M. Richter: »W.«. In: Arnold/Detering 1997 [1996]. S. 516–535. – Zapf 1996 [1991]. S. 182–185.

MW

Wittgenstein, Ludwig Josef Johann (1889–1951), österreich. Philosoph. – W. wurde in Wien geboren und erst 1939 brit. Staatsbürger. W.s Philosophie läßt sich in drei Phasen einteilen, die eng mit den Stationen seines abwechslungsreichen Lebens verknüpft sind. (a) W. studierte Ingenieurwissenschaften in Berlin, ab 1908 Aeronautik in Manchester. Sein Interesse an Logik und Mathematik zeigt sich später in seinen Schriften. Sein Freund F. L. G. Frege riet ihm, bei B. Russell in Cambridge zu studieren; daraufhin arbeitete W. bis zum Ersten Weltkrieg eng mit Russell zusammen. Neben Frege und Russell beeinflußten v. a. F. Mauthners *Beiträge zu einer Kritik der Sprache* (1901–02) und A. Schopenhauers *Die Welt als Wille und Vorstellung* (1819) W.s erstes Hauptwerk, die *Logisch-philosophische Abhandlung* (1921), die er beendete, während er als Soldat diente. In diesem Buch bemüht sich W. zu zeigen, daß die traditionelle Philosophie auf Mißverständnissen über die Logik der Sprache aufgebaut ist. Ähnlich wie Frege und Russell argumentiert er, daß jeder sinnvolle Satz eine präzise logische Struktur haben muß. Die Sätze sind ein Spiegelbild der Welt (vgl. Stripling 1978), daher muß die Welt logisch strukturiert sein, auch wenn der Mensch diese Struktur nicht vollständig bestimmen kann. Hier finden sich Anklänge an I. Kants *Kritik der reinen Vernunft* (1781). Am Ende der *Abhandlung* gelangt W. zu dem Schluß, daß die Philosophie überwunden werden muß, wenn man die Welt richtig sehen will. (b) Eine der Auswirkungen dieser Erkenntnis bestand darin, daß sich W. von dem Universitätsbetrieb zurückzog und in Österreich als Lehrer arbeitete. Erst etwa 1928 nahm er wieder Kontakt mit der akademischen Welt auf, hörte L. E. J. Brouwer über Mathematik, Naturwissenschaft und Sprache, diskutierte mit Mitgliedern des Wiener Kreises und kehrte 1929 nach Cambridge zurück, wo er für seine *Abhandlung* den Doktorgrad verliehen bekam. Sein nächstes philosophisches Hauptwerk waren seine postum veröffentlichten *Philosophischen Untersuchungen* (1953), an denen er bis 1949 schrieb. Weil sich die Thesen dieses Buchs radikal von denen in der *Abhandlung* unterscheiden, hat die Kritik bis vor kurzem meist von einem Bruch in W.s Werk gesprochen (vgl. Frongia/McGuinness 1990, S. 27–30). Daß diese Auffassung nicht ganz zutrifft, zeigen die Manuskripte und Notizen aus W.s zweiter Periode, z.B. das sog. *Big Typescript* (entstanden vor 1933) und v.a. die *Blue and Brown Books* (diktiert 1933–35, veröffentlicht 1958). Diese Werke lassen einen allmählichen Übergang von der *Abhandlung* zu den *Untersuchungen* erkennen, denn W.s spätere Hauptthemen, z.B. seine Ansichten zur Notwendigkeit als Tautologie und ein neues Verständnis von Modalität, kristallisieren sich immer mehr heraus. Ebenso wird die Frage nach der Bedeutung eines Wortes neu gestellt. Hatte es in der *Abhandlung* z.B. noch geheißen ›Der Name bedeutet den Gegenstand. Der Gegenstand ist seine Bedeutung‹, so fragt W. nun eher nach der Bedeutsamkeit von Gesten, Fragen, Vorschlägen usw. (c) Sobald W. in seinen Überlegungen diesen neuen Weg einschlug, brauchte er die fachliche Debatte mit Kollegen und Studenten. Er setzte sich nun kritischer als zuvor mit Frege und Russell auseinander (vgl. *Bemerkungen über die Grundlagen der Mathematik*, 1956) und akzeptierte auf Anraten F.P. Ramseys erst eine Fellowship (1929), dann eine Professur (1939) in Cambridge, die er mit Unterbrechungen (während des Zweiten Weltkriegs) bis zu seiner Krebserkrankung (1947) innehatte. Im Zentrum seiner *Untersuchungen* steht die Beziehung zwischen Sprache und Realität. W. führt Beispiele an, bei denen der Sinn eines Wortes durch linguistische, soziale und kulturelle Bedingungen bestimmt wird; »Die Bedeutung eines Wortes ist sein Gebrauch in der Sprache« (W. 1971b, S. 311, Satz 43). Dementsprechend befaßt sich ein erheblicher Teil von Teil I der *Untersuchungen* mit der Frage, ob die Worte lediglich mentalen Objekten entsprechen, ob z.B. das Wort ›rot‹ nur für ein individuelles Konzept dessen steht, was ›rotsein‹ bedeutet. Dieses sog. *»private language argument«* (vgl. Temkin 1986; W. 1971b, S. 391, Satz 246ff.) ist eine der meistdiskutierten Thesen W.s, u.a. deshalb, weil sie ein empirisches Verständnis von ↗ Bedeutung ablehnt. Das Verstehen des Sinns eines Wortes kann W. zufolge nicht davon abhängen, daß man weiß, wofür das Wort steht, oder daß das Konzept, für das das Wort steht, unveränderbar ist. Bei der Zuordnung von ›Gegenstand und Bezeichnung‹ fällt vielmehr »der Gegenstand als irrelevant aus der Betrachtung heraus« (W. 1971, S. 403, Satz 293). Wichtig ist nur, daß die Bezeichnungen mit den Regeln der Sprache übereinstimmen. Diese Regeln gelten für alle, sind ›öffentlich‹ und nicht individuell beliebig. Diese Ansicht könnte weitreichende Konsequenzen u.a. für die Anthropologie und die Religionsphilosophie haben, wie W. z.B. in »Bemerkungen über Frazers *Golden Bough*« (1967) angedeutet hat. Die mögliche Relevanz für die Psychologie legt er in *Über Gewißheit* (1969) und in Teil II der *Untersuchungen* dar. Dieser fächerübergreifende Teil von W.s Philosophie bedarf jedoch noch eingehenderer Untersuchungen (vgl. Frongia/McGuiness 1990, S. 399). – Mit seiner Verabschiedung jeder System-Philosophie zugunsten eines radikal handlungstheoretischen Denkens hat W. u.a. der ↗ Sprechakttheorie, der ↗ Pragmatik und dem am. Neopragmatismus (R. ↗ Rorty) wichtige Impulse verliehen.

Lit.: L. Wittgenstein: *Tractatus Logico-Philosophicus.* In: *W. Schriften*, Bd. 1 (Hgg. G. Anscombe/R. Rhees), FfM. 1971a [1921]. S. 7–85. – ders.: *Philosophische Untersuchungen.* In: *W. Schriften*, Bd. 1 (Hgg. G. Anscombe/R. Rhees), FfM. 1971b [1953]. S. 279–544. – S.R. Stripling: *The Picture Theory of Meaning. An Interpretation of W.'s Tractatus Logico-philosophicus*, Lanham 1978. – J. Temkin: »A Private Language Argument«. In: *Southern Journal of Philosophy* 24 (1986) S. 109–121. – Ch. Bezzel: *W. zur Einf.*, Hbg. 1996 [1988]. – G. Frongia/B. McGuinness: *W.: A Bibliographical Guide*, Oxford 1990. – K. Buchheister/D. Steuer: *L. W.*, Stgt. 1991.

MSp

Women's Studies, Gegenstand der interdisziplinären *W.St.* ist die Frau in der Gesellschaft und in deren kulturellen Kommunikationsformen. In ihrer lit.wissenschaftlichen Ausformung analysieren die *W.St.* Frauen als Autorinnen, Darstellungen von Frauen in literar. Texten weiblicher Autorschaft sowie weibliche Schreibweisen (↗ Weiblichkeit und weibliche Ästhetik) mit dem Ziel, frauenspezifische Gemeinsamkeiten und Kohärenzen zu ermitteln, die mit dem biologischen weiblichen Geschlecht (*sex*) assoziiert sind. Innerhalb der ↗ Gender Studies und z.T. in Abweichung von diesen, zeichnen sich die *W.St.* durch eine Perspektive aus, welche Frauen als Frauen in den Mittelpunkt rückt. Weiblichkeit wird hier also nicht im Sinne von ↗ *gender* als sprachlich-kulturelles Konstrukt verstanden, sondern dient der positiven Identifikation von Frauen, um sich von der dominanten, männlich geprägten Lit.- bzw. Kulturtheorie und -kritik abzugrenzen und einen eigenen, zuvor vernachlässigten frauenspezifischen Untersuchungsbereich zu etablieren. Diese oppositionelle bzw. separatistische Tendenz, wie sie die frühen Phasen der feministischen ↗ Lit.wissenschaft prägte, erweist sich als gesellschaftspolitisch notwendig, solange die institutionalisierte Forschung und Lehre die meist stillschweigend akzeptierte Gleichsetzung von Neutralität bzw. Universalität mit Männlichkeit (↗ Androzentrismus) sowie von Partikularität mit Weiblichkeit weiter fortschreibt. – Inzwischen sind die *W.St.* als eigener Forschungszweig institutionell etabliert und dies nicht zuletzt deshalb, weil sie Beachtliches in der Erforschung spezifisch weiblicher Fragestellungen geleistet haben. Zu solchen Fragen gehört z.B. die nach den kulturellen Lebensbereichen und historischen Leistungen von Frauen, nach der Geschichte der Frauenbewegung, nach der problematischen Rolle von Frauen in Familie und Beruf, nach der Stellung von Frauen in der Wissenschaft und ihrer Position zur Technologie, nach Zusammenhängen zwischen weiblicher Sexualität und den Machtverhältnissen in einer patriarchalischen Gesellschaft (↗ Patriarchat) sowie nach den Darstellungsformen von Frauen in historisch und geographisch unterschiedlichen Kulturen. Dabei wird Weiblichkeit nicht so sehr *ex negativo* als Defizit definiert, sondern fungiert vielmehr als gesellschaftliche und kulturelle ›Leerstelle‹, die nichtdogmatische und nichthierarchische weibliche Lebenskonzeptionen und -visionen, u.a. in Form von fiktionalen Wirklichkeitsentwürfen, zuläßt. – Die Tendenz der Frauenforschung, eigene, neue Perspektiven zu entwickeln, sowie ihre interdisziplinäre Ausrichtung zeigt sich auch eindrucksvoll in der Lit.wissenschaft. Nach der Kritik an patriarchalischen Weiblichkeitsstereotypen in der ersten Phase der feministischen Lit.wissenschaft bildete sich schon in den 70er Jahren eine frauenzentrierte positive Forschungsrichtung heraus. In diesem Ansatz, der unter dem Begriff ↗ Gynozentrismus bekannt wurde und insbes. in der anglo-am. feministischen Lit.wissenschaft bis heute sehr einflußreich ist, werden die Möglichkeiten einer alternativen weiblichen Lit. untersucht. Hier werden Texte von Frauen auf ein spezifisch weibliches Selbstverständnis, eine weibliche Weltsicht und weibliche Ausdrucksformen hin analysiert, wobei die kulturgeschichtlichen Bedingungen weiblichen Schreibens systematisch miteinbezogen werden. Zu den lit.wissenschaftlichen ›Klassikern‹ in diesem Bereich zählen E. ↗ Showalters Studie *A Literature of Their Own* (1977) und S.M. ↗ Gilberts und S. Gubars Studie *The Madwoman in the Attic* (1979). Mit diesen wegweisenden Arbeiten eröffneten sich zwei zentrale Bereiche der lit.-wissenschaftlichen Frauenforschung. Zum ei-

nen galt es, bislang unbeachtete literar. Werke von Frauen wiederzuentdecken und zu veröffentlichen, so daß ein alternativer weiblicher ↗ Kanon erkennbar und zugänglich gemacht werden konnte. Hierzu haben nicht zuletzt zahlreiche feministische Verlage sowie diverse Anthologien (etwa Gilberts und Gubars *Norton Anthology of Literature by Women*, 1985) beigetragen. Zum anderen sollte die Andersartigkeit weiblichen Schreibens genauer bestimmt und der Weiblichkeitsdiskurs kreativ fortgeschrieben werden. Entsprechend haben sich Lit.wissenschaftlerinnen mit der Darstellung von Frauenfreundschaften und -gemeinschaften und mit den subversiven, palimpsestartigen ↗ Subtexten in den Werken von Autorinnen beschäftigt. Insbes. frz. Vertreterinnen der *W.St.* wie L. ↗ Irigaray und H. ↗ Cixous haben versucht, ein ›weibliches Sprechen‹ (*parler femme*) bzw. ›weibliches Schreiben‹ (↗ *écriture féminine*) theoretisch zu entwickeln und in ihren eigenen Schriften zu praktizieren. Offenheit des Textes und Vielfältigkeit der Stimmen, Betonung der Materialität der Sprache, Fluidität und Nichtlinearität sind Charakteristika eines solchen Schreibens, das an den weiblichen, insbes. den mütterlichen, Körper gebunden wird und die phallozentrische Sprache der patriarchalen Kultur dekonstruieren soll, um auch für Frauen einen Ort eigener Subjektwerdung zu schaffen.

Lit.: P. Morris: *Literature and Feminism. An Introduction*, Oxford 1993. – V. Robinson/D. Richardson (Hgg.): *Introducing W.St.: Feminist Theory and Practice*, Houndmills 1997 [1993].

DF/SSch

Woolf, Virginia Stephen (1882–1941), engl. Romanschriftstellerin, Kritikerin, Essayistin. – W. wuchs als Tochter des großen viktorianischen Gelehrten und Begründers des *Dictionary of National Biography*, Sir Leslie Stephen, nach dem frühen Tod ihrer Mutter im Hause des Vaters in London auf. Obwohl sie als Frau nicht die Gelegenheit zum Studium erhielt, interessierte sie sich früh für Lit., Malerei, Philosophie und Geschichte. Durch ihren Bruder Thoby erhielt sie Zugang zur *Bloomsbury Group*, an deren Diskussionen über diese Themenbereiche sie rege teilnahm. Mit *A Room of One's Own* (1929) und *Three Guineas* (1938) legte sie zwei der zentralen feministischen Texte des 20. Jh.s vor und leistete einen bedeutenden Beitrag zur Emanzipation der Frau. Sie war als Kritikerin und Rezensentin u.a. für das *Times Literary Supplement* tätig und gründete mit ihrem Mann, dem Schriftsteller L. Woolf, im Jahre 1917 die Hogarth Press, einen Verlag, der auch ihre eigenen Werke herausgeben sollte. Insbes. durch ihre experimentellen Romane *Jacob's Room* (1922), *Mrs Dalloway* (1925), *To the Lighthouse* (1927), *Orlando* (1928), *The Waves* (1931), *The Years* (1937) und *Between the Acts* (1941) sowie durch ihre Kurzgeschichten schrieb sie sich in die erste Reihe der literar. Avantgarde und wurde eine der bedeutendsten Autorinnen der klassischen ↗ Moderne. In ihren zahlreichen Essays leistet W. zwar keinen systematischen, aber dennoch einen wichtigen und einflußreichen Beitrag zur Lit.theorie der Moderne im frühen 20. Jh. Sie greift v. a. die Edwardianischen Schriftsteller J. Galsworthy, H. G. Wells und A. Bennett an und bezeichnet sie wegen ihrer Konzentration auf die Beschreibung äußerer Erscheinungen despektierlich als ›Materialisten‹, die sie mit sog. ›Spiritualisten‹ wie J. Joyce und D. Richardson kontrastiert. Dies geschieht insbes. in ihrem Aufsatz »Mr Bennett and Mrs Brown« (1923), in dem sie den Edwardianer bezichtigt, trotz aller Genauigkeit bei der Beschreibung der fiktionalen Mrs Brown die Essenz von deren Persönlichkeit zu verfehlen. W. fordert daher in Analogie zu der Veränderung, die ihrer Ansicht nach um 1910 die modern gewordene Welt erfaßt hat, eine neue Romanform, die den anachronistisch gewordenen Roman der *Edwardians* ablösen soll. Es gehe darum, im Roman das Zentrale modernen Lebens zu vermitteln, ›*life or spirit, truth or reality*‹ oder ›*the essential thing*‹, wie es in ihrem Manifest der Moderne, dem programmatischen Aufsatz »Modern Fiction« (1919), heißt. Diesem Ziel sei nicht mehr mit den Methoden der Materialisten beizukommen. Vielmehr gehe es darum, das Fragmentarische und verwirrend Vielfältige der modernen Welt in seiner ganzen Komplexität und in seiner Gebrochenheit im individuellen Bewußtsein zu erfassen. W. vertritt damit eine evolutionäre Sicht von Lit., die davon ausgeht, daß neue historische Situationen das Bewußtsein verändern und daß dieses dann vom lit. Kunstwerk auszudrücken ist. Die Betonung des Seelischen und des Bewußtseins findet sich auch in W.s Essay »The Russian Point of View« (1925), in dem sie ihre Bewunderung für Tolstoy, Dostojewsky und Tschechow zum Ausdruck bringt, wenngleich sie in »Modern Ficton« v. a. Joyce lobt. W.s lit. theoretische Position findet sich auch in ihren psychologisierenden Romanen wieder, in denen sie Techniken personalen Erzählens einsetzt. Obwohl W. ihre lit.theoretischen Vorstellungen

nie in systematischer Form dargelegt hat, stehen ihre in Essays, Rezensionen, Tagebüchern und Briefen verstreuten lit.kritischen Äußerungen in einem kohärenten Zusammenhang und lassen eine fundierte und avantgardistische Ästhetik erkennen (vgl. Nünning 1990). Als Essayistin und Kritikerin hat W. v. a. der ↗ feministischen Lit.theorie wichtige Impulse verliehen und die Debatten um ↗ Androgynität und um eine Revision des literar. ↗ Kanons aus weiblicher Sicht nachhaltig geprägt.

Lit.: A. McNeillie (Hg.): *The Essays of V. W.*, 4 Bde., Ldn. 1995 [1986–88]. – H. Antor: *The Bloomsbury Group. Its Philosophy, Aesthetics and Literary Achievement*, Heidelberg 1986. S. 94–100. – I. Maassen: »V. W. (1882–1941)«. In: Lange 1990. S. 245–279. – V. Nünning: *Die Ästhetik V. W.s*, FfM. 1990. – dies./A. Nünning: *V. W. zur Einf.*, Hbg. 1991. – R. Hof: »V. W. als Essayistin«. In: A. Lavizzari (Hg.): *V. W.*, FfM. 1991. S. 201–211. – V. Nünning: »V. W. als Lit.kritikerin«. In: A. Lavizzari (Hg.): *V. W.*, FfM. 1991. S. 179–200. – N. Würzbach: »V. W.s feministische Lit.theorie im Wandel kultureller Kommunikation. Bestandsaufnahme, Reinterpretation und Rezeption«. In: *Anglia* 116.1 (1998) S. 1–29.

HA

X

Xenologie (gr. *xénos*: fremd, Fremder; gr. *lógos*: Vernunft, Rede, Wort), Bezeichnung für interdisziplinär und interkulturell ausgerichtete Fremdheitsforschung. Die Hauptgegenstände der aus der interkulturellen Germanistik hervorgegangenen X., die auch von Seiten der Ägyptologie (vgl. Assmann/Assmann 1990), Anthropologie (vgl. Duala-M'bedy 1977) und Theologie (vgl. Sundermeier 1992) Impulse erhalten hat, sind die Erscheinungsformen und Einschätzungen kultureller Fremdheit und des Fremden, das Verhältnis und die Interdependenz von Fremdem und Eigenem, die Konstitution von Fremdheitsprofilen und Fremdheitskonstruktionen, Möglichkeiten und Grenzen des ↗ Fremdverstehens, interkulturelle Verständigungsprobleme sowie Formen und Funktionen von Stereotypen, Vorurteilen und Xenophobie. Die Aufgaben kulturwissenschaftlicher X., die durch die Gründung des Instituts für internationale Kommunikation und auswärtige Kulturarbeit (IIK Bayreuth) institutionalisiert wurde, umreißt ihr Mitbegründer A. Wierlacher (1993, S. 52) so:

»Es geht um die Theorie kultureller Alterität, die verhaltensleitenden Rahmenbegriffe interkultureller Kommunikation und Hermeneutik, die kulturdifferente Konstitution von Fremdheitsprofilen und Fremdheitsgraden, die kulturelle Funktion und Wirkungsweise fremdheitsfeindlicher Vorurteile, das Instrumentarium der Toleranz, die Funktion von Fremdheitskonstruktionen, [...] die Bedeutungssetzungen von Fremderfahrungen in der Kunst und die Probleme interkulturellen ›Verstehens‹.« Zu den Prämissen der X. zählen »die Einschätzung kultureller Vielfalt als Reichtum, Anregung und Fülle, nicht als Chaos, Unterordnung und Vielerlei« (ebd., S. 56) sowie die Einsicht, »daß unsere Auffassungen des Anderen immer schon kulturspezifisch akzentuiert sind« (ebd., S. 66). Leitbegriffe kulturwissenschaftlicher Fremdheitsforschung sind neben den zentralen Konzepten der Fremdheit und der ↗ Kultur v.a. ↗ Alterität und Alienität (vgl. Turk 1990), Aneignung und Assimilation, Distanz, Fremdverstehen, Interkulturalität, ↗ Multikulturalismus und Toleranz. – Weitreichende Bedeutung haben xenologische Fragestellungen und Forschungsergebnisse insbes. für die Fremdsprachendidaktik, die ↗ Komparatistik und die internationale Kulturpolitik. Aus der X. lassen sich auch viele relevante Problemstellungen für die Lit.- und ↗ Kulturwissenschaften ableiten: (a) die Erforschung der historisch variablen Definitionen des Eigenen und des Fremden in der Lit.; (b) Untersuchungen der Entwicklung von Unterschieden in der wechselseitigen Perzeption von Nationen und der Verschränkung von literar. vermittelten nationalen Selbst- und Fremdbildern (komparatistische ↗ Imagologie); (c) die Erforschung der kulturellen Entstehungsbedingungen, literar. Formen und Auswirkungen von Xenophobie. Allerdings stehen sowohl eingehende Untersuchungen künstlerischer Darstellungen des Fremden als auch »eine xenologisch orientierte Kunst- und Literaturgeschichte [...] nach wie vor aus« (Wierlacher 1993, S. 112).

Lit.: M. Duala-M'bedy: X.: Die Wissenschaft vom Fremden und die Verdrängung der Humanität in der Anthropologie, Freiburg/Mchn. 1977. – J. Kristeva: Etrangers à nous-mêmes, Paris 1991 [1988] (dt. Fremde sind wir uns selbst, FfM. 1995 [1990]). – A. Assmann/J. Assmann: »Kultur und Konflikt. Aspekte einer Theorie des unkommunikativen Handelns«. In: J. Assmann/D. Harth (Hgg.): Kultur und Konflikt, FfM. 1990. S. 11–48. – H. Turk: »Alienität und Alterität als Schlüsselbegriffe einer Kultursemantik«. In: JbIG 22 (1990) S. 8–31. – Ausg. »Zur Relevanz des Fremden« der Zs. Kea.: Zs. für Kulturwissenschaft 1 (1990). – Th.

Sundermeier (Hg.): Den Fremden wahrnehmen. Bausteine für eine X., Gütersloh 1992. – A. Wierlacher: »Kulturwissenschaftliche X.: Ausgangslage, Leitbegriffe und Problemfelder«. In: ders. (Hg.): Kulturthema Fremdheit. Leitbegriffe und Problemfelder kulturwissenschaftlicher Fremdheitsforschung, Mchn. 1993. S. 19–112.

AN

Y

Yale Critics ↗ Dekonstruktion; ↗ Bloom; ↗ de Man; ↗ Hartman; ↗ Miller

Z

Zeichen und Zeichensystem, ein Z. ist eine sinnlich wahrnehmbare Entität, die in einem Kommunikationsprozeß für eine andere Sache, den Referenten (↗ Referenz), steht, diesen abbildet oder repräsentiert. Die ↗ Kultur- und Lit. wissenschaften haben es gemeinhin mit sprachlichen Z. zu tun, und das Studium der sprachlichen Z. ist die Aufgabe der linguistischen ↗ Semantik. Aber sprachliche Z. sind bei weitem nicht das einzige System von Z., dem man im täglichen Leben begegnet. Die übergreifende Wissenschaft, die sich mit Z. und Z.systemen beschäftigt, ist die ↗ Semiotik. – Zu semantischen und semiotischen Fragen haben sich Philosophen schon seit der Antike geäußert. Neben den Überlegungen Demokrits, ↗ Platons und ↗ Aristoteles' zu den Eigenschaften von Wörtern und Z. ist aus der Antike v.a. die Semiotik des Kirchenvaters Augustinus wichtig, die dieser insbes. in De doctrina christiana entwickelte und in der er eine grundlegende Unterscheidung zwischen Z. und Sachen (signa und res) vornimmt. Ein Z. ist für ihn »eine Sache, die außer ihrer sinnenfälligen Erscheinung aus ihrer Natur heraus noch einen anderen Gedanken nahelegt« (Augustinus 1925, S. 49), so wie eine Spur auf ein Tier schließen läßt oder Rauch auf Feuer. – Nach dem heute gängigen Z.modell, wie es von C.K. Ogden und I.A. ↗ Richards entwickelt wurde, sind neben dem realweltlichen Referenten, auf den das Z. Bezug nimmt, zwei Ebenen

des Z.s wichtig, die Ausdrucks- und die Inhaltsebene. Während die meisten Z.theorien sich
über die Wichtigkeit dieser Trias einig sind,
weicht die Benennung der einzelnen Teile von
einem Modell zum anderen stark voneinander
ab.

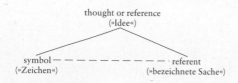

(nach Trabant 1996, S. 29)

In der modernen Linguistik und Lit.wissenschaft
ist der Z.begriff des Schweizer Sprachwissen-
schaftlers F. de ↗ Saussure bedeutsam. Für ihn
besteht das Z. aus zwei Teilen: auf der Aus-
drucks- oder Formebene der ↗ Signifikant, das
Bezeichnende, und auf der Inhaltsebene das Signifikat, das Bezeichnete. Hierbei steht das Signifikat für das rein gedankliche Konzept des
Bezeichneten, ist also nicht mit dem für Saussure
außerhalb des Z.s liegenden realweltlichen Referenten zu verwechseln.

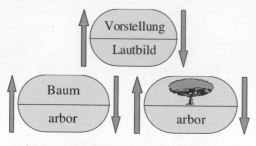

(nach Saussure 1967, S. 78)

Die Zuordnung von Signifikant und Signifikat
ist weder eindeutig noch durch die Natur festgelegt, sondern beruht auf gesellschaftlicher
Übereinkunft bzw. Konventionen (↗ Arbitrarität
des Z.s). Es gibt verschiedene Möglichkeiten, Z.
zu klassifizieren. Der am. Philosoph Ch. S.
↗ Peirce unterscheidet in seinem semiotischen
System z.B. u.a. zwischen dem *icon*, das auf
einer Ähnlichkeit zwischen Z. und Referent beruht, dem *index*, das auf einer Zeigefunktion
beruht, und dem *symbol*, das auf eine Konvention oder Regel zurückzuführen ist. Es ist eine
wichtige Erkenntnis der strukturalistischen Semiotik in der Nachfolge Saussures, daß die einzelnen Z. ihre Bedeutung erst dadurch erhalten,
daß sie zu den anderen Z. in einem durch Diffe-

renzen bedingten Verhältnis stehen (vgl. ↗ Syntagma und ↗ Paradigma bei Saussure bzw. Selek-
tions- und Kombinationsebene bei R. ↗ Jakobson), so daß sie in ein System eingebunden sind.
Über die Sprache und mit ihr die Lit. hinaus
lassen sich aber auch viele andere Bereiche des
täglichen Lebens in diesem Sinne als Z.system
definieren, nicht nur primär der Kommunikation gewidmete wie das Morsealphabet oder die
Piktogramme auf Flughäfen und Bahnhöfen,
sondern z.B. auch die Mode oder die Musik. –
Der semiotische Ansatz in der Lit.kritik sieht
den Text als ein Z.system, in dem nicht nur
traditionelle sprachliche Z. (Wörter) zueinander
in Beziehung stehen, sondern auch literar. Konventionen und Stilformen. Über eine solche
textimmanente Analyse hinaus gibt es jedoch
auch semiotische Analysen (z.B. die von R.
↗ Barthes), die die zugrundeliegende Kultur
und den außerhalb des Texts stehenden Leser
mit in ihre Analysen einbeziehen. Sie untersuchen die Faktoren, durch die literar. ↗ Kommunikation zwischen Autor und Leser oder
Zuhörer zustande kommt, und die Elemente,
die sie konstituieren.

Lit.: Augustinus: *Des heiligen Kirchenvaters A. Augusti-
nus ausgewählte Schriften*, Bd. 8 (Übers. P.S. Mitterer),
Mchn. 1925. – F. de Saussure: *Grundfragen der allg.
Sprachwissenschaft*, Bln. 1967. – Eco 1994 [1972]. –
ders.: *Z.: Einf. in einen Begriff und seine Geschichte*,
FfM. 1977 [1973]. – K. Baldinger: *Semantic Theory*,
Oxford 1980. – J. Trabant: *Elemente der Semiotik*,
Tüb. 1996.

MK

Zensur, literarische (lat. *censura*: Beurteilung
oder Prüfung), als interdisziplinärer Forschungsgegenstand weist das kulturelle Phänomen der
literar. Z. eine breite Terminologie- und Defini-
tionsvielfalt auf. Literar. Z. im engeren Sinne
beschreibt alle staatlich und kirchlich institutionalisierten (formellen) sowie nicht legitimierten,
z.B. durch sozialen oder ökonomischen Druck
durchgesetzten (informellen) Maßnahmen, die
eine Überwachung, Hemmung und Kanalisierung von literar. ↗ Kommunikation intendieren.
Eine praktische Umsetzung der Maßnahmen erfolgt durch die umfassende Kontrolle literar.
Produktions- und Distributionsprozesse mit
Hilfe von legalen oder illegalen juristischen, politischen, ökonomischen, sozialen oder anderen
Zwangsmitteln (Aulich 1988, S. 215 f.; Biermann 1988, S. 3; Guggenbühl 1996, S. 30). Die
jüngste Z.forschung systemtheoretischer Provenienz (↗ Systemtheorie) reagiert mit einem for-
mell und funktional differenzierten Z.begriff auf

die im Anschluß an M. ↗ Foucault entstandenen begriffsgeschichtlichen Theoreme, die literar. Z. pauschal als Diskurskontrolle (↗ Diskurstheorien) und »Instrument semantischer Herrschaft« definieren (Guggenbühl 1996, S. 27). Z. wird hier verstanden als die Kontrolle der literar. Produktion, Distribution und Diffusion. Umstritten ist die von Aulich eingeführte dritte Kategorie zensorischer Aktivität, die Kontrolle der literar. Diffusion, die eine bereits eingetretene mögliche Wirkung von Texten, z.B. durch propagandistische oder diffamatorische Kampagnen, abzuschwächen sucht (Aulich 1988, S. 216f.). Biermann plädiert deshalb für die Verwendung des Begriffes der ›funktionalen Äquivalenz‹. Hierzu zählen alle diejenigen sozialen Normen, Institutionen und Strukturen, die zensorische Wirkung besitzen, ohne bereits Z. zu sein (Biermann 1988, S. 3; Biermann 1987, S. 219), sowie diskurshemmende Maßnahmen, die als fördernde kommunikationssteuernde Mechanismen in Gestalt expliziter Distributionserlaubnisse für spezifische Texte oder Kanonbildung durch Selektion von Texten, z.B. die lesepädagogische Kampagne gegen ›Lesesucht‹ im 18. Jh. oder bei Editionen literar. Werke, eine wichtige Rolle spielen (Aulich 1988, S. 184f.; Assmann 1987, S. 11f.). Die disparate Quellenüberlieferung zur Z.geschichte im dt.sprachigen Raum erfordert eine enge Korrelation von theoretischer Modellbildung und quellenorientiertem, auf archivalischer Akteneinsicht basierendem, historisch-wissenschaftlichem Vorgehen. Ein interdisziplinärer Z.diskurs ist deshalb wichtige Voraussetzung für eine methodisch-systematische Erfassung des Phänomens literar. Z. – Mit der Erfindung des Buchdrucks institutionalisierte sich literar. Z. als staatliche und kirchliche Kontrollinstanz für Druckschriften unterschiedlicher Provenienz. Die zensorischen Aktivitäten im absolutistischen Zeitalter wirkten aufgrund der unüberschaubaren Rechtssituation vielfach willkürlich und ineffizient. Nach der Aufhebung der unter Napoleon installierten totalitären Kommunikationskontrolle löste das strafrechtlich-repressive Justizsystem allmählich das zensurrechtlich-präventive Polizeisystem ab. Der staatliche Anspruch auf Kontrolle und Steuerung der literar. Kommunikation wurde auch unter einer verfassungsrechtlichen Verankerung der Pressefreiheit, in Deutschland z.B. nach der 1848er Revolution oder in der Weimarer Republik, nicht aufgegeben. Der NS-Staat ersetzte die gesetzlich garantierte Pressefreiheit durch eine gleichgeschaltete totale Kommunikationskon-

trolle. Nach 1945 praktizierte die DDR ein gesetzlich legitimiertes Z.system. In der BRD wurde die Presse- und Meinungsfreiheit als Artikel 5 des Grundgesetzes Bestandteil der demokratischen Verfassung. Dennoch massierten sich seit den 1970/80er Jahren in der BRD spektakuläre Z.eingriffe in Form kurzfristiger Kampagnen gegen eine vermeintliche kommunistische Bedrohung, terroristisches Sympathisantentum und angeblich pornographische Schriften (Kienzle/Mende 1980, S. 284; Brockmeier/Kaiser 1996; Buschmann 1997). Die Forderung nach zensorischen Eingriffen durch den Staat wird in jüngster Zeit im Zusammenhang mit den elektronischen Medien, z.B. Internet, erneut diskutiert.

Lit.: M. Kienzle/D. Mende (Hgg.): *Z. in der Bundesrepublik. Fakten und Analysen*, Mchn. 1980. – A. Biermann: »Konstruktion der ›Gefährlichkeit‹ von Lit. Beispiele aus der frz. Aufklärung und dem Premier Empire«. In: Assmann/Assmann 1987. S. 212–226. – R. Aulich: »Elemente einer funktionalen Differenzierung der literar. Z.«. In: H. Göpfert/E. Weyrauch (Hgg.): ›*Unmoralisch an sich …*‹. Z. im 18. und 19. Jh., Wiesbaden 1988. S. 177–230. – B. Dankert/L. Zechlin (Hgg.): *Lit. vor dem Richter. Beiträge zur Lit.freiheit und Z.*, Baden-Baden 1988. – A. Biermann: »›Gefährliche Lit.‹ – Skizze einer Theorie der literar. Z.«. In: *Notizen zur Buchgeschichte* 13.1 (1988) S. 1–28. – P. Brockmeier/G.R. Kaiser (Hgg.): *Z. und Selbstzensur in der Lit.*, Würzburg 1996. – R. Grübel: »Wert, Kanon und Z.«. In: Arnold/Detering 1997 [1996]. S. 601–622. – C. Guggenbühl: *Z. und Pressefreiheit. Kommunikationskontrolle in Zürich an der Wende zum 19. Jh.*, Zürich 1996. – S. Buschmann: *Literar. Z. in der BRD nach 1945*, FfM./N.Y. 1997.

ChH

Zirkulation (lat. *circu(m)latio*, von *circumferre*: im Kreis herumtragen), St. ↗ Greenblatt prägte den Begriff der ›Z. sozialer Energien‹, mittels dessen er die Vorstellung dynamischer soziokultureller Austauschprozesse bezeichnete. Geschichtliche Daten und literar. Zeugnisse sowie ästhetische Werke stehen gemäß dieser, für die neueren kulturpoetologischen Studien des ↗ *New Historicism* und des ↗ *Cultural Materialism* richtungweisenden Leitidee in einem teils offenkundigen, teils latenten reziproken Verhältnis. Modellbildend für jenes Verständnis gesellschaftlicher Strukturen, wie sie sich seit der frühen Neuzeit herausbildeten, wirkte der Bereich der Ökonomie, der Handel und v.a. die Z. des Geldes. Ähnlich hatte schon G. ↗ Simmel in seiner zukunftsweisenden soziologischen Studie *Die Philosophie des Geldes* (1900) eine zirkuläre Struktur und innere Eigendynamik moderner gesellschaftlicher Organisationsformen herausgearbeitet. Greenblatt kann die Vorstellung der Z. gesellschaftlicher Energien gezielt dazu nutzen, die orthodox-marxistische ↗ Widerspiegelungsidee zu modifizieren, derzufolge es die Aufgabe der Kunst und Lit. ist, die empirische Wirklichkeit mimetisch abzubilden. Auch das ältere Basis-Überbau-Modell (↗ Marxistische Lit.theorie) gerät durch Greenblatts Leitidee einer dynamischen Z. ins Wanken. Noch in einer anderen Hinsicht macht sich in der Leitkonzeption kulturellen Austauschs eine Tendenz zur Enthierarchisierung bemerkbar. Unter dem Eindruck des frz. ↗ Poststrukturalismus macht der *New Historicism* die Vorstellung geltend, daß es innerhalb einer Gesellschaft subtile Beziehungen und Wechselwirkungen zwischen Zentrum und Peripherie gibt. Die Vorgänge an der Peripherie vermögen ungeachtet ihrer scheinbaren Belanglosigkeit über die zentralen politischen Ereignisse, Institutionen und deren Funktionsweise interessante Aufschlüsse zu geben und erlauben unerwartete Einblicke in die bestehenden Machtverhältnisse.

Lit.: G. Simmel: *Philosophie des Geldes* (Hgg. D.P. Frisby/K.Ch. Köhnke), FfM. 1989. – St. Greenblatt: *Shakespearean Negotiations. The Circulation of Social Energy in Renaissance England*, Oxford 1987.

AS

Allgemeine Abkürzungen

afrikan.	afrikanisch	kroat.	kroatisch
alger.	algerisch	kuban.	kubanisch
allg.	allgemein	lat.	lateinisch
am.	amerikanisch	lateinam.	lateinamerikanisch
angelsächs.	angelsächsisch	Lit.	Literatur
asiat.	asiatisch	lit. ...	literatur- ...
Aufl.	Auflage	literar.	literarisch
austral.	australisch	ma./MA.	mittelalterlich/Mittelalter
Bd./Bde.	Band/Bände	marokkan.	marokkanisch
Beih.	Beiheft	mexikan.	mexikanisch
belg.	belgisch	mlat.	mittellateinisch
bes.	besonders	n.Chr.	nach Christus
brit.	britisch	Nachdr.	Nachdruck
bulg.	bulgarisch	niederländ.	niederländisch
byzantin.	byzantinisch	norweg.	norwegisch
bzw.	beziehungsweise	Nr.	Nummer
ca.	circa	österreich.	österreichisch
dän.	dänisch	Pl.	Plural
d.h.	das heißt	poln.	polnisch
ders.	derselbe	port.	portugiesisch
DFG	Deutsche Forschungsgemein-	Rez.	Rezension
	schaft	röm.	römisch
dies.	dieselbe	russ.	russisch
diess.	dieselben	schweizer.	schweizerisch
Diss.	Dissertation	S.	Seite
dt.	deutsch	s.	siehe
ebd.	ebenda	serb.	serbisch
Einf.	Einführung	Sg.	Singular
Einl.	Einleitung	slowen.	slowenisch
engl.	englisch	sog.	sogenannt
erw.	erweitert	sowjet.	sowjetisch
et al.	und andere	span.	spanisch
europ.	europäisch	tschech.	tschechisch
frz.	französisch	tschechoslo-	
Fs.	Festschrift	wak.	tschechoslowakisch
geb.	geboren	u.a.	unter anderem
gr.	griechisch	Übers.	Übersetzung
Hg.	Herausgeber (Sg.)	ungar.	ungarisch
Hgg.	Herausgeber (Pl.)	urspr.	ursprünglich
ind.	indisch	usw.	und so weiter
insbes.	insbesondere	v.a.	vor allem
ital.	italienisch	v.Chr.	vor Christus
japan.	japanisch	vgl.	vergleiche
Jb.	Jahrbuch	vs.	versus
Jh.	Jahrhundert	walis.	walisisch
jüd.	jüdisch	z.B.	zum Beispiel
kanad.	kanadisch	z.T.	zum Teil
Kap.	Kapitel	Zs.	Zeitschrift
karib.	karibisch		
kolumbian.	kolumbianisch		

Zeitschriften

Anglia	*Anglia. Zeitschrift für englische Philologie*
AAA	*Arbeiten aus Anglistik und Amerikanistik*
DVjs	*Deutsche Vierteljahrsschrift für Literaturwissenschaft und Geistesgeschichte*
EJES	*European Journal of English Studies*
ELH	*English Literary History*
Euphorion	*Euphorion. Zeitschrift für Literaturgeschichte*
GRM	*Germanisch-Romanische Monatsschrift*
IASL	*Internationales Archiv für Sozialgeschichte der deutschen Literatur*
JbIG	*Jahrbuch für Internationale Germanistik*
LiLi	*Zeitschrift für Literaturwissenschaft und Linguistik*
LWU	*Literatur in Wissenschaft und Unterricht*
Merkur	*Merkur. Deutsche Zeitschrift für europäisches Denken*
MLN	*Modern Language Notes*
NLH	*New Literary History*
PMLA	*Publications of the Modern Language Association of America*
PTL	*PTL: A Journal for Descriptive Poetics and Theory of Literature*
REAL	*The Yearbook of Research in English and American Literature*
RS/SI	*Recherches Sémiotiques/Semiotic Inquiry*
SPIEL	*Siegener Periodicum zur Internationalen empirischen Literaturwissenschaft*
TLS	*Times Literary Supplement*
ZAA	*Zeitschrift für Anglistik und Amerikanistik*
ZfS	*Zeitschrift für Sozialforschung*

Orte

Bln.	Berlin
FfM.	Frankfurt/Main
Hbg.	Hamburg
L. A.	Los Angeles
Ldn.	London
Lpz.	Leipzig
Mass.	Massachussetts
Mchn.	München
N. Y.	New York
Stgt.	Stuttgart
Tüb.	Tübingen

Auswahlbibliographie
literatur- und kulturtheoretischer Werke

Adams, Hazard/Searle, Leroy (Hgg.): *Critical Theory Since 1965.* Tallahassee, Fl.: Florida State UP, 1990 [1986].

Ahrens, Rüdiger/Volkmann, Laurenz (Hgg.): *Why Literature Matters. Theories and Functions of Literature.* Heidelberg: Winter, 1996.

Ahrens, Rüdiger/Wolff, Erwin (Hgg.): *Englische und amerikanische Literaturtheorie. Studien zu ihrer historischen Entwicklung. Band 1: Renaissance, Klassizismus und Romantik; Band 2: Viktorianische Zeit und 20. Jahrhundert.* Heidelberg: Winter, 1978 f.

Appiah, Kwame Anthony/Gates, Henry Louis (Hgg.): *The Dictionary of Global Culture.* London: Penguin, 1998 [1997].

Arac, Jonathan/Johnson, Barbara (Hgg.): *Consequences of Theory.* Baltimore et al.: Johns Hopkins UP, 1991.

Armstrong, Isobel (Hg.): *The New Feminist Discourses. Critical Essays on Theories and Texts.* London/New York: Routledge, 1992.

Arnold, Heinz Ludwig/Heinrich Detering (Hgg.): *Grundzüge der Literaturwissenschaft.* München: dtv, 1997 [1996].

Assmann, Aleida (Hg.): *Texte und Lektüren. Perspektiven in der Literaturwissenschaft.* Frankfurt/M.: Fischer, 1996.

Assmann, Aleida/Assmann, Jan (Hgg.): *Kanon und Zensur.* München: Fink, 1987.

Assmann, Aleida/Harth, Dietrich (Hgg.): *Kultur als Lebenswelt und Monument.* Frankfurt/M.: Fischer, 1991.

Assmann, Aleida/Harth, Dietrich (Hgg.): *Mnemosyne. Formen und Funktionen der kulturellen Erinnerung.* Frankfurt/M.: Fischer, 1993 [1991].

Atkins, G. Douglas/Morrow, Laura (Hgg.): *Contemporary Literary Theory.* Amherst: University of Massachussetts Press; Basingstoke/London: Macmillan, 1989.

Auerbach, Erich: *Mimesis. Dargestellte Wirklichkeit in der abendländischen Literatur.* Tübingen et al.: Francke, 1994 [1946] (engl. *Mimesis. The Representation of Reality in Western Literature.* Princeton: Princeton UP, 1953).

Austin, John Longshaw: *How to Do Things with Words.* Oxford: Oxford UP, 1990 [1962] (dt. *Zur Theorie der Sprechakte.* Stuttgart: Reclam, 1994 [1972]).

Baasner, Rainer: *Methoden und Modelle der Literaturwissenschaft. Eine Einführung.* Berlin: Schmidt, 1996.

Bachmann-Medick, Doris (Hg.): *Kultur als Text. Die anthropologische Wende in der Literaturwissenschaft.* Frankfurt/M.: Fischer, 1996.

Bal, Mieke/Boer, Inge E. (Hgg.): *The Point of Theory. Practices of Cultural Analysis.* New York: Continuum; Amsterdam: Amsterdam UP, 1994.

Baldick, Chris: *Criticism and Literary Theory 1890 to the Present.* London/New York: Longman, 1996.

Barsch, Achim et al. (Hgg.): *Empirische Literaturwissenschaft in der Diskussion.* Frankfurt/M.: Suhrkamp, 1994.

Belsey, Catherine: *Critical Practice.* London: Routledge, 1994 [1980].

Berg, Eberhard/Fuchs, Martin (Hgg.): *Kultur, soziale Praxis, Text. Die Krise der ethnographischen Repräsentation.* Frankfurt/M.: Suhrkamp, 1995 [1993].

Berger, Arthur Asa: *Cultural Criticism. A Primer of Key Concepts.* London/Thousand Oaks, Ca.: Sage, 1995.

Best, Steven/Kellner, Douglas: *Postmodern Theory. Critical Interrogations.* Basingstoke et al.: Macmillan, 1995 [1991].

Bhabha, Homi K.: *The Location of Culture.* London/New York: Routledge, 1995 [1994] (dt. *Die Verortung der Kultur.* Tübingen: Stauffenburg, 1997).

Birch, David: *Language, Literature and Critical Practice. Ways of Analyzing Texts.* London: Routledge, 1993 [1989].

Blonsky, Marshall (Hg.): *On Signs. A Semiotics Reader.* Baltimore: Johns Hopkins UP, 1991 [1985].

Bloom, Harold: *The Anxiety of Influence. A Theory of Poetry.* New York: Oxford UP, 1997 [1973] (dt. *Einflußangst. Eine Theorie der Dichtung.* Basel/Frankfurt/M.: Stroemfeld, 1995).

Bloom, Harold et al.: *Deconstruction and Criticism.* New York: Continuum, 1992 [1979].

Bloomfield, Morton W. (Hg.): *In Search of Literary Theory.* Ithaca, N.Y.: Cornell UP, 1976 [1972].

Böhme, Hartmut/Scherpe, Klaus R. (Hgg.): *Literatur und Kulturwissenschaften. Positionen,*

Theorien, Modelle. Reinbek bei Hamburg: Rowohlt, 1996.

Bogdal, Klaus-Michael (Hg.): *Neue Literaturtheorien. Eine Einführung.* Opladen: Westdeutscher Verlag, 1997 [1990].

Booth, Wayne C.: *The Rhetoric of Fiction.* Chicago/London: University of Chicago Press, 1991 [1961] (dt. *Die Rhetorik der Erzählkunst.* Heidelberg: Quelle und Meyer, 1974).

Booth, Wayne C.: *Critical Understanding. The Powers and Limits of Pluralism.* Chicago/London: University of Chicago Press, 1979.

Borchmeyer, Dieter/Viktor Žmegač (Hgg.): *Moderne Literatur in Grundbegriffen.* Tübingen: Niemeyer, 1994 [1987].

Borklund, Elmer: *Contemporary Literary Critics.* Detroit: Gale Research; Basingstoke et al.: Macmillan; Chicago/London: St. James, 1977.

Bouissac, Paul et al. (Hgg.): *Iconicity. Essays on the Nature of Culture.* Tübingen: Stauffenburg, 1986.

Bowie, Malcolm: *Freud, Proust, and Lacan. Theory as Fiction.* Cambridge/New York: Cambridge UP, 1988 [1987].

Brackert, Helmut/Stückrath, Jörn (Hgg.): *Literaturwissenschaft. Ein Grundkurs.* Reinbek bei Hamburg: Rowohlt, 1996 [1992].

Bradford, Richard (Hg.): *The State of Theory.* London/New York: Routledge, 1993.

Brady, Frank et al. (Hgg.): *Literary Theory and Structure.* New Haven, Ct./London: Yale UP, 1973.

Brooker, Peter/Widdowson, Peter (Hgg.): *A Practical Reader in Contemporary Literary Theory.* London et al.: Prentice Hall, Harvester Wheatsheaf, 1996.

Brooks, Ann: *Postfeminism. Feminism, Cultural Theory and Cultural Forms.* London/New York: Routledge, 1997.

Brunner, Horst/Moritz, Rainer (Hgg.): *Literaturwissenschaftliches Lexikon. Grundbegriffe der Germanistik.* Berlin: Schmidt, 1997.

Bußmann, Hadumod/Hof, Renate (Hgg.): *GENUS. Zur Geschlechterdifferenz in den Kulturwissenschaften.* Stuttgart: Kröner, 1995.

Butler, Christopher: *Interpretation, Deconstruction, and Ideology. An Introduction to Some Current Issues in Theory.* Oxford: Clarendon Press, 1998 [1984].

Butler, Judith: *Bodies that Matter. On the Discursive Limits of »Sex«.* New York/London: Routledge, 1993 (dt. *Körper von Gewicht. Die diskursiven Grenzen des Geschlechts.* Frankfurt/M.: Suhrkamp 1997 [1995]).

Carroll, David: *The Subject in Question. The Language of Theory and the Strategies of Fiction.* Chicago/London: Chicago UP, 1982.

Cerquiglini, Bernard/Gumbrecht, Hans Ulrich (Hgg.): *Der Diskurs der Literatur- und Sprachhistorie. Wissenschaftsgeschichte als Innovationsvorgabe.* Frankfurt/M.: Suhrkamp, 1983.

Chatman, Seymour: *Story and Discourse. Narrative Structure in Fiction and Film.* Ithaca, N.Y.: Cornell UP, 1993 [1978].

Chatman, Seymour: *Coming to Terms. The Rhetoric of Narrative in Fiction and Film.* Ithaca, N.Y.: Cornell UP, 1993 [1990].

Childs, Peter/Williams, Patrick R.J.: *An Introductory Guide to Post-Colonial Theory.* London/New York: Prentice Hall, 1997 [1996].

Clayton, Jay: *The Pleasures of Babel. Contemporary American Literature and Theory.* New York: Oxford UP, 1993

Cohen, Ralph (Hg.): *The Future of Literary Theory.* New York/London: Routledge, 1989.

Colebrook, Claire: *New Literary Histories. New Historicism and Contemporary Criticism.* Manchester/New York: Manchester UP, 1998 [1997].

Collier, Peter/Geyer-Ryan, Helga (Hgg.): *Literary Theory Today.* Cambridge: Polity Press, 1992 [1990].

Connor, Steven: *Postmodernist Culture. An Introduction to Theories of the Contemporary.* Oxford/Cambridge, Mass.: Blackwell, 1997 [1989].

Coombe, Rosemary J.: *Cultural Appropriations.* Durham: Duke UP, 1998 [1997].

Coyle, Martin et al. (Hgg.): *Encyclopaedia of Literature and Criticism.* London: Routledge; Detroit: Gale Research, 1991 [1990].

Culler, Jonathan: *Structuralist Poetics. Structuralism, Linguistics and the Study of Literature.* London: Routledge, 1994 [1975].

Culler, Jonathan: *On Deconstruction. Theory and Criticism after Structuralism.* Ithaca, N.Y.: Cornell UP; London: Routledge, 1994 [1982] (dt. *Dekonstruktion. Derrida und die poststrukturalistische Literaturtheorie.* Reinbek bei Hamburg: Rowohlt, 1994 [1988]).

Culler, Jonathan: *Framing the Sign. Criticism and its Institutions.* Norman, Ok.: Oklahoma UP; Oxford: Blackwell, 1988.

Culler, Jonathan: *Literary Theory. A Very Short Introduction.* Oxford/New York: Oxford UP, 1997.

Danneberg, Lutz/Vollhardt, Friedrich (Hgg.):

Vom Umgang mit Literatur und Literaturgeschichte. Positionen und Perspektiven nach der ›Theoriedebatte‹. Stuttgart: Metzler, 1992.

Danneberg, Lutz/Vollhardt, Friedrich (Hgg.): *Wie international ist die Literaturwissenschaft? Methoden- und Theoriediskussion in den Literaturwissenschaften. Kulturelle Besonderheiten und interkultureller Austausch am Beispiel des Interpretationsproblems (1950–1990).* Stuttgart: Metzler, 1996 [1995].

Davis, Robert Con (Hg.): *Contemporary Literary Criticism. Modernism Through Poststructuralism.* London/New York: Longman, 1987 [1986].

Davis, Robert Con/Schleifer, Ronald (Hgg.): *Contemporary Literary Criticism. Literary and Cultural Studies. 1900 to the Present.* London/New York: Longman, 1998 [1989].

Davis, Robert Con/Schleifer, Ronald: *Criticism and Culture. The Role of Critique in Modern Literary Theory.* London et al.: Longman, 1991.

de Berg, Henk/Prangel, Matthias (Hgg.): *Differenzen. Systemtheorie zwischen Dekonstruktion und Konstruktivismus.* Tübingen: Francke, 1995.

de Berg, Henk/Prangel, Matthias (Hgg.): *Systemtheorie und Hermeneutik.* Tübingen: Francke, 1997.

de Man, Paul: *Blindness and Insight. Essays in the Rhetoric of Contemporary Criticism.* London: Routledge, 1989 [1971].

de Man, Paul: *Allegories of Reading. Figural Language in Rousseau, Nietzsche, Rilke, and Proust.* New Haven, Ct./London: Yale UP, 1979.

de Man, Paul: *The Resistance to Theory.* Manchester: Manchester UP; Minneapolis: Minnesota UP, 1986.

Docherty, Thomas: *After Theory. Postmodernism/Postmarxism.* Edinburgh: Edinburgh UP, 1996 [1990].

Docherty, Thomas (Hg.): *Postmodernism. A Reader.* New York/London: Harvester Wheatsheaf, 1993.

During, Simon (Hg.): *The Cultural Studies Reader.* London: Routledge, 1995 [1993].

Eagleton, Mary (Hg.): *Feminist Literary Theory. A Reader.* Oxford: Blackwell, 1996 [1986].

Eagleton, Terry: *Literary Theory. An Introduction.* Oxford: Blackwell, 1996 [1983] (dt. *Einführung in die Literaturtheorie.* Stuttgart: Metzler, 1997 [1988]).

Eagleton, Terry: *The Function of Criticism. From ›The Spectator‹ to Post-Structuralism.* London: Verso, 1994 [1984].

Eagleton, Terry: *The Ideology of the Aesthetic.* Oxford: Blackwell, 1995 [1990] (dt. *Ästhetik.* Stuttgart: Metzler, 1994).

Easterlin, Nancy/Riebling, Barbara (Hgg.): *After Poststructuralism. Interdisciplinarity and Literary Theory.* Evanston, Ill.: Northwestern UP, 1993.

Easthope, Antony/McGowan, Kate (Hgg.): *A Critical and Cultural Theory Reader.* Toronto/Buffalo: Toronto UP, 1994 [1992].

Eco, Umberto: *La struttura assente.* Mailand: Bompiani, 1980 [1968] (dt. *Einführung in die Semiotik.* München: Fink, 1994 [1972]).

Eco, Umberto: *Semiotica e filosofia del linguaggio.* Turin: Einaudi, 1996 [1984] (dt. *Semiotik und Philosophie der Sprache.* München: Fink, 1985).

Eco, Umberto: *Trattato di semiotica generale.* Mailand: Bompiani, 1994 [1975] (dt. *Semiotik. Entwurf einer Theorie der Zeichen.* München: Fink, 1991 [1987]).

Eggert, Hartmut et al. (Hgg.): *Geschichte als Literatur. Formen und Grenzen der Repräsentation von Vergangenheit.* Stuttgart: Metzler, 1990.

Ellis, John M.: *The Theory of Literary Criticism. A Logical Analysis.* Berkeley, Ca.: California UP, 1977 [1974].

Ellis, John M.: *Against Deconstruction.* Princeton: Princeton UP, 1989.

Eschbach, Achim/Rader, Wendelin (Hgg.): *Literatursemiotik. Methoden – Analysen – Tendenzen.* 2 Bde. Tübingen: Narr, 1980.

Fabian, Bernhard (Hg.): *Ein anglistischer Grundkurs. Einführung in die Literaturwissenschaft.* Berlin: Schmidt, 1993 [1971].

Felperin, Howard: *Beyond Deconstruction. The Uses and Abuses of Literary Theory.* Oxford: Clarendon Press, 1990 [1985].

Fish, Stanley: *Is There a Text in This Class? The Authority of Interpretive Communities.* Cambridge, Mass.: Harvard UP, 1995 [1979].

Fleischer, Michael: *Die sowjetische Semiotik. Theoretische Grundlagen der Moskauer und Tartuer Schule.* Tübingen: Stauffenburg, 1989.

Fludernik, Monika: *Towards a ›Natural‹ Narratology.* London: Routledge, 1996.

Fohrmann, Jürgen/Müller, Harro (Hgg.): *Diskurstheorien und Literaturwissenschaft.* Frankfurt/M.: Suhrkamp, 1992 [1988].

Fohrmann, Jürgen/Müller, Harro (Hgg.): *Literaturwissenschaft.* München: Fink, 1995.

Fohrmann, Jürgen/Müller, Harro (Hgg.): *Systemtheorie der Literatur.* München: Fink, 1996.

Fokkema, Douwe W./Kunne-Ibsch, Elrud: *Theories of Literature in the Twentieth Century. Structuralism, Marxism, Aesthetics of Reception, Semiotics.* London: Hurst, 1995 [1977].

Fowler, Alastair: *Kinds of Literature. An Introduction to the Theory of Genres and Modes.* Oxford: Clarendon, 1997 [1982].

Fowler, Roger (Hg.): *A Dictionary of Modern Critical Terms.* London: Routledge, 1991 [1973].

Frank, Armin Paul: *Einführung in die britische und amerikanische Literaturkritik und -theorie.* Darmstadt: Wissenschaftliche Buchgesellschaft, 1983.

Frank, Manfred: *Was ist Neostrukturalismus?* Frankfurt/M.: Suhrkamp, 1997 [1983] (engl. *What is Neostructuralism?* Minneapolis: Minnesota UP, 1989).

Freadman, Richard/Miller, Seumas: *Re-Thinking Theory. A Critique of Contemporary Literary Theory and an Alternative Account.* Cambridge: Cambridge UP, 1994 [1992].

Freadman, Richard/Reinhardt, Lloyd: *On Literary Theory and Philosophy. A Cross-Disciplinary Encounter.* Basingstoke/London: Macmillan; New York: St. Martin's, 1991.

Fricke, Harald: *Norm und Abweichung. Eine Philosophie der Literatur.* München: Beck, 1981.

Fricke, Harald: *Literatur und Literaturwissenschaft. Beiträge zu Grundfragen einer verunsicherten Disziplin.* Paderborn et al.: Schöningh, 1991.

Frühwald, Wolfgang et al.: *Geisteswissenschaften heute. Eine Denkschrift.* Frankfurt/M.: Suhrkamp, 1996 [1991].

Frye, Northrop: *Anatomy of Criticism. Four Essays.* Harmondsworth: Penguin, 1990 [1957].

Gates, Henry Louis, Jr. (Hg.): *»Race«, Writing, and Difference.* Chicago: Chicago UP, 1995 [1986].

Genette, Gérard: ›Discours du récit‹ in *Figures III.* Paris: Seuil, 1972 (engl. *Narrative Discourse. An Essay in Method.* Ithaca, N.Y.: Cornell UP, 1995 [1980]).

Genette, Gérard: *Nouveau discours du récit.* Paris: Seuil, 1983 (engl. *Narrative Discourse Revisited.* Ithaca, Cornell UP, 1988; dt. *Die Erzählung.* München: Fink, 1998 [1994]).

Genette, Gérard: *Palimpsestes. La littérature au second degré.* Paris: Seuil, 1982 (dt. *Palimpseste. Die Literatur auf zweiter Stufe.* Frankfurt/M.: Suhrkamp, 1996 [1993]).

Glaser, Renate/Luserke, Matthias (Hgg.): *Literaturwissenschaft – Kulturwissenschaft. Positionen, Themen, Perspektiven.* Opladen: Westdeutscher Verlag 1996.

Goettner, Heide/Jacobs, Joachim: *Der logische Bau von Literaturtheorien.* München: Fink, 1978.

Goodman, Russell B. (Hg.): *Pragmatism. A Contemporary Reader.* New York/London: Routledge, 1995.

Gottdiener, Mark: *Postmodern Semiotics. Material Culture and the Forms of Postmodern Life.* Oxford/Cambridge, Mass.: Blackwell, 1995.

Greenblatt, Stephen J./Gunn, Giles (Hgg.): *Redrawing the Boundaries. The Transformation of English and American Literary Studies.* New York: Modern Language Association of America, 1992.

Greene, Gayle/Kahn, Coppelia (Hgg.): *Changing Subjects. The Making of Feminist Literary Criticism.* London/New York: Routledge, 1993.

Griesheimer, Frank/Prinz, Alois (Hgg.): *Wozu Literaturwissenschaft? Kritik und Perspektiven.* Tübingen: Francke, 1992 [1991].

Groden, Michael/Kreiswirth, Martin (Hgg.): *The Johns Hopkins Guide to Literary Theory and Criticism.* Baltimore/London: Johns Hopkins UP, 1995 [1994].

Gülich, Elisabeth/Raible, Wolfgang: *Linguistische Textmodelle. Grundlagen und Möglichkeiten.* München: Fink, 1977.

Gumbrecht, Hans Ulrich/Link-Heer, Ursula (Hgg.): *Epochenschwellen und Epochenstrukturen im Diskurs der Literatur- und Sprachhistorie.* Frankfurt/M.: Suhrkamp, 1985.

Harari, Josué V. (Hg.): *Textual Strategies. Perspectives in Post-Structuralist Criticism.* Ithaca, N.Y.: Cornell UP, 1989 [1979].

Harris, Wendell V.: *Dictionary of Concepts in Literary Criticism and Theory.* New York/London: Greenwood Press, 1992.

Harris, Wendell V. (Hg.): *Beyond Poststructuralism. The Speculations of Theory and the Experience of Literature.* University Park: Pennsylvania State UP, 1996.

Harth, Dietrich/Gebhardt, Peter (Hgg.): *Erkenntnis der Literatur. Theorien, Konzepte, Methoden der Literaturwissenschaft.* Stuttgart: Metzler, 1989 [1982].

Hartman, Geoffrey: *Criticism in the Wilderness. The Study of Literature Today.* New Haven, Ct.: Yale UP, 1980.

Hauff, Jürgen et al.: *Methodendiskussion. Ar-*

beitsbuch zur Literaturwissenschaft. 2 Bde. Königstein/Ts.: Athenäum, 1991 [1971].

Hawthorn, Jeremy (Hg.): Criticism and Critical Theory. London: Arnold, 1984.

Hawthorn, Jeremy: Unlocking the Text. Fundamental Issues in Literary Theory. London: Arnold, 1994 [1987].

Hawthorn, Jeremy (Hg.): A Glossary of Contemporary Literary Theory. London: Arnold, 1998 [1992] (dt. Grundbegriffe moderner Literaturtheorie. Tübingen/Basel: Francke, 1994).

Henrich, Dieter/Iser, Wolfgang (Hgg.): Funktionen des Fiktiven. München: Fink, 1983.

Hernadi, Paul (Hg.): The Horizon of Literature. Lincoln/London: Nebraska UP, 1982.

Herron, Jerry et al. (Hgg.): The Ends of Theory. Detroit: Wayne State UP, 1996.

Heuermann, Hartmut (Hg.): Classics in Cultural Criticism. 2. U.S.A. Frankfurt/M.: Lang, 1990.

Heuermann, Hartmut/Lange, Bernd-Peter (Hgg.): Contemporaries in Cultural Criticism. Frankfurt/M. et al.: Lang, 1992 [1991].

Hitz, Torsten/Stock, Angela (Hgg.): Am Ende der Literaturtheorie? Neun Beiträge zur Einführung und Diskussion. Münster et al.: Lit Verlag, 1995.

Holub, Robert C.: Reception Theory. A Critical Introduction. London: Routledge, 1989 [1984].

Horstmann, Ulrich: Parakritik und Dekonstruktion. Eine Einführung in den amerikanischen Poststrukturalismus. Würzburg: Königshausen & Neumann, 1983.

Horstmann, Ulrich/Zach, Wolfgang (Hgg.): Kunstgriffe. Auskünfte zur Reichweite von Literaturtheorie und Literaturkritik. Festschrift für Herbert Mainusch. Frankfurt/M. et al.: Lang, 1990 [1989].

Hutcheon, Linda: A Poetics of Postmodernism. History, Theory, Fiction. London/New York: Routledge, 1996 [1988].

Ingarden, Roman: Das literarische Kunstwerk. Tübingen: Niemeyer, 1972 [1931] (engl. The Literary Work of Art. Evanston: Northwestern UP, 1986 [1973]).

Iser, Wolfgang: Der Akt des Lesens. Theorie ästhetischer Wirkung. München: Fink, 1994 [1976] (engl. The Act of Reading. A Theory of Aesthetic Response. Baltimore: Johns Hopkins UP, 1991 [1978]).

Iser, Wolfgang: Das Fiktive und das Imaginäre. Perspektiven literarischer Anthropologie. Frankfurt/M.: Suhrkamp, 1993 [1991] (engl.

The Fictive and the Imaginary. Charting Literary Anthropology. Baltimore: Johns Hopkins UP, 1993).

Iser, Wolfgang: Theorie der Literatur. Eine Zeitperspektive. Konstanz: Universitätsverlag Konstanz, 1992 [1991].

Jakobson, Roman: Semiotik. Ausgewählte Texte 1919–1982. Frankfurt/M.: Suhrkamp, 1992 [1988].

Jameson, Fredric: The Prison-House of Language. A Critical Account of Structuralism and Russian Formalism. Princeton, N.J.: Princeton UP, 1974 [1972].

Jameson, Fredric: The Political Unconscious. Narrative as a Social Symbolic Act. Ithaca, N.Y.: Cornell UP, 1994 [1981] (dt. Das politische Unbewußte. Literatur als Symbol sozialen Handelns. Reinbek bei Hamburg: Rowohlt, 1988).

Jameson, Fredric: The Ideologies of Theory. Vol. 1. Situations of Theory; Vol. 2. The Syntax of History. London: Routledge, 1988.

Jauß, Hans Robert: Literaturgeschichte als Provokation. Frankfurt/M.: Suhrkamp, 1992 [1970].

Jauß, Hans Robert: Ästhetische Erfahrung und literarische Hermeneutik. Frankfurt/M.: Suhrkamp, 1991 [1977] (engl. Aesthetic Experience and Literary Hermeneutics. Minneapolis: Minnesota UP, 1982).

Jay, Gregory S. (Hg.): Modern American Critics Since 1955. Detroit: Gale Research, 1988.

Jefferson, Ann/Robey, David (Hgg.): Modern Literary Theory. A Comparative Introduction. London: Batsford, 1992 [1982].

Juhl, Peter D.: Interpretation. An Essay in the Philosophy of Literary Criticism. Princeton, N.J.: Princeton UP, 1986 [1980].

Kavanagh, Thomas D. (Hg.): The Limits of Theory. Stanford, Ca.: Stanford UP, 1989.

Kayser, Wolfgang: Das sprachliche Kunstwerk. Eine Einführung in die Literaturwissenschaft. Tübingen/Basel: Francke, 1992 [1948].

Kermode, Frank: The Sense of an Ending. Studies in the Theory of Fiction. Oxford/New York: Oxford UP, 1994 [1967].

Kittler, Friedrich A.: Aufschreibesysteme 1800/1900. München: Fink, 1995 [1985].

Koch, Walter A.: Evolutionäre Kultursemiotik. Bochum: Brockmeyer, 1986.

Koch, Walter A. (Hg.): Semiotik in den Einzelwissenschaften. 2 Bde. Bochum: Brockmeyer, 1990.

Koelb, Clayton/Lokke, Virgil (Hgg.): The Current in Criticism. Essays on the Present and

Future of Literary Theory. West Lafayette, Ind.: Purdue UP, 1987.

Kolkenbrock-Netz, Jutta et al. (Hgg.): *Wege der Literaturwissenschaft.* Bonn: Bouvier, 1985.

Koselleck, Reinhart: *Vergangene Zukunft. Zur Semantik geschichtlicher Zeiten.* Frankfurt/M.: Suhrkamp, 1995 [1979].

Kowaleski-Wallace, Elizabeth (Hg.): *Encyclopedia of Feminist Literary Theory.* New York: Garland, 1997.

Krieger, Murray: *Theory of Criticism. A Tradition and its System.* Baltimore/London: Johns Hopkins UP, 1976.

Krieger, Murray: *Words about Words about Words. Theory, Criticism, and the Literary Text.* Baltimore/London: Johns Hopkins UP, 1988.

Kurz, Gerhard: *Metapher, Allegorie, Symbol.* Göttingen: Vandenhoeck & Ruprecht, 1997 [1982].

Lambropoulos, Vassilis/Miller, David Neal (Hgg.): *Twentieth-Century Literary Theory. An Introductory Anthology.* Albany, N.Y.: New York State UP, 1987.

Lamping, Dieter: *Literatur und Theorie. Über poetologische Probleme der Moderne.* Göttingen: Vandenhoeck & Ruprecht, 1996.

Landow, George P.: *Hypertext. The Convergence of Contemporary Critical Theory and Technology.* Baltimore: Johns Hopkins UP, 1993 [1992].

Landow, George P.: *Hyper/Text/Theory.* Baltimore: Johns Hopkins UP, 1994.

Lange, Bernd-Peter (Hg.): *Classics in Cultural Criticism. 1. Britain.* Frankfurt/M.: Lang, 1990.

Lausberg, Heinrich: *Elemente der literarischen Rhetorik.* Ismaning: Hueber, 1990 [1949].

Lausberg, Heinrich: *Handbuch der literarischen Rhetorik.* Stuttgart: Steiner, 1990 [1960] (engl. *Handbook of Literary Rhetoric.* Leiden et al.: Brill, 1998).

Lawall, Sarah (Hg.): *Reading World Literature. Theory, History, Practice.* Austin: University of Texas Press, 1994.

Leitch, Vincent B.: *American Literary Criticism from the Thirties to the Eighties,* New York: Columbia UP, 1988.

Lentricchia, Frank: *After the New Criticism.* Chicago: Chicago UP; London: Athlone Press, 1980.

Lentricchia, Frank/McLaughlin, Thomas (Hgg.): *Critical Terms for Literary Study.* Chicago/London: Chicago UP, 1995 [1990].

Link, Jürgen (Hg.): *Literatursoziologisches Propädeutikum.* München: Fink, 1980.

Link, Jürgen: *Elementare Literatur und generative Diskursanalyse.* München: Fink, 1983.

Lodge, David (Hg.): *Twentieth-Century Literary Criticism.* London/New York: Longman, 1994 [1972].

Lodge, David (Hg.): *Modern Criticism and Theory. A Reader.* London/New York: Longman, 1996 [1988].

Lyotard, Jean-François: *La condition postmoderne. Rapport sur le savoir.* Paris: Minuit, 1994 [1979] (dt. *Das postmoderne Wissen. Ein Bericht.* Wien: Passagen-Verlag, 1994 [1982]).

Makaryk, Irena R. (Hg.): *Encyclopedia of Contemporary Literary Theory. Approaches, Scholars, Terms.* Toronto: Toronto UP, 1993.

Marshall, Donald G.: *Contemporary Critical Theory. A Selective Bibliography.* New York: Modern Language Association of America, 1993.

Martin, Wallace: *Recent Theories of Narrative.* Ithaca, N.Y.: Cornell UP, 1986.

McGowan, John: *Postmodernism and Its Critics.* Ithaca, N.Y.: Cornell UP, 1994 [1991].

McHale, Brian: *Constructing Postmodernism.* London: Routledge, 1992.

Merrell, Floyd: *A Semiotic Theory of Texts.* Berlin/New York: Mouton de Gruyter, 1985.

Merrell, Floyd: *Sign, Textuality, World.* Bloomington: Indiana UP, 1992.

Merrell, Floyd: *Semiosis in the Postmodern Age.* West Lafayette: Purdue UP, 1995.

Miner, Earl R.: *Comparative Poetics. An Intercultural Essay on Theories of Literature.* Princeton, N.J.: Princeton UP, 1990.

Mitchell, W.J. Thomas (Hg.): *Against Theory. Literary Studies and the New Pragmatism.* Chicago: Chicago UP, 1985.

Mohanty, Satya P.: *Literary Theory and the Claims of History. Postmodernism, Objectivity, Multicultural Politics.* Ithaca/London: Cornell UP, 1997.

Moi, Toril: *Sexual/Textual Politics. Feminist Literary Theory.* London: Routledge, 1994 [1985].

Mongia, Padmini (Hg.): *Contemporary Postcolonial Theory. A Reader.* London: Arnold, 1996.

Moore-Gilbert, Bart: *Postcolonial Theory. Contexts, Practices, Politics.* London: Verso, 1997.

Moriarty, Michael E.: *Semiotics of World Literature.* Lewiston, N.Y.: Mellen, 1996.

Müller-Oberhäuser, Gabriele: »Neuere Literaturtheorien«. In: Bernhard Fabian (Hg.): *Ein anglistischer Grundkurs. Einführung in die Literaturwissenschaft.* Berlin: Schmidt, 1993. S. 204–238.

Natoli, Joseph P. (Hg.): *Literary Theory's Future(s).* Urbana/Chicago: Illinois UP, 1989.

Naumann, Dietrich: *Literaturtheorie und Geschichtsphilosophie. Teil 1: Aufklärung, Romantik, Idealismus.* Stuttgart: Metzler, 1979.

Nemec, Friedrich/Solms, Wilhelm (Hgg.): *Literaturwissenschaft heute. 7 Kapitel über ihre methodische Praxis.* München: Fink, 1979.

Newton, Kenneth M. (Hg.): *Twentieth-Century Literary Theory.* Basingstoke/London: Macmillan, 1988.

Newton, Kenneth M.: *Interpreting the Text. A Critical Introduction to the Theory and Practice of Literary Interpretation.* New York et al.: Harvester Wheatsheaf, 1990.

Newton, Kenneth M. (Hg.): *Theory into Practice. A Reader in Modern Criticism.* Basingstoke/London: Macmillan, 1995 [1992].

Nieraad, Jürgen: *»Bildgesegnet und bildverflucht«. Forschungen zur sprachlichen Metaphorik.* Darmstadt: Wissenschaftliche Buchgesellschaft, 1977.

Nöth, Winfried: *Handbuch der Semiotik.* Stuttgart: Metzler, 1985 (engl. *Handbook of Semiotics.* Bloomington: Indiana UP, 1990).

Nöth, Winfried (Hg.): *Origins of Semiosis. Sign Evolution in Nature and Culture.* Berlin/New York: Mouton de Gruyter, 1994.

Nöth, Winfried (Hg.): *Semiotics of the Media. State of the Art, Projects, and Perspectives.* Berlin: Mouton de Gruyter, 1997.

Norris, Christopher: *Deconstruction, Theory and Practice.* London: Routledge, 1996 [1982].

Nünning, Ansgar: *Grundzüge eines kommunikationstheoretischen Modells der erzählerischen Vermittlung. Die Funktionen der Erzählinstanz in den Romanen George Eliots.* Trier: Wissenschaftlicher Verlag Trier, 1989.

Nünning, Ansgar (Hg.): *Literaturwissenschaftliche Theorien, Modelle und Methoden. Eine Einführung.* Trier: Wissenschaftlicher Verlag Trier, 1995.

Olsen, Stein Haugom: *The End of Literary Theory.* Cambridge et al.: Cambridge UP, 1990 [1987].

Ong, Walter J.: *Orality and Literacy.* London: Routledge, 1996 [1982] (dt. *Literalität und Oralität. Die Technologisierung des Wortes.* Opladen: Westdeutscher Verlag, 1987).

Pasternack, Gerhard: *Theoriebildung in der Literaturwissenschaft. Einführung in Grundfragen des Interpretationspluralismus.* München: Fink, 1975.

Payne, Michael (Hg.): *A Dictionary of Cultural and Critical Theory.* Oxford: Blackwell, 1996.

Pechlivanos, Miltos et al. (Hgg.): *Einführung in die Literaturwissenschaft,* Stuttgart/Weimar: Metzler 1995.

Petrey, Sandy: *Speech Acts and Literary Theory.* New York/London: Routledge, 1990.

Pfister, Manfred: *Das Drama. Theorie und Analyse.* München: Fink 1997 [1977] (engl. *The Theory and Analysis of Drama.* Cambridge: Cambridge UP, 1994 [1988]).

Plett, Heinrich: *Einführung in die rhetorische Textanalyse.* Hamburg: Buske, 1991 [1971].

Polletta, Gregory T. (Hg.): *Issues in Contemporary Literary Criticism.* Boston: Brown, 1973.

Posner, Roland et al.: *Semiotik. Ein Handbuch zu den zeichentheoretischen Grundlagen von Natur und Kultur. 1. Teilband.* Berlin/New York: Walter de Gruyter, 1997.

Pratt, Mary Louise: *Toward a Speech Act Theory of Literary Discourse.* Bloomington: Indiana UP, 1977.

Preminger, Alex/Brogan, Terry V.F. (Hgg.): *The New Princeton Encyclopedia of Poetry and Poetics.* Princeton: Princeton UP, 1993.

Prince, Gerald: *A Dictionary of Narratology.* Aldershot: Scolar, 1988 [1987].

Prinz, Wolfgang/Weingart, Peter (Hgg.): *Die sogenannten Geisteswissenschaften. Innenansichten.* Frankfurt/M.: Suhrkamp, 1990.

Rabaté, Jean-Michel: *The Ghosts of Modernity.* Gainesville: Florida UP, 1996.

Ray, William: *Literary Meaning. From Phenomenology to Deconstruction.* Oxford: Blackwell, 1984.

Renner, Rolf Günter/Habekost, Engelbert (Hgg.): *Lexikon literaturtheoretischer Werke.* Stuttgart: Kröner, 1995.

Rice, Philip/Waugh, Patricia (Hgg.): *Modern Literary Theory. A Reader.* London: Arnold, 1997 [1989].

Richter, David H.: *Falling into Theory. Conflicting Views on Reading Literature.* Boston: Bedford, 1994.

Ricklefs, Ulfert (Hg.): *Fischer Lexikon Literatur.* 3 Bde. Frankfurt/M.: Fischer, 1996.

Righter, William: *The Myth of Theory.* Cambridge et al.: Cambridge UP, 1994.

Rimmon-Kenan, Shlomith: *Narrative Fiction. Contemporary Poetics.* London: Routledge, 1996 [1983].

Rooney, Ellen: *Seductive Reasoning. Pluralism as the Problematic of Contemporary Literary Theory.* Ithaca, N. Y.: Cornell UP, 1989.

Rusch, Gebhard: *Erkenntnis, Wissenschaft, Geschichte. Von einem konstruktivistischen Standpunkt.* Frankfurt/M.: Suhrkamp, 1987.

Said, Edward W.: *Orientalism.* London et al.: Penguin, 1995 [1978] (dt. *Orientalismus.* Frankfurt/M. et al.: Ullstein, 1981).

Said, Edward W.: *The World, the Text, and the Critic.* London: Vintage, 1991 [1983] (dt. *Die Welt, der Text und der Kritiker.* Frankfurt/M.: Fischer, 1997).

Said, Edward W.: *Culture and Imperialism.* New York: Knopf, 1994 [1993] (dt. *Kultur und Imperialismus. Einbildungskraft und Politik im Zeitalter der Macht.* Frankfurt/M.: Fischer, 1994).

Said, Edward W.: *Representations of the Intellectual.* New York: Vintage, 1996 [1994] (dt. *Götter, die keine sind. Der Ort des Intellektuellen.* Frankfurt/M./Wien: Büchergilde Gutenberg, 1998 [1997]).

Saussure, Ferdinand de: *Cours de linguistique générale.* Paris: Payot & Rivages, 1995 [1916] (kritische Ausgabe [Hg. Rudolf Engler]: Wiesbaden: Harrassowitz, 1967 ff.).

Saussure, Ferdinand de: *Linguistik und Semiologie. Notizen aus dem Nachlaß. Texte, Briefe und Dokumente.* Frankfurt/M.: Suhrkamp, 1997.

Schmidt, Siegfried J.: *Grundriß der Empirischen Literaturwissenschaft. Bd. 1: Der gesellschaftliche Handlungsbereich Literatur.* Frankfurt/M.: Suhrkamp, 1991 [1980].

Schmidt, Siegfried J.: *Grundriß der Empirischen Literaturwissenschaft. Bd. 2: Zur Rekonstruktion literaturwissenschaftlicher Fragestellungen in einer empirischen Theorie der Literatur.* Braunschweig/Wiesbaden: Vieweg, 1982.

Schmidt, Siegfried J. (Hg.): *Literaturwissenschaft und Systemtheorie. Positionen, Kontroversen, Perspektiven.* Opladen: Westdeutscher Verlag, 1993.

Schmidt, Siegfried J.: *Kognitive Autonomie und soziale Orientierung. Konstruktivistische Bemerkungen zum Zusammenhang von Kognition, Kommunikation, Medien und Kultur.* Frankfurt/M.: Suhrkamp, 1996 [1994].

Scholz, Bernhard (Hg.): *Mimesis. Studien zur literarischen Repräsentation.* Tübingen: Francke, 1997.

Searle, John R.: *Speech Acts. An Essay in the Philosophy of Language.* Cambridge: Cambridge UP, 1997 [1969] (dt. *Sprechakte. Ein sprachphilosophischer Essay.* Frankfurt/M.: Suhrkamp, 1984 [1971]).

Sebeok, Thomas A. (Hg.): *Encyclopedic Dictionary of Semiotics.* 3 Bde. Berlin/New York: Mouton de Gruyter, 1994 [1986].

Sebeok, Thomas A.: *An Introduction to Semiotics.* London: Pinter, 1994.

Selden, Raman (Hg.): *The Theory of Criticism from Plato to the Present. A Reader.* London/New York: Longman, 1997 [1988].

Selden, Raman: *Practising Theory and Reading Literature. An Introduction.* New York: Harvester Wheatsheaf, 1995 [1989].

Selden, Raman et al.: *A Reader's Guide to Contemporary Literary Theory.* London: Prentice Hall, 1997 [1985].

Showalter, Elaine (Hg.): *The New Feminist Criticism. Essays on Women, Literature and Theory.* London: Virago, 1993 [1985].

Sim, Stuart (Hg.): *The A-Z Guide to Modern Literary and Cultural Theorists.* London: Prentice Hall/Harvester Wheatsheaf, 1995.

Smith, Barbara Herrnstein: *Contingencies of Value. Alternative Perspectives for Critical Theory.* Cambridge, Mass./London: Harvard UP, 1995 [1988].

Stanzel, Franz: *Theorie des Erzählens.* Göttingen: Vandenhoeck & Ruprecht, 1995 [1979].

Storey, John: *An Introductory Guide to Cultural Theory and Popular Culture.* New York: Harvester Wheatsheaf, 1997 [1993].

Strelka, Joseph: *Methodologie der Literaturwissenschaft.* Tübingen: Niemeyer, 1982 [1978].

Strube, Werner: *Analytische Philosophie der Literaturwissenschaft. Untersuchungen zur literaturwissenschaftlichen Definition, Klassifikation, Interpretation und Textbewertung.* Paderborn et al.: Schöningh, 1993.

Todorov, Tzvetan: *Literature and Its Theorists. A Personal View of Twentieth-Century Criticism.* London: Routledge, 1988 [1987].

Tompkins, Jane P. (Hg.): *Reader-Response Criticism. From Formalism to Post-Structuralism.* Baltimore: Johns Hopkins UP, 1994 [1980].

Turk, Horst (Hg.): *Klassiker der Literaturtheorie. Von Boileau bis Barthes.* München: Beck, 1979.

Veeser, Harold Aram (Hg.): *The New Historicism.* New York: Routledge, 1989.

Wagenknecht, Christian (Hg.): *Zur Terminologie der Literaturwissenschaft. Akten des IX. Germanistischen Symposions der Deutschen Forschungsgemeinschaft, Würzburg 1986.* Stuttgart: Metzler, 1989 [1988].

Walder, Dennis (Hg.): *Literature in the Modern World. Critical Essays and Documents.* Oxford: Oxford UP, 1993 [1990].

Warhol, Robyn R./Herndl, Diane Price (Hgg.): *Feminisms. An Anthology of Literary Theory and Criticism.* Basingstoke: Macmillan, 1997 [1991].

Webster, Roger: *Studying Literary Theory. An Introduction.* London et al.: Arnold, 1997 [1990].

Weimann, Robert: ›*New Criticism*‹ *und die Entwicklung bürgerlicher Literaturwissenschaft.* München: Beck, 1974 [1962].

Weimar, Klaus: *Enzyklopädie der Literaturwissenschaft.* Tübingen: Francke, 1993 [1980].

Weimar, Klaus (Hg.): *Reallexikon der Deutschen Literaturwissenschaft. Bd. 1: A-G.* Neubearbeitung des Reallexikons der Deutschen Literaturgeschichte, Berlin/New York: de Gruyter, 1997.

Wellek, René/Warren, Austin (Hgg.): *Theory of Literature.* London/Harmondsworth: Penguin, 1993 [1949] (dt. *Theorie der Literatur.* Frankfurt/M.: Athenäum, 1972 [1959]).

Wellek, René: *A History of Modern Criticism, 1750–1950.* (Vol. 1–4: 1966; Vol. 5, 6: 1986; Vol. 7: 1991; Vol. 8: 1992). New Haven, Ct./London: Yale UP, 1966ff.

Williams, Patrick/Chrisman, Laura (Hgg.): *Colonial Discourse and Post-Colonial Theory. A Reader.* New York: Harvester Wheatsheaf, 1996 [1993].

Wolf, Werner: *Ästhetische Illusion und Illusionsdurchbrechung in der Erzählkunst. Theorie und Geschichte mit Schwerpunkt auf englischem illusionsstörenden Erzählen.* Tübingen: Niemeyer, 1993.

Zapf, Hubert: *Kurze Geschichte der anglo-amerikanischen Literaturtheorie.* München: Fink, 1996 [1991].

Zima, Peter V.: *Literarische Ästhetik. Methoden und Modelle der Literaturwissenschaft.* Tübingen: Francke, 1991.

Zima, Peter V.: *Komparatistik. Einführung in die vergleichende Literaturwissenschaft.* Tübingen: Francke, 1992.

Zima, Peter V.: *Die Dekonstruktion. Einführung und Kritik.* Tübingen et al.: Francke, 1994.

Zima, Peter V. (Hg.): *Literatur intermedial. Musik – Malerei – Photographie – Film.* Darmstadt: Wissenschaftliche Buchgesellschaft, 1995.

Zima, Peter V.: *Moderne/Postmoderne. Gesellschaft, Philosophie, Literatur.* Tübingen et al.: Francke, 1997.

Metzler Literatur Lexikon
Begriffe und Definitionen
Herausgegeben von
Günther und Irmgard Schweikle
2., überarbeitete Auflage.
1990. VI, 525 Seiten, gebunden
ISBN 3-476-00668-9

Das »Metzler Literatur Lexikon« ermöglicht eine rasche Orientierung über 3000 Stichwörter zu Geschichte, Poetik, Metrik und Rhetorik der westlichen Literaturen; wesentliche Stichwörter zur Geschichte der Philologien, der Buch-, der Verlags- und der Sprachgeschichte werden erläutert. Dabei werden die europäischen Literaturen von der Antike bis in die Gegenwart einbezogen, schwerpunktartig ist die wichtigste Sekundärliteratur genannt.

»...Vergleichbaren Kompendien an Genauigkeit und Methodik überlegen. Mit den Auskünften des neuen Lexikons läßt sich gut arbeiten...«

Die Zeit

VERLAG
J.B. METZLER

Metzler Philosophen Lexikon
Von den Vorsokratikern
bis zu den Neuen Philosophen
Herausgegeben von Bernd Lutz
2., aktualisierte und erweiterte Auflage.
1996. VI, 954 Seiten, 277 Abb., kartoniert
ISBN 3-476-01428-2

Der erzählerische Stil, die wechselvolle Beziehung von philosophischer Theoriebildung und konkreter Welterfahrung, die enzyklopädische Informationsfülle haben den Erfolg des »Metzler Philosophen Lexikons« ausgemacht. Der Band bietet mehr als dreihundert Artikel über jene Philosophen, die in der Geschichte des Denkens als herausragend anerkannt wurden. Der Schwerpunkt liegt auf einer anschaulichen Darstellung von Lebensgeschichte und denkerischer Entwicklung, die als Formen der Welterfahrung und Weltinterpretation eng aufeinander bezogen werden. Die zweite Auflage ist insbesondere um Philosophen der Gegenwart – Blumenberg, Davidson, Kuhn, Lévinas, Rawls, Rorty, Putnam u.a.m. – erweitert worden.

»Ein ernstzunehmender Beitrag zum Philosophietransfer, der innerhalb der akademischen Disziplinen seinesgleichen sucht.«
Neue Zürcher Zeitung

VERLAG
J.B. METZLER

Metzler Philosophie Lexikon
Begriffe und Definitionen
Herausgegeben von Peter Prechtl
und Franz Peter Burckard
1996. XIII, 593 Seiten, gebunden
ISBN 3-476-01257-3

Das »Metzler Philosophie Lexikon« bietet über
3000 Begriffe und Definitionen aus dem Bereich der
abendländischen, der indischen und der chinesi-
schen Philosophie. Es vermittelt konzentriertes
Wissen zur Begriffsgeschichte, nennt Grundtexte
und weiterführende Literatur.

»Ein handliches einbändiges Nachschlagewerk...
Auch die klassische und moderne Logik, die logische
Semantik und die sprachanalytische Philosophie
sind vertreten. Der Bezug zu aktuellen Diskussionen
innerhalb verschiedener philosophischer Gebiete
sind hergestellt, ohne Philosophie-Geschichte zu
vernachlässigen. Überblicksartikel zu den großen
Gebieten der Philosophie und ausführliche Darstellungen philosophischer Methoden und Schulen
werden flankiert durch zahlreiche knappe Begriffs-
definitionen und ausführliche Erläuterungen, die
den problemgeschichtlichen Zusammenhang verdeutlichen.«

Main-Post

VERLAG J.B. METZLER